RECHT WIRTSCHAFT STEUERN

Kommentar
BetrVG

Herausgegeben von

Dr. Dr. h.c. Manfred Löwisch
Professor an der Albert-Ludwigs-Universität Freiburg,
vorm. Richter am OLG Karlsruhe, Rechtsanwalt in Lahr (Schwarzwald)

Dr. Dagmar Kaiser†
Professorin für Bürgerliches Recht, Handelsrecht,
Arbeits- und Sozialversicherungsrecht an der
Johannes Gutenberg-Universität Mainz

Dr. Steffen Klumpp
Professor für Bürgerliches Recht,
Arbeits- und Sozialrecht an der Friedrich-Alexander-Universität
Erlangen-Nürnberg

Bearbeitet von

Prof. Dr. Georg Caspers; Prof. Dr. Katharina Dahm; Dr. Daniel Holler;
Prof. Dr. Steffen Klumpp; Prof. Dr. Hans Kudlich;
Prof. Dr. Dr. h.c. Manfred Löwisch; Dr. Wiebke Robrecht;
Dr. Mandy Schneider; Dr. Bernd Wiebauer

8., neu bearbeitete Auflage 2023

Fachmedien Recht und Wirtschaft | dfv Mediengruppe | Frankfurt am Main

Alle im Buch verwendeten Begriffe verstehen sich geschlechterneutral. Aus Gründen der besseren Lesbarkeit wird auf eine geschlechtsspezifische Differenzierung verzichtet – entsprechende Begriffe gelten im Sinne der Gleichbehandlung grundsätzlich für alle Geschlechter. Die verkürzte Sprachform hat lediglich redaktionelle Gründe und beinhaltet keine Wertung.

Bibliografische Information der Deutschen Nationalbibliothek

Die Deutsche Nationalbibliothek verzeichnet diese Publikation in der Deutschen Nationalbibliografie; detaillierte bibliografische Daten sind im Internet über http://dnb.de abrufbar.

ISBN 978-3-8005-1817-3

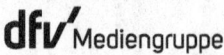

© 2023 Deutscher Fachverlag GmbH, Fachmedien Recht und Wirtschaft,
Frankfurt am Main

Das Werk einschließlich aller seiner Teile ist urheberrechtlich geschützt. Jede Verwertung außerhalb der engen Grenzen des Urheberrechtsgesetzes ist ohne Zustimmung des Verlages unzulässig und strafbar. Das gilt insbesondere für Vervielfältigungen, Bearbeitungen, Übersetzungen, Mikroverfilmungen und die Einspeicherung und Verarbeitung in elektronischen Systemen.

Satzkonvertierung: Lichtsatz Michael Glaese GmbH, 69502 Hemsbach

Druck und Verarbeitung: CPI books, 25917 Leck

Printed in Germany

Vorwort

Die nunmehr 8. Auflage dieses Werkes vereinigt die Kommentierungen des organisatorischen und des materiellen Teils des Betriebsverfassungsrechts wieder in einem Band. Seit Erscheinen des ersten Bandes der 7. Auflage im Jahr 2017, aber auch seit Erscheinen des zweiten Bandes im Jahr 2020, hat sich das Betriebsverfassungsrecht in Gesetzgebung, Rechtsprechung und Literatur dynamisch weiterentwickelt. Aus der Gesetzgebung ist insbesondere das Betriebsrätemodernisierungsgesetz vom 14. Juni 2021 zu nennen, welches die Vorschriften für das Wahlverfahren, aber auch den organisatorischen Teil im Übrigen an vielen Stellen geändert, den Katalog der Mitbestimmungsrechte auf die Ausgestaltung von mobiler Arbeit erstreckt und den Kündigungsschutz für Arbeitnehmer, die Betriebsratswahlen vorbereiten, erweitert hat. Diese Entwicklungen aufzuzeigen und das Betriebsverfassungsrecht umfassend und praxistauglich zu erläutern, ist Ziel dieser Kommentierung.

Dagmar Kaiser, über 20 Jahre hinweg Mitherausgeberin und Mitautorin des Kommentars, ist am 22. Juli 2021 mit nur 59 Jahren verstorben. Mit ihr haben dieses Werk, das Arbeitsrecht und darüber hinaus das gesamte Privatrecht eine von dogmatischer Gründlichkeit und treffsicherer Orientierung an der Praxis gleichermaßen geprägte Wissenschaftlerin verloren. Dagmar Kaiser hinterlässt eine große Lücke.

In den Autorenkreis eingetreten sind Frau Dr. Wiebke Robrecht, Richterin am Arbeitsgericht Reutlingen, und Frau Dr. Mandy Schneider, Richterin am Arbeitsgericht Heilbronn, derzeit wissenschaftliche Mitarbeiterin am Bundesverfassungsgericht.

Auch an dieser Auflage haben wissenschaftliche Mitarbeiter mitgewirkt. Wir danken insbesondere den „Freiburgern" Johannes Deutsch, Jonathan Jocher, Viktor Kurz und Dr. Theodor Lammich sowie den „Erlangern" Rosa Hinzpeter-Schmidt, Simon Schmaus, Andreas Bayer, Karl Leven, Matthias Lang und Julia Wilkes.

Anregungen und Kritik sind stets willkommen an hochschularbeitsrecht@jura.uni-freiburg.de und wr3@fau.de.

Freiburg und Erlangen im September 2022

Manfred Löwisch
Steffen Klumpp

Bearbeiterverzeichnis

Prof. Dr. Georg Caspers	Professor für Bürgerliches Recht und Arbeitsrecht an der Friedrich-Alexander-Universität Erlangen-Nürnberg
Prof. Dr. Katharina Dahm	Professorin für Arbeitsrecht, Sozialrecht und Wirtschaftsprivatrecht an der Hochschule Mainz
Dr. Daniel Holler	Rechtswalt bei maat Rechtsanwälte in München
Prof. Dr. Steffen Klumpp	Professor für Bürgerliches Recht, Arbeits- und Sozialrecht an der Friedrich-Alexander-Universität Erlangen-Nürnberg
Prof. Dr. Hans Kudlich	Professor für Strafrecht, Strafprozessrecht und Rechtsphilosophie an der Friedrich-Alexander-Universität Erlangen-Nürnberg
Prof. Dr. Dr. h.c. Manfred Löwisch	Professor an der Albert-Ludwigs-Universität Freiburg, vorm. Richter am OLG Karlsruhe, Rechtsanwalt in Lahr (Schwarzwald)
Dr. Wiebke Robrecht	Richterin am Arbeitsgericht Reutlingen
Dr. Mandy Schneider	Richterin am Arbeitsgericht Heilbronn, wissenschaftliche Mitarbeiterin am Bundesverfassungsgericht
Dr. Bernd Wiebauer	Richter am Arbeitsgericht Rosenheim, wissenschaftlicher Mitarbeiter am Bundesarbeitsgericht

Inhaltsverzeichnis

Vorwort V
Bearbeiterverzeichnis VII
Abkürzungsverzeichnis XV
Literaturverzeichnis XXV

Einleitung 1

Erster Teil
Allgemeine Vorschriften

§ 1	Errichtung von Betriebsräten	7
§ 2	Stellung der Gewerkschaften und Vereinigungen der Arbeitgeber	18
§ 3	Abweichende Regelungen	33
§ 4	Betriebsteile, Kleinstbetriebe	48
§ 5	Arbeitnehmer	55
§ 6	Arbeiter und Angestellte (weggefallen)	75

Zweiter Teil
Betriebsrat, Betriebsversammlung, Gesamt- und Konzernbetriebsrat

Erster Abschnitt: Zusammensetzung und Wahl des Betriebsrats

§ 7	Wahlberechtigung	77
§ 8	Wählbarkeit	87
§ 9	Zahl der Betriebsratsmitglieder	93
§ 10	Vertretung der Minderheitsgruppen (weggefallen)	98
§ 11	Ermäßigte Zahl der Betriebsratsmitglieder	99
§ 12	Abweichende Erteilung der Betriebsratssitze (weggefallen)	100
§ 13	Zeitpunkt der Betriebsratswahlen	101
§ 14	Wahlvorschriften	106
§ 14a	Vereinfachtes Wahlverfahren für Kleinbetriebe	115
§ 15	Zusammensetzung nach Beschäftigungsarten und Geschlechter	120
§ 16	Bestellung des Wahlvorstands	123
§ 17	Bestellung des Wahlvorstands in Betrieben ohne Betriebsrat	132
§ 17a	Bestellung des Wahlvorstands im vereinfachten Wahlverfahren	139
§ 18	Vorbereitung und Durchführung der Wahl	141
§ 18a	Zuordnung der leitenden Angestellten bei Wahlen	149
§ 19	Wahlanfechtung	158
§ 20	Wahlschutz und Wahlkosten	175

Zweiter Abschnitt: Amtszeit des Betriebsrats

§ 21	Amtszeit	185
§ 21a	Übergangsmandat	189
§ 21b	Restmandat	198
§ 22	Weiterführung der Geschäfte des Betriebsrats	202
§ 23	Verletzung gesetzlicher Pflichten	204
§ 24	Erlöschen der Mitgliedschaft	217
§ 25	Ersatzmitglieder	222

Dritter Abschnitt: Geschäftsführung des Betriebsrats

§ 26	Vorsitzender	228
§ 27	Betriebsausschuss	234
§ 28	Übertragung von Aufgaben auf Ausschüsse	241
§ 28a	Übertragung von Aufgaben auf Arbeitsgruppen	245
§ 29	Einberufung der Sitzungen	252
§ 30	Betriebsratssitzungen	260
§ 31	Teilnahme der Gewerkschaften	268
§ 32	Teilnahme der Schwerbehindertenvertretung	270
§ 33	Beschlüsse des Betriebsrats	271
§ 34	Sitzungsniederschrift	277
§ 35	Aussetzung von Beschlüssen	282
§ 36	Geschäftsordnung	284
§ 37	Ehrenamtliche Tätigkeit, Arbeitsversäumnis	286
§ 38	Freistellungen	319
§ 39	Sprechstunden	330
§ 40	Kosten und Sachaufwand des Betriebsrats	332
§ 41	Umlageverbot	351

Vierter Abschnitt: Betriebsversammlung

§ 42	Zusammensetzung, Teilversammlung, Abteilungsversammlung	352
§ 43	Regelmäßige Betriebs- und Abteilungsversammlungen	359
§ 44	Zeitpunkt und Verdienstausfall	364
§ 45	Themen der Betriebs- und Abteilungsversammlungen	370
§ 46	Beauftragte der Verbände	373

Fünfter Abschnitt: Gesamtbetriebsrat

§ 47	Voraussetzungen der Errichtung, Mitgliederzahl, Stimmengewicht	375
§ 48	Ausschluss von Gesamtbetriebsratsmitgliedern	383
§ 49	Erlöschen der Mitgliedschaft	385
§ 50	Zuständigkeit	386
§ 51	Geschäftsführung	400

§ 52 Teilnahme der Gesamtschwerbehindertenvertretung.................... 404
§ 53 Betriebsräteversammlung 405

Sechster Abschnitt: Konzernbetriebsrat
§ 54 Errichtung des Konzernbetriebsrats 407
§ 55 Zusammensetzung des Konzernbetriebsrats, Stimmengewicht............. 413
§ 56 Ausschluss von Konzernbetriebsratsmitgliedern 416
§ 57 Erlöschen der Mitgliedschaft....................................... 417
§ 58 Zuständigkeit.. 418
§ 59 Geschäftsführung... 423
§ 59a Teilnahme der Konzernschwerbehindertenvertretung................... 424

Dritter Teil
Jugend- und Auszubildendenvertretung

Erster Abschnitt: Betriebliche Jugend- und Auszubildendenvertretung
§ 60 Errichtung und Aufgabe 425
§ 61 Wahlberechtigung und Wählbarkeit 428
§ 62 Zahl der Jugend- und Auszubildendenvertreter, Zusammensetzung der Jugend- und Auszubildendenvertretung............................... 429
§ 63 Wahlvorschriften... 430
§ 64 Zeitpunkt der Wahlen und Amtszeit 432
§ 65 Geschäftsführung... 434
§ 66 Aussetzung von Beschlüssen des Betriebsrats 436
§ 67 Teilnahme an Betriebsratssitzungen 437
§ 68 Teilnahme an gemeinsamen Besprechungen............................. 439
§ 69 Sprechstunden.. 440
§ 70 Allgemeine Aufgaben 441
§ 71 Jugend- und Auszubildendenversammlung.............................. 444

Zweiter Abschnitt: Gesamt-Jugend- und Auszubildendenvertretung
§ 72 Voraussetzungen der Errichtung, Mitgliederzahl, Stimmengewicht 445
§ 73 Geschäftsführung und Geltung sonstiger Vorschriften 448

Dritter Abschnitt: Konzern-Jugend- und Auszubildendenvertretung
§ 73a Voraussetzung der Errichtung, Mitgliederzahl, Stimmengewicht........... 449
§ 73b Geschäftsführung und Geltung sonstiger Vorschriften 451

Vierter Teil
Mitwirkung und Mitbestimmung der Arbeitnehmer

Erster Abschnitt: Allgemeines

§ 74	Grundsätze für die Zusammenarbeit	453
§ 75	Grundsätze für die Behandlung der Betriebsangehörigen	471
§ 76	Einigungsstelle	492
§ 76a	Kosten der Einigungsstelle	531
§ 77	Durchführung gemeinsamer Beschlüsse, Betriebsvereinbarungen	541
§ 78	Schutzbestimmungen	603
§ 78a	Schutz Auszubildender in besonderen Fällen	615
§ 79	Geheimhaltungspflicht	627
§ 79a	Datenschutz	635
§ 80	Allgemeine Aufgaben	641

Zweiter Abschnitt: Mitwirkungs- und Beschwerderecht des Arbeitnehmers

Vorbemerkungen zu §§ 81 ff		664
§ 81	Unterrichtungs- und Erörterungspflicht des Arbeitgebers	665
§ 82	Anhörungs- und Erörterungsrecht des Arbeitnehmers	670
§ 83	Einsicht in die Personalakten	675
§ 84	Beschwerderecht	680
§ 85	Behandlung von Beschwerden durch den Betriebsrat	686
§ 86	Ergänzende Vereinbarungen	690
§ 86a	Vorschlagsrecht der Arbeitnehmer	691

Dritter Abschnitt: Soziale Angelegenheiten

§ 87	Mitbestimmungsrechte	692
§ 88	Freiwillige Betriebsvereinbarungen	829
§ 89	Arbeits- und betrieblicher Umweltschutz	837

Vierter Abschnitt: Gestaltung von Arbeitsplatz, Arbeitsablauf und Arbeitsumgebung

§ 90	Unterrichtungs- und Beratungsrechte	844
§ 91	Mitbestimmungsrecht	853

Fünfter Abschnitt: Personelle Angelegenheiten

Erster Unterabschnitt: Allgemeine personelle Angelegenheiten

§ 92	Personalplanung	858
§ 92a	Beschäftigungssicherung	866
§ 93	Ausschreibung von Arbeitsplätzen	871
§ 94	Personalfragebogen, Beurteilungsgrundsätze	878
§ 95	Auswahlrichtlinien	888

Zweiter Unterabschnitt: Berufserfahrung
§ 96   Förderung der Berufsbildung 897
§ 97   Einrichtungen und Maßnahmen der Berufsbildung 903
§ 98   Durchführung betrieblicher Bildungsmaßnahmen 910
Dritter Unterabschnitt: Personelle Einzelmaßnahmen
§ 99   Mitbestimmung bei personellen Einzelmaßnahmen 918
§ 100 Vorläufige personelle Maßnahmen 988
§ 101 Zwangsgeld 994
§ 102 Mitbestimmung bei Kündigungen 998
§ 103 Außerordentliche Kündigung und Versetzung in besonderen Fällen 1047
§ 104 Entfernung betriebsstörender Arbeitnehmer 1075
§ 105 Leitende Angestellte 1082

Sechster Abschnitt: Wirtschaftliche Angelegenheiten
Erster Unterabschnitt: Unterrichtung in wirtschaftlichen Angelegenheiten
Vorbemerkungen zu §§ 106ff 1084
§ 106 Wirtschaftsausschuss 1086
§ 107 Bestellung und Zusammensetzung des Wirtschaftsausschusses 1102
§ 108 Sitzungen 1108
§ 109 Beilegung von Meinungsverschiedenheiten 1113
§ 109a Unternehmensübernahme 1116
§ 110 Unterrichtung der Arbeitnehmer 1118
Zweiter Unterabschnitt: Betriebsänderungen
§ 111 Betriebsänderungen 1120
§ 112 Interessenausgleich über die Betriebsänderung, Sozialplan 1139
§ 112a Erzwingbarer Sozialplan bei Personalabbau, Neugründungen 1171
§ 113 Nachteilsausgleich 1174

Fünfter Teil
Besondere Vorschriften für einzelne Betriebsarten

Erster Abschnitt: Seeschifffahrt
§ 114 Grundsätze 1182
§ 115 Bordvertretung 1203
§ 116 Seebetriebsrat 1230

Zweiter Abschnitt: Luftfahrt
§ 117 Geltung für die Luftfahrt 1254

Dritter Abschnitt: Tendenzbetriebe und Religionsgemeinschaften

§ 118 Geltung für Tendenzbetriebe und Religionsgemeinschaften............... 1265

Sechster Teil
Straf- und Bußgeldvorschriften

§ 119 Straftaten gegen Betriebsverfassungsorgane und ihre Mitglieder 1291
§ 120 Verletzung von Geheimnissen....................................... 1314
§ 121 Bußgeldvorschriften 1325

Siebenter Teil
Änderung von Gesetzen

§§ 122–124 *(gegenstandslos)* 1329

Achter Teil
Übergangs- und Schlussvorschriften

§ 125 Erstmalige Wahlen nach diesem Gesetz 1331
§ 126 Ermächtigung zum Erlass von Wahlordnungen......................... 1333
§ 127 Verweisungen 1334
§ 128 Bestehende abweichende Tarifverträge................................ 1334
§ 129 Sonderregelungen aus Anlass der Covid-19-Pandemie 1335
§ 130 Öffentlicher Dienst 1342
§ 131 Berlin-Klausel... 1344
§ 132 Inkrafttreten... 1345

Anhang 1: Erste Verordnung zur Durchführung des Betriebsverfassungsgesetzes
 (Wahlordnung – WO) 1347
Anhang 2: Zweite Verordnung zur Durchführung des Betriebsverfassungsgesetzes
 (Wahlordnung Seeschifffahrt – WOS)............................... 1421
Anhang 3: Gesetz über Europäische Betriebsräte (EBRG) 1443

Sachregister 1465

Abkürzungsverzeichnis

aA	anderer Ansicht
aaO	am angegebenen Ort
ABl	Amtsblatt
abl	ablehnend
Abs	Absatz
abw	abweichend
aE	am Ende
AE	Arbeitsrechtliche Entscheidung (Zeitschrift)
AEntG	Arbeitnehmerentsendegesetz
AEUV	Vertrag über die Arbeitsweise der Europäischen Union
aF	alte Fassung
AFG	Arbeitsförderungsgesetz
AG	Arbeitgeber/Die Aktiengesellschaft (Zeitschrift)
AGB	Allgemeine Geschäftsbedingungen
AGG	Allgemeines Gleichbehandlungsgesetz
ähnl	ähnlich
AiB	Arbeitsrecht im Betrieb (Zeitschrift)
AktG	Aktiengesetz
allg	allgemein
AmtG	Amtsgericht
AN	Arbeitnehmer
anfängl	anfänglich
Ang	Angestellter
Anh	Anhang
anlässl	anlässlich
Anm	Anmerkung
AO	Anordnung
ao Kd	außerordentliche Kündigung
AP	Nachschlagewerk des Bundesarbeitsgerichts – Arbeitsrechtliche Praxis
AR-Blattei	Arbeitsrechtsblattei
ArbG	Arbeitsgericht
arbg	arbeitsgerichtlich
ArbGeb	Der Arbeitgeber (Zeitschrift)
ArbGG	Arbeitsgerichtsgesetz
ArbPlSchG	Gesetz über den Schutz des Arbeitsplatzes bei Einberufung zum Wehrdienst (Arbeitsplatzschutzgesetz)
ArbRB	Der Arbeits-Rechts-Berater (Zeitschrift)
ArbRGgw	Arbeitsrecht der Gegenwart
ArbSchG	Arbeitsschutzgesetz
ArbStättVO	Arbeitsstättenverordnung
arbeitsvertragl	arbeitsvertraglich
ArbZG	Arbeitszeitgesetz
Arg	Argument
ARS	Arbeitsrechtssammlung, Entscheidungen des Reichsarbeitsgerichts, der Landesarbeitsgerichte und Arbeitsgerichte, früher Bensheimer Sammlung (bis 1945)
ARSt	Arbeitsrecht in Stichworten (Zeitschrift)

Abkürzungsverzeichnis

Art	Artikel
ArztR	Arztrecht (Zeitschrift)
ASiG	Gesetz über Betriebsärzte, Sicherheitsingenieure und andere Fachkräfte für Arbeitssicherheit (Arbeitssicherheitsgesetz)
ASZV	Arbeitsschutzzuständigkeitsverordnung
AuA	Arbeit und Arbeitsrecht
Aufl	Auflage
AuR	Arbeit und Recht (Zeitschrift)
AÜG	Arbeitnehmerüberlassungsgesetz
ausdrückl	ausdrücklich
ausf	ausführlich
ausschließl	ausschließlich
Az	Aktenzeichen
AZG	Arbeitszeitgesetz
BAG	Bundesarbeitsgericht
BAT	Bundesangestelltentarif
BaWü	Baden-Württemberg
Bay	Bayern, bayerisch
BayObLG	Bayerisches Oberstes Landesgericht
BB	Betriebs-Berater (Zeitschrift)
Bbg	Brandenburg
BBiG	Berufsbildungsgesetz
Bd	Band
BDA	Bundesvereinigung der Deutschen Arbeitgeberverbände
BDSG	Bundesdatenschutzgesetz
BeckRS	beck-online.RECHTSPRECHUNG
BEEG	Bundeselterngeld- und Elternzeitgesetz
beharrl	beharrlich
behilfl	behilflich
Beil	Beilage
BEM	Betriebliches Eingliederungsmanagement
ber	berichtigt
Berl-Bbg	Berlin-Brandenburg
berufl	beruflich
bes	besonders
Beschlussverf	Beschlussverfahren
best	bestimmte
BetrAVG	Gesetz zur Verbesserung der betrieblichen Altersversorgung
betriebl	betrieblich
betriebsverfassungsrechtl	betriebsverfassungsrechtlich
BetrVerf-RG	Betriebsverfassungs-Reformgesetz vom 27. Juli 2001, BGBl I, 1852 ff.
BetrVG	Betriebsverfassungsgesetz
BGB	Bürgerliches Gesetzbuch
BGBl	Bundesgesetzblatt
BGH	Bundesgerichtshof
BMAS	Bundesministerium für Arbeit und Soziales
BPersVG	Bundespersonalvertretungsgesetz
BR	Betriebsrat
BSHG	Bundessozialhilfegesetz

BSG	Bundessozialgericht
Bsp	Beispiel
BT-Drs	Bundestags-Drucksache
BUrlG	Bundesurlaubsgesetz
BuW	Betrieb und Wirtschaft (Zeitschrift)
BV	Betriebsvereinbarung
BVerfG	Bundesverfassungsgericht
BVerfGE	Amtliche Sammlung der Entscheidungen des Bundesverfassungsgerichts
BVerwG	Bundesverwaltungsgericht
BVerwGE	Amtliche Sammlung der Entscheidungen des Bundesverwaltungsgerichts
bzgl	bezüglich
bzw	beziehungsweise
CCZ	Corporate Compliance Zeitschrift
CR	Computer und Recht (Zeitschrift)
dagg	dagegen
DB	Der Betrieb (Zeitschrift)
DBGrG	Deutsche Bahn Gründungsgesetz
Ddf	Düsseldorf
dementspr	dementsprechend
demggü	demgegenüber
ders, dies	derselbe, dieselbe
deswg	deswegen
deutl	deutlich
DGB	Deutscher Gewerkschaftsbund
dh	das heißt
dienstrechtl	dienstrechtlich
diff	differenzierend
DrittelbG	Gesetz über die Drittelbeteiligung der Arbeitnehmer im Aufsichtsrat
DRK	Deutsches Rotes Kreuz
EBR	Europäischer Betriebsrat
EBRG	Gesetz über Europäische Betriebsräte
EFZG	Entgeltfortzahlungsgesetz
EG	Europäische Gemeinschaft
eigentl	eigentlich
eigenverantwortl	eigenverantwortlich
einheitl	einheitlich
Einl	Einleitung
einschließl	einschließlich
einschr	einschränkend
einvernehml	einvernehmlich
entgg	entgegen
EntgTranspG	Entgelttransparenzgesetz
Entsch	Entscheidung
entspr	entsprechend
erforderl	erforderlich
erhebl	erheblich
Erl	Erläuterungen

Abkürzungsverzeichnis

ersichtl	ersichtlich
ES	Einigungsstelle
EStG	Einkommensteuergesetz
EU	Europäische Union
EuGH	Gerichtshof der Europäischen Union
EuZA	Europäische Zeitschrift für Arbeitsrecht
eV	einstweilige Verfügung
evtl	eventuell
EWG	Europäische Wirtschaftsgemeinschaft (s EG)
EzA	Entscheidungssammlung zum Arbeitsrecht, herausgegeben von Eugen Stahlhacke und Burghard Kreft
f, ff	folgende, fortfolgende
FA	Fachanwalt Arbeitsrecht (Zeitschrift)
fachl	fachlich
Fft/M	Frankfurt am Main
Fft/O	Frankfurt/Oder
finanz	finanziell
Fn	Fußnote
freiw	freiwillig
FS	Festschrift
GBR	Gesamtbetriebsrat
GBV	Gesamtbetriebsvereinbarung
gelegentl	gelegentlich
gem	gemäß
GenG	Genossenschaftsgesetz
gerichtl	gerichtlich
gesetzl	gesetzlich
GewO	Gewerbeordnung
GG	Grundgesetz
gg	gegen
ggfs	gegebenenfalls
ggü	gegenüber
GmbH	Gesellschaft mit beschränkter Haftung
GmbHG	Gesetz betreffend die Gesellschaften mit beschränkter Haftung
Grds	Grundsatz
grds	grundsätzlich
GS	Großer Senat
GVG	Gerichtsverfassungsgesetz
HAG	Heimarbeitsgesetz
Hess	Hessen, hessisch
HGB	Handelsgesetzbuch
HH	Hamburg
hingg	hingegen
hinsichtl	hinsichtlich
hL	herrschende Lehre
hM	herrschende Meinung
Hs	Halbsatz
idR	in der Regel

iE	im Ergebnis
iF	im Fall
IG	Industriegewerkschaft
iHv	in Höhe von
insbes	insbesondere
InsO	Insolvenzordnung
iR	im Rahmen
iS	im Sinne
iÜ	im Übrigen
iVm	in Verbindung mit
iwS	im weiteren Sinne
jährl	jährlich
JArbSchG	Jugendarbeitsschutzgesetz
juris	Juristisches Informationssystem
KBR	Konzernbetriebsrat
KBV	Konzernbetriebsvereinbarung
Kd	Kündigung
KG	Kammergericht/Kommanditgesellschaft
kirchl	kirchlich
KO	Konkursordnung
körperl	körperlich
krit	kritisch
KSchG	Kündigungsschutzgesetz
Kug	Kurzarbeitergeld
L:	Hinweis auf Literatur
LAG	Landesarbeitsgericht
LAGE	Entscheidungen der Landesarbeitsgerichte, herausgegeben von E. Stahlhacke
ledigl	lediglich
LG	Landgericht
Lit	Buchstabe
LPartG	Lebenspartnerschaftsgesetz
LS	Leitsatz
LSG	Landessozialgericht
ltd Ang	leitender Angestellter
maßgebl	maßgeblich
MBR	Mitbestimmungsrecht
MiLoG	Mindestlohngesetz
MitbestG	Mitbestimmungsgesetz
mögl	möglich
monatl	monatlich
Montan-MitbestG	Gesetz über die Mitbestimmung der Arbeitnehmer in den Aufsichtsräten und Vorständen der Unternehmen des Bergbaus und der Eisen und Stahl erzeugenden Industrie
MuSchG	Mutterschutzgesetz
MV	Mecklenburg-Vorpommern
mwN	mit weiteren Nachweisen

Abkürzungsverzeichnis

nachträgl	nachträglich
Nbg	Nürnberg
Nds	Niedersachsen, niedersächsisch
nebenberufl	nebenberuflich
nF	neue Fassung
NJW	Neue Juristische Wochenschrift (Zeitschrift)
NJW-RR	Rechtsprechungsreport der Neuen Juristischen Wochenschrift
Nr	Nummer
nrk	nicht rechtskräftig
NRW	Nordrhein-Westfalen
NStZ	Neue Zeitschrift für Strafrecht
nützl	nützlich
nv	nicht veröffentlicht
Nw	Nachweis/Nachweise
NZA	Neue Zeitschrift für Arbeits- und Sozialrecht
NZA-RR	NZA Rechtsprechungsreport (Zeitschrift)
OdW	Ordnung der Wissenschaft (Zeitschrift)
OECD	Organisation for Economic Cooperation and Development
offensichtl	offensichtlich
öffentl	öffentlich
öffentl-rechtl	öffentlich-rechtlich
OHG	Offene Handelsgesellschaft
o Kd	ordentliche Kündigung
OLG	Oberlandesgericht
ordnungsgem	ordnungsgemäß
OVG	Oberverwaltungsgericht
OWi	Ordnungswidrigkeit
OWiG	Gesetz über Ordnungswidrigkeiten
persönl	persönlich
PersR	Der Personalrat (Zeitschrift)
PersV	Personalvertretung (Zeitschrift)
PersVG	Personalvertretungsgesetz
PflegeZG	Pflegezeitgesetz
pflichtgem	pflichtgemäß
PR	Personalrat
privatrechtl	privatrechtlich
R:	Hinweis auf Rechtsprechung
RA	Rechtsanwalt
RAG	Reichsarbeitsgericht
räuml	räumlich
RdA	Recht der Arbeit (Zeitschrift)
Rh-Pf	Rheinland-Pfalz, rheinland-pfälzisch
Rn	Randnummer
rechtl	rechtlich
rechtsgeschäftl	rechtsgeschäftlich
RegE	Regierungsentwurf
ROM I	Verordnung (EG) Nr. 593/2008 über das auf vertragliche Schuldverhältnisse anzuwendende Recht

ROM II	Verordnung (EG) 864/2007 über das auf außervertragliche Schuldverhältnisse anzuwendende Recht
RP	Regierungspräsidium
Rspr	Rechtsprechung
RVG	Rechtsanwaltsvergütungsgesetz
RVO	Reichsversicherungsordnung
S	Seite/Satz
s	siehe
SA	Sachsen-Anhalt
Saarl	Saarland, saarländisch
sachl	sachlich
SAE	Sammlung arbeitsrechtlicher Entscheidungen (Zeitschrift)
schädl	schädlich
schriftl	schriftlich
SchwbG	Schwerbehindertengesetz
SchwbV	Schwerbehindertenvertretung
SE	Societas Europaea
SEBG	Gesetz über die Beteiligung der Arbeitnehmer in einer Europäischen Gesellschaft
SeeArbG	Seearbeitsgesetz
SGB	Sozialgesetzbuch
SH	Schleswig-Holstein
sittl	sittlich
sog	sogenannt
sozialversicherungsrechtl	sozialversicherungsrechtlich
SprA	Sprecherausschuss
SprAuG	Sprecherausschussgesetz
staatl	staatlich
Stellv	Stellvertreter
StGB	Strafgesetzbuch
StPO	Strafprozessordnung
str	streitig
stRspr	ständige Rechtsprechung
StVZO	Straßenverkehrzulassungsordnung
SvEV	Sozialversicherungsentgeltverordnung
tägl	täglich
tarifl	tariflich
tatsächl	tatsächlich
Thür	Thüringen
Trend	Zeitschrift für soziale Marktwirtschaft
TV	Tarifvertrag
TVG	Tarifvertragsgesetz
TVL	Tarifvertrag für den öffentlichen Dienst der Länder
TVöD	Tarifvertrag für den öffentlichen Dienst
TzBfG	Teilzeit- und Befristungsgesetz
ua	und andere
UAbs	Unterabsatz
übl	üblich

Abkürzungsverzeichnis

umstr	umstritten
UmwG	Umwandlungsgesetz
unerhebl	unerheblich
unschädl	unschädlich
unstr	unstreitig
unterschiedl	unterschiedlich
UrhG	Gesetz über Urheberrecht und verwandte Schutzrechte (Urheberrechtsgesetz)
ursprüngl	ursprünglich
usw	und so weiter
uU	unter Umständen
UVV	Unfallverhütungsvorschriften
UWG	Gesetz gegen den unlauteren Wettbewerb
v	vom
va	vor allem
Var	Variante
verantwortl	verantwortlich
vereinsrechtl	vereinsrechtlich
Verf	Verfahren
vertragl	vertraglich
Verw	Verwaltung
VG	Verwaltungsgericht
VGH	Verwaltungsgerichtshof
vgl	vergleiche
VglO	Vergleichsordnung
VO	Verordnung
Vorbem	Vorbemerkung
Vors	Vorsitzender
vorsätzl	vorsätzlich
wesentl	wesentlich
weswg	weswegen
wg	wegen
wirkl	wirklich
WirtA	Wirtschaftsausschuss
wirtschaftl	wirtschaftlich
wissenschaftl	wissenschaftlich
WO	Wahlordnung vom 11. Dezember 2001, BGBl I, 3494 ff.
WOS	Wahlordnung Seeschifffahrt
wöchentl	wöchentlich
WpHG	Wertpapierhandelsgesetz
zB	zum Beispiel
ZBVR (online)	Rechtsprechungsdienst der Zeitschrift für Betriebsverfassungsrecht
ZDG	Zivildienstgesetz
zeitl	zeitlich
ZfA	Zeitschrift für Arbeitsrecht
ZGR	Zeitschrift für Unternehmens- und Gesellschaftsrecht
ZHR	Zeitschrift für das gesamte Handelsrecht und Wirtschaftsrecht
ZIP	Zeitschrift für Wirtschaftsrecht und Insolvenzpraxis
ZIS	Zeitschrift für Internationale Strafrechtsdogmatik

ZMV	Die Mitarbeitervertretung (Zeitschrift)
ZPO	Zivilprozessordnung
ZRP	Zeitschrift für Rechtspolitik
ZSEG	Gesetz über die Entschädigung von Zeugen und Sachverständigen
zT	zum Teil
ZTR	Zeitschrift für Tarif-, Arbeits- und Sozialrecht des öffentlichen Dienstes
zusätzl	zusätzlich
zust	zustimmend
zutr	zutreffend
zw	zwischen

Literaturverzeichnis

APS/*Bearbeiter*	Ascheid/Preis/Schmidt (Hrsg.), Großkommentar zum gesamten Recht der Beendigung von Arbeitsverhältnissen, 6. Aufl. 2021
AR/*Bearbeiter*	Dornbusch/Krumbiegel/Löwisch (Hrsg.), AR-Kommentar zum gesamten Arbeitsrecht, 10. Aufl. 2021
BeckOKArbR/*Bearbeiter*	Rolfs/Giesen/Kreikebohm/Udsching (Hrsg.), Beck'scher Online-Kommentar Arbeitsrecht, 64. Edition, 1.6.2022
Berscheid/*Bearbeiter*	Kunz/Henssler/Brand/Nebeling (Hrsg.), Praxis des Arbeitsrechts, 6. Aufl. 2018
DKKW/*Bearbeiter*	Däubler/Kittner/Klebe/Wedde (Hrsg.), Betriebsverfassungsgesetz, Kommentar, 16. Aufl. 2018
DKW/*Bearbeiter*	Däubler/Klebe/Wedde (Hrsg.), Betriebverfassungsgesetz, Kommentar, 18. Aufl. 2022
ErfK/*Bearbeiter*	Müller-Glöge/Preis/Schmidt (Hrsg.), Erfurter Kommentar zum Arbeitsrecht, 22. Aufl. 2022
Fitting	Fitting/Schmidt/Trebinger/Linsenmaier/Schelz, Betriebsverfassungsgesetz, Kommentar, 31. Aufl. 2022
Germelmann/*Bearbeiter*	Germelmann/Matthes/Prütting, Arbeitsgerichtsgesetz – ArbGG, 10. Aufl. 2022
GK/*Bearbeiter*	Wiese/Kreutz/Oetker/Raab/Weber/Franzen/Gutzeit/Jacobs, Betriebsverfassungsgesetz, Gemeinschaftskommentar, 12. Aufl. 2022
GL	Galperin/Löwisch, Kommentar zum Betriebsverfassungsgesetz, Bd. 1, 6. Aufl. 1982; Bd. 2, 6. Aufl. 1982
HaKo-BetrVG	Düwell (Hrsg.), Betriebsverfassungsgesetz, 6. Aufl. 2022
HWGNRH/*Bearbeiter*	Hess/Worzalla/Glock/Nicolai/Rose/Huke, Betriebsverfassungsgesetz, Kommentar, 10. Aufl. 2018
HWK/*Bearbeiter*	Henssler/Willemsen/Kalb (Hrsg.), Arbeitsrecht, Kommentar, 9. Aufl. 2020
KR/*Bearbeiter*	Bubach/Gallner/Heinkel u.a. (Hrsg.), Kündigungsschutzgesetz, Gemeinschaftskommentar zum Kündigungsschutzgesetz und zu sonstigen kündigungsschutzrechtlichen Vorschriften, 13. Aufl. 2022
LKB/*Bearbeiter*	Linck/Krause/Bayreuther, Kündigungsschutzgesetz, 16. Aufl. 2019
Löwisch SprAuG	Löwisch, Sprecherausschussgesetz, Kommentar, 2. Aufl. 1994
Löwisch/Rieble	Löwisch/Rieble, Tarifvertragsgesetz, Kommentar, 4. Aufl. 2017

Literaturverzeichnis

LSSW/*Bearbeiter*	Löwisch/Schlünder/Spinner/Wertheimer, Kündigungsschutzgesetz, 11. Aufl. 2018
MK-AktG/ *Bearbeiter*	Münchener Kommentar zum Aktiengesetz, 5. Aufl. 2021
MK-InsO/*Bearbeiter*	Münchener Kommentar zur Insolvenzordnung, Bd. 1, 4. Aufl. 2019; Bd. 2, 4. Aufl. 2019
MünchArbR/*Bearbeiter*	Münchener Handbuch zum Arbeitsrecht, Bd. 3, 5. Aufl. 2022; Bd. 4, 5. Aufl. 2022
NK-EBRG/*Bearbeiter*	Blanke/Hayen/Kunz/Carlson, Europäische Betriebsräte-Gesetz: EBRG, 3. Aufl. 2019
NPGWJ/*Bearbeiter*	Neumann/Pahlen/Greiner/Winkler/Jabben, Sozialgesetzbuch IX, 14. Aufl. 2020
RDW/*Bearbeiter*	Richardi/Dörner/Weber (Hrsg.), Personalvertretungsrecht, Kommentar, 5. Aufl. 2020
Richardi/*Bearbeiter*	Richardi (Hrsg.), Betriebsverfassungsgesetz mit Wahlordnung, Kommentar, 17. Aufl. 2022
Schaub/*Bearbeiter*	Schaub, Arbeitsrechtshandbuch, 19. Aufl. 2021
Schüren/Hamann	Arbeitnehmerüberlassungsgesetz, Kommentar, 6. Aufl. 2022
Schwab/Weth/*Bearbeiter*	Schwab/Weth (Hrsg.), Arbeitsgerichtsgesetz, Kommentar, 6. Aufl. 2022
SPV/*Bearbeiter*	Stahlhacke/Preis/Vossen, Kündigung und Kündigungsschutz im Arbeitsverhältnis, 11. Aufl. 2015
SWS	Stege/Weinspach/Schiefer, Betriebsverfassungsgesetz, Handkommentar für die betriebliche Praxis, 9. Aufl. 2002
Wlotzke/Preis/Kreft	Wlotzke/Preis/Kreft, Betriebsverfassungsgesetz, Kommentar, 4. Aufl. 2009
Zöller/*Bearbeiter*	Althammer/Feskorn/Geimer ua, Zivilprozessordnung, Kommentar, 34. Aufl. 2022

Einleitung

Literatur: I. Allgemeines: *Absenger/Priebe*, Das Betriebsverfassungsgesetz im Jahr 2016 – Mitbestimmungslücken und Reformbedarf, WSI-Mitteilungen 2016, 192; *Annuß*, Betriebliche Mitbestimmung für das 21. Jahrhundert, NZA 2022, 694; Bertelsmann-Stiftung/Hans-Böckler-Stiftung, Mitbestimmung und neue Unternehmenskulturen – Bilanz und Perspektiven, 1998; *Däubler*, Herausforderungen für das Arbeitsrecht – Deregulierung, Globalisierung, Digitalisierung AuR 2016, 325; *Däubler/Kittner*, Geschichte der Betriebsverfassung, 2020; DGB - Gesetzentwurf für ein modernes Betriebsverfassungsgesetz, abrufbar unter https://www.dgb.de/-/cR8; *Gallini/Koller-van Delden*, Betriebsratsfähigkeit (un-)selbstständiger Zweigniederlassungen ausländischer Gesellschaften, BB 2021, 2484; *Gamillscheg*, Gegenstand und Ziele der Betriebsverfassung, in: Gamillscheg, Kollektives Arbeitsrecht Band II, S 1 ff; *Junker*, Betriebsverfassung im europäischen Vergleich, ZfA 2001, 225; *Klapp/Klebe*, Die Zukunft der Betriebsverfassung – ein Gesetzentwurf für das 21. Jahrhundert, NZA 2022, 694; *Konzen*, Privatrechtssystem und Betriebsverfassung, ZfA 1985, 469; *Krebber*, Unternehmensübergreifende Abläufe im Arbeitsrecht, 2005; *Lobinger*, Systemdenken im Betriebsverfassungsrecht, RdA 2011, 76; *Löwisch*, Mitbestimmung auf der Unternehmens- und Betriebsebene – Koordination oder Kumulation?, Bitburger Gespräche Jahrbuch 2006/I, 19; *Otto*, Der Arbeitgeber im Zweifrontenkrieg, ZfA 2011, 673; *Picker*, Betriebsverfassung und Arbeitsverfassung, RdA 2001, 259; *Reichold*, Belegschaftsvertretungen im Spannungsfeld divergierender Arbeitnehmerinteressen, NZW 2012, Beil. 4; *Rieble/Junker* (Hrsg), Unternehmensführung und betriebliche Mitbestimmung, ZAAR-Schriftenreihe Bd. 10, 2008; *Teuteberg*, Geschichte der industriellen Mitbestimmung in Deutschland, 1961; *R Weber*, Vom Klassenkampf zur Partnerschaft, ZfA 1993, 517; *Wendeling-Schröder*, Individuum und Kollektiv in der neuen Betriebsverfassung, NZA 2001, 357; *Wiese*, Zum Zweck des Betriebsverfassungsrechts im Rahmen der Entwicklung des Arbeitsrechts, FS Kissel (1994), S 1269; *Wiesenecker*, Arbeitsrecht der Länder im Nachkriegsdeutschland, 2005; *Windbichler*, Grenzen der Mitbestimmung in einer marktwirtschaftlichen Ordnung, ZfA 1991, 35. Weitere Literatur, insbesondere zur Reform 2001, siehe Vorauflagen.

Literatur: II. Betriebsverfassung und Auslandsberührung: *Birk*, Das Arbeitskollisionsrecht der Bundesrepublik Deutschland, RdA 1984, 129; *Boemke*, „Ausstrahlung" des Betriebsverfassungsgesetzes ins Ausland, NZA 1992, 112; *Däubler*, Mitbestimmung und Betriebsverfassung im internationalen Privatrecht, RabelsZ 39 (1975), 444; *Deinert*, Beschäftigung ausländischer Arbeitnehmer in Inlandsbetrieben, 2016; *Fischer*, Der internationale Betrieb – Prüf- oder Stolperstein für das Territorialitätsprinzip, RdA 2002, 160; *Jaeger*, Auslandsbezug des Betriebsverfassungsgesetzes, 1983; *Junker*, Das internationale Arbeitsrecht im Spiegel der Rechtsprechung, FS 50 Jahre BAG (2004), S 1197, *E Lorenz*, Die Grundsätze des deutschen internationalen Betriebsverfassungsrechts, FS W Lorenz (1991), S 441; *Rein*, Mitbestimmungsfragen beim grenzüberschreitenden Arbeitsverhältnis im Konzern, 2012.

Übersicht

	Rn.		Rn.
I. Gesetzesziel	1	2. Betriebsverfassung und Auslandsberührung	15
II. Entwicklung	5		
III. Geltungsbereich	10	IV. Arbeitsgerichtliche Zuständigkeit	22
1. Abgrenzung zu Unternehmensverfassung, Sprecherausschussverfassung und Personalverfassung sowie zum nicht wirtschaftlichen Bereich	10		

I. Gesetzesziel

Das BetrVG will dem Betrieb als der vorherrschenden Organisationseinheit der arbeitsteiligen Wirtschaft eine Ordnung geben, in welcher die berechtigten Belange der AN zur

1

Geltung gebracht werden können, zugleich aber die wirtschaftliche Entscheidungsfreiheit des Unternehmers und sein Interesse an einem wirtschaftlichen Betriebsablauf gewahrt werden. Zur Verwirklichung dieses Zwecks baut das Gesetz in den ersten drei Teilen die Organisation der **Betriebsvertretung** auf und verleiht ihr im vierten Teil umfassende Beteiligungsrechte in sozialen, personellen und wirtschaftlichen Angelegenheiten.

2 Der tragende Grundsatz der Betriebsverfassung (§ 2 Abs 1) verpflichtet AG und BR zu **vertrauensvoller Zusammenarbeit**. Die Ziele des BetrVG sind somit das **Zusammenwirken** und die **Einigung** der beiden Betriebspartner <L: grundlegend hierzu *Kania* FS 100 Jahre Betriebsverfassungsrecht, S 271 ff>. Indes können die Verhandlungen zw AG und BR ohne Ergebnis bleiben. In diesem Fall können beide Betriebspartner nach § 76 eine ES anrufen, die ihren Streit schlichtet. Der Arbeitskampf als Lösungsmittel ist ausgeschlossen (§ 74 Abs 2).

3 Die Einrichtung gewählter ANvertretungen auf Betriebsebene durch das BetrVG steht in einem Spannungsverhältnis zu der aus Art 9 Abs 3 GG fließenden **Befugnis der Koalitionen**, die Arbeitsbeziehungen auf überbetrieblicher, insbes tariflicher Ebene zu regeln. Diesem Dualismus trägt das BetrVG dadurch Rechnung, dass es selbst vor allem den Gewerkschaften eine Reihe von Befugnissen iR der Betriebsverfassung einräumt. Weitere Befugnisse der Koalitionen im Betrieb ergeben sich direkt aus Art 9 Abs 3 GG <L: zu Art 9 Abs 3 GG MünchArbR/*Löwisch/Rieble* 3. Aufl § 157 Rn 72 ff>; s im Einzelnen § 2 Rn 27 ff.

4 Nach § 1 Abs 1 TVG kommt den TVparteien überdies die Befugnis zu, durch Normen über betriebsverfassungsrechtliche und betriebliche Fragen sowie über den Inhalt, den Abschluss und die Beendigung von Arbeitsverhältnissen die Organisation der Betriebsverfassung und die soziale und personelle Ordnung des Betriebs mit bindender Wirkung für die Betriebspartner zu regeln. Änderungen der Betriebsverfassung sind dabei aber nur in beschränktem Umfang möglich. Insbes sind die organisatorischen Bestimmungen des BetrVG zwingend, soweit das Gesetz nicht in den §§ 3, 21a, 38 Abs 1 S 5, 47 Abs 4 bis 6, 55 Abs 4, 72 Abs 4 bis 6, 86 und 117 Abs 2 selbst Ausnahmen zulässt <R: BAG 16.2.1973, 1 ABR 18/72 BB 1973, 1071, 1634>. Möglich sind aber Vereinbarungen über die Zusammenarbeit (§ 2 Rn 25 f). Bestimmungen eines TV, der die betrieblichen Fragen der Arbeitsverhältnisse regelt, gehen den BVen nach § 77 Abs 3 und § 87 Abs 1 vor.

II. Entwicklung

5 Die deutsche Betriebsverfassung hat eine lange Tradition. Der erste Versuch einer Einrichtung von Vertretungen der AN in den Betrieben ist von einer Minderheit der Frankfurter Nationalversammlung von 1848/49 ausgegangen. Ihr Vorschlag konnte sich jedoch nicht durchsetzen. Erst das Arbeiterschutzgesetz von 1891 ermöglichte die Einrichtung von Arbeiterausschüssen, die dann 1916 im Vaterländischen Hilfsdienstgesetz allg vorgeschrieben wurden. Nach Ende des Ersten Weltkrieges wurden aufgrund einer Vereinbarung zw AGverbänden und Gewerkschaften vom 15.11.1918 Arbeiter- und Angestelltenausschüsse mit weitgehenden Befugnissen eingerichtet. Ihre Bildung wurde dann auch in Art 165 der Weimarer Reichsverfassung vorgesehen und fand schließlich eine ausf Regelung im BetriebsräteG vom 4.2.1920. In der Zeit des Nationalsozialismus wurden die gewählten ANvertretungen durch Vertrauensräte unter Reichstreuhändern der Arbeit ersetzt, die lediglich beratende Funktion hatten.

II. Entwicklung

Nach Ende des Zweiten Weltkriegs wurden erneut gewählte ANvertretungen geschaffen, denen in vielen Punkten weitergehende Beteiligungsrechte zukamen als in der Weimarer Zeit. Die Entwicklung mündete zunächst in das BetrVG vom 11.10.1952, das dann durch das heute geltende BetrVG vom 15.1.1972 abgelöst worden ist. Dieses ist in der Folgezeit in einer Reihe von Punkten weiterentwickelt worden. Von besonderer Bedeutung war dabei die Novelle vom 20.12.1988 mit einer Verlängerung der Amtszeit auf vier Jahre, der Einführung des Minderheitenschutzes bei der Besetzung der BR-Ausschüsse und bei der Freistellung von BR-Mitgliedern sowie einer Neuregelung der Abgrenzung zu den ltd Ang, die in Gestalt der Sprecherausschüsse eine eigene Vertretung erhielten. 6

Das **BetrVerf-RG vom 27.7.2001** (BGBl I S 1852 ff) hat das BetrVG in zahlreichen Punkten geändert. Ziele dieser Änderung waren die Ermöglichung neuer Organisationsformen der Betriebsverfassung durch eine weitgehende Zulassung entspr TVe, die Aufgabe der Trennung von Arbeitern und Ang, die Vereinfachung der Wahlverf, bes in Kleinbetrieben, die Vergrößerung der BR und die Vermehrung der Rechte der BR-Mitglieder, die bessere Repräsentation von Frauen in den Organen der betrieblichen Mitbestimmung, die Stärkung der Stellung der einzelnen AN und von Arbeitsgruppen iR der Betriebsverfassung, aber auch eine Verstärkung der Mitwirkungs- und MBRe, insbes bei der Gruppenarbeit, in Fragen des betrieblichen Umweltschutzes, bei der Beschäftigungssicherung, hinsichtlich der Qualifizierung der AN, bei Einstellung und Versetzungen sowie iF von Betriebsänderungen <L: vgl die Begründung des RegE BT-Drs 14/5741 S 23 ff>. 7

Andere drängende Fragen, wie die der Vereinfachung und Beschleunigung der Mitwirkungs- und Mitbestimmungsverf und der Schaffung einer differenzierten Betriebsverfassung für kleinere und mittlere Unternehmen hat das Gesetz nach wie vor ausgespart. Auch eine Verstärkung der Rechte der Belegschaft in der Betriebsverfassung ist ausgeblieben <dazu L: *Löwisch* FS 100 Jahre Betriebsverfassungsrecht, S 441 ff>. 8

Zuletzt hat das **Betriebsrätemodernisierungsgesetz vom 14.6.2021** (BGBl I S 1762 ff) das BetrVG geändert und ergänzt. Das Gesetz hat ua das aktive Wahlrecht auf das Alter von 16 Jahren gesenkt (§ 7 S 1) und den Anwendungsbereich des vereinfachten Wahlverfahrens auf Betriebe mit bis zu 100 AN erweitert (§ 14a). Möglich ist nunmehr die Teilnahme an Betriebsrats- und Gesamtbetriebsratssitzungen mittels Video- oder Telefonkonferenz (§§ 30 ff, § 51). Entsprechende Regelungen gelten künftig auch für Sprecherausschüsse (§§ 12 ff SprAuG). Der Abschluss von Betriebsvereinbarungen und Beschlüsse der Einigungsstelle können elektronisch erfolgen (§ 77 Abs 2 S 2, § 76 Abs 3 S 4). Die Verpflichtung des BR zur Einhaltung des Datenschutzes ist gesondert geregelt (§ 79a) und sein Recht auf Zuziehung von Sachverständigen bei Fragen der Künstlichen Intelligenz ausdrücklich festgelegt worden § 80 Abs 3). Der Katalog der Mitbestimmungsrechte ist auf die Ausgestaltung von mobiler Arbeit erstreckt worden, die mittels Informations- und Kommunikationstechnik erbracht wird (§ 87 Abs 1 Nr 14). Erweitert worden ist schließlich auch der Kündigungsschutz für AN, die BR-Wahlen vorbereiten (§§ 15 f KSchG). Im April 2022 hat eine DGB-Projektgruppe einen **DGB-Gesetzentwurf für ein modernes Betriebsverfassungsgesetz** vorgelegt <L: DGB - Gesetzentwurf für ein modernes Betriebsverfassungsgesetz, abrufbar unter https://www.dgb.de/-/cR8>. Der Entwurf schlägt insbesondere Ausweitungen der Mitbestimmungstatbestände, eine Verschiebung der Zuständigkeiten zugunsten von Gesamtbetriebsrat und Konzernbetriebsrat, eine Stärkung der Rechtsstellung der Betriebsräte sowie eine Einbeziehung der Religionsgemeinschaften und ihrer Einrichtungen in den Geltungsbereich des Betriebsverfassungsge- 9 setzes vor <**L:** *Annuß* NZA 2022, 694; *Klapp/Klebe* NZA 2022, 689>. Die Meinungsäußerungsfreiheit der Beschäftigten soll auf außerbetriebliche Stellungnahmen zu betrieblichen Fragen erweitert werden. Eine Stärkung der Stellung der einzelnen Arbeitnehmer im Rahmen der Betriebsverfassung und der Rechte der Belegschaft als solcher (dazu Rn 7f) ist hingegen nicht vorgesehen.

III. Geltungsbereich

1. Abgrenzung zu Unternehmensverfassung, Sprecherausschussverfassung und Personalverfassung sowie zum nicht wirtschaftlichen Bereich

10   Anders als das BetrVG 1952 regelt das BetrVG 1972 nur die Betriebsverfassung, **nicht** auch die sog **Unternehmensverfassung**, also die Beteiligung der AN in den Organen der Unternehmensträger. Die Unternehmensverfassung ist im MitBestG vom 4.5.1976, im DrittelbG vom 18.5.2004 sowie in den MontanMitbestG geregelt. Für die Europäische Gesellschaft (SE) nach der EG-VO Nr. 2157/2001 vom 8.10.2001 sieht die Richtlinie 01/86/EG vom gleichen Tage Mitbestimmungsregeln vor. Diese Richtlinie hat Deutschland mit dem Gesetz über die Beteiligung der Arbeitnehmer in einer Europäischen Gesellschaft (SEBG) vom 28.12.2004 umgesetzt. Für die nicht zur Gründung einer SE führende grenzüberschreitende Verschmelzung von Kapitalgesellschaften aus verschiedenen Mitgliedstaaten sehen die Verschmelzungsrichtlinie 2005/56/EG vom 26.10.2005 und das diese umsetzende Gesetz vom 21.12.2006 ähnliche Regelungen vor.

11   Das SprAuG vom 20.12.1988 hat für die **ltd Ang**, die nach § 5 Abs 3 aus dem Geltungsbereich des BetrVG ausgenommen sind, eigene Vertretungen, die **Sprecherausschüsse**, geschaffen. Sprecherausschüsse werden in Betrieben mit idR mindestens zehn ltd Ang gewählt (§ 1 SprAuG). Möglich ist auch die Bildung eines UnternehmensSprA, wenn dies die Mehrheit der ltd Ang des Unternehmens verlangt (§ 20 SprAuG). Nach § 20 Abs 1 SprAuG kann ein UnternehmensSprA auch in dem Fall gebildet werden, in dem in keinem Betrieb des Unternehmens zehn ltd Ang beschäftigt sind, sofern diese Zahl im Unternehmen insgesamt erreicht wird. Die Wahl eines Sprecherausschusses setzt voraus, dass sie von der Mehrheit der ltd Ang des Betriebs in einer Versammlung oder durch schriftliche Stimmabgabe verlangt wird (§ 7 Abs 2 S 4 SprAuG).

12   Die Sprecherausschüsse haben in einer Reihe von Angelegenheiten der ltd Ang, insbes bei Einstellungen und personellen Veränderungen sowie bei Kündigungen Mitwirkungsrechte (§§ 30 bis 32 SprAuG). AG und SprA können freiwillige Richtlinien über den Inhalt, den Abschluss oder die Beendigung der Arbeitsverhältnisse der ltd Ang vereinbaren, die unmittelbar und zwingend gelten (§ 28 SprAuG). Zum Begriff des ltd Ang § 5 Rn 25ff; zum Verf, in dem Ang für die Wahlen zum SprA und zum BR den ltd Ang oder den AN iS des § 5 Abs 1 zugeordnet werden, § 18a.

13   Das BetrVG findet keine Anwendung
   – auf den öffentlichen Dienst (§ 130), für den die Personalvertretungsgesetze des Bundes und der Länder gelten, sowie in seinem Geltungsbereich das Soldatinnen- und Soldatenbeteiligungsgesetz,
   – auf die Religionsgemeinschaften und ihre karitativen und erzieherischen Einrichtungen (§ 118 Abs 2),

– auf Kleinbetriebe (§ 1) und auf private Haushalte, die nicht als Betriebe im wirtschaftl Sinn anzusehen sind (§ 1 Rn 8).

Nur eingeschränkt gelten die Vorschriften des BetrVG für sog Tendenzbetriebe (§ 118 Abs 1), für Seebetriebe (§§ 114 bis 116) und für Betriebe der Luftfahrt (§ 117). 14

2. Betriebsverfassung und Auslandsberührung

Die Betriebsverfassung ist als Teil der territorialen Sozialordnung des Staates grds an die Grenzen Deutschlands gebunden <**R**: BAG 9.11.1977, 5 AZR 132/76, BB 1978, 403; BAG 10.9.1985, ABR 28/83, EZA § 99 BetrVG 1972 Nr. 41>. Für Betriebe deutscher Unternehmen im Ausland gilt das BetrVG deshalb nicht. Auf **im Ausland gelegene selbstständige Betriebsteile** iS von § 4 Abs 1 gilt das BetrVG ebenfalls nicht, **unselbstständige** ausländische Betriebsteile werden hingegen einem **im Inland gelegenen Hauptbetrieb zugeordnet** und unterfallen damit dem BetrVG <**L**: GK/*Franzen* § 1 Rn 11>. 15

Inwieweit das BetrVG auf **im Ausland tätige AN** deutscher Betriebe Anwendung findet, lässt sich allerdings nicht mit Hilfe des Territorialprinzips feststellen: Es handelt sich hierbei um eine Frage des persönlichen, nicht des räumlichen Geltungsbereichs des BetrVG <**R**: BAG 7.12.1989, 2 AZR 228/89, NZA 1990, 658>. Das BetrVG ist auf im Ausland tätige AN anwendbar, soweit sich deren Auslandstätigkeit als „Ausstrahlung" des Inlandsbetriebs darstellt: AN, die vorübergehend ins Ausland entsandt werden, gehören dem im Bundesgebiet liegenden Betrieb an und haben alle Rechte aus dem BetrVG <**R**: BAG aaO>. Lediglich organschaftliche Handlungen des BR im Ausland, etwa Betriebsversammlungen im Ausland für die dort tätigen AN, sind ausgeschlossen <**R**: BAG 27.5.1982, 6 ABR 28/80, BB 1982, 2183 (LS)>. 16

Ist der im Ausland tätige AN **auf Dauer in einen dortigen Betrieb oder Betriebsteil eingegliedert**, fehlt es regelmäßig am Inlandsbezug, sodass das BetrVG auf diesen AN keine Anwendung findet <**R**: BAG 25.4.1978, 6 ABR 2/77, BB 1978, 1520 (LS); 21.10.1980, 6 AZR 640/79, AP Nr 17 zu Internat Privatrecht, Arbeitsrecht; BAG 7.12.1989 aaO; LAG München 8.7.2009, 11 TaBV 114/08>. Mangels Bezugs zum Inlandsbetrieb und dessen Belegschaft steht ihnen auch kein Wahlrecht zu <**L**: *Fitting* § 1 Rn 27; *Böhmke* NZA 1992, 115; aA GK/*Franzen* § 4 Rn 23>. **Leiharbeitnehmer** bleiben auch bei längerer Überlassung ins Ausland nach § 14 Abs 1 AÜG stets Arbeitnehmer des Verleihbetriebes <**R**: BAG 20.4.2005, 7 ABR 20/04, BB 2006, 383>. 17

Die Vorschriften des BetrVG gelten auch für die im Bundesgebiet liegenden Betriebe **ausländischer Unternehmen**, die ihren Hauptsitz im Ausland haben <**R**: BAG st Rspr, BAG 20.4.2005 aaO>: In den inländischen Zweigniederlassungen ist ein BR zu errichten, der alle Rechte und Aufgaben hat, die sich aus dem BetrVG ergeben. Auch in Betriebsteilen ausländischer Unternehmen, die in Deutschland liegen, sind nach Maßgabe von § 4 Abs 1 S 1 BR zu bilden. Auch § 4 ist Teil der territorialen Sozialordnung Deutschlands <**L**: *Gallini/Koller-van Delden* BB 2021, 2487; *Fitting* Rn 13>. 18

Sind in mehreren inländischen Betrieben eines ausländischen Unternehmens BR gewählt, bilden sie einen GBR (§ 47 Rn 6). Für die inländischen Zweigniederlassungen – ggfs auch für die einzige Zweigniederlassung – kann ein WirtA gebildet werden <**R**: BAG 1.10.1974, 1 ABR 77/73, BB 1975, 327>. Zur Bildung eines KBR in ausländischen Konzernen § 54 Rn 13 ff. 19

Einleitung

20 Für **Beamte und sonstige Bedienstete der EG** sieht das europäische Recht die Bildung eigener Personalvertretungen vor (Art 9 des europäischen Beamtenstatuts, Art 7 der Beschäftigungsbedingungen für die sonstigen Bediensteten der EG). Für das Wahlrecht zu diesen kommt es auf den Tätigkeitsort nicht an. Soweit die EG nach **deutschem Recht** AN im Inland beschäftigt, gilt für diese aber das BetrVG.

21 Das aufgrund der Richtlinie 94/45/EG vom 22.9.1994 über die Einsetzung eines **Europäischen Betriebsrates** (ABl EG Nr L 254, 64) geschaffene Gesetz über Europäische Betriebsräte (EBRG) sieht die Bildung von besonderen BR in grenzüberschreitenden Unternehmen und Konzernen vor. Das Gesetz ist als Anhang 3 mit einer erläuternden Einführung abgedruckt. Für die **Societas Europaea (SE)** enthält das SEBG eigene Regelungen über die Beteiligung der AN (Anhang 3 Rn 14).

IV. Arbeitsgerichtliche Zuständigkeit

22 Streitigkeiten zw AG und BR entscheidet das ArbG im **Beschlussverf** nach § 2a Abs 1 Nr 1 ArbGG. Das gilt zunächst für organisatorische Fragen, zB die Zulässigkeit der Errichtung des BR, die BR-Wahl, die Zuständigkeit der verschiedenen Betriebsverfassungsorgane, die Rechte und Befugnisse von BR-Mitgliedern und die Kosten der BR-Tätigkeit. Erfasst werden zum anderen Streitigkeiten über die Mitwirkung und Mitbestimmung des BR. Insbes können im Beschlussverf das Bestehen eines Beteiligungsrechts in einer bestimmten Angelegenheit festgestellt und die Beachtung des Mitwirkungs- oder Mitbestimmungsrechts im Wege des Unterlassungsanspruchs durchgesetzt werden (§ 87 Rn 26 ff und § 23 Rn 13 ff, 51).

23 Auch unmittelbar aus dem BetrVG folgende Ansprüche des BR gg den AG, etwa auf Geld- oder Sachleistungen (§ 40), darauf, Wahlbehinderungen und -beeinflussungen zu unterlassen (§ 20), auf Unterrichtung des BR (§ 80 Abs 2, 90, 92, 92a, 106 Abs 2, 111) oder auf Zurverfügungstellung von Auskunftspersonen und Vorlage von Unterlagen (§ 80 Abs 2, § 92 Abs 1, 99 Abs 1, 106 Abs 2) können im Beschlussverf verfolgt werden <R: BAG 17.5.1983, 1 ABR 21/80, BB 1983, 1984>. Das Gleiche gilt für Ansprüche, die sich aus einer BV ergeben (§ 77 Rn 5). Zur Durchsetzung der AN-Ansprüche aus §§ 81 ff s Vor §§ 81 ff Rn 3 ff.

24 Schließlich wird im arbg Beschlussverf auch der Streit über die Zuständigkeit der ES ausgetragen, § 76 Rn 40 ff.

25 Der einzelne **AN** ist im Beschlussverf nach § 2a Abs 1 Nr 1 ArbGG nur dann **antragsberechtigt**, wenn über seine eigene Stellung iR der Betriebsverfassung, insbes sein Wahlrecht gestritten wird. Nicht antragsberechtigt ist er aber, wenn er durch eine Maßnahme oder Erklärung des BR, etwa iR des § 99, negativ betroffen ist <R: BAG 13.7.1955, 1 ABR 31/54, BB 1955, 768; **L:** *Löwisch* AuR 1972, 359, 361; *von Hoyningen-Huene* ZRP 1978, 181, 183; **aA** *Blomeyer* Gedächtnisschrift Dietz (1973), S 147, 172>. Individualrechtliche Ansprüche, die ihre Grundlage im BetrVG haben, insbes solche auf bezahlte Freistellung nach § 37, sind ebenfalls nicht im Beschlussverfahren sondern im Urteilsverfahren geltend zu machen <**L:** s im Einzelnen: Germelmann/*Schlewing/Dickerhof-Borello* § 2a ArbGG Rn 15>.

26 Zur Antragsbefugnis von Arbeitsgruppen s § 28a Rn 31.

Erster Teil
Allgemeine Vorschriften

§ 1 Errichtung von Betriebsräten

(1) In Betrieben mit in der Regel mindestens fünf ständigen wahlberechtigten Arbeitnehmern, von denen drei wählbar sind, werden Betriebsräte gewählt. Dies gilt auch für gemeinsame Betriebe mehrerer Unternehmen.

(2) Ein gemeinsamer Betrieb mehrerer Unternehmen wird vermutet, wenn

1. zur Verfolgung arbeitstechnischer Zwecke die Betriebsmittel sowie die Arbeitnehmer von den Unternehmen gemeinsam eingesetzt werden oder

2. die Spaltung eines Unternehmens zur Folge hat, dass von einem Betrieb ein oder mehrere Betriebsteile einem an der Spaltung beteiligten anderen Unternehmen zugeordnet werden, ohne dass sich dabei die Organisation des betroffenen Betriebes wesentlich ändert.

Literatur: *Hoffmann/Alles*, Der „unternehmensübergreifende" Gesamtbetriebsrat, NZA 2014, 757; *Korff*, Vereinsinterne und vereinsübergreifende Mitbestimmung im professionellen deutschen Mannschaftssport, CaS 2011, 44; *Kort*, Matrix-Strukturen und Betriebsverfassungsrecht, NZA 2013, 1318; *Kreutz*, Gemeinsamer Betrieb und einheitliche Leitung, FS Richardi (2007), S 637; *Löwisch*, Einheitlicher Betrieb und Mehrheit von Unternehmen, RdA 1976, 35; *ders*, Einheitliche und eigenständige Arbeitsorganisation als Merkmal des Betriebsbegriffs im Sinne der Betriebsverfassung, FS Kissel (1994), S 679; *ders*, Gemeinsamer Betrieb privater und öffentlicher Rechtsträger, FS Söllner (2000), S 689; *ders*, Betriebsrat wider den Willen der Belegschaft?, BB 2006, 664; *Löwisch/Wegmann*, Zahlenmäßige Berücksichtigung von Leiharbeitnehmern in Betriebsverfassungs- und Mitbestimmungsrecht (§ 14 Absatz 2 Sätze 4 bis 6 AÜG nF), BB 2017, 373; *Maschmann*, Betriebsverfassung in der Matrixorganisation, FS 100 Jahre Betriebsverfassungsrecht (2020), S 463; *Mengel*, Digitale Betriebssteuerung und die betriebsverfassungsrechtlichen Begriffe für Betriebe und Betriebsteile, FS Windbichler (2020), S 309; *Rieble*, Der Schein-Gemeinschaftsbetrieb, FS Kreutz (2010), S 387; *Rieble*, Kompensation der Betriebsabspaltung durch den Gemeinschaftsbetrieb mehrerer Unternehmen (§ 322 UmwG), FS Wiese (1998), S 453; *Röder*, Unternehmensspaltungen, Gemeinschaftsbetrieb und Betriebsübergang, FS Moll (2019), S 585; *Schönhöft/Oelze*, Der gewillkürte Gemeinschaftsbetrieb – Möglichkeiten des drittbezogenen Personaleinsatzes unter Beteiligung einer Personalführungsgesellschaft, BB 2016, 565; *Schrader*, Ist der betriebsverfassungsrechtliche Betriebsbegriff noch zeitgemäß?, NZA 2019, 951; *Schweibert*, Gewillkürter Zuschnitt von Betrieben – Chancen, Risiken und Nebenwirkungen, FS 100 Jahre Betriebsverfassungsrecht (2020), S 731; *Steinke*, Wie privat ist privat? – Betrachtungen zur Beschäftigung im Privathaushalt, RdA 2018, 232; *Trümner*, Die Vermutung des gemeinsamen Betriebes mehrerer Unternehmen nach § 1 Abs 2 Nr 1 BetrVG, AiB 2001, 507; *Walle*, Der Gemeinschaftsbetrieb als Gestaltungsinstrument, FS Moll (2019), S 711; *Witschen*, Matrixorganisationen und Betriebsverfassung, RdA 2016, 38. Ältere Literatur s Vorauflagen.

Übersicht

	Rn.		Rn.
I. Allgemeines	1	2. Entstehung und Ende	11
II. Betrieb	3	3. Betriebsratsfähigkeit	19
1. Begriff	3	III. Gemeinsamer Betrieb	29

§ 1 Errichtung von Betriebsräten

1. Grundsatz.................... 29
2. Einheitliche Arbeitsorganisation... 31
3. Einheitliche Leitung 36
4. Vermutungstatbestände 37
5. Gemeinsame Betriebe öffentlicher und privater Unternehmen........ 46
IV. Betriebsratslose Betriebe........... 47
V. Streitigkeiten 52

I. Allgemeines

1 Die Betriebsverfassung knüpft organisatorisch an den **Betrieb** (zum Begriff Rn 3) an. Auf das Unternehmen wird nur ausnahmsweise abgestellt, so bei der Unterrichtung in wirtschaftl Angelegenheiten nach § 106 und bei den Schwellenwerten in § 99 und § 111. Auch ermöglicht § 3 Abs 1 Nr 1a die Bildung unternehmenseinheitlicher BR durch TV (§ 3 Rn 6). Abs 1 S 2 und Abs 2 enthalten Regeln für das Phänomen des gemeinsamen Betriebes mehrerer Unternehmen (s dazu Rn 29 ff).

2 Aus § 1 folgt **kein Errichtungszwang**. Der Gesetzgeber erstrebt zwar, dass in allen BRfähigen Betrieben BR errichtet werden und hat deshalb ein erleichtertes Wahlverf für Kleinbetriebe eingeführt (§§ 14a, 17a) und dessen Anwendungsbereich durch das Betriebsrätemodernisierungsgesetz 2021 erweitert. Auch haben in Unternehmen mit mehreren Betrieben der GBR und sonst die Gewerkschaften nach §§ 16 und 17 das Recht, dafür zu sorgen, dass ein Wahlvorstand bestellt wird. Auch können nach § 14 Abs 3 die Gewerkschaften Wahlvorschläge einreichen. Zur Stimmabgabe kann jedoch kein AN gezwungen werden, ebenso wenig zur Annahme eines BR-Amts. Die Errichtung eines BR kann daher gg den einmütigen Willen der Belegschaft nicht durchgesetzt werden. Auch ein gewählter BR muss nicht von all seinen Befugnissen Gebrauch machen <L: *Löwisch* BB 2006, 664>.

II. Betrieb

1. Begriff

3 Der allg Betriebsbegriff wird in Rspr und Lehre als „organisatorische Einheit von Arbeitsmitteln" definiert, „mit deren Hilfe jemand in Gemeinschaft mit seinen Mitarbeitern einen oder mehrere technische Arbeitszwecke fortgesetzt verfolgt" <R: stRspr des BAG, insbes 23.9.1982, 6 ABR 42/81, AP Nr 3 zu § 4 BetrVG 1972, 25.9.1986, 6 ABR 68/84, AP Nr 7 zu § 1 BetrVG 1972, 9.12.2009, 7 ABR 38/08, DB 2010, 1409 und 28.5.2021, 7 ABR 10/20, BB 2021, 22, 29, Rn 27; **aA** LAG HH 22.10.1997, 4 TaBV 9/95, LAGE § 1 BetrVG 1972 Nr 4; krit zur Rspr des BAG *Joost* Betrieb und Unternehmen als Grundbegriffe des Arbeitsrechts 1983; *Umnuß* Organisation der Betriebsverfassung und Unternehmerautonomie 1993, unter 4.4 und 6.4>.

4 Wg des Zwecks des BetrVG, eine **effektive Vertretung** der AN-Interessen ggü dem AG zu ermöglichen, ist das entscheidende Merkmal der organisatorischen Einheit der **selbstständige Leitungsapparat** in den wesentlichen mitbestimmungs- und mitwirkungspflichtigen Angelegenheiten des BetrVG. Grds bilden die AN einen Betrieb, für welche die AG-Funktionen im Bereich der sozialen und personellen Angelegenheiten (§§ 87 ff und §§ 92 ff) sowie die unternehmerischen Funktionen im Bereich der wirtschaftlichen

Angelegenheiten einheitl wahrgenommen werden <R: BAG 23.9.1982 aaO, BAG 14.9.1988, 7 ABR 93/87, AP Nr 9 zu § 1 BetrVG 1972, 18.1.1989, 7 ABR 62/87, AP Nr 2 zu § 14 AÜG und BAG 11.2.2004, 7 ABR 27/03, EzA § 1 BetrVG 2001 Nr 2>. Unerheblich ist demggü, wo die Entscheidungsbefugnisse in den wirtschaftlich-kaufmännischen Angelegenheiten liegen, da diese der Mitbestimmung nach dem BetrVG weitgehend entzogen sind <R: BAG 23.9.1982 aaO>.

Die Voraussetzungen des einheitl Leitungsapparats bereiten in **Matrixorganisationen** Probleme, wenn Befugnisse in personellen und sozialen Angelegenheiten bei der Leitung der einzelnen Funktionen oder Sparten liegen <L: DKW/*Trümner* § 1 Rn 78 f>. Doch wird sich auch in solchen Fällen in der Ausübung dieser Befugnisse regelmäßig eine Koordination in den einzelnen Leitungen feststellen lassen. Das genügt für die Annahme einer einheitl Leitung <L: *Witschen* RdA 2016, 41 ff; *Fitting* § 1 Rn 13; wohl auch *Maschmann* FS 100 Jahre Betriebsverfassungsrecht, S 470 f>. Ist auch eine solche Koordination nicht feststellbar, können jedenfalls selbstständige Betriebsteile iSv § 4 Abs 1 S 1 Nr 2 gegeben sein (§ 4 Rn 7 ff). Die unternehmerische Zusammenarbeit allein genügt in keinem Fall. <R: BAG 20.5.2021, 2 AZR 560/20, DB 2021, 1888>. 5

Der einheitl Leitungsapparat reicht für das Vorliegen einer einheitl betriebl Organisation nicht aus. Der AG könnte sonst, indem er für Teile seiner AN getrennte Leitungsstrukturen schafft, die betriebl Organisationsstruktur atomisieren. Die Bildung von Betrieben so weitgehend der Organisationsentscheidung des Unternehmers zu überlassen, würde die Funktionsfähigkeit der Betriebsverfassung in Frage stellen. Für die einheitl betriebl Organisation ist daher neben dem selbstständigen Leitungsapparat eine **einheitliche arbeitstechnische Struktur** erforderl. Mit der Wendung des herkömmlichen Betriebsbegriffs, der Betriebsinhaber müsse in Gemeinschaft mit seinen Mitarbeitern einen oder mehrere arbeitstechnische Zwecke fortgesetzt verfolgen, ist nicht bloß gemeint, dass überhaupt eine arbeitstechnische Zielsetzung vorhanden sein muss. Vielmehr muss die Arbeit auf die vom Inhaber vorgegebene Zielsetzung hin als Einheit organisiert sein <R: vgl BAG 23.9.1982, 6 ABR 86/79, AP Nr 3 zu § 4 BetrVG 1972, wo die im selben Gebäude wie eine Produktionsstätte des Unternehmens untergebrachte Hauptverwaltung deshalb als selbstständiger Betrieb angesehen wird, weil sie ggü der Produktionsstätte einen eigenständigen arbeitstechnischen Zweck verfolge; ebenso LAG Köln 17.7.2020, 9 TaBV 73/19, juris und LAG München 6.8.19, 9 TaBV 14/19; im gleichen Sinne auch BAG 22.6.2005, 7 ABR 57/04, EzA BetrVG 2001 § 1 Nr 4 und 13.2.2013, 7 ABR 36/11, BB 2013, 2170 für den Gemeinschaftsbetrieb; L: ausf *Löwisch* FS Kissel, S 679 ff; GK/*Franzen* Rn 38 f>. 6

Eine **räumliche Einheit** der Betriebsstätte ist für den Betriebsbegriff **nicht** wesensnotwendig. Ob mehrere räumlich getrennte arbeitstechnische Organisationseinheiten jeweils für sich oder in ihrer Gesamtheit als Betrieb anzusehen sind, entscheidet sich nach der Beschaffenheit der Leitungsstruktur <R: BAG 14.5.1997, 7 ABR 52/96, nv; LAG Hamm 13.4.2012, 10 TaBV 55/11, juris>. Entspr der Rn 5 müssen die Organisationseinheiten auch eine einheitl arbeitstechnische Struktur bilden. Insofern genügt ein Zusammenhang der Arbeitsorganisation, wie er etwa bei einem Verkehrsbetrieb oder einem ausschließl mit Heimarbeitern betriebenen Schreibdienst besteht. Auch reicht für den betriebl Zusammenhang eine sog Ausstrahlung aus, wie sie bei auswärtigen Baustellen oder bei Außenarbeitern (Monteuren, Reisenden, Kraftfahrern, Zeitungsausträgern) gegeben ist <R: BAG 29.1.1992, 7 ABR/ 25/91, BB 1992, 353>. 7

§ 1   Errichtung von Betriebsräten

8   Weitere Voraussetzungen für einen selbstständigen Betrieb sind ein nicht ganz unbedeutender Umfang sowie eine **gewisse Dauer**. Vorübergehend eingerichtete Baustellen sind daher keine Betriebe <**R**: LAG Hamm 27.10.53, BV 5/53, ArbGeb 1954, 114>, wohl aber über einen längeren Zeitraum bestehende Baustellen <**R**: LAG Heidelberg 2.7.1949, Sa 45/49, BB 1949, 691 (Tunnelbau); LAG Ddf 14.3.1996, 5 TaBV 75/95, juris für die Baustelle einer ARGE; **L**: *Fitting* Rn 107>.

9   Welcher arbeitstechnische Zweck verfolgt wird, ist für das Vorliegen eines Betriebs gleichgültig. Doch stellt auch ein größerer Familienhaushalt keinen Betrieb iS des Betriebsverfassungsrechts dar. Es ist nicht der Sinn des BetrVG, in diesen Bereich der privaten Lebensführung regelnd einzugreifen <**L**: GK/*Franzen* Rn 28; *Fitting* § 1 Rn 95; *Steinke* RdA 2018, 232; **aA** DKW/*Trümner* § 1 Rn 43>.

10   Betriebsteile gelten unter den Voraussetzungen des § 4 als selbstständige Betriebe (vgl dort).

2. Entstehung und Ende

11   Der Betrieb **entsteht**, wenn der Unternehmer mit der Verwirklichung des Betriebszwecks beginnt, auch wenn es sich dabei erst um vorbereitende Arbeiten handelt. Von diesem Zeitpunkt ab ist auch die Wahl eines BR möglich.

12   Der Betrieb **endet** mit seiner **Stilllegung**, dh wenn die zw AG und AN bestehende Betriebs- und Produktionsgemeinschaft dadurch aufgelöst wird, dass der Unternehmer die bisherige wirtschaftliche Betätigung in der ernstlichen Absicht einstellt, den bisherigen Betriebszweck dauernd oder für eine ihrer Dauer nach unbestimmte, wirtschaftlich nicht unerhebliche Zeitspanne nicht weiter zu verfolgen <**R**: BAG 17.9.1957, 1 AZR 352/56, BB 1957, 1111>. Werden die Betriebsanlagen zerstört, bedeutet das nicht automatisch das Ende des Betriebs, wenn der Wille zur Fortsetzung des Betriebszwecks fortdauert <**R**: BAG 16.6.1987, 1 AZR 528/85, BB 1987, 2231>. Nicht erforderl ist der Wille, den Betriebszweck endgültig aufzugeben, sodass eine Betriebsstilllegung nicht dadurch ausgeschlossen wird, dass der Betriebsinhaber eine spätere Wiederaufnahme des Betriebs unter veränderten Verhältnissen ins Auge gefasst hat <**R**: BAG 21.6.2001, 2 AZR 137/00, AP Nr 50 zu § 15 KSchG 1969>. Es darf sich aber nicht nur um eine saisonbedingte Unterbrechung (Rn 12) oder eine so kurz bemessene „Betriebspause" handeln, dass die Wiedereröffnung der Produktion von vornherein absehbar ist und einkalkuliert werden kann <**R**: RAG 2.7.1930, ARS 9, 502: keine Stilllegung bei kurzfristiger Schließung zur Umorganisation des Betriebs>. Andererseits genügt es, wenn unter absehbaren Umständen nicht mit einer alsbaldigen Wiedereröffnung gerechnet werden kann <**R**: RAG 19.9.28, ARS 4, 71: Stilllegung bei Einstellung des Betriebs mit Absicht der Wiederaufnahme, sobald eine Neukonstruktion des Produktionsartikels gefunden ist>.

13   In Betrieben, deren Tätigkeit auf eine bestimmte Zeit des Jahres beschränkt ist (sog **Kampagnebetriebe**, zB Skischulen, Bootsverleihunternehmen), endet der Betrieb mit dem Abschluss der Kampagne und wird mit der Eröffnung der neuen Kampagne wiedereröffnet <**R**: vgl LAG Hamm 6.8.1954, 2 Sa 234/54, BB 1954, 747>. Wird der Betrieb in der übrigen Zeit des Jahres aber lediglich stark eingeschränkt (sog **Saisonbetrieb**), bleibt er auch in dieser Zeit als Betrieb bestehen.

Eine Änderung der Rechtsform des Unternehmens oder ein Wechsel der Person des AG 14
und Betriebsinhabers berührt den Fortbestand des Betriebs nicht, wenn die einheitl Leitungsstruktur (Rn 4f) und die einheitl arbeitstechnische Organisation (Rn 6) gewahrt bleiben: Die **Identität** des Betriebs im betriebsverfassungsrechtl Sinne ändert sich dann nicht.

Auch die **Veräußerung des Betriebs** berührt dessen Identität nicht: Die Arbeitsverhält- 15
nisse gehen gem § 613a BGB auf den Erwerber über; der für den übergehenden Betrieb gewählte BR bleibt im Amt <R: BAG 11.10.1995, 7 ABR 17/95, BB 1996, 747>; zur Weitergeltung der BV § 77 Rn 102.

Wird ein **Betriebsteil** veräußert, entstehen dadurch grds zwei Betriebe: Veräußerer und 16
Erwerber haben dann jeder für sich eine organisatorische Einheit mit eigener Leitungsstruktur. Gleichwohl behält der bisherige BR nach Abs 3 iVm Abs 1 des § 21a ein Übergangsmandat für die Betriebsteile (s dazu im einzelnen Erl zu § 21a). Verbinden sich Veräußerer und Erwerber, wie das insbes bei der Veräußerung zw Konzernunternehmen der Fall sein kann, zur gemeinsamen Führung der Betriebsteile, bleibt die Identität des Betriebs gewahrt und der BR im Amt.

Wird der veräußerte Betrieb oder Betriebsteil mit einem beim Erwerber bereits bestehen- 17
den Betrieb zusammengeschlossen, ist wiederum der Gesichtspunkt der Identität entscheidend: Wird der übergegangene Betrieb oder Betriebsteil in einen beim Erwerber bestehenden **Betrieb eingegliedert**, dh geht er organisatorisch in diesen auf, während die Leitungsstrukturen in den personellen und sozialen Angelegenheiten für die dort Beschäftigten unverändert bestehen bleiben, bleibt die Identität des Erwerberbetriebs erhalten: Der in diesem Betrieb gewählte BR bleibt im Amt, während die BR-Mitglieder des aufgenommenen Betriebs ihr Amt verlieren. Ein Übergangsmandat entsteht nicht. Wird umgekehrt der Erwerberbetrieb in den veräußerten Betrieb oder Betriebsteil eingegliedert und bleibt dessen Leitungsstruktur aufrechterhalten, ist dessen Identität gewahrt, sodass der dort bestehende BR im Amt bleibt, während die BR-Mitglieder des Erwerberbetriebes ihr Amt verlieren.

Wird bei dem Zusammenschluss des veräußerten Betriebs oder Betriebsteils mit dem 18
beim Erwerber bestehenden hingg eine **neue Organisationsstruktur** geschaffen, entstehen insbes neue Leitungsstrukturen in den personellen und sozialen Angelegenheiten, etwa durch Bildung neuer Abteilungen und einer neuen Personalleitung mit weitergehenden Befugnissen, entsteht ein neuer Betrieb. Der BR des nach der Zahl der wahlberechtigten AN größten Betriebs oder Betriebsteils erhält ein Übergangsmandat.

3. Betriebsratsfähigkeit

BR sind in allen Betrieben iS des unter 1. Gesagten zu wählen, in denen regelmäßig die 19
im Gesetz vorgesehene **Mindestzahl** von wahlberechtigten (§ 7) und wählbaren (§ 8) AN beschäftigt wird. Auf den Umfang der Beschäftigung kommt es nicht an. Auch ein Betrieb mit fünf Teilzeit-AN ist BRfähig.

Sinkt während der Amtsperiode eines gewählten BR die Zahl der wahlberechtigten AN 20
unter die Mindestzahl von 5, endet die BR-Fähigkeit und damit zugleich auch das Amt des BR. Auch die Beteiligtenfähigkeit im arbeitsgerichtl Verfahren endet in diesem Fall <R: LAG SH 27.3.2012, 1 TaBV 12 b/11, juris>.

§ 1 Errichtung von Betriebsräten

21 Dagg führt die Unterschreitung der Mindestzahl von 3 wählbaren AN nicht zur Beendigung der BR-Fähigkeit, solange die Amtsperiode des gewählten BR noch läuft. Diese Voraussetzung des § 1 will nur die Auswahlmöglichkeit bei der BR-Wahl sicherstellen <**L:** GK/*Franzen* Rn 106>. Nach Ablauf der Wahlperiode ist aber auch in diesem Fall eine Neuwahl nicht mehr möglich.

22 Maßgebend für die BR-Fähigkeit ist die Zahl der **regelmäßig**, also bei normalem Betriebsverlauf ständig **beschäftigten AN**. Der Jahresdurchschnitt ist somit nicht maßgebend. Auch sind Zeiten einer bes Arbeitshäufung (Ausverkauf, Weihnachtsgeschäft, Märkte und Messen, Terminverpflichtungen, Abschlussarbeiten) oder einer vorübergehenden Einschränkung der betriebl Tätigkeit (Urlaubszeit, Materialmangel) nicht zu berücksichtigen. Ebenso wenig kann es auf die Zahl der Arbeitsplätze ankommen, die zufällig in dem Zeitpunkt besetzt sind, in dem die Wahl eingeleitet wird. Abzustellen ist vielmehr auf die Beschäftigungslage, die im Allg für den Betrieb kennzeichnend ist <**R:** BAG 16.11.2004, 1 AZR 642/03, DB 2005, 456>. Werden so viele AN **betriebsbedingt** gekündigt, dass nur noch weniger als fünf AN übrig bleiben, ist davon auszugehen, dass es sich um eine dauerhafte Reduzierung der Belegschaft handelt <**R:** BAG 7.4.2004, 7 ABR 41/03, DB 2004, 1839 für das Absinken der für die Bildung eines Wahlausschusses maßgebenden Belegschaftsstärke>.

23 In **Kampagnebetrieben** richtet sich die regelmäßige Beschäftigtenzahl grds nach der Zahl der Arbeitsplätze, die bei normalem Betriebsverlauf während der Kampagne besetzt werden. In **Saisonbetrieben** sind die zusätzl zum normalen Belegschaftsstand während der Saison beschäftigten AN nur dann mitzuzählen, wenn sie normalerweise mindestens 6 Monate im Jahr beschäftigt werden <**R:** BAG 16.11.2004 aaO>.

24 Das Merkmal der **ständigen Beschäftigung** ist von dem der regelmäßigen Beschäftigung zu unterscheiden. Maßgebend ist nicht die abstrakte Stärke der Belegschaft insgesamt, sondern die Zugehörigkeit des konkreten AN zur Belegschaft. Dessen Beschäftigung muss nach den betriebl Verhältnissen auf Dauer angelegt sein <**L:** *Löwisch/Wegmann* BB 2017, 375>. Dementsprechend handelt es sich bei Aushilfen und Vertretungen, bei Notstandsarbeitern sowie bei den AN, die für ein Saisongeschäft kürzer als für 6 Monate eingestellt worden sind (s Rn 24), nicht um ständige AN. Anders liegt es aber, wenn AN zwar aufgrund kurzzeitig befristeter Arbeitsverträge, jedoch mehrfach wiederholt und zeitl in erheblichem Umfang zur Deckung eines gleichbleibenden Bedarfs eingesetzt werden <**R:** ArbG HH 13.9.1999, 6 BV 10/99, AiB 2000, 282>. An einer ständigen Beschäftigung fehlt es, wenn der AN die Stelle nur für eine begrenzte Zeit annehmen will, zB bei einem Ferienjob, und regelmäßig auch, solange der AN zur Probe beschäftigt wird.

25 Das Gesetz berücksichtigt bei Berechnung der Mindestzahl nur die **wahlberechtigten AN**. Ob AN mitzuzählen sind, deren Arbeitsverhältnis gekündigt ist, hängt demzufolge von ihrer Wahlberechtigung ab (§ 7 Rn 4 ff).

26 Im Betrieb tätige Beamte, Soldaten und AN des öffentlichen Dienstes gelten nach der ausdrückl Vorschrift von § 5 Abs 1 S 3 als AN des Betriebes und sind infolgedessen mitzuzählen (§ 5 Rn 19).

27 Nach § 14 Abs 2 S 4 AÜG sind nunmehr an sich auch **Leih-AN** zu berücksichtigen. Doch fehlt es bei diesen meist an der nach Abs 1 S 1 nach wie vor vorausgesetzten **ständigen** Beschäftigung, weil sie nur vorübergehend im Entleiherbetrieb tätig sind. Nur wenn der betreffende Leih-AN wiederholt und über längere Dauer zur Deckung eines gleichblei-

benden Bedarfs im Entleiherbetrieb eingesetzt wird, ist er deshalb mitzuzählen <**L:** *Löwisch/Wegmann*, BB 2017, 375>.

Drei AN müssen **zum BR wählbar** sein. Zu den wählbaren AN gehören auch solche, die gekündigt sind (§ 8 Rn 4). In einem bisher nicht BRfähigen Betrieb mit weniger als 3 wählbaren AN, dessen Belegschaft wesentlich erweitert wird, kann ein BR alsbald gewählt werden, da in diesem Fall das Erfordernis sechsmonatiger Betriebszugehörigkeit nicht gilt (§ 8 Abs 2). Leih-AN sind deshalb mangels Wählbarkeit (§ 14 Abs 2 S 1 AÜG) nicht mitzuzählen. 28

III. Gemeinsamer Betrieb

1. Grundsatz

Betreiben mehrere rechtl selbstständige Unternehmen ihre Geschäfte in einer gemeinsamen Arbeitsorganisation, wie das etwa bei den sog Bauarbeitsgemeinschaften, bei Bürogemeinschaften oder auch bei Versicherungen der Fall sein kann, besteht ein **gemeinsamer Betrieb**, wenn die für die AN relevante Willensbildung auf AG-Seite einheitl erfolgt. Diese in Rspr und Literatur entwickelte Rechtsfigur <**R:** BAG 23.3.1984, 7 AZR 515/82, DB 1984, 1684; **L:** *Löwisch* RdA 1976, 35; *Konzen* ZIAS 1995, 588> hat das BetrVerf-RG mit dem in Abs 1 eingefügten S 2 ausdrückl anerkannt. 29

Abs 2 enthält keine Definition des gemeinsamen Betriebs, sondern begründet nur eine Vermutung für das Vorliegen der den gemeinsamen Betrieb konstituierenden Führungsvereinbarung der beteiligten Unternehmen <**R:** BAG 13.2.2013, 7 ABR 36/11, BB 2013, 2170>. An den von der Rspr entwickelten materiellen Voraussetzungen des gemeinsamen Betriebs ändert er nichts. 30

2. Einheitliche Arbeitsorganisation

Auch ein gemeinsamer Betrieb setzt das Bestehen einer einheitl arbeitstechnischen Struktur iS des in Rn 5 Gesagten voraus. Fehlt es an einer Zusammenfassung der materiellen und immateriellen Betriebsmittel, kann kein gemeinsamer Betrieb vorliegen <**R:** BAG 13.2.2013, 7 ABR 36/11, BB 2013, 2170; BAG 22.6.2005, 7 ABR 57/04, DB 2005, 2643 und BAG 13.8.2008, 7 ABR 21/07, NZA-RR 2009, 255>. 31

Die einheitl arbeitstechnische Struktur setzt keinen einheitl arbeitstechnischen Zweck voraus. Es genügt, dass die Unternehmen ihre Zwecke in einer einheitl Organisation verfolgen <**R:** LAG MV, 21.2.2018, 3 TaBVGa 1/18, juris; LAG Rh-Pf 19.1.2016, 6 TaBV 18/15, juris für eine gemeinsame Vertriebsorganisation>. 32

Die gemeinsame Nutzung von Räumen und Einrichtungen begründet noch keine einheitl arbeitstechnische Struktur <**R:** LAG Hamm 13.4.2012, 10 TaBV 55/11, juris; LAG Berl-Bbg 27.1.2015, 11 Sa 868/14, AfP 2015, 272>. 33

Auch die Gestellung von Personal durch ein Unternehmen an ein anderes begründet noch keinen gemeinsamen Betrieb <**L:** so aber: *Schönhöft/Oelze* BB 2016, 565>. Es fehlt an der organisatorischen Verknüpfung bei der Verfolgung des arbeitstechnischen Zwecks des Betriebs, in den das Personal gestellt wird <**R:** zutr AG Osnabrück 17.3.2015, 1 Ca 34

§ 1   Errichtung von Betriebsräten

174/14, juris: „kein arbeitgeberübergreifender Personaleinsatz"; ebenso jetzt LAG Bremen 6.5.2020, 3 Sa 47/19, juris>. Die Existenz einer gemeinsamen Personalabteilung kann an dieser fehlenden organisatorischen Verknüpfung nichts ändern.

35 An dem Erfordernis einer einheitl arbeitstechnischen Struktur hat Abs 1 S 2 nichts geändert. Führen mehrere Unternehmen gemeinsam mehrere Betriebe, werden diese Betriebe durch die gemeinsame Führung nicht zu einem einheitl Betrieb. Die Unternehmen führen dann vielmehr gemeinsam mehrere Betriebe <R: BAG 18.1.2012, 7 ABR 72/10, EzA § 1 BetrVG 2001 Nr 9>.

3. Einheitliche Leitung

36 Weitere Voraussetzung eines solchen gemeinsamen Betriebs ist es, dass sich die betreffenden Unternehmen **rechtl zur einheitlichen Leitung** des gemeinsamen Betriebs verbunden haben und diese auch tatsächlich praktizieren <R: BAG 23.11.2016, 7 ABR 3/15, EzA § 1 BetrVG 2001 Nr 11>. Eine solche einheitliche Leitung ist regelmäßig anzunehmen, wenn die AG-Funktionen im Bereich der sozialen und personellen Angelegenheiten sowie der Angelegenheiten der §§ 111 ff weit überwiegend einheitl wahrgenommen werden <R: BAG 22.10.2003, 7 ABR 18/03, EzA § 1 BetrVG 2001 Nr 1>. Das bloße Bestehen einer Organschaft iS des Steuerrechts genügt für die Annahme einer solchen einheitl Leitungsstruktur allein nicht <R: BAG 25.5.2005, 7 ABR 38/04, DB 2005, 1914>, ebenso wenig das Vorhandensein einer gemeinsamen Personalabteilung, wenn diese selbst keine Entscheidungen in mitbestimmungsrelevanten Fragen treffen kann <R: BAG 13.8.2008 aaO>. Am Erfordernis der einheitl Leitung in den personellen und sozialen Angelegenheiten scheitert auch die Annahme, zw einem Unternehmen und der von ihm gegründeten Personalservicegesellschaft bestehe dann ein gemeinsamer Betrieb, wenn die Letztere dem Unternehmen Leih-AN zur Verfügung stellt <R: BAG 23.9.2010, 8 AZR 567/09, DB 2011, 246>.

4. Vermutungstatbestände

37 Für die Frage, wann ein einheitl Leitungsapparat besteht, stellt Abs 2 zwei widerlegbare <R: BAG 11.2.2004, 7 ABR 27/03, BB 2004, 1576; L: vgl Begründung BT-Drs 14/5741 S 27> Vermutungen auf. Nach Nr 1 wird ein gemeinsamer Betrieb vermutet, wenn zur Verfolgung arbeitstechnischer Zwecke die Betriebsmittel sowie die AN von den Unternehmen gemeinsam eingesetzt werden. Nach der an die Stelle von § 322 Abs 1 UmwG getretenen Nr 2 wird vermutet, dass der bisherige Betrieb iF der Spaltung von Unternehmen als ein gemeinsamer Betrieb bestehen bleibt. Die Aufspaltung eines Unternehmens in eine Betriebs- und in eine Besitzgesellschaft ändert also regelmäßig nichts an der einheitl Leitung.

38 Die **Vermutung der Nr 1** setzt voraus, dass die Unternehmen sächl und immaterielle Betriebsmittel **und** AN für einen oder mehrere bestimmte arbeitstechnische Zwecke gemeinsam einsetzen. Gemeinsam müssen sowohl die Verfolgung des oder der arbeitstechnischen Zwecke als auch die für die Verfolgung dieser Zwecke eingesetzten Betriebsmittel und AN sein.

III. Gemeinsamer Betrieb § 1

39 Die gemeinsame Zweckverfolgung setzt voraus, dass die Unternehmen an demselben arbeitstechnischen Vorhaben arbeiten und dabei arbeitsteilig vorgehen. Dass sie sich bei der Verfolgung ihrer jeweils eigenen arbeitstechnischen Zwecke lediglich abstimmen, genügt nicht. Etwa erfüllen im Bauwesen ARGE von Bauunternehmen, die einen bestimmten Teil des Bauwerks gemeinsam errichten, den Vermutungstatbestand, nicht aber Handwerker, die auf einer Baustelle die Erbringung ihrer Bauleistung zeitlich koordinieren. Gemeinsam eingesetzte Betriebsmittel können insbesondere gemeinsam genutzte Räumlichkeiten sein <**L:** Richardi/*Richardi/Maschmann* Rn 75>. Auch die gemeinsame Nutzung von Internetdiensten etwa für Videokonferenzen kann Indiz für die gemeinsame Nutzung von Betriebsmitteln sein. Erfolgt die Nutzung aber trotz gleicher Funktion mit unterschiedlicher Software oder unter Anwendung unterschiedlicher Softwarelizenzen, so schwächt dies die Indizwirkung.

40 Ein gemeinsamer Einsatz der AN liegt regelmäßig vor, wenn der Rahmen für die Erbringung der Arbeitsleistung (Arbeitszeit, betriebl Ordnung) einheitlich ist <**L:** Richardi/*Richardi/Maschmann* aaO>. Auch dann muss der Arbeitseinsatz aber in gemeinsam benutzten Betriebsmitteln erfolgen. Koordinieren zwei Unternehmen des Buch- und Zeitschriftenhandels die Einsatzzeiten ihrer AN, lassen diese aber jeweils in ihren eigenen Filialen tätig werden, steht das der Vermutungswirkung entgegen <**R:** LAG HH 2.11.2010, 2 TaBV 12/09, juris>. Dass ein einzelner „Satellitenarbeitsplatz" im Betrieb eines anderen Unternehmens eingerichtet und der dortigen arbeitstechnischen Leitung unterstellt wird, reicht zur Begründung der Vermutungswirkung ebenfalls nicht aus <**R:** LAG Sachsen, 20.9.2021, 1 Sa 110/20, juris>.

41 Widerlegt ist die Vermutung der Nr 1, wenn die Unternehmen nachweisen, dass sie trotz der gemeinsamen Zielverfolgung und des gemeinsamen Einsatzes die Leitung in den personellen und sozialen Angelegenheiten ggü ihren AN jeweils für sich ausüben. Auch wenn die Leitung ausschließl durch eines der Unternehmen erfolgt, liegt kein gemeinsamer Leitungsapparat vor <**R:** BAG 22.6.2005, 7 ABR 57/04 aaO>.

42 Der **Vermutungstatbestand der Nr 2** knüpft an die Spaltung eines Unternehmens an. Dazu gehören sowohl die **Spaltung** von Unternehmen im Wege gewillkürter Universalsukzession nach dem UmwG wie der Fall der Abspaltung oder Ausgliederung im Wege der Einzelrechtsnachfolge, insbes der Betriebsveräußerung. Führt die Spaltung dazu, dass auf der betriebl Ebene ein oder mehrere Betriebsteile einem anderen Unternehmen zugeordnet werden, ohne dass sich dabei die Organisation des betroffenen Betriebes wesentlich ändert, wird auch die Kontinuität der – jetzt gemeinsamen – Leitungsstruktur vermutet.

43 Die beteiligten Unternehmen können die Vermutung durch den Nachweis **widerlegen**, dass sich die Betriebsorganisation wesentlich geändert hat, praktisch also eine grundlegende Änderung der Betriebsorganisation iSd § 111 S 3 Nr 4 (§ 111 Rn 43 ff) vorliegt <**L:** *Röder* FS Moll (2019), S 590>. Widerlegt ist die Vermutung aber auch, wenn die beteiligten Unternehmen nachweisen, dass sie die bisherige Betriebsführung so umgestellt haben, dass für jeden Betriebsteil eine eigene Leitung installiert wird <**L:** *Rieble* FS Wiese (1999) S 453, 476>.

44 Haben die Unternehmen den gemeinsamen Betrieb zunächst hingenommen, können sie auch noch nachträglich die vermutete Führungsvereinbarung aufheben. Besteht von vorn-

§ 1 Errichtung von Betriebsräten

herein keine Führungsvereinbarung oder wird sie später aufgehoben, behält der bisherige BR gem § 21a Abs 1 ein Übergangsmandat (vgl § 21a Rn 17).

45 Nach Auffassung des BAG soll, auch wenn keiner der Vermutungstatbestände eingreift, ein gemeinsamer Betrieb bestehen, wenn sich die Unternehmen zumindest stillschweigend zu einer gemeinsamen Führung rechtl verbunden haben, die sich auf die wesentlichen AG-Funktionen in personellen und sozialen Angelegenheiten erstreckt <R: BAG 11.2.2004 aaO>. Das ist richtig, ändert aber nichts daran, dass der gemeinsame Betrieb entspr unter 1. Gesagten immer eine einheitl arbeitstechnische Struktur voraussetzt. Die stillschweigende Verbindung muss sich deshalb auch auf die betriebsorganisatorische Zusammenarbeit erstrecken.

5. Gemeinsame Betriebe öffentlicher und privater Unternehmen

46 In neuerer Zeit kommt es dazu, dass juristische Personen des öffentlichen Rechts und private Unternehmen gemeinsame Betriebe bilden. Etwa betreiben Kommunen oder kommunale Zweckverbände und private Unternehmen Dienstleistungseinrichtungen, zB Rechenzentren, gemeinsam. BAG und BVerwG unterstellen solche gemeinsamen Betriebe im Hinblick auf den privatrechtl Charakter der Zusammenarbeit der Betriebsverfassung <R: BAG 24.1.1996, 7 ABR 10/95, AP Nr 8 zu § 1 BetrVG 1972 Gemeinsamer Betrieb, DB 1996, 2131; BVerwG 13.6.2001, 6 P 8/00, BB 2002, 207>. An solche Betriebe abgeordnete Beamte gelten nach § 5 Abs 1 S 3 nunmehr als AN und sind unter der Voraussetzung des § 7 S 2 wahlberechtigt (§ 7 Rn 13, 21).

IV. Betriebsratslose Betriebe

47 In Betrieben, in denen ein BR nicht gewählt worden ist, besteht **keine** Möglichkeit zur Ausübung der **Beteiligungsrechte der AN**. Solange ein BR nicht gebildet ist, kann der AG iR der durch Gesetz, TV und den Einzelvertrag bestimmten Grenzen die sonst mitbestimmungspflichtigen Angelegenheiten selbst regeln <R: BAG 12.10.1961, 5 AZR 294/60, BB 1962, 51>. Dabei sind insbes das Recht der Allgemeinen Geschäftsbedingungen (§§ 305 ff BGB) und, soweit es um Weisungen geht, § 106 GewO zu beachten.

48 Ist die **Amtszeit des BR abgelaufen** und noch kein neuer gewählt worden, entfallen die Beteiligungsrechte ebenfalls <R: BAG 15.1.1974, 1 AZR 234/73, DB 1975, 455>; lediglich in den Fällen des § 21b besteht ein Restmandat (s § 21b Rn 1). Die MBR entfallen aber nicht, wenn der BR lediglich **zeitweilig**, etwa während der Betriebsferien, verhindert ist. Der AG muss in einem solchen Fall veranlassen, dass Ersatzmitglieder herangezogen werden, oder die ES anrufen, bevor er mitbestimmungspflichtige Maßnahmen durchführt <R: LAG Berlin 5.2.1957, 5 Sa 697/56, BB 1957, 438>.

49 Auch der Abschluss von **BV** ist in Betrieben, in denen kein BR gewählt worden ist, **nicht** möglich. Absprachen, die für alle AN gültig sind, können in BRlosen Betrieben daher nur in Form einzelvertraglicher Einheitsregelungen zustande kommen. Zur Fortgeltung von BV, wenn die Amtszeit des BR abgelaufen ist, § 77 Rn 100.

In Betrieben, die mangels Erreichen der Mindestzahl wahlberechtigter oder wählbarer **50** AN nicht BRfähig sind (Rn 19), besteht von vornherein kein Ansatz für die Anwendung der Regelungen des BetrVG.

Gehört der BRlose Betrieb einem Unternehmen an, in dem ein GBR gebildet worden ist, **51** erstreckt sich dessen Zuständigkeit für unternehmenseinheitl Regelungen nach § 50 Abs 1 Hs 2 auch auf die BRlosen Betriebe (§ 50 Rn 38 ff).

V. Streitigkeiten

Streitigkeiten über die BR-Fähigkeit werden durch das ArbG im Beschlussverf entschieden **52** <R: BAG 13.9.1984, 6 ABR 43/83, BB 1985, 997>. Wird der **Betriebsbegriff verkannt**, führt das nach stRspr des BAG in aller Regel nicht zur absoluten Nichtigkeit der Wahl, sondern kann nur fristgerecht im Wege einer Wahlanfechtung nach § 19 oder in einem vor der Wahl anhängig gemachten Beschlussverf gerügt werden <R: BAG 13.9.1984 aaO> (§ 19 Rn 41).

Die Frage des Bestehens eines gemeinsamen Betriebs kann Gegenstand des bes Beschlussverf **53** nach § 18 Abs 2 sein (§ 18 Rn 16).

Da im Gemeinschaftsbetrieb die Ausübung der betrieblichen Leitungsmacht allen an ihm **54** beteiligten Unternehmen gemeinsam obliegt, sind an ein Beschlussverf über MBR des BR bei der Ausübung der betriebl Leitungsmacht alle zur gemeinsamen Betriebsführung verbundenen Unternehmen nach § 83 Abs 3 ArbGG beteiligt <R: BAG 15.5.2007, 1 ABR 32/06, DB 2007, 24, 29>. Ein entspr Antrag des BR im Beschlussverf muss sich gegen sämtliche an der Betriebsführung beteiligte Unternehmen richten. Diese sind nur gemeinsam passivlegitimiert <R: BAG aaO>. Es handelt sich um einen Fall der „echten" notwendigen Streitgenossenschaft aus materiell-rechtlichen Gründen <L: zu dieser Zöller/*Althammer* § 62 ZPO Rn 11>.

§ 2 Stellung der Gewerkschaften und Vereinigungen der Arbeitgeber

(1) Arbeitgeber und Betriebsrat arbeiten unter Beachtung der geltenden Tarifverträge vertrauensvoll und im Zusammenwirken mit den im Betrieb vertretenen Gewerkschaften und Arbeitgebervereinigungen zum Wohl der Arbeitnehmer und des Betriebs zusammen.

(2) Zur Wahrnehmung der in diesem Gesetz genannten Aufgaben und Befugnisse der im Betrieb vertretenen Gewerkschaften ist deren Beauftragten nach Unterrichtung des Arbeitgebers oder seines Vertreters Zugang zum Betrieb zu gewähren, soweit dem nicht unumgängliche Notwendigkeiten des Betriebsablaufs, zwingende Sicherheitsvorschriften oder der Schutz von Betriebsgeheimnissen entgegenstehen.

(3) Die Aufgaben der Gewerkschaften und der Vereinigungen der Arbeitgeber, insbesondere die Wahrnehmung der Interessen ihrer Mitglieder, werden durch dieses Gesetz nicht berührt.

Literatur: *Däubler*, Gewerkschaftsrechte im Betrieb, 12. Aufl 2017; *Fischer*, Die vertrauensvolle Zusammenarbeit – Betriebsverfassungslyrik oder substantielles Rechtsprinzip, FA 2015, 292; *Göpfert/Stöckert*, Digitaler Zugang der Gewerkschaft zum Betrieb?, NZA 2021, 1209; *Grambow/Bruck*, Compliance im Umgang mit dem Betriebsrat, CB 2019, 368; *Griese*, Ein Krimi aus der Betriebspraxis: Was bedeutet „vertrauensvolle Zusammenarbeit"?, AA 2019, 117; *Grünewald/Biermann*, Rechtsmissbräuchliches Verhalten des Betriebsrats, ArbRB 2021, 193; *Hampe*, Vertrauensvolle Zusammenarbeit zwischen Arbeitgeber und Betriebsrat: Erfolgs- und Störfaktoren, DB 2010, 1996; *Klein*, Die Stellung der Minderheitsgewerkschaften in der Betriebsverfassung (2007); *Kleinebrink*, Das Recht der Gewerkschaften auf Werbung, DB 2022, 1002; *Klosterkemper*, Das Zugangsrecht der Gewerkschaften zum Betrieb (1980); *Konzen*, Der Missbrauch betrieblicher Beteiligungsrechte, FS Zöllner (1998), S 799; *Nielebock*, Gewerkschaften und Mitbestimmung – rechtspolitische Betrachtungen, FS 100 Jahre Betriebsverfassungsrecht 2020, S 571; *Schipp*, Die verweigerte Mitbestimmung, ArbRB 2019, 378; *Weber*, Der Anwendungsbereich des Grundsatzes der vertrauensvollen Zusammenarbeit gem § 2 Abs 1 BetrVG, ZfA 1991, 187; *Worzalla*, Das Gebot der vertrauensvollen Zusammenarbeit in § 2 Abs. 1 BetrVG – „Lyrik" oder rechtliche Relevanz?, FS 100 Jahre Betriebsverfassungsrecht (2020), S 843; *Wypich*, Keine Mitbestimmung des Betriebsrats bei koalitionsrechtlicher Betätigung von Gewerkschaftsmitgliedern, DB 2021, 236. Ältere Lit s Vorauflagen.

Übersicht

	Rn.		Rn.
I. Grundsatz der vertrauensvollen Zusammenarbeit	1	4. Vereinbarungen über die Zusammenarbeit	25
1. Verhältnis von Arbeitgeber und Betriebsrat	1	II. Stellung der Gewerkschaften im Betrieb	27
a) Betriebsverhältnis als Schuldverhältnis	1	1. Gewerkschaftsbegriff	27
b) Pflichten des Betriebsrats	10	2. Vertretung im Betrieb	29
c) Pflichten des Arbeitgebers	14	3. Betriebsverfassungsrechtliche Aufgaben	32
d) Rechtsfolgen einer Pflichtverletzung	17	4. Koalitionsrechtliche Befugnisse	35
2. Zusammenwirken mit Gewerkschaften und Arbeitgebervereinigungen	20	5. Zugangsrecht	49
		a) Betriebsverfassungsrechtliches Zugangsrecht	49
3. Zusammenarbeit mit dem Sprecherausschuss	23	b) Koalitionsrechtliches Zugangsrecht	56
		6. Streitigkeiten	59

I. Grundsatz der vertrauensvollen Zusammenarbeit

1. Verhältnis von Arbeitgeber und Betriebsrat

a) Betriebsverhältnis als Schuldverhältnis

Das BetrVG begründet zw AG und BR kraft Gesetzes ein Betriebsverhältnis, das – einem gesetzlichen Dauerschuldverhältnis ähnlich – nicht nur durch die in den einzelnen Mitbestimmungstatbeständen normierten Rechte und Pflichten, sondern auch durch „wechselseitige Rücksichtspflichten" bestimmt wird. § 2 enthält insoweit eine dem Grds von Treu und Glauben iS des § 242 BGB vergleichbare Konkretisierung des Gebots partnerschaftlicher Zusammenarbeit <**R**: BAG 3.5.1994, 1 ABR 24/93, BB 1994, 2273; BAG 12.3.19, 1 ABR 42/17, BB 2019, 1657; Hess LAG 23.8.2021, 16/TaBV 3/21, juris; **L**: *Worzalla* FS 100 Jahre Betriebsverfassungsrecht, S 843 f>. 1

Dabei kann § 2 Abs 1 nicht unabhängig von betriebsverfassungsrechtl Vorschriften das Entstehen von Rechten und Pflichten der betriebsverfassungsrechtl Parteien begründen. Vielmehr betrifft die Vorschrift allein die Art der Ausübung bestehender Rechte <**R**: BAG 28.5.2014, 7 ABR 36/12, EzA § 76 BetrVG 2001 Nr 8>. So kann der BR aus dem allg Gebot der vertrauensvollen Zusammenarbeit keinen Anspr auf Durchführung einer BV herleiten, die er nicht selbst abgeschlossen hat <**R**: BAG 18.5.2010, 1 ABR 6/09, DB 2019, 2175 für den Versuch des BR, die Durchführung einer GBW gerichtlich geltend zu machen>. So ist es ausgeschlossen, aus § 2 Abs 1 eine Verpflichtung des AG herzuleiten, „im Interesse eines guten Betriebsklimas" mehr BR-Mitglieder von der Arbeit freizustellen als gesetzlich vorgesehen und für die BR-Arbeit erforderl. Ebenso wenig wird die **„Leitungskompetenz"** des AG als Unternehmer durch § 2 Abs 1 berührt, wie auch § 77 Abs 1 erkennen lässt. Auch in dem in § 2 Abs 1 und 2 SprAuG geregelten Verhältnis von BR und SprA ist der Rechtsgedanke des § 242 BGB zu beachten <**L**: *Worzalla* aaO, 845>. Dazu noch Rn 20. 2

Die Pflicht zur vertrauensvollen Zusammenarbeit gilt nach dem Gesetz für **AG und BR**, darüber hinaus aber auch für **alle anderen Stellen, die betriebsverfassungsrechtl Aufgaben wahrnehmen**, etwa den GBR, den KBR, die Jugend- und Auszubildendenvertretung, den WirtA und die ES. Auch die Gewerkschaften und ihre Beauftragten haben diesen Grds zu beachten, soweit sie sich im Betrieb betätigen <**R**: BAG 14.2.1967, 1 ABR 7/66, BB 1967, 584>. Die Pflicht zur vertrauensvollen Zusammenarbeit mit dem AG richtet sich auch an die einzelnen Mitglieder des BR <**R**: BAG 21.2.1978, 1 ABR 54/76, BB 1978, 1116>. 3

Die gesetzl Anforderungen an die vertrauensvolle Zusammenarbeit zw AG und BR sind in einer Reihe von **Vorschriften** des vierten Teils des BetrVG über die Mitwirkung und Mitbestimmung der AN näher ausgeführt. Zu nennen sind in erster Linie die in § 74 niedergelegten Grundsätze für die Zusammenarbeit, nämlich die monatl Besprechungspflicht, die Verhandlungspflicht, die betriebl Friedenspflicht mit dem Arbeitskampfverbot und das Verbot der parteipolitischen Betätigung (§ 74 Rn 32 ff). Die Pflicht zur Zusammenarbeit wird auch konkretisiert durch das Gleichbehandlungsgebot und Diskriminierungsverbot (§ 75 Abs 1, dort Rn 12 ff), das Gebot, die freie Entfaltung der Persönlichkeit der im Betrieb beschäftigten AN zu schützen und zu fördern (§ 75 Abs 2, dort Rn 37 ff), die Verpflichtung des BR, nicht durch einseitige Handlungen in die Leitung des Betriebs 4

§ 2 Stellung der Gewerkschaften und Vereinigungen der Arbeitgeber

einzugreifen (§ 77 Abs 1 S 2, dort Rn 4) und Betriebs- und Geschäftsgeheimnisse zu wahren (§ 79, dort Rn 1 ff) sowie die Informationspflicht des AG ggü dem BR (§ 80 Abs 2, dort Rn 25 ff).

5   Nach Abs 1 müssen AG und BR bei ihrer Zusammenarbeit die im Betrieb geltenden **TV** beachten. Dies ist – ebenso wie die im Gesetz nicht ausdrückl genannte Einhaltung von **Gesetz und Recht** – eine zwingende Verpflichtung beider Betriebspartner. Hinsichtlich des normativen Teils von TV ergibt sich diese Verpflichtung schon aus dem Vorrang des Tarifrechts ggü dem Betriebsverfassungsrecht (vgl §§ 77 Abs 3, 87 Abs 1). Zu beachten sind nach § 2 Abs 1 aber auch bloße schuldrechtl Vereinbarungen in TV, soweit sie die betriebl Verhältnisse oder die Arbeitsverhältnisse betreffen. Von Bedeutung ist dies insbes für das Überwachungsrecht des BR nach § 80 Abs 1 Nr 1 (§ 80 Rn 4).

6   Zu beachten sind die TV, die im Betrieb **gelten.** Im Fall der Tarifkollision ist das der Mehrheitstarifvertrag iS von § 4a TVG. Folgt man der Auffassung, dass der Mehrheitstarifvertrag sich automatisch durchsetzt <L: etwa *Fitting*, § 2 Rn 30c>, muss dann in jedem betriebsverfassungsrechtlichen Streitverfahren, zB einem solchen über einen Informationsanspruch des BR nach § 80 Abs 2, die Mehrheitsfrage geklärt werden. Richtigerweise setzt die Geltung als Mehrheitstarifvertrag die Feststellung im Beschlussverfahren nach § 2a Abs 1 Nr 6 iVm § 99 ArbGG voraus <L: *Löwisch/Rieble* TVG, § 4a Rn 253 ff>.

7   Die Zusammenarbeit muss nach dem Gesetz zum **Wohl der AN und des Betriebs** erfolgen. Beide Betriebspartner haben daher ihre Sonderinteressen dem Gesamtinteresse der Förderung der Betriebsaufgaben und des Wohls der Belegschaft unterzuordnen <R: BAG 2. 11. 55, 1 ABR 30/54, BB 1956, 77>.

8   Aus der Verpflichtung der Betriebspartner zur vertrauensvollen Zusammenarbeit im Betrieb können **keinerlei Rückwirkungen auf deren überbetriebl Betätigung** abgeleitet werden: Weder sind AG und BR gehalten, für eine formelle Angleichung der Arbeitsbedingungen aller nichtorganisierten AN zu sorgen <R: BAG 20. 7. 60, 4 AZR 199/59, BB 1960, 1059>, noch kann der BR verlangen, dass er vom AG an dessen Tarifverhandlungen beteiligt wird.

9   Die Verpflichtung zur vertrauensvollen Zusammenarbeit aus Abs 1 ist nicht lediglich ein Verhaltensgebot an AG und BR, sondern muss auch bei **Auslegung** aller betriebsverfassungsrechtl Vorschriften und Beteiligungsbefugnisse berücksichtigt werden <R: BAG 31.10.1972, 1 ABR 7/72, BB 1973, 243; L: Richardi/*Richardi/Maschmann* Rn 18>.

b) Pflichten des Betriebsrats

10 Für den BR bedeutet vertrauensvolle Zusammenarbeit mit dem AG vor allem, dass er sich bemüht, den Erfordernissen des Betriebs gerecht zu werden. Der BR muss alles vermeiden, was im Betrieb Unfrieden stiften kann, denn er ist **kein „Gegenspieler"** des AG; gleichwohl beseitigt das Erfordernis der vertrauensvollen Zusammenarbeit die Interessenpolarität nicht, sondern setzt diese gerade voraus, weshalb die Unabhängigkeit von BR und AG als Strukturprinzip der Betriebsverfassung auch an § 2 festgemacht werden kann <R: LAG Ddf 7.3.2012, 4 TaBV 87/11>. Jedenfalls darf der BR zB nicht versuchen, in die Weisungen des Vorgesetzten der AN einzugreifen, um eine angeordnete Produktionssteigerung zu verhindern <R: LAG Ddf/Köln 17.3.1950, 2 Sa 33/50, BB 1950, 395>, oder die AN von der Arbeitsleistung abhalten <R: LAG Bremen 16. 8. 62, 1 TaBV 1/61,

DB 1962, 1442 = SAE 1963, 128>. Auch die nachhaltige Weigerung des BR, mit dem Personalleiter zusammenzuarbeiten, verletzt das Gebot der vertrauensvollen Zusammenarbeit <R: LAG Düsseldorf 23.6.2020, 14 TaBV 75/19, juris>. Der BR darf die Interessen der AN nicht selbst durchsetzen, sondern muss sie immer ggü dem AG und dessen Repräsentanten wahrnehmen.

Der BR muss bei der **Ausübung seiner betriebsverfassungsrechtl Rechte** die gebotene Rücksicht nehmen. ZB darf er Verhandlungen iR eines MBR nicht von Zugeständnissen des AG auf anderen Gebieten abhängig machen, etwa drohen, die Zustimmung zur Einführung von Kurzarbeit nur unter der Bedingung zu erteilen, dass der AG das volle Entgelt zahlt, falls das Arbeitsamt die Gewährung von Kurzarbeitergeld ablehnt <R: LAG Köln 14.6.1989, 2 TaBV 17/89, NZA 1989; aA L: *Konzen* FS Zöllner (1998), S 822>, § 87 Rn 83. Soweit der BR zur Erfüllung seiner Aufgaben die AN an ihren Arbeitsplätzen aufsucht, muss er Störungen des Betriebsablaufs vermeiden und Sicherheitsvorschriften beachten <L: *Schlochauer* FS G. Müller, S 471 ff>, näher § 80 Rn 36 und § 37 Rn 42 zur Abmeldepflicht der BR-Mitglieder. 11

Der Grds der vertrauensvollen Zusammenarbeit verpflichtet den BR auch, auf die Kostenbelastung des AG Rücksicht zu nehmen. Weder darf er mutwillig einen Rechtsanwalt beauftragen <R: LAG Nürnberg 19.9.2017, 2TaBV 45/16, BB 2018, 57 für die Bestellung zweier Anwälte derselben Kanzlei zu einer Einigungsstelle>, noch auf die Einrede der Verjährung ggü Kostenerstattungsansprüchen eines Rechtsanwalts verzichten <R: LAG SH 4.7.00, 3 TaBV 15/00, NZA-RR 2000, 590>, s zur Erforderlichkeit von Kosten auch noch § 40 Rn 51 ff. Auch kann ein BR-Mitglied vor dem Hintergrund der aus dem Gebot der vertrauensvollen Zusammenarbeit resultierenden Rücksichtnahmepflichten die Erstattung von Kinderbetreuungskosten für Zeiten, in denen es ohne die Erfüllung von BR-Aufgaben zur Arbeitsleistung verpflichtet wäre, nicht verlangen <R: BAG 23.6.2010, 7 ABR 103/08, BB 2010, 1723>. Der Vors eines GBR verstößt gg den Grds der vertrauensvollen Zusammenarbeit, wenn er wiederholt unter Nutzung einer als „vertraulich" deklarierten Mail, die er jedoch privat absendet, den Anschein einer dienstlichen Mail erweckt und darin zu rechtswidrigen Arbeitskampfmaßnahmen aufruft <R: LAG Münch 6.5.2010, 3 TaBVGa 10/10, juris, das jedoch den Verstoß angesichts einer eines einmaligen Vorkommnisses verneint>. 12

Als allg Gesetz iS Art 5 Abs 2 GG begrenzt § 2 Abs 1 auch das Recht zur Meinungsäußerung in betrieblichem Zusammenhang. So verletzt eine leichtfertig erstattete Strafanzeige oder ein leichtfertig gestellter Strafantrag eines BR-Mitglieds gg den AG oder seines Repräsentanten das Gebot der vertrauensvollen Zusammenarbeit <R: LAG Berlin-Brandenburg 31.5.2017, 15 TaBV 1979/16, 15 TaBV 2010/16, 15 TaBC 2049/16, juris>. Auch die Verbreitung diskreditierender falscher Tatsachen über den AG durch Aushänge verstößt gg § 2 Abs 1 <R: ArbG Solingen 4.10.19, 1 BV 27/18, juris>. Hingegen können Äußerungen auf einer Betriebsversammlung zu nach Meinung des BR bevorstehenden Personalmaßnahmen des AG, auch wenn sie plakativ sind, von der Meinungsfreiheit gedeckt sein <R: Hess LAG 19.3.2018, 16 TaBV 185/17, juris>. 13

c) Pflichten des Arbeitgebers

Auf Seiten des AG bedeutet vertrauensvolle Zusammenarbeit in erster Linie, dass er alle Betriebsvertretungen über die Vorgänge im Betrieb freiw, rechtzeitig und ausreichend **un-** 14

§ 2 Stellung der Gewerkschaften und Vereinigungen der Arbeitgeber

terrichtet. Die Informationsrechte der Betriebsvertretungen und die mit ihnen ggfs verbundenen Ansprüche auf Vorlage von Betriebsunterlagen sind daher grds weit auszulegen <R: BAG 24.9.1968, 1 ABR 3/68, BB 1969, 43>, hierzu noch § 80. Auf der anderen Seite ist der AG nicht verpflichtet, in förmlichen Beteiligungsverfahren den BR nochmals über das zu unterrichten, das er ohnehin bereits weiß. Auf einer solchen bloß formalen Information zu bestehen, verstieße gg den Grundsatz der vertrauensvollen Zusammenarbeit <R: LAG Hamm 14.8.2019, 18 Sa 232/19, juris>.

15 Zur vertrauensvollen Zusammenarbeit gehört weiter, dass der AG in einer mitbestimmungspflichtigen Angelegenheit den BR nicht einfach vor die Alternative stellt, die Vorstellungen des AG zu akzeptieren oder hinzunehmen, dass der AG auf die Regelungen der Angelegenheit überhaupt verzichtet, etwa eine Sozialleistung gar nicht einführt oder gänzlich abschafft. Vielmehr muss sich der AG entspr § 74 auf Verhandlungen einlassen (§ 74 Rn 8) <R: BAG 26.5.1998, 1 AZR 704/97, BB 1998, 2422>.

16 Aus § 2 Abs 1 folgt auch, dass der AG den BR **nicht unsachlich angreifen** darf. Etwa darf er die Kosten der BR-Tätigkeit der Belegschaft nicht in einer Weise bekannt geben, die den Eindruck erweckt, sie allein beeinflussten das Betriebsergebnis negativ <R: BAG 19.7.1995, 7 ABR 49/94, BB 1996, 328>, s näher § 23 Rn 43, § 43 Rn 8, § 78 Rn 9. Keinen Verstoß gg den Grundsatz der vertrauensvollen Zusammenarbeit konstituiert aber die Nutzung einer dem AG zugespielten als „vertraulich" deklarierten dienstlichen Mail, die der Vors des GBR privat absendet und in der er zu rechtswidrigen Arbeitskampfmaßnahmen aufruft, <R: LAG Münch 6.5.2010, 3 TaBVGa 10/10, juris; die dort für rechtmäßig erklärte Nutzung zur Durchsetzung von Unterlassungsansprüchen gg den GBR-Vors scheitert freilich an der solche Ansprüche ablehnenden Auffassung des BAG, dazu § 23 Rn 7f>.

d) Rechtsfolgen einer Pflichtverletzung

17 Nach der neuen Rspr des BAG steht dem AG kein Anspruch gg den BR auf Unterlassung pflichtwidrigen Verhaltens zu. Er hat lediglich das Recht, die Unzulässigkeit bestimmter Verhaltensweisen gerichtl feststellen zu lassen (s § 23 Rn 4ff). Wird die Pflicht zur vertrauensvollen Zusammenarbeit aber **grob verletzt**, ist das auf Seiten des BR und seiner Mitglieder eine Amtspflichtverletzung nach § 23 Abs 1 <R: BAG 22.5.1959, 1 ABR 2/59, BB 1959, 848>. Entgegen der Auffassung des Hess LAG <R: 30.9.2019, 16 TaBV 82/19, juris> kann der AG in Hinblick auf § 23 Abs 1 ein pflichtwidriges Verhalten auch **abmahnen**, um dem späteren Einwand zu entgegnen, es liege kein grober Verstoß vor (§ 23 Rn 11).

18 Verletzt der AG seine Verpflichtung zur Zusammenarbeit, kann der BR seinen darauf gerichteten Anspruch nach § 2 a Abs 1 Nr 1 ArbGG im arbg Beschlussverf geltend machen <R: BAG 26.10.1965, 1 ABR 7/65, BB 1966, 78>, bei einem groben Verstoß, der schwerwiegende Nachteile für die betriebsverfassungsrechtl Ordnung zur Folge hat, außerdem ein Erzwingungsverf nach § 23 Abs 3 einleiten (§ 23 Rn 43ff). Behindert oder stört der AG durch sein Verhalten zugleich die BR-Tätigkeit iS des § 78 S 1 (§ 78 Rn 1), kann gg ihn auf Antrag des BR nach § 119 Abs 1 Nr 2 eine Kriminalstrafe verhängt werden.

19 Grobe Verstöße gg die Pflicht zur vertrauensvollen Zusammenarbeit können nach § 23 Abs 1 und Abs 3 auch von den im Betrieb vertretenen (Rn 23) Gewerkschaften gerichtl geltend gemacht werden. Dass AG und BR sich nicht an geltende TV halten, stellt aber

keinen von der Gewerkschaft zu rügenden Verstoß gg das Gebot der vertrauensvollen Zusammenarbeit dar <R: LAG BaWü 22.9.1998, 10 TaBV 1/97, nv>. Zur fehlenden Antragsbefugnis der Gewerkschaft auf Feststellung der Unwirksamkeit einer BV § 77 Rn 149.

2. Zusammenwirken mit Gewerkschaften und Arbeitgebervereinigungen

Nach § 2 Abs 1 erfolgt die Zusammenarbeit von AG und BR im Zusammenwirken mit dem AG-Verband des Betriebsinhabers und den im Betrieb vertretenen Gewerkschaften. Daraus folgt, dass das Zusammenwirken des BR mit den Gewerkschaften **nicht behindert** werden darf. Notfalls kann der BR sein dahingehendes Recht gerichtl durchsetzen <R: ArbG Minden 24.9.1970, BV 1/70, DB 1971, 149>. Auf der anderen Seite darf sich auch der BR nicht dagg sperren, dass der AG Vertreter seiner AG-Vereinigung hinzuzieht, etwa Verhandlungen in deren Beisein ablehnen.

Aus § 2 Abs 1 ergibt sich indessen keine institutionelle Bindung des BR an die Gewerkschaften; vielmehr gelten im Verhältnis von BR und Gewerkschaft die Grundsätze der **Aufgabentrennung** und der beiderseitigen Unabhängigkeit <R: BAG 16.2.1973, 1 ABR 18/72, BB 1973, 1634>. Es gibt danach nur ein Recht des BR zur Hinzuziehung der Gewerkschaft, wobei dem BR ein großer Spielraum verbleibt. Ein eigenständiges Recht der Gewerkschaft auf Zuziehung zur BR-Arbeit besteht dagg nicht. Eine Gewerkschaft ist daher auch nicht befugt, Entscheidungen des BR im Beschlussverf anzugreifen <R: BAG 16.2.1973 aaO>.

Die Pflicht zum Zusammenwirken besteht ggü **allen** im Betrieb vertretenen Gewerkschaften. Weder AG noch BR dürfen einen Unterschied zw Mehrheits- und Minderheitsgewerkschaften machen, insbes haben alle Gewerkschaften den gleichen Anspruch auf Informationen. Ein Verstoß gg dieses aus § 2 Abs 1 folgende Gebot der gleichen Behandlung stellt einen unzulässigen Eingriff in die Koalitionsfreiheit der betroffenen Gewerkschaft dar <L: *Klein*, S 195 ff>.

3. Zusammenarbeit mit dem Sprecherausschuss

§ 2 Abs 1 S 1 SprAuG erstreckt das Gebot der vertrauensvollen Zusammenarbeit auch auf das **Verhältnis des AG zum SprA**. Aus ihr folgt insbes, dass der AG BR und SprA nicht gegeneinander ausspielen darf, etwa indem er Kenntnisse über die eine Seite an die andere gezielt weitergibt. Nach § 2 Abs 1 S 2 SprAuG muss der AG vor Abschluss einer BV, die rechtl Interessen der ltd Ang berührt, den SprA anhören. Dazu näher § 77 Rn 29.

Eine ausdrückl Pflicht zur vertrauensvollen Zusammenarbeit **zw BR und SprA** sehen weder § 2 noch § 2 SprAuG vor. Indessen ergibt sich aus § 119 Abs 1 Nr 2, nach dem die Tätigkeit des BR nicht behindert oder gestört werden darf, und aus § 34 Abs 1 Nr 2 SprAuG, nach dem das gleiche für die Tätigkeit des SprA gilt, dass sich BR und SprA nicht gegenseitig behindern dürfen, indem sie auf die von dem anderen Organ repräsentierten AN einzuwirken versuchen. Darüber hinaus sieht § 2 Abs 2 SprAuG vor, dass SprA und BR sich ggseitig das Recht einräumen können, an ihren Sitzungen teilzunehmen. Nach § 2 Abs 2 S 3 sollen sie einmal im Kalenderjahr eine gemeinsame Sitzung ab-

§ 2 Stellung der Gewerkschaften und Vereinigungen der Arbeitgeber

halten. Auch gemeinsame Besprechungen von BR und SprA mit dem AG können zweckmäßig sein (vgl § 74 Rn 7).

4. Vereinbarungen über die Zusammenarbeit

25 AG und BR können ihre Zusammenarbeit in einer schuldrechtlichen BV eigenen Regeln unterstellen. In Betracht kommen insbes:- **Formalia**. So können feste Termine für gemeinsame Besprechungen festgelegt und/oder bestimmt werden, dass von einer Seite beantragte Besprechungen binnen einer bestimmten Frist stattfinden müssen. Der Ablauf der Besprechungen kann in einer Geschäftsordnung festgelegt werden. Denkbar sind auch Regeln für die Durchführung von Video – und Telefonkonferenzen nach dem Vorbild der für BR-Sitzungen nunmehr geltenden Regelungen.

– **Wechselseitige Information.** Festgelegt werden kann ein Katalog der Angelegenheiten, über die der AG regelmäßig zu informieren hat. Bestimmt werden können Form und regelmäßige Abstände für diese Informationen. Auch der BR kann zu bestimmten Informationen verpflichtet werden, etwa dazu, schon mögliche Verhinderungsfälle von BR-Mitgliedern unverzüglich anzuzeigen.
– **Kreis der Beteiligten.** Geregelt werden kann die Zusammenarbeit mit anderen Organen wie dem GBR, dem KBR oder dem WirtA.
– **Zusammenarbeit mit dem SprA.** Gemeinsam mit dem SprA können auch Regeln für das Zusammenwirken von BR, SprA und AG aufgestellt werden.
– **Zusammenarbeit mit Gewerkschaften und AG-Verbänden.** Gegenstand der Regelung kann auch die Zusammenarbeit mit den im Betrieb vertretenen Gewerkschaften und Arbeitgeberverbänden sein, etwa deren Hinzuziehung zu gemeinsamen Besprechungen. Auch die Modalitäten des Zugangsrechts der im Betrieb vertretenen Gewerkschaften können festgelegt werden. Tarifliche Vorgaben für solche Regelungen kommen hingegen nicht in Betracht, weil das gegen die in § 2 Abs 1 zum Ausdruck kommende vorrangige Zuständigkeit von AG und BR für die Organisation ihrer Zusammenarbeit verstieße (s dazu auch Einl Rn 4).

26 Verbunden werden könnte eine solche Vereinbarung mit der in § 86 vorgesehenen Regelung der Einzelheiten des Beschwerdeverfahrens (s Erl zu § 86) und des Verfahrens vor der Beschwerdestelle nach § 13 Abs 1 S 1 AGG (zu diesem § 84 Rn 7 und § 87 Rn 42). Auch ist ein gemeinsames Verfahren von AG und BR für die Erörterung von Vorschlägen der AN denkbar, um so die in § 86a vorgesehene förmliche Befassung des BR mit einem Vorschlag tunlichst zu erübrigen. Möglich ist schließlich auch eine Verbindung mit der in § 28a vorgesehenen Rahmenvereinbarung über die Übertragung von Aufgaben an Arbeitsgruppen (s Erl zu § 28a).

II. Stellung der Gewerkschaften im Betrieb

1. Gewerkschaftsbegriff

27 Nach der Rspr des BAG ist auch für die Betriebsverfassung der Begriff der **tariffähigen** Gewerkschaft maßgebend <R: zuletzt BAG 19.9.2006, 1 ABR 53/05, EzA Art 9 GG Nr 89>: Die AN-Vereinigung muss den Abschluss von TV zu ihren satzungsmäßigen

Aufgaben zählen. Es muss sich um eine frei gebildete privatrechtl Vereinigung, also um einen rechtsfähigen oder nicht rechtsfähigen Verein handeln. Die Vereinigung muss demokratisch organisiert sein. Sie muss gegnerfrei und von der Gegenseite unabhängig sowie unabhängig vom Staat und von den Kirchen und Parteien sein. Sie muss auf überbetriebl Grundlage organisiert sein, darf also nicht als bloßer Werkverein nur AN eines Betriebs umfassen <R: allg zur Tariffähigkeit von Gewerkschaften in diesem Sinne BAG 14.12.2004, 1 ABR 51/03, AP Nr 1 zu § 2 TVG Tariffähigkeit>. Schließlich muss sie so viel Druck auf die Gegenseite ausüben können, dass sie von dieser als Tarifvertragspartei wahr- und ernst genommen wird <R: BAG 28.3.2006, 1 ABR 58/04, BB 2006, 2304, welches diese Voraussetzung für die Christliche Gewerkschaft Metall bejaht hat>. Wenn das BAG früher darüber hinaus verlangt hat, dass die AN-Vereinigung in der Lage ist, im betriebsverfassungsrechtl Rahmen gerade mit dem Gewicht einer Gewerkschaft aufzutreten <R: BAG 23.4.1971, 1 ABR 26/70, BB 1971, 1322>, so ist das durch die Entsch des BAG 19.9.2006 aaO, welche die Einheitlichkeit des Gewerkschaftsbegriffs betont, überholt.

Die Ausrichtung des betriebsverfassungsrechtl Gewerkschaftsbegriffs an den Voraussetzungen der Tariffähigkeit lässt sich **mit Art 9 Abs 3 GG nicht vereinbaren**. Der allg Zweck der Koalitionen, ihre Mitglieder auf dem Feld der Arbeits- und Wirtschaftsbedingungen sachgerecht zu vertreten, setzt ledigl voraus, dass sie frei gebildet werden, gegnerfrei und unabhängig von der Gegenseite wie von Staat, Kirchen und Parteien sein müssen <L: im Einzelnen MünchArbR/*Rieble* § 218 Rn 60ff; MünchArbR/*Löwisch/Rieble* § 155 Rn 60ff; sowie *Rieble*, Anm zur Entsch des BAG, RdA 2008, 35>. Anders als für das Funktionieren der TVordnung ist für das Tätigwerden der Gewerkschaften iR der Betriebsverfassung deren Tarifwilligkeit, Überbetrieblichkeit oder Mächtigkeit nicht erforderl. Dementspr sind **Gewerkschaften iS des BetrVG** auch Zusammenschlüsse von AN auf betriebl Ebene, AN-Vereinigungen, die – wie etwa ausländische Gewerkschaften – keine TV abschließen wollen, und neue Gewerkschaften, in denen nur eine kleine Zahl von AN organisiert ist <L: MünchArbR/*Rieble* § 218 Rn 71; ausf *Klein*, S 166ff>. 28

2. Vertretung im Betrieb

Im Betrieb vertreten ist eine Gewerkschaft, wenn **ihr mindestens ein AN des Betriebs angehört**, der nicht ltd Ang iS des § 5 Abs 3 ist <R: BAG 25.3.1992, 7 ABR 65/90, DB 1993, 95>. Dass die Gewerkschaft Tarifzuständigkeit für den Betrieb hat, ist in § 2 nicht vorausgesetzt <R: BAG 10.11.2004, 7 ABR 19/04, EzA § 17 BetrVG 2001 Nr 1; **L:** aA *Feudner* DB 1995, 2114>. Zur Koalitionsfreiheit einer Gewerkschaft gehört es, selbst zu bestimmen, für welche Betriebe sie TV abschließen will und in welchen sie sich nur sonst betätigen will <**R:** BAG 27.9.2005, 1 ABR 41/04, EzA § 2 TVG Tarifzuständigkeit Nr 9>. Ein AN, der gemessen an der Satzung der Gewerkschaft, offensichtl zu Unrecht als Mitglied aufgenommen worden ist, kann das Vertretensein im Betrieb nicht vermitteln, denn aus einer „mutwilligen Missachtung der eigenen Satzung kann die Gewerkschaft keine Rechte herleiten" <**R:** BAG 10.11.2004 aaO; **L:** im Einzelnen hierzu *Löwisch/Rieble* § 2 Rn 395>. 29

Ein **Leih-AN** genügt nicht, um das Vertretensein ihrer Gewerkschaft im Betrieb zu vermitteln <**R:** LAG BaWü 18.2.2009, 13 TaBV 10/08, juris Rn 32>. Mit dem Vertretensein im Betrieb sind zahlreiche Mitwirkungsmöglichkeiten der Gewerkschaft im Betrieb ver- 30

§ 2 Stellung der Gewerkschaften und Vereinigungen der Arbeitgeber

bunden. Diese auch einer Gewerkschaft zuzuerkennen, die einen vorübergehend im Betrieb tätigen Leih-AN organisiert, würde zu weit führen. Aus § 14 Abs 2 S 4 AÜG folgt nichts anderes. Er schreibt nur vor, dass Leih-AN dort mitzuzählen sind, wo Bestimmungen des BetrVG eine bestimmte Anzahl oder einen bestimmten Anteil von AN voraussetzen. Der Begriff des Vertretenseins ist nach dem Zweck der Vorschriften zu interpretieren, die auf dieses Merkmal abstellen. Dieser Zweck deckt die Einbeziehung von Leih-AN nicht.

31 Der Nachweis des Vertretenseins wird idR dadurch geführt, dass der Name eines im Betrieb beschäftigten Gewerkschaftsmitglieds genannt wird. Nach dem durch das Tarifeinheitsgesetz vom 3.7.2015 (BGBl I 1130) in das ArbGG eingefügten § 58 Abs 3 kann der „Beweis auch durch die Vorlage öffentlicher Urkunden geführt werden". Das soll die bisherige hM legitimieren, nach der die Gewerkschaft den erforderl Beweis auch durch mittelbare Beweismittel, zB durch notarielle Erklärungen, führen kann, ohne den Namen ihres im Betrieb des AG beschäftigten Mitglieds zu nennen <R: BAG 25.3.1992, 7 ABR 65/90, AP Nr 4 zu § 2 BetrVG 1972; die hiergg gerichtete Verfassungsbeschwerde ist vom BVerfG nicht zur Entscheidung angenommen worden, BVerfG 21.3.1994, 1 BvR 1485/93, EzA § 2 BetrVG 1972 Nr 14a (Kammerbeschluss); s aber auch BAG 19.3.2003, 4 AZR 271/02, BB 2003, 2355, wonach es iF einer Unterlassungsklage der Gewerkschaft wg Tarifbruchs der namentlichen Benennung der Mitglieder bedarf>. Dieses notarielle Geheimverfahren ist auch in der vom Gesetzgeber sanktionierten Form rechtsstaatswidrig, weil es die Justizgewährungspflicht verletzt: Das Gericht, das von ihm Gebrauch macht, delegiert nicht nur die Beweisaufnahme, sondern die rechtl Würdigung an den Notar, den alle relevanten Aspekte (AN-Status, Bestand des Arbeitsverhältnisses, Betriebszugehörigkeit, Gewerkschaftsmitgliedschaft) sind Rechtsfragen, sodass der Notar in die Rolle eines ungesetzl Richters gedrängt wird <L: ausf Kritik mit Nachw bei *Löwisch/Rieble* § 4a Rn 287ff; ebenso Germelmann/*Prütting* ArbGG § 58 Rn 97; für verfassungsgemäß halten das Gesetz GK/*Franzen* Rn 41; Richardi/*Richardi/Maschmann* Rn 71; zweifelnd *Fitting* Rn 43>.

3. Betriebsverfassungsrechtliche Aufgaben

32 Der Kreis der betriebsverfassungsrechtl Aufgaben der Gewerkschaft ergibt sich aus dem **Katalog** der einzelnen im BetrVG aufgezählten Rechte. Hierzu zählen das Teilnahmerecht von Gewerkschaftsbeauftragten an Sitzungen des BR (§ 31) und der Jugend- und Auszubildendenvertretung (§ 65 Abs 1 iVm § 31), an Betriebsversammlungen (§ 46 Abs 1), an Betriebsräteversammlungen (§ 53 Abs 3) und an Jugend- und Auszubildendenversammlungen (§ 71), das Antragsrecht auf Einberufung von Betriebsversammlungen (§ 43 Abs 4), die verschiedenen Antragsrechte auf Auflösung von Betriebsverfassungsorganen sowie auf den Ausschluss einzelner Mitglieder aus diesen Organen (§§ 23 Abs 1, 48, 56, 65 Abs 1, 73 Abs 2), das Wahlvorschlagsrecht und damit im Zusammenhang stehende Rechte (§§ 14 Abs 3 und 5, 16 Abs 1 und 2, 17 Abs 3 und 4, 17a, 18 Abs 1 und 2), das Recht zur Wahlanfechtung (§§ 19 Abs 2, 63 Abs 2), das Recht, ein gerichtl Zwangsverf gg den AG zu betreiben, wenn dieser in grober Weise gg seine betriebsverfassungsrechtl Pflichten verstößt (§ 23 Abs 3), sowie das Strafantragsrecht (§ 119 Abs 2).

33 Dieser Katalog ist **grds abschließend** <L: *Reuter* ZfA 1976, 107, 143>. Angesichts der Vielgestaltigkeit des betriebl Lebens können aber andere mit dem BetrVG in Zusammen-

hang stehende Fragen auftreten, bei denen im Wege der Analogie ein betriebsverfassungsrechtl Recht der Gewerkschaften und damit auch ein Zugangsrecht zum Betrieb angenommen werden muss <**R**: BAG 26.6.1973, 1 ABR 24/72, BB 1973, 1437; **L**: aA insoweit *Reuter* aaO>. **Gesetzlich erweitert** ist der Katalog durch § 17 Abs 2 AGG, nach dem eine im Betrieb vertretene Gewerkschaft gg einen groben Verstoß des AG gg die Vorschriften des AGG nach Maßgabe des § 23 Abs 3 gerichtl vorgehen kann.

Aus der Beteiligung der Gewerkschaften am betriebsverfassungsrechtl Geschehen ergibt sich auch eine Reihe von **Pflichten** <**R**: BAG 14.2.1967, 1 ABR 7/66, BB 1967, 584>. Zu ihnen gehören vor allem die Pflicht zur Verschwiegenheit nach § 79 Abs 2 (Straftatbestand in § 120 Abs 1 Nr 2) und die Pflicht, vertrauensvoll mit dem AG sowie den betriebsverfassungsrechtl Organen und deren Mitgliedern zusammenzuarbeiten (Rn 1 ff). 34

4. Koalitionsrechtliche Befugnisse

Nach § 2 Abs 3 werden die Aufgaben der Gewerkschaften und der AG-Verbände **durch das BetrVG nicht berührt**. Das Gesetz respektiert damit das aus Art 9 Abs 3 GG folgende Recht der Koalitionen zur Betätigung auch in den Betrieben. Die koalitionsrechtliche Eigenständigkeit der Gewerkschaften im Betrieb hat zur Folge, dass diese bei der Ausübung ihrer koalitionsrechtlichen Befugnisse nicht der Jurisdiktion der Betriebsparteien unterliegen. Deshalb kann weder für die Gewerkschaften selbst noch für deren Mitglieder im Rahmen des Mitbestimmungsrechts nach § 87 Abs 1 Nr 1 festgelegt werden, unter welchen Voraussetzungen eine koalitionsspezifische Betätigung im Betrieb, etwa Mitgliederwerbung, zulässig ist <**R**: BAG 28.7.2020, 1 ABR 41/18, BB 2020, 2685>. 35

In § 2 Abs 3 wird als Koalitionsaufgabe der Gewerkschaften insbes die Wahrnehmung der Interessen ihrer Mitglieder hervorgehoben. Neben der Haupttätigkeit der Gewerkschaften, die Gesamtinteressen ihrer Mitglieder bei Tarifverhandlungen wahrzunehmen, bedeutet dies, dass die Gewerkschaften das einzelne **Mitglied** in arbeits- und sozialrechtl Angelegenheiten **vertreten** dürfen, und zwar vor allen Gerichten, ggü allen Behörden, Körperschaften und Anstalten sowie bei allen direkten Verhandlungen mit dem AG als Partner des Arbeitsvertrags. Das Recht zur Interessenwahrnehmung schließt auch das Recht ein, die Gewerkschaftsmitglieder über die ihre arbeits- und sozialrechtl Interessen berührenden Fragen einschließl der darauf bezogenen Gewerkschaftstätigkeit zu **informieren**. Dazu gehört auch die Verteilung von Organisationsmaterial. Die insoweit für die Wahlwerbung, die Mitgliederwerbung und die Informationstätigkeit von der Rspr entwickelten Grundsätze (Rn 42 ff) gelten auch hier. 36

Die koalitionsrechtl Befugnisse müssen einer AN-Koalition in jedem Fall unabhängig davon zustehen, ob sie tariffähig ist oder nicht. Denn diese Befugnisse sind elementare Voraussetzung für die Entwicklung einer Organisation zur auch tariffähigen Gewerkschaft. Das anerkennt auch das BAG <**R**: BAG 17.2.1998, 1 AZR 364/97, EzA Art 9 GG Nr 63; vgl dazu auch BAG 19.9.2006, aaO, das ledigl für gesetzl geregelte Befugnisse auf einen einheitl Gewerkschaftsbegriff abhebt, der nach seiner Auffassung Tariffähigkeit voraussetzt; **L**: Däubler/Klebe/*Berg* Rn 102>. 37

Um die Interessen ihrer Mitglieder im Betrieb wahrzunehmen, kann sich eine Gewerkschaft der Hilfe derjenigen BR-Mitglieder bedienen, die ihrer Organisation angehören <**R**: vgl BVerfG 24.2.1999, 1 BvR 123/93, BVerfGE 100, 214, 221 = AP Nr 18 zu § 20 38

§ 2 Stellung der Gewerkschaften und Vereinigungen der Arbeitgeber

BetrVG 1972; **L:** *Löwisch* BB 2001, 726; *Däubler* Rn 76 f, der freilich zu weit geht, wenn er die BR als die unterste Ebene der gewerkschaftlichen Interessenvertretung betrachtet>.

39 Zu den koalitionsrechtl Befugnissen der Gewerkschaften im Betrieb gehört auch das Recht, als Bindeglied zw den hauptamtlichen Funktionären der Gewerkschaft und den Gewerkschaftsmitgliedern im Betrieb bestimmte Mitglieder zu **Vertrauensleuten** für den Betrieb oder für eine Betriebsabteilung zu bestellen <**R:** BAG 8.12.1978, 1 AZR 303/77, BB 1979, 1400>. Dagg lässt sich aus Art 9 Abs 3 GG kein Anspruch der Gewerkschaft gg den AG ableiten, die Wahl der gewerkschaftlichen Vertrauensleute im Betrieb durchführen zu können <**R:** BAG 8.12.1978 aaO; **L:** GK/*Franzen* Rn 102; aA Däubler/Klebe/ *Berg* Rn 134; *Fitting* Rn 892>. Aus Art 9 Abs 3 GG folgt auch keine Verpflichtung des AG, den gewerkschaftl Vertrauensleuten ein Büro zur Verfügung zu stellen, deren sonstige Geschäftsbedürfnisse zu decken oder sie unter Weiterzahlung des Entgelts von der Arbeit freizustellen <**L:** MünchArbR/*Löwisch/Rieble*, 3. Aufl § 157 Rn 76; **aA** *Däubler* Rn 519>.

40 Die Bestellung gewerkschaftlicher Vertrauensleute im Betrieb wird **häufig in TV vorgesehen**. Diese dürfen den gewerkschaftl Vertrauensleuten aber weder die Aufgabe einer mit dem BR konkurrierenden betriebsverfassungsrechtl Vertretung zuweisen noch die Tätigkeit des BR als Repräsentanten der Gesamtbelegschaft behindern <**R:** ArbG Kassel 5.8.1976, 1 Ca 217/76, DB 1976, 1675>. Es ist deshalb nicht möglich, den gewerkschaftl Vertrauensleuten Mitwirkungsrechte bei personellen Maßnahmen einzuräumen.

41 Um den Vertrauensleuten die Arbeit im Betrieb zu erleichtern, kann eine (teilweise) Freistellung von der Arbeit und Entgeltfortzahlung <**R:** ArbG Kassel 5.8.1976 aaO>, eine bes Aufwandsentschädigung oder Sonderurlaub vorgesehen werden. Auch ein Sonder-Kündigungsschutz kommt in Betracht <**R:** LAG Ddf 25.8.1995, 17 Sa 324/95, BB 1996, 1277 (LS); **L:** allg *Löwisch/Rieble* § 1 Rn 2212>.

42 Ebenso wie die Betreuung des vorhandenen Mitgliederbestands durch die Gewerkschaften und ihre Vertrauensleute hat die **Werbung neuer Mitglieder** existentielle Bedeutung für jede Koalition: Die Werbetätigkeit der Gewerkschaften in den Betrieben ist deshalb durch Art 9 Abs 3 GG geschützt <**R:** BVerfG 14.11.1995, 1 BvR 601/92, BB 1996, 590; BAG 28.2.2006, 1 AZR 460/04, BB 2006, 1798>. Zu Zwecken der Mitgliederwerbung muss der AG daher die **Verteilung von gewerkschaftlichem Informations- und Werbematerial** in seinem Betrieb dulden <**R:** BAG 14. 2. 67, 1 AZR 494/65, AP Nr 10 zu Art 9 GG und 14.2.1978, 1 AZR 280/77, BB 1978, 710>. Das gilt auch für die Verteilung von Gewerkschaftszeitungen zu Werbezwecken <**R:** BAG 23.2.1979, 1 AZR 540/77, DB 1979, 1185>.

43 Die Informations- und Werbetätigkeit muss sich iR der Rechtsordnung, insbes des BetrVG, halten und darf den Ablauf der betriebl Arbeit sowie die betriebl Ordnung nicht beeinträchtigen <**R:** BAG 28.2.2006 aaO>. Aus diesem Grund müssen die Gewerkschaften Information und Mitgliederwerbung auf die Zeit vor Arbeitsbeginn und nach Arbeitsende sowie auf die Pausen beschränken <**R:** BAG 14.2.1978 aaO; 13.11.1991, 5 AZR 74/ 91, BB 1992, 781; **L:** Richardi/*Richardi/Maschmann* Rn 156; GK/*Franzen* Rn 90; weitergehend *Fitting* Rn 85a>.

44 Der AG hat die mit der Werbe- und Informationstätigkeit notwendig verbundene **Inanspruchnahme der betrieblichen Räume** zu dulden. Insbes muss er hinnehmen, dass entspr Schriftgut an den Bekanntmachungstafeln des Betriebs angebracht wird <**R:** BAG

II. Stellung der Gewerkschaften im Betrieb § 2

14.2.1978, 1 AZR 280/77, BB 1978, 710 und 30.8.1983, 1 AZR 121/81, BB 1984, 212>. Der AG braucht aber nicht zu dulden, dass die Gewerkschaftsmitglieder die Betriebsmittel, etwa Maschinen, firmeneigene Kraftfahrzeuge oder die vom AG gestellte Arbeitskleidung, als Werbeträger verwenden <**R:** BAG 23.2.1979, 1 AZR 172/78, AP Nr 30 zu Art 9 GG; **L:** MünchArbR/*Klumpp* § 220 Rn 88>. Unberührt bleibt das Recht der Koalitionen und ihrer Mitglieder, sich durch Plaketten an der eigenen Kleidung zur Koalition zu bekennen <**L:** näher dazu MünchArbR/*Klumpp* § 219 Rn 15>. Keinen Anspruch hat die Gewerkschaft auf Benutzung der Telefonanlage des Betriebs, des Intranets, der Hauspost oder der Adressenkartei. Der massenhafte Versand von E-Mails an die dienstl Adressen der AN soll hingg zulässig sein, solange es zu keiner nennenswerten Betriebsablaufstörung kommt <**R:** BAG 20.1.2009, 1 AZR 515/68; **aM** Hess LAG 30.4.2008, 18 Sa 1724/07>. Dass für ihre Versammlungen Betriebsräume zur Verfügung gestellt werden, kann die Gewerkschaft nicht verlangen <**R:** BAG 23.9.1986, 1 AZR 597/85, DB 1987, 440>. Soweit der AG Betriebsmittel zur Verfügung stellt, muss er alle im Betrieb vertretenen Gewerkschaften gleichbehandeln (Rn 22).

Thematisch ist die Mitgliederwerbung keiner Einschränkung unterworfen. **Inhaltl begrenzt** wird sie jedoch durch die allg Rechtsordnung. Wg des Zusammenhangs von Art 9 Abs 3 GG mit den anderen Grundrechten, insbes dem allg Persönlichkeitsrecht (Art 2 Abs 1 iVm Art 1 Abs 1 GG), darf die Koalitionswerbung nicht beleidigen, üble nachreden oder gar verleumden <**R:** BAG 14.2.1967, 1 AZR 494/65, AP Nr 10 zu Art 9 GG Rn 30 ff>. IÜ geht es praktisch um eine Güter- und Interessenabwägung iR von § 823 Abs 1 BGB: Das von Art 9 Abs 3 GG geschützte Recht der Koalitionen, Mitglieder zu werben, muss mit dem Recht des Angegriffenen in Ausgleich gebracht werden. Ringt eine Koalition im Wettbewerb mit einer anderen Koalition um Mitglieder, darf sie gg diese nicht in „grob unwahrer oder hetzerischer Weise vorgehen oder es auf deren Vernichtung anlegen" <**R:** BAG 14.2.1967 aaO>. Gg das Verbot grob unwahrer Aussagen verstößt es, wenn „die werbende Gewerkschaft zu ihrer Werbung Tariferfolge, die nicht von ihr, sondern von der mit ihr im Wettbewerb stehenden Koalition erzielt sind, in einer Weise ausnutzt, die bei einem unbefangenen Dritten den Eindruck erweckt, der Erfolg sei von der werbenden Gewerkschaft erzielt worden" <**R:** BAG 11.11.1968, 1 AZR 16/68, AP Nr 14 zu Art 9 GG>. 45

Auch die negative Koalitionsfreiheit eines **Außenseiters** muss vor einem unsachl Eintrittsdruck geschützt werden. Ihm darf zwar zugeredet werden, der Gewerkschaft beizutreten, bedrängt werden darf er aber nicht <**R:** BAG 14.2.1967, 1 AZR 494/65, AP Nr 10 zu Art 9 GG>. Rechtswidrig ist es, mit Nachteilen oder mit öffentlichem Verruf zu drohen. Werbegags, die das Verhältnis der Organisierten zu Nichtorganisierten überspitzt darstellen, sind demggü jedoch zulässig <**L:** *Däubler* Rn 323 ff mit Bsp>. 46

Auch der **AG** darf im Rahmen der Mitgliederwerbung **als Gegner angegangen** werden: Er muss sich scharfe Angriffe gefallen lassen, kann aber unwahre Behauptungen, Hetze und Eingriffe in seine Privatsphäre abwehren <**R:** BAG 14.2.1967, 1 AZR 494/65, AP Nr 10 zu Art 9 GG>. Einen AG mit dem Etikett „unsozial" zu versehen oder ihn als „Jobkiller" zu bezeichnen, begegnet keinen Bedenken. Ihn als „Menschenverächter" oder als „Sklavenhalter" zu betiteln, stellt dagg Hetze dar. Zu harter Kritik im kämpferischen Tonfall gehört es auch nicht mehr, wenn dem AG vorgeworfen wird, er „befleißige sich ausgeklügelter Antreibermethoden, übe Unternehmerterror aus, rufe wg seines Profitinteresses Unfall- und Gesundheitsgefährdungen hervor und presse die ausländischen AN bes 47

§ 2 Stellung der Gewerkschaften und Vereinigungen der Arbeitgeber

stark aus" <L: vgl *Löwisch* Anm zu BAG 13.10.1977, EzA § 74 BetrVG 1972 Nr 3>. Zur Auseinandersetzung in Werkszeitungen und Informationsblättern des BR s § 74 Rn 29.

48 Zur von Art 9 Abs 3 GG geschützten Tätigkeit gehört auch die allg **Sach- und Zielwerbung** der Gewerkschaften. Sie im Betrieb durchzuführen, ist unabweisl aber nur, soweit die Nicht- oder Andersorganisierten angesprochen werden sollen. Die Mitglieder lassen sich auch über Versammlungen und zugesandtes Propagandamaterial auf die Ziele der Koalition einstimmen. **Im Arbeitskampf** besteht kein Anspruch der Gewerkschaft auf Nutzung der Betriebsmittel. Die Zubilligung eines solchen Anspruchs würde die Verpflichtung der Rechtsordnung zur Neutralität im Arbeitskampf verletzen <R: Für den E-Mail-Verkehr so auch BAG 15.10.2013, 1 ABR 31/12, NZA 2014, 319>. Für die allg Grenzen der Sach- und Zielwerbung gilt das für die Mitgliederwerbung Gesagte (Rn 42).

5. Zugangsrecht

a) Betriebsverfassungsrechtliches Zugangsrecht

49 Nach § 2 Abs 2 haben die Beauftragten der **im Betrieb vertretenen Gewerkschaften** ein Zugangsrecht zum Betrieb, **soweit sie eine im BetrVG genannte Aufgabe wahrnehmen**. Die gesetzl Vorschriften, die Aufgaben der Gewerkschaften vorsehen und damit ein Zugangsrecht begründen, sind in Rn 25 aufgeführt. Dabei wird man bei den Rechten, die Überwachungscharakter tragen, wie dem der Wahlanfechtung nach § 19 Abs 2, dem Antragsrecht bei Verletzung gesetzlicher Pflichten nach § 23 Abs 1 und 3 und dem Strafantragsrecht nach § 119 Abs 2, ein Zugangsrecht nur annehmen können, wenn konkrete Anhaltspunkte für einen Gesetzesverstoß vorliegen <L: Richardi/*Richardi*/*Maschmann* Rn 108 f>.

50 § 2 Abs 1, wonach AG und BR mit den im Betrieb vertretenen Gewerkschaften zusamenarbeiten, begründet kein eigenständiges Zugangsrecht zum Betrieb <R: BAG 26.6.1973, 1 ABR 24/72, BB 1973, 1437>. Wohl aber ist aus § 2 Abs 1 ein von der **Initiative des BR** abhängiges Zugangsrecht abzuleiten (s Rn 21): Wünscht dieser, mit der Gewerkschaft bei der Erfüllung einer seiner Aufgaben zusammenzuwirken, nimmt die Gewerkschaft, wenn sie diesem Wunsch nachkommt, ihre Aufgabe nach § 2 Abs 1 wahr und hat deshalb ein Zugangsrecht <R: BAG 17.1.1989, 1 AZR 805/87, BB 1989, 1126>.

51 Das aus § 2 Abs 1 abzuleitende Zugangsrecht besteht nur zur Beratung und Unterstützung des BR, nicht zur Beratung und Unterstützung **anderer betriebsverfassungsrechtl Organe**, insbes nicht des Wahlvorstands <R: LAG Hamm 30.9.1977, 3 TaBV 59/77, DB 1978, 844> und des BR-Vors <R: OLG Stuttgart 21.12.1977, 2 Ws 21/77, BB 1978, 450>. Zum Zugangsrecht zu Sitzungen von BR-Ausschüssen vgl § 31 Rn 4.

52 Zwingende Voraussetzung für die Ausübung des Zugangsrechts ist nach § 2 Abs 2 die vorherige **Unterrichtung des AG** oder seines Vertreters <R: BAG 14.2.1967, 1 ABR 7/66, BB 1967, 584>. IdR ist es angemessen, wenn der AG einen Tag vor dem Gewerkschaftsbesuch unterrichtet wird. Die Unterrichtung muss auch Zeitpunkt und Zweck des Besuchs unmissverständlich erkennen lassen, damit der AG beurteilen kann, ob ein Zugangsrecht überhaupt besteht <R: LAG Hamm 5.10.1972, 8 TaBV 23/72, DB 1973, 141>.

53 Auch wenn die Gewerkschaft grds einen Anspruch auf Zugang zum Betrieb hat, kann der AG einem Gewerkschaftsbeauftragten den Zutritt zum Betrieb nach dem Gesetz aus drei

Gründen verweigern: Ein **Zugangsverweigerungsrecht** besteht einmal, wenn durch den Aufenthalt des Gewerkschaftsbeauftragten im Betrieb oder durch die Art seiner beabsichtigten Tätigkeit unumgängliche, also zwingend gebotene Erfordernisse des Betriebsablaufs gefährdet werden. Der AG kann dem Gewerkschaftsbeauftragten den Zugang zum Betrieb auch verweigern, soweit zwingende Sicherheitsvorschriften entgegenstehen, zB das Betreten gewisser Räume oder Betriebsanlagen wg einer Gefahr für den Betrieb oder für den Besucher verboten ist. Zu beachten sind dabei sowohl die Sicherheitsvorschriften bzgl Unfall-, Feuer- oder Explosionsgefahren als auch die Vorschriften, die den Bereich militärischer oder staatspolitischer Geheimhaltung betreffen. Ein Zutrittsverweigerungsrecht hat der AG schließl dann, wenn durch den Zutritt des Gewerkschaftsbeauftragten zu gewissen Teilen der Betriebsanlagen der Schutz von Betriebsgeheimnissen (zum Begriff § 79 Rn 8) gefährdet würde, etwa weil es an der Zuverlässigkeit des betreffenden Gewerkschaftsbeauftragten fehlt, sodass das Vertrauen auf die Geheimhaltungspflicht des § 79 nicht ausreicht. Über die gesetzl Zugangsverweigerungsgründe hinaus kann es dem AG in bes Situationen unzumutbar sein, dem Anspruch des Gewerkschaftsbeauftragten auf Zugang zum Betrieb nachzukommen, etwa wenn dieser Anspruch während eines Arbeitskampfes geltend gemacht wird, an dem die Gewerkschaft und der AG beteiligt sind <**L:** GK/*Franzen* Rn 79; vgl auch *Kremp* AuR 1973, 193, 200>.

Die **Auswahl des zu entsendenden Beauftragten** obliegt ausschließl der Gewerkschaft. 54
Als Beauftragter kommt dabei auch der AN eines anderen Betriebs als ehrenamtlicher Funktionär in Betracht <**R:** LAG Hamm 21.1.1977, 3 Sa 941/76, BB 1977, 747>. **Einwendungen** gg die Person des Beauftragten sind nur zulässig, wenn das Betreten des Betriebs wg dessen früheren Verhaltens (Diffamierung des AG, Störung des Betriebsfriedens) oder wg der sachl begründeten Befürchtung, er werde den Betriebsfrieden oder den Arbeitsablauf stören, für den AG unzumutbar ist <**R:** LAG Hamm 30.9.1977, 3 TaBV 59/77, DB 1978, 844 und 12.9.2008, 10 TaBV 25/08; enger noch BAG 18.3.1964, 1 ABR 12/63, AP Nr 1 zu § 45 BetrVG 1952>. Ein Gewerkschaftsbeauftragter kann nicht allein deshalb von der Teilnahme an einer Betriebsversammlung ausgeschlossen werden, weil er AN-Vertreter im Aufsichtsrat eines Konkurrenzunternehmens ist <**R:** LAG HH 28.11.1986, 8 TaBV 5/86, DB 1987, 1595>.

Das Zugangsrecht beschränkt sich auf den tatsächl Zugang von Gewerkschaftsvertretern 55
zum Betrieb. Zugriffsmöglichkeiten auf das Intranet des Betriebs sind damit nicht verbunden. Für das betriebsverfassungsrechtl Zugangsrecht folgt das schon aus dem Wortlaut des § 2 Abs 2.

b) Koalitionsrechtliches Zugangsrecht

Auch aus den **koalitionsrechtlichen Befugnissen** der Gewerkschaften, insbes dem Recht 56
zur Wahl- und Mitgliederwerbung, folgt ein Zugangsrecht zum Betrieb. Dieses unterliegt der Sache nach den gleichen Schranken, wie das aus § 2 Abs 2 folgende Zugangsrecht <**R:** BAG 18.3.1964 aaO>. Auch das koalitionsrechtliche Zugangsrecht muss beim AG geltend gemacht werden.

Das koalitionsrechtl Zugangsrecht steht den Gewerkschaften unabhängig davon zu, ob sie 57
im Betrieb bereits vertreten sind <**R:** BAG 28.2.2006, 1 AZR 460/04, BB 2006, 1798>. Voraussetzung ist allerdings, dass der Betrieb nach deren Satzung zum Organisationsbereich der betreffenden Gewerkschaft gehört. Anderenfalls fehlt das berechtigte Interesse

am Zugang. Ob es sich um eine große oder eine kleine Gewerkschaft handelt, spielt indes keine Rolle <**L**: *Klein*, S 214 ff>. Auch Tariffähigkeit der Gewerkschaft kann nicht vorausgesetzt werden, denn es geht nicht um die Ausübung betriebsverfassungsrechtl Befugnisse, welche das BAG an die Tariffähigkeit binden will (Rn 27). Ein solches Zugangsrecht betriebsfremder Gewerkschaftsmitglieder kann mit dem Haus- und Eigentumsrecht (Art 13, 14 I GG) und der wirtschaftlichen Betätigungsfreiheit (Art 12 I GG) des AG kollidieren. Mangels gesetzl Regelung ist im Wege der praktischen Konkordanz ein Ausgleich zw den gegenläufigen Interessen, dem Zutrittsverlangen und den Belangen des AG, zu schaffen. Dabei sind insbes die Häufigkeit und die Dauer des Zutrittsbegehrens, das Ausmaß der Beeinträchtigungen des AG und der von ihm zu betreibende Aufwand zu berücksichtigen <**R**: BAG 22.6.2010, 1 AZR 179/09, DB 2010, 2674>. Regelmäßig sind diese Belange gewahrt, wenn die Häufigkeit des Zutrittsverlangens der gesetzl Wertung des § 43 Abs 4 BetrVG entspricht und die angemessene Ankündigungsfrist eingehalten wird <**R**: BAG 22.6.2010 aaO>. Ausgehend hiervon bedarf das Verlangen einer Gewerkschaft, einmal im Kalenderhalbjahr im Betrieb Mitgliederwerbung durch betriebsfremde Beauftragte zu betreiben, keiner näheren Begründung <**R**: BAG 22.6.2010 aaO>.

58 Auch das koalitionsrechtliche Zugangsrecht gewährt keine Zugriffsmöglichkeit auf Inter- und Intranet des Betriebs. Dem steht das Interesse des AG entgg, zur Kenntnis nehmen zu können, wer sich an die AN des Betriebes wendet <**L**: *Maschmann* NZA 2008, 613, 615; *Lelley* BB 2002, 252, 253; *Klebe/Wedde* AuR 2000, 401>. Betriebsverfassungsrechtl und koalitionsrechtl Zugangsrecht sind auseinander zu halten. Der Zugang der Gewerkschaft zu Betriebsversammlungen nach § 46 Abs 1, bedeutet nicht, dass sie den Raum, in dem diese stattfindet, oder Vorräume dazu, ohne weiteres zu Werbezwecken nutzen kann. Vielmehr müssen dafür die Voraussetzungen für das koalitionsrechtl Zugangsrecht gegeben sein, über das sich die Gewerkschaft mit dem AG auseinander zu setzen hat <**R**: BAG 22.5.2012, 1 ABR 11/11, DB 2012, 2351>.

6. Streitigkeiten

59 Streitigkeiten über die Ausübung der Rechte und Aufgaben der Gewerkschaften, auch zw Gewerkschaften und einem Betriebsverfassungsorgan, aus dem **Betriebsverfassungsrecht** (§ 2 Abs 2) sind im Beschlussverf gem § 2a Abs 1 Nr 1 ArbGG zu entscheiden. Dasselbe gilt für das Zugangsrecht der Gewerkschaften <**R**: BAG 26.6.1973, 1 ABR 24/72, AP Nr 2 zu § 2 BetrVG 1972>. Streitigkeiten, die sich aus der Wahrnehmung der **Koalitionsrechte** ergeben (zB Wahlpropaganda, Werbung im Betrieb, § 2 Abs 3), können nur im Urteilsverf entschieden werden <**R**: BAG 29.6.1965, 1 AZR 420/64, BB 1965, 1071; 14.2.1967, 1 AZR 494/65, BB 1967, 330>.

§ 3 Abweichende Regelungen

(1) Durch Tarifvertrag können bestimmt werden:
1. für Unternehmen mit mehreren Betrieben
    a) die Bildung eines unternehmenseinheitlichen Betriebsrats oder
    b) die Zusammenfassung von Betrieben,
    wenn dies die Bildung von Betriebsräten erleichtert oder einer sachgerechten Wahrnehmung der Interessen der Arbeitnehmer dient;
2. für Unternehmen und Konzerne, soweit sie nach produkt- oder projektbezogenen Geschäftsbereichen (Sparten) organisiert sind und die Leitung der Sparte auch Entscheidungen in beteiligungspflichtigen Angelegenheiten trifft, die Bildung von Betriebsräten in den Sparten (Spartenbetriebsräte), wenn dies der sachgerechten Wahrnehmung der Aufgaben des Betriebsrats dient;
3. andere Arbeitnehmervertretungsstrukturen, soweit dies insbesondere aufgrund der Betriebs-, Unternehmens-, oder Konzernorganisation oder aufgrund anderer Formen der Zusammenarbeit von Unternehmen einer wirksamen und zweckmäßigen Interessenvertretung der Arbeitnehmer dient;
4. zusätzliche betriebsverfassungsrechtliche Gremien (Arbeitsgemeinschaften), die der unternehmensübergreifenden Zusammenarbeit von Arbeitnehmervertretungen dienen;
5. zusätzliche betriebsverfassungsrechtliche Vertretungen der Arbeitnehmer, die die Zusammenarbeit zwischen Betriebsrat und Arbeitnehmern erleichtern.

(2) Besteht in den Fällen des Absatzes 1 Nr. 1, 2, 4 oder 5 keine tarifliche Regelung und gilt auch kein anderer Tarifvertrag, kann die Regelung durch Betriebsvereinbarung getroffen werden.

(3) Besteht im Falle des Absatzes 1 Nr. 1 Buchstabe a keine tarifliche Regelung und besteht in dem Unternehmen kein Betriebsrat, können die Arbeitnehmer mit Stimmenmehrheit die Wahl eines unternehmenseinheitlichen Betriebsrats beschließen. Die Abstimmung kann von mindestens drei wahlberechtigten Arbeitnehmern des Unternehmens oder einer im Unternehmen vertretenen Gewerkschaft veranlasst werden.

(4) Sofern der Tarifvertrag oder die Betriebsvereinbarung nichts anderes bestimmt, sind Regelungen nach Absatz 1 Nr. 1 bis 3 erstmals bei der nächsten regelmäßigen Betriebsratswahl anzuwenden, es sei denn, es besteht kein Betriebsrat oder es ist aus anderen Gründen eine Neuwahl des Betriebsrats erforderlich. Sieht der Tarifvertrag oder die Betriebsvereinbarung einen anderen Wahlzeitpunkt vor, endet die Amtszeit bestehender Betriebsräte, die durch die Regelungen nach Absatz 1 Nr. 1 bis 3 entfallen, mit Bekanntgabe des Wahlergebnisses.

(5) Die aufgrund eines Tarifvertrages oder einer Betriebsvereinbarung nach Absatz 1 Nr. 1 bis 3 gebildeten betriebsverfassungsrechtlichen Organisationseinheiten gelten als Betriebe im Sinne dieses Gesetzes. Auf die in ihnen gebildeten Arbeitnehmerver-

§ 3 Abweichende Regelungen

tretungen finden die Vorschriften über die Rechte und Pflichten des Betriebsrats und die Rechtsstellung seiner Mitglieder Anwendung.

Literatur: *Edenfeld*, Der Wirtschaftsausschuss in komplexen Unternehmensstrukturen; DB 2015, 679; *Gaul/Mückl*, Vereinbarte Betriebsverfassung – Was ist möglich, was sinnvoll?, NZA 2011, 657; *Kania/Klemm*, Möglichkeiten und Grenzen der Schaffung anderer Arbeitnehmervertretungsstrukturen nach § 3 Abs. 1 Nr. 3 BetrVG, RdA 2006, 22; *Kort*, Matrix-Strukturen im Fokus neuerer arbeitsrechtlicher Betrachtung, BB 2021, 1204; *Linse*, Zulässigkeit vereinbarter Arbeitnehmervertretungsstrukturen und Betriebsverfassungsgesetz, 2015; *Löwisch/Schuster*, Arbeitnehmerbeteiligung im Konzern Stadt – Tarifliche Regelung der koordinierten Beteiligung von Betriebsräten und Personalräten bei der Stadt Hanau, ZTR 2009, 58; *Maschmann*, Betriebsverfassung in der Matrixorganisation, FS 100 Jahre Betriebsverfassungsrecht (2020), S 463; *Mückl/Koehler*, Rechtsfolgen unwirksamer Vereinbarungen über die Organisation der Betriebsverfassung, NZA-RR 2009, 513; *Oltmans*, Konkurrenz im eigenen Haus: Das Verhältnis zwischen gesetzlichen und gewillkürten Betriebsräten, NZA 2021, 1742; *Plander*, Tarifverträge nach § 3 BetrVG im Streit konkurrierender Gewerkschaften, FS ARGE-ArbeitsR (2006), S 969; *Rieble*, Mitbestimmung in komplexen Betriebs- und Unternehmensstrukturen, NZA 2014, Beilage 1, 28; *Schliemann*, § 3 Abs. 1 BetrVG und Vertretensein der Gewerkschaft im Betrieb, FS Etzel (2011), S 351; *Schmiege*, Betriebsverfassungsrechtliche Organisationsstrukturen durch Tarifvertrag, 2007; *Schweibert*, Gewillkürter Zuschnitt von Betrieben – Chancen, Risiken und Nebenwirkungen, FS 100 Jahre Betriebsverfassungsrecht (2020), S 731; *Spinner*, Die vereinbarte Betriebsverfassung, 2000; *ders*, Mehrgliedrige Haustarifverträge zur Regelung betriebsverfassungsrechtlicher Fragen, ZTR 1999, 546; *Spinner/Wiesenecker*, Unwirksame Vereinbarungen über die Organisation der Betriebsverfassung, FS Löwisch (2007), S 375; *Teusch*, Organisationstarifverträge nach § 3 BetrVG, NZA 2007, 124; *Trappehl/Zimmer*, Unternehmenseinheitlicher Betriebsrat bei Verschmelzung, BB 2008, 778; *Trebeck/Kania*, Betriebsspaltungen nach §§ 111, 112 BetrVG im Geltungsbereich eines Strukturtarifvertrages nach § 3 BetrVG, BB 2014, 1595; *Trittin*, Unternehmenseinheitlicher Betriebsrat – Sachdienlichkeit – Betriebsvereinbarung nach § 3 Abs 1 Nr 1a BetrVG, AiB 2014, Nr 12, 72; *Trümner*, Betriebsübergang und Zuordnungsverträge, FA 2007, 226; *Wendeling-Schröder*, Zuordnungstarifverträge und Gewerkschaftspluralität, NZA 2015, 525; *Witschen*, Matrixorganisationen und Betriebsverfassung, RdA 2016, 38.

Übersicht

	Rn.		Rn.
I. Allgemeines	1	III. Regelungskompetenzen	41
II. Zulässige Abweichungen	6	1. Tarifvertrag	41
1. Unternehmenseinheitlicher Betriebsrat	6	a) Regelungsbefugnis	41
		b) Sperrwirkung	44
2. Spartenbetriebsrat	11	2. Betriebsvereinbarung	49
3. Andere Arbeitnehmervertretungsstrukturen	21	3. Votum der Belegschaft	51
		IV. Rechtswirkungen	57
a) Andere Organisationseinheiten	21	1. Abweichende Vertretungsformen	57
b) Andere Zuständigkeiten	31	a) Beginn	57
4. Zusätzliche Vertretungen	35	b) Inhalt	60
a) Arbeitsgemeinschaften	35	c) Ende	64
b) Zusätzliche betriebsverfassungsrechtliche Vertretungen	37	2. Zusätzliche Vertretungen	68

I. Allgemeines

1   Die organisatorischen Bestimmungen des BetrVG sind **an sich zwingend**. § 3 ermöglicht jedoch eine Reihe von Abweichungen. Die Vorschrift ist durch das BetrVerf-RG mit dem

Ziel der Flexibilität der Organisationsstrukturen der Betriebsverfassung stark ausgeweitet worden <L: vgl Begründung RegE BT-Drs 14/5741 S 25 f, 33 ff>. Einmal sieht § 3 die Ersetzung der im BetrVG vorgesehenen Vertretungsformen durch andere, in Abs 1 Nr 1 bis 3 im Einzelnen beschriebene Vertretungsformen vor, die vom Normalbild BR – GBR – KBR abweichen (dazu unten Rn 4 ff). Zum anderen ermöglicht das Gesetz die in Abs 1 Nr 4 und 5 aufgeführten zusätzl Vertretungen (dazu unten Rn 35 ff). Eine Ermächtigung zur Einschränkung der gesetzl Mitwirkungs- und MBR enthält § 3 nicht. Dies folgt aus Abs 5, nach dem die an die Stelle des BR tretenden Vertretungen und deren Mitglieder die Rechte und Pflichten des BR und seiner Mitglieder haben.

Instrument der mögl organisatorischen Abweichungen ist nach der Konzeption des Gesetzes **in erster Linie der TV** (dazu Rn 41 ff). Wo tarifvertragliche Regelungen nicht bestehen, kommen aber zT auch BV in Betracht und iF der Bildung eines unternehmenseinheitl BR uU auch ein Votum der Belegschaft (unten Rn 49 ff).

Nach der bisherigen Fassung des Gesetzes bedurften TV, die abw Regelungen der Betriebsverfassung enthielten, der **Zustimmung der obersten Arbeitsbehörde** des Landes, bei TV, deren Geltungsbereich mehrere Länder berührte, der Zustimmung des BAMS. Diese Voraussetzung hat das BetrVerf-RG fallengelassen. Zu den Problemen, die sich daraus im Hinblick auf Art 9 Abs 3 GG ergeben, s Rn 42 ff.

Eine § 3 BetrVG entspr Bestimmung enthält das BPersVG nicht, vielmehr ist nach seinem § 3 eine abw Regelung des Bundespersonalvertretungsrechts durch TV ausgeschlossen. Entspr Regelungen enthalten bislang auch die LandesPersVG der Länder (etwa § 3 LandesPersVG BaWü). Allerdings steht es diesen frei, eine § 3 BetrVG entspr Regelung einzuführen, nachdem die dies ausschließende Rahmenvorschrift des bisherigen § 97 BPersVG mit dem neuen BPersVG vom 9.6.2021 (BGBl I 1614) weggefallen ist <L: näher *Löwisch/Kurz* OdW 2022; *Löwisch* FS Hansjörg Otto (2008), S 323 ff; zur Bildung gemeinsamer Ausschüsse von BR und Personalräten in Kommunen *Löwisch/Schuster* ZTR 2009 58, 60>.

Für die besondere Interessenvertretung nach § 51 BBiG gilt § 3 nicht. Für diese können Mitwirkungs- und Mitbestimmungsrechte durch TV unabhängig von den Voraussetzungen des § 3 geregelt werden <R: BAG 24.8.2004, 1 ABR 28/03, EZA § 98 BetrVG 2001 Nr 1>.

II. Zulässige Abweichungen

1. Unternehmenseinheitlicher Betriebsrat

Nach Abs 1 Nr 1a kann in Unternehmen mit mehreren Betrieben ein **unternehmenseinheitl BR** vorgesehen werden. Die Vorschrift hat ihr Vorbild in § 20 SprAuG, der die Möglichkeit der Bildung eines Unternehmenssprecherausschusses vorsieht, wenn dies die Mehrheit der ltd Ang des Unternehmens verlangt. Allerdings lässt Abs 1 Nr 1a eine Abstimmung der Belegschaft nur zu, wenn eine Regelung durch TV oder BV nicht in Betracht kommt (vgl unten Rn 51 ff).

Nach Abs 1 Nr 1b können auch **mehrere Betriebe eines Unternehmens zu BR-Einheiten zusammengefasst** werden, wenn dies die Bildung von BR erleichtert oder einer sach-

§ 3 Abweichende Regelungen

gerechten Wahrnehmung der Interessen der AN dient. Die Vorschrift erweitert die bisherige Regelung, nach der nur eine abw Zuordnung von Betriebsteilen und Nebenbetrieben zulässig war (§ 3 Abs 1 Nr 3 aF). Ihrem Sinn nach erfasst die Vorschrift auch Betriebsteile, die nach § 4 Abs 1 als selbstständige Betriebe gelten, und zwar ohne Rücksicht darauf, ob dort ein eigener BR besteht oder nicht. Eine Strukturregelung nach Abs 1 Nr 1b entzieht einem Beschluss der AN eines BRlosen Betriebsteils auf Teilnahme an der Wahl des BR im Hauptbetrieb gem § 4 Abs 1 S 2 bis 4 die Grundlage.

8   Abs 1 Nr 1b ermöglicht auch eine von § 4 Abs 2 **abw Zuordnung von Kleinstbetrieben**, etwa statt zum Hauptbetrieb zum räumlich nächstgelegenen größeren Betrieb. Möglich ist dabei auch die Zusammenfassung von Kleinstbetrieben, die wg ihres selbstständigen Betriebszwecks keinem Hauptbetrieb zugeordnet werden können (vgl § 4 Rn 30). Wie sich aus der Eingangsformulierung ergibt, erfasst Nr 1b nur die Zusammenfassung von Betrieben **eines** Unternehmens. Unternehmensübergreifende Repräsentationseinheiten können nur nach Nr 3 gebildet werden <**R**: BAG 13.3.2013, 7 ABR 70/11, EzA § 3 BetrVG 2001 Nr 6> (dazu Rn 20ff).

9   Hinsichtlich der Fragen, ob die Zusammenfassung die Bildung von BR erleichtert oder einer sachgerechten Wahrnehmung der Interessen der AN dient, steht den TV-Parteien ein weiter Beurteilungsspielraum zu <**R**: BAG 13.3.2013, 7 ABR 70/11, EzA § 3 BetrVG 2011 Nr 6>. Die aus § 9 folgende Verminderung der Zahl der BR-Mitglieder steht der Sachgerechtigkeit solange nicht entgg, wie die BR-Aufgaben auch von der kleineren Zahl von BR-Mitgliedern ordnungsgem erledigt werden können.

10 Die Strukturregelung greift nach Abs 1 Nr 1b gem Abs 4 grds erst bei der nächsten BR-Wahl (Rn 57ff).

2. Spartenbetriebsrat

11 Nach Abs 1 Nr 2 kann für Unternehmen und Konzerne, soweit sie nach Sparten organisiert sind und die Leitung der Sparte auch Entscheidungen in beteiligungspflichtigen Angelegenheiten trifft, die Bildung von **Sparten-BR** vorgesehen werden, wenn dies der sachgerechten Wahrnehmung der Aufgaben des BR dient.

12 Die Bildung von Sparten-BR **im Unternehmen** setzt einmal voraus, dass das betreffende Unternehmen betriebsübergreifend nach Sparten organisiert ist. Sparten sind nach der gesetzl Definition in Abs 1 Nr 2 „produkt- oder projektbezogene Geschäftsbereiche". Der Begriff produktbezogen ist nicht eng zu verstehen, sondern umfasst auch dienstleistungsbezogene Geschäftsbereiche <**L**: *Rügenhagen*, Die betriebl Mitbestimmung im Konzern, 2013, 174f>. Mit projektbezogen meint das Gesetz zur Durchführung bestimmter Projekte gebildete Geschäftsbereiche.

13 Zum anderen muss die Leitung der Sparte auch Entscheidungen in beteiligungspflichtigen Angelegenheiten der in der Sparte beschäftigten AN, insbes in deren personellen und sozialen Angelegenheiten, treffen.

14 Abs 1 Nr 2 ermöglicht auch die Bildung von Sparten-BR **in Konzernen**, und zwar gleichgültig, ob es sich um einen Unterordnungskonzern oder einen Gleichordnungskonzern handelt; § 18 Abs 1 AktG ist anders als in § 54 Abs 1 nicht in Bezug genommen <**L**: GK/ *Franzen* Rn 15; *Friese*, RdA 2003, 94; *Fitting* Rn 44; **aA** *Richardi/Richardi* Rn 30>. Vo-

raussetzung ist die **unternehmensübergreifende Spartenorganisation**, bei der die Leitung der Sparte zugleich auch Entscheidungen in beteiligungspflichtigen Angelegenheiten trifft.

Existieren **innerhalb eines Betriebes** mehrere Sparten, können auch dort Sparten-BR gebildet werden <L: *Rügenhagen*, aaO 172; *Fitting* Rn 42, Richardi/*Richardi* Rn 27>. 15

In allen diesen Fällen muss die Bildung der Sparten-BR der sachgerechten Wahrnehmung der Aufgaben des BR dienen. Das wird regelmäßig der Fall sein, wenn, wie das die Vorschrift voraussetzt, die Leitung der Sparte auch Entscheidungen in beteiligungspflichtigen Angelegenheiten trifft. 16

Sind in einem Unternehmen Sparten-BR gebildet, haben diese nach den §§ 47 ff für das Unternehmen einen GBR zu errichten. Dies ergibt sich aus Abs 5 S 1, nach dem auch die nach Abs 1 Nr 2 gebildeten betriebsverfassungsrechtl Organisationseinheiten als Betriebe iS des BetrVG gelten. Erstrecken sich die Sparten-BR auf mehrere Unternehmen, entsenden diese nicht anders als die BR von gemeinsamen Betrieben mehrerer Unternehmen (vgl § 47 Rn 15) Vertreter in jeden GBR eines Trägerunternehmens <L: *Rügenhagen*, aaO 190 ff>. Die Möglichkeit der Errichtung eines „besonderen SpartenGBR" <L: so die Begründung RegE BT-Drs 14/5741 S 34>, der neben die eigentl GBR treten müsste, sieht das Gesetz nicht vor <L: GK/*Franzen* Rn 18; **aA R:** ArbG Frankfurt 24.5.2006, 14 BV 518/04, juris>. 17

Bestehen in einem Konzern unternehmensübergreifende Sparten-BR, können die gebildeten GBR gem § 54 Abs 1 auch einen KBR bilden. 18

Nicht möglich ist die Bildung lediglich eines Sparten-GBR oder Sparten-KBR, ohne dass auch Sparten-BR bestehen. Es fehlt dann an der betriebsverfassungsrechtl Grundstruktur, von der auch § 3 Abs 5 S 1 ausgeht <R: Hess LAG 21.4.2005, 9/5 TaBV 115/04, juris>. 19

Möglich ist auch ein Nebeneinander von normalen BR und Sparten-BR, nämlich dann, wenn nur ein Teil der betriebl Tätigkeit nach Sparten organisiert ist, während der andere Teil, etwa die Verwaltung, über eine betriebsbezogene Organisation verfügt. In diesem Fall ist auf der Unternehmensebene ein einheitl GBR zu bilden <L: *Rügenhagen*, aaO 180 ff>. Entspr ist auf der Konzernebene die Bildung eines KBR möglich. 20

3. Andere Arbeitnehmervertretungsstrukturen

a) Andere Organisationseinheiten

Nach Abs 1 Nr 3 sind auch noch andere als die in Nr 1 und 2 genannten AN-Vertretungsstrukturen möglich, soweit dies insbes aufgrund der Betriebs-, Unternehmens- oder Konzernorganisation oder aufgrund anderer Formen der Zusammenarbeit von Unternehmen einer wirksamen und zweckmäßigen Interessenvertretung der AN dient. Auch diese Vorschrift muss im Zusammenhang mit Abs 5 S 1 und 2 gelesen werden, nach denen auch nach Nr 3 gebildete betriebsverfassungsrechtl Organisationseinheiten als Betrieb iS des BetrVG gelten und die dort gebildeten AN-Vertretungen den Vorschriften über die Rechte und Pflichten des BR und die Rechtstellung seiner Mitglieder unterstehen. Dementspr meint Abs 1 Nr 3 in erster Linie die Bildung solcher **Organisationseinheiten**. 21

§ 3   Abweichende Regelungen

22 Die Vorschrift ermöglicht so die Schaffung eines unternehmensübergreifenden BR, auch wenn die beteiligten Unternehmen keinen gemeinsamen Betrieb führen <**R:** BAG 10.11.2004, 7 ABR 17/04, EzA § 3 BetrVG 2001 Nr 1>. Etwa kann für die AN einer für die Durchführung eines Großprojekts gebildeten Arbeitsgemeinschaft von Bauunternehmen ein einheitl BR auch dann gebildet werden, wenn kein gemeinsamer Betrieb iS des in § 1 Rn 29 ff Gesagten besteht. Gleiches gilt für einen Industriepark, in dem mehrere Unternehmen bei einer Produktion zusammenarbeiten.

23 Von Abs 1 Nr 3 gedeckt ist auch die Schaffung besonderer Vertretungen für arbeitstechnisch eigenständige Teile der Belegschaft, die mangels Eigenständigkeit auch der Organisation nicht gem § 4 Abs 1 S 1 Nr 2 als selbstständige Betriebe gelten. Etwa kann auf diese Weise bei einem Zeitungsverlag für die Zusteller ein eigener BR geschaffen werden. Sofern das im Einzelfall zweckmäßig ist, kann § 3 Abs 1 Nr 3 auch zur Anpassung der AN-Vertretungsorganisation an unternehmenseinheitliche **Matrix-Strukturen** genutzt werden <**L:** *Maschmann* FS 100 Jahre Betriebsverfassungsrecht, S 472 f; *Kort*, BB 2021, 1208>.

24 Nicht möglich ist aber eine Aufspaltung der Belegschaft lediglich nach ANgruppen, etwa die Bildung eines besonderen BR für geringfügig Beschäftigte. Eine solche Aufspaltung der Arbeitnehmerschaft verletzt den organisatorischen Zusammenhang, von dem die Nr 3 ausgeht <**L:** GK/*Franzen* Rn 24>.

25 Möglich ist auch die Bildung eines einheitl BR für einen **Konzern**. In Konzernen kleinerer Unternehmen kann dies durchaus einer wirksamen und zweckmäßigen Interessenvertretung dienen <**L:** Richardi/*Richardi* Rn 41 ff>.

26 Schließlich können auch Regionalbetriebsräte für Teile bundesweit operierender Unternehmen oder auch Konzerne gebildet werden <**L:** *Fitting* Rn 50>.

27 Abs 1 Nr 3 ermöglicht auch die Bildung gemeinsamer AN-Vertretungsstrukturen für Betriebe der privaten Wirtschaft und Betriebe der öffentlichen Hand. Voraussetzung ist allerdings, dass auf Seiten des Personalvertretungsrechts eine entspr Befugnis zur tariflichen Regelung besteht (Rn 4).

28 Auch in solchen anderen Organisationseinheiten bedürfen die gebildeten Vertretungen der **Legitimation** durch die vertretenen AN. Das BAG hat deshalb zu Recht einen TV für unwirksam erklärt, mit dem Mitwirkungs- und Mitbestimmungsrechte auf eine von den AN nicht gewählte, sondern von den Betriebsräten verschiedener Unternehmen eines Konzerns beschickte „Betriebsrätegemeinschaft" übertragen wurden <**R:** BAG 18.11.2014, 1 ABR 21/13, BB 2015, 1085>. Auch der für einen Konzern gebildete, einheitl BR muss also von allen AN des Konzerns gewählt werden.

29 Abs 1 Nr 3 ermächtigt die TV-Parteien **nicht zur Schaffung von Strukturen auf AG-Seite**. Insbes kann die Bildung gemeinsamer Betriebe durch Schaffung einer einheitl Leitungsstruktur mehrerer Unternehmen tariflich nicht vorgesehen werden. Denkbar ist nur, dass sich Unternehmen aus Anlass eines TV nach Abs 1 Nr 3 ggü der tarifschließenden Gewerkschaft **freiwillig schuldrechtlich** verpflichten, eine solche einheitl Leitungsstruktur zu schaffen.

30 Dass Abs 1 Nr 3 die TV-Parteien nicht zu Strukturentscheidungen auf AG-Seite ermächtigt, hat Rückwirkungen auf die Frage, ob die im TV vorgesehene Bildung einer anderen Organisationseinheit der wirksamen und zweckmäßigen Interessenvertretung der AN

dient. Diese Frage kann nur bejaht werden, wenn der TV **auf der AG-Seite komplementäre organisatorische Bedingungen** vorfindet. In den Worten des BAG <R: 13.3.2013, 7 ABR 70/11, EzA § 3 BetrVG 2001 Nr 6>: „Sinn und Zweck gebieten daher ein Verständnis dahingehend, dass die wirksame und zweckmäßige Interessenvertretung der Arbeitnehmer eine Relation zu den in der Norm beschriebenen organisatorischen oder kooperativen oder ähnlichen Besonderheiten aufweisen muss." Dies setzt zwar nicht wie in Abs 1 Nr 2 voraus, dass auf der AG-Seite eine einheitl Entscheidungsbefugnis in beteiligungspflichtigen Angelegenheiten besteht; sonst wäre auch die Schaffung eines unternehmensübergreifenden BR ohne gemeinsamen Betrieb (Rn 22) nicht möglich. Die Bildung muss sich aber mit der bestehenden arbeitgeberseitigen Betriebs-, Unternehmens- oder Konzernorganisation vereinbaren lassen. Dafür reicht es beim unternehmensübergreifenden BR auch aus, wenn die Entscheidungsträger bei den einzelnen Unternehmen verbleiben. Hingg wird man bei der Bildung eines einheitl BR für den Konzern verlangen müssen, dass die AG-Seite die Leitung in den personellen und sozialen Angelegenheiten dort konzentriert hat. Dass ein solcher einheitl BR die Beteiligungsrechte ggü den Personalleitungen einzelner Unternehmen oder Betriebe ausübt, ist evident unzweckmäßig.

b) Andere Zuständigkeiten

Die hM steht auf dem Standpunkt, Abs 1 Nr 3 ermögliche nur die Schaffung anderer Organisationseinheiten auf der BR-Ebene und erstrecke sich deshalb nicht auf eine Änderung der Zuständigkeiten von BR, GBR und KBR <L: GK/*Franzen* Rn 19; GK/*Kreutz* § 50 Rn 6, *Fitting* § 50 Rn 10; Richardi/*Annuß* § 50 Rn 52>. Die hM beruft sich insoweit auf die die Zuständigkeitsverteilung zwischen BR und GBR betreffenden Entscheidungen des BAG aus dem Jahre 2003 <R: BAG 21.1.2003, 3 ABR 26/02 und 9.12.2003, 1 ABR 49/02, EzA § 50 BetrVG 2001 Nr 2 und 3>. Das berücksichtigt nicht, dass diese Entscheidungen es lediglich abgelehnt haben, aus Mitbestimmungsfragen regelnden TV Änderungen der Zuständigkeitsverteilung zu entnehmen. Die Frage, ob ein TV nach Abs 1 Nr 3 solche Änderungen vornehmen kann, hat das BAG in einer späteren Entscheidung ausdrückl offengelassen <R: BAG 17.3.2010, 7 AZR 706/08, EzA § 47 BetrVG 2001 Nr 5, Rn 20>.

31

Die hM überzeugt nicht. Der Begriff „andere Arbeitnehmervertretungsstrukturen" erfasst nicht nur andere AN-Vertretungsorganisationen, sondern auch deren Aufbau. Abs 1 Nr 3 kann deshalb ohne weiteres als Befugnis verstanden werden, die Zuständigkeitsverteilung zw den auf den einzelnen Ebenen bestehenden Interessenvertretungen zu ändern. Nur das macht auch Sinn: Die Abschaffung der Einzel-BR zugunsten eines Unternehmens-BR oder gar eines einheitl BR für den Konzern ist eine einschneidende Maßnahme. Demggü nur eine Zuständigkeitsveränderung vorzusehen, greift weit weniger in die AN-Vertretungsstruktur ein und darf deshalb nicht ausgeschlossen werden. Sie kann für eine wirksame und zweckmäßige Interessenvertretung sogar bes effektiv sein. Dies gilt etwa für die Schaffung eines einheitl Konzernwirtschaftsausschusses, der an die Stelle mehrerer, bei den einzelnen Unternehmen bestehenden Wirtschaftsausschüsse tritt.

32

Auch die in **Matrixstrukturen** auftretenden Probleme einer sachgerechten Interessenvertretung durch den BR lassen sich so vielfach effektiver bewältigen. Das LAG Köln <R: vom 29.10.2021, 9 TaBV 17/21, juris> schildert diese Probleme plastisch, teilt aber gleichwohl die Auffassung der hM, die tarifliche Regelungsbefugnis nach § 3 Abs 1 um-

33

§ 3 Abweichende Regelungen

fasse keine vom Gesetz abweichende Zuweisung betriebsverfassungsrechtlicher Befugnisse. Die vom LAG Köln zugelassene Rechtsbeschwerde ist beim BAG unter 1 ABR 3/22 anhängig.

34 § 3 ermöglicht und gibt den TV-Parteien nicht die Befugnis, das Wahlverfahren abweichend vom Gesetz zu regeln. Dabei handelt es sich nicht um eine Zuständigkeitsfrage <R: LAG Ddf, 27.11.2019, 4 TaBV 19/19, juris>.

4. Zusätzliche Vertretungen

a) Arbeitsgemeinschaften

35 Nach Abs 1 Nr 4 kann auch die Bildung zusätzl betriebsverfassungsrechtl Gremien vorgesehen werden, die der **unternehmensübergreifenden Zusammenarbeit von AN-Vertretungen** dienen. Die Begründung des RegE nennt als Beispiele solcher Arbeitsgemeinschaften etwa die Institutionalisierung der Zusammenarbeit von BR aus Unternehmen oder Konzernen einer bestimmten Region oder eines bestimmten Produktions- und Dienstleistungsbereichs, um so einen Erfahrungsaustausch der AN-Vertreter über gleichgelagerte oder ähnliche Probleme und die gefundenen Lösungen zu sichern <L: Begründung RegE BT-Drs 14/5741 S 34>. Es ist also möglich, etwa für die Betriebe des Baugewerbes oder die Einzelhandelsgeschäfte in einer Großstadt und ihrer Umgebung zusätzl zu den bestehenden BR eine Arbeitsgemeinschaft dieser BR zu schaffen.

36 Da die Arbeitsgemeinschaften der Zusammenarbeit der AN-Vertretungen dienen, können ihnen nur Mitglieder der betreffenden AN-Vertretungen angehören <L: *Fitting* Rn 56>.

b) Zusätzliche betriebsverfassungsrechtliche Vertretungen

37 Abs 1 Nr 5 ermöglicht die Bildung zusätzl betriebsverfassungsrechtl Vertretungen der AN, welche die **Zusammenarbeit zw BR und AN** erleichtern. Die Begründung des RegE denkt dabei an Fälle, in denen, etwa aufgrund der räumlichen Entfernung, kein ausreichender Kontakt zw dem BR und den von ihm zu betreuenden AN besteht <L: Begründung RegE BT-Drs 14/5741 S 34>. Man muss hierzu aber auch den in der bisherigen Fassung von § 3 Abs 1 Nr 1 aF enthaltenen Fall der Bildung einer zusätzl Vertretung von AN bestimmter Beschäftigungsarten oder Arbeitsbereiche zählen. Etwa kann für die Außendienstangestellten eines Versicherungsunternehmens oder die an einem großen Bauprojekt tätigen AN eine solche zusätzl, dem Kontakt mit dem BR dienende Vertretung vorgesehen werden. S auch § 87 Rn 272.

38 Immer muss sich um eine Vertretung **aller** betroffenen AN ohne Rücksicht auf ihre Gewerkschaftszugehörigkeit handeln <L: *Fitting* Rn 63>. Die Vorschrift bietet keinen Weg, einen gewerkschaftlichen Vertrauensleutekörper mit betriebsverfassungsrechtl Rechten auszustatten. S dazu auch § 2 Rn 36 f.

39 Zusätzl betriebsverfassungsrechtl Vertretungen erfordern eine **Organstruktur**. AN, die lediglich Hilfsfunktionen für den BR wahrnehmen, ihn etwa bei der Kommunikation mit der Belegschaft unterstützen sollen, sind keine zusätzl betriebsverfassungsrechtl Vertretungen <R: BAG 29.4.2015, 7 ABR 102/12, EzA § 3 BetrVG 2001 Nr 9>. Zur Bestellung solcher Hilfspersonen s § 28a.

Von den nach Abs 1 Nr 5 gebildeten zusätzlichen AN-Vertretungen sind die Arbeitsgruppen des § 28a zu unterscheiden: Dort geht es um die Vermittlung des Kontakts zw BR und AN, hier um die Übertragung von Mitwirkungs- und MBR auf die an einer Arbeitsaufgabe tätigen AN selbst (vgl § 28a Rn 5 f). **40**

III. Regelungskompetenzen

1. Tarifvertrag

a) Regelungsbefugnis

Die Vorschrift räumt die Befugnis zur Bildung anderer AN-Vertretungsstrukturen vorrangig den TV-Parteien ein. Als TV kommen einmal **Haus-TV** zw dem Inhaber des Unternehmens, in dem die abw AN-Vertretungsstrukturen geschaffen werden sollen, und einer zuständigen Gewerkschaft in Betracht. Soweit es in den Nrn 2 bis 5 um unternehmensübergreifende Strukturen geht, sind auch mehrgliedrige Haus-TV, deren Partner auf AG-Seite die Inhaber der beteiligten Unternehmen sind, geeignet <L: hierzu *Spinner* ZTR 1999, 546, 547 ff>. Voraussetzung ist, dass alle betroffenen Unternehmen gleichlautende TV schließen <R: BAG, 25.2.2020, 1 ABR 40/18, EZA § 3 BetrVG 2001 Nr 13>. **Verbands-TV** sind dort möglich, wo einheitl AN-Vertretungsstrukturen innerhalb der Tarifzuständigkeit der betreffenden Gewerkschaft und des betreffenden AG-Verbandes geschaffen werden sollen. Eine branchenübergreifende Ordnung, etwa eine bes AN-Vertretungsstruktur für einen Industriepark, setzen dann einen entspr mehrgliedrigen Verbands-TV voraus. **41**

Welcher von **mehreren konkurrierenden**, eine abw Vertretungsstruktur festlegenden TV gilt, richtet sich nach allg Grundsätzen. Die Annahme, konkurrierende TV seien im Bereich von § 3 unwirksam, die beteiligten TV-Parteien müssten sich deshalb auf eine einheitl Regelung einigen <R: LAG Nbg 21.2.2008, 5 TaBv 14/07, LAGE § 3 BetrVG 2001 Nr 1>, ist abzulehnen. Sie lässt sich mit Art 9 Abs 3 GG nicht vereinbaren <R: BAG 29.7.2009, 7 ABR 27/08, EzA § 3 BetrVG 2001 Nr 3>. Dementspr geht ein Haus-TV als der speziellere TV regelmäßig einem Verbands-TV vor <R: zuletzt BAG 24.1.2001, 4 AZR 655/99, BB 2001, 1531>. Lässt sich eine Spezialität nicht feststellen, gilt der TV, der eine größere Zahl von AN schon qua Mitgliedschaft erfasst <L: *Gamillscheg* S 756; *Löwisch/Rieble* § 4 Rn 161>. **42**

Zur Regelung der Tarifkollision iF eines TV nach § 3 Abs 1 s *Löwisch/Rieble* § 4a Rn 9 ff. **43**

b) Sperrwirkung

BV sind nach Abs 2 nur möglich, wenn keine tarifl Regelung besteht und auch kein anderer TV in dem Betrieb gilt. Letzterer Vorbehalt ist im Hinblick auf die Koalitionsfreiheit der nicht oder anders organisierten AN verfassungsrechtl nicht haltbar: Wie das BAG mehrfach hervorgehoben hat, kann die aus § 3 Abs 2 TVG folgende Erstreckung von Rechtsnormen des TV über betriebl und betriebsverfassungsrechtl Fragen auf Außenseiter ihre Rechtfertigung ggü deren Koalitionsfreiheit nur darin finden, dass es sich um Bestimmungen handelt, „die in der sozialen Wirklichkeit aus tatsächl oder rechtl Gründen nur einheitl gelten können" <R: vgl etwa BAG 27.4.1988, 7 AZR 593/87, BB 1988, **44**

1751; 26.4.1990, 1 ABR 84/87, AP Nr 57 zu Art 9 GG>. Davon kann man in der Tat sprechen, wenn durch TV eine der AN-Vertretungsstrukturen des Abs 1 in den tarifgebundenen Unternehmen eingeführt werden soll, sodass in diesem Fall dann auch das bisherige Zustimmungserfordernis (Rn 3) entbehrlich erscheint <L: aA insoweit *Spinner* 114ff; *Reuter*, Das Verhältnis von Tarif- und Betriebsautonomie, FS Schaub (1998), S 605, 619>. Nicht erfüllt ist diese Voraussetzung aber bei TV, die gar keine Organisationsregelung enthalten, sondern lediglich andere Fragen regeln, insbes den Inhalt des Arbeitsverhältnisses ordnen. Die vom BAG befürwortete Einschränkung der negativen Koalitionsfreiheit iF notwendig einheitl Geltung ist kein Selbstzweck, sondern steht **im Dienst der Tarifautonomie in betriebl und betriebsverfassungsrechtl Fragen**. Wo diese gar nicht ausgeübt wird, braucht sie auch nicht geschützt zu werden. Ohne jede Rücksicht auf Wahrscheinlichkeit und Chancen einer solchen Regelung anderen TV den Charakter einer die Außenseiter erfassenden negativen betriebsverfassungsrechtl Sperrnorm zuzumessen, ist deshalb unverhältnismäßig.

45 Auch wenn man mit der hM anders entscheidet <L: GK/*Franzen* Rn 38; AR/*Maschmann* Rn 10; *Wlotzke/Preis* Rn 21>, findet die Sperrwirkung solcher TV jedenfalls ihre Grenze am Rechtsmissbrauch: Schließt etwa ein AG, um den Status quo der Betriebsorganisation festzuschreiben, mit einer kleinen Gewerkschaft einen TV über einzelne materielle Arbeitsbedingungen, kann damit nicht die Kompetenz der Betriebsparteien ausgeschlossen werden <L: *Löwisch* FS-ARGE Arbeitsrecht, S 944>.

46 Folgt man der hier vertretenen Auffassung, reicht die **Sperrwirkung des TV ggü der BV** nur so weit, wie der TV eine organisatorische Regelung trifft. Sieht dieser ledigl zusätzl, der Zusammenarbeit zw AN und BR dienende Vertretungen nach Abs 1 Nr 5 vor, können abw AN-Vertretungsstrukturen nach Abs 1 Nr 1 und 2, zB Sparten-BR, nach wie vor durch BV geschaffen werden. Umgekehrt hindern tarifliche Sparten-BR nicht BV über solche zusätzlichen Vertretungen.

47 Die Sperrwirkung setzt die normative Wirkung des TV für den betreffenden Betrieb voraus. Gem § 3 Abs 2 TVG muss der AG also tarifgebunden sein, was auch iF der Allgemeinverbindlicherklärung des TV zutrifft. Ein Minderheits-TV, der nach § 4 Abs 2 S 2 TVG im Betrieb nicht anwendbar ist, entfaltet auch keine Sperrwirkung. Auch einem nur mehr gem § 4 Abs 5 TVG nachwirkenden TV kommt die Sperrwirkung nicht zu <L: *Thüsing*, ZIP 2003, 693, 704; GK/*Franzen* Rn 37; **aA** *Spinner*, S 169ff; *Löwisch/Rieble* § 4 Rn 852: Nachwirkung, aber Ablösungsbefugnis der Betriebsparteien auch iF des Abs 1 Nr 3>. Dementspr greift nach Ende der normativen Wirkung wieder die gesetzl Betriebsverfassung und kann in einem solchen Fall eine Regelung durch BV erfolgen.

48 Die Sperrwirkung gg BV entfaltet jeder einschlägige TV, ohne Rücksicht auf die Stärke der mitgliedschaftlichen Legitimation. Es genügt, dass ein AN des betreffenden Betriebs oder Unternehmens Mitglied der tarifschließenden Gewerkschaft ist und der TV im Betrieb anwendbar ist.

2. Betriebsvereinbarung

49 Vorbehaltlich des Bestehens einer tarifl Regelung (dazu Rn 41 ff) sind gem Abs 2 BV über abw AN-Vertretungsstrukturen in den Fällen des Abs 1 Nr 1, 2, 4 und 5 möglich, nicht aber iF der anderen AN-Vertretungsstrukturen nach Abs 1 Nr 3. In den Fällen von

Abs 1 Nr 1 ist für solche BV auf AN-Seite der GBR zuständig, weil die Regelung notwendig für mehrere Betriebe gilt (§ 50 Abs 1). Soweit es bei Nr 2 um Sparten-BR für Unternehmen geht, liegt die Zuständigkeit ebenfalls beim GBR, während bei unternehmensübergreifenden Sparten-BR gem § 58 Abs 1 der KBR zuständig ist. IF der Nr 4 liegt die Zuständigkeit von vornherein beim KBR, weil es sich um die unternehmensübergreifende Zusammenarbeit von AN-Vertretungen handelt. IF der Nr 5 liegt die Zuständigkeit bei den BR.

Möglich sind immer **nur freiwillige BV**. Eine verbindliche Entscheidung der ES sieht das Gesetz nicht vor. 50

3. Votum der Belegschaft

Soweit es um die Bildung eines unternehmenseinheitl BR nach Abs 1 Nr 1a geht, kommt ausnahmsweise auch ein Votum der Belegschaft in Betracht <L: DKK/*Trümner* Rn 182>. Voraussetzung ist, dass einerseits keine tarifliche Regelung iS des oben Rn 19f Gesagten gilt und dass andererseits in keinem Betrieb des Unternehmens ein BR besteht. Die AN des Unternehmens können in diesem Fall **mit einfacher Stimmenmehrheit** die Wahl eines unternehmenseinheitl BR beschließen; die absolute Mehrheit aller dem Unternehmen angehörigen AN ist anders als bei der Bildung des Unternehmenssprecherausschusses, für die § 20 Abs 1 SprAuG die Mehrheit der ltd Ang des Unternehmens verlangt, nicht erforderl <**R**: offengelassen BAG, 24.3.2021, 7 ABR 16/20, NZA 2021, 1337, Rn 32 **aM** ArbG Darmstadt 6.8.2008, 1 BV 5/08, AE 2008, 299 **L**: aM *Fitting* Rn 95; GK/*Franzen* Rn 46; Richardi/*Richardi* § 4 Rn 38, die aber den Unterschied zu § 20 Abs 1 SprAuG zu Unrecht vernachlässigen>. 51

Die Abstimmung kann von mindestens drei wahlberechtigten AN des **Unternehmens**, oder einer im Unternehmen durch mindestens einen AN vertretenen Gewerkschaft veranlasst werden. Abstimmungsberechtigt sind alle AN des Unternehmens, nicht nur die wahlberechtigten <**L**: GK/*Franzen* Rn 47>. Nicht abstimmungsberechtigt sind die im Betrieb tätigen Angehörigen des öffentlichen Dienstes iS von § 5 Abs 1 S 3 und im Betrieb tätige Leih-AN. Deren Wahlberechtigung ändert nichts daran, dass sie keine AN des Unternehmens sind, was Abs 3 voraussetzt. 52

Abs 3 iVm Abs 1 Nr 1a ermöglicht nur die Bildung eines unternehmenseinheitl BR für **ein** Unternehmen. Eine BR-Wahl, die für mehrere Unternehmen erfolgt, ist deshalb nichtig <**R**: ArbG HH, 13.6.2006, 19 BV 16/06, NZA-RR 2006, 645>. 53

Über die Frage, **wie die Abstimmung durchgeführt wird**, enthält das Gesetz keine Regelung <**R**: BAG 24.3.2021, 7 ABR 16/20, NZA 2021, 1337, Rn 33>. Auch die WO kann eine solche Regelung nicht treffen, weil sich die Ermächtigung des § 126 hierauf nicht erstreckt. Es liegt insoweit anders als bei der Abstimmung über den Unternehmenssprecherausschuss, die nach § 38 SprAuG in die Ermächtigung zum Erlass der WO zum SprAuG einbezogen worden ist, mit der Folge, dass die §§ 26 bis 32 dieser WO die Frage ausf geregelt haben. Hier wird man hingg davon ausgehen müssen, dass die Abstimmung entweder von den mindestens drei wahlberechtigten AN selbst oder der Gewerkschaft durchgeführt werden kann, oder dass diese die Durchführung dem AG oder anderen dazu bereiten AN übertragen können. Die Abstimmung muss demokratische Spielregeln einhalten, insbes muss sichergestellt sein, dass sich alle AN des Unternehmens an der Ab- 54

§ 3 Abweichende Regelungen

stimmung beteiligen können, sei es, dass gesonderte Abstimmungen in den Betrieben durchgeführt werden, sei es, dass unternehmenseinheitl eine schriftliche Stimmabgabe ermöglicht wird. Ein Verstoß gg diese Spielregeln begründet in analoger Anwendung des § 19 das Recht zur Anfechtung.

55 Abs 3 ist entspr anzuwenden, wenn vom unternehmenseinheitl BR zur gesetzl Regelung der für die einzelnen Betriebe zu wählenden BR zurückgekehrt werden soll <R: BAG aaO, Rn 40 ff; L: Richardi/*Richardi* Rn 96>. Auch hierfür genügt die einfache Mehrheit der AN des Unternehmens (Rn 51).

56 Die Betriebsvertretungsstruktur vom Votum der Belegschaft abhängig zu machen, ist nur iF des Abs 1 Nr 1a möglich <R: BAG aaO, Rn 57>. Insbes gestattet es Abs 1 Nr 3 nicht, dass die tarifliche Regelung es den AN überlässt, vor jeder BR-Wahl im Wege einer Abstimmung zu entscheiden, ob in den einzelnen Betrieben eigenständige BR gewählt werden sollen <R: BAG 10.11.2004, 7 ABR 17/04, DB 2005, 1282; L: krit zur Beschränkung der Befugnisse der Belegschaft *Löwisch* FS 100 Jahre Betriebsverfassungsrecht, S 444 f>.

IV. Rechtswirkungen

1. Abweichende Vertretungsformen

a) Beginn

57 Gem Abs 4 sind Regelungen nach Abs 1 Nr 1 bis 3 grds erstmals bei der **nächsten regelmäßigen BR-Wahl** anzuwenden. Gleich anwendbar sind sie, wenn bislang kein BR besteht oder eine außerordentliche Neuwahl des BR nach § 13 Abs 2 erforderl wird. Möglich ist auch, dass der TV oder die BV nach Abs 2 einen anderen, vor oder nach der regelmäßigen BR-Wahl liegenden Wahlzeitpunkt vorsehen. In diesem Fall endet die Amtszeit bestehender BR mit Bekanntgabe des Wahlergebnisses (Abs 4 S 2).

58 Im Unterschied zu § 3 Abs 3 BetrVG 1972 <R: dazu BAG 24.1.2001, 4 ABR 4/00, EZA § 3 BetrVG 1972 Nr 1> eröffnet Abs 4 den TV-Parteien nur die Möglichkeit, einen Wahltermin zu bestimmen, nicht aber die Möglichkeit, die laufende Amtszeit eines BR gg seinen Willen zu beenden <R: ArbG FF/M, 30.3.2004, 4 BV 438/03, ArbuR 2004, 398; L: *Fitting* Rn 82>. Dies gilt nicht nur bei der Neuschaffung einer anderweitigen Vertretung durch TV, sondern auch dann, wenn ein TV die Zuordnung später in das Unternehmen aufgenommener Betriebe regelt. Auch danach kann die Amtszeit der neu hinzukommenden BR nicht vorzeitig beendet werden <R: **aM** LAG Schleswig-Holstein 9.7.2008, 3 TaBV 4/08>. Anders liegt es nur, wenn der neu hinzukommende Betrieb durch tatsächl Eingliederung in einen vorhandenen Betrieb seine Identität verliert (dazu § 1 Rn 17).

59 Sofern **Unternehmen verschmolzen** werden, führt die Existenz eines nach § 3 Abs 1 für das aufnehmende Unternehmen gebildeten BR nicht dazu, dass das Amt eines für den Betrieb eines aufgenommenen Unternehmens gebildeten BR schon mit der Verschmelzung erlischt, sofern die Identität dieses Betriebes nach der Verschmelzung erhalten bleibt <R: ArbG HH 13.6.2006, 19 BV 16/06, NZA-RR 2006, 645>. Die Zuständigkeit des unternehmenseinheitl BR beschränkt sich dann auf die AN des aufnehmenden Unternehmens. Dem nach § 3 Abs 1 geschlossenen TV ist zu entnehmen, dass sich die Zustän-

digkeit des unternehmenseinheitl BR auch auf die AN der aufgenommenen Betriebe erstreckt <L: *Linsenmaier* RdA 2017, 140; *Fitting* Rn 86e; auch *Trappehl/Zimmer* BB 2008, 778; differenzierend *Oltmanns*, NZA 2021, 1745 f; R: BAG 24.3.2021, 7 ABR 16/20, NZA 2021, 1337 Rn 50 ff, scheitert an der fehlenden Legitimation durch die AN>. scheitert an der fehlenden Legitimation durch die AN. Diese haben die von ihnen in ihren bisherigen Betrieben gewählten BR zur Wahrnehmung ihrer Interessen bestellt. An die Stelle dieser Interessenwahrnehmung diejenige durch den unternehmenseinheitl BR zu setzen, erfordert dessen Legitimation durch diese AN, also durch eine Wahl, an der sie beteiligt sind. Die Zuständigkeit des unternehmenseinheitlichen BR kann sich erst nach dessen Neuwahl auf die AN der aufgenommenen Betriebe erstrecken. Für die Neuwahl gilt Abs 4 entsprechend. In der Regel erfolgt sie erst bei der nächsten regelmäßigen BR-Wahl. Der TV kann aber einen anderen Wahlzeitpunkt vorsehen. Dieser kann auch vor dem Zeitpunkt der nächsten regelmäßigen BR-Wahl liegen <L: Die insoweit bei *Fitting* Rn 75 erhobenen Bedenken, welche in Kontrast zu dem in Rn 86e Gesagten stehen, schlagen nicht durch, weil die Neuwahl die notwendige Legitimationsbasis liefert>.

b) Inhalt

Die nach Abs 1 Nr 1 bis 3 gebildeten betriebsverfassungsrechtl Organisationseinheiten sind als Betriebe iS des BetrVG anzusehen. Die so geschaffenen AN-Vertretungen treten die Funktionsnachfolge der bisher nach dem BetrVG gebildeten Betriebsräte an <R: BAG, 9.4.19, 1 ABR 25/17, AP Nr 160 zu § 99 BetrVG 1972, Rn 13>. Die Funktionsnachfolge gilt auch für den GBR <R: Hess LAG 4.4.2022, 16 TaBV 17/21>, die Schwerbehindertenvertretungen nach dem SGB IX <R: BAG 10.11.2004 aaO> und die Jugend- und Auszubildendenvertretung <L: *Fitting* Rn 79>. Keine Auswirkungen hat Abs 5 S 1 hingg auf die Sprecherausschussverfassung <L: so aber GK/*Franzen* Rn 61 und *Fitting* Rn 79>. Die gebildeten Organisationseinheiten gelten ausdrückl nur als Betriebe iS des BetrVG und tangieren damit nicht die im SprAuG eigenständig geregelten Sprecherausschüsse. Für die Betriebe gelten, soweit der TV keine abweichenden Regelungen enthält, die organisatorischen Bestimmungen des zweiten Teils. Etwa ist von mehreren BR gem. § 47 ff ein GBR zu errichten. 60

Nach Abs 5 S 2 finden auf die in ihnen gebildeten AN-Vertretungen die Vorschriften über die Rechte und Pflichten des BR Anwendung. Dementspr stehen diesen Vertretungen sämtliche im vierten Teil des Gesetzes vorgesehenen Mitwirkungsrechte zu. Für die Frage, ob von einer Betriebsänderung erhebliche Teile der Belegschaft iSv § 111 S 1 iVm § 17 KSchG betroffen sind, ist die Zahl der in der neuen Einheit beschäftigten AN maßgebend <R: LAG Ddf, 19.6.2018, 3 TaBV 27/18, LAGE § 100 ArbGG 1979 Nr 7>. 61

Abs 5 S 2 ordnet auch die Anwendung der Vorschriften über die Rechtsstellung der BR-Mitglieder an. Die Mitglieder der geschaffenen AN-Vertretungen haben deshalb die in den §§ 37, 38, 78, 78a und 79 festgelegten Rechte und Pflichten; auch kommt ihnen der Kd-Schutz des § 15 KSchG zu <L: LSSW/*Wertheimer* § 15 Rn 10>. Das gilt auch für Ersatzmitglieder <R: BAG, 24.10.19, 2 AZR 85/19, juris>. 62

Die Vorschriften des Abs 5 stehen ihrerseits nicht zur Disposition des TV und der BV. Deshalb ist es entgg *Oetker* <L: GK § 25 Rn 4> auch nicht möglich, für Verhinderungsfälle eine von § 25 abw Regelung zu treffen. 63

c) Ende

64 Wie jeder BR ist der auch bei einer nach § 3 Abs 1 Nr 1–3 gebildeten Organisationseinheit bestehende BR von deren Fortbestand abhängig. Geht sie infolge einer Umstrukturierung unter, fallen etwa die in § 3 Abs 1 Nr 1b zusammengefassten Betriebe weg, werden die Sparten aufgelöst oder die gemeinsame Leitung mehrerer Unternehmen aufgegeben, verliert auch der BR sein Amt; ihm verbleiben nur das Übergangsmandat des § 21a und ggfs das Restmandat des § 21b <**L:** GK /*Franzen* Rn 63>.

65 Hingg hat eine spätere Änderung nur der betriebl Strukturen **innerhalb eines Unternehmens** nicht zur Folge, dass ein entspr TV, eine entspr Betriebsvereinbarung oder ein entspr Entschluss der Belegschaft ihre Wirkung verlieren <**R:** BAG aaO, Rn 47 ff>. Demgemäß werden auch in ein Unternehmen nachträgl aufgenomme Betriebe in die geschaffene unternehmenseinheitl Betriebsstruktur aufgenommen mit der Folge, dass ein in ihnen gebildeter BR untergeht und ihre Belegschaft fortan von dem unternehmenseinheitl BR repräsentiert wird. Anders liegt es nur im Fall **unternehmensübergreifender** Änderungen betriebl Strukturen, etwa wenn im Zug einer Umstrukturierung ein gemeinsamer Betrieb des an den Beschluss gebundenen Unternehmens mit einem anderen Unternehmen entsteht <**R:** BAG aaO, Rn 47 ff>.

66 Sind die Organisationseinheiten durch TV oder BV gebildet, bestehen sie grds so lange fort, wie der TV oder BV läuft. Endet der TV oder die BV, entfällt auch die Organisationseinheit; eine Nachwirkung des TV nach § 4 Abs 5 TVG findet nicht statt <**L:** *Löwisch/ Rieble* § 4 Rn 760>. Doch bleibt der gewählte BR bis zum Ablauf seiner regulären Amtszeit im Amt. Dies ergibt der Gegenschluss aus Abs 4 S 1 <**L:** im Ergebnis ebenso GK/ *Franzen* Rn 38 und *Fitting* Rn 84>.

67 Sind TV oder BV, aufgrund derer eine abw Vertretungsform gebildet worden ist, wg Überschreitung der Kompetenzen aus § 3 Abs 1 und 2 oder aus sonstigen Gründen, etwa mangelnder Schriftform nichtig, führt dies auch zur Nichtigkeit der gebildeten AN-Vertretung. Die von solchen Gremien geschlossenen BV sind ebenfalls **nichtig** <**L:** ausf hierzu *Spinner/Wiesenecker* FS Löwisch, S 375 ff>.

2. Zusätzliche Vertretungen

68 TV oder BV über zusätzl Vertretungen gelten ohne weiteres. Maßgebend ist der Zeitpunkt, den der TV oder die BV bestimmen. Fehlt eine solche Bestimmung, gelten sie sofort. Den **zusätzl Vertretungen** nach Abs 1 Nr 4 und 5 kommt nicht die Stellung von betriebsverfassungsrechtl Organen zu. Insbes sind sie nicht Träger von Mitwirkungs- und MBR. Vielmehr erschöpft sich ihr Zweck in der Verbesserung der Zusammenarbeit der AN-Vertretungen iF der Nr 4 und der Zusammenarbeit zw BR und AN iF der Nr 5.

69 Für BR-Mitglieder stellt die Mitwirkung in solchen zusätzl Vertretungen die **Wahrnehmung von BR-Tätigkeit** dar, mit der Konsequenz der Arbeitsbefreiung nach § 37 Abs 2 und 3 und der Kostentragung durch den AG nach § 40. Soweit das für die Tätigkeit in einer zusätzl Vertretung erforderl ist, besteht auch Anspruch der BR auf Arbeitsbefreiung zur Teilnahme an einer Schulungs- und Bildungsveranstaltung gem § 37 Abs 6 und sind deren Kosten nach § 40 zu erstatten.

IV. Rechtswirkungen §3

Für AN, die in solchen Vertretungen mitwirken, ergibt sich der notwendige Schutz aus dem allg auf die Mitglieder von Vertretungen nach Abs 1 erstreckten § 78: Der AG darf sie in ihrer Tätigkeit nicht stören oder behindern, was insbes bedeutet, dass er in angemessenen Grenzen den Kontakt zw den Mitgliedern und dem BR auch innerhalb der Arbeitszeit zulassen muss. Auch dürfen sie wg ihrer Tätigkeit nicht benachteiligt oder begünstigt werden, sodass sie insbes auch Anspruch auf Fortzahlung des Arbeitsentgelts haben, wenn sie während der Arbeitszeit tätig sind.

§ 4 Betriebsteile, Kleinstbetriebe

(1) Betriebsteile gelten als selbstständige Betriebe, wenn sie die Voraussetzungen des § 1 Abs. 1 Satz 1 erfüllen und

1. räumlich weit vom Hauptbetrieb entfernt oder
2. durch Aufgabenbereich und Organisation eigenständig sind.

Die Arbeitnehmer eines Betriebsteils, in dem kein eigener Betriebsrat besteht, können mit Stimmenmehrheit formlos beschließen, an der Wahl des Betriebsrats im Hauptbetrieb teilzunehmen; § 3 Abs. 3 Satz 2 gilt entsprechend. Die Abstimmung kann auch vom Betriebsrat des Hauptbetriebs veranlasst werden. Der Beschluss ist dem Betriebsrat des Hauptbetriebs spätestens zehn Wochen vor Ablauf seiner Amtszeit mitzuteilen. Für den Widerruf des Beschlusses gelten die Sätze 2 bis 4 entsprechend.

(2) Betriebe, die die Voraussetzungen des § 1 Abs. 1 Satz 1 nicht erfüllen, sind dem Hauptbetrieb zuzuordnen.

Literatur: *Bayreuther*, Betriebsverfassungsrechtliche Konsequenzen eines Zuordnungsbeschlusses nach § 4 I 2 BetrVG, NZA 2011, 727; *Haas/Salamon*, Betrieb, Betriebsteil und Hauptbetrieb – Die Zuordnung und Reichweite des Leitungsapparat, NZA 2009, 299; *Hexel/Kuhn*, Der betriebsverfassungsrechtliche Betriebsbegriff in Filialunternehmen, DB 2001, 2758; *Löwisch*, Einheitliche und eigenständige Arbeitsorganisation als Merkmal des Betriebsbegriffs im Sinne der Betriebsverfassung, FS Kissel (1994), S 679; *Rieble/Klebeck*, Betriebsteil (§ 4 Abs 1 BetrVG), FS Richardi (2007), S 693; *Schimana*, Hauptbetriebe – Nebenbetriebe – Betriebsteile nach Betriebsverfassungsgesetz, BB 1979, 892; *Ullrich*, Auswirkungen des § 4 Satz 2 BetrVG auf den Betriebsbegriff im Rahmen von § 111 BetrVG, NZA 2004, 1308; *Winter*, Was ist eine „räumliche weite Entfernung" eines Betriebsteils vom Hauptbetrieb?, DB 2017, 3000.

Übersicht

	Rn.		Rn.
I. Allgemeines	1	2. Rechtsfolgen der Selbstständigkeit für die Betriebsratswahl	17
II. Betriebsteile	7	a) Wahl im Betriebsteil	17
1. Selbstständigkeit	7	b) Wahlteilnahme im Hauptbetrieb	20
a) Betriebsteil	7	c) Ende der Selbstständigkeit nach Teilnahme bei der Wahl im Hauptbetrieb	28
b) Räumlich weite Entfernung	9		
c) Eigenständigkeit durch Aufgabenbereich und Organisation	12		
d) Kombination der Tatbestände	15	III. Kleinstbetriebe	30

I. Allgemeines

1 Die durch das BetrVerf-RG neu gefasste Vorschrift verfolgt einen doppelten Zweck: Um eine möglichst praxisnahe BR-Organisation zu erreichen, erklärt Abs 1 S 1 **Betriebsteile** unter bestimmten Voraussetzungen zu selbstständigen Betrieben, sodass dort BR gewählt werden können; als Alternative ermöglicht Abs 1 S 2 bis 4 die Teilnahme der AN der selbstständigen Betriebsteile an der BR-Wahl zum Hauptbetrieb. Zur Geltung für Betriebsteile ausländischer Unternehmen siehe Einl Rn 18 f.

Abs 1 betrifft nur Betriebsteile. Ein von Haus aus selbstständiger Betrieb iSv § 1 (§ 1 Rn 3 ff) fällt nicht unter die Regelung. Insbes gilt für ihn nicht Abs 1 S 2 bis 4, sodass eine Beteiligung an der Wahl im Hauptbetrieb nicht möglich ist. Vielmehr müssen die AN entscheiden, ob sie in diesem selbstständigen Betrieb einen BR wählen oder nicht. Möglich ist nur die Bildung eines unternehmenseinheitl BR und die Zusammenfassung von Betrieben nach Maßgabe von § 3 Abs 1 Nr 1, Abs 2 und Abs 3. 2

Abs 2 sorgt dafür, dass AN nicht selbst BRfähiger **Kleinstbetriebe** an der Wahl zu einem vorhandenen Hauptbetrieb teilnehmen können. 3

Betrieb und Betriebsteil sind unbestimmte Rechtsbegriffe mit der Folge, dass den Tatsachengerichten insoweit ein in der Rechtsbeschwerdeinstanz nur eingeschränkt überprüfbarer Beurteilungsspielraum zusteht <R: BAG 9.12.2009, 7 ABR 38/08, DB 2010, 1409–1411>. Zur gerichtl Feststellung s im Einzelnen § 18 Rn 16. 4

Soweit TV, etwa im Rahmen der Festlegung ihres Geltungsbereichs den Begriff des Betriebsteils verwenden, ist damit regelmäßig der Betriebsteilbegriff des § 4 Abs 1 S 1 gemeint. Verwenden Gesetze den Begriff des Betriebsteils, ist damit hingegen nicht ohne Weiteres der des Abs 1 S 1 gemeint. Insbes ist der Betriebsteilsbegriff des § 613a Abs 1 S 1 BGB durch das unionsrechtliche Verständnis des Betriebs als wirtschaftliche Einheit überlagert <L: AR/*Bayreuther* § 613a BGB Rn 3 ff>. 5

Der BR des selbstständigen Betriebsteils ist für die AN zuständig, die ihm zuzuordnen, also in dessen Organisation eingegliedert sind. Dafür ist entscheidend, ob der AN im Betriebsteil eingesetzt wird, um dort den arbeitstechnischen Zweck des AG zu folgen. <R: BAG 26.5.2021, 7 ABR 17/20 Rn 28, BB 2021, 2938>. 6

II. Betriebsteile

1. Selbstständigkeit

a) Betriebsteil

Nach Abs 1 S 1 gelten bloße Betriebsteile als selbstständige Betriebe, wenn sie räumlich weit vom Hauptbetrieb entfernt sind, insbes an einem anderen Ort liegen, oder wenn sie über einen eigenständigen Aufgabenbereich und eine eigenständige Organisation verfügen. Betriebsteil in diesem Sinne sind nur solche Untereinheiten eines Betriebs, die von diesem organisatorisch abgrenzbar und relativ selbstständig sind; insbes muss eine den Einsatz der AN bestimmende Leitung institutionalisiert sein, die das Weisungsrecht des AG ausübt <R: BAG 28.6.1995, 7 ABR 59/94, BB 1996, 113; ArbG Frankfurt 21.7.2009, 12 BV 184/09, AE 2010, 36>. 7

Ist in einem Betriebsteil die für die Bildung eines BR notwendige Mindest-AN-Zahl beschäftigt, wird dort ein **eigener BR** gewählt. Wird die Mindest-AN-Zahl nicht erreicht, bleibt es bei der Teilnahme an der Wahl im Hauptbetrieb. 8

b) Räumlich weite Entfernung

Ob ein Betriebsteil wg seiner räumlich weiten Entfernung vom Hauptbetrieb (Nr 1) einen eigenen BR erhalten soll, ist nicht nur unter dem Gesichtspunkt der objektiven Entfer- 9

§ 4 Betriebsteile, Kleinstbetriebe

nung zu entscheiden, vielmehr spielen die vorhandenen Verkehrsverbindungen eine wesentliche Rolle. Denn entscheidend ist in erster Linie, ob trotz der räumlichen Entfernung gewährleistet ist, dass der BR die Interessen und Beteiligungsrechte auch der Belegschaft des Betriebsteils angemessen wahrnehmen kann <R: BAG 17.2.1983, 6 ABR 64/81, BB 1983, 1790; BAG 7.4.2004, 7 ABR 42/03, AP Nr 3 zu § 94 SGB IX; LAG Hamm 9.12.1987, 15 Sa 1542/87, LAGE § 4 TVG Nr 1 Bewachungsgewerbe; LAG München 21.10.1987, 5 TaBV 9/87, LAGE § 4 BetrVG 1972 Nr 3; LAG SH 17.12.2013, 1 TaBV 35/12, NZA-RR 2014, 42; LAG Köln 6.2.2015, 4 TaBV 60/14, juris, das schon bei einer Entfernung von 11 km und einer Fahrtzeit von ca 20 min eine räumlich weite Entfernung annehmen will>.

10   Ist der Betriebsteil räumlich weit entfernt, kommt es nicht darauf an, ob der AN mit technischen Kommunikationsmitteln (Telefon, E-Mail, SMS, Videotelefonie etc.) den BR kontaktieren kann. Da das Gesetz allein auf die räumliche Entfernung abstellt, ist erkennbar, dass die Möglichkeit der persönlichen Kontaktaufnahme von Angesicht zu Angesicht maßgeblich sein soll <R: ArbG Stuttgart 25.4.19, 21 BV 62/18, juris, Rn 67, 72; L: *Hexel/Kuhn* DB 2021, 2761>.

11   Nr 1 stellt auf die räumliche Entfernung vom Hauptbetrieb und nicht auf die Entfernung der Betriebsteile vom Büro des BR ab <R: BAG 7.5.2008, 7 ABR 15/07, NZA 2009, 328>.

c) Eigenständigkeit durch Aufgabenbereich und Organisation

12   Mit Eigenständigkeit von Aufgabenbereich und Organisation (Nr 2) knüpft das Gesetz an die arbeitstechnische Organisation und die Leitung als Merkmale des Betriebsbegriffs an (§ 1 Rn 3 ff): Erreichen Betriebsteile in Bezug auf diese Merkmale einen gewissen Grad der Selbstständigkeit („relative Eigenständigkeit"), werden sie als selbstständige Betriebe behandelt <R: BAG 17.2.1983, 6 ABR 64/81, BB 1983, 1790; BAG 29.5.1991, 7 ABR 54/90, BB 1991, 2373>. Die relative Eigenständigkeit muss kumulativ sowohl hinsichtlich des Aufgabenbereichs wie hinsichtlich der Leitung gegeben sein <R: BAG 21.7.2004, 7 ABR 57/03, AP Nr 15 zu § 4 BetrVG 1972>.

13   Für die relative Eigenständigkeit der Leitung genügt es, dass das Weisungsrecht von einer für den Betriebsteil zuständigen Person ausgeübt wird. Für die relative Eigenständigkeit des Leitungsapparats reicht es aus, dass die Ausübung des Weisungsrechts Dass sich die Leitung des Betriebsteils in personellen und sozialen Angelegenheiten durch eine zentrale personale Rechtsabteilung beraten lassen muss, hindert die relative Eigenständigkeit nicht <R: BAG 9.12.2009, 7 ABR 38/08, DB 2010, 1409–1411>.

14   Die **arbeitstechnische Struktur** ist relativ eigenständig, wenn in dem Betriebsteil gesonderte arbeitstechnische Zwecke verfolgt werden, ihm etwa der Vertrieb obliegt <R: RAG 8.7.30, ARS 9, 425>. Dass der eigenständige Betriebsteil eine feste Betriebsstätte hat, ist nicht erforderl.

d) Kombination der Tatbestände

15   Die Verselbstständigung eines Betriebsteils kann auch durch eine **Kombination der Tatbestände** des S 1 Nr 1 und 2 erfolgen. Das „oder" ist nicht streng alternativ gemeint: Die Betriebsfiktion des S 1 will funktionsfähige Einheiten schaffen. Diesem Zweck entspricht

es, dass Betriebsteile, die weder die räumlich weite Entfernung der Nr 1 noch die relative Selbstständigkeit der Nr 2 einzeln erreichen, bei denen aber eine Gesamtschau von räumlicher Entfernung und Selbstständigkeit für einen eigenen BR spricht, ebenfalls verselbstständigt werden. In diesem Sinne sind die unbestimmten Rechtsbegriffe „räumlich weit entfernt" und „durch Aufgabenbereich und Organisation eigenständig" wechselbzgl. Etwa sind bei einem Zeitungsverlag an den Verlagsort angrenzende Zustellbereiche aufgrund dieser Kombination verselbstständigte Betriebe <R: aA BAG 29.1.1992, 7 ABR 27/91, DB 1992, 1429>.

Ob **mehrere** räumlich getrennte arbeitstechnische oder nach Aufgabenbereich und Organisation eigenständige Einheiten jeweils für sich betriebsverfassungsrechtl als selbstständige Betriebsteile anzusehen sind oder ob sie in ihrer Gesamtheit einen einheitl Betrieb mit einem BR darstellen, hängt ebenfalls wesentlich davon ab, wie die Leitungsstruktur beschaffen ist: Um jeweils eigenständige Betriebsteile handelt es sich, wenn diese im Verhältnis zueinander gleichrangige Organisationseinheiten sind und eine institutionell verankerte eigene Leitungsstruktur besitzen, um einen einheitl Betrieb, wenn dem einen Teil die anderen, räumlich nahe gelegenen Teile organisatorisch untergeordnet sind und von dessen Leitung gleichermaßen mitgeleitet werden <R: BAG 29.5.1991, 7 ABR 54/90, BB 1991, 2373; BAG 14.5.1997, 7 ABR 26/96, NZA 1997, 1245>. Die bloße räumliche Nähe untereinander genügt demggü nicht für die Annahme, vom Hauptbetrieb weit entfernte Organisationseinheiten bildeten gemeinsam einen einheitl Betrieb <R: BAG 29.5.1991 aaO>. 16

2. Rechtsfolgen der Selbstständigkeit für die Betriebsratswahl

a) Wahl im Betriebsteil

Ist ein Betriebsteil selbstständig, hat das grds zur Folge, dass die ihm angehörenden AN einen eigenen BR wählen. 17

Wird ein **Betriebsteil während der Amtszeit des BR selbstständig**, entfällt die Zuständigkeit des BR im Hauptbetrieb für den nunmehr selbstständigen Betriebsteil; im Betriebsteil ist ein eigener BR zu wählen <R: LAG Nürnberg 10.3.1993, 4 (2) TaBV 23/92, LAGE § 4 BetrVG 1972 Nr 6; **aA** ArbG Marburg 20.12.1991, 2 BV 6/91, DB 1992, 792 (LS)>. Die Wahl ist vom BR des Hauptbetriebes einzuleiten, der gem § 21a Abs 1 für den selbstständig gewordenen Betriebsteil ein Übergangsmandat erhält. Eine dauerhafte Zuständigkeit des BR des Hauptbetriebs kann gem S 2 erst bei der nächsten Wahl zum BR des Hauptbetriebs erreicht werden. Dazu Rn 20. Endet umgekehrt die Selbstständigkeit eines Betriebsteils, endet auch dessen BR-Fähigkeit nach S 1: Der BR des Hauptbetriebs wird automatisch auch für den jetzt unselbstständigen Betriebsteil zuständig. Eine Neuwahl findet nur im Fall des § 13 Abs 2 Nr 1 statt. 18

Wird ein Betriebsteil **fälschlich** als selbstständig angesehen und dort ein eigener BR gewählt, führt das nicht zur Nichtigkeit, sondern zur Anfechtbarkeit der Wahl (s im Einzelnen § 19 Rn 13). 19

§ 4 Betriebsteile, Kleinstbetriebe

b) Wahlteilnahme im Hauptbetrieb

20 Nach S 2 können die AN eines selbstständigen Betriebsteils mit Stimmenmehrheit beschließen, an der Wahl des BR im Hauptbetrieb teilzunehmen. Die Abstimmung kann nach dem entspr geltenden § 3 Abs 3 S 2 von mindestens drei wahlberechtigten AN des Betriebsteils oder einer im Betriebsteil vertretenen Gewerkschaft veranlasst werden (s dazu § 3 Rn 52). Nach S 4 kann die Abstimmung auch vom BR des Hauptbetriebs veranlasst werden.

21 Der Beschluss ist nach S 2 ausdrückl **formlos** möglich. Eine geheime Abstimmung ist nicht notwendig. Auch kann die Abstimmung ohne eine Versammlung erfolgen, etwa in einer Videokonferenz oder in einem Umlaufverfahren <**R:** LAG SH 17.12.2013, 1 TaBV 35/12, NZA-RR 2014 242; **L:** *Fitting* Rn 29, GK/*Franzen* Rn 21, **aM** Richardi/*Richardi/ Maschmann* Rn 39>. Allerdings muss ein Umlaufverfahren eine zeitliche Grenze setzen, weil sonst kein einheitl Abstimmungsvorgang mehr vorliegt <**R:** LAG SH aaO, das eine äußerste Grenze von vier Wochen für richtig hält>. Bei der Abstimmung müssen **alle** AN beteiligt werden. Ist das nicht der Fall, ist der Beschluss grds unwirksam. Hat allerdings die Mehrheit aller AN für die Teilnahme gestimmt, wirkt sich das Übergehen einzelner AN bei der Abstimmung nicht aus, sodass der Beschluss wirksam ist <**R:** LAG Ddf 13.1.2016, 12 TaBV 67/14, juris>. Zur Auswirkung eines unwirksamen Beschlusses auf die Wirksamkeit der Wahl des BR des Hauptbetriebs (s § 19 Rn 43 ff).

22 Unter Stimmenmehrheit ist die Mehrheit der Abstimmenden (relative Mehrheit) zu verstehen. Das ergibt der Gegenschluss aus § 20 Abs 1 SprAuG, der die absolute Mehrheit der leitenden Angestellten verlangt <**L: aM** *Fitting* Rn 29; Richardi/*Richardi/Maschmann* Rn 38>. S zur parallelen Problematik bei § 3 Rn 6.

23 Der Beschluss ist nach Abs 1 S 4 dem BR des Hauptbetriebs spätestens 10 Wochen vor Ablauf seiner Amtszeit (dazu § 21 Rn 7) mitzuteilen. Erfolgt die Mitteilung nicht rechtzeitig, kann der Beschluss seine Wirksamkeit erst bei der darauf folgenden BR-Wahl entfalten. Eine neue Beschlussfassung ist allerdings nicht erforderl; einer Veränderung der Verhältnisse können die AN durch den nach S 5 möglichen Widerruf des Beschlusses (Rn 25) Rechnung tragen.

24 Der Beschluss über die Teilnahme an der Wahl des BR im Hauptbetrieb ist nach Abs 1 S 2 nur möglich, solange in dem Betriebsteil kein eigener BR besteht. Das Gesetz sieht die Teilnahme an der Wahl des BR im Hauptbetrieb ersichtlich nur als Hilfslösung an. Dies kann aber nicht bedeuten, dass auch noch nach der Mitteilung des Beschlusses über die Teilnahme an der Wahl des Haupt-BR die Einleitung und Durchführung der Wahl eines eigenen BR im Betriebsteil nach § 17 möglich wäre. Vielmehr entfaltet der Beschluss insoweit eine Bindungswirkung bis zu einem möglichen Widerruf.

25 Nach Abs 1 S 5 kann der Beschluss zur Teilnahme an der Wahl des BR im Hauptbetrieb mit Stimmenmehrheit **widerrufen** werden, wobei die Abstimmung wiederum durch drei wahlberechtigte AN des Betriebsteils, einer dort vertretenen Gewerkschaft oder dem BR des Hauptbetriebs veranlasst werden kann. Auch dieser Beschluss ist dem BR des Hauptbetriebs spätestens 10 Wochen vor Ablauf seiner Amtszeit mitzuteilen. Geschieht das nicht rechtzeitig, nehmen die AN des Betriebsteils an der Wahl des BR des Hauptbetriebes teil; der Widerruf wird erst zur nächsten BR-Wahl wirksam.

Solange die Wahl des BR des Hauptbetriebs noch nicht erfolgt ist, führt der Widerruf 26
eines zuvor gefassten positiven Beschlusses nach Abs 1 S 2 dazu, dass die AN des Betriebsteils an der Wahl des BR des Hauptbetriebs nicht teilnehmen können. Eine Bindungswirkung an den Teilnahmebeschluss besteht insoweit nicht.

Zur Wahlteilnahme von AN ausländischer Betriebsteile Einl Rn 18. 27

c) Ende der Selbstständigkeit nach Teilnahme bei der Wahl im Hauptbetrieb

Die Teilnahme an der Wahl des BR des Hauptbetriebs führt dazu, dass der Betriebsteil 28
seine Selbstständigkeit verliert und dem Hauptbetrieb zuzuordnen ist. Die AN des Betriebsteils entscheiden sich damit auch hinsichtlich der Rechtsfolgen für die betriebsverfassungsrechtl Zuständigkeit des BR des Hauptbetriebs und geben die Möglichkeit eigenständiger betriebsverfassungsrechtl Ordnung auf. Für die Sozialplanpflichtigkeit nach § 112a sind dementspr die Zahlenverhältnisse im (um den Betriebsteil erweiterten) Hauptbetrieb und nicht die im Betriebsteil maßgebend <**R:** BAG 17.9.2013, 1 ABR 21/12, DB 2014, 787; **aM** LAG München 26.1.2011, 11 TV 77/10, NZA-RR 2011, 299; **L:** wie hier *Fitting* Rn 35>.

Maßgeblicher Zeitpunkt ist dabei nicht der Beschluss auf die Teilnahme, sondern die 29
Teilnahme an der Wahl des Hauptbetriebs selbst. Erst ab diesem Zeitpunkt ist der BR des Hauptbetriebs legitimiert auch für die AN des Betriebsteils zu handeln. Auch besteht (wie in Rn 21 dargelegt) bis dahin die Möglichkeit, dass der Teilnahmebeschluss widerrufen wird <**R:** missverständlich insoweit BAG 17.9.2013 aaO, das einerseits im LS davon spricht, dass der Betriebsteil dem Hauptbetrieb zuzuordnen ist, wenn die Belegschaft die Teilnahme „beschließt", andererseits in Rn 26 auf „Zuordnungsbeschluss und die Teilnahme der Belegschaft an der Betriebsratswahl" abstellt; **L:** wie hier GK/*Franzen* Rn 22>.

III. Kleinstbetriebe

Nach Abs 2 sind Betriebe trotz ihrer Selbstständigkeit dem Hauptbetrieb zuzuordnen, 30
wenn sie nicht schon für sich die Mindestgröße des § 1 aufweisen. Anders als die frühere Fassung spricht die Neufassung der Vorschrift durch das BetrVerf-RG insoweit nicht mehr vom „Nebenbetrieb", sondern (in der amtlichen Überschrift) von „Kleinstbetrieben". Damit wird klargestellt, dass es nicht darauf ankommt, ob der nicht BRfähige Betrieb arbeitstechnische Hilfsfunktionen für den Hauptbetrieb wahrnimmt. Vielmehr genügt es, dass der Hauptbetrieb ggü dem nicht BRfähigen Betrieb eine hervorgehobene Bedeutung hat. Diese kann sich vornehmlich daraus ergeben, dass die Leitung des Hauptbetriebes die Leitung des nicht BRfähigen Betriebes in personellen und sozialen Angelegenheiten beratend unterstützt <**R:** BAG 17.1.2007, 7 ABR 63/05, EzA § 4 BetrVG 2001 Nr 2>. Werden die personellen und sozialen Angelegenheiten im Kleinstbetrieb ohne eine solche Unterstützung etwa von einem eigens für den Kleinstbetrieb bestellten Betriebsleiter wahrgenommen, kann keine Zuordnung erfolgen und bleibt es bei der mangelnden BR-Fähigkeit des Kleinstbetriebes. Auf die räumliche Nähe kommt es anders als nach § 1 Abs 2 SprAuG nicht an. Ist die räumliche Entfernung zw dem Kleinstbetrieb und dem Hauptbetrieb allerdings so groß, dass von dem BR des Hauptbetriebes Mitbestimmungs- und Mitwirkungsrechte für den Kleinstbetrieb nicht mehr sinnvoll wahrgenommen wer-

§ 4 Betriebsteile, Kleinstbetriebe

den können, muss die Zuordnung unterbleiben <R: BAG 17.1.2007 aaO, Rn 23 aE>. Dabei ist allerdings die Möglichkeit zu berücksichtigen, die modernen technischen Kommunikationsmittel zu nutzen <R: Hess LAG 2.8.2021, 16 TaBV 7/21, NZA-RR 2022, 24>.

31 Keine Zuordnung kann stattfinden, wenn keiner von mehreren Betrieben eines Unternehmens die Mindestgröße erreicht. Das Gesetz geht ersichtlich davon aus, dass der Hauptbetrieb, dem Kleinstbetriebe zuzuordnen sind, seinerseits BRfähig ist. Die Betriebsverfassung knüpft an den Betrieb und nicht an das Unternehmen an. Das muss dann auch für die Mindestgröße des Hauptbetriebes gelten <L: *Stege/Weinspach/Schiefer* Rn 16; **aA** auch *Hexel/Kuhn* DB 2021, 2763; *Konzen* RdA 2001, 76, 82, der eine „gemeinschaftliche Betriebsratsfähigkeit" annehmen will, wofür das Gesetz aber keinen Anhalt bietet, **aA** auch GK/*Franzen* Rn 8; Richardi/*Richardi/Maschmann* Rn 48>.

§ 5 Arbeitnehmer

(1) Arbeitnehmer (Arbeitnehmerinnen und Arbeitnehmer) im Sinne dieses Gesetzes sind Arbeiter und Angestellte einschließlich der zu ihrer Berufsausbildung Beschäftigten, unabhängig davon, ob sie im Betrieb, im Außendienst oder mit Telearbeit beschäftigt werden. Als Arbeitnehmer gelten auch die in Heimarbeit Beschäftigten, die in der Hauptsache für den Betrieb arbeiten. Als Arbeitnehmer gelten ferner Beamte (Beamtinnen und Beamte), Soldaten (Soldatinnen und Soldaten) sowie Arbeitnehmer des öffentlichen Dienstes einschließlich der zu ihrer Berufsausbildung Beschäftigten, die in Betrieben privatrechtlich organisierter Unternehmen tätig sind.

(2) Als Arbeitnehmer im Sinne dieses Gesetzes gelten nicht

1. in Betrieben einer juristischen Person die Mitglieder des Organs, das zur gesetzlichen Vertretung der juristischen Person berufen ist;
2. die Gesellschafter einer offenen Handelsgesellschaft oder die Mitglieder einer anderen Personengesamtheit, soweit sie durch Gesetz, Satzung oder Gesellschaftsvertrag zur Vertretung der Personengesamtheit oder zur Geschäftsführung berufen sind, in deren Betrieben;
3. Personen, deren Beschäftigung nicht in erster Linie ihrem Erwerb dient, sondern vorwiegend durch Beweggründe karitativer oder religiöser Art bestimmt ist;
4. Personen, deren Beschäftigung nicht in erster Linie ihrem Erwerb dient und die vorwiegend zu ihrer Heilung, Wiedereingewöhnung, sittlichen Besserung oder Erziehung beschäftigt werden;
5. der Ehegatte, der Lebenspartner, Verwandte und Verschwägerte ersten Grades, die in häuslicher Gemeinschaft mit dem Arbeitgeber leben.

(3) Dieses Gesetz findet, soweit in ihm nicht ausdrücklich etwas anderes bestimmt ist, keine Anwendung auf leitende Angestellte. Leitender Angestellter ist, wer nach Arbeitsvertrag und Stellung im Unternehmen oder im Betrieb

1. zur selbstständigen Einstellung und Entlassung von im Betrieb oder in der Betriebsabteilung beschäftigten Arbeitnehmern berechtigt ist oder
2. Generalvollmacht oder Prokura hat und die Prokura auch im Verhältnis zum Arbeitgeber nicht unbedeutend ist oder
3. regelmäßig sonstige Aufgaben wahrnimmt, die für den Bestand und die Entwicklung des Unternehmens oder eines Betriebs von Bedeutung sind und deren Erfüllung besondere Erfahrungen und Kenntnisse voraussetzt, wenn er dabei entweder die Entscheidungen im Wesentlichen frei von Weisungen trifft oder sie maßgeblich beeinflusst; dies kann auch bei Vorgaben insbesondere auf Grund von Rechtsvorschriften, Plänen oder Richtlinien sowie bei Zusammenarbeit mit anderen leitenden Angestellten gegeben sein.

Für die in Absatz 1 Satz 3 genannten Beamten und Soldaten gelten die Sätze 1 und 2 entsprechend.

(4) Leitender Angestellter nach Absatz 3 Nr. 3 ist im Zweifel, wer

§ 5 Arbeitnehmer

1. aus Anlass der letzten Wahl des Betriebsrats, des Sprecherausschusses oder von Aufsichtsratsmitgliedern der Arbeitnehmer oder durch rechtskräftige gerichtliche Entscheidung den leitenden Angestellten zugeordnet worden ist oder
2. einer Leitungsebene angehört, auf der in dem Unternehmen überwiegend leitende Angestellte vertreten sind, oder
3. ein regelmäßiges Jahresarbeitsentgelt erhält, das für leitende Angestellte in dem Unternehmen üblich ist, oder,
4. falls auch bei der Anwendung der Nummer 3 noch Zweifel bleiben, ein regelmäßiges Jahresarbeitsentgelt erhält, das das Dreifache der Bezugsgröße nach § 18 des Vierten Buches Sozialgesetzbuch überschreitet.

Literatur: *Birnbaum*, Die Rechtsstellung des Personalleiters, AuA 2003, Nr 1, 26; *Boemke*, Das Telearbeitsverhältnis – Vertragstypus und Vertragsgestaltung, BB 2000, 147; *Dänzer-Vanotti*, Leitende Angestellte nach § 5 III, IV BetrVG nF, NZA 1989, Beil 1 S 29; *Deich*, Die Führungskraft zwischen den Stühlen – Leitende Angestellte, AuA 2006, 464; *Diringer*, Der Chefarzt als leitender Angestellter, NZA 2003, 890; *Grund*, Ist Chefredakteur eine Leitungsfunktion? Zum Status des leitenden Angestellten in Redaktionen, AfP 2008, 121; *Henssler*, Der leitende Angestellte in Beratungsgesellschaften, FS Hromadka (2008), S 131; *Hromadka*, Zur Präzisierung des Begriffs „leitende Angestellte", DB 1988, 753; *ders*, Der Begriff des leitenden Angestellten, BB 1990, 57; *ders*, Arbeitnehmer, Arbeitnehmergruppen und Arbeitnehmerähnliche im Entwurf eines Arbeitsvertragsgesetzes, NZA 2007, 838; *ders*, 100 Jahre leitende Angestellte, FS 100 Jahre Betriebsverfassungsrecht (2020), S 227; *D Kaiser*, AR-Blattei SD 70. 2. Leitende Angestellte (2004); *Kock*, „Wir müssen leider draußen bleiben" – der Leitendenbegriff im Sinne von § 5 Abs. 3 BetrVG im Wandel der Zeiten, FS 100 Jahre Betriebsverfassungsrecht (2020), S 335; *Korthus*, Chefarzt als leitender Angestellter, KH 2006, 517; *Kossens*, Leitende Angestellte im Arbeitsrecht – Neue Rechtsprechung zu den Beurteilungskriterien, ArbRB 2005, 118; *Löwisch*, Arbeitnehmereigenschaft kraft vertraglicher Vereinbarung, FS Hromadka (2008), S 229; *ders*, Beamte als Arbeitnehmer iS des BetrVG BB 2009, 2316; *ders*, Beteiligungsrechte des Betriebsrats für im Betrieb tätige Angehörige des öffentlichen Dienstes, BB 2016, 629; *Martens*, Die Neuabgrenzung der leitenden Angestellten und die begrenzte Leistungsfähigkeit moderner Gesetzgebung, RdA 1989, 73; *Mikosch*, Arbeitnehmerbegriff und Schutzzwecke des Arbeitsrechts, FS Löwisch (2007), S 189; *G Müller*, Kritische Bemerkungen zur neuen Bestimmung der leitenden Angestellten, DB 1989, 824; *H-P Müller*, Zur Präzisierung der Abgrenzung der leitenden Angestellten, DB 1988, 1697; *Oetker*, Betriebszugehörigkeit und gelockerte Betriebsbeziehungen, AuR 1991, 359; *Plander*, Arbeitnehmerähnliche in der Betriebsverfassung?, DB 1999, 330; *Powietzka/Hager*, Statusänderung leitender Angestellter bei Freistellung?, DB 2006, 102; *Preis*, Die Definition des Arbeitnehmers und der arbeitnehmerähnlichen Person in einer Kodifikation des Arbeitsvertragsrechts, FS Hromadka (2008), S 275; *Ramme/Velleuer*, Vom Leitenden Angestellten zur Europäischen Führungskraft – Gedanken zur Interessenvertretung des mittleren und höheren Managements in Deutschland und Europa, FS Hromadka (2008), S 295; *Richardi*, Die Neuabgrenzung der leitenden Angestellten nach § 5 III und IV BetrVG, NZA 1990, Beil 1 S 2; *ders*, Der Begriff des leitenden Angestellten, AuR 1991, 33; *Rohlfing*, Die Arbeitnehmereigenschaft von Auszubildenden und Umschülern im Sinne des Arbeitsgerichtsgesetzes und des Betriebsverfassungsgesetzes, NZA 1997, 365 ff; *Rost*, Arbeitnehmer und arbeitnehmerähnliche Personen im Betriebsverfassungsrecht, NZA 1999, 113; *Schaub*, Heim- und Telearbeit sowie bei Dritten beschäftigte Arbeitnehmer im Referenten- und Regierungsentwurf zum BetrVG, NZA 2001, 364; *Scheriau*, Praktikanten Lernende oder billige Arbeitskräfte?, AiB 2006, 623; *Schrader/Schubert*, Der „getarnte" Arbeitnehmer-Geschäftsführer, BB 2007, 1617; *Schulze*, Ein-Euro-Jobber – Arbeitnehmer im Sinne des BetrVG?, NZA 2005, 1332; *Sieg*, Qualen bei Arbeitnehmerwahlen, FS Hromadka (2008), S 437; *Thüsing*, Schnellschuss ins Ungewisse zur Änderung des § 5 BetrVG, BB 2009, 2036.

Übersicht

	Rn.		Rn.
I. Arbeitnehmer iS des BetrVG, Abs 1 ...	1	II. Gesetzl Ausnahmen vom Arbeitnehmerbegriff, Abs 2	20
1. Grundsatz.....................	1	III. Leitende Angestellte	25
2. Privatrechtl Dienstvertrag mit dem Betriebsinhaber	2	1. Einheitl Voraussetzungen, Abs 3 S 2 Eingangs-Hs..................	25
3. Persönl Abhängigkeit vom Betriebsinhaber......................	9	2. § 5 Abs 3 S 2 Nr 1	31
4. Eingliederung in die Betriebsorganisation	13	3. § 5 Abs 3 S 2 Nr 2	36
5. Zu ihrer Berufsausbildung Beschäftigte...................	16	4. § 5 Abs 3 S 2 Nr 3 iVm Abs 4	40
		a) § 5 Abs 3 S 2 Nr 3	40
6. In Heimarbeit Beschäftigte, Abs 1 S 2	18	b) § 5 Abs 4	45
		5. Betriebsverfassungsrechtl Stellung der leitenden Angestellten........	52
7. IR ihres öffentl-rechtl Dienstverhältnisses Zugewiesene, Abs 1 S 3 .	19	IV. Streitigkeiten	53

I. Arbeitnehmer iS des BetrVG, Abs 1

1. Grundsatz

Abs 1 S 1 definiert den Begriff des AN iS des BetrVG nicht, sondern begnügt sich mit einer beschreibenden Aufzählung: AN sind Arbeiter, Ang und die zu ihrer Berufsausbildung Beschäftigten. Das setzt den **allg Begriff des AN** voraus, wie er in Rspr und Lehre entwickelt worden und seit dem 1.1.2017 in **§ 611a Abs 1 BGB** festgeschrieben worden ist: AN ist jede Person, die aufgrund eines privatrechtl Vertrags in einem Verhältnis persönl Unselbstständigkeit Arbeitsleistungen erbringt <R: stRspr schon vor Inkrafttreten des § 611a BGB, etwa BAG 12.12.2001, 5 AZR 253/00, BB 2002, 1702; BAG 11.8.2015, 9 AZR 84/14, NZA-RR 2016, 288 (Rn 16)>. Gem Abs 1 S 3 gelten seit Mitte 2009 auch Beamte, Soldaten und AN des öffentl Dienstes, die in Betrieben privatrechtl organisierter Unternehmen tätig sind, als AN (Rn 19, aber auch Rn 7). 1

2. Privatrechtl Dienstvertrag mit dem Betriebsinhaber

AN iS des Abs 1 ist grds nur derjenige, der **einen privatrechtl Vertrag** mit dem Betriebsinhaber abgeschlossen hat, in dem er sich vertragl zur Leistung von Diensten verpflichtet (zu Leih-AN Rn 4). Nicht ausreichend ist, dass die Vertragspartner eine Rahmenvereinbarung abschließen, die lediglich die Bedingungen der erst noch abzuschließenden Arbeitsverträge wiedergibt, selbst aber noch keine Verpflichtung zur Arbeitsleistung begründet <R: BAG 15.2.2012, 10 AZR 111/11, NZA 2012, 735 (Rn 15 ff)>. Eine bes Form schreibt das BGB für den Arbeitsvertrag nicht vor. Bis die Nichtigkeit geltend gemacht oder die Anfechtung erklärt wird, ist AN auch, wer aufgrund eines nichtigen oder anfechtbaren, also aufgrund eines **sog fehlerhaften Arbeitsverhältnisses** beschäftigt ist <R: vgl zum PersVG BAG 15.1.1991, 1 AZR 105/90, NZA 1991, 695; **L:** Richardi/*Richardi*/*Maschmann* Rn 78 ff; GK/*Raab* Rn 30; DKW/*Trümner* Rn 10c; *Fitting* Rn 20; ErfK/*Koch* Rn 2>. 2

Keine Voraussetzung für die AN-Eigenschaft ist, dass die Beschäftigten einen Arbeitsvertrag nur mit dem Betriebsinhaber abgeschlossen haben. AN sind auch diejenigen Be- 3

§ 5 Arbeitnehmer

schäftigten, die bei mehreren AG nebeneinander beschäftigt sind (**Mehrfachbeschäftigung**). Auch ein **Gruppenarbeitsverhältnis** ändert nichts an der AN-Eigenschaft <**L:** Richardi/*Richardi/Maschmann* Rn 116ff mwN>. Ebenso sind AN iS von § 5 Personen, die nicht unmittelbar zum Betriebsinhaber in einem Arbeitsverhältnis stehen, sondern von einer Zwischenperson eingestellt werden, aufgrund dieses Arbeitsvertrages zur Zwischenperson jedoch mit Wissen des Betriebsinhabers ihre Arbeitsleistung für den Betrieb erbringen und dabei an die Weisungen des Betriebsinhabers gebunden sind (**sog mittelbares Arbeitsverhältnis**). Voraussetzung ist aber, dass die Zwischenperson ihrerseits zum Betriebsinhaber in einem Arbeitsverhältnis steht <**R:** BAG 18.4.1989, 1 ABR 97/87, DB 1990, 179; **L:** Richardi/*Richardi/Maschmann* Rn 114f mwN>.

4 Die im Betrieb beschäftigten **Leih-AN** bleiben gem § 14 Abs 1 AÜG während der Arbeitsleistung beim Entleiher Angehörige des entsendeten Verleiherbetriebs. Für die betriebsverfassungsrechtl Rechtsbeziehungen bleibt grds ein beim Verleiher gebildeter BR zuständig. Da die Leih-AN für die Dauer einer Überlassung zusätzlich in die Organisation des Entleiherbetriebs eingegliedert sind und dort dem Weisungsrecht des Entleihers unterstehen, kann jedoch abweichend (abhängig vom Normzweck des betroffenen Beteiligungs- oder Mitbestimmungsrechts) der BR des Entleihers zuständig sein <**R:** BAG 24.8.2016, 7 ABR 2/15, NZA 2017, 169 (Rn 20ff), das die sog „Zwei-Komponenten-Lehre für den drittbezogenen Personaleinsatz aufgegeben hat; **L:** GK/*Raab* Rn 126 (zuständig, wenn das Rechtsverhältnis zwischen Entleiher und Leih-AN betroffen ist oder die maßgeblichen Arbeitgeberentscheidungen ausschließlich vom Entleiher getroffen werden); für eine Zugehörigkeit der Leih-AN zum Entleiherbetrieb *Fitting* Rn 238 und 264ff (Betriebszugehörigkeit auch zum Entleiherbetrieb); Richardi/*Richardi/Maschmann* Rn 109ff (abhängig von der Länge des Einsatzes); DKW/*Trümner* Rn 90 („partielle Betriebszugehörigkeit"); aA GK/*Raab* § 7 Rn 76ff, 96 und 127ff und die Vorauflage>. Leih-AN sind nach § 7 S 2 im Entleiherbetrieb aktiv wahlberechtigt, sobald sie dort länger als drei Monate tätig sind (§ 7 Rn 21ff), hingg sind sie nicht im Entleiherbetrieb wählbar, § 14 Abs 2 S 1 AÜG; näher § 8 Rn 2f. Seit 1.4.2017 ordnet § 14 Abs 2 S 4 AÜG ausdrückl an, dass Leih-AN im Entleiherbetrieb mitzuzählen sind. Zu berücksichtigen ist dabei nur eine Beschäftigung von mindestens sechs Monaten im Jahr <**R:** BAG 2.8.2017, 7 ABR 51/15, NZA 2017, 1343 (Rn 25) für die Zahl der nach § 38 Abs 1 S 1 freizustellenden BR-Mitglieder; **L:** zu § 14 Abs 2 S 4 AÜG *Löwisch/Wegmann* BB 2017, 373>; näher § 38 Rn 6. Der BR muss der Eingliederung von Leih-AN im Betrieb nach § 99 zustimmen (§ 99 Rn 17).

5 Keine AN iS des § 5 sind diejenigen, die als **AN einer Drittfirma** aufgrund eines zw dem AG und der Drittfirma geschlossenen Werk- oder Dienstvertrags als Erfüllungsgehilfen iS des § 278 BGB der Drittfirma im Betrieb tätig werden <**R:** BAG 21.4.2004, 7 ABR 38/03, AP Nr 8 zu BetrVG 1972 § 9; **L:** GK/*Raab* Rn 141 mwN; Richardi/*Richardi/ Maschmann* Rn 99ff> (gg die Zustimmungspflicht bei der Eingliederung in den Betrieb § 99 Rn 18).

6 Auch Drittkräfte, die **(vorgebl) zu niemandem in einem Arbeitsverhältnis** stehen, etwa wenn ein Universitätsklinikum Pflegekräfte aufgrund eines mit der DRK-Schwesternschaft geschlossenen Gestellungsvertrages beschäftigt, die Pflegekräfte im Verhältnis zur DRK aber auf vereinsrechtl Grundlage tätig werden, sind keine AN des Beschäftigungsbetriebs <**R:** BAG 20.2.1986, 6 ABR 5/85, AP Nr 2 zu § 5 BetrVG 1972 Rotes Kreuz; 22.4.1997, 1 ABR 74/96, AP Nr 18 zu § 99 BetrVG 1972 Einstellung; **L:** GK/*Raab*

Rn 152; **aA** Richardi/*Richardi/Maschmann* Rn 156>, ebenso wenig die auf Krankenwagen eingesetzten ehrenamtl Mitarbeiter des DRK <**R:** BAG 12.11.2002, 1 ABR 60/01, NZA 2004, 1289>, s aber noch Rn 11 und 22, zur Zustimmungspflicht bei der Eingliederung in den Betrieb § 99 Rn 19.

Keine AN sind die aufgrund eines **öffentl-rechtl Rechtsverhältnisses** Tätigen. Zu diesen zählen: **Beamte** <**R:** BAG 25.2.1998, 7 ABR 11/97, NZA 1998, 838; **L:** Richardi/*Richardi/Maschmann* Rn 144> (zu § 5 Abs 1 S 3 Rn 19), die den Aktiengesellschaften Deutsche Bahn und Post zugewiesenen Beamten gelten nach § 19 Abs 1 DBGrG und § 24 Abs 2 S 1 PostPersRG aber für das BetrVG als AN <**R:** BAG 12.12.1995, 1 ABR 31/95, DB 1996, 2634 für die Deutsche Bahn>; Soldaten und Personen, die den Bundesfreiwilligendienst leisten <**R:** zu Zivildienstleistenden BAG 19.6.2001, 1 ABR 25/00, BB 2002, 47; **L:** GK/*Raab* Rn 28 und 113; Richardi/*Richardi/Maschmann* Rn 149; HSWGN/*Rose* Rn 91; **aA** DKW/*Trümner* Rn 149> (zur Zustimmungspflicht bei der Eingliederung in den Betrieb § 99 Rn 20>; Beschäftigte iR eines **freiwilligen sozialen oder ökologischen Jahres** <**R:** BAG 12.2.1992, 7 ABR 42/91, AP Nr 52 zu § 5 BetrVG 1972; **L:** GK/*Raab* Rn 113 mwN>; **Entwicklungshelfer**, wenn nicht zw Entwicklungshelfer und ausländischem Projektträger ausnahmsweise ein Arbeitsverhältnis besteht <**R:** BAG 27.4.1977, 5 AZR 129/76, BB 1977, 1304> und **Strafgefangene** <**R:** BAG 3.10.1978, 6 ABR 46/76, DB 1979, 1186; **L:** *Richardi* Rn 145> (zur Zustimmungspflicht bei der Eingliederung in den Betrieb § 99 Rn 20). Keine AN sind die sog **Ein-Euro-Jobber**, die dem AG durch Bewilligungsbescheid des Job-Centers zugewiesen werden <**R:** BAG 2.10.2007, 1 ABR 60/06, NZA 2008, 244; **L:** Richardi/*Richardi/Maschmann* Rn 146; *Fitting* Rn 155 mwN> (zur Zustimmungspflicht bei der Eingliederung in den Betrieb § 99 Rn 20). Hingg wurden Personen, deren Tätigkeit als Arbeitsbeschaffungsmaßnahme nach § 260 SGB III (aufgehoben zum 1.4.2012) gefördert wurde, aufgrund eines Arbeitsvertrags beschäftigt und waren damit AN iS des § 5 Abs 1 und für die Wahl des BR wahlberechtigt <**R:** BAG 13.10.2004, 7 ABR 6/04, DB 2005, 837>.

Der Vertrag (Rn 2) muss den Vertragspartner des AG zu einer Arbeitsleistung iS des § 611a Abs 1 BGB verpflichten. Dabei vollzieht sich die Abgrenzung von Werk- und Arbeitsvertrag idR nicht wie gem § 631 Abs 2 BGB zw Dienst- und Werkvertrag danach, ob der Schuldner sich zu einem bloßen Tätigwerden verpflichtet (Dienstvertrag gem § 611 BGB) oder zur Herbeiführung eines Erfolges (Werkvertrag iS des § 631 BGB <**R:** BGH 16.7.2002, X ZR 27/01, NJW 2002, 3323>), sondern **gem § 611a Abs 1 S 1 BGB** anhand der **persönl Abhängigkeit und damit der Weisungsgebundenheit** des Schuldners <**R:** vgl BAG 25.9.2013, 10 AZR 282/12, BB 2013, 2483 Rn 16>, gleich Rn 9 ff: Das, was ein Werkunternehmer selbstständig tun kann, etwa als Schneider die Anfertigung eines Kostüms oder Maßanzugs, kann er auch als AN tun, etwa als angestellter Schneider.

3. Persönl Abhängigkeit vom Betriebsinhaber

Maßgebl Kriterium ist gem § 611a Abs 1 BGB, ob jemand seine Tätigkeit als Selbstständiger oder in einem Verhältnis der Unselbstständigkeit, also der persönl Abhängigkeit, ausübt. Gem § 611a Abs 1 BGB ist als AN derjenige tätig, der **Inhalt, Durchführung, Zeit und Ort der Arbeitsleistung** nicht selbst bestimmt, sondern insofern **abhängig von den Weisungen des AG** fremdbestimmt tätig wird <**R:** so schon bisher im Umkehrschluss zu § 84 Abs 1 S 2 HGB, der den selbstständigen Handlungsgehilfen definiert:

§ 5 Arbeitnehmer

BAG 17.5.1978, 5 AZR 580/77, AP Nr 28 zu § 611 BGB Abhängigkeit; 17.4.2013, 10 AZR 272/12, NZA 2013, 903 Rn 15; 11.8.2015, 9 AZR 98/14, NZA-RR 2016, 288 (Rn 16)>. Für die Feststellung der AN-Eigenschaft ist gem § 611a Abs 1 S 5 BGB eine Gesamtbetrachtung aller Umstände vorzunehmen <R: vgl BAG 11.8.2015 aaO (Artistengruppe)>. Sachbezogene und ergebnisorientierte Weisungen können auch im Rahmen eines Werk- oder Dienstvertrags erteilt werden <R: BAG 1.12.2020, 9 AZR 102/20, NZA 2021, 552 (Rn 35)>. Für die Abgrenzung von Bedeutung sind die Umstände, unter denen die Dienstleistung zu erbringen ist, und nicht die Modalitäten der Zahlung oder die steuer- und sozialversicherungsrechtl Behandlung oder die Überbürdung vertragl Risiken.

10 Keine AN sind mangels persönl Abhängigkeit **freie Mitarbeiter** <L: Richardi/*Richardi/Maschmann* Rn 160>, gg die Zustimmungspflicht bei der Eingliederung in den Betrieb § 99 Rn 21. Beschäftigte, die persönl selbstständig, aber vom Betriebsinhaber wirtschaftl abhängig und daher ähnl wie ein AN sozial schutzbedürftig sind (sog **AN-ähnliche Personen**, vgl § 12a TVG), sind nicht AN iS des BetrVG, auch wenn sie ausschließl für einen AG arbeiten <L: GK/*Raab* Rn 35 mwN>. Sind die AN-Ähnlichen in Heimarbeit beschäftigt, gelten sie unter den Voraussetzungen des Abs 1 S 2 als AN, Rn 18. Ein **Crowdworker**, der kein AN ist <dazu **R:** 1.12.2020, 9 AZR 102/20, NZA 2021, 552> wird diese Voraussetzungen selten erfüllen <L: GK/*Raab* Rn 74; DKW/*Trümner* Rn 62 f>.

11 Der jeweilige Vertragstyp ergibt sich aus dem **wirkl Geschäftsinhalt**. Widersprechen sich die Bezeichnung der Tätigkeit im Vertrag und die tatsächl Durchführung, ist gem § 611a Abs 1 S 6 BGB Letztere maßgebend („Papier ist geduldig") <R: 25.9.2013, 10 AZR 282/12, BB 2013, 2483 (Rn 16 f); 25.9.2013, 10 AZR 282/12, BB 2013, 2483 (Rn 16, 21 ff); 1.12.2020, 9 AZR 102/20, NZA 2021, 552 (Rn 39)>. Deshalb sind **Rot-Kreuz-Schwestern**, obwohl sie im Verhältnis zur DRK nominell auf vereinsrechtl Grundlage tätig werden, AN des DRK, da sie nach Inhalt, Durchführung, Zeit, Dauer und Ort der Arbeitsleistung weisungsabhängig und eingegliedert in die betriebl Organisation des DRK tätig sind <R: aA BAG 20.2.1986, 6 ABR 5/85, AP Nr 2 zu § 5 BetrVG 1972 Rotes Kreuz; 21.2.2017, 1 ABR 62/12, NZA 2017, 662 (Rn 26), aber laut BAG in Folge von EuGH 17.11.2016, C-216/15, NZA 2017, 41, von § 1 Abs 1 S 1 AÜG erfasst, Rn 27 ff; L: *Fitting* Rn 334 ff; DKW/*Trümner* Rn 186; aA GK/*Raab* Rn 150 f; Richardi/*Richardi/Maschmann* Rn 156; s aber zum Status der sog Gastschwestern BAG 14.12.1994, 7 ABR 26/94, NZA 1995, 906; L: dem BAG zustimmend GK/*Raab* Rn 153; Richardi/*Richardi/Maschmann* Rn 156>, ihre AN-Eigenschaft ist auch nicht nach Abs 2 Nr 3 ausgeschlossen, Rn 22; zum Verleih an Dritte Rn 6. Auch ein Crowdworker kann ein Arbeitnehmer sein <R: BAG 1.12.2020, 9 AZR 102/20, AP Nr 132 zu § 611 BG Abhängigkeit; aA LAG München, 5.12.2019, 8 Sa 146/19, NZA 2020, 316 (Vorinstanz); L: *Deinert*, Anm. zu BAG 1.12.2020, AP Nr 132 zu § 611 BGB Abhängigkeit; aA Richardi/*Richardi/Maschmann* Rn 85>.

12 Bei der nach § 611a Abs 1 S 5 erforderlichen Gesamtwürdigung (Rn 9) ist auch die **Vertragstypenwahl** der Parteien zu berücksichtigen: Kann die vertragl vereinbarte Tätigkeit sowohl in einem Arbeitsverhältnis als auch selbstständig erbracht werden und spricht die tatsächl Handhabung der Vertragsbeziehung nicht zwingend für ein Arbeitsverhältnis, so müssen sich die Vertragsparteien grds an dem von ihnen gewählten Vertragstypus festhalten lassen <R: BAG 9.6.2010, 5 AZR 332/09, NZA 2010, 879 (Rn 33) für das selbstständige Tätigwerden eines Versicherungsvertreters>.

4. Eingliederung in die Betriebsorganisation

Für den betriebsverfassungsrechtl AN-Begriff ist die Betriebszugehörigkeit konstitutiv: **13**
AN iS des Abs 1 sind nur diejenigen, die in die Betriebsorganisation des AG eingegliedert sind. Ob die Tätigkeit **innerhalb oder außerhalb der Betriebsstätte** verrichtet wird, ist unerhebl <R: BAG 29.1.1992, 7 ABR 25/91, BB 1992, 1490; 22.3.2000, 7 ABR 34/98, BB 2000, 2098>. Dass nicht die Eingliederung in die Betriebsstätte, sondern in die betriebl Organisation des AG maßgebl ist, stellt seit 2001 Abs 1 S 1 Hs 2 klar, nach dem AN auch die im **Außendienst** oder mit **Telearbeit/im Homeoffice** Beschäftigten sind, wenn sie im Übrigen die Voraussetzungen des § 611a Abs 1 BGB erfüllen, insbes in persönl Abhängigkeit vom Betriebsinhaber tätig werden <R: BAG 16.7.1997, 5 AZR 312/96, BB 1997, 2377 (Zeitungszusteller); 25.3.1992, 7 ABR 52/91, DB 1992, 1782 (Telearbeiter); L: *Fitting* Rn 201 ff>, Rn 9. Außendienst-AN sind etwa Bauarbeiter, Beschäftigte von Pflegediensten <L: ErfK/*Koch* Rn 11>, Kraftfahrer, Monteure, Personal zur Einweisung und Schulung von Kunden, Reiseleiter, Zeitungszusteller <R: BAG 29.1.1992, 7 ABR 27/91, DB 1992, 1429; 16.7.1997 aaO> und häufig auch Reinigungskräfte. Ein Telearbeiter, der im Wesentlichen frei ist, seine Tätigkeit zu gestalten und seine Arbeitszeit zu bestimmen, ist kein Arbeitnehmer <R: BAG 14.6.2016, 9 AZR 305/15, NZA 2016, 1453 (Rn 21 ff)>, s Rn 9. Tele-Heimarbeiter gelten aber dann unter der zusätzl Voraussetzung des Abs 1 S 2 als AN iS des BetrVG, wenn sie in der Hauptsache für den betreffenden Betrieb arbeiten, Rn 18 <L: *Hanau* RdA 2001, 65, 67; GK/*Raab* Rn 67 mwN>.

Während das über § 99 geschützte kollektive Interesse der Belegschaft (§ 99 Rn 5) erst **14**
berührt und deswg ein AN erst dann mitbestimmungspflichtig eingestellt wird, wenn dessen Beschäftigung und damit Eingliederung in den Betrieb für mehr als einen Monat geplant ist (§ 99 Rn 7), setzt der AN-Status keine auf längere Dauer angelegte Arbeitsleistung voraus: AN iS des Abs 1 und des § 611a Abs 1 BGB ist auch derjenige, der nur **kurz befristet beschäftigt** wird, etwa als Aushilfe oder iR einer bestimmten, nur kurze Zeit dauernden Arbeitsaufgabe, zB auf Produktionsdauer bei einer Rundfunk- oder Fernsehproduktion <R: BAG 13.1.1983, 5 AZR 149/82, BB 1983, 1855; 30.10.1991, 7 ABR 19/91, BB 1992, 1356; L: statt aller Richardi/*Richardi/Maschmann* Rn 55, 58>. Sofern der zur Aushilfe Beschäftigte in jedem Einzelfall frei entscheiden kann, ob er eine Vertretung übernimmt oder nicht, fehlt es aber an dessen persönl Abhängigkeit vom Betriebsinhaber (Rn 9) und deswg an der AN-Eigenschaft <R: BAG 29.5.1991, 7 ABR 67/90, BB 1992, 136 für Aushilfstaxifahrer; 30.10.1991, 7 ABR 19/91, BB 1992, 1356 für Honorarlehrkräfte>. Für die AN-Eigenschaft unerhebl ist auch der zeitl Umfang der Beschäftigung: AN sind auch **geringfügig Beschäftigte** <R: BAG 30.10.1991 aaO; 29.1.1992, 7 ABR 27/91, DB 1992, 1429 (Zeitungszusteller); L: statt aller GK/*Raab* Rn 50 mwN> (§ 7 Rn 6) und erst recht Teilzeitbeschäftigte <L: statt aller GK/*Raab* Rn 49 mwN>. Ebenso wenig ist Voraussetzung, dass der Beschäftigte ausschließl für den Betriebsinhaber tätig wird (schon Rn 3): AN sind auch diejenigen Beschäftigten, die beim Betriebsinhaber ledigl eine **nebenberufl Tätigkeit** ausüben <R: BAG 16.3.1972, 5 AZR 460/71, AP Nr 10 zu § 611 BGB Lehrer, Dozenten; 30.10.1991 aaO; L: statt aller Richardi/*Richardi/Maschmann* Rn 53 f mwN>.

An der Betriebszugehörigkeit der AN ändert sich nichts, wenn das **Arbeitsverhältnis le- 15
digl ruht**, etwa während der Elternzeit <R: BAG 29.3.1974, 1 ABR 27/73, BB 1974, 837 (Wehrdienst); 31.5.1989, 7 AZR 574/88, DB 1990, 793 (Elternzeit); 16.4.2003, 7 ABR

§ 5 Arbeitnehmer

53/02, BB 2003, 2178 (abgrenzend zu beidem); **L:** *Richardi* Rn 98>. Hingg gehört ein AN dem Betrieb nicht mehr an, wenn er **endgültig freigestellt** ist, etwa in der Freistellungsphase der Altersteilzeit nach dem sog Blockmodell keine Arbeitsleistung mehr erbringen muss <**R:** BAG 16.4.2003 aaO; **L:** *Richardi* Rn 98>.

5. Zu ihrer Berufsausbildung Beschäftigte

16 Die zu ihrer **Berufsausbildung** Beschäftigten werden in Abs 1 ausdrückl als AN iS des BetrVG bezeichnet: Erfasst werden neben den in eigentl Berufsausbildungsverhältnissen iS der §§ 10 ff BBiG Beschäftigten (näher § 96 Rn 3 ff) auch solche Personen, die iS des **§ 26 BBiG** eingestellt werden, um außerhalb eines Berufsausbildungsverhältnisses berufl Fertigkeiten, Kenntnisse, Fähigkeiten und berufl Erfahrungen zu erwerben <**R:** BAG 10.2.1981, 6 ABR 86/78, DB 1981, 1935; 17.6.2020, 7 ABR 46/18, NZA 2020, 1723 (Rn 25); **L:** Richardi/*Richardi/Maschmann* Rn 88 ff mwN>. Es kommt nicht darauf an, ob der „zu seiner Berufsausbildung Beschäftigte" eine Geldleistung erhält <**R:** BAG 6.11.2013, 7 ABR 76/11, NZA 2014, 679 (Rn 26); **L:** *Fitting* Rn 304>. Zu ihrer Berufsausbildung beschäftigt sind damit auch **Volontäre und Praktikanten** <**R:** LAG SH 25.3.2003, 2 TaBV 39/02, NZA-RR 2004, 251; **L:** *Fitting* Rn 291; DKW/*Trümner* Rn 131; auch Richardi/*Richardi/Maschmann* Rn 90 f>, nicht aber **Schüler**, denen iR eines schulischen Betriebspraktikums lediglich allg Einblicke in das Arbeitsleben vermittelt werden, ohne dass ihnen berufl Kenntnisse, Fertigkeiten und Erfahrungen vermittelt werden sollen <**R:** BAG 30.10.1991, 7 ABR 11/91, DB 1992, 1635; LAG SH 25.3.2003 aaO; **L:** *Fitting* Rn 307; *Richardi* Rn 90>. **Studenten**, die während ihres Hochschul- oder Fachhochschulstudiums ein Betriebspraktikum ableisten, sind auch dann zu ihrer Berufsausbildung iS des BetrVG beschäftigt, wenn das Praktikum nach der Studienordnung als Hochschul- oder Fachhochschulmaßnahme ausgestaltet ist; maßgebl ist für die betriebsverfassungsrechtl Einordnung allein, ob die Studenten berufl Fertigkeiten und Erfahrungen erwerben sollen <**R: aA** BAG 30.10.1991, 7 ABR 11/91, DB 1992, 1635; **L:** wie hier DKW/*Trümner* Rn 140; auch Richardi/*Richardi/Maschmann* Rn 90>.

17 AN iS des BetrVG sind die zu ihrer Berufsausbildung Beschäftigten **nur dann**, wenn sich ihre Ausbildung **iR des vom Betrieb verfolgten arbeitstechnischen (Produktions- oder Dienstleistungs-)Zwecks** vollzieht und sie deshalb in vergleichbarer Weise wie die sonstigen AN in den Betrieb eingegliedert sind <**R:** grundlegend BAG 21.7.1993, 7 ABR 35/92, BB 1994, 575>. Schüler, die der AG in einer von ihm betriebenen, staatl anerkannten Schule ausbildet, sind nur dann zu ihrer Berufsausbildung beschäftigt, wenn zur schulischen Ausbildung eine berufspraktische Unterweisung iR der arbeitstechnischen Zwecksetzung des Betriebs hinzukommt und diese die schulische Ausbildung überwiegt oder ihr zumindest gleichwertig ist <**R:** BAG 6.11.2013, 7 ABR 76/11, NZA 2014, 679 (Rn 28 ff)>. Auch **Menschen mit Behinderungen**, die gem §§ 112 ff SGB III zu ihrer **berufl Eingliederung** arbeiten, sind nur dann zu ihrer Berufsausbildung beschäftigt, wenn sie mit dem AG einen privatrechtl Berufsausbildungsvertrag abgeschlossen haben und eine betriebl Ausbildung iS des § 1 BBiG erhalten, dh eine berufspraktische Ausbildung an Aufgaben, die im Betrieb anfallen und die ansonsten von den dort tätigen AN verrichtet werden <**R:** BAG 26.1.1994, 7 ABR 13/92, DB 1994, 1371, zu einer Vorgängervorschrift>. Findet die praktische Berufsausbildung dagg in einem **reinen Ausbildungsbetrieb** (sonstige Berufsbildungseinrichtung iS von § 1 Abs 5 BBiG) oder in einer Einrich-

tung der berufl Rehabilitation statt, sind die Auszubildenden und Rehabilitanden **selbst Gegenstand des auf die Berufsbildung zielenden Betriebszwecks und deswg keine AN** iS des Abs 1, § 52 SGB IX <**R:** zu Auszubildenden BAG 21.7.1993, 7 ABR 35/92, BB 1994, 575; 13.6.2007, 7 ABR 44/06, NZA-RR 2008, 19 (Rn 15); zu Rehabilitanden BAG 26.1.1994 aaO; **L:** *Fitting* Rn 298 ff; GK/*Raab* Rn 62; Richardi/*Richardi/ Maschmann* Rn 92; DKW/*Trümner* Rn 135>; in Einrichtungen mit mindestens 5 Auszubildenden wählen sie in reinen Ausbildungsbetrieben und in Betrieben, die neben der Berufsausbildung weitere arbeitstechnische Zwecke verfolgen, aber **nach § 51 BBiG eine bes Interessenvertretung** <**R:** BAG 13.6.2007 aaO Rn 20 ff>. Auszubildende in einem reinen Ausbildungsbetrieb werden auch nicht dadurch zu AN, dass sie neben der Berufsausbildung zeitweise gemeinsam mit anderen AN iR von betriebl Hilfstätigkeiten berufspraktisch tätig werden, etwa als Auszubildende der Fachrichtung „Malerfachwerker" gelegentl Räume des Berufsbildungswerkes ausmalen <**R:** BAG 12.9.1996, 7 ABR 61/95, BB 1997, 318; 16.11.2011, 7 ABR 48/10, AiB 2013, 595 (LS = juris Rn 14)>. Wird der Auszubildende aber in einem anderen Betrieb des AG oder eines anderen Konzernunternehmens mit AN-Tätigkeiten eingesetzt, so ist er dort AN iSv Abs 1 <**R:** offengelassen von BAG 16.11.2011. aaO; auch 12.9.1996 aaO zu einer selbstständigen organisatorischen Einheit im Betrieb (der Kantine eines Berufsbildungszentrums)>.

6. In Heimarbeit Beschäftigte, Abs 1 S 2

Obwohl in Heimarbeit Beschäftigte, also Heimarbeiter und Hausgewerbetreibende (§§ 1 Abs 1, 2 Abs 1 und 2 HAG) im Rechtssinne AN-ähnliche Personen sind (Rn 10), gelten sie nach Abs 1 S 2 als AN iS des BetrVG. Voraussetzung ist, dass die Heimarbeiter und Hausgewerbetreibenden **in der Hauptsache für den Betrieb** arbeiten, dh den überwiegenden Teil ihrer Arbeitszeit und -kraft der Tätigkeit für den Betrieb widmen <**R:** BAG 25.3.1992, 7 ABR 52/91, DB 1992, 1782>. Nicht entscheidend ist, dass der in Heimarbeit Beschäftigte seinen Lebensunterhalt aus dem Beschäftigungsverhältnis bezieht, sondern nur, dass seine Tätigkeit für den Betrieb seine anderen Tätigkeiten überwiegt <**R:** BAG 27.9.1974, 1 ABR 90/73, BB 1975, 651; 14.6.2016, 9 AZR 305/15, NZA 2016, 1453 (Rn 49)>. Nicht von der Fiktion des Abs 1 S 2 erfasst werden die den Heimarbeitern lediglich gleichgestellte Personen (§ 1 Abs 2 HAG) sowie mithelfende Familienangehörige (vgl § 2 Abs 5 HAG).

18

7. IR ihres öffentl-rechtl Dienstverhältnisses Zugewiesene, Abs 1 S 3

Durch Einfügung von Abs 1 S 3 zum 4.8.2009 (BGBl I 2424) gelten Beamte, Soldaten und AN des öffentl Dienstes einschließl der zu ihrer Berufsausbildung Beschäftigten ausnahmsweise dann als AN iS des § 5, wenn sie iR ihres öffentl-rechtl Dienst- oder Arbeitsverhältnisses beschäftigt sind und ihr Dienstherr sie iR eines Werk- oder Dienstvertrags einer privatrechtl organisierten Einrichtung zugewiesen hat, die Beamten usw also in Betrieben privater Rechtsträger tätig werden. Voraussetzung ist nach Abs 1 S 3, dass die Beschäftigten im Betrieb des privatrechtlich organisierten AG „tätig", also in dessen Betriebsorganisation **tatsächl eingegliedert** sind <**R:** BAG 15.12.2011, 7 ABR 65/10, NZA 2012, 519 (Rn 21 ff); 15.8.2012, 7 ABR 24/11, AP Nr 78 zu § 5 BetrVG 1972 (Rn 31) und 7 ABR 34/11, NZA 2013, 107 (Rn 35); 5.12.2012, 7 ABR 17/11, NZA 2013, 690

19

§ 5   Arbeitnehmer

(Rn 23); 2.9.2012, 7 ABR 37/11, NZA-RR 2013, 197 (Rn 15f)>. Die tatsächl Eingliederung (vgl dazu auch § 99 Rn 6ff) setzt nicht zwingend voraus, dass die Beschäftigten dauerhaft oder auch nur langfristig im privatrechtl Eingliederungsbetrieb eingesetzt werden: Für die AN-Eigenschaft iS des Abs 1 S 3 genügt es, wenn die Beschäftigten vorübergehend und projektbezogen sowie für die Dauer des Dienstleistungsüberlassungsvertrags im Eingliederungsbetrieb tätig sind <R: BAG 5.12.2012 aaO (Rn 27ff); L: HWK/*Gaul* Rn 34a; GK/*Raab* Rn 92>; ebenso wenig soll es schaden, wenn sie, etwa aufgrund einer Freistellung wg Mitgliedschaft des beim öffentl-rechtl Dienstherrn gebildeten PR, im Eingliederungsbetrieb vorübergehend überhaupt keine Arbeitsleistung erbringen <R: BAG 15.8.2012, 7 ABR 24/11, AP Nr 78 zu § 5 BetrVG 1972 (Rn 37f); L: HWK/*Gaul* Rn 34a; GK/*Raab* Rn 91>. Der BR muss der Eingliederung von Beschäftigten iS des Abs 1 S 3 im Betrieb nach § 99 zustimmen; hat der AG den BR entgg § 99 nicht oder nicht ordnungsgem beteiligt, ist dies für die AN-Eigenschaft der im Eingliederungsbetrieb tatsächl Beschäftigten aber unerheblich <R: BAG 15.8.2012, 7 ABR 34/11, NZA 2013, 107 (Rn 35); L: *Fitting* Rn 318>. Abs 1 S 3 gilt etwa für Beamte, deren Dienststellen wegen Privatisierung wegfallen und die dienstrechtl den neu geschaffenen, privaten Betrieben zugewiesen werden. Für die den Aktiengesellschaften Deutsche Bahn und Post zugewiesenen Beamten galt dies nach § 19 Abs 1 DBGrG und § 24 Abs 2 S 1 PostPersRG bereits vor dem 4.8.2009 <R: BAG 12.12.1995, 1 ABR 31/95, DB 1996, 2634 für die Deutsche Bahn>. Die AN iS des Abs 1 S 3 sind nach hM aktiv und passiv wahlberechtigt nach §§ 7f <R: BAG 15.8.2012, 7 ABR 43/11, NZA 2013, 107 (Rn 20ff mN auf die L in Rn 20); 12.9.2012, 7 ABR 37/11, NZA-RR 2013, 197 (Rn 25ff)> und sind bei den organisatorischen Schwellenwerten, insbes für die Größe des BR und die Zahl der Freistellungen nach §§ 9, 38 mitzuzählen <R: zu § 9 BAG 15.8.2012, 7 ABR 24/11, AP Nr 78 zu § 5 BetrVG 1972 (Rn 17ff); 12.9.2012 aaO (Rn 20ff); zu § 38 BAG 5.12.2012, 7 ABR 17/11, NZA 2013, 690 (Rn 16ff)>, s näher § 7 Rn 13, § 8 Rn 3, § 9 Rn 2 und § 38 Rn 5. Inwieweit der BR auch die Interessen der Beschäftigten iS des Abs 1 S 3 vertritt, ist für jedes Mitwirkungsrecht gesondert zu entscheiden.

II. Gesetzl Ausnahmen vom Arbeitnehmerbegriff, Abs 2

20   Nicht zu den AN iS des BetrVG zählen nach **Abs 2 Nr 1** die **gesetzl Vertreter einer juristischen Person**, also der Vorstand bei einem Verein, dem Versicherungsverein auf Gegenseitigkeit, der Aktiengesellschaft und bei der Genossenschaft (§ 26 BGB, § 188 VAG, § 78 Abs 1 AktG, § 24 Abs 1 GenG), die Geschäftsführer bei der GmbH (§ 35 Abs 1 GmbHG), die Komplementäre bei der Kommanditgesellschaft auf Aktien (§ 278 Abs 2 AktG, §§ 125, 161 HGB) und bei Stiftungen die Mitglieder des nach dem Stiftungsgeschäft bestimmten Vertretungsorgans (§§ 85, 86 BGB). Sind alle Mitarbeiter einer GmbH Gesellschafter-Geschäftsführer, ist keiner von ihnen AN <R: BAG 10.4.1991, 4 AZR 467/90, DB 1991, 2595>. Ist ein AN Organmitglied einer Tochtergesellschaft, ändert das nichts an seiner AN-Stellung in der Muttergesellschaft. Unter Abs 2 Nr 1 fallen auch Insolvenzverwalter, Liquidatoren und Treuhänder, die anstelle des Vertretungsorgans handeln, § 80 InsO. Die Mitgliedschaft im Aufsichtsrat steht der AN-Eigenschaft nicht entgg.

II. Gesetzl Ausnahmen vom Arbeitnehmerbegriff, Abs 2 § 5

Keine AN iS des BetrVG sind nach **Abs 2 Nr 2** die **geschäftsführungsbefugten oder** 21
vertretungsberechtigten Gesellschafter einer Personengesellschaft oder Personengesamtheit (zB Erbengemeinschaft). Das erfasst grds alle Gesellschafter bei der OHG (§§ 114f, 125 HGB), bei der BGB-Gesellschaft (§§ 709f, 714 BGB) und bei der Partnerschaft nach dem PartGG (§ 6 Abs 2 und 3 PartGG iVm §§ 114f HGB, § 7 Abs 3 PartGG iVm § 125 Abs 1, 3 und 4 HGB), es sei denn, ihnen ist durch den Gesellschaftsvertrag ausnahmsweise die Geschäftsführungsbefugnis oder Vertretungsmacht entzogen. Bei der KG sind geschäftsführungs- und vertretungsbefugt nur die Komplementäre, hingg nicht die Kommanditisten (§§ 164, 170 HGB). Trotz Verweises auf das Recht der BGB-Gesellschaft in § 54 BGB sind in nicht rechtsfähigen Vereinen wg deren körperschaftlicher Verfassung nur die Mitglieder des Vorstandes analog § 26 BGB und die satzungsmäßigen Vertreter iS des § 30 BGB keine AN <**L:** *Fitting* Rn 330; Richardi/*Richardi/Maschmann* Rn 187; HSWGN/*Rose* Rn 139; DKW/*Trümner* Rn 176>.

Personen, die nicht aus Erwerbsgründen, sondern vorwiegend aus Motiven **karitativer** 22
und religiöser Art tätig werden (vgl zu den Begriffen § 118 Rn 21f), gelten nach **Abs 2 Nr 3** wg dieser Beweggründe nicht als AN. Diese Voraussetzung erfüllen aber nur Schwestern oder Brüder einer geistlichen Gemeinschaft. Hingg üben Krankenschwestern, wenn auch mit ideeller und karitativer Zielsetzung, einen echten Erwerbsberuf aus. Deswg ist auch die AN-Eigenschaft der DRK-Schwestern weder nach Abs 2 Nr 3 noch dadurch ausgeschlossen, dass sie nominell aufgrund der vereinsrechtl Mitgliedschaft tätig werden (zu Letzterem näher Rn 11) <**L:** Richardi/*Richardi/Maschmann* Rn 193; DKW/*Trümner* Rn 182; *Fitting* Rn 333a; auch GK/*Raab* Rn 154>. Sind Beschäftigte ehrenamtlich gg eine bloße Aufwandsentschädigung tätig, so sind sie schon deswg keine AN, weil sie entgg § 611a Abs 2 keine Vergütung erhalten; auf die Beweggründe ihrer Beschäftigung iS des Abs 2 Nr 3 kommt es deswg nicht an <**R:** gg die AN-Eigenschaft über Abs 2 Nr 3 aber ArbG Herne 15.4.2010, 2 BVGa 4/10, AiB 2013, 595 = juris Rn 23f; **L:** im Ergebnis **wie hier** HWK/*Gaul*, Rn 21a; **abw** Richardi/*Richardi/Maschmann* Rn 192>.

Beschäftigte, die ihre Arbeit vorwiegend nicht zu Erwerbszwecken ausüben, sondern 23
zum Zweck ihrer **Heilung** (zB iR der Beschäftigungstherapie während einer Entziehungskur), zur **Wiedereingewöhnung** (zB als Strafentlassene zur Vorbereitung auf das Arbeitsleben) oder zu ihrer **Erziehung** (zB iR des Werkunterrichts in Erziehungsheimen), sind nach **Abs 2 Nr 4** keine AN. Sollen Rehabilitanden befähigt werden, trotz ihrer Behinderung am Arbeitsmarkt teilzunehmen, sind sie aber weder zu ihrer Heilung noch zur Wiedereingewöhnung beschäftigt, sondern werden ihnen Kenntnisse und Fähigkeiten vermittelt, die sie zur Ausübung einer berufl Tätigkeit benötigen, so greift Abs 2 Nr 4 nicht, sondern dient die Beschäftigung der Berufsausbildung iSv Abs 1 S 1, selbst wenn sie iR einer Rehabilitationsmaßnahme erfolgt <**R:** BAG 25.10.1989, 7 ABR 1/88, DB 1990, 1192; 13.5.1992, 7 ABR 72/91, DB 1993, 1244; 15.3.2006, 7 ABR 39/05, EzAÜG BetrVG Nr 93>. Dazu, dass Rehabilitanden in Einrichtungen der berufl Rehabilitation iSv § 51 SGB IX deswg keine AN sind, weil sie selbst Gegenstand des auf Berufsbildung zielenden Betriebszwecks sind, oben Rn 17.

Auch wenn sie in einem Arbeitsverhältnis beschäftigt werden, gelten **Ehegatten** und **Le-** 24
benspartner (iS des LPartG) des AG nach **Abs 2 Nr 5** nicht als AN iS des BetrVG. Leben Ehegatten getrennt iS des § 1567 BGB, ist eine Beschäftigung als AN möglich; getrennt können Ehegatten nach § 1567 Abs 1 S 2 BGB auch innerhalb der ehelichen Wohnung leben <**R:** ArbG Köln 9.6.1976, 3 BV 3/76, DB 1976, 2068>; das gilt nach § 15

§ 5   Arbeitnehmer

Abs 5 LPartG entspr für Lebenspartner. Abs 2 Nr 5 setzt voraus, dass der AG eine natürliche Person ist; eine analoge Anwendung auf den Ehegatten des GmbH-Geschäftsführers kommt nicht in Betracht <R: LAG Nds 5.3.2009, 5 TaBVGa 19/09, AE 2009, 203, 1332 (LS); L: wie hier DKW/*Trümner* Rn 202; abw *Fitting* Rn 344; ErfK/*Koch* Rn 16; GK/ *Raab* Rn 162; Richardi/*Richardi/Maschmann* Rn 197>. Ein Verlöbnis oder ein eheähnl Verhältnis mit dem AG schließen die AN-Eigenschaft hingg nicht aus <R: ArbG Köln 9.6.1976 aaO; LAG Hamm 21.9.2001, 10 TaBV 52/01, DB 2002, 1332 (LS)>. Trotz Arbeitsverhältnisses sind nach Abs 2 Nr 5 auch alle **Verwandten** (gem § 1589 BGB Eltern und Kinder) **und Verschwägerten ersten Grades** (gem § 1590 BGB Stiefkinder, Schwiegereltern und Schwiegerkinder) des AG dann keine AN, wenn sie ständig mit ihm in häuslicher Gemeinschaft leben; sie können aber AN sein, wenn sie zwar im selben Haus wie der AG leben, aber einen eigenen Haushalt führen.

III. Leitende Angestellte

1. Einheitl Voraussetzungen, Abs 3 S 2 Eingangs-Hs

25 Nach Abs 3 S 1 findet das BetrVG, soweit in ihm nicht ausdrückl etwas anderes bestimmt ist, keine Anwendung auf ltd Ang. Diese sind zwar AN, können wg ihrer AG-ähnl Stellung bzw ihren unternehmerischen Aufgaben und bes Interessenlage aber nicht der Belegschaft zugerechnet werden <**L:** *D Kaiser* AR-Blattei SD 70. 2. Leitende Angestellte, Rn 6ff>. Mit dem SprA haben die ltd Ang eine eigene betriebsverfassungsrechtl Vertretung (Einl Rn 11). Als ltd Ang gelten gem Abs 3 S 3 seit dem 4.8.2009 (BGBl I 2424) auch dem Betrieb zugewiesene Beamte, Soldaten und Ang des öffentl Dienstes iS des Abs 1 S 3 (Rn 19).

26 Anfängl war das BAG in stRspr davon ausgegangen, der Einleitungs-Hs des Abs 3 S 2 enthalte einen „**Oberbegriff**" des ltd Ang: Ltd Ang iS des BetrVG war nur derjenige, der zusätzl zu den Voraussetzungen der Abs 3 S 2 Nrn 1 bis 3 auch die Merkmale dieses Oberbegriffs erfüllte. Kennzeichen des Oberbegriffs waren die Teilhabe des Ang an der unternehmerischen Aufgabe, sein erhebl eigener Entscheidungsspielraum und die Interessenpolarität zw ihm und der übrigen ANschaft <R: BAG 5.3.1974, 1 ABR 19/73, BB 1974, 553>. Diese im Schrifttum weithin abgelehnte Einordung hat das BAG mit Beschluss vom 29.1.1980 <R: BAG 29.1.1980, 1 ABR 45/79, BB 1980, 1374> zu Recht **aufgegeben**.

27 Alle drei Tatbestandsgruppen des Abs 3 setzen nach S 2 Eingangs-Hs voraus, dass der Ang sowohl **nach seinem Arbeitsvertrag als auch nach seiner Stellung im Unternehmen oder im Betrieb** ltd Ang ist. Das hat eine dreifache Bedeutung: Erstens genügt es nicht, dass dem Ang im Arbeitsvertrag ledigl pro forma Befugnisse iS des Abs 3 S 2 Nr 1 bis 3 zugewiesen werden, sondern er muss die ihm übertragenen Funktionen **tatsächl ausüben** <R: BAG 11.3.1982, 6 AZR 136/79, BB 1982, 1729; 22.4.1988, 7 ABR 5/87, BB 1988, 2030; 22.2.1994, 7 ABR 32/93, RzK I 4b Nr 7; 6.12.2001, 2 AZR 733/00, AP Nr 3 zu § 263 ZPO>. Ebenso wenig genügt es zweitens, wenn der Ang die Funktionen des Abs 3 S 2 Nr 1 bis 3 ledigl tatsächl ausübt; vielmehr muss er aufgrund seines Arbeitsvertrags zur Wahrnehmung der ltd Funktionen iSd Abs 2 Nr 1 bis 3 auch **rechtl befugt** sein <R: BAG 19.8.1975, 1 AZR 565/74, BB 1975, 1483>. Nicht erforderl ist es, dass dem

Ang die entspr Funktionen im schriftl Arbeitsvertrag ausdrückl übertragen worden sind, sondern es reicht aus, wenn ein entspr Vertragswille aus der praktischen Durchführung des Vertrags folgt <R: BAG 16.4.2002, 1 ABR 23/01, BB 2002, 2387; auch 5.5.2010, 7 ABR 97/08, NZA 2010, 956 (Rn 25)>.

Drittens genügt es nach Abs 3 S 2 Eingangs-Hs nicht, dass der Ang die Funktionen des Abs 3 S 2 Nr 1 bis 3 gelegentlich ausübt, um ihn zum ltd Ang zu machen. Die Ausübung dieser Befugnisse muss vielmehr einen wesentl Teil seiner Tätigkeit ausmachen, sie muss seine **Stellung im Betrieb prägen** <R: BAG 17.12.1974, 1 ABR 131/73, BB 1975, 604; 23.1.1986, 6 ABR 51/81, DB 1986, 1131; 22.2.1994, 7 ABR 32/93, RzK I 4b Nr 7; 5.6.2014, 2 AZR 615/13, NZA 2015, 40 (Rn 51)>: Ein Ang, der nur gelegentl ltd Funktionen wahrnimmt, ist kein ltd Ang iS des Abs 3. Nicht ausreichend sind damit bloße Aushilfstätigkeiten oder die kommissarische Vertretung eines verhinderten ltd Ang <R: BAG 23.1.1986, 6 ABR 51/81, DB 1986, 1131; L: *Fitting* Rn 400; ErfK/*Koch* Rn 21; Richardi/*Richardi/Maschmann* Rn 225 ff, 245>. Hingg ist der **ständige gleichverantwortl Stellv** eines ltd Ang idR ebenfalls ltd Ang <R: ArbG FF/M 9.5.1972, 4 BV 1/72, EzA Nr 2 zu § 5 BetrVG 1972; L: *Fitting* Rn 400; ErfK/*Koch* Rn 21; Richardi/*Richardi/Maschmann* Rn 245>. Dass mit einem ltd Ang eine Probezeit vereinbart ist, ändert an seinem Status nichts, wenn er während der Probezeit nach Vertrag und Stellung im Unternehmen oder Betrieb (Rn 27) die Befugnisse eines ltd Ang hat <R: BAG 25.3.1976, 1 AZR 192/75, BB 1976, 743>. 28

Nach Auffassung des BAG und der hL muss der ltd Status eines **in mehreren Betrieben des Unternehmens tätigen Ang** einheitl für alle Betriebe bestehen <R: BAG 25.10.1989, 7 ABR 60/88, BB 1990, 1700; L: statt aller *Fitting* Rn 370; ErfK/*Koch* Rn 18>. Dem kann nicht gefolgt werden: Abs 3 S 2 Eingangs-Hs stellt ausdrückl auf die Stellung des Ang im Unternehmen „oder" im Betrieb ab. So wie der AN eines Konzerns in einem Unternehmen AN und in einem anderen GmbH-Geschäftsführer sein kann, so kann er in einem Betrieb ltd Ang iS des Abs 3 und in einem anderen Betrieb AN iS des Abs 1 sein. 29

Als Teil der Vorschriften über die Organisation der Betriebsverfassung ist § 5 Abs 3 **zwingendes Recht** <R: BAG 5.3.1974, 1 ABR 19/73, BB 1974, 553>: Zum einen kann weder durch TV noch durch BV der allg Begriff des ltd Ang abw von § 5 Abs 3 festgelegt werden. Zum anderen können durch TV, durch BV oder durch den Arbeitsvertrag einzelne AN nicht abw von den Voraussetzungen des Abs 3 dem Kreis der ltd Ang iS des BetrVG und des SprAuG zugeordnet oder aus ihm herausgenommen werden <R: BAG 5.5.2010, 7 ABR 97/08, NZA 2010, 956 Rn 21>. Entspr Vereinbarungen sind nach **§ 134 BGB** nichtig <R: BAG 19.8.1975, 1 AZR 613/74, BB 1975, 1485>. 30

2. § 5 Abs 3 S 2 Nr 1

Nach Abs 3 S 2 Nr 1 ist ltd Ang nur, wer **zur Einstellung und Entlassung** von AN **berechtigt** ist, also nach der betriebl Zuständigkeitsordnung entscheidungsbefugt ist. Insbes muss er, etwa als Personalleiter oder Betriebsleiter, die Auswahl der Einzustellenden und zu Entlassenden treffen können. Eine generelle Prozessvollmacht, die den Ang berechtigt, Rechtsstreitigkeiten vor dem ArbG zu führen, genügt hierfür nicht, da Abs 3 S 2 Nr 1 eine allg und keine an Einzelfälle oder den Ausnahmefall des Prozesses gebundene Einstellungs- und Entlassungsbefugnis verlangt <R: BAG 28.9.1961, 2 AZR 428/60, BB 31

§ 5 Arbeitnehmer

1961, 1382; **L**: DKW/*Trümner* Rn 247>. Anders als nach § 14 Abs 2 KSchG, der den Begriff des ltd Ang iS des KSchG regelt, muss sich die Befugnis des Ang auf Einstellungen **und** auf Entlassungen beziehen <**R**: BAG 16.4.2002, 1 ABR 23/01, BB 2002, 2387>.

32 Der Ang muss zur **selbstständigen** Einstellung und Entlassung der AN berechtigt sein: Er muss die Einstellungs- oder Entlassungsentscheidung im Innenverhältnis zum AG eigenverantwortl, also ohne bes Zustimmung einer ihm übergeordneten oder gleichgeordneten Stelle treffen dürfen <**R**: BAG 11.3.1982, 6 AZR 136/79, BB 1982, 1729; 16.4.2002, 1 ABR 23/01, BB 2002, 2387; 10.10.2007, 7 ABR 61/06, DB 2008, 590; **L**: GK/*Raab* Rn 189 mwN>: Entscheiden der Leiter der Personalabteilung und der Leiter der zuständigen Fachabteilung gemeinsam über Einstellungen und Entlassungen, so ist daher weder der eine noch der andere ltd Ang nach Abs 3 S 2 Nr 1. Hingg ändert es nichts an der selbstständigen Entscheidungsbefugnis des Leiters der Personalabteilung, wenn sich dieser mit dem zuständigen Fachabteilungsleiter ledigl beraten muss; Gleiches gilt im umgekehrten Fall für den Leiter der Fachabteilung. Ebenso entscheidet derjenige Ang selbstständig über Einstellungen und Entlassungen, der ledigl Zweitunterschriften einholen muss, die mit keiner Entscheidungsbefugnis des Mitunterschreibenden verbunden sind <**R**: BAG 27.9.2001, 2 AZR 176/00, BB 2002, 213; 16.4.2002, 1 ABR 23/01, BB 2002, 2387; **L**: ErfK/*Koch* Rn 19; *Fitting* Rn 378; GK/*Raab* Rn 191; Richardi/*Richardi/Maschmann* Rn 227>. Keine ltd Ang sind mangels eigener Entscheidungsbefugnis hingg solche Personalleiter, die die Entscheidung der Fachabteilungen im ledigl Außenverhältnis vollziehen <**L**: GK/*Raab* Rn 158 mwN>. Ohne Auswirkungen auf die Stellung als ltd Ang bleibt es aber, wenn sich der Ang bei Einstellungen und Entlassungen an vom AG erlassene Auswahlrichtlinien halten oder seine Entscheidung an Einstellungs- und Entlassungsrichtlinien iS des § 95 oder Budgets ausrichten muss, da diese Richtlinien und Budgets den AG, würde er selbst einstellen und kündigen, in gleichem Maße bänden.

33 Die Berechtigung zur selbstständigen Einstellung und Entlassung muss sich auf **im Betrieb oder in der Betriebsabteilung beschäftigte AN** erstrecken, braucht sich also **nicht auf alle AN** des Betriebs oder der Betriebsabteilung zu beziehen. Mit der aus der Systematik folgenden Gleichwertigkeit der in Abs 3 S 2 Nrn 1 bis 3 geregelten Funktionen und dem Zweck des Abs 3 folgt aber, dass es für die Stellung als ltd Ang nach Abs 3 S 2 Nr 1 nicht genügt, wenn der Ang ledigl Personalkompetenzen von untergeordneter Bedeutung für den Betrieb und damit auch das Unternehmen wahrnimmt: Die formale Befugnis des Abs 3 S 2 Nr 1 begründet den Status als ltd Ang nur dann, wenn sie **von erhebl unternehmerischer Bedeutung** ist <**R**: BAG 16.4.2002, 1 ABR 23/01, BB 2002, 2387; 10.10.2007, 7 ABR 61/06, DB 2008, 590; **L**: *Fitting* Rn 376; GK/*Raab* Rn 190; Richardi/*Richardi/Maschmann* Rn 227>.

34 Die unternehmerische Bedeutung der Personalverantwortung kann einmal aus der Anzahl der AN folgen, für die der Ang einstellungs- und entlassungsbefugt ist: Er muss berechtigt sein, **eine bedeutende Zahl von AN** einzustellen und zu entlassen <**R**: BAG 16.4.2002, 1 ABR 23/01, BB 2002, 2387; 10.10.2007, 7 ABR 61/06, DB 2008, 590; 25.3.2009, 7 ABR 2/08, NZA 2009, 1296 (Rn 25)>. Eine Einstellungs- und Entlassungsbefugnis ggü noch nicht einmal 1% der Gesamtbelegschaft macht den Chefarzt einer Abteilung daher noch nicht zum ltd Ang <**R**: BAG 10.10.2007 aaO>, noch Rn 35 aE.

35 Darf der Ang nur eine vergleichsweise geringe Zahl von AN einstellen und entlassen, so ist entscheidend für das unternehmerische Gewicht der Personalaufgabe und damit für

III. Leitende Angestellte § 5

dessen Status als ltd Ang (Rn 34), welche Bedeutung die Tätigkeit der erfassten AN für das Unternehmen hat: Er ist ltd Ang iS des Abs 3 S 2 Nr 1 nur dann, wenn sich seine personelle Entscheidungskompetenz auf eine Gruppe von AN erstreckt, der für das Unternehmen bedeutsame Aufgaben übertragen sind: Die Einstellungs- und Entlassungsbefugnis muss für einen für das Unternehmen **qualitativ bedeutsamen Personenkreis** bestehen, also für AN, die entweder hochqualifizierte Tätigkeiten mit entspr Entscheidungsspielräumen ausüben oder die einen für das Unternehmen herausgehobenen Geschäftsbereich betreuen <**R:** BAG 16.4.2002, 1 ABR 23/01, BB 2002, 2387; 10.10.2007, 7 ABR 61/06, DB 2008, 590; 25.3.2009, 7 ABR 2/08, NZA 2009, 1296 (Rn 25)>. Der Leiter eines kleinen Lebensmittelfilialbetriebs, der die wenigen Verkäufer dieser Filiale einstellen und entlassen darf, ist kein ltd Ang. Hingg ist der Leiter der Forschungsabteilung idR ltd Ang, selbst wenn die Zahl der wissenschaftl Ang, über deren Einstellung und Entlassung er entscheiden kann, nur gering ist. Ebenso genügt es, wenn ein Ang die Entscheidungskompetenz für 5 AN hat, von denen 4 ltd Ang sind, die wiederum die ihnen nachgeordneten AN einstellen oder entlassen können; damit nimmt der übergeordnete Ang für einen qualitativ bedeutsamen AN-Kreis Personalbefugnisse wahr und prägt die Besetzung der für das Unternehmen und den Betrieb zu besetzenden Schlüsselpositionen entscheidend <**R:** zu § 14 Abs 2 S 1 KSchG BAG 27.9.2001, 2 AZR 176/00, BB 2002, 2131>. Hingg wird der Chefarzt einer Krankenhausabteilung nicht dadurch zum ltd Ang, dass er den Oberarzt und 3 Assistenzärzte einstellen und entlassen darf, sofern dieses ärztliche Personal im Vergleich zu den übrigen ärztlichen Mitarbeitern keine bes qualifizierte Tätigkeiten ausübt <**R:** BAG 10.10.2007 aaO>.

3. § 5 Abs 3 S 2 Nr 2

Nach Abs 3 S 2 Nr 2 ist ltd Ang derjenige, dem der AG Generalvollmacht (Rn 39) oder Prokura erteilt hat. Für die **Prokura** genügt jede der in §§ 48 ff HGB genannten Formen, auch die Gesamtprokura und die Niederlassungsprokura <**R:** BAG 27.4.1988, 7 ABR 5/87, BB 1988, 2030>. 36

Das BAG <**R:** 27.4.1988, 7 ABR 5/87, BB 1988, 2030> hatte früher verlangt, dass ein Prokurist, um ltd Ang nach Abs 3 S 2 Nr 2 zu sein, im Innenverhältnis zur uneingeschränkten Wahrnehmung der Aufgaben befugt sein müsse, für die ihm Vertretungsmacht verliehen sei. Dem Erfordernis der vollständigen Deckungsgleichheit von rechtl Können im Außenverhältnis und rechtl Dürfen im Innenverhältnis ist der Gesetzgeber mit der Neufassung der Nr 2 entgegengetreten, nach der es ausreicht, dass die **Prokura im Innenverhältnis zum AG nicht unbedeutend** ist. Diese Voraussetzung will die **hM** aber nur dann als gegeben ansehen, wenn der Prokurist eine bedeutsame Führungsaufgabe iS des Abs 3 S 2 Nr 3 BetrVG wahrnimmt; die Wahrnehmung von Stabsfunktionen (vgl Rn 44) soll, da für Prokuristen nicht typisch, nicht genügen <**R:** BAG 11.1.1995, 7 ABR 33/94, BB 1995, 1645; 25.3.2009, 7 ABR 2/08, NZA 2009, 1297 Rn 16; 29.6.2011, 7 ABR 5/10, NZA-RR 2011, 648 (Rn 19 f) und 7 ABR 15/10, NZA 2012, 408 (Rn 29); **L:** *Fitting* Rn 389; GK/*Raab* Rn 167; Richardi/*Richardi/Maschmann* Rn 231; HSWGN/ *Rose* Rn 178; DKW/*Trümner* Rn 259>. Nach dieser Auffassung hätte Abs 3 S 2 Nr 2 nur die Bedeutung einer Darlegungsregel: Trotz nachgewiesener Prokura müsste geprüft werden, ob die im Außenverhältnis durch die Prokuraerteilung dokumentierten Befugnisse 37

§ 5 Arbeitnehmer

des Ang nicht im Innenverhältnis in einem Umfang aufgehoben sind, dass der Ang tatsächl über keine erhebl unternehmerischen Entscheidungsbefugnisse verfügt.

38 Das vom BAG und der hL behauptete Erfordernis, der Prokurist müsse intern Leitungsaufgaben iS des Abs 3 S 2 Nr 3 wahrnehmen, ist schon deswg **abzulehnen**, weil Abs 3 S 2 Nr 2 dadurch in Abs 3 S 2 Nr 3 aufginge und überflüssig würde. Die in Abs 3 S 2 Nr 1 und Nr 2 für die Stellung als ltd Ang vorausgesetzten rechtsgeschäftl Vertretungsbefugnisse sollen es ermöglichen, einen AN ohne große Schwierigkeiten als ltd Ang einzuordnen. Diese Einordnung darf nicht dadurch erschwert werden, dass entgg der Gesetzessystematik für die Auslegung des Abs 3 S 2 Nr 2 auf die ihrerseits der Auslegung bedürftigen Begriffe des Abs 3 S 2 Nr 3 zurückgegriffen wird <**L:** *D Kaiser* Anm zu BAG 11.1.1995, 7 ABR 33/94, AR-Blattei ES 1105 Nr 1>. Entgg der hM ist allein maßgebl, ob der Prokurist die ihm mit der Prokura konkret übertragenen rechtsgeschäftl Befugnisse intern in einem nicht unwesentl Umfang ausüben darf <**L:** *D Kaiser* Anm zu BAG aaO>.

39 Der gesetzl nirgends näher beschriebene Begriff der **Generalvollmacht** ist nicht eindeutig. Zwar ist mit Generalvollmacht grds gemeint, dass dem Bevollmächtigten in allen den Vollmachtgeber betreffenden Angelegenheiten unbeschränkte Vertretungsmacht erteilt wird. Der Wirtschaftsverkehr kennt aber auch Generalvollmachten, die im Umfang beschränkt sind. Für die Generalvollmacht iS des Abs 3 S 2 Nr 2 wird man eine Vollmacht verlangen müssen, die die mit der Prokura verbundenen Befugnisse erreicht, den Umfang einer Prokura aber nicht zu übersteigen und sich deshalb insbes nicht auf den privaten Bereich des AG zu erstrecken braucht <**L:** GK/*Raab* Rn 195; *SWS* Rn 11>.

4. § 5 Abs 3 S 2 Nr 3 iVm Abs 4

a) § 5 Abs 3 S 2 Nr 3

40 Gem Abs 3 S 2 Nr 3 rücken Ang aufgrund ihrer **Tätigkeit** in eine ltd Position. Diese Tätigkeit wird in Abs 3 S 2 Nr 3 durch zwei Merkmale näher umschrieben: **Sachl** muss der Ang Aufgaben wahrnehmen, die zum einen für den Bestand und die Entwicklung des Unternehmens oder eines Betriebs von Bedeutung sind (näher Rn 41 ff) und deren Erfüllung zum anderen **bes Erfahrungen und Kenntnisse voraussetzt**. Mit Erfahrungen ist dabei die Vertrautheit mit der betriebl Praxis gemeint, die nicht notwendig im jetzigen Betrieb erworben sein muss. Kenntnisse bezeichnen das praktische und theoretische Wissen, das der Ang sowohl durch eine spezielle Ausbildung als auch durch seine bisherige praktische Tätigkeit erworben haben kann. Eine best, etwa akademische Ausbildung wird nicht vorausgesetzt <**R:** BAG 17.12.1974, 1 ABR 105/73, BB 1975, 787>. **Persönl** muss der Ang bei der Erfüllung dieser Aufgaben eigenverantwortlich tätig sein, indem er die Entscheidungen entweder im Wesentlichen frei von Weisungen selbst trifft oder sie jedenfalls maßgebl beeinflusst (Rn 44). Der 1988 neugefasste Abs 3 S 2 Nr 3 entspricht insoweit der schon früher vom BAG formulierten Voraussetzung, dass es für die Abgrenzung von den normalen AN maßgebl auf die Bedeutung der unternehmerischen Aufgaben ankommt, die der Ang ausübt, und auf das Maß an Gestaltungsfreiheit, das ihm bei der Wahrnehmung dieser Aufgaben eingeräumt ist <**R:** BAG 23.1.1986, 6 ABR 51/81, DB 1986, 1131>.

41 Zentrale Voraussetzung für den Status als ltd Ang iS des Abs 3 S 2 Nr 3 ist es, dass der Ang Aufgaben wahrnimmt, die für den **Bestand und die Entwicklung des Unterneh-**

III. Leitende Angestellte § 5

mens oder eines Betriebs von Bedeutung sind (schon Rn 40 und gleich Rn 42f): Die ihm übertragene unternehmerische Aufgabe muss ein solches Gewicht haben, dass sie sich deutl von den Aufgaben abhebt, die eine normale Ang-Tätigkeit ausmachen <**R:** BAG 5.3.1974, 1 ABR 19/73, BB 1974, 553>. Der Ang muss maßgebl Einfluss auf die wirtschaftl, technische, kaufmännische, organisatorische oder wissenschaftl Leitung des Unternehmens oder Betriebs haben; er muss aufgrund seiner Schlüsselposition Entscheidungsvoraussetzungen schaffen, an denen die Unternehmensleitung nicht vorbeigehen kann <**R:** BAG 25.10.2001, 2 AZR 358/00, DB 2002, 746 (LS) mwN; 6.12.2001, 2 AZR 733/00, AP Nr 3 zu § 263 ZPO; 5.5.2010, 7 ABR 97/08, NZA 2010, 955 Rn 17; 5.6.2014, 2 AZR 615/13, NZA 2015, 40 (Rn 51)>, noch Rn 44. Ein solcher unternehmenswichtiger Einfluss ist etwa zu bejahen, wenn ein Ang als Leiter der konzernweiten zentralen Revisionsabteilung eine entscheidende Funktion an der Schnittstelle zw dem Vorstand und den einzelnen Tochtergesellschaften innehat <**R:** BAG 6.12.2001 aaO>, oder wenn der ärztliche Direktor eines Herzzentrums neben dem kaufmännischen Direktor der obersten Leitungsebene angehört, im gesamten Krankenhaus für den ärztlichen Dienstbetrieb und die allg Hygiene verantwortlich ist, den AG in ärztlichen Angelegenheiten berät und der AG in anderen Bereichen Entscheidungen nur im Benehmen mit dem Ang treffen darf und auch den Stellenplan nur mit ihm zusammen erstellen kann <**R:** BAG 5.6.2014, 2 AZR 615/13, NZA 2015, 40 (Rn 52)>.

Als **unternehmerische Teilaufgabe** und darüber die Teilhabe an der unternehmerischen Entscheidungskompetenz iS des Abs 3 S 2 Nr 3 (Rn 40) **genügt es nicht**, dass der Ang in die rein arbeitstechnische, gleichsam „vorprogrammierte" Durchführung unternehmerischer Entscheidungen eingeschaltet ist <**R:** BAG 9.12.1975, 1 ABR 80/73, DB 1976, 631; 6.12.2001, 2 AZR 733/00, AP Nr 3 zu § 263 ZPO; 5.6.2014, 2 AZR 615/13, NZA 2015, 40 (Rn 51)> oder dass er vorgegebene unternehmerische Ziele ledigl erarbeiten soll <**R:** LAG Köln 20.4.2001, 11 Sa 1396/00, DB 2001, 1512> oder dass ihm reine Aufsichts- oder Überwachungsfunktionen oder Sicherungsaufgaben übertragen sind <**R:** BAG 23.1.1986, 6 ABR 51/81, DB 1986, 1131; 5.6.2014, 2 AZR 615/13, NZA 2015, 40 (Rn 51)>. Da die **bloße Sachverantwortung** keine Teilhabe an unternehmerischer Entscheidungskompetenz ist, wird ein Ang nicht allein wg der Höhe des von ihm anzustrebenden oder erzielten Umsatzes zum ltd Ang <**R:** BAG 19.11.1974, 1 ABR 20/73, BB 1975, 279; 25.10.2001, 2 AZR 358/00, DB 2002, 746 (LS)>, ebenso wenig wg der Höhe der Budgetsumme, über die er verfügt <s aber **R:** BAG 5.5.2010, 7 ABR 97/08, NZA 2010, 956 (Rn 17); **L:** *Fitting* Rn 402a; HWK/*Gaul* Rn 61>, oder wg des Werts der Maschinen und Einrichtungen, für die er verantwortl ist <**R:** BAG 17.12.1974, 1 ABR 131/73, BB 1975, 604>, oder wg der Höhe des ihm zur Verfügung stehenden Werbeetats <**R:** BAG 19.11.1974, 1 ABR 20/73, BB 1975, 279>. Ein Chefarzt ist nicht deshalb ltd Ang, weil er eigenverantwortl etwa über die Einführung spezieller Untersuchungs-, Behandlungs- und Therapiemethoden entscheidet; insofern handelt es nicht um unternehmerische, sondern um rein ärztliche Entscheidungskompetenzen <**R:** BAG 5.5.2010 aaO Rn 16; **L:** Richardi/*Richardi*/*Maschmann* Rn 283; aA GK/*Raab* Rn 213>. Die **Zahl der AN**, für die der Ang Verantwortung trägt, ist entgg der Auffassung des BAG <**R:** BAG 23.1.1986, 6 ABR 51/81, DB 1986, 1131; 6.12.2001 aaO; 5.5.10 aaO (Rn 30); **L:** *Fitting* Rn 411>; **aber durchaus wichtig:** Die Personalverantwortung für eine bedeutende Anzahl von AN oder (uU auch wenige) AN, die für das Unternehmen qualitativ bedeutsame Aufgaben wahrnehmen (vgl Rn 33f), ist eine wichtige unternehmerische Teilaufgabe

42

§ 5 Arbeitnehmer

<R: s auch BAG 5.3.1974, 1 ABR 19/73, BB 1974, 553; 22.2.1994, 7 ABR 32/93, RzK I 4b Nr 7; **L:** HSWGN/*Rose* Rn 210f; GK/*Raab* Rn 189; auch *SWS* Rn 14a>.

43 Die vom Ang wahrzunehmende unternehmerische Teilaufgabe (Rn 40f) muss nicht auf der Ebene der Unternehmensleitung, sondern kann ebenso auf einer dieser **nachgeordneten Ebene**, etwa auf der der Entwicklung, der Herstellung oder des Betriebs, angesiedelt sein. Ob dies genügt, um aus einem Ang einen ltd Ang zu machen, hängt zum einen von der Größe und Struktur des Unternehmens ab und zum anderen von der vom AG vorgegebenen Unternehmensorganisation, insbes davon, wie stark der AG die Unternehmensleitung zentralisiert oder dezentralisiert, also Teilaufgaben auf nachgeordnete Ebenen delegiert <**R:** BAG 29.1.1980, 1 ABR 45/79, BB 1980, 1374; 23.1.1986, 6 ABR 51/81, DB 1986, 1131; 22.2.1994, 7 ABR 32/93, RzK I 4b Nr 7; 25.10.2001, 2 AZR 358/00, DB 2002, 746 (LS)>. Je tiefer die konkrete Ebene in der Unternehmenshierarchie liegt, auf der der Ang leitende Aufgaben erfüllt und eigenverantwortliche Entscheidungen trifft, um so eher ist die Eigenschaft als ltd Ang zu verneinen <**R:** BAG 23.1.1986 aaO; 22.2.1994 aaO; 6.12.2001, 2 AZR 733/00, AP Nr 3 zu § 263 ZPO>. Unternehmerische Funktionen machen einen Ang zudem nur dann zum ltd Ang, wenn er Aufgaben von einer gewissen Breite für das Unternehmen wahrnimmt <**R:** BAG 25.10.2001 aaO>; je enger dessen Aufgabengebiet gesteckt ist, um so sorgfältiger sind die Voraussetzungen des Abs 3 S 2 Nr 3 zu prüfen <**R:** BAG 22.2.1994 aaO>. Ist dem Ang nur ein enges Aufgabengebiet zur Betreuung zugewiesen (Zentraleinkäufer eines Warenhausunternehmens mit beschränktem Warensortiment (Damenlederwaren) und entspr beschränkten Einkaufsentscheidungsbefugnissen neben 57 weiteren Zentraleinkäufern) und ist der Umfang des Warenumsatzes im Verhältnis zum Gesamtumsatz gering (deutl unter 1% des Gesamtumsatzes), so genügt dies nicht für eine Stellung als ltd Ang <**R:** BAG 25.10.2001 aaO>.

44 Persönl muss dem Ang die unternehmerische Teilaufgabe **im wesentl zur eigenverantwortlichen Erledigung** übertragen worden sein (schon Rn 40): Er muss zu ihrer Erledigung rechtl und tatsächl einen erheblich eigenen Entscheidungsspielraum haben, also weitgehend weisungsfrei und selbstbestimmt entscheiden dürfen <**R:** BAG 23.1.1986, 6 ABR 51/81, DB 1986, 1131; 25.10.2001, 2 AZR 358/00, DB 2002, 746 (LS); 6.12.2001, 2 AZR 733/00, AP Nr 3 zu § 263 ZPO)>. Der Ang braucht, wie Abs 3 S 2 Nr 3 ausdrückl hervorhebt, in seiner Entscheidungsbefugnis aber nicht völlig frei zu sein. Insbes ist es nicht erforderl, dass er alle Entscheidungen selbst trifft. Vielmehr genügt es, wenn er diese Entscheidungen so **maßgebl vorbereitet**, dass die Unternehmensleitung an seiner Auffassung „nicht vorbeigehen kann" <**R:** BAG 5.6.2014, 2 AZR 615/13, NZA 2015, 40 (Rn 51)>, schon Rn 41. Daher sind nicht nur Ang in sog Linienfunktionen ltd Ang, sondern können auch solche in sog Stabsfunktionen ltd Ang sein. Nicht ausreichend für die Stellung als ltd Ang iS des Abs 3 S 2 Nr 3 ist es aber, wenn der Ang sich mit dem AG über unternehmerische Entsch „abstimmen" muss <**R:** BAG 5.5.2010, 7 ABR 97/08, NZA 2010, 956 (Rn 23ff)>. Hingg steht es der Eigenschaft als ltd Ang nicht entgg, wenn der Ang **an** Rechtsvorschriften, etwa an best allg **Richtlinien** der Unternehmensleitung gebunden ist, solange seine Entscheidungen durch solche Richtlinien nicht in ihrer Mehrzahl vorprogrammiert sind <**R:** BAG 19.8.1975, 1 AZR 613/74, BB 1975, 1485; 22.2.1994, 7 ABR 32/93, RzK I 4b Nr 7>, vgl Rn 32 aE. Ebenso wenig ändert es etwas an der Eigenschaft als ltd Ang, wenn dieser bei der Erfüllung der unternehmerischen Aufgabe mit anderen ltd Ang zusammenarbeitet <**R:** BAG 22.2.1994 aaO>.

b) § 5 Abs 4

Bei den Tatbestandsmerkmalen des Abs 3 S 2 Nr 3 handelt es sich um unbest Rechtsbegriffe, die im Zuordnungsverf nach § 18a insbes den Vermittler, aber auch die ArbG vor schwierige Wertungen stellen. Um die Entscheidung in Fällen, die selbst nach genauer Erforschung des Sachverhalts zweifelhaft bleiben, zu erleichtern, sieht **Abs 4** seit dem 1.1.1989 vor, dass ein Ang dann ltd Ang ist, wenn eine der dort genannten formalen, leicht zu handhabenden Voraussetzungen auf ihn zutrifft. Die Fallgruppen des Abs 4 sind aber **keine Regelbeispiele**, bei deren Vorliegen die Eigenschaft als ltd Ang zu vermuten wäre (weder „idR" noch „insbes") <**R**: BAG 22.2.1994, 7 ABR 32/93, RzK I 4b Nr 7; 25.10.2001, 2 AZR 358/00, DB 2002, 746 (LS); 6.12.2001, 2 AZR 733/00, AP Nr 3 zu § 263 ZPO; **L**: *Fitting* Rn 418 ff; ErfK/*Koch* Rn 23; GK/*Raab* Rn 241; Richardi/*Richardi/Maschmann* Rn 256; auch DKW/*Trümner* Rn 284; **abw** *Müller* DB 1988, 1697, 1699 ff; *Martens* RdA 1989, 73, 83 f; auch *SWS* Rn 24>. Vielmehr normiert Abs 4 einen **selbstständigen Hilfstatbestand**, der nur dann greift, wenn die Auslegung nach Abs 3 S 2 Nr 3 zu keinem eindeutigen Ergebnis führt <**R**: BAG 25.10.2001, 2 AZR 358/00, DB 2002, 746 (LS); **L**: GK/*Raab* Rn 245 mwN>. Abs 4 darf nur dann angewandt werden, wenn die rechtl Würdigung ohne eindeutiges Ergebnis bleibt (**Zweifel beim Auslegungsergebnis**); hingg genügt es nicht, wenn Unsicherheiten hinsichtl der zugrunde liegenden Tatsachen bestehen <**L**: *Fitting* Rn 420 f; ErfK/*Koch* Rn 23; DKW/*Trümner* Rn 290; **aA** Richardi/*Richardi/Maschmann* Rn 258>.

45

Ob ein Ang ltd Ang iS des Abs 3 S 2 Nr 3 ist, muss damit **in zwei Stufen geprüft** werden: Die am Zuordnungsverf nach § 18a Beteiligten und das ArbG haben aufgrund des von ihnen erforschten Sachverhalts zunächst nach Abs 3 S 2 Nr 3 zu beurteilen, ob der Ang rechtl eindeutig als ltd Ang eingeordnet werden kann. Ist das der Fall, steht die Entscheidung fest. Fehlt es an der Eindeutigkeit, muss geprüft werden, ob der Ang eine der Voraussetzungen des Abs 4 erfüllt. Wird dies bejaht, ist er ltd Ang, wird dies verneint, gehört er zu den normalen AN.

46

Wie aus dem Wortlaut des Abs 4 („oder") folgt, regeln dessen **Nrn 1 bis 3 alternative Tatbestände** (Rn 48 ff): Ist einer der Tatbestände der Nrn 1 bis 3 erfüllt, ist der Ang, bei dem nach Abs 3 S 2 Nr 3 Zweifel über seine Zuordnung bestehen bleiben, ltd Ang <**L**: DKW/*Trümner* Rn 288>. Demggü greift **Abs 4 Nr 4** subsidiär nur dann, wenn auch nach Abs 4 Nr 3 noch Zweifel bleiben, weil das Jahresarbeitsentgelt des Ang das regelmäßige Jahresarbeitseinkommen für ltd Ang nicht erreicht (dazu Rn 50).

47

Führt die Subsumtion unter Abs 3 S 2 Nr 3 zu keiner eindeutigen rechtl Einordnung des Beschäftigten als AN oder als ltd Ang, so ist nach **Abs 4 Nr 1** ltd Ang, wer bei der letzten Wahl zum BR, SprA oder Aufsichtsrat oder durch rechtskräftige Entsch im arbg Beschlussverf (Rn 53) **den ltd Ang zugeordnet** worden ist. Maßgebend ist die zeitl letzte Zuordnung. Abs 4 Nr 1 ist aber dann nicht anzuwenden, wenn die Zuordnung zu den ltd Ang wirksam arbg angefochten worden ist <**L**: GK/*Raab* Rn 253; ErfK/*Koch* Rn 24>. Ebenso wenig greift die Auslegungsregel des Abs 4 Nr 1, wenn sich die Stellung des ltd Ang seit der letzten Zuordnung wesentl geändert hat <**L**: GK/*Raab* Rn 255 mwN>. Die Rechtskraft einer ledigl inzidenten Statusentscheidung in einem Urteilsverf (Rn 54) ist iR des Abs 4 Nr 1 nicht zu berücksichtigen, da Streitgegenstand des Verf nicht die Zuordnung des AN zu den ltd Ang ist und der Entsch zudem die auf dem Amtsermittlungsgrundsatz (§ 83 ArbGG) beruhende Richtigkeitsgewähr des arbg Beschlussverf fehlt

48

§ 5   Arbeitnehmer

<L: *Fitting* Rn 430; ErfK/*Koch* Rn 24; Richardi/*Richardi*/*Maschmann* Rn 263; **aA** GK/ *Raab* Rn 254>.

49   Insbes in größeren und mittleren Betrieben bestehen organisatorisch unterschiedl, einander nachgeordnete Leitungsebenen; diese sind zumeist aus den Dienstplänen des Unternehmens ersichtl. An diese **Leitungsebenen** knüpft **Abs 4 Nr 2** an. Gehört der Ang, dessen Zuordnung nach Abs 3 S 2 Nr 3 zweifelhaft ist, zu einer Leitungsebene, auf der überwiegend, also zu mehr als 50%, ltd Ang vertreten sind, so ist auch er ltd Ang. Zu berücksichtigen sind dabei nur solche Ang, deren Status als ltd Ang unstr ist oder feststeht <L: *Fitting* Rn 434; ErfK/*Koch* Rn 25; GK/*Raab* Rn 261; Richardi/*Richardi*/*Maschmann* Rn 2466; **abw** DKW/*Trümner* Rn 292>.

50   Ltd Ang ist nach **Abs 4 Nr 3** in Zweifelsfällen auch der Ang, der ein **regelmäßiges Jahresarbeitsentgelt** erhält, das für ltd Ang in dem Unternehmen **übl** ist, also die Höhe des Jahresarbeitsentgelts der Mehrzahl der ltd Ang erreicht. Bleibt das Einkommen des Ang unterhalb dieses Entgelts und wird der Zweifel über seine Eigenschaft als ltd Ang daher nicht durch Abs 4 Nr 3 ausgeräumt, so ist er gem **Abs 4 Nr 4** gleichwohl ltd Ang, wenn sein Jahresarbeitsentgelt das **Dreifache der Bezugsgröße nach § 18 SGB IV** überschreitet; die dreifache Bezugsgröße beträgt 2022 in den alten Bundesländern und in West-Berlin 118.440 € (ausgehend von einem Einkommen iHv 39.480 € jährl und 3.290 € monatl) und in den neuen Bundesländern und in Ost-Berlin 113.400 € (ausgehend von einem Einkommen iHv 37.800 € jährl und 3.150 € monatl).

51   **Jahresarbeitsentgelt** iS des Abs 4 Nr 3 und 4 ist – ebenso wie bei der Bezugsgröße nach § 18 SGB IV – grds das gesamte Arbeitseinkommen des Ang einschließl der Tantiemen und Sonderzahlungen, wie etwa Weihnachtsgratifikationen. Maßgebl ist das Entgelt des Jahres, in dem über die Zuordnung als ltd Ang entschieden wird, da nur das Einkommen dieses Jahres etwas über den Status des Ang aussagt. Soweit dieses Jahresarbeitsentgelt noch nicht feststeht, muss es geschätzt werden. Da das regelmäßige Jahresarbeitsentgelt zugrunde zu legen ist, müssen die Besonderheiten im Jahr der Zuordnung (etwa Schwankungen bei Tantiemen) außer Betracht bleiben. Hat der ltd Ang, etwa infolge längerer Krankheit, im Zuordnungsjahr ein geringeres Einkommen bezogen als üblicherweise, oder hat er aufgrund eines Großgeschäfts eine Provision erhalten, die die früherer Jahre erhebl übersteigt, so darf dies bei der Berechnung des Jahresarbeitsentgelts iR des Abs 4 Nr 3 nicht berücksichtigt werden <L: GK/*Raab* Rn 262 mwN>.

5. Betriebsverfassungsrechtl Stellung der leitenden Angestellten

52   Aus der grds Nichtanwendbarkeit des BetrVG auf die ltd Ang folgt, dass diese bei der Ermittlung der Betriebsgröße oder der Zahl der AN nach den §§ 1, 9, 15 Abs 2, 19, 38 Abs 1, 99 Abs 1, 106 Abs 1 und 111 Abs 1 nicht mitzurechnen sind und dass sie weder das aktive noch das passive Wahlrecht zum BR besitzen. Der BR hat bei personellen Einzelmaßnahmen ggü ltd Ang nicht mitzubestimmen; nach § 105 ist ihm eine beabsichtigte Einstellung oder personelle Veränderung eines ltd Ang lediglich mitzuteilen. Darüber hinaus kann der BR nach § 107 Abs 1 S 2 auch ltd Ang zu Mitgliedern des WirtA bestimmen; nach § 108 Abs 2 S 2 kann der AG ltd Ang zu den Sitzungen des WirtA hinzuziehen. Die ltd Ang haben mit dem SprA ein eigenes Vertretungsorgan. Zum Verhältnis zwischen BR und SprA § 2 Rn 23 f.

IV. Streitigkeiten

Streitigkeiten über die AN-Eigenschaft eines Betriebsangehörigen entscheiden die ArbG 53
im **Beschlussverf** nach § 2a Abs 1 Nr 1, Abs 2 iVm §§ 80ff ArbGG <**R:** BAG 28.4.1964,
1 ABR 1/64, BB 1964, 883>. **Antragsberechtigt** sind der AG, der BR, der Wahlvorstand
und der AN, um dessen Status gestritten wird. Auch die Feststellung, ob ein AN iS des
§ 5 Abs 3 als ltd Ang anzusehen ist, wird im arbg Beschlussverf getroffen, für das der
AG, der BR, der SprA sowie der betroffene AN antragsbefugt sind <**R:** BAG 23.1.1986,
6 ABR 22/82, DB 1986, 1983>. Auch ohne konkreten Anlass besteht für die gerichtl Klärung der Frage, ob ein AN ltd Ang ist, idR ein Feststellungsinteresse <**R:** BAG
20.7.1994, 5 AZR 169/93, DB 1995, 834; **L:** GK/*Raab* Rn 294>.

Der Streit um die Eigenschaft als AN oder ltd Ang kann auch **inzident** im arbg Urteils- 54
Verf nach § 2 Abs 1 Nr 3a, Abs 5 iVm §§ 46 ff ArbGG entschieden werden, etwa wenn
der AN einen Anspruch aus einer BV oder aus einer Richtlinie nach § 28 SprAuG geltend
macht oder seine AN-Eigenschaft als Vorfrage in einem Kd-Schutzprozess geklärt werden muss <**R:** BAG 23.3.1976, 1 AZR 314/75, AP Nr 14 zu BetrVG 1972 § 5; **L:** *Fitting*
Rn 467>; s schon Rn 48.

§ 6 Arbeiter und Angestellte (weggefallen)

Das BetrVerf-RG 2001 hat die traditionelle Unterscheidung der Belegschaft in Arbeiter 1
und Ang aufgehoben und den Gruppenschutz beseitigt.

Zweiter Teil
Betriebsrat, Betriebsversammlung, Gesamt- und Konzernbetriebsrat

Erster Abschnitt
Zusammensetzung und Wahl des Betriebsrats

§ 7 Wahlberechtigung

Wahlberechtigt sind alle Arbeitnehmer des Betriebs, die das 16. Lebensjahr vollendet haben. Werden Arbeitnehmer eines anderen Arbeitgebers zur Arbeitsleistung überlassen, so sind diese wahlberechtigt, wenn sie länger als drei Monate im Betrieb eingesetzt werden.

Literatur: *Bengelsdorf*, Betriebsverfassungsrechtliche Folgen der erzwungenen Weiterbeschäftigung, FA 2007, 300; *Brors*, „Fremdpersonaleinsatz" – Wer ist gemäß § 7 S 2 BetrVG wahlberechtigt?, NZA 2002, 123; *Buchner*, Betriebsverfassungsrechtliche Stellung der ABM-Beschäftigten – Dispositionsbefugnis der Beteiligten im Wahlanfechtungsverfahren, SAE 2006, 183; *Heußner/Bachert*, Das Wahlalter in der Betriebsverfassung – eine europa- und verfassungsrechtliche Analyse, AuR 2021, 196; *Kraft*, Betriebsverfassungsrechtliche Probleme bei der Arbeitnehmerüberlassung, FS Konzen (2006), S 439; *Knittel/Friedrich*, Das aktive und passive Wahlrecht besonderer Arbeitnehmergruppen bei der Betriebsratswahl, FA 2014, 101; *Kreutz*, Die Problematik der Betriebszugehörigkeit bei der Betriebsratswahl, GEDS Dietrich/Schulz (1987) S 209; *Lambrich/Schwab*, Betriebsverfassungsrechtliche Fragen beim konzernweiten Personaleinsatz, NZA-RR 2013, 169; *Linsenmaier/Kiel*, Der Leiharbeitnehmer in der Betriebsverfassung – „Zwei-Komponenten-Lehre" und normzweckorientierte Gesetzesauslegung, RdA 2014, 135; *Löwisch*, Beamte als Arbeitnehmer iS des BetrVG, BB 2009, 2316; *ders*, Freiheit und Gleichheit der Wahl zu Betriebsrat und Personalrat, BB 2014, 117; *Löwisch/Wegmann*, Zahlenmäßige Berücksichtigung von Leiharbeitnehmern in Betriebsverfassungs- und Mitbestimmungsrecht (§ 14 Absatz 2 Sätze 4 bis 6 AÜG nF), BB 2017, 373; *Richardi*, Wahlberechtigung und Wählbarkeit zum Betriebsrat im Konzern, NZA 1987, 145; *Rieble*, Leiharbeitnehmer zählen doch?, NZA 2012, 485; *Rieble/Gutzeit*, Das Altersteilzeitgesetz (AtzG) 1996 und seine betriebsverfassungsrechtlichen Implikationen, BB 1998, 638; *Schubert*, Betriebszugehörigkeit von Arbeitnehmern in Konzernen mit Matrixorganisation oder agiler Organisation, NZA 2022, 145; *Ulber/Klocke* Die Absendung des Wahlalters für die Wahl zum Betriebsrat durch das BRModG, NZA 2021, 825; *Weiß*, Mitgliedschaft im Betriebsrat bei Altersteilzeit im Blockmodell, AiB 2000, 350; *Zimmermann*, Der Referentenentwurf zur AÜG-Reform 2017, BB 2016, 53.

Übersicht

	Rn.		Rn.
I. Allgemeines	1	c) Eingliederung in den Betrieb	14
II. Wahlberechtigung	4	3. Gespaltene Arbeitgeberstellung (S 2)	21
1. Arbeitnehmereigenschaft	4	4. Eintragung in die Wählerliste	33
2. Arbeitnehmer des Betriebs (S 1)	9	III. Streitigkeiten	34
a) Zwei-Komponenten-Lehre	9		
b) Arbeitsverhältnis zum Betriebsinhaber	11		

§ 7 Wahlberechtigung

I. Allgemeines

1 § 7 regelt das aktive Wahlrecht zum BR. Die Wahlberechtigung umfasst das Recht zur Stimmabgabe und zur Ausübung der betriebsverfassungsrechtl Befugnisse nach §§ 14 Abs 3 und 4, 14a, 16, 17 Abs 3 und 4, 17a, 18 Abs 1, 19 Abs 2, 23 Abs 1, 43 Abs 3, 48 und 56. Sie ist weiter von **Bedeutung** für die Errichtung des BR (§§ 1 Abs 1, 3 Abs 3, 9, 11), das Überhangmandat des BR bei der Zusammenfassung von Betrieben (§ 21a Abs 2), das Stimmgewicht im GBR (§ 47 Abs 7 und 8) sowie die Wahl des Vorsitzenden im GBR und KBR (§§ 51 Abs 2, 59 Abs 2), die Geltung bestimmter MBR (§§ 99 Abs 1 S 1 und 111 Abs 1), die Bildung des WirtA (§ 106 Abs 1) und die Unterrichtung der AN in wirtschaftlichen Angelegenheiten (§ 110 Abs 2). Die Wahlberechtigung zur Jugend- und Auszubildendenvertretung ist in § 61 bes geregelt; sie schließt das Wahlrecht zum BR nicht aus.

2 Die Ausübung des Wahlrechts darf durch niemanden behindert oder beeinflusst werden (§ 20 Abs 1 und 2). Es besteht **keine Wahlpflicht**. Arbeitszeit, die zur Ausübung des Wahlrechts versäumt werden musste, ist vom AG mit dem vollen Arbeitsentgelt zu vergüten (§ 20 Abs 3).

3 Die gesetzliche Regelung über die Wahlberechtigung ist **zwingend**, sie kann durch TV oder BV nicht erweitert oder eingeschränkt werden.

II. Wahlberechtigung

1. Arbeitnehmereigenschaft

4 Wahlberechtigt sind ohne Rücksicht auf ihre Staatsangehörigkeit alle **AN iS des § 5, einschließlich der zu ihrer Berufsausbildung Beschäftigten** (s § 5 Rn 1 ff), die am Wahltag (ggfs am letzten Tag der Stimmabgabe) das **16. Lebensjahr** vollendet haben. Durch das Betriebsrätemodernisierungsgesetz vom 14.6.2021 ist das Wahlalter von 18 auf 16 Jahre gesenkt worden, weil der Gesetzgeber die Koppelung des aktiven Wahlrechts an die Volljährigkeit als nicht mehr zeitgem erachtete <L: BT-Drs. 19/29819 S 16>.

5 Volle **Geschäftsfähigkeit** ist **nicht** Voraussetzung; wer aber zur freien Willensbildung nicht fähig ist („natürliche Geschäftsunfähigkeit", § 104 Nr 2 BGB), kann auch nicht wählen <L: *Fitting* Rn 90>. AN, für die ein Betreuer bestellt ist (§ 1896 BGB), können entsprechend §§ 113, 1903 Abs 1 S 2, Abs 3 BGB ihre Stimme wirksam abgeben, sodass kein Grund besteht, ihnen das Wahlrecht abzusprechen. Für eine analoge Anwendung des restriktiveren § 13 BWahlG lässt das Betreuungsgesetz keinen Raum mehr <L: GK/*Raab* Rn 72; Richardi/*Thüsing* Rn 25; *Fitting* Rn 89; **aA** *Löwisch*, 6. Aufl Rn 4>.

6 **Teilzeitbeschäftigte AN** sind ungeachtet des zeitlichen Umfangs ihrer Tätigkeit wahlberechtigt <R: BAG 29.1.1992, 7 ABR 27/91, DB 1992, 1429; L: GK/*Raab* Rn 34; Richardi/*Thüsing* Rn 38>. Auch nur kurzzeitig, etwa tageweise, beschäftigte **Aushilfskräfte** sind wahlberechtigt, wenn sie am Wahltag dem Betrieb angehören <R: BAG 25.2.1997, 1 ABR 69/96, BB 1997, 2003>, s noch § 5 Rn 14. Während der Altersteilzeit besteht das Arbeitsverhältnis fort, doch kann im sog Blockmodell die Betriebszugehörigkeit enden (dazu Rn 19).

II. Wahlberechtigung § 7

Das aktive Wahlrecht besteht auch **im gekündigten Arbeitsverhältnis** bis zum Ablauf 7
der Kdfrist fort. Ist die Kd wirksam, endet das Wahlrecht sodann. Ist sie unwirksam und
hat der AN Klage beim ArbG mit dem Ziel erhoben, die Unwirksamkeit festzustellen,
darf er nach Ablauf der Kdfrist bis zur rechtskräftigen Feststellung der Unwirksamkeit
sein Wahlrecht nicht ausüben, da bis zur Rechtskraft des arbg Urteils nicht feststeht, ob
der Betreffende noch AN des Betriebs und damit wahlberechtigt ist. Durch seine Beteiligung an der Wahl würden deswg Unsicherheiten hinsichtlich des Wahlergebnisses begründet, die nicht hingenommen werden können; die Erwägungen des BAG zum passiven
Wahlrecht (§ 8 Rn 4) gelten hier nicht <R: BAG 10.11.2004, DB 2005, 1067; L: *Bangelsdorf* FA 2007, 300>. Infolgedessen entfällt dann auch die Antragsberechtigung des AN
für ein Verfahren gerichtet auf gerichtliche Bestellung des Wahlvorstandes nach § 17
Abs 4 <R: LAG München, 7.12.2011, 11 TaBV 74/11, NZA-RR 2012, 83>. Besteht der
AN hingg nach einem ordnungsgemäßen Widerspruch des BR gg die Kd (§ 102 Abs 3)
oder nach erstinstanzlichem Obsiegen im Kdschutzprozess (vgl § 102 Rn 132) auf seiner
Weiterbeschäftigung, gehört er zur Belegschaft und bleibt deshalb aktiv wahlberechtigt,
solange die Rechtswirksamkeit der Kd nicht feststeht <R: BAG 15.1.1991, 1 AZR 105/
90, BB 1991, 1198>.

Auch AN, deren Arbeitsverhältnis ruht, sind wahlberechtigt. Dies gilt etwa für AN in **El-** 8
ternzeit, § 21 Abs 7 BEEG ändert daran nichts. Gleiches gilt für die Dauer mutterschutzrechtlicher **Beschäftigungsverbote** sowie für AN, die sonst – etwa für die Dauer einer
Tätigkeit bei einer Beschäftigungsgesellschaft – auf längere Zeit beurlaubt sind oder
(nunmehr freiwillig gem §§ 58bff Soldatengesetz) **Wehrdienst** leisten <R: BAG
29.3.1974, 1 ABR 27/73, BB 1974, 838 für Wehr- und Zivildienstleistende; BAG
31.5.1989, 7 AZR 574/88, DB 1990, 793 für AN im Erziehungsurlaub; L: *Kaiser* NZA
1992, 193, 198 für Beschäftigungsgesellschaften>. Für den an die Stelle des Zivildienstes
getretenen **Bundesfreiwilligendienst** gilt dies mangels gesetzlichen Verweises auf das
Arbeitsplatzschutzgesetz nicht mehr; hier hängt das Schicksal des Arbeitsverhältnisses
und damit auch des Wahlrechts von den Absprachen zwischen AG und AN ab <L: GK/
Raab Rn 64>. Wahlberechtigt sind auch **langzeitkranke** AN, solange nicht feststeht, dass
sie ihre Arbeit nicht wieder aufnehmen werden <R: LAG Ddf, 23.3.2010, 8 TaBVGa 4/
10>.

2. Arbeitnehmer des Betriebs (S 1)

a) Zwei-Komponenten-Lehre

Wahlberechtigt sind gem § 7 S 1 Arbeitnehmer „des Betriebs". Die bloße Arbeitnehmer- 9
eigenschaft genügt also nicht; vielmehr muss ein Arbeitnehmer dem konkreten Betrieb
zuzuordnen sein. Nach der sog „Zwei-Komponenten-Lehre" zählt zu den Arbeitnehmern
des Betriebs grds nur, wer 1.) in einem **Arbeitsverhältnis** gerade **zum Inhaber des Betriebs** steht **und** 2.) **in den Betrieb eingegliedert** ist <R: BAG 12.9.2012, 7 ABR 37/11,
EzA § 9 BetrVG 2001 Nr 5; 10.3.2004, 7 ABR 49/03, BB 2004, 2753, st Rspr; L: GK/
Raab Rn 30; ErfK/*Koch* Rn 2; *Fitting* Rn 16; aA DKW/*Homburg* Rn 6f>.

Spätestens seit Anfügung des Satzes 2 zur Wahlberechtigung von Leih-AN beim Entlei- 10
her entscheidet die Zwei-Komponenten-Lehre **nicht mehr ausnahmslos** über die Wahlberechtigung. Inwieweit diese Lehre angesichts der erheblich gestiegenen Bedeutung des

§ 7   Wahlberechtigung

Fremdpersonaleinsatzes in der modernen Arbeitswelt insgesamt einer Einschränkung bedarf, ist umstritten. Das BAG hält sie in Fällen **gespaltener Arbeitgeberstellung** nicht mehr für sachgerecht und plädiert daher für eine differenzierende Betrachtung <**R:** BAG 18.1.2017, 7 ABR 60/15, BB 2017, 865; 13.3.2013, 7 ABR 69/11, BB 2013, 2045; 5.12.2012, 7 ABR 48/11, NZA 2013, 793>, dazu Rn 21 ff.

b) Arbeitsverhältnis zum Betriebsinhaber

11 Voraussetzung der Wahlberechtigung ist demnach grds ein Arbeitsverhältnis zum Betriebsinhaber. Mit ihm muss ein **ArbV** geschlossen sein <**R:** BAG 10.3.2004, 7 ABR 49/03, BB 2004, 2753>, der auch tatsächlich durchgeführt wird <**R:** LAG Köln, 14.4.1998, 13 TaBV 37/97, NZA-RR 1998, 357, vom BAG im konkreten Fall aber aufgehoben>. Dass der AN eines anderen AG im Betrieb tätig ist, etwa Montagearbeiten vornimmt, begründet deshalb grds kein Wahlrecht.

12 Bei der betrieblichen Tätigkeit im Rahmen des Bundesfreiwilligendienstes besteht kein Arbeitsverhältnis zum Inhaber des Einsatzbetriebes <**L:** *Leube* ZTR 2012, 207>. Arbeitsgelegenheiten iSd § 16d SGB II (**Ein-Euro-Jobs**) begründen gem § 16d Abs 7 S 2 SGB II kein Arbeitsverhältnis und damit auch kein Wahlrecht zum BR <**R:** Hess LAG, 23.5.2006, 9 TaBVGa 81/06,, zu § 16 SGB II aF>. Die öffentliche Förderung eines Arbeitsverhältnisses nach § 16e SGB II hingegen ändert nichts am Wahlrecht des auf dem geförderten Arbeitsplatz beschäftigten AN <**R:** vgl BAG 13.10.2004, 7 ABR 6/04, DB 2005, 837 zu **ABM-Maßnahmen** nach SGB III; **L:** wie hier *Fitting* Rn 7; **aA** *Buchner* SAE 2006, 183>. Auch bei in ein Krankenhaus eingegliederten **Rotkreuz-Schwestern** fehlt es am Arbeitsverhältnis zum Träger des Krankenhauses <**R:** BAG 6.7.1995, 5 AZB 9/93, DB 1995, 564; 17.3.2015, 1 ABR 62/12 (A), ZTR 2015, 400> (s § 5 Rn 6). Sie sind jedoch nach der neueren Rspr von EuGH und BAG Leiharbeitnehmer und unterfallen damit der Regelung des S 2 (Rn 22).

13 Wegen Fehlens eines Arbeitsverhältnisses zum Betriebsinhaber sind auch die nach § 5 Abs 1 S 3 als AN geltenden im Betrieb tätigen **Beamten**, Soldaten und AN des öffentlichen Dienstes nicht nach S 1 sondern **nach S 2** wahlberechtigt <so aber **R:** BAG 15.8.2012, 7 ABR 34/11, ZTR 2013, 52; LAG BaWü, 23.9.2015, 21 TaBV 8/14, LAGE § 5 BetrVG 2001 Nr 2; **L:** wie hier ausführlich *Löwisch* BB 2009, 2316, 2317; **aA** entspr der BAG-Rspr *Thüsing* BB 2009, 2036; *Heise/Fedder* NZA 2009, 1069, 1071; *Fitting* Rn 51 ff; GK/*Raab* Rn 142>. Zu den Folgen dieser Unterscheidung Rn 24 ff.

c) Eingliederung in den Betrieb

14 Neben der AN-Eigenschaft setzt das Wahlrecht voraus, dass der Beschäftigte dem **Betrieb angehört**, in dem der BR gewählt werden soll. Um dies klarzustellen hat der Gesetzgeber im Jahr 2001 die Worte „des Betriebs" in Satz 1 eingefügt mit dem erklärten Ziel, einer Erosion der Stammbelegschaft vorzubeugen <**L:** Begründung des RegE BT-Drs 14/5741 S 36>. Vor allem aber wird damit das Wahlrecht an die ausdrückliche Voraussetzung geknüpft, dass die AN sich dem betreffenden Betrieb zuordnen lassen. Das ist nicht (mehr) der Fall, wenn der AG den AN in einen anderen Betrieb versetzt und dieser der Weisung Folge geleistet hat, selbst wenn über die Frage noch ein Beschlussverfahren anhängig ist oder der AN gegen die Versetzung geklagt hat <**R:** LAG Köln, 10.2.2010, 8 TaBV 65/09>.

II. Wahlberechtigung § 7

Aus dieser Voraussetzung folgt, dass Auszubildende in reinen **Ausbildungsbetrieben** 15
nicht wahlberechtigt sind <**R:** BAG 13.6.2007, 7 ABR 44/06, NZA-RR 2008, 19;
16.11.2011, 7 ABR 48/10>; für sie kommt aber die Bildung einer besonderen Interessenvertretung nach § 51 BBiG in Betracht (dazu § 60 Rn 7). Ebenfalls nicht wahlberechtigt
sind AN, die im Zuge von Qualifizierungs- oder Rehabilitationsmaßnahmen in einem Betrieb ausgebildet werden, selbst wenn sie in ein Arbeitsverhältnis zu dem Betriebsinhaber
treten <**R:** BAG 26.1.1994, 7 ABR 13/92, BB 1994, 1224 (LS); BAG 5.4.2000, 7 ABR
20/99, NZA 2001, 629; LAG Ddf 27.1.2000, 11 TaBV 73/99, BB 2000, 1677 (LS) = AiB
2000, 569>.

Weiter ergibt sich aus dieser Voraussetzung, dass der AN in die Betriebsorganisation tatsächlich **eingegliedert** sein muss <**R:** BAG 18.1.1989, 7 ABR 62/87, BB 1989, 1408>. 16
Dies erfordert nicht, dass der AN seine Arbeiten auf dem Betriebsgelände oder innerhalb
der Betriebsräume verrichtet. Entscheidend ist, ob der AG mit Hilfe des AN den **arbeitstechnischen Zweck** des Betriebs verfolgt <**R:** BAG 26.5.2021, 7 ABR 17/21, BB 2021,
2983>. Maßgeblich ist insoweit eine funktionale Betrachtungsweise; **Außendienstler**
sind dem Betrieb zuzuordnen, von dem aus ihr Einsatz gesteuert und die Leitungsmacht
über ihre Tätigkeit ausgeübt wird <**R:** BAG 29.1.1992, 7 ABR 27/91 – DB 1992, 1429
(Zeitungszusteller); LAG Ddf 26.9.1990, 12 TaBV 74/90, DB 1991, 238 (Aushilfsfahrer
bei Taxiunternehmen); **L:** HWK/*Reichold* Rn 11>. Dies gilt insbes für die sog **Unternehmerarbeitnehmer** (Fremdfirmen-AN), die im Rahmen von Werk- oder Dienstverträgen
unter Leitung ihrer AG Arbeiten in fremden Betrieben ausführen <**L:** *Löwisch* BB 2009,
2316, 2317>. Dabei kann es sich zB um Reparatur- und Montagearbeiten handeln, um
das Einräumen von Supermarktregalen oder um Gebäudereinigung <**R:** BAG 18.1.1989,
7 ABR 21/88, BB 1989, 1406>, aber auch um Ang von Unternehmensberatungsgesellschaften. Für **Leih-AN** bestimmt § 14 Abs 1 AÜG ausdrücklich ihre Zuordnung zum Verleiherbetrieb auch während des Einsatzes beim Entleiher.

Diese Grundsätze gelten auch für AN, die in standortübergreifenden Teams einen einheitlichen arbeitstechnischen Zweck verwirklichen <**R:** BAG 26.5.2021, 7 ABR 17/21, BB 17
2021, 2983>. Eine Eingliederung kann sich (insb in **Matrix-Strukturen**, ausführlich
hierzu <**L:** *Schubert* NZA 2022, 145 ff>) auch daraus ergeben, dass ein AN ein Team in
einem anderen Betrieb führt; die **Führungskraft** ist dann uU in seinen eigenen sowie in
den der geführten AN eingegliedert <**R:** BAG 12.6.2019, 1 ABR 5/18, NZA 2019, 1288;
22.10.2019, 1 ABR 13/18, BB 2020, 278>. Nicht erforderlich ist, dass die Führungskraft
ihrerseits dem Weisungsrecht einer betriebsangehörigen Person unterliegt <**R:** BAG
12.6.2019, aaO; **L:** *Bachner* NZA 2019, 134, 136; *Engels* NZA 2020, 699, 700; krit *Lingemann/Steinhauser* NZA 2020, 87, 90; *Ricken* ZfA 2016, 535, 545 f; *Witschen* RdA
2016, 38, 47; *Bittmann/Weise* DB 2018, 2114, 2118>. Umgekehrt begründet die externe
Führung regelmäßig keine **Eingliederung der geführten AN** in den Betrieb der Führungskraft <**R:** BAG 26.5.2021, aaO>.

AN, die **in zwei oder mehreren Betrieben nebeneinander beschäftigt** werden, sind in 18
allen Betrieben wahlberechtigt <**R:** BAG 11.4.1958, 1 ABR 2/57, BB 1958, 627; BAG
25.2.1997, 1 ABR 69/96, BB 1997, 2003; neuerdings offengelassen von BAG 12.6.2019,
aaO>. Das gilt selbst dann, wenn die Betriebe verschiedenen Unternehmen angehören.
Trainees, die eine Ausbildung in mehreren Betrieben durchlaufen, gehören nur dem Betrieb an, in welchem die wesentlichen ihr Arbeitsverhältnis betreffenden Entscheidungen
getroffen werden <**R:** BAG 13.3.1991, 7 ABR 89/89, BB 1991, 2380 (LS)>.

§ 7 Wahlberechtigung

19 Ob ein AN, der sich in **Altersteilzeit** befindet, noch dem Betrieb angehört, hängt von der Ausgestaltung der Altersteilzeit ab. Erfolgt diese im sog Blockmodell, bei dem der AN in der zweiten Phase vollständig von der Arbeit freigestellt wird, endet auch die Betriebszugehörigkeit, weil der AN aus der betrieblichen Arbeitsorganisation ausscheidet <**R:** BAG 16.4.2003, 7 ABR 53/02, BB 2003, 2178, zu § 9 BetrVG; LAG Thür 29.6.2021, 1 TaBV-Ga 1/21; **L:** *Rieble/Gutzeit* BB 1998, 638, 639 ff; *Fitting* Rn 17>.

20 Der AN muss **am Wahltag** (ggfs am letzten Tag der Stimmabgabe) dem Betrieb oder einem dem Betrieb gem § 4 zuzurechnenden Kleinstbetrieb oder Betriebsteil angehören, dh dort die Arbeit aufgenommen haben. Auf die Dauer der Betriebszugehörigkeit kommt es nicht an. Auch AN, die nur kurzzeitig im Betrieb beschäftigt sind, sind wahlberechtigt <**R:** BAG 25.2.1997, 1 ABR 69/96, BB 1997, 2003>. Zur Wahlberechtigung bei einer Neuwahl nach Wahlanfechtung s § 19 Rn 16.

3. Gespaltene Arbeitgeberstellung (S 2)

21 Eine Ausnahme von der Voraussetzung eines Arbeitsverhältnisses zum Betriebsinhaber macht S 2. Danach erwerben AN eines anderen AG, die dem Betriebsinhaber zur Arbeitsleistung überlassen sind, das Wahlrecht, wenn sie länger als drei Monate im Betrieb eingesetzt werden. Hauptanwendungsfall ist die **Leiharbeit** nach dem AÜG <**R:** BAG 16.4.2003, 7 ABR 53/02, BB 2003, 2178>, die Regelung ist jedoch nicht hierauf begrenzt. Eine **Überlassung** in diesem Sinne setzt jedoch voraus, dass der Betriebsinhaber das **Weisungsrecht** ggü dem AN erhält <**L:** *Fitting* Rn 38; so schon die Gesetzesbegründung BT-Drs 14/5741 S 36>. Dies genügt aber auch. Ob die Überlassung innerhalb oder außerhalb eines Konzerns stattfindet, spielt keine Rolle <**R:** Hess LAG 2.8.2021, 16 TaBV 7/21, AE 2021, 212; **L:** *Lambrich/Schwab* NZA-RR 2013, 169 ff; *Fitting* Rn 43 ff>. AN in **unternehmensübergreifenden Matrix-Strukturen** können daher nach S 2 – ggfs neben dem Betrieb ihres Vertragsarbeitgebers – auch im Betrieb der steuernden Gesellschaft wahlberechtigt sein <**L:** *Kort*, NZA 2013, 1318, 1324; *Müller-Bonanni/Mehrens* ZIP 2010, 2228, 2231 f>. Gleichgültig ist auch, ob die Überlassung gewerbsmäßig oder gelegentlich erfolgt <**R:** BAG 17.2.2010, 7 ABR 51/08, DB 2010, 1298; **L:** ErfK/*Koch* Rn 6: *Konzen* RdA 2001, 76, 83>.

22 S 2 gilt auch für **andere Formen des Fremdpersonaleinsatzes**, solange sie die Voraussetzung der Überlassung (Rn 21) erfüllen. So begründet die Abordnung von AN an eine Arbeitsgemeinschaft die Wahlberechtigung in deren Betrieb <**L:** *Schwab* NZA-RR 2008, 169, 174>, ebenso die durch Kooperationsvertrag vom Land als AG in ein privatrechtlich organisiertes Universitätsklinikum entsandten wissenschaftlichen Ang <**R:** ArbG MAuRg, 22.12.2006, 2 BV 4/06, EZÄUG § 14 Betriebsverfassung Nr 65>. Keine Überlassung liegt vor, wenn AN im Rahmen eines von ihrem AG ausgeführten Werk- oder Dienstvertrags mit Tätigkeiten im Fremdbetrieb betraut werden (oben Rn 16) <**R:** BAG 15.3.2006, 7 ABR 39/05, EzAÜG BetrVG Nr 93; **L:** *Reichold* NZA 2001, 857, 861; *Brors* NZA 2002, 123, 126; GK/*Raab* Rn 149>. **Rotkreuz-Schwestern**, die im Rahmen einer Gestellung in einen Krankenhausbetrieb eingegliedert werden und dort nach Weisung arbeiten, sind nach der neueren Rspr Leiharbeitnehmer <**R:** EuGH, 17.11.2016, C-216/15, NZA 2017, 41; BAG 21.2.2017, 1 ABR 62/12; unter Abkehr von der früheren Rspr BAG 6.7.1995, 5 AZB 9/93, DB 1995, 564> und unterfallen als solche unproblematisch der Regelung des S 2.

II. Wahlberechtigung § 7

Um zufällige Ergebnisse zu vermeiden, verlangt S 2 im Gegensatz zu S 1 eine Einsatz- 23
dauer im Betrieb von **mehr als drei Monaten**. Maßgeblich ist die Gesamtdauer der Überlassung. Dafür spricht der eindeutige Wortlaut der Vorschrift („werden"). Überlassene AN sind damit **ab dem ersten Tag** im Einsatzbetrieb wahlberechtigt, wenn feststeht, dass ihr Einsatz mindestens drei Monate dauern wird <**L:** *Brors* NZA 2002, 123, 125; *Seel* MDR 2012, 813; *Fitting* Rn 60; so auch die Begründung zum RegE BT-Drs 14/5741 S 36>. Es ist also weder erforderl, dass der Fremd-AN am Wahltag bereits drei Monate im Betrieb eingesetzt gewesen ist <**L: aA** *Löwisch/Wegmann* BB 2017, 373, 375>, noch dass der Einsatz im Betrieb nach dem Wahltag noch drei Monate andauert <**L:** *Richardi/ Thüsing* Rn 11; **aA** *Maschmann* DB 2001, 2446, 2447>. Unterbrechungen des Einsatzes sind für das Wahlrecht nur unschädlich, wenn die Gesamteinsatzzeit mindestens drei Monate beträgt und die Lücken als unerheblich anzusehen sind <**L:** *Richardi/Thüsing* Rn 11; **enger** *Schiefer/Korte*, NZA 2002, 57, 59: jede Unterbrechung schädlich>. In die Wählerliste sind überlassene AN demnach dann aufzunehmen, wenn sie nach dieser Maßgabe am Wahltag wahlberechtigt sind. Der Wahlvorstand muss hierzu auf Grundlage der vom AG erteilten Auskünfte und überlassenen Urkunden für jeden einzelnen überlassenen AN die **Prognose** treffen, ob eine Gesamtüberlassungsdauer von mehr als drei Monaten zu erwarten ist <**R:** LAG Hamm, 18.9.2015, 13 TaBV 20/15>. Maßgeblich ist bei Leih-AN in erster Linie der Vertrag zwischen Betriebsinhaber und Verleiher <**R:** LAG Rh-Pf, 17.6.2015, 4 TaBV 14/14, AE 2016, 157>. Die erforderliche Prognose ist demnach bereits bei Aufstellung der Wählerliste zu treffen (§ 2 WO) <**R:** unklar insoweit LAG Rh-Pf, 17.6.2015, 4 TaBV 14/14, AE 2016, 157: „Zeitpunkt der BR-Wahl">. Evtl Korrekturen kann und muss der Wahlvorstand spätestens nach Ablauf der Einspruchsfrist gegen die Wählerliste vornehmen (§ 4 Abs 3 S 1 WO). Allerdings macht eine zwischen diesem Zeitpunkt und dem Wahltag erfolgte **Einsatzverlängerung**, die erstmals das Wahlrecht eines AN nach § 7 S 2 BetrVG begründet, eine Ergänzung der Wählerliste nach § 4 Abs 3 S 2 WO erforderlich. Die wahlrechtsbegründende Einsatzverlängerung steht funktional dem Eintritt eines Wahlberechtigten in den Betrieb gleich.

§ 7 S 2 gewährt **nur ein zusätzliches aktives Wahlrecht** und lässt die betriebsverfas- 24
sungsrechtl Stellung der Leih-AN iÜ unberührt <**R:** BAG 16.4.2003, 7 ABR 53/02, BB 2003, 2178; **L:** ErfK/*Koch* Rn 6; GK/*Raab* Rn 76; **aA** HWK/*Reichold* Rn 21; *Fitting* § 9 Rn 4: Betriebszugehörigkeit>. Einerseits behalten diese Wahlberechtigung und Wählbarkeit zu ihrem VertragsAG (§ 14 Abs 1 AÜG), und zwar auch iF der nicht gewerbsmäßigen ANüberlassung <**R:** BAG 22.3.2000, 7 ABR 34/98, BB 2000, 2098>. Andererseits haben sie im Entleiherbetrieb nach § 14 Abs 2 S 1 AÜG nach wie vor kein passives Wahlrecht <**R:** BAG 16.4.2003, 7 ABR 53/02, BB 2003, 2178; LAG HH, 26.5.2008, 5 TaBV 12/07, LAGE § 14 AÜG Nr 2 für die nicht gewerbsmäßige Leiharbeit>. Auch kommt ihnen nach § 14 Abs 2 S 2 und 3 AÜG, abgesehen von der Befugnis, die Sprechstunden des BR aufzusuchen, an den Betriebs- und Jugendversammlungen teilzunehmen und die Rechte der §§ 81, 82 Abs 1 und 84 bis 86 wahrzunehmen, nicht die Stellung betriebsangehöriger AN zu. Zur Anwendbarkeit des § 99 auf Leih-AN vgl § 99 Rn 17.

Daran hat auch der mit Wirkung zum 1.1.2017 eingefügte **§ 14 Abs 2 S 4 AÜG** nichts ge- 25
ändert. Nach dieser Vorschrift zählen Leih-AN allerdings bei den betriebsverfassungsrechtlichen **Schwellenwerten** – mit Ausnahme des § 112a – als AN des Betriebs. Das BetrVG stellt in einer Reihe von Vorschriften über die Organisation der Betriebsverfassung und über die Mitwirkungs- und MBR auf die Zahl der wahlberechtigten AN des Be-

§ 7 Wahlberechtigung

triebes bzw Unternehmens oder auch nur auf die Zahl der AN des Betriebes bzw Unternehmens ab. Ersteres gilt für die BR-Fähigkeit nach § 1, das Antragsrecht nach § 3 Abs 3 S 2, die BR-Größe nach § 9, das Wahlvorschlagsrecht nach § 14 Abs 4, die Geltung des besonderen Wahlverf für Kleinbetriebe nach § 14a, die Beteiligung bei der Bestellung des Wahlvorstands nach § 16 Abs 2 und nach § 17 Abs 3 und 4, das Stimmrecht im GBR nach § 47 Abs 7, das Zustimmungsrecht bei personellen Einzelmaßnahmen nach § 99 und das Mitwirkungs- und MBR bei Betriebsänderungen nach § 111. Letzteres gilt für die Ausschussbildung nach § 28 Abs 1, für die Übertragung von Aufgaben auf Arbeitsgruppen nach § 28a, für die Zahl der Freistellungen nach § 38, für das Vorschlagsrecht der AN nach § 86a, für die Begründungspflicht nach § 92a Abs 2, für das Initiativrecht bei Auswahlrichtlinien nach § 95 Abs 2, die Bildung des Wirtschaftsausschusses nach § 106 Abs 1, die Unterrichtungspflicht nach § 110 und die Begrenzung der Sozialplanpflicht nach § 112a.

26 Bei der Ermittlung dieser Zahlen **zählen Leih-AN im Entleiherbetrieb nunmehr mit**. Der Gesetzgeber stützt sich in der Entwurfsbegründung zur AÜG-Novelle auf die Rspr des BAG (18.10.2011, 1 AZR 335/10, BB 2013, 2431 zu § 111, 13.3.2013, 7 ABR 69/11, BB 2013, 2045 zu § 9) <L: BT-Drs 18/9232 S 29>. Dieses hatte freilich eine differenzierende Lösung unter Berücksichtigung der konkreten betriebsverfassungsrechtlichen Vorschrift vorgesehen. Eine solche **Differenzierung entfällt** nunmehr weitestgehend; nur die Erzwingbarkeit des Sozialplans bei Massenentlassungen ist ausgenommen. Im Übrigen gilt also, dass Leih-AN nicht nur wählen, sondern auch zählen.

27 Dabei ersetzt § 14 Abs 2 S 4 AÜG nur die fehlende Zuordnung zum Entleiherbetrieb, nicht aber evtl **weitere Tatbestandsvoraussetzungen** der jeweiligen Vorschrift im Hinblick auf den Schwellenwert wie beispielsweise die Wahlberechtigung oder eine Beschränkung auf „in der Regel" Beschäftigte. Solche Voraussetzungen müssen wie bei StammAN auch ggfs zusätzlich vorliegen <L: BT-Drs 18/9232 S 29; *Löwisch/Wegmann* BB 2017, 373, 374>.

28 Dessen ungeachtet bleibt es dabei, dass Leih-AN nach § 14 Abs 1 AÜG **dem Verleiher- und nicht dem Entleiherbetrieb angehören**. Dafür spricht va der systematische Zusammenhang der Absätze 1 und 2 des § 14 AÜG. Hätte der Gesetzgeber hieran etwas ändern und die Leih-AN betriebsverfassungsrechtl der Stammbelegschaft vollumfänglich gleichstellen wollen, wäre eine Anpassung auch in Abs 1 unumgänglich gewesen. Auch die Gesetzesbegründung beschränkt sich auf das Thema „Schwellenwerte" und enthält keinen Hinweis darauf, dass Leih-AN nunmehr generell als Betriebsangehörige beim Entleiher zu behandeln wären.

29 Darüber hinaus gilt § 14 AÜG nur für die Leiharbeit, nicht aber für **sonstige überlassene AN** iS des § 7 S 2 BetrVG, etwa für Beamte, Soldaten und AN des öffentlichen Dienstes iS von § 5 Abs 1 S 3. Das BAG allerdings hat insoweit unter **Abkehr von der Zwei-Komponenten-Lehre** entschieden, dass in Privatbetrieben tätige **Beschäftigte des öffentlichen Dienstes** bei den Schwellenwerten der organisatorischen Vorschriften des Betriebsverfassungsgesetzes mitzählen <R: BAG 15.12.2011, 7 ABR 65/10, ZTR 2012, 360; 12.9.2012, 7 ABR 37/11, EzA § 9 BetrVG 2001 Nr 5> und in den Einsatzbetrieben grds zum BR wählbar sind <R: BAG 15.8.2012, 7 ABR 34/11, ZTR 2013, 52>. Der 7. Senat begründet diese neuere Rspr damit, dass die reine Zwei-Komponenten-Lehre bei einer Aufspaltung der Arbeitgeberstellung nicht zu sachgerechten Ergebnissen führe,

II. Wahlberechtigung § 7

weil die betroffenen AN beim Vertragsarbeitgeber mangels Eingliederung, beim Einsatzarbeitgeber mangels vertraglicher Beziehung nicht zur Belegschaft zu zählen wären. Geboten seien daher **differenzierende Lösungen**, die zum einen die jeweiligen ausdrücklich normierten spezialgesetzlichen Konzepte, zum anderen aber auch die Funktion des AN-Begriffs im jeweiligen betriebsverfassungsrechtlichen Zusammenhang angemessen berücksichtige <R: BAG 18.1.2017, 7 ABR 60/15, BB 2017, 865; 13.3.2013, 7 ABR 69/11, BB 2013, 2045; 5.12.2012, 7 ABR 48/11, NZA 2013, 793>.

Damit reißt das BAG die **Differenzierung zwischen S 1 und S 2** des § 7 im Wesentlichen ein. Wenn die Zwei-Komponenten-Lehre für die Betriebszuordnung der AN nicht mehr in allen Fällen maßgeblich ist und überlassene AN demnach bereits S 1 unterfallen können, beschränkt sich die Bedeutung des S 2 im Wesentlichen darauf, das Wahlrecht bei Einsätzen unter drei Monaten auszuschließen. Wenn überlassene Beschäftigte des öffentlichen Dienstes unter S 1 fallen, ist es unter **Gleichheitsgesichtspunkten** nicht zu rechtfertigen, Leih-AN nicht ebenfalls als AN iS des S 1 zu behandeln <L: *Rieble* NZA 2012, 485, 486; *Thüsing* BB 2009, 2036, 2037>. Für das aktive Wahlrecht ändert sich damit im Ergebnis wenig; es wirft aber für die Betriebsverfassung insgesamt die Frage auf, welche Rechtsstellung die überlassenen AN innehaben (zum Folgeproblem beim passiven Wahlrecht § 8 Rn 3).

30

Im Hinblick auf den Schutzzweck der Mitbestimmung lässt sich die Abkehr des BAG von der Zwei-Komponenten-Lehre in der formellen Betriebsverfassung durchaus rechtfertigen. Auch die überlassenen AN bedürfen des Schutzes durch den BR <L: *Linsenmaier/Kiel* RdA 2014, 135, 157; *Richardi* Anm AP Nr 81 zu § 5 BetrVG 1972>. Die Praxis wird sich auf die Ansicht des BAG einzustellen haben. Diese differenzierende Handhabung aber bedeutet nichts anderes als die **Abkehr von einem einheitlichen betriebsverfassungsrechtlichen AN-Begriff** <L: ablehnend daher GK/*Raab* Rn 30; *Rieble* NZA 2012, 485, 486; *Mosig* NZA 2012, 1411, 1412 ff; *Haas/Hoppe* NZA 2013, 294, 297 ff>. Überlassene AN wären dann für einige Vorschriften des BetrVG AN des Betriebs, für andere nicht. Vor diesem Hintergrund bietet § 14 Abs 2 S 4 AÜG mit der einheitlichen Berücksichtigung der Leih-AN bei den betriebsverfassungsrechtlichen Schwellenwerten zumindest eine für einen Teilbereich eine (fast) einheitliche Lösung. Es spricht viel dafür, diese Regelung analog für alle überlassenen AN iS des § 7 S 2 BetrVG heranzuziehen, weil sachliche Gründe für eine Differenzierung nach Überlassungsgrund nicht ersichtlich sind <L: *Löwisch/Wegmann* BB 2017, 373, 375, die nur für die Wahlvorschriften zum selben Ergebnis kommen>.

31

Im Falle **unwirksamer Arbeitnehmerüberlassung** sind Leih-AN mangels Bestehens eines Arbeitsvertrags zum Verleiher in dessen Betrieb ungeachtet § 14 Abs 1 AÜG nicht wahlberechtigt <R: BAG 20.4.2005, 7 ABR 30/04, BB 2006, 383>, wohl aber im Entleiherbetrieb, weil ein Arbeitsvertrag zum Entleiher nach § 10 Abs 1 S 1 AÜG fingiert wird <R: BAG 20.4.2005 aaO>. Auf die Dauer der Überlassung kommt es dann nicht an. Auch hat der Leih-AN dann als Teil der Stammbelegschaft das passive Wahlrecht im Entleiherbetrieb.

32

4. Eintragung in die Wählerliste

Wahlberechtigt sind nur diejenigen AN, die in die für jede BR-Wahl vom Wahlvorstand aufzustellende **Wählerliste eingetragen** sind (§ 2 Abs 3 WO).

33

§ 7 Wahlberechtigung

III. Streitigkeiten

34 Nachdem im laufenden Wahlverfahren der Wahlvorstand über die Wahlberechtigung entscheidet (§ 2 Abs 3 WO), ist bis zum Wahltag der **Einspruch gegen die Wählerliste** nach § 4 WO das einfachste Mittel, um eine Verletzung des Wahlrechts geltend zu machen. Daneben ist gerichtlicher **Eilrechtsschutz** gerichtet auf eine Berichtigung der Wählerliste möglich (§ 18 Rn 25). Streitigkeiten über die Wahlberechtigung sind im arbg **Beschlussverf** nach § 2a Abs 1 Nr 1 ArbGG zu entscheiden. Der betroffene AN ist in diesem Verf beteiligt und antragsberechtigt <**R:** BAG 28.4.1964, 1 ABR 1/64, BB 1964, 883>. Im Übrigen kann über die Wahlberechtigung auch in einem Wahlanfechtungsverf als Vorfrage entschieden werden (vgl § 19).

§ 8 Wählbarkeit

(1) Wählbar sind alle Wahlberechtigten, die das 18. Lebensjahr vollendet haben und sechs Monate dem Betrieb angehören oder als in Heimarbeit Beschäftigte in der Hauptsache für den Betrieb gearbeitet haben. Auf diese sechsmonatige Betriebszugehörigkeit werden Zeiten angerechnet, in denen der Arbeitnehmer unmittelbar vorher einem anderen Betrieb desselben Unternehmens oder Konzerns (§ 18 Abs. 1 des Aktiengesetzes) angehört hat. Nicht wählbar ist, wer infolge strafgerichtlicher Verurteilung die Fähigkeit, Rechte aus öffentlichen Wahlen zu erlangen, nicht besitzt.

(2) Besteht der Betrieb weniger als sechs Monate, so sind abweichend von der Vorschrift in Absatz 1 über die sechsmonatige Betriebszugehörigkeit diejenigen Arbeitnehmer wählbar, die bei der Einleitung der Betriebsratswahl im Betrieb beschäftigt sind und die übrigen Voraussetzungen für die Wählbarkeit erfüllen.

Literatur: *Möller*, Betriebsratswahl 2022 – Wer kann gewählt werden?, ArbR 2021, 630; *Schneider*, Verlust der Wählbarkeit nach Feststellung der Gültigkeit einer Vorschlagsliste zur Betriebsratswahl, FS Däubler (1999), S 286; s im Übrigen Hinweise bei § 7.

Übersicht

	Rn.		Rn.
I. Allgemeines	1	c) Anrechnungszeiten	12
II. Wählbarkeit	2	d) Sonderregelung für neue Betriebe (Abs 2)	14
1. Wahlberechtigung	2	3. Aufnahme in den Wahlvorschlag	16
2. Betriebszugehörigkeit	6	4. Ausschluss der Wählbarkeit	17
a) Eingliederung in den Betrieb	6	III. Streitigkeiten	19
b) Rechtliche und tatsächliche Unterbrechungen des Arbeitsverhältnisses	9		

I. Allgemeines

Die Wählbarkeit, das sog passive Wahlrecht, begründet die Fähigkeit, Mitglied des BR und damit auch aller vom BR zu besetzenden Betriebsverfassungsorgane zu werden. Indes ist niemand verpflichtet, sich als BR zur Verfügung zu stellen. Die Voraussetzungen des passiven Wahlrechts sind in § 8 **abschließend** aufgezählt, eine abw Regelung ist nicht zulässig. Etwa können durch TV keine über § 8 hinausgehenden persönlichen Wählbarkeitsvoraussetzungen für die Wahl des BR-Vors aufgestellt werden <**R:** BAG 16.2.1973, 1 ABR 18/72, BB 1973, 1071>. Auch ausländische AN sind ohne besondere Einschränkung wählbar. Die Wählbarkeit zur Jugend- und Auszubildendenvertretung ist in § 61 Abs 2 gesondert geregelt. 1

§ 8 Wählbarkeit

II. Wählbarkeit

1. Wahlberechtigung

2 Wählbar ist nach § 8 Abs 1 S 1 nur, wer die **Wahlberechtigung nach § 7 S 1** besitzt und das 18. Lebensjahr vollendet hat. Trotz Absenkung des Mindestalters für die aktive Wahlberechtigung durch das Betriebsrätemodernisierungsgesetz bleibt es also dabei, dass **nur volljährige Arbeitnehmer** gewählt werden können. Das **aktive Wahlrecht nach § 7 S 2 genügt nicht**, wie sich für die Leih-AN aus § 14 Abs 2 S 1 AÜG ergibt <R: ausführlich BAG 17.2.2010, 7 ABR 51/08, DB 2010, 1298; L: GK/*Raab* Rn 16>. Der Gesetzgeber hat es bei Einfügung des § 7 S 2 schlicht versäumt, den Wortlaut des § 8 Abs 1 S 1 entsprechend anzupassen.

3 Allerdings rechnet das BAG die in Privatbetrieben tätigen **Beschäftigten des öffentlichen Dienstes** (§ 5 Abs 1 S 3) entgegen der hier vertretenen Ansicht zu den nach § 7 S 1 wahlberechtigten AN des Betriebs (§ 7 Rn 13, 29 ff) mit der Folge, dass sie im Einsatzbetrieb auch wählbar sind <R: BAG 25.10.2017, 7 ABR 2/16, NZA 2018, 252; 15.8.2012, 7 ABR 34/11, EzA § 5 BetrVG 2001 Nr 8>. Für **sonstige überlassene AN**, insb Leih-AN nach AÜG, bleibt es hingegen dabei, dass ihnen im Entleiherbetrieb nur ein aktives, aber **kein** passives Wahlrecht zusteht <R: BAG 17.2.2010, aaO; L: Richardi/*Thüsing* Rn 5; ErfK/*Koch* Rn 2; **aA** für die nicht gewerbsmäßige Überlassung *Fitting* Rn 27a>. Als Begründung für diese Ungleichbehandlung mag jedenfalls im Anwendungsbereich des AÜG die Überlassungshöchstdauer von 18 Monaten (§ 1 Abs 1b AÜG) herhalten, die dazu führt, dass kein Leih-AN beim Entleiher längere Zeit ein Mandat innehaben könnte. Verfassungsrechtlich ist der Ausschluss des passiven Wahlrechts für Leih-AN demnach nicht zu beanstanden <L: *Löwisch* BB 2014, 117, 121>.

4 Ein AN, dem vor Einleitung der Wahl fristgerecht oder fristlos **gekündigt** wurde und der vor dem ArbG Klage mit dem Ziel erhoben hat, die Unwirksamkeit der Kd feststellen zu lassen, ist bis zu einer für ihn negativen rechtskräftigen Entscheidung des Gerichts wählbar <R: BAG 14.5.1997, 7 ABR 26/96, AP Nr 6 zu § 8 BetrVG 1972; 10.11.2004, 7 ABR 12/04, DB 2005, 1067; L: *Fitting* Rn 18 ff; HWK/*Reichold* Rn 6; **aA** GK/*Raab* Rn 20>. Die Rechtslage unterscheidet sich von der bei der Wahlberechtigung (§ 7 Rn 7) dadurch, dass die Wahl eines Gekündigten in den BR keine Probleme bereitet, weil der Betreffende bis zur rechtskräftigen Beendigung des Kdrechtsstreits an der Ausübung des BR-Amts verhindert ist (§ 24 Rn 11). An der Wählbarkeit ändert sich auch dann nichts, wenn die BR-Wahl nach Ablauf der Kdfrist durchgeführt und der gekündigte AN nicht weiterbeschäftigt wird <R: BAG 10.11.2004, aaO>. Dasselbe gilt für den Fall, dass ein AN Klage gegen seine Versetzung in einen anderen Betrieb erhebt <R: so – als obiter dictum – LAG Köln 10.2.2010, 8 TaBV 65/09; **aA L**: GK/*Raab* Rn 21>.

5 Scheidet ein AN aber vor dem letzten Tag der Stimmabgabe **endgültig** aus dem Betrieb aus, ist er nicht mehr wählbar und muss ggfs von der Vorschlagsliste gestrichen werden <L: *Schneider* FS Däubler (1999), S 286 ff, unter Hinweis auf die nicht veröffentlichte Entscheidung des LAG Berl vom 3.12.1997, 8 Ta BV 3/97>.

2. Betriebszugehörigkeit

a) Eingliederung in den Betrieb

In den BR gewählt werden kann nur, wer dem **Betrieb**, in dem die Wahl stattfindet, mindestens **sechs Monate angehört** hat. Maßgeblicher Zeitpunkt ist der letzte Tag der Stimmabgabe <**R**: BAG 10.10.2012, 7 ABR 53/11, EzA § 8 BetrVG 2001 Nr 3; **L**: ganz hM, statt aller *Fitting* 33; einschränkend nur GK/*Raab* Rn 28: erster Tag der Stimmabgabe>. Dabei genügt für die Wählbarkeit nicht, dass der AN seit sechs Monaten einen Arbeitsvertrag mit dem AG abgeschlossen hat, wenn er im Betrieb nie tätig geworden ist: Der AN muss vielmehr seit sechs Monaten in die Betriebsorganisation tatsächlich eingegliedert sein <**R**: BAG 28.11.1977, 1 ABR 40/76, BB 1978, 255>. Durch die sechsmonatige Betriebszugehörigkeit soll gewährleistet werden, dass die Mitglieder des BR ihren Betrieb und seine bes Verhältnisse und Arbeitsbedingungen **hinreichend kennen**. Freilich hat der Gesetzgeber einer rein an diesem Normzweck orientierten Auslegung bereits durch die Anrechnung von Beschäftigungszeiten in manchen anderen Betrieben (Rn 12) den Boden entzogen. Für eine enge Auslegung der Sechsmonatsfrist ist vor diesem Hintergrund kein Raum <**L**: GK/*Raab* Rn 27; DKW/*Homburg* Rn 7>.

In Heimarbeit Beschäftigte, die in der Hauptsache für den Betrieb arbeiten, sind nach § 5 Abs 1 S 2 AN des Betriebs. Sie sind nach Abs 1 S 1 zum BR wählbar, wenn diese Art der Beschäftigung seit mindestens sechs Monaten besteht.

Ein AN, der mehreren Betrieben angehört (§ 7 Rn 18), ist, wenn er die übrigen Voraussetzungen des § 8 erfüllt, in sämtlichen Betrieben wählbar. **Doppelmandate** sind möglich <**R**: BAG 11.4.1958, 1 ABR 2/57, BB 1958, 627>.

b) Rechtliche und tatsächliche Unterbrechungen des Arbeitsverhältnisses

Das Gesetz schweigt zu der Frage, wie sich **Unterbrechungen** der Betriebszugehörigkeit auf den Sechsmonatszeitraum auswirken. Die hM unterscheidet zwischen Unterbrechungen des rechtlichen Bestands (**Neubeginn** der Wartefrist) und der tatsächlichen Eingliederung (allenfalls **Hemmung** der Wartefrist), wobei sowohl die Dauer der jeweiligen Unterbrechung als auch ein evtl innerer Sachzusammenhang zwischen den Zeiträumen Berücksichtigung finden soll <**L**: *Fitting* Rn 39 ff, 44 f; BeckOK ArbR/*Besgen* Stand 12/2021 § 8 BetrVG Rn 115 f; Richardi/*Thüsing* Rn 24 f; DKW/*Homburg* Rn 13 ff>. Als **erhebliche** tatsächliche **Unterbrechung**, die zu einer Hemmung des Fristlaufs führt, wird teilweise eine solche von jedenfalls mehr als zwei Monaten angesehen <**L**: *Fitting* Rn 45; vgl auch Richardi/*Thüsing* Rn 24; HaKo/*Brors* Rn 6; HWK/*Reichold* Rn 10>. Ein Grund für diese Differenzierung nach rechtlicher und tatsächlicher Unterbrechung ist nicht ersichtlich, weil die **Betriebszugehörigkeit in beiden Fällen fehlt** <**L**: GK/*Raab* Rn 36>. Zudem ist zu berücksichtigen, dass Fehler bei der Feststellung der wählbaren AN zur Anfechtung der BR-Wahl berechtigen können, sodass jede Differenzierung die rechtssichere Durchführung der Wahl beeinträchtigt.

Mit Blick auf den Normzweck des Abs 1 (Rn 6) können Unterbrechungen jedoch nicht völlig unberücksichtigt bleiben. Richtigerweise bewirken entgg der hM und entgg der in den Vorauflagen vertretenen Ansicht **alle (rechtlichen oder tatsächlichen) Unterbrechungen von weniger als sechs Monaten** eine **Hemmung** des Fristlaufs <**L**: GK/*Raab* Rn 36; MünchArbR/*Krois* § 291 Rn 130; ähnlich DKW/*Homburg* Rn 15>. Übersteigt aber die

§ 8 Wählbarkeit

Dauer der Unterbrechung die Dauer der Frist von sechs Monaten, so fehlt jede Grundlage für die Annahme, der AN sei noch mit den betrieblichen Verhältnissen vertraut; die Frist läuft dann von neuem an.

11 Ein AN, dessen **Arbeitsverhältnis ruht**, ist grds wählbar <**R**: BAG 25.5.2005, 7 ABR 45/04, NZA 2005, 1002; **L**: *Fitting* Rn 14ff>. Allerdings gilt auch hier das Erfordernis einer mindestens sechsmonatigen Betriebszugehörigkeit, sodass der AN nicht wählbar ist, wenn er länger als sechs Monate nicht im Betrieb tätig war (Rn 10) <**L**: ähnlich HWK/*Reichold* Rn 10>. Hiervon macht die hM rechtl nicht schlüssig zu begründende Ausnahmen. Für (freiwillig) **Wehrdienstleistende** sollen die §§ 6 Abs 2 S 1, 16 Abs 7 ArbPlSchG die Wählbarkeit erhalten <**L**: GK/*Raab* Rn 39; Richardi/*Thüsing* Rn 30; *Fitting* Rn 46; DKW/*Homburg* Rn 13>. Dagegen spricht, dass, da diese Vorschriften lediglich dem Individualschutz des AN dienen <**L**: HWK/*Reichold* Rn 10; *S/W/S* Rn 6>. Für den **Bundesfreiwilligendienst** fehlt es ohnehin an einer entsprechenden Regelung, sodass dieser die Betriebszugehörigkeit unzweifelhaft unterbricht <**L**: MünchArbR/*Krois* § 291 Rn 131; GK/*Raab* Rn 39; aA DKW/*Homburg* Rn 13; BeckOK ArbR/*Besgen* Stand 12/ 2021 § 8 BetrVG Rn 13>. Auch AN in **Elternzeit** bleiben nach Ansicht des BAG wählbar, weil deren Rückkehr in den Betrieb vorgesehen sei <**R**: BAG 25.5.2005, aaO>. Das ändert aber nichts daran, dass nach sechs Monaten Elternzeit die erforderliche tatsächliche Eingliederung nach Abs 1 S 1 fehlt und damit die Wählbarkeit entfällt. Dem steht das Diskriminierungsverbot des Art. 157 AEUV (Ex-Art 141 EG-Vertrag) nicht entgegen, denn es handelt sich bei der Wählbarkeitsvoraussetzung um eine Funktionsbedingung der Betriebsverfassung und damit um ein legitimes sozialpolitisches Ziel, das die unterschiedliche Behandlung rechtfertigt <**R**: vgl EuGH 6.2.1996, C-457/93, AP Nr 72 zu Art 119 EWG-Vertrag>.

c) Anrechnungszeiten

12 Auf die sechsmonatige Betriebszugehörigkeit werden nach Abs 1 S 2 alle **Zeiten angerechnet**, in denen der Wahlbewerber unmittelbar vorher in einem anderen Betrieb desselben Unternehmens oder in einem anderen Unternehmen desselben Konzerns beschäftigt war. Allerdings ist die Vorbeschäftigung in einem anderen Konzernunternehmen nach dem ausdrücklichen Verweis in S 2 nur dann der Betriebszugehörigkeit hinzuzurechnen, wenn es sich um einen Unterordnungskonzern nach § 18 Abs 1 AktG handelt (vgl § 54 Rn 2ff). Ein ununterbrochener rechtlicher Bestand des Arbeitsverhältnisses ist schon wegen des mit einem Unternehmenswechsel regelm verbundenen AG-Wechsels denklogisch nicht Voraussetzung. Erforderlich ist aber ein unmittelbarer zeitlicher Zusammenhang <**L**: Richardi/*Thüsing* Rn 34; HWK/*Reichold* Rn 9>; in Fällen zeitlicher Unterbrechung soll es auf einen engen „inneren Zusammenhang" ankommen <**L**: *Fitting* Rn 49; ErfK/ *Koch* Rn 3>. Richtigerweise sind dieselben Grundsätze anzuwenden wie bei allen Unterbrechungen (Rn 9ff): Jede tatsächliche oder rechtliche **Unterbrechung von mehr als sechs Monaten** führt zum Neubeginn der Sechsmonatsfrist. S 2 ersetzt die Betriebszugehörigkeit gerade zum Betrieb, in dem gewählt wird; es ist aber kein Grund ersichtlich, weshalb Anrechnungszeiten gegenüber Betriebszugehörigkeitszeiten im Übrigen anders zu behandeln sein sollten.

13 **Vorbeschäftigungszeiten als Leih-AN** im Betrieb sind nach der neueren Rechtsprechung des BAG ebenfalls auf die Dauer der Betriebszugehörigkeit **anzurechnen**, wenn im An-

schluss daran rechtzeitig vor der BR-Wahl ein Arbeitsverhältnis mit dem Entleiher begründet wird <R: BAG 10.10.2012, 7 ABR 53/11, EzA § 8 BetrVG 2001 Nr 3; L: *Linsenmaier/Kiel* RdA 2014, 135, 140>. Hinsichtlich einer evtl zwischenzeitl Unterbrechung gelten wiederum die allg Grundsätze (Rn 10).

d) Sonderregelung für neue Betriebe (Abs 2)

Besteht der Betrieb bei Einleitung der Wahl **kürzer als sechs Monate**, entfällt nach Abs 2 die Voraussetzung einer sechsmonatigen Betriebszugehörigkeit. Wählbar ist in diesem Fall, wer alle übrigen Voraussetzungen des § 8 erfüllt und außerdem **am Tag der Einleitung** der Wahl, dh am Tage, an dem der Wahlvorstand das Wahlausschreiben erlässt, bereits im Betrieb beschäftigt ist. Daran ändert sich auch nichts, wenn das Wahlverfahren so lange dauert, dass der Betrieb am Tag der Stimmabgabe letztendlich bereits sechs Monate besteht; Abs 1 findet für diese Wahl dann keine Anwendung mehr. Durch Abs 2 wird also der maßgebliche Zeitpunkt **vorverlagert**. Das bedeutet auch: Wer erst nach Erlass des Wahlausschreibens in den Betrieb eingegliedert wird, ist auch dann nicht wählbar, wenn dies vor der Stimmabgabe geschieht <L: *Fitting* Rn 59; GK/*Raab* Rn 64>. 14

Bloße **Betriebserweiterungen** sind keine Betriebsneugründungen. Abs 2 ist in einem solchen Falle deshalb nicht anwendbar <R: BAG 26.9.1996, 2 AZR 528/95, BB 1997, 2164>. Irrelevant ist auch, ob der Betrieb bisher BRfähig war, weil es nur auf seinen Bestand ankommt <L: GK/*Raab* Rn 66>. **Wechsel des Betriebsinhabers** berühren weder den Bestand des Betriebs noch die Betriebszugehörigkeit. Hingegen unterfallen auch **Kampagnebetriebe** der Regelung des Abs 2, sofern diese tatsächlich jeweils neu errichtet werden <L: Richardi/*Thüsing* Rn 27; *Fitting* Rn 63; zweifelnd GK/*Raab* Rn 37, 66>. 15

3. Aufnahme in den Wahlvorschlag

Bei der konkreten BR-Wahl wählbar ist nur, wer in die Wählerliste eingetragen (§ 2 Abs 3 S 1 WO) und in einen **Wahlvorschlag** aufgenommen worden ist (§ 14 Rn 25). Wählbar sind auch Wahlvorstandsmitglieder <R: BAG 12.10.1976, 1 ABR 1/76, BB 1977, 243>. 16

4. Ausschluss der Wählbarkeit

Nach § 8 Abs 1 S 3 ist **nicht wählbar**, wer infolge strafgerichtlicher Verurteilung (vgl §§ 45 bis 45b, 92a, 101, 102, 108c, 108e, 109i, 129a und 264 StGB) die Fähigkeit, Rechte aus öffentlichen Wahlen zu erlangen, verloren hat. Hingegen führt die Aberkennung des aktiven Wahlrechts nach § 45 Abs 5 StGB nach dem eindeutigen Gesetzeswortlaut nicht zum Verlust des passiven Wahlrechts zum BR. Bei ausländischen AN sind auch Entscheidungen der Gerichte ihres Heimatstaates zu berücksichtigen, soweit diese der öffentlichen Ordnung der Bundesrepublik Deutschland nicht widersprechen. 17

Im Gegensatz hierzu bleiben frühere Mandatsträger **auch im Falle ihres Ausschlusses aus dem BR** nach § 23 Abs 1 bei der nächsten Wahl wählbar (§ 23 Rn 34). Der Ausschluss nimmt dem Betroffenen das Mandat, aber nicht das passive Wahlrecht <R: BAG 27.7.2016, 7 ABR 14/15, BB 2017, 52 (Ls); L: ErfK/*Koch* Rn 2>. 18

§ 8 Wählbarkeit

III. Streitigkeiten

19 Im laufenden Wahlverfahren kann eine Verletzung des passiven Wahlrechts insb durch **Einspruch gegen die Wählerliste** geltend gemacht werden (§ 4 WO). Im Übrigen sind Streitigkeiten über die Wählbarkeit eines AN im arbg **Beschlussverf** auszutragen <R: BAG 28.4.1964, 1 ABR 1/64, BB 1964, 883>. Ist gg wesentliche Vorschriften über die Wählbarkeit verstoßen, insbes ein AN zu Unrecht von der Kandidatur ausgeschlossen worden, kann diese Wahl unter den Voraussetzungen des § 19 angefochten werden; auch noch zu einem späteren Zeitpunkt kann eine gerichtliche Entscheidung über den Verlust der Wählbarkeit oder über die Nichtwählbarkeit herbeigeführt werden (§ 24 Abs 1 Nr 4 und 6).

§ 9 Zahl der Betriebsratsmitglieder

Der Betriebsrat besteht in Betrieben mit in der Regel
5 bis 20 wahlberechtigten Arbeitnehmern aus einer Person,
21 bis 50 wahlberechtigten Arbeitnehmern aus 3 Mitgliedern,
51 wahlberechtigten Arbeitnehmern bis 100 Arbeitnehmern aus 5 Mitgliedern,
101 bis 200 Arbeitnehmern aus 7 Mitgliedern,
201 bis 400 Arbeitnehmern aus 9 Mitgliedern,
401 bis 700 Arbeitnehmern aus 11 Mitgliedern,
701 bis 1000 Arbeitnehmern aus 13 Mitgliedern,
1001 bis 1500 Arbeitnehmern aus 15 Mitgliedern,
1501 bis 2000 Arbeitnehmern aus 17 Mitgliedern,
2001 bis 2500 Arbeitnehmern aus 19 Mitgliedern,
2501 bis 3000 Arbeitnehmern aus 21 Mitgliedern,
3001 bis 3500 Arbeitnehmern aus 23 Mitgliedern,
3501 bis 4000 Arbeitnehmern aus 25 Mitgliedern,
4001 bis 4500 Arbeitnehmern aus 27 Mitgliedern,
4501 bis 5000 Arbeitnehmern aus 29 Mitgliedern,
5001 bis 6000 Arbeitnehmern aus 31 Mitgliedern,
6001 bis 7000 Arbeitnehmern aus 33 Mitgliedern,
7001 bis 9000 Arbeitnehmern aus 35 Mitgliedern.
In Betrieben mit mehr als 9000 Arbeitnehmern erhöht sich die Zahl der Mitglieder des Betriebsrats für je angefangene weitere 3000 Arbeitnehmer um 2 Mitglieder.

Literatur: *Ahlburg*, 3-5-7-9-11...?, AiB 2013, 544; *Dewender*, Die Rechtsstellung der Leiharbeitnehmer nach den §§ 7 Satz 2 und 9 BetrVG, RdA 2003, 274; *Lindemann/Simon*, Wahlberechtigung und Ermittlung der Betriebsratsgröße, NZA 2002, 365; *Mosig*, Wahlberechtigte Arbeitnehmer müssen gezählt werden, NZA 2012, 1411; *Pröpper*, Fehlende Nachrücker – Recht oder Pflicht zur vorzeitigen Neuwahl des Betriebsrates?, AuR 2011, 393; *Reichold*, „Wählen heißt auch zählen", FS von Hoyningen-Huene (2014), S 413; *Rieble*, Leiharbeitnehmer zählen doch?, NZA 2012, 485; *Schüren*, Betriebsratswahl – Leiharbeitnehmer – Arbeitnehmer in der Freistellungsphase der Altersteilzeit, RdA 2004, 187; *Tschöpe*, Die Bestimmung der „in der Regel" beschäftigten Arbeitnehmer, BB 1983, 1416.

Siehe auch die Literatur zu § 7.

Übersicht

	Rn.		Rn.
I. Gesetzliche Mitgliederzahl nach Belegschaftsgröße	1	3. Betriebsratsgröße	10
1. Zahl der Arbeitnehmer als Kriterium	1	II. Abweichungen	13
2. Regelmäßige Beschäftigung	3	III. Fehlerfolgen, Streitigkeiten	16

§ 9 Zahl der Betriebsratsmitglieder

I. Gesetzliche Mitgliederzahl nach Belegschaftsgröße

1. Zahl der Arbeitnehmer als Kriterium

1 Der BR setzt sich stets aus einer ungeraden Zahl von Mitgliedern zusammen, die **nach der Zahl der** idR im Betrieb beschäftigten **AN gestaffelt** ist: In den kleineren Betrieben der ersten zwei Staffelstufen stellt das Gesetz ausschließlich auf die Zahl der **wahlberechtigten** AN ab. Auch die dritte Staffel setzt 51 wahlberechtigte AN voraus <**R:** BAG 18.1.1989, 7 ABR 21/88, BB 1989, 1406; **L:** GK/*Jacobs* Rn 5; DKW/*Homburg* Rn 2; Richardi/*Thüsing* Rn 3>. Sind also etwa von 100 AN nur maximal 50 AN wahlberechtigt, besteht der BR entsprechend der zweiten Staffel nur aus drei Mitgliedern. Erst in den größeren Betrieben der weiteren Stufen, in denen idR mehr als 100 AN beschäftigt sind, ist die Zahl aller beschäftigten AN ohne Rücksicht auf ihre Wahlberechtigung maßgebend, dh es werden auch die nicht wahlberechtigten jugendlichen AN einschließlich aller Auszubildenden mitgezählt.

2 Die Staffelung der BR-Größe nach § 9 soll gewährleisten, dass die Zahl der BR-Mitglieder in einem angemessenen Verhältnis zur Zahl der Arbeitnehmer des Betriebs steht, deren Interessen und Rechte der BR zu wahren hat <**R:** BAG 18.10.2011, 1 AZR 335/10, BB 2012, 969>. Die Vorschrift stellt deshalb, ebenso wie § 7 S 1 und § 8, auf die Zahl der **betriebsangehörigen** AN ab <**R:** BAG 18.1.1989, aaO; 7.5.2008, 7 ABR 17/07, EzA § 9 BetrVG 2001 Nr 4; **L:** GK/*Jacobs* Rn 9; Richardi/*Thüsing* Rn 6>. Dafür spricht nicht nur der Wortlaut („In Betrieben mit ..."), sondern auch der systematische Zusammenhang der Wahlvorschriften. Allerdings hat das BAG unter Aufgabe der Zwei-Komponenten-Lehre in Fällen gespaltener Arbeitgeberstellung entschieden, dass nicht nur die in privatwirtschaftlichen Betrieben eingesetzten **Beschäftigten des öffentlichen Dienstes (§ 5 Abs 1 S 3)** bei der BR-Größe mitzählen <**R:** BAG 15.12.2011, 7 ABR 65/10, ZTR 2012, 360; 12.9.2012, 7 ABR 37/11, EzA § 9 BetrVG 2001 Nr 5>, sondern auch die regelmäßig im Betrieb beschäftigten **Leih-AN** <**R:** BAG 13.3.2013, 7 ABR 69/11, BB 2013, 2045>. Für die Arbeitnehmerüberlassung iSd AÜG ergibt sich dies nunmehr aus § 14 Abs 2 S 4 AÜG, der die fehlende Betriebszugehörigkeit der Leih-AN zum Entleiherbetrieb ex lege ersetzt. Leih-AN, die nicht unter das AÜG fallen, stehen dem insoweit gleich, sodass auch sie zu zählen sind <**L:** *Löwisch/Wegmann* BB 2017, 373, 375 f>. Mitarbeiter von Fremdfirmen, die im Rahmen von Dienst- oder Werkverträgen auf dem Betriebsgelände tätig werden, zählen hingegen nicht zur Belegschaft <**R:** BAG 15.3.2006, 7 ABR 39/05, EzAÜG BetrVG Nr 93; LAG Rh-Pf 28.8.2019, 7 TaBV 25/18; **L:** *Fitting* Rn 35>. Mangels Betriebszugehörigkeit nicht mitzuzählen sind auch Auszubildende in **reinen Ausbildungsbetrieben** <**R:** BAG 16.11.2011, 7 ABR 48/10>. Zur Betriebszugehörigkeit im Einzelnen § 7 Rn 9 ff.

2. Regelmäßige Beschäftigung

3 Bei der Feststellung der ANzahl ist von der Anzahl der **in der Regel** im Betrieb beschäftigten AN auszugehen. Maßgebend ist nicht die durchschnittliche, sondern die den Betrieb im Allgemeinen kennzeichnende Beschäftigtenzahl <**R:** BAG 7.5.2008, 7 ABR 17/07, EzA § 9 BetrVG 2001 Nr 4; 12.11.2008, 7 ABR 73/07>. Wie bei § 1 (s dort Rn 22 ff) bedarf es dazu einerseits eines **Rückblicks** auf die bisherige personelle Stärke des Betrie-

I. Gesetzliche Mitgliederzahl nach Belegschaftsgröße § 9

bes und andererseits einer Einschätzung der **künftigen Entwicklung** <**R:** BAG 18.1.2017, 7 ABR 60/15, BB 2017, 1853>. Ausgangspunkt ist dabei die **aktuelle Beschäftigtenzahl** unter Einbeziehung der vergangenen 6 bis 24 Monate <**R:** BAG 18.1.2017, aaO>. Konkrete Arbeitgeberentscheidungen, die voraussichtlich zu einer **absehbaren Veränderung** der Belegschaftsstärke führen werden, sind zu berücksichtigen, nicht aber bloße Hoffnungen oder Befürchtungen <**R:** LAG Berl-Bbg, 10.2.2011, 25 TaBV 2219/10; **L:** *Fitting* Rn 13>. Die Prognose muss sich auf konkrete Tatsachen stützen <**R:** Hess LAG 24.2.2020, 16 TaBV 20/19, LAGE § 9 BetrVG 2001 Nr 5; LAG Nbg 16.4.2019, 7 TaBV 21/18, LAGE § 9 BetrVG 2001 Nr 4>. Bei Schwankungen in der Vergangenheit sind deren Ursachen zu berücksichtigen, um eine verlässliche Prognose treffen zu können <**L:** GK/*Jacobs* Rn 19>.

Aushilfskräfte sind als in der Regel beschäftigt anzusehen, wenn sie **regelmäßig für den größten Teil des Jahres**, dh **länger als sechs Monate**, beschäftigt worden sind und auch in Zukunft mit einer solchen Beschäftigung zu rechnen ist <**R:** BAG 18.1.2017, 7 ABR 60/15, BB 2017, 1853; 7.5.2008, 7 ABR 17/07, EzA § 9 BetrVG 2001 Nr 4>. Ob es sich bei den Aushilfen um jeweils andere Personen handelt, ist gleichgültig <**R:** LAG Ddf, 26.9.1990, 12 TaBV 74/90, DB 1990, 238>. Beschäftigt der AG auf der Grundlage einer Rahmenvereinbarung befristete Tagesaushilfen, berechnet sich die BR-Größe nach den aus dem Mitarbeiterpool regelmäßig besetzten Arbeitsplätzen und nicht nach der Anzahl sämtlicher Aushilfen, mit denen Rahmenvereinbarungen abgeschlossen worden sind <**R:** BAG 12.11.2008, 7 ABR 73/07; LAG Rh-Pf, 8.10.15, 5 TaBV 13/15>. Dieselben Grundsätze gelten in **Saisonbetrieben**, wohingegen in reinen **Kampagnebetrieben**, die überhaupt nur während eines Teils des Jahres arbeiten, die Belegschaftsstärke während der Kampagne maßgeblich ist <**R:** vgl BAG 16.11.2004, 1 AZR 642/03, ZIP 2005, 500; LAG Rh-Pf 28.8.2019, 7 TaBV 25/18; **L:** GK/*Jacobs* Rn 20>.   4

Leih-AN sind nach denselben Regeln mit der Anzahl mitzuzählen, in der sie während des **größten Teils des Jahres**, also mehr als sechs Monaten, zur Belegschaft gehören <**R:** vgl BAG 18.1.2017, aaO; 4.11.2015, 7 ABR 42/13, BB 2016, 783; 13.3.2013, 7 ABR 69/11, BB 2013, 1613; **L:** *Löwisch/Wegmann* BB 2017, 373, 375>.   5

TeilzeitAN zählen voll <**R:** vgl BAG 9.6.1983, 2 AZR 494/81, BB 1984, 143>. Nicht mitzuzählen sind AN, die sich in der Freistellungsphase der **Altersteilzeit** nach dem Blockmodell befinden <**R:** BAG 16.4.2003, 7 ABR 53/02, BB 2003, 2128>. Ebenfalls nicht mitzuzählen sind nach § 21 Abs 7 S 1 BEEG AN, die sich in der **Elternzeit** befinden, sofern für sie ein Vertreter eingestellt ist, der seinerseits mitzuzählen ist. Zählt der Vertreter nicht mit (va bei fehlender Wahlberechtigung in den ersten drei Staffeln), ist der Vertretene hingegen doch zu zählen, § 21 Abs 7 S 2 BEEG. Auch bei Einstellung zweier Vertreter für einen AN in Elternzeit ist nur letzterer zu zählen, weil die erhöhte Belegschaftsstärke nur vorübergehender Natur ist <**R:** BAG 15.3.2006, 7 ABR 39/05, EzAÜG BetrVG Nr 93>. Für die **Pflegezeit** trifft § 6 Abs 4 PflegeZG eine parallele Regelung. Dieselben Grundsätze gelten für AN in **Brückenteilzeit** und deren Vertreter <**L:** *Löwisch* BB 2018, 3061, 3067; *Bayreuther* NZA 2018, 1577, 1581; *Fitting* Rn 18>.   6

Bloß **befürchtete** künftige Entlassungen führen nicht zu einer Reduzierung der Zahl der idR beschäftigten AN <**R:** LAG Hamm, 6.10.1978, 3 TaBV 64/78, DB 1979, 1563>, wohl aber schon **abzusehende**, etwa aufgrund eines Interessenausgleichs feststehende Entlassungen <**R:** LAG SH 27.10.1994, 4 TaBV 23/94, BB 1995, 620 (LS)>. **Gekündig-**   7

§ 9   Zahl der Betriebsratsmitglieder

te AN sind nicht mitzuzählen, wenn ihre Arbeitsplätze aufgrund bereits getroffener Umstrukturierungsentscheidungen nach Freiwerden nicht mehr besetzt werden sollen <R: LAG Rh-Pf 25.6.2019, 6 TaBV 4/19; LAG Ddf 24.11.1998, 3 TaBV 73/98, LAGE § 19 BetrVG 1972 Nr 19; L: *Lindemann/Simon* NZA 2002, 365, 369>.

8   Der Wahlvorstand hat die Belegschaftsstärke nach **pflichtgem Ermessen** zu ermitteln und im Wahlausschreiben anzugeben (§ 3 Abs 2 Nr 5 WO). Der Arbeitgeber ist zur Unterstützung verpflichtet (§ 2 Abs 2 WO) <L: GK/*Jacobs* Rn 16>. **Maßgeblicher Zeitpunkt** für die regelmäßige Belegschaftsstärke ist der Tag des Erlasses des **Wahlausschreibens** <R: BAG 12.10.1976, 1 ABR 1/76, BB 1977, 243; LAG Rh-Pf, 6.3.2015, 1 TaBV 23/14, AE 2015, 167; L: statt aller HWK/*Reichold* Rn 6; DKW/*Homburg* Rn 6; *Fitting* Rn 37>. Unvorhersehbare Veränderungen in der Belegschaftsstärke zwischen diesem Tag und dem Wahltag ändern daher nichts an der Größe des zu wählenden BR <L: Richardi/*Thüsing* Rn 16; GK/*Jacobs* Rn 17>. Vorhersehbare Veränderungen hingegen stellen freilich die Prognose des Wahlvorstands in Frage <L: *Lüthge/Stöckert* DB 2022, 121, 124>.

9   In Grenzfällen kann die Feststellung der regelmäßigen Belegschaftsstärke Probleme bereiten. Zu Recht räumt die Rspr dem Wahlvorstand daher einen **Beurteilungsspielraum** ein <R: BAG 25.11.1992, 7 ABR 7/92, DB 1993, 2084; 12.10.1976, 1 ABR 1/76, BB 1977, 243; Hess LAG 24.2.2020, 16 TaBV 20/19, LAGE § 9 BetrVG 2001 Nr 5; LAG Rh-Pf 28.8.2019, 7 TaBV 25/18; LAG Nbg 16.4.2019, 7 TaBV 21/18, LAGE § 9 BetrVG 2001 Nr 4; LAG Berl-Bbg, 13.8.2015, 5 TaBV 218/15; LAG München, 24.2.2007, 6 TaBV 3/07; L: Richardi/*Thüsing* Rn 11; HWK/*Reichold* Rn 3; DKW/*Homburg* Rn 23>. Das gilt insb bei einer hohen Fluktuation der Arbeitskräfte im Betrieb <R: LAG SH, 25.3.2003, 2 TaBV 39/02, NZA 2004, 1406>. Dass das Arbeitsgericht bei einer Überprüfung zu einem anderen Ergebnis kommt, macht die Wahl nicht unwirksam oder anfechtbar, wenn die Feststellung des Wahlvorstands **vertretbar** war <R: Hess LAG, 10.2.2000, 12 TaBV 148/98, LAGE § 19 BetrVG 1972 Nr 20; ähnlich LAG Rh-Pf, 6.3.2015, 1 TaBV 23/14, AE 2015, 167: gestützt auf nachvollziehbare Tatsachen; L: GK/*Jacobs* Rn 18>. Zu den Folgen einer Überschreitung des Beurteilungsspielraums Rn 16 ff.

3. Betriebsratsgröße

10   Der BR besteht in **Kleinbetrieben** mit 5 bis 20 wahlberechtigten AN nur aus einer Person. Da der Fall des aus einer Person bestehenden BR an keiner weiteren Stelle des Gesetzes besonders erwähnt ist – nur seine Wahl ist in § 34 Abs 4 WahlO eigens geregelt –, nimmt dieser keine Sonderstellung ein, unterscheidet sich in seiner Funktion also nicht von einem mehrgliedrigen BR. Seine materielle Zuständigkeit beschränkt sich aber auf die Gegenstände, bei denen die Ausübung der Mitwirkungs- und Mitbestimmungsrechte nicht von einer bestimmten im Betrieb oder Unternehmen beschäftigten ANzahl abhängig ist. Letzteres ist der Fall bei dem Mitbestimmungsrecht in den personellen Einzelangelegenheiten des § 99 und bei den wirtschaftlichen Angelegenheiten, insbes Betriebsänderungen (§ 111), wo die Beteiligungsrechte nur gegeben sind, wenn das Unternehmen mehr als 20 wahlberechtigte AN ständig beschäftigt.

11   In Kleinbetrieben, die ständig um 20 AN beschäftigen, kann es vorkommen, dass nach der Wahl eines einzelnen BR-Mitglieds die Zahl der AN auf 21 und mehr **steigt**; ebenso ist es möglich, dass in einem solchen Betrieb, in dem ein mehrgliedriger (dreiköpfiger)

BR gewählt wurde, die Zahl der AN auf unter 21 **sinkt**. Im ersteren Fall erhält das einzige Mitglied auch in den oben genannten Angelegenheiten der §§ 99 und 111 die vollen Beteiligungsrechte; im letzteren Fall hat der mehrgliedrige BR nur noch die Rechte des einzelnen Mitglieds.

In Betrieben mit 21–9000 wahlberechtigten AN richtet sich die **Zahl der BR-Mitglieder** 12 nach der in § 9 vorgesehenen, von 3 bis 35 reichenden Staffel. In Betrieben mit mehr als 9000 AN erhöht sich die Zahl der zu wählenden BR-Mitglieder über 35, und zwar für je angefangene weitere 3000 AN um 2 zusätzliche BR-Mitglieder. ZB setzt sich der BR in einem Betrieb mit 21001 AN aus 35 + 10 = 45 Mitgliedern zusammen.

II. Abweichungen

Die Zahl der BR-Mitglieder kann **weder durch TV noch durch BV abw** geregelt werden. Zu einer höheren oder niedrigeren Zahl kann aber eine iR des § 3 geschaffene anderweitige Betriebsverfassungsorganisation führen (vgl § 3 Rn 60). Eine von § 9 abw Zusammensetzung ergibt sich außerdem, wenn nicht genügend BR-Mitglieder wählbar oder **nicht genügend Wahlbewerber** vorhanden sind oder zu viele AN die Übernahme des Amtes ablehnen <**R:** LAG Ddf, 4.7.2014, 6 TaBV 24/14, NZA-RR 2014, 476> (s § 11).

Die BR-Größe bleibt grds **während der gesamten Amtszeit unverändert**. Ausscheidende BR-Mitglieder werden durch Nachrücken der Ersatzmitglieder (§ 25) ersetzt. Ist die Zahl der Ersatzmitglieder erschöpft, muss nach § 13 Abs 2 Nr 2 der gesamte BR neu gewählt werden, Nachwahlen sind nicht vorgesehen. Findet eine nach § 13 Abs 2 Nr 2 an sich notwendige Neuwahl nicht statt, bleibt der BR in der kleineren Besetzung im Amt (§ 21 Rn 9).

Steigt oder sinkt die **Zahl der** im Betrieb idR beschäftigten **AN**, ist der BR gem § 13 15 Abs 2 Nr 1 nur neu zu wählen, wenn mit Ablauf von 24 Monaten seit dem Wahltag die Zahl um die Hälfte, mindestens aber um 50, gestiegen oder gesunken ist (§ 13 Rn 8).

III. Fehlerfolgen, Streitigkeiten

Erweist sich die Festlegung der BR-Größe durch den Wahlvorstand auch unter Berück- 16 sichtigung seines Beurteilungsspielraums (Rn 9) als fehlerhaft, ist § 11 nicht anwendbar. Vielmehr liegt ein Verstoß gg eine wesentliche Wahlvorschrift vor, die zu einer unrichtigen (zu großen oder zu kleinen) Besetzung des BR geführt hat und eine **Wahlanfechtung** begründet <**R:** BAG 7.5.2008, 7 ABR 17/07, EzA § 9 BetrVG 2001 Nr 4; Hess LAG 24.2.2020, 16 TaBV 20/19, LAGE § 9 BetrVG 2001 Nr 5>. Unterbleibt eine Anfechtung, so hat es mit einer irrtümlicherweise zu hoch angesetzten Anzahl von BR-Mitgliedern für die betreffende Amtsperiode sein Bewenden <**R:** BAG 14.1.1972, 1 ABR 6/71, DB 1972, 686>. Verstöße machen die Wahl grds nicht nichtig <**R:** BAG 29.5.1991, 7 ABR 67/90; **L:** *Fitting* Rn 59>. Nichtigkeit kommt allenfalls in Betracht, wenn die BR-Größe offensichtlich und willkürlich falsch festgelegt wurde, was nur bei ganz eklatanten Verstößen denkbar ist <**L:** vgl GK/*Jacobs* Rn 35; die Nichtigkeitshürde niedriger ansetzend **R:** ArbG Kiel, 21.10.2009, 3 BV 23b/09: Wahl von 4 BR-Mitgliedern statt nur eines einzigen>.

§ 9   Zahl der Betriebsratsmitglieder

17 Im Falle der erfolgreichen Wahlanfechtung ist eine **Neuwahl** durchzuführen. Das gilt nach Auffassung des BAG unabhängig davon, ob ein zu großer oder zu kleiner BR gewählt wurde und ob die fehlerhafte Wahl als Verhältniswahl (Listenwahl) oder Mehrheitswahl durchgeführt wurde <**R:** BAG 7.5.2008, aaO; 29.5.1991, 7 ABR 67/90, BB 1992, 136; ausf 12.10.1976, 1 ABR 14/76, BB 1977, 244; **L:** zust. ErfK/*Koch* Rn 4; DKW/*Homburg* Rn 26; HWK/*Reichold* Rn 9; *Löwisch*, 6. Aufl Rn 14>. Die Gegenauffassung differenziert: Bei der Mehrheitswahl führt kein Weg an einer Neuwahl vorbei. Bei der **Listenwahl** hingegen ist eine **Berichtigung** möglich. Bei Wahl eines zu großen BR werden die Gewählten mit den niedrigsten Höchstzahlen nur Ersatzmitglieder, bei Wahl eines zu kleinen Gremiums rücken die Ersatzmitglieder mit den höchsten Höchstzahlen als Vollmitglieder in den BR auf <**L:** *Fitting* Rn 53f; GK/*Jacobs* Rn 36; wohl auch Richardi/*Thüsing* Rn 24>. Die Erwägung des BAG, die AN hätten in Kenntnis die Listen möglicherweise anders aufgestellt oder ihre Stimmen anders verteilt, beruht letztlich auf der Überlegung, dass die Veränderung jedes noch so kleinen Parameters (bis hin zur Schriftart auf den Stimmzetteln oder dem Wetter am Wahltag) unter Umständen das Wahlergebnis beeinflussen kann. Bei der Listenwahl aber sind diese Überlegungen schon sehr spekulativ. Mit Blick auf die Folgen einer Unwirksamkeit der Wahl – eine womöglich betriebsratslose Zeit sowie ein neues zeit- und kostenintensives Wahlverfahren verdient daher die differenzierende Gegenauffassung den Vorzug.

18 Setzt der Wahlvorstand die Zahl der zu wählenden BR-Mitglieder im Wahlausschreiben falsch an, kann das Arbeitsgericht uU eine Korrektur des Fehlers im Wege der **einstweiligen Verfügung** anordnen (§ 18 Rn 27). Sofern eine Korrektur im laufenden Verfahren nicht möglich ist <**R:** vgl LAG Hamm, 14.5.2010, 13 TaBVGa 12/10>, kommt auch ein Abbruch der Wahl mit anschließender Neu-Einleitung in Betracht <**R:** ArbG Emden, 3.4.1984, 1 BvGa 1/84, NZA 1985, 228; deutlich zurückhaltender LAG HH 19.4.2010, 7 TaBVGa 2/10, NZA-RR 2010, 585: in eng begrenzten Ausnahmefällen> – allerdings **entgegen der Rspr des BAG**, das einen Wahlabbruch nur im Falle der Nichtigkeit der Wahl zulassen will (§ 18 Rn 27f.).

§ 10 Vertretung der Minderheitsgruppen (weggefallen)

1 Durch das BetrVerf-RG vom 23.7.2001 (BGBl I S 1852) ist die Unterscheidung der Belegschaft in Arbeiter und Angestellte und damit auch die Regelung zum Gruppenschutz in § 10 entfallen <zur Historie **L:** *Wißmann* FS 100 Jahre Betriebsverfassungsrecht, S 814ff>.

§ 11 Ermäßigte Zahl der Betriebsratsmitglieder

Hat ein Betrieb nicht die ausreichende Zahl von wählbaren Arbeitnehmern, so ist die Zahl der Betriebsratsmitglieder der nächstniedrigeren Betriebsgröße zugrunde zu legen.

Übersicht

	Rn.		Rn.
I. Zurückstufung bei Fehlen wählbarer AN	1	II. Entsprechende Anwendung	6
		III. Streitigkeiten	9

I. Zurückstufung bei Fehlen wählbarer AN

Die Vorschrift entstammt dem BetrVG 1952, das die Wählbarkeit noch an strengere Vorschriften knüpfte, sodass sich die Zahl der aktiv und der passiv wahlberechtigten AN deutlich unterscheiden konnte. Für die **unmittelbare Anwendung** des § 11 besteht seit Annäherung der Anforderungen der §§ 7 und 8 nur noch **wenig Raum:** Da nach § 1 ein BR nur errichtet werden kann, wenn im Betrieb mindestens 3 wählbare AN beschäftigt sind, kommt praktisch nur der seltene Fall in Betracht, dass in einer Belegschaft von mehr als 50 wahlberechtigten AN weniger als 5 wählbar sind. In diesem Fall besteht der BR aus 3 Mitgliedern (§ 9 S 1). Von Bedeutung ist allerdings die entsprechende Anwendung der Vorschrift (Rn 6). 1

§ 11 gilt nur für die Wahl zum BR, **nicht** für GBR, KBR sowie die Jugend- und Auszubildendenvertretung <L: GK/*Jacobs* Rn 3; **aA** für Letztere *Fitting* Rn 1>. 2

Maßgeblich sind die Verhältnisse **bei Erlass des Wahlausschreibens**, da der Wahlvorstand an diesem Tag die Zahl der zu wählenden BR-Mitglieder festzulegen hat. Veränderungen nach diesem Zeitpunkt bleiben grundsätzlich außer Betracht. Die nach § 11 festgelegte BR-Größe gilt **für die gesamte Amtszeit** des gewählten BR. Eine Nachwahl oder Neuwahl ist nicht zulässig, auch wenn später genügend wählbare AN entsprechend der eigentlich einschlägigen Staffel des § 9 zur Verfügung stehen <L: *Fitting* Rn 7; DKW/*Homburg* Rn 3; Richardi/*Thüsing* Rn 5>. Sinkt die Zahl der passiv Wahlberechtigten zwischen Erlass des Wahlausschreibens und Stimmabgabe unter die erforderliche Zahl, ist § 11 im Rahmen der Feststellung des Wahlergebnisses anzuwenden <L: GK/*Jacobs* Rn 10>. 3

Nicht ausreichend ist die Zahl der wählbaren AN, wenn nicht mindestens **ebenso viele** passiv Wahlberechtigte vorhanden sind wie BRsitze zu besetzen. Die bloße Sollvorschrift des § 6 Abs 2 WO zur Mindestzahl der Kandidaten auf einer Vorschlagsliste ist hierfür nicht von Bedeutung <L: *Fitting* Rn 5>. 4

Sind demnach nicht genügend wählbare AN im Betrieb vorhanden, richtet sich die BR-Größe nach der **nächstniedrigeren Staffel** des § 9. Weil das Gesetz immer von einer **ungeraden Anzahl** vom BR-Mitgliedern ausgeht, ist eine Festlegung außerhalb dieser Staffelung (zB auf 4 Mitglieder) unzulässig <R: BAG 11.5.1958, 1 ABR 5/57, BB 1958, 701; L: Richardi/*Thüsing* Rn 3; *Fitting* Rn 6>. Sind auch für die nächstniedrigere Staffel nicht 5

§ 11 Ermäßigte Zahl der Betriebsratsmitglieder

ausreichend wählbare AN vorhanden, ist auf die wiederum nächstniedrigere zurückzugehen <**R:** BAG 11.5.1958, aaO; **L:** ErfK/*Koch* Rn 1; GK/*Jacobs* Rn 8>.

II. Entsprechende Anwendung

6 Praktische Bedeutung hat in erster Linie die **entspr Anwendung** der Vorschrift. Dem Fall einer unzureichenden Anzahl an wählbaren AN ist nach dem Grundgedanken des § 11 die Fälle gleichzustellen,
- dass sich nicht ausreichend AN zu einer Kandidatur bereit erklären,
- dass nicht genügend Kandidaten die Wahl annehmen, sowie
- dass bei einer Mehrheitswahl nicht genügend Kandidaten mindestens eine Stimme erhalten (§ 14 BetrVG Rn 22; § 22 WO Rn 4)

<**R:** LAG Sachsen 17.3.2017, 2 TaBV 33/16; LAG Ddf, 4.7.2014, 6 TaBV 24/14, NZA 2014, 1155; LAG SH, 7.9.1988, 3 TaBv 2/88, LAGE § 11 BetrVG 1972 Nr 1; zum BetrVG 1952 BAG 11.5.1958, 1 ABR 4/57, BB 1958, 701; **L:** *Fitting* Rn 8 f; DKW/*Homburg* Rn 4; Richardi/*Thüsing* Rn 6; HWK/*Reichold* Rn 2; ErfK/*Koch* Rn 1; **aA** GK/*Jacobs* Rn 11; *Schipp* ArbRB 2020, 283, 284 ff>. Kein Fall des § 11 ist es hingegen, wenn der Wahlvorstand die BR-Größe im Wahlausschreiben zu klein angegeben hat und deshalb im Ergebnis zu wenige Bewerber aufgestellt wurden. In diesem Fall ist die Wahl wegen Verstoßes gegen § 9 anfechtbar (§ 9 Rn 16).

7 Auf den Fall, dass entgg § 15 Abs 2 das **Minderheitsgeschlecht** im BR nicht ausreichend vertreten sein kann, ist § 11 auch **nicht** entsprechend anzuwenden. Maßgebend ist vielmehr die aufgrund der Ermächtigung in § 126 Nr 5a erlassene Vorschrift des § 15 Abs 5 der WO (§ 15 BetrVG Rn 8, § 15 WO Rn 5).

8 Zu dem Fall, dass die Zahl der BR-Mitglieder nachträglich unter die gesetzliche Zahl sinkt, s § 9 Rn 14.

III. Streitigkeiten

9 Die Anwendung des § 11 hat der Wahlvorstand im Rahmen der Festlegung der BR-Größe nach § 9 zu prüfen. Eine fehlerhafte Anwendung des § 11 führt zu einer fehlerhaften Zahl der BR-Mandate und somit zu einem **Verstoß gegen § 9**. Zu den Folgen s § 9 Rn 16 ff.

§ 12 Abweichende Erteilung der Betriebsratssitze (weggefallen)

1 Durch das BetrVerf-RG vom 23.7.2001 (BGBl I S 1852) ist die Unterscheidung der Belegschaft in Arbeiter und Angestellte und damit auch die Regelung des § 12 entfallen.

§ 13 Zeitpunkt der Betriebsratswahlen

(1) Die regelmäßigen Betriebsratswahlen finden alle vier Jahre in der Zeit vom 1. März bis 31. Mai statt. Sie sind zeitgleich mit den regelmäßigen Wahlen nach § 5 Abs. 1 des Sprecherausschussgesetzes einzuleiten.

(2) Außerhalb dieser Zeit ist der Betriebsrat zu wählen, wenn

1. mit Ablauf von 24 Monaten, vom Tage der Wahl an gerechnet, die Zahl der regelmäßig beschäftigten Arbeitnehmer um die Hälfte, mindestens aber um fünfzig, gestiegen oder gesunken ist,

2. die Gesamtzahl der Betriebsratsmitglieder nach Eintreten sämtlicher Ersatzmitglieder unter die vorgeschriebene Zahl der Betriebsratsmitglieder gesunken ist,

3. der Betriebsrat mit der Mehrheit seiner Mitglieder seinen Rücktritt beschlossen hat,

4. die Betriebsratswahl mit Erfolg angefochten worden ist,

5. der Betriebsrat durch eine gerichtliche Entscheidung aufgelöst ist oder

6. im Betrieb ein Betriebsrat nicht besteht.

(3) Hat außerhalb des für die regelmäßigen Betriebsratswahlen festgelegten Zeitraums eine Betriebsratswahl stattgefunden, so ist der Betriebsrat in dem auf die Wahl folgenden nächsten Zeitraum der regelmäßigen Betriebsratswahlen neu zu wählen. Hat die Amtszeit des Betriebsrats zu Beginn des für die regelmäßigen Betriebsratswahlen festgelegten Zeitraums noch nicht ein Jahr betragen, so ist der Betriebsrat in dem übernächsten Zeitraum der regelmäßigen Betriebsratswahlen neu zu wählen.

Literatur: *Fröhlich*, Der zu klein werdende Betriebsrat, ArbRB 2020, 350; *Hauck*, Auswirkungen des Betriebsübergangs auf Betriebsratsgremien, FS ARGE Arbeitsrecht, (2006), S 621; *Krause/Niemann*, Zwischen den Zeiten – Gründe, Voraussetzungen und Verfahren – Betriebsratswahlen, AuA 1999, 265; *Linsenmaier/Kiel*, Der Leiharbeitnehmer in der Betriebsverfassung – „Zwei-Komponenten-Lehre" und normzweckorientierte Gesetzesauslegung, RdA 2014, 135; *Roos*, Ausscheiden aus dem Betriebsrat und Nachrücken von Ersatzmitgliedern, AiB 1999, 250.

Übersicht

	Rn.		Rn.
I. Regelmäßige Betriebsratswahlen	1	2. Anpassung an die regelmäßige Wahlperiode	15
II. Wahlen außerhalb des Regelzeitraums	7		
1. Fallgruppen	7	III. Streitigkeiten	18

I. Regelmäßige Betriebsratswahlen

Nach Abs 1 S 1 finden die BR-Wahlen in allen Betrieben einheitlich in der Zeit vom 1. März bis 31. Mai statt, und zwar **ab 1990 alle vier Jahre** (§ 125 Rn 1). Maßgeblich ist der Tag der Stimmabgabe (Wahltag), bei mehreren Wahltagen der Stimmabgabezeitraum, der vollständig innerhalb des gesetzlich vorgegebenen Zeitraums liegen muss <L: GK/

§ 13   Zeitpunkt der Betriebsratswahlen

Jacobs Rn 13; **aA** Richardi/*Thüsing* Rn 6; *Fitting* Rn 6>. Wahlvorbereitungen können bereits vor dem 1. März getroffen werden (vgl § 16 Abs 1 S 1 „spätestens").

2   **Beginn und Ende** der Amtszeit bestimmen sich allein nach § 21. Demnach endet spätestens am 31. Mai die Amtszeit des alten BR, sodass das Wahlergebnis vor diesem Zeitpunkt bekanntgegeben sein sollte, um eine betriebsratslose Zeit zu vermeiden. Endet die regelmäßige Amtszeit des BR nach § 21 S 1, ohne dass ein neuer gewählt wurde, so liegt ein Fall des § 13 Abs 2 Nr 6 vor, und die Wahl kann jederzeit **nachgeholt** werden <L: Richardi/*Thüsing* Rn 8>.

3   Eine **vor** dem 1. März durchgeführte BR-Wahl ist gem § 134 BGB **nichtig** <R: BAG 11.4.1978, 6 ABR 22/77, BB 1978, 1467>. Die Nichtigkeitsfolge tritt bei mehrtägiger Wahl nicht ein, wenn der letzte Wahltag nach dem 1. März liegt, weil dann nach § 21 die Amtszeit nicht vorzeitig beginnen kann <L: iErg ebenso GK/*Jacobs* Rn 14>.

4   § 13 gilt **entspr** für die Wahl des SeeBR (§ 116 Abs 2). Besonders geregelt sind die Wahl der Jugend- und Auszubildendenvertretung (§ 64 Abs 1) und der Bordvertretung (§ 115 Abs 2 Nr 5). Für die Wahl abweichender Vertretungen nach § 3 Abs 1 Nr 1 bis 3 s § 3 Rn 37 ff.

5   Die Vorschrift berührt nicht unmittelbar die Zusammensetzung des **GBR** und des **KBR**, doch müssen diese Gremien insoweit neu besetzt werden, als ein BR nach Abs 2 neu gewählt wird <L: *Fitting* § 47 Rn 35>.

6   Abs 1 S 2 entspricht § 5 Abs 1 S 2 SprAuG und legt fest, dass die regelmäßigen BR-Wahlen **zeitgleich mit den SprA-Wahlen** einzuleiten sind. Die Wahlvorstände für die BR- und die SprA-Wahlen müssen die Wahlausschreiben am gleichen Tag, spätestens 6 Wochen vor dem ersten Tag der Stimmabgabe (§ 3 Abs 1 S 1 WO) erlassen. Im Ergebnis handelt es sich um eine bloße Ordnungsvorschrift. Ein wechselseitiger Anspruch der Wahlvorstände für die BR- und SprA-Wahlen auf zeitgleiche Einleitung kommt nicht in Betracht, weil es an einer Vorschrift fehlt, nach der im Streitfall ein Zeitpunkt für die Einleitung der Wahlen festgelegt wird <L: GK/*Jacobs* Rn 24; **aA** *Fitting* Rn 15>. Abs 1 S 2 ist auch keine wesentliche Verfahrensvorschrift iS der § 19 BetrVG und § 8 SprAuG; andernfalls hätten die Wahlvorstände es in der Hand, jede Wahl mit der Unsicherheit einer Wahlanfechtung zu belasten, indem sie die zeitgleiche Wahleinleitung verhindern. Die notwendige Abstimmung über die Zuordnung der AN und ltd Ang sichert § 18a.

II. Wahlen außerhalb des Regelzeitraums

1. Fallgruppen

7   **Außerhalb des vierjährigen Wahlturnus** dürfen BR-Wahlen (außer nach § 21a) ausschließlich in den Fällen des Abs 2 Nr 1 bis 6 stattfinden, wobei der Wahlturnus nach Maßgabe des Abs 3 bei der nächsten oder übernächsten regelmäßigen BR-Wahl an den normalen Wahlturnus angepasst werden muss (unten Rn 15 ff.).

8   Gem **Abs 2 Nr 1** ist der BR neu zu wählen, wenn mit Ablauf von 24 Monaten seit dem Tag der Stimmabgabe (Stichtag) die Zahl der idR beschäftigten AN (§ 1 Rn 22 ff.) um die Hälfte, mindestens aber um 50, gestiegen oder gesunken ist. Regelmäßig beschäftigte Leih-AN sind gem § 14 Abs 2 S 4 AÜG mitzuzählen. Dasselbe gilt für überlassene Be-

schäftigte des öffentlichen Dienstes im Betrieb <**R:** BAG 15.12.2011, 7 ABR 65/10, ZTR 2012, 360; 12.9.2012, 7 ABR 37/11, EzA § 9 BetrVG 2001 Nr 5> (s § 7 Rn 29 ff). Dabei kommt es nicht auf die individuelle Einsatzdauer der AN an, sondern auf die für den Betrieb kennzeichnende Personalstärke einschließlich der mit Leih-AN besetzten Arbeitsplätze <hierzu **R:** BAG 7.5.2008, 7 ABR 17/07, EzA § 9 BetrVG 2001 Nr 4; **L:** vgl auch die Begründung zum RegE zur AÜG-Reform BT-Drs 18/9232 S 29>. Veränderungen unterhalb dieser Schwellenwerte sind im Umkehrschluss unerheblich <**R:** BAG 7.12.1988, 7 ABR 10/88, BB 1989, 1619>. Auf die Wahlberechtigung der AN kommt es nicht an. Auch ist nach dem klaren Wortlaut nicht Voraussetzung, dass sich die Zahl der BR-Mitglieder nach § 9 ändert. Eine solche Neuwahl kann nur einmal während der Amtszeit durchgeführt werden, nach Ablauf der Hälfte der Wahlperiode. Wird die Neuwahl nicht durchgeführt, bleibt der bisherige BR im Amt (vgl § 21 S 5) <**L:** *Fröhlich* ArbRB 2020, 350, 351 f>. Zu den mit Betriebsspaltungen und -zusammenschlüssen verbundenen Fragen s § 21a Rn 16 ff, 33 f.

Nach **Abs 2 Nr 2** ist der BR neu zu wählen, wenn die Gesamtzahl der BR-Mitglieder nach Eintreten sämtlicher Ersatzmitglieder dauerhaft unter die vorgeschriebene Zahl gesunken ist. Eine bloß vorübergehende Beschlussunfähigkeit genügt nicht <**R:** BAG 18.8.1982, 7 AZR 437/80, BB 1983, 251>. Maßstab ist die ursprüngliche Gesamtzahl nach der letzten BR-Wahl gem Wahlausschreiben und Wahlergebnis <**L:** Richardi/*Thüsing* Rn 29>. Für die Neuwahl bestimmt sich die Zahl der zu wählenden BR-Mitglieder (§ 9) wie bei Nr 1 nach der aktuellen Belegschaftsstärke <**R:** BAG 22.11.1984, 6 ABR 9/84, BB 1985, 1197>. Der Wahlvorstand ist unverzügl nach Eintritt der Voraussetzungen der Nr 2 zu bestellen <**R:** BAG 23.11.2016, 7 ABR 13/15, DB 2017, 854>. Die Wahl darf aber – auch bei absehbarem Ausscheiden von BR-Mitgliedern – nicht vorzeitig stattfinden <**R:** LAG Berl-Bbg 25.7.2017, 11 TaBV 826/17>. Wird nicht neu gewählt, bleibt der bisherige BR im Rückschluss zu § 21 S 5 im Amt <**R:** vgl ArbG Kaiserslautern 18.2.2008, 2 BV 2/08>. 9

Hat der BR mit der Mehrheit seiner Mitglieder seinen Gesamtrücktritt als Kollegium beschlossen, muss nach **Abs 2 Nr 3** eine Neuwahl erfolgen. Gleiches gilt, wenn der aus einer Person bestehende BR zurücktritt (zur Form vgl § 24 Rn 5). Mit dem Rücktritt endet die Amtszeit des BR, er bleibt aber gem § 22 geschäftsführend im Amt <**R:** BAG 30.6.2021, 7 ABR 24/20, DB 2021, 2704>. Abs 2 Nr 3 ist **nicht** entspr anwendbar, wenn alle BR- und Ersatzmitglieder nach § 24 Abs 1 Nr 2 die Niederlegung ihrer Ämter erklären, selbst wenn es sich dabei um eine abgestimmte Aktion handelt, weil der BR dann fortbesteht und nur das Mandat seiner Mitglieder endet. § 22 gilt dann nach seinem eindeutigen Wortlaut nicht <**L:** GK/*Jacobs* Rn 69; Richardi/*Thüsing* Rn 52; **aA** *Fitting* Rn 41>. Eine Neuwahl kann dann aber nach Abs 2 Nr 2 oder Nr 6 erfolgen. 10

Wird eine BR-Wahl nach § 19 für ungültig erklärt, entsteht mit Rechtskraft des gerichtlichen Beschlusses ein betriebsratsloser Zustand, der gem **Abs 2 Nr 4** zur Neuwahl führt. Das gilt nicht, soweit das Gericht die Wahl nur korrigiert oder nur die Wahl einzelner BR-Mitglieder kassiert, weil dann der BR als solcher bis zum Ende seiner Amtszeit fortbesteht (§ 19 Rn 37). Nicht unter Nr 4 fällt die Nichtigkeit einer BR-Wahl – hier ist nach Nr 6 jederzeit eine Neuwahl möglich; einer vorherigen gerichtlichen Entscheidung bedarf es nicht <**L:** GK/*Jacobs* Rn 79>. 11

§ 13 Zeitpunkt der Betriebsratswahlen

12 Wird der BR nach § 23 Abs 1 wg grober Pflichtverletzung durch rechtskräftigen Gerichtsentscheid aufgelöst, findet gem **Abs 2 Nr 5** ebenfalls eine Neuwahl statt. Demgegenüber berührt der Ausschluss einzelner Mitglieder den Bestand des BR nicht; es rücken lediglich die Ersatzmitglieder nach.

13 **Abs 2 Nr 6** ermöglicht BR-Wahlen außerhalb des regelmäßigen Wahlturnus immer dann, wenn es in einem nach § 1 BRfähigen Betrieb keinen BR gibt. Das gilt vor allem, wenn in dem Betrieb noch überhaupt keine BR-Wahl stattgefunden hat, die Wahl nichtig war oder die Amtszeit des letzten BR abgelaufen ist, ohne dass ein neuer gewählt wurde. Ist der Betrieb in Wahrheit gar nicht betriebsratslos, ist eine dennoch abgehaltene Wahl nichtig <**R:** BAG 11.4.1978, 6 ABR 22/77, BB 1978, 1467>.

14 In den Fällen des Abs 2 Nr 1 bis 3 bleibt der bisherige BR, wie sich aus § 22 ergibt, auch nach Eintritt der dort genannten Voraussetzungen im Amt und hat die Neuwahl durch Einsetzung eines Wahlvorstands vorzubereiten. Bestellt iF des Abs 2 Nr 2 der Rest-BR keinen Wahlvorstand, kann das in entspr Anwendung des § 16 Abs 3 der GBR tun <**R:** Hess LAG, 8.12.2005, 9 Ta BV 88/05, AuR 2006, 253 LS>. Wird der BR durch Gerichtsbeschluss nach § 23 Abs 1 aufgelöst (Abs 2 Nr 5), hat das ArbG unverzüglich einen Wahlvorstand zu bestellen (§ 23 Abs 2). In den sonstigen Fällen des Abs 2 Nr 4 und 6 bewendet es bei den allgemeinen Vorschriften über die Einleitung der Wahl (§§ 16 bis 18a).

2. Anpassung an die regelmäßige Wahlperiode

15 Das Gesetz will erreichen, dass die BR-Wahlen möglichst in allen Betrieben gleichzeitig stattfinden. Ist daher in einem Betrieb ein BR nach Abs 2 erstmalig oder neu außerhalb der Regelwahlzeit gewählt worden, hat grundsätzlich bereits in dem auf die Wahl folgenden nächsten Regelwahljahr auch für diesen Betrieb eine **Anpassung an den Turnus** des Abs 1 erfolgen. Der BR ist somit bereits im nächsten Regelwahljahr neu zu wählen, sodass seine Amtszeit verkürzt wird. Um Manipulationen auszuschließen, endet die Amtszeit eines solchen zwischenzeitlich gewählten BR nach § 21 S 4 kraft Gesetzes am 31. Mai des nächsten Regelwahljahres <**R:** BAG 6.12.2006, 7 ABR 62/05, AP Nr 5 zu § 21b BetrVG 1972>.

16 Eine **Sonderregelung** gilt nach Abs 3 S 2 lediglich für diejenigen zwischenzeitlich (dh außerhalb der regelmäßigen Wahlzeit) gewählten BR, die am 1. März des auf ihre Wahl folgenden Regelwahljahres (2014 und so fort) **noch nicht ein volles Jahr im Amt** waren <**R:** BAG 16.4.2008, 7 ABR 4/07, DB 2008, 1864 zum Stichtag 1. März>. Ihre Amtszeit verlängert sich bis zum übernächsten auf ihre Wahl folgenden Wahljahr und kann somit äußerstenfalls fünf Jahre umfassen.

17 Die **Jahresfrist** beginnt mit der Bekanntgabe des Wahlergebnisses, weil an diesem Tag die Amtszeit des BR begann (§ 21 S 2 und S 5, § 22). Ihre Berechnung richtet sich nach den §§ 187 Abs 1, 188 Abs 2 BGB (Ereignisfrist) und endet damit am gleichen Tag des Folgejahres. Ist also das Ergebnis einer BR-Wahl nach Abs 2 am 1. März 2021 (oder später) bekannt gegeben worden, so beträgt die Amtszeit des gewählten BR am 1. März 2022 noch keine volles Jahr, da die Jahresfrist gem § 188 Abs 2 BGB erst mit Ablauf dieses Tages endet.

III. Streitigkeiten

Streitigkeiten über die Zulässigkeit oder Notwendigkeit einer Neuwahl zum BR oder über deren Zeitpunkt entscheiden die Gerichte für Arbeitssachen im **Beschlussverf** <R: vgl LAG Köln, 15.2.2013, 4 TaBV 74/12>, ebenso alle Streitigkeiten über die Fortdauer des BR-Amts oder über die Weiterführung der Geschäfte des BR (§ 2a Abs 1 Nr 1 ArbGG).

§ 14 Wahlvorschriften

(1) Der Betriebsrat wird in geheimer und unmittelbarer Wahl gewählt.

(2) Die Wahl erfolgt nach den Grundsätzen der Verhältniswahl. Sie erfolgt nach den Grundsätzen der Mehrheitswahl, wenn nur ein Wahlvorschlag eingereicht wird oder wenn der Betriebsrat im vereinfachten Wahlverfahren nach § 14a zu wählen ist.

(3) Zur Wahl des Betriebsrats können die wahlberechtigten Arbeitnehmer und die im Betrieb vertretenen Gewerkschaften Wahlvorschläge machen.

(4) In Betrieben mit in der Regel bis zu 20 wahlberechtigten Arbeitnehmern bedarf es keiner Unterzeichnung von Wahlvorschlägen. Wahlvorschläge sind in Betrieben mit in der Regel 21 bis 100 wahlberechtigten Arbeitnehmern von mindestens zwei wahlberechtigten Arbeitnehmern und in Betrieben mit in der Regel mehr als 100 wahlberechtigten Arbeitnehmern von mindestens einem Zwanzigstel der wahlberechtigten Arbeitnehmer zu unterzeichnen. In jedem Fall genügt die Unterzeichnung durch fünfzig wahlberechtigte Arbeitnehmer.

(5) Jeder Wahlvorschlag einer Gewerkschaft muss von zwei Beauftragten unterzeichnet sein.

Literatur: *Faecks/Meik*, Zur Form eines Wahlvorschlags in der Betriebsratswahl, NZA 1988, 193; *Klein*, Die Stellung der Minderheitsgewerkschaften in der Betriebsverfassung (2007); *Klose*, Die schriftliche Stimmabgabe bei der Betriebsratswahl, NZA 2021, 1301; *Löwisch*, Freiheit und Gleichheit der Wahl zu Betriebsrat und Personalrat, BB 2014, 117; *Neumann*, Neuregelung des Wahlverfahrens zum Betriebsrat, BB 2002, 510; *Röder*, Die Neuregelung der Betriebsverfassung, NZA 1989, Beil Nr 4, S 2; *Sieg*, Qualen bei Arbeitnehmerwahlen, FS Hromadka (2008), S 437; *Stückmann*, Die Rücknahme von Zustimmungserklärungen auf Vorschlagslisten zur Betriebsratswahl, DB 1994, 630; *Thüsing/Lambrich*, Die Wahl des Betriebsrats nach neuem Recht, NZA-Sonderheft 2001, 79; *Wolf*, Betriebsstrukturen und Betriebsratswahlen nach der Gesetzesnovelle 2001, ArbRGgw 40 (2003), 99.

Übersicht

	Rn.		Rn.
I. Allgemeines	1	III. Wahlsysteme (Abs 2)	20
II. Wahlrechtsgrundsätze (Abs 1)	5	1. Verhältniswahl	20
1. Geheime Wahl	5	2. Mehrheitswahl	22
2. Unmittelbare Wahl	11	IV. Wahlvorschläge (Abs 3–5)	25
3. Gleiche und allgemeine Wahl	12	1. Wahlvorschläge der Arbeitnehmer	26
4. Chancengleichheit der Wahlbewerber	15	2. Wahlvorschläge der Gewerkschaften	31
5. Freie Wahl	17	V. Streitigkeiten	33

I. Allgemeines

1 Die Vorschrift enthält die grundlegenden Bestimmungen über die Durchführung der BR-Wahl. Sie wird **ergänzt durch die im Anhang 1 abgedruckte und kommentierte WO** sowie durch die hier nicht abgedruckte WO Seeschifffahrt. Zum vereinfachten Verf für Kleinbetriebe siehe § 14a.

II. Wahlrechtsgrundsätze (Abs 1) § 14

Die Vorschrift legt allem voran fest, dass der BR gewählt wird und auf keine andere Weise errichtet werden kann <R: BAG 29.9.1988, 2 AZR 107/88, DB 1989, 2176>. § 14 ist wie alle das Wahlverf regelnden Bestimmungen **zwingend**; von ihnen kann weder durch TV noch durch BV abgewichen werden. Auch abweichende Entscheidungen des Wahlvorstandes, etwa über die Anforderungen an die Wahlvorschläge, sind unzulässig und können zur Wahlanfechtung führen <R: vgl LAG Berl-Bbg 14.12.2021, 21 BVGa 1658/21>. 2

§ 14 gilt **nicht für den GBR und den KBR**, da diese Gremien nicht unmittelbar von der Belegschaft gewählt, sondern gem §§ 47 und 55 errichtet werden. Für die Wahl der Bordvertretung und des SeeBR ist § 14 nach § 116 Abs 2 Nr 4 mit der Maßgabe anzuwenden, dass Wahlvorschläge in jedem Falle (nur) von mindestens drei wahlberechtigten Besatzungsangehörigen unterschrieben zu werden brauchen. 3

Die Wahlgrundsätze des Abs 1 werden **ergänzt durch** § 20 Abs 1 und 2, die Behinderungen und Beeinflussungen der Wahl untersagen. 4

II. Wahlrechtsgrundsätze (Abs 1)

1. Geheime Wahl

Der Grundsatz der geheimen Wahl dient dem Zweck, den Wähler **vor jeglichem sozialen Druck zu schützen**. Er gilt nicht nur für den eigentlichen Wahlakt, sondern auch für die Wahlvorbereitung sowie nach Beendigung der Wahl gegenüber Auskunftsverlangen über die Stimmabgabe <R: BAG 2.8.2017, 7 ABR 42/15, DB 2018, 133>. Das Wahlgeheimnis ist lediglich durch die Stimmabgabevermerke nach § 12 Abs 3 WO sowie durch die Möglichkeit der Einsichtnahme in die Wahlakten nach § 19 WO durchbrochen <R: BAG 2.8.2017, aaO>. 5

Die vom Wahlvorstand zur Verfügung zu stellenden **Stimmzettel** müssen entweder die Vorschlagslisten (§ 11 Abs 2 WO) oder, wenn nur ein Wahlvorschlag eingereicht ist, die Namen der Wahlbewerber (§ 20 Abs 2 WO) ausgedruckt enthalten. Siehe auch die Erl zu § 11 WO. Abweichungen hiervon sind nicht zulässig; insbesondere ist das Wahlgeheimnis nicht gewahrt, wenn die Wähler die Namen der Wahlbewerber eigenhändig auf den Stimmzettel schreiben <R: LAG Ddf, 8.2.1950, Sa 217/50, BB 1951, 250>. Erst recht ist eine **offene Stimmabgabe**, etwa durch Handaufheben oder Zuruf in einer Betriebsversammlung, **unzulässig** <R: BAG 12.10.1961, 5 AZR 423/60, BB 1962, 48>. 6

Der Wahlvorstand hat dafür zu sorgen, dass der Wähler bei der Kennzeichnung des Stimmzettels **unbeobachtet** ist (§ 12 Abs 1 S 1 WO). Insoweit gelten strenge Anforderungen, Verstöße machen die Wahl anfechtbar <L: *Fitting* § 12 WO Rn 2; *Richardi/Forst* § 12 WO Rn 10>. Ob tatsächlich jemand die Wähler beobachtet, ist irrelevant. Der Grundsatz der geheimen Wahl ist bereits verletzt, wenn der Wähler sich aufgrund konkreter Umstände objektiv nachvollziehbar nicht unbeobachtet **fühlen konnte** <R: LAG München 10.1.2019, 4 TaBV 63/18; LAG Ddf 13.12.2016, 9 TaBV 85/16>. Notwendig sind Kabinen, mindestens aber Wandschirme oder Trennwände <R: LAG Rh-Pf 17.3.2011, 11 TaBV 45/10>; die AN können nicht darauf verwiesen werden, sich selbst eine ruhige Ecke im Betrieb zu suchen <R: LAG Ddf, 3.8.2007, 9 TaBV 41/07, AuR 2008, 120 (LS)>. Beim Ankreuzen des Stimmzettels darf kein Wahlhelfer zugegen sein, 7

§ 14 Wahlvorschriften

auch nicht, wenn der Wähler die deutsche Sprache nicht beherrscht <R: ArbG Bremen, 19.7.1972, 3 Ca 3252/72, DB 1972, 1830; L: DKW/*Homburg* Rn 10>. Lediglich im Falle körperlicher Behinderungen, die ein selbstständiges Ankreuzen des Stimmzettels unmöglich machen, so bei Blindheit, kann sich der AN zur Ausübung seines Wahlrechts einer Person seines Vertrauens bedienen (§ 12 Abs 4 S 1 WO). Dasselbe gilt für lesensunkundige AN (§ 12 Abs 4 S 5 WO).

8 Die Stimmzettel sind so zu falten, dass die Stimmabgabe nicht offen erkennbar ist, und dürfen, abgesehen von schriftlicher Stimmabgabe bei Briefwahl, nur im **Wahllokal** abgegeben werden. Stimmabgaben am Arbeitsplatz-PC oder an einem anderen Computer außerhalb des Wahllokals sind mit dem Gebot der geheimen Wahl nicht zu vereinbaren <L: *Jansen* Die elektronische Kommunikation in der Betriebsverfassung (2006), S 56>.

9 Aus dem Gebot der Geheimhaltung der Wahl folgt, dass mit der **Stimmenauszählung** erst nach Beendigung der Wahlhandlung begonnen werden darf (§ 13 WO), und zwar auch dann, wenn sich die Stimmabgabe über mehrere Tage erstreckt oder, etwa bei einem Schichtbetrieb, zu verschiedenen Zeiten erfolgt.

10 Ein **Verzicht** auf die Wahrung seines Wahlgeheimnisses ist rechtl **nicht möglich** <R: BAG 21.3.2018, 7 ABR 29/16, NZA 2018, 948; L: GK/*Jacobs* Rn 20>. Der Grds der geheimen Wahl verbietet allerdings niemandem, sein Stimmverhalten vor oder nach der Wahl zu offenbaren. Dass aus einer solchen Offenbarung Rückschlüsse auf das Wahlverhalten anderer Wahlberechtigter gezogen werden können, muss hingenommen werden, zumal Behauptungen zum eigenen Wahlverhalten wegen des strikten Schutzes des Wahlgeheimnisses keines Beweises zugänglich sind. Solche Erklärungen können aber in einem **gerichtl Verfahren** (auch bei Abgabe einer eidesstattlichen Versicherung) als Konsequenz der Unverzichtbarkeit des Wahlgeheimnisses **nicht verwertet** werden <R: BAG 25.10.2017, 7 ABR 2/16, NZA 2018, 252; LAG Hamm 5.8.2011, 10 TaBV 13/11; BVerwG 21.7.1975, VII P 1.74, BVerwGE 49, 75 zur Personalratswahl; L: GK/*Jacobs* Rn 21; *Fitting* Rn 15; DKW/*Homburg* Rn 12; aA *Löwisch*, 6. Aufl; *Gamillscheg* S 394>. Ob eine freiwillig abgegebene Erklärung wahr oder falsch ist, darf daher nicht untersucht werden; damit ist die Erklärung für ein gerichtliches Verfahren wertlos. Nur die **Tatsache der Stimmabgabe** kann festgestellt oder bewiesen werden, und auch diese ausschließlich durch die Vermerke in der Wählerliste. Das Wahlgeheimnis **verbietet jede weitergehende Recherche** und Befragung der Wahlberechtigten dazu, ob und aus welchen Gründen sie von ihrem Wahlrecht Gebrauch gemacht haben <R: BAG 25.10.2017, 7 ABR 2/16, NZA 2018, 252; 12.6.2013, 7 ABR 77/11, BB 2013, 2683>. Unzulässig ist daher auch die Prüfung, ob Nichtwähler Kenntnis von ihrem Wahlrecht hatten <R: BAG 25.10.2017, aaO; 2.8.2017, 7 ABR 42/15, DB 2018, 133>. Wer seine Wahlentscheidung vor Gericht preisgeben soll, dem steht ein **Recht auf Zeugnisverweigerung** zu <R: LAG Hamm 5.8.2011, 10 TaBV 13/11; L: Richardi/*Thüsing* Rn 15; *Fitting* Rn 15>.

2. Unmittelbare Wahl

11 Unmittelbare Wahl iS des Abs 1 heißt, dass der Wahlberechtigte **selbst und direkt**, dh ohne Wahlmänner oder die Möglichkeit der Stellvertretung bei der Stimmabgabe, wählen muss. Die persönliche Ausübung des Stimmrechts ist auch bei schriftlicher Stimmabgabe erforderlich (§ 25 WO) <R: LAG Ddf 27.3.1975, 11 TaBV 28/75, BB 1975, 788>.

II. Wahlrechtsgrundsätze (Abs 1) § 14

3. Gleiche und allgemeine Wahl

Gleiche und allg Wahl ist zwar nach dem Wortlaut des Gesetzes hier nicht ausdrücklich vorgeschrieben, ergibt sich aber aus einem allg für Wahlen geltenden Prinzip <**R:** BAG 25.5.2005, 7 ABR 10/04, DB 2005, 2828>. Alle Wahlberechtigten können ihr Stimmrecht **in formal gleicher Weise** ausüben. 12

Der Grds der Allgemeinheit verbietet es, den Betrieb in **Wahlkreise** aufzuteilen und in einzelnen Betriebsteilen besondere Kandidaten aufzustellen. Das würde zur Wahl besonderer Repräsentanten für einzelne Betriebsteile führen wäre mit der Einheit des BR unvereinbar <anders nur für die Wahl eines BR für mehrere Betriebe nach § 3 Abs 1 **R:** LAG Hamm 27.6.2003, 10 TaBV 22/03>. 13

Eine **Stimmgewichtung** findet nach dem Gleichheitsgrundsatz **nicht** statt. Damit unvereinbar ist eine Vorgehensweise, bei der die Gefahr besteht, dass Stimmzettel unterschlagen oder vertauscht werden. Das ist der Fall, wenn der Wahlvorstandsvorsitzende bei der Briefwahl von mehreren Wählern die ausgefüllten Briefwahlunterlagen entgegennimmt, um sie zum Wahlvorstand zu transportieren <**R:** LAG Hamm 1.6.2007, 13 TaBV 86/06>. In zulässiger Weise beschränkt ist die Wahlgleichheit durch die Geschlechterquote nach § 15 Abs 2 <**R:** BAG 16.3.2005, 7 ABR 40/04, EzA § 15 BetrVG 2001 Nr 1>. 14

4. Chancengleichheit der Wahlbewerber

Spiegelbildlich zur Gleichheit der Wählerstimmen gilt nach der Rspr zugunsten der Wahlbewerber der für demokratische Wahlen elementare ungeschriebene Grundsatz der Chancengleichheit. Nach ihm soll jeder Wahlbewerber die **gleichen Möglichkeiten im Wahlkampf und im Wahlverfahren** und damit die gleiche Chance im Wettbewerb um die Wählerstimmen haben <**R:** BAG 6.12.2000, 7 ABR 34/99, DB 2001, 142; **L:** Richardi/*Thüsing* Rn 18>. Es ist insbesondere Aufgabe des **Wahlvorstands**, durch **neutrale Amtsführung** diese Chancengleichheit zu wahren und nicht zu beeinträchtigen <**R:** LAG BaWü 27.11.2019, 4 TaBV 2/19, BB 2020, 894; LAG Nbg 20.9.2011, 6 TaBV 9/11; **L:** *Zumkeller/Karwatzki* BB 2011, 2101>. Dagegen **verstößt** der Wahlvorstand etwa, wenn er mit dem Wahlausschreiben **Wahlwerbung** einer Kandidatenliste verschickt <**R:** LAG BaWü 27.11.2019, 4 TaBV 2/19, BB 2020, 894>, **Bilder** von manchen aber nicht allen Kandidaten am Schwarzen Brett aushängt oder **Einsicht** in die mit Stimmabgabevermerken versehene **Wählerliste** gewährt <**R:** BAG 6.12.2000, 7 ABR 34/99, DB 2001, 1422>. Das gilt auch für die an sich zulässige Einsichtnahme durch ein Wahlvorstandsmitglied, wenn dieses sich damit die Möglichkeit verschafft, AN gezielt anzusprechen und noch zur Stimmabgabe zu motivieren <LAG Nds, 26.2.2016, 13 TaBV 27/15>; es genügt bereits, dass eine entsprechende Liste erstellt wird, die ein gezieltes Ansprechen ermöglicht <**R:** LAG Köln, 20.2.2015, 4 TaBV 79/14>. Zur Wahrung der Chancengleichheit kann der Wahlvorstand im Einzelfall auch verpflichtet sein, Wahlbewerbern die **Einsatzorte** der anderen AN **mitzuteilen**, um allen Bewerbern gleichermaßen die Chance zur Wahlwerbung zu geben <**R:** zur Wahl der SchwbV LAG BaWü 28.11.2017, 9 TaBV 4/17>. Verstöße führen idR zur Anfechtbarkeit der Wahl (s § 19 Rn 12). 15

Die **Wahlbewerber** untereinander sind an den Grundsatz der Chancengleichheit hingegen nicht unmittelbar gebunden, weil das Wahlverfahren nicht in ihrer Hand liegt <**R:** LAG München 27.7.2007, 8 TaBV 89/06, **aA** Hess LAG 15.6.2020, 16 TaBV 116/19, 16

§ 14 Wahlvorschriften

LAGE § 177 SGB IX 2018 Nr 1 zu Wahlwerbung unter möglicher Verletzung des Datenschutzrechts>. Auch dem **AG**, der am Wahlverf nur durch seine Pflicht zur Unterstützung des Wahlvorstands (insb nach § 2 Abs 2 WO) unmittelbar beteiligt ist, lässt sich keine Pflicht zur Wahrung der Chancengleichheit zuschreiben <aA R: LAG München 27.7.2007, 8 TaBV 89/06>. Selbst wenn man mit der hL entgg der hier vertretenen Auffassung und entgg der neueren Rspr des BAG den AG auf Neutralität verpflichten will (s § 20 Rn 13), so folgt daraus allenfalls, dass er sich seinerseits jeder Einflussnahme auf das Verfahren zu enthalten hat.

5. Freie Wahl

17 Auch dieser Grds ist nicht ausdrücklich im Gesetz genannt, gilt aber wie für alle nach demokratischen Regeln durchgeführten Wahlen auch für die BR-Wahl <R: BAG 6.12.2000, 7 ABR 34/99, EzA § 19 BetrVG 1972 Nr 40>. Er verbietet jede Beeinflussung der Wahlberechtigten sowohl im Hinblick auf die Ausübung des Wahlrechts selbst als auch hinsichtlich einer bestimmten Wahlentscheidung, die über bloße Werbemaßnahmen hinausgeht <L: zur Wahlwerbung durch BR *Löwisch* BB 2014, 117, 119>. **Verboten ist jede Ausübung von Druck** auf die Wahlberechtigten, zur Wahl zu gehen oder ihr fernzubleiben. Daher ist bereits die Einsichtnahme in die mit Stimmabgabevermerken versehene Wählerliste vor Abschluss der Wahl unzulässig, weil dies eine gezielte Ansprache der AN ermöglicht, die noch nicht gewählt haben <R: BAG 6.12.2000, aaO; **aA** BVerwG 3.3.2003, 6 P 14/02, AP Nr 5 zu § 25 BPersVG; **L:** wie hier unter dem Aspekt des Schutzes der Minderheitsgewerkschaften ausführlich *Klein* S 310 ff>.

18 Auch bei der Stimmabgabe selbst hat jede Beeinflussung zu unterbleiben. Das gilt vor allem für die Gestaltung der **Stimmzettel**. Diese müssen die gleiche Größe, Farbe, Beschaffenheit und Beschriftung haben; insbesondere dürfen die Kreise für das Ankreuzen nicht unterschiedlich stark ausgedruckt sein <R: BAG 14.1.1969, 1 ABR 14/68, AP Nr 12 zu § 13 BetrVG, BB 1969, 490>. Auf den Stimmzetteln darf nicht für eine bestimmte Wahlentscheidung geworben werden <R: ArbG Wetzlar 5.3.1975, 2 BVGa 1/75, AuR 1976, 55>.

19 Für die **Briefwahl** bringt § 24 Abs 1 WO zum Ausdruck, dass auch die Entscheidung, an der Wahl nicht teilzunehmen, zu respektieren ist; Briefwahlunterlagen sind nur auf Verlangen zu übersenden. Werden gleichwohl Briefwahlunterlagen unaufgefordert übersandt oder überbracht, entfaltet dies einen unzulässigen psychologischen Druck, an der Wahl teilzunehmen <R: LAG Nbg 27.11.2007, 6 TaBV 46/07, LAGE § 19 BetrVG 2001 Nr 3a; **L:** ausführlich *Klein* S 305 ff>. Auch bei auf Verlangen oder in den Fällen des § 24 Abs 2 und 3 WO übermittelten Briefwahlunterlagen muss die Freiheit der Stimmabgabe gewährleistet werden. Damit lässt sich nicht vereinbaren, dass der Überbringer der Unterlagen auf die Stimmabgabe wartet, um die Unterlagen zurück zum Wahlvorstand zu bringen <**L:** *Klein* S 309 f>.

III. Wahlsysteme (Abs 2)

1. Verhältniswahl

Die Wahl eines mehrköpfigen BR erfolgt nach den Grundsätzen der **Verhältniswahl**, Abs 2 S 1, wenn nicht ein Ausnahmefall des Abs 2 S 2 gegeben ist (nur eine Vorschlagsliste oder vereinfachtes Wahlverf im Kleinbetrieb). Die Verhältniswahl wird gem § 11 WO zwingend als Listenwahl durchgeführt: Jeder Wähler kann nur eine einzige Liste wählen und diese nicht verändern. Die Sitze werden nach dem Höchstzahlverf unter Beachtung des Gebots verhältnismäßiger Vertretung der Geschlechter auf die Listen verteilt (§ 15 WO, s dortige Erläuterung). 20

Der Grds der Verhältniswahl ist **verfassungsrechtlich nicht vorgeschrieben** <R: BAG 25.5.2005, 7 ABR 10/04, DB 2005, 2828; L: aA ausführlich und mit beachtlichen Gründen *Klein* S 283 ff>. 21

2. Mehrheitswahl

Als **Mehrheitswahl** wird die BR-Wahl einmal dann durchgeführt, wenn nur eine einzige Vorschlagsliste eingereicht wird (Abs 2 S 2 1. Fall). Es handelt sich um eine reine Personenwahl, jeder AN hat so viele Stimmen, wie Mitglieder zu wählen sind (§ 20 Abs 3 S 1 WO). Stimmen kann nur erhalten, wer in der Vorschlagsliste aufgeführt ist (§ 20 Abs 1 WO). Gewählt sind diejenigen Bewerber, welche die meisten Stimmen erhalten haben, soweit nicht mit Blick auf die Geschlechterquote nach § 15 Abs 2 Bewerber des Minderheitengeschlechts trotz geringerer Stimmenzahl vorrangig zu berücksichtigen sind (§ 22 Abs 1 und 2 WO). IF der Stimmengleichheit entscheidet das Los (§ 22 Abs 3 WO). Erhalten weniger Bewerber, als Mitglieder zu wählen sind, überhaupt Stimmen, bleiben die restlichen Sitze unbesetzt. 22

Mehrheitswahl findet auch statt, wenn der BR im vereinfachten Wahlverf nach § 14a zu wählen ist (Abs 2 S 2 2. Fall). Werden in einem solchen Fall **mehrere Wahlvorschläge** eingereicht, werden die Bewerber auf dem Stimmzettel in alphabetischer Reihenfolge aufgeführt (§ 34 Abs 1 S 2 WO), nur sie können gewählt werden (§ 34 Abs 1 S 1 WO). Dort, wo nur ein BR-Mitglied zu wählen ist, gilt derjenige Bewerber als gewählt, der die meisten Stimmen erhalten hat; bei Stimmengleichheit entscheidet auch hier das Los (§ 34 Abs 4 WO). Stand nur ein Bewerber zur Wahl und hat dieser mehr Nein-Stimmen als Ja-Stimmen erhalten, kann er nach allg Grundsätzen nicht als gewählt angesehen werden. Ihm fehlt dann die notwendige Legitimation. Sind, wie das auf Betriebe mit zw 21 und 50 AN zutrifft, drei BR-Mitglieder zu wählen, gelten diejenigen Bewerber als gewählt, die unter allen Bewerbern die meisten Stimmen erhalten haben. 23

Ersatzmitglieder werden der Reihenfolge ihrer Stimmen nach die weiteren Bewerber (vgl § 25 Abs 2 S 3). 24

IV. Wahlvorschläge (Abs 3–5)

Nur wer in einem Wahlvorschlag **benannt** ist, kann **gewählt** werden (§§ 20 Abs 1, 34 Abs 1 S 1 WO). Die in den Abs 3–5 geregelten Grundsätze werden ergänzt durch die Vor- 25

Wiebauer

§ 14 Wahlvorschriften

schriften der §§ 6–10, 27 und 33 WO. Liegt kein gültiger Wahlvorschlag vor, führt dies zur Nichtigkeit einer dennoch durchgeführten BR-Wahl <R: LAG Hamm 9.9.1994, 3 TaBV 137/94, BB 1995, 260>.

1. Wahlvorschläge der Arbeitnehmer

26 Wahlvorschläge können nach Abs 3 zunächst die **wahlberechtigten AN** des Betriebs machen. Hierzu zählen auch die im Betrieb eingesetzten Leih-AN gem § 7 S 2 (s § 7 Rn 21 ff); sowie AN iSd § 5 Abs 1 S 3 <L: GK/*Jacobs* Rn 51>. In Betrieben mit in der Regel bis zu 20 wahlberechtigten AN müssen die Vorschläge seit dem Betriebsrätemodernierungsgesetz vom 14.6.2021 gem Abs 4 S 1 nicht mehr unterzeichnet sein. In Betrieben mit in der Regel 21–100 wahlberechtigten AN genügen zwei Stützunterschriften (Abs 4 S 2), in größeren Betrieben braucht es die Unterschrift von mindestens einem Zwanzigstel der wahlberechtigten AN (Abs 4 S 3). Bruchteile sind aufzurunden, sodass die höhere Zahl als Quorum maßgeblich ist <L: Richardi/*Thüsing* Rn 63>. Die Unterschrift von mindestens 50 wahlberechtigten AN reicht in jedem Falle aus (Abs 4 S 4). **Leih-AN** zählen gem § 14 Abs 2 S 4 AÜG mit; das gilt im Erg auch für Leih-AN außerhalb des AÜG <L: *Löwisch*/*Wegmann* BB 2017, 373, 375 f>. Das Quorum ist im Wahlausschreiben verbindlich anzugeben (§ 3 Abs 2 Nr 6 WO). Enthält ein Wahlvorschlag eine zu geringe Zahl an Stützunterschriften, ist er nach § 8 Abs 1 Nr 3 WO ungültig <R: BAG 25.5.2005, 7 ABR 39/04, EzA § 14 BetrVG 2001 Nr 1>. S auch § 8 WO Rn 1.

27 Die Wahlvorschläge müssen binnen **zwei Wochen** nach Erlass des Wahlausschreibens beim Wahlvorstand eingehen (§ 6 Abs 1 S 2 WO) und durch die notwendige Zahl der wahlberechtigten AN **persönlich unterzeichnet** sein <L: *Fitting* Rn 52>. Eine Stellvertretung ist mit Rücksicht auf den Grundsatz der Unmittelbarkeit bei allen Wahlentscheidungen unzulässig <R: LAG Rh-Pf 14.1.2016, 5 TaBV 19/15; L: DKW/*Homburg* Rn 27; *Fitting* Rn 52; Richardi/*Thüsing* Rn 60>. Jeder Wahlberechtigte darf **nur einen** Wahlvorschlag unterzeichnen (§ 6 Abs 5 WO). Auch Mitglieder des Wahlvorstands können einen Wahlvorschlag unterzeichnen <R: BAG 4.10.1977, 1 ABR 37/77, BB 1978, 254>, ebenso Wahlbewerber. Allerdings muss deutlich erkennbar sein, dass der Wahlbewerber mit der Unterschrift nicht nur seine Kandidatur erklären, sondern zugleich den Wahlvorschlag unterstützen will <R: BAG 6.11.2013, 7 ABR 65/11, EzA § 14 BetrVG 2001 Nr 4>.

28 Die Wahlvorschläge (**Vorschlagslisten**) müssen dem Wahlvorstand schriftlich (§ 126 Abs 1 BGB) **im Original** eingereicht werden <R: BAG 20.1.2010, 7 ABR 39/08, NZA 2010, 1435 (zur Wahl der SchwbV); wohl nicht bewusst anders 21.1.2009, 7 ABR 65/07, EzA § 19 BetrVG 2001 Nr 7; wie hier L: GK/*Jacobs* Rn 63>. Wahlvorschlag und (Original-)Unterschriften müssen eine **einheitliche Urkunde** bilden. Dies kann sich nicht nur aus einer körperlich festen Verbindung der Blätter ergeben, sondern auch aus sonstigen, den Schriftstücken anhaftenden Merkmalen, zB der Wiedergabe des Kennworts auf den einzelnen Blättern <R: BAG 25.5.2005, 7 ABR 39/04, EzA § 14 BetrVG 2001 Nr 1>. Es können die Unterschriften auch in verschiedenen Wahlvorschlagsexemplaren gesammelt werden, wenn diese nur sämtliche Bewerber inhaltlich übereinstimmend aufführen <R: Hess LAG 25.4.2018, 16 TaBVGa 83/18; LAG SH 9.1.2017, 3 TaBVGa 3/16, AE 2017, 151; L: GK/*Jacobs* Rn 65; DKW/*Homburg* Rn 19; *Fitting* Rn 52; **einschr** (keine Unterschriften auf Kopien) Richardi/*Thüsing* Rn 61>. Auf etwaige Mängel muss der Wahlvor-

IV. Wahlvorschläge (Abs 3–5) § 14

stand den Listenvertreter unverzüglich hinweisen, um ihm Gelegenheit zur Fehlerbehebung zu geben <R: LAG HH 7.3.2016, 8 TaBV 4/15>.

Wahlvorschläge **sollen** doppelt so viele Bewerber aufweisen wie BR-Mitglieder zu wählen sind, § 6 Abs 2 WO. Diese Vorschrift ist nicht zwingend; ein Verstoß gg sie macht den Wahlvorschlag nicht ungültig und berechtigt den Wahlvorstand auch nicht, ihn zurückzuweisen <R: BAG 29.6.1965, 1 ABR 2/65, BB 1965, 988>. Ein Wahlvorschlag wird **ungültig**, wenn er ohne Einverständnis aller Unterzeichner (zB durch Streichung oder Hinzufügung von Kandidaten) **verändert** wird <R: BAG 16.1.2018, 7 ABR 11/16, NZA 2018, 797; 21.1.2009, 7 ABR 65/07, EzA § 19 BetrVG 2001 Nr 7; 15.12.1972, 1 ABR 8/72, DB 1973, 243>. 29

Jeder Wahlbewerber darf nur auf einem Wahlvorschlag kandidieren (§ 6 Abs 7 WO). Nach § 6 Abs 3 S 2 WO müssen dem Wahlvorschlag die **schriftlichen Zustimmungen** der Wahlbewerber beigefügt werden. Die **Rücknahme** der Zustimmung ist auch nach Einreichung jederzeit möglich <R: aA LAG Ddf 18.1.1982, 10 TaBV 85/81, DB 1982, 1628; L: wie hier Richardi/*Thüsing* Rn 65; GK/*Jacobs* Rn 67; aA *Fitting* Rn 56; DKW/*Homburg* Rn 24>. Der Wahlvorstand ist in diesem Fall entgegen der Ansicht des BAG gehalten, den betreffenden Kandidaten bis zum Beginn der Stimmabgabe **von der Liste streichen**, weil die Rücknahme der Zustimmung der Ankündigung einer Nichtannahme der Wahl (§ 17 Abs 1 S 2 WO) gleichkommt und ohne Streichung die Gefahr der Wählertäuschung besteht <R: aA BAG 15.12.1972, 1 ABR 8/72, DB 1973, 2052; L: wie hier GK/*Jacobs* Rn 67>. 30

2. Wahlvorschläge der Gewerkschaften

Seit der Novellierung des BetrVG 1989 haben auch im Betrieb vertretene **Gewerkschaften** (§ 2 Rn 27 ff) das Wahlvorschlagsrecht (vgl § 27 WO). Das trägt dem Hinweis des BVerfG <R: BVerfG 16.10.1984, 2 BvL 20/82, BVerfGE 67, 369 ff> Rechnung, dass viele Wahlberechtigte sich davor scheuen, mit ihrer Unterschrift Wahlvorschläge, vor allem solche einer Minderheit, zu unterstützen, obwohl sie ihnen bei einer geheimen Wahl ihre Stimme geben würden <L: *Klein* S 325 ff>. Die Gewerkschaften können **nicht nur eigene Mitglieder** vorschlagen, sondern jeden im Betrieb wählbaren AN <L: *Fitting* Rn 65; DKW/*Homburg* Rn 36; GK/*Jacobs* Rn 91>. Jede Gewerkschaft kann **nur einen** Wahlvorschlag einbringen <L: Richardi/*Thüsing* Rn 52>. Arbeitnehmervereinigungen, die keine Gewerkschaften sind, haben kein Vorschlagsrecht <R: LAG Berl-Bbg 7.5.2021, 5 TaBV 1160/19; L: *Fitting* Rn 62>. 31

Nach Abs 5 muss der Wahlvorschlag einer Gewerkschaft von **zwei Beauftragten** unterzeichnet sein, nur dann darf er die Bezeichnung der Gewerkschaft führen <R: BAG 15.5.2013, 7 ABR 40/11, EzA § 14 BetrVG 2001 Nr 3>. Weitere Stützunterschriften von AN sind dann **nicht** erforderlich, aber unschädlich <R: BAG 15.5.2013, aaO>. Beauftragte können – nach freier Entscheidung der Gewerkschaft – sowohl betriebsangehörige wie betriebsfremde Personen sein <R: LAG München 28.1.2021, 3 TaBV 55/20; LAG SH 9.1.2017, 3 TaBVGa 3/16, AE 2017, 151; LAG Rh-Pf 14.1.2016, 5 TaBV 19/15; L: *Fitting* Rn 68>. Notwendig ist nur, dass sie **durch die satzungsgemäßen Organe der Gewerkschaft** bevollmächtigt worden sind, wenn sich die Beauftragung nicht unmittelbar aus der Satzung ergibt <R: LAG München 28.1.2021, 3 TaBV 55/20; LAG SH 9.1.2017, 3 TaBVGa 3/16, AE 2017, 151> (**sa § 27 WO Rn 2f**). Zur Änderung eines gewerk- 32

§ 14   Wahlvorschriften

schaftlichen Wahlvorschlags sind nur beide Beauftragten gemeinsam berechtigt; eigenmächtige Änderungen durch einen der beiden führen zur Unwirksamkeit der Liste <R: LAG Rh-Pf 14.1.2016, 5 TaBV 19/15>. Der Wahlvorschlag einer Gewerkschaft ist als solcher **ungültig**, wenn er nicht diesen Maßgaben gem von zwei Beauftragten unterzeichnet ist (§ 27 Abs 2 WO). Verstöße gegen die Vorgaben des Abs 5 können daher zur Anfechtbarkeit der Wahl führen <R: LAG München 28.1.2021, 3 TaBV 55/20>.

V. Streitigkeiten

33   Streitigkeiten über die Vorbereitung und Durchführung der Wahl, über Maßnahmen des Wahlvorstandes und über die Gültigkeit eingereichter Wahlvorschläge werden vom ArbG im **Beschlussverf** nach § 2a Abs 1 Nr 1 ArbGG entschieden (siehe im Einzelnen § 18 Rn 21 ff. Zur Wahlanfechtung siehe § 19, zur Nichtigkeit der Wahl § 19 Rn 43 ff).

§ 14a Vereinfachtes Wahlverfahren für Kleinbetriebe

(1) In Betrieben mit in der Regel fünf bis 100 wahlberechtigten Arbeitnehmern wird der Betriebsrat in einem zweistufigen Verfahren gewählt. Auf einer ersten Wahlversammlung wird der Wahlvorstand nach § 17a Nr. 3 gewählt. Auf einer zweiten Wahlversammlung wird der Betriebsrat in geheimer und unmittelbarer Wahl gewählt. Diese Wahlversammlung findet eine Woche nach der Wahlversammlung zur Wahl des Wahlvorstands statt.

(2) Wahlvorschläge können bis zum Ende der Wahlversammlung zur Wahl des Wahlvorstands nach § 17a Nr. 3 gemacht werden; für Wahlvorschläge der Arbeitnehmer gilt § 14 Abs. 4 mit der Maßgabe, dass für Wahlvorschläge, die erst auf dieser Wahlversammlung gemacht werden, keine Schriftform erforderlich ist.

(3) Ist der Wahlvorstand in Betrieben mit in der Regel fünf bis 100 wahlberechtigten Arbeitnehmern nach § 17a Nr. 1 in Verbindung mit § 16 vom Betriebsrat, Gesamtbetriebsrat oder Konzernbetriebsrat oder nach § 17a Nr. 4 vom Arbeitsgericht bestellt, wird der Betriebsrat abweichend von Absatz 1 Satz 1 und 2 auf nur einer Wahlversammlung in geheimer und unmittelbarer Wahl gewählt. Wahlvorschläge können bis eine Woche vor der Wahlversammlung zur Wahl des Betriebsrats gemacht werden; § 14 Abs. 4 gilt unverändert.

(4) Wahlberechtigten Arbeitnehmern, die an der Wahlversammlung zur Wahl des Betriebsrats nicht teilnehmen können, ist Gelegenheit zur schriftlichen Stimmabgabe zu geben.

(5) In Betrieben mit in der Regel 101 bis 200 wahlberechtigten Arbeitnehmern können der Wahlvorstand und der Arbeitgeber die Anwendung des vereinfachten Wahlverfahrens vereinbaren.

Literatur: *Rudolph/Lauterbach*, Vereinbarung des vereinfachten Wahlverfahrens, AiB 2006, 152; *Will*, Das vereinfachte Wahlverfahren für Kleinbetriebe, FA 2006, 71; siehe auch Literatur zu § 14.

Übersicht

	Rn.		Rn.
I. Allgemeines und Anwendungsbereich	1	III. Einstufiges Wahlverfahren	16
II. Zweistufiges Wahlverfahren	9	IV. Briefwahl	18
1. Bestellung des Wahlvorstands	9		
2. Wahl des BR	12		

I. Allgemeines und Anwendungsbereich

Mit der Schaffung des vereinfachten Wahlverf nach den §§ 14a, 17a wollte das BetrVerfRG die **Errichtung von BR in Kleinbetrieben erleichtern** <L: BT-Drs 14/5741 S 26, 36 f>. Nachdem dieses Verfahren bei der Brwahl 2018 vielfach genutzt wurde, hat der Gesetzgeber es durch das Betriebsrätemodernisierungsgesetz vom 14.6.2021 auf größere Betriebe mit bis zu 200 wahlberechtigten AN ausgeweitet <L: BT-Drs 19/28899 S 18>.

1

§ 14a Vereinfachtes Wahlverfahren für Kleinbetriebe

2 Freilich muss jedes Wahlverf auf die Anforderungen einer rechtsstaatlichen und demokratischen Wahl Rücksicht nehmen, sodass sich der Vereinfachungseffekt in Grenzen hält. Das vereinfachte Wahlverfahren unterscheidet sich vom Regelwahlverfahren nach § 14 va durch erheblich **kürzere Fristen**, durch die ausschließliche Anwendung des **Mehrheitswahl**-Systems sowie durch die Stimmabgabe im Rahmen einer **Wahlversammlung** anstatt einer Urnenwahl.

3 Nach Abs 1 S 1 gilt das vereinfachte Wahlverf für Betriebe mit in der Regel **fünf bis 100 wahlberechtigten AN**. Abzustellen ist dabei entsprechend der neueren Rspr des BAG zu § 9 (s § 9 Rn 2) auf alle nach § 7 wahlberechtigten AN einschließlich der überlassenen AN nach § 7 S 2 <**R:** vgl BAG 13.3.2013, 7 ABR 69/11, BB 2013, 2045; zum Wahlverf nach MitbestG BAG 4.11.2015, 7 ABR 42/13, BB 2016, 1146; **L:** wie hier ErfK/*Koch* Rn 1; *Fitting* Rn 4>. Für Leih-AN ergibt sich dies bereits aus § 14 Abs 2 S 4 AÜG; für andere überlassene AN iS des § 7 S 2 kann nichts anderes gelten (§ 7 Rn 31). Die Gegenansicht <**L:** *Löwisch* 6. Aufl Rn 2; GK/*Jacobs* Rn 16> würde dazu führen, dass in Betrieben mit kleiner Stammbelegschaft und vielen überlassenen FremdAN das auf Kleinbetriebe zugeschnittene Wahlverfahren auch bei einer Zahl von Wahlberechtigten weit jenseits der Schwellenwerte anzuwenden wäre <**L:** *Linsenmaier/Kiel* RdA 2014, 135, 145>.

4 Maßgeblich ist die Zahl der **„in der Regel" beschäftigten AN**. Gemeint ist die Belegschaftsstärke (Stamm- und Leih-AN), die für den Betrieb im Allgemeinen kennzeichnend ist <**R:** BAG 7.5.2008, 7 ABR 17/07, EzA § 9 BetrVG 2001 Nr 4>. Allein die Wahlberechtigung des einzelnen Leih-AN nach § 7 S 2 genügt bei einem auf wenige Monate begrenzten Einsatz daher nicht <**L:** BT-Drs 18/9232 S 29; *Löwisch/Wegmann* BB 2017, 373, 375>. Gezählt wird die Zahl der Leih-AN, die üblicherweise im Betrieb eingesetzt ist <BAG 4.11.15, 7 ABR 42/13, BB 2016, 1146>. S auch § 9 Rn 3 ff.

5 Da schon die Bestellung des Wahlvorstands zum vereinfachten Wahlverf gehört, ist für die Zahl der regelmäßig beschäftigten AN auf den **Zeitpunkt der Bestellung** des Wahlvorstands abzustellen und nicht erst auf den Erlass des Wahlausschreibens <**L:** aA GK/ *Jacobs* Rn 20>. Maßgeblich ist somit je nach den Umständen des Einzelfalls der Tag der ersten Wahlversammlung nach § 14a Abs 1 S 2 oder der Betriebsversammlung nach § 17 Abs 2 bzw der Tag der Bestellung nach § 16 (iVm § 17a). Nachträgliche Veränderungen sind unerheblich.

6 Liegen die Voraussetzungen des Abs 1 vor, ist **zwingend** im vereinfachten Verfahren zu wählen. Eine im falschen Verfahren durchgeführte Wahl ist anfechtbar <**R:** vgl BAG 19.11.2003, 7 ABR 24/03, DB 2004, 2819 zum umgekehrten Fall>. Auch die Verfahrensvorschriften der Abs 2–4 sind zwingend und erlauben keine Abweichungen (s § 14 Rn 2).

7 Nur für Betriebe mit in der Regel **101 bis 200 AN** können nach Abs 5 Wahlvorstand und AG die Anwendung des vereinfachten Wahlverf **vereinbaren**. Die Vereinbarung ist formlos, auch konkludent, möglich <**R:** BAG 19.11.2003, aaO; LAG Sachsen 17.3.2017, 2 TaBV 33/16>. Abs 5 setzt voraus, dass zuvor ein Wahlvorstand im normalen Verf (§§ 16, 17) bestellt ist, betrifft somit nur die eigentliche BR-Wahl. § 14a Abs 2 ist dementspr nicht anwendbar. Kommt eine Vereinbarung nach Abs 5 nicht zustande, bleibt es beim normalen Wahlverf. Dass damit mittelbar die Anwendung des Mehrheitswahl-Systems zur Disposition von Wahlvorstand und AG steht, begegnet mit Blick auf den Vorbehalt des Gesetzes (Art 20 GG) verfassungsrechtlichen Bedenken <**L:** *Hanau* NJW 2001, 2513, 2517>. Der Gesetzgeber geht aber ausweislich § 37 WO von diesem Ergebnis aus.

Für das vereinfachte Wahlverf enthält die WO eine Reihe von Sonderbestimmungen, s 8
die Erl bei §§ 28 ff WO.

II. Zweistufiges Wahlverfahren

1. Bestellung des Wahlvorstands

§ 14a regelt in Abs 1 und 2 zunächst die vereinfachte Wahl in **Betrieben ohne BR**. Sie 9
erfolgt nach Abs 1 in einem zweistufigen Verf, **wenn nicht** GBR oder KBR die Bestellung des Wahlvorstands übernehmen (s Rn 10). Auf einer ersten Wahlversammlung wird nach § 17a Nr 3 der Wahlvorstand gewählt. Eine Woche danach erfolgt in einer zweiten Wahlversammlung die BR-Wahl.

Für den Fall, dass eine Wahlversammlung zur Wahl des Wahlvorstands nicht stattfindet 10
oder auf ihr kein Wahlvorstand gewählt wird, sieht § 14a Abs 3 S 1 iVm § 17a Nr 4, dieser wiederum iVm § 17 Abs 4 die Bestellung des Wahlvorstandes **durch das ArbG** auf Antrag von mindestens drei wahlberechtigten AN oder einer im Betrieb vertretenen Gewerkschaft vor. In diesem Fall wird der BR nach § 14a Abs 3 S 1 auf nur einer Wahlversammlung in geheimer und unmittelbarer Wahl gewählt. Diese Wahlversammlung wird vom Wahlvorstand einberufen, der dafür unverzüglich tätig werden muss. Wahlvorschläge können nach § 14a Abs 3 S 2 in diesem Fall bis eine Woche vor der Wahlversammlung zur Wahl des BR gemacht werden. Für sie gilt § 14 Abs 4 unverändert. Sie müssen also in jedem Falle schriftlich erfolgen und unterzeichnet sein.

Auch im BRlosen Kleinbetrieb ist die Bestellung des Wahlvorstands gem § 17 Abs 1 **pri-** 11
mär Aufgabe eines evtl GBR oder KBR. Dies ergibt sich aus dem umfassenden Verweis auf § 17 im Einleitungssatz des § 17a für alle Fälle des § 14a. Das zweistufige Wahlverfahren findet gem §§ 14a Abs 1 S 2, 17a Nr 3 iVm § 17 Abs 2 nur Anwendung, wenn eine Bestellung durch GBR oder KBR unterbleibt <L: GK/*Jacobs* Rn 22; *Fitting* Rn 44; aA *Löwisch* 6. Aufl Rn 10; *ders* BB 2001, 1734, 1739; *Neumann* BB 2002, 512>.

2. Wahl des BR

Wahlvorschläge sind nach der Wahl des Wahlvorstands bei diesem einzureichen (§ 33 12
Abs 1 S 2 WO). Davor fehlt es an einer Person, welche die Vorschläge entgegennehmen könnte. Allerdings können Vorschläge gem Abs 2 Hs 1 nur **bis zum Ende der ersten Wahlversammlung** gemacht werden; die Zeit drängt also. Beendet ist die Versammlung, wenn der Versammlungsleiter sie schließt. Um eine Wahlbehinderung (§ 20 Abs 1 S 1) zu vermeiden, muss dieser nach Bekanntgabe des Ergebnisses der Wahlvorstandswahl ausreichend Gelegenheit zur Einreichung von Wahlvorschlägen geben.

Für die Wahlvorschläge der AN gilt § 14 Abs 4 mit der Maßgabe, dass diese auf der (ers- 13
ten) Wahlversammlung **formlos** möglich sind. Sie müssen also die erforderliche Anzahl von Unterstützern haben (§ 14 Rn 26). Diese Unterstützung kann jedoch mündlich oder per Handzeichen ggü dem gewählten Wahlvorstand erklärt werden. Für Wahlvorschläge einer Gewerkschaft gilt auch im vereinfachten Verfahren § 14 Abs 5: Sie müssen also durch zwei Beauftragte unterzeichnet sein.

§ 14a Vereinfachtes Wahlverfahren für Kleinbetriebe

14 Die Wahl selbst erfolgt auf einer **zweiten Wahlversammlung**. Die **Wochenfrist** ist zwingend einzuhalten; jedenfalls eine Verkürzung führt zur Anfechtbarkeit der Wahl <R: ArbG Kiel 21.10.2009, 3 BV 23b/09; noch strenger L: *Schiefer/Korte* NZA 2002, 113, 120: Nichtigkeit>. Die Funktion dieser zweiten Wahlversammlung beschränkt sich auf die Stimmabgabe in geheimer und unmittelbarer Wahl (Abs 1 S 3). Nicht anders als im normalen Wahlverf müssen die Wähler also einen besonders vorbereiteten **Stimmzettel** durch Ankreuzen an einer dafür vorgesehenen Stelle unbeobachtet kennzeichnen und den Stimmzettel verschlossen abgeben (§ 34 Abs 1 S 4 iVm § 12 WO; s § 14 Rn 5 ff). Das Stimmrecht muss persönlich und direkt, dh nicht über einen Stellv oder Wahlmann, ausgeübt werden (s § 14 Rn 11). Die Grds der Gleichheit und Freiheit der Wahl gelten in gleicher Weise wie im normalen Wahlverf (s § 14 Rn 12 ff und 17 ff).

15 Die Stimmauszählung hat der Wahlvorstand unverzüglich nach Schließung der Wahlversammlung vorzunehmen (§ 34 Abs 3 WO; zum Sonderfall der Briefwahl s Rn 17). Gem § 14 Abs 1 S 2 erfolgt die Wahl nach den Grundsätzen der **Mehrheitswahl**, auch wenn es sich um einen Betrieb mit mehr als 20 AN handelt und der BR deshalb aus drei Mitgliedern besteht. Zur Durchführung s § 14 Rn 22 ff.

III. Einstufiges Wahlverfahren

16 Das einstufige Wahlverfahren nach findet immer dann Anwendung, wenn im Kleinbetrieb der Wahlvorstand **durch BR, GBR, KBR oder ArbG bestellt** wurde. Der Wortlaut der Regelung ist verunglückt und erfasst nicht alle gemeinten Fälle. Der Anwendungsbereich erschließt sich nur aus dem systematischen Zusammenhang, der erkennen lässt, dass das einstufige Wahlverfahren immer dann durchzuführen ist, wenn es der Bestellung des Wahlvorstands in einer gesonderten Wahlversammlung nicht bedarf. Das gilt mithin für folgende Fälle:

– Bestellung des Wahlvorstands durch BR, GBR, KBR in Kleinbetrieben mit BR (§ 14a Abs 3 iVm § 17a Nr 1 iVm § 16 Abs 1, Abs 3)
– Bestellung des Wahlvorstands in betriebsratslosen Kleinbetrieben durch das ArbG (§ 14a Abs 3 iVm § 17a Nr 4 iVm § 17 Abs 4)
– Bestellung des Wahlvorstands durch GBR oder KBR in betriebsratslosen Kleinbetrieben; der fehlende Verweis auf § 17 Abs 1 in § 17a Nr 1, auf welchen § 14a Abs 3 seinerseits verweist, lässt sich nur als Redaktionsversehen erklären (Rn 11).
– Bestellung des Wahlvorstands in Kleinbetrieben mit BR durch das ArbG; dies ergibt sich trotz der missverständlichen Formulierung des § 14a Abs 3 aus der Bezugnahme auf § 16 Abs 2 in § 17a Nr 1.

17 Die Wahl selbst findet auch in diesem Falle geheim und unmittelbar **in einer Versammlung** statt, zu der der Wahlvorstand unverzüglich einzuladen hat. Wahlvorschläge können bis eine Woche vor dieser Wahlversammlung gemacht werden; § 14 Abs 4 gilt hier unverändert (Abs 3 S 2).

IV. Briefwahl

Nach Abs 4 ist in allen Fällen des vereinfachten Wahlverf wahlberechtigten AN (iSd § 7 S 1 und 2) Gelegenheit zur schriftlichen Stimmabgabe zu geben. Voraussetzung ist, dass diese AN an der Wahlversammlung zur Wahl des BR **nicht teilnehmen können**, sei es, dass sie aus persönlichen Gründen (Urlaubsabwesenheit, Krankheit usw) oder aus betrieblichen Gründen (Montage, Dienstreise) oder sonstiger Unabkömmlichkeit verhindert sind. Wenn nach § 35 Abs 1 S 2 der WO das Verlangen auf schriftliche Stimmabgabe spätestens drei Tage vor dem Tag der Wahlversammlung zur Wahl des BR dem Wahlvorstand mitgeteilt werden „muss", kann das nicht iS einer Ausschlussfrist verstanden werden, weil dies auf eine unzulässige Beschränkung der gesetzlichen Vorgabe des Abs 4 hinausliefe (s § 35 WO Rn 2).

18

§ 15 Zusammensetzung nach Beschäftigungsarten und Geschlechter

(1) Der Betriebsrat soll sich möglichst aus Arbeitnehmern der einzelnen Organisationsbereiche und der verschiedenen Beschäftigungsarten der im Betrieb tätigen Arbeitnehmer zusammensetzen.

(2) Das Geschlecht, das in der Belegschaft in der Minderheit ist, muss mindestens entsprechend seinem zahlenmäßigen Verhältnis im Betriebsrat vertreten sein, wenn dieser aus mindestens drei Mitgliedern besteht.

Literatur: *Franke*, Zur Berechnung des Minderheitsgeschlechts nach § 15 II BetrVG, NZA 2005, 394; *Franzen*, Das dritte Geschlecht in der Betriebsverfassung, FS 100 Jahre Betriebsverfassungsrecht (2020), S 129; *Kamanabrou*, Betriebratswahl – Geschlechterquote, RdA 2006, 186; *Klein*, Die Stellung der Minderheitsgewerkschaften in der Betriebsverfassung (2007); *Podewin*, Ist die Geschlechterquote bei Betriebsratswahlen verfassungskonform?, BB 2005, 2521; *Siebert*, Der „Listensprung" in der Betriebsratswahl – eine kritische Betrachtung, NZA-RR 2014, 340; *Weller*, Ist der „Listensprung" nach § 15 V Nr 2 WO BetrVG wirklich verfassungsgemäß?, NZA 2005, 1228; *Wißmann*, Hundert Jahre Minderheitenschutz im Wahlverfahren, FS 100 Jahre Betriebsverfassungsrecht (2020), S 813.

I. Berücksichtigung von Beschäftigungsarten

1 Mit Abs 1 will das Gesetz erreichen, dass die nach **Organisationsbereichen und Beschäftigungsarten** unterschiedlichen AN-Interessen im BR möglichst gleichmäßig repräsentiert sind. Von den damit verbundenen unterschiedlichen Kenntnissen der Mitglieder soll auch die BR-Arbeit profitieren. Die Soll-Vorschrift richtet sich an die Wähler und alle Personen, die Wahlvorschläge einreichen. Der Wahlvorstand soll daher im Wahlausschreiben auf die Grundsätze des Abs 1 hinweisen (§ 3 Abs 3 WO). Die Vorschrift ist nach ihrem eindeutigen Wortlaut **nicht zwingend**, ihre Missachtung ist daher ohne Einfluss auf die Gültigkeit der Wahl.

II. Schutz des Geschlechts in der Minderheit

2 Seit 2001 macht Abs 2 zur **Vertretung der Geschlechter** im BR zwingende Vorgaben. Das Geschlecht, das in der Belegschaft in der Minderheit ist, muss mindestens entspr seinem zahlenmäßigen Verhältnis im BR vertreten sein, wenn dieser aus mindestens drei Mitgliedern besteht. Zweck der Vorschrift ist es sicherzustellen, dass insbes Frauen im BR nicht unterrepräsentiert sind. Abs 2 stellt neutral auf das Geschlecht ab, welches in der Belegschaft in der Minderheit ist und kann also in Betrieben mit vielen weiblichen Beschäftigten auch zugunsten der männlichen Anwendung finden. Seit **Anerkennung des dritten Geschlechts durch das BVerfG** dürfte die Vorschrift auf AN mit nichtbinärer Geschlechtszugehörigkeit entsprechend anzuwenden sein mit der Folge, dass es im Betrieb auch zwei Minderheitsgeschlechter geben kann <L: DKW/*Homburg* Rn 11; ausführlich GK/*Jacobs* Rn 21 ff; *Franzen* FS 100 Jahre Betriebsverfassungsrecht, S 135 ff;

II. Schutz des Geschlechts in der Minderheit § 15

aA *Fitting* Rn 11b>. Insoweit gelten die folgenden auf Männer und Frauen bezogenen Ausführungen entsprechend.

Eine Überrepräsentation des Minderheitsgeschlechts ist nach dem eindeutigen Gesetzeswortlaut unerheblich, weil der Gesetzgeber betriebsverfassungsrechtliches Engagement nicht unnötig behindern wollte <**L:** BT-Drs 14/6352 S 54>. Abs 2 ist nach § 25 Abs 2 auch bei der Frage zu beachten, wer für ein ausgeschiedenes BR-Mitglied nachrückt. Die Vorschrift greift in die aus Art 3 Abs 1 GG folgenden **Grds der Wahlgleichheit** ein und beeinträchtigt die Wettbewerbschancen und damit die Koalitionsfreiheit derjenigen Gewerkschaften, deren Vorschlagslisten keine ausreichende Anzahl an Kandidaten des Geschlechts in der Minderheit enthalten. Beide Eingriffe sind aber durch den Art 3 Abs 2 S 2 GG festgeschriebenen Auftrag zur tatsächlichen Durchsetzung der Gleichberechtigung von Frauen und Männern **gerechtfertigt** <**R:** BAG 16.3.2005, 7 ABR 40/04, EzA § 15 BetrVG 2001 Nr 1; **L: aA** *Kamanabrou* RdA 2006, 186; mit ausführlicher Begründung *Klein* S 334 ff; *Podewin* BB 2005, 2521; *Weller* NZA 2005, 1228; *Siebert* NZA-RR 2014, 340>. In der Praxis scheint die „Geschlechterquote" die erwünschte Wirkung ohne Beeinträchtigung der BR-Arbeit zu zeigen <**L:** *Löwisch* NZA 2011, 1075>. 3

Ein Geschlecht ist in der Belegschaft in der Minderheit, wenn ihm jedenfalls **ein AN weniger** angehört als dem anderen Geschlecht. Maßgeblich ist der Tag, zu dem das Wahlausschreiben erlassen wird (§ 5 Abs 1 S 3 WO). Der Wahlvorstand hat diese Feststellung zu treffen (§ 5 Abs 1 S 1 WO) und den Anteil im Wahlausschreiben anzugeben (§ 3 Abs 2 Nr 4 WO). Zu zählen sind dabei alle AN iS des § 5 <**R:** LAG Berl-Bbg, 16.2.2011, 15 TaBV 2347/10> ohne Rücksicht auf ihre Wahlberechtigung und auf den Umfang ihrer Arbeitszeit <**L:** *Fitting* Rn 16; **aA** DKW/*Homburg* Rn 13>. Sind die Geschlechter in der Belegschaft gleich stark vertreten, findet die Vorschrift keine Anwendung. Es können dann Frauen und Männer ohne Rücksicht auf das Zahlenverhältnis in den BR gewählt werden. 4

Über die Berücksichtigung von **Leih-AN** sagt das Gesetz nichts. § 14 Abs 2 S 4 AÜG ist nicht unmittelbar anwendbar, weil § 15 Abs 2 BetrVG keinen Schwellenwert enthält <**L: aA** *Löwisch/Wegmann* BB 2017, 373, 374>. Im Gegensatz zu den §§ 13, 14, 14a ist es hier auch nicht möglich, auf die Zahl der dauerhaft eingesetzten Leih-AN abzustellen, weil es auf das Geschlecht als individuelle Eigenschaft ankommt. In Betrieben mit vielen kurzfristig eingesetzten Leih-AN führt das zu zufälligen Ergebnissen. Andererseits drohen in Betrieben mit vielen Leih-AN verzerrte Ergebnisse, wenn man nur auf die Stammbelegschaft abstellt. Weil der BR aber auch die Leih-AN repräsentieren soll, sind diese mitzuzählen <**L:** *Fitting* Rn 16; GK/*Jacobs* Rn 18; *Löwisch/Wegmann*, BB 2017, 373; einschr Richardi/*Thüsing* Rn 13: nur wahlberechtigte Leih-AN>. Damit wird der gesetzgeberischen Wertentscheidung in § 14 Abs 2 S 4 AÜG Rechnung getragen, dass AN in der Betriebsverfassung mitzuzählen sind. 5

Abs 2 schreibt vor, dass das Geschlecht, das in der Minderheit ist, **mindestens** entspr seinem zahlenmäßigen Verhältnis im BR vertreten sein muss. Daraus folgt einmal, dass eine Vertretung über das zahlenmäßige Verhältnis hinaus ohne weiteres möglich ist <**R:** BAG 13.3.2013, 7 ABR 67/11, ZTR 2013, 586>. Im Extremfall kann ein BR nur aus Angehörigen des Geschlechts bestehen, das in der Belegschaft in der Minderheit ist. 6

Am Wort „entsprechend" ist zu erkennen, dass das Gesetz **nicht** zwingend **direkte Proportionalität** vorschreibt. In einem Betrieb mit 30% Frauen muss der Frauenanteil im 7

§ 15 Zusammensetzung nach Beschäftigungsarten und Geschlechter

BR also nicht zwingend mindestens 30% betragen <**R**: BAG 10.3.2004, 7 ABR 49/03, BB 2004, 2753; LAG Hamm 17.12.2008, 10 TaBV 137/07; **L**: Richardi/*Thüsing* Rn 17; GK/*Jacobs* Rn 29; **aA** *Löwisch* BB 2001, 1734, 1738; *Franke* NZA 2005, 394, 395>. Auf Grundlage der Ermächtigung in § 126 Nr 5a regelt § 5 WO die Verteilung auf die Geschlechter nach dem d'Hondtschen Höchstzahlverfahren. Das bedeutet auch, dass dem Minderheitengeschlecht nicht mindestens ein Sitz im BR garantiert ist <**R**: BAG 10.3.2004, aaO>.

8   Abs 2 beschränkt nicht das Recht der AN, **Wahlvorschläge** nach ihren eigenen Vorstellungen zu gestalten; selbst reine Männer- oder Frauenlisten sind zulässig. Gemäß § 15 Abs 5 Nr 2 WO wird die Mindestrepräsentation des Minderheitengeschlechts jedoch nötigenfalls durch Kandidaten anderer Listen sichergestellt (sog. **Listensprung**). Nur wenn auch das nicht möglich ist, verbleibt der Sitz bei der Vorschlagsliste, auf die er ohne die Bestimmungen über die Berücksichtigung des Geschlechts in der Minderheit entfallen wäre (§ 15 Abs 5 Nr 5 WO).

9   Abs 2 stellt eine **zwingende wesentliche Vorschrift über das Wahlverf** dar. Ihre Verletzung begründet das Recht zur Wahlanfechtung nach § 19 <**R**: BAG 10.3.2004; aaO>. Wird die Wahl **angefochten**, ist, je nachdem wie sich der Verstoß ausgewirkt hat, die Wahl insgesamt für ungültig zu erklären oder das Wahlergebnis richtig zu stellen. Erfolgt keine Anfechtung, ist die Wahl trotz des Verstoßes als von Anfang an gültig anzusehen. Auch die fehlerhafte Angabe der dem Minderheitengeschlecht zustehenden Sitze im **Wahlausschreiben** (§ 3 Abs 2 Nr 5 WO) kann unter den Voraussetzungen des § 19 Abs 1 eine Wahlanfechtung begründen <**R**: BAG 13.3.2013, 7 ABR 67/11, ZTR 2013, 586>.

§ 16 Bestellung des Wahlvorstands

(1) Spätestens zehn Wochen vor Ablauf seiner Amtszeit bestellt der Betriebsrat einen aus drei Wahlberechtigten bestehenden Wahlvorstand und einen von ihnen als Vorsitzenden. Der Betriebsrat kann die Zahl der Wahlvorstandsmitglieder erhöhen, wenn dies zur ordnungsgemäßen Durchführung der Wahl erforderlich ist. Der Wahlvorstand muss in jedem Fall aus einer ungeraden Zahl von Mitgliedern bestehen. Für jedes Mitglied des Wahlvorstands kann für den Fall seiner Verhinderung ein Ersatzmitglied bestellt werden. In Betrieben mit weiblichen und männlichen Arbeitnehmern sollen dem Wahlvorstand Frauen und Männer angehören. Jede im Betrieb vertretene Gewerkschaft kann zusätzlich einen dem Betrieb angehörenden Beauftragten als nicht stimmberechtigtes Mitglied in den Wahlvorstand entsenden, sofern ihr nicht ein stimmberechtigtes Wahlvorstandsmitglied angehört.

(2) Besteht acht Wochen vor Ablauf der Amtszeit des Betriebsrats kein Wahlvorstand, so bestellt ihn das Arbeitsgericht auf Antrag von mindestens drei Wahlberechtigten oder einer im Betrieb vertretenen Gewerkschaft; Absatz 1 gilt entsprechend. In dem Antrag können Vorschläge für die Zusammensetzung des Wahlvorstands gemacht werden. Das Arbeitsgericht kann für Betriebe mit in der Regel mehr als zwanzig wahlberechtigten Arbeitnehmern auch Mitglieder einer im Betrieb vertretenen Gewerkschaft, die nicht Arbeitnehmer des Betriebs sind, zu Mitgliedern des Wahlvorstands bestellen, wenn dies zur ordnungsgemäßen Durchführung der Wahl erforderlich ist.

(3) Besteht acht Wochen vor Ablauf der Amtszeit des Betriebsrats kein Wahlvorstand, kann auch der Gesamtbetriebsrat oder, falls ein solcher nicht besteht, der Konzernbetriebsrat den Wahlvorstand bestellen. Absatz 1 gilt entsprechend.

Literatur: *Klein*, Die Stellung der Minderheitsgewerkschaften in der Betriebsverfassung, 2007; *Löwisch*, Entsendung in den Gesamtbetriebsrat und Prinzip der Verhältniswahl, ZBVR 2002, 206; *Neumann*, Neuregelungen des Wahlverfahrens zum Betriebsrat, BB 2002, 510; *Otto/Schmidt*, Bestellung des Wahlvorstands – Grenzen des Beurteilungsspielraums des Betriebsrats und Rechtsschutzmöglichkeiten des Arbeitgebers, NZA 2014, 169; *Wiesner*, Korrekturen von Fehlern der Betriebsratswahl, FA 2007, 38; *Zumkeller/Karwatzki*, Die Neutralitätspflicht von Wahlvorstand und Mitgliedern des Wahlvorstands nach dem BetrVG, BB 2011, 2101.

Übersicht

	Rn.		Rn.
I. Allgemeines	1	III. Ersatzbestellung	19
II. Bestellung des Wahlvorstands durch den Betriebsrat	4	1. Durch das Arbeitsgericht (Abs 2)	19
		2. Durch den Gesamtbetriebsrat und den Konzernbetriebsrat (Abs 3)	24
1. Zeitpunkt	4		
2. Bestellungsverfahren	8	IV. Amtszeit des Wahlvorstandes	28
3. Zusammensetzung	10	V. Streitigkeiten	31

§ 16 Bestellung des Wahlvorstands

I. Allgemeines

1 § 16 betrifft die Bestellung des Wahlvorstands in **Betrieben, in denen ein BR vorhanden ist**. Die Bestellung des Wahlvorstands in Betrieben ohne BR ist in § 17 geregelt. Unter § 16 fällt aber auch die Bestellung des Wahlvorstands nach einer Spaltung oder Zusammenlegung durch einen BR, dem ein Übergangsmandat nach § 21a zukommt. Ebenfalls anwendbar ist § 16, wenn ein Wahlvorstand für die erstmalige Wahl eines BR in einem **Gemeinschaftsbetrieb** mehrerer Unternehmen zu bilden ist und in einer der Betriebsstätten schon ein BR besteht <R: LAG SA 8.10.2003, 3 (7) TaBV 21/02>.

2 Um die Bildung von BR tunlichst nicht schon daran scheitern zu lassen, dass kein Wahlvorstand bestellt wird, gewährleistet Abs 3 das Recht von **GBR und KBR**, den Wahlvorstand zu bestellen, wenn der BR nicht tätig wird (s dazu Rn 24). Nach Abs 2 besteht daneben die Möglichkeit der Bestellung durch das **ArbG** auf Antrag. Hingegen rechtfertigt die Untätigkeit des BR keine Bestellung durch eine Betriebsversammlung; § 17 Abs 2 ist nicht anwendbar, solange ein BR im Amt ist <R: vgl BAG 21.7.2004, 7 ABR 57/03, EzA § 4 BetrVG 2001 Nr 1>.

3 Die Bestellung des Wahlvorstands für Wahlen in **Kleinbetrieben** iS des § 14a regelt § 17a gesondert, verweist aber seinerseits mit Modifikationen auf die §§ 16 und 17 (s die Erl zu § 17a). Die Verfahrensregeln der §§ 16–17a gelten **zwingend**, von ihnen darf weder aufgrund Tarifvertrags oder Betriebsvereinbarung noch durch sonstiges Einvernehmen abgewichen werden (zu Verstößen Rn 31 ff).

II. Bestellung des Wahlvorstands durch den Betriebsrat

1. Zeitpunkt

4 Der **BR** ist nach Abs 1 S 1 primär **berechtigt und verpflichtet**, spätestens zehn Wochen vor Ablauf seiner Amtszeit einen Wahlvorstand zu bestellen. Läuft die Amtszeit des BR gem § 13 Abs 2 Nr 1 bis 3 vorzeitig ab, ist der Wahlvorstand als Maßnahme der Fortführung der Geschäfte nach § 22 unverzüglich einzusetzen. Bei Auflösung des BR aufgrund erfolgreicher Wahlanfechtung oder wg grober Pflichtverletzung (§ 13 Abs 2 Nr 4 und 5) wird der Wahlvorstand entweder nach § 17 oder im Auflösungsbeschluss durch das ArbG gem § 23 Abs 2 bestellt, da in diesen Fällen die Weiterführung der Geschäfte nach § 22 entfällt. Die Weigerung des BR, einen Wahlvorstand zu bestellen, rechtfertigt als **grobe Pflichtverletzung** seine Auflösung nach § 23 Abs 1; doch ist dieser Weg wegen der Möglichkeit einer Ersatzbestellung nach Abs 2 und 3 in der Praxis kaum von Bedeutung.

5 Der BR kann den Wahlvorstand **auch noch nach Ablauf** der Zehn-Wochen-Frist bestellen, solange eine rechtskräftige Ersatzbestellung durch das ArbG nach Abs 2 oder eine Bestellung durch den GBR nach Abs 3 noch aussteht <R: BAG 19.3.1974, 1 ABR 87/73, BB 1974, 1120>. Eine noch nicht rechtskräftige gerichtliche Ersatzbestellung **erledigt sich** mit Bestellung des Wahlvorstands durch den BR; das Beschlussverf ist dann (nötigenfalls in der Beschwerdeinstanz) einzustellen <L: GK/*Kreutz* Rn 15>. Umgekehrt steht eine rechtskräftige arbeitsgerichtliche Ersatzbestellung einer wirksamen Bestellung durch den BR entgegen. Dasselbe gilt für eine wirksame Ersatzbestellung durch GBR oder KBR nach Abs 3 <L: wie hier *Fitting* Rn 76; **aA** HWK/*Reichold* Rn 13, der freilich zu

II. Bestellung des Wahlvorstands durch den Betriebsrat § 16

Recht darauf hinweist, dass ein „Wettlauf" zwischen BR und GBR möglichst vermieden werden sollte>.

Hat das Amt des BR durch Ablauf der regelmäßigen **Amtszeit geendet** (§ 21 S 3 und 4), kann der Wahlvorstand nur nach § 17 bestellt werden <R: BAG 2.3.1955, 1 ABR 19/54, BB 1955, 317>. Ein vor Ende der Amtszeit bereits eingeleitetes Beschlussverf nach Abs 2 bleibt allerdings mit Blick auf dessen Zweck, eine Bestellung nach § 17 nicht erforderlich werden zu lassen, zulässig <R: BAG 23.11.2016, 7 ABR 13/15, DB 2027, 854>. 6

Eine Grenze, ab wann der Wahlvorstand **frühestens** bestellt werden kann, gibt das Gesetz **nicht** vor; eine frühzeitige Bestellung ist ohne Weiteres zulässig. Allenfalls der SonderKdschutz der Wahlvorstandsmitglieder nach § 15 Abs 3 KSchG kann unter dem Gesichtspunkt des Rechtsmissbrauchs beschränkt sein <L: Richardi/*Thüsing* Rn 21; *Löwisch/Spinner/Wertheimer* § 15 KSchG Rn 49>. 7

2. Bestellungsverfahren

Die Bestellung des Wahlvorstands erfolgt regelmäßig durch **Beschluss des BR** nach § 33 <R: BAG 27.7.2011, 7 ABR 61/10, BB 2012, 252 (Ls)>. Notwendig ist einfache Stimmenmehrheit. Liegt nur ein Vorschlag vor, kann über diesen en bloc abgestimmt werden, andernfalls ist über jeden Sitz gesondert abzustimmen. Wird zunächst die erforderliche einfache Mehrheit nicht erreicht, ist die folgende Abstimmung auf die beiden Kandidaten mit den meisten Stimmen zu beschränken <L: wie hier Richardi/*Thüsing* Rn 23; aA *Fitting* Rn 23>. Wirksam wird die Bestellung (ggf rückwirkend ab dem BR-Beschluss, § 184 Abs 1 BGB) nur mit **Zustimmung** der bestellten Personen <R: vgl BAG 20.2.2019, 7 ABR 40/17, NZA 2019, 1147; L: DKW/*Homburg* Rn 11; *Fitting* Rn 25>. Die Aufnahme der Tätigkeit ist idR als konkludente Zustimmung zu verstehen <L: Richardi/*Thüsing* Rn 50>. 8

Dem BR steht es frei, die Bestellung **im Wege einer Wahl** durchzuführen, indem er beschließt, dass diejenigen Wahlberechtigten bestellt werden, die nach dem von ihm bestimmten Wahlsystem die erforderliche Mehrheit erhalten <L: *Löwisch* ZBVR 2002, 206, 208 f; *Fitting* Rn 23; weitergehend *Klein* S 356 ff, der eine Verhältniswahl für verfassungsrechtlich geboten hält; einen Mehrheitsbeschluss für jeden Sitz für erforderlich hält Richardi/*Thüsing* Rn 23>. 9

3. Zusammensetzung

Der Wahlvorstand besteht ohne Rücksicht auf die Größe des Betriebs aus **drei Wahlberechtigten**. Die Bestellung von nach § 7 S 2 Wahlberechtigten ist mangels Beschränkung auf betriebsangehörige AN ohne Weiteres möglich (s dazu auch § 7 Rn 21 ff); **Wählbarkeit** nach § 8 ist **keine** Voraussetzung. Maßgeblich ist die zum Zeitpunkt der Bestellung des Wahlvorstands bestehende Wahlberechtigung für die durchzuführende BR-Wahl <R: LAG SH 19.3.2010, 4 TaBVGa 5/10>. 10

Soweit es zur ordnungsgemäßen Durchführung der Wahl erforderlich ist, kann (nicht: muss) der BR die Zahl der Wahlvorstandsmitglieder **erhöhen**; der Wahlvorstand muss aber in jedem Fall aus einer ungeraden Zahl von Mitgliedern bestehen (Abs 1 S 3). Eine 11

Wiebauer

§ 16 Bestellung des Wahlvorstands

Erhöhung ist auch **nachträglich** nach erfolgter Bestellung noch möglich <R: LAG Nds 11.9.2019, 13 TaBV 85/18; L: Richardi/*Thüsing* Rn 10>. Formell bedarf die Erhöhung eines BR-Beschlusses <R: LAG Nbg 17.5.2013, 5 TaBVGa 2/13, BB 2013, 2100 (Ls)>.

12 Eine **Obergrenze** gibt es **nicht**, die Erforderlichkeit der Erhöhung ist aber gerichtl überprüfbar <R: LAG Nds 11.9.2019, 13 TaBV 85/18; L: *Otto/Schmidt* NZA 2014, 169, 170>. Materiell muss die Erhöhung der Mitgliederzahl zur Durchführung der Wahl aus **objektiven** Gründen sachlich **erforderlich** sein, was zB zutrifft, wenn mit Rücksicht auf die Betriebsorganisation mehr als drei Wahllokale vorgesehen sind, weil § 12 Abs 2 jeweils die Anwesenheit mindestens eines Wahlvorstandsmitglieds vorschreibt <L: *Neumann* BB 2002, 510>. Nach hM steht dem Wahlvorstand hinsichtlich der Erforderlichkeit ein begrenzter **Beurteilungsspielraum** zu <L: *Otto/Schmidt* NZA 2014, 169 ff; Richardi/*Thüsing* Rn 10; aA GK/*Kreutz* Rn 39>. Die **Handlungsfähigkeit** des Wahlvorstands ist dabei ein wichtiger Aspekt <R: LAG Nds 11.9.2019, 13 TaBV 85/18: kein Wahlvorstand mit 113 Mitgliedern>. Bloße Zweckdienlichkeit genügt nicht, zumal der Wahlvorstand gem. § 1 Abs 1 S 2 WO Wahlhelfer rekrutieren kann <R: LAG Nbg 15.5.2006, 2 TaBV 29/06, AR-Blattei ES 530. 6. Nr 91>. Das Bestreben, alle Abteilungen eines Betriebes im Wahlvorstand vertreten zu sehen, ist kein hinreichender Grund <R: LAG Nbg 30.3.2006, 6 TaBV 19/06, dbr 2007 Nr 1, 36–37>. Eine nur **befristete** Vergrößerung des Wahlvorstands ist **unzulässig** und kann eine Wahlanfechtung begründen <R: LAG Nds 11.9.2019, 13 TaBV 85/18>.

13 Nach Abs 1 S 5 **sollen** in Betrieben mit weiblichen und männlichen AN dem Wahlvorstand **Frauen und Männer** angehören; im Gegensatz zu § 15 Abs 2 bleibt ein Verstoß allerdings folgenlos. IÜ ist der BR in der Auswahl der Wahlvorstandsmitglieder aus den Wahlberechtigten frei. Er kann daher auch seine eigenen Mitglieder zu Mitgliedern des Wahlvorstands bestellen. **Betriebsfremde**, insbes externe Gewerkschaftsvertreter, können dagg nicht in den Wahlvorstand berufen werden. Die Mitgliedschaft im Wahlvorstand ist mit der **Kandidatur zum BR** vereinbar <R: BAG 12.10.1976, 1 ABR 1/76, BB 1977, 243> – angesichts der oft begrenzten Zahl engagierter AN eine praktische Notwendigkeit, die aber auch schwierige Interessenkollisionen nach sich zieht <L: *Zumkeller/Karwatzki* BB 2011, 2101 ff>. Deshalb ist eine Wahlanfechtung bereits begründet, wenn ein Wahlvorstandsmitglied, das gleichzeitig Wahlbewerber ist, seine Stellung in einer Weise ausnutzt, die potentiell einen Vorteil bei der Wahl verschafft <R: LAG Nds 26.2.2016, 13 TaBV 27/15, zur Einsichtnahme in die mit Stimmabgabevermerken versehene Wählerliste>.

14 Der BR kann für jedes Mitglied des Wahlvorstands ein **Ersatzmitglied** bestellen (Abs 1 S 4). Dieses tritt entgg dem Wortlaut der Vorschrift nach ihrem Sinn und Zweck nicht nur im Fall der zeitweiligen Verhinderung von Wahlvorstandsmitgliedern in den Wahlvorstand ein, sondern rückt auch bei ihrem endgültigen Ausscheiden nach <R: BAG 14.12.1965, 1 ABR 6/65, BB 1966, 367>. Wurden keine oder zu wenige Ersatzmitglieder bestellt, muss der BR bei Ausscheiden eines Wahlvorstandsmitglieds eine **Nachbestellung** vornehmen <R: BAG 23.11.2016, 7 ABR 13/15, DB 2017, 854; 14.12.1965, aaO>. Kommt er dieser Verpflichtung nicht nach, ist eine Nachbestellung durch das ArbG nach Abs 2 mögl <R: BAG 23.11.2016, aaO; 14.12.1965, aaO> sowie durch GBR und KBR nach Abs 3 <L: Richardi/*Thüsing* Rn 61>. Ist die Amtszeit des BR bereits abgelaufen, erfolgt die Nachbestellung im Verf nach § 17 <R: LAG Rh-Pf 18.1.2019, 1 TaBV 11/18; L: *Fitting* Rn 38>.

Gleichzeitig mit der Bestellung des Wahlvorstandes hat der BR auch dessen **Vorsitzenden**, regelmäßig wiederum mit einfacher Mehrheit (s Rn 8), zu bestellen. Ist die Bestellung des Vorsitzenden versehentlich unterblieben, muss sie unverzüglich durch den BR, falls dieser noch besteht, sonst durch den Wahlvorstand selbst nachgeholt werden <R: BAG 14.12.1965, aaO; **L:** *Fitting* Rn 33>; eine Wahlanfechtung lässt sich auf diesen Verstoß mangels Auswirkung auf das Wahlergebnis in aller Regel nicht stützen <L: Berscheid/*Vetter* § 43 Rn 92>.

15

Um die Transparenz der Tätigkeit des nicht-öffentlich tagenden Wahlvorstands sicherzustellen, kann nach Abs 1 S 6 jede im Betrieb vertretene **Gewerkschaft** (§ 2 Rn 27 ff) ein **nicht stimmberechtigtes Mitglied** entsenden, sofern sie nicht ohnehin über ein stimmberechtigtes Mitglied im Wahlvorstand verfügt. Maßgeblich ist allein die Gewerkschaftsmitgliedschaft. Ersatzmitglieder zählen nicht.

16

Ein von der **Gewerkschaft** entsandtes Mitglied muss dem Betrieb angehören (Rn 13), aber nicht seinerseits Gewerkschaftsmitglied sein <L: Berscheid/*Vetter* § 43 Rn 94>. In Betracht kommen wg der weiten Formulierung nicht nur AN des Betriebs, sondern auch ltd Ang iS des § 5 Abs 3 und die in § 5 Abs 2 genannten Personen <L: aA *Fitting* Rn 50>. Die Rechtslage ist die Gleiche wie beim WirtA (§ 107 Rn 7). Die Gewerkschaftsbeauftragten sind **bis auf das Stimmrecht „vollwertige" Mitglieder** mit allen Rechten und Pflichten <L: aA DKW/*Homburg* Rn 23: nur Kontrolle>. Ihre Beteiligung ist daher auch gegen den Willen der übrigen Wahlvorstandsmitglieder möglich.

17

Zum Schutz der Wahlvorstandsmitglieder, insbes ihrem **Kdschutz** und zu ihrem Anspruch auf Fortzahlung des Arbeitsentgelts, wenn sie wg ihrer Tätigkeit Arbeitszeit versäumen, s § 20 und die Erl dort.

18

III. Ersatzbestellung

1. Durch das Arbeitsgericht (Abs 2)

Bestellt der BR nicht rechtzeitig einen Wahlvorstand, kann das **ArbG** nach Abs 2 die Bestellung auf Antrag **ersatzweise** im Beschlussverf vornehmen. Der Antrag ist frühestens 8 Wochen vor Ablauf der BR-Amtszeit zulässig <hM, **L:** Richardi/*Thüsing* Rn 34; aA GK/*Kreutz* Rn 63, 65: Begründetheit>. In den Fällen des § 13 Abs 2 Nr 1–3 sind dem BR in Anlehnung an die Differenz zwischen den Fristen in § 16 Abs 1 und 2 mindestens zwei Wochen ab dem betreffenden Ereignis Zeit einzuräumen, bevor ein Antrag gestellt werden kann <R: BAG 23.11.2016, 7 ABR 13/15, DB 2017, 854; **L:** *Fitting* Rn 58; DKW/*Homburg* Rn 27>.

19

Antragsberechtigt sind mindestens drei Wahlberechtigte (§ 7 S 1 und S 2) des Betriebs oder eine im Betrieb vertretene Gewerkschaft. Die Wahlberechtigung der Antragsteller muss bis zum Tag der letzten mündlichen Anhörung gegeben sein <R: BAG 20.2.2019, 7 ABR 40/17, NZA 2019, 1147; 21.11.1975, 1 ABR 12/75, BB 1977, 249>, allerdings können andere Wahlberechtigte dem Antrag nachträglich beitreten, um seine Abweisung als unzulässig zu vermeiden <R: LAG München 7.12.2011, 11 TaBV 74/11, NZA-RR 2012, 83>. Der Antrag ist beim ArbG schriftlich oder zu Protokoll der Geschäftsstelle stellen (§ 81 Abs 1 ArbGG). Dabei können auch Vorschläge für die Zusammensetzung des Wahl-

20

§ 16 Bestellung des Wahlvorstands

vorstands gemacht werden (Abs 2 S 2). Die vorgeschlagenen Personen sind im gerichtl Verfahren aber nicht zu beteiligen <**R**: BAG 23.11.2016, 7 ABR 13/15, DB 2017, 854>.

21 Für die **Ersatzbestellung durch das ArbG** gelten die Regelungen des Abs 1 entsprechend. Auch das Gericht kann die Größe des Wahlvorstands erweitern. Soweit es nicht um die Nachbestellung ausgeschiedener Mitglieder geht, muss der gesamte Wahlvorstand zusammen bestellt werden <**R**: BAG 20.2.2019, 7 ABR 40/17, NZA 2019, 1147>. In Betrieben, in denen idR mehr als 20 wahlberechtigte AN (§ 7 S 1 und S 2) beschäftigt werden, kann es – im Gegensatz zum BR nach Abs 1 – auch Mitglieder einer im Betrieb vertretenen Gewerkschaft, die nicht AN des Betriebs sind, zu Mitgliedern des Wahlvorstands bestellen (Abs 2 S 3). Dies gilt allerdings nur, wenn es zur ordnungsgem Durchführung der Wahl erforderlich ist. Diese Voraussetzung ist eng auszulegen, bloße Zweckmäßigkeit genügt nicht. Die **Bestellung von betriebsfremden Gewerkschaftsmitgliedern** kommt deshalb nur in Betracht, wenn nicht mindestens drei Wahlberechtigte zur Amtsübernahme bereit sind <**R**: LAG Ddf 7.11.1974, 7 TaBV 87/74, DB 1975, 260>.

22 Die **Auswahl der zu bestellenden Personen** obliegt dem Gericht, es ist an Vorschläge der Antragsteller nicht gebunden <**R**: BAG 20.2.2019, 7 ABR 40/17, NZA 2019, 1147; 23.11.2016, 7 ABR 13/15, DB 2017, 854; 10.11.2004, 7 ABR 19/04, DB 2005, 1011>. Voraussetzung ist allerdings, dass nicht – etwa aufgrund dahingehender Äußerungen – davon auszugehen ist, dass die betreffenden Personen die Bestellung ablehnen werden <**R**: BAG 20.2.2019, aaO>. Die **persönliche Eignung** für das Amt hat das Gericht entgg der Auffassung des LAG München <**R**: LAG München 20.4.2004, 5 TaBV 18/04, LAGE § 16 BetrVG 2001 Nr 1> grundsätzlich nicht zu beurteilen, soweit sie nicht offensichtlich (zB wegen fehlender Sprachkenntnisse) fehlt. Abs 1 geht davon aus, dass alle Wahlberechtigten Wahlvorstandsmitglieder sein können. Haben Wahlberechtigte allerdings bereits Obstruktion gg die ordnungsgemäße Durchführung der BR-Wahl betrieben, kann es erforderlich sein, andere Mitglieder zu bestellen <**R**: zur Ersatzbestellung nach § 18 Abs 1 S 2 LAG Thür 20.1.2005, 1 TaBV 1/04>. S zu § 18 Abs 1 S 2 noch § 18 Rn 11 ff.

23 Eine **Ersatzbestellung im Wege der eV** ist nicht von vornherein ausgeschlossen, allerdings gelten wegen der damit verbundenen Vorwegnahme der Hauptsache hohe Anforderungen an den Verfügungsgrund <**R**: LAG München 20.4.2004, 5 TaBV 18/04, LAGE § 16 BetrVG 2001 Nr 1; abl LAG Köln 29.5.2013, 3 TaBVGa 3/13; **L**: *Korinth* 2. Teil Rn 79; *Manske* ArbR 2013, 418>.

2. Durch den Gesamtbetriebsrat und den Konzernbetriebsrat (Abs 3)

24 Besteht **acht Wochen vor Ablauf der Amtszeit des BR** kein Wahlvorstand, kann nach Abs 3 S 1 auch der GBR des Unternehmens, zu dem der Betrieb gehört, den Wahlvorstand bestellen – aus eigenem Recht und ohne dass es eines Antrags aus der Belegschaft bedürfte <**R**: LAG Nbg 25.1.2007, 1 TaBV 14/06>. Besteht kein GBR, weil der Betrieb der einzige des Unternehmens ist oder weil entgg der Verpflichtung des § 47 Abs 1 in dem Unternehmen kein GBR errichtet worden ist, steht das Recht zur Bestellung des Wahlvorstands einem bestehenden KBR zu, sofern der Betrieb einem Unternehmen angehört, das seinerseits Teil des Konzerns ist, für den der KBR gebildet ist. Bloße Untätigkeit des GBR begründet nach dem eindeutigen Gesetzeswortlaut hingegen keine Kompetenz des KBR.

Für die Bestellung des Wahlvorstands durch den GBR oder den KBR gelten die Vorschriften des Abs 1 entspr. Zu Wahlvorstandsmitgliedern können damit **nur Wahlberechtigte des Betriebs**, in dem zu wählen ist, nicht aber AN aus anderen Betrieben des Unternehmens bzw Konzerns bestellt werden. Auch die Bestellung Betriebsfremder ist nicht möglich, da Abs 2 S 2 nicht in Bezug genommen ist. 25

§ 16 Abs 3 ist entspr anzuwenden, wenn der BR iF des Absinkens der Gesamtzahl der BR-Mitglieder unter die vorgeschriebene Zahl (§ 13 Abs 2 Nr 2) innerhalb von acht Wochen keinen Wahlvorstand bestellt <**R:** Hess LAG 8.12.2005, 9 TaBV 88/05, AuR 2006, 253>. 26

Über das Verhältnis der Ersatzbestellung nach Abs 3 zu der Bestellung durch das ArbG nach Abs 2 äußert sich das Gesetz nicht. Im Interesse der Rechtssicherheit ist auf das **Prioritätsprinzip** abzustellen <**L:** *Löwisch* BB 2001, 1734, 1738; *Fitting* Rn 76; DKW/*Homburg* Rn 33>. Bis zur rechtskräftigen gerichtlichen Einsetzung des Wahlvorstands können GBR und KBR ihrerseits die Bestellung vornehmen, danach nicht mehr <**R:** vgl BAG 20.2.2019, 7 ABR 40/17, NZA 2019, 1147; 23.11.2016, 7 ABR 13/15, DB 2017, 854>. Bestellen GBR und KBR parallel einen Wahlvorstand, ist maßgeblich, welcher als erster wirksam bestellt worden ist, wobei es für die Wirksamkeit auf die Zustimmung der bestellten Personen ankommt (s Rn 8). 27

IV. Amtszeit des Wahlvorstandes

Das Amt des Wahlvorstands **beginnt** mit der Bestellung <**R:** BAG 26.11.2009, 2 AZR 185/08, MDR 2010, 756>, im Falle der gerichtl Bestellung mit Rechtskraft des Beschlusses (Rn 5). Es **endet** nicht schon mit der Einberufung des BR zur konstituierenden Sitzung <so aber **R:** BAG 15.10.2014, 7 ABR 53/12, NZA 2015, 1014; 14.11.1975, 1 ABR 61/75, BB 1976, 270; **L:** *Fitting* Rn 83; Richardi/*Thüsing* Rn 59>, sondern erst mit der Bestellung des Wahlleiters in dieser Sitzung gem § 29 Abs 1 S 2 <**L:** GK/*Kreutz* Rn 90; DKW/*Homburg* Rn 21>. Weil das Amt an die Identität des Betriebes geknüpft ist, für den der BR gewählt werden soll, endet es auch, wenn die **Betriebsidentität** infolge organisatorischer Änderungen verloren geht <**R:** BAG 15.10.2014, aaO>. 28

Ein wirksam bestellter Wahlvorstand kann nur nach § 18 Abs 1 S 2 durch das Gericht ersetzt werden. Eine **Abberufung** durch den BR ist **nicht** möglich <**R:** LAG Berl-Bbg 7.12.2016, 15 TaBV 1683/16; **L:** *Fitting* Rn 84; Richardi/*Thüsing* Rn 60; GK/*Kreutz* Rn 91>, das gilt auch für einzelne Mitglieder des Wahlvorstands <**L:** DKW/*Homburg* Rn 18>. Im Falle der **gerichtl Ersetzung** nach § 18 Abs 1 S 2 endet das Amt des ersetzten Wahlvorstands mit Rechtskraft der Entscheidung (s § 18 Rn 14). 29

Der Wahlvorstand kann **nicht** seine **Selbstauflösung** oder seinen **Rücktritt** beschließen – auch nicht einstimmig –, weil ein solches Rücktrittsrecht anders als in § 13 Abs 2 Nr 3 für den BR nicht vorgesehen ist <**R:** LAG Rh-Pf 18.1.2019, 1 TaBV 11/18; LAG Ddf 26.3.1975, 12 TaBV 29/75, BB 1975, 516; **L:** *Fitting* Rn 85; Richardi/*Thüsing* Rn 60; GK/*Kreutz* Rn 92; DKW/*Homburg* Rn 19>. **Jedes Mitglied für sich** kann allerdings durch (empfangsbedürftige) Erklärung ggü dem Vors bzw den anderen Mitgliedern zurücktreten <zur Auslegung **R:** LAG Rh-Pf 18.1.2019, 1 TaBV 11/18>, in diesem Fall rücken ggf die **Ersatzmitglieder** nach, soweit erforderl sind weitere Ersatzmitglieder zu be- 30 stellen (zum Verf s Rn 14) <L: DKW/*Homburg* Rn 19; *Fitting* Rn 85>. Legen **sämtliche** Mitglieder und Ersatzmitglieder ihr Amt nieder, endet damit aber faktisch auch das Amt des Wahlvorstands, und dieser muss vollständig im regulären Verfahren nach § 16 bzw § 17 neu bestellt werden <R: LAG Rh-Pf 18.1.2019, 1 TaBV 11/18; L: GK/*Kreutz* Rn 91; Richardi/*Thüsing* Rn 60; HWGNRH/*Nicolai* Rn 54>. Eine **gerichtliche Neubesetzung** des vakanten Wahlvorstands im Wege der eV ist nicht mögl <R: LAG Köln 29.5.2013, 3 TaBVGa 3/13>. In diesem Fall kommt auch keine „Ersetzung" durch das ArbG nach § 18 Abs 1 S 2 mehr in Betracht <R: LAG Rh-Pf 18.1.2019, 1 TaBV 11/18>.

V. Streitigkeiten

31 Streitigkeiten über die **Bestellung oder Zusammensetzung des Wahlvorstands** und über die Rechtsstellung seiner Mitglieder sind vom ArbG im Beschlussverf zu entscheiden. Antragsberechtigt sind in entspr Anwendung des § 19 Abs 2 S 1 mindestens drei Wahlberechtigte, der AG <R: BAG 14.1.1983, 6 ABR 39/82, AP Nr 9 zu § 19 BetrVG 1972> und im Betrieb vertretene Gewerkschaften (§ 2 Rn 27 ff) <R: vgl BAG 14.12.1965, 1 ABR 6/65, BB 1966, 367>. Gestützt auf sein Recht aus Abs 1 kann auch der BR das ArbG anrufen <L: GK/*Kreutz* Rn 101>.

32 Einfache Errichtungsfehler machen die Bestellung des Wahlvorstands nicht unwirksam. Zur **Nichtigkeit der Bestellung** und damit zur Nichtexistenz des bestellten Wahlvorstands führen nur **offensichtliche und besonders grobe Verstöße** gegen die Bestellungsvorschriften der §§ 16 bis 17a <R: BAG 15.10.2014, 7 ABR 53/12, EzA § 16 BetrVG 2001 Nr 1>, etwa die willkürliche Verletzung zwingender Vorschriften aus machttaktischem Kalkül <R: vgl BAG 27.7.2011, 7 ABR 61/10, BB 2012, 252 (Ls)>. Die Bestellung eines Wahlvorstands mit nur einem einzigen Mitglied ist nicht nichtig <R: Hess LAG, 27.9.2012, 16 Sa 1741/11>; dasselbe gilt für die Bestellung eines zu großen Wahlvorstands. Kein Nichtigkeitsgrund ist auch eine fehlerhafte Einladung zur Wahlversammlung nach § 17 Abs 2, sofern keine Willkür feststellbar ist <R: LAG Berl-Bbg, 23.11.2021, 13 TaBVGa 1534/21, NZA-RR 2022, 136>. Unwirksam ist die Bestellung aber, wenn eines der Mitglieder nicht die erforderliche Mehrheit erreicht hat <R: LAG München, 16.6.2008, 11 TaBV 50/08>.

33 Ist der Ausnahmefall gegeben und die Bestellung des Wahlvorstands nichtig, so führt dies nach richtiger Auffassung **zur Nichtigkeit und nicht nur zur Anfechtbarkeit der BR-Wahl**, weil ein nicht existenter Wahlvorstand die Wahl weder einleiten noch durchführen kann <R: wie hier LAG Berl-Bbg, 23.11.2021, 13 TaBVGa 1534/21, NZA-RR 2022, 136; LAG Ddf, 9.1.2012, 14 TaBV 69/11; aA LAG Nbg, 29.7.1998, 9 TaBV 12/97; zweifelnd auch LAG Ddf 25.3.2020, 7 TaBVGa 2/20; L: wie hier GK/*Kreutz* Rn 106; Richardi/*Thüsing* § 19 Rn 83; aA *Rieble/Triskatis* NZA 2006, 233, 238>. Das BAG hat die Frage bislang offengelassen, scheint aber ebenfalls zur hier vertretenen Auffassung zu neigen, nachdem der 7. Senat einen Abbruch der BR-Wahl nur bei deren voraussichtlicher Nichtigkeit zulassen will und dem Arbeitgeber gleichzeitig einen Unterlassungsanspruch gegen einen in unwirksamer Weise errichteten Wahlvorstand zubilligt <R: BAG 27.7.2011, 7 ABR 61/10, BB 2012, 252 (Ls); so auch LAG Berl-Bbg 23.11.2021, 13 TaBVGa 1534/21>.

V. Streitigkeiten **§ 16**

Von besonderer Bedeutung ist in diesem Zusammenhang der **Eilrechtsschutz**, weil die 34
Entscheidung in der Hauptsache regelmäßig zu spät käme. Die Antragsberechtigten müssen jedenfalls nicht hinnehmen, dass ein unwirksam bestellter Wahlvorstand eine letzten Endes nichtige BR-Wahl durchführt. In diesen Fällen kann das ArbG daher per Leistungsverfügung dem Wahlvorstand den Abbruch der Wahl aufgeben, weil es kein schutzwürdiges Interesse an der Durchführung einer ohnehin nichtigen Wahl gibt <**R:** LAG München 16.6.2008, 11 TaBV 50/08; LAG BaWü 20.2.2009, 5 TaBVGa 1/09; so wohl auch BAG 27.7.2011, aaO>. Auch wenn sich zwei auf unterschiedliche Weise entstandene Wahlvorstände um die Berechtigung zur Durchführung einer BR-Wahl streiten, ist eine einstweilige Verfügung möglich, durch die das vom nicht wirksam bestellten Wahlvorstand bereits begonnene Wahlverf **abgebrochen** wird <**R:** LAG Köln 10.3.2000, 13 TaBV 9/00, NZA-RR 2001, 423>.

Daneben ist ein **Feststellungsantrag**, dass die Bestellung des Wahlvorstands nichtig sei, 35
im Eilverfahren mangels Feststellungsinteresse (angesichts der Möglichkeit einer Unterlassungsverfügung) unzulässig <**R:** LAG Hamm, 6.9.2013, 7 TaBVGa 7/13, NZA-RR 2013, 637; aA LAG Nbg, 30.3.2006, 6 TaBV 19/06, AR-Blattei ES 530.6 Nr 90>. Hingegen kann durch einstweilige Verfügung der Beschluss des BR, die Zahl der Wahlvorstandsmitglieder zu **erhöhen**, für unwirksam erklärt werden, wenn die Erhöhung der Mitgliederzahl nicht iS des § 16 Abs 1 S 1 erforderlich war <**R:** LAG Nbg 15.5.2006, 2 TaBV 29/06, AR-Blattei ES 530. 6. Nr 91>.

Eine Rechtsschutzlücke bleibt bei **bloß fehlerhafter Bestellung des Wahlvorstands**. Ein 36
Abbruch der Wahl scheidet dann aus; eine Wahlanfechtung müsste an der fehlenden Auswirkung auf das Ergebnis scheitern <**L:** vgl GK/*Kreutz* Rn 102> (s § 19 Rn 16ff). Das BAG bejaht wohl die Anfechtbarkeit der Wahl <**R:** BAG 27.7.2011, 7 ABR 61/10, BB 2012, 252 (Ls); so auch LAG Nds 11.9.2019, 13 TaBV 85/18> (sa § 19 Rn 17), lässt diese aber nicht für einen Abbruch der Wahl ausreichen (§ 18 Rn 27). Es bleibt dann allenfalls eine **Feststellungsverfügung** gegen die fehlerhafte Bestellung, um eine Korrektur vor Durchführung der Wahl zu ermöglichen <**L:** so *Otto/Schmidt* NZA 2014, 169, 172ff>.

Dessen ungeachtet kann ein nicht gerechtfertigter **Erhöhungsbeschluss** des BR nach 37
Abs 1 S 2 isoliert im eV-Verf angegriffen und vom ArbG für unwirksam erklärt werden <**R:** LAG Nbg 15.5.2006, 2 TaBV 29/06, AR-Blattei ES 530.6 Nr 91>. **Entscheidungen und Maßnahmen des Wahlvorstands** können vor Abschluss der BR-Wahl **selbstständig angefochten** werden, wobei antragsberechtigt jeder ist, der durch Einzelmaßnahmen des Wahlvorstands in seinem aktiven oder passiven Wahlrecht betroffen wird <**R:** BAG 15.12.1972, 1 ABR 8/72, BB 1973, 750>. Im Übrigen können Verstöße des Wahlvorstands gg Wahlvorschriften uU eine Wahlanfechtung begründen oder gar zur Nichtigkeit der Wahl führen, siehe hierzu die Kommentierung zu § 19.

§ 17 Bestellung des Wahlvorstands in Betrieben ohne Betriebsrat

(1) Besteht in einem Betrieb, der die Voraussetzungen des § 1 Abs. 1 Satz 1 erfüllt, kein Betriebsrat, so bestellt der Gesamtbetriebsrat oder, falls ein solcher nicht besteht, der Konzernbetriebsrat einen Wahlvorstand. § 16 Abs. 1 gilt entsprechend.

(2) Besteht weder ein Gesamtbetriebsrat noch ein Konzernbetriebsrat, so wird in einer Betriebsversammlung von der Mehrheit der anwesenden Arbeitnehmer ein Wahlvorstand gewählt; § 16 Abs. 1 gilt entsprechend. Gleiches gilt, wenn der Gesamtbetriebsrat oder Konzernbetriebsrat die Bestellung des Wahlvorstands nach Absatz 1 unterlässt.

(3) Zu dieser Betriebsversammlung können drei wahlberechtigte Arbeitnehmer des Betriebs oder eine im Betrieb vertretene Gewerkschaft einladen und Vorschläge für die Zusammensetzung des Wahlvorstands machen.

(4) Findet trotz Einladung keine Betriebsversammlung statt oder wählt die Betriebsversammlung keinen Wahlvorstand, so bestellt ihn das Arbeitsgericht auf Antrag von mindestens drei wahlberechtigten Arbeitnehmern oder einer im Betrieb vertretenen Gewerkschaft. § 16 Abs. 2 gilt entsprechend.

Literatur: *Bafteh/Vitt* Infektionsschutz als Waffe im Arbeitsrecht – Die Blockierung von Betriebsratswahlen zu Zeiten der Pandemie, BB 2021, 183; *Löwisch*, Betriebsrat wider Willen der Belegschaft?, BB 2006, 664; *Neumann*, Neuregelungen des Wahlverfahrens zum Betriebsrat, BB 2002, 510; *Richter*, „Trotz Einladung" – Hat die Reform des BetrVG Auswirkungen auf die Auslegung des § 17 Abs 4 BetrVG?, NZA 2002, 1069; *Rudolf*, Bestellung des Wahlvorstands auf Antrag einer Gewerkschaft, AiB 2005, 375.

Übersicht

	Rn.		Rn.
I. Allgemeines	1	2. Durch eine Betriebsversammlung	7
II. Bestellung des Wahlvorstandes	4	3. Ersatzweise durch das Arbeitsgericht	22
1. Durch Gesamtbetriebsrat oder Konzernbetriebsrat	4	III. Streitigkeiten	27

I. Allgemeines

1 § 17 regelt die Bestellung des Wahlvorstands in Betrieben ohne BR. Seit der Neufassung der Vorschrift durch das BetrVerf-RG erfolgt diese in erster Linie durch den **GBR oder KBR (Abs 1)**, in zweiter Linie durch eine Betriebsversammlung (Abs 2 und 3) und in dritter Linie ersatzweise durch das ArbG (Abs 4). Gemäß § 17a gilt § 17 für die Bestellung des Wahlvorstands in betriebsratslosen Kleinbetrieben modifiziert.

2 Für die Anwendbarkeit des § 17 **kommt es nicht darauf an, weshalb kein BR besteht**. Die Vorschrift gilt insbes, wenn die Amtszeit des vorherigen BR (oder die Weiterführung der Geschäfte nach § 22) abläuft, ohne dass nach § 16 ein Wahlvorstand bestellt wurde.

Auch nach einer nichtigen BR-Wahl ist der Wahlvorstand nach § 17 zu bestellen, ebenso nach einer erfolgreichen Wahlanfechtung (§ 13 Abs 2 Nr 4).

Der Wahlvorstand muss **für die betriebsfähige Einheit** gebildet sein, in der die BR-Wahl durchgeführt werden soll. Deshalb kann die Wahl eines unternehmenseinheitlichen BR (§ 3 Abs 3) in einem bisher BRlosen Unternehmen nur durch einen in einer Unternehmensversammlung gewählten Wahlvorstand betrieben werden, nicht durch einen vor der Abstimmung über den unternehmenseinheitlichen BR bei einem der Betriebe gebildeten Wahlvorstand; eine von diesem Wahlvorstand durchgeführte Unternehmens-BR-Wahl ist aber nicht nichtig, sondern nur anfechtbar <**R:** LAG München 31.8.2007, 3 TaBV 84/07>. 3

II. Bestellung des Wahlvorstandes

1. Durch Gesamtbetriebsrat oder Konzernbetriebsrat

Besteht in einem nach § 1 Abs 1 S 1 an sich BRfähigen Betrieb **kein BR**, so bestellt der GBR des Unternehmens, zu dem der Betrieb gehört, einen Wahlvorstand. **Besteht kein GBR**, weil der Betrieb der einzige des Unternehmens ist oder weil entgg der Verpflichtung des § 47 Abs 1 in dem Unternehmen kein GBR errichtet worden ist, so steht das Recht zur Bestellung des Wahlvorstands einem bestehenden KBR zu, sofern der Betrieb einem Unternehmen angehört, das seinerseits dem Konzern angehört, für den der KBR gebildet ist. Bestellt ein **rechtlich** nicht (mehr) **bestehender** GBR oder KBR den Wahlvorstand, ist die Bestellung nichtig <**R:** LAG Ddf 9.1.2012, 14 TaBV 69/11>. 4

Der GBR bzw KBR hat die Bestellung **selbst** vorzunehmen; er ist nicht etwa berechtigt, hierfür eine Wahlversammlung nach Abs 2 einzuberufen <**R:** BAG 16.11.2011, 7 ABR 28/10, DB 2012, 582>. Nach Abs 1 S 2 gilt für die Bestellung wiederum **§ 16 Abs 1 entspr**. Zu Wahlvorstandsmitgliedern können damit nur Wahlberechtigte des Betriebs, in dem zu wählen ist, nicht aber AN aus anderen Betrieben des Unternehmens bzw Konzerns bestellt werden. 5

Um die Befugnis aus § 17 Abs 1 wahrnehmen zu können, haben GBR und KBR gestützt auf die Unterrichtungspflicht des AG nach § 80 Abs 2 S 1 hinsichtlich der betriebsratslosen Betriebe eines Unternehmens oder Konzerns einen **Auskunftsanspruch**, der sich auf die Existenz solcher Betriebe und auf Zahl, Lebensalter und Beschäftigungszeit der dort tätigen AN erstreckt <**R:** LAG Nbg 25.1.2007, 1 TaBV 14/06; einschr Hess LAG, 17.1.2022, 16 TaBV 8/21>. Obgleich es an einer ausdrücklichen Anspruchsgrundlage fehlt, ist der Arbeitgeber nach dem Grundsatz der vertrauensvollen Zusammenarbeit (§ 2 Abs 1) verpflichtet, GBR bzw KBR den **Zutritt zum Betrieb** zu gestatten, um festzustellen, welche AN als Wahlvorstand geeignet und zur Übernahme des Amtes bereit sind <**L:** *Fitting* Rn 8; GK/*Kreutz* Rn 15>. Ein Recht, hierzu eine Informationsveranstaltung im Betrieb durchzuführen, ist damit aber nicht verbunden <**R:** BAG 16.11.2011, 7 ABR 28/10, DB 2012, 582; **L:** *Kreutz* RdA 13, 176, 177ff>. 6

2. Durch eine Betriebsversammlung

7 Besteht kein zuständiger GBR oder KBR, oder erfüllt dieser seine Aufgabe nach Abs 1 nicht, wird nach Abs 2 der Wahlvorstand in einer Betriebsversammlung bestellt. Für den Fall der **Untätigkeit** enthält Abs 2 S 2 **keine Fristen**, obwohl der Gesetzgeber wohl von einer primären Zuständigkeit von GBR und KBR ausging <L: BT-Drs 14/5741 S 38>. Eine „Sperrwirkung" zugunsten von GBR und KBR lässt sich dem Gesetz im Unterschied etwa zum gestuften Verhältnis von § 16 Abs 1 und 2 nicht entnehmen <L: aA Richardi/*Thüsing* Rn 8>. Von einem Unterlassen iSd Abs 2 S 2 wird man allerdings erst sprechen können, wenn der GBR bzw KBR die Bestellung trotz (formlosen) Antrags eines AN **nicht unverzüglich vornimmt** <L: Berscheid/*Vetter* § 43 Rn 99>. Infolgedessen besteht die Möglichkeit zur Wahl eines Wahlvorstands in der Betriebsversammlung so lange, wie der GBR oder der KBR keinen Wahlvorstand bestellt hat. Nimmt dieser die Bestellung allerdings vor, ist eine Wahl durch die Betriebsversammlung nicht mehr möglich, und zwar auch dann nicht, wenn zu dieser schon eingeladen war <L: *Fitting* Rn 14>. Für konkurrierende Bestellungen gilt damit das **Prioritätsprinzip**: Nur die erste wirksame Bestellung gilt (s § 16 Rn 5 und Rn 27) <L: GK/*Kreutz* Rn 19>.

8 Zu der Betriebsversammlung können drei zum BR wahlberechtigte AN des Betriebs oder jede im Betrieb vertretene Gewerkschaft (§ 2 Rn 20) **einladen** und Vorschläge zur Zusammensetzung des Wahlvorstands machen, Abs 3. Bei den AN genügt die Wahlberechtigung nach § 7 S 2 <L: Berscheid/*Vetter* § 43 Rn 234; aA *Löwisch*, 6. Aufl Rn 6; GK/*Kreutz* Rn 22>. Darauf abzustellen, dass Leih-AN keine AN „des Betriebs" sind, geht trotz des irreführenden Gesetzeswortlauts an der Sache vorbei, zumal sie gem § 16 Abs 1 S 1, der nicht ausdrücklich die Betriebszugehörigkeit verlangt, als Wahlvorstand bestellt werden können (s § 16 Rn 10). Die einladenden AN genießen nach § 15 Abs 3a KSchG Kdschutz (s § 20 Rn 33).

9 Das Gesetz regelt die Berechtigung zur Einladung **abschließend**. Demnach haben weder GBR oder KBR ein Einladungsrecht <R: BAG 16.11.2011, aaO> noch der AG <R: aA BAG 19.3.1974, 1 ABR 87/73, BB 1974, 1120; **L: wie hier** HWK/*Reichold* Rn 7; *Fitting* Rn 22; Berscheid/*Vetter* § 43 Rn 100; aA GK/*Kreutz* Rn 25; Richardi/*Thüsing* Rn 13>. Erst recht steht dem BR kein Einladungsrecht zu, mit dem er sich seiner eigenen Pflicht zur Bestellung des Wahlvorstands nach § 16 Abs 1 entziehen könnte <L: HWK/*Reichold* Rn 7; **aA** GK/*Kreutz* Rn 25>.

10 Für die **Einladung** sieht das Gesetz weder eine Form noch eine Ladungsfrist vor. Die Einladung muss aber so erfolgen, dass alle AN unter normalen Umständen von ihr Kenntnis erhalten und an ihr teilnehmen können <R: BAG 19.11.2003, 7 ABR 24/03, DB 2004, 2819>. Regelmäßig genügt ein Aushang an geeigneter Stelle, ein Versand allein per E-Mail nur, wenn alle AN eine E-Mail-Adresse haben. Die gebotene **Ladungsfrist** hängt von den konkreten betrieblichen Umständen ab <R: LAG Ddf 25.3.2020, 7 TaBVGa 2/20>. Eine Frist von drei Tagen kann ausreichen <R: LAG BaWü, 20.2.2009, 5 TaBVGa 1/09>. In größeren Betrieben zB mit vielen Teilzeitbeschäftigten kann nach der Rspr eine Frist von einer Woche oder länger erforderlich sein <R: LAG Hamm, 13.4.2012, 10 TaBV 109/11 LAGE § 19 BetrVG 2001 Nr 5; ArbG HH, 7.1.2015, 27 BVGa 5/14, NZA-RR 2015, 137>. Im Interesse der Rechtssicherheit ist in Anlehnung an den nicht unmittelbar anwendbaren § 28 Abs 1 S 2 WO eine Frist von sieben Tagen jedenfalls als ausreichend anzusehen <R: LAG Ddf 12.10.2018, 6 TaBVGa 7/18>. Dies gilt umso mehr, als

die dort geregelte Wahlversammlung im Kleinbetrieb nach § 14a nicht nur den Wahlvorstand bestellen, sondern auch die Wahlvorschläge sammeln soll.

Die Wahl des **Ortes** der Betriebsversammlung liegt im **Ermessen** der Einladenden, das Gesetz macht insoweit keine Vorgaben <R: LAG Ddf 12.10.2018, 6 TaBVGa 7/18; **aA** LAG Hamm 12.4.2013, 13 TaBV 64/12; **L:** wie hier GK/Kreutz Rn 24; aA Berscheid/*Vetter* § 43 Rn 103>. Eine Durchführung als **Videokonferenz** ist mangels gesetzlicher Regelung hierzu **nicht** möglich <R: ArbG Lingen 19.3.2021, 1 BV 1/21, AE 2021, 86; **L:** *Bafteh/Vitt* BB 2021, 183, 184>. 11

Die Bestellung des Wahlvorstands ist **nichtig**, wenn die Einladung zu der Betriebsversammlung nicht so **bekannt gemacht** worden ist, dass alle AN von ihr Kenntnis erhalten konnten, sofern das Wahlergebnis durch das Fernbleiben von AN möglicherweise beeinflusst wurde <R: BAG 7.5.1986, 2 AZR 349/85, DB 1986, 1883; LAG BaWü, 20.2.2009, 5 TaBVGa 1/09; **einschr** LAG Nbg 29.7.1998, 4 TaBV 12/97: keine Nichtigkeit, wenn jedenfalls der Großteil der AN Kenntnis nehmen konnte>. Sabotageakte durch Abhängen der Einladung führen nicht zur Nichtigkeit der Bestellung, wenn die Information auch auf anderem Wege verbreitet wurde <R: LAG Ddf 12.10.2018, 6 TaBVGa 7/18>. Die Einladung nur in **deutscher Sprache** genügt, § 2 Abs 5 WO findet auch nicht analog Anwendung <R: LAG Ddf 12.10.2018, 6 TaBVGa 7/18>. 12

Teilversammlungen sind wegen der erforderlichen Mehrheit nach S 1 (Mehrheit der anwesenden AN) nicht zulässig, auch wenn zu einem Termin zB im Schichtbetrieb nicht alle AN teilnehmen können <**L:** GK/*Kreutz* Rn 21, 35; **aA R:** LAG SA 29.6.2011, 5 TaBVGa 1/11, AiB 2011, 694>. Dass unter Umständen nicht alle AN an der Wahl des Wahlvorstands teilnehmen können, liegt in der Konsequenz der gesetzlichen Regelung. Die Einladenden sind lediglich im Rahmen des tatsächlich Möglichen verpflichtet, den Termin so zu legen, dass alle AN teilnehmen können <**L:** *Fitting* Rn 19a>. 13

Die Initiatoren der BR-Wahl können verlangen, dass der **AG** an der Einladung zur Betriebsversammlung **mitwirkt**, soweit dies erforderlich ist: Er muss Anschläge oder Aushänge mit der Einladung in seinen Betriebsräumen dulden und allen AN, die aufgrund ihrer Tätigkeit idR nicht in den Betriebsräumen arbeiten oder erreichbar sind, eine Einladung auf seine Kosten (§ 20 Abs 3 S 1) zukommen lassen <R: BAG 26.2.1992, 7 ABR 37/91, BB 1992, 1567 (LS)>. 14

Ist einmal eine Einladung ausgesprochen worden, kann auf einer Betriebsversammlung, zu welcher später eingeladen wurde, nicht wirksam ein Wahlvorstand bestellt werden; insoweit gilt das **Prioritätsprinzip bezogen auf den Zeitpunkt der ersten Einladung** <R: LAG Hamm 16.3.2015, 13 TaBVGa 3/15>. Wirksam ist die Wahl aber, wenn auf die erste Einladung eine Betriebsversammlung nicht stattgefunden hat oder in dieser kein Wahlvorstand gewählt worden ist <**L:** *Fitting* Rn 16; DKW/*Homburg* Rn 4>. Möglich ist im Übrigen, dass mehrere Einladungsberechtigte zu derselben Betriebsversammlung einladen <R: LAG Köln, 6.10.1989, 9 TaBV 49/89, BB 1990, 998; **L:** DKW/*Homburg* Rn 4>. 15

Im Übrigen gelten die allgemeinen Regelungen für Betriebsversammlungen nach **§§ 42 ff entsprechend**, soweit nicht die zwingenden Wahlvorschriften Abweichungen gebieten. Die Betriebsversammlung findet idR **während der Arbeitszeit** statt (§ 44 Abs 1 S 1). Zum Anspruch der AN auf Arbeitsbefreiung s § 20 Rn 27. **Teilnahmeberechtigt** sind sämtliche **AN** des Betriebes, also auch nicht wahlberechtigte und jugendliche AN, nicht aber die in § 5 ausgeschlossenen Personen. Der **AG** und Beauftragte der im Betrieb ver- 16

§ 17   Bestellung des Wahlvorstands in Betrieben ohne Betriebsrat

tretenen **Gewerkschaften** können gem §§ 43 Abs 2, 46 Abs 1 beratend teilnehmen <**R:** BAG 8.2.1957, 1 ABR 11/55, BB 1957, 291; **L:** *Fitting* Rn 26; **aA** DKW/*Homburg* Rn 8>. Die Versammlung wird von einem der einberufenden AN oder dem Beauftragten der einberufenden Gewerkschaft eröffnet. Ein **Versammlungsleiter** muss nicht gewählt werden, obgleich dies zu empfehlen ist; es genügt, wenn sich ein Teilnahmeberechtigter der Aufgabe annimmt <**R:** BAG 14.12.1965, 1 ABR 6/65, BB 1966, 367; **krit L:** Richardi/*Thüsing* Rn 17>. Zur Wahl des Versammlungsortes s Rn 11.

17   Soweit **Leih-AN** gem § 7 S 2 wahlberechtigt sind, sind auch sie teilnahme- und stimmberechtigt. Nicht wahlberechtigte Leih-AN haben hingegen weder ein Teilnahme- noch ein Stimmrecht. Das Teilnahmerecht nach § 14 Abs 2 S 2 AÜG meint lediglich die Versammlungen nach §§ 42 ff und § 71, in denen sich die Leih-AN über auch für sie bedeutsame betriebliche Angelegenheiten sollen informieren können, nicht aber Wahlversammlungen <**L:** Schüren/*Hamann* § 14 AÜG Rn 100; **aA** GK/*Kreutz* § 17 Rn 42: kein Stimmrecht, aber Teilnahmerecht>.

18   Die Betriebsversammlung ist ohne Rücksicht auf die Zahl der an ihr teilnehmenden AN **beschlussfähig** <**R:** BAG 7.5.1986, 2 AZR 349/85, DB 1986, 1883; LAG Rh-Pf 26.9.2019, 5 TaBV 29/18; **L:** *Fitting* Rn 25; einschr. GK/*Kreutz* Rn 37: mindestens 3 AN>. Alle teilnahmeberechtigten AN können der Versammlung Vorschläge unterbreiten und sind auch in jedem Falle stimmberechtigt, wie sich aus Abs 2 S 1 ergibt. Die **Stimmabgabe** kann formlos erfolgen <**R:** BAG 14.12.1965, aaO>, doch ist zweckmäßigerweise eine Niederschrift anzufertigen.

19   Der Wahlvorstand ist gewählt, wenn die **Mehrheit der anwesenden AN** dies beschließt. Die Mehrheit der abgegebenen Stimmen genügt hingegen nach dem eindeutigen Gesetzeswortlaut nicht, sodass Stimmenthaltungen faktisch wie Nein-Stimmen wirken <**R:** BAG 20.2.2019, 7 ABR 40/17, NZA 2019, 1147; 31.7.2014, 2 AZR 505/13, MDR 2015, 526>. Jeder für den Wahlvorstand vorgesehene AN muss mit der erforderlichen Mehrheit gewählt werden. Ggf können weitere Wahlgänge durchgeführt werden <**R:** BAG 20.2.2019, aaO>. **Zählfehler** machen die Wahl fehlerhaft, aber nicht nichtig <**R:** LAG Berl-Bbg 11.2.2021, 21 TaBVGa 1271/20>. Zu den Folgen § 16 Rn 32 ff.

20   Die Betriebsversammlung ist an die **Vorschriften des § 16 Abs 1** gebunden (Abs 2 S 1 Hs 2). Der Wahlvorstand muss danach mindestens aus **drei Mitgliedern** bestehen. Stehen dafür nicht genügend Wahlberechtigte zur Verfügung, kann ein Wahlvorstand nicht gebildet werden; § 16 Abs 2 S 3 ist nicht anwendbar. Erreichen nicht mindestens drei Kandidaten die erforderliche Mehrheit, ist der Wahlvorstand insgesamt nicht gewählt <**R:** vgl ArbG HH, 7.1.2015, 27 BVGa 5/14, NZA-RR 2015, 137; **L:** GK/*Kreutz* Rn 56>. Wirksam wird die Wahl nur mit der Zustimmung der Gewählten (§ 16 Rn 8). Zur Bestellung von Ersatzmitgliedern s § 16 Rn 14. Scheitert die Wahl, so ist eine **Ersatzbestellung durch das ArbG** nach Abs 4 möglich <**R:** BAG 20.2.2019, aaO>.

21   Aus § 16 Abs 1 ergibt sich weiter, dass der Wahlvorstand aus einer **ungeraden Zahl von Mitgliedern** bestehen muss. In Betrieben mit männlichen und weiblichen AN sollen ihm sowohl Männer als auch Frauen angehören. Jede im Betrieb vertretene Gewerkschaft kann zusätzlich ein nicht stimmberechtigtes Mitglied entsenden. Möglich ist auch die Bestellung von Ersatzmitgliedern. Zudem soll die Betriebsversammlung den **Vors des Wahlvorstands** bestimmen. Geschieht dies nicht, kann der Wahlvorstand selbst seinen

Vors wählen <R: BAG 14.12.1965, 1 ABR 6/65, BB 1966, 367; LAG Ddf 12.10.2018, 6 TaBVGa 7/18; L: *Fitting* Rn 29; *Richardi/Thüsing* Rn 28>.

3. Ersatzweise durch das Arbeitsgericht

Findet auch eine Betriebsversammlung nicht statt oder wählt sie keinen Wahlvorstand, bestellt diesen das **ArbG** nach Abs 4 auf Antrag. Das BAG hat die Regelung für verfassungsgem befunden <R: BAG 20.2.2019, 7 ABR 40/17, NZA 2019, 1147; L: **krit** *Latzel* ZfA 2020, 526, 564 f mwN; *Löwisch* BB 2006, 664>. Ist bereits vor Ablauf der Amtszeit des BR ein Bestellungsverf nach § 16 Abs 2 eingeleitet, so ist dieses fortzuführen <R: BAG 23.11.2016, 7 ABR 13/15, DB 2017, 854>. Der Antrag ist **nicht fristgebunden**, kann also auch mehrere Monate nach einer erfolglosen Betriebsversammlung gestellt werden <R: ArbG Lörrach 16.2.2016, 4 BV 54/15, nv>. Die gerichtliche Bestellung eines Wahlvorstands setzt voraus, dass zuvor nach Abs 3 ordnungsgem zu einer Betriebsversammlung **eingeladen worden ist** <R: BAG 20.2.2019, 7 ABR 40/17, NZA 2019, 1147; LAG Rh-Pf 26.9.2019, 5 TaBV 29/18>. Beschließt die Versammlung eine Vertagung der Wahl, braucht der neue Termin nicht abgewartet zu werden <R: LAG SH 22.1.2020, 3 TaBV 23/19>. 22

Hingegen ist eine Einladung nicht schon dann entbehrlich, wenn der **AG sich weigert**, eine ihm obliegende, für die Einladung notwendige Mitwirkungshandlung (Rn 14) vorzunehmen; die Einladenden müssen dann die Mitwirkung gerichtlich erzwingen <R: BAG 26.2.1992, 7 ABR 37/91, BB 1992, 1567; LAG Rh-Pf 26.9.2019, 5 TaBV 29/18; L: *Richter* NZA 2002, 1069; **aA** *Berscheid/Vetter* § 43 Rn 98>. Eine Ausnahme gilt aber, wenn eine Wahlversammlung **objektiv unmöglich oder unzumutbar** ist <R: ArbG Lingen 19.3.2021, 1 BV 1/21, AE 2021, 86; ArbG Mainz 10.12.2020, 9 BV 25/20, NZA-RR 2021, 372; L: *Bafteh/Vitt* BB 2021, 183, 186>. 23

Antragsberechtigt sind nach Abs 3 mindestens drei wahlberechtigte AN des Betriebs oder eine im Betrieb vertretene Gewerkschaft, nicht dagg der AG. Auf diese Weise können einzelne wenige AN oder eine Gewerkschaft die Bestellung eines Wahlvorstands auch dann erreichen, wenn die Belegschaft mehrheitlich kein Interesse an der Wahl eines BR hat oder diese sogar ablehnt <R: BAG 20.2.2019, 7 ABR 40/17, NZA 2019, 1147; **aA** L: *Bonanni/Hiebert* ArbRB 2015, 282, 284 f; krit auch *Löwisch* BB 2006, 664; *Richardi/Thüsing* Rn 30>. Die Antragsberechtigung muss als Verfahrensvoraussetzung noch zum Zeitpunkt der letzten mündlichen Anhörung ggf vor dem BAG bestehen. Der Antrag eines zwischenzeitlich ausgeschiedenen AN ist daher abzuweisen <R: BAG 20.2.2019, 7 ABR 40/17, NZA 2019, 1147>. 24

Im **Antrag** muss die konkrete **betriebliche Einheit**, für welche ein Wahlvorstand bestellt werden soll, **nicht** genannt werden. Dies zu klären ist die Aufgabe des eingesetzten Wahlvorstands <R: Hess LAG 30.9.2019, 16 TaBV 95/19>. 25

Im Übrigen gilt § 16 Abs 2 entsprechend (siehe daher die dortige Kommentierung). Infolgedessen ist das ArbG auch an die **Vorgaben des § 16 Abs 1** gebunden (§ 16 Abs 2 S 1 Hs 2). In Betrieben mit mehr als 20 AN ist die Bestellung betriebsexterner Gewerkschaftsvertreter zum Wahlvorstand möglich. Der Antrag auf Bestellung eines Wahlvorstands kann Vorschläge für die Zusammensetzung des Wahlvorstands enthalten, an welche das ArbG allerdings nicht gebunden ist <R: vgl LAG BaWü 20.9.1973, ARSt 1974, 26

§ 17 Bestellung des Wahlvorstands in Betrieben ohne Betriebsrat

88 Nr 104>. Der Antrag **erledigt sich**, wenn GBR oder KBR einen Wahlvorstand bestellen oder ein solcher in einer Betriebsversammlung gewählt wird, bevor das ArbG rechtskräftig entschieden hat <**R:** BAG 20.2.2019, 7 ABR 40/17, NZA 2019, 1147> (vgl § 16 Rn 25).

III. Streitigkeiten

27 Zu den Folgen einer fehlerhaften Bestellung s § 16 Rn 32 ff. Zu Ladungsfehlern s § 17 Rn 12. Im **Beschlussverf** können die Initiatoren der BR-Wahl die Verpflichtung des AG durchsetzen, an der Einladung zur Betriebsversammlung mitzuwirken, Rn 14 <**R:** BAG 26.2.1992, 7 ABR 37/91, BB 1992, 1567>. Der AG kann sich im Beschlussverf etwa gegen die Einladung zur Wahlversammlung wenden, wenn er der Auffassung ist, in seinem Betrieb sei nach dem Gesetz kein BR zu bilden <**R:** BAG 3.2.1976, 1 ABR 121/74, BB 1976, 509>.

§ 17a Bestellung des Wahlvorstands im vereinfachten Wahlverfahren

Im Fall des § 14a finden die §§ 16 und 17 mit folgender Maßgabe Anwendung:
1. Die Frist des § 16 Abs. 1 Satz 1 wird auf vier Wochen und die des § 16 Abs. 2 Satz 1, Abs. 3 Satz 1 auf drei Wochen verkürzt.
2. § 16 Abs. 1 Satz 2 und 3 findet keine Anwendung.
3. In den Fällen des § 17 Abs. 2 wird der Wahlvorstand in einer Wahlversammlung von der Mehrheit der anwesenden Arbeitnehmer gewählt. Für die Einladung zu der Wahlversammlung gilt § 17 Abs. 3 entsprechend.
4. § 17 Abs. 4 gilt entsprechend, wenn trotz Einladung keine Wahlversammlung stattfindet oder auf der Wahlversammlung kein Wahlvorstand gewählt wird.

Auch im Kleinbetrieb (§ 14a Abs 1) erfolgt die Bestellung des Wahlvorstands ausweislich 1 des Einleitungssatzes zu § 17a **nach den Regeln der §§ 16 und 17**. § 17a regelt jedoch eine Reihe zwingender **Modifikationen**; diese stehen nicht zur Disposition der Betriebspartner oder der Tarifvertragsparteien. In Betrieben mit BR gelten die Besonderheiten der Nrn 1 und 2, in Betrieben ohne BR diejenigen der Nrn 3 und 4. Wird der Wahlvorstand nach § 17 Abs 2 auf einer Wahlversammlung bestellt, so geschieht dies im zweistufigen Wahlverfahren nach § 14a Abs 1 und 2. Andernfalls schließt sich an die Bestellung des Wahlvorstands durch BR, GBR, KBR oder ArbG das einstufige Wahlverfahren nach § 14a Abs 3 an (§ 14a Rn 12). In den Fällen des § 14a Abs 5 (Betriebe mit 101–200 wahlberechtigten AN) ist § 17a nicht anwendbar weil die dort geregelte Vereinbarung voraussetzt, dass bereits ein Wahlvorstand bestellt wurde.

Besteht bereits ein BR, so muss dieser im Kleinbetrieb nicht bis spätestens zehn Wochen, 2 sondern nur bis spätestens **vier Wochen** vor Ablauf seiner Amtszeit tätig werden, um den Wahlvorstand zu bestellen; entspr kann eine Ersatzbestellung über das ArbG oder den GBR nicht schon acht, sondern erst **drei Wochen** vor Ende der Amtszeit erfolgen (§ 17a Nr 1). Der Wahlvorstand besteht **zwingend aus drei Mitgliedern**; eine Erhöhung dieser Zahl nach § 16 Abs 1 S 2 und 3 schließt § 17a Nr 2 aus. IÜ bleibt es bei den Regeln des § 16 Abs 1, insbes müssen die Wahlvorstandsmitglieder wahlberechtigt sein. Dem Wahlvorstand sollen in Betrieben mit weiblichen und männlichen AN Frauen und Männer angehören. Es ist Vors zu bestellen. Gemäß § 16 Abs 1 S 4 können **Ersatzmitglieder** bestellt werden <L: aA *Löwisch*, 6. Aufl Rn 1>. Im Betrieb vertretene Gewerkschaften können zusätzlich einen betriebsangehörigen **Beauftragten** als nicht stimmberechtigtes Mitglied in den Wahlvorstand entsenden.

In Betrieben **ohne** BR sind **primär GBR und KBR** nach § 17 Abs 1 zur Bestellung des 3 Wahlvorstands berufen (§ 14a Rn 11) <hM, **L**: GK/*Kreutz* Rn 13; *Fitting* Rn 8; HWK/*Reichold* Rn 4; **aA** *Löwisch* BB 2001, 1734, 1739; *Neumann* BB 2002, 510, 512>. Diese sind dabei an die durch § 17a Nrn 1 und 2 modifizierten Vorgaben des § 16 Abs 1 gebunden (§ 17 Abs 1 S.2).

Solange GBR und KBR keinen Wahlvorstand bestellt haben (§ 17 Rn 4ff), kann die Bestellung auch in einer **Wahlversammlung** erfolgen (§ 17a Nr 3, s.a. die Erläuterungen zu 4

§ 17a Bestellung des Wahlvorstands im vereinfachten Wahlverfahren

§ 29 WO). Diese Wahlversammlung ist die erste im Rahmen des zweistufigen Wahlverfahrens nach § 14a Abs 1. Gem § 44 S 1 und 2 darf die Versammlung während der Arbeitszeit stattfinden; die Zeit der Teilnahme ist als Arbeitszeit zu vergüten. Die Wahlversammlung braucht keine Betriebsversammlung iS der §§ 42 ff zu sein; es genügt eine formlose Versammlung von AN des Betriebes, die den Wahlvorstand ebenso formlos mit einfacher Mehrheit wählen können. Allerdings gilt für die Einladung auch zu dieser Wahlversammlung § 17 Abs 3 entspr (§ 17a Nr 3 S 2), konkretisiert durch § 28 WO. Notwendig ist also die **Einladung** durch drei wahlberechtigte AN des Betriebs oder eine im Betrieb vertretene Gewerkschaft. Die Einladung muss so erfolgen, dass möglichst alle AN teilnehmen können (s aber § 17 Rn 12), mindestens sieben Tage im Voraus (§ 28 Abs 1 S 2 WO). Geschieht dies nicht, ist die Bestellung des Wahlvorstands nichtig, wenn das Wahlergebnis durch das Fernbleiben der AN beeinflusst werden konnte.

5 Findet trotz Einladung keine Wahlversammlung statt oder wird auf der Wahlversammlung kein Wahlvorstand gewählt, gilt § 17 Abs 4 entspr (§ 17a Nr 4). Der Wahlvorstand wird dann auf Antrag von mindestens drei wahlberechtigten AN oder einer im Betrieb vertretenen Gewerkschaft vom **ArbG** bestellt. Der in § 17 Abs 4 S 2 mittelbar über § 16 Abs 2 S 1 Hs 2 in Bezug genommene § 16 Abs 1 gilt dabei in der durch § 17a Nr 2 modifizierten Form: Die Zahl der Wahlvorstandsmitglieder kann nicht über drei hinaus erhöht werden.

6 **Finden sich keine** drei Wahlberechtigten als Wahlvorstandsmitglieder, so kann in der Regel kein Wahlvorstand bestellt werden und damit auch keine BR-Wahl stattfinden. Nur in Betrieben mit in der Regel mehr als 20 wahlberechtigten AN können externe Gewerkschaftsmitglieder (ausschließlich) durch das ArbG zu Wahlvorstandsmitgliedern bestellt werden.

§ 18 Vorbereitung und Durchführung der Wahl

(1) Der Wahlvorstand hat die Wahl unverzüglich einzuleiten, sie durchzuführen und das Wahlergebnis festzustellen. Kommt der Wahlvorstand dieser Verpflichtung nicht nach, so ersetzt ihn das Arbeitsgericht auf Antrag des Betriebsrats, von mindestens drei wahlberechtigten Arbeitnehmern oder einer im Betrieb vertretenen Gewerkschaft. § 16 Abs. 2 gilt entsprechend.

(2) Ist zweifelhaft, ob eine betriebsratsfähige Organisationseinheit vorliegt, so können der Arbeitgeber, jeder beteiligte Betriebsrat, jeder beteiligte Wahlvorstand oder eine im Betrieb vertretene Gewerkschaft eine Entscheidung des Arbeitsgerichts beantragen.

(3) Unverzüglich nach Abschluss der Wahl nimmt der Wahlvorstand öffentlich die Auszählung der Stimmen vor, stellt deren Ergebnis in einer Niederschrift fest und gibt es den Arbeitnehmern des Betriebs bekannt. Dem Arbeitgeber und den im Betrieb vertretenen Gewerkschaften ist eine Abschrift der Wahlniederschrift zu übersenden.

Literatur: *Lüthge/Stöckert* Betriebsratswahlen 2022: Neue Herausforderungen aus Arbeitgebersicht, DB 2022, 121; *Markowski* Einstweiliger Rechtsschutz bei der Betriebsratswahl, ArbRB 2021, 343; *Mück/Aßmuth*, Betriebsratswahlen 2014 – Was tun, damit die Wahl nicht falsch läuft?, BB 2013, 1909; *Neumann*, Neuregelung des Wahlverfahrens zum Betriebsrat, BB 2002, 510; *Rieble/Triskatis*, Vorläufiger Rechtsschutz im Betriebsratswahlverfahren, NZA 2006, 233; *Zwanziger*, Gerichtliche Eingriffe in laufende Betriebsratswahlen, DB 1999, 2264; s auch Literatur zu § 19 und zur WO.

Übersicht

	Rn.		Rn.
I. Allgemeines	1	3. Feststellung des Wahlergebnisses	7
II. Vorbereitung und Durchführung der Wahl als Aufgabe des Wahlvorstands	3	III. Ersetzung des Wahlvorstandes bei Säumnis	11
1. Rechtsstellung und Geschäftsführung des Wahlvorstands	3	IV. Entscheidung über betriebsratsfähige Organisationseinheiten	16
2. Einleitung und Durchführung der Wahl	5	V. Rechtsschutz im Wahlverfahren	21

I. Allgemeines

Abs 1 S 1 und 3 sowie Abs 3 regeln die Pflicht des Wahlvorstands, die Wahl ordnungsgem vorzubereiten und durchzuführen. Die einzelnen Pflichten werden **konkretisiert** und ergänzt durch die Vorschriften der **WO**, welche im Anhang kommentiert wird. Kommt der Wahlvorstand seinen Pflichten nicht nach, kann ihn das ArbG nach Abs 1 S 2 ersetzen. 1

Abs 2 hat demgegenüber mit den Pflichten des Wahlvorstands primär nichts zu tun und ermöglicht unabhängig von der Durchführung einer Wahl und außerhalb eines Wahlanfechtungsverf nach § 19 die **Klärung**, ob eine Organisationseinheit **betriebsratsfähig** ist. 2

II. Vorbereitung und Durchführung der Wahl als Aufgabe des Wahlvorstands

1. Rechtsstellung und Geschäftsführung des Wahlvorstands

3   Die Durchführung der BR-Wahl obliegt ausschließlich dem Wahlvorstand (Abs 1 S 1 und § 1 Abs 1 WO): Er ist **verpflichtet**, die Wahl unverzüglich einzuleiten, sie durchzuführen und das Wahlergebnis festzustellen. Mit dieser Pflicht korrespondiert ein **betriebsverfassungsrechtliches Recht** des Wahlvorstands sowohl gegenüber dem Arbeitgeber als auch gegenüber dem amtierenden BR und der Belegschaft. Daher ist er auch gem § 119 Abs 2 strafantragsberechtigt im Falle der unzulässigen Wahlbeeinflussung oder -behinderung. Zu Beginn und Ende des Amtes s § 16 Rn 28.

4   Der Wahlvorstand hat seine Entscheidungen nach **pflichtgemäßem Ermessen** zu treffen <R: BAG 12.10.1976, 1 ABR 1/76, BB 1977, 243; LAG Hamm, 15.3.2010, 10 TaBVGa 5/10>. Seine Geschäftsführung regelt § 1 Abs 2 und 3 WO (siehe die Erläuterungen zu dieser Vorschrift). **Beschlüsse** trifft er mit einfacher Mehrheit seiner stimmberechtigten Mitglieder (§ 1 Abs 3 S 1 WO). Zum Zwecke der ordnungsgemäßen Durchführung der Wahl kann der Wahlvorstand die Beratung einer im Betrieb vertretenen Gewerkschaft in Anspruch nehmen <R: Sächs LAG 27.3.2006, 3 TaBV 6/06>.

2. Einleitung und Durchführung der Wahl

5   Der Wahlvorstand muss die Wahl **ohne schuldhaftes Zögern** (§ 121 BGB) einleiten. Zeitliche Verzögerungen sind nicht pflichtwidrig, wenn sie objektiv zur ordnungsgemäßen Vorbereitung der Wahl erforderlich sind, wobei auch hier der Maßstab pflichtgemäßen Ermessens gilt (Rn 4).

6   Zu den Aufgaben des Wahlvorstands gehört es vor allem, die **Wählerliste** aufzustellen (§ 2 WO), spätestens sechs Wochen vor Stimmabgabe ein **Wahlausschreiben** zu erlassen (§ 3 WO), Einsprüche gg die Richtigkeit der Wählerliste zu klären (§ 4 WO), das Zuordnungsverf für die **ltd Ang** gemeinsam mit dem Wahlvorstand des SprA durchzuführen (§ 18a), die **Vorschlagslisten** entgegenzunehmen, zu prüfen und bekanntzumachen (§§ 6 bis 10 WO), die **Stimmabgabe** vorzubereiten (§§ 11, 20, 24–27 WO), und die **Vorkehrungen für einen gesetzmäßigen Wahlvorgang** zu treffen (§ 12 WO).

3. Feststellung des Wahlergebnisses

7   Nach Abs 3 S 1 hat der Wahlvorstand unverzüglich nach Abschluss der Wahl die Stimmen öffentlich auszuzählen, die gewählten Bewerber zu ermitteln und eine Wahlniederschrift anzufertigen (§§ 13, 21 ff WO). **Öffentlichkeit** bedeutet, dass jeder Betriebsangehörige, der am Ergebnis der BR-Wahl interessiert ist, ungeachtet seiner Wahlberechtigung Zutritt zu dem Raum haben muss, in dem die Auszählung stattfindet. Dazu zählt der AG, der sich dabei vertreten lassen kann. Im Hinblick auf ihr Anfechtungsrecht ist auch den im Betrieb vertretenen Gewerkschaften Zutritt zu gewähren <R: BAG 16.4.2003, 7 ABR 29/02, AzA § 20 BetrVG 2001 Nr 1>. Sonstige **Betriebsfremde** haben **kein** Anwesenheitsrecht, auch nicht die Presse <L: GK/*Kreutz* Rn 33>.

Dem Öffentlichkeitsgebot kommt wesentliche Bedeutung für die Integrität der BR-Wahl 8
zu; **Verstöße** rechtfertigen daher eine **Wahlanfechtung** <R: BAG 15.11.2000, 7 ABR 53/
99, DB 2001, 1152>. Zu den Anforderungen des Öffentlichkeitsgebots im Detail **s die
Kommentierung zu § 13 WO**.

Das **Ergebnis** der Auszählung hat der Wahlvorstand in der Sitzung bekanntzugeben 9
(Abs 3 S 1, § 13 WO). Anschließend ist eine **Wahlniederschrift** zu erstellen (§ 16 WO),
von welcher der AG und die im Betrieb vertretenen Gewerkschaften eine Abschrift erhalten (Abs 3 S 2, § 18 S 2 WO). Unterbleibt die Übersendung der Niederschrift, macht dies
allein die Wahl nicht anfechtbar, der AG und die Gewerkschaften können ihren Anspruch
aber im Beschlussverf geltend machen <L: GK/*Kreutz* Rn 41>.

Nach Abschluss der Auszählung sind die **Gewählten** gem § 17 WO schriftlich über ihre 10
Wahl zu **unterrichten**, um zu klären, ob diese die Wahl annehmen oder ablehnen. Das
danach festgestellte endgültige Wahlergebnis ist schließlich durch Aushang betriebsöffentlich **bekannt zu machen** (§ 18 S 1 WO).

III. Ersetzung des Wahlvorstandes bei Säumnis

Der BR kann einen einmal bestellten Wahlvorstand nicht wieder abberufen. Mit der 11
Pflicht des Wahlvorstands, die Wahl unverzüglich einzuleiten und rechtzeitig durchzuführen sowie das Ergebnis festzustellen, geht aber die Möglichkeit einher, bei einer Verletzung dieser Pflicht seine Ersetzung zu erwirken (Abs 1 S 2). Voraussetzung ist lediglich
objektive Säumnis, auf ein Verschulden kommt es nicht an <R: LAG Berl-Bbg
7.12.2016, 15 TaBV 1683/16; LAG Nds 20.2.2004, 16 TaBV 86/03, NZA-RR 2004, 640;
L: *Fitting* Rn 48>. Eine Ersetzung scheidet allerdings aus, wenn keine Verzögerung der
Wahl droht, weil Abs 1 S 2 nur die Durchführung der Wahl gewährleisten soll und **keine
generelle Sanktion** für Pflichtverstöße regelt <L: wie hier Richardi/*Thüsing* Rn 10; aA
GK/*Kreutz* Rn 47>. Aus demselben Grund rechtfertigen auch noch so **fehlerhafte Maßnahmen und Entscheidungen des Wahlvorstands nicht** seine Ersetzung, es sei denn,
sie sind so unzweckmäßig, dass sie die Durchführung der Wahl geradezu vereiteln, weil
dieses praktisch einer Untätigkeit des Wahlvorstandes gleichkommt <R: LAG Nds
20.2.2004, aaO>. Zum Rechtsschutz gegen fehlerhafte Maßnahmen des Wahlvorstands su
Rn 21 ff. War die Bestellung des Wahlvorstands bereits **nichtig**, ist dieser nicht zu ersetzen; vielmehr ist die Bestellung neu vorzunehmen, weil dann kein zu ersetzender Wahlvorstand besteht <R: ArbG Essen 22.6.2004, 2 BV 17/04, NZA-RR 2005, 258>. Dasselbe
gilt, wenn sämtliche Wahlvorstandsmitglieder und Ersatzmitglieder zurückgetreten sind.

Antragsberechtigt sind mindestens drei wahlberechtigte AN des Betriebs, eine im Betrieb vertretene Gewerkschaft oder auch der BR so lange er noch im Amt ist (§ 21) oder 12
gem § 22 die Geschäfte weiterführt; das Restmandat des § 21b erstreckt sich auf diese
Frage nicht. Endet das BR-Amt, bevor über den Antrag rechtskräftig entschieden worden
ist, ist das Verf einzustellen, weil der Antragsteller weggefallen ist. Mit Blick auf ihre
Aufgabe, den Wahlvorstand nach § 17 Abs 1 bzw. § 16 Abs 3 zu bestellen, sollen **GBR**
und **KBR** ebenfalls antragsberechtigt sein <L: so GK/*Kreutz* Rn 50; *Fitting* Rn 46>. Dem
ist **nicht** zuzustimmen, weil beide Gremien nicht zur Überwachung der BR-Wahl berufen
sind. **Nicht** antragsberechtigt ist jedenfalls der **AG** <L: *Fitting* Rn 45; Richardi/*Thüsing*
Rn 13; GK/*Kreutz* Rn 50>.

§ 18   Vorbereitung und Durchführung der Wahl

13   Über den Gestaltungsantrag entscheidet allein das ArbG im **Beschlussverf**. Es hat den alten Wahlvorstand abzuberufen und einen vollständig neuen zu bestellen, wenn die Voraussetzungen des Abs 1 S 2 vorliegen; ein Ermessensspielraum besteht insoweit nicht. Im Übrigen ist das ArbG an § 16 Abs 2 gebunden. Der bloße **Austausch einzelner Mitglieder** ist **nicht** möglich; allerdings können Mitglieder, welche keinen Anlass zur Ersetzung gegeben haben, als Teil des neuen Wahlvorstands wieder bestellt werden <L: Richardi/*Thüsing* Rn 15>. Hat der bisherige Wahlvorstand die ordnungsgemäße Durchführung der Wahl vereitelt, kann es erforderlich sein, mehrheitlich **betriebsexterne Mitglieder** gem § 16 Abs 2 S 3 zu bestellen <R: LAG Thür 20.1.2005, 1 TaBV 1/04>.

14   Das **Amt** des bisherigen Wahlvorstands **endet mit Rechtskraft** des arbg Beschlusses, damit einher geht für die Mitglieder der Verlust des bes Kdschutzes (§ 15 Abs 3 S 2 Hs 2 KSchG). Dem ersetzten Wahlvorstand steht als Antragsgegner das Rechtsmittel der **Beschwerde** offen. Bis zur Rechtskraft sind einstweilige Unterlassungsverfügungen nach § 85 Abs 2 ArbGG sowohl gegen den alten <L: GK/*Kreutz* Rn 54> als auch gegen den neuen Wahlvorstand möglich <R: LAG Nds 4.12.2003, 16 TaBV 91/03, BB 2004, 1114>.

15   **Maßnahmen**, die der ersetzte Wahlvorstand getroffen hat, bleiben in jedem Falle **wirksam**. Sie können (und müssen ggf) jedoch vom neu bestellten Vorstand korrigiert werden.

IV. Entscheidung über betriebsratsfähige Organisationseinheiten

16   Um einer möglichen Wahlanfechtung vorzubeugen, kann unabhängig von einer konkreten Wahl eine Entscheidung des ArbG im Beschlussverf darüber herbeigeführt werden, was als **BRfähige Organisationseinheit** anzusehen ist (Abs 2). Das Verfahren bietet die Möglichkeit, Streitigkeiten über die **Zuständigkeit** eines gewählten oder noch zu wählenden BR sowie über den **Umfang von MBR** zu entscheiden, die zum Teil von der Belegschaftsgröße abhängen. Zum anderen dient es dazu, die Voraussetzungen für eine (künftige) **ordnungsgem** BR-Wahl zu schaffen <R: BAG 23.11.2016, 7 ABR 3/15, NZA 2017, 1003>. Entschieden werden kann in dem Verf vor allem, ob **Betriebsteile** selbstständig und Kleinstbetriebe dem Hauptbetrieb zuzuordnen sind (§ 4), sowie ob ein **gemeinsamer Betrieb** mehrerer Unternehmen iS von § 1 Abs 1 S 2 und Abs 2 vorliegt <R: BAG 13.2.2013, 7 ABR 36/11, BB 2013, 2170; 25.9.1986, 6 ABR 68/84, BB 1987, 1668 und 29.1.1987, 6 ABR 23/85, AP Nr 6 zu § 1 BetrVG 1972>, aber auch die Frage, ob gem § 3 Abs 5 iVm Abs 1 Nr 1 bis 3 und Abs 3 durch TV, BV oder Abstimmung der AN eine **als Betrieb geltende Organisationseinheit** geschaffen worden ist oder ob aufgrund Belegschaftsbeschlusses nach § 3 Abs 3 ein **unternehmenseinheitlicher BR** zu wählen ist <R: BAG 24.3.2021, 7 ABR 16/20, NZA 2021, 1337>. Allgemeiner formuliert entscheidet das ArbG also über die richtige Betriebsabgrenzung <L: GK/*Kreutz* Rn 60>.

17   **Antragsberechtigt** sind der AG, jeder möglicherweise beteiligte BR, jeder möglicherweise beteiligte Wahlvorstand und jede im Betrieb vertretene Gewerkschaft. Die Antragsbefugnis besteht für BR und Wahlvorstand indes nur, soweit ihr eigener Zuständigkeitsbereich betroffen ist <R: BAG 23.11.2016, 7 ABR 3/15, NZA 2017, 1003>. Im Übrigen scheidet ein Wahlvorstand aus, sobald der gewählte BR im Amt ist <R: LAG Nbg 4.1.2007, 6 Ta 206/06, NZA-RR 2007, 214>. Antragsberechtigter „BR" iSd Abs 2 ist auch der GBR, soweit es um sein Zuständigkeit geht, etwa um einen Gemeinschaftsbe-

trieb mehrerer Unternehmen <**R:** BAG 22.6.2005, 7 ABR 57/04, DB 2005, 2643>. Entsprechendes gilt für den KBR.

Im Übrigen regelt Abs 2 die Antragsbefugnis grds **abschließend** <**R:** BAG 18.1.2012, 7 ABR 72/10, NZA-RR 2013, 133; **L:** *Fitting* Rn 59f; **aA** GK/*Kreutz* Rn 65; ErfK/*Koch* Rn 6>. Allerdings ist wegen der vergleichbaren Interessenlage auch dem SprA und den nach dem **SprAuG** bestellten Wahlvorständen in **analoger** Anwendung die Antragsberechtigung zuzubilligen <**L:** iE ebenso Richardi/*Thüsing* Rn 26; ErfK/*Koch* Rn 6; GK/ *Kreutz* Rn 65aA **R:** LAG Rh-Pf 8.11.2016, 8 TaBV 22/15>. Mangels vergleichbarer kollektivrechtlicher Rechtsposition **nicht** antragsberechtigt (auch nicht analog) sind hingegen die Schwerbehindertenvertretung <**R:** BAG 18.1.2012, aaO> oder ein Quorum an <**L:** *Fitting* Rn 60; HWK/*Reichold* Rn 13; Richardi/*Thüsing* Rn 27; **aA** GK/*Kreutz* Rn 65>. **18**

Abs 2 schließt nicht aus, dass das ArbG die Frage der Betriebsabgrenzung in einem anderen Verfahren als Vorfrage prüft <**R:** BAG 3.12.1985, 1 ABR 29/84, EzA § 4 BetrVG 1972 Nr 4>. Eine einmal ergangene Entscheidung nach Abs 2 entfaltet aber für alle am Verfahren Beteiligten **Bindungswirkung** sowohl für ein nachfolgendes Wahlanfechtungsverf als auch für Streitigkeiten über die Zuständigkeit des gewählten BR und den Umfang seiner Mitwirkungs- und Mitbestimmungsrechte <**R:** BAG 25.11.1980, 6 ABR 62/79, AP Nr 3 zu § 18 BetrVG 1972 und 29.1.1987, 6 ABR 23/85, AP Nr 6 zu § 1 BetrVG 1972>. Ein evtl noch laufendes Wahlverfahren ist abzubrechen <**R:** BAG 2.12.2004, EzA § 18 BetrVG 2001 Nr 1>. Die Bindungswirkung bleibt so lange bestehen, wie sich die tatsächlichen Umstände nicht wesentlich ändern <**R:** BAG 19.11.2003, 7 ABR 25/03, EzA § 19 BetrVG 2001 Nr 1>. **19**

Die Entscheidung wirkt **auch im Verhältnis zw AG und den AN, soweit** deren Verhältnis durch betriebsverfassungsrechtliche Normen bestimmt wird <**L:** *Mückl/Aßmuth* BB 2013, 1909, 1910>. Die Bindung besteht daher etwa, wenn ein AN einen Anspruch auf Nachteilsausgleich geltend macht <**R:** BAG 9.4.1991, 1 AZR 488/90, DB 1991, 2392; 1.12.2004, 7 ABR 27/04, EzA § 18 BetrVG 2001 Nr 1>, nicht hingegen für einen Kdschutzprozess <**R:** BAG 18.10.2006, 2 AZR 434/05, DB 2007, 810>. **20**

V. Rechtsschutz im Wahlverfahren

Über das gesonderte Verfahren nach Abs 2 hinaus können **Entscheidungen des Wahlvorstandes** im arbg Beschlussverf angegriffen werden <heute unstr, **R:** BAG 15.12.1972, 1 ABR 8/72, DB 1973, 2052; **L:** GK/*Kreutz* Rn 80f; *Fitting* Rn 33; DKW/*Homburg* § 19 Rn 16>. Der Verfahrensgegenstand ist im Gegensatz zur Wahlanfechtung nicht die (Un-)Wirksamkeit der Wahl, sondern die **Korrektur von Verfahrensfehlern**. **21**

Antragsbefugt ist nach allgemeinen Grundsätzen, wer geltend macht, durch die beanstandete Maßnahme des Wahlvorstands in eigenen betriebsverfassungsrechtlichen Rechten betroffen zu sein. Dazu gehören **alle Wahlberechtigten**, die eine Verletzung ihres aktiven oder passiven Wahlrechts rügen <**R:** BAG 15.12.1972, 1 ABR 8/72, DB 1973, 2052; LAG HH 6.5.1996, 4 TaBV 3/96, NZA-RR 1997, 136; LAG Nbg 13.3.2002, 2 TaBV 13/02, AR-Blattei ES 530.6 Nr 76>. Aber auch abgesehen von der Verletzung des Wahlrechts müssen die AN geltend machen können, dass Wahlrechtsverstöße vorliegen, **22**

§ 18   Vorbereitung und Durchführung der Wahl

die zur Nichtigkeit oder Anfechtbarkeit der BR-Wahl führen, weil ein unter solchen Verstößen gewählter BR nicht zu ihrer Vertretung legitimiert ist. Allerdings wird man insoweit in analoger Anwendung des § 19 Abs 2 S 1 verlangen müssen, dass im Falle der bloßen Anfechtbarkeit **mindestens drei** Wahlberechtigte den Antrag stellen <R: Hess LAG 14.9.2020, 16 TaBVGa 127/20; L: iE auch *Fitting* Rn 43; GK/*Kreutz* Rn 84; *Rieble/Triskatis* NZA 2006, 233, 237>. Antragsbefugt ist darüber hinaus der **AG**, der ein Recht darauf hat, dass Mitwirkungs- und MBR nur durch einen ordnungsgem gewählten BR ausgeübt werden. Im Betrieb vertretenen **Gewerkschaften** kommt das Antragsrecht nur insoweit zu, als sie in ihrem Wahlvorschlagsrecht nach § 14 Abs 3 betroffen sind <L: *Rieble/Triskatis* NZA 2006, 233; aA R: LAG SH 5.4.2012, 4 TaBVGa 1/12; *Fitting* Rn 43; GK/*Kreutz* Rn 84>. Die Antragsberechtigung des **BR** beschränkt sich auf sein Recht zur Bestellung des Wahlvorstands, weil das Wahlverfahren selbst gerade nicht mehr seine Sache ist <L: *Rieble/Triskatis* NZA 2006, 233, 237; aA GK/*Kreutz* Rn 84: Antragsberechtigung entspr § 18 Abs 2>.

23 Da sich ein solches Beschlussverf spätestens mit Abschluss der Wahl erledigt, ist innerhalb der Anfechtungsfrist die **Umstellung** des Antrags **auf eine Wahlanfechtung** möglich <R: BAG 14.1.1983, 6 ABR 39/82, DB 1983, 118>. Von besonderer Bedeutung, um das eigentliche Rechtsschutzziel einer ordnungsgemäßen Durchführung der Wahl zu erreichen, ist indes der **Eilrechtsschutz** mittels eV nach § 85 Abs 2 ArbGG. Allerdings scheidet eine **Sicherungsverfügung** in Form einer Aussetzung der BR-Wahl bis zur Entscheidung in der Hauptsache (§ 935 ZPO) aus, weil dies faktisch die Betriebsverfassung vorübergehend suspendieren würde. Stattdessen kommt – ausnahmsweise als milderes Mittel – eine **Leistungsverfügung** in Betracht.

24 Wegen der damit einhergehenden Vorwegnahme der Hauptsache gilt für die gerichtliche Prüfung ein eher strenger Maßstab insofern, als das Gericht die Überzeugung gewinnen muss, dass der geltend gemachte **Verfügungsanspruch mit Sicherheit besteht**, mithin gegen eine wesentliche Vorschrift über das Wahlverfahren verstoßen wurde <R: LAG Hamm 19.3.2012, 10 TaBVGa 5/12>. Die bloße Wahrscheinlichkeit eines Verstoßes oder eine möglicherweise bevorstehende Rechtsverletzung genügen nicht <R: Sächs LAG 19.4.2006, 8 TaBV 10/06; L: GK/*Kreutz* Rn 102; ErfK/*Koch* Rn 7; DKW/*Homburg* § 19 Rn 22>. Ein **Verfügungsgrund** ist wegen der drohenden Überholung durch einen Abschluss der Wahl **regelmäßig gegeben**.

25 Soweit Fehler noch **im laufenden Wahlverfahren korrigiert** werden können, ist eine darauf gerichtete Berichtigungsverfügung unproblematisch zulässig, gerichtet etwa auf eine Berichtigung der Wählerliste <L: *Dzida/Hohenstatt* BB 2005 Special 14, 1, 4; *Rieble/Triskatis* NZA 2006, 233, 236>, auf die Zulassung eines Wahlvorschlags <R: Hess LAG 25.4.2018, 16 TaBVGa 83/18; LAG Hamm 15.2.2016, 13 Ta 70/16; LAG Ddf 17.5.2002, 18 TaBV 26/02; Hess LAG 21.12.1995, 12 TaBVGa 195/95, NZA-RR 1996, 461; LAG Nbg 13.3.1991, 7 TaBV 6/91, LAGE § 18 BetrVG 1972 Nr 4; zur modifizierten Zulassung Sächs LAG, 22.4.2010, 2 TaBVGa 2/10> oder seine Zurückweisung <R: aA LAG Hamm 19.3.2012, 10 TaBVGa 5/12; L: wie hier *Bonanni/Mückl* BB 2010, 437, 438>, auf die Berichtigung des Wahlausschreibens <R: aA LAG Hess 21.3.1990, 12 TaBV Ga 34/90, DB 1991, 239; L: wie hier *Bonanni/Mückl*, BB 2010, 437, 438; *Mückl/Aßmuth* BB 2013, 1909, 1910f; GK/*Kreutz* Rn 96f> oder auf die Anordnung, die Öffentlichkeit bei der Stimmauszählung sicherzustellen <L: *Rieble/Triskatis* NZA 2006, 233, 236>. Demgegenüber scheitert eine Korrektur der vom Wahlvorstand im Wahlausschreiben festge-

legten Zahl der zu wählenden BR-Mitglieder regelmäßig an den Fristen nach § 3 Abs 2 Nr 8 WO und § 6 Abs 1 S 2 WO <R: LAG Hamm 14.5.2010, 13 TaBVGa 12/10; für eine Verschiebung des Wahltermins in einem solchen Fall LAG Berl-Bbg, 14.12.2021, 21 TaBVGa 1658/21; L: GK/*Jacobs* § 9 Rn 34>.

Ist eine Fehlerkorrektur auf diesem Weg im laufenden Verfahren nicht mehr möglich, kommt ein **Abbruch der Wahl** in Betracht – aber auch nur dann. Eine solcher Abbruch ist jedenfalls zulässig, wenn der beanstandete Fehler so schwer wiegt, dass er zur **Nichtigkeit** der Wahl führen würde <R: BAG 27.7.2011, 7 ABR 61/10, BB 2012, 252 (Ls)>, auch durch eV <R: LAG Köln 8.5.2006, 2 TaBV 22/06; LAG Hamm 16.5.2014, 7 TaBVGa 17/14> (sa § 16 Rn 33f). 26

Hingegen will das BAG die Anfechtbarkeit der BR-Wahl für deren Abbruch nicht genügen lassen <R: BAG 27.7.2011, aaO; bestätigt durch BAG 4.11.2015, 7 ABR 42/13, BB 2016, 1146>. Richtigerweise ist zu **differenzieren**. Ein endgültiges **Verbot**, die Wahl durchzuführen, setzt in der Tat deren **Nichtigkeit** voraus, weil andernfalls dem gesetzlichen Wahlanfechtungsverfahren nach § 19 vollständig der Boden entzogen würde <R: LAG München 3.8.1988, 6 TaBV 41/88, LAGE § 19 BetrVG 1972 Nr 7; LAG SH 5.4.2012, 4 TaBVGa 1/12; L: Richardi/*Thüsing* Rn 21; GK/*Kreutz* Rn 104>. Demgegenüber muss für eine Pflicht, das **Wahlverfahren zu stoppen (und folglich neu einzuleiten)** die **sichere Anfechtbarkeit** genügen <L: wie hier *Rieble/Triskatis* NZA 2006, 233, 235f; *Bonanni/Mückl* BB 2010, 437, 439f; *Mückl/Aßmuth* BB 2013, 1909, 1911; *Heider* NZA 2010, 488, 490; GK/*Kreutz* Rn 102f; aA ErfK/*Koch* Rn 7; DKW/*Homburg* § 19 Rn 17; *Wiesner* FA 2007, 38, 40; *Zwanziger* DB 1999, 2264f>. Das gilt etwa für den erforderlichen Neuerlass des Wahlausschreibens infolge einer Korrektur der falsch angegebenen BR-Größe <L: vgl GK/*Jacobs* § 9 Rn 34>. Im Unterschied zum endgültigen Wahlabbruch wird hier die Wahl nicht verhindert, sondern lediglich eine Fehlerkorrektur erzwungen. Ein Verfügungsgrund ist allerdings nur gegeben, wenn durch die **Korrektur des Wahlfehlers** eine erfolgreiche Wahlanfechtung **mit Sicherheit** ausgeschlossen werden kann, wobei auch rechtliche Unsicherheiten zu berücksichtigen sind <R: LAG Berl-Bbg, 14.12.2021, 21 TaBVGa 1658/21 mwN>. Dem Argument, der Wahlabbruch könne eine **BRlose Zeit zur Folge** haben, ist entgegenzuhalten, dass auch ein Unterbleiben des Wahlabbruchs zu einer solchen führen kann: Hat eine danach erfolgende Wahlanfechtung Erfolg, tritt bis zur sich anschließenden Neuwahl ein BRloser Zustand ein, ohne dass in diesem Fall eine Weiterführung der Geschäfte des BR nach § 22 in Betracht käme. Die **instanzgerichtliche Rechtsprechung** ist in dieser Frage nach wie vor **gespalten**, teilweise entscheiden verschiedene Kammern desselben Gerichts unterschiedlich <R: wie hier LAG Berl 7.2.2006, 4 TaBV 214/06, NZA 2006, 509; LAG München 18.7.2007, 7 TaBV 79/07; LAG BaWü 6.3.2006, 13 TaBV 4/06, AiB 2007, 294; LAG HH 19.4.2010, 7 TaBVGa 2/10, NZA-RR 2010, 585; LAG Ddf 12.10.2018, 6 TaBVGa 7/18; LAG Hamm 14.8.2009, 10 TaBVGa 3/09, NZA-RR 2010, 191; **aA** LAG Köln, 8.12.2021, 11 TaBVGa 9/21; LAG Berl-Bbg 23.11.2021, 13 TaBVGa 1534/21 und 11.2.2021, 21 TaBVGa 1271/20; Hess LAG 14.9.2020, 16 TaBVGa 127/20; LAG Ddf 25.3.2020, 7 TaBVGa 2/20; 2.5.2018, 12 TaBVGa 3/18; LAG Hamm 31.8.2016, 7 TaBVGa 3/16; LAG BaWü 9.3.2010, 15 TaBVGa 1/10; zweifelnd LAG SH 5.4.2012, 4 TaBVGa 1/12; L: weitere Nachweise bei *Bonanni/Mückl* BB 2010, 437, 439>. Das BAG hat über einen solchen Fall bislang nicht entschieden. 27

§ 18   Vorbereitung und Durchführung der Wahl

28   Auch der **Wahlvorstand** kann **seine Rechte** im Beschlussverfahren durchsetzen, insbesondere seinen **Mitwirkungsanspruch** gegen den Arbeitgeber, soweit er auf dessen Kooperation angewiesen ist (§ 2 WO Rn 11) <L: Berscheid/*Vetter* § 43 Rn 279>. Das gilt auch für die **Abwehrrechte** aus § 20 gegenüber einer Wahlbeeinflussung oder -behinderung <L: *Rieble/Triskatis* NZA 2006, 233, 237>.

§ 18a Zuordnung der leitenden Angestellten bei Wahlen

(1) Sind die Wahlen nach § 13 Abs 1 und nach § 5 Abs 1 des Sprecherausschussgesetzes zeitgleich einzuleiten, so haben sich die Wahlvorstände unverzüglich nach Aufstellung der Wählerlisten, spätestens jedoch zwei Wochen vor Einleitung der Wahlen, gegenseitig darüber zu unterrichten, welche Angestellten sie den leitenden Angestellten zugeordnet haben; dies gilt auch, wenn die Wahlen ohne Bestehen einer gesetzlichen Verpflichtung zeitgleich eingeleitet werden. Soweit zwischen den Wahlvorständen kein Einvernehmen über die Zuordnung besteht, haben sie in gemeinsamer Sitzung eine Einigung zu versuchen. Soweit eine Einigung zustande kommt, sind die Angestellten entsprechend ihrer Zuordnung in die jeweilige Wählerliste einzutragen.

(2) Soweit eine Einigung nicht zustande kommt, hat ein Vermittler spätestens eine Woche vor Einleitung der Wahlen erneut eine Verständigung der Wahlvorstände über die Zuordnung zu versuchen. Der Arbeitgeber hat den Vermittler auf dessen Verlangen zu unterstützen, insbesondere die erforderlichen Auskünfte zu erteilen und die erforderlichen Unterlagen zur Verfügung zu stellen. Bleibt der Verständigungsversuch erfolglos, so entscheidet der Vermittler nach Beratung mit dem Arbeitgeber. Absatz 1 Satz 3 gilt entsprechend.

(3) Auf die Person des Vermittlers müssen sich die Wahlvorstände einigen. Zum Vermittler kann nur ein Beschäftigter des Betriebs oder eines anderen Betriebs des Unternehmens oder Konzerns oder der Arbeitgeber bestellt werden. Kommt eine Einigung nicht zustande, so schlagen die Wahlvorstände je eine Person als Vermittler vor; durch Los wird entschieden, wer als Vermittler tätig wird.

(4) Wird mit der Wahl nach § 13 Abs 1 oder 2 nicht zeitgleich eine Wahl nach dem Sprecherausschussgesetz eingeleitet, so hat der Wahlvorstand den Sprecherausschuss entsprechend Absatz 1 Satz 1 erster Halbsatz zu unterrichten. Soweit kein Einvernehmen über die Zuordnung besteht, hat der Sprecherausschuss Mitglieder zu benennen, die anstelle des Wahlvorstands an dem Zuordnungsverfahren teilnehmen. Wird mit der Wahl nach § 5 Abs 1 oder 2 des Sprecherausschussgesetzes nicht zeitgleich eine Wahl nach diesem Gesetz eingeleitet, so gelten Sätze 1 und 2 für den Betriebsrat entsprechend.

(5) Durch die Zuordnung wird der Rechtsweg nicht ausgeschlossen. Die Anfechtung der Betriebsratswahl oder der Wahl nach dem Sprecherausschussgesetz ist ausgeschlossen, soweit sie darauf gestützt wird, die Zuordnung sei fehlerhaft erfolgt. Satz 2 gilt nicht, soweit die Zuordnung offensichtlich fehlerhaft ist.

Literatur: *Dänzer-Vanotti*, Die Änderung der Wahlvorschriften nach dem neuen Betriebsverfassungsgesetz, AuR 1989, 204; *Klein*, Prozessuale Optionen zur Durchsetzung der Rechtmäßigkeit der Betriebsratswahl und der sich ihr anschließenden innerorganschaftlichen Wahlakte, ZBVR 2001, 138; *Kronisch*, Organisationsformen und Wahl von Sprecherausschüssen der leitenden Angestellten, AR-Blattei SD 1490.1; *Ratayczak*, Aller Anfang ist gar nicht so schwer... Die Einleitung der Betriebsratswahl, AiB 2006, 726; *Rieble/Triskatis*, Vorläufiger Rechtsschutz im Betriebsratswahlverfahren, NZA 2006, 233; *Schneider*, Das Verfahren nach § 18a BetrVG im Schnittpunkt der Betriebs-

§ 18a Zuordnung der leitenden Angestellten bei Wahlen

rats- und Sprecherausschusswahlen, AiB 1990, 15; *Schneider/Weber*, Die Wahlen zum Sprecherausschuss und zum Betriebsrat, 1990 – Planspiel für die betriebliche Praxis, NZA 1990, Beil 1 S 29; *Sieg*, Qualen bei Arbeitnehmerwahlen, Festschrift Hromadka (2008) S 437 ff; *Wlotzke*, Die Änderungen des Betriebsverfassungsgesetzes und das Gesetz über Sprecherausschüsse der leitenden Angestellten, DB 1989, 111, 126.

Übersicht

	Rn.		Rn.
I. Normzweck und Anwendungsbereich	1	2. Keine zeitgleiche Wahleinleitung	14
II. Zuordnungsverf	6	3. Versäumte oder verweigerte Mitwirkung am Zustimmungsverf	16
1. Zeitgleiche Einleitung von Wahlen zu BR und SprA	6	III. Rechtsfolgen der Zuordnung	21

I. Normzweck und Anwendungsbereich

1   Das spezielle Zuordnunsgverf des § 18a dient dazu, **rasch und kostengünstig** zu klären, ob ein Ang zu den AN iS des § 5 Abs 1 oder zu den ltd Ang iS des § 5 Abs 3 gehört, um so **Unsicherheiten über die Wahlberechtigung zu BR und SprA** zu vermeiden <L: RegE BT-Drs 11/2503, 25, 32>. Sind Ang im Verf nach § 18a den AN oder den ltd Ang zugeordnet worden, kann die BR- oder SprA-Wahl mit der Begründung, Ang hätten fehlerhaft als AN oder als ltd Ang gewählt, nach Abs 5 S 2 und 3 nur eingeschränkt angefochten werden.

2   Dieser Normzweck gebietet es, § 18a entsprechend anzuwenden, wenn sich die Abgrenzungsfrage ausnahmsweise bei Wahlen zu BR und SprA in **unterschiedlichen organisatorischen Einheiten** stellt. Dies gilt namentlich für BR-Wahlen in Einheiten, die nach § 3 Abs 1 Nr 1–3, Abs 2 durch TV oder BV gebildet wurden, während es für die SprA-Wahlen bei den gesetzlichen Strukturen bleibt <L: Richardi/*Thüsing* Rn 10; *Fitting* Rn 2; **aA** GK/*Kreutz* Rn 8>. § 18a gilt auch entsprechend, wenn ltd Ang in Betrieben mit insgesamt weniger als 10 ltd Ang für die SprA-Wahlen dem räumlich nächstgelegenen Betrieb zugeordnet werden <L: Richardi/*Thüsing* Rn 9; *Fitting* Rn 25; **aA** GK/*Kreutz* Rn 22>. Das Zuordnungsverfahren ist dann insoweit ausnahmsweise betriebsübergreifend durchzuführen.

3   Im zweistufigen **vereinfachten Wahlverfahren** nach § 14a Abs 1 ist für ein Zuordnungsverfahren nach § 18a wegen der zwingenden Wochenfrist zwischen den beiden Wahlversammlungen nach § 14a Abs 1 S 4 **kein Raum**. Der Gesetzgeber hat das Verhältnis der beiden Vorschriften nicht geregelt, allerdings ist § 14a mit Blick auf den Vereinfachungszweck des vereinfachten Wahlverfahrens der Vorrang einzuräumen <L: *Fitting* Rn 4>. Ein solcher Konflikt besteht beim einstufigen vereinfachten Wahlverfahren nach § 14a Abs 3 nicht; hier ist § 18a mangels entgegenstehender Regelung daher anwendbar <L: GK/*Kreutz* Rn 10; **aA** *Fitting* Rn 4>.

4   § 18a ist **zwingend** und kann weder durch TV, BV und Richtlinien iS des § 28 SprAuG noch durch Absprachen zw BR und SprA bzw den Wahlvorständen abbedungen werden. Unzulässig und deswg unverbindl sind auch Absprachen zw den am Zuordnungsverf Beteiligten, die die Zuordnung einzelner Ang bzw einzelner Positionen zu den AN oder den

ltd Ang über die konkret anstehende Wahl zum BR und SprA hinaus festlegen <L: GK/ *Kreutz* Rn 10>.

Das Zuordnungsverf **gilt nur für** die Wahlen zum BR und SprA, nicht auch für die Wahl   5
zum Aufsichtsrat nach dem MitbestG und dem DrittelBG <L: GK/*Kreutz* Rn 5 mwN>.
Ob ein AN außerhalb der Wahlen den Status eines ltd Ang hat oder nicht, ist ebenfalls
unabhängig von der Zuordnung im Verf nach § 18a zu beurteilen, allerdings stellt § 5
Abs 4 Nr 1 als Hilfstatbestand auf die Zuordnung ab (§ 5 Rn 48).

II. Zuordnungsverf

1. Zeitgleiche Einleitung von Wahlen zu BR und SprA

Abs 1 S 1 Hs 1 geht vom Regelfall der in § 13 Abs 1 S 2 und in § 5 Abs 1 S 2 SprAuG   6
angeordneten zeitgleichen Einleitung von BR- und SprA-Wahl aus (§ 13 Rn 6). § 18a gilt
nach Abs 1 S 1 Hs 2 aber auch, wenn die Wahlen zeitgleich eingeleitet werden, ohne dass
dazu eine gesetzl Verpflichtung besteht; bei nicht synchroner Wahleinleitung können die
Wahlvorstände in diesen Fällen zudem die Durchführung des Zuordnungsverfahrens freiwillig vereinbaren <L: Richardi/*Thüsing* Rn 25>. In jedem Fall sind die **Wahlvorstände**
für die BR-Wahl auf der einen und der Wahlvorstand für die SprA-Wahl auf der anderen
Seite sodann **verpflichtet**, sich unverzüglich (dh ohne schuldhaftes Zögern, § 121 BGB)
nach Erstellung der Wählerlisten (vgl § 2 WO), spätestens jedoch zwei Wochen vor Einleitung der Wahlen, also dem Erlass des Wahlausschreibens (vgl § 3 Abs 1 WO) formlos
gegenseitig, wenn auch nicht zwingend zeitgleich <L: GK/*Kreutz* Rn 45 mwN> **darüber
zu unterrichten, welche Ang sie den ltd Ang zugeordnet haben**: Der Wahlvorstand für
die BR-Wahl muss den Wahlvorstand für die Wahl des SprA darüber informieren, welche
Ang er nicht in seine Wählerliste aufgenommen hat, während der Wahlvorstand für die
SprA-Wahl dem Wahlvorstand für die BR-Wahl seine Wählerliste mitteilen muss <L: *Fitting* Rn 13>. Soweit die Zuordnungen der beiden Wahlvorstände übereinstimmen, sind
die Ang für die Wahlen wirksam den AN iS des § 5 Abs 1 oder den ltd Ang iS des § 5
Abs 3 zugeordnet und nach Abs 2 S 3 in die jeweiligen Wählerlisten einzutragen. Insoweit ist das Verfahren damit endgültig abgeschlossen <L: GK/*Kreutz* Rn 47; ErfK/*Koch*
Rn 2>.

Nur soweit **kein Einvernehmen** über die Zuordnung besteht, müssen die Wahlvorstände   7
nach **Abs 1 S 2** eine **gemeinsame Sitzung** durchführen; diese muss, wie sich aus Abs 2
S 1 ergibt, bis spätestens eine Woche vor Einleitung der Wahl stattfinden <L: GK/*Kreutz*
Rn 48>. Jeder Wahlvorstand kann den anderen laden; eine Tagesordnung, in der die noch
streitigen Fälle bezeichnet sind, muss nicht aufgestellt und mitgeteilt werden <L: Richardi/*Thüsing* Rn 18>. An der gemeinsamen Sitzung können alle Mitglieder der beiden
Wahlvorstände teilnehmen, also auch die nicht stimmberechtigte Gewerkschaftsmitglieder iS des § 16 Abs 1 S 6 <L: GK/*Kreutz* Rn 50; Richardi/*Thüsing* Rn 19; *Fitting* Rn 19;
ErfK/*Koch* Rn 2; **aA** DKW/*Trümner* Rn 17>. Die gemeinsame Sitzung zielt lediglich auf
eine Einigung, nicht aber auf einen gemeinsamen Beschluss beider Wahlvorstände, sie ist
ein Erörterungs- und Beratungsforum und kein Entscheidungsgremium. Deswg können
sich die Wahlvorstände nicht durch gemeinsamen Mehrheitsbeschluss einigen, sondern
müssen beide Wahlvorstände durch **getrennte Abstimmungen** entscheiden, ob sie einem

§ 18a   Zuordnung der leitenden Angestellten bei Wahlen

Lösungsvorschlag zustimmen <L: GK/*Kreutz* Rn 52 mwN>. Diejenigen Ang, über die sich die Wahlvorstände hinsichtl ihrer Zuordnung zu den AN oder zu den ltd Ang einigen, sind gem Abs 2 S 3 in die jeweilige Wählerliste einzutragen. Wird ein Ang weder in die Wählerliste für die BR- noch in die Wählerliste für die SprA-Wahl aufgenommen und auch kein Vermittlungsverf nach Abs 2 eingeleitet (gleich Rn 8 ff), kommt eine Anfechtung der BR-Wahl nach § 19 in Betracht (§ 19 Rn 6 ff.); ebenso eine Anfechtung der SprA-Wahl nach § 8 Abs 1 SprAuG.

8   Kommt eine Einigung nicht zustande, ist zwingend das **Vermittlungsverf** nach Abs 2 einzuleiten: Spätestens eine Woche vor Einleitung der Wahl muss ein Vermittler erneut eine Verständigung der Wahlvorstände über die Zuordnung versuchen. Ang, bei denen der Verständigungsversuch Erfolg hat, sind in die jeweilige Wählerliste einzutragen, Abs 1 S 3. Soweit der Verständigungsversuch erfolglos bleibt, muss der Vermittler sich mit dem AG beraten und sodann über die Zuordnung entscheiden, Abs 2 S 3; die Ang sind gem Abs 2 S 4 mit Abs 1 S 3 entspr der Entscheidung des Vermittlers in die Wählerlisten einzutragen.

9   **Als Vermittler** bestellt werden können nach Abs 3 S 2 **Beschäftigte**, auch **ltd Ang** <L: GK/*Kreutz* Rn 57; Richardi/*Thüsing* Rn 38; *Fitting* Rn 44; HSWGN/*Nicolai* Rn 9; aA DKW/*Trümner* Rn 57>, die dem Betrieb oder einem anderen Betrieb des Unternehmens oder des Konzerns angehören. Das gilt, wie der Gegenschluss zu § 54 Abs 1 S 1 ergibt, nicht nur für Beschäftigte eines Unterordnungskonzerns, sondern auch solche eines **Gleichordnungskonzerns** iS von § 18 Abs 1 und 2 AktG <L: statt aller GK/*Kreutz* Rn 58 mwN>. Als Vermittler tätig werden kann auch der **AG** selbst, deswg auch eine der in **§ 5 Abs 2 genannten Personen** <L: GK/*Kreutz* Rn 57; Richardi/*Thüsing* Rn 38; *Fitting* Rn 45; zweifelnd DKW/*Trümner* Rn 58>. Auch **Mitglieder des amtierenden BR und SprA** können grds Vermittler sein <L: GK/*Kreutz* Rn 59; Richardi/*Thüsing* Rn 40; auch HSWGN/*Nicolai* Rn 9; DKW/*Trümner* Rn 59 (beschränkt auf BR-Mitglieder); aA *Stege/Weinspach/Schiefer* Rn 5>, es sei denn BR oder SprA sind nach oder analog Abs 4 anstelle des Wahlvorstandes für die Zuordnung der Ang zuständig, Rn 14 f.

10   **Nicht** bestellt werden können Externe, soweit sie nicht unter die vorstehende Rn fallen. Das gilt auch für **Ruheständler**, da sie nicht mehr beschäftigt werden <L: GK/*Kreutz* Rn 57; Richardi/*Thüsing* Rn 39; *Fitting* Rn 44; DKW/*Trümner* Rn 56; *Stege/Weinspach/Schiefer* Rn 5>. Weil sie schon bei der erstmaligen Zuordnung der Ang am Zuordnungsverf beteiligt sind, dürfen die **Mitglieder der Wahlvorstände** nicht zugleich zum Vermittler bestellt werden <L: *Fitting* Rn 44; *Stege/Weinspach/Schiefer* Rn 5; aA GK/*Kreutz* Rn 59; Richardi/*Thüsing* Rn 40; DKW/*Trümner* Rn 59 (beschränkt auf Mitglieder des BR-Wahlvorstands)>.

11   Die beiden Wahlvorstände müssen sich gem Abs 3 S 1 auf die Person des Vermittlers **einigen**. Kommt eine Einigung nicht zustande, schlägt gem Abs 3 S 3 jeder Wahlvorstand eine Person als Vermittler vor und wird durch **Los** bestimmt (zB durch Münzwurf), welche der beiden vorgeschlagenen Personen als Vermittler tätig wird. Einer gesonderten Bestellung bedarf es nach dem eindeutigen Gesetzeswortlaut dann nicht; erforderlich ist lediglich die Zustimmung des designierten Vermittlers. **Weigert sich eine Seite**, an der Bestellung des Vermittlers mitzuwirken, stimmt sie also der vom anderen Wahlvorstand vorgeschlagenen Person nicht zu und macht auch keine eigenen Vorschläge für den Losentscheid, wird die von der anderen Seite benannte Person als Vermittler tätig, Rn 19. Ver-

weigern beide Seiten ihre Mitwirkung am Zuordnungsverf, kann dieses nicht durchgeführt werden, Rn 20.

Nicht nur die Wahlvorstände, auch der **AG** ist gem Abs 2 S 2 verpflichtet, den Vermittler in seiner Funktion zu **unterstützen**. Insbes muss der AG dem Vermittler die erforderl Auskünfte über den betreffenden Ang erteilen, etwa über den Inhalt des Arbeitsvertrags, die Tätigkeit und den Verdienst, und ihm die notwendigen Unterlagen (zB Organisationspläne, Dienstverteilungspläne und Gehaltsübersichten) zur Verfügung stellen. Wg der abschließenden Sondervorschriften des § 83 und des § 26 Abs 2 SprAuG besteht für den Vermittler aber kein Recht auf Einsicht in die Personalakten (§ 80 Rn 41). Hinsichtl der ihm bekannt gewordenen Betriebs- und Geschäftsgeheimnisse bestehen gegen eine analoge Anwendung des § 79 zu Lasten des Vermittlers Bedenken <L: Richardi/*Thüsing* Rn 49; *Fitting* Rn 59; ErfK/*Eisemann/Koch* Rn 3; **aA** GK/*Kreutz* Rn 76>, auch wenn eine Strafbarkeit nach § 120 ausscheidet, weil der Vermittler dort nicht als Täter genannt ist. Anders als §§ 102 Abs 2 S 5, 99 Abs 1 S 3 und §§ 82 Abs 2 S 3, 83 Abs 1 S 3 verpflichtet § 18a den Vermittler auch nicht, persönl Verhältnisse und Angelegenheiten der AN geheimzuhalten, die ihm iR seiner Vermittlertätigkeit bekannt geworden sind. Eine **Verschwiegenheitspflicht** folgt aber aus der arbeitsvertragl Treuepflicht, § 79 Rn 2. 12

Das Gesetz sieht für die Tätigkeit des Vermittlers kein Entgelt vor, es handelt sich um ein **unentgeltl Ehrenamt** <L: Richardi/*Thüsing* Rn 47 mwN>. Zur Übernahme sind nur der AG und betriebsverfassungsrechtliche Mandatsträger verpflichtet, nicht aber sonstige Beschäftigte <L: *Fitting* Rn 59; GK/*Kreutz* Rn 67, einschränkend aber Rn 72>. Der Vermittler unterliegt von keiner Seite **Weisungen**; seine **mögliche Befangenheit** nimmt das Gesetz in Kauf <L: GK/*Kreutz* Rn 78>. Versäumnis von **Arbeitszeit** berechtigt den AG gem § 20 Abs 3 oder § 8 Abs 3 S 2 SprAuG nicht zur Minderung des Arbeitsentgelts. Vor **Benachteiligungen** schützt den Vermittler nicht § 78, sondern **§ 20** bzw **§ 8 Abs 3 S 1 SprAuG** <L: GK/*Kreutz* Rn 75; *Fitting* Rn 59; ErfK/*Koch* Rn 3; **aA** Richardi/*Thüsing* Rn 50>, noch § 78 Rn 6. 13

2. Keine zeitgleiche Wahleinleitung

Werden die Wahlen zum BR und SprA nach § 13 Abs 1 und 2 nicht zeitgleich eingeleitet, idR weil entweder der BR oder der SprA außerhalb des Regelzeitraums zu wählen ist (§ 13 Abs 2, § 5 Abs 2 SprAuG), wird das **Zuordnungsverf gem Abs 4 gleichwohl durchgeführt**. Diese Vorschrift ist gegenüber Abs 1 subsidiär; sie greift also nur, wenn weder eine Verpflichtung zur zeitgleichen Einleitung der Wahlen besteht noch tatsächlich zeitgleich Wahlen eingeleitet werden. Das ist deshalb von Bedeutung, weil nur im Falle des Abs 1 eine einheitliche Zuordnung für beide Wahlen gewährleistet ist <L: GK/*Kreutz* Rn 34>. Ein Verfahren nach Abs 4 scheidet im Übrigen aus, wenn auf der anderen Seite kein BR bzw SprA besteht, weil es dann an einem Ansprechpartner für den Wahlvorstand fehlt <L: GK/*Kreutz* Rn 36>. 14

Der Wahlvorstand für die durchzuführende Wahl hat in diesem Fall das **Vertretungsorgan zu unterrichten**, das nicht neu gewählt wird. Besteht kein Einvernehmen über die Zuordnung von Ang zu den AN oder zu den ltd Ang, muss das nicht neu zu wählende Vertretungsorgan eines oder mehrere Mitglieder aus den eigenen Reihen benennen, die anstelle eines Wahlvorstands am weiteren Zuordnungsverf teilnehmen (Abs 4 S 2). Entsprechendes gilt, wenn bei einer grds zeitgleich einzuleitenden Wahl der Wahlvorstand 15

§ 18a   Zuordnung der leitenden Angestellten bei Wahlen

für eine Wahl so spät bestellt wird, dass der andere Wahlvorstand die Einleitung der Wahlen nicht mehr hinauszögern kann; ab dem Zeitpunkt, ab dem der **zweite Wahlvorstand bestellt** wird, tritt dieser in das bereits eingeleitete Zuordnungsverf ein <L: GK/*Kreutz* Rn 32 mwN>.

3. Versäumte oder verweigerte Mitwirkung am Zustimmungsverf

16 § 18a äußert sich nicht zu der Frage, was geschieht, wenn eine Seite sich in dem einen oder anderen Stadium **weigert**, an dem Zuordnungsverf mitzuwirken, oder die Mitwirkung über die Fristen des § 18a hinaus **verzögert**. Das Verf nach § 18a ist nicht fakultativ; vielmehr verpflichtet § 18a die Wahlvorstände bzw nach Abs 4 den Wahlvorstand, BR oder SprA, das Zuordnungsverf einzuleiten und durchzuführen. Daraus folgt, dass jeder Wahlvorstand im **arbg Beschlussverf** durchsetzen kann, dass die andere Seite ihrer in Abs 1 S 1 festgelegten Pflicht zur gegenseitigen Information über die Zuordnung von Ang zu den AN oder zu den ltd Ang nachkommt. Angesichts der kurzen Fristen für die Durchführung des Zuordnungsverf wird häufig der Erlass einer eV nach § 85 Abs 2 ArbGG in Betracht kommen.

17 Davon zu unterscheiden ist der Fall, dass das Zuordnungsverfahren **nicht rechtzeitig abgeschlossen** ist, bevor eine oder beide Wahlen eingeleitet werden. Das Gesetz sieht hierdurch keine Beendigung des Zuordnungsverfahrens vor; dieses ist also weiterzuführen <L: GK/*Kreutz* Rn 43; aA *Fitting* Rn 28; DKW/*Trümner* Rn 78>. Hierdurch bedingte evtl nachträgliche Änderungen der Wählerliste hat der Wahlvorstand gem § 4 Abs 3 WO vorzunehmen; die Entscheidung nach § 18a bewirkt dann iS dieser Vorschrift eine offenbare Unrichtigkeit der Liste <L: vgl GK/*Kreutz* Rn 43>, sofern nicht wiederum beide beteiligten Wahlvorstände diese Zuordnung nachträglich übereinstimmend für fehlerhaft halten.

18 Hat ein Wahlvorstand den anderen entgg Abs 1 S 1 **nicht darüber unterrichtet, welche Ang er den ltd Ang zuordnet**, und nimmt er auch nicht zu der vom anderen Wahlvorstand mitgeteilten Zuordnung Stellung, folgt daraus nicht, dass damit das Zuordnungsverf beendet ist und der nicht unterrichtete Wahlvorstand die Wählerliste endgültig entspr der von ihm vorgenommenen Zuordnung aufstellen darf <L: so aber *Fitting* Rn 16; SWS Rn 3>. Vielmehr muss das Zuordnungsverf fortgesetzt und **gem Abs 1 S 2** eine Einigung beider Wahlvorstände in einer **gemeinsamen Sitzung** versucht werden <L: GK/*Kreutz* Rn 48; Richardi/*Thüsing* Rn 16; ErfK/*Koch* Rn 2>, ggf unter Einschaltung eines Vermittlers nach Abs 3 (Rn 19). Dürfte der nicht unterrichtete Wahlvorstand die Zuordnung ohne Abstimmung mit dem anderen Wahlvorstand vornehmen, könnte entweder jeder Wahlvorstand eigenständig über die Wahlberechtigung der Ang entscheiden oder müsste der Wahlvorstand, der sich nicht am Zuordnungsverf beteiligt hat, an die Zuordnungen des anderen Wahlvorstandes gebunden sein. Beide Lösungen böten nicht die Richtigkeitsgewähr, die eine gemeinsame Zuordnung gewährleistet, und liefen dem Ziel des § 18a zuwider, eine schnelle und nur ausnahmsweise (Abs 5 S 2) anfechtbare Zuordnung der Ang zu den AN oder ltd Ang zu erreichen.

19 Der unterrichtete Wahlvorstand darf die Wählerliste auch dann noch nicht endgültig selbst aufstellen, wenn eine Seite ihre Mitwirkung an der gemeinsamen Sitzung nach Abs 1 S 2 verweigert <L: aA Richardi/*Thüsing* Rn 16, wenn sich der Wahlvorstand bis dahin gar nicht geäußert hat>. Vielmehr müssen die Wahlvorstände dann nach Abs 2 und 3 einen **Vermittler** einschalten. **Weigert sich eine Seite**, an der Bestellung des Vermitt-

lers mitzuwirken, stimmt sie also der vom anderen Wahlvorstand vorgeschlagenen Person nicht zu und macht auch keine eigenen Vorschläge für den Losentscheid, endet das Zuordnungsverf entgg der hM <L: GK/*Kreutz* Rn 71; Richardi/*Thüsing* Rn 46; *Fitting* Rn 51; DKW/*Trümner* Rn 66; ErfK/*Koch* Rn 3> **nicht**, sondern es wird die **von der anderen Seite benannte Person** als Vermittler tätig <L: *SWS* Rn 7>. Das Recht, den Vermittler vorzuschlagen (Rn 9), ist den Wahlvorständen nur zu dem Zweck eingeräumt, dass sie ihre Vorstellungen über dessen Person geltend machen können. Machen sie von dieser Möglichkeit keinen Gebrauch, muss davon ausgegangen werden, dass es ihnen auf die Person des Vermittlers nicht entscheidend ankommt. Das rechtfertigt es im Interesse der Effektivität des Zuordnungsverf, die von der anderen Seite vorgeschlagene Person als Vermittler tätig werden zu lassen. Hingg kommt eine ersatzweise Bestellung des Vermittlers durch das ArbG mangels gesetzlicher Grundlage nicht in Betracht <L: statt aller GK/*Kreutz* Rn 63>; insbes scheidet eine analoge Anwendung des § 76 Abs 2 S 2 aus, weil sie dem Zweck des § 18a zuwiderläuft, das Zuordnungsverf schnell und kostengünstig durchzuführen (Rn 1).

Verweigern beide Seiten ihre Mitwirkung am Zuordnungsverf, kann das **Verf nicht** 20 **durchgeführt** werden. Die Wahlvorstände müssen ihre Wählerlisten dann unabhängig voneinander aufstellen und können nur im arbg Beschlussverf feststellen lassen, ob ein Ang AN oder ltd Ang ist (Rn 24); die in Abs 5 vorgesehene Beschränkung der Wahlanfechtung (Rn 22) greift nicht. Dass das Zuordnungsverf nicht oder nicht ordnungsgem durchgeführt worden ist, berechtigt weder den BR, die Veränderung der Wählerliste für die SprA-Wahl oder den Abbruch der Wahl zum SprA zu verlangen <R: aA LAG Hamm 24.4.1990, 3 TABV 56/90, BB 1990, 1628 (Ls)>, noch umgekehrt den SprA dazu, Änderungen bei der BR-Wahl zu verlangen.

III. Rechtsfolgen der Zuordnung

Ist das Zuordnungsverf durchgeführt, steht die Zuordnung der Ang für die anstehenden 21 BR- und SprA-Wahlen fest. Ein **Einspruch gg** die Richtigkeit der **Wählerliste** wg fehlerhafter Zuordnung ist grds ausgeschlossen, § 4 Abs 2 S 2 WO. Etwas anderes gilt gem § 4 Abs 2 S 3 WO nur, soweit die Wahlvorstände die Zuordnung übereinstimmend für offensichtl fehlerhaft halten. Zwar kann der Wahlvorstand die Wählerliste nach § 4 Abs 3 S 2 WO bei offenbaren Unrichtigkeiten auch noch nach Ablauf der Einspruchsfrist berichtigen. Nach dem Grundgedanken des § 4 Abs 2 S 2 WO ist eine Berichtigung aber nur mögl, wenn sowohl der Wahlvorstand für die BR-Wahl als auch der für die SprA-Wahl die Zuordnung übereinstimmend für fehlerhaft halten (s aber Rn 17).

Die Durchführung des Zuordnungsverf hat Folgen für die **Anfechtung** der BR- und 22 SprA-Wahlen: Die Anfechtung ist **gem Abs 5 S 2 grds ausgeschlossen**, soweit sie darauf gestützt wird, dass einzelne Ang nach § 18a fehlerhaft den AN oder den ltd Ang zugeordnet worden sind. Ein Anfechtungsrecht besteht **gem Abs 5 S 3 nur**, wenn die Zuordnung **offensichtl fehlerhaft** ist, dh sich für den Fachkundigen die Fehlerhaftigkeit geradezu aufdrängt, insbes weil die **Kriterien** des § 5 Abs 3 und 4 **grob verkannt** worden sind: etwa wenn ein AN den ltd Ang gem § 5 Abs 3 Nr 1 zugeordnet wird, obwohl er offensichtl nur zur selbstständigen Einstellung, nicht aber zur Entlassung von AN befugt ist, wenn ein Handlungsbevollmächtigter als ltd Ang iS des § 5 Abs 3 S 2 angesehen wird

Wiebauer

§ 18a Zuordnung der leitenden Angestellten bei Wahlen

(§ 5 Rn 31 ff) oder wenn das Dreifache der Bezugsgröße nach § 18 SGB IV als Richtschnur für das maßgebl Jahresarbeitsentgelt gem § 5 Abs 4 Nr 4 falsch berechnet worden ist. Denkbar ist auch, dass die am Zuordnungsverf Beteiligten **offensichtl** von **falschen Tatsachen** ausgegangen sind, etwa weil der AG absichtl oder versehentl falsche Auskünfte über die Tätigkeit eines Ang gegeben hat, oder weil sich die Wahlvorstände trotz zwischenzeitl tatsächl Änderungen an frühere Absprachen über die Zuordnung einzelner Ang gehalten haben (zur Unverbindlichkeit solcher Absprachen Rn 4). Offensichtl Fehler iS des Abs 5 S 3 sind hingg **regelmäßig auszuschließen, wenn** BR und SprA oder im Streitfall der Vermittler bei der Zuordnung an der Eigenschaft des Ang als ltd Ang Zweifel hatten und diese unter Anwendung des § 5 Abs 4 geklärt haben <**L:** Wlotzke DB 1989, 111, 126; Richardi/*Thüsing* Rn 59>. Ob ein Ang offensichtlich fehlerhaft zugeordnet worden ist, ist im Wahlanfechtungsverf festzustellen.

23 Nur ein **ordnungsgemäßes** Zuordnungsverfahren rechtfertigt die Beschränkung der Anfechtbarkeit. **Verfahrensfehler** untergraben die von § 18a bezweckte Richtigkeitsgewähr; eine fehlerhaft zustande gekommene Zuordnung kann daher der Beschränkung des Abs 5 S 2 nicht unterfallen <**L:** GK/*Kreutz* Rn 101; HWK/*Reichold* Rn 10; iErg auch *Fitting* Rn 71 allerdings unter Berufung auf S 3; **R:** dem folgend LAG BaWü 29.4.2011, 7 TaBV 7/10, BB 2011, 1268 (Ls)>. Dessen ungeachtet können Verfahrensfehler im Zuordnungsverfahren allein keine Wahlanfechtung begründen, sondern nur eine im Ergebnis fehlerhafte Zuordnung.

24 Durch die Zuordnung wird über die Beschränkung der Wahlanfechtung hinaus der Rechtsweg nicht ausgeschlossen, **Abs 5 S 1.** Insbes kann im **allg arbg Beschlussverf** festgestellt werden, ob ein Ang ltd Ang ist oder nicht, ohne dass § 18a oder eine nach dieser Vorschrift vorgenommene Zuordnung dem entgegenstehen <**R:** LAG Berlin 5.3.1990, 9 TaBV 6/89, NZA 1990, 577; **L:** GK/*Kreutz* Rn 96, 105; Richardi/*Thüsing* Rn 56; *Fitting* Rn 64>. **Antragsberechtigt** sind der AG, der BR, der SprA und der betroffene Beschäftigte selbst <**R:** BAG 5.3.1974, 1 ABR 19/73, BB 1974, 553>; wegen ihrer Anfechtungsberechtigung nach § 19 auch die im Betrieb vertretenen Gewerkschaften <**R:** BAG 5.3.1974, 1 ABR 19/73, BB 1974, 553; **L:** aA GK/*Kreutz* Rn 105, 106; HSWGN/*Nicolai* Rn 15>. Den Wahlvorständen fehlt die Antragsbefugnis, die sich allenfalls aus ihrer Pflicht zur ordnungsgem Durchführung der Wahl ergeben könnte. Dieser Pflicht haben sie mit dem Zuordnungsverf aber Genüge getan; die Gefahr einer Anfechtung schließt Abs 5 weitgehend aus <**L:** wie hier GK/*Kreutz* Rn 106; HSWGN/*Nicolai* Rn 15; **aA** *Kaiser*, 6. Aufl Rn 19; *Fitting* Rn 66; DKW/*Trümner* Rn 74>.

25 Entscheidet das **ArbG** vor Durchführung der Wahl rechtskräftig über die Zuordnung eines Ang zu den AN oder den ltd Ang, ist dieser in die entspr Wählerliste **einzutragen.** Wird er nicht eingetragen, ist die Zuordnung offensichtlich fehlerhaft iS des Abs 5 S 3, sodass die Wahl gem Abs 5 S 1 angefochten werden kann. Wird erst nach Durchführung der Wahl festgestellt, dass der Ang AN oder ltd Ang ist, hat dies auf die **Gültigkeit der Wahl** keinen Einfluss. Jedoch endet nach § 24 Abs 1 Nr 6 die **Mitgliedschaft des Ang im BR,** wenn festgestellt wird, dass er nicht zu den AN iS des § 5 gehört (§ 24 Rn 21 f).

26 Der Streit um die Eigenschaft als AN oder ltd Ang kann auch **inzidenter im arbg Urteilsverf** entschieden werden, etwa wenn ein Ang einen Anspruch aus einer BV oder einer Richtlinie iS des § 28 SprAuG geltend macht. Die inzidente Feststellung löst zwar nicht die Vermutung des § 5 Abs 4 Nr 1 aus (§ 5 Rn 48), sie begründet aber ein starkes

III. Rechtsfolgen der Zuordnung § 18a

Indiz dafür, dass eine abw Zuordnung fehlerhaft ist. Dabei sind die **ArbG nicht** an die Entscheidung im Zuordnungsverf **gebunden** <L: GK/*Kreutz* Rn 106; Richardi/*Thüsing* Rn 55; aA *Buchner* NZA 1989 Beil 1, 9>, etwa daran, dass der Vermittler § 5 Abs 4 angewandt hat: Dass Abs 5 S 1 den Rechtsweg nicht ausschließt, kann nur so verstanden werden, dass die ArbG bei der Beurteilung frei bleiben sollen, ob ein Ang AN oder ltd Ang ist. Die gerichtl Überprüfungskompetenz wird nach Abs 5 S 2 und 3 nur bei der Wahlanfechtung beschränkt.

§ 19 Wahlanfechtung

(1) Die Wahl kann beim Arbeitsgericht angefochten werden, wenn gegen wesentliche Vorschriften über das Wahlrecht, die Wählbarkeit oder das Wahlverfahren verstoßen worden ist und eine Berichtigung nicht erfolgt ist, es sei denn, dass durch den Verstoß das Wahlergebnis nicht geändert oder beeinflusst werden konnte.

(2) Zur Anfechtung berechtigt sind mindestens drei Wahlberechtigte, eine im Betrieb vertretene Gewerkschaft oder der Arbeitgeber. Die Wahlanfechtung ist nur binnen einer Frist von zwei Wochen, vom Tage der Bekanntgabe des Wahlergebnisses an gerechnet, zulässig.

(3) Die Anfechtung durch die Wahlberechtigten ist ausgeschlossen, soweit sie darauf gestützt wird, dass die Wählerliste unrichtig ist, wenn nicht zuvor aus demselben Grund ordnungsgemäß Einspruch gegen die Richtigkeit der Wählerliste eingelegt wurde. Dies gilt nicht, wenn die anfechtenden Wahlberechtigten an der Einlegung eines Einspruchs gehindert waren. Die Anfechtung durch den Arbeitgeber ist ausgeschlossen, soweit sie darauf gestützt wird, dass die Wählerliste unrichtig ist und wenn diese Unrichtigkeit auf seinen Angaben beruht.

Literatur: *Gnade*, Zur Anfechtung der Betriebsratswahl, FS Herschel (1982), S 137; *Gräfl*, Aktuelle Rechtsprechung des Bundesarbeitsgerichts zur Anfechtung von Betriebsratswahlen, FS 100 Jahre Betriebsverfassungsrecht (2020), S 157; *H Hanau*, Die Anfechtung der Betriebsratswahl, DB 1986, Beil 4; *Kiel*, Gemeinsam oder allein? Die Befugnis der Arbeitgeber zur Anfechtung von Betriebsratswahlen im gemeinsamen Betrieb, FS 100 Jahre Betriebsverfassungsrecht (2020), S 291; *Nägele*, Die Anfechtung der Betriebsratswahl, ArbRB 2006, 58; *Richardi*, Betriebsratswahlen nach § 3 BetrVG – nicht „Wie es Euch gefällt!", NZA 2014,232; *Salamon*, Betriebsratswahlen bei Veränderungen oder unter Verkennung der Betriebsstruktur, NZA 2013, 1124; *ders*, Betriebsratswahlen unter Verkennung des Betriebsbegriffs, NZA 2014, 175; *Verma/Ullrich*, Nichtigkeit und Anfechtung von Betriebsratswahlen, BB 2022, 52.

Übersicht

	Rn.		Rn.
I. Allgemeines	1	b) Rechtsschutzbedürfnis	26
II. Anfechtung der Wahl	4	c) Anfechtungsfrist	29
1. Voraussetzungen	4	d) Besonderheiten bei fehlerhafter Wählerliste (Abs 3)	33
a) Verstoß gegen wesentliche Vorschriften	5	3. Wirkung der Anfechtung	36
b) Unterlassene Berichtigung	15	4. Rechtsfolgen bei fehlerhafter Betriebsabgrenzung	41
c) Mögliche Beeinflussung des Wahlergebnisses	16	III. Nichtigkeit der Wahl	43
2. Verfahren	20	1. Nichtigkeitsgründe	43
a) Anfechtungsberechtigte und Verfahrensbeteiligte	20	2. Geltendmachung und Wirkung der Nichtigkeit	49

I. Allgemeines

1   Auch eine fehlerhafte BR-Wahl ist im Interesse der Rechtssicherheit **grds wirksam** <**L:** GK/*Kreutz* Rn 15; anders **R:** BAG 27.7.2011, 7 ABR 61/11, BB 2012, 252: um einen be-

triebsratslosen Zustand zu vermeiden>. § 19 ermöglicht jedoch die **gerichtliche Anfechtung** der Wahl binnen einer Frist von 2 Wochen. Sie führt je nach Gesetzesverstoß dazu, dass das ArbG die Wahl des gesamten BR oder eines einzelnen BR-Mitglieds ex nunc für unwirksam erklärt oder das Wahlergebnis lediglich richtig stellt. Von der Anfechtbarkeit zu unterscheiden ist die **Nichtigkeit** der BR-Wahl: Nichtig ist die Wahl bei ganz groben Gesetzesverstößen (Rn 43). Die Nichtigkeit kann jederzeit unabhängig von der Frist des Abs 2 S 2 geltend gemacht werden.

§ 19 ist nicht zu entnehmen, dass die Rechtswidrigkeit einer BR-Wahl nur nachträglich im Wege der Anfechtung geltend gemacht werden könnte, vielmehr können Fehler im Wahlverfahren bereits **vorab im Wege einer eV** verhindert oder korrigiert werden, um einen Anfechtungsgrund erst gar nicht entstehen zu lassen (siehe § 18 Rn 23 ff). Die rechtliche Beurteilung im eV-Verfahren bindet das Gericht für die Wahlanfechtung allerdings nicht, jedenfalls wenn die Verfahrensbeteiligten nicht identisch sind <**R:** BAG 13.3.2013, 7 ABR 69/11, BB 2013, 2045>. 2

Die Vorschrift gilt **entspr** für die Wahl der Jugend- und Auszubildendenvertretung (§ 63 Abs 2 S 2) und der Schwerbehindertenvertretung (§ 94 Abs 6 S 2 SGB IX). Für die Wahl der Bordvertretung und des SeeBR bestehen ergänzende Vorschriften (§ 115 Abs 2 Nr 9, § 116 Abs 2 Nr 8). GBR und KBR werden nicht gewählt; § 19 ist auf ihre Errichtung daher auch analog nicht anwendbar <**R:** BAG 15.8.1978, 6 ABR 56/77, BB 1979, 987>. Hingegen gilt die Regelung analog für **betriebsratsinterne Wahlen** <**R:** BAG 13.11.1991, 7 ABR 8/91, BB 1992, 2429: Wahl des BR-Vors; BAG 13.11.91, 7 ABR 18/91, DB 1992, 1986: Wahl zum Betriebsausschuss; BAG 16.11.2005, 7 ABR 11/05, DB 2006, 731: Wahl zur Besetzung anderer Ausschüsse; BAG 24.3.2021, 7 ABR 6/20, NZA 2021, 1044: Wahl der freizustellenden BR-Mitglieder; **L:** GK/*Kreutz* Rn 6; *Sibben* NZA 95, 819>. 3

II. Anfechtung der Wahl

1. Voraussetzungen

Abs 1 sind die drei materiellen Voraussetzungen für eine erfolgreiche Anfechtung zu entnehmen: (a) ein Verstoß gegen (eine oder mehrere) **wesentliche Wahlvorschriften**, der (b) **nicht berichtigt** wurde und (c) das Wahlergebnis möglicherweise **beeinflusst** hat. 4

a) Verstoß gegen wesentliche Vorschriften

Nur ein Verstoß gegen wesentliche Vorschriften rechtfertigt eine Anfechtung. Das sind in der Diktion des BAG solche, die „**elementare Grundprinzipien der Betriebsratswahl**" enthalten oder auf „**tragenden Grundsätzen des Betriebsverfassungsrechts**" beruhen <**R:** BAG 13.10.2004, 7 ABR 5/04, DB 2005, 675>. Anhaltspunkte bietet va die Verbindlichkeit einer Regelung: Regelmäßig sind nur zwingende (Muss-)Vorschriften als wesentlich anzusehen. **Soll-Vorschriften**, von denen nur in atypischen Fällen abgewichen werden darf, sind nur ausnahmsweise wesentlich, wenn sie besondere Bedeutung für das Wahlergebnis haben <**R:** BAG 13.10.2004, aaO; BAG 13.11.1991, 7 ABR 8/91, BB 1992, 2429; **L:** GK/*Kreutz* Rn 19; Richardi/*Thüsing* Rn 5; ErfK/*Koch* Rn 2>. 5

§ 19 Wahlanfechtung

6 Eine Wahlanfechtung kommt einmal in Betracht, wenn gg Vorschriften über das **Wahlrecht** (§ 7) verstoßen worden ist, indem
- nicht wahlberechtigte AN zur Wahl zugelassen werden <**R**: BAG 21.7.1993, 7 ABR 35/92, BB 1994, 575; 16.11.2011, 7 ABR 48/10>,
- wahlberechtigte AN nicht zugelassen werden <**R**: BAG 30.6.2021, 7 ABR 24/20, DB 2021, 2704; 29.1.1992, 7 ABR 27/91, DB 1992, 1429>, oder
- überlassene AN entgg § 7 S 2 von der Wahl ausgeschlossen worden sind <**R**: LAG Hamm 18.9.2015, 13 TaBV 20/15; Hess LAG 30.7.2015, 9 TaBV 230/14>.

7 Eine **Beschränkung auf offensichtliche Fehlerhaftigkeit** der Zuordnung in analoger Anwendung von § 18a Abs 5 kommt **nicht** in Betracht <**R**: BAG 12.9.1996, 7 ABR 61/95, BB 1997, 318>. Ist über die AN-Eigenschaft in einem Beschlussverf zw den Beschäftigten und dem AG rechtskräftig entschieden, ist diese Entscheidung auch für die Anfechtung verbindlich, solange sich die Umstände nicht wesentlich ändern <**R**: BAG 20.3.1996, 7 ABR 41/95, BB 1996, 2469>.

8 Die Anfechtung kann weiter begründet sein, wenn Vorschriften über die **Wählbarkeit** (§ 8) nicht eingehalten worden sind, also
- eine **nicht wählbare Person gewählt** wurde <**R**: BAG 12.9.2012, 7 ABR 37/11, EzA § 9 BetrVG 2001 Nr 5>, etwa ein nicht oder noch nicht seit sechs Monaten betriebsangehöriger AN oder Leih-AN <**R**: BAG 16.1.2008, 7 ABR 66/06, NZA-RR 2008, 634; 10.3.2004, 7 ABR 49/03, BB 2004, 2753; 28.11.1977, 1 ABR 40/76, BB 1978, 255>, ein ltd Ang <**R**: LAG Köln, 21.4.2010, 9 TaBV 43/09> oder ein AN, dem infolge strafgerichtlicher Verurteilung die Wählbarkeit fehlt (§ 8 Abs 1 S 3) – unabhängig davon, ob der Wahlvorstand davon Kenntnis hatte <**R**: LAG BaWü 27.11.2019, 4 TaBV 2/19, BB 2020, 894>,
- **wählbare Personen nicht zur Wahl zugelassen** wurden, etwa Beamte gem § 5 Abs 1 S 3 <**R**: vgl BAG 12.9.2012, aaO>, oder ein neuer AN trotz sechsmonatiger Betriebszugehörigkeit <**R**: BAG 10.10.2012, 7 ABR 53/11, AP Nr 15 zu § 8 BetrVG 1972; LAG Nbg 3.6.2019, 1 TaBV 3/19, AE 2020, 46>, oder
- eine ganze **Vorschlagsliste** wg vermeintlicher Nichtwählbarkeit des Listenführers zu Unrecht **ausgeschlossen** wird <**R**: BAG 14.5.1997, 7 ABR 26/96, BB 1997, 2116 (LS)>.

9 Auf einen Verstoß gg § 8 kann die Wahlanfechtung aber nicht gestützt werden, wenn der Mangel der Wählbarkeit vor Beendigung des Gerichtsverf durch Erfüllung der sechsmonatigen Betriebszugehörigkeit **geheilt** wird <**R**: BAG 7.7.1954, 1 ABR 6/54, BB 1954, 685>. Mängel der Wählbarkeit können auch noch nach Ablauf der Wahlanfechtungsfrist gem § 24 Abs 1 Nr 4 und 6 geltend gemacht werden; ihre gerichtliche Feststellung führt zum Verlust des BR-Amts (§ 24 Rn 10 und 12).

10 Weiter können Verstöße gg wesentliche Vorschriften über das **Wahlverf** die Anfechtung begründen. Hierzu zählen zunächst die *zwingenden* Vorschriften der §§ 9 bis 18 und 20 (also nicht § 15 Abs 1 und § 16 Abs 1 S 5). Wesentliche Vorschriften über das Wahlverf sind auch die **Bestimmungen der WO**, soweit es sich nicht um reine Ordnungsvorschriften handelt (zu den Sollvorschriften Rn 5).

11 In Betracht kommen zunächst Verstöße bei der **Vorbereitung der Wahl**:

II. Anfechtung der Wahl § 19

- **Wahl eines größeren** als vorgeschriebenen **BR** (§ 9) <**R:** BAG 12.9.2012, 7 ABR 37/11, NZA-RR 2013, 197; 12.11.2008, 7 ABR 73/07, 29.5.1991, 7 ABR 67/90, BB 1992, 136; Hess LAG 24.2.2020, 16 TaBV 20/19, LAGE § 9 BetrVG 2001 Nr 5; LAG Rh-Pf 28.8.2019, 7 TaBV 25/18; LAG Nbg 16.4.2019, 7 TaBV 21/18, LAGE § 9 BetrVG 2001 Nr 4>, **nicht aber** die Wahl eines letztlich **zu kleinen** BR, weil Gewählte die Wahl ablehnen <**R:** LAG Sachsen 17.3.2017, 2 TaBV 33/16; zum BetrVG 1952 BAG 11.5.1958, 1 ABR 4/57, BB 1958, 701>,
- **isolierte Wahl eines Ersatzmitglieds** außerhalb des gesetzlichen Turnus (§ 13) <**R:** LAG Hamm 22.8.1990, 3 TaBV 54/90, BB 1990, 2190>,
- **fehlerhafte Angabe der erforderlichen Stützunterschriften** (§ 14 Abs 4) im Wahlausschreiben <**R:** Hess LAG 22.3.2007, 9 TaBV 199/06, AE 2007, 248>,
- **Täuschung der Wähler** beim Sammeln von Stützunterschriften <**R:** so wohl BAG 15.5.2013, 7 ABR 40/11, EzA § 14 BetrVG 2001 Nr 3>,
- **nachträgliche Änderung eines Wahlvorschlags ohne Zustimmung** der Unterzeichner (§ 14 Abs 4) <**R:** BAG 15.12.1972, 1 ABR 8/72, DB 1973, 2052>,
- **fehlerhafte Besetzung des Wahlvorstandes** (§ 16 Abs 1) <**R:** LAG Nds 11.9.2019, 13 TaBV 85/18; LAG Nbg 30.3.2006, 6 TaBV 19/06, AR-Blattei ES 530.6 Nr 90>,
- **fehlende Wählerliste** (§ 2 WO) <**R:** BAG 27.4.1976, 1 AZR 482/75, NJW 1976, 2229> s auch Rn 47,
- keine, fehlerhafte oder unzureichende **Bekanntmachung der Wählerliste** oder ihrer Änderung <**R:** BAG 2.8.2017, 7 ABR 42/15, DB 2018, 133; LAG Hamm 17.8.2007, 10 TaBV 37/07, EzAÜG BetrVG Nr 100>,
- keine ausreichende Zeit für die **Einsichtnahme in die Wählerliste** <**R:** LAG Köln 16.1.1991, 2 TaBV 37/90, LAGE § 19 BetrVG 1972 Nr 11>,
- nicht von § 4 Abs 3 S 2 WO gedeckte **Änderung der Wählerliste** <**R:** BAG 21.3.2017, 7 ABR 19/15, BB 2017, 2300>,
- mangelhafte **Unterrichtung ausländischer AN** über die Wahl (§ 2 Abs 5 WO, obwohl nur als Soll-Vorschrift ausgestaltet) <**R:** BAG 13.10.2004, 7 ABR 5/04, DB 2005, 675>,
- **fehlendes oder unzureichendes Wahlausschreiben** (§ 3 WO) <**R:** BAG 27.4.1976, 1 AZR 482/75, NJW 1976, 2229>, auch im vereinfachten Wahlverfahren (§§ 31, 36 Abs 2 WO) <**R:** BAG 19.11.2003, 7 ABR 24/03, DB 2004, 2819>,
- fehlerhafte oder unzureichende **Bekanntmachung des Wahlausschreibens** (§ 3 Abs 4 WO) <**R:** BAG 5.5.2004, 7 ABR 44/03, BB 2005, 108; 21.1.2009, 7 ABR 65/07, NZA-RR 2009, 481>, nicht aber die unrichtige Angabe des Orts der Wahllokale, wenn eine Ergänzung so rechtzeitig erfolgt, dass für die Wahlberechtigten keine Einschränkung ihres Wahlrechts eintritt <**R:** BAG 19.9.1985, 6 ABR 4/85, DB 86, 864>,
- **fehlende Unterschrift eines Wahlbewerbers** bei der Zustimmung zur Aufnahme in eine Vorschlagsliste (§§ 6 Abs 3 S 2, 8 Abs 2 Nr 2 WO) <**R:** LAG Hamm 20.5.2005, 10 TaBV 94/04; BAG 1.6.1966, 1 ABR 17/65, DB 1966, 1438>,
- **unberechtigte Zurückweisung eines Wahlvorschlags** aus formellen Gründen (zB unzulässiges Kennwort oder fehlende Stützunterschriften) <**R:** BAG 26.10.2016, 7 ABR 4/15, NZA-RR 2017, 194; 15.5.2013, 7 ABR 40/11, EzA § 14 BetrVG 2001 Nr 3; 29.6.1965, 1 ABR 2/65, DB 1965, 1253; LAG Köln 25.7.2019, 7 TaBV 7/19>,
- Zulassung eines Wahlvorschlags unter **irreführendem Kennwort** <**R:** LAG Ddf 4.8.2020, 10 TaBV 42/19, AE 2021, 40; LAG Hamm 18.3.2011, 13 TaBV 98/10: Verwechslungsgefahr mit Gewerkschaftsliste>,

§ 19 Wahlanfechtung

- Zulassung eines Wahlvorschlags als **Gewerkschaftsvorschlag**, obwohl die Voraussetzungen des § 14 Abs 5 nicht erfüllt sind <R: LAG München 28.1.2021, 3 TaBV 55/20>,
- Verkürzung oder Verlängerung der **Zweiwochenfrist** des § 6 Abs 1 S 2 WO **zur Einreichung der Wahlvorschläge**; unterlassene Nachfristsetzung nach § 9 Abs 1 WO <R: BAG 9.12.1992, 7 ABR 27/92, BB 1993, 1217; Hess LAG 12.1.2012, 9 TaBV 115/11>, **nicht aber** die bloße fehlerhafte Angabe im Wahlausschreiben, wenn sich diese nicht ausgewirkt hat <R: LAG Thür 10.10.2018, 6 TaBV 11/17; LAG Sachsen 17.3.2017, 2 TaBV 33/16>,
- **Zulassung verspäteter Wahlvorschläge** (§§ 6 Abs 1 S 2, 8 Abs 1 Nr 1 WO) <R: LAG Hamm 26.11.2010, 13 TaBV 54/10, BB 2010, 3148 (Ls)>,
- fehlerhafte oder unterbliebene **Nachfristsetzung bei Beanstandung einer Vorschlagsliste** (§ 8 Abs 2 WO) <R: BAG 20.10.2021, 7 ABR 36/20, DB 2022, 1139; 10.6.1983, 6 ABR 50/82, DB 1983, 2142>,
- fehlende **Erklärungsfrist bei Doppelkandidatur** entgegen § 6 Abs 7 S 2 WO <R: LAG München 25.1.2007, 2 TaBV 102/06>,
- mangelnde **Verbindung der Unterschriften mit dem Wahlvorschlag** <R: Hess LAG 16.3.1987, DB 1987, 1204>,
- Verletzung der Pflicht, **eingereichte Wahlvorschläge unverzüglich zu prüfen** (§ 7 Abs 2 S 2 WO), dazu gehören auch Vorkehrungen, die eine rasche Prüfung kurz vor Fristablauf eingereichter Wahlvorschläge ermöglichen <R: BAG 18.7.2012, 7 ABR 21/11, EzA § 19 BetrVG 2001 Nr 11>.

12 Auch Fehler bei der **Durchführung** der Wahl können eine Anfechtung begründen:
- Wahl im **vereinfachten Verf nach § 14 Abs 5** ohne entspr Vereinbarung mit dem AG <R: BAG 19.11.2003, 7 ABR 24/03, EzA § 19 BetrVG 2002 Nr 2>,
- Verstoß gg den **Grundsatz der geheimen Wahl** (§ 14 Abs 1), etwa durch unterlassene Verwendung der bis 2021 auch für die Präsenzwahl vorgeschriebenen Wahlumschläge <R: BAG 20.1.2021, 7 ABR 3/20, ZTR 2021, 351>, durch unzureichende Vorkehrungen für unbeobachtetes Ankreuzen der Stimmzettel <R: LAG Ddf 13.12.2016, 9 TaBV 85/16>, oder durch Ausfüllen der Stimmzettel in Gegenwart eines Wahlbewerbers <R: LAG Hamm 26.2.1976, 8 TaBV 74/75>,
- Verstoß gegen den **Grundsatz der freien Wahl**, etwa durch die **Gestaltung der Stimmzettel** <R: BAG 14.1.1969, 1 ABR 14/68, BB 1969, 490>,
- Verstoß des Wahlvorstands gegen den **Grundsatz der Chancengleichheit** <R: BAG 6.12.2000, 7 ABR 34/99, DB 2001, 1422; LAG BaWü 27.11.2019, 4 TaBV 2/19, BB 2020, 894; LAG Nds, 26.2.2016, 13 TaBVGa 27/15; LAG Köln, 20.2.2015, 4 TaBV 79/14; LAG Nbg, 20.9.2011, 6 TaBV 9/11>, zu den möglichen Verstößen s § 14 Rn 15,
- fehlerhafte Feststellung der dem **Minderheitsgeschlecht** zustehenden Sitze (§ 15 Abs 2) <R: BAG 10.3.2004, 7 ABR 49/03, BB 2004, 2753>,
- nicht lückenlos unter der **Kontrolle des Wahlvorstands** laufende **Stimmauszählung** (§ 18 Abs 3) <R: LAG Berlin 16.11.1987, 12 TaBV 6/87, DB 1988, 504>.
- unzulässige **Wahlbehinderung** oder **Beeinflussung** (§ 20 Rn 3 ff) <R: BAG 8.3.1957, 1 ABR 5/55, BB 1957, 291; LAG München 27.1.2010, 11 TaBV 22/09>,
- **unterbliebene Bekanntmachung des Rücktritts von Wahlbewerbern** <R: BAG 27.4.1976, 1 AZR 482/75, NJW 1976, 2229>,

II. Anfechtung der Wahl § 19

- Nichteinhaltung oder nachträgliche **Änderung der Zeit für die Stimmabgabe** <R: BAG 11.3.1960, 1 ABR 15/59, BB 1960, 824; LAG SH 21.6.2011, 2 TaBV 41/10, AiB 2013, 719 (Ls)>,
- **pauschale Zurückweisung von Briefwahlstimmen**, auch wenn diese unter „nicht vertrauenswürdigen Umständen" eingesammelt wurden <R: LAG München 9.6.2010, 4 TaBV 105/09,: Prüfung müsste im Anfechtungsverfahren erfolgen>,
- Durchführung der Wahl **ausschließlich als Briefwahl** <R: LAG Nds 9.3.2011, 17 TaBV 41/10; LAG SH 18.3.1999, 4 TaBV 51/98, NZA-RR 1999, 523; einschränkend LAG Hamm 12.10.2007, 10 TaBV 9/07>,
- unterbliebene **Verwendung einer Wahlurne**, auch für die Briefwahlstimmen (§ 26 Abs 1 S 2 WO) <R: LAG Hamm 9.3.2007, 10 TaBV 105/06> oder unzureichende **Versiegelung** der Wahlurnen <R: LAG Köln 16.9.1987, 7 TaBV 13/87, LAGE § 19 BetrVG 1972 Nr 5; LAG Bbg 27.11.1998, 5 TaBV 18/98, NZA-RR 1999, 418: Klebeband genügt nicht>,
- Verletzung des **Öffentlichkeitsgebots bei der Stimmenauszählung** <R: BAG 15.11.2000, 7 ABR 53/99, BB 2001, 1534>, auch schon bei der Öffnung der Briefwahl-Freiumschläge <R: LAG Nbg 27.11.2007, 6 TaBV 46/07, LAGE § 19 BetrVG 2001 Nr 3a>,
- fehlende betriebliche **Bekanntgabe von Ort und Zeit der Stimmenauszählung** (§ 3 Abs 2 Nr 13 WO) <R: BAG 15.11.2000, 7 ABR 53/99, BB 2001, 1534; LAG Berlin 16.11.1987, 12 TaBV 6/87, LAGE § 19 BetrVG 1972 Nr 6>,
- zeitlich **vorgezogene Stimmenauszählung** ohne vorherige öffentliche Bekanntmachung <R: LAG München 10.3.2008, 6 TaBV 87/07>,
- Zulassung der **Kumulierung von Stimmen** <R: ArbG Lörrach 14.7.2006, 3 BV 3/06, AuR 2006, 405>,
- fehlerhafte **Feststellung eines sog. „Listensprungs"** nach § 15 Abs 5 WO <R: LAG Nds 10.3.2011, 5 TaBV 98/10, NZA-RR 2011, 465>.

Darüber hinaus führt eine **fehlerhafte Betriebsabgrenzung** (Wahl unter Verkennung des Betriebsbegriffs) zur Anfechtbarkeit, zB 13

- bei fälschlicher **Zuordnung eigenständiger Betriebsteile** nach § 4 Abs 1 zum Hauptbetrieb <R: BAG 11.4.1978, 6 ABR 22/77, BB 1978, 1467; 13.9.1984, 6 ABR 43/83, BB 1985, 997; LAG BaWü 22.10.2020, 17 TaBV 3/19, Rechtsbeschwerde 7 ABR 38/20>,
- wenn **in unselbständigen Betriebsteilen jeweils BR** gewählt werden <R: BAG 7.12.1988, 7 ABR 10/88, BB 1989, 1619>, etwa auch wenn eigentlich ein Gemeinschaftsbetrieb vorliegt <R: LAG Rh-Pf 8.11.2016, 8 TaBV 22/15>.
- bei Wahl eines **gemeinsamen BR für mehrere eigenständige Betriebe** <R: BAG 17.1.1978, 1 ABR 71/76, BB 1978, 962>, va bei fälschlicher Annahme eines Gemeinschaftsbetriebs <R: BAG 23.11.2016, 7 ABR 3/15, NZA 2017, 1003; 13.2.2013, 7 ABR 36/11, BB 2013, 2170; 9.4.1991, 1 AZR 488/90, BB 1991, 2087>,
- bei Wahl eines BR in einer **nach § 3 geschaffenen Organisationseinheit**, wenn die zugrundeliegende Regelung unwirksam ist <R: BAG 13.3.2013, 7 ABR70/11, AP Nr 10 zu § 3 BetrVG 1972; **L:** aA *Richardi* NZA 2014, 232, 234>.

Maßgeblich ist der Zeitpunkt der Wahl, nicht derjenige der letzten mündlichen Verhandlung im Anfechtungsverfahren <R: LAG Rh-Pf 8.11.2016, 8 TaBV 22/15>. Zum Kreis der **Anfechtungsberechtigten** zählen jeweils alle AN, die geltend machen, ihre or- 14

§ 19   Wahlanfechtung

ganisatorische Einheit sei zu Unrecht in die Wahl einbezogen oder nicht einbezogen worden. Zur nur in Extremfällen anzunehmenden Nichtigkeit wg Verkennung des Betriebsbegriffs Rn 45 f.

b) Unterlassene Berichtigung

15   Wird der Fehler vor der Entscheidung des ArbG **berichtigt**, entfällt der Anfechtungsgrund. Grundsätzlich sind alle denkbaren Wahlfehler einer Berichtigung zugänglich, um eine Wahlanfechtung gar nicht erst erforderlich zu machen <R: BAG 19.9.1985, 6 ABR 4/85, DB 1986, 864; LAG Hamm 12.10.2007, 10 TaBV 9/07>. Eine Heilung scheidet allerdings aus, wenn der Fehler trotz seiner Berichtigung das Wahlergebnis beeinflusst haben kann, etwa wenn der Wahlvorstand im Wahlausschreiben die Zahl der zu wählenden BR-Mitglieder falsch angegeben hatte und dieser Fehler nicht vor der Stimmabgabe richtiggestellt wird <R: BAG 12.10.1976, 1 ABR 14/76, BB 1977, 244>. Zur Berichtigung ist berufen, **wer für die fehlerhafte Handlung zuständig ist**; in der Regel ist dies der Wahlvorstand. Der gewählte BR kann hingegen mangels Zuständigkeit fürs Wahlverfahren keine Fehler mehr berichtigen <L: GK/*Kreutz* Rn 39>.

c) Mögliche Beeinflussung des Wahlergebnisses

16   Die Anfechtung ist unbegründet, wenn die gerügten Verstöße objektiv keinen Einfluss auf das Wahlergebnis haben konnten. Auf eine Beeinflussungsabsicht kommt es nicht an. Das BAG stellt in st Rspr entsprechend dem strengen Gesetzeswortlaut darauf ab, ob bei **hypothetischer Betrachtung** die Wahl ohne den Verstoß unter Berücksichtigung der konkreten Umstände zwingend zum selben Ergebnis geführt hätte <R: BAG 30.6.2021, 7 ABR 24/20, DB 2021, 2704; 12.6.2013, 7 ABR 77/11, BB 2013, 2683; L: ebenso Richardi/*Thüsing* Rn 34>. Dabei sind ungewöhnliche, nach der allgemeinen Lebenserfahrung nicht erwartbare hypothetische Geschehensabläufe außer Acht zu lassen <L: GK/*Kreutz* Rn 48; *Fitting* Rn 24; in diese Richtung auch ErfK/*Koch* Rn 6>. Dies folgt letztlich aus **§ 286 Abs 1 ZPO**, welcher den Maßstab für die **gerichtliche Überzeugungsbildung** vorgibt. Danach führt nicht jede theoretisch denkbare und naturwissenschaftlich nicht auszuschließende Möglichkeit des Einflusses des Fehlers im Wahlverfahren auf das Wahlergebnis zur Begründetheit der Anfechtung, wenn aufgrund der im Anfechtungsverfahren durch das Gericht konkret feststellbaren Tatsachen die Wahrscheinlichkeit ihres Eintritts gegen Null tendiert, und bei **lebensnaher Betrachtung** davon ausgegangen werden muss, dass die Möglichkeit nur denkbar und somit theoretisch, tatsächlich aber nicht gegeben war <R: LAG Thür 10.10.2018, 6 TaBV 11/17>. Lässt sich die Frage im Beschlussverfahren aber nicht zur Überzeugung des Gerichts klären, ist **im Zweifel** von einem möglichen Einfluss auf das Ergebnis auszugehen <R: BAG 8.3.1957, 1 ABR 5/55, BB 1957, 644; L: *Fitting* Rn 26; GK/*Kreutz* Rn 44>.

17   Nach § 18a Abs 5 regelmäßig ausgeschlossen ist die Anfechtung wg fehlerhafter **Zuordnung** eines Wählers als AN oder ltd Ang (§ 18a Rn 22). Fehler bei der **Bestellung des Wahlvorstands** allein können das Wahlergebnis entgg der Ansicht des BAG nicht beeinflussen, sondern nur konkrete Wahlfehler des fehlerhaft bestellten oder besetzten Wahlvorstands <R: aA BAG 14.9.1988, 7 ABR 93/87, BB 1989, 496; 31.5.2000, 7 ABR 78/98, DB 2000, 2482; LAG Nds 11.9.2019, 13 TaBV 85/18; **wie hier** ArbG Fft/M

13.3.2002, 7 BVGa 76/02; **L:** GK/*Kreutz* Rn 52; *Fitting* Rn 25>. Nur die Nichtigkeit der Bestellung des Wahlvorstands wirkt sich unmittelbar auf die BR-Wahl aus (§ 16 Rn 33).

Hat ein nicht wahlberechtigter AN mitgewählt oder wurde ein **wahlberechtigter** AN von der Wahl ausgeschlossen, ist zu prüfen, ob sich der Fehler mathematisch auf die Sitzverteilung auswirken konnte, oder ob die fehlerhaft (nicht) abgegebenen Stimmen das Ergebnis ohnehin nicht hätten ändern können <**R:** BAG 14.9.1988, aaO; LAG BaWü, 16.7.2015, 18 TaBV 1/15>. Dasselbe gilt für die Zulassung eines ungültigen Wahlvorschlags <**L:** GK/*Kreutz* Rn 56>. Ein Wahlverstoß, der sich **lediglich auf die Reihenfolge** der Ersatzmitglieder auswirkt, beeinflusst das Wahlergebnis nicht und berechtigt daher nicht zur Wahlanfechtung <**R:** BAG 21.2.2001, 7 ABR 41/99, BB 2001, 2328>. Hingegen ist die Anfechtung unabhängig von der konkreten Stimmverteilung begründet, wenn ein nicht wählbarer AN zur Wahl zugelassen oder ein **wählbarer** AN nicht zugelassen wurde, weil sich nicht feststellen lässt, wie sich die Veränderung auf das Wahlverhalten ausgewirkt hätte <**R:** BAG 10.10.2012, 7 ABR 53/11, BB 2013, 243 (Ls.); 12.9.2012, 7 ABR 37/11, BB 2013, 244 (Ls.)>. Weist der Wahlvorstand nicht auf die **Ungültigkeit eines Wahlvorschlags** hin, kann die Anfechtung hierauf gestützt werden, wenn nicht auszuschließen ist, dass ein ordnungsgemäßer Vorschlag nachgereicht worden wäre <**R:** BAG 18.7.2012, 7 ABR 21/11>. 18

Inwieweit sich **Fehler im Wahlverfahren** auf das Ergebnis auswirken können, ist stets unter Berücksichtigung der konkreten Umstände des Einzelfalls festzustellen. Die Wahl im **falschen Wahlverfahren** ist allerdings in jedem Fall anfechtbar <**R:** BAG 19.11.2003, 7 ABR 24/03, DB 2004, 2819; **L:** GK/*Kreutz* Rn 57>. Regelmäßig wird auch eine zu kurze **Frist zur Einreichung der Wahlvorschläge** (§ 6 Abs 1 S 2 WO) zur Anfechtung berechtigen <**R:** LAG Köln, 20.5.2015, 5 TaBV 18/15; im Einzelfall abl LAG Thür 10.10.2018, 6 TaBV 11/17; LAG Sachsen 17.3.2017, 2 TaBV 33/16>, ebenso eine fehlerhafte **Nachfrist** zur Beseitigung von Beanstandungen nach § 8 Abs 2 WO <**R:** BAG 20.10.2021, 7 ABR 36/20>. Wegen der großen Bedeutung für die Integrität der Wahl ist auch bei einer Verletzung des **Öffentlichkeitsgebots** bei der Stimmauszählung von einer Auswirkung auf das Ergebnis auszugehen <**R:** BAG 15.11.2000, 7 ABR 53/99, BB 2001, 1534; 10.3.2013, 7 ABR 83/11, EzA § 18 BetrVG 2001 Nr 2>. Auch bei Beeinträchtigung des **Wahlgeheimnisses** liegt die Beeinflussungsgefahr nahe <**R:** BAG 20.1.2021, 7 ABR 3/20, ZTR 2021, 351; Hess LAG, 14.3.2013, 9 TaBV 223/12; LAG Berl-Bbg, 25.8.2011, 25 TaBV 529/11>. Die Rspr bejaht eine mögliche Auswirkung etwa auch bei unzulässiger **Gestaltung der Stimmzettel** <**R:** BAG 16.9.2020, 7 ABR 30/19, NZA 2020, 1642> sowie bei unzureichender **Bekanntmachung aller Wählerlisten** <**R:** so wohl grds BAG 20.10.2021, 7 ABR 36/20>. Soweit ein Fehler nur eine begrenzte Zahl von Stimmen betrifft, ist immer zu prüfen, ob diese angesichts der **konkreten Stimmverteilung** das Wahlergebnis verändern konnten <**R:** vgl BAG 20.10.2021, aaO; 12.6.2013, 7 ABR 77/11, BB 2013, 2683>. 19

2. Verfahren

a) Anfechtungsberechtigte und Verfahrensbeteiligte

Anfechtungsberechtigt sind nach Abs 2 **mindestens drei Wahlberechtigte**. Dass die drei Wahlberechtigten AN des Betriebs sind, verlangt die Vorschrift nicht. Auch die nach § 7 20

§ 19 Wahlanfechtung

S 2 wahlberechtigten Leih-AN sind daher anfechtungsberechtigt <L: *Löwisch/Wegmann* BB 2017, 373>. Maßgeblich ist die Wahlberechtigung im Zeitpunkt der BR-Wahl <R: st Rspr, BAG 16.9.2020, 7 ABR 30/19, NZA 2020, 1642; 23.7.2014, 7 ABR 23/12, NZA 2014, 1288; L: Richardi/*Thüsing* Rn 44; aA GK/*Kreutz* Rn 78: Zeitpunkt der Anfechtung>. Nicht erforderlich ist, dass die drei AN als Gruppe die Wahl anfechten. Es genügt, wenn innerhalb der Anfechtungsfrist mindestens drei Wahlberechtigte **unabhängig voneinander** beim ArbG die Wahl anfechten, auch wenn sie unterschiedliche Verstöße geltend machen <R: BAG 15.2.1989, 7 ABR 9/88, DB 1989, 2626; LAG München 17.7.2008, 4 TaBV 20/08; L: zweifelnd Richardi/*Thüsing* Rn 45>. Die Verfahren sind dann zu verbinden <L: GK/*Kreutz* Rn 75>.

21 Welche Folgen Veränderungen auf Antragstellerseite während des laufenden ArbG-Verf haben, hängt davon ab, welche Rechtsqualität man der Anfechtungsberechtigung beimisst. Die hM sieht sie sowohl als prozessuale als auch als materielle Antragsvoraussetzung <R: BAG 14.2.1978, 1 ABR 46/77, DB 1978, 1451; 4.12.1986, 6 ABR 48/85, DB 1987, 232; Hess LAG 2.3.2017, 9 TaBV 120/16; L: HWK/*Reichold* Rn 18; Richardi/*Thüsing* Rn 42; aA GK/*Kreutz* Rn 62: nur Frage der Aktivlegitimation>. Nimmt ein Antragsteller seinen Antrag zurück, wird die Anfechtung demnach bereits unzulässig, wenn hierdurch das **Quorum** von drei AN **unterschritten** wird <R: BAG 12.2.1985, 1 ABR 11/84, BB 1985, 1330>. In zweiter Instanz bedarf die Antragsrücknahme allerdings der Zustimmung der anderen Beteiligten (§ 87 Abs 2 S 3 ArbGG), sodass der Widerspruch eines Antragstellers die Anfechtung vor der Unzulässigkeit bewahren kann, nicht aber vor der Unbegründetheit <R: Hess LAG 2.3.2017, 9 TaBV 120/16>. Demgegenüber ändert der Verlust der Wahlberechtigung während des Anfechtungsverf (etwa durch **Ausscheiden** aus dem Betrieb) nichts an der Zulässigkeit des Antrags, solange noch einer der mindestens drei Antragsteller weiter wahlberechtigt ist; verlieren alle Anfechtenden die Wahlberechtigung, wird der Antrag mangels Rechtsschutzinteresses unzulässig <R: BAG 20.2.2019, 7 ABR 40/17, NZA 2019, 1147>. Eine „Übernahme" des Antrags durch andere Wahlberechtigte, eine Gewerkschaft oder den AG kommt in keinem Falle in Betracht <R: BAG 10.6.1983, 6 ABR 50/82, DB 1983, 2142; 12.2.1985, aaO; 15.2.1989, aaO; L: Richardi/*Thüsing* Rn 45>.

22 Auch der **AG** ist zur Anfechtung berechtigt. Das ist die Person, deren Belegschaft durch den gewählten BR repräsentiert werden soll <R: BAG 16.1.2018, 7 ABR 21/16, BB 2018, 1597>. Dies gilt auch für eine Anfechtung wegen Verkennung des Betriebsbegriffs, wenn die **Betriebsabgrenzung streitig** ist. Deshalb kann jeder beteiligte AG die von seinen AN durchgeführte Wahl anfechten, unabhängig davon, ob diese Wahl seiner Ansicht nach für eine zu kleine Organisationseinheit (einzelner Betrieb) oder eine zu große (Gemeinschaftsbetrieb) abgehalten wurde <R: BAG 16.1.2018, aaO; 10.11.2004, 7 ABR 17/04, AiB 2005, 619; L: ErfK/*Koch* Rn 11; *Kiel* FS 100 Jahre Betriebsverfassungsrecht, S 291, 294 ff; **krit** *Kreutz* AuR 2018, 582; GK/*Kreutz* Rn 84; *Fitting* Rn 32; Richardi/*Thüsing* Rn 47>. Der oder die anderen am vermeintlichen Gemeinschaftsbetrieb beteiligten AG und ggf deren BR sind im Verf zur Wahrung ihrer Rechte zu beteiligen <R: BAG 16.1.2018, aaO>. Im **unstreitig bestehenden Gemeinschaftsbetrieb** kann die Anfechtung nach zutreffender Ansicht nur durch die einheitliche Leitung des Betriebs oder durch die beteiligten AG gemeinsam gestellt werden <R: für den Gemeinschaftsbetrieb einer BGB-Gesellschaft BAG 28.11.1977, 1 ABR 36/76, DB 1978, 643; von BAG 16.1.2018, aaO, auch nicht in Frage gestellt; offen gelassen von BAG 10.11.2004, aaO; **wie hier**

LAG Rh-Pf 17.11.2004, 10 TaBV 25/04; **L:** *Fitting* Rn 32; GK/*Kreutz* Rn 84; *Kiel* FS 100 Jahre Betriebsverfassungsrecht, S 291, 299 f>. Mangels AG-Eigenschaft nicht anfechtungsberechtigt ist bei einer jur Pers auch ein **Alleingesellschafter** und Geschäftsführer persönlich <**R:** BAG 23.11.2016, 7 ABR 3/15, NZA 2017, 1003>. Mit einem **Betriebsübergang** entfällt das Anfechtungsrecht des Veräußerers <**R:** LAG Ddf, 8.1.1979, 20 TaBV 42/78, BB 1979, 938; **L:** DKW/*Homburg* Rn 28>.

Anfechtungsberechtigt sind schließlich auch die im Betrieb vertretenen (§ 2 Rn 27 ff) **Gewerkschaften**. Die Wahlanfechtung muss durch das nach der Satzung zuständige Organ der Gewerkschaft erfolgen. Der von einem unzuständigen Organ gestellte Antrag ist unzulässig und kann nach Ablauf der Anfechtungsfrist auch nicht mehr wirksam genehmigt werden <**R:** LAG Ddf 13.12.2006, 12 TaBV 95/06>. 23

Das Gesetz regelt die Anfechtungsberechtigung **abschließend**. Ein einzelner Wahlberechtigter kann die Wahl auch nicht im Alleingang anfechten, wenn nur er allein von einem Wahlfehler unmittelbar betroffen ist. **Nicht** anfechtungsberechtigt sind zudem der **BR**, der **Wahlvorstand** als solcher oder einzelne Wahlbewerber. Eine Anfechtungsberechtigung des BR – oder eines **BR mit konkurrierender Zuständigkeit** – besteht auch nicht analog § 18 Abs 2 <**R:** Hess LAG 4.11.2019, 16 TaBV 31/19>. Letzterem bleibt allenfalls die Möglichkeit, ggf die Nichtigkeit der Wahl feststellen zu lassen. Als AN sind **Mitglieder des neu gewählten BR** allerdings mit mindestens zwei weiteren AN zur Anfechtung berechtigt <**R:** BAG 16.9.2020, 7 ABR 30/19, NZA 2020, 1642; 20.7.1982, 1 ABR 19/81, BB 1983, 832>. 24

Von der Anfechtungsberechtigung zu unterscheiden ist die **Beteiligtenstellung** im arbg Beschlussverf nach § 83 Abs 3 ArbGG. IS dieser Vorschrift beteiligt sind neben dem Antragsteller und dem BR als Antragsgegner der AG und die BR-Mitglieder, soweit deren Wählbarkeit Gegenstand des Beschlussverf ist. Letztere sind bei einer Gesamtanfechtung der BR-Wahl allerdings nicht neben dem BR beteiligungsberechtigt <**R:** LAG SH 24.5.2007, 1 TaBV 64/06, EzAÜG BetrVG Nr 98>. Als Beteiligter ist der BR beschwerdebefugt, wenn die Wahl für unwirksam erklärt wird <**R:** BAG 20.3.1996, 7 ABR 34/95, AP Nr 10 zu § 5 BetrVG 1972 Ausbildung>. Überdauert das Verfahren die Amtszeit, **tritt der neu gewählte BR in die Beteiligtenstellung des alten ein**, um einen Abschluss des Verf zu ermöglichen <**R:** BAG 18.3.2015, 7 ABR 6/13>. Der Wahlvorstand ist nicht beteiligungsberechtigt <**R:** BAG 14.1.1983, 6 ABR 39/82, DB 1983, 2142>, die im Betrieb vertretenen Gewerkschaften nur als Antragsteller <**R:** BAG 19.9.1985, 6 ABR 4/85, DB 1986, 864>. 25

b) Rechtsschutzbedürfnis

Neben der persönlichen Anfechtungsberechtigung setzt das Antragsrecht grundsätzlich **kein besonderes Rechtsschutzbedürfnis** voraus. Insbesondere ist es – abgesehen vom Spezialfall des Abs 3 S 1 – nicht erforderlich, dass ein Antragsteller im Wahlverfahren versucht hat, den gerügten Fehler abzuwenden. Auch Wahlberechtigte, die **nicht kandidiert** und nicht einmal gewählt haben, sind anfechtungsberechtigt <**R:** BAG 4.12.1986, 6 ABR 48/85, DB 1987, 232; LAG Rh-Pf 8.11.2016, 8 TaBV 22/15>. Umgekehrt sind auch **gewählte BR-Mitglieder** anfechtungsberechtigt <**R:** BAG 16.9.2020, 7 ABR 30/19, NZA 2020, 1642>. Der **Arbeitgeber** kann außer im Falle der unrichtigen Wählerliste (Abs 3 S 3) die Wahl grds selbst dann anfechten, wenn er den Fehler durch mangelnde 26

§ 19   Wahlanfechtung

Mitwirkung mit verursacht hat <R: LAG BaWü 10.6.2020, 4 TaBV 5/19, BB 2020, 2301; LAG Rh-Pf 28.8.2019, 7 TaBV 25/18; zurückhaltender LAG Nbg 28.11.2019, 1 TaBV 18/19: jedenfalls hinsichtl anderer Wahlfehler>. Auch dass ein wahlberechtigter AN **Mitglied des Wahlvorstandes** war, nimmt ihm im Regelfall nicht das Wahlanfechtungsrecht, selbst wenn er für den gerügten Fehler mitverantwortlich ist <R: LAG SH 14.2.2007, 6 TaBV 27/06>. Eine Ausnahme kann allenfalls gelten, wenn ausschließlich ein Fehler gerügt wird, den allein die Anfechtenden selbst verursacht haben <offengelassen **R**: BAG 16.9.2020, 7 ABR 30/19, NZA 2020, 1642>.

27 Das **Rechtsschutzinteresse entfällt**, wenn die Amtszeit des BR abgelaufen ist <R: BAG 15.2.2012, 7 ABN 74/11, AP Nr 13 zu § 83a ArbGG 1979; 16.4.2008, 7 ABR 4/07, DB 08, 1864>, nicht aber, wenn seine personelle Besetzung gewechselt hat, selbst wenn diese der Grund der Anfechtung war <R: LAG Sachsen 11.5.2021, 3 TaBV 16/20, Rechtsbeschwerde 7 ABR 14/21>. Ist der BR gem § 13 Abs 2 Nr 3 zurückgetreten, entfällt das Rechtsschutzinteresse ebenfalls erst mit Ablauf seiner Amtszeit, da er bis dahin die BR-Geschäfte gem § 22 weiterführt <R: BAG 15.2.2012, 7 ABN 59/11, NZA-RR 2012, 602; 29.5.1991, 7 ABR 54/90, BB 1991, 2373>. **Mit Ende der Amtszeit** wird die Wahlanfechtung unzulässig, der Antrag ist – ggf auch noch in der Rechtsmittelinstanz – **abzuweisen**. Hierfür tritt der neu gewählte BR als Beteiligter ins Verf ein.

28 Sind unter **Verkennung des Betriebsbegriffs** mehrere BR gewählt worden, die für zumindest Teile derselben organisatorischen Einheit zuständig sein sollen, so ist die Anfechtung einer dieser Wahlen auch dann zulässig, wenn die anderen nicht angefochten wurden <R: BAG 22.11.2017, 7 ABR 40/16, DB 2018, 1285 unter ausdrücklicher Aufgabe von BAG 31.5.2000, 7 ABR 78/98, DB 2000, 2482; so für den Fall des § 3 BetrVG bereits BAG 21.9.2011, 7 ABR 54/10, DB 2012, 867>. Andernfalls würde allein aufgrund der unterbliebenen Anfechtung einer fehlerhaften Wahl der betriebsverfassungsrechtswidrige Zustand perpetuiert, zumal dann auch andere Verfahrensfehler der angefochtenen Wahl als die fehlerhafte Betriebsabgrenzung nicht geltend gemacht werden könnten <R: BAG 22.11.2017, aaO>. Zu den Rechtsfolgen Rn 41 f.

c) Anfechtungsfrist

29 Die Anfechtung ist gem Abs 2 S 2 nur binnen zwei Wochen **ab Bekanntgabe des Wahlergebnisses** (§ 18 WO) zulässig, sobald also alle AN die Möglichkeit hatten, das Ergebnis zur Kenntnis zu nehmen. Auf tatsächliche Kenntnis kommt es nicht an; der Gesetzgeber hat hier das Interesse der Beteiligten an Rechtssicherheit höher bewertet als das Rechtsschutzbedürfnis der Anfechtenden <**L:** *Mückl/Aßmuth* BB 2013, 1909, 1912>. Allerdings läuft ohne ordnungsgemäße Bekanntgabe keine Anfechtungsfrist <R: LAG Nbg 28.11.2019, 1 TaBV 18/19>. Die Frist berechnet sich als **Ereignisfrist** nach §§ 187 Abs 1, 188 Abs 2 Alt 1 BGB (zB bei Bekanntgabe am Montag Fristende am übernächsten darauffolgenden Montag, sofern dieser kein Feiertag ist, dann am folgenden Werktag). Wird die Bekanntgabe an verschiedenen Tagen vorgenommen, so ist für den Fristbeginn der **Tag des letzten Aushangs** maßgebend. Ein Schreiben, das dem Wahlvorstand nicht sicher zuzuordnen ist, enthält allerdings keine **ordnungsgemäße** Bekanntgabe. Ohne sie läuft die Anfechtungsfrist nicht an <R: LAG Nbg 28.11.2019, 1 TaBV 18/19>.

30 Der Antrag muss innerhalb der Frist nach § 81 Abs 1 ArbGG zur Niederschrift der Geschäftsstelle des zuständigen (§ 82 Abs 1 ArbGG) ArbG gestellt oder schriftlich bei Ge-

II. Anfechtung der Wahl § 19

richt **eingegangen** sein. Wann die Zustellung erfolgt, ist unerheblich, solange diese „demnächst" iSd § 167 ZPO erfolgt <R: BAG 23.11.2016, 7 ABR 3/15, NZA 2017, 1003;13.3.2013, 7 ABR 67/11, ZTR 2013, 586; L: *Fitting* Rn 35>. Ein bei einem **unzuständigen Gericht** gestellter Antrag wahrt im Falle seiner Verweisung die Frist <R: BAG 13.3.2013, 7 ABR 70/11, NZA 2013, 738>.

Der Antrag muss **begründet** werden. Eine innerhalb der Anfechtungsfrist erklärte Anfechtung ohne Begründung genügt nicht, wobei es ausreicht wenn ein einziger Grund vorgetragen wird, der möglicherweise die Anfechtung rechtfertigt <R: BAG 21.3.2017, 7 ABR 19/15, BB 2017, 2300>. Ist eine hinreichende Begründung fristgem erfolgt, können weitere Anfechtungsgründe **nachgeschoben** werden. Das Gericht ist dann auch gehalten, **von Amts wegen allen** für eine Wahlanfechtung **in Betracht kommenden Wahlverstößen nachzugehen**, die sich aus dem Vortrag der Beteiligten ergeben <R: BAG 21.3.2017, aaO; 18.7.2011, 7 ABR 21/11, EzA § 19 BetrVG 2001 Nr 9; 3.6.1969, 1 ABR 3/69, DB 1969, 1707>. 31

Die Anfechtungsfrist ist eine **materiellrechtliche Ausschlussfrist** <R: BAG 22.11.2017, 7 ABR 40/16, DB 2018, 1285; 28.4.1964, 1 ABR 1/64; LAG Ddf 19.4.2016, 14 TaBV 89/15, NZA-RR 2016, 411>. Sie dient der Rechtssicherheit und soll gewährleisten, dass nach Abschluss der Wahl rasch Klarheit über deren Anfechtung geschaffen wird <R: BAG 23.7.2014, 7 ABR 23/12>. Eine Fristverlängerung oder **Wiedereinsetzung** in den vorherigen Stand scheidet daher auch bei unverschuldeter Säumnis aus <L: Richardi/*Thüsing* Rn 53; *Fitting* Rn 36; GK/*Kreutz* Rn 87>. Wird die Wahl **nicht** innerhalb der Zweiwochenfrist angefochten, ist und bleibt sie im Interesse der Rechtssicherheit wirksam; eventuelle Wahlfehler sind damit – außer im Falle der Nichtigkeit (Rn 43 ff) – **unbeachtlich** <R: BAG 27.6.1995, 1 ABR 62/94, BB 1996, 1504; 3.6.2004, 2 AZR 577/03, AP Nr 141 zu § 102 BetrVG 1972>. 32

d) Besonderheiten bei fehlerhafter Wählerliste (Abs 3)

Eine Anfechtung aufgrund fehlerhafter Wählerliste ist **für die Wahlberechtigten** gem Abs 3 S 1 nur möglich, wenn zuvor versucht wurde, den Fehler durch einen **Einspruch** gegen die Wählerliste zu beheben. Diese durch das Betriebsrätemodernisierungsgesetz v 14.6.2021 eingeführte Regelung soll der Rechtssicherheit dienen <L: BT-Drs 19/28899 S 19>. Die Beschränkung gilt **nicht für vor Inkrafttreten** der Neuregelung abgehaltene Wahlen <R: BAG 30.6.2021, 7 ABR 24/20, DB 2021, 2704>. Zur vorherigen Rechtslage hatte das BAG eine solche Einschränkung des Anfechtungsrecht verneint <R: BAG 2.8.2017, 7 ABR 42/15, DB 2018, 133> (zum damaligen Meinungsstand siehe die Vorauf1 Rn 23). Voraussetzung ist ein **ordnungsgemäßer Einspruch** nach § 4 Abs 1 WO. Nicht erforderlich ist, dass derjenige, der die Wahl anficht, selbst den Einspruch eingelegt hat <L: BT-Drs 19/28899 S 19>. Gemäß Abs 3 S 2 steht der fehlende Einspruch der Wahl allerdings dann nicht entgegen, wenn die anfechtenden Wahlberechtigten **aus tatsächlichen Gründen** (zB wegen dauernder Arbeitsunfähigkeit) **verhindert** waren, ordnungsgem Einspruch einzulegen. 33

Abs 3 S 3 trägt dem Umstand Rechnung, dass der Wahlvorstand auf die **Mitwirkung des AG** angewiesen ist. § 2 Abs 2 S 1 WO sichert ihm daher einen Auskunftsanspruch. Beruht die Fehlerhaftigkeit der Wählerliste nun auf Angaben des AG, so kann dieser eine Wahlanfechtung nicht auf diesen Fehler stützen. Ein **Verschulden** des AG setzt das Ge- 34

§ 19   Wahlanfechtung

setz **nicht** voraus; die Gesetzesbegründung verweist insoweit lediglich auf die Abgrenzung der **Verantwortungsbereiche** <L: BT-Drs 19/28899 S 19>.

35   Abs 3 regelt keine Zulässigkeitsvoraussetzungen, sondern **materiellrechtliche Ausschlussgründe**, die allerdings von der Person des Antragstellers (Wahlberechtigte bei S 1, AG bei S 3) abhängen. Soweit die Anfechtung danach ausgeschlossen ist, prüft das Gericht die betreffenden Anfechtungsgründe auch bei einer zulässigerweise mit weiteren Verstößen begründeten Anfechtung nicht von Amts wegen (vgl Rn 32). Andernfalls liefen die Ausschlusstatbestände weitgehend leer.

3. Wirkung der Anfechtung

36   Erklärt das ArbG die Wahl insgesamt für ungültig, tritt mit Rechtskraft dieser Entscheidung ein **betriebsratsloser Zustand** ein. In der Praxis versuchen fehlerhaft gewählte BR vielfach, diese Konsequenz durch einen Rücktritt zu vermeiden, wenn sich (in zweiter Instanz) abzeichnet, dass die Wahlanfechtung erfolgreich sein wird <L: Berscheid/*Vetter* § 43 Rn 284>. Auch die damit verbundene Befugnis zur Weiterführung der Geschäfte nach § 22 endet aber mit rechtskräftiger Stattgabe der Anfechtung <R: BAG 29.5.1991, 7 ABR 54/90, BB 1991, 2373>. Die gerichtliche Entscheidung wirkt jedenfalls nur für die Zukunft, alle bis dahin vorgenommenen Handlungen des anfechtbar gewählten BR bleiben wirksam <R: BAG 13.3.1991, 7 ABR 5/90, BB 1991, 2452>. Gemäß § 13 Abs 2 Nr 4 ist ein neuer BR zu wählen, die Bestellung des Wahlvorstands erfolgt nach § 17. Für Wahlberechtigung und Wählbarkeit ist auf den Tag der Stimmabgabe für die Neuwahl abzustellen und nicht etwa auf den Tag der für ungültig erklärten Wahl. Die Gegenansicht <R: BVerwG 15.2.1994, 6 P 9/92, AP Nr 21 zu § 81 ArbGG 1979>, vernachlässigt das Gebot bestmöglicher Legitimation von BR und Personalrat durch die Belegschaft.

37   Hat die Anfechtung nicht die Wahl als solche, sondern nur die **Berichtigung des Wahlergebnisses** zum Gegenstand, stellt das ArbG durch Beschluss das richtige Wahlergebnis fest <R: BAG 22.11.2017, 7 ABR 35/16, NZA 2018, 604; 16.3.2005, 7 ABR 40/04, NZA 2005, 1252>. Auch im Falle der umfänglichen Anfechtung hat das ArbG das Wahlergebnis aber (als Minus) soweit möglich zu berichtigen (und den Antrag dann i.Ü. abzuweisen). Eine Kassation darf nur erfolgen, wenn nicht (mehr) alle Fehler berichtigt werden können, ohne das Wahlergebnis möglicherweise zu verfälschen <R: BAG 22.11.2017, aaO; **L:** GK/*Kreutz* Rn 131; Richardi/*Thüsing* Rn 71; DKW/*Homburg* Rn 41>.

38   Ist die Wahl eines **einzelnen BR-Mitglieds** erfolgreich angefochten worden, scheidet dieses mit Rechtskraft des arbg Beschlusses aus dem BR aus <R: vgl BAG 28.11.1977, 1 ABR 40/76, BB 1978, 255>. Als Ersatzmitglied rückt nach § 25 bei Listenwahl der nächste auf der Liste verzeichnete Wahlbewerber nach, der nach dem Ausscheidenden die meisten Stimmen erhalten hatte.

39   Die Anfechtungsentscheidung wirkt als Gestaltungsentscheidung (nicht bloß deklaratorische Feststellung <R: BAG 29.5.1991, 7 ABR 67/90 BB 1992, 136>) im Interesse der Rechtssicherheit lediglich **für die Zukunft** <R: BAG 16.3.2005, 7 ABR 40/04, EzA § 15 BetrVG 2001 Nr 1>. Handlungen, die der BR vor Rechtskraft der arbg Entscheidung vorgenommen hat, bleiben daher rechtswirksam. Für eine **einstweilige Verfügung** während des Anfechtungsverfahrens fehlt es regelmäßig am Verfügungsgrund, wenn Wahlfehler nicht mehr korrigiert werden können. Gerade § 19 bringt zum Ausdruck, dass das Gesetz

die vorübergehende Amtsführung durch einen nicht ordnungsgem gewählten BR hinnimmt <L: iErg ebenso GK/*Kreutz* Rn 124>. Ebenso besteht der bes **Kdschutz** der BR-Mitglieder nach § 103 iVm § 15 KSchG bis zur Rechtskraft der Anfechtungsentscheidung.

Weist das ArbG die Anfechtung ab, ist die BR-Wahl endgültig wirksam, weil damit zwischen den Beteiligten auch verbindlich feststeht, dass keine Fehler vorliegen, welche die Nichtigkeit der Wahl begründen würden. **40**

4. Rechtsfolgen bei fehlerhafter Betriebsabgrenzung

Wird eine unter Verkennung des Betriebsbegriffs durchgeführte BR-Wahl **nicht** angefochten, **bleibt der BR grds im Amt**, auch wenn das ArbG nachträglich im Verfahren nach § 18 Abs 2 die fehlerhafte Betriebsabgrenzung feststellt <R: BAG 19.11.2003, 7 ABR 25/03, EzA § 19 BetrVG 2001 Nr 1; L: DKW/*Homburg* § 18 Rn 25; GK/*Kreutz* § 18 Rn 71 ff; *Fitting* § 18 Rn 62; für eigenständige Betriebsteile aA Richardi/*Thüsing* § 18 Rn 34>. Auch für die Ausübung der BR-Befugnisse, etwa der Unterrichtungs- und Beratungspflicht nach § 111 S 1 und 2 Nr 1, gilt die Einheit, für die der BR gewählt worden ist, als Betrieb im betriebsverfassungsrechtl Sinne <R: BAG 27.6.1995, 1 ABR 62/94, BB 1996, 1504>. **41**

Nach der neueren Rspr des BAG gilt aber etwas anderes, wenn von **mehreren betroffenen Wahlen** eine angefochten wurde, insb also im Gemeinschaftsbetrieb, innerhalb dessen mehrere BR gewählt worden sind. In diesem Fall wendet das BAG **§ 21a Abs 2 analog** an mit der Folge, dass mit Rechtskraft der Anfechtung nicht nur die Amtszeit des unmittelbar davon betroffenen BR endet, sondern dem größten der anderen BR innerhalb dieses Gemeinschaftsbetriebs ein auf höchstens sechs Monate **befristetes Übergangsmandat** auch für die anderen betroffenen Betriebe zugewiesen wird mit der Aufgabe, in dieser Zeit eine der zutreffenden Betriebsstruktur entsprechende Wahl einzuleiten <R: BAG 22.11.2017, 7 ABR 40/16, DB 2018, 1285; L: zustimmend GK/*Kreutz* Rn 72; Richardi/*Thüsing* § 21a Rn 8; *Braun* ArbRB 2018, 139>. Unausgesprochen geht das BAG damit zugleich davon aus, dass die **Amtszeit evtl anderer BR**, deren Wahl nicht angefochten wurde, ebenfalls mit Rechtskraft der einen erfolgreichen Anfechtung endet <R: anders noch BAG 21.7.2004, 7 ABR 57/03, AP Nr 15 zu § 4 BetrVG 1972>. Insoweit ist die Lösung des BAG zwar im Ergebnis praktikabel und überzeugend, mit Blick auf die materiellrechtl Wirkung der Anfechtungsfrist (Rn 32) jedoch nicht widerspruchsfrei zu begründen. Widersprüche ergäben sich aber auch, wenn die BR, deren Wahl nicht angefochten wurde, innerhalb der eigentlich bestehenden Zuständigkeit des zu wählenden BR Inselzuständigkeiten behielten, weshalb die Lösung des BAG Zustimmung verdient. Dies gilt nicht nur im Gemeinschaftsbetrieb mehrere Unternehmen, sondern auch für sonstige Betriebe <L: ebenso GK/*Kreutz* Rn 73>. **42**

§ 19 Wahlanfechtung

III. Nichtigkeit der Wahl

1. Nichtigkeitsgründe

43 Ist in besonders **grober und offensichtlicher** Weise gg die allg Grundsätze jeder ordnungsgem Wahl verstoßen worden, sodass auch der Anschein einer dem Gesetz entspr Wahl nicht mehr besteht, ist die BR-Wahl nicht bloß anfechtbar, sondern **von Anfang an nichtig** <R: st Rspr seit BAG 2.3.1955, 1 ABR 19/54, BB 1955, 317; 30.6.2021, 7 ABR 24/20, DB 2021, 2704>. Das ist nur in ganz besonderen Ausnahmefällen anzunehmen, um eine Umgehung der Anfechtungsvorschriften zu vermeiden <R: BAG 13.3.2013, 7 ABR 70/11, NZA 2013, 738>. Darauf, ob der Verstoß das Ergebnis beeinflussen konnte, kommt es für die Nichtigkeit nicht an <R: BAG 24.1.1964, BB 1964, 471; Hess LAG 10.11.2011, 9 TaBV 104/11; **L:** Richardi/*Thüsing* Rn 85; aA GK/*Kreutz* Rn 150>. Der Wahlrechtsverstoß muss aber **für einen mit den betrieblichen Verhältnissen vertrauten Durchschnittsbeobachter offenkundig**, also ohne Weiteres erkennbar sein <R: BAG 24.1.1964, aaO; 19.11.2003, 7 ABR 24/03, DB 2004, 2819>; die Wahl muss in den Worten des BAG „den Stempel der Nichtigkeit auf der Stirn tragen" <R: BAG 30.6.2021, 7 ABR 24/20, DB 2021, 2704>. Nicht ausreichend sind (auch offensichtliche) Verstöße gegen einzelne Verfahrensvorschriften der WO <**L:** GK/*Kreutz* Rn 149>.

44 Demnach ist die Wahl beispielsweise **nichtig, wenn**

– der Betrieb nach § 1 **nicht betriebsratsfähig** ist <R: Hess LAG, 22.11.2005, AuR 2006, 172 (Ls); RAG 22.2.1928, ARS 2, 79> oder nach § 118 Abs 2 nicht in den Geltungsbereich des BetrVG fällt <R: BAG 30.4.1997, 7 ABR 60/95, AP Nr 60 zu § 118 BetrVG 1972>,
– **ohne Wahlvorstand** gewählt wurde oder die Bestellung des Wahlvorstands nicht nur fehlerhaft, sondern ihrerseits nichtig war (s § 16 Rn 32),
– während der Amtszeit eines ordnungsgem gewählten BR für denselben Betrieb ohne begründeten Anlass ein weiterer BR gewählt wird mit dem Ziel, den amtierenden BR **abzuwählen** <R: LAG Berl-Bbg 25.7.2017, 11 TaBV 826/17; LAG Hamm 17.8.2007, 10 TaBV 37/07; als obiter dictum auch BAG 21.7.2004, 7 ABR 57/03, AP Nr 15 zu § 4 BetrVG 1972>,
– gar **keine Wahl** stattfindet, sondern der AG einen ursprünglich für eine andere Einheit gewählten BR „anerkennt" <R: BAG 29.9.1988, 2 AZR 107/88, AP Nr 76 zu § 613a BGB,

nicht aber

– bei der Wahl **einzelner nicht wählbarer AN** <R: BAG 28.11.1977, 1 ABR 36/76, DB 1978, 643; **L:** GK/*Kreutz* Rn 153; grds auch Richardi/*Thüsing* Rn 82>,
– bei Wahl eines **zu großen** (oder **zu kleinen**) BR <R: BAG 29.5.1991, 7 ABR 67/90>,
– bei Wahl eines **unternehmenseinheitlichen** BR aufgrund einer nicht nichtigen BV gem § 3, auch wenn in einzelnen Betrieben bereits eigenständige BR gewählt worden sind <R: LAG Ddf 2.5.2018, 12 TaBVGa 3/18>,
– bei einer Wahl im **falschen Wahlverfahren** <R: BAG 19.11.2003, 7 ABR 24/03, DB 2004, 2819>,
– bei einer Durchführung als **Online**-Wahl <R: LAG HH 15.2.2018, 8 TaBV 5/17>.

III. Nichtigkeit der Wahl § 19

Bei einer **fehlerhaften Betriebsabgrenzung** wird es regelmäßig an der erforderlichen 45 Offensichtlichkeit des Verstoßes fehlen <R: vgl BAG 13.3.2013, 7 ABR 70/11, NZA 2013, 738; 30.6.2021, 7 ABR 24/20, DB 2021, 2704>. Im Einzelfall kann die Wahl aber nichtig sein, wenn der gesetzliche Betriebsbegriff erkennbar **vorsätzlich** ignoriert wird oder wenn die richtige Abgrenzung für jeden mit den Verhältnissen vertrauten Beobachter **sofort ersichtlich** ist, etwa

- weil der Wahlvorstand von einer **rechtskräftigen Abgrenzungsentscheidung** des ArbG nach § 18 Abs 2 abweicht, sofern sich die maßgeblichen tatsächlichen Verhältnisse nicht wesentlich geändert haben (BAG 19.11.2003, 7 ABR 25/03, AP Nr 55 zu § 19 BetrVG 1972) – nicht aber, wenn die Abgrenzung nur im Rahmen einer früheren Wahlanfechtung geprüft wurde (Hess LAG 14.9.2020, 16 TaBVGa 127/20) –, oder
- weil die der Wahl zugrunde gelegte Betriebsabgrenzung **offensichtlich willkürlich** und ohne jedwede sachlichen Gründe erfolgte <R: ArbG HH 5.4.2006, 11 GaBV 1/06, NZA-RR 2006, 361 zum Fall der Wahl in einem offensichtlich nicht gegebenen Gemeinschaftsbetrieb>.

Hingegen ist die Wahl eines eigenen BR für einen selbständigen **Betriebsteil** (§ 4), für 46 den aber (etwa aufgrund falscher Betriebsabgrenzung bei der letzten Wahl) bereits ein BR im Hauptbetrieb besteht, entgg der früheren Auffassung des BAG <R: BAG 11.4.1978, 6 ABR 22/77, BB 1978, 1467> nicht generell nichtig <L: GK/*Kreutz* Rn 152; aA *Fitting* Rn 5>. Vielmehr **tritt** die Zuständigkeit entspr den vom BAG entwickelten Grds <R: BAG 21.7.2004, 7 ABR 57/03, AP Nr 15 zu § 4 BetrVG 1972> nur **zurück**, mit der Folge, dass ein solcher BR seine Zuständigkeit dann wahrnehmen kann, wenn die Amtszeit des BR des Hauptbetriebes (ggf vorzeitig gem § 13 Abs 2) endet <L: vgl MünchArbR/*Krois* § 291 Rn 11>. Nichtigkeit kann in einem solchen Fall nur mehr angenommen werden, wenn die Wahl des BR im Betriebsteil ohne begründeten Anlass mit dem **Ziel** erfolgt, den amtierenden BR **abzuwählen** <R: BAG 21.7.2004 aaO>. Erst recht führt es nicht zur Nichtigkeit einer bereits eingeleiteten Wahl in einem Betrieb, wenn während des noch laufenden Wahlverfahrens ein Wahlvorstand für einen unternehmenseinheitlichen BR (§ 3 Abs 3) bestellt wird <R: LAG Hamm 31.8.2016, 7 TaBVGa 3/16>.

Verstöße gg die **Wahlverf-Vorschriften** führen nur in Ausnahmefällen zur Nichtigkeit, 47 etwa

- bei einer **Wahl ohne Wahlvorstand** <R: RAG 5.12.1928, ARS 4, 315>, vor allem bei nichtiger Bestellung des Wahlvorstands (§ 16 Rn 33),
- bei einer Wahl durch **Akklamation** <R: BAG 12.10.1961, 5 AZR 423/60, BB 1962, 48>,
- bei einer Wahl **ohne Wahlausschreiben und Wählerliste** <R: so wohl BAG 30.6.2021, 7 ABR 24/20, DB 2021, 2704>, nicht aber bei nur fehlerhafter Wählerliste <R: BAG 30.6.2021, aaO>,
- bei einer Wahl **ohne gültige Wahlvorschläge** <R: ArbG Berlin 16.10.2003, 63 BV 6573/03, AiB 2006, 111>,
- bei **willkürlichem Ausschluss** von Außendienstmitarbeitern von der **Briefwahl** <R: BAG 24.1.1964, 1 ABR 14/63, BB 1964, 174>,
- wenn der Wahlvorstand **Vorschlagslisten** aus **willkürlichen** Gründen nicht zur Wahl zulässt, um unliebsame Konkurrenz auszuschalten <R: Hess LAG 23.5.2018, 16 TaBVGa 102/18>,

§ 19   Wahlanfechtung

- bei nachweislicher **Fälschung wesentlicher Wahlunterlagen** <R: LAG Bremen 9.3.1999, 1 TaBV 14-16/98; LAG Hamm 17.12.2008, 10 TaBV 137/07>, wobei das ArbG die Manipulation positiv feststellen muss <R: BAG 15.11.2000, 7 ABR 23/99>, oder
- bei so **grober Beeinflussung**, dass der Abstimmung schon rein äußerlich der Charakter einer Wahl genommen wird <R: BAG 8.3.1957, 1 ABR 5/55, BB 1957, 644>,

nicht aber

- bei **fehlender Versiegelung der Wahlurnen** nach Stimmabgabe <R: BAG 14.9.1988, 7 ABR 79/87; LAG Bbg, 27.11.1998, 5 TaBV 18/98, NZA-RR 1999, 418; **aA** LAG Köln, 16.9.1987, 7 TaBV 13/87, LAGE § 19 BetrVG 1972 Nr 5>.

48 Führen **mehrere Verstöße** gg Wahlvorschriften jeder für sich genommen nicht zur Nichtigkeit der Wahl, kann auch die Gesamtwürdigung der einzelnen Verstöße **nicht** zur Nichtigkeit führen <R: BAG 19.11.2003, 7 ABR 24/03, DB 2004, 2819, unter Abkehr von der früheren Rspr>.

2. Geltendmachung und Wirkung der Nichtigkeit

49 Ist die Wahl nichtig, bleibt der Betrieb BRlos oder wird dies nach Ablauf der Amtszeit eines vorher etwa bestehenden BR. Der ScheinBR hat keine MBR, kann keine BV abschließen und braucht vom AG nicht beteiligt, insbes bei Kd nicht angehört zu werden <R: BAG 27.4.1976, 1 AZR 482/75, AP Nr 4 zu § 19 BetrVG 1972>. Seine **Maßnahmen** sind sämtlich **unwirksam**. Auch die Befugnis, eine BR-Wahl durchzuführen, kommt ihm nicht zu <L: *Gamillscheg* S 447 f>. Seine Mitglieder haben kein Mandat inne und genießen nicht den bes KSch nach § 103 iVm § 15 KSchG <R: BAG 27.4.1976, aaO>.

50 Weil nur offensichtliche Verstöße zur Nichtigkeit führen, gibt es **keinerlei Vertrauensschutz** in den Bestand des ScheinBR <R: BAG 27.4.1976, aaO>. Die Nichtigkeit der Wahl kann **jedermann** in jedem Zusammenhang auch nach Ablauf der Anfechtungsfrist **geltend machen**. Das gilt grds auch für den AG, selbst wenn er zuvor in Kenntnis der Nichtigkeit längere Zeit mit dem ScheinBR zusammenarbeitet <R: BAG 21.7.2004, 7 ABR 57/03, EzA § 4 BetrVG 2001 Nr 1; L: ErfK/*Koch* Rn 14; **aA** *Fitting* Rn 8; DKW/ *Homburg* Rn 45>; allerdings muss er in einem solchen Fall die nichtigen Vereinbarungen mit dem ScheinBR nach Treu und Glauben im Verhältnis zu seinen AN gegen sich gelten lassen <L: vgl GK/*Kreutz* Rn 155>.

51 Die Feststellung der Nichtigkeit können die ArbG im Beschlussverf, auch im Rahmen einer Wahlanfechtung treffen. Im Regelfall umfasst eine Anfechtung den Antrag, ggf die Nichtigkeit der Wahl festzustellen <R: BAG 30.6.2021, 7 ABR 24/20, DB 2021, 2704; **aA** LAG Berl-Bbg 25.7.2017, 11 TaBV 826/17>. Die **feststellende Entscheidung** wirkt analog zur Gestaltungswirkung der Anfechtung notwendigerweise für und gegen alle <L: GK/*Kreutz* Rn 161; Richardi/*Thüsing* Rn 91>. Eine Wahl, die nichtig wäre, kann durch eV verhindert werden (§ 18 Rn 27).

§ 20 Wahlschutz und Wahlkosten

(1) Niemand darf die Wahl des Betriebsrats behindern. Insbesondere darf kein Arbeitnehmer in der Ausübung des aktiven und passiven Wahlrechts beschränkt werden.

(2) Niemand darf die Wahl des Betriebsrats durch Zufügung oder Androhung von Nachteilen oder durch Gewährung oder Versprechen von Vorteilen beeinflussen.

(3) Die Kosten der Wahl trägt der Arbeitgeber. Versäumnis von Arbeitszeit, die zur Ausübung des Wahlrechts, zur Betätigung im Wahlvorstand oder zur Tätigkeit als Vermittler (§ 18a) erforderlich ist, berechtigt den Arbeitgeber nicht zur Minderung des Arbeitsentgelts.

Literatur: *Berg*, Wahlschutz und Wahlkosten, AiB 2005, 740; *Bolt/Gosch*, Wahlbehinderung – Wahlbeeinflussung – Wahlwerbung, AiB 1997, 559; *Däubler*, Kandidatenwerbung vor der Betriebsratswahl, AiB 2002, 82; *Dörner*, Das Verbot der Wahlbehinderung nach § 20 BetrVG – Tatbestand und Rechtsfolgen, FS Kreutz (2010), S 81; *Dzida/Mehrens*, Straf- und haftungsrechtliche Risiken im Umgang mit dem Betriebsrat, NZA 2013, 753; *Göpfert/Jungbauer*, Rechtliche Handlungsmöglichkeiten gegen fremdenfeindliche Wahlvorschläge bei Betriebsratswahlen, NZA 2022, 85; *Jansen*, Die elektronische Kommunikation in der Betriebsverfassung, 2006; *Ledwon/Sura*, Die Rolle des Arbeitgebers bei der Betriebsratswahl, DB 2022, 328; *Löwisch*, Freiheit und Gleichheit der Wahl zu Betriebsrat und Personalrat, BB 2014, 117; *Maschmann*, Welchen Einfluss darf der Arbeitgeber auf die Betriebsratswahl nehmen?, BB 2010, 245; *Nicolai* Wahlbewerber im Spannungsfeld zwischen zulässiger Wahlwerbung und unzulässiger Wahlbeeinflussung, FS 100 Jahre Betriebsverfassungsrecht (2020), S 521; *Rieble*, Betriebsratswahlwerbung durch den Arbeitgeber?, ZfA 2003, 283; *ders/Wiebauer*, Meinungskampf im Betrieb, ZfA 2010, 63; *Rudolph*, Betriebsratswahl und Kündigungen, AiB 2005, 655; *Schneider/Wedde*, Informations- und Kommunikationstechnik bei der Betriebsratswahl, AuR 2007, 26; *Vogt*, Behinderung und Beeinflussung von Betriebsratswahlen, BB 1987, 189; *Windeln/de Kruijff* Sonderkündigungsschutz im Umfeld der Betriebsratswahl 2022, ArbRB 2021, 347; *Zumkeller/Karwatzki*, Die Neutralitätspflicht von Wahlvorstand und Mitgliedern des Wahlvorstands nach dem BetrVG, BB 2011, 2101.

Übersicht

	Rn.		Rn.
I. Allgemeines	1	III. Wahlkosten	18
II. Wahlschutz	3	IV. Schutz der beteiligten Arbeitnehmer	26
1. Wahlbehinderung	3	1. Freistellung von der Arbeit	26
2. Wahlbeeinflussung	9	2. Vergütung versäumter Arbeitszeit	28
3. Rechtsfolgen	15	3. Kündigungsschutz	32

I. Allgemeines

Die Abs 1 und 2 gewährleisten als Ausprägung des Grundsatzes der freien Wahl den sog Wahlschutz in Form eines Behinderungs- und eines Beeinflussungsverbots. Dieses Verbot richtet sich nicht nur gg den AG, sondern **gg jedermann**, und reicht damit weiter als das Benachteiligungs- und Begünstigungsverbot des § 78. Flankiert wird die Regelung durch die Strafvorschrift des § 119 Abs 1 Nr 1. Ergänzend garantieren § 103 BetrVG und § 15 KSchG besonderen Kdschutz für Wahlinitiatoren, Wahlbewerber und Wahlvorstandsmit- 1

§ 20 Wahlschutz und Wahlkosten

glieder. Darüber hinaus verpflichtet Abs 3 den Arbeitgeber, die Kosten der Wahl einschließlich Verdienstausfalls zu tragen.

2 Die Vorschrift gilt entspr für die Wahl der Jugend- und Auszubildendenvertretung (§ 63 Abs 2 S 2) sowie für die Wahl der Bordvertretung (§ 115 Abs 2 Eingangssatz) und des Seebetriebsrats (§ 116 Abs 2 Eingangssatz). Entspr anzuwenden ist die Vorschrift auf **interne Wahl- und Bestellungsvorgänge** wie die Wahl von Mitgliedern des Betriebsausschusses und anderer Ausschüsse, sowie auf die Bestellung von Mitgliedern des GBR, des KBR und des WirtA. Diese Wahl- und Bestellungsvorgänge bedürfen genauso des Schutzes ggü Behinderungen und Einflussnahmen von Seiten Dritter (etwa eines herrschenden Konzernunternehmens), den § 78 nicht gewähren kann <L: aA *Fitting* Rn 2; GK/*Kreutz* Rn 4>. Keine Anwendung findet wg des strafrechtlichen Analogieverbots allerdings § 119 Abs 1 Nr 1. Gleichlautende Vorschriften enthalten § 8 Abs 2 und 3 SprAuG sowie § 20 MitbestG und § 10 DrittelBG.

II. Wahlschutz

1. Wahlbehinderung

3 § 20 Abs 1 schützt die Wahl gg **tatsächliche Beschränkungen**. Er untersagt deshalb alle Handlungen, Maßnahmen und Erklärungen, durch welche die Vorbereitung oder die Durchführung der Wahl gestört oder beeinträchtigt würde, also bereits dann, wenn sie im Vorfeld die Kandidatenaufstellung, die Bestellung des Wahlvorstands betreffen <R: BayObLG 29.7.1980, RReg 4 St 173/80, BB 1980, 1638>. Auch die Wahlanfechtung unterfällt unstr dem Schutz des § 20 <L: *Fitting* Rn 7>.

4 Auf ein **Verschulden** kommt es **nicht** an. Wegen der Weite des objektiven Tatbestands bedarf das Behinderungsverbot jedoch einer wertenden Einschränkung. Nur **rechtswidrige** Beschränkungen sind unzulässig, wobei die Rechtswidrigkeit grundsätzlich durch die Behinderungswirkung **indiziert** ist und anhand der konkreten Umstände der Rechtfertigung bedarf <L: GK/*Kreutz* Rn 12; Richardi/*Thüsing* Rn 8>. So behindert die fristlose Kd eines Wahlbewerbers zweifellos dessen Wahl; sie ist aber unter den Voraussetzungen des § 626 BGB gleichwohl zulässig.

5 Der Hauptfall der Wahlbehinderung ist die **Beschränkung des aktiven oder passiven Wahlrechts** von Wahlberechtigten. Hierzu rechnet jeder Versuch, gezielt eine Wahl oder die Beteiligung einzelner Personen zu verhindern, etwa dadurch, dass der **AG** versucht, von AN schriftliche Erklärungen zu erhalten, nach der sie eine BR-Wahl nicht wünschen <R: ArbG München 26.5.1987, 15 Ca 3024/87, DB 1987, 2662>, dass er Wahlinitiatoren zu einem Aufhebungsvertrag drängt <R: LG Marburg 10.5.2007, 2 Ns 2 Js 18719/05, AiB 2008, 108> oder AN auch nur unterschwellig auffordert, nicht an der Wahl teilzunehmen <R: LAG SH 9.7.2008, 6 TaBV 3/08>. Die bloße Mitteilung des AG, wen er für ltd Ang hält, ist hingegen keine Behinderung <R: LAG Hamm 27.4.1972, 8 BVTa 5/72, BB 1972, 796; **L:** ErfK/*Koch* Rn 4; aA DKW/*Homburg* Rn 11>. Erst recht ist Kritik an einzelnen Wahlbewerbern (oder Listen) auch durch Vorgesetzte in Führungspositionen keine Wahlbehinderung <R: LAG Nbg 16.2.2016, 7 TaBV 34/15, NZA-RR 2016, 417>.

6 Personelle Maßnahmen des AG wie **Versetzung** oder **Kd** sind unzulässig, wenn sie vorgenommen werden, um den AN wegen seiner Beteiligung an der Wahl zu maßregeln oder

seine Beteiligung zu verhindern <**R:** BAG 13.10.1977, 2 AZR 387/76, BB 1978, 660; LAG Rh-Pf 5.12.1991, 4 Sa 752/91, AiB 1992, 531>. Dasselbe gilt für **Weisungen** des AG wie Dienstreisen oder Außendiensttermine. Die subjektive Seite ist freilich schwer zu ermitteln, bei konkreten Indizien soll deshalb eine Beweislastumkehr helfen <**R:** LAG Hamm 27.8.1987, 10 Sa 2412/87, AuR 1989, 59>. Ohne solche Indizien bleibt es aber dabei, dass nach allg Maßstäben rechtmäßige Maßnahmen keine rechtswidrige Behinderung darstellen <**L:** GK/*Kreutz* Rn 18>. Bei Kd oder Versetzung kann der AG den Behinderungsvorwurf jedenfalls vermeiden, wenn er dem betroffenen Kandidaten weiterhin Zutritt zum Betrieb bzw zum alten Einsatzort gewährt <**R:** ArbG Berlin 28.7.2006. 29 Ga 13707/06, AuR 2007, 61; ArbG München 18.11.1997, 19 BVGa 61/97, AiB 1998, 161>. Ggf kann der gekündigte AN den Zutritt im Wege der eV erzwingen <**R:** LAG MV 30.1.2017, 3 TaBVGa 1/17, LAGE § 20 BetrVG 2001 Nr 3>. Das BAG erschwert eine unzulässige Wahlbehinderung durch Kd auch dadurch, dass gekündigte Wahlbewerber **wählbar bleiben**, bis über ihre Kdschutzklage entschieden ist <**R:** BAG 10.11.2004, 7 ABR 12/04, DB 2005, 1067>.

Eine unzulässige Behinderung stellt es dar, wenn der AG seine **Mitwirkungspflichten** 7 verletzt, etwa seine Auskunftspflicht nach § 2 Abs 2 WO. Dasselbe gilt für die Behinderung rechtmäßiger Wahlwerbung, etwa durch Entfernen von Aushängen am Schwarzen Brett oder durch ein Verbot, während der Pausen Handzettel zu verteilen <**L:** Übersicht bei *Maschmann* BB 2010, 245, 246ff>. Weist der AG darauf hin, dass er für die Zeit des Zuschauens bei der Stimmenauszählung kein Arbeitsentgelt zahlt, behindert er weder die Wahl noch die öffentliche Stimmenauszählung <**R:** LAG SH 26.7.1989, 3 Sa 228/89, LAGE § 20 BetrVG 1972 Nr 8>. Auch eine **Wahlbeobachtung** durch Mitarbeiter der Personalabteilung stellt **keine** Behinderung der BR-Wahl dar, solange nicht entgg § 12 Abs 1 S 1 WO die Stimmabgabe selbst beobachtet wird <**R:** LAG Nds 7.5.2007, 9 TaBV 80/06>.

Das Behinderungsverbot richtet sich nicht nur gg den AG, sondern **gg jedermann**. Das 8 aktive oder passive Wahlrecht wird daher auch rechtswidrig beeinträchtigt, wenn ein **Gewerkschaftsfunktionär** die Teilnahme eines vermeintlich ltd Ang an einer Betriebsversammlung zu verhindern sucht <**R:** LAG SH 9.7.2008, 6 TaBV 3/08>. AN oder **Gewerkschaftsmitglieder** verstoßen gegen das Verbot, wenn sie einen Wähler am Betreten des Wahllokals hindern oder einen Kollegen durch Drohungen oder Beschimpfungen veranlassen, von einer Wahlbewerbung abzusehen. Der **Wahlvorstand** behindert die Wahl, wenn er das Verfahren in rechtswidriger Weise verzögert oder das aktive oder passive Wahlrecht eines AN missachtet. **Wahlwerbung** als notwendiger Bestandteil des demokratischen Willensbildungsprozesses ist niemals unzulässige Behinderung <**R:** BAG 2.12.1960, 1 ABR 20/59, BB 1961, 330>; das gilt selbst für wahrheitswidrige Propaganda <**R:** LAG Hamm 4.3.2014, 7 TaBVGa 7/14>, die aber freilich etwa aus Gründen des Persönlichkeitsschutzes unterbunden werden kann <**R:** vgl BAG 13.10.1977, 2 AZR 387/76, BB 1978, 660>.

2. Wahlbeeinflussung

Das Beeinflussungsverbot sichert die Freiheit der Wahl; die Beteiligten sollen nach ihrem 9 **eigenen Willen** entscheiden und ihre Wahlbefugnisse nicht im Interesse eines anderen ausüben <**L:** ErfK/*Koch* Rn 6; *Nicolai* FS 100 Jahre Betriebsverfassungsrecht, S 523f>.

§ 20   Wahlschutz und Wahlkosten

Hierzu zählt zB die Entscheidung, sich überhaupt zur Wahl zu stellen, auf einer bestimmten Liste zu kandidieren, seine Stimme einem bestimmten Bewerber zu geben, oder auch der Wahl fern zu bleiben. Weil Wahlkampf notwendigerweise darauf abzielt, die Wahlentscheidung zu beeinflussen, begrenzt das Gesetz das Verbot auf die Gewährung und das Versprechen von Vorteilen (va **Stimmenkauf**) und die Zufügung oder Androhung von Nachteilen (va **Wählernötigung**) <L: vgl *Nicolai* FS 100 Jahre Betriebsverfassungsrecht, S 526 f>. Die Abgrenzung fällt im Einzelfall schwer. Jedenfalls **genügt bereits der Versuch**. Ob die Vor-/Nachteile materieller oder immaterieller Natur sind, ist unerheblich. Eine objektiv gegebene Beeinflussung **indiziert** wie bei der Behinderung ihre Rechtswidrigkeit <L: GK/*Kreutz* Rn 27>.

10   Verboten ist es daher etwa, AN für den Fall einer bestimmten Wahlentscheidung eine Kd, Versetzung oder schlechtere Beförderungschancen **anzudrohen** oder zB verschärfte Kontrollen im Hinblick auf möglicherweise abmahnungsrelevante Sachverhalte anzukündigen <R: LG Marburg 10.5.2007, 2 Ns 2 Js 18719/05, AiB 2008, 108>. Dabei enthält § 20 Abs 2 kein **Maßregelungsverbot** und verbietet es nicht, erst im Nachhinein als Reaktion auf eine Wahlentscheidung einen AN schlechter zu stellen; freilich greift hier das Verbot des § 612a BGB <L: Richardi/*Thüsing* Rn 22>. Ebenso unzulässig ist es, AN umgekehrt **finanzielle Vorteile**, Geschenke oder eine Beförderung in Aussicht zu stellen, wenn sie ihr Wahlrecht in bestimmter Weise ausüben. Zulässig ist nach Ansicht des BVerfG im Hinblick auf die kollektive Koalitionsfreiheit ein **Gewerkschaftsausschluss** für Mitglieder, die auf einer konkurrierenden Liste kandidieren <R: BVerfG 24.2.1999, 1 BvR 123/93, BVerfGE 100, 214>. Die Literatur sieht dies zu Recht mehrheitlich kritisch <L: Richardi/*Thüsing* Rn 27 f; GK/*Kreutz* Rn 43 ff; ErfK/*Koch* Rn 7>.

11   Eine unbeeinflusste Wahl kann es nach demokratischen Grundsätzen, die notwendig Wahlwerbung und Wahlkampf voraussetzen, nicht geben. **Wahlpropaganda** der AN und der im Betrieb vertretenen Gewerkschaften ist daher unstr **zulässig** <L: *Fitting* Rn 24; zur Problematik wahrheitswidriger Propaganda *Nicolai* FS 100 Jahre Betriebsverfassungsrecht, S 528 f mwN>. Wahlversprechen sind ebenso wenig verboten wie Warnungen vor etwaigen Auswirkungen der Politik eines bestimmten Wahlbewerbers. Besondere Zurückhaltung ist im Wahlkampf von niemandem zu fordern, weil auch Betriebsratswahlwerbung unter die **Meinungsfreiheit** fällt <R: BVerfG 8.10.1996, 1 BvR 1183/90, BVerfGE 95, 28>; nichts anderes gilt für – auch überspitzte – Kritik an einzelnen Wahlbewerbern <R: LAG Nbg 16.2.2016, 7 TaBV 34/15, NZA-RR 2016, 417>. Deshalb sind auch Wahlempfehlungen durch außenstehende Dritte ohne Weiteres zulässig gibt <R: LAG Hamm 12.2.1976, 8 TaBV 90/75, DB 1976, 922 zur Wahlempfehlung durch den Vorbeter einer Moschee>. Es versteht sich von selbst, dass sich auch **Mitglieder des BR und des Wahlvorstands** im Wahlkampf einbringen und positionieren dürfen – erst recht, wenn sie selbst kandidieren. In amtlicher Funktion ist der **Wahlvorstand** allerdings auf die ordnungsgem Durchführung der Wahl verpflichtet und hat sich deshalb neutral zu verhalten <R: Hess LAG 25.5.2020, 16 TaBV 147/19; LAG BaWü 27.11.2019, 4 TaBV 2/19, BB 2020, 894; offen gelassen BAG 6.12.2000, 7 ABR 34/99, DB 2001, 1422; L: *Zumkeller/ Karwatzki* BB 2011, 2101, 2102 ff mit Überlegungen zur Sicherung dieser Neutralität angesichts der offensichtlichen Interessenkonflikte>. Auch dem **BR** als Organ der Betriebsverfassung bzw seinen Mitgliedern in amtlicher Funktion ist es nach rechtsstaatlichen Grundsätzen versagt, ihr Mandat zur Repräsentation der gesamten Belegschaft zum Zwecke der Wahlwerbung für einzelne Personen zu nutzen <R: vgl die Rspr zur Bürgermeis-

terwahl BVerwG 30.3.1992, 7 B 29/92, DVBl 1993, 207; 19.4.2001, 8 B 33/01, NVwZ 2001, 928; **L: aA** *Löwisch* BB 2014, 117, 119>. Die Bestellung von Kommunikationsbeauftragten für den BR kann sich demnach nur dann nicht als unzulässige Beeinflussung auf die Wahl auswirken, wenn der BR dessen Dienste nicht missbraucht <**R:** BAG 29.4.2015, 7 ABR 102/12, NZA 2015, 1397>.

Die Meinungsfreiheit erlaubt es auch dem **AG**, im Wahlkampf **Stellung zu beziehen** also zB den BR zu kritisieren oder mitzuteilen, mit welchen Kandidaten er sich eine gedeihliche Zusammenarbeit vorstellen kann <**R:** BAG 25.10.2017, 7 ABR 10/16, BB 2018, 1341; Einstellungsverfügung der Staatsanwaltschaft Freiburg 27.7.1995, 90 Js 136/95, EzA § 119 BetrVG 1972 Nr 1; **L:** GK/*Kreutz* Rn 35; *Löwisch* 6. Aufl Rn 10; HWGNRH/ *Nicolai* Rn 22; *Rieble/Wiebauer* ZfA 2010, 63, 125; *Maschmann* BB 2010, 245, 249f; *Husemann* RdA 2018, 375, 377ff; *Gooren* NZA 2018, 699f; *Wichert* DB 2018, 381, 385f; **differenzierend** Richardi/*Thüsing* Rn 19ff; ErfK/*Koch* Rn 7; **krit** unter Berufung auf das Gebot vertrauensvoller Zusammenarbeit *Fitting* Rn 23f; **abl** DKW/*Homburg* Rn 19; BeckOKArbR/*Besgen* Stand 12/2021 § 20 BetrVG Rn 9; *zu Dohna-Jaeger* AuR 2019, 185f>. Die Entscheidungsfreiheit der AN ist schon durch das Wahlgeheimnis geschützt <**R:** BAG 25.10.2017, aaO; **aA L:** *Fitting* Rn 23a>. Die **Grenze zur unzulässigen Drohung** ist erst überschritten, wenn der AG eine eigene Reaktion ankündigt; zB eine Betriebsverlagerung ins Ausland für den Fall des Wahlsiegs einer Gewerkschaftsliste <anschaulich zur Abgrenzung **L:** *Maschmann* BB 2010, 245, 249>. Ruft ein Vorgesetzter zum Wahlboykott auf oder behauptet er wahrheitswidrig, die Wahl werde ungültig, weshalb die Teilnahme daran überflüssig sei, ist auch das noch kein Eingriff in den Grundsatz der freien Wahl <**R:** LAG Köln, 15.10.1993, 13 TaBV 36/93, NZA 1994, 431>.

12

Auch **Wahlhilfe** durch Dritte verletzt nicht das Beeinflussungsgebot. Dazu zählt es etwa, Flugblätter zu kopieren oder Wahlveranstaltungen auf eigene Kosten zu organisieren. Für Unterstützungsleistungen der im Betrieb vertretenen Gewerkschaften ist das anerkannt <**R:** BAG 2.12.1960, 1 ABR 20/59, BB 1961, 330; **L:** GK/*Kreutz* Rn 34>. Eine **Neutralitätspflicht des AG** lässt sich der an jedermann gerichteten Vorschrift des § 20 Abs 2 ebenso wenig entnehmen <so jetzt im Grds auch **R:** BAG 25.10.2017, 7 ABR 10/16, BB 2018, 1341; **anders noch** 4.12.1986, 6 ABR 48/85, BB 1987, 412; LAG HH 12.3.1998, 2 TaBV 2/98, AiB 1998, 701; LAG BaWü 1.8.2007, 12 TaBV 7/07, LAGE § 19 BetrVG 2001 Nr 3; **L: wie hier** GK/*Kreutz* Rn 37; Richardi/*Thüsing* Rn 20; HWGNRH/*Nicolai* Rn 22; *Rieble* ZfA 2003, 283, 290ff; *Husemann* RdA 2018, 375, 377ff; *Gooren* NZA 2018, 699f; *Wichert* DB 2018, 381, 385; *Ledwon/Sura* DB 2022, 328, 332f; *Göpfert/ Jungbauer* NZA 2022, 85, 90f; **kritisch** ErfK/*Koch* Rn 7; *Fitting* Rn 23f; DKW/*Homburg* Rn 19; **aA** BeckOKArbR/*Besgen* Stand 12/2021 § 20 BetrVG Rn 9; *zu Dohna-Jaeger* AuR 2019, 185f>. Der AG darf daher entgegen der hM eine Liste bei der Erstellung von Wahlkampfmaterial unterstützen <**aA R:** BAG 25.10.2017, 4.12.86, aaO; LAG BaWü 1.8.2007, aaO; **L:** *Fitting* Rn 23b; Richardi/*Thüsing* Rn 19; *Ledwon/Sura* DB 2022, 328, 330; **wie hier** *Rieble* ZfA 2003, 283, 290; GK/*Kreutz* Rn 36>. Die Grenze zur rechtswidrigen Wahlbeeinflussung ist überschritten, wenn die Wahlhilfe (über bloß geringfügige Hilfeleistungen hinaus) im Verborgenen läuft, etwa bei heimlicher Wahlkampffinanzierung für eine Liste durch den AG oder eine Gewerkschaft <**R:** BGH 13.9.2010, 1 StR 220/09, EzA § 20 BetrVG 2002 Nr 3; **L:** vgl *Rieble/Wiebauer* ZfA 2010, 63, 125>. Im Ergebnis kann sich daraus für arbeitgebernahe Kandidaten zur Vermeidung einer Wahlanfechtung die Verpflichtung ergeben, die Unterstützung durch den Arbeitgeber offenzule-

13

§ 20   Wahlschutz und Wahlkosten

gen, wenn sie sich nicht bereits aus den Umständen ergibt. Die Abgrenzungsprobleme dieses strafbewehrten, an jedermann gerichteten Verbots, das nach seinem Wortlaut bereits kleine **Gefälligkeiten** unter Freunden erfasst, sind indes nach wie vor nicht gelöst <L: *Rieble/Wiebauer* ZfA 2010, 63, 125 f>.

14 Gefährdet ist die Wahlfreiheit des einzelnen insb dann, wenn AN einzeln zu einem Tun oder Unterlassen aufgefordert werden. Nur insoweit ist auch vom AG besondere Zurückhaltung verlangt, um keine **unzulässigen Drucksituationen** entstehen zu lassen. Der **Grundsatz der freien Wahl** (§ 14 Rn 17 ff) ist daher verletzt, wenn der AG aktiv auf das Wahlverf Einfluss nimmt, etwa indem er Unterschriften für eine Vorschlagsliste sammelt oder durch seine Repräsentanten sammeln lässt <R: LAG HH 12.3.1998, 2 TaBV 2/98, AiB 1998, 701>. Im Übrigen ist auch die **negative Wahlfreiheit** der AN geschützt. Diese wird verletzt, wenn Wahlbeteiligte Briefwahlunterlagen am Arbeitsplatz einsammeln, weil hierdurch Rechtfertigungsdruck für AN entsteht, die keine Stimme abgeben <R: LAG München 27.1.2010, 11 TaBV 22/09>. Dasselbe gilt für Anrufe bei potentiellen Briefwählern, um diese noch zur Stimmabgabe zu motivieren <R: vgl LAG Nbg 27.11.2007, 6 TaBV 46/07, LAGE § 19 BetrVG 2001 Nr 3a; L: *Löwisch* BB 2014, 117, 120>.

3. Rechtsfolgen

15 Eine nach den Abs 1 und 2 unzulässige Wahlbehinderung oder -beeinflussung begründet regelmäßig die **Wahlanfechtung** nach § 19, in bes schweren Fällen auch die Nichtigkeit der Wahl (§ 19 Rn 12 und 47). Gegen Verstöße kann auch bereits während des Wahlverf va durch eV Rechtsschutz im Beschlussverf geltend gemacht werden (§ 18 Rn 23 ff) <L: *Ledwon/Sura* DB 2022, 328, 329>.

16 Die Abs 1 und 2 sind unstr **gesetzliche Verbote** iS des § 134 BGB: Alle rechtsgeschäftlichen Maßnahmen ggü AN mit dem Ziel, die Wahl zu behindern oder zu beeinflussen, sind nichtig. Nichtig sind insbes Kd, die bezwecken, bestimmte AN vom aktiven oder passiven Wahlrecht für eine bestimmte BR-Wahl auszuschließen <R: LAG Hamm 27.8.1987, 10 Sa 2412/87, AuR 1989, 59; LAG Rh-Pf 5.12.1991, 4 Sa 752/91, AiB 1992, 531>. Vorsätzliche Verstöße stehen gem § 119 Abs 1 Nrn 1 und 2 unter Strafe.

17 Die Abs 1 und 2 sind auch **Schutzgesetze iS des § 823 Abs 2 BGB**. Deshalb können Wahlbewerber die Kosten, die sie aufwenden müssen, um sich über eine eV Zutritt zum Betrieb zur Wahlwerbung zu verschaffen, vom AG als Schadensersatz verlangen <R: LAG Hamm 6.2.1980, 3 TaBV 84/79, LAGE § 20 BetrVG 1972 Nr 4; LAG Berlin 11.3.1988, 2 TaBV 1/88, LAGE § 20 BetrVG 1972 Nr 7, die aber fälschlich von Wahlkosten iS des § 20 Abs 3 ausgehen; aA Hess LAG 4.1.1990, 12 TaBV 69/89, BB 1990, 1346; **L: einschränkend** GK/*Kreutz* Rn 52; **ablehnend** *Rieble* ZfA 2003, 283, 287>.

III. Wahlkosten

18 Nach Abs 3 S 1 **trägt der AG die Kosten** der Wahl. Dies sind alle Kosten, die mit der **Einleitung** und der **Durchführung** der BR-Wahl sowie der gerichtlichen **Überprüfung** des Wahlergebnisses verbunden sind <R: BAG 16.4.2003, 7 ABR 29/02, EzA § 20

III. Wahlkosten   § 20

BetrVG 2001 Nr 1>. Dazu zählen va die Kosten für Vorbereitung und Einleitung der Wahl, die Aufwendungen für die vorbereitenden Abstimmungen <R: BAG 26.2.1992, 7 ABR 37/91, DB 1992, 2147: Einladung zur BetrVers>, die Kosten der Geschäftsführung des Wahlvorstands und des Vermittlers nach § 18a einschließlich evtl erforderlicher Reisekosten, sowie die Druckkosten für Wahlvorschlagslisten, Stimmzettel, Wahlumschläge, Wahlurnen und den sonstigen Wahlbedarf. Zu den **Sachkosten** zählt zudem die erforderliche Infrastruktur (Räume, Büromaterial usw), welche der AG auf eigene Kosten zur Verfügung stellen muss.

Die Kosten müssen sich im **erforderlichen Umfang** halten <R: BAG 16.4.2003, aaO; 3.12.1987, 6 ABR 79/85, BB 1988, 1042>. Erforderlich ist noch der Abdruck von Vorschlagslisten, die mit Bildern der Kandidaten eingereicht werden <R: BAG 3.12.1987 aaO>. In entspr Anwendung von § 40 Abs 2 hat der AG dem Wahlvorstand auch die für die Wahl und Wahlvorbereitung erforderlichen Räume und sachlichen Hilfsmittel zur Verfügung zu stellen. In einem Filialbetrieb können „Wanderwahlbüros" eingerichtet werden, die von mobilen Wahlteams angefahren werden, wobei die Fahrtkosten auf das unbedingt notwendige Maß zu beschränken sind <R: LAG Berl-Bbg 20.4.2018, 15 TaBV-Ga 483/18>.   19

Kosten der Wahl sind auch die Kosten eines **arbg Beschlussverf** zw Wahlvorstand und AG, das erforderlich ist, um die Befugnisse des Wahlvorstands zu klären <R: BAG 8.4.1992, 7 ABR 71/91, DB 1993, 1376 zum Streit über das Bestehen eines gemeinsamen Betriebs und den sich daraus ergebenden Konsequenzen für die BR-Wahl>. Ob der AG auch die Kosten für die Hinzuziehung eines **Rechtsanwalts** tragen muss, beurteilt sich analog § 40 Abs 1 danach, ob die anwaltliche Vertretung bei Abwägung aller Umstände zur zweckentsprechenden Rechtsverfolgung erforderlich erscheint <R: LAG Ddf 25.10.1994, 6 TaBV 78/94, LAGE § 20 BetrVG 1972 Nr 10>. Dies gilt auch für die erforderlichen **außergerichtlichen Kosten** einer Gewerkschaft, die ihr durch die Beauftragung eines Rechtsanwalts in einem Beschlussverf zur gerichtlichen Bestellung eines Wahlvorstands entstanden sind <R: BAG 16.4.2003, 7 ABR 29/02, EzA § 20 BetrVG 2001 Nr 1>. Die Erstattung der Kosten eines auswärtigen Rechtsanwalts kann nur verlangt werden, wenn für dessen Beauftragung ein besonderer Grund gegeben ist <R: LAG Hamm 2.9.2005, 11 TaBV69/05>. Der Wahlvorstand kann sich außergerichtlich nur nach vorheriger Vereinbarung mit dem AG Beratung durch einen Anwalt holen <R: BAG 11.11.2009, 7 ABR 26/08, DB 2010, 734>.   20

Wahlkosten sind auch die außergerichtlichen und gerichtlichen Kosten für die **Anfechtung** der BR-Wahl <R: vgl BAG 7.7.1999, 7 ABR 4/98, NZA 1999, 1232, für die Parallelvorschrift des § 24 Abs 2 S 1 BPersVG>, und zwar auch solche die Wahl anfechtender AN <R: LAG Nds 14.9.2006, 4 TaBV 7/06, AE 2007, 77> und einer die Wahl anfechtenden Gewerkschaft. Verlangen BR und Wahlvorstand vom AG unter Fristsetzung Unterlagen, zu deren Vorlage er verpflichtet ist, so berechtigt der Fristablauf nicht sogleich zur Beauftragung eines Anwalts. Vielmehr müssen BR und/oder Wahlvorstand sich zunächst bei dem AG erkundigen, ob und wann die Unterlagen übergeben werden <R: LAG Köln 8.3.2000, 3 TaBV 61/99, NZA-RR 2000, 640>.   21

Neben den Sachkosten der Wahl muss der AG die erforderlichen **persönlichen Kosten** der Wahlvorstandsmitglieder und des Vermittlers nach § 18a tragen. Das sind in erster Linie Aufwendungen für Reisen, die der Wahlvorstand zur Vorbereitung der Wahl unter-   22

§ 20 Wahlschutz und Wahlkosten

nehmen muss. Unfallschäden, die ein Wahlvorstandsmitglied bei der Benutzung des eigenen PKW erleidet, sind zu ersetzen, wenn die Benutzung des PKW zur Erfüllung der Aufgaben des Wahlvorstands notwendig oder vom AG gewünscht worden war <**R:** BAG 3.3.1983, 6 ABR 4/80, AP Nr 8 zu § 20 BetrVG 1972 mit Anm *Löwisch*>.

23 Zur Betätigung im Wahlvorstand gehört auch die Teilnahme an einer Schulungsveranstaltung über die Aufgaben eines Wahlvorstands, weswegen die **Schulungskosten** einschließlich notwendiger Reisekosten nach Abs 3 S 1 zu ersetzen sind <**R:** Hess LAG 26.3.2018, 16 TaBVGa 57/18, das allerdings einen Anspruch auf Vorschuss verneint; **L:** Berscheid/*Vetter* § 43 Rn 292>. Voraussetzung ist, dass die Schulung entspr Abs 3 S 2 **erforderlich** ist. Dabei ist zu berücksichtigen, dass das Wahlvorstandsmitglied weder zum Selbststudium außerhalb der Arbeitszeit verpflichtet ist, noch dazu, sich durch frühere Wahlvorstandsmitglieder, BR-Mitglieder oder Belegschaftsangehörige unterrichten zu lassen <**R:** BAG 7.6.1984, 6 AZR 3/82, BB 1985, 397>. Nicht erforderlich ist eine Schulung, wenn ein neu berufenes Wahlvorstandsmitglied bereits ausreichende Kenntnisse besitzt <**R:** BAG 7.6.1984 aaO; Hess LAG 20.8.2018, 16 TaBVGa 159/18, NZA-RR 2019, 94>. Auch wer bereits in der Vergangenheit Wahlvorstandsmitglied war, kann allerdings zur **Auffrischung** Schulungsbedarf haben <**R:** LAG SH 7.7.1994, 4 Sa 88/94, LAGE § 20 BetrVG 1972 Nr 9; **L:** Berscheid/*Vetter* § 43 Rn 292; **krit** *Lüthge/Stöckert* DB 2022, 121, 125 f>.

24 **Kosten der Wahlbewerber** sind **keine** Wahlkosten <**R:** LAG BaWü 1.8.2007, 12 TaBV 7/07, LAGE § 19 BetrVG 2001 Nr 3; **L:** DKW/*Homburg* Rn 38; GK/*Kreutz* Rn 56; **aA** *Gamillscheg* S 458>. Der AG muss auch nicht im Interesse der Chancengleichheit Wahlbewerbern ohne eigene Förderer (zB Gewerkschaften) ein Wahlkampfbudget zur Verfügung stellen <**L:** GK/*Kreutz* Rn 56>. Zum Schadensersatzanspruch der Wahlbewerber, wenn sie durch den AG in ihrem passiven Wahlrecht behindert werden, s Rn 17.

25 Über **Streitigkeiten** in Bezug auf die Kostentragungspflicht des AG entscheidet das ArbG auf Antrag im Beschlussverf <**R:** BAG 26.6.1973, 1 ABR 21/72, DB 1973, 1954>.

IV. Schutz der beteiligten Arbeitnehmer

1. Freistellung von der Arbeit

26 Die Tätigkeiten des **Wahlvorstands** und des **Vermittlers** nach § 18a sind ehrenamtlich und unentgeltlich. Ebenso wie die Mitglieder des BR sind aber auch die Mitglieder des Wahlvorstands und Vermittler von ihrer beruflichen Tätigkeit zu befreien, soweit das zur ordnungsgemäßen Durchführung ihrer Aufgaben erforderlich ist <**R:** BAG 13.3.1973, 1 ABR 15/72, AP Nr 1 zu § 20 BetrVG 1972>.

27 Gleiches gilt für die AN, die ihr **Wahlrecht ausüben**, an einer Wahlversammlung iS von § 14a oder § 17 teilnehmen oder gem § 13 WO der öffentlichen Stimmauszählung beiwohnen (zur Vergütung aber Rn 29). Ihnen diese Befugnisse zu versagen, liefe auf eine Beschränkung der Ausübung des Wahlrechts und eine Behinderung der BR-Wahl hinaus. Ein Anspruch, zum Zwecke der Wahlwerbung von der Arbeit befreit zu werden, besteht hingg nicht. Wahlwerbung kann in Arbeitspausen und in der arbeitsfreien Zeit erfolgen. Dies gilt auch für die Sammlung von Stützunterschriften <**R:** LAG HH 21.5.2007, 7 Sa 1/07>.

IV. Schutz der beteiligten Arbeitnehmer § 20

2. Vergütung versäumter Arbeitszeit

Für die **versäumte Arbeitszeit** erhalten Wahlvorstandsmitglieder und Vermittler entspr § 37 Abs 3 das volle **Arbeitsentgelt** nebst Zuschlägen, soweit die Säumnis zur Ausübung ihres Amtes erforderlich ist (Abs 3 S 2) <**R:** BAG 26.4.1995, 7 AZR 874/94, BB 1995, 2536 (LS) und 29.6.1988, 7 AZR 651/87, BB 1989, 359 (LS)>, vgl § 37 Rn 48 ff. Überstunden, die ein Wahlvorstandsmitglied ohne seine Betätigung im Wahlvorstand geleistet hätte, sind ihm auch dann zu vergüten, wenn es sich dabei nicht um regelmäßig anfallende Überstunden handelt <**R:** BAG 29.6.1988, 7 AZR 651/87, BB 1989, 359 zu § 24 BPersVG>. Ob eine Wahlvorstandstätigkeit **erforderlich** ist, beurteilt sich nicht nach dem subjektiven Ermessen des Wahlvorstands, sondern aus der Sichtweise eines vernünftigen Dritten, der die Interessen des Betriebsinhabers einerseits und die der ANschaft andererseits gegeneinander abwägt; eine eigenmächtige Festlegung des Zeitumfangs der Arbeit des Wahlvorstands durch den AG ist nicht zulässig <**R:** LAG SH 15.12.2004, 3 Sa 269/04, LAGE § 20 BetrVG 2001 Nr 1>. 28

Soweit Wahlvorstandsmitglieder ihre Tätigkeit aus betriebsbedingten Gründen außerhalb der Arbeitszeit erledigen müssen, haben sie unter entsprechender Anwendung des § 37 Abs 3 (§ 37 Rn 57 ff) Anspruch auf **Freizeitausgleich** oder **Mehrarbeitsvergütung** <**R:** BAG 26.4.1995, 7 AZR 874/94, EzA § 20 BetrVG 1972 Nr 17; **L:** GK/*Kreutz* Rn 67, Richardi/*Thüsing* Rn 43, *Fitting* Rn 48; *Gamillscheg* S 420; **aA** *Löwisch*, 6. Aufl Rn 25 unter Verweis darauf, dass der Gesetzgeber die Regelung durch das BetrVG-ReformG 2001 unverändert gelassen hat; *SWS* Rn 13a>. 29

Auch den **an der Wahl teilnehmenden AN** hat der AG die dadurch **versäumte Arbeitszeit** mit dem vollen Arbeitsverdienst zu vergüten. Findet die Wahl **außerhalb der individuellen Arbeitszeit** statt, besteht **kein** Vergütungsanspruch, denn Abs 3 S 2 verbietet nur die Minderung des Arbeitsentgelts. Eine analoge Anwendung der für betriebsverfassungsrechtliche Mandatsträger geschaffenen Regelung des § 37 Abs 3 für die Ausübung des Wahlrechts scheidet mangels Vergleichbarkeit der Situationen aus. Auch für die **Beobachtung der öffentlichen Stimmauszählung** ist keine Vergütung der versäumten Arbeitszeit vorgesehen <**R:** LAG SH 26.7.1989, 3 Sa 228/89, AP Nr 14 zu § 20 BetrVG 1972>. Zur Vergütung der Teilnahme an Wahlversammlungen s § 44 Rn 6 ff und, speziell zur Teilnahme an der Wahlversammlung im vereinfachten Wahlverf für Kleinbetriebe, Vorbem vor § 28 WO Rn 4. 30

Ansprüche auf **Lohnfortzahlung** sind beim ArbG im **Urteilsverf** geltend zu machen <**R:** BAG 5.3.1974, 1 AZR 50/73, DB 1974, 1534>. Das gilt auch, soweit der AG auf seiner Meinung nach unberechtigte Arbeitsversäumnis etwa mit einer Abmahnung reagiert, weil hier die **arbeitsvertragliche Ebene** betroffen ist. Demgegenüber ist über einen **Feststellungsantrag**, dass Versäumnis von Arbeitszeit für eine bestimmte Tätigkeit (zB Teilnahme an einer Schulung) erforderlich ist, im **Beschlussverf** zu entscheiden. Dasselbe gilt für Ansprüche auf Kostenübernahme über die Lohnfortzahlung hinaus <**L:** GK/*Kreutz* Rn 77 f>. 31

3. Kündigungsschutz

Wahlvorstandsmitglieder und Wahlbewerber genießen über § 20 hinaus Kdschutz nach § **15 Abs 3 KSchG** (§ 103 Rn 9 ff). Danach ist die o Kd eines Wahlvorstandsmitglieds 32

§ 20 Wahlschutz und Wahlkosten

vom Zeitpunkt der Bestellung und die eines Wahlbewerbers von der Aufstellung des Wahlvorschlags an unzulässig. Der Kdschutz endet grds sechs Monate nach Bekanntgabe des Wahlergebnisses. Werden nach § 7 S 2 wahlberechtigte Leih-AN zu Wahlvorstandsmitgliedern bestellt (dazu § 16 Rn 10), genießen auch sie Schutz gg o Kd durch ihren VertragsAG; § 15 Abs 3 KSchG macht insoweit keine Einschränkung <L: aA LSSW/*Wertheimer* § 15 KSchG Rn 2>. Für den Kdschutz **unerheblich** ist, dass ein Wahlverf an **Mängeln** gelitten hat und deshalb abgebrochen worden ist <R: ArbG Weiden 19.7.2006, 4 Ca 49/08, AuR 2007, 59>.

33 **Nicht** besonders geschützt sind **Bewerber für den Wahlvorstand** <R: BAG 31.7.2014, 2 AZR 505/13, NZA 2015, 245; L: LSSW/*Wertheimer* § 15 KSchG Rn 45>. Nach § 15 Abs 3a KSchG genießen aber AN, die zu einer **Betriebs- oder Wahlversammlung** nach § 17 Abs 3, § 17a Nr 3 S 2 **einladen**, oder die Bestellung eines Wahlvorstands nach §§ 16 Abs 2 S 1, 17 Abs 4, 17a Nr 4, 63 Abs 3 beantragen, vom Zeitpunkt der Einladung oder Antragstellung an bis zur Bekanntgabe des Wahlergebnisses Schutz gg o Kd <L: näher LSSW/*Wertheimer* § 15 KSchG Rn 54 f>. Der Kdschutz gilt für die **ersten sechs** in der Einladung oder die **ersten drei** in der Antragstellung aufgeführten AN. Wird ein BR bzw eine Jugend- oder Auszubildendenvertretung nicht gewählt, besteht der Kdschutz vom Zeitpunkt der Einladung oder Antragstellung an drei Monate.

34 Wird nach Erledigung einer Einladung zu einer Betriebs- oder Wahlversammlung oder eines Antrags auf Bestellung eines Wahlvorstandes **erneut eine Einladung** ausgesprochen oder ein Antrag gestellt, genießen ebenfalls die ersten sechs AN dieser Einladung oder die ersten drei dieser Antragstellung den Kdschutz nach § 15 Abs 3a KSchG. Eine Grenze findet dieser Kdschutz erst am **Rechtsmissbrauch**. Von einem solchen ist auszugehen, wenn Einladungen bzw Anträge offenkundig nur zu dem Zweck erfolgen, den Kdschutz zu erwerben. Der besondere Kdschutz nach § 15 Abs 3a KSchG gilt **nicht**, wenn der Antrag der einladenden AN mit dem einer antragsberechtigten **Gewerkschaft** verbunden wird <R: LAG München 30.4.2008, 5 Sa 661/07>.

35 Der durch das Betriebsrätemodernisierungsgesetz v 14.6.2021 (BGBl I S 1762) eingefügte § 15 Abs 3b KSchG gewährleistet darüber hinaus einen Kdschutz für „**Vorfeld-Initiatoren**" einer BR-Wahl vor der Einladung zu einer Betriebsversammlung. Voraussetzung ist einerseits, dass der Arbeitnehmer bereits eine **Vorbereitungshandlung** für die BR-Wahl unternommen, etwa Gespräche dazu mit AN geführt oder sich Informationen beschafft hat <L: BT-Drs 19/28899 S 24>. Zweite Voraussetzung ist die Abgabe einer notariell beglaubigten **Absichtserklärung**, einen BR zu errichten. Der bes Kdschutz gilt in diesem Fall bis zur Einladung zu einer Betriebs- oder Wahlversammlung, längstens drei Monate ab Beglaubigung der Absichtserklärung.

36 **Wahlhelfer** (§ 1 WO Rn 10) genießen **keinen** besonderen Kdschutz. Gleichwohl gilt zu ihren Gunsten das Verbot der Wahlbehinderung und damit auch der daraus abgeleitete **relative** Kdschutz (Rn 6). Die Kd eines Wahlhelfers ist demnach unzulässig, wenn sie sich objektiv als Reaktion auf seine Beteiligung an der Wahl darstellt.

Zweiter Abschnitt
Amtszeit des Betriebsrats

§ 21 Amtszeit

Die regelmäßige Amtszeit des Betriebsrats beträgt vier Jahre. Die Amtszeit beginnt mit der Bekanntgabe des Wahlergebnisses oder, wenn zu diesem Zeitpunkt noch ein Betriebsrat besteht, mit Ablauf von dessen Amtszeit. Die Amtszeit endet spätestens am 31. Mai des Jahres, in dem nach § 13 Abs. 1 die regelmäßigen Betriebsratswahlen stattfinden. In dem Fall des § 13 Abs. 3 Satz 2 endet die Amtszeit spätestens am 31. Mai des Jahres, in dem der Betriebsrat neu zu wählen ist. In den Fällen des § 13 Abs. 2 Nr. 1 und 2 endet die Amtszeit mit der Bekanntgabe des Wahlergebnisses des neu gewählten Betriebsrats.

Literatur: *Berscheid*, Amtszeit des Betriebsrats und seiner Mitglieder, AR-Blattei SD 530.6.3; *Boemke*, Organ-Kontinuität im Betriebsverfassungsrecht – oder: der ewige Betriebsrat, FS Windbichler (2020), S 191; *Boemke/Deyda*, Der neu gewählte Betriebsrat – Funktionsnachfolge oder Organkontinuität, ZfA 2020, 320; *Fuhlrott/Hoppe*, Die Amtszeit des Betriebsrats: Regelfall und Ausnahmen, ArbR 2010, 81; *Gast*, Die Amtszeit des Betriebsrats, BB 1987, 331; *Hauck*, Betriebsübergang und Betriebsverfassungsrecht, FS Richardi (2007), S 537; *Löwisch*, Betriebsratsamt und Sprecherausschussamt bei Betriebsübergang und Unternehmensänderungen, BB 1990, 1698; *Ricken*, Kontinuität des Betriebsrats als Strukturprinzip der Betriebsverfassung, 100 Jahre Betriebsverfassungsrecht (2020), S 629.

Übersicht

	Rn.		Rn.
I. Allgemeines	1	2. Vorzeitiges Ende	8
II. Beginn der Amtszeit	4	3. Folgen der Beendigung	18
III. Ende der Amtszeit	7	IV. Streitigkeiten	22
1. Regelmäßiges Ende	7		

I. Allgemeines

Die Bestimmung regelt die Amtszeit des BR und damit zugleich die seiner Mitglieder. Die regelmäßige Amtszeit beträgt seit der BetrVerf-Reform 2001 vier Jahre. **1**

Die Vorschrift ist **zwingend**. Eine Verkürzung oder Verlängerung der Amtszeit kann weder durch Beschluss des BR noch durch BV oder TV herbeigeführt werden. Auch eine entspr Vereinbarung mit dem AG ist nicht mögl <R: LAG Hamm 24.3.2010, 10 TaBVGa 7/10, juris>. Eine Verkürzung kann lediglich dadurch erfolgen, dass der BR gem § 13 Abs 2 Nr 3 seinen Rücktritt beschließt. Etwas anderes gilt nur für abw Vertretungsregelungen nach § 3 Abs 1. Diese können auch eine abw Amtszeit vorsehen. **2**

Für GBR und KBR gilt diese Vorschrift mittelbar insofern, als diese Gremien mit dem Ende der Mitgliedschaft der delegierten BR-Mitglieder neu zu besetzen sind. Die Amtszeit der Jugend- und Ausbildungsvertretungen beträgt nach § 64 Abs 2 S 1 zwei Jahre. **3**

§ 21 Amtszeit

§ 21 gilt auch für den SeeBR (§ 116 Abs 1), während die Amtszeit der Bordvertretung nach § 115 Abs 3 Nr 1 nur ein Jahr beträgt.

II. Beginn der Amtszeit

4 Die Amtszeit des BR beginnt nach S 1 mit der Bekanntgabe des Wahlergebnisses durch den Wahlvorstand (§§ 21 S 2, 18 Abs 3 S 1) an die AN des Betriebs. Ist der frühere BR bei der Wahl noch im Amt, beginnt die Amtszeit des neu gewählten erst mit Ablauf der Amtszeit des früheren BR, also am Tag danach.

5 Die Amtszeit beginnt automatisch, ohne dass eine besondere Handlung oder Erklärung erforderl wäre: Der Zusammentritt des BR und seine Konstituierung haben ledigl geschäftsordnungsmäßige Bedeutung. Allerdings kann der neu gewählte BR seine Rechte erst dann wahrnehmen, wenn er sich gem § 29 konstituiert hat. Hat die konstituierende Sitzung noch nicht stattgefunden, besteht für den AG keine Verpflichtung, den BR vor einer beabsichtigten Kd anzuhören <**R:** BAG 23.8.1984, 6 AZR 520/82, BB 1985, 1066>.

6 Der Kdschutz neu gewählter BR-Mitglieder nach § 15 KSchG beginnt erst mit dem Amtsbeginn. Zuvor genießen die künftigen BR-Mitglieder aber den Schutz als Wahlbewerber <**L:** LSSW/*Wertheimer* § 15 KSchG Rn 15>.

III. Ende der Amtszeit

1. Regelmäßiges Ende

7 Die Amtszeit **endet** nach S 2 im Regelfall nach Ablauf von vier Jahren. Wird bis zum Ablauf der Vier-Jahres-Frist kein neuer BR gewählt, wird der Betrieb vertretungslos <**R:** BAG 6.12.2006, 7 ABR 62/05, AP Nr 5 zu § 21b BetrVG 72; 19.12.2018, 7 ABR 79/16, NZA 2019, 940; **L:** GK/*Kreutz* Rn 24; *Fitting* Rn 19; **aA** Richardi/*Thüsing* Rn 13, der die Amtszeit in diesem Fall bis zum 31. Mai laufen lassen will>. Der BR ist keine Dauereinrichtung <**R:** BAG 18.5.2016, 7 ABR 81/13, NZA-RR 2016, 582>.

2. Vorzeitiges Ende

8 Ist ein BR außerhalb des vierjährigen gesetzlichen Wahlzeitraums (§ 13 Abs 1) gewählt worden, muss dessen Amtszeit nach § 13 Abs 3 wieder **an den gesetzl Turnus angeglichen** werden. Ist der BR am 1. März des Jahres, in dem die nächsten regelmäßigen BR-Wahlen stattfinden, bereits ein volles Jahr oder länger im Amt, verkürzt sich seine Amtszeit gem § 13 Abs 3 S 1; eine Neuwahl muss zur Anpassung an den gesetzl Turnus bereits im nächsten Regelwahljahr durchgeführt werden. War der BR zu diesem Zeitpunkt dagg noch kein volles Jahr im Amt, verlängert sich seine Amtszeit bis zum übernächsten Regelwahljahr (§ 13 Abs 3 S 2). Die Amtszeit der außerhalb des gesetzl Turnus gewählten BR endet analog S 5 mit der Bekanntgabe des Ergebnisses der Neuwahl <**R:** BAG 28.9.1983, 7 AZR 266/82, DB 1984, 833>. Ist in dem nach § 13 Abs 3 vorgeschriebenen

III. Ende der Amtszeit **§ 21**

Zeitraum ein BR nicht gewählt worden, endet die Amtszeit des bisherigen BR am 31. Mai des Wahljahres, weil dann der gesetzl Wahlzeitraum beendet ist (S 4).

Die Amtszeit des BR **endet** iF des § 13 Abs 2 Nr 1 (Eintritt einer wesentlichen Veränderung der Belegschaftsstärke nach 24 Monaten), in den Fällen des § 13 Abs 2 Nr 2 (Absinken der Zahl der BR-Mitglieder unter die gesetzliche Mitgliederzahl) und Nr 3 (Rücktritt des BR) mit der Bekanntgabe des Wahlergebnisses des neu gewählten BR (S 5 und § 22). Findet eine Neuwahl nicht statt, bleibt der bisherige BR im Amt, ggf mit der geringeren Mitgliederzahl. 9

In den Fällen des § 13 Abs 2 Nr 4 (erfolgreiche Wahlanfechtung) und Nr 5 (gerichtl Auflösung wg Pflichtverletzung) endet die Amtszeit mit der **formellen Rechtskraft** der entspr gerichtl Beschlüsse, dh nach Ablauf der Frist, innerhalb derer die Rechtsbeschwerde nach § 92 Abs 2 iVm § 74 Abs 1 ArbGG eingelegt werden muss <**R:** LAG Hamm 9.11.1977, 11 Sa 951/77, DB 1978, 216>. 10

Verliert der Betrieb seine BR-Fähigkeit, weil die Belegschaft auf Dauer unter die Zahl von fünf wahlberechtigten AN absinkt, endet damit das Amt des BR <**R:** BAG 29.3.1977, 1 AZR 46/75, BB 1977, 947>. Dass die Zahl der wählbaren AN unter drei sinkt, beendet das Amt des BR hingg nicht. 11

Der **Untergang des Betriebs**, insbes seine Stilllegung (§ 1 Rn 12), beendet die Amtszeit des BR. Das ergibt heute der Gegenschluss aus §§ 21a f, die für diese Fälle ein Übergangsmandat und ein Restmandat vorsehen. 12

Geht der **Betrieb** als Ganzes auf einen **anderen Inhaber** über, bleibt der BR im Amt, da der neue Inhaber gem § 613a BGB kraft Gesetzes in die im Zeitpunkt des Betriebsübergangs bestehenden Arbeitsverhältnisse eintritt und die Betriebsidentität durch den Übergang nicht verändert wird (§ 1 Rn 14). 13

Wird ein **Betriebsteil** veräußert, bleibt der BR in dem verbleibenden Betriebsteil im Amt, wenn dieser mit dem bisherigen Betrieb **identisch** ist <**L:** *Hauck* FS Richardi (2007), S 537, 538>. Für den veräußerten Betriebsteil behält der BR ein Übergangsmandat bis zur Neuwahl. Dies gilt auch, wenn gleichzeitig ein neuer kleinerer Betriebsteil hinzutritt <**R:** LAG Nbg 4.9.2007, 6 TaBV 31/07, ArbR 2007, 445>. 14

Werden zwei Betriebe oder Betriebsteile zusammengelegt, ist zu unterscheiden: Entsteht durch die Zusammenlegung ein neuer Betrieb, der mit keinem der bisherigen identisch ist, ist ein neuer BR zu wählen; bis zu dieser Wahl erhält der BR des nach der Zahl der wahlberechtigten AN größten Betriebs oder Betriebsteils ein Übergangsmandat (§ 21a Abs 2 S 1). Wird ein Betrieb oder Betriebsteil hingg in einen anderen Betrieb eingegliedert, sodass der letztere seine Identität behält, endet die Zuständigkeit des BR des eingegliederten Betriebs <**R:** LAG HH 19.8.1991, 5 TaBV 9/91, DB 1992, 587>, der BR des aufnehmenden Betriebs bleibt im Amt und erwirbt die Zuständigkeit für den eingegliederten Betrieb oder Betriebsteil; ein Übergangsmandat entsteht in diesem Falle nicht (§ 21a Abs 2 iVm Abs 1 S 1), vgl § 21a Rn 31. 15

Sofern **Unternehmen** verschmolzen werden, führt die Existenz eines nach § 3 Abs 3 für das aufnehmende Unternehmen gebildeten BR nicht dazu, dass das Amt eines für den Betrieb eines aufgenommenen Unternehmens gebildeten BR mit der Verschmelzung erlischt, sofern die Identität dieses Betriebes nach der Verschmelzung erhalten bleibt <**R:** ArbG HH 13.6.2006, 19 BV 16/06, NZA-RR 2006, 645>, vgl § 3 Rn 59. 16

§ 21 Amtszeit

17 Wird ein **gemeinsamer Betrieb** zweier Unternehmen (§ 1 Rn 29f) durch Wegfall der Führungsvereinbarung wieder **aufgelöst**, verliert der BR des gemeinsamen Betriebs sein Amt: Es fehlt an der Identität der entstehenden Einzelbetriebe mit dem bisherigen gemeinsamen Betrieb. Der bisherige BR erhält aber ein Übergangsmandat (§ 21a Abs 1 S 1).

3. Folgen der Beendigung

18 Mit dem Ablauf des Tages, an dem die Amtszeit eines BR endet, erlöschen seine **Rechtsstellung** und seine sämtlichen Befugnisse, soweit nicht ausnahmsweise nach § 22 eine Weiterführung der Geschäfte erfolgt. Der Rechtsgedanke des Vertrauensschutzes gilt hier nicht <R: BAG 15.1.1974, 1 AZR 234/73, AP Nr 1 zu § 68 BPersVG BaWü für den Personalrat>. Die Befugnisse des nicht mehr bestehenden BR können auch vom GBR nur im Rahmen von § 50 Abs 1 S 1 Hs 2 wahrgenommen werden.

19 Dass mit dem Ende der Amtszeit die Befugnisse des BR enden, hat auch zur Folge, dass von ihm danach noch abgeschlossene BV, etwa Sozialpläne, unwirksam sind <R: Hess LAG 15.5.2012, 12 Sa 280/11, ZInsO 2013, 457>. In Betracht kommt nur eine Umdeutung nach § 140 BGB in eine arbeitsvertragl Gesamtzusage (§ 77 Rn 140).

20 Mit dem Ende der Amtszeit des BR erlöschen gleichzeitig auch die Rechte und Befugnisse der einzelnen **BR-Mitglieder** (zB aus einer Freistellung) sowie auch die Zugehörigkeit zu anderen Betriebsverfassungsorganen. Ebenso entfällt mit sofortiger Wirkung die Zustimmungspflichtigkeit eines Kdausspruchs nach § 103, während der erweiterte Kdschutz nach § 15 Abs 1 S 2 KSchG für ein weiteres Jahr aufrechterhalten bleibt.

21 Führt der BR nach Beendigung seiner Amtszeit gem § 22 die Geschäfte **tatsächl** weiter, behalten seine Mitglieder den vollen Kdschutz bis zur Neuwahl. Auch § 103 ist dann anzuwenden <R: BAG 27.9.57, 1 AZR 493/55, AP Nr 7 zu § 13 KSchG>.

IV. Streitigkeiten

22 Alle Streitigkeiten über Beginn und Ende der Amtszeit, die Weiterführung der Geschäfte und die Rückwirkungen dieser Vorgänge auf die persönl Rechtsstellung der BR-Mitglieder werden nach § 2a Abs 1 Nr 1 ArbGG im arbeitsgerichtl Beschlussverf entschieden, eventuell nach Aussetzung eines schwebenden Urteilsverfs.

23 Endet die Amtszeit eines BR infolge vorzeitiger Neuwahl nach § 13 Abs 2, so verliert dieser BR mit der Bekanntgabe des Wahlergebnisses aus der Neuwahl die Befugnis, in einem von ihm anhängig gemachten Beschlussverf Beteiligter zu sein <R: LAG Hamm 4.2.1977, 3 TaBV 75/76, DB 1977, 1514>. In die Beteiligtenstellung rückt der neu gewählte BR ein <R: BAG 13.2.2013, 7 ABR 36/11, BB 2013, 2170>.

§ 21a Übergangsmandat

(1) Wird ein Betrieb gespalten, so bleibt dessen Betriebsrat im Amt und führt die Geschäfte für die ihm bislang zugeordneten Betriebsteile weiter, soweit sie die Voraussetzungen des § 1 Abs. 1 Satz 1 erfüllen und nicht in einen Betrieb eingegliedert werden, in dem ein Betriebsrat besteht (Übergangsmandat). Der Betriebsrat hat insbesondere unverzüglich Wahlvorstände zu bestellen. Das Übergangsmandat endet, sobald in den Betriebsteilen ein neuer Betriebsrat gewählt und das Wahlergebnis bekannt gegeben ist, spätestens jedoch sechs Monate nach Wirksamwerden der Spaltung. Durch Tarifvertrag oder Betriebsvereinbarung kann das Übergangsmandat um weitere sechs Monate verlängert werden.

(2) Werden Betriebe oder Betriebsteile zu einem Betrieb zusammengefasst, so nimmt der Betriebsrat des nach der Zahl der wahlberechtigten Arbeitnehmer größten Betriebs oder Betriebsteils das Übergangsmandat wahr. Absatz 1 gilt entsprechend.

(3) Die Absätze 1 und 2 gelten auch, wenn die Spaltung oder Zusammenlegung von Betrieben oder Betriebsteilen im Zusammenhang mit einer Betriebsveräußerung oder einer Umwandlung nach dem Umwandlungsgesetz erfolgt.

Literatur zu § 21a und § 21b: *Feudner*, Übergangs- und Restmandat des Betriebsrats, BB 1996, 1934; *Fischer*, Die Eingliederung eines Betriebes oder Betriebsteiles nach § 21a BetrVG als Sonderfall der Betriebszusammenfassung, RdA 2005, 39; *Fuhlrott/Oltmanns*, Das Schicksal von Betriebsräten bei Betriebs(teil)übergängen, BB 2015, 1013; *Hauck*, Betriebsübergang und Betriebsverfassungsrecht, FS Richardi (2007), S 537; *Hidalgo/Hobler*, Die betriebsverfassungsrechtlichen Folgen des Widerspruchs bei einem Betriebsübergang, NZA 2014, 290; *Kissel*, Der fehlende Betriebsrat, Freundesgabe für Söllner (1990), S 143; *O Kittner*, Beschränkter Umfang des Übergangsmandats nach § 21a BetrVG, NZA 2012, 541; *Kreutz*, Übergangsmandat des Betriebsrats und Fortgeltung von Betriebsvereinbarungen bei unternehmensinternen Betriebsstrukturierungen, Gedächtnisschrift Sonnenschein, 2003, 829; *Kreutz*, Übergangsmandate in Gemeinschaftsbetrieben, FS Ingrid Schmidt (2021), S 249; *Linsenmaier*, Identität und Wandel – zur Entstehung von Übergangsmandaten nach § 21a BetrVG, RdA 2017, 128; *Löw*, Übergangs- oder Restmandat bei Widerspruch gegen den Betriebsübergang?, ArbuR 2007, 194; *Löwisch*, Betriebsratsamt und Sprecherausschußamt bei Betriebsübergang und Unternehmensänderung, BB 1990, 1698; *Löwisch*, Betriebsübergang: Betriebliche Stellung widersprechender Arbeitnehmer, FS Bepler (2012), S 403; *Löwisch/Schmidt-Kessel*, Die gesetzliche Regelung von Übergangsmandat und Restmandat nach dem Betriebsverfassungsreformgesetz, BB 2001, 2162; *Lunk*, Übergangs- und Restmandat – Eine Zwischenbilanz, FS Willemsen (2018), S 299; *Rieble*, Kompensation der Betriebsspaltung durch den Gemeinschaftsbetrieb mehrerer Unternehmen (§ 322 UmwG), FS Wiese (1998), S 453; *Salamon/Gebel*, Rechtsfolgen eines Zuordnungsbeschlusses nach § 4 I 2 BetrVG, NZA 2014, 1319; *Schulze/Schreck*, Übergangs- und Restmandat, AiB 2013, 440.

Übersicht

	Rn.		Rn.
I. Allgemeines	1	a) Spaltung	7
II. Übergangsmandat im Falle der Spaltung	7	b) Aufspaltung	9
		c) Abspaltung	11
1. Voraussetzungen	7	2. Inhalt	16

§ 21a Übergangsmandat

    3. Beendigung 23
    4. Verlängerung durch Tarifvertrag
       oder Betriebsvereinbarung 25
III. Übergangsmandat im Falle der
    Zusammenlegung 28
    1. Voraussetzungen 28
    2. Inhalt 33

    3. Beendigung 35
IV. Geltung bei Betriebsveräußerung und
    Umwandlung 38
    1. Grundsatz: Keine Modifikation 38
    2. Verlängerung durch Tarifvertrag
       und Betriebsvereinbarung 42
V. Streitigkeiten 45

I. Allgemeines

1   Für Spaltungen und Zusammenschlüsse von Betrieben im Zuge von Unternehmensumwandlungen hatte § 321 UmwG schon vor Inkrafttreten des BetrVerf-RG ein Übergangsmandat des BR vorgesehen. § 21a hat diese Regelung ersetzt und sie aus dem Zusammenhang mit der Unternehmensumwandlung gelöst: Das Übergangsmandat wird nunmehr allg für die **Fälle der Spaltung eines Betriebes und der Zusammenfassung von Betrieben und Betriebsteilen** vorgesehen. Dabei stellt Abs 3 klar, dass die Regelung nach wie vor Betriebsspaltungen und -zusammenlegungen im Zusammenhang mit einer Umwandlung nach dem Umwandlungsgesetz sowie auch solche im Zusammenhang mit einer Betriebsveräußerung erfasst <**L:** zur abw früheren Rechtslage *Rieble* FS Wiese (1998), S 453>. Die Vorschrift ist entspr anzuwenden bei einer erfolgreichen Wahlanfechtung, die auf der Verkennung des Betriebsbegriffs beruht <**R:** BAG 22.11.2017, 7 ABR 40/16, NZA 2018, 724 (Gemeinschaftsbetrieb)>.

2   Das BetrVerf-RG enthält keine besonderen Übergangsvorschriften für § 21a; deshalb ist davon auszugehen, dass von dieser Vorschrift nur Spaltungen und Zusammenschlüsse erfasst werden, die seit dem Inkrafttreten des Gesetzes am 28.7.2001 (s § 132 Rn 2) erfolgt sind. Für Altfälle bleibt es bei der bisherigen Rechtslage, nach der aufgrund richterlicher Rechtsfortbildung ein auf drei Monate begrenztes Übergangsmandat auch in den gesetzl nicht geregelten Fällen bestand <**R:** BAG 31.5.2000, 7 ABR 78/98, DB 2000, 2482>.

3   Entspr dem Geltungsbereich des BetrVG beschränkt sich § 21a auf die Anordnung eines Übergangsmandats für den BR. Der **Sprecherausschuss** nach dem SprAuG wird **nicht erfasst**. Insofern bleibt es bei der bisherigen Rechtslage. Danach bleibt iF der Spaltung der Sprecherausschuss für den Betrieb im Amt, der als identisch mit dem bisherigen angesehen werden kann und gilt iF der Zusammenlegung Entsprechendes, wenn der entstandene neue Betrieb als mit einem der bisherigen Betriebe identisch zu betrachten ist <**L:** s hierzu im Einzelnen *Löwisch* BB 1990, 1698; ebenso Richardi/*Thüsing* Rn 33>.

4   Durch das Gesetz zur Novellierung des Bundespersonalvertretungsgesetzes (BPersVG) vom 9.6.2021 (BGBl I S 1614 ff) hat sich nunmehr der Streit in der Literatur über die analoge Anwendung von § 21a auf den Personalrat erledigt <**L:** vgl hierzu Richardi/*Thüsing* Rn 33; GK/*Kreutz* Rn 2>. Wird eine Dienststelle in mehrere Dienststellen aufgespalten oder werden Teile einer Dienststelle in eine neue Dienststelle ausgegliedert, führt der Personalrat die Geschäfte für die ihm bislang zugeordneten Dienststellenteile weiter (§ 29 Abs 1 S 1 BPersVG). Darüber hinaus sind nunmehr in (verspäteter) Umsetzung der Richtlinie 2001/23/EG in § 29 Abs 6 S 1 BPersVG Übergangsmandate für Personalräte vorgesehen, wenn Dienststellen durch Umwandlung oder eine anderweitige Privatisierung in eine Rechtsform des Privatrechts übergehen (§ 130 Rn 7). Ferner ist auch für die Zusam-

menfassung von Dienststellen oder Teilen davon ein Übergangsmandat vorgesehen (§ 29 Abs 6 S 2 BPersVG).

Ein Übergangsmandat für die Jugend- und Auszubildendenvertretung ist nicht vorgesehen <L: GK/*Kreutz* Rn 9>. 5

Für das Verhältnis des Übergangsmandats nach § 21a zum Restmandat nach § 21b vgl § 21b Rn 8. 6

II. Übergangsmandat im Falle der Spaltung

1. Voraussetzungen

a) Spaltung

Eine Betriebsspaltung liegt vor, wenn die den Betrieb konstituierende **organisatorische Einheit von Arbeitsmitteln** (vgl § 1 Rn 3 ff) **aufgespalten** wird. Dies kann entweder so geschehen, dass die arbeitstechnische Struktur so geändert wird, dass selbstständige arbeitstechnische Organisationseinheiten entstehen. Mögl ist aber auch, dass der bisher einheitl Leitungsapparat in den wesentlichen mitbestimmungs- und mitwirkungspflichtigen Angelegenheiten aufgespalten wird. Dies kommt insbes in Betracht, wenn zwei Unternehmen, die bisher einen gemeinsamen Betrieb geführt haben, als AG wieder getrennte Wege gehen. 7

Maßgebender Zeitpunkt für die Spaltung ist deren tatsächl Vollzug <L: *Fitting* Rn 10>. Die arbeitstechnische Organisationseinheit oder der einheitl Leitungsapparat müssen tatsächl aufgehoben sein. Dass die Spaltung vom Unternehmen beschlossen oder in einer Vereinbarung vorgesehen ist, reicht nicht aus. 8

b) Aufspaltung

Die Vorschrift betrifft zunächst den Fall, dass der bisherige Betrieb untergeht geht und zwei oder mehrere Betriebe entstehen, die die Voraussetzungen des betriebsverfassungsrechtl Betriebsbegriff erfüllen (echte Aufspaltung). Der BR des untergegangenen Betriebs hat dann das Übergangsmandat für die neu entstandenen Betriebe. 9

Das Übergangsmandat gilt allerdings nur für die neuen Betriebe, welche die Mindestgröße des § 1 Abs 1 S 1 haben. Neu entstandene Kleinstbetriebe werden nicht erfasst, sofern sie nicht gem § 4 Abs 2 einem der anderen Betriebe zuzuordnen sind, was voraussetzt, dass dieser als Hauptbetrieb angesehen werden kann. Dass mangels einer solchen Zuordnungsmöglichkeit die AN des Kleinstbetriebs vertretungslos werden, verstößt auch nicht gg die Richtlinie, weil diese voraussetzt, dass die Bedingungen für die Bildung einer AN-Vertretung erfüllt sind (Art 6 Abs 1 UAbs 1 der Richtlinie 2001/23/EG). 10

c) Abspaltung

Die Vorschrift erfasst aber auch den Fall einer Abspaltung, bei der ein Teil den Zusammenhang mit dem ursprünglichen Betrieb verliert, dieser aber bestehen bleibt. Letzteres setzt voraus, dass das betriebl Substrat, auf das sich das BR-Amt bezieht, im Wesent- 11

§ 21a Übergangsmandat

lichen unverändert bleibt, insb ein räumlicher und funktionaler Zusammenhang zw dem verbleibenden Betriebsteil und dem Ursprungsbetrieb noch besteht <R: BAG 24.5.2012, 2 AZR 62/11, DB 2013, 1731 Rn 49>.

12 Besteht in diesem Sinne Identität zw dem verbleibenden Betriebsteil und dem Ursprungsbetrieb, bleibt der BR von vornherein im Amt, sodass es eines Übergangsmandats für den **verbleibenden Betrieb** nicht bedarf (§ 21 Rn 15) <R: LAG Ddf 18.10.2017 – 12 TaBV-Ga 4/17, BeckRS 2017, 132754>. Ob in diesem Betrieb eine Neuwahl stattzufinden hat, richtet sich nach § 13 Abs 2 Nr 1, 2.

13 Für den abgespaltenen Betriebsteil kommt dem bestehenbleibenden BR das Übergangsmandat zu. Auch in diesem Fall werden aber Kleinstbetriebe nicht erfasst.

14 Sie sind aber idR nach § 4 Abs 2 dem Betrieb zuzuordnen, von dem sie abgespalten werden. Allerdings gilt dies nur, wenn der ursprüngl Betrieb im Verhältnis zum Kleinstbetrieb als Hauptbetrieb angesehen werden kann, wofür erforderl ist, dass der Hauptbetrieb ggü dem Kleinstbetrieb eine herausgehobene Bedeutung hat (§ 4 Rn 30).

15 Wird dieser allerdings in einen anderen Betrieb eingegliedert, in dem bereits ein BR besteht, wächst letzterem automatisch die Zuständigkeit auch für die AN des eingegliederten Betriebsteils zu (§ 21 Rn 15). Ob eine Neuwahl stattzufinden hat, richtet sich nach § 13 Nr 1. Zur Abgrenzung des Falles der Eingliederung von der Zusammenfassung iS des Abs 2 s Rn 31 f.

2. Inhalt

16 Kraft des Übergangsmandats bleibt der bisherige BR im Amt und führt die Geschäfte für die ihm bislang zugeordneten Betriebsteile weiter. Welchen der neuen Betriebe die BR-Mitglieder als AN angehören, spielt keine Rolle.

17 Behält iF der Abspaltung der bisherige Betrieb seine Identität und erstreckt sich deshalb das Übergangsmandat nur auf den abgespaltenen Betriebsteil (oben Rn 7), wird auch dieses nicht vom BR des als identisch bestehenbleibenden Betriebs, sondern vom BR des ursprüngl Betriebs **in seiner früheren Zusammensetzung** wahrgenommen. Auch das Nachrücken von Ersatzmitgliedern bestimmt sich nach der früheren Zusammensetzung <L: GK/*Kreutz* Rn 34>.

18 Dass der BR im Amt bleibt, bedeutet auch, dass für die BR-Mitglieder alle Rechte und Pflichten weiter gelten. Insbes genießen sie den Kdschutz des § 15 KSchG, der bis zum Ablauf eines Jahres nach Ende des Übergangsmandats nachwirkt.

19 Die Kosten des BR, der das Übergangsmandat ausübt, trägt nach § 40 der AG des neu entstehenden Betriebes. Für die Annahme, der AG des bisherigen Betriebes hafte als Gesamtschuldner mit <R: ArbG Leipzig 5.5.2006, 10 BV 57/05, NZA-RR 2007, 24>, besteht keine gesetzl Grundlage.

20 Das Übergangsmandat verleiht dem BR **alle aus dem BetrVG folgenden Befugnisse**. Insbes kann er auch für die neu entstehenden Betriebe BV abschließen. IF des Betriebsübergangs gehen die Normen solcher BV nach § 613a Abs 1 S 3 BGB den gem § 613a Abs 1 S 2 BGB zum Inhalt des Arbeitsverhältnisses zw dem neuen Inhaber und den AN gewordenen Normen früherer BV vor.

II. Übergangsmandat im Falle der Spaltung § 21a

Nach § 21a Abs 1 S 2 hat der BR **unverzügl Wahlvorstände** für die neuen Betriebe zu bestellen. Für den Wahlvorstand gelten die allg Bestimmungen der §§ 16 Abs 1 und 17a Nr 2. Unverzügl bedeutet, dass der BR ohne schuldhaftes Zögern zu handeln hat (vgl § 121 Abs 1 S 1 BGB). Die Fristen nach §§ 16 Abs 1 S 1, 17a Nr 1 darf er nicht abwarten <**R:** Hess LAG 19.4.2002, 9 TaBVGa 71/02, ArbuR 2004, 278>. Verstößt der BR grob gg seine Pflicht zu unverzügl Handeln, kann das die Sanktion des § 23 Abs 1 auslösen. Auch kann der AG den BR aus dem wechselseitigen betriebsverfassungsrechtl Pflichtenverhältnis im Wege der einstweiligen Verfügung auf unverzügl Einleitung der Wahl in Anspruch nehmen (dazu § 23 Rn 4 ff). 21

Besteht acht Wochen (iF des vereinfachten Wahlverf drei Wochen) vor Ablauf des Übergangsmandats noch kein Wahlvorstand, können mindestens drei Wahlberechtigte oder eine im Betrieb vertretene Gewerkschaft gem § 16 Abs 2 bzw 17a Nr 1 seine Bestellung beim ArbG beantragen <**R:** weitergehend Hess LAG 19.4.2002 aaO, das eine Bestellung durch das ArbG schon dann für mögl hält, wenn zwei Wochen seit dem Tag verstrichen sind, an dem der BR den Wahlvorstand hätte bestellen müssen>. Auch eine Bestellung durch den GBR oder den KBR kommt in Betracht (§ 16 Abs 3). 22

3. Beendigung

Gem Abs 1 S 3 endet das Übergangsmandat, sobald in den entstandenen Betrieben ein neuer BR gewählt und das Wahlergebnis bekannt gegeben ist. Das Übergangsmandat kann also **für die verschiedenen Betriebe zu unterschiedlichen Zeitpunkten** enden. Dass man in einem Betrieb das Übergangsmandat beendet hat, ändert nichts daran, dass Mitglieder des früheren BR aus diesem Betrieb nach wie vor das Übergangsmandat für die Betriebe, in denen noch keine Wahl stattgefunden hat, weiter **mit ausüben**. 23

Das Übergangsmandat endet spätestens sechs Monate nach Wirksamwerden der Betriebsspaltung. Der Begriff „Wirksamwerden" ist dahin zu verstehen, dass die **Spaltung** im oben Rn 7 gesagten Sinne **tatsächl vollzogen** sein muss. 24

4. Verlängerung durch Tarifvertrag oder Betriebsvereinbarung

Nach Abs 1 S 4 kann das Übergangsmandat durch TV oder BV um weitere sechs Monate verlängert werden. Eine solche **Verlängerung kann auch schon vor Wirksamwerden der Betriebsspaltung** erfolgen. Aus der Formulierung der Vorschrift zu schließen, die Verlängerung könne erst nach diesem Zeitpunkt erfolgen, wäre zweckwidrig. Voraussetzung ist allerdings, dass der TV oder die BV durch diejenigen, welche das Übergangsmandat belastet, legitimiert ist. 25

Das ist beim TV unproblematisch, soweit die Betriebsspaltung ohne Zusammenhang mit einer Betriebsveräußerung oder Umwandlung nach dem UmwG erfolgt. Ein solcher TV gestaltet dann als betriebsverfassungsrechtl Norm iS des § 3 Abs 2 TVG das Rechtsverhältnis zw den AG und den Belegschaften der neuen Betriebe. Bei dem TV kann es sich sowohl um einen **Verbands-TV** als auch einen **Haus-TV** handeln. Ob er vor oder nach der Spaltung geschlossen wird, spielt keine Rolle. Es genügt, dass die gesetzliche Sechsmonatsfrist noch nicht abgelaufen ist und damit das Übergangsmandat noch nicht geendet hat. Zu TVen bei Betriebsveräußerungen und Umwandlungen s Rn 42 ff. 26

Schneider

§ 21a Übergangsmandat

27 Abs 1 S 4 ermöglicht auch die **Verlängerung durch BV**. Wenn die Betriebsspaltung ohne Zusammenhang mit einer Betriebsveräußerung oder Umwandlung nach dem UmwG erfolgt, gilt dies ohne Weiteres für eine solche BV, die vor Wirksamwerden der Betriebsspaltung abgeschlossen wird. Mögl ist aber auch der Abschluss einer entspr BV nach Wirksamwerden der Spaltung: Das Übergangsmandat des im Amt gebliebenen BR erstreckt sich auch auf dessen Verlängerung.

III. Übergangsmandat im Falle der Zusammenlegung

1. Voraussetzungen

28 Eine Zusammenfassung von Betrieben liegt vor, wenn zwei oder mehr bisher selbstständige organisatorische Einheiten von Arbeitsmitteln (vgl § 1 Rn 3) so zusammengelegt werden, dass **eine Organisationseinheit entsteht**. Dazu müssen sowohl die arbeitstechnische Struktur als auch der Leitungsapparat vereinheitlicht werden. Wird nur der Leitungsapparat vereinheitlicht, werden die Betriebe aber im Übrigen unverändert weitergeführt, liegt keine Zusammenfassung vor <R: LAG Ddf 22.10.2008, 7 TaBV 85/08, juris>.

29 Ob auch die **Unternehmen**, die Inhaber der Betriebe sind, zusammengeschlossen werden, spielt keine Rolle. Die Vorschrift soll gerade auch den Fall der Bildung eines gemeinsamen Betriebs durch mehrere Unternehmen (vgl § 1 Rn 29 ff) erfassen. Wenn Abs 2 auch von der Zusammenfassung von Betriebsteilen spricht, so ist damit der Fall des nach § 4 Abs 1 selbstständigen Betriebsteils gemeint. Unselbstständige Betriebsteile verfügen nicht über eine eigene betriebsverfassungsrechtl Organisation, sodass ein Übergangsmandat von vornherein nicht in Betracht kommt.

30 Die Entstehung eines Übergangsmandats nach Abs 2 setzt nicht voraus, dass in allen bislang selbstständigen Betrieben oder Betriebsteilen ein BR gewählt war. Dass die AN der BRlosen Betriebe den BR, der das Übergangsmandat erhält, nicht legitimiert haben, steht nicht entgg. Dieses **Legitimationsdefizit** ist nicht größer als iF der kleineren Betriebe, die zwar einen BR gewählt haben, aber dem Übergangsmandat des größten Betriebes unterstellt werden. Der Gesetzgeber konnte dieses Defizit in Kauf nehmen, weil er es durch die Verpflichtung des BR, unverzügl einen Wahlvorstand zu bestellen, von vornherein in Grenzen hält <L: im Ergebnis wie hier GK/*Kreutz* Rn 68, *Fitting* Rn 11; aM *O Kittner* NZA 2012, 541, 543 f>. Aus demselben Grund hindert auch der Umstand, dass in einem der bisherigen Betriebe ein Personalrat gebildet war, die Entstehung des Übergangsmandats des BR des größten Betriebes nicht.

31 Abs 2 setzt voraus, dass durch die Zusammenlegung ein **neuer Betrieb** entsteht. Stellt sich die Zusammenlegung als Eingliederung eines Betriebs in einen anderen Betrieb dar, der seinerseits seine Identität behält, ist ein Übergangsmandat nicht erforderl (Abs 2 S 2 iVm Abs 1 S 1). Die Zuständigkeit des BR des aufnehmenden Betriebs erstreckt sich vielmehr automatisch auf die AN des eingegliederten Betriebs oder Betriebsteils (§ 21 Rn 15). Auch wenn in einem solchen Fall der aufnehmende Betrieb keinen BR hat, entsteht kein Übergangsmandat, weil die Zusammenlegung nicht zur Bildung eines neuen Betriebs führt <R: aM wohl ArbG Dresden 19.6.2008, 5 BV 25/08, AE 2008, 300>. Ein beim eingegliederten Betrieb bestehender BR behält aber ein Restmandat nach § 21b.

III. Übergangsmandat im Falle der Zusammenlegung § 21a

Das Übergangsmandat nach Abs 2 steht allein dem BR des nach der Zahl der wahlberechtigten AN größten Betriebs oder Betriebsteils zu. Wahlberechtigt sind nach § 7 S 1 alle AN des Betriebs, die das 18. Lebensjahr vollendet haben. Die in § 5 Abs 1 S 3 genannten Personen zählen mit, ebenso nach § 14 Abs 2 S 4 AÜG auch die LeihAN. Stichtag für die Feststellung des größten Betriebs ist der Tag, an dem die Zusammenfassung tatsächl erfolgt ist. 32

2. Inhalt

Nach dem in Abs 2 S 2 für entspr anwendbar erklärten Abs 1 bleibt der das Übergangsmandat wahrnehmende BR des größten Betriebs im Amt und führt die Geschäfte auch für die AN der Betriebe, für die er bislang nicht zuständig war. Insbes kann er nunmehr auch für diese BV abschließen. Er kann sowohl bislang für seinen Betrieb geltende BV durch Vereinbarungen mit dem AG für den neuen Betrieb übernehmen als auch (iR des § 75) für einzelne der zusammengelegten bisherigen Betriebe neue BV, etwa Sozialpläne abschließen; das Restmandat des früheren BR ist nachrangig (§ 21b Rn 8). 33

Nach Abs 2 S 2 iVm Abs 1 S 2 hat der BR unverzügl einen Wahlvorstand für den neuen Betrieb zu bestellen. Das in Rn 21f Gesagte gilt auch insoweit. 34

3. Beendigung

Das Übergangsmandat iF der Zusammenfassung endet nach Abs 2 S 2 iVm Abs 1 S 3 mit der Bekanntgabe des Wahlergebnisses des neu gewählten BR, spätestens jedoch sechs Monate nach dem tatsächl Vollzug des Zusammenschlusses. 35

Auch iF der Zusammenfassung kann das Übergangsmandat durch TV oder BV um weitere sechs Monate verlängert werden. Die Wirkung eines entspr **Verbands-TV** setzt **Tarifgebundenheit des AG des neuen Betriebs** voraus. Ein Haus-TV zw der zuständigen Gewerkschaft und dem AG des neuen Betriebs ist ohne weiteres möglich. Ist mit der Zusammenfassung eine Verschmelzung iS von § 2 UmwG verbunden, kann sich eine Verlängerung auch aus einem nach §§ 20 Abs 1 Nr 1, 36 Abs 1 UmwG **fortgeltenden Haus-TV** ergeben <R: vgl BAG 24.6.1998, 4 AZR 208/97, BB 1999, 211>. IF eines gemeinsamen Betriebs ist die Tarifgebundenheit sämtlicher betroffener Unternehmensträger erforderl. 36

Eine Verlängerung der Sechsmonatsfrist durch eine BV zw dem BR, der das Übergangsmandat wahrnimmt, und dem AG (iF eines gemeinsamen Betriebs mehrerer Unternehmen der einheitl Leitung, vgl § 1 Rn 36), ist ebenfalls möglich. **Vor der Zusammenfassung abgeschlossene BV** kommen allerdings **nicht** in Betracht, weil sie infolge des Untergangs der bisherigen Betriebe ihre Wirksamkeit verlieren. Denkbar ist nur eine entspr GBV, soweit die zusammengefassten Betriebe nach wie vor demselben Unternehmen angehören. 37

Schneider

§ 21a Übergangsmandat

IV. Geltung bei Betriebsveräußerung und Umwandlung

1. Grundsatz: Keine Modifikation

38 Abs 3 stellt klar, dass die Regeln über das Übergangsmandat unabhängig davon gelten, ob die Spaltung oder Zusammenlegung im Zusammenhang mit einer Betriebsveräußerung oder Umwandlung erfolgt ist. Die rechtsgeschäftl Vorgänge der Veräußerung und Umwandlung und der gesetzl angeordnete Übergang der Arbeitsverhältnisse vom Veräußerer auf den Erwerber haben keine Relevanz für das an die tatsächl Vorgänge der Spaltung oder Zusammenlegung anknüpfende Übergangsmandat.

39 Daraus folgt, dass sich an den Voraussetzungen für das Vorliegen einer Spaltung (Rn 7 f) und einer Zusammenlegung (Rn 28 f) nichts ändert. Insbes ist auch hier nicht der Zeitpunkt der Betriebsveräußerung oder Umwandlung, sondern der Zeitpunkt des tatsächl Vollzugs der Spaltung oder der Zusammenlegung maßgeblich.

40 Auch iF des **Widerspruchs** von AN gg den Übergang ihrer AV nach § 613a Abs 6 BGB tritt keine Modifikation ein. IF einer **Teilveräußerung** verbleiben die widersprechenden AN im nicht veräußerten Betriebsteil. Ist dieser mit dem Ursprungsbetrieb identisch, behält der dort im Amt bleibende BR für sie sein eigentl Mandat. Liegt die Identität beim übergegangenen Betriebsteil, hat dieser ein Übergangsmandat auch für die widersprechenden AN <L: *Löwisch* FS Bepler (2012), S 403 f>.

41 IF der **Betriebsvollveräußerung** gehören die widersprechenden AN keinem Betrieb mehr an. Für ein Übergangsmandat fehlt es an der Voraussetzung der Betriebsspaltung <R: BAG 8.5.2014, 2 AZR 1005/12, BB 2015, 60>. Es geht auch nicht an, in den widersprechenden AN eine „Rumpfabteilung" zu sehen, welche sich abgespalten hat <L: so aber *Löw* AuR 2007, 194 f>. Indem der Veräußerer den Betrieb seinerseits nicht fortführt, löst er für seinen Teil die zw ihm und den AN bestehende Betriebs- und Produktionsgemeinschaft auf. Daran können auch die widersprechenden AN nichts ändern <L: *Löwisch* FS Bepler (2012), S 403, 406>. Auch aus diesem Grund scheidet eine Verpflichtung des AG aus, die AN einem bei ihm bestehenden anderen Betrieb zuzuordnen <L: so aber *Hidalgo/Hobler* NZA 2014, 290, 294>. Die anderweitige Beschäftigungsmöglichkeit ist ledigl kdschutzrechtl relevant. Etwas anderes gilt nur dann, wenn der AG seinerseits mit den in Folge des Widerspruchs bei ihm verbleibenden AN den bisherigen Betrieb, insb für Abwicklungs- oder Aufräumarbeiten, teilweise fortführt. Dann liegt eine Spaltung vor.

2. Verlängerung durch Tarifvertrag und Betriebsvereinbarung

42 Bei einer Betriebsspaltung im Zuge einer Betriebsveräußerung kann ein das Übergangsmandat verlängernder Verbands-TV nur gelten, wenn **Veräußerer und Erwerber tarifgebunden** sind, also beide dem tarifschließenden AG-Verband angehören. Ist nur der Veräußerer an den TV gebunden, kann dieser nicht das betriebsverfassungsrechtl Rechtsverhältnis zw dem Betriebserwerber und seiner Belegschaft gestalten. Ist nur der Erwerber tarifgebunden, kann der TV nicht regeln, dass die BR, die AN des Veräußerers sind, das Übergangsmandat wahrnehmen sollen. Auch kann ihr AG nicht verpflichtet werden, sie zu diesem Zweck von der Arbeit freizustellen. Ein nachträgl geschlossener Haus-TV ist

nur möglich, wenn er als zweigliedriger TV sowohl vom Betriebserwerber wie auch vom Veräußerer abgeschlossen wird <L: vgl *Spinner* ZTR 1999, 546>.

IF einer Betriebsspaltung im Zuge einer Umwandlung nach dem UmwG kommt es bei **43** einer bestehenden tarifvertragl Regelung darauf an, ob sich die **Tarifbindung beim neuen Unternehmensträger** fortsetzt. Dies ist beim Haus-TV der Fall <L: vgl dazu *Löwisch/Schmidt-Kessel* BB 2001, 2162, 2164>. Beim Verbands-TV ist Voraussetzung, dass der neue Unternehmensträger Mitglied des AG-Verbands bleibt oder wird. Ersteres hängt von der Satzung der AG-Verbands ab <L: *Löwisch/Rieble* § 3 TVG Rn 405; *Wiedemann/Oetker* TVG (8. Aufl 2019) § 3 Rn 62>.

Erfolgt die Spaltung im Zuge einer Betriebsveräußerung, kann eine **vor Wirksamwerden** **44** **der Spaltung abgeschlossene BV** andere AG **nicht** binden, weil es an einer diese Bindung begründenden Norm fehlt. § 613a Abs 1 S 2 BGB reicht hierfür nicht aus, weil er ledigl eine individualrechtl Fortgeltung bisherigen Kollektivrechts vorsieht. Mögl ist aber der Abschluss einer ergänzenden BV zw dem das Übergangsmandat ausübenden BR und dem betroffenen AG.

V. Streitigkeiten

Für Konflikte, die das Übergangsmandat betreffen, ist das ArbG örtl zuständig, in dessen **45** Bezirk die Betriebsleitung des jeweiligen neu entstandenen Betriebs, für den das Übergangsmandat in Anspruch genommen wird, ihren Sitz hat <R: LAG Berl-Bbg 20.4.2015, 21 SHa 462/15, LAGE § 36 ZPO 2002 Nr 5 mit zust Anm *Boemke*, jurisPR-ArbR 24/2015 Anm 5>. Wird der neu entstandene Betrieb oder der weiterbestehende Restbetrieb später stillgelegt, ist für Streitigkeiten im Zusammenhang mit der Stilllegung das Arbeitsgericht örtl zuständig, in dessen Bezirk die Betriebsleitung des stillgelegten Betriebs ihren Sitz hatte <R: LAG Berl-Bbg 20.4.2015 aaO>.

§ 21b Restmandat

Geht ein Betrieb durch Stilllegung, Spaltung oder Zusammenlegung unter, so bleibt dessen Betriebsrat so lange im Amt, wie dies zur Wahrnehmung der damit im Zusammenhang stehenden Mitwirkungs- und Mitbestimmungsrechte erforderlich ist.

Literatur: S Literatur zu § 21a.

Übersicht

	Rn.		Rn.
I. Voraussetzungen	1	2. Rechtsstellung des Betriebsrats	11
1. Stilllegung, Spaltung oder Zusammenlegung	1	3. Mitwirkungs- und Mitbestimmungsrechte	13
2. Subsidiarität	8	III. Streitigkeiten	18
II. Inhalt	9		
1. Betriebsrat als Träger des Restmandats	9		

I. Voraussetzungen

1. Stilllegung, Spaltung oder Zusammenlegung

1 Mit der Einfügung des § 21b hat das BetrVerf-RG die stRspr des BAG aufgegriffen, nach der dem BR iF der Betriebsstilllegung für die mit dieser zusammenhängenden Beteiligungsrechte ein Restmandat zukommt, obwohl der Betriebsuntergang an sich auch zur Beendigung des BR-Amts führen würde <**R:** zuletzt BAG 14.8.2001, 1 ABR 52/00, DB 2001, 2610>. § 21b regelt dieses Restmandat nunmehr ausdrückl und dehnt es auf die Fälle des Betriebsuntergangs durch Spaltung oder Zusammenlegung aus.

2 Nach wie vor hat das Restmandat seine wesentliche Bedeutung für die **Stilllegung**, also für die dauerhafte Aufgabe der Betriebs- und Produktionsgemeinschaft durch den Unternehmer (zum Begriff der Stilllegung s § 1 Rn 12f, § 106 Rn 25).

3 Bei **Spaltungen** (s § 21a Rn 7f) greift das Restmandat nur, wenn ein Übergangsmandat nicht entsteht oder durch Verstreichen der Sechsmonatsfrist ausgelaufen ist, ohne dass es zur Neuwahl eines BR gekommen wäre.

4 Bei **Zusammenlegung** kommt das Restmandat nur zur Anwendung, wenn das stets entstehende Übergangsmandat (§ 21a Rn 31) nach § 21a Abs 1 S 3, 4 ausgelaufen ist. Raum für das Restmandat ist außerdem iF der Eingliederung in einen BRlosen Betrieb (dazu, dass in diesem Falle kein Übergangsmandat entsteht, s § 21a Rn 31f).

5 Das Ausscheiden eines AN aus einem im Wege der Betriebsvollveräußerung übergehenden Betrieb in Folge **Widerspruchs** gg den Übergang seines Arbeitsverhältnisses begründet nach der Rspr des BAG nicht nur ein Übergangsmandat (s § 21a Rn 41), sondern auch ein Restmandat <**R:** BAG 24.5.2012, 2 AZR 62/11, DB 2013, 1731>. Das ist nicht richtig. Anders als § 21a betrifft § 21b auch die Stilllegung. Eine solche aber liegt ganz unabhängig von der Frage, ob AN dem Übergang ihrer AV widersprechen, auf Seiten des Be-

triebsveräußerers vor, weil er entschieden hat, die bei ihm bislang bestehende Betriebs- und Produktionsgemeinschaft aufzulösen. Wenn das BAG sich auf die Überlegung stützt, AN könnten keine Betriebe stilllegen, spalten oder zusammenlegen, liegt das neben der Sache, denn der Widerspruch der AN ist nur eine Folge der vom AG getroffenen Entscheidung zur Stilllegung. Es wäre auch sachl nicht gerechtfertigt, das Restmandat für widersprechende AN iF der Betriebsteilveräußerung zu bejahen, iF der Betriebsvollveräußerung zu verneinen <R: *Löwisch* FS Bepler (2012), S 403, 406 ff>.

Werden mehrere Betriebe eines Unternehmens stillgelegt, gespalten oder zusammengelegt, steht auch dem GBR im Rahmen seiner Zuständigkeit das Restmandat in analoger Anwendung des § 21b zu. Der GBR leitet sein Amt von den bestehen bleibenden Einzel-BR ab und bleibt deshalb so lange bestehen, wie auch diese im Amt sind. Es macht auch überhaupt keinen Sinn in solchen Fällen betriebsübergreifende Angelegenheiten, etwa einen unternehmenseinheitl Sozialplan, in der Zuständigkeit der Einzel-BR zu lassen <L: GK/*Kreutz* Rn 5; **aM** *Fitting* Rn 3; *Lunk* FS Willemsen (2018), S 299>. 6

Wird eine Dienststelle aufgelöst, bleibt deren Personalrat so lange im Amt, wie dies zur Wahrnehmung der damit im Zusammenhang stehenden Beteiligungsrechte erforderl ist (§ 29 Abs 5 BPersVG). Für Sprecherausschüsse und die Schwerbehindertenvertretung gibt es keine entsprechende Vorschrift. 7

2. Subsidiarität

Wenn der BR nach der Vorschrift solange im Amt bleibt, wie dies zur Wahrnehmung der im Zusammenhang mit dem Betriebsuntergang stehenden Beteiligungsrechte „**erforderl**" ist, heißt das nicht nur, dass das Restmandat an diesen Zusammenhang gebunden ist (Rn 13 ff). Vielmehr drückt sich darin auch die Subsidiarität des Restmandats aus: Können die Beteiligungsrechte anderweitig wahrgenommen werden, ist das Restmandat nicht erforderl. Dies gilt sowohl, wenn, wie das auf den Fall der Eingliederung in einen anderen Betrieb zutrifft, der dort bestehende BR automatisch die Zuständigkeit auch für die AN des eingegliederten Betriebs erwirbt (s § 21a Rn 31), als auch dann, wenn, wie regelmäßig iF der Spaltung in mehrere Betriebe und der Zusammenlegung zu einem neuen Betrieb, ein Übergangsmandat nach § 21a begründet wird. 8

II. Inhalt

1. Betriebsrat als Träger des Restmandats

Das Restmandat steht dem BR des untergegangenen Betriebs zu <R: BAG 12.1.2000, 7 ABR 61/98, BB 2000, 1088> und überdauert auch dessen Amtszeit <R: BAG 1.4.1998, 1 ABR 17/97, BB 1998, 1588>. Es dauert so lange an, bis die dem Restmandat zuzuordnenden Aufgaben abgeschlossen sind <R: BAG 5.5.2010, 7 AZR 728/08, NZA 2010, 1025>. Das Restmandat setzt einen funktionalen Bezug zu den durch die Stilllegung, Spaltung oder Zusammenlegung ausgelösten Aufgaben des Betriebsrats voraus <R: BAG 12.6.2019, 1 AZR 154/17, ZIP 2019, 1340; BAG 11.10.2016, 1 ABR 51/14, BB 2016, 3135>. Scheiden im Zuge des Betriebsübergangs BR-Mitglieder aus, an deren Stelle auch keine Ersatzmitglieder mehr treten können, wird das Restmandat von den verbliebe- 9

§ 21b Restmandat

nen Mitgliedern ausgeübt <R: BAG 12.1.2000 aaO>. Scheidet auch das letzte BR-Mitglied aus dem Arbeitsverhältnis aus oder legt es gem § 24 Nr 2 sein Amt nieder, erlischt das Restmandat <R: ArbG Karlsruhe 17.3.2005, 6 BV 2/05 juris, anders wohl LAG Saarland 15.5.2008, 2 Sa 100/07 unter Berufung auf die frühere Entscheidung des BAG 14.10.1982, 2 AZR 568/80, NJW 1984, 381; L: Richardi/*Thüsing* Rn 14, *Fitting* Rn 19>.

10 Kein Restmandat kommt einem im Zeitpunkt der Stilllegung, Spaltung oder Zusammenlegung nicht mehr oder noch nicht existierenden BR zu. Ist eine Neuwahl des BR unterblieben, kann zu Gunsten des früheren BR, dessen Amt erloschen ist, kein Restmandat entstehen <R: BAG 6.12.2006, 7 ABR 62/05, AP Nr 5 § 21b BetrVG 1972>. Auch einem erst danach gewählten BR kann kein Restmandat zukommen <L: *Fitting* Rn 19>. Dementspr hat der BR ein auf die Dauer des Restmandats begrenztes Zugangsrecht zu den Betriebsräumen sowie elektronischen Zugang zum Firmennetzwerk <R: Hess LAG 13.7.2015, 16 TaBVGa 165/14, juris mit Anm *Willemsen*, DB 2016, 717>.

2. Rechtsstellung des Betriebsrats

11 Kosten- und Sachaufwand des BR, der das Restmandat ausübt, hat der AG des untergegangenen Betriebs nach § 40 zu tragen <L: *Fitting* Rn 20>.

12 BR-Mitglieder haben im Restmandat kein Anspruch auf Vergütung für die zur Erfüllung der Aufgaben des Restmandats geleisteten Freizeitopfer <R: BAG 5.5.2010, 7 AZR 728/08, EzA § 37 BetrVG 2001 Nr 9 mit Anm *Lipinski/Achilles*, BB 2011, 2880>, und zwar auch dann nicht, wenn sie von einem neuen AG nur unbezahlt von der Arbeit freigestellt werden <R: Letzteres offengelassen von BAG 5.5.2010 aaO>.

3. Mitwirkungs- und Mitbestimmungsrechte

13 Das Restmandat bezieht sich nur auf die im Zusammenhang mit der Stilllegung, Spaltung oder Zusammenlegung des Betriebs stehenden Mitwirkungs- und MBR. **In erster Linie betrifft es den Sozialplan** nach § 112. Zwar geht § 112 als Regel davon aus, dass das Sozialplanverf in einem Zug mit dem Interessenausgleichsverf abgewickelt wird und damit schon vor dem Betriebsuntergang stattfindet. Aber es gibt auch Fälle, in denen der Betriebsuntergang ohne vorherige Sozialplanverhandlungen erfolgt, sei es, dass der Unternehmer die Betriebsänderung durchführt, ohne den BR überhaupt zu beteiligen, oder dass BR und Unternehmer einvernehml das Sozialplanverf erst nach der Betriebsänderung durchführen.

14 Das Restmandat erstreckt sich auch auf die Abänderung eines noch nicht abgewickelten Sozialplans in den Grenzen des Vertrauensschutzes und der Verhältnismäßigkeit <R: BAG 5.10.2000, 1 AZR 48/00, DB 2001, 1563> und auf das Widerrufsrecht nach § 124 InsO <L: MK-InsO/*Caspers* § 124 Rn 12>.

15 Zu den im Zusammenhang mit dem Betriebsuntergang stehenden Beteiligungsrechten gehört auch das **Anhörungs- und Widerspruchsrecht bei Kden** (§ 102), die im Zuge einer Stilllegung ausgesprochen werden <R: LAG Nds 6.3.2006, 17 Sa 85/06, AE 2007, 163>. Gleiches gilt für das Informations- und Zustimmungsrecht bei **Versetzungen** in einen anderen Betrieb des Unternehmens (§ 99).

III. Streitigkeiten **§ 21b**

Das Restmandat kann sich auch auf das Vorschlagsrecht zur **Beschäftigungssicherung** 16
nach § 92a und das MBR über **Qualifizierungsmaßnahmen** nach § 97 Abs 2 erstrecken:
Der Betriebsuntergang führt nicht notwendig zur Kd der Arbeitsverhältnisse der in dem
Betrieb beschäftigten AN. Vielmehr können diese nach dem im Kdschutzrecht geltenden
Ultima-Ratio-Grundsatz ihre Weiterbeschäftigung in einem anderen Betrieb des Unternehmens verlangen, wenn dies dem AG zumutbar ist <L: LSSW/*Schlünder* § 1 KSchG
Rn 346>. Deshalb besteht ein legitimes Interesse des BR, eine solche Weiterbeschäftigung sichernde Maßnahmen vorzuschlagen und über dafür notwendige Qualifizierungsmaßnahmen mitzubestimmen.

Das Restmandat beschränkt sich auf die Beteiligungsrechte, die im Zusammenhang mit 17
der Stilllegung, Spaltung oder Zusammenlegung stehen, deshalb besteht kein Auskunftsrecht des BR über die Höhe der im Jahr vor der Betriebsschließung erfolgten Bonuszahlungen <R: BAG 11.10.2016, 1 ABR 51/14, BB 2016, 3135>. Auch ist der BR eines stillgelegten Betriebs nicht zu beteiligen, wenn der AG einen AN eine Tätigkeit in einem anderen BR des Unternehmens zuweist <R: BAG 8.12.2009, 1 ABR 41/09, DB 2010, 906>.

III. Streitigkeiten

Das Restmandat erstreckt sich auch auf arbeitsgerichtl Verf, die im Zusammenhang mit 18
den Beteiligungsrechten stehen. Es erfasst aber mangels Regelungsbedarfs nicht ein Beschlussverf zu anderen Fragen, selbst wenn dieses bereits anhängig ist <R: BAG
14.8.2001, 7 ABR 31/00, DB 2001, 2611: Nachwirkung einer BV>.

Für Streitigkeiten, die das Restmandat betreffen, ist das ArbG örtl zuständig, in dessen 19
Bezirk die Betriebsleitung des untergegangenen Betriebs ihren Sitz hatte <R: LAG Berl-
Bbg 20.4.2015, 21 SHa 462/15, LAGE § 36 ZPO 2002 Nr 5>.

§ 22 Weiterführung der Geschäfte des Betriebsrats

In den Fällen des § 13 Abs. 2 Nr. 1 bis 3 führt der Betriebsrat die Geschäfte weiter, bis der neue Betriebsrat gewählt und das Wahlergebnis bekanntgegeben ist.

I. Anwendungsbereich

1 Die **Weiterführung der Geschäfte** des BR zw dem Ende seiner Amtszeit und einer Neuwahl dient der Stetigkeit der betriebsverfassungsrechtl Arbeit, ist vom Gesetz jedoch lediglich in den Fällen des **§ 13 Abs 2 Nr 1 bis 3** vorgesehen. In allen anderen Fällen erlischt mit dem Ende der Amtszeit auch die Geschäftsführungsbefugnis des BR. Das gilt insbes für die weiteren in § 13 Abs 2 aufgezählten, in § 22 aber nicht genannten Tatbestände der erfolgreichen Wahlanfechtung und der Auflösung des BR durch Gerichtsbeschluss, aber auch bei Amtsniederlegung aller Mitglieder und Ersatzmitglieder des BR gem § 24 Nr 2 <**L:** GK/*Kreutz* Rn 12, 14; *Fitting* Rn 6>.

2 § 22 ist auch nicht in den Fällen anzuwenden, in denen der BR im Zuge von Betriebsänderungen sein Mandat verliert. Das Gesetz löst diese Fälle durch die Zuerkennung eines Übergangsmandats (§ 21a) und iF der Stilllegung durch die Zuerkennung eines Restmandats (§ 21b).

3 Ist der BR für die Dauer von Äußerungsfristen, etwa nach § 102 Abs 2 oder § 99 Abs 2, beschlussunfähig, weil in dieser Zeit mehr als die Hälfte der BR-Mitglieder an der Amtsausübung verhindert ist und nicht durch Ersatzmitglieder vertreten werden kann, nimmt der Rest-BR in entspr Anwendung von § 22 die MBR wahr <**R:** BAG 18.8.1982, 7 ABR 437/80, EzA § 102 BetrVG 1972 Nr 48>. Eine bloß zeitweilige Beschlussunfähigkeit reicht aber nicht aus. Dieser Rechnung zu tragen, ist Sache des BR <**L:** so auch *Klar* NZA 2017, 295, 296>.

II. Inhalt

4 Zur Weiterführung der Geschäfte ist nur der **bisherige BR** befugt, iF des § 13 Abs 2 Nr 2 sind es die verbliebenen Mitglieder des BR (Rumpf-BR) <**R:** LAG Ddf 20.9.1974, 16 Sa 24/74, DB 1975, 454>.

5 Die Geschäftsführungsbefugnis umfasst sämtliche Rechte und Pflichten des BR, also auch die Ausübung aller Beteiligungs- und Antragsrechte, einschließl der MBR im GBR. Der die Geschäfte nach Beendigung seiner Amtszeit weiterführende BR/Rumpf-BR hat die Rechtsstellung eines BR nach dem BetrVG. Das gilt auch für den Kdschutz der BR-Mitglieder nach §15 KSchG und § 103 <**R:** BAG 5.11.2009, 2 AZR 487/08, NZA-RR 2010, 236; 27.9.57, 1 AZR 493/55, AP Nr 7 zu § 13 KSchG 1951>.

III. Ende

6 Die Befugnis zur Weiterführung der BR-Geschäfte **endet** gem § 22 nach erfolgter Neuwahl eines BR mit der Bekanntgabe des Wahlergebnisses, spätestens aber mit dem Zeit-

III. Ende §22

punkt, in dem die Amtszeit gem § 21 regelmäßig beendet worden wäre (§ 21 Rn 7 ff). Doch bleibt der BR in entspr Anwendung von § 22 iVm § 49 Abs 2 BGB auch nach dem Ende seiner Amtszeit befugt, noch nicht erfüllte Kostenerstattungsansprüche gg den AG, etwa für die Beauftragung eines Rechtsanwalts, weiter zu verfolgen und an den Gläubiger abzutreten <R: BAG 19.12.2018, 7 ABR 79/16, NZA 2019, 940; BAG 24.10.2001, 7 ABR 20/00, BB 2002, 2282>.

§ 23 Verletzung gesetzlicher Pflichten

(1) Mindestens ein Viertel der wahlberechtigten Arbeitnehmer, der Arbeitgeber oder eine im Betrieb vertretene Gewerkschaft können beim Arbeitsgericht den Ausschluss eines Mitglieds aus dem Betriebsrat oder die Auflösung des Betriebsrats wegen grober Verletzung seiner gesetzlichen Pflichten beantragen. Der Ausschluss eines Mitglieds kann auch vom Betriebsrat beantragt werden.

(2) Wird der Betriebsrat aufgelöst, so setzt das Arbeitsgericht unverzüglich einen Wahlvorstand für die Neuwahl ein. § 16 Abs. 2 gilt entsprechend.

(3) Der Betriebsrat oder eine im Betrieb vertretene Gewerkschaft können bei groben Verstößen des Arbeitgebers gegen seine Verpflichtungen aus diesem Gesetz beim Arbeitsgericht beantragen, dem Arbeitgeber aufzugeben, eine Handlung zu unterlassen, die Vornahme einer Handlung zu dulden oder eine Handlung vorzunehmen. Handelt der Arbeitgeber der ihm durch rechtskräftige gerichtliche Entscheidung auferlegten Verpflichtung zuwider, eine Handlung zu unterlassen oder die Vornahme einer Handlung zu dulden, so ist er auf Antrag vom Arbeitsgericht wegen einer jeden Zuwiderhandlung nach vorheriger Androhung zu einem Ordnungsgeld zu verurteilen. Führt der Arbeitgeber die ihm durch eine rechtskräftige gerichtliche Entscheidung auferlegte Handlung nicht durch, so ist auf Antrag vom Arbeitsgericht zu erkennen, dass er zur Vornahme der Handlung durch Zwangsgeld anzuhalten sei. Antragsberechtigt sind der Betriebsrat oder eine im Betrieb vertretene Gewerkschaft. Das Höchstmaß des Ordnungsgeldes und Zwangsgeldes beträgt 10 000 Euro.

Literatur: *Fiebig*, Die Bestimmtheit des Unterlassungsantrags nach § 23 III 1 BetrVG, NZA 1993, 58; *Hayen*, Handlungsmöglichkeiten und Durchsetzungsdefizite für Interessenvertretungen nach dem Allgemeinen Gleichbehandlungsgesetz, ArbuR 2007, 6; *Klumpp*, § 23 BetrVG als Diskriminierungssanktion?, NZA 2006, 904; *Kothe*, Der Unterlassungsanspruch der betrieblichen Arbeitnehmervertretung, FS Richardi (2007), S 601; *Müller-Knapp*, Anspruch des Betriebsrats nach § 23 Abs. 3 BetrVG neben dem nach § 101 BetrVG, AiB 2007, 673; *Peterek*, Rechte des Arbeitgebers gegenüber dem Betriebsrat, FS Stege (1997), S 70; *Pfrogner*, Unterlassungsanspruch des Arbeitgebers gegen den Betriebsrat, RdA 2016, 161; *Pohl*, Unterlassungsansprüche des Betriebsrats, FS ARGE Arbeitsrecht (2006), S 987; *Prütting*, Unterlassungsanspruch und einstweilige Verfügung in der Betriebsverfassung, RdA 1995, 257; *Raab*, Rechtsschutz des Arbeitgebers gegen Pflichtverletzungen des Betriebsrats, RdA 2017, 288 und 352; *Richardi*, Der Beseitigungs- und Unterlassungsanspruch in der Dogmatik des Betriebsverfassungsrechts, FS Wlotzke (1996), S 407; *Schlünder*, Die Rechtsfolgen der Missachtung der Betriebsverfassung durch den Arbeitgeber, 1991; *Sutschet*, Zur Unterlassungsklage der Gewerkschaften gegen betriebliche Bündnisse für Arbeit, ZfA 2007, 207; *von Koppenfels-Spies*, Der allgemeine Unterlassungsanspruch gegen den Betriebsrat vor dem Aus?, FS Blaurock (2013), S 213.

Übersicht

	Rn.		Rn.
I. Allgemeines	1	b) Gegen einzelne Betriebsratsmitglieder	7
1. Zweck und Anwendungsbereich	1	c) Gegen den Arbeitgeber	13
2. Verhältnis zu anderen Rechtsbehelfen	4	d) Diskriminierungsschutz nach dem AGG	18
a) Gegen den Betriebsrat	4		

II. Ausschluss eines Betriebsratsmitglieds 20
  1. Voraussetzungen 20
    a) Verletzung einer Amtspflicht ... 20
    b) Grobe Pflichtverletzung 23
  2. Verfahren 28
    a) Antragsbefugnis 28
    b) Beschlussverfahren 32
  3. Rechtsfolgen 34

III. Auflösung des Betriebsrats 35
  1. Voraussetzungen 35
  2. Verfahren 40
IV. Erzwingungsverfahren gegen den Arbeitgeber 43
  1. Grober Verstoß gegen betriebsverfassungsrechtliche Pflichten.... 43
  2. Erzwingungsverfahren........... 49
    a) Erkenntnisverfahren 49
    b) Vollstreckungsverfahren 53

I. Allgemeines

1. Zweck und Anwendungsbereich

§ 23 will sichern, dass einerseits der BR und andererseits der AG das Gesetz einhalten. Zu diesem Zweck ermöglicht er den Ausschluss von BR-Mitgliedern und die Auflösung des BR (Abs 1 und 2) und sieht ein Erzwingungsverf gg den AG vor (Abs 3). **1**

Für GBR und KBR gelten anstelle von Abs 1 und 2 die §§ 48 und 56. Der GBR ist im Verf nach Abs 3 antragsbefugt, soweit seine Zuständigkeit in Betracht kommt <R: Hess LAG 17.8.2020, 16 TaBV 24/20, juris>. Auch der KBR kann antragsbefugt sein, wenn er für die Behandlung der Angelegenheit originär zuständig ist <R: BAG 29.7.2020, 7 ABR 27/19, NZA 2021, 73>. **2**

§ 23 Abs 1 ist seinem Zweck entspr auch auf **Ersatzmitglieder** anzuwenden, die zeitweilig als Stellv in den BR eingetreten sind (§ 25 Abs 1 S 2) und während der Zeit ihrer Zugehörigkeit zum BR ihre Amtspflichten grob verletzt haben. Auch wenn das Ersatzmitglied nach Ende der Stellvertretung wieder aus dem BR ausgeschieden ist, kann es – in seiner Eigenschaft als Ersatzmitglied – aus dem BR ausgeschlossen werden. In diesem Fall wird ein bereits eingeleitetes Ausschlussverf fortgesetzt. Verletzt ein Ersatzmitglied nach Beendigung seiner Stellvertretung grob seine Amtspflichten, etwa durch Weitergabe von Betriebs- und Geschäftsgeheimnissen, besteht die Möglichkeit, durch ein Ausschlussverf nach Abs 1 ein erneutes Nachrücken als Ersatzmitglied während der Amtszeit des amtierenden BR zu verhindern <L: GK/*Oetker* Rn 74>; das berührt die Möglichkeit der Neuwahl in den nächsten BR aber nicht (Rn 34). **3**

2. Verhältnis zu anderen Rechtsbehelfen

a) Gegen den Betriebsrat

Das BAG war früher der Auffassung, der AG könne unabhängig von den Voraussetzungen des Abs 1 vom BR die Unterlassung pflichtwidrigen Verhaltens verlangen <R: BAG 22.7.1980, 6 ABR 5/78, EzA § 74 BetrVG 1972 Nr 5 für Verstöße gg die Friedenspflicht; BAG 12.6.1986, 6 ABR 67/84, EzA § 74 BetrVG 1972 Nr 7 für Verstöße gg das Verbot parteipolitischer Betätigung>. Diesen Standpunkt hat es aufgegeben. Abs 1 sehe mit der Auflösung des BR eine bes Sanktion vor, der Ausschließlichkeitscharakter zukomme; zudem gehe ein Unterlassungsanspruch ins Leere, weil gg den BR wegen dessen Vermögenslosigkeit kein Ordnungsgeld festgesetzt werden könne <R: BAG 17.3.2010, 7 **4**

§ 23   Verletzung gesetzlicher Pflichten

ABR 95/08, EzA § 74 BetrVG 2001 Nr 1; **L:** wie das BAG *von Koppenfels-Spies* FS Blaurock (2013), S 213, 217 ff, die für Verstöße gg § 77 Abs 1 und § 79 Abs 1 S 1 aber Ausnahmen machen will; kritisch hingg *Pfrogner* RdA 2016, 161 ff, GK/*Jacobs*, § 74 Rn 131 ff und AR/*Kolbe* § 74 Rn 15 ff>.

5   Auch nach Auffassung des BAG verbleibt dem AG allerdings das Recht, die Unzulässigkeit bestimmter Verhaltensweisen des BR in einem Verf nach § 256 Abs 1 ZPO **feststellen** zu lassen. Auch könne die spätere Missachtung der gerichtl Feststellung dazu führen, dass ein erneutes gleichartiges Verhalten als grob pflichtwidrig iS von Abs 3 anzusehen ist <**R:** BAG aaO Rn 29>. Diesen Weg muss die Praxis künftig beschreiten. Dabei ist darauf zu achten, dass die für unzulässig erachtete Verhaltensweise exakt beschrieben wird.

6   Unberührt von § 23 Abs 1 sind die straf- und ordnungswidrigkeitsrechtl Sanktionen nach den §§ 119 ff. S die Erl dort.

b) Gegen einzelne Betriebsratsmitglieder

7   Weiter nimmt das BAG den Standpunkt ein, dass dem AG auch bei Verstößen einzelner BR-Mitglieder gg die aus § 74 Abs 2 folgenden Verbote kein Unterlassungsanspruch zusteht <**R:** BAG 15.10.2013, 1 ABR 31/12, EzA Art 9 GG Arbeitskampf Nr 151>. Vielmehr begründen grobe Pflichtverletzungen einzelner BR-Mitglieder nach § 23 Abs 1 S 1 betriebsverfassungsrechtl allein das Recht des AG, die Auflösung des BR oder den Ausschluss eines Mitglieds des BR beantragen zu können.

8   AG können ihr Unterlassungsbegehren auf § 1004 Abs 1 S 2 BGB stützen; eine Nutzung des geschützten Eigentums zu nach § 74 unzulässigen Zwecken brauchen AG nicht zu dulden <**R:** BAG 17.3.2010 aaO>. Das führt indes dann nicht zum Ziel, wenn das BR-Mitglied seine betriebsverfassungsrechtl Pflichten ohne Nutzung des Eigentums des AG verletzt.

9   Jedenfalls verbleiben dem AG seine **allgemeinen Rechte**. Dabei geht es nicht nur um deliktisch geschützte Rechte wie das Eigentum oder das Persönlichkeitsrecht des AG. Vielmehr kann der AG auch seine arbeitsvertragl Rechte geltend machen. Verstößt das BR-Mitglied mit der Amtspflichtverletzung zugleich gg eine arbeitsvertragl Verpflichtung, gefährdet er etwa in unzulässiger Weise ein Betriebs- oder Geschäftsgeheimnis, kann es aus dem Arbeitsvertrag auf Unterlassung in Anspruch genommen werden.

10 Verstößt ein BR-Mitglied allerdings **ausschließl gg seine betriebsverfassungsrechtl Pflichten**, ist der AG auf die Sanktionsmöglichkeit des Abs 1 beschränkt. Er ist insbes nicht befugt, auf die bloße Verletzung von Amtspflichten mit individualrechtl Maßnahmen, etwa einer Abmahnung, zu reagieren <**R:** BAG 9.9.2015, 7 ABR 69/13, EzA § 78 BetrVG 2001 Nr 5>. Eine solche Abmahnung ist aus der Personalakte zu entfernen <**R:** LAG BaWü 3.7.2020, 8 TaBV 3/19, juris>. Der darauf gerichtete Anspruch steht aber allein dem betroffenen BR-Mitglied zu, der BR als Organ kann ihn nicht geltend machen <**R:** BAG 9.9.2015 aaO>.

11 Der AG ist nicht berechtigt, dem BR-Mitglied wg einer Amtspflichtverletzung einen „kollektivrechtlichen" Verweis zu erteilen und damit die BR-Tätigkeit zu stören <**R:** BAG 5.12.1975, 1 AZR 94/74, BB 1976, 415; LAG Ddf 23.2.1993 aaO>. Sofern eine Amtspflichtverletzung vorliegt, ist aber die Androhung eines Vorgehens nach Abs 1 im Wiederholungsfalle zulässig <**R:** BAG 26.1.1994, 7 AZR 640/92, Rn 20, juris>. Teilweise

wird das Rechtsinstitut einer betriebsverfassungsrechtl Abmahnung indes generell nicht anerkannt <R: Hess LAG 29.11.2021, 16 TaBV 52/21, juris mwN unter Bezugnahme auf *Fitting* Rn 17a>. In die Personalakte darf eine solche Androhung jedenfalls nicht aufgenommen werden, weil sie nicht das Arbeitsverhältnis des BR-Mitglieds betrifft.

Zu den straf- und ordnungswidrigkeitsrechtl Sanktionen s die Erl zu §§ 119 ff. **12**

c) Gegen den Arbeitgeber

Das BAG hatte Abs 3 früher entnommen, dass der Verstoß des AG gg MBR Handlungs- **13** und Unterlassungsansprüche des BR nur unter den Voraussetzungen des Abs 3 begründet <R: BAG 22.2.1983, 1 ABR 27/81, BB 1983, 1724 zu § 111>. Heute steht es auf dem Standpunkt, dass solche Ansprüche auch dann bestehen und im arbg Beschlussverf geltend gemacht werden können, wenn der **AG, ohne grob pflichtwidrig zu handeln, die MBR des BR missachtet** <R: BAG 3.5.1994, 1 ABR 24/93, BB 1994, 2273; st Rspr, zuletzt BAG 29.2.2000, 1 ABR 4/99, BB 2000, 2045>; dazu näher § 87 Rn 26. Nunmehr ist anerkannt, dass dem BR bei einer Verletzung seines MBR aus § 87 neben Abs 3 ein eigener Unterlassungsanspruch zusteht <R: BAG 15.5.2007, 1 ABR 32/06, NZA 2007, 1240>. Dabei handelt es sich um unterschiedliche Streitgegenstände <R: BAG 22.10.2019, 1 ABR 17/18, NZA 2020, 123>. Für unmittelbar aus dem BetrVG folgende Ansprüche des BR, etwa auf Unterrichtung oder Vorlage von Unterlagen und für Ansprüche, die sich aus einer BV ergeben, hat das BAG das schon seit längerem vertreten <R: BAG 17.5.1983, 1 ABR 21/80, BB 1983, 1984 für Ansprüche; 10.11.1987, 1 ABR 55/86, BB 1988, 911 und 18.10.1988, 1 ABR 34/87, AP Nr 68 zu § 1 TVG TV Metallindustrie für BV>. Inzwischen hat das BAG diese Rspr auch auf die Verletzung der Schutzbestimmung des § 78 ausgedehnt <R: BAG 12.11.1997, 7 ABR 14/97, BB 1998, 1006; dem folgend Hess LAG 31.7.2008, 9/4 TaBV 24/08>, § 78 Rn 17.

Zu der Frage, ob der AG auch bei Verstößen gg die Verbote des § 74 unabhängig von **14** Abs 3 Unterlassungsansprüchen ausgesetzt ist, hat das BAG bislang nicht Stellung genommen. Sie muss auch vom Standpunkt des BAG aus verneint werden: Das BAG geht davon aus, dass aus § 74 keine Unterlassungspflicht folgt. Das muss dann auch für das Verhalten des AG gelten.

Abs 3 **modifiziert** die gem § 85 ArbGG auch im Beschlussverf geltenden Zwangsvoll- **15** streckungsvorschriften der **§§ 888, 890 ZPO:** Soweit es um die Vollstreckung von Handlungs- und Unterlassungsansprüchen geht, können gg den AG nur Zwangs- und Ordnungsgelder und diese auch nur iHv bis zu 10 000 Euro festgesetzt werden. Zwangshaft und Ordnungshaft scheiden aus (§ 85 Abs 1 S 3 ArbGG). Diese Modifikationen müssen auch für andere gg den AG gerichtete Ansprüche auf Unterlassung betriebsverfassungsrechtl Pflichtverletzungen gelten. Es wäre widersinnig, wenn diese Einschränkungen zwar bei grober Missachtung von MBR durch den AG, nicht aber bei einfachen Verstößen griffen <R: So jetzt auch BAG 5.10.2010, 1 ABR 71/09, EzA § 85 ArbGG 1979 Nr 4>.

In der Vergangenheit ist die Auffassung vertreten worden, der BR könne in einer BV auf **16** den Weg über § 890 ZPO verzichten und an dessen Stelle eine **Vertragsstrafe** vereinbaren, die der AG an eine soziale Einrichtung abzuführen hat <R: LAG SH 7.5.2008, 6 TaBV 7/08, juris>. Das BAG ist dem nicht gefolgt. Ein solches Vertragsstrafeversprechen begründe die Gefahr, dass der BR die Wahrnehmung und Durchsetzung von Beteiligungsrechten von sachfremden Erwägungen abhängig mache. Das sei unvereinbar mit den zwingenden Grundsätzen des Betriebsverfassungsrechts <R: BAG 19.1.2010, 1 ABR 62/08, EzA § 23 BetrVG 2001 Nr 3>.

17 Zum Verhältnis des allg Unterlassungsanspruchs zur Zwangsgeldregelung des § 101 s § 101 Rn 7, zum Unterlassungsanspruch bei Betriebsänderungen s § 111 Rn 66.

d) Diskriminierungsschutz nach dem AGG

18 Nach § 17 Abs 2 S 1 AGG können BR und im Betrieb vertretene Gewerkschaften bei einem **groben** Verstoß des AG gg die **Vorschriften der §§ 6 ff AGG** über den Schutz der Beschäftigten vor Benachteiligung die in Abs 3 genannten Rechte geltend machen. Erfasst werden damit Verstöße im betriebl Geschehen; die Geltendmachung von individualrechtl Ansprüchen Benachteiligter ist nach § 17 Abs 2 S 2 AGG ausdrückl ausgeschlossen <L: *Klumpp* NZA 2006, 904, 905; AR/*Kappenhagen* § 17 AGG Rn 3>. § 17 Abs 2 S 1 AGG fügt so der nach dem BetrVG gegebenen Rechtslage nichts hinzu, denn nach § 75 Abs 1 ist der AG ohnehin zur umfassenden Beachtung der Diskriminierungsverbote verpflichtet und sieht sich dementspr bei groben Verstößen gg diese der direkten Anwendung des Abs 3 ausgesetzt.

19 Verstoßen **einzelne BR-Mitglieder** oder der **BR insgesamt** grob gg Benachteiligungsverbote, kommt ein Verf auf Ausschluss aus dem BR (Abs 1) oder auf Auflösung des BR (Abs 2) in Betracht, denn die Pflicht zur Beachtung der Diskriminierungsverbote trifft nach § 75 Abs 1 ausdrückl auch die BR.

II. Ausschluss eines Betriebsratsmitglieds

1. Voraussetzungen

a) Verletzung einer Amtspflicht

20 Ein BR-Mitglied kann aus dem BR ausgeschlossen werden, wenn es seine **gesetzl Pflichten** so grob verletzt, dass der Betriebsfrieden, die Ordnung des Betriebs oder die Funktionsfähigkeit des BR gestört oder gefährdet sind <R: BAG 2.11.55, 1 ABR 30/54, BB 1956, 77>. Voraussetzung ist, dass das BR-Mitglied seine Pflichten während der laufenden Amtszeit verletzt <R: BAG 29.4.1969, 1 ABR 19/68, BB 1969, 1224; **aM** LAG Ddf 23.1.2015, 6 TaBV 48/14, juris>.

21 Dass das betreffende BR-Mitglied zuvor eine „betriebsverfassungsrechtliche Abmahnung" erhält <R: so ArbG Berlin 10.1.2007, 76 BV 16593/06, juris>, sieht das Gesetz nicht vor. Ebenso wenig ist eine Wiederholungsgefahr erforderl <R: zutr Hess LAG 30.8.2005, 4/18 TaBV 67/05, juris>. Maßgebend ist vielmehr, ob der Verstoß so grob ist, dass er schon für sich gesehen das Vertrauen in die weitere Amtsführung des BR-Mitglieds erschüttert <L: GK/*Oetker* Rn 44>.

22 Das BR-Mitglied muss eine **Amtspflicht aus dem BetrVG** verletzt haben; die bloße Verletzung arbeitsvertragl Pflichten ist kein Grund zur Amtsenthebung. Mögl ist aber, dass ein BR-Mitglied durch ein und dieselbe Handlung sowohl seine Amtspflichten als auch seine arbeitsvertragl Pflichten verletzt, etwa wenn es im Betrieb politische Agitation betreibt oder Vorgesetzte als „Arschlöcher" bezeichnet <R: LAG Nds 25.10.2004, 5 TaBV

96/03, NZA-RR 2005, 530>. Kündigt der AG in einem solchen Fall das Arbeitsverhältnis, ist an das Vorliegen eines wichtigen Grunds iS des § 626 Abs 1 BGB ein bes strenger Maßstab anzulegen, damit nicht auf dem Umweg über die Kd das BR-Amt beeinträchtigt wird <R: BAG 11.12.1975, 2 AZR 426/74, BB 1976, 464>.

b) Grobe Pflichtverletzung

Es muss sich um eine grobe Verletzung der Pflichten handeln, dh der Verstoß muss objektiv erhebl und offensichtl schwerwiegend sein <R: BAG 21.2.1978, 1 ABR 54/76, BB 1978, 1116; LAG Berl-Bbg 1.10.2015, 5 TaBV 876/15, juris: weitere Amtsausübung untragbar (LS)>. „Grob" ist eine Pflichtverletzung regelmäßig nur, wenn sie schuldhaft und zwar mindestens grob fahrlässig erfolgt <R: BAG 2.11.1955, 1 ABR 30/54, BB 1956,77; **L:** Richardi/*Thüsing* Rn 26; *Fitting* Rn 16; **aM** GK/*Oetker* Rn 49 ff>. Ein nicht schuldhaftes, etwa querulatorisches oder krankhaftes Verhalten kann nur dann als grob iS der Vorschrift angesehen werden, wenn es das Vertrauen zw BR und AG oder zw BR und Belegschaft in hohem Maße erschüttert <R: BAG 5.9.1967, 1 ABR 1/67, BB 1967,1335>. 23

Eine grobe Pflichtverletzung kann aus der **Verletzung des Gebots zur vertrauensvollen Zusammenarbeit mit dem AG** nach § 2 Abs 1 resultieren. Fälle dieser Art sind: gehässige und ungerechtfertigte Diffamierungen, es sei denn, diese sind vom AG provoziert <R: ArbG Marburg 28.5.1999, 2 BV 3/99, juris>, Ehrverletzungen von objektiv erheblichem Gewicht <R: LAG Köln 14.8.2020, 9 TaBV 4/20, juris> oder sexuell diskriminierende Äußerungen und der Verweis auf den besonderen Kdschutz <R: ArbG Potsdam 2.10.2019, 3 BV 15/19, NZA-RR 2020, 189, nicht rechtskräftig LAG Berl-Bbg 13 TaBV 1794/19>, die Ankündigung einer härteren Gangart als BR-Vors als Reaktion auf eine arbeitsvertragl Abmahnung wg einer Kundenbeschwerde <R: LAG Nds 25.10.2004 aaO>, die Drohung eines BR-Mitglieds, den AG auch ohne vorherigen Beschluss des BR bei der Gewerbeaufsicht wg Arbeitszeitverstößen anzuzeigen. Auch die Androhung, einen AN zur Prüfung von arbeitsvertragl Ansprüchen aus der Vergangenheit anzuregen, wenn nicht seine Versetzung rückgängig gemacht wird <R: ArbG München 25.9.2006, 22 BV 219/06, AuA 2007, 58>, kann eine grobe Pflichtverletzung sein, nicht aber die Information einer Mitarbeiterin über § 15 Abs 5 TzBfG <R: ArbG Wuppertal 5.7.2006, 6 BV 9/06, dbr 2007, Nr 1, 39>. Kein grober Verstoß ist hingegen gegeben, wenn es um eine schwierige, ungeklärte Rechtsfrage geht und der AG einen vertretbaren Rechtsstandpunkt einnimmt <R: BAG 9.3.2011, 7 ABR 137/09, juris, Rn 15; 19.1.2010, 1 ABR 55/08, juris, Rn 28; LAG Bln-Bbg 26.11.2009, 21 TaBV 489/19, juris>. 24

Nicht erforderl ist, dass eine wiederholte Verletzung vorliegt. Auch ein einmaliger Verstoß kann eine grobe Pflichtverletzung sein <R: BAG 18.3.2014, 1 ABR 77/12, NZA 2014, 987; **L:** Richardi/*Thüsing* Rn 25; GK/*Oetker* Rn 45, *Fitting* Rn 17>. Aber die mehrfache Verletzung **gesetzl Pflichten** ist regelmäßig grob pflichtwidrig. Dies gilt insbes für die Schweigepflicht aus §§ 79, 99 Abs 1 S 3, 102 Abs 2 S 5 <R: LAG München 15.11.1977, 5 TaBV 34/77, DB 1978, 894; LAG Ddf 23.1.2015, 6 TaBV 48/14, juris>, nicht aber für die Verletzung der arbeitsvertragl Schweigepflicht <R: BAG 25.8.1966, 5 AZR 525/65, BB 1966, 1308>. Gleiches gilt für den fortgesetzten unberechtigten Einblick in elektronisch geführte Personalakten <R: LAG Berl-Bbg 12.11.2012, 17 TaBV 1318/12, NZA-RR 2013, 293>, für die Weitergabe vertraulicher, in der BR-Sitzung erlangter Informationen über den AG <R: LAG München 15.11.1977 aaO> und die eigen- 25

§ 23   Verletzung gesetzlicher Pflichten

mächtige Gewährung von Einsicht in Bewerbungsunterlagen an Dritte <R: ArbG Wesel 16.10.2008, 5 BV 34/08, juris>. Weiter gehören hierher Verstöße gg § 74, etwa das Zulassen parteipolitischer Erörterungen in einer Betriebsversammlung <R: LAG Nds 3.3.1970, 1 TaBV 7/69, BB 1970, 1480>, nicht aber schon die Verteilung eines sachl gehaltenen gewerkschaftlichen Wahlaufrufs zu einer Kommunalwahl <R: BVerfG 28.4.1976, 1 BvR 71/73, BB 1976, 1026>, sowie der Aufruf zu einem wilden Streik, nicht aber die bloße Anwesenheit bei einem kurzen Warnstreik <R: LAG Hamm 10.4.1996, 3 TaBV 96/95, AiB 1996, 736>.

26   Grob pflichtwidrig **im Verhältnis zu den AN** ist deren Unter-Druck-Setzen, um sie zum Eintritt in eine Gewerkschaft zu bewegen <R: LAG Köln 15.12.2000, 11 TaBV 63/00, LAGE § 23 BetrVG 1972 Nr 39>, sowie die Unterstützung ungerechtfertigter Maßregeln von AN durch den AG <R: ArbG Freiburg 15.10.1997, 6 BV 2/97, AiB 1998, 402>.

27   Auch aus der **Arbeit im BR** können grobe Pflichtverstöße resultieren. Hierher gehört die beharrliche Weigerung, an der BR-Arbeit, insbes an Sitzungen teilzunehmen <R: ArbG Halle (Saale) 17.9.2013, 3 BV 41/12, juris>. Fälle sind weiter die Fälschung von Sitzungsprotokollen <R: ArbG Hess 9.12.2015, 6 BV 100/15, juris>, der Gebrauch von dem BR zur Verfügung stehenden Sachmitteln für eigene Zwecke, die sexuelle Belästigung oder mehrfache Beleidigungen anderer BR-Mitglieder <R: Hess LAG 23.5.2013, 9 TaBV 17/13, juris: Hitlervergleich>. Die freie Meinungsäußerung im Rahmen der Betriebsversammlung kann den Ausschluss nicht begründen <R: Hess LAG 19.3.2018, 16 TaBV 185/17>. Der BR-Vorsitzende kann eine grobe Pflichtverletzung begehen, wenn er die Angehörigen der BR-Minderheit gezielt hinsichtl gewichtiger BR-Angelegenheiten über mehrere Wochen hinweg nicht informiert <R: Hess LAG 19.9.2013, 9 TaBV 225/12, juris> oder die Teilnahme im Betrieb vertretener Gewerkschaften an Betriebsversammlungen durch Irreführung verhindert <R: LAG BaWü 13.3.2014, 6 TaBV 5/13, juris>.

2. Verfahren

a) Antragsbefugnis

28   Nach Abs 1 **antragsberechtigt** sind der AG, jede im Betrieb vertretene Gewerkschaft (§ 2 Rn 27), ein Viertel aller zur Zeit der Antragstellung wahlberechtigten AN (§ 7 S 1), einschl der LeihAN (§ 14 Abs 2 S 4 AÜG) und der BR.

29   Im gemeinsamen Betrieb mehrerer Unternehmen muss die einheitl Leitung, zu der sich die Unternehmen verbunden haben, den Antrag stellen.

30   Was das Viertel der Wahlberechtigten anbelangt, genügt es, dass die entspr Anzahl der AN den Antrag stellt. Aus welchem Grund sie das tun, ist unerheblich. Auch wenn dies auf Druck des AG oder von Vorgesetzten erfolgt, ändert das an der Wirksamkeit des Antrags nichts <R: aM Hess LAG 19.9.2013, 9 TaBV 225/12, juris>. Der Antrag ist Prozesshandlung. Solche unterliegen nicht materiell-rechtl Wirksamkeitseinschränkungen, wie etwa der Anfechtung wegen Drohung. Scheiden einzelne antragstellende AN aus, ändert das an der Zulässigkeit nichts, auch wenn die Verbleibenden die Mindestzahl unterschreiten. Nur wenn alle antragstellenden AN wegfallen, wird der Antrag mangels Rechtsschutzbedürfnisses unzulässig. Es gilt nichts anderes als bei der Unterschreitung

der Antragstellerzahl iF des § 19 Abs 2 <R: BAG 15.2.1989, 7 ABR 9/88, AP Nr 17 zu § 18 BetrVG 1972>.

Der Antrag des BR setzt einen ordnungsgem Beschluss voraus. Zur Ordnungsmäßigkeit gehört, dass das betroffene Mitglied zuvor angehört wird <R: ArbG Halle (Saale) 25.1.2013, 9 BV 50/12, NZA-RR 2013, 361>. 31

b) Beschlussverfahren

Über den Ausschlussantrag ist im **arbg Beschlussverf** zu entscheiden. Ist das Belassen im Amt bis zur rechtskräftigen Entscheidung schlechterdings unzumutbar, kommt auch eine Suspendierung durch einstweilige Verfügung in Betracht <R: LAG Hamm 18.9.1975, 8 TaBV 65/75, BB 1975, 1302; LAG Nbg 25.2.2016, 7 TaBVGa 4/15, juris, Hess LAG 6.10.2016, 9 TaBVGa 201/16, juris>. 32

Legt das BR-Mitglied sein Amt nieder oder wird die Amtszeit des BR, dem es angehört, beendet, entfällt das Rechtsschutzinteresse für die Fortsetzung des Ausschlussverf <R: LAG München 12.8.2008, 6 TaBV 133/07, juris>. Mangels Rechtsschutzinteresses ist das Verf auch einzustellen, wenn das betreffende Mitglied wieder in den neuen BR gewählt worden ist <R: BAG 18.5.2016, 7 ABR 81/13, NZA-RR 2016, 582; **L:** krit GK/*Oetker* Rn 98 f>. Das gilt auch dann, wenn die Pflichtverletzung noch Auswirkungen auf die neue Amtszeit hat <R: LAG Köln 14.8.2020, 9 TaBV 4/20, juris>. Das Rechtsschutzinteresse entfällt aber nicht, wenn der BR nach § 13 Abs 1 Nr 3 zurücktritt, weil er dann gem § 22 die BR-Geschäfte weiterführt. Die Änderung des Antrags auf Ausschluss aus dem neu gewählten BR ist nach § 263 ZPO nur in der ersten und zweiten Instanz, nicht aber in der Rechtsbeschwerdeinstanz zulässig <R: BAG 18.5.2016 aaO>. 33

3. Rechtsfolgen

Mit Rechtskraft des Ausschlussbeschlusses **scheidet das BR-Mitglied aus dem BR aus** und das Ersatzmitglied (§ 25) rückt nach. Das ausgeschlossene BR-Mitglied kann bei der nächsten Neuwahl wieder in den BR gewählt werden <R: BVerwG 23.11.1962, VII P 2.62, AP Nr 7 zu § 10 PersVG>. Mit dem Ausscheiden aus dem BR enden automatisch alle internen Ämter und Aufträge einschließl der Zugehörigkeit zum WirtA. Ebenso erlöschen alle Rechte aus der Amtsstellung als BR-Mitglied, insbes der Kdschutz (§ 15 Abs 1 S 2 aE KSchG). 34

III. Auflösung des Betriebsrats

1. Voraussetzungen

Für die gerichtl Auflösung des BR gelten grds die gleichen Voraussetzungen wie für den Ausschluss eines einzelnen Mitglieds aus dem BR: Der **BR als Ganzer** muss grob gg die ihm obliegenden gesetzl Pflichten verstoßen haben <R: BAG 29.4.1969, 1 ABR 19/68, BB 1969, 1224>. Pflichtverstöße einzelner Mitglieder genügen nicht <R: LAG SH 3.12.2013, 1 TaBV 11/33, juris; LAG Berl-Bbg 8.9.2016, 5 TaBV 780/15, juris, Rn 39; Hess LAG 23.8.2021, 16 TaBV 3/21, juris, Rn 26>. Voraussetzung ist, dass die Pflichtver- 35

§ 23 Verletzung gesetzlicher Pflichten

letzung objektiv erhebl und offensichtl schwerwiegend ist und die weitere Amtsausübung des BR unter Berücksichtigung aller Umstände des Einzelfalls untragbar erscheint <**R:** BAG 22.6.1993, 1 ABR 62/92, DB 1994, 234>. Dagg ist ein „Verschulden" des BR nicht erforderl <**R:** BAG 22.6.1993 aaO>.

36 Der BR hat nicht nur für seine eigenen Beschlüsse einzustehen, sondern verletzt seine Amtspflicht als Betriebsverfassungsorgan auch, wenn er eine gesetzeswidrige Amtsausübung seiner Mitglieder oder Unterorgane duldet <**L:** GK/*Oetker* Rn 1>.

37 **Fälle grober Pflichtverletzung** sind: schwerwiegende oder wiederholte Verletzung der Geschäftsführungspflichten, etwa die wiederholte Nichtwahl eines BR-Vors oder eines Betriebsausschusses, die systematische Verletzung der Vorschrift des § 16 Abs 1 S 5 über die Besetzung des Wahlvorstands mit Frauen und Männern, die Nichteinberufung einer Betriebsversammlung nach § 43 (§ 43 Rn 4), die Zulassung diffamierender Angriffe gg den AG in einer Betriebsversammlung <**R:** BAG 2.11.1955, 1 ABR 30/54, BB 1956, 77>, die Diskriminierung von Belegschaftsangehörigen (§ 75), Verstöße gg die Grundsätze des § 74, insbes gg das Arbeitskampfverbot (§ 74 Rn 11 ff) <**R:** s aber LAG Hamm 6.11.1975, 8 TaBV 21/75, DB 1996, 343, wonach kein Auflösungsgrund besteht, wenn der BR sich bei einer durch eine rechtswidrige Kd ausgelösten Arbeitsniederlegung mit der Belegschaft solidarisch erklärt>. Massive Datenschutzverstöße <**R:** ArbG Iserlohn 14.1.2020, 2 BV 5/19, BeckRS 2020, 16372> und die nachhaltige Weigerung des BR mit dem Personalleiter zusammenzuarbeiten, können ebenfalls eine grobe Pflichtverletzung sein <**R:** LAG Ddf 23.6.2020, 14 TaBV 75/19, juris>.

38 Grob pflichtwidrig können auch der Verstoß gg das aus § 2 Abs 1 folgende Gebot, mit den Gewerkschaften zusammenzuwirken (§ 2 Rn 20 f), und die Störung und Behinderung der Tätigkeit des Sprecherausschusses (§ 2 Rn 23 f) sein.

39 Nach Auffassung des BAG kann eine im Betrieb vertretene Gewerkschaft iR des Abs 1 geltend machen, der BR verstoße mit dem Abschluss einer BV gg **§ 77 Abs 3** <**R:** BAG 22.6.1993, 1 ABR 62/92, DB 1994, 234; **L:** zust Richardi/*Thüsing* Rn 49; GK/*Oetker* Rn 121; auch *Sutschet* ZfA 2007, 207, 210 f, der dem Verf nach § 23 Abs 3 – entgg der Auffassung des BAG – den Vorrang vor der Tarifbruchunterlassungsklage (§ 77 Rn 156) einräumen will>. Ob der Inhalt einer BV gg den Tarifvorrang des § 87 Abs 1 Eingangs-HS verstößt, kann nach Auffassung des BAG nicht iR des § 23 Abs 3 überprüft werden <**R:** BAG 20.8.1991, 1 ABR 85/90, BB 1992, 490>.

2. Verfahren

40 Für das **Auflösungsverf** gelten die gleichen Grds wie für das Ausschlussverf (Rn 28 f). Eine Auflösung oder Suspendierung durch einstweilige Verfügung kommt nicht in Betracht, weil dies die AN ohne Vertretung ließe <**L:** GK/*Oetker* Rn 128; *Fitting* Rn 45>.

41 Tritt der BR während des Verf nach § 13 Abs 2 Nr 3 zurück, wird das Beschlussverf dadurch nicht beendet, weil er gem § 22 die Geschäfte fortführt. Das Rechtsschutzinteresse erlischt erst mit der Wahl eines neuen BR oder wenn sich die Besetzung des BR während des Verf aus anderen Gründen komplett ändert <**R:** LAG Köln 19.12.1990, 7 TaBV 52/90, LAGE § 23 BetrVG 1972 Nr 28>.

Mit der Rechtskraft des Auflösungsbeschlusses **endet das Amt des BR**, eine Fortführung der Geschäfte bis zur Neuwahl kommt nicht in Betracht <**R: aA** ArbG HH 2.11.1989, 21 GaBV 4/88, DB 1989, 1473>. Das ArbG muss gem Abs 2 von Amts wg unverzügl einen Wahlvorstand bestellen, damit der Betrieb alsbald einen neuen BR erhält. 42

IV. Erzwingungsverfahren gegen den Arbeitgeber

1. Grober Verstoß gegen betriebsverfassungsrechtliche Pflichten

Nach Abs 3 können jede im Betrieb vertretene Gewerkschaft und der BR gg den AG ein gerichtl Erzwingungsverf durchführen. Entspr Abs 1 ist Voraussetzung, dass der AG so schwerwiegend gg seine Pflichten verstoßen hat, dass dadurch der Betriebsfrieden oder die Amtsausübung des BR gefährdet werden. Verschulden des AG setzt Abs 3 nicht voraus <**R:** BAG 27.11.1990, 1 ABR 77/89, BB 1991, 548; BAG 18.1.2010, 1 ABR 55/08, DB 2011, 120>, wenn auch bei schuldhaftem Handeln eher von einem groben Verstoß gg die dem AG obliegenden Pflichten gesprochen werden kann als bei bloß objektiv pflichtwidrigen Handlungen. 43

Eine grobe Pflichtverletzung kommt insbes bei **mehrfachen** Verstößen des AG gg erzwingbare MBR in Betracht <**R:** BAG 18.4.1985, 6 ABR 19/84, DB 1985, 2511>. Ändert der AG mit dem BR vereinbarte Dienstzeiten mehrfach einseitig, ist dies grob pflichtwidrig <**R:** BAG 7.2.2012, 1 ABR 77/10, DB 2012, 1575>. Hat das BAG rechtskräftig entschieden, dass eine Angelegenheit der Mitbestimmung des BR unterliegt, ist die weitere Nichtbeachtung des MBR durch den AG regelmäßig grob pflichtwidrig iS des Abs 3 <**R:** BAG 8.8.1989, 1 ABR 59/88, AP Nr 1 zu § 23 BetrVG 1972>. Dies gilt aber nicht, wenn ein neuer Gesichtspunkt, etwa der Tendenzcharakter des Betriebs, gg die Mitbestimmungspflichtigkeit ins Feld geführt wird und dieser die Billigung der Instanzgerichte findet <**L:** *Löwisch*, Anm zu BAG aaO, SAE 1991, 63, 68>. 44

Grob kann auch eine **einmalige** Pflichtverletzung sein, etwa wenn sich der AG über eine eindeutige gesetzl Regelung hinwegsetzt <**R:** BAG 18.3.2014, 1 ABR 77/12, EzA § 23 BetrVG 2001 Nr 7>. Einfache, auf beiderseits nachvollziehbaren Standpunkten beruhende Streitigkeiten der Betriebsparteien rechtfertigen den Vorwurf grober Pflichtverletzung nicht <**R:** Hess LAG 30.8.2005, 4/18 TaBV 67/05, juris>. 45

Der AG verstößt nicht nur dann gg MBR des BR, wenn er mitbestimmungspflichtige Maßnahmen ohne Zustimmung des BR anordnet, sondern auch, wenn er mitbestimmungspflichtige Handlungen seiner AN duldet, **ohne den BR einzuschalten** <**R:** BAG 27.11.1990, 1 ABR 77/89, BB 1991, 548>. Duldet der AG etwa Überstunden seit Jahren, ohne die Zustimmung des BR abzuwarten, kann der BR beim ArbG beantragen, dem AG die Entgegennahme von Überstunden zu untersagen <**R:** BAG 27.11.1990 aaO>. 46

Der BR kann vom AG auch erzwingen, **MBR nicht zu umgehen**. „Überträgt" der AG zB vom BR abgelehnte Mehrarbeit auf eine geschäftl nicht tätige Firma, die von denselben Geschäftsführern wie der AG geführt wird und die Arbeiten im Betrieb des AG, auf seinen Betriebsanlagen sowie gerade mit den AN ausführt, die vom AG zu den Überstunden herangezogen werden sollten, kann der BR dem AG aufgeben lassen, die Auslagerung zu unterlassen und Überstunden nur unter Beteiligung des BR anzuordnen <**R:** BAG 22.10.1991, 1 ABR 28/91, BB 1992, 275>. Das MBR des BR wird aber nicht umgangen, 47

§ 23   Verletzung gesetzlicher Pflichten

wenn der AG Arbeiten, die er mangels Überstunden im eigenen Betrieb nicht ausführen kann, an Dritte vergibt. Er macht dann nur von seiner unternehmerischen Entscheidungsfreiheit Gebrauch.

48   Wie bei der Anwendung des Abs 1 (Rn 39) unterstellt das BAG der Regelung des Abs 3 auch den Fall, dass der AG unter Verstoß gg **§ 77 Abs 3** eine BV abschließt <R: BAG 20.8.1991, 1 ABR 85/90, BB 1992, 490; ebenso LAG BaWü 13.1.1999, 17 TaBV 3/98, AuR 1999, 156; **aM** LAG Berlin 5.2.1998, 7 TaBV 6/97, juris>. Zur Frage eines auf die Koalitionsfreiheit gestützten Unterlassungsanspruchs der tarifschließenden Gewerkschaft s § 77 Rn 156.

2. Erzwingungsverfahren

a) Erkenntnisverfahren

49   Das Erzwingungsverf nach Abs 3 verläuft stets in zwei Stufen. Zunächst müssen der BR oder eine im Betrieb vertretene Gewerkschaft ein Beschlussverf oder nach § 85 Abs 2 ArbGG ein eVVerf mit dem **Antrag** einleiten, dem AG aufzugeben, eine im Einzelnen **genau zu bezeichnende** <R: LAG SH 16.6.2016, 4 TaBV 44/15, juris> Handlung zu unterlassen, eine Handlung des Antragstellers zu dulden oder eine Handlung vorzunehmen.

50   Die wesentliche Bedeutung der Vorschrift liegt darin, dass im Betrieb vertretene **Gewerkschaften** unabhängig vom BR das Erzwingungsverf einleiten können, sofern der AG grob gg seine betriebsverfassungsrechtl Pflichten verstößt. Das Recht der Gewerkschaften kann auch nicht durch BV modifiziert werden.

51   Wird ein Unterlassungsanspruch geltend gemacht, muss neben den Voraussetzungen des Abs 3 S 1 auch dargetan werden, dass eine Wiederholungsgefahr besteht; hat der AG grob gg seine betriebsverfassungsrechtl Pflichten verstoßen, beseitigt seine Zusage künftigen korrekten Verhaltens die Wiederholungsgefahr aber noch nicht <R: BAG 23.6.1992, 1 ABR 11/92, DB 1992, 2450>. In Fällen der Duldung betriebsverfassungswidrigen Verhaltens fehlt es an einer Wiederholungsgefahr, wenn der AG Maßnahmen zur Beseitigung des Störungszustands ergriffen <R: BAG 28.7.2020, 1 ABR 18/19, NZA 2021, 1509>. Wird vom AG die Vornahme einer Handlung verlangt, muss diese ausreichend genau bezeichnet sein, wofür nicht ausreicht, den gesetzl Wortlaut eines Mitbestimmungstatbestands zu wiederholen <R: BAG 17.3.1987, 1 ABR 65/85, BB 1987, 1878>. Der Streitgegenstand bestimmt sich durch den gestellten Antrag und den zu seiner Begründung angeführten Anlassfall; die diesem zugrunde liegende Verletzungshandlung muss der BR in seinem Antrag abstrahierend beschreiben <R: BAG 19.1.2010, 1 ABR 55/08, NZA 2010, 875>.

52   Ob die Handlung, Duldung oder Unterlassung dem AG durch Beschluss des ArbG auferlegt wird oder er sich in einem gerichtl Vergleich zu ihnen verpflichtet, spielt keine Rolle <R: zuletzt LAG HH 27.1.1992, 5 Ta 25/91, NZA 1992, 568 und LAG BaWü 30.12.1993, 15 TaBV 3/93, BB 1994, 1504 (LS); im Ergebnis auch LAG Köln 29.8.1994, 10 Ta 165/94, LAGE § 23 BetrVG 1972 Nr 36; mit Modifikationen im Zwangsvollstreckungsverf LAG Ddf 26.4.1993, 7 Ta 316/92, LAGE § 23 BetrVG 1972 Nr 30; **aA** LAG SH 16.6.2000, 5 Ta 22/00, juris>.

IV. Erzwingungsverfahren gegen den Arbeitgeber § 23

b) Vollstreckungsverfahren

Das in Abs 3 S 2 und 3 geregelte **Vollstreckungsverf** als zweite Stufe richtet sich danach, 53
ob das ArbG dem AG auferlegt hat, eine Handlung zu unterlassen, die Vornahme einer
Handlung zu dulden oder eine Handlung vorzunehmen. Soweit eine Unterlassung bzw
Duldung erzwungen werden soll, entspricht die Vollstreckung nach Abs 3 S 2 der
Zwangsvollstreckung nach § 890 ZPO. Für die Vollstreckung einer Handlungsverpflich-
tung entspricht Abs 3 S 3 der Vollstreckung nach § 888 ZPO. IR des § 23 Abs 3 ist dadurch die Zwangsvollstreckung abschließend geregelt.

Ein nach Abs 3 S 1 vom ArbG erlassenes **Gebot auf Unterlassung oder Duldung** einer 54
Handlung kann nicht durch Ordnungshaft, sondern nur dadurch erzwungen werden, dass
der AG auf Antrag des BR oder einer im Betrieb vertretenen Gewerkschaft zu einem
Ordnungsgeld verurteilt wird. Voraussetzung ist, dass die Verhängung des Ordnungs-
gelds vorher rechtskräftig angedroht worden ist, wobei nicht erforderl ist, eine bestimmte
Summe als Ordnungsgeld anzudrohen. Die Androhung ist idR im arbg Beschluss nach
Abs 3 S 1 enthalten. Fehlt eine solche Androhung oder ist der arbg Beschluss nicht mit
einer Vollstreckungsklausel versehen (§§ 724, 725 ZPO), ist die Zwangsvollstreckung unzulässig und muss der Antragsteller einen bes Androhungsbeschluss erwirken <**R:** LAG
BaWü 30.4.1992, 13 TaBV 16/91, BB 1992, 2431 (LS) zur Androhung; LAG Bremen
11.3.1993, 1 Ta 11/93, BB 1993, 795 (LS) und LAG Ddf 5.8.1993, 7 Ta 184/92, LAGE
§ 23 BetrVG 1972 Nr 33 zur Vollstreckungsklausel>.

Das angedrohte Ordnungsgeld darf nur verhängt werden, wenn der AG nach Rechtskraft 55
des arbg Unterlassungs- oder Duldungsbeschlusses die dort ausgesprochene Verpflichtung **schuldhaft** nicht befolgt <**R:** LAG Berl-Bbg 5.4.2017, 15 Ta 1522/16, juris, Rn 26>.
Dafür genügt einfache Fahrlässigkeit; die Voraussetzung des groben Verstoßes in § 23
Abs 3 bezieht sich nur auf die erste Stufe des Erzwingungsverf <**R:** LAG SH 25.7.2014,
5 Ta 172/13, juris>. Fahrlässig handelt ein AG, wenn er seine Mitarbeiter nicht ernstlich,
in aller Regel schriftlich, zur Beachtung der Verfügung anhält <**R:** LAG Hamm 3.5.2007,
10 Ta 692/06, juris>. Dagg rechtfertigen vor Eintritt der Rechtskraft begangene Zuwider-
handlungen die Verhängung eines Ordnungsgelds nicht. Die Höhe des Ordnungsgelds,
das für jeden Fall der Zuwiderhandlung gg die gerichtl angeordnete Verpflichtung verhängt werden kann, darf im Einzelfall 10 000 Euro nicht übersteigen und verfällt der
Staatskasse. Die Grenze von 10 000 Euro gilt analog auch für die Vollstreckung eines allg
Unterlassungstitels (Rn 15).

Kommt der AG einer rechtskräftig vom ArbG festgesetzten Verpflichtung auf **Vornahme** 56
einer Handlung nicht nach, kann er dazu auf Antrag des BR oder einer im Betrieb vertretenen Gewerkschaft durch **Zwangsgeld** angehalten werden. Der Antrag muss nicht auf
einen bestimmten Geldbetrag lauten, auch die vorherige Androhung des Zwangsgelds ist
nicht erforderlich. Da das Zwangsgeld eine reine Beugemaßnahme ist, entfällt auch die
Voraussetzung, dass dem AG bei der Nichtbefolgung des gerichtl Verbots ein Verschulden vorzuwerfen sein muss (demggü Rn 54 zum Ordnungsgeld). Maßgebend für die
Höhe des Zwangsgeldes ist der erforderl erscheinende Druck <**R:** LAG Hamm 3.5.2007,
10 Ta 692/06, juris>. Doch darf auch das Zwangsgeld 10 000 Euro nicht übersteigen.

Ändern sich die Umstände, die der gerichtl Entscheidung zugrunde lagen, wird zB die 57
BV, die der AG verletzt hat, gekündigt oder wg tariflicher Regelung desselben Gegen-
stands unwirksam, ist die Entscheidung entspr dem Grundgedanken des § 323 ZPO auf-

§ 23   Verletzung gesetzlicher Pflichten

zuheben <dazu, dass § 323 ZPO einen allg Rechtsgedanken enthält **R:** BGH 12.11.1958, V ZR 124/57, BGHZ 28, 330, 337; **L:** Zöller/*Vollkommer* § 323 Rn 2>.

58 Durch eine Entscheidung nach Abs 3 von vornherein nicht gehindert ist die Einleitung und Durchführung eines neuen Mitbestimmungsverf über die betreffende Frage. Ist dem AG etwa untersagt worden, Mehrarbeit in einer bestimmten Abteilung ohne Mitbestimmung des BR anzuordnen, hindert ihn das selbstverständl nicht, die Zustimmung des BR zu künftiger Mehrarbeit in dieser Abteilung zu beantragen und ggfs die ES anzurufen.

§ 24 Erlöschen der Mitgliedschaft

Die Mitgliedschaft im Betriebsrat erlischt durch

1. Ablauf der Amtszeit,
2. Niederlegung des Betriebsratsamtes,
3. Beendigung des Arbeitsverhältnisses,
4. Verlust der Wählbarkeit,
5. Ausschluss aus dem Betriebsrat oder Auflösung des Betriebsrats auf Grund einer gerichtlichen Entscheidung,
6. gerichtliche Entscheidung über die Feststellung der Nichtwählbarkeit nach Ablauf der in § 19 Abs. 2 bezeichneten Frist, es sei denn, der Mangel liegt nicht mehr vor.

Übersicht

	Rn.		Rn.
I. Allgemeines	1	4. Verlust der Wählbarkeit	17
II. Erlöschensgründe	4	5. Ausschluss aus dem Betriebsrat	20
1. Ablauf der Amtszeit	4	6. Aberkennung der Wählbarkeit	21
2. Niederlegung des Betriebsratsamts	5	III. Rechtsfolgen	23
3. Beendigung des Arbeitsverhältnisses	10		

I. Allgemeines

Die Mitgliedschaft eines gewählten Wahlbewerbers im BR beginnt mit der Amtszeit des BR. Sie erlischt mit dem **Tod** des BR-Mitglieds und in den sechs Fällen, die in Abs 1 aufgeführt sind. **1**

Die Mitgliedschaft erlischt in den angeführten Fällen **automatisch kraft Gesetzes**, nicht erst mit einer gerichtl Feststellung. **2**

Die Vorschrift gilt nach § 115 Abs 3 mit den dort erwähnten Abweichungen auch für die Bordvertretung und nach § 116 Abs 2 auch für den SeeBR; im letzteren Falle tritt jedoch nach § 116 Abs 2 Nr 9 ein weiterer Beendigungsgrund hinzu. Für die Jugend- und Auszubildendenvertretung gilt § 24 entspr (s § 65 Abs 1). **3**

II. Erlöschensgründe

1. Ablauf der Amtszeit

Nach Nr 1 endet die Mitgliedschaft im BR mit Ablauf der Amtszeit, dh idR nach vier Jahren (vgl § 21 S 1). Sie endet auch, wenn die Amtszeit nach § 13 Abs 3 vorzeitig oder zu einem späteren Zeitpunkt endet (§ 21 Rn 8 ff). Soweit der BR in den Fällen des § 22 die Geschäfte fortführt, dauert auch die Mitgliedschaft im BR fort. **4**

§ 24   Erlöschen der Mitgliedschaft

2. Niederlegung des Betriebsratsamts

5   Nach Nr 2 endet die Mitgliedschaft durch Niederlegung des BR-Amts. Für diese genügt eine formlose Erklärung ggü dem BR. Empfangszuständig ist gem § 26 Abs 3 S 2 der BR-Vors <**R**: LAG Hamm 30.8.2004, 13 (8) Sa 148/04, juris>. Der von vornherein oder nur noch aus einer Person bestehende BR kann die Niederlegung des Amtes ggü dem AG erklären <**R**: BAG 12.1.2000, 7 ABR 61/98, AP Nr 5 zu § 24 BetrVG 1972>. Auch die in einer Niederschrift gem § 34 erfolgte Erklärung der Amtsniederlegung muss ausreichen.

6   Die Niederlegungserklärung kann nicht zurückgenommen <**R**: BVerwG 9.10.59, PB 15 S 1138/95, AP Nr 2 zu § 27 BPersVG>, sondern allenfalls nach § 123 BGB angefochten werden.

7   Auch **Ersatzmitglieder** können ihr Amt niederlegen und rücken dann weder allg noch in einem Verhinderungsfall in den BR nach <**R**: offengelassen LAG BaWü 11.10.2012, 11 TaBV 2/12, juris>. So wenig eine Pflicht besteht, das Amt des BR nicht aufzugeben, besteht eine Pflicht des Ersatzmitglieds, sich für eine Tätigkeit im BR bereit zu halten. Auch die Amtsniederlegung des Ersatzmitglieds muss ggü dem Vorsitzenden des BR erfolgen <**R**: Hess LAG 8.10.1992, 12 TaBV 21/92, LAGE § 24 BetrVG 1972 Nr 1>.

8   Legen alle BR-Mitglieder und Ersatzmitglieder ihr Amt nieder, wird der Betrieb BRlos. Auch ein Restmandat iSv § 21a kann nicht mehr ausgeübt werden <**R**: BAG 12.1.2000 aaO>.

9   Von der gleichzeitigen Niederlegung des BR-Amts durch alle BR-Mitglieder ist der Rücktritt des BR nach § 13 Abs 2 Nr 3 zu unterscheiden: Beim Rücktritt führt der BR die Geschäfte bis zur Neuwahl weiter (§ 22), sodass bis dahin auch die Mitgliedschaft im BR fortbesteht.

3. Beendigung des Arbeitsverhältnisses

10   Mit der rechtl Beendigung des Arbeitsverhältnisses und damit der Betriebszugehörigkeit endet nach Nr 3 auch die Mitgliedschaft im BR. Aus welchen Gründen das Arbeitsverhältnis endet (Zeitablauf, Kd, Aufhebungsvertrag), ist gleichgültig. Eine Kd darf der AG aber nur bei Stilllegung des Betriebs oder einer Betriebsabteilung (§ 15 Abs 4, 5 KSchG) oder mit Zustimmung des BR nach § 103 Abs 1 aus wichtigem Grund aussprechen (vgl noch § 103 Rn 44).

11   Erhebt das entlassene BR-Mitglied **Kdschutzklage**, ist es bis zur rechtskräftigen Beendigung des Kdrechtsstreits an der Ausübung des BR-Amts verhindert, sodass ein Ersatzmitglied nach § 25 Abs 1 S 2 an seine Stelle treten muss <**R**: LAG SH 2.9.1976, 4 TaBV 11/76, BB 1976, 1319>. Wird später vom ArbG festgestellt, dass die Kd rechtswirksam war, steht damit gleichzeitig fest, dass das betroffene BR-Mitglied mit Ausspruch der Kd bzw Ablauf der Kdfrist sein Amt verloren hat. Stellt das ArbG dagg fest, dass kein Grund zur Entlassung bestand, kann der AN sein – nie erloschenes – BR-Amt wieder ausüben. Eine eV, die dem gekündigten Mitglied während des Kdschutzprozesses die weitere Amtsausübung ermöglicht, ihm insbes Zugang zum Betrieb verschafft, kommt nur in Betracht, wenn die Kd offensichtl unbegründet ist oder eine ao Kd ohne die Zustimmung des BR ausgesprochen worden ist <**R**: LAG Ddf 22.2.1977, 11 TaBV 7/77, DB 1977, 1053; LAG SH 2.9.1976 aaO; zu weit gehend ArbG HH 16.6.1997, 21 GaBV 1/97, AiB 1997, 659>.

II. Erlöschensgründe § 24

Hat der AN erstinstanzl seine Weiterbeschäftigung erstritten, ist er nicht mehr an der Ausübung seines Amts verhindert <**R:** LAG Hamm 17.1.1996, 3 TaBV 61/95, LAGE § 25 BetrVG 1972 Nr 4>. Wird in einem gerichtl Vergleich festgelegt, dass das Arbeitsverhältnis erst zu einem späteren Zeitpunkt endet, kann das BR-Mitglied sein BR-Amt bis zu diesem Zeitpunkt wieder ausüben, auch wenn vereinbart worden ist, dass die Pflicht des AN zur Arbeitsleistung suspendiert wird. Erst wenn das Arbeitsverhältnis so lange ruht, dass der AN dadurch die Fähigkeit verliert, in den BR gewählt zu werden (§ 8), erlischt die Mitgliedschaft im BR (dazu Rn 19).

Wird das Arbeitsverhältnis nach rechtl Beendigung wieder **neu begründet,** so lebt das erloschene BR-Amt nicht wieder auf <**R:** LAG Hamm 14.10.2004, 4 Sa 1102/04, LAG Report 2005, 182>. Wird das Arbeitsverhältnis allerdings mit Wissen des AG fortgesetzt und gilt damit nach § 625 BGB als auf unbestimmte Zeit verlängert, tritt die Beendigung des Arbeitsverhältnisses und damit auch das Ende des BR-Amts nicht ein <**R:** offengelassen von LAG Hamm 14.10.2004 aaO>. 12

Die **tatsächliche Unterbrechung der Beschäftigung** beendet das Arbeitsverhältnis grds nicht. Deshalb bleibt ein BR-Mitglied im Amt und ist auch nicht iS des § 25 Abs 1 S 2 an seiner Tätigkeit verhindert, wenn es mehrere Wochen wg Freizeitausgleichs nicht arbeitet <**R:** LAG Hamm 19.7.2000, 3 Sa 2201/99, juris>. Die Mitgliedschaft im BR erlischt aber, wenn die Unterbrechung zum Verlust der Wählbarkeit führt (dazu § 8 Rn 6, 10 ff). 13

Geht der **Betrieb** nach § 613a BGB auf einen **anderen Inhaber** über, hat dies keinen Einfluss auf die Mitgliedschaft im BR, da die Organisation des Betriebs und die Arbeitsverhältnisse erhalten bleiben <**R:** LAG Ddf 20.9.1974, 16 Sa 24/74, EzA § 22 BetrVG 1972 Nr 1>, § 1 Rn 15. 14

Dies gilt auch, wenn der veräußerte Betrieb bisher ein gemeinsamer Betrieb (§ 1 Rn 29 ff) von Veräußerer und Erwerber war. Dass mit der Veräußerung die Führungsvereinbarung für den bisherigen Betrieb erlischt, zwingt entgg der Auffassung des LAG Berlin <**R:** LAG Berlin 8.1.1996, 9 TaBV 8/95, AP Nr 3 zu § 24 BetrVG 1972> nicht dazu, auch das Amt des BR als erloschen anzusehen. Die Organisation des Betriebs bleibt auch hier erhalten, und die Arbeitsverhältnisse bestehen nunmehr durchweg zum Erwerber. Es liegt insofern anders als in dem Fall, dass ein gemeinsamer Betrieb durch Wegfall der Führungsvereinbarung aufgelöst wird (§ 21 Rn 17). 15

Wird ein **Betriebsteil** veräußert, bleibt der BR in dem Betriebsteil bestehen, welcher mit dem früheren Betrieb identisch ist (§ 21 Rn 14). Nur in diesem Betriebsteil besteht auch die Mitgliedschaft der dort beschäftigten BR-Mitglieder im BR fort. Sofern BR-Mitglieder im mit dem früheren Betrieb nicht identischen Betriebsteil weiterbeschäftigt werden, erlischt demggü ihr BR-Amt. Etwas anderes gilt nur, wenn ein solches BR-Mitglied dem Übergang seines AV widersprochen hat <**R:** ArbG Mannheim 29.7.2008, 8 BVGa 2/08, juris>. 16

4. Verlust der Wählbarkeit

Die Mitgliedschaft im BR endet weiter bei **Verlust der Wählbarkeit** (Nr 4). In Betracht kommt, dass das BR-Mitglied die AN-Eigenschaft verliert, weil es zum ltd Ang wird, oder dass die Betriebszugehörigkeit (bei Heimarbeitern die hauptsächliche Beschäftigung für den Betrieb) endet <**R:** ArbG Ddf 15.7.2008, 11 BV 36/08, juris>. 17

§ 24 Erlöschen der Mitgliedschaft

18 Eine **Versetzung** in einen anderen Betrieb des Unternehmens beendet das BR-Amt, da die Betriebszugehörigkeit und damit die Wählbarkeit nach § 8 Abs 1 S 1 endet. Voraussetzung einer Versetzung ist, dass diese ohne Änderungskd mögl ist und der BR ihr gem § 103 Abs 3 zugestimmt hat oder der AN mit der Versetzung einverstanden ist (§ 103 Rn 23, 27). Sie darf auch keine nach § 78 S 1 verbotene Störung der BR-Arbeit darstellen <**R:** LAG Hamm 11.1.1989, 3 TaBV 86/88, DB 1989, 1732>.

19 Unterbrechungen der Betriebszugehörigkeit führen zumindest dann zum Verlust der Betriebszugehörigkeit, wenn – wie etwa bei der Altersteilzeit im Blockmodell mit Beginn der Freistellungsphase – sicher feststeht, dass ein AN seine Tätigkeit nicht wieder aufnehmen wird <**R:** LAG Thür 29.6.2021, 1 TaBVGa 1/21, BeckRS 2021, 28644; hinsichtl der Wählbarkeit als AN-Vertreter im Aufsichtsrat vgl BAG 25.10.2000, 7 ABR 18/00, AP Nr 32 zu § 76 BetrVG 1952; **L:** GK/*Oetker* Rn 52>. Die Freistellung eines AN von der Verpflichtung zur Arbeitsleistung während der Kdfrist führt indes nicht zum Erlöschen von dessen Mitgliedschaft im BR nach § 24 Nr 4 <**R:** Hess LAG 21.12.2020, 16 TaBVGa 189/20, ZIP 2021, 1186>. S dazu § 8 Rn 9 ff.

5. Ausschluss aus dem Betriebsrat

20 Wird ein BR-Mitglied gem § 23 Abs 1 wg Pflichtverletzung aus dem BR ausgeschlossen, endet seine Mitgliedschaft nach Nr 5 mit der Rechtskraft des Beschlusses (§ 23 Rn 34). Dieselbe Rechtsfolge tritt ein, wenn der **BR** als solcher gem § 23 Abs 1 gerichtl **aufgelöst** wird.

6. Aberkennung der Wählbarkeit

21 Gem Nr 6 erlischt die Mitgliedschaft im BR auch dann, wenn nach Ablauf der Wahlanfechtungsfrist des § 19 **festgestellt** wird, dass das Mitglied **nicht wählbar** war, etwa weil es als ltd Ang einzuordnen war <**R:** ArbG Passau 9.12.2013, 2 BV 11/13, juris>. Diese Feststellung kann auch nach jahrelanger Zugehörigkeit zum BR getroffen werden <**R:** BAG 11.3.1975, 1 ABR 77/74, BB 1975, 967>.

22 Über die nachträgliche Aberkennung der Wählbarkeit muss in einem bes arbg Beschlussverf entschieden werden; eine Entscheidung als Vorfrage, etwa in einem Urteilsverf, reicht nicht aus. Antragsberechtigt sind mindestens drei Wahlberechtigte, eine im Betrieb vertretene Gewerkschaft oder der AG <**R:** BAG 28.11.1977, 1 ABR 40/76, BB 1978, 255>. Die Mitgliedschaft endet mit der Rechtskraft des Beschlusses, der die Nichtwählbarkeit feststellt <**R:** BAG 29.9.1983, 2 AZR 212/82, DB 1984, 302>.

III. Rechtsfolgen

23 Das Ende der Mitgliedschaft im BR tritt für die Zukunft ein. Zugleich mit dem BR-Amt werden auch alle sonstigen Ämter in der Betriebsverfassung (Mitgliedschaft im GBR oder KBR und im Wirtschaftsausschuss) beendet. Die Funktion als Mitglied der Einigungsstelle endet hingg nicht automatisch <**L:** GK/*Oetker* Rn 69>; hierfür ist eine Abberufung erforderl.

III. Rechtsfolgen § 24

Mit Beendigung seiner Mitgliedschaft im BR verliert das BR-Mitglied zugleich seine bes 24
Rechtsstellung als Amtsträger, vor allem den **bes Kdschutz** nach § 103 und § 15 Abs 1
S 1 KSchG <R: BAG 29.9.1983, 2 AZR 212/82, DB 1984, 302>. Jedoch wirkt das
Kdverbot des § 15 KSchG nach dessen Abs 1 S 2 zugunsten des früheren BR-Mitglieds
für ein weiteres Jahr nach <R: BAG 5.7.1979, 2 AZR 521/77, BB 1979, 1769>. Entspr
der für Mitglieder der Bordvertretung geltenden Regel verkürzt sich die Nachwirkungs-
zeit auf sechs Monate, wenn die Mitgliedschaft im BR weniger als ein Jahr betragen hat
<L: LSSW/*Wertheimer* § 15 KSchG Rn 22>. Wird das BR-Mitglied durch Beschluss des
ArbG aus dem BR ausgeschlossen oder der BR aufgelöst (§§ 23 Abs 1, 24 Nr 5), wirkt
der Kdschutz des § 15 KSchG nicht nach (§ 15 Abs 1 S 2 aE KSchG).

§ 25 Ersatzmitglieder

(1) Scheidet ein Mitglied des Betriebsrats aus, so rückt ein Ersatzmitglied nach. Dies gilt entsprechend für die Stellvertretung eines zeitweilig verhinderten Mitglieds des Betriebsrats.

(2) Die Ersatzmitglieder werden unter Berücksichtigung des § 15 Abs. 2 der Reihe nach aus den nichtgewählten Arbeitnehmern derjenigen Vorschlagslisten entnommen, denen die zu ersetzenden Mitglieder angehören. Ist eine Vorschlagsliste erschöpft, so ist das Ersatzmitglied derjenigen Vorschlagsliste zu entnehmen, auf die nach den Grundsätzen der Verhältniswahl der nächste Sitz entfallen würde. Ist das ausgeschiedene oder verhinderte Mitglied nach den Grundsätzen der Mehrheitswahl gewählt, so bestimmt sich die Reihenfolge der Ersatzmitglieder unter Berücksichtigung des § 15 Abs. 2 nach der Höhe der erreichten Stimmenzahlen.

Literatur: *Austermühle*, Betriebsratsmitglieder in mehreren Ämtern, AiB 2010, 669; *Fischer/Küpper*, Sonderkündigungsschutz für Ersatzmitglieder des Betriebsrats, ZBVR online 2013, 33; *Jansen*, Bin leider verhindert, AiB 2016, 38; *Roos*, Ausscheiden aus dem Betriebsrat und Nachrücken von Ersatzmitgliedern, AiB 1999, 250.

Übersicht

	Rn.		Rn.
I. Allgemeines	1	b) Rechtliche Verhinderung	17
II. Nachrücken von Ersatzmitgliedern in den Betriebsrat	7	2. Eintritt des Ersatzmitglieds	23
III. Vertretung verhinderter Betriebsratsmitglieder	10	IV. Reihenfolge des Eintritts der Ersatzmitglieder	26
1. Verhinderungsfälle	10	1. Bei Verhältniswahl	26
a) Tatsächliche Verhinderung	10	2. Bei Mehrheitswahl	29

I. Allgemeines

1 Ersatzmitglieder sind diejenigen Wahlbewerber, die zwar auf einem Wahlvorschlag aufgeführt waren, bei der Wahl jedoch nicht die erforderl Stimmenzahl erhalten hatten. Sie treten von selbst an die Stelle der aus dem BR endgültig ausscheidenden Mitglieder und rücken dann in den BR nach, oder aber sie treten als zeitweilige Stellv für verhinderte BR-Mitglieder vorübergehend in den BR ein. Bis zu diesem Zeitpunkt gehören sie dem BR nicht an, können nicht an dessen Sitzungen teilnehmen und genießen auch nicht den erweiterten Kdschutz nach § 103 oder § 15 Abs 1 KSchG (dazu noch Rn 25). Die Vorschrift dient dem Zweck, die Tätigkeit des BR und seine Beschlussfähigkeit zu sichern; sie sichert die Kontinuität des BR <R: Hess LAG 26.3.2018, 16 TaBV 215/17, LAGE § 40 BetrVG 2001 Nr 29>.

2 Sind nach den Wahlvorschlägen auch unter Berücksichtigung der Vorschrift des § 25 Abs 2 überhaupt keine Ersatzmitglieder mehr vorhanden, endet die Amtszeit des BR, und es muss nach § 13 Abs 2 Nr 2 eine vorzeitige Neuwahl stattfinden.

III. Vertretung verhinderter Betriebsratsmitglieder § 25

Die Ersatzmitglieder treten nur insoweit an die Stelle der BR-Mitglieder, als es um deren 3
Eigenschaft als BR-Mitglied geht, nicht aber hinsichtl der von diesen wahrgenommenen
Funktionen. Dementspr sind für den GBR und den Wahlvorstand vom BR besondere Ersatzmitglieder zu bestellen (§ 47 Abs 3 und § 16 Abs 1 S 4). Auch die Stellvertretung in
einem Ausschluss des BR muss bes geregelt werden (§ 27 Rn 4 ff).

Die Vorschrift gilt nach § 115 Abs 3 auch für die Bordvertretung und nach § 116 Abs 2 4
(einleitender Satz) für den SeeBR sowie nach § 65 Abs 1 für die Jugend- und Auszubildendenvertretung. Auch auf nach § 3 Abs 1 Nr 1 bis 3 gebildete Vertretungen ist § 25 anwendbar. Dies ergibt eine sinngemäße Auslegung des § 3 Abs 5 S 2.

§ 25 steht nicht zur Disposition von TV und BV <L: *Fitting* Rn 3, GK/*Oetker* Rn 5>. 5

Dazu, dass auch Ersatzmitglieder ihr Amt niederlegen können, § 24 Rn 7. 6

II. Nachrücken von Ersatzmitgliedern in den Betriebsrat

Scheiden Mitglieder aus dem BR aus (§ 24 Rn 5 ff), **rücken** nach Abs 1 S 1 Ersatzmitglieder **automatisch nach**; eine besondere Berufung, Mitteilung oder Annahme ist nicht erforderl <R: LAG Hamm 9.2.1994, 3 Sa 1376/93, BB 1994, 1711>. Auch ein Ersatzmitglied, das länger arbeitsunfähig erkrankt ist, rückt automatisch in den BR nach, wird aber für die Zeit der Erkrankung durch das nachrangige Ersatzmitglied vertreten <R: LAG Hamm 9.2.1994 aaO>. 7

Lehnt ein Ersatzmitglied es ab, an Stelle eines ausscheidenden BR-Mitglieds dauerhaft in 8
den BR nachzurücken, steht dies einer Ablehnung der Wahl gleich und hat damit das
Ausscheiden des Ersatzmitglieds aus dem BR zur Folge <R: ArbG Kassel 20.2.1996,
2 BV 1/96, AuR 1996, 149 (LS)>.

Die dauerhaft nachgerückten Ersatzmitglieder erwerben für die restliche Amtszeit des 9
BR die volle Rechtsstellung eines BR-Mitglieds.

III. Vertretung verhinderter Betriebsratsmitglieder

1. Verhinderungsfälle

a) Tatsächliche Verhinderung

Nach Abs 1 S 2 haben die Ersatzmitglieder auch die Funktion, **zeitweilig** verhinderte BR- 10
Mitglieder zu vertreten. Fälle solcher Verhinderung sind vor allem Erholungsurlaub,
sonstige Beurlaubung und Krankheit, Einberufung zum Wehrdienst, aber auch kurzfristige Verhinderungen, etwa Arztbesuche, die Teilnahme an einer Beerdigung, Dienstreisen,
betriebl Unabkömmlichkeit, Teilnahme an einer Schulungsveranstaltung und sonstige
persönl oder sachl Gründe, die der Teilnahme an einer Sitzung oder der Erfüllung einer
Aufgabe entgegenstehen <R: BAG 25.3.1976, 2 AZR 163/75, BB 1976, 932>.

Verhindert ist ein BR-Mitglied auch während der **Elternzeit** <R: LAG Hamm 11
15.10.2010, 10 TaBV 37/10, juris; LAG Berlin 1.3.2005, 7 TaBV 2220/04, DB 2005,

§ 25   Ersatzmitglieder

2252>. Auch ein BR-Mitglied, das akut ein Kind oder einen sonst pflegebedürftigen Angehörigen betreut, ist als verhindert anzusehen.

12 Tatsächl Verhinderung ist nicht mit objektiver Unmöglichkeit gleichzusetzen. Vielmehr genügt es, dass die Ausübung des Amts dem BR-Mitglied unzumutbar ist <R: BAG 8.9.2011, 2 AZR 388/10, NZA 2012, 400>. Andererseits ist das BR-Mitglied nicht gehindert, trotz an sich bestehender Unzumutbarkeit sein Amt als BR wahrzunehmen. Es kann seinen **Erholungsurlaub** unterbrechen <R: so der Fall BAG 8.9.2011 aaO> oder sich entschließen, auch während der Elternzeit sein Amt weiterhin auszuüben <R: LAG München 22.7.2004, 2 TaBV 5/04, NZA-RR 2005, 29>. Allerdings muss es, um zu den Sitzungen geladen zu werden, in solchen Fällen anzeigen, dass es trotz Unzumutbarkeit als BR tätig werden will <R: LAG Berlin 1.3.2005, 7 TaBV 2220/04, NZA-RR 2006, 32>. Ebenso stellt die **Arbeitsunfähigkeit** eines BR-Mitglieds nicht notwendigerweise eine Verhinderung dar. Es kann Fälle geben, in denen die Erkrankung den AN zwar außerstande setzt, seine Arbeitspflichten zu erfüllen, nicht aber sein BR-Amt wahrzunehmen <R: BAG 28.7.2020, 1 ABR 5/19, BAGE 171, 355>.

13 Dass ein BR-Mitglied mit einem Hausverbot belegt ist, macht ihm den Versuch, an der Sitzung teilzunehmen, unzumutbar, sodass ein Verhinderungsfall gegeben ist. Dass das Hausverbot iF einer offensichtl unbegründeten außerordentlichen Kündigung unwirksam ist <R: dazu LAG Hamm 23.6.2014, 13 TaBVGa 20/14, juris> ändert daran nichts, so lange die Unwirksamkeit des Hausverbots nicht gerichtl festgestellt ist.

14 Übt das BR-Mitglied weitere Ämter aus, gehört es etwa dem GBR oder dem KBR an, liegt es bei zeitlichen Konflikten in seiner Entscheidung, welches Amt es wahrnimmt und für welches Amt es infolgedessen verhindert ist. Gleiches gilt, wenn das BR-Mitglied zugleich dem Aufsichtsrat des Unternehmens angehört oder ein öffentl Ehrenamt wahrnimmt. Auch die Wahrnehmung von Funktionen in einer Gewerkschaft kann eine Verhinderung begründen. Hingg stellt die Wahrnehmung der Funktion in einem privaten Verein keine Verhinderung dar.

15 Keine Verhinderung liegt vor, wenn sich das zu vertretende BR-Mitglied willkürl weigert, BR-Aufgaben zu erfüllen oder an einer Sitzung teilzunehmen, etwa weil es als AN gerade keinen Dienst hat <R: LAG Hamm 4.2.2005, 13 TaBV 126/04, juris> oder ihm ein Tagesordnungspunkt unangenehm ist. Keine Willkür liegt aber vor, wenn das BR-Mitglied mit Rücksicht auf sonst für den AG entstehende Kosten für die Betreuung eines Kindes des BR-Mitglieds, sich entschließt, an der BR-Sitzung nicht teilzunehmen <R: BAG 23.6.2010, 7 ABR 103/08, EzA § 40 BetrVG 2001 Nr 20>.

16 Wird das Ersatzmitglied trotz fehlender Verhinderung tatsächl zur Erfüllung von BR-Aufgaben herangezogen, weil der BR-Vors davon ausgeht, dass ein Fall der Verhinderung vorliegt, übt das Ersatzmitglied die BR-Tätigkeit aber berechtigterweise aus und genießt auch den besonderen Kdschutz des § 15 KSchG (Rn 1) <R: BAG 5.9.1986, 7 AZR 175/85, AP Nr 26 zu § 15 KSchG 1969>. Zu den Folgen eines Unterbleibens der Ladung von Ersatzmitgliedern s § 29 Rn 11.

b) Rechtliche Verhinderung

17 Das BR-Mitglied ist auch dann iS des Abs 1 S 2 zeitweilig verhindert, wenn im BR über Angelegenheiten beraten und ein Beschluss gefasst werden soll, die **seine Person betref-**

III. Vertretung verhinderter Betriebsratsmitglieder   § 25

fen. Dies ist einmal der Fall, wenn der AG die Zustimmung des BR zur ao Kd oder zur Versetzung des BR-Mitglieds nach § 103 beantragt hat. Es gilt zum anderen, wenn das BR-Mitglied von einer personellen Einzelmaßnahme iS von § 99 betroffen ist. Dementspr hat das BAG eine Verhinderung angenommen, wenn sich das Zustimmungsersuchen des AG auf die Person des BR-Mitglieds selbst richtet <**R**: BAG 24.4.2013, 7 ABR 82/11, DB 2013, 1794 für eine Versetzung; BAG 3.8.1999, 1 ABR 30/98, BB 2000, 621 für den Fall der Umgruppierung>. Ist das verhinderte BR-Mitglied das einzige BR-Mitglied und fehlt ein Ersatzmitglied, hat der AG analog § 103 Abs 2 unmittelbar im Beschlussverf die Zustimmungsersetzung einzuholen <**R**: BAG 25.4.2018, 2 AZR 401/17, NZA 2018, 1087>.

Das BAG verneint in den Fällen des § 99 eine persönl Betroffenheit des BR-Mitglieds   18
allerdings dann, wenn dieser nur einer der Bewerber um die zustimmungsbedürftige personelle Einzelmaßnahme war; eine solche nur „mittelbare" Betroffenheit genüge nicht <**R**: BAG 24.4.2013 aaO>. Das überzeugt nicht. Das BAG würdigt nicht hinreichend, dass in solchen Fällen das Individualinteresse des betreffenden BR-Mitglieds mit seiner Pflicht zur neutralen Amtsführung kollidiert. Dies muss für den Ausschluss des BR-Mitglied von der Mitwirkung genügen. Es liegt nicht anders als beim Ausschluss von Gemeinderatsmitgliedern wegen Befangenheit, für die nach der Rspr jedes individuelle Sonderinteresse ausreicht, weil nur so der böse Schein der Interessenkollision vermieden werden kann <**R**: vgl etwa für § 18 GemO BaWü VGH BaWü 9.9.2020, 5 S 2132/17, juris, wonach unerhebl sei, ob eine Interessenkollision tatsächl bestehe; **L**: ausf *Engel/Heilshorn* Kommunalrecht BaWü, 12. Aufl 2022, S 167 ff>. Eine solche Betroffenheit liegt auch vor, wenn das BR-Mitglied aufgrund einer BV über die wirtschaftliche Absicherung freigestellter BR-Mitglieder indirekt von einer möglichen Höhergruppierung des betreffenden AN profitiert <**R**: LAG BaWü 30.6.2008, 4 TaBV 1/08, juris>. Auch genügt es, dass der Ehegatte, der Lebenspartner oder ein naher Verwandter des BR-Mitglieds betroffen ist <**R**: LAG Ddf 16.12.2004, 11 TaBV 79/04, LAGE § 25 BetrVG 2001 Nr 2>.

Ein Fall der Verhinderung ist auch gegeben, wenn der BR den Beschluss fassen will, nach   19
§ 23 Abs 1 S 2 den Ausschluss des BR-Mitglieds aus dem BR durch das ArbG zu beantragen. Von der Beratung und Beschlussfassung des BR ist das unmittelbar betroffene BR-Mitglied ausgeschlossen, weil niemand Richter in eigener Sache sein kann <**R**: BAG 23.8.1984, 2 AZR 391/83, BB 1985, 335>.

Eine zeitweilige Verhinderung liegt auch vor, solange ein Kdschutzprozess anhängig ist   20
(§ 24 Rn 11), und iF der Betriebsveräußerung während eines Rechtsstreits über den Übergang des Arbeitsverhältnisses <**R**: LAG Köln 27.6.1997, 11 TaBV 75/96, AP Nr 6 zu § 25 BetrVG 1972>. Ist die Kd aber offensichtl unwirksam, liegt keine Verhinderung vor <**R**: LAG HH 6.10.2005, 7 TaBV 7/05, AiB 2006, 238>.

Bei Beratung und Beschlussfassung über innerorganisatorische Fragen des BR, etwa über   21
die Wahl des Vors oder die Entsendung von BR-Mitgliedern in Gesamtgremien oder Ausschüsse, ist dagg jedes BR-Mitglied, auch das zur Wahl stehende, teilnahmeberechtigt, sodass eine Vertretung durch Ersatzmitglieder nicht erforderl ist.

Wirkt ein an der Beschlussfassung rechtl verhindertes BR-Mitglied mit, führt das zur **Un-**   22
wirksamkeit des Beschlusses, weil – anders als bei einer tatsächl Verhinderung – nicht ausgeschlossen werden kann, dass die Beschlussfassung von dem rechtl ausgeschlossenen und damit befangenen Mitglied unzulässig beeinflusst worden ist <**R**: BAG 2.4.2013, 7

Schneider

§ 25   Ersatzmitglieder

ABR 82/11, DB 2013, 1794; offengelassen von BAG 6.11.2013, 7 ABR 84/11, EzA § 25 BetrVG 2001 Nr 5>.

2. Eintritt des Ersatzmitglieds

23   Das Ersatzmitglied hat während der Dauer der Vertretung alle **Pflichten und Rechte** eines ordentlichen BR-Mitglieds <R: BAG 8.9.2011, 2 AZR 388/10, EzA § 25 BetrVG 2001 Nr 3>. Dagg tritt das Ersatzmitglied nicht in die internen Ämter und Aufgaben ein, die dem verhinderten BR-Mitglied übertragen sind (Vors des BR oder Stellv, Mitgliedschaft im Betriebsausschuss, im WirtA, im GBR oder KBR, in einer ES oder Schlichtungsstelle), da die Übertragung auf dem Vertrauen in die Person des vertretenen BR-Mitglieds beruht <R: BAG 6.9.1979, 2 AZR 548/77, BB 1980, 317>.

24   Das Ersatzmitglied genießt für die Dauer der Stellvertretung die Schutzrechte eines Organmitglieds und damit auch den **Kdschutz** nach § 103 und § 15 KSchG <R: BAG 8.9.2011, 2 AZR 388/10, EzA § 25 BetrVG 2001 Nr 3>. Ersatzmitglieder genießen den besonderen Kdschutz für die gesamte Dauer ihrer Vertretung und nicht nur an den Tagen, an denen sie die Geschäfte eines BR-Mitglieds wahrnehmen, etwa an einer Sitzung teilnehmen <R: BAG 17.1.1979, 5 AZR 891/77, BB 1979, 888>. Sie sind gg Kd auch in den Zeiten geschützt, in denen sie vorübergehend selbst an der Wahrnehmung der BR-Aufgaben verhindert sind.

25   Ist der Vertretungsfall beendet, genießen die Ersatzmitglieder den nachwirkenden Kdschutz für die volle Frist des § 15 Abs 1 S 2 KSchG unter der Voraussetzung, dass sie während der Vertretungszeit auch tatsächl BR-Aufgaben wahrgenommen haben; auf den Umfang und die Bedeutung der ausgeübten Tätigkeit kommt es nicht an <R: BAG 6.9.1979, 2 AZR 548/77, BB 1980, 317; 18.5.2006, 6 AZR 627/05, DB 2006, 2693; **L:** krit LSSW/*Wertheimer* § 15 KSchG Rn 44 mwN>. Allerdings kann die Berufung auf den besonderen Kdschutz im Einzelfall rechtsmissbräuchl sein. Davon ist etwa auszugehen, wenn ein Verhinderungsfall im kollusiven Zusammenwirken mit einem ordentlichen BR-Mitglied zu dem Zweck herbeigeführt wird, dem Ersatzmitglied den besonderen Kdschutz zu verschaffen <R: BAG 8.9.2011, 2 AZR 388/10, EzA § 25 BetrVG 2001 Nr 3>.

IV. Reihenfolge des Eintritts der Ersatzmitglieder

1. Bei Verhältniswahl

26   Die Reihenfolge, in der die Ersatzmitglieder heranzuziehen sind, ist in Abs 2 S 1 und 2 geregelt. Bei zeitweiliger Verhinderung des nachgerückten Ersatzmitglieds tritt an dessen Stelle für die Dauer seiner Verhinderung das an nächster Stelle stehende Ersatzmitglied. Ist auch dieses verhindert, tritt an die Stelle für die Dauer der Verhinderung das an nächstbereiter Stelle der betreffenden Vorschlagsliste stehende Ersatzmitglied. Maßgebend ist dabei der Zeitpunkt der BR-Wahl, nicht der Zeitpunkt des Nachrückvorgangs <R: ArbG Köln 12.11.2014, 17 BV 296/14, juris>.

27   Bei der Heranziehung ist § 15 Abs 2 zu berücksichtigen. Besteht der BR aus mindestens drei Mitgliedern, muss also die Vertretung des Geschlechts in der Minderheit auch im ge-

IV. Reihenfolge des Eintritts der Ersatzmitglieder § 25

wählten BR aufrechterhalten werden. Besteht etwa in einem Betrieb, in dem die Frauen in der Minderheit sind, ein dreiköpfiger BR aus zwei Männern und einer Frau und scheidet die Frau aus oder ist zeitweise verhindert, wird also die auf der betreffenden Liste stehende Frau mit der höchsten Stimmenzahl als Ersatzmitglied herangezogen, nicht aber Männer, selbst wenn sie höhere Stimmenzahlen erreicht haben.

Befindet sich auf der betreffenden Liste keine Frau, ist entspr der Regelung des § 15 Abs 5 Nr 2 WO die Frau mit der höchsten Stimmenzahl der Vorschlagsliste heranzuziehen, auf die die folgende noch nicht berücksichtigte Höchstzahl entfällt. Steht überhaupt keine weitere Frau zur Verfügung, wird entspr dem Gedanken des § 15 Abs 5 Nr 5 WO der Mann mit der höchsten Stimmenzahl Ersatzmitglied. Scheidet ein Mitglied des Minderheitsgeschlechts aus und steht kein Ersatzmitglied des Minderheitsgeschlechts zur Verfügung, rückt das Ersatzmitglied des anderen Geschlechts nach, welches ohne die Regel des § 15 Abs 2 BR-Mitglied geworden wäre <**R:** LAG Nbg 13.5.2004, 5 TaBV 54/ 03, AP Nr 2 zu § 15 BetrVG 1972>. 28

2. Bei Mehrheitswahl

IF der Mehrheitswahl bestimmt sich nach Abs 2 S 3 die Reihenfolge der Ersatzmitglieder nach der Höhe der erreichten Stimmen. Zu berücksichtigen sind dabei nur diejenigen Bewerber, die tatsächl eine Stimme erhalten haben <**R:** LAG Ddf 15.4.2011, 6 Sa 857/10, LAGE § 13 BetrVG 2001 Nr 1>. 29

Auch iF der Mehrheitswahl ist das Gebot der zahlenmäßigen Berücksichtigung des Geschlechts in der Minderheit zu beachten. Deshalb wird der Wahlbewerber mit der nächsthöheren Stimmenzahl so lange übersprungen, bis die Quote erfüllt ist. Nur wenn kein Vertreter des Minderheitsgeschlechts mehr auf der Vorschlagsliste enthalten ist, rückt in einem solchen Fall der Bewerber oder die Bewerberin mit der nächsthöheren Stimmenzahl nach. 30

Dritter Abschnitt
Geschäftsführung des Betriebsrats

§ 26 Vorsitzender

(1) Der Betriebsrat wählt aus seiner Mitte den Vorsitzenden und dessen Stellvertreter.

(2) Der Vorsitzende des Betriebsrats oder im Fall seiner Verhinderung sein Stellvertreter vertritt den Betriebsrat im Rahmen der von ihm gefassten Beschlüsse. Zur Entgegennahme von Erklärungen, die dem Betriebsrat gegenüber abzugeben sind, ist der Vorsitzende des Betriebsrats oder im Fall seiner Verhinderung sein Stellvertreter berechtigt.

Literatur: *Brecht*, Die Vertretung des Betriebsrats durch einzelne oder mehrerer seiner Mitglieder, BB 1954, 840; *Dietz*, Anscheinsvollmacht des Betriebsratsvorsitzenden, RdA 1968, 439; *Günther/Böglmüller/Mesina*, Digitale Betriebsratstätigkeit – Gesetzlicher Rahmen und Reformbedarf, NZA 2020, 77; *Krampe*, Die Anfechtbarkeit der Wahl des Betriebsratsvorsitzenden, 2006; *Krois*, Maßnahmen zur Sicherung der Funktionsfähigkeit der Betriebsverfassung während der Covid-19 Pandemie, DB 2020, 674; *Linsenmaier*, Non volenti fit iniuria – Beschlussverfahren ohne Betriebsratsbeschluss, FS Wissmann (2005), S 378; *Raab*, Die Vertretung des Betriebsrats, ZfA 2022, 149; *Sibben*, Die Anfechtungsberechtigten bei der Wahl zum Betriebsratsvorsitzenden, NZA 1995, 819.

Übersicht

	Rn.		Rn.
I. Allgemeines	1	2. Vertretung im Rahmen der Beschlüsse	11
II. Wahl des Vorsitzenden und des Stellvertreters	2	3. Entgegennahme von Erklärungen	18
III. Vertretung des Betriebsrats	8	4. Führung der laufenden BR-Geschäfte	23
1. Vorsitzender und Stellvertreter	8	IV. Streitigkeiten	25

I. Allgemeines

1 § 26 regelt die Wahl des BR-Vors und seines Stellv und legt deren Vertretungsbefugnisse im Außenverhältnis zum AG und ggü Dritten fest. Die Organstellung als Vors des BR ist in § 29 geregelt. § 26 gilt entsprechend für die weiteren Gremien des BetrVG (GesamtBR, KonzernBR, Jugend- und Auszubildendenvertretung, Bordvertretung, Seebetriebsrat und Wirtschaftsausschuss (§ 108 Rn 2).

II. Wahl des Vorsitzenden und des Stellvertreters

2 Abs 1 schreibt vor, dass jeder aus mehreren Personen bestehende BR einen Vors und dessen Stellv aus seiner Mitte **wählen muss**. Bis zur Bestellung eines Vors kann der AG Verhandlungen mit dem BR ablehnen, da der BR als Gremium bis zu diesem Zeitpunkt noch

II. Wahl des Vorsitzenden und des Stellvertreters § 26

nicht konstituiert und damit funktionsunfähig ist <R: BAG 23.8.84, 2 AZR 391/83, BB 1985, 335; L: Richardi/*Thüsing* Rn 1; *Fitting* Rn 6; aA GK/*Raab* Rn 6; DKW/*Wedde* Rn 6; MünchArbR/*Krois*, § 294 Rn 6>. Unterbleibt die Wahl des Vors ohne triftigen Grund, kann der BR wg grober Pflichtverletzung nach § 23 aufgelöst werden. Eine Ersatzbestellung durch das ArbG kommt nicht in Betracht <L: GK/*Raab* Rn 5>.

Die Wahl muss **aus der Mitte** des BR erfolgen. Das bedeutet, dass nur Mitglieder des BR gewählt werden können. Die Wahl anderer Personen, insbes von Ersatzmitgliedern scheidet aus. Zusätzliche Wählbarkeitsvoraussetzungen können nicht aufgestellt werden <R: BAG 16.2.1973, 1 ABR 18/7, AP Nr 1 zu § 19 BetrVG 1972>. 3

Die **Wahl** hat grds in der konstituierenden Sitzung stattzufinden, die der Wahlvorstand gem § 29 Abs 1 innerhalb der ersten Woche nach der BR-Wahl (Wahltag) einberufen muss. Die Wahl wird vom Wahlleiter geleitet, den der BR aus seiner Mitte heraus bestellt (§ 29 Abs 1 S 2). Für die Wahl ist keine bes Form vorgeschrieben, sodass sie auch durch Zuruf erfolgen kann, wenn der Gewählte dadurch einwandfrei feststellbar ist. Der BR kann aber auch einen bestimmten Wahlmodus, insbes geheime Wahl, festlegen. Über einen entspr Antrag muss abgestimmt werden <R: ArbG Bielefeld 12.8.1998, 3 BV 23/98, AiB 1999, 341>. In jedem Fall muss der BR nach § 33 Abs 2 beschlussfähig sein <Lit: *Fitting* Rn 13; GK/*Raab* Rn 9>. Die Wahl hat in Präsenzsitzung zu erfolgen und kann nicht im Rahmen einer Video- bzw. Telefonkonferenz durchgeführt werden <L: aA GK/*Raab* Rn 9>. Das ergibt sich für die Wahl des Vors nicht daraus, dass die virtuelle Teilnahme mit den allg Wahlgrundsätzen unvereinbar wäre (§ 30 Rn 16), sondern vielmehr aus dem Umstand, dass es zum Zeitpunkt der Wahl des Vors und Stellv an einer wirksamen Geschäftsordnung fehlt, die gem § 30 Abs 2 S 1 Nr 1 erst eine virtuelle Teilnahme der BR-Mitglieder zulässt. 4

Bei der Wahl kann auch der zu Wählende selbst mitstimmen. Gewählt ist ein Vors, wenn die Mehrheit der anwesenden BR-Mitglieder sich auf eine Person geeinigt hat. Abw von der Vorschrift des § 33 Abs 1 S 2 entscheidet bei Stimmengleichheit das Los, da es nicht darum geht, einen Antrag anzunehmen oder abzulehnen, sondern in jedem Fall einen Vors zu wählen <R: BAG 26.2.87, 6 ABR 55/85, DB 1987, 1995; GK/*Raab* Rn 12>. Der BR kann vor dem Losentscheid aber einen weiteren Wahlgang einschieben, etwa um die Einigung auf einen dritten Kandidaten zu ermöglichen <L: So auch HWGNRH/*Glock* Rn 9; MünchArbR/*Krois* § 293 Rn 8. Anders *Fitting* Rn 15; Richardi/*Thüsing* Rn 9: Losentscheid erfolgt grds erst nach zweitem Wahlgang, soweit nicht vorher ein anderes festgelegt wird>. Nimmt der Gewählte die Wahl nicht an, ist ein neuer Wahlgang erforderl. 5

Die Wahl des **Stellv** erfolgt in einem gesonderten Wahlgang nach den gleichen Grundsätzen. Es wird also nicht derjenige mit der höchsten Stimmenzahl zum Vors und derjenige mit der nächsthöheren Stimmenzahl zum Stellv gewählt. 6

Der Vors und sein Stellv werden, wenn nichts anderes bestimmt wird, **für die Dauer der Amtszeit des BR** gewählt. Beide Ämter können aber vorher niedergelegt oder durch Mehrheitsbeschluss des BR gem § 33 Abs 1 wieder entzogen werden <R: BAG 26.1.1962, 2 AZR 244/61, AP Nr 8 zu § 626 BGB Druckkd; L: GK/*Raab* Rn 26 mwN>. 7

III. Vertretung des Betriebsrats

1. Vorsitzender und Stellvertreter

8 Nach Abs 2 S 1 vertritt **grds der Vors** den BR iR der von diesem gefassten Beschlüsse. Der BR kann seine Beschlüsse allerdings jederzeit als Kollegium umsetzen oder im Einzelfall andere BR-Mitglieder (zB einen Ausschussvors) mit dem Vollzug des Beschlusses betrauen.

9 Der **Stellv** ist kein „2. Vorsitzender", der die gleichen Rechte wie der Vors hat. Der Vors kann den Stellv auch nicht mit einzelnen Aufgaben unterbevollmächtigen. Der Stellv tritt **nur bei Verhinderung des Vors** (§ 25 Rn 10) zeitweilig an dessen Stelle. Dann hat er aber alle Befugnisse, die sonst dem Vors zustehen. Dennoch ist der Stellv kein gewöhnliches BR-Mitglied, sondern hat innerhalb des Gremiums eine herausgehobene Position <**R**: LAG Nürnberg 10.5.2019, 4 Ta 54/19, juris>.

10 Bei Verhinderung des Vors und Stellv bestimmt sich die Vertretung des BR-Vors nach der gem § 36 zu erlassenden Geschäftsordnung. Regelt diese den Fall nicht, muss der BR einen Beschluss über die weitere Vertretung fassen. Dabei kann er aber nicht vorsehen, dass der AG dem ortsabwesenden BR-Vors oder dessen Stellv Erklärungen zustellen muss <**R**: Hess LAG 28.11.1989, 4 TaBV 98/88, DB 1990, 1728>. Treffen weder die Geschäftsordnung noch der BR Vorkehrungen für die Verhinderung des Stellv, ist jedes BR-Mitglied berechtigt und verpflichtet, Erklärungen des AG entgegenzunehmen <**R**: BAG 28.7.2020, 1 ABR 5/19, AP Nr 168 zu § 99 BetrVG 1972; Hess LAG 28.11.89, 4 TaBV 98/88, DB 1990, 1728>. Eine Abgabe von Erklärungen für den BR ist dagg, solange die Verhinderung dauert, nicht möglich. Zur allg Entgegennahme von Erklärungen Rn 18. Für die Anhörung des BR bei Kd § 102 Rn 38.

2. Vertretung im Rahmen der Beschlüsse

11 Vertretung iSv Abs 2 S 1 heißt in erster Linie, dass es Sache des Vors ist, **rechtsverbindliche Erklärungen** für den BR abzugeben. Er muss BV unterzeichnen und die Zustimmung des BR zu pers Einzelmaßnahmen oder den Widerspruch ggü Kd usw erklären. Es handelt sich um eine Vertretung in der Erklärung, aber keine Vertretung im Willen <**L**: BT-Drs I/3585, S 7>.

12 Vertretungsbefugt ist der Vors daher nur, abgesehen von den ihm allein obliegenden Amtspflichten (§ 27 Rn 17 ff), wenn und soweit seinen Handlungen ein wirksamer BR-Beschluss zugrunde liegt <**R**: BAG 15.9.1954, 1 AZR 154, 258/54, BB 1954, 870>. Erklärungen des Vors, die nicht auf einem Beschluss des BR beruhen, etwa eine eigenmächtige Zustimmungserklärung zur Einstellung eines AN oder eine unbefugte Unterzeichnung einer vom BR nicht beschlossenen BV, sind rechtsunwirksam <**R**: BAG 9.12.2014, 1 ABR 19/13, EzA § 26 BetrVG 2001 Nr 4>. Rechtsunwirksam ist auch die Beauftragung eines Rechtsanwalts mit der Durchführung eines Beschlussverf, wenn der Beauftragung kein Beschluss des BR zugrunde liegt; der dem Rechtsanwalt gestellte Antrag ist dann als unzulässig abzuweisen <**R**: BAG 9.12.2003, 1 ABR 44/02, AP Nr 1 zu § 33 BetrVG 1972>. Zur Haftung des BR-Vors gem. § 179 BGB analog (§ 40 Rn 20). Nach einer verbreiteten Ansicht soll dem BR das Handeln seines Vors auch ohne ordnungsgemäße Beschlussfassung über seine Bevollmächtigung zuzurechnen sein, wenn die BR-Mitglieder dessen Auftreten kannten, der

AG oder Dritte auf den so gesetzten Rechtsschein vertraut hat und nach Treu und Glauben darauf auch vertrauen durfte <**R:** LAG Düsseldorf vom 15.4.21,11 Sa 490/20, juris; **L:** *Fitting* Rn 32 ff; GK/*Raab* Rn 45 ff>. Auf Grundlage solcher Rechtsscheintatbestände kann jedenfalls keine Betriebsvereinbarung mit normativer Bindungswirkung abgeschlossen werden <**R:** BAG 8.2.2022, 1 AZR 233/21, AP Nr 124 zu § 77 BetrVG 1972; LAG Düsseldorf 27.4.2018, 10 TaBV 64/17, juris; **aA** LAG Düsseldorf 16.12.2021, 5 Sa 752/19, juris (Revision eingelegt unter Az 1 AZR 77/22); <**L:** aA die noch hM; wie hier DKW/*Wedde* Rn 22>. Die Normativwirkung gegenüber den AN basiert auf der gesetzlich getragenen Vorstellung, dass der BR als Organ die AN in betrieblichen Angelegenheiten vertritt. Allein der Rechtsschein kann keine Legitimation zur Normsetzung gegenüber den AN begründen. Zum Nachweis der Vollmacht s § 34 Rn 12.

Der BR kann wg Fehlens eines BR-Beschlusses unwirksamen Erklärungen des Vors **nachträglich zustimmen** mit der Folge, dass sie entsprechend §§ 177 Abs 1, 184 Abs 1 BGB von Anfang an wirksam sind <**R:** BAG 9.12.2014, 1 ABR 18/13, EzA § 26 BetrVG 2001 Nr 4 für die Genehmigung vom BR-Vors abgeschlossener BV; einschränkend Richardi/*Thüsing* Rn 49; GK/*Raab* Rn 40>. Eine Genehmigung hängt grds von keiner Frist ab, sodass eine solche Genehmigung auch nach einem längeren Zeitablauf noch möglich ist <**R:** LAG Düsseldorf, 2.7.2021, 6 Sa 8/19, juris>. Dies gilt auch, soweit die Zustimmung zu Maßnahmen des AG, etwa die Zustimmung zur Kd eines BR-Mitglieds nach § 103 Abs 1, in Rede steht. § 177 Abs 1 BGB will es dem ohne Vertretungsmacht Vertretenen ermöglichen, die Vertretung rückwirkend zu sanktionieren. Es besteht kein Grund, dem BR diese Möglichkeit zu verweigern <**R:** BAG 10.10.2007, 7 ABR 51/06, BB 2008, 671 mit krit Anm *Boemke*; BAG 17.11.2010, 7 ABR 120/09, EzA § 99 BetrVG 2001 Nr 20; BAG 9.12.14, 1 ABR 18/13, EzA § 26 BetrVG 2001 Nr 4>. Allerdings kann eine Nachholung der Beschlussfassung auch ausgeschlossen sein <**R:** BAG 4.11.2015, 7 ABR 61/13, AP Nr 10 zu § 29 BetrVG 1972 zur fehlenden Nachholmöglichkeit im arbeitsgerichtlichen Verfahren; LAG Nürnberg 13.6.2017, 7 TaBV 80/16, juris; auch LAG Nürnberg 10.12.2014, 2 SA 379/14, juris im Rahmen eines Interessenausgleichs>.

Der durch Beschluss des BR gezogene Rahmen kann dem Vors einen **Handlungsspielraum** einräumen, soweit nicht davon auszugehen ist, dass das Gesetz eine konkrete Beschlussfassung durch den BR selbst für unabdingbar erachtet <**L:** *Linsenmaier* FS Wissmann, S 382 ff>. Ein solcher Handlungsspielraum kommt insbes für Verhandlungen mit dem AG und in Bezug auf die Durchführung von Rechtsstreitigkeiten in Betracht. So kann der Vors in der ES eine BV ohne weitere Befragung der der ES nicht angehörenden BR-Mitglieder unterzeichnen, wenn der Inhalt der BV durch vorherige Beschlüsse des BR gedeckt ist <**R:** BAG 24.2.2000, 8 AZR 180/99, EzA § 1 KSchG Interessenausgleich Nr 7>. Bei Rechtsstreitigkeiten genügt es, wenn der Gegenstand und das angestrebte Ergebnis bezeichnet sind <**R:** BAG 29.4.2004, 1 ABR 30/02, AP Nr 3 zu § 77 BetrVG 1972 Durchführung>. Die Entscheidung über die Zustimmung zu personellen Einzelmaßnahmen kann dem Vors hingg nicht übertragen werden <**R:** BAG 28.2.1974, 2 AZR 455/73, AP Nr 2 zu § 102 BetrVG 1972; **L:** *Linsenmaier* FS Wissmann, S 383>. Zu weit geht der Handlungsspielraum, wenn die Beschlussfassung über die Zustimmungsverweigerung nach § 99 Abs 2 als solche genügen soll, ohne dass der Beschluss eine Begründung für diese Verweigerung enthält <**R:** BAG 30.9.2014, 1 ABR 32/13, BB 2015, 638>.

Der BR kann Richtlinien oder allg Handlungsanweisungen aufstellen, wie sich der BR-Vors in sich häufig wiederholenden gleichgelagerten Fällen zu verhalten hat. Die Aufstel-

§ 26   Vorsitzender

lung ersetzt jedoch nicht den Beschluss als Grundlage für das konkrete Handeln als solches. Zudem sollte beim Aufstellen solcher „Anweisungen" darauf geachtet werden, dass dem Vors noch ausreichend Handlungsspielraum bei der konkreten Umsetzung des Beschlusses bleibt.

16 Wenn dem Vors kein Handlungsspielraum eingeräumt ist, sondern er nur einen Beschluss des BR dem AG mitzuteilen hat, ist er dazu auch dann befugt, wenn der Beschluss, etwa über die Zustimmung oder Zustimmungsverweigerung zu einer Versetzung, ihn selbst betrifft <**R**: BAG 19.3.2003, 7 ABR 15/02, EzA § 40 BetrVG 2001 Nr 3>. Dies ändert aber nichts daran, dass der Vors an der Teilnahme an der Beratung und Beschlussfassung im BR nach § 25 Abs 1 S 2 verhindert ist.

17 Der Vors hat als Sprecher des BR nicht nur dessen Beschlüsse durchzuführen, sondern auch alle **Verhandlungen** für den BR mit dem AG, anderen BR, den Gewerkschaften und den Behörden zu führen und muss allen AN des Betriebes für Rücksprachen und Auskünfte zur Verfügung stehen.

3. Entgegennahme von Erklärungen

18 Zur Vertretung des BR gehört nach Abs 2 S 2 auch die **Entgegennahme von Erklärungen** und damit das Schaffen eines Zugangs beim BR (§ 130 BGB). Darunter fallen nicht nur rechtsgeschäftliche Willenserklärungen, sondern Erklärungen und Mitteilungen aller Art, die der AG nach dem BetrVG ggü dem BR abzugeben hat, zB nach §§ 74 Abs 1, 90, 92 Abs 1, 92a Abs 2, 99 Abs 1, 100 Abs 2, 102 Abs 1 und 111 <**R**: BAG 28.7.2020, 1 ABR 5/19, BB 2020, 2619>. Eine Erklärung ggü dem BR kann auch dann zugehen, wenn der AG diese während des laufenden Arbeitstages in den vom BR eingerichteten Briefkasten einwirft <**R**: LAG Niedersachsen, 26.11.2007, 6 TaBV 34/07, juris>. Das Einlegen in ein offenes Postfach des BR bewirkt hingegen noch keinen Zugang <**R**: LAG Berlin-Brandenburg 31.1.2007, 17 Sa 1599/06, juris>.

19 Ist ein Ausschuss gebildet worden, dem der BR bestimmte Aufgaben zur selbstständigen Erledigung übertragen hat (§ 28 Rn 13), kann auch der Ausschussvorsitzende zur Entgegennahme der Erklärungen des AG hinsichtlich der übertragenen Aufgaben berechtigt sein <**R**: LAG München 29.7.2020, 11 Sa 332/20, juris, hier Personalausschuss bzgl. Kündigungsanhörung>.

20 Ist der Vors verhindert, muss die Erklärung ggü seinem Stellv abgegeben werden. Eine Abgabe ggü einem anderen Mitglied des BR kommt nur in Betracht, wenn auch der Stellv verhindert ist (Rn 10). Wird, ohne dass dies der Fall ist, eine Erklärung ggü einem anderen BR-Mitglied abgegeben, ist sie dem BR erst zugegangen, wenn der Vors von ihr Kenntnis erlangt <**R**: BAG 28.2.1974, 2 AZR 455/73, BB 1974, 836>. Das übermittelnde BR-Mitglied ist in diesem Fall Erklärungsbote des AG und muss sich als BR-Mitglied erst mit Zugang beim BR-Vors dem Wissensstand des Vors zurechnen lassen <**R**: BAG 28.7.2020, 1 ABR 5/19, AP Nr 168 zu § 99 BetrVG 1972; BAG 23.10.2008, 2 AZR 163/07, BB 2009, 1758>.

21 Grds braucht der Vors Erklärungen nur **im Betrieb** entgegenzunehmen. Das gilt auch, wenn es der Vors nicht abgelehnt hatte, eine Erklärung außerhalb des Betriebs entgegenzunehmen <**R**: BAG 7.7.2012, 6 AZR 248/10, EzA § 26 BetrVG 2001 Nr 3>. Hat sich der Vors hingg ausdrückl bereit erklärt, eine Erklärung auch zuhause entgegenzunehmen,

genügt es, wenn sie ihm in üblicher Weise, etwa durch (nachweisbaren) Einwurf in den Briefkasten zu normalen Zeiten zugeht.

Die Erklärung muss dem **Vors des zuständigen BR** zugehen. Das ist bei der Kd einer BV der BR, der die BV abgeschlossen hat. Bei der Kd einer GBV ist es der GBR und nicht der BR <R: LAG Ddf 28.4.2004, 17 Sa 1952/03, LAGE § 26 BetrVG 2001 Nr 1>. Eine dem Vors des unzuständigen BR zugegangene Erklärung wird erst wirksam, wenn dieser sie an den zuständigen Vors weitergibt oder der zuständige Vors anderweitige Kenntnis von der Erklärung erlangt.

4. Führung der laufenden BR-Geschäfte

Eines BR-Beschlusses bedarf es nicht für die Führung der laufenden BR-Geschäfte. Dabei ergeben sich bestimmte Angelegenheiten der laufenden BR-Geschäfte für den Vors bereits aus dem Gesetz: So geht es hier in erster Linie um die Wahrnehmung von organisatorischen Aufgaben zur Vorbereitung und Durchführung der BR-Sitzungen (§ 29 Abs 2 und Abs 3, § 34 Abs 1 S 2) und Leitung der BR-Versammlung (§ 42 Abs 1 S 1).

Die Führung laufender Angelegenheiten ergibt sich nicht aus der Stellung des Vors, sondern steht bei kleineren BR genuin diesen selbst zu (s § 27 Rn 17 ff, 27). Eine Übertragung auf den Vors und damit „in eine Hand" ist dennoch praktikabel und kann durch Richtlinien oder Handlungsanweisungen näher gesteuert werden (Rn 15).

IV. Streitigkeiten

Die Wahlen des Vors und seines Stellv können in entspr Anwendung des § 19 binnen zwei Wochen ab Bekanntgabe der Wahl im **arbg Beschlussverf** auf ihre formelle und materielle Rechtmäßigkeit überprüft werden <R: BAG 15.1.1992, 7 ABR 24/91, DB 1993, 334>. Antragsberechtigt ist jedes BR-Mitglied, nicht jedoch eine im Betrieb vertretene Gewerkschaft <R: BAG, 30.10.1986, 6 ABR 52/83, AP Nr 6 zu § 47 BetrVG 1972; L: Richardi/*Thüsing* Rn 23; GK/*Raab* Rn 19; **aA** noch in der Vorauflage unter Hinweis auf BAG 12.10.1976, 1 ABR 17/76, BB 1977, 245>. Anfechtungsberechtigt ist ebensowenig der AG, einzelne AN oder der BR selbst <L: für ein Antragsrecht des AG ist *Sibben* NZA 1995, 819, 821>.

§ 27 Betriebsausschuss

(1) Hat ein Betriebsrat neun oder mehr Mitglieder, so bildet er einen Betriebsausschuss. Der Betriebsausschuss besteht aus dem Vorsitzenden des Betriebsrats, dessen Stellvertreter und bei Betriebsräten mit

9 bis 15 Mitgliedern aus 3 weiteren Ausschussmitgliedern,

17 bis 23 Mitgliedern aus 5 weiteren Ausschussmitgliedern,

25 bis 35 Mitgliedern aus 7 weiteren Ausschussmitgliedern,

37 oder mehr Mitgliedern aus 9 weiteren Ausschussmitgliedern.

Die weiteren Ausschussmitglieder werden vom Betriebsrat aus seiner Mitte in geheimer Wahl und nach den Grundsätzen der Verhältniswahl gewählt. Wird nur ein Wahlvorschlag gemacht, so erfolgt die Wahl nach den Grundsätzen der Mehrheitswahl. Sind die weiteren Ausschussmitglieder nach den Grundsätzen der Verhältniswahl gewählt, so erfolgt die Abberufung durch Beschluss des Betriebsrats, der in geheimer Abstimmung gefasst wird und einer Mehrheit von drei Vierteln der Stimmen der Mitglieder des Betriebsrats bedarf.

(2) Der Betriebsausschuss führt die laufenden Geschäfte des Betriebsrats. Der Betriebsrat kann dem Betriebsausschuss mit der Mehrheit der Stimmen seiner Mitglieder Aufgaben zur selbstständigen Erledigung übertragen; dies gilt nicht für den Abschluss von Betriebsvereinbarungen. Die Übertragung bedarf der Schriftform. Die Sätze 2 und 3 gelten entsprechend für den Widerruf der Übertragung von Aufgaben.

(3) Betriebsräte mit weniger als neun Mitgliedern können die laufenden Geschäfte auf den Vorsitzenden des Betriebsrats oder andere Betriebsratsmitglieder übertragen.

Literatur: *Dütz*, Abschaffung des Minderheitenschutzes durch das BetrVerf-ReformG 2001, DB 2001, 1306; *Geffken*, Ausschüsse und Arbeitsgruppen, AiB 2006, 266; *Klein*, Die Stellung der Minderheitsgewerkschaften in der Betriebsverfassung, 2007, 366 ff; *Lenz*, Betriebsausschuss, AiB 1998, 71; *Löwisch*, Monopolisierung durch Mehrheitswahl? – Zu den Wahlgrundsätzen bei Ausschussbesetzungen und Freistellungen in der Betriebsverfassung, BB 2001, 726; *Raab*, Die Schriftform in der Betriebsverfassung, FS Konzen (2006), S 719; *Ratayczak*, Interne Wahlen des Betriebsrats, AiB 2006, 270; *Süllwolt*, Aufgaben des Betriebsausschusses, ZBVR 2004, 22; *Voss*, Die Rechtsstellung von Minderheitslisten im Betriebsrat (Dissertation 2015).

Übersicht

	Rn.		Rn.
I. Allgemeines	1	IV. Aufgaben	17
II. Mitgliedschaft	2	1. Führung der laufenden Geschäfte	17
1. Bestimmung der Mitglieder	2	2. Übertragung weiterer Aufgaben	22
2. Wahl von Ersatzmitgliedern	8	V. Übertragung laufender Geschäfte in kleineren Betriebsräten	27
3. Amtszeit und Abberufung	11		
III. Geschäftsführung und Sitzung des Betriebsausschusses	15	VI. Streitigkeiten	29

I. Allgemeines

§ 27 bezweckt, die Geschäftsführung zu erleichtern und das BR-Kollegium zu entlasten. 1
Die Verantwortung für die Amtsführung bleibt jedoch beim BR. § 27 gilt entspr für den
GBR und KBR (§§ 51 Abs 1 und 2, 59 Abs 1). Auf die Jugend- und Auszubildendenvertretung ist er – anders als § 28 – nicht anzuwenden.

II. Mitgliedschaft

1. Bestimmung der Mitglieder

Abs 1 schreibt vor, dass jeder BR, dem neun oder mehr Mitglieder angehören (in der 2
Regel mehr als 200 AN im Betrieb), verpflichtend einen Betriebsausschuss bilden muss.
Maßgeblich für die Bestimmung der Mitgliederzahl ist nicht die gesetzlich vorgeschriebene Mitgliederzahl nach § 9, sondern die Zahl der tatsächlich gewählten BR-Mitglieder
<L: GK/*Raab* Rn 10 mwN>. Sinkt die Mitgliederzahl während der Laufzeit des BR unter
neun Mitglieder, so endet der Betriebsausschuss nicht automatisch, wie der WA (§ 106
Rn 7), sondern besteht bis zur Konstituierung eines neuen BR, dessen Wahl nach § 13
Abs 2 Nr 2 nötig wird, fort <L: GK/*Raab* Rn 10>.

Als „**geborene** Mitglieder" gehören dem Betriebsausschuss stets der BR-Vors und dessen 3
Stellv an. Der BR-Vors ist zugleich Vors des Betriebsausschusses; gleiches gilt für den
Stellv <L: GK/*Raab* Rn 14>. Außerdem wählt der BR eine nach Abs 1 zwingend vorgeschriebene Zahl von **weiteren** Mitgliedern in den Betriebsausschuss. Die Wahl muss dem
Zweck des § 27 entspr unverzüglich nach der Konstituierung des BR durchgeführt werden
<L: GK/*Raab* Rn 13>. Die Folgen bei einer Nichtwahl, Rn 29.

Nach Abs 1 S 3 werden die **weiteren Ausschussmitglieder** vom BR in geheimer Wahl 4
gewählt. Ausschussmitglieder werden aus der Mitte des BR gewählt, sodass Ausschussmitglieder nur BR-Mitglieder sein können (zu Ersatzmitgliedern Rn 8). Die Wahl ist an
keine Formvorschriften gebunden und erfolgt mit Stimmenmehrheit des gesamten BR
<R: BAG 11.2.1969, 1 ABR 12/68, BB 1969, 491>. Die Wahl ist mittels Videokonferenz
möglich, soweit die Wahl in der zuvor erlassenen GO vorgesehen und ein geheimes Wahlverfahren sichergestellt ist. Eine Telefonkonferenz scheidet für eine geheime Wahl daher
schon technisch aus.

Die Wahl ist nach Abs 1 S 3 **grds als Verhältniswahl** durchzuführen. Dadurch wird ge- 5
währleistet, dass BR-Mitglieder, die aufgrund unterschiedlicher Listen in den BR gewählt
worden sind, ihre anteilige Vertretung auch im Betriebsausschuss durchsetzen können
<R: BAG 16.3.2005, 7 ABR 37/04, AP Nr 5 zu § 51 BetrVG 1972: Ausschuss als verkleinertes Abbild des BR>. Die Listen müssen nicht der BR-Wahl entsprechen, sondern können beliebig von einzelnen oder mehreren BR-Mitgliedern gemacht werden, selbst wenn
sie bei der BR-Wahl nicht auf derselben Liste standen <L: GK/*Raab* Rn 18>.

Die Verhältniswahl wird analog § 15 Abs 1 WO nach dem Höchstzahlensystem durchge- 6
führt. Ergeben sich für den letzten Sitz gleiche Höchstzahlen, entscheidet die niedrigere
Teilungszahl.

§ 27 Betriebsausschuss

7 Wird nur ein Wahlvorschlag gemacht, findet nach Abs 1 S 4 **Mehrheitswahl** statt. Die weiteren Ausschussmitglieder sind dann in der Reihenfolge der auf sie entfallenden Stimmen gewählt.

2. Wahl von Ersatzmitgliedern

8 Das Gesetz sieht die Wahl von Ersatzmitgliedern für den Betriebsausschuss nicht vor. Da die Ersatzmitglieder nach § 25 nicht in die Ämter eines ausgeschiedenen oder verhinderten Betriebsausschussmitglieds einrücken (§ 25 Rn 3), kann nur über die Wahl von Ersatzausschussmitgliedern die fortlaufende Funktionsfähigkeit des Betriebsausschusses gewährleistet werden. Daher ist eine solche Wahl zulässig.

9 Die Wahl muss wiederum den in der Bindung an den Grds der Verhältniswahl liegenden Minderheitenschutz beachten <R: vgl für das gleich gelagerte Problem bei § 38 BAG 25.4.2001, 7 ABR 26/00, NZA 2001, 977; L: *Klein* S 379ff; GK/*Raab* Rn 40>. Dies kann entweder so geschehen, dass allg bestimmt wird, dass Ersatzmitglieder auch für den Betriebsausschuss der Reihe nach die nicht gewählten Bewerber derjenigen Vorschlagslisten für den Betriebsausschuss sind, denen verhinderte oder ausgeschiedene Betriebsausschussmitglieder angehören <L: GK/*Raab* Rn 44; *Fitting* Rn 34>, oder so, dass in konkreten Verhinderungs- oder Nachrückfällen die Ersatzmitglieder der Reihe nach der Liste entnommen werden, der das verhinderte oder ausgeschiedene Mitglied angehört. Eine gesonderte Verhältniswahl der Ersatzmitglieder ist hingg unzulässig, weil dann im konkreten Verhinderungsfall der Minderheitenschutz vernachlässigt wäre <L: *Klein* S 379; GK/*Raab* Rn 45; *Fitting* Rn 37; **aA** *Richardi/Thüsing* Rn 22>.

10 Ist die Liste, der das zu ersetzende Mitglied angehörte, erschöpft, ist eine Nachbesetzung im Wege der Mehrheitswahl zulässig <R: BAG 16.3.2005, 7 ABR 43/04, AP Nr 6 zu § 28 BetrVG 1972>. Der Minderheitenschutz wird dadurch nicht verletzt, weil es die betroffene Liste in der Hand hatte, durch eine entspr Gestaltung ihrer Vorschlagsliste Vorsorge für Nachbesetzungen zu treffen <L: *Klein* S 382; **aA** GK/*Raab* Rn 50, der eine Neuwahl für erforderl hält; *Fitting* Rn 35 f: § 25 Abs 2 S 2 analog>.

3. Amtszeit und Abberufung

11 Der Betriebsausschuss führt seine Geschäfte bis zur Beendigung der **Amtszeit des BR** (§ 21; § 23 Abs 1 S 1). Die Amtszeit des einzelnen Ausschussmitglieds endet ferner mit dem Erlöschen der BR-Mitgliedschaft. Die „geborenen" Ausschussmitglieder verlieren ihre Stellung, soweit sie ihre Amtsstellung als Vors/Stellv verlieren. Dagegen wird die Mitgliedschaft durch die Distanzierung von der Liste, über die das Mitglied in den Betriebsausschuss gewählt worden ist, nicht berührt.

12 Die Ausschussmitglieder können vor Ende der Amtszeit des BR ihre Mitgliedschaft im Betriebsausschuss niederlegen oder jederzeit vom BR (Abs 1 S 5) **abberufen** werden. Sind die weiteren Betriebsausschussmitglieder nach dem Grds der Verhältniswahl gewählt worden, ist zu ihrer Abberufung allein ein in geheimer Abstimmung zu fassender Beschluss notwendig, der einer 3/4-Mehrheit aller BR-Mitglieder, also nicht nur der an der Beschlussfassung teilnehmenden, bedarf. Bei der Abberufung handelt es sich um eine betriebspolitische Entscheidung, bei der die BR-Mitglieder in ihrem Abstimmungsverhal-

ten frei und an keine sachlichen Gründe gebunden sind. Ausreichend für eine Abberufung ist somit, dass die BR-Mitglieder der Ansicht sind, dass dem derzeitigen Inhaber der Position nicht mehr das erforderliche Vertrauen entgegengebracht werden kann oder ein Wechsel herbeigeführt werden soll <R: Hess LAG 23.11.2020, 16 TaBV 79/20, juris; L: GK/*Raab* Rn 36>. In Konstellationen, in denen auch bei Beachtung der 3/4-Mehrheit eine Aushebelung des Minderheitenschutzes möglich ist <L: in einem Zahlenbeispiel *Klein* S 383>, kann die Abberufung allerdings rechtsmissbräuchlich sein.

Da die 3/4-Mehrheit der Absicherung des der Verhältniswahl innewohnenden Minderheitenschutzes dient, ist sie nur erforderl, wenn lediglich ein Teil der gewählten Ausschussmitglieder durch andere BR-Mitglieder ersetzt werden soll. Werden dagg die Ausschussmitglieder insgesamt neu gewählt, ersetzen die neu gewählten die früheren Mitglieder, ohne dass diese erst mit qualifizierter Mehrheit des BR abberufen werden müssten <R: BAG 29.4.1992, 7 ABR 74/91, DB 1993, 1527>. 13

Bei einer Mehrheitswahl genügt für die Abberufung die einfache Stimmenmehrheit <L: *Fitting* Rn 46>. 14

III. Geschäftsführung und Sitzung des Betriebsausschusses

Den Vorsitz des Ausschusses führt der Betriebsausschussvorsitzende, bei seiner Verhinderung der Stellv. Er vertritt den Ausschuss nach Maßgabe des § 26 Abs 2. Zulässig ist eine interne Aufgabenverteilung auf einzelne oder mehrere Ausschussmitglieder <L: GK/*Raab* Rn 54: „informelle Arbeitsgruppen">. Eine Übertragung zur selbstständigen Erledigung ist damit nicht verbunden. Die Verteilung dient vor allem der effektiven Vorbereitung für eine gemeinsame Entscheidungsfindung. 15

Ebenso wie der BR erledigt der Betriebsausschuss seine Aufgaben regelmäßig in Sitzungen. Die Sitzungen des Betriebsausschusses finden wie die BR-Sitzungen grds während der Arbeitszeit statt; bei ihrer Anberaumung müssen die betriebl Gegebenheiten und Notwendigkeiten beachtet werden. Die Sitzungen sind nicht öffentlich. Sie werden vom Vors oder im Fall seiner Verhinderung von dessen Stellv geleitet. Für die Teilnahme des AG und des Beauftragten einer AG-Vereinigung an Sitzungen des Betriebsausschusses gilt § 29 Abs 4, für die Teilnahme von Gewerkschaftsbeauftragten gilt § 31 entspr. Die Schwerbehindertenvertretung hat gem § 178 Abs 4 SGB IX ein eigenständiges Teilnahmerecht. Die Vorschriften über Beschlussfassung (§ 33), Sitzungsniederschrift (§ 34) und die Aussetzung von Beschlüssen (§ 35) gelten für den Betriebsausschuss entspr. 16

IV. Aufgaben

1. Führung der laufenden Geschäfte

Nach Abs 2 S 1 führt der Betriebsausschuss die laufenden Geschäfte des BR. Für diese ist der Betriebsausschuss **originär zuständig**: Er entscheidet eigenständig und ohne entspr BR-Beschluss anstelle des BR; seine Beschlüsse haben Außenwirkung. 17

Laufende Geschäfte sind interne, verwaltungsmäßige und organisatorische Aufgaben des BR, die mit einer gewissen Regelmäßigkeit auftreten und keine grds Bedeutung für die 18

§ 27 Betriebsausschuss

Belegschaft haben <R: BAG 15.8.2012, 7 ABR 16/11, AP BetrVG 1972 § 27 Nr 10; L: GK/*Raab* Rn 66, anders noch in der Vorauflage>.

19 **Laufendes Geschäft** ist damit zunächst die Sorge für den ordentlichen Geschäftsgang, etwa die Beschaffung von Räumen für Sitzungen, von Schreibkräften, Schreibmaterialien, Telefon- und Telefaxleitungen, eines E-Mail-Anschlusses oder Ähnlichem <R: BAG 15.8.2012, 7 ABR 16/11, AP Nr 10 zu § 27 BetrVG 1972>. Zu den inhaltlich vorbestimmten Angelegenheiten gehören insbes vorbereitende Tätigkeiten, etwa das Einholen von Auskünften und das Beschaffen von Unterlagen, Vorbesprechungen mit dem AG und den im Betrieb vertretenen Gewerkschaften, aber auch Öffentlichkeitsarbeit <R: LAG Berlin-Brandenburg 15.2.2018, 14 TaBV 675/17, juris> sowie die Ausarbeitung von Entwürfen für BV. IÜ ist die Frage, ob eine Angelegenheit ohne grds Bedeutung für die Belegschaft ist, nach den Gegebenheiten und der Größe des einzelnen Betriebs zu beantworten.

20 Nicht zu den laufenden Geschäften gehört ohne den nach Abs 2 S 2 erforderl Übertragungsbeschluss die Ausübung der **Mitbestimmungs- und Mitwirkungsrechte**. Dies gilt auch, wenn es sich, insbes in personellen Angelegenheiten, um Einzelmaßnahmen handelt, die mit der einmaligen Beschlussfassung erledigt sind <L: *Fitting* Rn 68; DFL/ *Maschmann* Rn 5; **aA** Richardi/*Thüsing* Rn 54>. Auch die monatlichen Besprechungen zwischen BR und AG nach § 74 Abs 1 gehören nicht zu den laufenden Geschäften, sie können dem Betriebsausschuss nur nach Abs 2 S 2 übertragen werden <R: BAG 15.8.2012, 7 ABR 16/11, AP Nr 10 zu § 27 BetrVG 1972>. Ebenso wenig die Bestellung von Beisitzern einer Einigungsstelle <R: Hess LAG 23.9.2019, 16 TaBV 62/19, juris>.

21 Das Gesetz hat dem Betriebsausschuss das Einsichtsrecht in die Bruttolohn- und Gehaltslisten übertragen § 80 Abs 2 S 2 Hs 2, soweit hierfür kein besonderer Ausschuss nach § 28 gebildet worden ist <R: BAG 7.5.2019, 1 ABR 53/17, BB 2019, 3003>.

2. Übertragung weiterer Aufgaben

22 Nach Abs 2 S 2 kann der BR dem Betriebsausschuss über die laufenden Geschäfte hinaus **weitere Aufgaben zur selbstständigen Erledigung übertragen**. Übertragen werden können Mitbestimmungsaufgaben aller Art, auch wenn ihre Erledigung eine Beschlussfassung erfordert, etwa bei Zustimmung zu oder Ablehnung einer AG-Maßnahme oder einem Widerspruch gg eine AG-Kündigung <R: BAG 17.3.2005, 2 AZR 275/04, AP Nr 6 zu § 27 BetrVG 1972, für die Zustimmung nach § 103>.

23 Der BR kann dem Betriebsausschuss einen bestimmten Aufgabenkreis als Ganzes überlassen (zB die Stellungnahme zu Einstellungen nach § 99 BetrVG, das Anhörungsrecht nach § 102 BetrVG oder das Zustimmungsrecht nach § 103 BetrVG) oder ihm lediglich die Entscheidung eines einzelnen Falles oder bestimmter Teilaufgaben übertragen. Der BR kann die Ausübung der übertragenen Befugnisse auch an Richtlinien binden.

24 Gem Abs 2 Hs 2 darf er dem Betriebsausschuss aber in keinem Fall die Befugnis übertragen, BV abzuschließen. Darüber hinaus ist keine Übertragung von Wahlentscheidungen (§ 26 Abs 1, § 27 Abs 1 S, 3, 4, § 28 Abs 1 S 2) oder Entsendungsentscheidungen (§ 47 Abs 2) möglich <L: GK/*Raab* Rn 70>.

VI. Streitigkeiten § 27

Die Übertragung weiterer Aufgaben auf den Betriebsausschuss muss eindeutig sein <R: 25
BAG 17.3.2005, 2 AZR 275/04, AP Nr 6 zu § 27 BetrVG 1972>. Sie bedarf nach Abs 2
S 2 eines mit der Mehrheit der Stimmen aller (nicht nur der abstimmenden) BR-Mitglieder gefassten **Beschlusses**. Dieser ist nach Abs 2 S 3 **schriftlich** (§ 126 BGB) niederzulegen. Die Schriftform ist eingehalten, wenn der vollständige Beschluss über die Aufgabenübertragung gem § 34 Abs 1 in der vom BR-Vors und einem weiteren BR-Mitglied unterschriebenen Sitzungsniederschrift enthalten ist. Zur Wahrung der Schriftform genügt es auch, wenn die Geschäftsordnung dem Betriebsausschuss bestimmte Aufgaben zur selbstständigen Erledigung zuweist <**R**: BAG 4.8.1975, 2 AZR 266/74, BB 1975, 1435; **L**: *Raab* FS Konzen, S 729 f>.

Der BR kann die Übertragung weiterer Aufgaben auf den Betriebsausschuss jederzeit **wi-** 26
derrufen. Nach Abs 2 S 4 ist auch der Widerruf nur dann wirksam, wenn er durch Mehrheitsbeschluss und schriftlich erfolgt.

V. Übertragung laufender Geschäfte in kleineren Betriebsräten

Nach Abs 3 können BR **mit weniger als neun Mitgliedern** die laufenden Geschäfte auf 27
den BR-Vors oder andere BR-Mitglieder übertragen. So gehören zu den laufenden Angelegenheiten etwa die Einholung von Auskünften oder Beschaffung von Unterlagen, Besprechungen mit dem AG oder mit im Betrieb vertretenen Gewerkschaften, Entgegennahme von Beschwerden aus der Belegschaft oder anfallender Schriftwechsel <**L**: GK/*Raab*
§ 26 Rn 29 f>. Eine Übertragung weiterer, über die laufenden Geschäfte hinausgehender
Aufgaben, insbes in Angelegenheiten der Mitwirkungs- und Mitbestimmungsrechte, ist demggü unzulässig.

Die Bildung eines „geschäftsführenden Ausschusses", der die laufenden Geschäfte führen 28
soll, ist nach Auffassung des BAG nicht möglich <**R**: BAG 14.8.2013, 7 ABR 66/11, DB
2013, 2867>. Es steht aber nichts entgg, die Übertragung nach Abs 3 so vorzunehmen,
dass mehrere BR-Mitglieder gemeinsam die laufenden Geschäfte führen; es handelt sich
aber in diesem Fall nicht um einen Betriebsausschuss iSd § 27 Abs 1 S 1 <**L**: *Fitting*
Rn 92; GK/*Raab* Rn 86>.

VI. Streitigkeiten

Wird entgegen der gesetzlichen Anordnung des § 27 Abs 1 kein Betriebsausschuss gebil- 29
det, liegt darin in der Regel eine grobe Pflichtverletzung, die zur Auflösung des BR durch
arbeitsgerichtliche Entscheidung berechtigt, § 23 <**L**: Richardi/*Thüsing* Rn 5>. Der AG
kann aber nicht die Zahlung des Entgelts mangels Erforderlichkeit (§ 37 Abs 2) verweigern, wenn der BR gesetzeswidrig keinen Betriebsausschuss gewählt hat und bei voller
Besetzung laufende Geschäfte erledigt <**L**: *Fitting* Rn 9; GK/*Raab* Rn 27>. Die Wahl der
weiteren Betriebsausschussmitglieder kann analog § 19 im **Wahlanfechtungsverf** überprüft werden <**R**: BAG 13.11.1991, 7 ABR 18/91, DB 1992, 1986; **L**: GK/*Raab* 25>. Das
Gleiche gilt für die Nachwahl von Ersatzmitgliedern <**R**: BAG 25.4.2001, 7 ABR 26/00,
NZA 2001, 977>. Antragsbefugt ist jedes BR-Mitglied <**R**: BAG 13.11.1991, 4 TaBV
98/88, DB 1990, 1728> und entgg der Auffassung des BAG <**R**: BAG 16.2.1973, 1 ABR

§ 27 Betriebsausschuss

18/72, AP Nr 1 zu § 19 BetrVG 1972; offengelassen von BAG 13.11.1991, 4 TaBV 98/ 88, DB 1990, 1728> auch jede im Betrieb vertretene Gewerkschaft <**L:** ErfK/*Koch* Rn 6; *Fitting* Rn 99. **AA** GK/*Raab* Rn 27, Richardi/*Thüsing* Rn 36>. Antragsbefugt ist ebenso der AG <**L: aA** die ganz herrschende Meinung, etwa *Fitting* Rn 99a; Richardi/*Thüsing* Rn 35; diff GK/*Raab* Rn 27>. Sowohl die im Betrieb vertretenen Gewerkschaften als auch der AG haben ein legitimes Interesse daran, dass die Organe der Betriebsverfassung ordnungsgem zusammengesetzt sind. Das hat nicht nur zur Folge, dass der AG an einem entspr arbg Beschlussverf zu beteiligen ist <**R:** BAG 16.3.2005, 7 ABR 43/04, EzA § 28 BetrVG 2001 Nr 2>, sondern es muss auch seine Antragsbefugnis begründen können.

§ 28 Übertragung von Aufgaben auf Ausschüsse

(1) Der Betriebsrat kann in Betrieben mit mehr als 100 Arbeitnehmern Ausschüsse bilden und ihnen bestimmte Aufgaben übertragen. Für die Wahl und Abberufung der Ausschussmitglieder gilt § 27 Abs. 1 Satz 3 bis 5 entsprechend. Ist ein Betriebsausschuss gebildet, kann der Betriebsrat den Ausschüssen Aufgaben zur selbstständigen Erledigung übertragen; § 27 Abs. 2 Satz 2 bis 4 gilt entsprechend.

(2) Absatz 1 gilt entsprechend für die Übertragung von Aufgaben zur selbstständigen Entscheidung auf Mitglieder des Betriebsrats in Ausschüssen, deren Mitglieder vom Betriebsrat und vom Arbeitgeber benannt werden.

Literatur: *Amels*, Die Besetzung und Beschlussfassung der gemeinsamen Ausschüsse nach dem BetrVG, 1992; *Eder*, Ausschüsse und Arbeitsgruppen, AiB 2010, 302; *Lück*, Arbeit im Ausschuss, AiB 2018, 38; *Senne*, Gemeinsame Ausschüsse nach § 28 Abs 3 BetrVG. Ergebnisse und Folgerungen einer empirischen Bestandsaufnahme, BB 1995, 305; *Vielmeier*, Gewerkschaftliche Vertrauensleute als Kommunikationsbeauftragte des Betriebsrats?, SAE 2016, 71; s iÜ Literatur zu § 27.

Übersicht

	Rn.		Rn.
I. Allgemeines	1	III. Aufgabenübertragung	13
II. Zusammensetzung und Wahl	7	IV. Gemeinsame Ausschüsse	17
1. Zusammensetzung	7	V. Hilfspersonen	20
2. Wahl	9		

I. Allgemeines

Nach Abs 1 kann ein BR in Betrieben mit mehr als 100 AN (zu denen nach § 14 Abs 2 S 4 AÜG auch die LeihAN zählen), also mit mindestens sieben BR-Mitgliedern (§ 9 S 1), **Fachausschüsse** (etwa einen Personal-, Akkord-, Sozial- oder Berufsbildungsausschuss) oder **Spezialausschüsse** zur Erledigung begrenzter Aufgaben (Stellungnahme zu Umgruppierungen oder zur Ausgestaltung der Arbeitsplätze) oder von Einzelfällen (Arbeitszeitregelung zw Weihnachten und Neujahr) bilden. Durch diese Spezialisierung und Konzentration auf einzelne Organe des BR soll eine erhebliche Erleichterung und Beschleunigung der BR-Arbeit erreicht werden. 1

Die Einführung eines geschäftsführenden Ausschusses über § 28, der in Betrieben mit weniger als neun BR-Mitgliedern die laufenden Geschäfte des BR führt oder die Sitzungsvorbereitungen wahrnimmt, ist nach Auffassung des BAG nicht möglich, weil § 28 nur Fachausschüsse meint <R: BAG 14.8.2013, 7 ABR 66/11, DB 2013, 2867 LAG Berlin-Brandenburg 15.2.2018, 14 TaBV 675/17, juris>. Möglich bleibt hier nur die Übertragung der laufenden Geschäfte an mehrere BR-Mitglieder nach § 27 Abs 3 (§ 27 Rn 27f). 2

Abs 2 ermöglicht die Übertragung von Entscheidungen auf gemeinsame Ausschüsse von AG und BR. 3

§ 28   Übertragung von Aufgaben auf Ausschüsse

4   Die Regelung des § 28 ist **abschließend**. Der BR kann weder Ausschüsse aus Nichtmitgliedern bilden noch diesen oder einzelnen AN BR-Aufgaben übertragen. Etwas anderes gilt nur für die Übertragung bestimmter Aufgaben auf Arbeitsgruppen nach § 28a.

5   Eine solche Übertragung kann auch nicht durch **TV** erfolgen. Es handelt sich um eine organisatorische Frage, für die die tarifliche Regelbarkeit angesichts des grds zwingenden Charakters der durch das BetrVG vorgegebenen Organisation ausdrückl zugelassen sein müsste. In Betracht kommt insoweit nur § 3 Abs 1 Nr 5. Dieser ist aber letztlich nicht einschlägig, weil es sich bei den Arbeitsgruppen um eine an die Stelle des BR tretende Organisationseinheit und nicht um eine „zusätzliche" betriebsverfassungsrechtl Vertretung handelt.

6   Zur Bestellung von Hilfspersonen s Rn 20 ff.

II. Zusammensetzung und Wahl

1. Zusammensetzung

7   Für die **Mitgliederzahl** der einzelnen Ausschüsse und deren **Zusammensetzung** gibt es keine gesetzlichen Vorschriften. Aus § 27 Abs 3, wonach dem BR-Vors oder einzelnen anderen BR-Mitgliedern nur laufende Geschäfte übertragen werden dürfen, ist aber zu schließen, dass ein für die selbstständige Erledigung von Aufgaben zuständiger Ausschuss nicht nur aus einem Mitglied bestehen kann. Damit sind mindestens zwei Mitglieder erforderl <**R:** BAG 20.10.1993, 7 ABR 26/93, DB 1994, 989, allerdings noch zur Sicherung des vom BetrVerf-RG aufgegebenen Gruppenschutzes>; die Entscheidungsfähigkeit ist bei einer solchen Besetzung durch die Möglichkeit der Stimmenthaltung (§ 33 Rn 14) sichergestellt.

8   Wie beim Betriebsausschuss bestehen auch die Ausschüsse nach § 28 nur aus BR-Mitgliedern. Eine Ausnahme besteht lediglich beim WA, § 107 Abs 3 S 3. Anders als beim Betriebsausschuss gibt es keinen geborenen Ausschussvorsitzenden. Dieser wird vielmehr durch den BR bestimmt, soweit in der Geschäftsordnung oder durch Beschluss nichts anderes festgelegt worden ist <**L:** instruktiv GK/*Raab* Rn 36>.

2. Wahl

9   Für die Wahl und Abberufung der Ausschussmitglieder gelten die Vorschriften über die Wahl und die Zusammensetzung des Betriebsausschusses entspr (Abs 1 S 2). Insbes gilt auch hier bei mehreren Wahlvorschlägen der Grds der Verhältniswahl.

10 Beschließt der BR während seiner Amtszeit, einen nach § 28 BetrVG gebildeten Ausschuss, dessen Mitglieder nach den Grds der Verhältniswahl gewählt wurden, um ein zusätzliches Mitglied zu erweitern, sind sämtliche Ausschussmitglieder neu zu wählen <**R:** BAG 16.3.2005, 7 ABR 43/04, EzA § 28 BetrVG 2001 Nr 2>.

11 Der BR-Vors und sein Stellv gehören den Fach- und Spezialausschüssen nicht ohne Weiteres an, doch können sie in jeden Ausschuss gewählt werden. Der BR-Vors und sein Stellv können nicht durch die Geschäftsordnung des BR zu „geborenen" Mitgliedern von Ausschüssen nach § 28 Abs 1 bestimmt werden <**R:** BAG 16.11.2005, 7 ABR 11/05,

EzA § 28 BetrVG 2001 Nr 3; gg die Vorinstanz LAG München 21.10.2004, 3 TaBV 16/04, juris>.

Für die Wahl von Ersatzmitgliedern gilt das für den Betriebsausschuss bereits Gesagte (§ 27 Rn 8 ff) entspr. 12

III. Aufgabenübertragung

Der BR ist bei der Auswahl der **Aufgaben**, die diesen Ausschüssen übertragen werden, grds frei. Dabei ist zwischen der Aufgabenübertragung zur selbstständigen Erledigung und der Aufgabenübertragung zur Vorbereitung zu unterscheiden. Erstere kann nach Abs 1 S 3 zur selbstständigen Erledigung, insbes von Mitbestimmungsangelegenheiten, erfolgen, wenn in dem Betrieb ein Betriebsausschuss gebildet ist, es sich also um einen Betrieb mit mindestens neun BR-Mitgliedern (dh mehr als 200 Mitarbeitern) handelt. 13

Der BR darf sich nicht aller wesentlichen Befugnisse dadurch entäußern, dass er seine Aufgaben weitgehend auf Ausschüsse überträgt, sondern muss als Gesamtorgan in einem Kernbereich der gesetzlichen Befugnisse zuständig bleiben. Dabei ist nicht auf den einzelnen Mitbestimmungstatbestand, sondern auf den gesamten Aufgabenbereich des BR abzustellen <**R:** BAG 20.10.1993, 7 ABR 26/93, DB 1994, 989; BAG 17.3.2005, 2 AZR 275/04, EzA § 28 BetrVG 2001 Nr 1>. 14

Soweit die Aufgaben dem Ausschuss zur selbstständigen Erledigung übertragen werden, muss dies **schriftlich** erfolgen (Abs 1 S 3 iVm § 27 Abs 2 S 3). 15

Die Befugnis zum Abschluss von BV bleibt stets dem BR vorbehalten (Abs 1 S 3 iVm § 27 Abs 2 S 2 Hs 2). 16

IV. Gemeinsame Ausschüsse

Abs 2 gibt dem BR die Möglichkeit, in entspr Anwendung von Abs 1 BR-Mitglieder in einen **gemeinsam mit dem AG gebildeten Ausschuss** zu entsenden und diesem bestimmte Aufgaben zur selbstständigen Entscheidung zu übertragen. Ein solcher Ausschuss (zB eine gemeinsame Akkordkommission, der gemeinsame Verwaltungsausschuss einer Sozialeinrichtung, gemeinsame Personalausschüsse) kann die erforderl Entscheidungen treffen, ohne dass der BR eingeschaltet werden muss. Dies gilt auch, wenn der BR in den gemeinsamen Ausschuss lediglich die Mitglieder eines von ihm gebildeten Ausschusses entsandt hat <**R:** BAG 12.7.1984, 2 AZR 320/83, DB 1985, 340>. 17

Die Wahl der Mitglieder des gemeinsamen Ausschusses kann analog § 19 angefochten werden <**R:** BAG 12.7.1984, 2 AZR 320/83, DB 1985, 340>, vgl § 27 Rn 29. 18

Die **Beschlussfassung in den gemeinsamen Ausschüssen** erfolgt mit einfacher Mehrheit der Ausschussmitglieder. Die einfache Mehrheit genügt auch dann, wenn der Beschluss lediglich von den AG-Vertretern und einer Minderheit der vom BR entsandten Vertreter getragen, dh gg die Mehrheit der vom BR entsandten Mitglieder, gefasst wird <**L:** *Fitting* Rn 45; GK/*Raab* Rn 44; AR/*Maschmann* Rn 3; **aA** ErfK/*Koch* Rn 2; Richardi/*Thüsing* Rn 39; **R:** offengelassen BAG, 12.7.1984, 2 AZR 320/83, AP Nr 32 zu § 102 BetrVG 19

§ 28   Übertragung von Aufgaben auf Ausschüsse

1972>. In einer BV oder in der Geschäftsordnung des gemeinsamen Ausschusses können abw Regelungen über die Beschlussfassung getroffen werden.

V. Hilfspersonen

20 In seiner Entscheidung vom 29.4.15 <R: BAG 29.4.2015, 7 ABR 102/12, EzA § 3 BetrVG 2011 Nr 9> hat das BAG dem BR in beschränktem Umfang das Recht zugebilligt, „Kommunikationsbeauftragte" als Hilfspersonen zu bestellen. Zwar dürfe solchen Hilfspersonen die Kommunikationsaufgabe des BR nicht insgesamt zur selbstständigen Wahrnehmung übertragen werden. Vielmehr müsse sich ihre Tätigkeit auf Hilfen bei der Informationsvermittlung von BR und Belegschaft beschränken und dürfe eine direkte Kommunikation zw BR und Belegschaft nicht verhindern. Soweit diese Voraussetzungen gewahrt seien, sei ihr Einsatz aber zulässig. Dem kann man zustimmen <L: *Vielmeier* SAE 2016, 71 f>.

21 Zu widersprechen ist dem BAG aber, wenn es die Regelung der Institution solcher Hilfspersonen einschließl ihrer Arbeitsbefreiung durch **BV** für zulässig hält. Das geht daran vorbei, dass BV nach der Systematik des BetrVG nur in sozialen Angelegenheiten zulässig sind (§ 88 Rn 1). Der Schwerpunkt solcher Regelungen liegt aber im organisatorischen Bereich, für den BV nur ausnahmsweise in ausdrückl genannten Fällen zulässig sind <L: *Vielmeier* SAE 2016, 72 f>.

22 Zu widersprechen ist dem BAG auch, wenn es die Bestellung solcher Hilfspersonen durch einfachen Mehrheitsbeschluss des BR für zulässig hält. Geboten ist eine analoge Anwendung des Abs 1 S 2 iVm § 27 Abs 1 S 3 über die Anwendung der Grds der Verhältniswahl, wenn mehrere Vorschläge für die Auswahl der Hilfspersonen gemacht werden. Das Argument des BAG, es bestehe insoweit keine Regelungslücke, die durch analoge Anwendung geschlossen werden könne, verfängt nicht. Die Lücke entsteht dadurch, dass eine im Gesetz selbst nicht vorgesehene neue Institution „Hilfspersonen" anerkannt wird. Dass in Bezug auf diese Institution das Bedürfnis des mit der Verhältniswahl bezweckten Minderheitsschutzes genauso besteht wie bei der Wahl von Ausschussmitgliedern, liegt auf der Hand. AN, die der Minderheit angehören, haben das legitime Bedürfnis, sich nicht nur Kommunikationsbeauftragten der Mehrheitsfraktion im BR gegenüberzusehen. Der Gleichbehandlungsgrundsatz des § 75 Abs 1, mit dem das BAG helfen will, reicht nicht aus, weil der Nachweis der Bevorzugung bestimmter Personen wegen ihrer Gewerkschaftsmitgliedschaft kaum zu führen sein wird.

§ 28a Übertragung von Aufgaben auf Arbeitsgruppen

(1) In Betrieben mit mehr als 100 Arbeitnehmern kann der Betriebsrat mit der Mehrheit der Stimmen seiner Mitglieder bestimmte Aufgaben auf Arbeitsgruppen übertragen; dies erfolgt nach Maßgabe einer mit dem Arbeitgeber abzuschließenden Rahmenvereinbarung. Die Aufgaben müssen im Zusammenhang mit den von der Arbeitsgruppe zu erledigenden Tätigkeiten stehen. Die Übertragung bedarf der Schriftform. Für den Widerruf der Übertragung gelten Satz 1 erster Halbsatz und Satz 3 entsprechend.

(2) Die Arbeitsgruppe kann im Rahmen der ihr übertragenen Aufgaben mit dem Arbeitgeber Vereinbarungen schließen; eine Vereinbarung bedarf der Mehrheit der Stimmen der Gruppenmitglieder. § 77 gilt entsprechend. Können sich Arbeitgeber und Arbeitsgruppe in einer Angelegenheit nicht einigen, nimmt der Betriebsrat das Beteiligungsrecht wahr.

Literatur: *Bachner*, Betriebsverfassungsrechtliche Fragestellungen bei der Einführung agiler Arbeitsmethoden am Beispiel von Scrum, FS 100 Jahre Betriebsverfassungsrecht (2020), S 17; *Blanke*, Arbeitsgruppen und Gruppenarbeit in der Betriebsverfassung, RdA 2003, 140; *Eder*, Ausschüsse und Arbeitsgruppen, AiB 2010, 302; *Engels*, Der neue § 28a BetrVG – betriebsverfassungsrechtlicher Sündenfall oder Chance?, FS Wißmann (2005), S 302; *Engels/Trebinger*, Industrie 4.0 als zweite Chance für § 28a BetrVG, FS Klebe (2018), S 118; *Hexel*, „Agile Mitbestimmung" – § 28a BetrVG als Chance für mehr Selbstorganisation und Emanzipation der Arbeitnehmer, AuR 2019, 255; *Krause*, Agile Arbeit und Betriebsverfassung, 2021; *Federlin*, Arbeitsgruppen im Betrieb, FS Leinemann (2006), S 505; *Linde*, Übertragung von Aufgaben des Betriebsrats auf Arbeitsgruppen gem § 28a BetrVG, 2006; *Natzel*, Die Delegation von Aufgaben an Arbeitsgruppen nach dem neuen § 28a BetrVG, DB 2001, 1362; *Weigel/Vogel*, Aus dem Dornröschenschlaf in den Betrieb – Zeit für eine Belebung des § 28a BetrVG, AuR 2018, 280.

Übersicht

	Rn.		Rn.
I. Allgemeines	1	IV. Vereinbarungen zwischen Arbeits-	
II. Voraussetzung	6	gruppe und Arbeitgeber	21
1. Betriebsgröße	6	1. Zustandekommen	21
2. Bildung einer Arbeitsgruppe	8	2. Wirkungen	24
3. Rechtsstellung der Mitglieder der		3. Rückfall des Beteiligungsrechts	28
Arbeitsgruppe	10	V. Beteiligtenfähigkeit der Arbeitsgruppe	
4. Aufgabenzusammenhang	11	im arbeitsgerichtlichen Beschluss-	
5. Rahmenvereinbarung	13	verfahren	31
III. Übertragung und Widerruf	16		
1. Übertragung	16		
2. Widerruf	19		

I. Allgemeines

Mit der Vorschrift betrat das Betriebsverfassungsrecht Neuland. Sie sollte angesichts der großen Verbreitung von Arbeitsgruppen den Bedürfnissen der Praxis und dem Wunsch   1

§ 28a Übertragung von Aufgaben auf Arbeitsgruppen

der AN nach mehr unmittelbarer Beteiligung Rechnung tragen <L: BT-Drs 14/5741 S 40>. Ihr bisheriger Anwendungsbereich tendiert bisher allerdings gegen „null". Für betriebsübergreifende Arbeitsgruppen gilt § 28a mangels entsprechender Verweisung in § 51 Abs 1 nicht (§ 51 Rn 9). Die Übertragung von BR-Aufgaben an „beauftragte" Arbeitnehmer oder Ausschüsse von Nicht-BR-Mitgliedern ist außerhalb von § 28a nicht zulässig und kann auch durch BV nicht ermöglicht werden <R: aM ArbG Stuttgart 8.4.2009, 2 BV 123/08, juris>.

2 Eine „Renaissance" des § 28a wollen manche in dem Aufkommen der sog. neuen Arbeitsmethoden sehen, die häufig auf eine Dezentralisierung der Arbeitsorganisation gerichtet sind (zB „Scum" oder „Kanban"), um so besondere Agilität zu generieren <L: nur *Krause* Agile Arbeit und Betriebsverfassung, S 115 ff>. Die Praxis zeigt, dass in diesen agilen Strukturen häufig AN mehrerer Unternehmen zusammenarbeiten. Um hier das Risiko einer unerlaubten AN-Überlassung zu mindern, wird zumeist auf die Eingliederung der AN in den jeweiligen Fremdbetrieb verzichtet. Zudem sind die Teams selten auf einen Betrieb beschränkt, sodass auch bei diesen neuen Arbeitsmethoden ein „Erwachen" des § 28a zweifelhaft ist.

3 Die Vorschrift muss im Zusammenhang mit § 75 Abs 2 S 2 gesehen werden. Danach sind BR und AG verpflichtet, Selbstständigkeit und Eigeninitiative von Arbeitsgruppen zu fördern (dazu § 75 Rn 46). Aus der Vorschrift folgt ein sog. **Präponderanzgebot** zugunsten der Autonomie von Arbeitsgruppen, welches die ES bei etwaigen Ermessensentscheidungen als Leitlinie zu beachten hat und das AG und BR verpflichtet, von der Übertragungsbefugnis Gebrauch zu machen, wenn dem keine sachl Gründe entgegenstehen (s Rn 15).

4 Nach § 87 Abs 1 Nr 13 hat der BR für die Grds über die Durchführung von Gruppenarbeit ein MBR (§ 87 Rn 269 ff). Auch dieses MBR kann Gegenstand der Übertragung von Mitwirkungs- und Mitbestimmungsbefugnissen nach § 28a sein. Zu den Unterschieden der Begriffe der Arbeitsgruppe des § 28a und der Gruppenarbeit iS des § 87 Abs 1 Nr 13, s Rn 8.

5 Zur Übertragung von BR-Aufgaben an Hilfspersonen s § 28 Rn 20 ff.

II. Voraussetzung

1. Betriebsgröße

6 Die Übertragung von Aufgaben auf Arbeitsgruppen ist nur in Betrieben mit **mehr als 100 AN** möglich. Abweichend vom Wortlaut und in einheitlicher Anwendung der weiteren Schwellenwerte, kommt es auf die Zahl der in der Regel beschäftigten Arbeitnehmer an. Maßgeblich ist zunächst die Zahl der betriebsangehörigen AN, also der AN, die in einem Arbeitsverhältnis zum AG stehen und im Betrieb arbeiten. Auf den Umfang der Beschäftigung kommt es nicht an, ebenso wenig auf die Wahlberechtigung. Mitzuzählen sind auch LeihAN nach § 14 Abs 2 S 4 AÜG <L: *Fitting* Rn 8; **aA** Richardi/*Thüsing* Rn 5>. Nicht mitzuzählen sind die ltd Ang nach § 5 Abs 3.

7 Abs 1 macht die Übertragung ohne Einschränkung von der Mindestzahl von mindestens 100 AN abhängig. Sinkt die Belegschaftsstärke unter diese Mindestzahl, wird die Über-

II. Voraussetzung § 28a

tragung hinfällig. Die Aufgaben wachsen automatisch wieder dem BR zu. Zu den Folgen für von der Arbeitsgruppe mit dem AG abgeschlossenen Vereinbarungen s Rn 21 ff.

2. Bildung einer Arbeitsgruppe

Mit dem **Begriff der Arbeitsgruppe** meint die Vorschrift zunächst jede Zusammenfassung von AN zur Erledigung bestimmter Arbeitsaufgaben. Ob diese Erledigung eigenverantwortlich erfolgt und damit auch eine Gruppenarbeit iS des § 87 Abs 1 Nr 13 vorliegt, spielt keine Rolle. Erfasst werden neben der Gruppenarbeit auch sonstige Team- oder Projektarbeiten sowie die Arbeit im Gruppenakkord, auch wenn diese keine Gruppenarbeit darstellt (dazu § 87 Rn 279). 8

Im Anschluss an die in der bisherigen Vorschrift des § 3 Abs 1 Nr 1 enthaltene Definition sind § 28a auch nach bestimmten Beschäftigungsarten oder Arbeitsbereichen gebildete Gruppen von AN zu unterstellen <L: BT-Drs 14/5741 S 40>. Voraussetzung ist, dass zw den AN im Hinblick auf die den Mitwirkungs- und MBR des BR unterliegenden Fragen Gemeinsamkeiten bestehen, sodass eine Übertragung sinnvoll sein kann. In Betracht kommen als Beschäftigungsarten etwa Telearbeiter, Servicepersonal, Verkaufsfahrer, Reinigungskräfte oder Aushilfskräfte. Arbeitsbereiche können etwa die Forschung, die Produktplanung, der Versand oder auch die Stabsabteilung eines Unternehmens sein. 9

3. Rechtsstellung der Mitglieder der Arbeitsgruppe

Die Mitglieder der Arbeitsgruppe werden im BetrVG nicht ausdrücklich erwähnt. Sie sind keine BR-Mitglieder, sodass für sie die umfassenden gesetzlichen Sondervorschriften der BR-Mitglieder nicht gelten. Allerdings dürfen auch ihnen keine Nachteile aufgrund der ehrenamtlichen Tätigkeit in der Arbeitsgruppe entstehen. Aus diesem Grund sind die § 37 Abs 1–3 auf die Mitglieder der Arbeitsgruppe entsprechend anwendbar <L: Richardi/*Thüsing* Rn 39a; GK/*Raab* Rn 8>. Auch bes Schutzvorschriften zugunsten der Gruppenmitglieder enthält das Gesetz nicht, sodass sich deren Schutz deshalb nach § 612a BGB richtet. Eines Rückgriffs auf § 78 bedarf es daher nicht <L: aA Richardi/*Thüsing* Rn 34; *Fitting* Rn 39a; GK/*Raab* Rn 8 § 78 BetrVG analog>. Dagegen kommt Kostentragung durch den AG für die Tätigkeit der Arbeitsgruppe gem. § 40 in Betracht <L: Richardi/*Thüsing* Rn 39; **aA** GK/*Raab* Rn 8>. 10

4. Aufgabenzusammenhang

Nach Abs 1 S 2 müssen die vom BR auf die Arbeitsgruppe zu übertragenden Aufgaben im Zusammenhang mit den von der Arbeitsgruppe zu erledigenden Tätigkeiten stehen. Die Mitwirkungs- und MBR, deren Ausübung auf die Arbeitsgruppe übertragen werden soll, müssen die **Arbeitstätigkeit der Gruppenmitglieder** betreffen. Dies ist regelmäßig bei **sozialen Angelegenheiten** iS des § 87 Abs 1 der Fall, wobei hier die Themen Arbeitszeitgestaltung sowie Urlaubsgewährung zentral sein dürften. Ebenso übertragbar ist die Mitbestimmung hinsichtlich Entgeltfragen, weil auch die Regelung des Entgelts eine Aufgabe ist, die an die Arbeitstätigkeit knüpft <L: einschränkend GK/*Raab* Rn 33>. Fragen des Arbeitsschutzes (§ 89), der Arbeitsgestaltung iS der §§ 90 f, solche der Beurtei- 11

§ 28a   Übertragung von Aufgaben auf Arbeitsgruppen

lung der AN (§ 94 Abs 2 Hs 2) und Qualifikationsfragen (§§ 96 ff) gehören ebenfalls hierher.

12 Nicht erfasst werden hingg die **personellen Angelegenheiten** iS der §§ 99 ff und die **wirtschaftlichen Angelegenheiten** iS der §§ 106 ff einschließl der Mitwirkung und Mitbestimmung bei Betriebsänderungen nach §§ 111 ff <L: GK/*Raab* Rn 35>. Bei den personellen Angelegenheiten handelt es sich nicht um die Regelung der Arbeitstätigkeit, sondern um Fragen des Arbeitsverhältnisses der einzelnen AN. Bei den wirtschaftlichen Angelegenheiten geht es um die wirtschaftliche Situation des Betriebs und Unternehmens und um deren Auswirkung auf die Arbeitsverhältnisse.

5. Rahmenvereinbarung

13 Gem Abs 1 S 1 Hs 2 erfolgt die Übertragung nach Maßgabe einer mit dem AG abzuschließenden **Rahmenvereinbarung**. Deren Abschluss ist Voraussetzung für die Übertragung. Wird eine Übertragung vom BR ohne Bestehen einer solchen Rahmenvereinbarung getroffen, kann sie erst wirksam werden, wenn es nachträglich zur Rahmenvereinbarung kommt <L: zur Frage der Rechtsnatur einer solchen Vereinbarung s GK/*Raab* Rn 26 mwN>.

14 Gegenstand der Rahmenvereinbarung ist einerseits die Frage, **ob** eine Übertragung stattfinden soll, und zum andern der **Umfang** der Übertragung: BR und AG müssen sich darüber verständigen, welche Mitwirkungs- und MBR statt durch den BR durch die Arbeitsgruppe ausgeübt werden sollen. Geregelt werden können in der Rahmenvereinbarung auch die Modalitäten der Ausübung der Mitwirkungs- und MBR durch die Arbeitsgruppe. Insbes kann eine Verf-Ordnung vorgesehen werden. Auch können Regelungen über den Kontakt zw Arbeitsgruppe und BR und Arbeitsgruppe und AG aufgestellt werden. Zu beachten ist dabei aber die zwingende Bestimmung des Abs 2 (dazu Rn 21).

15 Für den Fall, dass sich AG und BR über die Rahmenvereinbarung nicht einigen, sieht § 28a **kein Konfliktlösungsmittel** vor. Insbes ist keine verbindliche Entscheidung der ES vorgesehen. Dies heißt aber nicht, dass der AG völlig frei darin ist, die Übertragung zu verhindern, indem er den Abschluss einer Rahmenvereinbarung ablehnt. Vielmehr ergibt sich aus § 75 Abs 2 S 2, dass er den Abschluss nur ablehnen darf, wenn er dafür zureichende Gründe hat, etwa geltend machen kann, dass mit der Übertragung der Aufgabe auf die Arbeitsgruppe für ihn erheblicher Verwaltungsaufwand verbunden ist, oder die Gefahr von Konflikten in der Belegschaft besteht <L: GK/*Raab* Rn 22; HSWGN/*Glock* Rn 14; aA *Engels* FS Wißmann, S 307 f; *Linde* S 317; Richardi/*Thüsing* Rn 18; DKKW/*Wedde* Rn 79>. Fehlt ein solcher Grund für die Ablehnung der Rahmenvereinbarung, kann deren Abschluss vom BR im arbg Beschlussverf erzwungen werden <L: aA *Fitting* Rn 19; GK/*Raab* Rn 22, der ein Verf nach § 23 Abs 3 für möglich hält>.

III. Übertragung und Widerruf

1. Übertragung

Die Übertragung bedarf eines **Beschlusses des BR**, der mit der Mehrheit der Stimmen aller gewählten Mitglieder des BR erfolgt. Ein Beschluss des Betriebsausschusses oder eines anderen Ausschusses des BR genügt nicht.

Die Übertragung muss schriftlich erfolgen (Abs 1 S 3). Die **Schriftform** ist eingehalten, wenn der vollständige Beschluss über die Übertragung gem § 34 Abs 1 in der vom BR-Vors und einem weiteren BR-Mitglied unterschriebenen Sitzungsniederschrift enthalten ist und die Rahmenvereinbarung vom AG und BR unterschrieben vorliegt.

Auch der BR ist bei der Übertragungsentscheidung nicht frei, sondern nach § 75 Abs 2 S 2 gehalten, von der Übertragungsbefugnis Gebrauch zu machen, wenn dem keine sachl Gründe, etwa die Gefahr von Konflikten in der Belegschaft oder die begründete Befürchtung entgegenstehen, die Arbeitsgruppe werde der Auseinandersetzung mit dem AG in bestimmten Fragen nicht gewachsen sein. Zur gerichtl Geltendmachung dieses Rechts der Arbeitsgruppe s Rn 31.

2. Widerruf

Wie sich aus Abs 1 S 4 ergibt, kann die Übertragung vom BR jederzeit widerrufen werden. Für den **Widerruf** ist ebenfalls ein mit der Mehrheit der Stimmen der Mitglieder des BR gefasster Beschluss notwendig. Dieser bedarf wiederum der Schriftform, also der Aufnahme in die Niederschrift über die betreffende Sitzung des BR.

Mit dem Beschluss über den Widerruf entfällt die Zuständigkeit der Arbeitsgruppe. Die Ausübung der Mitwirkungs- und MBR steht wieder dem BR zu. Zu den Folgen des Widerrufs für Vereinbarungen zw Arbeitsgruppe und AG s Rn 26.

IV. Vereinbarungen zwischen Arbeitsgruppe und Arbeitgeber

1. Zustandekommen

Nach Abs 2 S 1 kann die Arbeitsgruppe iR der ihr übertragenen Aufgaben Vereinbarungen **mit dem AG** schließen. In Betracht kommen in erster Linie Vereinbarungen in den mitbestimmungspflichtigen sozialen Angelegenheiten des § 87 Abs 1, etwa Arbeitszeitregelungen oder Regelungen in Fragen der Lohngestaltung oder iR des betriebl Vorschlagswesens. Möglich sind aber, soweit übertragene Aufgaben in Rede stehen, auch freiw Betriebsvereinbarungen nach § 88, etwa können zusätzliche Maßnahmen zur Verhütung von Arbeitsunfällen und Gesundheitsschäden iS des § 88 Nr 1 getroffen werden. Denkbar sind schließl auch Verfahrensregeln iS des in § 88 Rn 13 Gesagten, soweit diese nicht schon in der Rahmenvereinbarung zw BR und AG enthalten sind.

Die Vereinbarung bedarf nach Abs 2 S 1 Hs 2 der **Mehrheit der Stimmen der Gruppenmitglieder**, die bloße Mehrheit der etwa in einer Versammlung anwesenden Gruppenmitglieder genügt nicht.

§ 28a   Übertragung von Aufgaben auf Arbeitsgruppen

23   Aus dem in Abs 2 S 2 in Bezug genommenen § 77 folgt weiter, dass die Vereinbarung schriftlich niederzulegen (§ 77 Abs 2 S 1) und von beiden Seiten zu unterzeichnen ist (§ 77 Abs 2 S 2). Was die Seite der Arbeitsgruppe anlangt, ist eine Unterzeichnung durch alle Gruppenmitglieder dann nicht erforderl, wenn diese ein Gruppenmitglied, etwa einen gewählten Gruppensprecher, zur Unterzeichnung rechtsgeschäftlich bevollmächtigt haben (§ 167 BGB).

2. Wirkungen

24   Der Vereinbarung kommt nach dem in Bezug genommenen § 77 die **Wirkung einer BV** zu: Die Vereinbarung gilt unmittelbar und zwingend für die Arbeitsverhältnisse der Gruppenmitglieder (§ 77 Abs 4). Mangels anderer Vereinbarung ist sie wie eine BV mit einer Frist von drei Monaten kündbar (§ 77 Abs 5).

25   In mitbestimmungspflichtigen Angelegenheiten wirken Vereinbarungen zw Arbeitsgruppe und AG entspr § 77 Abs 6 nach (vgl zur **Nachwirkung** allg § 77 Rn 64 ff). Dass im Streitfall zw Arbeitsgruppe und AG keine Entscheidung der ES vorgesehen ist, steht nicht entgg. Wenn § 77 Abs 6 die Nachwirkung auf die Regelung von Angelegenheiten bezieht, in denen ein Spruch der ES die Einigung zw AG und BR ersetzen kann, ist damit nur die Unterscheidung von mitbestimmungspflichtigen und nicht mitbestimmungspflichtigen Angelegenheiten gemeint.

26   Der Überbrückungsfunktion der Nachwirkung (§ 77 Rn 64) entspricht es, sie auch eintreten zu lassen, wenn die Arbeitsgruppe ihre betriebsverfassungsrechtl Funktion verliert, sei es, dass der Betrieb unter die Mindest-Arbeitnehmerzahl von mehr als 100 AN sinkt, dass der BR die Übertragung widerruft oder dass die Rahmenvereinbarung durch AG oder BR wirksam gekündigt wird <L: GK/*Raab* Rn 60>.

27   Aus dem Verweis auf § 77 wird gefolgert, dass Vereinbarungen zw Arbeitsgruppen und AG generell der Tarifsperre des § 77 Abs 3 unterliegen, also unwirksam sind, soweit Arbeitsbedingungen durch TV geregelt sind, oder üblicherweise geregelt werden <L: Richardi/*Thüsing* Rn 29; GK/*Raab* Rn 51>. Das trifft nur insoweit zu, als Vereinbarungen in nicht mitbestimmungspflichtigen Angelegenheiten geschlossen werden. Vereinbarungen in mitbestimmungspflichtigen Angelegenheiten unterliegen nur dem Tarifvorbehalt des § 87 Abs 1 Eingangssatz. § 28a Abs 2 S 1 will ersichtlich die Vereinbarungen zw AG und Arbeitsgruppen in ihrer Wirkung BV gleichstellen. Es wäre deshalb sinnwidrig, ihr Verhältnis zu TV anders zu behandeln als das Verhältnis von BV zu TV.

3. Rückfall des Beteiligungsrechts

28   Können sich Arbeitsgruppe und AG in einer Angelegenheit nicht einigen, nimmt nach Abs 2 S 3 der BR das Beteiligungsrecht wahr. Eine Einschaltung der ES ist nicht vorgesehen.

29   Abs 2 S 3 bezieht sich einerseits auf mitbestimmungspflichtige Angelegenheiten mit der Folge, dass AG und BR, wenn sie ihrerseits nicht zu einer Einigung gelangen, die ES anrufen können, andererseits werden auch bloße Mitwirkungsrechte erfasst, sodass der BR, wenn sich AG und Arbeitsgruppe in einer Frage nicht verständigen können, seinerseits

aktiv werden kann. Etwa kann er einen Antrag der Arbeitsgruppe in einer Angelegenheit des § 80 oder des § 89 erneuern und eine Beratung mit dem AG verlangen.

Keinen Fall des Abs 2 S 3 stellt es dar, wenn AG und Arbeitsgruppen über das Bestehen und den Umfang eines Beteiligungsrechts streiten. Es geht dabei nicht, wie von Abs 2 S 3 vorausgesetzt, um eine mangelnde Einigung in einer Angelegenheit, in der ein Beteiligungsrecht besteht, das ersatzweise vom BR für die Arbeitsgruppe wahrgenommen werden kann, sondern um die betriebsverfassungsrechtl Stellung der Arbeitsgruppe selbst. Diese ist im arbeitsgerichtl Beschlussverf zw Arbeitsgruppe und AG zu klären (s Rn 31). 30

V. Beteiligtenfähigkeit der Arbeitsgruppe im arbeitsgerichtlichen Beschlussverfahren

§ 28a weist der Arbeitsgruppe eine selbstständige betriebsverfassungsrechtl Stellung zu. Dieser Stellung entspricht es, die Arbeitsgruppe gem § 10 ArbGG als **beteiligungsfähig** und **antragsbefugt** iS des arbeitsgerichtl Beschlussverf nach § 2a Abs 1 Nr 1 ArbGG anzusehen <L: GK/*Raab* Rn 61>. Es liegt insoweit gerade anders als beim WirtA, dem das BAG die Beteiligtenstellung wg seiner bloßen Hilfsfunktion ggü dem BR versagt hat <R: BAG 7.4.1981, 1 ABR 83/78 und BAG 8.3.1983, 1 ABR 44/81, AP Nr 16 und 26 zu § 118 BetrVG 1972>. Daraus folgt, dass die Arbeitsgruppe selbstständig Auskünfte verlangen und in einer Vereinbarung vom AG übernommene Pflichten durchsetzen kann. Nach der hier vertretenen Auffassung (Rn 15) steht ihr auch die Möglichkeit offen, ggü dem BR das Recht geltend zu machen, über eine Übertragung von Aufgaben an sie entspr dem Präponderanzgebot des § 75 Abs 2 S 2 zu entscheiden <L: *Löwisch* BB 1734; GK/*Raab* Rn 63>. 31

§ 29 Einberufung der Sitzungen

(1) Vor Ablauf einer Woche nach dem Wahltag hat der Wahlvorstand die Mitglieder des Betriebsrats zu der nach § 26 Abs. 1 vorgeschriebenen Wahl einzuberufen. Der Vorsitzende des Wahlvorstands leitet die Sitzung, bis der Betriebsrat aus seiner Mitte einen Wahlleiter bestellt hat.

(2) Die weiteren Sitzungen beruft der Vorsitzende des Betriebsrats ein. Er setzt die Tagesordnung fest und leitet die Verhandlung. Der Vorsitzende hat die Mitglieder des Betriebsrats zu den Sitzungen rechtzeitig unter Mitteilung der Tagesordnung zu laden. Dies gilt auch für die Schwerbehindertenvertretung sowie für die Jugend- und Auszubildendenvertreter, soweit sie ein Recht auf Teilnahme an der Betriebsratssitzung haben. Kann ein Mitglied des Betriebsrats oder der Jugend- und Auszubildendenvertretung an der Sitzung nicht teilnehmen, so soll es dies unter Angabe der Gründe unverzüglich dem Vorsitzenden mitteilen. Der Vorsitzende hat für ein verhindertes Betriebsratsmitglied oder für einen verhinderten Jugend- und Auszubildendenvertreter das Ersatzmitglied zu laden.

(3) Der Vorsitzende hat eine Sitzung einzuberufen und den Gegenstand, dessen Beratung beantragt ist, auf die Tagesordnung zu setzen, wenn dies ein Viertel der Mitglieder des Betriebsrats oder der Arbeitgeber beantragt.

(4) Der Arbeitgeber nimmt an den Sitzungen, die auf sein Verlangen anberaumt sind, und an den Sitzungen, zu denen er ausdrücklich eingeladen ist, teil. Er kann einen Vertreter der Vereinigung der Arbeitgeber, der er angehört, hinzuziehen.

Literatur: *Althoff*, Verhinderung oder nicht – neue Anforderungen an den BR-Vorsitzenden?, ArbRAktuell 2019, 355; *Bopp*, Die konstituierende Sitzung des Betriebsrats, 1990; *Dominik*, Verfahrensfehler bei der Beschlussfassung des Betriebsrats, 2018; *Hamm*, Teilnahme vom Arbeitgeber an der Betriebsratssitzung, AiB 1999, 488; *Hostmeier*, Wenn Ersatzmitglieder lieber arbeiten: Verhinderungsfalle für den Betriebsrat, BB 2019, 888; *Joussen*, Das Fehlen einer Tagesordnung bei der Ladung zur Betriebsratssitzung, NZA 2014, 505; *Klein*, Die Stellung der Minderheitsgewerkschaften in der Betriebsverfassung (2007) S 385 ff; *Ratzesberger*, Richtig einladen – Betriebsratssitzung, AiB 2016, 5.

Übersicht

	Rn.		Rn.
I. Allgemeines	1	3. Mitteilung der Tagesordnung	24
II. Konstituierende Sitzung	2	4. Sitzungsleitung	32
III. Weitere Sitzungen	5	5. Teilnahme des AG	34
1. Zustandekommen	5	IV. Streitigkeiten	37
2. Ladung	11		

I. Allgemeines

1   Die Vorschrift gilt nicht nur für den BR, sondern im vollen Umfang auch für die Jugend- und Auszubildendenvertretung (§ 65 Abs 2 S 1 Hs 2). Für den Gesamt- und Konzernbetriebsrat, den Betriebsausschuss (§ 27) und die anderen Ausschüsse des BR (§ 28) finden

nur die Absätze 2 bis 4 des § 29 Anwendung. Auf Arbeitsgruppen (§ 28a) findet § 29 nur eingeschränkte Anwendung, da deren innere Struktur bewusst offen gehalten wurde <L: GK/*Raab* Rn 2; **aA** *Fitting* § 28a Rn 38a>.

II. Konstituierende Sitzung

Nach Abs 1 S 1 muss der Wahlvorstand vor Ablauf einer Woche nach dem Wahltag und 2 ohne Rücksicht auf den in § 21 geregelten Beginn der Amtszeit die gewählten Mitglieder zur **konstituierenden Sitzung** des BR **einberufen**. Die Bedenken der Auffassung, nach der die konstituierende Sitzung selbst innerhalb der Wochenfrist stattfinden muss <L: GK/*Raab* Rn 8>, sodass die konstituierende Sitzung auf einen unbestimmten später Zeitpunkt gelegt werden kann, tragen nicht (Rn 3). Durch die flexible Festsetzung des Zeitpunkts der konstituierenden Sitzung kann es vielmehr zu einem „fliegenden Wechsel" zwischen altem und neuen BR kommen; zwingend ist ein solcher nahtloser Wechsel aber nicht <L: *Fitting* Rn 11>.

Beruft der Wahlvorstand die konstituierende Sitzung nicht innerhalb der gesetzl Frist ein, 3 entsteht dadurch **kein Selbstversammlungsrecht** der gewählten BR-Mitglieder, damit die Rechte des BR ausgeübt werden könnten <R: BAG 23.8.1984, 6 AZR 520/82, AP Nr 36 zu § 102 BetrVG 1972; andere Erwägungen noch bei BAG 28.9.1983, 7 AZR 266/82, NZA 1984, 52>. Dagegen nimmt die überwiegende Auffassung ein Initiativrecht der gewählten BR-Mitglieder auf Selbstkonstituierung an, soweit der Wahlvorstand die konstituierende Sitzung nicht rechtzeitig einberufen hat <R: LAG Hamm 23.6.14, 13 TaBVGa 20/14, juris; L: GK/*Raab* § 29 Rn 13; Richardi/*Thüsing* § 29 Rn 11f; **aA** MünchArbR/*Krois* § 294 Rn 7>. Allerdings kann der Wahlvorstand nicht nur analog § 18 Abs 1 S 2 auf Antrag des noch bestehenden BR, von mindestens drei wahlberechtigten AN oder einer im Betrieb vertretenen Gewerkschaft gerichtl abberufen und durch einen neuen ersetzt werden, sondern seine Pflicht zur Sitzungseröffnung kann auch im Wege einer einstweiligen Leistungsverfügung durchgesetzt werden <L: iE auch MünchArbR/*Krois* § 294 Rn 7>. Ein Selbstzusammentritt ist damit nicht notwendig, um sich konstituieren zu können.

Nach Abs 1 S 2 hat der Vors des Wahlvorstands die Sitzung zu eröffnen und so lange zu 4 leiten, bis der BR aus seiner Mitte mit Mehrheit der anwesenden Mitglieder (§ 33 Abs 1) einen Wahlleiter für die Wahl des BR-Vors und dessen Stellv bestellt hat (Abs 1 iVm § 26 Abs 1). Sofern in dem Betrieb ein Betriebsausschuss nach § 27 gebildet werden muss, kann dieser unter der Leitung des neu gewählten BR-Vors ebenfalls in der konstituierenden Sitzung gewählt werden.

III. Weitere Sitzungen

1. Zustandekommen

Die **Einberufung** der weiteren Sitzungen sowie die Festsetzung der jeweiligen Tagesord- 5 nung obliegt dem **BR-Vors**, iF seiner Verhinderung seinem Stellv (§ 26 Rn 8f). Bei der Anberaumung der BR-Sitzungen muss der Vors nach § 30 Abs 1 S 2 auf die betriebl Notwendigkeiten Rücksicht nehmen (§ 30 Rn 5ff).

§ 29   Einberufung der Sitzungen

6   Ob der BR auch ohne Einberufung einer Sitzung und Ladung durch dessen Vors ein Recht zum Selbstzusammentritt zusteht, wenn etwa sowohl der BR-Vors als auch dessen Stellvertreter verhindert sind und dringende – unaufschiebbare – Aufgaben zu erledigen sind, hat das BAG jüngst offengelassen <**R:** BAG 28.7.2020, 1 ABR 5/19, BB 2020, 2619. **L:** dafür GK/*Raab* § 29 Rn 25; § 26 Rn 71>. Ein Selbstzusammentritt ist in diesen Fällen anzunehmen. IÜ ist ein Selbstzusammentritt nur zulässig, wenn sämtliche Mitglieder des BR sich (spontan) versammeln und einstimmig erklären, eine BR-Sitzung abhalten zu wollen <**L:** GK/*Raab* Rn 25 mwN>.

7   Der Vors hat den BR nach pflichtgem Ermessen zu Sitzungen einzuberufen, wenn ein Bedürfnis dafür besteht oder die Geschäftsordnung regelmäßige Sitzungen an bestimmten Tagen vorschreibt. Eine Ermessensreduzierung „auf Null" ist aber auch in Pandemiezeiten nicht anzunehmen <**R:** so aber ArbG Regensburg 7.12.20. 2 BVGa 7/20, juris mit krit. Anm. von. *Fischer*, jurisPR-ArbR 17/2021 Anm. 3; **L:** GK/*Raab* Rn 59. Wie hier LAG Berlin-Brandenburg 13.10.2020, 26 TaBVGa 1281/20; zum Einberufen einer hybriden Sitzung Hess LAG 8.2.2021, 16 TaBV 185/20, juris>.

8   Nach Abs 3 ist der BR-Vors **verpflichtet**, eine Sitzung anzuberaumen und den angegebenen Gegenstand auf die Tagesordnung zu setzen, wenn dies von einem Viertel aller BR-Mitglieder oder vom AG mündlich oder schriftlich beantragt wird und der Beratungsgegenstand zum Aufgabenbereich des BR gehört.

9   Die antragsberechtigten BR-Mitglieder können darüber hinaus verlangen, dass ein von ihnen bezeichneter Gegenstand nachträglich auf die Tagesordnung einer bereits anberaumten Sitzung gesetzt wird. Der BR-Vors muss diesem Antrag entsprechen oder eine bes Sitzung einberufen, falls die Ergänzung der Tagesordnung aus zeitlichen Gründen nicht durchführbar ist.

10 Außer diesen Personen kann niemand vom BR-Vors die Einberufung einer Sitzung verlangen, auch nicht die Mehrheit aller AN, eine Arbeitsgruppe, eine im BR vertretene Gewerkschaft, der GBR oder der KBR.

2. Ladung

11 Der BR-Vors hat nach Abs 2 S 3 alle Mitglieder des BR unter Mitteilung der Tagesordnung zu laden. Eine bes **Form** für die Ladung ist nicht vorgeschrieben, sie kann daher auch mündlich ausgesprochen werden <**R:** BAG 8.2.1977, 1 ABR 82/74, AP Nr 10 zu § 80 BetrVG 1972> oder digital per E-Mail erfolgen; digital mitversandte Unterlagen sollten stets passwortgeschützt sein (zB PDF-Verschlüsselung).

12 Ist in der Geschäftsordnung nichts anderes bestimmt, muss die Ladung mit der Tagesordnung allen BR-Mitgliedern so **rechtzeitig** zugehen, dass die ihnen bis zum Sitzungsbeginn verbleibende Zeit ausreicht, um sich freizumachen und die erforderl Informationen über die in der Sitzung zu besprechenden Themen einzuholen <**R:** LAG Köln 3.3.2008, 14 TaBV 83/07, BB 2008, 1570; LAG Nürnberg 28.5.2002, 6 TaBV 29/01, juris; LAG Düsseldorf 26.10.2007, 9 TaBV 54/07, juris>. In eilbedürftigen Angelegenheiten, wie zB § 102 Abs 2 S 3 oder Einleitung eines Verfahrens des vorläufigen Rechtsschutzes, kann auch eine kurzfristige Ladung (per E-Mail oder telefonisch) möglich sein <**L:** GK/*Raab* Rn 36>. Doch auch die kurzfristige Ladung entbehrt nicht der Information der BR-Mitglieder über die Tagesordnung.

III. Weitere Sitzungen § 29

Soweit die Voraussetzungen für eine digitale BR-Sitzung vorliegen (§ 30 Rn 13) hat der 13
Vorsitzende mit der Einladung auf die Nutzung einer Video- und Telefonkonferenz sowie
auf das Recht zum Widerspruch (§ 30 Abs 2 S 1 Nr 2) hinzuweisen und ggf. die Zugangs-
bzw. Einwahldaten zu übermitteln.

Finden nach der Geschäftsordnung **an bestimmten Tagen regelmäßige Sitzungen** statt, 14
deren Tagesordnung auf der vorausgegangenen Sitzung festgelegt wird, kann die Ladung
entfallen, soweit nicht weitere Beratungspunkte auf die Tagesordnung gesetzt werden sollen <**L:** vgl *Fitting* Rn 34a; GK/*Raab* Rn 37>. Auch in diesen Fällen müssen jedoch diejenigen BR-Mitglieder, die an der vorausgegangenen Sitzung nicht teilgenommen hatten,
sowie etwaige Ersatzmitglieder ordnungsgem unter Mitteilung der Tagesordnung geladen
werden. Eine nochmalige Mitteilung der bereits festgesetzten Tagungsordnung ggü den
übrigen BR-Mitgliedern braucht nicht zwingend zu erfolgen <**L: aA** GK/*Raab* Rn 38>.

Für zeitweilig verhinderte BR-Mitglieder (§ 25 Rn 10ff) sind nach Abs 2 S 6 **zusätzlich** 15
die **Ersatzmitglieder** zu laden, wenn die Verhinderung dem BR-Vors nach Abs 2 S 5 mitgeteilt worden ist, oder er auf andere Weise von ihr erfahren hat. Die Verhinderung des
BR-Mitglieds führt nicht dazu, dass dessen Einladung zur Sitzung entbehrlich wird.
Auch das verhinderte BR-Mitglied muss die Möglichkeit haben, sich ein Bild über die
bevorstehende Sitzung zu machen und ggf. BR-Kollegen bitten, seine Argumente in der
BR vorzutragen <**R:** BAG, 24.5.2006, 7 AZR 201/05, juris>. Das gilt auch für Ergänzungen bzgl. der Tagesordnung. Die Rechtsprechungsänderung des BAG ändert daran nichts,
sondern bestätigt das, indem dieser Verfahrensfehler durch BR-Beschluss geheilt werden
kann, denn eine Heilung wird nur dann nötig, wenn ein Verfahrensfehler vorliegt <**R:**
missverständlich daher BAG 15.4.2014, 1 ABR 2/13, AP Nr 9 zu § 29 BetrVG 1972>.

Das BR-Mitglied muss aus tatsächlichen (zB Krankheit) oder rechtlichen Gründen (zB 16
Kündigung) verhindert sein; sich willkürlich durch ein Ersatzmitglied vertreten zu lassen
reicht nicht <**R:** LAG Schleswig-Holstein 10.9.2020, 6 Sa 179/19, juris; gegen jedes Prü-
fungsrecht des Vorsitzenden LAG Nürnberg 13.6.2017, 7 TaBV 71/16, juris>. Dem Vorsitzenden kommt hier ein Recht auf Missbrauchskontrolle zu: Bei der Mitteilung eines
BR-Mitglieds, es sei verhindert, ist grundsätzlich ein Verhinderungsfall anzunehmen und
ein Ersatzmitglied zu laden sein. Der Verhinderungsgrund sollte zu den BR-Akten genommen werden <**R:** LAG Hamm, 22.1.2010, 13 TaBV 60/09, juris>.

Ein Verhinderungsfall soll auch denkbar sein, wenn das betroffene BR-Mitglied in seiner 17
Stellung als Arbeitnehmer im Betrieb unabkömmlich ist, sodass der Arbeitspflicht gegenüber der Amtspflicht der Vorrang eingeräumt werden kann und das Ersatzmitglied zu laden ist <**R:** LAG Hamm 8.12.2017, 13 TaBV 72/17, juris mit abl Anm von *Horstmeier*
BB 2019, 888>. Grundsätzlich geht die BR-Tätigkeit der Arbeitspflicht jedoch vor.

Die Ladung der Ersatzmitglieder ist im Verhinderungsfall unverzichtbare Voraussetzung 18
für das ordnungsgem Zustandekommen eines BR-Beschluss. Etwas anderes gilt nur,
wenn eine Verhinderung plötzlich eingetreten ist und es dem Vorsitzenden nicht mehr
möglich war, ein Ersatzmitglied zu laden <**R:** BAG 18.1.2006, 7 ABR 25/05, juris>. Ist
der Verhinderungsgrund zweifelhaft (Rn 16), so sollte ein Ersatzmitglied geladen werden,
da bei seiner unberechtigten Teilnahme der BR-Beschluss nicht zwingend unwirksam ist.

Zeigt ein BR-Mitglied dem BR-Vors an, dass es trotz Abwesenheit im Betrieb (zB Krank- 19
heit oder Urlaub) seine BR-Tätigkeit durchführen möchte, so liegt in diesem Moment
kein Verhinderungsfall (mehr) vor <**R:** BAG, 15.11.1984, 2 AZR 341/83, AP Nr 2 zu

Holler

§ 29 Einberufung der Sitzungen

§ 25 BetrVG 1972; anders BAG 28.7.2020, 1 ABR 5/19, BB 2020, 2619 bei ärztlich attestierter Arbeitsunfähigkeit eines nach § 38 Abs 1 BetrVG freigestellten BR-Mitglieds>. Das gilt auch, wenn das als verhindert betrachtete BR-Mitglied überraschend zur BR-Sitzung erscheint. In diesem Fall muss das Ersatzmitglied die Sitzung wieder verlassen. Allerdings sollte dann eine doppelte Beschlussfassung durchgeführt werden: Einmal mit dem vermeintlich verhinderten BR-Mitglied und einmal mit dem Ersatzmitglied.

20 Die rechtzeitige Ladung ist **unverzichtbar**. Auch wenn der BR gem § 33 Abs 2 grds beschlussfähig ist, kann er rechtswirksame Beschlüsse nur fassen, wenn alle ihm angehörenden Mitglieder sowie etwaige Ersatzmitglieder rechtzeitig geladen worden sind <**R:** BAG 22.11.2017, 7 ABR 46/16, AP Nr 24 zu § 76 BetrVG 1972; BAG 15.4.2014, 1 ABR 2/13, EzA § 29 BetrVG 2001 Nr 4>. Ob eine Heilung von Ladungsfehler möglich ist, ist noch nicht abschließend geklärt (Rn 28). Das BAG hat in einer neueren Entscheidung ausdrücklich offengelassen, ob ein Ladungsfehler nachträglich geheilt werden kann, wenn alle BR-Mitglieder zur fehlerhaft geladenen Sitzung erscheinen <**R:** BAG 28.7.2020, 1 ABR 5/19, AP BetrVG 1972 § 99 Nr 168. Für eine Heilbarkeit LAG Saarbrücken 11.11.1964, Sa 141/63, BB 1965, 163; LAG Düsseldorf 7.3.1975, 16 Sa 690/74, DB 1975, 743; **L:** Richardi/*Thüsing* Rn 40>.

21 Neben den BR-Mitgliedern und etwaigen Ersatzmitgliedern ist nach Abs 2 S 4 iVm § 32 sowie § 178 Abs 4 S 1 SGB IX zu allen Sitzungen des BR auch die **Schwerbehindertenvertretung** zu laden und nach Abs 2 S 4 iVm § 67 Abs 1 S 1 ein Vertreter der **Jugend- und Auszubildendenvertretung**. Werden im BR Angelegenheiten behandelt, die bes die in § 60 Abs 1 genannten AN betreffen, ist zu diesen Tagesordnungspunkten die gesamte Jugend- und Auszubildendenvertretung zu laden (§ 67 Abs 1 S 2).

22 Anders als früher für den Vertrauensmann der Zivildienstleistenden ist eine Teilnahme der Sprecher der Freiwilligen nach § 10 des Bundesfreiwilligendienstgesetzes nicht vorgesehen. Doch der Einladung von Sprechern durch den BR zu Tagesordnungspunkten, welche die Freiwilligen betreffen, steht nichts entgg; der Grds der Nichtöffentlichkeit wird dadurch nicht tangiert (vgl § 30 Rn 21).

23 Zum Teilnahmerecht des AG s Rn 34; zum Teilnahmerecht von Gewerkschaftsbeauftragten § 31; zum Teilnahmerecht von SprA-Mitgliedern durch Mehrheitsbeschluss des BR § 2 Rn 24.

3. Mitteilung der Tagesordnung

24 Die Ladung hat **unter Mitteilung der Tagesordnung** zu erfolgen. Auch diese muss so rechtzeitig erfolgen, dass sich die Teilnehmer auf die Sitzung vorbereiten können. Die zw Versendung der Tagesordnung und Sitzung einzuhaltende Frist bestimmt sich dabei auch nach der vom betreffenden BR-Vors beachteten Übung. Wird die Tagesordnung zu der regelmäßigen Sitzung üblicherweise sechs oder sieben Tage vor der Sitzung versandt, ist die Mitteilung des Tagesordnungspunktes „Abberufung eines BR-Mitglieds von der Freistellung" eineinhalb Tage vor der Sitzung nicht rechtzeitig, sofern keine besondere Eilbedürftigkeit besteht <**R:** LAG Ddf 26.10.2007, 9 TaBV 54/07, juris>. Die Tagesordnung muss den BR-Mitgliedern überlassen sein; allein der Hinweis, dass die Tagesordnung im BR-Büro einzusehen oder zu erhalten ist, genügt nicht <**R:** vgl zum Personalvertretungsrecht BayVGH 16.7.2014, 17 P 13.91, juris>.

Informiert der BR-Vors die BR-Mitglieder vor der Sitzung über die zu erörternden Gegenstände, muss er das ggü allen in gleicher Weise tun; eine privilegierte Information bestimmter Gruppierungen wäre pflichtwidrig <L: *Klein* S 386f>. 25

Die Tagesordnung muss die zu behandelnden Punkte **konkret** angeben, damit sich die BR-Mitglieder auf die Beratung vorbereiten können <R: LAG Berlin-Brandenburg 30.4.2020, 13 TaBV 1794/19, juris>. Eine Tagesordnung „1. Personelles, 2. Verschiedenes" genügt nicht. Ein Tagesordnungspunkt „Verschiedenes" hilft über diese Voraussetzung nicht hinweg <R: BAG 28.10.1992, 7 ABR 14/92, BB 1993, 580>. Über „Verschiedenes" kann nur diskutiert, nicht entschieden werden. Auf der anderen Seite müssen die jeweiligen Einzelheiten eines Tagesordnungspunktes nicht bezeichnet werden. Ist eine mitbestimmungspflichtige Angelegenheit in der Tagesordnung genannt, ist damit auch ein Beschluss zur Anrufung der Einigungsstelle gedeckt <R: LAG Ddf 29.2.2008, 2 TaBV 7/08, LAGE § 98 ArbGG 1979 Nr 50a>. 26

Ein Beschluss in einer Sache, die nicht auf der Tagesordnung stand, ist grds unwirksam. Auch in der Geschäftsordnung kann nicht rechtswirksam geregelt werden, dass die Tagesordnung zu Beginn der Sitzung durch Beschluss der anwesenden BR-Mitglieder erweitert werden kann <R: LAG HH 1.12.2006, 3 TaBV 6/06, juris>. 27

Das BAG hatte früher den Standpunkt eingenommen, dass von dieser zwingenden Regel nur abgewichen werden kann, wenn der **vollzählig versammelte BR** dies **nachträglich einstimmig** beschließt, sich etwa mit der Behandlung vorher nicht mitgeteilter Tagesordnungspunkte einverstanden erklärt <R: BAG 24.5.2006, 7 AZR 201/05, EzA § 29 BetrVG 2001 Nr 1>. Inzwischen lässt es das BAG genügen, wenn sämtliche Mitglieder des BR rechtzeitig geladen sind, der BR beschlussfähig iS des § 33 Abs 2 ist und die anwesenden BR-Mitglieder einstimmig beschlossen haben, über den Regelungsgegenstand des später gefassten Beschlusses zu beraten und abzustimmen <R: BAG 22.11.2017, 7 ABR 46/16, NZA 2018, 732; 15.4.2014, 1 ABR 2/13, NZA 2014, 551; 22.1.2014, 7 AS 6/13, NZA 2014, 441; 9.7.2013, 1 ABR 2/13 (A), NZA 2013, 1433; L: zust AR/*Maschmann* BetrVG § 29 Rn 4; HWK/*Reichold* BetrVG § 29 Rn 10; *Fitting* § 29 Rn 48b; *Joussen* NZA 2014, 506 ff; anders GK/*Raab* Rn 61 ff, nach dem eine einfache Stimmenmehrheit reicht>. Ein BR-Mitglied, das zur Sitzung ordnungsgem geladen ist, muss also damit rechnen, dass dort über Fragen beraten und beschlossen wird, von denen es nichts weiß. Bleibt es der Sitzung fern, handelt es insoweit auf eigenes Risiko. 28

Stimmt auch nur ein anwesendes BR-Mitglied der Behandlung eines vorher nicht mitgeteilten Tagesordnungspunktes nicht zu, bleibt es dabei, dass ein trotzdem gefasster Beschluss unwirksam ist. Möglich ist dann nur, dass der BR in einer neuen Sitzung, zu der ordnungsgem geladen ist, den früheren unwirksamen Beschluss genehmigt <R: BAG 28.10.1992 7 ABR 14/92, BB 1993, 580; LAG Nbg 23.9.1997, 6 Sa 242/96, LAGE § 29 BetrVG 1972 Nr 2>. Zurückwirken kann eine solche Genehmigung aber nur, wenn der Beschluss des BR, wie das etwa auf die Entsendung von BR-Mitgliedern zu Schulungsveranstaltungen zutrifft, nicht fristgebunden ist. Insb bleibt die Wochenfrist des § 102 Abs 2, 3 versäumt, auch wenn in einer späteren Sitzung der ursprünglich unwirksame Widerspruch gg eine Kd nachträglich „genehmigt" wird (§ 26 Rn 13). 29

Soweit ein Viertel der Mitglieder des BR oder der AG gem Abs 3 die Beratung eines Gegenstandes verlangt hat, muss dieser vom Vorsitzenden auf die Tagesordnung gesetzt werden. Der BR-Vors ist nicht berechtigt, einen solchen Gegenstand im Rahmen der Be- 30

§ 29 Einberufung der Sitzungen

schlussfassung über die Tagesordnung wieder von der Tagesordnung zu nehmen, es sei denn, die vollzählig versammelten BR-Mitglieder beschließen das einstimmig <R: ArbG FF/M 3.11.2004, 7 BV 547/03, juris>. Nach der Rechtsprechungsänderung (Rn 28) wird man auch hier davon ausgehen können, dass die Einstimmigkeit der anwesenden BR-Mitglieder reicht.

31 Nach § 178 Abs 4 S 1 SGB IX. hat auch die Schwerbehindertenvertretung einen Anspruch darauf, dass auf einen von ihr gestellten Antrag hin Angelegenheiten, die einzelne schwerbehinderte Menschen oder die Schwerbehinderten Menschen als Gruppe betreffen, auf die Tagesordnung der nächsten Sitzung gesetzt werden. Das gleiche Recht steht der Jugend- und Auszubildendenvertretung nach § 67 Abs 3 S 1 BetrVG hinsichtlich Angelegenheiten zu, die besonders jugendliche oder auszubildende Arbeitnehmer iSd § 60 Abs 1 BetrVG betreffen und über die sie zuvor beraten hat. Ebenso hat jeder Arbeitnehmer über § 86a BetrVG das Recht, dem BR Themen zur Beratung vorzuschlagen <L: *Wiese* BB 2001, 2267, nach dem § 86a BetrVG lex specialis zu § 80 Abs 1 Nr 3 BetrVG>. Wird der Vorschlag von mindestens 5% der Arbeitnehmer des Betriebs unterstützt, hat der BR diesen Vorschlag innerhalb von 2 Monaten auf die Tagesordnung zu setzten. Der Anspruch ist im Beschlussverfahren von den Arbeitnehmern einklagbar (§ 86a Rn 3).

4. Sitzungsleitung

32 Nach Abs 2 S 2 obliegt die Leitung der BR-Sitzungen dem BR-Vors, im Verhinderungsfalle seinem Stellv. Sind beide verhindert, bestimmen die anwesenden BR-Mitglieder, ggf. nach ihrem Selbstzusammentritt (Rn 6) durch Mehrheitsbeschluss den Sitzungsleiter.

33 Zur Leitung der Sitzung gehören ihre Eröffnung und Schließung, die Erteilung und Entziehung des Wortes, die Leitung der Abstimmungen, die Feststellung der Beschlussfähigkeit und der Abstimmungsergebnisse, die Veranlassung und Unterzeichnung der Sitzungsniederschrift und die Ausübung des Hausrechts im Sitzungsraum. Aufgrund seines zeitweiligen Hausrechts kann der Sitzungsleiter ein BR-Mitglied nach einer Verwarnung für die Dauer eines Tagesordnungspunktes oder für den Rest der Sitzung von der Teilnahme ausschließen, wenn es zur Aufrechterhaltung der Ordnung erforderl ist <L: ebenso GK/*Raab* Rn 70; **aA** *Fitting* Rn 50 f; ErfK/*Koch* Rn 2; Richardi/*Thüsing* Rn 45; MünchArbR/*Krois* § 294 Rn 54; DKW/*Wedde* Rn 29>. Der Hinweis auf § 23 Abs 1 BetrVG und einen einstweiligen Rechtsschutz ist für die akute Störung der laufenden Sitzung zu spät. Freilich hat der Vorsitzender bei der Ausübung seines Hausrechts zu berücksichtigen, dass es sich um ein BR-Mitglied und keinen BRfremden handelt. Ein Verweis wird deshalb nur dann gerechtfertigt sein, wenn das Verhalten des BR-Mitglieds den Gang der Sitzung in besonders hohem Maße stört. In diesen Fällen wird zugleich – im Nachgang – an § 23 Abs 1 und § 119 Abs 1 Nr 2 zu denken sein.

5. Teilnahme des AG

34 Der **AG** ist zur Teilnahme an BR-Sitzungen berechtigt, **wenn** es sich um eine **auf sein Verlangen anberaumte Sitzung** handelt (Abs 4); er ist dann zu dieser Sitzung zu laden. Ein Teilnahmerecht, aber keine Teilnahmepflicht, besteht auch in den Fällen, in denen der AG vom BR-Vors zu einer Sitzung **ausdrückl eingeladen** worden ist. Das Teilnahmerecht beschränkt sich auf die Punkte, derentwg der AG die Sitzung beantragt oder der

BR-Vors die Einladung ausgesprochen hat. Ein allgemeines Teilnahmerecht steht ihm hingegen nicht zu <L: *Fitting* Rn 53; GK/*Raab* Rn 72>.

Nimmt der AG an der Sitzung teil, kann er einen Vertreter seiner AG-Vereinigung mitbringen (Abs 4 S 2), welcher dann auch berechtigt ist, seine Ansicht zu äußern. Gehört der AG keinem AG-Verband an, kann er keinen anderen Beistand mitbringen (§ 46 Rn 6, aA noch Vorauflage). **35**

Die Teilnahme des AG an einer auf sein Verlangen anberaumte Sitzung ist über § 2 Abs 1 nicht durch Leistungsantrag im Beschlussverfahren erzwingbar, kann aber Rechtsfolgen nach § 23 Abs 3 auslösen <L: GK/*Raab* Rn 78; MünchArbR/*Krois*, § 294 Rn 38. **aA** *Fitting* Rn 57; ErfK/*Koch* Rn 3; AR/*Maschmann* Rn 5>. **36**

IV. Streitigkeiten

Streitigkeiten innerhalb und außerhalb des BR über die Einberufung der Sitzungen, die Fassung der Tagesordnung, die Ordnungsmäßigkeit der Ladungen oder Mitteilungen sowie auch alle Streitigkeiten über das Teilnahmerecht des AG oder eines Beauftragten der AG-Vereinigung sind im arbg Beschlussverf zu entscheiden (§ 2a Abs 1 Nr 1, §§ 80ff ArbGG). Der AG kann den Vortrag des BR über die Beschlussfassung nach allgemeinen prozessualen Grundsätzen mit Nichtwissen bestreiten. Die Einladung zu der BR-Sitzung und deren Ablauf sind regelmäßig nicht Gegenstände seiner eigenen Wahrnehmung. Legt allerdings der BR die Einhaltung der Voraussetzungen für einen wirksamen Beschluss des Gremiums dar, insb durch Vorlage der Sitzungsniederschrift, ist ein sich daran anschließendes pauschales Bestreiten des Arbeitgebers mit Nichtwissen unbeachtlich. Dieser muss dann konkret angeben, welche der zuvor vorgetragenen Tatsachen er bestreiten will, diese sind dann Gegenstand der Aufklärungspflicht des ArbG gem § 83 Abs 1 ArbGG wird <R: Hess LAG 8.2.2021, 16 TaBV 185/20, juris, dazu § 33 Rn 33 und § 34 Rn 15>. **37**

§ 30 Betriebsratssitzungen

(1) Die Sitzungen des Betriebsrats finden in der Regel während der Arbeitszeit statt. Der Betriebsrat hat bei der Ansetzung von Betriebsratssitzungen auf die betrieblichen Notwendigkeiten Rücksicht zu nehmen. Der Arbeitgeber ist vom Zeitpunkt der Sitzung vorher zu verständigen. Die Sitzungen des Betriebsrats sind nicht öffentlich. Sie finden als Präsenzsitzung statt.

(2) Abweichend von Absatz 1 Satz 5 kann die Teilnahme an einer Betriebsratssitzung mittels Video- und Telefonkonferenz erfolgen, wenn

1. die Voraussetzungen für eine solche Teilnahme in der Geschäftsordnung unter Sicherung des Vorrangs der Präsenzsitzung festgelegt sind,
2. nicht mindestens ein Viertel der Mitglieder des Betriebsrats binnen einer von dem Vorsitzenden zu bestimmenden Frist diesem gegenüber widerspricht und
3. sichergestellt ist, dass Dritte vom Inhalt der Sitzung keine Kenntnis nehmen können.

Eine Aufzeichnung der Sitzung ist unzulässig.

(3) Erfolgt die Betriebsratssitzung mit der zusätzlichen Möglichkeit der Teilnahme mittels Video- und Telefonkonferenz, gilt auch eine Teilnahme vor Ort als erforderlich.

Literatur: *Beden/Rombey*, Digitale Mitbestimmung – Die Krise als Schrittmacher des Fortschritts BB 2020, 1141; *Boemke/Roloff/Haase*, NZA 2021, 827. Noch zu § 129 BetrVG: *Hagedorn*, Betriebsratssitzungen in Zeiten der COVID-19-Pandemie; NZA 2021, 158; *Heidemann*, Die Betriebsratssitzung, AiB 2010, 306; *Horstmeier*, Ein digitales Upgrade für das Betriebsverfassungsrecht, BB 2022, 116; *Jesgarzewski/Holzendorf*, Zulässigkeit virtueller Betriebsratssitzungen, NZA 2012, 1021; *Keitel/Busch*, Der neue Referentenentwurf für ein Betriebsrätestärkungsgesetz – wesentliche Änderungen, BB 2021, 564; *Raab*, Rechtsschutz des Arbeitgebers gegen Pflichtverletzungen des Betriebsrats (Teil 2), RdA 2017, 352; *Städler*, Präsenzsitzungen des Betriebsrats – berechtigte Forderung oder zu großes Gesundheitsrisiko?, NZA 2021, 465; *Tangemann*, Wirksamkeitsrisiken bei digitaler Betriebsratsarbeit, BB 2020, 1974; *Thüsing/Beden*, Betriebsratsarbeit 4.0: Die Betriebsratssitzung per Videokonferenz und die virtuelle Betriebsversammlung, BB 2019, 372; *Winzer/Baeck/Hilgers*, NZA 2021, 620.

Übersicht

	Rn.		Rn.
I. Allgemeines	1	2. Video- oder Telefonkonferenz	12
II. Art der Zusammenkunft	2	3. Voraussetzungen für eine digitalisierte Sitzung	13
III. Zeitpunkt	3	V. Aufzeichnungsverbot	17
1. Regelmäßig während der Arbeitszeit	3	VI. Nichtöffentlichkeit	19
2. Rücksichtnahme auf betriebliche Notwendigkeiten	6	VII. Erforderlichkeit der Sitzungsteilnahme „vor Ort"	28
3. Information des AG	9		
IV. Digitalisiertes Sitzungsformat	11		
1. Entscheidung des Gesetzgebers	11		

I. Allgemeines

Die zwingende Vorschrift ergänzt § 29. Sie ist entsprechend auf den Betriebsausschuss (§ 27) und die anderen Ausschüsse (§ 28) anzuwenden. Ebenso auf den Wirtschaftsausschuss, sodass es einer erneuten Erwähnung in § 129 aF nicht bedurfte (vgl § 108 Rn 4). Ebenso findet die Regelung Anwendung für die Arbeitsgruppe (§ 28a).

II. Art der Zusammenkunft

Vor dem Betriebsrätemodernisierungsgesetz war mit BR-Sitzung im Sinn des § 30 allein die tatsächl Zusammenkunft der BR-Mitglieder gemeint <L: aA *Thüsing/Beden* BB 2019, 372>. § 129 aF von 2020, der als Sonderregelung aus Anlass der Covid-19-Pandemie die BR-Sitzung mittels Video- und Telefonkonferenz zuließ, als auch die gesetzliche Änderung des § 30 durch das Betriebsrätemodernisierungsgesetz haben gezeigt, dass „virtuelle" BR-Sitzungen nicht von der ursprünglichen Fassung des § 30 erfasst waren. Mit dem Betriebsrätemodernisierungsgesetz hat der Gesetzgeber mit dem neuen Abs 2 eine Regelung geschaffen, die eine Digitalisierung der BR-Sitzung erst möglich macht. Die Regelung bleibt indes hinter den allgemeinen Erwartungen an einen digitalen Aufbruch der BR-Arbeit zurück. Es bleibt bei dem allgemeinen Grundsatz, dass die BR-Sitzung analog zu erfolgen hat (§ 30 Abs 1 S 1 BetrVG). Anders als noch bei § 129 BetrVG aF von 2020 hat sich der Gesetzgeber mit Abs 1 S 5 und Abs 3 zu einem allgemeinen Vorrang der bisherigen BR-Tätigkeit in Präsenz, also der „physischen Anwesenheit aller Teilnehmer vor Ort" <L: BT-Drs 19/28899, S 18>, bekannt. Für eine digitale BR-Sitzung wurden mit Abs 2 und seinen kumulativen Voraussetzungen nicht nur Hürden geschaffen, sondern die Regelung zeigt den Vorbehalt, der weiterhin gegenüber einer Digitalisierung und Flexibilisierung tradierter Strukturen besteht.

III. Zeitpunkt

1. Regelmäßig während der Arbeitszeit

Alle Sitzungen des BR finden **während der Arbeitszeit** statt, soweit nicht ausnahmsweise ein anderer Sitzungstermin erforderl ist. Die Notwendigkeit, von dieser Regel abzuweichen, kann sich aus der betriebl Arbeitszeitgestaltung, zB bei einem Schichtbetrieb, ergeben. Aber auch die Dringlichkeit der Entscheidung in einer mitbestimmungspflichtigen Angelegenheit kann eine Sitzung außerhalb der Arbeitszeit notwendig machen, etwa wenn sofortige Mehrarbeit erforderl wird. Unabhängig davon sind Sitzungen stets so zu legen, dass möglichst viele BR-Mitglieder während ihrer persönlichen Arbeitszeit daran teilnehmen können.

Die BR-Mitglieder sind berechtigt, ohne bes Erlaubnis des AG ihren Arbeitsplatz zur Teilnahme an der Sitzung zu verlassen; sie müssen sich aber stets bei ihrem Arbeitsvorgesetzten abmelden <**R:** BAG 23.6.1983, 6 ABR 65/80, AP Nr 45 zu § 37 BetrVG 1972> und sich nach Schluss der Sitzung unverzüglich wieder zurückmelden. Zur Arbeitsbefreiung der BR-Mitglieder in solchen Fällen s § 37 Rn 40.

§ 30 Betriebsratssitzungen

5 Soweit BR-Sitzungen nicht in der Arbeitszeit stattfinden, haben die betreffenden Mitglieder Anspruch auf entsprechende Arbeitsbefreiung (§ 37 Rn 21).

2. Rücksichtnahme auf betriebliche Notwendigkeiten

6 § 30 Abs 1 S 2 ist eine Konkretisierung des **Gebots der vertrauensvollen Zusammenarbeit** aus § 2 Abs 1. Der BR hat daher nicht nur bei der Anberaumung der BR-Sitzungen auf betriebl Notwendigkeiten Rücksicht zu nehmen (etwa auf termingebundene oder sonst wie dringend erforderl Arbeiten im Betrieb), sondern ebenso im Hinblick auf Zeit und Dauer der Sitzungen <**R:** BAG 24.7.1979, 6 ABR 96/77, BB 1980, 578>. Die BR-Sitzungen sind daher idR nicht in die Mitte der Arbeitszeit zu legen, sondern an ihr Ende, damit der Arbeitsablauf nicht unnötig gestört wird <**L: aA** GK/*Raab* Rn 12>. Auch muss der BR versuchen, die Verhandlungen möglichst schnell durchzuführen. Längere Beratungspausen sind zu vermeiden.

7 Aus Abs 1 S 2 kann jedoch nicht die Pflicht des BR abgeleitet werden, eine virtuelle statt einer BR-Sitzung in Präsenz durchzuführen; die Formatwahl (digital, hybrid oder analog) wird durch die Geschäftsordnung festgesetzt. Die Entscheidungsbefugnis verbleibt beim BR <**L:** BT-Drs 19/28899, 19; *Boemke/Roloff/Haase* NZA 2021, 82>, s Rn 13.

8 Ein Verstoß gg die Verpflichtung aus § 30 Abs 1 S 2 unterliegt nur der Sanktion des § 23 Abs 1. Ob in diesen Fällen darüber hinaus ein Unterlassungsanspruch des AG besteht, der durch eine einstweilige Verfügung erwirkt werden kann, ist umstritten, aber richtigerweise anzunehmen <dagegen **R:** LAG Berl-Bbg 18.3.2010, 2 TaBV 2694/09, juris. Dafür **L:** *Fitting* Rn 13; DKKW/*Wedde* Rn 7; ErfK/*Koch* Rn 1; GK/*Raab* Rn 16; **aA** noch in der Vorauflage>. Allein § 23 Abs 1 schließt einen allg. Unterlassungsanspruch nicht aus, denn die Abhilfe über § 23 kommt im Regelfall zu spät. Ein solcher ist durch den Eingriff in den Betriebsablauf infolge der Sitzungsterminierung vielmehr geboten und wird regelmäßig im einstweiligen Verfügungsverfahren (§ 85 Abs 2 ArbGG) durchzusetzen sein <**L:** GK/*Raab* Rn 16>.

3. Information des AG

9 Nach § 30 Abs 1 S 3 ist der **AG** vom Zeitpunkt **jeder** – auch kurzfristiger – Sitzung **vorher zu verständigen**, damit er die Möglichkeit hat, den Arbeitsablauf des Betriebs entsprechend einzurichten und für eine Vertretung der BR-Mitglieder an ihren Arbeitsplätzen zu sorgen. Die Information des AG soll diesem darüber hinaus ermöglichen, nach § 29 Abs 3 S 1 Beratungsgegenstände auf die Tagesordnung setzen zu lassen. Eine nachträgliche Auskunftsverpflichtung über Anfangs- und Endzeiten folgt aus Abs 1 S 3 nicht <**R:** ArbG HH 8.9.1999, 13 BV 4/99, AiB 2000, 102>.

10 Eine grobe Verletzung der Pflicht zur rechtzeitigen Benachrichtigung des AG kann nach § 23 Abs 1 und 2 sanktioniert werden und auch zu Schadensersatzansprüchen – zumindest gg den BR-Vors – führen <**L:** *Belling* Die Haftung des Betriebsrats und seiner Mitglieder für Pflichtverletzungen (1990), S 322 iVm 359>.

IV. Digitalisiertes Sitzungsformat

1. Entscheidung des Gesetzgebers

Obwohl die Corona-Pandemie die Digitalisierung stark vorangetrieben hat, hat sich der Gesetzgeber für einen Vorrang der Präsenzsitzung entschieden (Abs 1 S 5). Das war in der pandemischen Sondervorschrift des § 129 aF von 2020 noch anders; hier hatte der BR ein Wahlrecht <R: ArbG Köln 24.3.2021, 18 BVGa 11/21, juris; LAG Berlin-Brandenburg 24.8.2020, 12 TaBVGa 1015/20, LAGE § 129 BetrVG 2001 Nr 1; L: in der Vorauflage *Holler* § 129 Rn 10>. Diese Entscheidung kann man zu Recht als mutlos kritisieren <L: *Horstmeier* BB 2022,117, ähnlich *Schiefer/Worzolla* NZA 2021, 817>, sie ist jedoch zu respektieren. Das Leitbild der BR-Sitzung besteht weiterhin in Form eines räumlichen und physisch unmittelbaren Diskussionskreises – von Angesicht zu Angesicht <L: BT-Drs 19/28899, 19; ausführlicher dazu GK/*Raab* Rn 38>. Von dem Grundsatz der Präsenz kann der jeweilige BR nur abweichen und BR-Sitzungen ganz oder teilweise (hybrid) in digitaler Form abhalten, soweit er die vom Gesetzgeber aufgestellten Maßgaben einhält. Das macht die digitalisierte BR-Sitzung schwerfällig und konterkariert deren Flexibilisierungsaspekt.

11

2. Video- oder Telefonkonferenz

Die digitale Sitzung kann mittels „Video- und Telefonkonferenz" erfolgen. Ebenso wie bei § 129 aF von 2020 bleibt der Gesetzgeber auch iRv § 30 sprachlich ungenau. Wie schon bei § 129 aF von 2020 handelt es sich nicht um eine zwingend additive Konjunktion, dh für eine digitalisierte Sitzung ist keine zeitgleiche Video- *und* Telefonkonferenz erforderlich. Insoweit wäre „Video- *oder* Telefonkonferenz" treffender gewesen <L: GK/*Raab* Rn 40>. Zugleich reicht aber keine tonlose videotechnische Übertragung, bei der man sich nur mit Gesten wie Handheben und Kopfnicken verständigt.

12

3. Voraussetzungen für eine digitalisierte Sitzung

Eine digitalisierte BR-Sitzung ist nur dann möglich, soweit die Geschäftsordnung des BR eine solche überhaupt vorsieht (Abs 2 S 1 Nr 1). Hier orientiert sich der Gesetzgeber augenscheinlich an Empfehlungen der Literatur <L: *Fitting* Rn 21c; *Beden/Rombey* BB 2020, 1141>, die jedoch zu § 30 aF erfolgt sind. Dem BR ist es nicht möglich, die BR-Sitzung ausschließlich in rein digitaler Form abzuhalten, da er in der Geschäftsordnung den Grundsatz der Präsenzsitzung zu beachten hat (Abs 2 S 1 Nr 1). Nach der Gesetzesbegründung ist ein ständig eingerichtetes hybrides Veranstaltungsformat ausgeschlossen, um so eine dauerhafte virtuelle Teilnahme einzelner BR-Mitglieder zu verhindern <L: BT-Drs 19/28899, S 19>. Anders als bei § 129 aF von 2020 hat der BR-Vors keine völlig freie Entscheidungsbefugnis mehr, in welcher Weise die digitale BR-Sitzung erfolgen soll. Ein bloßer Vollzug der Geschäftsordnung durch den BR-Vors ist damit aber nicht verbunden <L: so *Boemke/Roloff/Haase* NZA 2021, 827>. Hinsichtlich der konkreten Sitzungsdurchführung kann und sollte die Geschäftsordnung dem BR-Vors einen Gestaltungsspielraum belassen, um so auf eine Vielzahl von Situationen in der täglichen BR-Praxis flexibel reagieren zu können <L: ebenso GK/*Raab* Rn 44, 55ff>.

13

§ 30 Betriebsratssitzungen

14 Darüber hinaus hat der Gesetzgeber in Abs. 2 S. 1 Nr. 2 einen Widerspruchsvorbehalt vorgesehen, nach dem ein Viertel der BR-Mitglieder durch Widerspruch die virtuelle Teilnahme einzelner BR-Mmitglieder oder die vollständige virtuelle Sitzungsdurchführung verhindern kann, auch wenn die in der GO festgelegten Voraussetzungen erfüllt sind <L: *Boemke/Roloff/Haase*, NZA 2021, 827>. Nach dem Wortlaut kommt es für die Bestimmung des „Viertels" auf die Kopfzahl der widersprechenden Mitglieder an und nicht auf deren jeweiliges Stimmengewicht (§ 47 Abs 7; § 55 Abs 3); das ist auch richtig, da es nicht um eine inhaltliche Entscheidung geht, sondern um die konkrete Sitzungsdurchführung. Für die Praxis bietet es sich an, dass der BR-Vors mit der Einladung zur Sitzung (§ 29 Abs 2 S 3) zugleich mitteilt, dass und in welcher Weise eine digitale Form der BR-Sitzung stattfindet und zugleich eine Widerspruchsfrist setzt <L: BT-Drs. 19/28899, S 19 f>. Mit der rechtzeitigen Einladung iSd § 29 ist zugleich eine angemessene Frist zum Widerspruch gesetzt <L: so auch *Boemke/Roloff/Haase* NZA 2021, 827>. Hat der BR-Vors keine oder eine zu kurze Frist gesetzt, kann der Widerspruch noch zu Beginn der virtuellen Sitzung erfolgen. Die Sitzung muss dann abgebrochen und in Präsenzform abgehalten werden. Nach dem Beginn der Beratung ist ein Widerspruch nicht mehr möglich; jedenfalls nach der Beschlussfassung, um eine Sperrminorität zu verhindern <L: *Boemke/Roloff/Haase* NZA 2021, 827; wie hier GK/*Raab* Rn 47>. Der Widerspruch bedarf keiner Begründung und kann formlos erfolgen. Andererseits kann ein hybrides Format auch noch zu Beginn der Sitzung erfolgen, zB weil ein BR-Mitglied kurzfristig von der Teilnahme vor Ort verhindert ist. Da die Frage des Sitzungsformats kein Bestandteil der Ladung oder der Tagesordnung ist, bedarf es hier keiner einstimmigen Erklärung aller Sitzungsteilnehmer, sondern auch hier ist eine spontane hybride Sitzung nur unzulässig, soweit ein Viertel der anwesenden BR-Mitglieder dies ablehnen <L: GK/*Raab* Rn 58>.

15 Schlussendlich muss die Nichtöffentlichkeit auch in der digitalisierten Form sichergestellt sein, Abs 2 S 1 Nr 3 (Rn 19 ff).

16 Unklar ist bisher, ob die Teilnahme mittels Telefon- und Videokonferenz allein für Sachentscheidungen (§ 33 Rn 2) möglich ist, oder ob auch virtuelle Wahlen möglich sind. Zu § 129 aF lehnte das LAG Berlin-Brandenburg <R: 24.8.2020, 12 TaBVGa 1015/20, juris; L: ErfK/*Koch* § 129 Rn 2> eine virtuelle Wahl noch ab. Dagegen wird zu § 30 Abs 2 die virtuelle Durchführung betriebsratsinterner Wahlen teilweise für zulässig <L: GK/*Raab* Rn 41>, teilweise, unter Hinweis der allgemeinen Grundsätze der Wahl, für unzulässig erachtet <L: *Keitel/Busch* BB 2021, 564; *Winzer/Baeck/Hilgers* NZA 2021, 620; *Horstmeier* BB 2022, 117>. Soweit die Wahl an keine besonderen Förmlichkeiten geknüpft ist, ist eine virtuelle Wahl möglich. Soweit die Wahl geheim und/oder als Verhältniswahl durchzuführen ist (§ 27 Abs 1 S 3, § 38 Abs 2 S 1) scheidet in der Regel eine virtuelle Wahl aus, solange nicht sichergestellt werden kann, dass für niemanden erkennbar ist, wie die einzelnen digital zugeschalteten Teilnehmer abgestimmt haben <L: im Ergebnis auch *Boemke/Roloff/Haase* NZA 2021, 827>.

V. Aufzeichnungsverbot

17 Das in Abs 2 S 2 formulierte Aufzeichnungsverbot bezieht sich rein gesetzessystematisch allein auf die digitale BR-Sitzung. Ungeachtet des Wortlauts bleiben jedenfalls schriftliche Aufzeichnungen auch bei einer digitalen BR-Sitzung zulässig. Denn aus den Ge-

setzesmaterialien ergibt sich, dass lediglich die „technische Aufzeichnung einer Betriebsratssitzung, an der mittels Video- und Telefonkonferenz teilgenommen wird," unzulässig ist. Die Regelung hätte jedoch zur Konsequenz, dass keine technische Aufzeichnung in Form von Tonbandaufnahmen zu Protokollzwecken zulässig wäre, selbst wenn alle Anwesenden damit ausdrücklich einverstanden sind. Damit würde die Regelung für die digitale BR-Sitzung von der bisherigen Rechtsmeinung abweichen, die eine Aufnahme von Präsenzveranstaltungen in diesen Fällen goutiert hat <L: *Fitting* § 34 Rn 12 mwN>. Der Grundgedanke des Aufnahmeverbots ließe sich jedoch ohne weiteres auf die Präsenzsitzungen ausweiten, denn das Aufzeichnungsverbot dient sowohl dem Persönlichkeitsschutz der Teilnehmer, einer offenen Gesprächsatmosphäre sowie der Wahrung der Nichtöffentlichkeit der BR-Sitzung.

Um einen Gleichlauf zwischen Präsenz- und Digitalsitzung herzustellen, sollte daher Folgendes gelten: Eine Videoaufzeichnung ist sowohl in Präsenz als auch im digitalen Format generell unzulässig. Dagegen ist eine Tonbandaufnahme zulässig, soweit alle an der Sitzung Beteiligten – vor jeder Sitzung und ausdrücklich – einverstanden sind. Aufzeichnungen in Schriftform sind in jedem Sitzungsformat ohne weitere Zustimmung zulässig. **18**

VI. Nichtöffentlichkeit

Abs 1 S 4 regelt allgemein die Nichtöffentlichkeit der BR-Sitzungen in Präsenz und digitaler Form. Dieser Grundsatz wird für digitale BR-Sitzungen in Abs 2 Nr 3 noch mal betont, ohne jedoch stärkere inhaltliche Anforderungen an die digitale BR-Sitzung zu stellen. Es besteht kein sachlicher Grund, an den Grundsatz der Nichtöffentlichkeit bei Video- oder Telefonkonferenzen inhaltlich strengere Anforderungen zu stellen, als an Präsenzsitzungen <L: *Boemke/Roloff/Haase* NZA 2021, 827; *Thüsing/Beden* BB 2019, 372; GK/*Raab* Rn 50>, Rn 25. **19**

Abs 1 S 4 ist keine bloße Ordnungsvorschrift, sondern eine **zwingende Verbotsnorm**. Der Grundsatz der Nichtöffentlichkeit kann daher weder durch einen Beschluss des BR noch durch eine BV oder tarifliche Abmachung außer Kraft gesetzt werden. **20**

Die Vorschrift hindert den BR aber nicht, eine ihm vom AG zur Verfügung gestellte Schreibkraft als Protokollführer hinzuzuziehen <R: vgl BAG 17.10.1990, 7 ABR 69/89, BB 1991, 1264 zum WirtA> und weitere Personen zur Verhandlung einzelner oder mehrerer Tagesordnungspunkte zuzulassen, wenn es sich dabei um sachkundige AN (vgl § 80 Abs 2 S 3), sonstige Sachverständige oder um Auskunftspersonen handelt, die er zu diesem Zweck eingeladen oder die der AG mitgebracht hat. Als ein solcher Sachverständiger kommt, etwa in tariflichen Angelegenheiten, auch der Vertreter einer Gewerkschaft in Betracht. Zur Notwendigkeit, über die Hinzuziehung von Sachverständigen eine Vereinbarung mit dem AG zu treffen, § 80 Rn 56. **21**

Ersatzmitgliedern, mit deren Heranziehung zur Vertretung immer wieder gerechnet werden muss, kann ebenfalls die Teilnahme an den BR-Sitzungen gestattet werden, um sie so ständig in die BR-Tätigkeit einzubinden <R: ähnl BAG 30.9.2014, 1 ABR 32/13, BB 2015, 638, das aber darauf abstellt, ob die Anwesenheit des Ersatzmitglieds durch die BR-Mitglieder beanstandet worden ist oder nicht>. **22**

23 **Beschlüsse**, die unter **Verletzung des Abs 1 S 4** zustande gekommen sind, sind nur dann unwirksam, wenn sie durch die Anwesenheit von Personen beeinflusst worden sein können, die unbefugt oder aufgrund einer gesetzwidrigen Zulassung an der Sitzung teilgenommen haben <**R**: BAG 24.3.1977, 2 AZR 289/76, BB 1977, 1249; LAG Berlin-Brandenburg 26.11.2019, 11 TaBV 837/19, juris>. Das ist immer dann nicht auszuschließen, wenn die Unvoreingenommenheit von BR-Mitgliedern durch die Anwesenheit dieser Personen beeinträchtigt werden konnte.

24 Dass nach Abs 1 S 4 BR-Sitzungen ausdrückl für nicht öffentl erklärt sind, bedeutet nicht etwa im Umkehrschluss, dass der BR außerhalb von Sitzungen an die allg Öffentlichkeit gehen kann. Dafür fehlt es an einer gesetzl Aufgabenzuweisung <**R**: BAG 18.9.1991, 7 ABR 63/90, BB 1992, 144>. Aus § 2 Abs 1 folgt nur, dass sich der BR öffentl wehren kann, wenn der AG an die Öffentlichkeit gegangen ist.

25 Bisher ist ungeklärt, welche Anforderungen an eine **digitale** BR-Sitzung zu legen sind, um den Grundsatz der Nichtöffentlichkeit zu wahren. Die deklaratorische Formulierung in Abs 2 Nr 3 bringt insoweit keine weitere Rechtssicherheit, zumal insbes in einem häuslich-familiären Umfeld ein absoluter Ausschluss der Mitbewohner/Familienmitglieder kaum realisierbar ist. Dieser Umstand steht aber mit dem Grundsatz der Nichtöffentlichkeit nicht im unauflösbaren Widerspruch. Einigkeit innerhalb der Literatur dürfte wohl darüber herrschen, dass Orte in der Öffentlichkeit (zB im Zugabteil oder in der DB-Lounge) für eine Teilnahme an der BR-Sitzung generell ausscheiden. Der eigene Wohnraum scheidet als „nichtöffentlicher Sitzungsraum" aus, wenn eine Teilnahme Dritter nicht ausgeschlossen werden kann (zB Zweipersonenhaushalt mit jeweiliger Homeofficepflicht in einer Einzimmerwohnung). Um die mögliche Einflussnahme durch Dritte auf einzelne Gremiumsmitglieder außerhalb des virtuellen Sichtbereichs zu verhindern und Betriebs- und Geschäftsgeheimnisse oder vertrauliche persönliche Verhältnisse und Angelegenheiten der AN, die Gegenstand der Gremiumssitzungen sind, zu sichern, besteht für Gremienmitglieder die Handlungspflicht, während der virtuellen Konferenz unverzüglich darüber zu informieren, sobald nicht teilnahmeberechtigte Personen den Raum betreten <**L**: *Däubler/Klebe* NZA 2020, 545, 548>. Die Sitzung ist dann kurz zu unterbrechen. Hierauf hat der Vors jeweils hinzuweisen. Dass während der Sitzung stets die Kamera aktiviert sein muss <**L**: GK/*Raab* Rn 53> gehört vielleicht zum guten Ton, ist allerdings als Zulässigkeitsvoraussetzung überzogen. Ebenso ein Kameraschwenk zu Beginn der Sitzung <**L**: *Beden/Rombey* BB 2020, 1141, 1143; *Winzer/Baeck/Hilgers* NZA 2021, 620, 622>. In der Geschäftsordnung kann für Video- und Telefonkonferenzen vorgesehen werden, dass die zugeschalteten Sitzungsteilnehmer zu Protokoll oder mit dem Anwesenheitsschreiben versichern müssen, dass nur teilnahmeberechtigte Personen während der Sitzung in dem von ihnen genutzten Raum anwesend waren <**L**: BT-Drs 19/18753, S 28>. Falschangaben des jeweiligen Gremiumsmitglieds hinsichtl der Nichtöffentlichkeit stellen eine Pflichtverletzung dar, die nach § 23 Abs 1 sanktioniert werden kann. Auch kommt eine Strafbarkeit nach den §§ 119f in Betracht.

26 Darüber hinaus sind datenschutzrechtl Vorkehrungen zu treffen, wie eine Verschlüsselung der digitalen Verbindung, um die Nichtöffentlichkeit im virtuellen Raum zu gewährleisten und den digitalen Zugriff auf Nutzerdaten und Inhalte durch Dritte zu verhindern. In der Ausschussdrucksache vom 9.4.2020 wurde dafür auf die in Art 32 DSGVO aufgeführten Sicherungsmaßnahmen hingewiesen <**L**: BT-Ausschussdrs 19(11)581, S 4>. Um eine BR-Tätigkeit nicht aus Gründen mangelnder technischer Absicherung zu konterkarieren,

darf man an die technischen Vorkehrungen zur virtuellen Absicherung der Gremiumssitzung keine allzu hohen Anforderungen stellen. Dem Grundsatz der Nichtöffentlichkeit ist auch im digitalen Bereich Rechnung getragen, wenn die Absicherung des technischen Kommunikationsverkehrs durch Verschlüsselung nach dem aktuellen Stand der Technik hinreichend gewährleistet ist. So wurde etwa die Nutzung des marktgängigen Videokonferenzsystems „Cisco Webex" als hinreichend sicher erachtet <R: LAG Köln, 25.6.2021, 9 TaBV 7/21, juris>. Die Kosten hierfür hat der Arbeitgeber gem. § 40 Abs 2 zu tragen (§ 40 Rn 41).

Allein die abstrakte Gefahr eines Zugriffs Dritter auf die Veranstaltung im digitalen Raum reicht noch nicht aus, um einen Verstoß gg den Grundsatz der Nichtöffentlichkeit zu begründen. Vielmehr müssen konkrete Anhaltspunkte vorliegen, die auf einen solchen Verstoß hinweisen oder die begründete Zweifel an der Sicherheit eines digitalen Mittels zulassen <L: *Fuhlrott/Fischer* NZA 2020, 490, 491; *Thüsing/Beden* BB 2019, 372, 375>.

VII. Erforderlichkeit der Sitzungsteilnahme „vor Ort"

Abs 3 sichert den Grundsatz der vorrangigen Sitzungsteilnahme in Präsenz (Abs 1 S 5) nochmals ab. Er trägt der gesetzgeberischen Sorge Rechnung, es könnte (von Arbeitgeberseite) Druck auf die BR-Mitglieder ausgeübt werden, von der Möglichkeit der digitalen Teilnahme Gebrauch zu machen <L: BT-Drs 19/18753>. So kann das BR-Mitglied im Außendienst, Homeoffice, oder außerhalb seiner Arbeitszeit nicht darauf verwiesen werden, an der Sitzung virtuell teilzunehmen, um so etwaige zusätzliche Reise- und Wegezeiten einzusparen. Abs 3 stellt klar, dass es sich auch bei einer Sitzungsteilnahme vor Ort um eine erforderliche Arbeitszeitbefreiung iSd § 37 Abs 2, 3 handelt <L: GK/*Raab*, Rn 64; anderes Verständnis anscheinend bei *Steiner/Schunder* NZA 2022, 12, die Abs 3 im Zusammenhang mit § 40 Abs 2 sehen>. Andererseits bleibt der Grundsatz der Verhältnismäßigkeit auch bei der Möglichkeit einer digitalen Sitzungsteilnahme bestehen. So besteht weder eine Arbeitsbefreiung (§ 37 Abs 2) noch eine Kostenerstattung (§ 40 Abs 1) für solche Reise- und Wegezeiten, die dadurch entstehen, dass sich ein BR-Mitglied entscheidet, an einer Sitzung mittels Video- und Telefonkonferenz von zu Hause aus teilzunehmen, obwohl er sich im Betrieb befindet und ohne weiteres an der Sitzung „vor Ort" teilnehmen kann <L: GK/*Raab* Rn 64>. Das schließt keine virtuelle Sitzungsteilnahme aus dem Büro via Bürotelefon bzw. Bürocomputer aus.

Auf der anderen Seite sichert Abs 3 die Teilnahme des Einzelnen an der Sitzung auch dann ab, wenn die technischen Voraussetzungen für eine virtuelle Teilnahme bei BR-Mitgliedern, etwa aus persönlichen Gründen, nicht gegeben sind. Hier liegt weder ein Fall der Verhinderung vor, noch ist dadurch eine virtuelle Durchführung gänzlich ausgeschlossen. Vielmehr hat der BR-Vors die Pflicht, diesen Umstand bei seiner Entscheidung über das Sitzungsformat zu berücksichtigen und das BR-Mitglied das Recht, an der virtuellen Sitzung vor Ort, etwa aus dem BR-Büro oder von seinem Arbeitsplatz aus, teilzunehmen.

§ 31 Teilnahme der Gewerkschaften

Auf Antrag von einem Viertel der Mitglieder des Betriebsrats kann ein Beauftragter einer im Betriebsrat vertretenen Gewerkschaft an den Sitzungen beratend teilnehmen; in diesem Fall sind der Zeitpunkt der Sitzung und die Tagesordnung der Gewerkschaft rechtzeitig mitzuteilen.

Literatur: *Däubler*, Gewerkschaftsrechte im Betrieb 10. Aufl 2000; *Salamon/Hoppe*, Gewerkschaftsrechte im Betrieb, ArbR 2013, 618; *Süllwold*, Hinziehung von Gewerkschaftsbeauftragten zur Betriebsratssitzung, ZBVR 2004, 118; *dies*, Unterbrechung der Betriebsratssitzung zum Zwecke der Abhaltung von Fraktionssitzungen, ZBVR 2004, 262.

1 Der BR-Vors muss den Beauftragten einer im Betriebs**rat** (nicht nur im Betrieb) <R: BAG 28.2.1990, 7 ABR 22/89, BB 1990, 1347; L: *Löwisch* Anm zu BAG 28.2.1990, 7 ABR 22/89, AR-Blattei D-Blatt Betriebsverfassung X Entsch 66; vgl aber *Rieble* Anm zu BAG 28.2.1990, 7 ABR 22/89, EzA § 31 BetrVG 1972 Nr 1> vertretenen Gewerkschaft zur beratenden Teilnahme an einer BR-Sitzung heranziehen, wenn ein entspr **Antrag** von einem Viertel der Mitglieder des BR gestellt wird. Den Antrag können auch BR-Mitglieder stellen, die dieser Gewerkschaft nicht angehören. Er kann jeweils nur für eine bestimmte Sitzung gestellt werden.

2 Die Hinzuziehung des Beauftragten einer im BR vertretenen Gewerkschaft kann auch **vom BR beschlossen werden** und das Teilnahmerecht des Gewerkschaftsvertreters im Beschluss auf alle BR-Sitzungen erstreckt werden <R: BAG 28.2.1990, 7 ABR 22/89, BB 1990, 1347; ArbG Gießen, 5.10.2018, 7 BV 15/17, LAGE § 31 BetrVG 2001 Nr 1>. Entgg der Auffassung des BAG ist eine entspr Regelung in der Geschäftsordnung des BR wg der dann nach § 36 erschwerten Widerrufsmöglichkeit aber nicht möglich <L: *Löwisch* Anm zu BAG 28.2.1990, 7 ABR 22/89, AR-Blattei D-Blatt Betriebsverfassung X Entsch 66; *Rieble* Anm zu BAG 28.2.1990, 7 ABR 22/89, EzA § 31 BetrVG 1972 Nr 1; Richardi/*Thüsing* Rn 15; aA *Fitting* Rn 7>. Entgegen dem Wortlaut können auch mehrere Beauftragte einer oder mehrerer Gewerkschaften hinzugezogen werden, wenn das für die sachgerechte Beratung erforderlich ist <R: ArbG Weiden 23.2.2022, 4 BVGa 3/22; L: *Fitting* Rn 19; GK/*Raab* Rn 21>.

3 Der BR-Vors hat der Gewerkschaft, die er um Entsendung eines Beauftragten ersucht, den Zeitpunkt der Sitzung und die **Tagesordnung mitzuteilen**. Bei einer nur auf einzelne Punkte der Tagesordnung beschränkten Zuziehung brauchen nur diese Punkte mitgeteilt zu werden. Diese Punkte sind zweckmäßigerweise zu Beginn der Sitzung zu behandeln.

4 Die Gewerkschaft wählt ihren **Beauftragten** nach ihrem Ermessen aus. Es ist keineswegs notwendig, dass ein Funktionär der Gewerkschaft entsandt wird; die Gewerkschaft kann vielmehr jedes Mitglied zum Beauftragten bestellen, auch einen AN des Betriebs. Ist eine Gewerkschaft um die Entsendung eines Beauftragten zu einer bestimmten BR-Sitzung rechtswirksam ersucht worden, kann der AG gg die Teilnahme des entsandten Gewerkschaftsbeauftragten keine Einwendungen erheben. Er muss dem Beauftragten gem § 2 Abs 2 Zugang zum Betrieb gewähren (§ 2 Rn 57).

5 Der Beauftragte der Gewerkschaft nimmt an der Sitzung oder an der Verhandlung der Tagesordnungspunkte, zu denen er zugezogen worden ist, **beratend** teil. Er kann somit das

Wort ergreifen, wenn der Verhandlungsleiter es ihm erteilt, und darf auch während der Abstimmungen anwesend sein <**R:** BAG 15.10.2014, 7 ABR 53/12, EzA § 16 BetrVG 2001 Nr 1 Rn 55>. Zur Schweigepflicht des Gewerkschaftsbeauftragten s § 79.

Das Mitberatungsrecht bezieht sich auf die Verhandlungen des BR als Ganzem. Bes Beratungen des Gewerkschaftsbeauftragten mit den der betreffenden Gewerkschaft angehörenden BR-Mitgliedern sieht das Gesetz nicht vor. Deshalb sind Sitzungsunterbrechungen zum Zwecke solcher „Fraktionsberatungen" unzulässig <**L:** *Süllwold* ZBVR 2004, 262>. 6

§ 31 findet auf die Sitzungen des Betriebsausschusses und anderer vom BR gebildeter **Ausschüsse entspr Anwendung** <**R:** BAG 18.11.1980, 1 ABR 87/78, BB 1981, 1464>. Zur Sonderproblematik der Hinzuziehung eines Gewerkschaftsbeauftragten zum WirtA § 108 Rn 11. § 31 ist **nicht** anwendbar auf die außerhalb der Sitzung stattfindenden internen Besprechungen des BR und seine Verhandlungen mit dem AG oder anderen Stellen: Das Gesetz versteht unter Sitzungen, wie sich aus der Stellung und Fassung des § 31 ergibt, nur förmliche Sitzungen. 7

§ 32 Teilnahme der Schwerbehindertenvertretung

Die Schwerbehindertenvertretung (§ 177 des Neunten Buches Sozialgesetzbuch) kann an allen Sitzungen des Betriebsrats beratend teilnehmen.

Literatur: *Austermühle*, Betriebsratsmitglieder in mehreren Ämtern, AiB 2010, 669; *Düwell*, Die Zusammenarbeit von Betriebsrat und Schwerbehindertenvertretung, AuR 1993, 345; *Eichenhofer*, Zusammenarbeit zwischen Arbeitgeber, Betriebsrat und Schwerbehindertenvertretung, ZTR 1994, 103; *Paul*, Die Schwerbehindertenvertretung als ein Organ der Betriebsverfassung, Diss 2018, S 89 ff; *Rudolf*, Betriebsrat und Schwerbehindertenvertretung, AiB 2011, 103; *Schmidt*, Die Vertretung der Schwerbehinderten durch Betriebsrat und Schwerbehindertenvertretung, AiB 1999, 368.

1 § 32 räumt der Schwerbehindertenvertretung (§§ 177 ff SGB IX) ein eigenständiges Teilnahmerecht an den Sitzungen des BR ein; ein Recht zur Beteiligung an der Beschlussfassung folgt daraus aber nicht (vgl § 33 und § 67 Abs 2). Das Recht zur **beratenden Teilnahme** erstreckt sich gem § 178 Abs 4 S 1 SGB IX auch auf Sitzungen der BR-Ausschüsse einschließl des WirtA, § 108 Rn 13, sowie auf gemeinsame Ausschüsse von AG und BR iS des § 28 Abs 2 <R: BAG 21.4.1993, 7 ABR 44/92, BB 1994, 716>. Die Arbeitsgruppen nach § 28a werden von dem Teilnahmerecht nicht erfasst, da es sich nicht um Ausschüsse des BR handelt. Für die Sitzungen des GBR kann nach § 52 die Gesamtschwerbehindertenvertretung (§ 180 Abs 1 SGB IX) teilnehmen; für Sitzungen des KBR nach § 59a die Konzernschwerbehindertenvertretung (§ 180 Abs 2 SGB IX). Für die Jugend- und Auszubildendenvertretung fehlt ein vergleichbares Teilnahmerecht,

2 Soweit die Schwerbehindertenvertretung an einer Sitzung des BR oder seiner Ausschüsse teilnimmt, steht ihr das Recht zu, sich **zu allen** zu verhandelnden **Angelegenheiten** – also nicht nur zu Schwerbehindertenfragen – zu äußern, wenn ihr der Verhandlungsleiter das Wort erteilt. Die Schwerbehindertenvertretung kann auch den Abstimmungen des BR beiwohnen.

3 Wird die Ladung der Schwerbehindertenvertretung unterlassen, führt das nicht zur Unwirksamkeit der in ihrer Abwesenheit gefassten Beschlüsse, sondern kann nur eine Pflichtverletzung iSd § 23 Abs 1 sein <L: *Fitting* § 32 Rn 24; GK/*Raab* Rn 13; **aA** MünchArbR/*Krois* § 294 Rn 32>.

4 Nach § 178 Abs 5 SGB IX ist die Schwerbehindertenvertretung zu Besprechungen des AG mit dem BR nach § 74 Abs 1, insbes zu den Monatsgesprächen, hinzuziehen. Ein Anspruch der Schwerbehindertenvertretung, an allen Gesprächen zwischen BR oder einzelnen BR-Mitgliedern und AG teilzunehmen, besteht nicht. Werden dort aber Informationen zur Vorbereitung von Entsch des BR oder eines BR-Ausschusses gegeben, ist ein Teilnahmerecht zu bejahen <R: LAG SH 10.9.2008, 3 TaBV 26/08, LAGE § 32 BetrVG 2001 Nr 1>.

5 Gehört ein AN gleichzeitig dem BR und der Schwerbehindertenvertretung an, kann er in einer Sitzung beide Aufgaben wahrnehmen <R: Hess LAG 1.1.2012, 9 TaBV 156/12, juris; L: *Austermühle* AiB 2010, 670>.

6 Streitigkeiten über Rechte und Pflichten der Schwerbehindertenvertretung ggü dem AG oder dem BR sind im Beschlussverf zu entscheiden <R: BAG 21.9.1989, 1 AZR 465/88, DB 1990, 796>.

§ 33 Beschlüsse des Betriebsrats

(1) Die Beschlüsse des Betriebsrats werden, soweit in diesem Gesetz nichts anderes bestimmt ist, mit der Mehrheit der Stimmen der anwesenden Mitglieder gefasst. Betriebsratsmitglieder, die mittels Video- und Telefonkonferenz an der Beschlussfassung teilnehmen, gelten als anwesend. Bei Stimmengleichheit ist ein Antrag abgelehnt.

(2) Der Betriebsrat ist nur beschlussfähig, wenn mindestens die Hälfte der Betriebsratsmitglieder an der Beschlussfassung teilnimmt; Stellvertretung durch Ersatzmitglieder ist zulässig.

(3) Nimmt die Jugend- und Auszubildendenvertretung an der Beschlussfassung teil, so werden die Stimmen der Jugend- und Auszubildendenvertreter bei der Feststellung der Stimmenmehrheit mitgezählt.

Literatur: *Butz/Pleul*, Elektronische Betriebsratsbeschlüsse, AuA 2011, 213; *Dominik*, Verfahrensfehler bei der Beschlussfassung des Betriebsrats, 2018; *Heinze*, Wirksamkeitsvoraussetzungen von Betriebsratsbeschlüssen und Folgen fehlerhafter Beschlüsse, DB 1973, 2089; *Joussen*, Das Fehlen einer Tagesordnung bei der Ladung zur Betriebsratssitzung, NZA 2014, 505; *Kettner*, Die korrekte Beschlussfassung des Betriebsrats, AiB 1998, 431; *Klar*, Beschlussfähigkeit bei vorübergehender Verhinderung von Betriebsratsmitgliedern NZA 2017, 295; *Koll/Grolms*, Betriebsratsbeschlüsse, AiB 2013, 103; *Löwisch*, Stimmenthaltungen sind keine Nein-Stimmen – Zur Auslegung von § 33 Abs 1 S 1 BetrVG, BB 1996, 1006; *Lück*, Wirksam Beschlüsse fassen, AiB 2015, 41; *Oetker*, Der nichtige Betriebsratsbeschluss, BlStSozArbR 1984, 129; *Schulze/Schreck*, Formwirksamer Betriebsratsbeschluss: Unüberwindbares Hindernis?, ArbR 2014, 11; *Süllwold*, Überprüfung von Betriebsratsbeschlüssen durch Betriebsratsmitglieder, ZBVR 2005, 24; *Tillmanns*, Fehler bei der Beschlussfassung des Betriebsrats – eine Bestandsaufnahme, FS 100 Jahre Betriebsverfassungsrecht (2020), S 745; *Wurm*, Kein Verbot von Stimmenthaltungen – Keine Verpflichtung der Betriebsratsmitglieder zur Dokumentation der Betriebsratstätigkeit gegenüber Betriebsrat, ZBVR online 2016, Nr 7/8, 13.

Übersicht

	Rn.		Rn.
I. Allgemeines	1	b) Unwirksamkeit nur bei groben Verstößen	19
II. Beschlussfassung	4	c) Heilung	26
1. Abstimmung in einer Sitzung	4	III. Unwirksame Beschlüsse	30
2. Beschlussfähigkeit	7	1. Nichtigkeitsfolge	30
3. Mehrheit	13	2. Gerichtliche Feststellung	32
4. Beschlussfehler	18		
a) Allgemeines	18		

I. Allgemeines

Der BR trifft seine Entscheidungen als Kollegialorgan grds durch **Beschluss**. Eine Willensbildung in anderer Weise ist unzulässig. Insbes kann sie nicht durch schlüssiges Verhalten erfolgen <R: BAG 7.10.1980, 6 ABR 56/79, AP Nr 1 zu § 27 BetrVG 1972>. Aus diesem Grund löst die bloße Hinnahme einer Tätigkeit ohne ausdrückl Beschluss des BR keine Kostenerstattungspflicht des AG aus <R: BAG 5.4.2000, 7 ABR 6/99, AP Nr 33 zu 1

§ 78a BetrVG 1972>. Nur in den Fällen des § 99 Abs 3 S 2 und des § 102 Abs 2 S 2 kommt dem Schweigen des BR im Außenverhältnis ggü dem AG rechtl Bedeutung zu.

2 Durch das Betriebsrätemodernisierungsgesetz vom 14.6.2021 wurde die Norm an die Digitalisierung der BR-Sitzung angepasst. Wird die Sitzung (vollständig oder teilweise) mittels Video- oder Telefonkonferenz gehalten (§ 30 Abs 2), gelten auch diejenigen BR-Mitglieder, die ein solches Medium verwenden, als anwesend. Auch diese BR-Mitglieder können insoweit mittels Video- und Telefonkonferenz ihr Stimmrecht ausüben und sind bei der Ermittlung der Stimmenmehrheit zu berücksichtigen.

3 Die Vorschrift gilt entspr für den Betriebsausschuss und sonstige Ausschüsse, soweit sie zur Beschlussfassung berufen sind, ferner auch für die Jugend- und Auszubildendenvertretung (§ 65 Abs 1) und die Bordvertretung (§ 115 Abs 4). Für die Beschlussfassung des GBR, des KBR, der Gesamtjugend- und Auszubildendenvertretung, der Konzernjugend- und Auszubildendenvertretung und des SeeBR gelten dagg bes Bestimmungen.

II. Beschlussfassung

1. Abstimmung in einer Sitzung

4 Beschlüsse des BR können nur in einer ordnungsgem – durch rechtzeitige Ladung **sämtlicher** Mitglieder (ggfs unter Heranziehung der Ersatzmitglieder) und unter Mitteilung der Tagesordnung – einberufenen **Sitzung** gefasst werden (§ 29 Rn 11 ff), also nicht in einer formlosen Besprechung, die zufällig im Dienstzimmer eines Vorgesetzten zustande kommt. Sind jedoch sämtliche Mitglieder des BR versammelt und unter Verzicht auf die förmliche Ladung einstimmig mit einer Beschlussfassung einverstanden, sind die bei dieser Versammlung gefassten Beschlüsse rechtswirksam <**R:** offengelassen BAG 28.7.2020, 1 ABR 5/19, AP BetrVG 1972 § 99 Nr 168>. Dass nur die anwesende Mehrheit der Mitglieder mit der Beschlussfassung einverstanden sind, genügt dagegen nicht, weil die abwesenden Mitglieder dann nicht einmal wissen, dass eine BR-Sitzung stattfindet.

5 Eine Beschlussfassung setzt die gleichzeitige Anwesenheit der BR-Mitglieder und sonstiger Teilnahmeberechtigter voraus, sodass Beschlüsse im Wege des **Umlaufverf**, wie aus dem Wortlaut des Abs 1 S 1 folgt, **nicht wirksam** zustande kommen <**R:** LAG Köln 25.11.1998, 2 TaBV 38/98, LAGE § 33 BetrVG 1972 Nr 2; **aA** LAG München 6.8.1974, 5 Sa 395/74, DB 1975, 1228>. Nach Abs 1 S 2 gelten auch solche BR-Mitglieder als anwesend, die im Wege einer Video- und Telefonkonferenz zugeschaltet sind. Das gilt aber nur, soweit eine gleichzeitige unmittelbare Kommunikation zwischen sämtlichen Mitgliedern gewährleistet ist. Eine Abstimmung via Mail oder in Chatroom bleibt weiterhin unzulässig <**L:** GK/*Raab* Rn 10>.

6 Ob **offen oder geheim** abgestimmt wird, ist in der Geschäftsordnung zu regeln. Fehlt eine solche Regelung, ist offen abzustimmen, soweit die Versammlung keine andere Abstimmungsform mit der Mehrheit der Stimmen der Anwesenden beschließt, oder eine geheime Abstimmung gesetzlich festgelegt ist.

2. Beschlussfähigkeit

Nach Abs 2 ist der BR nur **beschlussfähig**, wenn mindestens die Hälfte aller Mitglieder selbst oder vertreten durch Ersatzmitglieder an der Beschlussfassung **teilnehmen**. Nicht mitgezählt werden stimmberechtigte Jugend- und Auszubildendenvertreter. 7

Teilnahme bedeutet über die bloße physische Präsenz oder digitale Anwesenheit (Rn 9) hinaus, dass die betreffenden Mitglieder mit abstimmen (wollen). Erklärt ein anwesendes BR-Mitglied, dass es an einer bestimmten Abstimmung nicht teilnehmen will, darf es bei der Feststellung der Beschlussfähigkeit nicht mitgezählt werden <**L:** *Fitting* Rn 34; Ri-chardi/*Thüsing* Rn 18>. Dadurch kann sich eine gewollte Beschlussunfähigkeit ergeben, wenn eine entsprechende Anzahl von BR-Mitgliedern erklärt, an der Abstimmung nicht teilnehmen zu wollen. Soweit hierfür kein sachlicher Grund gegeben ist, ist ein solches Verhalten grob pflichtwidrig iSd § 23 Abs 1, der zum BR-Ausschluss führen kann. 8

Durch die Möglichkeit einer virtuellen BR-Sitzung sind auch solche BR-Mitglieder nach Abs 1 S 2 anwesend, die mittels Video- und Telefonkonferenz zugeschaltet sind. Soweit die Übertragung der Video- und Telefonkonferenz im Zeitpunkt der Beschlussfassung gestört ist, ist eine Anwesenheit der digitalen BR-Mitglieder nicht gegeben. Die Beschlussfassung sollte in diesem Fall wiederholt werden, Rn 25. 9

Abs 2 ist zwingend, die Geschäftsordnung kann weder eine Erleichterung noch eine Erschwerung der Beschlussfähigkeit festlegen. 10

Bei der Ermittlung der Beschlussfähigkeit nicht mitzuzählen ist ein an einer Sache persönl beteiligtes Mitglied, da dieses an der Abstimmung nicht teilnehmen darf (§ 25 Rn 17). 11

Sinkt die Anzahl der BR-Mitglieder unter die gesetzlich vorgeschrieben Sollstärke, ist bis zur Neuwahl in entsprechender Anwendung des § 22 für die Beschlussfähigkeit des RestBR dessen Iststärke entscheiden. Gleiches gilt, wenn sich der BR innerhalb einer bestimmten Frist äußern (§§ 99 Abs 3 S 1, 100 Abs 2, 102 Abs 2 S 1) muss und mehr als die Hälfte der BR-Mitglieder an der Amtsausübung verhindert sind und nicht durch Ersatzmitglieder vertreten werden können. Auch hier ist die Beschussfähigkeit anhand der anhand der Anzahl der nicht verhinderten BR-Mitglieder in **entspr** Anwendung des § 22 zu ermitteln <**R:** BAG 18.8.1982, 7 AZR 437/80, AP Nr 24 zu § 102 BetrVG 1972; **L:** GK/*Raab* Rn 14>. 12

3. Mehrheit

Nach Abs 1 S 1 sind alle Beschlüsse des BR mit der **Mehrheit der Stimmen** der anwesenden Mitglieder zu fassen. 13

Mehrheit der Stimmen **der anwesenden Mitglieder** soll nach noch hM <**L:** GK/*Raab* Rn 30; Richardi/*Thüsing* Rn 18; *Fitting* Rn 33; DKKW/*Wedde* Rn 21> bedeuten, dass bei der Errechnung der Stimmenmehrheit auch diejenigen anwesenden BR-Mitglieder mitzuzählen sind, die sich der Stimme enthalten. Stimmenthaltungen und Nichtbeteiligung wirken sich danach im Ergebnis wie Neinstimmen aus. Das trifft nicht zu: Die Mehrheit der Stimmen der anwesenden Mitglieder bezeichnet die **einfache Mehrheit**. Der Beschluss ist mit einfacher Mehrheit gefasst, wenn mehr Ja-Stimmen als Nein-Stimmen vorliegen <**L:** *Löwisch* BB 1996, 1006 unter Hinweis auf die Rspr des BGH zum Begriff der Mehr- 14

§ 33 Beschlüsse des Betriebsrats

heit der erschienenen Mitglieder in § 32 Abs 1 S 3 BGB; wie hier jetzt auch HSWGN/*Glock* Rn 26>.

15 Nicht an der Beschlussfassung teilnehmende Mitglieder sind ebenso wenig bei der Ermittlung der Stimmmehrheit zu berücksichtigen <L: *Fitting* Rn 34; Richardi/*Thüsing*, Rn 18, DKW/*Wedde* Rn 21; MünchArbR/*Krois*, § 294 Rn 78; aA GK/*Raab* Rn 31>: Das ergibt sich aber auch aus der Systematik von Abs 2 und Abs 1.

16 Nimmt die Jugend- und Auszubildendenvertretung an der Beschlussfassung des BR nach § 67 Abs 2 teil (§ 67 Rn 5f), werden die Stimmen der anwesenden Jugend- und Auszubildendenvertreter nach § 33 Abs 3 bei der Festlegung der Stimmenmehrheit, nicht jedoch bei der Beschlussfähigkeit mitgezählt. Insoweit ist der Wortlaut des Abs 1 S 2 zu eng gefasst. Dazu, dass die an den BR-Sitzungen teilnehmenden Schwerbehindertenvertreter nicht zur Teilnahme an der Beschlussfassung befugt sind, § 32 Rn 1.

17 In einigen Fällen verlangt das Gesetz für die Wirksamkeit eines Beschlusses die Zustimmung der **Mehrheit der Stimmen aller Mitglieder** des BR, nämlich in §§ 13 Abs 2 Nr 3, 27 Abs 2, 28, 28a Abs 1, 36, 50 Abs 2 und 107 Abs 3. Abzustellen ist auf die Mehrheit der Stimmen aller **gewählten** Mitglieder. Das Gesetz will die Entsch in diesen grds organisatorischen Fragen nicht von dem Zufall der Vertretung durch ein Ersatzmitglied abhängig machen.

4. Beschlussfehler

a) Allgemeines

18 Beschlüsse des BR werden nur auf ihre Rechtmäßigkeit überprüft, nicht dagegen auf ihre Zweckmäßigkeit. Hinsichtlich der Beschlussfehler ist zwischen inhaltlichen Fehlern (Rn 19 ff) und Verfahrensfehlern (Rn 31) zu unterscheiden. Hinsichtlich Verfahrensfehler nimmt die Literatur und Rechtsprechung eine differenzierte Rechtsfolgenanordnung an.

b) Unwirksamkeit nur bei groben Verstößen

19 Der Verstoß gg Verfvorschriften führt nur in groben Fällen und auch dann nur zur Nichtigkeit, wenn er Einfluss auf das Ergebnis der Beschlussfassung haben konnte – der Verfahrensmangel als „wesentlich" anzusehen ist <R: BAG 23.8.1984, 2 AZR 391/83, AP Nr 17 zu § 103 BetrVG 1972; BAG 6.5.1975, BB 1975, 1112 für die Beschlussfassung ohne die nach § 67 Abs 2 gebotene Mitwirkung der Jugend- und Auszubildendenvertreter; Hess LAG 21.8.2018, 16TaBV 302/16, juris>.

20 Ein grober Verstoß liegt stets vor, wenn nicht alle Mitglieder oder Ersatzmitglieder ordnungsgem zur Sitzung geladen worden sind <R: LAG Nbg 23.9.1997, 6 Sa 242/96, LAGE § 29 BetrVG 1972 Nr 2; Hess LAG 1.6.2006, 9 TaBV 164/05, juris; LAG Ddf 26.10.07, 9 TaBV 54/07, juris>. Gleiches gilt, wenn der Punkt, über den Beschluss gefasst worden ist, nicht in der Tagesordnung enthalten war <R: BAG 28.10.1992, 7 ABR 14/92, BB 1993, 580>, es sei denn, alle anwesenden BR-Mitglieder stimmen der Beschlussfassung über diesen Punkt zu (§ 29 Rn 28).

II. Beschlussfassung § 33

Unwirksam ist auch ein Beschluss, der von einem nicht zuständigen BR-Gremium, insbes vom GBR statt von den zuständigen EinzelBR, gefasst wird <L: hierzu im Einzelnen *Grosjean* NZA-RR 2005, 113, 114 ff>. 21

Der Verstoß gg den Grds der Nichtöffentlichkeit führt nur zur Unwirksamkeit, wenn die Teilnahme nicht Berechtigter Einfluss auf die Beschlussfassung gehabt haben kann <R: BAG 28.2.1958, 1 ABR 3/57, AP BetrVG § 29 Nr 1; LAG Berlin-Brandenburg 26.11.2019, 11 TaBV 837/19, juris; strenger indes BAG 30.9.2014, 1 ABR 32/13, NZA 2015, 370; L: nur GK/*Raab* § 33 Rn 62 mwN; aA *Jesgarzewski/Holzendorf* NZA 2012, 1021, 1022; *Galperin/Löwisch* § 30 Rn 14: Möglichkeit der Einflussnahme für Unwirksamkeit ausreichend>. Das gilt auch für den digitalen Bereich. 22

Verstöße gg Vorschriften der Geschäftsordnung, die nicht die in Rn 19 f genannten wesentlichen Verfvorschriften betreffen, führen nicht zur Unwirksamkeit <R: Hess LAG 25.3.2004, 9 TaBV 117/03, juris>. 23

Wird entgg § 34 Abs 1 S 1 keine Sitzungsniederschrift angefertigt oder die Beschlüsse nicht in die Sitzungsniederschrift aufgenommen, stellt das keinen groben Verstoß dar <R: BAG 8.2.1977, 1 ABR 82/74, BB 1977, 647; BAG 30.9.2014, 1 ABR 32/13, BB 2015, 638. L: GK/*Raab* § 34 Rn 10 mwN; aA R: LAG Köln 25.11.1998, 2 TaBV 38/39, LAGE § 33 BetrVG 1972 Nr 2; LAG Düsseldorf 7.9.2010, 16 TaBV 57/10, L: noch Vorauflage>. 24

Bei einer (teilweisen) digitalen Beschlussfassung wird der konkret gefasste Beschluss nicht dadurch unwirksam, dass die technische Verbindung zu einem oder mehreren BR-Mitgliedern während der Teilnahme oder Abstimmung kurzzeitig oder dauerhaft abbricht, solange eine beschlussfähige Mehrheit während der Sitzung und Beschlussfassung bestanden hat <L: HWGNRH/*Glock* § 33 Rn 11; HWK/*Reichold* § 33 Rn 5; aA wohl *Däubler/Klebe* NZA 2020, 545, 548>. 25

c) Heilung

Dem BR steht es an sich frei, über einen Gegenstand, über den zunächst ein unwirksamer Beschluss gefasst worden ist, in einer weiteren Sitzung einen wirksamen Beschluss zu fassen. Grds kann er einem solchen Beschluss auch rückwirkende Kraft zumessen <L: GK/*Raab* Rn 68>. Letzteres gilt jedoch dann nicht, wenn aufgrund des unwirksamen Beschlusses bereits Maßnahmen getroffen worden sind, die nicht mehr rückgängig gemacht werden können <R: BAG 10.10.2007, 7 ABR 51/06, BB 2008, 671> insb fristgebundene Entscheidungen oder kostenauslösenden Maßnahmen oder deren Rückgängigmachung berechtigte Interessen Dritter, insbes des AG beeinträchtigen würde (Vertrauensschutz). 26

Nicht geheilt werden kann danach der fehlerhafte Beschluss zur Einl eines Beschlussverf und zur Beauftragung eines Rechtsanwalts, wenn schon ein Prozessurteil auf Klage- oder Antragsabweisung wg Fehlens einer wirksamen Vollmacht ergangen ist; es besteht dann keine genehmigungsfähige Rechtslage mehr <R: BAG 18.2.2003, 1 ABR 17/02, AP Nr 11 zu § 77 BetrVG 1972 Betriebsvereinbarung; Hess LAG 1.9.2011, 5 TaBV 44/11, AiB 2012, 540>. Eine nachträgliche heilende Beschlussfassung über die Entsendung von BR-Mitgliedern zu einer Schulungsveranstaltung kommt auch nicht in Betracht, weil § 37 davon ausgeht, dass der BR vor der Entsendung zur Schulung die berechtigten Interessen des AG abwägt <R: BAG 8.3.2000, 7 ABR 11/98, NZA 2000, 838>. Auch ein 27

Holler

§ 33   Beschlüsse des Betriebsrats

unwirksamer Beschluss über die Bestellung von ES-Beisitzern der AN-Seite kann nach Abschluss der Verhandlungen der ES nicht mehr rückwirkend durch einen erneuten, jetzt wirksamen Beschluss ersetzt werden <R: Hess LAG 1.6.2006, 9 TaBV 164/05, juris>.

28   Hingg ist es möglich, einen unwirksamen Beschluss auf Zustimmung zur Kd oder Versetzung eines BR-Mitglieds nach § 103 rückwirkend durch einen wirksamen Beschluss zu ersetzen. Da die Zustimmung ohnehin nachträglich erteilt werden kann (§ 103 Rn 29), kann dies auch erfolgen, wenn vorher ein unwirksamer Beschluss gefasst worden war.

29   Zur Genehmigung vom BR-Vors getroffener Vereinbarungen s § 26 Rn 13.

III. Unwirksame Beschlüsse

1. Nichtigkeitsfolge

30   Unwirksame BR-Beschlüsse sind nichtig. Die Anfechtungsvorschrift des § 19 kann nur auf vom BR vorgenommene Wahlen entspr angewandt werden (dazu § 27 Rn 29).

31   Die Nichtigkeitsfolge betrifft dabei nicht nur Beschlüsse, die nach den Rn 20 wg grober Verfmängel unwirksam sind. Vielmehr erfasst sie auch die Fälle, in denen ein Beschluss inhaltlich fehlerhaft ist, dh gg vorgehendes Recht verstößt, etwa gegen § 138 BGB, ein Mitwirkungs- oder Mitbestimmungsrecht überschreitet oder den Tarifvorbehalt des § 87 Abs 1 Eingangssatz oder die Tarifsperre des § 77 Abs 3 verletzt (sog. Inhaltsfehler). Für die Feststellung eines inhaltlichen Fehlers bedarf es zunächst der Auslegung des Beschlussinhalts, gem. §§ 133, 157 BGB; im Regelfall wollten die BR-Mitglieder nur einen Beschluss mit rechtmäßigem Inhalt fassen.

2. Gerichtliche Feststellung

32   Die Nichtigkeit eines Beschlusses kann im arbg Beschlussverf festgestellt werden <L: Richardi/*Thüsing* Rn 48>. Antragsbefugt sind aber nur der AG oder ein anderes Betriebsverfassungsorgan, etwa der GBR, nicht aber einzelne BR-Mitglieder <R: BAG 7.6.2016, 1 AZR 30/14, BB 2016, 2555>.

33   Bestreitet der AG im Beschlussverfahren mit Nichtwissen, dass ein wirksamer BR-Beschluss vorliegt, hat der BR die ordnungsgem. Beschlussfassung plausibel darzulegen, insb durch Vorlage der Sitzungsniederschrift <R: BAG 9.12.2013, 1 ABR 44/02, DB 2004, 2055>. Die Sitzungsniederschrift macht jedoch nicht die gerichtl Aufklärungspflicht nach § 83 Abs 1 ArbGG entbehrlich <R: BAG 19.1.2005, 7 ABR 24/04, juris; krit Hess LAG 14.7.2011, 9 TaBV 192/10, juris; § 34 Rn 15>.

34   Auch in anderen Verf kann sich jedermann jederzeit auf die Nichtigkeit berufen; eine Aussetzungspflicht besteht in solchen Verf nicht, § 17 Abs 2 GVG.

§ 34 Sitzungsniederschrift

(1) Über jede Verhandlung des Betriebsrats ist eine Niederschrift aufzunehmen, die mindestens den Wortlaut der Beschlüsse und die Stimmenmehrheit, mit der sie gefasst sind, enthält. Die Niederschrift ist von dem Vorsitzenden und einem weiteren Mitglied zu unterzeichnen. Der Niederschrift ist eine Anwesenheitsliste beizufügen, in die sich jeder Teilnehmer eigenhändig einzutragen hat. Nimmt ein Betriebsratsmitglied mittels Video- und Telefonkonferenz an der Sitzung teil, so hat es seine Teilnahme gegenüber dem Vorsitzenden in Textform zu bestätigen. Die Bestätigung ist der Niederschrift beizufügen.

(2) Hat der Arbeitgeber oder ein Beauftragter einer Gewerkschaft an der Sitzung teilgenommen, so ist ihm der entsprechende Teil der Niederschrift abschriftlich auszuhändigen. Einwendungen gegen die Niederschrift sind unverzüglich schriftlich zu erheben; sie sind der Niederschrift beizufügen.

(3) Die Mitglieder des Betriebsrats haben das Recht, die Unterlagen des Betriebsrats und seiner Ausschüsse jederzeit einzusehen.

Literatur: s § 26 und § 30.

Übersicht

	Rn.		Rn.
I. Allgemeines	1	3. Anwesenheitsliste	16
II. Sitzungsniederschrift	5	4. Einwendungen	18
1. Vorgaben für den Inhalt	5	III. Einsicht in Unterlagen	19
2. Beweiswert	13		

I. Allgemeines

Die Vorschrift dient dem Nachweis der Ordnungsmäßigkeit der Verhandlungen und Beschlüsse des BR und verpflichten diesen, jedenfalls seine Beschlüsse schriftlich aufzuzeichnen. Geregelt ist weiter die Einsichtnahme von BR-Mitgliedern in die Unterlagen des BR. 1

Über die Sammlung und Aufbewahrung der Niederschriften hat die Geschäftsordnung zu bestimmen. Grds ist es erforderl, die Niederschriften mindestens bis zur Beendigung der Amtszeit des BR aufzubewahren. Sie können aber auch darüber hinaus für den Nachweis des ordnungsmäßigen Abschlusses von BV und für Auslegungsfragen von Bedeutung sein. 2

Die Vorschrift ist entspr auf alle übrigen Betriebs- und Bordvertretungen anzuwenden und gilt auch für die Ausschüsse, soweit ihnen Angelegenheiten zur selbstständigen Erledigung übertragen worden sind und sie Beschlüsse fassen. 3

Die Kosten der Niederschrift und der Anfertigung von Abschriften sind notwendige Kosten der Tätigkeit des BR iSv § 40 Abs 1. 4

§ 34   Sitzungsniederschrift

II. Sitzungsniederschrift

1. Vorgaben für den Inhalt

5   Abs 1 S 1 schreibt vor, dass über **jede** Verhandlung des BR eine Niederschrift aufzunehmen ist, die mindestens den Wortlaut der Beschlüsse und die Stimmenmehrheiten enthält; eine Verletzung dieser Ordnungsvorschrift führt nicht zur Nichtigkeit der Beschlüsse, § 33 Rn 24. Auch der aus nur einer Person bestehende BR muss eine Niederschrift über seine Beschlüsse anfertigen. In die Niederschrift gehören auch die Rücktrittserklärung des BR nach § 13 Abs 2 Nr 3 oder die Erklärung des oder der BR-Mitglieder, das BR-Amt niederzulegen (§ 24 Nr 2).

6   Grds wird in der förmlichen Sitzung des BR eine den Gang der Verhandlung kurz wiedergebende Aufzeichnung zweckmäßig sein, aus der sowohl die gestellten Anträge als auch die gefassten Beschlüsse – bestenfalls im Wortlaut – zu entnehmen sind. Die Geschäftsordnung kann nähere Vorschriften über Form und Inhalt der Niederschrift festlegen. Ist dies der Fall, hat der Sitzungsleiter auch auf die Einhaltung dieser Bestimmungen zu achten.

7   Die Niederschrift kann während der Sitzung angefertigt werden oder auch unmittelbar nach ihrem Abschluss, wenn entspr Notizen gemacht worden sind. Die Zuziehung einer Schreibkraft ist trotz der Nichtöffentlichkeit der Sitzung zulässig, doch muss gewährleistet sein, dass keine Geschäfts- oder Betriebsgeheimnisse zur Kenntnis der Schreibkraft gelangen, da diese der Schweigepflicht nach § 79 nicht unterliegt <L: Richardi/*Thüsing* Rn 5; *Fitting* Rn 11; **aA** Unzulässigkeit der Hinzuziehung einer Schreibkraft GK/*Raab* Rn 8>.

8   **Tonbandaufnahmen** von der Sitzung zu Protokollzwecken sind nur zulässig, wenn alle Anwesenden damit einverstanden sind <L: GK/*Raab* Rn 17; *Fitting* Rn 12; *Gamillscheg* S 537>. Generell unzulässig sind jedoch Videoaufnahmen, um einen Gleichlauf mit der virtuellen BR-Sitzung herzustellen (§ 30 Rn 17ff).

9   Die Niederschrift hat, wie schon der Begriff ergibt, **schriftlich** zu erfolgen. Sie ist vom Sitzungsleiter gemeinsam mit einem weiteren Mitglied des BR zu unterzeichnen (Abs 1 S 2).

10 Der Niederschrift ist eine **Anwesenheitsliste** beizufügen (Abs 1 S 3), s Rn 16.

11 Durch das Betriebsrätemodernisierungsgesetz vom 14.6.2021 wurde der erste Absatz für die Neuregelungen der §§ 30, 33 angepasst. Danach hat das BR-Mitglied, das mittels Video- oder Telefonkonferenz an der Sitzung teilnimmt, seine Teilnahme gegenüber dem Vorsitzenden in Textform zu bestätigen (Abs 1 S 4), s Rn 16. Diese Bestätigung ist der Niederschrift sodann beizufügen (Abs 1 S 5).

12 Soweit der AG oder ein Gewerkschaftsbeauftragter an einer Sitzung teilgenommen haben, ist ihnen die Abschrift des entspr Teils der Niederschrift auszuhändigen (Abs 2 S 1). Nach neuer Rechtsprechung des BAG <R: 8.2.2022, 1 AZR 233/21, AP Nr. 124 zu § 77 BetrVG 1972> hat der BR bei Abschluss einer BV aufgrund wechselseitiger Rücksichtnahme (§ 2 Abs 1 BetrVG) die Pflicht, dem Arbeitgeber auf dessen zeitnah geltend zu machenden Verlangen eine den Maßgaben des § 34 Abs 2 S 1 BetrVG entsprechende Abschrift desjenigen Teils der Sitzungsniederschrift auszuhändigen, aus dem sich die Be-

schlussfassung des Gremiums ergibt. Was unter „zeitnah" zu verstehen ist, ist bisher noch nicht abschließend geklärt. Nach der Urteilsbegründung ist der Nachweis „zeitnah nach Unterzeichnung der BV" zu erbringen. Das Verlangen ist jedenfalls dann noch zeitnah, wenn das Verlangen vor dem endgültigen Abschluss der BV erfolgt. Zeitnah wird das Verlangen aber dann nicht mehr sein, wenn die BV bereits in Vollzug gesetzt worden ist.

2. Beweiswert

Die Sitzungsniederschrift dient nicht nur als Gedächtnisstütze, Arbeitsunterlage und Informationsmittel für die BR-Mitglieder, sondern sie dient vor allem dem Nachweis des ordnungsgemäßen Zustandekommens der BR-Beschlüsse. 13

Als Privaturkunde begründet die Sitzungsniederschrift nach § 416 ZPO den **vollen Beweis** dafür, dass ihre Unterzeichner (Rn 9) erklärt haben, dass am angegebenen Sitzungstag Beschlussfassungen des BR mit dem in der Niederschrift wiedergegebenen Wortlaut erfolgt sind. Ein Beweis über den Verlauf der BR-Sitzung und den Inhalt der dort gefassten Beschlüsse begründet sie nicht. Die Beurteilung letzteres liegt vielmehr in der freien richterlicher Beweiswürdigung, § 286 ZPO, Die Sitzungsniederschrift ist dabei ein Beweismittel unter mehreren. 14

Angesichts der in Abs 1 enthaltenen genauen gesetzl Vorgaben kommt der Niederschrift aber ein hoher Beweiswert in Bezug auf die in ihr protokollierte Beschlussfassung der BR zu <**R:** BAG 22.11.2017, 7 ABR 46/16, AP Nr 24 zu § 76 BetrVG 1972 Einigungsstelle; BAG 30.9.2014, 1 ABR 32/13, BB 2015, 638, Hess LAG 23.3.2017, 9 TaBV 140/16>. Das hat zur Folge, dass es im arbg Beschlussverf regelmäßig hinsichtlich der ordnungsgem Beschlussfassung der BR keiner weitergehenden tatsächl Darlegungen oder einer darauf gerichteten Durchführung einer Beweisaufnahme bedarf <**R:** BAG 22.11.2017, 7 ABR 46/16, AP Nr 24 zu § 76 BetrVG 1972 Einigungsstelle; Hess LAG 8.2.2021, 16 TaBV 185/20, juris>. Vielmehr muss dann der AG den Beweiswert der Niederschrift durch einen entspr Vortrag erschüttern. Erst einem solchen Vortrag muss das Arbeitsgericht nachgehen <**R:** BAG 30.9.2014, 1 ABR 32/13, BB 2015, 638>. 15

3. Anwesenheitsliste

Der Niederschrift ist eine Anwesenheitsliste beizufügen, in der sich jeder Teilnehmer eigenhändig, dh durch seine eigene Unterschrift, einzutragen hat. Soweit an der BR-Sitzung mittels Video- oder Telefonkommunikation teilgenommen wird, hat jeder digital Teilnehmende seine Anwesenheit in Textform (Mail, SMS oder Whatsapp-Nachricht) zu bestätigen. Nach § 126b BGB verlangt die Textform, dass in der Erklärung die Person des Erklärenden genannt ist und die Erklärung auf einem dauerhaften Datenträger abgegeben wird. Eine bloße Chatnachricht im Konferenztool (etwa Zoom oder MS-Teams) reicht regelm nicht <**L:** aA anscheinend *Horstmeier* BB 2022, 117>. Hier fehlt es an der dauerhaften Verkörperung, soweit die Chatnachricht automatisch mit Beendigung der virtuellen Konferenz gelöscht wird oder allein im Zwischenspeicher des Konferenzprogramms abgelegt ist. Auch ein Screenshot der Videokonferenz, auf dem alle Teilnehmer der Konferenz sichtbar sind, reicht aufgrund der fehlenden aktiven Erklärung der Teilnehmer als Nachweis im Sinne des Gesetzes nicht. 16

17 Ein konkreter Zeitpunkt für die Zeichnung der Anwesenheitsliste oder der Teilnahmebestätigung in Textform sieht das Gesetz nicht vor. Praktisch sollte die jeweilige Zeichnung im zeitl Zusammenhang mit der Sitzung erfolgen, also davor, während oder kurz nach der Sitzung.

4. Einwendungen

18 Abs 2 S 2 gewährt jedem Sitzungsteilnehmer das Recht, **Einwendungen** gg die Niederschrift zu erheben, und beschränkt dieses Recht nicht, wie aus der systematischen Stellung geschlossen werden könnte, auf den AG oder einen Gewerkschaftsbeauftragten <L: GK/*Raab* Rn 28; *Fitting* Rn 29>. Die Einwendungen müssen unverzüglich schriftlich erhoben werden. Sie sind der Niederschrift beizufügen. Abs 2 S 2 steht einer Protokollberichtigung durch einen Beschluss des BR nicht entgg.

III. Einsicht in Unterlagen

19 Abs 3 räumt den Mitgliedern des BR, nicht aber dem AG oder den Gewerkschaftsbeauftragten, das Recht ein, die Niederschrift und alle anderen Unterlagen des BR und seiner Ausschüsse jederzeit einzusehen. Das Recht auf **jederzeitige** Einsichtnahme kann für ein BR-Mitglied den Anspruch auf Überlassung des Schlüssels des BR-Büros oder die Zugangsdaten zum E-Mail-Postfach des BR begründen, wenn dem BR eine solche Überlassung tatsächlich möglich und zumutbar ist <R: LAG Thüringen 29.6.2021, 1 TaBVGa 1/21, juris; Hess LAG 14.1.2019, 16 TaBVGa 164/18, juris; LAG BaWü 20.2.2013, 13 TaBV 11/12, juris>. Das jederzeitige Einsichtsrecht begründet jedoch kein permanentes Online-Zugriffsrecht der BR-Mitglieder auf die Unterlagen. Anders sieht es das LAG Sachsen <R: LAG Sachsen vom 11.5.2021, 3 TaBV 22/20, juris, anhängig unter 7 ABR 10/21>, das den BR verpflichten will, durch die Arbeitgeberin (§ 40 Rn 38), digitale Funktionspostfächer einrichten zu lassen und den BR-Mitgliedern hierauf einen lesenden Zugriff zu gewähren. Jedenfalls beschränkt sich das Einsichtsrecht auf einen bloßen Lesezugriff. Ausgeschiedene BR-Mitglieder haben kein Einsichtsrecht <R: Hess LAG 25.10.2012, 9 TaBV 129/12, AiB 2013, 326>.

20 Ein Recht auf Herstellung von Fotokopien besteht nicht, da Einsichtnahme weniger bedeutet als Zurverfügungstellen <R: BAG 27.5.1982, 6 ABR 28/80, BB 1982, 2183; L: aA bzgl eines Abfotografierens mittels Smartphone GK/*Raab* Rn 34; MünchArbR/*Krois*, § 294 Rn 116>, vgl § 80 Rn 42 zum Einblick in die Lohn- und Gehaltslisten.

21 Das Einblicksrecht erstreckt sich auch auf Unterlagen, die der BR **elektronisch gespeichert** hat <R: BAG 12.8.2009, 7 ABR 15/08, AP Nr 2 zu § 34 BetrVG 1972> und zwar auch dann, wenn die Unterlagen schriftlich vorliegen <R: ArbG Stade 29.5.2007, 2 BV 2/07, juris>.

22 Das Einsichtsrecht beschränkt sich auf die Unterlagen des BR und seiner Ausschüsse. Nehmen BR-Mitglieder als Gewerkschaftsangehörige, etwa als Angehörige von Tarifkommissionen, an Tarifverhandlungen teil, führt das grds nicht zu einem Einsichtsrecht anderer BR-Mitglieder in die Unterlagen der Tarifverhandlungen <R: LAG Hamm 21.3.2014, 13 TaBVGa 2/14, juris; Hess LAG 14.1.2019, 16 TaBVGa 164/18, juris>. Betreffen Tarifverhandlungen allerdings unmittelbar Fragen des Betriebs und nehmen an ihnen maßgebend Mitglieder des BR teil, lassen sich deren Rollen als BR- und als Ge-

werkschaftsmitglied nicht trennen, sodass ein legitimes Interesse der übrigen BR-Mitglieder an einer Einsichtnahme in die Unterlagen der betreffenden Tarifverhandlungen besteht. Der vom LAG Hamm bzw Hess LAG gefällte Beschluss zeigt das deutlich: Der unter Mitwirkung der BR-Mitglieder der IG Metall abgeschlossene „Sozialtarifvertrag" für den Betrieb präjudiziert in der Praxis weitgehend die betriebl Sozialplanverhandlung nach §§ 111 f. Zu wissen, wie er zustande gekommen ist und welche Interessen dabei berücksichtigt worden sind, ist für das Verhalten für die übrigen BR-Mitglieder in den betriebl Sozialplanverhandlungen von erheblicher Bedeutung.

Der Anspruch auf Einsichtnahme richtet sich gegen den BR und nicht gegen den AG. Er ist im Wege des Beschlussverfahrens – ggf im Rahmen einer einstweiligen Verfügung – gerichtlich durchzusetzen <R: Hess LAG 9.9.2019, 16 TaBV 67/19, juris>. Allerdings fehlt es wegen der Vermögenslosigkeit BR an der Vollstreckbarkeit <R: BAG 23.10.2019, 7 ABR 7/18, AP Nr 14 zu § 85 ArbGG 1979; *Holler* NZA 2017, 822, 828>.

23

§ 35 Aussetzung von Beschlüssen

(1) Erachtet die Mehrheit der Jugend- und Auszubildendenvertretung oder die Schwerbehindertenvertretung einen Beschluss des Betriebsrats als eine erhebliche Beeinträchtigung wichtiger Interessen der durch sie vertretenen Arbeitnehmer, so ist auf ihren Antrag der Beschluss auf die Dauer von einer Woche vom Zeitpunkt der Beschlussfassung an auszusetzen, damit in dieser Frist eine Verständigung, gegebenenfalls mit Hilfe der im Betrieb vertretenen Gewerkschaften, versucht werden kann.

(2) Nach Ablauf der Frist ist über die Angelegenheit neu zu beschließen. Wird der erste Beschluss bestätigt, so kann der Antrag auf Aussetzung nicht wiederholt werden; dies gilt auch, wenn der erste Beschluss nur unerheblich geändert wird.

Literatur: *Eich*, Der Einfluss eines Antrags auf Aussetzung eines Beschlusses des Betriebsrats auf den Lauf der Frist des § 626 Abs 2 BGB im Zustimmungsverfahren nach § 103 BetrVG, DB 1978, 586; *Ludwig/Kemna*, Betriebsänderung und Beteiligung der Schwerbehindertenvertretung, NZA 2019, 1547; *Oetker*, La loquace persona di fiducia dei grandi disabili – eine Oper in einem Prolog, fünf Akten und einem Epilog, FS Preis (2021), S 957.

1   § 35 räumt der Mehrheit der Jugend- und Auszubildendenvertretung (§ 66 Rn 2) sowie der Schwerbehindertenvertretung ein suspensives Veto gg Beschlüsse des BR ein. Es dient dem Schutz der durch sie vertretenen Arbeitnehmergruppen, jedoch nicht dem Schutz anderer Minderheiten im Betrieb (etwa ausländischer oder transsexueller Arbeitnehmer).

2   Wird die Aussetzung eines Beschlusses vor Ablauf einer Woche seit der Beschlussfassung beantragt, darf der BR den Beschluss bis zum Ablauf der Woche nicht vollziehen und muss seine Durchführung sofort **aussetzen**. Gleichgültig ist dabei, ob der BR-Vors oder die Mehrheit des BR die vorgebrachten Bedenken für überzeugend halten oder nicht. Im Interesse des AG bestehende Fristen für die Ausübung von MBR (§§ 99 Abs 3, 102 Abs 2 und 3) werden durch den Aussetzungsantrag aber nicht verlängert (vgl § 178 Abs 4 S 3 SGB IX). Der BR ist daher in diesen Fällen trotz eines Aussetzungsantrages berechtigt, die entspr Erklärungen fristgem abzugeben <L: *Fitting* Rn 30; Richardi/*Thüsing* Rn 24; GK/*Raab* Rn 22>.

3   Die Aussetzung soll **Verständigungsverhandlungen** zw den Antragstellern und der BR-Mehrheit ermöglichen, um die geltend gemachten Bedenken auszuräumen. Zu diesen Verhandlungen können Beauftragte aller im Betrieb vertretenen Gewerkschaften hinzugezogen werden. Ziehen die Antragsteller nach Abschluss der Verständigungsverhandlungen ihren Aussetzungsantrag zurück, ist das Verf nach § 35 beendet und der beanstandete Beschluss kann durchgeführt werden. Anderenfalls muss der BR über die strittige Angelegenheit **erneut beschließen**. Dieser erneute Beschluss darf nach Abs 2 S 1 erst nach Ablauf der Aussetzungsfrist gefasst werden. Wird der Beschluss des BR bei der erneuten Beschlussfassung bestätigt oder nur unerheblich geändert, ist eine Wiederholung des Aussetzungsantrages nach Abs 2 S 2 nicht zulässig. Ändert der BR den beanstandeten Beschluss aber in wesentlichen Teilen oder hebt er ihn ganz auf, kann erneut dessen Aussetzung beantragt werden.

Aussetzung von Beschlüssen § 35

Über Streitigkeiten aus § 35 entscheiden die Arbeitsgerichte im Wege des Beschlussverfahrens. Geprüft werden dabei die förmlichen Voraussetzungen für die Zulässigkeit des Antrags auf Aussetzung, nicht jedoch die Berechtigung der von den Antragstellern vorgetragenen Gründe <L: GK/*Raab* Rn 32; Richardi/*Thüsing* Rn 27>.   4

§ 36 Geschäftsordnung

Sonstige Bestimmungen über die Geschäftsführung sollen in einer schriftlichen Geschäftsordnung getroffen werden, die der Betriebsrat mit der Mehrheit der Stimmen seiner Mitglieder beschließt.

Literatur: *Ahlburg*, Ordnung muss sein – Geschäftsordnung, AiB 2014, 22; *Bobrowski*, Die Geschäftsordnung des Betriebsrats, DB 1957, 21; *Kraushaar*, Die Geschäftsordnung des Betriebsrats, AiB 1995, 161.

1 Die Geschäftsordnung regelt den **inneren Geschäftsgang** der Betriebsverfassungsorgane sowie die **Aufgaben ihrer Mitglieder** in Ergänzung der gesetzl Vorschriften. Dazu gehören insbes Vorschriften über die interne Organisation der BR-Arbeit, die Verteilung der Aufgabenbereiche auf die einzelnen Mitglieder, insbes die Bestimmung der freizustellenden BR-Mitglieder und die Ausschussbesetzung (dazu § 38 Rn 16, § 27 Rn 3), Regelungen zur Reihenfolge in der Verhinderungsvertretung (dazu § 26 Rn 10), ferner über einen etwaigen Sitzungsturnus, über die Anberaumung und Durchführung von Sitzungen, die Fristen und die Art der erforderl Ladungen, die Durchführung der Abstimmungen, die Aufnahme der Niederschrift und die Aufbewahrung der Unterlagen des BR. Die Geschäftsordnung kann auch Bestimmungen über die Leitung der Sitzungen, über Ordnungsrufe, das Hausrecht des Vors und die Aufrechterhaltung der Sitzungsordnung treffen. Nach § 30 Abs 2 S 1 Nr 1 hat der BR im Vorfeld die Voraussetzungen für die Sitzungsteilnahme oder die Durchführung der gesamten Sitzung mittels Video- und Telefonkonferenz in seiner Geschäftsordnung zu regeln (§ 30 Rn 13).

2 Die Geschäftsordnung muss **von der Mehrheit aller gewählten BR-Mitglieder** (dazu § 33 Rn 13 ff) **beschlossen und schriftlich aufgezeichnet** werden. Sie kann jederzeit aufgehoben, geändert oder im Einzelfall durchbrochen werden, doch bedarf ein solcher Beschluss der Mehrheit aller BR-Mitglieder und deren schriftlichen Niederlegung <L: *Fitting* Rn 13; MünchArbR/*Krois*, § 294 Rn 125; **aA** für die Aufhebung GK/*Raab* Rn 11>. Die Geschäftsordnung gilt als interne Ordnungsvorschrift nur für die Dauer der Amtszeit des BR, der sie beschlossen hat.

3 BR-Beschlüsse, die unter **Verletzung** der Geschäftsordnung zustande gekommen sind, sind idR gleichwohl wirksam. Nur ausnahmsweise kommt die Nichtigkeit des BR-Beschluss in Betracht, wenn die verletzte Vorschrift wesentlich für das Zustandekommen für BR-Beschlüsse sein soll (vgl § 33 Rn 23) <L: GK/*Raab* Rn 18; MünchArbR/*Krois*, § 294 Rn 124; ErfK/*Koch* Rn 1; DKW/*Wedde* Rn 11>. Diese Fälle dürften in der Praxis kaum einen Anwendungsbereich finden.

4 Zwingende gesetzl Bestimmungen können durch die Geschäftsordnung nicht geändert werden <R: ArbG München 25.5.2020, 6 BV 41/19, juris>. So kann die Geschäftsordnung nicht bestimmen, dass die Tagesordnung zu Beginn der Sitzung durch Mehrheitsbeschluss der anwesenden BR-Mitglieder erweitert werden kann. Vielmehr bedarf es zu einer solchen Erweiterung ungeachtet der Bestimmung der Geschäftsordnung Zustimmung sämtlicher anwesender BR-Mitglieder (§ 29 Rn 28). Unzulässig ist auch eine Bestimmung, die Stimmenthaltungen für unzulässig erklärt <R: LAG München 28.5.2015, 4 TaBV 4/15, juris>. Dazu, dass in der Geschäftsordnung nicht bestimmt werden kann,

dass der BR-Vors und dessen Stellv „geborene" Mitglieder eines Ausschusses nach § 28 sind, s § 28 Rn 11.

Die Geschäftsordnung kann den einzelnen BR-Mitgliedern keine über ihre gesetzl Pflichten hinausgehenden Verhaltenspflichten auferlegen. So ist eine Bestimmung der Geschäftsordnung, nach der die einzelnen BR-Mitglieder zur Dokumentation ihrer BR-Arbeit in einem Tätigkeitsbuch verpflichtet sind, unwirksam <R: LAG München 28.5.2015, 4 TaBV 4/15, juris>. 5

Auch Angelegenheiten, die einer Vereinbarung mit dem AG bedürfen, wie zB die Bereitstellung von Räumen und sachl Arbeitsmitteln oder die Festlegung von Zeit und Ort der BR-Sprechstunden, aber auch die Übertragung von Aufgaben an Arbeitsgruppen nach § 28a, können **nicht in der Geschäftsordnung** geregelt werden. Insoweit ist der Abschluss einer BV oder eine formlose Absprache mit dem AG erforderl <R: BAG 16.1.1979, 6 AZR 683/76, BB 1979, 1772>. Umgekehrt können Gegenstände, die in die Geschäftsordnung gehören, nicht durch BV geregelt werden. 6

§ 37 Ehrenamtliche Tätigkeit, Arbeitsversäumnis

(1) Die Mitglieder des Betriebsrats führen ihr Amt unentgeltlich als Ehrenamt.

(2) Mitglieder des Betriebsrats sind von ihrer beruflichen Tätigkeit ohne Minderung des Arbeitsentgelts zu befreien, wenn und soweit es nach Umfang und Art des Betriebs zur ordnungsgemäßen Durchführung ihrer Aufgaben erforderlich ist.

(3) Zum Ausgleich für Betriebsratstätigkeit, die aus betriebsbedingten Gründen außerhalb der Arbeitszeit durchzuführen ist, hat das Betriebsratsmitglied Anspruch auf entsprechende Arbeitsbefreiung unter Fortzahlung des Arbeitsentgelts. Betriebsbedingte Gründe liegen auch vor, wenn die Betriebsratstätigkeit wegen der unterschiedlichen Arbeitszeiten der Betriebsratsmitglieder nicht innerhalb der persönlichen Arbeitszeit erfolgen kann. Die Arbeitsbefreiung ist vor Ablauf eines Monats zu gewähren; ist dies aus betriebsbedingten Gründen nicht möglich, so ist die aufgewendete Zeit wie Mehrarbeit zu vergüten.

(4) Das Arbeitsentgelt von Mitgliedern des Betriebsrats darf einschließlich eines Zeitraums von einem Jahr nach Beendigung der Amtszeit nicht geringer bemessen werden als das Arbeitsentgelt vergleichbarer Arbeitnehmer mit betriebsüblicher beruflicher Entwicklung. Dies gilt auch für allgemeine Zuwendungen des Arbeitgebers.

(5) Soweit nicht zwingende betriebliche Notwendigkeiten entgegenstehen, dürfen Mitglieder des Betriebsrats einschließlich eines Zeitraums von einem Jahr nach Beendigung der Amtszeit nur mit Tätigkeiten beschäftigt werden, die den Tätigkeiten der in Absatz 4 genannten Arbeitnehmer gleichwertig sind.

(6) Die Absätze 2 und 3 gelten entsprechend für die Teilnahme an Schulungs- und Bildungsveranstaltungen, soweit diese Kenntnisse vermitteln, die für die Arbeit des Betriebsrats erforderlich sind. Betriebsbedingte Gründe im Sinne des Absatzes 3 liegen auch vor, wenn wegen Besonderheiten der betrieblichen Arbeitszeitgestaltung die Schulung des Betriebsratsmitglieds außerhalb seiner Arbeitszeit erfolgt; in diesem Fall ist der Umfang des Ausgleichsanspruchs unter Einbeziehung der Arbeitsbefreiung nach Absatz 2 pro Schulungstag begrenzt auf die Arbeitszeit eines vollzeitbeschäftigten Arbeitnehmers. Der Betriebsrat hat bei der Festlegung der zeitlichen Lage der Teilnahme an Schulungs- und Bildungsveranstaltungen die betrieblichen Notwendigkeiten zu berücksichtigen. Er hat dem Arbeitgeber die Teilnahme und die zeitliche Lage der Schulungs- und Bildungsveranstaltungen rechtzeitig bekanntzugeben. Hält der Arbeitgeber die betrieblichen Notwendigkeiten für nicht ausreichend berücksichtigt, so kann er die Einigungsstelle anrufen. Der Spruch der Einigungsstelle ersetzt die Einigung zwischen Arbeitgeber und Betriebsrat.

(7) Unbeschadet der Vorschrift des Absatzes 6 hat jedes Mitglied des Betriebsrats während seiner regelmäßigen Amtszeit Anspruch auf bezahlte Freistellung für insgesamt drei Wochen zur Teilnahme an Schulungs- und Bildungsveranstaltungen, die von der zuständigen obersten Arbeitsbehörde des Landes nach Beratung mit den Spitzenorganisationen der Gewerkschaften und der Arbeitgeberverbände als geeignet anerkannt sind. Der Anspruch nach Satz 1 erhöht sich für Arbeitnehmer, die erstmals das Amt eines Betriebsratsmitglieds übernehmen und auch nicht zuvor Ju-

gend- und Auszubildendenvertreter waren, auf vier Wochen. **Absatz 6 Satz 2 bis 6 findet Anwendung.**

Literatur: *Althoff*, Schulungsanspruch des Betriebsrates in Zeiten der Corona-Pandemie, ArbRAktuell 2020, 442; *Annuß*, Das System der Betriebsratsvergütung, NZA 2018, 134; *ders*, Der Durchschnitt für den Betriebsrat?, NZA 2018, 976; *ders*, Die Vergütung freigestellter Betriebsratsmitglieder – Richtig verstanden, in: Giesen/Junker/Rieble, Vergütungsfragen in Dienst- und Arbeitsverhältnissen, 2020, S 87; *ders*, Ermessensgerechte Beförderung als unzulässige Betriebsratsvergütung, NZA 2020, 20; *ders*, Strafbare Betriebsratsbegünstigung bei Vergütungsentscheidungen, NStZ 2020, 201; *ders*, Im Gestrüpp der Betriebsratsvergütung, NZA 2022, 247; *Baade/Reiserer*, Die Betriebsratsvergütung als Compliance-Risiko, DStR 2022, 155; *Bachner/Engesser*, Die Bestimmung des Kreises vergleichbarer Arbeitnehmer bei der Vergütung von freigestellten Betriebsratsmitgliedern, NZA 2020, 422; *Bachner/Wall*, Privatautonomie und Begünstigungsverbot bei der Vergütung von Betriebsratsmitgliedern, NZA 2021, 841; *Bayreuther*, Die „betriebsübliche" Beförderung des freigestellten Betriebsratsmitglieds, NZA 2014, 235; *ders*, Betriebsratsvergütung: Die hypothetische berufliche Entwicklung des Betriebsratsmitglieds, DB 2019, 422; *ders*, Kollektivabreden über die weitere Freistellung und Vergütung von Betriebsratsmitgliedern, NZA 2019, 430; *Bittmann/Mujan*, Compliance – Brennpunkt „Betriebsratsvergütung", BB 2012, 637 und 1604; *Byers*, Die Höhe der Betriebsratsvergütung, NZA 2014, 65; *Däubler*, Unabhängigkeit des Betriebsrats trotz Gegnerfinanzierung? – Probleme der Vergütung von Betriebsratsmitgliedern, SR 2017, 85; *Domernicht*, Kosten und Sachaufwand des Betriebsrat, 2018; *Farthmann*, Der gerechte Betriebsratslohn – Funktionswandel in der Betriebsratsarbeit und Entgeltgerechtigkeit, FS Stahlhacke (1995), S 115; *Fischer*, Das Ehrenamtsprinzip der Betriebsverfassung „post hartzem" – antiquiert oder Systemerfordernis?, NZA 2007, 484; *ders*, Das Ehrenamtsprinzip der Betriebsverfassung „post Hartzem" – revisited, NZA 2014, 71; *Giese/Schomburg*, Rechtswidrige Betriebsratsvergütung – Strafbarkeit eines Rückzahlungserlasses?, NJW 2022, 1415; *Giesen*, Vergütung freigestellter Betriebsratsmitglieder, RdA 2020, 155; *Götz*, Die benachteiligungsfreie Vergütung von freigestellten Betriebsratsmitgliedern, DB 2020, 558; *Greßlin*, Teilzeitbeschäftigte Betriebsratsmitglieder (2004); *Hanau*, Denkschrift zum Regierungsentwurf eines Gesetzes zur Reform des Betriebsverfassungsgesetzes, RdA 2001, 65; *Jacobs*, Die Vergütung freigestellter Betriebsratsmitglieder, NZA 2019, 1606; *Jacobs/Frieling*, Betriebsratsvergütung – Grundlagen und Grenzen der Bezahlung freigestellter Betriebsratsmitglieder, ZfA 2015, 241; *dies*, Betriebsratsvergütung bei arbeitszeitunabhängiger Provision, NZA 2015, 513; *Joussen*, Die Vergütung freigestellter Betriebsratsmitglieder, RdA 2018, 193; *ders*, Der Betriebsrat und die Privatnutzung eines Dienstwagens, NZA 2019, 139; *Kehrmann*, Pauschalierung von Vergütungs- und Kostenerstattungsansprüchen der Betriebsratsmitglieder, FS Wlotzke (1996), S 357; *Keilich*, Die Bemessung der Betriebsratsvergütung – Gut gemeint ist das Gegenteil von gut, BB 2014, 2229; *Klagges/Schrader*, Die Vergütung von Betriebsratsmitgliedern, 2021; *Klein*, Die Stellung der Minderheitsgewerkschaften in der Betriebsverfassung (2007); *Koch/Kudlich/Thüsing*, Betriebsratsvergütung vor dem Strafgericht, ZIP 2022, 1; *Löwisch/Rügenhagen*, Angemessene arbeitsvertragliche Vergütung von Betriebsratsmitgliedern mit Führungsfunktion, DB 2008, 466; *Maily*, Vergütung von Arbeitnehmervertretern (2018); *Moll/Roebers*, Pauschale Zahlungen an Betriebsräte?, NZA 2012, 57; *Mühlhausen*, Grundlagen und Grenzen der über die Lohnfortzahlungen hinausgehenden Kostentragungspflicht des Arbeitgebers für gewerkschaftliche Schulungs- und Bildungsveranstaltungen (1997); *Rieble*, Die Betriebsratsvergütung, NZA 2008, 276; *Schiefer*, Betriebsratsschulungen – geänderte Spielregeln, DB 2008, 2649; *ders*, Kosten der Betriebsratstätigkeit und des Betriebsrats, FS 100 Jahre BetrVG (2020), S 653; *Schrader/Klagges/Siegel/Lipski*, Die hypothetische Karrierebetrachung eines freigestellten Betriebsratsmitgliedes, NZA 2022, 456; *Schweibert/Buse*, Rechtliche Grenzen der Begünstigung von Betriebsratsmitgliedern – „Schattenbosse zwischen Macht und Ohnmacht", NZA 2007, 1080; *Stück*, Leitlinie: Die richtige Vergütung von Betriebsratsmitgliedern – der Arbeitgeber zwischen Skylla und Charybdis, CCZ 2020, 338; *Thüsing/Denzer*, Rechtssichere Betriebsratsvergütung, 2019; *Thüsing*, Die hypothetische Karrierebetrachtung eines freigestellten Betriebsratsmitglieds, NZA 2022, 831; *Uffmann*, Vergütung der Aufsichtsräte und Betriebsräte, ZfA 2018, 225; *Uffmann*, Vergütung der Aufsichtsräte und Betriebsräte, ZfA 2018, 225; *Verstege/Schürgers*, „Und tschüss!" – Umgang mit de-facto-Freistellung von Betriebsratsmitgliedern, BB 2022,

§ 37 Ehrenamtliche Tätigkeit, Arbeitsversäumnis

692; *Wiebauer*, Betriebsratsarbeitszeit, NZA 2013, 540; *ders*, Kosten der privaten Lebensführung als Kosten der Betriebsratsarbeit, BB 2011, 2104.

Ältere Literatur s Vorauflage.

Übersicht

	Rn.		Rn.
I. Betriebsratsamt als Ehrenamt	1	III. Entgelt- und Tätigkeitsschutz	79
1. Ehrenamtsprinzip	1	1. Entgeltschutz	79
2. Unentgeltlichkeit der Amtsführung	7	2. Tätigkeitsschutz	86
a) Kein Entgelt für die Betriebsratstätigkeit	7	IV. Schulungs- und Bildungsveranstaltungen (Abs 6)	92
b) Auslagenersatz	10	1. Teilnahmeberechtigung	92
c) Gleichbleibendes Arbeitsentgelt	12	a) Bezug zu den Aufgaben	93
3. Sanktionen	17	b) Erforderlichkeit	102
II. Arbeitsbefreiung für die Betriebsratstätigkeit	21	c) Verfahren	113
1. Arbeitsbefreiung	21	2. Festlegung der zeitlichen Lage	117
a) Grundsatz	21	3. Fortzahlung des Arbeitsentgelts	122
b) Voraussetzungen	28	4. Ausgleichsanspruch	124
c) Abmeldepflicht	40	a) Voraussetzungen	124
2. Fortzahlung des Arbeitsentgelts, § 37 Abs 2	48	b) Vorrang des Freizeitausgleichs	136
a) Grundsatz	48	5. Kosten für die Schulungsveranstaltung	137
b) Fortzahlungspflichten	50	V. Bildungsurlaub (Abs 7)	138
3. Ausgleich für Betriebsratstätigkeit außerhalb der Arbeitszeit, § 37 Abs 3	57	1. Anerkannte Bildungsveranstaltungen	138
a) Grundsatz	57	2. Anspruch auf Arbeitsbefreiung	142
b) Außerhalb der Arbeitszeit	62	3. Verhältnis zu Abs 6	147
c) Betriebsbedingte Gründe	64	VI. Streitigkeiten	150
d) Ausgleichszeitraum	71		

I. Betriebsratsamt als Ehrenamt

1. Ehrenamtsprinzip

1 Das in Abs 1 statuierte Ehrenamtsprinzip wahrt die innere und äußere Unabhängigkeit der BR-Mitglieder <**R:** BAG 14.10.2020, 7 AZR 286/18, BB 2021, 2680>. Es stärkt das Vertrauen der vom BR vertretenen AN darauf, dass die Wahrnehmung der Beteiligungsrechte durch den BR nicht durch die Gewährung oder den Entzug materieller Vorteile für die BR-Mitglieder beeinflussbar ist <**R:** BAG 5.5.2010, 7 AZR 728/08, EzA § 37 BetrVG 2001 Nr 9 und BAG 28.5.2014, 7 AZR 404/12, EzA § 37 BetrVG 2001 Nr 17>.

2 Abs 1 präzisiert das Ehrenamtsprinzip dahin, dass die Amtsführung **unentgeltlich** erfolgt. Anders als bei öffentlichen Ehrenämtern, wie etwa solchen in der Kommunalverfassung, sind damit Entschädigungen irgendwelcher Art für die Wahrnehmung des Ehrenamts ausgeschlossen. Das Gesetz sieht das wirtschaftliche Interesse der BR-Mitglieder dadurch als gewahrt an, dass sie nach Abs 2 für die BR-Tätigkeit von der Arbeitsleistung unter Fortzahlung des Arbeitsentgelts befreit sind.

Rechtspolitisch ist der Grds der unentgeltlichen Amtsführung allerdings umstr. Es wird geltend gemacht, dass es sich bei der Tätigkeit freigestellter BR-Mitglieder in Großbetrieben häufig um eine hochqualifizierte Verwaltungstätigkeit handelt, die eine entspr Vergütung verdiene <L: *Farthmann* FS Stahlhacke, S 115 ff; *Gamillscheg* S 566 ff; auch *Rieble* NZA 2008, 276, 280; ErfK/*Koch* Rn 1; rechtspolitisch für das Ehrenamtsprinzip aber *Fischer* NZA 2007, 494; *Fischer* NZA 2014, 71; *Jacobs/Frieling*, ZfA 2015, 243; *Maily* S 156 ff>. De lege lata ist an dem Grds der Unentgeltlichkeit aber nicht vorbeizukommen.

Auch Abs 4 eröffnet dafür keinen Weg. Wenn dort bestimmt ist, dass das Arbeitsentgelt von BR-Mitgliedern nicht geringer bemessen werden darf, als das Arbeitsentgelt vergleichbarer AN mit betriebsüblicher beruflicher Entwicklung, so ist das einerseits so zu verstehen, dass die Vergütung des BR-Mitglieds mit der Vergütung derjenigen AN verglichen werden muss, die im Zeitpunkt der Übernahme des BR-Amts eine im Wesentlichen gleich qualifizierte Tätigkeit wie das BR-Mitglied ausgeübt haben <R: BAG 15.1.1992, 7 AZR 194/91, DB 1993, 1379>. Andererseits ist darauf abzustellen, welche betriebl und personale Entwicklung diese vergleichbaren AN in beruflicher Hinsicht typischerweise genommen haben <R: BAG 17.8.2005, 7 AZR 528/04, EzA § 37 BetrVG 2001 Nr 5>.

Von dieser gesetzl Regelung kann auch durch BV nicht abgewichen werden, dafür fehlt die gesetzl Grundlage. Mithin bleibt es dabei, dass alle über das durch Abs 4 gebotene Maß hinausgehenden Vergütungen gg den Grds der Unentgeltlichkeit verstoßen, s Rn 76 ff.

Anders als für die BR-Mitglieder gilt für die **Arbeitnehmervertreter im Aufsichtsrat** das Ehrenamtsprinzip nicht. Soweit Aufsichtsratsmitglieder, wie regelmäßig, für ihre Tätigkeit eine Vergütung erhalten, steht diese auch den Arbeitnehmervertretern zu. Freilich verpflichten die DGB-Gewerkschaften die ihnen angehörenden Aufsichtsratsmitglieder unter Billigung der Rechtsprechung <R: BAG 21.5.2015, 8 AZR 956/13, BB 2015, 2426> zur weitgehenden Abführung der Vergütungen an die Hans-Böckler-Stiftung. Dies ist aber kein Grund, das Ehrenamtsprinzip der Betriebsverfassung aufzuweichen und in Fällen eines Doppelmandats Entschädigungen für die Betriebsratstätigkeit zu zahlen <L: zu entspr Missbräuchen ausf *Rieble* AG 2016, 315 ff; *Uffmann* ZfA 2018, 225>.

2. Unentgeltlichkeit der Amtsführung

a) Kein Entgelt für die Betriebsratstätigkeit

Die BR-Tätigkeit erfolgt **unentgeltlich**. Insoweit ist es irreführend, wenn bisweilen in der Praxis von „Abgeltung" der BR-Tätigkeit die Rede ist. Der Ausgleich für die BR-Tätigkeit ergibt sich allein auf Grundlage und nach Maßgabe der Abs 2 und 3 <R: BAG 5.5.2010, 7 AZR 728/08, AP Nr 147 zu § 37 BetrVG 1972; BAG 8.11.2017, 5 AZR 11/17, AP Nr 168 zu § 37 BetrVG 1972>.

Mit der Unentgeltlichkeit unvereinbar sind in erster Linie unmittelbare Zuwendungen für die BR-Tätigkeit wie „Entschädigungen", „Funktionszulagen" oder „Sitzungsgelder" <L: *Jacobs/Frieling* ZfA 2015, 252 f; *Bittmann/Mujan* BB 2012, 638>. Auch kann die Zahlung einer Leistungsvergütung nicht in Bezug auf die BR-Tätigkeit erfolgen <R: BAG 26.8.2020, 7 AZR 345/18, AP Nr 29 zu § 46 BPersVG hier § 18 TVöD>.

§ 37 Ehrenamtliche Tätigkeit, Arbeitsversäumnis

9   Unzulässig sind aber auch mittelbare geldwerte Vorteile, etwa Sonderboni <R: LG Braunschweig 25.1.2007, 6 KLS 48/06, juris>, ein besonderes 13. Monatsgehalt <R: ArbG Bielefeld 11.5.2011, 3 Ca 2633/10, juris> oder Entgeltleistungen für eine nicht notwendige Arbeitsversäumnis. Ebenso unzulässig ist eine pauschale monatliche Stundengutschrift wegen personalratsbedingter Mehrbelastung <R: BAG 26.5.2021, 7 AZR 248/20, AP Nr 31 zu § 46 BPersVG> oder ein einem Mehrarbeitszuschlag entsprechend erhöhter Freizeitzuschlag <R: BAG 26.9.2018, 7 AZR 829/16, AP Nr 172 zu § 37 BetrVG 1972; anders aber BAG 29.8.2018, 7 AZR 206/17, AP Nr 171 zu § 37 BetrVG 1972>.

b) Auslagenersatz

10 Nicht gg das Vergütungsverbot verstößt der Ersatz von wirklichen und notwendigen Auslagen.

11 Dagegen sind Auslagenpauschalen nur zulässig, wenn der Pauschalbetrag regelmäßig wiederkehrende Aufwendungen abdeckt oder zumindest im Durchschnitt den tatsächl entstandenen Aufwendungen entspricht <R: BAG 9.11.1955, 1 AZR 329/54, AP Nr 1 zu Art IX KRG Nr 22 Betriebsrätegesetz. L: *Jacobs/Frieling* ZfA 2015, 253 ff>.

c) Gleichbleibendes Arbeitsentgelt

12 Wie sich aus Abs 2 ergibt, hat das BR-Mitglied Anspruch auf Fortzahlung seines Arbeitsentgelts, auch wenn es infolge der BR-Tätigkeit keine Arbeitsleistung erbringt. Sein Arbeitsentgelt darf nicht wegen der BR-Tätigkeit erhöht, aber auch nicht vermindert werden. Dementspr verbleibt das BR-Mitglied zunächst in seiner bisherigen Entgeltgruppe. Höhergruppierungen setzen eine entspr betriebsübliche Entwicklung voraus (Abs 4). Aus Anlass der BR-Tätigkeit ist eine Hochgruppierung generell unzulässig. Pauschalierungen des Entgelts können hingegen zulässig sein, wenn sie nach der Verkehrsanschauung durch die Festlegung einer Pauschale abgegolten werden können, ohne dass darin die Gewährung eines Sondervorteils zu erblicken ist. Der pauschalierte Betrag muss sich zur Vermeidung einer unzulässigen Begünstigung an dem Umfang der üblicherweise erbrachten zuschlagspflichtigen Tätigkeiten orientieren und darf lediglich einer rechnerischen Erleichterung dienen <R: BAG 29.8.2018, 7 AZR 206/17, AP Nr 171 zu § 37 BetrVG 1972; BAG 8.11.2017, 5 AZR 11/17, AP Nr 168 zu § 37 BetrVG 1972; ArbG Stuttgart 13.12.2012, 24 Ca 5430/12, juris>, zum pauschalierten Aufwendungsersatz s § 40 Rn 16.

13 Nach diesem Grds richtet sich auch die **Vergütung von Überstunden**. Diese kommt nur in Betracht, sofern das BR-Mitglied, wenn es tatsächl gearbeitet hätte, Überstunden geleistet hätte. Dass es als BR-Mitglied mehr Arbeitszeit als betriebsüblich aufwendet, reicht nicht aus <L: *Jacobs/Frieling* ZfA 2015, 255>. Überstundenpauschalen dürfen dementspr nur bezahlt werden, wenn in der Abteilung, der das BR-Mitglied als AN angehört, tatsächl Überstunden geleistet werden und auch die anderen AN Überstundenpauschalen erhalten. S dazu noch Rn 51.

14 Der Grds der Unentgeltlichkeit der Amtsführung steht einer **Änderung der Arbeitsleistung** des BR-Mitglieds, insbes einer Übertragung qualifizierterer Tätigkeiten, die zu einer höheren Vergütung führt, nicht entgg. Auch aus Abs 5 ergibt sich ein solches Verbot nicht, denn die Vorschrift untersagt nur die Beschäftigung mit nicht gleichwertigen Tätigkeiten, nicht jedoch die Beschäftigung mit höherwertigen Tätigkeiten. Eine Grenze zieht

insofern nur das Begünstigungsverbot. Gg dieses ist aber nur verstoßen, wenn die höherwertige Tätigkeit wg des BR-Amts übertragen worden ist, nicht aber, wenn die Übertragung wg der inzwischen vom BR-Mitglied erworbenen höheren Qualifikationen erfolgt, mag diese Höherqualifizierung ihren Grund auch in der ausgeübten BR-Tätigkeit haben <**L:** *Löwisch/Rügenhagen* DB 2008, 466>.

Die Übertragung der höherwertigen Tätigkeit hat allerdings zur Konsequenz, dass das BR-Mitglied, das nicht freigestellt ist oder auf seine Freistellung verzichtet oder nicht wiedergewählt wird, dann auch Anspruch auf eine entspr Beschäftigung hat. Führt die Übertragung der höherwertigen Tätigkeit zur Stellung des AN als ltd Ang, endet gem § 24 Nr 4 das BR-Amt (§ 24 Rn 17). 15

Soweit dem BR-Mitglied eine höherwertige Tätigkeit übertragen wird, hat es dann nach Abs 2 auch Anspruch auf das dieser Tätigkeit entsprechende Arbeitsentgelt. Bei einem BR-Mitglied, das nicht vollständig von der Arbeit freigestellt ist, leuchtet das unmittelbar ein. Es kann nicht sein, dass das betroffene BR-Mitglied unterschiedlich bezahlt wird, je nachdem, ob es seiner Arbeitstätigkeit nachgeht oder sein BR-Amt wahrnimmt. Aber auch vollständig freigestellte BR-Mitglieder haben diesen Anspruch, wie daran deutlich wird, dass sie ohne Weiteres Anspruch auf diese Vergütung haben, wenn sie auf die Freistellung verzichten <**L:** *Löwisch/Rügenhagen* DB 2008, 466, 467>. 16

3. Sanktionen

Verstöße gg das Ehrenamtsprinzip stellen sowohl in der Person des AG wie in der Person der begünstigten BR-Mitglieder eine **Verletzung betriebsverfassungsrechtl Pflichten** dar, die nach § 23 geahndet werden kann. Praktisch in Betracht kommt in erster Linie der entspr Antrag einer im Betrieb vertretenen Gewerkschaft. 17

Den Antrag gg die begünstigten BR-Mitglieder kann nach § 23 Abs 1 S 1 auch ein Viertel der wahlberechtigten AN stellen. Hingg kommt ein Anspruch anderer BR-Mitglieder auf Unterlassung der Begünstigung bestimmter BR-Mitglieder nicht in Betracht <**R:** LAG BaWü 13.2.2014, 3 TaBV 7/13, juris>. 18

In Verstößen gg die Unentgeltlichkeit liegt zudem eine gem § 78 S 2 unzulässige und gem § 119 Abs 1 Nr 3 **strafbare Begünstigung** von BR-Mitgliedern <**L:** *Rieble* NZA 2008, 276>. Weiter kommen Strafbarkeiten wegen Untreue nach § 266 StGB und Steuerhinterziehung nach § 370 Abs 1 Nr 2 AO in Betracht <**R:** BGH 20.6.2018, 4 StR 561/17, juris; LG Braunschweig 28.9.2021, 16 KLs 406 Js 59398/16 (85/19), juris, dazu Anm *Annuß* NZA 2022, 247; **L:** *Jacobs* NZA 2019, 1606; bzgl § 266 StGB restriktiv *Koch/Kudlich/Thüsing*, ZIP 2022, 1>. 19

Zivilrechtl stellt der Grds der Unentgeltlichkeit ein gesetzl Verbot iS von § 134 BGB dar. Leistungen, die das BR-Mitglied unter Verstoß gg den Grds erhalten hat, erfolgen deshalb ohne Rechtsgrund. Der AG kann sie nach § 812 Abs 1 S 1 BGB zurückverlangen. § 817 S 2 BGB steht dem nicht entgg, weil das Behalten der Leistung selbst gg das Verbot verstieße <**R:** BAG 8.11.2017, 5 AZR 11/17, AP Nr 168 zu § 37 BetrVG 1972; **aA** LAG Düsseldorf 17.4.2019, 7 Sa 1065/18, juris; **L:** GK/*Weber* Rn 21; ErfK/*Koch* Rn 1; Richardi/*Thüsing* Rn 10; *Bittmann/Mujan* BB 2012, 1604; *Jacobs/Frieling* ZfA 2015, 241; *Jacobs* NZA 2019, 1606; **aA** *Fitting* Rn 11; DKW/*Wedde* Rn 7, § 78 Rn 36; unter Hinweis auf § 242 BGB *Giese/Schomburg*, NJW 2022, 1415>. Ob der Rückzahlungsanspruch (ta- 20 riflichen) Ausschlussfristen unterliegt, ist noch weitestgehend ungeklärt <R: ArbG Essen 4.10.2018, 1 Ca 1124/18>. Aus der Pflicht von Vorstandsmitgliedern und Geschäftsführern zur sorgfältigen Wahrnehmung der Interessen von AGs und GmbHs (§ 93 AktG; § 43 GmbHG) folgt, dass diese regelmäßig den Anspruch auf Rückzahlung geltend machen müssen; andernfalls besteht auch hier die Gefahr einer strafbewehrten Untreue <L: *Giese/Schomburg* NJW 2022, 1415>.

II. Arbeitsbefreiung für die Betriebsratstätigkeit

1. Arbeitsbefreiung

a) Grundsatz

21 An sich lässt die Übernahme eines BR-Amts die Verpflichtung des AN zur Arbeitsleistung unberührt. Andererseits bringt das BR-Amt erhebliche Belastungen für den AN mit sich. Um dem Rechnung zu tragen, schreibt Abs 2 vor, dass BR-Mitglieder unter bestimmten Voraussetzungen von ihrer beruflichen Tätigkeit ohne Minderung des Arbeitsentgelts zu befreien sind. Zusätzlich sieht § 38 für größere Betriebe vor, dass eine bestimmte Anzahl von BR-Mitgliedern generell von der Arbeitsverpflichtung freizustellen ist.

22 Die Freistellungsverpflichtung des Abs 2 erschöpft sich jedoch nicht allein darin, dass der AG das BR-Mitglied von seiner Arbeitspflicht freistellt. Auch das Arbeitspensum des BR-Mitglieds muss entspr vermindert werden, sodass dem BR-Mitglied für die verbleibende Arbeitszeit nicht ein Pensum aufgebürdet wird, das auf eine nicht durch die BR-Tätigkeit verringerte Arbeitszeit zugeschnitten ist <R: BAG 27.6.1990, 7 ABR 43/89, BB 1991, 759>.

23 Ob es sich bei der BR-Arbeit selbst um Arbeitszeit handelt, ist noch nicht abschließend geklärt, jedoch auch vor dem Hintergrund des Unionsrechts zu verneinen <R: offengelassen zuletzt BAG 18.1.2017, 7 AZR 224/15, BB 2017, 1533, BAG 16.9.2020, 7 AZR 491/19, AP Nr 7 zu § 5 ArbZG. L: verneinend ua: GK/*Weber* Rn 24; *Wiebauer* NZA 2013, 540; bejahend ua: DKW/*Wedde* Rn 43>. Allerdings sind die Wertungen des ArbZG als Regelungen des Arbeitsschutzes zu berücksichtigen (Rn 37).

24 Die Freistellung nach § 37 Abs 2 kann nicht nur aus einem ganz konkreten Anlass, sondern auch für einen bestimmten Teil der Arbeitszeit einzelner BR-Mitglieder (stundenweise, tageweise) erfolgen. Selbst eine gänzliche Freistellung – unabhängig von § 38 Abs 1 – ist möglich. Letzteres ist jedoch nur im Einvernehmen mit dem ArbG denkbar (§ 38 Rn 10).

25 Nach § 37 Abs 2 ist nicht nur die Arbeitsbefreiung als solches möglich, sondern auch die Befreiung von einer bestimmten Art der Arbeit, wenn das zur ordnungsgemäßen Wahrnehmung der Aufgaben des BR-Mitglieds notwendig ist <R: BAG 27.6.1990, 7 ABR 43/89, AP Nr 78 zu § 37 BetrVG 1972>.

26 Wird ein BR-Mitglied nach Betriebsstillegung im Rahmen seines **Restmandats** und unter Fortbestehen seines Arbeitsverhältnisses zum bisherigen Arbeitgeber tätig, so hat er gegen diesen keinen Anspruch auf Vergütung; auch nicht über eine Analogie zu § 37 Abs 3 S 2 Hs 2 <R: BAG 5.5.2010, 7 AZR 728/08, AP Nr 147 zu § 37 BetrVG. L: GK/*Weber*

II. Arbeitsbefreiung für die Betriebsratstätigkeit § 37

Rn 6; *Fitting* Rn 72a, 73>. Anders liegt der Fall, wenn er sein Restmandat im Rahmen eines neuen Arbeitsverhältnisses ausübt. Hier hat er gegenüber dem neuen Arbeitgeber einen Freistellungsanspruch analog § 37 Abs 2. Es besteht aber weder eine Entgeltfortzahlung noch ein Freizeitausgleich nach § 37 Abs 3; hier bleibt allein ein Erstattungsanspruch gegenüber seinem alten Arbeitgeber über § 40 denkbar.

Im Rahmen eines **Übergangsmandats** richtet sich der Freistellungsanspruch gegen den Vertragsarbeitgeber, soweit die Aufgaben des Übergangsmandats seinem Betrieb zuzuordnen sind. Sind die Aufgaben eindeutig solche des anderen Betriebs, so besteht auch hier ein Freistellungsanspruch nach § 37 Abs 2 analog. Vergütungsausfälle des BR-Mitglieds muss dann der andere Betriebsinhaber über § 40 ersetzten. Ist die Aufgabe aus dem Übergangsmandat nicht eindeutig einem Betrieb zuzuordnen, so sind die Betriebsinhaber gesamtschuldnerisch verpflichtet (über § 37 Abs 2 der Vertragsarbeitgeber; über § 40 der andere Betriebsinhaber). 27

b) Voraussetzungen

Eine **Arbeitsbefreiung nach Abs 2** kommt nur in Betracht für Angelegenheiten, die zu den **Amtsobliegenheiten** des BR gehören. Hierzu zählen in erster Linie die Aufgaben, die sich aus dem BetrVG selbst ergeben. Freizustellen ist das BR-Mitglied insbes für die Teilnahme an BR-Sitzungen und an Betriebsversammlungen, für die Durchführung von Sprechstunden und die Teilnahme an den Sitzungen überbetriebl Vertretungen. Ferner gehören zu den Aufgaben des BR auch Besuche auswärtiger Betriebsstätten, die Teilnahme an Verhandlungen und Besprechungen mit dem AG, etwa mit dem Sicherheitsbeauftragten iR von § 22 Abs 2 SGB VII (vgl § 89 Abs 4), sowie an Betriebsbesichtigungen der Gewerbeaufsichtsbeamten und an Unfalluntersuchungen der Berufsgenossenschaft. 28

Besprechungen mit Vertretern einer **Gewerkschaft** gehören dann zu den Aufgaben des BR, wenn sie iR des Zusammenarbeitsgebots nach § 2 Abs 1 erfolgen und aktuelle, betriebsbezogene Fragen zum Gegenstand haben. Hingg gehören weder die Teilnahme an Tarifverhandlungen noch der Besuch gewerkschaftlicher Veranstaltungen – mit Ausnahme der Bildungs- und Schulungsveranstaltungen nach Abs 6 – zu den Aufgaben des BR. 29

Die Teilnahme an einer **Gerichtsverhandlung** im Rechtsstreit eines Belegschaftsmitglieds ist keine BR-Aufgabe <R: BAG 31.8.1994, 7 AZR 893/93, DB 1995, 1235>. Ist aber ein BR-Mitglied Beteiligter in einem Beschlussverf, gehört seine Prozessteilnahme zur BR-Tätigkeit iS des Abs 2 <R: LAG Ddf 3.1.1975, 8 TaBV 30/74, EzA § 148 ZPO Nr 2>. 30

Nicht zu den Aufgaben des BR gehört die Ausübung von Ehrenämtern, etwa als Arbeitsrichter oder in den Selbstverwaltungsorganen der Sozialversicherungsträger (Agentur für Arbeit, Krankenkassen, Berufsgenossenschaften). Die Teilnahme des BR-Vors an einem Arbeitsmarktgespräch der Agentur für Arbeit kann bei entspr Situation aber zu den Aufgaben des BR gehören <R: BAG 23.9.1982, 6 ABR 86/79, BB 1983, 382>. 31

Kein Anspruch auf Arbeitsbefreiung besteht dann, wenn das BR-Mitglied irrtümlich annimmt, es handle sich um eine Amtsobliegenheit iSd Abs 2 <R: BAG 31.8.1994, 7 AZR 893/93, AP Nr 98 zu § 37 BetrVG 1972. L: GK/*Weber* Rn 30>. Hier handelt es sich um eine Rechtsfrage, die gerichtlich voll überprüfbar ist; dem BR-Mitglied kommt insoweit 32

§ 37 Ehrenamtliche Tätigkeit, Arbeitsversäumnis

kein Beurteilungsspielraum zu <**R:** BAG 21.6.2006, 7 AZR 418/05, juris; **aA L:** GK/*Weber* Rn 30; Richardi/*Thüsing* Rn 16>.

33 Nach Abs 2 muss die Arbeitsbefreiung zur ordnungsgem Durchführung der BR-Tätigkeit **erforderlich** sein. Das ist für jeden Einzelfall gesondert zu entscheiden <**R:** BAG 21.11.1978, 6 AZR 247/76, BB 1979, 627>. Maßgebend ist, ob das betreffende BR-Mitglied seine Arbeitsversäumnis nach pflichtgem Ermessen, also vom Standpunkt eines vernünftigen Dritten bei gewissenhafter Abwägung aller Umstände, insbes der Interessen des Betriebs und der Belegschaft, für erforderl halten durfte <**R:** BAG 31.8.1994, 7 AZR 893/93, DB 1995, 1235>. Insoweit kommt dem BR-Mitglied ein eingeschränkt überprüfbarer Beurteilungsspielraum zu.

34 Die Teilnahme des BR-Mitglieds an Sitzungen des BR und seiner Ausschüsse sowie an Betriebsversammlungen iS des § 43 Abs 1 S 1 ist regelmäßig erforderl, sofern sie nicht offensichtlich unzulässig sind. Wenn aber in einer BR-Sitzung keine Fragen zu behandeln sind, welche die Teilnahme gerade dieses BR-Mitglieds erfordern, kann es in Fällen einer betriebl Unabkömmlichkeit des betreffenden BR-Mitglieds ausnahmsweise sachgerecht sein, der Arbeitspflicht den Vorrang zu geben; das BR-Mitglied ist dann als verhindert anzusehen, sodass an seiner Stelle ein Ersatzmitglied an der BR-Sitzung teilnimmt <**R:** BAG 11.6.1997, 7 AZR 229/96, ZTR 1997, 524 gg LAG Hamm 10.1.1996, 3 Sa 566/95, LAGE § 611 BGB Abmahnung Nr 46>. Bei Abteilungsversammlungen (§ 43 Abs 1 S 2) ist nur die Anwesenheit der für diesen Betriebsteil zuständigen BR-Mitglieder erforderl, bei Sitzungen des GBR nur die Anwesenheit der GBR-Mitglieder <**R:** LAG München 30.10.1985, 8 Sa 74/78, LAGE § 37 BetrVG 1972 Nr 18>.

35 Sofern wichtige betriebl Aufgaben anstehen, kann es deswg notwendig sein, dass der BR nicht so wichtige BR-Tätigkeiten zurückstellt <**R:** Hess LAG 4.2.2013, 16 TaBV 261/12, juris>. Keinesfalls darf das BR-Mitglied beliebig viele Aufgaben übernehmen, wenn dadurch betriebl Interessen beeinträchtigt werden <**L:** zutr *Rieble* CR 1989, 918 Anm zu LAG Nds 13.11.1988, 1 TaBV 60/88, juris>.

36 Bei Beschlussverf, an denen der BR beteiligt ist, und bei der Konsultation eines Rechtsanwalts ist es idR nicht erforderl, dass neben dem BR-Vors weitere BR-Mitglieder an den Besprechungen teilnehmen <**R:** LAG Hamm 3.10.1986, 17 Sa 935/86, BB 1986, 2419>.

37 Gleichzeitig gibt es Fälle, in denen die normale Arbeitszeit und BR-Tätigkeit nicht zeitlich zusammenfallen und insoweit eine Arbeitsbefreiung ohne BR-Tätigkeit erforderlich wird. Arbeitet etwa ein BR-Mitglied in Schicht, ist die Arbeitsbefreiung auch dann erforderl, wenn die BR-Tätigkeit, insbes die Teilnahme an einer BR-Sitzung, in die schichtfreie Zeit fällt, die Arbeit in der unmittelbar anschließenden Schicht aber wg der damit verbundenen Überbelastung unzumutbar ist <**R:** BAG 15.5.2019, 7 AZR 396/17, AP Nr 174 zu § 37 BetrVG 1972; BAG 7.6.1989, 7 AZR 500/88, BB 1990, 993>. Allg ist eine Unzumutbarkeit in diesem Sinne regelmäßig anzunehmen, wenn ansonsten bei Zusammenrechnung der für die BR-Tätigkeit aufgewendeten Zeiten mit den persönl Arbeitszeiten die werktägl Höchstarbeitszeit nach § 3 ArbzG oder die Ruhezeiten nach § 5 Abs 1 ArbZG überschritten werden würde <**R:** BAG 18.1.2017, 7 AZR 224/15, BB 2017, 1533, LAG Nds 20.4.2015, 12 TaBV 76/14, LAGE § 37 BetrVG 2001 Nr 12>. Freilich ist hier zu prüfen, ob der BR die BR-Sitzung oder die BR-Tätigkeit gem. § 2 Abs 1 nicht anderweitig legen bzw verteilen kann, sodass solche Unzumutbarkeiten gar nicht entstehen können.

§ 38 Abs 1 ist eine besondere Ausprägung der Grundnorm des § 37 Abs 2, in welcher der **38**
Gesetzgeber die Erforderlichkeit der Arbeitsbefreiung in Betrieben mit bestimmten AN-
Zahlen als erfüllt ansieht. Nach § 37 Abs 2 kann deshalb auch in Betrieben mit weniger
als 200 AN, in denen Freistellungen nach § 38 Abs 1 nicht in Betracht kommen, ein BR-
Mitglied **generell freigestellt** werden, wenn dies zur ordnungsgem Durchführung der
BR-Aufgaben erforderl ist <**R:** BAG 13.11.1991, 7 ABR 5/91, AP Nr 80 zu § 37 BetrVG
1972 mit abl Anm *Boemke*>. Der BR muss allerdings detailliert dartun, dass die Möglich-
keit konkreter Arbeitsbefreiungen nach § 37 Abs 2 nicht ausreicht und es notwendig ist,
ein BR-Mitglied für die gesamte Restdauer der Wahlperiode freizustellen. Die pauschale
Freistellung eines BR-Mitglieds wird idR nicht allein dadurch gerechtfertigt, dass BR-
Sprechstunden eingerichtet und abgehalten werden. Insoweit ist ausreichend, dass ein
BR-Mitglied für die jeweils abzuhaltende Sprechstunde nach § 37 Abs 2 von seiner beruflichen Tätigkeit befreit wird <**R:** BAG 13.11.1991 7 ABR 5/91, AP Nr 80 zu § 37 BetrVG
1972>. Auch die zeitweilige Verhinderung eines freigestellten BR-Mitglieds infolge seiner Zugehörigkeit zum GBR berechtigt den BR nur unter den Voraussetzungen des § 37
Abs 2, die anteilige Freistellung eines weiteren BR-Mitglieds zu verlangen <**R:** BAG
12.2.1997, 7 ABR 40/96, EzA § 38 BetrVG 1972 Nr 16>.

Welche seiner Mitglieder mit der Erledigung welcher Aufgaben betraut werden, ent- **39**
scheidet der BR selbst. Er muss dabei aber die Belange des Betriebs berücksichtigen und
die Arbeit so rationell wie möglich einteilen <**R:** BAG 1.3.63, 1 ABR 3/62, BB 1963,
729>. Daraus folgt vor allem, dass in Betrieben mit freigestellten BR-Mitgliedern nur
dann nicht freigestellte Mitglieder in größerem Umfang zur Erledigung von BR-Aufgaben herangezogen werden dürfen, wenn wg totaler Auslastung der Freigestellten andernfalls die ordnungsgem Erledigung der BR-Aufgaben in Frage gestellt wäre <**R:** LAG
Hamm 24.8.1979, 3 Sa 362/79, EzA § 37 BetrVG 1972 Nr 66; **L:** GK/*Weber* Rn 44>. Ein
gem § 38 Abs 1 S 3 **teilweise freigestelltes** BR-Mitglied (§ 38 Rn 12) kann eine zusätzliche Arbeitsbefreiung nur verlangen, wenn die BR-Tätigkeit ausnahmsweise weder von
ihm noch von einem anderen ganz oder teilweise freigestellten BR-Mitglied während der
Freistellung geleistet werden kann. Zur Freistellung von Tendenzträgern s <**L:** *Poeck* Tendenzträger als Betriebsräte und Sprecherausschussmitglieder, 2011, S 111 ff>.

c) Abmeldepflicht

Nach dem Wortlaut des Abs 2 tritt die Arbeitsbefreiung **nicht kraft Gesetzes** ein, son- **40**
dern das BR-Mitglied hat lediglich einen Anspruch auf Arbeitsbefreiung. Gleichwohl
geht die ganz hM davon aus, dass sich das BR-Mitglied, soweit es zur ordnungsgem
Durchführung seiner Aufgaben erforderl ist, auch dann von seinem Arbeitsplatz entfernen
darf, wenn der AG die Arbeitsbefreiung verweigert <**R:** BAG 30.1.1973, 1 ABR 1/73,
BB 1973, 474; LAG MV 24.5.2016, 2 TaBV 22/15, juris; **L:** *Fitting* Rn 49 ff; Richardi/
Thüsing Rn 27 f, DKW/*Wedde* Rn 44 f; anders MünchArbR/*Krois* § 295 Rn 20>. Freilich
geht das BR-Mitglied damit ein Risiko ein: Bleibt es ohne Zustimmung des AG von der
Arbeit fern und stellt sich heraus, dass das Versäumnis der Arbeitszeit für die BR-Tätigkeit nicht iS des Abs 2 erforderl war, verletzt es sowohl betriebsverfassungsrechtl Amtspflichten als auch arbeitsvertragl Pflichten. Der AG kann arbeitsvertragl Sanktionen ergreifen, das BR-Mitglied insbes abmahnen <**R:** BAG 10.11.1993, 7 AZR 682/92, DB
1994, 2554>. Verkennt das BR-Mitglied bei schwierigen und ungeklärten Rechtsfragen
die objektive Rechtslage, ist eine Abmahnung aber nur gerechtfertigt, wenn es die Ar-

§ 37 Ehrenamtliche Tätigkeit, Arbeitsversäumnis

beitsversäumnis aus Sicht eines sorgfältigen, objektiven Dritten nicht für erforderl halten durfte <R: BAG 31.8.1994, 7 AZR 893/93, DB 1995, 1235 verneinend für die Teilnahme am Kdschutzprozess eines AN entgg dem ausdrückl Verbot des AG; s auch BAG 10.11.1993, 7 AZR 682/92, DB 1994, 2554>.

41 Um dieses Risiko arbeitsvertragl Sanktionen zu vermeiden, kann das BR-Mitglied die Feststellung beantragen, dass es zur Teilnahme an einer bestimmten BR-Tätigkeit, etwa zur Teilnahme an einer Schulungsveranstaltung berechtigt ist <R: aM LAG Hamm 30.5.2008, 10 TaBV 129/07, juris>.

42 Das BR-Mitglied ist verpflichtet, sich von seinem Arbeitsplatz **abzumelden** <R: BAG 15.7.1992, 7 AZR 466/91, DB 1993, 438> **und** sich **zurückzumelden** <R: BAG 13.5.1997, 1 ABR 2/97, BB 1997, 1691>. Eine solche Pflicht betrifft nicht nur alle AN im Betrieb als arbeitsvertragliche Nebenpflicht, sondern ergibt sich auch betriebsverfassungsrechtlich aus § 2 Abs 1 <R: BAG 29.6.2011, 7 ABR 135/09, DB 2012, 747>. Bei nicht ordnungsgemäß. Abmeldung kann der Arbeitgeber auch arbeitsvertragl Sanktionen ergreifen, etwa eine Abmahnung aussprechen <R: BAG 15.7.1992, 7 AZR 466/91, AP Nr 9 zu § 611 BGB Abmahnung; BAG 29.6.2011, 7 ABR 135/09, AP Nr 152 zu § 37 BetrVG 1972> und ist nicht allein auf § 23 beschränkt.

43 Will der AN BR-Tätigkeit an seinem Arbeitsplatz verrichten, etwa von dort telefonieren oder eine E-Mail versenden, besteht eine Abmeldepflicht nur, wenn der Ablauf der betriebl Arbeit dadurch ernstlich gestört wird <R: BAG 29.6.2011, 7 ABR 135/09, EzA § 37 BetrVG 2001 Nr 12>. Auf eine Abmeldung kann auch bei einem spontanen und sehr kurzen Gespräch auf dem Gang verzichtet werden. Die Abmeldepflicht des BR-Mitglieds besteht indes, wenn es in Ausübung seiner Amtstätigkeit einen AN am Arbeitsplatz aufsucht <R: BAG, 23.6.1983, 6 ABR 65/80, AP Nr 45 zu § 37 BetrVG 1972 m Anm *Löwisch/Reimann*>.

44 Das BR-Mitglied muss die Abmeldung so bewirken, dass sich der AG auf den Arbeitsausfall einstellen kann. Wie es in diesem Rahmen die Meldung bewirkt, ist seine Sache <R: BAG 29.6.2011, 7 ABR 135/09, AP Nr 152 zu § 37 BetrVG 1972>. Sie muss nicht zwingend durch das BR-Mitglied persönlich erfolgen. Regelmäßig genügt die mündliche Meldung beim Vorgesetzen. Die Abmeldung kann aber auch per E-Mail oder WhatsApp-Nachricht erfolgen. Eine Pflicht, die Abmeldung und Rückmeldung (Rn 42) in ein Zeiterfassungssystem einzugeben, besteht nicht <R: LAG Hamm 26.11.2013, 7 TaBV 74/13, juris; ähnlich bereits BAG 14.2.1990, 7 ABR 13/88, BB 1990, 1625>.

45 Der AN hat bei seiner Abmeldung ggü dem AG **Ort und voraussichtliche Dauer** der beabsichtigten BR-Tätigkeit **mitzuteilen** <R: BAG 15.3.1995, 7 AZR 643/94, BB 1995, 677; LAG Berl-Bbg 30.1.2014, 18 TaBV 1052/13, juris für außerbetriebl BR-Tätigkeiten>. Das gilt auch im Homeoffice. Darüber hinaus hatte das BAG zunächst die stichwortartige Angabe von **Gründen** für die Arbeitsversäumnis gefordert <R: BAG 19.6.1979, 6 AZR 638/77, EzA § 37 BetrVG 1972 Nr 65; 14.2.1990, 7 ABR 13/88, BB 1990, 1625>. Diese Rechtsprechung wurde jedoch mit der Begründung aufgegeben, dass die dem AG damit ermöglichte summarische Prüfung der Erforderlichkeit einen Rechtfertigungsdruck auf das BR-Mitglied ausüben und sich nachteilig auf dessen unabhängige Amtsausführung auswirken könne <R: BAG 15.3.1995, 7 AZR 643/94, AP Nr 105 zu § 37 BetrVG 1972>.

II. Arbeitsbefreiung für die Betriebsratstätigkeit § 37

Nur wenn das BR-Mitglied den Entgeltfortzahlungsanspruch nach Abs 2 iVm § 611 BGB (Rn 48) geltend macht und aufgrund der betriebl Situation und des angegebenen Zeitaufwands erhebliche Zweifel an der Erforderlichkeit der BR-Tätigkeit bestehen, kann der AG – vergangenheitsbezogen – Kurzangaben zur Art der durchgeführten Tätigkeit verlangen, die eine Plausibilitätskontrolle ermöglichen <R: BAG 15.3.1995, 7 AZR 643/94, BB 1995, 677; LArbG Berlin-Brandenburg 12.12.2019, 10 Sa 1149/19, juris>. Das BR-Mitglied ist aber in keinem Fall verpflichtet, die Namen derjenigen AN anzugeben, die es im Betrieb aufsuchen will <R: BAG 23.6.1983, 6 ABR 65/80, BB 1984, 598>. Ebenso wenig ist es verpflichtet, die für die BR-Tätigkeit jeweils aufgewendete Zeit schriftlich aufzuzeichnen <R: BAG 14.2.1990, 7 ABR 13/88, BB 1990, 1625>. Zum praktischen Vorgehen instruktiv L: *Verstege/Schürgers*, BB 2022, 692>. 46

Nach Beendigung der BR-Tätigkeit ist das nicht freigestellte BR-Mitglied zur Meldung seiner Rückkehr auf den Arbeitsplatz verpflichtet, was sich jedenfalls aus der arbeitsvertraglichen Nebenpflicht ergibt <R: BAG 15.7.1992, 7 AZR 466/91, AP Nr 9 zu § 611 BGB Abmahnung>. 47

2. Fortzahlung des Arbeitsentgelts, § 37 Abs 2

a) Grundsatz

Abs 2 schreibt vor, dass dem BR-Mitglied bei der Arbeitsbefreiung das Entgelt fortzuzahlen ist, das es **ohne die Arbeitsbefreiung erhalten hätte** <R: BAG 18.9.1973, 1 AZR 102/73, BB 1974, 89>. Zur Berechnung der hypothetischen Vergütung ist die Methode zu wählen, die dem in Abs 2 für maßgebend erklärten Lohnausfallprinzip im Hinblick auf den betreffenden AN am besten gerecht wird. Bei schwankenden Bezügen ist gegebenenfalls eine Schätzung vorzunehmen <R: BAG 29.4.2015, 7 AZR 123/13, EzA § 37 BetrVG 2001 Nr 20; zur Zulässigkeit einer konkretisierenden Berechnungsvereinbarung ArbG Hamburg 10.5.2022, 3 Ca 74/21; zu konkretisierenden Vereinbarungen iRv Abs 4 s Rn 79>. Dem BR-Mitglied bleibt so das Arbeitsentgelt trotz der BR-Tätigkeit erhalten und führt nicht dazu, dass die BR-Tätigkeit wie die reguläre Arbeitsleistung zu vergüten wäre. Insoweit ist es folgerichtig, dass einem BR-Mitglied nach Stilllegung des Betriebs für die Ausübung seines Restmandats (§ 21b) kein Arbeitsentgelt zusteht <L: GK/*Weber* Rn 6 mwN>, s bereits Rn 26. 48

Ebenso ist es richtig, dass ein BR-Mitglied, das sich bereits im Ruhestand befindet, aber ein Restmandat nach § 21b wahrnimmt, aus Abs 2 keinen Anspruch ableiten kann <R: LAG Saarl 14.5.2008, 2 Sa 100/07, juris>; allerdings ergibt sich das bereits daraus, dass das ehemalige BR-Mitglied mit dem Ausscheiden aus dem Arbeitsverhältnis nicht mehr zu dem das Restmandat ausübenden BR gehört. 49

b) Fortzahlungspflichten

Bei Zeitlohnempfängern wird die Zeit der Arbeitsbefreiung als Arbeitszeit gerechnet. Bei Akkordarbeitern ist der Durchschnittsverdienst der letzten Lohnabrechnungsperiode zugrunde zu legen. Werden BR-Mitglieder vom Wechselschichtbetrieb in den Normalschichtbetrieb umgesetzt, damit sie ihre BR-Aufgaben ordnungsgem wahrnehmen können, beschränkt sich der Fortzahlungsanspruch auf das Entgelt, das sie erhalten hätten, wenn sie tatsächl in der Normalschicht gearbeitet hätten; Zuschläge für Arbeit im Wech- 50

§ 37 Ehrenamtliche Tätigkeit, Arbeitsversäumnis

selschichtbetrieb erhalten sie nicht <**R:** BAG 18.5.2016, 7 AZR 401/14, NZA 2016, 1212 für Nachtzuschläge; **aM** LAG HH 11.11.1994, 6 TaBV 2/94, Betriebsrat 1995, 35>. Hängt die Höhe eines jahresbezogenen Lohnes von dem Grad der Zielerreichung ab, ist der Berechnung der Grad zugrunde zu legen, den das BR-Mitglied in diesem Jahr ohne die Arbeitsbefreiung erfüllt hätte <**R:** BAG 29.4.2015, 7 AZR 123/13, EzA § 37 BetrVG 2001 Nr 20>. IÜ ist der Umgang mit arbeitszeitunabhängiger leistungsbezogener Vergütung, insb Provisionen, bisher höchstrichterlich ungeklärt. Teilweise wird hier auf die Rechtsprechungsgrundsatze zum EFZG abgestellt <**L:** etwa *Domernicht* Rn 141>. Andere wollen Rückgriff auf das Prinzip aus § 37 IV BetrVG nehmen, wonach es auf die Vergütung vergleichbarer AN ankommt <**L:** etwa *Jacobs/Frieling* NZA 2015, 513>. Stimmiger ist hier der individuelle Blick auf die Schaffenskraft des jeweiligen BR-Mitglieds, sodass die Grundsätze des EFZG heranzuziehen sind. Nur, wenn diese nicht zu ermitteln ist, etwa bei einem jahrelang freigestellten BR-Mitglied, ist ein Rückgriff auf den Durchschnitt der vergleichbaren Mitarbeiter abzustellen.

51 Umgekehrt steht dem BR-Mitglied nicht mehr zu, als es auch im Normalfall erhalten hätte. Deshalb hat das BR-Mitglied keinen Anspruch auf **Mehrarbeitsvergütungen** und Vergütungen für Ruf- und Anwesenheitsbereitschaften, wenn es nicht darlegen kann, dass es tatsächl Mehrarbeit bzw. Bereitschaftsdienst geleistet hätte <**R:** LAG Rh-Pf 11.3.2008, 3 Sa 741/07, juris>. Ggfs muss es sich mit Kurzarbeitergeld begnügen <**R:** LAG Hamm 2.12.1992, 3 Sa 1305/92, LAGE § 37 BetrVG 1972 Nr 40>. Überstunden, die ein BR-Mitglied ohne seine BR-Arbeit geleistet hätte, sind ihm aber auch dann zu vergüten. § 4 Abs 1a S 1 EFZG ist grundsätzlich auch hier zu beachten. Eine Ausnahme gilt jedoch dann, wenn das BR-Mitglied ständig zusätzlich zu seiner individuellen Arbeitszeit BR-Arbeit leistet und regelmäßig eine bezahlte Arbeitsbefreiung nach näherer Maßgabe von § 37 Abs 3 BetrVG nicht gewährt werden kann <**R:** BAG 8.11.2017, 5 AZR 11/17, AP Nr 168 zu § 37 BetrVG 1972>. Die Vergütungspflicht gilt auch, wenn es sich dabei nicht um regelmäßig anfallende Überstunden handelt <**R:** BAG 29.6.1988, 7 AZR 651/87, BB 1989, 359 für ein Wahlvorstandsmitglied zu § 24 BPersVG; s auch BAG 7.2.1985, 6 AZR 72/82, DB 1985, 1699>. Bestehen in einem solchen Fall keine festen Anhaltspunkte für die Zahl der fiktiv geleisteten Überstunden, ist gemäß § 287 Abs 2 ZPO zu schätzen <**R:** BAG 18.9.2001, 9 AZR 307/00, EzA § 611 BGB Mehrarbeit Nr 9 für den vergleichbaren Fall der Berechnung des Annahmeverzugslohns>.

52 Zum fortzuzahlenden **Arbeitsentgelt** gehören auch allg Zuwendungen außerhalb der eigentl Vergütung, wie Tantiemen, Aktienoptionen <**R:** BAG 16.1.2008, 7 AZR 887/06, EzA § 37 BetrVG 2001 Nr 6>, Jahresprämien <**R:** BayVGH 24.11.2008, 14 ZB 06.2447, juris>, Gratifikationen, Anwesenheitsprämien, zusätzliche Urlaubsgelder und vermögenswirksame Leistungen sowie sämtliche Zuschläge und Zulagen, soweit sie mit der Arbeitsleistung in Zusammenhang stehen oder bes Gegebenheiten bei der Arbeit Rechnung tragen <**R:** BAG 21.4.1983, 6 AZR 407/80, BB 1983, 1853; BAG 10.2.1988, 7 AZR 36/87, AiB 1988, 310 für Nahauslösungen; BAG 13.7.1994, 7 AZR 477/93, DB 1995, 383 für die für Nachtarbeit von Sonntag auf Montag gezahlte „Antrittsgebühr" in der Druckindustrie; LAG Berlin 28.6.1996, 6 Sa 37/96, juris für eine an Pharmaberater zu zahlende Jahresprämie>. Nicht zum Entgelt gehören ein tariflicher Zusatzurlaub oder eine Altersfreizeit; insofern kann aber ein Anspruch auf Ausgleich nach § 78 S 2 bestehen, s § 78 Rn 20.

II. Arbeitsbefreiung für die Betriebsratstätigkeit § 37

Auch eine **Fahrtkostenerstattung** bleibt dem BR-Mitglied grundsätzlich erhalten. Werden den AN aber nur Fahrtkosten für Fahrten zu außerbetriebl Einsatzorten, etwa zu Baustellen, erstattet und sind für das BR-Mitglied solche Fahrten iR seiner BR-Tätigkeit nicht notwendig, weil diese Tätigkeit im Betrieb ausgeübt wird, entfällt der Fahrtkostenersatz <**R:** BAG 28.8.1991, 7 ABR 46/90, BB 1992, 921; s auch 18.9.1991, 7 AZR 41/90, EzA § 37 BetrVG 1972 Nr 109 und 27.7.1994, 7 AZR 81/94, NZA 1995, 799 zu Aufwandsentschädigungen, die dem BR-Mitglied infolge der Arbeitsbefreiung nicht zustehen>. Ein freigestelltes BR-Mitglied hat Anspruch auf Überlassung eines Firmenfahrzeugs zur privaten Nutzung, wenn ihm der AG vor der Freistellung ein Firmenfahrzeug zur Verfügung gestellt hatte und er dieses auch privat nutzen durfte <**R:** BAG 23.6.2004, 7 AZR 514/03, EzA § 37 BetrVG 2001 Nr 2; LAG Bln-Bbg 11.2.2020, 2 Sa 997/19, juris>. Dazu, dass die Kosten für die Fahrten von der Wohnung des BR-Mitglieds zum Betrieb keine Kosten des BR iS des § 40 sind, s § 40 Rn 66 <**L:** Dazu auch *Joussen* NZA 2019 139>. 53

Ausgesperrte oder **streikende** BR-Mitglieder haben keinen Lohnanspruch, auch wenn sie BR-Tätigkeiten ausüben <**R:** BAG 25.10.1988, 1 AZR 368/87, BB 1989, 1055>. Streikteilnahme setzt aber voraus, dass das BR-Mitglied zumindest schlüssig erklärt, es beteilige sich am Streik <**R:** BAG 15.1.1991, 1 AZR 178/90, BB 1991, 205 für den Besuch von Schulungen>. 54

Im Fall der (pandemiebedingten) Kurzarbeit besteht nur ein Anspruch auf das der verkürzten Arbeitszeit entsprechende Arbeitsentgelt; darüber hinaus ggf. Kurzarbeitergeld. Im Baugewerbe gelten auch für BR-Mitglieder die Regelungen zum Saisonkurzarbeitergeld nach §§ 101f SGB III. 55

Im Anwendungsbereich eines TV unterliegen die Ansprüche von BR-Mitgliedern auf Entgeltfortzahlung der im TV vereinbarten Ausschlussfrist <**R:** BAG 8.9.2010, 7 AZR 513/09, EzA § 4 TVG Nr 198; **L:** *Löwisch/Rieble* § 1 Rn 1932>. Die fortzuzahlenden Bezüge einschließl aller Zuschläge sind voll **steuer- und sozialversicherungspflichtig**, und zwar auch, soweit es sich um Sonntags- und Nachtarbeitszuschläge handelt, die, wenn tatsächl Sonntags- oder Nachtarbeit geleistet worden wäre, steuerfrei gewesen wären <**R:** BAG 22.8.1985, 6 AZR 504/83, BB 1986, 1222>. 56

3. Ausgleich für Betriebsratstätigkeit außerhalb der Arbeitszeit, § 37 Abs 3

a) Grundsatz

Soweit erforderl BR-Tätigkeit aus betriebsbedingten Gründen außerhalb der Arbeitszeit geleistet wird, hat das BR-Mitglied gem **Abs 3** Anspruch auf Freizeitausgleich unter Fortzahlung des Arbeitsentgelts. Auch für Fahrtzeiten, die mit der BR-Tätigkeit in unmittelbarem Zusammenhang stehen, besteht dieser Anspruch <**R:** BAG 16.4.2003, 7 AZR 423/01, EzA § 37 BetrVG 2001 Nr 1>. Es handelt sich im Ergebnis um ein zeitlich verschobenes Arbeitsentgelt für eine sonst in der persönlichen Arbeitszeit anfallende BR-Tätigkeit, die nur infolge eines dem AG zuzurechnenden Umstands in die Freizeit verlegt worden ist <**R:** BAG 15.5.2019, 7 AZR 396/17, AP Nr 174 zu § 37 BetrVG 1972; BAG 8.11.2017, 5 AZR 11/17, AP Nr 168 zu § 37 BetrVG 1972; anders noch BAG 19.7.1977, 1 AZR 376/74, AP Nr 29 zu § 37 BetrVG 1972: „eine Art Entschädigung">. Kein Anspruch auf bezahlten Freizeitausgleich besteht hingg für die Fahrtzeit zw Wohnung und 57

Betrieb, auch wenn die BR-Tätigkeit außerhalb der Arbeitszeit erfolgt <**R:** BAG 27.7.2016, 7 AZR 255/14, BB 2016, 2938>.

58 Der Anspruch beschränkt sich auf die **tatsächlich aufgewendete** Zeit. Dass das BR-Mitglied innerhalb seiner Arbeitszeit länger arbeitet als die BR-Sitzung außerhalb seiner Arbeitszeit dauert, kann keinen Anspruch auf eine höhere Zeitgutschrift begründen <**R:** LAG BaWü 25.10.2016, 19 Sa 26/16, LAGE § 37 BetrVG 2001 Nr 14>.

59 Nach dem durch das BetrVerf-RG von 2001 eingefügten S 2 ist vom Vorliegen betriebsbedingter Gründe auch dann auszugehen, wenn die BR-Tätigkeit wg der unterschiedlichen Arbeitszeiten der BR-Mitglieder nicht innerhalb der persönl Arbeitszeit erfolgen kann <**R:** BAG 15.5.2019, 7 AZR 396/17, AP Nr 174 zu § 37 BetrVG 1972>.

60 Abs 3 erfasst nur die eigentl BR-Tätigkeit, nicht aber die Teilnahme an Bildungs- und Schulungsveranstaltungen. Für diese gilt Abs 6 (Rn 122).

61 Von dem Regelungssystem des Abs 3 kann nicht abgewichen werden. So liegt eine unzulässige Begünstigung der BR-Mitglieder vor, wenn die BR-Tätigkeit nicht aus betriebsbedingten Gründen außerhalb der Arbeitszeit durchgeführt werden müsste, gleichwohl aber ein Ausgleich gewährt wird <**R:** BAG 28.9.2016, 7 AZR 248/14, AP Nr 165 zu § 37 BetrVG 1972>. Ebenso ist es unzulässig, wenn statt des primär nach § 37 Abs 3 S 1 vorgesehenen bezahlten Freizeitanspruchs ein finanzieller Ausgleich nach § 37 Abs 3 S 2 gewährt wird, ohne dass betriebsbedingte Gründe eine Arbeitsbefreiung ausschließen <**R:** BAG 18.1.2017, 7 AZR 224/15, AP Nr 167 zu § 37 BetrVG 1972 und BAG 8.11.2017, 5 AZR 11/17, AP Nr 168 zu § 37 BetrVG 1972>.

b) Außerhalb der Arbeitszeit

62 Maßgebend ist die individuelle Arbeitszeit des BR-Mitglieds. Auf die regelmäßigen betrieblichen Arbeitszeiten kommt es nicht an. Nach neuerer Rechtsprechung des BAG handelt es sich um solche BR-Tätigkeit, die zu einer Zeit erbracht wird, zu der das BR-Mitglied keine Arbeitsleistung hätte erbringen müssen <**R:** BAG 15.5.2019, 7 AZR 396/17, AP Nr 174 zu § 37 BetrVG 1972 unter Aufgabe der bisherigen Rechtsprechung, BAG 15.2.1989, 7 AZR 193/88, AP Nr 70 zu § 37 BetrVG 1972>. Entscheidend ist damit nicht die Überschreitung des vertraglich geschuldeten Umfangs der Arbeitsleistung, sondern, ob die BR-Tätigkeit hinsichtlich der zeitlichen Lage außerhalb der festgelegten Arbeitszeit liegt <**L:** zustimmend GK/*Weber* Rn 91>. Das gilt auch für teilzeitbeschäftigte AN und flexible Arbeitszeitmodelle, wie etwa Gleitzeit. Bei Letzterem kommt es auf die vereinbarte Kern- und Normalarbeitszeit an <**L:** Richardi/*Thüsing* Rn 51a; HWGNRH/*Glock* Rn 52; DKW/*Wedde* Rn 43; **aA** Fitting Rn 60: gesamter Gleitzeitrahmen>.

63 Im Rahmen der Gleitzeitabrede kann es das BR-Mitglied zunächst selbst steuern, um betriebsratsbedingte Mehrbelastungen im vorgegebenen Zeitrahmen auszugleichen; auf Abs 3 kommt es hier nicht an. Erst wenn beim **vollständig freigestellten BR-Mitglied** am Ende des Ausgleichszeitraums ein Stundenguthaben aufgelaufen ist, steht fest, dass die BR-Tätigkeit außerhalb der vereinbarten Arbeitszeit erbracht wurde, da das BR-Mitglied durch seine BR-Tätigkeit seine im Bezugszeitraum geschuldete Arbeitszeit überschritten hat <**R:** BAG 28.9.2016, 7 AZR 248/14, AP Nr 165 zu § 37 BetrVG 1972>. Dagegen muss das **nicht freigestellte BR-Mitglied** im Zweifel nachweisen, dass das am Ende des Ausgleichszeitraums angelaufene Stundenguthaben auf die BR-Tätigkeit zu-

II. Arbeitsbefreiung für die Betriebsratstätigkeit § 37

rückzuführen ist <L: Richardi/*Thüsing* Rn 51 f>. In jedem Fall fällt unter § 37 Abs 3 solche BR-Tätigkeit, die außerhalb des Gleitzeitrahmens erbracht wird. Legt allerdings das BR-Mitglied seine Arbeitszeit eigens wg der BR-Tätigkeit, etwa wg einer bevorstehenden BR-Sitzung, so, dass möglichst wenig BR-Tätigkeit in den Gleitarbeitszeitrahmen fällt, liegt darin entspr dem Gedanken des § 162 BGB ein Verstoß gg Treu und Glauben mit der Folge, dass der Ausgleichsanspruch entfällt.

c) Betriebsbedingte Gründe

Ein betriebl Grund iS von Abs 3 S 1 liegt vor, wenn betriebl Gegebenheiten und Sachzwänge innerhalb der Betriebssphäre dazu geführt haben, dass die BR-Tätigkeit außerhalb der Arbeitszeit stattfinden musste <R: BAG 19.3.2014, 7 AZR 480/12, DB 2014, 1558>. Gründe aus der Sphäre des BR oder des BR-Mitglieds genügen nicht. Es handelt sich also um Umstände, die vom AG veranlasst sind und insoweit dem Arbeitgeberbereich zuzuordnen sind <L: ErfK/*Koch* Rn 7; Richardi/*Thüsing* Rn 48; GK/*Weber* Rn 96>. 64

Unaufschiebbare Arbeiten, zB zur termingerechten Erledigung des Auftrags eines Kunden, die eine Unterbrechung der Arbeit selbst der BR-Mitglieder nicht zulassen, stellen einen betriebl Grund dar. Ein betriebsbedingter Grund liegt auch in dem Fall vor, dass eine BR-Sitzung etwa wg einer vom AG geplanten Betriebsänderung während der Werksferien stattfinden muss. Nehmen die BR-Mitglieder an einer Betriebsversammlung teil, die wg der Eigenart des Betriebs außerhalb der Arbeitszeit stattfindet, ist ebenfalls ein Ausgleich nach Abs 3 S 1 zu gewähren. Auch wenn eine BR-Sitzung wg Unabkömmlichkeit eines oder mehrerer BR-Mitglieder in die Zeit außerhalb der Arbeitszeit verlegt wird, ist für alle BR-Mitglieder ein betriebl Grund gegeben. 65

Ein betriebl Grund liegt weiter vor, wenn der AG eine Besprechung oder Verhandlung, an der einzelne BR-Mitglieder teilnehmen sollen, etwa eine Besprechung mit dem Sicherheitsbeauftragten (vgl § 89 Abs 4) oder die Erörterung der Beurteilung eines AN (§ 82 Abs 2) oder die Gewährung der Einsichtnahme in die Personalakten (§ 83 Abs 1), in einer Zeit abhält, die außerhalb der Arbeitszeit der betreffenden BR-Mitglieder liegt. Auch wenn BR-Mitglieder auf Wunsch ihres Vorgesetzten BR-Tätigkeit, etwa Kontakte mit einzelnen AN oder Vorbesprechungen für BR-Sitzungen oder Betriebsversammlungen, in die Zeit außerhalb ihrer persönl Arbeitszeit legen, ist ein betriebl Grund gegeben. 66

Abs 3 S 2 umfasst auch den Fall **unterschiedlichen Umfangs** der persönl Arbeitszeit. Anders als Abs 6 S 2 hinsichtlich der Schulungsveranstaltungen (dazu Rn 127f) fingiert Abs 3 S 2, dass die unterschiedliche Dauer der Arbeitszeit von Teilzeit- und Vollzeitbeschäftigten stets betriebl Gründe hat und deshalb Teilzeitbeschäftigten, die außerhalb ihrer persönl Arbeitszeit erforderl BR-Tätigkeit ausüben, insbes an BR-Sitzungen teilnehmen, der Ausgleichsanspruch zukommt. Erforderlich ist aber stets eine kausale Beziehung zwischen der unterschiedlichen Arbeitszeit und der fehlenden Möglichkeit, BR-Tätigkeit innerhalb der persönlichen Arbeitszeit zu verrichten <L: GK/*Weber* Rn 101>. 67

Keine betriebsbedingten Gründe liegen vor, wenn die BR-Tätigkeit nur aufgrund einer bestimmten Gestaltung der **BR-Arbeit** in die arbeitsfreie Zeit verlegt wird <R: BAG 21.5.1974, 1 AZR 477/73, BB 1974, 1163; LAG Köln 6.3.1998, 11 (9) Sa 383/97, juris>. Hält der BR am 1. Mai als dem Tag der Arbeit eine Sondersitzung ab, kommt ein Freizeitausgleich nicht in Betracht. Gleiches gilt für Betriebs- oder Abteilungsversammlungen, die gem § 44 Abs 2 S 1 außerhalb der Arbeitszeit abgehalten werden. Auch für Rei- 68 se- bzw Wegezeiten kann Freizeitausgleich nur verlangt werden, wenn die Reise aus betriebsbedingten Gründen oder wg der unterschiedlichen Arbeitszeiten der BR-Mitglieder außerhalb der persönl Arbeitszeit durchgeführt worden ist <R: BAG 26.1.1994, 7 AZR 593/92, BB 1994, 1215>.

69 BR-Mitglieder müssen die BR-Arbeit grds während ihrer individuellen Arbeitszeit durchführen. Deshalb besteht ein Anspruch auf Mehrarbeitsvergütung für über die individuelle Arbeitszeit hinaus geleistete BR-Tätigkeit nur, wenn dies aus betriebsbedingten Gründen iS des in Rn 64 ff Gesagten erforderl war <R: BAG 15.5.2019, 7 AZR 396/17, AP Nr 174 zu § 37 BetrVG 1972; LAG HH 27.2.2014, 7 Sa 57/13, juris>. Besteht ein solcher Anspruch, ist er dann auch bei der Berechnung des Urlaubs- und Feiertagsentgelts zu berücksichtigen <R: LAG Köln 14.7.2016, 8 Sa 219/16, juris>.

70 Nimmt ein BR-Mitglied während seines Urlaubs BR-Aufgaben wahr, ist das seine Sache; ein betriebsbedingter Grund liegt auch nicht vor, wenn der BR seine Teilnahme als unbedingt erforderl ansieht <R: BAG 28.5.2014, 7 AZR 404/12, EzA § 37 BetrVG 2001 Nr 17>.

d) Ausgleichszeitraum

71 Der **Zeitraum** für den Freizeitausgleich ist unter angemessener Berücksichtigung der betriebl Belange und der Wünsche des BR-Mitglieds festzulegen. In diesem Rahmen kann er nach oder vor der BR-Tätigkeit liegen <R: LAG Nds 13.3.2001, 9 Sa 1712/00, juris>. Der Umfang der zu gewährenden Freizeit richtet sich nach der für die Erfüllung der BR-Aufgabe aufgewendeten Zeit <R: BAG 26.9.2018, 7 AZR 829/16, AP Nr 172 zu § 37 BetrVG 1972; BAG 19.7.1977, 1 AZR 376/74, BB 1977, 1601>.

72 Der Freizeitausgleich ist vor Ablauf eines Monats, gerechnet vom Ende der konkreten BR-Tätigkeit, zu gewähren. Für die Berechnung gelten §§ 187 Abs 1, 188 Abs 2 BGB, sodass die Frist mit Ablauf des Tages des folgenden Monats endet, der durch seine Zahl dem Tag entspricht, an dem die Amtshandlung durchgeführt wurde. Bei der Monatsfrist handelt es sich indes um keine Ausschlussfrist. Sie soll allein sicherstellen, dass der Freizeitausgleich in zeitlicher Nähe zur betriebsratsbedingten Mehrbelastung erfolgt. Der AN hat den Anspruch zeitnah geltend zu machen <L: GK/*Weber* Rn 112 „unverzüglich">. Ein Erlöschen des Anspruchs infolge seines Nichtgeltendmachens (§ 242 BGB) wird nur in Ausnahmefällen anzunehmen sein.

73 Den **Zeitpunkt** des Freizeitausgleichs bestimmt der AG im Rahmen billigen Ermessens. Es handelt sich um eine Weisung bezüglich der Verteilung der Arbeitszeit iSd § 106 GewO; ein Anspruch des BR-Mitglieds auf Berücksichtigung seiner Wünsche in analoger Anwendung von § 7 Abs 1 BUrlG besteht nicht <R: BAG 15.5.19 7 AZR 396/17, AP Nr 174 zu § 37 BetrVG 1972; BAG 15.2.2012, 7 AZR 774/10, EzA§ 37 BetrVG 2001 Nr 15; L: aA *Fitting* Rn 95, 101>. Macht der AN von der fristgemäßen Arbeitsbefreiung durch den AG unbegründet keinen Gebrauch, entfällt der Anspruch auf Arbeitsbefreiung <L: GK/*Weber* Rn 112>.

74 Verlangt das BR-Mitglied rechtzeitig die ihm zustehende Freizeit, gewährt der AG diese aber nicht, ohne dass betriebl Gründe gegeben sind, hat der AN gem §§ 280 Abs 1, 249 BGB einen Schadensersatzanspruch auf Arbeitsbefreiung. Unter Berufung auf diesen Anspruch kann er gem § 273 BGB die Erbringung seiner Arbeitsleistung in entsprechendem

Umfang verweigern <L: aA *Fitting* Rn 96, der in diesem Fall ein Recht zur eigenwilligen Inanspruchnahme durch das BR-Mitglied annimmt; ErfK/*Koch* Rn 8 der einen einklagbaren Anspruch auf Arbeitsbefreiung innerhalb der Regelverjährung annimmt>.

Ist die Einhaltung der Monatsfrist aus betriebsbedingten Gründen nicht möglich, wandelt sich der Anspruch auf Freizeitausgleich in einen solchen auf Mehrarbeitsvergütung. Der Begriff des betriebsbedingten Grundes iSd Abs 3 S 3 ist nicht mit dem in Abs 3 S 1 identisch, sondern enger gefasst. Hier kommt der Wille des AG nicht in Betracht, sondern die Arbeitsbefreiung muss aus objektiven, in den betrieblichen Verhältnissen liegenden Gründen nicht zumutbar sein <R: BAG 25.8.1999, 7 AZR 713/97, AP Nr 130 zu § 37 BetrVG 1972. L: GK/*Weber* Rn 126>. 75

TeilzeitAN haben Anspruch auf eine erhöhte normale Vergütung <R: BAG 7.2.1985, 6 AZR 370/82, BB 1985, 1263>. Die Höhe der Mehrarbeitsvergütung richtet sich nach den für das Arbeitsverhältnis des BR-Mitglieds geltenden Regelungen <R: LAG Hamm 9.6.1982, 3 Sa 265/82, DB 1983, 614>. Sieht ein TV auch für TeilzeitAN Mehrarbeitszuschläge vor, erhält diese das teilzeitbeschäftigte BR-Mitglied ebenfalls <R: LAG Hamm 19.7.2000, 3 Sa 2201/99, juris>. 76

Abs 3 gewährt dem BR-Mitglied **kein Wahlrecht** zw Freizeitausgleich und Mehrarbeitsvergütung <R: BAG 28.5.2014, 7 AZR 404/12, EzA § 37 BetrVG 2001 Nr 17; L: Richardi/*Thüsing* Rn 61, GK/*Weber* Rn 125>. Der Anspruch auf Freizeitausgleich wandelt sich auch weder durch Ablauf der Monatsfrist noch dadurch in einen Vergütungsanspruch um, dass der AG den Freizeitausgleich nicht von sich aus gewährt. Vielmehr entsteht der Vergütungsanspruch nur, wenn der AG die vom AN verlangte Arbeitsbefreiung aus betriebsbedingten Gründen verweigert <R: BAG 25.8.1999, 7 AZR 713/97, BB 2000, 774>. 77

Hat der AG den Freizeitausgleich mit Hinweis auf das Vorliegen betriebsbedingter Gründe verweigert, kann er nicht nachträglich die Zahlung der Mehrarbeitsvergütung mit der Begründung ablehnen, es hätten solche Gründe gar nicht vorgelegen. Damit würde er sich dem Vorwurf widersprüchlichen Verhaltens (§ 242 BGB) aussetzen. 78

III. Entgelt- und Tätigkeitsschutz

1. Entgeltschutz

Nach **Abs 4** muss das BR-Mitglied hinsichtlich seines Arbeitsentgelts so gestellt werden, wie es ohne die Übernahme eines BR-Amts als AN stünde. Um die erforderl hypothetische Betrachtung zu erleichtern, ist nach dem Gesetz auf die betriebsübliche berufliche Entwicklung **vergleichbarer AN** abzustellen. Zu vergleichen ist das BR-Mitglied mit den AN, die im Zeitpunkt der Übernahme des BR-Amts eine im Wesentlichen objektiv gleich qualifizierte Tätigkeit ausgeübt haben und auch hinsichtlich der persönlichen und fachlichen Qualifikation und Leistung vergleichbar sind <R: BAG 22.1.2020, 7 AZR 222/19, AP Nr 175 zu § 37 BetrVG 1972; BAG 15.1.1992, 7 AZR 194/91, DB 1993, 1379; abweichend bei einvernehmlicher Übertragung geringwertiger Tätigkeiten im Lauf der Amtszeit LAG München vom 10.9.2021, 4 Sa 112/21, juris m Anm *Holler* jurisPR-ArbR 30/2022, Anm 2>. Das ist grds dann anzunehmen, wenn die AN wechselseitig austauschbar sind. Dabei sind auch eine etwaige besondere Qualifikation und überdurchschnittliche Leistungen zu berücksichtigen. Vereinbarungen über die Vergleichbarkeit 79

§ 37 Ehrenamtliche Tätigkeit, Arbeitsversäumnis

<R: ein Beispiel findet sich im Tatbestand des Urteils des BAG vom 16.1.2008, 7 AZR 887/06, EzA § 37 BetrVG 2001 Nr 6> haben lediglich Indizwirkung, Abs 4 ist zwingend. Die Betriebsparteien können konkretisierende betriebliche Vereinbarungen zu § 37 Abs 4 BetrVG – zum Beispiel zur Ermittlung vergleichbarer Arbeitnehmer – treffen. Solche Regelungen müssen sich allerdings im Rahmen der gesetzlichen Vorgaben in § 37 Abs 4 BetrVG und § 78 S 2 BetrVG bewegen <R: 18.1.2017, 7 AZR 205/15>.

80 Maßgebend ist die **betriebsübliche berufliche Entwicklung**, die ein nach Persönlichkeit, Qualifikation und Leistung vergleichbarer AN bei den gegebenen Verhältnissen im Betrieb typischerweise genommen hat <R: BAG 21.2.2018, 7 AZR 496/16, AP Nr 169 zu § 37 BetrVG 1972>. Die mit dem BR-Amt verbundenen Anforderungen, Qualifikationen und Kenntnisse haben bei der Beurteilung der betriebsüblichen Entwicklung daher außer Betracht zu bleiben <R: LAG Düsseldorf 17.4.2019 – 7 Sa 1065/18, LAGE § 78 BetrVG 2001 Nr 14. L: aA *Annuß* NZA 2018, 134>. Betriebsüblichkeit in diesem Sinne entsteht aufgrund eines gleichförmigen Verhaltens des AG und einer von ihm aufgestellten Regel. Die Übertragung höherwertiger Tätigkeiten ist nur dann betriebsüblich, wenn diese dem BR-Mitglied nach den betriebsüblichen Gepflogenheiten hätten übertragen werden müssen oder die Mehrzahl der vergleichbaren AN einen solchen Aufstieg erreicht <R: BAG 22.1.2020, 7 AZR 222/19, AP Nr 175 zu § 37 BetrVG 1972, Anm *Annuß* EzA § 78 BetrVG 2001 Nr 11; BAG 18.1.2017, 7 AZR 205/15, AP Nr 166 zu § 37 BetrVG 1972; BAG 4.11.2015, 7 AZR 972/13, EzA § 37 BetrVG 2001 Nr 22>.

81 Bei sehr kleinen Vergleichsgruppen wird dagegen auf den Durchschnitt der den Angehörigen der Vergleichsgruppe gewährten Gehaltserhöhungen abgestellt <R: BAG 18.1.2017, 7 AZR 205/15, AP Nr 166 zu § 37 BetrVG 1972; 21.2.2018, 7 AZR 496/16, AP Nr 169 zu § 37 BetrVG 1972>. Die Literatur will hingegen die Betriebsüblichkeit auf Basis eines Medianwerts ermitteln <L: *Annuß* NZA 2018, 134, GK/*Weber* Rn 153; *Thüsing/Denzler* BR-Vergütung, S 168 ff>.

82 Wird ein vergleichbarer AN außer der Reihe befördert, liegt keine Betriebsüblichkeit vor, und zwar auch dann nicht, wenn das BR-Mitglied bei der Amtsübernahme in seiner bisherigen beruflichen Entwicklung diesem AN völlig gleich gestanden hat <R: BAG 17.8.2005, 7 AZR 528/04, EzA § 37 BetrVG 2001 Nr 5; LAG München 22.12.2005, 4 Sa 736/05, juris; L: krit *Bayreuther* NZA 2014, 237>. Auch wenn ein zunächst vergleichbarer AN sich in privater Weiterbildung eine Zusatzqualifikation erworben hat und deshalb befördert worden ist, fehlt es an der Betriebsüblichkeit <R: ArbG Berlin 12.8.2015, 28 Ca 18725/14, juris; L: DKKW/*Wedde* Rn 92>.

83 Nach Abs 4 muss das Arbeitsentgelt des BR-Mitglieds damit **laufend** an die Vergütung ihm vergleichbarer AN mit betriebsüblicher Entwicklung **angepasst**, etwa sein Stundenlohn erhöht oder es nach einer höheren tariflichen Vergütungsgruppe bezahlt werden <R: BAG 20.1.2021, 7 AZR 52/20, AP Nr 18 zu § 78 BetrVG 1972; BAG 22.1.2020, 7 AZR 222/19, AP Nr 175 zu § 37 BetrVG 1972; BAG 17.5.1977, 1 AZR 458/74, DB 1977, 1562>. Die Darlegungs- und Beweislast für die betriebsübliche Entwicklung als Voraussetzung für die Anpassung des Entgelts liegt beim BR-Mitglied. Darüber hinaus billigt das BAG ihm aber einen Anspruch auf Auskunft über die Entgeltentwicklung vergleichbarer AN zu <R: BAG 4.11.2015, 7 AZR 972/13, EzA § 37 BetrVG 2001 Nr 22>. Zum fiktiven Beförderungsanspruch eines freigestellten BR-Mitglieds s § 38 Rn 43.

III. Entgelt- und Tätigkeitsschutz § 37

Die Arbeitsentgeltgarantie erstreckt sich auch auf alle Zuwendungen iS der Rn 52, 84
einschl vom AG zugesagter Leistungen der betriebl Altersversorgung <R: BAG
10.11.2015, 3 AZR 574/14, EzA § 1 BetrAVG Gleichbehandlung Nr 38>. Unberücksichtigt bleiben dagegen Vergütungen für zusätzliche Arbeitsleistungen, wie zB Mehrarbeit
<R: LAG Hamburg 24.1.1977, 2 Sa 119/76, BB 1977, 695>.

Bei Ersatzmitgliedern ist hinsichtlich der beruflichen Entwicklung vergleichbarer AN 85
nicht auf den Beginn der Amtszeit, sondern auf den Zeitpunkt des Nachrückens in den
BR abzustellen <R: BAG 15.1.1992, 7 AZR 194/91, EzA § 37 BetrVG 1972 Nr 110>. Ist
das Ersatzmitglied nur zeitweise für verhinderte Betriebsratsmitglieder nachgerückt, ist
jedenfalls dann auf die durchgehende Gehaltsentwicklung der Vergleichspersonen im
gesamten Zeitraum ab dem erstmaligen Nachrücken des Ersatzmitglieds abzustellen,
wenn nach Beendigung des jeweiligen Verhinderungsfalls unter Einbeziehung des nachwirkenden einjährigen Schutzes ein durchgehender Schutzzeitraum bestand <R: BAG
21.2.2018, 7 AZR 496/16>.

2. Tätigkeitsschutz

Nach **Abs 5** dürfen BR-Mitglieder nur mit Arbeiten beschäftigt werden, die der Tätigkeit 86
vergleichbarer AN mit betriebsüblicher Entwicklung gleichwertig sind (Rn 79). Beförderungen sind nur dann betriebsüblich, wenn das BR-Mitglied nach den betriebl Gepflogenheiten befördert worden wäre oder wenn wenigstens die überwiegende Mehrheit der vergleichbaren AN des Betriebs befördert worden ist <R: BAG 15.1.1992, 7 AZR 194/91,
DB 1993, 1379>.

Was **gleichwertig** ist, beurteilt sich nach der in den beteiligten Berufsgruppen herrschen- 87
den Verkehrsauffassung, nicht nach den Anschauungen der im Betrieb Beschäftigten <R:
Hess LAG 14.8.1986, 12 Sa 1225/85, DB 1987, 442; **L:** *Fitting* Rn 132; ErfK/*Koch*
Rn 11; DKW/*Wedde*, Rn 100; **aA** GK/*Weber* Rn 167>. Ein entgg Abs 5 benachteiligtes
BR-Mitglied hat aus § 78 S 2 einen Anspruch gg den AG auf Beförderung <R: BAG
15.1.1992, 7 AZR 194/91, DB 1993, 1379>. Zur arbeitsvertragl Übertragung einer höherwertigen Arbeitstätigkeit s Rn 14.

Auf vollständig freigestellte BR-Mitglieder findet § 37 Abs 5 keine Anwendung. Sie sind 88
hinsichtlich ihrer beruflichen Entwicklung durch § 38 Abs 4 geschützt (§ 38 Rn 46).

Der Tätigkeitsschutz nach Abs 5 entfällt, wenn der Beschäftigung des BR-Mitglieds 89
zwingende betriebliche Notwendigkeiten entgegenstehen. Dabei müssen die betrieblichen
Notwendigkeiten zwingenden Vorrang vor dem Interesse des BR-Mitglieds auf gleichwertige Beschäftigung haben. Das sind Fälle, in denen im Betrieb ein Arbeitsplatz mit
gleichwertiger Beschäftigungsmöglichkeit gänzlich fehlt, die Tätigkeit keine Unterbrechung verträgt oder dem BR-Mitglied die notwendige Qualifikation für die gleichwertige
Tätigkeit fehlt <**L:** GK/*Weber* Rn, 170 mwN>.

Der Tätigkeitsschutz nach Abs 5 ergänzt den Kdschutz nach § 15 Abs 1, 2 KSchG, ver- 90
drängt diesen aber nicht. Wenn nach Beendigung der Amtszeit des BR-Mitglieds eine Beschäftigung mit der nach dem Arbeitsvertrag geschuldeten Tätigkeit nicht möglich ist,
ändert das nichts an der Unzulässigkeit einer entspr ordentlichen Änderungskd. Möglich
ist nur in Extremfällen eine Änderungskd aus wichtigem Grund <**L:** näher *Löwisch/Spinner/Wertheimer* § 15 KSchG Rn 74 ff>.

§ 37   Ehrenamtliche Tätigkeit, Arbeitsversäumnis

91   Die Dauer der Arbeitsentgeltgarantie und der beruflichen Sicherung umfasst die **Amtszeit** des BR-Mitglieds und ein **weiteres Jahr**. Zur Verlängerung der Dauer der Garantie bei längerer Freistellung nach § 38 Abs 3, s § 38 Rn 42.

IV. Schulungs- und Bildungsveranstaltungen (Abs 6)

1. Teilnahmeberechtigung

92   Nach Abs 6 iVm Abs 2 haben BR-Mitglieder Anspruch auf Arbeitsbefreiung unter Fortzahlung des Entgelts, wenn sie an Schulungs- und Bildungsveranstaltungen teilnehmen, in denen **für die BR-Arbeit** erforderl Kenntnisse vermittelt werden und die Arbeitsbefreiung zum Erwerb der Kenntnisse durch die Schulungs- und Bildungsveranstaltung im zeitlichen und personellen Umfang erforderlich ist <L: GK/*Weber* Rn 180>.

a) Bezug zu den Aufgaben

93   Nach stRspr des BAG ist die Vermittlung nur solcher Kenntnisse für die BR-Arbeit erforderl, die unter Berücksichtigung der konkreten Situation im Betrieb und im BR benötigt werden, damit die BR-Mitglieder ihre derzeitigen oder demnächst anfallenden Aufgaben sachgerecht erfüllen können <R: BAG 14.1.2015, 7 ABR 95/12, BB 2015, 1212; BAG 20.10.1993, 7 ABR 14/93, BB 1994, 139 und BAG 14.9.1994, 7 ABR 27/94, BB 1995, 201>. Kenntnisse, die für die BR-Arbeit lediglich verwertbar und nützlich sind, begründen keinen Anspruch auf Arbeitsbefreiung nach Abs 6 <R: BAG 20.10.1993, 7 ABR 14/93, BB 1994, 139 und 14.9.1994, 7 ABR 27/94, BB 1995, 201>.

94   Auf die Aufgaben des BR bezieht sich die Thematik einer Schulungsveranstaltung, wenn sie die durch das BetrVG gestalteten **kollektivrechtl Beziehungen zw AG und Belegschaft** betrifft, gleichgültig ob es sich dabei speziell um das Betriebsverfassungsrecht oder um andere der Beteiligung des BR unterliegende Materien (Lohnfragen, Arbeitswissenschaft, Datenschutz, Arbeitsschutz und -sicherheit, Personalplanung, Organisation und Rechnungswesen) handelt <R: BAG 31.10.1972, 1 ABR 7/72, BB 1973, 243>. Im Hinblick auf die Aufgabe der Beschäftigungssicherung (§§ 80 Abs 1 Nr 8, 92a) kann auch ein Seminar zu wirtschaftlichen Rahmenbedingungen und Unternehmensstrategie erforderl sein <R: LAG BaWü 8.11.1996, 5 TaBV 2/96, juris; LAG Hamm 31.5.2006, 10 TaBV 202/05, AuR 2007, 105>.

95   Auch Schulungen über die zugunsten der AN geltenden Gesetze iS des § 80 Abs 1 Nr 1 (§ 80 Rn 4 ff) fallen unter Abs 6, nicht aber Schulungen über bloße Gesetzesentwürfe, wenn noch nicht sicher ist, ob diese verabschiedet werden oder noch wesentliche Änderungen zu erwarten sind <R: BAG 16.3.1988, 7 AZR 557/87, EzA § 37 BetrVG 1972 Nr 90>.

96   Zu den Aufgaben des BR gehört auch die **Bewältigung betriebl Konfliktlagen**. Deshalb kann auch eine Schulung in Konfliktbewältigung (Mediation usw) erforderl sein <R: LAG Berl-Bdg 17.3.2016, 26 TaBV 2215/15, juris; ArbG Hamburg 1.9.2021, 16 BV 17/20, juris>. Auch Schulungen zu den Themen Mobbing <R: BAG 14.1.2015, 7 ABR 95/12, BB 2015,1212> und Burnout <R: ArbG Essen 30.6.2011, 3 BV 29/11, juris> können in Betracht kommen.

IV. Schulungs- und Bildungsveranstaltungen (Abs 6) § 37

Zum Aufgabenkreis der BR-Mitglieder gehört auch deren Tätigkeit in einem bestehenden GBR. Deshalb kommt auch eine Schulung für die dort zu behandelnden Angelegenheiten in Betracht. Dass § 51 Abs 1 S 1 keinen Verweis auf § 37 Abs 6 enthält, steht dem nicht entgg. Die gegenteilige Auffassung des LAG Berl-Bdg <R: v 20.4.2016, 15 TaBV 52/16, juris> führt zu einer unvertretbaren Lücke. **97**

Nicht zum Aufgabenbereich des BR gehören Schulungsthemen allg, wirtschafts-, rechts-, gesellschafts-, gewerkschaftspolitischer und persönlichkeitsbildender Art sowie staatsbürgerliche, politische, ideologische oder kirchliche Themen <R: vgl BAG 18.12.1973, 1 ABR 35/73, BB 1974, 601; 28.1.1975, 1 ABR 92/73, AP Nr 20 zu § 37 BetrVG 1972; ArbG Marburg 8.9.1999, 1 Ca 322/99, NZA-RR 2000, 248 für eine Tagung zum Staatsangehörigkeitsrecht>. Auch Schulungen im Lohnsteuerrecht fallen nicht unter Abs 6 <R: BAG 11.12.1973, 1 ABR 37/73, BB 1974, 602>, ebenso wenig Schulungen im Sozialversicherungsrecht <R: LAG Köln 30.6.2000, 12 TaBV 18/00, juris; aA ArbG Essen 23.12.1997, 2 BV 62/97, AuR 1999, 75>. **98**

Nicht zu den Aufgaben des BR gehört auch die Tätigkeit der ES <R: BAG 20.8.2014, 7 ABR 64/12, EzA § 37 BetrVG 2001 Nr 18>. § 76a Abs 2 S 1 sieht für die Beisitzer der ES nur die entspr Anwendung von § 37 Abs 2 und 3 vor. Immerhin erstreckt sich die danach vom ESmitglied zu beanspruchende Arbeitsbefreiung unter Fortzahlung des Entgelts auch auf die für die Vorbereitung der EStätigkeit notwendige Zeit. **99**

Neben der Vermittlung von Grundkenntnissen kann auch die Erläuterung der aktuellen Rspr des BAG zu betriebsverfassungsrechtl Fragen und deren Umsetzung in die betriebl Praxis ein erforderl Schulungsinhalt sein, wenn zw den Betriebspartnern Meinungsverschiedenheiten hinsichtlich häufig anstehender Mitbestimmungsangelegenheiten bestehen; der BR braucht sich nicht auf ein Selbststudium anhand der ihm zur Verfügung stehenden Fachzeitschriften verweisen zu lassen <R: BAG 20.12.1995, 7 ABR 14/95, BB 1996, 1169>. **100**

Die Teilnahme an einer Veranstaltung, deren Schwerpunkt auf der rhetorischen Schulung liegt, ist allenfalls dann erforderl, wenn das entsandte BR-Mitglied im BR – etwa als Vors oder dessen Stellv – eine derart herausgehobene Stellung einnimmt, dass gerade diese Schulung für die BR-Arbeit notwendig ist <R: BAG 12.11.2011, 7 ABR 94/09, EzA § 37 BetrVG 2001 Nr 11>. **101**

b) Erforderlichkeit

Für die Erforderlichkeit der zu vermittelnden Kenntnisse kommt es entscheidend auf die Gegebenheiten und Verhältnisse des **einzelnen Betriebes und des einzelnen BR** an, weil nur bei einer solchen differenzierten Betrachtungsweise gewährleistet ist, dass einerseits den Belangen der Belegschaft und des BR Rechnung getragen wird, und dass sich andererseits die Belastungen des AG in vertretbaren Grenzen halten <R: BAG 28.9.2016, 7 AZR 699/14, BB 2016, 3001; BAG 9.10.1973, 1 ABR 6/73, BB 1974, 88; BAG 19.7.1995, 7 ABR 49/94, DB 1995, 2378>. Daher genügt bei der Thematik der Schulungsveranstaltung kein lediglich abstrakter Bezug zu BR-Aufgaben. Ebenso wenig genügt die bloß theoretische Möglichkeit, dass eine bestimmte Frage irgendwann einmal (wieder) aktuell werden könnte <R: BAG 9.10.1973, 1 ABR 6/73, BB 1974, 88; BAG 14.1.2015, 7 ABR 95/12, BB 1996, 1169, zur Schulung über Mobbing und LAG MV 18.3.2009, 2 TaBV 18/08; sowie LAG Rh-Pf 6.9.2006, 9 TaBV 21/06, juris zur Schulung **102**

§ 37 Ehrenamtliche Tätigkeit, Arbeitsversäumnis

über Alkohol- und Suchtprobleme; zu weit dagegen ArbG Bremen, 25.2.2000, 1 BVGa 4/ 00, juris>. Ausreichend ist aber, dass eine vom AG beabsichtigte Maßnahme Mitwirkungs- oder MBR auslösen kann <R: LAG Rh-Pf 19.11.1996, 3 TaBV 23/96, BB 1997, 996 für die Schulung über ein Qualitätsmanagementsystem, dessen Einführung der AG beabsichtigte>.

103 Voraussetzung ist, dass gerade das zu der Schulung **entsandte BR-Mitglied** die dort vermittelten Kenntnisse benötigt, um seine Aufgaben sachgerecht wahrzunehmen <R: BAG 15.2.1995, 7 AZR 670/94, BB 1995, 1906; 24.5.1995, 7 ABR 54/94, BB 1995, 2531>. Mehrere BR-Mitglieder dürfen zur gleichen Schulungsveranstaltung nur entsandt werden, wenn der BR in einer objektiv schwierigen, für die Belegschaft wichtigen Materie einen aktuellen Schulungsbedarf hat und nicht vom mehr oder minder bleibenden Schulungserfolg eines Mitglieds abhängen will <R: Hess LAG 29.6.1995, 12 TaBV 73/94, LAGE § 40 BetrVG 1972 Nr 48>. Je nachdem der BR eine Aufgabenverteilung vorgenommen und/oder Aufgaben zur selbständigen Erledigung auf einen Ausschuss oder eine Arbeitsgruppe übertragen hat, ist es erforderlich, aber auch ausreichend, wenn diejenigen BR-Mitglieder geschult werden, denen die Wahrnehmung dieser Aufgaben obliegt <R: LAG Berlin-Brandenburg 28.2.2017, 11 TaBV 1626/16, juris>.

104 In Unternehmen mit bis zu 20 AN braucht das einzige BR-Mitglied nicht über die Mitbestimmung bei Betriebsänderungen geschult werden, da diese nach § 111 S 1 in diesen Unternehmen nicht mitbestimmungspflichtig sind.

105 Bei **neu gewählten BR-Mitgliedern** gehört zu den erforderl Kenntnissen die Vermittlung von allg Grundkenntnissen für die BR-Arbeit, insbes von arbeitsrechtl Kenntnissen, ohne dass der Schulungsbedarf näher dargelegt werden müsste <R: BAG 16.10.1986, 6 ABR 14/84, BB 1987, 1459 und BAG 18.9.1991, 7 AZR 125/90, juris>. Nach langjähriger BR-Tätigkeit ist davon auszugehen, dass das BR-Mitglied die für seine Tätigkeit notwendigen Kenntnisse hat <R: BAG 16.10.1986, 6 ABR 14/84, BB 1987, 1459 und BAG 14.9.1994, 7 ABR 27/94, BB 1995, 201; LAG Hamm 10.12.2008, 10 TaBV 125/08, juris>. Auch benötigt der Stellv des BR-Vors, der seit mehreren Jahren freigestellt ist, keine Schulung über Stellung und Aufgaben des BR-Vors und die organisatorische Durchführung der laufenden BR-Geschäfte <R: BAG 2.9.1975, 1 AZR 15/74, juris>. Zur Schulung im Hinblick auf BR-Wahlen s § 20 Rn 23.

106 Das bevorstehende Ende der Amtszeit des BR steht der Erforderlichkeit nur dann entgg, wenn absehbar ist, dass das vermittelte Wissen nicht mehr benötigt wird <R: BAG 7.5.2008, 7 AZR 90/07, DB 2008, 2659>. Gleiches gilt, wenn das Ende des Arbeitsverhältnisses des zu schulenden BR-Mitglieds bevorsteht <R: BAG 17.11.2010, 7 ABR 113/ 09, EzA § 37 BetrVG 2001 Nr 10>.

107 Unter der Voraussetzung, dass die behandelten Fragen im Betrieb aktuell sind und der BR die einschlägigen Kenntnisse nicht in ausreichendem Maße besitzt, kann die Vermittlung von **Spezialkenntnissen** erforderl sein, zB über die Anwendung umfangreicher Tarifbestimmungen zur Leistungsentlohnung <R: BAG 9.10.1973, 1 ABR 6/73, BB 1974, 88>, die Probleme der Arbeitssicherheit <R: BAG 15.5.1986, 6 ABR 74/83, DB 1986, 2496> und über Gesundheitsgefahren <R: Hess LAG 7.3.1991, 12 TaBV 172/90, LAGE § 37 BetrVG 1972 Nr 37>, über Fragen der Berufsbildung, des ANerfinderrechts und der Vermögensbildung, über eine menschengerechte Gestaltung der Arbeit und die dabei zu beachtenden arbeitswissenschaftlichen Erkenntnisse <R: BAG 14.6.1977, 1 ABR 92/74,

IV. Schulungs- und Bildungsveranstaltungen (Abs 6) § 37

AP Nr 30 zu § 37 BetrVG 1972> sowie über EDV-Anlagen, etwa wenn im Betrieb ein Personalüberwachungssystem eingeführt werden soll <R: LAG Nbg 21.11.1984, 3 TaBV 7/84, LAGE § 37 BetrVG 1972 Nr 20> oder die EDV-Anlage die Arbeitsgestaltung berührt <R: LAG HH 5.8.2008, 9 BV 3/08, juris>. Zur aktuellen Rechtsprechung des BAG <R: BAG 18.1.2012, 7 ABR 73/10, AP Nr 153 zu § 37 BetrVG 1972> oder aktuelle Kenntnisse über im Betrieb geltende Tarifverträge <R: LAG Rheinland-Pfalz, 29.1.2020, 7 TabV 14/19, juris>. Zum betriebl Eingliederungsmanagement <R: BAG 28.9.2016, 7 AZR 699/14, BB 2016, 3001; LAG Berlin-Brandenburg 16.1.2020, 26 TaBV 865/19, juris>. Da die Vielfalt der BR-Aufgaben eine Spezialisierung einzelner BR-Mitglieder auf bestimmte Fragen und Fachgebiete notwendig macht, ist es idR aber nicht erforderl, Spezialkenntnisse an alle BR-Mitglieder zu vermitteln <R: BAG 29.4.1992, 7 ABR 61/91, NZA 1993, 375: Fragen der Arbeitssicherheit>. Generell **nicht erforderlich** sind ua Schulungsveranstaltungen zur Lohnsteuer <R: BAG, 11.12.1973, 1 ABR 37/73 AP Nr 5 zu § 80 BetrVG 1972>, zu sozialen Sicherungssystemen <R: BAG 4.6.2003, 7 ABR 42, 02AP BetrVG 1972 § 37 Nr 136>, zu Gesetzesentwürfen <R: BAG 16.3.88, 7 AZR 557/ 8, AP BetrVG 1972 § 37 Nr 63>, zu Workforce-Management <R: LAG Rh-Pf 17.11.2016, 7 TaBV 24/16, juris; LAG Bln-Bbg 20.4.2016, 15 TaBV 52/16, juris> oder zum Staatsangehörigenrecht <R: ArbG Marburg 8.9.1999, 1 Ca 322/99, NZA-RR 2000, 248>.

Bei Schulungsveranstaltungen, die **verschiedene Themen** behandeln, ist für die Arbeitsbefreiung nach Abs 6 zu fragen, ob im Programm und nach dem vorgesehenen Ablauf der Schulung die unterschiedlichen Themen so klar voneinander abgegrenzt sind, dass ein zeitweiliger Besuch der Veranstaltung möglich und sinnvoll ist <R: BAG 21.7.1978, 6 AZR 561/75, AP Nr 4 zu § 38 BetrVG 1972>. Ist eine solche Abgrenzung nicht möglich, sind BR-Mitglieder gleichwohl für die gesamte Schulungsdauer freizustellen, wenn die auf erforderl Schulungsinhalte entfallenden Themen mehr als 50% der Veranstaltung betragen <R: BAG 28.9.2016, 7 AZR 699/14, BB 2016, 3001; LAG Rheinland-Pfalz, 29.1.2020, 7 TaBV 14/19, juris>. 108

Hinsichtlich der **Dauer der Schulung** sieht das Gesetz in Abs 6, im Gegensatz zu Abs 7, keine zeitliche Begrenzung vor. Allerdings verweist Abs 6 auf Abs 2, sodass Art und Umfang der Schulung für die Arbeitsbefreiung erforderlich sein muss <L: GK/*Weber* Rn 226; *Fitting* Rn 171; ErfK/*Koch* Rn 15; Richardi/*Thüsing* Rn 114, 116>. 109

Die Dauer einer Schulungsveranstaltung nach Abs 6 bestimmt sich nach der jeweiligen Schulung und kann je nach Schulungsinhalt, insbes nach Umfang und Schwierigkeit der Materie, den betriebl Gegebenheiten sowie dem Kenntnis- und Wissensstand der Schulungsteilnehmer verschieden sein. Es gibt insoweit auch keine allg. Faustregel, dass ein Zeitraum von 2, höchstens 3 Tagen ausreicht, um die notwendigen Kenntnisse zu vermitteln. Für Einführungsschulungen aus Anlass neuer, für die BR-Arbeit wichtiger Gesetze und TVe mögen wenige Tage genügen, bei Grundlagenschulungen und bei Vermittlung von Spezialkenntnissen wird man jedoch je nach Umfang und Bedeutung der Materie und dem Wissensstand der BR-Mitglieder eine Schulungsdauer von bis zu einer Woche ansetzen können <R: BAG 27.9.1974, 1 ABR 71/73, DB 1975, 504; BAG 8.2.1977, 1 ABR 124/74, BB 1977, 995>. Der Zeitaufwand muss aber immer in einem vertretbaren Verhältnis zur Größe und Leistungsfähigkeit des Betriebs stehen <R: BAG 27.9.1974, 1 ABR 71/73, DB 1975, 504. L: Richardi/*Thüsing* Rn 114, 116; **aA** *Fitting* Rn 171>. 110

§ 37   Ehrenamtliche Tätigkeit, Arbeitsversäumnis

111 Für **Ersatzmitglieder**, die nur gelegentlich und kurzfristig in den BR nachrücken, gilt Abs 6 grundsätzlich nicht <**R:** BAG 10.5.1974, 1 ABR 47/73, BB 1974, 1206>, und zwar auch nicht für das Ersatzmitglied des einzigen BR-Mitglieds <**R:** Hess LAG 6.12.1983, 5 Sa 767/83, BB 1984, 1043>. Für die Vertrauensperson schwerbehinderter Menschen vgl § 179 Abs 4 S 3 SGB IX. Ein Ersatzmitglied hat Anspruch auf bezahlte Arbeitsbefreiung für Schulungsveranstaltungen nur, wenn es wg ständiger Verhinderung von BR-Mitgliedern so häufig zu BR-Aufgaben herangezogen wird, dass seine Schulung erforderl ist, um die Arbeitsfähigkeit des BR zu gewährleisten <**R:** BAG 15.5.1986, 6 ABR 64/83, BB 1987, 332; BAG 19.9.2001, 7 ABR 32/00, BB 2002, 256>. Davon ist auszugehen, wenn mit einer Heranziehung zu mehr als 40% aller BR-Sitzungen zu rechnen ist <**R:** LAG SH 26.4.2016, 1 TaBV 63/15, juris>. **WirtA-Mitglieder**, die nicht zugleich BR-Mitglieder sind, haben keinen Anspruch auf Schulung <**R:** BAG 11.11.1998, 7 AZR 491/97, BB 1999, 1328; LAG Köln 1.12.2008, 5 TaBV 45/08, juris>.

112 Bei der Entsch über die Erforderlichkeit einer Schulungsteilnahme steht dem BR ein **Beurteilungsspielraum** zu <**R:** BAG 9.10.1973 AP Nr 4 zu § 37 BetrVG 1972; BAG 14.1.2015, 7 ABR 95/12, BB 2015. 1212. **L:** *Fitting* Rn 174, MünchArbR/*Krois* § 295 Rn 65>. Dabei hat der BR aber die betriebl Situation und die mit dem Besuch der Schulungsveranstaltung verbundenen finanziellen Belastungen des AG zu berücksichtigen <**R:** BAG, 27.5.2015, 7 ABR 26/13, AP Nr 160 zu § 37 BetrVG 1972; BAG 14.1.2015, 7 ABR 95/12, EzA § 37 BetrVG 2001 Nr 19; BAG 20.8.2014, 7 ABR 64/12, EzA § 37 BetrVG 2001 Nr 18>. Der BR ist deshalb allerdings nicht gehalten, anhand einer umfassenden Marktanalyse den günstigsten Anbieter zu ermitteln <**R:** BAG 19.3.2008, 7 ABR 2/07, juris>. Er überschreitet aber den Beurteilungsspielraum, wenn sich die betreffenden BR-Mitglieder vergleichbare Kenntnisse zumutbar und kostengünstiger auf andere Weise verschaffen können <**R:** BAG 20.12.1995, 7 ABR 14/95, BB 1996, 1169>. Das zieht auch Schulungsveranstaltungen „mit Verwöhncharakter" eine Grenze <**L:** *Zimmermann* NZA 2017, 162 ff>, s aber § 40 Rn 76.

c) Verfahren

113 Durch die vermittelten Kenntnisse soll der BR als Gremium in die Lage versetzt werden, seine Aufgaben ordnungsgem zu erfüllen. Daher steht der **Anspruch auf Schulung** zunächst **dem BR als Kollektiv** und nicht von vornherein dem einzelnen BR-Mitglied zu. Erst wenn der BR die Teilnahme eines bestimmten Mitglieds beschlossen hat, hat dieses einen aus dem Beschluss abgeleiteten individuellen Anspruch auf Arbeitsbefreiung iS der Rn 21 <**R:** vgl BAG 6.11.1973, 1 ABR 8/73, BB 1974, 461; BAG 27.9.1974, 1 ABR 71/73, DB 1975, 504; LAG Ddf 6.9.1995, 12 TaBV 69/95, NZA-RR 1996, 12. **L:** *Fitting* Rn 161; GK/*Weber* Rn 184; aA Richardi/*Thüsing* Rn 122 f>. Dabei genügt, wie bei der eigentl BR-Tätigkeit (Rn 40), die Abmeldung <**R:** ArbG Lörrach 23.3.2016, 5 BVGa 1/16, juris>.

114 Über die Teilnahme **entscheidet der BR** <**R:** Hess LAG 16.11.2020, 16 TaBV 107/20, juris>. Der BR-Beschluss muss auf ein konkretes BR-Mitglied und auf eine konkrete, nach Zeitpunkt und Ort bestimmte Schulung bezogen sein; weitere Gegenstände muss der Beschl. nicht umfassen <**R:** BAG 27.5.2015, 7 ABR 26/13, AP Nr 160 zu § 37 BetrVG 1972>. Fehlt es an einem ordnungsgem BR-Beschluss, tritt keine Arbeitsbefrei-

IV. Schulungs- und Bildungsveranstaltungen (Abs 6) § 37

ung ein und hat das BR-Mitglied auch keinen Anspruch auf Fortzahlung des Entgelts <R: LAG Hamm 12.10.2007, 13 SA 1100/07, juris>.

Im Unterschied zur Freistellung nach § 38 ist der BR bei der Entsendung mehrerer Mitglieder nicht an die Grundsätze der Verhältniswahl gebunden; er hat jedoch § 75 Abs 1 zu beachten <L: *Klein* S 405 f, der wg ihrer Zugehörigkeit zu einer Minderheitsgewerkschaft benachteiligten BR-Mitgliedern einen Anspruch gg den BR einräumen will>. 115

Unabhängig davon hat jedes BR-Mitglied einen Anspruch auf Berücksichtigung bei Schulungen gegen den BR, soweit es um Grundkenntnisse für die BR-Arbeit geht <L: *Fitting* Rn 237>, etwa Grundkenntnis des allg. Arbeitsrechts <R: BAG 16.10.1986, 6 ABR 14/84, AP Nr 58 zu § 37 BetrVG 1972>, soweit diese nicht schon über Schulungs- und Bildungsveranstaltungen iSv Abs 7 vermittelt worden sind. 116

2. Festlegung der zeitlichen Lage

Abs 6 S 3 bestimmt, dass der BR die **betrieblichen Notwendigkeiten** berücksichtigen muss, wenn er die zeitliche Lage der Teilnahme an Schulungsveranstaltungen festlegt: Ein BR-Mitglied darf dann nicht an einer Schulungsveranstaltung teilnehmen, wenn ein reibungsloser Betriebsablauf anderweitig nicht sichergestellt ist. Dies kann der Fall sein bei bes Arbeitsanfall, in Saisonspitzen und bei Fehlen eingearbeiteter Vertretungen. Meint der AG, der BR habe bzgl des Zeitpunkts einer Schulungsveranstaltung die betriebl Notwendigkeiten nicht oder nicht ausreichend berücksichtigt, kann er die **ES** anrufen, die über diese Frage verbindlich entscheidet (Abs 6 S 5 und 6). Bis zur Entscheidung der ES muss die Teilnahme des oder der BR-Mitglieder an der Schulungsveranstaltung zurückgestellt werden <R: BAG 18.3.1977, 1 ABR 54/74, BB 1977, 995>. 117

Der BR ist verpflichtet, dem AG die Teilnahme und zeitliche Lage der Schulungs- und Bildungsveranstaltung **rechtzeitig bekannt zu geben** (Abs 6 S 4). Rechtzeitig bedeutet Bekanntgabe zu einem Zeitpunkt vor Beginn der Veranstaltung, der dem AG angemessene Zeit lässt, sich auf die Abwesenheit der betreffenden BR-Mitglieder einzurichten <R: BAG 18.3.1977, 1 ABR 54/74, BB 1977, 995>. Da der AG angesichts seiner Verpflichtung, Arbeitsbefreiung unter Fortzahlung des Arbeitsentgelts zu gewähren, berechtigt ist zu prüfen, ob die Voraussetzungen des Abs 6 im konkreten Fall bestehen, hat der BR **außerdem** Ort, Veranstalter und Thematik der Schulung bekannt zu geben sowie die Gründe, aus denen er eine Teilnahme für erforderl hält <R: Hess LAG 27.1.1994, 12 TaBV 83/93, NZA 1994, 1134 (LS) zum Schulungsthema>. 118

Unterrichtet der BR den AG **nicht rechtzeitig**, verletzen die BR-Mitglieder, die trotzdem an der Schulungsveranstaltung teilnehmen, sowohl ihre Amtspflichten als auch ihre Pflichten aus dem Arbeitsvertrag, da es an der für die Arbeitsbefreiung nach Abs 6 S 3 und 4 notwendigen Voraussetzungen fehlt, die betriebl Notwendigkeiten ausreichend zu berücksichtigen <R: **aA** LAG BaWü 17.12.1987, 11 Sa 94/87, AiB 1988, 282; L: wie hier Richardi/*Thüsing* Rn 142 f; **aA** GK/*Weber* Rn 316; *Fitting* Rn 242>. 119

Unterlässt der AG die Anrufung der ES, obwohl er rechtzeitig die Mitteilung über die Teilnahme an der Schulungsveranstaltung erhalten hat, kann so verfahren werden, wie der BR beschlossen hat <R: BAG 18.3.1977, 1 ABR 54/74, BB 1977, 995>. Die Anrufung der ES durch den AG muss unverzüglich erfolgen <R: ArbG Bremen 25.2.2000, 1 BVGa 120

§ 37 Ehrenamtliche Tätigkeit, Arbeitsversäumnis

4/00, AiB 2000, 288>. In analoger Anwendung des § 38 Abs 2 S 3 ist dem AG eine Frist von zwei Wochen zuzugestehen <L: *Fitting* Rn 244>.

121 Widerspricht der AG der Teilnahme eines BR-Mitglieds, weil er die Erforderlichkeit der Schulung anzweifelt, muss sich das BR-Mitglied nach Abs 6 iVm Abs 2 ledigl ordnungsgemäß abmelden, nicht aber auf die Zustimmung oder Gewährung einer Arbeitsbefreiung durch den AG warten <L: *Fitting* Rn 251; Richardi/*Thüsing* Rn 150, ErfK/*Koch* Rn 24; aA GK/*Weber* Rn 326>. Das ArbG kann daher dem BR-Mitglied durch eV die Schulungsteilnahme weder gestatten noch untersagen <R: LAG Köln 20.11.2003, DB 2004, 551; aA Hess LAG 5.8.13,16 TaBVGa 120/13, juris; Hess LAG 22.5.2017, 16 TaBVGa 116/17, juris. Bisher offengelassen durch BAG 18.1.2012, 7 ABR 73/10, AP Nr 153 zu § 37 BetrVG 1972>.

3. Fortzahlung des Arbeitsentgelts

122 Nimmt ein BR-Mitglied unter den Voraussetzungen des Abs 6 an einer Schulungsveranstaltung teil, darf nach dem in Bezug genommenen Abs 2 sein **Arbeitsentgelt nicht gemindert** werden. Dem BR-Mitglied ist nach dem Lohnausfallprinzip der Lohn oder das Gehalt einschließl der Zulagen und Zuschläge so weiterzuzahlen, als wenn es gearbeitet hätte.

123 Wird im Betrieb während der Schulungszeit kurzgearbeitet, hat das auf Schulung befindliche BR-Mitglied nur Anspruch in Höhe des wg der Kurzarbeit verminderten Lohns <R: BAG 23.4.1974, 1 AZR 139/73, BB 1974, 1119; 20.7.1977, 5 AZR 658/76, AP Nr 1 zu § 720 RVO>, Rn 55.

4. Ausgleichsanspruch

a) Voraussetzungen

124 Abs 6 S 1 nimmt auch auf Abs 3 Bezug. Daraus folgt, dass BR-Mitglieder, die außerhalb ihrer Arbeitszeit aus betriebsbedingten Gründen an einer Schulungsveranstaltung teilnehmen, Anspruch auf Freizeitausgleich unter Fortzahlung des Arbeitsentgelts haben. Über die Bedenken, die sich insoweit im Hinblick auf das Ehrenamtsprinzip des § 37 Abs 1 und das Begünstigungsverbot des § 78 S 2 ergeben <R: BAG 5.3.1997, 7 AZR 581/92, BB 1997, 2218>, hat sich der Gesetzgeber hinweggesetzt. Durch den Verweis finden jedenfalls teilzeitbeschäftigte BR-Mitglieder mehr Berücksichtigung <L: instruktiv GK/*Weber* Rn 243 ff; BT-Drs 14/5741 S 41>.

125 Der Ausgleichsanspruch bezieht sich nicht nur auf die eigentl Schulung, sondern auch auf die während des Schulungstags anfallenden Pausen sowie die zur Teilnahme an der Schulung notwendigen Reisezeiten <R: BAG 16.2.2005, 7 AZR 330/04, EzA § 37 BetrVG 2001 Nr 4, BAG 10.11.2004 AP Nr 141 zu § 37 BetrVG 1972>. Zur Begrenzung des Ausgleichs in letzterem Fall s Rn 37.

126 Betriebsbedingte Gründe für eine Teilnahme an einer Schulung außerhalb der Arbeitszeit liegen zunächst vor, wenn die Schulungsveranstaltung aufgrund eines Einspruchs des AG nach Abs 3 S 5 oder sonst auf seinen Wunsch oder aufgrund einer Entscheidung der ES nach Abs 6 S 6 in eine Zeit außerhalb der betriebl Arbeitszeit, etwa in die Abendstunden

IV. Schulungs- und Bildungsveranstaltungen (Abs 6) § 37

oder auf das Wochenende, verlegt wird. Gleiches gilt, wenn das BR-Mitglied aus Rücksicht auf seine Unabkömmlichkeit an einer Schulungsveranstaltung teilnimmt, die außerhalb seiner Arbeitszeit liegt.

Nach Abs 6 S 2 Hs 1 liegen betriebsbedingte Gründe iS des Abs 3 auch vor, wenn wg 127 „Besonderheiten" der betriebl Arbeitszeitgestaltung die Schulung des BR-Mitglieds außerhalb seiner Arbeitszeit erfolgt. Die allg Arbeitszeitgestaltung, derggü die betriebl Arbeitszeitgestaltung Besonderheiten aufweisen muss, nennt das Gesetz nicht. Was die **Lage der Arbeitszeit** angeht, wird man sie weder in der Zeitgestaltung der jeweiligen Schulungsveranstaltung finden können, weil es sich bei dieser nicht um eigentl Arbeitszeit handelt und zudem der AG auf sie keinerlei Einfluss hat. Noch kann sie in der regelmäßigen höchstzulässigen Arbeitszeit nach dem ArbZG von acht Stunden zw 6 und 23 Uhr (vgl §§ 2 Abs 3, 3 Abs 1 S 1 ArbZG) bestehen, weil dies in Schichtbetrieben zu einer willkürlichen Ungleichbehandlung von BR-Mitgliedern führen würde. Maßgeblich muss vielmehr der **übliche Normalarbeitstag** sein, von dem die im betreffenden Betrieb geltende betriebl oder tarifliche Arbeitszeitregelung ausgeht.

Liegt die Schulungsveranstaltung, ohne dass das iS des in Rn 127 Gesagten vom AG veranlasst wäre, zeitlich ganz oder teilweise außerhalb dieser Normalarbeitszeit, führt Abs 6 128 S 2 demnach nicht zu einem Ausgleichsanspruch. Geht der Normalarbeitstag in einem Betrieb von 8 bis 16 Uhr und wird die Schulungsveranstaltung nachmittags zw 14 und 19 Uhr durchgeführt, besteht deshalb ein Ausgleichsanspruch nur für zwei Stunden. Findet die Schulung außerhalb statt, sind auch Reisezeiten nur zu vergüten, soweit sie innerhalb der Normalarbeitszeiten liegen <R: vgl BAG 10.11.2004, 7 AZR 131/04, AP Nr 140 zu § 37 BetrVG 1972, für das insoweit gleichgelagerte Problem bei der Teilzeitbeschäftigung>.

Hat das Auseinanderfallen der Lage der Arbeitszeit des BR-Mitglieds und der zeitlichen 129 Lage der Schulungsveranstaltung seine Ursache darin, dass das BR-Mitglied zu einer anderen als der normalen Arbeitszeit tätig ist, besteht hingg der Ausgleichsanspruch. Dies gilt vor allem für im Schichtbetrieb tätige BR-Mitglieder, aber auch in den von der Gesetzesbegründung genannten Fällen der Arbeit in einem rouilerenden Arbeitszeitsystem oder der Anordnung arbeitsfreier Tage durch eine BV im Einzelfall <L: BT-Drs 14/5741 S 41>.

Abs 6 S 2 nimmt auf Abs 3 insgesamt und damit an sich auch auf dessen S 2 Bezug. Dessen Voraussetzungen sind aber in aller Regel nicht gegeben: Dass die Teilnahme an einer 130 Schulung „wg der unterschiedlichen Arbeitszeiten der Betriebsratsmitglieder" nicht innerhalb der persönl Arbeitszeit erfolgen kann, ist nur in dem Ausnahmefall denkbar, dass die Schulung aus besonderen Gründen einheitl und zeitgleich für mehrere BR-Mitglieder erfolgen muss.

Hinsichtlich des **Umfangs** der Arbeitszeit muss man nicht anders als bei § 87 Abs 1 Nr 3 131 (dazu § 87 Rn 88) von der betriebsüblichen, also der regelmäßigen betriebl Arbeitszeit ausgehen. Weicht die Arbeitszeit des BR-Mitglieds von der betriebl Arbeitszeit ab, wie das auf Teilzeitbeschäftigte zutrifft, haben diese regelmäßig einen Ausgleichsanspruch, wenn die Schulung längere Zeit in Anspruch nimmt, als dies ihrer Arbeitszeit entspricht. Dies gilt auch nach der Rspr des BAG ohne Rücksicht darauf, ob die kürzere Arbeitszeit des AN auf einer Organisationsentscheidung des AG beruht oder auf einen Wunsch des BR-Mitglieds zurückgeht <R: BAG 10.2.2005, 7 AZR 330/04, EzA § 37 BetrVG 2001

§ 37 Ehrenamtliche Tätigkeit, Arbeitsversäumnis

Nr 4; **L:** wie das BAG *Greßlin* S 142 ff>. Das überdehnt den Begriff der Besonderheiten der betriebl Arbeitszeitgestaltung in § 6 Abs 2 Hs 1. Es ist nicht einzusehen, warum ein BR-Mitglied, das von vornherein ein Teilzeitverhältnis eingegangen ist, obwohl ein Vollzeitarbeitsplatz zur Verfügung stand oder das nachträglich von seinem Anspruch auf Verringerung der Arbeitszeit nach § 8 TzBfG Gebrauch gemacht hat, bei der Teilnahme an Schulungsveranstaltungen wie ein vollzeitbeschäftigter AN vergütet werden soll.

132 Nach Abs 6 S 2 Hs 2 ist der Umfang des Ausgleichsanspruchs pro Schulungstag **begrenzt auf die Arbeitszeit eines vollzeitbeschäftigten AN.** Dauert die Schulung pro Tag länger, wie das zB bei Open-End-Diskussionen in den Abendstunden vorkommen kann, entsteht weder für Vollzeit- noch für Teilzeitbeschäftigte ein darüber hinausgehender Ausgleichsanspruch. Dies gilt auch für die außerhalb der Arbeitszeit eines vollzeitbeschäftigten AN liegende Reisezeit <**R:** BAG 10.11.2004, 7 AZR 131/04, EzA § 37 BetrVG 2001 Nr 3>.

133 Ist die betriebl Arbeitszeit **nicht einheitlich**, sondern für verschiedene Abteilungen oder AN-Gruppen unterschiedlich festgelegt, kommt es für die Begrenzung auf die Arbeitszeit eines vollzeitbeschäftigten AN der Abteilung oder AN-Gruppe an, der das teilzeitbeschäftigte BR-Mitglied angehört <**R:** BAG 16.2.2005, 7 AZR 330/04, EzA § 37 BetrVG 2001 Nr 4>. Gibt es in der Abteilung des BR-Mitglieds keine vollzeitbeschäftigten AN, ist auf die Arbeitszeit der vollzeitbeschäftigten AN im übrigen Betrieb abzustellen <**R:** LAG Nds 12.9.2008, 12 Sa 903/08, juris>.

134 Abzuziehen von dem Ausgleichsanspruch ist nach der ausdrückl Anordnung in Abs 6 S 2 Hs 2 eine wirksam gewordene **Arbeitsbefreiung** nach Abs 2. Nimmt also ein Teilzeitbeschäftigter mit einer tägl Arbeitszeit von drei Stunden an einer Schulungsveranstaltung teil, die an einem Tag neun Stunden dauert, hat er einen Ausgleichsanspruch in Höhe der betriebsüblichen tägl Arbeitszeit von unterstellt acht Stunden minus drei Stunden, mithin einen solchen von fünf Stunden.

135 Abs 6 S 2 Hs 2 gilt auch in Fällen, in denen AN **länger als die betriebsübliche Arbeitszeit tätig sind**, sei es, weil sie persönl eine längere Arbeitszeit haben, sei es, weil sie über einen bestimmten Zeitraum hinweg Mehrarbeit leisten. Einerseits ist die zu vergütende Arbeitszeit auf die betriebsübliche Arbeitszeit des vollzeitbeschäftigten AN beschränkt. Andererseits müssen sie sich die Befreiung von ihrer längeren Arbeitszeit nach Abs 2 anrechnen lassen.

b) Vorrang des Freizeitausgleichs

136 Abs 6 nimmt auch auf Abs 3 S 3 Bezug. Dementspr ist dem BR-Mitglied in erster Linie Freizeitausgleich zu gewähren <**R:** ArbG HH 11.9.2012, S 1 Ca 65/12, juris>. Eine Abgeltung kommt nur in Betracht, wenn die Arbeitsbefreiung aus betriebsbedingten Gründen nicht vor Ablauf eines Monats gewährt werden kann (s Rn 64).

5. Kosten für die Schulungsveranstaltung

137 Die durch Schulungsveranstaltungen entstehenden **Kosten** muss der AG nach § 40 tragen, da sie durch die Tätigkeit des BR verursacht worden sind <**R:** BAG 27.5.2015, 7 ABR 26/13, juris>; § 40 Rn 74 ff.

V. Bildungsurlaub (Abs 7)

1. Anerkannte Bildungsveranstaltungen

Abs 7 gibt jedem BR-Mitglied einen Anspruch auf Arbeitsbefreiung unter Fortzahlung des Arbeitsentgelts, um an Schulungs- und Bildungsveranstaltungen teilzunehmen, die von der zuständigen obersten Arbeitsbehörde des Landes nach Beratung mit den Spitzenorganisationen der Gewerkschaften und der AG-Verbände als geeignet anerkannt worden sind. 138

Geeignete Bildungsveranstaltungen sind – weitergehend als Abs 6 – solche, die nach ihrer Thematik einen Zusammenhang mit der Tätigkeit des BR haben und dafür verwertbare und nützliche Kenntnisse vermitteln; auf den Wissenstand des einzelnen BR-Mitglieds, die bes Verhältnisse des jeweiligen Betriebs und die dort anstehenden BR-Fragen kommt es nicht an <R: BAG 11.8.1993, 7 ABR 52/92, EzA § 37 BetrVG 1972 Nr 117; BAG 21.7.2015, 9 AZR 418/14, juris>. Die vermittelten Kenntnisse müssen aber nach Inhalt und Zielsetzung darauf angelegt sein, für eine sachgerechte Erfüllung der BR-Aufgaben zu sorgen; der Nutzen für die BR-Tätigkeit darf kein bloßer Nebeneffekt von untergeordneter Bedeutung sein <R: BAG 11.8.1993, 7 ABR 52/92, EzA § 37 BetrVG 1972 Nr 117>. Nützlich in diesem Sinne sind allg Kenntnisse über das Arbeits- und Sozialrecht, über die Möglichkeiten eines betriebl Umweltschutzes <R: BAG 11.10.1995, 7 ABR 42/94, EzA § 37 BetrVG 1972 Nr 131>, die Wirtschafts- und Sozialpolitik, die Grundbegriffe der Volks-, Betriebswirtschaft und Arbeitswissenschaft und über Versammlungspraxis und -leitung. Ferner können Veranstaltungen geeignet sein, die allg Themen gesellschaftspolitischer oder wirtschaftlicher Art behandeln, sofern noch ein Bezug zur BR-Tätigkeit besteht. 139

Nicht unter Abs 7 fallen demggü reine Funktionärsschulungen der Gewerkschaften und Veranstaltungen über allg- bzw gewerkschaftspolitische Themen. Das Gleiche gilt für Veranstaltungen, die ausschl der Allgemeinbildung, zB in Staatsbürgerkunde, dienen <R: BAG 18.12.1973, 1 ABR 35/73, BB 1974, 601>. Genügt ein Teil der Schulungsthemen nicht den Anforderungen des Abs 7, ist die Veranstaltung insgesamt nicht geeignet <R: BAG 11.8.1993, 7 ABR 52/92, EzA § 37 BetrVG 1972 Nr 117 zur Veranstaltung „Brüder zur Sonne, zur Freiheit"›. 140

Der Anspruch auf Arbeitsbefreiung nach Abs 7 besteht nur, wenn die Schulungsveranstaltung als geeignet **anerkannt** ist. Über die Anerkennung entscheidet die oberste Arbeitsbehörde des Landes, in dem der Veranstalter seinen Sitz hat: es gilt das Trägerprinzip. Die Anerkennung einer Schulungsveranstaltung erfordert einen Antrag, der nach dem Gesetz keiner bes Form bedarf, aber folgende Angaben enthalten muss: Bezeichnung und Sitz des Veranstaltungsträgers, Angabe von Zeit und Ort, nähere Beschreibung des Programms nach Inhalt und zeitlichem Ablauf, Bezeichnung des Teilnehmerkreises und der Lehrkräfte. Die oberste Arbeitsbehörde trifft die Entscheidung nach Beratung mit den Spitzenorganisationen der Gewerkschaften und der AG-Verbände auf Landesebene. Über einen rechtzeitig gestellten Antrag auf Anerkennung einer Schulungs- und Bildungsveranstaltung kann die zuständige Behörde auch nach Veranstaltungsbeginn entscheiden <R: BAG 11.10.1995, 7 ABR 42/94, EzA § 37 BetrVG 1972 Nr 131>. 141

2. Anspruch auf Arbeitsbefreiung

142 Abs 7 unterscheidet sich von Abs 6 dadurch, dass es dem **einzelnen BR-Mitglied** einen **individuellen Anspruch** und nicht nur dem BR als Kollektivorgan (Rn 113) einen Anspruch gg den AG gibt <R: vgl BAG 6.11.1973, 1 ABR 8/73, BB 1974, 461>. Der Anspruch ergibt sich rechtsdogmatisch nicht aus dem Arbeitsverhältnis, sondern aus dem BR-Amt <R: *Fitting* Rn 195; GK/*Weber* Rn 245; DKW/*Wedde* Rn 171; ErfK/*Koch* Rn 20>. Dementspr hat der BR anders als nach Abs 6 kein Recht, die teilnahmeberechtigten BR-Mitglieder auszuwählen.

143 An welcher anerkannten Bildungsveranstaltung das BR-Mitglied teilnimmt, bestimmt es selbst. Insbes kann der AG das BR-Mitglied nicht auf eine kostengünstigere Bildungsveranstaltung, etwa eine solche die sein AGV veranstaltet, verweisen <R: ArbG Ddf 3.9.2004, 12 BV 856/04, AiB 2004, 757>.

144 Der Anspruch auf Arbeitsbefreiung beträgt für jedes Mitglied des BR **drei Wochen** (18 Werktage) **während seiner regelmäßigen Amtszeit** von 4 Jahren (§ 21 S 1). Wird außerhalb des Regelzeitraums eine BR-Wahl durchgeführt und verkürzt bzw verlängert sich dadurch die regelmäßige Amtszeit, wird auch der Bildungsurlaub entspr verkürzt oder verlängert, nämlich um eine Woche pro angefangenem Jahr. Für erstmals gewählte BR-Mitglieder, die vorher auch nicht Jugend- und Auszubildendenvertreter waren, erhöht sich der Bildungsurlaub auf 4 Wochen (24 Werktage); die zusätzliche Woche bezahlter Freistellung bleibt auch bei verkürzter Amtszeit in vollem Umfang erhalten <R: BAG 19.4.1989, 7 AZR 128/88, BB 1990, 281>. Der Bildungsurlaub kann zusammenhängend oder abschnittsweise genommen werden.

145 Mit Ablauf der regelmäßigen Amtszeit **verfällt** der Anspruch aus Abs 7, wenn und soweit die Arbeitsbefreiung vorher nicht in Anspruch genommen worden ist; eine Übertragung auf die neue Amtszeit ist nicht vorgesehen. Nimmt ein BR-Mitglied unmittelbar vor Ende seiner Amtszeit an einer gem Abs 7 als geeignet anerkannten Schulungsveranstaltung teil, muss es darlegen, aufgrund welcher bes Umstände die Festlegung des Schulungszeitpunkts durch den BR noch pflichtgem Ermessen entsprochen hat <R: BAG 9.9.1992, 7 AZR 492/91, DB 1993, 592; 28.8.1996, 7 AZR 840/95, DB 1997, 283>.

146 **Ersatzmitglieder**, die nicht gem § 25 Abs 1 S 1 endgültig in den BR nachgerückt sind, haben keinen Anspruch auf Bildungsurlaub nach Abs 7, und zwar auch dann nicht, wenn sie nach § 25 Abs 1 S 2 in großem Umfang zur Stellvertretung herangezogen werden <R: BAG 14.12.1994, 7 ABR 31/94, DB 1995, 834>. Ist es für die Arbeitsfähigkeit des BR erforderl, dass auch sie über die notwendigen Grundkenntnisse verfügen, müssen sie deshalb vom BR gem Abs 6 zur Teilnahme an Schulungsveranstaltungen entsandt werden. Rückt ein Ersatzmitglied endgültig in den BR nach, hat es für die verbleibende Amtszeit einen anteiligen Anspruch auf Bildungsurlaub.

3. Verhältnis zu Abs 6

147 Der Anspruch auf Bildungsurlaub nach Abs 7 **berührt** den Anspruch auf Arbeitsbefreiung nach **Abs 6 grds nicht**. Eine Arbeitsbefreiung nach Abs 6 darf deshalb nicht auf den Bildungsurlaub nach Abs 7 angerechnet werden. Wohl aber kann die Erforderlichkeit einer Schulung nach Abs 6 entfallen, wenn und soweit das BR-Mitglied die entspr Kenntnisse bereits durch Inanspruchnahme des Bildungsurlaubs erworben hat. Das bedeutet jedoch nicht, dass die BR-Mitglieder erst die Schulungsmöglichkeiten nach Abs 7 ausschöpfen müssen, bevor sie den Anspruch auf Arbeitsbefreiung nach Abs 6 geltend machen können. Vielmehr kann der BR für ein Mitglied einen Freistellungsanspruch gem Abs 6 geltend machen, auch wenn die Veranstaltung nach Abs 7 anerkannt ist. Zahlt der AG in diesem Fall den Lohn fort, erfüllt er damit nicht den Freistellungsanspruch des Abs 6, sodass auch keine Anrechnung auf den Bildungsurlaub erfolgen darf <R: BAG 4.5.1984, 6 AZR 495/81, BB 1984, 1874; aA LAG SH 23.9.1987, 5 Sa 409/87, DB 1988, 713, wonach es unverhältnismäßig ist, ein BR-Mitglied nach Abs 6 zu einem Lehrgang zu entsenden, wenn ein gleichwertiger Lehrgang nach Abs 7 ausgeschrieben ist <L: wie hier *Fitting* Rn 229; Richardi/*Thüsing* Rn 191>.

Abs 7 S 3 verweist auf Abs 6 S 3 bis 6. Der BR muss daher auch bei Bildungsveranstaltungen iS des Abs 7 bei Festlegung der **zeitlichen Lage** der Teilnahme betriebl Notwendigkeiten berücksichtigen (Rn 117) und dem AG die Teilnahme, zeitliche Lage, Art und Ort der Veranstaltung rechtzeitig bekannt geben. Auch über Bildungsveranstaltungen iS des Abs 7 kann der AG die verbindliche Entscheidung der ES einholen, wenn er der Meinung ist, dass der BR die betriebl Notwendigkeiten bei Festlegung der zeitlichen Lage der Teilnahme nicht ausreichend berücksichtigt hat (Abs 7 S 3 iVm Abs 6 S 5 und 6). 148

Abs 7 S 3 verweist auch auf Abs 6 S 2. Daraus ergibt sich aber keine handhabbare Regelung, denn Abs 6 S 2 setzt die für die Schulungsveranstaltungen iS des Abs 6 in Abs 6 S 1 ausdrückl angeordnete Anwendung des Abs 3 voraus. Dessen Anwendung auch iF des Abs 7 hätte die Anordnung der entspr Anwendung des Abs 6 S 1 erfordert. Daran fehlt es. Man kann die Lücke auch nicht durch die Annahme eines Redaktionsversehens schließen, weil das Redaktionsversehen auch darin bestehen könnte, dass versehentlich auf S 2 verwiesen worden ist. Die Gesetzesbegründung gibt keinen Aufschluss, weil sie nur erklärt, es handele sich „um eine redaktionelle Folgeänderung aufgrund der Einfügung des neuen S 2 in Absatz 6" <L: BT-Drs 14/5741 S 41>. Ein Anspruch auf **bezahlten Freizeitausgleich** besteht für Schulungsveranstaltungen iS des Abs 7 demnach **nicht** <L: wie hier im Ergebnis *Greßlin* S 154 ff; GK/*Weber* Rn 294 f; HWK/*Reichold* Rn 45; **aA** *Fitting* Rn 226>. 149

VI. Streitigkeiten

Streitigkeiten **zw AG und AN** über Grund und Höhe des **Arbeitsentgelts**, welches der AG bei Arbeitsbefreiungen zur Durchführung von BR-Aufgaben nach Abs 2 und zur Teilnahme an Schulungs- und Bildungsveranstaltungen nach Abs 6 und 7 fortzahlen muss, sind von den ArbG nach § 2 Abs 1 Nr 3a ArbGG im Urteilsverf zu entscheiden <R: BAG 30.1.1973, 1 ABR 22/72, BB 1973, 847; **aA** LAG Bremen 2.4.1985, 4 Sa 255/84, LAGE § 37 BetrVG 1972 Nr 17>. Die Rechtskraft einer im Beschlussverf ergangenen Entscheidung über eine betriebsverfassungsrechtl Vorfrage hat aber Präjudizwirkung für das Urteilsverf <R: BAG 6.5.1975, 1 ABR 135/73, DB 1975, 1706>. Die Darlegungs- und Beweislast auch hinsichtlich der den Anspruch auf Arbeitsentgelt auslösenden BR-Tätigkeit trifft das BR-Mitglied, wobei es stichwortartig zur Art und Dauer der geführten Amtstätigkeit vortragen muss. Erst wenn der AG begründete Zweifel an der Erforderlichkeit darlegt, hat das BR-Mitglied substantiiert zur Erforderlichkeit vorzutragen <R: BAG 15.3.1995, 7 AZR 643/94, AP Nr 105 150

§ 37 Ehrenamtliche Tätigkeit, Arbeitsversäumnis

zu § 37 BetrVG 1972; LAG Rheinland-Pfalz 21.7.2020, 8 Sa 308/19, LAGE § 37 BetrVG 2001 Nr 23; LAG HH 11.11.1998, 5 Sa 23/98, juris>.

151 Ebenso sind Fragen zur Entgeltzahlung nach Maßgabe des Abs 4 und der Beschäftigungsanspruch nach Abs 5 Gegenstand des Urteilsverfahrens.

152 Streitigkeiten **zw AG und BR** oder einzelnen seiner Mitglieder über ausschl **betriebsverfassungsrechtl Fragen** ohne vergütungsmäßige Konsequenzen sind vor dem ArbG im Beschlussverf nach § 2a Abs 1 Nr 1 ArbGG auszutragen. Hierunter fallen Auseinandersetzungen darüber, ob eine Arbeitsbefreiung nach Abs 2 zur ordnungsgem Durchführung von BR-Aufgaben erforderl ist, ob betriebsbedingte Gründe für die Durchführung von BR-Aufgaben außerhalb der Arbeitszeit nach Abs 3 bestehen, ob die auf Schulungsveranstaltungen nach Abs 6 vermittelten Kenntnisse für die BR-Arbeit erforderl sind, sowie über den Umfang der bezahlten Freistellung für die Teilnahme an Schulungs- und Bildungsveranstaltungen. Antragsberechtigt sind der AG, der BR und ggfs das einzelne BR-Mitglied <**R**: BAG 9.10.1973, 1 ABR 6/73, AP Nr 4 zu § 37 BetrVG 1972>; der BR ist am Beschlussverf in jedem Fall zu beteiligen <**R**: BAG 19.7.1995, 7 ABR 49/94, EzA § 37 BetrVG 1972 Nr 126 für die Teilnahme an einer Schulungsveranstaltung>.

153 Die Gewerkschaften sind bei Auseinandersetzungen zw AG und BR über die Erforderlichkeit der auf einer Schulungsveranstaltung vermittelten Kenntnisse weder antragsberechtigt noch im Beschlussverf zu beteiligen, selbst wenn sie Träger der Schulungsveranstaltung sind <**R**: BAG 28.1.1975, 1 ABR 92/73, DB 1975, 1996>.

154 Das Rechtsschutzinteresse für ein Beschlussverf entfällt nicht, weil die Schulungsveranstaltung inzwischen stattgefunden hat, wenn die gleiche Rechtsfrage, die zum Beschlussverf geführt hat, auch in Zukunft zw den Beteiligten wieder str werden kann <**R**: BAG 16.3.1976, 1 ABR 43/74, BB 1976, 509>. Da das BR-Mitglied den Anspruch auf Arbeitsbefreiung selbst durchsetzen kann (Rn 21, 113), mangelt es für einen entspr Antrag auf eV am Verfügungsgrund <**R**: LAG Ddf 6.9.1995, 12 TaBV 69/95, LAGE § 37 BetrVG 1972 Nr 44; **aA** ArbG FF/O 27.1.2000, 5 BV Ga 1/00, LAGE § 37 BetrVG 1972 Nr 54>.

155 Streitigkeiten über die **Anerkennung einer Schulungs- und Bildungsveranstaltung nach Abs 7** sind ebenfalls von den ArbG im Beschlussverf zu entscheiden, obwohl es sich bei der Anerkennung bzw deren Versagung um Verwaltungsakte handelt <**R**: BAG 18.12.1973, 1 ABR 35/73, BB 1974, 601 und 11.8.1993, 7 ABR 52/92, EzA § 37 BetrVG 1972 Nr 117; BVerwG 3.12.1976, VII C 47.75, BB 1977, 899>. Antragsbefugt sind die bei dem Anerkennungsverf zu beteiligenden Spitzenverbände <**R**: BAG 30.8.89, 7 ABR 65/87, BB 1990, 1556>.

156 Entscheidungen der **ES** über die Berücksichtigung betriebl Notwendigkeiten bei der **zeitlichen Lage von Schulungs- und Bildungsveranstaltungen** nach Abs 6 und 7 unterliegen der arbg Rechtskontrolle im Beschlussverf (§ 76 Abs 5 S 4 und Abs 7). Die Rechtskontrolle beschränkt sich darauf, ob die ES den unbestimmten Rechtsbegriff „Berücksichtigung der betriebl Notwendigkeiten" verkannt hat, § 76 Rn 87.

§ 38 Freistellungen

(1) Von ihrer beruflichen Tätigkeit sind mindestens freizustellen in Betrieben mit in der Regel

200 bis 500	Arbeitnehmern ein Betriebsratsmitglied,
501 bis 900	Arbeitnehmern 2 Betriebsratsmitglieder,
901 bis 1.500	Arbeitnehmern 3 Betriebsratsmitglieder,
1.501 bis 2.000	Arbeitnehmern 4 Betriebsratsmitglieder,
2.001 bis 3.000	Arbeitnehmern 5 Betriebsratsmitglieder,
3.001 bis 4.000	Arbeitnehmern 6 Betriebsratsmitglieder,
4.001 bis 5.000	Arbeitnehmern 7 Betriebsratsmitglieder,
5.001 bis 6.000	Arbeitnehmern 8 Betriebsratsmitglieder,
6.001 bis 7.000	Arbeitnehmern 9 Betriebsratsmitglieder,
7.001 bis 8.000	Arbeitnehmern 10 Betriebsratsmitglieder,
8.001 bis 9.000	Arbeitnehmern 11 Betriebsratsmitglieder,
9.001 bis 10.000	Arbeitnehmern 12 Betriebsratsmitglieder.

In Betrieben mit über 10.000 Arbeitnehmern ist für je angefangene weitere 2.000 Arbeitnehmer ein weiteres Betriebsratsmitglied freizustellen. Freistellungen können auch in Form von Teilfreistellungen erfolgen. Diese dürfen zusammengenommen nicht den Umfang der Freistellungen nach den Sätzen 1 und 2 überschreiten. Durch Tarifvertrag oder Betriebsvereinbarung können anderweitige Regelungen über die Freistellung vereinbart werden.

(2) Die freizustellenden Betriebsratsmitglieder werden nach Beratung mit dem Arbeitgeber vom Betriebsrat aus seiner Mitte in geheimer Wahl und nach den Grundsätzen der Verhältniswahl gewählt. Wird nur ein Wahlvorschlag gemacht, so erfolgt die Wahl nach den Grundsätzen der Mehrheitswahl; ist nur ein Betriebsratsmitglied freizustellen, so wird dieses mit einfacher Stimmenmehrheit gewählt. Der Betriebsrat hat die Namen der Freizustellenden dem Arbeitgeber bekannt zu geben. Hält der Arbeitgeber eine Freistellung für sachlich nicht vertretbar, so kann er innerhalb einer Frist von zwei Wochen nach der Bekanntgabe die Einigungsstelle anrufen. Der Spruch der Einigungsstelle ersetzt die Einigung zwischen Arbeitgeber und Betriebsrat. Bestätigt die Einigungsstelle die Bedenken des Arbeitgebers, so hat sie bei der Bestimmung eines anderen freizustellenden Betriebsratsmitglieds auch den Minderheitenschutz im Sinne des Satzes 1 zu beachten. Ruft der Arbeitgeber die Einigungsstelle nicht an, so gilt sein Einverständnis mit den Freistellungen nach Ablauf der zweiwöchigen Frist als erteilt. Für die Abberufung gilt § 27 Abs. 1 Satz 5 entsprechend.

(3) Der Zeitraum für die Weiterzahlung des nach § 37 Abs. 4 zu bemessenden Arbeitsentgelts und für die Beschäftigung nach § 37 Abs. 5 erhöht sich für die Mitglieder des Betriebsrats, die drei volle aufeinanderfolgende Amtszeiten freigestellt waren, auf zwei Jahre nach Ablauf der Amtszeit.

(4) Freigestellte Betriebsratsmitglieder dürfen von inner- und außerbetrieblichen Maßnahmen der Berufsbildung nicht ausgeschlossen werden. Innerhalb eines Jahres nach Beendigung der Freistellung eines Betriebsratsmitglieds ist diesem im Rahmen der Möglichkeiten des Betriebs Gelegenheit zu geben, eine wegen der Freistellung

unterbliebene betriebsübliche berufliche Entwicklung nachzuholen. **Für Mitglieder des Betriebsrats, die drei volle aufeinanderfolgende Amtszeiten freigestellt waren, erhöht sich der Zeitraum nach Satz 2 auf zwei Jahre.**

Literatur: *Dütz*, Die Abschaffung des Minderheitenschutzes durch das BetrVerf-ReformG 2001, DB 2001, 1306; *Fuhlrott*, Die vollständige Freistellung von Betriebsratsmitgliedern gemäß § 38 BetrVG, ArbRaktuell 2011, 423; *Gillen/Vahle*, Umfang und Grenzen pauschaler Freistellungsansprüche des Betriebsrats, BB 2006, 2749; *Linsenmaier/Kiel*, Der Leiharbeitnehmer in der Betriebsverfassung – „Zwei-Komponenten-Lehre" und normzweckorientierte Gesetzesauslegung, RdA 2014, 135; *Löwisch*, Monopolisierung durch Mehrheitswahl? – Zu den Wahlgrundsätzen bei Ausschussbesetzung und Freistellung in der Betriebsverfassung, BB 2001, 726; *Löwisch/Wegmann*, Zahlenmäßige Berücksichtigung von Leiharbeitnehmern in Betriebsverfassungs- und Mitbestimmungsrecht (§ 14 Absatz 2 Sätze 4 bis 6 AÜG nF), BB 2017, 373; *Natzel*, Rechtsstellung des freigestellten Betriebsratsmitglieds, NZA 2000, 77; *Niklas*, Freistellung und Teilzeit, AuA 2019, 16; *Rieble*, Leiharbeitnehmer zählen doch?, NZA 2012, 485; *Schneider*, Arbeitsentgelt- und Berufsschutz freigestellter Betriebsratsmitglieder, NZA 1984, 21. S auch die Literatur zu § 37.

Übersicht

	Rn.		Rn.
I. Allgemeines	1	IV. Rechtswirkungen der Freistellung	30
II. Zahl der Freistellungen	5	1. Befreiung von der Arbeitspflicht	30
1. Staffelung nach der Belegschaftsstärke	5	2. Fortzahlung des Arbeitsentgelts und Ausgleichsanspruch	36
2. Abweichende Vereinbarungen	14	3. Entgelt- und Tätigkeitsschutz	42
III. Freistellungsverfahren	16	V. Streitigkeiten	47
1. Auswahl der Freizustellenden	16		
2. Anrufung der Einigungsstelle	21		
3. Abberufung, Ersatzfreistellungen	26		

I. Allgemeines

1 Die in § 38 vorgesehene Freistellung soll im Interesse der Effektivität der BR-Arbeit einzelnen Mitgliedern des BR die Möglichkeit eröffnen, sich **ausschließl mit der Erfüllung der BR-Aufgaben** zu beschäftigen <R: BAG 28.9.2016, 7 AZR 248/14, AP Nr 165 zu § 37 BetrVG 1972>. IdR wird das freigestellte BR-Mitglied von seiner Arbeitspflicht vollständig entbunden (vgl aber Rn 12), sodass es weder nachzuweisen braucht, dass seine Betätigung für den BR iS von § 37 Abs 2 erforderl ist, noch welche Zeit es für die BR-Tätigkeit aufgewandt hat.

2 Die freigestellten BR-Mitglieder sind die hauptsächlichen Ansprechpersonen für die AN des Betriebs. Deshalb haben insbes AN, die einer **Minderheit** angehören, ein erhebliches Interesse daran, unter den Freigestellten ein BR-Mitglied zu finden, dem sie ihre Stimme gegeben und zu dem sie bes Vertrauen haben. Gewährleistet wird dieser Minderheitenschutz durch die Bindung der Auswahl der freizustellenden BR-Mitglieder an den Grds der Verhältniswahl. Seine ursprüngliche Absicht, zur Mehrheitswahl überzugehen, hat der Gesetzgeber angesichts der erhobenen verfassungsrechtl Bedenken <L: *Dütz* DB 2001, 1306; *Löwisch* BB 2001, 726> aufgegeben.

3 Durch das BetrVerf-RG von 2001 hat sich die Zahl der freizustellenden BR-Mitglieder ggü der bisherigen Rechtslage erhöht und insbes festgelegt, dass schon in Betrieben mit

idR 200 AN ein BR-Mitglied freizustellen ist. Auch ist ausdrückl bestimmt worden, dass Freistellungen in Form von Teilfreistellungen erfolgen können (s Rn 12).

Die Freistellung nach § 38 richtet sich nur an Mitglieder des BR. An Mitglieder des GBR oder KBR richtet sich allein die generelle (Teil-)Freistellung nach § 37 Abs 2 <R: BAG 26.9.2018, 7 ABR 77/16, AP Nr 6 zu § 51 BetrVG 1972; BAG 23.5.2018, 7 ABR 14/17, DB 2018, 2377>, sodass die Freistellung hier durch Mehrheitsbeschl und nicht durch Wahl erfolgt <R: BAG 26.9.2018, 7 ABR 77/16, AP Nr 6 zu § 51 BetrVG 1972>. 4

II. Zahl der Freistellungen

1. Staffelung nach der Belegschaftsstärke

Das Gesetz hat die Zahl der freizustellenden BR-Mitglieder nach der **Belegschaftsstärke** gestaffelt. Maßgebend ist die Zahl der betriebsangehörigen AN. Zu diesen zählen auch die in § 5 Abs 1 S 3 genannten Personen <R: BAG 15.12.2011, 7 ABR 65/10, AP Nr 77 zu § 5 BetrVG 1972>. Ebenfalls mitzuzählen sind nach § 14 Abs 2 S 4 AÜG LeihAN, zu denen auch überlassene DRK-Schwestern gehören <R: BAG 21.2.2017, 1 ABR 62/12, BB 2017, 1081>. Sog. Ein-Euro-Jobber iSd § 16d Abs 1 SGB II zählen nicht mit <L: *Fitting* Rn 9; GK/*Weber* Rn 12>. Ob auch Mitarbeiter iSd § 16i Abs 1 SGB II mitzuzählen sind, ist noch nicht abschließend geklärt, aufgrund des Arbeitnehmerstatuts und ihrer regelmäßigen Eingliederung in den Betrieb aber anzunehmen <R: LAG Hamm 3.12.2019, 7 TaBV 57/19, juris>. 5

Maßgebend ist nach Abs 1 S 1 die **regelmäßige** Belegschaftsstärke. Abzustellen ist auf die Zahl der AN, die für den Betrieb im Allg kennzeichnend ist. Werden AN nicht ständig, sondern lediglich zeitweilig beschäftigt, kommt es für die Frage der regelmäßigen Beschäftigung mithin darauf an, ob sie normalerweise während des größten Teils des Jahres beschäftigt werden <R: BAG 16.11.2004, 1 AZR 642/03, EzA § 111 BetrVG 2001 Nr 2>. Dementspr sind **LeihAN** nur in dem Umfang zu zählen, wie ihre Beschäftigung die Stärke der Belegschaft während des größten Teils des Jahres bestimmt <R: BAG 2.8.2017, 7 ABR 51/15, AP Nr 36 zu § 38 BetrVG 1972; BAG 18.1.2017, 7 ABR 60/15, BB 2017, 1853. L: *Löwisch/Wegmann* BB 2017, 373>. Beschäftigt ein Einzelhandelsbetrieb nur in den verkaufsstarken fünf Monaten des Jahres LeihAN, erhöhen diese die nach § 38 Abs 1 maßgebende ANzahl nicht. Auch in Saisonbetrieben zählen die nur für die Saison eingestellten AN nicht zu den idR Beschäftigten <R: BAG 16.11.2004, 1 AZR 642/03, EzA § 111 BetrVG 2001 Nr 2>. 6

Auf den Umfang der Beschäftigung der betriebsangehörigen AN kommt es nicht an <R: LAG Hamm 27.3.1996, 3 TaBV 70/95, LAGE § 38 BetrVG 1972 Nr 8>. Vorschläge, Teilzeitbeschäftigte nur entspr dem Umfang ihrer Beschäftigung zu berücksichtigen, haben sich im Zuge des Erlasses des BetrVerf-RG von 2001 nicht durchsetzen können. 7

Da für den Umfang der Freistellungen die Anzahl der zu vertretenden AN maßgeblich ist, richtet sich die Zahl der Freizustellenden nicht nach der Anzahl der am Tag der BR-Wahl, sondern nach der der **jeweils** im Betrieb regelmäßig beschäftigten AN. Wird die Anzahl der im Betrieb regelmäßig beschäftigten AN nicht nur vorübergehend erhöht, können uU zusätzliche BR-Mitglieder freigestellt werden <R: LAG Rh-Pf 14.5.2013, 6 SaGa 2/13, juris; L: *Fitting* Rn 15; ErfK/*Koch* Rn 1; Richardi/*Thüsing* Rn 11>. Sinkt die Belegschaftsstärke auf Dauer, etwa durch Betriebseinschränkungen, ist grds eine entspr 8

§ 38 Freistellungen

Zahl von Freistellungen rückgängig zu machen <**R**: ArbG Hagen 18.12.1974, 1 BV 22/ 74, DB 1975, 699; **L**: GK/*Weber* Rn 22; einschränkend *Fitting* Rn 15; ErfK/*Koch* Rn 1; aA HWGNRH/*Glock* Rn 13>.

9   Die in Abs 1 für die verschiedenen Belegschaftsstärken festgesetzten Zahlen freizustellender BR-Mitglieder sind nach dem Wortlaut des Gesetzes **Mindestgrößen**. Der BR kann daher auf der Grundlage des § 37 Abs 2 über die Mindeststaffel hinaus die Freistellung weiterer BR-Mitglieder beschließen. Voraussetzung ist, dass weitere Freistellungen zur ordnungsgemäßen Durchführung der BR-Aufgaben erforderl sind <**R**: BAG 16.1.1979, 6 AZR 683/76, BB 1979, 1772>. Das ist der Fall, wenn die BR-Aufgaben trotz der schon erfolgten Freistellungen innerhalb der betriebsüblichen Arbeitszeit nicht ordnungsgem erledigt werden können <**R**: BAG 26.7.89, 7 ABR 64/88, BB 1990, 1272>. Begehrt der BR die Freistellung eines weiteren BR-Mitglieds für die gesamte Amtszeit, muss die Freistellung auch für die gesamte Amtszeit erforderl sein <**R**: BAG 26.7.89 aaO>, Rn 11.

10   Unabhängig von der Mindeststaffel des Abs 1 können auf der Grundlage des § 37 Abs 2 auch die BR **kleinerer Betriebe** mit bis zu 200 regelmäßig beschäftigten AN die Freistellung eines BR-Mitglieds beschließen, wenn dies zur ordnungsgem Durchführung der BR-Aufgaben erforderl ist und regelmäßig BR-Arbeit in einem Umfang anfällt, der einer Pauschalierung zugänglich ist <**R**: BAG 13.11.1991, 7 ABR 5/91, BB 1992, 636>, § 37 Rn 38.

11   Die **zeitweilige Verhinderung eines freigestellten BR-Mitglieds**, etwa durch Urlaub oder Krankheit, hebt dessen Freistellung nicht auf. Kurzfristige Verhinderungen sind in der Staffel des Abs 1 mitberücksichtigt; ein anderes BR-Mitglied kann grds nicht ersatzweise freigestellt werden <**R**: BAG 22.5.1973, 1 ABR 26/72, BB 1973, 1305>. Ein weiteres BR-Mitglied kann nur dann nach § 37 **Abs 2** freigestellt werden, wenn dessen Freistellung angesichts der Dauer der Verhinderung des freigestellten BR-Mitglieds, der Anzahl der insgesamt Freigestellten und nach Art, Organisation und räumlicher Lage der Betriebsstätten erforderl ist, um eine sachgerechte Durchführung der BR-Tätigkeit zu gewährleisten <**R**: BAG 9.7.1997, 7 ABR 18/96, EzA § 37 BetrVG 1972 Nr 137>. Entspr gilt, wenn ein freigestelltes BR-Mitglied infolge seiner Zugehörigkeit zum GBR verhindert ist <**R**: BAG 12.2.1997, 7 ABR 40/96, EzA § 38 BetrVG 1972 Nr 16>.

12   Nach Abs 1 S 3 können Freistellungen auch in Form von **Teilfreistellungen** erfolgen. Diese kommt sowohl in Betracht, wenn der BR sich aus organisatorischen Gründen für diesen Weg entscheidet, wie dann, wenn einzelne BR-Mitglieder ihre Arbeit nicht vollständig aufgeben wollen. Die Wahl von teilweise freizustellenden BR-Mitgliedern erfordert keinen vorherigen Beschluss des BR darüber, ob und in welchem Umfang Teilfreistellungen vorgenommen werden <**R**: BAG 24.3.2021, 7 ABR 6/20, BB 2021, 2491>. Die Bestimmung der teilfreizustellenden BR-Mitglieder erfolgt nach den Wahlgrundsätzen des Abs 2 (Rn 16f). Einwände gg die Teilfreistellung kann der AG nur iR des Freistellungsverf gem Abs 2 S 4 geltend machen (Rn 21).

13   Nach Abs 1 S 4 dürfen die Teilfreistellungen zusammengenommen nicht den Umfang der Freistellungen nach den S 1 und 2 überschreiten. Dabei ist von einer konkreten Betrachtungsweise auszugehen: Der die Obergrenze darstellende Umfang bestimmt sich nach der Arbeitszeit des freizustellenden BR-Mitglieds. Ist dieses mit der Hälfte der betriebsüblichen Arbeitszeit Teilzeitbeschäftigter, führt seine Freistellung zur Hälfte dazu, dass ein weiteres teilzeitbeschäftigtes BR-Mitglied wiederum zur Hälfte freigestellt werden kann,

während ein vollzeitbeschäftigtes BR-Mitglied nur zu einem Viertel freigestellt werden kann. Mit dieser konkreten Betrachtungsweise wird dem Umstand Rechnung getragen, dass das Gesetz den Gesamtumfang der Freistellungen in den S 1 und 2 nicht abstrakt nach Vollzeitarbeitsplätzen, sondern konkret nach den BR-Mitgliedern, die freigestellt werden, bestimmt <L: aA die hM: *Greßlin* S 170ff; *Fitting* Rn 12b; Richardi/*Thüsing* Rn 14; jetzt auch GK/*Weber* Rn 40>.

2. Abweichende Vereinbarungen

In **TV oder BV** können anderweitige Regelungen über die Freistellungen getroffen werden (Abs 1 S 5). Solche BV können nur freiw abgeschlossen und nicht über die ES erzwungen werden. Der Begriff „anderweitig" ist weit auszulegen. Eine anderweitige Regelung kann auch durch Regelungsabrede getroffen werden. Abs 1 S 5 ist insoweit nicht abschließend <R: LAG Köln 7.10.2011, 4 TaBV 52/11, juris>. Auch ein Tarifvertrag kann hier nicht durch Arbeitskampf erzwungen werden <L: GK/*Weber* Rn 42; Richardi/*Thüsing* Rn 22; MünchArbR/*Krois* § 295 Rn 128; *aA Fitting* Rn 31; DKW/*Wedde* Rn 27>. 14

TV, BV und Regelungsabreden nach Abs 1 S 5 können mehr oder weniger Freistellungen zulassen als in Abs 1 S 1 und 2 vorgesehen <R: BAG 11.6.1997, 7 ABR 5/96, EzA § 38 BetrVG 1972 Nr 17> und regeln, ob und in welcher Form BR-Mitglieder nur teilweise freigestellt werden, oder auch für Betriebe mit weniger als 200 regelmäßig beschäftigten AN Bestimmungen über pauschalierte Freistellungen treffen. Derartige TV oder BV müssen § 75 Abs 1 beachten und dürfen deshalb BR-Mitglieder, die einer Minderheitsgewerkschaft angehören, nicht generell ausschalten <R: LAG BaWü 14.12.2016, 4 TaBV 10/16, juris; ArbG Stuttgart 30.11.2006, 28 BV 149/06, juris; L: *Klein* S 423ff>. 15

III. Freistellungsverfahren

1. Auswahl der Freizustellenden

Nach Abs 2 S 1 werden die freizustellenden BR-Mitglieder vom BR **geheim** nach den Grundsätzen der **Verhältniswahl** gewählt. Die Freistellung setzt das Einverständnis des betroffenen BR-Mitglieds voraus <R: LAG Nürnberg 17.12.2020, 4 TaBV 11/20, juris>, weshalb es sinnvoll ist, dieses vor der Wahl einzuholen oder mit der Kandidatur zu verknüpfen. Rechtlich zwingend ist das jedoch nicht; das Einverständnis kann auch nach der Wahl erklärt werden. Die Verhältniswahl wird analog § 15 WO nach dem Höchstzahlsystem durchgeführt <R: BAG 11.3.1992, 7 ABR 50/91, DB 1992, 1887; dazu § 27 Rn 5>. Wird nur ein Wahlvorschlag gemacht, findet nach Abs 2 S 2 **Mehrheitswahl** statt, sodass die Freizustellenden in der Reihenfolge der auf sie entfallenden Stimmen gewählt sind, bis die nach Abs 1 maßgebende Anzahl erreicht ist. Ist nur ein BR-Mitglied freizustellen, wird dieses mit einfacher Stimmenmehrheit gewählt (Abs 2 S 2 Hs 2). Wird hingegen jedes freizustellende Mitglied in getrennten Wahlgängen gewählt, führt dies zur Nichtigkeit der gesamten Wahl <R: LAG Köln 13.5.2020, 11 TaBV 28/19, juris>. Auch die Durchführung der Freistellungswahl in getrennten Wahlgängen nach Gruppen der Beamten und Arbeitnehmer widerspricht dem mit der Anordnung der Verhältniswahl verfolgten Zweck, gewerkschaftliche Minderheiten im BR stärker zu schützen <R: BAG 20.6.2018, 7 ABR 48/16, AP Nr 40 zu § 38 BetrVG 1972>. 16

§ 38 Freistellungen

17 Die freizustellenden BR-Mitglieder müssen in **einem Wahlgang** bestimmt werden. Getrennte Wahlgänge nach Standorten eines einheitl Betriebes sind unzulässig <**R**: LAG Köln 13.5.2020, 11 TaBV 28/19, juris; ArbG Ddf 23.9.2004, 11 BV 84/04, ZBVR 2005, 34 mit zust Anmerkung *Ilbertz*>. Der Grds der Wahl in einem Wahlgang gilt auch, wenn auf Grundlage eines TV oder einer BV oder mit Zustimmung des AG eine größere als in Abs 1 vorgesehene Zahl von BR-Mitgliedern freigestellt wird: diese Freistellungen sind zusammen mit den Mindestfreistellungen in einem Wahlgang vorzunehmen <**R**: Hess LAG 1.8.1991, 12 TaBV 40/91, juris>. Werden die die freizustellenden BR-Mitglieder einzeln in ihrer Zahl entsprechenden Wahlgängen gewählt, sind diese Beschlüsse analog § 19 anfechtbar; ggf. sogar nichtig <**R**: LAG Köln 13.5.2020, 11 TaBV 28/19, juris>. Gleiches gilt, wenn zunächst der Vors und sein Stellv in einem Wahlgang und dann in einem weiteren die anderen BR-Mitglieder freigestellt werden <**R**: vgl LAG Nbg 17.12.1990, 7 TaBV 16/90, LAGE § 38 BetrVG 1972 Nr 5>.

18 Erhöht sich die Anzahl der freizustellenden BR-Mitglieder während der laufenden Amtszeit des BR, müssen alle freizustellenden BR-Mitglieder in einem neuen einheitl Wahlgang gewählt werden, wenn die ursprüngliche Freistellungswahl nach dem Grds der Verhältniswahl erfolgt war, weil nur so der mit der Verhältniswahl bezweckte Minderheitenschutz erreicht werden kann; einer vorherigen Abberufung der bisher Freigestellten bedarf es dazu nicht <**R**: BAG 20.4.2005, 7 ABR 47/04, EzA § 38 BetrVG 2001 Nr 3>. Gleiches gilt, wenn sich die Anzahl der freizustellenden BR-Mitglieder in einer Amtszeit verringert <**L**: Richardi/*Thüsing* Rn 14; *aA Fitting* Rn 17: Aufhebung der Freistellung des letzten bei der Wahl noch berücksichtigten Bewerbers>.

19 Die Wahl der freizustellenden BR-Mitglieder ist nach Abs 2 S 1 **vorher mit dem AG zu beraten**. Die Beratung muss mit dem gesamten BR, nicht nur mit einzelnen BR-Mitgliedern erfolgen <**R**: BAG 29.4.1992, 7 ABR 61/91, NZA 1993, 375>. Dem AG müssen die Wahlvorschläge zur Kenntnis gebracht werden, damit er etwaige betriebl begründete Einwendungen vorbringen kann. Nach erfolgter Wahl hat der BR dem AG die Namen der Freizustellenden bekannt zu geben (Abs 2 S 3). Unterbleibt die Beratung, so ist die Auswahl der freizustellenden BR-Mitglieder durch den BR für den AG nach der Rspr des BAG dennoch bindend. Bei der Beratung handelt es sich um keine wesentliche Verfahrensvorschrift, die zur Anfechtung der Wahl berechtigen würde. Der AG muss die Einigungsstelle anrufen, um zu verhindern, dass sein Einverständnis mit den Freistellungen iSd Abs 2 S 7 als erteilt gilt <**R**: BAG 22.11.2017, 7 ABR 26/16, DB 2018, 967; **L**: GK/ *Weber* Rn 57>.

20 Abs 2 gilt nur für die nach Abs 1 freizustellenden BR-Mitglieder, also die in Abs 1 S 1 und 2 festgelegte sowie für die aufgrund eines TV oder einer BV nach Abs 1 S 5 erhöhte oder verringerte Anzahl. Nach **§ 37 Abs 2** freigestellte BR-Mitglieder (Rn 25) sind dagg nicht nach Abs 2, sondern **durch einfachen Beschluss** des BR auszuwählen.

2. Anrufung der Einigungsstelle

21 Hält der AG eine Freistellung für sachl nicht vertretbar, kann er gem Abs 2 S 4 innerhalb einer Ausschlussfrist von 2 Wochen nach der Bekanntgabe die **ES anrufen**. Die Frist ist gewahrt, wenn der Antrag des AG, eine ES zu bilden, vor Fristablauf beim BR eingegangen ist, oder der AG das Tätigwerden der ständigen ES beim ES-Vors beantragt hat. Ver-

III. Freistellungsverfahren § 38

säumt der AG die Frist, wird der Freistellungsbeschluss nach Abs 2 S 7 mit Fristablauf wirksam.

Die **Entscheidungsbefugnis der ES** erstreckt sich darauf, ob der BR bei der Auswahl der 22 Freizustellenden sachl Gesichtspunkte, insbes betriebl Notwendigkeiten, hinreichend berücksichtigt hat. Das ist zu verneinen, wenn der BR ungeachtet der möglichen Beeinträchtigungen des Betriebsablaufs eine wichtige Schlüsselkraft freistellt oder die Funktionsfähigkeit einer Abteilung oder Arbeitsgruppe wg mehrerer Freistellungen beeinträchtigt wird. Auch die ES muss § 75 Abs 1 beachten <**R**: ArbG Stuttgart 30.11.2006, 28 BV 149/06, juris>.

Bei Teilfreistellungen ist einerseits zu entscheiden, ob sich die Reduzierung der Arbeits- 23 tätigkeit auf einen Teil des bisherigen Umfangs mit den betriebl Notwendigkeiten, etwa dem Betriebsablauf in einem Produktionsbetrieb, überhaupt vereinbaren lässt. Zum anderen müssen auch etwaige Meinungsverschiedenheiten über die zeitliche Lage der Freistellung nach Maßgabe der betriebl Notwendigkeiten von der ES entschieden werden.

Der Spruch der ES **ersetzt die Einigung zw AG und BR** (Abs 2 S 5). Bestätigt die ES 24 die Bedenken des AG, hat sie ein anderes freizustellendes BR-Mitglied zu bestimmen. Die ES muss dabei nach Abs 2 S 6 auch den mit der Verhältniswahl beabsichtigten Minderheitenschutz des Abs 2 S 1 beachten. Das bedeutet idR, dass anstelle des gewählten ein BR-Mitglied freizustellen ist, welches demselben Wahlvorschlag angehört wie das gewählte. Nur wenn kein BR-Mitglied diese Voraussetzung erfüllt, kann die ES auf ein anderes BR-Mitglied zurückgreifen.

Auch das in Abs 2 S 4 bis 7 vorgesehene ES-Verf gilt nur für die nach Abs 1 im Wahlverf 25 nach Abs 1 S 1 bis 3 freizustellenden BR-Mitglieder, dagg **nicht** für BR-Mitglieder, die nach § **37 Abs 2** freigestellt werden (Rn 20 und § 37 Rn 39).

3. Abberufung, Ersatzfreistellungen

Für die **Abberufung** von freigestellten BR-Mitgliedern gilt § 27 Abs 1 S 5 entspr (Abs 2 26 S 8): Nur eine 3/4-Mehrheit des BR bzw der Gruppe kann ein freigestelltes BR-Mitglied abberufen. Werden **alle** freigestellten BR-Mitglieder abberufen und neu gewählt, genügt eine einfache Mehrheit, weil der Gesichtspunkt des Minderheitenschutzes entfällt <**R**: BAG 29.4.1992, 7 ABR 61/91, NZA 1993, 375>. Gleiches gilt, wenn die Freistellung im Wege der Mehrheitswahl erfolgt ist, weil nur ein Wahlvorschlag vorlag <**R**: LAG Ddf 26.10.2007, 9 TaBV 54/07, juris>.

In der Entscheidung über die Freistellung ist der BR grds frei, doch muss er die Grenzen 27 des **Rechtsmissbrauchs** beachten. Dass ein freigestelltes BR-Mitglied abberufen wird, weil es die Wahl des BR angefochten hat, ist noch nicht rechtsmissbräuchlich <**R**: ArbG Saarlouis 11.12.2006, 3 BV 9/06 AuR 2007, 284>.

Ist ein freizustellendes BR-Mitglied aus dem BR ausgeschieden, abberufen worden oder 28 hat es auf die Freistellung verzichtet, muss der Kreis der freigestellten BR-Mitglieder **ergänzt** werden. War das zu ersetzende BR-Mitglied im Wege der **Verhältniswahl** freigestellt worden, rückt analog § 25 Abs 2 S 1 ein BR-Mitglied aus der Vorschlagsliste nach, der das bisher freigestellte angehörte <**R**: BAG 25.4.2001, 7 ABR 26/00, NZA 2001, 977; **L**: wie hier *Fitting* Rn 50; GK/*Weber* Rn 85; **aA** Richardi/*Thüsing* Rn 47a: Nach-

§ 38 Freistellungen

wahl nach dem Grds der Verhältniswahl>. Nur wenn sämtliche Bewerber dieser Liste gewählt worden waren oder sonst kein Ersatzmitglied mehr zur Verfügung steht, muss eine Freistellungsnachwahl durchgeführt werden: Neu zu wählen sind dann nicht alle, sondern nur das ersatzweise freizustellende BR-Mitglied, und zwar im Wege der Mehrheitswahl <**R:** BAG 21.2.2018, 7 ABR 54/16, AP Nr 39 zu § 38 BetrVG 1972; BAG 28.10.1992, 7 ABR 2/92, BB 1993, 1658; BAG 14.11.2001, 7 ABR 31/00, BB 2002, 1318; **L:** GK/*Weber* Rn 86; **aA** *Fitting* Rn 53 f: Wechsel zu der Liste, auf die das nächste freizustellende BR-Mitglied entfallen wäre>.

29 War das zu ersetzende BR-Mitglied im Wege der **Mehrheitswahl** gewählt worden, rückt das der betreffenden Gruppe angehörende Mitglied mit der nächsthöchsten Stimmenzahl nach.

IV. Rechtswirkungen der Freistellung

1. Befreiung von der Arbeitspflicht

30 Die Freistellung befreit die betreffenden BR-Mitglieder nur von der Verpflichtung zur Arbeitsleistung, **nicht** auch von den **sonstigen Pflichten aus dem Arbeitsverhältnis**, insbes nicht von den Regelungen über die Ordnung im Betrieb und das Verhalten der AN. Anstelle der Arbeitspflicht tritt die Verpflichtung des freigestellten BR-Mitglieds, während seiner arbeitsvertraglichen Arbeitszeit im Betrieb am Sitz des BR anwesend zu sein und sich dort für anfallende BR-Arbeit bereitzuhalten <**R:** BAG 25.10.2017, 7 AZR 731/15, juris; BAG 28.9.2016, 7 AZR 248/14, AP Nr 165 zu § 37 BetrVG 1972>. Mit der Freistellung kann sich daher der Arbeitsort (Leistungsort) ändern, wenn der bisherige Arbeitsort nicht identisch mit dem Sitz des BR ist. Dadurch entstehende höhere Fahrtkosten sind nicht zu ersetzen <**R:** BAG, 13.6.2007, 7 ABR 62/06, AP Nr 31 zu § 38 BetrVG 1972; LAG Nürnberg 6.5.2009, 4 TaBV 18/08, juris>. Soweit das freistellte BR-Mitglieder den Betrieb für BR-Aufgaben verlassen muss, hat es den AG von der voraussichtlichen Dauer der BR-Tätigkeit zu unterrichten <**R:** BAG 24.2.2016, 7 ABR 20/14, AP Nr 34 zu § 38 BetrVG 1972>. Nicht mitteilen muss das freigestellte BR-Mitglied den Ort der beabsichtigten BR-Tätigkeit <**R:** BAG 24.2.2016, 7 ABR 20/14, aaO>.

31 Die eben dargestellten Grundsätze gelten auch in Zeiten von Homeoffice. Durch eigenwillige BR-Tätigkeit im Homeoffice wird die Anwesenheitspflicht missachtet, was nicht nur zum Entfall der Fortzahlung des Arbeitsentgelts führt, sondern auch arbeitsvertragliche Konsequenzen nach sich ziehen kann <**R:** BAG 22.8.1974, 2 ABR 17/74, BB 1974, 1578; ausführlich LAG Mainz 28.4.2021, 7 TaBV 9/20>, Rn 35.

32 Das freigestellte BR-Mitglied muss grds die betriebsübliche Arbeitszeit einhalten und die entspr Zeiterfassungsgeräte benutzen. Sind die freigestellten BR-Mitglieder von einer betriebl Gleitzeitregelung ausgenommen, sind sie im Regelfall verpflichtet, die betriebsübliche wöchentliche Arbeitszeit dem Umfang nach einzuhalten und ihre Anwesenheitszeiten im Betrieb vernünftig einzuteilen, iÜ aber an feste Arbeitszeiten nicht gebunden <**R:** LAG Ddf 26.5.1993, 18 Sa 303/93, LAGE § 38 BetrVG 1972 Nr 6>.

33 Für sie gelten auch die Urlaubsregelungen, die anzuwenden wären, wenn sie nicht freigestellt wären <**R:** BAG 20.8.2002, 9 AZR 261/01, EzA § 38 BetrVG 2001 Nr 1>.

Ein gemäß § 38 BetrVG freigestelltes BR-Mitglied gilt infolge einer ärztlich **attestierten** 34
Arbeitsunfähigkeit als verhindert iSd § 25 Abs 1 S 2 BetrVG <**R:** BAG 28.7.2020, 1
ABR 5/19, BB 2020, 2619>. Während die krankheitsbedingte Arbeitsunfähigkeit eines
BR-Mitglieds nicht notwendigerweise eine Verhinderung darstellt, ist das bei einem nach
§ 38 Abs 1 BetrVG freigestellten BR-Mitglied stets der Fall, sofern eine vom Arzt attestierte Arbeitsunfähigkeit vorliegt, da es in diesem Fall dem freigestellten BR-Mitglied –
nachgewiesen – krankheitsbedingt unmöglich ist, seine Amtspflichten auszuüben. Zu
einem anderen Ergebnis kommt man, wenn man die Arbeitsunfähigkeit nicht als subjektive Unmöglichkeit iSd § 275 Abs 1, sondern als Unzumutbarkeit iSd § 275 Abs 2 BGB
versteht <**L:** etwa Staudinger/*Caspers* § 275 BGB Rn 113>. Danach ist eine Verhinderung nur anzunehmen, soweit das BR-Mitglied sein Amt aufgrund von Krankheit tatsächlich nicht wahrnimmt.

Verletzt das freigestellte BR-Mitglied seine Verpflichtung, sich für die BR-Aufgaben 35
während der betriebsüblichen Arbeitszeit bereitzuhalten, entfällt sein Anspruch auf das
Arbeitsentgelt. Der Anspruch auf Arbeitsentgelt entfällt auch für die Zeiträume, in denen
das BR-Mitglied Tätigkeiten ausübt, die zur ordnungsgem Durchführung der BR-Aufgaben nicht erforderl sind. Deshalb muss der AG einem freigestellten BR-Mitglied keinen
Lohn für die Zeit zahlen, in welcher das BR-Mitglied bei einer Gerichtsverhandlung zuhört, die nicht die eigentl BR-Tätigkeit betrifft <**R:** BAG 31.5.89, 7 AZR 277/88, BB
1990, 491>. In dem Verstoß gg die Pflicht, sich während der betriebsüblichen Arbeitszeit
für die BR-Aufgaben bereitzuhalten, kann sowohl eine grobe Amtspflichtverletzung iS
von § 23 Abs 1 als auch eine Arbeitsvertragspflichtverletzung liegen <**R:** BAG
22.8.1974, 2 ABR 17/74, BB 1974, 1578; GK/*Weber* Rn 92>.

2. Fortzahlung des Arbeitsentgelts und Ausgleichsanspruch

Entspr dem Lohnausfallprinzip hat das freigestellte BR-Mitglied Anspruch auf das Ar- 36
beitsentgelt, das es bei **Ausübung seiner beruflichen Tätigkeit erhalten würde**, also
auf das normale Entgelt einschließl aller Zulagen und Zuschläge, soweit sie mit der Arbeitsleistung zusammenhängen (§ 37 Abs 2, dort Rn 52). Ist der Arbeitsplatz des freigestellten BR-Mitglieds ersatzlos weggefallen, hat es Anspruch auf Arbeitsentgelt in der
Höhe, das vergleichbare AN mit betriebsüblicher Entwicklung erhalten <**R:** BAG
17.5.1977, 1 AZR 458/74, DB 1977, 1562>.

Leisten die dem BR-Mitglied vergleichbaren AN, etwa seine früheren Arbeitskollegen, in 37
seiner Abteilung oder Arbeitsgruppe **Mehrarbeit**, hat das freigestellte BR-Mitglied Anspruch auf die Mehrarbeitsvergütung, wenn es ohne die Freistellung Mehrarbeit geleistet
hätte <**R:** BAG 12.12.2000, 9 AZR 508/99, DB 2001, 875; **L:** Richardi/*Thüsing* Rn 54;
Fitting Rn 88; GK/*Weber* Rn 98>. Über seine Arbeitszeit hinausgehende Mehrarbeit als
BR ist nicht zu vergüten; nur wenn dem BR-Mitglied für solche zusätzlichen Tätigkeiten
aus betriebsbedingten Gründen kein Freizeitausgleich gewährt werden kann, ist die aufgewendete Zeit wie Mehrarbeit zu vergüten (Rn 40).

Kurzarbeit vergleichbarer AN beeinträchtigt den Entgeltanspruch des freigestellten BR- 38
Mitglieds nicht <**R:** LSG Bayern 14.11.1978, L 5/Al 8/78, bei *Breithaupt*, Sammlung von
sozialrechtl Entscheidungen, 1979, 657>.

§ 38 Freistellungen

39 Soweit das freigestellte BR-Mitglied seine Aufgaben aus betriebl Gründen nur außerhalb der betriebsüblichen Arbeitszeit erfüllen kann, hat es gem § 37 Abs 3 S 1 und 2 Anspruch auf entspr **Freizeitausgleich**. Dies gilt auch, wenn das BR-Mitglied während einer Zeit tätig ist, zu der die Arbeit iÜ ruht, etwa iF von Werksferien oder in einer Schule während der Schulferien <**R:** im Ergebnis ebenso LAG Hamm 2.7.1997, 3 Sa 903/97, AiB 1998, 404, welches sich auf § 78 S 2 stützt>.

40 Eine **Abgeltung des Freizeitausgleich**s nach § 37 Abs 3 S 3 wird beim freigestellten BR-Mitglied in der Regel nur selten in Betracht kommen. Zum einen müsste es nachweisen, dass aus betriebsbedingten Gründen die BR-Tätigkeit außerhalb seiner durch die Bindung an die tägliche Arbeitszeit bestimmte Betriebsanwesenheit durchzuführen war und zum anderen müsste es darlegen, dass eine ordnungsgemäße Erledigung der BR-Arbeit es unmöglich macht, einen Freizeitausgleich innerhalb eines Monats durchzuführen. Die zeitliche Lage des Freizeitausgleichs kann das BR-Mitglied, weil es nicht in das Betriebsgeschehen eingegliedert ist, grds selbst bestimmen <**R:** BAG 12.12.2000, 9 AZR 508/99, DB 2001, 875. **L:** ebenso Richardi/*Thüsing* Rn 55; *Fitting* Rn 81; DKW/*Wedde* Rn 69>.

41 Für den Anspruch freigestellter BR-Mitglieder auf bezahlten Freizeitausgleich wg Teilnahme an Schulungs- und Bildungsveranstaltungen, gilt das in § 37 Rn 92ff Gesagte.

3. Entgelt- und Tätigkeitsschutz

42 Das **Arbeitsentgelt** der freigestellten BR-Mitglieder ist über ihre Amtszeit hinaus für ein weiteres Jahr dem Arbeitsentgelt vergleichbarer AN des Betriebes mit betriebsüblicher beruflicher Entwicklung anzupassen (§ 37 Abs 4). Der Nachwirkungszeitraum von einem Jahr verlängert sich nach Abs 3 für BR-Mitglieder, die für drei volle aufeinander folgende Amtsperioden freigestellt waren, auf zwei Jahre.

43 Daraus kann sich eine Erhöhung des Arbeitsentgelts infolge eines (fiktiven) Beförderungsanspruchs des freigestellten BR-Mitglieds ergeben <**R:** BAG 20.1.2021, 7 AZR 52/20, BB 2021, 1787; BAG 22.1.2020, 7 AZR 222/19, AP Nr 175 zu § 37 BetrVG 1972>. Für eine solche Entgelterhöhung aufgrund fiktiver Beförderung reicht es nicht, wenn das BR-Mitglied vorträgt, die Beförderung auf eine höher bezahlte Stelle wäre ohne das BR-Amt möglich und wahrscheinlich gewesen; vielmehr hätte sie ohne BR-Amt tatsächlich erfolgen müssen <**R:** BAG 20.1.2021, 7 AZR 52/20, BB 2021, 1787>. Auch hier räumt das BAG dem BR-Mitglied eine abgestufte Darlegungs- und Beweislast ein <**R:** BAG 20.1.2021, aaO>. Nach Auffassung des LAG Sachsen <v 2.8.2021, 1 Sa 321/20, BB 2022, 1271> sind die Grundsätze der Darlegungs- und Beweislast auch auf das Auswahlverfahren zur Stellenbesetzung nach betrieblicher Umstrukturierung entsprechend anwendbar.

44 Sind BR-Mitglieder nur teilweise von ihrer Arbeitsleistung freigestellt (Rn 12), dürfen sie gem § 37 Abs 5 während ihrer Amtszeit nur mit **Tätigkeiten** beschäftigt werden, die vergleichbare AN mit betriebsüblicher beruflicher Entwicklung ausüben, soweit eine andere Beschäftigung nicht durch zwingende betriebl Notwendigkeiten bedingt wird (§ 37 Rn 89). Dasselbe gilt für alle freigestellten BR-Mitglieder für ein Jahr nach Ablauf der Freistellung. Dieser Tätigkeitsschutz wird auf zwei Jahre nach Ablauf der Amtszeit verlängert, wenn ein BR-Mitglied für drei volle Amtszeiten nacheinander freigestellt war.

45 Nach § 38 freigestellte BR-Mitglieder haben nach Ende ihrer Amtszeit dann keinen Anspruch auf eine gleichwertige Tätigkeit, wenn zwingende betriebliche Notwendigkeiten

der Zuweisung einer solchen Tätigkeit entgegenstehen. Das ist etwa der Fall, wenn ein gleichwertiger Arbeitsplatz fehlt oder wenn das BR-Mitglied nicht mehr die notwendige Qualifikation für die Tätigkeit besitzt, weil es während der Amtszeit den Anschluss an seine berufliche Entwicklung verloren hat. Ergibt sich in einem solchen Fall später, aber innerhalb der Frist des Abs 5, die Möglichkeit, den AN auf einem gleichwertigen Arbeitsplatz zu beschäftigen, ist er dorthin zu versetzen <R: Hess LAG 14.8.1986, 12 Sa 1225/85, DB 1987, 442>.

Nach Abs 4 S 1 dürfen freigestellte BR-Mitglieder nicht von betriebl und außerbetriebl **Berufsbildungsmaßnahmen** ausgeschlossen werden. Abs 4 S 1 soll gewährleisten, dass die freigestellten BR-Mitglieder nicht den Anschluss an ihre berufliche Entwicklung verlieren und nach Ende der Freistellung ohne Schwierigkeiten wieder in den Arbeitsprozess eingegliedert werden können. Das Verbot bezieht sich daher vor allem auf Berufsbildungsmaßnahmen, die während des Freistellungszeitraums stattfinden. Abs 4 S 1 bedeutet nicht, dass den freigestellten BR-Mitgliedern bevorzugt eine Teilnahme an Berufsbildungsmaßnahmen ermöglicht werden müsste, sondern konkretisiert lediglich das Benachteiligungsverbot des § 78 S 2: Sie sind hinsichtlich der Teilnahme an beruflichen Bildungsmaßnahmen so zu behandeln, als wären sie nicht freigestellt. Um den freigestellten BR-Mitgliedern den Anschluss an die berufliche Entwicklung zu sichern und eine wegen der Freistellung unterbliebene betriebsübliche berufliche Entwicklung nachzuholen, muss ihnen gem Abs 4 S 2 aber innerhalb eines Jahres nach Beendigung der Freistellung bevorzugt die Teilnahme an Weiterbildungsmaßnahmen ermöglicht werden. Das gilt auch dann, wenn das BR-Mitglied nach seiner Freistellung, weiterhin dem BR angehört <L: GK/*Weber* Rn 114; DKW/*Wedde* Rn 85>. Der Anspruch besteht grds ohne Rücksicht auf die Dauer der Freistellung. Eine Ausnahme ist dann zu machen, wenn die Freistellung so kurz war, dass sich keine Auswirkung auf die Berufliche Entwicklung haben konnte <L: in die Richtung *Fitting* Rn 100>. Für BR-Mitglieder, die für drei volle aufeinanderfolgende Amtszeiten freigestellt waren, erhöht sich dieser Zeitraum auf insgesamt zwei Jahre. 46

V. Streitigkeiten

Streitigkeiten, die sich aus der **Freistellung** von BR-Mitgliedern ergeben, etwa über Anzahl und Personen der Freizustellenden, den Minderheitenschutz und die Erforderlichkeit zusätzlicher Freistellungen nach § 37 Abs 2, werden vom ArbG im Beschlussverf nach § 2a Abs 1 Nr 1 ArbGG entschieden. Entscheidungen der **ES** nach Abs 2 S 5 unterliegen der arbg Rechtskontrolle gem § 76 Abs 5 S 4 und Abs 7. 47

Die Wahl der freizustellenden BR-Mitglieder kann analog § 19 Abs 2 innerhalb von 2 Wochen nach Feststellung des Wahlergebnisses durch den BR angefochten werden <R: BAG 20.4.2005, 7 ABR 44/04, EzA § 38 BetrVG 2001 Nr 4>, s auch Rn 13. Antragsberechtigt sind wg ihres Wahlvorschlagsrechts auch die einzelnen BR-Mitglieder <R: BAG 20.4.2005 aaO; LAG Rh-Pf 27.10.2015, 6 TaBV 6/15, juris>. 48

Arbeitsvertragl Ansprüche freigestellter BR-Mitglieder wg Fortzahlung des Arbeitsentgelts, Zuweisung eines minderwertigen Arbeitsplatzes oder Teilnahme an Berufsbildungsmaßnahmen (Rn 42 ff) müssen im Urteilsverf geltend gemacht werden. 49

§ 39 Sprechstunden

(1) Der Betriebsrat kann während der Arbeitszeit Sprechstunden einrichten. Zeit und Ort sind mit dem Arbeitgeber zu vereinbaren. Kommt eine Einigung nicht zustande, so entscheidet die Einigungsstelle. Der Spruch der Einigungsstelle ersetzt die Einigung zwischen Arbeitgeber und Betriebsrat.

(2) Führt die Jugend- und Auszubildendenvertretung keine eigenen Sprechstunden durch, so kann an den Sprechstunden des Betriebsrats ein Mitglied der Jugend- und Auszubildendenvertretung zur Beratung der in § 60 Abs. 1 genannten Arbeitnehmer teilnehmen.

(3) Versäumnis von Arbeitszeit, die zum Besuch der Sprechstunden oder durch sonstige Inanspruchnahme des Betriebsrats erforderlich ist, berechtigt den Arbeitgeber nicht zur Minderung des Arbeitsentgelts des Arbeitnehmers.

Literatur: *Brill*, Für und wider Sprechstunden des Betriebsrats, BB 1979, 1247; *Ohm*, Die Sprechstunde des Betriebsrats, AiB 1996, 407.

1 Der BR entscheidet nach seinem **pflichtgemäßen Ermessen** durch Beschluss über die Einrichtung von Sprechstunden. Der Zustimmung des AG bedarf es hierzu nicht. Der BR ist aber gehalten, bei seiner Entscheidung, ob er Sprechstunden einführen will, die betriebl Verhältnisse und die Zahl der im Betrieb beschäftigten AN zu berücksichtigen.

2 Über **Zeit und Ort** der während der Arbeitszeit stattfindenden Sprechstunden muss der BR mit dem AG eine Vereinbarung in Form einer BV treffen. Die Festlegung der Sprechstundenzeiten umfasst sowohl deren Lage innerhalb der Arbeitszeit wie ihre Dauer. Einigen sich AG und BR nicht über Zeit und Ort der Sprechstunden, entscheidet die ES, deren Spruch die Einigung zw AG und BR ersetzt. Hält der BR die Sprechstunden außerhalb der Arbeitszeit und außerhalb des Betriebs ab, ist eine Einigung mit dem AG darüber nicht erforderl.

3 Der BR entscheidet, in welcher **Form** die Sprechstunden stattfinden und welches seiner Mitglieder sie abhält. Auch eine virtuelle Sprechstunde ist möglich, soweit die Vorgaben des Beschäftigungsdatenschutzes beachtet werden und diese nicht aufgezeichnet wird <L: GK/*Weber* Rn 17, s auch die deklaratorische Regelung in § 45 Abs 3 BPersVG>. Die Mitglieder des BR, denen die Durchführung der Sprechstunden obliegt, sind dafür nach § 37 Abs 2 von der Arbeit freizustellen, soweit sie nicht schon nach § 38 freigestellt sind. Zu den Räumen § 40 Rn 26.

4 Der **Inhalt** der Sprechstunde muss mit dem individuellen Arbeitsverhältnis des beratungssuchenden Arbeitnehmers oder mit seiner Stellung im Betrieb zusammenhängen und in den Aufgabenbereich des BR fallen. Auch die Entgegennahme von Anregungen nach § 80 Abs 1 Nr 3, Beschwerden oder Vorschläge nach § 86a ist möglich.

5 Die **Jugend- und Auszubildendenvertreter**, die wg § 69 keine Sprechstunden abhalten dürfen oder aus anderen Gründen keine eigenen Sprechstunden durchführen, haben nach Abs 2 das Recht, eines ihrer Mitglieder in die Sprechstunde des BR abzuordnen, damit dieses die jugendlichen und die zur Berufsausbildung beschäftigten AN (§ 60 Abs 1) be-

Sprechstunden **§ 39**

raten kann. Die Jugend- und Auszubildendenvertretung entscheidet selbstständig durch Beschluss, ob und ggfs welches ihrer Mitglieder an den BR-Sprechstunden teilnimmt.

Die AN dürfen die Sprechstunde des BR aufsuchen, um ihre Belange mit BR-Mitgliedern zu erörtern. AN, die sich zur Inanspruchnahme von Sprechstunden von ihrem Arbeitsplatz entfernen wollen, müssen sich bei ihrem Vorgesetzten **abmelden** <R: LAG Ddf 9.8.1985, 2 TaBV 40/85, DB 1985, 2463>. Nicht erforderl ist, dass der AN einen Grund für den BR-Besuch angibt. Verweigert der AG oder ein Vorgesetzter dem AN ohne triftigen Grund das Verlassen des Arbeitsplatzes, kann der AN nach entspr Abmeldung auch ohne Genehmigung die Sprechstunde aufsuchen <**L:** GK/*Weber* Rn 33; MünchArbR/ *Krois* § 294 Rn 134; *Fitting* Rn 28; ErfK/*Koch* Rn 3>. Kann sich der AN über eine Frage ohne weiteres auf einfacherem Wege, etwa durch einen Anschlag des BR am schwarzen Brett oder in der Betriebsversammlung, informieren, darf er den BR dagg nicht ohne Genehmigung des AG konsultieren <**R:** LAG Nds 1.7.1986, 6 Sa 122/86, NZA 1987, 33>. 6

Abs 3 verbietet dem AG, das **Arbeitsentgelt** eines AN zu mindern, der durch den Besuch einer BR-Sprechstunde Arbeitszeit versäumt hat: Auch für diese Zeit muss der AG dem AN das volle Entgelt einschließl aller Zuschläge gewähren. Ein Anspruch auf Reisekostenersatz besteht aber nicht. In Betrieben mit räumlich getrennten Betriebsteilen ist es Sache von AG und BR, gem Abs 1 Zeit und Ort der Sprechstunde so zu vereinbaren, dass die AN ohne Schwierigkeiten Zugang zu den Sprechstunden haben. 7

Die AN sind, soweit das erforderl ist, auch berechtigt, den BR **außerhalb der Sprechstunden** aufzusuchen. Nach Auffassung des BAG sind die BR-Mitglieder nicht verpflichtet, den sie aufsuchenden AN auf die Sprechstunden zu verweisen <**R:** BAG 23.6.1983, 6 ABR 65/80, AP Nr 45 zu § 37 BetrVG 1972 mit krit Anm *Löwisch*>. Die AN müssen sich vorher beim AG abmelden; der AG muss die versäumte Arbeitszeit bezahlen. Die BR-Mitglieder können einzelne AN auch außerhalb der Sprechstunden an ihrem Arbeitsplatz aufsuchen, um sich zu informieren (§ 80 Rn 36, auch zur ANbefragung durch den BR). 8

Die Sprechstunde dient nicht der allg Information der AN durch den BR. Vielmehr ist das Sache der Betriebsversammlungen nach §§ 42 ff und kann iÜ über die dem BR zur Verfügung stehenden Informations- und Kommunikationsmittel erfolgen (dazu § 40 Rn 36). Dementspr ist Arbeitszeit, die wg außerhalb von Betriebsversammlungen erfolgenden Informationen, etwa über Tarifverhandlungen, ausfällt, nicht zu vergüten <**R:** ArbG Osnabrück 17.1.1995, 3 Ca 720/94, NZA 1995, 1013>. 9

Zum Aufsuchen der Sprechstunden berechtigt sind nach § 14 Abs 2 S 2 AÜG auch die im Betrieb tätigen LeihAN einschließl der im Betrieb tätigen Beamten, Soldaten und AN des öffentl Dienstes iS von § 5 Abs 1 S 3 <**L:** *Löwisch* Beamte als Arbeitnehmer iS des BetrVG, BB 2009, 2316>. 10

Streitigkeiten über Einrichtung und Durchführung von Sprechstunden und das Teilnahmerecht der Jugend- und Auszubildendenvertretung werden im Beschlussverfahren entschieden. Bei Streitigkeiten über Zeit und Ort der Sprechstunde entscheidet die ES. 11

§ 40 Kosten und Sachaufwand des Betriebsrats

(1) Die durch die Tätigkeit des Betriebsrats entstehenden Kosten trägt der Arbeitgeber.

(2) Für die Sitzungen, die Sprechstunden und die laufende Geschäftsführung hat der Arbeitgeber in erforderlichem Umfang Räume, sachliche Mittel, Informations- und Kommunikationstechnik sowie Büropersonal zur Verfügung zu stellen.

Literatur: *Althoff*, Die Vergütung des Betriebsratsanwalts in der arbeitsrechtlichen Praxis, NZA 2014, 74; *Bayreuther*, Sach- und Personalausstattung des Betriebsrats, NZA 2013, 758; *Benecke*, Die Kosten der Beratung des Betriebsrats, NZA 2018, 1361; *Bergmann*, Finanzielle Haftung von Betriebsratsmitgliedern, NZA 2013, 57; *Bossmann*, Besser als „Bild": Die Betriebsratszeitung, AiB 2012, 96; *Domernicht*, Kosten und Sachaufwand des Betriebsrat, 2018, *Dommermuth-Alhäuser/Heup*, Haftung des Betriebsrats und seine Mitglieder, BB 2013, 1461; *Ettlinger*, Die Kosten des Betriebsrats gem. § 40 BetrVG aus dem Blickwinkel des Betriebsrätemodernisierungsgesetzes, BB 2021, 2359; *Franzen*, Betriebskosten und Umlageverbot, FS Adomeit (2008), S 173; *ders*, Die vertragliche Haftung des Betriebsrats und seiner Mitglieder bei der Beauftragung Dritter, FS von Hoyningen-Huene (2014), 87; *Jaeger/Steinbrück*, Persönliche Haftung von Betriebsratsmitgliedern für Beraterhonorare?, NZA 2013, 401; *Jansen*, Die elektronische Kommunikation in der Betriebsverfassung, 2006; *Jordan/Heitfeld/Löw*, Büropersonal für den Betriebsrat in der Arbeitswelt 4.0?, DB 2019, 2690; *Kehrmann*, Pauschalierung von Vergütungs- und Kostenerstattungsansprüchen der Betriebsratsmitglieder, FS Wlotzke (1996), S 357; *Löwisch*, Die Herausgabe schriftlicher Informationen für die Belegschaft durch den Betriebsrat, FS Hilger/Stumpf (1983), S 429; *Lüders/Weller*, Die Kosten des Betriebsratsanwalts, DB 2015, 1606; *Müller/Jahner*, Die Haftung des Betriebsrats und der Betriebsratsmitglieder, BB 2013, 440; *Platz*, Der Grundsatz der prozessualen Waffengleichheit als Grenze der Kostentragungspflicht des Arbeitgebers bei Einigungsstellen- und Beschlussverfahren, ZfA 1993, 373; *Schiefer*, Kosten der Betriebsverfassung, DB 2019, 728; *Schiefer/Borchard*, Kosten des Betriebsrats gemäß § 40 BetrVG, DB 2016, 770; *Schmitt*, Die Haftung betriebsverfassungsrechtlicher Gremien und ihrer Mitglieder, 2017; *dies*, Betriebsratshaftung für Kosten des Einigungsstellenverfahrens, jM 2019, 364; *Steiner/Schunder*, Aktuelle Kostenfragen im Zusammenhang mit dem Betriebsrätemodernisierungsgesetz, NZA 2022, 12; *Trittin*, Verweigerte Kostenübernahme, AiB 2016, Nr 5, 43; *Walker*, Die Haftung des Betriebsrats und seines Vorsitzenden gegenüber externen Beratern, FS von Hoyningen-Huene (2014), S 535; *Weng*, Rechtsanwaltsvergütung beim Tätigwerden für Betriebsräte im arbeitsgerichtlichen Beschlussverfahren, NZA 2019, 1246; *Wiebauer*, Kosten der privaten Lebensführung als Kosten der Betriebsratsarbeit, BB 2011, 2104; *Wietfeld*, Kinderbetreuungskosten eines Betriebsratsmitglieds, SAE 2012, 45; *Wroblewski*, Betriebsratskosten in der Insolvenz – Honoraransprüche für die bis zur Insolvenzeröffnung erbrachten Beratungsleistungen, AiB 2011, 60.

Zu Schulungskosten s auch Literatur zu § 37.

Übersicht

	Rn.		Rn.
I. Allgemeines	1	II. Sachaufwand des Betriebsrats	23
1. Kostentragungspflicht des Arbeitgebers	1	1. Anspruch gegen den Arbeitgeber	23
2. Erforderlichkeit	10	2. Sachaufwand	26
a) Kosten des Betriebsrats	10	a) Räume	26
b) Kosten der Betriebsratsmitglieder	15	b) Sachliche Mittel	30
		c) Informations- und Kommunikationsmittel	36
3. Kein Anspruch Dritter	20	d) Büropersonal	48

III. Kosten des Betriebsrats 51
IV. Kosten der Betriebsratsmitglieder 60
　1. Betriebsratstätigkeit 60
　2. Schulungs- und Bildungs-
　　veranstaltungen 74
　a) Grundsätzliche Kos-
　　tentragungspflicht 74
　b) Beschränkung aus
　　koalitionsrechtlichen Gründen .. 82
V. Streitigkeiten 86

I. Allgemeines

1. Kostentragungspflicht des Arbeitgebers

Die verfassungsmäßige <R: BVerfG 14.2.1978, 1 BvR 466/75, AP Nr 13 zu § 40 BetrVG 1972> Vorschrift des § 40 **Abs 1** verpflichtet den AG, sachliche und persönliche Kosten der BR-Tätigkeit zu tragen. Dem entspricht § 41, der generell verbietet, von den AN Beiträge für die BR-Tätigkeit zu erheben. § 40 ist **zwingend**. Auf die Kostentragung für die übrigen Betriebsverfassungsorgane ist er entspr anzuwenden <R: LAG Berl-Bbg 20.1.2015, 7 TaBV 2158/14, juris; LAG Köln 10.11.2005, 5 TaBV 42/05, juris>. 1

Das BetrVerf-RG von 2001 hat durch eine Neufassung des **Abs 2** klargestellt, dass dem BR auch Informations- und Kommunikationstechnik im erforderl Umfang zur Verfügung zu stellen ist <L: BT-Drs 14/5471, S 41>. Dem Vorschlag, die Kostentragungspflicht des AG auf einen jährlich mit dem BR zu vereinbarenden, im Streitfall von der ES festzusetzenden Pauschbetrag umzustellen <L: s etwa *Löwisch* RdA 1996, 352, 355 f>, ist der Gesetzgeber nicht gefolgt. Dem AG steht es aber frei, dem BR für seine Tätigkeit einen Fonds zur Verfügung zu stellen, über den von Zeit zu Zeit abzurechnen ist. Dies kommt aus betriebspraktischen Gründen insbes in größeren Betrieben in Betracht <L: *Fitting* Rn 3; allg. dazu *Franzen* FS Adomeit, S 182 ff>. Eine entspr Regelung kann auch in einer Regelungsabrede (dazu § 77 Rn 106 ff) getroffen werden. Ausgeschlossen ist nur eine Regelung, welche die Kostentragungspflicht beschränkt <R: BAG 9.6.1999, 7 ABR 66/97, AP Nr 66 zu § 40 BetrVG 1972 unter B II 4a>. 2

Aus § 40 ist der AG – mit Ausnahme der Sachaufwendungen nach Abs 2 – aber **nicht verpflichtet**, die BR-Tätigkeit zu **bevorschussen**. Eine Vorschusspflicht folgt auch nicht aus den Vorschriften über die Geschäftsführung ohne Auftrag, §§ 677 ff BGB <L: *Rieble* SAE 1990, 11, der auf die Gefahr des vorzeitigen Verbrauchs eines solchen Vorschusses hinweist>. Nur wenn Vorauszahlungen für eine sachgerechte Durchführung der BR-Aufgaben üblich und erforderl sind, wie etwa ein nach § 9 RVG an den Rechtsanwalt des BR zu zahlender Vorschuss <L: weiter indes die hM, vgl GK/*Weber* Rn 35 mwN>, muss der AG in Vorlage treten. Das aber folgt aus § 2 Abs 1 und nicht aus § 677 ff BGB. 3

Die Kostentragungspflicht umfasst sowohl die Kosten der eigentl BR-Tätigkeit als auch die Aufwendungen, die den einzelnen BR-Mitgliedern durch ihre Tätigkeit entstehen. Es werden nur solche Tätigkeiten erfasst, die sich innerhalb des dem BR vom Gesetz zugewiesenen Aufgabenbereichs halten und damit der Erfüllung seiner Amtsobliegenheiten dienen <L: GK/*Weber* Rn 10 mwN>. Insoweit ist die Frage der kostentragungspflichtigen Tätigkeit der Frage der Erforderlichkeit (Rn 10 ff) vorrangig zu beantworten. 4

Die Kostentragungspflicht trifft iF eines **Betriebsübergangs** den Betriebserwerber. Dies folgt nicht aus § 613a Abs 1 BGB, sondern daraus, dass die Kostentragungspflicht an den Betrieb anknüpft <R: BAG 20.8.2014, 7 ABR 60/12, EzA § 40 BetrVG 2001 Nr 25>. Auch § 613a Abs 2 BGB ist nicht anwendbar, sodass der bisherige AG nicht mithaftet. 5

§ 40   Kosten und Sachaufwand des Betriebsrats

6   Der AG trägt auch die Kosten des BR, der nach Betriebsstillegung sein **Restmandat** nach § 21b wahrnimmt.

7   Bei Kosten, die durch Wahrnehmung eines **Übergangsmandats** entstehen, ist zu differenzieren: Ist die Zuordnung der BR-Aufgabe zu einem Betrieb möglich, hat der Inhaber dieses Betriebs die Kosten zu tragen; ist eine Zuordnung nicht eindeutig möglich, haften die Betriebsinhaber als Gesamtschuldner gem. § 421 BGB <**L:** GK/*Weber* Rn 9; **aA** ErfK/*Koch* § 21a Rn 8; Richardi/*Thüsing* § 21a Rn 30>.

8   § 40 begründet **keine allgemeine Vermögensfähigkeit des BR**. Deshalb besteht kein Raum für eine Vereinbarung zw BR und AG, wonach Letzterer an den BR eine Vertragsstrafe zu zahlen hat, wenn er MBR verletzt <**R:** BAG 29.9.2004, 1 ABR 30/03, EzA § 40 BetrVG 2001 Nr 7>, s Rn 13, 20 ff. Möglich ist aber, iR einer BV nach § 88 die Zahlung einer Vertragsstrafe an AN vorzusehen, wenn ein in ihrem Interesse bestehendes MBR, etwa für eine Änderung der Lohngestaltung, verletzt wird.

9   Für den Freistellungsanspruch des BR gegen den AG aus § 40 Abs 1 BetrVG gilt die dreijährige Verjährungsfrist nach § 195 BGB. Die Verjährungsfrist beginnt nach § 199 Abs 1 BGB frühestens mit dem Schluss des Jahres, in dem die Forderung, von der zu befreien ist, gegenüber dem BR fällig wird <**R:** BAG 18.11.2020, 7 ABR 37/19, AP Nr 117 zu § 40 BetrVG 1972>.

2. Erforderlichkeit

a) Kosten des Betriebsrats

10   Zu ersetzen sind nur die Kosten, die nach pflichtgem Beurteilung **erforderl** sind, um die BR-Aufgaben ordnungsgem durchzuführen <**R:** BAG stRspr 27.9.1974, 1 ABR 67/73, BB 1975, 371; 19.4.89, 7 ABR 6/88, AP Nr 29 zu § 40 BetrVG 1972; 3.9.2003, 7 ABR 12/03, EzA § 40 BetrVG 2001, Nr 5; 16.5.2007, 7 ABR 45/06, EzA § 40 BetrVG 2001 Nr 12>. Die Tätigkeit des BR ist in diesem Sinne erforderlich, wenn die betreffende Aufgabe im konkreten Zeitpunkt tatsächl erfüllt werden muss und kein anderes geeignetes, weniger aufwendiges Mittel zur Erfüllung der Aufgabe zur Verfügung steht <**R:** BAG 31.10.1972, AP Nr 2 zu § 40 BetrVG 1972, AP Nr 2 zu § 40 BetrVG 1972; **L:** Richardi/ *Thüsing* Rn 6 spricht insoweit von *notwendigen* Kosten>. Daneben wird die Kostentragungspflicht durch das in § 2 Abs 1 normierte Gebot begrenzt <**R:** BAG, 24.10.2018, 7 ABR 23/17, AP Nr 173 zu § 37 BetrVG 1972>. Die entstehenden Kosten müssen immer in einem **angemessenen Verhältnis** zur Bedeutung der Aufgabe stehen <**R:** BAG 27.9.1974, 1 ABR 67/73, BB 1975, 371; **L:** GK/*Weber* Rn 10 ff> und das berechtigte Interesse des AG an einer Eingrenzung der Kosten berücksichtigen <**R:** BAG 16.5.2007, 7 ABR 45/06, EzA § 40 BetrVG 2001 Nr 12>.

11   Die Erforderlichkeit beurteilt sich nach einem objektiven Standpunkt zum Zeitpunkt der Beschlussfassung oder Handlung, die die Kosten auslöst, wobei eine Berücksichtigung nachträglicher Umstände nicht ausgeschlossen ist <**R:** BAG, 27.5.2015, 7 ABR 26/13, AP Nr 160 zu § 37 BetrVG 1972>. Dabei hat der BR das in § 2 Abs 1 normierte Gebot der vertrauensvollen Zusammenarbeit zu beachten und den AG nur mit Kosten zu belasten, die er der Sache nach für angemessen halten darf <**R:** BAG 27.5.2015, aaO>. Im Grundsatz kommt es damit zu einer einzelfallabhängigen Prüfung des Verhältnisses zwischen Kosten und deren Nutzen für die BR-Tätigkeit <**L:** Richardi/*Thüsing* Rn 7 mwN>.

I. Allgemeines § 40

Nach der Rspr des BAG <R: vom 3.9.2003, 7 ABR 12/03, EzA § 40 BetrVG 2001 vom 16.5.2007, 7 ABR 45/06, EzA § 40 BetrVG 2001 Nr 12> steht dem BR hinsichtlich der Erforderlichkeit in Anspruch genommener **Sachmittel** ein **Beurteilungsspielraum** zu mit der Folge, dass sich die arbg Nachprüfung darauf beschränkt, ob das verlangte Sachmittel mit der konkreten betriebl Situation der Erledigung von BR-Aufgaben dient und ob die berechtigten Interessen des AG berücksichtigt sind. Hinsichtlich der nach Abs 1 zu ersetzenden Kosten iÜ, insbes hinsichtlich von Schulungskosten, besteht ein solcher Beurteilungsspielraum nicht. Welchen finanziellen Aufwand das einzelne BR-Mitglied berechtigterweise geltend machen kann, lässt sich gerichtl ohne Weiteres nachprüfen. 12

Sind die in Rn 10 ff genannten Voraussetzungen nicht erfüllt, besteht keine Kostentragungspflicht des AG und die handelnden BR-Mitglieder müssen selbst einstehen. Haben sie zu Unrecht Sachmittel des AG in Anspruch genommen, haften sie dem AG auf Ersatz. Hat ein BR-Mitglied die Kosten allein verursacht, haftet dieses; sind die Kosten dem BR als Gremium entstanden, haften alle beteiligten BR-Mitglieder persönl als Gesamtschuldner (§ 427 BGB). Voraussetzung ist, dass das BR-Mitglied bzw der BR die Kosten zum Zeitpunkt ihrer Verursachung bei pflichtgem Beurteilung nicht für erforderl halten durfte <R: BGH 25.10.2012, III ZR 266/11, AP Nr 110 zu § 40 BetrVG 1972; L: aM *Franzen* FS von Hoyningen-Huene, S 97 ff: Vertragspartner werden unmittelbar die handelnden BR-Mitglieder, die bei fehlender Erforderlichkeit keinen Ersatzanspruch gg den AG haben>, dazu noch Rn 20 ff. 13

Bei der Frage, ob die handelnden BR-Mitglieder die gemachten Aufwendungen für erforderl halten durften, ist die gesetzliche Wertung des § 31a BGB heranzuziehen, sodass die BR-Mitglieder bei einer nur leichten Fehlbeurteilung gleichwohl Erstattung der Kosten verlangen können. Die Grds der eingeschränkten AN-Haftung passen hier nicht, da es dort um Gefahrenlasttragung innerhalb der Betriebsorganisation geht <L: für eine Anwendung jedoch *Löwisch* Anm zu BAG, 3.3.83, AP Nr 8 zu § 20 BetrVG 1972 unter 3>. Hier geht es jedoch nicht um Tätigkeiten im Rahmen der vom AG eingerichteten Betriebsorganisation, sondern des Ehrenamtes. 14

b) Kosten der Betriebsratsmitglieder

Erforderl Aufwendungen der einzelnen BR-Mitglieder sind nur diejenigen, die diesen **konkret entstanden** sind. Diese sind im Einzelnen nachzuweisen und abzurechnen <R: LAG Rheinland-Pfalz 23.10.2018, 8 TaBV 2/18, juris>. 15

Eine pauschale Abgeltung, insbes in Form einer Aufwandsentschädigung, wie sie § 46 Abs 5 BPersVG für freigestellte Personalratsmitglieder vorsieht, ist grds unzulässig, da insoweit eine versteckte Vergütung und Verstoß gegen § 78 S 2 naheliegt <R: BAG 9.11.1955, 1 AZR 329/54, BB 1956, 41>. Eine pauschale Abgeltung ist allerdings nicht generell ausgeschlossen, muss sich aber an einem objektiven Gegenwert orientieren <L: GK/*Weber* Rn 33>. Gerade durch den Bedeutungszuwachs des (betriebsrätlichen) Homeoffice wird die Zahlung eines pauschalisierten Aufwendungsersatzes für AG immer interessanter. Hier bietet sich eine Orientierung an den Pauschalen im EStG an (aktuell etwa § 4 Abs 5 S 1 Nr 6b S 4 EStG oder § 3 Nr 50 EStG, R 3.50 Abs 2 S 4 LStR 2015). 16

Die zu erstattende Aufwendung muss im Zusammenhang mit der Tätigkeit als BR-Mitglied gemacht worden sein. Erstattungsfähig sind nicht nur Aufwendungen, die durch die Tätigkeit, sondern auch solche Aufwendungen, die wegen der BR-Tätigkeit entstehen 17

§ 40   Kosten und Sachaufwand des Betriebsrats

<L: Richardi/*Thüsing* Rn 11>. So können Aufwendungen, die dem BR-Mitglied aus Streitigkeiten in betriebsverfassungsrechtlichen Angelegenheiten entstehen, erstattungsfähig sein, während Kosten eines Urteilsverfahrens keine der BR-Tätigkeit sind <R: BAG 14.10.82, 6 ABR 37/79, AP Nr 19 zu § 40 BetrVG 1972; BAG 20.1.2010, 7 ABR 68/08, AP Nr 98 zu § 40 BetrVG 1972. L: ErfK/*Koch* Rn 6; GK/*Weber* Rn 114; aA *Fitting* 65>.

18 Hinsichtlich der Erforderlichkeit dieser Kosten, insbes hinsichtlich Schulungskosten, besteht kein Beurteilungsspielraum. Welchen finanziellen Aufwand das einzelne BR-Mitglied berechtigterweise geltend machen kann, ist voll gerichtlich nachprüfbar.

19 Aufwendungsersatzansprüche der BR-Mitglieder sind gem § 850a Nr 3 ZPO unpfändbar <R: BAG 30.1.1973, 1 ABR 1/73, AP Nr 3 zu § 40 BetrVG; anders BGH 8.11.2017, VII ZB 9/15, EzA § 40 BetrVG 2001 Nr 30: Unpfändbarkeit folgt aus § 851 Abs 1 ZPO>.

3. Kein Anspruch Dritter

20 § 40 begründet nur einen Erstattungsanspruch des BR oder der einzelnen BR-Mitglieder, **nicht** aber **Ansprüche Dritter** gg den AG, etwa eines vom BR beauftragten Rechtsanwalts <L: aA *Weng*, NZA 2019, 1246>. BR-Mitglieder können den AG nur dann direkt ggü Dritten verpflichten, wenn sie dazu vom AG bevollmächtigt worden sind. Hierfür reicht auch eine Duldungs- oder Anscheinsvollmacht. Treten BR-Mitglieder ohne eine solche Vollmacht im Namen des AG auf, haften sie gem § 179 Abs 1 BGB selbst, es sei denn, sie klären den Dritten über das Fehlen der Vollmacht auf (§ 179 Abs 3 S 1 BGB). Treten BR-Mitglieder im eigenen Namen oder ausdrückl nur für den BR auf, haften sie ohnehin selbst, § 164 Abs 2 BGB.

21 Soweit der BR oder einzelne BR-Mitglieder den Dritten gegenüber selbst haften, aber die Kosten vom AG zu erstatten sind, können sie von diesem Freistellung von den Ansprüchen der Dritten verlangen, § 257 S 1 BGB <R: BGH 8.11.2017, VII ZB 9/15, EzA § 40 BetrVG 2001 Nr 30; LAG Köln 20.7.2018, 9 TaBV 74/17, juris>. Der Freistellungsanspruch kann an den Dritten abgetreten werden. Mit der ordnungsgem beschlossenen Abtretung wandelt er sich in einen Zahlungsanspruch des Dritten gg den AG um <R: BAG 13.5.1998, 7 ABR 65/96, DB 1998, 1670>. Die Abtretung ist auch noch nach Ende des BR-Amtes möglich <R: BAG 24.10.2001, 7 ABR 20/00, BB 2002, 2282; Hess LAG 11.3.2019, 16 TaBV 201/18, juris>. Zu den Kosten des Beraters iR von Betriebsänderungen s § 111 Rn 61.

22 Hat der Dritte einen Zahlungstitel wegen seiner Honorarforderung gegen den BR erstritten und zur Durchsetzung des Zahlungstitels einen Pfändungs- und Überweisungsbeschluss hinsichtlich des Freistellungsanspruchs des BR nach § 40 Abs 1 BetrVG gegenüber dem AG erwirkt, kann sich der AG als Drittschuldner gegenüber dem Dritten darauf berufen, der BR habe die durch die Beauftragung entstandenen Kosten nicht für erforderlich halten dürfen. Die Entscheidung in dem Zivilprozess entfaltet insoweit für den an diesem Prozess nicht als Partei beteiligten AG keine präjudizielle Bindungswirkung <R: BAG 18.11.2020, 7 ABR 37/19, AP Nr 117 zu § 40 BetrVG 1972>. Insoweit bietet sich eine Streitverkündung an.

II. Sachaufwand des Betriebsrats

1. Anspruch gegen den Arbeitgeber

Abs 2 verpflichtet den AG, dem BR für seine Tätigkeit die in der Vorschrift genannten sachl Mittel zur Verfügung zu stellen. Geschuldet ist also eine Naturalleistung <L: GK/*Weber* Rn 135>. Wie diese konkret auszusehen hat, liegt grds in der Entsch des AG. Die Mittel müssen nur geeignet sein <R: BAG 17.2.1993, 7 ABR 19/92, EzA § 40 BetrVG 1972 unter B II 2 c der Gründe>. Der BR kann seinerseits keine Mittel beschaffen und dann dem AG die Kosten in Rechnung stellen, sondern kann lediglich vom AG verlangen, dass ihm die erforderlichen Sachmittel verschafft werden <R: BAG 21.4.83, 6 ABR 70/82, AP Nr 20 zu § 40 BetrVG 1972>. 23

Die Entscheidung, ob und in welchem Umfang diese Mittel zur Erledigung von BR-Aufgaben erforderlich sind, hat der BR zu treffen <R: BAG 23.8.2006, 7 ABR 55/05, AP Nr 88 zu § 40 BetrVG 1972>. Ihm steht – anders als bei § 40 Abs 1 – jedoch kein eingeschränkt überprüfbarer Beurteilungsspielraum zu <aA R: BAG 9.6.1999 – 7 ABR 66/97, AP Nr 66 zu § 40 BetrVG 1972; BAG 20.4.2016 AP Nr 113 zu § 40 BetrVG 1972; L: *Fitting* Rn 106; ErfK/*Koch* Rn 16; DKW/*Wedde* Rn 117; wie hier GK/*Weber* Rn 141; MünchArbR/*Krois* § 296 Rn 59; *Kort* Anm AP BetrVG 1972 § 40 Nr 66>. 24

Den Anspruch auf das Zurverfügungstellen der erforderl sachl Mittel muss der BR im Streitfalle im arbg Beschlussverf durchsetzen. Eine „Ersatzvornahme" durch den BR kommt nur dann in Betracht, wenn anders die anstehende BR-Aufgabe nicht durchgeführt werden kann <L: GK/*Weber* Rn 137>. Wenn das LAG Rh-Pf den BR ohne Weiteres für berechtigt hält, zur Vorbereitung einer Betriebsversammlung eigenständig Stehtische anzumieten, die nach seinem Gestaltungskonzept zur Durchführung einer Betriebsversammlung dienlich sind <R: LAG Rh-Pf 23.3.2010, 3 TaBV 48/09, LAGE § 40 BetrVG 2001 Nr 14>, ist das also unrichtig. Es hätte des Nachweises bedurft, dass der AG nicht bereit gewesen war, ausreichendes Mobiliar für die Betriebsversammlung zur Verfügung zu stellen und dass der Anspruch darauf auch nicht rechtzeitig im Wege der einstweiligen Verfügung durchgesetzt werden konnte <R: LAG Hamm 5.10.2020, 13 TaBVGa 16/20, juris, Vorschusspflicht zur Anmietung eines Raumes für die Betriebsversammlung>. 25

2. Sachaufwand

a) Räume

Gem Abs 2 muss der AG dem BR auf Anforderung die **Räume** zur Verfügung stellen, die für dessen laufende Geschäftsführung einschließl der BR-Sitzungen und -sprechstunden erforderl sind. Daran hat das Betriebsrätemodernisierungsgesetz und die Möglichkeit von Video- oder Telefonkonferenzen nichts geändert. Wie viele Räume der AG dem BR überlassen muss und wie groß die Räume sein müssen, richtet sich nach der Größe und Art des Betriebs sowie nach den bes Erfordernissen im Einzelfall: In größeren Betrieben wird der BR idR einen oder mehrere Büroräume beanspruchen können, die ausschließl seinen Zwecken dienen. Diese müssen entspr eingerichtet, beheizt und beleuchtet <R: ArbG Wiesbaden 21.12.1999, 8 BV 29/99, NZA-RR 2000, 195>, gg Einsicht und Abhören Dritter geschützt sowie verschließbar sein <R: LAG SH 19.9.2007, 6 TaBV 14/07, NZA-RR 26

2008, 187; LAG Schleswig-Holstein 31.5.2017, 1 TaBV 48/16, NZA-RR 2017, 596>. In Pandemiezeiten ist eine räumliche Einrichtung zu gewähren, die pandemiebedingten Infektionsschutzmaßnahmen gerecht wird (Räumlichkeiten mit öffnungsfähigen Fenstern, Luftfilter oder CO_2-Warngeräte). In kleineren Betrieben wird es im allg genügen, wenn dem BR ein bestimmter Raum mit einem verschließbaren Schrank stundenweise zur Verfügung gestellt wird, sofern dadurch hinreichend gewährleistet ist, dass der BR ungestört seine Sitzungen abhalten kann <R: LAG SH 19.9.2007, 6 TaBV 14/07, NZA-RR 2008, 187>. Ein Pausenraum, der ständig auch von anderen AN genützt wird, genügt aber nicht <R: LAG München 8.7.2005, 3 TaBV 79/03, juris>. Kann im Betrieb kein Raum freigemacht werden, genügt ausnahmsweise die Zurverfügungstellung eines externen Raums in fußläufiger Entfernung <L: *Schiefer/Borchard* DB 2016, 774 unter Bezugnahme auf LAG Berl-Bbg 6.10.2015, 19 TaBV 761/15, juris>.

27 Werden dem BR Büroräume zur Verfügung gestellt, steht ihm das **Hausrecht** in diesen Räumen zu, weswg dem Vors auch ein Schlüssel ausgehändigt werden muss <R: LAG Nbg 1.4.1999, 6 Ta 6/99, AP Nr 6 zu § 85 ArbGG 1979>. Das Hausrecht berechtigt den BR, Dritten Zutritt zum BR-Büro zu gewähren, soweit das zur Erfüllung der **BR-Aufgaben erforderlich** ist <R: LAG SH 23.6.1998, 1 TaBV 15/98, DB 1999, 392 für den Zugang eines Rechtsanwalts>. IÜ kann der AG den Zugang Dritter zu den BR-Räumen verweigern <R: BAG 18.9.1991, 7 ABR 63/90, NZA 1992, 315 für Medienvertreter>. Das Hausrecht des BR schließt auch nicht jede Zugriffsmöglichkeit des AG aus: Erhält der BR andere, gleichwertige Räume, darf der AG die früheren BR-Räume auch für andere Betriebszwecke benutzen. Zum Zugangsrecht der einzelnen BR-Mitglied zu den Räumen s § 34 Rn 19.

28 Zur Verfügung zu stellen sind auch geeignete Räume für **Betriebsversammlungen**, einschließl des für die ordnungsgem Durchführung nötigen Mobiliars. Eine eigenständige Anmietung durch den BR ist regelmäßig ausgeschlossen (Rn 25).

29 Der AG ist nicht verpflichtet, Minderheitsgruppen im BR besondere Büroräume zur Verfügung zu stellen <R: LAG Berl-Bbg 19.7.2011, 7 TaBV 774/11, juris>. Die Minderheitsgruppe kann aber vom BR verlangen, dass er ihr einen seiner Räume für die ungestörte Beratung zur Verfügung stellt.

b) Sachliche Mittel

30 Zu den sachl Mitteln iS des Abs 2 gehören die Büroeinrichtung, die erforderl digitalen Endgeräte und geeignete Kopiergeräte, s noch Rn 38 ff. Der AG muss dem BR auch Papier, Stempel, Briefmarken, Protokollbücher und das weitere Büromaterial zur Verfügung stellen.

31 IR der ihm zur Verfügung zu stellenden Sachmittel ist der BR berechtigt, für seinen Schriftverkehr **Firmenpapier** mit dem Kopf des Unternehmens und dem Zusatz „**Der Betriebsrat**" zu benutzen <R: Hess LAG 28.8.1973, 5 TaBV 66/73, DB 1973, 2451>. Nicht zulässig ist aber der Zusatz „IG Metall", auch wenn diese Gewerkschaft die meisten Mitglieder des BR stellt.

32 Sachaufwand iS des Abs 2 sind auch die für die BR-Tätigkeit erforderl **Gesetzestexte und Fachliteratur**. Auf die Möglichkeit des Zugangs zu dem Informationsangebot des

Internets kann der AG den BR nicht verweisen <R: BAG 19.3.2014, 7 ABN 91/13, juris; L: *Schiefer/Borchard* DB 2016, 775>.

Zur Grundausstattung des BR gehören, auch in kleineren Betrieben, in jedem Fall eine arbeitsrechtl Textsammlung <R: zu weit BAG 24.1.1996, 7 ABR 22/95, BB 1996, 2355: teure Gesetzessammlung für jedes BR-Mitglied>, Texte der im Betrieb geltenden TV und der Unfallverhütungsvorschriften, die neueste Ausgabe eines Kommentars zum BetrVG <R: LAG Rh-Pf 18.11.1999, 4 TaBV 22/99, LAGE § 40 BetrVG 1972 Nr 64>. Ob dem BR ein oder mehrere Kommentare zur Verfügung zu stellen sind, hängt vor allem von der Größe des Betriebs und der Anzahl neu gewählter BR-Mitglieder ab. Stellt der AG dem BR die Auswahl eines BetrVG-Kommentars frei und bietet ihm zugleich die Mitbenutzung eines weiteren Standardkommentars an, muss der BR die Erforderlichkeit eines zweiten, ausschließl ihm zur Verfügung stehenden Kommentars darlegen <R: BAG 26.10.1994, 7 ABR 15/94, BB 1995, 464>. Werden Neuanschaffungen notwendig, kann der BR wählen, ob er an dem bisherigen Kommentar festhalten möchte oder ob ihm ein anderer für seine Bedürfnisse geeigneter erscheint <R: BAG 26.10.1994, 7 ABR 15/94, BB 1995, 464>. Ob darüber hinaus weitere Literatur, insbes auch zu Spezialfragen, für die BR-Tätigkeit erforderl ist, hängt ebenfalls von der Größe des Betriebs und den Aufgaben des BR ab. In kleineren Betrieben genügt es, wenn der AG Kommentare wichtiger Gesetze (BUrlG, KSchG, TzBfG, SGB IX, MuSchG, ArbSchG, ArbZG und ArbGG) an jederzeit zugänglichen Stellen zur Mitbenutzung bereitstellt <R: LAG Ddf 14.4.1965, 1 BVTa 1/65, BB 1966, 123>. 33

Auch hinsichtlich der **Fachzeitschriften** steht dem BR ein Wahlrecht zu, welche Zeitschrift seinen spezifischen Informationsbedürfnissen am ehesten gerecht wird <R: BAG 21.4.83, 6 ABR 70/82, BB 1984, 469 für „AiB"›. Steht dem BR bereits eine Fachzeitschrift zur Verfügung, die sich regelmäßig mit arbeitsrechtl und gesundheitswissenschaftlichen Themenstellungen befasst, hat der BR darzulegen, welche betriebl oder BRbezogenen Gründe die Anschaffung einer weiteren Fachzeitschrift erfordern <R: BAG 25.1.1995, 7 ABR 37/94, BB 1995, 1087 für „Arbeit & Ökologie-Briefe" neben der AiB>. Die Zurverfügungstellung einer Tageszeitung kann der BR nicht verlangen <R: BAG 29.11.89, 7 ABR 42/89, BB 1990, 633 für das „Handelsblatt">. Ebenso ist die Überlassung einer Lohnabzugstabelle oder eines Steuerrechtskommentars nicht für die BR-Arbeit erforderlich <R: BAG 11.12.1973 AP Nr 5 zu § 80 BetrVG 1972>. 34

Aus der bisherigen Rechtsprechung ergibt sich kein allg. Recht auf Zugang zu kostenpflichtigen juristischen Datenbanken (etwa juris oder beckonline) mit arbeitsrechtlichen Fachmodulen. Schon aufgrund deren Umfang wird ein solcher Zugang nicht erforderlich sein. Auch stellt sich hier die Frage der Verhältnismäßigkeit <L: vgl GK/*Weber* Rn 203>. 35

c) Informations- und Kommunikationsmittel

In größeren Betrieben ist der AG verpflichtet, dem BR für seine Bekanntmachungen an die Belegschaft ein „**schwarzes Brett**", in großen Betrieben an mehreren Stellen, zur Verfügung zu stellen. Welche Bekanntmachungen dort angeschlagen werden, bestimmt ausschließl der BR, ohne dass er dazu der Zustimmung des AG bedarf <R: Hess LAG 15.3.2007, 9 TaBVGa 32/07, juris>. Der AG kann allerdings verlangen, einen bestimmten Anschlag zu entfernen, wenn mit diesem inhaltl die Zuständigkeit des BR überschritten, der Betriebsfrieden verletzt oder Gewerkschaftswerbung oder politische Propaganda bezweckt wird <R: Hess LAG 20.8.87, 12 TaBV 56/87, LAGE Nr 40 zu § 23 BetrVG 36

§ 40   Kosten und Sachaufwand des Betriebsrats

1972>. Wird der Betriebsfrieden durch eine BR-Bekanntmachung am schwarzen Brett gefährdet oder enthält diese einen verletzenden Angriff auf den AG, kann der AG den Anschlag nach vorausgegangener Fristsetzung auch selbst entfernen <R: LAG Ddf 25.5.1976, 15 TaBV 10/76, DB 1977, 453>.

37 Um die Belegschaft umfassend und pünktlich zu informieren, ist der BR nicht auf Aushänge an „schwarzen Brettern" beschränkt, sondern kann je nach den Umständen und den Gegebenheiten im Betrieb auch **andere schriftliche Informationsmittel**, etwa Rundschreiben <L: *Fitting* Rn 118>, verwenden. Die Kosten solcher Informationsmittel gehen, sofern sie einen vertretbaren Umfang nicht überschreiten, zu Lasten des AG <R: BAG 21.11.1978, 6 ABR 85/76, BB 1979, 523>. Auf die Herausgabe eines regelmäßigen Informationsblatts an die Belegschaft hat der BR aber keinen Anspruch <R: BAG 21.11.1978, 6 ABR 85/76, BB 1979, 523; L: *Löwisch* FS Hilger/Stumpf (1983), S 431 ff>. Zum Tätigkeitsbericht des BR gem § 43 Abs 1 S 1 vgl § 43 Rn 5.

38 Das BetrVerf-RG von 2001 hat klargestellt, dass dem BR auch **moderne Informations- und Kommunikationstechnik** zur Verfügung zu stellen ist. Erfasst werden von der Vorschrift zweifelsfrei PC mit entsprechender Software, Fernsprech- und Faxanlagen einschließl eines Anrufbeantworters und der Zugang zu einem betriebl E-Mail-System und seit dem Betriebsrätemodernisierungsgesetz auch eine Video- oder Telefonkonferenzanlage samt entsprechender Verschlüsselungssoftware, Letzteres soweit das für eine vertrauliche digitale Sitzung notwendig ist (s Rn 41).

39 Nach bisheriger Rechtsprechung des BAG hat der BR als verantwortliche Stelle nach § 3 Abs 7 BDSG eigenverantwortlich für die Einhaltung des Datenschutzes zu sorgen, soweit er Zugang zu personenbezogenen Daten hat <R: BAG 18.7.2012, 7 ABR 23/11, DB 2012, 2524>. Diese Rechtsprechung lässt sich durch den neuen § 79a BetrVG so nicht mehr aufrecht erhalten, nach dem der AG als Verantwortlicher im Sinne des Datenschutzrechts (Art. 4 Nr 7 DSGVO) zu sehen ist, soweit der BR zur Erfüllung der in seiner Zuständigkeit liegenden Aufgaben die Daten verarbeitet <L: Richardi/*Thüsing* Rn 76>. Die Frage der Verantwortlichkeit entbindet den BR aber in keinem Fall von seiner Verpflichtung, personenbezogene Daten vertraulich zu behandeln (§ 79a S 1 BetrVG) <R: BAG 7.5.2019, 1 ABR 53/17, BB 2019, 3003> und innerhalb seines Zuständigkeitsbereichs eigenverantwortlich die Umsetzung technischer und organisatorischer Maßnahmen zur Gewährleistung der Datensicherheit iSd Art. 24, 32 DSGVO vorzunehmen, die wiederum zu den erforderlichen Sachmitteln iSv § 40 Abs 2 gehören.

40 Auch Informations- und Kommunikationstechnik ist dem BR **nur im erforderlichen Umfang** zur Verfügung zu stellen, wobei dem BR auch hier ein weiter Beurteilungsspielraum zusteht <R: BAG 18.7.2012, 7 ABR 23/11, DB 2012, 2524>. Insoweit wird man davon ausgehen müssen, dass der Gesetzgeber durch die ausdrückl Nennung in Abs 2 sicherstellen will, dass der BR grds im gleichen Umfang über Informations- und Kommunikationstechnik verfügen soll, wie der AG im innerbetriebl Verkehr und in der Personalverwaltung, auch soweit diese nach außen in Kontakt tritt <R: LAG Nbg 24.8.2009, 5 TaBV 32/06>. Diesem **Prinzip äquivalenter Mittel** entspricht es auf der anderen Seite, dass der BR Kommunikations- und Informationstechnik nicht im weiteren Umfang beanspruchen kann, als sie der AG in den genannten Bereichen selbst nutzt. Beschränkt sich ein AG auf die Kommunikation über Telefon und nutzt weder Fax noch Email, muss sich auch der BR auf das Telefon beschränken. In kleineren und mittleren Betrieben kann es

II. Sachaufwand des Betriebsrats § 40

je nach den Umständen genügen, dass dem BR die Mitbenutzung im Betrieb vorhandener Informations- und Kommunikationstechnik gestattet wird <R: LAG Rh-Pf 8.10.1997, 8 TaBV 17/97, LAGE § 40 BetrVG 1972 Nr 61>.

Dieses Prinzip ist durch die Corona-Pandemie als Katalysator einer Digitalisierung der BR-Tätigkeit teilweise überholt worden. Beabsichtigt ein BR seine BR-Sitzungen unter Beachtung von § 30 Abs 2 im Wege der Videokonferenz abzuhalten, hat der Arbeitgeber ihm dafür gemäß § 40 Abs 2 BetrVG die für eine **Video- und Telefonkonferenz** erforderliche Informations- und Kommunikationstechnik zur Verfügung zu stellen. Es muss sichergestellt sein, dass ggf alle BR-Mitglieder digital an der BR-Sitzung teilnehmen können. Hierfür hat der AG internetfähige Tablets oder Smartphones zur Verfügung zu stellen <R: Hess LAG 21.5.2021, 16 TaBVGa 79/21, juris; LAG Berlin-Brandenburg 14.4.2021, 15 TaBVGa 401/21, juris; LAG Hessen 14.3.2022, 16 TaBV 143/21, juris>. Anders kann es sein, falls die BR-Mitglieder bereits über ein eingerichtetes Homeoffice samt Kamera und Audiotechnik (Head-Set) verfügen und so an der Sitzung digital teilnehmen können <L: insg restriktiver *Steiner/Schunder* NZA 2022, 12>. Freilich ist aber auch hier das Prinzip äquivalenter Mittel im Rahmen der Verhältnismäßigkeit zu berücksichtigen. 41

Eine an den Arbeitsplätzen der AN vorhandene **Telefonanlage** muss durch eine entspr Schaltung für den innerbetriebl Dialog des BR mit der Belegschaft nutzbar gemacht werden <R: vgl BAG 9.6.1999, 7 ABR 66/97, AP Nr 66 zu § 40 BetrVG 1972>. Anspruch auf einen eigenen von der Telefonanlage des AG unabhängigen Telefonanschluss hat der BR nicht <R: BAG 20.4.2016, 7 ABR 50/14, BB 2016, 2046>. Auch ein Handy/Smartphone ist nicht zwingend erforderl <R: LAG München 20.12.2005, 8 TaBV 57/05, juris; **aM** Hess LAG 28.11.2011, 16 TaBV 129/11, NZA-RR 2012, 307; LAG Hamm 20.5.2011, 10 TaBV 81/10, LAGE § 40 BetrVG 2001, Nr 16>, es sei denn der BR-Vors ist, etwa als Monteur oder wg überbetriebl BRämter, häufig ortsabwesend <R: ArbG Karlsruhe 11.6.2008, 4 Bv 15/07, juris>. 42

Betreibt der AG ein **Intranet**, muss er dies auch dem BR zur Verfügung stellen; dass dieses unternehmensübergreifend ausgestaltet ist, ist kein Hinderungsgrund <R: BAG 1.12.2004, 7 ABR 18/04, EzA § 40 BetrVG Nr 8; **L:** krit *Jansen* BB 2003, 1726>. 43

Das gilt im Regelfall jedoch nicht für die sozialen Plattformen im öffentlich zugänglichen Internet, wie Twitter, Xing, LinkedIn, Instagram oder Facebook, da diese für die BR-Arbeit nicht erforderlich sind <L: *Günther/Lenz* NZA 2019, 1245>. Auf ein Recht des BR auf Meinungsfreiheit <R: LAG Niedersachsen 6.12.2018, 5 TaBV 107/17, juris> kommt es in diesem Kontext nicht an. 44

Arbeitet die Personalverwaltung auch im außerbetriebl Kontakt via **Internet**, muss dies auch dem BR möglich sein. Auch sonst gehört die Internetnutzung grds zu den sachl Mitteln der Informationstechnik iSv Abs 2 <R: BAG 20.1.2010, 7 ABR 79/08, DB 2010, 1243; 18.7.2012, 7 ABR 23/11, DB 2012, 2524>. Der Anspruch auf Zugang zum Internet kann entweder so erfüllt werden, dass ein Zugang im Büro des BR eingerichtet wird, oder so, dass die BR-Mitglieder an ihrem Arbeitsplatz Internetzugang haben; der Zugang nur für einzelne BR-Mitglieder genügt aber nicht <R: LAG Ddf 2.9.2008, 9 TaBV 8/08, LAGE § 40 BetrVG 2001 Nr 12>. 45

Zur erforderl Kommunikationstechnik gehört auch die Einrichtung und Konfiguration von **E-Mail-Konten**, auch zur Eröffnung des elektronischen Postverkehrs mit Dritten <R: BAG 14.7.2010, 7 ABR 80/08, DB 2010, 2731>. Auch kann der BR seinen Mitgliedern E-Mail- 46

Adressen zum Zwecke der externen Kommunikation einrichten <**R:** BAG 14.7.2010 aaO>. Sofern keine berechtigten Belange des AG entgegenstehen, kann auch ein betriebsexterner Zugriff auf betrieblich eingerichtete E-Mail-Konten des BR bzw der BR-Mitglieder verlangt werden <**R:** LAG Mecklenburg-Vorpommern 19.1.2022, 3 TaBV 10/21, juris>.

47 Verfügt die Personalverwaltung über ein EDV-gestütztes Personalinformationssystem, muss dem BR die Möglichkeit eröffnet werden, für seine eigene Verwaltung der ANdaten dieses Informationssystem ebenfalls zu nutzen. Dass im Betrieb sonst, etwa im Produktionsbereich oder Verkauf oder Einkauf, EDV-gestützte Informationssysteme verwendet werden, begründet hingg noch keinen Nutzungsanspruch des BR, solange nicht auch die Personalverwaltung Zugang zu einem solchen System hat.

d) Büropersonal

48 Ob der BR nach Abs 2 einen Anspruch darauf hat, dass ihm **Büropersonal** zugeteilt wird, hängt von der Größe des Betriebs und dem Umfang der Büroarbeit ab. Danach richtet sich auch, ob eine Schreibkraft nur stundenweise, nur für bestimmte Tage oder vollständig für die BR-Tätigkeit abzustellen ist <**R:** LAG BaWü 25.11.87, 2 TaBV 3/87, AiB 1988, 185, das bei einem BR mit 15 Mitgliedern eine vollzeitbeschäftigte Schreibkraft für erforderl hält>.

49 Bei der **Auswahl** des für die BR-Tätigkeit abzustellenden Büropersonals steht dem BR, wie sich aus § 2 Abs 1 ergibt, ein Mitspracherecht zu. Deshalb kann der AG vom BR nicht verlangen, einen bestimmten AN als Bürokraft zu beschäftigen <**R:** BAG 5.3.1997, 7 ABR 3/96, BB 1997, 1538>. Auf der anderen Seite kann der BR vom AG aber nicht verlangen, dass eine Bürokraft extra für den BR eingestellt wird. Die dem BR zugeteilten Bürokräfte stehen auch nicht in einem Arbeitsverhältnis zum BR, sondern zum AG; lediglich ihre Arbeitsanweisungen erhalten sie vom BR, soweit sie für diesen tätig sind. Als Büropersonal kommen Schreibkräfte und sonstige Hilfskräfte, aber auch technisches Personal oder gar Referenten in Betracht.

50 Welche Bürotätigkeiten der BR einer Bürokraft überträgt und für welche er PC einsetzt, entscheidet der BR selbst. Er muss dabei aber das Interesse des AG an einer Begrenzung von dessen Kostentragungspflicht berücksichtigen <**R:** BAG 20.4.2005, 7 ABR 14/04, DB 2005, 2754>. So wird man von den BR-Mitgliedern erwarten müssen, dass sie kurze E-Mail-Korrespondenzen eigenhändig führen und auch Internet-Recherchen selbst vornehmen.

III. Kosten des Betriebsrats

51 Nach **Abs 1** trägt der AG auch die iÜ durch die Tätigkeit des BR entstehenden Kosten, dh alle für die BR-Tätigkeit **notwendigen finanziellen Aufwendungen**. Es handelt sich um einen **Kostentragungsanspruch**. Anders als hinsichtlich des Sachaufwands ist der BR deshalb berechtigt, selbst tätig zu werden und auch die entspr Verträge abzuschließen. Zu den Folgen des Abschlusses nicht erforderl Verträge s Rn 13.

52 Zu den Kosten gehören die Aufwendungen für einen Dolmetscher, den der BR benötigt, um sich mit ausländischen AN zu verständigen, und – bei einer größeren Anzahl ausländischer AN – die Aufwendungen für die Übersetzung des Tätigkeitsberichts über die BR-Arbeit

III. Kosten des Betriebsrats § 40

nach § 43 <R: ArbG München 14.3.1974, 20 Br 57/73, BB 1974, 1022>. Auch die Kosten von Übersetzungen für ausländische BR-Mitglieder, die kein Deutsch können, müssen vom AG getragen werden <R: ArbG FF/M 5.3.1997, 14 BV 170/96, AiB 1998, 524>.

Zu den Kosten gehören auch die Reisekosten eines vom BR zu einer Betriebsversammlung eingeladenen **Referenten** <R: LAG BaWü 16.1.1998, 5 TaBV 14/96, BB 1998, 954>. Kosten eines Moderators, der eine BR-Sitzung leiten soll, sind hingg regelmäßig nicht zu erstatten, weil die Leitung der Sitzung Aufgabe des BR-Vors ist <L: Hess LAG 11.6.2012, 16 TaBV 237/11, juris>. 53

Gem Abs 1 zu erstatten sind dem BR auch die Kosten für einen **Sachverständigen**, den der BR zu seiner Beratung hinzuzieht, sofern sich der BR mit dem AG vorher gem § 80 Abs 3 über den Gegenstand der gutachterlichen Tätigkeit, die Person des Sachverständigen und über dessen Vergütung geeinigt hat, oder deren Ersetzung durch Entscheidung des ArbG vorliegt § 80 Rn 56 <R: BAG 26.2.1992, 7 ABR 51/90, DB 1992, 2245>. Wird ein Rechtsanwalt außerhalb eines Rechtsstreits vom BR herangezogen, um diesen gutachterlich über eine abzuschließende BV zu beraten, muss der AG die Kosten für dessen Hinzuziehung ebenfalls nur unter den Voraussetzungen des § 80 Abs 3 tragen <R: BAG 25.4.1978, 6 ABR 9/75, BB 1979, 45; BAG 25.6.2014, 7 ABR 70/12, BB 2014, 3134>. Zu den Kosten eines Beraters bei Betriebsänderungen s § 111 Rn 61. Zu den nach Abs 1 erstattungsfähigen Aufwendungen gehören grds auch die Kosten **anwaltlicher Prozessvertretung**, wenn der BR die Hinzuziehung eines Rechtsanwalts nach pflichtgem Prüfung der Sach- und Rechtslage für erforderl halten durfte <R: BAG 20.10.1999, 7 ABR 25/98, BB 2000, 515>. Das ist der Fall, wenn es sich um einen rechtl schwierigen Sachverhalt handelt und eine sachkundige Vertretung durch Gewerkschaftsbeauftragte nicht zur Verfügung steht, etwa weil im Betrieb keine Gewerkschaft vertreten ist, die Gewerkschaft die Prozessführung ablehnt oder weil der BR, der in der Wahl seines Verfbevollmächtigten grds frei ist, zur Vertretung durch den Rechtsanwalt das größere Vertrauen hat <R: BAG 4.12.1979, 6 ABR 37/76, BB 1980, 938>. 54

Ist die Rechtsverfolgung des BR offensichtlich aussichtslos oder die Hinzuziehung eines Verfbevollmächtigten rechtsmissbräuchlich, sind die Kosten nicht erstattungsfähig <R: BAG 18.3.2015, 7 ABR 4/13, BB 2015, 1918>. Davon ist etwa auszugehen, wenn die Rechtslage unzweifelhaft ist und das eingeleitete Beschlussverfahren zu einem Unterliegen des BR führen muss <R: BAG, 22.11.2017, 7 ABR 34/16, AP Nr 115 zu § 40 BetrVG 1972; LAG Hamm 7.8.2015, 13 TaBV 18/15, juris>. Rechtsanwaltskosten, die durch einen Rechtsanwaltswechsel ohne besonderen Anlass entstehen, sind nicht erforderlich <R: Hess LAG 18.4.2016, 16 TaBV 81/15, juris>. 55

Der Kostenerstattungsanspruch setzt voraus, dass der Beauftragung des Rechtsanwalts ein **ordnungsgem BR-Beschluss** zugrunde liegt. Fehlt es daran, weil etwa zu der betreffenden BR-Sitzung nicht ordnungsgem geladen worden ist, braucht der AG die Kosten nicht zu tragen <R: BAG 18.1.2006, 7 ABR 25/05, AuA 2007, 697; 18.3.2015, 7 ABR 4/13, BB 2015, 1918>. Ein Beschluss der Jugend- und Auszubildendenvertretung reicht nicht aus, um einen Kostenerstattungsanspruch auszulösen <R: LAG Hamm 16.1.2009, 10 TaBV 37/08, juris>. 56

Erforderl sind grundsätzlich nur die Kosten, die sich nach dem RVG errechnen. Höhere Vergütungszusagen kommen nur in Ausnahmefällen in Betracht, etwa wenn der AG mit der Honorarvereinbarung einverstanden ist oder in der Vergangenheit in vergleichbaren Fällen 57

Holler

die Erteilung einer solchen Zusage stets akzeptiert hat. Ein weiterer Ausnahmefall kann auch dann vorliegen, wenn der Verhandlungsgegenstand eine spezielle Rechtsmaterie betrifft, der vom BR ausgewählte, über die entsprechenden Spezialkenntnisse verfügende Rechtsanwalt zur Übernahme des Mandats nur bei Vereinbarung eines Zeithonorars bereit ist und der BR keinen vergleichbar qualifizierten Rechtsanwalt zu günstigeren Konditionen findet <R: BAG, 14.12.2016, 7 ABR 8/15, AP Nr 114 zu § 40 BetrVG 1972>. Soweit sich die Honorarvereinbarung als nicht erforderlich iSd § 40 Abs 1 BetrVG erweisen sollte, droht eine persönliche Haftung der BR-Mitglieder entsprechend § 179 Abs 2, 3 BGB <R: BGH 25.10.2012, III ZR 266/11, AP Nr 110 zu § 40 BetrVG 1972>. Reisekosten eines auswärtigen Anwalts sind nicht zu erstatten, wenn fachkundige Anwälte am Ort vorhanden sind <R: BAG 16.10.86, 6 ABR 2/85, NZA 1987, 753>. Dem AG steht im Hinblick auf seine Kostentragungspflicht bei der Festsetzung des Gegenstandswerts ein eigenes Beschwerderecht zu <R: LAG Rh-Pf 24.8.2009, 1 Ta 193/09, juris>. Zur Problematik im Einverständnis mit dem AG erfolgender Honorarvereinbarungen s § 119 Rn 41.

58 Der AG hat unter diesen Voraussetzungen auch die Kosten für die Hinzuziehung eines Rechtsanwalts zu tragen, der für den BR einen **Strafantrag** gg den AG wg Behinderung der BR-Tätigkeit nach § 119 Abs 2 <R: LAG Ddf 12.8.1993, 14 TaBV 54/93, LAGE § 40 BetrVG 1972 Nr 42> oder eine Ordnungswidrigkeitenanzeige nach § 121 stellt <R: LAG SH 14.11.2000, 1 TaBV 22 a/00, LAGE § 40 BetrVG 1972 Nr 67>.

59 Der AG muss auch die Kosten der **Einigungsstelle** tragen (§ 76a). Zu den zu tragenden Kosten gehören auch die eines Rechtsanwalts, dessen Hinzuziehung als Bevollmächtigter im ES-Verf der BR für erforderl halten durfte <R: BAG 14.2.1996, 7 ABR 25/95, BB 1996, 1612>.

IV. Kosten der Betriebsratsmitglieder

1. Betriebsratstätigkeit

60 Erforderl Aufwendungen der **einzelnen BR-Mitglieder** sind nur diejenigen, die diesen **konkret entstanden** sind. Eine pauschale Abgeltung, insbes in Form einer Aufwandsentschädigung, wie sie § 46 Abs 5 BPersVG für freigestellte Personalratsmitglieder vorsieht, ist unzulässig. AG und BR können allenfalls durch eine BV einen Pauschalbetrag festsetzen, der sich iR der betriebl und notwendigen Auslagen halten muss und wg § 78 S 2 keine versteckte Vergütung umfassen darf <R: BAG 9.11.55, 1 AZR 329/54, BB 1956, 41>, § 37 Rn 10f. Aufwendungsersatzansprüche der BR-Mitglieder sind gem § 850a Nr 3 ZPO unpfändbar <R: BAG 30.1.1973, 1 ABR 1/73, AP Nr 3 zu § 40 BetrVG; BGH 8.11.2017, VII ZB 9/15, juris>.

61 Wegen des Begünstigungsverbots nach § 78 sind die BR-Mitglieder bei Reisen im Rahmen ihrer BR-Tätigkeit so zu stellen und zu behandeln, wie wenn sie in ihrer Rolle als AN Dienstreisen durchzuführen hätten. Ist im Betrieb bei Dienstreisen mit der Bahn allg üblich, die zweite Wagenklasse zu benutzen, dürfen BR-Mitglieder nicht in der ersten Klasse fahren (§ 78 Rn 24). Auch die Auslandsreise in der Business Class muss hier besonders geprüft und begründet werden.

62 Erstattungsfähig ist einmal der gesamte **Sachaufwand** des einzelnen BR-Mitglieds, etwa die Kosten für Briefporto und Ferngespräche. Voraussetzung ist, dass der Sachaufwand dem

IV. Kosten der Betriebsratsmitglieder § 40

BR-Mitglied bei Ausübung seiner BR-Tätigkeit entsteht und von entspr privaten Aufwendungen abgegrenzt werden kann. Zur Möglichkeit der pauschalen Kostenerstattung s Rn 16.

Kinderbetreuungskosten sind dann zu erstatten, wenn sie dem BR-Mitglied dadurch 63 entstehen, dass es außerhalb seiner eigentl Arbeitszeit als BR tätig ist, insbes an einer BR-Sitzung teilnimmt, und eine andere Betreuungsmöglichkeit nicht besteht <**R:** BAG 23.6.2010, 7 ABR 103/08, EzA § 40 BetrVG 2001 Nr 20>. Lässt das BR-Mitglied sein Kind während einer BR-Tätigkeit betreuen, die er in seiner Arbeitszeit vornimmt, besteht keine Erstattungspflicht <**R:** BAG 23.6.10 aaO>. Dazu, dass Kinderbetreuungskosten keinen Verhinderungsfall iSv § 25 Abs 1 darstellen, s § 25 Rn 11.

Reisekosten, die einem BR-Mitglied bei der pflichtgem Wahrnehmung von BR-Aufga- 64 ben, etwa für die Teilnahme an der Sitzung des auswärtigen GBR, entstehen, sind vom AG zu bezahlen. Besteht im Betrieb eine bes **Reisekostenordnung**, bestimmt sich der Umfang der Erstattungspflicht nach dieser Kostenordnung, auch wenn sie dem BR-Mitglied nicht bekannt war <**R:** BAG 17.9.1974, 1 ABR 98/73, BB 1975, 329; BAG 29.4.1975, 1 ABR 40/74, BB 1975, 1111>. Allerdings sind Mehraufwendungen für Übernachtung und die Verpflegung nur dann nach der Reisekostenordnung abzurechnen, wenn das BR-Mitglied die entspr Ausgaben beeinflussen kann, etwa in einem anderen Hotel als dem Schulungshotel übernachten <**R:** BAG 28.3.2007, 7 ABR 33/06, FA 2007, 317>. Ist das zB bei internatsmäßiger Unterbringung nicht der Fall, sind die vom Veranstalter für die Vollpension in Rechnung gestellten Beträge auch dann zu erstatten, wenn sie höher sind als die betriebl Reisekostensätze <**R:** BAG 7.6.84, 6 ABR 66/81, BB 1984, 2192>.

Besteht im Betrieb **keine bes Reisekostenordnung** und werden Mehraufwendungen für 65 die Verpflegung bei Dienstreisen üblicherweise nach den Pauschalbeträgen der Lohnsteuerrichtlinien (R 9.4 LStR, siehe auch BMF-Schreiben 25.11.2020, IV C 5, S 2353/19/ 10011 :006, BStBl 2020 I, S 1228 und BMF-Schreiben 3.12.2020, IV C 5, S 2353/19/ 10010 :002, BStBl 2020 I, S 1256) abgerechnet, ist diese Handhabung maßgeblich <**R:** BAG 29.1.1974, 1 ABR 34/73, BB 1974, 1023; LAG Köln 18.3.2015, 11 TaBV 44/14, LAGE § 40 BetrVG 2001 Nr 21>. Aufwendungen, die über Tage- und Übernachtungsgelder hinausgehen, muss das BR-Mitglied dem AG nachweisen; nicht erstattungsfähig sind Aufwendungen der persönl Lebensführung (Getränke, Rauchwaren usw). Erspart das BR-Mitglied auf längeren Dienstreisen eigene Aufwendungen für die häusliche Verpflegung und die Fahrten zw Wohnung und Arbeitsstätte, kann der AG die Ersparnis von den Reisekosten abziehen <**R:** vgl BAG 29.1.1974, 1 ABR 34/73, BB 1974, 1023; BAG 28.2.1990, 7 ABR 22/89, AuR 1991, 93>. Dabei sind die sich aus § 2 Abs 1 SvEV ergebenden Pauschalbeträge zugrunde zu legen <**R:** LAG Köln 25.4.2008, 11 TaBV 10/08>.

Kosten für die Fahrten von der Wohnung des BR-Mitglieds zum Betrieb sind keine Kos- 66 ten iS des § 40 <**R:** BAG 13.6.2007, 7 ABR 62/06, NZA 2007, 1301>. Doch muss der AG die Kosten erstatten, die einem in Elternzeit befindlichen BR-Mitglied durch die Fahrt zum Sitzungsort entstehen, weil das BR-Mitglied ohne die Sitzung nicht hätte zum Betrieb fahren müssen <**R:** BAG 25.5.2005, 7 ABR 45/04, EzA § 40 BetrVG 2001 Nr 9>. Gleiches gilt für ein BR-Mitglied mit reduzierter Arbeitszeit, das an Sitzungen innerhalb der betriebsüblichen Arbeitszeit, aber außerhalb seiner persönl Arbeitszeit teilnimmt <**R:** Hess LAG 29.6.2006, 9 TaBV 197/05, AR-Blattei ES 530.8.1 Nr 96>. Findet die BR-Sitzung hybrid, also teilweise in Präsenz teilweise mittels Video- oder Telefonkonferenz statt, gilt nach § 30 Abs 3 die Teilnahme vor Ort als erforderlich iSd § 40 Abs 1. Dement-

§ 40 Kosten und Sachaufwand des Betriebsrats

sprechend hat der AG die infolge der Präsenzsitzung entstehenden Kosten zu tragen und kann nicht auf die Möglichkeit einer vollständigen digitalen Sitzung verweisen.

67 Die Möglichkeit der digitalen Kommunikation ist jedoch gerade bei Auslandsreisen miteinzubeziehen, sodass die durch eine Auslandsreise – im Regelfall – höheren Kosten insbesondere auf ihre Erforderlichkeit und Verhältnismäßigkeit geprüft werden müssen <L: GK/*Weber* Rn 52>.

68 Wg des allg im Reisekosten- und Spesenbereich geltenden **Grundsatzes der kostengünstigsten Gestaltung** sind die einem BR-Mitglied durch die Nutzung des Privat-PKW entstandenen Kosten nicht erstattungsfähig, wenn der AG ein kostengünstigeres zumutbares Verkehrsmittel, insbes einen Dienstwagen, angeboten hat <R: LAG SH 22.1.2014, 6 TaBV 4/13, juris>. Aus dem gleichen Grund müssen BR-Mitglieder eine Fahrgemeinschaft bilden, falls mehrere eine Reise antreten und eines seinen PKW benutzt und nicht die begründete Besorgnis besteht, dass der Mitfahrende sich dadurch in eine besondere Gefahr begibt <R: BAG 24.10.2018, 7 ABR 23/17, AP Nr 173 zu § 37 BetrVG 1972; LAG Hamm 13.11.91, 3 TaBV 110/91, LAGE § 40 BetrVG 1972 Nr 32; L: GK/ *Weber* Rn 51; aA *Fitting* Rn 58>. Für seine voraussichtlichen Aufwendungen kann das BR-Mitglied vom AG einen angemessenen Vorschuss verlangen (Rn 3).

69 Zu den nach Abs 1 erstattungsfähigen Aufwendungen der BR-Mitglieder gehören auch die **Prozess- und Rechtsanwaltskosten**, die ihnen durch die Ausübung ihrer betriebsverfassungsrechtl Rechte und Befugnisse entstehen <R: LAG Köln 30.7.1997, 7 TaBV 12/ 97, AiB 1998, 163; LAG Nds 29.1.2007, 6 TaBV 66/05, LAGE § 40 BetrVG 2001 Nr 8>. Da jedes BR-Mitglied sein Amt in eigener Verantwortung ausübt, kann es vom AG die Kosten für die gerichtl Überprüfung von BR-Beschlüssen verlangen, wenn es das Beschlussverf wg ernsthafter Zweifel an der formellen oder materiellen Rechtmäßigkeit der Beschlüsse eingeleitet hat. Zu erstatten sind auch Kosten, die dem einzelnen BR-Mitglied in einem Ausschlussverf nach § 23 Abs 1 <R: BAG 19.4.89, 7 ABR 6/88, BB 1990, 142> oder einem Zustimmungsersetzungsverf nach § 103 Abs 2 entstanden sind <R: BAG 31.1.1990, 1 ABR 39/89, BB 1991, 205>.

70 Nicht zu ersetzen sind dagg die Kosten, die nicht durch die BR-Tätigkeit, sondern allein durch die AN-Stellung verursacht worden sind, etwa die Kosten für die Durchsetzung des Lohnanspruchs eines BR-Mitglieds <R: BAG 14.10.82, 6 ABR 37/79, BB 1983, 1215>. Die Kosten einer Lohnklage, mit der das BR-Mitglied ausschließl Arbeitsentgelt für ein BR-bedingtes Arbeitsversäumnis geltend macht, muss der AG aber gem Abs 1 tragen <R: LAG Hamm 19.2.1992, 3 TaBV 115/91, LAGE § 40 BetrVG 1972 Nr 37>.

71 Soweit das BR-Mitglied die durch die BR-Tätigkeit erforderlichen Kosten bereits aus eigenen finanziellen Mitteln beglichen hat, kommt der AG mit entsprechender Mahnung (§ 286 Abs 1 BGB) oder 30 Tage nach Zahlungsaufstellung (§ 286 Abs 3 BGB) in Schuldnerverzug. Ab diesem Zeitpunkt ist der Kostenerstattungsanspruch zu verzinsen <R: BAG 18.1.89, 7 ABR 89/87, AP BetrVG 1972 § 40 Nr 28>. Soweit die Kosten nicht durch das BR-Mitglied beglichen sind, besteht gegen den AG hinsichtlich der Kosten ein Freistellungsanspruch, der mangels Geldschuld nicht zu verzinsen ist <R: BAG 21.11.1978, 6 ABR 10/77, AP Nr 35 zu § 37 BetrVG 1972>. Soweit der AG die entstandenen Kosten nicht rechtzeitig übernimmt und das BR-Mitglied gegenüber dem Dritten in Verzug gerät, so sind daraus entstehende und geltend gemachte Verzugszinsen von der Kostenerstattung mitumfasst <R: LAG Bln-Bbg 12.12.2019, 26 TaBV 645/19, juris>.

IV. Kosten der Betriebsratsmitglieder   § 40

Unfälle, die ein BR-Mitglied bei der Ausübung der BR-Tätigkeit erleidet, sind Arbeitsunfälle iS des § 8 SGB VII und lösen entspr Leistungen der gesetzlichen Unfallversicherung aus. **Sachschäden** muss der AG dem BR-Mitglied – wie im Rahmen der Arbeitstätigkeit – über eine analoge Anwendung von § 670 BGB ersetzen, wenn der Sacheinsatz iR der BR-Tätigkeit erforderl war <R: BAG 3.3.83, 6 ABR 4/80, AP Nr 8 zu § 20 BetrVG 1972 für die Benutzung eines PKW durch ein Wahlvorstandsmitglied>. Die Rechtsprechung wendet hier gewohnheitsmäßig die Grundsätze der eingeschränkten Anhaftung an, mit der Folge, dass das BR-Mitglied bei grob fahrlässiger Verursachung des Unfalls regelmäßig keinen Erstattungsanspruch hat <R: LAG Hamm 16.4.1997, 3 TaBV 112/96, BB 1997, 2007; L: *Löwisch* Anm zu BAG aaO>. Aufgrund des Ehrenamtes passender ist indes auch hier eine Anwendung von § 31a BGB. 72

Der Kostenerstattungsanspruch unterliegt keinen arbeitsvertraglichen oder tarifvertraglichen Ausschlussfristen, da es sich bei dem Anspruch um einen betriebsverfassungsrechtlichen handelt, der sich aus dem Betriebsratsmandat ergibt und nicht aus dem Arbeitsverhältnis. Für Kostenerstattungsansprüche gem § 40 BetrVG gilt die allg. gesetzliche Verjährungsfrist von drei Jahren (§§ 195, 199 BGB). Zur Möglichkeit einer Verwirkung des Anspruchs <R: BAG 14.11.1978, 6 ABR 11/77, AP Nr 39 zu § 242 BGB Verwirkung>. 73

2. Schulungs- und Bildungsveranstaltungen

a) Grundsätzliche Kostentragungspflicht

Nach Abs 1 trägt der AG auch die Kosten, die den BR-Mitgliedern aus ihrer Teilnahme an einer **Schulungs- und Bildungsveranstaltung nach § 37 Abs 6** entstehen, also die Teilnehmergebühren sowie die Kosten für Fahrt, Übernachtung und Verpflegung <R: BAG 27.5.2015, 7 ABR 26/13, AP Nr 160 zu § 37 BetrVG 1972>. Voraussetzung ist, dass die Teilnahme an der Schulungsveranstaltung **erforderl**, also das dort vermittelte Wissen für die BR-Arbeit notwendig ist <R: BAG 14.1.2015, 7 ABR 95/12, AP Nr 158 zu § 37 BetrVG 1972> und dass die Kosten **verhältnismäßig** sind (Rn 10ff): Die Höhe der für die Schulung anfallenden Kosten muss mit der Größe und der Leistungsfähigkeit des Betriebs vereinbar und der Schulungszweck unter Berücksichtigung der vom AG für BR-Schulungen bereits aufgewendeten und noch aufzuwendenden Mittel vertretbar sein. Aus diesem Grund kann der AG den BR auf die Durchführung einer Fortbildung als Inhouse-Schulung verweisen, wenn der Besuch eines inhaltsgleichen externen Seminars zu einer deutlichen Kostenmehrbelastung führen würde <R: ArbG Trier 20.11.2014, 3 BV 11/14, juris, hier 70% mehr>. Auch dürften häufig Online-Schulungen in Betracht kommen, auch wenn gemeint wird, diese seien nicht per se gleichwertig mit Präsenzschulungen <R: ArbG Freiburg 30.12.2021, 9 BVGa 1/21, nv; L: *Althoff* ArbRAktuell 2020, 442; GK/*Weber* Rn 76>. Die Angebote der kommerziellen Anbieter dürften jedoch spätestens seit der Corona-Pandemie einer Präsenzveranstaltung in nichts nachstehen. 74

Dagg ist der BR nicht gehalten, anhand einer umfassenden Marktanalyse den günstigsten Anbieter zu ermitteln oder den bekannt günstigsten Anbieter ohne Rücksicht auf andere Gesichtspunkte auszuwählen: Seine Auswahlentscheidung kann der BR bei vergleichbaren Seminarinhalten auch vom Veranstalter selbst abhängig machen, insbes einen gewerkschaftlichen Anbieter einer von AG getragenen Bildungseinrichtung vorziehen <R: BAG 28.6.1995, 7 ABR 55/94, EzA § 40 BetrVG 1972 Nr 74>. 75

§ 40   Kosten und Sachaufwand des Betriebsrats

76 In einer neuen Entscheidung geht das BAG davon aus <**R:** BAG vom 17.11.2021, 7 ABR 27/20, BB 2022, 1532; Vorinstanz Hess LAG vom 10.8.2020, 16 TaBV 177/19, BB 2020, 2559>, dass wertvolle Seminarbeigaben (hier u. a. ein Tablet, eine Ausgabe des *Fitting* sowie die Möglichkeit einer kostenlosen Rechtsberatung) nicht dazu führen, dass die Schulungsteilnahme nicht *erforderlich* ist, wenn der Preis für die Schulungsteilnahme im Bereich des Marktüblichen liegt und die Veranstaltung nicht – unter Verzicht auf die Seminarbeigaben – zu einem günstigeren Preis buchbar ist. Dem ist im Hinblick auf § 40 zuzustimmen, darf aber nicht dazu führen, dass die Schulung wegen der Seminarbeigaben erfolgt. Das wäre jedenfalls dann anzunehmen, wenn der Wert der Seminarbeigaben offensichtlich einen erheblichen Teil der Schulungskosten beträgt. Der BR hat in diesem Fall die Kosten aufzuschlüsseln (§ 666 BGB). Jedenfalls wären die Seminarbeigaben an den AG herauszugeben (§ 667 BGB analog) <**R:** ArbG Lüneburg 2.10.2019, 1 BV 5/19, juris; **L:** *Fitting* Rn. 74a>. Letztlich lässt sich ein solches Seminar regelmäßig nicht mit internen mit Compliance-Richtlinien vereinbaren, sodass eine private Nutzung der Seminarbeigaben nicht nur ein Verstoß gegen § 78 S 2 BetrVG bedeutet, sondern auch individualvertragliche Maßregelungen zur Folge hätte. Auf solche Seminare muss deshalb gänzlich verzichtet werden.

77 Besteht im Betrieb eine allg zumutbare Reisekostenregelung, ist diese auch für an Schulungsveranstaltungen teilnehmende BR-Mitglieder verbindlich <**R:** BAG 28.3.2007, 7 ABR 33/06, FA 2007, 317>.

78 Der Anspruch auf Übernahme der Kosten setzt einen vorherigen Beschluss des BR zur Teilnahme an der vom BR-Mitglied besuchten Veranstaltung voraus. Ein nachträglicher Beschluss genügt nicht, ebenso wenig ein vorangehender Beschluss über die Teilnahme an einer anderen Bildungsveranstaltung <**R:** BAG 8.3.2000, 7 ABR 11/98, BB 2000, 1626>. Auch ist der AG nicht schon deshalb zur Übernahme der Schulungskosten verpflichtet, weil er auf eine Mitteilung des BR, ein bestimmtes BR-Mitglied zur Schulungsveranstaltung entsenden zu wollen, geschwiegen hat <**R:** BAG 24.5.1995, 7 ABR 54/94, BB 1995, 2530>.

79 Der BR oder das BR-Mitglied muss die tatsächl entstandenen Kosten im Einzelnen **nachweisen** und abrechnen; aus den Belegen muss sich genau ergeben, welche Leistungen der Veranstalter zu welchen Preisen erbracht hat, damit der AG die zu erstattenden von den nicht zu erstattenden Kosten für die persönl Lebensführung, etwa für Getränke, abziehen kann. Bei nicht ausreichendem Nachweis hat der AG ein **Leistungsverweigerungsrecht** <**R:** BAG 30.3.1994, 7 ABR 45/93, BB 1994, 2347>. Veranstalter, für die keine koalitionsrechtl Beschränkungen gelten (Rn 82ff), können Teilnehmergebühren auch als Pauschalpreis in Rechnung stellen <**R:** BAG 28.6.1995, 7 ABR 55/94, EzA § 40 BetrVG 1972 Nr 74 und 75>. Werden sie nicht pauschal, sondern nach Einzelleistungen des Schulungsträgers abgerechnet, ist die Rechnung auch ggü dem AG aufzuschlüsseln <**R:** BAG 30.3.1994, 7 ABR 45/93, BB 1994, 2347>.

80 Entstehen dem BR-Mitglied durch die Teilnahme an einer Schulungs- oder Bildungsveranstaltung mehr Kosten, als erforderl und verhältnismäßig sind, muss der AG nur diejenigen Kosten erstatten, die bei Beachtung des Verhältnismäßigkeitsgrundsatzes angefallen wären, zB bei ungerechtfertigter Teilnahme des BR-Mitglieds an einer auswärtigen Schulungsveranstaltung nur die Tagesgeldpauschale, nicht aber die Übernachtungskosten <**R:** vgl BAG 24.8.1976, 1 ABR 109/74, AP Nr 2 zu § 95 ArbGG 1953>. Beginnt eine Schulungsveranstaltung um 11:00 Uhr und dauert die Anreise per Zug vier Stunden, braucht der AG die durch Anreise am Vortag entstandenen Übernachtungskosten des BR-

Mitglieds ebenfalls nicht zu tragen <**R:** LAG SH 14.3.1996, 4 TaBV 15/95, LAGE § 40 BetrVG 1972 Nr 49>. Mehrkosten durch Übernachtung im Tagungshotel sind regelmäßig nicht zu erstatten <**R:** BAG 28.3.2007, 7 ABR 33/06, FA 2007, 317>. Ebenso muss der AG keine anfallenden Stornogebühren zahlen, wenn die kostenfreie Stornierung durch den BR versäumt worden ist <**R:** LAG Köln 31.1.2018, 11 TaBV 50/17, juris>.

Kosten für Schulungs- und Bildungsveranstaltungen, die für die BR-Arbeit geeignete Kenntnisse iS des **§ 37 Abs 7** vermitteln, muss der AG nur erstatten, wenn diese Kenntnisse zugleich erforderl Kenntnisse iS des § 37 Abs 6 sind <**R:** BAG, 6.11.1973, 1 ABR 26/73, AP Nr 6 zu § 37 BetrVG 1972>. 81

b) Beschränkung aus koalitionsrechtlichen Gründen

Wg des Grds, dass der AG nicht zur Finanzierung des gegnerischen Verbands verpflichtet werden kann, kann er die Kostenerstattung **aus koalitionsrechtl Gründen verweigern**. Das Leistungsverweigerungsrecht besteht nicht schon dann, wenn Gewerkschaften oder gewerkschaftsnahe Organisationen Schulungsveranstalter sind, da die Gewerkschaften mit der Schulungsveranstaltung ihre betriebsverfassungsrechtl Unterstützungsfunktion wahrnehmen <**R:** BAG 30.3.1994, 7 ABR 45/93, BB 1994, 2347; 28.6.1995, 7 ABR 55/94, EzA § 40 BetrVG 1972 Nr 74; 17.6.1998, 7 ABR 20/97, BB 1999, 262>, sondern erst, wenn die Gewerkschaft aus der Schulungsveranstaltung einen **Gewinn erzielt** <**R:** BAG 30.3.1994, 7 ABR 45/93, BB 1994, 2347 und 28.6.1995, 7 ABR 55/94, EzA § 40 BetrVG 1972 Nr 74>. 82

Der AG ist dann nicht nur ggü gewerkschaftlichen Anbietern berechtigt, die Kostenübernahme zu verweigern. Vielmehr besteht eine Kostenübernahmepflicht auch dann nicht, wenn die Gewerkschaft Schulungsveranstaltungen einer GmbH überträgt, deren Anteile sie zu 100% hält, und wo sie sich einen bestimmenden Einfluss auf die Ausgestaltung der Schulung vorbehält <**R:** BAG 30.3.1994, 7 ABR 45/93, BB 1994, 2347>, oder wenn sie kraft satzungsmäßiger Rechte und personeller Verflechtungen, insbes weil sie den Vereinsvorstand stellt, maßgeblichen Einfluss auf die Bildungsarbeit eines gemeinnützigen Schulungsträgers nehmen kann <**R:** BAG 28.6.1995, 7 ABR 55/94, EzA § 40 BetrVG 1972 Nr 74>. Ein gemeinnütziger Bildungsträger unterliegt koalitionsrechtl Beschränkungen in diesem Fall auch dann, wenn die Mitgliedschaft nicht auf Gewerkschaften und deren Mitglieder beschränkt ist <**R:** BAG 28.6.1995, 7 ABR 55/94, DB 1995, 2121>. Fehlt es an einem maßgeblichen Einfluss der Gewerkschaft, gelten die koalitionsrechtl Beschränkungen hingg nicht <**R:** BAG 17.6.1998, 7 ABR 55/94, EzA § 40 BetrVG 1972 Nr 74; **L:** noch enger *Wedde* DB 1994, 730, nach dem die koalitionsrechtl Beschränkungen nur gelten sollen, wenn Gewerkschaften oder AG-Verbände selbst Träger der Schulungen sind>. 83

Auch die sog **Vorhaltekosten** (Fremd- und Eigenkapitalverzinsung, Grundstücksabgaben, Mieten und Mietnebenabgaben, allg Lehrmittel und die Honoraraufwendungen für die gewerkschaftseigenen Referenten) dürfen dem AG nicht über die Teilnehmergebühren für die BR-Mitglieder auferlegt werden <**R:** BAG 28.5.1976, 1 ABR 44/74, BB 1976, 1027>. Durch die konkrete Schulung bedingte zusätzliche Vorhaltekosten (sog. „Grenzkosten") sind aber erstattungsfähig <**R:** in diese Richtung BAG 28.6.1995, 7 ABR 55/94, DB 1995, 2121. **L:** GK/*Weber* Rn 73; krit. Richardi/*Thüsing* Rn 37>. Entstehen der Gewerkschaft anlässl einer konkreten Veranstaltung Mietkosten, die sie an einen nichtgewerkschaftlichen Träger zahlen muss, hat der AG aber die darauf entfallenden Teilnehmergebühren zu tragen <**R:** LAG Hamm 2.3.83, 3 TaBV 50/82, DB 1983, 1556>. 84

§ 40   Kosten und Sachaufwand des Betriebsrats

85 Ist eine Gewerkschaft oder eine gewerkschaftsnahe Organisation Trägerin der Schulungsveranstaltung, müssen Nachweis und Abrechnung der Kosten so erfolgen, dass der AG auch nachprüfen kann, ob die geltend gemachten Kosten solche sind, deren Erstattung er aus koalitionsrechtl Gründen verweigern kann <**R**: BAG 28.6.1995, 7 ABR 55/94, DB 1995, 2121>. Beschränkt sich die Gewerkschaft oder der ihr nahestehende Träger auf betriebsverfassungsrechtl Schulungen iS des § 37 Abs 6 oder hält er diese Schulung organisatorisch, finanziell und personell von dem der übrigen Bildungsangebote getrennt, genügt es, wenn der Veranstalter die Kosten aller betriebsverfassungsrechtl Schulungen eines Jahres gemeinsam ermittelt und daraus den auf die jeweilige Schulungsveranstaltung entfallenden teilnehmerbezogenen Betrag feststellt <**R**: BAG 28.6.1995, 7 ABR 55/94, BB 1995, 2478>. Auch eine Mischkalkulation, nach der alle künftig zu erwartenden Kosten für die Durchführung betriebsverfassungsrechtl Schulungen gemeinsam ermittelt und in Durchschnittswerten unabhängig von der konkreten Teilnehmerzahl einer Schulung teilnehmerbezogen zugeordnet werden, ist möglich <**R**: BAG 17.6.1998, 7 ABR 25/97, BB 1999, 157>. Eine Aufschlüsselung pauschaler Schulungsgebühren kommt erst bei Vorliegen konkreter Anhaltspunkte für eine Gegnerfinanzierung in Betracht <**R**: BAG 17.6.1998, 7 ABR 25/97, BB 1999, 157>.

V. Streitigkeiten

86 Streitigkeiten über die Bereitstellung von Räumen, Sachmitteln und Büropersonal für den **BR** und die Kosten der BR-Geschäftsführung werden im arbg Beschlussverf entschieden <**R**: BAG 18.4.1967, 1 ABR 11/66, BB 1967, 1166>. Der Antrag ist auf die Verpflichtung des AG zu richten, die entstandenen Kosten zu übernehmen oder die BR-Mitglieder von einer ggü Dritten bestehenden Verbindlichkeit freizustellen. Die Rechtskraft eines Beschlusses über das Zurverfügungstellen von Sachmitteln steht einem neuerlichen Beschlussverfahren nicht entgg, wenn sich die Zahl der AN beträchtlich erhöht und die Zahl der BR-Mitglieder steigt <**R**: LAG Nbg 24.8.2009, 5 TaBV 32/06, juris>.

87 Zu den Kosten der Tätigkeit des BR zählen auch die Schulungskosten seiner Mitglieder. Der BR hat deshalb das Recht, den AG auf Kostenerstattung an die einzelnen Schulungsteilnehmer in Anspruch zu nehmen <**R**: BAG 30.3.1994, 7 ABR 45/93, BB 1994, 2347>. Zur Abtretung von Freistellungs- und Erstattungsansprüchen an Dritte Rn 21 f.

88 Der Anspruch des einzelnen **BR-Mitglieds**, persönl Auslagen erstattet zu erhalten, folgt aus der betriebsverfassungsrechtl Stellung des BR-Mitglieds und nicht aus seinem Arbeitsverhältnis. Er ist deswg ebenfalls im Beschlussverf geltend zu machen <**R**: BAG 6.11.1973, 1 ABR 8/73, BB 1974, 461>. Das gilt auch für die Ansprüche bereits ausgeschiedener BR-Mitglieder <**R**: BAG 10.10.1969, 1 AZR 5/69, BB 1970, 37>.

89 Kosten aus der Zeit vor Insolvenzeröffnung sind einfache Insolvenzforderungen <**R**: BAG 9.12.2009, 7 ABR 90/07, DB 2010, 678>. Entstehen Kosten durch eine BR-Tätigkeit nach Insolvenzeröffnung, handelt es sich hingg um Masseverbindlichkeiten iSv § 55 Abs 1 InsO <**L**: MK-InsO/*Hefermehl* § 55 Rn 67>. Nimmt der Verwalter das durch Insolvenzeröffnung unterbrochene Verf auf, sind die innerhalb einer Instanz entstandenen Anwaltskosten insgesamt Masseverbindlichkeiten <**R**: BAG 17.8.2005, 7 ABR 56/04, EzA § 40 BetrVG 2001 Nr 10; **L**: MK-InsO/*Hefermehl* § 55 Rn 199>.

§ 41 Umlageverbot

Die Erhebung und Leistung von Beiträgen der Arbeitnehmer für Zwecke des Betriebsrats ist unzulässig.

Literatur: *Franzen*, Betriebsratskosten und Umlageverbot, FS Adomeit (2008), S 173; *Leuze*, Bemerkungen zum Umlageverbot (§ 41 BetrVG) und zum Beitragsverbot (§ 45 BetrVG), ZTR 2006, 474.

§ 41 verbietet es generell, von den AN Beiträge für die Aufgaben und Zwecke des BR zu erheben, um so die Kosten der BR-Tätigkeit auf die AG abzuwälzen. Das Verbot **erfasst alle** einmaligen oder wiederkehrenden Beiträge, die der BR oder Dritte, etwa eine Gewerkschaft, für BR-Zwecke bei den AN einziehen. 1

Auch der AG darf vom ANentgelt nichts abziehen, um so die Kosten der BR-Tätigkeit zu decken <**R:** BAG 24.7.1991, 7 ABR 76/89, BB 1991, 2158>. Um einen verbotenen Entgeltabzug handelt es sich nicht, wenn aus einem gesetzlich allg dem „Personalaufwand" gewidmeten Tronc einer Spielbank auch die Vergütungsansprüche der BR-Mitglieder bestritten werden <**R:** BAG 24.7.1991, 7 ABR 76/89, BB 1991, 2158; **L:** *Löwisch* Anm zu BAG 16.7.85, AP Nr 17 zu § 87 BetrVG 1972 Lohngestaltung unter 3 b>. Hingg dürfen Sachkosten des BR nicht aus dem Tronc bestritten werden, da dadurch die Ansprüche des Personals auf Auskehrung des Tronc unrechtmäßig gekürzt werden <**R:** BAG 14.8.2002, 7 ABR 29/01, AP Nr 2 zu § 41 BetrVG 1972>. 2

Das Umlageverbot des § 41 ist **entspr anzuwenden**, wenn von den AN Beiträge für Zwecke erhoben werden sollen, die nicht die BR-Tätigkeit betreffen, etwa wenn Gewerkschaftsbeiträge kassiert werden sollen. Das Verbot greift aber nicht, wenn BR-Mitglieder außerhalb ihrer Amtstätigkeit das Beitragsinkasso für ihre Gewerkschaft übernehmen. 3

Nicht unter § 41 fallen auch gelegentliche Sammlungen unter den AN des Betriebs für Zwecke, die **nicht mit dem Amt des BR zusammenhängen**, zB für einen Betriebsausflug, für ein Geburtstagsgeschenk, eine Jubiläumsausgabe oder eine Kranzspende. Das gilt auch, wenn der BR selbst oder eines seiner Mitglieder solche Sammlungen veranlassen und durchführen <**L:** enger GK/*Weber* Rn 5>. Eine klare Trennung zum BR und der Mitgliedschaft im BR ist bei der Führung von Gemeinschaftskassen oder bei der Einziehung von Gewerkschaftsbeiträgen nötig <**L:** ebenso GK/*Weber* Rn 6 f>. 4

§ 41 räumt dem BR eine im arbeitsgerichtlichen Beschlussverfahren durchsetzbare betriebsverfassungsrechtliche Rechtsposition ein, sodass dieser insoweit Verstöße des AG gegen das Umlageverbot geltend machen kann <**R:** BAG 14.8.2002, 7 ABR 29/01, EzA § 41 BetrVG 2001 Nr 1 AP Nr 2 zu § 41 BetrVG 1972>. Verstöße des BR gegen § 41 stellen einen groben Pflichtverstoß dar, der ggf. zu Auflösung des BR nach § 23 Abs 1 berechtigt. Vereinbarung von Zahlungen sind gem § 134 BGB unwirksam. Ebenso die Zahlung als solche, die trotz § 817 S 2 BGB kondizierbar bleibt <**L:** aA *Fitting* Rn 6 und DKW/*Wedde* Rn 2; wie hier die hM>. 5

Vierter Abschnitt
Betriebsversammlung

§ 42 Zusammensetzung, Teilversammlung, Abteilungsversammlung

(1) Die Betriebsversammlung besteht aus den Arbeitnehmern des Betriebs; sie wird von dem Vorsitzenden des Betriebsrats geleitet. Sie ist nicht öffentlich. Kann wegen der Eigenart des Betriebs eine Versammlung aller Arbeitnehmer zum gleichen Zeitpunkt nicht stattfinden, so sind Teilversammlungen durchzuführen.

(2) Arbeitnehmer organisatorisch oder räumlich abgegrenzter Betriebsteile sind vom Betriebsrat zu Abteilungsversammlungen zusammenzufassen, wenn dies für die Erörterung der besonderen Belange der Arbeitnehmer erforderlich ist. Die Abteilungsversammlung wird von einem Mitglied des Betriebsrats geleitet, das möglichst einem beteiligten Betriebsteil als Arbeitnehmer angehört. Absatz 1 Satz 2 und 3 gilt entsprechend.

Literatur: *Bartz/Stratmann*, Zeit der Teilnahme an einer Betriebsversammlung – „Ruhezeit" im Sinne des Arbeitszeitgesetzes, NZA-RR 2013, 281; *Bischof*, Die Arten der Betriebsversammlungen und ihre zeitliche Lage, BB 1993, 1937; *Brötzmann*, Probleme der Betriebsversammlung, BB 1990, 1055; *Fündling/Sorber*, Arbeitswelt 4.0 – Benötigt das BetrVG ein Update in Sachen digitalisierte Arbeitsweise des Betriebsrats?, NZA 2017, 552; *Kleinebrink*, Die Organisation der Betriebsversammlung, ArbRB 2019, 349; *Klumpp/Holler*, Die „virtuelle" Betriebsversammlung nach § 129 Abs. 3 BetrVG, BB 2020, 1268; *Loritz*, Elektronische Aufzeichnungen von Betriebsversammlungen und Einsichtsrecht des Arbeitgebers in Betriebsversammlungsprotokolle, FS Wiese (1998), S 279; *Löwisch*, Belegschaft als Subjekt der Betriebsverfassung, 100 Jahre Betriebsverfassung (2020), S 441; *Mansholt*, Durchführung einer Betriebsversammlung, AiB 2004, 756; *Rieble*, Zur Teilbarkeit von Betriebsversammlungen, AuR 1995, 245; *Rüthers*, Rechtsprobleme der Organisation und Thematik von Betriebsversammlungen, ZfA 1974, 207; *Simitis/Kreuder*, Betriebsrat und Öffentlichkeit, NZA 1992, 1009; *Süllwold*, Anberaumung von Teilbetriebsversammlungen, ZBVR 2004, 72; *Thüsing/Beden*, Betriebsratsarbeit 4.0: Die Betriebsratssitzung per Videokonferenz und die virtuelle Betriebsversammlung, BB 2019, 372.

Übersicht

	Rn.		Rn.
I. Allgemeines	1	IV. Durchführung	17
II. Versammlungsformen	6	1. Einberufung	17
1. Vollversammlung	6	2. Leitung und Hausrecht	19
2. Teilversammlung	7	3. Nichtöffentlichkeit	25
3. Abteilungsversammlung	10	4. Präsenzpflicht	26
III. Teilnahmeberechtigung	12	5. Kosten	27
1. Arbeitnehmer	12	V. Streitigkeiten	28
2. Betriebsfremde	16		

I. Allgemeines

Die Betriebsversammlung dient der **Repräsentation der Belegschaft und ihrer Information** durch den BR. Sie hat – als Betriebsverfassungsorgan – kein Weisungs- oder Abberufungsrecht ggü dem BR (vgl § 45 S 2).

Keine Betriebsversammlungen iS des BetrVG sind **Belegschaftsversammlungen, die der AG einberuft**, um wichtige Angelegenheiten zu erörtern. Solche Versammlungen sind auch zulässig, wenn auf ihnen Themen erörtert werden, die in die Zuständigkeit des BR fallen <**R:** BAG 27.6.1989, 1 ABR 28/88, NZA 1990, 113>. Sie dürfen aber nicht als Gegenveranstaltungen gg die Betriebsversammlungen missbraucht werden, etwa wenn der AG der Belegschaft Informationen nur noch in Belegschaftsversammlungen gibt, sich aber weigert, an Betriebsversammlungen teilzunehmen <**R:** BAG 27.6.1989 aaO>, oder wenn er schon vor der Betriebsversammlung für den Tag nach der Betriebsversammlung zu denselben Themen eine Mitarbeiterdienstbesprechung ansetzt <**R:** ArbG Osnabrück 25.6.1997, 4 BVGa 3/97, AuR 1998, 298, das in einem solchen Fall auch einen im Wege der eV durchzusetzenden Unterlassungsanspruch bejaht>. Belegschaftsversammlungen können auch als Forum für betriebsfremde Personen, zB Politiker, dienen. Dabei muss aber der Grds der parteipolitischen Neutralität beachtet werden (§ 74 Rn 32 f).

Informelle Veranstaltungen, wie etwa Weihnachtsfeiern, zu denen BR und AG gemeinsam einladen, sind keine Betriebsversammlungen, auch wenn der AG dort in einem „offiziellen" Teil über die wirtschaftliche Lage des Betriebs berichtet <**R:** LAG BaWü 13.3.2014, 6 TaBV 5/13, AuR 2014, 164, 247>. Die Pflicht des BR zur Einberufung regelmäßiger Betriebsversammlungen (§ 43) wird mit solchen Veranstaltungen nicht erfüllt.

Zur Frage gewerkschaftlicher Versammlungen im Betrieb, s § 2 Rn 35 ff.

Die Durchführung von Belegschaftsveranstaltungen in BRlosen Betrieben durch den GBR ist nicht zulässig (näher § 50 Rn 40 f).

II. Versammlungsformen

1. Vollversammlung

Regelfall der Betriebsversammlung ist die Versammlung **aller AN des Betriebes** (Vollversammlung). Ist nach § 3 Abs 1 Nr 1a ein unternehmenseinheitl BR gebildet, findet die Betriebsversammlung regelmäßig als Vollversammlung aller AN des Unternehmens statt.

2. Teilversammlung

Gem Abs 1 S 3 können auf Beschluss des BR auch **Teilversammlungen** durchgeführt werden. Voraussetzung ist, dass eine gleichzeitige Versammlung aller AN (Vollversammlung) „wg der Eigenart des Betriebs" nicht stattfinden kann. Teilversammlungen können durchzuführen sein, wenn wg der Größe der Belegschaft kein für eine Vollversammlung ausreichender Saal im Betrieb zur Verfügung steht oder wenn zu den AN viele nicht innerhalb des Betriebs tätige Außendienstmitarbeiter gehören. Teilversammlungen sind

§ 42 Zusammensetzung, Teilversammlung, Abteilungsversammlung

auch durchzuführen, wenn eine Vollversammlung wg Schichtbetriebs oder weit auseinanderliegender Betriebsstätten an zwei Kalendertagen stattfinden müsste <R: LAG MV 15.10.2008, 2 TaBV 2/08, juris>.

8 Ohne Vorliegen eines solchen Grundes dürfen keine Teilversammlungen durchgeführt werden. Vollversammlungen haben nach dem Gesetz Vorrang vor Teilversammlungen <R: ArbG Essen 14.4.2011, 2 BVGa 3/11, DB 2011, 453>.

9 Für Teilversammlungen gelten die Regelungen über die Betriebsversammlung entspr.

3. Abteilungsversammlung

10 Nach Abs 2 müssen für die AN in organisatorisch und räuml abgegrenzten Betriebsteilen **Abteilungsversammlungen** durchgeführt werden, wenn dies **erforderl** ist, um die besonderen Belange der dort tätigen AN zu erörtern. Organisatorische Abgrenzungen gehen häufig einher mit den räumlichen Abgrenzungen. Eine rein personell-fachliche Abgrenzung genügt indes nicht, da die organisatorische Abgrenzung eine gewisse Eigenständigkeit auf der Leitungsebene erfordert <L: *Fitting* Rn 66f; GK/*Weber* Rn 75f; *Rieble* AuR 1995, 245, 247>. Der Begriff des Betriebsteils ist wg des unterschiedlichen Normzwecks nicht mit dem in § 4 S 1 (§ 4 Rn 7ff) identisch <L: GK/*Weber* Rn 77>, sondern steht ledigl für eine abgrenzbare Teileinheit des Betriebs. Räuml abgrenzbar sind zB Etagen eines Gebäudes, organisatorisch abgrenzbar etwa verschiedene Fertigungsstufen eines Produktionsbetriebs <L: *Rieble*, aaO, 247> oder der Außendienst.

11 Abteilungsversammlungen entbinden nicht von der Verpflichtung des Abs 1 S 1, Betriebsversammlungen abzuhalten. Jedoch sind unter den Voraussetzungen des Abs 2 S 1 zwei der regelmäßigen Betriebsversammlungen als Abteilungsversammlungen durchzuführen, § 43 Abs 1 S 2 (§ 43 Rn 11). Geleitet wird die Abteilungsversammlung von einem BR-Mitglied, möglichst aus dem betreffenden Betriebsteil. IÜ gelten die Regelungen über die Betriebsversammlung entspr.

III. Teilnahmeberechtigung

1. Arbeitnehmer

12 An der Betriebsversammlung dürfen **sämtliche AN des Betriebs** (§ 5 Abs 1) teilnehmen, also auch diejenigen, die in einem Kleinstbetrieb oder Betriebsteil tätig sind, der nach § 4 kein selbstständiger Betrieb ist. Es kommt nicht darauf an, ob die AN nach § 7 wahlberechtigt sind, weswegen insbes auch die jugendlichen und die auszubildenden AN (§ 60 Abs 1) teilnahmeberechtigt sind. Zur Teilnahme im Ausland tätiger AN s Einl Rn 16f. Auch vorübergehend nicht im Betrieb anwesende AN sind teilnahmeberechtigt <R: BAG 5.5.1987, 1 AZR 665/85, NZA 1987, 712 (Urlaub, Kurzarbeit); BAG 31.5.1989, 7 AZR 574/88, NZA 1990, 449 (Elternzeit); LAG MV 30.1.2017, 3 TaBVGa 1/17 (gekündigte AN); **L:** kritisch *Boemke* jurisPR-ArbR 20/2017 Anm 4 zu LAG MV; Richardi/*Annuß* Rn 4 nur während der Weiterbeschäftigung; weitergehend: GK/*Weber* Rn 17 solange deren Ausscheiden noch nicht feststeht>.

Auch LeihAN können an der Betriebsversammlung teilnehmen (§ 14 Abs 2 S 2 AÜG). 13
Gleiches gilt für die im Betrieb tätigen Beamte, Soldaten und AN des öffentlichen Dienstes iS von § 5 Abs 1 S 3 <R: vgl BAG 5.12.2012, 7 ABR 28/11, NZA 2013, 793>. S zur Stellung der Letzteren auch § 5 Rn 19. Nach Auffassung des BAG sind auch Auszubildende eines reinen Ausbildungsbetriebs, die ihre praktische Ausbildung vollständig oder teilweise in dem Betrieb eines anderen Unternehmens des Konzerns absolvieren, berechtigt, an Betriebsversammlungen des Einsatzbetriebs teilzunehmen <R: BAG 24.8.2011, 7 ABR 8/10, DB 2012, 1158; zust GK/*Weber* Rn 18; Richardi/*Annuß* Rn 5; *Fitting* Rn 14a>. Das BAG schließt die Regelungslücke in entsprechender Anwendung des § 14 Abs 2 S 2 AÜG. Dies ist mit Blick auf die Eingliederung in den Betrieb überzeugend und trägt dem Umstand Rechnung, dass es in dem Ausbildungsbetrieb als Entleiherbetrieb zahlreiche Themen gibt, die zu den in § 45 S 1 genannten Angelegenheiten gehören und die nicht nur für die VertragsAN des Inhabers des Entleiherbetriebs, sondern ebenso für die dort beschäftigten LeihAN von Bedeutung sind. Die Interessenlage ist für LeihAN keine andere als für Auszubildende in reinen Ausbildungseinsatzbetrieben. Ungeachtet dessen, dass der Gesetzgeber bei der Novellierung des BetrVG 2001 wie beim Erlass und zahlreichen Änderungen des AÜG die Gelegenheit gehabt hätte, ein Teilnahmerecht an Betriebsversammlungen für Einsatzbetriebe zu schaffen, ist nicht erkennbar, dass die Regelungslücke beabsichtigt war. Vielmehr scheint es so, dass er den Fall des „aufgespaltenen Ausbildungsverhältnisses" nicht gesehen hat.

Die ltd Ang nach § 5 Abs 3 sind nicht teilnahmeberechtigt. Sie können aber als Gäste teilnehmen, wenn weder AG noch BR widersprechen <L: *Fitting* Rn 15>. Das gleiche gilt für die in § 5 Abs 2 genannten Personen. 14

Die AN des Betriebs sind **nicht verpflichtet**, an der Betriebsversammlung teilzunehmen. 15
Nehmen sie nicht teil, bleiben sie auch während einer in die Arbeitszeit fallenden Betriebsversammlung zur Arbeit verpflichtet. Dass es der AG den AN ermöglicht, während der Betriebsversammlung zu arbeiten, ist keine Störung der BR-Tätigkeit <R: LAG Köln 19.4.1988, 11 TaBV 24/88, LAGE § 44 BetrVG 1972 Nr 6>.

2. Betriebsfremde

Wg des Grds der Nichtöffentlichkeit dürfen **betriebsfremde Personen** an der Betriebsversammlung grds nicht teilnehmen. Eine gesetzliche Ausnahme macht insoweit § 46 Abs 1 für Gewerkschaftsbeauftragte und Beauftragte der AG-Vereinigungen. Andere Personen können zugelassen werden, wenn ihre Teilnahme im Zusammenhang mit den Aufgaben der Betriebsversammlung, insbes mit den in ihr behandelten Themen steht und daher sachdienl ist <R: BAG 13.9.1977, 1 ABR 67/75, DB 1977, 2452; ArbG Paderborn 24.10.1996, 2 BVGa 4/96, NZA-RR 1998, 23 für Vertreter der Krankenkassen>. Die Hinzuziehung betriebsfremder GBR-Mitglieder ist regelmäßig sachdienl <R: BAG 28.11.1978, 6 ABR 101/77, AP Nr 2 zu § 42 BetrVG 1972>. Im Einzelfall können auch SprA-Mitglieder zu Betriebsversammlungen hinzugezogen werden. **Sachverständige** können an Betriebsversammlungen teilnehmen, wenn sich der BR mit dem AG darüber gem § 80 Abs 3 geeinigt hat <R: BAG 19.4.1989, 7 ABR 87/87, BB 1989, 1696>. 16

§ 42 Zusammensetzung, Teilversammlung, Abteilungsversammlung

IV. Durchführung

1. Einberufung

17 Der BR beschließt, wo und wann die Betriebsversammlung durchzuführen ist (§ 43 Rn 2). Der BR-Vors, iF seiner Verhinderung der Stellv, ist sodann verpflichtet, die Betriebsversammlung **einzuberufen**. Die Betriebsversammlung muss so rechtzeitig einberufen werden, dass die AN, der AG und die Gewerkschaften sich sachl auf sie einstellen und an ihr teilnehmen können <R: LAG Ddf 11.4.1989, 12 TaBV 9/89, DB 1989, 2284>.

18 Der AG muss dem BR einen geeigneten Raum für die Durchführung der Betriebsversammlung zur Verfügung stellen. Anspruch auf einen bestimmten Raum hat der BR aber nicht <R: LAG Hess 10.10.2013, 5 TaBV 323/12, juris>.

2. Leitung und Hausrecht

19 Leiter der Betriebsversammlung ist nach Abs 1 S 1 der BR-Vors, wenn dieser verhindert ist, sein Stellv. Ist auch der Stellv verhindert, kann der BR eines seiner Mitglieder zum Versammlungsleiter bestimmen <R: BAG 19.5.1978, 6 ABR 41/75, AP Nr 3 zu § 43 BetrVG 1972>. Der Versammlungsleiter eröffnet die Sitzung, erteilt das Wort, führt die Abstimmungen durch, vertagt und schließt die Sitzung und muss insbes dafür sorgen, dass die Tagesordnung erledigt wird und alle Erörterungen unterbleiben, die sich auf Angelegenheiten beziehen, deren Behandlung nach § 45 nicht zulässig ist (§ 45 Rn 11).

20 Jede Betriebs- oder Abteilungsversammlung **kann** sich durch Abstimmung eine **Geschäftsordnung** geben. Dies ist zwar im Gesetz nicht vorgeschrieben, dürfte sich aber bei größeren Versammlungen empfehlen. Aus Zeitgründen sollte der BR einen Geschäftsordnungsentwurf vorbereiten, der dann von der Versammlung ledigl zu billigen oder zu ergänzen ist. Eine Geschäftsordnung sollte Bestimmungen über Worterteilung und Redezeit, die Abstimmungsmodalitäten, den Schluss einer Debatte und die Niederschrift enthalten.

21 Während der Dauer einer Betriebsversammlung geht das **Hausrecht** des AG auf den Versammlungsleiter über. Das gilt auch in Bezug auf die Zugangswege zum Versammlungsraum, nicht aber auf sonstige Räumlichkeiten in dessen Umfeld, wie etwa eine Cafeteria <R: BAG 18.3.1964, 1 ABR 12/63, BB 1964, 804; 22.5.2012, 1 ABR 11/11, DB 2012, 2351>. Das gilt auch, wenn der AG an der Betriebsversammlung teilnimmt und sich der Versammlungsraum auf dem Betriebsgelände befindet. Hat der Versammlungsleiter einer bestimmten Person die Teilnahme erlaubt, kann der AG dieser daher nicht den Zutritt verweigern <L: DKW/*Berg* Rn 22; GK/*Weber* Rn 39>. Zum Zutrittsrecht der Gewerkschaften § 2 Rn 49 ff.

22 Kann sich der Versammlungsleiter gg Störer und Unbefugte nicht durchsetzen oder duldet er die Erörterung von Themen, die keinen Bezug zu den sachl Aufgaben der Betriebsversammlung haben, verliert die Versammlung ihren Charakter als Betriebsversammlung: Das Hausrecht fällt an den AG zurück <L: *Fitting* Rn 36; Richardi/*Annuß* Rn 25>.

23 Eine **Niederschrift** über die Betriebsversammlung schreibt das Gesetz nicht vor. Sie ist aber zulässig und zweckmäßig. Die Entscheidung liegt beim Versammlungsleiter. Ohne seine Zustimmung ist der AG nicht berechtigt, ein Wortprotokoll anfertigen zu lassen

<R: LAG Hamm 9.7.1986, 3 TaBV 31/86, NZA 1986, 842>. Der BR ist aber verpflichtet, die Fertigung stichwortartiger Aufzeichnungen über den Inhalt der Versammlung durch den AG mit der Maßgabe zu dulden, dass darin keine AN mit Namen genannt werden, sofern nicht der betreffende AN ausdrückl seinen Namen vermerkt wissen will <R: LAG Ddf 4.9.1991, 4 TaBV 60/91, juris>.

Tonbandaufnahmen sind zulässig, wenn der Versammlungsleiter sie anordnet oder ihnen zustimmt. Dass die Betriebsversammlung auf Tonband aufgenommen wird, ist vorher anzukündigen. Jeder Sprecher kann vor seinem Beitrag verlangen, dass das Tonbandgerät abgeschaltet wird. Unbefugte Tonbandaufnahmen sind nach § 201 StGB strafbar. Gegen eine wortgetreue Protokollierung während der Betriebsversammlung sprechen jedenfalls dann keine durchgreifenden Bedenken, wenn das Einverständnis der Redner und des Versammlungsleiters vorliegt. Aus dem Rechtsgedanken von § 34 Abs 2 iVm dem Gebot der vertrauensvollen Zusammenarbeit kann der AG diese herausverlangen, wenn er an der Sitzung teilgenommen hat <L: *Loritz* FS Wiese (1998), S 279, 282 ff; **aA** *Fitting* Rn 47>. 24

3. Nichtöffentlichkeit

Nach Abs 1 S 2 ist die Betriebsversammlung **nicht öffentlich** <R: LAG BB 24.8.2018, 9 TaBV 157/18, LAGE § 78 BetrVG 2001 Nr 13; LAG BaWü 12.3.2014, 6 TaBV 5/13, AuR 14, 164>. Der Ausschluss der Öffentlichkeit soll den innerbetrieblichen offenen Diskurs sicherstellen, aber vor unsachlicher Einflussnahme durch Externe schützen <R: BAG 13.9.1977, 1 ABR 67/75, BAGE 29, 281>. Andere Personen dürfen auf Einladung des BR bei einer Betriebsversammlung anwesend sein, wenn dies zur ordnungsgemäßen Erfüllung der Aufgaben der Betriebsversammlung sachdienlich ist <R: LAG BB 8.9.2016, 5 TaBV 780/15, juris>. Eine öffentl Berichterstattung über den Verlauf der Betriebsversammlung durch Presse, Rundfunk und Fernsehen ist unzulässig, Reportern kann der Zutritt zur Betriebsversammlung nicht gestattet werden, weil auch das die Nichtöffentlichkeit aufhebt <L: *Fitting* Rn 44; differenzierend *Simitis/Kreuder* NZA 1992, 1011, die Reporter zulassen wollen>. Zulässig sind demggü Lautsprecherübertragungen in andere Räume des Betriebs, soweit sich in diesen Räumen idR ausschließl Betriebsangehörige aufhalten <L: *Richardi/Annuß* Rn 43>. 25

4. Präsenzpflicht

Betriebsversammlungen sind nach dem gesetzgeberischen Willen weiterhin als Präsenzveranstaltungen durchzuführen <L: ebenso GK/*Weber* Rn 43 ff; kritisch *Fündling/Sorber* NZA 2017, 552, 557, die die theoretische Möglichkeit „heimlicher" Zuhörer wenig überzeugend finden; **aM** *Richardi/Annuß* Rn 43; *Thüsing/Beden* BB 2019, 372, 376 f>. Der Gesetzgeber hat die Chance durch das Betriebsrätemodernisierungsgesetz (BGBl I 2021 S 1762) nicht genutzt. In § 30 Abs 2 ist nur unter bestimmten Voraussetzungen die Möglichkeit vorgesehen, dass BR-Sitzungen in digitaler bzw hybrider Form durchgeführt werden können. Das gilt aber nicht auch für Betriebs- oder Abteilungsversammlungen <L: *Horstmeier* BB 2022, 116, 117>. Diese finden weiterhin ohne Ausnahme in Präsenz statt. Die aus Anlass der COVID-19-Pandemie geschaffene Sonderregelung in § 129 Abs 3 (gültig bis 30.6.2021, BGBl I S 2691), wonach Versammlungen nach § 42 mittels audio- 26

§ 42   Zusammensetzung, Teilversammlung, Abteilungsversammlung

visueller Einrichtungen durchgeführt werden konnten, wenn sichergestellt war, dass nur teilnahmeberechtigte Personen Kenntnis von dem Inhalt der Versammlung nehmen können <L: vgl hierzu *Klumpp/Holler* BB 2020, 1268>, wurde nicht übernommen. An dieser Stelle wird das Gesetz zu Recht als wenig zeitgemäß eingestuft <L: *Schiefer/Worzalla* NZA 2021, 817, 820 mwN>. Einer Verletzung des Persönlichkeitsrechts der Teilnehmenden könnte durch ein eigenständiges Einwählen, das als konkludente Einwilligung in die Ton- und Bildübertragung zu bewerten ist, begegnet werden <L: *Thüsing/Beden* BB 2019, 372, 377> oder durch ausdrückliche Zustimmung. Jedenfalls aber bedürfte es klarer gesetzlicher Regelungen über die Zulassung von Videoübertragung <L: ebenso *Fündling/Sorber* NZA 2017, 552, 557>.

5. Kosten

27   Soweit die Betriebsversammlung in betriebsfremden Räumen abgehalten werden muss, ist der AG verpflichtet, die für Miete, Heizung, Licht und dergleichen anfallenden **Kosten** zu übernehmen. Voraussetzung ist jedoch, dass im Betrieb kein geeigneter Raum zur Verfügung steht und es nicht zumutbar ist, Teilversammlungen nach Abs 1 S 3 durchzuführen (Rn 7). Kosten für Getränke und Imbiss hat der AG nicht zu tragen <R: LAG Nbg 25.4.2012, 4 TaBV 58/11, juris>. Zu Betriebsversammlungen während eines Arbeitskampfes § 44 Rn 18 f. Zum Vergütungsanspruch der AN § 44 Rn 6 ff.

V. Streitigkeiten

28   Streitigkeiten im Zusammenhang mit der Abhaltung von Betriebsversammlungen, insbes über Zeit und Ort der Versammlung, über die Teilnahmeberechtigung, die Kostentragungspflicht des AG und die Zulässigkeit von Teil- und Abteilungsversammlungen sind im Beschlussverf nach § 2a Abs 1 Nr 1, §§ 80 ff ArbGG zu entscheiden. Soweit es um die Durchführung einer Betriebsversammlung geht, kommt auch eine eV in Betracht (§ 85 Abs 2 ArbGG) <R: ArbG Darmstadt 27.11.2003, 5 BVGa 39/03 mit Anm *Mansholt*, AiB 2004, 756; **L:** *Fitting* Rn 76a>.

29   Individualrechtl Ansprüche von Versammlungsteilnehmern auf Arbeitsentgelt oder Erstattung von Aufwendungen sind im Urteilsverf vor den Arbeitsgerichten geltend zu machen. Ansprüche auf Unterlassung beleidigender Äußerungen eines Gewerkschaftssekretärs über den Geschäftsführer eines AG-Verbandes in der Betriebsversammlung sind vor den ordentlichen Gerichten geltend zu machen <R: LAG BaWü 24.5.2007, 9 Ta 2/07, ArbuR 2007, 442>.

§ 43 Regelmäßige Betriebs- und Abteilungsversammlungen

(1) Der Betriebsrat hat einmal in jedem Kalendervierteljahr eine Betriebsversammlung einzuberufen und in ihr einen Tätigkeitsbericht zu erstatten. Liegen die Voraussetzungen des § 42 Abs. 2 Satz 1 vor, so hat der Betriebsrat in jedem Kalenderjahr zwei der in Satz 1 genannten Betriebsversammlungen als Abteilungsversammlungen durchzuführen. Die Abteilungsversammlungen sollen möglichst gleichzeitig stattfinden. Der Betriebsrat kann in jedem Kalenderhalbjahr eine weitere Betriebsversammlung oder, wenn die Voraussetzungen des § 42 Abs. 2 Satz 1 vorliegen, einmal weitere Abteilungsversammlungen durchführen, wenn dies aus besonderen Gründen zweckmäßig erscheint.

(2) Der Arbeitgeber ist zu den Betriebs- und Abteilungsversammlungen unter Mitteilung der Tagesordnung einzuladen. Er ist berechtigt, in den Versammlungen zu sprechen. Der Arbeitgeber oder sein Vertreter hat mindestens einmal in jedem Kalenderjahr in einer Betriebsversammlung über das Personal- und Sozialwesen einschließlich des Stands der Gleichstellung von Frauen und Männern im Betrieb sowie der Integration der im Betrieb beschäftigten ausländischen Arbeitnehmer, über die wirtschaftliche Lage und Entwicklung des Betriebs sowie über den betrieblichen Umweltschutz zu berichten, soweit dadurch nicht Betriebs- oder Geschäftsgeheimnisse gefährdet werden.

(3) Der Betriebsrat ist berechtigt und auf Wunsch des Arbeitgebers oder von mindestens einem Viertel der wahlberechtigten Arbeitnehmer verpflichtet, eine Betriebsversammlung einzuberufen und den beantragten Beratungsgegenstand auf die Tagesordnung zu setzen. Vom Zeitpunkt der Versammlungen, die auf Wunsch des Arbeitgebers stattfinden, ist dieser rechtzeitig zu verständigen.

(4) Auf Antrag einer im Betrieb vertretenen Gewerkschaft muss der Betriebsrat vor Ablauf von zwei Wochen nach Eingang des Antrags eine Betriebsversammlung nach Abs. 1 Satz 1 einberufen, wenn im vorhergegangenen Kalenderhalbjahr keine Betriebsversammlung und keine Abteilungsversammlungen durchgeführt worden sind.

Literatur: S Literatur zu § 42.

Übersicht

	Rn.		Rn.
I. Regelmäßige Betriebsversammlungen	1	II. Zusätzliche Betriebsversammlungen	12
1. Betriebsversammlungen	1	1. Weitere Betriebsversammlungen	12
2. Abteilungsversammlungen	11	2. Außerordentliche Betriebsversammlungen	14

§ 43 Regelmäßige Betriebs- und Abteilungsversammlungen

I. Regelmäßige Betriebsversammlungen

1. Betriebsversammlungen

1 Nach Abs 1 S 1 ist der BR verpflichtet, in jedem Kalendervierteljahr eine Betriebsversammlung – ggfs als Teilversammlung (§ 42 Rn 7) – abzuhalten. Diese regelmäßigen Betriebsversammlungen finden grds **während der Arbeitszeit** statt und sind wie Arbeitszeit zu vergüten (§ 44 Rn 6 ff).

2 Über den Zeitpunkt der regelmäßigen Betriebsversammlung entscheidet der BR nach pflichtgem Ermessen durch Mehrheitsbeschluss (§ 33 Rn 13 ff). Wie sich aus § 2 ergibt, hat er dabei die berechtigten Interessen sowohl der AN wie des Betriebes angemessen zu berücksichtigen (näher § 44 Rn 1 ff).

3 Hat während eines Kalenderhalbjahres keine Betriebsversammlung stattgefunden, kann jede im Betrieb vertretene **Gewerkschaft** (§ 2 Rn 27) **beantragen**, dass eine Betriebsversammlung einberufen wird; der BR muss die Versammlung vor Ablauf von zwei Wochen ab Eingang des Gewerkschaftsantrags einberufen.

4 Beruft der BR nicht in jedem Kalendervierteljahr eine Betriebsversammlung ein, verletzt er, insbes wenn er einem Einberufungsantrag der Gewerkschaft nicht folgt, seine Amtspflicht. Wg dieser **Amtspflichtverletzung** kann der BR nach § 23 Abs 1 auf Antrag aufgelöst werden <**R:** LAG BaWü 13.3.2014, 6 TaBV 5/13, AuR 2014, 164, 247; ArbG HH 27.6.2012, 27 BV 8/12, juris; LAG SH 3.12.2013, 1 TaBV 11/33, juris>. Hat zwar der BR die Einberufung beschlossen, wird diese aber vom BR-Vors nicht durchgeführt, kann das Grund für den Ausschluss des Vors aus dem BR sein. Auch kann das Amt als Vors durch Mehrheitsbeschluss des BR entzogen werden (§ 26 Rn 7).

5 In der regelmäßigen Betriebsversammlung hat der BR nach Abs 1 S 1 einen **Tätigkeitsbericht** zu erstatten. Der Tätigkeitsbericht ist vom BR-Vors und anderen BR-Mitgliedern mündl vorzutragen. Er kann auch zusätzl in schriftlicher Form an die AN ausgegeben werden; der Grds der Nichtöffentlichkeit steht dem nicht entgg <**L:** *Löwisch* FS Hilger/ Stumpf (1983), S 429 f>. Da der Tätigkeitsbericht ein Bericht des BR ist, müssen jedenfalls dessen Grundzüge durch einen BR-Beschluss festgelegt werden. Der Tätigkeitsbericht soll die Belegschaft einmal über Maßnahmen und Beschlüsse des BR informieren und Rechenschaft für die Zeit seit dem letzten Bericht ablegen. Darüber hinaus kann der BR auch sonstige betriebl Vorgänge erörtern, die die Belange der AN berühren, und zu den eingetretenen oder zu erwartenden Auswirkungen Stellung nehmen. Er kann auch die Tätigkeit seiner Ausschüsse und die anderer Betriebsvertretungen erläutern.

6 **Nicht** in den Tätigkeitsbericht des BR gehören Gegenstände aus dem Zuständigkeitsbereich des WirtA, da die Information der Belegschaft über die wirtschaftliche Lage und Entwicklung des Unternehmens nach Abs 2 S 3 und § 110 allein Sache des AG ist <**L:** Richardi/*Annuß* Rn 10; GK/*Weber* Rn 19; aA *Fitting* Rn 13a; MünchArbR/*Lunk* § 299 Rn 50>. Auch die Tätigkeit der betriebsangehörigen AN-Vertreter im Aufsichtsrat ist nicht Gegenstand des Tätigkeitsberichts <**R:** BAG 1.3.1966, 1 ABR 14/65, BB 1966, 578>. Angaben, welche die Geheimhaltungspflicht der BR-Mitglieder nach § 79 Abs 1 oder anderen Vorschriften (zB §§ 82 Abs 2, 83 Abs 1, 99 Abs 1, 102 Abs 2) verletzen würden, darf der BR ebenfalls nicht in seinen Tätigkeitsbericht aufnehmen.

Im Anschluss an die Berichterstattung durch den BR kann jeder Versammlungsteilnehmer **7**
ergänzende Fragen stellen, die der Berichterstatter beantworten muss, sofern sie nicht
über den Zuständigkeitsbereich des BR und der Betriebsversammlung hinausgehen. Der
Bericht kann auch Gegenstand einer Aussprache sein.

Nach Abs 2 S 1 ist der **AG** zu den regelmäßigen Betriebsversammlungen unter Mitteilung **8**
der Tagesordnung einzuladen. Er darf an den Versammlungen **teilnehmen** und ist nach
Abs 2 S 2 berechtigt, in der Betriebsversammlung zu sprechen <R: LAG Hess 27.2.2017,
16 TaBV 76/16, juris>. Dabei kann er sich auch durch eine an der Betriebsleitung verantwortl beteiligte Person vertreten lassen <R: LAG Ddf 11.2.1982, 21 TaBV 109/81, DB
1982, 1066>. Nimmt er oder sein Vertreter an der Betriebsversammlung teil, kann er
nach § 46 Abs 1 S 2 einen Beauftragten der AG-Vereinigung hinzuziehen, der der AG angehört; dieser ist redeberechtigt. Auch die Hinzuziehung weiterer Auskunftspersonen ist
zulässig.

Nach Abs 2 S 3 ist der AG – persönl oder durch seinen Vertreter – verpflichtet, mindes- **9**
tens einmal in jedem Kalenderjahr in einer Betriebsversammlung mündl einen **Lagebericht** zu erstatten. Der Lagebericht muss einen Überblick über die wirtschaftliche Lage
und Entwicklung des Unternehmens einschließl der durchgeführten und geplanten Betriebsänderungen (§§ 90, 111) geben und ferner über das Personal- und Sozialwesen des
Betriebs informieren. Zu Letzterem gehören die personellen Veränderungen im Betrieb
und die Personalplanung, betriebl Bildungsmaßnahmen und die betriebl Sozialeinrichtungen sowie der Stand der Gleichstellung von Frauen und Männern im Betrieb (vgl § 2
Abs 1 Nr 2 AGG; § 1 EntgTranspG; § 80 Abs 1 Nr 2a, 2b, § 92 Abs 3) und der Stand der
Integration der im Betrieb beschäftigten ausländischen AN. Außerdem ist über den betriebl Umweltschutz (§ 80 Abs 1 Nr 9, § 89) zu berichten. Zu der Frage, inwieweit der
AG der Belegschaft die von ihm gem § 40 zu tragenden Kosten des BR mitteilen darf, s
§ 78 Rn 13. Die Versammlungsteilnehmer können nach Abschluss des Berichts ergänzende Fragen stellen, die der AG aber nur beantworten muss, wenn dadurch nach seiner
Auffassung weder Betriebs- noch Geschäftsgeheimnisse gefährdet werden (zum Begriff
des Betriebs- und Geschäftsgeheimnisses § 79 Rn 8 ff). Von dem in der Betriebsversammlung zu erstattenden Lagebericht zu unterscheiden ist die vierteljährliche Unterrichtung
der AN über die wirtschaftliche Lage und Entwicklung des Betriebs nach § 110 (§ 110
Rn 2).

Welche Angelegenheiten, abgesehen vom Tätigkeitsbericht des BR und vom Lagebericht **10**
des AG, in den Betriebsversammlungen behandelt werden, wird in der vom BR zu beschließenden **Tagesordnung** festgelegt. In analoger Anwendung des § 86a S 2 wird man
davon auszugehen haben, dass der BR eine Angelegenheit auf die Tagesordnung setzen
muss, wenn dies mindestens fünf vom Hundert der AN des Betriebes verlangen.

2. Abteilungsversammlungen

Ist es nach § 42 Abs 2 erforderl, für die AN in organisatorisch und räuml abgegrenzten **11**
Betriebsteilen Abteilungsversammlungen durchzuführen (§ 42 Rn 10 f), muss der BR
nach Abs 1 S 2 **zwei der regelmäßigen Betriebsversammlungen** eines Kalenderjahres
als Abteilungsversammlungen abhalten. Zweckmäßigerweise wechseln die regelmäßigen
Voll- und Abteilungsversammlungen einander ab; der BR kann sich aber auch für eine
andere Reihenfolge entscheiden. Die Abteilungsversammlungen sollen nach Abs 1 S 3 in

den verschiedenen Abteilungen des Betriebs möglichst gleichzeitig stattfinden. Der Begriff „gleichzeitig" ist dabei iS möglichster zeitlicher Nähe zu verstehen. Der BR-Vors muss die Möglichkeit haben, beide Versammlungen zu leiten. Auch muss der AG an beiden Versammlungen teilnehmen können.

II. Zusätzliche Betriebsversammlungen

1. Weitere Betriebsversammlungen

12 Nach Abs 1 S 4 kann der BR, wenn dies aus bes Gründen zweckmäßig erscheint, in jedem Kalenderhalbjahr eine dritte Betriebs- oder Abteilungsversammlung (weitere Betriebsversammlung) durchführen. Die weitere Betriebsversammlung findet ebenso wie die gesetzl vorgeschriebenen Vierteljahresversammlungen während der Arbeitszeit statt, die Teilnahme ist den AN wie Arbeitszeit zu vergüten, § 44 Abs 1 (§ 44 Rn 6 ff).

13 Die Anberaumung einer weiteren Betriebsversammlung setzt voraus, dass ein **Ausnahmetatbestand deren Einberufung erforderl** macht: Die Angelegenheit, die mit der Belegschaft erörtert werden soll, muss so bedeutend und dringend sein, dass ein sorgfältig amtierender BR es unter Berücksichtigung der konkreten Situation im Betrieb für sinnvoll und angemessen halten darf, eine weitere Betriebsversammlung einzuberufen <R: BAG 23.10.1991, 7 AZR 249/90, DB 1992, 689>. Will der BR die Belegschaft über geplante Betriebsänderungen informieren, bevor der AG über Anfangsüberlegungen hinausgekommen ist, ist eine weitere Betriebsversammlung nicht iS des Abs 1 S 4 erforderl, wenn der AG der Belegschaft seine generelle Absicht zur Betriebsänderung bereits in der Hauspost mitgeteilt hat <R: BAG 23.10.1991 aaO>.

2. Außerordentliche Betriebsversammlungen

14 Der **BR** ist nach Abs 3 Var 1 auch berechtigt, zusätzliche außerordentliche Betriebs- und Abteilungsversammlungen durchzuführen, die allerdings außerhalb der Arbeitszeit stattfinden und nicht vergütet werden (§ 44 Abs 2 S 1, dort Rn 16 f). Da nach Abs 1 bereits sechs ordentliche Betriebs- bzw Abteilungsversammlungen mögl sind, muss für eine solche außerordentliche Betriebsversammlung ein zwingender Grund bestehen.

15 Verlangt der AG vom BR, eine außerordentliche Betriebs- oder Abteilungsversammlung einzuberufen, ist der BR nach Abs 3 Var 2 zur Einberufung verpflichtet. Zwar obliegt es dem BR, den Termin dieser Versammlung festzusetzen, jedoch muss er die Versammlung alsbald anberaumen. Auch muss der BR die vom AG beantragten Beratungsgegenstände auf die Tagesordnung setzen. Ein Teilnahmerecht des AG an außerordentlichen Betriebsversammlungen besteht nur, wenn sie auf Wunsch des AG einberufen wird oder der BR ihn hierzu einlädt <R: LAG Hess 27.2.2017, 16 TaBV 76/16, juris>. Auf Wunsch des AG einberufene außerordentliche Betriebsversammlungen sind nach § 44 Abs 1 S 1 und 2 wie Arbeitszeit zu vergüten (§ 44 Rn 13 f).

16 Nach Abs 3 S 1 Var 3 kann auch **ein Viertel der wahlberechtigten AN** verlangen, dass eine außerordentliche Betriebsversammlung einberufen wird und bestimmte Beratungsgegenstände auf die Tagesordnung gesetzt werden. Die Wahlberechtigung nach § 7 S 1 muss am Tage des Antrags bestehen. Auch § 14 Abs 2 S 4 AÜG ergibt sich nunmehr,

II. Zusätzliche Betriebsversammlungen § 43

dass auch LeihAN das Antragsrecht zukommt. Gleiches gilt für die § 5 Abs 3 genannten Personen, weil sie nach der Vorschrift als AN des Einsatzbetriebes gelten.

Der BR muss dem Antrag stattgeben, wenn der vorgeschlagene Beratungsgegenstand nach § 45 zulässigerweise auf einer Betriebsversammlung behandelt werden darf <R: vgl BAG 4.5.1955, 1 ABR 4/53, BB 1955, 572>. Einen formulierten Vorschlag für die Tagesordnung brauchen die AN nicht vorzulegen; sie müssen ledigl das Thema nennen, das auf der Betriebsversammlung erörtert werden soll. Ebenso wie die auf Veranlassung des BR einberufenen außerordentlichen Betriebsversammlungen (Abs 3 Var 1) finden auch die auf Antrag der AN durchgeführten Versammlungen außerhalb der Arbeitszeit statt, ohne dass der AG zur Vergütung verpflichtet ist (§ 44 Abs 2 S 1, dort Rn 15 f.). 17

Führt der BR auf Antrag des AG oder eines Viertels der AN eine außerordentliche Betriebsversammlung durch, darf er die **Tagesordnung** von sich aus ergänzen und seinen Tätigkeitsbericht auch in dieser Versammlung erstatten. Erstattet der BR einen Tätigkeitsbericht, gilt die Versammlung zugleich als ordentliche Vierteljahresversammlung. Ebenso können der AG und ein Viertel der wahlberechtigten AN unter den Voraussetzungen des Abs 3 S 1 fordern, dass die Tagesordnung einer bereits einberufenen Betriebsversammlung ergänzt wird. Der BR muss diesem Verlangen entsprechen. 18

§ 44 Zeitpunkt und Verdienstausfall

(1) Die in den §§ 14a, 17 und 43 Abs. 1 bezeichneten und die auf Wunsch des Arbeitgebers einberufenen Versammlungen finden während der Arbeitszeit statt, soweit nicht die Eigenart des Betriebs eine andere Regelung zwingend erfordert. Die Zeit der Teilnahme an diesen Versammlungen einschließlich der zusätzlichen Wegezeiten ist den Arbeitnehmern wie Arbeitszeit zu vergüten. Dies gilt auch dann, wenn die Versammlungen wegen der Eigenart des Betriebs außerhalb der Arbeitszeit stattfinden; Fahrkosten, die den Arbeitnehmern durch die Teilnahme an diesen Versammlungen entstehen, sind vom Arbeitgeber zu erstatten.

(2) Sonstige Betriebs- oder Abteilungsversammlungen finden außerhalb der Arbeitszeit statt. Hiervon kann im Einvernehmen mit dem Arbeitgeber abgewichen werden; im Einvernehmen mit dem Arbeitgeber während der Arbeitszeit durchgeführte Versammlungen berechtigen den Arbeitgeber nicht, das Arbeitsentgelt der Arbeitnehmer zu mindern.

Literatur: *Lipke*, Betriebsverfassungsrechtliche Probleme der Teilzeitarbeit, NZA 1990, 758, 762; *Ludwig/Forschner*, Die unterbrochene und fortgesetzte Betriebsversammlung – Rechtliche Grenzen und prozessuale Abwehr –, DB 2019, 907; *Strümper*, Zur zeitlichen Lage der Betriebsversammlungen in Handelsunternehmen, NZA 1984, 315.

S außerdem die Literatur zu § 42.

Übersicht

	Rn.		Rn.
I. Festlegung des Versammlungszeitpunkts durch den Betriebsrat	1	1. Voraussetzungen	11
II. Versammlungen während der Arbeitszeit	5	2. Vergütungsanspruch	13
1. Voraussetzungen	5	IV. Außerordentliche Betriebsversammlungen	15
2. Vergütungsanspruch	6	V. Betriebsversammlungen im Arbeitskampf	18
III. Versammlungen außerhalb der Arbeitszeit	11	VI. Streitigkeiten	20

I. Festlegung des Versammlungszeitpunkts durch den Betriebsrat

1   Der BR bestimmt nach seinem pflichtgem Ermessen, **wann** Betriebs- und Abteilungsversammlungen sowie Wahlversammlungen stattfinden und **wie lange** sie dauern. Er ist nicht verpflichtet, die Zustimmung des AG einzuholen, muss aber nach § 2 Abs 1 den AG rechtzeitig von geplanten Versammlungen unterrichten, damit dieser die mit Rücksicht auf den Arbeitsanfall notwendigen Maßnahmen treffen kann.

2   Der BR hat den Zeitpunkt der Betriebs- und Abteilungsversammlungen so zu wählen, dass möglichst viele AN ohne Schwierigkeiten daran teilnehmen können. Ist im Betrieb gleitende Arbeitszeit eingeführt, kann der BR die Betriebsversammlung deshalb regelmäßig für die Kernarbeitszeit anberaumen.

II. Versammlungen während der Arbeitszeit § 44

Der BR muss auf die Verhältnisse des Betriebs Rücksicht nehmen und dafür Sorge tragen, 3
dass der Arbeitsablauf so wenig wie mögl beeinträchtigt wird. Aus diesem Grund sind
während der Arbeitszeit stattfindende Versammlungen möglichst an deren Ende zu legen
und auch nicht über die sachl gebotene Zeit hinaus auszudehnen (s noch Rn 7 f). Drohen
bei der Durchführung zu einer bestimmten Tageszeit erhebliche wirtschaftliche Schäden,
würde etwa die Verzögerung von Zulieferungen zu einem Produktionsstillstand bei einem
Kunden führen, muss auf eine andere Zeit ausgewichen werden <R: ArbG Zwickau
9.12.2006, 8 BVGa 7/06, nv>. Betriebsversammlungen sind soweit möglich an einem Tag
abzuhalten <R: LAG MV 15.10.2008, 2 TaBV 2/08, BeckRS 2008, 57712>. Wenn eine
Erledigung der Tagesordnung nicht möglich und die Behandlung der Themen auf einer
weiteren Betriebsversammlung nicht sachdienlich ist, kann sie am nächsten Tag fortgesetzt werden <L: *Ludwig/Forschner* DB 2019, 907, 908 f zu den Kriterien>.

Widerspricht der AG dem Termin, den der BR für eine Betriebsversammlung festgelegt 4
hat, muss der BR darüber entscheiden, ob er an dem Termin festhält oder die Betriebsversammlung verlegt. Der AG kann auch im Beschlussverf eine Entscheidung des ArbG
über die zeitliche Lage der Versammlung herbeiführen <R: ArbG Zwickau 9.12.2006
aaO>, ggfs auch mit einem Antrag auf eV nach § 85 Abs 2 ArbGG. Das ArbG darf jedoch
nur die Durchführung der Versammlung zu der vorgesehenen Zeit – ggfs durch eV – verbieten, nicht dagg einen anderen Versammlungstermin bestimmen <R: LAG Ddf
24.10.1972, 11 (6) BV Ta 43/72, DB 1972, 2212>.

II. Versammlungen während der Arbeitszeit

1. Voraussetzungen

Während der Arbeitszeit finden nach Abs 1 S 1 grds Versammlungen zur Wahl des Wahl- 5
vorstands (§§ 17, 14a Abs 1 S 2) und in Kleinbetrieben zur Wahl des BR (§ 14a Abs 1
S 3), die regelmäßigen Betriebs- und Abteilungsversammlungen (§ 43 Abs 1) und die auf
Wunsch des AG einberufenen außerordentlichen Versammlungen statt (§ 43 Abs 3, S 1
Var 2).

2. Vergütungsanspruch

Die Teilnahme an während der Arbeitszeit stattfindenden Wahl- oder Betriebsversamm- 6
lungen und die Wegezeiten sind den AN wie Arbeitszeit zu vergüten (Abs 1 S 2). Der Anspruch nach Abs 1 S 2 ist kein Lohnersatzanspruch, sondern ein **selbstständiger Vergütungsanspruch**: Das Gesetz will die AN nicht nur dagg sichern, dass sie durch die Teilnahme an diesen Versammlungen Vergütungsansprüche verlieren, die sie sonst gehabt
hätten, sondern will ihnen die Teilnahme an den Versammlungen unabhängig von ihrer
Arbeitsverpflichtung vergüten <R: BAG 5.5.1987, 1 AZR 292/85, DB 1987, 2154>. Daraus folgt einmal, dass auch AN, die während ihres bezahlten Erholungsurlaubs an einer
Wahl- oder Betriebsversammlung teilnehmen, einen Anspruch auf Vergütung haben <R:
BAG 5.5.1987 aaO>. Zum anderen ist der Vergütungsanspruch nicht dadurch ausgeschlossen, dass ein Versammlungsteilnehmer in der betreffenden Zeit, etwa wg Kurzarbeit, überhaupt keinen Vergütungsanspruch gehabt hätte <R: BAG 5.5.1987 aaO>; allerdings entfällt wg des Vergütungsanspruchs aus Abs 1 S 2 gem § 157 Abs 1 SGB III der

§ 44   Zeitpunkt und Verdienstausfall

Anspruch auf Kurzarbeitergeld <L: GK/*Weber* Rn 39>. Den Vergütungsanspruch haben auch AN, deren Arbeitsverhältnis ruht <R: BAG 31.5.1989, 7 AZR 574/88, DB 1990, 793 für den Erziehungsurlaub>. Zum Vergütungsanspruch wg Teilnahme an der Wahlversammlung nach § 14a Abs 1 S 3 s noch Vorbem vor § 28 WO Rn 4.

7   Die AN sind vergütungsmäßig so zu stellen, als wenn sie während der Versammlungsteilnahme und der Wegezeit ihrer **normalen Arbeit** nachgegangen wären: Sie haben Anspruch auf das volle Arbeitsentgelt sowie alle Schmutz-, Erschwernis- oder sonstigen Zulagen. Arbeiten sie im Akkord, ist der Durchschnittsverdienst zu zahlen. Überschreitet die Versammlungsdauer die betriebl Arbeitszeit oder die persönl Arbeitszeit eines Versammlungsteilnehmers, muss der AG aber nur die Grundvergütung, diese allerdings für die gesamte Versammlungsdauer, dagg aber keinen Mehrarbeitszuschlag zahlen: Die Zeit der Versammlungsteilnahme wird nur „wie" Arbeitszeit vergütet, ist aber keine echte Arbeitszeit <R: BAG 18.9.1973, 1 AZR 116/73, BB 1974, 90>. Nimmt ein Schichtarbeiter an einer Betriebsversammlung teil, die während seiner Freizeit an einem Sonntag stattfindet, hat er dementspr keinen Anspruch auf einen tariflichen Sonntagszuschlag <R: BAG 1.10.1974, 1 AZR 394/73, DB 1975, 310>.

8   Die AN haben auch Anspruch auf Ersatz der **Fahrtkosten**, die für Versammlungen während der Arbeitszeit dadurch entstehen, dass die Versammlung bei einem weit verzweigten Betrieb an einem zentralen Ort stattfindet <L: *Fitting* Rn 40; Richardi/*Annuß* Rn 42>.

9   AN, die **weder an der Versammlung teilgenommen noch weitergearbeitet** haben, obwohl dies mögl war, haben keine Vergütungs- oder Erstattungsansprüche. Das gilt auch, wenn die betriebl Arbeit während einer Betriebsversammlung insgesamt ruht und eine Beschäftigung der nicht an der Versammlung teilnehmenden AN daher unmögl ist: Der AG gerät in diesem Fall nicht gem § 615 BGB in Annahmeverzug <L: GK/*Weber* Rn 68; *Gamillscheg* S 649 mit Fn 24; **aA** *Fitting* Rn 35>.

10 Die Teilnahme an Betriebsversammlungen unterliegt als solche nicht den Beschränkungen des ArbZG. Dessen Anwendung würde zu einem unangemessenen Einfluss des AG auf Dauer und Ablauf der Betriebsversammlungen führen <L: *Wiebauer* NZA 2013, 540>. Hingg ist die Zeit der Betriebsversammlung als Arbeitszeit zu berücksichtigen, soweit es um die Anwendung des ArbZG iÜ geht, insbes die Einhaltung der Ruhezeiten in Frage steht <R: OVG Münster 10.5.2011, 4 A 1403/08, BeckRS 2011, 51413 mit abl Anm L: *Bartz/Stratmann* NZA-RR 2013, 281>. Zur arbeitszeitrechtl Einordnung der BR-Arbeit s § 37 Rn 21 ff.

III. Versammlungen außerhalb der Arbeitszeit

1. Voraussetzungen

11 Wahlversammlungen (§§ 17, 14a), die regelmäßigen Betriebs- und Abteilungsversammlungen (§ 43 Abs 1) und die auf Wunsch des AG einberufenen außerordentlichen Versammlungen (§ 43 Abs 3 Var 2) werden nach Abs 1 S 1 Hs 2 nur dann außerhalb der Arbeitszeit durchgeführt, **wenn es die Eigenart des Betriebs zwingend erfordert**. Unbequemlichkeiten für die Betriebsleitung oder auch ein geringfügiger Produktionsausfall, der sich aus der Arbeitsruhe während der Betriebsversammlung ergibt, sind keine zwingenden Erfordernisse in diesem Sinne. Abs 1 S 1 Hs 2 setzt vielmehr voraus, dass die

III. Versammlungen außerhalb der Arbeitszeit § 44

Durchführung einer Betriebs- oder Abteilungsversammlung während der Arbeitszeit die Produktion in unzumutbarer Weise stört <R: vgl BAG 26.10.1956, 1 ABR 26/54, BB 1957, 219>. Wirtschaftliche Zumutbarkeitserwägungen sind anerkannt <R: BAG 9.3.1976, 1 ABR 74/74, BB 1976, 977; noch weiter gehend BAG 27.11.1987, 7 AZR 29/87, DB 1988, 810>. Allerdings reicht nicht jede Umsatzeinbuße aus, um die Abhaltung der Betriebsversammlung außerhalb der üblichen Arbeitszeit verlangen zu können. Bevor eine Betriebsversammlung außerhalb der Arbeitszeit durchgeführt wird, muss stets geprüft werden, ob den betriebl Schwierigkeiten dadurch Rechnung getragen werden kann, dass im Betrieb mehrere Teilversammlungen (§ 42 Rn 7) durchgeführt werden.

Bei **Verkaufsbetrieben** ist unter Berufung auf die wirtschaftliche Unzumutbarkeit nicht zwingend, Betriebsversammlungen außerhalb der Öffnungszeiten abzuhalten, um zu vermeiden, das Geschäft während der Versammlung vollständig schließen zu müssen <R: BAG 9.3.1976, 1 ABR 74/74, BB 1976, 977; aA LAG Köln 23.10.1985, 3 TaBV 56/85, LAGE Nr 3 zu § 44 BetrVG 1972 mit Anm *Löwisch*>. Es ist aber zumindest auf die umsatzstarken Zeiten (Ostern, Weihnachten, Schlussverkäufe) Rücksicht zu nehmen <R: BAG 9.3.1976, 1 ABR 74/74, BB 1976, 977; LAG Berlin 26.10.1962, 3 TaBV 2/62, DB 1963, 1327; LAG BaWü 12.7.1979, 9 TaBV 3/79, BB 1980, 1267; LAG Ddf 10.12.1984, 5 TaBV 134/84, juris>. In **Schichtbetrieben** mit zwei Schichten müssen die Betriebsversammlungen so gelegt werden, dass die Betriebsversammlung zumindest teilweise in die Arbeitszeit sowohl der AN der ersten als auch der AN der zweiten Schicht fällt <R: LAG Nds 30.8.1982, 11 TaBV 8/81, DB 1983, 1312>. In mehrschichtigen Betrieben ist der BR gehalten, Betriebsversammlungen auf die Schnittstelle zw den beiden Schichten anzuberaumen, in denen der Großteil der AN des Betriebs beschäftigt wird <R: LAG SH 30.5.1991, 4 TaBV 12/91, LAGE § 44 BetrVG 1972 Nr 8>. Allerdings muss auch darauf geachtet werden, dass nicht die Freizeit immer derselben Schicht betroffen wird.

12

2. Vergütungsanspruch

Versammlungen, die wg der Eigenart des Betriebs außerhalb der Arbeitszeit stattfinden, sind gem Abs 1 S 3 ebenso wie Betriebsversammlungen während der Arbeitszeit zu vergüten. Das in Rn 6 f Gesagte gilt entspr. Lässt der BR eine Betriebsversammlung entgg Abs 1 S 1 außerhalb der Arbeitszeit stattfinden, obwohl dies aufgrund der betriebl Eigenart **nicht zwingend erforderl ist, entfällt der Vergütungsanspruch**: Es ist Sache der AN, nicht Sache des AG, das Risiko einer fehlerhaften Beurteilung durch den BR zu tragen <R: vgl LAG Nds 30.8.1982 aaO; LAG Hamm 10.12.1986, 2 Sa 1359/86, juris, die darauf abstellen, dass die Versammlung ihren Charakter als Betriebsversammlung verliert, wenn grob gg das Gebot zwingender Erforderlichkeit verstoßen worden ist>.

13

Fahrtkosten, die den AN dadurch entstehen, dass eine Betriebsversammlung nach Abs 1 S 1 wg der Eigenart des Betriebs außerhalb der betriebl Arbeitszeit durchgeführt werden, müssen ihnen nach Abs 1 S 3 vom AG erstattet werden. Das gilt auch für Fahrtkosten, die AN für die Teilnahme an Versammlungen aufwenden, die außerhalb ihrer persönl Arbeitszeit stattfinden.

14

IV. Außerordentliche Betriebsversammlungen

15 Außerordentliche Betriebsversammlungen, die nach § 43 Abs 3 auf Beschluss des BR oder Antrag eines Viertels der wahlberechtigten AN durchgeführt werden (§ 43 Rn 14 ff), finden **außerhalb der Arbeitszeit** statt (Abs 2 S 1). **Stimmt der AG zu**, können aber auch diese Betriebsversammlungen **während der Arbeitszeit** durchgeführt werden, Abs 2 S 2. Dabei kann der AG seine Zustimmung auch zeitl begrenzen.

16 AN, die an einer außerhalb der Arbeitszeit stattfindenden außerordentlichen Betriebsversammlung teilnehmen, haben keinen **Vergütungsanspruch** und auch keinen Anspruch auf Ersatz ihrer Fahrtkosten. Findet eine außerordentliche Versammlung mit Einvernehmen des AG während der Arbeitszeit statt, ist dem AG demggü nach Abs 2 S 2 verboten, das Arbeitsentgelt der AN wg ihrer Teilnahme an der Versammlung zu mindern. Das bedeutet nur, dass die AN wg der Versammlungsteilnahme keine wirtschaftlichen Einbußen erleiden dürfen. Sie haben aber keinen Anspruch auf Vergütung, wenn und soweit sie in der Zeit der Betriebsversammlung keinen Anspruch auf Arbeitsentgelt gehabt hätten, etwa wg Kurzarbeit oder weil die Versammlung außerhalb ihrer persönl Arbeitszeit durchgeführt worden ist. Auch Wegezeiten sind in keinem Fall zu bezahlen.

17 Legt der BR eine außerordentliche Betriebsversammlung ohne Einverständnis des AG in die Arbeitszeit, verliert der teilnehmende AN seinen Lohnanspruch. Konnten die AN, weil der AG der Versammlung während der Arbeitszeit nicht ausdrückl widersprochen hat, davon ausgehen, er sei damit einverstanden, bleibt ihnen der Entgeltanspruch demggü erhalten <R: LAG BaWü 17.2.1987, 8 (14) Sa 106/86, DB 1987, 1441>.

V. Betriebsversammlungen im Arbeitskampf

18 Unter den Voraussetzungen des § 44 können Betriebsversammlungen auch während eines Arbeitskampfes durchgeführt werden; an ihnen können auch streikende und ausgesperrte AN teilnehmen <R: BAG 5.5.1987, 1 AZR 292/85, DB 1987, 2154>. Wg der bestehenden **Konfrontations- und Konfliktsituation** kann sich der AG im Arbeitskampf aber weigern, Räume im Betrieb für die Betriebsversammlung zur Verfügung zu stellen <L: vgl *Caspers* AR-Blattei SD 170.4 Rn 32>.

19 Aus dem Charakter der Entgeltansprüche gem Abs 1 S 2 und 3 als selbstständige **Vergütungsansprüche** folgert das BAG, dass auch die AN Anspruch auf Vergütung während einer Betriebsversammlung haben, die streiken oder die ausgesperrt sind oder deren Arbeit infolge des Arbeitskampfes ausfällt <R: BAG 5.5.1987 aaO; L: ebenso GK/*Weber* Rn 40; **aA** ausf *Caspers* aaO Rn 36 ff; Richardi/*Annuß* Rn 34>.

VI. Streitigkeiten

20 Streitigkeiten darüber, ob Betriebs- und Abteilungsversammlungen während der Arbeitszeit durchgeführt werden, sowie darüber, wann und wo sie stattfinden, entscheidet das ArbG im Beschlussverf. Die Ansprüche der AN auf Vergütung ihrer Teilnahme an Betriebsversammlungen und der Wegezeit und der Erstattung der Fahrtkosten nach Abs 1

VI. Streitigkeiten **§ 44**

S 2 und 3 sowie auf Erstattung des Lohnausfalls aus Abs 2 S 2 sind im Urteilsverf geltend zu machen <**R:** BAG 18.9.1973, 1 AZR 116/73, BB 1974, 90; 1.10.1974, 1 AZR 394/73, EzA § 44 BetrVG 1972 Nr 3>.

§ 45 Themen der Betriebs- und Abteilungsversammlungen

Die Betriebs- und Abteilungsversammlungen können Angelegenheiten einschließlich solcher tarifpolitischer, sozialpolitischer, umweltpolitischer und wirtschaftlicher Art sowie Fragen der Förderung der Gleichstellung von Frauen und Männern und der Vereinbarkeit von Familie und Erwerbstätigkeit sowie der Integration der im Betrieb beschäftigten ausländischen Arbeitnehmer behandeln, die den Betrieb oder seine Arbeitnehmer unmittelbar betreffen; die Grundsätze des § 74 Abs. 2 finden Anwendung. Die Betriebs- und Abteilungsversammlungen können dem Betriebsrat Anträge unterbreiten und zu seinen Beschlüssen Stellung nehmen.

Literatur: *Löwisch*, Betriebsauftritte von Politikern, DB 1976, 676; *Neumann*, Die Behandlung sozial- und tarifpolitischer Fragen in der Betriebsversammlung, BB 1966, 89; *Rüthers*, Rechtsprobleme der Organisation und der Thematik von Betriebsversammlungen, ZfA 1974, 207.

1 Nach S 1 Hs 1 darf eine Betriebs- oder Abteilungsversammlung alle Angelegenheiten behandeln, die den **Betrieb oder seine AN unmittelbar betreffen**, dagg nicht solche, die sich an die AN nur in ihrer Rolle als Staatsbürger oder als Gewerkschaftsmitglieder richten. Die Zuständigkeit der Betriebsversammlung beschränkt sich aber nicht auf innerbetriebl Angelegenheiten. Vielmehr können auch außerbetriebl Fragen, die die AN des Betriebs unmittelbar berühren, behandelt werden, etwa Verkehrsprobleme, Immissionen Dritter und die Errichtung oder Auflösung einer Kindertagesstätte in der Nähe des Betriebs.

2 In der Betriebsversammlung können alle betriebsbezogenen **tarifpolitischen Angelegenheiten** behandelt werden: Gegenstand der Betriebsversammlung kann insbes der Stand schwebender Tarifverhandlungen und die Auslegung der im Betrieb geltenden TV sein. In diesem Zusammenhang darf auch über einen Rechtsstreit berichtet werden, der eine für den Betrieb wichtige Tarifbestimmung zum Gegenstand hat. Die Versammlungsteilnehmer können insbes zu allen Fragen Stellung nehmen, die mit der Überwachung der im Betrieb anzuwendenden TV durch den BR zusammenhängen.

3 Auch **gewerkschaftliche Angelegenheiten** dürfen in Betriebs- und Abteilungsversammlungen besprochen werden, wenn diese unmittelbar betriebsbezogen sind. Gegenstand einer Betriebsversammlung darf insbes die gesetzl vorgeschriebene Zusammenarbeit zw dem BR und den im Betrieb vertretenen Gewerkschaften sein, einschließ der Arbeit der gewerkschaftlichen Vertrauensleute <R: LAG Hamm 3.12.1986, 3 Sa 1229/86, BB 1987, 685 (LS)>. Zulässig ist es auch, Fragen und Anregungen der Gewerkschaft hinsichtl der betriebl Angelegenheiten zu erörtern. Nicht zum Gegenstand einer Betriebsversammlung dürfen dagg koalitionspolitische Streitigkeiten und die allg, nicht betriebsbezogenen Ziele und Strategien der gewerkschaftlichen Tarifpolitik gemacht werden. Die Betriebsversammlung darf den Gewerkschaften auch nicht als Forum der Selbstdarstellung und als Werbeplattform dienen.

4 Zu den Angelegenheiten, die in der Betriebsversammlung behandelt werden dürfen, gehören alle Probleme des **Arbeits- und Sozialrechts**, die unmittelbar betriebsbezogen sind. Hat ein Gesetzgebungsverf unmittelbare Auswirkungen auf die AN auch dieses Be-

triebs, kann auf einer Betriebsversammlung über den Stand der arbeitsrechtl oder sozialpolitischen Gesetzgebung gesprochen werden <R: ArbG Paderborn 24.10.1996, 2 BVGa 4/96, NZA-RR 1998, 23 für das Referat eines Krankenkassenvertreters über Wahlfreiheit in der Krankenversicherung; ArbG Minden 2.7.1996, 2 BVGa 2/96, AiB 1996, 555 für die Auswirkungen des Sparpakets im arbeits- und sozialrechtl Bereich>. Es ist jedoch unverhältnismäßig und damit unzulässig, eine außerordentliche Betriebsversammlung eigens wg eines laufenden Gesetzgebungsverf abzuhalten <R: ArbG München 3.2.1986, 22 BVGA 17/86, NZA 1986, 235>.

Die Novellierung des BetrVG hat die Zuständigkeit der Betriebsversammlung auf **umweltpolitische Fragen** erstreckt, allerdings auch nur soweit diese den Betrieb oder seine AN unmittelbar betreffen. Umwelteinflüsse, die von den Betriebsanlagen ausgehen, können damit insoweit Thema der Betriebsversammlung sein, als sie sich auf die im Betrieb tätigen AN auswirken können, nicht aber insoweit, als Auswirkungen auf die allg Bevölkerung in der Nachbarschaft in Rede stehen. Auf der anderen Seite kann die Frage behandelt werden, ob von Anlagen außerhalb des Betriebs oder sonst von der Umwelt schädliche Einflüsse auf den Betrieb und die dort tätigen AN ausgehen. Gegenstand der Erörterungen können dabei auch Abhilfemaßnahmen inner- und außerhalb des Betriebs sein. 5

Wirtschaftliche Angelegenheiten, die den Betrieb oder seine AN unmittelbar betreffen, können ebenfalls in den Betriebs- und Abteilungsversammlungen erörtert werden. Das folgt bereits aus der Verpflichtung des AG, jährl einen Bericht über die wirtschaftliche Lage und Entwicklung des Betriebs (§ 43 Abs 2 S 3) zu geben, über den eine Aussprache der Versammlungsteilnehmer mögl ist. 6

Zu den Themen der Betriebs- und Abteilungsversammlungen gehören auch die Förderung der Gleichstellung von Frauen und Männern, etwa bei der Aus-, Fort- und Weiterbildung und dem beruflichen Aufstieg (§ 80 Abs 1 Nr 2a), die Förderung der Vereinbarkeit von Familie und Erwerbstätigkeit, etwa durch die Erleichterung des Besuchs von Kindertagesstätten (§ 80 Abs 1 Nr 2b) und die Integration der im Betrieb beschäftigten ausländischen AN, etwa durch Sprachkurse (§ 80 Abs 1 Nr 7). Allg kann die Einhaltung der Diskriminierungsverbote des AGG zum Thema einer Betriebsversammlung gemacht werden. 7

S 1 Hs 1 zählt die zulässigen Themen von Betriebs- und Abteilungsversammlungen abschließend auf, deshalb können **allgemeinpolitische** Fragen nicht erörtert werden, auch wenn sie nicht den Charakter parteipolitischer Fragen tragen. Das unterscheidet S 1 Hs 1 von § 74 Abs 2 S 2, der nach Auffassung des BAG <R: v 17.3.2010, 7 ABR 95/08, DB 2010, 1649> allg politischen Äußerungen im Betrieb nicht entgegensteht <L: zutr *Reichold* RdA 2011, 58, 60>. Deshalb dürfen auch allg wirtschaftspolitische Fragen, wenn sie den Gesetzgeber oder die öffentl Meinung beschäftigen, nicht Gegenstand einer Betriebsversammlung sein. Etwas anderes gilt nur, wenn sich wirtschaftspolitische Maßnahmen im Betrieb auswirken oder solche Auswirkungen jedenfalls zu erwarten sind <R: BAG 14.2.1967, 1 ABR 7/66, BB 1967, 584>. 8

S 1 Hs 2 erstreckt die für AG und BR geltende **betriebliche Friedenspflicht** (§ 74 Rn 11) ausdrückl auch auf die Betriebs- und Abteilungsversammlungen: Allen Versammlungsteilnehmern ist jede Beeinträchtigung des Betriebsfriedens oder des betriebl Arbeitsablaufs strikt untersagt; sie müssen alle Erörterungen oder Maßnahmen unterlassen, die 9

§ 45 Themen der Betriebs- und Abteilungsversammlungen

eine solche Beeinträchtigung wahrscheinl machen. Untersagt ist iR der Friedenspflicht auch jede Erörterung oder Unterstützung von Arbeitskampfmaßnahmen.

10 S 1 Hs 2 iVm § 74 Abs 2 verpflichtet die Betriebsversammlung weiter zu strikter **parteipolitischer Neutralität** (§ 74 Rn 32 ff). Verboten ist daher jede Propaganda und Werbung für eine bestimmte Partei, insbes in Zeiten des Wahlkampfes <R: BAG 13.9.1977, 1 ABR 67/75, DB 1977, 2452>. Das gilt namentl für den Auftritt von Spitzenpolitikern, und zwar auch dann, wenn ihr Auftritt als Referat über betriebsbezogene Fragen, etwa über die betriebl Altersversorgung, getarnt wird <R: BAG 13.9.1977 aaO>. Vgl § 74 Rn 34.

11 Der **Versammlungsleiter** (§ 42 Rn 19) hat dafür zu sorgen, dass sich alle Berichte, Erörterungen und Beschlüsse auf Betriebs- oder Abteilungsversammlungen im gesetzlichen Rahmen halten. Werden auf einer Betriebsversammlung nach § 45 S 1 Hs 1 unzulässige Themen erörtert (Rn 1 ff) oder wird gg die betriebl Friedenspflicht verstoßen (Rn 9), kann darin zum einen eine **Pflichtverletzung** des Versammlungsleiters iS des § 23 liegen (§ 23 Rn 20) und die Versammlung zum anderen ihren **Charakter als Betriebs- oder Abteilungsversammlung verlieren** (§ 42 Rn 6 ff) mit der Folge, dass die Entgeltzahlungspflicht des AG entfällt. Den Charakter als Betriebsversammlung verliert die Versammlung allerdings nicht schon dann, wenn ein Redner gelegentl ausschweift. Die Erörterung des unzulässigen Beratungsgegenstands muss vielmehr ins Gewicht fallen bzw die Friedenspflicht eindeutig verletzt werden.

12 Die Betriebs- und Abteilungsversammlungen sind dem BR nicht übergeordnet. Sie können ihm daher weder das Vertrauen entziehen noch bindende Anweisungen erteilen: Den Beschlüssen der Betriebsversammlung **fehlt jede bindende Wirkung**. Sie können dem BR iR des ihnen in S 1 Hs 1 zugewiesenen Aufgabenkreises gem S 2 ledigl „Anträge" unterbreiten und zu seinen Beschlüssen – auch im Wege einer Abstimmung – Stellung nehmen.

§ 46 Beauftragte der Verbände

(1) An den Betriebs- oder Abteilungsversammlungen können Beauftragte der im Betrieb vertretenen Gewerkschaften beratend teilnehmen. Nimmt der Arbeitgeber an Betriebs- oder Abteilungsversammlungen teil, so kann er einen Beauftragten der Vereinigung der Arbeitgeber, der er angehört, hinzuziehen.

(2) Der Zeitpunkt und die Tagesordnung der Betriebs- oder Abteilungsversammlungen sind den im Betriebsrat vertretenen Gewerkschaften rechtzeitig schriftlich mitzuteilen.

Literatur: *Bauer*, Teilnahme von Anwälten an Betriebsversammlungen, NJW 1988, 1130; *Däubler*, Gewerkschaftsrechte im Betrieb, 10. Aufl 2000, Rn 151 ff; *Henssler*, Arbeitsrecht und Anwaltsrecht, RdA 1999, 38; *Röpke/Schönhöft*, Teilnahme von Vertretern nicht tariffähiger Arbeitnehmervereinigungen an Betriebsversammlungen, NZA 2020, 1377; *Schmidt*, Nochmals: Teilnahme von Vertretern nicht tariffähiger Arbeitnehmervereinigungen an Betriebsversammlungen, NZA 2020, 1682.

Das Recht der im Betrieb vertretenen **Gewerkschaften** (§ 2 Rn 27), nach Abs 1 S 1 in alle Betriebs- und Abteilungsversammlungen Beauftragte zu entsenden, ist ein **selbstständiges gesetzliches Teilnahmerecht**, das von der Zustimmung des AG, des BR oder der Versammlungsteilnehmer unabhängig ist. Es kann gerichtl durchgesetzt werden (Rn 7). Das Teilnahmerecht aus Abs 1 S 1 beinhaltet die Befugnis der Gewerkschaften, ihre Vertreter in den Betriebs- oder Abteilungsversammlungen frei auszuwählen <R: BAG 18.3.1964, 1 ABR 12/63, BB 1964, 804>. Eine nicht tariffähige AN-Vereinigung hat kein Teilnahmerecht an Betriebsversammlungen <R: BAG 19.9.2006, 1 ABR 53/05, NZA 2007, 518; 22.5.2012, 1 ABR 11/11, NZA 2012, 1176; 15.5.2019, 7 ABR 35/17, NZA 2019, 1595>. Dies liegt daran, dass die Rspr von einem einheitlichen Gewerkschaftsbegriff ausgeht, was der hL entspricht <L: Richardi/*Maschmann* § 2 Rn 50; *Fitting*, § 2 Rn 32; ErfK/*Koch*, Rn 3; aA B. *Schmidt* NZA 2020, 1682; vgl *Löwisch* § 2 Rn 28>. Ausnahmsweise kann der Zutritt wg Rechtsmissbrauchs verweigert werden, wenn der benannte Gewerkschaftsbeauftragte in der Vergangenheit den Betriebsfrieden nachhaltig gestört oder den AG grob beleidigt hat und eine Wiederholung eines solchen Verhaltens zu befürchten ist <R: LAG Hamm 3.6.2005, 13 TaBV 58/05, AuR 2005, 465>. In einem Tarifvertrag nach § 117 (vgl dort Rn 11 ff) kann das Zutrittsrecht zu Personalversammlungen für im Betrieb vertretene Gewerkschaften nicht auf die den Tarifvertrag abschließenden Gewerkschaft begrenzt werden <R: LAG Berl-Bbg 19.9.2017, 7 TaBV 91/17, juris>. S zu Auswahl und zum Zugangsrecht der Gewerkschaftsbeauftragten sowie zu möglichen Einwendungen des AG gg die Beauftragten iÜ § 2 Rn 49 ff. **1**

Die Gewerkschaftsbeauftragten sind auf die **beratende Teilnahme** beschränkt. Sie können das Wort ergreifen, Fragen stellen und Anregungen geben. Dabei sind sie an den Aufgabenkreis der Betriebsversammlung (§ 45 Abs 1 S 1) und an die Tagesordnung der konkreten Versammlung gebunden; sie müssen sich zu Wort melden. Die Gewerkschaftsbeauftragten haben kein Stimmrecht und sind deshalb auch nicht befugt, Anträge zu stellen. **2**

Die Gewerkschaftsbeauftragten sind bei der beratenden Teilnahme an Betriebs- und Abteilungsversammlungen an § 2 Abs 1 gebunden und dürfen die vertrauensvolle Zusammenarbeit zw BR und AG nicht stören <R: BAG 14.2.1967, 1 ABR 7/66, BB 1967, 584>. Darüber hinaus müssen sie die **betriebl Friedenspflicht** des § 74 Abs 2 beachten **3**

§ 46 Beauftragte der Verbände

und dürfen deshalb weder in der Betriebsversammlung noch im Anschluss an diese zu einem Arbeitskampf aufrufen <R: LAG Bremen 14.1.1983, 1 Sa 117/82, 1 Sa 235/82, DB 1983, 778>. Allgemeinpolitische, insbes parteipolitische Ausführungen sind nach § 45 Abs 1 S 1 Hs 2 verboten. Missbräuche des Teilnahme- und Beratungsrechts berechtigen den Versammlungsleiter, den Gewerkschaftsbeauftragten aus dem Versammlungsraum zu weisen. Zum Hausrecht des AG § 42 Rn 21. Zur Mitgliederwerbung im Zusammenhang mit einer Betriebsversammlung s § 2 Rn 42 ff.

4   Den – im BR, nicht den im Betrieb – vertretenen Gewerkschaften ist nach Abs 2 der **Zeitpunkt von Betriebsversammlungen mitzuteilen** ohne Rücksicht darauf, ob es sich um eine Voll- oder Teilversammlung, eine regelmäßige, weitere oder außerordentliche Betriebsversammlung handelt. Die Gewerkschaft muss schriftl über Zeit, Ort und Tagesordnung der Versammlung unterrichtet werden; dazu kann ihr der BR-Beschluss über die Einberufung der Betriebsversammlung übersandt werden. Die Gewerkschaft muss so rechtzeitig von der Betriebsversammlung unterrichtet werden, dass sie sich angemessen auf die Teilnahme vorbereiten kann. Ggü den nur im Betrieb vertretenen Gewerkschaften steht dem BR eine entspr Mitteilung frei.

5   Die **AG-Vereinigungen** haben, auch wenn ihnen der AG angehört, kein selbstständiges Recht darauf, Beauftragte zu den Betriebs- und Abteilungsversammlungen zu entsenden: Nach Abs 1 S 2 ist ein Beauftragter der AG-Vereinigung, in der AG Mitglied ist – auch der eines Spitzenverbandes –, nur teilnahmeberechtigt, wenn der **AG** selbst oder sein Vertreter an der Versammlung teilnimmt und den Beauftragten **hinzuzieht**. Letzteres kann auch formlos geschehen. Der Versammlungsleiter ist verpflichtet, dem AG-Verbandsvertreter das Wort zu erteilen, wenn der AG dies beantragt <R: BAG 19.5.1978, 6 ABR 41/75, BB 1978, 1519>. Eine OT-Mitgliedschaft genügt nicht <L: *Fitting* Rn 17>.

6   Unabhängig davon, ob der AG einem AG-Verband angehört, ist die Teilnahme von ihm beauftragter Rechtsanwälte als Rechtsbeistand bei der Betriebsversammlung nicht zulässig <L: *Fitting* Rn 17; *Henssler* RdA 1999, 38, 47; **aA** *Bauer* NJW 1988, 1130; HWK/*Diller* Rn 14>.

7   Die Gewerkschaften können ihr Teilnahmerecht im **arbg Beschlussverf** selbstständig durchsetzen <R: BAG 18.3.1964, 1 ABR 12/63, AP Nr 1 zu § 45 BetrVG 1952>. Das auf Art 9 Abs 3 GG gestützte Recht auf Mitgliederwerbung kann gegenüber dem AG geltend gemacht werden. Dies gilt unabhängig davon, dass einer nicht tariffähigen AN-Vereinigung die betriebsverfassungsrechtlichen Befugnisse nicht zustehen <R: BAG 22.5.2012, 1 ABR 11/11, NZA 2012, 1176>. Ist die Gewerkschaftseigenschaft einer Koalition streitig, soll nach Auffassung des LAG Ddf <R: LAG Ddf v 2.3.2006, 6 Ta 89/06, juris; ebenso Germelmann/*Schlewing* § 97 ArbGG Rn 9> das Verf gem § 97 Abs 5 ArbGG auszusetzen sein. Das aus Art 9 Abs 3 GG abgeleitete Zutrittsrecht für eine (auch betriebsfremde) Gewerkschaft zu Zwecken der Mitgliederwerbung <R: vgl BAG 22.6.2010, 1 AZR 179/09, DB 2010, 2674> hat indes nichts mit dem betriebsverfassungsrechtlichen Beteiligungsrecht nach § 43 Abs 4 und § 46 zu tun <R: BAG 22.5.2012, 1 ABR 11/11, NZA 2012, 1176>.

8   Auch die Teilnahme eines AG-Verbandsvertreters kann gerichtl durchgesetzt werden. Antragsbefugt ist insoweit aber allein der AG, nicht der AG-Verband. Dieser ist im arbg Beschlussverf auch nicht zu beteiligen.

Fünfter Abschnitt
Gesamtbetriebsrat

§ 47 Voraussetzungen der Errichtung, Mitgliederzahl, Stimmengewicht

(1) Bestehen in einem Unternehmen mehrere Betriebsräte, so ist ein Gesamtbetriebsrat zu errichten.

(2) In den Gesamtbetriebsrat entsendet jeder Betriebsrat mit bis zu drei Mitgliedern eines seiner Mitglieder; jeder Betriebsrat mit mehr als drei Mitgliedern entsendet zwei seiner Mitglieder. Die Geschlechter sollen angemessen berücksichtigt werden.

(3) Der Betriebsrat hat für jedes Mitglied des Gesamtbetriebsrats mindestens ein Ersatzmitglied zu bestellen und die Reihenfolge des Nachrückens festzulegen.

(4) Durch Tarifvertrag oder Betriebsvereinbarung kann die Mitgliederzahl des Gesamtbetriebsrats abweichend von Absatz 2 Satz 1 geregelt werden.

(5) Gehören nach Absatz 2 Satz 1 dem Gesamtbetriebsrat mehr als vierzig Mitglieder an und besteht keine tarifliche Regelung nach Absatz 4, so ist zwischen Gesamtbetriebsrat und Arbeitgeber eine Betriebsvereinbarung über die Mitgliederzahl des Gesamtbetriebsrats abzuschließen, in der bestimmt wird, dass Betriebsräte mehrerer Betriebe eines Unternehmens, die regional oder durch gleichartige Interessen miteinander verbunden sind, gemeinsam Mitglieder in den Gesamtbetriebsrat entsenden.

(6) Kommt im Fall des Absatzes 5 eine Einigung nicht zustande, so entscheidet eine für das Gesamtunternehmen zu bildende Einigungsstelle. Der Spruch der Einigungsstelle ersetzt die Einigung zwischen Arbeitgeber und Gesamtbetriebsrat.

(7) Jedes Mitglied des Gesamtbetriebsrats hat so viele Stimmen, wie in dem Betrieb, in dem es gewählt wurde, wahlberechtigte Arbeitnehmer in der Wählerliste eingetragen sind. Entsendet der Betriebsrat mehrere Mitglieder, so stehen ihnen die Stimmen nach Satz 1 anteilig zu.

(8) Ist ein Mitglied des Gesamtbetriebsrats für mehrere Betriebe entsandt worden, so hat es so viele Stimmen, wie in den Betrieben, für die es entsandt ist, wahlberechtigte Arbeitnehmer in den Wählerlisten eingetragen sind; sind mehrere Mitglieder entsandt worden, gilt Absatz 7 Satz 2 entsprechend.

(9) Für Mitglieder des Gesamtbetriebsrats, die aus einem gemeinsamen Betrieb mehrerer Unternehmen entsandt worden sind, können durch Tarifvertrag oder Betriebsvereinbarung von den Absätzen 7 und 8 abweichende Regelungen getroffen werden.

Literatur: *Fuhlrott/Oltmanns*, Das Schicksal von Betriebsräten bei Betriebs(teil)übergängen, BB 2015, 1013; *Hanau*, Denkschrift zu dem Regierungsentwurf eines Gesetzes zur Reform des Betriebsverfassungsgesetzes, RdA 2001, 65; *ders*, Zur Entsendung der Mitglieder von Gesamtbetriebsräten und zur Wahl im einstufigen vereinfachten Verfahren nach dem Betriebsverfassungsreformgesetz,

§ 47 Voraussetzungen der Errichtung, Mitgliederzahl, Stimmengewicht

ZIP 2001, 2163; *Hoffmann/Alles*, Der „unternehmensübergreifende" Gesamtbetriebsrat, NZA 2014, 757, *Klasen*, Betriebsvereinbarungen über die Mitgliederzahl des Gesamtbetriebsrats, DB 1993, 2180; *Klein*, Die Stellung der Minderheitsgewerkschaften in der Betriebsverfassung, 2007; *Kreutz*, Bestand und Beendigung von Gesamt- und Konzernbetriebsrat, FS Birk (2008), S 495; *Löwisch*, Entsendung in den Gesamtbetriebsrat und das Prinzip der Verhältniswahl, BB 2002, 1366; *Robrecht*, Die Gesamtbetriebsvereinbarung, 2008; *Salamon*, Die Anbindung des Gesamtbetriebsrats an das Unternehmen, RdA 2008, 24; *Schmelcher*, Auswirkungen einer unterbliebenen Errichtung des Gesamtbetriebsrats bei davon berührten personellen Einzelmaßnahmen, FS D Gaul (1992), S 497; *Thüsing*, Folgen der Umstrukturierung für Betriebsrat und Betriebsvereinbarung, DB 2004, 2474.

Übersicht

	Rn.		Rn.
I. Allgemeines	1	2. Abweichende Regelung der Mitgliederzahl	19
II. Errichtung	3	3. Stimmrecht	25
1. Voraussetzungen	3	4. Abberufung	27
2. Errichtung	7	5. Gemeinsamer Betrieb	28
3. Ende	8	IV. Streitigkeiten	33
III. Mitglieder im Gesamtbetriebsrat	15		
1. Bestellung	15		

I. Allgemeines

1   Um auch in Unternehmen mit mehreren Betrieben sicherzustellen, dass die Mitwirkungs- und MBR sinnvoll wahrgenommen werden können, sieht das Gesetz dort **zwingend** die Bildung von GBR vor, Abs 1. Die Bestimmungen über die Errichtung der GBR sind in den §§ 47 bis 49, die Regelungen über die Zuständigkeit und Geschäftsführung in den §§ 50 bis 53 enthalten.

2   Das **BetrVerf-RG** von 2001 hat die Bestimmungen über die Errichtung der GBR durch die Aufgabe der traditionellen Unterscheidung der Belegschaft in Arbeiter und Angestellte und des damit verbundenen Gruppenschutzes vereinfacht. Die Zuständigkeit des GBR ist in gewissem Umfang auch auf Betriebe des Unternehmens erweitert worden, die keinen BR gewählt haben (dazu § 50 Rn 38 ff).

II. Errichtung

1. Voraussetzungen

3   Mit **Unternehmen** meint Abs 1 die Rechtsperson, die Träger des Unternehmens ist, weil dieser ggü die Mitwirkungs- und Mitbestimmungsrechte nach dem BetrVG ausgeübt werden. Ist Träger des Unternehmens eine juristische Person (SE, Genossenschaft, VVaG, KGaA, AG, GmbH, rechtsfähiger Verein usw), eine Gesellschaft (KG, OHG, PartnerG, BGB-Gesellschaft) oder auch ein nicht rechtsfähiger Verein, kann sie wg der zwingenden organisatorischen Vorschriften des Gesellschaftsrechts nur ein einziges Unternehmen betreiben <R: BAG 29.11.1989, 7 ABR 64/87, DB 1990, 1568; 13.2.2007, 1 AZR 184/06, DB 2007, 1419>. Auch wenn eine natürliche Person ganz unterschiedl Geschäftsbereiche betreibt, deren Leitung und Organisation voneinander getrennt sind (z.B. ein Hotel auf

Sylt und eine chemische Fabrik in Hamburg) ist doch deren Träger identisch. Das hat zur Folge, dass auch nur ein GBR zu errichten ist <L: Richardi/*Annuß* Rn 9; *Fitting* Rn 13; GK/*Franzen* Rn 20>.

Für mehrere rechtl selbstständige Unternehmen kann ein GBR auch dann nicht errichtet werden, wenn diese organisatorisch und wirtschaftlich verflochten sind <R: BAG 29.11.1989, 7 ABR 64/87, DB 1990, 1568; 9.8.2000, 7 ABR 56/98, BB 2000, 2637 für rechtl selbstständige, nicht eingetragene Zweigvereine einer Partei>. In Betracht kommt nur die Bildung eines KBR nach §§ 54 ff. 4

Nach Abs 1 genügt für die Errichtung eines GBR nicht, dass mehrere Betriebe in einem Unternehmen bestehen. Vielmehr muss auch **in mindestens zwei Betrieben ein BR** gewählt worden sein und amtieren. BR in diesem Sinne ist auch das einzige BR-Mitglied in einem Betrieb. 5

Nicht mitzurechnen und bei der Bildung eines GBR nicht zu beteiligen sind die im **Ausland** gelegenen Betriebe eines inländischen Unternehmens, da sie vom Geltungsbereich des BetrVG nicht erfasst werden (Einl Rn 15 ff). Soweit in mindestens zwei inländischen Betrieben eines **ausländischen Unternehmens** BR bestehen, ist dagg ein GBR zu bilden, da § 47 nicht voraussetzt, dass das Unternehmen seinen Sitz innerhalb der Bundesrepublik hat <R: BAG 1.10.1974, 1 ABR 77/73, BB 1975, 327, zur Bildung eines WirtA>, Einl Rn 19. Zur insoweit abw Rechtslage beim KBR s § 54 Rn 13 ff. 6

2. Errichtung

Die Bildung des GBR ist, sofern dessen Voraussetzungen vorliegen, zwingend <R: BAG 15.10.2014, 7 ABR 53/12, NZA 2015; 1014 (Rn 33)>. Bestehen in einem Unternehmen mit mehreren Betrieben mindestens zwei BR, sind alle BR des Unternehmens **verpflichtet**, bei der Errichtung des GBR mitzuwirken und ihre Vertreter in den GBR zu entsenden. Die Nichterfüllung dieser Pflicht ist eine grobe Pflichtverletzung iS des § 23 Abs 1, die zur Auflösung des BR durch das ArbG führen kann. 7

3. Ende

Der GBR ist, einmal errichtet, vom Fortbestand und **von der Amtsdauer der einzelnen BR unabhängig** <R: BAG 15.10.2014, 7 ABR 53/12, NZA 2015, 1014 (Rn 33)>. Er hört nur dann auf zu existieren, wenn die gesetzlichen Voraussetzungen für seine Errichtung wegfallen, weil alle Betriebe zusammengelegt werden oder das Unternehmen durch die Ausgliederung oder Stilllegung von Betrieben auf einen Betrieb zusammenschrumpft oder nicht mehr in mindestens zwei Betrieben BR bestehen. Dass die BR nach jeder regelmäßigen Neuwahl erneut Mitglieder in den GBR entsenden müssen (weil mit Ablauf der Amtszeit der BR auch die Mitgliedschaft der entsandten Mitglieder im GBR erlischt), ändert am Fortbestand des GBR nichts <R: für den KBR BAG 9.2.2011, 7 ABR 11/10, NZA 2011, 866 (Rn 42)> s § 51 Rn 3. 8

Dass in einem von zwei Betrieben kurzfristig kein BR besteht, weil die Neuwahl nach Ende der Amtszeit nicht rechtzeitig eingeleitet worden ist, lässt das Amt des GBR nicht entfallen, wenn davon auszugehen ist, dass es alsbald doch wieder zur Wahl eines BR kommt <R: BAG 15.10.2014, 7 ABR 53/12, NZA 2015; 1014 (Rn 33); **L:** *Fitting* Rn 27; 9

aM Richardi/*Annuß* Rn 27>. Es wäre widersinnig, in einem solchen Fall das Amt des GBR enden zu lassen und ihn damit an der Erfüllung seiner Aufgabe zu hindern, gem § 17 Abs 1 einen Wahlvorstand zu bestellen. Dass die vage Aussicht besteht, ein stillgelegter Betrieb werde durch einen neuen Investor wieder errichtet, reicht aber nicht aus.

10 Als auf der Unternehmensebene gebildetes Organ hängt der GBR auch vom **Fortbestand des Unternehmens** ab. Stellt das Unternehmen seine Tätigkeit ein, endet auch der GBR. Zum Restmandat des GBR in diesen Fällen s § 21b Rn 6. Auf die Rechtsform kommt es dabei aber nicht an, sodass eine Umwandlung des Unternehmensträgers das Amt des GBR nicht berührt.

11 **Verschmelzen** zwei Unternehmen, so ist zu unterscheiden: Wird ein Unternehmen in ein anderes aufgenommen, geht das aufgenommene Unternehmen unter; das aufnehmende besteht fort. Dementspr endet das Amt des GBR nur im aufgenommenen Unternehmen. Im aufnehmenden Unternehmen bleibt es bestehen; die Betriebsräte des aufgenommenen Unternehmens haben Mitglieder in den GBR des aufnehmenden Unternehmens zu entsenden. Führt die Verschmelzung hingg zu einer völligen Neubildung, fallen beide bisherigen Unternehmensträger weg. Beide GBR verlieren ihr Amt. Die BR haben einen neuen GBR zu bilden <L: ebenso *Fitting* Rn 18>.

12 Kommt es zur **Unternehmensaufspaltung**, hört das aufgespaltene Unternehmen auf zu existieren, sodass damit grds auch das Amt des GBR endet und sofern bei den neuen Unternehmen mehrere Betriebe bestehen, neue GBR zu bilden sind. Verbinden sich aber die neu entstandenen Unternehmen zur einheitl Wahrnehmung der AG-Funktionen, bleiben die bisherigen Betriebe als gemeinsame Betriebe bestehen, sodass auch der GBR fortbestehen kann. Davon ist bei einer Aufspaltung eines Unternehmens in eine Betriebs- und eine Besitzgesellschaft regelmäßig auszugehen. Bei einer bloßen Abspaltung bleibt das bisherige Unternehmen bestehen und mit ihm auch der GBR, wenn zum bestehen bleibenden Unternehmen mehrere Betriebe gehören. Zur Vermutung des Bestehens gemeinsamer Betriebe bei der Zuordnung von Betriebsteilen an ein an der Spaltung beteiligtes anderes Unternehmen s § 1 Rn 42.

13 **Überträgt** ein Unternehmen seine sämtlichen Betriebe auf ein anderes Unternehmen und hat dieses Unternehmen bislang keine Betriebe, bleibt der GBR bestehen; der Fall ist aus dem Blickwinkel der Betriebsverfassung dem des bloßen Rechtsformwechsels vergleichbar <R: offengelassen von BAG 5.6.2002, 7 ABR 17/01, NZA 2003, 336; L: *Salamon* RdA 2008, 24, 28; *Fitting* Rn 17; aM GK/*Franzen* Rn 56>. Werden hingg nicht sämtliche Betriebe auf ein anderes Unternehmen übertragen oder werden sämtliche Betriebe auf zwei verschiedene Unternehmen übertragen, endet das Amt des in dem übertragenen Unternehmen gebildeten GBR <R: BAG 5.6.2002 aaO>. Schließen sich im letzten Fall allerdings die beiden Unternehmen zur einheitl Wahrnehmung der AG-Funktionen zusammen, bleiben die Betriebe als gemeinsame Betriebe erhalten, sodass auch der GBR fortbestehen kann. Der mit der Verbindung einhergehenden Veränderung der betriebl Strukturen, insb durch Bildung eines Gemeinschaftsbetriebs, kann auf der Ebene der Entsendung der Mitglieder durch die Betriebsräte Rechnung getragen werden <R: BAG 16.3.2005, 7 ABR 37/04, NZA 2005, 1069>. Der GBR-Ausschuss ist in einem solchen Fall allerdings neu zu wählen <R: BAG 16.3.2005 aaO>.

14 Zur Fortgeltung von GBV in diesen Fällen s § 50 Rn 59.

III. Mitglieder im Gesamtbetriebsrat

1. Bestellung

In den GBR **entsendet jeder BR** mit bis zu drei Mitgliedern eines seiner Mitglieder; jeder BR mit mehr als drei Mitgliedern entsendet zwei seiner Mitglieder (Abs 2 S 1). Ersatzmitglieder, die noch nicht endgültig in den BR nachgerückt sind, können nicht entsandt werden <R: Hess LAG 28.8.2003, 9 TaBV 47/03, DB 2004, 2112>. 15

Die Geschlechter sollen angemessen berücksichtigt werden (Abs 2 S 2). Die Angemessenheit ist nach der Zusammensetzung der Belegschaft zu beurteilen. Ist dort ein Geschlecht in nicht unerheblicher Stärke vertreten, ist es entspr dem Grundgedanken des § 15 Abs 2 angemessen, dass auch in den GBR ein Mitglied entsandt wird, welches diesem Geschlecht angehört. Dass die Geschlechter angemessen berücksichtigt werden „sollen", heißt, dass dieses Gebot regelmäßig beachtet werden muss und die Nichtbeachtung zur Anfechtbarkeit des Entsendungsbeschlusses in entspr Anwendung von § 19 führt <L: aM die hM, etwa Richardi/*Annuß* Rn 31, 32; *Fitting* Rn 34; GK/*Franzen* Rn 42>. Abgewichen werden kann von dem Gebot nur aus triftigen Gründen, etwa wenn der bisherige Vertreter des Geschlechts für die BR-Arbeit benötigt wird, oder wenn sich kein Angehöriger eines Geschlechts zur Übernahme des Amtes bereitfindet. 16

Der BR bestimmt die Vertreter **durch Mehrheitsbeschluss** gem § 33. Dies gilt nach der Rspr des BAG auch, wenn zwei oder mehr (vgl Rn 19) Mitglieder zu entsenden sind. Das BAG sieht den durch den Grds der Verhältniswahl vermittelten Minderheitenschutz nicht als durch Art 9 Abs 3 GG geboten an <R: BAG 21.7.2004, 7 ABR 58/03 und 16.3.2005, 7 ABR 33/04, EzA § 47 BetrVG 2001 Nr 1 und 2; L: *Robrecht* S 142 ff; aM *Löwisch* BB 2002, 1366, 1367 ff; *Klein* S 429 f>. Auch wenn man dem BAG darin folgt, dass Verhältniswahl nicht geboten ist, kann der BR seinerseits beschließen, die Entsendung im Wege einer Wahl vorzunehmen und für diese, sofern mehrere Vorschläge gemacht werden, Verhältniswahl vorzusehen. § 33 sieht den Mehrheitsbeschluss nur als Regelfall vor und steht damit der Entscheidung des BR für eine abw, dem Minderheitenschutz besser Rechnung tragende Verfahrensweise nicht entgg <L: wie hier im Ergebnis Richardi/*Annuß* Rn 29; aM GK/*Franzen* Rn 39>. Besteht der BR nur aus einer Person, wird diese ohne Weiteres Mitglied des GBR. 17

Der BR hat nach Abs 3 für jeden Vertreter mindestens ein **Ersatzmitglied** zu bestellen. Werden mehrere Ersatzmitglieder bestellt, muss gleichzeitig – nach der hier vertretenen Auffassung unter Berücksichtigung der Bindung an die Verhältniswahl (Rn 17) – auch die Reihenfolge festgelegt werden, in der sie in den GBR nachrücken. Ist das GBR-Mitglied zeitweilig verhindert, wird es für die Dauer der Verhinderung von seinem Ersatzmitglied vertreten; scheidet es auf Dauer aus dem GBR aus, rückt das Ersatzmitglied nach, vgl § 25 Abs 1. Besteht ein BR nur aus einem Mitglied, übernimmt bei dessen Verhinderung oder Ausscheiden das nach § 25 Abs 2 S 3 bestellte Ersatzmitglied dessen Aufgaben. 18

2. Abweichende Regelung der Mitgliederzahl

Nach Abs 4 kann die in Abs 2 festgelegte Mitgliederzahl des GBR **durch TV oder BV** abw geregelt, also erhöht oder gesenkt werden. Ein TV kann die Mitgliederzahl des GBR 19

§ 47 Voraussetzungen der Errichtung, Mitgliederzahl, Stimmengewicht

nur dann abw regeln, wenn der TV für sämtliche Betriebe des Unternehmens – insbes auch fachlich – gilt. Die besondere Tarifkollisionsregel des § 4a Abs 2 TVG gilt für solche TV nicht <L: *Löwisch/Rieble* § 4a Rn 139 ff>. Vielmehr wird ein solcher TV durch jeden anderen TV mit demselben Geltungsbereich verdrängt, wenn dieser die Mehrheit hat <L: *Löwisch/Rieble* § 4a Rn 123>.

20 Durch BV kann die Mitgliederzahl nur abw geregelt werden, solange keine – dann vorrangige (§ 77 Rn 112) – tarifliche Regelung besteht. Die BV muss vom GBR mit dem AG abgeschlossen werden, weswg der GBR zunächst entspr den Vorschriften des Abs 2 gebildet worden sein und sich nach § 51 Abs 2 konstituiert haben muss <R: BAG 15.8.1978, 6 ABR 56/77, BB 1979, 987>.

21 Die Regelungsbefugnis nach Abs 4 umfasst auch das Verf, in dem die erhöhte oder verkleinerte Zahl der Mitglieder zu bestimmen ist. Insbes kann einer nach regionalen Gesichtspunkten zusammengefassten Versammlung der BR als „Entsendungskörper" die Bestellung übertragen werden <R: BAG 25.5.2005, 7 ABR 10/04, NZA 2006, 215 für einen entspr TV>. Auch die Zusammenfassung nur der von einer Verkleinerung betroffenen BR ist möglich. Auch für die Entsendung durch einen solchen Entsendungskörper ist nach Auffassung des BAG keine Verhältniswahl geboten <R: BAG 25.5.2005 aaO>. Sie kann aber aus den in Rn 17 genannten Gründen vorgesehen werden.

22 Wird ein GBR mit der Regelmitgliederzahl des Abs 2 S 1 errichtet, können in Unternehmen mit vielen Betrieben GBR mit sehr hohen Mitgliederzahlen entstehen. Da solche Mammutgremien für die betriebsverfassungsrechtl Zwecke nicht mehr arbeitsfähig wären, schreibt Abs 5 zwingend vor, dass die **Mitgliederzahl für alle GBR mit mehr als 40 Mitgliedern herabzusetzen** ist. Die Mitgliederzahl kann einmal durch einen für alle Betriebe des Unternehmens geltenden TV herabgesetzt werden. Besteht keine tarifliche Regelung, ist der – zunächst aus mehr als 40 Mitgliedern bestehende – GBR verpflichtet, mit dem AG des Unternehmens eine GBV abzuschließen, die die Herabsetzung der Mitgliederzahl regelt.

23 Die Mitgliederzahl ist nicht zwingend auf die Zahl 40 herabzusetzen, sie kann diese unter-, im Einzelfall auch überschreiten. Letzteres kommt insbes dann in Betracht, wenn nicht genügend regional oder durch gleichartige Interessen miteinander verbundene Betriebe in dem Unternehmen bestehen und diese deswg gem Abs 5 keine gemeinsamen Mitglieder in den GBR entsenden können <L: *Löwisch* Anm zu BAG 15.8.1978, 6 ABR 56/77, AP Nr 3 zu § 47 BetrVG 1972, das die Frage offen gelassen hat; wie hier *Fitting* Rn 68; **aA** *Richardi/Annuß* Rn 66>. Regionale Verbundenheit iSv Abs 5 ist nicht mit räumlicher Nähe gleichzusetzen. Etwa ist die Orientierung an der Abgrenzung regionaler Geschäftsfelder zulässig <R: Hess LAG 5.6.2008, 9 TaBV 44/07, juris>.

24 Für die **Herabsetzung** der Mitgliederzahl nach Abs 5 gelten die gleichen Grundsätze wie für die Regelung nach Abs 4. Dass jeder Betrieb durch ein Mitglied im GBR vertreten ist, ist nicht notwendig. Sichergestellt sein muss nur, dass jeder BR bei der Entsendung in den verkleinerten GBR mitwirken kann <R: BAG 25.5.2005, 7 ABR 10/04, NZA 2006, 215> und dass bei dieser Mitwirkung die Zahl der AN der Betriebe gleichmäßig berücksichtigt wird. Einigen sich GBR und AG nicht freiw auf die in Abs 5 vorgeschriebene GBV zur Herabsetzung der Mitgliederzahl, muss diese durch eine für das Unternehmen entspr § 76 zu bildende **ES** festgesetzt werden, Abs 6. Die Bestellung dieser ES ist Auf-

gabe des GBR und des AG. Bis zu ihrem Spruch bleibt der GBR mit der nicht herabgesetzten Mitgliederzahl im Amt.

3. Stimmrecht

Nach Abs 7 S 1 hat jedes GBR-Mitglied so viele Stimmen, wie in dem Betrieb, in dem es 25
gewählt wurde, **wahlberechtigte AN** (zu denen nach § 14 Abs 2 S 4 AÜG nunmehr auch die LeihAN zählen) in die Wählerliste eingetragen sind. Maßgebend ist die Eintragung in die Wählerliste am Tag der BR-Wahl. Entsendet der BR mehrere Mitglieder, stehen ihnen die Stimmen anteilig zu (Abs 7 S 2). Hat der BR nur ein Mitglied in den GBR entsandt, entspricht dessen Stimmenzahl im GBR der Zahl aller wahlberechtigten AN des Betriebs.

GBR-Mitglieder, die aufgrund eines TV oder einer BV nach Abs 4 oder Abs 5 für **mehre-** 26
re Betriebe nebeneinander entsandt worden sind, haben so viele Stimmen, wie dies der Zahl der wahlberechtigten AN aller von ihnen repräsentierten Betriebe entspricht (Abs 8).

4. Abberufung

Eine Abberufung der in den GBR entsandten Mitglieder sieht § 47 Abs 2 nicht mehr aus- 27
drückl vor. Sie ist gleichwohl möglich. Notwendig ist ein Mehrheitsbeschluss nach § 33. Für das abberufene GBR-Mitglied rückt das nach Abs 3 bestellte Ersatzmitglied in den GBR nach, Rn 18.

5. Gemeinsamer Betrieb

BR gemeinsamer Betriebe mehrerer Unternehmen entsenden Vertreter **in den GBR jedes** 28
Trägerunternehmens. Dieses früher str Ergebnis folgt heute aus der Regelung des Abs 9, welche diese Befugnis der BR der gemeinsamen Betriebe voraussetzt <L: *Hanau* RdA 2001, 65, 67; *Salamon* RdA 2008, 24, 31>. Das entsandte BR-Mitglied muss nicht dem Unternehmen angehören, in dessen GBR es entsandt wird <**R:** LAG BaWü 5.11.2020, 14 TaBV 4/20, juris, Rechtsbeschwerde anhängig unter 7 ABR 41/20; **L:** DKW/*Deinert* Rn 42; *Fitting* Rn 81; **aM** Richardi/*Annuß* Rn 77>.

Für Mitglieder des GBR, die aus einem gemeinsamen Betrieb mehrerer Unternehmen 29
(§ 1 Rn 29 ff) entsandt worden sind, können durch TV oder GBV abw Stimmengewichte festgelegt werden. Etwa kann für alle oder einzelne Angelegenheiten bestimmt werden, dass die Mitglieder des GBR nur so viele Stimmen haben, wie wahlberechtigte AN des gemeinsamen Betriebs in einem Arbeitsverhältnis zu dem betreffenden Unternehmen stehen. Damit kann einer Majorisierung der dem Unternehmen angehörenden BR durch BR aus anderen den gemeinsamen Betrieb mitbildenden Unternehmen vorgebeugt und ein **Legitimationsdefizit** vermieden werden. Eine verbindliche Entscheidung der ES sieht das Gesetz nicht vor, doch kann sich in krassen Fällen aus einem nicht korrigierten Legitimationsdefizit die Unwirksamkeit von GBV für die majorisierten AN ergeben. Das Problem einer Majorisierung kann auch entstehen, wenn zwei Unternehmen mit jeweils eigenen Betrieben verschmolzen werden und in einem der Unternehmen kraft Tarifvertrags nach § 3 Abs 1 Nr 3 ein die Betriebe weiterer Unternehmen des Konzerns erfassender einheitlicher BR besteht.

30 Die Bildung eines GBR für selbstständige Betriebe **mehrerer Unternehmen** ist nicht möglich <**R:** BAG 11.12.1987, 7 ABR 49/87, AP Nr 7 zu § 47 BetrVG 1972; 13.2.2007, 1 AZR 184/06, DB 2007, 1419>. Daran kann auch eine langjährige Übung nichts ändern <so aber **R:** LAG München 11.3.2008, 6 Sa 461/07, juris; aufgehoben durch BAG 17.3.2010, 7 AZR 706/08, AP Nr 18 zu § 47 BetrVG 1972>.

31 Dass für Betriebe verschiedener Rechtsträger kein gemeinsamer BR errichtet werden kann, gilt auch für Gemeinschaftsbetriebe mehrerer Unternehmen <**R:** BAG 13.2.2007, 1 AZR 184/06, AP Nr 17 zu § 47 BetrVG 1972>. Nur wenn die Unternehmen eine Betriebsführungsgesellschaft bilden, die **alleiniger AG** der AN ist, muss von den BR der Betriebe der beteiligten Unternehmen ein GBR errichtet werden <**R:** BAG 17.3.2010, 7 AZR 706/08, AP Nr 18 zu § 47 BetrVG 1972>. Zur Bildung von GBR durch Betriebsstrukturverträge s § 3 Rn 6ff.

32 Die unzulässige Bildung eines GBR mehrerer Unternehmen entfaltet keine Rechtswirkung; <**R:** BAG 17.3.2010, 7 AZR 706/08, AP Nr 18 zu § 47 BetrVG 1972>. § 19 ist, da es sich um keine Wahl handelt, nicht anwendbar <**R:** BAG 23.8.2006, 7 ABR 51/05, AP Nr 12 zu § 54 BetrVG 1972 zur Errichtung eines KBR>. Ob in einer von einem solchen GBR abgeschlossenen BV enthaltene Zusagen des AG in arbeitsvertragl Zusagen umgedeutet werden können, ist eine Frage des Einzelfalls <**R:** BAG 17.3.2010 aaO>.

IV. Streitigkeiten

33 Streitigkeiten über die Errichtung und die Zusammensetzung des GBR sowie über das Stimmrecht der GBR-Mitglieder sind im arbg Beschlussverf zu klären. Dabei sind der GBR, die Einzel-BR, das einzelne BR-Mitglied, wenn es betroffen ist, und der AG antragsbefugt, nicht aber die im Betrieb vertretenen Gewerkschaften <**R:** BAG 30.10.1986, 6 ABR 52/83, BB 1987, 1881>.

34 Zuständig ist das ArbG, in dessen Bezirk das Unternehmen seinen Sitz hat (§ 82 Abs 1 S 2 ArbGG). Das gilt auch für den Geltungsbereich eines TV nach Abs 4 oder 5. Bei **ausländischen** Unternehmen richtet sich die örtliche Zuständigkeit nach dem Sitz des inländischen Betriebs mit der größten (zentralen) Bedeutung <**R:** BAG 31.10.1975, 1 ABR 4/74, AP Nr 2 zu § 106 BetrVG 1972>.

§ 48 Ausschluss von Gesamtbetriebsratsmitgliedern

Mindestens ein Viertel der wahlberechtigten Arbeitnehmer des Unternehmens, der Arbeitgeber, der Gesamtbetriebsrat oder eine im Unternehmen vertretene Gewerkschaft können beim Arbeitsgericht den Ausschluss eines Mitglieds aus dem Gesamtbetriebsrat wegen grober Verletzung seiner gesetzlichen Pflichten beantragen.

§ 48 ergänzt § 23 Abs 1, indem er den gerichtl Ausschluss der Mitglieder aus dem GBR regelt. Das Verf entspricht dem Verf für den Ausschluss von BR-Mitgliedern aus dem BR. Rechtsfolge des Ausschlussverf nach § 48 ist jedoch nicht, dass das GBR-Mitglied auch aus dem ihn entsendenden Einzel-BR ausgeschlossen wird: Es **verliert lediglich die Mitgliedschaft im GBR**. Der Einzel-BR, der das ausgeschlossene Mitglied in den GBR entsandt hatte, darf es während seiner laufenden Amtszeit aber nicht erneut in den GBR entsenden. Für das ausgeschlossene GBR-Mitglied rückt das nach § 47 Abs 3 bestellte Ersatzmitglied in den GBR nach (§ 47 Rn 18). 1

Ein Mitglied kann nur **wg grober Verletzung seiner gesetzlichen Pflichten** aus dem GBR ausgeschlossen werden; insoweit ist § 48 dem § 23 Abs 1 nachgebildet. Die grobe Pflichtverletzung muss eine Pflicht betreffen, die dem Mitglied gerade in seiner Eigenschaft **als Mitglied des GBR** obliegt. In Betracht kommt insbes, dass der GBR-Vors Geschäftsführungspflichten grob verletzt. Verstößt das Mitglied lediglich gg seine Pflichten als BR-Mitglied, rechtfertigt das noch nicht den Ausschluss aus dem GBR. Wird das BR-Mitglied wg dieses Pflichtverstoßes aber aus dem BR ausgeschlossen, erlischt damit automatisch auch seine Mitgliedschaft im GBR, die auf der Mitgliedschaft im BR beruht, § 49 (dort Rn 1). 2

Das gerichtl Ausschlussverf nach § 48 wird wie das Verf nach § 23 Abs 1 nur auf **Antrag** eingeleitet. Diesen Antrag kann ein Viertel aller zur Zeit der Antragstellung wahlberechtigten AN sämtlicher Betriebe des Unternehmens stellen. Zu diesen zählen nach § 14 Abs 2 S 4 AÜG nunmehr auch die im Entleiherbetrieb tätigen LeihAN. Ob sich dem Antrag auch AN des Betriebes anschließen, dessen BR das GBR-Mitglied entsandt hat, spielt keine Rolle. Entgg der **hM** <L: Richardi/*Annuß* Rn 7; *Fitting* Rn 13; AR/*Maschmann* Rn 3; GK/*Franzen* Rn 13 stellt auf das Ende der letzten mündlichen Tatsachenverhandlung ab> wird der Antrag weder unzulässig noch unbegründet, wenn nach Antragstellung AN aus dem Unternehmen ausscheiden, sodass die verbleibenden Antragsteller weniger als ein Viertel der Belegschaft ausmachen. Das Verf dient der Sanktion von Pflichtverletzungen. Über diese in dem einmal eingeleiteten Verf zu entscheiden, liegt im richtig verstandenen Interesse am Funktionieren des GBR. Unabhängig davon führt es zu erheblicher Rechtsunsicherheit, wenn der Weitergang des Verf vom Schwanken der Zahl der Antragsteller abhängig ist. Nur wenn kein Antragsteller mehr verblieben ist, entfällt das Rechtsschutzinteresse an der Entscheidung. 3

Antragsberechtigt sind auch der AG, der GBR als Kollegium und die Gewerkschaften, die in mindestens einem Betrieb des Unternehmens vertreten sind (§ 2 Rn 29 ff). Die Einzel-BR haben dagg kein Antragsrecht. Der Einzel-BR, der das betreffende Mitglied in den GBR entsandt hat, kann dieses jedoch wieder abberufen (§ 47 Rn 27). 4

§ 48   Ausschluss von Gesamtbetriebsratsmitgliedern

5 Das Gesetz sieht **nicht** vor, dass der GBR in einem arbg Beschlussverf **aufgelöst** wird. Handelt der GBR rechtswidrig, müssen seine Mitglieder daher entweder einzeln nach § 48 ausgeschlossen werden oder es müssen die Einzel-BR die von ihnen entsandten Mitglieder und Ersatzmitglieder einzeln abberufen (§ 47 Rn 27).

6 Zur **Amtsdauer** des GBR § 47 Rn 8 f.

§ 49 Erlöschen der Mitgliedschaft

Die Mitgliedschaft im Gesamtbetriebsrat endet mit dem Erlöschen der Mitgliedschaft im Betriebsrat, durch Amtsniederlegung, durch Ausschluss aus dem Gesamtbetriebsrat auf Grund einer gerichtlichen Entscheidung oder Abberufung durch den Betriebsrat.

§ 49 für den GBR **entspricht** § 24 für den BR. Da die Mitgliedschaft im GBR auf der Mitgliedschaft im entsendenden Einzel-BR beruht (§ 47 Rn 15), regelt § 49 aber zwei weitere Erlöschenstatbestände: Die Mitgliedschaft im GBR erlischt mit der Mitgliedschaft im Einzel-BR <zB mit Ablauf der Amtszeit des BR; **R:** BAG 9.2.2011, 7 ABR 11/10, NZA 2011, 866 (Rn 42) für den KBR>; umgekehrt berührt die Beendigung der GBR-Mitgliedschaft nicht die Mitgliedschaft im Einzel-BR (vgl § 48 Rn 1). Zum anderen erlischt die Mitgliedschaft mit der Abberufung durch den Einzel-BR. Maßgebend ist dabei der Zeitpunkt der Beschlussfassung über die Abberufung <**L:** HWK/*Hohenstatt/Dzida* Rn 2>. 1

Endet die Mitgliedschaft eines GBR-Mitglieds im GBR, wird dieses durch das nach § 47 Abs 3 bestellte **Ersatzmitglied** ersetzt (§ 47 Rn 18). 2

Dem Prinzip der Kontinuität des GBR (§ 47 Rn 7ff) entspricht es, dass ein **Rücktritt** des GBR analog der für den BR in § 13 Abs 1 Nr 3 getroffenen Regelung **nicht möglich** ist. 3

Der GBR endet mit dem dauernden Wegfall seiner Voraussetzungen (§ 47 Rn 8f). 4

§ 50 Zuständigkeit

(1) Der Gesamtbetriebsrat ist zuständig für die Behandlung von Angelegenheiten, die das Gesamtunternehmen oder mehrere Betriebe betreffen und nicht durch die einzelnen Betriebsräte innerhalb ihrer Betriebe geregelt werden können; seine Zuständigkeit erstreckt sich insoweit auch auf Betriebe ohne Betriebsrat. Er ist den einzelnen Betriebsräten nicht übergeordnet.

(2) Der Betriebsrat kann mit der Mehrheit der Stimmen seiner Mitglieder den Gesamtbetriebsrat beauftragen, eine Angelegenheit für ihn zu behandeln. Der Betriebsrat kann sich dabei die Entscheidungsbefugnis vorbehalten. § 27 Abs. 2 Satz 3 und 4 gilt entsprechend.

Literatur: *Behrens/Kramer,* Der beauftragte Gesamtbetriebsrat, DB 1994, 94; *Brune/Schmitz-Scholemann,* Die Fortgeltung einer Gesamtbetriebsvereinbarung als Einzelbetriebsvereinbarung nach einem Betriebsübergang, FS Willemsen (2018), S 65; *Däubler,* Mögliche Arbeitsteilung zwischen Gesamtbetriebsrat und Einzelbetriebsräten?, DB 2017, 667; *Edenfeld,* Der Wirtschaftsausschuss in komplexen Unternehmensstrukturen, DB 2015, 679; *Ehrich,* Die Zuständigkeit des Gesamtbetriebsrats nach § 50 Abs 1 Satz 1 BetrVG und ihre Bedeutung bei den betrieblichen Beteiligungsrechten, ZfA 1993, 427; *ders,* Die Zuständigkeit des Gesamtbetriebsrats kraft Beauftragung nach § 50 Abs 2 BetrVG, AuR 1993, 68; *Haussmann/Röder,* Die Geltung von Gesamtbetriebsvereinbarungen nach einer Umwandlung, DB 1999, 1754; *Hohenstatt/Bonanni,* Auswirkungen eines Betriebsinhaberwechsels auf Gesamtbetriebsrat und Gesamtbetriebsvereinbarungen, NZA 2003, 766; *Kliemt/Teusch,* Widerruf der Beauftragung des Gesamtbetriebsrats nach § 50 Abs 2 BetrVG: Taktische Waffe im laufenden Mitbestimmungsprozess?, FS 100 Jahre Betriebsverfassungsrecht (2020), S 232; *Lunk,* Die originäre Zuständigkeit des Gesamtbetriebsrats gem § 50 I 1 BetrVG – eine kritische Bestandsaufnahme der Fallgruppen, NZA 2013, 233; *Richardi,* Die Zuständigkeit des Gesamtbetriebsrats zur Mitbestimmungsausübung, FS Gitter (1995), S 789; *Rieble,* Delegation an den Gesamt- oder Konzernbetriebsrat, RdA 2005, 26; *Rieble/Gutzeit,* Betriebsvereinbarungen nach Unternehmensumstrukturierung, NZA 2003, 233; *Robrecht,* Die Gesamtbetriebsvereinbarung, 2008; *Röder/Gragert,* Mitbestimmungsrechte bei Untätigkeit eines zuständigen Gesamt- bzw Konzernbetriebsrats am Beispiel von Betriebsänderungen, DB 1996, 1674; *Röger,* Das zuständige Betriebsratsgremium beim Personalabbau in der Insolvenz, ZIP 2018, 2045; *Salamon,* Die Anbindung des Gesamtbetriebsrats an das Unternehmen, RdA 2008, 24; *ders,* Rechtsfolge der fehlenden Errichtung eines Gesamt- oder Konzernbetriebsrates für die Ausübung der betrieblichen Mitbestimmung, NZA 2019, 283; *Scharff,* Beteiligungsrechte von Arbeitnehmervertretungen bei Umstrukturierungen auf Unternehmens- und Betriebsebene, BB 2016, 437; *Stamer,* Zuständigkeitsfragen bei Umstrukturierungen, FS Willemsen (2018), S 541; *Werner,* Die Zuständigkeitsverteilung der Betriebsrats-Gremien, NZA-RR 2019, 1.

Übersicht

	Rn.		Rn.
I. Allgemeines	1	c) Allgemeine Aufgaben des BR	16
II. Originäre Zuständigkeit des Gesamtbetriebsrats nach Abs 1	3	d) Soziale Angelegenheiten	18
		e) Personelle Angelegenheiten	31
1. Zuständigkeitsverteilung zwischen Gesamtbetriebsrat und Betriebsrat	3	f) Wirtschaftliche Angelegenheiten	35
2. Zuständigkeit des Gesamtbetriebsrat im Einzelnen	13	3. Zuständigkeit für Betriebe ohne Betriebsrat	38
a) Betriebsratswahl	13	III. Übertragung von Angelegenheiten auf den Gesamtbetriebsrat nach Abs 2	42
b) Bildung des KBR	15		

IV. Gesamtbetriebsvereinbarung 50
1. Abschluss 50
2. Beendigung 53
3. Fortgeltung bei Betriebsübergang . . 59
V. Streitigkeiten 65

I. Allgemeines

Der GBR steht **neben** den für Regelungen auf Betriebsebene verantwortlichen Einzel-BR 1
und ist ihnen weder über- noch untergeordnet. Er führt seine Geschäfte iR seiner Zuständigkeit unabhängig von den Einzel-BR. Soweit der GBR zuständig ist, ist die Regelungsbefugnis der Einzel-BR ausgeschlossen. Das gilt auch, wenn der GBR von seiner Zuständigkeit keinen Gebrauch macht (ausf Rn 9ff). Abw Regelungen können nach Maßgabe von § 3 durch **TV** getroffen werden. § 3 Abs 1 Nr 1 a ermöglicht einmal die Bildung eines unternehmenseinheitl BR, womit dann die Bildung eines GBR entfällt. § 3 Abs 1 Nr 3 ermöglicht entgg der hM aber auch die Veränderung der Zuständigkeitsverteilung zwischen BR, GBR und KBR. S hierzu im Einzelnen § 3 Rn 31 ff.

Das **BetrVerf-RG** hat an Funktion und Zuständigkeit des GBR nichts Grundsätzliches 2
geändert. Allerdings ist durch Einfügung eines zweiten Halbsatzes in Abs 1 S 1 die Zuständigkeit des GBR auf Betriebe ohne BR ausgeweitet worden (dazu Rn 38 ff).

II. Originäre Zuständigkeit des Gesamtbetriebsrats nach Abs 1

1. Zuständigkeitsverteilung zwischen Gesamtbetriebsrat und Betriebsrat

Abs 1 begründet keine allg Zuständigkeit des GBR für überbetriebl Angelegenheiten: 3
Der GBR ist zuständig nur für Fragen, die das Gesamtunternehmen oder zumindest mehrere Betriebe betreffen und die nicht durch die Einzel-BR innerhalb ihrer Betriebe geregelt werden können. Davon ist auszugehen, wenn ein „**zwingendes Bedürfnis**" einer unternehmenseinheitl oder zumindest betriebsübergreifenden Regelung" besteht <R: BAG 23.10.2002, 7 ABR 55/01, AP Nr 26 zu § 50 BetrVG 1972>. Dieses Bedürfnis kann sich aus technischen oder rechtl Gründen ergeben <R: BAG 14.11.2006, 1 ABR 4/06, AP Nr 43 zu § 87 BetrVG 1972 Überwachung>. Maßgeblich sind stets die konkreten Umstände des Unternehmens und der einzelnen Betriebe. Allein der Wunsch des AG nach einer unternehmenseinheitl oder betriebsübergreifenden Regelung, sein Kosten- oder Koordinierungsinteresse sowie reine Zweckmäßigkeitsgesichtspunkte genügen nicht, um in Angelegenheiten der **zwingenden Mitbestimmung** die Zuständigkeit des GBR zu begründen <R: BAG 19.6.2012, 1 ABR 19/11, NZA 2012, 1237 (Rn 21); 23.8.2016, 1 ABR 43/14, NZA 2016, 1483 (Rn 19 ff); **L:** krit hinsichtlich der konsequenten Umsetzung dieses Grds *Lunk* NZA 2013, 233 ff>.

Technisch besteht ein zwingendes Bedürfnis zu einheitl Regelung, wenn eine in dem 4
einen Betrieb getroffene Regelung notwendig Auswirkungen auf die in anderen Betrieben zu treffende Regelung hätte, also die dortigen BR faktisch binden würde. Das trifft etwa zu auf die Erhebung elektronischer Daten, die auch in anderen Betrieben verwendet werden sollen <R: BAG 14.11.2006, 1 ABR 4/06, AP Nr 43 zu § 87 BetrVG 1972 Überwachung>, oder auf Arbeitszeitregelungen in arbeitstechnisch verzahnten Betrieben <R: BAG 9.12.2003, 1 ABR 49/02, NZA 2005, 234>. S iE unten Rn 18 ff.

§ 50 Zuständigkeit

5 **Rechtlich** besteht ein zwingendes Bedürfnis zu einheitl Regelung einmal dort, wo das Gesetz selbst auf das Unternehmen abstellt, wie das nach § 106 für die Bildung des Wirtschaftsausschusses zutrifft. Man kann insoweit von einer „**objektiven**" Unmöglichkeit der Regelung auf Betriebsebene sprechen.

6 „**Subjektiv**" sind einzelbetriebl Regelungen unmöglich, wenn der AG im Bereich der **freiwilligen Mitbestimmung** zu einer Regelung nur betriebsübergreifend bereit ist <R: BAG 10.10.2006, 1 ABR 59/05, NZA 2007, 523 (Rn 18); 9.11.2021, 1 AZR 206/20, NZA 2022, 286 (Rn 21)>. Dieser – häufige – Fall der Zuständigkeit des GBR folgt aus der Zuständigkeit des Unternehmers für die **funktionale Organisation** des Unternehmens: Auf seine Entscheidung, eine bestimmte Angelegenheit für das gesamte Unternehmen zu regeln, haben die Einzel-BR und der GBR keinen Einfluss. Daraus ergibt sich aus Sicht der BR eine zwingende sachl Notwendigkeit zur einheitl Regelung im Unternehmen und damit die Zuständigkeit des GBR. Der AG muss aber deutlich zu erkennen geben, dass er die Regelzuständigkeit der Einzel-BR durchbrechen will: Er muss an den GBR herantreten, um eine unternehmenseinheitl Regelung zu treffen. Wird er nicht in diese Richtung initiativ, bleibt es bei der Zuständigkeit der Einzel-BR. Darüber hilft auch der Gleichbehandlungsgrundsatz nicht hinweg <R: BAG 23.3.2010, 1 ABR 82/08, NZA 2011, 642>. Will der AG überhaupt keinen kollektiven Tatbestand schaffen, strebt er gar keine und damit auch keine unternehmenseinheitl Regelung an <R: BAG 18.10.1994, 1 ABR 17/94, DB 1995, 832>. Der GBR ist auch nicht schon deswg zuständig, weil der zentralen Personalverwaltung am Unternehmenssitz ein Letztentscheidungsrecht über mitbestimmungspflichtige Angelegenheiten eingeräumt ist <R: BAG 18.10.1994 aaO>.

7 Auch die Tatsache, dass ein **Tarifvertrag** vorsieht, dass ein tariflicher Anspruch durch eine freiw Betriebsvereinbarung gekürzt werden kann, begründet keine Zuständigkeit des GBR, auch wenn der AG die Kürzung unternehmenseinheitl regeln will <R: BAG 19.6.2007, 1 AZR 454/06, DB 2007, 2377 für den KBR>. Verbindet der AG allerdings mit der Kürzungsregelung eine übertarifliche Leistung, die er nur unternehmenseinheitl gewähren will und für welche die gleichen Verteilungsmaßstäbe wie für die Kürzung gelten sollen, begründet das die Zuständigkeit des GBR auch für die Kürzungsregelung. Es gelten insoweit die gleichen Grundsätze wie für Angelegenheiten, die zum Teil der freiw und zum Teil der erzwingbaren Mitbestimmung unterliegen (s Rn 8).

8 Der GBR ist auch für Angelegenheiten zuständig, die zum Teil der freiw, **zum Teil der erzwingbaren Mitbestimmung** unterliegen, wenn der AG eine freiw Leistung nur überbetriebl gewähren oder eine freiw BV nur auf überbetriebl Ebene abschließen will und die Einzel-BR deswg auch hinsichtlich des erzwingbaren Regelungsbestandteils keine auf die Betriebe beschränkten Regelungen durchsetzen können <R: LAG Ddf 5.9.1991, 12 (17) TaBV 58/91, DB 1992, 637; L: ErfK/*Koch* Rn 3>.

9 Die gesetzl Zuständigkeit des GBR zur Regelung einer mitbestimmungspflichtigen Angelegenheit ist **nicht auf eine Rahmenkompetenz beschränkt** <R: BAG 18.7.2017, 1 ABR 59/15, NZA 2017, 1615 (Rn 21)>. Im Rahmen **originärer Zuständigkeit** ist entweder der BR oder der GBR zur Regelung einer betriebsverfassungsrechtl Angelegenheit zuständig <R: BAG 30.1.2019, 5 AZR 450/17, NZA 2019, 1065 (Rn 91)>. Eine aufseiten des BR sowohl vom örtlichen Einzel-BR als auch vom GBR abgeschlossene BV verstößt nach Auffassung des BAG gegen den in § 50 BetrVG angelegten Grundsatz der Zustän-

digkeitstrennung und ist unwirksam <R: BAG 30.1.2019 aaO; L: kritisch Richardi/*Annuß* Rn 48>. Eine einheitl mitbestimmungspflichtige Angelegenheit kann nicht aufgespalten werden in Teile, die in die Zuständigkeit des GBR fallen, und solche, für welche die Einzel-BR zuständig sind <R: BAG 14.11.2006, 1 ABR 4/06, AP Nr 43 zu § 87 BetrVG 1972 Überwachung; 18.7.2017 aaO; 30.1.2019 aaO; 19.11.2019, 3 AZR 127/18, NZA 2020, 452 (Rn 24); L: Richardi/*Annuß* Rn 47; *Fitting* Rn 28; **aM** noch *Robrecht* S 82>. Etwas anderes gilt nur, wenn sich ein Sachverhalt in Teile trennen lässt, die unterschiedl Mitbestimmungstatbeständen unterliegen. So ist der Einzel-BR nach § 87 Abs 1 Nr 7 für eine betriebsbezogene Ausnahmeregelung bei Hitze bzw Kälte von einer unternehmenseinheitl vom GBR im Rahmen von § 87 Abs 1 Nr 1 abgeschlossenen Bekleidungsvorschrift zuständig <R: BAG 18.7.2017 aaO>.

Die **gesetzliche Zuständigkeitsverteilung** zw GBR und den Einzel-BR ist **zwingend**. 10 Weder kann der GBR eine Regelung, für welche er zuständig ist, den Einzel-BR überlassen, noch können diese von einer Regelung einfach absehen mit der Folge, dass der GBR zuständig ist; notwendig ist im letzteren Fall vielmehr ein Übertragungsbeschluss nach Abs 2 (Rn 42 ff) <R: BAG 21.1.2003, 3 ABR 26/02, EzA § 50 BetrVG 2001 Nr 2; **aA** LAG Nbg 21.9.1992, 7 TaBV 29/92, NZA 1993, 281: Einzel-BR bleiben zuständig, wenn der GBR von seiner Zuständigkeit keinen Gebrauch macht>. Deshalb kann der Zuständigkeit des GBR für eine betriebsübergreifende Regelung auch nicht durch freiw Vereinbarung auf betriebl Ebene vorgegriffen werden mit der Folge, dass Änderungen der Vereinbarungen nur mehr auf betriebl Ebene möglich wären <R: BAG 21.1.2003 aaO>.

Nach Auffassung des BAG kann die in Abs 1 festgelegte Zuständigkeitsverteilung **weder** 11 **durch TV noch durch BV abbedungen** werden <R: BAG 21.1.2003, 3 ABR 26/02, EzA § 50 BetrVG 2001 Nr 2 zu betriebl Altersversorgung; 9.12.2003, 1 ABR 49/02, NZA 2005, 234 für Angelegenheiten der notwendigen Mitbestimmung nach § 87 Abs 1>. Das ist, was BV anlangt, richtig; die einzige Möglichkeit zur Zuständigkeitsveränderung eröffnet hier Abs 2 (Rn 42 ff). Hinsichtlich in TV getroffener Zuständigkeitsregelungen ist indes § 3 Abs 1 Nr 3 zu beachten. Wenn diese Vorschrift die Tarifvertragsparteien ermächtigt, „andere Arbeitnehmervertretungsstrukturen" zu schaffen, soweit das einer wirksamen und zweckmäßigen Interessenvertretung der Arbeitnehmer dient, beinhaltet das auch die Möglichkeit, die Zuständigkeitsverteilung zw den auf den einzelnen Ebenen bestehenden Interessenvertretungen zu ändern. Zu dieser vom BAG inzwischen offen gelassenen Frage <R: BAG 17.3.2010, 7 AZR 706/08, AP Nr 18 zu § 47 BetrVG 1972>, s im Einzelnen § 3 Rn 31 ff.

Zweifel, ob die Einzel-BR oder der GBR zuständig sind, können nicht im Wege einer 12 „gesetzlichen Vermutung" zugunsten der Zuständigkeit der Einzel-BR gelöst werden <R: so aber LAG Nds 26.8.2008, 1 TaBV 62/08, juris>. Für eine derartige Vermutung fehlt die Rechtsgrundlage. Vielmehr ist es Sache des AG, die in Betracht kommenden Gremien zur Klärung der Zuständigkeitsfrage aufzufordern. Einigen sich danach GBR und Einzel-BR auf die Zuständigkeit des GBR, ist dieser in jedem Fall nach Abs 2 der richtige Verhandlungspartner. Einigen sich GBR und Einzel-BR fälschlicherweise auf die Zuständigkeit der Einzel-BR oder können sie sich überhaupt nicht einigen, bleibt es dabei, dass eine vom unzuständigen Gremium getroffene Regelung unwirksam ist. Doch unterliegt der AG keinen Sanktionen. Insbes kann ihm nicht vorgeworfen werden, dass er keinen ausreichenden Versuch unternommen hat, zu einem Interessenausgleich zu gelangen; Nachteilsausgleichsansprüche nach § 113 Abs 3 bestehen in einem solchen Fall nicht <R:

§ 50 Zuständigkeit

BAG 24.1.1996, 1 AZR 542/95, BB 1996, 2093; **L:** vgl auch *Röder/Gragert* DB 1996, 1674>.

2. Zuständigkeit des Gesamtbetriebsrat im Einzelnen

a) Betriebsratswahl

13 Nach § 16 Abs 3 ist der GBR für die Bestellung des Wahlvorstandes zuständig, wenn der bisherige BR nicht tätig wird. Nach § 17 Abs 1 hat er diese Zuständigkeit in Betrieben ohne BR. S zu diesen Regelungen § 16 Rn 24 ff, § 17 Rn 4 ff.

14 Weitergehende Befugnisse hat der GBR im Zusammenhang mit Betriebsratswahlen nicht. Insbes ist er nicht berechtigt, in BRlosen Betrieben zum Zweck der Bestellung eines Wahlvorstandes Informationsveranstaltungen durchzuführen, die den Charakter einer Belegschaftsversammlung haben <**R:** BAG 16.11.11, 7 ABR 28/10, DB 2012, 582>.

b) Bildung des KBR

15 Nach § 54 Abs 1 S 2 bedarf die Errichtung eines KBR der Zustimmung der Gesamtbetriebsräte der Konzernunternehmen, in denen mehr als 50 vom Hundert der AN der Konzernunternehmen beschäftigt sind. Nach näherer Maßgabe von § 55 entsendet jeder GBR in den KBR zwei seiner Mitglieder. Nach § 59 Abs 2 lädt der GBR des herrschenden Unternehmens zu der Wahl des Vors und des stellvertretenden Vors ein. S zu diesen Regelungen im Einzelnen § 54 Rn 19 f, § 55 Rn 1 ff, § 59 Rn 1.

c) Allgemeine Aufgaben des BR

16 Die Zuständigkeitsverteilung zwischen BR und GBR betrifft nur die im BetrVG geregelten Mitbestimmungs- und Mitwirkungsrechte, nicht aber die allg Aufgaben des BR. Das hat das BAG für das Überwachungsrecht nach § 80 Abs 1 Nr 1 ausgesprochen <**R:** BAG 16.8.11, 1 ABR 22/10, NZA 2012, 342>. Es gilt aber auch für alle anderen in § 80 Abs 1 genannten Aufgaben und die der Durchführung dieser Aufgaben dienenden Befugnisse nach § 80 Abs 2. Dabei ändert die Untätigkeit von Einzel-BR an der mangelnden Zuständigkeit des GBR nichts, s Rn 10.

17 Aus dem vom BAG formulierten Grds folgt auch, dass der GBR nicht für die Wahrnehmung der Befugnisse im Rahmen der Mitwirkungs- und Beschwerderechte der AN nach den §§ 81 ff zuständig ist, insbes kann der AN nicht ein Mitglied des GBR bei der Einsicht in seine Personalakte nach § 83 hinzuziehen. Auch können Beschwerden nur beim BR und nicht beim GBR erhoben werden. Die Wahrnehmung der allg Aufgaben des BR kann dem GBR auch nicht nach Abs 2 übertragen werden (dazu unten Rn 43). Möglich ist nach der hier vertretenen Auffassung aber eine entspr Regelung durch TV (Rn 11). So kann die Bildung einer unternehmenseinheitl Beschwerdestelle für bestimmte Angelegenheiten zweckmäßig sein.

d) Soziale Angelegenheiten

18 **Soziale Angelegenheiten** können meist in den Einzelbetrieben geregelt werden. Eine Zuständigkeit des GBR besteht in folgenden Fällen:

II. Originäre Zuständigkeit des Gesamtbetriebsrats nach Abs 1   § 50

Im Rahmen von § 87 Abs 1 Nr 1 ist der GBR zuständig für die Regelung einer einheitl 19
Dienstkleidung, welche das Personal für die Kunden auf den ersten Blick erkennbar machen soll <R: BAG 17.1.2012, 1 ABR 45/10, DB 2012, 2290>. Zu Ausnahmen aus Gründen des Gesundheitsschutzes s Rn 9. Für die Wahrnehmung des MBR bei der Regelung von Nachweispflichten bei krankheitsbedingter Arbeitsunfähigkeit sind die Einzel-BR zuständig <R: BAG 23.8.2016, 1 ABR 43/14, NZA 2016, 1483 (Rn 18 ff)>.

Die arbeitstechnische Verzahnung mehrerer Betriebe kann unternehmenseinheitl Arbeits- 20
zeitregelungen iS von § 87 Abs 1 Nr 2 erfordern. Dies gilt etwa für flexible Arbeitszeiten und für Schichtpläne <R: BAG 9.12.2003, 1 ABR 49/02, NZA 2005, 234; 19.6.2012, 1 ABR 19/11; NZA 2012, 1237 (Rn 22 ff)> oder für die technisch-organisatorische Verknüpfung von Arbeitsabläufen <R: Hess LAG 18.7.2016, 16 TaBV 1/16, juris (Rn 56 ff)>.

Für die Aufstellung des Urlaubsplans nach § 87 Abs 1 Nr 5 kann der GBR iF arbeitstech- 21
nischer Verflechtung mehrerer Betriebe zuständig sein <L: Richardi/*Annuß* Rn 24; *Fitting* Rn 40>, aber auch dann, wenn sich mehrere Betriebe eines Unternehmens die Zulieferung an ein anderes Unternehmen teilen, das just-in-time produziert.

Im Rahmen von § 87 Abs 1 Nr 6 ist der GBR zuständig für ein betriebsübergreifendes 22
Datenverarbeitungssystem <R: BAG 14.11.2006, 1 ABR 4/06, AP Nr 43 zu § 87 BetrVG 1972 Überwachung; LAG Rh-Pf 17.11.2016, 7 TaBV 24/16, juris, für ein datenverarbeitungsgestütztes Workforce-Management>, ein unternehmenseinheitl Softwaresystem mit zentraler Administration und einer Datenspeicherung auf einer sog cloud <R: LAG Köln 21.5.2021, 9 TaBV 28/20, BB 2021, 2808 (Rechtsbeschwerde erfolglos, BAG 8.3.2022, 1 ABR 20/21)> oder eine unternehmenseinheitl Telefonvermittlungsanlage <R: BAG 11.11.1998, 7 ABR 47/97, BB 1999, 1327>. Auch wenn eine unternehmenseinheitl Marketing-Strategie das MBR aus § 87 Abs 1 Nr 6 berührt, kann die Zuständigkeit des GBR gegeben sein <R: LAG Köln 19.1.1983, 5 TaBV 16/82, DB 1983, 1101, zum Plan des AG, telefonische Kundenberatungs- und Verkaufsgespräche mitzuhören, um den Verkauf und die darauf gerichtete Schulung der AN zu optimieren>.

Im Rahmen von § 87 Abs 1 Nr 7 ist der GBR zuständig, wenn Unfallverhütungsvorschrif- 23
ten unternehmensweit einheitl konkretisiert werden sollen <R: BAG 16.6.1998, 1 ABR 68/97, BB 1999, 55>. Gleiches gilt für Hygienevorschriften für ein von AN aller Betriebe genutztes Wohnheim <R: LAG Köln 7.4.2016, 12 TaBV 86/15, juris>. Für Ausnahmen von einer GBV Unternehmenskleidung aus Gründen des Gesundheitsschutzes ist der Einzel-BR zuständig <R: BAG 18.7.2017, 1 ABR 59/15, NZA 2017, 1615 (Rn 18 ff)>. Die Mitwirkung beim Arbeits- und betriebl Umweltschutz nach § 89 knüpft an die einzelnen Betriebe an, sodass eine Zuständigkeit des GBR ausscheidet.

Sozialeinrichtungen (§ 87 Abs 1 Nr 8) fallen in die Zuständigkeit des GBR, wenn sich 24
ihr Wirkungsbereich auf das Unternehmen erstreckt. Dementspr ist dieser zuständig, wenn unternehmenseinheitl Ruhegeldrichtlinien geändert werden sollen <R: BAG 21.1.2003, 3 ABR 26/02, EzA § 50 BetrVG 2001 Nr 2>. Erstreckt sich der Wirkungsbereich der Sozialeinrichtung auf den Konzern, ist der KBR zuständig (§ 58 Rn 8). Auch für ein unternehmenseinheitl Werkswohnungswesen liegt die Ausübung der MBR nach § 87 Abs 1 Nr 9 beim GBR <L: *Fitting* Rn 48; *Röder* Das betriebliche Wohnungswesen, 1983, 141>.

§ 50   Zuständigkeit

25 Die Wahrnehmung der MBR in Fragen der betriebl Lohngestaltung (§ 87 Abs 1 Nr 10) und bei der Festsetzung der Akkord- und Prämiensätze und vergleichbarer leistungsbezogener Entgelte (§ 87 Abs 1 Nr 11) liegt bei den einzelnen BR. Auch wenn der AG unternehmenseinheitl in Entgeltfragen vorgehen will, wird dadurch die Regelung auf Betriebsebene nicht objektiv unmöglich. Insbes begründet der an den Betrieb anknüpfende Gleichbehandlungsgrundsatz des § 75 Abs 1 keine Notwendigkeit unternehmenseinheitl Ausgestaltung <R: BAG 23.3.2010, 1 ABR 82/08, DB 2010, 1765, für ein Vergütungssystem für AT-Angestellte>. Auch dass der AG ein unternehmenseinheitl Gesamtbudget für eine bestimmte Gruppe von AN vorsieht, begründet keine Zuständigkeit des GBR <R: BAG 18.5.2010, 1 ABR 96/08, NZA 2011, 171; aber LAG Nds 31.8.2020, 1 TaBV 102/19, NZA-RR 2021, 18, hält den GBR für zuständig, wenn eine unternehmenseinheitl Entgeltstruktur für alle AT-Angestellten angestrebt wird>. Wenn das LAG Ddf das für jährliche freiw Gehaltsanpassungen anders sehen will, ist dem nicht zu folgen <R: 17.6.2016, 6 TaBV 20/16, juris; L: ähnl GK/*Franzen* Rn 35>. Auch solche freiw Gehaltsanpassungen betreffen das eigentl Arbeitsentgelt und damit die jeweilige betriebl Vergütungsstruktur. Nichts anderes gilt auch für die Regelung der Vergütung der Beschäftigten einer Gewerkschaft. Wenn das BAG meint, die Besonderheit, dass die Gewerkschaft mangels eines Tarifpartners für ihre AN keine TV abschließen kann, begründe ein anderes Ergebnis <R: BAG 28.4.1992, 1 ABR 68/91, AP Nr 11 zu § 50 BetrVG 1972; 14.12.1999, 1 ABR 27/98, AP Nr 104 zu § 87 BetrVG 1972; 10.12.2013, 1 ABR 39/12, NZA 2014, 1040 (Rn 44); L: GK/*Franzen* Rn 44>, kann dem nicht gefolgt werden. Auch hier besteht kein rechtl Grund, der die Regelung der mitbestimmungspflichtigen Entlohnungsfragen auf der betriebl Ebene hinderte. Ob die Einzel-BR diese Angelegenheiten aus Zweckmäßigkeitsgründen gem § 50 Abs 2 dem GBR übertragen, muss ihnen überlassen werden.

26 Gewährt der AG **freiwillige Leistungen** nur unternehmenseinheitl, liegt das MBR nach § 87 Abs 1 Nr 10 beim GBR, weil einzelbetriebl Regelungen „subjektiv" unmöglich sind <R: BAG 9.11.2021, 1 AZR 206/20, NZA 2022, 286 (Rn 21), für eine Jubiläumsprämie>, s auch Rn 6. Dies gilt auch, wenn es um die Änderung entspr Richtlinien geht.

27 Nach **§ 87 Abs 1 Nr 12** sind die Grundsätze über das betriebl Vorschlagswesen, nicht aber deren Höhe mitbestimmungspflichtig. Vergütet der AG betriebl Verbesserungsvorschläge unternehmenseinheitl, begründet das entspr dem in Rn 8 Gesagten die Zuständigkeit des GBR.

28 Bei der Regelung von Gruppenarbeit (**§ 87 Abs 1 Nr 13**) handelt es sich um eine auf den Einzelbetrieb bezogene Frage, sodass die Einzel-BR zuständig sind. Dass es zweckmäßig sein kann, Gruppenarbeit unternehmenseinheitl zu regeln, reicht nicht aus, um eine Zuständigkeit des GBR zu begründen.

29 Soweit der AG freiw BV iS des **§ 88** nur mit unternehmenseinheitl Inhalt abschließen will, ist nach dem Rn 6 ff Gesagten die Zuständigkeit des GBR gegeben. Die Zuständigkeit des GBR wegen „subjektiver Unmöglichkeit" einzelbetriebl Regelungen ist zB gegeben, wenn der AG im Bereich freiw BV zu einer Regelung einer Anerkennung bestimmter Fahrzeiten nur betriebsübergreifend bereit ist <R: BAG 10.10.2006, 1 ABR 59/05, EzA § 77 BetrVG 2001, Nr 18>.

30 Für die Wahrnehmung der Unterrichtungs- und Beratungsrechte nach **§ 90** sind die Einzel-BR zuständig. Es gilt nichts anderes als für die Wahrnehmung der allg Aufgaben

II. Originäre Zuständigkeit des Gesamtbetriebsrats nach Abs 1   § 50

nach § 80 (Rn 16). Dass die Planungsvorhaben betriebsübergreifend sind, ändert daran nichts <L: aA Richardi/*Annuß* Rn 30>. Auch wenn es um Maßnahmen nach § 91 zur Abwendung über die menschengerechte Gestaltung der Arbeit hinausgehender Belastungen geht, besteht keine zwingende Notwendigkeit unternehmenseinheitl Regelung <L: DKW/ *Deinert* Rn 98; aA Richardi/*Annuß* Rn 30>.

e) Personelle Angelegenheiten

Personelle Einzelmaßnahmen nach § 99 betreffen regelmäßig nur die einzelnen Betriebe. Für die Versetzung eines AN von einem Betrieb in einen anderen ist deswg nicht der GBR, sondern sind die Einzel-BR des abgebenden und des aufnehmenden Betriebs zustimmungspflichtig <R: BAG 26.1.1993, 1 AZR 303/92, BB 1993, 1871>. Dies gilt auch, wenn ein AN gleichzeitig in mehreren Betrieben eines Unternehmens eingestellt wird <R: BAG 22.10.2019, 1 ABR 13/18, NZA 2020, 61 (Rn 11)> oder wenn die Einstellung in einem Betrieb gleichzeitig eine Versetzung innerhalb eines anderen Betriebs des Unternehmens darstellt <R: BAG 12.6.2019, 1 ABR 5/18, NZA 2019, 1288 (Rn 31 ff)>. 31

Auch das Anhörungs- und Widerspruchsrecht nach § 102 fällt in die Zuständigkeit der Einzel-BR. Zu einer Kd ist der GBR auch dann nicht anzuhören, wenn ein AN dem Übergang seines Arbeitsverhältnisses auf einen Betriebserwerber nach § 613a Abs 1 BGB widerspricht und ihm der AG daraufhin mangels Weiterbeschäftigungsmöglichkeit kündigt <R: BAG 21.3.1996, 2 AZR 559/95, BB 1996, 1502>. 32

Eine originäre Zuständigkeit des GBR kommt bei einer Kündigung nur in Betracht, wenn das Arbeitsverhältnis mehreren Betrieben gleichzeitig zugeordnet ist <R: BAG 16.12.2010, 2 AZR 576/09, AP Nr 150 zu § 2 KSchG 1969>. Wenn ein AN in mehrere Betriebe eines Unternehmens tatsächl eingegliedert ist, etwa die Hälfte seiner Arbeitszeit in einer und die andere Hälfte der Arbeitszeit in einer anderen Filiale eines Einzelhandelsunternehmens arbeitet, spricht die Notwendigkeit, widersprechende Entscheidungen der Einzel-BR zu vermeiden, für die Zuständigkeit des GBR. 33

Für die allg personellen Angelegenheiten (**§§ 92 bis 95**), die Beschäftigungssicherung (**§ 92a**) und die Fragen der Berufsbildung (**§§ 96 bis 98**) sind regelmäßig die Einzel-BR zuständig. Dass in einer GBV und KBV die unternehmensweite Ausschreibung von Arbeitsplätzen vorgesehen und geregelt ist, schließt das Recht der Einzel-BR nicht aus, nach § 93 gesondert eine betriebsinterne Ausschreibung zu verlangen <R: BAG 1.2.11, 1 ABR 79/09, DB 2011, 1282; 29.9.2020, 1 ABR 17/19, NZA 2021, 68>. Etwa bei Maßnahmen der Beschäftigungssicherung iSd § 92a kann eine einheitl Regelung für das Unternehmen zwingend notwendig sein. Nicht der bloße Wunsch des AG nach einer unternehmenseinheitlichen Regelung von § 94 Abs 2 unterliegenden Mitarbeitergesprächen, aber ein unternehmenseinheitliches Personalentwicklungskonzept vermag die Zuständigkeit des GBR für deren Regelung zu begründen <R: BAG 17.3.2015, 1 ABR 48/13, NZA 2015, 885>. Auswahlrichtlinien iSd § 95 unterfallen der Zuständigkeit des GBR, wenn eine überbetriebl Regelung erfolgt <L: Richardi/*Annuß* Rn 33; **aA** noch die Vorauflage>. 34

f) Wirtschaftliche Angelegenheiten

Der **WirtA** wird für das Unternehmen gebildet (§ 106); dessen Angelegenheiten fallen daher in die Zuständigkeit des GBR, § 107 Abs 2 S 2 (§ 106 Rn 1 und § 107 Rn 2). 35

§ 50 Zuständigkeit

36   Die Wahrnehmung des MBR bei **Betriebsänderungen** ist grds Sache der Einzel-BR. Betreffen die Maßnahmen allerdings das ganze Unternehmen oder mehrere Betriebe, ist der GBR für die Wahrnehmung der Informations- und Beratungsrechte des § 111 und für den Abschluss des **Interessenausgleichs** nach § 112 zuständig <R: BAG 20.4.1994, 10 AZR 186/93, AP Nr 27 zu § 113 BetrVG 1972; 24.1.1996, 1 AZR 542/95, BB 1996, 2093; 8.6.1999, 1 AZR 831/98, BB 1999, 2244>. Wird etwa ein geplanter Personalabbau auf der Grundlage eines unternehmenseinheitl Konzepts durchgeführt und sind mehrere Betriebe betroffen, sodass das Verteilungsproblem betriebsübergreifend geregelt werden muss, liegt die Zuständigkeit für den Abschluss des Interessenausgleichs und die Aufstellung einer Namensliste nach § 1 Abs 5 KSchG beim GBR <R: BAG 19.7.2012, 2 AZR 386/11, DB 2013, 523>. Dementspr ersetzt ein vom Insolvenzverwalter mit dem GBR abgeschlossener Interessensausgleich mit Namensliste gem § 125 Abs InsO die Stellungnahme der örtlichen BR nach § 17 Abs 3 KSchG <R: BAG 7.7.11, 6 AZR 248/10, NZA 2011, 1108 (Rn 20 ff)>. Die nach § 17 Abs 2 KSchG zuständige AN-Vertretung ist nach der Kompetenzzuweisung des BetrVG zu bestimmen <R: BAG 13.2.2020, 6 AZR 146/19, NZA 2020, 1006 (Rn 61 f)>.

37   Dass der GBR für einen Interessenausgleich zuständig ist, weil die Betriebsänderung, zB ein Personalabbau, mehrere oder alle Betriebe eines Unternehmens betrifft, führt nicht automatisch zur Zuständigkeit des GBR auch für den Abschluss des **Sozialplans**. Vielmehr muss auch insoweit ein zwingendes Bedürfnis nach einer betriebsübergreifenden Regelung bestehen <R: BAG 23.10.2002, 7 ABR 55/01, AP Nr 26 zu § 50 BetrVG 1972 3.5.2006, 1 ABR 15/05, BB 2006, 2250>. Ein solches Bedürfnis ist zu bejahen, wenn die Betriebsänderung betriebsübergreifende Versetzungen notwendig macht <R: Hess LAG 14.5.2012, 16 TaBV 197/11, juris>. Auch unternehmenseinheitl Kompensationsregelungen, etwa für infolge der Betriebsänderung notwendig werdende Aufwendungen (Fahrtkosten, Umzugskosten usw) können die Zuständigkeit des GBR begründen <R: BAG 23.10.2002 aaO>. Gleiches gilt, wenn das im Interessenausgleich vereinbarte Sanierungskonzept nur auf der Grundlage eines bestimmten, auf das gesamte Unternehmen bezogenen begrenzten Sozialplanvolumens erfolgen kann <R: BAG 3.5.2006 aaO>; eine solche Begrenzung ist iF der Insolvenz nach § 123 InsO immer gegeben. Dass die Mittel für einzelbetriebl Sozialpläne von ein und demselben AG zur Verfügung gestellt werden müssen, genügt hingg nicht <R: BAG 3.5.2006 aaO>.

3. Zuständigkeit für Betriebe ohne Betriebsrat

38   Für die **frühere Fassung** von Abs 1 S 1 ist die Rspr davon ausgegangen, dass sich die Zuständigkeit des GBR nur auf die Betriebe des Unternehmens, in denen ein BR gewählt worden ist, nicht aber die BRlosen Betriebe erstreckt, weil dem GBR die demokratische Legitimation zur Vertretung der dortigen Belegschaften fehlt <R: BAG 16.8.1983, 1 AZR 544/81, DB 1984, 129>. Demggü sieht der durch das **BetrVerf-RG** in Abs 1 S 1 eingefügte Hs 2 nunmehr vor, dass sich die originäre Zuständigkeit des GBR auch auf Betriebe des Unternehmens ohne BR erstreckt.

39   Verfassungsrechtl Einwände können gg diese Neuregelung nicht erhoben werden. Für die allerdings verfassungsrechtl notwendige demokratische Legitimation der Normsetzung ggü AN BRloser Betriebe reicht es noch aus, dass diese AN die Möglichkeit haben, ihrerseits einen BR zu wählen, der kraft seiner Zugehörigkeit zum GBR Einfluss auf dessen

Entscheidungen nehmen könnte <L: *Löwisch* BB 2001, 1734, 1745>. Eine Legitimation in diesem Sinne liegt auch noch ggü AN vor, deren Betriebe gem § 4 Abs 2 mangels BR-Fähigkeit dem Hauptbetrieb zuzuordnen sind <L: *Fitting* Rn 29>. In einem Unternehmen mit (mindestens) zwei Betrieben mit BR, in denen also ein GBR zu bilden ist, kann jeder Kleinstbetrieb einem BRfähigen Betrieb zugeordnet werden <L: GK/*Franzen* Rn 59; *Robrecht* S 171 ff; s auch *Fitting* Rn 29; ErfK/*Koch* Rn 2>.

Die Zuständigkeit des GBR erstreckt sich nur **insoweit** auf Betriebe ohne BR, als der GBR nach Abs 1 S 1 Hs zuständig ist <R: BAG 16.11.11, 7 ABR 28/10, DB 2012, 582>. Es muss sich also um den Fall einer zwingend unternehmenseinheitl oder jedenfalls betriebsübergreifenden Regelung iS des in Rn 3 ff Gesagten handeln. Soweit die Notwendigkeit einheitl Regelung auf der Entscheidung des AG beruht, eine bestimmte Angelegenheit für das gesamte Unternehmen zu regeln (oben Rn 6), ist eine Änderung dieser Unternehmenspolitik nicht ausgeschlossen. Entscheidet sich der AG etwa dafür, in den Betrieben seines Unternehmens nicht mehr ein einheitl, sondern unterschiedl Vergütungssysteme einzuführen, oder differenziert er bei Sozialleistungen zw den Betrieben, entfällt mit der Zuständigkeit des GBR auch die Regelbarkeit für die BRlosen Betriebe. Der AG kann eine entspr GBV kündigen; diese GBV wirkt entspr § 77 Abs 6 nach, soweit mitbestimmungspflichtige Angelegenheiten betroffen sind (unten Rn 54 f). 40

Zum **Zeitpunkt des Inkrafttretens des BetrVerf-RG** bereits bestehende GBV gelten nicht automatisch nunmehr auch für die BRlosen Betriebe. Abs 1 S 1 Hs 2 erweitert nur die Kompetenz des GBR für noch zu treffende Regelungen, und auch das BetrVerf-RG enthält keine entspr Anordnung. Erstreckt werden kann eine GBV deshalb nur durch eine entspr schriftliche (§ 77 Abs 2) Vereinbarung zw AG und GBR <L: *Löwisch* BB 2001, 1734, 1745; *Robrecht* S 176 ff; aA *Däubler* DB 2001, 1669, 1670; DKW/*Deinert* Rn 62>. 41

III. Übertragung von Angelegenheiten auf den Gesamtbetriebsrat nach Abs 2

Nach Abs 2 S 1 kann jeder Einzel-BR durch Mehrheitsbeschluss aller Mitglieder dem GBR die Behandlung von Angelegenheiten übertragen, die an sich in die Zuständigkeit des Einzel-BR fallen. Die Übertragung muss schriftlich erfolgen, Abs 2 S 3 iVm § 27 Abs 2 S 3. Fehlt ein solcher Beschluss oder ist er, etwa wegen fehlender Schriftform unwirksam, wird keine Zuständigkeit des GBR begründet. Dies gilt auch dann, wenn der Einzel-BR beim AG den Rechtsschein erweckt, ein wirksamer Beschluss existiere <R: LAG SH 9.6.2015, 1 TaBV 4 b/15, juris (Rn 65)>. Der AG unterliegt dann aber keinen Sanktionen, etwa auf Nachteilsausgleich nach § 113. Das in Rn 12 Gesagte gilt auch hier. 42

Mit „Angelegenheiten" meint das Gesetz entspr den Abschnittsüberschriften des vierten Teils nur mitwirkungs- und mitbestimmungspflichtige Angelegenheiten, nicht aber die allg Aufgaben des BR nach dem ersten und zweiten Abschnitt. Die Übertragung auch der allg Aufgaben liefe dem Aufbau der betriebsverfassungsrechtl Organisation von unten nach oben zuwider und würde die Gefahr begründen, dass sich Einzel-BR bisweilen der Aufgabe entledigen, betriebsnahe Konflikte mit dem AG selbst auszutragen <L: *Rieble* RdA 2005, 28; aA GK/*Franzen* Rn 73; *Fitting* Rn 66>. Nicht möglich ist die Übertragung durch einen Gemeinschaftsbetrieb mehrerer Unternehmen auf deren GBR, weil es an deren Handlungsfähigkeit ggü den AN des anderen Unternehmens fehlt <L: *Rieble* RdA 43

§ 50 Zuständigkeit

2005, 28; *Salamon* RdA 2008, 24, 31; **aA** *Fitting* Rn 67>. Auch für BRlose Betriebe kann der GBR nur im Rahmen seiner gesetzl Zuständigkeit handeln <**L:** *Rieble* RdA 2005, 28; GK/*Franzen* Rn 64>.

44 Dem Einzel-BR bleibt es überlassen, ob er an den GBR nur die **Behandlung** der Angelegenheit oder auch die Befugnis delegieren will, an seiner Stelle **Entscheidungen** zu treffen, Abs 2 S 2. Behält sich der Einzel-BR die Entscheidung über die übertragene Angelegenheit vor, ist im Konfliktfall auch die zw ihm und dem AG gebildete, nicht die zw GBR und dem AG gebildete ES zuständig.

45 Der Einzel-BR kann dem GBR alle in seinen Zuständigkeitsbereich fallenden Angelegenheiten übertragen, auch soweit sie MBR oder den Abschluss von BV umfassen. Delegiert werden dürfen jedoch nur **genau bezeichnete Angelegenheiten**, wobei sich der Übertragungsbeschluss auch auf eine Mehrzahl gleicher oder ähnlich liegender Fälle beziehen kann. Eine pauschale Überantwortung ganzer Gruppen von Mitbestimmungsangelegenheiten auf den GBR widerspricht aber der gesetzl Zuständigkeitsverteilung zw BR und GBR und ist deshalb unzulässig <**R:** LAG Köln 20.12.1983, 1 Sa 1143/83, DB 1984, 937; **L:** *Rieble* RdA 2005, 26, 29>.

46 Hat der GBR unter Verkennung seiner fehlenden Zuständigkeit nach Abs 1 S 1 eine GBV abgeschlossen, ist diese unwirksam; die (nachträgliche) Übertragung der Angelegenheit (mit Rückwirkung) durch den Einzel-BR ist nur im Rahmen von dessen originärer Zuständigkeit zulässig <**L:** *Robrecht* S 158 ff; anders noch die Vorauflage; **aA** DKW/*Deinert* Rn 125; *Rieble* RdA 2005, 26, 27 f, der eine (nachträgliche) Genehmigung aber nicht für möglich hält>.

47 Der GBR erledigt die ihm nach Abs 2 übertragenen Angelegenheiten kraft Auftrags des jeweiligen Einzel-BR und mit Wirkung für dessen Betrieb, jedoch **in eigener Verantwortung**. Daraus folgt nicht nur das Recht, die Wirksamkeit der Übertragung zu prüfen und bei Unwirksamkeit ein Tätigwerden abzulehnen, sondern auch das Recht, einzelne Aufträge, insbes wg Einschränkung seiner Entscheidungsbefugnis, abzulehnen <**L:** wie hier *Rieble* RdA 2005, 26, 28, **aA** DKW/*Deinert* Rn 142; *Fitting* Rn 70; Richardi/*Annuß* Rn 63>.

48 Nach Abs 2 S 3 iVm § 27 Abs 2 S 4 kann der Einzel-BR jeden an den GBR erteilten Auftrag jederzeit ohne Angabe von Gründen **widerrufen** <**L:** *Kliemt/Teusch* FS 100 Jahre Betriebsverfassungsrecht, S 328 mwN>. Der BR tritt dann in den Verfahrensstand ein, in dem sich die Verhandlungen zwischen AG und GBR befanden <**L:** *Kliemt/Teusch* FS 100 Jahre Betriebsverfassungsrecht, S 329 ff>.

49 Aus der Pflicht zur wechselseitigen Rücksichtnahme (§ 2 Rn 1 ff) folgt, dass der BR die Möglichkeit der Delegation von Befugnissen auf den GBR **nicht dazu missbrauchen darf, auf Zeit zu spielen**. Der AG kann einer solchen Verzögerung damit begegnen, dass er die Zustimmung des Einzel-BR zu einer vorläufigen Regelung verlangt und ggfs im Wege der eV durchsetzt, § 87 Rn 26 f.

IV. Gesamtbetriebsvereinbarung

1. Abschluss

Der GBR ist iR seiner originären Zuständigkeit nach Abs 1 befugt, mit dem AG Betriebsvereinbarungen nach § 77 abzuschließen. Eine solche Betriebsvereinbarung hat den Charakter einer **GBV** und gilt nach § 77 Abs 4 S 1 unmittelbar und zwingend für die von ihr erfassten Betriebe und die dort bestehenden Arbeitsverhältnisse. 50

Soweit die originäre Zuständigkeit des GBR besteht, dürfen die Einzel-BR keine BV über den betreffenden Gegenstand abschließen, weil dies gg die zwingende gesetzliche Zuständigkeitsverteilung zw GBR und Einzel-BR (oben Rn 10) verstieße <L: DKW/*Deinert* Rn 14; GK/*Franzen* Rn 84; ausf *Robrecht* S 116 ff>. 51

Die GBV erfasst entspr dem in Rn 38 ff Gesagten auch die **BRlosen Betriebe** sowie später errichtete oder in das Unternehmen gelangte Betriebe, jedenfalls soweit die GBV für das ganze Unternehmen gilt <L: DKW/*Deinert* Rn 150; GK/*Franzen* Rn 89; *Robrecht* S 169 ff und 178 ff>. 52

2. Beendigung

GBV können wie BV **aufgehoben, geändert und gekündigt** werden (dazu § 77 Rn 91 ff). Soweit in ihnen mitbestimmungspflichtige Fragen der Arbeitsverhältnisse geregelt sind, kommt ihnen entspr § 77 Abs 6 Nachwirkung zu <L: näher *Robrecht* S 182 ff>. 53

Entfällt ein zunächst bestehendes überbetriebl Regelungsbedürfnis und **die originäre Zuständigkeit des GBR**, bleibt die GBV bestehen und die Einzel-BR sind für die weitere Ausgestaltung der Angelegenheit zuständig <R: BAG 5.5.2015, 1 AZR 763/13, NZA 2015, 1331 (Rn 53); L: *Robrecht* S 189 f; aA noch die Vorauflage: Nachwirkung entspr § 77 Abs 6>. 54

Beruht die originäre Zuständigkeit auf der Vorgabe einer unternehmenseinheitl Regelung durch den AG, entfällt sie erst, wenn der AG die GBV kündigt, weil er erst dann die in die GBV eingegangene Vorgabe beseitigt <L: GK/*Franzen* Rn 87; *Robrecht* S 188>. In diesem Fall muss man nach erfolgter Kd entspr § 77 Abs 6 von einer Nachwirkung ausgehen, soweit mitbestimmungspflichtige Angelegenheiten der Arbeitsverhältnisse betroffen sind. 55

In **Betrieben ohne BR** verlieren die BV mit dem Wegfall der originären Zuständigkeit des GBR ihre Wirksamkeit und können auch nicht nachwirken, weil für den betreffenden Betrieb mit dem Wegfall der Zuständigkeit des GBR überhaupt keine kollektiven Mitbestimmungsrechte mehr bestehen <L: *Robrecht* S 190 ff; aA DKW/*Deinert* Rn 160>. 56

Der **Wegfall des GBR** führt nicht zum Wegfall der GBV. Reduziert sich die Zahl der Betriebe des Unternehmens durch Stilllegungen oder Veräußerung von Betrieben auf einen, gelten die GBV als BV für den bestehen gebliebenen Betrieb fort <R: BAG 5.5.2015, 1 AZR 763/13, NZA 2015, 1331 (Rn 53); 24.1.2017, 1 ABR 24/15, AP Nr 67 zu § 77 BetrVG 1972 Betriebsvereinbarung (Rn 15); L: *Robrecht* S 200 ff>; eine etwaige Kd hat dem dortigen BR ggü zu erfolgen. Gleiches gilt, wenn infolge Absinkens der Mindestzahl 57

§ 50 Zuständigkeit

des § 1 Abs 1 oder Unterbleibens von Neuwahlen nur mehr ein BR besteht. Allerdings beschränkt sich die Fortgeltung dann auf diesen Betrieb <L: *Robrecht* S 200 ff>.

58 Durch Aufgabenübertragung nach Abs 2 lässt sich keine Befugnis des GBR zum Abschluss von GBV begründen. Vielmehr kann der GBR iF des Abs 2 nur Einzel-BV abschließen <R: BAG 18.5.2010, 1 ABR 6/09, DB 2010, 2175; L: *Fitting* Rn 73a; *Robrecht* S 111 f>. Dies gilt auch, wenn alle Einzel-BR eine GBR mit einer Angelegenheit beauftragen.

3. Fortgeltung bei Betriebsübergang

59 **Gehen Betriebe iS von § 613a BGB auf einen neuen Inhaber über,** gelten für sie die im übertragenden Unternehmen abgeschlossenen GBV ungeachtet der Regelung des § 613a Abs 1 S 2 BGB **normativ** fort <R: BAG 18.9.2002, 1 ABR 54/01, EzA § 613a BGB 2002 Nr 5>. Wird nur ein Betrieb übernommen, bleiben sie als Einzel-BV bestehen <R: BAG 5.5.2015, 1 AZR 763/13, NZA 2015, 1331 (Rn 55 ff); 24.1.2017, 1 ABR 24/15, AP Nr 67 zu § 77 BetrVG 1972 Betriebsvereinbarung (Rn 14 ff)>. Die weitere Geltung einer GBV in dem übertragenen Betrieb kann allerdings daran scheitern, dass die betreffende Regelung nach ihrem Inhalt die Zugehörigkeit zum bisherigen Unternehmen zwingend voraussetzt und nach dem Betriebsübergang gegenstandslos wird <R: BAG 24.1.2017 aaO>. Werden mehrere Betriebe übernommen, sollen sie nach Auffassung des BAG <R: BAG 18.9.2002 aaO> ihren Charakter als GBV jedenfalls dann behalten, wenn das Unternehmen, auf das übertragen wird, bislang keine Betriebe führte. Konsequenz dieser Auffassung ist, dass der neue AG, solange kein GBR gebildet ist, eine Kd ggü allen Einzel-BR aussprechen muss, auch wenn er sich nur für einen Betrieb vom Inhalt der GBV lösen will. Das erscheint kompliziert. Auch wirft die Auffassung des BAG die Frage auf, ob, wenn in dem übernehmenden Unternehmen schon ein GBR besteht, dieser oder die Gesamtheit der Einzel-BR Adressat einer Kd ist. Einfacher erscheint daher, auch in diesen Fällen eine Fortgeltung als Einzel-BV anzunehmen <L: ausf *Robrecht* S 215 ff; *Thüsing* DB 2004, 2477; wohl (bei fehlendem überbetrieblichen Koordinationsbedarf) auch DKW/*Deinert* Rn 168; wie das BAG GK/*Franzen* Rn 95 ff; krit zur normativen Fortgeltung überhaupt *Rieble/Gutzeit* NZA 2003, 233, 237 f>.

60 Gehen lediglich **Betriebsteile** auf einen neuen Inhaber über, können GBV normativ nur weiter gelten, wenn die Betriebsteile beim übernehmenden Unternehmer zu selbstständigen Betrieben werden oder bei einem Zusammenschluss mit bereits bestehenden Betrieben des Erwerbers ausnahmsweise ihre Identität behalten (§ 1 Rn 17). Andernfalls wirken die Bestimmungen der GBV in den übergegangenen Arbeitsverhältnissen gem § 613a Abs 1 S 2 BGB **arbeitsvertraglich** fort <R: BAG 27.1.2016, 4 AZR 916/13, AP Nr 63 zu § 1 TVG (Rn 14)>.

61 Stoßen normativ in den übernommenen Betrieben oder Betriebsteilen fortgeltende GBV auf im übernehmenden Unternehmen bereits bestehende GBV, ist zunächst danach zu fragen, ob die letzteren ihren Geltungsbereich auch auf später erworbene Betriebe erstrecken wollen. Ist das der Fall, lösen diese GBV im Zeitpunkt des Übergangs die vom GBR mit dem Betriebsveräußerer zum gleichen Regelungsgegenstand *abgeschlossenen* GBV ab (§ 613a Abs 1 S 3 BGB).

Die normative Fortgeltung von GBV ist nicht auf den Fall der rechtsgeschäftlichen Betriebsübertragung beschränkt, sondern gilt in gleicher Weise, wenn der Übergang **kraft gesetzlicher Anordnung** erfolgt. 62

Eine kollektivrechtl Fortgeltung von **Dienstvereinbarungen** iF der Privatisierung öffentlrechtl Körperschaften oder Anstalten ist ausgeschlossen, wenn der neue Inhaber dem Anwendungsbereich des BetrVG unterfällt <**L**: Staudinger/*Annuß* § 613a BGB Rn 212>. 63

Schließt der GBR **im Auftrag mehrerer Einzel-BR** eine für mehrere Betriebe geltende **einheitliche BV** ab, hat diese in jedem dieser Betriebe die Wirkung einer Einzel-BV. Zur Kd einer solchen BV sind für den Bereich ihres Betriebs die Einzel-BR zuständig, sofern sich aus dem Übertragungsbeschluss nichts anderes ergibt <**L**: *Fitting* Rn 73a>. S noch Rn 53. 64

V. Streitigkeiten

Streitigkeiten zw den Einzel-BR oder dem AG und dem GBR über die **Zuständigkeit** des GBR werden im arbg Beschlussverf entschieden. Die Feststellung, ob der GBR zuständig ist, kann dabei nur für eine konkret zu regelnde mitbestimmungspflichtige Angelegenheit, nicht aber abstrakt für die verschiedenen Mitbestimmungstatbestände des BetrVG getroffen werden <**R**: BAG 3.5.1984, 6 ABR 68/81, BB 1985, 125>. 65

Wird über die Rechtswirksamkeit einer **GBV** gestritten, ist auf AN-Seite der GBR antragsbefugt. Macht ein Einzel-BR geltend, dass es an der originären Zuständigkeit des GBR fehlt, steht auch ihm die Antragsbefugnis zu. Er kann die Unanwendbarkeit der GBV in dem von ihm repräsentierten Betrieb feststellen lassen <**R**: BAG 9.12.2003, 1 ABR 49/14, NZA 2005, 234>. Geht es um die Rechtswirksamkeit einer **einheitlichen BV** (Rn 64), liegt die Antragsbefugnis bei den Einzel-BR; sie können diese Befugnis aber nach Abs 2 S 1 auf den GBR übertragen. 66

§ 51 Geschäftsführung

(1) Für den Gesamtbetriebsrat gelten § 25 Abs. 1, die §§ 26, 27 Abs. 2 und 3, § 28 Abs. 1 Satz 1 und 3, Abs. 2, die §§ 30, 31, 34, 35, 36, 37 Abs. 1 bis 3 sowie die §§ 40 und 41 entsprechend. § 27 Abs. 1 gilt entsprechend mit der Maßgabe, dass der Gesamtbetriebsausschuss aus dem Vorsitzenden des Gesamtbetriebsrats, dessen Stellvertreter und bei Gesamtbetriebsräten mit 9 bis 16 Mitgliedern aus 3 weiteren Ausschussmitgliedern, 17 bis 24 Mitgliedern aus 5 weiteren Ausschussmitgliedern, 25 bis 36 Mitgliedern aus 7 weiteren Ausschussmitgliedern, mehr als 36 Mitgliedern aus 9 weiteren Ausschussmitgliedern besteht.

(2) Ist ein Gesamtbetriebsrat zu errichten, so hat der Betriebsrat der Hauptverwaltung des Unternehmens oder, soweit ein solcher Betriebsrat nicht besteht, der Betriebsrat des nach der Zahl der wahlberechtigten Arbeitnehmer größten Betriebs zu der Wahl des Vorsitzenden und des stellvertretenden Vorsitzenden des Gesamtbetriebsrats einzuladen. Der Vorsitzende des einladenden Betriebsrats hat die Sitzung zu leiten, bis der Gesamtbetriebsrat aus seiner Mitte einen Wahlleiter bestellt hat. § 29 Abs. 2 bis 4 gilt entsprechend.

(3) Die Beschlüsse des Gesamtbetriebsrats werden, soweit nichts anderes bestimmt ist, mit Mehrheit der Stimmen der anwesenden Mitglieder gefasst. Mitglieder des Gesamtbetriebsrats, die mittels Video- und Telefonkonferenz an der Beschlussfassung teilnehmen, gelten als anwesend. Bei Stimmengleichheit ist ein Antrag abgelehnt. Der Gesamtbetriebsrat ist nur beschlussfähig, wenn mindestens die Hälfte seiner Mitglieder an der Beschlussfassung teilnimmt und die Teilnehmenden mindestens die Hälfte aller Stimmen vertreten; Stellvertretung durch Ersatzmitglieder ist zulässig. § 33 Abs. 3 gilt entsprechend.

(4) Auf die Beschlussfassung des Gesamtbetriebsausschusses und weiterer Ausschüsse des Gesamtbetriebsrats ist § 33 Abs. 1 und 2 anzuwenden.

(5) Die Vorschriften über die Rechte und Pflichten des Betriebsrats gelten entsprechend für den Gesamtbetriebsrat, soweit dieses Gesetz keine besonderen Vorschriften enthält.

Übersicht

	Rn.		Rn.
I. Konstituierende Sitzung	1	III. Sitzungen	10
II. Vorsitzender und Gesamtbetriebsausschuss	5	IV. Rechtsstellung und Geschäftsführung des Gesamtbetriebsrats	14

I. Konstituierende Sitzung

1 Ist in einem Unternehmen nach § 47 Abs 1 ein GBR zu errichten (§ 47 Rn 3 ff), muss der **BR der Hauptverwaltung** nach Abs 2 S 1 alle übrigen BR des Unternehmens zur Wahl des Vors des GBR und seines Stellv **einladen**. BR der Hauptverwaltung in diesem Sinne ist auch das einzige BR-Mitglied. Ist die Hauptverwaltung des Unternehmens kein selbstständiger Betrieb, sondern als unselbstständiger Betriebsteil mit einem Produktionsbe-

trieb verbunden, gilt der dort bestehende BR als BR der Hauptverwaltung <L: *Fitting* Rn 8; Richardi/*Annuß* Rn 259>. Besteht in der Hauptverwaltung kein BR, ist nach Abs 2 S 1 der BR des nach der Zahl der wahlberechtigten AN größten Einzelbetriebs verpflichtet, zur Wahl des GBR-Vors und seines Stellv einzuladen.

Die **konstituierende Sitzung**, zu der jeder Einzel-BR gem § 47 Abs 2 einen oder zwei Vertreter entsenden muss, wird nach Abs 2 S 2 zunächst vom Vors des einladenden BR geleitet. Dieser hat aber lediglich für die Wahl eines Wahlleiters zu sorgen. Ist der Wahlleiter gewählt, leitet dieser die Sitzung und muss unter Beachtung der in § 47 Abs 7 geregelten Stimmenzahl die Wahl des GBR-Vors und seines Stellv durchführen. Die weiteren Sitzungen des GBR beruft der GBR-Vors ein (Rn 10). 2

Da der GBR eine Dauereinrichtung ist (§ 47 Rn 8), muss er grds **nur einmal konstituiert** werden. Endet aber die Mitgliedschaft sämtlicher in den GBR entsandter BR-Mitglieder in dem sie entsendenden BR durch den Ablauf der regelmäßigen Amtszeit nach § 24 Nr 1, ist erneut (entspr) Abs 2 zu verfahren <R: ArbG Stuttgart 13.1.1975, 4 BV 10/75, DB 1976, 1160; **L:** *Fitting* Rn 7; Richardi/*Annuß* Rn 27>. 3

Der **GBR-Vors und sein Stellv** werden gem Abs 1 iVm § 26 Abs 1 durch sämtliche Mitglieder des GBR **gewählt**, wobei jedes Mitglied über die ihm nach § 47 Abs 7 bis 9 zukommende Stimmenzahl verfügt. Der Vors und sein Stellv müssen dem GBR angehören und in getrennten Wahlgängen gewählt werden. Gewählt ist derjenige, der die einfache Mehrheit der anwesenden Mitglieder auf sich vereinigt. Die Amtszeit des Vors und seines Stellv dauert so lange wie deren Amtszeit als BR-Mitglieder in dem sie entsendenden Einzel-BR, es sei denn, das Amt wird ihnen durch Mehrheitsbeschluss des GBR wieder entzogen. Vors und Stellv können ihr Amt auch jederzeit niederlegen. 4

II. Vorsitzender und Gesamtbetriebsausschuss

Der **GBR-Vors** hat im Verhältnis zum GBR die gleiche Rechtsstellung, wie sie nach § 26 Abs 2 dem BR-Vors zukommt: Er vertritt den GBR iR der GBR-Beschlüsse und ist zur Entgegennahme von Erklärungen berechtigt. Nach Abs 1 iVm § 27 Abs 3 können dem Vors eines GBR mit weniger als neun Mitgliedern auch die laufenden Geschäfte übertragen werden. 5

Jeder GBR, in den neun oder mehr Mitglieder entsandt worden sind, ist nach Abs 1 S 2 verpflichtet, einen **Gesamtbetriebsausschuss zu bilden.** Dem Gesamtbetriebsausschuss gehören der GBR-Vors, sein Stellv sowie drei weitere Mitglieder an. Die weiteren Mitglieder des Gesamtbetriebsausschusses werden **nach den Grundsätzen der Verhältniswahl** gewählt. Dies ergibt sich aus der Bezugnahme von Abs 1 S 2 auf den gesamten § 27 Abs 1, nicht mehr nur auf § 27 Abs 1 S 1 und 2. Die Änderung trägt dem Minderheitenschutz von Koalitionen Rechnung <R: BAG 21.7.2004, 7 ABR 62/03, NZA 2005, 173>. Konsequenterweise müssen bei einer Vergrößerung der Zahl der Mitglieder des GBR-Ausschusses, die infolge einer Vergrößerung der Zahl der GBR-Mitglieder eintritt, alle Mitglieder des Gesamtbetriebsratsausschusses neu nach dem Prinzip der Verhältniswahl gewählt werden <R: BAG 16.3.2005, 7 ABR 37/04, NZA 2005, 1069>. 6

Die **Zuständigkeit** und der Tätigkeitsumfang des Gesamtbetriebsausschusses richten sich nach § 27 Abs 2: Der Gesamtbetriebsausschuss führt die laufenden Geschäfte des 7

§ 51 Geschäftsführung

GBR. Danach Abs 4 für die Beschlussfassung des Gesamtbetriebsausschusses § 33 Abs 1 und 2 gilt, wird dort nicht mit den Stimmenzahlen des § 47 Abs 7 bis 9, sondern nach Köpfen abgestimmt.

8 Neben dem Gesamtbetriebsausschuss können **weitere Ausschüsse** gebildet werden, Abs 1 S 1 iVm § 28 Abs 1 S 1. Eine Vorschrift für deren Zusammensetzung enthält das Gesetz nicht: § 28 Abs 1 S 2 und damit § 27 Abs 1 S 3 bis 5 sind nicht in Bezug genommen. Gleichwohl wird man entgg der hM <L: *Fitting* Rn 24; GK/*Franzen* Rn 46> davon ausgehen müssen, dass auch insoweit die Grundsätze der Verhältniswahl gelten: Es macht keinen Sinn, für die weiteren Ausschüsse anders zu verfahren als für den Gesamtbetriebsausschuss, für den das Gesetz die Verhältniswahl vorschreibt (Rn 6). Zudem ist die Verhältniswahl Grundprinzip für die Besetzung der Ausschüsse (vgl § 27 Rn 5).

9 § 28a ist in Abs 1 S 1 nicht in Bezug genommen, sodass die Übertragung von Mitbestimmungsrechten betriebsübergreifender **Arbeitsgruppen** nicht möglich ist.

III. Sitzungen

10 Die Sitzungen des GBR werden nach Abs 2 S 3 iVm § 29 Abs 2 bis 4 durch den GBR-Vors einberufen und geleitet. Der Vors muss gem § 29 Abs 3 eine Sitzung einberufen, wenn der AG oder ein Viertel der GBR-Mitglieder dies beantragt hat. Entspr Abs 3 S 4 Hs 1 setzt die Antragsbefugnis der GBR-Mitglieder voraus, dass die Antragsteller nicht nur hinsichtlich ihrer Zahl, sondern auch hinsichtlich ihres Stimmengewichts ein Viertel repräsentieren. Ob die Sitzungen des GBR am Sitz der Hauptverwaltung stattfinden oder in einem anderen Betrieb des Unternehmens, entscheidet der GBR-Vors nach pflichtgem Ermessen <R: BAG 24.7.1979, 6 ABR 96/77, BB 1980, 578>.

11 Für die **Teilnahme von Gewerkschaftsbeauftragten** an Sitzungen des GBR gilt § 31 (vgl Abs 1 S 1). Berät der GBR über Angelegenheiten, die ihm von einem oder mehreren Einzel-BR übertragen worden sind, § 50 Abs 2 (§ 50 Rn 42ff), genügt es, wenn die Gewerkschaft in einem dieser Einzel-BR vertreten ist. Wird dagg über Angelegenheiten beraten, die in die originäre Zuständigkeit des GBR fallen, § 50 Abs 1 S 1 (§ 50 Rn 3ff), muss die Gewerkschaft auch im GBR vertreten sein <L: GK/*Franzen* Rn 60; aA Richardi/*Annuß* Rn 31; *Fitting* Rn 37>. Der Antrag auf Teilnahme von Gewerkschaftsbeauftragten setzt voraus, dass die Antragsteller hinsichtlich ihres Stimmengewichts ein Viertel der GBR-Mitglieder repräsentieren.

12 Die Teilnahmeberechtigung des **AG** richtet sich nach § 29 Abs 4 (§ 51 Abs 2 Satz 3), die der **Gesamtjugend- und Auszubildendenvertretung** nach § 73 Abs 2 iVm § 67.

13 Der GBR fasst seine **Beschlüsse**, soweit nichts anderes bestimmt ist, mit einfacher Stimmenmehrheit der anwesenden Mitglieder. Durch den mit dem Betriebsrätemodernisierungsgesetz eingefügten Abs 3 S 2 ist klargestellt, dass der GBR auch dann wirksame Beschlüsse fassen kann, wenn einzelne oder alle Mitglieder per Video- oder Telefonkonferenz an der Sitzung teilnehmen; s dazu § 33 Rn 9. Beschlussfähig ist der GBR nur, wenn mindestens die Hälfte seiner Mitglieder an der Beschlussfassung teilnimmt – bloße Anwesenheit genügt nicht – und diese Mitglieder gem § 47 Abs 7 bis 9 auch mindestens die Hälfte aller Stimmen im GBR haben. Nach Abs 3 iVm § 47 Abs 3 ist eine Vertretung durch Ersatzmitglieder zulässig.

IV. Rechtsstellung und Geschäftsführung des Gesamtbetriebsrats

Nach Abs 5 sind für die betriebsverfassungsrechtl Stellung des GBR die für den BR geltenden Vorschriften entspr anzuwenden: Der GBR hat wie der BR **mit dem AG vertrauensvoll zusammenzuarbeiten** und jede Betätigung zu unterlassen, die den Arbeitsablauf und den Frieden des Betriebs beeinträchtigen würde (§§ 2, 74). Entspr § 75 Abs 1 muss der GBR gemeinsam mit dem AG und den Einzel-BR darüber wachen, dass alle im Unternehmen beschäftigten Personen nach den Grundsätzen von Recht und Billigkeit behandelt werden und Diskriminierungen unterbleiben. Entspr § 75 Abs 2 muss auch der GBR die freie Entfaltung der Persönlichkeit der AN schützen und die Selbstständigkeit und Eigeninitiative der AN und Arbeitsgruppen fördern. 14

Für die Geschäftsführung des GBR verweist Abs 1 S 1 auf die für die Geschäftsführung des BR geltenden Vorschriften, soweit sich aus den §§ 47 bis 52 nichts Abweichendes ergibt: Insbes soll sich der GBR eine **Geschäftsordnung** geben, § 36, und trägt gem §§ 40, 41 der AG dessen notwendige **Geschäftsführungskosten**, insbes auch Reisekosten <**R:** LAG Hamm 23.11.2012, 10 TaBV 63/12, juris>. Dazu gehören aber nicht die Aufwendungen für ein vom GBR herausgegebenes Informationsblatt, da die Einzel-BR genügend Möglichkeiten zur Information der Belegschaft haben <**R:** BAG 21.11.1978, 6 ABR 55/76, BB 1979, 938; **L: aA** *Fitting* Rn 47>. Da § 39 nach Abs 1 S 1 nicht auf den GBR anzuwenden ist, ist dieser **nicht befugt, Sprechstunden** abzuhalten. 15

Der GBR ist nicht berechtigt, in BRlosen Betrieben zum Zwecke der Bestellung eines Wahlvorstands für die Durchführung einer BR-Wahl Informationsveranstaltungen durchzuführen, die den Charakter von Belegschaftsversammlungen haben <**R:** BAG 16.11.11, 7 ABR 28/10, DB 2012, 582>. Auch kann er nicht zu Betriebsversammlungen einladen; die Befugnis dazu ist nach § 43 Abs 1 den BR vorbehalten <**R:** LAG BaWü 13.3.2014, 6 TaBV 5/13, juris (Rn 18)>. 16

Die **Mitglieder des GBR** üben ihr Amt unentgeltlich aus, jedoch darf ihr Arbeitsentgelt nach Abs 1 iVm § 37 Abs 2 nicht gemindert werden (§ 37 Rn 48ff); für GBR-Tätigkeit außerhalb der Arbeitszeit haben die GBR-Mitglieder nach Abs 1 iVm § 37 Abs 3 Anspruch auf Freizeitausgleich (§ 37 Rn 57ff). § 38 ist auf die GBR-Mitglieder nach Abs 1 S 1 nicht anwendbar, der GBR hat aber einen eigenen Anspruch auf eine generelle (Teil-)Freistellung eines oder mehrerer seiner Mitglieder aus Abs 1 iVm § 37 Abs 2, soweit er dies für die Tätigkeit des GBR für erforderl halten darf (§ 37 Rn 33ff) <**R:** BAG 26.9.2018, 7 ABR 77/16, NZA 2019, 117 (Rn 28ff)>. Ebenso wenig finden § 37 Abs 4 bis 7 Anwendung, weswg GBR-Mitglieder in dieser Eigenschaft nicht an Bildungs- und Schulungsveranstaltungen teilnehmen dürfen. Vor Kd und Versetzungen sind GBR-Mitglieder als BR-Mitglieder durch § 15 KSchG und durch § 103 geschützt (§ 103 Rn 3). 17

§ 52 Teilnahme der Gesamtschwerbehindertenvertretung

Die Gesamtschwerbehindertenvertretung (§ 180 Absatz 1 des Neunten Buches Sozialgesetzbuch) kann an allen Sitzungen des Gesamtbetriebsrats beratend teilnehmen.

1 § 52 räumt der Gesamtschwerbehindertenvertretung (§ 180 Abs 1 SGB IX) ein **eigenständiges Teilnahmerecht** an den Sitzungen des GBR ein, das sich nach § 180 Abs 7 iVm § 178 Abs 4 S 1 SGB IX auch auf Sitzungen des Gesamtbetriebsausschusses erstreckt (vgl auch § 32 Rn 1).

§ 53 Betriebsräteversammlung

(1) Mindestens einmal in jedem Kalenderjahr hat der Gesamtbetriebsrat die Vorsitzenden und die stellvertretenden Vorsitzenden der Betriebsräte sowie die weiteren Mitglieder der Betriebsausschüsse zu einer Versammlung einzuberufen. Zu dieser Versammlung kann der Betriebsrat abweichend von Satz 1 aus seiner Mitte andere Mitglieder entsenden, soweit dadurch die Gesamtzahl der sich für ihn nach Satz 1 ergebenden Teilnehmer nicht überschritten wird.

(2) In der Betriebsräteversammlung hat

1. der Gesamtbetriebsrat einen Tätigkeitsbericht,

2. der Unternehmer einen Bericht über das Personal- und Sozialwesen einschließlich des Stands der Gleichstellung von Frauen und Männern im Unternehmen, der Integration der im Unternehmen beschäftigten ausländischen Arbeitnehmer, über die wirtschaftliche Lage und Entwicklung des Unternehmens sowie über Fragen des Umweltschutzes im Unternehmen, soweit dadurch nicht Betriebs- und Geschäftsgeheimnisse gefährdet werden,

zu erstatten.

(3) Der Gesamtbetriebsrat kann die Betriebsräteversammlung in Form von Teilversammlungen durchführen. Im Übrigen gelten § 42 Abs. 1 Satz 1 zweiter Halbsatz und Satz 2, § 43 Abs. 2 Satz 1 und 2 sowie die §§ 45 und 46 entsprechend.

Der GBR ist verpflichtet, eine Betriebsräteversammlung **mindestens einmal im Kalenderjahr** einzuberufen. Nach Abs 3 S 1 kann das auch in Form von Teilversammlungen geschehen. Der Zeitpunkt der Betriebsräteversammlung wird durch Mehrheitsbeschluss des GBR bestimmt; in diesem Beschluss wird auch die Tagesordnung festgelegt. Besteht ein dringendes Erfordernis, kann der GBR nach seinem pflichtgem Ermessen auch weitere Betriebsräteversammlungen durchführen <L: Richardi/*Annuß* Rn 18>, muss dabei aber auf die betriebl Notwendigkeiten Rücksicht nehmen. Als Versammlungen eines bes Betriebsverfassungsorgans finden Betriebsräteversammlungen während der Arbeitszeit statt. Für die Betriebsräteversammlungen sind die BR-Mitglieder entspr § 37 Abs 2 unter Fortzahlung ihres Arbeitsentgelts freizustellen; findet eine Versammlung außerhalb der Arbeitszeit statt, haben die BR-Mitglieder entspr § 37 Abs 3 einen Anspruch auf Freizeitausgleich (§ 37 Rn 57ff). Zum Anspruch auf Fahrtkostenerstattung § 40 Rn 64ff. 1

Zur jährlichen Betriebsräteversammlung muss der GBR die Vors und Stellv der Einzel-BR und die weiteren Mitglieder der Betriebsausschüsse in den Einzelbetrieben einladen. In kleineren Betrieben, in denen nach § 27 Abs 1 S 1 ein Betriebsausschuss nicht gebildet wird, sind nur der Vors und sein Stellv **teilnahmeberechtigt**, in Betrieben mit nur einem BR-Mitglied nur dieses. Nach Abs 1 S 2 kann jeder Einzel-BR nach seinem pflichtgem Ermessen anstelle des Vors, dessen Stellv und der Betriebsausschussmitglieder auch andere BR-Mitglieder – nicht aber irgendwelche Belegschaftsmitglieder – zur Betriebsräteversammlung entsenden. Beratend dürfen auch ein den Unternehmer begleitender Beauftragter seines AGverbands und Beauftragte aller in den Einzel-BR vertretenen Gewerkschaften teilnehmen, Abs 3 iVm § 46 Abs 1 (s auch Rn 4). 2

§ 53   Betriebsräteversammlung

3   Die Betriebsräteversammlung wird vom GBR-Vors geleitet. Hauptaufgabe der Betriebsräteversammlung ist es, den **Tätigkeitsbericht des GBR** und den Bericht des Unternehmers entgegenzunehmen, Abs 2 Nr 1 und 2. Der Tätigkeitsbericht muss vom GBR beschlossen werden. Der **Bericht des Unternehmers** erstreckt sich auf alle Betriebe des Unternehmens; er betrifft – auf das Unternehmen bezogen – die gleichen Gegenstände wie der nach § 43 Abs 2 S 3 einmal jährlich in einer Betriebsversammlung zu erstattende Bericht des AG (§ 43 Rn 9). Tatsachen, deren Bekanntwerden ein Betriebs- oder Geschäftsgeheimnis gefährden würde, brauchen nicht mitgeteilt zu werden, Abs 2 Nr 2. Den Bericht muss der Unternehmer selbst, also der Inhaber einer Einzelfirma, ein Organmitglied einer juristischen Person oder ein zur Geschäftsführung berufener Gesellschafter einer Personengesellschaft erstatten. Eine Vertretung des Unternehmers ist anders als in § 43 Abs 2 S 3 und § 108 Abs 2 S 1 regelmäßig unzulässig <**R:** Hess LAG 26.1.1989, 12 TaBV 147/88, BB 1989, 1619; **L:** *Fitting* Rn 20; GK/*Franzen* Rn 50; **aA** Richardi/*Annuß* Rn 36>.

4   Die Mitglieder der Betriebsräteversammlung haben das Recht, zu den verhandelten Angelegenheiten sowie zu den erstatteten Berichten ergänzende Fragen zu stellen und ihre Auffassung **zu äußern**. Zu diesem Zweck können sie jederzeit verlangen, dass ihnen das Wort erteilt wird. Dasselbe Recht haben auch der AG, ein in seiner Begleitung teilnehmender Beauftragter seines AGverbands sowie alle Beauftragten der in den Einzel-BR vertretenen Gewerkschaften, Abs 3 iVm § 46. Gem Abs 3 iVm § 45 müssen sich alle Versammlungsteilnehmer bei ihren Äußerungen iR der nach § 45 zugelassenen Themen halten. Weitere Befugnisse hat die Betriebsräteversammlung nicht: Etwaige Beschlüsse binden weder den GBR noch die Einzel-BR.

5   Entspr § 40 hat der Unternehmer die durch die Betriebsräteversammlung entstehenden **Kosten** zu tragen, § 51 Abs 1 S 1 (§ 51 Rn 15).

Sechster Abschnitt
Konzernbetriebsrat

§ 54 Errichtung des Konzernbetriebsrats

(1) Für einen Konzern (§ 18 Abs. 1 des Aktiengesetzes) kann durch Beschlüsse der einzelnen Gesamtbetriebsräte ein Konzernbetriebsrat errichtet werden. Die Errichtung erfordert die Zustimmung der Gesamtbetriebsräte der Konzernunternehmen, in denen insgesamt mehr als 50 vom Hundert der Arbeitnehmer der Konzernunternehmen beschäftigt sind.

(2) Besteht in einem Konzernunternehmen nur ein Betriebsrat, so nimmt dieser die Aufgaben eines Gesamtbetriebsrats nach den Vorschriften dieses Abschnitts wahr.

Literatur: *Bachmann*, Konzernbetriebsrat bei ausländischer Konzernleitung, RdA 2008, 107; *Behrens/Schaude*, Das Quorum für die Errichtung von Konzernbetriebsräten in § 54 Abs 1 Satz 2 BetrVG, DB 1991, 278; *Buchner*, Konzernbetriebsratsbildung trotz Auslandssitz der Obergesellschaft, FS Birk (2008), S 11; *Dzida/Hohenstatt*, Errichtung und Zusammensetzung eines Konzernbetriebsrats bei ausländischer Konzernspitze, NZA 2007, 945; *Henssler*, Das Gemeinschaftsunternehmen im Konzernarbeitsrecht, ZIAS 1995, 551; *Kiehn*, Konzernbetriebsrat und Konzernbetriebsvereinbarung in der Betriebs- und Unternehmensumstrukturierung, 2012; *Konzen*, Errichtung und Kompetenzen des Konzernbetriebsrats, FS Wiese (1998), S 199; *Korth*, Bildung und Stellung des Konzernbetriebsrats bei nationalen und internationalen Unternehmensverbindungen, NZA 2009, 464; *Kreutz*, Bestand und Beendigung von Gesamt- und Konzernbetriebsrat, FS Birk (2008), S 495; *Löwisch*, Unternehmensmitbestimmung im Mehrmütterkonzern, FS Schlechtriem (2003), S 833; *Meik*, Der Konzern im Arbeitsrecht und die Wahl des Konzernbetriebsrats im Schnittbereich zur Wahl des Aufsichtsrats, BB 1991, 2441; *Ratayczak*, Errichtung eines Konzernbetriebsrats- Amtszeit eines Mitgliedes im Konzernbetriebsrat, AiB 2011, 698; *Richardi*, Die Repräsentation der Arbeitnehmer im Konzern durch den Konzernbetriebsrat nach deutschem Recht, ZIAS 1995, 607; *Rieble*, Delegation an den Gesamt- oder Konzernbetriebsrat, RdA 2005, 26; *Rieble*, Mitbestimmung in komplexen Betriebs- und Unternehmensstrukturen, NZA Beilage 2014, 28; *Rieble/Kolbe*, Konzernbestimmung in der Insolvenz, KTS 2009, 281; *Rügenhagen*, Die betriebliche Mitbestimmung im Konzern, 2013; *Schumacher*, Mitbestimmungsrecht des Betriebsrats in internationalen Konzernunternehmen, NZA 2015, 587; *Seitz*, Der Konzernbetriebsrat im internationalen Konzern, FS Moll (2019), S 615; *Windbichler*, Arbeitsrecht im Konzern, 1989, S 267 ff; *Wollwert*, Die Errichtung des Konzernbetriebsrat in nationalen und internationalen Konzernen, 2011.

Übersicht

	Rn.		Rn.
I. Grundsatz	1	4. Konzerne mit Auslandsberührung	13
II. Unterordnungskonzern als Voraussetzung	2	5. Verkennung des Konzernbegriffs	17
1. Anknüpfung an § 18 Abs 1 AktG	2	III. Errichtung des Konzernbetriebsrats	19
2. Abhängigkeitsverhältnis	5	IV. Bestand des Konzernbetriebsrats	23
3. Einheitliche Leitung	11	V. Streitigkeiten	26

§ 54 Errichtung des Konzernbetriebsrats

I. Grundsatz

1 Um die Interessen der AN auch ggü Entscheidungen der Konzernleitung wahrnehmen zu können, sehen die §§ 54 bis 59 vor, dass in Unterordnungskonzernen durch Beschluss der GBR ein KBR errichtet werden kann. Anders als beim GBR besteht aber **keine Pflicht**, einen KBR zu bilden, selbst wenn die gesetzl Voraussetzungen des § 54 erfüllt sind.

II. Unterordnungskonzern als Voraussetzung

1. Anknüpfung an § 18 Abs 1 AktG

2 Gem § 54 Abs 1 S 1 kann ein KBR nur in **Unterordnungskonzernen iS des § 18 Abs 1 AktG** errichtet werden. Trotz seines Standorts im AktG beschränkt § 18 Abs 1 AktG den Begriff des Konzerns aber nicht auf die Verbindung von Aktiengesellschaften, sondern lässt die konzernmäßige **Verbindung von Unternehmen jedweder Rechtsform** genügen. Ein KBR kann deshalb auch in solchen Unterordnungskonzernen gebildet werden, deren herrschendes oder beherrschtes Unternehmen eine andere Kapitalgesellschaft, etwa eine GmbH, eine Personengesellschaft oder eine natürliche Person als Träger hat <**R:** BAG 23.8.2006, 7 ABR 51/05, AP Nr 12 zu § 54 BetrVG 1972>.

3 Eine natürliche Person ist schon dann Unternehmen im konzernrechtl Sinn und damit Konzernspitze, wenn sie Allein- oder Mehrheitsgesellschafter einer Gesellschaft ist und kraft dieser Stellung die Geschicke der jeweiligen Gesellschaft nach ihren Vorstellungen beeinflussen kann; ob ihr auch die Geschäftsführung obliegt, ist unerheblich <**R:** BAG 22.11.1995, 7 ABR 9/95, DB 1996, 1043; BAG 23.8.2006, 7 ABR 51/05, AP Nr 12 zu § 54 BetrVG 1972>. Umgekehrt genügt die Geschäftsführungsbefugnis einer natürlichen Person nicht, um sie zum Unternehmen iS des Konzernrechts zu machen, denn mit der Geschäftsführungsbefugnis wird sie noch nicht zum Unternehmensträger. Auch Zweigniederlassungen sind als solche keine Unternehmen iS des Konzernrechts <**L:** Meik BB 1991, 2441, 2442>.

4 Auch Körperschaften und Anstalten des öffentl Rechts können herrschende Unternehmen sein, wenn sie zumindest ein in privater Rechtsform organisiertes Unternehmen beherrschen. Für § 54 gilt insofern nichts anderes, als allg für den Konzernbegriff des § 18 Abs 1 AktG <**R:** BAG 27.10.2010, 7 ABR 85/09, DB 2011, 769; 26.8.2020, 7 ABR 24/18, BB 2021, 888>. Allerdings folgt aus § 130, dass das herrschende öffentl-rechtl organisierte und damit dem Personalvertretungsrecht unterfallende Unternehmen nicht in die Errichtung des KBR einbezogen wird <**R:** BAG 26.8.20 aaO>. Über die Errichtung des KBR entscheiden allein die GBR bzw BR der beherrschten privatrechtl organisierten Unternehmen.

2. Abhängigkeitsverhältnis

5 § 18 Abs 1 AktG setzt für den Unterordnungskonzern voraus, dass ein herrschendes und ein oder mehrere abhängige Unternehmen unter der einheitl Leitung des herrschenden Unternehmens zusammengefasst sind. **Abhängige Unternehmen** sind nach § 17 Abs 1 AktG rechtl selbstständige Unternehmen, auf die ein anderes Unternehmen unmittelbar

II. Unterordnungskonzern als Voraussetzung § 54

oder mittelbar einen beherrschenden Einfluss ausüben kann; auf die tatsächl Ausübung der Leitungsbefugnisse kommt es nicht an. Die Abhängigkeit kann rechtl begründet sein, wenn zw zwei Unternehmen ein Beherrschungsvertrag iS des § 291 AktG besteht oder wenn ein Unternehmen in ein anderes iS des § 319 AktG eingegliedert ist. Es genügt aber auch eine tatsächl Abhängigkeit des einen vom anderen Unternehmen (sog faktischer Konzern). Diese wird nach § 17 Abs 2 AktG vermutet, wenn das eine Unternehmen im Mehrheitsbesitz des anderen steht.

Eine rein wirtschaftliche Abhängigkeit, etwa die eines Zulieferers von einem anderen Unternehmen, genügt für die Annahme eines Konzerns nicht. Das ist im Rahmen des Gesellschaftsrechts anerkannt <R: BGH 26.3.1984, II ZR 171/83, BGHZ 90/581>, es gilt aber auch im Rahmen von § 54 Abs 1 <R: offengelassen BAG v 9.2.11, 7 ABR 11/10, BB 2011, 2043; L: GK/*Franzen* Rn 20; aA *Fitting* Rn 26; DKW/*Deinert* Vor § 54 Rn 13 f>. Das BetrVG ist nicht auf die Regelung der wirtschaftlichen Außenbeziehungen von Unternehmen und Konzernen angelegt. Die Arbeitnehmerinteressen in Bezug auf diese Außenbeziehungen wahrzunehmen, ist Sache der Mitbestimmung in den Aufsichtsräten, für die das MitbestG gilt. Wenn überhaupt könnte deshalb nur § 5 MitbestG Ansatzpunkt für ein erweitertes Verständnis des Konzernbegriffs sein. 6

Anders als § 18 Abs 1 AktG setzt § 54 Abs 1 S 1 voraus, dass im Konzern **mindestens zwei** Unternehmen vorhanden sind, die AN beschäftigen. Wird ein abhängiges Unternehmen von einem Unternehmen beherrscht, das selbst keine AN beschäftigt, wäre ein KBR funktionslos, da er der Zuständigkeit des GBR des abhängigen Unternehmens nichts hinzufügen könnte. 7

Ist ein Unternehmen als sog **Gemeinschaftsunternehmen** von mehreren anderen Unternehmen abhängig, bildet es mit jedem der herrschenden Unternehmen einen Unterordnungskonzern. Der GBR des Gemeinschaftsunternehmens wirkt dann bei der Bildung der KBR in allen Konzernen mit <R: BAG 30.10.1986, 6 ABR 19/85, AP Nr 1 zu § 55 BetrVG 1972; 11.2.2015, 7 ABR 98/12, EzA § 54 BetrVG 2001 Nr 6>, während die Bildung eines KBR bei der gesamten Unternehmensgruppe nicht in Betracht kommt <R: BAG 13.10.2004, 7 ABR 56/03, DB 2005, 1335>. Voraussetzung für die Annahme eines Unterordnungskonzerns in einem solchen Falle ist allerdings, dass das betreffende Unternehmen das Gemeinschaftsunternehmen mindestens in dem Sinne beherrscht, dass gg seinen Willen keine Entscheidungen für das Gemeinschaftsunternehmen getroffen werden können <R: BAG 11.2.2015 aaO>. Bei einer bloßen Minderheitsbeteiligung fehlt es am Ansatzpunkt für die Ausübung von Mitwirkungs- und Mitbestimmungsrechten durch den KBR <L: vgl für den Parallelfall der Unternehmensmitbestimmung *Löwisch* FS Schlechtriem, S 843 ff; GK/*Franzen* Rn 44>. 8

In einem mehrstufig vertikal gegliederten Unterordnungskonzern können, wenn einzelne Tochterunternehmen ihrerseits untergeordnete Unternehmen beherrschen, weitere Konzernverhältnisse bestehen („**Konzern im Konzern**"): Hat ein beherrschendes Tochterunternehmen im Bereich der nach dem BetrVG beteiligungspflichtigen Angelegenheiten Leitungsbefugnisse, ohne an Weisungen der Konzernspitze gebunden zu sein, und macht es von diesen Befugnissen tatsächl Gebrauch, kann auch beim beherrschenden Tochterunternehmen ein KBR gebildet werden <R: BAG 21.10.1980, 6 ABR 41/78, BB 1981, 1461>. Fehlt es hingg an einer solchen Teilkonzernspitze, kommt die Bildung eines KBR 9

§ 54 Errichtung des Konzernbetriebsrats

nicht in Betracht <**R:** BAG 16.5.2007, 7 ABR 63/06, AP Nr 3 zu § 96a ArbGG 1979>. Teilkonzernspitze kann dabei immer nur ein Unternehmen sein (Rn 3).

10 Mit der Errichtung von KBR iF des „Konzerns im Konzern" nicht zu verwechseln ist die Frage der Errichtung von KBR für Teile eines Konzerns zw dessen Unternehmen kein Abhängigkeitsverhältnis besteht. Die Bildung solcher Teil-KBR ist gesetzl nicht vorgesehen und damit unzulässig <**R:** BAG 9.2.11, 7 ABR 11/10, BB 2011, 2043>. Auch Sparten-BR können für ihre Sparten keinen KBR bilden <**L:** *Rügenhagen* S 186 f>. Zur Bildung einheitl BR für einen Konzern durch TV s § 3 Rn 25.

3. Einheitliche Leitung

11 Die in § 18 Abs 1 AktG weiter vorausgesetzte Zusammenfassung der Konzernunternehmen unter **einheitlicher Leitung** wird bei einem Beherrschungsvertrag iS des § 291 AktG und bei der Eingliederung eines Unternehmens in ein anderes iS des § 319 AktG nach § 18 Abs 1 S 2 AktG unwiderleglich vermutet.

12 Ist ein Unternehmen von einem anderen **nur tatsächlich** abhängig, besteht für die einheitl Leitung nach § 18 Abs 1 S 3 AktG eine widerlegliche Vermutung. Um die Konzernvermutung zu widerlegen, muss feststehen, dass das herrschende Unternehmen die Mittel, die die Ausübung einheitl Leitung ermöglichen, nicht zu diesem Zweck einsetzt und dass die Bereiche, in denen die einheitl Leitung üblicherweise sichtbar wird, ausschließl und nachhaltig entspr dem uneingeschränkten Eigeninteresse des abhängigen Unternehmens gesteuert werden <**R:** BAG 15.12.2011, 7 ABR 56/10, EzA § 2 DrittelbG Nr 1>. Vereinzelte Einflussnahmen des herrschenden Unternehmens schließen es aber nicht aus, dass die Konzernvermutung widerlegt ist <**R:** LAG Köln 2.6.2017, 4 TaBV 71/16, LAGE § 18 AktG Nr 1 (Rn 50)>. Zur Rechtslage bei Gemeinschaftsunternehmen s Rn 8.

4. Konzerne mit Auslandsberührung

13 Die im **Ausland** gelegenen Unternehmen eines inländischen Konzerns sind an der Bildung des KBR nicht beteiligt, da sie vom Geltungsbereich des BetrVG nicht erfasst werden (Einl Rn 15). Hat ein ausländischer Konzern hingg mehrere Unternehmen im Inland, können die GBR dieser Unternehmen dann einen KBR errichten, wenn die Unternehmen einen inländischen Unterkonzern (Rn 9) bilden.

14 Werden die inländischen Unternehmen nicht durch eine Konzernspitze im Inland, sondern **direkt von der ausländischen Konzernmutter** beherrscht, kann ein KBR nicht errichtet werden. Dies gilt selbst dann, wenn nur ein Teil der inländischen Unternehmen direkt von der Konzernspitze im Ausland beherrscht wird, für einen anderen Teil aber eine Teilkonzernspitze im Inland besteht: Ein KBR kann dann nur für die letzteren errichtet werden <**R:** BAG 14.2.2007, 7 ABR 26/06, DB 2007, 1589; 23.5.2018, 7 ABR 60/16, NZA 2018, 1562 (Rn 23 ff); **L:** *Dzida/Hohenstatt* NZA 2007, 945; Richardi/*Annuß* Rn 35>.

15 Teilkonzernspitze kann auch bei Konzernen mit Sitz der Konzernmutter im Ausland **nur ein Unternehmen mit Sitz im Inland** sein. Eine bloße Zweigniederlassung im Inland genügt anders als für die Mitbestimmung auf Betriebsebene, wo bei Zweigniederlassungen ausländischer Unternehmen ein BR und WirtA gebildet werden kann und muss (Einl Rn 18), für die Errichtung eines KBR nicht, weil die Zweigniederlassung kein Unterneh-

men iS des Konzernrechts ist (Rn 2). Es liegt insoweit anders als bei der Bildung eines Europäischen Betriebsrats, für die nach § 2 Abs 2 EBRG das Bestehen einer nachgeordneten „Leitung" im Inland genügt. S dazu Anhang 3 Rn 6.

Allg zur BetrV mit Auslandsberührung Einl Rn 15 ff. 16

5. Verkennung des Konzernbegriffs

Wird ein KBR unter Verkennung der Voraussetzungen des § 54 errichtet, stehen ihm keine betriebsverfassungsrechtl Befugnisse zu. Hierauf kann sich grundsätzlich jederzeit jedermann berufen. § 19 ist nicht anwendbar, da es sich bei der Errichtung des KBR nicht um eine Wahl handelt <R: BAG 23.8.2006, 7 ABR 51/05, AP Nr 12 zu § 54 BetrVG 1972>. 17

Allerdings können die Mitglieder eines derartigen KBR Ansprüche auf Freistellung von Kosten erwerben, die in Zusammenhang mit der Konstituierung des KBR oder anlässl der Wahrnehmung betriebsverfassungsrechtl Aufgaben entstanden sind, sofern keine offensichtliche Verkennung des Betriebsbegriffs vorliegt <R: BAG 23.8.2006, 7 ABR 51/05, AP Nr 12 zu § 54 BetrVG 1972; LAG Rh-Pf 26.2.2015, 5 TaBV 19/14, juris>. 18

III. Errichtung des Konzernbetriebsrats

Ein KBR kann nicht schon dann errichtet werden, wenn in einem Unterordnungskonzern mehrere Unternehmen bestehen, die AN beschäftigen, sondern nur, wenn in den Konzernunternehmen auch **mindestens zwei GBR** gewählt worden sind und amtieren. Amtiert in einem Konzernunternehmen kein GBR, sondern nur ein BR, tritt dieser bei der Errichtung des KBR nach Abs 2 an die Stelle des GBR. 19

Der KBR wird durch **Beschlüsse der GBR** der zum Konzern gehörenden Unternehmen errichtet. Die Initiative zur Bildung des KBR kann von jedem GBR, auch dem des herrschenden Unternehmens, ausgehen. Notwendig ist nach Abs 1 S 2 die Zustimmung von GBR, die insgesamt **mehr als 50 vom Hundert der AN des Konzerns repräsentieren.** 20

Bei der Ermittlung der Beschäftigtenzahl stellt die Rspr auf die Zahl der AN aller Konzernunternehmen ab, gleichgültig ob dort (Gesamt-)BR gebildet waren oder nicht <R: BAG 11.8.1993, 7 ABR 34/92, DB 1994, 480; 29.7.2020, 7 ABR 27/19, AP Nr 20 zu § 54 BetrVG 1972 (Rn 47)>. Dieser Meinung wird man folgen müssen, nachdem § 58 Abs 1 Hs 2 in der Fassung des BetrVerf-RG die Zuständigkeit des KBR auch auf Betriebe der Konzernunternehmen ohne BR erstreckt hat: Diese Erstreckung lässt sich nur rechtfertigen, wenn den AN der BRlosen Betriebe und Unternehmen auch Gewicht bei der Entscheidung der Frage zugemessen wird, ob es überhaupt zur Errichtung eines KBR kommen soll oder nicht. 21

Mitzuzählen sind sämtliche AN einschl der in § 5 Abs 1 S 3 genannten Personen ohne Rücksicht auf die Wahlberechtigung. Nach § 14 Abs 2 S 4 AÜG rechnen LeihAN nunmehr mit. Maßgebend ist die Beschäftigung zum Zeitpunkt der Beschlussfassung, sodass auch nicht ständig Beschäftigte mitzuzählen sind und es auf die regelmäßige Belegschaftsstärke nicht ankommt <L: GK/*Franzen* Rn 52>. AN mit Doppelarbeitsverhältnis- 22

§ 54 Errichtung des Konzernbetriebsrats

sen (§ 7 Rn 18) zählen in jedem Unternehmen mit, zu dem sie in einem Arbeitsverhältnis stehen.

IV. Bestand des Konzernbetriebsrats

23 Der KBR ist ebenso wie der GBR (§ 47 Rn 8) eine **ständige Einrichtung** und an keine bestimmte Amtszeit gebunden. Die Amtszeit des KBR **endet** aber, wenn die Voraussetzungen für seine Errichtung nachträglich dadurch entfallen, dass die Konzernbindung iS des § 18 Abs 1 AktG endet (Rn 2 ff) oder im Konzern lediglich noch ein GBR bzw ein Einzel-BR besteht (Rn 19). Der KBR selbst kann sich nicht auflösen; legen aber alle Mitglieder einschließl der Ersatzmitglieder gem § 57 ihr Amt nieder, endet der KBR.

24 Ob die für die Bildung des KBR vorausgesetzte Leitungsmacht und damit auch der KBR endet, wenn über das herrschende Unternehmen des Konzerns die **Insolvenz** eröffnet wird, hat das BAG offengelassen <**R:** BAG 18.7.2017, 1 AZR 546/15, NZA 2017, 1618 (Rn 36); dafür LAG BaWü 23.6.2015, 10 Sa 59/14, juris (Rn 88 ff); **L:** dafür *Rieble/Kolbe* KTS 2009, 299; zweifelnd *Fitting* Rn 51>.

25 Da der KBR keine zwingende Einrichtung ist (Rn 1), können die GBR bzw der nach Abs 2 zuständige Einzel-BR auch beschließen, den KBR **wieder aufzulösen**. Für einen solchen Beschluss, durch den ebenso wie bei der Errichtung des KBR die betriebsverfassungsrechtl Organisation geändert wird, ist wiederum die Mehrheit von GBR erforderl, die mehr als 50 vom Hundert der KonzernAN repräsentieren <**L:** *Fitting* Rn 52; GK/*Franzen* Rn 65; **aA** Richardi/*Annuß*, Rn 48, der mindestens 50 vom Hundert genügen lassen will>.

V. Streitigkeiten

26 Streitigkeiten über die Errichtung von KBR werden im arbg Beschlussverf entschieden. Örtlich zuständig ist nach § 82 Abs 1 S 2 ArbGG das ArbG, in dessen Bezirk das herrschende Unternehmen seinen Sitz hat. Sitzt das herrschende Unternehmen im Ausland, ist das deutsche ArbG örtlich zuständig, in dessen Bezirk der zentrale inländische Funktionsträger des ausländischen Konzerns seinen Sitz hat <**R:** BAG 31.10.1975, 1 ABR 4/74, AP § 106 BetrVG 1972 Nr 2>. Fehlt es an einem solchen, leitet etwa das ausländische Unternehmen grenznahe inländische Betriebe nur per E-Mail und Telefon und indem es die AN seinen Sitz einbestellt, muss man das Gericht, an dem der seiner AN-Zahl nach größter Betrieb seinen Sitz hat, als örtlich zuständig ansehen.

§ 55 Zusammensetzung des Konzernbetriebsrats, Stimmengewicht

(1) In den Konzernbetriebsrat entsendet jeder Gesamtbetriebsrat zwei seiner Mitglieder. Die Geschlechter sollen angemessen berücksichtigt werden.

(2) Der Gesamtbetriebsrat hat für jedes Mitglied des Konzernbetriebsrats mindestens ein Ersatzmitglied zu bestellen und die Reihenfolge des Nachrückens festzulegen.

(3) Jedem Mitglied des Konzernbetriebsrats stehen die Stimmen der Mitglieder des entsendenden Gesamtbetriebsrats je zur Hälfte zu.

(4) Durch Tarifvertrag oder Betriebsvereinbarung kann die Mitgliederzahl des Konzernbetriebsrats abweichend von Absatz 1 Satz 1 geregelt werden. § 47 Abs. 5 bis 9 gilt entsprechend.

Literatur: s § 54.

Übersicht

	Rn.		Rn.
I. Mitglieder im Konzernbetriebsrat	1	3. Stimmrecht	10
1. Entsendung	1	4. Abberufung	14
2. Abweichende Regelung durch Tarifvertrag oder Betriebsvereinbarung	5	II. Streitigkeiten	15

I. Mitglieder im Konzernbetriebsrat

1. Entsendung

Ist ein KBR nach § 54 wirksam errichtet worden, ist jeder GBR oder BR (§ 54 Rn 19 ff), auch wenn er gg die Errichtung des KBR gestimmt hat, verpflichtet, Vertreter in den KBR zu entsenden <L: *Fitting* Rn 4; *Richardi/Annuß* Rn 13>. 1

In den KBR entsendet jeder GBR bzw BR (§ 54 Abs 2) **zwei seiner Mitglieder**. Der in einem Gemeinschaftsbetrieb gewählte BR entsendet nicht für jedes konzernangehörige Trägerunternehmen, in dem kein weiterer BR gebildet, zwei Mitglieder, sondern insgesamt zwei seiner Mitglieder <R: BAG 29.7.2020, 7 ABR 27/19, AP Nr 20 zu § 54 BetrVG 1972 (Rn 52 ff)>. Ein Gruppenschutz findet nach der Neufassung durch das BetrVerf-RG nicht mehr statt. Jedoch sollen die Geschlechter angemessen berücksichtigt werden, mit der Folge, dass dann, wenn in der Belegschaft des Unternehmens ein Geschlecht in nicht unerheblicher Stärke vertreten ist, regelmäßig auch ein Angehöriger dieses Geschlechts entsandt werden muss. Es gelten insoweit die gleichen Grundsätze wie bei der Entsendung der BR-Mitglieder in den GBR (§ 47 Rn 16). 2

Der GBR bestimmt die zu entsendenden Mitglieder jedes für sich **durch Mehrheitsbeschluss** gem § 33 (§ 47 Rn 17). Besteht iF des § 54 Abs 2 der BR nur aus einem Mitglied, wird dieses ohne Weiteres Mitglied des KBR. 3

§ 55 Zusammensetzung des Konzernbetriebsrats, Stimmengewicht

4 Gem Abs 2 muss der GBR oder der Einzel-BR nach § 54 Abs 2 bei der Beschlussfassung über die Entsendung von Mitgliedern in den KBR für jedes KBR-Mitglied mindestens ein **Ersatzmitglied** bestellen und die Reihenfolge des Nachrückens festlegen. Auch dies geschieht gem § 33 durch Mehrheitsbeschluss.

2. Abweichende Regelung durch Tarifvertrag oder Betriebsvereinbarung

5 Die nach Abs 1 von der Zahl der entsendenden GBR oder BR (§ 54 Abs 2) abhängige Mitgliederzahl des KBR kann nach Abs 4 S 1 durch TV oder BV abw geregelt, dh **erhöht oder verringert** werden.

6 Abs 4 S 1 begründet für die abw Regelung der Mitgliederzahl im KBR keine bes Tariffähigkeit des Konzerns <**L**: GK/*Franzen* Rn 28 ff; *Löwisch/Rieble* § 2 Rn 481 ff; **aM** *Fitting* Rn 20; Richardi/*Annuß* Rn 16>. Es genügen jedoch andere konzerneinheitl geltende Tarifregelungen, etwa mehrgliedrige einheitl Haus-TV der Konzernunternehmen oder, wenn die Konzernunternehmen Mitglieder im selben AGverband sind, ein Verbands-TV <**L**: näher *Löwisch/Rieble* § 2 Rn 486 ff>.

7 Eine abw Regelung durch **BV** ist nur zulässig, wenn keine tarifliche Regelung besteht. Sie muss vom KBR mit der Leitung des herrschenden Konzernunternehmens abgeschlossen werden, das insoweit betriebsvereinbarungsfähig ist.

8 Nach Abs 4 S 2 **muss** in entspr Anwendung des § 47 Abs 5 die **Mitgliederzahl in einem KBR, dem mehr als 40 Mitglieder** angehören, durch TV oder BV **herabgesetzt** werden. GBR von Unternehmen, die regional oder durch gleichartige Interessen verbunden sind, entsenden zu diesem Zweck gemeinsame Vertreter in den KBR. Sind nicht genügend in diesem Sinne verbundene Unternehmen im Konzern vorhanden, kann die herabgesetzte Mitgliederzahl die Zahl 40 auch überschreiten. Besteht bereits ein KBR, entscheidet im Konfliktfall eine zwischen dem KBR und dem herrschenden Konzernunternehmen zu bildende ES <**L**: *Fitting* Rn 26; GK/*Franzen* Rn 35>.

9 Ist ein KBR noch nicht gebildet, ist die BV zur Herabsetzung der Mitgliederzahl zw den GBR und dem herrschenden Unternehmen zu schließen und entscheidet im Konfliktfall eine zw diesen und dem herrschenden Unternehmen zu bildende ES. Auch in diesem Fall erst einen überdimensionierten KBR nach Abs 1 zu bilden, der dann alsbald seine Mitgliederzahl herabzusetzen hat mit der Folge, dass KBR-Mitglieder wieder ausscheiden, stellt einen unnötigen Umweg dar.

3. Stimmrecht

10 Die Stimmenzahl der in den KBR entsandten Mitglieder richtet sich gem Abs 3 in Anlehnung an § 47 Abs 7 nach der **Zahl der AN in den von ihnen repräsentierten Konzernunternehmen**: Werden vom GBR zwei Mitglieder entsandt, stehen ihnen diese Stimmen je zur Hälfte zu (Abs 3). Wird nur ein Mitglied entsandt, verfügt es über sämtliche Stimmen.

11 Werden gemeinsame Vertreter mehrerer Unternehmen in den KBR entsandt (Rn 8), richtet sich das Stimmgewicht dieser Vertreter nach § 47 Abs 8 und 9 (näher § 47 Rn 22 und 26).

Die KBR-Mitglieder können die ihnen zustehenden Stimmen nur **einheitlich** abgeben, ein Stimmensplitting ist unzulässig. Möglich ist nur, dass die beiden entsandten GBR-Mitglieder unterschiedl stimmen. In ihrer Stimmabgabe sind die Mitglieder des KBR mangels eines imperativen Mandats nicht an Weisungen und Aufträge der entsendenden GBR gebunden. 12

Werden aufgrund eines **TV oder einer BV** nach Abs 4 mehr als zwei Mitglieder eines GBR in den KBR entsandt, stehen ihnen die Stimmen zu gleichen Anteilen zu (Abs 4 S 2 iVm § 47 Abs 7 S 2). 13

4. Abberufung

Die Mitglieder des KBR können von dem GBR, der sie entsandt hat, auch wieder abberufen werden. Ein besonderer Grund ist dafür nicht erforderl. Die Abberufung erfolgt in gleicher Weise wie die Entsendung, nämlich durch Mehrheitsbeschluss nach § 33. Wird ein KBR-Mitglied abberufen, rückt ein Ersatzmitglied nach. 14

II. Streitigkeiten

Streitigkeiten über **Zusammensetzung** und Mitgliederzahl des KBR sind im arbg Beschlussverf zu entscheiden. Zur örtlichen Zuständigkeit § 54 Rn 26. Zur Antragsbefugnis bei Streitigkeiten über vom KBR abgeschlossene **BV**, mit der die Mitgliederzahl im KBR herauf- oder herabgesetzt wird, vgl § 50 Rn 66. 15

§ 56 Ausschluss von Konzernbetriebsratsmitgliedern

Mindestens ein Viertel der wahlberechtigten Arbeitnehmer der Konzernunternehmen, der Arbeitgeber, der Konzernbetriebsrat oder eine im Konzern vertretene Gewerkschaft können beim Arbeitsgericht den Ausschluss eines Mitglieds aus dem Konzernbetriebsrat wegen grober Verletzung seiner gesetzlichen Pflichten beantragen.

1 § 56 regelt den **gerichtlichen Ausschluss von Mitgliedern** aus dem KBR. Rechtsfolge ist allein der Verlust der Mitgliedschaft im KBR, nicht aber im entsendenden GBR oder Einzel-BR. Der GBR, iF des § 54 Abs 2 der BR, darf das ausgeschlossene Mitglied während seiner laufenden Amtszeit nicht erneut in den KBR entsenden.

2 Ein KBR-Mitglied kann – wie ein Mitglied aus dem BR nach § 23 Abs 1 (§ 23 Rn 20 ff) – nur **wg grober Verletzung seiner gesetzlichen Pflichten** aus dem KBR ausgeschlossen werden. Voraussetzung ist, dass das KBR-Mitglied eine Pflicht grob verletzt, die ihm gerade in seiner Eigenschaft **als Mitglied des KBR** obliegt. Ständiges unentschuldigtes Fernbleiben von den Sitzungen kann einen solchen Verstoß darstellen. Verstößt das Mitglied gg seine Pflichten als BR- oder GBR-Mitglied, rechtfertigt das hingg noch nicht den Ausschluss aus dem KBR. Allerdings führt ein daran anknüpfender Ausschluss aus dem BR nach § 23 Abs 1 oder dem GBR nach § 48 automatisch auch zum Verlust der Mitgliedschaft im KBR (§ 57 Rn 2 und § 48 Rn 2).

3 Ausgeschlossen werden kann ein KBR-Mitglied nur auf **Antrag**. Antragsberechtigt sind ein Viertel der wahlberechtigten AN der Konzernunternehmen (einschl der LeihAN, § 14 Abs 2 S 4 AÜG), der AG, der KBR oder eine im Konzern vertretene Gewerkschaft. Im Konzern vertreten ist eine Gewerkschaft, wenn ein in einem beliebigen Konzernunternehmen beschäftigter AN ihr Mitglied ist. Nicht antragsberechtigt ist dagg der GBR, der das betreffende Mitglied entsandt hat. Dieser kann lediglich die Abberufung des Mitglieds beschließen (§ 55 Rn 14).

4 Für das ausgeschlossene Mitglied rückt das gem § 55 Abs 2 bestellte **Ersatzmitglied** nach (§ 55 Rn 4 und 14). Ist kein Ersatzmitglied vorhanden, muss der entsendende GBR bzw BR (§ 54 Abs 2) unverzüglich ein neues KBR-Mitglied auswählen und entsenden.

5 Der Ausschlussantrag ist bei dem für den Sitz der Konzernspitze örtlich zuständigen (§ 54 Rn 26) **ArbG** zu stellen, das im Beschlussverf entscheidet. Mit der Rechtskraft der Entscheidung ist das Mitglied aus dem KBR ausgeschlossen.

§ 57 Erlöschen der Mitgliedschaft

Die Mitgliedschaft im Konzernbetriebsrat endet mit dem Erlöschen der Mitgliedschaft im Gesamtbetriebsrat, durch Amtsniederlegung, durch Ausschluss aus dem Konzernbetriebsrat auf Grund einer gerichtlichen Entscheidung oder Abberufung durch den Gesamtbetriebsrat.

§ 57 ist § 49 nachgebildet. Er regelt nur die Beendigung der Mitgliedschaft des einzelnen Mitglieds im KBR, nicht aber das Ende der Amtszeit des KBR als Kollektivorgan: Wie der GBR ist auch der KBR eine **Dauereinrichtung** (§ 54 Rn 23). Ein kollektiver Rücktritt des KBR als Organ ist im BetrVG ebenso wenig vorgesehen wie die arbg Auflösung des KBR bei groben Pflichtverstößen. 1

Da die **Mitgliedschaft im KBR** auf der im entsendenden GBR oder Einzel-BR beruht, beendet ein Erlöschen der Mitgliedschaft im GBR oder BR automatisch auch die im KBR. Die Mitgliedschaft endet auch, wenn das KBR-Mitglied sein Amt niederlegt, es aufgrund einer gerichtl Entscheidung nach § 56 aus dem KBR ausgeschlossen (§ 56 Rn 2 ff) oder durch den entsendenden GBR abberufen wird (§ 55 Rn 14). Für ausgeschiedene KBR-Mitglieder rücken die nach § 55 Abs 2 bestellten Ersatzmitglieder in der festgelegten Reihenfolge in den KBR nach (§ 55 Rn 4 und 14). IF des § 54 Abs 2 gilt § 25 Abs 2 S 3. 2

§ 58 Zuständigkeit

(1) Der Konzernbetriebsrat ist zuständig für die Behandlung von Angelegenheiten, die den Konzern oder mehrere Konzernunternehmen betreffen und nicht durch die einzelnen Gesamtbetriebsräte innerhalb ihrer Unternehmen geregelt werden können; seine Zuständigkeit erstreckt sich insoweit auch auf Unternehmen, die einen Gesamtbetriebsrat nicht gebildet haben, sowie auf Betriebe der Konzernunternehmen ohne Betriebsrat. Er ist den einzelnen Gesamtbetriebsräten nicht übergeordnet.

(2) Der Gesamtbetriebsrat kann mit der Mehrheit der Stimmen seiner Mitglieder den Konzernbetriebsrat beauftragen, eine Angelegenheit für ihn zu behandeln. Der Gesamtbetriebsrat kann sich dabei die Entscheidungsbefugnis vorbehalten. § 27 Abs. 2 Satz 3 und 4 gilt entsprechend.

Literatur: *Bachner/Rupp*, Die originäre Zuständigkeit des Konzernbetriebsrats bei der Einführung technischer Einrichtungen, NZA 2016, 207; *Besgen/Apelt*, Die Zuständigkeit des Konzernbetriebsrats für Konzern(rahmen)betriebsvereinbarungen, SAE 2013, 74; *Bitsch*, Betriebsverfassungsrechtliche Auskunftsansprüche im Konzern, NZA-RR 2015, 617; *Christoffer*, Die originäre Zuständigkeit des Konzernbetriebsrats, BB 2008, 951; *Hanau*, Errichtung und Kompetenzen des Konzernbetriebsrats, FS Wiese (1998), S 119; *Cisch/Hock*, Konzernbetriebsvereinbarungen zur betrieblichen Altersversorgung im Lichte eines Share Deal, BB 2012, 2113; *Heider/Schimmelpfennig*, Sozialplanverhandlungen bei unternehmensübergreifenden Umstrukturierungen, KSzW 2014, 244; *Löwisch*, Zielgrößen für den Frauenanteil auf Führungsebenen: Beteiligung von Betriebsrat und Sprecherausschuss, BB 2015, 1909; *C Meyer*, Geklärtes und Ungeklärtes zur Weitergeltung von Konzernbetriebsvereinbarungen, NZA 2021, 1068; *Röder/Siegrist*, Konzernweites Bündnis für Arbeit: Zuständigkeit für Betriebsvereinbarungen zur Umsetzung tariflicher Öffnungsklauseln, DB 2008, 1098; *Rögele*, Die Konzernbetriebsvereinbarung, 2018; *Rügenhagen*, Die betriebliche Mitbestimmung im Konzern, 2013; *Salamon*, Rechtsfolge der fehlenden Errichtung eines Gesamt- oder Konzernbetriebsrates für die Ausübung der betrieblichen Mitbestimmung, NZA 2019, 283; *Scharff*, Beteiligungsrechte von Arbeitnehmervertretungen bei Umstrukturierungen auf Unternehmens- und Betriebsebene, BB 2016, 437; *Stamer*, Zuständigkeitsfragen bei Umstrukturierungen, FS Willemsen (2018), S 541; *Werner*, Die Zuständigkeitsverteilung der Betriebsrats-Gremien, NZA-RR 2019, 1.

S auch die Literatur zu § 54.

Übersicht

	Rn.		Rn.
I. Allgemeines	1	b) Personelle Angelegenheiten	11
II. Originäre Zuständigkeit des Konzernbetriebsrats nach Abs 1	2	c) Wirtschaftliche Angelegenheiten	14
1. Zuständigkeitsverteilung zwischen Konzernbetriebsrat und Gesamtbetriebsrat	2	3. Zuständigkeit für Betriebe ohne Betriebsrat	16
		III. Übertragung von Angelegenheiten auf den Konzernbetriebsrat nach Abs 2	17
2. Zuständigkeit des Konzernbetriebsrats im Einzelnen	5	IV. Konzernbetriebsvereinbarung	20
a) Soziale Angelegenheiten	5	V. Streitigkeiten	24

I. Allgemeines

Der KBR ist wie der GBR ein **selbstständiges Vertretungsorgan** der AN aller Konzern- 1
unternehmen. Er führt seine Geschäfte iR seiner Zuständigkeit unabhängig von den GBR
bzw BR (§ 54 Abs 2). Er steht neben den weiterhin für ihre Unternehmen verantwortlichen GBR und ist ihnen weder über- noch untergeordnet, Abs 1 S 2.

II. Originäre Zuständigkeit des Konzernbetriebsrats nach Abs 1

1. Zuständigkeitsverteilung zwischen Konzernbetriebsrat und Gesamtbetriebsrat

Zuständig ist der KBR nur, wenn ein **zwingendes Erfordernis für eine einheitliche Re-** 2
gelung auf Konzernebene besteht. Die originäre Zuständigkeit des KBR kann sich dabei
wie im vergleichbaren Fall der Zuständigkeit des GBR entweder aus „objektiv zwingenden Gründen oder aus der subjektiven Unmöglichkeit" einer Regelung auf Betriebs- oder
Unternehmensebene ergeben <**R:** BAG 19.6.2007, 1 AZR 454/06, DB 2007, 2377
(Rn 18)>. Maßgeblich sind stets die konkreten Umstände im Konzern und in den einzelnen Unternehmen. Allein der Wunsch des AG oder der betroffenen Arbeitnehmervertretungen nach einer konzerneinheitl oder unternehmensübergreifenden Regelung, ein Kosten- oder Koordinierungsinteresse sowie reine Zweckmäßigkeitsgesichtspunkte genügen
nicht, um in Angelegenheiten der zwingenden Mitbestimmung die Zuständigkeit des
KBR zu begründen <**R:** BAG 26.1.2016, 1 ABR 68/13, NZA 2016, 498 (Rn 24)>.

Dass für die Unternehmen eines Konzerns **kein Tarifvertrag** gilt, begründet im Gegen- 3
satz zu einer vom LAG Hamm vertretenen Auffassung <**R:** LAG Hamm 16.2.2007, 13
TaBV 6/07, juris> noch keine Zuständigkeit des KBR für die Arbeitsbedingungen der in
den Unternehmen beschäftigten AN. Hinsichtlich der nicht mitbestimmungspflichtigen
Teile der Arbeitsbedingungen steht dem regelmäßig § 77 Abs 3 entgg. Soweit aber MBR
bestehen, ist eine Regelung in den einzelnen Betrieben möglich.

Zur umstrittenen Möglichkeit durch TV nach § 3 Abs 1 Nr 3 die Zuständigkeit des KBR 4
zu begründen, s § 3 Rn 31 ff.

2. Zuständigkeit des Konzernbetriebsrats im Einzelnen

a) Soziale Angelegenheiten

Im Rahmen von **§ 87 Abs 1 Nr 1** ist der KBR zuständig für die Einführung und Ausge- 5
staltung von Ethikrichtlinien, welche eine konzerneinheitl Unternehmensphilosophie umsetzen sollen <**R:** BAG 17.5.11, 1 ABR 121/09, AP Nr 73 zu § 80 BetrVG 1972>. Auch
für auch konzernweite Mitarbeiterbefragung, die konzeptionell an einen einheitlich gestalteten Standardfragebogen anknüpft, ist der KBR zuständig, wenn es sich um eine mitbestimmungspflichtige Maßnahme handelt <**R:** BAG 21.11.2017, 1 ABR 47/16, NZA
2018, 380 (Rn 24); 11.12.2018, 1 ABR 13/17, NZA 2019, 1009 (Rn 21)>.

§ 58   Zuständigkeit

6   Die arbeitstechnische Verzahnung der Betriebe mehrerer Unternehmen eines Konzerns, kann unternehmenseinheitl Arbeitszeitregelungen iS von § 87 Abs 1 Nr 2 erfordern. Die insoweit für die Zuständigkeit des GBR maßgeblichen Grds (§ 50 Rn 20) gelten entspr.

7   Die Mitbestimmung über den Einsatz eines Personalverwaltungssystems nach § 87 Abs 1 Nr 6 liegt beim KBR, wenn die Daten konzernweit aufgezeichnet, verknüpft und ausgewertet werden <R: BAG 25.9.2012, 1 ABR 45/11, BB 2013, 699>. Auch der konzernweite Einsatz von Überwachungskameras fällt nur dann in die Zuständigkeit des KBR, wenn eine unternehmensübergreifende Nutzungs- und Überwachungsmöglichkeit des Aufzeichnungssystems besteht <R: BAG 26.1.2016, 1 ABR 68/13, NZA 2016, 498>.

8   Das MBR nach § 87 Abs 1 Nr 8 liegt beim KBR, wenn sich der Wirkungsbereich von Sozialeinrichtungen, etwa einer betriebl Altersversorgung, auf den Konzern erstreckt <R: BAG 21.6.1979, BB 1979, 1718; 14.12.1993, NZA 1994, 554>.

9   Dass die Konzernleitung in Entgeltfragen konzerneinheitl vorgehen will, begründet so wenig eine Zuständigkeit des KBR wie des GBR (§ 50 Rn 25). Sieht ein TV vor, dass ein **tariflicher Anspruch durch BV gekürzt** werden kann, sind grds die einzelnen BR zuständig, auch wenn die Kürzung nach konzerneinheitl Maßstäben erfolgt. Denn es handelt sich nicht um die Regelung einer freiw AG-Leistung, sondern um die Regelung eines Anspr, welche der Zustimmung des BR unterliegt <R: BAG 19.6.2007, 1 AZR 454/06, AP Nr 4 zu § 58 BetrVG 1972>. Erfolgt die Kürzung aber im Zuge eines konzerneinheitl Sanierungskonzepts, ist der KBR zuständig <L: *Röder/Siegrist* DB 2008, 1098>.

10   Gewährt der AG **freiwillige Leistungen** nur konzerneinheitl, liegt das MBR nach § 87 Abs 1 Nr 10 beim KBR, weil Regelungen für die einzelnen Betriebe oder Unternehmen subjektiv unmöglich sind <L: *Christoffer* BB 2008, 952; *Rügenhagen* S 146>.

b) Personelle Angelegenheiten

11   Für personelle Einzelmaßnahmen besteht keine Zuständigkeit des KBR, auch wenn es um die Versetzung aus dem Betrieb eines Konzernunternehmens in den Betrieb eines anderen Konzernunternehmens geht <L: *Richardi/Annuß* Rn 13, *Rügenhagen* S 147>.

12   Soweit die **Personalplanung** nach § 92 konzerneinheitl erfolgt, begründet das eine Zuständigkeit des KBR <L: *Rügenhagen*, S 148>. Gleiches gilt für die konzernweite Ausschreibung von Arbeitsplätzen nach § 93 <L: *Richardi/Annuß* Rn 11; *Fitting* Rn 13; allerdings kann der den BR gewährte Anspruch aus § 93 nicht eingeschränkt werden: R: BAG 29.9.2020, 1 ABR 17/19, NZA 2021, 68>, s § 50 Rn 34, und für die Aufstellung konzerneinheitl Auswahlrichtlinien iS von § 95 <L: *Christoffer* BB 2008, 952>.

13   Organisiert der AG Maßnahmen der berufl Aus- und Weiterbildung (§§ 96 ff konzernweit, liegt das MBR dafür ebenfalls beim KBR.

c) Wirtschaftliche Angelegenheiten

14   Die MBR bei Betriebsänderungen nach den §§ 111 ff liegen beim KBR, wenn die Maßnahmen sich auf alle oder mehrere Unternehmen des Konzerns erstrecken und deshalb eine einheitl Regelung erfordern <L: *Christoffer* BB 2008, 953 f; *Rügenhagen* S 148 f; *Fitting* Rn 15>.

Die Bildung eines Konzernwirtschaftsausschusses ist angesichts der Regelung des § 106 **15** nicht möglich (§ 59 Rn 3; § 106 Rn 1). Möglich ist aber in Konzernen mit mehr als 100 AN nach § 59 Abs 1 iVm § 28 Abs 1 S 1 die Bildung eines Ausschusses des BR für wirtschaftliche Angelegenheiten <L: *Rügenhagen* S 148; *Fitting* Rn 17>.

3. Zuständigkeit für Betriebe ohne Betriebsrat

Nach dem durch das BetrVG-ReformG in Abs 1 S 1 eingefügten Hs 2 erstreckt sich die **16** Zuständigkeit des KBR nunmehr auch auf **Unternehmen, die einen GBR nicht gebildet haben**, sowie auf **Betriebe der Konzernunternehmen ohne BR**. Die Zuständigkeit des KBR erstreckt sich nicht auf ein aus einem Kleinstbetrieb bestehendes Unternehmen oder auf ein Unternehmen mit mehreren Kleinstbetrieben, die auch nicht gemeinsam einen BR wählen können <R: LAG Ddf 3.11.11, 5 TaBV 50/11, juris; L: *Rögele* S 142>, zur Zuständigkeit des GBR für Kleinstbetriebe s § 50 Rn 39. Nicht anders als beim GBR (dazu § 50 Rn 40) beschränkt sich die ausgeweitete Zuständigkeit des KBR auf die Angelegenheiten, in denen er nach Abs 1 S 1 Hs 1 zuständig ist. Es muss sich also um den Fall einer zwingend konzerneinheitl Regelung handeln.

III. Übertragung von Angelegenheiten auf den Konzernbetriebsrat nach Abs 2

Nach Abs 2 kann jeder GBR den KBR schriftlich **beauftragen**, weitere Angelegenheiten **17** aus dem Zuständigkeitsbereich des GBR oder BR zu behandeln. Insoweit gilt das für die Beauftragung des GBR durch BR Gesagte entsprechend (§ 50 Rn 42 ff). Einzel-BR können den KBR nur iF des § 54 Abs 2, dh nur dann beauftragen, wenn im betreffenden Konzernunternehmen kein GBR amtiert (§ 54 Rn 19): Das „Überspringen" eines bestehenden GBR widerspräche dem Stufenaufbau der Betriebsverfassung. Zur tariflichen Regelbarkeit s § 3 Rn 31 ff.

Die Beauftragung setzt voraus, dass die betreffenden Angelegenheiten in den Zuständig- **18** keitsbereich des beauftragenden GBR fällt <R: BAG 17.3.2015, 1 ABR 49/13, AP Nr 6 zu § 58 BetrVG 1972>. Die Beauftragung mit einer Angelegenheit, die in die Zuständigkeit der Einzel-BR fällt, ist nur möglich, wenn die Einzel-BR ihre GBR ebenfalls mit der Wahrnehmung beauftragt haben <L: *Rügenhagen* S 156>.

Verhandlungspartner des KBR iF des § 58 Abs 2 ist auf der AG-Seite nicht die Konzern- **19** obergesellschaft, sondern die Leitung der Unternehmen, bei denen der GBR besteht <R: BAG 17.3.2015 1 ABR 49/13, AP Nr 6 zu § 58 BetrVG 1972>.

IV. Konzernbetriebsvereinbarung

Der KBR kann iR seiner Zuständigkeit BV abschließen: Schließt er iR seiner originären **20** Zuständigkeit nach Abs 1 eine konzerneinheitl KBV ab, handelt es sich um eine **KBV**, wird er nach Abs 2 für einzelne Konzernunternehmen tätig und schließt eine BV für mehrere Unternehmen ab, handelt es sich um eine **einheitliche GBV**.

§ 58   Zuständigkeit

21 KBV wirken unmittelbar und zwingend in allen Konzernunternehmen und können nur vom KBR gekündigt werden; in der Insolvenz des herrschenden Unternehmens fallen sie weg, weil das Konzernverhältnis mit der Insolvenz endet <L: *Rieble/Kolbe* KTS 2009, 302 f; vgl MK-InsO/*Caspers*, § 120 Rn 7>. Dagg wirken einheitl BV wie GBV und können regelmäßig von den einzelnen GBR gekündigt werden, vgl § 50 Rn 54 ff.

22 Bei Ausscheiden eines Unternehmens aus dem Konzern nimmt das BAG an, dass eine KBV dort als Einzel-BV (wenn das Unternehmen einen Betrieb führt) bzw als GBV (wenn das Unternehmen aus mehreren Betrieben besteht) fortgilt <R: BAG 25.2.2020, 1 ABR 39/18, NZA 2020, 875>, s auch § 50 Rn 59 ff.

23 Einheitl BV schließt der KBR mit den Trägern der Unternehmen ab, deren GBR ihn mit dem Abschluss der Betriebsvereinbarung beauftragt haben; ein Abschluss mit der Leitung des herrschenden Unternehmens ist nicht möglich <R: BAG 12.11.1997, 7 ABR 78/96, AP Nr 2 zu § 58 BetrVG 1972>. Dagg ist Partner des KBR bei KBV **das herrschende Unternehmen des Konzerns**. Ob es sich um einen Vertragskonzern oder lediglich um einen sog faktischen Konzern (§ 54 Rn 5) handelt, spielt dafür keine Rolle: § 58 begründet eine bes Zuständigkeit des Konzerns als solchem zum Abschluss von konzernweiten bzw unternehmensübergreifenden BV; diese Zuständigkeit setzen auch § 87 Abs 1 Nr 8 und § 88 Nr 2 voraus <L: *Fitting* Rn 6, 34 f; laut GK/*Franzen* Rn 11 ff ist der Konzern (vertreten durch das Leitungsorgan des herrschenden Konzernunternehmens) der Verhandlungspartner; **aA** Richardi/*Annuß* Rn 35 ff>. Der Anspruch auf Durchführung der KBV nach § 77 Abs 1 S 1 liegt beim KBR, nicht bei den einzelnen BR oder GBR <R: BAG 18.5.2010, 1 ABR 6/09, DB 2010, 2175>. Den Einzel-BR steht auch kein Unterlassungsanspruch zur Sicherung des MBR zu <R: BAG 17.5.11, 1 ABR 121/09, AP Nr 73 zu § 80 BetrVG 1972>. Handelt es sich um einheitl GBV, liegt der Durchführungsanspruch nach § 77 Abs 1 S 1 bei den GBR.

V. Streitigkeiten

24 **Streitigkeiten** zw den GBR bzw BR (§ 54 Abs 2) und dem KBR sowie zw AG und KBR über dessen Zuständigkeit werden im arbg Beschlussverf entschieden. Örtlich zuständig ist grds das ArbG am Sitz des herrschenden Konzernunternehmens. Betrifft der Streit jedoch ausschließl das Zustandekommen oder die Rechtswirksamkeit eines Übertragungsbeschlusses nach Abs 2, ist das ArbG am Sitz des Unternehmens örtlich zuständig, dessen GBR die Übertragung von Angelegenheiten auf den KBR beschlossen hat.

§ 59 Geschäftsführung

(1) Für den Konzernbetriebsrat gelten § 25 Abs. 1, die §§ 26, 27 Abs. 2 und 3, § 28 Abs. 1 Satz 1 und 3, Abs. 2, die §§ 30, 31, 34, 35, 36, 37 Abs. 1 bis 3 sowie die §§ 40, 41 und 51 Abs. 1 Satz 2 und Abs. 3 bis 5 entsprechend.

(2) Ist ein Konzernbetriebsrat zu errichten, so hat der Gesamtbetriebsrat des herrschenden Unternehmens oder, soweit ein solcher Gesamtbetriebsrat nicht besteht, der Gesamtbetriebsrat des nach der Zahl der wahlberechtigten Arbeitnehmer größten Konzernunternehmens zu der Wahl des Vorsitzenden und des stellvertretenden Vorsitzenden des Konzernbetriebsrats einzuladen. Der Vorsitzende des einladenden Gesamtbetriebsrats hat die Sitzung zu leiten, bis der Konzernbetriebsrat aus seiner Mitte einen Wahlleiter bestellt hat. § 29 Abs. 2 bis 4 gilt entsprechend.

Abs 2 regelt die konstituierende Sitzung des KBR **ebenso wie** § 51 Abs 2 die des **GBR** (§ 51 Rn 1 ff). Für die weiteren Sitzungen gelten nach Abs 2 S 3 die für den BR geltenden Vorschriften des § 29 Abs 2 bis 4 entspr. 1

Abs 1 verweist für den Vorsitz und die Geschäftsführung des KBR auf § 51 Abs 3 bis 5 und iÜ auf dieselben Vorschriften, auf die auch in § 51 Abs 1 S 1 für die Geschäftsführung des GBR verwiesen wird. Bezug genommen wird auch auf § 51 Abs 1 S 2, sodass auch für die Besetzung des Konzernbetriebsausschusses die Grundsätze der Verhältniswahl gelten (vgl § 51 Rn 6). 2

§ 59 ordnet nicht an, dass § 106 Abs 1 für den KBR entspr gilt. Angesichts dessen eindeutigen Wortlauts kann deshalb ein **WirtA** zwar beim Unternehmen, **nicht** aber beim Konzern gebildet werden <R: BAG 23.8.1989, 7 ABR 39/88, DB 1990, 1519>. 3

Für die Rechtsstellung der **KBR-Mitglieder** verweist Abs 1 auf § 37 Abs 1 bis 3 <R: s zur Freistellung BAG 25.3.2018, 7 ABR 14/17, NZA 2018, 1281 (Rn 25 ff)> und § 51 Abs 5 (§ 51 Rn 14 ff). 4

§ 59a Teilnahme der Konzernschwerbehindertenvertretung

Die Konzernschwerbehindertenvertretung (§ 180 Absatz 2 des Neunten Buches Sozialgesetzbuch) kann an allen Sitzungen des Konzernbetriebsrats beratend teilnehmen.

1 § 59a räumt der Konzernschwerbehindertenvertretung (§ 180 Abs 2 SGB IX) ein eigenständiges Teilnahmerecht an den Sitzungen des KBR ein. Dieses erstreckt sich nach § 180 Abs 7 iVm § 178 Abs 4 S 1 SGB IX auch auf Sitzungen des Konzernbetriebsausschusses.

Dritter Teil
Jugend- und Auszubildendenvertretung

Erster Abschnitt
Betriebliche Jugend- und Auszubildendenvertretung

Literatur: *Berg/Heilmann*, Jetzt die JAV-Wahl vorbereiten, AiB 2020, Nr 5, 30; *dies*, Fit für die Wahl, AiB 2020, Nr 6, 31; *Brill*, Die neue Jugend- und Auszubildendenvertretung in den Betrieben, AuR 1988, 334; *Engels/Natter*, Jugend- und Auszubildendenvertretung – nun doch noch!, DB 1988, 229; *Klinkhammer*, Tarifvertragliche Mitbestimmung im Ausbildungsbetrieb, FS 50 Jahre BAG (2004), S 963; *Lunk*, Grundprobleme der Jugend- und Auszubildendenversammlung nach § 71 BetrVG, NZA 1992, 534; *Oetker*, Betriebsverfassungsrechtliche Aspekte des Ausbildungsverbundes, DB 1985, 1739; *Opolony*, Die Jugend- und Auszubildendenvertretung nach dem Betriebsverfassungs-Reformgesetz, BB 2001, 2055; *Rudolph*, Die Zusammenarbeit von Betriebsrat und Jugend- und Auszubildendenvertretung, ZfPR 2001, 88; *ders*, Neuerungen für die JAV, AiB 2021, Nr. 12, 32; *ders*, JAV im Konzern, AiB 2021, Nr 7/8, 50.

§ 60 Errichtung und Aufgabe

(1) In Betrieben mit in der Regel mindestens fünf Arbeitnehmern, die das 18. Lebensjahr noch nicht vollendet haben (jugendliche Arbeitnehmer) oder die zu ihrer Berufsausbildung beschäftigt sind, werden Jugend- und Auszubildendenvertretungen gewählt.

(2) Die Jugend- und Auszubildendenvertretung nimmt nach Maßgabe der folgenden Vorschriften die besonderen Belange der in Absatz 1 genannten Arbeitnehmer wahr.

Die nach früherem Recht bestehende Jugendvertretung ist durch das Gesetz vom 13.7.1988 (BGBl I, 1034) durch eine Jugend- und Auszubildendenvertretung abgelöst worden. Der Gesetzgeber hat damit auf das höhere Eintrittsalter der Jugendlichen in die Betriebe reagiert, welches dazu geführt hatte, dass die bes Interessenvertretung in Fragen der Ausbildung für viele ältere Auszubildende leer lief. Durch Abs 1 wurde sichergestellt, dass alle Auszubildenden bis zur Vollendung des 25. Lebensjahres, also bis zum Tag vor ihrem 25. Geburtstag (§ 187 Abs 2 S 2 BGB) betriebsverfassungsrechtl bes vertreten werden <L: *Engels/Natter* DB 1988, 229>. Die bisherige Höchstaltersgrenze wurde nun durch das Betriebsrätemodernisierungsgesetz vom 14.6.2021 (BGBl I, 1762) gestrichen, damit auch ältere Auszubildende nicht mehr von einer Interessenvertretung durch die Jugend- und Auszubildendenvertretung ausgeschlossen sind (BT-Drucks 19/28899, S 21). 1

Die Jugend- und Auszubildendenvertretung ist zwar eine Sondervertretung der jugendlichen und in Ausbildung stehenden AN des Betriebs, die deren bes Belange wahrnimmt. Sie ist jedoch kein neben dem BR stehendes, selbstständiges Betriebsverfassungsorgan, dem eigene MBR ggü dem AG zustehen. Wie sich aus § 80 Abs 1 Nr 3 ergibt, muss die 2

§ 60   Errichtung und Aufgabe

Jugend- und Auszubildendenvertretung ihre bes **Interessen über den BR wahrnehmen**, an dessen Arbeit sie teilnimmt (§ 80 Rn 19): Die Jugend- und Auszubildendenvertreter müssen die Interessen der von ihr vertretenen AN ggü dem BR artikulieren und dafür sorgen, dass deren Belange iR der BR-Arbeit hinreichend berücksichtigt werden <R: BAG 20.11.1973, 1 AZR 331/73, BB 1974, 416>.

3   Da die Jugend- und Auszubildendenvertretung vom BR abhängt, ist sie dort zu bilden, wo auch ein BR gebildet ist. IF der Bildung von SpartenBR nach § 3 Abs 1 Nr 2 ist das die jeweilige Sparte <R: aM ArbG Köln 27.4.2015, 15 BV 315/14, juris>. Davon zu unterscheiden ist die Frage der Betriebszugehörigkeit der Jugendlichen und Auszubildenden. S hierzu § 61 Rn 3.

4   Auszubildendenvertretungen, die in örtlichen unterhalb des Betriebes angesiedelten Betriebsteilen gebildet werden, sind keine Jugend- und Auszubildendenvertretungen mit der Folge, dass auf ihre Mitglieder § 78a nicht anwendbar ist <R: BAG 13.8.2008, 7 AZR 450/07, juris>.

5   Die Jugend- und Auszubildendenvertretung nimmt nach Maßgabe der §§ 65 bis 71 die **besonderen Belange der jugendlichen und der auszubildenden AN** wahr, Abs 2. Mit „besonderen" Belangen sind vor allem solche des JArbSch oder der Berufsausbildung gemeint, aber auch alle anderen betriebsbezogenen Fragen, bei denen die besondere Situation der in Abs 1 genannten AN eine Rolle spielt (etwa Urlaubsregelungen, Sporteinrichtungen, Aufenthaltsräume). S noch § 70.

6   Eine Jugend- und Auszubildendenvertretung **muss errichtet werden**, wenn im Betrieb im Zeitpunkt des Wahlausschreibens idR (§ 1 Rn 22) mindestens 5 jugendliche oder auszubildende AN beschäftigt werden, Abs 2. Mitzuzählen sind dabei auch LeihAN (§ 14 Abs 2 S 4 AÜG). **Jugendlich** sind alle AN, die das 18. Lebensjahr noch nicht vollendet haben. Zu ihrer **Berufsausbildung** werden diejenigen beschäftigt, die sich auf einen Arbeiter- oder Angberuf vorbereiten, also alle Lehrlinge, Anlernlinge, Umlerner, Volontäre und Praktikanten (§ 5 Rn 16).

7   Zu zählen sind nur diejenigen Jugendlichen und Auszubildenden, die iR der arbeitstechnischen Zwecksetzung des betreffenden Betriebes tätig sind und in einem Arbeitsverhältnis zu dessen Inhaber stehen <R: LAG Berl-Bbg 16.8.11, 3 TaBV 326/11, juris>. Personen, die in einer **Berufsbildungseinrichtung** – entspr deren Zweck – ausgebildet werden, gehören dazu nicht <R: BAG 20.3.1996, 7 ABR 46/95, AP Nr 9 zu § 5 BetrVG 1972 Ausbildung>. Für diese sieht seit 2005 § 51 BBiG eine **besondere Interessenvertretung** vor, deren Bildung bislang aber daran gescheitert ist, dass das Bundesbildungsministerium die nach § 52 BBiG erforderl Rechtsverordnung über Zusammensetzung, Amtszeit, Wahl und Beteiligungsrechte nicht erlassen hat. Da § 10 Abs 2 BBiG den Berufsausbildungsvertrag den für den Arbeitsvertrag geltenden Rechtsvorschriften und damit auch dem TVG unterstellt <L: *Löwisch/Rieble* § 1 Rn 181>, können für Auszubildende in Berufsbildungseinrichtungen Vertretungen durch Tarifvertrag geschaffen werden; § 51 BBiG enthält insoweit keine abschließende Regelung <L: s zum Beispiel der Telekom *Klinkhammer* FS 50 Jahre BAG, S 963 ff>.

8   Da nach § 63 Abs 2 S 1 die Wahl der Jugend- und Auszubildendenvertretung durch den BR einzuleiten ist, kann eine solche Vertretung nur errichtet werden, wenn im Betrieb ein **BR besteht**. Ist der Betrieb nur kurzzeitig ohne BR, etwa bei dessen verzögerter Neuwahl

oder nach einer erfolgreichen Wahlanfechtung, berührt das den Bestand der Jugend- und Auszubildendenvertretung aber nicht, sondern macht sie – da der BR als Mittler ggü dem AG (Rn 2) fehlt – lediglich funktionsunfähig.

§ 61 Wahlberechtigung und Wählbarkeit

(1) Wahlberechtigt sind alle in § 60 Abs. 1 genannten Arbeitnehmer des Betriebs.

(2) Wählbar sind alle Arbeitnehmer des Betriebs, die das 25. Lebensjahr noch nicht vollendet haben oder die zu ihrer Berufsausbildung beschäftigt sind; § 8 Abs. 1 Satz 3 findet Anwendung. Mitglieder des Betriebsrats können nicht zu Jugend- und Auszubildendenvertretern gewählt werden.

1 Nach Abs 1 steht das **aktive Wahlrecht** zur Jugend- und Auszubildendenvertretung allen AN des Betriebs iS des § 5, die das 18. Lebensjahr am Wahltag noch nicht vollendet haben, und allen Auszubildenden (nunmehr unabhängig von ihrem Alter, s § 60 Rn 1) zu. Zur AN-Eigenschaft von Auszubildenden § 5 Rn 16 und § 60 Rn 6.

2 Das Wahlrecht setzt voraus, dass der Beschäftigte dem **Betrieb angehört**, in dem die Jugend- und Auszubildendenvertretung gewählt wird. Auf Auszubildende trifft das nur zu, soweit sie iR des arbeitstechnischen Zwecks des Betriebs tätig sind (s § 60 Rn 7). Die Betriebszugehörigkeit muss am Wahltag bestehen, dh der AN muss die Arbeit spätestens an diesem Tag dort aufgenommen haben. Zur Betriebszugehörigkeit allg § 7 Rn 14 ff.

3 Wird die Berufsausbildung **abschnittsweise in verschiedenen Betrieben** durchgeführt, ist der Auszubildende nur in dem Betrieb wahlberechtigt, in dem die für das Ausbildungsverhältnis wesentlichen Entscheidungen getroffen werden <R: BAG 13.3.1991, 7 ABR 89/89, BB 1992, 66>. Leitet jedoch ein Betrieb die Berufsausbildung zentral mit bindender Wirkung auch für die anderen Betriebe, gehört der Auszubildende während der gesamten Ausbildungszeit dem die Ausbildung leitenden Stammbetrieb an und ist dort wahlberechtigt <R: LAG Köln 1.4.2010, 13 TaBV 79/09, juris; ArbG Köln 27.4.2015, 15 BV 315/14, juris>.

4 **Wählbar** zur Jugend- und Auszubildendenvertretung sind **alle AN** des Betriebs, die bei Beginn der Amtszeit das 25. Lebensjahr noch nicht vollendet haben oder die zu ihrer Berufsausbildung beschäftigt sind, Abs 2 S 1. Anders als § 8 setzt Abs 2 eine bestimmte Dauer der Betriebszugehörigkeit nicht voraus, jedoch muss der Wahlbewerber am Wahltag dem Betrieb als AN iS des § 5 angehören.

5 Nach Abs 2 S 2 ist eine **Doppelmitgliedschaft im BR und in der Jugend- und Auszubildendenvertretung nicht zulässig**. Allerdings kann ein **Ersatzmitglied** des BR (§ 25) in die Jugend- und Auszubildendenvertretung gewählt werden, solange es nicht ein BR-Mitglied vorübergehend vertritt oder endgültig in den BR nachgerückt ist. Vertritt es ein BR-Mitglied auch nur vorübergehend im BR, scheidet das Mitglied endgültig aus der Jugend- und Auszubildendenvertretung aus <R: BAG 21.8.1979, 6 AZR 789/77, BB 1980, 314>.

§ 62 Zahl der Jugend- und Auszubildendenvertreter, Zusammensetzung der Jugend- und Auszubildendenvertretung

(1) Die Jugend- und Auszubildendenvertretung besteht in Betrieben mit in der Regel
5 bis 20 der in § 60 Abs. 1 genannten Arbeitnehmer aus einer Person,
21 bis 50 der in § 60 Abs. 1 genannten Arbeitnehmer aus 3 Mitgliedern,
51 bis 150 der in § 60 Abs. 1 genannten Arbeitnehmer aus 5 Mitgliedern,
151 bis 300 der in § 60 Abs. 1 genannten Arbeitnehmer aus 7 Mitgliedern,
301 bis 500 der in § 60 Abs. 1 genannten Arbeitnehmer aus 9 Mitgliedern,
501 bis 700 der in § 60 Abs. 1 genannten Arbeitnehmer aus 11 Mitgliedern,
701 bis 1000 der in § 60 Abs. 1 genannten Arbeitnehmer aus 13 Mitgliedern,
mehr als 1000 der in § 60 Abs. 1 genannten Arbeitnehmer aus 15 Mitgliedern.

(2) Die Jugend- und Auszubildendenvertretung soll sich möglichst aus Vertretern der verschiedenen Beschäftigungsarten und Ausbildungsberufe der im Betrieb tätigen in § 60 Abs. 1 genannten Arbeitnehmer zusammensetzen.

(3) Das Geschlecht, das unter den in § 60 Abs. 1 genannten Arbeitnehmern in der Minderheit ist, muss mindestens entsprechend seinem zahlenmäßigen Verhältnis in der Jugend- und Auszubildendenvertretung vertreten sein, wenn diese aus mindestens drei Mitgliedern besteht.

Gem Abs 1 ist die **Größe** der Jugend- und Auszubildendenvertretung von der Zahl der im Betrieb idR (vgl § 1 Rn 22) beschäftigten jugendlichen oder auszubildenden AN abhängig. LeihAN sind dabei mitzuzählen, soweit eine regelmäßige Beschäftigung vorliegt (§ 38 Rn 6). Die genaue Zahl der Jugend- und Auszubildendenvertreter ergibt sich aus der Staffel des Abs 1. Sind nicht genügend AN zur Kandidatur oder zur Übernahme des Amtes bereit, ist die Jugend- und Auszubildendenvertretung in entspr Anwendung des § 11 mit der nächst niedrigeren Größe zu wählen. Maßgebend ist auch hier die Zahl der am Tag des Erlasses des Wahlausschreibens beschäftigten Wahlberechtigten (vgl § 9 Rn 8), und zwar auch bei einer außerordentlichen vorzeitigen Wahl <R: BAG 22.11.1984, 6 ABR 9/84, BB 1985, 1197>. 1

Nach Abs 2 soll sich die Jugend- und Auszubildendenvertretung möglichst aus Vertretern der verschiedenen Beschäftigungsarten und Ausbildungsberufe der im Betrieb nach § 60 Abs 1 beschäftigten AN zusammensetzen. 2

Nach Abs 3 muss in Jugend- und Auszubildendenvertretungen mit mindestens drei Mitgliedern das **Geschlecht**, welches in der Minderheit ist, entspr seinem zahlenmäßigen Verhältnis vertreten sein. Die Regelung entspricht der des § 15 Abs 2 für den BR. Das dort Rn 2ff Gesagte gilt entspr. 3

§ 63 Wahlvorschriften

(1) Die Jugend- und Auszubildendenvertretung wird in geheimer und unmittelbarer Wahl gewählt.

(2) Spätestens acht Wochen vor Ablauf der Amtszeit der Jugend- und Auszubildendenvertretung bestellt der Betriebsrat den Wahlvorstand und seinen Vorsitzenden. Für die Wahl der Jugend- und Auszubildendenvertreter gelten § 14 Abs. 2 bis 5, § 16 Abs. 1 Satz 4 bis 6, § 18 Abs. 1 Satz 1 und Abs. 3 sowie die §§ 19 und 20 entsprechend.

(3) Bestellt der Betriebsrat den Wahlvorstand nicht oder nicht spätestens sechs Wochen vor Ablauf der Amtszeit der Jugend- und Auszubildendenvertretung oder kommt der Wahlvorstand seiner Verpflichtung nach § 18 Abs. 1 Satz 1 nicht nach, so gelten § 16 Abs. 2 Satz 1 und 2, Abs. 3 Satz 1 und § 18 Abs. 1 Satz 2 entsprechend; der Antrag beim Arbeitsgericht kann auch von jugendlichen Arbeitnehmern gestellt werden.

(4) In Betrieben mit in der Regel fünf bis 100 der in § 60 Abs. 1 genannten Arbeitnehmer gilt auch § 14a entsprechend. Die Frist zur Bestellung des Wahlvorstands wird im Falle des Absatzes 2 Satz 1 auf vier Wochen und im Falle des Absatzes 3 Satz 1 auf drei Wochen verkürzt.

(5) In Betrieben mit in der Regel 101 bis 200 der in § 60 Abs. 1 genannten Arbeitnehmer gilt § 14a Abs. 5 entsprechend.

1 Die Jugend- und Auszubildendenvertretung wird nach Abs 1 in **geheimer und unmittelbarer Wahl** gewählt.

2 Nach Abs 2 S 2 iVm § 14 Abs 2 erfolgt die Wahl regelmäßig nach den Grundsätzen der **Verhältniswahl**; wird nur ein Wahlvorschlag eingereicht, findet Mehrheitswahl statt. Zur Wahl in Betrieben mit zw 5 und 50 Jugendlichen und Auszubildenden s Rn 6.

3 Muss nach § 60 Abs 1 im Betrieb eine Jugend- und Auszubildendenvertretung gewählt werden, hat der **BR** nach Abs 2 S 1 spätestens 8 Wochen vor Ablauf der Amtszeit der früheren Jugend- und Auszubildendenvertretung einen **Wahlvorstand** zur Durchführung der Neuwahl zu bestellen. Hatte im Betrieb noch keine Jugend- und Auszubildendenvertretung bestanden, ist der BR zur Bestellung des Wahlvorstands verpflichtet, wenn ihm bekannt wird, dass die Errichtungsvoraussetzungen nach § 60 Abs 1 gegeben sind. Auf die Zusammensetzung des Wahlvorstands ist § 16 Abs 1 S 4 bis 6 entspr anzuwenden (Abs 2 S 2). Zu beachten sind weiter die §§ 38 f WO.

4 Bestellt der BR den Wahlvorstand nicht oder nicht spätestens 6 Wochen vor Ablauf der Amtszeit der Jugend- und Auszubildendenvertretung, geht die Befugnis zur Bestellung gem Abs 3 iVm § 16 Abs 3 S 1 auf den GBR oder, wo ein solcher nicht besteht, auf den KBR über. Unabhängig davon können gem Abs 3 iVm § 16 Abs 2 S 1 und 2 jede im Betrieb vertretene Gewerkschaft (§ 2 Rn 29) oder mindestens 3 AN **beim ArbG die Bestellung eines Wahlvorstands beantragen**. Die AN brauchen nicht Jugendliche oder Auszubildende iS des § 60 Abs 1 zu sein. Andererseits steht mangelnde Volljährigkeit der Antragsbefugnis nicht entgg. Ein Antrag auf Bestellung eines Wahlvorstands kann auch

dann gestellt werden, wenn der vom BR eingesetzte Wahlvorstand entgg Abs 3 iVm § 18 Abs 1 S 1 die Wahl der Jugend- und Auszubildendenvertretung nicht unverzüglich eingeleitet, nicht durchgeführt oder das Wahlergebnis nicht festgestellt hat.

Wahlvorschläge von AN können nur von jugendlichen und auszubildenden AN iS des 5 § 60 Abs 1 eingereicht werden, Abs 2 S 2 iVm § 14 Abs 3. Jeder Wahlvorschlag muss von mindestens einem Zwanzigstel, mindestens jedoch von drei Wahlberechtigten unterzeichnet sein, Abs 2 S 2 iVm § 14 Abs 4, dabei genügt in Betrieben mit bis zu 20 Wahlberechtigten die Unterzeichnung durch zwei Wahlberechtigte. In größeren Betrieben genügt in jedem Fall die Unterzeichnung durch 50 Wahlberechtigte. Auch die im Betrieb vertretenen Gewerkschaften können Wahlvorschläge machen, Abs 2 S 2 iVm § 14 Abs 3 und 5.

Nach Abs 4 gilt in Betrieben mit zw 5 und 100 wahlberechtigten Jugendlichen und Aus- 6 zubildenden das, in § 40 WO näher geregelte, **Wahlverf des § 14a**. Es wird auf einer ersten Wahlversammlung zunächst ein Wahlvorstand gewählt. Bis zum Ende dieser ersten Versammlung können Wahlvorschläge eingereicht werden. Eine Woche später findet eine zweite Wahlversammlung statt, auf der ein bzw drei Jugend- und Auszubildendenvertreter in geheimer und unmittelbarer Wahl gewählt werden – allerdings mit der Maßgabe, dass Jugendliche und Auszubildende, die an der Teilnahme verhindert sind, schriftlich abstimmen können. Vgl im Einzelnen die Erl bei § 14a, die entspr gelten. Nach Abs 4 S 2 wird in solchen Fällen die Frist für die Bestellung des Wahlvorstands auf vier Wochen bzw auf drei Wochen verkürzt.

Nach Abs 5 kann das Wahlverf des § 14a durch Vereinbarung zw dem vom BR bestellten 7 Wahlvorstand für die Jugend- und Auszubildendenvertretung und dem AG auch auf Betriebe mit idR 101 bis 200 der wahlberechtigten AN erstreckt werden.

Hinsichtlich der **Wahlanfechtung**, des **Wahlschutzes** und der **Wahlkosten** gelten nach 8 Abs 2 S 2 die §§ 19 und 20 entspr.

§ 64 Zeitpunkt der Wahlen und Amtszeit

(1) Die regelmäßigen Wahlen der Jugend- und Auszubildendenvertretung finden alle zwei Jahre in der Zeit vom 1. Oktober bis zum 30. November statt. Für die Wahl der Jugend- und Auszubildendenvertretung außerhalb dieser Zeit gilt § 13 Abs. 2 Nr. 2 bis 6 und Abs. 3 entsprechend.

(2) Die regelmäßige Amtszeit der Jugend- und Auszubildendenvertretung beträgt zwei Jahre. Die Amtszeit beginnt mit der Bekanntgabe des Wahlergebnisses oder, wenn zu diesem Zeitpunkt noch eine Jugend- und Auszubildendenvertretung besteht, mit Ablauf von deren Amtszeit. Die Amtszeit endet spätestens am 30. November des Jahres, in dem nach Absatz 1 Satz 1 die regelmäßigen Wahlen stattfinden. In dem Fall des § 13 Abs. 3 Satz 2 endet die Amtszeit spätestens am 30. November des Jahres, in dem die Jugend- und Auszubildendenvertretung neu zu wählen ist. In dem Fall des § 13 Abs. 2 Nr. 2 endet die Amtszeit mit der Bekanntgabe des Wahlergebnisses der neu gewählten Jugend- und Auszubildendenvertretung.

(3) Ein Mitglied der Jugend- und Auszubildendenvertretung, das im Laufe der Amtszeit das 25. Lebensjahr vollendet oder sein Berufsausbildungsverhältnis beendet, bleibt bis zum Ende der Amtszeit Mitglied der Jugend- und Auszubildendenvertretung.

1 Die Wahlen zur Jugend- und Auszubildendenvertretung finden – beginnend im Jahr 1988 (§ 125 Abs 2) – **einheitlich alle 2 Jahre** in der Zeit vom 1. Oktober bis zum 30. November statt (Abs 1 S 1).

2 Nach Abs 1 S 2 iVm § 13 Abs 2 Nr 2 bis 6 und Abs 3 ist die Jugend- und Auszubildendenvertretung **außerhalb der regelmäßigen Wahlzeit** zu wählen, wenn nach Eintreten aller Ersatzmitglieder die Gesamtzahl der Jugend- und Auszubildendenvertreter unter die in § 62 Abs 1 vorgeschriebene Zahl gesunken ist, die Jugend- und Auszubildendenvertretung ihren Rücktritt beschlossen hat, ihre Wahl erfolgreich angefochten wurde oder ihre Auflösung gerichtl verfügt worden ist, wenn trotz Vorliegens der Voraussetzungen eine Jugend- und Auszubildendenvertretung bisher nicht gewählt worden ist oder wenn nach einer außerhalb des regelmäßigen Wahlzeitraums durchgeführten Wahl gem § 13 Abs 3 eine Anpassung der Amtszeit an den gesetzlichen Wahlturnus erfolgen soll.

3 Die **Amtszeit** der Jugend- und Auszubildendenvertretung beträgt regelmäßig 2 Jahre. Für Beginn und Ende der Amtszeit bestehen ggü der Amtszeit des BR (§ 21) keine Besonderheiten mit der Ausnahme, dass die Amtszeit spätestens am 30. November – und nicht am 31. Mai – des jeweils maßgeblichen Jahres endet.

4 Nach § 65 Abs 1 gilt § 24 Abs 1 entspr für das **Erlöschen der Mitgliedschaft** in der Jugend- und Auszubildendenvertretung. Die Mitgliedschaft erlischt somit durch Ablauf der Amtszeit, Niederlegung des Amts, Beendigung des Arbeitsverhältnisses, Ausschluss aus der Jugend- und Auszubildendenvertretung und gerichtlicher Feststellung der Nichtwählbarkeit.

5 Der nachträgliche **Verlust des passiven Wahlrechts** (§ 24 Rn 17) führt ebenfalls zum Erlöschen der Mitgliedschaft in der Jugend- und Auszubildendenvertretung, allerdings mit der in Abs 3 festgelegten Ausnahme, dass die Vollendung des 25. Lebensjahres oder die

Beendigung des Berufsausbildungsverhältnisses während der Amtszeit der Jugend- und Auszubildendenvertretung kein Grund für den Verlust der Mitgliedschaft ist. Allerdings kann ein Ersatzmitglied nicht mehr in die Jugend- und Auszubildendenvertretung nachrücken, nachdem es das 25. Lebensjahr vollendet <R: LAG Ddf 13.10.1992, 8 TaBV 119/92, BB 1993, 141 (LS)> oder sein Berufsausbildungsverhältnis beendet hat.

§ 65 Geschäftsführung

(1) **Für die Jugend- und Auszubildendenvertretung gelten § 23 Abs. 1, die §§ 24, 25, 26, 28 Abs. 1 Satz 1 und 2, die §§ 30, 31, 33 Abs. 1 und 2 sowie die §§ 34, 36, 37, 40 und 41 entsprechend.**

(2) **Die Jugend- und Auszubildendenvertretung kann nach Verständigung des Betriebsrats Sitzungen abhalten; § 29 gilt entsprechend. An diesen Sitzungen kann der Betriebsratsvorsitzende oder ein beauftragtes Betriebsratsmitglied teilnehmen.**

1   Gem Abs 1 gelten für die Jugend- und Auszubildendenvertretung die Vorschriften über die **Auflösung des BR** und den Ausschluss von BR-Mitgliedern (§ 23 Abs 1), das Erlöschen der **Mitgliedschaft** (§ 24) und das Nachrücken von Ersatzmitgliedern (§ 25) entspr. Zum Erlöschen der Mitgliedschaft (s § 64 Rn 4).

2   Nach Abs 1 sind auch die Vorschriften über die Wahl und Stellung des **Vors** (§ 26), über die **Sitzungen** und Beschlüsse (§§ 30, 31, 33 Abs 1 und 2, 34, 36) entspr anzuwenden. Die durch das BetrVerf-ReformG eingefügte Verweisung auf § 28 Abs 1 S 1 ermöglicht es der Jugend- und Auszubildendenvertretung nunmehr auch, in Betrieben mit mehr als 100 Jugendlichen und Auszubildenden **Ausschüsse** zu bilden und ihnen bestimmte Aufgaben zu übertragen. In Betracht kommt etwa die Bildung eines Ausschusses für Angelegenheiten der Berufsbildung iS der §§ 96 ff. Die Jugend- und Auszubildendenvertretung und sinngemäß auch ihre Ausschüsse dürfen Sitzungen allerdings nur nach Verständigung des BR abhalten (Abs 2 S 1), an den Sitzungen kann der BR-Vors oder ein beauftragtes BR-Mitglied teilnehmen (Abs 2 S 2).

3   Gem Abs 1 iVm § 37 haben auch die Jugend- und Auszubildendenvertreter Anspruch auf bezahlte Arbeitsbefreiung, um an **Schulungs- und Bildungsveranstaltungen** teilzunehmen. Die Thematik der Schulungsveranstaltung iS des § 37 Abs 6 muss sich auf die bes der Jugend- und Auszubildendenvertretung zugewiesenen Rechte und Befugnisse beziehen. Deshalb besteht kein Anspruch auf Arbeitsbefreiung für eine Schulungsveranstaltung zum Thema Gesundheitsschutz, bei dem Mitbestimmungsrechte nur vom Betriebsrat wahrgenommen werden können <**R:** BAG 10.6.1975, 1 ABR 139/73, BB 1975, 1112>. Trotz der kürzeren Amtszeit von 2 Jahren steht den Jugend- und Auszubildendenvertretern Bildungsurlaub nach § 37 Abs 7 in voller Höhe zu. Auch eine Schulung in Fragen des JArbSchutzG und des BBiG ist regelmäßig nicht erforderl, weil sich die Jugend- und Ausbildungsvertreter darüber beim BR informieren können <**R:** BAG 10.5.1974, 1 ABR 60/73, EzA § 37 BetrVG 1972 Nr 23; **L:** GK/*Oetker* Rn 51 f, **aM** *Fitting* Rn 15>.

4   Die zeitliche Lage von Schulungs- und Bildungsveranstaltungen wird vom BR, nicht von der Jugend- und Auszubildendenvertretung selbst festgelegt <**R:** BAG 20.11.1973, 1 AZR 331/73, BB 1974, 416>. An dem vom BR eingeleiteten Verf zur Erstattung der Kosten einer Schulungsteilnahme ist die Jugend- und Auszubildendenvertretung nicht zu beteiligen, da die Interessenvertretung aller AN ggü dem AG ausschließl dem BR obliegt (§ 60 Rn 2). Zu beteiligen sind jedoch die Mitglieder der Jugend- und Auszubildendenvertretung, die an der Schulung teilgenommen haben, weil sie Inhaber des betriebsverfassungsrechtl Freistellungsanspruchs sind <**R:** BAG 30.3.1994, 7 ABR 45/93, BB 1994, 2347>.

§ 65 Abs 1 verweist nicht auf § 38, sodass die Jugend- und Auszubildendenvertreter nicht 5
generell von ihrer beruflichen Tätigkeit freigestellt werden können. Gem Abs 1 iVm § 37
Abs 4 und 5 genießen sie aber denselben **Entgelt- und Tätigkeitsschutz** wie die BR-Mitglieder (§ 37 Rn 79 ff). Sie haben wie diese den Schutz des § 78 und den bes **Kdschutz**
des § 15 Abs 1 KSchG; die ao Kd und Versetzung der Jugend- und Auszubildendenvertreter bedarf der Zustimmung des BR nach § 103 (§ 103 Rn 4). Zum Anspruch der ein betriebsverfassungsrechtl Amt ausübenden Auszubildenden darauf, nach Abschluss der
Ausbildung in ein Arbeitsverhältnis übernommen zu werden, s § 78a.

Die **Kosten** der Jugend- und Auszubildendenvertretung trägt der AG grundsätzlich in 6
gleicher Weise wie die Kosten des BR (Abs 1 iVm §§ 40, 41). Kosten einer anwaltlichen
Beratung der Jugend- und Auszubildendenvertretung hat der AG allerdings nur zu tragen,
wenn die Beauftragung durch den BR erfolgt ist und dieser für die Beauftragung einen
Grund hatte (dazu § 40 Rn 54 ff). Die Jugend- und Auszubildendenvertretung selbst hat –
als dem BR nachgeordnetes Organ – keine diesbezügliche Vertretungsmacht nach außen
<**R:** vgl BAG 20.11.1973, 1 AZR 331/73, BB 1974, 416; 5.4.2000, 7 ABR 6/99, BB
2001, 1357; **L:** GK/*Oetker* Rn 60>.

§ 66 Aussetzung von Beschlüssen des Betriebsrats

(1) Erachtet die Mehrheit der Jugend- und Auszubildendenvertreter einen Beschluss des Betriebsrats als eine erhebliche Beeinträchtigung wichtiger Interessen der in § 60 Abs. 1 genannten Arbeitnehmer, so ist auf ihren Antrag der Beschluss auf die Dauer von einer Woche auszusetzen, damit in dieser Frist eine Verständigung, gegebenenfalls mit Hilfe der im Betrieb vertretenen Gewerkschaften, versucht werden kann.

(2) Wird der erste Beschluss bestätigt, so kann der Antrag auf Aussetzung nicht wiederholt werden; dies gilt auch, wenn der erste Beschluss nur unerheblich geändert wird.

1 § 66 **wiederholt** die Bestimmung des **§ 35** über die Aussetzung von BR-Beschlüssen, soweit sie die Jugend- und Auszubildendenvertretung betrifft, § 35 Rn 1. Das aufschiebende Vetorecht besteht nur in Angelegenheiten, die die jugendlichen und auszubildenden AN iS des § 60 Abs 1 bes betreffen (s § 60 Rn 2).

2 Für den **Aussetzungsantrag** muss sich die absolute Mehrheit der Jugend- und Auszubildendenvertreter aussprechen. Ein förmlicher Beschluss in einer Sitzung ist nicht erforderl. Wie der Wortlaut ergibt, genügt es, wenn die Mehrheit der Vertreter den Aussetzungsantrag beim BR-Vors einbringt <**L:** HSWGN/*Rose* Rn 5; **aA** GK/*Oetker* Rn 5; Richardi/*Annuß* Rn 4; *Fitting* Rn 3>.

§ 67 Teilnahme an Betriebsratssitzungen

(1) Die Jugend- und Auszubildendenvertretung kann zu allen Betriebsratssitzungen einen Vertreter entsenden. Werden Angelegenheiten behandelt, die besonders die in § 60 Abs. 1 genannten Arbeitnehmer betreffen, so hat zu diesen Tagesordnungspunkten die gesamte Jugend- und Auszubildendenvertretung ein Teilnahmerecht.

(2) Die Jugend- und Auszubildendenvertreter haben Stimmrecht, soweit die zu fassenden Beschlüsse des Betriebsrats überwiegend die in § 60 Abs. 1 genannten Arbeitnehmer betreffen.

(3) Die Jugend- und Auszubildendenvertretung kann beim Betriebsrat beantragen, Angelegenheiten, die besonders die in § 60 Abs. 1 genannten Arbeitnehmer betreffen und über die sie beraten hat, auf die nächste Tagesordnung zu setzen. Der Betriebsrat soll Angelegenheiten, die besonders die in § 60 Abs. 1 genannten Arbeitnehmer betreffen, der Jugend- und Auszubildendenvertretung zur Beratung zuleiten.

Abs 1 S 1 räumt der Jugend- und Auszubildendenvertretung das Recht ein, **zu allen BR-Sitzungen** ohne Rücksicht auf die dort behandelten Themen einen **Vertreter** zu entsenden. Das Entsendungsrecht dient der vollständigen Unterrichtung der Jugend- und Auszubildendenvertretung über die BR-Arbeit, damit diese ihre betriebsverfassungsrechtl Aufgaben ordnungsgem wahrnehmen kann (§ 60 Rn 2, 5 und § 70 Rn 1 ff). Das Teilnahmerecht erstreckt sich – anders als das der Schwerbehindertenvertretung (§ 32 Rn 1) – nicht auf die Teilnahme an Sitzungen der BR-Ausschüsse; insoweit genügt die Information, die durch die Berichte der Ausschüsse im BR erfolgt <L: *SWS*, §§ 60–70 Rn 17; HSWGN/*Rose* Rn 16 f; **aA** Richardi/*Annuß* Rn 10; *Fitting* Rn 6; GK/*Oetker* Rn 7 ff (auch für vorbereitende Ausschüsse, nicht aber für gemeinsame Ausschüsse iS des § 28 Abs 2)>. 1

Ein **Teilnahmerecht aller Mitglieder** der Jugend- und Auszubildendenvertretung besteht nach Abs 1 S 2 dann, wenn in einer BR-Sitzung Angelegenheiten behandelt werden, die bes die jugendlichen oder auszubildenden AN iS des § 60 Abs 1 betreffen. Der Begriff „besonders" ist qualitativ zu verstehen, vgl § 60 Rn 5. Auch das Teilnahmerecht nach Abs 1 S 2 erstreckt sich nicht auf die Teilnahme an Sitzungen der BR-Ausschüsse. 2

Der BR ist nach § 29 Abs 2 S 3 verpflichtet, die Jugend- und Auszubildendenvertreter **unter Mitteilung der Tagesordnung zu den Sitzungen rechtzeitig einzuladen**, an denen sie teilnahmeberechtigt sind. Ein Jugend- und Auszubildendenvertreter muss daher zu jeder BR-Sitzung eingeladen werden (Abs 1 S 1), alle Jugend- und Auszubildendenvertreter, wenn in der Sitzung nach Einschätzung des BR Angelegenheiten behandelt werden, die bes die jugendlichen und auszubildenden AN betreffen (Abs 1 S 2). 3

Nach Abs 3 S 2 soll der BR Angelegenheiten, die die AN iS des § 60 Abs 1 bes betreffen, der Jugend- und Auszubildendenvertretung vor der BR-Sitzung zur Beratung zuleiten, damit diese vor der Beratung und Beschlussfassung im BR eine Meinung artikulieren kann. Die Jugend- und Auszubildendenvertretung kann beim BR auch beantragen, solche Angelegenheiten, wenn sie über diese bereits selbst beraten hat, auf die Tagesordnung der nächsten BR-Sitzung zu setzen (Abs 3 S 1). 4

Soweit die BR-Beschlüsse überwiegend jugendliche und in Ausbildung befindliche AN betreffen, haben die Mitglieder der Jugend- und Auszubildendenvertretung über ihr Teil- 5

§ 67 Teilnahme an Betriebsratssitzungen

nahmerecht (Abs 1 S 2) hinaus ein volles **Stimmrecht** bei der Beschlussfassung im BR (Abs 2). Überwiegend jugendliche und in Ausbildung befindliche AN werden von BR-Beschlüssen betroffen, wenn ein Beschluss zahlenmäßig mehr Jugendliche und Auszubildende als andere AN betrifft (Bsp: Berufsbildungsmaßnahmen), oder wenn er sich seiner Bedeutung nach vorwiegend auf jugendliche und auszubildende AN auswirkt (Bsp: Eignungsuntersuchungen). Die Stimmen aller Mitglieder der Jugend- und Auszubildendenvertretung, die an der Beschlussfassung des BR teilnehmen, werden nach § 33 Abs 3 mitgezählt, soweit die Stimmenmehrheit festgestellt werden soll, nicht aber bei der Ermittlung der Beschlussfähigkeit des BR gem § 33 Abs 2.

6 Hat der BR einen Beschluss, der überwiegend jugendliche und auszubildende AN betrifft, ohne Hinzuziehung der Jugend- und Auszubildendenvertreter gefasst, ist der Beschluss **trotz** des **Verstoßes gg Abs 2** grds **rechtswirksam** <R: BAG 6.5.1975, 1 ABR 135/73, BB 1975, 1112>. Etwas anderes gilt nur, wenn die Beschlussfassung des BR durch die Stimmen der Jugend- und Auszubildendenvertreter hätte beeinflusst werden können <R: BAG 6.5.1975 aaO>. Die Jugend- und Auszubildendenvertretung kann aber immer gem §§ 35, 66 verlangen, dass der BR-Beschluss ausgesetzt und wiederholt wird, um bei der erneuten Beschlussfassung mitstimmen zu können.

§ 68 Teilnahme an gemeinsamen Besprechungen

Der Betriebsrat hat die Jugend- und Auszubildendenvertretung zu Besprechungen zwischen Arbeitgeber und Betriebsrat beizuziehen, wenn Angelegenheiten behandelt werden, die besonders die in § 60 Abs. 1 genannten Arbeitnehmer betreffen.

§ 68 verpflichtet den BR, die gesamte Jugend- und Auszubildendenvertretung zu **Besprechungen mit dem AG** hinzuzuziehen, in denen Angelegenheiten behandelt werden, die bes die Jugendlichen und auszubildenden AN iS des § 60 Abs 1 betreffen (vgl § 60 Rn 5). 1

§ 69 Sprechstunden

In Betrieben, die in der Regel mehr als fünfzig der in § 60 Abs. 1 genannten Arbeitnehmer beschäftigen, kann die Jugend- und Auszubildendenvertretung Sprechstunden während der Arbeitszeit einrichten. Zeit und Ort sind durch Betriebsrat und Arbeitgeber zu vereinbaren. § 39 Abs. 1 Satz 3 und 4 und Abs. 3 gilt entsprechend. An den Sprechstunden der Jugend- und Auszubildendenvertretung kann der Betriebsratsvorsitzende oder ein beauftragtes Betriebsratsmitglied beratend teilnehmen.

1 In Betrieben mit idR **mehr als 50 AN** iS des § 60 Abs 1 hat die Jugend- und Auszubildendenvertretung das Recht, **eigene Sprechstunden** während der Arbeitszeit einzurichten. Ort und Zeit und damit auch die Dauer der Sprechstunden müssen der AG und der BR vereinbaren. An den Sprechstunden kann der BR-Vors oder ein beauftragtes BR-Mitglied teilnehmen. IÜ gelten die Vorschriften des § 39 über die Sprechstunden des BR entspr (§ 39 Rn 1 ff).

2 Führt die Jugend- und Auszubildendenvertretung keine eigenen Sprechstunden durch, kann nach § 39 Abs 2 **an den Sprechstunden des BR** ein Mitglied der Jugend- und Auszubildendenvertretung **teilnehmen**, um die jugendlichen und auszubildenden AN iS des § 60 Abs 1 zu beraten (§ 39 Rn 5).

§ 70 Allgemeine Aufgaben

(1) Die Jugend- und Auszubildendenvertretung hat folgende allgemeine Aufgaben:

1. Maßnahmen, die den in § 60 Abs. 1 genannten Arbeitnehmern dienen, insbesondere in Fragen der Berufsbildung und der Übernahme der zu ihrer Berufsausbildung Beschäftigten in ein Arbeitsverhältnis, beim Betriebsrat zu beantragen;

1a. Maßnahmen zur Durchsetzung der tatsächlichen Gleichstellung der in § 60 Abs. 1 genannten Arbeitnehmer entsprechend § 80 Abs. 1 Nr. 2a und 2b beim Betriebsrat zu beantragen;

2. darüber zu wachen, dass die zugunsten der in § 60 Abs. 1 genannten Arbeitnehmer geltenden Gesetze, Verordnungen, Unfallverhütungsvorschriften, Tarifverträge und Betriebsvereinbarungen durchgeführt werden;

3. Anregungen von in § 60 Abs. 1 genannten Arbeitnehmern, insbesondere in Fragen der Berufsbildung, entgegenzunehmen und, falls sie berechtigt erscheinen, beim Betriebsrat auf eine Erledigung hinzuwirken. Die Jugend- und Auszubildendenvertretung hat die betroffenen in § 60 Abs. 1 genannten Arbeitnehmer über den Stand und das Ergebnis der Verhandlungen zu informieren;

4. die Integration ausländischer, in § 60 Abs. 1 genannter Arbeitnehmer im Betrieb zu fördern und entsprechende Maßnahmen beim Betriebsrat zu beantragen.

(2) Zur Durchführung ihrer Aufgaben ist die Jugend- und Auszubildendenvertretung durch den Betriebsrat rechtzeitig und umfassend zu unterrichten. Die Jugend- und Auszubildendenvertretung kann verlangen, dass ihr der Betriebsrat die zur Durchführung ihrer Aufgaben erforderlichen Unterlagen zur Verfügung stellt.

Die Jugend- und Auszubildendenvertretung hat nach Abs 1 Nr 1 die Aufgabe, innerbetriebl **Maßnahmen**, die den bes Belangen der jugendlichen und auszubildenden AN dienen, **beim BR** – nicht also unmittelbar beim AG – zu **beantragen**. Das Gesetz hebt die Berufsbildung bes hervor. Etwa kann die Jugend- und Auszubildendenvertretung beantragen, dass der BR von seinem Vorschlagsrecht hinsichtlich der Beschäftigungssicherung nach § 92a in Bezug auf Jugendliche und Auszubildende Gebrauch macht oder sein MBR über Einrichtungen und Maßnahmen der Berufsbildung nach § 97 Abs 2 ausübt. Die Jugend- und Auszubildendenvertretung kann den BR auch mit jeder anderen Frage befassen, die diese AN berührt (§ 60 Rn 5) und die in die Zuständigkeit des BR fällt. Hält der BR den Antrag der Jugend- und Auszubildendenvertretung für sachdienlich, hat er die Angelegenheit mit dem AG oder der sonst in Frage kommenden Stelle (Gewerbeaufsichtsamt, Gewerkschaft) zu erörtern. Andernfalls unterrichtet er die Jugend- und Auszubildendenvertretung darüber, dass die Sache nicht weiter verfolgt werden soll. 1

Nach Abs 1 Nr 1a in Verbindung mit § 80 Abs 1 Nr 2a ist es Aufgabe der Jugend- und Auszubildendenvertretung, Maßnahmen zur Durchsetzung der tatsächl **Gleichstellung von Frauen und Männern**, insbes bei der Einstellung, Beschäftigung, Aus-, Fort- und Weiterbildung beim BR zu beantragen. Etwa kann die Jugend- und Auszubildendenvertretung darauf hinwirken, dass weibliche und männliche Jugendliche in ausgewogenem Verhältnis als Auszubildende eingestellt werden und an Weiterbildungsmaßnahmen teil- 2

§ 70 Allgemeine Aufgaben

nehmen können. Bei der Beschlussfassung über entspr Anträge im BR haben die Jugendlichen- und Auszubildendenvertreter gem § 67 Abs 2 Stimmrecht.

3 Aus § 17 Abs 1 iVm § 1 AGG ergibt sich, dass die Jugend- und Auszubildendenvertretung auch sonst die Aufgabe hat, an der Verhinderung und Beseitigung von diskriminierenden Benachteiligungen jugendlicher und auszubildender AN mitzuwirken. Etwa hat sie darauf hinzuwirken, dass AN islamischen Glaubens in gleicher Weise an Weiterbildungsmaßnahmen teilnehmen können wie andere AN.

4 Nach Abs 1 Nr 1a iVm § 80 Abs 1 Nr 2b kann die Jugendlichen- und Auszubildendenvertretung auch Maßnahmen zur Vereinbarkeit von Familie und Erwerbstätigkeit Jugendlicher und Auszubildender, zB ein Hinwirken auf die Schaffung von Kindertagesstätten, beantragen. Solche Anträge müssen allerdings wiederum § 75 Abs 1 S 2 beachten. Danach sind Kindertagesstätten, die jugendlichen oder in Ausbildung stehenden Eltern vorbehalten sind, nicht zulässig.

5 Nach Abs 1 Nr 2 hat die Jugend- und Auszubildendenvertretung darüber zu **wachen**, dass die Vorschriften zugunsten der jugendlichen und auszubildenden AN eingehalten werden. Dabei handelt es sich insbes um Bestimmungen des BetrVG selbst, etwa von § 75, des ArbZG, des JArbSchG, des AGG (keine Diskriminierung wegen des Alters), der Unfallverhütungsvorschriften, der TV und der BV.

6 Ein Kontrollrecht der Jugend- und Auszubildendenvertretung ggü dem AG folgt aus Abs 1 Nr 2 nicht, insbes auch kein Recht, ohne Zustimmung des BR jugendliche und auszubildende AN am Arbeitsplatz aufzusuchen <**R:** BAG 21.1.1982, 6 ABR 17/79, BB 1982, 1236>. Die Jugend- und Auszubildendenvertretung muss vielmehr den BR unterrichten, wenn sie Unregelmäßigkeiten oder Verstöße gg die genannten Vorschriften feststellt; der BR hat das Weitere zu veranlassen, wenn er die Angelegenheit ebenfalls für beachtlich hält.

7 Nach Abs 1 Nr 3 ist die Jugend- und Auszubildendenvertretung verpflichtet, alle **Anregungen und Vorschläge der jugendlichen und auszubildenden AN entgegenzunehmen** und zu prüfen, soweit die Vorschläge die Arbeitsverhältnisse oder sonstigen betriebl Angelegenheiten dieser AN betreffen. Hält die Jugend- und Auszubildendenvertretung die Anregung nicht für beachtlich, teilt sie dies dem AN, der an sie herangetreten ist, mit. Erscheint die Anregung der Jugend- und Auszubildendenvertretung demggü berechtigt, muss sie dafür sorgen, dass der BR auf eine Erledigung der Angelegenheit hinwirkt, wozu dieser nach § 80 Abs 1 Nr 3 verpflichtet ist. Über den Stand und das Ergebnis der Verhandlungen muss die Jugend- und Auszubildendenvertretung den AN nach Abs 1 Nr 3 S 2 informieren. Zur Durchführung einer Fragebogenaktion durch die Jugend- und Auszubildendenvertretung vgl § 80 Rn 36.

8 Nach Abs 1 Nr 4 ist es auch Aufgabe der Jugend- und Auszubildendenvertretung, die **Integration ausländischer Jugendlicher und Auszubildender** im Betrieb zu fördern und entspr Maßnahmen beim BR zu beantragen. Etwa kann die Jugend- und Auszubildendenvertretung darauf hinwirken, dass Sprachkurse eingerichtet werden.

9 Die Jugend- und Auszubildendenvertretung hat keinen Anspruch darauf, durch den AG über die sie betreffenden Angelegenheiten **unterrichtet** zu werden. Abs 2 S 1 verpflichtet nur den **BR**, dafür zu sorgen, dass die Jugend- und Auszubildendenvertretung über alle Tatsachen, Vorgänge und Maßnahmen umfassend unterrichtet wird, deren Kenntnis für

eine sachgerechte Wahrnehmung ihrer Aufgaben erforderl ist. Zu diesem Zweck muss der BR sich ggfs auch Auskünfte des AG oder sonstiger Stellen beschaffen.

Nach Abs 2 S 2 ist der **BR**, allerdings nur auf ausdrückl Verlangen der Jugend- und Auszubildendenvertretung, verpflichtet, dieser die zur Durchführung ihrer Aufgaben erforderl **Unterlagen** zur Verfügung zu stellen. Der Anspruch setzt voraus, dass die Jugend- und Auszubildendenvertretung die Unterlagen zur Erfüllung ihrer Überwachungspflichten benötigt und der BR entweder über die Unterlagen verfügt oder aber nach § 80 Abs 2 in der Lage ist, sich diese zu beschaffen. Zu den zur Verfügung zu stellenden Unterlagen gehören nicht Lohn- und Gehaltslisten, in die ausschließl der Betriebsausschuss oder ein anderer BR-Ausschuss Einblick nehmen kann (§ 80 Rn 42 ff). 10

Die Information nach Abs 2 wird nicht dadurch gehindert, dass Betriebs- und Geschäftsgeheimnisse betroffen sind. Das Gesetz stellt deren Schutz vielmehr dadurch sicher, dass die **Geheimhaltungspflicht** des § 79 nach dessen Abs 2 auch auf die Mitglieder der Jugend- und Auszubildendenvertretung erstreckt wird und diese nach § 120 Abs 1 Nr 1 auch der Strafvorschrift wg Verletzung von Betriebs- oder Geschäftsgeheimnissen unterliegen. Auch die Weitergabe von zum persönl Lebensbereich der Jugendlichen und Auszubildenden gehörenden Geheimnissen ist grundsätzlich nicht ausgeschlossen, weil auch insoweit die Strafvorschrift des § 120 Abs 2 den Schutz des Geheimnisses sicherstellt. Jedoch kann aus der Pflicht des BR zum Persönlichkeitsrechtsschutz nach § 75 Abs 2 (dazu § 75 Rn 37 ff) folgen, dass der Jugendlichen- und Auszubildendenvertretung Auskünfte über bes heikle persönl Verhältnisse zu verweigern sind. 11

§ 71 Jugend- und Auszubildendenversammlung

Die Jugend- und Auszubildendenvertretung kann vor oder nach jeder Betriebsversammlung im Einvernehmen mit dem Betriebsrat eine betriebliche Jugend- und Auszubildendenversammlung einberufen. Im Einvernehmen mit Betriebsrat und Arbeitgeber kann die betriebliche Jugend- und Auszubildendenversammlung auch zu einem anderen Zeitpunkt einberufen werden. § 43 Abs. 2 Satz 1 und 2, die §§ 44 bis 46 und § 65 Abs. 2 Satz 2 gelten entsprechend.

1   S 1 gibt der Jugend- und Auszubildendenvertretung das Recht, im Einvernehmen mit dem BR eine Betriebsjugend- und Auszubildendenversammlung unmittelbar vor oder nach einer gem § 43 abgehaltenen Betriebsversammlung **einzuberufen**. Ob die Jugend- und Auszubildendenvertretung von diesem Recht Gebrauch macht, ist ihre Sache. Nach S 2 kann die Jugend- und Auszubildendenversammlung im Einvernehmen mit BR und AG auch zu einem anderen Zeitpunkt einberufen werden. Der BR ist nicht berechtigt, die Jugendlichen und Auszubildenden des Betriebs zusammenzurufen und sie direkt zu unterrichten, sondern muss dies über die Jugend- und Auszubildendenvertretung tun <R: ArbG Würzburg, 7.8.1991, 7 Ca 420/91, nv>. Für den AG, die AN oder im Betrieb vertretene Gewerkschaften besteht – anders als bei den Betriebsversammlungen nach § 43 Abs 3 und 4 – keine Möglichkeit, die Einberufung einer Jugend- und Auszubildendenversammlung zu beantragen und durchzusetzen.

2   Vorgesehen ist nur eine Jugend- **und** Auszubildendenversammlung. Ein Recht, eine Versammlung nur der jugendlichen AN oder nur der auszubildenden AN einzuberufen, besteht nicht <R: LAG BaWü 29.9.1983, 7 TaBV 12/82, DB 1984, 409>.

3   **Teilnahmeberechtigt** sind die AN iS des § 60 Abs 1, die Mitglieder der Jugend- und Auszubildendenvertretung, der BR-Vors oder ein beauftragtes BR-Mitglied (S 3 iVm § 65 Abs 2 S 2), der AG (S 3 iVm § 42 Abs 2 S 1 und 2), die im Betrieb vertretenen Gewerkschaften (S 3 iVm § 46 Abs 1 S 1) und, wenn der AG selbst oder sein Vertreter an der Versammlung teilnimmt, ein von ihm hinzugezogener Beauftragter seiner AGvereinigung (S 3 iVm § 46 Abs 1 S 2). Die Jugend- und Auszubildendenvertretung ist nach S 3 iVm § 43 Abs 2 S 1 verpflichtet, den AG zu den Jugend- und Auszubildendenversammlungen unter Mitteilung der Tagesordnung einzuladen; Zeitpunkt und Tagesordnung sind auch allen in der Jugend- und Auszubildendenvertretung vertretenen Gewerkschaften mitzuteilen (S 3 iVm § 46 Abs 2). Die Jugend- und Auszubildendenversammlung wird von dem Vors der Jugend- und Auszubildendenvertretung geleitet; dass S 3 nicht auf § 42 Abs 1 S 1 Hs 2 verweist, muss als Versehen betrachtet werden.

4   Nach S 3 gilt § 44 über den **Zeitpunkt** der Versammlung (§ 44 Rn 1 ff und 11 f) und den **Verdienstausfall** (§ 44 Rn 6 ff, 13 f und 16 f) entspr. Für die **Themen**, die zulässigerweise in einer Jugend- und Auszubildendenversammlung besprochen werden dürfen, verweist S 3 auf § 45 (§ 45 Rn 1 ff). § 45 gilt dabei mit der Maßgabe, dass auf einer Jugend- und Auszubildendenversammlung nur Themen erörtert werden dürfen, die die jugendlichen und auszubildenden AN iS des § 60 Abs 1 bes betreffen, § 60 Rn 5.

Zweiter Abschnitt
Gesamt-Jugend- und Auszubildendenvertretung

Literatur: S vor § 60

§ 72 Voraussetzungen der Errichtung, Mitgliederzahl, Stimmengewicht

(1) Bestehen in einem Unternehmen mehrere Jugend- und Auszubildendenvertretungen, so ist eine Gesamt-Jugend- und Auszubildendenvertretung zu errichten.

(2) In die Gesamt-Jugend- und Auszubildendenvertretung entsendet jede Jugend- und Auszubildendenvertretung ein Mitglied.

(3) Die Jugend- und Auszubildendenvertretung hat für das Mitglied der Gesamt-Jugend- und Auszubildendenvertretung mindestens ein Ersatzmitglied zu bestellen und die Reihenfolge des Nachrückens festzulegen.

(4) Durch Tarifvertrag oder Betriebsvereinbarung kann die Mitgliederzahl der Gesamt-Jugend- und Auszubildendenvertretung abweichend von Absatz 2 geregelt werden.

(5) Gehören nach Absatz 2 der Gesamt-Jugend- und Auszubildendenvertretung mehr als zwanzig Mitglieder an und besteht keine tarifliche Regelung nach Absatz 4, so ist zwischen Gesamtbetriebsrat und Arbeitgeber eine Betriebsvereinbarung über die Mitgliederzahl der Gesamt-Jugend- und Auszubildendenvertretung abzuschließen, in der bestimmt wird, dass Jugend- und Auszubildendenvertretungen mehrerer Betriebe eines Unternehmens, die regional oder durch gleichartige Interessen miteinander verbunden sind, gemeinsam Mitglieder in die Gesamt-Jugend- und Auszubildendenvertretung entsenden.

(6) Kommt im Fall des Absatzes 5 eine Einigung nicht zustande, so entscheidet eine für das Gesamtunternehmen zu bildende Einigungsstelle. Der Spruch der Einigungsstelle ersetzt die Einigung zwischen Arbeitgeber und Gesamtbetriebsrat.

(7) Jedes Mitglied der Gesamt-Jugend- und Auszubildendenvertretung hat so viele Stimmen, wie in dem Betrieb, in dem es gewählt wurde, in § 60 Abs. 1 genannte Arbeitnehmer in der Wählerliste eingetragen sind. Ist ein Mitglied der Gesamt-Jugend- und Auszubildendenvertretung für mehrere Betriebe entsandt worden, so hat es so viele Stimmen, wie in den Betrieben, für die es entsandt ist, in § 60 Abs. 1 genannte Arbeitnehmer in den Wählerlisten eingetragen sind. Sind mehrere Mitglieder der Jugend- und Auszubildendenvertretung entsandt worden, so stehen diesen die Stimmen nach Satz 1 anteilig zu.

(8) Für Mitglieder der Gesamt-Jugend- und Auszubildendenvertretung, die aus einem gemeinsamen Betrieb mehrerer Unternehmen entsandt worden sind, können

§ 72   Voraussetzungen der Errichtung, Mitgliederzahl, Stimmengewicht

durch **Tarifvertrag oder Betriebsvereinbarung von Absatz 7 abweichende Regelungen getroffen werden.**

1   Bestehen in einem Unternehmen zwei oder mehr Jugend- und Auszubildendenvertretungen, **muss** nach Abs 1 eine Gesamt-Jugend- und Auszubildendenvertretung errichtet werden. Jede Jugend- und Auszubildendenvertretung **entsendet** nach Abs 2 eines ihrer Mitglieder in die Gesamtvertretung. Der einzige Jugend- und Auszubildendenvertreter ist ohne weiteres Mitglied der Gesamtvertretung, eine mehrköpfige Jugend- und Auszubildendenvertretung entscheidet über die Entsendung durch Beschluss mit einfacher Mehrheit (§ 65 Abs 1 iVm § 33). Nach Abs 3 muss für jedes Mitglied in der Gesamtvertretung mindestens ein **Ersatzmitglied** bestellt und, wenn mehrere Ersatzmitglieder bestellt werden, die Reihenfolge ihres Nachrückens durch Beschluss festgelegt werden.

2   Die Bildung von Gesamt-Jugend- und Auszubildendenvertretungen läuft regelmäßig mit der Bildung von GBR parallel: Da die Bildung von Jugend- und Auszubildendenvertretungen vom Bestehen des BR abhängig ist (§ 60 Rn 8), können mehrere Jugend- und Auszubildendenvertretungen in einem Unternehmen nur bestehen, wenn in dem Unternehmen auch mehrere BR bestehen, die dann ihrerseits gem § 47 Abs 1 einen GBR zu errichten haben. Es kann freilich vorkommen, dass in einem Unternehmen trotz Bestehens mehrerer BR kein GBR errichtet wird. Dann kann auch keine Gesamt-Jugend- und Auszubildendenvertretung errichtet werden, weil diese nach dem Gesetz ihre Aufgaben nur durch und über den GBR erfüllen kann. Die Annahme der hM, die Bildung sei möglich, obwohl die Gesamtvertretung in einem solchen Fall praktisch funktionsunfähig ist <L: Richardi/*Annuß* Rn 5; *Fitting* Rn 11; GK/*Oetker* Rn 11>, erscheint widersinnig <L: MünchArbR/*Stamer* § 305 Rn 3>. S zum gleichen Problem bei der Konzern-Jugend- und Auszubildendenvertretung § 73a Rn 2.

3   Für die **Abberufung** eines Gesamt-Jugend- und Auszubildendenvertreters fehlt eine dem § 47 Abs 2 S 4 entspr ausdrückl Bestimmung. Die Abberufung ist jedoch jederzeit ohne Angabe von Gründen durch einen mit einfacher Mehrheit zu fassenden Beschluss der entsendenden Jugend- und Auszubildendenvertretung zulässig.

4   Abs 4 entspricht § 47 Abs 4: Um die Größe der Gesamt-Jugend- und Auszubildendenvertretung an die bes Gegebenheiten des Unternehmens anpassen zu können, kann die **Mitgliederzahl durch TV oder BV abw** von Abs 2 geregelt werden. Eine entspr BV kann aber, da die Gesamtvertretung zum Abschluss von BV nicht befugt ist, nur zw AG und GBR abgeschlossen werden.

5   Eine **Verkleinerung** der Gesamtvertretung durch BV ist nach Abs 5 – ähnlich wie beim GBR nach § 47 Abs 5 – zwingend vorgeschrieben, wenn der Gesamt-Jugend- und Auszubildendenvertretung nach Abs 2 mehr als 20 Mitglieder angehören und keine tarifliche Regelung nach Abs 4 besteht (vgl § 47 Rn 22). Die GBV nach Abs 5 ist gem Abs 6 über die ES erzwingbar.

6   Jedes Mitglied der Gesamt-Jugend- und Auszubildendenvertretung hat so viele **Stimmen**, wie in dem Betrieb, in dem es gewählt wurde, jugendliche und auszubildende AN iS des § 60 Abs 1 (einschl der LeihAN, § 14 Abs 2 S 4 AÜG) in die Wählerliste eingetragen sind, Abs 7 S 1. Sind nach Abs 4 mehrere Mitglieder in die Gesamtvertretung entsandt worden, stehen diesen die Stimmen der von ihnen repräsentierten AN anteilig zu, Abs 7 S 3. Ist die Gesamtvertretung verkleinert worden, dh sind Mitglieder für mehrere Betriebe

gemeinsam entsandt worden, stehen jedem gemeinsamen Vertreter so viele Stimmen zu, wie AN iS des § 60 Abs 1 in allen zusammengefassten Betrieben in den Wählerlisten eingetragen sind, Abs 7 S 2.

Nach Abs 8 können die Stimmrechte von Mitgliedern der Gesamtvertretung, die aus einem gemeinsamen Betrieb mehrerer Unternehmen entsandt worden sind, durch TV oder Betriebsvereinbarung abw von Abs 7 geregelt werden. Das Gesetz will so dem Legitimationsdefizit Rechnung tragen, das dadurch entstehen kann, dass Abs 7 die Stimmrechte an die Zahl der in die Wählerliste eingetragenen Jugendlichen und Auszubildenden anknüpft: Aus gemeinsamen Betrieben mehrerer Unternehmen in die Gesamtvertretung entsandte Mitglieder erhalten so Stimmrechte auch für diejenigen AN, die aus anderen Unternehmen als dem kommen, bei dem die Gesamtvertretung gebildet wird. Mit entspr TV und Betriebsvereinbarungen kann etwa dem Fall Rechnung getragen werden, dass Berufsbildungsmaßnahmen nur AN des Unternehmens betreffen, bei dem die Gesamtvertretung gebildet ist (s zur Legitimationsproblematik in solchen Fällen § 47 Rn 29).

§ 73 Geschäftsführung und Geltung sonstiger Vorschriften

(1) Die Gesamt-Jugend- und Auszubildendenvertretung kann nach Verständigung des Gesamtbetriebsrats Sitzungen abhalten. An den Sitzungen kann der Vorsitzende des Gesamtbetriebsrats oder ein beauftragtes Mitglied des Gesamtbetriebsrats teilnehmen.

(2) Für die Gesamt-Jugend- und Auszubildendenvertretung gelten § 25 Abs. 1, die §§ 26, 28 Abs. 1 Satz 1, die §§ 30, 31, 34, 36, 37 Abs. 1 bis 3, die §§ 40, 41, 48, 49, 50, 51 Abs. 2 bis 5 sowie die §§ 66 bis 68 entsprechend.

1   Die Gesamt-Jugend- und Auszubildendenvertretung kann – nach Verständigung des GBR – selbstständig **Sitzungen** abhalten, Abs 1 S 1. Gem Abs 1 S 2 kann der GBR-Vors oder ein beauftragtes GBR-Mitglied an den Sitzungen der Gesamtvertretung teilnehmen. Beschlüsse werden mit einfacher Mehrheit gefasst, Abs 2 iVm § 51 Abs 3.

2   Abs 1 S 1 bezieht sich, wie Abs 2 durch Verweisung auf § 51 Abs 2 und damit auf § 29 Abs 2 bis 4 klarstellt, auch auf die **konstituierende Sitzung** der Gesamtvertretung: Zu ihr muss die am Sitz der Hauptverwaltung des Unternehmens gebildete Jugend- und Auszubildendenvertretung oder die Vertretung desjenigen Betriebs einladen, in dem die meisten wahlberechtigten AN iS des § 60 Abs 1 beschäftigt sind. Maßgebend ist die Zahl der in die Wählerlisten der letzten Jugend- und Auszubildendenvertretungswahl eingetragenen Wähler.

3   Auf die Gesamt-Jugend- und Auszubildendenvertretung finden die in Abs 2 genannten Vorschriften über den BR, den GBR und die Jugend- und Auszubildendenvertretung **entspr Anwendung**. Diese erstreckt sich auch auf die Bildung von Ausschüssen iS des § 28 Abs 1 S 1. In Abs 2 nicht genannte Vorschriften, etwa über die generelle Freistellung von BR-Mitgliedern (§ 38), über die Teilnahme der Gesamtschwerbehindertenvertretung an den Sitzungen des GBR (§ 52) und über die BR-Versammlung (§ 53), über Sprechstunden (§ 69), über die allg Aufgaben einschließ des Informationsrechts ggü dem BR (§ 70) und über die Jugend- und Auszubildendenversammlung (§ 71) können dagg nicht entspr angewandt werden.

Dritter Abschnitt
Konzern-Jugend- und Auszubildendenvertretung

§ 73a Voraussetzung der Errichtung, Mitgliederzahl, Stimmengewicht

(1) Bestehen in einem Konzern (§ 18 Abs. 1 des Aktiengesetzes) mehrere Gesamt-Jugend- und Auszubildendenvertretungen, kann durch Beschlüsse der einzelnen Gesamt-Jugend- und Auszubildendenvertretungen eine Konzern-Jugend- und Auszubildendenvertretung errichtet werden. Die Errichtung erfordert die Zustimmung der Gesamt-Jugend- und Auszubildendenvertretungen der Konzernunternehmen, in denen insgesamt mindestens 75 vom Hundert der in § 60 Abs. 1 genannten Arbeitnehmer beschäftigt sind. Besteht in einem Konzernunternehmen nur eine Jugend- und Auszubildendenvertretung, so nimmt diese die Aufgaben einer Gesamt-Jugend- und Auszubildendenvertretung nach den Vorschriften dieses Abschnitts wahr.

(2) In die Konzern-Jugend- und Auszubildendenvertretung entsendet jede Gesamt-Jugend- und Auszubildendenvertretung eines ihrer Mitglieder. Sie hat für jedes Mitglied mindestens ein Ersatzmitglied zu bestellen und die Reihenfolge des Nachrückens festzulegen.

(3) Jedes Mitglied der Konzern-Jugend- und Auszubildendenvertretung hat so viele Stimmen, wie die Mitglieder der entsendenden Gesamt-Jugend- und Auszubildendenvertretung insgesamt Stimmen haben.

(4) § 72 Abs. 4 bis 8 gilt entsprechend.

Literatur: S vor § 60.

Der durch das BetrVerf-ReformG eingeführte § 73a ermöglicht nunmehr auch die Bildung von Konzern-Jugend- und Auszubildendenvertretungen. Die Vorschrift knüpft, wie § 54 Abs 1 für den KBR, an den Unterordnungskonzern iS des § 18 Abs 1 AktG an (vgl dazu § 54 Rn 2 ff). Notwendig für die Bildung der Konzernvertretung sind Beschlüsse der Gesamtvertretungen der zum Konzern gehörenden Unternehmen. Die Initiative zur Bildung der Konzernvertretung kann von jeder Gesamtvertretung ausgehen. Anders als für die Bildung des KBR müssen die Gesamtvertretungen nicht nur 50 Prozent, sondern **75 Prozent** der Jugendlichen und Auszubildenden des Konzerns repräsentieren. Zur Ermittlung dieser Zahl vgl § 54 Rn 21.

Es ist nicht ausgeschlossen, dass es in den Unternehmen eines Konzerns zwar die erforderl Mehrheit von 75 Prozent der Jugendlichen und Auszubildenden für die Errichtung einer Konzern-Jugend- und Auszubildendenvertretung gibt, ein KBR aber nicht errichtet wird, weil ein entspr Antrag nicht gestellt wird oder weil sich die Mehrheit von 50 Prozent der AN der Konzernunternehmen nicht findet. In diesem Fall muss die Bildung der Konzern-Jugend- und Auszubildendenvertretung unterbleiben, denn die Konzern-Jugend- und Auszubildendenvertretung kann, wie sich insbes aus dem Verweis auf die §§ 66–68

§ 73a Voraussetzung der Errichtung, Mitgliederzahl, Stimmengewicht

in Abs 2 ergibt, ihre Aufgaben nur durch und über den KBR erfüllen. Die Errichtung eines praktisch funktionsunfähigen Organs wäre widersinnig (vgl hierzu auch § 72 Rn 2).

3 Ist die Konzernvertretung wirksam errichtet worden, ist jede Gesamtvertretung, auch wenn sie gg die Errichtung der Konzernvertretung gestimmt hat, verpflichtet, ein Mitglied in die Konzernvertretung zu entsenden und für dieses mindestens ein Ersatzmitglied zu bestellen (Abs 2). Die entspr Beschlüsse werden mit einfacher Mehrheit der Gesamtvertretung (§ 72 Rn 1) gefasst.

4 Die Stimmenzahl der in die Konzernvertretung entsandten Mitglieder richtet sich gem Abs 3 nach der Zahl der Jugendlichen und Auszubildenden in den von ihnen repräsentierten Konzernunternehmen. Für die abw Regelung der Mitgliederzahl und die abw Regelung des Stimmrechts von Mitgliedern, die aus einer Gesamtvertretung entsandt werden, die ihrerseits auch von einem gemeinsamen Betrieb mehrerer Unternehmen mitgebildet worden ist, gilt § 72 Abs 4–8 entspr.

§ 73b Geschäftsführung und Geltung sonstiger Vorschriften

(1) Die Konzern-Jugend- und Auszubildendenvertretung kann nach Verständigung des Konzernbetriebsrats Sitzungen abhalten. An den Sitzungen kann der Vorsitzende oder ein beauftragtes Mitglied des Konzernbetriebsrats teilnehmen.

(2) Für die Konzern-Jugend- und Auszubildendenvertretung gelten § 25 Abs. 1, die §§ 26, 28 Abs. 1 Satz 1, die §§ 30, 31, 34, 36, 37 Abs. 1 bis 3, die §§ 40, 41, 51 Abs. 3 bis 5, die §§ 56, 57, 58, 59 Abs. 2 und die §§ 66 bis 68 entsprechend.

Auch die Konzern-Jugend- und Auszubildendenvertretung kann – nach Verständigung des KBR – Sitzungen abhalten, Abs 1 S 1. Gem Abs 1 S 2 kann der Vorsitzende des KBR oder ein beauftragtes KBR-Mitglied an den Sitzungen teilnehmen. 1

Auf die Konzern-Jugend- und Auszubildendenvertretung finden die in Abs 2 genannten Vorschriften über den BR, den GBR, den KBR und die Jugend- und Auszubildendenvertretung entspr Anwendung. Es gelten im Wesentlichen dieselben Grundsätze wie für die Gesamt-Jugend- und Auszubildendenvertretung, s § 73 Rn 3. 2

Vierter Teil
Mitwirkung und Mitbestimmung der Arbeitnehmer

Erster Abschnitt
Allgemeines

§ 74 Grundsätze für die Zusammenarbeit

(1) Arbeitgeber und Betriebsrat sollen mindestens einmal im Monat zu einer Besprechung zusammentreten. Sie haben über strittige Fragen mit dem ernsten Willen zur Einigung zu verhandeln und Vorschläge für die Beilegung von Meinungsverschiedenheiten zu machen.

(2) Maßnahmen des Arbeitskampfes zwischen Arbeitgeber und Betriebsrat sind unzulässig; Arbeitskämpfe tariffähiger Parteien werden hierdurch nicht berührt. Arbeitgeber und Betriebsrat haben Betätigungen zu unterlassen, durch die der Arbeitsablauf oder der Frieden des Betriebs beeinträchtigt werden. Sie haben jede parteipolitische Betätigung im Betrieb zu unterlassen; die Behandlung von Angelegenheiten tarifpolitischer, sozialpolitischer, umweltpolitischer und wirtschaftlicher Art, die den Betrieb oder seine Arbeitnehmer unmittelbar betreffen, wird hierdurch nicht berührt.

(3) Arbeitnehmer, die im Rahmen dieses Gesetzes Aufgaben übernehmen, werden hierdurch in der Betätigung für ihre Gewerkschaft auch im Betrieb nicht beschränkt.

Literatur: *Bauer/Willemsen*, Der (partei)politische Betriebsrat, NZA 2010, 1089; *Berg*, Der Betrieb als politikfreie Zone – Zum Verbot der parteipolitischen Betätigung für Arbeitgeber und Betriebsrat im Betrieb, FS Gnade (1992), S 215; *Berger-Delhey*, Parteipolitische Betätigung in Dienststellen und Betrieben, PersV 1995, 391; *Bieback*, Arbeitsverhältnis und Betriebsratsamt bei der außerordentlichen Kündigung von Betriebsratsmitgliedern, RdA 1978, 82; *Busch*, Mitbestimmung des Betriebsrats bei arbeitskampfbedingter Versetzung in bestreikte Betriebe, DB 1997, 1974; *Däubler*, Friedensarbeit im Betrieb – unerlaubte parteipolitische Betätigung, AiB 1983, 27; *ders*, Gewerkschaftsrechte im Betrieb, 10. Aufl 2000, Rn 283 ff; *Derleder*, Die politische Meinungsäußerung des Betriebsrats, AuR 88, 17; *Dumke*, Aufdrängen gewerkschaftlicher Informationen auf elektronischem Wege – Ansprüche der Gewerkschaften auf Nutzung betrieblicher E-Mail-Adressen und Intranetseiten?, RdA 2009, 77; *Günther/Lenz*, Social Media-Auftritt des Betriebsrats – Was geht? Was geht nicht?, NZA 2019, 1241; *Helm/Seebacher*, Pflicht des Betriebsrats zur vertrauensvollen Zuarbeit? Ohne Kooperation kein Unterlassungsanspruch?, ArbRAktuell 2019, 504; *Heuschmid/Kummert*, Kein Unterlassungsanspruch bei unzulässiger Rechtsausübung – Eine Neuschöpfung des BAG: Die „Mitwirkungspflichten" des Betriebsrates, NZA 2019, 1258; *Husemann*, Das Verbot der parteipolitischen Betätigung, 2013, *Jansen*, Die betriebliche Mitbestimmung im Arbeitskampf, 1999; *Kempen*, Das Rechtsverhältnis zwischen den Belegschaftsvertretern und den Gewerkschaften im Arbeitskampf, NZA 2005, 185; *Klocke*, Das Verhältnis von Arbeitskampfrecht und Betriebsverfassungsrecht, AuR 2020, 444; *Kraft*, Die Mitwirkungs- und Mitbestimmungsrechte des Betriebsrats während des Arbeits-

§ 74 Grundsätze für die Zusammenarbeit

kampfes, FS Müller (1981), S 265; *Krülls*, Politische Betätigung im Betrieb, 2021; *Krummel*, Betriebsrat und betriebliche Mitbestimmung im Arbeitskampf, BB 2002, 1418; *Löwisch*, Betriebsauftritte von Politikern, DB 1976, 676; *Lukes*, Der betriebsverfassungsrechtliche Unterlassungsanspruch des Arbeitgebers gegen den Betriebsrat, 2015; *Müller-Boruttau*, Presseerklärungen des Betriebsrates, NZA 1996, 1071; *Niklas*, Wahlkampfgetöse im Betrieb – Die parteipolitische Betätigung des Betriebsrats, DB 2013, 1665; *Oetker*, Parteipolitische Betätigung von Betriebsräten im Spannungsfeld zwischen betriebsverfassungsrechtlicher Friedenspflicht und verfassungsrechtlich garantierter Meinungsfreiheit, BlStSozArbR 1983, 321; *Rädel*, Die Monatsgespräche zwischen Betriebsrat und Arbeitgeber, AiB 1999, 669; *Reichold*, Der Betriebsrat – ein „Trojanisches Pferd" im Arbeitskampf?, NZA 2004, 247; *ders*, Besprechung des Beschlusses BAG v. 17.3.2010 – 7 ABR 95,08, RdA 2011, 58; *Richardi*, Betriebsratsamt und Gewerkschaft, RdA 1972, 8; *Richter*, Politische Agitation im Betrieb, ArbRAktuell 2021, 619; *Rieble/Wiebauer*, Meinungskampf im Betrieb ZfA 2010, 63; *Röpke/ Schönhöft*, Teilnahme von Vertretern nicht tariffähiger Arbeitnehmervereinigungen an Betriebsversammlungen, NZA 2020, 1377; *Rolfs/Bütefisch*, Gewerkschaftliche Betätigung des Betriebsratsmitglieds im Arbeitskampf, NZA 1996, 17; *Sarge*, Vertrauensvolle Zusammenarbeit – Das Monatsgespräch gem § 74 Abs 1 BetrVG, dbr 2006, Nr 4, 14; *Schönfeld*, Gewerkschaftliche Betätigung im Betrieb, BB 89, 1818; *Sowka/Krichel*, Politische und gewerkschaftliche Betätigung im Betrieb, DB Beilage 1989, Nr 11, 1; *von Steinau-Steinrück/Burmann*, Die betriebsexterne Öffentlichkeitsarbeit des Betriebsrats, NZA 2019, 209; *Süllwold*, Monatsgespräch, ZBVR 2003, 166; *Wiebauer*, Unterlassungsanspruch gegen politische Betätigung des Betriebsrats, BB 2010, 3091; *Wiese*, Stellung und Aufgaben des Betriebsrats im Arbeitskampf, NZA 84, 378; *ders*, Zur Freiheit der Meinungsäußerung des Betriebsrats und seiner Mitglieder im Außenverhältnis, FS 50 Jahre Bundesarbeitsgericht (2004), S 1125; *ders*, Internet und Meinungsfreiheit der Arbeitgeber, Arbeitnehmers und Betriebsrats, NZA 2012, 1; *Wurm*, Die gewerkschaftliche Betätigung von Betriebsratsmitgliedern, ZBVR 1999, 91; *Ziegenhagen*, Der Betriebsrat und der Streik – Was ist erlaubt, was ist verboten?, AiB 2008, 585; *Zielke*, Politische Betätigung von Arbeitnehmern, 1999.

Übersicht

	Rn.		Rn.
I. Normzweck und Anwendungsbereich	1	3. Allg Friedenspflicht, Abs 2 S 2	27
II. Monatliche Besprechungen, Abs 1 S 1	3	4. Verbot parteipolitischer Betätigung, Abs 2 S 3	32
III. Verhandlungspflicht, Abs 1 S 2	8	5. Nichtbeachtung der Friedenspflicht	40
IV. Friedenspflicht, Abs 2	11		
1. Verbotsadressaten	11	V. Gewerkschaftliche Betätigung von Funktionsträgern, Abs 3	43
2. Arbeitskampfverbot, Abs 2 S 1	14		

I. Normzweck und Anwendungsbereich

1 § 74 **konkretisiert** als lex specialis für die Mitwirkung und Mitbestimmung des BR das **Gebot zur vertrauensvollen Zusammenarbeit (§ 2 Abs 1)**, indem er AG und BR zu monatl Besprechungen (Abs 1 S 1, Rn 3 ff) und zur Verhandlung über strittige Fragen verpflichtet (Abs 1 S 2, Rn 8 ff). Zudem wird die betriebl Friedenspflicht durch drei Verbote ausgeformt: durch das Arbeitskampfverbot (Abs 2 S 1, Rn 14 ff) sowie die Verbote friedensstörender (Abs 2 S 2, Rn 27 ff) und parteipolitischer Betätigungen (Abs 2 S 3, Rn 32 ff). Abs 3 ergänzt § 2 Abs 2 und 3 und stellt klar, dass die Übernahme eines betriebsverfassungsrechtl Mandats den AN nicht in seiner Betätigung für eine Gewerkschaft – auch nicht im Betrieb – beschränkt (Rn 43 f).

Aus § 74 lässt sich auch erkennen, dass die **Kommunikation der Betriebspartner** be- 2
triebsbezogen sein soll. Das gilt zum einen für die Art dieser Kommunikation – wenn
§ 74 Abs 1 S 1 Besprechungen zwischen dem BR und dem AG anordnet, dann folgt daraus die Leitlinie, dass über betriebl Inhalte auch eine betriebsinterne und keine öffentl
Diskussion geführt wird, was etwa den Auftritt des BR in sozialen Medien limitiert <L:
dazu *Günther/Lenz* NZA 2019, 1244; *von Steinau-Steinrück/Burmann* NZA 2019,
212 ff>. Zum anderen soll auch die inhaltliche Kommunikation zwischen BR und AG betriebsbezogen sein, was etwa eine allgemeinpolitische Auseinandersetzung im Betrieb begrenzt (dazu Rn 32 ff).

II. Monatliche Besprechungen, Abs 1 S 1

Nach Abs 1 S 1 sollen **AG und BR monatl mindestens einmal** zu einer Besprechung 3
zusammentreten, um eine kontinuierliche Basis für eine vertrauensvolle und konstruktive
Zusammenarbeit herzustellen (Rn 1). Besteht aus konkretem Anlass erhöhter Kommunikationsbedarf, kann § 2 Abs 1 oder ein MBR den AG zu häufigeren Besprechungen verpflichten. Abs 1 S 1 begründet weder für AG noch für BR einen Erfüllungsanspruch
(noch Rn 8 zur Verhandlungspflicht). Ein „Auslassen" der monatlichen Besprechungen
ist dagg nicht mögl <L: GK/*Jacobs* Rn 11; Richardi/*Maschmann* Rn 8; **aA:** HWK/*Reichold* Rn 3>. Eine ständige Weigerung, an den Besprechungen teilzunehmen, kann als
grobe Pflichtverletzung die Folgen des § 23 Abs 1 und 3 auslösen <L: GK/*Jacobs* Rn 12;
Fitting Rn 4; DKW/*Berg* Rn 5; HWGNRH/*Worzalla* Rn 9>.

In Bezug auf **Einberufung, Durchführung und Gegenstand** der monatl Besprechungen 4
sind AG und BR mangels gesetzl Vorgaben **frei**; auch müssen sie keine Niederschrift der
Besprechung anfertigen. Die monatl Besprechung kann mit einer BR-Sitzung verbunden
werden, also dieser vorangehen oder folgen, aber nicht in die BR-Sitzung als solche integriert werden <L: GK/*Jacobs* Rn 23; *Fitting* Rn 6; missverständlich „im Rahmen": Richardi/*Maschmann* Rn 9>. Allerdings kann etwa eine Besprechung nach § 74 Abs 1 S 1
unterbrochen werden, damit der BR zur Beschlussfassung zusammenkommen kann <L:
GK/*Jacobs* Rn 23>. Weil die Vorgaben für die Sitzungen des BR nicht gelten, sind die
Betriebsparteien auch frei darin, die Besprechung digital oder sonst audio-visuell durchzuführen – wenn beide Betriebsparteien einverstanden sind und solange die Beteiligung
aller BR-Mitglieder digital möglich und der Ausschluss der Öffentlichkeit gewährleistet
ist <L: GK/*Jacobs* Rn 21>.

An den monatl Besprechungen müssen wg des Besprechungszwecks (Rn 3) **alle BR-Mit-** 5
glieder teilnehmen; die Besprechungen können weder als laufende Geschäfte vom Betriebsausschuss (§ 27 Abs 2 S 1) noch vom BR-Vors „unter vier Augen" (§ 27 Abs 3) geführt werden <L: statt aller ErfK/*Kania* Rn 4>. Dies gilt auch dann, wenn der BR eine
größere Anzahl von Mitgliedern hat <L: Richardi/*Maschmann* Rn 7; einschränkend
BeckOK ArbR/*Werner* Rn 3>. Ebenso wenig kann der BR die Besprechungspflicht dem
Betriebsausschuss oder einem sonstigen Ausschuss gem §§ 27 Abs 2 S 2, 28 Abs 1 S 3
zur selbstständigen Erledigung übertragen <R: ausdrückl offenlassend BAG 19.1.1984, 6
ABR 19/83, NZA 1984, 166; L: GK/*Jacobs* Rn 14; HWGNRH/*Worzalla* Rn 4; aA *Fitting*
Rn 5; DKW/*Berg* Rn 7; ErfK/*Kania* Rn 5; *SWS* Rn 1; auch R: BAG 15.8.2012, 7 ABR
16/11, NZA 2013, 284> und zwar auch dann nicht, wenn Angelegenheiten erörtert wer-

§ 74 Grundsätze für die Zusammenarbeit

den, deren selbstständige Erledigung dem Betriebsausschuss oder einem anderen Ausschuss übertragen sind <L: Richardi/*Maschmann* Rn 7; HWGNRH/*Worzalla* Rn 4; **für diesen Fall aber** HWK/*Reichold* Rn 4>, da der AG andernfalls verpflichtet wäre, sich deutl häufiger als monatl mit dem BR einerseits und verschiedenen Ausschüssen andererseits zu besprechen.

6 Der **AG** muss grds persönl an den Besprechungen teilnehmen. Obwohl Abs 1 S 1 dies anders als §§ 43 Abs 2 S 3, 108 Abs 2 S 1 nicht ausdrückl vorsieht, kann er sich auch durch eine Person vertreten lassen, die AG-Funktionen ausübt und die die für die Besprechungen erforderl Sach- und Fachkompetenz hat; wg der Verhandlungspflicht aus Abs 1 S 2 muss sie vom AG zudem zu Verhandlungen mit dem BR ermächtigt worden sein <R: allg BAG 11.12.1991, 7 ABR 16/91, BB 1992, 1351; **L:** GK/*Jacobs* Rn 15; DKW/*Berg* Rn 6; HWGNRH/*Worzalla* Rn 6>.

7 Da die Besprechungen dem Meinungsaustausch zw AG und BR dienen (Rn 3), sind sie keine BR-Sitzungen, sodass aus den Vorschriften über die **Teilnahme Dritter** an BR-Sitzungen kein Recht folgt, auch an den Besprechungen zw AG und BR teilzunehmen <R: BAG 19.1.1984, 6 ABR 19/83, NZA 1984, 166>. Mangels Anwendbarkeit des § 31 haben daher Mitglieder von im Betrieb vertretenen Gewerkschaften und Beauftragte des AG-Verbands kein Teilnahmerecht, es sei denn, AG und BR sind mit deren Beteiligung einverstanden oder die Beteiligung ist sachl geboten <L: GK/*Jacobs* Rn 18; Richardi/*Maschmann* Rn 11; *Fitting* Rn 8; HWGNRH/*Worzalla* Rn 5; ErfK/*Kania* Rn 7; **aA** DKW/*Berg* Rn 9>. Als sachl geboten wird es etwa angesehen, wenn Gegenstand der Besprechung die Rechte der Koalition im Betrieb oder die Durchführung eines Tarifvertrages im Betrieb ist <L: Richardi/*Maschmann* Rn 11; allgemeiner ErfK/*Kania* Rn 7: „sachlich geboten" ohne anzuerkennende Gegengründe für die Beteiligung>. Ausdrückl teilnahmeberechtigt ist nach § 178 V SGB IX die Schwerbehindertenvertretung <R: **abw** noch BAG 19.1.1984, aaO zu § 22 Abs 4 SchwbG> und bei Besprechungen, in denen bes die jugendlichen und auszubildenden AN iS des § 60 Abs 1 betreffende Angelegenheiten behandelt werden, nach § 68 die gesamte Jugend- und Auszubildendenvertretung (§ 60 Rn 5, § 68 Rn 1). Das Gebot des § 2 Abs 1 SprAuG zur vertrauensvollen Zusammenarbeit zw AG und SprA (§ 2 Rn 15) begründet kein Teilnahmerecht des SprA an Besprechungen zw AG und BR, da der AG auch in getrennten Besprechungen vertrauensvoll mit BR und SprA zusammenarbeiten kann. Eine Teilnahme ist aber mögl, wenn BR und AG einverstanden sind oder wenn Angelegenheiten besprochen werden, die rechtl Interessen der ltd Ang berühren und keine sachl Gründe gg die Teilnahme sprechen <L: GK/*Jacobs* Rn 18>.

III. Verhandlungspflicht, Abs 1 S 2

8 Abs 1 S 2 verpflichtet AG und BR, **in allen strittigen Fragen** zu verhandeln. Die Verhandlungspflicht besteht in mitbestimmungspflichtigen und in mitbestimmungsfreien Angelegenheiten. Der gesetzessystematische Bezug auf die monatl Besprechungen iS des Abs 1 S 1 beschränkt die Verhandlungspflicht nicht; aus konkretem Anlass müssen AG und BR auch außerhalb der monatl Besprechungen in den sie betreffenden Angelegenheiten verhandeln. Als Konkretisierung des Gebots der vertrauensvollen Zusammenarbeit aus § 2 Abs 1 formuliert Abs 1 S 2 einen zusätzl allg Grundsatz des Betriebsverfassungsrechts <L: GK/*Jacobs* Rn 24; Richardi/*Maschmann* Rn 12>. Abs 1 S 2 begründet aber

keinen Erfüllungsanspruch (schon Rn 3 zu den monatl Besprechungen). Kommen die Betriebspartner der Verhandlungs- und Mitwirkungspflicht aber massiv und nachhaltig nicht nach, so kann ein späteres Berufen auf eine dennoch (und mitbestimmungswidrig) durchgeführte Maßnahme rechtsmissbräuchlich sein <plakativ **R:** BAG 12.3.2019, 1 ABR 42/ 17, BB 2019, 1657: krit *Heuschmid/Kummert* NZA 2019, 1258>. Ein wiederholter Verstoß gg die Verhandlungspflicht kann als grobe Pflichtverletzung die Folgen des § 23 Abs 1 und 3 auslösen <**R:** LAG Düsseldorf 23.6.2020, 14 TaBV 75/19, juris: Weigerung des BR, mit einem bestimmten Personalleiter zu verhandeln>. Verweigert der AG Verhandlungen mit dem BR hartnäckig, kann er dadurch zudem die BR-Tätigkeit iS des § 119 Abs 1 Nr 2 strafbar behindern <**L:** *Fitting* Rn 9b; Richardi/*Maschmann* Rn 13>.

„**Verhandlung**" verlangt lediglich eine Erörterung, bedeutet aber keinen Zwang zum Kompromiss: Jede Seite darf an ihrem Standpunkt festhalten <**L:** statt aller GK/*Jacobs* Rn 26 mwN>. Das zeigt die Einrichtung der ES als betriebl Zwangsschlichtungsstelle: Können sich AG und BR nicht einigen, entscheidet die ES, deren Spruch gem § 76 V die Einigung zw AG und BR ersetzt. Abs 1 S 2 verlangt von AG und BR aber, dass sie mit dem ernsten Willen zur Einigung verhandeln, Vorschläge für die Beilegung der Meinungsstreitigkeiten machen und vor Anrufung der ES grundsätzl eine gütl Einigung versuchen <**R:** BAG 13.10.1987, 1 ABR 10/86, BB 1988, 270; LAG Hamm 9.8.2004, 10 TaBV 81/04, LAGE § 98 ArbGG 1979 Nr 43; LAG Sachsen 12.10.2001, 3 TaBV 22/01, NZA-RR 2002, 362; **L:** *Fitting* Rn 9 ff mwN>. 9

Verhandlung selbst und Einigungsversuch sind aber **weder unabdingbare Voraussetzung für das Verf vor der ES noch Prozessvoraussetzung für den Zugang zu den ArbG**: Verweigert eine Seite Verhandlungen und ist sie offensichtl verhandlungsunwillig, so ist die ES nicht iS des § 100 Abs 1 S 2 ArbGG offensichtl unzuständig <**R:** LAG München 13.12.2021, 3 TaBV 59/21, juris>. Denn das arbg Bestellungsverf nach § 100 ArbGG soll bei Konflikten jede weitere Verzögerung vermeiden und die Errichtung einer ES beschleunigen. Wären Verhandlung und Einigungsversuch der Betriebspartner Voraussetzung für das Verf vor der ES, könnte die verhandlungsunwillige Partei eine Einigung normzweckwidrig vollständig blockieren <**R:** LAG Rheinland-Pfalz 8.1.2021, 5 TaBV 16/20, juris; LAG Rheinland-Pfalz 6.2.2020, 5 TaBV 30/19, juris Rn 24; LAG Rh-Pf 2.11.2012, 9 TaBV 34/12, juris; LAG Berl-Bbg 9.4.2014, 4 TaBV 638/14, juris; LAG Hamm 9.8.2004, 10 TaBV 81/04, LAGE § 98 ArbGG 1979 Nr 43; 29.2.2008, 13 TaBV 6/ 08, juris; LAG Sachsen 12.10.2001, 3 TaBV 22/01, NZA-RR 2002, 362; LAG Nds 25.10.2005, 1 TaBV 48/05, NZA-RR 2006, 142; Hess LAG 17.4.2007, 4 TaBV 59/07, AuA 2007, 757; LAG SH 17.11.1988, 6 TaBV 30/88, LAGE ArbGG 1979 § 98 Nr 13; nur iR erzwingbarer MBR LAG Rh-Pf 5.1.2006, 6 TaBV 60/05, AuR 2006, 333; **L:** GK/ *Jacobs* Rn 29; *Fitting* Rn 9b; DKW/*Berg* Rn 14; HWGNRH/*Worzalla* Rn 10; BeckOK ArbR/*Werner* Rn 1–6; unklar Richardi/*Maschmann* Rn 14>. 10

IV. Friedenspflicht, Abs 2

1. Verbotsadressaten

Abs 2 sichert in Konkretisierung des Grundsatzes der vertrauensvollen Zusammenarbeit aus § 2 Abs 1 Betriebsfrieden und Arbeitsablauf. Das Arbeitskampfverbot (Abs 2 S 1) 11

§ 74 Grundsätze für die Zusammenarbeit

und die Verbote friedensstörender (Abs 2 S 2) und parteipolitischer Betätigungen (Abs 2 S 3) richten sich zum einen an den AG, wenn dieser keine natürl Person ist, an dessen Repräsentanten, und zum anderen an den BR und an dessen Mitglieder, da der BR nur durch seine Mitglieder handlungsfähig ist <R: BAG 5.12.1975, 1 AZR 94/74, BB 1976, 415; 21.2.1978, 1 ABR 54/76, BB 1978, 1116 beide zu Abs 2; L: GK/*Jacobs* Rn 38, 39, 106 und 143 mwN>. Die Verbote gelten trotz fehlenden Verweises auch für die Jugend- und Auszubildendenvertretung <R: BAG 11.12.1975, 2 AZR 426/74, DB 1976, 679; 8.2.1977, 1 ABR 82/74, BB 1977, 647; L: GK/*Jacobs* Rn 40 und 108; für Abs 2 S 3 auch Richardi/*Maschmann* Rn 68; *Fitting* Rn 40; **insoweit abl** DKW/*Berg* Rn 64> und für die Schwerbehindertenvertretung <L: GK/*Jacobs* Rn 40 und 108; HSWGN/*Worzalla* Rn 34>, ebenso für andere betriebsverfassungsrechtl Funktionsträger wie Wahlvorstandsmitglieder, die Mitglieder des WirtA und der ES <L: für Abs 2 S 1 AR/*Kolbe* Rn 8; GK/*Jacobs* Rn 40, **abl** aber Rn 108 für Abs 2 S 3>.

12 Die Verbote treffen den AG und das BR-Mitglied aber eben auch **nur in seiner Eigenschaft als AG und als BR-Mitglied**: Etwa darf ein BR-Mitglied nicht die Autorität seines BR-Amts dazu nutzen, Arbeitswillige zur Teilnahme an einem Streik zu bewegen (Rn 19) oder darf der AG nicht unter Ausnutzung seiner Stellung zur Unterstützung einer best Partei in Wahlen aufrufen (Rn 32). AN ohne Betriebsverfassungsamt sind nicht Verbotsadressaten <R: aA früher zum Arbeitskampfverbot BAG 17.12.1976, 1 AZR 772/75, BB 1977, 544>; gg **Ersatzmitglieder** richten sich die Verbote nur, sofern diese in den BR nachgerückt sind (§ 25 Abs 1 S 1) oder, wenn sie vorübergehend als Stellvertreter eines zeitweilig verhinderten Mitglieds in den BR eintreten (§ 25 Abs 1 S 2), nur für die Dauer der Stellvertretung <R: vgl LAG Ddf 29.1.1981, 14 Sa 1208/80, DB 1981, 1986>. Als AN und als Gewerkschaftsmitglied, also ohne Bezug zum betriebsverfassungsrechtl Mandat, können auch BR-Mitglieder an Arbeitskampfmaßnahmen teilnehmen (Rn 17) und dürfen sich als AN in Ausübung ihres Grundrechts auf Meinungsfreiheit aus Art 5 Abs 1 GG parteipolitisch betätigen (Rn 32); Grenze ist hier der Arbeitsvertrag <L: GK/*Jacobs* Rn 41 und 110; Richardi/*Maschmann* Rn 69; *Fitting* Rn 16 und 43; DKW/*Berg* Rn 45 und 65; ErfK/*Kania* Rn 12 und 22 f>. Denn bereits **arbeitsvertragl** ist jeder **AN** verpflichtet, den Betriebsfrieden zu wahren und ihn nicht etwa durch politische Betätigungen zu stören <R: BAG 26.5.1977, 2 AZR 632/76, BB 1977, 1504; 9.12.1982, 2 AZR 620/80, DB 1983, 2578; L: GK/*Jacobs* Rn 139 mit 111; Richardi/*Maschmann* Rn 51>. Dass AG und BR-Mitglieder in Privatgesprächen im Betrieb politische Themen besprechen dürfen, folgt nicht erst daraus, dass das Verbot parteipolitischer Betätigung „im Betrieb" aus Abs 2 S 3 eine gewisse Betriebsöffentlichkeit verlangt <L: so GK/*Jacobs* Rn 121; *Fitting* Rn 51; DKW/*Berg* Rn 55; HWGNRH/*Worzalla* Rn 39>, sondern schon daraus, dass sie diese Gespräche als Privatleute führen.

13 Die Verbote des Abs 2 richten sich **nicht an Gewerkschaften und ihre Mitglieder**; das ist für das Arbeitskampfverbot des Abs 2 S 1 Hs 1 wg Art 9 Abs 3 GG selbstverständl, wird in Abs 2 S 1 Hs 2 aber noch einmal ausdrückl gesagt. Dass die parteipolitische Betätigung im Betrieb auch für die Gewerkschaften verboten ist, folgt aber schon aus deren begrenztem Aufgabenbereich iR des BetrVG (§ 2 Rn 21) <L: GK/*Jacobs* Rn 109; Richardi/*Maschmann* Rn 70; *Fitting* Rn 44>. Ein Recht zur parteipolitischen Betätigung folgt für die Gewerkschaften auch nicht aus Art. 9 Abs 3 GG: Zwar schützt Art 9 Abs 3 GG auch Aktivitäten, die über die Gestaltung der Arbeits- und Wirtschaftsbedingungen durch Tarifvertrag hinausgehen. Die Verteilung von Handzetteln mit Wahlaufrufen zugunsten

IV. Friedenspflicht, Abs 2 § 74

bestimmter Parteien und Kandidaten vor allg politischen Wahlen ist aber ebenso wenig durch Art 9 Abs 3 GG geschützt <R: BVerfG 28.4.1976, 1 BvR 71/73, BB 1976, 1026> wie die Verteilung von Werbe- und Informationsmaterial parteipolitischen Inhalts <R: obiter BAG 14.2.1967, 1 AZR 494/65, BB 1967, 330; 14.2.1978, 1 AZR 280/77, BB 1978, 710>. Informationen allg politischen Inhalts sind durch Art 9 Abs 3 GG nicht gedeckt, es sei denn, dass sie mit der Wahrung der Arbeits- und Wirtschaftsbedingungen iS des Art 9 Abs 3 GG unmittelbar zusammenhängen <R: obiter BAG 14.2.1967, aaO; L: GK/*Jacobs* Rn 104; *Fitting* Rn 44>. Bei Teilnahme eines Gewerkschaftsbeauftragten an einer Betriebsversammlung verweist § 45 S 1 Hs 2 unmittelbar auf Abs 2 S 3 <L: zur Teilnahme von Mitgliedern nicht tariffähiger AN-Koalitionen im Zusammenhang mit § 74 Abs 2 *Röpke/Schönhöft* NZA 2020, 1377, 1379>.

2. Arbeitskampfverbot, Abs 2 S 1

Nach Abs 2 S 1 sind Maßnahmen des Arbeitskampfes zw AG und BR unzulässig. Es ist 14 zentral für die Konfliktlösung im Betrieb, weil es das die Betriebsverfassung prägende Kooperationsmodell umsetzt: Regelungskonflikte werden in der Betriebsverfassung durch Einigung oder Schlichtung durch die ES ausgetragen, aber nicht durch konfrontativen Arbeitskampf wie im Tarifvertragsrecht <L: HWK/*Reichold* Rn 10>. **Arbeitskampf** iS des Abs 2 S 1 ist weit zu verstehen <L: GK/*Jacobs* Rn 46>. Voraussetzung ist eine kollektive Störung der Arbeitsbeziehungen durch den AG oder den BR, um dadurch Druck auszuüben und ein best Ziel zu erreichen <L: BeckOK ArbR/*Werner* Rn 11; MünchArbR/ *Boemke* § 288 Rn 12; GK/*Jacobs* Rn 47>. Anstatt Kampfmaßnahmen zu ergreifen, muss der BR das durch das BetrVG vorgeschriebene Verf einhalten, insbes die ES gem § 76 Abs 5 anrufen oder ein arbg Beschlussverf nach § 2a Abs Nr 1 ArbGG einleiten <R: BAG 17.12.1976, 1 AZR 772/75, BB 1977, 544; L: Richardi/*Maschmann* Rn 17 mwN>. Arbeitskampfmaßnahmen sind neben Aussperrung und Streik (Warnstreik, Bummelstreik oder Dienst nach Vorschrift) auch die Betriebsbesetzung (Sitzstreik), die Betriebsblockade und die generelle Verweigerung von Akkordarbeit <R: LAG Hamm 23.2.1965, 3 Sa 763/64, DB 1965, 1052> oder von Überstunden <R: LAG BaWü 21.4.1982, 3 Sa 2/82, DB 1982, 1409> und alle Tätigkeiten, die solche Kampfmaßnahmen vorbereiten. Ausreichend ist schon die Drohung mit Arbeitskampfmaßnahmen <L: GK/*Jacobs* Rn 50>.

Die Friedenspflicht des § 74 Abs 2 S 1 gilt **absolut**. Sie umfasst alle Bereiche der Beteiligung des BR, sowohl die mitbestimmungspflichtigen wie die mitbestimmungsfreien. Arbeitskampfmaßnahmen sind **abstrakt** verboten; eine konkrete Beeinträchtigung des Betriebsfriedens verlangt Abs 1 S 1 nicht <L: GK/*Jacobs* Rn 46 ff>. 15

Verstöße gegen die betriebsverfassungsrechtl Friedenspflicht sind regelmäßig grobe Verstöße im Sinne des § 23 BetrVG, die zur Auflösung des BR oder zum Ausschluss eines BR-Mitglieds nach § 23 Abs 1 oder zum Anspruch gegen den AG aus § 23 Abs 3 führen können <L: BeckOK ArbR/*Werner* Rn 12>. 16

Rechtmäßige **Arbeitskämpfe tariffähiger Parteien**, also zw Gewerkschaften und AG 17 oder AG-Verband (§ 2 TVG), verbietet Abs 2 S 1 nicht und zwar auch nicht, soweit um einen Firmen-TV oder um die tarifl Regelung betriebl oder betriebsverfassungsrechtl Fragen gekämpft wird <L: GK/*Jacobs* Rn 44 mwN>. Ebenso wenig schließt Abs 2 S 1 einen Arbeitskampf zw tariffähigen Parteien dann aus, wenn die Tarifforderung eine Angelegenheit betrifft, in der nach BetrVG die ES verbindl entscheidet <L: BeckOK ArbR/*Wer-*

§ 74   Grundsätze für die Zusammenarbeit

ner Rn 13; Richardi/*Maschmann* Rn 22>. Etwa darf die Gewerkschaft in einem Haus-TV oder unternehmensbezogenen Verbands-TV um einen **Tarifsozialplan** kämpfen, selbst wenn zugleich Sozialplanverhandlungen zw BR und AG stattfinden und der Sozialplan gem § 112 Abs 4 über die ES erzwungen werden könnte <**R:** BAG 24.4.2007, 1 AZR 252/06, BB 2007, 2235; **L:** *Kaiser* FS Buchner (2009), S 383, 388 ff mwN und S 396 ff mwN zur Einschränkung der MBR des BR in einem solchen Arbeitskampf; *Fitting* Rn 21 ff>. **Als AN können die BR-Mitglieder** an einem zulässigen Arbeitskampf **teilnehmen**; sie können auch streikführend tätig werden, zum Streik aufrufen oder die Urabstimmung durchführen <**R:** LAG Ddf 5.7.1994, 8 TaBV 57/94, BB 1994, 1940 (LS: Streikaufruf durch freigestellten BR-Vors); **L:** GK/*Jacobs* Rn 39, 65 mwN>.

18   Hingg ist die Teilnahme eines BR-Mitglieds an einem **wilden, dh rechtswidrigen Streik** ebenso ein **Verstoß gg das Arbeitskampfverbot des Abs 2 S 1** wie die sonstige Unterstützung eines solchen Streiks <**L:** GK/*Jacobs* Rn 64; Richardi/*Maschmann* Rn 27, 50>. Vom BR und seinen Mitgliedern kann aber nicht verlangt werden, auf die an einem wilden Streik beteiligten AN dahin einzuwirken, die Arbeit wiederaufzunehmen; aus Abs 2 S 1 folgt nur eine Unterlassungspflicht des BR, aber kein Handlungsgebot <**R:** LAG Hamm 6.11.1975, 8 TaBV 21/75, DB 1976, 343; **L:** GK/*Jacobs* Rn 88; Richardi/*Maschmann* Rn 25; *Fitting* Rn 14a; DKW/*Berg* Rn 27; ErfK/*Kania* Rn 11; **aA** SWS Rn 2>. Nimmt das BR-Mitglied an einem rechtswidrigen Streik teil, kann der AG mit einer Aussperrung reagieren oder das Arbeitsverhältnis durch ao Kd beenden <**R:** BAG 21.4.1971, GS 1/68, BB 1971, 701; 26.10.1971, 1 AZR 113/68, DB 1972, 143; 14.2.1978, 1 AZR 54/76, BB 1978, 913; 25.10.1988, 1 AZR 368/87, DB 1989, 682; **L:** Richardi/*Maschmann* Rn 29> – jedoch nur, wenn der AG solche Maßnahmen auch ggü anderen Streikteilnehmern ergreift. Andernfalls verstieße er gg das Benachteiligungsverbot des § 78 S 2. Zudem ist der AG nur zur suspendierenden, nicht aber zur auflösenden Aussperrung von BR-Mitgliedern berechtigt, damit das Arbeitsverhältnis als Grundlage des BR-Amts (§ 8 Rn 2) bestehen bleibt <**R:** BAG 21.4.1971, aaO; BVerfG 19.2.1975, 1 BvR 418/71, BB 1975, 515; **L:** Richardi/*Maschmann* Rn 29>. Gg das Erfordernis der Zustimmung des BR zur ao Kd von wild streikenden BR-Mitgliedern Rn 25. Zur Möglichkeit der Amtsenthebung nach § 23 Abs 1 s Rn 42.

19   BR-Mitglieder dürfen zwar an einem rechtmäßigen Streik teilnehmen (Rn 17), sie dürfen wg Abs 2 S 1 aber ihr **BR-Amt nicht mit dem Arbeitskampf verquicken**; der BR und seine Mitglieder müssen sich im Arbeitskampf **neutral** verhalten <**L:** Richardi/*Maschmann* Rn 24; *Fitting* Rn 14 und 16; BeckOK ArbR/*Werner* Rn 14; **einschränkend** DKW/*Berg* Rn 30 ff; GK/*Jacobs* Rn 67>. Ein BR-Mitglied darf als Gewerkschaftsmitglied zwar zum Streik aufrufen (Rn 17), nicht aber die **Autorität seines BR-Amts** dazu nutzen, Arbeitswillige zur Teilnahme an einem Streik zu bewegen <**R:** LAG Ddf 5.7.1994, 8 TaBV 57/94, BB 1994, 1940; **L:** Richardi/*Maschmann* Rn 26; *Fitting* Rn 14; auch GK/*Jacobs* Rn 68>. Die einzelnen BR-Mitglieder müssen, wenn sie sich am Streik beteiligen, jeden Eindruck vermeiden, sie führten den Arbeitskampf als Mitglied des BR. Wg Abs 3 kann aber nicht davon ausgegangen werden, dass die AN im Zweifel als BR-Mitglieder handeln, das BR-Mitglied muss deswg nicht ausdrückl darauf hinweisen, dass es nicht in seiner Amtseigenschaft, sondern als Gewerkschaftsmitglied tätig wird (Rn 43 f). Umgekehrt darf der BR oder eines seiner Mitglieder auch nicht auf die AN dahin einwirken, sich nicht an einem rechtmäßigen Streik zu beteiligen <**L:** Richardi/*Maschmann* Rn 24; DKW/*Berg* Rn 26; *Fitting* 14; ErfK/*Kania* Rn 11; **aA** GK/*Jacobs* Rn 87>. Ebenso wenig

IV. Friedenspflicht, Abs 2 § 74

darf der BR eine Betriebsversammlung einberufen, um auf dieser durch einen Gewerkschaftssekretär erörtern zu lassen, ob und wie ein Warnstreik durchgeführt werden soll <R: ArbG Göttingen 16.6.1981, 1 BV 4/81, DB 1982, 334>. Der BR darf auch nicht ihm vom AG nach § 40 Abs 2 zur Verfügung gestellte **sachl Mittel**, insbes Geschäftsräume, Büromaterial und Büropersonal einsetzen, um einen Streik vorzubereiten oder durchführen zu helfen <L: *Richardi* Rn 24>. Ebenso wenig darf der BR Geld für die Streikenden des eigenen oder anderer Betriebe sammeln <L: *Richardi/Maschmann* Rn 24> oder seine Zustimmung zur Anordnung von Überstunden verweigern, um die AN eines anderen Betriebs in deren Arbeitskampf zu unterstützen <R: LAG BaWü 21.4.1982, 3 Sa 2/82, DB 1982, 1409>. Der BR darf zusammen mit dem AG auch keine Regelungen über die Einteilung der AN zu **Notdienstmaßnahmen** treffen; Notdienstvereinbarungen sind Sache der Arbeitskampfparteien <R: aA LAG Nds 1.2.1980, 10 Sa 110/79, ArbuR 1981, 285; L: ErfK/*Kania* Rn 15; *Fitting* Rn 24a; DKW/*Berg* Rn 43; HWGNRH/*Worzalla* Rn 33; BeckOK ArbR/*Werner* Rn 18; aA GK/*Jacobs* Rn 85>.

Der **BR** wird **während eines Arbeitskampfs** im Betrieb **nicht funktionsuntüchtig**. Aus **20** Abs 2 S 1 folgt mittelbar, dass Arbeitskämpfe tariffähiger Parteien die Rechte und Pflichten des BR grds unberührt lassen: Der BR bleibt mit allen Rechten und Pflichten im Amt und hat dieses auch während eines Arbeitskampfs – neutral – wahrzunehmen <R: BAG 14.2.1978, 1 AZR 54/76, BB 1978, 913; 10. 12.2002, 1 ABR 7/02, BB 2003, 1900; L: MünchArbR/*Boemke* § 288 Rn 15; GK/*Jacobs* Rn 58 f mwN>. Beteiligt sich ein BR-Mitglied als AN an einem rechtmäßigen Streik (Rn 17, 19), **ruht** auch **nicht seine Mitgliedschaft im BR**, ledigl die Rechte und Pflichten aus dem Arbeitsverhältnis werden suspendiert <R: vgl BAG 21.4.1971, GS 1/68, BB 1971, 701; 25.10.1988, 1 AZR 368/87, DB 1989, 682; L: *Richardi/Maschmann* Rn 28>; zum Entgeltanspruch streikender oder ausgesperrter BR-Mitglieder § 37 Rn 24. Deswg bleibt das **Zugangsrecht** der BR-Mitglieder zum Betrieb auch während des Arbeitskampfes, insbes bei Aussperrung und Betriebsbesetzung bestehen; der AG darf die Zugangs-Code-Karten für BR-Mitglieder etwa nicht sperren <R: Hess LAG 8.2.1990, 12 TaBVGa 13/90, BB 1990, 1626 (LS); L: *Fitting* Rn 26 mwN>. Auch Betriebsversammlungen können während eines Arbeitskampfes stattfinden <R: BAG 5.5.1987, 1 AZR 292/85, BB 1988, 343>, zum Entgeltanspruch der AN aus § 44 Abs 1 S 2 und 3 § 44 Rn 6 ff, 13 f.

Ist der Betrieb unmittelbar von einem (rechtmäßigen oder rechtswidrigen) Streik betroffen, werden die **Mitwirkungs- und Mitbestimmungsrechte** des BR jedoch **arbeitskampfbedingt eingeschränkt,** wenn andernfalls die Freiheit des AG, Arbeitskampfmaßnahmen zu ergreifen oder den Folgen eines Arbeitskampfs zu begegnen, unmittelbar beeinträchtigt würde: Der BR darf über seine Mitwirkung nicht in die Lage versetzt werden, eine dem AG sonst mögl Abwehrmaßnahme zu vereiteln und dadurch zum Nachteil des AG in das Kampfgeschehen einzugreifen. Die Tarifautonomie und der aus ihr abzuleitende Grundsatz der Kampfmittelparität verlangen in diesen Fällen eine arbeitskampfkonforme Auslegung und damit eine Einschränkung der Beteiligungsrechte des BR <R: BAG 20.3.2018, 1 ABR 70/16, BB 2018, 3002; BAG 13.11.2011, 1 ABR 2/10, DB 2012, 1993; BAG 14.2.1978, 1 AZR 54/76, BB 1978, 913; 10.2.1988, 1 ABR 39/86, DB 1988, 1325; 19.2.1991, 1 ABR 36/90, BB 1991, 1486; 10. 12.2002, 1 ABR 7/02, BB 2003, 1900; BVerfG 7.4.1997, 1 BvL 11/96, DB 1997, 1982; L: *Richardi/Maschmann* Rn 33; HWGNRH/*Worzalla* Rn 29; mit anderer Begründung, näml unmittelbar auf Abs 2 S 1 stützend auch GK/*Jacobs* Rn 73 ff mwN; *Fitting* Rn 19 ff; **abl** DKW/*Berg* Rn 32>. **21**

§ 74 Grundsätze für die Zusammenarbeit

22 Die **Unterrichtungspflichten des AG**, etwa dessen allg Pflicht aus § 80 Abs 2 S 1, behindern dessen Arbeitskampfparität nicht: Weder sind sie geeignet, den AG daran zu hindern, eine beabsichtigte kampfbedingte Maßnahme zu ergreifen, noch können Unterrichtungspflichten zusätzl Druck auf den AG ausüben <**R**: BAG 10.12.2002, 1 ABR 7/02, BB 2003, 1900; **L**: GK/*Jacobs* Rn 79; *Fitting* Rn 21a; DKW/*Berg* Rn 38a; ErfK/*Kania* Rn 14; aA HWGNRH/*Worzalla* Rn 31; HWGNRH/*Nicolai* § 80 Rn 52>. Unterrichtungspflichten bleiben im Arbeitskampf auch bestehen, soweit sie iR eines MBR geregelt sind, etwa die Unterrichtung des BR nach § 99 Abs 1 zu einer nicht zustimmungsbedürftigen, weil arbeitskampfbedingten Versetzung nach § 99 <**R**: BAG 10 12.2002, aaO; Hess LAG 22.2.1990, 12 TaBVGa 1/90, DB 1991, 707; LAG Köln 22.6.1992, 14 TaBV 17/92, DB 1993, 838>.

23 Mitbestimmungsfrei sind alle Arbeitskampfmaßnahmen selbst. Eingeschränkt wird etwa die Mitbestimmung in den **sozialen Angelegenheiten des § 87**: Etwa hat der BR nicht nach § 87 Abs 1 **Nr 1** darüber mitzubestimmen, ob und wie die Werksausweise nicht ausgesperrter AN gekennzeichnet werden <**R**: BAG 16.12.1986, 1 ABR 35/85, BB 1987, 683>. Will der AG infolge des Arbeitskampfes in einem Betriebsteil Mehr- oder Kurzarbeit einführen, entfällt das MBR nach § 87 Abs 1 **Nr 3**, etwa wenn der AG die betriebsübl Arbeitszeit für arbeitswillige AN streikbedingt vorübergehend erhöhen möchte <**R**: BAG 20.3.2018, 1 ABR 70/16, BB 2018, 3002; BAG 24.4.1979, 1 ABR 43/77, BB 1979, 1348; 10.12.2002, 1 ABR 7/02, BB 2003, 1900> oder wenn er die Betriebstätigkeit während des Streiks einstellt und deswg die betriebsübl Arbeitszeit vorübergehend reduziert werden muss. In mittelbar vom Arbeitskampf betroffenen Betrieben beschränkt sich die Mitbestimmung über arbeitskampfbedingte Mehr- oder Kurzarbeit auf die Regelung der Modalitäten (Durchführung und Verteilung), das Ob und der Umfang der vorübergehenden Arbeitszeitreduzierung oder -erhöhung sind mitbestimmungsfrei <**R**: BAG 22.10.1980, 1 ABR 2/79, BB 1981, 609>; § 87 Rn 100. Nach Auffassung des BAG hindert Abs 2 S 1 die Betriebspartner auch nicht daran, in einer freiwilligen BV über die gleitende Arbeitszeit iS des § 87 Abs 1 **Nr 2** zu bestimmen, dass Zeiten der Streikteilnahme nicht das Arbeitsentgelt kürzen, sondern das Gleitzeitkonto belasten; durch die Verrechnung streikbedingter Ausfallzeiten werde der die streikenden AN treffende Nachteil ledigl verlagert, aber weder die Kampfparität gestört noch der Streik vom AG finanziert <**R**: BAG 30.8.1994, 1 ABR 10/94, BB 1995, 99; **L**: *Fitting* Rn 22f; einschränkend *Löwisch* Anm zu BAG aaO, AR-Blattei ES 170.2 Nr 40>.

24 Das MBR aus § 96 Abs 3, 4 für die **Auswahl der Teilnehmer an einer Berufsbildungsmaßnahme** entfällt nicht, wenn die AN nur deswg geschult werden sollen, damit sie bei einem Streik aushilfsweise mit anderen, für den Betrieb wesentl Tätigkeiten eingesetzt werden können, da eine solche Schulung ledigl der Vorbereitung einer Arbeitskampfmaßnahme dient, ohne aber den Arbeitskampf selbst unmittelbar zu beeinflussen <**R**: BAG 10.2.1988, 1 ABR 39/86, DB 1988, 1325 für Schulungen des Bodenpersonals für einen evtl Einsatz als Flugbegleiter>. Bei **personellen Einzelmaßnahmen** wie Einstellungen, Versetzungen und Entlassungen hat der BR nicht mitzubestimmen, da diese auf das Kampfgeschehen unmittelbar einwirken – unabhängig davon, ob sich seine Mitglieder sämtl, teilweise oder gar nicht am Streik beteiligen <**R**: BAG 26.10.1971, 1 AZR 113/68, DB 1972, 143; 10.12.2002, 1 ABR 7/02, BB 2003, 1900; **L**: GK/*Jacobs* Rn 71, 72>. Bei der **Einstellung** von neuen AN reduziert sich das MBR des BR aus § 99 auf eine Informationspflicht durch den AG, wenn die AN gerade als Ersatz für Streikende eingestellt

IV. Friedenspflicht, Abs 2   § 74

werden, ebenso bei **Versetzungen**, um die Arbeitsplätze streikender oder ausgesperrter AN zu besetzen <R: BAG 20.3.2018, 1 ABR 70/16, BB 2018, 3002; BAG 13.12.2011, 1 ABR 2/10, NZA 2012, 571; BAG 10.12.2002, aaO; auch BVerfG 7.4.1997, 1 BvL 11/96, DB 1997, 1982; L: Richardi/*Maschmann* Rn 38, 41; *Fitting* Rn 22; HWGNRH/*Worzalla* Rn 31>. Ist der AG nicht unmittelbar vom Arbeitskampf betroffen, sondern unterstützt er andere Unternehmer mit der Entsendung von AN, ist der BR nach § 99 uneingeschränkt zu beteiligen <R: BAG 19.2.1991, 1 ABR 36/90, BB 1991, 1486>.

Mitbestimmungsfrei ist die **arbeitskampfbedingte Kd**, bei der der BR nicht nach § 102 25 anzuhören ist <R: BAG 14.2.1978, 1 AZR 76/76, BB 1978, 1115; 10.12.2002, 1 ABR 7/02, BB 2003, 1900>. Bei der ao Kd von streikenden BR-Mitgliedern (Rn 18) entfällt die Zustimmungspflicht aus § 103 <R: BAG 14.2.1978, 1 AZR 54/76, BB 1978, 913; 10.12.2002, aaO>. Der AG muss nicht die Zustimmung des BR nach §103 einholen, die Zustimmung des BR muss aber durch das ArbG nach § 103 Abs 2 ersetzt werden <R: BAG 14.2.1978, 1 AZR 54/76 aaO; 16.12.1982, 2 AZR 76/81, DB 1983, 1049>. An einer **nicht arbeitskampfbedingten Kd** muss der BR nach § 102 beteiligt werden <R: BAG 14.2.1978, 1 AZR 154/76, DB 1978, 1501; 6.3.1979, 1 AZR 866/77, BB 1979, 1142>.

An einer durch den Arbeitskampf veranlassten **Betriebsänderung** iS des § 111, insbes 26 bei einem Personalabbau, hat der BR nicht mitzubestimmen; die Beteiligung des BR muss nach Ende des Arbeitskampfes aber nachgeholt werden <L: *Löwisch/Rumler* AR-Blattei SD 170.4 Rn 35>. Während des Streiks um einen beschäftigungssichernden Tarifvertrag im Zusammenhang mit einer Betriebsänderung oder einen **Tarifsozialplan** ruhen auch die Beteiligungsrechtes des BR aus den §§ 111, 112, sodass es nicht zu einem „Nebeneinander" der Verhandlungen mit der Gewerkschaft und dem BR kommen kann <L: *Löwisch* DB 2005, 554, 559>.

3. Allg Friedenspflicht, Abs 2 S 2

Als subsidärer Auffangtatbestand ergänzt Abs 2 S 2 das Arbeitskampfverbot des Abs 2 27 S 1 und das Verbot parteipolitischer Betätigungen nach Abs 2 S 3 und verbietet AG, BR und dessen Mitgliedern (Rn 11f) Betätigungen, die den Arbeitsablauf oder den Betriebsfrieden **konkret beeinträchtigen**. Abs 2 S 2 verbietet „Betätigungen", also ein **aktiv störendes Verhalten** <L: GK/*Jacobs* Rn 140 mwN>, hingg verpflichtet Abs 2 S 2 den BR nicht, auf die AN einzuwirken, den Betriebsfrieden nicht zu stören <L: GK/*Jacobs* Rn 144; Richardi/*Maschmann* Rn 49; *Fitting* Rn 28; ErfK/*Kania* Rn 17; DKW/*Berg* Rn 45; **aA** HWGNRH/*Worzalla* Rn 36>. Eine Einwirkungspflicht des BR besteht auch nicht bei störendem Verhalten einzelner BR-Mitglieder <L: *Fitting* Rn 28>. Da das Gesetz Störungen verhindern will, ist die allgemeine Friedenspflicht nicht erst dann verletzt, wenn die Störung eingetreten ist, sondern schon dann, wenn ein Verhalten, wenn man es nicht unterbindet, **höchstwahrscheinl** den Arbeitsablauf oder Betriebsfrieden stören wird <R: weiter Hess LAG 17.2.1997, 11 Sa 1776/96, NZA-RR 1998, 17: konkrete Gefährdung; L: GK/*Jacobs* Rn 145; Richardi/*Maschmann* Rn 46; *Fitting* Rn 29; ErfK/*Kania* Rn 18; *SWS* Rn 8; **abw** weiter HWGNRH/*Worzalla* Rn 36; enger DKW/*Berg* Rn 44 (konkrete Störung nötig)>.

Verboten sind zum einen Betätigungen, die den **Arbeitsablauf**, also den Arbeitsprozess 28 (Einsatz der Betriebsmittel und AN) stören, zB durch die Aufforderung, best Weisungen des AG nicht zu befolgen. Nicht unzulässig in den Arbeitsablauf greift der BR ein, wenn

Klumpp

§ 74 Grundsätze für die Zusammenarbeit

er seine Aufgaben nach dem BetrVG wahrnimmt, etwa eine Betriebsversammlung einberuft oder die AN auf den Verstoß des AG gg Arbeitsschutzvorschriften und das ihnen deswg zustehende Zurückbehaltungsrecht aus § 273 BGB hinweist <**L:** GK/*Jacobs* Rn 146; *Fitting* Rn 30f, 36; ErfK/*Kania* Rn 19; DKW/*Berg* Rn 49>. Eine Fragebogenaktion unter den AN darf der BR nur durchführen, soweit sich die Fragen iR seiner gesetzl Aufgaben halten und den Arbeitsablauf nicht stören, etwa die Fragebogen zu Hause ausgefüllt werden sollen und zu einem best Zeitpunkt im BR-Büro in einen Behälter geworfen werden sollen <**R:** BAG 8.2.1977, 1 ABR 82/74, BB 1977, 647 zu einer Fragebogenaktion der Jugendvertretung unter jugendl AN; **L:** Richardi/*Maschmann* Rn 47>. Da der AG durch seine unternehmerischen Entscheidungen den Arbeitsablauf organisiert, richtet sich das Verbot nicht gg den AG, sondern nur gg die Organe und Amtsträger der Betriebsverfassung. Auch mit arbeitsorganisatorischen Anweisungen, bei denen der AG MBR des BR missachtet, greift der AG nicht unter Verstoß gg Abs 2 S 2 in den Arbeitsablauf ein <**L:** *Fitting* Rn 31>: Der BR kann nicht nach Abs 2 S 2 Unterlassung verlangen, sondern muss zur Durchsetzung seiner MBR die bei den einzelnen Mitbestimmungstatbeständen geregelten Maßnahmen ergreifen.

29 Verboten sind zum anderen Betätigungen, die den **Betriebsfrieden**, also die Atmosphäre störungsfreier, friedl Zusammenarbeit zw AG und AN, AG und BR sowie unter den AN stören. Der Betriebsfrieden begründet ein **Mäßigungsgebot** beim innerbetriebl Meinungsaustausch und für die Weitergabe von Informationen durch AG und BR an die AN. So verstößt es gg den Betriebsfrieden, wenn sich AG und BR nicht der gesetzl vorgeschriebenen Formen bedienen, um einen Interessenkonflikt zu lösen, sondern einen Schriftwechsel, der Meinungsverschiedenheiten zw AG und BR dokumentiert, am Schwarzen Brett aushängen <**R:** LAG Ddf 25.5.1976, 15 TaBV 10/76, BB 1977, 294 zum Aushängen durch den BR; **L:** GK/*Jacobs* Rn 148; *Richardi* Rn 48; **krit** *Fitting* Rn 31a; DKW/*Berg* Rn 48>. Der Betriebsfrieden wird auch dann gestört, wenn eine innerbetriebl Auseinandersetzung in die Medien verlagert wird <**R:** vgl BAG 22.7.1980, 6 ABR 5/78, BB 1981, 494; **L:** GK/*Jacobs* Rn 148; *Fitting* Rn 34; ErfK/*Kania* Rn 20; *von Steinau-Steinrück/Burmann* NZA 2019, 212ff; differenzierend *Wiese* FS 50 Jahre BAG (2004), S 1125, 1145>.

30 So darf der **AG** die Belegschaft in einer Betriebsversammlung über die von ihm gem § 40 zu tragenden BR-Kosten informieren, muss aber die Interessen des BR wahren und darf nicht etwa die BR-Kosten als das Betriebsergebnis negativ beeinflussenden Faktor allein herausstellen <**R:** BAG 19.7.1995, 7 ABR 60/94, BB 1996, 328; 12.11.1997, 7 ABR 14/97, BB 1998, 1006>. Der AG darf „Fehlzeiten" des BR, die durch Krankheit oder Betriebstätigkeit oder durch Lehrgänge verursacht sind, nicht der Belegschaft durch Aushänge am „Schwarzen Brett" bekanntmachen <**R:** LAG Nds 9.3.1990, 3 TaBV 38/89, AuR 1991, 153 (LS); **L:** GK/*Jacobs* Rn 148; DKW/*Berg* Rn 48>. Ebenso wenig darf der AG über BR-Mitglieder sachl falsche und böswillig abwertende Behauptungen verbreiten <**R:** LAG Nds 6.4.2004, 1 TaBV 64/03, DB 2004, 1735 (im konkreten Fall abl); **L:** GK/*Jacobs* Rn 150> oder eine in einer Betriebsversammlung geführte Auseinandersetzung dadurch fortsetzen, dass er ein an den BR gerichtetes Schreiben, in dem er diesem „verbissene Aggressivität", „bösartige Häme" usw vorwirft, an einen größeren Personenkreis unter den AN verschickt <**R:** LAG Köln 16.11.1990, 12 TaBV 57/90, BB 1991, 1191 (LS); **L:** *Fitting* Rn 31af; DKW/*Berg* Rn 48; ErfK/*Kania* Rn 20>. Der AG darf auch nicht eigenmächtig Anschläge des BR vom Schwarzen Brett entfernen <**R:** Hess LAG

15.3.2007, 9 TaBVGa 32/07, juris; **L:** GK/*Jacobs* Rn 146; *Fitting* Rn 31a; DKW/*Berg* Rn 48> oder vom BR in das betriebsinterne Intranet eingestellte Seiten löschen <**R:** BAG 3.9.2003, 7 ABR 12/03, BB 2004, 668; LAG Hamm 12.3.2004, 10 TaBV 161/03, RDV 2004, 223 (LS)>. Stört der AG den Betriebsfrieden durch Maßnahmen gg den BR, wird darin in aller Regel zugleich eine Störung oder Behinderung der BR-Tätigkeit iS des **§ 78 S 1** liegen. Weitere Beispiele bei § 78 Rn 9 ff.

Eine Fragebogenaktion unter den AN darf der **BR** durchführen, wenn sie seine gesetzl Aufgaben betrifft, etwa nach vorhandenen Missständen im Betrieb und nach Kritik an Vorgesetzten und Mitarbeitern gefragt wird, und dies in sachl Form geschieht; nicht aber bei unsachl oder ehrverletzender Kritik oder Fragestellung <**R:** BAG 8.2.1977, 1 ABR 82/74, BB 1977, 647 zu einer Fragebogenaktion der Jugendvertretung unter jugendl AN; **L:** *Fitting* Rn 36; DKW/*Berg* Rn 49; ErfK/*Kania* Rn 20; BeckOK ArbR/*Werner* Rn 24>, schon Rn 28. Der BR und auch einzelne BR-Mitglieder dürfen sich in mitbestimmungspflichtigen Angelegenheiten mit einem Flugblatt an die Belegschaft wenden, wenn dadurch der Betriebsfrieden nicht gestört wird <**R:** Hess LAG 17.2.1997, 11 Sa 1776/96, NZA-RR 1998, 17; **L:** *Fitting* Rn 36; DKW/*Berg* Rn 49>; der Betriebsfrieden wird entgg Abs 2 S 1 gestört, wenn das Flugblatt das Verhalten des AG nicht nur sachl falsch, sondern böswillig entstellend darstellt <**R:** BAG 21.2.1978, 1 ABR 54/76, BB 1978, 1116>. Gleiches gilt für einen Aushang durch den BR <**R:** LAG Düsseldorf 23.6.2020, 14 TaBV 75/19, juris>. 31

4. Verbot parteipolitischer Betätigung, Abs 2 S 3

Abs 2 S 3 beschränkt für die Mitglieder des BR in Ausübung ihres Amtes nach der hM das Grundrecht der Meinungsfreiheit aus Art 5 Abs 1 S 2 GG zulässig <**R:** BAG 21.2.1978, 1 ABR 54/76, BB 1978, 1116; BVerfG 28.4.1976, 1 BvR 71/73, BB 1976, 1026; **L:** GK/*Jacobs* Rn 102; *Fitting* Rn 38; HWGNRH/*Worzalla* Rn 41; ErfK/*Kania* Rn 21; **zweifelnd** *Däubler* ArbR I, Rn 781 ff; DKW/*Berg* Rn 50; gg die Grundrechtsfähigkeit des BR richtig *Rieble/Wiebauer* ZfA 2010, 63, 105; *Wiebauer* BB 2010, 3011, 3013> und verbietet jede parteipolitische Betätigung des AG, des BR und seiner Mitglieder (Rn 11) im Betrieb, um den **Betriebsfrieden zu sichern** <**R:** BAG 21.2.1978, aaO; 12.6.1986, 6 ABR 67/84, DB 1987, 1898>. Anders als Abs 2 S 2, der eine konkrete Beeinträchtigung der Arbeitsabläufe oder des Betriebsfriedens verlangt (Rn 27), schützt Abs 2 S 3 den Betriebsfrieden abstrakt und untersagt parteipolitische Betätigungen schlechthin <**R:** BAG 13.9.1977, 1 ABR 67/75, DB 1977, 2452; 21.2.1978, aaO; GK/*Jacobs* Rn 103, 112; *Fitting* Rn 37; ErfK/*Kania* Rn 21; auch Richardi/*Maschmann* Rn 57; BeckOK ArbR/*Werner* Rn 26; **aA** *Däubler*, ArbR I, Rn 781 ff; DKW/*Berg* Rn 50>, aber § 118 Rn 34. Zudem schützt Abs 2 S 3 die **Meinungs- und Wahlfreiheit der einzelnen AN** vor einer Beeinflussung durch mit „Amtsbonus" ausgestattete BR-Mitglieder <**R:** BAG 13.9.1977 und 12.6.1986, aaO; auch 21.2.1978, aaO; **L:** *Löwisch* DB 1976, 676; *Wiese* FS 50 Jahre BAG (2004), S 1125, 1140; Richardi/*Maschmann* Rn 59; *SWS* Rn 12b; **abl** GK/*Jacobs* Rn 105>. Es besteht aber kein Zusammenhang mit dem Gleichbehandlungsgebot aus § 75 Abs 1 <**L:** GK/*Jacobs* Rn 104; auch *Fitting* Rn 37; **abw** Richardi/*Maschmann* Rn 58 f>. 32

Das BAG fasst den Begriff „parteipolitisch" eng: Äußerungen allgemeinpolitischer Art ohne Bezug zu einer Partei würden nicht umfasst, es dürfe aber auch nicht „polarisiert" 33

§ 74   Grundsätze für die Zusammenarbeit

werden <R: BAG 17.3.2010, 7 ABR 95/08, NZA 2010, 113; zustimmend ErfK/*Kania* Rn 25>. Das geht fehl: Der Betrieb ist kein „Diskussionsforum" <L: treffend *Reichold* RdA 2011, 58, 60>, der BR kein allgemeinpolitischer Akteur. Der Begriff „**parteipolitisch**" begrenzt das Verbot des Abs 2 S 3 deshalb nur scheinbar auf Parteien iS des Art 21 GG (einschließl der nach Art 21 Abs 2 GG für verfassungswidrig erklärten) und iS von § 2 PartG; erfasst wird auch das Eintreten für oder gg sonstige politische Gruppierungen, etwa für Bürgerinitiativen <R: BAG 12.6.1986, 6 ABR 67/84, DB 1987, 1898; **L:** GK/*Jacobs* Rn 115; Richardi/*Maschmann* Rn 61; HWGNRH/*Worzalla* Rn 43; **aA** *Fitting* Rn 48; DKW/*Berg* Rn 56; ErfK/*Kania* Rn 25> oder politische Strömungen, die sich hinreichend formiert haben, sodass eine Parteinahme für sie mögl ist, etwa die Anti-Atom-Bewegung oder die Friedensbewegung <R: BAG 12.6.1986, 6 ABR 67/84, DB 87, 1898 und 12.6.1986, 6 AZR 559/84, NZA 87, 153 beide zum Verteilen von Flugblättern gg die Raketenstationierung in Deutschland; **L:** GK/*Jacobs* Rn 115; *Richardi* Rn 61; ErfK/*Kania* Rn 25; HWGNRH/*Worzalla* Rn 44; SWS Rn 12; **aA** *Fitting* Rn 48; DKW/*Berg* Rn 57>. Eine solche Formierung ist aber nicht Voraussetzung: Verboten ist auch das allgemeinpolitische Eintreten für oder gg eine best **politische Richtung** <R: BAG 21.2.1978, 1 ABR 54/76, BB 1978, 1116; 12.6.1986, aaO; **L:** Richardi/*Maschmann* Rn 62; SWS Rn 12; MünchArbR/*Boemke* § 288 Rn 26; **aA** ErfK/*Kania* Rn 25; GK/*Jacobs* Rn 116 mwN; *Fitting* Rn 50; DKW/*Berg* Rn 53 f, 57>. Eine weite Auslegung in diesem Sinne ist durch den Schutzzweck des Abs 2 S 3 gerechtfertigt und beeinträchtigt weder den AG noch die BR-Mitglieder übermäßig in ihrem Grundrecht aus Art 5 Abs 1 S 2 GG <**L: so aber** *Fitting* Rn 50a; DKW/*Berg* Rn 53 ff>, da sie ledigl daran gehindert sind, sich in ihrer Stellung als BR-Mitglied politisch zu äußern; etwa bleibt ein Gespräch zu politischen Themen unter Arbeitskollegen mögl. Dass in Abgrenzung zu den mit „politischen" weiteren Fassungen der §§ 75 und 118 für die „parteipolitische" Betätigung in Abs 2 S 3 eine enge Auslegung erforderl sei <**L:** GK/*Jacobs* Rn 116; BeckOK ArbR/*Werner* Rn 29; *Fitting* Rn 50; DKW/*Berg* Rn 53>, überzeugt als reines Wortlautargument nicht; maßgebl ist der Schutzzweck der Norm.

34 Von dem Verbot der parteipolitischen Betätigung **ausdrückl ausgenommen** sind nach Abs 2 S 3 Hs 2 tarifpolitische, sozialpolitische, umweltpolitische und wirtschaftl Angelegenheiten, die **den Betrieb oder seine AN unmittelbar betreffen**; das entspricht der Themenbegrenzung für die Betriebsversammlung (§ 45 Rn 2 ff). Dass sich politische Parteien oder Politiker zu einer dieser Angelegenheiten geäußert haben, ändert daran nichts <R: BAG 13.9.1977, 1 ABR 67/75, DB 1977, 2452; **L:** GK/*Jacobs* Rn 129>. Zulässig ist es etwa, dass der BR die AN über den Stand der Verhandlungen über einen TV unterrichtet, der im Betrieb gelten soll <R: LAG Hamm 12.3.2004, 10 TaBV 161/03, RDV 2004, 223 und 31.5.2006, 10 TaBV 204/05, juris; LAG BaWü 25.9.1991, 10 Sa 32/91, AiB 1992, 96>. Ebenso ist es zulässig, dass der BR einen betriebsfremden Referenten zu einem Kurzreferat über ein sozialpolitisches Thema einlädt, das die AN betrifft <R: BAG 13.9.1977, 1 ABR 67/75, DB 1977, 2452>; ein solches Referat ist aber dann eine unzulässige parteipolitische Betätigung, wenn es von einem Spitzenpolitiker zu Wahlkampfzwecken in seinem Wahlkreis gehalten wird <R: BAG aaO; **L:** GK/*Jacobs* Rn 129; Richardi/*Maschmann* Rn 64>. Mit der Übertragung des betriebl Umweltschutzes als Aufgabe des BR durch § 89 wurde mit dem BetrV-ReformG 2001 als weitere Ausnahme auch die umweltpolitische Betätigung in Abs 2 S 3 Hs 2 erlaubt; mangels allg umweltschutzpolitischen Mandats des BR (§ 89 Rn 16) ist hier bes darauf zu achten, dass die umweltpoli-

tischen Angelegenheiten den Betrieb oder die AN unmittelbar betreffen <L: *Rieble* ZTR 2000, 1, 2 f; *Wiese* BB 2002, 674, 675; Richardi/*Maschmann* Rn 63>.

Sofern das BetrVG dem **BR Aufgaben** überantwortet, die Bezug zu allgpolitischen Fra- 35 gen haben, folgt daraus auch ohne ausdrückl Aufzählung in Abs 2 S 3 Hs 2 eine Befugnis des BR und seiner Mitglieder, sich zu diesen Fragen zu äußern, soweit sie einen Bezug zum Betrieb (Rn 32) haben. Da § 75 Abs 1 den BR verpflichtet, eine Benachteiligung der AN wg ihrer Nationalität zu verhindern, und § 80 Abs 1 Nr 7 ihm die allg Aufgabe überträgt, die Integration ausländischer AN zu fördern und Maßnahmen zur Bekämpfung von Rassismus und Fremdenfeindlichkeit im Betrieb zu beantragen, darf der BR Maßnahmen gg **ausländerfeindl** Äußerungen im Betrieb ergreifen und darf insoweit auch präventiv tätig werden <L: DKW/*Berg* Rn 57>; zu Fremdenfeindlichkeit im Allgemeinen ohne Betriebsbezug darf sich der BR hingg nicht äußern <R: BAG 21.2.1978, 1 ABR 54/76, BB 1978, 1116: Flugblätter gg Faschisten>. Ebenso darf der BR wg § 80 Abs 1 Nr 2a im Betrieb Gleichbehandlungspolitik betreiben und wegen § 80 Abs 1 Nr 2b über Maßnahmen für die **Vereinbarkeit von Familie und Beruf** diskutieren. Vgl § 45 Rn 2 ff zu den Themen, die auf einer Betriebsversammlung behandelt werden dürfen.

Verboten ist die Kundgabe politischer Auffassungen, etwa durch das Verbreiten von 36 Druckschriften und Flugblättern, durch Anzeigen in Zeitungen, durch das Aufhängen von Plakaten sowie durch parteipolitische Äußerungen am Schwarzen Brett, über das Intranet (auch auf der BR-Homepage) oder auf Social-Media-Plattformen <R: BAG 12.6.1986, 6 ABR 67/84, DB 1987, 1898; 12.6.1986, 6 AZR 559/84, NZA 87, 153: Verteilen von Flugblättern; L: *Günther/Lenz* NZA 2019, 1241, 1244>. Das Tragen von Meinungsplaketten oder das Anbringen von Abziehbildern auf Schutzhelmen, Schreibtischlampen usw ist nach Abs 2 S 3 nur für den AG verboten, für BR-Mitglieder nur, soweit ein hinreichender Bezug zum BR-Amt besteht, etwa bei Abziehbildern auf der Schreibtischlampe im BR-Büro oder bei Plaketten, die das BR-Mitglied während der Sprechstunden oder dann trägt, wenn er die AN als BR-Mitglied am Arbeitsplatz aufsucht <R: weiter LAG Ddf 29.1.1981, 14 Sa 1208/80, DB 1981, 1986 (Anti-Strauß-Plakette)>; iÜ folgt ein Kundgabeverbot häufig schon aus dem Arbeitsvertrag <R: BAG 9.12.1982, 2 AZR 620/80, DB 83, 2578 (Anti-Strauß-Plakette); 2.3.1982, 1 AZR 694/79, DB 1982, 2142 (Anti-Atomkraft-Plaketten im öffentl Dienst)>. Ebenso verboten ist es, Unterschriften für politische Resolutionen oder Geldspenden mit politischer Zielrichtung zu sammeln oder politische Umfragen oder Abstimmungen durchzuführen <R: BAG 13.1.1956, 1 AZR 167/55, BB 1956, 174 (Abstimmung im Auftrag der KPD zur Militärpolitik); *obiter* 12.6.1986, 6 ABR 67/84 und 6 AZR 559/84 aaO>. Eine „Betätigung" setzt grds **aktives Handeln** voraus; das bloße Dulden parteipolitischer Aktivitäten durch AN oder den anderen Betriebspartner genügt nicht für einen Verstoß gg Abs 2 S 3. Nur wenn AG oder BR oder dessen Mitglieder parteipolitische Tätigkeiten anderer aktiv unterstützen oder **billigen**, sich diese also zu eigen machen, greift Abs 2 S 3 <L: statt aller GK/*Jacobs* Rn 120 mwN>.

Abs 2 S 3 beschränkt das Verbot parteipolitischer Betätigungen (und die Ausnahmen) 37 **räuml** auf den Betrieb, dh auf das Betriebsgelände einschließl etwa der Kantine und des Parkplatzes. Ausreichend ist eine Betätigung in unmittelbarer Betriebsnähe, zB das Verteilen parteipolitischer Flugschriften vor dem Fabriktor, mit dem Ziel, in den Betrieb hineinzuwirken <R: BAG 21.2.1978, 1 ABR 54/76, BB 1978, 1116; **L:** GK/*Jacobs* Rn 121; Richardi/*Maschmann* Rn 66; ErfK/*Kania* Rn 26; HWGNRH/*Worzalla* Rn 51; SWS Rn 13;

§ 74 Grundsätze für die Zusammenarbeit

aA DKW/*Berg* Rn 62>, oder die Durchführung einer politischen Abstimmung auf der Zugangsstraße zum Werkseingang und in dessen unmittelbarer Nähe zur Zeit des Schichtwechsels <R: BAG 13.1.1956, 1 AZR 167/55, BB 1956, 174>. Findet eine Betriebsversammlung in einem außerhalb des Betriebsgeländes angemieteten Saal statt, folgt ein hinreichender Bezug zum Betrieb aus dem Zweck der Veranstaltung <L: GK/*Jacobs* Rn 122>. Eine zeitl Beschränkung enthält das Gesetz nicht, sodass das Verbot auch nach Arbeitsende und während der Pausen gilt <L: GK/*Jacobs* Rn 122>.

38 Zum Betrieb gehören auch die unselbstständigen Betriebsteile iS des § 4 Abs 1 oder die dem Hauptbetrieb zugeordneten Kleinbetriebe nach § 4 Abs 2. Der **AG** ist **in allen Betrieben** seines Unternehmens an Abs 2 S 3 gebunden; die **BR-Mitglieder** sind dies **hingg nur in dem Betrieb, in dem sie betriebsverfassungsrechtl Funktionen** ausüben; unternehmensweit deswg nur als Mitglied des GBR oder eines unternehmensweiten BR iS des § 3 Abs 1 Nr 1b. Abs 2 S 3 verbietet es einem BR-Mitglied aber nicht, parteipolitische Flugblätter vor den Toren eines anderen Betriebs zu verteilen <L: GK/*Jacobs* Rn 122, 124 mwN>; uU können solche Betätigungen aber durch Abs 2 S 2 verboten sein. Fehlt eine feste Betriebsstätte (etwa bei Außendienstmitarbeitern), verbietet es Abs 2 S 3, auf die Beschäftigten am Einsatzort einzuwirken <L: GK/*Jacobs* Rn 121>.

39 Da der Schutzzweck (Rn 32) nicht berührt ist, dürfen sich AG und die BR-Mitglieder **außerhalb** des Betriebs parteipolitisch betätigen, können etwa auf Parteiversammlungen, Wahlveranstaltungen usw auftreten; BR-Mitglieder und BR-Vors dürfen dabei ihre betriebsverfassungsrechtl Funktion angeben <R: LAG Fft/M 2.1.1967, 1 Sa 435/66, DB 1967, 430 zu § 51 BetrVG 1952; LAG Hamburg 17.3.1970, 1 TaBV 1/70, BB 1970, 1479; L: GK/*Jacobs* Rn 123 mwN>. Ebenso dürfen AG oder BR-Mitglieder unter Angabe ihrer betriebsverfassungsrechtl Funktion eine Wahlkampfanzeige in einer regionalen oder überregionalen Tageszeitung schalten, auch wenn diese im Betrieb gelesen wird <L: GK/*Jacobs* Rn 123, aber einschränkend in Rn 121>.

5. Nichtbeachtung der Friedenspflicht

40 Nach der **Rspr** resultiert aus Abs 2 **kein eigener Unterlassungsanspruch des AG**, dieser sei betriebsverfassungsrechtl auf § 23 Abs 1 zu verweisen <R: BAG 15.10.2012, 1 ABR 31/12, BB 2014, 829; BAG 17.3.2010, 7 ABR 95/08, NZA 2010, 1133; s auch BAG 28.5.2014, 7 ABR 36/12, NZA 2014, 1213; L: krit HWK/*Reichold* Rn 19: schwer mit dem Gesetz zu vereinbaren>, ansonsten sei auf die allg zivilrechtl Ansprüche verwiesen. Dem ist **nicht beizupflichten**. Der AG kann vom BR als Gremium und von den BR-Mitgliedern verlangen, Arbeitskämpfe und sonstige Verstöße gg die Friedenspflicht zu unterlassen <R: so früher BAG 22.7.1980, 6 ABR 5/78, BB 1981, 494; 12.6.1986, 6 ABR 67/84, DB 1987, 1898; wohl auch LAG Berlin-Brandenburg 13.10.2020, 26 TaBVGa 1281/20 L: GK/*Jacobs* Rn 91, 131ff und 151 mwN; ErfK/*Kania* Rn 37>. Dieser Unterlassungsanspruch kann auch durch eV durchgesetzt werden, §§ 85 Abs 2 ArbGG iVm 935ff ZPO <L: GK/*Jacobs* Rn 94>. Ebenso kann der BR, ggfs über eine eV, **vom AG verlangen, Verstöße gg die Friedenspflicht zu unterlassen** <L: GK/*Jacobs* Rn 91f, 131ff und 151 mwN>. Bei groben Verstößen des AG kann der Unterlassungsanspruch zudem auf § 23 Abs 3 gestützt werden; insoweit wird der Kreis der Antragsteller um die im Betrieb vertretenen Gewerkschaften erweitert.

Abs 2 ist **Schutzgesetz iS des § 823 Abs 2 BGB**, weswg insbes der Verstoß gg das Arbeitskampfverbot des Abs 2 S 1 Schadensersatzpflichten der BR-Mitglieder auslösen kann <L: AR/*Kolbe* Rn 17; HWGNRH/*Worzalla* Rn 17; **aA** GK/*Jacobs* Rn 99; Richardi/*Maschmann* Rn 56; BeckOK ArbR/*Werner* Rn 25 auch ErfK/*Kania* Rn 37>. Auch auf § 1004 BGB kann, bei Inanspruchnahme der Mittel des AG, abgestellt werden <R: BAG 15.10.2012, 1 ABR 31/12, BB 2014, 829>. Nach Abs 2 S 1 verbotene Kampfmaßnahmen, insbes Streikaufrufe, rechtfertigen als (Aufruf zum) Vertragsbruch grds eine **ao Kd nach § 626 BGB**, ggf auch eine Kampfkündigung nach § 25 KSchG, die den Sonderkündigungsschutz des § 15 KSchG ausschaltet und als o Kd nicht der Zustimmung des BR nach § 103 bedarf (Rn 18, 25). Zu strafrechtl Sanktionen *Rieble/Klebeck* NZA 2006, 758. Verletzt das BR-Mitglied mit seinem Tätigwerden zugleich arbeitsvertragl Pflichten, berechtigt dies den AG zur Abmahnung <R: BAG 12.6.1986, 6 AZR 559/84, NZA 1987, 153> und ausnahmsweise, nach Zustimmung des BR gem § 103, auch zur ao Kd nach § 626 BGB. 41

Daneben besteht für den AG und die im Betrieb vertretenen Gewerkschaften die Möglichkeit, ein Verf zur **Amtsenthebung einzelner BR-Mitglieder nach § 23 Abs 1** <R: BAG 21.2.1978, 1 ABR 54/76, BB 1978, 1116; BVerfG 28.4.1976, 1 BvR 71/73, BB 1976, 1026 – beide zu Abs 2 S 3> und zur Auflösung des BR nach § 23 Abs 2 einzuleiten. Bei Verstößen gg das Verbot parteipolitischer Betätigung aus Abs 2 S 3 (Rn 32 ff) ist wg Art 5 Abs 1 S 2 GG aber ein strenger Maßstab an das „grobe" Fehlverhalten anzulegen; ein Mitglied kann grds nur dann aus dem BR ausgeschlossen werden, wenn es durch sein parteipolitisches Tätigwerden den Betriebsfrieden konkret beeinträchtigt hat <R: BAG 21.2.1978 und BVerfG 28.4.1976, aaO>, noch Rn 32. 42

V. Gewerkschaftliche Betätigung von Funktionsträgern, Abs 3

Abs 3 stellt klar, dass der AN nicht dadurch in seiner Betätigung für seine Gewerkschaft beschränkt wird, weil er ein **betriebsverfassungsrechtl Mandat** übernommen hat, etwa im BR, in der Jugend- und Auszubildendenvertretung, in der Schwerbehindertenvertretung, im WirtA oder in der ES, als Vermittler iS des § 18a, aber auch als Wahlvorstandsmitglied; ebenso wenig, wenn er sich um die Wahl in ein solches Amt bewirbt <L: GK/*Jacobs* Rn 154>. Daraus folgt aber nicht, dass die BR-Mitglieder gerade in ihrer Funktion als BR-Mitglieder für die Gewerkschaft tätig sein dürfen; insofern greift das **Gebot gewerkschaftsneutraler Amtsführung nach § 75** <L: Richardi/*Maschmann* Rn 79 f; *Fitting* Rn 66; HWGNRH/*Worzalla* Rn 57; ErfK/*Kania* Rn 34>: Amtsstellung und Tätigwerden für die Gewerkschaft müssen klar voneinander getrennt werden <L: **aA** DKW/*Berg* Rn 77; BeckOK ArbR/*Werner* Rn 39>, wg Abs 3 kann aber nicht davon ausgegangen werden, dass die AN im Zweifel als BR-Mitglieder handeln <R: LAG Ddf 5.7.1994, 8 TaBV 57/94, AuR 1995, 107; **aA noch** BAG 14.2.1967, 1 AZR 494/65, BB 1967, 330; L: GK/*Jacobs* Rn 66, 160; Richardi/*Maschmann* Rn 79; *Fitting* Rn 66; HWGNRH/*Worzalla* Rn 25, 58; ErfK/*Kania* Rn 34; **abw** SWS Rn 18>. Das BR-Mitglied muss deswg nicht ausdrückl darauf hinweisen, dass es nicht in seiner Amtseigenschaft, sondern als Gewerkschaftsmitglied tätig wird <L: GK/*Jacobs* Rn 160; Richardi/*Maschmann* Rn 79; *Fitting* Rn 65; **aA** HWGNRH/*Worzalla* Rn 58>. Auch bestehen für BR-Mitglieder in herausgehobener Funktion, etwa für freigestellte BR-Mitglieder und insbes für den BR- 43

§ 74 Grundsätze für die Zusammenarbeit

Vors, keine Einschränkungen und keine gesteigerte Pflicht, sich bei Betätigungen für die Gewerkschaft zurückzuhalten <**R:** LAG Ddf 5.7.1994 aaO; **L:** GK/*Jacobs* Rn 160; *Fitting* Rn 65; DKW/*Berg* Rn 78; HWGNRH/*Worzalla* Rn 58; **abw** Richardi/*Maschmann* Rn 80>. Außerhalb des Betriebs können BR-Mitglieder gewerkschaftl Funktionen und Aufgaben ohne Einschränkungen übernehmen, etwa in Vorständen oder Tarifkommissionen <**L:** GK/*Jacobs* Rn 158>.

44 Etwa dürfen AN, auch wenn sie Mitglied des BR sind, für ihre Gewerkschaft im Betrieb werben <**R:** BAG 14.2.1967, 1 AZR 494/65, BB 1967, 330; BVerfG 14.11.1995, 1 BvR 601/92, BB 1996, 590; **L:** *Fitting* Rn 68, 70; HWGNRH/*Worzalla* Rn 58; DKW/*Berg* Rn 81 ff>, aber nicht unter Bezugnahme auf ihr Amt, etwa nicht iR von Sprechstunden oder in Betriebsversammlungen <**R:** LAG Ddf 5.7.1994 aaO; LAG Köln 15.12.2000, 11 TaBV 63/00, NZA-RR 2001, 371; LAG Hamm 31.5.2006, 10 TaBV 204/05, juris; **L:** *Fitting* Rn 68, 70; HWGNRH/*Worzalla* Rn 58; GK/*Jacobs* Rn 149; **aA** DKW/*Berg* Rn 81>. Ebenso darf ein BR-Mitglied als gewerkschaftl Vertrauensmann tätig sein <**R:** vgl BAG 12.6.1986, 6 AZR 559/84, NZA 1987, 153; **L:** GK/*Jacobs* Rn 157; HWGNRH/*Worzalla* Rn 58; *Fitting* Rn 65; DKW/*Berg* Rn 80; ErfK/*Kania* Rn 34>, Gewerkschaftszeitungen verteilen <**L:** *Fitting* Rn 73; DKW/*Berg* Rn 84>, Gewerkschaftsmitglieder beraten und Gewerkschaftsbeiträge einziehen <**L:** GK/*Jacobs* Rn 157; HWGNRH/*Worzalla* Rn 58>, Unterschriften sammeln <**L:** GK/*Jacobs* Rn 157> sowie einen rechtmäßigen Streik vorbereiten, organisieren und leiten, Abs 2 S 1 Hs 2 Rn 14, 16 <**L:** GK/*Jacobs* Rn 157>. **Unzulässig** ist es, die Zustimmung zur Einstellung nach § 99 vom Eintritt des neuen AN in die Gewerkschaft abhängig zu machen.

§ 75 Grundsätze für die Behandlung der Betriebsangehörigen

(1) Arbeitgeber und Betriebsrat haben darüber zu wachen, dass alle im Betrieb tätigen Personen nach den Grundsätzen von Recht und Billigkeit behandelt werden, insbesondere, dass jede unterschiedliche Behandlung von Personen aus Gründen ihrer Rasse oder wegen ihrer ethnischen Herkunft, ihrer Abstammung oder sonstigen Herkunft, ihrer Nationalität, ihrer Religion oder Weltanschauung, ihrer Behinderung, ihres Alters, ihrer politischen oder gewerkschaftlichen Betätigung oder Einstellung oder wegen ihres Geschlechts oder ihrer sexuellen Identität unterbleibt.

(2) Arbeitgeber und Betriebsrat haben die freie Entfaltung der Persönlichkeit der im Betrieb beschäftigten Arbeitnehmer zu schützen und zu fördern. Sie haben die Selbstständigkeit und Eigeninitiative der Arbeitnehmer und Arbeitsgruppen zu fördern.

Literatur: *Belling*, Die Haftung des Betriebsrats und seiner Mitglieder für Pflichtverletzungen, 1990; *Bepler*, Gleichbehandlung im Betrieb, Unternehmen, Konzern, NZA 2004, Sonderbeilage zu Heft 18, 3; *Däubler*, Rechtsextreme im Betrieb?, NJW 2000, 3691; *Eickhoff/Kaufmann*, Tonbandaufzeichnungen von Telefongesprächen im Betrieb, BB 1990, 914; *Fastrich*, Arbeitsrecht und betriebliche Gerechtigkeit, RdA 1999, 24; auch *Franzen*, Das dritte Geschlecht in der Betriebsverfassung, FS 100 Jahre Betriebsverfassungsrecht (2020), S 129; *Fuchs*, Elemente der Antidiskriminierung im deutschen Arbeitsrecht, ZESAR 2006, 370; *Gola*, Betriebsrat und Datenschutz, ZBVR 2003, 206; *Gola/Jaspers*, Der Betriebsrat und seine sich aus dem Allgemeinen Gleichbehandlungsgesetz ergebenden datenschutzrechtlichen Aufgaben, RDV 2007, 111; *Hammer*, Die betriebsverfassungsrechtliche Schutzpflicht für die Selbstbestimmungsfreiheit des Arbeitnehmers, 1998; *von Hoyningen-Huene*, Der psychologische Test im Betrieb, DB 1991, Beilage Nr 10; *ders*, Belästigungen und Beleidigungen von Arbeitnehmern durch Vorgesetzte, BB 1991, 2215; *Kilian*, Verwendung und Weitergabe arbeitsmedizinischer Informationen in Großunternehmen, BB 1981, 985 *Klinkhammer/Schlicht*, Dienstkleidungsvorschriften in Betriebsvereinbarungen – Mitbestimmungsrecht und Gleichbehandlungsgrundsatz, ArbRAktuell 2015, 68; *Körner*, Beschäftigtendatenschutz in Betriebsvereinbarungen unter der Geltung der DS-GVO, NZA 2013, 1389; *Krieger/Rudnik/Povedano Peramato*, Homeoffice und Mobile Office in der Corona-Krise, NZA 2020, 473; *Löwisch*, Schutz und Förderung der freien Entfaltung der Persönlichkeit der im Betrieb beschäftigten Arbeitnehmer (§ 75 Abs 2 BetrVG 1972), AuR 1972, 359; *ders*, Der Erlass von Rauchverboten zum Schutz vor Passivrauchen am Arbeitsplatz, DB 1979, Beilage Nr 1; *ders*, Die Arbeitsrechtsordnung unter dem Grundgesetz, in: 40 Jahre Grundgesetz (1990) S 59; *ders*, Rückzahlungs- und Bestandsklauseln in Betriebsvereinbarungen NZA 2013, 549; *ders*, Belegschaft als Objekt der Betriebsverfassung, FS 100 Jahre Betriebsverfassungsrecht (2020), S 441; *Maulshagen/Höner*, Der Gleichbehandlungsgrundsatz – Gegner der Leistungsförderung?, AuA 2008, 144; *Naber/Schulte*, Können Arbeitnehmer zu einer Corona-Impfung oder einem Impfnachweis verpflichtet werden?, NZA 2021, 81; *Preis/Ulber*, Die Rechtskontrolle von Betriebsvereinbarungen, RdA 2013, 211; *Prütting*, Schutz und Förderung von Arbeitnehmerinteressen durch das Grundgesetz, in: Arbeitnehmerinteressen und Verfassung (1998) S 11; *Richardi*, Janusköpfigkeit der Pflicht zur Gleichbehandlung im Arbeitsrecht, ZfA 2008, 31; *Sasse*, Videoüberwachung von Arbeitnehmern, DSB 2008, Nr 12, 11; *Schierbaum*, Datenschutz im Betrieb – Alles unter Kontrolle, Arbeitswelt im Umbruch –, FS zum 10jährigen Bestehen der BTQ Niedersachsen (2000), S 63; *Schüren*, Ungleichbehandlungen im Arbeitsverhältnis – Versuch einer Strukturierung der Rechtfertigungsvoraussetzungen, FS Gnade (1992), S 161; *Schulze/Simon*, Anspruch auf Homeoffice, ArbRAktuell 2021, 119; *Steinkühler/Raif*, Arbeitnehmerüberwachung – „Big Brother" am Arbeitsplatz, AuA 2009, 213; *Temming*, Für einen Paradigmenwechsel in der Sozialplanrechtsprechung – Konsequenzen des Verbots der Altersdiskriminierung, RdA 2008, 205; *Thannheiser*,

§ 75 Grundsätze für die Behandlung der Betriebsangehörigen

Aufgaben des Betriebsrats – Eine Übersicht über die allgemeinen Rechte und Pflichten, AiB 2006, 298; *Thüsing/Schmidt*, Zulässige Pauschalierung bei der Rechtfertigung präventiver Überwachungsmaßnahmen des Arbeitgebers, NZA 2017, 1027; *Wiese*, Individualrechte in der Betriebsverfassung, RdA 1973, 1; *ders*, Genetische Analysen und Rechtsordnung, 1994; *ders*, Der personale Gehalt des Arbeitsverhältnisses, ZfA 1996, 439; *ders*, Adressaten und Rechtsgrundlagen des innerbetrieblichen Persönlichkeitsschutzes von Arbeitnehmern – Kritische Anmerkungen zur Rechtsprechung des Bundesarbeitsgerichts, ZfA 2006, 631; *ders*, Zur Dogmatik des Mobbing im Arbeitsverhältnis, FS Birk (2008), S 1009; *ders*, Individuum und Kollektiv im Betriebsverfassungsrecht de lege lata und de lege ferenda, FS 100 Jahre Betriebsverfassungsrecht (2020), S 801.

Übersicht

	Rn.		Rn.
I. Normzweck und Anwendungsbereich	1	IV. Schutz des Allgemeinen Persönlichkeitsrechts, Abs 2	37
II. Geschützter Personenkreis	7	V. Nichtbeachtung der Grundsätze des § 75	47
III. Gleichbehandlungsgrundsatz, Abs 1	12	1. Individualrechtliche Folgen	47
1. Grundsatz	12	2. Kollektivrechtliche Folgen	51
2. Besondere Diskriminierungsverbote	16	VI. Streitigkeiten	54
3. Willkürverbot	28		

I. Normzweck und Anwendungsbereich

1 Abs 1 verpflichtet AG und BR zum einen dazu, darüber **zu wachen**, dass alle im Betrieb tätigen Personen (Rn 7 ff) nach den Grundsätzen von Recht und Billigkeit behandelt und insbes gleichbehandelt werden, zum anderen dazu, nach Abs 2 S 1 die freie Entfaltung der Persönlichkeit der im Betrieb beschäftigten AN zu **schützen** und auch zu **fördern** <L: MünchArbR/*Boemke* § 288 Rn 32; grundlegend *Wiese* FS 100 Jahre Betriebsverfassungsrecht, S 801, 806>. AG und BR müssen bei ihren eigenen Entscheidungen und Vereinbarungen § 75 beachten. Da § 75 sowohl AG als auch BR bindet, macht er deutl, dass die ordnungsgem Beteiligung des BR unzulässige Eingriffe in das Persönlichkeitsrecht der AN nicht zulässig macht, Rn 49. Damit geht es § 75 insgesamt um die Auswirkungen und die Beschränkung des Handelns von AG und BR ggü den AN des Betriebs <L: ErfK/*Kania* Rn 1>. Die Bindung an die „Grundsätze von Recht und Billigkeit" führt richtig nicht zur Zweckmäßigkeitskontrolle des Handelns von AG und BR und insbes von BV, sondern lediglich zu einer **Rechtskontrolle** <R: BAG 26.7.1988, 1 AZR 156/87, BB 1988, 2385; L: AR/*Kolbe* Rn 7>.

2 § 75 bindet AG und BR über die Grundsätze von Recht und Billigkeit zunächst mittelbar an die **Grundrechte** <R: BVerfG 2.11.2020, 1 BvR 2727/19, NZA 2020, 1704>: in Abs 1 an den Gleichbehandlungsgrundsatz des Art 3 GG (als Grundsatz der in Abs 1 aufgezählten Diskriminierungsverbote) und in Abs 2 an das Recht der AN auf freie Entfaltung der Persönlichkeit aus Art 2 Abs 1 in Verbindung mit Art 1 GG und an die allg Handlungsfreiheit aus Art 2 Abs 1 GG <R: BAG 30.1.2019, 5 AZR 450/17, NZA 2019, 1065; 29.6.2004, 1 ABR 21/03, BB 2005, 102; 18.7.2006, 1 AZR 578/05, BB 2007, 221; 12.12.2006, 1 AZR 96/06, DB 2007, 866; 19.2.2008, 1 AZR 1004/06, BB 2008, 1793>. Als Grundsatz von Recht und Billigkeit müssen die Betriebspartner auch Art 6 GG beachten, weswg etwa eine Sozialplanregelung unwirksam ist, die für die Abfindung auch auf die Dauer der Beschäftigung abstellt, aber davon die Elternzeit ausnimmt <R: BAG

12.11.2002, 1 AZR 58/02, DB 2003, 1635; 21.10.2003, 1 AZR 407/02, BB 2004, 722>. Ebenso sind die Eigentumsfreiheit, Art 14 GG <**R:** BAG 30.1.2019, 5 AZR 450/17, NZA 2019, 1065> und die Glaubensfreiheit aus Art 4 GG zu beachten <**R:** ArbG HH 3.1.1996, 19 Ca 141/95, AuR 1996, 243>. Zu Besonderheiten in Tendenzbetrieben § 118.

Normadressaten sind **AG** und **BR** und zwar sowohl bei gemeinsamen Maßnahmen (Rn 3 f) als auch jedes Betriebsverfassungsorgan für sich (Rn 6). Hingg bindet § 75 die einzelnen AN nicht an die Grundsätze von Recht und Billigkeit und verpflichtet sie nicht, die Persönlichkeitsrechte anderer AN zu beachten <**L:** MünchArbR/*Boemke* § 288 Rn 32>. Die **AN** sind ggü dem AG aber **arbeitsvertragl** verpflichtet, den Betriebsfrieden nicht dadurch zu stören, dass sie Arbeitskollegen beleidigen, sexuell belästigen, anfeinden oder deren persönl Geheimnisse an Dritte weitergeben, grundlos die Zusammenarbeit mit best Kollegen verweigern oder Angehörige einer Minderheitengruppe, etwa Ausländer, diskriminieren. § 75 verpflichtet aber AG und BR dazu, dafür Sorge zu tragen, dass alle Betriebsangehörigen die Grundsätze des § 75 beachten. Verstößt ein AN grob gg die Grundsätze des § 75, insbes durch rassistische oder fremdenfeindliche Betätigungen, kann der BR vom AG gem § 104 dessen Entlassung oder Versetzung verlangen (§ 104 Rn 2 ff, 9). Eine Parallele findet § 104 im Zustimmungsverweigerungsrecht des BR aus § 99 Abs 2 Nr 6, nach dem der BR präventiv die Zustimmung zu einer Einstellung oder Versetzung verweigern kann, wenn die durch Tatsachen begründete Besorgnis besteht, dass der Bewerber oder der zu versetzende AN den Betriebsfrieden durch gesetzwidriges Verhalten oder durch grobe Verletzung der in § 75 Abs 1 enthaltenen Grundsätze stören wird, § 99 Rn 98 ff. Ergänzt wird § 104 um die Pflicht des AG aus § 12 Abs 3 AGG, diskriminierende AN abzumahnen, zu versetzen oder zu kündigen, um die Diskriminierung zu unterbinden. Der AG wird zudem über § 12 AGG verpflichtet, dafür zu sorgen, dass AN Kollegen nicht entgg §§ 1, 3 AGG diskriminieren. 3

§ 75 Abs 1 begründet aber **keine umfassende Überwachungspflicht** für den AG, die auch über den Betrieb oder das Unternehmen selbst hinausgriffe <**R:** BAG 12.6.2019, 1 ABR 57/17, juris; BAG 20.3.2018, 1 ABR 15/17, NZA 2018, 1017>. Deshalb muss der AG im Konzern auch nicht aufgrund § 75 Abs 1 Einfluss auf Verteilungsentscheidungen der Konzernobergesellschaft etwa im Hinblick auf Aktienoptionen nehmen <**R:** BAG 12.6.2019, 1 ABR 57/17, juris> und auch nicht auf das Verhalten Dritter im Rahmen von deren Rechtsverhältnissen mit AN <**R:** BAG 20.3.2018, 1 ABR 15/17, NZA 2018, 1017>. 4

Bedeutung hat § 75 vor allem für **BV**, auch für **Sozialpläne** <**R:** BAG 26.6.2019, 5 AZR 452/18, BB 2019, 2683; 26.4.2016, 1 AZR 435/14, DB 2016, 2304; 12.11.2002, 1 AZR 58/02, DB 2003, 1635; 19.2.2008, 1 AZR 1004/06, BB 2008, 1793>. Diese enthalten zwar anders als TV nach § 1 Abs 1 TVG keine Rechtsnormen, wirken aber gem § 77 Abs 4 unmittelbar und zwingend für die im Betrieb beschäftigten AN <**L:** zu diesem Unterschied Löwisch/*Rieble* TVG § 1 Rn 107>, § 77 Rn 7. Beim Abschluss von BV sind AG und BR über § 75 an die Grundrechte gebunden <**R:** BAG 19.7.2016, 3 AZR 134/15, NZA 2016, 1475; 29.6.2003, 1 ABR 21/03, BB 2005, 102; 14.12.2004, 1 ABR 34/03, AuR 2005, 456; 18.7.2006, 1 AZR 578/05, BB 2007, 221; **L:** dazu auch *Preis/Ulber* RdA 2013, 211, 212>, Rn 2. Der Eingriff durch BV muss durch schutzwürdige Belange anderer Grundrechtsträger, etwa des AG oder anderer AN, gerechtfertigt sein <**R:** BAG 29.6.2003 und 14.12.2004, aaO>; insoweit ist es Aufgabe von AG und BR, die konfligierenden Interessen der AN im Betrieb auszugleichen, § 87 Rn 40. In welchem Umfang die 5

§ 75 Grundsätze für die Behandlung der Betriebsangehörigen

Betriebspartner das Persönlichkeitsrecht der AN und deren allg Handlungsfreiheit begrenzen können, bestimmt sich nach dem Grundsatz der Verhältnismäßigkeit <R: BAG 11.12.2018, 1 ABR 12/17, NZA 2019, 480>, näher § 77 Rn 19.

6 Schranken entfaltet § 75 auch ggü **sonstigen Maßnahmen** von AG und BR, zum einen bei **einseitigen** Maßnahmen: ggü dem AG etwa bei Weisungen aufgrund seines Direktionsrechts aus § 106 GewO und bei der mitbestimmungsfreien Festlegung des begünstigten Personenkreises bei Sozialeinrichtungen und Sozialleistungen (§ 87 Rn 182 und 243), ggü dem BR etwa ggü dessen Verlangen nach § 104, einen störenden AN aus dem Betrieb zu entfernen. § 75 bindet die Betriebspartner aber auch bei sonstigen **gemeinsamen** Maßnahmen, etwa bei den mitbestimmten personellen Einzelmaßnahmen des AG iS der §§ 99 ff und bei der nach § 87 Abs 1 Nr 9 mitbest Zuweisung und Kd von Werkmietwohnungen. Auch ihre Informationstätigkeit, etwa in Werkszeitungen, haben AG und BR an § 75 auszurichten.

II. Geschützter Personenkreis

7 § 75 gilt nur in **Betrieben mit BR** <L: GK/*Jacobs* Rn 4; aA MünchArbR/*Boemke* § 288 Rn 32>. In Betrieben ohne BR muss der AG aber die gesetzl Gleichbehandlungsgebote, insbes den richterrechtl entwickelten allg arbeitsrechtl Gleichbehandlungsgrundsatz und das Maßregelungsverbot des § 612a BGB sowie die gesetzl Diskriminierungsverbote beachten, also die Diskriminierung wg der in Abs 1 aufgezählten Merkmale nach §§ 1, 3 AGG (und § 164 Abs 2 SGB IX) unterlassen und unterbinden. Zudem muss der AG in Betrieben mit und ohne BR die gesetzl Diskriminierungsverbote zum Schutz befristet Beschäftigter (§ 4 Abs 1 TzBfG) und von Teilzeit-AN (§ 4 Abs 2 TzBfG) und das Verbot der Diskriminierung aufgrund der Gewerkschaftszugehörigkeit (Art 9 Abs 3 GG) beachten.

8 Während sich **Abs 2 S 1** auf die „im Betrieb beschäftigten **AN**" erstreckt, spricht **Abs 1** von „allen im Betrieb tätigen **Personen**". Das legt eine weite Auslegung nahe. Normadressat des § 75 ist aber neben dem AG auch der BR (Rn 3). Deswg normiert § 75 Pflichten nur, soweit Beschäftigte betroffen sind, für die der BR zuständig ist <L: MünchArbR/*Boemke* § 288 Rn 33; AR/*Kolbe* Rn 4>. Dadurch wird der Schutz sonstiger Personen nicht unzulässig verkürzt, da den AG nach anderen Vorschriften, insbes nach dem AGG, weitergehende Pflichten treffen. Zuständig ist der BR außer für die AN iS des § 5 Abs 1 (§ 5 Rn 1 ff) auch für die im Betrieb tätigen **Leih-AN**, bei deren Einstellung er nach § 99 zu beteiligen ist (§ 99 Rn 17) und für die er die Einhaltung der Arbeitszeiten im Betrieb nach § 87 Abs 1 Nr 2 und 3 überwachen muss (§ 87 Rn 63 und 85) <L: Richardi/*Maschmann* Rn 7; *Fitting* Rn 12; DKW/*Berg* Rn 10; ErfK/*Kania* Rn 3; HWGNRH/*Worzalla* Rn 4; SWS Rn 2; aA GK/*Jacobs* Rn 16>. Zur Gleichbehandlung von AN und Leih-AN beim Arbeitsentgelt ist der AG aber schon deswg nicht verpflichtet, weil er nicht Vertrags-AG der Leih-AN ist, diesen also kein Arbeitsentgelt schuldet <R: BAG 25.1.2005, 1 ABR 61/03, BB 2005, 2189>.

9 **Nicht erfasst** werden ltd Ang iS des § 5 Abs 3 (§ 5 Rn 20 ff), für die § 27 SprAuG in einer dem § 75 entspr Vorschrift AG und SprA verpflichtet <L: Richardi/*Maschmann* Rn 7 mwN> und erst recht nicht **Personen iS des § 5 Abs 2** (§ 5 Rn 19 ff) <L: GK/*Jacobs* Rn 13; MünchArbR/*Boemke* § 288 Rn 33; **aA** für Abs 1 S 1: Richardi/*Maschmann* Rn 7; ErfK/*Kania* Rn 3; SWS Rn 2; BeckOK ArbR/*Werner* Rn 6; mit Einschränkungen auch

Fitting Rn 13; DKW/*Berg* Rn 11>. Ebenso wenig gilt § 75 für **freie Mitarbeiter** <L: GK/ *Jacobs* Rn 15 mwN> und **AN-Ähnliche** (§ 5 Rn 10); Letzteren ggü ist der AG aber über § 6 Abs 1 S 1 Nr 3 AGG verpflichtet, Diskriminierungen zu unterlassen und zu unterbinden, §§ 1, 3, 12 AGG. Auch **AN einer Drittfirma**, die aufgrund eines zw dem AG und der Drittfirma geschlossenen Werk- oder Dienstvertrags tätig werden, werden nicht erfasst <L: GK/*Jacobs* Rn 16; ErfK/*Kania* Rn 3; **aA** *Fitting* Rn 14; DKW/*Berg* Rn 10; HWGNRH/*Worzalla* Rn 4; *SWS* Rn 2; auch noch Voraufl Rn 4>. Nicht unter § 75 fallen zudem im Betrieb im Rahmen einer Arbeitsgelegenheit mit Mehraufwandsentschädigung („Ein-Euro-Jobber") beschäftigte Personen, § 16d SGB II <L: **aA** *Fitting* Rn 14; HWGNRH/*Worzalla* Rn 4>, **Freiwilligendienstleistende** und **Strafgefangene**; Beamte sind nur AN, soweit sie durch bes Vorschriften als AN des Betriebs gelten, § 5 Rn 7 <L: auch *Fitting* Rn 12>. Zum Zustimmungsverweigerungsrecht des BR aus § 99 bei der Einstellung der Beschäftigten § 99 Rn 15 ff.

Die Pflichten von AG und BR aus § 75 erstrecken sich nicht auf **Personen außerhalb** **10** **des Betriebs** <L: GK/*Jacobs* Rn 44; AR/*Kolbe* Rn 4; abw *Fitting* Rn 16; HWGNRH/*Worzalla* Rn 3; auch DKW/*Berg* Rn 12>; § 6 Abs 1 S 2 AGG verpflichtet aber den AG auch ggü Bewerbern, Diskriminierungen zu unterlassen und zu unterbinden, §§ 1, 3, 12 AGG. Entgg der hM kann der BR die Zustimmung zu der Einstellung externer Bewerber auch nicht unter Berufung auf gesetzl Diskriminierungsverbote, etwa aus §§ 1, 3 AGG oder aus Art 9 Abs 3 GG verweigern: Der BR kann über sein Zustimmungsverweigerungsrecht nicht die Interessen externer Bewerber wahren, für die er nicht zuständig ist <L: GK/ *Raab* § 99 Rn 197; **R:** ausdrückl **aA** BAG 28.3.2000, 1 ABR 16/99, BB 2000, 2311 (zu Art 9 Abs 3 GG); 10.11.1992, 1 ABR 21/92, DB 1993, 1141 (zu § 14 SchwbG); **L: aA** Richardi/*Maschmann* Rn 8>, näher § 99 Rn 63, auch Rn 62. In keinem Fall kann aus § 75 die Verpflichtung des AG abgeleitet werden, einen best Bewerber einzustellen: Auch § 15 Abs 1–4 AGG sanktionieren die Diskriminierung bei der Einstellung ledigl mit Schadensersatz- und Entschädigungspflichten, gewähren aber gem § 15 Abs 6 AGG gerade keinen Anspruch auf Abschluss eines Arbeitsvertrags <L: Richardi/*Maschmann* Rn 9; GK/*Jacobs* Rn 70; DKW/*Berg* Rn 147, 27; HWGNRH/*Worzalla* Rn 3>.

Grds werden auch die **Ruheständler (Betriebsrentner)** nicht mehr über § 75 geschützt **11** <**R:** BAG 13.5.1997, 1 AZR 75/97, NZA 1998, 160; die allgemeine Zuständigkeitsfrage offen gelassen BAG 13.10.2020, 3 AZR 410/19, NZA-RR 2021, 192; BAG 11.7.2017, 3 AZR 513/16, NZA 2017, 1471; **aA L:** *Fitting* § 77 Rn 39>. Anders ist dies nur, wenn AG und BR Regelungen treffen, die auch die Ruheständler erfassen, etwa bei BV über die betriebl Altersversorgung oder Sozialeinrichtungen, die auch Ruheständlern offenstehen (§ 87 Rn 178) <**L:** GK/*Jacobs* Rn 17, 75; *Fitting* Rn 16; DKW/*Berg* Rn 12; weiter Richardi/*Maschmann* Rn 8>.

III. Gleichbehandlungsgrundsatz, Abs 1

1. Grundsatz

Nach Abs 1 müssen AG und BR darüber wachen, dass alle im Betrieb tätigen Personen **12** (Rn 8 ff) nach den Grundsätzen von Recht und Billigkeit behandelt und nicht aus bes, beispielhaft aufgezählten Gründen benachteiligt werden. Dabei lehnt sich Abs 1 systema-

§ 75 Grundsätze für die Behandlung der Betriebsangehörigen

tisch an Art 3 GG an: Die „Grundsätze von Recht und Billigkeit" enthalten den allg Gleichheitssatz des Art 3 Abs 1 GG, daraus destilliert die Rechtsprechung einen allg **betriebsverfassungsrechtl Gleichbehandlungsgrundsatz**, wonach eine unterschiedl Behandlung von AN-Gruppen zu rechtfertigen ist <**R**: BAG 10.12.2019, 3 AZR 478/17, AP Nr 79 zu § 1 BetrAVG; BAG 22.1.2019, 3 AZR 560/17, NZA 2019, 991; 13.8.2019, 1 AZR 213/18, NZA 2020, 49; 26.6.2019, 5 AZR 452/18, BB 2019, 2683; 26.4.2016, 1 AZR 435/14, DB 2016, 2304; 22.3.2005, 1 AZR 49/04, DB 2005, 1467; 19.2.2008, 1 AZR 1004/06, BB 2008, 1793; krit zur undifferenzierten Verwendung des Begriffs AR/ *Kolbe* Rn 1>. Dieser wird durch konkrete Diskriminierungsverbote ergänzt, die sich teilweise mit § 1 AGG decken; zusätzl verbietet Abs 1 die Benachteiligung wg gewerkschaftl Betätigung (in Übereinstimmung mit Art 9 Abs 3 GG) und wg politischer Betätigung, Rn 16 ff, bes 22 f.

13 Das Wort „insbesondere" verdeutlicht, dass die aufgezählten bes Diskriminierungsverbote nur Beispiele sind <**L**: BeckOK ArbR/*Werner* Rn 18>. Daneben bestehen bes Diskriminierungsverbote in anderen Gesetzen, etwa in § 4 Abs 1 und 2 TzBfG für Teilzeitbeschäftigte und für AN in befristeten Arbeitsverhältnissen <**R**: vgl BAG 15.5.2018, 1 AZR 20/17, AP BetrVG 1972 § 112 Nr 239; 25.4.2007, 6 AZR 746/06, BB 2007, 1680 (LS)>. Die Betriebspartner verletzen § 4 Abs 1 TzBfG nicht, wenn sie aus Arbeitsschutzgründen vollzeitbeschäftigte AN nur zur Hälfte ihrer Arbeitszeit, teilzeitbeschäftigte AN mit einer Arbeitsverpflichtung von 20 Wochenstunden aber zu 75 % ihrer Arbeitszeit mit Arbeiten an Bildschirmgeräten betrauen <**R**: BAG 9.2.1989, 6 AZR 174/87, BB 1989, 1341>. Ebenso dürfen Abfindungen und freiwillige Leistungen entspr der geringeren Beschäftigung für Teilzeitbeschäftigte geringer ausfallen <**R**: BAG 14.8.2001, 1 AZR 760/00, DB 2002, 153; 13.2.2007, 9 AZR 729/05, DB 2007, 1536>, Teilzeitbeschäftigte dürfen von freiwilligen, nach § 87 Abs 1 Nr 8, 10 mitbestimmten AG-Leistungen, etwa der betriebl Altersversorgung, aber nicht vollständig ausgeschlossen werden <**R**: BAG 25.10.1994, 3 AZR 149/94, NZA 1995, 730; 7.3.1995, 3 AZR 282/94, BB 1995, 2217>. Ebenso benachteiligt eine Kürzung des Weihnachtsgeldes um einen einheitl festen Betrag Teilzeitbeschäftigte unzulässig ggü Vollzeitbeschäftigten <**R**: BAG 24.5.2000, 10 AZR 629/99, DB 2000, 2431>.

14 Normadressaten sind nur **AG und BR** (Rn 3). Sie müssen bei gemeinsamen Maßnahmen den Gleichbehandlungsgrundsatz und das Diskriminierungsverbot beachten (Rn 3 f) und darüber wachen, dass der andere Betriebspartner dies auch bei einseitigen Maßnahmen tut (Rn 6): Abs 1 verpflichtet die Betriebspartner zu gegenseitiger Kontrolle und dazu, bei Verletzungen auf Abhilfe zu dringen <**L**: GK/*Jacobs* Rn 20 ff mwN>. Mit diesen betriebsverfassungsrechtl Pflichten von AG und AN korrespondieren aber keine subjektiven Rechte der AN; **§ 75 ist keine individualrechtl Norm**, Rn 48 ff. Der AG ist aber aus dem Arbeitsverhältnis individualrechtl zur Gleichbehandlung und zur Unterlassung von Diskriminierungen verpflichtet, Rn 49 f.

15 Befragungen der AN durch einen Gleichstellungsbeauftragten zur **Aufklärung eines Diskriminierungsvorwurfs** sind nach § 87 Abs 1 Nr 1 mitbestimmungspflichtig, ebenso das **Beschwerdeverf** vor der Beschwerdestelle nach § 13 Abs 1 S 1 AGG sowie die Festlegung von Maßnahmen nach § 12 AGG, § 87 Rn 42. Die Entscheidung, ob die Beschwerdestelle auf Betriebsebene oder auf Unternehmensebene einzurichten ist, und die personelle Besetzung der nach § 13 Abs 1 S 1 AGG zu errichtenden Beschwerdestelle

kann durch freiwillige BV geregelt werden, ist aber nicht über § 87 Abs 1 Nr 1 erzwingbar, § 87 Rn 42 und § 88 Rn 10.

2. Besondere Diskriminierungsverbote

Abs 1 verbietet **jede Benachteiligung** (Begriff: „Behandlung") wg der aufgezählten Merkmale, die über die Merkmale des § 1 AGG hinausgehen und die auch („insbesondere") nicht abschließend sind. Das erfasst neben der unmittelbaren Diskriminierung, in der eine Benachteiligung unmittelbar an das Geschlecht, die Religion usw anknüpft, auch die sog mittelbare Diskriminierung. Mittelbar diskriminieren Regelungen und Maßnahmen, die dem Anschein nach an neutrale Kriterien anknüpfen, aber AN wg eines in Abs 1 genannten Grundes ggü anderen AN in bes Weise benachteiligen können (vgl § 3 Abs 2 AGG). Weil es genügt, dass neutrale Vorschriften usw eine Gruppe „benachteiligen können", ist es anders als nach der Rspr des EuGH <R: etwa EuGH 10.3.2005, C-196/02, NZA 2005, 807> nicht erforderl, dass die neutralen Vorschriften einen wesentl höheren Anteil der Träger eines der von § 75 erfassten Merkmale benachteiligen; ein statistischer Nachweis der nachteiligen Auswirkungen ist nicht notwendig <L: ErfK/*Schlachter* § 3 AGG Rn 10 mwN>. Freilich ist bei der mittelbaren Benachteiligung deren spezifische Rechtfertigungssystematik zu berücksichtigen <R: BAG 11.8.2016, 8 AZR 4/15, NZA 2017, 310>. 16

Abs 1 verbietet ausdrückl die Benachteiligung „aus Gründen [der] **Rasse**" und drückt damit (die Formulierung in § 1 AGG aufnehmend) im Verhältnis zu der sonstigen Formulierungen „wegen" eine Distanzierung aus: Biologisch gibt es keine „Rasseunterschiede". Der Begriff „Rasse", den auch Art 3 Abs 3 GG verwendet, ist daher nicht biologisch, sondern **gesellschaftlich** zu verstehen: Mangels biologischer Anknüpfungspunkte ist „Rasse", was aus Sicht des Benachteiligenden für „Rasse" gehalten wird. Geschützt wird der AN deshalb vor einer Ungleichbehandlung **wg rassistisch motivierter Vorurteile**, etwa durch die Bezeichnung „Neger" oder die Verwendung anderer rassistischer Stereotypen <R: BVerfG 2.11.2020, 1 BvR 2727/19, NZA 2020, 1704; L: *Fitting* Rn 63; HWGNRH/*Worzalla* Rn 8>. 17

Geschützt werden, über § 1 AGG hinausgehend, die AN auch gg Benachteiligungen wg ihrer **Nationalität**, also ihrer Staatsangehörigkeit. Das Diskriminierungsverbot wg der **Abstammung** des AN meint seine Beziehung zu einer best Familie, etwa einem Adelsgeschlecht, erfasst aber auch die Zugehörigkeit zu einer Volksgruppe und einer (vermeintlichen) „Rasse" <L: HWGNRH/*Worzalla* Rn 10 mwN> und deckt sich damit teilweise mit den seit 2006 zusätzl genannten Merkmalen „Rasse" und ethnische Herkunft. In Übereinstimmung mit Art 3 Abs 3 GG, der die „**Herkunft**", also die örtliche und soziale Herkunft (Arztkind, Adel usw) nennt <L: *Fitting* Rn 66; HWGNRH/*Worzalla* Rn 11 mwN>, enthielt Abs 1 bis 2006 nur den Begriff „Herkunft". In Umsetzung der RL EG-RL 2000/43/EG ist in Abs 1 2006 der Begriff „**ethnische Herkunft**" eingefügt worden und spricht Abs 1 iÜ von „sonstiger Herkunft". Ethnische Herkunft meint die Zugehörigkeit zu einer Gruppe von Menschen, die durch verschiedene gemeinsame Eigenschaften wie Sprache, Tradition, Religion usw verbunden sind bzw sich verbunden fühlen und die in ihrer Selbst- als auch in der Fremdwahrnehmung als eine historisch, kulturell und brauchtümlich abgrenzbare Bevölkerungsgruppe gelten <L: HWGNRH/*Worzalla* Rn 9 mwN>, zB die Sorben in der Lausitz. Abs 1 wird ergänzt durch § 80 Abs 1 Nr 7 (§ 80 Rn 13, 20) und durch § 88 Nr 4 (§ 88 Rn 8), die es zur allg Aufgabe des BR machen, die Integration aus- 18

§ 75 Grundsätze für die Behandlung der Betriebsangehörigen

ländischer AN zu fördern sowie Rassismus und Fremdenfeindlichkeit im Betrieb zu bekämpfen und insoweit freiwillige BV abzuschließen. Ebenso wird Abs 1 ergänzt durch § 104, nach dem der BR vom AG die Entlassung oder Versetzung von AN verlangen kann, die durch rassistische oder fremdenfeindliche Betätigungen den Betriebsfrieden wiederholt ernstlich gestört haben (Rn 3 und § 104 Rn 2 ff). Eine Differenzierung wegen der „Muttersprache" der AN kann ggf eine mittelbare Benachteiligung wegen der ethnischen Herkunft auslösen <**R:** BAG 22.6.2011, 8 AZR 48/10, NZA 2011, 1226; s für die Möglichkeit einer unmittelbaren Benachteiligung aber BAG 15.12.2016, 8 AZR 418/15, juris>.

19 Abs 1 verbietet schon immer eine Benachteiligung von AN wg ihrer **Religion**, seit 2006 in Umsetzung der EG-RL 2000/78 auch eine Benachteiligung wg ihrer **Weltanschauung**. Für die Auslegung dieser Begriffe kann man sich an Art 4 Abs 1 GG anlehnen, der die Freiheit des religiösen und weltanschaulichen Bekenntnisses schützt. Entspr der englischsprachigen Fassung der RL, die formuliert: „on the grounds of religion or belief" und in Übereinstimmung mit Art 4 Abs 1 GG ist das „religiöse und weltanschauliche Bekenntnis" geschützt, also nicht jede individuelle Überzeugung, sondern nur eine grundlegende kollektive Gesamtsicht der Welt mit quasi-religiösen Bezügen <**L:** HWGNRH/*Worzalla* Rn 13 ff mwN>. Während jeder Religion eine den Menschen überschreitende und umgreifende (transzendente) Wirklichkeit, häufig der Glaube an einen oder mehrere die Weltgeschicke lenkenden Gott oder Götter zugrunde liegt, bezeichnet Weltanschauung zwar ein umfassendes Konzept des Weltganzen und der Herkunft und des Ziels menschlichen Lebens, ist aber auf innerweltliche („immanente") Bezüge beschränkt <**R:** BT-Drucks 16/2022 S 13; BAG 22.3.1995, 5 AZB 21/94, DB 1995, 1714; BVerwG 27.3.1992, 7 C 21/90, NJW 1992, 2496>. Bloße Sympathie für ein bestimmtes Land oder dessen Regierungssystem begründet aber noch keine Weltanschauung <**R:** BAG 20.6.2013, 8 AZR 482/12, NZA 2014, 21>. Als Religion geschützt sind etwa der katholische, der evangelische, der mosaische und der muslimische Glaube, auch der Rastafarismus. Allein das Selbstverständnis, sich als Gemeinschaft zu einer Religion zu bekennen, genügt nicht; es muss sich tatsächl, nach geistigem Gehalt und äußerem Erscheinungsbild, um eine Religion und Religionsgemeinschaft handeln <**R:** BVerfG 5.2.1991, 2 BvR 263/86, NJW 1991, 2623 bejahend für die örtlichen Geistigen Räte der Baha'i; BAG 22.3.1995, aaO>. Jedenfalls eine Weltanschauung ist etwa die Osho-Bewegung (früher „Bhagwan"-Bewegung) <**R:** BVerfG 26.6.2002, 1 BvR 670/91, NJW 2002, 2626; für Religion BVerwG 27.3.1992, aaO>. Dass die **wirtschaftl Betätigung** der Gemeinschaft die gemeinschaftl Pflege von Religion oder Weltanschauung in den Hintergrund drängt, die geschäftlichen Interessen die sonstigen Aktivitäten also überwiegen, nimmt einer Gemeinschaft nicht den Charakter als Religionsgemeinschaft. Anders ist es nur, wenn die Religion lediglich als Vorwand für eine wirtschaftl Betätigung dient <**R:** BAG 22.3.1995, aaO; BVerwG 27.3.1992, aaO>. Keine Religion praktiziert deswg die Scientology-Kirche <**R:** BAG 22.3.1995, aaO>, § 118 Rn 69 mwN. Eine unterschiedl Behandlung wg der Religion oder der Weltanschauung ist unter den in §§ 9, 10 AGG genannten Voraussetzungen zulässig. Zum Tendenzschutz aus § 118 Abs 1 Nr 1 s § 118 Rn 8 und zu § 118 Abs 2 s § 118 Rn 62 ff.

20 Anders als das Verbot der Diskriminierung wg **Behinderung** nach § 164 Abs 2 SGB IX, das sich nach § 151 Abs 1 SGB IX nicht auf alle Behinderte, sondern nur auf Schwerbehinderte und ihnen Gleichgestellte iS der § 2 Abs 2 und 3 SGB IX erstreckt, erfasst Abs 1

– wie § 1 AGG – jede Behinderung, auch unterhalb der Schwerbehindertenschwelle <**R:** BAG 3.4.2007, 9 AZR 823/06, NZA 2007, 1098; **L:** *Fitting* Rn 72; HWGNRH/*Worzalla* Rn 18>. Für die Auslegung des Begriffs Behinderung kann man sich an **§ 2 Abs 1 SGB IX und § 3 BGG** (Behindertengleichstellungsgesetz) anlehnen, die definieren: „Menschen sind behindert, wenn ihre körperl Funktion, ihre geistige Fähigkeit oder seelische Gesundheit mit hoher Wahrscheinlichkeit länger als sechs Monate von dem für das Lebensalter typischen Zustand abweichen und daher ihre Teilhabe am Leben in der Gesellschaft beeinträchtigt ist." Allerdings wird die zeitl Vorgabe von sechs Monaten im Unionsrecht nicht gefordert <**R:** EuGH 18.12.2014, C-354/13, NZA 2015, 33: ledigl „von Dauer">. Etwa ist Kleinwuchs, der mit Funktionseinschränkungen der Gliedmaßen und des Rumpfes verbunden ist, eine Behinderung iS von § 2 Abs 1 SGB IX <**R:** BAG 18.10.2000, 2 AZR 380/99, BB 2001, 627> und damit auch iS des Abs 1, ebenso eine schwere Neurodermitis <**R:** BAG 3.4.2007, aaO>. Behinderung ist mehr als Krankheit <**R:** EuGH 11.7.2006, C 13/05, NZA 2006, 839; **L:** HSWGN/*Worzalla* Rn 21>. Allerdings kann wegen einer durch eine Krankheit ausgelösten sozialen Stigmatisierung (etwa durch HIV-Infektion) auch eine Behinderung resultieren <**R:** BAG 19.12.2013, 6 AZR 190/12, NZA 2014, 372>. Bloßes Übergewicht ist keine Behinderung, möglicherweise aber eine echte behandlungsbedürftige Fettsucht bzw. Fettleibigkeit (Adipositas), die zu einer stark verminderten körperl Belastbarkeit führen kann <**R:** EuGH 18.12.2014, C-354/13, NZA 2015, 33>. Möglicherweise fällt auch eine Alkohol- oder Drogensucht wg ihrer Auswirkungen unter Abs 1. Dem Diskriminierungsverbot entspricht die allg Pflicht des BR aus § 80 Abs 1 Nr 4, die Eingliederung Schwerbehinderter und sonstiger bes schutzbedürftiger Personen zu fördern (§ 80 Rn 17), zu § 176 SGB IX § 80 Rn 18.

Abs 1 verpflichtet AG und BR, darauf zu achten, dass AN nicht wg **Alters** benachteiligt werden; in Umsetzung der RL 2000/78/EG ist der frühere Zusatz „wg Überschreitens best Altersstufen" gestrichen worden. Nach der Neuformulierung darf ein best Alter allein kein Anlass für die unterschiedl Behandlung eines AN sein; insoweit sind auch die Gründe für eine unterschiedl Behandlung wg des Alters in § 10 AGG zu beachten <**L:** *Fitting* Rn 76; HWGNRH/*Worzalla* Rn 24; s auch **R:** BAG 15.12.2016, 8 AZR 454/15, NZA 2017, 715>. Das Diskriminierungsverbot wg Alters spielt eine Rolle **insbes bei Richtlinien iS des § 95**. Etwa darf eine Beförderung nicht davon abhängig gemacht werden, dass der AN ein best Alter noch nicht erreicht hat, oder darf einem AN nicht nur aus dem Grund gekündigt werden, dass er ein best Alter überschritten hat. Zulässig ist aber eine BV, die das Ende des Arbeitsverhältnisses an das Erreichen der Regelaltersgrenze knüpft <**R:** BAG 21.2.2017, 1 AZR 292/15, NZA 2017, 738; 5.3.2013, 1 AZR 417/12, NZA 2013, 916>. Ebenso können AG und BR in einem **Sozialplan** Leistungen für die AN herabsetzen oder ganz ausschließen, die Anspruch auf vorgezogenes Altersruhegeld haben oder so kurz vor der Verrentung stehen, dass sie den Zeitraum bis zum Rentenbezug durch den Bezug von Arbeitslosengeld vollständig oder weitgehend überbrücken können <**R:** BAG 28.7.2020, 1 AZR 590/18, BB 2021, 61; BAG 16.7.2019, 1 AZR 842/16, NZA 2019, 1432; BAG 7.5.2019, 1 ABR 54/17, BB 2019, 2043; 9.12.2014, 1 AZR 102/13, NZA 2015, 365; 7.6.2011, 1 AZR 34/1, NZA 2011, 1370; 30.9.2008, 1 AZR 684/07, DB 2009, 573; 11.11.2008, 1 AZR 475/07, DB 2009, 347; 20.1.2009, 1 AZR 740/07, DB 2009, 495>. Allerdings verbietet sich auch hier eine pauschale Betrachtung, sodass eine verminderte Abfindung im Sozialplan für AN, die einen Regelrentenanspruch geltend machen können, für schwerbehinderte AN jedenfalls **mittelbar diskriminierend**

§ 75 Grundsätze für die Behandlung der Betriebsangehörigen

sein kann, weil sie nach § 236a Abs 1 S 2 SGB VI vorzeitig einen solchen Anspruch haben <R: BAG 28.7.2020,1 AZR 590/18, BB 2021, 61; BAG 16.7.2019, 1 AZR 842/16, NZA 2019, 143>. Höchstbeträge für Abfindungen verstoßen aber grundsätzlich nicht gegen § 75 Abs 1 <R: BAG 7.12.2021, 1 AZR 562/20, NZA 2022, 281>. Für das Arbeitsentgelt ist die Anknüpfung an die Berufserfahrung oder das Dienstalter zulässig <R: EuGH 3.10.2006, C-17/05, NJW 2007, 47>. Während Abs 1 bisher durch die allg Aufgabe des BR in § 80 Abs 1 Nr 6 ergänzt wurde, die Beschäftigung älterer AN generell zu fördern, steht § 80 Abs 1 Nr 6 jetzt in einem gewissen Gegensatz zu Abs 1: Abs 1 verbietet die Diskriminierung wg jedweden Alters, also auch jüngerer AN, während § 80 Abs 1 Nr 6 gerade die älteren AN dem bes Schutz des BR unterstellt (§ 80 Rn 20).

22 Das Verbot des Abs 1 S 1, AN wg ihrer **politischen Betätigung oder Einstellung** unterschiedl zu behandeln, findet keine Entsprechung in § 1 AGG. Erfasst wird zunächst das politische Verhalten des AN außerhalb des Betriebs: Ob und wie sich jemand im tägl Leben politisch äußert, welcher Partei, welchen kommunal- oder sonstigen politischen Vereinigungen er angehört oder für welche Vereinigung er Wahlaufrufe unterschreibt, darf für seine Behandlung im Betrieb keine Rolle spielen. Aus Abs 1 folgt weitergehend, dass ein AN auch wg seiner politischen Meinungsäußerung und Betätigung im Betrieb nicht bevorzugt oder benachteiligt werden darf. Die politische Betätigung im Betrieb findet ihre Grenze aber an den arbeitsvertragl Verpflichtungen des AN (§ 74 Rn 12). Zum Tendenzschutz aus § 118 Abs 1 Nr 1 s § 118 Rn 19.

23 Abs 1 S 1 verbietet – über § 1 AGG hinausgehend – auch jede Differenzierung wg der **gewerkschaftl Betätigung oder Einstellung** eines AN. Das entspricht Art 9 Abs 3 GG, der über S 2 unmittelbar und zwingend auch zw AG und AN gilt. Über Abs 1 hinaus gilt Art 9 Abs 3 S 2 GG auch im Verhältnis AG und Bewerber um einen Arbeitsplatz: Die Einstellung eines Bewerbers darf der AG nicht allein deshalb ablehnen, weil dieser Gewerkschaftsmitglied ist <R: BAG 2.6.1987, 1 AZR 651/85, DB 1987, 2312; 28.3.2000, 1 ABR 16/99, BB 2000, 2311>. Fragen nach der Gewerkschaftszugehörigkeit im Einstellungsgespräch sind unzulässig, § 94 Rn 10. § 75 schützt sowohl eine Benachteiligung wg der Zugehörigkeit zu einer (best) Gewerkschaft als auch eine Benachteiligung wg Nichtzugehörigkeit (positive und negative Koalitionsfreiheit). Der AG ist aber nicht gehindert, tarifgebundene AN einem TV folgend anders zu behandeln als Nichtorganisierte, da er in diesem Fall nicht aufgrund der gewerkschaftl Einstellung, sondern kraft der zwingenden Wirkung des TV differenziert <R: BAG 21.1.1987, 4 AZR 547/86, DB 1987, 487; auch 11.6.2002, 1 AZR 390/01, DB 2002, 2725; L: GK/*Jacobs* Rn 82; *Fitting* Rn 102; DKW/*Berg* Rn 92; BeckOK ArbR/*Werner* Rn 34>. Zum Tendenzschutz aus § 118 Abs 1 Nr 1 s § 118 Rn 20.

24 Abs 1 verbietet die **Differenzierung nach dem Geschlecht**, die die Angehörigen eines Geschlechts (typischerweise die Frauen) benachteiligt. Das Verbot entspricht Art 157 AEUV und § 1 AGG. Verboten sind geschlechtsbezogene Benachteiligungen insbes beim berufl Aufstieg, bei einer Weisung oder bei einer Kd. Unzulässig ist bei einer Einstellung oder Beförderung die Frage nach dem Bestehen einer Schwangerschaft <R: EuGH 8.11.1990, C 177/88, BB 1991, 692; BAG 6.2.2003, 2 AZR 621/01, BB 2003, 1734>, § 94 Rn 11. Für gleiche oder gleichwertige Arbeit muss das gleiche Entgelt bezahlt werden <R: BAG 23.8.1995, 5 AZR 942/93, BB 1996, 1279>. Wie nach § 8 Abs 1 AGG ist eine Differenzierung nach dem Geschlecht aber zulässig, wenn ein best Geschlecht wg der Art der auszuübenden Tätigkeit eine wesentl und entscheidende berufl Anforderung

III. Gleichbehandlungsgrundsatz, Abs 1   § 75

für diese Tätigkeit ist. Etwa können die Betriebspartner in einer Auswahlrichtlinie iS des
§ 95 für den Verkauf von Damenoberbekleidung einschließl Badebekleidung in einem
Einzelhandelsgeschäft mit Anprobemöglichkeit als persönl Voraussetzung an das weibl
Geschlecht anknüpfen <**R:** vgl LAG Köln 19.7.1996, 7 Sa 499/96, NZA-RR 1997, 84>,
§ 95 Rn 4. Dem Diskriminierungsverbot entspricht die allg Pflicht des BR aus § 80 Abs 1
Nr 2a, die Durchsetzung der tatsächl Gleichstellung von Frauen und Männern, insbes bei
der Einstellung, Beschäftigung, Aus-, Fort- und Weiterbildung und beim berufl Aufstieg,
zu fördern, § 80 Rn 15; sie wird ergänzt durch § 5 AGG und durch die Pflicht des BR in
§ 96 Abs 2 S 2, für die Teilnahme von Teilzeitbeschäftigten (also typischerweise Frauen)
an Berufsbildungsmaßnahmen Sorge zu tragen, § 96 Rn 8. Die Pflicht, die Beschäftigung
von Frauen positiv zu fördern, rechtfertigt es aber nicht, dass AG und BR die Plätze in
einem nach § 87 Abs 1 Nr 8 mitbestimmten betriebl Kindergarten (§ 87 Rn 175) weibl
AN vorbehalten und männl AN nur als Alleinerziehende und in Notfällen Zugang zu diesen Plätzen haben, um einer erhebl Unterrepräsentation von Frauen bei den Beschäftigten
entgg zu wirken <**R: aA** EuGH 19.3.2002, C-476/99, DB 2002, 1450 m Anm *Thüsing*;
L: aA *Fitting* Rn 123>.

Die Diskriminierung wg des Geschlechts verbietet auch Benachteiligung **transsexueller**   25
<**R:** EuGH 30.4.1996, C-13/94, NZA 19996, 695; **L:** *Fitting* Rn 124; GK/*Jacobs* Rn 102;
für sexuelle Identität: HWGNRH/*Worzalla* Rn 29> **und intersexueller Menschen** (Zwischengeschlechtliche oder Hermaphroditen) <**R:** dazu BVerfG 10.10.2017, 1 BvR 2019/
16, NJW 2017, 3643; **L:** für sexuelle Identität *Fitting* Rn 124; HWGNRH/*Worzalla*
Rn 29; wohl auch *Franzen*, FS 100 Jahre Betriebsverfassungsrecht, S 129, 133>.

Verboten ist seit 2006 aufgrund der Umsetzung der RL 2000/78/EG auch die Diskrimi-   26
nierung wg der „**sexuellen Identität**". Die vom in den USA üblichen Begriff der „sexuellen Orientierung" und von dem in Art 19 Abs 1 EUV sowie Art 1 der RL 2000/78/EG
gebrauchten Begriff der „sexuellen Ausrichtung" abw Formulierung „Identität" verdeutlicht, dass nur die die Person ausmachende grundlegende sexuelle Orientierung, hingg
nicht jedes sexuelle Verhalten und sexuelle Vorlieben gemeint ist <**L:** GK/*Jacobs*
Rn 102; **aA** HWGNRH/*Worzalla* Rn 29>. „Sexuelle Identität" ist daher restriktiv auszulegen und schützt neben den heterosexuellen insbes **homosexuelle und bisexuelle Menschen**. Trans- und Intersexualität sind Geschlechtszuordnungen (Rn 25). Auch insoweit
genügt es, wenn die benachteiligte Person wg einer scheinbar abw sexuellen Ausrichtung
diskriminiert wird, etwa weil ein AN dem AG homosexuell erscheint, vgl Rn 16.

Abs 1 hält AG und BR– **nicht** dazu an, eine Diskriminierung der AN **wg ihres Familien-**   27
standes oder wg Elternschaft als solche zu verhindern. Allerdings gelten hier der allg
arbeitsrechtl Gleichbehandlungsgrundsatz und die Vorgaben des AGG, die zu einer mittelbaren Diskriminierung führen können. Als Grundsatz von Recht und Billigkeit iS des
Abs 1 müssen die Betriebspartner aber auch **Art 6 GG** beachten, weswg etwa eine Sozialplanregelung unwirksam ist, die für die Abfindung auf die Dauer der Beschäftigung abstellt, aber davon die Elternzeit ausnimmt <**R:** BAG 12.11.2002, 1 AZR 58/02, DB 2003,
1635; 21.10.2003, 1 AZR 407/02, BB 2004, 722>, Rn 2. Zudem trifft den BR insoweit
die allg Aufgabe aus **§ 80 Abs 1 Nr 2b**, die Vereinbarkeit von Familie und Erwerbstätigkeit der im Betrieb beschäftigten AN zu fördern (§ 80 Rn 15), ergänzt durch die Pflicht
des BR in **§ 96 Abs 2 S 2**, für die Teilnahme von AN mit Familienpflichten an Berufsbildungsmaßnahmen Sorge zu tragen (§ 96 Rn 8). Noch Rn 1.

3. Willkürverbot

28 Abs 1 bindet AG und BR über die Grundsätze von Recht und Billigkeit an den Gleichbehandlungsgrundsatz des Art 3 Abs 1 GG. Entspr den vom BVerfG für Art 3 Abs 1 GG entwickelten Grundsätzen folgt aus Abs 1 ein Willkürverbot: AG und BR dürfen weder wesentl Gleiches ohne sachl Grund ungleich noch wesentl Ungleiches willkürlich gleich behandeln <R: BAG 13.8.2019, 1 AZR 213/18, NZA 2020, 49; BAG 19.7.2016, 3 AZR 134/15, BB 2016, 2810; 18.9.2007, 3 AZR 639/06, DB 2008, 82 mwN>. Insoweit zielt der Gleichbehandlungsgrundsatz darauf ab, eine Gleichbehandlung von AN in vergleichbaren Sachverhalten sicherzustellen und eine gleichheitswidrige Gruppenbildung auszuschließen. Ob die Bildung unterschiedl Gruppen durch einen **Sachgrund** gerechtfertigt ist, bemisst sich primär am mit der Regelung verfolgten Zweck <R: BAG 13.8.2019, 1 AZR 213/18, NZA 2020, 49; BAG 19.2.2008, 1 AZR 1004/06, BB 2008, 1793>. Man kann zwischen sachverhalts- und personenbezogenen Ungleichbehandlungen unterscheiden <L: AR/*Kolbe* Rn 10>: Eine personenbezogene Ungleichbehandlung ist rechtswidrig, wenn zwischen den gebildeten AN-Gruppen keine Unterschiede von solcher Art und solchem Gewicht bestehen, dass sie die ungleiche Behandlung rechtfertigen könnten <R: BAG 13.8.2019, 1 AZR 213/18, NZA 2020, 49; BAG 19.7.2016, 3 AZR 134/15, BB 2016, 2810>. Für eine sachverhaltsbezogene Unterscheidung ist ein vernünftiger Grund notwendig <R: BAG 13.8.2019, 1 AZR 213/18, NZA 2020, 49; L: AR/*Rieble/Kolbe* Rn 10>.

29 Der betriebsverfassungsrechtl Gleichbehandlungsgrundsatz lässt die Vereinbarung von **Stichtagen** in betriebsverfassungsrechtl Vereinbarungen zu. Dabei muss die Wahl des Stichtages – etwa für verschiedene Systeme der Altersversorgung – dem Zweck der Regelung folgen. Innerhalb dessen besteht ein Ermessensspielraum bei der Festlegung des Stichtages, der nicht verletzt ist, wenn die Betriebsparteien nicht jedem Gleichbehandlungsinteresse nachgehen. Maßgebl ist der sachl Grund, der einer durch den Stichtag gesetzten Unterscheidung insgesamt zugrunde liegt <R: BAG 10.12.2019, 3 AZR 478/17, AP Nr 79 zu § 1 BetrAVG: „Härten sind zu dulden">.

30 Während der allg arbeitsrechtl Gleichbehandlungsgrundsatz den AG als Vertragspartner ggü den AN unternehmensweit zur Gleichbehandlung verpflichtet und eine betriebsbezogene Gruppenbildung nur ausnahmsweise gerechtfertigt ist <R: BAG 17.11.1998, 1 AZR 147/98, BB 1999, 692; 3.12.2008, 5 AZR 74/08, NJW 2009, 1101; L: *Fitting* Rn 41>, insbes wg des Aushandelns unterschiedl Regelungen mit dem jeweiligen BR <R: BAG 25.4.1995, 9 AZR 690/93, BB 1995, 2170; L: *Fitting* Rn 41a>, ist der Gleichbehandlungsgrundsatz des Abs 1 von vornherein **betriebsbezogen** <R: BAG 17.11.1998, aaO>.

31 An den Gleichbehandlungsgrundsatz ist der AG zum einen bei **freiwilligen Leistungen** gebunden; insoweit hat der BR nach § 87 Abs 1 Nr 8 und 10 mitzubestimmen, um die innerbetriebl Lohngerechtigkeit iS einer Verteilungsgerechtigkeit zu gewährleisten <R: BAG 30.9.2008, 1 ABR 54/07, DB 2009, 407>. Werden freiwillige Leistungen des AG über ein zweckgebundenes Sondervermögen abgewickelt, hat der BR nach Abs 1 Nr 8 mitzubestimmen, gewährt der AG den AN die freiwilligen Leistungen unmittelbar, greift das MBR des Abs 1 Nr 10, § 87 Rn 215. An den Gleichbehandlungsgrundsatz ist der AG nur gebunden, wenn er das Entgelt **abstrakt-generell** regelt, also Sonderzahlungen an abstrakte, verallgemeinerungsfähige Merkmale knüpft, hingg nicht bei der mit dem einzelnen AN getroffenen individuellen Lohngestaltung. Insoweit bindet der Gleichbehand-

III. Gleichbehandlungsgrundsatz, Abs 1   § **75**

lungsgrundsatz den AG an die selbst aufgestellte Regel: Gewährt der AG Sonderleistungen zu einem best Zweck, will er etwa bes Leistungen der AN honorieren oder gewährt er Zulagen aus sozialen Gründen, darf er nicht willkürlich AN von diesen Leistungen ausnehmen, auf die die Regel passt. Etwa rechtfertigt es der Zweck einer Weihnachtsgratifikation idR nicht, hinsichtl der Höhe zw Arbeitern und Ang zu differenzieren <**R:** BAG 5.3.1980, 5 AZR 881/78, BB 1980, 1269; **aber** 30.3.1994, 10 AZR 681/92, BB 1994, 1219> ebenso wenig der Zweck eines Zuschusses zum Kurzarbeitergeld, diesen nur Ang zu zahlen <**R:** BAG 28.5.1996, 3 AZR 752/95, DB 1997, 102> und ist es nicht sachgerecht, einzelne AN bei einer allg Gehaltserhöhung von dem zum Ausgleich des Kaufkraftschwunds gezahlten Grundbetrag auszunehmen <**R:** BAG 11.9.1985, 7 AZR 371/83, DB 1986, 2602>. Über die bes Diskriminierungsverbote ist der AG zudem gehalten, schon bei der Festlegung des Zwecks freiwilliger Leistungen **nicht nach diskriminierenden Merkmalen zu differenzieren**. Unzulässig ist es etwa, Teilzeitbeschäftigte von AG-Leistungen auszuschließen; darin liegt idR zugleich eine mittelbare Diskriminierung von Frauen <**R:** BAG 14.10.1986, 3 AZR 66/83, BB 1987, 829>. Ebenso wenig dürfen die Betriebspartner wg § 4 Abs 2 TzBfG für befristet Beschäftigte geringere übertarifl Prämien festlegen als für unbefristet Beschäftigte <**R:** LAG Hamm 27.2.1997, 17 Sa 1889/ 96, NZA-RR 1998, 71>. Unzulässig ist es, die Entgelthöhe allein vom Wohnort des AN an einem best Stichtag (Wohnort in den alten oder den neuen Bundesländern am 2.10.1990) abhängig zu machen; dies ist auch nicht dadurch gerechtfertigt, AN mit einer in einem rechtsstaatl und marktwirtschaftl System erlangten berufl Qualifikation an sich zu binden <**R:** BAG 15.5.2001, 1 AZR 672/00, BB 2001, 2166>.

Ist der AG nicht tarifgebunden, erstreckt sich die Mitbestimmung des BR aus § 87 Abs 1 Nr 10 ebenfalls auf die Bildung des **betriebl Entgeltsystems insgesamt** (§ 87 Rn 239). AG und BR sind auch insoweit an die Grundsätze des Abs 1 gebunden. AG und BR dürfen aber für unterschiedl AN-Gruppen unterschiedl Entgeltordnungen aufstellen, sofern die Bildung verschiedener AN-Gruppen auf sachl Gründen beruht, etwa bedingt ist durch unterschiedl Tätigkeiten <**R:** BAG 19.10.1995, 1 ABR 20/95, BB 1996, 1113> oder durch den Einstellungszeitpunkt <**R:** BAG 18.11.2003, 1 AZR 604/02, BB 2004, 2529>. Zahlt der AG neu eingestellten AN geringere Entgelte, verstößt er damit nicht gg den arbeitsrechtl Gleichbehandlungsgrundsatz <**R:** BAG 18.11.2003, aaO>. Ebenso darf der AG beim Arbeitsentgelt zw der Stammbelegschaft und den aufgrund eines Betriebsübergangs übernommenen AN differenzieren <**R:** BAG 25.8.1976, 5 AZR 788/75, BB 1977, 145; auch 14.3.2007, 5 AZR 420/06, DB 2007, 1817>. Hat der AG einen Entgelt-TV gekündigt und wirkt dieser ledigl iS des § 4 Abs 5 TVG nach, erfasst der nachwirkende TV nicht die Arbeitsverhältnisse, die nach Kd des TV begründet werden: Will der AG durch die Kd des TV das Entgelt der AN auf eine neue Grundlage stellen, ist dies ein sachl Grund für die Ungleichbehandlung der neu eingestellten und der bisherigen AN <**R:** BAG 11.6.2002, 1 AZR 390/01, DB 2002, 2725>, näher § 87 Rn 238.

Bestehen aus sachl gerechtfertigten Gründen unterschiedl Entgeltordnungen im Betrieb, können die Betriebspartner an diesen festhalten und sie durch neutrale, dh systemkonforme und sich einheitl auswirkende Regelungen **fortentwickeln**. Etwa kann den AN an einem Standort eine Regionalstellenzulage gewährt werden, die AN an anderen Standorten nicht erhalten, um soziale Besitzstände zu wahren <**R:** BAG 2.8.2006, 10 AZR 572/05, DB 2006, 2244 (LS); auch 24.1.2006, 3 AZR 583/04, DB 2006, 1621>. Eine unterschiedl Behandlung, etwa die Zahlung einer Zulage nur an eine AN-Gruppe,

32

33

§ 75   Grundsätze für die Behandlung der Betriebsangehörigen

kann in diesen Fällen auch gerechtfertigt sein, wenn sie dem Ausgleich von Nachteilen und der Angleichung der Entgeltordnungen aneinander dient <R: BAG 14.3.2007, 5 AZR 420/06, DB 2007, 1817>. Eine willkürliche Ungleichbehandlung der AN in den unterschiedl Entgeltordnungen ist aber nicht gerechtfertigt, etwa die Zahlung eines Inflationsausgleichs nur an die Gruppe der Stammbelegschaft und nicht an die nach § 613a BGB übernommenen AN ohne die Absicht einer Entgeltangleichung <R: BAG 14.3.2007, aaO>.

34   Bei **Sozialplanleistungen** iS des § 112 sind die Betriebspartner nicht gleichermaßen frei, den Zweck festzulegen und damit zw verschiedenen AN-Gruppen zu unterscheiden, da der Zweck des Sozialplans in **§ 112 Abs 1 S 2** gesetzl festgelegt ist und in Abs 5 (für die ES) näher umrissen wird: Der Sozialplan dient nach § 112 Abs 1 S 2 dem Ausgleich oder der Abmilderung der den AN durch die Betriebsänderung entstehenden wirtschaftl Nachteile <R: BAG 7.12.2021, 1 AZR 562/20, NZA 2022, 281>. Deshalb ist AG und BR in einem Sozialplan eine Gruppenbildung verwehrt, die dazu dienen soll, dem AG eine eingearbeitete und qualifizierte Belegschaft zu erhalten <R: BAG 6.11.2007, 1 AZR 960/06, DB 2008, 356; 19.2.2008, 1 AZR 1004/06, BB 2008, 1793>. Ebenso wenig dient der Sozialplan dazu, die individualrechtl Risiken des AG bei der Durchführung der Betriebsänderung zu reduzieren oder gar zu beseitigen; deswg dürfen Sozialplanleistungen nicht vom Verzicht auf die Erhebung einer Kd-Schutzklage abhängig gemacht werden <R: BAG 7.12.2021, 1 AZR 562/20, NZA 2022, 281; BAG 31.5.2005, 1 AZR 254/04, BB 2005, 1967>. Eine freiwillige BV, die neben einem Sozialplan eine Abfindung im Falle eines Klageverzichts vorsieht, ist dagegen möglich, § 75 Abs 1 verbietet aber für diese BV die Umgehung des Klageverzichtsverbotes im Sozialplan <R: BAG 7.12.2021, 1 AZR 562/20, NZA 2022, 281; s näher § 112 Rn 48>. Mit dem Zweck des Sozialplans ist es aber vereinbar, solche AN von Abfindungen auszunehmen, denen durch die Betriebsänderung keine Nachteile entstehen, etwa AN, die aufgrund der Vermittlung des AG einen neuen Arbeitsplatz finden <R: BAG 22.3.2005, 1 AZR 3/04, DB 2005, 1472 (LS) mwN> oder deren Arbeitsverhältnis nach § 613a Abs 1 BGB ungekündigt auf einen Betriebserwerber übergeht; von Sozialplanleistungen ausgenommen werden können auch die AN, die einem Betriebsübergang widersprechen und so selbst auf den Arbeitsplatzerhalt verzichten <R: BAG 22.11.2005, 1 AZR 458/04, DB 2006, 343 (LS)>. Ebenso dürfen die Betriebspartner davon ausgehen, dass AN, die ihr Arbeitsverhältnis „vorzeitig" selbst kündigen, durch die Betriebsänderung keine oder sehr viel geringere wirtschaftl Nachteile drohen als den anderen AN und deswg die Sozialplanabfindung entspr niedriger bemessen <R: BAG 13.2.2007, 1 AZR 163/06, DB 2007, 1315>, sofern der maßgebl Kd-Zeitpunkt nicht willkürlich gewählt worden ist <R: BAG 19.2.2008, 1 AZR 1004/06, BB 2008, 1793> und der AG die Eigen-Kd des AN oder den Abschluss des Aufhebungsvertrages nicht veranlasst hat <R: BAG 25.3.2003, 1 AZR 169/02, NZA 2004, 64 (LS)>, § 112 Rn 54 ff. Ebenso dürfen die Betriebspartner AN von (höheren) Abfindungen ausnehmen, die sich bereits in Altersteilzeit befinden, aber solchen AN versprechen, die erst künftig Altersteilzeit vereinbaren, um einen Anreiz zum Abschluss von Altersteilzeitarbeitsverhältnissen zu geben <R: BAG 15.4.2008, 9 AZR 26/07, NZA-RR 2008, 580>. Näher § 112 Rn 63 ff.

35   Auch im Übrigen sind AG und BR immer dann an Abs 1 gebunden, wenn sie Vorteile oder Chancen verteilen. So hat der BR nach **§ 87 Abs 1 Nr 9** bei der Zuweisung, Kd und bei der allg Festsetzung der Nutzungsbedingungen von **Werkmietwohnungen** mitzube-

IV. Schutz des Allgemeinen Persönlichkeitsrechts, Abs 2   § 75

stimmen, um dafür zu sorgen, dass Wohnraum unter Berücksichtigung sozialer Belange und bes Notlagen gerecht unter den AN verteilt wird, § 87 Rn 194. Ebenso hat der BR nach § 87 Abs 1 Nr 12 über die Grundsätze der Bewertung von **Verbesserungsvorschlägen** der AN mitzubestimmen, um die Gleichbehandlung der AN bei der Behandlung von Verbesserungsvorschlägen sicherzustellen, § 87 Rn 259. Um eine sachwidrige Bevorzugung und Benachteiligung einzelner AN zu verhindern, hat der BR nach § 98 Abs 3 ein **MBR** hinsichtl der **Auswahl der AN**, die an **Berufsbildungsmaßnahmen** teilnehmen, wenn er dem AG eigene Vorschläge für die Teilnahme von AN oder AN-Gruppen macht (§ 98 Rn 13 ff).

Auch insoweit ist das Auswahlermessen der Betriebspartner **teilweise durch gesetzl Vorschriften eingeschränkt**: Etwa hat der BR nach § 87 Abs 1 Nr 5 über die Aufstellung allg Urlaubsgrundsätze sowie die Festsetzung der Urlaubszeiten mitzubestimmen, um die Interessen der AN an einer gleichmäßigen Verteilung der Urlaubszeiten durchzusetzen und deren Urlaubswünsche zu harmonisieren, § 87 Rn 118. Insoweit sind aber die Grenzen des § 7 Abs 1 BUrlG zu beachten, die den AG an den Urlaubswunsch des AN binden, soweit diesem Wunsch keine dringenden betriebl Belange oder Urlaubswünsche anderer, aus sozialen Gründen vorrangig zu berücksichtigender AN entgegenstehen: Nur soweit § 7 BUrlG und ein Urlaubs-TV dem AG bei der Festlegung des Urlaubs einen Spielraum lassen, ist eine Beteiligung des BR mögl und erforderl (§ 87 Rn 119). **Auswahlrichtlinien für Kd iS des § 95** müssen sich iR des gesetzl Kd-Schutzrechts halten <R: BAG 5.6.2008, 2 AZR 907/06, BB 2009, 447>, insbes nur die in § 1 Abs 3 KSchG abschließend aufgezählten Sozialauswahlkriterien berücksichtigen, § 95 Rn 9 f.

36

IV. Schutz des Allgemeinen Persönlichkeitsrechts, Abs 2

Abs 2 S 1 bezweckt zunächst den Schutz des Allg Persönlichkeitsrechts der AN im Betrieb. Grundlage hierfür ist Art 2 Abs 1 iVm Art 1 Abs 1 GG <R: BAG 25.4.2017, 1 ABR 46/15, BB 2016, 2428; 26.8.2008, 1 ABR 16/07, NZA 2008, 1187>. Zum Allg Persönlichkeitsrecht in diesem Sinne gehören die persönl Ehre <R: BAG 21.2.1979, 5 AZR 568/77, BB 1979, 1558>, das Recht auf informationelle Selbstbestimmung, das Recht auf Achtung des Privatlebens und das Recht am eigenen Bild, an der eigenen Stimme und am eigenen Charakterbild <R: s dazu allg BVerfG 6.11.2019, 1 BvR 16/13, NJW 2020, 300; 25.10.2005, 1 BvR 1696/982006, 207; 15.12.1983, 1 BvR 209/83 ua, NJW 1984, 419; BAG 27.3.2003, 2 AZR 51/02, BB 2003, 2578>, ebenso das Recht am gesprochenen Wort <R: BVerfG 9.10.2002, 1 BvR 1611/96, 1 BvR 805/98, NJW 2002, 3619>. Da das Allg Persönlichkeitsrecht außerhalb des absoluten Kernbereichs privater Lebensgestaltung nur in den Schranken der verfassungsgemäßen Ordnung garantiert wird, kann es zwar durch Gesetze und durch BV beschränkt werden <R: BAG 25.4.2017, 1 ABR 46/15, BB 2016, 2428; 15.4.2014, 1 ABR 2/13, NZA 2014, 551; 29.6.2003, 1 ABR 21/03, BB 2005, 102; 14.12.2004, 1 ABR 34/03, AuR 2005, 456>. Der Eingriff in das Persönlichkeitsrecht der AN muss aber durch schutzwürdige Belange anderer Grundrechtsträger, etwa des AG oder anderer AN gerechtfertigt sein <R: zu § 87 Abs 1 Nr 6 BAG 29.6.2003 und 14.12.2004, aaO>. Insoweit ist es Aufgabe von AG und BR, die konfligierenden Interessen der AN im Betrieb auszugleichen, etwa bei Rauchverboten die Interessen der Raucher und die der Nichtraucher. Der Eingriff in das Allg Persönlichkeitsrecht

37

§ 75　Grundsätze für die Behandlung der Betriebsangehörigen

ist nur zulässig, wenn er geeignet, erforderl und angemessen ist, um den erstrebten Zweck zu erreichen <R: BAG 25.4.2017, 1 ABR 46/15, BB 2016, 2428; BAG 15.4.2014, 1 ABR 2/13, NZA 2014, 551>. Geeignet ist eine Regelung, mit deren Hilfe der erstrebte Erfolg gefördert werden kann, erforderl ist sie, wenn kein anderes, gleich wirksames und das Persönlichkeitsrecht weniger einschränkendes Mittel zur Verfügung steht. Um die Angemessenheit (Verhältnismäßigkeit im engeren Sinn) festzustellen, bedarf es einer Gesamtabwägung der Intensität des Eingriffs gg die ihn rechtfertigenden Gründe <R: BAG 25.4.2017, 1 ABR 46/15, BB 2016, 2428; 15.4.2014, 1 ABR 2/13, NZA 2014, 551; 29.6.2003 und 14.12.2004, aaO>.

38　Abs 2 schützt die AN zum einen davor, dass der AG sie unter Eingriff in ihr Persönlichkeitsrecht unzulässig überwacht; diesem Schutz dient auch das MBR des BR nach § 87 Abs 1 Nr 6 (§ 87 Rn 129 f). **Die Intimsphäre des AN ist absolut geschützt**, wie sich auch aus § 201a StGB ergibt, deshalb sind etwa Aufnahmen in der Dusche oder auf den Toiletten nicht zulässig <L: Richardi/*Maschmann* Rn 51>. Unzulässig ist etwa die optische Überwachung der AN durch Einwegscheiben <L: *Wiese* ZfA 1971, 283; *Fitting* Rn 149 mwN>. Hingg dürfen AN durch Videokameras offen überwacht werden, wenn dies in erster Linie der Kontrolle der Arbeitsvorgänge dient, ebenso sind Videoüberwachungen und Ehrlichkeitskontrollen durch Vorgesetzte zur Aufklärung von Diebstahlsvorwürfen zulässig, wenn mit hinreichender Sicherheit feststeht, dass die Diebstähle im überwachten Bereich stattfinden <R: BAG 28.3.2019, 8 AZR 421/17, NZA 2019, 1212; BAG 20.10.2016, 2 AZR 395/15, NZA 2017, 443; BAG 18.11.1999, 2 AZR 743/98, BB 2000, 672; 29.6.2003, 1 ABR 21/03, BB 2005, 102; 14.12.2004, 1 ABR 34/03, AuR 2005, 456>; die Überwachung mit Hilfe von Kameras ist aber nach § 87 Abs 1 Nr 6 mitbestimmungspflichtig, § 87 Rn 135, 140. Eine ständige Überwachung, der sich der AN gar nicht entziehen kann, ist unzulässig <R: BAG 28.3.2019, 8 AZR 421/17, NZA 2019, 1212; **L:** Richardi/*Maschmann* Rn 57>. Die akustische Überwachung der AN durch Abhörgeräte oder Tonbandaufnahmen ist stets unzulässig, ebenso das Ab- oder Mithören von Telefongesprächen <R: BVerfG 19.12.1991, 1 BvR 382/85, BB 1992, 708; BAG 29.10.1997, 5 AZR 508/96, BB 1998, 431>. AG und BR können es aber nach § 87 Abs 1 Nr 6 (§ 87 Rn 140) durch BV zulassen, dass der AG Telefongespräche neuer AN in deren Gegenwart zu Ausbildungszwecken mithört <R: BAG 30.8.1995, 1 ABR 4/95, BB 1996, 643: Reservierungsgespräche eines Luftfahrtunternehmens>. Erlaubt ist die automatisierte Gesprächsdatenerfassung für einzelne AN, zB über die Zahl und die Dauer von dienstl und privaten Telefonaten, bei dienstl Telefonaten auch die Erfassung der vollen Zielnummer <R: BAG 27.5.1986, 1 ABR 48/84, DB 1986, 2080; 30.8.1995, aaO>. Ebenso darf der AG eine Aufschaltanlage einsetzen, mit deren Hilfe private oder dienstl Telefongespräche während der Arbeitszeit durch den AG zugunsten einer dienstl Inanspruchnahme unterbrochen werden können, wenn die Aufschaltung für den Telefonierenden deutl wahrnehmbar ist <R: BAG 1.3.1973, 5 AZR 453/72, BB 1973, 704>.**Tor-, Taschen- oder Spindkontrollen** sind mögl, wenn sie helfen sollen, konkret vorgetragene Straftaten gg den AG aufzudecken <R: BAG 15.4.2014, 1 ABR 2/13, NZA 2014, 551>. Dabei ist das Verhältnismäßigkeitsprinzip zu beachten, sodass etwa Spindkontrollen grds im Beisein des AN durchzuführen sind <L: Richardi/*Maschmann* Rn 51>.

39　**Das** Persönlichkeitsrecht des AN ist auch verletzt, wenn eine BV vorsieht, dass der AG zu einem **Personalgespräch**, das er mit einem AN führt, bevor er aufgrund eines diesem

IV. Schutz des Allgemeinen Persönlichkeitsrechts, Abs 2 § 75

vorgeworfenen Fehlverhaltens eine arbeitsrechtl Maßnahme ergreift, gleichzeitig auch den BR zu laden hat <R: BAG 11.12.2018, 1 ABR 12/17, NZA 2019, 480>.

Das Recht der AN auf Achtung des Privatlebens ist insbes bei **Personalfragebogen** iS des § 94 zu beachten: Persönl Angaben, die die Persönlichkeitssphäre der Bewerber oder AN verletzen oder den AN entgg § 1 AGG, Art 9 Abs 3 GG usw diskriminieren, dürfen Personalfragebogen nicht erheben. Wg des Rechts auf informationelle Selbstbestimmung sind alle Fragen unzulässig, die keinen Bezug zum Arbeitsverhältnis haben. Besteht ein Informationsinteresse des AG, etwa bei der Frage nach einer einschlägigen Impfung des AN, kann eine Frage gleichwohl infolge der Abwägung mit dem Persönlichkeitsschutz des Bewerbers oder AN oder wg unzulässiger Diskriminierung ausgeschlossen sein (§ 94 Rn 6 ff). **Graphologische Gutachten** und **psychologische Eignungstests** setzen darüber hinaus voraus, dass der AN eingewilligt hat <R: BAG 13.2.1964, 2 AZR 286/63, BB 1964, 472; L: GK/*Jacobs* Rn 153; *Fitting* Rn 153; DKW/*Berg* Rn 122; HWGNRH/*Worzalla* Rn 38>. In keinem Fall dürfen psychologische Tests zu einer umfassenden Analyse der Gesamtpersönlichkeit führen <L: *Schmid* NJW 1971, 1863>. Unzulässig sind genetische Analysen <L: *Wiese* RdA 1986, 125 f; GK/*Jacobs* Rn 157; *Fitting* Rn 153 f>. Eine Verpflichtung, sich einer **ärztlichen Untersuchung** zu unterziehen, besteht nur, soweit dies in Arbeitsschutzvorschriften vorgeschrieben oder wg des Schutzes anderer AN oder von Kunden zwingend notwendig ist – so etwa im Falle des Fiebermessens am Werkstor bei einer Ansteckungsgefahr. Hat der AG die Entscheidung getroffen, derentwg er das Gutachten eingeholt oder die ärztliche Untersuchung veranlasst hat, kann der AN aufgrund seines Rechts auf informationelle Selbstbestimmung vom AG verlangen, die Unterlagen zu vernichten bzw die Daten zu löschen.

40

Weder die Zweckbestimmung des Arbeitsverhältnisses noch berechtigte Interessen des AG rechtfertigen es, private Daten, nach denen der AG nicht fragen darf, in **Personalinformationssysteme** aufzunehmen; ihre Verarbeitung ist nach Art 88 Abs 1, Abs 2 DSGVO, § 26 Abs 1 S 1 BDSG unzulässig <L: ErfK/*Franzen* BDSG § 26 Rn 2>. Auch soweit die Speicherung persönl AN-Daten in Datenverarbeitungsanlagen zulässig ist, muss der AG bei ihrer Verwertung das in Abs 2 geschützte Persönlichkeitsrecht der AN beachten, darf etwa kein Persönlichkeitsprofil des AN erstellen, das sich auf Merkmale bezieht, die mit dem Arbeitsverhältnis nichts zu tun haben. Nach Abs 2 S 1 ist der AG verpflichtet, in den Personalakten enthaltene sensible AN-Daten, insbes solche über den Gesundheitszustand der AN, vertraulich zu behandeln, für die vertrauliche Behandlung durch die Sachbearbeiter zu sorgen und den Kreis der mit ihnen befassten Mitarbeiter möglichst eng zu halten <R: BAG 15.7.1987, 5 AZR 215/86, BB 1987, 2300>. Das Allg Persönlichkeitsrecht des AN wird etwa verletzt, wenn der AG Personalakten einem Dritten ohne Wissen des AN zugänglich macht, etwa den Arbeitsvertrag und einen Personalkreditvertrag einem anderen AG zeigt, bei dem sich der AN bewerben will <R: BAG 18.12.1984, 3 AZR 389/83, DB 1985, 2307; L: GK/*Jacobs* Rn 159> oder aber, wenn eine GBV vorsieht, dass die örtlichen BR-Vors jederzeit umfänglichen Zugriff auf die Personalakten haben <R: LAG Düsseldorf, 23.6.2020, 3 TaBV 65/19, juris>. Es verstößt aber nicht gg das Persönlichkeitsrecht der AN, wenn zur Verschwiegenheit verpflichtete Mitarbeiter der Innenrevision im Einzelfall Einsicht in die Personalakten nehmen, um die Personalausgaben des AG zu überprüfen <R: BAG 4.4.1990, 5 AZR 299/89, BB 1990, 1490>.

41

§ 75 Grundsätze für die Behandlung der Betriebsangehörigen

42 Das Allg Persönlichkeitsrecht haben AG und BR auch dann zu beachten, wenn sie **Verhaltensregeln im Betrieb** aufstellen, um die konfligierenden Interessen der AN untereinander auszugleichen (Rn 4); an solchen Verhaltensregeln hat der BR nach § 87 Abs 1 Nr 1 mitzubestimmen. Zulässig ist etwa ein **Rauchverbot** mit dem Ziel, Nichtraucher vor den Gesundheitsgefahren und Belästigungen durch das Passivrauchen zu schützen <R: BAG 19.1.1999, 1 AZR 499/98, BB 1999, 1380; LAG Hamm 6.8.2004, 10 TaBV 33/04, AuA 2005, 47>; ein entsprechender gesetzl Auftrag ergibt sich auch aus § 5 Abs 1 ArbStättVO <R: BAG 10.5.2016, 9 AZR 347/15, NZA 2016, 1134>. Aufgrund ihres Schutzauftrages aus Abs 2 müssen AG und BR bei Gesundheitsgefahren auch von sich aus Schutzmaßnahmen ergreifen. Die Einführung einer „betrieblichen Impfpflicht" durch BV etwa im Falle einer Pandemie ist wegen des allg Persönlichkeitsrechts grds und jenseits der im IfSG vorgesehenen Fälle der Impfpflicht nicht möglich <L: *Naber/Schulte* NZA 2021, 81>. Allerdings kann auch auf betrieblicher Ebene unter Beachtung des allg Persönlichkeitsrechts auf eine durch nichtgeimpfte AN gegebene Gefahr für andere AN, Dritte oder den betrieblichen Ablauf durch entsprechende Maßnahmen wie etwa die Forderung eines Negativnachweises oder der Zuweisung entsprechender Tätigkeiten reagiert werden. Ein **generelles Verbot von Liebesbeziehungen im Betrieb** ist wg des darin liegenden schwerwiegenden Eingriffs in das Persönlichkeitsrecht der AN unzulässig <R: BAG 22.7.2008, 1 ABR 40/07, BB 2008, 2520; LAG Ddf 14.11.2005, 10 TaBV 46/05, DB 2006, 162>. Ebenso kann die nach § 87 Abs 1 Nr 1 mitbestimmte (§ 87 Rn 50) Anordnung des AG, dass **alle AN einander duzen** und mit Vornamen ansprechen müssen, um das Betriebsklima zu verbessern und Hierarchien abzubauen <R: LAG Hamm 29.7.1998, 14 Sa 1145/98, NZA-RR 1998, 481>, das Allg Persönlichkeitsrecht der AN verletzen <**L**: so GK/*Wiese* § 87 Rn 232; **aA** ErfK/*Kania* Rn 9>.

43 Auch bei der Einführung einer **betriebl Kleiderordnung** hat der AG das Allg Persönlichkeitsrecht der AN zu wahren: Der AG darf seine AN aber anweisen, Arbeitskleidung zu tragen, die zum Schutz des Arbeitsprodukts oder zum Schutz Dritter (etwa der Patienten eines Krankenhauses) oder zum Schutz der AN selbst vor tätigkeitsspezifischen Gesundheitsgefahren arbeitsnotwendig ist, ebenso kann er eine einheitl Arbeitskleidung verlangen, um die AN als Repräsentanten des Unternehmens zu kennzeichnen und den Kunden das Ansprechen zu erleichtern und Image, Stil und Trend des Unternehmens festzulegen; entgg der hM greift das MBR des BR aus Abs 1 Nr 1 allenfalls in Randbereichen (§ 87 Rn 46 ff). Das bloße Tragen einer einheitl Kleidung greift noch nicht unzulässig in das Persönlichkeitsrecht der AN ein <R: BAG 13.2.2007, 1 ABR 18/06, NZA 2007, 640; LAG Hamm 22.10.1991, 13 TaBV 36/91 und 7.7.1993, 14 Sa 435/93, LAGE BGB § 611 Direktionsrecht Nr 11und 14>, denkbar ist dies aber bei Einschränkung der körperl Bewegungsfreiheit oder bei einer ausgesprochen ungünstigen Optik <R: LAG Hamm 7.7.1993, aaO>.

44 Durch das Betriebsrätemodernisierungsgesetz wurde das Mitbestimmungsrecht des BR bei der Einführung mobiler Arbeit, § 87 Abs 1 Nr 14, in das Gesetz aufgenommen. Hier steht – gerade nach den Erfahrungen der Covid-19-Pandemie – die Ausgestaltung des **Homeoffice** in Rede. Gegen § 75 Abs 2 verstieße jedenfalls (jenseits der gesetzlichen Anordnung der Homeofficepflicht wie etwa in § 28b IfSG aF und auch nicht von § 87 Abs 1 Nr 14 gedeckt, § 87 Rn 280) eine pauschale Einführung des Homeoffice gegen den Willen der AN – es wäre ein unverhältnismäßiger Eingriff in das allg Persönlichkeitsrecht, das Recht auf Unverletzlichkeit der Wohnung und die Eigentumsfreiheit <L: *Krieger/*

Rudnik/Povedano Peramato NZA 2020, 473, 477>. Ein allg, voraussetzungsloses Zutrittsrecht des AG oder der BR-Mitglieder zur Wohnung des AN ohne dessen Zustimmung ist auch im Falle der wirksam vereinbarten Möglichkeit des Homeoffice ausgeschlossen <L: s bereits *Rieble/Picker* ZfA 2013, 383, 429>.

AG und BR können die AN über eine freiwillige BV grds auch an **Kosten** für Vorteile 45 beteiligen, etwa an den Kosten für eine betriebseinheitl Kleidung, soweit die AN diese auch in ihrer Freizeit tragen können <R: BAG 13.2.2007, 1 ABR 18/06, DB 2007, 1592>. Eine Grenze bildet die durch Abs 2 geschützte allg Handlungsfreiheit der AN: Eine Kostenübernahme durch die AN scheidet aus, wenn sie keinerlei Vorteile erhalten, weswg AG und BR die AN nicht dazu verpflichten können, Kantinenessen auch dann zu bezahlen, wenn sie es nicht in Anspruch nehmen <R: BAG 11.7.2000, 1 AZR 551/99, BB 2001, 471>. Ebenso wenig können AG und BR den AN durch freiwillige BV Kosten auferlegen, die nach allg Grundsätzen der AG zu tragen hat, etwa die mit der Bearbeitung von Lohn- oder Gehaltspfändungen verbundenen Kosten <R: BAG 18.7.2006, 1 AZR 578/05, BB 2007, 221>. Noch § 88 Rn 11.

Nach Abs 2 S 1 müssen AG und BR die freie Entfaltung der Persönlichkeit der AN nicht 46 nur schützen, sondern auch **fördern**. Der 2001 in das BetrVG eingefügte Abs 2 S 2 verpflichtet AG und BR dazu, auf die Selbstständigkeit und Eigeninitiative der AN und Arbeitsgruppen hinzuwirken; AG und BR werden verpflichtet, einen „Beitrag zu mehr Demokratie im Betrieb zu leisten" <L: RegE, BT-Drs 14/5741, S 45>. Etwa soll der **BR** sein MBR über die Durchführung von Gruppenarbeit nach § 87 Abs 1 Nr 13 so ausüben, dass die Eigenverantwortlichkeit der Arbeitsgruppen erhalten bleibt (§ 87 Rn 273 ff) und soll tunlichst von der Möglichkeit des § 28a Gebrauch machen, Aufgaben auf Arbeitsgruppen zu übertragen <L: *Löwisch* FS 100 Jahre Betriebsverfassungsrecht, S 441, 446: Übertragung kann nur aus sachlichem Grund abgelehnt werden>.

V. Nichtbeachtung der Grundsätze des § 75

1. Individualrechtliche Folgen

Als kollektivrechtl Vorschrift begründet § 75 **keine Ansprüche der AN gg AG und BR** 47 auf Beachtung des Gleichbehandlungsgrundsatzes und der Diskriminierungsverbote und auf Unterlassung von Beeinträchtigungen des Allg Persönlichkeitsrechts <R: BAG 3.12.1985, 4 ABR 60/85, EzA TVG § 1 Nr 21; L: GK/*Jacobs* Rn 24, 191; *Fitting* Rn 24; ErfK/*Kania* Rn 1; HWGNRH/*Worzalla* Rn 45; AR/*Kolbe* Rn 2; aA DKW/*Berg* Rn 27>. Insofern ist der AN im Verhältnis zum AG auf **seine Ansprüche aus dem Arbeitsvertrag** zu verweisen, Rn 52.

§ 75 ist **kein Schutzgesetz iS des § 823 Abs 2 BGB** <L: GK/*Jacobs* Rn 192; Richardi/ 48 *Maschmann* Rn 89; HWGNRH/*Worzalla* Rn 45 (anders bei absoluten Differenzierungsverboten); **aA R**: BAG 5.4.1984, 2 AZR 513/82, DB 1985, 602; **L**: ohne Begründung *Fitting* Rn 177; DKW/*Berg* Rn 147; BeckOK ArbR/*Werner* Rn 68; ErfK/*Kania* Rn 12; auch *SWS* Rn 2>; Schutzgesetze sind nur solche Rechtsnormen, die gerade dazu dienen, einen Einzelnen oder best Personenkreise gg Schäden zu schützen; dem widerspricht der rein kollektivrechtl Charakter des § 75. Eine Haftung für jedes fahrlässige Verhalten über § 823 Abs 2 BGB ist auch durch § 15 Abs 3 AGG gesperrt, nach dem AG bei der Anwen-

§ 75 Grundsätze für die Behandlung der Betriebsangehörigen

dung kollektivrechtl Vereinbarungen nur bei Vorsatz oder grober Fahrlässigkeit zum Ersatz verpflichtet ist. Der Individualschutz wird über das AGG, über Art 9 Abs 3 S 2 GG, über das TzBfG und über den arbeitsrechtl Gleichbehandlungsgrundsatz erreicht. Das Allgemeine Persönlichkeitsrecht ist aber ein sonstiges Recht iS des § 823 Abs 1 BGB.

49 Verstößt eine Anordnung des AG gg § 75, löst dies **individualrechtl Folgen** nur aus, soweit der AG damit zugleich Pflichten aus dem Arbeitsverhältnis verletzt, insbes in das Allgemeine Persönlichkeitsrecht des AN eingreift <**L:** GK/*Jacobs* Rn 191; Richardi/*Maschmann* Rn 89; **abw** DKW/*Berg* Rn 147; ErfK/*Kania* Rn 12; HWGNRH/*Worzalla* Rn 45>. Eine Anweisung des AG, die das Allgemeine Persönlichkeitsrecht des AN verletzt, ist nach §§ 106 GewO, 315 Abs 3 BGB für den AN nicht verbindlich; er braucht ihr nicht Folge zu leisten, sondern kann seine Arbeitsleistung nach § 273 BGB zurückhalten, der AG gerät gem § 615 BGB in Annahmeverzug. Durch die Nichtbeachtung der Anweisung verletzt der AN seine Arbeitspflicht nicht, sodass eine verhaltensbedingte Kd ausscheidet. **Persönl Angaben**, die die Persönlichkeitssphäre der AN verletzen oder den AN diskriminieren, darf der AG nicht erfragen und dürfen Personalfragebogen iS des § 94 nicht erheben (Rn 40). Auf eine unzulässige Frage darf der AN auch dann **lügen**, wenn sie in einem mit Zustimmung des BR zustande gekommenen Personalfragebogen enthalten ist (§ 94 Rn 6). Der AN kann die **Entfernung von Beurteilungen** aus der Personalakte verlangen, wenn sie sein Persönlichkeitsrecht verletzen; nach Art 17 Abs 1 lit b DSGVO sind unzulässige Daten zu löschen. Erkenntnisse, die der AG durch die Verwendung unzulässiger Frage- und Beurteilungsgrundsätze erlangt hat, darf er ggü den AN nicht verwenden, etwa nicht einer Beurteilung zugrunde legen; Beurteilungen, die er anhand von unzulässigen allg Beurteilungsgrundsätzen gewonnen hat, darf er nicht zur Grundlage für die Versetzung oder Kd von AN machen.

50 Ist der Eingriff in das Allg Persönlichkeitsrecht individualrechtl unwirksam, so macht die Beteiligung des BR diesen nicht zulässig <**R:** BAG 8.6.1999, 1 ABR 67/98, BB 1999, 2357; 28.5.2002, 1 ABR 32/01, DB 2003, 287; zum PersVG BAG 15.5.1991, 5 AZR 115/90, NZA 1992, 43>.

2. Kollektivrechtliche Folgen

51 § 75 ist eine kollektivrechtl Norm, ein Verstoß führt also auch (ledigl) zu betriebsverfassungsrechtl Rechtsfolgen. Verstößt der **BR** grob gg § 75, kann der AG einen Antrag auf Auflösung des BR nach **§ 23 Abs 1** stellen, ggfs auch nur auf Ausschluss einzelner BR-Mitglieder gem § 23 Abs 2. Verstößt der AG grob gg § 75, kommt ein Vorgehen nach § 23 Abs 3 in Betracht <**R:** BAG 28.5.2002, aaO; **L:** AR/*Kolbe* Rn 3; GK/*Jacobs* Rn 190>. Ebenfalls können aus § 75 kollektivrechtl Unterlassungsansprüche resultieren <**L:** *Fitting* Rn 178; DKW/*Berg* Rn 143; zu Abs 2 *Wiese* NZA 2006, 1, 4; GK/*Jacobs* Rn 190; ErfK/*Kania* Rn 13; aA **R:** LAG Düsseldorf 29.5.2001, 3 TaBV 14/01, NZA 2001, 1398; zu Abs 1 LAG Nürnberg 31.8.2005, 6 TaBV 41/05, NZA-RR 2006, 137; zu Abs 2 BAG 28.5.2002, 1 ABR 32/01, DB 2003, 287; **L:** Vorauflage Rn 47>. Verstößt der **AG** grob gg § 75, kann der BR das Zwangsverf nach § 23 Abs 3 einleiten <**R:** BAG 28.5.2002, aaO; **L:** AR/*Kolbe* Rn 3>. **Bei Versetzungen und bei Ein- und Umgruppierungen** kann der BR die Diskriminierung übergangener AN entgg § 75 Abs 1 geltend machen <**R:** BAG 28.1.1986, 1 ABR 8/84, DB 1986, 1398; 18.9.2002, 1 ABR 56/01,

NZA 2003, 622>, für Bewerber um einen Arbeitsplatz ist der BR nicht zuständig, Rn 10 und § 99 Rn 63.

§ 75 ist **Verbotsgesetz nach § 134 BGB** <L: GK/*Jacobs* Rn 193; AR/*Kolbe* Rn 9; **aA** Vor- 52 aufl Rn 47>. Freilich ist auch hier die kollektivrechtl Wirkung zu beachten, sodass etwa gg § 75 verstoßende BV nichtig sind, nicht aber individualrechtl Rechtsgeschäfte. Fällt der Verstoß mit einer unzulässigen Benachteiligung nach dem AGG zusammen, so scheitert eine entsprechende Regelung auch an § 7 Abs 2 AGG <L: GK/*Jacobs* Rn 193>.

Verstößt eine BV gg den **Gleichbehandlungsgrundsatz**, indem AN zu Unrecht von AG- 53 Leistungen ausgenommen werden, kann der AG eine Gleichbehandlung aller AN grds auf zwei Wegen erreichen: indem er den bevorzugten AN die begünstigende Leistung wegnimmt (Anpassung nach unten) oder indem die benachteiligten AN ebenfalls einen Anspruch auf die begünstigende Leistung erhalten (Anpassung nach oben). Da der AG den bevorzugten AN den Anspruch für die Vergangenheit wg des Änderungskündigungsschutzes des § 2 KSchG und wg § 818 Abs 3 BGB idR nicht wegnehmen kann, kommt **für die Vergangenheit grds nur eine Anpassung nach oben** in Betracht: Der Verstoß gg den Gleichbehandlungsgrundsatz führt nicht zur Nichtigkeit der gleichheitswidrigen Regelung insgesamt, sondern dazu, dass die die AN oder eine AN-Gruppe ohne sachl Grund benachteiligenden Bestimmungen entfallen, sodass die bisher ausgenommenen AN ebenfalls einen Anspruch auf die begünstigende Leistung erhalten <**R:** BAG 16.6.2019, 1 AZR 842/16, NZA 2019, 1432; 9.12.1997, 3 AZR 661/96, BB 1998, 2114; 18.11.2003, 3 AZR 655/02, NZA 2004, 1296 (LS); **L:** HWGNRH/*Worzalla* Rn 4532>. Das gilt etwa auch dann, wenn im Rahmen des Auskunftsanspruches nach den §§ 10 ff EntgTranspG festgestellt wurde, dass betriebliche Entgeltvereinbarungen dem Verbot unterschiedlicher Entlohnung wegen des Geschlechts widersprechen, § 19 EntgTranspG <**L:** s dazu ErfK/ *Schlachter* EntgTranspG § 19 Rn 1>. Ein solcher Anspruch folgt aber nicht aufgrund des EntgTranspG selbst, sondern aus dem allgemeinen Verbot der Entgeltdiskriminierung, wie es sich im allg Gleichbehandlungsgrundsatz und in § 7 Abs 1, Abs 2 AGG; Art 157 Abs 1 AEUV niederschlägt.

VI. Streitigkeiten

Ob § 75 verletzt ist, entscheidet das ArbG im **Beschlussverf** nach § 2a Abs 1 Nr 1, Abs 2 54 iVm §§ 80 ff ArbGG; antragsberechtigt sind AG und BR. Klagt der AN wg Verstößen des AG gg seine arbeitsvertragl Pflichten (Rn 52), entscheidet das ArbG im Urteilsverf gem § 2 Abs 1 Nr 3a, V iVm §§ 46 ff ArbGG.

§ 22 AGG, und damit die Umkehrung der Beweislast bei der Frage, ob eine Benachteili- 55 gung wegen eines Diskriminierungsmerkmals erfolgt, gilt im Rahmen des § 75 Abs 1 nicht <**L:** ErfK/*Kania* Rn 6>.

§ 76 Einigungsstelle

(1) Zur Beilegung von Meinungsverschiedenheiten zwischen Arbeitgeber und Betriebsrat, Gesamtbetriebsrat oder Konzernbetriebsrat ist bei Bedarf eine Einigungsstelle zu bilden. Durch Betriebsvereinbarung kann eine ständige Einigungsstelle errichtet werden.

(2) Die Einigungsstelle besteht aus einer gleichen Anzahl von Beisitzern, die vom Arbeitgeber und Betriebsrat bestellt werden, und einem unparteiischen Vorsitzenden, auf dessen Person sich beide Seiten einigen müssen. Kommt eine Einigung über die Person des Vorsitzenden nicht zustande, so bestellt ihn das Arbeitsgericht. Dieses entscheidet auch, wenn kein Einverständnis über die Zahl der Beisitzer erzielt wird.

(3) Die Einigungsstelle hat unverzüglich tätig zu werden. Sie fasst ihre Beschlüsse nach mündlicher Beratung mit Stimmenmehrheit. Bei der Beschlussfassung hat sich der Vorsitzende zunächst der Stimme zu enthalten; kommt eine Stimmenmehrheit nicht zustande, so nimmt der Vorsitzende nach weiterer Beratung an der erneuten Beschlussfassung teil. Die Beschlüsse der Einigungsstelle sind schriftlich niederzulegen und vom Vorsitzenden zu unterschreiben oder in elektronischer Form niederzulegen und vom Vorsitzenden mit seiner qualifizierten elektronischen Signatur zu versehen sowie Arbeitgeber und Betriebsrat zuzuleiten.

(4) Durch Betriebsvereinbarung können weitere Einzelheiten des Verfahrens vor der Einigungsstelle geregelt werden.

(5) In den Fällen, in denen der Spruch der Einigungsstelle die Einigung zwischen Arbeitgeber und Betriebsrat ersetzt, wird die Einigungsstelle auf Antrag einer Seite tätig. Benennt eine Seite keine Mitglieder oder bleiben die von einer Seite genannten Mitglieder trotz rechtzeitiger Einladung der Sitzung fern, so entscheiden der Vorsitzende und die erschienenen Mitglieder nach Maßgabe des Absatzes 3 allein. Die Einigungsstelle fasst ihre Beschlüsse unter angemessener Berücksichtigung der Belange des Betriebs und der betroffenen Arbeitnehmer nach billigem Ermessen. Die Überschreitung der Grenzen des Ermessens kann durch den Arbeitgeber oder den Betriebsrat nur binnen einer Frist von zwei Wochen, vom Tage der Zuleitung des Beschlusses an gerechnet, beim Arbeitsgericht geltend gemacht werden.

(6) Im Übrigen wird die Einigungsstelle nur tätig, wenn beide Seiten es beantragen oder mit ihrem Tätigwerden einverstanden sind. In diesen Fällen ersetzt ihr Spruch die Einigung zwischen Arbeitgeber und Betriebsrat nur, wenn beide Seiten sich dem Spruch im Voraus unterworfen oder ihn nachträglich angenommen haben.

(7) Soweit nach anderen Vorschriften der Rechtsweg gegeben ist, wird er durch den Spruch der Einigungsstelle nicht ausgeschlossen.

(8) Durch Tarifvertrag kann bestimmt werden, dass an die Stelle der in Absatz 1 bezeichneten Einigungsstelle eine tarifliche Schlichtungsstelle tritt.

Literatur: *Ahrendt*, Aktuelles zum betrieblichen Einigungsstellenverfahren, FS Schmidt (2021), S 41; *Althoff/Sommer*, Einigungsstellenverfahren per Videokonferenz – ein Weg in die Zukunft?, ArbR 2020, 250; *Bauer/Diller*, Der Befangenheitsantrag gegen den Einigungsstellenvorsitzenden, DB 1996, 137; *Bertelsmann*, Geltendmachung der Besorgnis der Befangenheit bei Einigungsstellenvorsitzenden, NZA 1996, 234; *Burgmer*, Schlichten ist besser als Richten, dbr 2006, Nr 10, 14; *Clemenz*, Errichtung der Einigungsstelle, FS 25 Jahre Arbeitsgemeinschaft Arbeitsrecht im Deutschen Anwaltverein (2006), S 815; *Dütz*, Arbeitsgerichtliche Überprüfbarkeit von Einigungsstellensprüchen nach § 109 BetrVG, FS D Gaul (1992) S 41; *Ehler*, Verhandlungen und Einigungsstellen optimieren, BB 2010, 702; *ders*, Die Einigungsstelle nun auch als neue Vermittlungsstelle, BB 2021, 2356; *Eisemann*, Das Verfahren vor der Einigungsstelle, FS 25 Jahre Arbeitsgemeinschaft Arbeitsrecht im Deutschen Anwaltverein (2006), S 815; *Emmert*, Die Bildung einer Einigungsstelle, FA 2006, 226; *Faulenbach*, Ausgewählte Fragen des Einigungsstellenverfahrens, NZA 2012, 953; *Fischer*, Einigungsstellenvorsitz – Quasi richterliche oder Mediationstätigkeit sui generis?, DB 2000, 217; *ders*, Der Spruch der Einigungsstelle – Folgen einer Teilunwirksamkeit, NZA 1997, 1017; *ders*, Die Beisitzer der Einigungsstelle – Schiedsrichter, Schlichter, Parteivertreter oder Wesen der vierten Art?, AuR 2005, 391; *Francken*, Streitiger Einigungsstellenvorsitz als richterliche Dienstaufgabe, NZA 2008, 750; *Friedmann*, Das Verfahren der Einigungsstelle für Interessenausgleich und Sozialplan, 1997; *Göritz/Hase/Pankau/Röhricht/Rupp/Teppich*, Handbuch Einigungsstelle, 4. Aufl 2007; *Groh*, Die Haftung von Einigungsstellenmitgliedern (2017); *Gussen*, Die Einsetzung der betrieblichen Einigungsstelle durch Arbeitsgerichtsbeschluss, FA 2019, 202; *Hanau/Reitze*, Die Wirksamkeit von Sprüchen der Einigungsstelle, FS Kraft (1998), S 167; *Heinze*, Verfahren und Entscheidung der Einigungsstelle, RdA 1990, 262; *ders*, Regelungsabrede, Betriebsvereinbarung und Spruch der Einigungsstelle, NZA 1994, 580; *Hellkamp*, Arbeitsgericht und Einigungsstelle – Zuständigkeitsprüfung und Befangenheitsproblematik (2007); *Helml*, Die Einigungsstelle, AuA 2021, 24; *Hennige*, Das Verfahrensrecht der Einigungsstelle, 1996; *Henssler*, Die Entscheidungskompetenz der betriebsverfassungsrechtlichen Einigungsstelle in Rechtsfragen, RdA 1991, 268; *CS Hergenröder*, Die Einigungsstelle, AR-Blattei SD 630.1; *Hinrichs/Boltze*, Verhinderung des Beisitzers der Einigungsstelle wegen Teilnahme an Arbeitskampfmaßnahmen, DB 2013, 814ff; *Hunold*, Die Sorgfaltspflichten des Einigungsstellenvorsitzenden, insbesondere im Verfahren über einen Sozialplan, NZA 1999, 785; *Huster*, Die Einigungsstelle und ihre Kompetenz (2008); *Joussen/Rech*, Persönliche Haftung kirchlicher Richter und Einigungsstellenvorsitzender, ZMV 2022, 2; *Kania*, 100 Jahre Betriebsverfassung – 100 Jahre Einigungszwang, FS 100 Jahre Betriebsverfassungsrecht (2020), S 277; *Kempter/Merkel*, Grundzüge und Fallstricke des Einigungsstellenverfahrens, DB 2014, 1807; *Kowalsky*, Zulässigkeit von vorläufigen Maßnahmen – Regelungsermächtigung der Einigungsstelle, ZBVR 2001, 135; *ders*, Bildung von tariflichen Schlichtungsstellen durch Tarifvertrag, ZBVR 2000, 89; *Kramer*, Mediation als Alternative zur Einigungsstelle im Arbeitsrecht?, NZA 2005, 135; *Kuhn/Scupra*, Keine arbeitszeitrechtlichen Vorgaben für Sitzungen der Einigungsstelle, DB 2020, 2185; *Kühn*, Die Einrichtung ständiger Einigungsstellen durch Einigungsstellenentscheidung, BB 2009, 2651; *Leinemann*, Schlichten oder Richten – Kann ein Vorsitzender einer betriebsverfassungsrechtlichen Einigungsstelle wegen der Besorgnis der Befangenheit abgelehnt werden?, FS Schwerdtner (2003), S 323; *Lerch/Weinbrenner*, Einigungsstelleneinsetzungsverfahren bei Betriebsänderungen, NZA 2015, 1228; *Lütkehaus/Powietzka*, Virtuelle Betriebsratssitzung und virtuelle Einigungsstelle, NZA 2020, 552; *Meyer*, Festlegung des Regelungsgegenstandes für eine Einigungsstelle im Bestellungsverfahren, RdA 2018, 175; *Monßen*, Wann zum Richter – Wann zum Schlichter?, FA-Spezial 2000, 8; *Mues*, Neue Geschwindigkeit für die Einigungsstelle – die Unverzüglichkeit des Tätigwerdens, ArbRB 2002, 371; *Müller-Boruttau*, Die Einigungsstelle, BB 2019, 2676 und 2932, BB 2020, 116; *Nause*, Die Einigungsstelle als Garant der Mitbestimmung, FS 100 Jahre Betriebsverfassungsrecht (2020), S 509; *D Neumann*, Einigungsstelle und Schlichtung, RdA 1997, 142; *Pfrogner*, Haftung von Einigungsstellenmitgliedern (2015); *Pollmeyer*, Landesschlichter im Einsatz, AuA 2008, 464; *Reichel*, Das Einigungsstellenverfahren nach § 76, 76a BetrVG und gerichtlicher Rechtsschutz, BuW 2004, 204; *ders*, Betriebliche Einigungsstelle, AuA 2004, Nr 7, 8; *Reinartz*, Digitale Signatur und Betriebsvereinbarung, DB 2020, 394; *Reinhard*, Schiedsgerichte und Schlichtungsstellen im Arbeitsrecht, ArbRB 2016, 307; *Rieble*, Die tarifliche Schlichtungsstelle nach § 76 Abs 8 BetrVG, RdA 1993, 140; *ders*, Die Kontrolle des Ermessens der betriebsverfassungsrechtlichen Einigungsstelle, 1990; *ders*, Die Kontrolle der Einigungsstelle in Rechtsstreitigkeiten, BB 1991, 471; *Rupp*, Arbeitsgericht und Einigungsstelle, AiB 2006, 310; *Ruttkamp*, Die Bildung und Zusammensetzung der Einigungsstelle, ArbRB 2006, 349; *ders*, Das Einigungsstellenverfahren nach § 76, 76a BetrVG und gerichtlicher Rechtsschutz, BuW 2004, 204; *Sasse*, Die gerichtliche Einsetzung der Einigungsstelle, DB 2015, 2817; *Schack*, Die zivilrechtliche Stellung des Einigungsstellenvorsitzenden und die Proble-

§ 76 Einigungsstelle

matik seiner Unparteilichkeit iSd § 76 Abs 2 S 1 BetrVG (2002); *Schaub*, Die Bestellung und Abberufung des Vorsitzenden von Einigungsstellen, NZA 2000, 1087; *Schipp*, Die Haftung der Einigungsstelle aus fehlerhaften Einigungsstellensprüchen, NZA 2011, 271; *Schönfeld*, Das Verfahren vor der Einigungsstelle, 1988; *Sieg*, Interne Schlichtung zur Vermeidung von Arbeitsgericht und Einigungsstelle, FS 50 Jahre Bundesarbeitsgericht (2004), S 1329; *Sowka*, Die Tätigkeit von Rechtsanwälten als Parteivertreter vor der Einigungsstelle, NZA 1990, 91; *Sprenger*, Verantwortung und Verantwortlichkeit für Verfahren und Spruch der Einigungsstelle, BB 2010, 2110; *Trebeck/von Broich*, Spruchkompetenz der Einigungsstelle bei nachwirkenden freiwilligen Betriebsvereinbarungen, NZA 2012, 1018; *Tschöpe*, Die Bestellung der Einigungsstelle – Rechtliche und taktische Fragen, NZA 2004, 945; *ders/Geißler*, Formerfordernisse des Einigungsstellenspruchs, NZA 2011, 545; *Weber/Burmester*, Die Ermessensentscheidung der Einigungsstelle bei Sozialplänen und ihre arbeitsgerichtliche Überprüfung, BB 1995, 2268; *Wenning-Morgenthaler*, Die Einigungsstelle, 8. Aufl 2019; *Wiesemann*, Die Einigungsstelle als Einrichtung zur Beilegung von Rechtsstreitigkeiten im Betriebsverfassungsrecht (2003); *Windels/Kessler*, Streit um das Einigungsstellenverfahren, ArbRB 2021, 80; *Woitaschek*, Ausgewählte Fragen des Verfahrens vor der Einigungsstelle, NZA 2021, 324; *Worzalla*, Beschleunigung des Einigungsstellenverfahrens, FA 2001, 365; *Zeppenfeld/Fries*, In dubio pro Einigungsstellenspruch? – Praktische Auswirkungen des Verfahrens nach § 76 V 4 BetrVG am Beispiel des Sozialplans, NZA 2015, 647.

Übersicht

	Rn.		Rn.
I. Normzweck und Aufgaben der Einigungsstelle	1	5. Verfahrensregelungen durch Betriebsvereinbarung, Abs 4	63
II. Errichtung der Einigungsstelle	3	V. Einigungsstellenspruch	64
III. Besetzung der Einigungsstelle, Abs 2	11	1. Formale Voraussetzungen	64
1. Beisitzer	11	2. Inhalt (Rechts- und Regelungsfragen)	71
a) Anzahl	11	3. Grenzen	72
b) Eignung und Auswahl	12	4. Wirkung	78
2. Vorsitz	17	5. Gerichtliche Kontrolle	84
a) Einvernehmliche Bestellung	17	a) Gegenstand	84
b) Gerichtliche Einsetzung	18	b) Verfahrensfragen	85
c) Ablehnung wegen Befangenheit	30	c) Rechts- und Ermessensfehler	87
3. Ersatzmitglieder	31	d) Ausschlussfrist für Ermessenskontrolle, Abs 5 S 4	94
4. Rechtsstellung der Einigungsstellenmitglieder	32	e) Feststellung der Unwirksamkeit	96
IV. Einigungsstellenverfahren	40	f) Keine aufschiebende Wirkung	99
1. Zuständigkeitsprüfung	40	g) Rechtsweggarantie, Abs 7	102
2. Ablauf	44	VI. Tarifliche Schlichtungsstelle	103
3. Beschlussfassung	52		
4. Formvorschriften, Protokoll	62		

I. Normzweck und Aufgaben der Einigungsstelle

1 **§§ 2 Abs 1, 74** verpflichten die Betriebspartner zur vertrauensvollen Zusammenarbeit, § 74 Abs 2 S 1 verbietet den Arbeitskampf als Konfliktlösungsmittel für betriebsverfassungsrechtl Streitigkeiten (§ 74 Rn 14 ff). Dieses Gebot formt § 76 aus und institutionalisiert die ES – auch auf der Ebene des GBR und KBR – als **Schlichtungsstelle**: Können sich AG und BR trotz Besprechungen und Verhandlungen nicht einigen, soll die Einigung über die ES erreicht werden. Diese ist eine **betriebsverfassungsrechtl Institution sui generis** mit dem Zweck, die Mitbestimmung der AN bei der Gestaltung der betriebl Ord-

nung zu gewährleisten, indem sie durch Zwangsschlichtung Pattsituationen im Bereich der paritätischen Mitbestimmung auflöst <R: BAG 18.1.1994, 1 ABR 43/93, BB 1994, 1145; 13.5.2015, 2 ABR 38/14, ZTR 2016, 112; L: *Fitting* Rn 4; DKW/*Berg* Rn 2; GK/*Jacobs* Rn 88; zur Entstehungsgeschichte *Kania* FS 100 Jahre Betriebsverfassungsrecht, S 277 ff>. Ihr stehen aufgrund ihrer reinen Hilfsfunktion für die Betriebspartner **keine eigenen betriebsverfassungsrechtl Rechte** zu <L: GK/*Jacobs* Rn 153>. Dabei ist die Tätigkeit der ES primär darauf ausgerichtet, einen für beide Seiten akzeptablen Kompromiss zu erarbeiten <R: BAG 13.5.2015, aaO>, ein streitiger Spruch der ES ist somit nur vorgesehen, wenn eine einvernehml Lösung nicht zu finden ist.

Nur Streitigkeiten zwischen AG und BR (auch GBR oder KBR) können vor die ES gebracht werden, nicht aber Konflikte zwischen anderen Beteiligten, zB zwischen BR-Mitgliedern untereinander oder zwischen einzelnen AN und BR. Räumt das Gesetz dem BR erzwingbare MBR ein, in denen der Spruch der ES die Einigung zw AG und BR ersetzt, entscheidet diese gem Abs 5 schon auf Antrag einer Seite verbindlich (**erzwingbare ES**). Jenseits der zwingenden Mitbestimmung kann sie hingg gem Abs 6 nur tätig werden und entscheiden, soweit sowohl AG als auch BR damit einverstanden sind (**freiwillige ES**). In der Mehrzahl der Fälle geht der zu entscheidende Konflikt darum, wie eine mitbestimmungspflichtige Angelegenheit in Zukunft gestaltet werden soll: Die ES muss eine Regelung treffen („**Regelungsstreit**"), Rn 71. In einigen Fällen verleiht das Gesetz ihr aber auch die Kompetenz, **Rechtsfragen** zu entscheiden, Rn 71. Die Kosten der ES sind in § 76a gesondert geregelt. 2

II. Errichtung der Einigungsstelle

Die ES besteht aus einem neutralen Vors und einer gleichen Anzahl von Beisitzern der AG- und der AN-Seite. Dabei ist es nach Abs 1 S 1 die Regel, dass eine ES zur Beilegung konkreter Meinungsstreitigkeiten **ad hoc** gebildet wird. Es kann auch durch freiwillige BV gem Abs 1 S 2 eine **ständige** ES errichtet werden, die im Rahmen der gesetzl Regelungen nach Abs 5 und 6 jederzeit von einer oder von beiden Seiten anzurufen ist. Die Parteien können sich deren Spruch auch im Voraus für Bereiche außerhalb der zwingenden Mitbestimmung unterwerfen <L: *Fitting* Rn 132; ErfK/*Kania* Rn 26; **mit Recht einschr** Richardi/*Maschmann* Rn 40; GK/*Jacobs* Rn 83: konkrete Benennung der betreffenden Fälle erf>. Eine ständige ES empfiehlt sich insbes in größeren Betrieben <L: *Tschöpe* NZA 2004, 945>. Die **ES selbst** kann aber **nicht** durch einen Spruch gg den Willen einer Betriebspartei die Errichtung einer künftig für best Gegenstände (etwa Streitigkeiten aus einer von ihr beschlossenen BV) zuständigen ES festlegen <R: BAG 26.8.2008, 1 ABR 16/07, BB 2008, 2743; L: *Kühn* BB 2009, 2651 ff>. Ist für bestimmte Fragen eine ständige ES mit Billigung der Betriebspartner eingerichtet, ist deren Anrufung Zulässigkeitsvoraussetzung für ein arbg Beschlussverf <R: BAG 23.2.2016, 1 ABR 5/14, ZTR 2016, 539; 11.2.2014, 1 ABR 76/12, ZTR 2014, 497>. Zur Einrichtung tarifl Schlichtungsstellen Rn 103 ff. 3

Das ES-Verf beginnt damit, dass einer Seite der **Antrag** der anderen zugeht. Dieser ist **formfrei** mögl, **frist**gebunden ist er ausschließl im Falle des § 38 Abs 2. Ein Antrag des BR erfordert hierzu einen wirksamen Beschluss nach § 33. Der Antrag muss den Regelungsgegenstand der ES bezeichnen <L: *Kempter/Merkel* DB 2014, 1807, 1808> und 4

§ 76 Einigungsstelle

sollte bereits einen Vorschlag zur Person des Vorsitzenden und der Zahl der Beisitzer enthalten.

5 Große Sorgfalt verlangt die **Formulierung des Regelungsgegenstands**, weil dieser die Zuständigkeit der ES verbindlich vorgibt. Diese muss ihren Auftrag einerseits vollständig erfüllen und darf nicht einen Teil des ihr vorgelegten Konflikts ungeregelt lassen (Rn 74), andererseits darf sie keine überschießenden Regelungen treffen, für welche sie gar nicht zuständig ist (Rn 73). Aus diesem Grund muss der Regelungsgegenstand so **klar umrissen** sein, dass kein Zweifel über den konkreten Auftrag der ES entstehen kann <R: BAG 19.11.2019, 1 ABR 22/18, NZA 2020, 266; 28.3.2017, 1 ABR 25/15, BB 2017, 2616>. Ein zu unbestimmter Regelungsauftrag vermittelt der ES keine Spruchkompetenz, ein evtl Spruch ist deshalb in einem solchen Fall insgesamt **unwirksam** <R: BAG 7.12.2021, 1 ABR 25/20; 19.11.2019, aaO; 28.3.2017, aaO>.

6 Entscheidet die ES **nicht verbindlich** (freiwillige ES, Rn 2), wird sie **gem Abs 6 S 1** grds **nur tätig, wenn beide Seiten** dies beantragen oder eine Seite den Antrag stellt und sich die andere auf das Verf einlässt. Jede Seite kann ihr Einverständnis mit dem Verf **jederzeit widerrufen**, bis die ES in der Sache entschieden hat, etwa indem sie ihre Beisitzer wieder abberuft, Rn 12 <L: *Fitting* Rn 107>. Unwiderruflich ist nur eine BV über die Errichtung einer ES <L: GK/*Jacobs* Rn 34>. Eine thematische Begrenzung gibt es nicht; es steht den Betriebspartnern frei, jegliche Meinungsverschiedenheiten einvernehml der ES zur Schlichtung vorzulegen – Regelungs- wie Rechtsfragen gleichermaßen, unabhängig von davon, ob insoweit ein MBR des BR besteht, s auch Rn 43 <R: BAG 20.11.1990, 1 ABR 45/89, DB 1991, 1025; L: GK/*Jacobs* Rn 21>. Zur Möglichkeit, die vereinbarte Nachwirkung einer freiwilligen BV durch Spruch der ES zu beenden <L: *Trebeck/von Broich* NZA 2012, 1018ff>.

7 Vereinzelt weist das Gesetz der ES eine **Vermittlungsfunktion ohne Entscheidungsbefugnis** zu. So ist der **Interessenausgleich** über eine Betriebsänderung nach § 112 Abs 3 im Gegensatz zum Sozialplan nach § 112 Abs 4 nicht erzwingbar. Die ES wird aber **auf Antrag einer Seite** tätig (§ 112 Abs 2 S 2) und hat eine Einigung zu versuchen (§ 112 Abs 3 S 2). Ein solches Vermittlungsverf vor der ES ohne Entscheidungsbefugnis sieht § 96 Abs 1a auch für Maßnahmen der **Berufsbildung** vor <hierzu L: *Ehler* BB 2021, 2356>.

8 Entscheidet die ES **verbindlich**, dh ersetzt ihr Spruch nach dem BetrVG die Einigung zw AG und BR (erzwingbare ES, Rn 2), wird die ES **gem Abs 5 S 1 schon auf Antrag einer Seite** tätig. Sobald die andere Seite den Gegenantrag gestellt hat, beendet die Rücknahme des Antrags das ES-Verf nicht <R: Hess LAG 20.7.1993, 5 TaBV 5/93, BB 1994, 430 (LS)>. Dass die ES im Streitfall verbindlich entscheidet, regelt das BetrVG jeweils in unmittelbarem Zusammenhang mit dem betr MBR. Im Einzelnen handelt es sich um folgende Fälle:

– zeitl Lage der Teilnahme von BR-Mitgliedern an Schulungen (§ 37 Abs 6 S 5, 6 und Abs 7 S 3, auch § 65 Abs 1);
– Freistellung von BR-Mitgliedern (§ 38 Abs 2 S 4–6);
– Zeit und Ort der BR-Sprechstunden (§ 39 Abs 1 S 3, 4, auch § 69 S 3);
– Zahl der Mitglieder im GBR (§ 47 Abs 6, auch § 72 Abs 6) und im KBR (§ 55 Abs 4 S 2, auch § 73a Abs 4);
– Behandlung von Beschwerden eines AN (§ 85 Abs 2);

- Mitbestimmung in sozialen Angelegenheiten (§ 87 Abs 2 und § 91 S 3);
- Mitbestimmung bei Personalfragebogen und allg Beurteilungsgrundsätzen (§ 94 Abs 1 S 2, 3 und Abs 2) und bei Sozialauswahlrichtlinien (§ 95 Abs 1 S 2, 3 und Abs 2 S 2, 3);
- Mitbestimmung bei betriebl Berufsbildungsmaßnahmen und bei der Auswahl der Teilnehmer an Berufsbildungsmaßnahmen (§ 97 Abs 2 und § 98 Abs 4);
- Umfang der Unterrichtung des WirtA in wirtschaftl Angelegenheiten (§ 109);
- Abschluss und Inhalt eines Sozialplans (§ 112 Abs 4, 5);
- Seebetriebsverfassung (§ 116 Abs 3 Nr 2, 4 und 8).

Auftrag der ES ist dabei eine **zukunftsgerichtete Gestaltung,** nicht die Beurteilung, ob eine Sache in der Vergangenheit korrekt gehandhabt wurde <R: LAG Hamm 30.4.2010, 13 TaBV 94/09>. Nach **§ 102 Abs 6** können AG und BR die **Kd von AN** von der Zustimmung des BR abhängig machen und die ES über die Berechtigung der Zustimmungsverweigerung entscheiden lassen, § 102 Rn 136 ff. Das BetrVG erklärt **bisweilen entweder nur AG oder nur BR für berechtigt, die ES anzurufen**: den AG nach § 37 Abs 5 S 5, Abs 7 S 3, § 38 Abs 2 S 4, § 95 Abs 1 S 2, den BR nach § 85 Abs 2 S 1. 9

Streitigkeiten über die Person des Vors, die Zahl der Beisitzer oder die Frage, ob der von einer Seite avisierte Regelungsgegenstand überhaupt der zwingenden Mitbestimmung unterliegt, entscheidet das ArbG im Bestellungsverf (Rn 18 ff). 10

III. Besetzung der Einigungsstelle, Abs 2

1. Beisitzer

a) Anzahl

Die ES besteht – neben dem Vors – aus einer **gleichen Zahl von Beisitzern der AG- und der AN-Seite,** Abs 2 S 1; sie hat deshalb stets eine ungerade Zahl von Mitgliedern. Die **paritätische Besetzung** ist unabdingbar, Abweichungen führen als Verstoß gg eine elementare Verfahrensvorschrift zur Nichtigkeit eines evtl ES-Spruchs <R: LAG Berl-Bbg 18.3.2009, 5 TaBV 2416/08>. Hingg schreibt § 76 schreibt weder eine Mindest- noch eine Höchstzahl von Beisitzern vor <L: Richardi/*Maschmann* Rn 44>. Deren Anzahl richtet sich nach Art, Umfang und Schwierigkeit des zu entscheidenden Streits. Im **Regelfall** ist eine Besetzung mit **zwei** Beisitzern je Seite angemessen, von der in bes einfach gelagerten Fällen nach unten, bei schwierigen Verhandlungsgegenständen nach oben abgewichen werden kann <R: LAG BaWü 1.10.2020, 3 TaBV 4/20, AE 2021, 45; LAG Ddf 8.5.2018, 3 TaBV 15/18, LAGE § 76 BetrVG 2001 Nr 9; LAG Köln 20.10.2017, 9 TaBV 69/17; LAG RhPf 12.7.2017, 4 TaBV 23/17, LAGE § 100 ArbGG 1979 Nr 2; LAG Hamm 10.8.2015, 7 TaBV 43/15; LAG Nds 15.8.2006, 1 TaBV 43/06, NZA-RR 2006, 644; LAG Nbg 1.8.2000, 7 TaBV 43/99, AiB 2004, 438; LAG München 15.7.1991, 4 TaBV 27/91, BB 1991, 2528 (LS); **aA** (nur je 1) LAG SH 15.11.1990, 4 TaBV 35/90(LS); generell krit zur Annahme einer Regelbesetzung LAG HH 13.1.1999, 4 TaBV 9/98, AiB 1999, 221; **L:** wie hier GK/*Jacobs* Rn 39; *Fitting* Rn 20; ErfK/*Kania* Rn 8; Germelmann/*Künzl* ES-Verf Rn 67; **abw** (regelmäßig je 3) DKW/*Berg* Rn 27 f; generell krit zur Annahme einer Regelbesetzung BeckOK ArbR/*Werner* Stand 1.3.2022 Rn 11>. Für die Behandlung einer AN-Beschwerde etwa genügt regelmäßig ein Beisitzer je Seite <R: 11

§ 76   Einigungsstelle

Hess LAG 3.11.2009, 4 TaBV 185/09, NZA-RR 2010, 359>, eine ES zur Durchführung einer Gefährdungsbeurteilung hingg kann beispielsweise auch je drei Beisitzer erforderl machen <R: LAG BaWü 1.10.2020, aaO; LAG Ddf 7.4.2020, 3 TaBV 1/20, LAGE § 100 ArbGG 1979 Nr 16; LAG Köln 20.10.2017, aaO>. Können sich AG und BR nicht auf die Anzahl der Beisitzer einigen, entscheidet das ArbG gem Abs 2 S 3 iVm § 100 Abs 1 S 1 ArbGG (zum Verf Rn 18 ff). Ist die Zahl der Beisitzer durch das ArbG festgelegt worden, hindert das die Betriebspartner nicht daran, sich nachträgl noch auf eine abw Zahl zu einigen <L: GK/*Jacobs* Rn 45; *Fitting* Rn 21; DKW/*Berg* Rn 86>.

b) Eignung und Auswahl

12   Die Beisitzer der AG-Seite werden vom AG, die der AN vom BR bestimmt, Abs 2 S 1. Sie können von diesen jeweils jederzeit abberufen werden; mit der Abberufung widerrufen AG und BR zugleich ihr Einverständnis mit einem freiwilligen Verf vor der ES iS des Abs 6. Der BR kann ES-Mitglieder nur aufgrund eines gem § 33 wirksamen **Beschlusses** benennen <R: BAG 22.11.2017, 7 ABR 46/16, NZA 2018, 732>, der allerdings auch in Form einer **nachträgl Genehmigung** mögl ist <R: BAG 10.10.2007, 7 ABR 51/06, BB 2008, 671; L: DKW/*Berg* Rn 35>. Werden die Beisitzer zu einem Zeitpunkt benannt, zu dem der BR bereits kein Mandat mehr hatte, wird die ES aber nicht wirksam bestellt und kann keine wirksamen Sprüche fällen <R: LAG RhPf 23.10.1996, 2 TaBV 45/95, NZA-RR 1998, 164>. Eine gerichtl Auswahl der Beisitzer ist nicht mögl <R: LAG Hamm 8.4.1987, 12 TaBV 17/87, DB 1987, 1441>.

13   In der Auswahl „ihrer" Beisitzer sind AG und BR frei <R: BAG 19.11.2019, 7 ABR 52/17, NZA 2020, 727; 24.4.1996, 7 ABR 40/95, BB 1996, 1991; 14.12.1988, 7 ABR 73/87, BB 1989, 983; 18.4.1967, 1 ABR 11/66, BB 1967, 1166>. Sie können die von der jeweils anderen Seite benannten ES-Beisitzer **nicht als befangen ablehnen**; da die Beisitzer Interessenvertreter der sie bestellenden Partei sind, ist deren Parteilichkeit vom Gesetz eingeplant <R: BAG 28.5.2014, 7 ABR 36/12, ZTR 2014, 681; LAG Ddf 3.4.1981, 8 TaBV 11/81, BB 1981, 733; LAG BaWü 4.9.2001, 8 TaBV 2/01, AuR 2002, 15; L: GK/*Jacobs* Rn 52 mwN>. Wg Befangenheit kann ein ES-Beisitzer auch nicht mit der Begründung abgelehnt werden, dass seine persönl Interessen vom Ergebnis des ES-Verf berührt werden <L: *Fitting* Rn 16; ErfK/*Kania* Rn 9; DKW/*Berg* Rn 33; **krit** *Schmitt* NZA 1987, 78, 82>; andernfalls könnte der AG praktisch nie als Beisitzer tätig werden, da seine wirtschaftl Interessen durch das ES-Verf regelmäßig berührt werden <R: LAG BaWü 4.9.2001, aaO>. Die **persönliche Betroffenheit** steht auch einem Stimmrecht der Beisitzer **nicht entgg** <L: GK/*Jacobs* Rn 52 mwN; aA Richardi/*Maschmann* Rn 49; *Schmitt* NZA 1987, 78, 82>.

14   Spezielle Anforderungen an die **persönliche Eignung** der Beisitzer stellt das Gesetz nicht. Die Betriebspartner sollen ihre freie Auswahlentscheidung daran ausrichten, wem sie zutrauen, die Interessen „ihrer" Seite in den Verhandlungen zu wahren und für beide Seiten annehmbare Konfliktlösungen zu erarbeiten. Ob ein solches Vertrauen gerechtfertigt ist, entzieht sich der gerichtl Nachprüfung <R: BAG 28.5.2014, 7 ABR 36/12, ZTR 2014, 681>. Allerdings ist es den Betriebspartnern als Ausfluss des Gebots vertrauensvoller Zusammenarbeit nach § 2 Abs 1 verwehrt, Personen zu benennen, die **offensichtlich ungeeignet** sind, entsprechend ihrer Funktion in der ES tätig zu werden. Maßstab ist die ordnungsgem Aufgabenerfüllung der ES <R: BAG 28.5.2014, aaO>. Die offensichtlich

fehlende Eignung kann sich aus fehlenden Kenntnissen und Erfahrungen des Beisitzers ergeben <R: BAG 24.4.1996, 7 ABR 40/95, BB 1996, 1991>. Der BR hat in einem solchen Fall keinen Anspruch darauf, einem Mitglied, das er in die ES entsenden will, durch eine Schulung diese Kenntnisse erst zu vermitteln; **§ 37 Abs 6 ist nicht (analog) anwendbar** <R: BAG 20.8.2014, 7 ABR 64/12, ZRT 2015, 54>. Auch sonstige Umstände, etwa offensichtlich fehlende Kompromissbereitschaft, können der Eignung einer Person für die ES ausnahmsweise entgegenstehen <L: *Fitting* Rn 14a>. In jedem Fall gilt ein strenger Maßstab, einmalige (auch grobe) Verfehlungen in der Vergangenheit genügen nicht <R: BAG 28.5.2014, aaO; L: Richardi/*Maschmann* Rn 49>. Damit aber ist die gerichtl Kontrolle auf extreme Ausnahmefälle beschränkt <L: GK/*Jacobs* Rn 49; DKW/*Berg* Rn 29>.

Aus § 76a Abs 3 mit Abs 2 folgt, dass die **Beisitzer nicht zwingend dem Betrieb angehören müssen**. Betriebsfremde Beisitzer haben allerdings einen Vergütungsanspruch aus § 76a Abs 3 gg den AG. Der BR muss dennoch nicht prüfen, ob die Benennung externer Beisitzer erforderl ist <R: BAG 19.11.2019, 7 ABR 52/17, NZA 2020, 727; 13.5.2015, 2 ABR 38/14, ZTR 2016, 112; 24.4.1996, 7 ABR 40/95, BB 1996, 1991; L: *Fitting* Rn 15; Richardi/*Maschmann* § 76a Rn 18; **krit** Bauer/*Röder* FS 100 Jahre Betriebsverfassungsrecht, S 54; **einschr** GK/*Jacobs* § 76a Rn 30 mwN, wonach der Vergütungsanspruch ggfs die Erforderlichkeit voraussetzt>. Möglich ist eine **einvernehml Beschränkung des Auswahlrechts durch BV** nach Abs 4 <R: LAG Nbg 19.9.2017, 2 TaBV 75/16, BB 2018, 57>. Als betriebsfremde ES-Mitglieder können auch **Mitglieder einer Gewerkschaft oder eines AG-Verbands** benannt werden <L: GK/*Jacobs* Rn 51 mwN>. Da – mit Ausnahme von Berufsrichtern (Arg § 4 Abs 2 Nr 5 DRiG: nur ES-Vors) – jedermann ES-Beisitzer werden kann, dürfen **Verbandsfunktionäre** auch dann benannt werden, wenn sie aus einer Gewerkschaft kommen, die nicht iS des § 2 Abs 2 im Betrieb vertreten ist, oder wenn sie aus einem AG-Verband stammen, dem der AG nicht angehört <L: Richardi/*Maschmann* Rn 45; generell **abl** Bauer/*Röder* FS 100 Jahre Betriebsverfassungsrecht, S 55 f>. Ebenso kann ein RA zum ES-Mitglied ernannt werden <R: BAG 14.12.1988, 7 ABR 73/87, BB 1989, 983>. Der BR kann neben AN auch **ltd Ang** iS des § 5 Abs 3 zu Beisitzern der AN-Seite berufen. Auch der **AG** oder **Mitglieder des BR** selbst können Beisitzer sein <R: BAG 6.5.1986, 1 AZR 553/84, DB 1986, 2027; L: DKW/*Berg* Rn 31>. Der AG kann Beisitzer auch nicht deswg ablehnen, weil sie von weit her anreisen müssen und deshalb hohe Reisekosten verursachen, die er nach § 76a Abs 3 tragen muss <R: BAG 14.12.1988, 7 ABR 73/87, BB 1989, 983; 24.4.1996, 7 ABR 40/95, BB 1996, 1991; L: Richardi/*Maschmann* Rn 49; enger GK/*Jacobs* Rn 51: Verhältnismäßigkeit als Maßstab>.

Der BR darf auch **AN eines anderen Betriebs** des AG als externe Beisitzer (mit Honoraranspruch) benennen <R: BAG 13.5.2015, 2 ABR 38/14, ZTR 2016, 112; L: Richardi/*Maschmann* Rn 45; *Fitting* Rn 15a>. Eine **gewerbliche Nebentätigkeit** als unternehmensinterner ES-Beisitzer muss der AG allerdings nicht hinnehmen <R: offengelassen von BAG 13.5.2015, aaO; L: wie hier GK/*Jacobs* Rn 48>. Entsenden BR unternehmensintern systematisch in Form eines „**Ringtauschs**" Mitglieder als externe Beisitzer in ES in anderen Betrieben, um diesen so einen Vergütungsanspruch angedeihen zu lassen, so verletzt dies das Rücksichtnahmegebot aus § 2 Abs 1 <R: offengelassen von BAG 13.5.2015, aaO; L: wie hier GK/*Jacobs* Rn 48; *Wiese* Anm AP Nr 77 zu § 15 KSchG 1969>.

§ 76 Einigungsstelle

2. Vorsitz

a) Einvernehmliche Bestellung

17 Der ES steht ein **unparteiischer Vors** vor, auf dessen Person sich beide Seiten verständigen müssen, Abs 2 S 1. AG und BR können sich direkt in Form einer Regelungsabrede **einigen**, sie können nach dem Gesetzeswortlaut („beide Seiten") die Entscheidung aber auch den von ihnen bestellten Beisitzern überlassen – was im Einzelfall zweckmäßig sein kann <L: GK/*Jacobs* Rn 54 mwN>. Außer der durch Abs 2 S 1 ausdrückl geforderten **Unparteilichkeit** stellt § 76 keine Anforderungen an die Qualifikation des Vors. Für die einvernehml Bestellung genügt die Einigung der Betriebspartner, die damit bekunden, dass sie die bestellte Person als unparteiisch ansehen <L: GK/*Jacobs* Rn 55>. Für die gerichtl Bestellung gilt ein strengerer Maßstab, Rn 22. Da AG und BR die gleiche Anzahl von Beisitzern in die ES entsenden und die Beisitzer Sachwalter der Interessen ihrer Seite sind, auch wenn sie nicht weisungsgebunden handeln (Rn 33), haben die Einsichts- und Entscheidungsfähigkeit und das Verhandlungsgeschick des Vors großes Gewicht für das Verf und den Spruch der ES; bei einem Patt zw AG- und AN-Seite (Rn 11) gibt seine Stimme den Ausschlag. Neben diesen Führungsqualitäten sind deshalb arbeitsrechtl Kenntnisse des Vors unverzichtbar. Vors kann ein **Betriebsangehöriger** sein, wenngleich dies meist nicht sinnvoll ist, um keine Zweifel an der Unparteilichkeit aufkommen zu lassen <L: *Fitting* Rn 23; DKW/*Berg* Rn 19; **aA** (regelmäßig unzulässig) Schaub/*Ahrendt* § 232 Rn 11>. Zumeist führen unbefangene externe Personen den Vors, etwa Arbeitsrichter, Fachanwälte für Arbeitsrecht oder Hochschullehrer.

b) Gerichtliche Einsetzung

18 Kommt eine Einigung über die Person des Vors nicht zustande, wird dieser gem Abs 2 S 2 iVm § 100 Abs 1 ArbGG **durch das ArbG bestellt**. Zweck dieses besonderen Eilverf ist es, möglichst schnell eine funktionsfähige ES bereitzustellen; das Verf ist daher in besonderem Maße auf **Beschleunigung** ausgerichtet. Es entscheidet **der Vors der zuständigen Kammer des ArbG allein** (§ 100 Abs 1 S 1 ArbGG); sein Beschluss soll innerhalb von zwei Wochen und muss innerhalb von vier Wochen den Beteiligten zugestellt werden (§ 100 Abs 1 S 6 ArbGG). Gg diese Entscheidung findet die **Beschwerde** an das LAG statt, es entscheidet wiederum der Kammer-Vors allein (§ 100 Abs 2 ArbGG). Gg dessen Entscheidung gibt es **kein Rechtsmittel** (§ 100 Abs 2 S 4 ArbGG); auch eine sofortige Beschwerde zum BAG nach § 92b ArbGG wegen verspäteter Absetzung der Beschwerdeentscheidung ist ausgeschlossen <R: BAG 11.8.2021, 1 AZB 24/21, NZA 2021, 1662>. § 100 schließt zudem eine Bestellung durch eV aus <R: LAG Nds 29.9.1989, 14 TaBV 84/88, AuR 1989, 290 (LS); **L:** Bengelsdorf BB 1991, 613, 614 ff; GK/*Jacobs* Rn 67 mwN>. Eine **Aussetzung** des Verf kommt wg dessen Eilcharakters nicht in Betracht; wünscht der Antragsteller dennoch eine Aussetzung, so führt das zum Wegfall seines Rechtsschutzbedürfnisses <R: Hess LAG 27.1.2015, 4 TaBV 220/14>. **Vertreter** der Vors bestellt das Gericht **nicht** <R: LAG Köln 30.5.2012, 3 TaBV 39/12>.

19 Im Bereich der zwingenden Mitbestimmung kann eine Seite allein den **Antrag** stellen, zur Bildung einer freiwilligen ES (Rn 2) müssen beide das Gericht anrufen <L: DKW/*Berg* Rn 88; Richardi/*Maschmann* Rn 55; **aA** *Fitting* Rn 106; Germelmann/*Schlewing* § 100 Rn 15>. Der Antrag muss **begründet** werden und den **Gegenstand** der ES eindeu-

III. Besetzung der Einigungsstelle, Abs 2   § 76

tig bestimmen, um deren Kompetenzbereich abzustecken <R: LAG Köln 23.4.2021, 9 TaBV 9/21; LAG Berl-Bbg 17.2.2021, 4 TaBV 50/21, NZA-RR 2021, 392; L: GK/*Jacobs* Rn 62>. Andernfalls ist er als unzulässig abzuweisen <R: LAG SH 2.8.2016, 1 TaBV 17/16; zur **Auslegung** des Antrags LAG SH 21.1.2014, 1 TaBV 47/13, LAGE § 98 ArbGG 1979 Nr 70; aA LAG Köln 18.2.1998, AuR 1998, 378: unbegründet wg offensichtlicher Unzuständigkeit L: für eine großzügige Handhabung *Meyer* RdA 2018, 175, 177 f>. Der Inhalt der gewünschten Regelung muss aber nicht ausgeführt werden <R: LAG Berl-Bbg 17.2.2021, aaO; L: Germelmann/*Schlewing* § 100 Rn 16>. Am Verf sind nur der AG und der betroffene BR (oder GBR) **beteiligt**, nicht aber weitere Gremien – auch nicht, wenn es mittelbar um ihre Zuständigkeit geht <R: Hess LAG 27.10.2015, 4 TaBV 177/15>. Ein **Widerantrag** des Antragsgegners, mit welchem die Zuständigkeit der ES modifiziert werden soll, ist **unzul** <R: LAG München 25.3.2021, 3 TaBV 3/21; LAG Rh-Pf 8.1.2021, 5 TaBV 16/20; Hess LAG 27.10.2015, 4 TaBV 177/15 mwN; **aA** LAG Berl-Bbg 28.7.2011, 26 TaBV 1298/11, NZA-RR 2012, 38>.

Das **Rechtsschutzbedürfnis** für den Antrag fehlt, wenn der Antragsteller zuvor **betriebsintern** nicht einmal die **ES angerufen** und eine **Einigung über die Person** des Vors versucht hat <R: BAG 18.3.2015, 7 ABR 4/13, BB 2015, 1918>. Es bedarf keines gerichtl Rechtsschutzes, wenn die andere Seite keine Gelegenheit hatte, sich mit der konkret vorgeschlagenen ES einverstanden zu erklären. Dringend zu empfehlen ist daher, der anderen Seite die Einrichtung einer ES mit einem Vorschlag zum Vors und der Zahl der Beisitzer unter Fristsetzung zukommen zu lassen und das ArbG ggf erst nach Fristablauf anzurufen, wenn dieser Vorschlag nicht angenommen wird. **Längere Verhandlungen** über die Gestaltung der ES sind mit Blick auf den Zweck des § 100 ArbGG (Rn 15) aber **nicht erforderl**. Zur Frage einer Verhandlungspflicht in der Sache Rn 28. 20

Das ArbG ist bei der Bestellung des ES-Vors nicht auf die von den Betriebspartnern **vorgeschlagenen Personen** beschränkt <R: LAG Nbg 29.7.2020, 3 TaBV 18/20; LAG Ddf 25.8.2014, 9 TaBV 39/14, NZA-RR 2014, 647; LAG Berl-Bbg 8.4.2010, 6 TaBV 901/10, LAGE § 98 ArbGG 1979 Nr 59; LAG Rh-Pf 15.5.2009, 9 TaBV 10/09; LAG Hamm 26.7.2004, 10 TaBV 64/04, AuA 2005, 312 (LS); LAG BaWü 26.6.2002, 9 TaBV 3/02, NZA-RR 2002, 523; L: DKW/*Berg* Rn 56; *Fitting* Rn 38>. Ebenso wenig besteht ein Grundsatz, nach dem regelmäßig der vom Antragsteller Vorgeschlagene zu bestellen ist <R: so aber LAG Bremen 1.7.1988, 4 TaBV 15/88, AiB 1988, 315>; auch bei bloß subjektiv begründeten Einwänden einer Seite sollte das ArbG nach Möglichkeit davon absehen, den von der anderen Seite Vorgeschlagenen zu bestellen <R: LAG München 13.12.2021, 3 TaBV 59/21; LAG HH 27.11.2019, 5 TaBV 11/19; LAG Berl-Bbg 8.4.2010, aaO; LAG Rh-Pf 15.5.2009; LAG BaWü 26.6.2002, aaO; **aA**: nur bei nachvollziehbaren stichhaltigen Einwänden LAG BaWü 17.9.2019, 15 TaBV 4/19 und 28.9.2017, 12 TaBV 7/17; LAG Berl-Bbg 18.6.2015, 21 TaBV 745/15; LAG Nbg 2.7.2004, 7 TaBV 19/04, NZA-RR 2005, 100; L: wie hier GK/*Jacobs* Rn 63 mwN; noch weiter gehend *Fitting* Rn 25: regelmäßig ein Dritter; **aA** DKW/*Berg* Rn 56>. Bevor das Gericht einen Vors bestellt, hat es in jedem Fall den Beteiligten **Gelegenheit zur Stellungnahme** zu geben <L: *Fitting* Rn 38>. Ein Vors, der zumindest hilfsweise die Zustimmung beider Betriebspartner findet, ist regelmäßig zu bestellen <R: LAG Ddf 9.6.2020, 3 TaBV 31/20, ZTR 2020, 604>. Die gerichtl Bestellung bindet die Betriebspartner vorerst, sie können aber jederzeit noch einvernehml eine andere Person zum Vors bestellen <L: *Fitting* Rn 40; 21

§ 76   Einigungsstelle

DKW/*Berg* Rn 83; *Woitaschek* NZA 2021, 324, 325; *Schaub* NZA 2000, 1087f>. Zur erf Annahme der Bestellung Rn 32.

22   **Bei der Auswahl** des Vors muss das ArbG bes auf dessen Unparteilichkeit achten: Er darf weder dem AG oder dem BR noch einem AG-Verband oder einer Gewerkschaft zuzuordnen sein und sollte dem Betrieb nicht angehören <**L:** Richardi/*Maschmann* Rn 52 mwN>. **Richter** können gem § 100 Abs 1 S 5 ArbGG nur dann durch das ArbG zum Vors einer ES bestellt werden, wenn ausgeschlossen ist, dass sie mit der Überprüfung, Auslegung oder Anwendung des ES-Spruchs befasst sein werden; auch eine mögl mittelbare Befassung mit dem ES-Spruch iR eines Individualverf hindert diese an dem Vors in der ES <**L:** Germelmann/*Schlewing* § 100 ArbGG Rn 25>. Vielfach tragen die **Geschäftsverteilungspläne** der ArbGe und LAGe dem Rechnung, sodass dann auch Arbeitsrichter aus dem Bezirk des Betriebssitzes des ES-Vors übernehmen können <**R:** LAG SH 22.6.1989, 6 TaBV 23/89, LAGE § 98 ArbGG 1979 Nr 17; **krit** GK/*Jacobs* Rn 65, der hier eine Umgehung des Gesetzes zu erkennen meint>. Ein Verstoß gg § 100 Abs 5 S 2 ArbGG führt zur Unwirksamkeit des ES-Spruchs; anders ist es, wenn sich beide Seiten im Lauf des Verf auf diesen Vors einigen <**L:** Richardi/*Maschmann* Rn 54; **aA** Germelmann/*Schlewing* § 100 ArbGG Rn 26>. Dessen ungeachtet ist in einem solchen Fall für den Richter die Nebentätigkeitsgenehmigung nach dienstrechtl Vorschriften zu versagen, die allerdings ihrerseits keine Wirksamkeitsvoraussetzung der Bestellung darstellt <**L:** GK/*Jacobs* Rn 66>.

23   Gem § 100 Abs 1 S 1 ArbGG kann das ArbG den Antrag auf Bestellung des Vors nur zurückweisen, wenn die ES **offensichtlich unzuständig** ist. Dies ist nur anzunehmen, wenn nach dem vorgetragenen Sachverhalt schon auf den ersten Blick eine Zuständigkeit der ES **unter keinem denkbaren rechtl Gesichtspunkt** als mögl erscheint <**R:** Hess LAG 16.5.2017, 4 TaBV 75/17, LAGE § 85 BetrVG 2001 Nr 2; LAG Berl-Bbg 7.11.2016, 1 TaBV 1310/16; LAG Rh-Pf 11.12.2014, 3 TaBV 8/14; LAG MV 12.11.2014, 3 TaBV 5/14, NZA-RR 2015, 196; LAG Nbg 30.4.2014, 4 TaBV 7/14; LAG BaWü 20.12.2012, 1 TaBV 1/12, ZTR 2013, 151; **L:** DKW/*Berg* Rn 61; GK/*Jacobs* Rn 70 mwN>. Maßgebl ist die **Sicht des fachkundigen Richters** unter Berücksichtigung der einschlägigen Rspr und Lit <**R:** LAG München 10.8.2021, 3 TaBV 31/21; **L:** GK/*Jacobs* Rn 71>. Das Bestellungsverf dient nicht der Klärung komplizierter Rechtsfragen <**R:** Hess LAG 16.5.2017, aaO>, daher muss das ArbG einen Vors immer dann bestellen, wenn jedenfalls nicht ausgeschlossen werden kann, dass die ES zuständig ist <**R:** Hess LAG 1.3.2016, 4 TaBV 258/15, NZA-RR 2016, 535; enger („ernsthaft in Betracht kommt") LAG HH 1.2.2007, 8 TaBV 18/06, MDR 2007, 1083; LAG Hamm 17.8.2007, 6 TaBV 9/07, AiB 2008, 101>. Maßgebl ist die Sach- und Rechtslage im letzten Anhörungstermin <**R:** LAG Saarl 27.7.2016, 2 TaBV 2/16>.

24   **Demnach ist die ES etwa offensichtlich unzuständig,**
   – wenn eine **ungekündigte BV** den Regelungsgegenstand bereits **abschl regelt** <**R:** LAG Rh-Pf 20.9.2018, 5 TaBV 13/18; LAG Köln 7.4.2016, 12 TaBV 86/15; Hess LAG 20.5.2008, 4 TaBV 97/08, AuR 2008, 406 (LS); LAG Nds 29.7.2008, 1 TaBV 47/08, LAGE § 98 ArbGG 1979 Nr 51; LAG BaWü 18.11.2008, 9 TaBV 6/08; einschr LAG RhPf 9.10.2018, 8 TaBV 14/18: nur bei offensichtlich abschl Regelung>, wenn nicht Änderungsbegehren aufgrund nachträgl eingetretener Umstände vorgetragen werden <**R:** LAG Köln 23.1.2007, 9 TaBV 66/06, AuR 2007, 226 (LS); **generell abl**

III. Besetzung der Einigungsstelle, Abs 2 § 76

hingg (keine *offensichtliche* Unzuständigkeit) LAG Ddf 29.6.2021, 3 TaBV 18/21, BB 2021, 2239; LAG Köln 3.12.2014, 11 TaBV 64/14>,
- soweit für den angestrebten Regelungsgegenstand auch nur teilweise **bereits eine ES besteht** <R: Hess LAG 21.1.2020, 4 TabBV 141/19, NZA-RR 2020, 309; LAG HH 12.1.2015, 8 TaBV 14/14, LAGE § 98 aF ArbGG 1979 Nr 1; LAG RhPf 14.4.2011, 3 TaBV 6/11> – ein weiteres gerichtl Einsetzungsverf mit (teil-)identischem Gegenstand führt hingg zur Unzulässigkeit des späteren Antrags <L: *Meyer* RdA 2018, 175, 180 f>,
- wenn das Regelungsverlangen nur auf einen **unselbstständigen Teil** einer mitbestimmungsbedürftigen Angelegenheit gerichtet ist <R: Hess LAG 22.3.2016, 4 TaBV 20/16>; nicht aber bei zulässiger Beschränkung auf eine **abgrenzbare Frage**, auch wenn das MBR weiter reichen würde <R: LAG RhPf 8.3.2012, 11 TaBV 5/12: Auswahlrichtlinien nur für betriebsbedingte Kd>,
- **wenn das BAG entschieden hat**, dass die Angelegenheit **nicht mitbestimmungspflichtig** ist <R: LAG München 10.8.2021, 3 TaBV 31/21; LAG Nds 22.10.2013, 1 TaBV 53/13, LAGE § 98 ArbGG 1979 Nr 68>, **es sei denn**, diese Rspr ist nicht gefestigt, etwa weil es sich um eine vereinzelte ältere Entscheidung handelt, die auf beachtl Kritik in der Literatur und/oder bei den Instanzgerichten gestoßen ist <R: LAG Ddf 24.8.2021, 3 TaBV 29/21; LAG Hamm 15.12.2020, 7 TaBV 85/20; Hess LAG 15.10.2013, 4 TaBV 138/13 und 8.5.2007, 4 TaBV 70/07, NZA-RR 2007, 637>; allein eine Änderung der personellen Besetzung des erkennenden BAG-Senats rechtfertigt aber nicht die Annahme, die bisherige Rspr werde nicht fortgeführt <in diese Richtung aber **R:** LAG München 10.8.2021, 3 TaBV 31/21; **L:** Helml/Pessinger/*Helml* § 100 Rn 6>,
- wenn bei fachkundiger Beurteilung durch das ArbG **sofort erkennbar** ist, dass ein MBR in der fragl Angelegenheit **unter keinem rechtl Gesichtspunkt in Frage kommt** <R: LAG Köln 6.8.2021, 9 TaBV 26/21 (Rechtsanspruch als Gegenstand einer AN-Beschwerde); LAG München 19.9.2019, 5 TaBV 53/18, BetrAV 2019, 763 (Rückdeckungsversicherung für betriebl Altersversorgung); LAG Ddf 19.6.2018, 3 TaBV 27/18 (Betriebsänderung); LAG Berl-Bbg 6.10.2017, 7 TaBV 1215/17, AE 2018, 18 (Betriebsänderung); 19.4.2011, 7 TaBV 556/11 (Formulare für Kassendifferenzen); LAG Hamm 15.3.2021, 9 TaBV 5/21 (Entgeltgestaltung bei abschließender tarifl Regelung); 14.7.2015, 7 TaBV 25/15 („Budgetierung für BR-Seminare"); 16.12.2014, 7 TaBV 73/14 (Bildungsmaßnahmen)>; LAG Saarl 7.3.2007, 2 TaBV 8/06 (Sozialplan im Gemeinschaftsbetrieb),
- bei **offensichtlicher Zuständigkeit des KBR oder GBR** statt des antragstellenden örtl BR oder umgekehrt <R: LAG MV 25.2.2020, 5 TaBV 1/20, NZA-RR 2020, 257; LAG HH 28.6.2017, 5 TaBV 4/17; LAG Köln 7.4.2016, 12 TaBV 86/15; LAG Hamm 22.3.2010, 10 TaBV 13/10; Hess LAG 13.4.1999, 4 TaBV 41/99, NZA-RR 2000, 83; LAG Ddf 4.3.1992, 5 TaBV 116/91, NZA 1992, 613>, nicht aber, wenn die Zuständigkeitsfrage rechtl umstritten ist <R: LAG Nbg 21.6.2021, 1 TaBV 11/21, BB 2021, 2552 und 23.2.2021, 6 TaBV 1/21, ZIP 202, 1461>; zum Fall der Delegation unter Vorbehalt der Entscheidungsbefugnis <L: *Salamon* NZA 2013, 708, 713 f>.

Keine offensichtliche Unzuständigkeit ist anzunehmen: 25
- Wenn eine höchstrichterl Entscheidung zur Reichweite der Beteiligungsrechte des BR noch aussteht und zu dieser **unterschiedl vertretbare Rechtsauffassungen in Rspr**

§ 76 Einigungsstelle

und **Schrifttum** existieren <R: LAG München 9.12.2020, 11 TaBV 71/20; LAG HH 27.11.2019, 5 TaBV 11/19; LAG Berl-Bbg 5.11.2019, 7 TaBV 1728/19, ZTR 2020, 114; LAG Saar 6.6.2007, 2 TaBV 2/07, AiB 2007, 660; LAG SH 19.12.2006, 6 TaBV 14/06, DB 2007, 924 (LS); LAG Nbg 5.4.2005, 7 TaBV 7/05, LAGE § 98 ArbGG 1979 Nr 44; LAG Köln 5.12.2001, 7 TaBV 71/01, NZA-RR 2002, 586>. Das gilt insb, wenn verschiedene LAG zu einer Frage unterschiedl Auffassungen vertreten, allenfalls abgesehen von krassen Fehlentscheidungen <R: LAG RhPf 25.10.2010, 10 TaBV 44/10; LAG Nbg 21.9.1992, 7 TaBV 29/92, NZA 1993, 281>. Nicht offensichtlich unzuständig ist die ES auch dann, wenn eine für deren Zuständigkeit angeführte Literaturmeinung nicht mit wenigen Worten, sondern nur nach einer differenzierten Auseinandersetzung mit den Pro- und Contra-Argumenten abgelehnt werden kann <R: LAG Köln 14.9.1995, 10 TaBV 57/95, AuR 1996, 116 (LS); zum umgekehrten Fall LAG München 26.1.2011, 77/10, NZA-RR 2011, 299>.

– Wenn **auch nur für einen Teil des Regelungsgegenstands** ein MBR in Betracht kommt <R: LAG Berl-Bbg 23.1.2020, 5 TaBV 2182/19>.

26 Die Offensichtlichkeitsprüfung betrifft nach umstrittener Auffassung nicht allein die Rechtsfrage, ob ein MBR besteht und erzwingbar ist. Zwar hat das ArbG den **Sachverhalt**, der das MBR auslösen soll, von Amts wg zu erforschen, um die streitige Rechtsfrage zu klären <R: LAG Ddf 10.2.1997, 12 TaBV 61/97, DB 1998, 933; GK/*Jacobs* Rn 72>. Tatsachenfeststellungen sind im Verf nach § 100 ArbGG aber letztlich mit Blick auf das Beschleunigungsgebot auf eine **Schlüssigkeitsprüfung** beschränkt, in die der unstreitige Vortrag der Beteiligten einschließl in ihrer Echtheit unstreitiger Urkunden sowie die streitigen Tatsachenbehauptungen des Antragstellers einzubeziehen sind. Es besteht **kein** Raum für die Durchführung einer **Beweisaufnahme**; beweisbedürftige Tatsachenbehauptungen sind nicht offensichtlich <R: LAG München 25.3.2021, 3 TaBV 3/21 und 9.12.2020, 11 TaBV 71/20; Hess LAG 3.11.2009, 4 TaBV 185/09, NZA-RR 2010, 359; 15.7.2008, 4 TaBV 128/08; LAG Köln 5.12.2001, 7 TaBV 71/01, NZA-RR 2002, 586; **L:** so wohl auch *Fitting* Rn 35; **einschr: R:** LAG BaWü 7.10.2020, 10 TaBV 2/20: keine aufwändigen Ermittlungen; LAG München 20.10.2005, 4 TaBV 61/05, BeckRS 2009, 67831: idR kein Zeugen- oder Sachverständigenbeweis; **L:** DKW/*Berg* Rn 67; *Meyer* RdA 2018, 175, 179 f; *Lerch/Weinbrenner* NZA 2015, 1228; **aA R:** LAG Nds 8.6.2007, 1 TaBV 27/07, BeckRS 2007, 46077; **L:** Germelmann/*Schlewing* § 100 ArbGG Rn 20; ErfK/*Koch* § 100 ArbGG Rn 4; Richardi/*Maschmann* Rn 65; GK/*Jacobs* Rn 72; *Sasse* DB 2015, 2817, 2818>.

27 Demgegenüber gilt der Offensichtlichkeitsmaßstab **nicht für die Frage der ordnungsgem Einleitung** des Verf. Ein unzulässiger Antrag begründet keine Entscheidungskompetenz des Gerichts in der Sache, deshalb muss die Zulässigkeit trotz der vom Gesetzgeber gewollten Verfahrensbeschleunigung geklärt werden <R: LAG Nbg 21.6.2021, 1 TaBV 11/21, BB 2021, 2552; **aA** LAG Köln 24.10.1996, 6 TaBV 59/96, AR-Blattei ES 530.14.3 Nr 162; LAG HH 2.11.1988, H 4 TaBV 6/88, LAGE § 98 ArbGG 1979 Nr 16; **L: aA** GK/*Jacobs* Rn 74; DKW/*Berg* Rn 65>. Das gilt etwa für die Frage, ob im Betrieb noch ein BR besteht und ob dieser einen ordnungsgem Beschluss über den Antrag nach § 100 ArbGG getroffen hat. Die in der Voraufl vertretene gegenteilige Auffassung wird nicht aufrecht erhalten.

28 Das bedeutet allerdings nicht, dass das ArbG das **Rechtsschutzbedürfnis** des Antragstellers ausführlich zu prüfen hätte. Dieses fehlt zwar, wenn die Betriebspartner vor Antrag-

stellung bei Gericht nicht den nach § 74 Abs 1 S 2 vorgesehenen **Versuch einer gütlichen Einigung** unternommen haben <**R:** BAG 18.3.2015, 7 ABR 4/13, BB 2015, 1918; LAG Rh-Pf 8.1.2021, 5 TaBV 16/20; **aA** LAG Hamm 23.4.2012, 10 TaBV 19/12; **L:** *Kempter/Merkel* DB 2014, 1807; **aA** *Tschöpe* NZA 2004, 945 f>. Die Betriebspartner haben aber, um einer Verschleppung des Verf vorzubeugen, einen **weiten Beurteilungsspielraum**, ob sie die Verhandlungen für gescheitert erklären, solange nicht erkennbar ist, dass der Antragsteller von vornherein nur eine Regelung durch die ES anstrebt <**R:** LAG SH 2.8.2016, 1 TaBV 17/16; LAG HH 14.10.2015, 8 TaBV 12/15>. Der **Verhandlungspflicht** ist daher Genüge getan, wenn die Gegenseite Verhandlungen über das Regelungsverlangen ausdrückl oder konkludent verweigert <**R:** BAG 18.3.2015, aaO> oder auf ihrer ablehnenden Rechtsposition beharrt <**R:** LAG Rh-Pf 2.11.2012, 9 TaBV 34/12, LAGE § 98 ArbGG 1979 Nr 64>. Voraussetzung ist, dass das zu regelnde **Thema so konkret benannt** wird, dass die andere Seite sich hierzu überhaupt einlassen kann <**R:** LAG Ddf 16.7.2019, 3 TaBV 36/19, LAGE § 100 ArbGG 1979 Nr 12>. Hierfür bedarf es auch auf BR-Seite noch keiner anwaltlichen Beratung <**R:** LAG Ddf 16.7.2019, aaO>. Keinesfalls sind langwierige Verhandlungsbemühungen vorauszusetzen; es genügt, wenn der Antragsteller darlegen kann, aufgrund welcher tatsächl Anhaltspunkte er davon ausgehen konnte, dass eine Einigung nicht in absehbarer Zeit zu erreichen sei <iE ähnlich **R:** LAG Ddf 29.6.2021, 3 TaBV 18/21, BB 2021, 2239 und 6.5.2013, 7 TaBV 5/13; LAG RhPf 8.3.2012, 11 TaBV 12/12; LAG Hamm 14.6.2010, 13 TaBV 44/10; LAG Nbg 5.4.2005, 7 TaBV 7/05, LAGE § 98 ArbGG 1979 Nr 44; **L:** GK/*Jacobs* Rn 69>. Dem Gericht obliegt insoweit nur eine **Missbrauchskontrolle** <**R:** LAG München 13.12.2021, 3 TaBV 59/21; LAG Ddf 16.7.2019, 3 TaBV 36/19, LAGE § 100 ArbGG 1979 Nr 12; LAG Hamm 14.5.2014, 7 TaBV 21/14; **L:** *Sasse* DB 2015, 2817, 2819>, zumal unzureichende Verhandlungen schnell nachgeholt und sodann ein Scheitern erklärt werden könnten <**R:** so etwa im Fall LAG RhPf 17.11.2011, 10 TaBV 35/11>. Das Scheitern kann sich auch noch im Anhörungstermin ergeben, weil dies der maßgebl Beurteilungszeitpunkt ist <**R:** LAG Berl-Bbg 23.7.2015, 26 TaBV 857/15>. Ein evtl Informationsdefizit des BR bei Interessenausgleichsverhandlungen kann erforderlichenfalls auch noch in der ES ausgeglichen werden <**R:** LAG SH 2.3.2011, 3 TaBV 1/11>.

Das Verf nach § 100 ArbGG hindert BR und AG nicht, **im regulären arbg Beschlussverf feststellen** zu lassen, ob der BR ein **MBR** hat oder nicht <**R:** 24.11.1981, 1 ABR 42/79, DB 1982, 1413; 27.6.2006, 1 ABR 18/05, DB 2007, 63>, § 87 Rn 23 ff. Das Rechtsschutzinteresse des BR hierfür entfällt auch dann nicht, wenn das ArbG seinen Antrag auf Bestellung eines ES-Vors rechtskräftig mit der Begründung abgewiesen hat, die ES sei offensichtlich unzuständig <**R:** BAG 25.4.1989, 1 ABR 91/87, DB 1989, 1928>. Es kann aber fehlen, wenn die Betriebspartner in der ES eine von beiden Seiten akzeptierte Regelung getroffen haben <**R:** BAG 11.6.2002, 1 ABR 44/01, DB 2002, 2727>. Umgekehrt ist der BR dadurch, dass ein Beschlussverf anhängig ist, nicht daran gehindert, das Verf auf Bestellung des ES-Vors nach Abs 2 S 2 iVm § 100 ArbGG durchzuführen. Das Bestellungsverf nach § 100 ArbGG ist **nicht auszusetzen**, da andernfalls sein Zweck vereitelt würde, möglichst schnell eine ES zu errichten, die ihre Zuständigkeit selbst zu prüfen hat <**R:** BAG 24.11.1981, aaO; **L:** GK/*Jacobs* Rn 76; Richardi/*Maschmann* Rn 71; *Fitting* Rn 36; DKW/*Berg* Rn 82; ErfK/*Kania* Rn 34, HWGNRH/*Worzalla* Rn 25; **aA** SWS Rn 6>. Hat das ArbG in einem gleichzeitig anhängigen Beschlussverf das str MBR des BR bejaht, kann das Beschwerdegericht (Rn 18) den Antrag auf Bestellung des ES-

29

§ 76 Einigungsstelle

Vors nicht mehr wg offensichtlich Unzuständigkeit der ES zurückweisen, und zwar auch dann nicht, wenn der arbg Beschluss noch nicht rechtskräftig ist <R: LAG Köln 11.2.1992, 3 TaBV 54/91, BB 1992, 1796 (LS); **einschr L:** GK/*Jacobs* Rn 76>.

c) Ablehnung wegen Befangenheit

30 Erweist sich der Vors als parteiisch, kann er, da von AG und BR gemeinsam bestellt, nicht einseitig nur vom AG oder nur vom BR abberufen werden <**L:** Richardi/*Maschmann* Rn 53; GK/*Jacobs* Rn 56; aA noch GL/*Löwisch* Rn 15: Kündigung aus wichtigem Grund>. Auch eine Amtsenthebung durch das ArbG scheidet aus, da weder das BetrVG noch das ArbGG eine solche Möglichkeit vorsehen <R: LAG Hamm 2.6.1992, 13 TaBV 70/92, BB 1992, 1929; **L:** aA *Schönfeld* 106 f>. Der unparteiische ES-Vors kann aber von den Beteiligten – anders als die Beisitzer (Rn 13) – analog § 1036 ZPO **wg Besorgnis der Befangenheit abgelehnt** werden <R: BAG 17.11.2010, 7 ABR 100/09, MDR 2011, 922; 11.9.2001, 1 ABR 5/01, BB 2002, 576; 9.5.1995, 1 ABR 56/94, BB 1995, 2536; **L:** *Fitting* Rn 43; DKW/*Berg* Rn 102; GK/*Jacobs* Rn 56 mwN; **abl** Germelmann/*Künzl* ES-Verf Rn 212 mwN>. Taugliche **Ablehnungsgründe** sind entspr § 1036 Abs 2 S 1 ZPO Umstände, welche berechtigte Zweifel an der Unparteilichkeit und Unabhängigkeit des Vors aufkommen lassen. Damit ist Bezug genommen auf die Ablehnungsgründe für Richter an staatl Gerichten <R: BAG 11.9.2001, aaO>. Lässt sich eine Seite rügelos auf die Verhandlung der ES ein, obwohl ihr Ablehnungsgründe bekannt sind, verliert sie das Ablehnungsrecht analog § 43 ZPO <R: BAG 9.5.1995, aaO>. Den **Befangenheitsantrag** können nur die Betriebsparteien selbst, nicht aber die von ihnen in die ES entsandten Beisitzer stellen <R: BAG 29.1.2002, 1 ABR 18/01, BB 2002, 2024 (LS)>; er muss analog § 1037 Abs 2 S 1 ZPO schriftl gestellt werden. Das weitere Verf bestimmt sich **entspr den Vorschriften der ZPO über die Ablehnung von Schiedsrichtern** im schiedsgerichtl Verf: Über den Befangenheitsantrag **entscheidet die ES** in einem Abstimmungsgang; der Vors ist von der Teilnahme an dieser Abstimmung ausgeschlossen <R: BAG 11.9.2001, aaO>. Die Nichtbescheidung eines Ablehnungsantrags durch die ES begründet einen **nicht heilbaren Verf-Fehler**, der zur Unwirksamkeit eines unter Beteiligung des Vors zustande gekommenen ES-Spruchs führt <R: BAG 29.1.2002, aaO>. Dasselbe gilt, wenn der Vors über den Befangenheitsantrag mitstimmt, außer wenn feststeht, dass dessen Teilnahme und Stimme das Abstimmungsergebnis nicht beeinflusst haben <R: BAG 11.9.2001, aaO>. **Bestätigt die ES das Ablehnungsgesuch**, ist der Vors abgelöst, und die Betriebspartner müssen einen neuen bestimmen. Findet der Ablehnungsantrag unter den Beisitzern keine Mehrheit, kann die ablehnende Partei binnen eines Monats die Ablehnung dem **ArbG** zur Überprüfung vorlegen, § 1037 Abs 3 S 1 ZPO analog. Das gerichtl Verf richtet sich entgg der früheren hL nicht etwa nach § 100 ArbGG, es entscheidet entspr den §§ 1037, 1062, 1065 ZPO das ArbG in der vollen Kammerbesetzung **in erster und letzter Instanz** <R: BAG 17.11.2010, aaO; **L:** GK/*Jacobs* Rn 59 mwN>. Die ES entscheidet in diesem Fall unter Beteiligung des für befangen gehaltenen Vors darüber, ob sie das Verf fortführt oder bis zur arbg Entscheidung über die Ablehnung **aussetzt**, § 1037 Abs 3 S 1, 2 ZPO <R: BAG 29.1.2002, aaO>. Um Verschleppungsversuche zu vermeiden, ist es auch zulässig, das ES-Verf vor der gerichtl Entscheidung abzuschließen <**L:** *Fitting* Rn 45>. Im Rahmen einer **Anfechtung des ES-Spruchs** sind Ablehnungsgründe hingg nur zu prüfen, wenn entweder ein Ablehnungsgesuch verfahrensfehlerhaft

behandelt wurde oder die gerichtl Entscheidung wegen vorheriger Beendigung des ES-Verf nicht mehr mögl ist <R: BAG 11.9.2001, aaO; L: DKW/*Berg* Rn 105>.

3. Ersatzmitglieder

Der AG, der BR oder das ArbG können **für den ES-Vors und die Beisitzer** ein oder mehrere Ersatzmitglieder bestellen und eine Reihenfolge für das Nachrücken festlegen <L: GK/*Jacobs* Rn 53; DKW/*Berg* Rn 34; *Faulenbach* NZA 2012, 953, 954; *Fitting* Rn 22>. Ebenso kann ein Ersatzmitglied **erst im konkreten Fall** ausgewählt werden, wenn ein reguläres Mitglied krankheitsbedingt oder aus anderen Gründen ausfällt <L: DKW/*Berg* Rn 34>. Unzulässig ist es aber, Ersatzmitglieder nur für eine Sitzung und jeweils zu deren Beginn zu benennen, da ein ordnungsgem ES-Verf dann nicht mehr gewährleistet wäre <L: Richardi/*Maschmann* Rn 80>. **Bis zum Nachrücken** gehören die Ersatzmitglieder der ES nicht an und dürfen deshalb auch **nicht** an ihren Verhandlungen und Beratungen teilnehmen <L: GK/*Jacobs* Rn 53; *Fitting* Rn 22>. 31

4. Rechtsstellung der Einigungsstellenmitglieder

Niemand ist verpflichtet, Mitglied der ES zu werden, auch die BR-Mitglieder nicht <R: BAG 19.11.2019, 7 ABR 52/17, NZA 2020, 727; 24.4.1996, 7 ABR 40/95, BB 1996, 1991; L: Richardi/*Maschmann* Rn 141; *Faulenbach* NZA 2012, 953, 954>. Die organschaftliche Stellung ist von der (formlos mögl) **Annahme** der Bestellung abhängig <R: BAG 19.8.1992, 7 ABR 58/91, DB 1993, 1196; 10.10.2007, 7 ABR 51/06, BB 2008, 671>. Allein die gerichtl Bestellung des Vors bindet diesen daher nicht. Lehnt er ab, muss ggf ein weiteres gerichtl Bestellungsverf durchgeführt werden, da das vorherige mit der Rechtskraft der Bestellung beendet ist <L: Germelmann/*Schlewing* § 100 ArbGG Rn 32; ErfK/*Koch* § 100 ArbGG Rn 5; aA GK/*Jacobs* Rn 79; DKW/*Berg* Rn 83; *Fitting* Rn 39; wohl auch Richardi/*Maschmann* Rn 70>. Vor Rechtskraft der Entscheidung kann die Bestellung eines anderen Vors im Wege der Beschwerde erreicht werden <R: LAG Nbg 29.7.2020, 3 TaBV 18/20>. ES-Mitglieder, auch der ES-Vors, können ihr Amt im Übrigen **jederzeit niederlegen** <L: *Fitting* Rn 47; DKW/*Berg* Rn 37; GK/*Jacobs* Rn 96; *Faulenbach* NZA 2012, 953, 956>. Beamte und Ang des öffentl Dienstes bedürfen für die Tätigkeit in einer ES einer **Nebentätigkeitserlaubnis**; diese ist jedoch keine Wirksamkeitsvoraussetzung für die Bestellung <L: Richardi/*Maschmann* Rn 54, 142>. 32

Damit die ES betriebl Konflikte lösen kann, müssen deren Mitglieder die str Angelegenheit unabhängig von den Betriebsparteien behandeln und entscheiden können. Deswg sind die Beisitzer keine Vertreter des AG oder des BR oder deren verlängerter Arm, sondern üben ihr Amt höchstpersönl und frei von Weisungen aus **(kein imperatives Mandat)** <R: BAG 13.5.2015, 2 ABR 38/14, DB 2016, 59; 20.8.2014, 7 ABR 64/12, ZTR 2015, 54; 15.5.2001, 1 ABR 39/00, BB 2001, 2320; L: *Fitting* Rn 51>. Allerdings ist ihre Parteilichkeit vom Gesetz eingeplant (Rn 13), und die Betriebspartner können „ihre" Beisitzer jederzeit ohne Begründung ersetzen, also zB auch, wenn sie mit deren Amtsausübung nicht einverstanden sind <L: GK/*Jacobs* Rn 95>. Dient der Austausch allein dazu, die Arbeit der ES zu behindern, ist er indes gem §§ 78 S 1, 119 Abs 1 Nr 2 rechtswidrig und strafbar <L: *Wenning-Morgenthaler* Rn 132>. Die **höchstpersönl Amtsausübung** erfordert jedoch auch eine höchstpersönl Stimmabgabe; Beisitzer können anderen Beisit- 33

§ 76 Einigungsstelle

zern für ihre Tätigkeit in der ES keine Verf-Vollmacht erteilen <R: BAG 27.6.1995, 1 ABR 3/95, BB 1995, 2581>.

34 § 76a, der dem unternehmensfremden Mitglied der ES einen unmittelbaren betriebsverfassungsrechtl Vergütungsanspruch gg den AG einräumt, macht deutl, dass **zw dem AG und** dem betriebsfremden ES-Mitglied ein **betriebsverfassungsrechtl Schuldverhältnis** besteht. Das BAG geht mit Recht von einem gesetzl Schuldverhältnis aus, weil dessen Zustandekommen nicht vom Willen des AG abhängt <R: BAG 17.7.1994, 7 ABR 10/93, DB 1995, 835; L: so auch *Fitting* Rn 48; ErfK/*Kania* Rn 11; aA *Schipp* NZA 2011, 271 f; *Sprenger* BB 2010, 2110>. Das schließt nicht aus, dass dieses durch begleitende vertragl Absprachen zwischen ES-Mitglied und AG zB zur Vergütung konkretisiert wird <L: GK/*Jacobs* Rn 90; DKW/*Berg* Rn 41>. Der BR hingg ist weder an diesen Schuldverhältnissen beteiligt <L: GK/*Jacobs* Rn 90>, noch besteht zw ihm und den von ihm benannten ES-Mitgliedern ein Schuldverhältnis <L: GK/*Jacobs* Rn 91; *Fitting* Rn 49>.

35 Die Mitglieder der ES dürfen in der Ausübung ihrer Tätigkeit nach **§ 78 S 1 weder gestört noch behindert** werden <R: LAG Nds 27.5.2014, 11 TaBV 104/13> und dürfen gem **§ 78 S 2 wg ihrer Tätigkeit** auch **nicht**, insbes nicht in ihrer berufl Entwicklung, **benachteiligt oder begünstigt** werden. Verstöße gg das Behinderungs-, Benachteiligungs- und Begünstigungsverbot sind nach § 119 Abs 1 Nr 2 und 3 strafbar. Mangels Rechtspersönlichkeit kann die ES allerdings **keine eV** gg den AG erwirken, wenn dieser ihre Arbeit stört oder behindert. Ist das benachteiligte ES-Mitglied AN, folgt aus dem Benachteiligungsverbot neben dem Schadensersatzanspruch aus § 823 Abs 2 BGB allerdings auch ein **Gleichstellungsanspruch**: Das ES-Mitglied kann verlangen, so gestellt zu werden, wie es ohne ES-Mitgliedschaft entspr der berufl Entwicklung vergleichbarer AN stünde (§ 78 Rn 30). Vereinbarungen, durch die ein ES-Mitglied unzulässig begünstigt wird, etwa durch eine Prämienzahlung, sind gem § 134 BGB **nichtig** (§ 78 Rn 33).

36 **§ 79 Abs 2** erstreckt die **Geheimhaltungspflicht über Betriebs- und Geschäftsgeheimnisse** auf die Mitglieder der ES: Betriebs- oder Geschäftsgeheimnisse, die den ES-Mitgliedern wg ihrer Zugehörigkeit zur ES bekannt geworden und vom AG ausdrückl als geheimhaltungsbedürftig bezeichnet worden sind, dürfen sie weder offenbaren noch verwerten (näher § 79 Rn 8 ff). Die Verletzung der Geheimhaltungspflicht ist gem § 120 strafbar (noch § 79 Rn 21 f). Anders als die BR-Mitglieder über §§ 102 Abs 2 S 5, 99 Abs 1 S 3 (und §§ 82 Abs 2 S 3, 83 Abs 1 S 3) werden die ES-Mitglieder in § 76 nicht verpflichtet, **persönl Verhältnisse und Angelegenheiten der AN** geheim zu halten, die ihnen bei der Tätigkeit in der ES bekannt geworden sind; eine solche Pflicht fehlt insbes in § 85 Abs 2 (§ 85 Rn 6, § 84 Rn 11). Sie folgt auch nicht aus dem zw AG und ES-Mitgliedern bestehenden betriebsverfassungsrechtl Schuldverhältnis (Rn 34), da dieses die ES-Mitglieder nur im Verhältnis zum AG verpflichtet.

37 Mitglieder der ES genießen – anders als die BR-Mitglieder – nicht den bes Kd-Schutz aus § 15 KSchG und § 103. Eine **Kd von AN wg ihrer Tätigkeit in der ES** ist jedoch nach **§ 78 S 2** iVm **§ 134 BGB nichtig** <L: DKW/*Berg* Rn 44; *Fitting* Rn 54, Richardi/ *Maschmann* Rn 145>.

38 Für Pflichtverletzungen **haften** die ES-Mitglieder (Vors wie Beisitzer) dem AG aus **§ 280 Abs 1 BGB** <L: Germelmann/*Künzl* ES-Verf Rn 420, 424; *Sprenger* BB 2010, 2110, 2111; *Schipp* NZA 2011, 271, 272 f; *Groh* S 85 ff>. Als haftungsauslösend kommen ua in Betracht Schweigepflichtverletzungen (§ 79 Abs 2), eine Amtsniederlegung zur Unzeit

(Germelmann/*Künzl* ES-Verf Rn 421, 425), auf Seiten des Vorsitzenden zudem die Weigerung, an der Schlussabstimmung teilzunehmen, die Verletzung von Verfahrensvorschriften sowie die Herbeiführung eines rechts- oder ermessensfehlerhaften Spruchs <L: *Sprenger* BB 2010, 2110, 2111 f>. Allerdings ist der Vors nach allg amtshaftungsrechtl Grundsätzen nicht für Handlungen der ES als Kollegialorgan haftbar, solange er die ihm selbst unmittelbar obliegenden Pflichten sorgfältig erfüllt <L: Germelmann/*Künzl* ES-Verf Rn 422; *Schwab/Weth* ES-Verf Rn 328>. Im Übrigen besteht eine Haftung mit Blick auf die Funktion der ES, durch möglichst freie Verhandlungen eine friedliche Lösung zu finden, nur in engen Grenzen. Eine Haftung für Rechtsfehler ist auf die **Verletzung elementarer Verfahrensvorschriften** beschränkt <L: *Wenning-Morgenthaler* Rn 160; Germelmann/*Künzl* ES-Verf Rn 427>. In subjektiver Hinsicht haben die ES-Mitglieder **nur für Vorsatz und grobe Fahrlässigkeit** einzustehen <L: ErfK/*Kania* Rn 12; *Fitting* Rn 52; DKW/*Berg* Rn 45; Germelmann/*Künzl* ES-Verf Rn 427; *Schwab/Weth* ES-Verf Rn 330; zur Herleitung dieser Beschränkung *Wenning-Morgenthaler* Rn 156 ff; *Pfrogner* S 141; **aA** (volle Haftung) *Kaiser* 6. Aufl Rn 17; *Müller-Boruttau*, BB 2020, 116, 120; *Schipp* NZA 2011, 271, 273 f; *Sprenger* BB 2010, 2110, 2112; eine zumindest konkludente Vereinbarung für erf haltend auch *Groh* S 278 ff; GK/*Jacobs* Rn 97 mwN>.

Ein zu ersetzender **Schaden** kann aufgrund der Vermögenslosigkeit des BR nur beim AG entstehen. Diesen trifft hierbei die Schadensminderungsobliegenheit des § 254 Abs 2 S 1 BGB; insb muss er einen für rechtswidrig gehaltenen Spruch anfechten, um sich nicht dem Vorwurf überwiegenden Eigenverschuldens auszusetzen <L: ErfK/*Kania* Rn 12; DWWK/*Berg* Rn 45; *Fitting* Rn 53>. **39**

IV. Einigungsstellenverfahren

1. Zuständigkeitsprüfung

Ist zw AG und BR **streitig**, ob die ES **zuständig** ist, insbes ob ein MBR des BR besteht, hindert dies die Betriebspartner idR nicht daran, eine ES zu bilden: Die ES muss dann zunächst **als Vorfrage über ihre eigene Zuständigkeit entscheiden** <R: BAG 22.10.1981, 6 ABR 69/79, DB 1982, 811; 28.5.2002, 1 ABR 37/01, NZA 2003, 171>. Ist über die Zuständigkeitsfrage ein arbg Beschlussverf gem § 2a Abs 1 Nr 1 ArbGG anhängig, kann die ES ihr Verf bis zur rechtskräftigen Entscheidung des ArbG entspr § 148 ZPO aussetzen, muss dies aber nicht tun <R: LAG Ddf 21.2.1979, 17 TaBV 9/79, LAGE § 76 BetrVG 1972 Nr 19; L: Richardi/*Maschmann* Rn 105; Germelmann/*Künzl* ES-Verf Rn 175 mwN; **aA** *Fitting* Rn 115: drohende Verzögerung; **einschr** DKW/*Berg* Rn 114: nur mit Einverständnis aller Beteiligten>. Ein (erneutes) Einsetzungsverf nach § 100 ArbGG (Rn 18 ff), um Unklarheiten hinsichtl der Zuständigkeit einer bereits bestehenden ES zu klären, ist nicht mögl <R: Hess LAG 3.6.2014, 4 TaBV 61/14>. **40**

Verneint die ES ihre Zuständigkeit (vgl oben Rn 23 ff zur offensichtlich Unzuständigkeit), stellt sie ihr Verf durch Beschluss ein <R: BAG 28.5.2002, aaO>; diese Entscheidung der ES steht einem erneuten ES-Verf über dasselbe Regelungsbegehren so lange entgg, bis das ArbG rechtskräftig entschieden hat, ob die ES ihre Regelungskompetenz zu Recht verneint hat. Allerdings prüft das Gericht nicht den Einstellungsbeschluss der ES, sondern klärt auf entsprechenden **Feststellungsantrag, ob und inwieweit ein MBR** **41**

§ 76 Einigungsstelle

besteht <R: BAG 26.9.2017, 1 ABR 57/15, DB 2018, 327; 17.9.2013, 1 ABR 21/12, BB 2014, 254; L: *Fitting* Rn 139a; aA GK/*Jacobs* Rn 128: Prüfung des ES-Beschlusses>. Durch den die Zuständigkeit verneinenden Beschluss der ES wird das betreffende MBR auch nicht in der Sache ausgeübt <R: BAG 8.2.2022, 1 ABR 2/21>.

42 **Bejaht die ES ihre Zuständigkeit**, ist sie nicht verpflichtet, vor der Sachentscheidung förml und gesondert über ihre Zuständigkeit zu befinden, und zwar auch nicht auf Antrag einer der Betriebsparteien: Es steht im freien Ermessen der ES, ob sie ihre Zuständigkeit mit einem Zwischenbeschluss förmlich feststellt oder inzidenter durch einen späteren Spruch in der Sache. Der **Verzicht auf einen Zwischenbeschluss** ist **kein Verf-Fehler**, der den später zustande gekommenen ES-Spruch unwirksam macht <R: BAG 28.5.2002, 1 ABR 37/01, NZA 2003, 171; L: *Fitting* Rn 116>. Anders als der Beschluss über die Unzuständigkeit (Rn 41) ist ein Zwischenbeschluss, der die Zuständigkeit der ES feststellt, als nicht verfahrensbeendende Entscheidung nicht selbständig anfechtbar; das ArbG prüft die Zuständigkeit der ES iR der gerichtl Überprüfung des abschließenden ES-Spruchs <R: BAG 22.11.2005, 1 ABR 50/04, BB 2006, 1916>.

43 Den **Gegenstand der ES** bestimmen AG und BR **durch ihre Anträge**: Der durch die Anträge vorgegebene Regelungsgegenstand kann durch die ES nicht erweitert werden; nur die Betriebspartner bzw. deren Vertreter vor der ES können sich darauf einigen, den Regelungsgegenstand zu erweitern oder einzuschränken <R: BAG 27.10.1992, 1 ABR 4/92, BB 1993, 1285; Hess LAG 13.11.1984, 4 TaBV 39/84, DB 1985, 1535; L: GK/*Jacobs* Rn 100>. Der Entscheidungsrahmen der ES kann auch nicht durch das ArbG im Verf nach § 100 ArbGG (Rn 18 ff) erweitert werden <R: LAG Hamm 8.4.1987, 12 TaBV 17/87, DB 1987, 1441>. Noch Rn 72.

2. Ablauf

44 Das Verf der ES ist **gesetzl nur in Grundzügen geregelt**. Abs 3 schreibt lediglich die mündl Beratung (Rn 48), die Abstimmung durch den Spruchkörper und den Abstimmungsmodus (Rn 52 ff), die schriftl Niederlegung und die Zuleitung der Beschlüsse vor (Rn 64). Damit wird der ES ein weitgehender **Freiraum** gewährt, um ihr eine effektive Konfliktschlichtung zu ermöglichen <L: *Faulenbach* NZA 2012, 953, 954>. Soweit das Verf nicht durch eine **BV nach Abs 4** geregelt ist, entscheidet die ES (Vors + Beisitzer) selbst über dessen konkrete Gestaltung <R: BAG 18.4.1995, 1 ABR 43/95, BB 1994, 1145; LAG Köln 26.7.2005, 9 TaBV 5/05, NZA-RR 2006, 197; L: Germelmann/*Künzl* ES-Verf Rn 108>. Dieser Freiraum ist allerdings – ebenso wie das schiedsrichterl Verf (§ 1042 ZPO) – **durch allg anerkannte Grundsätze begrenzt**, die aus dem Rechtsstaatsgebot des GG (Art 20 Abs 1, 3 und Art 28 Abs 1) und der Funktion der ES folgen, bindende Regelungen zu setzen <R: BAG 19.1.2002, 1 ABR 18/01, BAGE 100, 239; L: MünchArbR/*Reinhard* § 308 Rn 71; **krit** zu dieser Herleitung GK/*Jacobs* Rn 103>. Zu diesen Grundsätzen gehören insbes

– die paritätische Besetzung der ES (Rn 11),
– die Verbescheidung eines zulässigen Ablehnungsgesuchs (Rn 30),
– die ordnungsgem Ladung zu den Sitzungen (Rn 46, 57),
– das rechtl Gehör der Betriebspartner (Rn 47), sowie
– die abschließende nicht-öffentl Beratung der ES (Rn 50).

IV. Einigungsstellenverfahren **§ 76**

Verstößt die ES gg diese Verf-Grundsätze, ist ihr Spruch – ebenso wie bei einem Verstoß 45
gg zwingende ausdrückl gesetzl Verfahrensvorschriften – **unwirksam** <R: BAG
29.1.2002, aaO; 28.5.2002, 1 ABR 37/01, NZA 2003, 171; L: *Faulenbach* NZA 2012,
953, 960>.

Im Gegensatz zum arbg Verf gilt für das ES-Verf kein allg gesetzl Beschleunigungsgrds 46
<L: Germelmann/*Künzl* ES-Verf Rn 131; **aA** *Hinrichs/Boltze* DB 2013, 814ff; HWK/
Kliemt Rn 45>. Nach **Abs 3 S 1** muss die ES allerdings **unverzügl tätig werden**: Der ES-
Vors muss die Sitzung ohne schuldhaftes Zögern (§ 121 BGB) einberufen; tut er dies
nicht, kann dies die Besorgnis der Befangenheit begründen, Rn 30. Zu den anerkannten
allg Grundsätzen des ES-Verf (Rn 44) gehört die rechtzeitige **Ladung** der ES-Mitglieder
durch den Vors zu den ES-Sitzungen, wenn nicht Ort und Zeit der Sitzung zw allen Mitgliedern abgesprochen worden sind <R: BAG 27.6.1995, 1 ABR 3/95, BB 1995, 2581;
29.1.2002, 1 ABR 18/01, BB 2002, 2024 (LS)>. Mitzuteilen sind insbes etwaige Be-
schlussentwürfe, etwa über einen Sozialplan <R: BAG 27.6.1995, aaO>. Bedient sich der
Vors einzelner Beisitzer zur Ladung und leiten diese die Einladung nicht weiter, ist nicht
ordnungsgem geladen; dass ein Beisitzer Ladungsbevollmächtigter eines anderen Beisitzers sein soll, ist im Zweifel nicht gewollt <R: BAG 27.6.1995, aaO>. Für die Sitzungen
gelten die **Vorgaben des ArbZG** nicht, weil die Mitglieder der ES nicht als AN tätig sind
<L: *Kuhn/Scupra* DB 2020, 2185>.

Zu den anerkannten Grundsätzen des ES-Verf (Rn 44) gehört es, den Betriebspartnern 47
rechtl Gehör zu gewähren <R: BAG 11.2.1992, 1 ABR 51/91, DB 1992, 1730;
29.1.2002, 1 ABR 18/01, BB 2002, 2024 (LS); L: Germelmann/*Künzl* ES-Verf Rn 120
mwN>. Anspruch auf rechtl Gehör haben **nur AG und BR**, nicht aber die von ihnen entsandten Beisitzer als Teil der ES, zumal diese gerade nicht als Stellvertreter der Betriebspartner handeln (Rn 33) <R: BAG 27.6.1995, 1 ABR 3/95, BB 1995, 2581; **aA** noch
BAG 11.2.1992, aaO; L: GK/*Jacobs* Rn 104 mwN>. Dessen ungeachtet dürfen AG und
BR sich im Verf vertreten lassen, die ES kann **Vertreter** nicht zurückweisen <R: BAG
21.6.1981, 7 ABR 78/87, BB 1990, 138; L: *Fitting* Rn 72; DKW/*Berg* Rn 94>. Mögl ist
sowohl die Vertretung durch (nicht stimmberechtigte) Verfahrensbevollmächtigte als
auch – ebenfalls kraft gesonderter Bevollmächtigung – durch einen oder mehrere Beisitzer <L: *Wenning-Morgenthaler* Rn 248ff>. Zur Bestellung eines Anwalts für den BR
siehe § 76a Rn 8. Rechtl Gehör erfordert allein, dass die Betriebspartner Gelegenheit erhalten, ihren Standpunkt in der ES darzulegen und Lösungsmöglichkeiten zu entwickeln
<R: LAG SH 9.9.2010, 4 TaBV 8/10>.

Die mündl Beratung des Abs 3 S 2 betrifft nur die Beratung in der ES, nicht aber die An- 48
hörung der Betriebspartner: Dem Anspruch auf rechtl Gehör ist genügt, wenn AG und
BR die **Gelegenheit zu einer schriftl Stellungnahme** gegeben wird <L: GK/*Jacobs*
Rn 105; Richardi/*Maschmann* Rn 86; *Fitting* Rn 71; ErfK/*Kania* Rn 18; *Faulenbach* NZA
2012, 953, 956; **aA** DKW/*Berg* Rn 92f>; zweckmäßiger ist aber eine mündl Anhörung,
um den Parteien Gelegenheit zu geben, sich doch noch zu einigen. Aus dem Anspruch
auf rechtl Gehör folgt für AG und BR **kein Recht zur Teilnahme an den Beratungen
der ES** (Rn 50). Die ES (nicht der Vors allein <R: LAG Köln 26.7.2005, 9 TaBV 5/05,
NZA-RR 2006, 197>) kann daher Anträge auf Vertagung zurückweisen, die in der Phase
der Beschlussfassung eine Rücksprache der Beisitzer mit einer Betriebspartei, etwa dem
GBR, ermöglichen sollen <R: nur insoweit noch zutr BAG 11.2.1992, aaO; L: GK/*Jacobs* Rn 104>.

§ 76   Einigungsstelle

49   Die ES **untersucht den Sachverhalt** im Rahmen des Streitgegenstands nach pflichtgem Ermessen **von Amts wg** <L: *Fitting* Rn 65; DKW/*Berg* 110; ErfK/*Kania* Rn 17; auch GK/*Jacobs* Rn 107; *Wenning-Morgenthaler* Rn 170f; jetzt auch MünchArbR/*Reinhard* § 308 Rn 90>. Sie darf auch unstr Sachvortrag hinterfragen und ist an Beweisanträge der Betriebspartner nicht gebunden <L: Germelmann/*Künzl* ES-Verf Rn 110>. Die ES kann eigene Ermittlungen anstellen und Beweis erheben, insbes Augenschein vornehmen und **Zeugen** vernehmen. Sie kann auch ohne Vereinbarung mit dem AG **Sachverständige** bestellen und befragen; § 80 Abs 3 ist hier nicht anwendbar § 76a Rn 5 <R: BAG 13.11.1991, 7 ABR 70/90, BB 1992, 855; L: *Fitting* Rn 66 mwN>. Beweisbeschlüsse können nicht selbstständig angefochten werden <R: BAG 4.7.1989, 1 ABR 40/88, BB 1990, 918>; dasselbe gilt für die Ablehnung einer Beweiserhebung <R: BAG 7.5.2019, 1 ABR 54/17, BB 2019, 2043>. Auskünfte der Parteien und Dritter kann die ES aber **nicht erzwingen**: Es besteht keine Zeugnispflicht und keine Möglichkeit der eidesstattl Vernehmung <L: GK/*Jacobs* Rn 108>; die Vorschriften über das Schiedsgerichtsverf finden insoweit keine entspr Anwendung <L: Richardi/*Maschmann* Rn 91>. Damit hängt die Aufklärung des Sachverhalts von der Mitwirkung der Parteien ab, die indes nach §§ 2 Abs 1, 74 Abs 1 S 2 hierzu verpflichtet sind. Insbes kann die ES von ihnen Auskünfte einholen und Unterlagen vorlegen lassen; auch insoweit stehen ihr aber keine Zwangsmittel zur Verfügung. Auch die Betriebspartner können mangels Rechtsgrundlage einen Beweisbeschluss der ES **nicht gerichtl durchsetzen** <R: LAG Berl-Bbg 1.7.2011, 8 TaBV 656/11 zu einer vom AG verweigerten Betriebsbegehung>. Allerdings können die Betriebspartner selbst **eigene Rechte zugunsten der ES** geltend machen; das gilt insb für das Auskunftsrecht des BR aus § 80 Abs 2 <R: ArbG Berlin 2.7.1999, 24 BV 13410/99, AiB 2000, 436; L: *Fitting* Rn 68>.

50   Das Verf vor der ES ist im Interesse eines möglichst offenen Austauschs innerhalb der ES **nicht öffentl**, auch nicht betriebsöffentl <L: GK/*Jacobs* Rn 110; Richardi/*Maschmann* Rn 88; *Fitting* Rn 73; ErfK/*Kania* Rn 18; Germelmann/*Künzl* ES-Verf Rn 111; aA DKW/*Berg* Rn 95f; Hanau/*Reitze* FS Kraft, S 167, 178f>. Ein Anwesenheitsrecht haben nur die Betriebspartner bzw deren Vertreter (**Parteiöffentlichkeit**) <R: BAG 18.1.1994, 1 ABR 43/93, BB 1994, 1145; L: *Woitaschek* NZA 2021, 324, 326>. Durch einstimmigen Beschl kann die ES weiteren Personen die Anwesenheit gestatten <L: *Wenning-Morgenthaler* Rn 190; *Müller-Boruttau*, BB 2019, 2932, 2935; *Faulenbach* NZA 2012, 953, 955>. Zu den elementaren Grundsätzen des ES-Verf (Rn 44) gehört aber, dass die **abschließende mündl Beratung und Beschlussfassung** (Abs 3 S 2) in **Abwesenheit von AG und BR** erfolgt <R: BAG 18.1.1994, aaO; 29.1.2002, 1 ABR 18/01, BB 2002, 2024 (LS); Hess LAG 3.8.2015, 16 TaBV 200/14; L: *Fitting* Rn 74 mwN>. Ein Verstoß führt zur Unwirksamkeit des ES-Spruchs <R: BAG 18.1.1994, aaO>. Die Anwesenheit eines Protokollführers ist nicht erforderl (Rn 62), aber unschädl, wenn sich dieser auf die Protokollführung beschränkt und nicht an der Beratung beteiligt <L: GK/*Jacobs* Rn 109; *Fitting* Rn 74 mwN>.

51   Die Beisitzer haben zwar einen Anspruch darauf, dass ihre Anträge diskutiert werden, können aber **nicht die förml Bescheidung etwaiger Verf-Anträge verlangen**. Deswg begründet die Nichtbescheidung eines Sachaufklärungsantrags für sich keinen Verf-Fehler <R: BAG 19.1.2002, 1 ABR 18/01, BAGE 100, 239>. Da Gegenstand der gerichtl Überprüfung nicht das ES-Verf ist, sondern der abschließende Spruch der ES (Rn 84), können weder die Nichtbescheidung von Verf-Anträgen noch Fehler bei der Sachaufklä-

rung als solche isoliert die Unwirksamkeit des ES-Spruchs begründen. Erst wenn der ES-Spruch infolge unzureichender Sachaufklärung **inhaltl fehlerhaft** ist, ist er unwirksam, Rn 93. Ist die beschlossene Regelung inhaltl nicht zu beanstanden, ist sie trotz Übergehung eines Verf-Antrags wirksam <R: BAG 29.1.2002, aaO>.

3. Beschlussfassung

Abs 3 S 2 und 3 regelt den Gang der Beratung und Beschlussfassung. Vor der Beschlussfassung müssen die anwesenden (Rn 50f) Mitglieder der ES **mündl beraten**, andernfalls ist der Spruch unwirksam <R: LAG HH 5.5.2000, 3 TaBV 6/00, AuR 2000, 356; L: *Faulenbach* NZA 2012, 953, 958; *Fitting* Rn 75 mwN>. Bei dieser Beratung dürfen nur die ES-Mitglieder anwesend sein; auch evtl weitere Vertreter der Betriebspartner sind ausgeschlossen (Rn 50). Eine Entscheidung im **Umlaufverf** oder durch schriftl Abstimmung ist daher **unzulässig** <L: GK/*Jacobs* Rn 112>. Die Stimmabgabe selbst erfolgt im Regelfall offen, die ES kann aber mit Stimmenmehrheit eine **geheime Abstimmung** beschließen <L: *Wenning-Morgenthaler* Rn 346; *Fitting* Rn 79>.

Eine Beschlussfassung im Wege der **Video- oder Telefonkonferenz** ist de lege lata **unzulässig**. Zwar regelt das Gesetz die Frage nicht ausdrücklich und gewährt der ES einen weiten Gestaltungsspielraum (Rn 48), und auch die Verfahrensgrundsätze stehen dem Einsatz digitaler Kommunikationsmittel nicht zwingend entgegen <L: *Lütkehaus/Powietzka* NZA 2020, 552, 554 ff>. Der Gesetzgeber hat sich jedoch anders als für den Betriebsrat (**§ 30 Abs 2**) dagegen entschieden, Regelungen zum Einsatz moderner Kommunikationsmittel in der ES zu treffen. Er hat stattdessen lediglich in § 129 Abs 2 für die kritischen Phasen der COVID-19-Pandemie die Teilnahme an ES-Sitzungen sowie die Beschlussfassung auf elektronischem Wege befristet bis 31.6.2021 bzw. bis 19.3.2022 zugelassen. Im **Umkehrschluss** ist eine Beschlussfassung der ES nur in Präsenz möglich <L: GK/*Jacobs* Rn 113; *Fitting* Rn 75; *Schiefer/Worzalla* NZA 2021, 817, 820; *Möllenkamp* DB 2021, 1198, 1200; **aA** *Lütkehaus/Powietzka* NZA 2020, 552, 556 f; wohl auch *Althoff/Sommer* ArbR 2020, 250, 252>. Nach zutr Auffassung führt es aber nicht zur Unwirksamkeit des Spruchs, wenn einzelne **vorhergehende ES-Termine** (teilw) digital durchgeführt wurden, zumal nur für die Beschlussfassung nach Abs 3 S 2 eine mündl Beratung vorgeschrieben ist <L: ErfK/*Kania* Rn 16; wohl auch *Möllenkamp* DB 2021, 1198, 1200; *Grambow* NJW 2021, 2074, 2078; **aA** GK/*Jacobs* Rn 113>.

Abs 3 S 3 schreibt für die Entscheidungsfindung in der ES ein **zweistufiges Abstimmungsverf** vor, das den ES-Vors von der Beteiligung im ersten Abstimmungsgang zwingend ausschließt. Ein Verstoß führt zur Unwirksamkeit des ES-Spruchs <L: *Fitting* Rn 147>. Damit soll die Beilegung des Konflikts durch die Beisitzer und damit die Betriebspartner untereinander gefördert werden. Unter Berücksichtigung dieses Normzwecks gilt das zweistufige Abstimmungsverf allerdings **nur für Sachentscheidungen**, nicht für verfahrensleitende Beschlüsse <L: *Fitting* Rn 87; GK/*Jacobs* Rn 117; *Faulenbach* NZA 2012, 953, 957>, welche die ES immer unter Beteiligung aller anwesenden Mitglieder einschl des Vors mit Stimmenmehrheit fasst.

Über Sachfragen stimmen die Beisitzer **zuerst ohne Beteiligung des Vors** ab (Abs 3 S 3 Hs 1). Kommt es in dieser ersten Abstimmung zu keinem (zustimmenden oder ablehnenden) Mehrheitsbeschluss (Rn 58 f), muss eine **zweite Abstimmung** durchgeführt werden, in welcher der Vors mitstimmt. Zwischen den Abstimmungsgängen sieht Abs 3 S 3 Hs 2

§ 76 Einigungsstelle

eine **weitere Beratung** vor. Diese ist aber entbehrlich, wenn sämtliche Mitglieder der ES keine weitere Verhandlung und Beratung wünschen <**R**: BAG 30.1.1990, 1 ABR 2/89, BB 1990, 1842>. Erst recht muss für die zweite Abstimmung keine gesonderte Sitzung einberufen werden; die zweite Abstimmung kann der ersten in derselben Sitzung nachfolgen <**L**: Richardi/*Maschmann* Rn 102>. Werden im ersten Abstimmungsdurchgang alle zur Wahl stehenden Vorschläge mehrheitlich abgelehnt oder findet auch im zweiten Durchgang mit Mitwirkung des Vors kein Vorschlag eine Mehrheit, so ist das ES-Verf fortzuführen <**L**: GK/*Jacobs* Rn 118>.

56 **Beschlussfähig** ist die ES grds nur, wenn **alle Mitglieder anwesend** sind <**L**: ErfK/*Kania* Rn 19; *Faulenbach* NZA 2012, 953, 958; GK/*Jacobs* Rn 114; *Fitting* Rn 76; aA *Kaiser* 6. Aufl Rn 33; Richardi/*Maschmann* Rn 99; BeckOK ArbR/*Werner* Stand 1.3.2022 Rn 31>. Ggfs sind Ersatzmitglieder zu laden (Rn 31). Für das zwingende ES-Verf schützt die Sonderregelung in Abs 5 S 2 vor einer **Verschleppung** (Rn 57), im freiwilligen Verf aber bedarf es eines solchen Schutzes nicht. Erscheinen geladene Beisitzer einer Seite nicht, kann der andere Betriebspartner dies zum Anlass nehmen, das Verf zu beenden. Auch können beide Betriebspartner vorab durch BV nach Abs 4 die Frage der Beschlussfähigkeit für freiwillige ES-Verf abw regeln. Andernfalls aber bleibt nur eine **Vertagung** der Sitzung.

57 Im **zwingenden** ES-Verf (Rn 8) hingg ist die ES gemäß **Abs 5 S 2** auch dann beschlussfähig, wenn eine Seite keine Beisitzer bestellt oder aber diese trotz ordnungsgemäßer Ladung der Sitzung fernbleiben. Dasselbe gilt, wenn die erschienenen Beisitzer die Sitzung ohne rechtfertigenden Grund vor der Abstimmung verlassen <**L**: DKW/*Berg* Rn 121>. Die erschienene Seite kann dann im bereits ersten Abstimmungsgang mit ihrer Stimmenmehrheit (Rn 58) **allein entscheiden**. Ist ein ES-Mitglied indes unverschuldet aus persönl Gründen verhindert (va bei Krankheit), so muss die Sitzung grds vertagt werden <**L**: HWK/*Kliemt* Rn 97; zu nicht berücksichtigungsfähigen Verhinderungsgründen *Hinrichs/Boltze* DB 2013, 814, 816 ff>; zu Vermeidungsmöglichkeiten s noch Rn 60. **Unzulässig** ist eine **Abstimmung wg Abwesenheit von ES-Mitgliedern** im Übrigen **nur** dann, wenn Beisitzer deswg nicht an der Sitzung teilgenommen haben, weil sie **nicht ordnungsgem geladen** worden sind (Rn 46); ergeht dennoch ein ES-Spruch, ist dieser unwirksam <**R**: BAG 27.6.1995, 1 ABR 3/95, BB 1995, 2581>. Die Mängel der Ladung können aber dadurch geheilt werden, dass das nicht ordnungsgem geladene ES-Mitglied rügelos an der Sitzung und Beschlussfassung teilnimmt <**R**: BAG 27.6.1995, aaO>.

58 Gem Abs 3 S 2 fasst die ES ihre Beschlüsse mit Stimmenmehrheit. Gemeint ist die **Mehrheit der abgegebenen Stimmen**, nicht die absolute Mehrheit der Mitglieder der ES <**R**: BAG 17.9.1991, 1 ABR 23/91 BB 1992, 1133 jedenfalls für das zwingende ES-Verf; **L**: *Fitting* Rn 80; HWK/*Kliemt* Rn 78; ErfK/*Kania* Rn 20; DKW/*Berg* Rn 120; HaKo-BetrVG/*Krasshöfer* Rn 26>. Der Spruch der ES ist daher, ggfs auch schon im ersten Abstimmungsgang, beschlossen, **wenn die Zahl der Ja-Stimmen höher ist als die der Nein-Stimmen**. Dies folgt daraus, dass das Gesetz in § 76 anders als an anderer Stelle weder die „Mehrheit der Stimmen der anwesenden Mitglieder" (vgl § 33 Abs 1 S 1) noch die „Mehrheit der Stimmen der Mitglieder" (vgl § 27 Abs 2 S 2) verlangt. Aus der Sonderregelung des Abs 5 S 2 ergibt sich nichts anderes <**L**: so aber GK/*Jacobs* Rn 116>. Dort wird nur die Beschlussfähigkeit im zwingenden ES-Verf bes geregelt, iÜ aber auf Abs 3 verwiesen. Ein Spruch, der nicht mit der erforderl Mehrheit beschlossen wurde, ist **unwirksam** <**R**: BAG 17.9.1991, aaO; **L**: *Fitting* Rn 147>.

IV. Einigungsstellenverfahren § 76

Stimmenthaltungen der Beisitzer sind unproblematisch zulässig <R: BAG 17.9.1991, 1 **59**
ABR 23/91, DB 1992, 229; Hess LAG 25.9.1990, 4 TaBV 107/90, DB 1991, 1288; **L:**
GK/*Jacobs* Rn 115; *Fitting* Rn 86; ErfK/*Kania* Rn 20; DKW/*Berg* Rn 128; Germelmann/
Künzl ES-Verf Rn 270> und zählen, weil die einfache Mehrheit genügt (Rn 58), **nicht
etwa als Nein-Stimmen** <L: so aber Richardi/*Maschmann* Rn 103>. Eine Entscheidungspflicht ist mit dem freien Mandat der Beisitzer (Rn 33) nicht vereinbar. Dadurch wird
auch nicht der Zweck des Abs 3 vereitelt, dass die Stimme des Vors nur bei Stimmengleichheit den Ausschlag geben soll. So kann eine einzelne Stimmenthaltung im ersten
Abstimmungsdurchgang das Patt der Beisitzer beseitigen und eine Entscheidung ohne
Stimme des Vors ermöglichen <L: Germelmann/*Künzl* ES-Verf Rn 270>. Da der **Vors**
nach dem Zweck des Abs 3 mit seiner Stimme in einer zweiten Abstimmung den Ausschlag geben soll, darf er sich hingg im **zweiten Stimmgang nicht** der Stimme enthalten
<L: GK/*Jacobs* Rn 118; *Fitting* Rn 86; DKW/*Berg* Rn 126; ErfK/*Kania* Rn 20; HWK/
Kliemt Rn 78>.

Als sog **Pairing-Abrede** können vereinbarte Stimmenthaltungen einer Seite eine Vertagung entbehrlich machen. Grds ist es unzulässig, wenn die ES die Schlussberatung und **60**
Abstimmung über den zunächst verabredeten Endzeitpunkt hinaus fortsetzt, obwohl für
einen Beisitzer die weitere Teilnahme an der Sitzung unzumutbar ist und nicht alle ES-
Mitglieder über den Antrag auf Vertagung abgestimmt haben; dann ist der **in Abwesenheit des Beisitzers gefasste ES-Spruch** unwirksam <R: LAG Köln 26.7.2005, 9 TaBV
5/05, NZA-RR 2006, 197; **L:** *Fitting* Rn 77>. Der in der Fortführung der Sitzung verhinderte Beisitzer kann sein Stimmrecht auch **nicht auf einen anderen Beisitzer übertragen**, weil das Stimmgewicht und die paritätische Besetzung der ES der Disposition sowohl der ES selbst als auch der Betriebspartner entzogen ist <L: Germelmann/*Künzl* ES-
Verf Rn 270; **aA** im Einzelfall *Wenning-Morgenthaler* Rn 193>. Mögl ist aber die Vereinbarung – mit Zustimmung der gesamten ES –, dass sich bei Fehlen von Beisitzern einer
Seite eine gleiche Zahl von Beisitzern der anderen Seite der Stimme enthält (sog Pairing-
Abrede) <R: LAG Köln 26.7.2005, 9 TaBV 5/05, NZA-RR 2006, 197; offengelassen
LAG Berl-Bbg **L:** Germelmann/*Künzl* ES-Verf Rn 259; *Fitting* Rn 78; ErfK/*Kania* Rn 19;
Faulenbach NZA 2012, 953, 958>. Gg ein solches Vorgehen lässt sich einwenden, dass
auch damit die paritätische Besetzung unterlaufen wird <L: GK/*Jacobs* Rn 114>. Einschränkende Voraussetzung für eine solche Abrede ist daher, dass sie ausschließl **im Einzelfall** zur Vermeidung einer ansonsten erforderl Vertagung getroffen wird, dass ihr ein
einstimmiger Beschluss der ES zugrunde liegt, sowie dass jedes Mitglied der ES auch
danach jederzeit die Möglichkeit hat, eine **Vertagung zu verlangen**.

Die Abstimmung muss nicht zwingend über alle streitigen Punkte im Paket erfolgen. Es **61**
können auch **Teilfragen** jeweils mit (womöglich wechselnder) Mehrheit beschlossen werden. Voraussetzung ist dann aber, dass die **Gesamtregelung** ebenfalls die Zustimmung
der Mehrheit findet, andernfalls fehlt es an einem wirksamen Beschluss. Dies kann – wie
im Regelfall – durch eine förmliche **Schlussabstimmung** sichergestellt werden, es kann
sich aber auch aus den näheren Umständen des Einzelfalls ergeben <R: BAG 18.4.1989,
1 ABR 2/88, DB 1989, 1926>. Es genügt, wenn deutlich erkennbar ist, dass die als
Spruch der ES nach Abschluss des Verf den Betriebspartnern zugeleitete Regelung in
ihrer Gesamtheit von der Mehrheit der ES-Mitglieder getragen wird <R: BAG 6.11.1990,
1 ABR 34/89, DB 1991, 758>.

4. Formvorschriften, Protokoll

62 Über das Erfordernis des Abs 3 S 4 hinaus, die Beschlüsse der ES schriftl niederzulegen und vom Vors unterzeichnen zu lassen (Rn 64), enthält § 76 für die Beschlussfassung auch **keine Formgebote**. Eine **Pflicht zur Protokollführung** besteht **nicht** <L: *Faulenbach* NZA 2012, 953, 955f mwN>. Zweckmäßig ist dies aber; auch das BAG zieht bisweilen das Protokoll im Rahmen der Sachverhaltsaufklärung heran. Regelmäßig führt der Vors Protokoll, wenn er diese Aufgabe nicht delegiert. Für den **Inhalt** gibt es keinerlei Vorgaben <R: BAG 11.9.2001, 1 ABR 5/01, BB 2002, 576; zum empfehlenswerten Inhalt *Wenning-Morgenthaler* Rn 255 ff>. Eine förmliche Protokollberichtigung findet nicht statt <L: Germelmann/*Künzl* ES-Verf Rn 169>.

5. Verfahrensregelungen durch Betriebsvereinbarung, Abs 4

63 Abs 4 ermächtigt die Betriebspartner, durch BV ergänzende Verf-Regelungen für die ES zu treffen. Von den **ausdrückl gesetzl Regelungen** der Abs 2 und 3 können sie dabei ebensowenig abweichen wie von den allg anerkannten **elementaren Verf-Grundsätzen** (Rn 44) <R: BAG 9.7.2013, 1 ABR 19/12, DB 2013, 2569; L: *Fitting* Rn 94; DKW/*Berg* Rn 90; GK/*Jacobs* Rn 124>. Unwirksam ist daher etwa eine Regelung, wonach der ES-Vors allein und unanfechtbar über die Zuständigkeit der ES entscheiden soll <R: LAG Köln 26.4.2019, 9 TaBV 12/19, LAGE § 100 ArbGG 1979 Nr 10>.

V. Einigungsstellenspruch

1. Formale Voraussetzungen

64 Die **Beschlüsse** sind **nach Abs 3 S 4 schriftl** niederzulegen, (nur) vom Vors zu unterschreiben <R: BAG 29.1.2002, 1 ABR 18/01, BB 2002, 2024 (LS)> und AG und BR zuzuleiten. Die Einhaltung der gesetzl Schriftform ist in Angelegenheiten der erzwingbaren Mitbestimmung **Wirksamkeitsvoraussetzung** für den Spruch <R: BAG 13.8.2019, 1 ABR 6/18, NZA 2019, 1717; 14.9.2010, 1 ABR 30/09, EzA § 76 BetrVG 2001 Nr 1; 5.10.2010, 1 ABR 31/09, NZA 2011, 420; 13.3.2012, 1 ABR 78/10, DB 2013, 1001; 10.12.2013, 1 ABR 45/12, DB 2014, 1027>. Ein schriftlicher Spruch ohne Unterschrift des Vorsitzenden ist unwirksam. Eine nachträgl, rückwirkende **Heilung** ist **nicht mögl** <R: BAG 5.10.2010, aaO; 10.12.2013, aaO; L: *Woitaschek* NZA 2021, 324, 327>. Das Schriftformgebot dient der **Rechtssicherheit**: Für AG und BR, aber auch für die AN muss zweifelsfrei feststehen, welchen Inhalt die durch die ES beschlossenen und nunmehr jedenfalls im Falle des verbindlichen ES-Verf (Rn 8) im Betrieb normativ geltenden Regelungen haben (§ 77 Abs 4 S 1) <R: BAG 13.8.2019, aaO>. Eine **Ausnahme** gilt für das ES-Verf nach § 109 (**Wirtschaftsausschuss**): Weil der Spruch lediglich Innenverhältnis zwischen AG und BR betrifft und kein für die AN geltendes Regelwerk schafft, führt ein Verstoß gg das Schriftformgebot hier **nicht** zur Unwirksamkeit des Spruchs <R: BAG 17.12.2019, 1 ABR 25/18, ZTR 2020, 315>.

65 Neben der schriftlichen Niederlegung verlangt Abs 3 S 4, dass der Vorsitzende den Betriebspartnern ein von ihm unterzeichnetes Schriftstück, das den Spruch enthält, **zuleitet**. Fehlt es hieran, ist der von der ES zuvor beschlossene Spruch wiederum **wirkungslos**; es

genügt nicht, dass der Vors nur ein unterschriebenes Exemplar zu seinen Akten nimmt <R: BAG 14.9.2010, aaO; 5.10.2010, aaO>. Unschädl ist ein Verstoß anknüpfend an die Rspr des BAG lediglich in ES-Verf nach § 109 (Rn 64). Maßgebl für die Beurteilung der Formwirksamkeit ist der Zeitpunkt, in dem der Vors den Betriebsparteien den Spruch **mit der Absicht der Zuleitung** iSd § 76 Abs 3 S 4 BetrVG übermittelt hat <R: BAG 13.8.2019, aaO; 5.10.2010, aaO>. Zulässig ist es also, dass der Vors den Betriebspartnern **vorab** zB per E-Mail den Spruch in Textform oder per Fax übermittelt, wenn er zugleich die Übersendung des formwirksamen Beschlusses ankündigt, sodass kein Zweifel über die rechtsverbindliche Fassung entstehen kann <R: BAG 11.12.2012, 1 ABR 78/11, DB 2013, 2034; **L:** *Fitting* Rn 128a>.

Für das Schriftformgebot gelten die von der Rspr zu § 77 Abs 2 S 2 entwickelten Anforderungen <R: BAG 13.8.2019, 1 ABR 6/18, NZA 2019, 1717>. Eine zusätzl Unterschrift des Spruchs durch die Betriebspartner ist auch im verbindlichen ES-Verf (Rn 8) nicht erforderl (§ 77 Abs 2 S 2 Hs 2), aber unschädlich. **Anlagen** müssen entweder körperlich mit dem unterzeichneten Spruch verbunden sein, selbst unterzeichnet oder zumindest paraphiert sein, oder sie müssen im Spruch so eindeutig bezeichnet werden, dass zweifelsfrei nur eine Fassung in Betracht kommt <R: BAG 13.8.2019, aaO>. Ersetzt der Spruch der ES eine BV, muss der AG diesen aber gem § 77 Abs 2 S 3 an geeigneter Stelle im Betrieb **auslegen**.

66

Nach Abs 3 S 4 kann die Schriftform durch die **elektronische Form** des § 126a BGB ersetzt werden <zu den Details **L:** *Richardi/Maschmann* Rn 108a>. Insoweit hat der Gesetzgeber durch das Betriebsrätemodernisierungsgesetz v 14.6.2021 die anderslautende Rechtsprechung des BAG <R: BAG 5.10.2010, 1 ABR 31/09, NZA 2011, 420> korrigiert. Die Textform des § 126b BGB (ohne **qualifizierte elektronische Signatur**) genügt weiterhin nicht <**L:** GK/*Jacobs* Rn 121; *Ahrendt* FS Schmidt, S 41, 42>.

67

Eine **Begründung** schreibt das Gesetz **nicht** vor <R: BAG 1 ABR 27/80, BB 1983, 1597>, sie ist auch nicht aus rechtsstaatl Gründen erf <R: BVerfG 18.10.1986, 1 BvR 1426/83, NJW 1988, 1135; **L:** hM, etwa ErfK/*Kania* Rn 21; *Richardi/Maschmann* Rn 108c; **aA** *Rieble* Kontrolle des Ermessens, 209f>, aber zweckmäßig <**L:** GK/*Jacobs* Rn 121 mwN>. Demzufolge besteht für eine Begründung auch kein Schriftformgebot; eine **mündl** Begründung genügt <R: BAG 30.10.1979, 1 ABR 112/77, DB 1980, 548>. Eine vorhandene Begründung kann zur Auslegung des Tenors herangezogen werden <R: LAG Köln 5.10.2011, 9 TaBV 94/10>. Im verbindlichen ES-Verf darf die ES die Beweggründe nicht als erklärende Präambel zum Inhalt der beschlossenen Regelung machen, weil eine solche Erklärung nicht vom MBR gedeckt ist <R: BAG 9.11.2010, 1 ABR 75/09, NZA-RR 2011, 354>. Einer **Rechtsmittelbelehrung** bedarf es nicht <**L:** *Fitting* Rn 131; *Faulenbach* NZA 2012, 953, 959>.

68

Die **Unterschrift** des Vors **beurkundet und dokumentiert** den Willen der ES-Mitglieder. Das setzt voraus, dass die Unterschrift den Text abschließt. Zwar werden typischerweise der Spruch der ES und dessen evtl Begründung jeweils gesondert unterschrieben; erforderl ist dies aber nicht: Es genügt, wenn der Vors **am Ende des Gesamttextes** mit durchlaufender Seitenzahl unterschreibt, also eine einheitl Unterschrift unter Spruch und Begründung setzt <R: BAG 29.1.2002, 1 ABR 18/01, BB 2002, 2024 (LS)>. Im zwingenden ES-Verf (Rn 8) erstreckt sich das Schriftformgebot auf den gesamten Inhalt der Einigung. Der Beschluss der ES kann zwar auch dann auf **Anlagen** verweisen, aber nur wenn

69

§ 76   Einigungsstelle

diese entweder mit dem unterzeichneten Spruch körperlich verbunden sind oder ihrerseits unterzeichnet oder paraphiert sind und eine Rückbeziehung auf den Spruch ermöglichen <R: LAG Nds 1.8.2012, 2 TaBV 52/11, NZA-RR 2013, 23; L: *Fitting* Rn 129a>.

70 Eine **Berichtigung** von Rechen-, Schreib- und Druckfehlern sowie Fehlern ähnlicher Art analog § 1058 ZPO ist mögl <R: offengelassen BAG 10.12.2013, 1 ABR 45/12, DB 2014, 1027; L: Richardi/*Maschmann* Rn 108c>. Wenn § 319 ZPO ähnliche Berichtigungen gar für gerichtl Urteile zulässt, ist kein Grund ersichtlich, der ES eine Korrektur in solchen Fällen zu versagen. Allerdings ist die Berichtigung nicht durch den Vors allein, sondern nur **durch die gesamte ES** mögl <R: BAG 10.2.2013, aaO>.

2. Inhalt (Rechts- und Regelungsfragen)

71 In der Mehrzahl der Fälle (§§ 39 Abs 1, 47 Abs 6, 55 Abs 4, 69 S 3, 72 Abs 6, 85 Abs 2, 87 Abs 2, 91, 94, 95 Abs 1 und 2, 98 Abs 4, 112 Abs 4 und 5, 116 Abs 3 Nr 2, 4 und 8) geht es bei dem von der ES zu entscheidenden Konflikt darum, wie eine mitbestimmungspflichtige Angelegenheit in Zukunft gestaltet werden soll: Die ES muss eine Regelung treffen („**Regelungsstreit**"). In einer Reihe von Fällen (§§ 37 Abs 6 und 7, 38 Abs 2, 65 Abs 1, 87 Abs 2 mit Abs 1 Nr 5 und 9, 102 Abs 6, 109) verleiht das Gesetz der ES die Kompetenz, **Rechtsfragen** zu entscheiden. Regelungsstreit und Rechtsstreit sind aber **keine sich ausschließenden Gegensätze**: In Regelungsstreitigkeiten muss die ES immer die Rechtsfrage entscheiden, wie groß der ihr vom Gesetz im konkreten Fall gezogene Rahmen für die Regelung ist. Ob man der ES in Rechtsfragen auf der Tatbestandsseite einen gerichtsfesten Beurteilungsspielraum zubilligt oder nicht, hängt davon ab, ob man einen solchen auch den Betriebspartnern im Rahmen einer „freiwilligen" Einigung zugesteht, denn die Entscheidungsmacht der ES reicht nicht weiter als die der Betriebspartner <L: GK/*Jacobs* Rn 23; eingehend *Rieble* BB 1991, 471, 472 und 474, der für solche Beurteilungsspielräume votiert> (dazu noch Rn 87 ff).

3. Grenzen

72 Die ES ist bei der Beschlussfassung **nicht an die Anträge** der Beteiligten **gebunden**, sondern kann eine andere als die vorgeschlagene Lösung treffen, solange sie sich im Rahmen der konkreten Meinungsverschiedenheit hält <R: BAG 27.10.1992, 1 ABR 4/92, BB 1993, 1285; 30.1.1990, 1 ABR 2/89, BB 1990, 1842; L: GK/*Jacobs* Rn 119; Richardi/*Maschmann* Rn 104 mwN>. Die Abwägung der betriebl Belange und der Belange der betroffenen AN (Abs 5 S 3) braucht **nicht immer** zu einem **Kompromiss** zw den Vorstellungen des AG und denen des BR zu führen; sie kann auch zu dem Ergebnis kommen, dass im konkreten Fall die Interessen der einen Seite hinter denen der anderen zurückzustehen haben <L: GK/*Jacobs* Rn 136>. Bringt ein Vorschlag des AG erhebl wirtschaftl Vorteile für das Unternehmen und nur ganz geringe Nachteile für die AN, handelt die ES iR ihres Ermessens, wenn sie nach Abwägung der beiderseitigen Interessen dem Vorschlag des AG folgt <R: BAG 28.7.1981, 1 ABR 79/79, BB 1982, 616 zur Koppelung der Urlaubsgewährung an Betriebsferien>.

73 Die ES muss sich bei der Beschlussfassung iR ihrer **Zuständigkeiten** halten: Zunächst muss sie für die Entscheidung einer Angelegenheit überhaupt zuständig sein (Rn 40 ff). Bei einer **verbindlichen Entscheidung**, welche die Einigung der Betriebspartner ersetzt

V. Einigungsstellenspruch § 76

(Rn 8), muss die ES darüber hinaus die **Grenzen** beachten, die den **MBR des BR** gezogen sind <**R:** BAG 19.11.2019, 1 ABR 36/18, NZA 2020, 389; 13.2.2007, 1 ABR 18/06, DB 2007, 1592; **L:** *Lerch/Weinbrenner* NZA 2011, 664, 666>. So kann die ES zB nicht durch verbindlichen Spruch den Konfliktlösungsmechanismus des § 87 Abs 2 zB durch eine Zustimmungsfiktion analog § 99 Abs 3 modifizieren, weil dieser dem MBR zwingend vorgegeben ist und nur durch einvernehml Absprache der Betriebspartner geändert werden kann <**R:** BAG 8.12.2015, 1 ABR 2/14, EzA § 87 BetrVG 2001 Arbeitszeit Nr 25; 9.7.2003, 1 ABR 19/12, DB 2013, 2569>. Überschreitet der Spruch der ES diese Zuständigkeitsgrenzen, ist er **unwirksam** <**R:** BAG 19.11.2019, 1 ABR 36/18, NZA 2020, 389; 17.9.1991, 1 ABR 23/91, DB 1992, 229; 8.12.2015, aaO>. Zur Unwirksamkeit führt das Überschreiten der Grenzen des MBR auch dann, wenn die Beisitzer beider Seiten dem Spruch zugestimmt haben bzw diesen **nicht angefochten** haben: Die Betriebspartner können der ES Kompetenzen nur insoweit übertragen, wie sie selbst Regelungen treffen können. Angelegenheiten, die nicht der zwingenden Mitbestimmung unterliegen, können die Betriebsparteien nur einvernehml auf freiwilliger Grundlage regeln (§ 88) und eine verbindliche Entscheidung der ES nur herbeiführen, indem sie sich gem Abs 6 S 2 deren Spruch unterwerfen <**R:** BAG 15.5.2001, 1 ABR 39/00, BB 2001, 2320>. Dies gilt auch, wenn die ES nach dem Willen der Betriebspartner eine **teilmitbestimmte Angelegenheit** regeln soll und sich damit der Regelungsauftrag nicht ausschl auf den mitbestimmungspflichtigen Bereich beschränkt <**R:** BAG 11.12.2018, 1 ABR 17/17, NZA 2019, 714>.

Zudem ist die ES auch an die für die Ausübung der MBR geltenden **betriebsverfassungsrechtl Grundsätze** gebunden. Ein Spruch der ES darf die Regelung einer Angelegenheit daher **nicht** – ebenso wenig wie eine BV (§ 77 Rn 17, § 87 Rn 17) – **allein dem AG überlassen** <**R:** BAG 8.6.2004, 1 ABR 4/03, DB 2005, 233; 17.10.1989, 1 ABR 31/87, BB 1990, 853; LAG HH 20.8.2020, 1 TaBVGa 1/20>. Dazu gehört auch, dass die ES eine **eigene abschließende Regelung** zur Lösung der Streitigkeit trifft und sich nicht etwa darauf beschränkt, den Antrag einer Seite zurückzuweisen oder nur **Teilbereiche** zu regeln <**R:** BAG 11.2.2014, 1 ABR 72/12, DB 2014, 1498; 8.6.2004, 1 ABR 4/03, DB 2005, 233; 30.1.1990, 1 ABR 2/89, BB 1990, 1842>. Ein Spruch, der keine abschließende Regelung trifft, ist **unwirksam** <**R:** BAG 11.2.2014, aaO; LAG HH 20.8.2020, 1 TaBVGa 1/20; LAG RhPf 9.2.2011, 8 TaBV 7/10>. 74

Wie AG und BR auch ist die ES zudem **über § 75 mittelbar an die Grundrechte gebunden**: an den Gleichbehandlungsgrundsatz des Art 3 GG, an das Recht der AN auf freie Entfaltung der Persönlichkeit aus Art 2 Abs 1 mit Art 1 GG und an die allg Handlungsfreiheit des Art 2 Abs 1 GG und etwa auch an Art 6 GG, § 75 Rn 1 <**R:** BAG 25.4.2017, 1 ABR 46/15, BB 2017, 2428; 13.2.2007, 1 ABR 18/06, DB 2007, 1592; LAG Hamm 2.2.2016, 7 TaBV 83/15; **L:** *Wenning-Morgenthaler* Rn 382>. 75

Soweit der Spruch der ES die Einigung zw AG und BR ersetzt (Rn 8), muss die ES ihre Entscheidung **unter angemessener Berücksichtigung der Belange des Betriebs und der betroffenen AN nach billigem Ermessen** treffen, Abs 5 S 3: Sie hat so zu entscheiden, wie AG und BR sich – unter Berücksichtigung des Zwecks des MBR – vernünftigerweise hätten einigen können <**R:** BAG 17.10.1989, 1 ABR 31/87, BB 1990, 853; zu den typischerweise zu berücksichtigenden Belangen **L:** *Wenning-Morgenthaler* Rn 386 ff; Germelmann/*Künzl* ES-Verf Rn 284 f>, auch Rn 90. In Regelungsstreitigkeiten billigt das Gesetz der ES daher zu, den Konflikt im Rahmen der zwingenden gesetzl Vorgaben 76

§ 76   Einigungsstelle

(Rn 87) nach eigenem Ermessen zu entscheiden; begrenzt ist dieser Spielraum seinerseits nur durch den unbestimmten Rechtsbegriff der Billigkeit <R: BAG 31.8.1982, 1 ABR 27/80, BB 1983, 1597; L: GK/*Jacobs* Rn 135; DKW/*Berg* Rn 139; *Fitting* Rn 121 f>. Dieser **Ermessensrahmen** der ES entspricht mithin dem Gestaltungsspielraum, den AG und BR bei der Behandlung mitbestimmungspflichtiger Angelegenheiten haben <R: BAG 8.3.1977, 1 ABR 33/75, BB 1977, 1199; L: *Löwisch* AuR 1987, 99 f> und wird durch den **Zweck des jeweiligen MBR** bestimmt. Ist der Gestaltungsspielraum des AG durch gesetzl oder tarifl Vorschriften oder durch BV eingeschränkt, muss auch die ES diese Schranken beachten. Betriebl Belange muss die ES ihrer Entscheidung so zugrunde legen, wie sie aufgrund der unternehmerischen Entscheidungen des AG feststehen: Die ES darf nicht ihre unternehmerische Entscheidung an die Stelle der AG-Entscheidung setzen oder dessen Entscheidung korrigieren (§ 87 Rn 3). Für den Sozialplan wird der Ermessensrahmen der ES zudem durch die Leitlinie des **§ 112 Abs 5** als lex specialis präzisiert (§ 112 Rn 62 ff) <R: BAG 28.9.1988, 1 ABR 23/87, BB 1989, 498; L: ErfK/*Kania* Rn 25>.

77   Für das **freiwillige ES-Verf** sieht das BetrVG keine ausdrückl Ermessensbindung vor. Teilweise wird eine solche dennoch als **Ausprägung des Schlichtungsgedankens** bejaht <L: GK/*Jacobs* Rn 134; ErfK/*Kania* Rn 25>. Richtigerweise ist zu unterscheiden: Haben sich die Betriebspartner **im Voraus dem Spruch unterworfen**, ist ihre Situation der des zwingenden ES-Verf vergleichbar, sie können dann auch verlangen, dass die Entscheidung billigem Ermessen entspricht. Ist eine solche Unterwerfung im Voraus nicht erfolgt, treffen AG und BR nachträgl die freie Entscheidung, ob sie sich den **unverbindlichen Vorschlag** der ES zu Eigen machen oder nicht. Bei einer eigenen Entscheidung sind die Betriebspartner einander nicht auf billiges Ermessen verpflichtet, sodass kein Grund besteht, dies zur Wirksamkeitsvoraussetzung für den Vorschlag der ES zu machen <L: *Fitting* Rn 127; Germelmann/*Künzl* ES-Verf Rn 289>.

4. Wirkung

78   Entscheidet die ES **verbindlich** (Rn 8), ersetzt ihr Spruch die Einigung zw AG und BR. In **Regelungsstreitigkeiten** hat er die Rechtsqualität einer **BV mit normativer Wirkung** nach § 77 Abs 4, wenn die Betriebspartner ausdrückl über den Abschluss einer solchen gestritten haben, aber auch dann, wenn durch die Regelung Rechte und Pflichten der AN begründet oder geändert werden <R: vgl BAG 30.10.1979, 1 ABR 112/77, DB 1980, 548; L: *Fitting* Rn 134; Richardi/*Maschmann* Rn 111; GK/*Jacobs* Rn 141; ErfK/*Kania* Rn 27>. Abhängig vom Gegenstand der ES kann der Spruch aber auch nur die Qualität einer **Regelungsabrede** haben, wenn die Regelung keine normative Wirkung verlangt <L: *Fitting* Rn 135; GK/*Jacobs* Rn 141; krit Germelmann/*Künzl* ES-Verf Rn 304>.

79   **Rechtsfragen** kann die ES **nicht letztverbindlich** entscheiden, ein rechtswidriger Spruch ist unwirksam. Hierauf können sich die Betriebspartner jederzeit berufen und die Frage einer **gerichtlichen Klärung** zuführen <L: *Fitting* Rn 112; GK/*Jacobs* Rn 143>. Eine darüber hinausgehende Vereinbarung zw AG und BR ist nur insoweit zulässig, als die Betriebspartner die **ES als Vorinstanz** einschalten, ohne deren Entscheidung weder AG noch BR das ArbG anrufen können <R: BAG 20.11.1990, 1 ABR 45/89, DB 1991, 1025>. Das gilt auch etwa für die Absprache, dass die ES abschließend über die Auslegung einer BV entscheiden soll. Eine solche Vereinbarung verstieße gg das **Schiedsabre-**

V. Einigungsstellenspruch   § 76

deverbot des § 4 iVm § 101 ArbGG <**R:** BAG 27.10.1987, 1 ABR 80/86, DB 1988, 503 für die Vereinbarung in einem Sozialplan, dass Meinungsverschiedenheiten zw AG und AN durch verbindlich ES-Spruch entschieden werden sollen>. Die Betriebspartner können die ES ledigl ermächtigen, eine neue BV abzuschließen, die eine bestehende ergänzt <**L:** *Rieble* Anm zu BAG 20.11.1990, aaO>. Das ist idR aber nicht gewollt, da die Betriebspartner keine neue Vereinbarung, sondern eine Entscheidung des zw ihnen bestehenden Streits anstreben.

Schalten die Betriebspartner die **ES freiwillig** ein, hat deren Spruch **gem Abs 6 nur dann verbindliche** Wirkung, wenn sich die Parteien ihm im Vornhinein **unterworfen** haben <**R:** BAG 28.2.1984, 1 ABR 37/82, DB 1984, 1682; **L:** Richardi/*Maschmann* Rn 40; DKW/*Berg* Rn 13>. Der Spruch der ES wirkt dann so, als wenn sich die Parteien selbst geeinigt hätten. Die Parteien können den Spruch auch **nachträgl annehmen**; in diesem Fall entfaltet er allerdings keine unmittelbar eigene Wirkung, sondern geht in der Einigung der Betriebspartner auf <**L:** GK/*Jacobs* Rn 139>. In jedem Fall gilt, dass der Spruch bzw. die Einigung durch nachträgl Annahme nur wirksam sind, wenn die Betriebspartner über den Gegenstand der ES **verfügen können** <**R:** BAG 20.11.1990, 1 ABR 45/89, SAE 1991, 296; **L:** GK/*Jacobs* Rn 23 mwN>.   80

Die Unterwerfungserklärung ist ebenso wie die nachträgl Annahme **formlos** mögl <**L:** *Fitting* Rn 132; Richardi/*Maschmann* Rn 40>. Sie kann auch ggü der ES erfolgen, solange diese noch besteht <**L:** GK/*Jacobs* Rn 137>. Auf Seiten des BR erfordert die Unterwerfung einen **gesonderten Beschluss**; sie ist nicht etwa automatisch vom Beschluss zur Einrichtung der ES oder zur Entsendung der Beisitzer umfasst <**R:** BAG 11.12.2018, 1 ABR 17/17, NZA 2019, 714>. Die Erklärung kann auch in einer BV enthalten sein <**R:** BAG 23.2.2016, 1 ABR 5/14, ZTR 2016, 539>. Die nachträgl Annahme wiederum kann auch **konkludent** erklärt werden <**R:** BAG 26.8.1997, 1 ABR 12/97, BB 1998, 371; **L:** GK/*Jacobs* Rn 138>, was auf BR-Seite jedoch einen entspr Beschluss voraussetzt.   81

Der ES-Spruch ist **kein Vollstreckungstitel** <**R:** LAG Köln 20.4.1999, 13 Ta 243/98, NZA-RR 2000, 311; **L:** DKW/*Berg* Rn 141; GK/*Jacobs* Rn 144 mwN>. Besteht zwischen AN und AG **Streit** über die aus dem Spruch der ES folgenden Rechte und Pflichten, entscheidet das ArbG im **Urteils-Verf**, §§ 2 Abs 1 Nr 3a, Abs 5 iVm §§ 46ff ArbGG. In diesem Verf kontrolliert das ArbG inzident, ob der Spruch wirksam ist <**L:** Richardi/*Maschmann* Rn 113>. Das Urteilsverf ist regelmäßig nach § 148 ZPO **auszusetzen**, wenn der Spruch der ES im Beschlussverf (Rn 84ff) **angefochten** wird <**R:** LAG Hamm 22.6.1978, 8 Ta 85/78, BB 1978, 1014; einschränkend BAG 14.8.2001, 1 AZR 619/00, BB 2002, 413 für den Fall, dass die Wirksamkeit des Spruchs ohne weiteren Vortrag inzident im Urteilsverf geklärt werden kann; LAG Berlin 22.11.1983, 3 Ta 11/83; **L:** GK/*Jacobs* Rn 144; Richardi/*Maschmann* Rn 113; *Zeppenfeld*/*Fries* NZA 2015, 647, 650f; für eine zwingende Aussetzung Germelmann/*Künzl* ES-Verf Rn 316>.   82

In dringenden Angelegenheiten kann die ES vor der endgültigen Entscheidung eine **vorläufige Regelung** treffen, wenn sie dies für sachl geboten erachtet <**R:** Hess LAG 21.1.2020, 4 TaBV 141/19, NZA-RR 2020, 309; **L:** allg M, DKW/*Berg* Rn 118; GK/*Jacobs* Rn 120; Germelmann/*Künzl* ES-Verf Rn 296; Richardi/*Maschmann* Rn 33 jew mwN>. Auf Antrag muss sie hierüber befinden <**R:** Hess LAG 25.6.2009, 5 TaBVGa 52/09>. Entscheidungsbefugt ist nicht der Vors allein, sondern nur die ES insgesamt (Rn 44, 52ff). In Rechtsfragen hindert dies nicht die Möglichkeit, gerichtl **Eilrechtsschutz** in An-   83 spruch zu nehmen; in Regelungsfragen hingg fehlt hierfür aufgrund der Eilfallkompetenz der ES der Verfügungsgrund <R: Hess LAG 25.6.2009, aaO; L: *Fitting* Rn 186; aA Richardi/*Maschmann* Rn 34 mwN zum Meinungsstand>. Anderes kann im Einzelfall gelten, wenn (noch) keine ES gebildet ist <R: Hess LAG 3.4.1978, 5 TaBV Ga 27/78, NJW 1979, 783>. In seinen Wirkungen steht ein vorläufiger Spruch der ES bis zu seiner Aufhebung oder Ersetzung einem endgültigen Spruch gleich <L: Germelmann/*Künzl* ES-Verf Rn 297>.

5. Gerichtliche Kontrolle

a) Gegenstand

84 Sprüche der ES, welche das Verf ganz oder teilweise erledigen, unterliegen der **Rechtskontrolle** durch das ArbG. **Verfahrensleitende Beschlüsse** (einschl Beweisbeschlüssen) sind hingg als solche **nicht isoliert** überprüfbar <R: BAG 4.7.1989, 1 ABR 40/88, BB 1990, 918>, auch nicht mittelbar im Wege eines verfahrensbezogenen Feststellungsantrags <R: BAG 17.9.2013, 1 ABR 24/12, DB 2013, 2806>. Dasselbe gilt für Beschlüsse der ES, welche den Sachantrag einer Seite ablehnen, weil hierdurch nichts geregelt wird <R: LAG SH 9.9.2010, 4 TaBV 8/10>. Gerichtl überprüfbar ist auch ein Beschluss, mit dem die ES ihre **Zuständigkeit** verneint, nicht aber ein bejahender Beschluss (Rn 41 f). Die gerichtl Kontrolle findet im Übrigen nur statt, soweit ein Spruch für die Betriebspartner verbindlich ist. Das gilt zum einen, soweit er deren Einigung ersetzt (Abs 5), zum anderen, soweit sie sich im Voraus dem Spruch unterworfen haben (Rn 80 f). Der bloße Einigungsvorschlag der ES im **freiwilligen Verf** ohne vorherige Unterwerfung bedarf keiner gerichtl Kontrolle, weil er keine eigene Rechtswirkung entfaltet (Rn 80 f) <L: Richardi/*Maschmann* Rn 129>. Soweit ein ES-Spruch abgrenzbare Teilbereiche regelt, ist auch eine Teil-Anfechtung beschränkt auf einzelne Regelungskomplexe mögl; dies ist regelmäßig der Fall, wenn der Spruch unterschiedl Mitbestimmungstatbestände betrifft <R: BAG 8.12.2015, 1 ABR 2/14, BAGE 153, 318; 30.5.2006, 1 ABR 21/05, EzA § 4 TVG Chemische Industrie Nr 9; L: *Fitting* Rn 142; aA *Fischer* NZA 1997, 1017, 1019>. Im Rahmen der gestellten Anträge prüft das ArbG den ES-Spruch **unter allen rechtl Gesichtspunkten**, sodass parallel für ein zweites Feststellungsverf regelmäßig kein Raum ist <R: BAG 16.7.1996, 3 ABR 13/95, BB 1996, 2472 (LS)>.

b) Verfahrensfragen

85 Das ArbG entscheidet im **Beschlussverf** auf Antrag von AG oder BR (§ 2a Abs 1 Nr 1, Abs 2 iVm §§ 46 ff ArbGG). An der Klärung der Rechtsfrage, ob der Spruch der ES eine wirksame betriebl Regelung ist, haben AG und BR ein **rechtl Interesse** unabhängig davon, ob sie selbst durch die betreffende Regelung beschwert sind oder nicht <R: BAG 8.6.2004, 1 ABR 4/03, DB 2005, 233; L: *Fitting* Rn 142; ErfK/*Kania* Rn 29>. Ein rechtl Interesse an der Feststellung der Unwirksamkeit des ES-Spruchs besteht nicht mehr, wenn der Spruch ausschließl einen in der Vergangenheit liegenden Vorgang regelt und keinerlei Rechtswirkungen für die Zukunft hat und zwar selbst dann, wenn bei der rechtl Beurteilung der Wirksamkeit des Spruchs Fragen über den Inhalt und Umfang eines MBR hätten beantwortet werden müssen, die zw den Betriebsparteien weiterhin streitig sind <R: BAG 28.4.2009, 1 ABR 7/08, AP Nr 99 zu § 77 BetrVG 1972>.

V. Einigungsstellenspruch § 76

Weil das Beschlussverf allein einen Kompetenzstreit zw den Betriebspartnern betrifft, an 86
dessen Entscheidung die ES wg ihrer bloßen Hilfs- und Ersatzfunktion (Rn 1) kein eigenes betriebsverfassungsrechtl Interesse hat, ist die **ES** an dem Beschlussverf **nicht zu beteiligen** und auch nicht gem § 83 Abs 1 ArbGG anzuhören, <R: BAG 22.1.1980, 1 ABR 28/78, DB 1980, 1402; 28.7.1981, 1 ABR 65/79, BB 1982, 493; L: DKW/*Berg* Rn 161; GK/*Jacobs* Rn 153 mwN>. Nach § 83 Abs 2 ArbGG kann das ArbG aber Mitglieder der ES als Zeugen vernehmen <R: BAG 28.4.1981, 1 ABR 53/79, DB 1981, 1882; L: *Fitting* Rn 144>. **Ebensowenig** sind eine im Betrieb vertretene **Gewerkschaft** oder ein **AG-Verband** am Beschlussverf beteiligt; sie können auch keinen Antrag auf Einleitung des Beschlussverf stellen: Die TV-Parteien werden durch einen Spruch der ES nicht in einer betriebsverfassungrechtl Rechtsposition betroffen, und zwar auch insoweit nicht, als es um die Beachtung tarifl Vorgaben durch den ES-Spruch geht <R: BAG 18.12.1990, 1 ABR 11/90, DB 1991, 1076; L: GK/*Jacobs* Rn 152; Richardi/*Maschmann* Rn 117; **aA** *Fitting* Rn 141; Germelmann/*Künzl* ES-Verf Rn 319>. Weil der ES-Spruch ausschließl einen Konflikt der Betriebspartner schlichtet, sind auch **AN nicht beteiligungsbefugt**, selbst wenn sie vom ES-Spruch mittelbar selbst betroffen sind wie in den Fällen des § 85 Abs 2 oder als BR-Mitglied in den Fällen der §§ 37 Abs 6 S 5 und § 38 Abs 2 S 4, 5 <R: zu § 85 Abs 2 BAG 28.6.1983, 6 ABR 5/83, BB 1985, 1196; **L: aA** GK/*Jacobs* Rn 154; *Fitting* Rn 145; ErfK/*Kania* Rn 29; HWK/*Kliemt* Rn 103; Germelmann/*Künzl* ES-Verf Rn 320>; ebenso wenig ist der einzelne AN antragsbefugt <L: Richardi/*Maschmann* Rn 117; insoweit auch *Fitting* Rn 141; ErfK/*Kania* Rn 29; HWK/*Kliemt* Rn 102; Germelmann/*Künzl* ES-Verf Rn 319 aA GK/*Jacobs* Rn 154>. AN können ledigl als Vorfrage in einem Urteilsverf geltend machen, dass der Spruch der ES gg ein Gesetz oder einen TV verstößt. Hat der **GBR** das ES-Verf aufgrund **Delegation** gem § 50 Abs 2 S 1 für die örtlichen Betriebsräte geführt, so umfasst die Delegation nicht zwingend das Recht zur Anfechtung des ES-Spruchs <R: Hess LAG 31.5.2011, 4 TaBV 153/10>.

c) Rechts- und Ermessensfehler

In **Rechtsfragen** unterliegen die ES-Beschlüsse der unbefristeten uneingeschränkten 87
Rechtskontrolle durch die ArbG. Der Spruch ist demnach unwirksam, wenn die ES ihre **Zuständigkeit** zu Unrecht bejaht hat (Rn 73), wenn sie **wesentl Verfahrensvorschriften** verletzt hat (Rn 44), sowie wenn sie die sich stellende **Rechtsfrage falsch entschieden** hat <L: GK/*Jacobs* Rn 155>. Dies gilt auch, soweit die ES **unbest Rechtsbegriffe** ausgelegt hat. Zur abschließenden Entscheidung von Rechtsfragen ist die ES nicht zuständig; dies ist Aufgabe der Gerichte <R: BAG 15.3.2006, 7 ABR 24/05, NZA 2006, 1422; 11.7.2000, 1 ABR 43/99, DB 2001, 598 unter ausdr Aufgabe der Bedenken aus BAG 8.8.1989, 1 ABR 61/88, BB 1990, 458 (LS); L: Germelmann/*Künzl* ES-Verf Rn 323; grundlegend **aA** *Rieble* Kontrolle des Ermessens 171ff und BB 1991, 471, 472; auch *Henssler* RdA 1991, 268, 270ff>.

Soweit die zugrunde liegende gesetzl Regelung den Betriebspartnern einen **Beurteilungs-** 88
spielraum auf der Tatbestandsseite einräumt, gehört zur Rechtskontrolle, ob der Spruch die Grenzen dieses Spielraums wahrt <L: Richardi/*Maschmann* Rn 122; *Fitting* Rn 149; HWK/*Kliemt* Rn 111; so wohl auch ErfK/*Kania* Rn 30>. Dabei ist allerdings zu beachten, dass das Gesetz der ES **nicht generell** einen solchen Beurteilungsspielraum in Rechtsfragen zubilligt <L: GK/*Jacobs* Rn 156>; er kann sich allenfalls im Einzelfall im Wege der Auslegung ergeben. Denkbar ist ein Beurteilungsspielraum zB im Rahmen des § 87

§ 76 Einigungsstelle

Abs 1 Nr 7 hinsichtlich der Kriterien, nach welchen die Gefährdungsbeurteilung gem § 5 ArbSchG durchzuführen ist <R: BAG 12.8.2008, 9 AZR 1117/06, DB 2008, 2030; L: *Fitting* § 87 Rn 307; *Wiebauer* RdA 2019, 41, 42 f> (s auch § 87 Rn 152).

89 In **Regelungsstreitigkeiten** prüft das ArbG gleichermaßen, ob sich die ES bei ihrer Entscheidung in dem durch das Recht gezogenen Rahmen gehalten hat (**Rechtskontrolle** im engeren Sinne), insbes ob

- die Spruchkompetenz der ES gegeben war, das ES-Verf also **wirksam eingeleitet** wurde <R: vgl BAG 17.12.2019, 1 ABR 25/18, ZTR 2020, 315> und der **Regelungsauftrag hinreichend bestimmt** gefasst war <R: BAG 19.11.2019, 1 ABR 22/18, NZA 2020, 266>,
- die ES das **Verf** nach Abs 2 und 3 und die rechtsstaatl Verf-Grundsätze beachtet hat (Rn 44 ff),
- die ES die **Voraussetzungen des MBR** zutr erfasst hat <R: BAG 7.12.2021, 1 ABR 25/20, DB 2022, 1012; 17.12.2019, 1 ABR 25/18, ZTR 2020, 315; 19.11.2019, 1 ABR 22/18, NZA 2020, 266> – dabei kann auch der BR seinen Antrag darauf stützen, dass die ES zu Unrecht vom Bestehen eines MBR, etwa hinsichtl der Entgelthöhe, ausgegangen sei <R: BAG 20.7.1999, 1 ABR 66/98, BB 2000, 728 (LS)>,
- der Spruch inhaltlich die **Reichweite des MBR** nicht überschreitet (Rn 73) <R: BAG 17.12.2019, 1 ABR 25/18, ZTR 2020, 315>,
- ob die ES ihren **Auftrag vollständig erfüllt** hat (Rn 74) <R: BAG 19.11.2019, 1 ABR 36/18, NZA 2020, 389>,
- sowie ob die ES die Grundsätze des § 75 (Rn 75) und das übrige **zwingende Arbeitsrecht** und die **einschlägigen TV** beachtet hat <R: BAG 19.10.2011, 4 ABR 116/09, NZA-RR 2012, 417; 4.5.1993, 1 ABR 57/92, DB 1993, 1881; L: *Löwisch* AuR 1987, 100>.

90 Die Rechtskontrolle in Regelungsstreitigkeiten umfasst darüber hinaus die Prüfung, ob die ES gem Abs 5 S 3 unter angemessener Berücksichtigung der Belange des Betriebs und der betroffenen AN nach billigem Ermessen entschieden hat (**Ermessenskontrolle**), Rn 76. Das Gericht kann aber nicht sein Ermessen an die Stelle des Ermessens der ES setzen, sondern ist darauf beschränkt, die Einhaltung der **Ermessensgrenzen** zu kontrollieren <R: BAG 31.8.1982, 1 ABR 27/80, BB 1983, 1597; 14.12.1993, 1 ABR 31/93, DB 1994, 1573; L: *Fitting* Rn 153; GK/*Jacobs* Rn 159; DKW/*Berg* Rn 147; Richardi/*Maschmann* Rn 120, 136>. Ein Spruch, der diese Grenzen nicht einhält, ist **unwirksam** <R: BAG 6.5.2003, 1 ABR 11/02, BB 2004, 218 unter B II 2 e aa; L: GK/*Jacobs* Rn 174 f>. Die ES hat die Grenzen des ihr eingeräumten Ermessens dann überschritten, wenn ihr Spruch die Belange des Betriebs und der betroffenen AN nicht angemessen berücksichtigt und infolgedessen unbillig ist <R: BAG 14.1.2014, 1 ABR 49/12, DB 2014, 1382; 6.5.2003, 1 ABR 11/02, BB 2004, 218; L: *Fitting* Rn 155; GK/*Jacobs* Rn 171>. Ein Verstoß in diesem Sinne ist etwa dann anzunehmen, wenn die ES die **Interessen der einen oder der anderen Seite nicht oder nur unzureichend berücksichtigt** hat oder die Regelung nicht nur unzweckmäßig, sondern **objektiv ungeeignet** ist <R: BAG 27.10.1992, 1 ABR 4/92, BB 1993, 1285; L: GK/*Jacobs* Rn 173; zu typischerweise zu berücksichtigenden Interessen s *Müller-Boruttau* BB 2020, 116, 118>.

91 Ermessensfehlerhaft ist ein Spruch insb dann, wenn die ES ihren **Regelungsauftrag nicht erfüllt**, die Streitigkeit also i Erg an die Betriebspartner zurückgibt (Rn 74) <R:

BAG 11.2.2014, 1 ABR 72/12, DB 2014, 1498; 26.8.2008, 1 ABR 16/07, BB 2008, 2743; Hess LAG 8.4.2010, 5 TaBV 123/09, AE 2010, 259; **L:** GK/*Jacobs* Rn 172>. Wird der Ermessensfehler in diesem Fall nicht fristgemäß geltend gemacht (Rn 94 ff), bleibt der Spruch zwar bestehen, das MBR ist aber nicht vollständig ausgeübt, sodass ggf erneut eine ES mit der Frage zu befassen ist. Ermessensfehlerhaft ist es auch, wenn die ES mitbestimmungsbedürftige Entscheidungen **allein dem AG überantwortet** <**R:** BAG 17.1.2012, 1 ABR 45/10, DB 2012, 2290; 17.10.1989, 1 ABR 31/87, BB 1990, 853; **L:** *Fitting* Rn 155; DKW/*Berg* Rn 145; GK/*Jacobs* Rn 172; Germelmann/*Künzl* ES-Verf Rn 331>; allerdings ist der Spruch in diesem Fall auch wg **Überschreitung des MBR** unwirksam, weil auch der BR eine solche Vereinbarung nicht wirksam abschließen könnte. Indes kann die ES dem AG im Rahmen einer eigenen Gestaltung des Regelungsgegenstandes **gewisse Spielräume** belassen <**R:** BAG 11.2.1992, 1 ABR 51/91, DB 1992, 1730>.

Kontrolliert wird **nach der hM** allein das Ergebnis des Abwägungsvorgangs (**Kontrolle des Entscheidungsergebnisses**); hingg nicht die von der ES angestellten Erwägungen – sofern diese überhaupt bekannt gegeben worden sind (Rn 68) – <**R:** BAG 7.5.2019, 1 ABR 54/17, BB 2019, 2043; 14.1.2014, aaO; 22.1.2013, 1 ABR 85/11, DB 2013, 1182; 24.8.2004, 1 ABR 23/03, BB 2005, 1631; **L:** GK/*Jacobs* Rn 168f mwN; DKW/*Berg* Rn 147; *Fitting* Rn 154; Richardi/*Maschmann* Rn 137>. **Sachfremde Erwägungen** („Ermessensfehlgebrauch") sind folglich unschädlich, solange das Ergebnis den gesetzl Ermessensgrenzen genügt <**aA L:** *Kaiser* 6. Aufl Rn 57; ausf *Löwisch* SAE 1983, 143 und AuR 1987, 100 f; *Rieble* Kontrolle des Ermessens, 163 ff>. 92

Ohne Bedeutung ist, ob die von der ES angenommenen **tatsächl und rechtl Umstände** zutreffen und ob ihre weiteren Überlegungen frei von Fehlern sind sowie alle Umstände erschöpfend gewürdigt werden <**R:** BAG 7.5.2019, aaO; 14.1.2014, aaO>. Bei der Überprüfung des ES-Spruchs muss das Gericht die Tatsachen so zugrunde legen, wie sie **im Zeitpunkt der ES-Entscheidung** bestanden haben – ohne Rücksicht darauf, ob sie der ES auch vorgetragen worden waren. Nachträgl eingetretene Umstände machen den Spruch nicht unwirksam, können aber uU eine spätere Anpassung erforderl machen <**R:** BAG 6.5.2003, 1 ABR 11/02, BB 2004, 218; **L:** GK/*Jacobs* Rn 170>. An die tatsächl Feststellungen der ES ist das Gericht nicht gebunden. Eine **unzureichende Sachaufklärung** durch die ES macht für sich genommen den Spruch nicht unwirksam. Sie führt aber zur Unwirksamkeit, wenn hierdurch bedingt der Spruch inhaltlich rechts- oder ermessensfehlerhaft ist (Rn 51). Ist die beschlossene Regelung hingg, ggfs nach weiterer Sachaufklärung durch das ArbG, inhaltl nicht zu beanstanden, ist sie wirksam <**R:** BAG 29.1.2002, 1 ABR 18/01, BB 2002, 2024 (LS)>. 93

d) Ausschlussfrist für Ermessenskontrolle, Abs 5 S 4

Nach **Abs 5 S 4** können AG und BR im verbindlichen ES-Verf die **Überschreitung der Ermessensgrenzen** durch die ES nur binnen einer Frist von **2 Wochen** nach Zuleitung des ES-Beschlusses (Abs 3 S 4) gerichtl geltend machen. Es handelt sich nicht um eine Zulässigkeitsvoraussetzung, sondern um eine von Amts wg zu berücksichtigende **materiell-rechtl Ausschlussfrist**, weswg eine Wiedereinsetzung in den vorigen Stand nicht mögl ist <**R:** BAG 26.5.1988, 1 ABR 11/87, BB 1988, 2174; LAG Hamm 26.10.2021, 7 TaBV 19/21, Rechtsbeschwerde 1 ABR 28/21; LAG Berl-Bbg 7.7.2016, 21 TaBV 195/ 94

§ 76 Einigungsstelle

16, NZA-RR 2016, 644; **L:** Richardi/*Maschmann* Rn 128; DKW/*Berg* Rn 143>. **Für andere Fragen als die Einhaltung der Ermessensgrenzen** gilt die Frist **nicht**, diese Fragen können – in den Grenzen der Verwirkung – jederzeit geltend gemacht werden <**R:** BAG 11.7.2000, 1 ABR 43/99, DB 2001, 598; 15.3.2006, 7 ABR 24/05, DB 2006, 2300 (LS); **L:** GK/*Jacobs* Rn 155>. Wird die Ausschlussfrist versäumt, ist es dem ArbG verwehrt, den ES-Spruch auf Ermessensfehler hin zu überprüfen; dies gilt auch dann, wenn zugleich nicht fristgebundene Rechtsfehler gerügt werden <**R:** BAG 1.4.1998, 10 ABR 17/97, BB 1998, 1588 (LS)>. Mit anderen Worten werden etwaige Ermessensfehler mit Ablauf der Frist **geheilt** <**R:** LAG Berl-Bbg 7.7.2016, aaO; **L:** *Fitting* Rn 157>. Für das **freiwillige ES-Verf** gilt diese Beschränkung nicht, weil Abs 5 hier keine Anwendung findet; die Einhaltung der Ermessensgrenzen kann in diesen Fällen also unbefristet gerügt werden <**L:** GK/*Jacobs* Rn 134, 160>.

95 Die Frist beginnt mit der Zuleitung des Spruchs (Abs 5 S 4). Es handelt sich um eine **Ereignisfrist**; der Tag der Zuleitung zählt trotz des irreführenden Gesetzeswortlauts nicht mit (§ 187 Abs 1 BGB) <**L:** *Fitting* Rn 157; GK/*Jacobs* Rn 166>. Der Antrag auf Ermessensüberprüfung muss nicht im Einzelnen **begründet** werden <**R:** BAG 14.5.1985, 1 ABR 52/81, DB 1985, 2153>, er muss aber erkennen lassen, dass und aufgrund welchen Sachverhalts die Überschreitung der Ermessensgrenzen beanstandet wird <**R:** BAG 26.5.1988, aaO>. Eine nach Fristablauf nachgeschobene Begründung heilt etwaige Mängel nicht <**R:** BAG 26.5.1988, aaO; **L:** Germelmann/*Künzl* ES-Verf Rn 328>. Die Anfechtung durch den **BR** setzt einen **wirksamen Beschluss** voraus. Dieser kann nicht gefasst werden, bevor der ES-Spruch ergangen ist; eine evtl Bestätigung oder Heilung eines vorzeitigen Beschlusses kann entgg der Ansicht des BAG nur **innerhalb** der Zwei-Wochen-Frist erfolgen <**R:** LAG Nbg 6.5.2015, 4 TaBV 8/13 (Vorinstanz); **aA** BAG 25.4.2017, 1 ABR 46/15, BB 2017, 2428; **L:** wie hier GK/*Jacobs* Rn 151; **aA** HWK/ *Kliemt* Rn 103>.

e) Feststellung der Unwirksamkeit

96 Der richtige Antrag lautet darauf, die Unwirksamkeit des ES-Spruchs festzustellen, nicht den Spruch aufzuheben, denn die arbg Entscheidung über die Wirksamkeit des ES-Spruchs hat **feststellende, keine rechtsgestaltende Wirkung**. Insofern ist der in der Praxis gebräuchliche Begriff der „Anfechtung" des ES-Spruches irreführend. Der Spruch ist entweder wirksam oder von Anfang an unwirksam <**L:** *Wenning-Morgenthaler* Rn 450; Germelmann/*Künzl* ES-Verf Rn 340>. Ledigl für Ermessensfehler trifft Abs 5 S 4 eine Sonderregelung (Heilung mit Fristablauf). Das ArbG stellt ggf die Unwirksamkeit des ES-Spruchs fest, einer Aufhebung bedarf es nicht <**R:** st Rspr, BAG 30.10.1979, 1 ABR 112/77, DB 1980, 548; 22.3.2016, 1 ABR 12/14, BB 2016, 1913; **L:** GK/*Jacobs* Rn 150>. Das gilt auch, wenn die Unwirksamkeit darauf beruht, dass die ES zu Unrecht ihre **Zuständigkeit** angenommen hat (Rn 42) <**R:** BAG 30.1.1990, 1 ABR 2/89, BB 1990, 1842>, sowie wenn sie ihre Zuständigkeit zu Unrecht verneint und deshalb ihr Verf eingestellt hat (Rn 41) <**R:** BAG 30.1.1990, aaO>.

97 Die Streitsache **fällt** entgg der Ansicht des BAG **nur dann an die ES zurück**, wenn sie zu Unrecht ihre Zuständigkeit verneint hat, hingg nicht, wenn die Sachentscheidung unwirksam war <**R: aA** BAG 31.5.2005, 1 ABR 22/04, DB 2005, 2585; 30.1.1990, aaO; LAG RhPf 12.4.2011, 3 TaBV 6/11; **L:** wie hier Richardi/*Maschmann* Rn 138; ErfK/*Ka*-

nia Rn 22; **aA** GK/*Jacobs* Rn 179; *Fitting* Rn 162; DKW/*Berg* Rn 152; Germelmann/ *Künzl* ES-Verf Rn 341>. In **Regelungsstreitigkeiten** liegt es an AG und BR, ob sie nach der arbg Entscheidung von einer Regelung der Angelegenheit absehen, erneut über eine Einigung verhandeln oder wieder die ES (womöglich in neuer Besetzung) anrufen wollen. In **Rechtsstreitigkeiten** besteht für eine erneute Befassung der ES idR kein Raum mehr, weil das ArbG diese Frage im Beschluss selbst abschließend beantwortet <**L:** GK/ *Jacobs* Rn 178; HWK/*Kliemt* Rn 114; **aA** Richardi/*Maschmann* Rn 135>; anderes gilt nur bei Bestehen eines Beurteilungsspielraums (Rn 88).

Regelt der ES-Spruch mit verschiedenen Einzelbestimmungen einen einheitl Gegenstand, führt die Unwirksamkeit einzelner Bestimmungen wg § 139 BGB grds zur **Unwirksamkeit des gesamten Regelungskomplexes** <**R:** BAG 15.5.2001, 1 ABR 39/00, BB 2001, 2320; 28.5.2002, 1 ABR 37/01, NZA 2003, 171; 22.7.2003, 1 ABR 28/02, DB 2004, 766; 8.6.2004, 1 ABR 4/03, DB 2005, 233; 9.7.2013, 1 ABR 19/12, DB 2013, 2569; 8.12.2015, 1 ABR 2/14, BAGE 153, 318>. Eine geltungserhaltende Reduktion ist nicht mögl <**R:** BAG 19.10.2011, 4 ABR 116/09, NZA-RR 2012, 417>. Die **Teilunwirksamkeit** eines ES-Spruchs führt nur dann nicht zur Unwirksamkeit des ES-Spruchs insgesamt, wenn der verbleibende Teil auch ohne die unwirksamen Bestimmungen eine sinnvolle und in sich geschlossene Regelung enthält <**R:** BAG 9.11.2010, 1 ABR 75/09, NZA-RR 2011, 354 zur Unwirksamkeit der Präambel eines ES-Spruchs; 22.7.2003, aaO zu Arbeitszeitregeln bei Bereitschaftsdiensten iS des § 87 Abs 1 Nr 2; 30.8.1995, 1 ABR 4/95, BB 1996, 643 zur Mitbestimmung bei Abmahnungen bei Einsatz einer automatisierten Telefonanlage; **L:** *Fitting* Rn 160; DKW/*Berg* Rn 153; GK/*Jacobs* Rn 180; **aA** *Fischer* NZA 1997, 1017, 1019 ff>. **Hat der ES-Spruch die Wirkung einer BV** (Rn 78), gilt dies unabhängig von einem möglicherweise entgegenstehenden Willen der Betriebsparteien: Wg ihres **Normcharakters** muss eine BV (wie Gesetze und TV) im Interesse der Kontinuität der durch sie geschaffenen Ordnung so weit aufrechterhalten werden, wie sie ohne den unwirksamen Teil ihre Ordnungsfunktion noch entfalten kann <**R:** BAG 22.7.2003, aaO; einschränkend BAG 21.1.2003, 1 ABR 9/02, NZA 2003, 1097; **L:** Germelmann/*Künzl* ES-Verf Rn 338>.

98

f) Keine aufschiebende Wirkung

Der auf die Unwirksamkeit des ES-Spruchs gerichtete Feststellungsantrag entfaltet mangels gesetzl Regelung **keine aufschiebende Wirkung** <**R:** LAG Köln 20.4.1999, 13 Ta 243/98, NZA-RR 2000, 311; Hess LAG 16.12.2004, 5 TaBVGa 153/04, LAGReport 2005, 159 (LS); LAG MV 3.2.2010, 2 TaBV 15/09; **L:** *Fitting* Rn 164; DKW/*Berg* Rn 150, 167; auch GK/*Jacobs* Rn 181>. Daraus folgt entgg der wohl hM **nicht**, dass der Spruch bis zur Entscheidung über den Feststellungsantrag ungeachtet seiner Rechtmäßigkeit **als wirksam zu behandeln** und demnach durchsetzbar wäre <so aber **R:** LAG Berlin 8.11.1990, 14 TaBV 5/90, AiB 1995, 185; LAG Hamm 4.8.2015, 7 TaBVGa 7/15; LAG BW 20.7.2016, 21 TaBV 4/16; in diese Richtung auch LAG Nds 18.10.2011, 11 TaBV 89/10, nicht rkr; **L:** *Fitting* Rn 164; DKW/*Berg* Rn 167; *Wenning-Morgenthaler* Rn 449; MünchArbR/*Reinhard* § 308 Rn 147f; HaKo-BetrVG/*Krasshöfer* Rn 33; **wie hier** GK/*Jacobs* Rn 182; ErfK/*Kania* Rn 29>. Ein verbindlicher Spruch der ES, sei es in MB-Angelegenheiten, sei es kraft vorheriger Unterwerfung (Rn 80f), ersetzt lediglich die Einigung der Betriebspartner und hat damit keine abweichende Rechtsnatur; im Regelfall handelt es sich um eine BV (Rn 78). **Eine besondere Richtigkeitsgewähr bietet er**

99

§ 76 Einigungsstelle

nicht. Infolgedessen gelten bis zur gerichtl Entscheidung über den Feststellungsantrag dieselben Grundsätze wie für eine Einigung der Betriebspartner ohne Beteiligung der ES.

100 Ruft der AG das ArbG an und **hält der BR den Spruch für wirksam**, so kann der BR dennoch seinen Durchführungsanspruch aus § 77 Abs 1 S1 im Beschlussverf geltend machen, weil der Feststellungsantrag des AG die Wirksamkeit des Spruchs nicht hemmt. Der **Durchführungsanspruch** des BR setzt aber seinerseits die **Wirksamkeit der BV** voraus, welche vom ArbG zu prüfen ist <R: BAG 29.4.2004, 1 ABR 30/02, BB 2004, 1967>. Vollstreckbar ist dieser Anspruch gemäß § 85 Abs 1 S 2 ArbGG erst mit Rechtskraft der Entscheidung über den Durchführungsantrag des BR. Einer eV zugunsten des AG, gerichtet auf **Suspendierung** des Spruchs, bedarf es folglich nicht <so aber R: LAG Berlin 8.11.1990, aaO; LAG Hamm 4.8.2015, aaO; L: DKW/*Berg* Rn 167; **wie hier** GK/*Jacobs* Rn 182>. Das BAG geht sogar noch einen Schritt weiter und zieht aus § 85 Abs 1 S 1 und 2 ArbGG den nicht nachvollziehbaren Schluss, der Durchführungsantrag sei erst mit Entscheidung über den Feststellungsantrag des AG vollstreckbar <R: BAG 22.1.2013, 1 ABR 92/11, NJOZ 2013, 1056; L: zustimmend *Zeppenfeld/Fries* NZA 2015, 647, 649; GK/*Kreutz* § 77 Rn 29; für eine notwendige Geltendmachung in demselben Verf *Roloff* RdA 2015, 252, 254>. Zugunsten des BR kommt zwar der **Erlass einer eV** zur Durchsetzung des Durchführungsanspruchs in Betracht, allerdings ist das Vorliegen eines Verfügungsgrundes für die Leistungsverfügung sorgfältig zu prüfen <L: *Zeppenfeld/Fries* NZA 2015, 647, 649 f; GK/*Jacobs* Rn 182 mwN>.

101 Im umgekehrten Fall, dass der **BR den Spruch für unwirksam hält** und deshalb das ArbG anruft, lässt wiederum dieser Feststellungsantrag das Durchführungsrecht bzw die Durchführungspflicht des AG gem § 77 Abs 1 S 1 nicht entfallen. Der AG **darf** die auf dem Spruch beruhende BV also vorerst **durchführen**, solange nicht das ArbG (dann aber rückwirkend) dessen Unwirksamkeit feststellt <L: zu weit gehend GK/*Kreutz* § 77 Rn 29, der bis dahin eine Durchführungs*pflicht* des AG annimmt, die aber bei einer unwirksamen BV nicht bestehen kann>. In Mitbestimmungsangelegenheiten kann der BR seinerseits nach allg Grundsätzen einen **Unterlassungsantrag** wegen Fehlens einer wirksamen mitbestimmten Regelung rechtshängig zu machen, wobei allerdings der Feststellungsantrag vorgreiflich iS des § 148 ZPO sein dürfte. Der Erlass einer **einstweiligen Unterlassungsverfügung** für den Zwischenzeitraum scheidet allerdings abgesehen vom Fall eines offensichtlich unwirksamen ES-Spruchs aus, weil der AG mit dem ES-Verf das vorgegebene MB-Verf eingehalten hat <L: Richardi/*Maschmann* Rn 119; iE ebenso GK/*Jacobs* Rn 182 mwN>.

g) Rechtsweggarantie, Abs 7

102 Nach Abs 7 schließt der Spruch der ES den **Rechtsweg** nach anderen Vorschriften **nicht aus**. Das bedeutet zunächst, dass AG oder BR die Frage, ob die ES zuständig ist, direkt im arbg Beschlussverf überprüfen lassen können (Rn 40). Zum anderen folgt aus Abs 7, dass einzelne AN in Angelegenheiten, die von der ES entschieden werden können (§§ 87 Abs 1 Nr 5 und 9, 85 Abs 2), nicht gehindert sind, ihre Rechte vor dem ArbG oder – iF des § 87 Abs 1 Nr 9 – vor einem ordentl Gericht einzuklagen, aber Rn 86.

VI. Tarifliche Schlichtungsstelle

Abs 8 ermöglicht es den TV-Parteien, an die Stelle der ES eine tarifl Schlichtungsstelle 103
zu setzen. Eine solche Regelung gilt als **betriebsverfassungsrechtl Norm** ohne Rücksicht auf die Tarifgebundenheit der AN für alle Betriebe, deren AG tarifgebunden ist, § 3
Abs 2 TVG <**R:** BAG 14.9.2010, 1 ABR 30/09, NZA-RR 2011, 526; **L:** DWWK/*Berg*
Rn 159; Richardi/*Maschmann* Rn 148 mwN>. Der TV muss bestimmen, wie sich die tarifl Schlichtungsstelle zusammensetzt und wer ihr angehört. Nach Sinn und Zweck des an
die Stelle des ES-Verf tretenden Verf muss auch die tarifl Schlichtungsstelle von einem
unparteiischen Vors geleitet werden und paritätisch mit Beisitzern besetzt sein <**L:** *Fitting*
Rn 176 mwN>. Der TV muss festlegen, wer den Vors bestimmt. § 100 ArbGG ist nicht
anwendbar, weswg der Vors vom ArbG nur bestimmt werden kann, wenn dies im TV ausdrückl festgelegt ist <**L:** Richardi/*Maschmann* Rn 149; Germelmann/*Schlewing* § 100
Rn 3; **aA** GK/*Jacobs* Rn 189; *Fitting* Rn 116>.

Da die tarifl Schlichtungsstelle „**an die Stelle**" der ES tritt, diese also verdrängt, entspricht ihre **Zuständigkeit** der der ES <**L:** *Fitting* Rn 174 mwN>. Die TV-Parteien können der Schlichtungsstelle aber auch nur Teilbereiche zuweisen, iÜ bleibt dann die ES
zuständig <**R:** BAG 14.9.2010, aaO; **L:** *Fitting* Rn 174>. Erlaubt man den TV-Parteien,
die MBR zu erweitern (Einl vor § 106 Rn 5), ist die tarifl Schlichtungsstelle auch insoweit zuständig <**R:** BAG 18.8.1987, 1 ABR 30/86, BB 1987, 2161; auch 9.5.1995,
1 ABR 56/94, DB 1995, 2610; **L:** Richardi/*Maschmann* Rn 146; GK/*Jacobs* Rn 186;
ErfK/*Kania* Rn 33>. Für die tarifl Schlichtungsstelle gelten zwingend die **Verf-Vorschriften** des Abs 3 <**R:** BAG 14.9.2010, aaO; **L:** BT-Drs VI/1786 S 47; GK/*Jacobs*
Rn 187; Richardi/*Maschmann* Rn 147; *Fitting* Rn 176, ErfK/*Kania* Rn 33; HWGNRH/
Worzalla Rn 34; **aA** DKW/*Berg* Rn 156>. Entspr Abs 4 können die TV-Parteien auch weitere Verf-Regeln aufstellen, etwa eine zweite Instanz vorsehen <**L:** GK/*Jacobs* Rn 187;
Fitting Rn 179 mwN> und abw von § 76a die Kosten den TV-Parteien auferlegen <**L:** *Fitting* Rn 179>. Die Sprüche einer tarifl Schlichtungsstelle sind in gleichem Umfang **gerichtl nachprüfbar** wie die der ES, Rn 84 ff <**R:** BAG 18.8.1987, aaO; **L:** GK/*Jacobs*
Rn 192>. 104

Soweit die Zuständigkeit der Schlichtungsstelle nach dem TV reicht, **darf eine ES nicht** 105
tätig werden; ein dennoch ergehender ES-Spruch entfaltet keine Rechtswirkung <**R:**
BAG 23.3.1962, 1 ABR 7/60, DB 1962, 743; **L:** Richardi/*Maschmann* Rn 151>. Voraussetzung für die Einschränkung der ES-Befugnisse ist, dass dem TV eindeutig entnommen
werden kann, es solle eine tarifl Schlichtungsstelle an die Stelle der ES treten. Hieran
fehlt es, wenn der TV ledigl vorsieht, dass die Tarifparteien „zwecks Klärung und
Schlichtung" einzuschalten sind, wenn Verhandlungen zw AG und BR zu keinem Ergebnis führen <**R:** BAG 9.5.1995, 1 ABR 56/94, DB 1995, 2610>. AG und BR können die
ES aber anrufen, wenn die tarifl Schlichtungsstelle noch nicht errichtet oder nicht handlungsfähig ist <**L:** *Rieble* RdA 1993, 140, 149; Richardi/*Maschmann* Rn 151;
HWGNRH/*Worzalla* Rn 38; **einschr** *Fitting* Rn 177; GK/*Jacobs* Rn 191: nur wenn AG
und BR die Errichtung nicht wirksam beeinflussen können>.

§ 76 Einigungsstelle

106 Die **Betriebspartner** können hingg die ES nicht durch andere Stellen mit anderer Besetzung ersetzen. Zwar können durch BV andere Schlichtungsgremien eingerichtet werden <L: GK/*Jacobs* Rn 84>. Diese können aber niemals an die Stelle einer ES treten <R: Hess LAG 15.11.2012, 5 TaBVGa 257/12, BeckRS 2013, 67432>. Ledigl für AN-Beschwerden lässt § 86 S 2 ausdrückl die Einrichtung einer Beschwerdestelle anstelle der ES zu.

§ 76a Kosten der Einigungsstelle

(1) Die Kosten der Einigungsstelle trägt der Arbeitgeber.

(2) Die Beisitzer der Einigungsstelle, die dem Betrieb angehören, erhalten für ihre Tätigkeit keine Vergütung; § 37 Abs. 2 und 3 gilt entsprechend. Ist die Einigungsstelle zur Beilegung von Meinungsverschiedenheiten zwischen Arbeitgeber und Gesamtbetriebsrat oder Konzernbetriebsrat zu bilden, so gilt Satz 1 für die einem Betrieb des Unternehmens oder eines Konzernunternehmens angehörenden Beisitzer entsprechend.

(3) Der Vorsitzende und die Beisitzer der Einigungsstelle, die nicht zu den in Absatz 2 genannten Personen zählen, haben gegenüber dem Arbeitgeber Anspruch auf Vergütung ihrer Tätigkeit. Die Höhe der Vergütung richtet sich nach den Grundsätzen des Absatzes 4 Satz 3 bis 5.

(4) Das Bundesministerium für Arbeit und Soziales kann durch Rechtsverordnung die Vergütung nach Absatz 3 regeln. In der Vergütungsordnung sind Höchstsätze festzusetzen. Dabei sind insbesondere der erforderliche Zeitaufwand, die Schwierigkeit der Streitigkeit sowie ein Verdienstausfall zu berücksichtigen. Die Vergütung der Beisitzer ist niedriger zu bemessen als die des Vorsitzenden. Bei der Festsetzung der Höchstsätze ist den berechtigten Interessen der Mitglieder der Einigungsstelle und des Arbeitgebers Rechnung zu tragen.

(5) Von Absatz 3 und einer Vergütungsordnung nach Absatz 4 kann durch Tarifvertrag oder in einer Betriebsvereinbarung, wenn ein Tarifvertrag dies zulässt oder eine tarifliche Regelung nicht besteht, abgewichen werden.

Literatur: *Bauer/Röder*, Die Kosten des Einigungsstellenverfahrens – vertretbar und noch zeitgemäß?, FS 100 Jahre Betriebsverfassungsrecht (2020), S 41; *Ebert*, Die Kosten der Einigungsstelle gemäß § 76a BetrVG 1972 unter besonderer Berücksichtigung der Honorierung von Einigungsstellenmitgliedern, 1999; *CS Hergenröder*, Die Kosten der Einigungsstelle, AR-Blattei SD 630.2; *Kleinebrink*, Die Vergütung der Beisitzer der Einigungsstelle, ArbRB 2017, 29; *Kolbe/Bottor*, Vergütung von Einigungsstellenmitgliedern in der Insolvenz, NZI 2018, 830; *Löwisch*, Die gesetzliche Regelung der Einigungsstellenkosten (§ 76a BetrVG nF), DB 1989, 223; *Lüders/Weller*, Die Kosten des Betriebsratsanwalts, DB 2015, 2149; *Lunk/Nebendahl*, Die Vergütung der außerbetrieblichen Einigungsstellenbeisitzer, NZA 1990, 921; *Müller-Boruttau*, Die Einigungsstelle, BB 2020, 116; *Platz*, Der Grundsatz der prozessualen Waffengleichheit als Grenze der Kostentragungspflicht des Arbeitgebers bei Einigungsstellen- und Beschlußverfahren, ZfA 1993, 373; *H Schäfer*, Zur Vergütung der außerbetrieblichen Mitglieder der Einigungsstelle nach § 76a BetrVG, NZA 1991, 836; *Schmitt*, Betriebsratshaftung für Kosten des Einigungsstellenverfahrens, jM 2019, 364; *R Schneider*, Die Vergütung von Einigungsstellenmitgliedern – Rechtsgrundlagen und Rechtstatsachen, FS Stege (1997), S 253.

Übersicht

	Rn.		Rn.
I. Normzweck und Anwendungsbereich	1	1. Anspruchsgrundlage	6
II. Sach- und Verfahrensaufwand der Einigungsstelle, Abs 1	2	a) ES-Mitglieder	6
		b) Bevollmächtigte	9
III. Vergütungsanspruch des Vorsitzenden und der betriebsfremden Beisitzer	6	2. Gesetzl, tarifl oder betriebl Vergütungsordnung (Abs 4 und Abs 5)	10

§ 76a Kosten der Einigungsstelle

3. Vergütung nach §§ 316, 315 BGB
iVm § 76a Abs 3 S 2, Abs 4 S 3–5 .. 12
4. Honorarvereinbarung........... 18
5. Fälligkeit und Durchsetzung 22

IV. Keine Vergütung für betriebsangehörige Beisitzer 24
V. Streitigkeiten 27

I. Normzweck und Anwendungsbereich

1 Nach § 76a Abs 1 trägt der AG die Kosten der ES. § 76a Abs 2 und 3 regeln die Vergütung des Vors und der Beisitzer, § 76a Abs 4 und 5 enthalten Grundsätze für die Bemessung ihrer Vergütungsansprüche <zur Gesetzeshistorie L: *Bauer/Röder* FS 100 Jahre Betriebsverfassungsrecht (2020), S 42 ff>.

II. Sach- und Verfahrensaufwand der Einigungsstelle, Abs 1

2 Abs 1 verpflichtet den AG, die Kosten der ES zu tragen und bildet damit zugleich eine **Anspruchsgrundlage** für Ansprüche gg den AG auf Erstattung von Auslagen sowie auf Freistellung von Verbindlichkeiten <L: GK/*Jacobs* Rn 7>. Nach allg Grundsätzen ist die Kostentragungspflicht beschränkt auf solche Kosten, die **erforderl** sind und dem **Grundsatz der Verhältnismäßigkeit** entsprechen <R: BAG 13.11.1991, 7 ABR 70/90, BB 1992, 855; L: DKW/*Berg* Rn 9; ErfK/*Kania* Rn 2; Germelmann/*Künzl* ES-Verf Rn 351 mwN>. Maßstab ist eine ex-ante-Betrachtung aus Sicht eines vernünftigen objektiven Beobachters <L: GK/*Jacobs* Rn 10>. Die Unverhältnismäßigkeit kann sich auch daraus ergeben, dass der BR eine Vielzahl parallel gelagerter Sachverhalte nicht in einer, sondern nur in separaten ES zu verhandeln bereit ist <R: Hess LAG 1.3.2016, 4 TaBV 258/15, NZA-RR 2016, 535>. Für die ebenfalls zu den Kosten der ES zu rechnende **Vergütung** der ES-Mitglieder treffen die Abs 2–5 eine spezielle Regelung. Neben diesem Vergütungsanspruch haben der ES-Vors und die außerbetriebl Beisitzer **keinen Anspruch auf Ersatz entgangenen Arbeitsentgelts** <L: Richardi/*Maschmann* Rn 9>.

3 Zu den vom AG zu tragenden Kosten der ES zählt einmal der **Geschäftsaufwand** der ES. Insbes muss der AG Räume, Büromaterial und, soweit erforderl, eine Schreibkraft zur Verfügung stellen <L: *Fitting* Rn 6; Germelmann/*Künzl* ES-Verf Rn 402 f mwN>. Auslagen für externe Tagungsräume oder die Anschaffung von Sachmitteln sind aber nur erstattungsfähig, wenn der AG sich weigert, sie zur Verfügung zu stellen <L: GK/*Jacobs* Rn 12>.

4 Kosten sind auch die **Aufwendungen, die den ES-Mitgliedern** aufgrund ihrer Tätigkeit in der ES entstehen, insbes deren **Reise- und Übernachtungskosten** und **Telefonkosten** <R: BAG 14.2.1996, 7 ABR 24/95, BB 1996, 1937; L: GK/*Jacobs* Rn 13>. Für diese Kosten kann eine **Pauschale** vereinbart werden; darüber hinausgehende Kosten sind im Einzelnen nachzuweisen <L: *Fitting* Rn 9; GK/*Jacobs* Rn 13>. Der AG kann die Bestellung von Beisitzern nicht ablehnen, weil sie von weither anreisen müssen und deshalb hohe Reisekosten verursachen, § 76 Rn 15. Zu einem **Verdienstausfall** der ES-Mitglieder Rn 17. Zu den Kosten für die Durchsetzung eines Vergütungsanspruchs Rn 23.

5 Zu den Kosten der ES zählen die Kosten für einen von der ES hinzugezogenen **Sachverständigen** (§ 76 Rn 49), wenn dessen Hinzuziehung erforderl und verhältnismäßig war,

etwa wenn die ES-Mitglieder mangels eigener Sachkunde keine angemessene, vor allem ermessensfehlerfreie Entscheidung treffen können <R: BAG 13.11.1991, 7 ABR 70/90, BB 1992, 855; L: GK/*Jacobs* Rn 14 mwN>. Anders als bei der Hinzuziehung eines Sachverständigen durch den BR (§ 80 Rn 56) bedarf die Bestellung eines Sachverständigen durch die ES **keiner vorherigen Vereinbarung** mit dem AG <R: LAG Nds 4.3.1988, 15 TaBV 61/87, AuR 1989, 60; LAG RhPF 19.4.2005, 5 TaBV 18/05; LAG Hamm 22.2.2008, 10 TaBVGa 3/08 mwN; L: GK/*Jacobs* Rn 14; *Fitting* Rn 7; DKW/*Berg* Rn 12; aA *SWS* Rn 3a>.

III. Vergütungsanspruch des Vorsitzenden und der betriebsfremden Beisitzer

1. Anspruchsgrundlage

a) ES-Mitglieder

Mit der Bestellung zum ES-Mitglied entsteht **zw AG und betriebsfremden ES-Mitgliedern** ein **betriebsverfassungsrechtl Schuldverhältnis**, § 76 Rn 34. Voraussetzung ist lediglich die Wirksamkeit der Bestellung ggfs nach Heilung evtl Verfahrensfehler, soweit dies mögl ist <R: BAG 22.11.2017, 7 ABR 46/16, NZA 2018, 732>, s auch § 76 Rn 12. Zentrale Rechtsfolge dieses Schuldverhältnisses ist, dass Abs 3 S 1 den betriebsfremden ES-Mitgliedern einen **gesetzl Vergütungsanspruch** gg den AG für ihre Tätigkeit in der ES einräumt <R: BAG 19.11.2019, 7 ABR 52/17, NZA 2020, 727; 10.10.2007, 7 ABR 51/06, BB 2008, 671; 12.2.1992, 7 ABR 20/91, BB 1993, 581>. Der **BR** ist an diesem Schuldverhältnis weder beteiligt, noch besteht zw BR und den von ihm benannten ES-Mitgliedern ein gesetzl Schuldverhältnis, § 76 Rn 34. Deswg kann der BR mit den von ihm bestellten Beisitzern keine bindende Absprache über die Vergütungshöhe treffen, sondern nur auf die gesetzl Vergütung oder bisherig üblichen ES-Honorare hinweisen <R: BAG 12.2.1992, 7 ABR 20/91, BB 1993, 581; L: GK/*Jacobs* Rn 56; aA *Althoff* NZA 2014, 74, 75>. Umgekehrt folgt daraus, dass der Vergütungsanspruch grundsätzlich nicht entfällt, wenn der BR ggü dem AG unter dem Gesichtspunkt der Sparsamkeit gehalten gewesen wäre, statt eines externen einen internen Beisitzer zu benennen <L: *Fitting* Rn 15; aA GK/*Jacobs* Rn 33>. **Erforderlichkeit** iS des Abs 1 ist nach Abs 3 für die Frage der Vergütungspflicht gerade **keine Voraussetzung** <R: BAG 19.11.2019, 7 ABR 52/17, NZA 2020, 727; 24.4.1996, 7 ABR 40/95, BB 1996, 1991>. Allerdings bejaht das BAG einen Verstoß des BR gg den Grds vertrauensvoller Zusammenarbeit nach § 2 Abs 1, wenn dieser von seiner Befugnis zur Bestellung externer Beisitzer aus **offenkundig sachwidrigen Motiven** Gebrauch gemacht (insb um die Kosten für die ES in die Höhe zu treiben) und dies **für den Beisitzer erkennbar** war <R: BAG 19.11.2019, aaO>. Unter diesen engen Voraussetzungen **schlägt der Verstoß auf das Schuldverhältnis zw AG und Beisitzer durch** <R: BAG 19.11.2019, aaO; aA die Vorinstanz LAG Nbg 19.9.2017, 2 TaBV 75/16, BB 2018, 57; L: GK/*Jacobs* Rn 35; ErfK/*Kania* Rn 4; Schaub/*Ahrendt* § 232 Rn 10; aA *Schmitt* jM 2019, 364, 365 f>, weil dann die Bestellung unter Kollusionsgesichtspunkten unwirksam ist <L: MünchArbR/*Reinhard* § 308 Rn 186>. War der Verstoß für den Beisitzer nicht erkennbar und hat er demnach Anspruch auf das Honorar,

6

§ 76a   Kosten der Einigungsstelle

bleibt die Möglichkeit eines **Regressanspruchs** des AG ggü den sachwidrig handelnden BR-Mitgliedern <L: *Windeln/Kessler* ArbRB 2021, 80, 82>.

7   Auch **Gewerkschaftsfunktionäre** können als externe Beisitzer eine Vergütung nach Abs 3 beanspruchen <R: BAG 14.2.1996, 7 ABR 24/95, BB 1996, 1937; L: Richardi/ *Maschmann* Rn 16>. Dabei spielt es keine Rolle, ob sie der Gewerkschaft oder einer gewerkschaftsnahen Stiftung das Honorar abführen müssen <R: BAG 14.12.1988, 7 ABR 73/87, BB 1989, 983; L: *Fitting* Rn 16 mwN>. Kann nicht festgestellt werden, ob ein Gewerkschaftsvertreter als außerbetriebl Beisitzer oder Verf-Bevollmächtigter des BR an der ES teilgenommen hat, kann er kein Honorar nach Abs 3 beanspruchen <R: Hess LAG 7.7.2005, 9 TaBV 134/04>.

8   Der **Vors** hat nach Abs 3 **unabhängig davon, ob er dem Betrieb angehört** oder nicht, einen Vergütungsanspruch <L: GK/*Jacobs* Rn 29; *Fitting* Rn 14; DKK/*Berg* Rn 21; aA HSWGN/*Worzalla* Rn 15>. Das ist mit Blick auf Abs 2 S 1, nach dem betriebsangehörige ES-Beisitzer einen Vergütungsanspruch weder kraft Gesetz erwerben (Rn 24) noch wg § 78 S 2 einen solchen Anspruch mit dem AG vereinbaren können (Rn 20), zweifelhaft, aber geltendes Recht; Abs 3 S 1 begründet für den ES-Vors eine gesetzl Ausnahme zu § 78 S 2. Gehört der ES-Vors dem Betrieb an, wird sein Arbeitsverhältnis für die Stellung als ES-Vors durch das betriebsverfassungsrechtl Schuldverhältnis aus Abs 3 S 1 überlagert, Rn 6 und § 76 Rn 34. Zum Anspruch auf Ersatz der entstandenen Aufwendungen Rn 4.

b) Bevollmächtigte

9   Von der Frage der Vergütung der ES-Mitglieder zu trennen ist die Bezahlung eines evtl **Bevollmächtigten** (§ 76 Rn 47) der Betriebspartner im Verf vor der ES – sofern dieser nicht zugleich Beisitzer der ES ist. Der BR kann mit der Vertretung vor der ES auch eine externe Person, insb einen **Anwalt** beauftragen. Dessen Honorar gehrt allerdings nicht zu den Kosten der ES iSd § 76a. Ob der AG die entstehenden Kosten zu tragen hat, richtet sich allein nach **§ 40 Abs 1** <R: BAG 21.6.1989, 7 ABR 78/87, BB 1990, 138; 14.2.1996, 7 ABR 25/95, BB 1996, 1612; L: GK/*Jacobs* Rn 16 ff; Richardi/*Maschmann* Rn 10; *Fitting* Rn 8; DKW/*Berg* Rn 13 ff; Germelmann/*Künzl* ES-Verf Rn 408 ff; ErfK/*Kania* Rn 2; *Lüders/Weller* DB 2015, 2149 f; aA *SWS* Rn 18>: Eine Honorarzusage ist zulässig, wenn der BR die Hinzuziehung eines RA nach pflichtgemäßer Prüfung der Sach- und Rechtslage für **erforderl** halten durfte, insbes weil von der ES schwierige Rechtsfragen zu klären sind und kein BR-Mitglied über den notwendigen juristischen Sachverstand verfügt <R: BAG 21.6.1989 und 14.2.1996, aaO; L: GK/*Jacobs* Rn 18>. Ist bereits ein Rechtsanwalt als Beisitzer für die BR-Seite in die ES entsandt, so dürfte die Beiziehung eines weiteren Anwalts hingg regelmäßig nicht erforderlich sein <L: *Bauer/Röder* FS 100 Jahre Betriebsverfassungsrecht, S 46>. Die **Höhe des Anwaltshonorars** richtet sich nach § 23 Abs 3 S 2 RVG (früher: § 8 Abs 2 S 2 BRAGO), maßgebl ist der (im Streitfall durch das ArbG) nach billigem Ermessen zu bestimmende **Gegenstandswert** des ES-Verf <R: BAG 21.6.1989 und 14.2.1996, aaO; L: zur Bemessung *Wenning-Morgenthaler* Rn 574 ff, der eine unverbindliche „Festlegung" des Streitwerts durch die ES empfiehlt>. Entgg dem BAG <R: BAG 21.6.1989, aaO; L: zust DKW/*Berg* Rn 17> ist es nicht zulässig, da nicht iS des § 40 erforderl, dass der BR eine vom Gegenstandswert abw **Honorarvereinbarung** trifft und den AG mit Mehrkosten belastet, indem er dem RA stattdessen

III. Vergütungsanspruch des Vorsitzenden und der betriebsfremden Beisitzer § 76a

etwa ein Honorar iH der einem externen Beisitzer zustehenden Vergütung zusagt <R: offenlassend BAG 20.10.1999, 7 ABR 25/98, BB 2000, 515; L: wie hier *Wenning-Morgenthaler* Rn 573; Germelmann/*Künzl* ES-Verf Rn 411; GK/*Jacobs* Rn 19>.

2. Gesetzl, tarifl oder betriebl Vergütungsordnung (Abs 4 und Abs 5)

Abs 4 S 1 ermächtigt das Bundesministerium für Arbeit und Soziales, die Vergütung der ES-Mitglieder durch **Rechtsverordnung** festzulegen. Gem Abs 4 S 2 können – unter Beachtung der in Rn 14 ff erläuterten Maßstäbe – nur Höchstsätze festgesetzt werden mit der Folge, dass über die Vergütungsordnung hinausgehende Vergütungsansprüche nicht bestehen können. Eine solche Verordnung ist bisher nicht erlassen worden. Deswg muss die Vergütung entweder vertragl zw AG und ES-Mitglied vereinbart werden (Rn 18 ff) oder kann das ES-Mitglied die Höhe der Vergütung nach §§ 315, 316 BGB festlegen (Rn 12 ff) <R: BAG 12.2.1992, 7 ABR 20/91, BB 1993, 581; 28.8.1996, BB 1997, 158; L: Richardi/*Maschmann* Rn 21>. 10

Nach **Abs 5** kann von den Grundsätzen des Abs 3 und von einer nach Abs 4 erlassenen Vergütungsordnung **durch TV oder BV abgewichen**, also sowohl eine höhere als auch eine niedrigere als die nach den Vergütungsgrundsätzen des Abs 3 oder der Vergütungsordnung des Abs 4 zu berechnende Vergütung festgelegt werden, ebenso kann eine Vergütung ganz ausgeschlossen werden. Für diese betriebsverfassungsrechtl TV-Norm genügt gem § 3 Abs 2 TVG, dass der AG tarifgebunden ist <L: Richardi/*Maschmann* Rn 25>. Anders als nach § 77 Abs 3 schließt nur eine bestehende tarifl Regelung eine BV aus (sofern sie eine BV nicht zulässt); hingg sperrt die bloße Tarifüblichkeit eine BV iS des Abs 5 nicht <L: GK/*Jacobs* Rn 59; HWGNRH/*Worzalla* Rn 42>. Eine BV nach Abs 5 ist **nicht erzwingbar**. 11

3. Vergütung nach §§ 316, 315 BGB iVm § 76a Abs 3 S 2, Abs 4 S 3–5

Einigen sich AG und ES-Mitglied nicht über die Höhe der Vergütung, hat das ES-Mitglied diese **nach §§ 316, 315 BGB** nach billigem Ermessen **selbst festzulegen** und dabei gem Abs 3 S 2 die Vergütungsmaßstäbe des Abs 4 S 3 bis 5 beachten <R: BAG 18.9.2019, 7 ABR 15/18, NZA 2020, 458>. Als wesentl Bemessungskriterien nennt Abs 4 S 3 den erforderl **Zeitaufwand**, die **Schwierigkeit** der Tätigkeit sowie den **Verdienstausfall**; damit konkretisiert das BetrVG den **Maßstab billigen Ermessens** iS des § 315 Abs 1 BGB <R: BAG 14.2.1996, 7 ABR 24/95, BB 1996, 1937; LAG SH 14.1.2016, 5 TaBV 45/15, NZA-RR 2016, 304; L: *Fitting* Rn 19; Germelmann/*Künzl* ES-Verf Rn 359 f; abw GK/*Jacobs* Rn 45, 57, der die Aufzählung der Kriterien entgg dem Gesetzeswortlaut als abschließend ansieht>. Auch die berechtigten Interessen des AG und der ES-Mitglieder sind zu berücksichtigen <R: BAG 12.2.1992, 7 ABR 20/91, BB 1993, 581; 28.8.1996, BB 1997, 158>. Im Streitfall muss das ArbG, wenn es gem § 315 Abs 3 BGB prüft, ob das Mitglied der ES die Vergütung nach billigem Ermessen festgelegt hat, ebenfalls die Maßstäbe des Abs 4 S 3 bis 5 zugrunde legen <R: BAG 12.2.1992, aaO>. 12

Die Leistungsbestimmung durch das ES-Mitglied ist **nicht formgebunden** und damit auch durch schlüssiges Verhalten, insb durch Rechnungstellung möglich <R: BAG 11.12.2019, 7 ABR 4/18, ZIP 2020, 674>. Es handelt sich dabei um ein **Gestaltungs-** 13

§ 76a Kosten der Einigungsstelle

recht. Die Leistungsbestimmung konkretisiert den Leistungsinhalt endgültig und ist als Gestaltungserklärung für den Bestimmenden **unwiderruflich** <R: BAG 11.12.2019, aaO>.

14 Da der erforderl Zeitaufwand aus der Schwierigkeit der Streitigkeit folgt <L: Richardi/*Maschmann* Rn 21; GK/*Jacobs* Rn 47; *Fitting* Rn 20> und das Gesetz den erforderl Zeitaufwand an erster Stelle nennt, liegt es nahe, die Vergütung nach **Stundensätzen** zu bemessen. Zu vergüten sind nicht nur die **Sitzungsstunden** der ES, sondern auch die Stunden, die für die **Vorbereitung** (Studium der Unterlagen, Überprüfung von Rechtsfragen, Ausarbeitung eines BV-Entwurfs) und die **Nacharbeit** (Anfertigung von Protokollen, Ausfertigung von ES-Beschlüssen) notwendig sind <R: LAG Hamm 20.1.2006, 10 TaBV 131/05, NZA-RR 2006, 323; L: *Löwisch* DB 1989, 223, 224; *Fitting* Rn 20; DKW/*Berg* Rn 31>. Entgg der bis zur 6. Aufl an dieser Stelle vertretenen Ansicht kann dem Vorschlag *Löwischs*, die Vergütung an den Stundensätzen nach § 9 **JVEG** (früher § 3 ZSEG) zu orientieren <L: *Löwisch* DB 1989, 223, 224; zustimmend *Kaiser* 6. Aufl Rn 14; HWGNRH/*Worzalla* Rn 33; *SWS* Rn 28>, **nicht** gefolgt werden, da die Einigungsstellenarbeit in aller Regel deutlich komplexer ist als die eines Sachverständigen und die Arbeitsaufgabe, eine Regelung zu erarbeiten umfassender als die Erstattung eines bloßen Gutachtens <R: LAG München 11.1.1991, 2 TaBV 57/90, BeckRS 1991, 30463966; L: *Bauer/Röder* DB 1989, 225f; *dies* FS 100 Jahre Betriebsverfassungsrecht, S 50f; *Fitting* Rn 24f; DKW/*Berg* Rn 32; BeckOK ArbR/*Werner* Stand 1.3.2022 Rn 19; GK/*Jacobs* Rn 48>. Für eine Analogie zum JVEG fehlt es angesichts der Ermächtigung in Abs 4 S 1 an einer Regelungslücke <R: BAG 28.8.1996, 7 ABR 42/95, BB 1997, 158>.

15 **Entsprechend § 612 Abs 2 BGB** hat sich der Stundensatz daher unter Berücksichtigung der Maßgaben des Abs 4 S 3 **anhand der üblichen Vergütung** festzulegen. Der damit bestehende Rahmen ist recht groß und variiert nicht zuletzt regional mit dem örtlichen Preisniveau. Genannt werden etwa **Stundensätze** zwischen 250 und 300 Euro <L: GK/*Jacobs* Rn 49>, zwischen 200 und 400 Euro <L: ErfK/*Kania* Rn 5; DKW/*Berg* Rn 32; Düwell/*Krasshöfer* Rn 5> sowie zwischen 250 und 500 Euro <L: BeckOK ArbR/*Werner* Stand 1.3.2022 Rn 19>. Das BAG hielt 1996 für eine Sache mittlerer Schwierigkeit einen Satz von 300 DM (etwa 153 Euro) pro Stunde für sachgerecht <R: BAG 28.8.1996, aaO>. Als **Mittelwert** in diesem Sinne dürften heute Stundensätze von **100–300 Euro** sachgerecht sein <L: so auch Germelmann/*Künzl* ES-Verf Rn 374 mwN>. Pauschale Vergütungsregelungen sowie die unbesehene Übernahme von Vergütungssätzen anderer ES verbieten sich ohnehin; billigem Ermessen (Rn 12) entspricht die Vergütung nur, wenn die Umstände des Einzelfalls beachtet werden <R: BAG 28.8.1996, aaO>. **Umsatzsteuer** können die betriebsfremden ES-Mitglieder auch ohne vorherige Vereinbarung mit dem AG fordern <R: BAG 18.9.2019, 7 ABR 15/18, NZA 2020, 458; 14.2.1996, 7 ABR 24/95, BB 1996, 1937; L: *Fitting* Rn 29; DKW/*Berg* Rn 44>; dies gilt allerdings nicht für Kleinunternehmer iS des § 19 Abs 1 UStG – auch bei erklärtem Verzicht nach § 19 Abs 2 UStG <R: BAG 18.9.2019, aaO>.

16 Nach **Abs 4 S 4** ist die **Vergütung der Beisitzer niedriger** zu bemessen als die des Vors. Da das Gesetz dies unabhängig vom konkreten Zeitaufwand der ES-Mitglieder vorschreibt, hat sich in der Praxis eine pauschale Handhabung etabliert, die indes nicht umstritten ist. Regelmäßig ist ein **Satz von 7/10** der Vors-Vergütung angemessen <R: BAG 18.9.2019, 7 ABR 15/18, NZA 2020, 458; 14.2.1996, 7 ABR 24/95, BB 1996, 1937; 12.2.1992, 7 ABR 20/91, BB 1993, 581; L: Richardi/*Maschmann* Rn 22; *Fitting*

III. Vergütungsanspruch des Vorsitzenden und der betriebsfremden Beisitzer § 76a

Rn 25a; DKW/*Berg* Rn 34; ErfK/*Kania* Rn 6; im Grds auch HWGNRH/*Worzalla* Rn 38; krit GK/*Jacobs* Rn 51; Germelmann/*Künzl* ES-Verf Rn 368 ff; SWS Rn 22>. Diese „7/10-Regel" berücksichtigt bereits einen geringeren Zeitaufwand der Beisitzer <R: BAG 14.2.1996, aaO>. Bezugsgröße ist dabei lediglich das dem Vors gezahlte Honorar ohne die geltend gemachten Reisekosten <R: BAG 19.11.2019, aaO>. Das Vorsitzendenhonorar **scheidet als Bemessungsgrundlage nur aus, wenn** es seinerseits unangemessen ist oder sich durch Besonderheiten erklärt, die in den Verhältnissen oder der Person des Beisitzers nicht erfüllt sind <R: BAG 18.9.2019, 7 ABR 15/18, NZA 2020, 458>. Auch ein **Rechtsanwalt** kann als Beisitzer grds keine höhere Vergütung beanspruchen, aber Rn 17. Als ES-Beisitzer ist er nicht in seiner Eigenschaft als Anwalt tätig. Seine Vergütung richtet sich daher wie die der anderen Beisitzer nach den Regeln der Abs 3–5 und **nicht** etwa nach den Vorschriften des **RVG** <R: BAG 20.2.1991, 7 ABR 6/90, BB 1991, 1190; LAG Hamm 20.1.2006, 10 TaBV 131/05, NZA-RR 2006, 323; **L:** Richardi/*Maschmann* Rn 17>. Das gilt auch dann, wenn in der ES weitere Verf mit erledigt werden <R: LAG Köln 29.10.2014, 11 TaBV 30/14; **L:** GK/*Jacobs* Rn 38>. Zum Honoraranspruch, wenn der RA den BR vor der ES vertritt s Rn 9.

Um die von § 76 verlangte Parität der ES zu wahren (vgl § 76 Rn 11) und wg der für alle Beisitzer gleichen Tätigkeit und Verantwortung, ist es zwar grds geboten, für alle Beisitzer einen gleich hohen Stundensatz festzulegen. Allerdings knüpft Abs 3 mit „**Verdienstausfall**" an ein individuell unterschiedl Kriterium an, weswg ausnahmsweise **unterschiedl hohe Beisitzerhonorare** iS der §§ 316, 315 Abs 3 BGB billig sein können, wenn einem Beisitzer tatsächl ein erhebl höherer Verdienst während der Tätigkeit für die ES entgeht <R: aA LAG RhPf 24.5.1991, 6 TaBV 14/91, BB 1991, 2375; LAG HH 18.11.1991, 4 TaBV 10/90, DB 1992, 791; **L:** wie hier *Bauer/Röder* DB 1989, 224, 225 f; *Lunk/Nebendahl* NZA 1990, 921, 925; GK/*Jacobs* Rn 53; DKW/*Berg* Rn 37; HWGNRH/*Worzalla* Rn 38; in diese Richtung auch *Fitting* Rn 22; aA *Löwisch* DB 1989, 223, 224>. Besitzt ein ES-Beisitzer **außergewöhnl hohe Sachkenntnisse** in der zu entscheidenden Streitigkeit, kann dies auch einen ggü den anderen Beisitzern erhöhten Vergütungsanspruch rechtfertigen <R: LAG München 11.1.1991, TaBV 57/90, BB 1991, 551 (LS)>. Im Regelfall aber dürfte die in Rn 16 dargestellte Bemessung der Billigkeit entsprechen. 17

4. Honorarvereinbarung

Der AG (nicht der BR, Rn 6) und die ES-Mitglieder können über die Höhe der Vergütung eine **privatvertragl Honorarvereinbarung** abschließen; dem steht Abs 5 nicht entgg <R: BAG 12.2.1992, 7 ABR 20/91, BB 1993, 581; LAG RhPf 24.5.1991, 6 TaBV 14/91, BB 1991, 2375; LAG Hamm 20.1.2006, 10 TaBV 131/05, NZA-RR 2006, 323; **L:** GK/*Jacobs* Rn 61; *Fitting* Rn 32; DKW/*Berg* Rn 49; HWGNRH/*Worzalla* Rn 39; ErfK/*Kania* Rn 7; **aA** SWS Rn 34>. Insbes kann der AG den ES-Mitgliedern eine höhere als die nach Abs 3 oder 4 angemessene Vergütung (Rn 12 ff) zusagen. Einzelnen ES-Beisitzern kann eine höhere Vergütung als anderen zugesagt werden, wenn diese individuell an den tatsächl Verdienstausfall oder an bes Sachkenntnisse anknüpft, Rn 17. Sobald das Bundesministerium für Arbeit und Soziales die Vergütung der ES-Mitglieder durch Rechtsverordnung festlegt, können AG und ES-Mitglieder aber keine höhere Vergütung als nach deren Höchstsätzen vereinbaren, Abs 4 S 2 (Rn 10). 18

§ 76a Kosten der Einigungsstelle

19 Es ist aber **unzulässig**, wenn der AG den **Beisitzern der AG-Seite eine höhere Vergütung** verspricht als den Beisitzern der AN-Seite: Durch eine solche Vereinbarung wird die von § 76 verlangte Parität der ES gefährdet, da es von der Höhe der Vergütung abhängt, ob der BR hinreichend qualifizierte Mitglieder für die ES gewinnen kann <L: *Fitting* Rn 32; DKW/*Berg* Rn 49; HWK/*Kliemt* Rn 30; **aA** *Bauer/Röder* DB 1989, 224, 226; *dies* FS 100 Jahre Betriebsverfassungsrecht, S 56 f; *Lunk/Nebendahl* NZA 1990, 921, 925; GK/*Jacobs* Rn 63; HWGNRH/*Worzalla* Rn 42; ErfK/*Kania* Rn 7>. Sagt der AG seinen Beisitzern eine höhere Vergütung zu, als sie Abs 3 entspricht, **darf auch der BR seinen Beisitzern auf Kosten des AG die gleiche Vergütung zusagen**. § 76a steht einer solchen Zusage des BR, die auch nach der bisherigen Rspr mögl war <R: BAG 15.12.1978, BB 1979, 1242> nicht entgg, da der AG durch die Zusage der höheren Vergütung an seine Beisitzer zum Ausdruck bringt, dass er den mit Abs 3 beabsichtigten Schutz vor zu hohen Vergütungsverpflichtungen nicht in Anspruch nehmen möchte <L: *Löwisch* DB 1989, 223, 224; **aA** *Bauer/Röder* DB 1989, 224, 226>.

20 Der AG darf den **betriebsangehörigen Beisitzern** wg der zwingenden Vorschrift des Abs 2 (Rn 24 ff) **keine Vergütung** versprechen, andernfalls begünstigt er diese AN entgg § 78 S 2 <L: GK/*Jacobs* Rn 23, 64; *Fitting* Rn 11; DKW/*Berg* Rn 18; HWGNRH/*Worzalla* Rn 15; **aA** *Löwisch* DB 1989, 223, 224>; eine gleichwohl getroffene Honorarvereinbarung ist gem § 134 BGB **nichtig** <L: GK/*Jacobs* Rn 23, 64; *Fitting* Rn 11>.

21 Im Übrigen aber haben AG und ES-Mitglieder weitreichende Gestaltungsfreiheit. Der ES-Vors und die externen ES-Mitglieder können etwa auf ihre Vergütung **ganz oder teilweise verzichten**: Aus Abs 4 S 2 folgt, dass Abs 3 und 4 S 1 Höchst-, aber nicht Mindestsätze normiert <L: *Löwisch* DB 1989, 223, 224; GK/*Jacobs* Rn 61>. Für Beisitzer kann auch ein höheres Honorar als für den Vors vereinbart werden; Abs 4 S 4 (Rn 17) enthält kein gesetzl Verbot, das einer solchen Vereinbarung entgg stünde <R: LAG Hamm 20.1.2006, 10 TaBV 131/05, NZA-RR 2006, 323>. Umgekehrt bewirkt die **Vereinbarung einer höheren Vergütung** für den Vors zugunsten der Beisitzer im Regelfall ebenfalls eine entspr Erhöhung (siehe Rn 16) <R: vgl BAG 12.2.1992, 7 ABR 9/91; L: *Bauer/Röder* DB 1989, 224, 226; **aA** GK/*Jacobs* Rn 62; HWGNRH/*Worzalla* Rn 42>.

5. Fälligkeit und Durchsetzung

22 Die Vergütungsansprüche der ES-Mitglieder sind gemäß §§ 675, 611, 614 S 1 BGB grds nach Abschluss des ES-Verf fällig. Bei einer Abrechnung nach Stunden- oder Tagessätzen – in der Praxis der Regelfall – tritt die Fälligkeit hingg **nach Ablauf der jeweiligen Zeitabschnitte** ein (§ 614 S 2 BGB), wobei nach der Verkehrssitte immer die Vergütung für eine gesamte Woche am Wochenschluss fällig wird <R: MüKoBGB/*Müller-Glöge* § 614 Rn 11; **aA** GK/*Jacobs* Rn 58, der § 614 S 2 BGB ohne nähere Begründung nicht für anwendbar hält>. Besteht eine **vertragl Vereinbarung** zw dem ES-Mitglied und dem AG über die Vergütung, kann die Fälligkeit darin abw geregelt werden. Ohne ausdrückl andere Vereinbarung ist allerdings die **Rechnungslegung** durch das ES-Mitglied als **Fälligkeitsvoraussetzung** anzusehen <R: vgl zu einer solchen stillschweigenden Vereinbarung OLG Köln 25.9.2015, 19 U 53/15, BeckRS 2015, 118200>, weil der AG mangels Kenntnis der erbrachten Arbeit die Höhe der Vergütung gar nicht kennt. Ist die Vergütung nicht vertragl geregelt, wird der Vergütungsanspruch gleichfalls erst mit wirksamer (verbindlicher) **Bestimmungserklärung nach § 315 Abs 2, Abs 3 S 1 BGB** fällig <R: LAG

IV. Keine Vergütung für betriebsangehörige Beisitzer § 76a

Nbg 19.9.2017, 2 TaBV 75/16, BB 2018, 57; **L:** Staudinger/*Rieble* (2015) § 315 Rn 403>. Die ES-Mitglieder sind auf dieser Grundlage auch berechtigt, **Zwischenrechnungen** zu stellen – einer Pflicht des AG zur Zahlung von Abschlägen <**L:** dafür MünchArbR/*Reinhard* § 308 Rn 209; *Fitting* Rn 18; **aA** GK/*Jacobs* Rn 58> bedarf es folglich im Regelfall nicht. Im Falle der Insolvenz des AG während des laufenden ES-Verf sind die Honoraransprüche insgesamt Masseverbindlichkeiten <**R:** BAG 11.12.2019, 7 ABR 4/18, ZIP 2020, 674; **L: abl** *Kolbe/Bottor* NZI 2018, 830>.

Die Kosten, die betriebsfremden ES-Mitgliedern bei der gerichtl Durchsetzung ihres Honoraranspruchs gg den AG entstehen (**Honorardurchsetzungskosten**), sind zwar weder nach Abs 1 noch nach Abs 3 ersatzfähig, können aber bei verzögerter Zahlung vom AG nach §§ 280 Abs 1, 2 mit 286 BGB als Verzugsschaden zu ersetzen sein <**R:** BAG 27.7.1994, 7 ABR 10/93, DB 1995, 835; **L:** Richardi/*Maschmann* Rn 24>. Bei unverbindlicher Bestimmungserklärung nach § 315 Abs 2, Abs 3 S 1 BGB allerdings wird die Vergütung erst **mit rechtskräftiger gerichtl Festsetzung** gemäß § 315 Abs 3 S 2 BGB fällig <**R:** BAG 19.11.2019, 7 ABR 52/17, NZA 2020, 727>. Folglich besteht zuvor mangels Verzugs auch kein Anspruch auf Verzugszinsen <**R:** vgl BAG 15.4.2014, 3 AZR 114/12, ZIP 2014, 1548 mwN>. Macht der AG ein berechtigtes **Zurückbehaltungsrecht** wegen einer formal oder inhaltlich fehlerhaften Rechnung geltend (§ 273 BGB), so kommt er nicht in Verzug <**R:** LAG Hamm 10.2.2012, 10 TaBV 67/11; ArbG Nbg 26.8.2016, 12 BV 59/16, nv>. Ein entschuldbarer Rechtsirrtum des AG kann dem Verzug ebenfalls entgegenstehen (§ 286 Abs 4 BGB); ein solcher unverschuldeter Irrtum liegt aber nicht vor, wenn das ES-Mitglied 7/10 des Vors-Honorars geltend macht <**R:** BAG 27.7.1994, aaO>. Als Honorardurchsetzungskosten sind nach Auffassung des BAG Anwaltskosten auch dann ersatzfähig, wenn der ES-Beisitzer als Anwalt das Verf selbst führt <**R:** BAG 19.11.2019, aaO; 27.7.1994, aaO>. 23

IV. Keine Vergütung für betriebsangehörige Beisitzer

Nach Abs 2 S 1 erhalten die dem Betrieb angehörenden ES-Beisitzer für ihre Tätigkeit keine gesonderte Vergütung; für sie ist die Tätigkeit in der ES – ähnl der als BR-Mitglied gem § 37 Abs 1 – ein **unentgeltl Ehrenamt** <**L:** GK/*Jacobs* Rn 22 mwN>. Sie sind aber, wie der **Verweis auf § 37 Abs 2 und 3** ergibt, von ihrer berufl Tätigkeit ohne Minderung des Arbeitsentgelts zu befreien und haben, soweit die Sitzungen der ES außerhalb ihrer Arbeitszeit stattfinden, Anspruch auf entspr Arbeitsbefreiung unter Fortzahlung des Arbeitsentgelts (§ 37 Rn 21 ff, 48 ff, 57 ff). Der Schulungsanspruch nach § 37 Abs 6 steht ihnen hingg nicht zu <**R:** BAG 20.8.2014, 7 ABR 64/12, ZTR 2015, 54>. 24

Betriebsangehörige iS des Abs 2 S 1 sind auch ltd Ang und alle in § 5 Abs 2 genannten Personen, sofern sie in dem Betrieb tätig sind. Von Abs 2 kann, anders als von Abs 3 und einer Vergütungsordnung nach Abs 4 (Rn 10), weder durch Vereinbarung mit dem AG (Rn 18 ff) noch gem Abs 5 durch TV oder BV (Rn 11) abgewichen werden: Für betriebsangehörige ES-Beisitzer **kann eine Vergütung für ihre Tätigkeit nicht vereinbart werden**. Auch sie haben aber einen Anspruch auf Ersatz der ihnen entstandenen **Aufwendungen**, etwa wenn ihnen Fahrtkosten gerade für die Tätigkeit in der ES entstehen, Rn 4. 25

Nach Abs 2 S 2 haben Beisitzer von ES, die auf **Unternehmens- bzw Konzernebene** gebildet werden, keinen Vergütungsanspruch, wenn sie einem Betrieb des Unternehmens 26

§ 76a   Kosten der Einigungsstelle

bzw des Konzerns iS des Abs 2 S 1 angehören. Wird hingg eine betriebl ES gebildet, können unternehmens- und konzernangehörige Beisitzer aber dann eine Vergütung für ihre ES-Tätigkeit verlangen, wenn sie nicht **dem Betrieb angehören, in dem die ES gebildet worden ist**; sie sind dann betriebsfremd iS des Abs 3 <**R:** BAG 21.6.1989, 7 ABR 92/87, BB 1990, 1349; LAG Thür 14.4.2021, 6 TaBV 35/18; Hess LAG 28.8.2003, 9 TaBV 40/03, AuR 2004, 477; **L:** *Fitting* Rn 13; DKW/*Berg* Rn 20; ErfK/*Kania* Rn 3>. Man mag, etwa für freigestellte BR-Mitglieder anderer konzern- oder unternehmensangehöriger Betriebe, am Sinn der Regelung zweifeln; der Gesetzeswortlaut ist insoweit jedoch eindeutig <**L:** ebenso Richardi/*Maschmann* Rn 14; GK/*Jacobs* Rn 26; auch *SWS* Rn 8; aA HWGNRH/*Worzalla* Rn 15; krit auch *Bauer/Röder* FS 100 Jahre Betriebsverfassungsrecht, S 48 f>. Dass der jeweilige BR mit einem solchen Vorgehen uU das **Gebot vertrauensvoller Zusammenarbeit** verletzt (§ 76 Rn 16), hindert den Vergütungsanspruch daher grds nicht (s aber Rn 6). Durch BV oder TV kann für diese Beisitzer gem Abs 5 statt einer Vergütung eine Freistellung unter Entgeltfortzahlung entspr Abs 2 S 1 vereinbart werden <**L:** *Fitting* Rn 13>.

V. Streitigkeiten

27   Nach Abs 3 S 1 richtet sich der Vergütungsanspruch des ES-Vors und der nicht betriebsangehörigen Beisitzer unmittelbar gg den AG. Streitigkeiten über den **Vergütungsanspruch** und seine Höhe sind **nach § 2a Abs 1 Nr 1 ArbGG im arbg Beschlussverf** auszutragen <**R:** BAG 26.7.1989, 7 ABR 72/88, DB 1991, 184; LAG Hamm 10.2.2012, 10 TaBV 67/11>. Verlangen unternehmensfremde ES-Mitglieder vom AG die Kosten erstattet, die bei der gerichtl Durchsetzung des Honoraranspruchs aus § 76a Abs 3 angefallen sind (**Honorardurchsetzungskosten**, Rn 23), ist auch hierüber im arbg Beschlussverf zu entscheiden <**R:** BAG 27.7.1994, 7 ABR 10/93, DB 1995, 835>. Der BR ist in beiden Fällen kein Verfahrensbeteiligter <**R:** BAG 12.2.1992, 7 ABR 20/91, BB 1993, 581; LAG Hamm 10.2.2012, aaO>.

28   Betriebsangehörige Beisitzer müssen ihre Ansprüche auf Fortzahlung des Arbeitsentgelts, auf Freizeitausgleich und auf Mehrarbeitsvergütung aus **Abs 2 S 1 im arbg Urteilsverf** geltend machen <**L:** *Fitting* Rn 35; DKW/*Berg* Rn 52; ErfK/*Kania* Rn 8>.

§ 77 Durchführung gemeinsamer Beschlüsse, Betriebsvereinbarungen

(1) Vereinbarungen zwischen Betriebsrat und Arbeitgeber, auch soweit sie auf einem Spruch der Einigungsstelle beruhen, führt der Arbeitgeber durch, es sei denn, dass im Einzelfall etwas anderes vereinbart ist. Der Betriebsrat darf nicht durch einseitige Handlungen in die Leitung des Betriebs eingreifen.

(2) Betriebsvereinbarungen sind von Betriebsrat und Arbeitgeber gemeinsam zu beschließen und schriftlich niederzulegen. Sie sind von beiden Seiten zu unterzeichnen; dies gilt nicht, soweit Betriebsvereinbarungen auf einem Spruch der Einigungsstelle beruhen. Werden Betriebsvereinbarungen in elektronischer Form geschlossen, haben Arbeitgeber und Betriebsrat abweichend von § 126a Absatz 2 des Bürgerlichen Gesetzbuchs dasselbe Dokument elektronisch zu signieren. Der Arbeitgeber hat die Betriebsvereinbarungen an geeigneter Stelle im Betrieb auszulegen.

(3) Arbeitsentgelte und sonstige Arbeitsbedingungen, die durch Tarifvertrag geregelt sind oder üblicherweise geregelt werden, können nicht Gegenstand einer Betriebsvereinbarung sein. Dies gilt nicht, wenn ein Tarifvertrag den Abschluss ergänzender Betriebsvereinbarungen ausdrücklich zulässt.

(4) Betriebsvereinbarungen gelten unmittelbar und zwingend. Werden Arbeitnehmern durch die Betriebsvereinbarung Rechte eingeräumt, so ist ein Verzicht auf sie nur mit Zustimmung des Betriebsrats zulässig. Die Verwirkung dieser Rechte ist ausgeschlossen. Ausschlussfristen für ihre Geltendmachung sind nur insoweit zulässig, als sie in einem Tarifvertrag oder einer Betriebsvereinbarung vereinbart werden; dasselbe gilt für die Abkürzung der Verjährungsfristen.

(5) Betriebsvereinbarungen können, soweit nichts anderes vereinbart ist, mit einer Frist von drei Monaten gekündigt werden.

(6) Nach Ablauf einer Betriebsvereinbarung gelten ihre Regelungen in Angelegenheiten, in denen ein Spruch der Einigungsstelle die Einigung zwischen Arbeitgeber und Betriebsrat ersetzen kann, weiter, bis sie durch eine andere Abmachung ersetzt werden.

Literatur: *Adomeit*, Die Regelungsabrede, 2. Aufl 1961; *Andelewski/Eckert*, Kippt das kirchliche Arbeitsrecht den Tarifvorrang des § 77 III BetrVG?, NZA 2005, 662; *Annuß*, Schutz der Gewerkschaften vor tarifwidrigem Handeln der Betriebsparteien, RdA 2000, 287; *ders*, Der Eingriff in den Arbeitsvertrag durch Betriebsvereinbarung, NZA 2001, 756; *Barwasser*, Zur Zulässigkeit von Betriebsvereinbarungen über materielle Arbeitsbedingungen in nichttarifgebundenen Betrieben, insbesondere in Mischbetrieben, DB 1975, 2275; *Bauer/Steinau-Steinrück*, Das Schicksal freiwilliger Betriebsvereinbarungen beim Betriebsübergang, NZA 2000, 505; *Bayreuther*, Möglichkeiten und Grenzen der Änderung von Arbeitsbedingungen NZA 2019, 735; *ders*, Kollektivabreden über die weitere Freistellung und Vergütung von Betriebsratsmitgliedern, NZA 2019, 430; *Beiersmann*, Zulässigkeit von Betriebsvereinbarungen über materielle Arbeitsbedingungen in nicht tarifgebundenen Betrieben, insbesondere in Mischbetrieben, DB 1976, 53; *Benrath*, Neues zur Rechtsetzung durch Betriebsvereinbarung?, FS Adomeit (2008), S 63; *Blomeyer*, Das Günstigkeitsprinzip in der Betriebsverfassung, NZA 1996, 337; *Braner*, Ablösung arbeitsvertraglicher Ansprüche durch nachfolgende Betriebsvereinbarung: die verschlechternde und die umstrukturierende Betriebsvereinbarung, FA 2003, 162; *Brune*, Betriebsvereinbarung, AR-Blattei SD 520; *Buchner*, Tarifliche Arbeitszeitbestimmungen und

§ 77 Durchführung gemeinsamer Beschlüsse, Betriebsvereinbarungen

Günstigkeitsprinzip, DB 1990, 1715; *ders*, Die Reichweite der Regelungssperre aus § 77 Abs 3 S 1 BetrVG, DB 1997, 573; *Buschmann*, Die Günstigkeit der Nachtarbeit, NZA 1990, 387; *Creutzfeldt*, Die konkludente Vereinbarung einer „Betriebsvereinbarungsoffenheit" von Arbeitsverträgen, NZA 2018, 1111; *Däubler*, Kollektive Durchsetzung individueller Rechte?, AuR 1995, 305; *Düwell/Hanau/Molkenbur/Schliemann*, Betriebsvereinbarung, 1995; *Ehlers*, Personalkosten und betriebliche Bündnisse für Arbeit, RdA 2008, 81; *Ehmann*, Die Tarifbindung des Arbeitgebers als Voraussetzung des Tarifvorbehalts, FS Zöllner (1998), S 715; *Fischer*, Betriebsratliche Rechtsdurchsetzung von gleichgelagerten betrieblichen Arbeitnehmeransprüchen – Alternative zur Massenklage, RdA 2003, 269; *Franzen*, Tarifrechtssystem und Gewerkschaftswettbewerb – Überlegungen zur Flexibilisierung des Flächentarifvertrags, RdA 2001, 1; *ders*, Betriebsvereinbarung – Alternative zu Tarifvertrag und Arbeitsvertrag?, NZA Beilage 2006, Nr 3, 107; *von Friesen*, Die Rechtsstellung des Betriebsrats gegenüber nichtleitenden AT-Angestellten, DB 1980 Beil 1, 15; *Gamillscheg*, Noch einmal zur Regelungsabrede, FS Adomeit (2008), S 197; *Gaul*, Die Beendigung der Betriebsvereinbarung im betriebsratslosen Betrieb, NZA 1986, 628; *Gaumann*, Tarifvertragliche Öffnungsklauseln – ein sinnvolles Flexibilisierungsinstrument, NZA 1998, 176; *Giesen*, Für einen Abschied vom „Gebot der Rechtsquellenklarheit", NZA 2014, 1; *Goethner*, Nochmals – Die Regelungsschranken des § 77 III BetrVG im System der tarifvertraglichen Ordnung des TVG, NZA 2006, 303; *Günther/Böglmüller/Mesina*, Digitale Betriebsratsarbeit – Gesetzlicher Rahmen und Reformbedarf, NZA 2020, 77; *Hanau*, Aktuelle Probleme der Mitbestimmung über das Arbeitsentgelt gem § 87 Abs 1 Nr 10 BetrVG, BB 1977, 350; *ders*, Rechtswirkungen der Betriebsvereinbarung, RdA 1989, 207; *ders*, Beschäftigungssicherung durch Regelungsabrede, FS Adomeit (2008), S 251; *Hänlein*, Die Legitimation betrieblicher Rechtsetzung, RdA 2003, 26; *Hauck*, Betriebsübergang und Betriebsverfassungsrecht, FS Richardi (2007), S 537; *Haug*, Inhaltliche Grenzen von Betriebsvereinbarungen (2014); *Heither*, Nachwirkung einer gekündigten Betriebsvereinbarung zur betrieblichen Altersversorgung, DB 2008, 2705; *Hermann*, Kollektivautonomie kontra Privatautonomie – Arbeitsvertrag, Betriebsvereinbarung und Mitbestimmung, NZA 2000 (Sonderbeil zu Heft 3), 14 ff; *Hertzfeld*, Freiwillige Betriebsvereinbarungen nach dem Betriebsübergang, DB 2006, 2177; *Hilger/Stumpf*, Ablösung betrieblicher Gratifikations- und Versorgungsordnungen durch Betriebsvereinbarung, FS G Müller (1981), S 209; *Hoffmann/Köllmann*, Die „betriebsvereinbarungsoffene" Vertragsgestaltung, NJW 2019, 3545; *dies*, Die „betriebsvereinbarungsoffene" Vertragsgestaltung im Spannungsverhältnis zwischen Tarifvertrag und Betriebsvereinbarung, NZA 2020, 914; *von Hoyningen-Huene*, Fehlerhafte Betriebsvereinbarungen und ihre Auswirkungen auf die Arbeitnehmer, DB 1984 Beil 1, 6 ff; *ders*, Freiwilligkeitsvorbehalt und Nachwirkungsklausel in Betriebsvereinbarungen über Sozialleistungen, BB 1997, 1998; *Hromadka*, § 77 Abs 3 BetrVG und die teilmitbestimmte Betriebsvereinbarung, FS Schaub (1998), S 337; *Hromadka*, Die ablösende Betriebsvereinbarung ist wieder da!, NZA 2013, 1061; *G Hueck*, Die Betriebsvereinbarung, 1952; *Jacobs*, Gesamtbetriebsvereinbarung und Betriebsübergang, FS Konzen (2006), S 345; *Kaiser*, Kein Günstigkeitsprinzip im Betriebsverfassungsrecht, in: FS 100 Jahre BetrVerfR (2020), S 257; *Kania*, § 77 Abs 3 Betriebsverfassungsgesetz auf dem Rückzug – auch mit Hilfe der Verbände, BB 2001, 1091; *Klebe*, „Betriebsverfassung digital?", NZA 2020, 996; *Klempt*, Dreiseitige Standortsicherungsvereinbarungen (2012); *Kocher*, Materiell-rechtliche und prozessuale Fragen des Unterlassungsanspruchs aus Art 9 Abs 3 GG, AuR 1999, 382; *Konzen*, Tarifvertragliche und innerbetriebliche Normsetzung, BB 1977, 1307; *ders*, Die umstrukturierende Betriebsvereinbarung, FS von Maydell (2002), S 341; *Korinth*, Der Anspruch auf Durchführung von Betriebsvereinbarungen und seine Durchsetzung, ArbRB 2004, 226; *Kort*, Die Kündigung von Betriebsvereinbarungen über Betriebsrenten, NZA 2004, 889; *ders*, Rechtsfolgen einer wegen Verstoßes gegen § 77 III BetrVG (teil-)unwirksamen Betriebsvereinbarung, NZA 2005, 620; *Kreutz*, Kritische Gedanken zur gerichtlichen Billigkeitskontrolle von Betriebsvereinbarungen, ZfA 1975, 65; *ders*, Betriebsverfassungsrechtliche Auswirkungen unternehmensinterner Betriebsumstrukturierungen, FS Wiese (1998), S 235; *ders*, Gestaltungsaufgabe und Beendigung von Betriebsvereinbarungen, FS Kraft (1998), S 323; *ders*, Grundsätzliches zum persönlichen Geltungsbereich der Betriebsvereinbarung, ZfA 2003, 361; *ders*, Normative Fortgeltung von Betriebsvereinbarungen nach einem Betriebsteilübergang, 50 Jahre Bundesarbeitsgericht (2004) 993; *ders*, Die zwingende Gestaltung der Betriebsvereinbarung, FS Konzen (2006), S 461; *Krieger/Arnold/Zeh*, Betriebsvereinbarungsoffene Arbeitsverträge – Gestaltungsmöglichkeiten und Grenzen in der Praxis, NZA 2020, 81; *Lange*, Fortgeltung von Betriebsvereinbarungen bei Umstrukturierung, NZA 2017, 288; *Linsen-

maier, Normsetzung der Betriebsparteien und Individualrechte der Arbeitnehmer, RdA 2008, 1; *Löwisch*, Möglichkeiten und Grenzen der Betriebsvereinbarung, AuR 1978, 97; *ders*, Betriebsrat und Arbeitnehmer in einem künftigen Sanierungsverfahren, ZIP 1981, 1288; *ders*, Die Anpassung der Arbeitsentgelte an die Insolvenzsituation de lege lata und de lege ferenda, ZGR 1984, 272; *ders*, Die Einbeziehung der Nichtorganisierten in die neuen Arbeitszeittarifverträge der Metallindustrie, DB 1984, 2457; *ders*, Die Freiheit zu arbeiten nach dem Günstigkeitsprinzip, BB 1991, 59; *ders*, Schutz der Selbstbestimmung durch Fremdbestimmung, ZfA 1996, 293; *Maschmann*, Betriebsrat und Betriebsvereinbarung nach einer Umstrukturierung, NZA Beilage 2009, Nr 1, 32; *Meyer*, Die Nachwirkung von Sozialplänen gem § 77 Abs 6 BetrVG – unter besonderer Berücksichtigung der unterschiedlichen Regelungsformen, NZA 1997, 289; *Moll*, Begründung einer Gesamtzusage nach unwirksamer Betriebsvereinbarung, RdA 2019, 229; *Mückl/Krings*, Betriebsvereinbarungen und Insolvenzanfechtung, ZIP 2015, 1714; *Müller/Krenz*, Fortgeltung von Betriebsvereinbarungen beim Wegfall des Betriebsrats, FA 2005, 4; *Neef*, Die Betriebsvereinbarung als Ersatztarifvertrag, FS Schaub (1998), S 515; *Otto*, Mitbestimmung des Betriebsrats bei der Regelung von Dauer und Lage der Arbeitszeit, NZA 1992, 97; *Preis/Ulber*, Die Wiederbelebung des Ablösungs- und Ordnungsprinzips?, NZA 2014, 6; *dies*, Die Rechtskontrolle von Betriebsvereinbarungen, RdA 2013, 211; *Raab*, Die Schriftform in der Betriebsverfassung, FS Konzen (2006), S 719; *Rebhahn*, Der Vorrang der günstigeren Regelung aus rechtsvergleichender Sicht, EuZA 2008, 39; *Rehberg*, Die kollisionsrechtliche Behandlung „europäischer Betriebsvereinbarungen", NZA 2013, 73; *Reichhold*, Metamorphosen der gekündigten Betriebsvereinbarung, GS Blomeyer (2003) S 275; *Richardi*, Der Beitrag des Bundesarbeitsgerichts zur Sicherung des Arbeitsvertrages in der Betriebsverfassung, 50 Jahre Bundesarbeitsgericht (2004) S 1041; *ders*, Regelungsabrede als Ausübungsform der Mitbestimmung in sozialen Angelegenheiten, NZA-Beilage 2019, 12; *Rieble*, Die Burda-Entscheidung des BAG, ZTR 1999, 483; *ders*, Öffnungsklausel und Tarifverantwortung, ZfA 2004, 405; *Rieble/Schul*, Arbeitsvertragliche Bezugnahme auf Betriebsvereinbarungen, RdA 2006, 339; *Röder/Siegrist*, Konzernweites Bündnis für Arbeit: Zuständigkeit für Betriebsvereinbarungen zur Umsetzung tariflicher Öffnungsklauseln, DB 2008, 1098; *Rolfs*, Die Inhaltskontrolle arbeitsrechtlicher Individual- und Betriebsvereinbarungen, RdA 2006, 349; *Roloff*, Der betriebsverfassungsrechtliche Erfüllungsanspruch, RdA 2015, 252; *Salamon*, Die Ablösung und Kündigung von Betriebsvereinbarungen bei Wegfall der beteiligten Arbeitnehmervertretung, NZA 2007, 367; *Schaub*, Tarifverträge und Betriebsvereinbarungen beim Betriebsübergang und Umwandlung von Unternehmen, FS Wiese (1998), S 535; *Schliemann*, Zur arbeitsgerichtlichen Kontrolle kollektiver Regelungen, FS Hanau (1999), S 577; *ders*, Tarifvorbehalt des § 77 III BetrVG und kirchliches Arbeitsrecht, NZA 2005, 976; *Schlüter*, Betriebsvereinbarungen ohne Betriebsrat – Zum rechtlichen Schicksal von Betriebsvereinbarungen in betriebsratslos gewordenen Betrieben, FS Schwerdtner (2003), S 341; *Schwarze*, Das Risiko der Betriebsverfassungswidrigkeit, RdA 2019, 1; *Schwerdtner*, Die Änderung kollektivrechtlich begründeter Ruhegeldberechtigungen, ZfA 1975, 171; *Spinner/Wiesenecker*, Unwirksame Vereinbarungen über die Organisation der Betriebsverfassung, FS Löwisch (2007), S 375; *Süllwold*, Umfang der Nachwirkung von Betriebsvereinbarungen, ZBVR 2004, 239; *Sutschet*, Bezugnahmeklausel kraft betrieblicher Übung, NZA 2008, 679; *Thon*, Die Regelungsschranken des § 77 III BetrVG im System der tarifvertraglichen Ordnung des TVG, NZA 2005, 858; *Thüsing*, Folgen einer Umstrukturierung für Betriebsrat und Betriebsvereinbarung, DB 2004, 2474; *Veit/Waas*, Die Umdeutung einer kompetenzwidrigen Betriebsvereinbarung, BB 1991, 1329; *Völksen*, Beendigung fortgeltender freiwilliger Betriebsvereinbarungen nach einem Betriebsübergang, NZA 2013, 1182; *Waas*, Sperrwirkung eines Tarifvertrages, RdA 2006, 312; *Waldenmaier/Pichler*, Tarifverträge und Betriebsvereinbarungen im Rahmen des Unterrichtungsschreibens nach § 613a V BGB, NZA-RR 2008, 1; *Waltermann*, Tarifvertragliche Öffnungsklauseln für betriebliche Bündnisse für Arbeit – zur Rolle der Betriebsparteien, ZfA 2005, 505; *ders*, Zur Kündigung der freiwilligen Betriebsvereinbarung, GS Heinze (2005), S 1021; *ders*, „Umfassende Regelungskompetenz" der Betriebsparteien zur Gestaltung durch Betriebsvereinbarung?, RdA 2007, 257; *ders*, „Ablösung" arbeitsvertraglicher Zusagen durch Betriebsvereinbarung?, RdA 2016, 296; *Wendeling-Schröder*, Betriebliche Ergänzungstarifverträge, NZA 1998, 624; *Wiedemann*, Tarifvertragliche Öffnungsklauseln, FS Hanau (1999), S 607; *ders*, Individueller und kollektiver Günstigkeitsvergleich, FS Wißmann (2005), S 185; *Wiese*, Individuum und Kollektiv im Recht der Koalitionen, ZfA 2008, 317; *A Wisskirchen*, Über Abweichungen von den Normen eines Tarifver-

§ 77　Durchführung gemeinsamer Beschlüsse, Betriebsvereinbarungen

trages, FS Hanau (1999), S 623; *Zachert*, Aufhebung der Tarifautonomie durch „freiwillige Regelungen" im Arbeitsvertrag?, DB 1990, 986.

Übersicht

	Rn.		Rn.
I. Normzweck und Anwendungsbereich	1	3. Beendigung der Betriebsvereinbarung	91
II. Betriebsleitung, Abs 1	2	a) Durch abweichende Betriebsvereinbarung	91
1. Betriebsleitung durch den Arbeitgeber, Abs 1 S 1	2	b) Befristung	93
2. Eingriffsverbot gegenüber Betriebsrat, Abs 1 S 2	4	c) Aufhebungsvertrag	94
III. Normativer Teil der Betriebsvereinbarung, Abs 4	7	d) Kündigung, Abs 5	95
		e) Wegfall eines Vertragspartners	100
1. Unmittelbare und zwingende Geltung für die Arbeitnehmer, Abs 4 S 1	7	f) Betriebsübergang, § 613a BGB	102
		V. Regelungsabrede	106
2. Regelungsgegenstände	10	VI. Verhältnis von Betriebsvereinbarung und Tarifvertrag	112
3. Grenzen der Vereinbarungsmacht	15	1. Tarifrechtlicher Vorrang des Tarifvertrags, § 4 Abs 3 und 5 TVG	112
4. Geltungsbereich	22	2. Betriebsverfassungsrechtlicher Sperrvorrang des Tarifvertrags, Abs 3	114
a) Räumlich	22		
b) Persönlich	23		
c) Zeitlich	30	a) Normzweck und Anwendungsbereich	114
5. Auslegung	31	b) Regelung durch Tarifvertrag oder Tarifvertrag-Üblichkeit	120
6. Schutz vor Rechtsverlust, Abs 4 S 2–4	34	3. Ausnahmen	127
a) Verzichtsverbot, Abs 4 S 2	34	a) Öffnungsklausel im Tarifvertrag, Abs 3 S 2 und § 4 Abs 3 TVG	127
b) Ausschluss der Verwirkung, Abs 4 S 3	38	b) Sozialplan, § 112 Abs 1 S 4	128
c) Einschränkung von Ausschlussfristen, Abs 4 S 4	39	c) Mitbestimmungsrecht in sozialen Angelegenheiten, § 87 Abs 1 Eingangs-Hs	130
7. Verhältnis zum Einzelarbeitsvertrag	42	4. Dreiseitige Vereinbarungen zwischen Arbeitgeber, Gewerkschaft und Betriebsrat	134
a) Abreden mit einer Vielzahl von Arbeitnehmern	42	VII. Nichtigkeit der Betriebsvereinbarung	136
b) Öffnungsklausel in der Betriebsvereinbarung	48	VIII. Streitigkeiten	144
c) Öffnungsklausel oder Bezugnahme im Arbeitsvertrag	49	1. Eingriff des Betriebsrats in die Betriebsleitung, Abs 1 S 2	144
d) Günstigkeitsprinzip	51	2. Grenzen der Vereinbarungsmacht: Inhaltskontrolle	146
e) „Kollektiver Günstigkeitsvergleich"	57	3. Verhältnis zum Einzelarbeitsvertrag	150
8. Nachwirkung von Betriebsvereinbarungen, Abs 6	64	4. Abschluss, Beendigung und Nachwirkung der Betriebsvereinbarung, Abs 2, 5 und 6	151
IV. Schuldrechtlicher Teil der Betriebsvereinbarung	72	5. Durchführung von Betriebsvereinbarungen, Abs 1 S 1	153
1. Abschluss, Abs 2	72		
a) Vertragspartner, Abs 2 S 1	72		
b) Form, Abs 2 S 1–3	75	6. Durchsetzung von Regelungsabreden	154
c) Bekanntgabe, Abs 2 S 4	80		
d) Abschlussmängel	82		
2. Durchführung der Betriebsvereinbarung	86	7. Verstoß gegen Abs 3	155

II. Betriebsleitung, Abs 1 § 77

I. Normzweck und Anwendungsbereich

§ 77 regelt **zweierlei**. Zum einen stellt Abs 1 klar, dass dem **AG** trotz der Mitwirkung und 1
Mitbestimmung des BR in den Angelegenheiten des BetrVG die **Betriebsleitung** erhalten
bleibt: Er führt Vereinbarungen (mit dem BR) durch, der BR darf nicht einseitig in die
Exekutivbefugnisse des AG eingreifen (Rn 4 ff). Zudem ermöglicht es § 77 AG und BR,
Mitwirkungsrechte und MBR durch Abschluss von **BV** auszuüben, die für die AN im Betrieb gem Abs 4 unmittelbar und zwingend wirken (Rn 7 ff). § 77 räumt den Betriebspartnern aber keine umfassende Kompetenz ein, alle Arbeitsbedingungen im Betrieb durch
BV zu regeln: Sie können BV iS des § 77 nur abschließen, soweit das BetrVG dem BR
Mitwirkungs- und MBR einräumt oder soweit § 88 AG und BR die Regelung sozialer Angelegenheiten erlaubt, Rn 16 und § 88 Rn 1. Zudem grenzt der zentrale Abs 3 die Befugnisse der TV-Parteien und der Betriebspartner ab, Rn 113 ff.

II. Betriebsleitung, Abs 1

1. Betriebsleitung durch den Arbeitgeber, Abs 1 S 1

Die Beteiligungsrechte des BR setzen im Stadium der Planung und Entscheidung an. 2
Dagg bleibt die „**Exekutive**" nach Abs 1 S 1 in der Hand des **AG**: Er führt alle Vereinbarungen durch, die er mit dem BR iR der Mitwirkungs- und Mitbestimmungsrechte getroffen hat, insbes BV (auch soweit sie auf einem Spruch der ES beruhen), aber auch
sonstige Abreden; zur Durchführung nach Abs 1 S 1 noch Rn 86 ff. Rechtsgeschäfte mit
Dritten, die zur Erfüllung dieser Abreden notwendig werden, schließt der AG ab: Etwa
schließt der AG für die nach § 87 Abs 1 Nr 8 mitbestimmte betriebl Kantine die Kaufverträge über Einrichtungsgegenstände, Nahrungsmittel und Getränke und die Arbeitsverträge mit den Kantinen-AN (s § 87 Rn 193) und er verpachtet die Kantine ggfs an Dritte,
muss sich aber durch die Gestaltung des Pachtvertrages einen rechtl gesicherten Einfluss
auf die Verwaltung der Sozialeinrichtung einräumen lassen, um dem BR die Ausübung
seines MBR zu ermöglichen (§ 87 Rn 189).

Nach Abs 1 S 1 können AG und BR im Einzelfall auch **vereinbaren, dass der BR** die 3
mit dem AG getroffenen Vereinbarungen ausführt, zB eine Sozialeinrichtung verwaltet
<**R:** BAG 24.4.1986, 6 AZR 607/83, BB 1987, 545: Kantine; **L:** Richardi/*Richardi*/*Picker* Rn 6>; dies ist aber nicht über § 87 Abs 1 Nr 8 erzwingbar, sondern kann nur durch
freiwillige BV geregelt werden (§ 87 Rn 186). Ebenso ist eine BV von Abs 1 S 1 gedeckt,
durch die sich der AG verpflichtet, die dort getroffene Regelung nur **mit den in der BV
genannten Mitteln durchzuführen**, etwa ein nach § 87 Abs 1 Nr 1 mitbestimmtes Alkoholverbot wie in der BV festgeschrieben (nur) mit Hilfe der Kontrolle durch Vorgesetzte
und freiwilliger Tests durch den Werksarzt zu überwachen <**R:** BAG 10.11.1987, 1 ABR
55/86, BB 1988, 911>.

2. Eingriffsverbot gegenüber Betriebsrat, Abs 1 S 2

Der **BR** darf gem Abs 1 S 2 **nicht durch einseitige Handlungen** in die Exekutivbefugnis 4
des AG eingreifen. Etwa darf der BR AN weder anstelle eines Vorgesetzten Weisungen

§ 77 Durchführung gemeinsamer Beschlüsse, Betriebsvereinbarungen

erteilen, noch – selbst wenn er ein Verhalten des Vorgesetzten für rechtswidrig hält – den AN nahe legen, Weisungen nicht zu befolgen oder überhaupt nicht zu arbeiten (s auch § 74 Rn 28). Es ist Sache des AN, sich gg rechtswidrige Anweisungen zur Wehr zu setzen, etwa indem er seine Arbeitsleistung nach § 273 BGB zurückhält. Noch Rn 88.

5 Der BR darf **auch dann nicht** durch einseitige Handlungen in die Exekutivbefugnis des AG eingreifen, wenn der AG eine Vereinbarung mit dem BR nicht durchführt oder eine Entscheidung unter **Missachtung von Mitwirkungsrechten oder MBR** des BR trifft: MBR begründen kein Mitdirektionsrecht <**L:** *Fitting* Rn 8; HWGNRH/*Worzalla* Rn 214>. Will der BR Abhilfe schaffen oder von ihm für notwendig gehaltene Maßnahmen durchsetzen, muss er, wie auch § 80 Abs 1 Nr 2 und 3, § 85 und § 104 zeigen, den Weg über den AG nehmen. Etwa darf der BR das Ende der Arbeitszeit nicht von 16 Uhr auf 15 Uhr vorverlegen, selbst wenn diese Uhrzeit in einer nach § 87 Abs 1 Nr 2 mitbestimmten BV vereinbart worden ist. Abs 1 verbietet nur die „**Selbsthilfe**" des BR, hindert diesen aber selbstverständlich nicht daran, Verpflichtungen des AG über die ArbG durchzusetzen. Insoweit räumt Abs 1 S 1 dem BR einen arbg durchsetzbaren Anspruch darauf ein, BV durchzuführen (Rn 87). Soweit die ES zuständig ist, kann der BR auch diese anrufen (§ 76 Rn 24 ff). Sind Maßnahmen des AG unwirksam, weil er MBR des BR nicht beachtet hat (§ 87 Rn 29 ff), ist es aber nicht Sache des BR, sondern der AN selbst, ihre Rechte durchzusetzen: Weist etwa der AG die AN an, Überstunden zu leisten, ohne den BR nach § 87 Abs 1 Nr 3 beteiligt zu haben, ist diese Anweisung unwirksam. Die ohne (oder gg) die Beteiligung des BR getroffenen Anweisungen des AG muss der AN nicht befolgen, sondern kann die Leistung nach § 273 BGB verweigern, etwa die Leistung von Überstunden (§ 87 Rn 30, 107).

6 **Unberührt** von dem Verbot, in die Betriebsleitung einzugreifen, bleiben **organisatorische Maßnahmen**, die der **BR nach dem BetrVG selbst** treffen kann, ohne dass eine Vereinbarung mit dem AG erforderl ist <**L:** *Fitting* Rn 9 mwN>. Etwa darf der BR nach § 16 Abs 1 S 1 einen Wahlvorstand für die BR-Wahlen bestellen (§ 16 Rn 4 ff), gem §§ 42 Abs 1 S 1, 43 Abs 1 Betriebs- und Abteilungsversammlungen einberufen (§ 42 Rn 17, § 43 Rn 12 und 14) oder nach § 2 Abs 2 S 2 SprAuG den Mitgliedern des SprA oder nach § 31 einem Beauftragten einer im Betrieb vertretenen Gewerkschaft das Recht einräumen, an BR-Sitzungen teilzunehmen (§ 31 Rn 2). Der BR verstößt auch dann nicht gg das Verbot des Abs 1 S 2, nicht in die Betriebsleitung einzugreifen, wenn er iR seiner allg Überwachungsaufgabe aus § 80 Abs 1 Nr 1 tätig wird (§ 80 Rn 4 ff) und dafür die AN an ihren Arbeitsplätzen aufsucht <**L:** *Fitting* Rn 9>. Ebenso darf der BR eine Fragebogenaktion unter den AN durchführen, wenn sie seine gesetzl Aufgaben betrifft <**R:** BAG 8.2.1977, 1 ABR 82/74, BB 1977, 647>, § 74 Rn 31.

III. Normativer Teil der Betriebsvereinbarung, Abs 4

1. Unmittelbare und zwingende Geltung für die Arbeitnehmer, Abs 4 S 1

7 Die BV ist ein privatrechtl (Rn 72) kollektiver Normenvertrag: Ebenso wie der TV enthält die BV **Normen**, die unmittelbar und zwingend gelten, Abs 4 S 1: Soweit die Normen einer BV für den AN günstiger sind als oder ebenso günstig sind wie die arbeitsvertragl Vereinbarung (näher Rn 51 ff), ändern sie zwar nicht den Inhalt des Arbeitsvertrages und

III. Normativer Teil der Betriebsvereinbarung, Abs 4   § 77

machen diesen nicht nichtig, **verdrängen** den Arbeitsvertrag aber **„zwingend" für die Wirkungsdauer der BV** <R: BAG 21.9.1989, 1 AZR 454/88, BB 1990, 994; 28.3.2000, 1 AZR 366/99, BB 2001, 679; **L:** Richardi/*Richardi*/*Picker* Rn 158, 173; *Fitting* Rn 126 und 197; DKW/*Berg* Rn 34; ErfK/*Kania* Rn 68; **aA** GK/*Kreutz* Rn 255 ff>; unabhängig davon, ob der Arbeitsvertrag vor oder erst nach der BV vereinbart wird <R: BAG 19.7.2016, 3 AZR 134/15, NZA 2016, 1475 Rn 60>. Normative Ansprüche ggü Dritten und zulasten **Dritter** können die Betriebsparteien nicht begründen <R: BAG 11.1.2011, 1 AZR 375/09, AP BetrVG 1972 § 77 Betriebsvereinbarung Nr 54 Rn 14 eine Sozialplanabfindung in der Insolvenz gg eine Tochtergesellschaft abl; 25.4.2017, 1 AZR 714/15, AP BetrVG 1972 § 112 Nr 234 Rn 22>. „**Unmittelbar**" wirken die Bestimmungen der BV, indem sie – wie Gesetze – den Inhalt der Arbeitsverhältnisse gestalten, ohne dass es auf Billigung oder Kenntnis der Arbeitsvertragsparteien ankommt <R: BAG 16.9.1986, GS 1/82, BB 1987, 265; **L:** GK/*Kreutz* Rn 237, 240>. Die BV entfaltet unabhängig vom Willen des einzelnen AN Wirkung und das Inkrafttreten einer BV kann nicht an ein Quorum vertragl Zustimmung der Normunterworfenen gebunden werden; eine solche BV ist insg unwirksam <R: BAG 28.7.2020, 1 ABR 4/19, NZA 2020, 1548 Rn 14 ff>.

Normwirkung hat eine BV nur, soweit sie **durch eine entspr gesetzl Normsetzungsbefugnis** des AG und des BR, insbes aus dem BetrVG (Rn 16) gedeckt ist <R: BAG 12.8.1982, 6 AZR 1117/79, BB 1983, 2183> oder AG und BR durch TV wirksam zur Normsetzung, etwa zur Ergänzung oder Konkretisierung einer tarifl Regelung gem §§ 1, 3 Abs 2 TVG ermächtigt sind. Der Inhalt der BV gibt vor, ob der AG nur ggü dem BR gebunden ist (etwa bei Verfahrensregelungen, Rn 14; zum Durchführungsanspruch des BR Rn 152) oder normativ ein Anspruch des AN geschaffen wird (etwa auf eine Leistung des AG) <R: BAG 13.12.2011, 1 AZR 432/10, AP BetrVG 1972 § 77 Betriebsvereinbarung Nr 56 Rn 13 f>. 8

An der zwingenden Wirkung (Rn 7) ändert auch eine Klausel in der BV nichts, nach der ihre Bestimmungen Inhalt der Arbeitsverträge der AN werden <R: BAG 19.7.1977, 1 AZR 483/74, AP BetrVG 1972 § 77 Nr 1>. Insoweit überschreitet der BR seine Kompetenzen, da der Inhalt der Arbeitsverträge nur durch AG und AN oder – über TV – durch die Gewerkschaft ausgehandelt werden kann. Da der BR nicht rechtsgeschäftsfähig ist, kann er als Organ auch nicht als Stellv der AN iS der §§ 164 ff BGB einzelvertragl Bedingungen vereinbaren <R: **aA** BAG 19.7.1977, aaO>. Zur Bezugnahme auf die BV und zur Öffnungsklausel im Arbeitsvertrag Rn 49 f. Auch kann die normative Geltung nicht an ein Zustimmungsquorum gebunden werden, sondern § 77 Abs 4 S 1 ist **unabdingbar** <R: BAG 28.7.2020, 1 ABR 4/19, NZA 2020, 1548 Rn 14 ff, 25>. 9

2. Regelungsgegenstände

Wie ein TV kann auch eine BV Inhaltsnormen, Abschlussnormen, Beendigungsnormen, Betriebsnormen und Betriebsverfassungsnormen setzen. Regelt die BV den **Inhalt** der einzelnen Arbeitsverhältnisse, werden diese entspr um- bzw ausgestaltet, dh Abweichendes wird durch die BV verdrängt, Fehlendes ergänzt, Rn 7. Sagt der AG in einer freiwilligen BV nach § 88, also in einer BV über nicht mitbestimmungspflichtige Angelegenheiten (§ 88 Rn 1), geldwerte Leistungen zu (§ 88 Rn 10) oder regeln AG und BR in einer nach § 87 Abs 1 Nr 10 mitbestimmten BV Zulagen zum Arbeitsentgelt oder Gratifikationen oder den Anspruch auf geldwerte Sachleistungen, etwa den Anspruch auf einen 10

§ 77 Durchführung gemeinsamer Beschlüsse, Betriebsvereinbarungen

Dienstwagen (§ 87 Rn 221), überlagern diese Regelungen das Arbeitsverhältnis und erwerben die begünstigten AN aus der BV einen Anspruch auf die dort normierten Leistungen. Ebenso erwerben die AN Ansprüche, wenn AG und BR nach § 87 Abs 1 Nr 1 Reisekosten- und Spesenregelungen treffen (§ 87 Rn 45). Eine freiwillige BV über Wettbewerbs- und Nebentätigkeitsverbote oder über Verschwiegenheits- und Loyalitätspflichten (§ 88 Rn 11) begründet Pflichten der AN. BV können auch sog negative Inhaltsnormen, zB ein Verbot enthalten, Arbeit auf Abruf zu vereinbaren <R: BAG 13.10.1987, 1 ABR 51/86, DB 1988, 345>, § 88 Rn 12.

11 **Abschlussnormen** enthalten insbes **Auswahlrichtlinien iS des § 95**. In Auswahlrichtlinien können AG und BR nach § 95 Abs 2 S 1 die fachl und persönl Voraussetzungen insbes für Einstellungen und Versetzungen festlegen (§ 95 Rn 4 ff). Ebenso können Auswahlrichtlinien soziale Gesichtspunkte regeln, etwa die Frage, ob bei der Besetzung von Arbeitsplätzen betriebsangehörige AN bei gleicher Qualifikation betriebsfremden vorgezogen werden sollen (§ 95 Rn 7). Verstößt der AG gg eine Auswahlrichtlinie, kann der BR nach § 99 Abs 2 Nr 2 seine Zustimmung zu einer Einstellung oder Versetzung verweigern, § 99 Rn 75. AN, die bei einer Versetzung oder Beförderung übergangen werden, können sich idR nicht auf die Auswahlrichtlinie berufen und eine Beförderung erzwingen: Auswahlrichtlinien begründen keine Ansprüche der AN, sondern regeln nur abstrakt-generell die Vorgaben, an denen der AG seine Entscheidung für die Auswahl zw mehreren Personen ausrichten muss <R: vgl BAG 31.5.2005, 1 ABR 22/04, DB 2005, 2585>. Einen **Anspruch auf Begründung eines Arbeitsverhältnisses oder auf Beförderung** können die Betriebspartner den AN auch durch freiwillige BV **nicht** einräumen, ggü externen Bewerbern schon deswg nicht, weil der BR für diese nicht zuständig ist, Rn 25 <R: LAG Saar 2.2.1966, 1 Sa 60/65, NJW 1966, 2137; L: Richardi/*Richardi/Picker* Rn 59; GK/*Kreutz* Rn 229>, aber auch ggü AN nicht, weil personelle Einzelmaßnahmen betroffen sind, AG und BR entgg dem BAG aber nicht alle Arbeitsbedingungen durch BV regeln können, sondern nur soziale Angelegenheiten (Rn 16 und § 88 Rn 1). Deswg kann der AG den AN durch freiwillige BV **nicht die Wiedereinstellung zusagen** <R: aA BAG 19.10.2005, 7 AZR 32/05, BB 2006, 1747; 14.3.2012, 7 AZR 147/11, AP BetrVG 1972 § 77 Betriebsvereinbarung Nr 60 Rn 35 ff für ein – aufschiebend bedingtes – Rückkehrrecht zum Betriebsteilveräußerer; L: aA GK/*Kreutz* Rn 230; Richardi/*Richardi/Picker* Rn 59>, § 88 Rn 12. Einen Wiedereinstellungsanspruch können AG und BR auch nicht in einem Sozialplan iS des § 112 vereinbaren, da mit dem Wiedereinstellungsanspruch nicht wirtschaftl Nachteile infolge einer Betriebsänderung gemildert oder ausgeglichen werden, sondern verhindert wird, dass solche Nachteile (dauerhaft) eintreten. Geregelt werden können Wiedereinstellungsansprüche nur in einem Interessenausgleich; dieser ist aber keine BV (§ 112 Rn 5).

12 **Beendigungsnormen**, etwa über die Kd, können ebenfalls nach § 95 vereinbart werden, insbes **Punkteschemata**, die den in § 1 Abs 3 KSchG aufgezählten Kriterien für die **Sozialauswahl** (Betriebszugehörigkeit, Lebensalter, Unterhaltspflichten und Schwerbehinderung) Punkte vergeben. Mit Hilfe solcher Punkteschemata kann der BR dem AG betriebsbedingte Kd erleichtern: Ohne ein Punkteschema muss der AG nach § 1 Abs 3 S 1 KSchG die sozialen Gesichtspunkte „ausreichend" berücksichtigen; wird die Gewichtung der Sozialauswahlkriterien in einer BV festgelegt, darf die Kd nach § 1 Abs 4 KSchG nur auf grobe Fehlerhaftigkeit, also darauf überprüft werden, ob die Gewichtung der sozialen Gesichtspunkte jede Ausgewogenheit vermissen lässt <R: BAG 21.1.1999, 2 AZR 624/

III. Normativer Teil der Betriebsvereinbarung, Abs 4   § 77

98, BB 1999, 1556; 5.6.2008, 2 AZR 907/06, BB 2009, 447>, § 95 Rn 12. Verstößt der AG bei einer o Kd gg eine Auswahlrichtlinie, kann der BR der Kd nach § 102 Abs 3 Nr 2 widersprechen, § 102 Rn 86 f. Auch der AN kann sich im Kd-Schutzprozess gem § 1 Abs 2 S 2 Nr 1a KSchG auf den Verstoß gg die Auswahlrichtlinie berufen. Durch freiwillige BV iS des § 88 können die Betriebspartner auch die Länge von Kd-Fristen und bes Formen für die Kd vereinbaren und die Kd bestimmter AN-Gruppen, etwa älterer AN, von der Zustimmung des BR abhängig machen (§ 88 Rn 12). Ebenso wenig wie sie gem § 88 die Begründung von Arbeitsverhältnissen regeln können (Rn 11), können die Betriebspartner durch freiwillige BV die Beendigung von Arbeitsverhältnissen festlegen. Deshalb können AG und BR auch zur Wahrung einer ausgewogenen Altersstruktur in einer freiwilligen BV **nicht** vorsehen, dass das Arbeitsverhältnis ohne Kd mit Erreichen einer best **Altersgrenze** endet <R: aA BAG 20.11.1987, 2 AZR 284/86, BB 1988, 1820; 13.10.2015, 1 AZR 853/13, AP BetrVG 1972 § 77 Nr 109 Rn 13 ff; 21.2.2017, 1 AZR 292/15, AP BetrVG 1972 § 75 Nr 61 Rn 16; L: aus anderen Gründen wie hier GK/*Kreutz* Rn 384 ff; **aA** (mit Einschränkungen) *Fitting* Rn 54 ff> (noch § 88 Rn 12); eine solche BV scheitert auch am Günstigkeitsprinzip <R: BAG 7.11.1989, GS 3/85, BB 1990, 1840; L: Richardi/*Richardi/Picker* Rn 163; GK/*Kreutz* Rn 385 (Eingriff in Bestand des Arbeitsverhältnisses)> Rn 51 ff.

Betriebsnormen gestalten nicht die einzelnen Arbeitsverhältnisse, sondern das betriebl 13 Rechtsverhältnis zw AG und Belegschaft, etwa durch nach § 87 Abs 1 Nr 1 mitbestimmte Verbote und Regelungen, wie ein Rauchverbot im Betrieb (Rn 54 und § 87 Rn 41) oder durch Regelungen zur privaten Nutzung der Telefone oder des Internets und E-Mail-Verkehrs (§ 87 Rn 41) oder über die Einführung von Ethikregeln (§ 87 Rn 42) oder über biometrische Zugangskontrollen (§ 87 Rn 43) oder über das Parken auf dem Betriebsgelände (§ 87 Rn 41). Weil das betriebl Rechtsverhältnis zw AG und Belegschaft ausgestaltet wird, kann nur der BR, nicht der einzelne AN vom AG verlangen, die Betriebsnormen durchzuführen. Anders ist es nur dann, wenn die BV über Betriebsnormen hinaus auch Inhaltsnormen (Rn 10) enthält. Etwa können AG und BR über das MBR aus § 87 Abs 1 Nr 1 hinaus (§ 87 Rn 41, auch Rn 175) nach § 88 in einer freiwilligen BV festlegen, ob und wie viele Parkgelegenheiten den AN auf dem Betriebsgelände zur Verfügung gestellt werden sollen. Insoweit kann die BV den AN, wie bei Zurverfügungstellung eines Dienstwagens (Rn 10 f), einen Anspruch auf die Zuweisung von Parkmöglichkeiten gewähren. Ebenso können die Betriebspartner gem § 88 durch freiwillige BV über §§ 90, 91 hinausgehend nach § 88 die Mindestausstattung von Arbeitsplätzen und Arbeitsräumen regeln.

Betriebsverfassungsnormen regeln die Rechtsbeziehungen zw AG und BR, etwa durch 14 Vereinbarungen über die Freistellung von BR-Mitgliedern nach § 38 (§ 38 Rn 14 f), über Zeit, Häufigkeit und Ort der BR-Sprechstunden iS des § 39 (§ 39 Rn 2), über die Mitgliederzahl des GBR und KBR iS der §§ 47 Abs 4, 55 Abs 1 (§ 47 Rn 19 ff, § 55 Rn 5 ff), über die Errichtung einer ständigen ES nach § 76 Abs 1 S 2 (§ 76 Rn 3), über das Verf vor der ES nach § 76 Abs 4 (§ 76 Rn 63) oder über die Vergütung des ES-Vors und der betriebsfremden ES-Beisitzer nach § 76a Abs 5 (§ 76a Rn 11). Gem § 86 S 1 können die Betriebspartner durch BV die Einzelheiten des Beschwerdeverf nach §§ 84, 85 festlegen und nach § 86 S 2 an die Stelle der ES iS des § 85 Abs 2 eine betriebl Beschwerdestelle setzen, die bei Meinungsverschiedenheiten zw BR und AG über Beschwerden entscheidet.

§ 77   Durchführung gemeinsamer Beschlüsse, Betriebsvereinbarungen

3. Grenzen der Vereinbarungsmacht

15   BV müssen sich **iR des zwingenden staatl Rechts** halten, andernfalls sind sie **nichtig** (Rn 135 ff). Da die Gesetze als AN-Schutzrecht oft nur einseitig zwingend gelten, sind Regelungen in BV zulässig, die für die AN günstiger sind als die gesetzl Regelungen. Das staatl Recht kann zudem **BV-dispositiv** sein. Zum Schutz der Tarifautonomie vor der Konkurrenz durch BV (Rn 113) macht der Gesetzgeber von der Möglichkeit BV-offenen Rechts aber kaum Gebrauch. Häufiger bindet er die Möglichkeit, durch BV von Gesetzesrecht abzuweichen, an eine tarifl Ermächtigung, etwa in § 7 Abs 1–2a, § 12 ArbZG, oder erlaubt nichttarifgebundenen AG ein „Anhängen" an den abw TV durch bezugnehmende BV, so in § 7 Abs 3 ArbZG. Zum Verhältnis von BV und TV Rn 111 ff. Nach – unzutreffender – hM erlaubt 87 Abs 1 Nr 3 AG und BR, in BV vom gesetzl Änderungskündigungsschutz des § 2 KSchG abzuweichen und durch BV ohne Weiteres Kurzarbeit ggü allen AN im Betrieb einzuführen (§ 87 Rn 103 f).

16   AG und BR müssen sich bei der Beschlussfassung iR ihrer **Zuständigkeiten** halten: Eine BV, mit der die Betriebspartner ihre Regelungszuständigkeit überschreiten, ist **nichtig** (näher Rn 135 ff). Die Betriebspartner haben keine umfassende Kompetenz, alle Arbeitsbedingungen im Betrieb durch BV zu regeln, sondern können BV iS des § 77 nur abschließen, **soweit das BetrVG dem BR Mitwirkungs- und MBR einräumt**, insbes in §§ 80, 87, 89, 90–98, 102 Abs 6. Auch § 88 verleiht AG und BR entgg dem BAG **keine umfassende Kompetenz**, alle Arbeitsbedingungen durch freiwillige BV zu regeln <R: so aber BAG 7.11.1989, GS 3/85, BB 1990, 1840; 12.12.2006, 1 AZR 96/06, DB 2007, 866; L: so aber hM *Fitting* Rn 46 mwN; **wie hier** Richardi/*Richardi/Picker* Rn 78 iVm 73 f>, sondern erlaubt ledigl die Regelung sozialer Angelegenheiten. Der Begriff der sozialen Angelegenheiten in § 88 ist allerdings weit zu verstehen: Soweit entspr dem Schutzzweck des § 87 (dort Rn 1) der Persönlichkeits- und Gesundheitsschutz der AN oder ein Ausgleich der unterschiedl Interessen der AN im Betrieb und damit die Verteilungsgerechtigkeit bezweckt wird und kollektive Maßnahmen getroffen werden (§ 87 Rn 2), eröffnet § 88 die Möglichkeit zum Abschluss freiwilliger BV (§ 88 Rn 1, 8 ff).

17   Der BR darf sich nicht um die Substanz seiner MBR bringen und darf diese deswg **nicht** in der Weise ausüben, dass er **dem AG das alleinige Gestaltungsrecht** über den mitbestimmungspflichtigen Tatbestand eröffnet; eine solche BV ist **unwirksam** <R: BAG 26.4.2005, 1 AZR 76/04, BB 2005, 2418>, Rn 135 ff und § 87 Rn 17.

18   Eine BV darf **nicht** Regelungen setzen, die die **AN zugunsten des AG ausschließl belasten** <L: DKW/*Berg* Rn 84 mwN>, andernfalls ist sie **nichtig**, Rn 135 ff. Etwa dürfen AG und BR die AN nicht dazu verpflichten, Kantinenessen auch dann zu bezahlen, wenn sie es nicht in Anspruch nehmen <R: BAG 11.7.2000, 1 AZR 551/99, BB 2001, 471>, noch § 75 Rn 45. Da der BR gem § 2 Abs 1 neben den von ihm vertretenen Interessen der AN das Wohl des Betriebs zu berücksichtigen hat, darf er aber eine BV abschließen, die sich in erster Linie zugunsten des AG und lediglich auf dem Umweg über das Wohl des Betriebs auch zugunsten der AN auswirkt <R: BAG 28.7.1981, 1 ABR 79/79, BB 1982, 616>. Etwa dürfen die Betriebspartner durch BV Betriebsferien auch dann einführen, wenn keine dringenden betriebl Belange für die zeitweise Schließung des Betriebs sprechen, es genügt, wenn die betriebl Belange die Urlaubswünsche der AN überwiegen <R: BAG 28.7.1981, aaO>, § 87 Rn 119, 123. Altersgrenzen können schon deswg nicht vereinbart

III. Normativer Teil der Betriebsvereinbarung, Abs 4   § 77

werden, weil sie nicht unter die Regelungskompetenz der Betriebspartner fallen, Rn 12 und § 88 Rn 12.

Beim Abschluss von BV sind AG und BR **über § 75 mittelbar an die Grundrechte gebunden** <**R:** BAG 29.6.2003, 1 ABR 21/03, BB 2005, 102; 14.12.2004, 1 ABR 34/03, AuR 2005, 456; 18.7.2006, 1 AZR 578/05, BB 2007, 221>. An den Gleichbehandlungsgrundsatz des Art 3 GG, spezieller an das **AGG** <**R:** BAG 5.3.2013, 1 AZR 417/12, NZA 2013, 916 Rn 32 konkret eine Rechtfertigung gem § 10 S 3 Nr 5, S 1 und 2 AGG für Altersgrenzen in BV annehmend; **L:** ausf zum AGG *Fitting* Rn 54a>, an das Recht der AN auf freie Entfaltung der Persönlichkeit aus Art 2 Abs 1 mit Art 1 GG und an die allg Handlungsfreiheit des Art 2 Abs 1 GG, an Art 6 GG <**R:** BAG 13.2.2007, 1 ABR 18/06, DB 2007, 1592> sowie an die Berufsfreiheit der AN aus Art 12 Abs 1 GG <**R:** BAG 5.3.2013, 1 AZR 417/12, aaO, Rn 26 konkret einen Verstoß von Altersgrenzen in BV abl> oder an die Eigentumsgarantie durch Art 14 Abs 1 GG (zum Vertrauensschutz bei Sozialleistungen noch Rn 21) <**R:** BAG 17.7.2012, 1 AZR 476/11, NZA 2013, 338 Rn 36; 24.10.2017, 1 AZR 846/15, AP BetrVG 1972 § 77 Nr 110 Rn 24>, § 75 Rn 1 ff. Da die Lebensgestaltung nur in den Schranken der verfassungsgem Ordnung garantiert wird, können das Persönlichkeitsrecht der AN und deren allg Handlungsfreiheit zwar durch BV beschränkt werden <**R:** BAG 29.6.2003 und 14.12.2004, aaO>. Der Eingriff durch BV muss aber durch schutzwürdige Belange anderer Grundrechtsträger, etwa des AG oder anderer AN, gerechtfertigt sein <**R:** BAG 29.6.2003 und 14.12.2004, aaO>. Insoweit ist es Aufgabe von AG und BR, die **konfligierenden Interessen der AN im Betrieb** auszugleichen, § 87 Rn 40. In welchem Umfang die Betriebspartner das Persönlichkeitsrecht der AN und deren allg Handlungsfreiheit begrenzen können, bestimmt sich nach dem **Grundsatz der Verhältnismäßigkeit**: Die in der BV getroffene Regelung muss geeignet, erforderl und angemessen sein, um den erstrebten Zweck zu erreichen <**R:** BAG 18.7.2006, aaO; 15.4.2014, 1 ABR 2/13 (B), AP BetrVG 1972 § 29 Nr 9 Rn 38 zur Verhältnismäßigkeit von Taschenkontrollen>. Zur Nichtigkeit Rn 135 ff, zur Inhaltskontrolle Rn 145 ff.

19

Wg des **Willkürverbots** des Art 3 Abs 1 GG (Rn 20) dürfen AG und BR weder wesentl Gleiches ohne sachl Grund ungleich noch wesentl Ungleiches willkürlich gleich behandeln <**R:** BAG 18.9.2007, 3 AZR 639/06, DB 2008, 82 mwN>. Der Gleichbehandlungsgrundsatz bindet den AG an selbst aufgestellte Regeln: Gewährt der AG Sonderleistungen zu einem best Zweck, will er etwa bes Leistungen der AN honorieren oder gewährt er Zulagen aus sozialen Gründen, darf er nicht willkürlich AN von diesen Leistungen ausnehmen, auf die die Regel passt. Etwa rechtfertigt es der Zweck einer Weihnachtsgratifikation idR nicht, hinsichtl der Höhe zw Arbeitern und Ang zu differenzieren <**R:** BAG 5.3.1980, 5 AZR 881/78, BB 1980, 1269; **aber** 30.3.1994, 10 AZR 681/92, BB 1994, 1219>, ebenso wenig der Zweck eines Zuschusses zum Kurzarbeitergeld, diesen nur Ang zu zahlen <**R:** BAG 28.5.1996, 3 AZR 752/95, DB 1997, 102>. Näher § 75 Rn 28 ff. Auch insoweit unterliegen BV der Inhaltskontrolle, Rn 145 ff; sind aber idR nicht nichtig, Rn 136.

20

Zusätzl begrenzt wird die Normsetzungsbefugnis der Betriebspartner durch das Gebot des **Vertrauensschutzes** (aus Art 2 Abs 1 GG iVm dem Rechtsstaatsprinzip aus Art 20 Abs 3 GG) <**R:** BAG 9.4.1991, 3 AZR 598/89, BB 1991, 2161; 8.10.1991, 3 AZR 47/91, BB 1992, 859>. Während die Verschlechterung von **anderen Sozialleistungen** idR unbedenklich ist <**R:** BAG 15.11.2000, 5 AZR 310/99, BB 2001, 1412 für verlängerte Ent-

21

§ 77 Durchführung gemeinsamer Beschlüsse, Betriebsvereinbarungen

geltfortzahlungsansprüche>, hat die Rspr für **Ruhegeldansprüche** ein **dreistufiges Prüfungsschema** aufgestellt <**R:** BAG 24.1.2006, 3 AZR 483/04, NZA-RR 2007, 595; ausdrückl daran festhaltend 19.3.2019, 3 AZR 201/17, AP BetrAVG § 1 Ablösung Nr 79 (LS)>; zur Möglichkeit **der Teil-Kd** einer solchen BV aufgrund der unterschiedl Stufen Rn 99: **(1)** In den erdienten Teilbetrag einer Ruhegeldanwartschaft nach § 2 BetrAVG darf nur in seltenen Ausnahmefällen und nur aus zwingenden Gründen eingegriffen werden, etwa in einer wirtschaftl Notlage des Unternehmens oder zur Beseitigung einer nicht beabsichtigten Überversorgung <**R:** BAG 9.4.1991 und 24.1.2006, aaO>. **(2)** Zeitanteilig erdiente Zuwächse, die sich lediglich aus variablen Berechnungsfaktoren ergeben, können hingg schon aus triftigen Gründen geschmälert werden. Eine Änderung des Sozialversicherungsrechts, auf dem die Ruhegeldregelung aufbaut, reicht dafür aber nur dann aus, wenn dadurch das Konzept der Ruhegeldregelung gesprengt wird <**R:** BAG 17.3.1987, 3 AZR 64/84, DB 1987, 1639; 24.1.2006, aaO>. Wirtschaftl triftige Gründe fehlen, wenn eine Erhöhung der Versorgungsanwartschaften bereits nach der vereinbarten Dynamisierungsregelung unterbleiben darf <**R:** BAG 21.8.2001, 3 ABR 44/00, BB 2002, 1319>. **(3)** Die geringsten Voraussetzungen bestehen bei Eingriffen in künftige und damit noch nicht erdiente, dienstzeitabhängige Zuwächse, die auf der Grundlage der abgelösten BV hätten erdient werden können: Es genügen sachl-proportionale Gründe <**R:** BAG 24.1.2006, aaO>. Der allg Hinweis auf wirtschaftl Schwierigkeiten reicht idR nicht aus; diese Schwierigkeiten sind im Einzelnen darzulegen <**R:** BAG 18.9.2001, 3 AZR 728/00, DB 2002, 1114, 83>. Es genügt aber, wenn ein unabhängiger Sachverständiger einen dringenden Sanierungsbedarf festgestellt hat <**R:** BAG 18.9.2001, aaO> und auch eine Fehlentwicklung in der betriebl Altersversorgung kann einen sachl-proportionalen Grund darstellen, etwa wenn eine auf Änderungen im Recht der gesetzl Rentenversicherung oder im Steuerrecht beruhende Mehrbelastung eingetreten ist <**R:** BAG 10.11.2015, 3 AZR 393/14, BeckRS 2016, 66256 Rn 39; 19.3.2019, 3 AZR 201/17, AP BetrAVG § 1 Ablösung Nr 79 Rn 70>. Dann ist es zulässig, die Betriebsrenten an die Lebenshaltungskosten anstatt wie zuvor an die durchschnittliche Gehaltssteigerung im Betrieb zu koppeln <**R:** BAG 17.3.1987, aaO>. Diese Grenzen müssen die Betriebspartner insbes auch bei **ablösenden BV** (Rn 91) beachten <**R:** BAG 24.7.2001, 3 AZR 660/00, BB 2001, 1637; 13.3.2007, 1 AZR 232/06, BB 2007, 1284 (LS); 21.4.2009, 3 AZR 674/07, AP BetrAVG § 1 Ablösung Nr 53; 19.7.2016, 3 AZR 134/15, NZA 2016, 1475 Rn 30>, zur Kd der BV Rn 66. Zur Nichtigkeit Rn 135 ff. Für geringfügige Eingriffe in die **laufende Versorgung** bedarf es sachlich nachvollziehbarer, Willkür ausschließender Gründe <**R:** BAG 23.9.1997, 3 AZR 529/96, NZA 1998, 541; 16.7.1996, 3 AZR 398/95, BAGE 83, 293>; liegt ein mehr als geringfügiger Eingriff vor, müssen darüber hinausgehende Gründe bestehen. Weil der AN die den Versorgungsanspruch begründende Gegenleistung bereits vollständig erbracht hat und er nach Eintritt des Versorgungsfalls nicht mehr die Möglichkeit hat, etwaige Versorgungslücken durch Eigenvorsorge zu schließen, müssen die Interessen des AG das Bestandsinteresse des AN ganz erhebl überwiegen <**R:** BAG 11.7.2017, 3 AZR 513/16, NZA 2017, 1471 Rn 49; 28.6.2011, 3 AZR 282/09, BAGE 138, 197 Rn 38>. Je nach den konkreten Nachteilen, die dem Versorgungsberechtigten durch die Änderung der BV entstehen, können auch Eingriffe in eine **Anpassungsregelung** diese Geringfügigkeitsgrenze überschreiten. Mehr als geringfügig sind solche Eingriffe, die dem Versorgungsempfänger – hätte er mit ihnen gerechnet – während des noch bestehenden Arbeitsverhältnisses vernünftigerweise hätten Anlass geben können, sie durch eine weiter gehende private Absicherung auszugleichen <**R:** BAG 20.9.2016, 3

AZR 273/15, NZA 2017, 64 Rn 38; 11.7.2017, aaO Rn 50>. Das Gebot des Vertrauensschutzes kann etwa auch **Übergangsregelungen** erfordern <**R:** BAG 21.2.2017, 1 AZR 292/15, AP BetrVG 1972 § 75 Nr 61 Rn 19>.

4. Geltungsbereich

a) Räumlich

Die BV gilt ausschließl für den **Betrieb**, für den sie abgeschlossen worden ist; ihr Geltungsbereich kann nicht durch Vereinbarung der Betriebsparteien auf andere, BR-lose Betriebe erstreckt werden <**R:** BAG 19.2.2002, 1 ABR 26/01, NZA 2002, 1300>. Eine BV, die der GBR gem § 50 Abs 1 S 1 abschließt, gilt für sämtliche Betriebe des Gesamtunternehmens (GBV); ob in den Betrieben ein BR gewählt worden ist, ist nach § 50 Abs 1 S 1 unerhebl. Nicht erfasst werden ledigl die Betriebe, die nicht BR-fähig sind (§ 50 Rn 38 f, 52). Schließt der GBR im Auftrag mehrerer Einzel-BR nach § 50 Abs 2 eine einheitl BV ab, wirkt diese in jedem dieser Betriebe als Einzel-BV (§ 50 Rn 58). Zu vom KBR abgeschlossenen BV § 58 Rn 20 ff.

22

b) Persönlich

Jede BV gilt für **alle in dem Betrieb beschäftigten AN** (§ 5 Abs 1; dort Rn 1 ff), auch für diejenigen, die erst nach Abschluss der BV eingestellt worden oder in diesen Betrieb versetzt worden sind; die AN müssen in den Betrieb oder den Betriebteil **eingegliedert** sein, für den die BV abgeschlossen wurde <**R:** BAG 13.10.2021, 10 AZR 729/19, NZA 2022, 268 Rn 45 f>, zur Eingliederung vgl § 99 Rn 6 ff. Von einer BV erfasst werden auch die im Betrieb tätigen **Leih-AN** (§ 5 Rn 4), soweit die BV Angelegenheiten regelt, die die Leih-AN wg der Weisungsbefugnis des Betriebsinhabers betreffen, etwa die nach § 87 Abs 1 Nr 2 und 3 mitbestimmungspflichtigen Arbeitszeiten im Betrieb (§ 87 Rn 63 und 85) <**R:** BAG 15.12.1992, 1 ABR 38/92, BB 1993, 648; **L:** GK/*Kreutz* Rn 204; Richardi/*Richardi/Picker* Rn 88; *Fitting* Rn 35; HWGNRH/*Worzalla* Rn 33>. Hingg gelten BV **nicht** für **freie Mitarbeiter** und **AN-Ähnliche** (§ 5 Rn 10) oder ggü **AN einer Drittfirma**, die aufgrund eines zw dem AG und der Drittfirma geschlossenen Werk- oder Dienstvertrags tätig werden (§ 5 Rn 5).

23

AG und BR können die Geltung der BV auch **auf best AN-Gruppen beschränken** <**R:** so etwa in BAG 20.1.2015, 9 AZR 735/13, AP TzBfG § 8 Nr 32 Rn 23 best Cockpitpersonal>; ob sie dies wollen, ist der BV durch Auslegung zu entnehmen (Rn 31 ff). **Im Zweifel** gilt eine BV **für alle betriebsangehörigen AN**, für die der BR zuständig ist. Sofern aus der BV nichts anderes folgt, gelten daher BV über Leistungen der betriebl Altersversorgung auch zugunsten der Heimarbeit-AN, die in der Hauptsache für den Betrieb arbeiten (§ 5 Rn 18) <**R:** LAG Hamm 20.10.2006, 4 Sa 280/06, EzA-SD 2006, Nr 26, 11 (LS)>.

24

Bewerber um einen Arbeitsplatz (vgl § 75 Rn 10) und aus dem Betrieb **ausgeschiedene AN** und **Ruheständler (Betriebsrentner)** werden **nicht** von BV erfasst, da der BR für diese noch nicht bzw nicht mehr zuständig ist <**R:** BAG 12.12.2006, 3 AZR 475/05, AiB 2008, 114; **L:** ErfK/*Kania* Rn 34; auch Richardi/*Richardi/Picker* Rn 83 f; **aA** GK/*Kreutz* Rn 199 ff; *Fitting* Rn 39; DKW/*Berg* Rn 80; HWGNRH/*Worzalla* Rn 30>. Anders ist dies nur, wenn AG und BR Regelungen für aktive AN gerade für die Zeit nach ihrem Aus-

25

§ 77 Durchführung gemeinsamer Beschlüsse, Betriebsvereinbarungen

scheiden treffen, etwa in BV vereinbarte **Sozialeinrichtungen** auch ausgeschiedenen AN und Ruheständlern öffnen (§ 87 Rn 178) <**L:** für Werkmietwohnungen GK/*Kreutz* Rn 205; *Fitting* Rn 39; DKW/*Berg* Rn 79; HWGNRH/*Worzalla* Rn 31>. Wg der bes Funktion des **Sozialplans iS des § 112**, mit einer Betriebsänderung verbundene wirtschaftl Nachteile der AN auszugleichen, können Sozialpläne Leistungen auch für bereits ausgeschiedene AN vorsehen und ändern, sofern die AN zur Zeit der die Abfindungen auslösenden Betriebsänderung dem Betrieb angehörten (§ 112 Rn 18) <**R:** BAG 10.8.1994, 10 ABR 61/93, BB 1995, 1240; 5.10.2000, 1 AZR 48/00, DB 2001, 1563; 28.6.2005, 1 AZR 213/04, DB 2005, 2698 (LS); **L:** GK/*Kreutz* Rn 201; Richardi/*Richardi/Picker* Rn 82; *Fitting* Rn 35, 37; DKW/*Berg* Rn 79; HWGNRH/*Worzalla* Rn 31>.

26 Wendet der AG Bestimmungen einer nach Ausscheiden der AN abgeschlossenen BV ggü Ruheständlern und anderen an, liegt darin entgg dem BAG <**R:** BAG (GS) 16.3.1956, GS 1/55, SAE 1956, 156; 13.5.1997, 1 AZR 75/97, BB 1997, 2328> **nicht** zwingend ein **konkludentes Angebot, sie nach den neuen oder den geänderten (günstigeren) Bedingungen zu behandeln**, welches die Ausgeschiedenen annehmen könnten, ohne dass die Annahme dem AG ggü erklärt zu werden braucht (§ 151 Satz 1 BGB). Zahlt der AG für den Empfänger erkennbar ausschließl deswg, weil er sich aufgrund einer BV dazu verpflichtet hält, fehlt seinem Verhalten schon der objektive Erklärungsgehalt, die Zahlungen aufgrund einer zusätzl Rechtsgrundlage anbieten zu wollen <**R:** BAG 24.11.2004, 10 AZR 202/04, BB 2005, 1745; 20.6.2007, 10 AZR 410/06, BB 2007, 1904 (LS); 1.4.2009, 10 AZR 393/08, EzA-SD 2009, Nr 13, 7>. Nur wenn der AG erkennbar ohne eine sonstige Verpflichtung zahlen will, kommt eine betriebl Übung in Betracht, Rn 44.

27 **In keinem Fall** können die Betriebspartner **durch BV** Rechte und Pflichten der **ausgeschiedenen AN und der Ruheständler unmittelbar modifizieren**. Eine BV, die Leistungen ändert oder aufhebt, wirkt mangels Legitimation des BR nicht für die ausgeschiedenen AN <**R:** BAG (GS) 16.3.1956, GS 1/55, SAE 1956, 156; 25.10.1988, 3 AZR 483/86, BB 1989, 1548; 13.5.1997, 1 AZR 75/97, BB 1997, 2328; 12.12.2006, 3 AZR 475/05, AiB 2008, 114>, Rn 25. Keinesfalls enthält die ursprüngl BV stillschweigend einen Änderungsvorbehalt dahin, dass der AG (mit dem neuen BR) in die Individualansprüche der ausgeschiedenen AN eingreifen dürfe <**L:** so aber HWGNRH/*Worzalla* Rn 31>; ein solcher stillschweigender Vorbehalt ggü allen ausscheidenden AN scheitert schon an § 305 Abs 2 BGB. Der AG darf sich aber Änderungen ausdrückl vorbehalten <**L:** aA ErfK/*Kania* Rn 34 nur für einen mgl Vorbehalt im Arbeitsvertrag>, muss dabei aber die Grenzen des § 308 Nr 4 BGB beachten, da die Ausnahme von der Klauselkontrolle nach § 310 Abs 4 S 1 BGB mangels normativer Geltung der BV für die Ruheständler (Rn 25) nicht greift: Eine Bezugnahme auf die „jeweilige" Fassung der BV ist als Recht des AG, die versprochene Leistung zusammen mit dem BR zu ändern oder von ihr abzuweichen, nur dann zulässig, wenn die Änderungsgründe in der Klausel zumindest im Ansatz beschrieben sind <**R:** BAG 12.1.2005, 5 AZR 364/04, BB 2005, 833; 11.2.2009, 10 AZR 222/08, NZA 2009, 428>. Im Übrigen bleibt es dem AG möglich, sich von Verpflichtungen ggü ausgeschiedenen AN durch eine Kd wg Wegfalls der Geschäftsgrundlage nach § 313 Abs 3 BGB zu lösen.

28 **Nicht erfasst** werden **ltd Ang** iS des § 5 Abs 3 (§ 5 Rn 25 ff), und erst recht nicht **Personen iS des § 5 Abs 2** (§ 5 Rn 20 ff) <**R:** BAG 31.1.1979, 5 AZR 454/77, DB 1979, 1039; 16.7.1985, 1 AZR 206/81, DB 1985, 2207; **L:** GK/*Kreutz* Rn 195 mwN>. Weil der BR damit seine Zuständigkeit überschreitet und ihm deswg die allg rechtl Handlungsfähig-

III. Normativer Teil der Betriebsvereinbarung, Abs 4   § 77

keit fehlt, kann er mit dem AG auch **keine Rechte für ltd Ang durch Vertrag zugunsten Dritter** iS des § 328 BGB begründen <**R:** BAG 9.12.1997, 1 AZR 319/97, BB 1998, 904; **aA** BAG 31.1.1979, aaO; **L:** wie hier Richardi/*Richardi/Picker* Rn 80; *Fitting* Rn 36; auch GK/*Kreutz* Rn 196; HWGNRH/*Worzalla* Rn 35>, noch Rn 108 zur Regelungsabrede. Ein Vertrag zugunsten Dritter ist von den Betriebspartnern ohnehin nicht gewollt, da die BV nach deren Willen normativ wirken und nicht lediglich schuldrechtl Ansprüche der AN begründen soll <**R:** BAG 20.11.2001, 1 AZR 12/01, NZA 2002, 872 (LS)>, also auch keine schuldrechtl Ansprüche Dritter <**R:** BAG 11.12.2007, 1 AZR 824/06, DB 2008, 1163; **L:** HWGNRH/*Worzalla* Rn 36>; vgl Rn 7ff. Bezieht eine BV ltd Ang ein, kann die BV als Vertrag zw AG und BR (Rn 72) **keinesfalls gem § 140 BGB in ein Angebot des AG** an die ltd Ang zur Vertragsänderung, also in eine einseitige Willenserklärung, **umgedeutet werden**: Die BV ist schon nicht nichtig <**L:** aA ErfK/*Kania* Rn 32>, zudem ist ein solcher Adressatenwechsel kein Weniger iS des § 140 BGB <**R:** abw grds für die Möglichkeit der Umdeutung einer BV in eine arbeitsvertragl Einheitsregelung BAG 24.1.1996, 1 AZR 597/95, BB 1996, 1717; 5.3.1997, 4 AZR 532/95, BB 1997, 1488; 29.10.2002, 1 AZR 573/01, BB 2003, 963; 30.5.2006, 1 AZR 111/05, BB 2006, 2365>, noch Rn 139 f. Auch eine Auslegung als Angebot an die ltd Ang scheidet aus, da die empfangsbedürftige Willenserklärung des AG eindeutig und ausschließl an den BR gerichtet ist <**L:** HWGNRH/*Worzalla* Rn 35; **aA** *Fitting* Rn 36; auch GK/*Kreutz* Rn 196>.

Wirkt sich eine BV **notwendigerweise auch auf die ltd Ang** des Betriebs aus (Beispiele: betriebsweite Arbeitszeit, Unfallverhütung, Sozialeinrichtungen), berührt sie deren rechtl Interessen. Gem § 2 Abs 1 S 2 SprAuG muss der AG den **SprA** vor Abschluss solcher BV **anhören**. Eine ohne diese Anhörung abgeschlossene BV ist aber nicht unwirksam <**L:** GK/*Kreutz* Rn 60 mwN>. Der AG verletzt lediglich eine dem SprA ggü bestehende Pflicht. Übergeht er den SprA systematisch, ist das gem § 34 Abs 1 Nr 2 SprAuG strafbar. 29

c) Zeitlich

Die Betriebspartner bestimmen auch den **zeitl Geltungsbereich** der BV. AG und BR oder die ES können ausnahmsweise die **Rückwirkung** einer die AN belastenden BV vereinbaren. Voraussetzung ist, dass die AN mit einer rückwirkend belastenden Regelung rechnen mussten und sich hierauf einstellen konnten <**R:** BAG 8.3.1977, 1 ABR 33/75, BB 1977, 1199; 19.9.1995, 1 AZR 208/95, BB 1996, 326; zu einer rückwirkenden tarifl Öffnungsklausel 20.4.1999, 1 AZR 631/98, BB 1999, 1976 [unter II 3 b], noch Rn 126; **L:** Richardi/*Richardi/Picker* Rn 142 ff; *Fitting* Rn 41, 44; ErfK/*Kania* Rn 35; DKW/*Berg* Rn 87; HWGNRH/*Worzalla* Rn 44 ff; **aA** GK/*Kreutz* Rn 217 ff>. Die Rückwirkung einer neuen BV auf den Tag, an dem die bisherige BV endete (Rn 91 ff), ist idR unproblematisch <**L:** Richardi/*Richardi/Picker* Rn 144>. Soll eine belastende BV rückwirkend in Kraft treten, so muss sie dies deutl zum Ausdruck bringen; im Zweifel ist eine Rückwirkung nicht gewollt <**R:** BAG 19.9.1995, aaO>. Von der Rückwirkung werden die AN nicht erfasst, die inzwischen aus dem Betrieb ausgeschieden sind, da der BR für diese nicht zuständig ist, Rn 25, 27 <**R:** für den TV BAG 13.9.1994, 3 AZR 148/94, BB 1995, 675>. 30

5. Auslegung

31   Die Auslegung der BV muss ähnl wie die Auslegung eines TV auf die Doppelnatur der Vereinbarung als verpflichtendes Rechtsgeschäft (Rn 72 ff) und als Normsetzungsakt (Rn 7 ff) Rücksicht nehmen <R: BAG 27.10.1988, 2 AZR 109/88, DB 1989, 1730>. Bei der Auslegung des normativen Teils der BV sind weniger die subjektiven Vorstellungen von AG und BR beim Abschluss, sondern ist vielmehr der objektive Inhalt der Regelung maßgebl <R: BAG 4.3.1982, 6 AZR 594/79, DB 1982, 1829; 13.10.1987, 1 ABR 51/86, DB 1988, 345; 21.1.2003, 1 ABR 5/02, DB 2004, 260 (LS); 2.3.2004, 1 AZR 272/03, AP BetrVG 1972 § 77 Auslegung Nr 13>. Wesentl ist insoweit – **wie bei der Auslegung von Gesetzen und TV** – der **Wortlaut der BV** <R: BAG 17.11.1998, 1 AZR 221/98, DB 1999, 749; 13.3.2007, 1 AZR 262/06, NZA 2008, 190; 21.1.2003, aaO; 11.12.2007, 1 AZR 824/06, DB 2008, 1163>. Dabei ist davon auszugehen, dass AG und BR Begriffe im Sinne der üblichen Rechtsterminologie verwendet haben <R: BAG 27.10.1988, aaO; 13.3.2007, 1 AZR 262/06, NZA 2008, 190>; maßgebend ist der **arbeitsrechtl Sprachgebrauch** <R: BAG 17.11.1998, 1 AZR 221/98, DB 1999, 749; für den ausschlaggebenden **sozialversicherungsrechtl** Begriff des Beschäftigungsverhältnisses, sofern sich dies aus dem Zusammenhang der BV zur betriebl Altersversorgung ergibt 14.12.2010, 3 AZR 939/08, AP BetrAVG § 1 Auslegung Nr 11 Rn 18>. Da die BV aber die Verhältnisse im Betrieb regelt und nicht Rechtssätze für eine unübersehbare Anzahl unterschiedl Fallgestaltungen schafft, kann die Auslegung **betriebsbezogen überlagert** werden: Es kommt auf die typische Wortwahl und das Verständnis in dem Betrieb an, für den die BV abgeschlossen worden ist <R: BAG 24.1.2006, 3 AZR 479/04, DB 2006, 1120 (LS); 13.10.2021, 10 AZR 729/19, NZA 2022, 268 Rn 71 f etwa zum betriebl Verständnis des Begriffs „Company">.

32   Weicht der **wirkl Wille der Betriebsparteien** vom Wortlaut ab, ist er aus Gründen der Normenklarheit nur zu berücksichtigen, soweit er **in der BV einen Niederschlag** gefunden hat <R: etwa muss sich die Herausnahme der Leih-AN aus dem Kreis der Beschäftigten im Wortlaut der BV niederschlagen BAG 22.10.2019, 1 ABR 17/18, APNews 2020, 5 Rn 26>. Dabei sind insbes der Gesamtzusammenhang sowie der Sinn und Zweck der Regelung zu beachten <R: BAG 21.1.2003, siehe Rn 31; 23.10.2018, 1 ABR 10/17, AP BetrVG 1972 § 77 Nr 115 Rn 26>. Nur wenn noch Zweifel bleiben, können – ohne Bindung an eine Reihenfolge – zur Auslegung ergänzend weitere Kriterien wie die Entstehungsgeschichte der BV oder auch eine praktische Übung im Betrieb herangezogen werden <R: BAG 21.1.2003, aaO; 19.1.2011, 3 AZR 6/09, AP BetrAVG § 1 Berechnung Nr 34 Rn 30; 22.5.2012, 1 AZR 103/11, AP BetrVG 1972 § 77 Nr 104 Rn 12>. Das gilt auch, wenn die Betriebsparteien tarifl Regelungen in eine BV einbeziehen <R: BAG 15.5.2018, 1 AZR 37/17, AP BetrVG 1972 § 77 Nr 114 Rn 15 zur Auslegung von „kürzeste, verkehrsübliche Fahrtstrecke">.

33   Die BV ist **rechtskonform** auszulegen, sodass von mögl Auslegungsalternativen diejenige zu wählen ist, die mit dem GG und dem Europarecht, mit den Gesetzen und den vorrangigen TV (Rn 111 ff) in Einklang steht <R: 13.10.2015, 1 AZR 853/13, AP BetrVG 1972 § 77 Nr 109 Rn 21 ff; 27.7.2010, 1 AZR 67/09, AP BetrVG 1972 § 77 Betriebsvereinbarung Nr 52 Rn 14 ff>. Übernehmen die Betriebsparteien den **Inhalt einer gesetzl Vorschrift** ganz oder teilweise in die BV, ist regelmäßig davon auszugehen, dass sie deren Verständnis auch zum Inhalt der BV machen wollen, soweit sich aus der BV nichts Ge-

III. Normativer Teil der Betriebsvereinbarung, Abs 4   § 77

genteiliges ergibt <R: BAG 27.7.2010, 1 AZR 67/09, AP BetrVG 1972 § 77 Betriebsvereinbarung Nr 52 Rn 9 zur Übernahme der gesetzl Regelung über die Aufstockung der Rentenversicherungsbeiträge>. Zu berücksichtigen ist auch die **Praktikabilität** denkbarer Auslegungsergebnisse. Im Zweifel gebührt derjenigen Auslegung der Vorzug, welche zu einer vernünftigen, sachgerechten, zweckorientierten und praktisch brauchbaren Regelung führt <R: BAG 21.1.2003, 1 ABR 5/02, DB 2004, 260 (LS); 11.12.2007, 1 AZR 824/06, DB 2008, 1163>.

6. Schutz vor Rechtsverlust, Abs 4 S 2–4

a) Verzichtsverbot, Abs 4 S 2

Nach dem Vorbild des § 4 Abs 4 S 1 TVG ordnet Abs 4 S 2 an, dass ein AN auf Rechte, die ihm durch BV eingeräumt werden, grds nicht verzichten kann; ein solcher Verzicht ist **nach § 134 BGB unwirksam**. Abs 4 S 2 (mit S 3 und S 4) schützt den AN vor dem Verlust einmal entstandener Rechte und ergänzt so die zwingende Wirkung der BV nach Abs 4 S 1 <R: BAG 30.1.2019, 5 AZR 43/18, AP BGB § 307 Nr 75 Rn 33>. Verzicht ist der – auch vergleichsweise erklärte (noch Rn 36) – **Erlass** von Ansprüchen sowie das **negative Schuldanerkenntnis** (§ 397 BGB), also insbes die sog **Ausgleichsquittung** <R: BAG 16.7.2019, 1 AZR 842/16, AP BetrVG 1972 § 112 Nr 242 Rn 38 zu einem unwirksamen Verzicht auf eine Sozialplanabfindung im Aufhebungsvertrag als konstitutives negatives Schuldanerkenntnis; L: Richardi/*Richardi/Picker* Rn 194>. In der Wirkung gleich stehen dem Verzicht Verträge, die die Forderung des AN zwar unberührt lassen, ihnen aber die **Durchsetzbarkeit nehmen**, etwa die nachträgl Vereinbarung fehlender Klagbarkeit (pactum de non petendo) und die Stundung. Um der Gefahr vorzubeugen, dass die Forderung des AN durch den Austausch des Schuldners oder des Schuldgegenstandes entwertet wird, sind auch die privative Schuldübernahme (§§ 414, 415 BGB) und die Vereinbarung einer Leistung an Erfüllungs statt (§ 364 Abs 1 BGB) ausgeschlossen. Auch eine Verzichtserklärung nach § 306 ZPO oder iR des § 307 ZPO fällt unter das Verbot des Abs 4 S 2 <L: Richardi/*Richardi/Picker* Rn 195; GK/*Kreutz* Rn 316>; der AN kann aber seine Klage nach § 269 ZPO zurücknehmen.

34

Auf Ansprüche aus einer BV kann der AN nach Abs 4 S 2 nur mit Zustimmung des BR verzichten, und zwar sowohl auf **bestehende** <L: GK/*Kreutz* Rn 313; *Fitting* Rn 133; HWGNRH/*Worzalla* Rn 193; aA *SWS* Rn 32> als auch auf **künftige Ansprüche**, sofern sie hinreichend bestimmbar sind. Anders als nach § 4 Abs 4 S 1 TVG, der eine Zustimmung beider TV-Parteien verlangt, müssen nicht AG und BR dem Verzicht zustimmen, sondern genügt die **Zustimmung des BR**. Zustimmung ist nach §§ 182 ff BGB sowohl die Einwilligung als vorherige (§ 183 S 1 BGB) als auch die Genehmigung als nachträgl Zustimmung (§ 184 Abs 1 BGB); sie setzt einen ordnungsgem Beschluss des BR iS des § 33 voraus <R: BAG 27.1.2004, 1 AZR 148/03, BB 2004, 1242>. Dieser ordnungsgem Beschluss verlangt wiederum, dass der BR ordnungsgem über die für seine Entscheidung bedeutsamen Umstände unterrichtet wurde: Der BR muss sachgerecht beurteilen können, ob er in dem zu beurteilenden Einzelfall eine Abweichung von der zwingenden Wirkung der BV zulassen soll (Rn 34). Daher muss der BR insbes den Umfang des individuellen Verzichts auf den Anspruch aus der BV kennen <R: 15.10.2013, 1 AZR 405/12, NZA 2014, 217 Rn 27>. Die Zustimmung bedarf keiner bes Form, sie kann sowohl ggü dem AN als auch ggü dem AG erklärt werden, § 182 Abs 1 BGB. Der BR muss aber unmiss-

35

§ 77 Durchführung gemeinsamer Beschlüsse, Betriebsvereinbarungen

verständlich zum Ausdruck bringen, dass er mit dem Anspruchsverzicht des AN einverstanden ist <**R:** BAG 3.6.1997, 3 AZR 25/96, BB 1998, 56 (LS); 27.1.2004, aaO>. Die Zustimmung kann nur für einen best Anspruch erklärt werden, niemals als Vorratserklärung und nie für alle Rechte eines AN aus der BV: Eine generelle Einwilligung des BR in den Verzicht auf Ansprüche aus einer BV können die Betriebsparteien nur gemeinsam, durch eine Öffnungsklausel oder durch eine nachträgl Änderung der BV erlauben; die einseitige Abänderung einer BV durch eine Betriebspartei ist nicht mögl <**R:** BAG 27.1.2004, aaO; 11.12.2007, 1 AZR 824/06, DB 2008, 1163; **L:** GK/*Kreutz* Rn 312>. Eine BV kann auch die Voraussetzungen für einen Verzicht des AN festlegen <**R:** BAG 19.7.2016, 3 AZR 134/15, NZA 2016, 1475 Rn 52>.

36 Unter das **Verzichtsverbot fällt** es **nicht**, wenn AG und AN über die tatsächl Voraussetzungen eines Anspruchs aus der BV streiten, etwa über die Zahl der vom AN geleisteten Überstunden oder über die Höhe des Akkordergebnisses, und diese Ungewissheit durch gegenseitiges Nachgeben in einem Vergleich beseitigen (**sog Tatsachenvergleich**) <**R:** BAG 31.7.1996, 10 AZR 138/96, DB 1997, 882 mwN; 19.7.2016, 3 AZR 134/15, NZA 2016, 1475 Rn 49; **L:** Richardi/*Richardi/Picker* Rn 199 mwN; DKW/*Berg* Rn 89>. Bei einer vergleichsweisen Einigung über Rechtsfragen – etwa derjenigen, wie bestimmte Regelungen in einem Sozialplan auszulegen sind – handelt es sich aber nicht um einen Tatsachenvergleich, sondern um einen Rechtsverzicht <**R:** BAG 25.4.2017, 1 AZR 714/15, AP BetrVG 1972 § 112 Nr 234 Rn 15 ff>. Macht ein Sozialplan den Anspruch auf eine – weitere – Abfindung davon abhängig, dass der AN im Anschluss an die Beendigung des Arbeitsverhältnisses 12 Monate arbeitslos ist, so bedarf ein alsbald nach Beendigung des Arbeitsverhältnisses in einem Vergleich erklärter Verzicht des AN auf einen Teil dieser weiteren Abfindung nicht der Zustimmung des BR, wenn im Zeitpunkt des Vergleichs ungewiss ist, ob der AN die Voraussetzungen für den weiteren Abfindungsanspruch je erfüllen wird <**R:** BAG 31.7.1996, aaO>.

37 Auch für den Verzicht gilt das **Günstigkeitsprinzip** (Rn 51 ff): Der Verzicht ist zulässig, wenn zweifelsfrei festgestellt werden kann, dass die Abweichung von der BV objektiv die für den AN günstigere Regelung ist <**R:** BAG 27.1.2004, 1 AZR 148/03, BB 2004, 1242; 30.4.2004, 1 AZR 85/03, NZA 2004, 1183 (LS) beide zum Sozialplan; 19.7.2016, 3 AZR 134/15, NZA 2016, 1475 Rn 53; 2.12.2021, 3 AZR 123/21, AP BetrAVG § 1 Nr 85 Rn 61 f ausdrückl offenlassend, ob der Verzicht **dauerhaft** oder nur für den Zeitraum des Bestands einer BV unwirksam ist; **L:** *Fitting* Rn 135; HWGNRH/*Worzalla* Rn 194>.

b) Ausschluss der Verwirkung, Abs 4 S 3

38 Abs 4 S 3 schließt die **Verwirkung** der den AN durch BV eingeräumten Ansprüche aus: Der AG kann dem AN ggü nicht einwenden, dessen Forderungen seien zwar noch nicht verjährt, er mache sie aber treuwidrig zu spät geltend. Abs 4 S 3 schließt nur den Einwand der Verwirkung aus, also den Einwand, dass der AN seinen Anspruch nach einem sehr langen Zeitraum geltend macht (Zeitmoment), und dass der AG deswg und aufgrund weiterer Umstände darauf vertrauen durfte, der AN werde den Anspruch nicht mehr geltend machen (Umstandsmoment) <**R:** BAG 19.7.2016, 3 AZR 134/15, NZA 2016, 1475 Rn 57>. IÜ ist die **Berufung auf § 242 BGB** für den AG aber nicht ausgeschlossen <**R:** BAG 19.7.2016, aaO Rn 56; 13.10.2020, 3 AZR 246/20, AP BetrAVG § 1 Ablösung

III. Normativer Teil der Betriebsvereinbarung, Abs 4   § 77

Nr 84 Rn 31 auch zum Vorrang von Abs 4 S 3 vor § 16 BetrAVG; **L:** Richardi/*Richardi/ Picker* Rn 200 mwN>.

c) Einschränkung von Ausschlussfristen, Abs 4 S 4

Abs 4 S 4 verbietet für durch BV begründete Ansprüche die, nach § 202 BGB grds zuläs- **39** sige, Verkürzung von Verjährungsfristen und vor allem von Ausschlussfristen, sofern diese Fristen nicht in der BV selbst oder in einem TV ausdrückl vereinbart worden sind. Sieht der Arbeitsvertrag/die arbeitsvertragl Einheitsregelung (Rn 49) eine Ausschlussfrist (ua) für Ansprüche aus BV vor, ist diese Regelung nach § 134 BGB (iVm **§ 77 Abs 4 S 4 als Verbotsgesetz**) (teil-) nichtig <**R:** BAG 30.1.2019, 5 AZR 43/18, AP BGB § 307 Nr 75 Rn 33, ein Verstoß gg § 307 Abs 1 S 2 BGB in Rn 31 offenlassend; **L:** *Löwisch/ Rieble* TVG § 4 Rn 731 zu TV>. Ob **Ausschlussfristen in TV** Ansprüche aus einer BV erfassen, ist durch Auslegung des TV zu ermitteln. Erfasst eine tarifl Ausschlussfrist allg Ansprüche aus dem Arbeitsverhältnis, so gilt sie auch für einen Anspruch auf eine Sozialplanabfindung <**R:** BAG 30.11.1996, 10 AZR 79/94, BB 1995, 520; 27.3.1996, 10 AZR 668/95, BB 1996, 2302; 27.1.2004, 1 AZR 148/03, BB 2004, 1282; **L:** ErfK/*Kania* Rn 41>. Tarifl Ausschlussfristen oder verkürzte Verjährungsfristen wirken aber nur ggü den AN, die aufgrund Gewerkschaftszugehörigkeit (§§ 3 Abs 1, 4 Abs 1 TVG) oder kraft Allgemeinverbindlichkeitserklärung (§ 5 Abs 4 TVG) **an diesen TV gebunden** sind: Es handelt sich um eine tarifvertragl Inhaltsnorm, nicht um eine Norm über betriebl Fragen iS des § 3 Abs 2 TVG. Einzelvertragl gilt die Ausschlussfrist auch für nicht organisierte AN, wenn die Geltung des TV durch **Bezugnahmeklauseln** einzelvertragl vereinbart ist <**R:** BAG 27.1.2004, aaO; **L:** GK/*Kreutz* Rn 324; *Fitting* Rn 138; HWGNRH/*Worzalla* Rn 198f; ErfK/*Kania* Rn 41>.

Wg Abs 3 kann die **BV** selbst nicht auf tarifl Ausschlussfristen Bezug nehmen, Rn 115 **40** <**R:** BAG 9.4.1991, 1 AZR 406/90, BB 1991, 2012; 25.2.2015, 5 AZR 481/13, NZA 2015, 943 Rn 30 und 33; **L:** GK/*Kreutz* Rn 324>, sondern Ausschlussfristen nur selbst in der BV festlegen. AG und BR dürfen aber nicht unzulässig in die über § 75 Abs 1 geschützte Handlungsfreiheit der AN aus Art 2 Abs 1 GG eingreifen, etwa die AN dadurch unverhältnismäßig belasten, dass diese Annahmeverzugsansprüche bereits während des laufenden Kd-Schutzprozesses gerichtl geltend machen müssen <**R:** BAG 12.12.2006, 1 AZR 96/06, DB 2007, 866; **L:** auch *Fitting* Rn 139>.

Zu kurze Ausschlussfristen sollen gem § 138 BGB sittenwidrig sein <**L:** *Fitting* **41** Rn 138>; richtigerweise sind sie wg unzulässiger Beschränkung der durch § 75 Abs 1 geschützten Handlungsfreiheit der AN aus Art 2 Abs 1 GG nichtig (Rn 19) <**L:** HWGNRH/ *Worzalla* Rn 201>. Ausschlussfristen von einem Monat hat das BAG im Individualarbeitsvertrag vor Inkrafttreten iR der arbeitsrechtl Inhaltskontrolle (Rn 145 ff) gebilligt <**R:** BAG 13.12.2000, 10 AZR 168/00, BB 2001, 938>; entspr Fristen in einer BV greifen dann auch nicht unzulässig in die allg Handlungsfreiheit des AN ein <**L:** HWGNRH/*Worzalla* Rn 201>. Die Rspr des BAG seit der Schuldrechtsreform, die wg § 307 BGB Ausschlussfristen in vorformulierten Arbeitsverträgen erst ab einer Frist von mindestens drei Monaten für zulässig hält <**R:** BAG 25.5.2005, 5 AZR 572/04, BB 2005, 2131; 28.9.2005, 5 AZR 52/05, BB 2006, 327>, ist wg § 310 Abs 4 S 1 BGB auf Ausschlussfristen in BV nicht übertragbar <**L:** HWGNRH/*Worzalla* Rn 201>.

7. Verhältnis zum Einzelarbeitsvertrag

a) Abreden mit einer Vielzahl von Arbeitnehmern

42 Der AG kann mit einer Vielzahl von AN oder mit allen AN auch einzelvertragl einheitl Arbeitsbedingungen festlegen (sog **arbeitsvertragl Einheitsregelung**). Mit einer Einheitsregelung werden häufig über- und außertarifl materielle Arbeitsbedingungen (Ruhegelder, Zulagen, Gehälter für AT-Ang) geregelt. Arbeitsvertragl Einheitsregelungen haben keine normative Wirkung. Sie begründen keine selbstständige kollektiv-rechtl Gestaltungsmöglichkeit auf betriebl Ebene neben der BV, sondern sind ledigl gleichlaufende individualvertragl Regelungen <**R**: BAG 16.9.1986, GS 1/82, BB 1987, 265>.

43 Von der Einheitsregelung (Rn 42) grenzt die hM die **Gesamtzusage** ab: Der AG gibt einseitig bekannt, dass er jedem AN, der abstrakt festgelegte Voraussetzungen erfüllt, best Leistungen gewährt. Die vom AG angebotene Vertragsbedingung wird auch dann Inhalt des Vertrages, wenn der AN die Annahme konkludent erklärt, etwa indem er Leistungen entgegennimmt, ohne dass die Annahmeerklärung des AN dem AG zugehen muss, § 151 BGB.

44 Bei der **betriebl Übung** wird aus der mehrfachen vorbehaltlosen Leistung des AG auf dessen Willen geschlossen, den AN die erbrachte Leistung auf Dauer gewähren zu wollen: Mit der Leistungsgewährung macht der AG konkludent ein Angebot auf Ergänzung des Arbeitsvertrages um einen Anspruch auf diese Leistungen, das vom AN angenommen werden kann, ohne dass die Annahmeerklärung dem AG zugehen muss, § 151 BGB. Praktisch wird dies vor allem für Sonderzuwendungen relevant: Zahlt der AG etwa Weihnachtsgeld drei Jahre hintereinander, ohne dabei den Vorbehalt zu äußern, die Leistung erfolge freiwillig ohne Rechtsbindungswillen oder könne jederzeit widerrufen werden, liegt darin nach BAG ein Angebot auf die dauerhafte Zahlung eines entspr Weihnachtsgeldes, das von den AN stillschweigend angenommen wird <**R**: BAG 28.6.2006, 10 AZR 385/05, DB 2007, 113; 1.4.2009, 10 AZR 393/08, EzA-SD 2009, Nr 13, 7>. Andere ordnen die betriebl Übung als Anspruchserwerb aufgrund schutzwürdigen Vertrauens in den Erhalt der Leistung (Erwirkung iS des § 242 BGB) ein <**L**: *Hromadka* NZA 1984, 241; *Singer* ZfA 1993, 487, 489>.

45 Die allg Arbeitsbedingungen durch arbeitsvertragl Einheitsregelung, Gesamtzusage und betriebl Übung werden den AN einseitig vom AG vorgegeben und unterfallen damit der **AGB-Kontrolle nach §§ 305 ff BGB**, allerdings sind gem § 310 Abs 4 S 2 BGB die Besonderheiten des Arbeitsrechts zu berücksichtigen. Etwa soll es den AN entgg § 307 BGB unangemessen benachteiligen, wenn der AG in einem vorformulierten Arbeitsvertrag eine monatl zu zahlende Leistungszulage unter Ausschluss jeden Rechtsanspruchs anbietet <**R**: BAG 25.4.2007, 5 AZR 627/06, BB 2007, 1900>. Weist der AG hingg ledigl darauf hin, dass die Gewährung einer Sonderzahlung keinen Rechtsanspruch des AN auf die Leistung für künftige Bezugszeiträume begründet, soll dieser Freiwilligkeitsvorbehalt den AN nicht unangemessen benachteiligen <**R**: BAG 30.7.2008, 10 AZR 606/07, BB 2008, 2465; 18.3.2009, 10 AZR 289/08, BB 2009, 1366>. Werden hinsichtl Voraussetzungen und Höhe präzise formulierte Sonderzahlungen an einen Freiwilligkeitsvorbehalt gebunden, soll dies widersprüchlich sein und die Klausel als unklar und unverständlich am Transparenzgebot des § 307 Abs 1 S 2 BGB scheitern <**R**: BAG 24.10.2007, 10 AZR 825/06, BB 2008, 166; 30.7.2008, aaO>.

III. Normativer Teil der Betriebsvereinbarung, Abs 4   § 77

Der AG kann sich von einer arbeitsvertragl Einheitsregelung, von einer Gesamtzusage   46
und von einer betriebl Übung **entspr den allg vertragsrechtl Grundsätzen lösen**, also
durch einen Aufhebungsvertrag mit dem AN, durch eine ihm ggü ausgesprochene Änderungs-Kd und, wenn er sich dies vertragl vorbehalten hat, durch Widerruf gem § 315
BGB.

Soweit eine arbeitsvertragl Einheitsregelung, eine Gesamtzusage und eine betriebl Übung   47
mitbestimmungspflichtige Angelegenheiten, etwa die betriebl Lohngestaltung iS des § 87
Nr 10 betrifft, muss der BR mitbestimmen. Es genügt, wenn er sein **MBR** durch eine
mündliche Regelungsabrede (Rn 105 ff) ausübt <R: vgl BAG 17.12.1980, 5 AZR 570/
78, BB 1981, 789; **L:** *Löwisch* ZGR 1984, 282>, Rn 107. Auch der Änderung und Beendigung einer arbeitsvertragl Einheitsregelung usw muss der BR bei mitbestimmungspflichtigen Angelegenheiten mindestens in Form der Regelungsabrede zustimmen <**R:**
BAG 9.7.1985, 3 AZR 546/82, BB 1986, 1088; **L:** *Löwisch* ZGR 1984, 282>. Zur Ablösung durch BV Rn 91.

b) Öffnungsklausel in der Betriebsvereinbarung

Die BV geht kraft ihrer unmittelbaren und zwingenden Wirkung Bestimmungen in Einzelarbeitsverträgen grds vor, Abs 4 S 1 (Rn 7). **Obwohl § 77 keine dem § 4 Abs 3 TVG   48
entspr Bestimmung enthält**, können auch die Betriebspartner in einer BV zulassen, dass
AG und AN in einzelvertragl Abreden von der BV abweichen (Öffnungsklausel in der
BV) <**L:** GK/*Kreutz* Rn 307 f; *Fitting* Rn 130>. Man kann insoweit von einer arbeitsvertragsoffenen BV sprechen <**L:** ErfK/*Kania* Rn 78>.

c) Öffnungsklausel oder Bezugnahme im Arbeitsvertrag

Ein Einfluss auf oder eine Änderung von individualvertragl geregelten Arbeitsbedingungen durch BV ist mögl, wenn der Arbeitsvertrag, eine **Ermächtigung zur Änderung   49
durch BV** enthält <**R:** BAG (GS) 16.9.1986, GS 1/82, BB 1987, 265; 20.11.1987, 2 AZR
284/86, DB 1988, 1501>; sog **BV-offener Arbeitsvertrag** <**L:** *Fitting* Rn 198; Richardi/
Richardi/Picker Rn 191 ff; ErfK/*Kania* Rn 79>. Dabei unterstellt die überwiegende Anzahl der Senate des BAG, dass ein in AGB (Rn 42) geregelter Vertragsgegenstand konkludent BV-offen ist, sofern er – wie stets bei Gesamtzusagen – einen kollektiven Bezug hat
<**R:** BAG 5.3.2013, 1 AZR 417/12, NZA 2013, 916 Rn 60; 25.5.2016, 5 AZR 135/16,
NZA 2016, 1327 Rn 52; 21.2.2017, 3 AZR 542/15, AP BetrAVG § 1 Ablösung Nr 75
Rn 35; schon 16.9.1986, GS 1/82, BB 1987, 265 [unter C II 1 c]; **abw** diese Unterstellung
zur betriebl Übung wg § 307 Abs 1 S 2 BGB in einem obiter dictum abl BAG 11.4.2018,
4 AZR 119/17, NZA 2018, 1237 Rn 55 mangels ausdrückl Vorbehalts; in ausdrückl Abgrenzung dazu **wiederum** BAG 30.1.2019, 5 AZR 450/17, AP BGB § 611 Sachbezüge
Nr 25 Rn 59 ff ausf zum Streitstand mwN, konkret zu einer betriebl Gesamtzusage; **L:**
Fitting Rn 198; HWK/*Gaul* Rn 68; *Hromadka* NZA 2013, 1061; **aA** Richardi/*Richardi/
Picker* Rn 191 d ff; GK/*Kreutz* Rn 302 mwN; HWGNRH/*Worzalla* Rn 165 ff; Preis/*Ulber*
NZA 2014, 6, 8 ff; *Waltermann*, RdA 2016, 296>; ausgenommen seien wg § 118 Abs 2
und § 307 Abs 1 S 2 BGB Arbeitsverträge eines **kirchl Trägers** <**R:** 11.7.2019, 6 AZR
40/17, AP BGB § 611 Kirchendienst Nr 95 Rn 22, damit der konkludenten BV-Offenheit
von AGB mit kollektivem Bezug aber grds zustimmend>. Im Einzelfall soll sich die BV-Offenheit des Arbeitsvertrages wohl auch aus der Bezugnahme des Arbeitsvertrages auf

§ 77 Durchführung gemeinsamer Beschlüsse, Betriebsvereinbarungen

einen TV ergeben können, wenn dieser TV BV-offen ausgestaltet ist (Rn 126) und diesem TV die BV des GBR anhängen <**R:** BAG 17.2.2015, 1 AZR 599/13, AP BetrVG 1972 § 77 Betriebsvereinbarung Nr 65 Rn 31>. Da Arbeitsvertragsbedingungen meist auf AGB beruhen, entzieht das BAG damit – systemwidrig – die BV grds der Kontrolle durch das Günstigkeitsprinzip (Rn 51 ff); zudem ohne dass der verständige und redliche AN anhand seines Arbeitsvertrages erkennen kann, welche seiner vertragl Ansprüche durch BV abgelöst oder verschlechtert werden können <**R:** daher für das Erfordernis einer entsprechenden Klarstellung im Arbeitsvertrag BAG 11.4.2018, 4 AZR 119/17, NZA 2018, 1237 Rn 55; **L:** Richardi/*Richardi/Picker* Rn 191 f; HWGNRH/*Worzalla* Rn 166; *Kaiser*, FS 100 Jahre BetrVerfR, S 257, 269 f; *Preis/Ulber* NZA 2014, 6, 9 f; *Creutzfeldt* NZA 2018, 1111, 1118 f>. Eine abändernde BV kann ihre Wirkung auch von der **Zustimmung der AN** abhängig machen.

50 Ebenso wirken sich Änderungen der BV unmittelbar im Arbeitsverhältnis aus, wenn AG und AN **im Arbeitsvertrag dynamisch Bezug** auf die jeweils im Betrieb geltenden BV genommen haben und hierdurch die Regelungen der jeweiligen BV zum schuldrechtl Inhalt des Arbeitsverhältnisses machen <**L:** dazu *Rieble/Schul* RdA 2006, 339 ff>. Allerdings ändert die Bezugnahme idR nichts daran, dass die **BV gem Abs 4 normativ** wirkt (Rn 7): Durch die Verweisung auf ohnehin geltende BV wollen AG und AN keinen eigenständigen individualvertragl Geltungsgrund schaffen, die Bezugnahme ist im Zweifel lediglg **deklaratorisch** gemeint <**R:** BAG 18.11.2003, 1 AZR 604/02, BB 2004, 2529; 23.5.2007, 10 AZR 29/07, AP LPVG Hamburg § 83 Nr 2; 13.3.2012, 1 AZR 659/10, AP BetrVG 1972 § 77 Tarifvorbehalt Nr 27 Rn 15; ebenso für einen Verweis in AGB auf eine BV 18.2.2014, 9 AZR 821/12, NZA 2014, 1036 Rn 21; **L:** *Rieble/Schul* RdA 2006, 339, 343; *Fitting* Rn 198 f mwN; HWGNRH/*Worzalla* Rn 169>. Zudem erstreckt sich die Bezugnahme nur auf wirksame BV; eine Heilung unwirksamer BV durch ihre Übernahme in den Individualarbeitsvertrag ist von AG und AN im Zweifel nicht gewollt <**L:** *Fitting* Rn 198 f>. Voraussetzung eines Anhängens des Arbeitsvertrags an die jeweils geltende BV ist, dass die AN dem Betrieb noch angehören, Rn 25 ff.

d) Günstigkeitsprinzip

51 Im Verhältnis von BV und Einzelarbeitsvertrag gilt zum Schutz der Privatautonomie der AN aus Art 2 Abs 1 GG trotz Fehlens einer dem § 4 Abs 3 TVG entspr Bestimmung das **Günstigkeitsprinzip** <**R:** BAG 16.9.1986, GS 1/82, BB 1987, 265; 18.8.1987, 1 ABR 30/86, BB 1987, 2161; 17.6.2003, 3 ABR 43/02, DB 2004, 714; **L:** GK/*Kreutz* Rn 260 f mwN; krit *Kaiser*, FS 100 Jahre BetrVerfR, S 257 ff>. Die Günstigkeit muss **im Voraus**, unabhängig von den konkreten Bedingungen des jeweiligen Anwendungsfalles feststehen. Hängt es von den Umständen des Einzelfalles ab, ob die Regelung günstiger ist, ist diese **ambivalent** und damit nicht günstiger <**R:** BAG 19.7.2016, 3 AZR 134/15, NZA 2016, 1475 Rn 45>. Der Vergleichsgegenstand ist begrenzt: Grds können nur **gleichartige** Regelungen in BV und Arbeitsvertrag miteinander verglichen werden, etwa Arbeitszeitregelungen oder Entgeltansprüche. So setzt sich eine individuell vereinbarte Arbeitszeitregelung gg die mit dem BR nach § 87 Abs 1 Nr 2 vereinbarte betriebl Arbeitszeit durch, wenn der AG einem AN besondere Arbeitszeiten einräumt, damit er sein Kind vom Kindergarten abholen kann <**R:** vgl BAG 16.3.2004, 9 AZR 323/03, BB 2005, 1570>, § 87 Rn 2, 61. Hält man Altersgrenzen durch BV für zulässig (dagg Rn 12), kann eine nachfol-

III. Normativer Teil der Betriebsvereinbarung, Abs 4   § 77

gende BV keine niedrigere Altersgrenze als die einzelvertragl vereinbarte vertragl Altersgrenze festlegen <**R:** BAG 7.11.1989, GS 3/85, BB 1990, 1840>.

Bei **ungleichartigen** Regelungen greift die stRspr zum sog **Sachgruppenvergleich**: Verglichen werden die in einem inneren Zusammenhang stehenden Teilkomplexe, unterschiedl Leistungen werden nur dann in den Vergleich einbezogen, wenn diese funktional äquivalent sind; andernfalls soll ein Günstigkeitsvergleich ausscheiden <**R:** BAG 27.1.2004, 1 AZR 148/03, BB 2004, 1242 mwN; **L:** GK/*Kreutz* Rn 273 mwN>. Nicht miteinander vergleichbar sein soll etwa der Arbeitsplatzerhalt durch die Zusage des AG, keinem AN bis zu einem best Zeitpunkt betriebsbedingt zu kündigen, mit den im Gegenzug von den AN versprochenen Entgelteinbußen, insbes durch die Verlängerung der Arbeitszeit ohne Bezahlung: Der Vergleich von Regelungen, die sich thematisch nicht berührten, sei methodisch unmögl und käme einem Vergleich von „Äpfeln mit Birnen" gleich <**R:** BAG 20.4.1999, 1 ABR 72/98, BB 1999, 1657 (Burda) zum Verhältnis TV zu arbeitsvertragl Einheitsregelungen; **L:** *Fitting* Rn 201 mwN>. Das schränkt den Anwendungsbereich des Günstigkeitsvergleichs erhebl ein. 52

Neben **inhaltlich günstigeren Regelungen** sind für den AN Regelungen günstiger, die ihm die **Wahl** zw der in der BV vorgesehenen und der arbeitsvertragl vereinbarten Regelung lassen <**R:** BAG 7.11.1989, GS 3/85, BB 1990, 1840; **L:** *Fitting* Rn 202 mwN>. Etwa ist die Möglichkeit, zw der Verteilung der Arbeitszeit auf diese oder jene Wochentage zu wählen, für den AN günstiger als eine strikte Bindung an die Arbeitszeitregelung der BV. Günstiger ist eine solche Wahlmöglichkeit für den AN aber nur dann, wenn die Grenzen des AN-Schutzes eingehalten werden und der AN, der sich für die einzelvertragl Regelung entscheidet, in angemessener Frist wieder unter den Schutz der BV zurückkehren kann <**L:** *Löwisch* BB 1991, 59, 62 f>. Wird etwa das Personal am Dienstleistungsabend nach einer BV auf freiwilliger Basis eingesetzt, müssen die AN, die am Dienstleistungsabend arbeiten, ihr Einverständnis jederzeit widerrufen können <**R:** LAG Hamm 20.11.1990, 13 TaBV 125/90, BB 1991, 477>. 53

Das Günstigkeitsprinzip gilt **nicht absolut**, insbes nicht im Bereich der erzwingbaren Mitbestimmung. Zweck der Mitbestimmung ist es in weiten Bereichen, die **unterschiedl Interessen der AN im Betrieb auszugleichen** und damit **Verteilungsgerechtigkeit** herzustellen, etwa die gerechte Verteilung von Weihnachtsgeld, Urlaub und Pausen auf alle AN (etwa nach § 87 Abs 1 Nr 1, 2, 3, 5, 8, 9, 10, 12 und 13). Bei **kollektiven Maßnahmen**, also bei Regelungen, die die Angelegenheiten der AN im Betrieb abstrakt ordnen (§ 87 Rn 2), setzt sich die vom BR durch BV mitbestimmte Regelung ggü den Individualinteressen einzelner AN durch <**L:** Richardi/*Richardi/Picker* Rn 164>: Hat der BR mit dem AG über § 87 Abs 1 Nr 1 ein **Rauchverbot** im Betrieb vereinbart, kann ein einzelner AN in einem Großraumbüro nicht mit der Begründung rauchen, dies sei für ihn persönl günstiger: Sinn und Zweck des MBR aus § 87 Abs 1 Nr 1 ist es gerade, die unterschiedl Interessen der AN auszugleichen und im konkreten Fall die Interessen der Raucher zurückzudrängen (§ 87 Rn 40, 41). Ebenso wenig kann der AG einem AN abw von den allg Nutzungsbedingungen erlauben, sein Kind umsonst im betriebl Kindergarten unterzubringen; die Berücksichtigung bes finanzieller Notlagen, etwa alleinerziehender AN, ist gerade Gegenstand des MBR aus § 87 Abs 1 Nr 8 (§ 87 Rn 184 und 217). Nur soweit das MBR des BR entfällt, weil ausschließl individuelle Bedürfnisse einzelner AN geregelt werden sollen, ohne dass andere AN beeinträchtigt werden, kann sich eine für den einzelnen AN günstigere Regelung durchsetzen, etwa wenn ihm besondere Arbeits- 54

§ 77 Durchführung gemeinsamer Beschlüsse, Betriebsvereinbarungen

zeiten eingeräumt werden, damit er sein Kind vom Kindergarten abholen kann, gerade Rn 51 und § 87 Rn 218. Ebenso kann der AG einem Raucher das Rauchen in dessen von den übrigen AN getrenntem Büro erlauben.

55 Teilweise haben **individuelle Wünsche von Gesetzes wg Vorrang** vor Regelungen in einer BV. So muss der nach § 87 Abs 1 Nr 5 mitbestimmte Urlaubsplan dispositiv sein; um § 7 Abs 1 BUrlG zu genügen, muss der AG also vom Urlaubsplan abweichen können, wenn ein AN einen abw Urlaubswunsch äußert, § 87 Rn 125. Gewährt der AG einem AN auf dessen Wunsch Urlaub abw vom Urlaubsplan, ist dies als Individualmaßnahme nicht mitbestimmungspflichtig. Erst wenn der Urlaubswunsch zum Streit mit dem AG oder mit anderen AN führt, ist der BR zu beteiligen, § 87 Rn 126.

56 Ausnahmsweise greift im Verhältnis einer BV zum Arbeitsvertrag nicht das Günstigkeitsprinzip, sondern das **Ablöseprinzip**, nämlich dann, wenn eine BV bei einem Betriebsübergangs nach **§ 613a Abs 1 S 2 BGB** transformiert worden und zum – individualrechtl – Inhalt des Arbeitsverhältnisses geworden ist (Rn 103). Die auf der BV beruhenden, jetzt individualvertragl Regelungen, werden vor der Ablösung durch eine – spätere – BV nicht in weiterem Umfang geschützt, als wenn sie kollektivrechtl als BV weitergälten <**R:** BAG 14.8.2001, 1 AZR 619/00, BB 2002, 413; 18.11.2003, 1 AZR 604/02, BB 2004, 2529>.

e) „Kollektiver Günstigkeitsvergleich"

57 Inwieweit **vertragl Einheitsregelungen, Gesamtzusagen oder betriebl Übungen** (Rn 42 ff) **zuungunsten der AN durch BV abgeändert** werden können, ist str. Eine Änderung ist jedenfalls möglich, wenn die arbeitsvertragl Einheitsregelungen ausdrückl oder stillschweigend den hinreichend best Vorbehalt enthält, dass eine spätere betriebl Regelung den Vorrang haben soll, der Arbeitsvertrag die Änderung durch spätere BV also erlaubt <**R:** BAG 16.9.1986, GS 1/82, BB 1987, 265; 20.11.1987, 2 AZR 284/86, BB 1988, 1820; 23.10.2001, 3 AZR 74/01, DB 2002, 1383>, Rn 49. Bei auf lange Dauer angelegten Sozialleistungen, die erfahrungsgem immer wieder den tatsächl Verhältnissen angepasst werden müssen, kann schon **wg § 305c Abs 2 BGB und § 308 Nr 4 BGB nicht von einer stillschweigenden Änderungsermächtigung** ausgegangen werden <**R:** abw noch BAG 16.9.1986, aaO; **L:** abw noch *Löwisch* SAE 1987, 186>.

58 Besteht kein solcher Änderungsvorbehalt, können vertragl Einheitsregelungen usw (Rn 42 ff) durch BV nach der Rspr schon dann abgeändert werden, wenn die Abweichung einem **kollektiven Günstigkeitsvergleich** standhält <**R:** BAG 16.9.1986, GS 1/82, BB 1987, 265; 21.9.1989, 1 AZR 454/88, BB 1990, 994; 23.10.2001, 3 AZR 74/01, DB 2002, 1383; 17.6.2003, 3 ABR 43/02, DB 2004, 714; **L:** *Fitting* Rn 208 ff; DKW/*Berg* Rn 44a ff; **abl** GK/*Kreutz* Rn 286 mwN; Richardi/*Richardi/Picker* Rn 168>: Beim kollektiven Günstigkeitsvergleich ist die BV nicht schon dann ungünstiger als die vertragl Abrede, wenn sie in die einzelne Zusage und in die individuellen Besitzstände der AN eingreift, sondern sind maßgebl die Vor- oder Nachteile, die die Neuregelung für die Belegschaft insgesamt zur Folge hat: Werden die Leistungen des AG insgesamt nicht verringert oder sogar erweitert, steht das Günstigkeitsprinzip einer Ablösung nicht entgg, auch wenn einzelne AN durch die ablösende BV schlechter gestellt werden <**R:** BAG 17.6.2003, aaO>. Der einzelne von einer Gesamtzusage begünstigte AN muss hinnehmen, dass Umschichtungen stattfinden, die zu seinen Lasten gehen <**R:** BAG 17.6.2003, aaO;

III. Normativer Teil der Betriebsvereinbarung, Abs 4   § 77

L: Richardi/*Richardi/Picker* Rn 167>. Unzulässig ist aber eine BV, die die einheitl Arbeitsbedingungen für alle AN verschlechtert. Ist die BV kollektiv günstiger, wird die Anspruchsgrundlage ausgetauscht: Die bisher individualvertragl begründeten Ansprüche enden und werden durch die Ansprüche aus der BV mit der Folge ersetzt, dass bei Beendigung der BV die beendeten individualvertragl Ansprüche nicht wieder aufleben können <R: BAG 16.9.1986 und 21.9.1989, aaO; L: Richardi/*Richardi/Picker* Rn 167>.

Der kollektive Günstigkeitsvergleich ist **beschränkt auf einzelvertragl Ansprüche** der AN, **die in einem Bezugssystem zueinander** stehen, also einen kollektiven Bezug zueinander aufweisen <R: BAG 16.9.1986, GS 1/82, BB 1987, 265; 7.11.1989, GS 3/85, DB 1990, 1724; 21.9.1989, 1 AZR 454/88, BB 1990, 994; 28.3.2000, 1 AZR 366/99, BB 2001, 679>. Nach der Rspr ist der kollektive Günstigkeitsvergleich weiter **auf Sozialleistungen** beschränkt, bei denen der AG den finanziellen Rahmen für die Zuwendungen an alle AN vorgibt und **nach § 87 Abs 1 Nr 8, 10 mitbestimmt** über die Verteilungsgrundsätze entscheidet; die AN sind über die Verteilung der vom AG vorgegebenen finanziellen Mittel in einem geschlossenen Regelungssystem miteinander verbunden <R: BAG 16.9.1986, 21.9.1989, 7.11.1989 und 28.3.2000, aaO>. Für andere arbeitsvertragl Ansprüche, die nicht aus einer vorgegebenen, nach best Grundsätzen zu verteilenden Finanzierungsmasse befriedigt werden, gilt der kollektive Günstigkeitsvergleich nicht, insbes nicht für Ansprüche auf das Arbeitsentgelt als Gegenleistung für die geschuldete Arbeitsleistung, für Ansprüche auf Bezahlung von Mehr-, Nacht- und Feiertagsarbeit, für Ansprüche auf Urlaub und Urlaubsentgelt, für Ansprüche auf Entgeltfortzahlung bei Arbeitsverhinderung und auch nicht für die Dauer der wöchentl Arbeitszeit und für Kd-Fristen <R: BAG 21.9.1989 und 28.3.2000, aaO>. Zudem muss die kollektive Ausgestaltung der Leistung für den AN erkennbar gewesen sein; das ist aber bei Gesamtzusagen usw regelmäßig der Fall <R: BAG 16.9.1986, aaO; 17.6.2003, 3 ABR 43/02, DB 2004, 714>.

Die Rspr eröffnet den Betriebspartnern mit dem kollektiven Günstigkeitsvergleich darüber hinaus **nur die Möglichkeit umstrukturierender BV**, um die Mittel für die freiwilligen Sozialleistungen anderweitig verteilen zu können <R: BAG 16.9.1986, GS 1/82, BB 1987, 265; 23.10.2001, 3 AZR 74/01, DB 2002, 1383; 17.6.2003, 3 ABR 43/02, DB 2004, 714>. Bezweckt der AG keine Umschichtung der Leistungen, sondern will er ledigl seinen Gesamtaufwand verringern oder die Kosten absenken, sei dessen Privilegierung über den kollektiven Günstigkeitsvergleich hingg nicht gerechtfertigt <R: BAG 16.9.1986 und 17.6.2003, aaO>. Auch wenn eine BV die auf arbeitsvertragl Einheitsregelungen beruhenden wesentl Inhalte des Arbeitsvertrages insgesamt neu gestaltet, ist ein kollektiver Günstigkeitsvergleich nicht mögl, und zwar auch nicht isoliert für die von den Änderungen mitbetroffenen freiwilligen Leistungen des AG <R: BAG 28.3.2000, 1 AZR 366/99, BB 2001, 679>.

Ist die Ablösung einer vertragl Einheitsregelung durch BV aufgrund eines kollektiven Günstigkeitsvergleichs oder eines Abänderungsvorbehalts grds mögl, muss **zusätzl** festgestellt werden, ob die Ablösung auch einer materiellen Rechtskontrolle, insbes nach den **Grundsätzen der Verhältnismäßigkeit und des Vertrauensschutzes** stand hält <R: BAG 16.9.1986, GS 1/82, BB 1987, 265; 23.10.2001, 3 AZR 74/01, DB 2002, 1383>, Rn 21. Die Ablösung der individualrechtl Regelung wird ledigl so behandelt wie die Ablösung einer BV und unterliegt derselben Inhaltskontrolle <R: BAG 24.1.2006, 3 AZR 483/04, NZA-RR 2007, 595>.

§ 77   Durchführung gemeinsamer Beschlüsse, Betriebsvereinbarungen

62 Der kollektive Günstigkeitsvergleich hat mit der Umverteilung von freiwilligen Sozialleistungen des AG einen **sehr eingeschränkten Anwendungsbereich**. Er wird weithin abgelehnt: Während das Günstigkeitsprinzip den AN individuell schützt, scheint der kollektive Günstigkeitsvergleich umgekehrt einen Eingriff in individuelle Rechtspositionen zu erlauben, sofern die Belegschaft nur insgesamt nicht belastet wird. Das allein spricht nicht gg den kollektiven Günstigkeitsvergleich <**L: so aber** *Däubler* AuR 1987, 349; *Annuß* NZA 2001, 756, 761; GK/*Kreutz* Rn 294; Richardi/*Richardi/Picker* Rn 168>. Der Blick auf die Günstigkeit und der Ausgangspunkt des § 77 verstellt den Blick auf das eigentl Problem: Beschränkt man den kollektiven Günstigkeitsvergleich mit der Rspr auf die Umverteilung freiwilliger Sozialleistungen des AG, geht es um die MBR aus § 87 Abs 1 Nr 8, 10. Insoweit schränkt der kollektive Günstigkeitsvergleich die Reichweite des MBR ein. So wie die (unzutreffende, § 87 Rn 104) hM § 87 Abs 1 Nr 3 als **Ermächtigungsgrundlage** begreift, nach der AG und BR durch eine gem § 77 Abs 4 unmittelbar und zwingend wirkende BV Kurzarbeit auch ggü den AN einführen dürfen, für die keine dahingehende tarifl oder arbeitsvertragl Ermächtigung besteht <**R:** BAG 12.10.1994, 7 AZR 398/93, DB 1995, 734>, § 87 Rn 103, so kann man auch § 87 Abs 1 Nr 8, 10 als Ermächtigungsgrundlage begreifen, um in einzelvertragl Zusagen auf Sonderzahlungen einzugreifen. Bei § 87 Abs 1 Nr 8 und 10 wäre dieser Eingriff – anders als bei § 87 Abs 1 Nr 3 für die Kurzarbeit (§ 87 Rn 104) vom Normzweck getragen, die innerbetriebl Lohngerechtigkeit (**Verteilungsgerechtigkeit**) zu gewährleisten <**R:** BAG 22.1.1980, 1 ABR 48/77, BB 1982, 432; 30.9.2008, 1 ABR 54/07, DB 2009, 407>, § 87 Rn 215. Insoweit schränkt der kollektive Günstigkeitsvergleich die Eingriffsbefugnis der Betriebspartner ein.

63 Dass **mitbestimmte Regelungen die Individualrechte der AN beschneiden**, ist für viele Mitbestimmungstatbestände des **§ 87 zwangsläufige Folge des Normzwecks**, ohne dass dieser Eingriff problematisiert wird: Hat sich etwa ein AN vertragl ausbedungen, samstags nie arbeiten zu müssen, um ein langes Wochenende für Hobbies nutzen zu können, und führen AG und BR nach § 87 Abs 1 Nr 2 ein rollierendes Arbeitszeitsystem mit sechs Arbeitstagen einschließl des Samstags ein <**R:** BAG 31.1.1989, 1 ABR 69/87, DB 1989, 1631; 25.7.1989, 1 ABR 46/88, DB 1990, 791>, ändert die Arbeitszeit-BV auch die Arbeitspflicht des AN; eine Ausnahme zu seinen Gunsten ist nicht mögl, da seine vertragl Abrede zwar ausschließl seinen individuellen Bedürfnissen dient, durch Abweichungen vom rollierenden System aber andere AN beeinträchtigt würden (vgl § 87 Rn 2, 61). Ebenso ändert die nach § 87 Abs 1 Nr 2 mitbestimmungspflichtige Einführung von Schichtarbeit im Betrieb (§ 87 Rn 75) <**R:** BAG 28.10.1986, 1 ABR 11/85, DB 1987, 692; 3.5.2006, 1 ABR 14/05, DB 2007, 60> die individuell vereinbarte Arbeitszeit. Und ein nach § 87 Abs 1 Nr 1 mitbestimmtes betriebl Rauchverbot (§ 87 Rn 41) beschränkt den rauchenden AN in seiner Freiheit zum Rauchen selbst dann, wenn er bei Abschluss des Arbeitsvertrages ausdrückl das Rauchen ausbedungen hat, Rn 54. Für Ansprüche auf Sozialleistungen beschränkt der kollektive Günstigkeitsvergleich die Reichweite der den Betriebspartnern durch § 87 Abs 1 Nr 8 und 10 eingeräumten Befugnisse. Die Rspr schießt ledigl insoweit über ihr Ziel hinaus, als sie der BV ablösende Wirkung beimisst; richtigerweise ist es bei dem Grundsatz zu belassen, dass umstrukturierende BV über Sozialleistungen nicht an die Stelle der arbeitsvertragl Einheitsregelung treten, sondern diese ledigl für die Zeit ihrer Dauer überlagern. Dem Interesse des AG an einer dauerhaften Regelung trägt die Nachwirkung des Abs 6 Rechnung (Rn 64ff).

III. Normativer Teil der Betriebsvereinbarung, Abs 4 § 77

8. Nachwirkung von Betriebsvereinbarungen, Abs 6

Wie nach § 4 Abs 5 TVG gelten nach Abs 6 in Angelegenheiten, in denen ein Spruch der 64
ES die Einigung zw AG und BR ersetzen kann, also im Bereich der **erzwingbaren Mitbestimmung** insbes nach § 87 Abs 2 (sog **mitbestimmte BV**), die **Rechtsnormen** einer BV nach deren Ende, etwa durch Kd (Rn 95 ff) weiter, bis sie durch eine andere Abmachung ersetzt werden, nicht aber die schuldrechtl Rechte und Pflichten aus einer BV (Rn 86 ff). Mit der Nachwirkung wird zum Schutz der AN der Zeitraum bis zur Neuregelung der Angelegenheit überbrückt; für die Änderung der nachwirkenden Arbeitsbedingungen ist eine eigenständige neue Regelung erforderl. Wird etwa eine nach § 87 Abs 1 Nr 2 mitbestimmte BV über gleitende Arbeitszeit (§ 87 Rn 71) gekündigt, gelten nicht die individualvertragl vereinbarten, uU je nach Einstellungszeitpunkt variierenden, festen Arbeitszeiten der einzelnen AN, sondern gilt die Gleitzeitregelung fort, bis sie durch eine neue Arbeitszeitregelung ersetzt wird. Mit der Beschränkung der Nachwirkung auf erzwingbare BV werden auch AG und BR geschützt: der AG davor, dass wg Kd der BV keine einheitl Arbeitsbedingungen mehr im Betrieb gelten (keine Gleitzeit) und er auf die Mitbestimmung des BR angewiesen ist, um erneut einheitl Arbeitsbedingungen zu erreichen (MBR aus § 87 Abs 1 Nr 2), der BR bzw die von ihm vertretenen AN davor, dass anstelle einheitl Arbeitsbedingungen jeder AN ihm genehme Bedingungen durchsetzen kann und so der Schutzzweck der MBR, die konfligierenden Interessen der AN im Betrieb auszugleichen (§ 87 Rn 58 zu § 87 Abs 1 Nr 2), unterlaufen wird. Deshalb muss **auch eine durch ao Kd beendete BV nachwirken** <R: BAG 10.8.1994, 10 ABR 61/93, BB 1995, 1240 (Sozialplan); L: DKW/*Berg* Rn 116; aA GK/*Kreutz* Rn 447; *Fitting* Rn 179; ErfK/*Kania* Rn 102; wohl auch MünchArbR/*Arnold* § 316 Rn 93>.

Nachwirkung heißt, dass bisher für die AN geltende Regelungen einer BV fortbestehen. 65
Für **Arbeitsverhältnisse, die erst nach dem Ende der BV begründet** werden, ist zu unterscheiden: **Betriebsnormen**, die notwendig betriebseinheitl gelten, wie die nach § 87 Abs 1 Nr 2 mitbestimmte Lage der Arbeitszeit oder ein nach § 87 Abs 1 Nr 1 mitbestimmtes Rauchverbot gelten **auch ggü neu eingestellten AN**. Ebenso werden sie von einer nach § 87 Abs 1 Nr 1 und 6 mitbestimmten BV erfasst, die bei näher spezifiziertem Verdacht von Straftaten die Überwachung der AN durch Vorgesetzte und Videokameras erlaubt. **Anders** ist dies bei BV, die **für die AN Ansprüche** begründen; diese BV gelten nach ihrer Beendigung über Abs 6 grds nur – wie TV – für die AN, die dem Betrieb bei Beendigung der BV angehörten <R: abw pauschal für die Geltung auch ggü später eingestellten AN BAG 13.8.2019, 1 ABR 10/18, NZA 2019, 1651 Rn 48 unter Verweis auf die Gesetzesmaterialien, aus denen sich ergeben soll, dass § 77 Abs 6 insofern über § 4 Abs 5 TVG hinausgehe; L: ebenso pauschal für die Geltung GK/*Kreutz* Rn 472; Richardi/*Richardi/Picker* Rn 180; *Fitting* Rn 182; DKW/*Berg* Rn 125; ErfK/*Kania* Rn 104>: Hat etwa der nicht tarifgebundene AG die betriebl Entgeltordnung (§ 87 Rn 239) gekündigt und wirkt diese ledigl iS des Abs 6 nach, erfasst die nachwirkende BV nicht die Arbeitsverhältnisse, die nach Kd der BV begründet werden <R: zur Nachwirkung eines TV nach § 4 Abs 5 TVG zwar BAG 22.7.1998, 4 AZR 403/97, BB 1998, 2366; 7.11.2001, 4 AZR 703/00, BB 2002, 1048; für eine weitergehende Regelung der Nachwirkung durch Abs 6 ggü § 4 Abs 5 TVG aber 13.8.2019, 1 ABR 10/18, aaO>. Der BR kann nicht rügen, dass die neu eingestellten AN aufgrund des arbeitsrechtl Gleichbehandlungsgrundsatzes in die nachwirkenden betriebl Entgeltgruppen eingruppiert werden müssen: Durch die Kd der BV will der AG das Entgelt der AN auf eine neue Grundlage stellen; dies ist ein sachl

§ 77 Durchführung gemeinsamer Beschlüsse, Betriebsvereinbarungen

Grund für die Ungleichbehandlung der neu eingestellten und der bisherigen AN <R: zur Nachwirkung eines TV zwar BAG 11.6.2002, 1 AZR 390/01, DB 2002, 2725; für eine weitergehende Regelung der Nachwirkung durch Abs 6 ggü § 4 Abs 5 TVG aber 13.8.2019, 1 ABR 10/18, aaO>, vgl § 87 Rn 238. Vereinbart der AG das Arbeitsentgelt mit den neu eingestellten AN nach einheitl Grundsätzen, hat der BR über diese Entlohnungsgrundsätze aber nach § 87 Abs 1 Nr 10 – durch BV oder über eine Regelungsabrede (Rn 105 ff) – mitzubestimmen.

66 BV über Angelegenheiten, in denen die Einigung der Betriebspartner nicht über die ES erzwingbar ist, **wirken nicht nach (freiwillige BV iS des § 88)** <R: BAG 28.4.1998, 1 ABR 43/97, BB 1998, 2315>; ebenso wenig BV über Angelegenheiten, in denen entweder nur der AG oder nur der BR berechtigt ist, die ES anzurufen (§ 76 Rn 22); zur Vereinbarung der Nachwirkung in solchen Fällen noch Rn 71. Enden solche BV, tritt der ohne diese geltende Rechtszustand wieder ein <R: vgl LAG HH 17.8.1992, 1 TaBV 5/91, NZA 1993, 283>, dh leben insbes die arbeitsvertragl Rechte und Pflichten der AN wieder auf <R: BAG 21.9.1989, 1 AZR 454/88, DB 1990, 692; 28.3.2000, 1 AZR 366/99, BB 2001, 679>. Ein Vertrauen der bislang Begünstigten auf den Fortbestand der BV ist regelmäßig nicht schützenswert <R: BAG 19.9.2006, 1 ABR 58/05, NZA 2007, 1127 (LS); **L:** *Fitting* Rn 149>; dazu, dass während der Laufzeit der BV auch keine Ansprüche durch betriebl Übung entstehen können, Rn 26. Kündigt der AG eine **freiwillige BV über die betriebl Altersversorgung**, sollen die durch die BV begünstigten AN aber den gleichen Vertrauensschutz genießen wie ggü einer ablösenden BV <R: BAG 18.4.1989, 3 AZR 688/87, BB 1990, 781; **L:** *Fitting* Rn 149; DKW/*Berg* Rn 111>, dazu Rn 21; aber nicht bei einer freiwilligen BV zur **Altersteilzeit** <R: BAG 29.4.2015, 9 AZR 999/13, NZA 2015, 1204 Rn 28>. Richtig ist daran, dass erworbene Rechte (der erdiente Teilbetrag und zeitanteilig erdiente Zuwächse) zum Beendigungszeitpunkt eingefroren werden und die BV als kollektivrechtl Grundlage von Versorgungsansprüchen und Versorgungsanwartschaften erhalten bleibt <R: BAG 11.5.1999, 3 AZR 21/98, BB 2000, 516 zur Altersversorgung>; das folgt aber bereits aus der Wirkung der Kd ex nunc, ohne dass dafür die Grundsätze des Vertrauensschutzes bemüht werden müssen <**L:** *Konzen* FS Kreutz (2009), S 215, 227, 229 f mwN in Fn 101, 102>. Die nach Kd der BV bestehen bleibenden Rechtspositionen genießen unverändert den Schutz des Abs 4 S 2–4 (Rn 34 ff) <R: BAG 11.5.1999, aaO; 17.8.1999, 3 ABR 55/98, BB 2000, 777 zum nicht nachwirkenden Teil einer teilmitbestimmten BV>. Allenfalls soweit Zuwächse noch nicht erdient sind, kann man eine Einschränkung der Kd-Möglichkeit bei BV über die betriebl Altersversorgung entspr den Grundsätzen des Vertrauensschutzes (Rn 21) erwägen, also Eingriffe nur dann erlauben, wenn ein sachl Grund besteht; das wird aber regelmäßig der Fall sein <**L:** *Konzen* FS Kreutz (2009), S 215, 231>.

67 Regelt eine BV sowohl mitbestimmungspflichtige als auch mitbestimmungsfreie Angelegenheiten (**sog teilmitbestimmte BV**), wirken die Bestimmungen über die mitbestimmungspflichtigen Angelegenheiten nach (Rn 64): Lässt sich die BV sinnvoll in einen nachwirkenden und einen nachwirkungslosen Teil aufspalten, wirken teilmitbest BV nur hinsichtl der Gegenstände nach, die der erzwingbaren Mitbestimmung unterfallen <R: BAG 23.6.1992, 1 ABR 9/92, BB 1993, 289; 26.8.2008, 1 AZR 354/07, BB 2009, 501; 10.11.2009, 1 AZR 511/08, AP BetrVG 1972 § 77 Betriebsvereinbarung Nr 48 Rn 12>. Andernfalls, also bei teilmitbestimmten einheitl BV, soll zur Sicherung der Mitbestimmung die gesamte BV nachwirken – einschließl des mitbestimmungsfreien Teils <R:

III. Normativer Teil der Betriebsvereinbarung, Abs 4 § 77

BAG 26.10.1993, 1 AZR 46/93, DB 1994, 987; 18.11.2003, 1 AZR 604/02, BB 2004, 2529; 26.8.2008, aaO; 10.11.2009, aaO>; so erstreckt sich etwa die Nachwirkung einer nach § 87 Abs 1 Nr 2 BetrVG erzwingbaren Schichtplanregelung auch auf die teilmitbestimmte Zulagenregelung <**R:** BAG 9.7.2013, 1 AZR 275/12, AP BetrVG 1972 § 77 Betriebsvereinbarung Nr 64 Rn 19ff>. Teilmitbestimmt ist etwa eine BV über Sonderzahlungen, wie das Weihnachtsgeld, da § 87 Abs 1 Nr 10 dem BR ein erzwingbares MBR nur über die Verteilungsgrundsätze, hingg nicht über die Höhe von AG-Leistungen und damit auch nicht über die AG-Entscheidung einräumt, ob er überhaupt Sonderzahlungen leisten oder kürzen oder insgesamt wieder abschaffen möchte (§ 87 Rn 240f). Die Regelungen einer solchen teilmitbestimmten BV wirken nach, wenn der AG mit der Kd beabsichtigt, sowohl das Gesamtvolumen für die Sonderzuwendung zu **reduzieren** als auch den Verteilungsschlüssel zu ändern, da der BR über die Neuverteilung nach § 87 Abs 1 Nr 10 mitzubestimmen hat <**R:** BAG 18.11.2003, 1 AZR 604/02, BB 2004, 2529; 26.8.2008, aaO; 10.11.2009, aaO Nr 48 Rn 15 und 18f zur Neugestaltung einer Zulage und der leistungsbezogenen Entgeltbestandteile>. Will der AG die freiwillige Leistung hingg **vollständig entfallen lassen**, wirkt die BV, da § 87 Abs 1 Nr 10 dem BR kein MBR über die Entgelthöhe einräumt (§ 87 Rn 240f), nicht nach <**R:** BAG 26.10.1993, aaO; 21.8.2001, 3 ABR 44/00, BB 2002, 1319; 26.8.2008, aaO; 10.11.2009, aaO Nr 48 Rn 14; 19.11.2019, 1 AZR 386/18, NJW 2020, 1243 Rn 23>, ebenso wenig, wenn der AG mit der Kd ledigl mitbestimmungsfrei das Finanzvolumen verringert, ohne dass innerhalb des gekürzten Dotierungsrahmens ein Raum für eine Neuverteilung bleibt <**R:** BAG 11.5.1999, 3 AZR 21/98, BB 2000, 516; 17.8.1999, 3 ABR 55/98, BB 2000, 777; 21.8.2001, aaO; 9.12.2008, 3 AZR 384/07, BB 2009, 1357>. Da die Nachwirkung einer teilmitbestimmten BV damit ausschließl vom Willen des AG abhängt, die dort geregelte Leistung auch zukünftig zu erbringen, ist es aus Gründen der Rechtsklarheit und Rechtssicherheit geboten, dass sich der AG ggü dem BR oder den begünstigten AN festlegt, für den bisherigen Leistungszweck keine Mittel mehr zur Verfügung zu stellen. Bis zum Zugang einer entsprechenden Erklärung wirkt der Inhalt einer teilmitbestimmten BV gem Abs 6 nach <**R:** 5.10.2010, 1 ABR 20/09, AP BetrVG 1972 § 77 Betriebsvereinbarung Nr 53 Rn 26>. Ist eine BV teilweise gekündigt worden (zur Teil-Kd Rn 99), wirkt der gekündigte Teil nicht nach, da der AG andernfalls gezwungen wäre, den ges Inhalt der BV neu zu verhandeln oder zu vereinbaren, Rn 68 <**R:** BAG 8.12.2020, 3 ABR 44/19, AP BetrAVG § 1 Betriebsvereinbarung Nr 14 Rn 47>.

Die BV wirkt im Nachwirkungszeitraum weiterhin unmittelbar (Rn 7), aber nicht mehr zwingend; die **Nachwirkung** kann durch eine andere Abmachung **beendet werden**. **Eine andere Abmachung** ist sowohl eine **spätere BV** als auch eine **einzelvertragl Abrede** zw AG und AN, auch eine Abrede durch arbeitsvertragl Einheitsregelung, Gesamtzusage oder betriebl Übung (Rn 42ff). Die Ablösung einer nachwirkenden BV durch arbeitsvertragl Einheitsregelung usw scheidet aber aus, wenn dadurch MBR des BR umgangen würden; insoweit muss der BR jedenfalls über eine Regelungsabrede (Rn 105ff) beteiligt werden, um das MBR zu wahren <**R:** BAG 22.6.2010, 1 AZR 853/08, AP BetrVG 1972 § 87 Lohngestaltung Nr 136 Rn 37; **L:** GK/*Kreutz* Rn 476; Richardi/*Richardi/Picker* Rn 181>. Die nachwirkende BV wird auch durch eine **ungünstigere** andere Abmachung abgelöst. Ersetzt die Abmachung nur einzelne Bestimmungen der BV, ist der Abmachung durch Auslegung zu entnehmen, ob die BV insgesamt abgelöst werden soll oder ob die

68

§ 77   Durchführung gemeinsamer Beschlüsse, Betriebsvereinbarungen

übrigen Bestimmungen der BV weitergelten <L: **abw** immer für eine Weitergeltung DKW/*Berg* Rn 125>.

69   Die **Regelungsabrede** selbst ist **keine andere Abmachung** <L: GK/*Kreutz* Rn 476; *Fitting* Rn 184; **abw** HWGNRH/*Worzalla* Rn 253>: Die Nachwirkung erstreckt sich nur auf den normativen Teil der BV, also auf die Gestaltung der Arbeitsverhältnisse der AN.

70   Abs 6 enthält kein zwingendes Recht. Die Nachwirkung kann in der BV selbst oder in einem TV **ausgeschlossen** werden <R: BAG 9.2.1984, 6 ABR 10/81, BB 1984, 1746>. Der Ausschluss kann sich trotz der auf den normativen Teil der BV beschränkten Nachwirkung und der insoweit geltenden strengen Auslegungsgrundsätze (Rn 31ff) ausnahmsweise aus den Umständen ergeben; insbes dann, wenn eine BV einen einmaligen, zeitl abgeschlossenen Gegenstand regelt <R: BAG 28.4.2009, 1 ABR 7/08, juris; **L**: DKW/*Berg* Rn 124; HWGNRH/*Worzalla* Rn 255; strenger ErfK/*Kania* Rn 103; **krit** GK/*Kreutz* Rn 474>. Schließen die Betriebspartner etwa jährl eine BV über die für das Kalenderjahr zu zahlende Weihnachtsgratifikation ab und vereinbaren jeweils ausdrückl, dass aus der Zahlung keine Ansprüche für künftige Jahre hergeleitet werden können (freiwillige Leistung), so wirkt die Zusage auch in ihrem mitbestimmten Teil nicht für das folgende Kalenderjahr nach <R: BAG 17.1.1995, 1 ABR 29/94, BB 1995, 1643>. Durch eine bloße Befristung (Rn 93) wird die Nachwirkung aber noch nicht ausgeschlossen <L: ErfK/*Kania* Rn 103; GK/*Kreutz* Rn 474>. Beenden die Betriebspartner die BV durch Aufhebungsvertrag, ist diesem durch Auslegung zu entnehmen, ob sie damit auch die Nachwirkung ausschließen wollen <L: *Fitting* Rn 181; DKW/*Berg* Rn 124; **abw** im Zweifel für den Ausschluss der Nachwirkung GK/*Kreutz* Rn 446, 474; HWGNRH/*Worzalla* Rn 255>.

71   Umgekehrt können die Betriebspartner **einer freiwilligen BV Nachwirkung** beilegen <R: BAG 28.4.1998, 1 ABR 43/97, BB 1998, 2315; 21.8.2001, 3 ABR 44/00, BB 2002, 1319; 23.10.2018, 1 ABR 10/17, AP BetrVG 1972 § 77 Nr 115 Rn 25; **L**: GK/*Kreutz* Rn 469f; *Fitting* Rn 187; DKW/*Berg* Rn 123; HWGNRH/*Worzalla* Rn 257; ErfK/*Kania* Rn 106; **aA** von *Hoyningen-Huene* BB 1997, 1998, 2000ff; *Loritz* DB 1997, 2074; *Jacobs* NZA 2000, 69, 72>. Allerdings widerspräche es dem Zweck des Abs 6 (Rn 64), wenn sich AG und BR durch eine vereinbarte Nachwirkung weitergehend binden könnten als bei einer erzwingbaren BV, bei der sie eine Neuregelung im Konfliktfall über die ES erzwingen können. Deshalb ist eine vereinbarte Nachwirkung bei freiwilligen BV nur wirksam, wenn AG und BR einander die Möglichkeit einräumen, die ES zur verbindlichen Entscheidung anzurufen; dies ist der Nachwirkungsvereinbarung im Zweifel durch (ergänzende) Vertragsauslegung zu entnehmen <R: BAG 28.4.1998, aaO, 9.12.2008, 3 AZR 384/07, BB 2009, 1357; **L**: GK/*Kreutz* Rn 470 auch noch für andere Möglichkeiten, der Perpetuierung entgegenzutreten; ebenso *Fitting* Rn 187; DKW/*Berg* Rn 123; ErfK/*Kania* Rn 107>.

IV. Schuldrechtlicher Teil der Betriebsvereinbarung

1. Abschluss, Abs 2

a) Vertragspartner, Abs 2 S 1

72   Die BV ist ein **privatrechtl Vertrag** <L: ErfK/*Kania* Rn 17 mwN>; Vertragspartner sind der **AG** und der **BR** als Organ der Belegschaft. Der BR (oder der GBR [§ 50 Rn 50ff]

IV. Schuldrechtlicher Teil der Betriebsvereinbarung § 77

oder KBR [§ 58 Rn 20 ff]) muss in der geregelten Angelegenheit zuständig sein. Eine BV, die sowohl vom örtlichen BR als auch vom GBR abgeschlossen worden ist, verstößt gg den in § 50 BetrVG angelegten Grundsatz der Zuständigkeitstrennung und ist daher nicht wirksam zustande gekommen <R: BAG 30.1.2019, 5 AZR 442/17, NZA 2019, 1076 Rn 95>; Gleiches gilt für eine BV durch den örtl BR anstatt durch den GBR, obwohl eine auf die einzelnen Betriebe beschränkte Regelung deshalb nicht möglich ist, weil der AG den der Mitbestimmung unterfallenden Regelungsgegenstand mitbestimmungsfrei so vorgegeben hat, dass eine Regelung **nur betriebsübergreifend** erfolgen kann <R: BAG 9.11.2021, 1 AZR 206/20, AP BetrVG 1972 § 77 Nr 123 Rn 18 ff>. WirtA und Jugend- und Auszubildendenvertretung können keine BV abschließen <L: Richardi/*Richardi*/*Picker* Rn 31; ErfK/*Kania* Rn 18>. Dem Abschluss der BV durch den BR-Vors als Vertreter des BR, § 26 Abs 2 S 1, muss ein **wirksamer BR-Beschluss** iS des § 33 zu Grunde liegen (zu dessen Voraussetzungen und der Möglichkeit, dass ein Verstoß gg formelle Anforderungen einer ordnungsgem BR-Sitzung nicht zur Unwirksamkeit des gefassten BR-Beschlusses führt § 33 Rn 19 ff); der Beschluss des Betriebsausschusses oder eines sonstigen BR-Ausschusses iS des § 28 genügt nicht, §§ 27 Abs 2 S 2 Hs 2, 28 Abs 1 S 3 Hs 2 (zu Vereinbarungen zw AG und Arbeitsgruppen § 28a Rn 21 ff). Allerdings können ohne einen wirksamen BR-Beschluss abgeschlossene Vereinbarungen vom BR durch eine spätere ordnungsgemäße Beschlussfassung nach **§ 184 Abs 1 BGB** genehmigt werden <R: BAG 9.12.2014, 1 ABR 19/13, AP BetrVG 1972 § 77 Nr 108 Rn 15; 17.11.2010, 7 ABR 120/09, AP BetrVG 1972 § 99 Versetzung Nr 50 Rn 37).

Für den **AG** können Stellv tätig werden; Voraussetzung ist eine wirksame Vollmacht iS der §§ 164 ff BGB. Prokura (§ 49 HGB) und die Handlungsvollmacht (§ 54 HGB) erstrecken sich auf den Abschluss von BV. Hat auf Seiten des AG ein vollmachtloser Vertreter gehandelt, begründet **§ 179 Abs 1 BGB** keine Erfüllungs- oder Schadensersatzansprüche zugunsten der AN: Anspruchsberechtigt nach § 179 Abs 1 BGB ist „der andere Teil"; das ist beim Abschluss einer BV der BR (der aber mangels Rechtsfähigkeit keine Ansprüche erwerben kann), sind aber nicht die AN <R: BAG 11.12.2007, 1 AZR 824/06, DB 2008, 1163>. 73

In mitbestimmungspflichtigen Angelegenheiten oder wenn sich die Betriebspartner dem **Spruch der ES** unterworfen haben, kann eine BV durch Spruch der ES begründet werden <R: BAG 30.10.1979, 1 ABR 112/77, DB 1980, 548>, § 76 Rn 44, 46. 74

b) Form, Abs 2 S 1–3

Nach Abs 2 S 1 und 2 bedürfen BV wg ihrer normativen Wirkung (Rn 7 ff) aus Gründen der **Normenklarheit** <R: BAG 14.11.2006, 1 AZR 44/06, BB 2007, 218; L: *Fitting* Rn 21c; HWGNRH/*Worzalla* Rn 11; DKW/*Berg* Rn 58> zu ihrer Wirksamkeit der Schriftform iS des **§ 126 BGB**, sonst sind sie nach § 125 BGB nichtig (Rn 85): Die Vereinbarung muss schriftl abgefasst (Abs 2 S 1) und vom AG oder einem Stellv (Rn 73) und dem BR-Vors bzw dessen Stellv (§ 26 Abs 2 S 1) **auf derselben Urkunde** unterzeichnet werden (Abs 2 S 2 Hs 1; vgl auch § 126 Abs 2 S 1 BGB), damit für die AN der Abschluss der BV erkennbar ist <R: BAG 14.2.1978, 1 AZR 154/76, BB 1978, 1064 (LS); 18.3.2014, 1 AZR 807/12, NZA 2014, 736 Rn 17 zum BayPVG; 23.8.2016, 1 ABR 22/14, AP BetrVG 1972 § 99 Nr 149 Rn 27 zu einer GBV; L: HWGNRH/*Worzalla* Rn 11 mwN>. Deswg genügt es nicht, wenn BR und AG gesonderte Ausfertigungen unterzeich- 75

§ 77   Durchführung gemeinsamer Beschlüsse, Betriebsvereinbarungen

nen oder wenn der AG seine Unterschrift auf eine Kopie setzt <R: LAG Berlin 6.9.1991, 2 TaBV 3/91, DB 1991, 2593>. **E-Mail oder Fax** genügen der Schriftform iS des § 126 BGB nicht und ermöglichen auch nicht, dass die Betriebspartner auf derselben Urkunde unterzeichnen <R: aA wohl BAG 8.12.2015, 1 ABR 2/14, AP BetrVG 1972 § 87 Arbeitszeit Nr 139 Rn 11 zu einem Fax, das mangels Einbeziehung der Anlage nicht genügte; **L: wie hier** HWGNRH/*Worzalla* Rn 11; DKW/*Berg* Rn 58 ff>. Zwar lässt die ganz hM die Textform gem § 126b BGB etwa für die Schriftform iR des § 99 Abs 3 entgg dessen Wortlaut genügen, da auch mittels Textform zweifelsfrei festzustellen sei, ob es sich um eine vollständige Stellungnahme oder um einen bloßen Entwurf des BR handele und auch Person und Identität des Erklärenden mittels Textform zu klären sei (zu dieser hM und zur hier vertretenen aA § 99 Rn 123). Da die Schriftform nach § 77 Abs 2 S 1 aber darüber hinaus dem Gebot der Normenklarheit dient (eben oben) und § 77 Abs 2 S 2 Hs 1 die Unterzeichnung durch beide Betriebspartner auf derselben Urkunde verlangt, was nach § 126 Abs 2 S 2 BGB mögl wäre, kann die Textform für eine wirksam vereinbarte BV erst recht nicht genügen (vgl zudem § 99 Rn 123) <**L:** *Günther/Böglmüller/Mesina* NZA 2020, 77, 78; *Richardi/Richardi/Picker* Rn 35 aE>. Ersetzt der Spruch der ES eine BV (Rn 74 und § 76 Rn 70), muss er nach Abs 2 S 2 Hs 2 nicht gesondert von AG und BR unterzeichnet werden; es genügt, dass der Beschluss der ES nach § 76 Abs 3 S 4 schriftl niedergelegt und vom ES-Vors unterschrieben wird (§ 76 Rn 62). BV sind grds in deutscher Sprache abzufassen <**L:** DKW/*Berg* Rn 65 f; **aA** *Diller/Potwietzka* DB 2000, 718, 722>.

76   Schriftform iS des § 126 BGB setzt **keine körperl Verbindung einzelner Blätter** einer BV voraus <R: BAG 7.5.1998, 2 AZR 55/98, BB 98, 1551 zu einer Namensliste>: Es genügt, dass sich die Einheit der Urkunde aus einer fortlaufenden Paginierung oder einer fortlaufenden Nummerierung der einzelnen Bestimmungen, aus der einheitl graphischen Gestaltung oder aus dem inhaltl Zusammenhang des Textes zweifelsfrei ergibt <R: BAG 7.5.1998, aaO; allg BGH 24.9.1997, XII ZR 234/95, BB 1998, 288; **L:** ErfK/*Kania* Rn 19>. Insoweit reicht es aus, wenn die Betriebspartner **am Ende des Gesamttextes** mit durchlaufender Seitenzahl unterschreiben <R: BAG 7.5.1998, aaO; auch 29.1.2002, 1 ABR 18/01, BB 2002, 2024 (LS) zur Unterzeichnung eines ES-Spruchs>. **Anlagen** müssen nicht gesondert unterzeichnet werden, wenn die BV auf die Anlage Bezug nimmt und BV und Anlage äußerlich erkennbar eine Einheit bilden <R: BAG 11.11.1986, 3 ABR 74/85, DB 1987, 994 für zusammengeheftete Unterlagen; 8.12.2015, 1 ABR 2/14, AP BetrVG 1972 § 87 Arbeitszeit Nr 139 Rn 11 für eine erforderl gesonderte Unterzeichnung der beiliegenden Faxseiten [s Rn 75] zu einem konkreten Arbeitszeitmodell, wenn nur die „Eckdaten" dieses Modells unterzeichnet sind>.

77   Anders als § 623 Hs 2 BGB für Kd und Aufhebungsverträge sowie § 630 S 3 BGB für Zeugnisse, schloss § 77 die elektronische Form schon in der alten Fassung nicht aus. Deswg konnte gem § 126 Abs 3 BGB die Schriftform der BV schon in der Vergangenheit durch die **elektronische Form des § 126a BGB ersetzt** werden; diese erfordert nach § 126a Abs 1 BGB eine qualifizierte elektronische Signatur <**L:** GK/*Kreutz* Rn 49; ErfK/ *Kania* Rn 19; HWGNRH/*Worzalla* Rn 11; DKW/*Berg* Rn 60; **aA** *Raab* FS Konzen (2006), S 719, 735; *Richardi/Richardi/Picker* Rn 35; *Fitting* Rn 21e>. Wg § 77 Abs 2 S 2 Hs 1 aF war schon in der Vergangenheit darauf zu achten, dass entgg § 126a Abs 2 BGB beide Signaturen auf derselben Urkunde vorgenommen werden mussten (Rn 75). Das **Betriebsrätemodernisierungsgesetz** v 14.6.2021 (BGBl I 2021, 1762 mWv 18.6.2021)

IV. Schuldrechtlicher Teil der Betriebsvereinbarung   § 77

stellt nun beides in § 77 Abs 2 S 3 nF klar: Die Möglichkeit der elektronischen Form für eine BV sowie die Modifikation von § 126a Abs 2 BGB, da nach § 77 Abs 2 S 3 nF AG und BR dasselbe Dokument elektronisch signieren müssen <L: ErfK/*Kania* Rn 19; Richardi/*Richardi/Picker* Rn 35>. Damit die Belegschaft nachvollziehen kann, dass AG und BR einen gleichlautenden Text unterzeichnet haben, der das Arbverh unmittelbar regelt, sollen die Signaturen beider Betriebspartner ersichtlich sein <L: BT-Drs 19/28899, S 21; BR-Drs 271/21, S 18>.

Weil die Schriftform – wie die des TV – allein der Normenklarheit (Rn 75) dient, ist ihr genügt, wenn die schriftl abgeschlossene BV eine **andere schriftl Regelung**, insbes eine andere BV oder auch eine arbeitsvertragl Gesamtzusage **in Bezug nimmt**, sofern das Bezugsobjekt bei Abschluss der BV vorliegt <R: BAG 3.6.1997, 3 AZR 25/96, DB 1998, 267; 23.8.2016, 1 ABR 22/14, AP BetrVG 1972 § 99 Nr 149 Rn 33f zum Verweis in einer GBV auf eine GBV>. Es muss iS der Rechtssicherheit klar und zweifelsfrei feststehen, auf welche Bestimmungen Bezug genommen wird; Irrtümer über die Identität müssen ausgeschlossen sein <R: BAG 18.3.2014, 1 AZR 807/12, NZA 2014, 736 Rn 17 zum BayPVG; 28.4.2009, 1 AZR 18/08, AP BetrVG 1972 § 77 Betriebsvereinbarung Nr 47 Rn 17>. Eine **statische Verweisung** auf eine geltende BV, einen geltenden TV oder ein Gesetz ist grds zulässig <R: BAG 25.2.2015, 5 AZR 481/13, NZA 2015, 943 Rn 31>. Die in Bezug genommene Vorschrift muss der BV nicht als Anlage beigefügt werden und auch nicht im Wortlaut wiederholt werden <R: BAG 14.11.2006, 1 AZR 44/06, BB 2007, 218; **L**: Richardi/*Richardi/Picker* Rn 36 mwN>. Allerdings kann in einer BV, die für alle AN des Betriebs gilt, nicht auf einen TV Bezug genommen werden, weil damit die Interessen der nichtorganisierten AN entgg Art 9 Abs 3 GG beeinträchtigt würden <**R: aber** BAG 22.8.1979, 5 AZR 1066/77, DB 1980, 502>. Eine solche Bezugnahme scheitert häufig auch an der Tarifsperre des Abs 3 (Rn 115).

78

Weil sich die Betriebspartner andernfalls ihrer Normsetzungsbefugnis entäußern würden, sind **dynamische Verweisungen**, durch die eine BV den jeweils geltenden Inhalt einer anderen BV, eines TV oder eines Gesetzes für anwendbar erklärt, entspr den für TV geltenden Grundsätzen unzulässig <R: BAG 28.3.2007, 10 AZR 719/05, DB 2007, 1819 (LS); **L**: *Rieble/Schul* RdA 2006, 339, 341 Fn 13; GK/*Kreutz* Rn 53; *Fitting* Rn 24; ErfK/*Kania* Rn 21; DKW/*Berg* Rn 68; Richardi/*Richardi/Picker* Rn 37 mit der Begründung der nicht erfüllten Schriftform; **abw** HWGNRH/*Worzalla* Rn 14f>. Die unzulässige dynamische Verweisung kann jedoch eine zulässige statische Verweisung (Rn 78) auf den im Moment des Inkrafttretens der BV wirksamen TV etc sein <R: BAG 23.10.2018, 1 ABR 26/17, AP BetrVG 1972 § 99 Eingruppierung Nr 65 Rn 21>.

79

c) Bekanntgabe, Abs 2 S 4

Um die AN über den Inhalt der im Betrieb geltenden BV zu unterrichten, muss der AG die Urschrift oder eine Abschrift jeder BV gem Abs 2 S 3 an geeigneter, dh vor allem an einer allg zugänglichen Stelle (zB dem Schwarzen Brett) **auslegen**. „Auslegen" bedeutet nicht „aushängen", sondern „**zugänglich machen**" <R: BAG 5.1.1963, 5 AZR 136/63, DB 1964, 155; **L**: *Fitting* Rn 25 mwN>. Deswg genügt die Abrufbarkeit der BV auf einer allen AN leicht zugänglichen Intranet-Seite den Anforderungen des Abs 2 S 3 <**L**: *Fitting* Rn 25; ErfK/*Kania* Rn 23; HWGNRH/*Worzalla* Rn 18> und bei BV, die für einen Aushang zu umfangreich sind, auch der Hinweis am Schwarzen Brett darauf, an welcher Stel-

80

§ 77   Durchführung gemeinsamer Beschlüsse, Betriebsvereinbarungen

le die AN die BV einsehen können <**L:** *Fitting* Rn 25; GK/*Kreutz* Rn 56; Richardi/*Richardi/Picker* Rn 43; DKW/*Berg* Rn 72; HWGNRH/*Worzalla* Rn 18>.

81 Die Bekanntmachung ist **keine Wirksamkeitsvoraussetzung** der BV; der AG hätte es ansonsten in der Hand, das Wirksamwerden der BV hinauszuzögern. Unterlässt es der AG, die BV überhaupt bekanntzumachen oder legt er sie nicht allg zugänglich aus (Rn 80), tritt die BV gleichwohl mit der Unterzeichnung in Kraft <**R:** BAG 17.4.2012, 3 AZR 400/10, BB 2013, 57 Rn 40; **L:** hM, DKW/*Berg* Rn 74; HWGNRH/*Worzalla* Rn 18 mwN>. Als bloße Ordnungsvorschrift begründet Abs 2 S 3 auch **keine Schadensersatzpflicht** des AG <**L:** GK/*Kreutz* Rn 57; Richardi/*Richardi/Picker* Rn 43; HWGNRH/*Worzalla* Rn 19; ErfK/*Kania* Rn 23; **aA** DKW/*Berg* Rn 74; *Fitting* Rn 26>. Der AG **verstößt** durch die unterlassene Auslegung **auch nicht mittelbar gg das NachwG** und macht sich deswg nicht nach §§ 280 Abs 1, 241 Abs 2 BGB schadensersatzpflichtig, etwa wenn der AN eine Ausschlussfrist versäumt <**R:** BAG 23.1.2002, 4 AZR 56/01, BB 2002, 2606; **aA** 29.5.2002, 5 AZR 89/01, BB 2002, 2022 (zudem falsch für §§ 286, 284 BGB aF [§§ 280 Abs 1, 2 mit 286 BGB nF]) – beide zum NachwG und § 8 TVG; **L:** aA GK/*Kreutz* Rn 58; Richardi/*Richardi/Picker* Rn 44; *Fitting* Rn 26; ErfK/*Kania* Rn 23>: Den nach § 2 Abs 1 S 1 NachwG geschuldeten Nachweis der wesentl Vertragsbedingungen durch den AG beschränkt § 2 Abs 1 S 2 Nr 10 NachwG für BV auf einen in allg Form gehaltenen Hinweis auf die auf das Arbeitsverhältnis anwendbaren BV; für Änderungen von BV oder den Neuabschluss von BV nach Beginn des Arbeitsverhältnisses besteht keine Nachweispflicht. Zwar lässt das NachwG den bloßen Hinweis auf BV (und TV) nur deshalb genügen, weil für den AN eine im Betrieb nach § 77 Abs 2 S 1 bekannt gemachte BV (oder ein nach § 8 TVG bekannt gemachter TV) leicht zugänglich ist. Das ändert aber nichts daran, dass der AG seiner Pflicht aus dem NachwG mit dem bloßen Hinweis auf die BV (oder den TV) genügt und mit der Nichtauslage sanktionslos gg Abs 2 S 1 verstößt; die Ordnungsvorschrift des Abs 2 S 1 wird nicht über dem Umweg des NachwG zu einer schadensersatzbewehrten Pflicht <**R:** zum NachwG und § 8 TVG BAG 23.1.2002, aaO; **L:** *Löwisch /Rieble* TVG § 8 Rn 53>.

d) Abschlussmängel

82 Eine BV ist **nichtig**, wenn sie von unzuständigen Personen bzw Organen auf AG- und/oder AN-Seite abgeschlossen worden ist oder wenn der Wille zum Abschluss der BV nicht ordnungsgem gebildet worden ist (Rn 72 f, zu den Folgen Rn 135 ff). Hat ein unzuständiger BR den Beschluss gefasst, eine BV abzuschließen, oder ist der BR-Beschluss aus anderen Gründen nichtig (§ 33 Rn 19 ff), ist die BV unwirksam; der BR kann aber durch nachträgl ordnungsgem Beschluss die vom BR-Vors oder einem anderen BR-Mitglied ohne Vollmacht abgeschlossene BV **genehmigen**, **§§ 177, 184 Abs 1 BGB** <**R:** BAG 10.10.2007, 7 ABR 51/06, BB 2008, 671>, schon Rn 72 f.

83 Die BV ist von Anfang an unwirksam, wenn sich die **Wahl des vertragsschließenden BR** nachträgl als **nichtig** erweist (§ 19 Rn 43) <**L:** Richardi/*Richardi/Picker* Rn 31>. Wird die BR-Wahl lediglich angefochten, ändert das nichts an der Wirksamkeit der BV, da die der Anfechtung stattgebende arbg Entscheidung nur für die Zukunft wirkt (§ 19 Rn 36).

84 Die Betriebspartner können ihre auf den Abschluss der BV gerichteten Willenserklärungen nach **§§ 119, 123 BGB anfechten**. Wg der normativen Wirkung der BV (Rn 7 ff) ver-

IV. Schuldrechtlicher Teil der Betriebsvereinbarung   § 77

nichtet die Anfechtung die Willenserklärung entgg § 142 Abs 1 BGB aber nicht ex tunc, sondern wirkt, wenn die BV bereits in Vollzug gesetzt worden ist, ab Zugang der Anfechtungserklärung beim anderen Betriebspartner (§ 143 Abs 2 BGB) ex nunc, also **nur für die Zukunft** <R: BAG 15.12.1961, 1 AZR 207/59, BB 1962, 220; **L:** auch GK/*Kreutz* Rn 70; Richardi/*Richardi/Picker* Rn 50; HWGNRH/*Worzalla* Rn 238; *Fitting* Rn 33; ErfK/*Kania* Rn 26 (abw aber bei Anfechtung nach § 123 BGB)>.

Wird die BV **entgg Abs 2 S 1 und 2** (Rn 75) **mündl** abgeschlossen, ist sie nach **§ 125 BGB** nichtig. Sie wirkt aber **als Regelungsabrede**, also lediglich schuldrechtl zw AG und BR (Rn 105 ff). IdR entspricht es dem Willen der Betriebspartner, den AG schon über die mündl Einigung zu verpflichten <**L:** Richardi/*Richardi/Picker* Rn 47; auch (über § 140 BGB) ErfK/*Kania* Rn 29; **aA** *Fitting* Rn 104; GK/*Kreutz* Rn 64>. Anders ist es, wenn der Wille der Vertragspartner darauf gerichtet ist, erst mit der schriftl Niederlegung verbindlich zu werden.

85

2. Durchführung der Betriebsvereinbarung

Die BV ist – wie der TV – ein **Vertrag** und begründet als solcher – wie der TV – **schuldrechtl Pflichten** der Vertragspartner, dh des AG und des BR <**L:** Richardi/*Richardi/Picker* Rn 63 f; ErfK/*Kania* Rn 8; *Fitting* Rn 50; **aA** GK/*Kreutz* Rn 209>. Der Umfang der beiderseitig begründeten Pflichten ist der BV durch Auslegung zu entnehmen; hinsichtl der schuldrechtl Pflichten der Vertragspartner gelten die **§§ 133, 157 BGB** (Rn 31 ff zur Auslegung des normativen Teils). Zur Durchsetzung dieser Ansprüche Rn 152. Begründen die Betriebspartner ausschließl schuldrechtl Pflichten, ohne unmittelbar und zwingend auf die Rechte und Pflichten der im Betrieb beschäftigten AN einzuwirken, fehlt mit der unmittelbaren und zwingenden Wirkung des Abs 4 das wesentl Merkmal der BV; es handelt sich dann lediglich um eine **Regelungsabrede** <**L:** *Fitting* Rn 50; GK/*Kreutz* Rn 211 (Betriebsabsprache als Synonym für Regelungsabrede); **aA** auch dann noch für eine begriffliche BV ErfK/*Kania* Rn 10>, Rn 105 ff und 153.

86

Aus **Abs 1 S 1** <**L:** GK/*Kreutz* Rn 24; *Fitting* Rn 7; **abw** aus der BV selbst als schuldrechtl Pflicht: HWGNRH/*Worzalla* Rn 208> ist der **AG zur Durchführung von BV** nicht nur berechtigt, sondern auch **verpflichtet** <R: BAG 10.11.1987, 1 ABR 55/86, BB 1988, 911; 18.1.2005, 3 ABR 21/04, DB 2005, 2417>, noch Rn 152 mwN. Der BR hat aber nur einen Durchführungsanspruch, wenn er selbst Partei der BV ist (Rn 86), wenn die BV des GBR oder KBR ihm eigene betriebsverfassungsrechtl Rechte einräumt oder wenn der GBR gem § 50 Abs 2 S 1 tätig wurde <R: 18.5.2010, 1 ABR 6/09, NZA 2010, 1433 Rn 18 f; **L: aA** DKW/*Berg* Rn 10a>. Insbes kann der BR vom AG verlangen, die in einer BV festgelegte Geld- oder Sachleistungen iS des § 40 zu erbringen. Ebenso ist der AG verpflichtet, Maßnahmen zu unterlassen, die gg die BV verstoßen <R: BAG 10.11.1987, aaO>. Darüber hinaus verpflichtet Abs 1 S 1 den AG, dafür zu sorgen, dass sich auch die AN die Regelungen der BV halten <**L:** ErfK/*Kania* Rn 8>. Etwa kann der BR gem § 77 Abs 1 vom AG verlangen, dass dieser die Überschreitung des Gleitzeitrahmens durch die AN verhindert <R: BAG 29.4.2004, 1 ABR 30/02, BB 2004, 1967; LAG Köln 7.5.2008, 3 TaBV 85/07, BeckRS 2008, 55980 und 8.2.2010, 5 TaBV 28/09, NZA-RR 2010, 303>. Kein Durchführungsanspruch des BR besteht bzgl eines mitbestimmungswidrigen Verhaltens des AG <R: BAG 18.3.2014, 1 ABR 75/12, NZA 2014, 984 Rn 30 zur Weiterge-

87

§ 77   Durchführung gemeinsamer Beschlüsse, Betriebsvereinbarungen

währung einer mitbestimmungswidrig eingeführten Zeitgutschrift für Arbeit an Samstagen>.

88 Die betriebsverfassungsrechtl Durchführungsansprüche des BR weichen vom tarifvertragl Durchführungsanspruch insoweit ab, als der BR vom AG **nicht** verlangen kann, dass der AG die durch BV begründeten **Individualansprüche der AN erfüllt** <R: BAG 17.10.1989, 1 ABR 75/88, BB 1990, 489 mwN; 18.9.2002, 1 ABR 54/01, BB 2003, 1367; 18.2.2003, 1 ABR 17/02, DB 2003, 2290; 21.1.2003, 1 ABR 9/02, NZA 2003, 1097; 18.1.2005, 3 ABR 21/04, BB 2006, 336 (LS)>; räumt eine BV dem AG etwa ein Recht zur Festsetzung des Berechnungsfaktors bei der Gewährung eines Bonus nach billigem Ermessen iS des § 315 Abs 1 BGB ein, kann der BR nach § 77 Abs 1 S 1 nur die generelle Festsetzung verlangen – aber nicht nach billigem Ermessen <R: BAG 23.2.2021, 1 ABR 12/20, NZA-RR 2021, 454 Rn 44 ff>. Der BR ist nicht Sachwalter der Individualinteressen der AN; andernfalls müsste der AG über § 40 auch die Rechtsverfolgung gg sich selbst finanzieren. Ihre Ansprüche aus der BV müssen die AN selbst im Urteilsverf durchsetzen. Eine Parallele zum Anspruch der Gewerkschaft gg den AG auf Unterlassung tarifwidrigen Verhaltens (Rn 155 f) verbietet sich schon deshalb, weil der BR nicht unter den Schutz der Koalitionsfreiheit des Art 9 Abs 3 GG fällt. Es ist aber unschädl für die **Antragsbefugnis des BR** und es liegt keine **unzulässige Prozessstandschaft** vor, wenn sich die verlangte Art und Weise der Durchführung auf den Inhalt normativ begründeter Ansprüche von AN bezieht <R: BAG 25.2.2020, 1 ABR 38/18, NZA 2020, 1128 Rn 17 zur Durchführung eines Sozialplans>.

89 Für den **BR** können aus der BV **Mitwirkungspflichten** folgen, etwa wenn der BR eine Sozialeinrichtung (Kantine) verwalten soll, Rn 3. Auf die Erfüllung dieser Pflichten kann der BR vom AG in Anspruch genommen werden.

90 Während Abs 1 S 1 der tarifvertragl Durchführungspflicht entspricht, hat die tarifvertragl **Friedenspflicht** kein Gegenstück in der Betriebsverfassung, weil §§ 2 Abs 1, 74 Abs 2 S 1, 76 nicht den Arbeitskampf, sondern die Zwangsschlichtung über die ES als Konfliktlösungsmittel vorsehen. Eine vergleichbare Wirkung hat die BV aber insofern, als die Anrufung der ES vor Beendigung der BV ausgeschlossen ist <L: ErfK/*Kania* Rn 8>.

3. Beendigung der Betriebsvereinbarung

a) Durch abweichende Betriebsvereinbarung

91 Nach dem Grundsatz, dass **zeitl jüngere Rechtsnormen** abw ältere Rechtsnormen beseitigen, setzt jede BV diejenigen Bestimmungen älterer BV außer Kraft, die denselben Gegenstand betreffen <R: BAG 22.5.1990, 3 AZR 128/89, BB 1990, 2047; 15.11.2000, 5 AZR 310/99, BB 2001, 1637; 13.3.2007, 1 AZR 232/06, BB 2007, 1284 (LS); 23.1.2008, 1 AZR 988/06, BB 2008, 1280 (LS); 19.2.2008, 1 AZR 1004/06, BB 2008, 1793; 26.8.2008, 1 AZR 353/07, DB 2009, 461>. Das gilt auch dann, wenn die neue BV Bestimmungen enthält, die für die AN ungünstiger sind als die Regelungen der abgelösten BV; im Verhältnis zweier gleichrangiger Normen gilt nicht das Günstigkeitsprinzip, sondern das **Ablösungsprinzip** <R: BAG 23.1.2008, 19.2.2008 und 26.6.2008, aaO; 13.8.2019, 1 AZR 213/18, BeckRS 2019, 31623 Rn 51: Zeitkollisionsregel>. Die Möglichkeit einer Rückwirkung normativer Regelungen ist durch das Verhältnismäßigkeits-

IV. Schuldrechtlicher Teil der Betriebsvereinbarung   § 77

prinzip und den Grundsatz des Vertrauensschutzes beschränkt, Rn 19, 21 <R: BAG 23.1.2008 und 26.6.2008, aaO>.

Abw gehen sachl engere Bestimmungen einer BV allgemeineren Vorschriften einer anderen BV auch dann vor, wenn diese allg Vorschriften erst später beschlossen worden sind (**Grundsatz der Spezialität**) <R: BAG 19.1.1962, 1 AZR 147/61, DB 1962, 442 zu TV>. 92

b) Befristung

BV, die von vornherein auf einen best Zeitraum befristet abgeschlossen werden, enden automatisch mit Ablauf dieser Frist. Ohne ausdrückl Befristung enden sie, wenn sich aus dem mit ihnen verfolgten **Zweck** eine zeitl Begrenzung ergibt <L: Richardi/*Richardi*/*Picker* Rn 208 mwN>. Etwa endet eine durch TV nach § 77 Abs 3 zugelassene Ergänzungs-BV regelmäßig mit der Beendigung des ergänzten TV <R: BAG 25.8.1983, 6 ABR 40/82, BB 1984, 981>. Gg den Abschluss einer BV unter einer **aufschiebenden Bedingung** bestehen jedenfalls dann keine rechtl Bedenken, wenn der Eintritt der vereinbarten Bedingung für alle Beteiligten, also auch für die AN als Normunterworfene (Rn 23), ohne Weiteres feststellbar ist <R: BAG 15.1.2002, 1 AZR 165/01, DB 2002, 1896 (LS); L: ErfK/*Kania* Rn 90>. 93

c) Aufhebungsvertrag

Eine BV kann auch durch Aufhebungsvertrag zw AG und BR beendet werden. Der Aufhebungsvertrag bedarf wg Abs 2 S 1 und 2 der **Schriftform**, weil er als actus contrarius die BV vorzeitig beendet <R: offen gelassen BAG 27.6.1985, 6 AZR 392/81, DB 1986, 596; 20.11.1990, 1 AZR 643/89, BB 1991, 835; L: GK/*Kreutz* Rn 400; Richardi/*Richardi*/*Picker* Rn 209; *Fitting* Rn 143; DKW/*Berg* Rn 93; HWGNRH/*Worzalla* Rn 237; ErfK/*Kania* Rn 91>. 94

d) Kündigung, Abs 5

BV, auch die durch Spruch der ES zustande gekommenen (§ 76 Rn 44, 46), können **gekündigt** werden. Eine Kd des AG wird wirksam, sobald sie dem BR-Vors bzw dessen Stellv (§ 26 Abs 3 S 2) zugegangen ist; eine Kd des BR muss dem AG bzw dessen Vertreter (§ 164 Abs 3 BGB) zugehen. Die Kd bedarf **keiner Form** <R: BAG 9.12.1997, 1 AZR 319/97, BB 1998, 904 (LS); L: GK/*Kreutz* Rn 415; *Fitting* Rn 157; HWGNRH/*Worzalla* Rn 228>. Weil sie nicht nur das Schuldverhältnis zum Vertragspartner (Rn 72) beendet, sondern auch die Normwirkung ggü den AN (Rn 7 ff), genügt es nicht, wenn der Erklärung des AG oder des BR durch Auslegung (§§ 133, 157 BGB) entnommen werden kann, die BV solle für die Zukunft nicht mehr gelten; vielmehr muss die Kd-Erklärung die Beendigung der BV für die Zukunft **eindeutig aussprechen** <L: *Fitting* Rn 157; HWGNRH/*Worzalla* Rn 228>. Für die **o Kd** gilt nach Abs 5 eine **Kd-Frist von drei Monaten**; die Kd-Frist kann verkürzt oder – außer in der Insolvenz, § 120 Abs 1 S 2 InsO – verlängert werden. Dass die Kd durch eine verlängerte Kd-Frist erst nach der Neuwahl des BR mögl ist, ist unbeachtlich <R: BAG 15.4.2014, 1 ABR 2/13 (B), AP BetrVG 1972 § 29 Nr 9 Rn 50>. 95

Die **o Kd** erfordert gem Abs 5 **keinen Kd-Grund**: Abs 5 räumt den Betriebspartnern das Kd-Recht uneingeschränkt ein und trifft mit der Nachwirkung mitbestimmungspflichtiger 96

§ 77 Durchführung gemeinsamer Beschlüsse, Betriebsvereinbarungen

BV in Abs 6 eine eigenständige Regelung zum Schutz der anspruchsberechtigten AN. Das steht einer weitergehenden Einschränkung der Kd-Möglichkeit von BV entgg <R: BAG 18.9.2001, 3 AZR 728/00, DB 2002, 1114, 83 mwN; 18.11.2003, 1 AZR 604/02, BB 2004, 2529; L: GK/*Kreutz* Rn 404; Richardi/*Richardi/Picker* Rn 215; *Fitting* Rn 146, 148; DKW/*Berg* Rn 111; HWGNRH/*Worzalla* Rn 224>. Daher können auch **BV zur betriebl AV** ohne Grund (teilweise, Rn 99) o gekündigt werden, allerdings ist die Wirkung der Kd hinsichtl der dadurch bedingten Eingriffe in die Höhe von Versorgungsanwartschaften anhand des von der Rspr entwickelten dreistufigen Prüfungsschemas beschränkt, Rn 21 <R: BAG 8.12.2020, 3 ABR 44/19, AP BetrAVG § 1 Betriebsvereinbarung Nr 14 Rn 24 ff>.

97 BV können auch **ao gekündigt** werden, sodass die BV mit Zugang der Kd-Erklärung beim Betriebspartner sofort endet, wenn die Bindung an die BV dem Kündigenden bis zum Ablauf der Kd-Frist des Abs 5 nicht zugemutet werden kann <R: BAG 19.7.1957, 1 AZR 420/54, AP BetrVG § 52 Nr 1; 28.4.1992, 1 ABR 68/91, DB 1992, 2641; L: Richardi/*Richardi/Picker* Rn 216 mwN>. Voraussetzung ist ein wichtiger Grund zur sofortigen Lösung von der BV. Die ao Kd ist nach dem Ultima-ratio-Grundsatz erst zulässig, wenn die Möglichkeiten einvernehml Anpassung ausgeschöpft sind <R: für den TV BAG 18.12.1996, 4 AZR 129/96, BB 1997, 792 (LS)>. Der **Wegfall der Geschäftsgrundlage** berechtigt grds nicht zur ao Kd der BV, sondern führt nach § 313 Abs 1 BGB vorrangig zur Anpassung der BV an die geänderten Umstände und begründet gegenseitige Ansprüche der Betriebspartner auf Aufnahme entspr Verhandlungen; bis zur Anpassung besteht die BV mit ihrem bisherigen Inhalt fort <R: BAG 29.9.2004, 1 AZR 445/03, DB 2005, 1064 (LS); auch 28.8.1996, 10 AZR 886/95, BB 1996, 2624; 12.10.2011, 10 AZR 649/10, AP BGB § 611 Gratifikation Nr 290 Rn 46 aber alle offenlassend, **ob und unter welchen Voraussetzungen** die Geschäftsgrundlage einer BV wegfällt; L: GK/*Kreutz* Rn 431; *Fitting* Rn 152>.

98 Die Betriebspartner können die Möglichkeit der **o Kd nach Abs 5 ausschließen**. Der Kd-Ausschluss kann stillschweigend vereinbart werden; die getroffenen Abreden müssen aber hinreichende Anhaltspunkte für einen auf den Ausschluss des Kd-Rechts gerichteten Willen der Betriebspartner enthalten <R: BAG 17.1.1995, 1 ABR 29/94, BB 1995, 1643; 21.8.2001, 3 ABR 44/00, BB 2002, 1319>. In der Befristung der BV (Rn 93) liegt grds zugleich der Ausschluss der o Kd; ebenso in der Abrede „diese BV ... gilt solange, bis aufgrund verbandstarifl Regelung eine Änderung notwendig wird" <R: BAG 7.11.2000, 1 ABR 17/00, EzA BetrVG 1972 § 77 Nachwirkung Nr 2>. Vereinbaren die Betriebspartner, dass der AG Leistungen aus der BV ggü den begünstigten AN widerrufen kann, schließt das die o Kd der BV nicht aus: Das Widerrufsrecht berechtigt den AG – anders als die Kd ggü dem BR – im Verhältnis zu den AN, lässt aber die BV als Rechtsgrundlage unberührt <R: BAG 10.3.1992, 3 ABR 54/91, BB 1992, 1928; 8.12.2020, 3 ABR 44/19, AP BetrAVG § 1 Betriebsvereinbarung Nr 14 Rn 17>. Die **ao Kd** können die Betriebspartner aber **nicht ausschließen, § 314 BGB** <R: BAG 17.1.1995, 1 ABR 29/94, DB 1995, 1918>; daher kann auch eine befristete BV ao gekündigt werden <R: BAG 29.5.1964, 1 AZR 281/63, DB 1964, 1342>. Nur wenn sich die BV darin erschöpft, einen einmaligen Tatbestand zu regeln, ist weder die o Kd noch die ao Kd mögl <R: BAG 10.8.1994, 10 ABR 61/93, BB 1995, 1240 (Sozialplan); L: DKW/*Berg* Rn 113; ErfK/*Kania* Rn 98; *Fitting* Rn 145 zur o Kd; **abw** GK/*Kreutz* Rn 407>.

Die Kd ist **Vertragslösungsrecht**, kein Vertragsänderungsrecht. Deshalb ist eine Teil-Kd 99 von einzelnen Vertragsbedingungen oder Vertragsteilen grds nicht zulässig <R: zum Rücktritt RG 16.11.1907, V 102/07, RGZ 67, 101>: Gäbe es ein allg Recht zur Teil-Kd, hätte es der Kd-Berechtigte in der Hand, die von den Parteien vereinbarten Vertragszusammenhänge zu zerreißen und das Äquivalenzgefüge des Vertrages zu zerstören; dem Vertragspartner würde ein Vertrag mit einem Inhalt aufgezwungen, den er so nie abgeschlossen hätte. Dass eine Änderungs-Kd grds unzulässig ist, zeigen auch § 311 Abs 1 BGB, der für die Inhaltsänderung eines Vertrages einen Vertrag vorschreibt, und § 306 GewO, § 315 BGB, nach dem ein Gestaltungsrecht zur näheren Bestimmung des Vertragsinhalts voraussetzt, dass die Parteien ein solches Leistungsbestimmungsrecht zumindest konkludent vereinbart haben. Auch § 2 S 1 KSchG erlaubt dem AG entgg der missverständlichen Überschrift keine Änderungs-Kd, also kein Gestaltungsrecht zur Vertragsänderung, sondern nur eine Beendigungs-Kd, die er mit dem Angebot verbinden muss, das Arbeitsverhältnis zu geänderten Bedingungen fortzusetzen <L: darauf beschränkt auch bei GK/*Kreutz* Rn 417; Richardi/*Richardi*/*Picker* Rn 219; *Fitting* Rn 150>. Eine **Teil-Kd** ist daher **nur zulässig, wenn dies bes vereinbart** worden ist <R: BAG 19.3.1957, 3 AZR 249/54, DB 1958, 367; zum TV 3.5.2006, 4 AZR 795/05, BB 2006, 2088 (LS); 24.4.2007, 1 AZR 252/06, BB 2007, 2235>. Auf einen solchen Willen der Betriebspartner kann geschlossen werden, wenn der gekündigte Teil einen selbstständigen Regelungskomplex betrifft, der ebenso in einer eigenständigen BV geregelt werden könnte <R: BAG 19.3.1957, aaO; 29.5.1964, 1 AZR 281/63, DB 1964, 1342; 6.11.2007, 1 AZR 826/06, BB 2008, 385 (LS); generell annehmend für den Fall einer BV zur betriebl AV, da hier die Teil-Kd den natürl Grenzen einer Regelung zur betriebl AV entspricht 8.12.2020, 3 ABR 44/19, AP BetrAVG § 1 Betriebsvereinbarung Nr 14 Rn 32 ff: Kd kann auf die Eingriffsstufen (zum dreistufigen Prüfungsschema Rn 21) oder etwa auf die Schließung eines Versorgungswerks für Neueintritte beschränkt werden>. Das BAG verkennt aber das Regel-Ausnahme-Verhältnis, wenn es meint, die Betriebspartner müssten in einem solchen Fall in der BV deutl zum Ausdruck bringen, dass sie die Teil-Kd ausschließen wollten <R: so aber BAG 6.11.2007, aaO; einen Ausschluss nicht thematisierend für den Fall der Teil-Kd einer BV zur betriebl AV BAG 8.12.2020, aaO Rn 32 ff; **L: so aber** wie das BAG *Fitting* Rn 153; **wie hier** GK/*Kreutz* Rn 410; Richardi/*Richardi*/*Picker* Rn 221; HWGNRH/*Worzalla* Rn 231; krit auch ErfK/*Kania* Rn 95>. Auch nach einer Teil-Kd hat die BV in Angelegenheiten, in denen ein Spruch der ES die Einigung zwischen AG und BR ersetzen kann, **gem Abs 6 eine Nachwirkung** <R: BAG 10.12.2013, 1 ABR 40/12, AP BetrVG 1972 § 87 Arbeitszeit Nr 132 Rn 30 die Frage der Teil-Kd daher offen>.

e) Wegfall eines Vertragspartners

Fällt ein Partner der BV weg, kann diese nicht fortbestehen, da ansonsten die Entschei- 100 dung, ob die BV gekündigt werden soll oder nicht, allein beim anderen Vertragspartner läge <R: für die Auflösung einer TV-Partei BAG 15.10.1986, 4 AZR 289/85, DB 1987, 590>. Wird ein Betrieb endgültig **BR-los**, weil er wg Absinkens der AN-Zahl unter fünf die BR-Fähigkeit nach § 1 Abs 1 S 1 verliert, oder weil nach Ablauf der Amtszeit kein neuer BR gewählt wird, enden daher die im Betrieb geltenden BV, wirken aber iS von Abs 6 nach <L: *Gaul* NZA 1986, 628, 631; **aA** GK/*Kreutz* Rn 430; Richardi/*Richardi*/*Picker* Rn 224; *Fitting* Rn 175 mwN; DKW/*Berg* Rn 107>. Eine bloß vorübergehende

§ 77   Durchführung gemeinsamer Beschlüsse, Betriebsvereinbarungen

BR-Losigkeit, etwa infolge des Ausscheidens aller BR-Mitglieder aus dem Betrieb, der Auflösung des BR nach § 23 Abs 1 oder einer wirksamen Anfechtung der BR-Wahl hat demggü keine Auswirkungen auf den Fortbestand der BV <**R:** BAG 18.9.2002, 1 ABR 54/01, BAGE 102, 356 [unter Gründe B III 2b cc [2]]; 12.6.2019, 1 AZR 154/17, AP BGB § 613a Nr 478 Rn 34, in Rn 36 auf die Möglichkeit der Kd und die sich anschließende Nachwirkung hinweisend; **L:** *Fitting* Rn 175; DKW/*Berg* Rn 107; GK/*Kreutz* Rn 430>.

101   Die **Stilllegung** des Betriebs führt automatisch zur Beendigung der dort geltenden BV, es sei denn, sie sind gerade für den Fall der Betriebsstilllegung abgeschlossen worden, wie Sozialpläne <**L:** GK/*Kreutz* Rn 420ff mwN>. Wird der Betrieb nach einer vorübergehenden Stilllegung wieder aufgenommen, leben die durch die Stilllegung beendeten BV nicht wieder auf. Fallen durch Stilllegung oder durch Betriebsübergang alle Betriebe des Unternehmens bis auf einen einzigen weg, endet zwar die Existenz des GBR, enden nicht aber die von ihm geschlossenen GBV <**R:** BAG 18.9.2002, 1 ABR 54/01, BB 2003, 1387>.

f) Betriebsübergang, § 613a BGB

102   Beim Betriebsübergang nach § 613a BGB gelten BV idR nicht gem § 613a Abs 1 S 2-s 4 BGB unter Verlust ihrer unmittelbaren und zwingenden Wirkung lediglich individualrechtl weiter. § 613a Abs 1 BGB ist ein Auffangtatbestand <**L:** GK/*Kreutz* Rn 437 mwN>: BV haben auch beim Betriebserwerber **normative Wirkung, wenn der übergehende Betrieb** mit dem bisher beim Betriebsveräußerer bestehenden Betrieb **identisch** ist, da mit der Identität des Betriebs und dem Fortbestehen des dort gewählten BR die Grundlage für die BV aufrechterhalten bleibt <**R:** BAG 27.7.1994, 7 ABR 37/93, BB 1995, 570; 18.9.2002, 1 ABR 54/01, BB 2003, 1387>. **GBV**, die in den Betrieben des abgebenden Unternehmens gelten, gelten in den übergegangenen Betrieben normativ jedenfalls dann fort, wenn das andere Unternehmen bis dahin keinen Betrieb geführt hat und die übertragenen Betriebe ihre Identität bewahren: Wenn nur ein Betrieb übergeht, bleibt die GBV als Einzel-BV bestehen, werden alle oder mehrere Betriebe übernommen, gilt die GBV als GBV fort <**R:** BAG 18.9.2002, aaO; 5.5.2015, 1 AZR 763/13, AP BetrVG 1972 § 77 Betriebsvereinbarung Nr 66 Rn 45ff; 13.8.2019, 1 AZR 213/18, BeckRS 2019, 31623 Rn 32; **L:** *Richardi/Richardi/Picker* Rn 233; *Fitting* Rn 169; ErfK/*Kania* Rn 117ff; **aA** *Rieble* NZA 2003 Beil 16 S 62, 69f; *Jacobs* FS Konzen (2006), S 345>. Die GBV ist nur dann nicht als Einzel-BV weiter anzuwenden, wenn ihr Inhalt die Zugehörigkeit zum bisherigen Unternehmen zwingend voraussetzt <**R:** BAG 18.9.2002, aaO; 24.1.2017, 1 ABR 24/15, AP BetrVG 1972 § 77 Betriebsvereinbarung Nr 67 Rn 16 zu spezifischen Unterrichtungs- und Beratungsansprüchen des vom GBR beim Konzernunternehmen gebildeten Wirtschaftsausschusses>. Die normative Fortgeltung entspricht den schützenswerten Interessen der AN, ihre Interessen auch künftig über den BR wahrnehmen zu können und insbes dem potenziellen Veränderungsinteresse des AG, der die Regelungen gemeinsam mit dem BR an veränderte Gegebenheiten anpassen kann und nicht auf die Mittel des Änderungsvertrags und der Änderungs-Kd angewiesen ist <**R:** BAG 18.9.2002, aaO>. Gleiches gilt für die **KBV**: Nach einem durch die Übertragung von Geschäftsanteilen bedingten Ausscheiden eines Unternehmens aus dem Konzern kann eine zuvor im Betrieb oder in den Betrieben dieses Unternehmens geltende KBV dort normativ weitergelten; jedenfalls dann, wenn das aus dem Konzern ausscheidende Unternehmen danach nicht in den Geltungsbereich einer zum selben Regelungsgegenstand abgeschlossenen anderen

KBV fällt <R: BAG 25.2.2020, 1 ABR 39/18, NZA 2020, 875 Rn 22> und der Inhalt der KBV nicht die Zugehörigkeit zum bisherigen Konzern zwingend voraussetzt <R: BAG aaO Rn 28>.

Nur, wenn der Betrieb anlässl des Übergangs seine **Identität verliert**, wirken BV gem **§ 613a Abs 1 S 2 BGB ledigl individualrechtl** fort. Wird eine BV nach § 613a Abs 1 S 2 BGB zum individualrechtl Inhalt des Arbeitsverhältnisses, ist sie vor der Ablösung durch eine – spätere – BV nicht in weiterem Umfang geschützt, als wenn sie kollektivrechtl weitergelten würde (schon Rn 56). Dies zeigt § 613 a Abs 1 S 3 BGB. Im Verhältnis zu der neuen BV gilt damit nicht das Günstigkeitsprinzip, sondern das Ablösungsprinzip, Rn 91; solche Inhaltsnormen sind durch eine Neuregelung durch eine ablösende BV zugänglich, die nach dem Betriebsübergang abgeschlossen wird <R: BAG 19.11.2019, 1 AZR 386/18, NJW 2020, 1243 Rn 16>. Eine teilmitbestimmte (Rn 67), transformierte BV ist kündbar, sofern der Betriebserwerber deren finanzielle Leistungen vollständig und ersatzlos einstellen will; es tritt keine Nachwirkung nach § 77 Abs 6 ein <R: BAG aao Rn 18 und 23>. 103

Zum Schicksal von BV bei Unternehmensumstrukturierungen § 21 Rn 12ff. Wurde eine BV nach § 613a Abs 1 S 2 BGB in das Arbeitsverhältnis mit dem Betriebserwerber transformiert, kann die BV auch bei einem **weiteren Betriebsübergang** – vorbehaltlich der Regelung in § 613a Abs 1 S 3 BGB – auch in das dritte Arbeitsverhältnis nur nach § 613a Abs 1 S 2 BGB transformiert werden <R: BAG 12.6.2019, 1 AZR 154/17, AP BGB § 613a Nr 478 Rn 46>. 104

Bei einer **Betriebsteilveräußerung** bleiben die BV in dem Betriebsteil bestehen, der mit dem bisherigen Betrieb identisch ist (§ 1 Rn 16). Im anderen Betriebsteil gilt § 613a Abs 1–4 BGB (Rn 103), und zwar auch dann, wenn dieser Betriebsteil mit einem Betrieb des Erwerbers verschmolzen wird: Die in einer BV geregelten Rechte und Pflichten der AN werden Inhalt des Arbeitsverhältnisses zw den AN und dem neuen Betriebsinhaber, es sei denn, dass bei diesem eine BV denselben Gegenstand regelt (§ 613a Abs 1 S 2 und 3 BGB). Vor Ablauf eines Jahres nach dem Betriebsübergang dürfen die in Individualrechte transformierten Regelungen der bisherigen BV zum Nachteil der AN nur geändert werden, wenn die alte BV, etwa wg Befristung (Rn 93) nicht mehr gilt (§ 613a Abs 1 S 4 BGB). Durch § 613a Abs 1 S 2 BGB wird dem (bisherigen) BR aber nicht die Möglichkeit eröffnet, für den übergehenden Betriebsteil durch BV Arbeitsbedingungen festzulegen, die dort erst nach dem Übergang gelten sollen: Dafür fehlt ihm die Kompetenz, Rn 25 ff. Ebenso wenig kann der GBR bei einer Ausgliederung und rechtl Verselbstständigung eines Betriebsteils vorab eine GBV abschließen, die die künftigen Arbeitsbedingungen der AN des auszugliedernden Teils regelt <R: BAG 1.4.1987, 4 AZR 77/86, DB 1987, 1643>. Auch § 21a ändert daran nichts, da § 21a nur das Übergangsmandat des BR regelt, nicht aber die Fortgeltung von BV; insoweit greift § 613a BGB <R: vgl für das Verhältnis zum Umwandlungsgesetz BAG 25.5.2000, 8 AZR 416/99, BB 2000, 2156>. 105

V. Regelungsabrede

Soweit **ausschließl schuldrechtl Abreden zw AG und BR erforderl** sind, etwa über die Teilnahme von BR-Mitgliedern an Schulungs- und Bildungsveranstaltungen (§ 37 Abs 6 S 5, 6), über Betriebs- oder Abteilungsversammlungen während der Arbeitszeit (§ 44 106

§ 77   Durchführung gemeinsamer Beschlüsse, Betriebsvereinbarungen

Abs 2 S 1) und über die Hinzuziehung eines Sachverständigen (§ 80 Abs 3), ist die Abrede keine BV. Da zudem **nicht alle Abreden für die AN auf Dauerregelungen zielen**, schießt die BV als formgebundene (Rn 75 ff), normativ wirkende (Rn 7 ff) Regelung auch insoweit über die Bedürfnisse der Betriebspraxis hinaus. Das Gesetz erkennt die Möglichkeit einer Vereinbarung unterhalb der Ebene der BV an, verwendet aber keine einheitl Terminologie, sondern spricht von **Einverständnis** (§ 76 Abs 6 S 1), **Einvernehmen** (§ 44 Abs 2 S 2, § 116 Abs 3 Nr 2 S 3 und Nr 8 S 1), **Einigung** (§ 37 Abs 6 S 6, § 38 Abs 2 S 5, § 39 Abs 1 S 3, § 76 Abs 2 S 2, § 85 Abs 2 S 2, § 87 Abs 2 S 1, § 91 S 2, § 94 Abs 1 S 2, § 95 Abs 1 S 2, Abs 2 S 2, § 97 Abs 2 S 2, § 98 Abs 4 S 1, Abs 5 S 1, § 109 S 1, 2, § 112 Abs 1 S 2, Abs 2 S 1, Abs 4 S 1, § 116 Abs 3 Nr 2 S 4, Nr 4 S 2 und Nr 8 S 2), **Regelung** (§ 116 Abs 3 Nr 4 S 1), **Vereinbarungen** (§ 39 Abs 1 S 2, § 77 Abs 1, § 80 Abs 3, § 102 Abs 6) oder von einem **Interessenausgleich** (§ 112 Abs 1). Eingebürgert hat sich für solche rein schuldrechtl wirkenden Vereinbarungen der Begriff „Regelungsabrede" oder „**Betriebsabsprache**" <L: *Adomeit*, Die Regelungsabrede (1961); *ders*, FS Hanau (1998), S 347; Richardi/*Richardi/Picker* Rn 240 ff>.

107   Die Betriebspartner können sich **formlos** durch **sog Regelungsabreden** einigen <R: BAG 9.7.1985, 3 AZR 546/82, BB 1986, 1088; 16.9.1986, GS 1/82, DB 1987, 383; 3.12.1991, GS 2/90, BB 1992, 1418; 10.3.1992, 1 ABR 31/91, BB 1992, 1489> – es sei denn, das Gesetz verpflichtet sie zur Regelung durch BV (wie in § 38 Abs 1 S 5 für von den Regelzahlen abw Freistellungen von BR-Mitgliedern, in §§ 47 Abs 5, 55 Abs 4 S 1 für von den Regelzahlen abw Mitglieder in GBR und KBR und in § 76 Abs 1 S 2, Abs 4 für die Errichtung einer ständigen ES und für das Verf vor der ES). Auch die Regelungsabrede setzt einen förmlichen **Beschluss des BR iS des § 33 und dessen Verlautbarung ggü dem AG** voraus, ein ledigl „stillschweigender" BR-Beschluss genügt nicht <R: BAG 18.3.2014, 1 ABR 75/12, NZA 2014, 984 Rn 33; 23.10.2018, 1 ABR 26/17, AP BetrVG 1972 § 99 Eingruppierung Nr 65 Rn 29; LAG FF/M 17.3.1983, 4 TaBV 130/82, DB 1984, 882; L: GK/*Kreutz* Rn 11; Richardi/*Richardi/Picker* Rn 243; *Fitting* Rn 219; DKW/*Berg* Rn 165; ErfK/*Kania* Rn 134>; vor allem führt die **bloße Hinnahme mitbestimmungswidrigen Verhaltens** des AG durch den BR zu keiner Regelungsabrede <R: BAG 5.5.2015, 1 AZR 435/13, AP BetrVG 1972 § 87 Lohngestaltung Nr 147 Rn 31>. Insbes kann nicht die Rspr des BAG zu § 102 zur Anhörung des BR vor Kd, nach der Mängel bei der Beschlussfassung des BR und bei der Mitteilung des BR-Beschlusses an den AG nur ausnahmsweise dann zulasten des AG gehen, wenn sie offensichtl sind oder der AG sie durch unsachgemäßes Verhalten selbst veranlasst hat (§ 102 Rn 64 f), nicht generell auf die Regelungsabrede übertragen werden <L: **so aber** HWGNRH/*Worzalla* Rn 186>: Anders als bei § 102 muss der AG iR der erzwingbaren Mitbestimmung, insbes iR des § 87, den BR nicht ledigl anhören, sondern benötigt die Zustimmung des BR für die Maßnahme. Wirksam mitbestimmt hat der BR nur dann, wenn der Regelungsabrede ein wirksamer Beschluss iS des § 33 zugrunde liegt, weswg etwa die AN ihre Arbeitsleistung iS des § 273 BGB verweigern dürfen, wenn der BR an der Überwachung durch Kameras nicht nach § 87 Abs 1 Nr 6 wirksam mitbestimmt hat (§ 87 Rn 140, 145). Dass der AG von den Fehlern bei der Beschlussfassung des BR nichts wissen konnte, hindert ledigl einen Schadensersatzanspruch des AN, etwa wg Eingriffs in das allg Persönlichkeitsrecht des AN, da dem AG kein fahrlässiges Fehlverhalten iS des § 276 Abs 2 BGB vorgeworfen werden kann.

Die Regelungsabrede **wahrt zwar etwaige MBR**, wirkt für die AN – wie Richtlinien zw **108** AG und SprA nach § 28 SprAuG – aber **nicht unmittelbar und zwingend** <**R:** BAG 14.2.1991, 2 AZR 415/90, BB 1991, 2017; 21.3.2003, 1 ABR 9/02, NZA 2003, 1097>. Die Wirkung einer Regelungsabrede bleibt insoweit hinter der einer BV zurück: Während nach hM durch BV Kurzarbeit auch ggü den AN eingeführt werden kann, für die keine dahingehende tarifl oder arbeitsvertragl Ermächtigung besteht (§ 87 Rn 103) <**R:** BAG 12.10.1994, 7 AZR 398/93, DB 1995, 734> (hiergegen § 87 Rn 104), wahrt eine Regelungsabrede zwar das MBR aus § 87 Abs 1 Nr 3, kann aber schon mangels unmittelbarer Rechtswirkung auch nach hM die individualvertragl Arbeitszeit der AN nicht wirksam verkürzen <**R:** BAG 14.2.1991, 2 AZR 415/90, BB 1991, 2017> (§ 87 Rn 103). Ebenso wenig können die Betriebspartner durch Regelungsabrede ein Rauchverbot im Betrieb einführen (dazu § 87 Rn 41). Die Regelungsabrede ist daher nur in den Fällen ein nützl Regelungsinstrument, in denen der BR seine MBR wirksam durch eine bloße Zustimmung wahrnehmen kann, etwa bei der Einführung technischer Überwachungseinrichtungen iS des § 87 Abs 1 Nr 6 (§ 87 Rn 128 ff). Da die Regelungsabrede anders als die BV die Arbeitsverhältnisse der AN nicht normativ gestaltet, kann sie ältere BV über denselben Gegenstand **nicht ablösen** <**R:** BAG 27.6.1985, 6 AZR 392/81, DB 1986, 596; 20.11.1990, 1 AZR 643/89, BB 1991, 835; **L:** DKW/*Berg* Rn 166>. Ob ein auf § 77 Abs 1 gestützter Durchführungsanspruch auch für Regelungsabreden besteht, hat der Senat offen gelassen <**R:** BAG 27.10.1998, 1 ABR 3/98 NZA 1999, 381 [zu B I 3b]; 18.3.2014, 1 ABR 75/12, NZA 2014, 984 Rn 31>.

Durch eine Regelungsabrede können AG und BR **nicht gem § 328 BGB** unmittelbar An- **109** sprüche und Rechte der AN begründen: BR und AG können einen Vertrag zugunsten Dritter nicht abschließen. Der BR hat eine auf die Erfüllung seiner Aufgaben begrenzte Teilrechtsfähigkeit. Zur Rechtsgestaltung zugunsten der AN sieht das BetrVG die Möglichkeit der BV vor; eine zusätzl Gestaltungsmöglichkeit über § 328 BGB erlaubt das BetrVG nicht. Mit Hilfe des Vertrages zugunsten Dritter könnte entgg Art 9 Abs 3 GG die Schranke des § 77 Abs 3 umgangen werden <**R:** BAG 9.12.1997, 1 AZR 319/97, BB 1998, 904; **aA noch** 31.1.1979, 5 AZR 454/77, DB 1979, 1039; **L:** HWGNRH/*Worzalla* Rn 188>.

Eine Regelungsabrede, durch die eine mitbestimmungspflichtige Angelegenheit für einen **110** längeren Zeitraum geregelt wird, kann **analog § 77 Abs 5** ordentlich mit einer Frist von drei Monaten **gekündigt** werden, wenn nicht eine andere Kd-Frist vereinbart worden ist <**R:** BAG 10.3.1992, 1 ABR 31/91, BB 1992, 1489> und soll **analog Abs 6 zw AG und BR bis zum Abschluss einer neuen Vereinbarung nachwirken**, wenn sie eine mitbestimmungspflichtige Angelegenheit regelt: Die Regelungsabrede habe für die Betriebsparteien die gleiche Rechtswirkung wie eine BV, sodass das gleiche Bedürfnis an einer Weitergeltung der Regelung bestünde <**R: noch** BAG 23.6.1992, 1 ABR 53/91, DB 1992, 2643>. Das meint das Richtige, begründet dies aber falsch: Mangels normativer Wirkung kann eine Regelungsabrede nicht, auch nicht analog Abs 6, iS einer unmittelbaren Wirkung, sondern nur schuldrechtl, nachwirken. Daher besteht richtig nur der Mitbestimmungskompromiss fort, den die Betriebspartner in der Regelungsabrede getroffen haben, sodass kein regelungsloser Zustand besteht, wie das aber nach Kd einer BV ohne Nachwirkung der Fall wäre. Das MBR hat der BR trotz „Kd" der Regelungsabrede wirksam ausgeübt. Beide Betriebspartner haben Möglichkeiten, eine erneute Ausübung des MBR zu erzwingen <**R:** jetzt auch BAG 13.8.2019, 1 ABR 10/18, NZA 2019, 1651

§ 77   Durchführung gemeinsamer Beschlüsse, Betriebsvereinbarungen

Rn 46 ff unter **ausdrückl Aufgabe der vorherigen Rspr**; L: ErfK/*Kania* Rn 148; GK/*Kreutz* Rn 22, 445; Richardi/*Richardi/Picker* Rn 250; *Fitting* Rn 226; HWGNRH/*Worzalla* Rn 190; MünchArbR/*Arnold* § 316 Rn 147; **aA** DKW/*Berg* Rn 166; *SWS* Rn 45>.

111 AG und BR haben iR ihrer Kompetenzen (Rn 16, 22 ff) – auch in mitbestimmungspflichtigen Angelegenheiten – die **Wahl**, ob sie eine Angelegenheit durch BV oder durch Regelungsabrede regeln wollen <R: BAG 8.8.1989, 1 ABR 62/88, DB 1990, 281>. Ob eine Vereinbarung eine BV ist, hängt vom durch Auslegung (§§ 133, 157 BGB) zu ermittelnden Willen der Betriebsparteien ab. Im Zweifel wollen AG und BR, dass die Vereinbarung normativ wirkt und damit eine BV abschließen <L: ErfK/*Kania* Rn 139>. Das ist insbes dann anzunehmen, wenn die Betriebspartner beabsichtigen, auf die Arbeitsverhältnisse der AN unmittelbar einzuwirken, ihre Vereinbarung also nur bei normativer Wirkung Bestand hat, Rn 7. Halten AG und BR in einer Protokollnotiz fest, dass Rechtspositionen verschlechtert werden sollen, begründet dies im Zweifel nur eine Regelungsabrede <R: BAG 9.12.1997, 1 AZR 330/97, BB 1998, 904 (LS); für eine Protokollnotiz als BV, wenn diese schriftl niedergelegt, von den Betriebsparteien unterschrieben ist und nicht ledigl Hinweise auf deren Motive bei Abschluss der BV enthält BAG 10.12.2013, 1 ABR 40/12, AP BetrVG 1972 § 87 Arbeitszeit Nr 132 Rn 22>. Eine Regelungsabrede kann gewollt sein, wenn die Betriebspartner Abreden im Anwendungsbereich geltender TV oder über Gegenstände treffen wollen, die üblicherweise durch TV geregelt sind und für die Abs 3 eine Regelung durch BV sperrt, etwa für betriebl Bündnisse für Arbeit, Rn 155 f; zu dreiseitigen Vereinbarungen zw AG, BR und Gewerkschaft Rn 133 f.

VI. Verhältnis von Betriebsvereinbarung und Tarifvertrag

1. Tarifrechtlicher Vorrang des Tarifvertrags, § 4 Abs 3 und 5 TVG

112 Sowohl TV als auch BV sind Gesamtvereinbarungen und Normenverträge, die die AN zwingend und unmittelbar binden, § 4 Abs 1 TVG und § 77 Abs 4 BetrVG. Während der Abschluss von TV durch Art 9 Abs 3 GG verfassungsrechtl garantiert und die Normwirkung mitgliedschaftlich legitimiert ist, wird dem BR ledigl über das BetrVG die Rechtsmacht verliehen, zusammen mit dem AG unmittelbar und zwingend geltende Regelungen für die im Betrieb beschäftigten AN (Rn 23 ff) abzuschließen <R: BAG 12.12.2006, 1 AZR 96/06, DB 2007, 866>. Schon wg der unterschiedl Legitimation gehen TV jeder BV vor: Ohne Rücksicht auf die zeitl Reihenfolge setzen TV widersprechende („tarifwidrige") **Bestimmungen einer BV in ihrem Geltungsbereich außer Kraft.** Der allg, tarifrechtl Vorrang des TV gilt jedoch nicht für TV, die ledigl kraft Nachwirkung gelten: Nach § 4 Abs 5 TVG endet ein nachwirkender TV durch Abschluss jeder ihn ersetzenden anderen Abmachung, also auch durch eine BV <R: BAG 24.2.1987, 1 ABR 18/85, BB 1987, 1246; 15.5.2018, 1 ABR 75/16, AP BetrVG 1972 § 77 Nr 113 Rn 227 ff für einen Regelungswillen, der darauf gerichtet ist, für einen absehbar eintretenden Nachwirkungszeitraum best Tarifregelungen abändern zu wollen>; insoweit wird der Abschluss von BV aber durch Abs 3 gehindert, Rn 124. Zudem wirkt der TV tarifrechtl nur ggü den tarifgebundenen AN, also kraft Mitgliedschaft (§§ 3 Abs 1, 4 Abs 1 TVG) oder kraft Allgemeinverbindlichkeitserklärung (§ 5 Abs 4 TVG), nicht aber ggü den nicht tarifgebundenen AN. Die Verdrängung der BV durch TV nur für die tarifgebundenen AN verstößt nicht gg das Diskriminierungsverbot wg der Gewerkschaftszugehörigkeit aus § 75 Abs 1 (§ 75

Rn 23) und aus Art 9 Abs 3 GG, sondern ist eine gerechtfertigte Differenzierung kraft der zwingenden Wirkung des TV <L: aA *Löwisch* DB 1984, 2458>; zur Sperrwirkung auch bei fehlender Tarifgebundenheit nach § 77 Abs 3 noch Rn 120f und Rn 125.

Tarifrechtl gilt im Verhältnis von TV und BV das **Günstigkeitsprinzip des § 4 Abs 3 TVG**: Die Entscheidung des BAG vom 26.2.1986 <R: BAG 4 AZR 535/84, DB 1986, 2031>, die dem TV mit Blick auf das Ordnungsprinzip „unbedenklich" Vorrang vor jeder günstigeren BV eingeräumt hatte, ist mit der Entscheidung des Großen Senats des BAG vom 16.9.1986 <R: BAG GS 1/82, BB 1987, 265> überholt, mit der dieser das Ordnungsprinzip als Einschränkung des Günstigkeitsprinzips (im Verhältnis BV zu arbeitsvertragl Einheitsregelungen, Rn 58ff) verworfen hat. Allerdings sperrt Abs 3 günstigere BV, Rn 115. Soweit TV und BV aber nebeneinander stehen können, nämlich im Bereich der erzwingbaren Mitbestimmung nach § 87 (Rn 129ff und § 87 Rn 9), beim Sozialplan gem § 112 Abs 1 S 4 (Rn 128 und § 112 Rn 79ff) und dann, wenn der TV eine BV iS des § 77 Abs 3 S 2 zulässt (Rn 126), gilt das Günstigkeitsprinzip. Für den **Günstigkeitsvergleich** ist darauf abzustellen, ob TV oder BV den einzelnen AN oder der Belegschaft als ganzer ein Recht verschaffen wollen: Sollen Individualrechte für die AN begründet werden, gilt die für den einzelnen AN günstigere Regelung; ist eine Besserstellung der Belegschaft als Ganze beabsichtigt, gilt die Regelung, die die Belegschaft besser stellt. 113

2. Betriebsverfassungsrechtlicher Sperrvorrang des Tarifvertrags, Abs 3

a) Normzweck und Anwendungsbereich

Die Zulässigkeit von BV wird über § 4 Abs 3 und 5 TVG hinaus (Rn 111f) weiter eingeschränkt durch Abs 3: Danach sind BV unzulässig, die Arbeitsentgelte und sonstige Arbeitsbedingungen regeln, wenn diese durch TV geregelt sind oder üblicherweise geregelt werden. Der Sperrvorrang des TV ggü der BV nach Abs 3 beruht nicht auf der stärkeren Normwirkung des TV, sondern auf einer **funktionellen Zuständigkeitsabgrenzung**: Die den TV-Parteien eingeräumte Vorrangkompetenz vor den Betriebspartnern dient der Absicherung der in **Art 9 Abs 3** GG verfassungsrechtl gewährleisteten **Tarifautonomie** vor der Regelungskonkurrenz durch BV; der BR darf nicht zur „beitragsfreien Ersatzgewerkschaft" werden <R: BAG 22.1.1980, 1 ABR 48/77, BB 1982, 432; 21.1.2003, 1 ABR 9/02, NZA 2003, 1097; 22.3.2005, 1 ABR 64/03, BB 2005, 2024; 30.5.2006, 1 AZR 111/05, BB 2006, 2365; 10.10.2006, 1 ABR 59/05, DB 2007, 751; 18.3.2020, 5 AZR 36/19, NZA 2020, 868 Rn 20; **L:** *Fitting* Rn 67ff; grundlegend *Zöllner* FS Nipperdey (1965) II S 699, 701ff>. Daher ist die Sperre des Abs 3 auch kein ungerechtfertigter Eingriff in die Koalitionsfreiheit der nicht tarifgebundenen AN <R: 13.3.2012, 1 AZR 659/10, AP BetrVG 1972 § 77 Tarifvorbehalt Nr 27 Rn 28> und auch ein AG, der bei Abschluss der BV wusste, dass diese gg § 77 Abs 3 verstößt, ist nicht nach § 242 BGB verwehrt, sich auf die Unwirksamkeit der BV zu berufen <R: BAG 26.1.2017, 2 AZR 405/16, NZA 2017, 522 Rn 24>. BV, die die Betriebspartner entgg Abs 3 abschließen, sind **nichtig** <R: BAG 21.1.2003, 1 ABR 9/02, NZA 2003, 1097; 22.3.2005, 1 ABR 64/03, BB 2005, 2024>, Rn 137ff, zu teilmitbestimmten BV Rn 67. Tritt ein TV nach Abschluss einer BV in Kraft, wird eine entgegenstehende BV mit dessen Inkrafttreten nichtig (Rn 120), umgekehrt wird eine ursprüngl tarifwidrige BV durch eine rückwirkende Öffnungsklausel im TV wirksam (Rn 126). 114

§ 77   Durchführung gemeinsamer Beschlüsse, Betriebsvereinbarungen

115   Sperrwirkung entfalten tarifl oder tarifübliche Regelungen ggü Arbeitsentgelten und **allen anderen Arbeitsbedingungen.** Abs 3 gilt unabhängig davon, ob der TV „materielle" Regelungen trifft, also den Umfang von Arbeitsleistung und Gegenleistung bestimmt, oder ob er ledigl „formell" die Art und Weise regelt, in der die Arbeitsvertragsparteien diese Leistungen erbringen <**R:** BAG 9.4.1991, 1 AZR 406/90, BB 1991, 2012; **L:** *Fitting* Rn 71 mwN>. Als Vorschrift im ersten Abschnitt „Allgemeines" des vierten Teils über die Mitwirkung und Mitbestimmung der AN erfasst die Sperrwirkung des Abs 3 **alle Angelegenheiten, die im Vierten Teil der Mitwirkung des BR** unterfallen, also neben den sozialen Angelegenheiten insbes auch die personellen Angelegenheiten, etwa Fragen der betriebl Berufsbildung iS der §§ 96 ff, und zwar auch, soweit dem BR, wie in § 97 Abs 2 S 1, ausdrückl ein MBR eingeräumt ist. Zur Ausnahme des § 87 noch Rn 129 ff und § 87 Rn 9.

116   Abs 3 sperrt **alle BV,** die die Betriebspartner im Geltungsbereich (Rn 122) bestehender oder üblicher TV (Rn 124 f) abschließen – auch wenn die Regelungen der BV günstiger sind als die des TV <**R:** BAG 18.3.2010, 2 AZR 337/08, AP BGB § 626 Nr 228 Rn 35; 23.1.2018, 1 AZR 65/17, AP BetrVG 1972 § 77 Nr 111 Rn 17 zu höheren Entgelten>: Abs 3 tritt im Verhältnis TV-BV an die Stelle des Günstigkeitsprinzips des § 4 Abs 3 TVG, Rn 112 <**L:** GK/*Kreutz* Rn 148 mwN>. Abs 3 steht auch BV entgg, die eine **tarifl oder tariflicher Regelung übernehmen**: Mit der Formulierung „können nicht Gegenstand sein" verbietet der Gesetzgeber auch sich an TV anhängende BV. Im Interesse der TV-Parteien und einer funktionierenden TV-Ordnung soll verhindert werden, dass der persönl Geltungsbereich von TV anders als durch Allgemeinverbindlicherklärung nach § 5 TVG auf nichtorganisierte AN ausgedehnt wird. Etwa können die Betriebsparteien wg Abs 3 keine Regelungen über die Weitergabe von Tariferhöhungen treffen <**R:** BAG 20.11.2001, 1 AZR 12/01, NZA 2002, 872 (LS); 30.5.2006, 1 AZR 111/05, BB 2006, 2365; 15.5.2018, 1 ABR 75/16, AP BetrVG 1972 § 77 Nr 113 Rn 20; **L:** Richardi/*Richardi/Picker* Rn 306 ff; GK/*Kreutz* Rn 150; *Fitting* Rn 98; DKW/*Berg* Rn 136; **aA** *SWS* Rn 21; einschränkend HWGNRH/*Worzalla* Rn 121>. Abs 3 sperrt **auch ergänzende BV,** wenn diese nicht nach Abs 3 S 2 zugelassen sind, noch Rn 126 <**R:** BAG 21.1.2003, 1 ABR 9/02, NZA 2003, 1097; 22.3.2005, 1 ABR 64/03, BB 2005, 2024>.

117   Abs 3 erfasst **nicht** die Fälle, in denen **einzelne Bestimmungen** einer BV gg zwingende tarifl Vorgaben verstoßen. Mit in diesem Sinne tarifwidrigen BV greifen AG und BR nicht in die Zuständigkeit der TV-Parteien ein, sondern missachten Einzelbestimmungen eines TV, verstoßen also – wie bei Missachtung gesetzl Vorschriften – gg höherrangiges Recht <**R:** BAG 20.8.1991, 1 ABR 85/90, BB 1992, 490>. Die Einzelregelung der BV, ggfs die gesamte BV, ist – wie bei Verstoß gg gesetzl Vorschriften – wg Missachtung höherrangigen Rechts (Tarifvorrang nach § 87 Abs 1 Eingangs-Hs), nicht aber wg Verstoßes gg die Tarifsperre des Abs 3 unwirksam.

118   Abs 3 steht **Regelungsabreden** der Betriebsparteien (Rn 105 ff) **nicht entgg** <**R:** BAG 20.4.1999, 1 ABR 72/98, BB 1999, 1657 (Burda); 21.1.2003, 1 ABR 9/02, NZA 2003, 1097; **L:** GK/*Kreutz* Rn 154; *Fitting* Rn 102; ErfK/*Kania* Rn 52; **aA** *Annuß* RdA 2000, 287, 291; Richardi/*Richardi/Picker* Rn 311; DKW/*Berg* Rn 158; HWGNRH/*Worzalla* Rn 188; offenlassend MünchArbR/*Arnold* § 315 Rn 83>: Abs 3 will (zugunsten des TV) eine Kollision zweier Rechtsquellen verhindern, die jeweils unmittelbare und normative Wirkung für die erfassten Arbeitsverhältnisse haben. Eine normative und unmittelbare Wirkung auf die AN entfaltet die Regelungsabrede gerade nicht (Rn 107); es kann daher zw TV und Regelungsabrede zu keiner auflösungsbedürftigen Normenkollision kommen.

VI. Verhältnis von Betriebsvereinbarung und Tarifvertrag § 77

IÜ hätte eine Sperrwirkung des Abs 3 zulasten von Regelungsabreden keine praktische Bedeutung: Selbst wenn die Regelungsabrede unwirksam wäre, änderte dies nichts an entspr Änderungen in den Individualarbeitsverträgen, gleich Rn 118.

Der **Sperrvorrang** des TV wirkt auch **nicht ggü arbeitsvertragl Einheitsregelungen** 119 usw (Rn 42 ff), mögen diese auch von einer formlosen Regelungsabrede der Betriebspartner begleitet sein <**R:** BAG 20.4.1999, 1 ABR 72/98, BB 1999, 1657 (Burda); 21.1.2003, 1 ABR 9/02, NZA 2003, 1097; **L:** GK/*Kreutz* Rn 153; Richardi/*Richardi/Picker* Rn 313 f; *Fitting* Rn 101; **aA** DKW/*Berg* Rn 160>: Das Verhältnis von TV zum Einzelarbeitsvertrag bestimmt sich gem § 4 Abs 3 TVG nach dem Günstigkeitsprinzip. Noch Rn 139 f gg die Umdeutung einer nichtigen BV in eine arbeitsvertragl Einheitsregelung und Rn 155 f gg einen etwaigen Unterlassungsanspruch der Gewerkschaft.

b) Regelung durch Tarifvertrag oder Tarifvertrag-Üblichkeit

Nach Abs 3 soll die **ausgeübte Tarifautonomie** gesichert werden <**R:** BAG 22.5.1979, 1 120 ABR 100/77, DB 1979, 2184; 22.1.1980, 1 ABR 48/77, BB 1982, 432; 27.1.1987, 1 ABR 66/85, NZA 1987, 489; 30.5.2006, 1 AZR 111/05, BB 2006, 2365>. Solange die TV-Parteien einen best Fragenbereich **überhaupt ungeregelt** gelassen haben, wird die Tarifautonomie durch entspr **BV nicht berührt** <**R:** BAG 22.1.1980, 1 ABR 48/77, BB 1982, 432; 29.10.2002, 1 AZR 573/01, BB 2003, 963; **L:** GK/*Kreutz* Rn 109 ff mwN>. Das gilt auch, wenn die TV-Parteien die Arbeitsbedingungen einer best AN-Gruppe, zB das Arbeitsentgelt der AT-Ang, ausdrückl nicht durch TV regeln wollten: Der Ausschluss einer AN-Gruppe aus dem Geltungsbereich eines TV ist gerade keine Regelung der Arbeitsbedingungen dieser AN, noch Rn 122. Der Verzicht auf eine tarifl Regelung löst keine Sperrwirkung für entspr BV aus <**R:** BAG 22.1.1980, aaO>. BV werden daher nicht bereits dann gesperrt, wenn die TV-Parteien einen Gegenstand zwar in ihre Verhandlungen einbezogen, aber keine Regelung getroffen haben <**R:** BAG 23.10.1985, 4 AZR 119/84, DB 1986, 595>, noch Rn 124.

Gem § 3 Abs 1 TVG gelten die Inhaltsnormen eines TV nur für die Mitglieder der TV- 121 Parteien und für den AG, der selbst TV-Partei ist. Während eine tarifl Regelung iS des § 87 Abs 1 Einleitungs-Hs nur dann „besteht", wenn der Betrieb von dem TV erfasst wird, wofür nach hM die Tarifgebundenheit des AG genügt (§ 87 Rn 6), spielt die **Tarifgebundenheit** für den **Umfang der Sperrwirkung** nach Abs 3 **keine Rolle**: Die Sperrwirkung des TV hängt weder davon ab, ob die AN tarifgebunden sind, noch davon, ob der AG tarifgebunden ist <**R:** BAG 24.1.1996, 1 AZR 597/95, BB 1996, 1717; 5.3.1997, 4 AZR 532/95, NZA 1997, 951; 21.1.2003, 1 ABR 9/02, NZA 2003, 1097; 22.3.2005, 1 ABR 64/03, BB 2005, 2024; 10.10.2006, 1 ABR 59/05, DB 2007, 751; 15.5.2018, 1 ABR 75/16, AP BetrVG 1972 § 77 Nr 113 Rn 17; **L:** *Fitting* Rn 78; DKW/*Berg* Rn 140; HWGNRH/*Worzalla* Rn 123 ff; ErfK/*Kania* Rn 45; MünchArbR/*Arnold* § 315 Rn 72; **aA** GK/*Kreutz* Rn 116; Richardi/*Richardi/Picker* Rn 275>: Es kommt allein darauf an, ob der Betrieb in einem Tarifbereich liegt, in dem die betreffende Arbeitsbedingung durch TV geregelt ist oder üblicherweise geregelt wird <**R:** BAG 24.1.1996, 21.1.2003 und 22.3.2005, aaO>. Auch **Haus-TV** (Firmen-TV) sperren BV gem Abs 3 <**R:** BAG 21.1.2003, aaO; **L:** Richardi/*Richardi/Picker* Rn 273 mwN; **krit** HWGNRH/*Worzalla* Rn 131>, noch Rn 124. Abs 3 sperrt BV auch dann, wenn der **TV erst nach dem Abschluss der BV** in Kraft tritt <**R:** BAG 21.1.2003 und 22.3.2005, aaO; 23.3.2011, 4 AZR 268/09, AP BetrVG 1972 § 77 Nr 101 Rn 40; **L:** GK/*Kreutz* Rn 151 mwN>, Rn 113.

§ 77 Durchführung gemeinsamer Beschlüsse, Betriebsvereinbarungen

122 Da Abs 3 die Tarifautonomie vor der Konkurrenz durch BV schützt (Rn 113), kommt es auch **nicht darauf an, dass der TV** in dem Tarifbereich **repräsentativ** ist, also die Zahl der in den tarifgebundenen Betrieben regelmäßig beschäftigten **AN** größer ist als die Zahl der AN, die in den nicht tarifgebundenen Betrieben regelmäßig beschäftigt werden <**R:** BAG 20.11.2001, 1 AZR 12/01, NZA 2002, 872 (LS); **abw noch** 6.12.1963, 1 ABR 7/63, BB 1964, 307; **L:** wie hier GK/*Kreutz* Rn 118; Richardi/*Richardi/Picker* Rn 278; *Fitting* Rn 79; DKW/*Berg* Rn 137; MünchArbR/*Arnold* § 315 Rn 72>. Zur Bedeutung der Tarifgebundenheit für den Tarifvorrang nach § 87 Abs 1 s § 87 Rn 6.

123 Arbeitsbedingungen sind dann durch TV geregelt, wenn über sie ein TV abgeschlossen worden ist und der Betrieb in den räuml, betriebl, fachl und persönl **Geltungsbereich** des TV fällt <**R:** BAG 20.11.2001, 1 AZR 12/01, NZA 2002, 872 (LS); 22.3.2005, 1 ABR 64/03, BB 2005, 2024>. Ob der TV den Betrieb **fachl** erfasst, hängt idR von der Beschreibung der Branche ab, für die der TV gelten will <**R:** BAG 5.3.1997, 4 AZR 532/95, NZA 1997, 951>. Beschränkt sich der TV darauf, auf die Mitgliedschaft im AG-Verband abzustellen, ist der fachl Geltungsbereich nach der Branchenzugehörigkeit dieser Mitglieder zu bestimmen <**R:** BAG 22.3.2005, aaO; **L:** DKW/*Berg* Rn 139; MünchArbR/*Arnold* § 315 Rn 72; **krit** *Fitting* Rn 76; **aA** *Buchner* DB 1997, 573, 577; GK/*Kreutz* Rn 114; ErfK/*Kania* Rn 46; auch HWGNRH/*Worzalla* Rn 30 nur für tatsächl Mitglieder>. Mit Blick auf die Anwendung des § 77 Abs 3 auch auf tarifungebundene AG müssen die TV-Parteien den Geltungsanspruch eines mitgliedschaftsbezogenen TV auch auf potenzielle Mitglieder erstrecken und nicht auf aktuelle Mitglieder beschränken wollen; hiervon ist auszugehen, solange keine anderen deutl Anhaltspunkte im TV vorliegen <**R:** 23.3.2011, 4 AZR 268/09, AP BetrVG 1972 § 77 Nr 101 Rn 39>. Der TV kann best AG aber auch bewusst von seinem Geltungsbereich ausnehmen <**R:** BAG 27.1.1987, 1 ABR 66/85, NZA 1987, 489: Geltung des BAT nur für öffentl-rechtl, nicht aber für private Forschungseinrichtungen>. Der TV muss zudem die AN, für die die BV Regelungen treffen soll, **persönl** erfassen. Er gilt etwa **nicht für die sog AT-Ang** <**R:** BAG 22.1.1980, 1 ABR 48/77 BB 1982, 432; **L:** GK/*Kreutz* Rn 128; Richardi/*Richardi/Picker* Rn 283; *Fitting* Rn 89; HWGNRH/*Worzalla* Rn 127>, Rn 119. Der TV muss den Betrieb auch **geographisch** erfassen <**R:** BAG 9.12.1997, 1 AZR 319/97, BB 1998, 904 (LS)>. Rahmen-TV für das ganze Bundesgebiet sperren BV über denselben Regelungsgegenstand im ganzen Bundesgebiet, örtlich begrenzte TV sperren BV nur für ihren räuml Geltungsbereich. **Haus-TV** entfalten Sperrwirkung nur für das Unternehmen, für das sie gelten <**R:** BAG 22.3.2005, 1 ABR 64/03, BB 2005, 2024; **L:** *Fitting* Rn 80 mwN>, gleich Rn 124. Gelten mehrere TV **konkurrierender** Gewerkschaften löst wg den Schutzzwecks der Sperre nach Abs 3 jeder TV diese Sperre aus <**L:** *Fitting* Rn 81; HWGNRH/*Worzalla* Rn 128; DKW/*Berg* 145>; dies gilt ebenso für den im Fall der **Tarifpluralität** nach § 4a Abs 2 S 2 TVG verdrängten – nicht unwirksamen – TV <**L:** *Fitting* Rn 81; DKW/*Berg* Rn 145a; **aA** HWGNRH/*Worzalla* Rn 128>. Die bloße Bezugnahme auf nicht einschlägige TV in den Einzelarbeitsverträgen löst die Tarifsperre des Abs 3 nicht aus <**R:** BAG 27.1.1987, 1 ABR 66/85, NZA 1987, 489; **L:** GK/*Kreutz* Rn 120; *Fitting* Rn 82; DKW/*Berg* Rn 138>. Die Sperrwirkung ändert sich nicht, wenn der maßgebende TV später nur noch nachwirkt oder anschließend die Tarifwilligkeit einer TV-Partei wegfällt <**R:** BAG 15.5.2018, 1 ABR 75/16, AP BetrVG 1972 § 77 Nr 113 Rn 25>.

124 Gesperrt werden BV nur hinsichtl des tarifl geregelten **Gegenstandes**. Um die Reichweite des Sperrvorrangs zu ermitteln, müssen die **TV ausgelegt** werden: Ist etwa – wie idR –

VI. Verhältnis von Betriebsvereinbarung und Tarifvertrag § 77

das Arbeitsentgelt tarifl geregelt, kann durch BV nicht ein höheres Entgelt vereinbart werden, als es den tarifl Entgeltgruppen für die betriebsangehörigen AN entspricht. Hingg erstreckt sich die Sperrwirkung regelmäßig nicht auf Prämien und Vergütungen für zusätzl Leistungen <R: BAG 14.11.1974, 1 ABR 65/73, BB 1975, 420; 17.12.1985, 1 ABR 6/84, BB 1986, 734>. Regelt der TV auch Leistungszulagen oder Jahressonderzahlungen, sperrt der TV hingg auch entspr BV <R: BAG 24.1.1996, 1 AZR 597/95, BB 1996, 1717; 20.2.2001, 1 AZR 233/00, BB 2001, 1532>; Zulagen, die ohne bes Voraussetzungen für die Erfüllung arbeitsvertragl Pflichten gezahlt werden, werden schon durch die üblichen Entgelt-TV gesperrt <R: BAG 9.12.1997, 1 AZR 319/97, BB 1998, 904 (LS)>. Regelt ein TV den Erholungsurlaub, kann eine BV zusätzl Erholungsurlaub zusagen, wenn dieser an andere persönl Voraussetzungen gebunden ist als der tarifl Urlaub <R: LAG Hamm 8.8.1979, 12 TaBV 44/79, DB 1979, 2236>. Gibt ein TV für die Leistungsbeurteilungsvornahme ledigl einen Zeitraum vor, kann in der BV ein konkreter Zeitpunkt in dieser tarifl festgelegten Zeitspanne geregelt werden <R: BAG 16.11.2011, 7 ABR 27/10, AP BetrVG 1972 § 77 Nr 103 Rn 23 und 30>.

Im Unterschied zu § 59 BetrVG 1952 stellt Abs 3 für die Sperrwirkung nicht ausschließl auf die Tarifüblichkeit ab. Damit setzt Abs 3 nicht voraus, dass sich eine Tarifregelung schon eingebürgert hat, sondern reicht aus, **dass sie erstmalig besteht** <L: Fitting Rn 75; GK/*Kreutz* Rn 117>. Auf der anderen Seite genügt auch die **Tarifüblichkeit**: Ausreichend ist, dass eine Angelegenheit bereits einmal durch TV geregelt worden und zu erwarten ist, dass sie auch künftig wieder durch TV geregelt wird, insbes weil die TV-Partner in Verhandlungen über einen Anschluss-TV eingetreten sind. **Bloße zeitl Geltungslücken** zw einem abgelaufenen und einem zu erwartenden TV hindern die Sperrwirkung nicht <R: BAG 22.3.2005, 1 ABR 64/03, BB 2005, 2024; L: GK/*Kreutz* Rn 130, 133; *Fitting* Rn 90; auch DKW/*Berg* Rn 149; strenger Richardi/*Richardi/Picker* Rn 291>. An der Tarifüblichkeit ändert sich auch dadurch nichts, dass der nach § 4 Abs 5 TVG ledigl nachwirkende TV durch eine andere, etwa einzelvertragl Abmachung ersetzt wird <R: BAG 15.5.2018, 1 ABR 75/16, AP BetrVG 1972 § 77 Nr 113 Rn 25 zur Regelung durch TV; L: GK/*Kreutz* Rn 133>. Dass die Tarifpartner erstmals über den Abschluss eines TV über eine best Angelegenheit verhandeln, löst die Sperrwirkung des Abs hingg noch nicht aus <R: BAG 22.5.1979, 1 ABR 100/77, BB 1979, 1555; 23.10.1985, 4 AZR 119/84, DB 1986, 595; missverständlich 22.3.2005, aaO; 18.2.2015, 4 AZR 780/13, AP BetrVG § 77 Nr 107 Rn 26 zur ledigl Absicht einer späteren tarifl Regelung; L: *Fitting* Rn 91; DKW/ *Berg* Rn 149>, schon Rn 119. Eine Vielzahl von **Haus-TV** in einer Branche begründet keine Tarifüblichkeit für andere AG dieser Branche, da sie nicht in den räuml Geltungsbereich der Haus-TV fallen, Rn 122 <R: BAG 27.1.1987, 1 ABR 66/85, NZA 1987, 489; L: GK/*Kreutz* Rn 134; Richardi/*Richardi/Picker* Rn 290; *Fitting* Rn 92>. 125

Die **Tarifüblichkeit entfällt**, wenn mit Sicherheit feststeht, dass die Angelegenheit künftig nicht mehr durch TV geregelt wird, etwa weil die TV-Parteien ausdrückl oder konkludent erklären, eine best Angelegenheit künftig nicht mehr regeln zu wollen <L: GK/ *Kreutz* Rn 133; Richardi/*Richardi/Picker* Rn 292; *Fitting* Rn 93> oder wenn eine der TV-Parteien wegfällt, etwa durch Auflösung eines AG-Verbands oder durch Unzuständigkeit infolge Satzungsänderung <L: GK/*Kreutz* Rn 134; Richardi/*Richardi/Picker* Rn 293; *Fitting* Rn 94>. Die Tarifüblichkeit endet bei **Auflösung des AG-Verbands** auch dann, wenn die tarifschließende Gewerkschaft mit einer Vielzahl der bis dahin verbandsangehörigen Unternehmen über den Abschluss von Haus-TV verhandelt oder Haus-TV ab- 126

§ 77 Durchführung gemeinsamer Beschlüsse, Betriebsvereinbarungen

schließt: Ab Abschluss der Haus-TV gelten nur diese, beschränkt auf das jeweilige Unternehmen (Rn 122, 124), gilt aber nicht der frühere Verbands-TV kraft Tarifüblichkeit fort; das gilt auch in der dem Abschluss der Haus-TV vorangehenden Verhandlungsphase <**R: abw noch** BAG 16.9.1960, 1 ABR 5/59, BB 1960, 1329; **L:** GK/*Kreutz* Rn 134; *Fitting* Rn 94>. Durch bloßen Verbandsaustritt kann sich ein AG der Tarifüblichkeit und damit der Tarifsperre des Abs 3 nicht entziehen, da diese unabhängig von der Tarifgebundenheit besteht (vgl Rn 120f) <**L:** *Fitting* Rn 95; **aA** Richardi/*Richardi*/Picker Rn 294>. **Scheitern Tarifverhandlungen** endgültig, ist die Regelung durch TV nicht mehr üblich; hierfür lassen sich keine starren zeitl Grenzen aufstellen.

3. Ausnahmen

a) Öffnungsklausel im Tarifvertrag, Abs 3 S 2 und § 4 Abs 3 TVG

127 Nach **Abs 3 S 2** und nach **§ 4 Abs 3 TVG** kann eine BV aber dann von einem TV abweichen, wenn der TV selbst dies ausdrückl zulässt (sog **Öffnungsklausel**). Zwar kann die Öffnungsklausel in einem Firmen-TV daher nicht die Sperrwirkung eines Verbands-TV beseitigen – sofern der Verbands-TV dies nicht zulässt <**L:** GK/*Kreutz* Rn 170>. Aber eine Öffnungsklausel eines unternehmensbezogenen Verbands-TV kann die durch einen Flächenverbands-TV bewirkte Sperrwirkung aufheben <**R:** 13.8.2019, 1 AZR 213/18, BeckRS 2019, 31623 Rn 46>. An eine solche Öffnungsklausel sind wg der Formulierung „**ausdrücklich**" in Abs 3 S 2 strenge Anforderungen zu stellen: Zwar muss der TV die Öffnung ggü BV nicht wörtlich enthalten; es muss im TV aber deutl zum Ausdruck kommen, dass dieser Regelungen durch BV zulassen will <**R:** BAG 20.4.1999, 1 AZR 631/98, BB 1999, 1976; 20.2.2001, 1 AZR 233/00, BB 2001, 1532; 29.10.2002, 1 AZR 573/01, BB 2003, 963; **L:** Richardi/*Richardi*/Picker Rn 319 mwN>. Nach dem Wortlaut des § 77 Abs 3 S 2 können die TV-Parteien den Betriebsparteien nur eine ergänzende Regelungsbefugnis einräumen. Sofern dies mit der gebotenen Deutlichkeit im TV zum Ausdruck kommt, können sie jedoch auch eine von den tarifl geregelten Vorgaben abweichende Rechtsetzung erlauben <**R:** 12.3.2019, 1 AZR 307/17, AP BetrVG § 77 Nr 116 Rn 38 diese Deutlichkeit konkret abl>; eine tarifabweichende BV kann dabei auch unter **Zustimmungsbedarf gem. § 184 BGB** durch die TV-Parteien gestellt werden <**R:** BAG 13.8.2019, aaO Rn 75; zum Anspruch einer TV-Partei auf Abgabe der Zustimmung der anderen TV-Partei BAG 20.10.2010, 4 AZR 105/09, BAGE 136, 71> und diese Zustimmung kann auch nachträglich – mit Rückwirkung auf den Zeitpunkt des Abschlusses der BV – erteilt werden <**R:** BAG 15.12.2020, 1 AZR 499/18, NZA 2021, 512, Rn 53>. Ebenso legen die TV-Parteien einer Öffnungsklausel **in der Regel Rückwirkung** bei und legitimieren eine gg die Tarifsperre verstoßende BV damit nachträgl <**R:** BAG 20.4.1999, aaO; 29.1.2002, 1 AZR 267/01, NZA 2002, 927; 29.10.2002, aaO; 23.6.2009, 1 AZR 214/08, AP BetrVG 1972 § 77 Betriebsvereinbarung Nr 45 Rn 25 „heilen"; **L:** Richardi/*Richardi*/Picker Rn 324; *Fitting* Rn 100, 119; ErfK/*Kania* Rn 61; **aA** GK/*Kreutz* Rn 170; HWGNRH/*Worzalla* Rn 154>, zum Vertrauensschutz Rn 21; wollen die TV-Parteien diesen zeitl Freiraum der Betriebsparteien begrenzen, muss dies im TV deutl zum Ausdruck kommen <**R:** BAG 22.5.2012, 1 AZR 103/11, AP BetrVG 1972 § 77 Nr 104 Rn 13>. Der TV darf den Betriebspartnern **keine Vorgaben** für die durch BV zu treffende Regelung machen; das wäre mit der Beschränkung des TV auf organisierte AN (§ 3 TVG) nicht vereinbar und liefe auf eine Allgemeinverbindlicherklärung des TV auf betriebl Ebene ohne staatl Legitimation hinaus <**R: aA** BAG 18.8.1987, 1 ABR 30/86, BB 1987, 2161; **L:** ausf *Löwisch* SAE 1988, 104 f; **aA wie das BAG** GK/*Kreutz* Rn 179>. Ein Zeitpunkt, bis zu welchem BV geschlossen werden dürfen, kann aber ausdrückl bestimmt werden; <**R:** BAG 22.5.2012, 1 AZR 103/11, AP BetrVG 1972 § 77 Nr 104 Rn 15 f: **datumsmäßige Beschränkung der Regelungsbefugnis**>. Zur **BV-Offenheit des Arbeitsvertrages** durch dessen Bezugnahme auf einen TV, wenn dieser TV BV-offen ausgestaltet ist und diesem TV die BV des GBR anhängen Rn 49. Zum Schicksal des verdrängten TV, der eine Öffnungsklausel beinhaltete <**L:** *Greiner* RdA 2022, 164 ff>.

b) Sozialplan, § 112 Abs 1 S 4

Nach § 112 Abs 1 S 4 erfasst die Tarifsperre des **Abs 3 Sozialpläne nicht**; wohl soll Abs 3 aber für freiwillige vorsorgliche Sozialpläne gelten <**R:** BAG 11.11.2006, 1 AZR 40/06, BB 2007, 218 mwN>, näher § 112 Rn 79 ff. Aus § 112 Abs 1 S 4 kann nicht umgekehrt geschlossen werden, dass § 112 den Abschluss eines auf eine konkrete Betriebsänderung bezogenen Tarifsozialplans verhindert, weil ein Tarifsozialplan den BR in einem zwingend gesetzl vorgeschriebenen Verf funktionslos stellt <**R:** so aber LAG Hamm 31.5.2000, 18 Sa 858/00, NZA-RR 2000, 535> § 112 Abs 1 S 4 geht erkennbar von einem **Nebeneinander betriebl und tarifl Abfindungsregelungen** aus <**R:** BAG 24.4.2007, 1 AZR 252/06, BB 2007, 2235; 6.12.2006, 4 AZR 798/05, DB 2007, 1362; **L:** ausf *Kaiser* FS Buchner (2009), S 384, 388 ff mwN; ErfK/*Kania* §§ 112, 112a BetrVG Rn 13; *Fitting* §§ 112, 112a Rn 182>. Dass über die Beseitigung der Tarifsperre des Abs 3 hinaus den TV-Parteien die Regelungskompetenz für Sozialpläne überhaupt entzogen werden soll, lässt sich weder dem Wortlaut noch dem Zweck des § 112 Abs 1 S 4 entnehmen; zw allg Rationalisierungsschutzabkommen und dem auf ein Einzelunternehmen in der Krise zugeschnittenen Tarifsozialplan unterscheidet § 112 Abs 1 S 4 nicht. Wg der nicht und der anders organisierten AN wird der BR durch den Abschluss tarifl Sozialpläne auch nicht funktionslos: Nur er, nicht die Gewerkschaft kann für alle AN Sozialleistungen erzwingen. Eine Gleichbehandlung mit den tarifunterworfenen AN ist über Bezugnahmeklauseln mögl. Ebenso können die Betriebspartner – und die ES unter Beachtung der in § 112 Abs 5 gezogenen Grenzen – die Regelungen des Tarifsozialplans in den betriebl Sozialplan aufnehmen und so auf die Gesamtbelegschaft erstrecken; der TV sperrt diese Übernahme wg § 112 Abs 4 S 1 nicht.

128

Ein Vorrang des betriebl Sozialplans vor einem Tarifsozialplan wäre zudem **systemfremd** <**R:** BAG 6.12.2006, 4 AZR 798/05, DB 2007, 1362; auch 24.4.2007, 1 AZR 252/06, BB 2007, 2235; **L:** ausf *Kaiser* FS Buchner (2009), S 384, 390 ff mwN>. Während die Tarifautonomie durch Art 9 Abs 3 GG verfassungsrechtl geschützt ist, fehlt für die Mitbestimmung des BR eine verfassungsrechtl Garantie: Die Rechtfertigung der Mitbestimmung des BR aus dem Sozialstaatsprinzip des Art 20 Abs 1 GG erlaubt die Einschränkung des Grundrechts auf Koalitionsbetätigungsfreiheit nicht: Zwar hält das BVerfG das Sozialstaatsprinzip als Rechtsgut mit Verfassungsrang für geeignet, Eingriffe in die Koalitionsfreiheit zu rechtfertigen <**R:** BVerfG 27.4.1999, 1 BvR 2203/93, 1 BvR 897/95, NZA 1999, 992; 3.4.2001, 1 BvL 32/97, DB 2001, 1367>; eine solche Schrankensetzung muss aber durch Gesetz erfolgen <**R:** BVerfG 13.1.1982, 1 BvR 848/77 ua, DB 1982, 1062; 19.10.1983, 2 BvR 485 und 486/80, NJW 1984, 475>. Einen solchen Eingriff in die Tarifautonomie normiert § 112 Abs 1 S 4 gerade nicht.

129

§ 77 Durchführung gemeinsamer Beschlüsse, Betriebsvereinbarungen

c) Mitbestimmungsrecht in sozialen Angelegenheiten, § 87 Abs 1 Eingangs-Hs

130 Nach der sog **Zwei-Schranken-Theorie** sperrt Abs 3 auch die Mitbestimmung des BR in den nach § 87 Abs 1 aufgezählten Angelegenheiten der erzwingbaren Mitbestimmung durch BV <**L**: GK/*Kreutz* Rn 158 ff mwN; GK/*Wiese* § 87 Rn 47 ff – beide mit ausf Nachweisen auf den Streitstand; HWGNRH/*Worzalla* Rn 156 ff; *SWS* § 87 Rn 35 ff>. Demggü geht nach stRspr des BAG der Tarifvorrang des § 87 Abs 1 Eingangs-Hs für die mitbestimmungspflichtigen Angelegenheiten des § 87 der Tarifsperre des § 77 Abs 3 als speziellere Regelung vor (sog **Vorrangtheorie**): Könnte eine nur übliche tarifl Regelung die Mitbestimmung des BR ausschließen, würde der Zweck der Mitbestimmung verfehlt <**R**: BAG 24.2.1987, 1 ABR 18/85, BB 1987, 1246; 3.12.1991, GS 2/90, BB 1992, 1418; 26.4.2005, 1 ABR 1/04, DB 2005, 2030; 18.3.2020, 5 AZR 36/19, NZA 2020, 868 Rn 37; **L**: *Fitting* Rn 109 ff und § 87 Rn 59 f; DKW/*Berg* Rn 132; DKW/*Klebe* § 87 Rn 41; Richardi/*Richardi/Picker* § 87 Rn 170 f; einschränkend MünchArbR/*Arnolds* § 315 Rn 81 f; auch ErfK/*Kania* Rn 53 ff>, § 87 Rn 9.

131 **Für die Zweischrankentheorie** spricht, dass Abs 3 im ersten Abschnitt des BetrVG unter „Allgemeines" steht. Das deutet darauf hin, dass Abs 3 nach dem Willen des Gesetzgebers Anwendung finden soll, soweit die in den folgenden Abschnitten vorgesehene Beteiligung des BR durch den Abschluss einer BV ausgeübt wird. Danach griffe die Tarifsperre des Abs 3 nur dann nicht, wenn – wie in § 112 Abs 1 S 4 für den Sozialplan – ausdrückl festgelegt ist, dass Abs 3 nicht anzuwenden ist. **Gg die Zweischrankentheorie** spricht aber der unterschiedl Regelungszweck von Abs 3 und § 87 Abs 1 Einleitungs-Hs: Die Tarifsperre des Abs 3 soll die Tarifautonomie sichern und verhindern, dass der persönl Geltungsbereich von TV über eine BV auf die nicht tarifgebundenen AG übertragen wird und damit auf einem anderen Weg als dem der Allgemeinverbindlicherklärung nach § 5 TVG. Abs 3 sichert das TV-System in seiner Funktionsfähigkeit (Rn 113). Demggü lässt der Tarifvorrang des § 87 Abs 1 Einleitungs-Hs MBR nur dann entfallen, wenn der Mitbestimmungszweck durch eine anderweitige Schutzvorschrift erreicht wird: Ist eine an sich mitbestimmungspflichtige Angelegenheit für den AG bindend durch Gesetz oder durch TV geregelt, ist den berechtigten Interessen und dem Schutzbedürfnis der AN Rechnung getragen; für einen weiteren Schutz über die Mitbestimmung des BR besteht dann kein Bedürfnis. Daher ist es nur dann gerechtfertigt, MBR des BR entfallen zu lassen, wenn ein anderweitiger Schutz durch Gesetz oder TV tatsächl besteht. Eine tarifl Regelung einer mitbestimmungspflichtigen Angelegenheit, die lediglich üblich ist (Rn 124 f), für den AG jedoch keine Bindungen erzeugt und daher im Betrieb nicht besteht, gewährleistet demggü nicht den für die im Betrieb beschäftigten AN erforderl Schutz <**L**: *Fitting* Rn 112>.

132 Man kann auch nicht das MBR bestehen lassen, den BR aber auf eine Regelungsabrede verweisen: Die Frage, ob ein MBR in einer best Angelegenheit besteht und ob diese Angelegenheit **durch eine BV** geregelt werden kann, lässt sich nicht trennen. Das geeignete Instrument, eine mitbestimmungspflichtige Angelegenheit für den Betrieb zu regeln, ist die BV, da nur sie im Gegensatz zur Regelungsabrede gem Abs 4 unmittelbar und zwingend auf die Arbeitsverhältnisse der im Betrieb beschäftigten AN einwirkt, sodass es keiner Umsetzung in das Einzelarbeitsverhältnis bedarf (Rn 7). Allein die BV ist daher geeignet, den unabdingbaren Schutz der AN herbeizuführen, um dessentwillen § 87 Abs 1

VI. Verhältnis von Betriebsvereinbarung und Tarifvertrag § 77

MBR des BR begründet <L: *Fitting* Rn 112>. Damit bleibt für Abs 3 nur ein geringer Anwendungsbereich, insbes bei freiwilligen (Rn 66) und bei teilmitbestimmten (Rn 67) BV.

Ein **Gegenschluss aus § 112 Abs 1 S 4** ist **nicht zulässig**. Er übersieht, dass § 87 Abs 1 Eingangs-Hs eine von der allg Tarifsperre des Abs 3 abw eigene Vorschrift über das Verhältnis zum TV enthält, während eine entspr Regelung beim Sozialplan fehlt. Deshalb muss der Gesetzgeber, wenn er für Sozialpläne die Anwendbarkeit des Abs 3 ausschließen will, dies in § 112 ausdrückl erklären. Da andere MBR keine dem § 87 Abs 1 Eingangs-Hs entspr Vorschrift enthalten, greift bei ihnen der Sperrvorrang des Abs 3 selbst dann, wenn der ES das Letztentscheidungsrecht eingeräumt ist. 133

4. Dreiseitige Vereinbarungen zwischen Arbeitgeber, Gewerkschaft und Betriebsrat

Häufig werden **betriebl Bündnisse für Arbeit** und **Sozialpläne** als dreiseitige Vereinbarung zw AG, Gewerkschaft und BR abgeschlossen, die gleichzeitig als TV und als BV gelten soll. Die Wirksamkeit solcher Vereinbarungen ist noch nicht hinreichend geklärt <L: *Bayreuther* NZA 2007, 1017, 1020; *Thüsing* NZA 2008, 201 ff>. Weder BetrVG noch TVG kennen dreiseitige Vereinbarungen. Partei eines TV können nach § 2 Abs 1 TVG nur eine Gewerkschaft, ein AG-Verband oder ein einzelner AG sein, nicht aber der BR. BV werden nach Abs 2 zw AG und BR geschlossen; eine Beteiligung der Gewerkschaft sieht das Gesetz nicht vor. Der Zuständigkeitsbereich des BR (gesamte Belegschaft) und der Gewerkschaft (Mitglieder) deckt sich nicht. Für die nicht und anders organisierten AN kann eine Regelung nur durch BV, hingg grds nicht durch TV getroffen werden <R: BAG 15.4.2008, 9 AZR 159/07, BB 2008, 2019 (LS); **abw** für nichtorganisierte AN 7.11.2000, 1 AZR 175/00, BB 2001, 1150>; hier kann der TV allenfalls als Vertrag zugunsten Dritter iS des § 328 BGB Ansprüche der AN begründen oder für diese durch Bezugnahmeklauseln wirksam werden <R: so im Fall BAG 15.4.2008, aaO>. Der BR kann mangels Legitimation tarifvertragl Ansprüche nicht begründen. Wg dieser Unterschiede kann eine dreiseitige Vereinbarung nur als **parallele Vereinbarung** auf Grundlage des TVG und des BetrVG abgeschlossen werden; sie muss sowohl nach BetrVG als auch nach TVG wirksam sein <R: vgl BAG 15.4.2008, aaO; L: *Thüsing* NZA 2008, 201>; sie sind nicht schon wg der gem Unterzeichnung von BR und Gewerkschaft unwirksam <R: BAG 26.2.2020, 4 AZR 48/19, AP TVG § 1 Sozialplan Nr 6 Rn 18>. 134

Als BV sind dreiseitige Vereinbarungen aber **häufig wg Abs 3 unwirksam** <R: etwa BAG 7.11.2000, 1 AZR 175/00, BB 2001, 1150>; sie werden **deswg idR als TV ausgelegt**, dessen Zustandekommen durch die Unterschriften von BR-Mitgliedern nicht gehindert sein soll <R: BAG 15.4.2008, 9 AZR 159/07, BB 2008, 2019 (LS); 15.4.2008, 1 AZR 86/07 NZA 2008, 1074; 7.11.2000, aaO; **L:** *Thüsing* NZA 2008, 201, 202; Wiedemann/*Oetker* TVG § 2 Rn 228; **aA** *Löwisch/Rieble* TVG § 1 Rn 1478>. Wg Abs 3 hindert ein Verbands-Rationalisierungsschutzabkommen unternehmensbezogene tarifl Standortsicherungsvereinbarungen; hingg ist ein betriebl Sozialplan wg § 112 Abs 1 S 4 nicht gesperrt, Rn 127 f. Ein dreiseitiger Standortsicherungs-TV kann auch wg Verstoßes gg das den Schriftformerfordernissen in Abs 2 S 1, 2 und in § 1 Abs 2 TVG zu Grunde liegende Gebot der Rechtsquellenklarheit unwirksam sein, wenn nicht zweifelsfrei festgestellt werden kann, wer Urheber der einzelnen Regelungskomplexe ist <R: BAG 15.4.2008, 1 AZR 86/07, NZA 2008, 1074>: Wg der Unterschiede zw TV und BV, insbes wg ihres 135

§ 77 Durchführung gemeinsamer Beschlüsse, Betriebsvereinbarungen

unterschiedl Geltungsbereichs, müsse klar erkennbar sein, ob eine Regelung als BV für alle AN des Betriebs gelte oder als TV nur für die gewerkschaftsangehörigen AN <**R:** BAG 15.4.2008, aaO; **abw** noch 24.11.1993, 4 AZR 225/93, NZA 1994, 471>.

VII. Nichtigkeit der Betriebsvereinbarung

136 Eine BV ist nichtig, wenn sie an Abschlussmängeln leidet, von nicht zuständigen Personen bzw Organen auf AG- und AN-Seite abgeschlossen worden ist oder wenn der Wille zum Abschluss der BV nicht ordnungsgem gebildet worden ist (Rn 72 ff, 82 ff), wenn sie entgg Abs 2 S 1 und 2 (Rn 75 ff) nur mündl abgeschlossen wird (§ 125 BGB, Rn 85), wenn sie gg ein Gesetz verstößt oder die Grenzen der Rechtsetzungsbefugnis überschreitet (Rn 15 f). Bestimmungen in BV, die gg die bes Diskriminierungsverbote des § 75 Abs 1 verstoßen (Rn 19 f), sind schon nach §§ 1, 7 Abs 2 AGG oder Art 9 Abs 3 S 2 GG nichtig, lediglig für Diskriminierungen wg der politischen Betätigung oder Einstellung (§ 75 Rn 22) fehlt eine Sanktion, soweit die politische Einstellung nicht den Grad einer Weltanschauung erreicht § 75 Rn 47.

137 Verstößt eine BV gg den **Gleichbehandlungsgrundsatz**, indem sie AN zu Unrecht von AG-Leistungen ausnimmt, führt dies grds nicht zur Nichtigkeit der gleichheitswidrigen BV, sondern dazu, dass die Bestimmungen entfallen, die die AN oder eine AN-Gruppe ohne sachl Grund benachteiligen, sodass die bisher von den Leistungen der BV ausgenommenen AN ebenfalls einen Anspruch auf die Leistung erhalten <**R:** BAG 9.12.1997, 3 AZR 661/96, BB 1998, 2114; 18.11.2003, 3 AZR 655/02, NZA 2004, 1296 (LS); **L:** HWGNRH/*Worzalla* Rn 62>, näher § 75 Rn 53.

138 Eine **gg Abs 3** verstoßende BV ist **nichtig** <**R:** BAG 21.1.2003, 1 ABR 9/02, NZA 2003, 1097; 22.3.2005, 1 ABR 64/03, BB 2005, 2024>. Sie lebt auch nicht wieder auf, wenn die Voraussetzungen für die Sperrwirkung nach § 77 Abs 3 entfallen; allenfalls kann eine rückwirkende tarifl Öffnungsklausel greifen (Rn 126) <**R:** BAG 23.1.2018, 1 AZR 65/17, AP BetrVG 1972 § 77 Nr 111 Rn 40>. Da wg § 87 Abs 1 Eingangs-HS (Rn 126 ff) die nach § 87 mitbestimmungspflichtigen Angelegenheiten auch dann durch BV geregelt werden dürfen, wenn ein TV die Angelegenheit zwar regelt, dieser aber nicht iS des Abs 3 „besteht", etwa weil der AG nicht tarifgebunden ist (Rn 6 ff), sperrt Abs 3 bei teilmitbestimmten BV (Rn 67) nur den mitbestimmungsfreien Teil (etwa über die Höhe des für Sozialleistungen zur Verfügung stehenden Dotierungsrahmens, § 87 Rn 240 ff) und ist die BV nur insoweit nichtig. Der mitbestimmungspflichtige Teil der BV (etwa über die nach § 87 Abs 1 Nr 10 mitbestimmungspflichtigen Verteilungsgrundsätze, § 87 Rn 215 ff) ist wirksam, wenn er für sich Bestand haben kann <**R:** BAG 22.3.2005, aaO; **L:** ErfK/*Kania* Rn 57>, noch Rn 138. Danach ist eine Engelt-BV insoweit unwirksam, wie sie – mitbestimmungsfrei – die konkrete Entgelthöhe regelt <**R:** BAG 22.3.2005, aaO>.

139 Ordnet eine BV mit verschiedenen Einzelbestimmungen einen einheitl Regelungsgegenstand, führt die Unwirksamkeit einzelner Bestimmungen wg **§ 139 BGB** grds zur **Unwirksamkeit des gesamten Regelungskomplexes**, wenn der verbleibende Teil ohne die unwirksamen Bestimmungen keine sinnvolle und in sich geschlossene Regelung enthält <**R:** BAG 28.4.1981, 1 ABR 53/79, DB 1981, 1882; 21.1.2003, 1 ABR 9/02, NZA 2003, 1097; 22.3.2005, 1 ABR 64/03, BB 2005, 2024; 15.5.2018, 1 ABR 75/16, AP BetrVG § 77 Nr 113 Rn 31; 18.3.2020, 5 AZR 25/19, AP BGB § 611 Arbeitszeit Nr 63 Rn 38>,

VII. Nichtigkeit der Betriebsvereinbarung § 77

vgl § 76 Rn 98 zur Unwirksamkeit eines ES-Spruchs. Wg ihres Normcharakters muss eine BV (wie Gesetze und TV) im Interesse der Kontinuität der durch sie geschaffenen Ordnung aber soweit aufrecht erhalten werden, wie sie ohne den unwirksamen Teil ihre Ordnungsfunktion noch entfalten kann <**R:** BAG 21.1.2003, aaO; 22.7.2003, 1 ABR 28/02, DB 2004, 766>. Wirksam ist etwa eine Entgelt-BV, wenn zwar die Regelungen über die Höhe des Entgelts wg Abs 3 unwirksam sind, sie aber iÜ eine in sich geschlossene und praktikable Regelung der Entlohnungsgrundsätze bildet, weil sie ein vollständiges Entgeltsystem mit ansteigenden Entgeltgruppen und Kriterien für die Ermittlung der leistungsbezogenen Entgeltbestandteile enthält <**R:** BAG 22.3.2005, aaO; **L:** Richardi/Richardi/Picker Rn 49 mwN>. Unwirksam ist etwa eine Entgelt-BV, in der die Regelung der Monatsgehälter unwirksam ist und das Urlaubs- und Weihnachtsgeld als auf das Gehalt bezogene prozentuale Anteile alleine keine sinnvolle, praktikable Regelung sind <**R:** 23.1.2018, 1 AZR 65/17, AP BetrVG 1972 § 77 Nr 111 Rn 39>. Ferner kann die Unwirksamkeit einer gegen Abs 3 verstoßenden BV über die dauerhafte Verlängerung der regelm Arbeitszeit zur Folge haben, dass eine zeitgleich geschlossene, mit der Arbeitszeitverlängerung aufgrund spezifischer Umstände **untrennbar verknüpfte, andere BV** über die Einführung von Arbeitszeitkonten ebenfalls gegenstandslos ist <**R:** BAG 17.8.2021, 1 AZR 175/20, AP BGB § 611 Mehrarbeitsvergütung Nr 58, Rn 29 ff>. Selbst wenn die wirksamen Regelungen einer BV eine in sich geschlossene und praktisch anwendbare, sinnvolle Regelung begründen, kann die BV gleichwohl insgesamt unwirksam sein, wenn nicht angenommen werden kann, dass entweder AG oder BR eine Regelung ohne den unwirksamen Teil abgeschlossen hätten <**R:** BAG 21.1.2003, aaO; 23.1.2018, 1 AZR 65/17, aaO>.

Denkbar ist es, eine unwirksame BV gem § 140 BGB in eine **Gesamtzusage** des AG **umzudeuten**, die die AN stillschweigend annehmen können <**R:** so die hM BAG 24.1.1996, 1 AZR 597/95, BB 1996, 1717; 5.3.1997, 4 AZR 532/95, BB 1997, 1488 (LS); 29.10.2002, 1 AZR 573/01, DB 2003, 455; 30.5.2006, 1 AZR 111/05, DB 2006, 1795; 23.6.2016, 3 AZR 960/13, BAGE 154, 144; 23.1.2018, 1 AZR 65/17, AP BetrVG 1972 § 77 Nr 111 Rn 25 ff; 18.3.2020, 5 AZR 36/19, NZA 2020, 868 Rn 50; 9.11.2021, 1 AZR 206/20, AP BetrVG 1972 § 77 Nr 123 Rn 26; 2.12.2021, 3 AZR 123/21, AP BetrAVG § 1 Nr 85 Rn 40; **L:** Richardi/Richardi/Picker Rn 52 f; DKW/Berg Rn 131; ErfK/Kania Rn 28>. Das ist **abzulehnen**: Die BV selbst kann nicht in eine Gesamtzusage umgedeutet werden, da Vertragspartner der BV AG und BR sind, Vertragspartner der Gesamtzusage aber AG und alle oder jedenfalls eine Vielzahl der AN. Umgedeutet werden kann allenfalls die auf Abschluss der BV gerichtete **Willenserklärung des AG** in ein Vertragsangebot an die AN, das diese unter Verzicht des Zugangs der Annahmeerklärung (§ 151 BGB) annehmen können. Die Umdeutung scheitert aber regelmäßig an der Voraussetzung des § 140 BGB, dass das Ersatzgeschäft **wirksam sein muss**. Denn die **Mängel der BV erstrecken sich häufig auf die Willenserklärung des AG**, die dann ebenfalls nichtig ist: Bei Abschlussmängeln scheitert eine Umdeutung schon, wenn diese Mängel gerade (auch) die Willenserklärung des AG unwirksam machen, etwa wenn er seine auf Abschluss der BV gerichtete Willenserklärung anficht (Rn 84) oder wenn für ihn ein vollmachtloser Vertreter aufgetreten ist, ohne dass er dessen Auftreten nach § 177 BGB genehmigt hat (Rn 72 f, 82). Ebenso ist die Willenserklärung des AG unwirksam, wenn die mit der BV geplanten Regelungen gg Gesetz oder TV verstoßen (Rn 15) oder unzulässig in die Grundrechte der AN eingreifen (Rn 19) oder die AN unzulässig diskriminieren

§ 77 Durchführung gemeinsamer Beschlüsse, Betriebsvereinbarungen

(Rn 20); sie kann über § 140 BGB nicht im Wege einer geltungserhaltenden Reduktion auf das noch zulässige Maß reduziert werden. Für eine Umdeutung bleibt daher von vornherein nur Raum, wenn BV deswg nichtig sind, weil die Betriebspartner die Grenzen ihrer Zuständigkeit überschritten haben (Rn 16); zur Vertragshilfe bei diskriminierenden BV schon Rn 16.

141 Auch in den wenigen verbleibenden Fällen, in denen eine Umdeutung der Willenserklärung des AG in ein Angebot an die AN im Ansatz mögl erscheint (Rn 139), scheitert diese regelmäßig an der weiteren Voraussetzung des § 140 BGB, dass das **Ersatzgeschäft in seinen rechtl Wirkungen nicht weiter reichen darf** als das unwirksame. Denn die über die Gesamtzusage abgeschlossenen Einzelverträge binden den AG wg der erschwerten Kd-Möglichkeit stärker als die beabsichtigte BV <**R:** BAG 23.8.1989, 5 AZR 391/88, BB 1989, 2330; 24.1.1996, 1 AZR 597/95, BB 1996, 1717 zum beabsichtigten Abschluss ordentlich nicht kündbarer BV; **L:** aus diesem Grund nur für eine analoge Anwendung des § 140 BGB Richardi/*Richardi/Picker* Rn 52>. Deswg beschränkt die **hM** (s Rn 139) die Umdeutung auf den Fall, **dass bes, außerhalb der unwirksamen BV liegende Umstände die Annahme rechtfertigen**, der AG habe sich unabhängig von der BV auf jeden Fall verpflichten wollen, seinen AN die vorgesehenen Leistungen zu gewähren. Aber auch in diesem Fall scheitert eine Umdeutung: Ein Adressatenwechsel vom BR zu den einzelnen AN ist kein Weniger iS des § 140 BGB, schon Rn 28. Weil die empfangsbedürftige Willenserklärung des AG eindeutig und ausschließl an den BR gerichtet ist, ist es auch nicht mögl, die auf den Abschluss der BV gerichtete Willenserklärung des AG gem §§ 133, 157 BGB als Angebot an die AN auf Abschluss arbeitsvertragl Einheitsregelungen auszulegen <**L: abw** für Umdeutung ErfK/*Kania* Rn 28>, schon Rn 28. **Nur wenn der AG den AN in Kenntnis der Unwirksamkeit der BV Leistungen gewährt**, kann darin das Angebot auf Abschluss von arbeitsvertragl Einheitsregelungen liegen oder kann dies eine betriebl Übung begründen, Rn 54 <**L:** GK/*Kreutz* Rn 65; *Fitting* Rn 31, 105 f; auch DKW/*Berg* Rn 131; HWGNRH/*Worzalla* Rn 145, Rn 148 gg eine betriebl Übung>, noch Rn 44 dazu, dass eine betriebl Übung nicht begründet wird, wenn der AG in Unkenntnis der BV Leistungen erbringt.

142 Auch die **Umdeutung** der unwirksamen BV **in eine Regelungsabrede** (Rn 105 ff) scheitert daran, dass die auf Abschluss der Regelungsabrede gerichteten Willenserklärungen von AG und BR nichtig sind (Rn 106) oder das auch diese gg höherrangiges Recht usw verstoßen, Rn 139 <**L:** im Ergebnis **abl wie hier** GK/*Kreutz* Rn 64 und 145; *Fitting* Rn 104; einschränkend HWGNRH/*Worzalla* Rn 144; **abw** für § 140 BGB ErfK/*Kania* Rn 29>. Nur wenn die BV wg Nichteinhaltung der Schriftform des Abs 2 S 1 gem § 125 BGB nichtig ist, kann sie als Regelungsabrede wirken. Das ist dann aber keine Umdeutung, sondern eine Auslegung iS der §§ 133, 157 BGB: Wollen AG und BR das MBR unabhängig davon wahren, dass sie normative Regelungen für die AN festsetzen, ist die formunwirksame BV eine Regelungsabrede (Rn 85).

143 Hat der AG den AN **in Unkenntnis der Nichtigkeit Leistungen aufgrund der BV erbracht**, kann er diese zurückfordern, wird aber regelmäßig an **§ 818 Abs 3 BGB** scheitern. Hingg kann nicht in Anlehnung an die Rechtsgrundsätze des fehlerhaften Arbeitsverhältnisses angenommen werden, im Verhältnis zu den AN wirke die Nichtigkeit nur ex nunc <**L:** *von Hoyningen-Huene* DB 1984, Beil 1, S 1, 11; *Belling/Hartmann* NZA 1998, 673, 678 f; HWGNRH/*Worzalla* Rn 146; **aA** *Birk* ZfA 1986, 73, 106; GK/*Kreutz* Rn 146; *Fitting* Rn 107; ErfK/*Kania* Rn 25>. Zur Ausnahme bei der Anfechtung Rn 84.

VIII. Streitigkeiten

1. Eingriff des Betriebsrats in die Betriebsleitung, Abs 1 S 2

Verstößt der BR gg das Verbot des Abs 1 S 2, durch einseitige Handlungen in die Exekutivbefugnisse des AG einzugreifen (Rn 4 ff), ist der AG nicht darauf beschränkt, den BR gem § 23 Abs 1 wg groben Verstoßes gg betriebsverfassungsrechtl Pflichten durch das ArbG auflösen zu lassen, sondern hat – wie der BR nach § 87 (§ 87 Rn 26) – einen **Anspruch auf Unterlassung** der Beeinträchtigung, den er im arbg Beschlussverf, auch über eine eV, geltend machen kann <L: *Belling* Die Haftung des Betriebsrats und seiner Mitglieder für Pflichtverletzungen (1990), S 354>. § 2 Abs 1 begründet zw AG und BR ein gesetzl Schuldverhältnis, das durch „wechselseitige Rücksichtnahmepflichten" geprägt wird <R: BAG 3.5.1994, 1 ABR 24/93, BB 1994, 2273>. Dieses Schuldverhältnis verpflichtet nicht einseitig nur den AG dazu, Maßnahmen zu unterlassen, ohne den BR beteiligt zu haben oder mit denen er den mit dem BR getroffenen Vereinbarungen zuwiderhandelt. Das Schuldverhältnis verpflichtet ebenso den BR dazu, betriebsverfassungswidrige Maßnahmen zu unterlassen. Ebenso kann der AG im arbg Beschlussverf die Feststellung beantragen, dass der BR entgg Abs 1 S 2 in die Betriebsleitung eingegriffen hat.

144

Abs 1 S 2 ist **Schutzgesetz iS des § 823 Abs 2 BGB** <L: HWGNRH/*Worzalla* Rn 205; aA GK/*Kreutz* Rn 32; Richardi/*Richardi/Picker* Rn 12 und *Fitting* Rn 10; Letztere für einen Schadensersatzanspruch aus § 823 Abs 1 wg Eingriffs in den eingerichteten und ausgeübten Gewerbebetrieb>. Greift der BR entgg Abs 1 S 2 einseitig in die Exekutivbefugnisse des AG ein, verletzt er damit zugleich seine Pflicht aus dem betriebsverfassungsrechtl Schuldverhältnis zum AG (Rn 86) und macht sich nach § 280 Abs 1 BGB schadensersatzpflichtig. Da der BR weder außenrechtsfähig noch vermögensfähig ist <R: BAG 24.4.1986, 6 AZR 607/83, DB 1986, 2680; 29.9.2004, 1 ABR 30/03 BB 2005, 163>, haften die einzelnen BR-Mitglieder. Schadensersatzansprüche sind im arbg Urteilsverf geltend zu machen, § 2 Abs 1 Nr 3a, Abs 5 iVm §§ 46 ff ArbGG <L: Richardi/*Richardi/Picker* Rn 15>.

145

2. Grenzen der Vereinbarungsmacht: Inhaltskontrolle

BV unterfallen – wie TV – **gem § 310 Abs 4 S 1 BGB nicht der Inhaltskontrolle nach §§ 305 ff BGB** (AGB-Kontrolle) <R: BAG 1.2.2006, 5 AZR 187/05, BB 2006, 1057>; ohne Bedeutung ist, ob in ihnen Angelegenheiten der erzwingbaren oder der freiw Mitbestimmung ausgestaltet werden <R: BAG 13.10.2015, 1 AZR 853/13, AP BetrVG 1972 § 77 Nr 109 Rn 31>. Das gilt auch dann, wenn AG und AN auf den Arbeitsvertrag Bezug nehmen: Die Bezugnahme ändert nichts daran, dass die BV normativ wirkt, die Verweisung ist im Zweifel lediglich deklaratorisch gemeint, Rn 50. Auch bei einer konstitutiven Bezugnahme greift § 310 Abs 4 S 1 BGB, wenn auf die BV insgesamt und nicht nur auf einzelne Klauseln Bezug genommen wird; andernfalls würden die AN über die Bezugnahme entgg dem Willen der Betriebspartner begünstigt, da sie zusätzl zu den Ansprüchen aus der BV ggf weiter reichende Ansprüche über §§ 305 ff, 306 Abs 1, 2 BGB erhielten.

146

Vielmehr unterliegen BV nach ständiger Rspr einer **Inhaltskontrolle nach § 75** <R: BAG 1.2.2006, 5 AZR 187/05, BB 2006, 1057; 12.11.2002, 1 AZR 58/02, DB 2003,

147

§ 77   Durchführung gemeinsamer Beschlüsse, Betriebsvereinbarungen

1635>. Der Begriff „**Billigkeitskontrolle**" <**R:** BAG 17.2.1981, 1 AZR 290/78, BB 1981, 1092; 8.12.1981, 3 AZR 518/80, BB 1982, 246; 14.2.1984, 1 AZR 574/82, DB 1984, 1527; 25.4.1991, 6 AZR 183/90, BB 1991, 1713 mwN> ist **irreführend**: Entgg Äußerungen in der Rspr ist Maßstab der Kontrolle über § 75 nicht die Verpflichtung der Betriebsorgane, dem Wohl des Betriebes und seiner AN unter Berücksichtigung des Gemeinwohls zu dienen. Die ArbG kontrollieren nicht, ob eine BV die Interessen von AG und Belegschaft billig ausgleicht; dies kann nicht im Individualprozess eines AN, sondern ledigl bei der Kontrolle des Ermessens der ES nach § 76 Abs 5 S 4 nachgeprüft werden <**R:** missverständlich aber BAG 14.2.1984 und 25.4.1991, aaO; wie hier BAG 17.2.1981 und 12.11.2002, aaO zur finanziellen Gesamtausstattung des Sozialplans; **L:** *Löwisch* SAE 1985, 324f; GK/*Kreutz* Rn 342ff; Richardi/*Richardi/Picker* Rn 131ff; *Fitting* Rn 233; HWGNRH/*Worzalla* Rn 94ff; **abw** DKW/*Berg* Rn 173f>. Soweit das BAG überprüfen will, ob die BV der Billigkeit entspricht oder ob sie einzelne AN oder Gruppen von AN unbillig benachteiligt <**R:** BAG 14.2.1984 und 25.4.1991, aaO>, ist ledigl die Überprüfung der BV am Maßstab des Gleichbehandlungsgrundsatzes des Art 3 Abs 1 GG gemeint, also der Verstoß gg das **Willkürverbot aus § 75 Abs 1** (§ 75 Rn 27ff) <**R:** auch BAG 12.11.2002, aaO>; zur Rechtsfolge vgl Rn 136.

148   Gegenstand der Inhaltskontrolle ist damit **iS einer Rechtskontrolle** <**R:** BAG 22.5.1990, 3 AZR 128/89, BB 1990, 2047; 23.10.1990, 3 AZR 260/89, BB 1991, 699> nur, ob die Betriebspartner die Grenzen ihrer Vereinbarungsmacht beachtet haben (Rn 50ff). Kontrolliert wird insbes, ob sich AG und BR iR ihrer Zuständigkeiten gehalten haben (Rn 51), ob die BV gg Gesetze oder TV verstößt (Rn 50), ob sie in Grundrechte der AN eingreift, an die § 75 die Betriebspartner mittelbar bindet (Rn 19 und § 75 Rn 2), insbes die AN nicht unzulässigerweise ausschließl belastet (Rn 18 und § 75 Rn 45), und ob das Gebot des Vertrauensschutzes beachtet ist (Rn 20). Rechtsfolge eines Verstoßes ist – außer bei einem Verstoß gg das Willkürverbot (Rn 136) die Nichtigkeit der BV, Rn 135ff. Der **Prüfungsmaßstab bei BV ist aber strenger als bei der arbg Kontrolle von TV**: Da die Tarifautonomie – anders als die den Betriebsparteien ledigl durch das BetrVG verliehene Betriebsautonomie – durch Art 9 Abs 3 GG verfassungsrechtl geschützt ist, und die Bindung der Tarifunterworfenen – anders als die der AN an eine BV – mitgliedschaftlich legitimiert ist, sind tarifl Eingriffe in die allg Handlungsfreiheit ihrer Mitglieder anders als bei BV (§ 75 Rn 37) nicht nach dem Grundsatz der Verhältnismäßigkeit zu überprüfen, das wäre eine unzulässige „Tarifzensur" <**R:** BAG 12.12.2006, 1 AZR 96/06, DB 2007, 866; **L:** auch Richardi/*Richardi/Picker* Rn 131>.

149   Ob eine BV gg höherrangiges Recht verstößt oder unzulässig in die Grundrechte der AN eingreift usw (Rn 148) kann auf Antrag von BR oder AG zum einen im **arbg Beschlussverf** überprüft werden <**R:** BAG 18.2.2003, 1 ABR 17/02, DB 2003, 2290>; einem solchen Antrag kann schon im Interesse der normunterworfenen AN nicht mit dem Vorwurf des Rechtsmissbrauchs begegnet werden <**R:** BAG 18.2.2003, aaO>. Zum anderen kann das ArbG im **Urteilsverf, in dem der AN** Ansprüche aus einer BV oder aus dem Arbeitsvertrag durchsetzen möchte, die BV überprüfen, etwa darauf, ob sie einen AN entgg § 75 Abs 1 S 1 unbillig behandelt. Ein Beschlussverf über die Wirksamkeit dieser BV hindert ein arbg Urteilsverf auf Antrag des AN nicht <**R:** vgl BAG 17.2.1981, 1 AZR 290/78, BB 1981, 1092; **L:** *Löwisch* SAE 1985, 324ff> – obwohl eine zw den Betriebspartnern ergangene rechtskräftige arbg Entscheidung über den Inhalt einer BV **auch ggü den AN wirkt**, die Ansprüche aus der BV geltend machen <**R:** BAG 17.2.1992, 10 AZR 448/91,

BB 1992, 2083>. Der BR kann nur die Feststellung der Unwirksamkeit beantragen, aber nicht verlangen, dass der AG die Durchführung gesetzeswidriger BV oder die Anwendung einzelner gg TV verstoßender Regelungen einer BV unterlässt. Insbes kann die tarifschließende Gewerkschaft nicht über § 23 Abs 3 verlangen, dass Vorschriften einer BV, die gg einen TV verstoßen, im Betrieb nicht angewendet werden <R: BAG 20.8.1991, 1 ABR 85/90, BB 1992, 490>, noch Rn 154 zu den Reaktionsmöglichkeiten bei Verstößen gg die Tarifsperre des Abs 3.

3. Verhältnis zum Einzelarbeitsvertrag

Im arbg Beschlussverf können AG und BR auch feststellen lassen, ob eine Gesamtzusage durch eine nachfolgende BV **wirksam abgelöst** worden ist <R: vgl BAG 17.6.2003, 3 ABR 43/02, DB 2004, 714>. Ein Beschlussverf hindert ein Individualverf des AN nicht, der Ansprüche aus der Gesamtzusage oder aus der BV (zur normativen Wirkung ggü dem AN Rn 7 ff) im arbg Urteilsverf einklagt. 150

4. Abschluss, Beendigung und Nachwirkung der Betriebsvereinbarung, Abs 2, 5 und 6

Darüber, ob eine BV wirksam zustande gekommen ist oder nicht (Rn 72 ff), kann sowohl in einem **arbg Beschlussverf** nach § 2a Abs 1 Nr 1 ArbGG als auch inzident als **Vorfrage in einem Urteilsverf** entschieden werden. Für ein Beschlussverf sind nur AG und BR, nicht aber die Gewerkschaften antragsbefugt. GBR oder KBR sind antragsbefugt, wenn sie Partei der streitigen BV sind oder behaupten, sie seien für deren Abschluss zuständig gewesen. 151

Zu den betriebsverfassungsrechtl Angelegenheiten, die der BR im arbg Beschlussverf feststellen lassen kann, gehört auch der Streit darüber, ob eine BV durch eine nachfolgende BV **wirksam abgelöst** worden ist <R: vgl BAG 17.6.2003, 3 ABR 43/02, DB 2004, 714>; ebenso kann die Wirksamkeit einer Kd oder Befristung der BV im arbg Beschlussverf festgestellt werden. Ferner kann der BR **feststellen** lassen, ob eine BV **nachwirkt** iS des Abs 6: Die Geltung einer BV kraft Nachwirkung betrifft ein betriebsverfassungsrechtl Rechtsverhältnis und ein Feststellungsinteresse nach § 256 Abs 1 ZPO besteht <R: BAG 9.12.2014, 1 ABR 19/13, AP BetrVG 1972 § 77 Nr 108 Rn 12 f; 20.1.2015, 1 ABR 1/14, AP BetrVG 1972 § 77 Nr 106 Rn 18 f konkret gg ein Feststellungsinteresse mangels Angelegenheit, in denen ein Spruch der ES die Einigung zw AG und BR ersetzen kann>. 152

5. Durchführung von Betriebsvereinbarungen, Abs 1 S 1

Der BR hat gg den AG **gem Abs 1 S 1 einen Anspruch auf Durchführung der BV und auf Unterlassung BV-widriger Maßnahmen** (Rn 87); diese Ansprüche sind im arbg Beschlussverf, ggfs durch eV, durchzusetzen <R: BAG 10.11.1987, 1 ABR 55/86, BB 1988, 911; 18.10.1988, 1 ABR 34/87, DB 1989, 785; 21.1.2003, 1 ABR 9/02, NZA 2003, 1097; 29.4.2004, 1 ABR 30/02, BB 2004, 1967; 18.1.2005, 3 ABR 21/04, DB 2005, 2417>. Dabei können die Betriebspartner nicht nur die Wirksamkeit oder (Fort-)Geltung einer BV klären lassen, sondern auch deren Auslegung <R: BAG 18.1.2005, aaO>. Unterlässt der AG das vereinbarungswidrige Verhalten nicht, kann das ArbG auf Antrag des BR für den 153

§ 77   Durchführung gemeinsamer Beschlüsse, Betriebsvereinbarungen

Fall einer Zuwiderhandlung ein Ordnungsgeld bis zu 10.000 Euro androhen. Unzulässig ist dagg die Androhung von Ordnungshaft für den Fall, dass dieses nicht beigetrieben werden kann <R: BAG 5.10.2010, 1 ABR 71/09, AP ArbGG 1979 § 85 Nr 12 Rn 7>. Bei groben Verstößen kann gem § 23 Abs 3 auch eine im Betrieb vertretene Gewerkschaft die Durchführung einer BV durchsetzen <R: BAG 29.4.2004, aaO; L: *Fitting* Rn 4>. Bestreitet der AG die Verpflichtung, eine BV in bestimmter Weise durchzuführen, nicht, und hat er auch in der Vergangenheit keinen Anlass gegeben, an seinem Durchführungswillen zu zweifeln, fehlt einem entspr Leistungsantrag des BR aber das Rechtsschutzbedürfnis; der Antrag ist unzulässig <R: LAG Nürnberg 24.2.1995, 4 TaBV 14/91, LAGE § 77 BetrVG 1972 Nr 19>. Der BR kann im arbg Beschlussverf auch einen Antrag auf Feststellung der sich aus einer BV für den AG ergebenden Pflichten stellen <R: BAG 18.10.1988, aaO>: Es ist zu erwarten, dass der AG sich an eine entsprechende gerichtl Feststellung halten wird <R: BAG 20.1.2009, 1 ABR 78/07, AP BetrVG 1972 § 77 Betriebsvereinbarung Nr 44 Rn 30>. Haben sich die Betriebspartner in einer BV zu einem vorrangigen best **Konfliktlösungsverfahren** verpflichtet, ist der Antrag auf Durchführung der BV erst zulässig, wenn dieses eingehalten wurde <R: BAG 23.2.2016, 1 ABR 5/14, NZA 2016, 972 Rn 22 ff und Rn 26 zu einem obligatorischen innerbetriebl Schlichtungsverf>. Noch Rn 88 zur **Durchsetzung von Individualansprüchen der AN** und der insofern fehlenden Antragsbefugnis des BR und der unzulässigen Prozessstandschaft.

6. Durchsetzung von Regelungsabreden

154   Regelungsabreden wirken nur schuldrechtl verpflichtend zw AG und BR (Rn 105 ff); ihre Erfüllung kann der BR im **arbg Beschlussverf** durchsetzen <R: BAG 23.6.1992, 1 ABR 53/91, DB 1992, 2643>. Ob ein auf § 77 Abs 1 gestützter Durchführungsanspruch auch für Regelungsabreden besteht, hat das BAG offen gelassen <R: BAG 27.10.1998, 1 ABR 3/98, NZA 1999, 381 [zu B I 3b]; 18.3.2014, 1 ABR 75/12, NZA 2014, 984 Rn 31>.

7. Verstoß gegen Abs 3

155   Schließen AG und BR eine BV ab, obwohl der Sperrvorrang des Abs 3 greift, kann die **Gewerkschaft** mangels Antragsbefugnis nicht im arbg Beschlussverf feststellen lassen, dass die BV unwirksam ist <R: BAG 18.8.1987, 1 ABR 65/86, NZA 1988, 26; 23.2.1988, 1 ABR 75/86, NZA 1989, 299; L: GK/*Kreutz* Rn 482; HWGNRH/*Worzalla* Rn 261; SWS Rn 46c; aA *Fitting* Rn 235 e f; DKW/*Berg* Rn 184 ff>. Hingg soll die tarifschließende Gewerkschaft nach **§ 23 Abs 3** vorgehen können; ebenso muss sie dann einen Antrag nach § 23 Abs 1 stellen dürfen: Mit der BV verstießen die Betriebspartner gg Abs 3 und damit gg die betriebsverfassungsrechtl Ordnung <R: BAG 20.8.1991, 1 ABR 85/90, BB 1992, 442; 13.3.2001, 1 AZB 19/00, BB 2001, 2119; L: GK/*Kreutz* Rn 483; HWGNRH/*Worzalla* Rn 261>. Das ist **abzulehnen**: § 23 gewährleistet nur das ordnungsgem Funktionieren der Betriebsverfassung im Zusammenspiel von AG und BR. Abs 3 schränkt aber gerade den Kompetenzbereich der Betriebspartner zugunsten der Tarifautonomie ein (Rn 113 ff) und ist damit eine Schranke, aber keine „Grundnorm der betriebsverfassungsrechtl Ordnung". Zudem wird das Antragsrecht aus § 23 den Gewerkschaften zur uneigennützigen Rechtsausübung gewährt, nicht zur Wahrung eigener Interessen, § 23 Rn 18 <L: *Pfarr/Kocher*, Kollektivverfahren im ArbeitsR (1998), S 48 f; *Buchner* NZA 1999,

897, 899; **R:** zweifelnd inzwischen auch BAG 20.4.1999, 4 AZR 532/95, BB 1999, 1657>.

Das BAG räumt den Gewerkschaften über **§§ 1004 Abs 1 S 2, 823 Abs 1 BGB iVm** **156** **Art 9 Abs 3 GG** einen Unterlassungsanspruch ein: Schließt der AG mit einer Vielzahl von AN eine arbeitsvertragl Einheitsregelung ab (Rn 42), über die er sich zuvor mit dem BR durch Regelungsabrede verständigt hat (Rn 105 ff), um den Sperrvorrang des Abs 3 ggü BV (Rn 113 ff) zu vermeiden, etwa iR eines betriebl Bündnisses für Arbeit, könne die Gewerkschaft verlangen, dass der AG die **arbeitsvertragl Einheitsregelung** nicht abschließt oder zumindest nicht durchführt <**R:** BAG 20.4.1999, 1 ABR 72/98, BB 1999, 1657 (Burda); auch 13.3.2001, 1 AZB 19/00, BB 2001, 2119; **L:** GK/*Kreutz* Rn 486 ff; *Fitting* Rn 236; DKW/*Berg* Rn 197 ff; ErfK/*Kania* Rn 156; **aA** HWGNRH/*Worzalla* Rn 261>. Wg Art 9 Abs 3 S 2 GG werde die Koalitionsfreiheit nicht nur beeinträchtigt, wenn der Staat das Zustandekommen oder die Wirksamkeit von TV behindert, sondern auch dann, wenn privatrechtl Abreden darauf gerichtet sind, die Wirkung des TV leer laufen zu lassen (unmittelbare Drittwirkung). Das **überzeugt nicht**: Tarifwidrige Abreden durch arbeitsvertragl Einheitsregelungen sind nach Art 9 Abs 3 S 2 GG per se nichtig, die Koalitionsfreiheit der Gewerkschaften wird schon durch diese Nichtigkeit geschützt. Nach BAG <**R:** BAG 20.4.1999, aaO> soll es aber ausreichen, dass entspr Abreden faktisch geeignet sind, an die Stelle des TV zu treten, insbes wenn die Gewerkschaftsmitglieder sich nicht auf die Unwirksamkeit der tarifwidrigen Abreden berufen. Aber auch insoweit ist die Gewerkschaft tarifrechtl hinreichend geschützt: Sie kann bei einem Haus-TV vom AG als ihrem Vertragspartner den Tarifvollzug kraft der schuldrechtl Durchführungspflicht verlangen, bei einem Verbands-TV kann sie vom AG-Verband über dessen Einwirkungspflicht verlangen, dass dieser den AG als sein Mitglied vereinsrechtl zur Tariftreue anhält. Ebenso kann die Gewerkschaft ihre Mitglieder dazu bewegen, die tarifl normierten Ansprüche einzuklagen; sie kann sich deren Ansprüche auch abtreten lassen und im eigenen Namen gg den AG als Schuldner klagen. Das Angewiesen-Sein der Gewerkschaft auf den AG-Verband oder die eigenen Mitglieder zur Durchsetzung des TV ist eine Durchsetzungsschwäche, die vom TVG gewollt ist <**R:** auch BAG 20.8.1991, 1 ABR 85/90, BB 1992, 442; **L:** abl auch *Buchner* NZA 1999, 897; *Thüsing* DB 1999, 1552; *Löwisch* BB 1999, 2080, 2082f; *Walker* ZfA 2000, 29, 38 ff; *Richardi* DB 200, 42, 44 ff; *Annuß* RdA 2000, 287, 289>. Wenn überhaupt, kann ein Unterlassungsanspruch nur auf §§ 1004 Abs 1, 826 BGB wg absichtlichen Vertragsbruchs und Verleitens zum Vertragsbruch gestützt werden <**L:** *Rieble* ZTR 1999, 483, 484>.

Der Unterlassungsanspruch aus § 1004 BGB soll im **arbg Beschlussverf** durchgesetzt **157** werden können <**R:** BAG 13.3.2001, 1 AZB 19/00, BB 2001, 2119; auch schon 20.4.1999, aaO; **L:** *Fitting* Rn 237>. Das ist **falsch**: Der Unterlassungsanspruch richtet sich ausschließl gg einzelvertragl Vereinbarungen, die keinen Bezug zum Betriebsverfassungsrecht haben. Der Bezug wird auch nicht dadurch hergestellt, dass der BR beim Abschluss dieser Vereinbarungen (etwa iR eines betriebl Bündnisses für Arbeit) mitgewirkt hat (Rn 154). Es geht der Gewerkschaft nicht um die Klärung und Feststellung von Zuständigkeiten, Befugnissen und Pflichten der Betriebsverfassungsorgane, für die das Beschlussverf nach § 2a Abs 1 Nr 1 ArbGG vorgesehen ist, sondern ausschließl um die Frage, ob mit betriebseinheitl untertarifl Regelungen in unzulässiger Weise der Geltungsanspruch eines TV umgangen und so Art 9 Abs 3 GG verletzt wird. Es handelt sich um eine bürgerliche Rechtsstreitigkeit iS des § 2 Abs 1 Nr 2 ArbGG, für die das Urteilsverf die

§ 77 Durchführung gemeinsamer Beschlüsse, Betriebsvereinbarungen

richtige Verf-Art ist <L: wie hier *Bauer* NZA 1999, 958, 959; *Rieble* ZTR 1999, 483, 486f>. Das zeigt sich auch daran, dass das BAG der Gewerkschaft auferlegt, die Gewerkschaftsmitglieder, für die der Unterlassungsanspruch greifen soll, im Antrag namentlich zu nennen <R: vgl BAG 19.3.2003, 4 AZR 271/02, BB 2003, 2355 im Urteilsverf>.

§ 78 Schutzbestimmungen

Die Mitglieder des Betriebsrats, des Gesamtbetriebsrats, des Konzernbetriebsrats, der Jugend- und Auszubildendenvertretung, der Gesamt-Jugend- und Auszubildendenvertretung, der Konzern-Jugend- und Auszubildendenvertretung, des Wirtschaftsausschusses, der Bordvertretung, des Seebetriebsrats, der in § 3 Abs. 1 genannten Vertretungen der Arbeitnehmer, der Einigungsstelle, einer tariflichen Schlichtungsstelle (§ 76 Abs. 8) und einer betrieblichen Beschwerdestelle (§ 86) sowie Auskunftspersonen (§ 80 Absatz 2 Satz 4) dürfen in der Ausübung ihrer Tätigkeit nicht gestört oder behindert werden. Sie dürfen wegen ihrer Tätigkeit nicht benachteiligt oder begünstigt werden; dies gilt auch für ihre berufliche Entwicklung.

Literatur: *Annuß*, Das System der Betriebsratsvergütung, NZA 2018, 134; *Annuß*, Ermessensgerechte Beförderung als unzulässige Betriebsratsbegünstigung?, NZA 2020, 20; *Bachner/Wall*, Privatautonomie und Begünstigungsverbot bei der Vergütung von Betriebsratsmitgliedern, NZA 2021, 841; *Brill*, Angabe der Betriebsratstätigkeit im Zeugnis?, BB 1981, 616; *Denecke*, Freigestellte Betriebsratsmitglieder – Das Problem der angemessenen Vergütung, AuA 2006, 24; *Fischer*, Das Ehrenamtsprinzip der Betriebsverfassung „post Hartzem" – antiquiert oder Systemerfordernis?, NZA 2007, 484; *Giesen*, Vergütung freigestellter Betriebsräte, RdA 2020, 155; *Hunold*, „Rechtfertigungsdruck" auf den Betriebsrat als Behinderung der Betriebsratsarbeit?, DB 1999, 1492; *Jacobs/Frieling*, Betriebsratsvergütung – Grundlagen und Grenzen der Bezahlung freigestellter Betriebsratsmitglieder, ZfA 2015, 341; *Joussen*, Der Betriebsrat und die Privatnutzung des Dienstwagens, NZA 2018, 139; *Kliemt/Panzer*, IT-Mittel des Betriebsrats, AuA 2003, Nr 8, 8; *Koch/Kudlich/Thüsing*, Betriebsratsvergütung vor dem Strafgericht – Die Volkswagen-Entscheidung des LG Braunschweig aus arbeits-, gesellschafts- und strafrechtlicher Perspektive, ZIP 2022, 1, 2; *Kutschka*, Schutz des Betriebsrats und seiner Mitglieder, 1994; *Lipp*, Honorierung und Tätigkeitsschutz von Betriebsratsmitgliedern, 2008; *Löwisch/Rügenhagen*, Angemessene arbeitsvertragliche Vergütung von Betriebsratsmitgliedern mit Führungsfunktionen, DB 2008, 466; *Oetker*, Die Rücknahme des Amtsschutzes betriebsverfassungsrechtlicher Organmitglieder am Beispiel der Versetzung von Betriebsratsmitgliedern, RdA 1990, 343; *Oltmanns/Fuhlrott*, Betriebsratsvergütung und Bevorzugung von Betriebsratsmitgliedern, DB 2018, 1086; *Rieble*, Die Betriebsratsvergütung, NZA 2008, 276; *Ross*, Ungestörte Amtsausübung, AiB 2002, 197; *Schleusener*, Die betriebsverfassungsrechtliche Abmahnung, NZA 2001, 640; *Schoof*, Koppelungsgeschäfte in der Betriebsverfassung, AuR 2007, 289; *Schweibert/Buse*, Rechtliche Grenzen der Begünstigung von Betriebsratsmitgliedern – Schattenbosse zwischen „Macht und Ohnmacht", NZA 2007, 1080; *Stahlhacke*, Außerordentliche betriebsbedingte Änderungskündigungen von Betriebsratsmitgliedern, FS Hanau (1999), S 281; *Thüsing/Denzer*, Rechtssichere Betriebsratsvergütung: Weitere Puzzlesteine, diesmal zur Beweislast, BB 2021, 2228; *Witt*, Die Erwähnung des Betriebsratsamts und der Freistellung im Arbeitszeugnis, BB 1996, 2194; *Wolke*, Die Bekanntgabe der Betriebsratskosten durch den Arbeitgeber und dessen Recht auf freie Meinungsäußerung im Betrieb, 2000.

Übersicht

	Rn.		Rn.
I. Normzweck und Anwendungsbereich	1	IV. Benachteiligungs- und Begünstigungsverbot	20
II. Geschützter Personenkreis	3	1. Benachteiligung und Begünstigung	20
III. Behinderungs- und Störungsverbot, § 78 S 1	9	2. Nichtbeachtung	30
1. Behinderung und Störung	9		
2. Nichtbeachtung	17		

§ 78   Schutzbestimmungen

I. Normzweck und Anwendungsbereich

1   Nach S 1 dürfen die BR-Mitglieder und die übrigen genannten Mitglieder betriebsverfassungsrechtl Organe und Einrichtungen in der Ausübung ihrer Tätigkeit nicht gestört oder behindert werden; S 2 verbietet Begünstigung oder Benachteiligung wegen der betriebsrätlichen Tätigkeit. Damit wird insgesamt die Amtsausübung und die Unabhängigkeit der Mitglieder und damit die Funktionsfähigkeit der Gremien geschützt <R: BAG 8.11.2017, 5 AZR 11/17, NZA 2018, 258; L: AR/*Kolbe* Rn 1; ErfK/*Kania* Rn 1>. Verstöße gg das Behinderungs-, das Benachteiligungs- und das Begünstigungsverbot sind nach § 119 Abs 1 Nr 2 und 3 **strafbar**. Das Behinderungsverbot des S 1 wird für die BR-Wahl ergänzt durch das Verbot des § 20 Abs 1. § 78 ist zwingend <L: *Fitting* Rn 4>.

2   Angesichts der speziellen Vorschriften zum Schutz vor der Beendigung des Arbeitsverhältnisses von Mandatsträgern in §§ 78a, 103 sowie des § 15 KSchG und dem Schutz vor einer Verschlechterung der materiellen Arbeitsbedingungen infolge der BR-Tätigkeit in § 37 hat § 78 **Auffangfunktion** <R: BAG 20.6.2018, 7 AZR 690/16, NZA 2019, 324; L: GK/*Kreutz* Rn 5; Richardi/*Thüsing* Rn 3>. Zum einen schützt § 78 solche Personen vor Behinderung, Benachteiligung und verbietet deren Begünstigung, die nicht unter die speziellen Vorschriften fallen: die Mitglieder des WirtA (§ 107 Rn 12) und die in § 3 Abs 5 nicht erwähnten Mitglieder zusätzl betriebsverfassungsrechtl Gremien iS des § 3 Abs 1 Nrn 4 und 5 (§ 3 Rn 31 ff). Wird durch Verstöße gg andere Vorschriften zum Schutz des BR und seiner Mitglieder, etwa §§ 37, 103, zugleich die BR-Tätigkeit behindert oder werden BR-Mitglieder benachteiligt, begründet § 78 mit § 119 Abs 1 Nr 2 und 3 die Strafbarkeit dieser Verstöße. Zum anderen richten sich die Störungs- und Behinderungsverbote des § 78 nicht nur gg den AG und dessen Repräsentanten, sondern gg jedermann, also auch gg die übrigen AN, gg Gewerkschaften und gg betriebsfremde Dritte <R: BAG 15.10.2014, 7 ABR 74/12, NZA 2015, 560; L: statt aller GK/*Kreutz* Rn 18 mwN>.

II. Geschützter Personenkreis

3   § 78 gilt nach seinem S 1 für die dort **aufgezählten Mitglieder betriebsverfassungsrechtl Organe und Einrichtungen**. Dadurch **wird auch das Gremium als solches durch § 78 geschützt** <R: BAG 4.12.2013, 7 ABR 7/12, NZA 2014, 803>. Geschützt werden die Mitglieder des BR, der Jugend- und Auszubildendenvertretung – jeweils einschließl der auf Unternehmens- und Konzernebene gebildeten Vertretungen (insbes GBR und KBR), des WirtA, der Bordvertretung und des See-BR, der ES, einer tarifl Schlichtungsstelle (§ 76 Abs 8), einer betriebl Beschwerdestelle (§ 86 S 2, auch nach § 13 AGG), Auskunftspersonen, § 80 Abs 2 S 4 und zusätzl betriebsverfassungsrechtl Vertretungen iS des § 3 Abs 1. Die Amtsträger werden für die Dauer ihres Amtes geschützt: die **BR-Mitglieder** für ihre Amtszeit nach § 21; bei Anfechtung der BR-Wahl gem § 19 endet mit der Rechtskraft des der Anfechtung stattgebenden arbg Beschlusses der Schutz des § 78, vgl § 103 Rn 7. Ist ein **Ersatzmitglied** in den BR nachgerückt (§ 25 Abs 1 S 1), genießt es von diesem Zeitpunkt an den vollen Schutz des § 78. Tritt es ledigl vorübergehend als Stellvertreter eines zeitweilig verhinderten Mitglieds in den BR ein (§ 25 Abs 1 S 2), greift § 78 nur für die Dauer der Stellvertretung <R: BAG 5.12.2012, 7 AZR 698/11, NZA 2013, 515: „jedenfalls amtierende Ersatzmitglieder">. Ohne Bedeutung ist es, ob

die BR-Mitglieder unbefristet, befristet oder in Teilzeit beschäftigt sind <R: BAG 20.6.2018, 7 AZR 690/16, NZA 2019, 324>.

Auf Mitglieder von Arbeitsgruppen nach § 28a soll **§ 78 entsprechend angewandt werden** <L: *Fitting* Rn 1>, andere befürworten die entsprechende Anwendung nur für exponierte Mitglieder der Arbeitsgruppe, wie etwa den Gruppensprecher <L: GK/*Kreutz* Rn 17>. Berater nach § 111 S 2 entsprechend <L: GK/*Kreutz* Rn 16>. 4

§ 78 gilt auch für die **betriebsfremden Mitglieder** der ES und der tarifl Schlichtungsstelle und für Berater nach § 111 S 2 <L: GK/*Kreutz* Rn 16, 19>. 5

§ 78 gilt nicht für Wahlvorstandsmitglieder, Wahlbewerber und Wahlinitiatoren werden nicht durch § 78, sondern durch die bes Schutzvorschriften des § 20 geschützt. Dieser schützt auch den Vermittler für die Zuordnung der ltd Ang bei Wahlen iS des § 18a <L: DKW/*Buschmann* Rn 7; **aA** für Schutz auch durch § 78 Richardi/*Thüsing* Rn 10; für analoge Anwendung des § 78 GK/*Kreutz* Rn 14; *Fitting* Rn 2; HWGNRH/*Worzalla* Rn 1>. 6

Gewerkschaftliche Vertrauensleute werden ebenfalls nicht von § 78 umfasst, sondern von § 75; das Zugangsrecht gewerkschaftlicher Beauftragter zur Wahrnehmung betriebsverfassungsrechtlicher Aufgaben wird über § 2 Abs 1 geschützt <L: GK/*Kreutz* Rn 19; aA Richardi/*Thüsing* Rn 11>. 7

Explizit eigene Regelungen bestehen etwa für die Vertrauenspersonen der Schwerbehinderten, für die § 179 Abs 2 SGB IX Behinderungen, Benachteiligungen und Begünstigungen eigenständig verbietet <R: LAG Köln 27.2.2002, 7 Sa 863/01, NZA-RR 2003, 221; L: *Fitting* Rn 2; GK/*Kreutz* Rn 9; HWGNRH/*Worzalla* Rn 1>, und für die AN-Vertreter im Aufsichtsrat, für die § 26 MitbestG und § 9 DrittelbG entspr Verbote aufstellt <L: HWGNRH/*Worzalla* Rn 1; auch GK/*Kreutz* Rn 9>. Weitere Schutzregelungen sehen etwa § 8 ASiG für Betriebsärzte und Fachkräfte für Arbeitssicherheit, § 22 Abs 3 SGB VII für Sicherheitsbeauftragte, §§ 58, 58d BImSchG für Immissions- und Störfallbeauftragte, § 19 GenTSV für Beauftragte für biologische Sicherheit und Gentechnik, § 30 Abs 4 StrSchVO, § 14 RöV für Strahlenschutzverantwortliche und -beauftragte und § 36 Abs 3 BDSG für Datenschutzbeauftragte vor, für die zudem noch der neue § 79a gilt. 8

III. Behinderungs- und Störungsverbot, § 78 S 1

1. Behinderung und Störung

Nach S 1 dürfen die BR-Mitglieder in der Ausübung ihrer Tätigkeit nicht gestört oder behindert werden. **Behinderung** iS des S 1 ist jede unzulässige Störung, Erschwerung oder Verhinderung der BR-Tätigkeit <R: BAG 4.12.2013, 7 ABR 7/12, NZA 2014, 803; BAG 1.8.1990, 7 ABR 99/88, DB 1991, 47; 19.7.1995, 7 ABR 60/94, BB 1996, 328; 12.11.1997, 7 ABR 14/97, BB 1998, 1006>. Das Verbot gilt für jedermann, also nicht ledigl für den AG <R: BAG 15.10.2014, 7 ABR 74/12, NZA 2015, 560; L: Richardi/*Thüsing* Rn 12>. Es genügt, dass die BR-Tätigkeit **objektiv** behindert wird. Ein Vertretenmüssen und insbes eine Behinderungsabsicht sind nicht erforderl <R: BAG 4.12.2013, 7 ABR 7/12, NZA 2014, 803; BAG 12.11.1997 aaO; LAG Schleswig-Holstein 11.1.2022, 2 TaBV 30/21, juris; L: statt aller GK/*Kreutz* Rn 33f mwN>. Nur die Bestrafung nach 9

§ 78 Schutzbestimmungen

§ 119 setzt voraus, dass der AG die Tätigkeit des BR vorsätzl behindert oder gestört hat <L: statt aller Richardi/*Thüsing* Rn 17>. Missachtet der AG MBR und Informationspflichten, behindert der AG die BR-Tätigkeit noch nicht iS des S 1. Das zeigt insbes § 120, der den Verstoß gg Informationspflichten als OWi und – anders als § 119 Abs 1 Nr 2 – nicht als Straftat einordnet. Die Durchsetzung der MBR regeln § 23 Abs 3 und die jeweiligen Mitbestimmungstatbestände selbst <L: GK/*Kreutz* Rn 37 mwN>. Nur wenn der AG die Mitwirkungsrechte des BR wiederholt und beharrlich missachtet, den BR also als Organ praktisch ignoriert, liegt darin eine iS des § 119 Abs 1 Nr 2 strafbare Behinderung der BR-Tätigkeit <L: GK/*Kreutz* Rn 38; DKW/*Buschmann* Rn 13; auch HWGNRH/*Worzalla* Rn 10>.

10 Angesichts des durch §§ 37, 78a, 103 sowie durch § 15 KSchG gewährten Schutzes liegt die praktische Bedeutung des Behinderungsverbots in S 1 vor allem darin, dass er den BR-Mitgliedern die **Kontaktaufnahme mit den AN** und dafür den Zutritt zum Betrieb und insbes den Zugang zu BR-Sitzungen sichert, etwa BR-Mitgliedern im ruhenden Arbeitsverhältnis <R: LAG München 27.2.1998, 8 TaBV 98/97, AiB Telegramm 1998, 21 zur Elternzeit; § 24 Rn 11 f> oder während des Kdschutzprozesses <R: LAG Hamm 25.6.2004, 10 TaBV 61/04, juris; LAG HH 6.10.2005, 7 TaBV 7/05, AiB 2006, 238>; zum Zutrittsrecht während des Zustimmungsersetzungsverf nach § 103 dort Rn 77. Insbes darf der AG den BR nicht an der Kontaktaufnahme mit AN hindern, auch wenn diese in nicht für alle AN, sondern nur für best Beschäftigte zugänglichen Räumen tätig sind <R: ArbG HH 6.5.1997, 25 GaBV 4/97, NZA-RR 1998, 78; L: auch DKW/*Buschmann* Rn 17; krit Richardi/*Thüsing* Rn 18; aA *SWS* Rn 2; HWGNRH/*Worzalla* Rn 10>. Eine Behinderung der BR-Arbeit kann es sein, wenn der AG auf einer präsenten oder digitalen Durchführung der BR-Sitzungen besteht, obwohl die jeweiligen Voraussetzungen des § 30 Abs 1, Abs 2 nicht gegeben sind. So darf der AG nicht durch Abmahnungen oder Gehaltskürzungen die Teilnahme von BR-Mitgliedern an digitalen BR-Sitzungen von zu Hause aus sanktionieren <R: ArbG Köln 24.3.2021, 18 BVGa 11/21, NZA-RR 2021, 375; s auch umgekehrt LAG Berlin-Brandenburg 13.10.2020, 26 TaBVGa 1281/20, juris>. S 1 verbietet es dem AG auch, **Betriebsversammlungen** zu erschweren, indem er die AN durch öffentl Aushang auffordert, eine Betriebsversammlung nicht zu besuchen <R: OLG Stuttgart 9.9.1988, 1 Ws 237/88, BB 1988, 2245 (LS)>, oder jedem AN, der nicht teilnimmt, einen halben Tag Zusatzurlaub verspricht <R: LAG BaWü 30.4.1987, 13(7) TaBV 15/86, BetrR 1987, 420> oder die Teilnahme an der Betriebsversammlung verbietet. Anspruch auf Zutritt eines betriebsfremden Dritten zum BR-Büro hat der BR nur, wenn dies im Einzelfall zur Erfüllung der BR-Aufgaben, etwa zur Beratung eines RA mit dem gesamten BR-Gremium, erforderl ist und Geheimhaltungs- und Sicherheitsbelange des AG nicht überwiegen <R: BAG 20.10.1999, 7 ABR 37/98, juris>. Sind im Betrieb Leih-AN beschäftigt, so hat der BR des Verleiherbetriebs grds keine anlassunabhängigen Zutrittsrechte im Entleiherbetrieb. Wird ihm der Zutritt verwehrt, liegt kein Fall des § 78 S 1 vor, weil der Verleiher-BR nicht in *seiner* Tätigkeit gestört wird <R: BAG 15.10.2014, 7 ABR 74/12, NZA 2015, 560; L: AR/*Kolbe* Rn 4>.

11 Aus S 1 folgt auch, dass jedes BR-Mitglied zur innerbetriebl Kommunikation mit den AN die vom AG nach § 40 Abs 2 zur Verfügung zu stellenden Sachmittel (§ 40 Rn 20 ff) ungehindert nutzen können, insbes jederzeit mit AN des Betriebs telefonieren und entsprechend digital kommunizieren können muss <R: s für die Telefonie BAG 8.3.2000, 7 ABR 73/98, AuR 2000, 142>. Werden **Telefongespräche** von BR-Mitgliedern hinsichtl

III. Behinderungs- und Störungsverbot, § 78 S 1   § 78

ihres Zeitpunkts, ihrer Dauer und der Zielnummer erfasst, wird die BR-Tätigkeit nicht gestört, soweit der AG damit nicht die BR-Tätigkeit überwacht, sondern nur kontrolliert, inwieweit die Telefonkosten durch die BR-Tätigkeit verursacht werden <R: für Ferngespräche BAG 27.5.1986, 1 ABR 48/84, DB 1986, 1287; 1.8.1990, 7 ABR 99/88, DB 1991, 47; L: Richardi/*Thüsing* Rn 18; GK/*Kreutz* Rn 46; HWGNRH/*Worzalla* Rn 11; SWS Rn 2; **abw** DKW/*Buschmann* Rn 32>, noch § 75 Rn 38.

Der BR muss die AN auch über das Schwarze Brett oder das Intranet informieren können: Der AG darf dem BR nicht den Zutritt zum BR-Büro grundlos verweigern, eigenmächtig dessen Anschläge vom **Schwarzen Brett** entfernen <R: Hess LAG 15.3.2007, 9 TaBV Ga 32/07, juris; L: DKW/*Buschmann* Rn 17; *Fitting* Rn 9; ErfK/*Kania* Rn 4> oder vom BR in das betriebsinterne **Intranet** eingestellte Seiten löschen <R: BAG 3.9.2003, 7 ABR 12/03 BB 2004, 668; LAG Hamm 12.3.2004, 10 TaBV 161/03, RDV 2004, 223 (LS)>. Keine strafbare Behinderung der BR-Tätigkeit ist es, wenn der AG aufgrund seines Hausrechts beleidigende und verleumderische Mitteilungen entfernt <R: LG Ddf 7.10.1958, VI 158/58, BB 1959, 632; L: Richardi/*Thüsing* Rn 18; HWGNRH/*Worzalla* Rn 11> und solche Aussagen, die nicht von den Aufgaben des BR gedeckt sind, etwa der AG das Unterverzeichnis „BR und Gewerkschaft" löscht, in dem der BR entgg dem Neutralitätsgebot des § 74 Abs 2 Gewerkschaftsartikel mit Streikaufrufen und Aufrufen zum Gewerkschaftsbeitritt mit formularmäßiger Beitrittserklärung veröffentlicht <R: LAG Ddf 7.10.1958, aaO zum Hauswirtschaftstag; **aA** LAG Hamm 12.3.2004, aaO zum Unterverzeichnis „BR und Gewerkschaft", allg auch Hess LAG 15.3.2007, 9 TaBVGa 32/07, juris>.   12

Der Anspruch auf die erforderl **Sachmittel** selbst folgt hingg nicht aus S 1, sondern aus § 40 Abs 2. Etwa kann ein BR in einem Betrieb mit etwa 200, auf 47 Filialen verteilten AN die Benutzung eines PCs mit Serienbrief-Funktion beanspruchen; dass der AG den BR bisher darauf verwiesen hat, Schriftstücke handschriftl oder mit Schreibmaschine abzufassen, ist noch keine Behinderung der BR-Tätigkeit <R: **aA** Hess LAG 7.2.2008, 9 TaBV 247/07, AiB Newsletter 2008, Nr 9, 5; L: **aA** allg bei Verweigerung der erforderl Sachmittel DKW/ *Buschmann* Rn 17; *Fitting* Rn 9; HWGNRH/*Worzalla* Rn 10; SWS Rn 2; ErfK/*Kania* Rn 4>. Der AG darf die Belegschaft in einer Betriebsversammlung über die von ihm gem § 40 zu tragenden **BR-Kosten nur informieren**, soweit er ein berechtigtes Informationsinteresse hat, darf durch die Art der Informationen den BR aber nicht in seiner Amtsführung beeinträchtigen, etwa die BR-Kosten als das Betriebsergebnis negativ beeinflussenden Faktor allein herausstellen <R: BAG 19.7.1995, 7 ABR 60/ 94, BB 1996, 328; 12.11.1997, 7 ABR 14/97, BB 1998, 1006; L: GK/*Kreutz* Rn 45; *Fitting* Rn 10; DKW/*Buschmann* Rn 17; SWS Rn 2; **krit** Richardi/*Thüsing* Rn 18; AR/*Kolbe* Rn 3; **aA** HWGNRH/*Worzalla* Rn 12>.   13

Der AG stört die BR-Tätigkeit dadurch unzulässig, dass er BR-Mitglieder **anbrüllt** oder ihnen mit körperl Gewalt **droht** <R: ArbG Fft/M 14.1.1999, 13 BV 17/97, AuR 2000, 115> oder über diese sachl falsch und böswillig abwertende Behauptungen verbreitet <R: LAG Nds 6.4.2004, 1 TaBV 64/03, DB 2004, 1735 (im konkreten Fall abl)>. Setzt der AG eine in einer Betriebsversammlung geführte Auseinandersetzung dadurch fort, dass er ein an den BR gerichtetes Schreiben, in dem er diesem „verbissene Aggressivität", „bösartige Häme" usw vorwirft, an einen größeren Personenkreis unter den AN verschickt, verstößt er grob gg S 1 und §§ 2 Abs 1, 74 Abs 2 <R: LAG Köln 16.11.1990, 12 TaBV 57/90, BB 1991, 1191 (LS)>.   14

Klumpp   607

§ 78   Schutzbestimmungen

15   Auf der anderen Seite hat sich der AG nicht jeglicher Handlung zu enthalten, die den BR unter „**betriebspolitischen Druck**" setzt, § 78 vermittelt dem BR kein Recht darauf, nicht kritisiert zu werden <**R:** LAG Schleswig-Holstein 11.1.2022, 2 TaBV 30/21, juris; s auch LAG Hamburg 1.12.2010, 5 TaBV 4/10; juris; ArbG Magdeburg 12.1.2022, 10 BV 43/21, juris>. Im Rahmen der innerbetrieblichen Diskussion muss der BR deshalb grds auch die durch den AG ausgelöste Verärgerung der AN aushalten. So kann der AG seine Verhandlungsposition betriebsöffentlich machen, auch wenn der BR diese ablehnt – und so etwa den AN öffentlich für die vom BR abgelehnte Wochenendarbeit das Angebot einer freiwilligen Zulage in Aussicht stellen <**R:** LAG Schleswig-Holstein 11.1.2022, 2 TaBV 30/21, juris>. So ist es auch keine Behinderung nach § 78, wenn der AG droht, **Vergünstigungen für die Belegschaft zu streichen**, auch wenn für die Streichung der BR verantwortl gemacht wird, etwa wenn der AG damit droht, keine kostenlosen Parkplätze mehr zur Verfügung zu stellen, falls er sich mit dem BR nicht ohne Einschaltung der ES über eine Parkplatzregelung einigen könne <**R: aA** LAG Köln 31.7.2008, 9/4 TaBV 24/08, juris>.

16   Keine Behinderung nach § 78 ist es auch, wenn der AG den BR und seine Mitglieder auf deren gegebene amtspflichtwidrige Handlungen mit dem Verweis auf § 23 Abs 3 hinweist <"**betriebsverfassungsrechtliche Abmahnung**", **L:** GK/*Oetker* § 23 Rn 11; aA Richardi/*Thüsing* § 23 Rn 10; **R:** s auch LAG Frankfurt 29.11.2021, 16 TaBV 52/21, juris>. Das ist schon deshalb richtig, weil § 78 nicht das amtspflichtwidrige Handeln des BR schützt.

2. Nichtbeachtung

17   S 1 schützt vor allem die **Betriebsverfassungsorgane** gg Störungen und Behinderungen <**R:** Hess LAG 19.2.2008, 4 TaBVGa 21/08, AuR 2008, 406; LAG HH 6.10.2005, 7 TaBV 7/05, AiB 2006, 238; **L:** statt aller GK/*Kreutz* Rn 20 mwN>, etwa davor, dass der AG ggü BR-Mitgliedern entgg § 15 Abs 5 KSchG unzulässig o Kd ausspricht und so die Zusammensetzung des BR verändert, obwohl eine Weiterbeschäftigungsmöglichkeit besteht <**R:** Hess LAG 19.2.2008, aaO>. Die rechtswidrige Einstellung der Entgeltzahlung an ein BR-Mitglied während des Zustimmungsersetzungsverf nach § 103 stört die BR-Tätigkeit auch dann nicht, wenn dem BR-Mitglied dadurch finanziell der Boden (für die weitere BR-Tätigkeit) entzogen wird <**R: aA** Hess LAG 3.5.2007, 9 TaBVGa 72/07, AE 2007, 331>. Stört oder behindert der AG die BR-Arbeit, **kann der BR vom AG Unterlassung** – auch durch eV – verlangen; dieser selbstständige Anspruch ist nicht an die bes Voraussetzungen des § 23 Abs 3 geknüpft <**R:** BAG 4.12.2013, 7 ABR 7/12, NZA 2014, 803; BAG 12.11.1997, 7 ABR 14/97, BB 1998, 1006; **L:** GK/*Kreutz* Rn 48f mwN; LAG Schleswig-Holstein 11.1.2022, 2 TaBV 30/21, juris>. Etwa kann der BR vom AG verlangen, es zu unterlassen, die BR-Kosten vor der Belegschaft tendenziös darzustellen (Rn 13) <**R:** BAG 12.11.1997, aaO> oder einem BR-Mitglied ordentlich zu kündigen <**R:** Hess LAG 19.2.2008, aaO> oder unzulässige Informationen und Beiträge des BR aus dem Intranet eigenmächtig zu entfernen (Rn 8) <**R:** BAG 3.9.2003, 7 ABR 12/03, BB 2004, 668; LAG Hamm 12.3.2004, 10 TaBV 161/03, RDV 2004, 223 (LS); mangels eigenen Besitzrechts des BR falsch auch auf §§ 861, 862 BGB stützend Hess LAG 15.3.2007, 9 TaBVGa 32/07, juris>. Allerdings kann der BR als Gremium dort keine Ansprüche geltend machen, wo höchstpersönliche Rechte des einzelnen BR-Mitglieds betroffen sind, so etwa im Falle einer gg § 78 S 1 verstoßenden Abmahnung eines BR-Mitglieds: Hier kann

nur das betroffene Mitglied selbst deren Entfernung aus der Personalakte verlangen <R: BAG 4.12.2013, 7 ABR 7/12, NZA 2014, 803>.

Das **einzelne BR-Mitglied** hat aber wie der BR als Gremium (Rn 17) einen Anspruch auf Unterlassung von Behinderungen durch den AG <L: GK/*Kreutz* Rn 48 mwN>. Das Behinderungs- und Störungsverbot ist kein Schutzgesetz iS des § 823 Abs 2 BGB, da es die Amtstätigkeit als solche schützt, anders als das Benachteiligungsverbot des S 2 (Rn 30) aber keinen Individualschutz der BR-Mitglieder bezweckt <L: GK/*Kreutz* Rn 27f mwN; HWGNRH/*Worzalla* Rn 5; MünchArbR/*Krois* § 295 Rn 171>. 18

Weisungen des AG, die zu einer Behinderung der BR-Arbeit des einzelnen BR-Mitglieds iSd § 78 S 1 führen, sind nach § 134 BGB nichtig – das BR-Mitglied muss sie nicht ausführen <L: BeckOK ArbR/*Werner* Rn 9>. Es kommt hier nicht zu einer Billigkeitskontrolle nach § 106 GewO, sondern zu einer Rechtskontrolle: Wenn eine Behinderung nach § 78 S 1 durch die (Ausführung der) Weisung vorliegt, besteht kein Raum für ein Weisungsrecht, das nach billigem Ermessen ausgeübt werden könnte. Allerdings sind bei der Frage, ob überhaupt eine Behinderung durch die Weisung des AG vorliegt, die Erforderlichkeit der konkret verhinderten BR-Tätigkeit gegen die betriebliche Notwendigkeit der Durchführung der Weisung zu setzen. 19

IV. Benachteiligungs- und Begünstigungsverbot

1. Benachteiligung und Begünstigung

S 2 verbietet jede sachl nicht gerechtfertigte Benachteiligung oder Begünstigung der BR-Mitglieder usw (Rn 3f) ggü den übrigen AN des Betriebs **wg der BR-Tätigkeit**; zur Strafbarkeit Rn 1: Der AG darf ein BR-Mitglied nicht wg seiner betriebsverfassungsrechtl Funktion maßregeln oder durch Vergünstigungen beeinflussen. Damit ergänzt § 78 S 2 das Ehrenamtsprinzip des § 37 Abs 1 <R: BAG 20.6.2018, 7 AZR 690/16, NZA 2019, 324> und dient so der Gewährleistung der unabhängigen Amtsführung der BR-Mitglieder und des BR als Gremium <R: BAG 20.6.2018, 7 AZR 690/16, NZA 2019, 324; 25.10.2017, 7 AZR 731/15, AP BetrVG 1972 § 38 Nr 37; 25.6.2014, 7 AZR 847/12, AP BetrVG 1972 § 78 Nr 14>. § 78 S 2 richtet sich nicht nur an den AG, sondern an jedermann <L: Richardi/*Thüsing* Rn 20>. Es genügt, dass das BR-Mitglied im Vergleich zu einem Nicht-Mitglied **objektiv** besser oder schlechter gestellt ist; eine Benachteiligungs- oder Begünstigungsabsicht ist nicht erforderl <R: BAG 20.6.2018, 7 AZR 690/16, NZA 2019, 324; zum PersVG 16.2.2005, 7 AZR 95/04, NZA-RR 2005, 556; L: *Rieble* NZA 2008, 276, 277; GK/*Kreutz* Rn 58,61 mwN>. Gerade die Mitgliedschaft im BR als solche muss aber **kausal** für die Sonderbehandlung sein. Liegt diese Kausalität nicht vor, sondern besteht ein sachlicher Grund für eine Besser- oder Schlechterstellung, greift § 78 S 2 nicht <R: BAG 20.6.2018, 7 AZR 690/16, NZA 2019, 324>. Ein solcher Grund wird etwa für eine Beförderungs- oder Entgeltentscheidung zugunsten des BR-Mitglieds auch darin gesehen, dass der AN durch die BR-Arbeit besondere Qualifikationen, etwa in der Verhandlungsführung, erhalten hat <L: *Koch/Kudlich/Thüsing* ZIP 2022, 1, 2; *Annuß* NZA 2022, 247, 249>. 20

Darlegungs- und beweispflichtig ist nach allg Grundsätzen derjenige, der eine unzulässige Schlechter- oder Besserstellung geltend macht. Aufgrund der Annahme, dass es sich 21

§ 78 Schutzbestimmungen

bei der Benachteiligung wegen der Betriebsratstätigkeit regelmäßig um eine „innere Tatsache" handelt, die der Darlegung und dem Beweis durch das einzelne BR-Mitglied nicht zugänglich ist, greift nach der neueren Rspr des BAG eine abgestufte Darlegungs- und Beweislast, sodass etwa im Falle einer Nichtbeförderung das BR-Mitglied nachzuweisen hat, dass es die Anforderungen für die Beförderung erfüllt, und sodann der AG den Gegenbeweis anzutreten hat, dass die Beförderung nicht wegen des Betriebsamtes unterblieben ist <R: BAG 20.1.2021, 7 AZR 52/20 NZA 2021, 864>.

22 Beispielsweise ist es eine unzulässige **Begünstigung**, wenn BR-Mitglieder **beim berufl Aufstieg bevorzugt** werden, etwa ein freigestelltes BR-Mitglied bei der Bewerberauswahl für eine Aufstiegsposition deswg berücksichtigt wird, weil es schneller als andere Bewerber hierfür abkömmlich ist <R: zum PersVG BAG 31.10.1985, 6 AZR 129/83, PersV 1988, 406> oder wenn ihm eine Tätigkeitsbezeichnung zugesichert wird, die sich, etwa wg des höheren sozialen Prestiges, als vorteilhaft erweisen kann <R: Sächs LAG 27.8.2008, 2 Sa 752/07, juris>. Zu Unrecht begünstigt wird ein BR-Mitglied auch dann, wenn seine Arbeitszeit während der Freistellungsphase von 19,25 auf 30 Stunden heraufgesetzt wird und es ein entspr **höheres Entgelt** erhält <R: zum PersVG 16.2.2005, 7 AZR 95/04, NZA-RR 2005, 556>, wenn BR-bedingte Mehrarbeit iS des 37 Abs 3 vergütet wird <R: LAG Köln 6.3.1998, 11 (9) Sa 383/97, NZA-RR 1999, 247> oder wenn eine sachgrundlose pauschale Stundenvergütung wegen der Betriebsratstätigkeit vereinbart wird <R: BAG 8.11.2017, 5 AZR 11/17, NZA 2018, 258>. Hingg wird ein BR-Mitglied nicht entgg S 2 unzulässig begünstigt, wenn ihm auch nach seiner Freistellung gem § 37 Abs 2 weiterhin ein PKW zur privaten Nutzung überlassen wird; anders als § 37 Abs 4 stellt § 37 Abs 2 nicht auf das Arbeitsentgelt vergleichbarer AN ab, sondern allein auf das arbeitsvertragl Entgelt des BR-Mitglieds, das während der Freistellung nicht gemindert werden darf <R: BAG 23.6.2004, 7 AZR 514/03, BB 2005, 111; **L:** *Fitting* Rn 22; HWGNRH/*Worzalla* Rn 23; **krit** Richardi/*Thüsing* Rn 33, 35>.

23 Gg das Begünstigungsverbot verstößt es auch, wenn einem freigestellten BR-Mitglied die **Fahrtkosten** für die regelmäßigen Fahrten **vom Wohnort zum Sitz des BR** abzüglich der ersparten Fahrtkosten zum bisherigen, dem Wohnort näher gelegenen Arbeitsort erstattet werden: AN, die mit einer in einer anderen Betriebsstätte zu verrichtenden Tätigkeit einverstanden sind, müssen die erhöhten Fahrtkosten selbst tragen; ebenso das BR-Mitglied, das der Änderung des Arbeitsortes mit der Freistellung zugestimmt hat <R: BAG 13.6.2007, 7 ABR 62/06, DB 2007, 2604 (LS)>. Andererseits verpflichten weder § 40 noch § 78 S 2 den AG dazu, einem BR-Mitglied die Kosten für die Fahrten vom Wohnort zum Ort seiner Betriebsratstätigkeit zu erstatten und zwar auch dann nicht, wenn das BR-Mitglied ohne seine Freistellung auf auswärtigen Baustellen hätte arbeiten müssen und ihm hierfür der Fahrtkostenaufwand erstattet worden wäre <R: BAG 28.8.1991, 7 ABR 46/90, DB 1992, 921>, ebenso wenig muss der AG dem BR-Mitglied für diese Fahrten einen Pkw zur Verfügung stellen, auch wenn den Kundendiensttechnikern vom AG ein Dienstfahrzeug gestellt wird, mit dem diese auch die Fahrt zw Wohnung und erster sowie letzter Arbeitsstelle an jedem Arbeitstag zurücklegen dürfen; dabei handelt es sich um Fahrten allein im wirtschaftl Interesse des AG <R: LAG HH 9.8.2007, 7 Sa 27/07, AuA 2008, 494>. Nicht entgg S 2 begünstigt wird ein BR-Mitglied, wenn es für seine Teilnahme an BR-Sitzungen während der Elternzeit die Fahrtkosten nach § 40 Abs 1 erstattet erhält <R: BAG 25.5.2005, 7 ABR 45/04, NZA 2005, 1002> oder wenn ihm für die Zeit der BR-Tätigkeit die Kosten der Kinderbetreuung ersetzt werden, etwa

IV. Benachteiligungs- und Begünstigungsverbot § 78

für die Teilnahme eines vormittags in Teilzeit beschäftigten BR-Mitglieds an nachmittäglichen Sitzungen des GBR <R: Hess LAG 22.7.1997, 4/12 TaBV 146/96, BB 1998, 847 (LS)>.

Bei BR-bedingten Reisen gilt die **betriebl Reisekostenregelung**. Könnten BR-Mitglieder für diese Reisen höhere Beträge als AN bei betriebl veranlassten Reisen beanspruchen, verstieße dies gg S 2 <R: BAG 23.6.1975, 1 ABR 104/73, BB 1975, 1111; 16.4.2003, 7 AZR 423/01, NZA 2004, 171; 28.3.2007, 7 ABR 33/06, AP BetrVG 1972 § 40 Nr 89 (LS)>. Soweit in der betriebl Reisekostenordnung nicht vorgesehen, haben auch BR-Mitglieder keinen Anspruch auf Benutzung der 1. Klasse der Bahn <R: BAG 29.4.1975, aaO> oder auf die Erstattung der bei einer Schulungsveranstaltung tatsächl angefallenen (höheren) Übernachtungs- oder Verpflegungskosten <R: BAG 28.3.2007, aaO)> oder auf Freizeitausgleich <R: BAG 16.4.2003, aaO; LAG Köln 20. 12.2007, 10 Sa 1020/07, AE 2009, 67 (LS)>. Noch § 40 Rn 53. 24

Der Gefahr einer **Benachteiligung** der BR-Mitglieder **durch Kd und Versetzungen** beugt das Gesetz durch das Verbot von o Kd in § 15 KSchG und durch die Zustimmungsbedürftigkeit von ao Kd und von Versetzungen in § 103 vor. Auszubildende, die Mitglieder des BR oder der Jugend- und Auszubildendenvertretung sind, schützt zusätzl § 78a. § 78 S 2 verbietet weitergehend die **ao Kd wg der BR-Tätigkeit**; der berechtigten Kd nach § 15 Abs 4, 5 KSchG und nach § 626 BGB mit Zustimmung des BR steht S 2 aber auch dann nicht entgg, wenn der wichtige Grund mit der Organtätigkeit des Gekündigten zusammenhängt. Erlangt das BR-Mitglied durch den besonderen Kündigungsschutz bei Verhandlungen um einen Aufhebungsvertrag eine bessere Verhandlungsposition und damit eine höhere Abfindung, so folgt allein daraus noch keine Begünstigung nach § 78 S 2 <R: BAG 21.3.2018, 7 AZR 590/16, NZA 2018, 1019>. Kündigt der AG, obwohl in der Person mehrerer AN ein wichtiger Grund besteht, nur dem BR-Mitglied, kann darin eine Benachteiligung iS des S 2 liegen <R: BAG 22.2.1979, 2 AZR 115/78, BB 1979, 1347; LAG Hamm 10.4.1996, 3 TaBV 96/95, AiB 1996, 736 für die Teilnahme an einem unzulässigen Streik>. Kd und Versetzungen, die gg § 78 verstoßen, sind **gem § 134 BGB nichtig** <R: LAG Hamm 10.4.1996, 3 TaBV 96/95, AiB 1996, 736; Sächs LAG 27.8.2008, 2 Sa 752/07, juris; zum PersVG BAG 31.10.1985, 6 AZR 129/83, PersV 1988, 406>, Rn 24. Dazu, dass der AG durch die Kd einzelner Mitglieder uU die Tätigkeit des BR-Gremiums entgg S 1 behindert, Rn 17. 25

Will der AG Arbeitsbedingungen ggü allen oder einer Vielzahl von AN aus betriebsbedingten Gründen ändern, also Massenänderungs-Kd aussprechen, ist er an der **o Änderungs-Kd** auch ggü BR-Mitgliedern entgg der Rspr <R: BAG 6.3.1986, 2 ABR 15/85, DB 1986, 2605; 20.1.2000, 2 ABR 40/99, BB 2000, 981; 7.10.2004, 2 AZR 81/04, BB 2005, 334; **L:** ebenso DKW/*Bachner* § 103 Rn 4; GK/*Kreutz* § 78 Rn 77; ErfK/*Kania* § 103 Rn 6; KR/*Rinck* § 103 Rn 60 und KR/*Kreft*, § 15 KSchG Rn 38; *Link/Krause/Bayreuther* § 15 KSchG Rn 81> nicht durch § 15 Abs 1 KSchG gehindert und auf eine ao Kd mit Auslauffrist beschränkt: Da die BR-Mitglieder andernfalls entgg S 2 systemwidrig besser stünden als die anderen AN, ist § 15 Abs 1 KSchG bei betriebsbedingten Massenänderungs-Kd teleologisch zu reduzieren und die o Kd auch ggü BR-Mitgliedern zuzulassen; § 15 Abs 4 und 5 KSchG zeigen, dass BR-Mitglieder von generellen, betriebsbedingten Maßnahmen nicht ausgenommen werden sollen <**L:** wie hier Richardi/*Thüsing* Rn 29, 31; GK/*Raab* § 103 Rn 25; *Fitting* § 103 Rn 12; HWGNRH/*Huke* § 103 Rn 34 f; 26

§ 78 Schutzbestimmungen

SWS § 103 Rn 4; ErfK/*Kiel* § 15 KSchG Rn 22a; *Stahlhacke/Preis/Vossen* Rn 1699>. Noch § 103 Rn 17.

27 Gg das Begünstigungsverbot des S 2 verstößt es nicht, wenn AG und AN das befristete Arbeitsverhältnis eines BR-Mitglieds befristet verlängern, um die personelle Kontinuität der BR-Arbeit zu sichern <R: s zum Befristungsgrund: BAG 20.1.2016, 7 AZR 340/14, BAG NZA 2016, 755>. Wird dem BR-Mitglied wegen der Betriebsratstätigkeit eine befristete und keine unbefristete Weiterbeschäftigung angeboten, verstößt dies gg S 2 <R: BAG 25.6.2014, 7 AZR 847/12, NZA 2014, 1209>. Weigert sich der AG, das befristete Arbeitsverhältnis eines BR-Mitglieds gerade wg dessen BR-Tätigkeit zu verlängern, kann das BR-Mitglied wg dieser Benachteiligung den Abschluss eines entspr Arbeitsvertrags verlangen <R: BAG 12.2.1975, 5 AZR 79/74, BB 1975, 701 (noch zu § 249 S 1 BGB aF, aber Rn 22); **L:** *Fitting* Rn 19, 21; **aA** HWGNRH/*Worzalla* Rn 24>. Ebenso kann sich der AG nicht auf den Eintritt einer auflösenden Bedingung berufen, wenn er diese wegen der Betriebsratstätigkeit herbeiführt, § 162 BGB <R: BAG, 20.6.2018 – 7 AZR 690/16>. Zur Übernahme eines Auszubildenden nach Ende des befristeten Ausbildungsverhältnisses s § 78a.

28 Auch ein teilzeitbeschäftigtes, freigestelltes BR-Mitglied kann nach **§ 9 TzBfG** die Verlängerung seiner Arbeitszeit verlangen; die Verweigerung einer entspr Arbeitszeitveränderung wg der BR-Tätigkeit benachteiligt das BR-Mitglied entgg S 2 <**L:** *Fitting* Rn 19 mwN>. Bei der Auswahlentscheidung zw mehreren AN dürfen Unterschiede in der Eignung wg S 2 grds nur berücksichtigt werden, wenn sie nicht durch die BR-Tätigkeit, insbes nicht durch die Freistellung entstanden sind; daraus, dass sich das BR-Mitglied wg seiner Freistellung noch nicht in die neuen Arbeits- und Produktionsstrukturen des AG einarbeiten konnte, darf keine geringere Eignung abgeleitet werden <R: LAG Ddf 3.8.2007, 10 Sa 112/07, LAGE § 9 TzBfG Nr 2>.

29 Allg verstoßen **Benachteiligungen beim berufl Aufstieg** gg S 2, etwa wenn das BR-Mitglied nur wg der Amtsübernahme nicht in eine Position mit höherer Vergütung aufgestiegen ist <R: BAG 17.8.2005, 7 AZR 528/04, NZA 2006, 448; zum PersVG BAG 26.9.1990, 7 AZR 208/89, DB 1991, 2678 (LS)>. Wg S 2 darf die BR-Tätigkeit nur mit Einverständnis des AN **in eine dienstl Beurteilung oder in ein qualifiziertes Zeugnis** aufgenommen werden <R: zum PersVG BAG 19.8.1992, 7 AZR 262/91, BB 1992, 2512 (LS); **L:** GK/*Kreutz* Rn 73; Richardi/*Thüsing* Rn 27; DKW/*Buschmann* Rn 26>; der AN kann analog § 1004 BGB verlangen, dass diese Informationen wieder entfernt werden <R: zum PersVG BAG 19.8.1992, aaO>. War das BR-Mitglied langjährig freigestellt, darf der AG im Zeugnis angeben, dass der AN von der Arbeitsleistung freigestellt war <**L:** auch GK/*Kreutz* Rn 73; Richardi/*Thüsing* Rn 27>. Eine Verlängerung der Erprobungszeit durch den AG kann wegen § 78 S 2 nicht damit begründet werden, dass der AN wegen der BR-Tätigkeit zeitweise an der Arbeitsleistung verhindert war <R: LAG Rheinland-Pfalz 4.3.2021, 5 Sa 99/20, juris>.

2. Nichtbeachtung

30 Aus dem **Benachteiligungsverbot des S 2** folgt nicht ledigl ein Schadenersatzanspruch über **§ 823 Abs 2 BGB** <R: BAG 20.6.2018, 7 AZR 690/16, NZA 2019, 324: **abw** nur für einen Schadensersatzanspruch noch BAG 31.10.1985, 6 AZR 557/84, BB 1986, 1223; zum PersVG 31.10.1985, 6 AZR 129/83, PersV 1988, 406; **L:** nur den Schadensersatzan-

IV. Benachteiligungs- und Begünstigungsverbot § 78

spruch erwähnen ErfK/*Kania* Rn 8; DKW/*Buschmann* Rn 36> oder nach § 280 Abs 1 BGB, weil § 78 S 2 ein gesetzliches Schuldverhältnis begründet <**R:** BAG 25.6.2014, 7 AZR 847/12, NZA 2014, 1209>, sondern auch ein **Gleichstellungsanspruch** des BR-Mitglieds, so gestellt zu werden, wie es ohne BR-Amt entspr der berufl Entwicklung vergleichbarer AN stünde <**R:** BAG 21.2.2018, 7 AZR 496/16, NZA 2018, 1012; 11.12.1991, 7 AZR 75/91, NZA 1993, 909; 15.1.1992, 7 AZR 194/91, DB 1993, 1379; 17.8.2005, 7 AZR 528/04, NZA 2006, 448; zum PersVG BAG 26.9.1990, 7 AZR 208/89, DB 1991, 2678 (LS); **L:** *Fitting* Rn 15, 21; Richardi/*Thüsing* Rn 36; *SWS* Rn 7; MünchArbR/*Krois* § 295 Rn 178; **krit** GK/*Kreutz* Rn 96 f>.

§ 37 regelt **Arbeitsentgelt und Tätigkeit** der BR-Mitglieder (§ 37 Rn 48 ff und 57 ff) 31 nicht abschließend, sondern erleichtert insbes in Abs 4 und 5 ledigl die Durchsetzung des Benachteiligungsverbots durch einfach nachzuweisende Anspruchsvoraussetzungen <**R:** BAG 22.1.2020, 7 AZR 222/19, NZA 2020, 594; BAG 11.12.1991, 7 AZR 75/91, NZA 1993, 909; 15.1.1992, 7 AZR 194/91, DB 1993, 1379; 17.8.2005, 7 AZR 528/04, NZA 2006, 448; LAG Köln 22.2.2008, 4 TaBV 60/07, juris; **L:** GK/*Kreutz* Rn 66 f>. Gelingt dem BR-Mitglied der Nachweis, dass die Nichtbeförderung eine Benachteiligung gerade wg der BR-Tätigkeit ist, gewährt S 2 iVm § 611a Abs 2 neben § 37 Abs 4 und 5 den (insbes freigestellten) BR-**Mitgliedern einen Anspruch auf ein Arbeitsentgelt**, das dem vergleichbarer AN entspricht <**R:** BAG 22.1.2020, 7 AZR 222/19, NZA 2020, 594; BAG 20.1.2021, 7 AZR 52/20, NZA 2021, 864; BAG 11.12.1991 und 17.8.2005, aaO>, ebenso auf Beförderung <**R:** BAG 15.1.1992, 7 AZR 194/91, DB 1993, 1379; LAG Köln 22.2.2008, 4 TaBV 60/07, juris> oder auf Aktienoptionen <**R:** BAG 16.1.2008, 7 AZR 887/06, NZA 2008, 836>. Allerdings muss der Nachweis gelingen, dass der AN ohne seine Tätigkeit als Mitglied des BR inzwischen mit einer Aufgabe betraut worden wäre, die ihm den Anspruch auf das begehrte Arbeitsentgelt geben würde <**R:** BAG 22.1.2020, 7 AZR 222/19, NZA 2020, 594>.

Nach S 2 können BR-Mitglieder auch andere AG-Leistungen beanspruchen, die vergleichbaren AN gewährt werden, etwa tarifl Zusatzurlaub und Altersfreizeit <**R:** BAG 29.9.1999, 7 AZR 378/98, juris>. Ohne den Nachweis einer entspr berufl Entwicklung vergleichbarer AN kann das BR-Mitglied gem S 2 mit §§ 823 Abs 2, 249 Abs 1 BGB verlangen, auf einer best (Beförderungs-)Stelle beschäftigt zu werden, wenn der AG es für diese Stelle nur wg seiner BR-Mitgliedschaft nicht berücksichtigt hat <**R:** LAG Nds 21.11.2003, 16 Sa 147/03, NZA-RR 2004, 414 (im konkreten Fall abl)>. 32

Vereinbarungen, durch die ein BR-Mitglied **unzulässig begünstigt** wird, etwa durch Zahlung einer Zulage oder Gewährung zusätzl Urlaubs, sind gem **§ 134 BGB** nichtig <**R:** BAG 8.11.2017, 5 AZR 11/17, NZA 2018, 258; 20.1.2010, 7 ABR 68/08, NZA 2010, 777; LAG Ddf 13.9.2001, 11 (4) Sa 906/01, BB 2002, 306; LAG Köln 27.2.2002, 7 Sa 863/01, NZA-RR 2003, 221; zum PersVG BAG 16.2.2005, 7 AZR 95/04, NZA-RR 2005, 556; **L:** *Rieble* NZA 2008, 276, 278 zu § 37 BetrVG; AR/*Kolbe* Rn 8; GK/*Kreutz* Rn 25 mwN>; eine bereits gewährte Vergünstigung kann trotz §§ 814, 817 S 2 BGB zurückverlangt werden, weil andernfalls die verbotswidrige Begünstigung für die Vergangenheit aufrechterhalten bliebe <**R:** BAG 8.11.2017, 5 AZR 11/17, NZA 2018, 258; allg BAG 28.7.1982, 5 AZR 46/81, DB 1983, 290; BGH 8.11.1979, VII ZR 337/78, DB 1980, 347 mwN; **L:** *Rieble* NZA 2008, 276, 278; Richardi/*Thüsing* Rn 37a; GK/*Kreutz* Rn 103; **aA** *Fitting* Rn 23; DKW/*Buschmann* Rn 36; einschränkend MünchArbR/*Krois* § 295 Rn 177>. Erhält ein BR-Mitglied mehr als andere AN, etwa im Zuge eines Aufhebungs- 33

§ 78 Schutzbestimmungen

vertrages eine höhere Abfindung wg Verlustes seines Arbeitsplatzes, können die benachteiligten AN weder aus § 75 Abs 1 noch aus dem arbeitsrechtl Gleichbehandlungsgrundsatz eine entspr höhere Abfindung verlangen, da diese nur die sachfremde Schlechterstellung einzelner AN, nicht aber die Begünstigung einzelner AN verbieten <R: LAG Ddf 13.9.2001 aaO; L: Richardi/*Thüsing* Rn 37; ErfK/*Kania* Rn 9>. Hingg begründet das Begünstigungsverbot – anders als das Benachteiligungsverbot (Rn 30) – **kein Schutzgesetz iS des § 823 Abs 2 BGB** <L: Richardi/*Thüsing* Rn 37; GK/*Kreutz* Rn 27 mwN>.

34   S 2 schützt auch die genannten **Betriebsverfassungsorgane selbst**, sofern die Tätigkeit des BR als Gremium durch eine Begünstigung oder Benachteiligung einzelner Mitglieder beeinträchtigt wird. Der BR kann dann **Unterlassung der Begünstigung oder Benachteiligung verlangen**; dieser selbstständige Anspruch ist nicht an die bes Voraussetzungen des § 23 Abs 3 geknüpft <R: LAG München 5.2.2009, 3 TaBV 107/08, BeckRS 2009, 67451; L: Richardi/*Thüsing* Rn 39; GK/*Kreutz* Rn 94>, Rn 30. Dies spielt insbes bei Begünstigungen eine Rolle, bei der sich das begünstigte BR-Mitglied kaum gg seine Besserstellung wehren wird, der BR als Gremium aber ein erhebl Interesse daran hat, dass der AG die Meinungsbildung im BR nicht dadurch beeinflusst, dass er sich einzelne BR-Mitglieder durch Gewährung von Vorteilen gewogen macht.

§ 78a Schutz Auszubildender in besonderen Fällen

(1) Beabsichtigt der Arbeitgeber, einen Auszubildenden, der Mitglied der Jugend- und Auszubildendenvertretung, des Betriebsrats, der Bordvertretung oder des Seebetriebsrats ist, nach Beendigung des Berufsausbildungsverhältnisses nicht in ein Arbeitsverhältnis auf unbestimmte Zeit zu übernehmen, so hat er dies drei Monate vor Beendigung des Berufsausbildungsverhältnisses dem Auszubildenden schriftlich mitzuteilen.

(2) Verlangt ein in Absatz 1 genannter Auszubildender innerhalb der letzten drei Monate vor Beendigung des Berufsausbildungsverhältnisses schriftlich vom Arbeitgeber die Weiterbeschäftigung, so gilt zwischen Auszubildendem und Arbeitgeber im Anschluss an das Berufsausbildungsverhältnis ein Arbeitsverhältnis auf unbestimmte Zeit als begründet. Auf dieses Arbeitsverhältnis ist insbesondere § 37 Abs. 4 und 5 entsprechend anzuwenden.

(3) Die Absätze 1 und 2 gelten auch, wenn das Berufsausbildungsverhältnis vor Ablauf eines Jahres nach Beendigung der Amtszeit der Jugend- und Auszubildendenvertretung, des Betriebsrats, der Bordvertretung oder des Seebetriebsrats endet.

(4) Der Arbeitgeber kann spätestens bis zum Ablauf von zwei Wochen nach Beendigung des Berufsausbildungsverhältnisses beim Arbeitsgericht beantragen,

1. festzustellen, dass ein Arbeitsverhältnis nach Absatz 2 oder 3 nicht begründet wird, oder

2. das bereits nach Absatz 2 oder 3 begründete Arbeitsverhältnis aufzulösen,

wenn Tatsachen vorliegen, auf Grund derer dem Arbeitgeber unter Berücksichtigung aller Umstände die Weiterbeschäftigung nicht zugemutet werden kann. In dem Verfahren vor dem Arbeitsgericht sind der Betriebsrat, die Bordvertretung, der Seebetriebsrat, bei Mitgliedern der Jugend- und Auszubildendenvertretung auch diese Beteiligte.

(5) Die Absätze 2 bis 4 finden unabhängig davon Anwendung, ob der Arbeitgeber seiner Mitteilungspflicht nach Absatz 1 nachgekommen ist.

Literatur: *Bengelsdorf*, Die gesetzes- und verfassungswidrige Umdeutung von § 78a BetrVG, NZA 1991, 537; *Blaha/Mehlich*, Unbefristeter Arbeitsvertrag durch Wahl? – Vertragsfreiheit contra „Azubi-Schutz", NZA 2005, 667; *Deinert*, Die Weiterbeschäftigung Auszubildender im unvollständigen System des betriebsverfassungsrechtlichen Mandatsträgerschutzes, AuR 2021, 292; *Düwell*, Das Sonderarbeitsrecht der beruflichen Ausbildung – Dringender Regelungsbedarf, NZA 2021, 28; *Feudner*, Schutz Auszubildender in besonderen Fällen – Einschränkungen der Abschluss- und Vertragsfreiheit durch § 78a BetrVG und § 9 BPersVG, NJW 2005, 1462; *Gamillscheg*, Blinder Eifer um § 78a BetrVG, FS Wiedemann (2002), S 269; *Graf*, Begründung von befristeten Arbeitsverhältnissen nach Ausbildungsende gemäß § 78a BetrVG, DB 1992, 1290; *Houben*, § 78a BetrVG – Schutz vor einer Schutznorm, NZA 2006, 769; *Jäger/Künzl*, Probleme der Weiterbeschäftigung von Auszubildenden nach § 78a BetrVG 1972 und § 9 BPersVG, ZTR 2000, 300, 347; *Koch-Rust/Rosentreter*, Ausbildungsvertrag für dual Studierende – Hinweise zur Vertragsgestaltung und zur Vertragsdurchführung, NZA 2021, 1604; *Künzl*, Begründung von Teilzeitarbeitsverhältnissen gemäß § 78a Betriebsverfassungsgesetz, BB 1986, 2404; *Lakies*, Ende der Ausbildung: Weiterbeschäftigungsanspruch von Jugendvertretern und Betriebsratsmitgliedern, ArbR 2012, 34; *Löwisch*, Die Unzumutbarkeit der Weiterbeschäftigung Auszubildender nach § 78a Abs 4 BetrVG, DB 1975, 1893; *Malott-*

§ 78a Schutz Auszubildender in besonderen Fällen

ke, Die Übernahme von JAV-Mitgliedern – Möglichkeiten nach § 78a BetrVG, AiB 2006, 493; *Matthes,* Die Anträge des Arbeitgebers nach § 78a Abs 4 BetrVG und nach § 9 BPersVG, NZA 1989, 916; *Niklas,* Kein Weiterbeschäftigungsanspruch gemäß § 78a Abs. 2 BetrVG nach Praxisphase im Rahmen eines dualen Studiums, BB 2021, 320; *Oberthür,* Die Übernahme organisierter Auszubildender – Kontrahierungszwang in engen Grenzen, ArbRB 2006, 157; *Opolony,* Die Weiterbeschäftigung von Auszubildenden nach § 78a BetrVG, BB 2003, 1329; *Pfefferl,* Weiterbeschäftigungsanspruch von Auszubildenden nach § 78a BetrVG; P&R 2012, 239; *Possienke,* Der Weiterbeschäftigungsanspruch Auszubildender nach § 78a BetrVG, Diss 2011; *Reuter,* Betrieblich beschränkter Prüfungsmaßstab für Auflösungsanträge nach § 78a Abs 4 BetrVG, BB 2007, 2678; *Studt,* Was ist bei besonderem Schutz nach BetrVG zu beachten? – Übernahme von Auszubildenden, AuA 2004, Nr 3, 18; *Süllwold,* Weiterbeschäftigungsanspruch von Jugend- und Auszubildendenvertretern, ZBVR 2004, 190; *Wullenkord,* Die Qual der Wahl? – Überlegungen zur Bestimmung der zutreffenden Verfahrensart bei Anträgen im Zusammenhang mit § 78a BetrVG, RdA 2021, 344; *Zender,* Der Weiterbeschäftigungsanspruch von Mitgliedern der Jugend- und Auszubildendenvertretung, ZBVR 2000, 67.

Übersicht

	Rn.		Rn.
I. Normzweck und Anwendungsbereich	1	IV. Unzumutbarkeit der Weiterbeschäftigung	13
II. Geschützter Personenkreis	2	1. Geltendmachung	13
III. Weiterbeschäftigung	8	2. Unzumutbarkeitsgründe	18
1. Mitteilungspflicht des Arbeitgebers	8		
2. Weiterbeschäftigungsverlangen des Auszubildenden	9		

I. Normzweck und Anwendungsbereich

1 Das Amt als Jugend- und Auszubildendenvertreter, BR-Mitglied usw hat seine Grundlage im Arbeitsverhältnis des Amtsträgers. Endet das Arbeitsverhältnis, endet auch das Amt, §§ 65 Abs 1, 24 Abs 1 Nr 3 (§ 64 Rn 4). Um die Funktionsfähigkeit der in Abs 1 genannten Betriebsverfassungsorgane und die unbefangene Amtsausübung der gewählten Mitglieder zu gewährleisten <R: BAG 15.12.2011, 7 ABR 40/10, AP BetrVG § 78a 1972 Nr 55>, ergänzt § 78a den Kdschutz der §§ 15f KSchG und des § 103 und **sichert** Auszubildende, die ein betriebsverfassungsrechtl Amt wahrnehmen, **arbeitsvertragl** ab: Da Ausbildungsverhältnisse gem § 21 BBiG befristet sind, ist den Auszubildenden mit einem Schutz vor der nach § 22 BBiG ohnehin nur ausnahmsweise mögl Kd nur wenig geholfen. Deshalb gibt § 78a Abs 2 S 1 dem Amtsträger das Recht, durch einseitige Willenserklärung das Ausbildungsverhältnis nach dessen Ende in ein unbefristetes Arbeitsverhältnis umzuwandeln (Rn 8 ff). Wie insbes der gem Abs 3 über das Ende der Amtszeit hinaus verlängerte Schutz zeigt, bezweckt § 78a anders als § 103 **vor allem den Individualschutz des Amtsträgers** und nur **sekundär den Schutz der Jugend- und Auszubildendenvertretung und des BR als Gremium** (§ 103 Rn 3) <R: abw für ein Nebeneinander beider Schutzzwecke BAG 18.11.2020, 5 AZR 103/20, NZA 2021, 562; BAG 17.2.2010, 7 ABR 89/08, DB 2010, 1355; 15.11.2006, 7 ABR 15/06, DB 2007, 1646; 6.11.1996, 7 ABR 54/95, BB 1997, 1793; zum PersVG BVerwG 1.11.2005, 6 P 3.05, NZA-RR 2006, 218; 11.3.2008, 6 PB 16/07, NZA-RR 2008, 445; **L:** so auch Richardi/*Thüsing* Rn 2; für ein Nebeneinander der Schutzzwecke GK/*Oetker* Rn 2, 92; *Fitting* Rn 1; HWGNRH/*Nicolai* Rn 5>, s noch Rn 24 zu der auf den Betrieb beschränkten Weiterbeschäftigungs-

pflicht. Der Auszubildende soll im Interesse einer unbefangenen Amtsausübung davor geschützt werden, dass er Nachteile wg unbequemer Amtstätigkeit befürchten muss <R: BAG 6.11.1996, aaO; 5.4.2000, 7 ABR 6/99, BB 2001, 1357; 15.11.2006, aaO; L: GK/ *Oetker* Rn 1 mwN>. Deshalb ist § 78a eine **besondere Ausprägung des Benachteiligungsverbots des § 78** <R: BAG 18.11.2020, 5 AZR 103/20, NZA 2021, 562; BAG 5.12.2012, 7 ABR 38/11, AP BetrVG § 78a 1972 Nr 56>. Hingg will § 78a den Amtsträger im Berufsausbildungsverhältnis nicht vor Benachteiligungen schützen, die sich typischerweise daraus ergeben, dass er sich wg seiner Amtstätigkeit weniger auf die Ausbildung konzentrieren kann und deswg eine schlechtere Abschlussnote erreicht <R: aA LAG Hamm 21.10.1992, 3 TaBV 106/92, DB 1993, 439; zum PersVG BVerwG 9.9.1999, 6 P 4/98, NZA 2000, 443>.

II. Geschützter Personenkreis

Abs 1 und 2 schützen die Auszubildenden, die im Zeitpunkt der erfolgreichen Beendigung ihres Ausbildungsverhältnisses ein **betriebsverfassungsrechtl Amt** wahrnehmen, dh Mitglied der Jugend- und Auszubildendenvertretung, des BR, der Bordvertretung oder des See-BR sind. Das entspricht dem Kreis der Personen, deren ao Kd der BR nach § 103 zustimmen muss. Anders als in § 103 werden in § 78a der Wahlvorstand und die Wahlbewerber nicht ausdrückl genannt. Auszubildende, die zur Aus- und Weiterbildung in einem reinen Ausbildungsbetrieb zusammengefasst werden, sind keine AN iS des § 5 Abs 1 (§ 5 Rn 13); auf sie findet § 78a keine Anwendung <R: BAG 13.8.2008, 7 AZR 450/07, juris>; durch TV geschaffene Vertretungen für solche Auszubildenden sind keine AN-Vertretungen iSv § 3 Abs 1 Nr 3, sodass § 3 Abs 5 S 2 weder direkt noch analog anwendbar ist <R: BAG 13.8.2008, aaO>. Auch die Mitgliedschaft in einer nach § 51 BBiG zu gründenden Interessenvertretung genügt nicht für ein Übernahmerecht aus § 78a. Durch TV können aber dem § 78a entspr Übernahmeregelungen vereinbart werden <R: BAG 13.8.2008, aaO; L: *Fitting* Rn 12a>. 2

Die Amtsträger werden **für die Dauer ihres Amtes** nach § 64 geschützt. Anders als der Schutz der BR-Mitglieder usw bei Versetzungen und ao Kd nach § 103, endet der Schutz des § 78a nicht mit dem Ende der Amtszeit: Nach Abs 3 sind auch die Auszubildenden nach Abs 1 und 2 geschützt, die die Berufsausbildung **vor Ablauf eines Jahres nach dem Ende der Amtzeit** der Jugend- und Auszubildendenvertretung, des BR usw erfolgreich abschließen, um auch diesen eine Amtsführung ohne die Angst vor Repressionen zu erlauben (Rn 1). Trotz des missverständlichen Wortlauts greift dieser Schutz auch dann, wenn zwar nicht die Amtszeit der Jugend- und Auszubildendenvertretung usw, aber das Amt des betreffenden Mitglieds geendet hat <R: BAG 15.12.2011, 7 ABR 40/10, DB 2011, 1693; 21.8.1979, 6 AZR 789/77, BB 1980, 314; 22.9.1983, 6 AZR 323/81, BB 1984, 1682>. 3

Die **Amtszeit beginnt** gem § 64 Abs 2 S 2 Alt 1 mit der Bekanntgabe des Wahlergebnisses iSv § 18 WO oder, wenn die Jugend- und Auszubildendenvertretung oder der BR während der Amtsdauer des vorhergehenden Gremiums gewählt wird, gem § 64 Abs 2 S 2 Alt 2 mit dem Ablauf der Amtszeit des bisherigen Gremiums <L: GK/*Oetker* Rn 32 f>. Entgg dem BAG <R: 22.9.1983, 6 AZR 323/81, BB 1984, 1682> beginnt der Schutz des § 78a qua Mitgliedschaft in der Jugend- und Auszubildendenvertretung oder 4

§ 78a Schutz Auszubildender in besonderen Fällen

im BR, hingg nicht schon mit der Wahl: § 78a erfasst, anders als § 103 Abs 1, die Wahlbewerber ausdrückl nicht <L: *Löwisch* Anm zu BAG 22.9.1983, AP BetrVG 1972 § 78a Nr 11; HWGNRH/*Nicolai* Rn 11; KR/*Rinck* Rn 13; **aA** GK/*Oetker* Rn 31; *Fitting* Rn 8; APS/*Künzl* Rn 24; auch DKW/*Bachner* Rn 6>, noch § 103 Rn 6 und 8.

5   Ist ein **Ersatzmitglied** in die Jugend- und Auszubildendenvertretung oder den BR nachgerückt (§ 25 Abs 1 S 1), genießt es (erst) von diesem Zeitpunkt an den Schutz des § 78a <R: BAG 15.1.1980, 6 AZR 726/79, DB 1980, 1649; ArbG Erfurt 25.6.2021, 2 BV 4/21, juris; L: GK/*Oetker* Rn 45 mwN>. Tritt ein Ersatzmitglied lediglich vorübergehend als Stellvertreter eines zeitweilig verhinderten Mitglieds in eines dieser Gremien ein (§ 25 Abs 1 S 2), greift § 78a anders als § 103 nicht nur für die Dauer der Stellvertretung (§ 103 Rn 7), sondern der Schutz des Ersatzmitglieds wird über Abs 3 verlängert: Das Ersatzmitglied wird durch § 78a geschützt, wenn es das Ausbildungsverhältnis innerhalb eines Jahres nach dem Vertretungsfall erfolgreich abschließt <R: BAG 17.2.2010, 7 ABR 89/08, DB 2010, 1355; 13.3.1986, 6 AZR 207/85, BB 1987, 686; ArbG Erfurt 25.6.2021, 2 BV 4/21, juris; für § 9 BPersVG auch BVerwG 1.10.2013, 6 P 6/13, NZA-RR 2014, 103; **aA** früher PersVG BVerwG 25.6.1986, 6 P 27/84, NZA 1986, 839; L: GK/*Oetker* Rn 51 mwN>, auch wenn die Sitzung nicht ordnungsgem einberufen wurde <R: LAG Hamm 28.3.2007, 10 SaGa 11/07, juris>. Kein Schutz besteht aber dann, wenn der Vertretungsfall durch kollusive Absprachen zum Schein herbeigeführt wird oder es sich dem Ersatzmitglied aufdrängen muss, dass kein Vertretungsfall vorliegt <R: LAG Hamm 28.3.2007, aaO>.

6   § 78a orientiert sich an den Begriffsbestimmungen des BBiG und verwendet anders als § 5 Abs 1 nicht die Formulierung „der zu ihrer Berufsausbildung Beschäftigten", sondern „Berufsausbildungsverhältnis". Deshalb setzt § 78a ein **Berufsausbildungsverhältnis** iS des BBiG voraus <R: BAG 17.6.2020, 7 ABR 46/18, NZA 2020, 1723; BAG 23.6.1983, 6 AZR 595/80, DB 1984, 1786; 1.12.2004, 7 AZR 129/04, NZA 2005, 779; L: GK/*Oetker* Rn 16 mwN>. § 78a erfasst aber nicht nur staatl anerkannte Ausbildungsberufe, sondern auch andere Ausbildungsverhältnisse iS des § 26 BBiG, die dazu dienen, berufl Kenntnisse, Fertigkeiten oder Erfahrungen zu vermitteln, wenn nach Ausbildungsvertrag oder TV ein geordneter Ausbildungsgang vorgeschrieben ist und die Dauer der Ausbildung mindestens zwei Jahre beträgt <R: BAG 17.6.2020, 7 ABR 46/18, NZA 2020, 1723; BAG 23.6.1983 und 1.12.2004, aaO; L: statt aller GK/*Oetker* Rn 20 mwN>.

7   § 78a meint jedoch nur die Erstausbildung zu einem Beruf, hingg nicht andere Berufsbildungsverhältnisse wie die berufl Fortbildung und Umschulung <L: HWGNRH/*Nicolai* Rn 5; *SWS* Rn 1; GK/*Oetker* Rn 23; **aA** ErfK/*Kania* Rn 2; KR/*Rinck* Rn 7; APS/*Künzl* Rn 16>, auch nicht die Umschulung zu einem anerkannten Ausbildungsberuf <L: *SWS* Rn 1; aA GK/*Oetker* Rn 24; DKW/*Bachner* Rn 4; *Fitting* Rn 5; ErfK/*Kania* Rn 2; KR/*Rinck* Rn 6; APS/*Künzl* Rn 16; BeckOK ArbR/*Werner* Rn 2>. Nicht unter § 78a fallen in aller Regel Volontäre und Praktikanten <R: BAG 23.6.1982 und 1.12.2004, aaO; LAG Köln 23.2.2000, 2 Sa 1248/99, AiB 2001, 53; L: Richardi/*Thüsing* Rn 6; *Fitting* Rn 6a; KR/*Rinck* Rn 8; GK/*Oetker* Rn 18 f; APS/*Künzl* Rn 20 f; HWGNRH/*Nicolai* Rn 6; wohl weiter DKW/*Bachner* Rn 4>. Ebenfalls nicht unter (die entsprechende) Anwendung des § 78a fällt das duale Studium, das praktische Phasen in das Studium integriert. Auf das duale Studium ist nach dessen § 3 Abs 2 Nr 1 das BBiG nicht anwendbar, deshalb fehlt bereits die Voraussetzung eines Berufsausbildungsverhältnisses. Das gilt auch für die isolierte Betrachtung der praktischen Studienphasen <R: BAG 17.6.2020, 7 ABR 46/18,

NZA 2020, 1723; **L:** *Niklas* BB 2021, 320; kritisch *Düwell* NZA 2021, 28, 29; *Koch-Rust/Rosentreter* NZA 1604, 1608>.

III. Weiterbeschäftigung

1. Mitteilungspflicht des Arbeitgebers

Will der AG den Auszubildenden **nicht in ein Arbeitsverhältnis auf unbestimmte Zeit** **übernehmen**, muss er dies dem Auszubildenden nach Abs 1 drei Monate vor Beendigung des Ausbildungsverhältnisses schriftl mitteilen. Tut er dies nicht, ändert dies nichts am Schutz des Auszubildenden: Abs 2 bis 4 sind nach Abs 5 unabhängig davon anwendbar, ob der AG die geplante Nichtübernahme nach Abs 1 mitgeteilt hat <**L:** BeckOK ArbR/*Werner* Rn 13>. Wg der unterlassenen Mitteilung kann der AG aber nach § 280 Abs 1 BGB verpflichtet sein, dem Auszubildenden Schadensersatz zu leisten, etwa wenn dieser bei rechtzeitiger Mitteilung eine andere Stelle gesucht hätte, die er wg des Zeitablaufs nicht mehr bekommen kann <**L:** BeckOK ArbR/*Werner* Rn 15; GK/*Oetker* Rn 65 mwN>.

8

2. Weiterbeschäftigungsverlangen des Auszubildenden

Nach Abs 2 S 1 kann der Auszubildende innerhalb der letzten drei Monate vor Beendigung des Ausbildungsverhältnisses, dh vor Bekanntgabe des Prüfungsergebnisses <**R:** BAG 31.10.1985, 6 AZR 557/84, BB 1986, 1223>, schriftl vom AG verlangen, weiterbeschäftigt zu werden. Notwendig ist Schriftform nach § 126 BGB, Textform, § 126b BGB, (etwa mit einer nicht bes signierten E-Mail) reicht nicht, allerdings kann das Berufen auf einen Formverstoß rechtsmissbräuchlich sein <**R:** BAG 15.12.2011, 7 ABR 40/10, AP BetrVG § 78a 1972 Nr 5; **L:** großzügiger Richardi/*Thüsing* Rn. 27, der im Schriftformgebot vor allem einen Nachweiszweck erkennt>. Nach allgemeinen Grundsätzen ist die elektronische Form, § 126a BGB, möglich. Eine Begründung ist nicht notwendig <**L:** *Fitting* Rn 21>. Das Weiterbeschäftigungsverlangen ist ein **Gestaltungsrecht** und **begründet** gem Abs 2 S 1 mit Zugang beim AG ein **unbefristetes Arbeitsverhältnis** zw Auszubildendem (AN) und AG, das zur Arbeitsleistung und Entgeltzahlung verpflichtet, aber erst (und notwendig unmittelbar) mit Ende des Ausbildungsverhältnisses beginnt <**R:** BAG 17.6.2020, 7 ABR 46/18, NZA 2020, 1723; **L:** *Fitting* Rn 29f mwN>. Ein Weiterbeschäftigungsverlangen, das früher als drei Monate vor Beendigung des Ausbildungsverhältnisses erklärt wird, hat keine Gestaltungswirkung <**R:** BAG 15.12.2011, 7 ABR 40/10, AP BetrVG § 78a 1972 Nr 5; 5.12.2012, 7 ABR 38/11, NZA-RR 2013, 241; 15.1.1980, 6 AZR 621/78, DB 1980, 1648; **L:** GK/*Oetker* Rn 70; Richardi/*Thüsing* Rn 23; HWGNRH/*Nicolai* Rn 17; ErfK/*Kania* Rn 4; **abw** für ein zulässiges Weiterbeschäftigungsverlangen innerhalb der letzten 6 Monate im Gleichlauf mit § 12 BBiG APS/*Künzl* Rn 61; *Fitting* Rn 19 mwN>. Ist der **Auszubildende minderjährig**, kann er das Gestaltungsrecht nur mit Zustimmung seiner gesetzl Vertreter ausüben. § 113 BGB greift nicht: § 113 BGB ermöglicht es den gesetzl Vertretern lediglich, dem Minderjährigen eine partielle Geschäftsfähigkeit für die Eingehung von Arbeitsverhältnissen, nicht aber von Berufsausbildungsverhältnissen zu verschaffen <**L:** Staudinger/*Klumpp* (2021) § 113 Rn 15>; selbst wenn man § 113 BGB auf Berufsausbildungsverhältnisse anwendete, erlaubte die Ermächtigung zum Abschluss eines Berufsausbildungsverhältnisses es dem

9

§ 78a Schutz Auszubildender in besonderen Fällen

Minderjährigen typischerweise nicht, ein unbefristetes Anschlussarbeitsverhältnis zu begründen <**L:** GK/*Oetker* Rn 77; Richardi/*Thüsing* Rn 28; HWGNRH/*Nicolai* Rn 21; APS/*Künzl* Rn 64; BeckOK ArbR/*Werner* Rn 25; **aA** DKW/*Bachner* Rn 18; *Fitting* Rn 26; KR/*Rinck* Rn 26>.

10 Im **Gemeinschaftsbetrieb** ist der Vertrags-AG richtiger Adressat des Weiterbeschäftigungsverlangens, noch Rn 15. Hat der Auszubildende den Ausbildungsvertrag mit einem **Träger einer überbetriebl Ausbildung** abgeschlossen, hat er gg den AG des Betriebs, in dem er ein betriebl Praktikum absolviert hat und dort in die Jugend- und Auszubildendenvertretung gewählt worden ist, kein Recht auf Übernahme aus § 78a <**R:** BAG 17.8.2005, 7 AZR 553/04, EzA BetrVG 2001 § 78a Nr 2; **L:** Richardi/*Thüsing* Rn 7a; DKW/*Bachner* Rn 4; *Fitting* Rn 19; HWGNRH/*Nicolai* Rn 7>.

11 Nach Abs 2 S 2 finden auf das durch das Weiterbeschäftigungsverlangen zustande gekommene Arbeitsverhältnis § 37 Abs 4 und 5 entspr Anwendung: Der AN darf während seiner Amtstätigkeit und im daran anschließenden Jahr nur mit Tätigkeiten beschäftigt werden, die den **Tätigkeiten vergleichbarer AN mit betriebsüblicher berufl Entwicklung gleichwertig** sind, sein Arbeitsentgelt muss dem vergleichbarer AN entsprechen (§ 37 Rn 48 ff). Damit unvereinbar ist eine nachträgl Minderung des Arbeitsentgelts und Weihnachtsgelds des übernommenen Mitglieds der Jugend- und Auszubildendenvertretung <**R:** LAG Hamm 8.11.2005, 6 Sa 1018/05, AuR 2006, 214 (LS)>. Vergleichbar sind die AN, die im Zeitpunkt der Begründung des Arbeitsverhältnisses auf dem gleichen Ausbildungsstand stehen wie der übernommene Auszubildende.

12 Wg des Zwecks des § 78a (Rn 1) kann der Auszubildende auf sein Recht, die unbefristete Weiterbeschäftigung zu verlangen, **nicht** vor Beginn der Dreimonatsfrist des Abs 2 S 1 (Rn 9) **verzichten** <**L:** GK/*Oetker* Rn 102 mwN>. Ist durch das Weiterbeschäftigungsverlangen ein Arbeitsvertrag zustande gekommen, kann auf die Weiterbeschäftigung nachträgl nur durch schriftl Aufhebungsvertrag iS des § 623 BGB verzichtet werden. Im Abschluss eines befristeten Arbeitsvertrages liegt eine konkludente Aufhebung des durch das Weiterbeschäftigungsverlangen zustande gekommenen unbefristeten Arbeitsvertrages <**R:** LAG Köln 23.2.2000, 2 Sa 1248/99, AiB 2001, 53>.

IV. Unzumutbarkeit der Weiterbeschäftigung

1. Geltendmachung

13 Ist dem AG die Weiterbeschäftigung unzumutbar (zu den Gründen Rn 18 ff), stellt ihm Abs 4 alternativ zwei arbg Verf zur Verfügung, in denen er die Unzumutbarkeit geltend machen kann: Hat das Berufsausbildungsverhältnis bereits geendet und ist aufgrund des Weiterbeschäftigungsverlangens des Auszubildenden ein Arbeitsverhältnis auf unbest Zeit begründet worden, kann der AG gem **Abs 4 S 1 Nr 2** innerhalb einer Ausschlussfrist von 2 Wochen nach Begründung des Arbeitsverhältnisses dessen **Auflösung beim ArbG beantragen**. Mit Rechtskraft des dem AG-Antrag stattgebenden Gestaltungsbeschlusses wird das kraft Gesetzes entstandene Arbeitsverhältnis ex nunc beendet <**R:** BAG 24.8.2016, 5 AZR 853/15, 2017, 76; 15.1.1980, 6 AZR 361/79, DB 1980, 1647; 29.11.1989, 7 ABR 67/88, BB 1991, 65; 16.8.1995, 7 ABR 52/94, BB 1996, 537>. Bis zur Rechtskraft des Beschlusses besteht das Arbeitsverhältnis fort und hat der AN An-

IV. Unzumutbarkeit der Weiterbeschäftigung   § 78a

spruch auf Entgeltzahlung und auf Beschäftigung. Der AG kann im Wege der eV die Entbindung von der Weiterbeschäftigung bis zur Rechtskraft der Hauptsacheentscheidung beantragen <**R:** LAG Köln 31.3.2005, 5 Ta 52/05, LAGE BetrVG 2001 § 78a Nr 2; **L:** Richardi/*Thüsing* Rn 54; GK/*Oetker* Rn 209; *Fitting* Rn 45; ErfK/*Kania* Rn 12; **aA** DKW/*Bachner* Rn 53>; es wird aber regelmäßig am Verfügungsgrund fehlen <**R:** LAG Köln 31.3.2005, aaO; LAG Nds 25.5.1998, 11 Sa 695/98, AiB 1999, 43; **L:** *Houben* NZA 2006, 769, 772 f>. Kommt es auf anderer, etwa tarifl, Grundlage zur Übernahme des Auszubildenden, greift § 78 Abs 4 nicht <**R:** BAG 8.9.2010, 7 ABR 33/09, NZA 2011, 221>.

Vor dem Ende des Ausbildungsverhältnisses kann der AG gem **Abs 4 S 1 Nr 1** beim **14** ArbG **feststellen** lassen, dass ein **Arbeitsverhältnis** nach Abs 2 oder 3 **gar nicht erst begründet worden ist**; diesen Feststellungsantrag kann der AG innerhalb der Dreimonatsfrist des Abs 1 auch dann stellen, wenn der AN die Weiterbeschäftigung gar nicht verlangt oder noch nicht verlangt hat <**L:** Richardi/*Thüsing* Rn 37; GK/*Oetker* Rn 185; HWGNRH/*Nicolai* Rn 26 f; KR/*Rinck* Rn 38; auch APS/*Künzl* Rn 134; BeckOK ArbR/ *Werner* Rn 28; **aA** *Fitting* Rn 35; DKW/*Bachner* Rn 33>. Gibt das ArbG dem Antrag des AG vor Ende des Berufsausbildungsverhältnisses rechtskräftig statt, kommt im Anschluss kein Arbeitsverhältnis zustande. Ist bei Beendigung des Ausbildungsverhältnisses über den Feststellungsantrag noch nicht rechtskräftig entschieden, wandelt sich dieser automatisch in einen Antrag auf Auflösung des dann begründeten Arbeitsverhältnisses nach Abs 4 S 1 Nr 2 um; einer förmlichen Antragsänderung bedarf es nicht <**R:** BAG 29.11.1989, 7 ABR 67/88, BB 1991, 65; 11.1.1995, 7 AZR 574/94, DB 1995, 1418; **L:** Richardi/*Thüsing* Rn 51, 37; GK/*Oetker* Rn 195 f; DKW/*Bachner* Rn 34; *Fitting* Rn 43; **krit** *Bengelsdorf* NZA 1991, 537 ff; HWGNRH/*Nicolai* Rn 28>.

Im **Gemeinschaftsbetrieb** ist der Vertrags-AG für die Anträge nach Abs 4 antragsberech- **15** tigt <**R:** BAG 25.2.2009, 7 ABR 61/07, juris>, noch Rn 10. Ist ein Ausbildungsverhältnis **gem § 613a BGB** auf einen Betriebsnachfolger **übergegangen**, wird das Arbeitsverhältnis gem Abs 1 mit diesem begründet. Dabei spielt es keine Rolle, ob der Auszubildende die Weiterbeschäftigung erst vom Betriebsnachfolger oder schon vor dem Betriebsübergang vom Betriebsveräußerer verlangt hat. Antragsberechtigt nach Abs 4 ist in beiden Fällen der Betriebsnachfolger als derjenige, der aus dem Arbeitsverhältnis berechtigt und verpflichtet wird. Hatte der Betriebsveräußerer vor Betriebsübergang einen Antrag nach Abs 4 S 1 Nr 1 gestellt, wird der Antrag mit dem Betriebsübergang unbegründet: Da der Veräußerer zur Weiterbeschäftigung nicht verpflichtet ist, kann diese nicht ihm, sondern nur dem Betriebserwerber unzumutbar sein. Der Betriebserwerber kann den Antrag nach Abs 4 im laufenden Verf stellen, wenn der Auszubildende dem Parteiwechsel zustimmt. Andernfalls muss er ein neues Verf anstrengen; hat er die Zweiwochenfrist des Abs 4 versäumt, ist ihm Wiedereinsetzung in den vorigen Stand in entspr Anwendung der §§ 233 ff ZPO zu gewähren.

Über den Antrag des **AG** nach Abs 4 wird im arbg **Beschlussverf** nach § 2a Abs 1 Nr 1 **16** ArbGG entschieden <**R:** BAG 5.4.1984, 6 AZR 70/83, DB 1984, 1992 unter Aufgabe der früheren Rspr; **L:** GK/*Oetker* Rn 200 mwN>, und zwar auch, soweit der AG negativ feststellen lassen will, dass ein Arbeitsverhältnis nach Abs 4 Nr 1 wg Nichtvorliegens der Voraussetzungen des Abs 2 und 3 nicht begründet worden ist <**R: aA** BAG 29.11.1989, 7 ABR 67/88, BB 1991, 65; offengelassen von 11.1.1995, 7 AZR 574/94, DB 1995, 1418; **L:** *SWS* Rn 8; KR/*Rinck* Rn 58 f; auch HWGNRH/*Nicolai* Rn 42; diff DKW/*Bachner* Rn 48 f; **aA** Richardi/*Thüsing* Rn 53; *Fitting* Rn 61; GK/*Oetker* Rn 116; APS/*Künzl*

§ 78a Schutz Auszubildender in besonderen Fällen

Rn 146ff>. Antragsgegner ist der Auszubildende. Da die Beteiligung des Auszubildenden ausschließl dessen individual-rechtl Interesse an der Fortsetzung seiner Tätigkeit dient, hat der AG nicht die Kosten des Verf, insbes die RA-Kosten zu tragen, die dem Auszubildenden in dem Verf nach Abs 4 entstanden sind; diese sind vom Auszubildenden selbst zu tragen <**R:** BAG 5.4.2000, 7 ABR 6/99, BB 2001, 1357>.

17 Macht der **Auszubildende** unabhängig von dem durch den AG nach Abs 4 eingeleiteten Verf geltend, dass zw ihm und dem AG ein unbefristetes Arbeitsverhältnis nach Abs 2 S 1 zustande gekommen ist, wird über diesen Anspruch im **Urteilsverf** entschieden <**R:** BAG 29.11.1989, 7 ABR 67/88, BB 1991, 65; **L:** GK/*Oetker* Rn 115; Richardi/*Thüsing* Rn 55; APS/*Künzl* Rn 147; DKK/*Bachner* Rn 51; HWGNRH/*Nicolai* Rn 38; **krit** *Fitting* Rn 61>. Ein vom AG nach Abs 4 S 1 Nr 1 rechtzeitig eingeleitetes Beschlussverf verhindert auch nach Beendigung des Berufsausbildungsverhältnisses den Eintritt der Fiktion des Abs 2, dass ein Arbeitsverhältnis begründet worden ist <**R:** BAG 14.5.1987, 6 AZR 498/85, DB 1987, 2104>. Der Auszubildende hat aber einen Anspruch auf Beschäftigung entspr den Grundsätzen für die Weiterbeschäftigung nach Kd (§ 102 Rn 81ff) und kann diesen ebenfalls im Urteilsverf durchsetzen <**R:** BAG 14.5.1987, 6 AZR 498/85, DB 1987, 2104>, und zwar auch im Wege der eV <**R:** LAG Berlin 22.2.1991, 2 Sa 35/90, DB 1991, 814; Sächs LAG 2.11.2005, 2 Sa 731/05, juris; **L:** GK/*Oetker* Rn 120 mwN>. Geht der AG nach Abs 4 S 1 Nr 2 vor, ist das Arbeitsverhältnis, dessen Auflösung er begehrt, zunächst zustande gekommen und gibt dem AN einen Anspruch auf Beschäftigung und Arbeitsentgelt <**R:** BAG 24.8.2016, 5 AZR 853/15, 2017, 76>; der AG kann das Arbeitsverhältnis aber ausnahmsweise suspendieren <**R:** BAG 14.5.1987, aaO>.

2. Unzumutbarkeitsgründe

18 Dass das Arbeitsverhältnis nicht zustande gekommen ist oder aufgelöst wird, stellt das ArbG nach Abs 4 S 1 fest, wenn Tatsachen vorliegen, aufgrund derer dem AG die Weiterbeschäftigung unter Berücksichtigung aller Umstände nicht zugemutet werden kann. Unzumutbar ist die Weiterbeschäftigung zunächst wg schwerwiegender, im **Verhalten des Auszubildenden** liegender Gründe; wäre der AG ggü einem BR-Mitglied zu einer ao Kd nach § 626 BGB berechtigt (§ 103 Rn 30ff), muss er einen Auszubildenden in keinem Fall nach § 78a weiterbeschäftigen <**R:** BAG 16.1.1979, 6 AZR 153/77, BB 1979, 1037; 16.7.2008, 7 ABR 13/07, DB 2008, 2837>; für die Anwendung der Ausschlussfrist des § 626 Abs 2 BGB besteht kein Raum <**R:** BAG 15.12.1983, 6 AZR 60/83, DB 1984, 1101; **L:** BeckOK ArbR/*Werner* Rn 40>.

19 Freilich sind die Unzumutbarkeitsanforderungen von § 78a Abs 4 S 1 und § 626 Abs 1 BGB nicht identisch <**R:** BAG 18.9.2019, 7 ABR 44/17, NZA 2020, 329; 17.2.2010, 7 ABR 89/08, DB 2010, 1355; 8.9.2010, 7 ABR 33/09, NZA 2011, 221>. Unzumutbar ist die Weiterbeschäftigung auch aus Gründen in der **Person des Auszubildenden**, insbes wenn dieser für die in Frage kommenden Arbeitsplätze nicht hinreichend **qualifiziert ist**, etwa auch die Wiederholungsprüfung nicht besteht <**R:** LAG Nds 8.4.1975, 2 TaBV 60/74, DB 1975, 1224; **L:** Richardi/*Thüsing* Rn 41; GK/*Oetker* Rn 135 mwN>, zur Weiterbeschäftigung auf einem schlechteren als der Ausbildung entspr Arbeitsplatz Rn 24. Zumutbar wiederum ist dem AG die Weiterbeschäftigung eines Ausgebildeten aber dann, wenn er das Ausbildungsziel erreicht hat, jedoch schlechter qualifiziert ist als andere AN, die sich um den gleichen Arbeitsplatz bewerben. Das folgt schon daraus, dass die

schlechtere Qualifikation nicht immer hinreichend rechtssicher bestimmt werden kann; zum anderen wird zu Recht vorgebracht, dass gerade keine ungerechtfertigte Besserstellung des Auszubildenden vorliegt <**L:** BeckOK ArbR/*Werner* Rn 44; GK/*Oetker* Rn 132; Richardi/*Thüsing* Rn 46; *Fitting* Rn 49; DKW/*Bachner* Rn 41; APS/*Künzl* Rn 126; ErfK/ *Kania* Rn 8; aA wie hier *Gamillscheg* ZfA 1977, 239, 287; auch HWGNRH/*Nicolai* Rn 28; Voraufl Rn 18>. Deswg ist dem AG die Weiterbeschäftigung zumutbar, wenn der Amtsträger eine schlechtere Abschlussprüfungsnote als andere Ausgebildete erreicht hat <**R:** LAG Hamm 21.10.1992, 3 TaBV 106/92, DB 1993, 439; **aA** zum PersVG BVerwG 9.9.1999, 6 P 4.1998, NZA 2000, 443 und 17.5.2000, 6 P 9/99, ZTR 2000, 572: mit Blick auf Art 33 Abs 2 GG bejaht bei einer vollen Notenstufe schlechter als der schwächste, sonstige Bewerber> oder wenn der AG die wenigen freien Stellen generell nur solchen Auszubildenden anbietet, die ihre Ausbildung in verkürzter Zeit und mit bes guter Bewertung abschließen und der Amtsträger diese Bedingungen nicht erfüllt <**R:** LAG Berlin 18.7.1995, 12 TaBV 1/95, BB 1996, 113 (LS); LAG Bremen 21.5.1996, 1 TaBV 29/95, juris; Sächs LAG 24.7.1996, 10 TaBV 4/96, juris; **L:** *Fitting* Rn 49>.

Unzumutbar ist die Weiterbeschäftigung aus **betriebsbedingten Gründen**, wenn bei Beendigung des Ausbildungsverhältnisses im Betrieb **keine Arbeitsplätze frei** sind: Der AG kann über § 78a nicht dazu gezwungen werden, neue Arbeitsplätze zu schaffen <**R:** BAG 16.1.1979, 6 AZR 153/77, BB 1979, 1037; 29.11.1989, 7 ABR 67/88, BB 1991, 65; 16.8.1995, 7 ABR 52/94, BB 1996, 537; ArbG Erfurt 25.6.2021, 2 BV 4/21, juris>. Die Zumutbarkeit der Weiterbeschäftigung des Jugendvertreters beurteilt sich nach den Verhältnissen **im Zeitpunkt der Beendigung des Berufsausbildungsverhältnisses** <**R:** BAG 28.6.2000, 7 ABR 57/98, ZTR 2001, 139>; nach diesem Zeitpunkt frei werdende Arbeitsplätze sind nicht zu berücksichtigen, und zwar auch dann nicht, wenn wenige Wochen später eine Stelle frei wird <**R:** zum PersVG BVerwG 29.3.2006, 6 PB 2/06, NZA-RR 2006, 501> oder wenn zunächst nur ein (wg Elternzeit eines anderen AN) befristet zu besetzender Arbeitsplatz frei ist, selbst wenn später der Wechsel auf einen Dauerarbeitsplatz in Betracht kommt <**R:** zum PersVG BVerwG 11.3.2008, 6 PB 16/07, NZA-RR 2008, 445>. Ebenso wenig zu berücksichtigen sind geplante Einsparungsmaßnahmen, die erst später einen Wegfall von Arbeitsplätzen zur Folge haben werden <**R:** BAG 16.8.1995, aaO; **L:** Richardi/*Thüsing* Rn 42 mwN>.

20

Dem AG ist es aber zumutbar, einen vor der Beendigung des Ausbildungsverhältnisses **freiwerdenden Arbeitsplatz nicht neu zu besetzen**, sondern eine kurze Zeit für den Auszubildenden frei zu halten <**R:** BAG 12.11.1997, 7 ABR 63/96, BB 1998, 1366; 16.7.2008, 7 ABR 13/07, DB 2008, 2837; zum PersVG BVerwG 1.11.2005, 6 P 3.05, NZA-RR 2006, 218; **L:** GK/*Oetker* Rn 154f; DKW/*Bachner* Rn 44; *Fitting* Rn 56; HWGNRH/*Nicolai* Rn 35; KR/*Rinck* Rn 53; ErfK/*Kania* Rn 9; **krit** Richardi/*Thüsing* Rn 45>. Gebieten dringende betriebl Erfordernisse keine sofortige Neubesetzung, muss der AG einen Arbeitsplatz **drei Monate** <**R:** BAG 12.11.1997 und 16.7.2008, aaO; zum PersVG BVerwG 1.11.2005, aaO>, nicht aber fünf Monate frei halten <**R:** BAG 12.11.1997, 7 ABR 73/96, BB 1998, 1638; **L: abw** APS/*Künzl* Rn 108: 6 Monate>: Das entspricht dem Drei-Monats-Zeitraum des Abs 1, innerhalb dessen der AG mit einem Übernahmeverlangen eines Auszubildenden rechnen muss. Endet ein befristetes Arbeitsverhältnis innerhalb des Drei-Monats-Zeitraums, muss der AG den Auszubildenden übernehmen, darf aber zw dessen Übernahme und der Verlängerung des befristeten Arbeitsverhältnisses nach Qualifikationsgesichtspunkten entscheiden, Rn 19.

21

Klumpp

§ 78a Schutz Auszubildender in besonderen Fällen

22 Ob ein Arbeitsplatz **frei ist oder nicht**, bestimmt sich – wie bei der betriebsbedingten Kd – nach den in freier Unternehmerentscheidung getroffenen, **betriebsorganisatorischen Vorgaben des AG**, welche Arbeiten im Betrieb mit welcher Anzahl an AN verrichtet werden sollen <R: BAG 6.11.1996, 7 ABR 54/95, BB 1997, 1793; 28.6.2000, 7 ABR 57/98, ZTR 2001, 139; 16.7.2008, 7 ABR 13/07, DB 2008, 2837; L: Richardi/*Thüsing* Rn 42; HWGNRH/*Nicolai* Rn 31 f; KR/*Rinck* Rn 50; BeckOK ArbR/*Werner* Rn 33; **aA** APS/*Künzl* Rn 106 ff; DKW/*Bachner* Rn 42>. Der AG muss deshalb weder Schichtpläne ändern noch Mehrarbeit, die regelmäßig anfällt, so umorganisieren, dass sich hierdurch ein Arbeitsplatz ergibt, etwa Überstunden oder Urlaubsüberhänge abbauen, um eine Beschäftigungsmöglichkeit für den Auszubildenden zu schaffen <R: BAG 17.2.2010, 7 ABR 89/08, DB 2010, 1533; 8.9.2010, 7 ABR 33/09, NZA 2011, 221; 6.11.1996, 28.6.2000, 12.11.1997 und 16.7.2008, aaO; L: Richardi/*Thüsing* Rn 42; HWGNRH/*Nicolai* Rn 33; KR/*Rinck* Rn 52; ErfK/*Kania* Rn 9; **aA** APS/*Künzl* Rn 109; auch GK/*Oetker* Rn 150; DKW/*Bachner* Rn 43>. Erst recht kann dem AG nicht zugemutet werden, durch die Kd anderer AN einen Arbeitsplatz für den Auszubildenden frei zu machen <R: BAG 16.8.1995, 7 ABR 52/94, BB 1996, 537; 12.11.1997, 7 ABR 73/96, BB 1998, 1638; L: Richardi/*Thüsing* Rn 42; *Fitting* Rn 55; HWGNRH/*Nicolai* Rn 34; KR/*Rinck* Rn 50; ErfK/*Kania* Rn 9; auch GK/*Oetker* Rn 164; DKW/*Kittner/Bachner* Rn 43; **aA** APS/*Künzl* Rn 106> oder einen neuen Arbeitsplatz zu schaffen <R: zum PersVG BVerwG 1.11.2005, 6 P 3.05, NZA-RR 2006, 218; 16.7.2008, 7 ABR 13/07, DB 2008, 2837; L: *Fitting* Rn 55; KR/*Rinck* Rn 52; ErfK/*Kania* Rn 9; GK/*Oetker* Rn 150>. Der AG kann auch die Arbeitsorganisation ändern, sodass zukünftig Arbeitsplätze wegfallen, allerdings nicht in der Absicht, die Weiterbeschäftigung des Auszubildenden zu verhindern <R: BAG 8.9.2010, 7 ABR 33/09, NZA 2011, 221>. Entscheidet sich der AG freiw, einen Arbeitsplatz neu zu schaffen, der der Qualifikation des Jugendvertreters entspricht, so ist dieser Arbeitsplatz nur dann mit dem Jugendvertreter zu besetzen, wenn dieser die Voraussetzungen des Arbeitsplatzes auch erfüllt <R: abw zum PersVG BVerwG 1.11.2005, aaO: vorrangige Besetzung mit dem Jugendvertreter>.

23 Ob es dem AG zumutbar ist, einen während des Drei-Monats-Zeitraums mit einem **LeihAN** besetzten Arbeitsplatz für den Auszubildenden freizumachen, richtet sich nach den Umständen des Einzelfalls. Hier sind das berechtigte betriebl Interesse an der Weiterbeschäftigung des LeihAN oder vertragliche Verpflichtungen des AG ggü dem Verleiher zu berücksichtigen <R: BAG 17.2.2010, 7 ABR 89/08, DB 2010, 1533>. Dass sich der AG entschließt, die anfallenden Arbeitsaufgaben künftig mit LeihAN zu erfüllen, verändert weder die Anzahl der Arbeitsplätze noch die anfallende Arbeitsmenge: So wie der AG eine betriebsbedingte Kd als unzulässige Austauschkündigung nicht auf den geplanten Einsatz von LeihAN stützen kann <R: BAG 26.9.1996, 2 AZR 200/96, BB 1997, 260 (Crewing); L: *Löwisch/Spinner/Wertheimer* § 1 KSchG Rn 324>, macht der geplante LeihAN-Einsatz die Weiterbeschäftigung von Auszubildenden nicht unzumutbar <R: BAG 16.7.2008, 7 ABR 13/07, DB 2008, 2837; 25.2.2009, 7 ABR 61/07, DB 2009, 1473; L: *Fitting* Rn 55a; Richardi/*Thüsing* Rn 37>, ebenso wenig die bisherige Beschäftigung von LeihAN, wenn deren Beschäftigung mit Ende des Ausbildungsverhältnisses (Rn 20) ausläuft <R: **aA** LAG Hamm 3.11.2006, 10 TaBV 42/06 EzAÜG BetrVG Nr 95; Hess LAG 26.4.2007, aaO>. Entspr gilt, wenn auf den bestehen bleibenden Arbeitsplätzen DRK-Schwestern aufgrund des mit der Schwesternschaft geschlossenen Gestellungsvertrages tätig werden <R: **aA** LAG Nürnberg 28.3.2007, 4 TaBV 54/06, juris (das von

IV. Unzumutbarkeit der Weiterbeschäftigung § 78a

einer Drittvergabe ausgeht)>; zu diesen § 5 Rn 4, 10 und 22 sowie § 99 Rn 19. Eine kündigungsrechtl <**R:** BAG 9.5.1996, 2 AZR 438/95, BB 1996, 2358; 13.3.2008, 2 AZR 1037/06, DB 2008, 1575> und damit auch für § 78a zu akzeptierende betriebsorganisatorische Entscheidung des AG ist es aber, wenn er im Betrieb durchgeführte Arbeiten an Dritte zur selbstständigen Durchführung überträgt (**Fremdvergabe** oder **Outsourcing**): Da durch diese Entscheidung der Arbeitsplatz wegfällt, entfällt auch eine Übernahmepflicht des AG aus § 78a <**R:** LAG Nürnberg 28.3.2007, aaO; **L:** Richardi/*Thüsing* Rn 37>; zum nicht bestehenden Zustimmungserfordernis bei Einstellungen § 99 Rn 18.

Zur Weiterbeschäftigung verpflichtet ist der AG nur, wenn ein **unbefristeter** <**R:** BAG 15.11.2006, 7 ABR 15/06, DB 2007, 1646; 16.7.2008, 7 ABR 13/07, DB 2008, 2837; zum PersVG BVerwG 1.11.2005, aaO> **Vollzeitarbeitsplatz** <**R:** BAG 13.11.1987, 7 AZR 246/87, BB 1988, 2244; 16.7.2008, aaO; LAG Köln 15.12.2008, 2 TaBV 13/08, juris (nrk: 7 ABR 33/09)> frei ist, der **der Ausbildung des Amtsträgers entspricht** <**R:** BAG 6.11.1996, 7 ABR 54/95, BB 1997, 1793; 16.7.2008, aaO; zum PersVG BVerwG 1.11.2005, 6 P 3.05, NZA-RR 2006, 218>. Der Schutzzweck des § 78a kann es aber gebieten, dass der AG auf **Änderungswünsche** des Amtsträgers eingeht, sofern diese frühzeitig, regelmäßig nach der Nichtübernahmemitteilung des AG nach Abs 1, spätestens aber mit dem eigenen Weiterbeschäftigungsverlangen geäußert werden; eine Einverständniserklärung im arbg Beschlussverf kommt zu spät <**R:** BAG 6.11.1996, 15.11.2006 und 16.7.2008, aaO>. Der Auszubildende muss die von ihm hilfsweise für mögl gehaltene Beschäftigung so konkret beschreiben, dass der AG erkennen kann, wie sich der Auszubildende seine Weiterarbeit vorstellt <**R:** BAG 15.11.2006, aaO; 16.7.2008, aaO; **L:** krit *Deinert* AuR 2021, 292, 298>. Um einen arbg Beschluss zu verhindern, mit dem ein Anschlussarbeitsverhältnis auf einem ausbildungsgerechten, unbefristeten Vollzeitarbeitsplatz festgestellt oder bestätigt wird, muss sich der AG ggfs einverstanden erklären mit der Begründung eines **befristeten Arbeitsverhältnisses** <**R:** BAG 24.7.1991, 7 ABR 68/90, DB 1992, 483; 6.11.1996, aaO; **L:** GK/*Oetker* Rn 170; auch *Fitting* Rn 57; DKW/*Bachner* Rn 45; APS/*Künzl* Rn 115, 120>, mit der Herabsetzung der Stundenzahl <**R:** LAG Frankfurt, 6.1.1987, 7 Sa 1151/86, NZA 1987, 532; **L:** GK/*Oetker* Rn 170; auch *Fitting* Rn 57; DKW/*Bachner* Rn 45; APS/*Künzl* Rn 118, 120> und mit der Beschäftigung zu **schlechteren als den der Ausbildung entspr Arbeitsbedingungen** <**R:** BAG 6.11.1996 und 16.7.2008, aaO; LAG Köln 15.12.2008, 2 TaBV 13/08, juris (nrk: 7 ABR 33/09); **L:** Richardi/*Thüsing* Rn 41; GK/*Oetker* Rn 170; APS/*Künzl* Rn 110, 124; HWGNRH/*Nicolai* Rn 36; auch DKW/*Bachner* Rn 43; *Fitting* Rn 50, 57>. Die Beschäftigung auf einem „Beförderungsarbeitsplatz" schuldet der AG aber ebenso wenig wie zur Vermeidung einer betriebsbedingten Kd <**R:** zum PersVG BVerwG 1.11.2005, aaO; **L:** GK/*Oetker* Rn 162; **aA** iVm zumutbaren Qualifikationsmaßnahmen Richardi/*Thüsing* Rn 41; DKW/*Bachner* Rn 41; *Fitting* Rn 51; unter Hinweis auf den eng zu ziehenden Kreis des Zumutbaren BeckOK ArbR/*Werner* Rn 35>. Lehnt der Auszubildende die vom AG angebotene anderweitige Beschäftigung ab, kann er sich im anschließenden Verf nach Abs 4 nicht darauf berufen, dem AG sei die Beschäftigung zumutbar <**R:** BAG 15.11.2006, 7 ABR 15/06, DB 2007, 1646; 16.7.2008, aaO>.

24

Der sekundäre Schutzzweck des § 78a, die Kontinuität der Gremienarbeit zu schützen (Rn 1), kann nur erreicht werden, wenn der Auszubildende im selben Betrieb weiterbeschäftigt wird; durch die Weiterbeschäftigung in einem anderen Betrieb endet gem § 65 Abs 2 mit §§ 24 Nr 3, 61 Abs 2 die Mitgliedschaft im BR und in der Jugend- und Auszu-

25

§ 78a Schutz Auszubildender in besonderen Fällen

bildendenvertretung. Deswg muss für die Weiterbeschäftigung ein **Arbeitsplatz im Betrieb** frei sein <**R:** BAG 6.11.1996, 7 ABR 54/95, BB 1997, 1793; 15.11.2006, 7 ABR 15/06, DB 2007, 1646 mwN auf abw Rspr der LAG; zum PersVG BVerwG 1.11.2005, 6 P 3.05, NZA-RR 2006, 218; 11.3.2008, 6 PB 16/07, NZA-RR 2008, 445; **L:** *Gamillscheg* FS Wiedemann (2002), S 269, 278; GK/*Oetker* Rn 168; HWGNRH/*Nicolai* Rn 29; **aA** *Fitting* Rn 54; Richardi/*Thüsing* Rn 43; ErfK/*Kania* Rn 9; DKW/*Bachner* Rn 38>. Da dieser sekundäre Schutzzweck nicht erreicht wird, wenn der Auszubildende in einem anderen Betrieb des AG weiterbeschäftigt wird, kann der Auszubildende die Weiterbeschäftigung in einem anderen Betrieb auch nicht über einen Änderungswunsch (Rn 24) durchsetzen <**R:** BAG 15.11.2006, aaO; zum PersVG BVerwG 11.3.2008, aaO unter Aufgabe von 1.11.2005, aaO; **aber** 6.11.1996, aaO; LAG Nds 10.4.1997, 14 TaBV 89/96, LAGE § 78a BetrVG 1972 Nr 15; **aA** GK/*Oetker* Rn 170; APS/*Künzl* Rn 104; BeckOK ArbR/*Werner* Rn 38>.

§ 79 Geheimhaltungspflicht

(1) Die Mitglieder und Ersatzmitglieder des Betriebsrats sind verpflichtet, Betriebs- oder Geschäftsgeheimnisse, die ihnen wegen ihrer Zugehörigkeit zum Betriebsrat bekannt geworden und vom Arbeitgeber ausdrücklich als geheimhaltungsbedürftig bezeichnet worden sind, nicht zu offenbaren und nicht zu verwerten. Dies gilt auch nach dem Ausscheiden aus dem Betriebsrat. Die Verpflichtung gilt nicht gegenüber Mitgliedern des Betriebsrats. Sie gilt ferner nicht gegenüber dem Gesamtbetriebsrat, dem Konzernbetriebsrat, der Bordvertretung, dem Seebetriebsrat und den Arbeitnehmervertretern im Aufsichtsrat sowie im Verfahren vor der Einigungsstelle, der tariflichen Schlichtungsstelle (§ 76 Abs. 8) oder einer betrieblichen Beschwerdestelle (§ 86).

(2) Absatz 1 gilt sinngemäß für die Mitglieder und Ersatzmitglieder des Gesamtbetriebsrats, des Konzernbetriebsrats, der Jugend- und Auszubildendenvertretung, der Gesamt-Jugend- und Auszubildendenvertretung, des Wirtschaftsausschusses, der Bordvertretung, des Seebetriebsrats, der gemäß § 3 Abs. 1 gebildeten Vertretungen der Arbeitnehmer, der Einigungsstelle, der tariflichen Schlichtungsstelle (§ 76 Abs. 8) und einer betrieblichen Beschwerdestelle (§ 86) sowie für die Vertreter von Gewerkschaften oder von Arbeitgebervereinigungen.

Literatur: *Bissels/Schroeder/Ziegelmayer*, DB 2016, 2295; *Blanke*, Lohndaten und Gehaltsdaten – Geheimhaltungspflicht des Betriebsrats?, AiB 1982, 6; *Brammsen/Schmitt*, Informationen über einen geplanten betriebsändernden Personalabbau als Geschäftsgeheimnis, NZA-RR 2016, 81; *Bruder*, Die Weitergabe von Insiderinformationen durch Arbeitnehmervertreter (2008); *Däubler*, Pssst – streng geheim!, dbr 2005, Nr 4, 15; *Depel/Raif*, Geheimhaltungspflicht des Betriebsrats, BuW 2004, 523; *Hitzfeld*, Geheimnisschutz im Betriebsverfassungsrecht (1990); *Karthaus*, Omertá in der Betriebsverfassung, NZA 2018, 1180; *Kort*, Schweigepflicht eines beim BEM-Gespräch hinzugezogenen Betriebsratsmitglieds, NZA 2019, 502; *Lange/Schlegel*, § 79 BetrVG – zwischen Pflichterfüllung und Geheimhaltung ArbRAktuell 2015, 595; *Leuze*, Die Öffentlichkeitsarbeit des Personalrats und des Betriebsrats zwischen Informationsrecht, -pflicht und Schweigepflicht, ZTR 2009, 6; *Müller*, Die Geheimhaltungspflicht des Betriebsrats und seiner (Ersatz-)Mitglieder nach § 79 Abs 1 BetrVG, BB 2013, 2293; *Naber/Peuckert/Seeger*, Arbeitsrechtliche Aspekte des Geschäftsgeheimnisgesetzes, NZA 2019, 583; *Niklas*, Die Verschwiegenheitspflicht des Betriebsrats, ArbRB 2020, 122; *Oltmanns/Fuhlrott*, Geheimhaltungspflichten des Betriebsrats im arbeitsgerichtlichen Verfahren, NZA 2019, 1384; *Preis/Seiwerth*, Geheimnisschutz im Arbeitsrecht nach dem Geschäftsgeheimnisgesetz, RdA 2019, 351; *Weber*, Die Schweigepflicht des Betriebsrats (2000); *Weigert*, Angemessene Geheimhaltungsmaßnahmen im Sinne des Geheimnisschutzgesetzes – Geheimnisschutz ad absurdum?, NZA 2020, 209; *Wiese*, Zur Freiheit der Meinungsäußerung des Betriebsrats und seiner Mitglieder im Außenverhältnis, 50 Jahre Bundesarbeitsgericht (2004) S 1125; *Wochner*, Die Geheimhaltungspflicht nach § 79 BetrVG und ihr Verhältnis zum Privatrecht, insbesondere Arbeitsvertragsrecht, BB 1975, 1541.

Übersicht

	Rn.		Rn.
I. Normzweck und Anwendungsbereich	1	IV. Umfang der Geheimhaltungspflicht	16
II. Verpflichteter Personenkreis	4	V. Nichtbeachtung der Geheimhaltungspflicht	21
III. Geheimhaltungspflicht	8		
1. Betriebs- und Geschäftsgeheimnisse	8		
2. Bezeichnung als geheimhaltungsbedürftig	14		

§ 79 Geheimhaltungspflicht

I. Normzweck und Anwendungsbereich

1 Da der AG den BR nach § 80 Abs 2 und iR der MBR umfassend informieren muss, ist es notwendig, dem BR hinsichtl best unternehmensbezogener Geheimnisse eine Geheimhaltungspflicht aufzuerlegen. Diese dient in erster Linie dem Wettbewerbsschutz des AG und damit indirekt dem Erhalt der Arbeitsplätze im Betrieb <L: GK/*Oetker* Rn 9>. Die Geheimhaltungspflicht ergänzt die, auch datenschutzrechtlich begründete Pflicht der BR-Mitglieder, persönl Verhältnisse und Angelegenheiten der AN geheim zu halten, die ihnen bei personellen Einzelmaßnahmen (§§ 102 Abs 2 S 5, 99 Abs 1 S 3 mit Verweis auf § 79 Abs 1 S 2–4) oder bei der Hinzuziehung durch einen AN zu Besprechungen mit dem AG oder zur Einsichtnahme in die Personalakte (§§ 82 Abs 2 S 3, 83 Abs 1 S 3) bekannt geworden sind (§ 82 Rn 16, § 83 Rn 4, § 99 Rn 118 und § 102 Rn 50). Angaben über persönl Verhältnisse, die dem BR vom AG oder von einem ratsuchenden AN mitgeteilt werden, unterliegen iÜ keiner bes Geheimhaltungspflicht (etwa § 84 Rn 6, § 85 Rn 5). Aus der Stellung des BR als Organ der Belegschaft und aus § 75 Abs 2 ergibt sich aber, dass der BR vertraul Angaben über persönl Angelegenheiten, etwa über den Gesundheitszustand, nicht ohne Zustimmung des Betroffenen weitergeben darf (§ 75 Rn 37 ff).

2 **Weitere Geheimhaltungspflichten** normiert das seit dem 26.4.2019 (BGBl I, S 466) geltende GeschGehG, das nach seinem § 1 Abs 3 Nr 4 die Rechte des BR unberührt lässt, dessen Definition des Geschäftsgeheimnisses, § 2 Nr 1 GeschGehG, aber auch für § 79 heranzuziehen ist (s Rn 8). Verschwiegenheitspflichten können sich für den BR auch aus dem Grundsatz der vertrauensvollen Zusammenarbeit in § 2, aus § 75 Abs 2 (§ 75 Rn 41) und für jeden AN auch aus der arbeitsvertragl Treuepflicht, § 241 Abs 2 BGB, ergeben (Rn 10 und 16). Mittelbar wirken sich auch §§ 23 Abs 3, 22 Abs 2 BDSG auf die Verschwiegenheitspflicht des BR aus, wonach der BR personenbezogene Daten angemessen schützen muss. Die neue Vorschrift des § 79a stellt jetzt ausdrücklich klar, dass der BR auch an die Datenschutzvorgaben gebunden ist. Ist absehbar, dass der BR die notwendigen datenschutzrechtlichen Schutzmaßnahmen nicht erfüllt, kann der AG die entsprechende Auskunft verweigern <R: BAG 9.4.2019, 1 ABR 51/17, NZA 2019, 1055>.

3 Aus § 79 folgt mittelbar, dass sich die Unterrichtungspflichten des AG auch auf Betriebs- oder Geschäftsgeheimnisse erstrecken. Dadurch dient § 79 auch der Funktionalität der Betriebsverfassung, weil der AG nach der gesetzlichen Konzeption nicht befürchten muss, dass entsprechende Informationen weiterverbreitet werden <L: ErfK/*Kania* Rn 1; kritisch AR/*Kolbe* Rn 1; zur strafrechtl Dimension auch *Rieble/Klebeck* NZA 2006, 758>. Durch Geheimhaltungsinteressen des AG begrenzt werden nur die Unterrichtungspflichten ggü der Betriebsversammlung gem § 43 Abs 2 S 3 (dort Rn 6) und ggü dem WirtA gem § 106 Abs 2 (dort Rn 19f) <R: BAG 31.1.1989, 1 ABR 72/87, BB 1989, 1693>. Zur Beschränkung der Informationspflichten über den Einwand der unzulässigen Rechtsausübung Rn 21.

II. Verpflichteter Personenkreis

4 § 79 richtet sich nach **Abs 1** in erster Linie an die **BR-Mitglieder** und die **Ersatzmitglieder**, aber auch an den BR als Organ; insoweit ist Abs 1 S 1 planwidrig unvollständig und

deshalb analog anzuwenden <R: BAG 26.2.1987, 6 ABR 46/84, BB 1987, 2448; 14.5.1987, 6 ABR 39/84, DB 1988, 2569; L: GK/*Oetker* Rn 48 mwN>, ebenso für Ausschüsse des BR iS der §§ 27, 28. Nach **Abs 2** unterliegen der Schweigepflicht zudem die Mitglieder des GBR und des KBR, der Jugend- und Auszubildendenvertretung (auch auf Unternehmens- und Konzernebene), des WirtA (zu § 107 Abs 3 S 4 dort Rn 10), der Bordvertretung und des See-BR, der ES, einer tarifl Schlichtungsstelle (§ 76 Abs 8), einer betriebl Beschwerdestelle (§ 86 S 2, § 13 AGG) und zusätzl betriebsverfassungsrechtl Vertretungen iS des § 3 Abs 1. Zur Geheimhaltung verpflichtet werden nach Abs 2 auch die Vertreter von Gewerkschaften und von AG-Vereinigungen.

§ 80 Abs 4 erstreckt die Geheimhaltungspflicht auf **Sachverständige und Auskunftspersonen**, die der BR zur Durchführung seiner Aufgaben hinzuzieht (§ 80 Rn 50, 55). Für Mitglieder einer **Arbeitsgruppe**, der der BR nach **§ 28a** Aufgaben nach dem BetrVG übertragen hat, gilt § 79 entspr <L: *Tüttenberg* S 152 f; GK/*Oetker* Rn 46; *Fitting* Rn 1; HWGNRH/*Nicolai* Rn 13; aA DKW/*Buschmann* Rn 21>. Auf den **Vermittler iS des § 18a** kann § 79 **nicht** entspr angewandt werden, er unterliegt aber der arbeitsvertragl Schweigepflicht <L: ErfK/*Koch* § 18a Rn 3; Richardi/*Thüsing* § 18a Rn 49; aA GK/*Oetker* Rn 46>, noch § 18a Rn 12.

§ 79 gilt nicht für die **Vertrauenspersonen der Schwerbehindertenvertreter**, für die § 179 Abs 7 SGB IX eigenständig eine Geheimhaltungspflicht begründet. Ebenso wenig gilt § 79 für die AN-Vertreter im Aufsichtsrat mitbestimmter Unternehmen, für die §§ 116, 93 Abs 1 und 2 AktG weitergehende Schweigepflichten aufstellt, die nach § 25 Abs 1 Nr 2 MitbestG, § 1 Abs 1 Nr 3 DrittelbG auch für die Aufsichtsratsmitglieder in einer GmbH gelten. Für Mitglieder und Ersatzmitglieder des Europäischen BR stellt § 39 Abs 2, 3 EBRG eine eigenständige Geheimhaltungspflicht auf. Für die Mitglieder des SprA enthält § 29 SprAuG eine dem § 79 entspr Vorschrift, für PR-Mitglieder gilt § 11 BPersVG.

Zur Geheimhaltung verpflichtet sind die BR-Mitglieder gem Abs 1 S 2 auch, nachdem sie **aus dem BR ausgeschieden** sind, selbst wenn das Arbeitsverhältnis geendet hat <R: vgl BAG 15.12.1987, 3 AZR 474/86, DB 1988, 1020; L: GK/*Oetker* Rn 57 mwN> oder wenn der Betrieb stillgelegt worden ist <L: Richardi/*Thüsing* Rn 17>. Die Geheimhaltungspflicht endet erst, wenn die Angelegenheit allg bekannt, also kein Betriebs- oder Geschäftsgeheimnis mehr ist, oder der AG die Geheimhaltungspflicht aufgehoben hat, Rn 12 <L: statt aller GK/*Oetker* Rn 57; BeckOK ArbR/*Werner* BetrVG § 79 Rn 19; DKW/*Buschmann* Rn 19 mwN>.

III. Geheimhaltungspflicht

1. Betriebs- und Geschäftsgeheimnisse

Geheim zu halten sind nur Betriebs- und Geschäftsgeheimnisse. Der Begriff entwickelte sich anhand wettbewerbsrechtl Vorgaben, insbesondere nach § 17 UWG aF. Danach waren Betriebs- oder Geschäftsgeheimnisse alle im Zusammenhang mit einem Betrieb stehenden Tatsachen, Erkenntnisse oder Unterlagen, die **nicht offenkundig**, sondern nur einem eng begrenzten Personenkreis bekannt sind und an deren Geheimhaltung der AG insbes in seiner Eigenschaft als Wettbewerber ein objektiv feststellbares, **berechtigtes**

§ 79 Geheimhaltungspflicht

wirtschaftl Interesse hat (materielles Geheimnis) <R: BAG 26.2.1987, 6 ABR 46/84, BB 1987, 2448; 13.2.2007, 1 ABR 14/06, NZA 2007, 1121; BVerfG 14.3.2006, 1 BvR 2087/03, 1 BvR 2111/03, BVerfGE 115, 205>. Betriebsgeheimnisse bezeichnen dabei technisches Wissen im weitesten Sinne und Geschäftsgeheimnisse kaufmännisches Wissen. Betriebs- und Geschäftsgeheimnisse können auch Geheimnisse sein, die dem AG von Geschäftspartnern mitgeteilt worden sind. Offenkundig ist eine Tatsache nur dann, wenn sich jeder Interessierte ohne bes Mühe Kenntnis verschaffen kann <R: BAG 26.2.1987 aaO>. § 17 UWG aF wurde durch das GeschGehG vom 18.4.2019 (BGBl I, S 466) aufgehoben, die neue Definition des Geschäftsgeheimnisses in § 2 Nr 1 GeschGehG verlangt nun zusätzl in § 2 Nr 1 lit b zur fehlenden Offenkundigkeit und dem Geheimhaltungsinteresse, dass den Umständen nach **angemessene Geheimhaltungsmaßnahmen** getroffen werden. Ob diese zusätzl Voraussetzung auch für § 79 zu übernehmen ist, ist strittig <L: dafür ErfK/*Kania* Rn 2; *Preis/Seiwerth* RdA 2019, 351, 352; wohl auch Richardi/*Thüsing* Rn 5a; dagegen GK/*Oetker* Rn 24>. Dies wird mit dem Argument verneint, dass der Gesetzgeber die betriebsverfassungsrechtl Lage nicht verändert wissen wollte, wofür auch § 1 Abs 3 Nr 4 GeschGehG streite <L: so *Oltmanns/Fuhlrott* NZA 2019, 1384, 1387> und dass zudem auch unionsrechtl ein engerer Geheimnisbegriff vorgesehen sei <L: GK/*Oetker* Rn 24>. Richtig ist das nicht: Setzte man angemessene Geheimhaltungsmaßnahmen auch für § 79 nicht voraus, käme man zu einer verschärften und gleichheitswidrigen Veschwiegenheitsheitspflicht des BR im Gegensatz zu AN und Dritten <L: *Preis/Seiwerth* RdA 2019, 351, 352 ff; ErfK/*Kania* Rn 2>. Deshalb kommt man nun gleichsam zu einem „dreigliedrigen Geheimnisbegriff". Einen Unterschied zwischen Geschäfts- und Betriebsgeheimnissen macht § 2 GeschGehG nicht.

9 **Gesetzeswidrige Vorgänge**, etwa Steuerhinterziehungen, genießen keinen Geheimhaltungsschutz <L: *Fitting* Rn 3b; DKW/*Buschmann* Rn 9; ErfK/*Kania* Rn 6; BeckOK ArbR/*Werner* BetrVG § 79 Rn 10; auch GK/*Oetker* Rn 20>, siehe hier auch den Entwurf eines Gesetzes für einen besseren Schutz hinweisgebender Personen sowie zur Umsetzung der Richtlinie zum Schutz von Personen, die Verstöße gegen das Unionsrecht melden (Stand: 20.7.2022), der auch Betriebsräte schützen dürfte.

10 Besteht kein **objektives Geheimhaltungsinteresse** (materielles Geheimnis), kann der AG die Angelegenheit nicht willkürlich dadurch zum Betriebs- oder Geschäftsgeheimnis machen, dass er eine Mitteilung als vertraul oder als geheimhaltungsbedürftig bezeichnet <L: statt aller MünchArbR/*Krois* § 295 Rn 207; GK/*Oetker* Rn 20mwN>. Hinsichtl sonstiger vertraul Angaben kann eine Schweigepflicht aber aus § 2 und aus der arbeitsvertragl Treuepflicht folgen <L: Richardi/*Thüsing* Rn 3 mwN; GK/*Oetker* Rn 79; *Fitting* Rn 39; ErfK/*Kania* Rn 17; HWGNRH/*Nicolai* Rn 9; SWS Rn 4, 6; im Ergebnis auch DKW/*Buschmann* Rn 55>, diese ist aber nicht nach § 120 strafbewehrt. Noch Rn 2 und zur Schweigepflicht über persönl Angelegenheiten der AN Rn 1.

11 **Beispiele** für **Betriebsgeheimnisse** sind: Datensätze mit Konstruktionszeichnungen für die Herstellung von Werkzeugen <R: BGH 19.3.2008, I ZR 225/06, WRP 2008, 938>; Modelle von Präzisionsmessgeräten oder Schaltpläne, auch wenn sie sich vom Stand der Technik nicht abheben, da die Offenkundigkeit der zugrunde liegenden Fertigungsmethoden nicht ohne Weiteres angenommen werden kann <R: BGH 7.11.2002, I ZR 64/00, NJW-RR 2003, 618; 13.2.2007, I ZR 71/05, NZA-RR 2008, 421>; die Rezeptur eines Reagenzes <R: BAG 16.3.1982, 3 AZR 83/79, BB 1982, 1792>; Diensterfindungen, so-

III. Geheimhaltungspflicht § 79

fern sie nicht zum Patent oder Gebrauchsmuster angemeldet sind; Unterlagen über Mängel der im Unternehmen hergestellten Waren.

Als **Geschäftsgeheimnisse** kommen in Betracht: Kundendaten <R: BAG 15.12.1987, 3 AZR 474/86, DB 1988, 1020; BGH 26.2.2009, I ZR 28/06, DB 2009, 839ff>; Vertreterverzeichnisse; Preisberechnungen; Kalkulationsunterlagen und als Teil der Kalkulation über Umsätze und Gewinnmöglichkeiten die innerbetriebl Lohn- und Gehaltsstruktur <R: BAG 26.2.1987, 6 ABR 46/84, BB 1987, 2448 (Redakteure eines Verlags); 13.2.2007, 1 ABR 14/06, NZA 2007, 1121 (Bühnenmitglieder eines Theaters)>; Zahlungsbedingungen; getätigte oder beabsichtigte Vertragsschlüsse; die Absicht, Waren auf den Markt zu werfen oder in Massen aufzukaufen; Jahresabschlüsse, solange sie nicht veröffentlicht sind. 12

Welche **Schutzvorkehrungen** (s § 2 Nr 1 lit b GeschGehG) vom AG zu treffen sind, beurteilt sich nach den Umständen des Einzelfalles. Hier sind sowohl technische als auch rechtl Vorkehrungen, wie etwa vertragliche Verschwiegenheitsvereinbarungen, denkbar <L: s dazu *Weigert* NZA 2020, 209; *Preis/Seiwerth* RdA 2019, 351, 352; *Naber/Peuckert/Seeger* NZA 2019, 583>. Bisweilen wird bereits in der von § 79 Abs. 1 ohnehin geforderten Geheimhaltungserklärung des AG eine entsprechende Schutzvorkehrung gesehen <L: *Bissels/Schroeder/Ziegelmayer* DB 2016, 2295, 2297>. 13

2. Bezeichnung als geheimhaltungsbedürftig

Um den BR-Mitgliedern Klarheit darüber zu verschaffen, welche Betriebs- oder Geschäftsgeheimnisse sie geheim halten müssen, entsteht die Geheimhaltungspflicht nach Abs 1 S 1 nur dann, wenn der AG oder ein von ihm bestimmter Vertreter das materielle Geheimnis ausdrückl **als geheimhaltungsbedürftig bezeichnet** (formelles Geheimnis). Da Abs 1 eine „ausdrückl" Erklärung verlangt, genügt es nicht, dass sich die Geheimhaltungsbedürftigkeit aus den Umständen ergibt, etwa ohne weiteres erkennbar ist <L: statt aller GK/*Oetker* Rn 31 mwN>. Es ist aber nicht erforderl, dass der AG die Worte „geheimhaltungsbedürftig" verwendet. Vielmehr reicht es aus, dass der AG um die vertraul Behandlung von inhaltlich best bezeichneten Angelegenheiten bittet <L: GK/*Oetker* Rn 32 mwN>, sofern die Geheimhaltungsbedürftigkeit für den Empfänger klar erkennbar ist <L: BeckOK ArbR/*Werner* Rn 5; *Fitting* Rn 5; DKW/*Buschmann* Rn 14; ErfK/*Kania* Rn 7>. Da Abs 1 keine bes Form vorschreibt, genügt eine mündliche Bitte <L: GK/*Oetker* Rn 33 mwN>. Zur Geheimhaltung von Angelegenheiten, die der AG nicht ausdrückl als geheimhaltungsbedürftig bezeichnet, können die BR-Mitglieder ausnahmsweise aus § 2, insbes aber aufgrund ihrer arbeitsvertragl Treuepflicht verpflichtet sein <L: Richardi/*Thüsing* Rn 3; GK/*Oetker* Rn 79; *Fitting* Rn 39; ErfK/*Kania* Rn 17; aA DKW/*Buschmann* Rn 16>, diese ist aber nicht nach § 120 strafbewehrt. Dazu noch Rn 10. 14

Die Geheimhaltungsbedürftigkeit ist dem BR-Vors oder dessen Stellvertreter mitzuteilen (§ 26 Abs 2 S 2). Ist einem BR-Mitglied ein Betriebs- oder Geschäftsgeheimnis nicht vom AG, sondern **von Dritten** bekannt gegeben worden, wird es nach § 79 geheimhaltungspflichtig, wenn entweder der Dritte für das BR-Mitglied erkennbar als berechtigter Vertreter des AG darauf hinweist, der AG bezeichne die Angelegenheit für geheimhaltungsbedürftig, oder wenn der AG nachträgl auf sein Geheimhaltungsinteresse hinweist <L: statt aller GK/*Oetker* Rn 36 mwN>. Das Betriebs- oder Geschäftsgeheimnis muss dem zur Geheimhaltung Verpflichteten **in seiner Eigenschaft als BR-Mitglied bekannt** 15

geworden sein. Erfährt das BR-Mitglied das Geheimnis iR seiner Tätigkeit als AN des Betriebs, greift § 79 nicht; eine Schweigepflicht folgt dann aber aus der arbeitsvertragl Treuepflicht des AN <**L:** DKW/*Buschmann* Rn 16; GK/*Oetker* Rn 43; HWGNRH/*Nicolai* Rn 8; zur Bedeutung des GeschGehG in diesem Zusammenhang *Preis/Seiwerth* RdA 2019, 351, 355 f>. Damit das BR-Mitglied ihm als AN bekannt gewordene Geheimnisse in die Beratungen des BR einführen kann, bedarf es der Zustimmung des AG, der bei dieser Gelegenheit auch die Geheimhaltungsbedürftigkeit nach § 79 erklären kann. Verweigert der AG die Zustimmung, muss der BR von den ihm im BetrVG eingeräumten Informationsrechten, etwa aus § 80 Abs 2 S 1, Gebrauch machen und vom AG Auskunft verlangen und ggfs im arbg Beschlussverf durchsetzen.

IV. Umfang der Geheimhaltungspflicht

16 § 79 verbietet es den BR-Mitgliedern zum einen, die ihnen bekannt gewordenen Geheimnisse schriftl oder mündlich zu **offenbaren**, dh unbefugten Dritten zugänglich zu machen. Zum anderen verbietet § 79 die **Verwertung** von Geheimnissen: Die BR-Mitglieder dürfen diese nicht in Gewinnerzielungsabsicht wirtschaftl zu eigenen Zwecken ausnutzen <**L:** GK/*Oetker* Rn 55 mwN>. Zur Geheimhaltung verpflichtet sind die BR-Mitglieder **grds ggü jedermann**, also auch ggü den AN des Betriebs.

17 Um eine reibungslose Zusammenarbeit zu gewährleisten, besteht für die in Abs 1 und 2 aufgeführten Personen gem Abs 1 S 3 aber **keine Schweigepflicht** ggü den Mitgliedern des BR und nach Abs 1 S 4 ggü den Mitgliedern des GBR und des KBR, der Bordvertretung, des See-BR und den AN-Vertretern im Aufsichtsrat sowie im Verf vor der ES, einer tarifl Schlichtungsstelle und einer betriebl Beschwerdestelle. Daraus, dass Abs 1 S 3 nur die BR-Mitglieder, abw von Abs 1 S 1 aber nicht die Ersatzmitglieder nennt, muss **umgekehrt** geschlossen werden, dass die BR-Mitglieder ggü den Ersatzmitgliedern zur Geheimhaltung verpflichtet sind, solange diese nicht gem § 25 Abs 1 in den BR nachgerückt sind oder ein BR-Mitglied vorübergehend vertreten <**L:** GK/*Oetker* Rn 61; BeckOK ArbR/*Werner* Rn 20; auch DKW/*Buschmann* Rn 21>. Ggü Mitgliedern des BR eines anderen Konzernunternehmens besteht die Schweigepflicht <**L:** Richardi/*Thüsing* Rn 13; **aA: R:** LAG Schleswig-Holstein 4.3.2015, 3 Sa 400/14, juris, mit wenig belastbarer Begründung>.

18 Auch ggü den in Abs 2 zusätzl genannten Mitgliedern der Jugend- und Auszubildendenvertretung und des WirtA sind die BR-Mitglieder strikt zur Geheimhaltung verpflichtet: Es bleibt dem AG vorbehalten, Betriebs- und Geschäftsgeheimnisse an die Jugend- und Auszubildendenvertretung und den WirtA (mit den Einschränkungen des § 106 Abs 2 S 1) weiterzugeben <**L:** GK/*Oetker* Rn 66; ErfK/*Kania* Rn 13; **aA** DKW/*Buschmann* Rn 21>. Auch Vertreter von Gewerkschaften und von AG-Vereinigungen werden nach Abs 2 zwar der Geheimhaltungspflicht unterworfen, aber nicht nach Abs 1 S 3 und 4 in den freien innerbetriebl Informationsfluss einbezogen <**L:** GK/*Oetker* Rn 66; Richardi/*Thüsing* Rn 24; **aA** DKW/*Buschmann* Rn 28; auch 6. Aufl Rn 8 für die nach § 31 hinzugezogenen Gewerkschaftsmitglieder>; das Gleiche gilt für Sachverständige und Auskunftspersonen, die der BR zur Durchführung seiner Aufgaben hinzuzieht und auf die **§ 80 Abs 4** die Geheimhaltungspflicht erstreckt <**L: aA** DKW/*Buschmann* Rn 30>, siehe auch Rn 5.

V. Nichtbeachtung der Geheimhaltungspflicht § 79

Ebenso wenig wie ein BR Informationen an nebengeordnete BR weitergeben darf <L: aA 19
GK/*Oetker* Rn 64>, sondern nur an den GBR und KBR, so wenig erlaubt Abs 1 S 3 und 4
eine **Geheimnisweitergabe an zusätzl betriebsverfassungsrechtl Vertretungen** iS des
§ 3 Abs 1 <L: aA *Fitting* Rn 28; DKW/*Buschmann* Rn 26; wohl auch ErfK/*Kania*
Rn 13>. Da die Mitglieder dieser Vertretungen nach § 3 Abs 5 aber einem BR gleichzusetzen sind, dürfen die in Abs 2 genannten Personen, insbes die Mitglieder des GBR oder
KBR, Informationen an zusätzl betriebsverfassungsrechtl Vertretungen iS des § 3 weitergeben <L: GK/*Oetker* Rn 67; HWGNRH/*Nicolai* Rn 14; auch insoweit aA Richardi/*Thüsing* Rn 29>. Nicht zur Weitergabe von Geheimnissen berechtigt sind die BR-Mitglieder
aber ggü dem SprA <L: Richardi/*Thüsing* Rn 29; *Fitting* Rn 21>, den Mitgliedern einer
Arbeitsgruppe nach § 28a <L: Richardi/*Thüsing* Rn 29; *Fitting* Rn 21; HWGNRH/*Nicolai* Rn 14> und dem EBR. Für die Vertrauensleute der Schwerbehinderten gilt § 179
Abs 7 S 3 SGB IX.

Die Geheimhaltungspflicht **entfällt**, wenn der Betreffende zum Reden verpflichtet ist, 20
etwa als Zeuge in einem Rechtsstreit, insbes in Strafverf oder iR der Mitwirkung des BR
bei der Bekämpfung von Unfall- und Gesundheitsgefahren (§ 89 Rn 10) <**R:** BAG
3.6.2003, 1 ABR 19/02, DB 2003, 2496; auch BVerfG 2.7.2001, 1 BvR 2049/00, DB
2001, 1622; **L:** *Wiese* FS 50 Jahre BAG, S 1125, 1134; BeckOK ArbR/*Werner* Rn 24; Ri-
chardi/*Thüsing* Rn 15 f; *Fitting* Rn 30; ErfK/*Kania* Rn 13; DKW/*Buschmann* Rn 36; s insbes zum arbeitsgerichtl Verf *Oltmanns/Fuhlrott* NZA 2019, 1384>. Ein bes Zeugnisverweigerungsrecht haben betriebsverfassungsrechtl Amtsträger nicht, **insbes kein amtsbezogenes Zeugnisverweigerungsrecht** nach § 53 Abs 1 StPO <**R:** BVerfG 19.1.1979, 2
BvR 995/78, NJW 1979, 1286; **L:** statt aller GK/*Oetker* Rn 58>.

V. Nichtbeachtung der Geheimhaltungspflicht

Auch wenn § 79 Abs 1 S 1 anders als §§ 23 Abs 3, 74 Abs 2 kein ausdrückl Unterlas- 21
sungsgebot normiert, folgt aus der Geheimhaltungspflicht ein **Unterlassungsanspruch
des AG**: Der AG kann von den BR-Mitgliedern und dem BR als Gremium (Rn 4) verlangen, die Offenbarung und Verwertung von Betriebs- oder Geschäftsgeheimnissen zu unterlassen <**R:** BAG 26.2.1987, 6 ABR 46/84, BB 1987, 2448; 14.5.1987, 6 ABR 39/84,
DB 1988, 2569; **L:** GK/*Oetker* Rn 76 f mwN>. Dieser Unterlassungsanspruch kann im
arbg Beschlussverf und auch durch eV durchgesetzt werden, §§ 85 Abs 2 ArbGG iVm
935 ff ZPO <**L:** GK/*Oetker* Rn 76 f mwN>. Hat der BR seine Geheimhaltungspflicht verletzt, kann der AG in bes schwerwiegenden oder wiederholten Fällen weiteren Auskunftsverlangen des BR auch den Einwand der **unzulässigen Rechtsausübung** entgegenhalten,
bis der BR sich ausdrückl bereit erklärt, die Geheimhaltungspflicht aus § 79 künftig zu
beachten <**R:** BAG 14.5.1987, 6 ABR 39/84, DB 1988, 2569; **L:** Richardi/*Thüsing*
Rn 43>. Verletzt ein BR-Mitglied seine Pflicht aus § 79 grob, kann es nach **§ 23 Abs 1**
aus dem BR ausgeschlossen werden <**R:** BAG 22.5.1959, 1 ABR 2/59, BB 1959, 848; **L:**
GK/*Oetker* Rn 72 mwN>.

In schweren Fällen berechtigt der Bruch der Geheimhaltungspflicht den AG zur wg § 15 22
KSchG ggü BR-Mitgliedern allein zulässigen **ao Kd**, sofern das BR-Mitglied – wie in
der Regel – mit der Weitergabe oder Verwertung von Geschäfts- und Betriebsgeheimnissen auch seine arbeitsvertragl Verschwiegenheitspflicht verletzt, Rn 2, 10, 16 <**L:**

§ 79 Geheimhaltungspflicht

MünchArbR/*Krois* § 295 Rn 216; GK/*Oetker* Rn 79 mwN>, noch § 103 Rn 41 ff. Schädigt der AN den AG durch die Weitergabe oder Verwertung von Geheimnissen, macht er sich nach § 823 Abs 2 BGB iVm § 79 als Schutzgesetz <L: BeckOK ArbR/*Werner* Rn 28; GK/*Oetker* Rn 74 mwN> und wg des Verstoßes gg seine arbeitsvertragl Verschwiegenheitspflicht nach §§ 280 Abs 1, 241 Abs 2 BGB **schadensersatzpflichtig**; § 619a BGB spielt praktisch keine Rolle, da das BR-Mitglied in aller Regel vorsätzl handeln wird. Die Verletzung der Geheimhaltungspflicht ist **gem § 120 strafbar**.

§ 79a Datenschutz

Bei der Verarbeitung personenbezogener Daten hat der Betriebsrat die Vorschriften über den Datenschutz einzuhalten. Soweit der Betriebsrat zur Erfüllung der in seiner Zuständigkeit liegenden Aufgaben personenbezogene Daten verarbeitet, ist der Arbeitgeber der für die Verarbeitung Verantwortliche im Sinne der datenschutzrechtlichen Vorschriften. Arbeitgeber und Betriebsrat unterstützen sich gegenseitig bei der Einhaltung der datenschutzrechtlichen Vorschriften. Die oder der Datenschutzbeauftragte ist gegenüber dem Arbeitgeber zur Verschwiegenheit verpflichtet über Informationen, die Rückschlüsse auf den Meinungsbildungsprozess des Betriebsrats zulassen. § 6 Absatz 5 Satz 2, § 38 Absatz 2 des Bundesdatenschutzgesetzes gelten auch im Hinblick auf das Verhältnis der oder des Datenschutzbeauftragten zum Arbeitgeber.

Literatur: *Benkert*, Beschäftigtendatenschutz, NJW-Spezial 2021, 562; *Brink/Joos*, Datenschutzrechtliche Verantwortlichkeit der betrieblichen und behördlichen Beschäftigtenvertretungen, NZA 2019, 1395; *dies*, Datenschutzrechtliche Folgen für den Betriebsrat nach dem Betriebsrätemodernisierungsgesetz, NZA 2021, 1440; *Fink*, Beschäftigtendatenschutz als Aufgabe des Betriebsrats (2021); *Franzen*, Datenverarbeitung des Betriebsrats und Datenschutzrecht, FS Ingrid Schmidt, S 87; *Grimm/Vitt*, Die neue datenschutzrechtliche Stellung des Betriebsrats nach Maßgabe des Betriebsrätemodernisierungsgesetzes, ArbRB 2021, 279; *Herget*, Der Datenschutz nach § 79a BetrVG, BRuR 2022, 18; *Kort*, Das Dreiecksverhältnis von Betriebsrat, betrieblichem Datenschutzbeauftragten und Aufsichtsbehörde beim Arbeitnehmerdatenschutz, NZA 2015, 1345; *Klebe/Schmidt/Klengel*, Betriebsverfassung und Datenschutzrecht, FS 100 Jahre Betriebsverfassungsrecht (2020), S 303; *Kleinebrink*, Arbeitgeber und Betriebsrat als „Verantwortliche" im neuen Datenschutzrecht, DB 2018, 2566; *Kurzböck/Weinbeck*, Die datenschutzrechtliche Verantwortlichkeit des Betriebsrats, BB 2020, 500; *Lembke*, Der Betriebsrat – Verantwortlicher im Sinne der DS-GVO?, FS Ingrid Schmidt (2021), S 277; *Lücke*, Die Betriebsverfassung in Zeiten des DS-GVODSGVO, NZA 2019, 658; *Maschmann*, Der Betriebsrat als für dem Datenschutz Verantwortlicher, NZA 2020, 1207; *ders*, Datenschutzverstoß im Betriebsratsbüro, FS Ingrid Schmidt (2021), S 337; *ders*, Der Arbeitgeber als Verantwortlicher für den Datenschutz im Betriebsratsbüro (§ 79a BetrVG)?, NZA 2021, 834; *Reifelsberger/Koplin*, Die datenschutzrechtliche Stellung des Betriebsrats innerhalb des Unternehmens, DB 2022, 598; *Schiefer/Worzalla*, Das Betriebsrätemodernisierungsgesetz – Eine „Mogelpackung"?, NZA 2021, 817; *Staben*, Die Datenschutzverantwortlichkeit des Betriebsrats, ZfA 2020, 287; *Walker*, Sanktionen und Haftung bei Datenschutzverstößen des Betriebsrats, FS Wilhelm Moll (2019), S 697.

Übersicht

	Rn.		Rn.
I. Zweck und Systematik	1	IV. Gegenseitige Unterstützungspflichten	12
II. Einhaltung des Datenschutzrechts durch den BR	3	V. Rechtliche Stellung des Datenschutzbeauftragen	16
III. Datenschutzrechtliche Verantwortlichkeit des AG	6	VI. Streitigkeiten	21

I. Zweck und Systematik

Die durch das Betriebsrätemodernisierungsgesetz mit Wirkung zum 28.6.2021 (BGBl I S 1762) eingefügte Vorschrift ist eine **Scharniernorm zwischen Betriebsverfassung** 1

§ 79a Datenschutz

und **Datenschutzrecht** und soll insbesondere die lange umstrittene Frage klären, wer im Sinne der DSGVO datenschutzrechtlich Verantwortlicher ist. Das Gesetz legt nun entgegen anderen Vorschlägen in der Literatur (Rn 6) und unter Aufnahme der Rspr den AG als Verantwortlichen fest. Das führt zu einem Auseinanderfallen von Verantwortlichkeit und Beherrschbarkeit der datenschutzrechtlich relevanten Vorgänge, weil der BR in seinem betriebsverfassungsrechtlich veranlassten Handeln vom AG unabhängig ist. § 79a ist der Versuch, diese Situation, die noch durch die nur teilweise gegebene Vermögensfähigkeit des BR kompliziert wird, dadurch aufzulösen, dass zum einen der BR ausdrücklich für die Einhaltung der datenschutzrechtlichen Vorschriften in die Pflicht genommen wird (S 1) und dass zum anderen zwischen AG und BR gegenseitige Unterstützungspflichten zur Einhaltung der datenschutzrechtlichen Vorgaben begründet werden (S 3). Darüber hinaus sehen S 4 und 5 besondere Verschwiegenheitspflichten des betrieblichen Datenschutzbeauftragten vor, dessen Zuständigkeit für den BR so implizit klargestellt wird. Nicht alle halten diese den betriebsverfassungsrechtlichen Gegebenheiten geschuldete Konstruktion und damit den § 79a insgesamt auch datenschutzrechtlich für gelungen.

2 § 79a nennt ausdrücklich nur den BR, allerdings verarbeiten auch andere Organe der Betriebsverfassung wie GBR, KBR oder JAV Daten im Sinne der DSGVO, deshalb wird zu Recht eine entsprechende Anwendung befürwortet <**L:** *Fitting* Rn 1>. Die Regelung ist, was die datenschutzrechtliche Verantwortlichkeit und die datenschutzrechtlichen Pflichten betrifft, **zwingend**.

II. Einhaltung des Datenschutzrechts durch den BR

3 S 1 verpflichtet den BR zur Einhaltung der datenschutzrechtlichen Vorschriften. Damit ist nicht die allgemeine Überwachungsaufgabe des BR nach § 80 Abs 1 Nr 1 gemeint, die den BR verpflichtet, die Einhaltung der arbeitnehmerschützenden Regelungen im Betrieb zu überwachen, sondern das **datenschutzrechtlich relevante Tun des BR** selbst <**L:** *Fitting* Rn 23 zur Situation vor Inkrafttreten des § 79a>. Die datenschutzrechtlichen Vorgaben betreffen den BR selbst immer dann, wenn er nach Art 4 Nr 2 DSGVO Datenverarbeitung betreibt. Dabei ist ein grundsätzlich zu schützendes Datum jede Information, die sich auf eine identifizierte oder identifizierbare Person bezieht, Art 4 Nr 1 DSGVO. Solche Datenverarbeitung geschieht im Rahmen der betriebsverfassungsrechtlichen Aufgabenerfüllung des BR oft – wie etwa bei der Mitwirkung bei personellen Einzelmaßnahmen nach § 99 oder dem Umgang mit Sozial- oder Entgeltdaten. Der BR unterfällt damit nach S 1 in gleichem Maße wie der AG selbst den Vorgaben des Datenschutzrechts, also der DSGVO und des BDSG. Er darf deshalb nach dem **Grundsatz des § 26 Abs 1 BDSG** Daten nur dann verarbeiten, wenn dies für die Entscheidung über die Begründung eines Beschäftigungsverhältnisses oder nach Begründung des Beschäftigungsverhältnisses für dessen Durchführung oder Beendigung oder zur Ausübung oder Erfüllung der sich aus einem Gesetz oder einem Tarifvertrag, einer Betriebs- oder Dienstvereinbarung ergebenden Rechte und Pflichten der Interessenvertretung der Beschäftigten erforderlich ist <dazu **L:** *Staben* ZfA 2020, 287, 300>. Eine außerhalb dieser datenschutzrechtlichen Rechtfertigung liegende Datenverarbeitung ist unzulässig.

4 Das bedeutet zunächst, dass der BR Daten überhaupt nur verarbeiten darf, wenn dies im **Rahmen seiner gesetzlich vorgegebenen Aufgaben** geschieht <**L:** *Fitting* Rn 23; Ri-

chardi/*Thüsing* Rn 6>. Ob darüber hinaus die Erforderlichkeit der Datenverarbeitung aus dieser betriebsverfassungsrechtlichen Aufgabenerfüllung also solcher geschlossen werden kann, zumal unter Rückgriff auf § 26 Abs 4 und 6 BDSG <**R:** BAG 7.5.2019, 1 ABR 53/17, NZA 2019, 1218; BAG 9.4.2019, 1 ABR 51/17, NZA 2019. 1055; **L:** GK/*Franzen* Rn 3; s aber insgesamt den Vorlagebeschluss VG Wiesbaden 21.12.2020, 23 K 1360/20.WI.PV zur Vereinbarkeit von § 26 Abs 1 BDSG mit der Öffnungsklausel in Art 88 Abs 1 DSGVO>, sodass es letztlich zu einer weitgehenden Parallelität zwischen der Erfüllung betriebsverfassungsrechtlicher Aufgaben und datenschutzrechtlicher Erforderlichkeit käme, ist durchaus fraglich. Vielmehr spricht vieles und insbesondere die Gesetzesbegründung <**L:** BT-Drs 18/11325, S 97> dafür, dass auch innerhalb der Aufgabenwahrnehmung des BR eine Datenverarbeitung nur dann erforderlich ist, wenn sich diese Erforderlichkeit aus einer **Abwägung** zwischen dem Informationsinteresse des BR und des Rechts auf informationelle Selbstbestimmung und anderer Grundrechte des AN ergibt <**L:** *Fitting* Rn 25; Richardi/*Thüsing* Rn 7; *Staben* ZfA 2020, 287; 301>. Hier wird sich das Interesse an der Aufgabenwahrnehmung durch den BR regelmäßig durchsetzen, ein Automatismus ist aber nicht gegeben. Dies gilt insbesondere für die besonders geschützten Daten nach Art 9 DSGVO, für die die Abwägungslösung in § 26 Abs 3 S 1 BDSG ausdrücklich vorgesehen ist <dazu **R:** BAG 9.4.2019, 1 ABR 51/17, NZA 2019. 1055; **L:** GK/*Franzen* Rn 4>.

Der BR muss damit bei der Erfüllung seiner betriebsverfassungsrechtlichen Aufgaben eigenverantwortlich die notwendigen **technischen und organisatorischen Maßnahmen** zum Datenschutz vornehmen <**L:** dazu *Staben* ZfA 2020, 287, 304>. Der AG ist zur entsprechenden Ausstattung mit Sachmitteln über § 40 Abs 2 und aus S 3 verpflichtet <**L:** ErfK/*Kania* Rn 2>. 5

III. Datenschutzrechtliche Verantwortlichkeit des AG

Der Gesetzgeber hat durch die Zuschreibung der datenschutzrechtlichen Verantwortlichkeit auf den AG einen seit längerem währenden **Streit** in dieser Frage **entschieden** <s dazu nur **L:** *Franzen* FS I Schmidt, 103, 107 ff auf der einen, *Lembke* FS Ingrid Schmidt, S 277, 288 ff auf der anderen Seite; s insgesamt die Darstellung bei *Staben* ZfA 2020, 287, 291 ff; *Fitting* Rn 17 ff>. Dies gilt auch für den KBR, der ebenfalls kein eigenständiger Verantwortlicher sein kann <**L:** Richardi/*Thüsing* Rn 3; *Flink* RDV 2021, 123, 127>. Unionsrechtlich ist diese Zuschreibung aufgrund von Art 4 Nr 7 Hs 2 DSGVO möglich, weil durch das BetrVG selbst Zweck und Mittel der Datenverarbeitung im Betrieb vorgegeben werden <**L:** GK/*Franzen* Rn 7; Richardi/*Thüsing* Rn 1; ErfK/*Kania* Rn 2; im Ergebnis wohl auch *Fitting* Rn 10 ff; **aA** *Maschmann* FS I. Schmidt, S 353, 367; *Maschmann* NZA 2021, 834>. Ob diese Zuschreibung der datenschutzrechtlichen Verantwortlichkeit in S 2 letztlich aber in der gewählten Konstruktion „unionsrechtsfest" ist, wird für die Praxis der EuGH entscheiden müssen <**L:** *Fitting* Rn 19: Anrufung „stehe im Raum">. 6

Datenschutzrechtliche Verantwortung meint, dass der AG sowohl nach innen wie nach außen Adressat der datenschutzrechtlichen Vorgaben ist <**L:** ErfK/*Kania* Rn 2>. Das betrifft etwa die Informationspflichten nach Art 13 f DSGVO, die Auskunftspflicht nach Art 15 DSGVO, die Berichtigungspflicht nach Art 16 DSGVO oder die Löschungspflicht 7

§ 79a Datenschutz

nach Art 17 DSGVO <L: GK/*Franzen* Rn 11>. Ebenso betrifft es die Pflicht des AG, ein Datenverarbeitungsverzeichnis nach Art 30 DSGVO zu führen <L: Richardi/*Thüsing* Rn 32> und eine datenschutzrechtliche Folgenabschätzung nach Art 35 DSGVO vorzunehmen. Der AG ist nach dem Wortlaut des S 2 alleiniger datenschutzrechtlich Verantwortlicher <L: s aber *Franzen* FS I Schmidt, S 103, 104, der eine gemeinsame Verantwortlichkeit für möglich hält>. Der AG ist auch Adressat der Sanktionen bei einem Datenschutzverstoß, so kommen Bußgelder nach Art 83 DSGVO in Betracht, ebenso Schadensersatzansprüche nach Art 82 DSGVO oder die Straf- und Bußgeldregelungen der §§ 42, 43 BDSG <L: Richardi/*Thüsing* Rn 15; s dazu die Darstellung bei *Benkert* NJW-Spezial 2021, 562, 562 f>.

8 Diese – datenschutzrechtlich nicht zwangsläufige – Zuweisung der Verantwortung auf den Arbeitgeber trifft in die **spezifisch betriebsverfassungsrechtliche Rechtsbeziehung** zwischen AG und BR, die es verhindert, dass der AG dem BR Weisungen hinsichtlich des betriebsverfassungsrechtlichen Tuns erteilen kann. Deshalb wird die Vorschrift des § 79a insgesamt als wenig geglückt angesehen <L: *Maschmann* FS I. Schmidt, S 353, 368; *Maschmann* NZA 2021, 834, 835>. Das Gesetz behilft sich hier mit dem Verweis, dass sowohl AG als auch BR Unterstützungspflichten treffen, die insgesamt der Einhaltung der datenschutzrechtlichen Vorgaben dienen sollen.

9 Die datenschutzrechtliche Verantwortlichkeit des AG hat freilich dort ihre **Grenzen**, wo der BR außerhalb der durch das BetrVG vorgegebenen Aufgaben datenschutzrechtswidrig tätig wird <L: GK/*Franzen* Rn 12>. Das lässt sich bereits aus der Einschränkung in S 2 „soweit" lesen <L: ErfK/*Kania* Rn 2>. In diesen Fällen kann es dann zu einer persönlichen (deliktischen) Haftung des BR-Mitglieds kommen, das entsprechend rechtswidrig handelt <L: GK/*Franzen* Rn 12>.

10 Aus der notwendigen Unterstützung des AG durch den BR folgt auf der **Sanktionsseite**, dass der AG nicht sanktioniert werden kann, wenn der BR seiner Unterstützungspflicht (dazu Rn 12 ff) nicht nachkommt. Hat also der AG den BR zu unterstützenden Maßnahmen, etwa der Löschung von AN-Daten, aufgefordert, so ist weder eine Geldbuße nach Art 83 DSGVO noch ein Schadensersatzanspruch des AN nach Art 82 DSGVO zwangsläufig <L: GK/*Franzen* Rn 12>.

11 S 2 ist **zwingendes Recht**, der Gesetzgeber wollte ausdrücklich dem AG die datenschutzrechtliche Verantwortlichkeit zuweisen. Deshalb ist eine anderweitige Vereinbarung zwischen AG und BR nicht möglich. Allerdings wird es für möglich erachtet, durch BV die gegenseitigen Unterstützungspflichten des S 3 zu konkretisieren <L: *Fitting* Rn 20>.

IV. Gegenseitige Unterstützungspflichten

12 Die Trennung in die dem AG in S 2 zugeschriebene datenschutzrechtliche Verantwortlichkeit auch für die Datenverarbeitung des BR auf der einen und die fehlende betriebsverfassungsrechtliche Weisungsmöglichkeit des AG auf der anderen Seite sucht S 3 durch die **gegenseitige Unterstützungspflicht** von AG und BR zur Einhaltung der datenschutzrechtlichen Vorgaben aufzufangen <L: BT-Drs 19/29819 S 17; Richardi/*Thüsing* Rn 11: gemeinsame Verantwortlichkeit „durch die Hintertür"">. Das trifft insbesondere die

Pflicht des BR, den AG bei der Einhaltung der datenschutzrechtlichen Pflichten zu unterstützen.

Inhaltlich geht es S 3 nicht um die bloße Wiederholung des Grundsatzes der vertrauensvollen Zusammenarbeit, sondern um eine unmittelbare Begründung von Pflichten, um dem jeweils anderen Betriebspartner die Erfüllung der datenschutzrechtlichen Vorgaben zu ermöglichen <L: *Fitting* Rn 39>. Der AG hat die vom BR nach S 1 zu gewährleistende rechtmäßige Datenverarbeitung etwa durch entsprechende Sachmittel zu unterstützen, damit ergibt sich hier neben § 40 Abs 2 ein eigener Ausstattungsanspruch des BR <L: *Fitting* Rn 40>. Auf der anderen Seite hat der BR etwa dem AG die erforderliche Auskunft über dessen Einhaltung datenschutzrechtlich relevanter Vorgänge zu geben oder etwa entsprechende notwendige Löschungen vorzunehmen. Erfolgt etwa eine solche Löschung von AN-Daten durch den BR, so wird damit auch die Löschungspflicht des AG aus Art 17 DSGVO erfüllt <L: GK/*Franzen* Rn.11; *Schiefer/Worzalla* NZA 2021, 817, 821>. Weitergehend wird auch eine eigene Kontrollmöglichkeit des AG gegenüber dem datenschutzrechtlich relevanten Tun des BR gefolgert, sodass der AG nachvollziehen kann, ob der BR die datenschutzrechtlichen Vorgaben einhält <L: Richardi/*Thüsing* Rn 12>. Das freilich begegnet insofern Bedenken, als die unabhängige Amtsführung des BR in Rede steht. Deshalb wird etwa gefolgert, dass im Zweifel dem Grundsatz der Informationstrennung der Vorrang einzuräumen sei <L: GK/*Franzen* Rn 13>.

13

Durch eine entsprechende BV können die jeweiligen Unterstützungspflichten konkretisiert werden <L: Richardi/*Thüsing* Rn 14; GK/*Franzen* Rn 12>.

14

Systematisch ist die Unterstützungspflicht eine **betriebsverfassungsrechtliche, keine bloße datenschutzrechtliche Pflicht** <L: ErfK/*Kania* Rn 2; *Fitting* Rn 43>. Deshalb hat etwa der AG einen entsprechenden Anspruch gegen den BR auf deren Einhaltung. Kommt der BR dieser Pflicht nicht nach, können die Sanktionen nach § 23 Abs 1 greifen <R: für einen eklatanten Datenschutzverstoß zur Rechtslage vor § 79a ArbG Iserlohn 14.1.2020, 2 BV 5/19, juris; L: GK/*Franzen* Rn 12>.

15

V. Rechtliche Stellung des Datenschutzbeauftragen

Nach § 38 Abs 1 S 1 BDSG hat der AG einen betrieblichen Datenschutzbeauftragten zu bestellen, wenn er in der Regel mindestens 20 Personen ständig mit automatisierter Datenverarbeitung beschäftigt <L: näher zu diesem Beschäftigtenbegriff ErfK/*Franzen* BDSG § 38 Rn 2>. Zu den Ernennungs- und Qualifikationsanforderungen s Art 37 DSGVO; zur Stellung s Art 38 DSGVO. Ob auch ein BR-Mitglied und insbesondere der BR-Vorsitzende Datenschutzbeauftragter sein kann, ist Gegenstand eines Vorlageverfahrens nach Art 267 AEUV <R: BAG 27.4.2021, 9 AZR 383/19 (A), NZA 2021, 1183; s zuvor bejahend BAG 23.3.2011, 10 AZR 562/09, NZA 2011, 1036>.

16

Die **S 4 und 5** entscheiden den bislang geführten Streit um die Zuständigkeit des betrieblichen Datenschutzbeauftragten für die Datenverarbeitung des BR. Das BAG hatte diese Zuständigkeit abgelehnt <R: BAG 11.11.1997, 1 ABR 21/97, NZA 1998, 385>. Diese Rspr. ist überholt, weil sich diese Zuständigkeit nunmehr zumindest implizit aus S 4, 5 ergibt <L: GK/*Franzen* Rn 14; *Fitting* Rn 54>.

17

§ 79a Datenschutz

18 Allerdings ist notwendige Folge dieser Zuständigkeit des betrieblichen Datenschutzbeauftragten, dass dieser hinsichtlich aller Vorgänge, die die Meinungsbildung im BR betreffen und die ihm im Rahmen seiner Zuständigkeit bekannt werden, zur **Verschwiegenheit** verpflichtet ist, S 4. Der Datenschutzbeauftragte darf solche Informationen also weder von sich aus weitergeben, noch darf der AG diesem eine Weisung auf entsprechende Auskunft erteilen. Ein Verstoß gegen diese Verschwiegenheitspflicht kann unter Umständen bis zur Behinderung der BR-Arbeit nach § 78 führen.

19 Eine weitere – nicht originär betriebsverfassungsrechtlich geprägte – Verschwiegenheitspflicht folgt aus dem letztlich deklaratorischen **Verweis von S 5 auf § 6 Abs 5 S 2 BDSG**. Dieser bestimmt, dass der Datenschutzbeauftragte zur Verschwiegenheit über die Identität der betroffenen Person sowie über Umstände, die Rückschlüsse auf die betroffene Person zulassen, verpflichtet ist, soweit sie oder er nicht davon durch die betroffene Person befreit wird. Damit werden die betroffenen AN und auch die Hinweisgeber über einen möglichen Datenschutzverstoß geschützt <L: GK/*Franzen* Rn 16>.

20 Der Verweis auf § 38 Abs 2 BDSG stellt klar, dass diese Verschwiegenheitspflicht sowohl für Datenschutzbeauftragte öffentlicher wie nicht-öffentlicher Stellen gilt.

VI. Streitigkeiten

21 Streitigkeiten über die betriebsverfassungsrechtlichen Positionen, die sich aus § 79a ergeben, insbesondere über die Reichweite der Unterstützungspflichten des S 3 sind im Beschlussverfahren auszutragen <L: *Fitting* Rn 56>.

§ 80 Allgemeine Aufgaben

(1) Der Betriebsrat hat folgende allgemeine Aufgaben:

1. darüber zu wachen, dass die zugunsten der Arbeitnehmer geltenden Gesetze, Verordnungen, Unfallverhütungsvorschriften, Tarifverträge und Betriebsvereinbarungen durchgeführt werden;

2. Maßnahmen, die dem Betrieb und der Belegschaft dienen, beim Arbeitgeber zu beantragen;

2a. die Durchsetzung der tatsächlichen Gleichstellung von Frauen und Männern, insbesondere bei der Einstellung, Beschäftigung, Aus-, Fort- und Weiterbildung und dem beruflichen Aufstieg, zu fördern;

2b. die Vereinbarkeit von Familie und Erwerbstätigkeit zu fördern;

3. Anregungen von Arbeitnehmern und der Jugend- und Auszubildendenvertretung entgegenzunehmen und, falls sie berechtigt erscheinen, durch Verhandlungen mit dem Arbeitgeber auf eine Erledigung hinzuwirken; er hat die betreffenden Arbeitnehmer über den Stand und das Ergebnis der Verhandlungen zu unterrichten;

4. die Eingliederung schwerbehinderter Menschen einschließlich der Förderung des Abschlusses von Inklusionsvereinbarungen nach § 166 des Neunten Buches Sozialgesetzbuch und sonstiger besonders schutzbedürftiger Personen zu fördern;

5. die Wahl einer Jugend- und Auszubildendenvertretung vorzubereiten und durchzuführen und mit dieser zur Förderung der Belange der in § 60 Abs. 1 genannten Arbeitnehmer eng zusammenzuarbeiten; er kann von der Jugend- und Auszubildendenvertretung Vorschläge und Stellungnahmen anfordern;

6. die Beschäftigung älterer Arbeitnehmer im Betrieb zu fördern;

7. die Integration ausländischer Arbeitnehmer im Betrieb und das Verständnis zwischen ihnen und den deutschen Arbeitnehmern zu fördern, sowie Maßnahmen zur Bekämpfung von Rassismus und Fremdenfeindlichkeit im Betrieb zu beantragen;

8. die Beschäftigung im Betrieb zu fördern und zu sichern;

9. Maßnahmen des Arbeitsschutzes und des betrieblichen Umweltschutzes zu fördern.

(2) Zur Durchführung seiner Aufgaben nach diesem Gesetz ist der Betriebsrat rechtzeitig und umfassend vom Arbeitgeber zu unterrichten; die Unterrichtung erstreckt sich auch auf die Beschäftigung von Personen, die nicht in einem Arbeitsverhältnis zum Arbeitgeber stehen, und umfasst insbesondere den zeitlichen Umfang des Einsatzes, den Einsatzort und die Arbeitsaufgaben dieser Personen. Dem Betriebsrat sind auf Verlangen jederzeit die zur Durchführung seiner Aufgaben erforderlichen Unterlagen zur Verfügung zu stellen; in diesem Rahmen ist der Betriebsausschuss oder ein nach § 28 gebildeter Ausschuss berechtigt, in die Listen über die Bruttolöhne und -gehälter Einblick zu nehmen. Zu den erforderlichen Unterlagen

§ 80 Allgemeine Aufgaben

gehören auch die Verträge, die der Beschäftigung der in Satz 1 genannten Personen zugrunde liegen. Soweit es zur ordnungsgemäßen Erfüllung der Aufgaben des Betriebsrats erforderlich ist, hat der Arbeitgeber ihm sachkundige Arbeitnehmer als Auskunftspersonen zur Verfügung zu stellen; er hat hierbei die Vorschläge des Betriebsrats zu berücksichtigen, soweit betriebliche Notwendigkeiten nicht entgegenstehen.

(3) Der Betriebsrat kann bei der Durchführung seiner Aufgaben nach näherer Vereinbarung mit dem Arbeitgeber Sachverständige hinzuziehen, soweit dies zur ordnungsgemäßen Erfüllung seiner Aufgaben erforderlich ist. Muss der Betriebsrat zur Durchführung seiner Aufgaben die Einführung oder Anwendung von Künstlicher Intelligenz beurteilen, gilt insoweit die Hinzuziehung eines Sachverständigen als erforderlich. Gleiches gilt, wenn sich Arbeitgeber und Betriebsrat auf einen ständigen Sachverständigen in Angelegenheiten nach Satz 2 einigen.

(4) Für die Geheimhaltungspflicht der Auskunftspersonen und der Sachverständigen gilt § 79 entsprechend.

Literatur: *Ahrendt*, Wer? Wie? Was? – Der allgemeine betriebsverfassungsrechtliche Auskunftsanspruch, NZA 2021, 1305; *Becker/Kunz/Schneider*, Die betriebliche Auskunftsperson nach § 80 Abs. 2 Satz 3 BetrVG, AiB 2002, 537; *Benecke*, Die Kosten der Beratung des Betriebsrats, NZA 2018, 1361; *Brors*, Mitbestimmung des Betriebsrats bei der Dokumentation der Arbeitszeit vor und nach der CCOO-Entscheidung des EuG, HNZA 2019, 1176; *Däubler*, Klimawandel – Ein Thema für den Betriebsrat?, NZA 2020, 1155; *Diller/Powietzka*, Englisch in Betrieb und Betriebsverfassung, DB 2000, 718; *Dzida*, Einblicksrecht des Betriebsrats in Bruttoentgeltlisten im Spannungsverhältnis zum Beschäftigtendatenschutz, RdA 2020, 295; *Frank/Heine*, Künstliche Intelligenz im Betriebsverfassungsrecht, NZA 2021, 1448; *Geyer*, Das Zugangsrecht des Betriebsrats nach §§ 80 und 89 BetrVG, FA 2004, 296; *Grundmann*, Shared Service Center und betriebliche Mitbestimmung – die juristische Sicht, AiB 2008, 198; *Hanau*, Beschäftigungssicherung durch Regelungsabrede, FS Adomeit (2008) S 251; *Henssler/Köllmann*, Die Rechte des Betriebsrats im Zusammenhang mit betrieblichen Entgeltlisten – Reichweite, Grenzen und praktische Implikationen, BB 2021, 984; *Hess/Buchholz*, Altersgerechtes Arbeiten – Beteiligungsorientierte Entwicklung eines Handlungskonzepts, AiB 2008, 206; *Hoffmann*, Möglichkeit und Zulässigkeit von Künstlicher Intelligenz und Algorithmen im Recruiting, NZA 2022, 19; *Hunold*, Rechtsanwalt als Sachverständiger des Betriebsrats für die Überprüfung von Arbeitsverträgen, NZA 2006, 583; *Kania*, Sachverstand für den Betriebsrat, ArbRB 2021, 241; *Kleinebrink*, Der allgemeine Auskunftsanspruch des Betriebsrats bei sensitiven Daten, DB 2019, 2577; *Kort*, Schranken des Anspruchs des Betriebsrats auf Information gem. § 80 BetrVG über Personaldaten der Arbeitnehmer, NZA 2010, 1267; *Kraft*, Der Informationsanspruch des Betriebsrats – Grundlagen, Grenzen und Übertragbarkeit, ZfA 1983, 171; *Leege*, Anwesenheit des Arbeitgebers bei der Einsichtnahme des Betriebsrats in Lohn- und Gehaltslisten, BB 1996, 479; *Lelley/Bruck/Yildiz*, Reden ist Silber – Schweigen ist Gold? Aufgaben und Informationsrecht des Betriebsrats nach § 80 BetrVG, BB 2018, 2164; *Leßmann*, Einsichtsrecht in Gehaltslisten nach § 80 II 2 Hs BetrVG und Anwesenheitsrecht des Arbeitgebers, NZA 1992, 832; *Löwisch/Mandler*, Beteiligungsrechte des Betriebsrats für im Betrieb tätige Angehörige des öffentlichen Dienstes, BB 2016, 580; *Lücke*, Die Betriebsverfassung in Zeiten der DS-GVO, NZA 2019, 658; *Müller*, Einblicksrechte des Betriebsrats – Möglichkeiten des Betriebsrats, Einblick in Bruttolohn- und -gehaltslisten zu nehmen, AiB 2005, 477; *Natzel*, Hinzuziehung internen wie externen Sachverstands nach dem neuen Betriebsverfassungsgesetz, NZA 2001, 872; *Nebendahl*, Überwachungspflicht des Betriebsrats nach § 80 Abs 1 Satz 1 BetrVG als Grundlage für die Durchsetzung von Individualansprüchen?, DB 1990, 2018; *Neufeld/Elking*, Das Recht des Betriebsrats auf Arbeitnehmerbefragungen, NZA 2015, 1169; *Nickel*, Bedingungen für eine altersgerechte Arbeitsgestaltung – Die Situation heute, AiB 2008, 199; *Oetker*, Der sachkundige Arbeitnehmer als Auskunftsperson des Betriebsrats, NZA 2003, 1233; *Pflüger*, Die Hinzuziehung eines Sachverständigen gemäß § 80 Abs 3 BetrVG, NZA 1988, 45; *Pohle*,

Die Unterrichtung des Betriebsrats über die Beschäftigung von freien Mitarbeitern, BB 1999, 2401; *Reitze*, Die Hinzuziehung von sachkundigen Arbeitnehmern gem § 80 Abs 2 Satz 3 BetrVG, ZBVR online 2006, Nr 7, 22; *ders*, Die Hinzuziehung externer Sachverständiger gem § 80 Abs 3 BetrVG, ZBVR online 2007, Nr 6, 23; *Rieble/Gistel*, Betriebsratszugriff auf Zielvereinbarungsinhalte?, BB 2004, 2462; *Rolfs/Wolf*, Modernisierung des Betriebsverfassungsrechts, ZIP 2021, 1895, 1897; *Rudolph*, Recht auf Betriebsbegehung, ZBVR 2004, 92; *ders*, Vorbereitende Maßnahmen des Betriebsrats zur Wahl der Jugend- und Auszubildendenvertretungen, ZBVR 2004, 139; *ders*, Betriebsrat und JAV – Die rechtlichen Grundlagen der Zusammenarbeit, AiB 2006, 590; *ders*, Unterstützung durch den Betriebsrat – Erste Hilfe für die JAV bei ihrer Aufgabenwahrnehmung, AiB 2009, 105; *Schierbaum*, Die Hinzuziehung von Sachverständigen durch den Betriebsrat, CR 1995, 742; *ders*, Unverzichtbare Unterstützer – Sachverständige, Berater und sachkundige Arbeitnehmer, dbr 2006, Nr 3, 27; *Schipp*, Die Informationsrechte des Betriebsrats – Ein mächtiges Instrument, ArbRB 2009, 113; *Schlochauer*, Zugangsrecht zu Betriebsratsmitgliedern zu den Arbeitsplätzen einzelner Arbeitnehmer, FS G Müller (1981) S 459; *Schmidt*, Wissen ist Teilhabe: Der allgemeine Informationsanspruch des Betriebsrats, FS 100 Jahre Betriebsverfassungsrecht, 683; *Schrader/Thoms/Mahler*, Auskunft durch den Arbeitnehmer: Was darf er? Was muss er?, NZA 2018, 965; *Schulz/Pfang*, Reichweite und Grenzen von Auskunfts- und Informationsansprüchen des Betriebsrats, BB 2018, 1396; *Stück*, Betriebsrat oder Geheimrat?, ZD 2019, 256; *Thannheiser/Böker*, Einsicht in die Bruttolohn- und Gehaltslisten – Die Rechte des Betriebsrats, AiB 2007, 357; *Tröge*, Der demografische Wandel – Chancen und Risiken der Betriebsratsarbeit, ZBVR online 2008, Nr 7/8, 25 und Nr 10, 26; *Wassermann*, Wenn der Betriebsrat Rat braucht – Zur Beauftragung von Sachverständigen, dbr 2006, Nr 10, 26; *Wedde*, Innovation und Betriebsverfassung – Arbeitsplatzsicherung und Beschäftigungsförderung durch den Betriebsrat, dbr 2006, Nr 11, 9; *Worobjow*, Arbeiten über die Altersgrenze – darf der Betriebsrat mitbestimmen?, NZA 2019, 1023.

Übersicht

	Rn.		Rn.
I. Überblick	1	3. Zurverfügungstellung von Unterlagen, Abs 2 S 2 Hs 1	37
II. Geschützter Personenkreis	2	4. Einblick in Lohn- und Gehaltslisten, Abs 2 S 2 Hs 2	42
III. Allgemeine Aufgaben des Betriebsrats	4	5. Anforderung sachkundiger Arbeitnehmer als Auskunftsperson, Abs 2 S 4	48
1. Überwachungspflicht, Abs 1 Nr 1	4		
2. Antragsrechte, Abs 1 Nr 2, 3, 7	11		
3. Schutz- und Förderungsaufträge, Abs 1 Nr 2a, 2b, 4–9	15	V. Hinzuziehung von Sachverständigen, Abs 3	53
IV. Unterrichtungsanspruch des Betriebsrats, Abs 2	25	VI. Nichtbeachtung der Betriebsratsbeteiligung	57
1. Grundsätze	25		
2. Unterrichtung, Abs 2 S 1	33		

I. Überblick

§ 80 enthält zwei Regelungen: Zum einen legt Abs 1 die **allg Aufgaben** des BR fest, zum anderen gewährt Abs 2 dem BR **umfassende Informationsrechte** (Abs 2 S 1 und 2) und über Abs 2 S 4, Abs 3 die Möglichkeit, betriebsinterne Auskunftspersonen (Abs 2 S 4) und externe Sachverständige (Abs 3) hinzuzuziehen, die Abs 4 der Schweigepflicht des § 79 unterwirft. 1

§ 80   Allgemeine Aufgaben

II. Geschützter Personenkreis

2   **Keine Rechte aus § 80** hat der BR hinsichtl der Personen, die als Selbstständige oder als Erfüllungsgehilfen eines Dritten Dienstleistungen im Betrieb erbringen, da diese dem Betrieb nicht angehören <R: BAG 31.1.1989, 1 ABR 72/87, BB 1989, 1693 zu Abs 2 Nr 1>. Abs 2 S 1 Hs 2 stellt zum Überwachungsrecht aus Abs 2 Nr 1 aber ausdrückl klar, dass sich die **Unterrichtung** auch auf die **Beschäftigung von Personen** erstreckt, **die nicht in einem Arbeitsverhältnis zum AG stehen**. Voraussetzung ist aber auch insoweit, dass ein Bezug zu einer mögl Aufgabe des BR besteht. Da der BR bei der Einstellung von Leih-AN nach § 99 zu beteiligen ist (§ 99 Rn 17) und etwa die Einhaltung der Arbeitszeiten für im Betrieb beschäftigte Leih-AN nach § 87 Abs 1 Nr 2 und 3 überwachen muss (§ 87 Rn 63 und 85), bestehen die Rechte aus § 80 auch zugunsten der Leih-AN <L: **zu Abs 1** GK/*Weber* Rn 61 mwN>. Der BR kann nach § 80 Abs 2 S 1 auch verlangen, dass ihm die Verträge mit den Fremdfirmen, die Grundlage einer Beschäftigung von **Fremd-AN** sind, zur Einsicht zur Verfügung gestellt werden, um feststellen zu können, ob es sich ggfs um eine verdeckte AN-Überlassung handelt <R: BAG 31.1.1989, aaO; **weiter** LAG HH 21.11.2002, 1 TaBV 3/02, juris; LAG BaWü 14.7.2006, 5 TaBV 6/05, AuA 2007, 568 (LS); Hess LAG 5.7.2007, 9 TaBV 216/06, AuR 2007, 446 (LS); **L:** auch Richardi/*Thüsing* Rn 55; **weiter** GK/*Weber* Rn 73; *Fitting* Rn 49, 53; DKW/*Buschmann* Rn 85ff; HWGNRH/*Nicolai* Rn 59; **abl** Voraufl Rn 5, aber Rn 22>; ebenso kann der BR Auskunft über Arbeitsunfälle von Fremdpersonal verlangen, weil sich daraus Rückschlüsse auf die Arbeitssicherheit der betriebsangehörigen AN ergeben können <R: BAG 12.3.2019, 1 ABR 48/17, NZA 2019, 850>. Nur zur Überprüfung, ob es sich um eine Einstellung von AN handelt, kann der BR nach Abs 2 S 1 auch verlangen, über die Beschäftigung **freier Mitarbeiter** informiert zu werden <R: BAG 15.12.1998, 1 ABR 9/98, BB 1999, 1497; **weiter** wohl LAG HH 21.11.2002, aaO; **L: weiter** GK/*Weber* Rn 73; *Fitting* Rn 49; DKW/*Buschmann* Rn 85; auch Richardi/*Thüsing* Rn 55; HWGNRH/*Nicolai* Rn 59>; gg ein Zustimmungsverweigerungsrecht bei der Einstellung freier Mitarbeiter § 99 Rn 21. Zum Unterrichtungsanspruch aus § 92 dort Rn 9ff.

3   **Kein** Überwachungsrecht besteht hinsichtl der **ltd Ang** iS des § 5 Abs 3, da der BR für diese nicht zuständig ist (§ 5 Rn 25). Ebenso wenig deckt Abs 2 S 2 Hs 1 ein Verlangen des BR, ihm Unterlagen über ltd Ang vorzulegen. Anders als bei vermeintlich freien Mitarbeitern und Beschäftigen von Drittfirmen (Rn 2), kann der BR die Vorlage von Unterlagen auch nicht mit dem Argument verlangen, es sei zweifelhaft, ob es sich bei den Beschäftigten um AN oder ltd Ang handele <R: **aA** Hess LAG 28.10.2004, 9 TaBV 38/04, juris>: Für die Wahl des BR und des SprA sind solche Zweifel im Verf nach § 18a zu klären, in dem dem Vermittler die erforderl Unterlagen zur Verfügung gestellt werden müssen, § 18a Rn 10. Außerhalb der Wahlen ist im arbg Beschlussverf nach § 2a Abs 1 Nr 1 ArbGG zu entscheiden, ob ein Ang AN oder ltd Ang ist <R: BAG 10.6.1974, 1 ABR 23/73, DB 1975, 60>, § 5 Rn 53. Nicht unter § 80 fallen zudem im Betrieb beschäftigte Ein-Euro-Jobber (Arbeitsgelegenheiten mit Mehraufwandsentschädigung, § 16d SGB II), Freiwilligendienstleistende und Strafgefangene; Beamte nur, soweit sie nach § 5 Abs 1 S 3 als AN des Betriebs gelten, § 5 Rn 19 und § 75 Rn 10; zum Zustimmungsverweigerungsrecht des BR aus § 99 bei der Einstellung § 99 Rn 15ff.

III. Allgemeine Aufgaben des Betriebsrats

1. Überwachungspflicht, Abs 1 Nr 1

Nach **Abs 1 Nr 1** hat der BR (nicht GBR oder KBR) <**R:** BAG 16.8.2011, 1 ABR 22/10, NZA 2012, 342; LAG Schleswig-Holstein 24.2.2020, 1 TaBV 21/19, juris> darüber zu wachen, dass die **zugunsten der AN geltenden Normen im Betrieb durchgeführt** werden <**R:** BAG 26.9.2017, 1 ABR 27/16, 2018, 108>. Da Abs 1 Nr 1 nicht nur sicherstellen will, dass die Arbeitsschutzvorschriften im engeren Sinne eingehalten werden, sondern der BR auch dem einzelnen AN helfen soll, seine Rechte ggü dem AG durchzusetzen, ist der BR zur Überwachung aller Rechtsvorschriften verpflichtet, die die AN in ihrer Eigenschaft als AN schützen oder sonstwie begünstigen <**R:** BAG 20.3.2018, 1 ABR 11/17, NZA 2018, 1420>. Allerdings folgt aus Abs 1 Nr 1 nicht das Recht, zugunsten einzelner AN „ins Blaue hinein" zu ermitteln <**R:** BAG 26.9.2017, 1 ABR 27/16, NZA 2018, 108>. Die Überwachungsaufgabe besteht zwar unabhängig von bes Mitwirkungsrechten oder MBR <**R:** BAG 16.8.2011, 1 ABR 22/10, NZA 2012, 342, BAG 6.5.2003, 1 ABR 13/02, DB 2003, 2445>. Einen Bezug zu den Aufgaben des BR hat die Überwachungspflicht des BR aber dennoch nur dann, wenn sie sich auf kollektive Maßnahmen bezieht <**L:** GK/*Weber* Rn 22>. Etwa kann der BR Zielvereinbarungen nicht überwachen, sofern es sich um rein individuelle Abreden ohne kollektiven Charakter handelt, wohl aber dann, wenn die Höhe des jeweiligen individuellen Umsatzziels vor allem betriebl bedingt und der AG bei der Festlegung gem § 75 Abs 1 an den Gleichbehandlungsgrundsatz gebunden ist <**R:** BAG 21.10.2003, 1 ABR 39/02, BB 2004, 2467; **L:** krit *Rieble/Gistel* BB 2004, 2462>.

Die Überwachungsaufgabe ist grds **gegenwarts- und zukunftsbezogen**, um sicherzustellen, dass der AG künftig geltendes Recht beachtet. Gleichwohl kann der BR auch vergangenheitsbezogen Auskunft verlangen, wenn sich aus diesen Auskünften über ein bestimmtes Verhalten des AG in der Vergangenheit Rückschlüsse für sein derzeitiges und künftiges Verhalten ziehen lassen <**R:** BAG 29.9.2020, 1 ABR 32/19, NZA 2021, 53; BAG 24.4.2018, 1 ABR 6/16, NZA 2018, 1565>. Eine zeitl Grenze ist erst dann zu ziehen, wenn der BR aus den gewünschten Informationen für sein Handeln keine sachgerechten Folgerungen mehr ziehen könnte, wenn also der BR Informationen für vergangene, abgewickelte und die aktuelle Lage nicht mehr beeinflussende Zeiträume begehrt <**R:** BAG 21.10.2003, 1 ABR 39/02, BB 2004, 2467; 19.2.2008, 1 ABR 84/06, NZA 2008, 1078; **L:** GK/*Weber* Rn 11; *Fitting* Rn 55>.

Gesetz iS des Abs 1 Nr 1 ist jedes kodifizierte Recht, auch das BetrVG selbst <**R:** BAG 17.3.1987, 1 ABR 59/85, BB 1987, 1806>, das ArbZG <**R:** BAG 6.5.2003, 1 ABR 13/02, DB 2003, 2445> sowie das NachwG <**R:** BAG 16.11.2005, 7 ABR 12/05, BB 2006, 1004>. Gesetz iS des Abs 1 Nr 1 ist auch das ungeschriebene **Richterrecht** oder **Gewohnheitsrecht**, etwa der arbeitsrechtl Gleichbehandlungsgrundsatz <**R:** BAG 12.2.1980, 6 ABR 2/78, BB 1980, 1157; 30.9.2008, 1 ABR 54/07, DB 2009, 407; **L:** Richardi/*Thüsing* Rn 9 mwN>, die Fürsorgepflicht des AG oder das Entstehen von Rechtsansprüchen durch eine betriebl Übung. Bes bedeutsam ist die Überwachungsaufgabe des BR hinsichtl **sozialversicherungsrechtl** Bestimmungen, insbes derjenigen des Arbeitsförderungsrechts (SGB III) <**R:** offengelassen von LAG Köln 30.6.2000, 11 (12) TaBV 18/00, AuA 2000, 602 (LS); **L:** GK/*Weber* Rn 14>. Hingg ist es nicht Aufgabe des BR, darüber zu wachen, dass der AG die Vorschriften des Lohnsteuerrechts und die hierzu er-

§ 80 Allgemeine Aufgaben

gangenen Richtlinien beachtet <R: BAG 11.12.1973, 1 ABR 37/73, BB 1974, 602; L: GK/*Weber* Rn 16; Richardi/*Thüsing* Rn 11; **krit** DKW/*Buschmann* Rn 12>, wohl aber hat der BR darüber zu wachen, ob der AG seiner Nebenpflicht genügt, die vom Arbeitsentgelt abzuführenden Steuern richtig zu berechnen und tatsächl abzuführen <L: GK/*Weber* Rn 18 mwN>. Abs 1 Nr 1 verpflichtet den BR auch dazu, die Einhaltung von **Verordnungen**, etwa der ArbStättVO und der **UVV** zu überwachen, vgl auch § 99 Rn 72.

7 Das Überwachungsrecht des BR aus Abs 1 Nr 1 erstreckt sich auf die Durchführung von **TV**. Erfasst werden nicht nur tarifvertragl Inhaltsnormen. Ebenso muss der BR darüber wachen, ob tarifl Betriebsnormen iS des § 3 Abs 2 TVG, etwa über Arbeitsschutzeinrichtungen <L: Richardi/*Thüsing* Rn 13; DKW/*Buschmann* Rn 17>, und die schuldrechtl Bestimmungen zugunsten der AN eines TV eingehalten werden <R: BAG 11.7.1972, 1 ABR 2/72, DB 1972, 2020; L: ErfK/*Kania* Rn 4; GK/*Weber* Rn 21 mwN>. Das Überwachungsrecht besteht nicht nur, soweit AN und AG gem §§ 3 Abs 1, 4 Abs 1 TVG oder aufgrund einer Allgemeinverbindlicherklärung nach § 5 Abs 4 TVG tarifgebunden sind, sondern auch dann, wenn die Bestimmungen eines TV nur über eine schuldrechtliche Bezugnahme gelten <R: BAG 6.5.2003, 1 ABR 13/02, DB 2003, 2445; 30.9.2008, 1 ABR 54/07, DB 2009, 407; L: Richardi/*Thüsing* Rn 15, 17; GK/*Weber* Rn 21; *Fitting* Rn 11; DKW/*Buschmann* Rn 17>. Der TV selbst kann die gesetzl Aufgabe des BR aus Abs 1 Nr 1, die Durchführung seiner Bestimmungen zu überwachen, nicht aufheben oder einschränken <R: BAG 21.10.2003, 1 ABR 39/02, BB 2004, 2467 mwN>. Abs 1 Nr 1 umfasst aber nicht das Recht des BR, tarifvertragl Regelungen auf die Vereinbarkeit mit höherrangigem Recht zu überprüfen <L: GK/*Weber* Rn 21; **aA** *Fitting* Rn 11>.

8 Der BR hat auch die Durchführung von **BV** zu überwachen und zwar auch im Nachwirkungszeitraum iS des § 77 Abs 6 <R: BAG 6.5.2003, 1 ABR 13/02, DB 2003, 2445; 19.2.2008, 1 ABR 84/06, NZA 2008, 1078; L: GK/*Weber* Rn 24>. Jeder Einzel-BR muss darüber wachen, dass vom GBR abgeschlossene BV eingehalten werden, unabhängig davon, ob es sich um GBV oder einheitliche BV handelt, § 50 Rn 29 f <R: BAG 20.12.1988, 1 ABR 63/87, BB 1989, 1268>. Wg des umfassenden Zwecks des Abs 1 Nr 1, erstreckt sich die Überwachungspflicht auch auf **Regelungsabreden**, obwohl diese nicht ausdrückl genannt werden <L: *Fitting* Rn 12; GK/*Weber* Rn 20, 24 mwN>.

9 Das Überwachungsrecht des BR aus Abs 1 Nr 1 erstreckt sich **grds nicht** auf die **Einzelarbeitsverträge** der AN: Es ist Sache des einzelnen AN selbst, seine arbeitsvertragl Ansprüche durchzusetzen <L: Richardi/*Thüsing* Rn 16 mwN>. Eine Überwachungsbefugnis des BR kann aber aus dem Gleichbehandlungsgebot des § 75 Abs 1 und dem Gebot des § 75 Abs 2 folgen, Handlungsfreiheit und das Allgemeine Persönlichkeitsrecht der AN zu schützen, § 75 Rn 2 ff und 37 ff <L: GK/ *Jacobs* Rn 17 mwN>. Nimmt der AG für die Arbeitsverträge allg auf einen TV Bezug oder trifft er arbeitsvertragl Einheitsregelungen (§ 77 Rn 42 ff), muss der BR überwachen, ob der AG bei deren Vollzug einzelne AN nicht gleichheitswidrig benachteiligt, etwa kontrollieren, ob der AG eine übertarifl Zulage gleichmäßig gewährt <R: BAG 12.2.1980, 6 ABR 2/78, BB 1980, 1157; L: Richardi/ *Thüsing* Rn 17> und nicht einzelne AN bei der Festlegung außertarifl Entgelte ohne sachl Grund ungleich behandelt <R: BAG 30.6.1981, 1 ABR 26/79, BB 1981, 1950; 3.12.1981, 6 ABR 60/79, BB 1982, 615>. Ebenso kann der BR die Einhaltung der §§ 305 ff BGB für Allgemeine Arbeitsbedingungen überwachen und so vorformulierte Vertragsklauseln prüfen – allerdings kann er auch hier keine Zweckmäßigkeitskontrolle

vornehmen <R: BAG 16.11.2005, 7 ABR 12/05, NZA 2006, 553; L: Richardi/*Thüsing* Rn 17>.

Die Überwachung der geltenden Vorschriften ist zugleich Recht als auch Pflicht des BR <L: GK/*Weber* Rn 25>. Allerdings ist der BR damit **nicht Kontrollorgan** gegenüber dem AG <L: *Fitting* Rn 13; Richardi/*Thüsing* Rn 18>. Einen eigenen Unterlassungsanspruch des BR, ein eigenständiges MBR oder einen eigenen Anspruch auf Durchführung des Gesetzes zugunsten der AN begründet Abs 1 Nr 1 nicht, der BR ist auf die allg Instrumente angewiesen. Freilich kann der BR auf der Grundlage des Abs 1 Nr 1 beim AG auf Abhilfe drängen <R: BAG 28.5.2002, 1 ABR 32/01, NZA 2003, 166; L: *Fitting* Rn 15; GK/*Weber* Rn 32; Richardi/*Thüsing* Rn 19>. 10

2. Antragsrechte, Abs 1 Nr 2, 3, 7

Abs 1 Nr 2 berechtigt den BR, dem Betrieb und der Belegschaft dienliche Maßnahmen beim AG zu beantragen: Das Gesetz geht davon aus, dass der BR, da er die betriebl Verhältnisse und die Interessen der Belegschaft bes gut kennt, dem AG wertvolle Verbesserungsvorschläge machen kann. „Beantragt", dh **angeregt**, werden können soziale, personelle und wirtschaftl Maßnahmen, ohne dass der BR an die ihm in §§ 87 bis 113 gezogenen Grenzen gebunden wäre <L: ErfK/*Kania* Rn 8>. Ein Vorschlagsrecht des BR besteht aber nicht, soweit ein Sachzusammenhang mit der Betriebsverfassung fehlt, etwa hinsichtl der laufenden, nach außen gerichteten Geschäftstätigkeit des Unternehmens. Zum erforderl Kollektivbezug Rn 2. Der AG muss sich mit den Anträgen des BR ernsthaft befassen <L: *Fitting* Rn 18>, eine Umsetzungspflicht besteht außerhalb mitbestimmungsrechtl begründeter Verpflichtungen allein aus Abs 1 Nr 1 nicht <L: ErfK/*Kania* Rn 10>. 11

Abs 1 Nr 3 will es zum einen den **AN** ermöglichen, mit ihren **Anregungen** nicht nur zum AG, sondern auch zum BR zu gehen, etwa mit Vorschlägen für den Betriebsablauf, Hinweisen auf Schwierigkeiten anderer AN oder mit Beschwerden – ergänzend zu den Beschwerderechten ggü dem AG aus §§ 84ff <L: Richardi/*Thüsing* Rn 34>. Der BR muss die Anregungen erörtern und, wenn sie ihm berechtigt erscheinen, dem AG vortragen und dort auf Erledigung dringen. Die AN, die sich mit ihren Anregungen an den BR gewandt haben, muss der BR über den Stand und die Ergebnisse der Verhandlungen mit dem AG unterrichten. Zusätzl gibt § 86a den AN das Recht, dem BR Themen zur Beratung vorzuschlagen und bei Unterstützung durch 5% der Belegschaft deren Beratung zu erzwingen, s § 86a. 12

Zum anderen folgt aus **Abs 1 Nr 3**, dass die **Jugend- und Auszubildendenvertretung** kein neben dem BR stehendes, selbstständiges Betriebsverfassungsorgan mit eigenen MBR ggü dem AG ist, sondern dass sie ihre bes **Interessen über den BR wahrnehmen muss**, an dessen Arbeit sie teilnimmt: Die Jugend- und Auszubildendenvertretung muss dafür sorgen, dass die Belange der jugendlichen und auszubildenden AN iR der BR-Arbeit hinreichend berücksichtigt werden und ein entspr Tätigwerden des BR anregen (§ 60 Rn 2). Ergänzt wird Abs 1 Nr 3 insoweit durch die Pflicht des BR aus Abs 1 Nr 5, die Wahl der Jugend- und Auszubildendenvertretung vorzubereiten und durchzuführen und mit der Jugend- und Auszubildendenvertretung zusammenzuarbeiten, um die Belange der jugendlichen und auszubildenden AN zu fördern, Rn 19. 13

§ 80   Allgemeine Aufgaben

14 Nach **Abs 1 Nr 7** soll der BR Maßnahmen zur Bekämpfung von **Rassismus und Fremdenfeindlichkeit** im Betrieb beantragen. Insoweit begrenzt der Betriebsbezug die Aufgaben des BR; der BR hat kein allgemeinpolitisches Mandat zur Bekämpfung der Fremdenfeindlichkeit. Zum Auftrag des BR, die Integration ausländischer AN im Betrieb zu fördern, Rn 21. Das Antragsrecht ist auch anlassbezogen, sodass der BR nur dann Maßnahmen vom AG verlangen kann, wenn rassistische oder fremdenfeindliche Handlungen vorgekommen sind oder drohen <L: *Fitting* Rn 23; aA GK/*Weber* Rn 54>.

3. Schutz- und Förderungsaufträge, Abs 1 Nr 2a, 2b, 4–9

15 Nach **Abs 1 Nr 2a** hat der BR in Konkretisierung von § 75 Abs 1 (§ 75 Rn 24) die Durchsetzung der tatsächl Gleichstellung von **Frauen und Männern**, insbes bei der Einstellung, Beschäftigung, Aus-, Fort- und Weiterbildung und beim berufl Aufstieg, zu fördern. Ansätze dafür bieten insbes die Personalplanung nach § 92 Abs 3, der die Durchsetzung der tatsächl Gleichstellung von Frauen und Männern und der Vereinbarkeit von Familie und Erwerbstätigkeit ausdrückl nennt (§ 92 Rn 7), Auswahlrichtlinien iS des § 95 und Beurteilungsgrundsätze iS des § 94 Abs 2 <L: *Löwisch* DJT-Gutachten 1974, D 69f> und das Auskunftssystem nach dem EntgTranspG. IR seiner Beteiligungsrechte gem §§ 90f hat der BR auch auf eine frauengerechte Gestaltung der Arbeit zu achten <L: *Löwisch* aaO D 64ff>. Abs 1 Nr 2a wird ergänzt durch die Pflicht des BR in **§ 96 Abs 2 S 2**, für die Teilnahme von Teilzeitbeschäftigten (also typischerweise Frauen) an Berufsbildungsmaßnahmen Sorge zu tragen, § 96 Rn 8. Der AG muss gem § 43 Abs 2 S 3 auf Betriebsversammlungen die AN über den Stand der Gleichstellung von Frauen und Männern im Betrieb unterrichten, nach § 45 kann die Förderung der Gleichstellung von Frauen Thema einer Betriebsversammlung sein. Durch das **EntgTranspG** wird der Förderauftrag des Abs 1 Nr 2a ergänzt. Nach §§ 13ff EntgTranspG hat der BR die Aufgabe, ein Auskunftsverlangen nach dem EntgTranspG entgegenzunehmen, dem AG zu übermitteln und dann später die Antwort an den oder die AN weiterzuleiten <L: *Wank* RdA 2018, 34>.

16 Als Konkretisierung von § 75 Abs 1 (§ 75 Rn 1, aber auch dort Rn 27) verpflichtet **Abs 1 Nr 2b** den BR, die Vereinbarkeit von **Familie und Erwerbstätigkeit** der im Betrieb beschäftigten AN zu fördern. Insbes ist es Aufgabe des BR beim AG entspr Maßnahmen, etwa die Errichtung von betriebl Kindergärten und Horten oder auch von Teilzeitarbeitsplätzen, anzuregen. Zugleich ist die Vorschrift Richtschnur für die Ausübung der MBR durch den BR. So wie der AG bei der Ausübung seines Direktionsrechts aus § 106 GewO auf schutzwürdige, familiäre Belange des AN Rücksicht nehmen muss, soweit einer vom AN gewünschten Verteilung der Arbeitszeit nicht betriebl Gründe oder berechtigte Belange anderer AN entgegenstehen <R: BAG 23.9.2004, 6 AZR 567/03, DB 2005, 559; LAG Rh-Pf 19.1.2005, 10 Sa 820/04, DB 2005, 1522>, muss auch der BR bei Regelungen der Arbeitszeit nach § 87 Abs 1 Nr 2 auf eine familienfreundliche Gestaltung achten <R: BAG 16.12.2008, 9 AZR 893/07, NZA 2009, 565>. Abs 1 Nr 2 führt aber nicht dazu, dass die Interessen einzelner AN mit familiären Interessen stets Vorrang haben, weswg etwa der Wunsch einer alleinerziehenden Mutter auf eine starre, sich mit den Öffnungszeiten des Kindergartens ihres Sohnes deckende Arbeitszeit zurückstehen muss, wenn im Betrieb ein rollierendes Schichtsystem ohne feste Arbeitszeiten praktiziert wird <R: BAG 16.12.2008, aaO>. Abs 1 Nr 2b wird ergänzt durch die Pflicht des BR in **§ 96 Abs 2 S 2**, für die Teilnahme von AN mit Familienpflichten an Berufsbildungsmaßnahmen Sor-

III. Allgemeine Aufgaben des Betriebsrats **§ 80**

ge zu tragen <**R:** BAG 15.4.2008, 1 ABR 44/07, NZA-RR 2009, 98>; § 10 TzBfG erlegt dem AG eine entspr Pflicht auf, § 96 Rn 8. Nach § 45 kann die Förderung der Vereinbarkeit von Familie und Erwerbstätigkeit im Betrieb Thema einer Betriebsversammlung sein.

Abs 1 Nr 4 konkretisiert **§ 75 Abs 1**: Der BR wird seiner Verpflichtung aus § 75 Abs 1, 17 die gleiche Behandlung der Betriebsangehörigen nach den Grundsätzen von Recht und Billigkeit zu überwachen, nur gerecht, wenn er **bes schutzbedürftige Personen** auch bes schützt. Deswg bestimmt Abs 1 Nr 4, dass der BR die Eingliederung **Schwerbehinderter** und sonstiger bes schutzbedürftiger Personen fördern soll, das meint insbes auch die in § 75 Abs 1 genannten Behinderten, die nicht iS des § 2 Abs 2 und 3 SGB IX schwerbehindert oder Schwerbehinderten gleichgestellt sind (§ 75 Rn 20). Dass Abs 1 Nr 4 die bes schutzbedürftigen Personen im Anschluss an die „Schwerbehinderten" nennt, grenzt den zu schützenden Personenkreis auf AN ein, die wg in ihrer Person liegenden Gründen eines bes Schutzes bedürfen. Demggü fallen AN, die wg der Arbeitsmarktlage (Langzeitarbeitslose) oder der bes Arbeitsvertragsgestaltung (geringfügig Beschäftigte, Leih-AN usw) schutzbedürftig sind, nicht unter Abs 1 Nr 4 <**L:** aA DKW/*Buschmann* Rn 56; für Langzeitarbeitslose auch GK/*Weber* Rn 43; *Fitting* Rn 30; HWGNRH/*Nicolai* Rn 39; weit auch Richardi/*Thüsing* Rn 40>, insoweit greift der Förderauftrag nach Abs 1 Nr 8 (Rn 22).

Wie Abs 1 Nr 4 verpflichtet **auch § 176 SGB IX** den BR dazu, die Eingliederung 18 schwerbehinderter Menschen (nicht nur AN) zu fördern und insbes darauf zu achten, dass der AG seinen Beschäftigungsförderungspflichten aus §§ 154, 155 und 164 bis 167 SGB IX nachkommt. Zum einen soll der BR dafür sorgen, dass für schwerbehinderte und andere bes schutzbedürftige Menschen geeignete Arbeitsplätze eingerichtet und Maßnahmen zum Ausgleich bes Behinderungen getroffen werden. Mit Eingliederung ist zum anderen aber, wie die anderslautende Formulierung „Beschäftigung" in Abs 1 Nr 6 und 8 (Rn 20 und 22) zeigt, mehr gemeint als eine bloße Beschäftigungsförderung: Der BR soll darüber hinaus – wie bei ausländischen AN nach Abs 1 Nr 7 – dafür Sorge tragen, dass schwerbehinderte und andere bes schutzbedürftige Menschen in die Belegschaft **integriert** werden. Abs 1 Nr 4 hebt den Abschluss von Inklusionsvereinbarungen hervor. Nach **§ 166 SGB IX** müssen AG, BR und Schwerbehindertenvertretung zugunsten der Schwerbehinderten iS des § 2 SGB IX eine verbindliche **Inklusionsvereinbarung** treffen, die insbes Regelungen trifft zur Personalplanung, Arbeitsplatzgestaltung, Gestaltung des Arbeitsumfelds, Arbeitsorganisation und Arbeitszeit – unter bes Berücksichtigung der Belange schwerbehinderter Frauen; diese Vereinbarung kann erstreckt werden auf andere bes schutzbedürftige Personen iS des Abs 1 Nr 4.

Zum einen verstärkt **Abs 1 Nr 5** die Pflicht des BR aus § 63 Abs 2, die **Wahl der Jugend-** 19 **und Auszubildendenvertretung** einzuleiten (§ 63 Rn 3), indem er ihn verpflichtet, im Interesse einer solchen Wahl aktiv zu werden. Zudem erweitert Abs 1 Nr 5 die in den §§ 63 ff enthaltenen Einzelvorschriften zu einem allg **Gebot der Zusammenarbeit** von BR und Jugend- und Auszubildendenvertretung. Insbes darf der BR die Belange der jugendlichen und auszubildenden AN nicht im Alleingang, sondern nur in Zusammenarbeit mit der Jugend- und Auszubildendenvertretung fördern. Beachte auch Abs 1 Nr 3, Rn 12.

In Ergänzung zu § 75 Abs 1, nach dem AG und BR darauf achten müssen, dass AN nicht 20 wg des Alters benachteiligt werden (§ 75 Rn 21), verpflichtet **Abs 1 Nr 6** den BR, die Be-

Klumpp 649

§ 80 Allgemeine Aufgaben

schäftigung **älterer AN** generell zu fördern: Soweit der BR Einfluss auf die Personalpolitik hat, soll er dafür sorgen, dass auch ältere AN eingestellt werden. Während bisher Abs 1 durch die allg Aufgabe des BR in Abs 1 Nr 6 ergänzt wurde, die Beschäftigung älterer AN generell zu fördern, steht Abs 1 Nr 6 in einem gewissen Gegensatz zu § 75 Abs 1: § 75 Abs 1 verbietet die Diskriminierung wg jedweden Alters, also auch jüngerer AN, Abs 1 Nr 6 unterstellt gerade die älteren AN dem bes Schutz des BR. Abs 1 Nr 6 wird ergänzt durch die Pflicht des BR in **§ 96 Abs 2 S 2**, für die Teilnahme älterer AN an Berufsbildungsmaßnahmen Sorge zu tragen, § 96 Rn 8. Das Zustimmungsrecht des BR nach § 99 sperrt Abs 1 Nr 6 auch bei der Einstellung und Weiterbeschäftigung älterer AN nicht, sodass der BR auch nicht an der Zustimmungsverweigerung gehindert ist, wenn hierfür ein Grund iSd § 99 Abs 2 gegeben ist <**R:** BAG 22.9.2021, 7 ABR 22/20, NZA 2022, 290>.

21 Nach **Abs 1 Nr 7** soll der BR die **Integration ausländischer AN** im Betrieb und das Verständnis zw ihnen und den deutschen AN fördern, zum Antragsrecht Rn 14. Abs 1 Nr 7 ergänzt das Verbot der Benachteiligung wg Rasse, ethnischer und sonstiger Herkunft sowie Abstammung und Nationalität aus § 75 Abs 1 (§ 75 Rn 17f); § 88 Nr 4 ermöglicht es AG und BR ausdrückl, freiw BV abzuschließen. Nach Abs 1 Nr 7 kann der BR beim AG geeignete Maßnahmen, etwa Sprachkurse anregen, in denen ausländische AN Deutsch lernen; wg der Unterrichtung der ausländischen AN über die Wahl zum BR vgl § 2 Abs 5 WO. Der BR kann beim AG auch anregen, dass dieser die Diskriminierung von Ausländern iR seines Tätigkeitsberichts in der Betriebsversammlung thematisiert (§ 43 Rn 5) oder entspr Aufklärungsaktionen durchführt. Erforderl ist aber einerseits ein konkreter Vorfall im Betrieb, der Anlass gibt, „Maßnahmen zur Bekämpfung" zu ergreifen <**L:** *Löwisch* BB 2001, 1790; HWGNRH/*Nicolai* Rn 43>, andererseits müssen die beantragten Maßnahmen immer Bezug zum Betrieb haben. Eine Beteiligung des AG an allg Aufklärungskampagnen oder die Unterstützung sonstiger außerbetriebl integrationsfördernder Einrichtungen kann nicht verlangt werden; der BR hat kein allgemeinpolitisches Mandat zur Bekämpfung der Fremdenfeindlichkeit <**L:** GK/*Weber* Rn 54 mwN>. Der AG muss aber gem § 43 Abs 2 S 3 auf Betriebsversammlungen die AN über die Integration der im Betrieb beschäftigten ausländischen AN unterrichten, nach § 45 können diese Fragen Thema einer Betriebsversammlung sein. Abs 1 Nr 7 wird durch § 104 in der durch das BetrVerf-RG geänderten Fassung ergänzt. Danach kann der BR vom AG die Entlassung oder Versetzung von AN verlangen, die durch rassistische oder fremdenfeindliche Betätigungen den Betriebsfrieden wiederholt ernstlich gestört haben (§ 104 Rn 1 ff).

22 Nach **Abs 1 Nr 8** hat der BR die **Beschäftigung im Betrieb zu fördern** und zu sichern. Ein allg beschäftigungspolitisches Mandat hat der BR aber nicht <**L:** Richardi/*Thüsing* Rn 46>. Konkretisiert wird diese Aufgabe vor allem durch **§ 92a**, der dem BR ein Vorschlagsrecht für Maßnahmen der Beschäftigungssicherung und Beschäftigungsförderung gibt. Aus Abs 1 Nr 8 folgt weitergehend nur, dass der BR auch jenseits dieses Vorschlagsrechts auf beschäftigungsfördernde und -sichernde Maßnahmen hinwirken kann, die Beschäftigungsförderung insbes bei der Ausübung seiner sonstigen Mitwirkungs- und MBR geltend machen kann. Die Generalklausel des Abs 1 Nr 8 wird ergänzt um Abs 1 Nr 2a und b, die den BR verpflichten, die tatsächl Gleichstellung von Männern und Frauen bei der Beschäftigung durchzusetzen (Rn 15) und die Vereinbarkeit von Familie und Erwerbstätigkeit der im Betrieb beschäftigten AN zu fördern (Rn 16) und um Abs 1 Nr 6, der den BR verpflichtet, die Beschäftigung älterer AN zu fördern (Rn 20). Auch hier schließt die allg Pflicht nach Abs 1 Nr 8 zur Beschäftigungsförderung das Zustimmungsrecht und die mögliche Zustimmungsverweigerung bei Einstellungen nach § 99 nicht aus <R: BAG 22.9.2021, 7 ABR 22/20, NZA 2022, 290>.

Abs 1 Nr 9 macht es zur Aufgabe des BR, **Maßnahmen des Arbeitsschutzes und des betriebl Umweltschutzes** zu fördern <L: *Däubler* NZA 2020, 1155, 1155 f>. § 80 Abs 1 Nr 9 wird ergänzt durch § 88 Nr 1a, nach dem der BR freiw BV über Maßnahmen des betriebl Umweltschutzes abschließen kann, und durch § 89 Abs 2 S 2, der den AG verpflichtet, den BR bei allen mit dem betriebl Umweltschutz in Zusammenhang stehenden Besichtigungen und Fragen hinzuzuziehen und ihm unverzüglich die den betriebl Umweltschutz betreffenden Auflagen und Anordnungen der zuständigen Stellen mitzuteilen. Der AG muss gem § 43 Abs 2 S 3 auf Betriebsversammlungen die AN und gem § 106 Abs 3 Nr 5a den WirtA über Fragen des betriebl Umweltschutzes unterrichten. Nach § 45 können umweltpolitische Angelegenheiten Thema einer Betriebsversammlung sein, § 74 Abs 2 S 3 nimmt die Behandlung von umweltpolitischen Angelegenheiten ausdrückl vom Verbot parteipolitischer Betätigung im Betrieb aus. 23

Der betriebl Umweltschutz ist **in § 89 Abs 3 legaldefiniert.** §§ 89 Abs 3, 80 Abs 1 Nr 9 geben dem BR kein allgemeinpolitisches Mandat auf dem Gebiet des Umweltschutzes, sondern begrenzen die Beteiligung des BR auf Maßnahmen, die die **vom BR vertretenen AN schützen** und deren Interessen wahren (§ 89 Rn 16). Deshalb kann der BR zwar anregen, dass der AG über die gesetzl Arbeitsschutzrechtbestimmungen hinausgeht und im Interesse der AN die Licht- und Luftverhältnisse im Betrieb verbessert. Der BR ist aber nicht berechtigt, beim AG darauf zu dringen, dass dieser sich an einem Solardächerprogramm beteiligt oder dass er in Kfz wirksamere Katalysatoren als gesetzl vorgeschrieben einbaut, erst recht nicht darauf, dass der AG die Temperatur des in einen Fluss eingeleiteten Kühlwassers unter die gesetzl Norm senkt <L: für eine Ausweitung der Rechte des BR de lege ferenda *Däubler* NZA 2020, 1155, 1159 f>. Ein Abfallsortiersystem kann der BR aber nach § 87 Abs 1 Nr 1 initiieren. 24

IV. Unterrichtungsanspruch des Betriebsrats, Abs 2

1. Grundsätze

Soweit der BR Aufgaben nach dem BetrVG durchzuführen hat, ist er vom AG gem Abs 2 S 1 rechtzeitig und umfassend zu unterrichten und sind ihm nach Abs 2 S 2 Hs 1 Unterlagen zur Verfügung zu stellen. Diese Pflicht zur Information des BR wird ergänzt um das Recht eines (Betriebs-)Ausschusses aus Abs 2 S 2 Hs 2, Einblick in die Lohn- und Gehaltslisten zu nehmen. Die Unterrichtungsansprüche werden nach der Rspr im Ergebnis durch das BDSG nicht beschränkt, weil bereits der Unterrichtungsanspruch als solcher die Erforderlichkeit der Datenverarbeitung belege, sodass keine zusätzliche Interessenabwägung mehr durchzuführen sei <R: BAG 7.5.2019, 1 ABR 53/17, NZA 2019, 1218; BAG 7.2.2012, 1 ABR 46/10, NZA 2012, 744; L: *Ahrendt* NZA 2021, 1305, 1307; Richardi/*Thüsing* Rn 65 mwN; s aber § 79a Rn 4>. Für intime Daten iS des Art. 9 DSGVO gilt dies nicht <R: BAG 9.4.2019, 1 ABR 51/17, NZA 2019, 1055>. 25

Der Unterrichtungsanspruch richtet sich gg den AG, ein „Unterrichtungsdurchgriff" ist nicht möglich, sodass im Konzern der BR keinen Anspruch auf Auskunft durch die Kon- 26

§ 80 Allgemeine Aufgaben

zernmutter hat <**R:** LAG Köln 16.4.2021, 9 TaBV 34/20, juris>. Inwieweit allerdings ein Anspruch gg den AG besteht, dass dieser sich eine bei ihm nicht vorhandene Information von anderen Konzernunternehmen beschafft, ist umstritten <**R:** offengelassen: LAG Köln 16.4.2021, 9 TaBV 34/20, juris; dafür LAG Baden-Württemberg, 17.1.2017, 19 TaBV 3/16, juris>.

27 Der Unterrichtungsanspruch aus Abs 2 S 1 ist dem BR „**zur Durchführung seiner Aufgaben nach diesem Gesetz**" eingeräumt, nach Abs 2 S 2 Hs 1 sind ihm „die zur Durchführung seiner Aufgaben erforderl" Unterlagen zur Verfügung zu stellen. Einen Bezug zu den Aufgaben des BR <**R:** BAG 12.3.2019, 1 ABR 48/17, NZA 2019, 850> haben die Unterrichtungsansprüche aus Abs 2 aber nur dann, wenn sie sich auf **kollektive Maßnahmen** beziehen. Da es von den Umständen des einzelnen Arbeitsverhältnisses abhängt, ob der AG Nebentätigkeiten genehmigt, kann der BR etwa keine Auskunft darüber verlangen, welchen AN eine Nebentätigkeitsgenehmigung erteilt worden ist und erteilt wird <**R:** LAG Köln 11.1.1995, 8 TaBV 55/94, NZA 1995, 443>.

28 Die bes Mitwirkungsrechte sind idR mit bes ausgestalteten Unterrichtungspflichten verbunden (vgl §§ 89, 90, 92 Abs 1, 96 Abs 1, 99 Abs 1, 100 Abs 2, 102 Abs 1, 105, 106 Abs 2 und 111; § 17 Abs 2 KSchG). Diese verdrängen die allg Ansprüche aus Abs 2 zwar nicht grds, sondern nur ausnahmsweise dann, wenn ihnen durch Auslegung zu entnehmen ist, dass sie abschließend gemeint sind und die Ansprüche aus § 80 ausschließen wollen <**R: enger** BAG 26.1.1995, 2 AZR 386/94, DB 1995, 1134; LAG Rheinland-Pfalz 4.5.2021, 6 TaBV 1/20, juris; **L: enger** GK/*Weber* Rn 59; ErfK/*Kania* Rn 17; **weiter** Richardi/*Thüsing* Rn 52; *Fitting* Rn 48; DKW/*Buschmann* Rn 78, 84>. Gleichwohl wird das Informationsrecht aus Abs 2 S 1 praktisch nur jenseits dieser Vorschriften bedeutend – insbes **iR der allg Aufgaben** des BR nach Abs 1 <**R:** BAG 21.10.2003, 1 ABR 39/02, BB 2004, 2467>, iR seines Initiativrechts in sozialen Angelegenheiten (§ 87 Rn 10) und iR seines Vorschlagsrechts zur Beschäftigungssicherung nach § 92a. Zur Unterrichtung des BR über wirtschaftl Angelegenheiten in Unternehmen mit weniger als 101 AN § 106 Rn 7. Ergänzt wird der Auskunftsanspruch aus Abs 1 durch den Auskunftsanspruch aus § 5 EBRG, nach dem der BR vom AG die Auskünfte verlangen kann, die er benötigt, um beurteilen zu können, ob die Voraussetzungen für die Errichtung eines EBR gegeben sind <**R:** BAG 30.4.2004, 1 ABR 61/01, DB 2004, 1997>.

29 Ob das Auskunftsverlangen mündlich oder schriftlich erfüllt wird, ist eine Frage der Komplexität des Sachverhalts <**R:** BAG 10.10.2006, 1 ABR 68/05, NZA 2007, 99>. Der AG muss den BR nach Abs 2 S 1 **in verständlicher Sprache**, grds auf **Deutsch** unterrichten; fremdsprachige Unterlagen sind grds in deutscher Übersetzung vorzulegen <**R:** Hess LAG 19.8.1993, 12 TaBV 9/93, NZA 1995, 285; **L:** GK/*Weber* Rn 82 mwN>. Ist der AG des Deutschen nicht mächtig, reicht es aus, wenn eine entsprechende Übersetzung gewährleistet ist <**R:** LAG Nürnberg 8.6.2020, 1 TaBV 33/19, NZA-RR 2020, 528>. Der AG kann die Unterrichtung des BR nicht deswg verweigern, weil sie Betriebs- oder Geschäftsgeheimnisse iS des **§ 79** (§ 79 Rn 8 ff) berührt <**R:** BAG 5.2.1991, 1 ABR 24/90, BB 1991, 1635; **L:** Richardi/*Thüsing* Rn 66 mwN>; vielmehr verpflichtet § 79 zum Stillschweigen.

30 Der Unterrichtungsanspruch des BR aus Abs 2 S 1 ist abgestuft: Er setzt zum einen voraus, dass überhaupt eine Aufgabe des BR gegeben ist, und zum anderen, dass im Einzelfall die begehrte Information zur Wahrnehmung dieser Aufgabe erforderlich ist <**R:** BAG

IV. Unterrichtungsanspruch des Betriebsrats, Abs 2 § 80

12.3.2019, 1 ABR 48/17, NZA 2019, 850>. Auf der ersten Stufe besteht er aber nicht nur dann, wenn allg Aufgaben oder Beteiligungsrechte des BR feststehen, sondern er soll es dem BR **ermöglichen, in eigener Verantwortung zu prüfen**, ob ihn Aufgaben iS des BetrVG treffen. Daher genügt eine gewisse Wahrscheinlichkeit für das Bestehen von BR-Aufgaben, um dessen Unterrichtungsanspruch auszulösen. Nur wenn ein Beteiligungsrecht oder eine sonstige betriebsverfassungsrechtl Aufgabe des BR offensichtl nicht in Betracht kommt, kann er keine Informationen verlangen <R: BAG 20.3.2018, 1 ABR 15/17, BB 2018, 2298; BAG 21.10.2003, 1 ABR 39/02, BB 2004, 2467; 24.1.2006, 1 ABR 60/04, NZA 2006, 1050; 10. 10.2006, 1 ABR 68/05, BB 2007, 106; 19.2.2008, 1 ABR 84/06, NZA 2008, 1078; LAG Köln 12.12.2019, 7 TaBV 46/19; juris **L**: Richardi/*Thüsing* Rn 53 mwN>. Dabei reicht aber ein allg Hinweis des BR auf seine Aufgaben – etwa die Überwachungsaufgabe nach Abs 1 Nr 1 – nicht aus, um den Unterrichtungsanspruch zu begründen, vielmehr muss der BR die konkrete normative Vorgabe, deren Durchführung er überwachen will und die sein Auskunftsverlangen tragen soll, aufzeigen <R: BAG 23.3.2021, 1 ABR 31/19, NZA 2021, 959>. Steht aufgrund der dem BR erteilten Informationen fest, dass ihn eine Aufgabe aus dem BetrVG trifft, ist auf der zweiten Stufe zu prüfen, ob die über die Ausgangsauskunft hinaus verlangten Detailinformationen im Einzelfall erforderl sind, damit der BR seine Aufgaben wahrnehmen kann <R: BAG 12.3.2019, 1 ABR 48/17, NZA 2019, 850; BAG 21.10.2003, 24.1.2006, 10.10.2006 und 19.2.2008, aaO>. Zweck des Abs 2 S 1 ist es aber nicht, dem BR die für seine Tätigkeit notwendigen Kenntnisse generell und auf Vorrat zu verschaffen; hierfür hat das einzelne BR-Mitglied Anspruch auf Teilnahme an Schulungsveranstaltungen nach § 37 Abs 6 und 7 <R: BAG 25.7.1989, 1 ABR 41/88, DB 1990, 434>.

Ebenso ist der **Anspruch auf Vorlage von Unterlagen aus Abs 2 S 2 Hs 1 abgestuft**: In einem ersten Schritt kann der BR die Vorlage der Unterlagen verlangen, die es ihm ermöglichen, zu beurteilen, ob ihn Aufgaben aus dem BetrVG treffen und ob er zur Erfüllung seiner Aufgaben zusätzl Informationen oder die Vorlage weiterer Unterlagen benötigt <R: BAG 7.2.2012, 1 ABR 46/10, NZA 2012, 744; BAG 8.6.1999, 1 ABR 28/97, NZA 1999, 1345; 19.10.1999, 1 ABR 75/98, BB 2000, 1297>. Etwa kann der BR bei einer vom AG durchgeführten Fragebogenaktion zunächst nur betriebsbezogene Auswertungen verlangen; ob ihm auch abteilungsbezogene Auswertungen zur Verfügung zu stellen sind, hängt davon ab, ob der BR sich für diese Information auf eine seiner gesetzl Aufgaben stützen kann oder ob dafür die betriebsbezogenen Auswertungen ausreichen <R: BAG 8.6.1999, aaO – im konkreten Fall verneinend>. Sind die im Betrieb allg verwendeten Formulararbeitsverträge mit dem BR abgestimmt, kann er schon bei deren Ausgestaltung überprüfen, ob sie die nach § 2 Abs 1 NachwG erforderl Angaben enthalten; um die Einhaltung des NachwG zu überwachen, kann der BR daher nur dann die Vorlage der ausgefüllten Arbeitsverträge verlangen, wenn er konkrete Anhaltspunkte dafür darlegt, dass weitere Informationen erforderl sind <R: BAG 19.10.1999, aaO>. 31

Abs 2 S 2 Hs 2 ist ggü Abs 2 S 2 Hs 1 die **speziellere Vorschrift** und verdrängt diese für den Bereich der Löhne und Gehälter: Indem Abs 2 S 2 Hs 2 ausdrückl nur den Betriebsausschuss berechtigt und diesen auch ledigl dazu, Einblick zu nehmen, nicht aber dazu, die Gehaltslisten zur Verfügung gestellt zu bekommen, macht das Gesetz deutlich, dass der BR als Organ nicht die Überlassung der Bruttolohn- und -gehaltslisten verlangen kann <R: BAG 10. 10.2006, 1 ABR 68/05, BB 2007, 106; **L**: ErfK/*Kania* Rn 25>. Hingg verdrängt Abs 2 S 2 Hs 1 den Auskunftsanspruch aus Abs 2 S 1 nicht, da beide auf Unter- 32

§ 80 Allgemeine Aufgaben

schiedliches zielen: der Auskunftsanspruch aus Abs 2 S 1 auf die Abgabe einer Wissenserklärung des AG, der Überlassungsanspruch aus Abs 2 S 2 Hs 1 auf die Herausgabe vorhandener Urkunden <R: BAG 23.3.2021 – 1 ABR 7/20, NZA 2021, 1261; BAG 10.10.2006, aaO; L: ErfK/*Kania* Rn 17, 25; krit HWGNRH/*Nicolai* Rn 80>. Allerdings ist Abs 2 S 1 dann **teleologisch zu reduzieren**, wenn sich der Auskunftsanspruch auf den Bereich Löhne und Gehälter bezieht, der inhaltlich einer Bruttolohn- und Gehaltsliste gleichkommt: Dann genügt der AG dem Auskunftsanspruch bereits dadurch, dass er dem Betriebsausschuss nach Abs 2 S 2 Hs 2 Einblick gewährt <R: BAG 23.3.2021, 1 ABR 7/20, NZA 2021, 1261; BAG 28.7.2020, 1 ABR 6/19, NZA 2020, 1251>.

2. Unterrichtung, Abs 2 S 1

33 Der AG muss den BR **rechtzeitig** unterrichten, also spätestens, sobald der BR berechtigterweise (Rn 25 f) Informationen verlangt. Der BR muss dartun, dass im Einzelfall die begehrte Information zur Wahrnehmung einer BR-Aufgabe erforderl ist <R: BAG 12.3.2019, 1 ABR 48/17, NZA 2019, 850>. Grds muss der AG den BR aber **unaufgefordert** informieren. In Angelegenheiten, die die Mitwirkungsrechte und MBR des BR berühren, muss der AG den BR informieren, bevor er vollendete Tatsachen schafft. Knüpfen Mitwirkungsrechte daran an, dass der AG eine Maßnahme plant, wie etwa bei der Arbeitsgestaltung nach § 90 (§ 90 Rn 13 f) und bei Betriebsänderungen nach § 111 (§ 111 Rn 43), lösen aber bloße Vorüberlegungen des AG den Informationsanspruch des BR nicht aus, sondern muss der AG erst unterrichten, wenn er konkrete Planungen ergreift <R: BAG 27.6.1989, 1 ABR 19/88, DB 1990, 181>. Im Arbeitskampf sind die Unterrichtungspflichten des AG nicht grds suspendiert, allerdings darf die Unterrichtung nicht die Kampfparität stören <R: BAG 10.12.2002, 1 ABR 7/02, NZA 2004, 223>.

34 Anders als die Vorlagepflicht des Abs 2 S 2 (Rn 37) beschränkt sich die Unterrichtungspflicht aus Abs 2 S 1 nicht auf die Weitergabe von Informationen, die der AG selbst hat, sondern es genügt, wenn er die begehrten Informationen entweder tatsächl kennt oder, weil sie einfach zugänglich sind, zur **Kenntnis** nehmen könnte <R: BAG 30.9.2008, 1 ABR 54/07, DB 2009, 407; L: GK/*Weber* Rn 83; *Fitting* Rn 56; aA Richardi/*Thüsing* Rn 64; ErfK/*Kania* Rn 19, 24>. Zudem muss er seinen Betrieb so organisieren, dass er selbst gewährleisten kann, die geltenden Gesetze, TV und BV durchzuführen. Etwa muss der AG Kenntnisse über Beginn und Ende der tägl und der tatsächl geleisteten wöchentl Arbeitszeit der AN haben und diese an den BR weitergeben, damit der BR überprüfen kann, ob die gesetzl Ruhezeiten und die tarifl wöchentl Arbeitszeit eingehalten wird; der AG kann die Auskunft nicht mit der Begründung verweigern, er wolle die tatsächl Arbeitszeit der AN wg einer im Betrieb eingeführten „Vertrauensarbeitszeit" bewusst nicht erfassen <R: BAG 6.5.2003, 1 ABR 13/02, DB 2003, 2445; 30.9.2008, aaO; obiter 10.10.2006, 1 ABR 68/05, BB 2007, 106; L: GK/*Weber* Rn 84; *Fitting* Rn 56; DKW/*Buschmann* Rn 80; ErfK/*Kania* Rn 24; krit HWGNRH/*Nicolai* Rn 70; aA Richardi/*Thüsing* Rn 64>.

35 Für den BR besteht keine Pflicht zur Selbstbeschaffung der erforderl Informationen, auch wenn er dazu faktisch in der Lage wäre. Er hat Anspruch darauf, vom AG **ohne eigenes Zutun informiert** zu werden, weswg es nicht genügt, dass der AG dem BR den Zugriff auf die Leistungsdaten des einzelnen AN eröffnet <R: BAG 21.10.2003, 1 ABR 39/02, BB 2004, 2467; 24.1.2006, 1 ABR 60/04, NZA 2006, 1050; 15.4.2008, 1 ABR 44/07,

IV. Unterrichtungsanspruch des Betriebsrats, Abs 2   § 80

NZA-RR 2009, 98>. Aus dem Grundsatz der vertrauensvollen Zusammenarbeit in § 2 Abs 1 kann aber ausnahmsweise folgen, dass sich der BR auf die Möglichkeit der Selbstbeschaffung der von ihm gewünschten Daten verweisen lassen muss: Kann der BR mit einer einfachen Rechenoperation gewünschte Daten selbst aus vorhandenen Unterlagen ermitteln, ist die Vorlage weiterer Unterlagen für die Wahrnehmung seiner Überwachungsaufgabe nicht erforderl <R: BAG 24.1.2006, aaO>. Andererseits räumt Abs 2 S 1 dem BR auch **nicht** die Befugnis ein, sich **am AG vorbei, selbst aus dessen Informationsquellen zu unterrichten**, insbes eigenmächtig Auskünfte bei anderen Stellen des Betriebs einzuholen oder Betriebsmittel, etwa Datenverarbeitungsanlagen, zu benutzen, um sich in einer Frage Gewissheit zu verschaffen <L: GK/*Weber* Rn 86; Richardi/*Thüsing* Rn 62, 107; DKW/*Buschmann* Rn 122; HWGNRH/*Nicolai* Rn 65>.

Unberührt bleibt die Möglichkeit des BR, sich iR seiner Aufgaben **im Gespräch mit den AN des Betriebs** ein eigenes Bild zu verschaffen und die AN zu diesem Zweck an ihrem Arbeitsplatz aufzusuchen <R: BAG 29.4.2015, 7 ABR 102/12, NZA 2015, 1397; BAG 13.6.1989, 1 ABR 4/88, DB 1989, 2439, LAG Rheinland-Pfalz 21.7.2020, 8 Sa 308/19, LAGE § 37 BetrVG 2001 Nr 23; **L**: GK/*Weber* Rn 87; *Fitting* Rn 17; DKW/*Buschmann* Rn 23; aA HWGNRH/*Nicolai* Rn 65>: Der BR ist für Gespräche mit den AN nicht auf seine Sprechstunden und die Betriebsversammlungen beschränkt <R: BAG 8.2.1977, 1 ABR 82/74, BB 1977, 647>, § 39 Rn 8; etwa können BR-Mitglieder einen Betriebsrundgang unternehmen. Will der BR AN am Arbeitsplatz im Homeoffice aufsuchen, bedarf er dafür der Einwilligung dieser AN <L: GK/*Weber* Rn 87>. Der BR darf sich auch nicht eigenmächtig über das Hausrecht eines Kunden des AG hinwegsetzen, bei dem die AN tätig sind <R: BAG 13.6.1989, aaO für AN eines Bewachungsunternehmens>. Zur Information über die Anliegen der AN kann der BR auch eine Fragebogenaktion durchführen <R: BAG 8.2.1977, aaO; **L: enger** HWGNRH/*Nicolai* Rn 65>. Allerdings muss er bei der Gestaltung des Fragebogens die Gebote der vertrauensvollen Zusammenarbeit aus § 2 Abs 1 und der Wahrung des Betriebsfriedens aus § 74 Abs 2 S 2 beachten.

36

3. Zurverfügungstellung von Unterlagen, Abs 2 S 2 Hs 1

Dem BR sind gem Abs 2 S 2 Hs 1 **auf sein Verlangen** die zur Durchführung seiner Aufgaben erforderl **Unterlagen** zur Verfügung zu stellen. Unterlagen sind dabei zum einen schriftl oder digital festgehaltene Daten <R: BAG 16.8.2011, 1 ABR 22/10, NZA 2012, 34; BAG 17.3.1983, 6 ABR 33/80, BB 1983, 1282> wie Formulararbeitsverträge <R: BAG 19.10.1999, 1 ABR 75/98, BB 2000, 1297>, Telefonverzeichnisse <R: BAG 9.12.2009, 7 ABR 46/08, NZA 2010, 66>; Urlaubslisten, Überstundenaufstellungen, Nachweise über die Zahl der im Betrieb beschäftigten Schwerbehinderten, vom AG eingeholte Gutachten über die Gestaltung der Arbeitsplätze usw, aber auch Beweisstücke <L: DKW/*Buschmann* Rn 113 f>. Etwa kann der BR die Vorlage von Ausschussstücken verlangen, um festzustellen, ob der AG tarifl Prämien zu Recht herabgesetzt hat. Nach Abs 2 S 3 gehören zu den Unterlagen auch die Überlassungsverträge im Falle der Arbeitnehmerüberlassung.

37

Der BR kann vom AG nur die Vorlage von Unterlagen verlangen, die der **AG tatsächl besitzt**. Der Anspruch auf Vorlage der Unterlagen soll einen Informationsgleichstand bewirken, aber begründet keinen Anspruch des BR darauf, dass der AG Unterlagen eigens für die Informationsbedürfnisse des BR herstellt, etwa durch die Installierung von Mess-

38

Klumpp 655

§ 80   Allgemeine Aufgaben

geräten <R: BAG 7.8.1986, 6 ABR 77/83, BB 1987, 195; 28.11.1989, 1 ABR 97/88, BB 1990, 1062; 6.5.2003, 1 ABR 13/02, DB 2003, 2445; LAG Baden-Württemberg 28.1.2020, 19 TaBV 2/19, LAGE § 80 BetrVG 2001 Nr 13; **L:** GK/*Weber* Rn 106; Richardi/*Thüsing* Rn 74; *Fitting* Rn 65; HWGNRH/*Nicolai* Rn 70; **weiter** ErfK/*Kania* Rn 24; **abw** DKW/*Buschmann* Rn 112>: Dass der BR nach Abs 1 Nr 1 die Einhaltung der geltenden Gesetze, TV und BV überwachen soll, macht aus ihm kein dem AG übergeordnetes Kontrollorgan. Verfügt der AG über Unterlagen, ist für die Vorlagepflicht unerhebl, ob er sie selbst erstellt hat oder ob sie ihm von Dritten, etwa einem Konzernunternehmen oder einer öffentl Stelle zur Verfügung gestellt worden sind <R: vgl Hess LAG 19.3.1996, 4 TaBV 12/96, AiB 1996, 668>. S noch Rn 30 zum Umfang der Unterrichtungspflicht aus Abs 2 S 1.

39   Der AG muss dem BR die Unterlagen **zur Verfügung stellen**, dh im Original, in Durchschrift oder in Fotokopie für eine angemessene Zeit überlassen. Der BR kann auch, soweit erforderl, Abschriften oder Fotokopien von den überlassenen Unterlagen fertigen <R: BAG 16.8.2011, 1 ABR 22/10, NZA 2012, 342; BAG 15.6.1976, 1 ABR 116/74, BB 1976, 1223; für den WirtA 20.11.1984, 1 ABR 64/82, BB 1985, 927; **L:** Richardi/*Thüsing* Rn 78 mwN>. Dem BR können Daten auch durch das Einräumen einer Leseberechtigung für Dateien zur Verfügung gestellt werden, allerdings deckt der Anspruch aus § 80 Abs 2 nicht den permanenten und umfassenden Onlinezugriff, insbes nicht, wenn er sich nicht auf die nach § 80 Abs 2 vorlagepflichtigen Informationen bezieht <R: BAG 16.8.2011, 1 ABR 22/10, NZA 2012, 342>.

40   Haben die Unterlagen einen Bezug zu den gesetzl Aufgaben des BR, sind ihm diese **jederzeit**, also auch **ohne konkreten Anlass**, zur Verfügung zu stellen: Der BR muss nicht den Verdacht dartun, dass etwas nicht in Ordnung ist, insbes Rechtsvorschriften im Betrieb nicht beachtet werden <R: BAG 30.6.1981, 1 ABR 26/79, BB 1981, 1950>. Etwa setzt ein Verlangen des BR, ihm Gleitzeitkontoauszüge zur Verfügung zu stellen, nicht voraus, dass er Anhaltspunkte für Verstöße gg das ArbZG hat <R: LAG BaWü 21.2.1994, 15 TaBV 11/93, BB 1994, 1352>.

41   **Keine Einsicht** darf der BR in die **Personalakten** der AN einschließl der auf Datenträgern gespeicherten persönl AN-Daten (§ 83 Rn 2f) nehmen: Für Personalakten enthält § 83 Abs 1 eine Sonderregelung, nach der es vom AN abhängt, ob er bei der Einsichtnahme ein BR-Mitglied hinzuziehen will oder nicht. Damit vertrüge sich ein eigenes Einsichtsrecht des BR nicht <R: BAG 20.12.1988, 1 ABR 63/87, BB 1989, 1268; s auch LAG Düsseldorf, 23.6.2020, 3 TaBV 65/19, juris; **L:** GK/*Weber* Rn 107 mwN>. Hinsichtl der persönl Daten der AN ist der BR auf ein bloßes Informationsrecht beschränkt: Er kann ledigl verlangen, dass ihm der AG diejenigen AN-Daten mitteilt, die er zur Erfüllung seiner gesetzl Aufgaben, insbes zur Mitbestimmung in personellen Angelegenheiten, konkret benötigt <R: BAG 20.12.1988, aaO>. Weil § 80, anders als § 99 Abs 1 und § 102 Abs 2, keine strafbewehrte Verschwiegenheitspflicht der BR-Mitglieder normiert, steht einer Mitteilung der individuellen Arbeitsbedingungen einzelner AN auch die Pflicht von AG und BR aus § 75 Abs 2 S 1 entgg, das Persönlichkeitsrecht der AN zu wahren.

4. Einblick in Lohn- und Gehaltslisten, Abs 2 S 2 Hs 2

42   Abs 2 S 2 Hs 2 gewährt dem Betriebsausschuss (§ 27 Rn 1ff) ein Einblicksrecht in die Bruttolohn- und -gehaltslisten. Einblick kann **nicht der BR**, sondern nur der **Betriebs-**

IV. Unterrichtungsanspruch des Betriebsrats, Abs 2 § 80

ausschuss nach § 27 oder ein nach § 28 gewählter Ausschuss nehmen. Besteht kein Betriebsausschuss, weil der BR weniger als neun Mitglieder hat, und hat der BR auch keinen Ausschuss nach § 28 gebildet, sind einblicksberechtigt der die laufenden Geschäfte führende BR-Vors und im Verhinderungsfall sein Stellv oder die BR-Mitglieder, denen die Führung der laufenden Geschäfte gem § 27 Abs 3 übertragen ist <R: BAG 7.5.2019, 1 ABR 53/17, NZA 2019, 1218; BAG 23.2.1973, 1 ABR 17/72, BB 1973, 799; 18.9.1973, 1 ABR 17/73, DB 1974, 296; 10.2.1987, 1 ABR 43/84, BB 1987, 1177; **L:** GK/*Weber* Rn 118ff; Richardi/*Thüsing* Rn 83, 85ff; *Fitting* Rn 71; DKW/*Buschmann* Rn 126; ErfK/*Kania* Rn 29; aA HWGNRH/*Nicolai* Rn 79>.

Der Betriebsausschuss hat Anspruch auf Einblick in die Lohn- und Gehaltslisten nur, soweit die gewünschten Informationen **Bezug zur Erfüllung von BR-Aufgaben** haben (Rn 24f), also insbes iR seiner MBR aus § 87 Abs 1 Nr 10 und 11 <R: BAG 26.9.2017, 1 ABR 27/16, NZA 2018, 108; BAG 14.1.2014, 1 ABR 54/12, NZA 2014, 738>. Der Anspruch ist also konkret aufgabenbezogen, ein turnusmäßiges Einsichtsrecht besteht deshalb nicht <R: BAG 29.9.2020, 1 ABR 23/19, NZA 2021, 135>. Deswg kann der BR zB keinen Einblick verlangen, um festzustellen, ob die Gewerkschaftsmitglieder Gewerkschaftsbeiträge in der satzungsmäßigen Höhe entrichten, oder um zu kontrollieren, ob alle AN des Betriebs an Betriebsversammlungen teilnehmen. Das Einblicksrecht erstreckt sich auch auf übertarifl Zulagen und Prämien, damit der BR feststellen kann, ob ein Kollektivbezug besteht (Rn 25), auch dann, wenn diese nach Angaben von AG und AN individuell vereinbart worden sind <R: weiter BAG 14.1.2014, 1 ABR 54/12, NZA 2014, 738; BAG 30.6.1981, 1 ABR 26/79, BB 1981, 1950; 10.2.1987, 1 ABR 43/84, BB 1987, 1177; **L:** auch Richardi/*Thüsing* Rn 92; ErfK/*Kania* Rn 26; aA GK/*Weber* Rn 112, 114; HWGNRH/*Nicolai* Rn 81>, sowie auf die Bruttogehälter der AT-Ang, soweit diese nicht ltd Ang iS des § 5 Abs 3 (Rn 3 und § 5 Rn 25ff) sind <R: BAG 3.12.1981, 6 ABR 60/79, BB 1982, 615; **L:** GK/*Weber* Rn 113 mwN>. Ob die AN mit der Einblicknahme durch den Betriebsausschuss einverstanden sind, ist unerhebl <R: BAG 17.2.1983, 6 ABR 33/81, BB 1983, 1214; s auch BAG 14.1.14, 1 ABR 54/12, NZA 2014, 738; **L:** *Löwisch*/*Mandler* BB 2016, 629>. Aus § 13 Abs 3 EntgTranspG folgt die Maßgabe, auf den Entgeltlisten das Geschlecht anzugeben <L: ErfK/*Kania* Rn 26>. Das Einblicksrecht ist nicht auf anonymisierte Daten beschränkt <R: BAG 7.5.2019,1 ABR 53/17, NZA 2019, 1218>.

43

So wie der BR nach Abs 2 S 2 nur die Vorlage solcher Unterlagen verlangen kann, die der AG tatsächl hat (Rn 38), so kann auch der Betriebsausschuss nur beanspruchen, **vorhandene Lohn- und Gehaltslisten** einzusehen, hingg nicht, dass solche Listen erst erstellt werden, damit er sein Einblicksrecht wahrnehmen kann <R: BAG 7.5.2019, 1 ABR 53/17; LAG SH 15.11.1988, 2 TaBV 11/88, DB 1990, 790>. Allerdings kann der AG aufgrund des Auskunftsanspruches nach Abs 2 S 1 verpflichtet sein, nichtbestehende oder lückenhafte Informationen zu liefern <R: BAG 30.9.2008, 1 ABR 54/07, NZA 2009, 502>. **Einblicknahme** bedeutet weniger als Zurverfügungstellung von Unterlagen: „Zur Verfügung stellen" bedeutet Aushändigung der Unterlagen, während „Einblick nehmen" ledigl heißt, dass der Betriebsausschuss die Vorlage der Unterlagen verlangen kann, um in diese Einsicht zu nehmen. Der Betriebsausschuss kann daher nicht beanspruchen, dass ihm die Listen über die Bruttolöhne und -gehälter ausgehändigt werden <R: BAG 28.7.2020, 1 ABR 6/19, NZA 2020, 1251; BAG 29.9.2020, 1 ABR 32/19, NZA 2021, 53 zu § 13 Abs 2 S 2 EntgTranspG; BAG 15.6.1976, 1 ABR 116/74, BB 1976, 1223;

44

§ 80 Allgemeine Aufgaben

16.8.1995, 7 ABR 63/94, BB 1996, 485; **L:** Richardi/*Thüsing* Rn 95; *Fitting* Rn 76; ErfK/*Kania* Rn 28; **aA** DKW/*Buschmann* Rn 133>. Mit dem Einblick verbunden ist aber das Recht des Betriebsausschusses, sich Aufzeichnungen zu machen <**R:** BAG 15.6.1976, aaO>, er darf die Listen aber nicht vollständig abschreiben oder vollständig fotokopieren <**R:** BAG 3.12.1981, 6 ABR 8/80, BB 1982, 615; **L:** Richardi/*Thüsing* Rn 95; *Fitting* Rn 76; ErfK/*Kania* Rn 28; **aA** DKW/*Buschmann* Rn 133 ff>.

45 Der Auskunftsanspruch nach Abs 2 S 2 Hs 2 steht neben einem etwaigen Anspruch aufgrund **§ 13 Abs 2 EntgTranspG**. Hier ist die Einbindung des BR nur im Rahmen seiner Aufgaben aufgrund eines konkreten Auskunftsbegehrens nach § 10 EntgTranspG möglich – sie ist also nicht kollektivbezogen. Hier kann der BR die Gehaltslisten entsprechend auswerten, um eine Entgeltungleichheit festzustellen <**R:** BAG 28.7.2020, 1 ABR 6/19, NZW 2020, 3130; dazu auch **L:** *Kamanabrou* ZfA 2021, 421; *Henseler/Köllmann* BB 2021, 948> und hier sind entsprechende Informationen durch den AG auch zu generieren und Listen aufzustellen <**R:** BAG 29.9.2020, 1 ABR 32/19, NZA 2021, 53; BAG 28.7.2020, 1 ABR 6/19, NZA 2020, 1251>. Allerdings besteht auch aus § 13 Abs 2 EntgTranspG kein Anspruch auf Überlassung der Entgeltlisten <**R:** BAG 29.9.2020, 1 ABR 32/19, NZA 2021, 53>.

46 Beim Einblick des Betriebsausschusses in die Bruttolohn- und -gehaltslisten dürfen keine **Personen** anwesend sein, die den Betriebsausschuss **überwachen** oder mit seiner Überwachung beauftragt sind <**R:** BAG 16.8.1995, 7 ABR 63/94, BB 1996, 485; **L:** Richardi/*Thüsing* Rn 96; *Fitting* Rn 76; DKW/*Buschmann* Rn 136>. Das schließt aber nicht aus, dass der normale Betrieb in den Räumen, in denen der Betriebsausschuss Einblick nimmt, weiterläuft <**R:** BAG 16.8.1995, aaO>. Die **Weitergabe** der durch den Einblick in die Lohn- und Gehaltslisten erlangten Informationen an Dritte oder deren Veröffentlichung ist **nach § 79 Abs 1 unzulässig** (§ 79 Rn 4, 8 ff).

47 Abs 2 S 2 Hs 2 verdrängt Abs 2 S 2 Hs 1 als speziellere Vorschrift; der BR kann nicht als Organ die Überlassung der Bruttolohn- und -gehaltslisten verlangen, Rn 42. Hingg zielen Abs 2 S 2 Hs 1 und Abs 2 S 1 auf Unterschiedliches, weswg der **BR über Abs 2 S 1 Auskunft auch über Entgeltfragen** verlangen kann, insbes wenn die Angaben in einer Bruttolohn- und -gehaltsliste iSv Abs 2 S 2 Hs 2 nicht ausreichen, Rn 44. Aus Abs 2 S 1 folgt aber kein Anspruch des BR auf schriftl Auskunft über den gesamten Inhalt der Bruttolohn- und -gehaltslisten; sein Auskunftsanspruch ist beschränkt auf Angaben, die er benötigt, um seine betriebsverfassungsrechtl Aufgaben wahrnehmen zu können, also regelmäßig nur auf einen Teil der in den Bruttolohn- und -gehaltslisten enthaltenen Informationen <**R:** BAG 10.10.2006, 1 ABR 68/05, BB 2007, 106>. Muss dem BR aus Sachgründen nach Abs 2 S 1 schriftl Auskunft erteilt werden und entspricht diese schriftl Auskunft inhaltlich einer Bruttolohn- und -gehaltsliste, ist Abs 1 S 2 teleologisch zu reduzieren, um die Grenzen des Abs 2 S 2 Hs 2 zu wahren: Der BR kann keine gesonderte Auskunft verlangen, weil der AG seiner Auskunftspflicht aus Abs 2 S 1 (Rn 33 ff) schon dadurch genügt, dass er dem zuständigen Ausschuss, ggfs dem BR-Vors gem Abs 2 S 2 Hs 2 Einblick in diese schriftl gefassten Angaben ermöglicht <**R:** BAG 30.9.2008, 1 ABR 54/07, DB 2009, 407>.

5. Anforderung sachkundiger Arbeitnehmer als Auskunftsperson, Abs 2 S 4

Nach Abs 2 S 4 hat der AG dem BR sachkundige AN als Auskunftspersonen zur Verfügung zu stellen, soweit es zur ordnungsgem Erfüllung der Aufgaben des BR erforderl ist. Der BR soll so den internen Sachverstand der AN nutzen können <L: RegE BT-Drs 14/5741, S 46>. Mit Abs 2 S 4 hat der Gesetzgeber der Rspr des BAG Rechnung getragen, nach der der BR gem Abs 3 nicht berechtigt ist, externe Sachverständige hinzuzuziehen und so den AG über § 40 mit Kosten zu belasten, wenn er sich die erforderl Sachkunde durch AN verschaffen kann. Speziell geregelt sind die Zusammensetzung des WirtA in § 107 Abs 1 und die Hinzuziehung von Beratern bei Betriebsänderungen in § 111 S 2. AN sind alle Personen in einem Arbeitsverhältnis zum AG, also nicht nur die im Betrieb tätigen AN, sondern alle im Unternehmen des AG beschäftigten AN <L: Richardi/*Thüsing* Rn 99; ErfK/*Kania* Rn 30a; aA GK/*Weber* Rn 141; *Fitting* Rn 89> einschließl der ltd Ang; es besteht kein Grund, diese in Anlehnung an § 5 Abs 3 aus dem Kreis der Auskunftspersonen herauszunehmen <L: Richardi/*Thüsing* Rn 99; DKW/*Buschmann* Rn 145; aA GK/*Weber* Rn 142; *Fitting* Rn 89; ErfK/*Kania* Rn 30a>. 48

Als **Aufgaben**, deretwg der BR sachkundige AN anfordern kann, kommen alle gesetzl Aufgaben des BR in Betracht, also sowohl seine allg Überwachungsrechte aus Abs 1 als auch seine Mitwirkungs- und MBR in sozialen, personellen und wirtschaftl Angelegenheiten. Die Auskunft, die der sachkundige AN geben soll, muss zudem zur **ordnungsgem** Erfüllung der BR-Aufgaben **erforderl** sein. Auskunftspersonen dürfen deshalb nicht jederzeit, sondern nur dann angefordert werden, wenn eine konkrete BR-Aufgabe zu erfüllen ist <L: GK/*Weber* Rn 140 mwN>. 49

Die sachkundigen AN sind dem BR als **Auskunftspersonen** zur Verfügung zu stellen. Damit ist der Anspruch des BR zum einen auf Fälle beschränkt, in denen er selbst nicht über die erforderl Sachkunde verfügt, wie das insbes in technischen und organisatorischen Fragen der Fall sein kann. Zum anderen berechtigt Abs 2 S 4 den BR nicht, AN zur Beratung des BR hinzuzuziehen, wie auch aus dem Vergleich zu § 111 S 2 folgt, der ausdrückl die Hinzuziehung eines „Beraters" erlaubt. Wenn die Begründung des RegE vorsieht, dass „ein oder mehrere sachkundige AN zusammen mit BR-Mitgliedern Arbeitskreise bilden können, um zu wichtigen, komplexen Themen wie zB Qualifizierung, Beschäftigungssicherung oder Gesundheitsschutz im Betrieb eigene, fundierte Vorschläge erarbeiten zu können" <L: RegE BT-Drs 14/5741 S 46 f>, so ist daran nur richtig, dass die sachkundigen AN dem BR iR eines Arbeitskreises ihr Wissen vermitteln können. Über mögl Vorschläge zu beraten und zu beschließen, bleibt hingg allein Sache des BR. 50

Die sachkundigen AN sind dem BR vom AG **zur Verfügung zu stellen**. Der BR kann sie also nicht wie den Berater nach § 111 S 2 selbst hinzuziehen, sondern er muss sich mit dem AG über die Hinzuziehung einigen. Kommt es zu keiner Einigung, muss der BR seinen Anspruch im arbg Beschlussverf nach § 2a Abs 1 Nr 1 ArbGG durchsetzen (Rn 57). Zur Verfügung stellen bedeutet auch, dass der AG verpflichtet ist, es dem sachkundigen AN zu gestatten, die für die ordnungsgem Erfüllung der BR-Aufgaben erforderl Auskünfte zu erteilen, soweit er diese selbst erteilen müsste. Diese Pflicht trifft den AG auch insoweit, als die Auskünfte Betriebs- und Geschäftsgeheimnisse iS des § 79 (§ 79 Rn 8 ff) berühren; **Abs 4** unterwirft auch die sachkundigen AN der Geheimhaltungspflicht des § 79. Auch wenn bes sensible Geheimnisse betroffen sind, kommt eine analoge Anwen- 51

§ 80 Allgemeine Aufgaben

dung von § 106 Abs 2 mangels planwidriger Regelungslücke nicht in Betracht <L: *Fitting* Rn 88 f>.

52 Für die **Person des sachkundigen AN** räumt **Abs 2 S 4 Hs 2** dem BR ein **Vorschlagsrecht** ein. Der AG muss den Vorschlag berücksichtigen, soweit nicht dem vorgeschlagenen AN die erforderl Sachkunde fehlt oder dieser aktuell unentbehrlich ist, etwa wenn die Abwesenheit des AN dazu führte, dass ein Liefertermin nicht eingehalten werden kann und möglicherweise eine Vertragsstrafe anfällt <L: GK/*Weber* Rn 145; *Fitting* Rn 87; DKW/*Buschmann* Rn 148; HWGNRH/*Nicolai* Rn 90>. Zudem muss der angeforderte AN damit **einverstanden** sein, dem BR mit seiner Sachkunde zur Verfügung zu stehen; zur freien Entfaltung der Persönlichkeit iS des § 75 Abs 2 S 1 gehört auch die Freiheit der Entscheidung, ob sich ein AN in den Dienst des BR stellen will oder nicht <L: DKW/ *Buschmann* Rn 149; HWGNRH/*Nicolai* Rn 92; **aA** GK/*Weber* Rn 148; *Fitting* Rn 89; ErfK/*Kania* Rn 30a>. Die Auskunftstätigkeit ggü dem BR ist vom AG als Arbeitsleistung einschließl etwaiger Mehrarbeit zu vergüten <L: GK/*Weber* Rn 150; *Fitting* Rn 89; DKW/*Buschmann* Rn 150; **R:** hier BAG, 20.1.2015, 1 ABR 25/13>.

V. Hinzuziehung von Sachverständigen, Abs 3

53 Soweit es zur ordnungsgem Erfüllung seiner Aufgaben aus dem BetrVG erforderl ist, kann der BR Sachverständige nach Abs 3 hinzuziehen, etwa wenn arbeitsmedizinische, arbeitswissenschaftl und versicherungsmathematische Fragen im Zusammenhang mit der betriebl Altersversorgung oder Fragen im Zusammenhang mit technischen Kontrolleinrichtungen zu klären sind. Der Zusammenhang der zu klärenden Frage mit einer **BR-Aufgabe** muss **hinreichend konkret** sein (Rn 49). Etwa rechtfertigen lediglich mögl Auswirkungen einer Neubewertung des Anlagevermögens oder der Aufnahme eines neuen Gesellschafters auf die Produktions- und Personalplanung es noch nicht, dass sich der BR diese Maßnahmen durch einen Sachverständigen erläutern lässt <**R:** BAG 25.7.1989, 1 ABR 41/88, DB 1990, 434>.

54 Sachverständige iS des Abs 3 sind alle **außerbetriebl Berater** des BR <**R:** BAG 26.2.1992, 7 ABR 51/90, DB 1992, 2245>. Nicht unter Abs 3 fallen sachkundige AN als Auskunftspersonen iS des Abs 2 S 4 (Rn 48 ff) und Berater nach § 111 S 2 (§ 111 Rn 56). Unberührt bleibt auch der Kontakt des BR mit anderen Organen der Betriebsverfassung, insbes anderen BR des Unternehmens oder des Konzerns, mit Betriebsärzten und Fachkräften für Arbeitssicherheit (§ 7 Abs 1 ASiG) und mit öffentl Stellen, etwa der Gewerbeaufsicht, die der BR direkt um Auskunft bitten kann, noch § 89 Rn 7 ff. Auch ein **RA**, von dem sich der BR gutachterlich in Rechtsfragen beraten lässt, für die ihm die eigenen Kenntnisse fehlen, ist Sachverständiger iS des Abs 3 <**R:** BAG 25.4.1978, 6 ABR 9/75, DB 1978, 1747; 15.11.2000, 7 ABR 24/00, EzA BetrVG 1972 § 40 Nr 92>. Keine Sachverständigentätigkeit ist hingg die anwaltliche Vertretung des BR in Verhandlungen mit dem AG, etwa über den Abschluss eines Sozialplans <**R:** BAG 13.5.1998, 7 ABR 65/96, DB 1998, 1670>, im Verf vor der ES <**R:** BAG 21.6.1989, 7 ABR 78/87, BB 1990, 138; 14.2.1996, 7 ABR 25/95, BB 1996, 1612> und im arbg Beschlussverf <**R:** BAG 25.4.1978 und 15.11.2000, aaO>, zu den Kosten § 40 Rn 45 f und § 76a Rn 4.

55 Die Hinzuziehung eines Sachverständigen muss **erforderl** sein, damit der BR seine Aufgaben aus dem BetrVG erfüllen kann. Der Sachverständige hat die fehlende Sachkunde

des BR zu ersetzen, ihn also zu beraten. Er soll aber nicht Aufgaben des BR übernehmen <R: BAG 14.12.2016, 7 ABR 8/15, NZA 2017, 514>. Erforderl ist diese Beratung nur, soweit dem BR die notwendige Sachkunde fehlt und er die **betriebsinternen**, vom AG zugänglich gemachten Informationsquellen **ausgeschöpft** hat <R: BAG 4.6.1987, 6 ABR 63/85, NZA 1988, 50; 16.11.2005, 7 ABR 12/05, BB 2006, 1004; **L:** Richardi/*Thüsing* Rn 100; GK/*Weber* Rn 155 f; ErfK/*Kania* Rn 34; **aA** DKW/*Buschmann* Rn 159 ff>. Der BR hat keinen Anspruch auf die Hinzuziehung eines externen Sachverständigen, wenn er sich nicht zuvor beim AG um die Klärung der offenen Fragen bemüht hat <R: BAG 16.11.2005, aaO> oder wenn er sich die Informationen kostengünstiger durch den Besuch von Schulungen oder mit Hilfe sachkundiger Betriebs- oder Unternehmensangehöriger, insbes über Abs 2 S 4 verschaffen kann <R: BAG 4.6.1987, aaO; 26.2.1992, 7 ABR 51/90, DB 1992, 2245; **L:** einschränkend *Schiefer* FS 100 Jahre Betriebsverfassungsrecht, S 653, 665>, Rn 44 ff. Ob ein Konzern-BR gebildet werden darf, kann idR ohne Sachverständigengutachten geklärt werden <R: LAG Köln 8.6.1997, 7 TaBV 22/97, NZA-RR 1998, 165 (LS)>. Ist ein RA Beisitzer einer ES (§ 76 Rn 6, § 76a Rn 16) oder ist er vor dieser als Verf-Bevollmächtigter aufgetreten (§ 76a Rn 5), ist seine zusätzl Hinzuziehung als juristischer Sachverständiger, der die in der ES-Verhandlung vorgelegten BV-Entwürfe prüfen soll (§ 76 Rn 29), nicht notwendig <R: LAG Ddf 5.5.1986, 5 TaBV 31/86, DB 1987, 947 (LS)>.

Nach Abs 3 S 2 entfällt die Prüfung der Erforderlichkeit für die Heranziehung eines Sachverständigen, wenn es um die Durchführung der Aufgaben des BR bei der Einführung von **Künstlicher Intelligenz (KI)** geht. Die Vorschrift wurde durch das Betriebsrätemodernisierungsgesetz mit Wirkung vom 18.6.2021 (BGBl I 2021, S 1762) aufgenommen. Damit sollen insbesondere die Beteiligungsrechte in § 90 Abs 1 Nr 3, 95 Abs 2a gesichert und dem BR ein vereinfachter Zugriff auf Informationen in diesem Bereich ermöglicht werden <**L:** ErfK/*Kania* Rn. 36; GK/*Weber* Rn. 157>. Letztlich wird diese Erleichterung freilich als wenig hilfreich angesehen: Zum einen, weil nicht definiert wird, was überhaupt unter Künstlicher Intelligenz zu verstehen ist, damit besteht Rechtunsicherheit <**L:** ErfK/*Kania* Rn. 36>. Die Gesetzesmaterialien verhalten sich nicht zu dem Begriff (s BT-Drs 19/28899, S 21 f, wo die Kenntnis dessen, was unter KI zu verstehen ist, offenbar selbstverständlich vorausgesetzt wird; S 15 immerhin verweist *pars pro toto* auf sog „Algorithmic-Decision-Making-Systeme, ADM-Systeme", allerdings nur als nicht erklärtes Beispiel), in der Literatur wird darauf abgestellt, dass digitale Systeme eine gewisse „Autonomie" haben müssen, um als KI zu gelten. Ihre „Entscheidungen" im Sinne der Prozessergebnisse sind also – im Gegensatz etwa zu reinen Übersetzungsprogrammen – nicht umfänglich vorhersehbar <s dazu **L:** *Frank/Heine* NZA 2021, 1448, 1452; zum Begriff allg auch *Hoffmann* NZA 2022, 19, 19>. Zum anderen, weil eine entsprechende Vereinbarung – auch über einen ständigen Sachverständigen, Abs 3 S 3 – über Person und Kosten weiterhin getroffen werden muss <**L:** GK/*Weber* Rn 157; *Rolfs/Wolf* ZIP 2021, 1895, 1897>. Damit wird die erstrebte schnelle Heranziehung des Sachverständigen nicht immer gelingen. Im Ergebnis entfällt durch Abs 3 S 2 nur der Einwand des AG auf betriebsinterne Erkenntnisquellen <**L:** *Rolfs/Wolf* ZIP 2021, 1895, 1897>. Die Hinzuziehung eines Sachverständigen setzt nach Abs 3 eine vorherige **Vereinbarung mit dem AG** voraus <R: BAG 25.6.2014, 7 ABR 70/12, NZA 2015, 629>. Damit soll – über die **Geheimhaltungspflicht des Abs 4** hinaus (schon Rn 50) – einmal der Geheimnisschutz gesichert werden. Außerdem soll der AG die Möglichkeit haben, eigenen Sachverstand an-

§ 80   Allgemeine Aufgaben

zubieten <R: BAG 25.6.2014, 7 ABR 70/12, NZA 2015, 629>. Vor allem aber soll der AG die Möglichkeit erhalten, den **Kosten** für den Sachverständigen eine Grenze zu ziehen; ohne eine solche Vereinbarung sind die Kosten für den Sachverständigen nicht vom AG zu tragen <R: BAG 25.6.2014, 7 ABR 70/12, NZA 2015, 629; BAG 11.11.2009, 7 ABR 26/08, NZA 2010, 353; BAG 25.4.1978, 6 ABR 9/75, DB 1978, 1747; 19.4.1989, 7 ABR 87/87, BB 1989, 1696; 15.11.2000, 7 ABR 24/00, EzA BetrVG 1972 § 40 Nr 92>. Der AG kann auf eine neutrale Person als Sachverständigen bestehen, sodass keine weiteren Kosten durch Gegengutachten und Obergutachten erforderl werden <R: abw wohl BAG 15.11.2000, aaO; **L:** *Rieble* Anm zu BAG 19.4.1989, aaO, SAE 1990, 11, 12; weiter ErfK/*Kania* Rn 32>. In der Vereinbarung zw AG und BR sind das Thema, zu dessen Klärung der Sachverständige hinzugezogen werden soll, die voraussichtlichen Kosten seiner Hinzuziehung und insbes die Person des Sachverständigen festzulegen <R: BAG 19.4.1989, aaO>. Die Hinzuziehung von Sachverständigen ohne Zustimmung des AG ist nicht zulässig. Einigen sich AG und BR nicht, muss der BR erst im arbg Beschlussverf klären lassen, ob zu dieser Frage dieser Sachverständige hinzugezogen werden darf und ob die Zustimmung des AG zu ersetzen ist <R: **BAG** 11.11.2009, 7 ABR 26/08, NZA 2010, 353; BAG 19.4.1989, aaO>. Zur Kostentragung § 40 Rn 45.

VI. Nichtbeachtung der Betriebsratsbeteiligung

57 **Streitigkeiten** über den Umfang der allg Aufgaben des BR (Abs 1), über seine Unterrichtung (Abs 2 S 1) und über die Beiziehung und die Person von sachkundigen AN als Auskunftspersonen (Abs 2 S 4) und von Sachverständigen (Abs 3) entscheidet das ArbG im **Beschlussverf**. Verweigert der AG eine Vereinbarung mit dem BR über die Hinzuziehung eines Sachverständigen, kann der BR den Anspruch im eV-Verf durchsetzen, wenn dies zur Abwendung wesentl Nachteile erforderl ist, er sachverständige Auskünfte etwa zur Verhandlung über einen Interessenausgleich und Sozialplan wg einer vom AG beabsichtigten Betriebsstilllegung benötigt <R: LAG Hamm 22.2.2008, 10 TaBVGa 3/08, juris mwN; **L:** *Fitting* Rn 97 mwN>. Bei einem Streit, ob dem BR nach Abs 2 S 4 ein sachkundiger AN als Auskunftsperson zur Verfügung zu stellen ist, wird eine eV nur ausnahmsweise in Betracht kommen. Ein etwaiger fehlender Sachverstand kann auch in der in einer Mitbestimmungsangelegenheit eingerichteten ES geklärt werden: Die ES kann die Hinzuziehung eines Sachverständigen anordnen, ohne auf eine Vereinbarung mit dem AG nach Abs 3 angewiesen zu sein <R: auch BAG 4.7.1989, 1 ABR 40/88, BB 1990, 918; 13.11.1991, 7 ABR 70/90, BB 1992, 855; LAG Rh-Pf 19.4.2005, 5 TaBV 18/05, juris; LAG Hamm 22.2.2008, 10 TaBVGa3/08, juris mwN; **L:** GK/*Jacobs* § 76a Rn 14; DKW/ *Berg* § 76 Rn 94, 109>.

58 Bes **Mittel**, mit deren Hilfe der BR erreichen könnte, dass der AG die zugunsten der AN bestehenden Normen nach **Abs 1 Nr 1** beachtet, sieht § 80 **nicht** vor. Der BR hat weder einen gerichtl durchsetzbaren Anspruch gg den AG auf Durchführung der Rechtsvorschriften, insbes tarifl Vorschriften iS des Abs 1 Nr 1 oder einen Anspruch auf Unterlassung <R: BAG 17.5.2011, 1 ABR 121/09, DB 2011, 2099; BAG 10.6.1986, 1 ABR 59/ 84, BB 1987, 62; 28.5.2002, 1 ABR 40/01, DB 2002, 2385; 20.5.2008, 1 ABR 19/07, NZA-RR 2009, 102; LAG Rheinland-Pfalz 9.10.2020, 8 TaBV 7/20 –, juris; **L:** GK/*Weber* Rn 32 mwN>, noch kann er im Beschlussverf die Auslegung streitiger Rechtsvor-

VI. Nichtbeachtung der Betriebsratsbeteiligung § 80

schriften losgelöst von einem konkreten Rechtsstreit klären lassen. Einen Durchführungsanspruch hat er nach § 77 Abs 1 ledigl hinsichtl BV (§ 77 Rn 87). Die Entscheidung der ES kann er nur in Mitbestimmungsangelegenheiten herbeiführen sowie bei Beschwerden von AN (§ 85 Abs 2, dort Rn 6 ff). In den übrigen Fällen steht ihm ledigl die Möglichkeit offen, öffentl Stellen, bei Nichtbeachtung von Arbeitsschutzvorschriften etwa die Gewerbeaufsicht, einzuschalten, noch § 89 Rn 7 ff. Verletzt der AG tarifl Vorschriften, kann er den Gewerkschaften Hinweise geben. Außerdem kann er die einzelnen AN darauf aufmerksam machen, welche Rechte sie haben. Es gehört aber nicht zum Aufgabenkreis des BR, die Individualinteressen der AN wahrzunehmen und diese im Beschlussverf durchzusetzen <**R:** BAG 17.10.1989, 1 ABR 75/88, DB 1990, 486; 5.5.1992, 1 ABR 1/92, NZA 1992, 1089; 20.5.2008, aaO; **L:** DKW/ *Buschmann* Rn 33 mwN>, auch § 37 Rn 23. § 80 ist kein Schutzgesetz iSv § 823 Abs 2 BGB <**L:** ErfK/*Kania* Rn 38>.

Der BR hat unmittelbar aus Abs 2 Anspruch auf Erfüllung seines Unterrichtungsanspruch aus Abs 2 S 1 und auf Vorlage von Unterlagen aus Abs 2 S 2 Hs 1, ebenso der Betriebsausschuss auf Einblick in die Lohn- und Gehaltlisten aus Abs 2 S 4 Hs 2 <**R:** BAG 12.3.2019, 1 ABR 48/17, NZA 2019, 850; BAG 17.5.1983, 1 ABR 21/80, BB 1983, 1984>. Gem Abs 2 S 4 und Abs 3 kann der BR die Hinzuziehung sachkundiger AN und außerbetriebl Sachverständiger verlangen, Rn 48 ff und 53 ff <**R:** BAG 25.6.2014, 7 ABR 70/12, NZA 2015, 629; BAG 25.6.2014, 7 ABR 70/12, DB 2014, 2655; **L:** ErfK/*Kania* Rn 35>. Diese Ansprüche können auch im Wege der eV geltend gemacht werden <**R:** LAG Hamm 2.10.2001, 13 TaBV 106/01, AuR 2002, 278; **L:** Richardi/*Thüsing* Rn 107; DKW/*Buschmann* Rn 170>. Haben der BR oder der Betriebsausschuss die Geheimhaltungspflicht aus Abs 4 mit § 79 (Rn 29) verletzt, kann der AG in bes schwerwiegenden oder wiederholten Fällen weiteren Auskunftsverlangen auch den Einwand der unzulässigen Rechtsausübung entgegenhalten, bis sich der BR oder der Ausschuss ausdrückl bereit erklärt, die Geheimhaltungspflicht aus § 79 künftig zu beachten <**R:** BAG 14.5.1987, 6 ABR 39/84, DB 1988, 2569>. Zu weiteren Rechtsfolgen des Verstoßes gg § 79 dort Rn 21 f.

59

Zweiter Abschnitt
Mitwirkungs- und Beschwerderecht des Arbeitnehmers

Vorbemerkungen zu §§ 81 ff

1   Die §§ 81 bis 86 regeln – bis auf den 1996 in § 81 eingefügten Abs 3 (§ 81 Rn 18f) – keine eigentl betriebsverfassungsrechtl Fragen, sondern gewähren den AN eine Reihe **individualrechtl Ansprüche** gg den AG <R: BAG 16.11.2004, 1 ABR 53/03, BB 2005, 1505; L: Richardi/*Thüsing* Rn 1; AR/*Kolbe* § 81 Rn 1>. Sie gelten deshalb in allen Betrieben im Geltungsbereich des BetrVG, auch in solchen ohne BR <R: LAG Köln 31.5.2007, 9 Ta 27/07, AuR 2007, 405 (Ls); L: Richardi/*Thüsing* Rn 5 mwN; GK/*Franzen* vor § 81 Rn 23 mwN> und für alle AN. Nach § 14 Abs 2 S 3 gelten die §§ 81, 82 Abs 1 und §§ 84 bis 86 auch für Leih-AN.

2   Die einzelnen Rechte der §§ 81 ff gewähren dem AN einen **Erfüllungsanspruch** gg den AG <L: GK/*Franzen* vor § 81 Rn 35> und bei Nichterfüllung ein Zurückbehaltungsrecht aus § 273 BGB unter Erhalt des Anspruchs auf das Arbeitsentgelt nach § 615 BGB <L: GK/*Franzen* vor § 81 Rn 37 mwN>.

3   Streitigkeiten über diese individualrechtl Ansprüche sind im **Urteilsverf** auszutragen <R: BAG 24.4.1979, 6 AZR 69/77, DB 1979, 1755; L: statt aller GK/*Franzen* vor § 81 Rn 41>.

4   § 86a regelt mit dem Vorschlagsrecht der AN ggü dem BR keinen individualrechtl Anspruch, sondern ein betriebsverfassungsrechtl Recht. Dementspr gilt für Streitigkeiten das Beschlussverf (§ 86a Rn 3).

5   Die Vorschriften über die Anhörungs- und Erörterungsrechte des AN (§§ 81, 82 Abs 1) und die Beschwerderechte des AN (§§ 84–86 BetrVG) gelten im Entleiherbetrieb auch im Bezug auf die dort tätigen LeihAN. Keine Anwendung finden § 83 (Einsicht in die Personalakten) und § 86a (Vorschlagsrecht des AN).

§ 81 Unterrichtungs- und Erörterungspflicht des Arbeitgebers

(1) Der Arbeitgeber hat den Arbeitnehmer über dessen Aufgabe und Verantwortung sowie über die Art seiner Tätigkeit und ihre Einordnung in den Arbeitsablauf des Betriebs zu unterrichten. Er hat den Arbeitnehmer vor Beginn der Beschäftigung über die Unfall- und Gesundheitsgefahren, denen dieser bei der Beschäftigung ausgesetzt ist, sowie über die Maßnahmen und Einrichtungen zur Abwendung dieser Gefahren und die nach § 10 Abs. 2 des Arbeitsschutzgesetzes getroffenen Maßnahmen zu belehren.

(2) Über Veränderungen in seinem Arbeitsbereich ist der Arbeitnehmer rechtzeitig zu unterrichten. Absatz 1 gilt entsprechend.

(3) In Betrieben, in denen kein Betriebsrat besteht, hat der Arbeitgeber die Arbeitnehmer zu allen Maßnahmen zu hören, die Auswirkungen auf die Sicherheit und Gesundheit der Arbeitnehmer haben können.

(4) Der Arbeitgeber hat den Arbeitnehmer über die auf Grund einer Planung von technischen Anlagen, von Arbeitsverfahren und Arbeitsabläufen oder der Arbeitsplätze vorgesehenen Maßnahmen und ihre Auswirkungen auf seinen Arbeitsplatz, die Arbeitsumgebung sowie auf Inhalt und Art seiner Tätigkeit zu unterrichten. Sobald feststeht, dass sich die Tätigkeit des Arbeitnehmers ändern wird und seine beruflichen Kenntnisse und Fähigkeiten zur Erfüllung seiner Aufgaben nicht ausreichen, hat der Arbeitgeber mit dem Arbeitnehmer zu erörtern, wie dessen berufliche Kenntnisse und Fähigkeiten den künftigen Anforderungen angepasst werden können. Der Arbeitnehmer kann bei der Erörterung ein Mitglied des Betriebsrats hinzuziehen.

Literatur: *Aligbe*, Die arbeitsschutzrechtliche erforderliche Unterweisung der Beschäftigten, ArbR 2017, 323; *Kort*, Schweigepflicht eines beim BEM-Gespräch hinzugezogenen Betriebsratsmitglieds, NZA 2019, 502; *Kunst*, Individualarbeitsrechtliche Informationsrechte des Arbeitnehmers (2003); *Mertz*, Der individuelle Schutz des Arbeitnehmers im Rahmen der Betriebsverfassung, RdA 1971, 203; *Mitsch*, Gesetzliche Informationspflichten des Arbeitgebers als Konkretisierung seiner allgemeinen Fürsorgepflicht (2005); *Süllwold*, Auswahl der Betriebsratsmitglieder zur Teilnahme an Personalgesprächen, ZBVR 2005, 119; *Wiese*, Individuum und Kollektiv im Betriebsverfassungsrecht, NZA 2006, 1; *Zimmermann*, Zur Bedeutung des arbeitsplatzbezogenen Unterrichtungs-, Anhörungs- und Erörterungsanpruchs des einzelnen Arbeitnehmers gem. § 81 BetrVG, AuR 2014, 262.

Ältere Literatur s Vorauflagen.

Übersicht

	Rn.		Rn.
I. Arbeitstätigkeit	1	II. Unfall- und Gesundheitsgefahren	14
1. Unterrichtungspflichten, Abs 1 S 1, Abs 2 S 1 und Abs 3 S 1	1	1. Belehrungspflicht, Abs 1 S 2	14
2. Erörterungspflicht, Abs 4 S 2	10	2. Anhörungspflicht in Betrieben ohne BR, Abs 3	18

§ 81 Unterrichtungs- und Erörterungspflicht des Arbeitgebers

I. Arbeitstätigkeit

1. Unterrichtungspflichten, Abs 1 S 1, Abs 2 S 1 und Abs 3 S 1

1 Nach **Abs 1 S 1** muss der AG den AN über dessen Arbeitstätigkeit im weiteren Sinne unterrichten, etwa anleiten, wie er Arbeitsgeräte und Maschinen zu bedienen hat, und ihn in die Arbeitsaufgabe einweisen <R: BAG 23.4.1991, 1 ABR 49/90, BB 1992, 565; LAG Hamm 8.11.2002, 10 (13) TaBV 59/02, NZA-RR 2003, 543>. Zur Abgrenzung der Einweisung nach § 81 zu den nach §§ 96 ff mitbestimmungspflichtigen Berufsbildungsmaßnahmen § 96 Rn 5. Da eine Abs 4 S 3 und §§ 82 Abs 2 S 2, 83 Abs 1 S 2, 84 Abs 2 S 2 entspr Vorschrift in den Abs 1–3 fehlt, kann der AN ohne Einverständnis des AG ein BR-Mitglied nicht zu der Unterrichtung, sondern erst zur Erörterung nach Abs 4 hinzuziehen, Rn 12.

2 Einen **Zeitpunkt** für die Unterrichtung legt Abs 1 nicht fest; idR wird der AG den AN vor Beginn der Arbeitsaufnahme unterrichten müssen. Zwingend ist eine Unterrichtung vor der Arbeitsaufnahme nicht <L: *SWS* Rn 6; **aA** strikt für eine Information vor der Arbeitsaufnahme GK/*Franzen* Rn 7; Richardi/*Thüsing* Rn 13; DKW/*Buschmann* Rn 6>: Soweit die AN ihre Tätigkeit auch ohne Einweisung erledigen können, sind sie dazu verpflichtet; andernfalls können sie ihre Arbeitsleistung nach § 273 BGB verweigern, behalten aber gem § 615 BGB ihren Anspruch auf das Arbeitsentgelt, vor § 81 ff Rn 1.

3 Auch die **Form**, in der der AG die AN zu unterrichten hat, ist nicht festgelegt; sie bestimmt sich nach Zweckmäßigkeitsgesichtspunkten: Der AG kann schriftl oder mündl unterrichten; ausländische AN müssen in ihrer Muttersprache informiert werden <L: statt aller GK/*Franzen* Rn 10; DKW/*Buschmann* Rn 7; **aA** AR /*Kolbe* Rn 2; differenzierend Richardi/*Thüsing* Rn 16>, s auch Rn 12. Die Unterrichtungspflicht ist keine höchstpersönl Pflicht des AG; es genügt eine Einweisung bzw Unterrichtung durch qualifizierte Vorgesetzte <R: LAG Rh-Pf 24.1.2006, 5 Sa 817/05, AuA 2006, 562 (LS); L: statt aller GK/*Franzen* Rn 11 mwN>. Der AG kann die AN auch durch Kurse in ihren Arbeitsbereich einführen <R: BAG 23.4.1991, 1 ABR 49/90, BB 1992, 565 mwN; L: statt aller GK/*Franzen* Rn 9>; mit solchen Kursen genügt er seiner Unterrichtungspflicht auch dann, wenn sie erst beginnen, nachdem die AN ihre Arbeit bereits aufgenommen haben, Rn 2.

4 Auch über spätere Veränderungen des Arbeitsbereichs muss der AG den AN nach **Abs 2 S 1** rechtzeitig unterrichten, nach Abs 2 S 2 gilt Abs 1 für die Unterrichtung entspr (Rn 1 f). **Veränderung des Arbeitsbereichs** ist weniger als Versetzung iS der §§ 99, 95 Abs 3 (§ 99 Rn 25 ff): Es genügt jede Änderung der Art der Tätigkeit oder ihrer Einordnung in den Arbeitsablauf in den Betrieb <R: LAG BaWü 1.9.2010, 13 TaBV 4/10, juris Rn 66>. Dementspr wird der Arbeitsbereich sowohl dann verändert, wenn der AN auf einen anderen (nicht gleichartigen <L: GK/*Franzen* Rn 8 mwN>) Arbeitsplatz umgesetzt wird, als auch dann, wenn er weiterhin am selben Arbeitsplatz tätig ist, aber dessen Einrichtung oder Umgebung verändert wird. Beispiele für Veränderungen im letztgenannten Sinne sind die Einführung neuer Maschinen, der Umzug in neue Räume oder Änderungen der Arbeitszeit, etwa die Einführung von gleitender Arbeitszeit oder Wechselschicht. Auch die Umsetzung ins Homeoffice oder von dort zurück in den Betrieb ist eine Veränderung des Arbeitsbereichs <L: LAG BaWü aaO>. Zum – neuen – MBR des BR bei der Ausgestaltung mobiler Arbeit s § 87 Rn 280 ff.

I. Arbeitstätigkeit **§ 81**

Der AG muss den BR über die Planung von Arbeitsplätzen nach § 90 Abs 1 Nr 4 rechtzei- 5
tig unter Vorlage der erforderl Unterlagen beteiligen, und kann über § 91 angemessene
Maßnahmen zur Abwendung, Milderung oder zum Ausgleich von Belastungen erzwin-
gen, wenn die Änderung des Arbeitsplatzes gesicherten arbeitswissenschaftl Erkenntnis-
sen über die menschengerechte Gestaltung der Arbeit offensichtlich widerspricht und die
AN dadurch bes belastet werden (§ 91 Rn 4ff). Wird der AN durch die Zuweisung neuer
Aufgaben iS der §§ 99, 95 Abs 3 versetzt, muss der BR dieser Maßnahme nach § 99
Abs 1 zustimmen.

Die Unterrichtungspflicht des AG aus Abs 2 wird in **Abs 4 S 1 konkretisiert**: Der AG 6
muss die AN über Maßnahmen unterrichten, die aufgrund der Planung von technischen
Anlagen, von Arbeitsverf und -abläufen oder von Arbeitsplätzen vorgesehen sind, sowie
über deren Auswirkungen auf die Arbeitsplätze, ihre Arbeitsumgebung und auf den Inhalt
und die Art ihrer Tätigkeit.

Mit der Unterrichtungspflicht aus Abs 2 iVm Abs 4 S 1 korrespondiert die Pflicht des AG 7
zur rechtzeitigen Beratung mit dem BR aus § 90 Abs 2 iVm Abs 1 Nr 3, 4. Vorgesehene
Änderungen von Arbeitsverfahren und Arbeitsabläufen einschließlich des Einsatzes von
KI oder Arbeitsplätze und deren Auswirkung auf AN müssen mit dem BR beraten werden
(§ 90 Rn 7). Dabei darf die Einführung des Einsatzes von KI nur in § 90 Abs 1 Nr 3 nicht
so verstanden werden, dass sich die Unterrichtungspflicht des AG aus Abs 2 iVm Abs 4
S 1 nicht auf den Einsatz von KI erstreckt. Der Zweck der Unterrichtungspflicht aus
Abs 2 iVm Abs 4 S 1 erfasst auch ohne ausdrückliche Nennung neue Methoden wie den
Einsatz von KI.

Machen die AN Fehler, weil der AG sie gar nicht oder nicht vollständig in die Arbeits- 8
tätigkeit eingewiesen hat, hindert das überwiegende Mitverschulden des AG wg § 254
Abs 1 BGB einen Schadensersatzanspruch gg den AN <L: auch DKK/*Buschmann*
Rn 21>; wg etwaiger Fehler kann der AG den AN nach dem Rechtsgedanken des § 162
BGB nicht kündigen. Insoweit gehen Fehler wg unterbliebener oder nicht ordnungsgemä-
ßer Unterrichtung des AN immer zulasten des AG.

Abs 1 S 1 wird **ergänzt** durch die Pflicht des AG nach **§ 2 Abs 1 S 1, S 2 Nr 5 und S 4** 9
NachwG (in der Fassung des Gesetzes vom 26.7.2022 BGBl I S 1174ff), die vom AN zu
leistende Tätigkeit spätestens am siebten Kalendertag nach dem vereinbarten Beginn des
Arbeitsverhältnisses schriftl kurz zu charakterisieren oder zu beschreiben und die unterzeichnete Niederschrift dem AN auszuhändigen. Entspr muss der AG nach § 3 S 1
NachwG dem AN eine Änderung der Arbeitstätigkeit spätestens an dem Tag, an dem sie
wirksam wird, schriftl mitteilen.

2. Erörterungspflicht, Abs 4 S 2

Sobald feststeht, dass sich die Tätigkeit eines AN aufgrund der in Abs 4 S 1 genannten 10
Maßnahmen ändern wird und seine bisherigen Kenntnisse und Fähigkeiten für die geänderte Tätigkeit nicht mehr ausreichen, muss der AG nach Abs 4 S 2 mit ihm **erörtern**,
wie seine **berufl Kenntnisse und Fähigkeiten den künftigen Anforderungen angepasst** werden können.

Diese Pflicht ist für den Kd-Schutz wichtig: Ist der AG seiner Erörterungspflicht aus 11
Abs 4 S 2 nicht nachgekommen, muss er dem AN einen längeren Zeitraum zum Erwerb

§ 81   Unterrichtungs- und Erörterungspflicht des Arbeitgebers

der für die veränderte Arbeit notwendigen Kenntnisse und Fertigkeiten lassen, ehe er eine personenbedingte Kd nach § 1 Abs 2 KSchG aussprechen kann <L: *Löwisch* BB 1988, 1953, 1954; *Fitting* Rn 25; DKW/*Buschmann* Rn 24>. Ebenso wenig kann sich der AG im Fall einer betriebsbedingten Kd ggü einem aus der Elternzeit zurückgekehrten AN darauf berufen, dass andere vergleichbare AN sich während der elternzeitbedingten Abwesenheit durch betriebl organisierte Schulungsmaßnahmen weiter qualifiziert hätten und daher als sog Leistungsträger gem § 1 Abs 3 S 2 KSchG aus der Sozialauswahl herausgenommen werden können <R: ArbG Bochum 20.4.2006, 4 Ca 3329/05, NZA-RR 2006, 643>. Hat der AN wg der unterlassenen Erörterung die Chance zu einem Arbeitsplatzwechsel ausgelassen, kann er uU Schadensersatz aus § 280 Abs 1 BGB geltend machen <L: GK/*Franzen* vor § 81 Rn 36>; zu weiteren Rechtsfolgen vor § 81 ff Rn 1.

12   Zur Erörterung über mögl Qualifizierungsmaßnahmen kann der AN gem Abs 4 S 3 ein **Mitglied des BR** als Vertrauensperson **hinzuziehen**. Ebenso wenig wie bei § 82 hat das BR-Mitglied selbst einen Anspruch darauf, zu den Gesprächen des AN mit dem AG hinzugezogen zu werden; auch Betriebsvereinbarungen könne keinen solchen Anspruch begründen <R: BAG 11.12.2018, 1 ABR 12/17, NZA 2019, 239>; s auch § 82 Rn 20. Im Gegensatz zu §§ 82 Abs 2 S 3, 83 Abs 1 S 3 verpflichtet Abs 4 das BR-Mitglied **nicht zum Stillschweigen** über den Inhalt dieser Verhandlungen <L: GK/*Franzen* Rn 25; DKW/*Buschmann* Rn 23>. Eine Schweigepflicht kann aber aus dem über § 75 Abs 2 geschützten allgemeinen Persönlichkeitsrecht des AN folgen <L: *Kort* NZA 2019 504>; die Strafvorschrift § 102 Abs 2 gilt für die Verletzung dieser Pflicht aber nicht.

13   Abs 3 korrespondiert mit **§ 97 Abs 2**: Plant der AG Maßnahmen, aufgrund derer sich die Tätigkeit von AN so ändert, dass deren berufl Fähigkeiten und Kenntnisse zur Erfüllung ihrer Aufgaben nicht mehr ausreichen, hat der **BR** über die Einführung von betriebl Berufsbildungsmaßnahmen mitzubestimmen, um Qualifikationsdefizite der AN zu beheben; im Streitfall entscheidet die ES verbindl, § 97 Rn 7 ff.

II. Unfall- und Gesundheitsgefahren

1. Belehrungspflicht, Abs 1 S 2

14   Abs 1 S 2 hebt die Pflicht des AG bes hervor, die AN über die mit ihrer Tätigkeit verbundenen Unfall- und Gesundheitsgefahren sowie über Maßnahmen und Einrichtungen zur Abwendung dieser Gefahren zu **belehren**; diese Pflicht wird durch §§ 12, 13 ArbSchG ausgeformt. Die Unterrichtspflicht ggü dem einzelnen AN ergänzt die MBR des BR aus §§ 87 Abs 1 Nr 7, 89. Der Unterrichtung der AN sind die gesetzl Bestimmungen, wie § 3 Abs 1 Nr 4 und § 6 Nr 4 ASiG, die UVV der Berufsgenossenschaften, (§ 87 Rn 152, 155) und die im Betrieb gem § 87 Abs 1 Nr 7 oder § 88 Nr 1 zusätzl getroffenen Regelungen zugrunde zu legen. Die Informationspflicht erstreckt sich auch auf nach § 10 Abs 2 ArbSchG getroffene Maßnahmen, dh der AG muss den AN darüber unterrichten, welche Beschäftigten für Erste Hilfe, Brandbekämpfung und Evakuierung zuständig sind.

15   Nach Abs 1 S 2 muss der AN insoweit zwingend **vor Beginn der Beschäftigung** informiert werden <L: GK/*Franzen* Rn 15>. Eine bes **Form** für die Unterrichtung legt Abs 1 nicht fest: Der AG kann schriftl oder mündl unterrichten. Teilweise wird die Unterrichtungspflicht konkretisiert, etwa in § 9 BetriebsSicherheitsVO: Danach hat der AG die AN

über Arbeitsmittel in ihrer unmittelbaren Arbeitsumgebung, auch wenn sie diese Arbeitsmittel nicht selbst benutzen, angemessen, erforderlichenfalls mit Hilfe von Betriebsanweisungen in für sie verständl Form und Sprache, zu informieren. Ausländische AN müssen in ihrer Muttersprache informiert werden <R: LAG BaWü 1.12.1989, 5 Sa 55/89, AiB 1990, 313; LAG Rh-Pf 24.1.2006, 5 Sa 817/05, AuA 2006, 562 (LS)>, Rn 3. Die bloße Aushändigung eines Merkblatts über betriebl Unfall- und Gesundheitsgefahren genügt Abs 1 S 2 nur in einfachen Fällen.

Die Unterrichtungspflicht des AG aus Abs 1 S 2 wird ggü best AN-Gruppen ergänzt und näher ausgeformt: durch die Unterweisungspflicht des § 29 JArbSchG ggü jugendl AN und durch die Unterweisungspflicht des § 7a HAG ggü Heimarbeitern <R: zum Begriff BAG 14.6.2016, 9 AZR 305/15, NZA 2016, 1453>. § 11 Abs 6 AÜG enthält eine Abs 1 S 2 entspr Unterrichtungspflicht des Entleihers ggü den beim ihm beschäftigten Leih-AN. Ebenso bestehen bes Unterrichtungspflichten bei bes gefährlichen Tätigkeiten, etwa muss der AG nach § 14 GefahrStoffVO sicherstellen, dass den AN eine schriftl Betriebsanweisung in für die AN verständl Form und Sprache zugänglich gemacht wird, die über die am Arbeitsplatz auftretenden Gefahrstoffe sowie über Gefährdungen der Gesundheit und Sicherheit und über angemessene Vorsichtsmaßregeln informiert; daneben muss er sicherstellen, dass die AN anhand der Betriebsanweisung über auftretende Gefährdungen und entspr Schutzmaßnahmen vor Aufnahme der Beschäftigung und danach mindestens jährl mündl in verständl Form und Sprache unterwiesen werden. 16

Solange der AN über die ihm drohenden Unfall- und Gesundheitsgefahren und über Abwendungsmöglichkeiten nicht ordnungsgemäß belehrt worden ist, kann er seine Arbeitsleistung gem § 273 BGB zurückbehalten, vor §§ 81 ff Rn 1. 17

2. Anhörungspflicht in Betrieben ohne BR, Abs 3

Nach Abs 3 ist der AG in **BRlosen Betrieben** verpflichtet, die AN zu allen Maßnahmen zu hören, die Auswirkungen auf deren Sicherheit und Gesundheit haben können. Die Anhörungspflicht tritt an die Stelle der Beteiligung des BR nach §§ 87 Abs 1 Nr 7, 89. Das Anhörungsrecht beschränkt sich auf Auswirkungen auf Sicherheit und Gesundheit der AN, erstreckt sich also – anders als das Mitwirkungsrecht des BR nach § 89 – nicht auf betriebl Umweltschutzfragen. Ob der Betrieb als Kleinbetrieb nicht BR-fähig ist oder ob nur kein BR gewählt worden ist, spielt für die Anwendung der Vorschrift keine Rolle <L: GK/*Franzen* Rn 18; *Fitting* Rn 20>. 18

Die Anhörungspflicht nach Abs 3 geht insofern über die Unterrichtungs- und Erörterungspflicht nach den Abs 1, 2 und 4 hinaus, als sie unabhängig von den Gegebenheiten am konkreten Arbeitsplatz besteht. Etwa müssen den AN die allg Arbeitsschutz- und Unfallverhütungsfragen iS des § 89 (dort Rn 5) erläutert werden, sodass diese Stellung nehmen können. Voraussetzung für die Anhörungspflicht ist aber, dass die **Maßnahmen** Folgen für Sicherheit und Gesundheit der AN haben können. Etwa besteht eine Anhörungspflicht hinsichtl der Schadstoffbelastung nicht jederzeit, sondern nur dann, wenn Betriebsanlagen, Maschinen usw neu eingeführt oder verändert werden und die Möglichkeit besteht, dass von diesen höhere oder andere Belastungen ausgehen. 19

§ 82 Anhörungs- und Erörterungsrecht des Arbeitnehmers

(1) Der Arbeitnehmer hat das Recht, in betrieblichen Angelegenheiten, die seine Person betreffen, von den nach Maßgabe des organisatorischen Aufbaus des Betriebs hierfür zuständigen Personen gehört zu werden. Er ist berechtigt, zu Maßnahmen des Arbeitgebers, die ihn betreffen, Stellung zu nehmen sowie Vorschläge für die Gestaltung des Arbeitsplatzes und des Arbeitsablaufs zu machen.

(2) Der Arbeitnehmer kann verlangen, dass ihm die Berechnung und Zusammensetzung seines Arbeitsentgelts erläutert und dass mit ihm die Beurteilung seiner Leistungen sowie die Möglichkeiten seiner beruflichen Entwicklung im Betrieb erörtert werden. Er kann ein Mitglied des Betriebsrats hinzuziehen. Das Mitglied des Betriebsrats hat über den Inhalt dieser Verhandlungen Stillschweigen zu bewahren, soweit es vom Arbeitnehmer im Einzelfall nicht von dieser Verpflichtung entbunden wird.

Literatur: *Abeln*, Rechtsbeistand bei Aufhebungsvertrag?, AuA 2005, 546; *Breisig*, Personalbeurteilung – Mitarbeitergespräch – Zielvereinbarungen (2001); *Brune/Brune*, Das Entgelttransparenzgesetz auch ein Auftrag für die Gerichte, BB 2019, 436; *Bürger/Müller*, Entgelttransparenzgesetz, in: Maschmann, Total Compensation, Handbuch der Entgeltgestaltung, 2. Aufl 2019, S 313 ff; *Hümmerich*, Hinzuziehung eines Betriebsratsmitglieds zum Gespräch über einen Aufhebungsvertrag, RdA 2005, 315; *Jedzig*, Mitbestimmung des Betriebsrats bei der Durchführung von Betriebsvereinbarungen über Leistungsbeurteilung von Arbeitnehmern, DB 1991, 859; *Reinecke*, Hinweis-, Aufklärungs- und Beratungspflichten im Betriebsrentenrecht, RdA 2005, 129; *Wilhelm*, Anhörung des Arbeitnehmers vor Ausspruch einer Abmahnung?, NZA-RR 2002, 449.

Übersicht

	Rn.		Rn.
I. Anhörungs- und Erörterungsrecht	1	III. Leistungsbeurteilung, Abs 2 S 1	14
1. Anhörungsrecht	1	IV. Hinzuziehung eines Betriebsrats-	
2. Erörterungsrecht	4	mitglieds, Abs 2 S 2	16
II. Erläuterung des Arbeitsentgelts	6		

I. Anhörungs- und Erörterungsrecht

1. Anhörungsrecht

1 Nach **Abs 1 S 1** ist der AN in betriebl Angelegenheiten, die seine Person betreffen, anzuhören. Das Anhörungsrecht erstreckt sich auf alle Umstände, die mit der Arbeitsleistung des AN zusammenhängen, also auf den Arbeitsplatz, den Arbeitsablauf, die Arbeitsumgebung, die Arbeitszeit, den Kontakt zu den unmittelbaren Kollegen und Vorgesetzten usw. Das Anhörungsrecht korrespondiert mit der Unterrichtungspflicht des AG nach § 81, erfasst wie dieses auch Veränderungen im Arbeitsbereich des AN (zu diesen § 81 Rn 4) und gilt auch in betriebslosen Betrieben <**R:** ArbG Gelsenkirchen 17.9.2010, 2 Ca 319/10, AuR 2010, 439>.

Adressat des AnhörungsR ist die nach Maßgabe des organisatorischen Aufbaus des Betriebs zuständige Person. Das ist in unmittelbar den AN betreffenden Fragen regelmäßig der Vorgesetzte. Handelt es sich aber um eine Angelegenheit, für die nach der betrieblichen Organisation eine andere Person, etwa der AG, zuständig ist, ist dieser Adressat.

Verweigert die zuständige Person die Anhörung, hat der AN die Möglichkeit der Beschwerde nach § 84 bei der zuständigen Stelle oder nach § 85 beim BR. Da es sich um einen Rechtsanspruch handelt, scheidet eine Entscheidung der ES nach § 85 Abs 2 S 3 aus (§ 85 Rn 8). Unabhängig vom Bundesrecht kann der AN das Anhörungsrecht ggü dem AG gerichtlich geltend machen. Maßgebend ist das Urteilsverf (Vorbem Rn 3). Da es sich um eine unvertretbare Handlung handelt, erfolgt die Vollstreckung nach § 888 Abs 1 ZPO.

2. Erörterungsrecht

Nach **Abs 1 S 2** ist der AN auch berechtigt, **Vorschläge** für die Gestaltung seines Arbeitsplatzes und des Arbeitsablaufs zu machen. Etwa kann der AN initiativ werden, um den verbesserten Einsatz von KI (§ 90 Rn 7) zu erreichen. Hingg sind nicht arbeitsplatzbezogene allg Fragen nicht Gegenstand des Vorschlagsrechts. Der betriebliche Umweltschutz ist nur insoweit Gegenstand der Vorschlagsrechte als die Gestaltung des Arbeitsplatzes gerade des betreffenden AN oder sein Arbeitsablauf betroffen sind <**L:** weitergehend *Fitting* Rn 7>. Eine Ausnahme bildet insoweit § 17 Abs 1 S 1 ArbSchG, nach dem die Beschäftigten zu **allen** Fragen der Sicherheit und des Gesundheitsschutzes Vorschläge machen können <**L:** ErfK/*Wank* § 17 ArbSchG Rn 1; ArbSchG/*Schucht* § 17 ArbschutzG Rn 9>.

Ansprechpartner des AN ist auch hier die nach der Betriebsorganisation zuständige Person, dh idR also der Vorgesetzte. Der AN kann auch den BR einschalten, der die Angelegenheit dann nach § 80 Abs 1 Nr 3 weiterverfolgen kann (dazu § 80 Rn 12). Auch kann er das Thema nach § 86a S 1 dem BR zur Beratung vorschlagen und dazu nach § 86a S 2 für die Unterstützung durch andere AN des Betriebs werben. Unterbreitet der AN Vorschläge, muss der Vorgesetzte sie entgegennehmen, ggfs mit dem AN erörtern und an die zur Entscheidung zuständige Stelle im Betrieb weiterleiten.

II. Erläuterung des Arbeitsentgelts

Nach **Abs 2 S 1** kann der AN verlangen, dass ihm die Berechnung und Zusammensetzung seines Arbeitsentgelts **erläutert** wird. Adressat dieses Anspruchs ist der AG, an dessen Stelle in der Insolvenz nach § 80 Abs 1 InsO der Insolvenzverwalter tritt <**R:** LAG Köln 10.11.2020, 20/1 Ta 158/20, juris; **L:** MK-InsO/*Vuia* § 80 Rn 126>.

Arbeitsentgelte sind wie bei § 87 Abs 1 Nr 10 (§ 87 Rn 221 ff) alle Zahlungen, die der AN aus Anlass seiner Arbeitsleistung erhält, also neben dem eigentl Entgelt alle Zuschläge und sonstige Leistungen wie Jahresprämien, Gratifikationen, vermögenswirksame Leistungen usw. Abs 2 S 1 baut auf der Pflicht des AG nach **§ 2 Abs 1 S 1 und S 2 Nr 7 NachwG** (in der Fassung des Gesetzes vom 26.7.2022 BGBl I S 1174 ff) auf, Zusammensetzung und Höhe des Arbeitsentgelts einschließl der Vergütung von Überstunden, der Zuschläge, der Zulagen, Prämien und Sonderzahlungen sowie anderer Bestandteile des Arbeitsentgelts, die jeweils getrennt anzugeben sind, und deren Fälligkeit sowie die Art der Auszahlung spätestens am

§ 82 Anhörungs- und Erörterungsrecht des Arbeitnehmers

ersten Tag der Arbeitsleistung schriftl (§ 126 BGB) niederzulegen und die unterzeichnete Niederschrift dem AN auszuhändigen. Entspr muss der AG nach § 3 S 1 NachwG (in der Fassung des Gesetzes vom 26.7.2022 BGBl I, S 1174 ff) dem AN eine Änderung des Arbeitsentgelts spätestens an dem Tag, an dem sie wirksam wird, schriftl mitteilen. Zudem muss der AG dem AN nach **§ 108 Abs 1 GewO** bei Zahlung des Arbeitsentgelts eine Abrechnung in Textform (§ 126b BGB) erteilen, die mindestens Angaben über den Abrechnungszeitraum und die Zusammensetzung des Arbeitsentgelts, auch Entgeltarten, enthält, insbes Angaben über Art und Höhe der Zuschläge, Zulagen, sonstigen Vergütungen, Art und Höhe der Abzüge (Steuern, Sozialversicherungsbeiträge, Pfändungen), Abschlagszahlungen sowie Vorschüsse; die Verpflichtung zur Abrechnung entfällt nach § 108 Abs 2 GewO aber dann, wenn sich die Angaben ggü der letzten ordnungsgemäßen Abrechnung nicht geändert haben.

8   Sind die Angaben des AG im Nachweis nach § 2 Abs 1 S 1 und S 2 Nr 6 NachwG und der Entgeltbescheinigung nach § 108 Abs 1 GewO (Lohn- oder Gehaltsstreifen) für den AN nicht ohne Weiteres verständl, muss sie der AG oder ein von ihm Beauftragter, auf Verlangen des AN mündl oder schriftl **näher erläutern**. Das Erläuterungsrecht soll dem AN die Feststellung ermöglichen, ob die Entgeltbestimmungen im Arbeitsvertrag, in der BV oder im TV eingehalten sind und ob der Gleichbehandlungsgrundsatz gewahrt ist (§ 75 Rn 28 ff). Der Anspruch bezieht sich nur auf die erteilte Lohnabrechnung und beinhaltet keinen Anspruch auf Auskunft über nach Ansicht des AN nicht oder nicht im richtigen Umfang abgerechnete überobligatorische Leistungen <R: LAG Köln 31.5.2007, 9 Ta 27/07, AuR 2007, 405 (LS)>. Der AN kann aber Erklärungen darüber verlangen, warum er eine Zuwendung nicht erhält, die andere AN erhalten <L: ebenso GK/*Franzen* Rn 13>.

9   Der Erläuterungsanspruch bezieht sich dabei nur auf das eigene Arbeitsentgelt; der AN hat keinen Anspruch darauf, sich zur Feststellung einer etwaigen Ungleichbehandlung die Gehaltszusammensetzung anderer AN offenlegen zu lassen <R: Hess LAG 29.6.2000, 3 Sa 1151/99, juris>. Insoweit ist es Aufgabe des BR über sein MBR aus § 87 Abs 1 Nr 10, die Lohngerechtigkeit für alle AN im Betrieb zu erreichen (§ 87 Rn 215) und sich dafür über § 80 Abs 2 S 2 Hs 1 die entspr Unterlagen zur Verfügung stellen zu lassen oder über einen Ausschuss nach § 80 Abs 2 S 2 Hs 2 in die Listen über die Bruttoentgelte Einblick zu nehmen (§ 80 Rn 25 ff, 37 ff, 42 ff).

10 Einen besonderen, der Entgelttransparenz zwischen Frauen und Männern dienenden Auskunftsanspruch enthält nunmehr aber das **Entgelttransparenzgesetz** vom 30.6.2017 (BGBl 1, 21, 52). Nach diesem Gesetz haben die Beschäftigten in Betrieben mit in der Regel mehr als 200 Beschäftigen bei demselben AG <L: zu diesem Begriff *Brune/Brune* BB 2019, 439> einen individuellen Auskunftsanspruch zur Überprüfung von Entgeltgleichheit (§§ 10 ff EntgTranspG).

11 Zu den aus dem EntgTranspG folgenden Entgeltangleichungsansprüchen s § 75 Rn 47.

12 Der Anspruch ist nach § 14 Abs 1 S 1 bei tarifgebundenen und tarifanwendenden AG an den BR zu richten. Dieser hat einerseits den AG über eingehende Auskunftsverlangen in anonymisierter Form umfassend zu informieren hat (§ 14 Abs 1 S 3), kann vom AG aber auch verlangen, dass diese die Auskunftsverpflichtung übernimmt (§ 14 Abs 1 S 4). Dem BR wird die Erfüllung der Auskunftsverpflichtung dadurch erleichtert, dass § 13 Abs 2–3 sein Recht auf Einblick in die Brutto-Lohn-Gehaltslisten nach § 80 Abs 2 S 2 BetrVG ausweitet. Beschäftigte nicht tarifgebundener und nicht tarifanwendender AG können die Auskunft direkt vom AG verlangen (§ 15 Abs 1 EntgTranspG).

Für die Erteilung der Auskunft an den AN sieht § 15 Abs 3 EntgTranspG eine feste Frist 13
von drei Monaten nur für Betriebe nicht traifgebundener und nicht tarifanwendender AG
vor. Auch Betriebsräte und AG in tarifgebundenden und tarifanwendenden Betrieben sind
aber zur Auskunft in angemessener Frist verpflichtet <L: *Brune/Brune* BB 2019, 436,
446; *Bauer/Krieger/Günter* AGG und EntgTranspG 5. Aufl 2018, § 14 Rn 53>. Erfüllt
der BR seine Auskunftspflicht nicht rechtzeitig, liegt darin eine Amtspflichtverletzung,
die die Sanktion des § 23 Abs 1 nach sich ziehen kann. Der Auskunftsanspruch gg den
AG kann gerichtl geltend gemacht werden <L: *Brune/Brune* BB 2019, 436, 446> und
nach § 888 ZPO vollstreckt werden.

III. Leistungsbeurteilung, Abs 2 S 1

Der AN kann gem **Abs 2 S 1** verlangen, dass die **Beurteilung seiner Leistungen** mit ihm 14
erörtert wird. Das Erörterungsrecht besteht unabhängig davon, ob sich der AG schon ein
Urteil gebildet und niedergelegt hat: Der AN kann auch verlangen, dass der AG ihn erstmals beurteilt und diese Beurteilung mit ihm erörtert. Hat der AG schon eine Leistungsbeurteilung erstellt, gibt das Erörterungsrecht dem AN die Möglichkeit, das aus seiner Sicht Notwendige zur Richtigstellung vorzubringen <**R:** BAG 24.4.1979, 6 AZR 69/
77, DB 1979, 1755; 16.11.2004, 1 ABR 53/03, BB 2005, 1505>.

Neben seiner Leistungsbeurteilung müssen mit dem AN auf sein Verlangen auch die 15
Möglichkeiten seiner **berufl Entwicklung** im Betrieb erörtert werden. Gesprächspartner
hierfür ist idR nicht der unmittelbare Vorgesetzte, sondern ein Abteilungs- oder Hauptabteilungsleiter oder eine für betriebl Bildungsmaßnahmen zuständige Stelle. Zum Zustimmungsrecht des BR für die Aufstellung allg Beurteilungsgrundsätze § 94 Rn 17 ff.

IV. Hinzuziehung eines Betriebsratsmitglieds, Abs 2 S 2

Zur Erläuterung des Arbeitsentgelts und Erörterung seiner Leistungsbeurteilung gem 16
Abs 2 S 1 kann der AN gem Abs 2 S 2 ein **Mitglied des BR** als Vertrauensperson hinzuziehen. Durch die Teilnahme des BR-Mitglieds soll ein etwa vorhandenes intellektuelles
Übergewicht des AG ausgeglichen oder abgemildert werden <**R:** BAG 23.2.1984, 6 ABR
22/81, BB 1984, 1874; 16.11.2004, aaO; **L:** *Richardi/Thüsing* Rn 15; *SWS* Rn 5>. Zudem
hat das BR-Mitglied eine wichtige Kontroll- und Korrekturfunktion, da es einen weiteren
Überblick über die betriebl Entwicklungen hat; das BR-Mitglied steht dem AN auch als
Zeuge zur Verfügung <**R:** BAG 23.2.1984 und 16.11.2004, aaO; **L:** *Fitting* Rn 12>, was
insbes dann aus Gründen der „Waffengleichheit" eine Rolle spielt, wenn auf Seiten des
AG Personen an dem Gespräch teilnehmen, die die AG-Sicht bezeugen sollen <**R:** BAG
23.2.1984 und 16.11.2004, aaO>.

Kein Hinzuziehungsrecht besteht bei der Anhörung nach Abs 1 S 1 (Rn 1): Daraus, dass 17
Abs 2 S 2, § 81 Abs 4 S 3, § 83 Abs 1 S 2 und § 84 Abs 1 S 2 den AN zur Hinzuziehung
eines BR-Mitglieds nur bezogen auf best Gegenstände und Anlässe berechtigen, folgt,
dass der AN keinen Anspruch darauf hat, zu anderen Personalgesprächen ein Mitglied
des BR hinzuzuziehen <**R:** BAG 16.11.2004, 1 ABR 53/03, BB 2005, 1505; 20.4.2010,
1 ABR 85/08 EZA § 82 BetrVG 2001 Nr 2; LAG Hamm 28.1.2016, 18 Sa 1140/15, juris;

§ 82   Anhörungs- und Erörterungsrecht des Arbeitnehmers

L: GK/*Franzen* Rn 20; Rn 12; *Fitting* Rn 12; Richardi/*Thüsing* Rn 16; aA DKK/*Buschmann* Rn 14>. Ebenso wenig hat der AN ein Hinzuziehungsrecht zu Mitarbeitergesprächen, in denen Arbeitsanweisungen verbunden mit Abmahnungen ausgesprochen werden <R: LAG Hamm 19.10.2007, 10 TaBV 67/07, juris>.

18 Auf der anderen Seite genügt es, wenn die Gesprächsgegenstände **zumindest teilweise identisch mit den in Abs 2 S 1 genannten Themen** (Berechnung und Zusammensetzung des Arbeitsentgelts, Beurteilung der Leistungen, Möglichkeiten der berufl Entwicklung) sind <R: BAG 16.11.2004 und 20.4.2010, aaO; L: Richardi/*Thüsing* Rn 16; *Fitting* Rn 13; HSWGN/*Rose* Rn 30>, Rn 5 f. Ein Hinzuziehungsrecht besteht etwa, wenn der AG mit dem AN ein Gespräch über den Inhalt seiner Tätigkeitsbeschreibung führen will, sofern diese Grundlage der Entgeltfindung ist <R: BAG 20.4.2010, aaO>. Aus Abs 2 S 2 kann sich auch ein Anspruch des AN auf Hinzuziehung eines BR-Mitglieds zu einem Personalgespräch über den Abschluss eines Aufhebungsvertrags ergeben, sofern hierbei im Einzelfall Themen iS des Abs 2 S 1 angesprochen werden <R: BAG 16.11.2004, aaO>.

19 Das Hinzuziehungsrecht besteht nicht nur in den Fällen, in denen die Initiative zur Erörterung vom AN ausgeht, sondern auch dann, wenn der AG von sich aus sog Beratungs- und Förderungsgespräche mit dem AN führt <R: BAG 24.4.1979, 6 AZR 69/77, DB 1979, 1755; 16.11.2004, 1 ABR 53/03, BB 2005, 1505; L: statt aller GK/*Franzen* Rn 20>.

20 Die **Initiative** zur Hinzuziehung muss **vom AN** ausgehen: Die **BR-Mitglieder** haben **keinen Anspruch** darauf, zu den Gesprächen des AN mit dem AG hinzugezogen zu werden. Auch wenn der AN ein BR-Mitglied nach Abs 2 S 2 hinzuzieht, folgt daraus kein Hinzuziehungsanspruch des hinzugezogenen BR-Mitglieds ggü dem AG, der von dem BR-Mitglied selbstständig geltend gemacht werden kann <R: BAG 23.2.1984, 6 ABR 22/81, BB 1984, 1874; L: Richardi/*Thüsing* Rn 15; ErfK/*Kania* Rn 10>. Der BR kann aber ein Beschlussverf mit der Begründung anstrengen, der AG verletze seine Pflichten aus dem BetrVG grob iS des **§ 23 Abs 3**, weil er AN die Hinzuziehung zu Personalgesprächen verweigere; in diesem Fall begründet § 23 Abs 3 die Antragsbefugnis des BR unabhängig von dessen materiell-rechtl Position, <R: BAG 16.11.2004 und 20.4.2010, aaO; L: GK/*Franzen* Rn 25; *Fitting* Rn 15; DKW/*Buschmann* Rn 22>. Ebenso hat es der AG zu unterlassen, an Personalgesprächen gg den Willen des betroffenen AN Mitglieder des BR oder des Personalausschusses teilnehmen zu lassen <R: Nds LAG 22.1.2007, 11 Sa 614/06, NZA-RR 2007, 585; L: *Fitting* Rn 13>.

21 Nimmt das BR-Mitglied an Gesprächen zw AN und AG nach Abs 2 S 2 teil, ist es nach Abs 2 S 3 zum **Stillschweigen** über den Inhalt dieser Verhandlungen verpflichtet, soweit der AN es nicht von seiner Schweigepflicht entbunden hat; da nicht der BR, sondern das einzelne BR-Mitglied hinzugezogen wird, besteht die Verschwiegenheitspflicht auch ggü den übrigen BR-Mitgliedern <L: GK/*Franzen* Rn 23; DKK/*Buschmann* Rn 13; ErfK/*Kania* Rn 11>. Verletzt das BR-Mitglied seine Schweigepflicht, ist dies gem § 120 Abs 2, 5 auf Antrag des AN strafbar (§ 120 Rn 22, 33).

§ 83 Einsicht in die Personalakten

(1) Der Arbeitnehmer hat das Recht, in die über ihn geführten Personalakten Einsicht zu nehmen. Er kann hierzu ein Mitglied des Betriebsrats hinzuziehen. Das Mitglied des Betriebsrats hat über den Inhalt der Personalakte Stillschweigen zu bewahren, soweit es vom Arbeitnehmer im Einzelfall nicht von dieser Verpflichtung entbunden wird.

(2) Erklärungen des Arbeitnehmers zum Inhalt der Personalakte sind dieser auf sein Verlangen beizufügen.

Literatur: *Diller/Schuster*, Rechtsfragen der elektronischen Personalakte, DB 2008, 928; *Dütz*, Personalakten und Drittbeziehungen, FS Wlotzke (1996), S 27 ff; *Herfs-Röttgen*, Rechtsfragen rund um die Personalakte, NZA 2013, 478; *Husemann*, Nachvertragliche Einsichtnahme in die Personalakte, SAE 2011, 159; *Leutze*, Datenschutz im Betriebsverfassungs- und Personalvertretungsrecht, ZTR 2002, 558; *Löw*, Die Personalakte, AuR 2009, 192; *Löwisch/Mandler*, Beteiligungsrecht des Betriebsrats für im Betrieb tätige angehörige des öffentlichen Dienstes, BB 2016, 629; *Lüthge/Springer*, Vollständige Digitalisierung von Personalakten, BB 2017, 1397; *Müller*, Digital und sicher: Die Personalakte, CuA 2018, 30; *Olbertz*, Einführung einer elektronischen Personalakte, ArbRB 2009, 86; *Pramann*, Zum Begriff der Einsichtnahme in betriebsverfassungsrechtliche Vorschriften (§§ 34, 80, 83, 108 BetrVG), DB 1983, 1922; *Wiese*, Personalakten und Persönlichkeitssphäre des Arbeitnehmers, FS Buchner (2009), S 954. Ältere Literatur s Vorauflage.

Übersicht

	Rn.		Rn.
I. Allgemeines	1	III. Erklärungsrecht	16
II. Einsichtsrecht	2	1. Beifügung von Erklärungen	16
1. Personalakte	2	2. Berichtigung	17
2. Einsichtnahme	6	3. Verhältnis zum Datenschutz	18
3. Zuziehung eines Betriebsratsmitglieds	11	IV. Leitende Angestellte	20
4. Verhältnis zum Datenschutzrecht	14		

I. Allgemeines

Nach Abs 1 S 1 hat der AN das Recht, in seine vom AG geführten Personalakten Einsicht zu nehmen, um nicht das Objekt undurchsichtiger Beurteilung durch den AG zu sein <L: GK/*Franzen* Rn 4>. Dem AN wird so die Grundlage für die Geltendmachung seiner Anhörungs- und Erörterungsrechte iS des § 82 verschafft. Auch wird ihm die Möglichkeit gegeben nachteiligen Folgen vorzubeugen, die sich aus einem unzutreffenden Inhalt einer Personalakte für seine berufl Stellung im Betrieb oder später in einem anderen Betrieb ergeben können. § 83 gilt auch für AN in nicht BRfähigen Betrieben (vor § 81 ff Rn 1). Im Betrieb tätigen Beamten, Soldaten und AN des öffentl Dienstes (§ 5 Abs 1 S 3) stehen die Rechte aus § 83 zu, wenn über sie dort Personalakten geführt werden <L: *Löwisch/Mandler* BB 2016, 630>. Für leitende Angestellte ergibt sich das Einsichtsrecht aus § 26 Abs 2 SprAuG. 1

§ 83   Einsicht in die Personalakten

II. Einsichtsrecht

1. Personalakte

2   Der Begriff der **Personalakte** ist nicht definiert. Angesichts des Schutzzwecks ist nicht formell darauf abzustellen, welche Unterlagen der AG als „Personalakte" bezeichnet, sondern ist der Begriff materieller zu verstehen: **Personalakten** sind alle fixierten Unterlagen des AG, die sich auf die Person des AN als solche beziehen <R: BAG 7.5.1980, 4 AZR 214/78, AuR 1981, 124; L: GK/*Franzen* Rn 4 mwN>: Bewerbungsunterlagen, der Arbeitsvertrag, Versicherungskarten, Stempelkarten, Abrechnungen, bestehende Lohnpfändungen, Zeugnisse, Zwischenzeugnisse, Beurteilungen, Gutachten, Testergebnisse, Unterlagen des Werkschutzes und abgeschlossene Ermittlungsakten in Disziplinarsachen.

3   Zu den Personalakten gehören auch Beurteilungen, Auskünfte und Beschwerden, die der AG von **dritter Seite** erhält <L: GK/*Franzen* Rn 5; DKW/*Buschmann* Rn 3; aA HSWGN/*Rose* Rn 12>. Auch für den AG bestimmte ärztliche Atteste und Gutachten über den AN gehören zu den Personalakten, nicht hingg Krankenblätter und Befundbogen, die der Betriebsarzt über den AN führt <R: LAG Bremen 4.3.1977, 1 Sa 303/76, DB 1977, 1006>. § 3 Abs 2 ASiG beschränkt den AN auf eine Mitteilung der Ergebnisse arbeitsmedizinischer Untersuchungen. Soweit aber solche Unterlagen, sei es mit oder ohne Zustimmung des AN, zu den Personalakten gelangen, besteht ein Einsichtsrecht: Dem AN kann nicht vorenthalten werden, was zur Kenntnis des AG gelangt ist.

4   Die **Form**, in der die Personalakten geführt werden, ist für das Einsichtsrecht des AN unerheblich: Personalakten können geheftet oder als Kartei oder, wie heutzutage üblich, auf Datenträgern der EDV angelegt sein <L: dazu *Müller* CuA 2018, 30>.

5   Ebenso wenig spielt es für das Einsichtsrecht eine Rolle, **wo** die Personalakten geführt werden <L: GK/*Franzen* Rn 7f mwN und 13>, weswg das Einsichtsrecht auch bei „Sonderakten", Personalaufzeichnungen bei Vorgesetzten und bei der Unternehmensleitung, Unterlagen des Werkschutzes <R: LAG Bremen 4.3.1977, aaO> sowie im Auftrag des AG von Dritten geführten Akten besteht.

2. Einsichtnahme

6   Der AG muss es dem AN ermöglichen, in die Personalakte **Einsicht zu nehmen**, also vom Inhalt der Personalakte Kenntnis zu nehmen. Verschlüsselte Angaben hat der AG so zu entschlüsseln, dass der AN sie ohne Weiteres verstehen kann, Angaben auf Datenträgern der EDV muss er lesbar machen. Einsichtsrecht bedeutet – wie bei §§ 810f BGB –, dass sich der AN Notizen machen und **Kopien** aus den Personalakten fertigen kann <R: LAG Nds 31.3.1981, 2 Sa 79/80, DB 1981, 1623; L: Richardi/*Thüsing* Rn 17 mwN>. Die Kosten seiner Kopien muss der AN selbst tragen, vgl § 811 Abs 2 BGB.

7   Der AG muss die Einsichtnahme in seinen Räumen ermöglichen <R: LAG Thüringen 28.5.2014 6 Sa 213/13, AE 2015, 24>. Das Einsichtsrecht besteht während der Arbeitszeit. Ihm sind dabei freilich nach Treu und Glauben Grenzen gezogen, so kann nicht zu häufig und zu unangemessenen Zeiten Einsicht verlangt werden. Zeitraubende Abschriften müssen außerhalb der Arbeitszeit geschehen. Der AN hat Anspruch darauf, bei der Einsichtnahme ungestört zu sein <R: LAG Thüringen, aaO>. Die Einzelheiten können

auf der Grundlage des § 87 Abs 1 in einer Betriebsvereinbarung geregelt werden <L: GK/*Franzen* Rn 22>.

Das Einsichtsrecht steht grds nur dem AN selbst zu. Die Übertragung der Einsichtnahme 8 auf einen Dritten oder die Zuziehung eines Dritten, insbes eines Rechtsanwalts stößt auf das Hausrecht des AG und ist deshalb nur zulässig, wenn besondere legitime Interessen des AN das rechtfertigen <R: BAG 12.7.2016, 9 AZR 791/14, EZA § 83 BetrVG 2001 Nr 1>. So können langdauernd erkrankte AN eine Vertrauensperson mit der Einsichtnahme beauftragen. Auch kann der AN ein Rechtsanwalt hinzuziehen, wenn er die wesentl Punkte einer umfangreichen Personalakte nur so verstehen kann und die Möglichkeit Kopien zu fertigen für das Verständnis nicht ausreicht.

Das Einsichtsrecht besteht an sich nur während des Laufs des Arbeitsverhältnisses. Doch 9 ergibt sich aus § 241 Abs 2 BGB iVm Art 2 Abs 1 GG auch nach Beendigung des Arbeitsverhältnisses ein Anspruch des AN auf Einsicht in seine weiter aufbewahrte Personalakte, ohne dass dafür ein besonderes Interesse notwendig wäre <R: BAG 16.11.2010, 9 AZR 573/09, EZA § 241 BGB 2002 Nr 2>.

Es kommt vor, dass anlässl von Einstellungsverhandlungen Unterlagen über Bewerbe 10 beim AG angelegt werden (Bewerbungsschreiben, Lebenslauf, Testergebnis, Beurteilungen). Hier kann sich zwar ebenfalls nicht aus § 83, wohl aber unter dem Gesichtspunkt des vorvertragl Vertrauensverhältnisses nach § 311 Abs 3 iVm § 241 Abs 2 BGB ein Anspruch auf Einsicht des Bewerbers ergeben, der dann doch nicht eingestellt worden ist <L: *Husemann* SAE 2011, 159; einschränkend GK/*Franzen* Rn 27>.

3. Zuziehung eines Betriebsratsmitglieds

Bei der Einsichtnahme in die Personalakte ist der AN gem Abs 1 S 2 berechtigt, ein **BR-** 11 **Mitglied hinzuzuziehen**. Wird es hinzugezogen, ist es nach Abs 1 S 3 zum **Stillschweigen** über den Inhalt verpflichtet, soweit der AN es nicht von seiner Schweigepflicht entbunden hat. Verletzt das BR-Mitglied seine Schweigepflicht, ist dies gem § 120 Abs 2, 5 auf Antrag des AN strafbar (§ 120 Rn 22, 33).

Aus § 83 Abs 1 S 2 und 3 folgt, dass der BR kein eigenständiges Recht auf Einsicht in die 12 Personalakte hat <R: vgl Nds LAG 22.1.2007, 11 Sa 614/06, NZA-RR 2007, 585; L: GK/*Franzen* Rn 26 und 30 mwN>.

Schwerbehinderte AN können gem § 178 Abs 3 S 1 SGB IX zusätzl oder ausschließl die 13 Schwerbehindertenvertretung zur Einsichtnahme in die Personalakten hinzuziehen; diese trifft nach § 95 Abs 3 S 2 SGB IX ebenfalls eine Abs 1 S 3 entspr Schweigepflicht.

4. Verhältnis zum Datenschutzrecht

Soweit die Personalakten in **Dateien** iS des Datenschutzrechts geführt werden, steht dem 14 AN auch der Auskunftsanspruch aus Art 15 DSGVO iVm § 34 BDSG zu <R: LAG BaWü 20.12.2018 17 Sa 11/18, BB 2020, 2169>. Von § 83 nicht berührt wird auch der Informationsanspruch des AN aus Art 13 DSGVO iVm § 33 BDSG, wenn erstmals personenbezogene AN-Daten in einer Datei iS des BDSG gespeichert werden <L: GK/*Franzen* Rn 67; DKW/*Buschmann* Rn 25; ErfK/*Kania* Rn 13>.

15 Wie sich aus Art 88 Abs 1 DSGVO und § 1 Abs 2 S 1 BDSG ergibt, ändert das Datenschutzrecht aber nichts an den Regelungen des § 83. Insbesondere bleibt das Recht zur Hinzuziehung eines BR-Mitglieds nach Abs 1 S 2, 3 und das Recht auf Beifügungen von Erklärungen nach Abs 2 unberührt <L: GK/*Franzen* Rn 68>.

III. Erklärungsrecht

1. Beifügung von Erklärungen

16 Nach § 83 Abs 2 hat der AN das Recht, der Personalakte Erklärungen beizufügen. Damit soll der AN die Möglichkeit erhalten, die Personalakte so zu vervollständigen, dass sie ein möglichst objektives Bild ergibt. Nach § 83 Abs 2 müssen sich die Erklärungen des AN auf den Inhalt der Personalakte beziehen <L: GK/*Franzen* Rn 32>. Daraus folgt, dass für die Erklärungen des AN bereits ein Anknüpfungspunkt in der Personalakte vorhanden sein muss. Der AN kann nicht von sich aus Inhalt und Umfang der Personalakte bestimmen <L: zutreffend *Stengel* BB 1976, 1083 f>. Soweit sich die Erklärung auf den Inhalt der Personalakte beziehen, können sie aber nicht nur Stellungnahmen, sondern auch in der Beifügung weiterer Unterlagen bestehen <L: GK/*Franzen* Rn 33>. Das Recht findet seine Grenzen am Grundsatz von Treu und Glauben. So müssen die Erklärungen sich auf einen angemessenen Umfang beschränken und dürfen nicht beleidigenden Inhalts sein.

2. Berichtigung

17 Aus Abs 2 folgt **kein Anspruch** des AN **auf Berichtigung der Personalakten**. Zur Berichtigung ist der AG aber aufgrund seiner **arbeitsvertragl Fürsorgepflicht** verpflichtet <R: BAG 27.11.1985, 5 AZR 101/84, BB 1986, 594; L: GK/*Franzen* Rn 35>. Insbes kann der AN vom AG verlangen, dass Leistungsbeurteilungen, die falsche Tatsachen oder unhaltbare Bewertungen enthalten, berichtigt oder aus den Personalakten entfernt werden <R: BAG 27.11.1985, aaO>. Ist der AN zu Unrecht wg eines angebl vertragswidrigen Verhaltens abgemahnt worden und ist dies in den Personalakten vermerkt, kann der AN die Entfernung des Vermerks verlangen <R: BAG 16.3.1982, 1 AZR 406/80, DB 1982, 1326; BAG 27.11.2008, 2 AZR 675/07, NZA 2009, 842>. Eine wahre Sachverhaltsdarstellung ist auf Verlangen des AN nur dann aus der Personalakte zu entfernen, wenn sie für dessen weitere Beurteilung überflüssig geworden ist und ihn in seiner berufl Entwicklung fortwirkend beeinträchtigen kann <R: BAG 13.4.1988, 5 AZR 537/86, BB 1988, 1893>. Dies gilt dann auch noch nach Ende des Arbeitsverhältnisses <R: BAG 17.11.2016, 2 AZR 730/15, EZA § 4 BDSG Nr 2 Rn 47>. „Abmahnungen", welche die Amtstätigkeit von BR-Mitgliedern betreffen, gehören nicht in die Personalakte und sind deshalb zu entfernen <R: ArbG Stuttgart 30.4.2019, 4 BV 251/18, juris>.

3. Verhältnis zum Datenschutz

18 Bei **Personalakten in Dateien iS des Datenschutzrechts** schließt Abs 2 das weitergehende Recht des AN aus Art 18 Abs 1 lit d DSGVO aus, die Verarbeitung personenbezogener Daten einzuschränken, wenn er gg die Verarbeitung Widerspruch eingelegt hat und

noch nicht feststeht, ob die berechtigten Gründe des AG für die Verarbeitung die Gründe des AN gg die Verarbeitung überwiegen <L: GK/*Franzen* Rn 68 aE>.

Über Abs 2 hinausgehend kann der AN aber gem Art 16 DSGVO verlangen, dass unrichtige Daten berichtigt werden <L: Richardi/*Thüsing* Rn 41; GK/*Franzen* Rn 69; DKW/ *Buschmann* Rn 25; ErfK/*Kania* Rn 13>, und unter den Voraussetzungen des Art 17 DSGVO und § 35 BDSG <R: BAG 17.11.2016, 2 AZR 730/15, EZA § 4 BDSG Nr 2 Rn 46>, dass personenbezogene Daten gelöscht werden <L: Richardi/*Thüsing* Rn 41; DKK/*Buschmann* Rn 25; ErfK/*Kania* Rn 13; im Einzelnen GK/*Franzen* Rn 70 f>. 19

IV. Leitende Angestellte

Für leitende Angestellte gilt § 83 nicht (§ 105). Das Einsichtsrecht folgt dort aber aus § 26 Abs 2 SprAuG. Auch dieses gilt unabhängig davon, ob ein Sprecherausschuss gebildet worden ist. Auch § 26 Abs 2 SprAuG hat Vorrang vor dem datenschutzrechtl Auskunftsanspruch. 20

§ 84 Beschwerderecht

(1) Jeder Arbeitnehmer hat das Recht, sich bei den zuständigen Stellen des Betriebs zu beschweren, wenn er sich vom Arbeitgeber oder von Arbeitnehmern des Betriebs benachteiligt oder ungerecht behandelt oder in sonstiger Weise beeinträchtigt fühlt. Er kann ein Mitglied des Betriebsrats zur Unterstützung oder Vermittlung hinzuziehen.

(2) Der Arbeitgeber hat den Arbeitnehmer über die Behandlung der Beschwerde zu bescheiden und, soweit er die Beschwerde für berechtigt erachtet, ihr abzuhelfen.

(3) Wegen der Erhebung einer Beschwerde dürfen dem Arbeitnehmer keine Nachteile entstehen.

Literatur: *Buschmann*, Die betriebsverfassungsrechtliche Beschwerde, FS Däubler (1999), S 311; *Butzke*, Beteiligung des Betriebsrats im Individualinteresse Einzelner, BB 1997, 2269; *Denck*, Arbeitsschutz und Anzeigerecht des Arbeitnehmers, DB 1980, 2132; *Garden/Hiéramente*, Die neue Whistleblowing-Richtlinie der EU – Handlungsbedarf für Unternehmen und Gesetzgeber, BB 2019, 963; *Gerdemann*, Der Richtlinienvorschlag der Europäischen Kommission zum Schutz von Whistleblower, RdA 2019, 16; *Hinrichs*, Das Beschwerde- und Anzeigerecht der Arbeitnehmer, JArbR Bd 18 (1980), 1981, S 35; *Hunold*, Die Einigungsstelle über eine Mitarbeiterbeschwerde (§ 85 BetrVG), NZA 2006, 1025; *Löwisch*, Die Beschwerderechte des Arbeitnehmers nach den §§ 84 und 85 Betriebsverfassungsgesetz 1972, DB 1972, 2304; *Nebendahl/Lunk*, Die Zuständigkeit der Einigungsstelle bei Beschwerden nach § 85 Abs 2 BetrVG, NZA 1990, 676; *Oetker*, Ausgewählte Probleme zum Beschwerderecht des Beschäftigten nach § 13 AGG, NZA 2008, 264; *Uhl/Polloczek*, „Man kann sich ja mal beschweren" – die Beschwerdeverfahren nach den §§ 84, 85 BetrVG, BB 2008, 1730; *Wolmerath*, Mobbing im Fokus der betrieblichen Akteure, ArbR 2015, 118; *Wulff*, Sich gegen Angriffe wehren, AiB 2015, 18; *Zimmer/Humphrey*, Petzen? Ja, bitte! – Meldesysteme nach der Whistleblower-Richtlinie der EU, BB 2022, 372. Vgl auch die Literatur zu §§ 81–83. Ältere Literatur s Vorauflage.

Übersicht

	Rn.		Rn.
I. Gegenstand	1	3. Durchsetzung des Beschwerderechts	19
II. Beschwerdeverfahren	9	III. Benachteiligungsverbot	20
1. Einleitung	9		
2. Bescheidung	13		

I. Gegenstand

1 Nach Abs 1 S 1 hat jeder AN ein Recht zur Beschwerde, wenn er sich vom AG oder dessen Vertretern oder von AN des Betriebs benachteiligt, ungerecht behandelt oder in sonstiger Weise beeinträchtigt fühlt. Beschwerde heißt, dass der AN den AG auf solche Beeinträchtigungen hinweist und Abhilfe begehrt <R: BAG 11.3.1982, 2 AZR 798/79, juris; 22.11.2005, 1 ABR 50/04, NZA 2006, 803; LAG SH 21.12.1989, 4 TaBV 42/89, NZA 1990, 703>. Da Abs 1 S 1 ledigl voraussetzt, dass sich der AN beeinträchtigt „fühlt", kommt es nicht darauf an, ob das Verlangen des AN objektiv begründet ist, maßgebl ist allein sein **subjektives Empfinden** <R: BAG 11.3.1982, aaO>.

I. Gegenstand § 84

Ob das beeinträchtigende Geschehen andauert oder es sich künftig zumindest wiederholen kann, ist nicht maßgebl: Die Beschwerde kann sich **auch auf abgeschlossene Vorgänge** beziehen, mit denen bereits beseitigte Beeinträchtigungen verbunden waren; gleichwohl besteht eine Pflicht zur Bescheidung nach Abs 2 <R: BAG 22.11.2005, aaO>, noch § 85 Rn 2. 2

Beschwerden können sich **auf tatsächl oder auf rechtl Beeinträchtigungen** beziehen, wie im Umkehrschluss aus § 85 Abs 2 S 3 gefolgert werden kann <R: BAG 22.11.2005, 1 ABR 50/04, NZA 2006, 803; L: statt aller GK/*Franzen* Rn 8 mwN>. Die Beeinträchtigung muss einen Bezug zum Arbeitsverhältnis oder Betrieb haben <R: BAG 22.11.2005, aaO; LAG Düsseldorf 21.12.1993, 8 (5) TaBV 92/93, NZA 1994, 767; L: Richardi/*Thüsing* Rn 6 mwN>. **Gegenstand** der Beschwerde kann sein, dass dem AN Leistungen vorenthalten werden, auf die er einen Anspruch hat, dass der AG Anweisungen getroffen hat oder dass BR und AG Regelungen vereinbart haben, die den AN oder mehrere AN benachteiligen <R: s aber LAG Köln 17.9.2007, 2 TaBV 42/07, ZTR 2008, 405 (LS)>, dass der AN ggü anderen AN benachteiligt wird, etwa bei Gehaltserhöhungen <R: LAG München 6.3.1997, 4 TaBV 3/97, NZA-RR 1998, 70>, oder dass er Unfall- oder Gesundheitsgefahren ausgesetzt ist. Etwa kann sich ein AN darüber beschweren, dass der AG Schalterarbeitsplätze nicht besetzt, weswg die an den Schaltern beschäftigten AN erhebl Stress ausgesetzt seien, um Kundenschlangen abzubauen, keine Kurzpausen nehmen können, sondern Überstunden leisten müssen, um das Arbeitsaufkommen zu bewältigen <R: BAG 22.11.2005, aaO für ein Nachfolgeunternehmen der Deutschen Bundespost>, ebenso generell seine Arbeitsüberlastung <R: LAG Düsseldorf 21.12.1993, 8 (5) TaBV 92/93, NZA 1994, 767; LAG BaWü 13.3.2000, 15 TaBV 4/99, AiB 2000, 760; LAG Hamm 21.8.2001, 13 TaBV 78/01, NZA-RR 2002, 139>. 3

Auch dass der AN von Arbeitskollegen „**gemobbt**" worden ist, kann Gegenstand einer Beschwerde nach § 84 sein. <R: Hess LAG 6.9.2005, 4 TaBV 107/05, AuR 2006, 173 (LS); LAG RhPf 16.1.2008, 7 TaBV 60/07, juris>. 4

§ 84 erlaubt **keine Beschwerde über die Amtstätigkeit des BR**, da der AG keine Befugnis hat, auf den BR einzuwirken und so Abhilfe zu schaffen; das Gleiche gilt, wenn sich ein AN über das Verhalten eines **BR-Mitglieds in Ausübung seiner Amtstätigkeit** beschweren möchte; insoweit bleibt das Verf nach § 23 Abs 1 <L: GK/*Franzen* Rn 14; Richardi/*Thüsing* Rn 10; *Fitting* Rn 12; DKW/*Buschmann* Rn 11>. Außerhalb der Tätigkeit für den BR ist das Mitglied normaler AN, weswg sich andere AN nach § 84 über etwaige Belästigungen beschweren können. 5

Aus der Formulierung „wenn er sich" in Abs 1 S 1 folgt, dass der AN eine **eigene Beeinträchtigung** rügen muss; eine sog Popularbeschwerde, mit der sich ein AN zum Fürsprecher anderer AN macht, ist von § 84 nicht gedeckt <R: BAG 22.11.2005, aaO; LAG SH 21.12.1989, aaO; LAG Hamm 21.8.2001, 13 TaBV 78/01, NZA-RR 2002, 139; L: statt aller Richardi/*Thüsing* Rn 4 mwN>. Keine unzulässige Popularbeschwerde ist es, wenn sich mehrere AN zeitgleich über dieselben Zustände beschweren, sofern sie jeweils eigene Beeinträchtigungen geltend machen <R: BAG 22.11.2005, aaO; LAG SH 21.12.1989, 4 TaBV 42/89, NZA 1990, 703; LAG BaWü 13.3.2000, 15 TaBV 4/99, AiB 2000, 760; L: GK/*Franzen* Rn 11 mwN>. Das LAG Hamm vertritt die Auffassung die Grenze zur Popularbeschwerde sei auch dann noch nicht überschritten, wenn sich AN mit einer Unterschriftenaktion für eine Änderung der allg im Betrieb geltenden Arbeitsbedingungen, 6

Löwisch

etwas für die Wiedereinführung der 35-Stunden-Woche, einsetzen <R: LAG Hamm 3.9.2014, 4 Sa 235/14, LAGE § 84 BetrVG 2001 Nr 1>. Dem ist nicht zu folgen. Der Weg zur Geltendmachung solcher allgemeiner Anliegen führt nach § 86a zum BR, der sich bei genügender Unterstützung mit dem Anliegen befassen muss (s Erl § 86a). Soweit es um Rechtsverstöße gg das Unionsrecht geht, ist nunmehr die Whistleblower-Richtlinie EU 2019/1937 zu beachten, die nach Art 26 für größere Unternehmen bis zum 17.12.2021 umzusetzen gewesen wäre und für Unternehmen von 50–249 Arbeitnehmern bis zum 17.12.2023 umzusetzen ist <L: hierzu *Zimmer/Humphrey* BB 2022, 372 ff; *Gerdemann* RdA 2019, 16 ff; *Garden/Hiéramente* BB 2019, 963 ff>.

7   § 84 wird für einen wichtigen Bereich, der Diskriminierung entgg den in § 1 AGG und auch in § 75 Abs 1 aufgezählten Verboten, ergänzt um das **Beschwerderecht nach § 13 Abs 1 AGG**. Danach haben die Beschäftigten, also nach § 6 Abs 1 AGG neben den AN und den Auszubildenden auch AN-ähnliche Personen und Bewerber um einen Arbeitsplatz, das Recht, sich bei den zuständigen Stellen des Betriebs und des Unternehmens zu beschweren, wenn sie sich im Zusammenhang mit ihrem Beschäftigungsverhältnis vom AG, von Vorgesetzten, anderen Beschäftigten oder Dritten wg eines in § 1 AGG genannten Grundes benachteiligt fühlen. Die Beschwerde ist zu prüfen und das Ergebnis der oder dem beschwerdeführenden Beschäftigten mitzuteilen. Zum MBR aus § 87 Abs 1 Nr 1 bei der Regelung des Beschwerdeverf nach § 13 AGG näher § 87 Rn 42.

8   Ein AN, der sich beeinträchtigt fühlt, muss in aller Regel von den ihm nach den §§ 84, 85 BetrVG und § 13 Abs 1 AGG zustehenden Beschwerdemöglichkeiten Gebrauch machen, eher er sich an Dritte, insbes an Behörden, wendet. Dies erfordert die Loyalitätspflicht ggü dem AG <R: BAG 3.7.2003, 2 AZR 235/02, NZA 2004, 427; BAG 7.12.2006, 2 AZR 400/05, NZA 2007, 502; einschränkend für Strafanzeigen BAG 15.12.2016, 2 AZR 42/16, NZA 2017, 703; L: grundlegend *Denck* DB 1980, 2133>. Auch das geplante Whistleblower-Recht der EU hält an diesem Vorrang der innerbetriebl Klärung jedenfalls im Grundsatz fest <L: im Einzelnen dazu *Gerdemann* RdA 2019, 16, 22 ff>.

II. Beschwerdeverfahren

1. Einleitung

9   Der AN kann sich nach Abs 1 S 1 bei den zuständigen Stellen des Betriebs beschweren. Das Vorbringen des AN muss einen Beschwerdegegenstand enthalten, der hinsichtl der Lebensvorgänge und Personen hinreichend **konkret** erkennen lässt, in welchen tatsächl Umständen der AN eine Beeinträchtigung sieht; nur dann kann der AG der Beschwerde nachgehen und sie gem Abs 2 bescheiden <R: BAG 22.11.2005, 1 ABR 50/04, NZA 2006, 803; Hess LAG 6.9.2005, 4 TaBV 107/05, AuR 2006, 173 (LS); LAG SH 21.12.1989, 4 TaBV 42/89, NZA 1990, 703>.

10 Der AN kann sich „bei den zuständigen Stellen des Betriebs" beschweren. Die zuständige Stelle wird regelmäßig der unmittelbare Vorgesetzte sein und – im „Instanzenzug" – dessen Vorgesetzter bis hin zum Personalchef. Mögl ist es aber auch, dass der Betrieb eine besondere Beschwerdestelle einrichtet oder ein besonderes Verf vorsieht. Dies kann auch in einem Tarifvertrag oder einer Betriebsvereinbarung geregelt werden.

Zur Unterstützung oder Vermittlung kann der AN nach Abs 1 S 2 ein von ihm best **BR-Mitglied** hinzuziehen. Im Gegensatz zu §§ 82 Abs 2 S 3, 83 Abs 1 S 3 verpflichtet § 84 das BR-Mitglied **nicht zum Stillschweigen** über den Inhalt dieser Verhandlungen <L: GK/*Franzen* Rn 23; Richardi/*Thüsing* Rn 15; *Fitting* Rn 14>, soweit nicht zugleich die Regelungsgegenstände des § 82 oder des § 83 berührt sind oder das über § 75 Abs 2 geschützte Allgemeine Persönlichkeitsrecht des AN betroffen ist (§ 75 Rn 37): Der AN hat kein Recht auf anonyme Behandlung seiner Beschwerde; mit der Beschwerde macht er sein Anliegen betriebsöffentlich; s auch noch § 85 Rn 2. Nach Abs 3 muss der AG den AN aber davor schützen, dass dem AN aus dem Bekanntwerden seiner Beschwerde Nachteile erwachsen, Rn 20.

11

Die Beschwerde hat weder aufschiebende **Wirkung** gg Maßnahmen des AG noch hemmt sie den Ablauf gesetzl Fristen, etwa für eine Klage gg eine Änderungs-Kd oder den Ablauf von Verjährungsfristen <L: Richardi/*Thüsing* Rn 17 mwN>. Der AN ist nicht gezwungen, Beschwerde nach Abs 1 S 1 beim AG einzulegen, bevor er den Rechtsweg beschreitet <L: Richardi/*Thüsing* Rn 16 mwN>.

12

2. Bescheidung

Nach Abs 2 hat der AG den AN über die Behandlung der Beschwerde – schriftl oder mündl – zu **bescheiden**. Dies gilt auch, wenn der AG die Beschwerde für gänzl unbegründet erachtet, denn Abs 1 S 1 lässt es genügen, dass der AN sich beeinträchtigt „fühlt" <L: ErfK/*Kania* Rn 7>. Der AG ist nach Abs 2 frei in seiner Entscheidung, auf welche Weise er der Beschwerde abhilft; auch wenn er die Beschwerde für berechtigt hält, ist der AG an eine best Abhilfeforderung des AN nicht gebunden <R: BAG 22.11.2005, 1 ABR 50/04, NZA 2006, 803>. Beschwert sich der AN nach § 85 auch oder ausschließl beim BR, kann er eine Entscheidung der ES über die Beschwerde erreichen, die unmittelbar und zwingend für den AG gilt, § 85 Rn 6 ff.

13

Soweit der AG die Beschwerde für berechtigt erachtet, hat er ihr abzuhelfen. Da der AG, wenn er über eine Beschwerde entscheidet, nicht als streitentscheidende Instanz über den Parteien tätig wird, kann eine Verpflichtung zur Abhilfe bei Anerkennung der Berechtigung der Beschwerde auch nur aus privatrechtl Grundsätzen abgeleitet werden. Dabei ist zu unterscheiden:

14

Handelt es sich bei dem Gegenstand der Beschwerde um einen von dem AN geltend gemachten Rechtsanspruch, etwa auf Mehrarbeitsvergütung oder Urlaub, so bedeutet die Anerkennung dieses Anspruchs im Beschwerdeverf in der Regel ein sog deklaratorisches Schuldanerkenntnis. Es hat die Wirkung, dass alle Einwendungen tatsächl und rechtl Natur für die Zukunft ausschließt, die der AG bei seiner Abgabe kannte oder mit denen er zumindest rechnete, nicht aber auch die Wirkung eines Verzichts auf unbekannte Einwendungen <L: AR/*Löwisch* § 781 BGB Rn 5>. Nur im Ausnahmefall wird ein vom bestehenden Schuldgrund unabhängiges konstitutives Schuldanerkenntnis iS des § 781 BGB gemeint sein, welches dann auch der Schriftform bedarf <L: AR/*Löwisch* § 781 BGB Rn 1 und Rn 2>.

15

Handelt es sich bei dem Gegenstand der Beschwerde nicht um einen Rechtsanspruch, sondern um ein anderes Anliegen des AN, mag es sich um den Verzicht des AG auf bestimmte Anforderungen, um eine andere Gestaltung des Arbeitsplatzes oder den Schutz

16

§ 84 Beschwerderecht

gg Beeinträchtigungen von Seiten anderer AN handeln, so kann die Erklärung des AG, er erkenne die Berechtigung der Beschwerde an, als eine vertragl, ggfs nach §§ 315 ff BGB noch zu konkretisierende Zusage zu werten sein, dem Anliegen des AN Rechnung zu tragen.

17 Es bedarf immer einer sorgfältigen Auslegung im Einzelfall, um festzustellen, ob überhaupt eine Zusage gegeben wurde und welchen Inhalt sie haben sollte. Sagt der AG zu, auf eine bestimmte Anforderung zu verzichten, so liegt darin sicher in aller Regel die vertragl Verpflichtung. solche Anordnungen in der Zukunft nicht mehr zu treffen. Teilt der AG dem AN aber ledigl mit, „sie haben mit Ihrer Beschwerde über die Gestaltung des Arbeitsplatzes an sich recht, aber mir fehlen die Mittel, um ihr Anliegen zu erfüllen", so liegt darin keine vertragl Verpflichtung. Äußert sich der AG dem Beschwerdeführer ggü dahingehend, dass er gg einen anderen AN einschreiten werde, so muss darin nicht die Zusage liegen, diesem anderen AN zu kündigen; vielmehr kann je nach Lage des Einzelfalls auch nur gemeint sein, dass der AG diesen AN ermahnen, verwarnen oder ein Verf nach der Betriebsordnung einleiten will.

18 Gegebene vertragl Zusagen unterliegen in ihrer Gültigkeit den allgemeinen privatrechtl Vorschriften, etwa über die Form und die Anfechtbarkeit.

3. Durchsetzung des Beschwerderechts

19 Der AN kann die Entgegennahme der Beschwerde sowie ihre Entscheidung gerichtl erzwingen. Da es sich um die Geltendmachung von Individualansprüchen handelt, kommt das Urteilsverf in Anwendung. Dagg handelt es sich bei einem Streit zwischen AG und AN über die Zulässigkeit der Hinzuziehung eines BR-Mitglieds um eine betriebsverfassungsrechtl Streitigkeit, die im Beschlussverf zu entscheiden ist. Ggü dem BR-Mitglied, das sich nicht hinzuziehen lassen will, ist der AN auf den Weg des § 23 verwiesen.

III. Benachteiligungsverbot

20 **Wg einer Beschwerde** nach Abs 1 dürfen dem AN **keine Nachteile** entstehen (Abs 3), darf etwa keine Abmahnung ausgesprochen oder darf dem AN nicht gekündigt werden, und zwar auch dann nicht, wenn sich die Beschwerde der Sache nach als unbegründet herausstellt <**R**: LAG Köln 20.1.1999, 8 (10) Sa 1215/98, LAGE § 626 Nr 128; LAG Hamm 11.2.2004, 18 Sa 1847/03, AuR 2005, 36 (LS)>. Dieses Verbot richtet sich – anders als das allg Maßregelungsverbot des § 612a BGB – nicht nur gg den AG, sondern gg alle Betriebsangehörigen, also auch gg den Vorgesetzten und gg die AN, über die die Beschwerde geführt worden ist.

21 Abs 3 ist ein **Verbotsgesetz**, sodass eine wg einer Beschwerde ausgesprochene Kd gem § 134 BGB nichtig ist <**R**: BAG 11.3.1982, 2 AZR 798/79, juris; **L**: GK/*Franzen* Rn 35; auch *Fitting* Rn 21; DKW/*Buschmann* Rn 20>, und ein Schutzgesetz iS des § 823 Abs 2 BGB, weswg der AN gg denjenigen, der ihn entgg Abs 3 benachteiligt, einen **Schadensersatzanspruch** hat <**L**: GK/*Franzen* Rn 35, *Fitting* Rn 21; DKW/*Buschmann* Rn 20>.

22 Eine Beschwerde kann wg ihres Inhalts oder ihrer Begleitumstände die Kd des AN rechtfertigen, wenn etwa haltlos schwere Anschuldigungen gg den AG erhoben werden <**R**:

III. Benachteiligungsverbot § 84

BAG 11.3.1982, 2 AZR 798/79, juris; LAG Köln 20.1.1999, aaO; LAG Hamm 11.2.2004, aaO; **L:** GK/*Franzen* Rn 34; Richardi/*Thüsing* Rn 18; *Fitting* Rn 21; DKW/ *Buschmann* Rn 20; ErfK/*Kania* Rn 8>. Vorsätzl oder leichtfertig gg einen anderen AN erhobene Vorwürfe können dessen Persönlichkeitsrecht verletzen und für diesen Schadensersatzansprüche nach § 823 Abs 1 BGB und in schwerwiegenden Fällen damit auch einen Schmerzensgeldanspruch begründen. Die bloße Unrichtigkeit nicht leichtfertig erhobener Vorwürfe reicht dafür aber nicht aus <**R:** Hess LAG, 18.12.2013, 18 Sa 769/13, juris>.

§ 85 Behandlung von Beschwerden durch den Betriebsrat

(1) Der Betriebsrat hat Beschwerden von Arbeitnehmern entgegenzunehmen und, falls er sie für berechtigt erachtet, beim Arbeitgeber auf Abhilfe hinzuwirken.

(2) Bestehen zwischen Betriebsrat und Arbeitgeber Meinungsverschiedenheiten über die Berechtigung der Beschwerde, so kann der Betriebsrat die Einigungsstelle anrufen. Der Spruch der Einigungsstelle ersetzt die Einigung zwischen Arbeitgeber und Betriebsrat. Dies gilt nicht, soweit Gegenstand der Beschwerde ein Rechtsanspruch ist.

(3) Der Arbeitgeber hat den Betriebsrat über die Behandlung der Beschwerde zu unterrichten. § 84 Abs. 2 bleibt unberührt.

Literatur: *Steffan*, Beschwerderecht und Mitbestimmung, RdA 2015, 270; *Wiese*, Zur Zuständigkeit der Einigungsstelle nach § 85 BetrVG, FS G Müller (1981), S 625. S im Übrigen die Literatur zu § 84.

Übersicht

	Rn.		Rn.
I. Beschwerde an den BR	1	1. Zuständigkeit	6
II. Anrufung der Einigungsstelle	6	2. Wirkung des Einigungsstellenspruchs	13

I. Beschwerde an den BR

1 Abs 1 erweitert das ggü dem AG bestehende Beschwerderecht aus § 84 und erlaubt es den AN, sich mit ihren Beschwerden **an den BR** zu wenden. An die Stelle des BR kann nach § 28 ein bes Ausschuss treten. Der Beschwerdebegriff des § 85 entspricht dem des § 84 <R: BAG 11.3.1982, 2 AZR 798/79, juris; 22.11.2005, 1 ABR 50/04, NZA 2006, 803>, § 84 Rn 1 ff. Der AN ist nicht gehalten, zunächst das Beschwerdeverf nach § 84 durchzuführen, sondern kann sich gleich unmittelbar an den BR wenden <R: BAG 11.3.1982, aaO>.

2 Nach Abs 1 hat der AN einen Anspruch darauf, dass der BR seine Beschwerde entgegennimmt und – falls er sie für berechtigt hält – **beim AG auf Abhilfe** dringt. Hat der BR den AG mit der Beschwerde befasst, ist der AG verpflichtet, den BR über die Behandlung der Beschwerde zu unterrichten. Hatte sich der AN auch gem § 84 Abs 1 direkt beim AG beschwert, muss der AG gem Abs 3 S 2 iVm § 84 Abs 2 auch den AN bescheiden, § 84 Rn 13.

3 **Erkennt der AG ggü dem BR** an, dass er die Beschwerde für berechtigt erachtet, so verpflichtet dies den AG – wie im Streitfall der Spruch der ES (Rn 13) – zur Abhilfe <L: Richardi/*Thüsing* Rn 37; GK/*Franzen* Rn 8; *Fitting* Rn 9>. Diesen Abhilfeanspruch kann der AN im Urteilsverf durchsetzen, Rn 13 mwN.

Weigert sich der BR, die Beschwerde anzunehmen oder den AG damit zu befassen, hat 4
der AN **keinen durchsetzbaren Rechtsanspruch** auf Durchführung des Verf nach § 85,
sondern ist darauf verwiesen, das Verf nach § 23 Abs 1 einzuleiten <**L:** Richardi/*Thüsing*
Rn 13; DKW/*Buschmann* Rn 4; HSWGN/*Rose* Rn 16; **aA** GK/*Franzen* Rn 33>.

Das **Benachteiligungsverbot des § 84 Abs 3** (§ 84 Rn 20) gilt auch für die Erhebung 5
einer Beschwerde beim BR nach § 85 <**R:** BAG 11.3.1982, aaO; **L:** statt aller GK/*Franzen* Rn 30 mwN>. Das Benachteiligungsverbot verpflichtet den BR, an den sich ein AN
wg einer Beschwerde wendet, nicht zum Schweigen (§ 84 Rn 11); der BR ist gehalten,
den AG über den Inhalt der Beschwerde zu unterrichten <**R:** LAG BaWü 19.1.2006, 21
Sa 47/05, juris>, noch § 84 Rn 11.

II. Anrufung der Einigungsstelle

1. Zuständigkeit

Bestehen zw AG und BR Meinungsverschiedenheiten darüber, ob eine Beschwerde be- 6
rechtigt ist, kann der BR, nicht aber der AG, die **ES anrufen (Abs 2 S 1)**. Der Gegenstand
der Beschwerde muss hinsichtl der ihr zugrunde liegenden Lebensvorgänge und der handelnden Personen hinreichend konkret sein, vgl Rn 11. Zudem muss, anders als für die
Beschwerde selbst (§ 84 Rn 1), ein **aktueller Regelungsbedarf** bestehen. Daran fehlt es,
wenn der AG der Beschwerde bereits abgeholfen hat <**R:** LAG Hessen 17.12.2019,
4 TaBV 136/19, BeckRS 2019, 37972>: Die ES ist auch nicht entscheidungsbefugt, wenn
AG und BR über die Berechtigung einer ausschließl vergangenheitsbezogenen Beschwerde des AN streiten; insoweit ist eine teleologische Reduktion des § 85 geboten, da die ES
ihrer Konfliktlösungsfunktion nur nachkommen kann, wenn sie geeignete Abhilfemaßnahmen anordnet <**R:** BAG 22.11.2005, 1 ABR 50/04, NZA 2006, 803>. Ein aktueller
Regelungsbedarf ist in der Regel zu verneinen, wenn der beschwerdeführende AN aus
dem Betrieb ausgeschieden oder lang andauernd arbeitsunfähig ist <**R:** Hess LAG
6.9.2005, aaO>.

Der **AN** ist am ES-Verf zwar nicht zu beteiligen, von der ES aber **zu hören** <**R:** BAG 7
28.6.1984, 6 ABR 5/83, BB 1985, 1196; **L:** GK/*Franzen* Rn 24; Richardi/*Thüsing*
Rn 33>. Zu den Einzelheiten § 76 Rn 40.

Die Möglichkeit, die ES anzurufen, besteht gem Abs 2 S 3 **nicht**, soweit Gegenstand der 8
Beschwerde ein **Rechtsanspruch** des AN ist: Rechtsansprüche muss der AN im arbg Urteilsverf nach § 2 Abs 1 Nr 3 ArbGG geltend machen <**R:** BAG 28.6.1984, 6 ABR 5/83,
BB 1985, 1196; 22.11.2005, 1 ABR 50/04, NZA 2006, 803; **L:** GK/*Franzen* Rn 10 ff
mwN>; dort, im Güteverf nach § 54 ArbGG, und nicht vor der ES soll die gütl Einigung
versucht werden. Rechtsansprüche iS des Abs 2 S 3 sind AN-Ansprüche aus dem Arbeitsvertrag, aus BV, TV und aus Gesetzen. Um einen Rechtsanspruch in diesem Sinne handelt
es sich auch, wenn sich der AN gg die Ausübung eines Gestaltungsrechts durch den AG,
insbes gg eine Kd wehrt, da er damit geltend macht, dass seine arbeitsvertragl Rechte
fortbestehen. Auch der Anspruch auf Entfernung einer Abmahnung ist ein Rechtsanspruch <**R:** LAG Berl-Bbg 15.8.2017, 7 TaBV 860/17, LAGE § 85 BetrVG 2001 Nr 3>.

Rechtsansprüche sind auch solche aus Generalklauseln wie der Fürsorgepflicht und dem 9
Gleichbehandlungsgrundsatz <**R:** LAG Düsseldorf 21.12.1993, 8 (5) TaBV 92/93, NZA

1994, 767; LAG München 6.3.1997, 4 TaBV 3/97, NZA-RR 1998, 70; LAG BaWü 13.3.2006, 13 TaBV 15/05, juris; LAG BBg 3.7.2007, 12 TaBV 1166/07 AE 2007, 249; **aA** LAG SH 21.12.1989, 4 TaBV 42/89, NZA 1990, 703>. Auch die Geltendmachung eines Anspruchs aus billigem Ermessen nach § 315 BGB ist ein Rechtsanspruch <**R:** LAG Hamm 6.1.2015, 7 TaBV 61/14, LAGE § 85 BetrVG 2001 Nr 1>. Auch der Streit über die sich aus dem Weisungsrecht ergebenden Befugnisse des AG betrifft Rechtsansprüche <**R:** LAG Köln 6.8.2021, 9 TaBV 26/21, juris>. Hingg unterfallen Auseinandersetzungen über die tatsächliche Ausübung des Direktionsrechts der Ausnahmevorschrift nicht <**R:** Hess LAG 16.5.2014, 4 TABV 75/17, LAGE § 85 BetrVG 2001 Nr 2>. Es ist gerade Sinn des Beschwerdeverf, derartige Angelegenheiten des betriebl Geschehens mithilfe des BR zu lösen.

10 Gegenstände, über die dem **BR ein erzwingbares MBR** zustehen, können **nicht** durch die ES im Verf nach § 85 entschieden werden. Sie gehören in das allgemeine Mitbestimmungsverf und damit auch in das allg ES-Verf nach § 76. Betrifft die Beschwerde aber die Regelung eines Einzelfalls, für den ein MBR des BR besteht (Beispiel: Ein AN fühlt sich durch die für ihn festgesetzte Lage seines Urlaubs oder Nichtzuweisung einer Dienstwohnung beeinträchtigt), so kann auf diese Weise die auch sonst mögl Regelung seines Einzelfalls gem § 87 Abs 1 Nr 5, 9 erreicht werden. Dafür ist das Beschwerdeverf nach § 85 Abs 2 einschlägig, also insbes eine nach § 86 eingerichtete betriebl Beschwerdestelle zuständig <**R:** offengelassen LAG Berl-Bbg 24.6.2021, 26 TaBV 785/21, juris; **L: aA** GK/*Franzen* Rn 20, der dem Verf nach § 87 Abs 2 den Vorrang geben wollen, dabei aber von der nicht überzeugenden Prämisse ausgehen, aus dem Spruch der ES nach § 85 Abs 2 könne nur ein Anspruch des BR gg den AG auf Abhilfe entstehen>.

11 Dies gilt auch in denjenigen sozialen Angelegenheiten, in denen zwar eine Zuständigkeit des BR für die Einzelfallentscheidung nicht ausdrückl vorgesehen ist, in denen er aber auch nicht wie in § 87 Abs 1 Nr 3, 7, 10 und 12 auf abstrakte Regelungen beschränkt ist.

12 Weigert sich der AG an der Einrichtung der ES mitzuwirken, ist diese nach § 100 ArbGG iVm § 76 Abs 2 S 2, 3 BetrVG vom ArbG zu bilden. Ein entspr Antrag des BR kann nur zurückgewiesen werden, wenn die ES offensichtlich unzuständig ist (§ 100 Abs 1 S 2 ArbGG). Dies gilt auch soweit der AG geltend macht, Gegenstand der Beschwerde sei ein Rechtsanspruch <**R:** LAG Rh-Pf 11.12.2014, 3TaBV 8/14, juris; LAG Hamm 3.5.2016, 7 TaBV 29/16, juris>. Offensichtlichkeit wird regelmäßig vorliegen, wenn die Beschwerde Entgeltansprüche, eine Kd oder eine förmliche Abmahnung betrifft <**R:** LAG Berl-Bbg 15.8.2017, aaO; LAG Köln 6.8.2021 aaO>.

2. Wirkung des Einigungsstellenspruchs

13 Der Spruch der ES ersetzt die Einigung zw AG und BR, Abs 2 S 2: Da die ES nach Abs 1 und Abs 2 S 1 vom BR nur angerufen werden kann, wenn er und der AG über die Berechtigung der Beschwerde uneinig sind, hingg nicht, wenn BR und AG über Abhilfemaßnahmen streiten, kann die ES nur feststellen, dass die Beschwerde berechtigt ist oder nicht, aber **keine Abhilfemaßnahmen** festlegen, dies ist allein Sache des AG <**R:** BAG 22.11.2005, 1 ABR 50/04, NZA 2006, 803; LAG Düsseldorf 21.12.1993, 8 (5) TaBV 92/93, NZA 1994, 767>. Der ES-Spruch, mit dem die **Berechtigung einer Beschwerde festgestellt** wird, verpflichtet den AG nach Abs 3 S 2 iVm § 84 Abs 2 dazu, geeignete Abhilfemaßnahmen zu ergreifen <**R:** BAG 22.11.2005, 1 ABR 50/04, NZA 2006, 803>.

Deswg muss der ES-Spruch die konkreten tatsächl Umstände benennen, die der AG als Beeinträchtigung des AN vermeiden muss, da dem AG andernfalls keine wirksame Abhilfe mögl ist <**R:** BAG 22.11.2005, 1 ABR 50/04, NZA 2006, 803; **L:** DKW/*Buschmann* Rn 17>. Bezweifelt der AG die Berechtigung einer Beschwerde, trifft aber, um Streit zu vermeiden, vorsorglich eine Abhilfemaßnahme, besteht mangels Rechtsschutzbedürfnisses kein Raum mehr für die Einrichtung einer ES <**L:** Hess LAG 17.12.2019, 4 TaBV 136/19, LAGE BetrVG 2001 § 85 Nr 4>.

Den auf dem ES-Spruch beruhenden **Anspruch auf Abhilfe kann der AN im arbg Urteilsverf durchsetzen** <**R:** BAG 22.11.2005, 1 ABR 50/04, NZA 2006, 803; **L:** GK/*Franzen* Rn 32; Richardi/*Thüsing* Rn 42>. 14

Wird der Spruch der ES **durch AG oder BR angefochten**, sind am Verf nach § 83 Abs 3 ArbGG weder die ES noch die beschwerdeführenden AN zu beteiligen, da sie durch den Ausgang des Verf nicht in einer eigenen betriebsverfassungsrechtl Position betroffen sind <**R:** BAG 28.6.1984, 6 ABR 5/83, BB 1985, 1196; 22.11.2005, 1 ABR 50/04, NZA 2006, 803>, § 76 Rn 51. 15

§ 86 Ergänzende Vereinbarungen

Durch Tarifvertrag oder Betriebsvereinbarung können die Einzelheiten des Beschwerdeverfahrens geregelt werden. Hierbei kann bestimmt werden, dass in den Fällen des § 85 Abs. 2 an die Stelle der Einigungsstelle eine betriebliche Beschwerdestelle tritt.

1 § 86 ermöglicht es, die Einzelheiten des Beschwerdeverf durch TV oder BV näher zu regeln und so den betriebl Verhältnissen anzupassen. An die Stelle der ES kann eine **betriebl Beschwerdestelle** gesetzt werden; ebenso kann die Entscheidung über Beschwerden einer tarifl Schlichtungsstelle gem § 76 Abs 8 zugewiesen werden (§ 76 Rn 95 ff). IÜ gelten die Vorschriften des § 76 Abs 3.

2 Zum MBR des BR für das Verf vor der nach § 13 AGG einzurichtenden Beschwerdestelle (§ 84 Rn 7) s § 87 Rn 42.

§ 86a Vorschlagsrecht der Arbeitnehmer

Jeder Arbeitnehmer hat das Recht, dem Betriebsrat Themen zur Beratung vorzuschlagen. Wird ein Vorschlag von mindestens 5 vom Hundert der Arbeitnehmer des Betriebs unterstützt, hat der Betriebsrat diesen innerhalb von zwei Monaten auf die Tagesordnung einer Betriebsratssitzung zu setzen.

Literatur: *Kraushaar*, Verhandelte Mitbestimmung und das Problem der Arbeitnehmerpluralität, AG 2008, 809; *Löwisch*, Die Stellung der Belegschaft in der Betriebsverfassung, FS 100 Jahre Betriebsverfassung (2020), S 441; *Wiese*, Das neue Vorschlagsrecht der Arbeitnehmer nach § 86a BetrVG, BB 2001, 2267; *Zender*, Vorschlagsrecht der Arbeitnehmer, ZBVR 2003, 66.

§ 86a ist 2001 durch das BetrVerf-RG eingefügt worden. Nach **S 1** hat jeder AN das Recht, dem BR **Themen zur Beratung vorzuschlagen,** um zu erreichen, dass sich die AN auch jenseits ihres Antragsrechts in Betriebsversammlungen (§ 45 S 2) an der Tätigkeit des BR beteiligen <L: Begründung des RegE S 60>; das entspricht dem Anregungsrecht des § 80 Abs 1 Nr 3 (§ 80 Rn 12). Notwendig ist, dass das Thema zum durch die Mitwirkungsrechte umschriebenen Aufgabenbereich des BR gehört. Der BR hat den AN über die Behandlung des Antrags und die Entscheidung zu unterrichten, § 80 Abs 1 Nr 3 <L: GK/*Franzen* Rn 15; *Fitting* Rn 7; HSWGN/*Rose* Rn 10; **aA** Richardi/*Thüsing* Rn 3>. **1**

Wie der BR auf den Vorschlag reagiert, ist seine Sache. Er kann sich auch darauf beschränken, ihn nur zur Kenntnis zu nehmen. Nach **S 2** der Vorschrift muss der BR einen Vorschlag aber innerhalb von zwei Monaten auf die Tagesordnung einer BR-Sitzung setzen, wenn der Vorschlag von **mindestens 5% der AN** des Betriebs iS des § 5 Abs 1 und 2 unterstützt wird; die Unterstützung ist – idR durch Unterschriften – nachzuweisen <L: Richardi/*Thüsing* Rn 4 mwN>. Auf die Wahlberechtigung nach § 7 kommt es nicht an. Im Betrieb beschäftigte LeihAN sind mitzuzählen (§ 14 Abs 2 S 4 AÜG). **2**

Der Anspruch auf Aufnahme eines Vorschlags in die Tagesordnung nach S 2 kann als betriebsverfassungsrechtl Angelegenheit im arbg **Beschlussverf** nach § 2a Abs 1 ArbGG durchgesetzt werden <L: GK/*Franzen* Rn 21; Richardi/*Thüsing* Rn 12; HSWGN/*Rose* Rn 12; **aA** *Fitting* Rn 11>. **3**

Aus dem Anspruch auf Aufnahme des Vorschlags in die Tagesordnung aus **S 2** folgt **nicht**, dass die Vorschlagenden oder eine Abordnung das **Recht zur Teilnahme** an der betreffenden BR-Sitzung hätten: § 86a ändert nichts an § 30 S 4, nach dem BR-Sitzungen nicht öffentl sind <L: krit hierzu *Löwisch* FS 100 Jahre Betriebsverfassung (2020), S 442>. Der BR kann den AN aber die Gelegenheit geben, ihren Vorschlag mündlich, per Video oder Telefon oder auch schriftlich zu erläutern <L: GK/*Franzen* Rn 17; DKW/*Buschmann* Rn 12; *Fitting* Rn 9>, § 30 Rn 10. Zudem sind die Antragssteller über die Behandlung des Antrags und die Entscheidung zu unterrichten <L: GK/*Franzen* Rn 19; auch Richardi/*Thüsing* Rn 11>. **4**

Dritter Abschnitt
Soziale Angelegenheiten

§ 87 Mitbestimmungsrechte

(1) Der Betriebsrat hat, soweit eine gesetzliche oder tarifliche Regelung nicht besteht, in folgenden Angelegenheiten mitzubestimmen:

1. Fragen der Ordnung des Betriebs und des Verhaltens der Arbeitnehmer im Betrieb;
2. Beginn und Ende der täglichen Arbeitszeit einschließlich der Pausen sowie Verteilung der Arbeitszeit auf die einzelnen Wochentage;
3. vorübergehende Verkürzung oder Verlängerung der betriebsüblichen Arbeitszeit;
4. Zeit, Ort und Art der Auszahlung der Arbeitsentgelte;
5. Aufstellung allgemeiner Urlaubsgrundsätze und des Urlaubsplans sowie die Festsetzung der zeitlichen Lage des Urlaubs für einzelne Arbeitnehmer, wenn zwischen dem Arbeitgeber und den beteiligten Arbeitnehmern kein Einverständnis erzielt wird;
6. Einführung und Anwendung von technischen Einrichtungen, die dazu bestimmt sind, das Verhalten oder die Leistung der Arbeitnehmer zu überwachen;
7. Regelungen über die Verhütung von Arbeitsunfällen und Berufskrankheiten sowie über den Gesundheitsschutz im Rahmen der gesetzlichen Vorschriften oder der Unfallverhütungsvorschriften;
8. Form, Ausgestaltung und Verwaltung von Sozialeinrichtungen, deren Wirkungsbereich auf den Betrieb, das Unternehmen oder den Konzern beschränkt ist;
9. Zuweisung und Kündigung von Wohnräumen, die den Arbeitnehmern mit Rücksicht auf das Bestehen eines Arbeitsverhältnisses vermietet werden, sowie die allgemeine Festlegung der Nutzungsbedingungen;
10. Fragen der betrieblichen Lohngestaltung, insbesondere die Aufstellung von Entlohnungsgrundsätzen und die Einführung und Anwendung von neuen Entlohnungsmethoden sowie deren Änderung;
11. Festsetzung der Akkord- und Prämiensätze und vergleichbarer leistungsbezogener Entgelte, einschließlich der Geldfaktoren;
12. Grundsätze über das betriebliche Vorschlagswesen;
13. Grundsätze über die Durchführung von Gruppenarbeit; Gruppenarbeit im Sinne dieser Vorschrift liegt vor, wenn im Rahmen des betrieblichen Arbeitsablaufs eine Gruppe von Arbeitnehmern eine ihr übertragene Gesamtaufgabe im Wesentlichen eigenverantwortlich erledigt;

14. **Ausgestaltung von mobiler Arbeit, die mittels Informations- und Kommunikationstechnik erbracht wird.**

(2) Kommt eine Einigung über eine Angelegenheit nach Absatz 1 nicht zustande, so entscheidet die Einigungsstelle. Der Spruch der Einigungsstelle ersetzt die Einigung zwischen Arbeitgeber und Betriebsrat.

Literatur: *Bayreuther*, Das Verhältnis von §§ 99 und 87 I Nr 2 BetrVG bei der Einstellung von Arbeitnehmern, NZA 2016, 921; *Bieder*, Die Entwicklung der betrieblichen Mitbestimmung in sozialen Angelegenheiten (§ 87 I BetrVG), NZA-RR 2017, 225; *Blank*, Reform der Betriebsverfassung und Unternehmerfreiheit, Schriftenreihe der Otto-Brenner-Stiftung, Bd 78 (2001) mit Referaten von *Däubler* (S 11 ff) und *Henssler* (S 33 ff); *Dahl*, Mitbestimmung des Betriebsrats bei Maßnahmen des Gesundheitsschutzes, BB 2018, 1972; *Eich*, Rechtsmissbräuchliche Nutzung von Mitbestimmungsrechten durch den Betriebsrat (Koppelungsgeschäft), ZfA 1988, 93 ff; *Fischer*, Betriebliche Mitbestimmung nach § 87 BetrVG im internationalen Konzern bei einheitlicher Entscheidungsvorgabe, BB 2000, 562; *Gentz*, Schutz gegen den Missbrauch (?) von Mitbestimmungsrechten, NZA 2004, 1011; *Greiner*, Auswirkungen der Tarifeinheit im Betrieb auf Betriebsvereinbarungen, RdA 2022, 164; *Gutzeit*, Theorie der notwendigen Mitbestimmung, NZA 2008, 255; *Hamann/Rudnik*, Mitbestimmung nach § 87 bei Onsite-Werkverträgen, NZA 2016, 1368; *H Hanau*, Individualautonomie und Mitbestimmung in sozialen Angelegenheiten (1994); *P Hanau*, Probleme der Ausübung des Mitbestimmungsrechts des Betriebsrats NZA 1985/Beil 2, 3 ff; *Hohmeister*, Die teilmitbestimmte Betriebsvereinbarung im Spannungsverhältnis zwischen § 77 Abs 3 BetrVG und § 87 Abs 1 BetrVG, BB 1999, 418; *von Hoyningen-Huene*, Die fehlerhafte Beteiligung des Betriebsrats in sozialen Angelegenheiten, DB 1987, 1426; *Junker*, Konzernweite „Ethikregeln" und nationale Betriebsverfassungen, BB 2005, 602; *Kappes*, Mitbestimmung als Waffe? – Zulässigkeit von „Koppelungsgeschäften" im Zusammenhang mit § 87 BetrVG? – DB 1997, 277; *Keppler*, Die Betriebsvereinbarung als Regelungsinstrument in sozialen Angelegenheiten, FS Kissel (1994), S 475; *Konzen*, Der Missbrauch betrieblicher Beteiligungsrechte, FS Zöllner (1998), S 799; *Kort*, Die Grenzen betrieblicher Mitbestimmung bei tarifvertragl Zulassung lediglich „freiwilliger" Betriebsvereinbarungen, NZA 2001, 477; *ders*, Ethik-Richtlinien im Spannungsfeld zwischen US-amerikanischer Compliance und deutschem Konzernbetriebsverfassungsrecht, NJW 2009, 129; *Moll*, Organisations- und Überwachungspflichten und Gesetzesvorrang nach § 87 Abs. 1 Eingangssatz BetrVG, RdA 2019, 287; *Mündt*, Über die Zulässigkeit von Koppelungsgeschäften im Zusammenhang mit den Mitbestimmungstatbeständen in den sozialen Angelegenheiten des § 87 I Nr 1 BetrVG (2001); *Raab*, Negatorischer Rechtsschutz des Betriebsrats gegen mitbestimmungswidrige Maßnahmen des Arbeitgebers (1993); *ders*, Der Unterlassungsanspruch des Betriebsrats ZfA 1997, 183; *der*, Der kollektive Tatbestand als Voraussetzung der Mitbestimmung des Betriebsrats in sozialen Angelegenheiten, ZfA 2001, 31; *Reichold*, Notwendige Mitbestimmung als neue „Anspruchsgrundlage", FS Konzen (2006), S 763; *Richardi*, Der Beseitigungs- und Unterlassungsanspruch in der Dogmatik des Betriebsverfassungsrechts, FS Wlotzke (1996), S 407; *ders*, Der Beitrag des Bundesarbeitsgerichts zur Sicherung des Arbeitsvertrages in der Betriebsverfassung, FS 50 Jahre BAG (2004), S 1041; *Rückert*, Koppelungsgeschäfte des Betriebsrates (2003); *W Schneider*, § 87 BetrVG Rechtsgrundsätze und Mitbestimmungspraxis (2004); *Schoof*, Koppelungsgeschäfte in der Betriebsverfassung, AuR 2007, 289; *Schwarze*, Das Risiko der Betriebsverfassungswidrigkeit, RdA 2019, 1; *Sieweke*, Voraussetzungen und Folgen der missbräuchlichen Ausübung von Mitbestimmungsrechten, NZA 2012, 426; *Wank*, Der kollektive Tatbestand als ungeschriebenes Tatbestandsmerkmal des § 87 Abs 1 BetrVG, FS Wiese (1998), S 617; *Werwach*, Die Mitbestimmung des Betriebsrates in sozialen Angelegenheiten, ZBVR 2000, 114; *Wiese*, Zum Gesetzes- und Tarifvorbehalt nach § 87 Abs 1 BetrVG, FS BAG (1979), S 661; *ders*, Das Initiativrecht nach dem Betriebsverfassungsgesetz, 1977; *ders*, Schutz und Teilhabe als Zwecke notwendiger Mitbestimmung in sozialen Angelegenheiten und deren Rangverhältnis, ZfA 2000, 117; *Wisskirchen/Schiller/Schwindling*, Die Digitalisierung – eine technische Herausforderung für das Mitbestimmungsrecht aus § 87 Abs 1 Nr 6 BetrVG, BB 2017, 2105; *Wolter*, Die Wirksamkeit der Theorie der Wirksamkeitsvoraussetzung, RdA 2006, 137; *Worzalla*, Für die Zulässigkeit der einstweiligen Regelungsverfügung im Beschlussverfahren bei mitbestimmungspflichtigen Angelegenheiten, BB 2005, 1737. Zu den einzelnen Mitbestimmungstatbeständen vgl die Literaturangaben jeweils vor § 87 Nr 1 bis Nr 13.

§ 87 Mitbestimmungsrechte

Übersicht

	Rn.		Rn.

I. Grundsätze des Mitbestimmungsverfahrens 1
  1. Normzweck und Anwendungsbereich 1
  2. Vorrang von Gesetz und TV 4
  3. Mitbestimmungsverfahren......... 10
    a) Initiativrecht 10
    b) Einigungsstelle 13
    c) Form der Mitbestimmung 14
    d) Ermächtigungsgrundlage 18
    e) Eil- und Notfälle 19
    f) Koppelungsgeschäfte 22
  4. Kollektivrechtliche Folgen der Nichtbeachtung des MBR 23
    a) Feststellung des MBR 23
    b) Unterlassungs- und Durchführungsanspruch 26
  5. Individualrechtliche Folgen der Nichtbeachtung des MBR 29
  6. Erweiterung der Mitbestimmung durch TV 35

II. Katalog der mitbestimmungspflichtigen Angelegenheiten 37
  1. Fragen der Ordnung des Betriebs und des Verhaltens der AN im Betrieb (Abs 1 Nr 1) 37
    a) Normzweck und Anwendungsbereich................... 37
    b) Ordnungs- und Verhaltensregeln..................... 41
    c) Kein Mitbestimmungsrecht bei Konkretisierung oder Kontrolle der Arbeitspflicht 44
    d) Betriebsstrafenordnungen...... 55
    e) Individualrechtliche Folgen der Nichtbeachtung des MBR...... 57
  2. Beginn und Ende der täglichen Arbeitszeit einschließlich der Pausen sowie Verteilung der Arbeitszeit auf die einzelnen Wochentage (Abs 1 Nr 2) 58
    a) Normzweck und Anwendungsbereich................... 58
    b) Arbeitszeit.................. 65
    c) Verteilung der Arbeitszeit auf die Wochentage 68
    d) Beginn und Ende der täglichen Arbeitszeit................... 70
    e) Beginn und Ende der Pausen ... 79
    f) Individualrechtliche Folgen der Nichtbeachtung des MBR...... 81

  3. Vorübergehende Verkürzung oder Verlängerung der betriebsüblichen Arbeitszeit (Abs 1 Nr 3).......... 82
    a) Normzweck und Anwendungsbereich................... 82
    b) Vorübergehende Änderung der betriebsüblichen Arbeitszeit 88
    c) Verlängerung............... 95
    d) Verkürzung 101
    e) Individualrechtliche Folgen der Nichtbeachtung des MBR..... 107
  4. Zeit, Ort und Art der Auszahlung der Arbeitsentgelte (Abs 1 Nr 4) .. 109
    a) Normzweck und Anwendungsbereich................... 109
    b) Arbeitsentgelte 111
    c) Zeit, Ort und Art der Auszahlung...................... 112
    d) Kosten der Auszahlung....... 116
    e) Individualrechtliche Folgen der Nichtbeachtung des MBR..... 117
  5. Aufstellung allgemeiner Urlaubsgrundsätze und des Urlaubsplans sowie die Festsetzung der zeitlichen Lage des Urlaubs für einzelne Arbeitnehmer, wenn zwischen dem Arbeitgeber und den beteiligten Arbeitnehmern kein Einverständnis erzielt wird (Abs 1 Nr 5) 118
    a) Normzweck und Anwendungsbereich................... 118
    b) Allgemeine Urlaubsgrundsätze. 122
    c) Aufstellung des Urlaubsplans .. 124
    d) Festsetzung der zeitlichen Lage des Urlaubs für einzelne AN... 126
    e) Individualrechtliche Folgen der Nichtbeachtung des MBR .. 127
  6. Einführung und Anwendung von technischen Einrichtungen, die dazu bestimmt sind, das Verhalten oder die Leistung der AN zu überwachen (Abs 1 Nr 6) 128
    a) Normzweck und Anwendungsbereich................... 128
    b) Technische Einrichtung mit Überwachungszweck......... 132
    c) Einführung und Anwendung... 141
    d) Individualrechtliche Folgen der Nichtbeachtung des MBR..... 145

7. Regelungen über die Verhütung von
   Arbeitsunfällen und Berufskrankheiten sowie über den Gesundheitsschutz im Rahmen der gesetzlichen
   Vorschriften oder der Unfallverhütungsvorschriften (Abs 1 Nr 7) . . 147
   a) Normzweck und Anwendungs-
      bereich................... 147
   b) Arbeitsunfälle, Berufskrank-
      heiten und Gesundheitsschutz. . 149
   c) Im Rahmen der gesetzlichen
      Vorschriften oder der UVV.... 151
   d) Regelungen über die Verhütung
      von Arbeitsunfällen.......... 158
   e) Betriebsärzte, Fachkräfte für
      Arbeitssicherheit und Sicher-
      heitsbeauftragte............. 162
   f) Individualrechtliche Folgen der
      Nichtbeachtung des MBR..... 167
8. Form, Ausgestaltung und Verwaltung von Sozialeinrichtungen,
   deren Wirkungsbereich auf den
   Betrieb, das Unternehmen oder
   den Konzern beschränkt ist
   (Abs 1 Nr 8)................. 168
   a) Normzweck und Anwendungs-
      bereich................... 168
   b) Sozialeinrichtung 172
   c) Auf den Betrieb, das Unter-
      nehmen oder den Konzern be-
      schränkter Wirkungsbereich ... 176
   d) Form, Ausgestaltung und
      Verwaltung 180
   e) Mitbestimmungsverfahren 186
   f) Individualrechtliche Folgen der
      Nichtbeachtung des MBR..... 191
9. Zuweisung und Kd von Wohnräumen, die den Arbeitnehmer mit
   Rücksicht auf das Bestehen eines
   Arbeitsverhältnisses vermietet
   werden, sowie die allgemeine Festlegung der Nutzungsbedingungen
   (Abs 1 Nr 9).................. 194
   a) Normzweck und Anwendungs-
      bereich................... 194
   b) Wohnräume, die AN mit Rück-
      sicht auf das Arbeitsverhältnis
      vermietet werden........... 198
   c) Zuweisung und Kündigung.... 202
   d) Allgemeine Festsetzung der
      Nutzungsbedingungen........ 208
   e) Individualrechtliche Folgen der
      Nichtbeachtung des MBR..... 213
10. Fragen der betrieblichen Lohn-
    gestaltung, insbes die Aufstellung
    von Entlohnungsgrundsätzen und
    die Einführung und Anwendung
    von neuen Entlohnungsmethoden
    sowie deren Änderung
    (Abs 1 Nr 10)................. 215
    a) Normzweck und Anwendungs-
       bereich................... 215
    b) Lohn 221
    c) Aufstellung von Entlohnungs-
       grundsätzen................ 225
    d) Einführung und Anwendung von
       neuen Entlohnungsmethoden
       und deren Änderung 228
    e) Verhältnis zu TV............ 231
    f) Kein MBR über die Entgelt-
       höhe..................... 240
    g) Individualrechtliche Folgen der
       Nichtbeachtung des MBR..... 244
11. Festsetzung der Akkord- und
    Prämiensätze und vergleichbarer
    leistungsbezogener Entgelte, ein-
    schließlich der Geldfaktoren
    (Abs 1 Nr 11)................. 248
    a) Normzweck und Anwendungs-
       bereich................... 248
    b) Akkordlohn................ 249
    c) Prämienlohn 253
    d) Vergleichbare leistungsbezogene
       Entgelte................... 255
    e) Individualrechtliche Folgen der
       Nichtbeachtung des MBR..... 258
12. Grundsätze über das betriebliche
    Vorschlagswesen (Abs 1 Nr 12)... 259
    a) Normzweck und Anwendungs-
       bereich................... 259
    b) Betriebliches Vorschlagswesen . 261
    c) Grundsätze 263
    d) Individualrechtliche Folgen
       der Nichtbeachtung des MBR.. 268
13. Grundsätze über die Durchführung
    von Gruppenarbeit; Gruppenarbeit
    im Sinne dieser Vorschrift liegt vor,
    wenn im Rahmen des betriebl
    Arbeitsablaufs eine Gruppe von
    Arbeitnehmern eine ihr übertragene
    Gesamtaufgabe im Wesentl eigen-
    verantwortlich erledigt
    (Abs 1 Nr 13)................. 269
    a) Normzweck und Anwendungs-
       bereich................... 269
    b) Gruppenarbeit 273

§ 87 Mitbestimmungsrechte

c) Durchführungsgrundsätze 277
d) Individualrechtliche Folgen der Nichtbeachtung des MBR 279
14. Ausgestaltung von mobiler Arbeit, die mittels Informations- und Kommunikationstechnik erbracht wird (Abs 1 Nr 14) 280

a) Normzweck und Anwendungsbereich 280
b) Mobile Arbeit 284
c) Mittels Informations- und Kommunikationstechnik 286
d) Individualrechtliche Folgen der Nichtbeachtung des MBR 287

I. Grundsätze des Mitbestimmungsverfahrens

1. Normzweck und Anwendungsbereich

1 § 87 ist die Zentralvorschrift für die Mitbestimmung des BR in sozialen Angelegenheiten. Mitzubestimmen hat der BR über die Arbeitsbedingungen, die in jedem Betrieb geregelt werden müssen, die aber nicht der individuellen Vereinbarung zw AG und dem einzelnen AN überlassen werden können, da sie die Kollektivinteressen anderer oder aller AN des Betriebs betreffen. Ob der AG den AN den Abschluss einer zweiseitigen Vereinbarung anträgt und keine einseitige Anordnung erlassen will, spielt für das MBR keine Rolle <R: BAG 10.3.2009, 1 ABR 87/07, AP BetrVG 1972 § 87 Nr 16 Rn 18>. Der BR soll die AN davor schützen, dass der AG durch sein Direktionsrecht aus § 106 GewO die Arbeitsbedingungen einseitig gestaltet und die AN belastet. § 87 bezweckt zum einen den **Persönlichkeits- und Gesundheitsschutz** der AN (Abs 1 Nr 1, 4, 6, 7, 11 und auch 13 BetrVG), vor allem aber einen **Ausgleich der unterschiedl Interessen der AN** im Betrieb und damit **Verteilungsgerechtigkeit** (Abs 1 Nr 1, 2, 3, 5, 8, 9, 10, 12 und 13). Dabei zählt Abs 1 die sozialen Angelegenheiten **erschöpfend** auf, in denen der BR ein erzwingbares MBR hat <R: BAG 16.3.1956, GS 1/55, BB 1956, 560>; eine mitbestimmungsrechtl Generalklausel in sozialen Angelegenheiten konnte der DGB nicht durchsetzen <L: Novellierungsvorschläge des DGB zum BetrVG 1972 (1998) S 82 ff>. Deswg können die Mitbestimmungstatbestände nicht durch Analogie erweitert werden; eine umfassende funktionelle Zuständigkeit des BR in sozialen Angelegenheiten besteht nur iR der freiw Mitbestimmung nach § 88, dort Rn 1 f.

2 Die MBR des BR aus Abs 1 setzen voraus, dass ein Regelungsbedürfnis mit kollektivem Bezug besteht (schon Rn 1). Mitzubestimmen hat der BR nach Abs 1 daher nur bei **kollektiven Maßnahmen**, also bei Regelungen, die die Angelegenheiten der AN im Betrieb abstrakt ordnen. Die Zahl der betroffenen AN ist nur ein Indiz. Mitbestimmungspflichtig ist eine Regelung schon dann, wenn sie Arbeitsbedingungen, etwa die Arbeitszeit, für eine nach objektiven Kriterien abgrenzbare Gruppe von AN oder für best Arbeitsplätze oder einen best Arbeitsplatz generell festlegt – selbst wenn diese Regelung nur einen einzelnen AN betrifft <R: BAG 3.12.1991, GS 2/90, BB 1992, 1418>. Etwa unterliegt die Festlegung von Arbeits- und Pausenzeiten für den Hausmeister einer Schule der Mitbestimmung, da nicht die individuelle Arbeitszeit des als Hausmeister beschäftigten AN, sondern die Arbeitszeit des Arbeitsplatzes „Schulhausmeister" geregelt wird (Rn 61). Das MBR entfällt nur, wenn eine Regelung ausschließl **individuelle Bedürfnisse einzelner AN** befriedigen soll, ohne dass andere AN beeinträchtigt werden; etwa, wenn einem AN bes Arbeitszeiten eingeräumt werden, damit er sein Kind vom Kindergarten abholen kann <R: vgl BAG 16.3.2004, 9 AZR 323/03, BB 2005, 1570>, Rn 61. Nur soweit dem BR ein MBR gerade zum Schutz von Individualinteressen der AN eingeräumt ist, wie in

Abs 1 Nr 6 zum Schutz des Persönlichkeitsrechts vor dem Druck jederzeit mögl, anonymisierter Überwachung oder in Abs 1 Nr 7 zum Schutz der AN vor Gesundheitsgefahren, genügen Maßnahmen des AG zulasten eines AN, um die Mitbestimmung durch den BR auszulösen, Rn 130 und 147. In Individualangelegenheiten hat der BR auch dann mitzubestimmen, wenn § 87 dies selbst anordnet, wie in Abs 1 Nr 9, der mit der Zuweisung und Kd von Werkmietwohnungen ausschließl an **individuelle Maßnahmen** anknüpft, Rn 195. Entgg der hM genügt es für die Mitbestimmung des BR nach Abs 1 Nr 5 hingg nicht, dass ein einzelner AN mit der Festlegung des Urlaubs durch den AG nicht einverstanden ist oder von der Regelung im Urlaubsplan abweichen möchte, sondern setzt die Mitbestimmung voraus, dass die Urlaubswünsche von mindestens zwei AN divergieren oder die Vertretung des AN durch andere AN im gewünschten Urlaubszeitraum streitig ist, Rn 126.

Die durch **Art 12 GG** geschützte **unternehmerische Entscheidungsfreiheit des AG** 3 sperrt die Mitbestimmung des BR nicht: Die MBR sind dem BR eingeräumt, damit dieser einseitigen Entscheidungen des AG das Interesse der Belegschaft entgegensetzen kann. Welches Interesse sich durchsetzt, ist nicht Vorfrage, sondern Ergebnis des Mitbestimmungsverf <R: BAG 31.8.1982, 1 ABR 27/880, DB 1983, 453; 13.10.1987, 1 ABR 10/86, BB 1988, 270; 26.10.2004, 1 ABR 31/03, BB 2005, 2360 (LS); 22.8.2017, 1 ABR 5/16, AP BetrVG 1972 § 87 Arbeitszeit Nr 144 Rn 30; **L:** GK/*Wiese* Rn 148 ff; GK/*Gutzeit* Rn 319 ff mwN; **aA** *Reuter* ZfA 1981, 165, 178 ff; HWGNRH/*Worzalla* Rn 81 ff>. Bei der Ausübung seiner MBR muss der BR aber Rücksicht auf die betriebl Bedürfnisse nehmen, § 2 Abs 1, ebenso muss die ES nach § 76 Abs 5 S 3 die Belange der AN gg die betriebl Belange abwägen, die sich aus der vom AG getroffenen unternehmerischen Entscheidung ergeben <**L:** ausf *Rieble* Die Kontrolle des Ermessens der betriebsverfassungsrechtlichen Einigungsstelle 1990, 166 f; **aA** GK/*Wiese* Rn 152>. Etwa wird dem BR über Abs 1 Nr 2 mittelbar ein Einfluss auf die Öffnungszeiten des Betriebs eingeräumt: Bei der Festlegung der Arbeitszeiten sind weder AG und BR noch die ES an gesetzl Ladenschlusszeiten gebunden; sie können die Lage der Arbeitszeit so bestimmen, dass der AG die gesetzl Ladenschlusszeiten nicht ausschöpfen kann <**R:** BAG 31.8.1982, 1 ABR 27/880, DB 1983, 453; 26.10.2004, 1 ABR 31/03, BB 2005, 2360 (LS)>, Rn 64.

2. Vorrang von Gesetz und TV

§ 87 Abs 1 Eingangs-Hs schließt die Mitbestimmung des BR aus, soweit ein Gesetz oder 4 TV die von § 87 erfassten Regelungsgegenstände abschließend regelt: Sind die kollektiven Interessen der im Betrieb Beschäftigten bereits hinreichend gesetzl oder tarifvertragl geschützt, besteht **kein Bedürfnis für einen darüber hinaus gehenden Schutz** durch den BR <**R:** BAG 24.2.1987, 1 ABR 18/85, BB 1987, 1246; 28.5.2002, 1 ABR 37/01, NZA 2003, 171; 3.5.2006, 1 ABR 14/05, DB 2007, 60; **L:** statt aller GK/*Wiese* Rn 56 mwN>. Abs 1 Eingangs-Hs betrifft nur die erzwingbare Mitbestimmung, nicht aber **freiw BV** über einen der Gegenstände des Abs 1 Nr 1 bis 13 <**L:** GK/*Wiese* Rn 54 und 65 f mwN; *Fitting* Rn 42; HWGNRH/*Worzalla* Rn 76; **aA** DKW/*Klebe* Rn 39>: Soweit sie nicht unter den Sperrvorrang des § 77 Abs 3 fallen, gilt für sie das Günstigkeitsprinzip, § 77 Rn 151 ff.

Gesetz ist jedes **formelle oder materielle Gesetz**, einschließl der **Rechtsverordnungen**, 5 die auf einer gesetzl Ermächtigung beruhen <**R:** BAG 28.5.2002, 1 ABR 37/01, NZA

§ 87 Mitbestimmungsrechte

2003, 171; 22.7.2014, 1 ABR 96/12, NZA 2014, 1151 Rn 13 ff zu § 3 Abs 1 S 1 Pflege-ArbbV (aufgrund des AEntG); **L:** statt aller *Richardi/Maschmann* Rn 145>, ebenso das gesetzesvertretende **Richterrecht** <**L:** GK/*Wiese* Rn 58; *Richardi/Maschmann* Rn 145a; MünchArbR/*Salamon* § 319 Rn 16; auch HWGNRH/*Worzalla* Rn 61; **aA** *Fitting* Rn 33; DKW/*Klebe* Rn 33; ErfK/*Kania* Rn 11> sowie den normativen Regelungen gleichstehende **behördliche Entscheidungen (Verwaltungsakt)** <**R:** BAG 11.12.2012, 1 ABR 78/11, AP BetrVG 1972 § 87 Ordnung des Betriebes Nr 44 Rn 20 ff zu Unfallverhütungsvorschriften seitens der Behörde und der Betriebserlaubnis für ein Spielcasino>. **Nur zwingende Gesetze** schließen die Mitbestimmung des BR aus <**R:** BAG 29.3.1977, 1 ABR 123/74, BB 1977, 1046>. Beispiele sind die Beschäftigungsverbote aus §§ 3 Abs 2 S 1 und 16 **MuSchG** <**R:** zum PersVG BVerwG 19.5.1992, 6 P 5/90, PersR 1992, 361> oder gesetzl Schweigepflichten aus § 4 **GeschGehG**, die ein MBR nach Abs 1 Nr 1 bei einer Verschwiegenheitserklärung ausschließen <**R:** BAG 10.3.2009, 1 ABR 87/07, AP BetrVG 1972 § 87 Nr 16 Rn 25 zu § 17 Abs 1 UWG aF; noch unten Rn 41; **L:** ErfK/*Kania* Rn 21a>. Gesetze, die einen **Regelungsspielraum** lassen, wie die §§ 65, 87 ff HGB für die Bemessung von Provisionen <**R:** BAG 29.3.1977, aaO zu Abs 1 Nr 11; zum PersVG BVerwG 15.12.1994, 6 P 19/92, PersR 1995, 20> oder § 5 Abs 1 S 3 EFZG, der dem AG ledigl die Möglichkeit einräumt, die Vorlage von Arbeitsunfähigkeitsbescheinigungen schon vor dem dritten Krankheitstag zu verlangen <**R:** BAG 25.1.2000, 1 ABR 3/99, BB 2000, 1195 zu Abs 1 Nr 1; ebenso 23.8.2016, 1 ABR 43/14, AP BetrVG 1972 § 87 Ordnung des Betriebes Nr 48 Rn 16, dazu noch Rn 53> oder eine Verordnung der Europäischen Union, die einen unbestimmten Rechtsbegriff enthält <**R:** BAG 7.2.2012, 1 ABR 63/10, NZA 2012, 685 Rn 23>, hindern die Mitbestimmung ebenso wenig wie dispositives Gesetzesrecht, es sei denn, die Möglichkeit zur Gesetzesabweichung ist auf die Tarifparteien beschränkt <**L:** GK/*Wiese* Rn 60 mwN>. Aufgrund des bestehenden Ermessensspielraums sperren auch die Organisations- und Überwachungspflichten des Vorstands nach **§ 93 Abs 1 S 1 und § 91 AktG** nicht die Mitbestimmung des BR (etwa nach Abs 1 Nr 6 zu Massendatenanalysen) <**L:** *Moll* RdA 2019, 287, 289>.

6   Eine tarifl Regelung „besteht" iS des Abs 1 Einleitungs-Hs nur, wenn der Betrieb von dem TV erfasst wird. Dafür genügt in notwendig **betriebseinheitl zu regelnden Fragen nach § 3 Abs 2 TVG die Tarifgebundenheit des AG** <**R:** BAG 24.2.1987, 1 ABR 18/85, BB 1987, 1246; **L:** GK/*Wiese* Rn 68; DKW/*Klebe* Rn 37; *Richardi/Maschmann* Rn 155; ErfK/*Kania* Rn 15; HWGNRH/*Worzalla* Rn 69>. Regelt der TV mitbestimmungspflichtige Angelegenheiten, die **nicht** notwendig betriebseinheitl geregelt werden müssen, etwa die Lohnzahlung iS des Abs 1 Nr 4, 10 und 11, reicht die **bloße Tarifbindung des AG** nicht, sondern sperrt der TV die Mitbestimmung bei Inhaltsnormen nur ggü den tarifgebundenen AN iS der §§ 3 Abs 1, 4 Abs 1 S 1 TVG: Eine Sperrwirkung auch ggü den nichtorganisierten AN versagt diesen den Schutz der erzwingbaren Mitbestimmung, ohne dass an seine Stelle der Tarifschutz tritt <**L:** GK/*Wiese* Rn 68; **abw** auch DKW/*Klebe* Rn 37 und *Richardi/Maschmann* Rn 157, die eine Mindestrepräsentativität der Gewerkschaft im Betrieb verlangen>. Die nichtorganisierten AN auf die Möglichkeit zu verweisen, in die tarifschließende Gewerkschaft einzutreten, ist mit deren negativer Koalitionsfreiheit nicht vereinbar <**L:** *Löwisch* Anm zu BAG 24.2.1987, aaO, AR-Blattei D-Blatt Betriebsverfassung XIV B Entscheidung 102; *Wiese* FS BAG (1979), S 661, 671>. Dies sah das BAG lange anders <**R:** BAG 24.2.1987, aaO; 20.12.1988, 1 ABR 57/87, BB 1989, 1056; 10.8.1993, 1 ABR 21/93, BB 1994, 140>; dieser Rspr folgen auch heute

I. Grundsätze des Mitbestimmungsverfahrens § 87

noch Teile der Literatur <L: ErfK/*Kania* Rn 15; *Fitting* Rn 44; *SWS* Rn 33>. Inzwischen hat das BAG jedoch ausdrückl seine frühere Rspr mit Blick auf den Zweck des § 87 Abs 1 Eingangs-Hs und von Art 9 Abs 3 GG aufgegeben <R: BAG 18.10.2011, 1 ABR 25/10, NZA 2012, 392 Rn 22; vgl auch 18.3.2020, 5 AZR 36/19, NZA 2020, 868 Rn 37>; aber nicht mit der konsequenten Rechtsfolge, dass der BR bei Inhaltsnormen für die nicht tarifgebundenen AN mitzubestimmen hat. Vielmehr sei die Schutzlücke für diese nach dem Zweck des jeweiligen Mitbestimmungstatbestands zu schließen und daher im Bereich der betriebl Lohngestaltung das tarifl Entlohnungssystem auch ggü nicht tarifgebundenen AN anzuwenden – soweit dieses der erzwingbaren MB nach § 87 Abs 1 Nr 10 unterliege <R: BAG 18.10.2011, 1 ABR 25/10, NZA 2012, 392 Rn 26ff; L: krit auch GK/*Wiese* Rn 68 mwN>, noch Rn 231. Im Fall der **Tarifpluralität** besteht iS des Eingangs-Hs nur der nach § 4a Abs 2 S 2 TVG verdrängende TV oder der gem § 4a Abs 4 TVG nachgezeichnete TV <L: *Fitting* Rn 44a; GK/*Wiese* Rn 70; HWGNRH/*Worzalla* Rn 76; *Greiner* RdA 2022, 164ff zum Schicksal des verdrängten TV, der eine Öffnungsklausel beinhaltete>.

Tritt ein AG aus dem AG-Verband aus, gilt der TV nach **§ 3 Abs 1 TVG** trotz des Austritts zwingend fort; bis zu einem wirksamen Änderungsakt ist die tarifl Vergütungsordnung betriebsverfassungsrechtl weiter gültig und ein MBR aus Abs 1 Nr 10 scheidet aus <R: BAG 13.8.2019, 1 ABR 10/18, NZA 2019, 1651 Rn 39>. Demggü hat ein TV, der gekündigt ist und nur iS des **§ 4 Abs 5 TVG** nachwirkt, keinen Vorrang vor der Mitbestimmung des BR, da er jederzeit durch eine abw Abrede ersetzt werden kann <R: BAG 24.2.1987, 1 ABR 18/85, BB 1987, 1246; 14.2.1989, 1 AZR 97/88, DB 1989, 1929; 27.11.2002, 4 AZR 660/01, EzA BetrVG 2001 § 77 Nr 2; L: statt aller GK/*Wiese* Rn 64>. Zeitl kommt es für die Frage, ob eine BV wg Vorrangs eines TV nicht abgeschlossen werden kann, nicht auf den Abschluss der BV an, sondern darauf, ob und inwieweit sich die Geltungszeiträume von BV und TV überschneiden. Der Wirksamkeit einer BV, die erst nach Ende der zwingenden und unmittelbaren Geltung des Tarifvertrags (§ 4 Abs 1 TVG) in Kraft treten soll, steht nicht entgg, dass sie bereits vorher abgeschlossen worden ist. Das gilt vor allem, wenn durch die BV eine sich nahtlos anschließende, vom bisherigen Tarifvertrag abw Regelung getroffen werden soll <R: BAG 27.11.2002, aaO; 19.10.2011, 4 ABR 116/09, AP BetrVG 1972 § 87 Tarifvorrang Nr 36 Rn 34>. Zur Tarifsperre des § 77 Abs 3 durch nachwirkende TV § 77 Rn 124.

Entspr dem Zweck des Eingangs-Hs (Rn 4) greift der Vorrang des TV nur, wenn die tarifl Regelung die mitbestimmungspflichtige Angelegenheit selbst **vollständig, umfassend und abschließend regelt** und damit dem Schutzzweck des MBR genügt <R: BAG 3.12.1991, GS 2/90, BB 1992, 1418; 14.12.1993, 2 ABR 31/93, DB 1994, 1573; L: statt aller HWGNRH/*Worzalla* Rn 72>. Die Mitbestimmung des BR ist daher nur gesperrt, „soweit" eine tarifl Regelung besteht, weswg ein Entgelt-TV, der ein Mindestentgelt festlegt, die Mitbestimmung über eine vom AG gewährte betriebl **über-/außertarifl Zulage** nicht ausschließt <R: BAG 3.12.1991, aaO; 23.3.2010, 1 ABR 82/08, AP BetrVG 1972 § 87 Lohngestaltung Nr 135 Rn 13>. Überlässt der TV dem AG die nähere Ausgestaltung, unterliegt dessen Entscheidung der Mitbestimmung des BR, insbes wenn der TV nur die Grundsätze regelt, die in den Einzelheiten noch konkretisierungs- und ausfüllungsbedürftig sind oder Raum für ergänzende BV lässt <R: BAG 22.12.1981, 1 ABR 38/79, BB 1982, 1920; 20.12.1988, 1 ABR 57/87, BB 1989, 1056; 21.9.1993, 1 ABR 16/93, BB 1994, 500, 14.12.1993, aaO>. Hat der TV den **identischen Wortlaut wie das MBR in**

7

8

§ 87 Mitbestimmungsrechte

§ 87 Abs 1, ist zur Auslegung und Anwendung des TV die zum BetrVG ergangene Rspr heranzuziehen <R: BAG 15.4.2014, 1 ABR 85/12, AP BetrVG 1972 § 87 Ordnung des Betriebes Nr 45 Rn 22 zur wortgenauen Übernahme des Abs 1 Nr 1 in den TV Personalvertretung für das Bordpersonal der Deutschen Lufthansa AG>. Ebenso können die Tarifpartner bestimmen, dass die tarifl Regelung einer Angelegenheit – etwa der Akkordentlohnung – das MBR des BR nicht ausschließt <R: BAG 24.11.1987, 1 ABR 12/86, BB 1988, 977>. Wg der abschließenden Regelung der Entgeltauszahlung in den meisten TV hat etwa das MBR aus Abs 1 Nr 4 kaum praktische Bedeutung, Rn 109 zu Abs 1 Nr 4. Der Wille der TV-Parteien, Raum für ergänzende Regelungen zu lassen, muss im TV zwar nicht ausdrückl, aber doch eindeutig erklärt sein. An dieser Eindeutigkeit fehlt es, wenn die tarifl Regelung weitgehend vollständig und aus sich heraus zu handhaben ist. Deswg sperrt ein TV, der die bargeldlose Lohnzahlung einführt, das MBR aus Abs 1 Nr 4 auch dann vollständig, wenn tarifl nicht geregelt ist, wer die Kontoführungskosten trägt <R: BAG 31.8.1982, 1 ABR 8/81, BB 1983, 60>. Zur ergänzenden BV noch § 77 Rn 115. Ein TV kann MBR aber nicht ausschließen, ohne die mitbestimmungspflichtige Angelegenheit selbst zu regeln <R: BAG 17.11.1998, 1 ABR 12/98, DB 1999, 854>.

9 Nach § 77 Abs 3 können Arbeitsentgelte und sonstige Arbeitsbedingungen, die durch TV geregelt sind oder üblicherweise geregelt werden, nicht Gegenstand einer BV sein (Tarifsperre), um den Tarifpartnern iS einer funktionellen Zuständigkeitsabgrenzung einen unbedingten Vorrang im Bereich der von ihnen üblicherweise geregelten Arbeitsbedingungen zu verschaffen und so die Tarifautonomie des Art 9 Abs 3 GG zu normativ wirkenden Kollektivvereinbarungen im Betrieb zu schützen (Schutz der Tarifautonomie). Nach stRspr des BAG geht für die mitbestimmungspflichtigen Angelegenheiten des § 87 der Tarifvorrang des Abs 1 Eingangs-Hs der Tarifsperre des § 77 Abs 3 als speziellere Regelung vor, weil der Zweck der Mitbestimmung verfehlt würde, wenn eine nur übliche tarifl Regelung die Mitbestimmung des BR ausschließen könnte; § 77 Abs 3 sperrt nur, wenn eine zwingende tarifl Regelung „besteht" (Rn 6) <R: BAG 24.2.1987, 1 ABR 18/85, BB 1987, 1246; 3.12.1991, GS 2/90, BB 1992, 1418; 26.4.2005, 1 ABR 1/04, DB 2005, 2030; 18.3.2020, 5 AZR 36/19, NZA 2020, 868 Rn 20; L: DKW/*Klebe* Rn 41; *Fitting* Rn 59f; *Richardi/Maschmann* Rn 170f; abl GK/*Wiese* Rn 52f mit ausf Nw auf den Streitstand in Rn 48ff; *SWS* Rn 35ff, HWGNRH/*Worzalla* Rn 78>. Näher zum Verhältnis des Tarifvorrangs nach § 87 Abs 1 zum Sperrvorrang des TV nach § 77 Abs 3 § 77 Rn 126ff.

3. Mitbestimmungsverfahren

a) Initiativrecht

10 Der BR ist nicht darauf beschränkt, bei einer vom AG erstrebten Regelung mitzubestimmen, sondern kann auch seinerseits initiativ werden, um die Regelung einer mitbestimmungspflichtigen Angelegenheit herbeizuführen <R: BAG 4.3.1986, 1 ABR 15/84, BB 1986, 1641 = AP Nr 3 zu § 87 BetrVG Kurzarbeit mit krit Anm *Wiese*>. Das Initiativrecht wird aber zum einen durch die Grenzen des jeweiligen MBR begrenzt: Es geht **nicht weiter als das MBR selbst**. Da die Höhe freiw AG-Leistungen nach Abs 1 Nr 10 und der Dotierungsrahmen für Sozialeinrichtungen nach Abs 1 Nr 8 mitbestimmungsfrei ist, kann der BR weder Entgelterhöhungen oder die Einführung oder Erhöhung freiw AG-Leistungen noch eine Zweckänderung für freiw AG-Leistungen erzwingen und ebenso wenig eine Form oder Ausgestaltung für Sozialeinrichtungen, die die vom AG vorgegebene fi-

nanz Ausstattung gg den Willen des AG erhöht <**R:** zu Abs 1 Nr 10 BAG 12.6.1975, 3 ABR 13/74, BB 1975, 1062>, Rn 169, 183 und 240 ff. Auch bezgl der Einführung von mobiler Arbeit besteht kein Initiativrecht, Rn 281.

Begrenzt wird das Initiativrecht zum anderen durch den **Schutzzweck** des jeweiligen Mitbestimmungstatbestandes. Etwa kann der BR wg des Zwecks des Abs 1 Nr 6, die AN vor Eingriffen in ihr Persönlichkeitsrecht zu schützen, nicht verlangen, dass eine technische Überwachungseinrichtung eingeführt wird <**R:** BAG 28.11.1989, 1 ABR 97/88, BB 1990, 1062>, sondern kann nur mit dem Ziel initiativ werden, den Überwachungsdruck einer technischen Einrichtung zu reduzieren, also technische Überwachungseinrichtungen abzuschaffen oder einzuschränken, Rn 130. Ebenso hindert der Zweck des Abs 1 Nr 3, die AN vor der Überlastung durch Überstunden zu schützen, eine Initiative des BR mit dem Ziel, der AG möge Überstunden anordnen <**R:** zum PersVG BVerwG 6.10.1992, 6 P 25/90, ZTR 1993, 259>, Rn 99. Näher bei den einzelnen MBR.   11

Besteht in dem Zeitpunkt, in dem eine mitbestimmungspflichtige Angelegenheit geregelt werden soll, im Betrieb **kein BR**, kann der AG die Regelung wirksam allein treffen <**R:** BAG 25.11.1981, 4 AZR 274/79, DB 1982, 909>. Wird später ein BR **gewählt, kann dieser initiativ werden** – auch wenn er keine inhaltliche Änderung anstrebt, sondern die bisherige Regelung in einer BV festschreiben lassen will. Solange der BR nicht tätig wird, bleibt die vom AG einseitig oder einzelvertragl getroffene Regelung in Kraft <**R:** BAG 25.11.1981, aaO>. Zur Zuständigkeit des GBR für Betriebe ohne BR § 50 Rn 38 ff.   12

b) Einigungsstelle

Einigen sich AG und BR nicht über eine mitbestimmungspflichtige Angelegenheit, entscheidet nach Abs 2 S 1 die ES. Die ES kann sowohl vom AG als auch vom BR angerufen werden: Zum einen vom AG, wenn der BR einer mitbestimmungspflichtigen Regelung nicht zustimmt; dabei ist die Äußerung des BR ggü einem Ersuchen des AG in den Angelegenheiten des § 87 Abs 1 an keine Form und keine Frist und nicht an best Gründe gebunden, vgl § 99 Abs 3 <**R:** BAG 8.12.2015, 1 ABR 2/14, AP BetrVG 1972 § 87 Arbeitszeit Nr 139 Rn 19>. Zum anderen vom BR, wenn der AG auf dessen Initiative in einer mitbestimmungspflichtigen Angelegenheit nicht reagiert (Rn 10). Der Spruch der ES ersetzt nach Abs 2 S 2 die Einigung zw AG und BR. Erst danach darf eine Maßnahme, die der Mitbestimmung des BR nach Abs 1 unterliegt, durchgeführt werden, näher § 76. Auf einen abw Konfliktlösungsmechanismus können sich die Betriebsparteien einvernehmlich verständigen; aber nicht durch Spruch der ES bestimmt werden <**R:** BAG 8.12.2015, 1 ABR 2/14, AP BetrVG 1972 § 87 Arbeitszeit Nr 139 Rn 25>. Da Abs 1 auf die **Herbeiführung von Regelungen** gerichtet ist, ist auch die ES nur befugt, solche Regelungen zu treffen, nicht aber etwa eine Präambel mit den Beweggründen der Betriebsparteien <**R:** BAG 9.11.2010, 1 ABR 75/09, AP BetrVG 1972 § 87 Arbeitszeit Nr 126 Rn 23>.   13

c) Form der Mitbestimmung

§ 87 Abs 1 regelt nur den Entscheidungsprozess, nicht aber das kollektivrechtl Gestaltungsmittel und setzt **keine bes Form** für die Mitbestimmung voraus. Deswg müssen nach § 87 mitbestimmungspflichtige Angelegenheiten nicht zwingend in Form einer BV geregelt werden, ebenso genügt eine formlose **Regelungsabrede** <**R:** BAG 3.12.1991,   14

§ 87   Mitbestimmungsrechte

BB 1992, 1418; 10.3.1992, BB 1992, 1489; **L:** GK/*Wiese* Rn 90 mwN>, § 77 Rn 107. Die Regelungsabrede wahrt zwar das MBR, wirkt für die AN aber nicht unmittelbar und zwingend und ist deswg unpraktisch <**R:** BAG 14.2.1991, 2 AZR 415/90, BB 1991, 2017 zu Abs 1 Nr 3>, noch Rn 103 und § 77 Rn 105.

15 Erforderl ist stets ein **ausdrückl Konsens** zw AG und BR, ein bloßes Schweigen des BR zu einer einseitigen Maßnahme des AG genügt nicht; weil § 87 Abs 1 anders als §§ 99 Abs 3, 102 Abs 2 für die Mitwirkung des BR bei personellen Maßnahmen **keine Frist** vorsieht, nach deren fruchtlosem Ablauf die Zustimmung des BR fingiert wird <**R:** BAG 10.11.1992, 1 AZR 183/92, BB 1993, 360; **aA** LAG Ddf 13.10.1994, 12 (15) Sa 1024/94, LAGE § 87 BetrVG 1972 Nr 9>. Der AG darf bei einer ausdrückl Erklärung des BR-Vors, der BR stimme der Maßnahme zu, darauf vertrauen, dass dieser ein wirksamer BR-Beschluss gem § 39 zu Grunde liegt <**R:** LAG Ddf 13.10.1994, aaO>; zu den Voraussetzungen und der Möglichkeit, dass ein Verstoß gg formelle Anforderungen einer ordnungsgem BR-Sitzung nicht zur Unwirksamkeit des gefassten BR-Beschlusses führt § 33 Rn 18 ff.

16 Da nur eine BV nach § 77 Abs 4 für die AN des Betriebs unmittelbar und zwingend wirkt (§ 77 Rn 7 ff), ist es sinnvoll, dass AG und BR das MBR durch Abschluss einer **BV iS des § 77** ausüben <**R:** BAG 24.2.1987, 1 ABR 18/85, BB 1987, 1246>; dies gilt insbes für Dauerregelungen, etwa Arbeitszeitregelungen (Abs 1 Nr 2), die allg Urlaubsgrundsätze (Abs 1 Nr 5), die Verwaltung von Sozialeinrichtungen (Abs 1 Nr 8), und die Zuweisung und Kd von Werksmietwohnungen (Abs 1 Nr 9) sowie für mobiles Arbeiten (Abs 1 Nr 14). Allenfalls eine BV kann auch als Ermächtigungsgrundlage AG und BR berechtigen, einseitig in die individualrechtl Rechte der AN zu deren Lasten einzugreifen, etwa Kurzarbeit einzuführen, dagg Rn 104.

17 § 87 verlangt nicht, dass AG und BR alle Einzelheiten einer mitbestimmungspflichtigen Angelegenheit regeln: Es genügt, wenn sie die **Grundsätze** festlegen und ihre Durchführung dem AG überlassen <**R:** für Schichtarbeit BAG 28.10.1986, 1 ABR 11/85, DB 1987, 692 und 28.5.2002, 1 ABR 40/01, DB 2002, 2385; für Mehrarbeit 12.1.1988, 1 ABR 54/86, BB 1988, 1331 und 3.6.2003, 1 AZR 349/02, DB 2004, 385>, Rn 68 und 94. Die **wesentl mitbestimmungspflichtigen Entscheidungen** müssen AG und BR aber gemeinsam treffen <**R:** für die Festsetzung von Provisionssätzen BAG 17.10.1989, 1 ABR 31/87 (B), 1 ABR 31/87, BB 1990, 853>. Der BR darf sich seines MBR nicht in der Substanz begeben und darf es deswg **nicht** in der Weise ausüben, dass er dem AG das alleinige Gestaltungsrecht über den mitbestimmungspflichtigen Tatbestand eröffnet; eine solche BV ist unwirksam <**R:** BAG 17.11.1998, 1 ABR 12/98, DB 1999, 854: pauschale Ermächtigung des AG zur nach Abs 1 Nr 3 mitbestimmungspflichtigen Anordnung von Überstunden; 26.4.2005, 1 AZR 76/04, BB 2005, 2418: nach § 87 Abs 1 Nr 10 mitbestimmungspflichtige Ausgestaltung der Leistungsprämie>, § 77 Rn 17.

d) Ermächtigungsgrundlage

18 Die **hM** sieht in den dem BR in § 87 eingeräumten MBR teilweise eine Ermächtigungsgrundlage, die AG und BR berechtigt, durch eine gem § 77 Abs 4 unmittelbar und zwingend wirkende BV den Inhalt der Arbeitsverhältnisse der AN zu ändern. Etwa sollen AG und BR nach Abs 1 Nr 3 ermächtigt sein, durch BV **Kurzarbeit** auch ggü den AN einzuführen, für die keine dahingehende tarifl oder arbeitsvertragl Ermächtigung besteht

I. Grundsätze des Mitbestimmungsverfahrens § 87

<R: BAG 12.10.1994, 7 AZR 398/93, DB 1995, 734>; gleiches gilt wohl für mobiles Arbeiten. Gg Abs 1 Nr 3 als Ermächtigungsgrundlage ausf Rn 103 f.

e) Eil- und Notfälle

Die Mitbestimmung des BR ist Wirksamkeitsvoraussetzung (Rn 29 f); auch in den sog **Eilfällen**, in denen eine Angelegenheit im Interesse eines geordneten Betriebsablaufs alsbald geregelt werden muss <R: BAG 13.7.1977, 1 AZR 336/75, BB 1977, 1702; 17.11.1998, 1 ABR 12/98, DB 1999, 854; **L:** abw für eine Eilkompetenz des AG *Hanau* NZA 1993, 817, 819>, etwa wg eines eiligen Auftrags kurzfristig Überstunden eingeführt werden sollen. Entspr darf auch vom Verf nach § 87 Abs 2 (Rn 13) in Eilfällen **nicht abgewichen** werden <R: 9.7.2013, 1 ABR 19/12, AP BetrVG 1972 § 87 Arbeitszeit Nr 130 Rn 19; 8.12.2015, 1 ABR 2/14, AP BetrVG 1972 § 87 Arbeitszeit Nr 139 Rn 18>. Es ist aber auch nicht erforderl, dass der AG im Eil- oder Notfall die Zustimmung des BR zu jeder mitbestimmungspflichtigen Einzelmaßnahme einholt, sondern es genügt, wenn der BR seine Zustimmung für gleich liegende, immer wieder auftretende Fälle **generell im Voraus** erteilt <R: BAG 2.3.1982, 1 ABR 74/79, DB 1982, 1115; 29.2.2000, 1 ABR 15/99, DB 2000, 1971; 21.11.2003, 1 ABR 9/02, NZA 2003, 1097; 9.7.2013, 1 ABR 19/12, AP BetrVG 1972 § 87 Arbeitszeit Nr 130 Rn 19 zur regelmäßigen Regelung für Abweichungen vom Schichtplan; ebenso 8.12.2015, 1 ABR 2/14, AP BetrVG 1972 § 87 Arbeitszeit Nr 139 Rn 18; **L:** statt aller GK/*Wiese* Rn 164 ff; DKW/*Klebe* Rn 28 f; **krit** HWGNRH/*Worzalla* Rn 39 ff>, Rn 17. Eine solche generelle Regelung muss der AG rechtzeitig initiieren <R: BAG 2.3.1982, aaO>; eine entspr Regelung kann auf Antrag des AG auch die ES treffen, sofern iS des § 76 Abs 5 S 3 dem betriebl Bedürfnis an der Vorabregelung keine Belange der Belegschaft entgegenstehen <**L:** *Henssler* FS Hanau (1999), S 413, 435; ausf zur Eilfallregelung durch die ES *Eylert/Meyer* RdA 2021, 193, 199 ff>. Die Regelung von Eilfällen im Voraus muss **abstrakt und verbindlich** erfolgen, sodass die AN etwa erkennen können, wann sie in welchem Umfang im Eilfall eingesetzt werden <R: BAG 9.7.2013, 1 ABR 19/12, AP BetrVG 1972 § 87 Arbeitszeit Nr 130 Rn 25 und 36 zu Abs 1 Nr 2>.

Im Übrigen ist der BR aus dem Gebot der **vertrauensvollen Zusammenarbeit nach §§ 2 Abs 1, 74** verpflichtet, in Eilfällen an einer Regelung rasch mitzuwirken und es bei Nichteinigung zu ermöglichen, dass die ES schnell tätig werden kann, damit das „Wohl des Betriebs", also der ordnungsgem Betriebsablauf und der wirtschaftl Einsatz der Betriebsmittel, nicht gestört werden. In Eilfällen muss der BR deshalb einer **vorläufigen Regelung bis zur Entscheidung der ES zustimmen** <**L:** *Löwisch* Anm zu BAG 3.5.1994, AR-Blattei ES 530.14.1. Nr 57>. Der BR muss solchen Maßnahmen zustimmen, ohne die der Betrieb eingestellt werden müsste. Kann zB in einem Schichtbetrieb die Produktion nur fortgeführt werden, indem in Überstunden eine verspätet ankommende Zulieferung entladen wird, muss der BR der Verlängerung der Arbeitszeit zustimmen. Wird verderbliche Ware kurz vor Ende der tägl Arbeitszeit geliefert, muss der BR einer Arbeitszeitverlängerung zustimmen, um die Ware vor dem Verderben zu sichern. Kommt es im Betrieb plötzlich zu zahlreichen Diebstählen, muss der BR mit provisorischen Torkontrollen auch vor Abschluss einer entspr BV einverstanden sein. Führen Verzögerungen durch den BR, etwa bei der Bewilligung von Überstunden, dazu, dass nicht gearbeitet werden kann, **entfallen die Entgeltansprüche der AN** nach dem Grundgedanken der Betriebsrisikolehre: Der Arbeitsausfall kommt dann aus der kollektiven Sphäre der AN, die

19

20

§ 87 Mitbestimmungsrechte

der BR repräsentiert <**L:** *Löwisch* Anm zu BAG 13.7.1977, 1 AZR 336/75 AP Nr 2 zu § 87 BetrVG 1972 Kurzarbeit; GK/*Wiese* Rn 167>. Dies gilt aber nur dann, wenn entspr Eilfälle nicht vorhersehbar waren und der AG keine generelle, mitbestimmte Vorabregelung anstreben konnte (Rn 19). Hat er eine generelle Regelung nicht getroffen, obwohl dies mögl gewesen wäre, bleibt es bei den allg Grundsätzen: Die AN können sich nach § 273 BGB weigern, der ohne oder gg Beteiligung des BR getroffenen (Überstunden-) Anweisung des AG Folge zu leisten, haben aber nach § 611a Abs 1 BGB Anspruch auf ein entspr erhöhtes Arbeitsentgelt, wenn sie gleichwohl arbeiten, Rn 108. Das MBR des BR oder die Entscheidung der ES kann nicht dadurch umgangen werden, dass der AG beim ArbG eine eV erwirkt <**L:** GK/*Wiese* Rn 168; *Fitting* Rn 24; DKW/*Klebe* Rn 29; **aA** *Worzalla* BB 2005, 1737; *Henssler* FS Hanau (1999), S 413, 429 ff; *Konzen* FS Zöllner Band II (1998), S 799, 828 f; *Richardi/Maschmann* Rn 61; *SWS* Rn 10>.

21 Anders als in Eilfällen ist die Mitbestimmung des BR in **Notfällen**, also in Fällen höherer Gewalt wie Naturkatastrophen oder Unfälle (Brand, Überschwemmung, Explosionsgefahr), vgl § 14 ArbZG <**R:** BAG 24.4.2007, 1 ABR 47/06, DB 2007, 1475>, **keine Wirksamkeitsvoraussetzung**: Tritt plötzlich eine nicht vorhersehbare Situation ein, die zur Vermeidung nicht wieder gut zu machender Schäden unaufschiebbare Maßnahmen erzwingt, ist der AG zu einer einseitigen Regelung befugt <**R:** offen gelassen von BAG 17.11.1998, 1 ABR 12/98, DB 1999, 854; für eine mögliche Einschränkung des MBR oder dessen Ausschluss auch 19.1.2010, 1 ABR 55/08, BAGE 133, 75 Rn 29; ebenso 20.3.2018, 1 ABR 70/16, AP GG § 9 Arbeitskampf Nr 185 Rn 29 zur entbehrlichen Herausnahme von Notfällen aus einem Unterlassungsbegehren; **L:** *Henssler* FS Hanau (1999), S 413, 422 f; GK/*Wiese* Rn 169 f; *Richardi/Maschmann* Rn 62; *Fitting* Rn 25; ErfK/*Kania* Rn 8; *SWS* Rn 13, 77; HWGNRH/*Worzalla* Rn 38 aber Rn 39 ff krit zur Differenzierung zw Eil- und Notfällen; **aA** DKW/*Klebe* Rn 30>; ein **extrem hoher Krankenstand (durch Corona)** ist nur ein Notfall id Sinne, sofern nicht wieder gut zu machende Schäden drohen, wie etwa im Bereich der Daseinsvorsorge in Krankenhäusern, im Personennahverkehr, vgl § 80 Abs 2 BPersVG. Allerdings kann der AG die Zustimmung des BR für gleich liegende, immer wieder auftretende Fälle wie bei Eilfällen **generell im Voraus** erteilen – im Konfliktfall über die Einigungsstelle <**R:** BAG 21.11.2003, 1 ABR 9/02, NZA 2003, 1097; **L:** DKW/*Klebe* Rn 30; ausf zur Entwicklung der Rspr *Eylert/Meyer*, RdA 2021, 193, 195 ff>.

f) Koppelungsgeschäfte

22 Ob der BR seine Zustimmung zu einer mitbestimmungspflichtigen Maßnahme von einem best Verhalten des AG abhängig machen kann, welches dem MBR nicht unterfällt, ist **umstr**. Etwa kann der BR seine Zustimmung zur Einführung von Schichtarbeit oder von Überstunden nicht daran binden, dass der AG (zusätzl) Zuschläge zahlt; dadurch wird das MBR aus Abs 1 Nr 2 zweckwidrig zur Durchsetzung von Forderungen eingesetzt, auf die der BR **keinen Anspruch** hat, insbes nicht aus Abs 1 Nr 10 (Rn 240) <**R:** BAG 21.1.2003, 1 ABR 9/02, NZA 2003, 1097; LAG Köln 14.6.1989, 2 TaBV 17/89, NZA 1989, 939; **aA** LAG Nürnberg 6.11.1990, 4 TaBV 13/90, DB 1991, 707; LAG Ddf 12.12.2007, 12 TaBV Ga 8/07, AuR 2008, 270; auch Hess LAG 13.10.2005, 5/9 TaBV 51/05, AuR 2007, 315; LAG Hamm 9.2.2007, 10 TaBV 54/06, AuR 2007, 316; **L:** GK/*Gutzeit* Rn 383; *SWS* Rn 74c; HWGNRH/*Worzalla* Rn 45 ff; **aA** *Konzen* FS Zöllner (1998), S 799, 822; DKW/*Klebe* Rn 16; *Fitting* Rn 27; MünchArbR/*Salamon* § 319

I. Grundsätze des Mitbestimmungsverfahrens   § 87

Rn 56 ff>. IR desselben Mitbestimmungstatbestands kann der BR seine Zustimmung zu der vom AG geplanten Maßnahme aber selbstverständlich davon abhängig machen, dass der AG in anderen Punkten nachgibt, etwa seine Zustimmung zur Einführung von Überstunden von einem Freizeitausgleich abhängig machen: Die Verlängerung der Arbeitszeit an best Tagen mit Freizeitausgleich an anderen Tagen regelt ledigl die nach Abs 1 Nr 2 mitbestimmungspflichtige Lage der Arbeitszeit <L: GK/*Gutzeit* Rn 383>.

4. Kollektivrechtliche Folgen der Nichtbeachtung des MBR

a) Feststellung des MBR

Ob eine Angelegenheit nach Abs 1 mitbestimmungspflichtig ist oder nicht, entscheidet   23
im Streitfall das ArbG auf **Feststellungsantrag** im Beschlussverf nach § 2a Abs 1 Nr 1 ArbGG. Der BR muss diejenige Maßnahme des AG, für die er ein MBR beansprucht, so genau bezeichnen, dass mit der Entscheidung über den Antrag feststeht, für welche Maßnahmen das MBR besteht; der Streitgegenstand muss so genau bezeichnet werden, dass die Streitfrage mit Rechtskraftwirkung zw den Beteiligten entschieden werden kann <R: BAG 26.7.1994, 1 ABR 6/94, DB 1995, 147; 15.1.2002, 1 ABR 13/01, DB 2002, 2278; 11.6.2002, 1 ABR 04/01, DB 2002, 2727>. Voraussetzung für einen Feststellungsantrag des BR ist ein **Feststellungsinteresse**; dieses fehlt, wenn der AG das MBR des BR anerkennt <R: vgl BAG 18.2.2003, 1 ABR 2/02, DB 2003, 1387> oder wenn der BR sein MBR bereits ausgeübt hat, die Betriebspartner die Angelegenheit etwa durch BV geregelt haben <R: BAG 18.4.1989, 1 ABR 3/88, DB 1989, 1978; 11.6.2002, aaO>. Für einen Feststellungsantrag des AG, dass dem BR ein MBR nicht zustehe, besteht ein Rechtsschutzinteresse, wenn der BR sich eines MBR in der Angelegenheit berühmt <R: BAG 13.10.1987, 1 ABR 10/86, BB 1988, 270>. Zum Streit um die Wirksamkeit einer BV § 77 Rn 146 ff.

Dass der Feststellungsantrag eine Angelegenheit betrifft, die Gegenstand eines **laufenden**   24
ES-Verf ist, macht ihn nicht unzulässig <R: BAG 2.4.1996, 1 ABR 47/95, BB 1997, 1259; 1.7.2003, 1 ABR 20/02, DB 2005, 170>, vgl § 76 Rn 25. BR und AG sind zur Klärung eines Konflikts über das Bestehen oder Nichtbestehen eines MBR auch nicht darauf angewiesen, einen Spruch der ES anzufechten, der ihren Erwartungen nicht entspricht: AG und BR können den Inhalt und den Umfang eines MBR gerichtl klären lassen, ohne die Schlichtungsfunktion der ES zu gefährden, wenn der konkrete Streitfall Ausdruck einer allg, dem Streit zugrunde liegenden Rechtsfrage ist und sie ein berechtigtes Interesse daran haben, eine über den Anlassfall hinaus führende Entscheidung der allg Streitfrage zu erlangen. Voraussetzung ist, dass die allg Frage hinreichend deutl und losgelöst vom Ausgangsfall umschrieben wird und zudem klar zu erkennen ist, bei welchen betriebl Regelungen oder Maßnahmen wieder mit dieser Streitfrage zu rechnen ist <R: BAG 11.6.2002, 1 ABR 04/01, DB 2002, 2727, siehe Rn 23>.

Da das Beschlussverf **nicht die Funktion hat, abstrakte Rechtsfragen zu klären**, ist   25
ein Antrag unzulässig, der ohne Bezug auf einen best Sachverhalt eine zw BR und AG streitige Auslegung eines Mitbestimmungstatbestands klären soll <R: BAG 27.1.2004, 1 ABR 5/03, NZA 2004, 941; 15.4.2008, 1 ABR 44/07, EzA § 80 BetrVG 2001 Nr 9>. Ein rechtl Interesse an der Feststellung eines MBR besteht, soweit und solange dem Begehren ein betriebsverfassungsrechtl Konflikt zugrunde liegt und fortbesteht <R: BAG

§ 87 Mitbestimmungsrechte

18.4.2000, 1 ABR 22/99, BB 2000, 2521>. Deswg entfällt das Feststellungsinteresse, wenn festgestellt werden soll, ob das MBR des BR in einer singulären und vollständig abgeschlossenen Maßnahme in der Vergangenheit hinreichend beachtet worden ist <R: BAG 9.12.2003, 1 ABR 44/02, DB 2004, 2055>. Nur soweit zu erwarten ist, dass die gleiche Streitfrage künftig wieder auftreten wird, kann sie wg dieser künftigen Fälle zur Entscheidung gestellt werden <R: BAG 10.4.1984, 1 ABR 73/82, BB 1985, 340; 15.1.2002, 1 ABR 13/01, DB 2002, 2278 (im konkreten Fall abl)>. Ein Feststellungsinteresse fehlt auch dann, wenn der BR ein gerichtl Gutachten über die Rechtsgrundlage eines vom AG zugestandenen und einschränkungslos beachteten MBR begehrt <R: BAG 15.4.2008, aaO>. Kann der BR eine Anordnung des AG, etwa von Feiertagsarbeit, dadurch verhindern, dass er ihr die Zustimmung nach Abs 1, etwa Nr 2 und 3, verweigert, fehlt für seinen Antrag auf Feststellung, dass diese Anordnung rechtswidrig sei, das Rechtsschutzinteresse, da dem BR ein einfacherer Weg zur Durchsetzung seines Begehrens zur Verfügung steht <R: zur Feiertagsarbeit an Wertpapierbörsen BAG 27.1.2004, aaO>.

b) Unterlassungs- und Durchführungsanspruch

26 § 2 Abs 1 begründet zw AG und BR ein gesetzl Schuldverhältnis, das durch „wechselseitige Rücksichtnahmepflichten" geprägt wird (§ 2 Rn 1). Insbes trifft den AG die Rücksichtnahmepflicht, mitbestimmungspflichtige Maßnahmen erst nach Zustimmung des BR oder einem entspr ES-Spruch durchzuführen. Dem entspricht ein **Nebenleistungsanspruch des BR gg den AG darauf, mitbestimmungswidrige Maßnahmen zu unterlassen** <R: BAG 3.5.1994, 1 ABR 24/93, BB 1994, 2273; **L:** statt aller GK/*Oetker* § 23 Rn 170 ff; nur in der Begründung des Unterlassungsanspruchs abw *Richardi/Maschmann* Rn 136 ff; *Prütting* RdA 1995, 257, 261; *Lobinger* ZfA 2004, 101, 116 ff>; eine grobe Pflichtverletzung des AG ist nicht Voraussetzung <R: BAG 3.5.1994, aaO unter Aufgabe von 22.2.1983, 1 ABR 27/81, BB 1983, 1724>. Etwa kann der BR vom AG verlangen, die Anwendung eines mitbestimmungswidrig geänderten Vergütungssystems im Betrieb zu unterlassen <R: BAG 13.3.2001, 1 ABR 7/00, ZTR 2002, 94> oder die Anordnung, während der unter Mitwirkung des BR festgelegten Pausen zu arbeiten <R: BAG 7.2.2012, 1 ABR 77/10, AP BetrVG 1972 § 87 Arbeitszeit Nr 128 ebenso zur Duldung von Arbeitsleistung in den dienstplanmäßig festgelegten Pausen> und so einen betriebsverfassungsgem Zustand wiederherstellen, Rn 244. Dass die Mehrheit der AN mit der betriebsverfassungswidrigen Anordnung einverstanden ist, hat für den Unterlassungsanspruch keine Konsequenz <R: BAG 30.6.2015, 1 ABR 71/13, BeckRS 2015, 72430 LS 2>. Soweit durch die einseitige Regelung des AG ein betriebsverfassungswidriger Zustand geschaffen worden ist, kann der BR dessen **Beseitigung** verlangen, etwa die Herausnahme einseitig erlassener Arbeitsschutzanweisungen aus einem Handbuch <R: BAG 16.6.1998, 1 ABR 68/97, BB 1999, 55>. Dieser Beseitigungsanspruch umfasst **nicht die Rückgängigmachung** der sich aus der Verletzung ergebenden Folgen, sondern nur die Beendigung des betriebsverfassungswidrigen Zustands <R: BAG 23.3.2021, 1 ABR 31/19, NZA 2021, 959 Rn 85>, Rn 145. **Globalanträge** sind unbegründet, wenn der BR die Unterlassung nicht für alle beantragten Fallgestaltungen verlangen kann, § 308 ZPO <R: BAG 3.5.1994, aaO; 10.3.2009, 1 ABR 87/07, AP BetrVG 1972 § 87 Nr 16 Rn 21 zum unbegründeten Unterlassungsanspruch>. Die Herausnahme von **Notfällen** (Rn 21) aus einem Unterlassungsbegehren ist jedoch nicht erforderlich <R: BAG

I. Grundsätze des Mitbestimmungsverfahrens § 87

20.3.2018, 1 ABR 70/16, AP GG § 9 Arbeitskampf Nr 185 Rn 29> bzw wird der Antrag durch die Herausnahme nicht unbestimmt <R: BAG 12.3.2019, 1 ABR 42/17, AP BetrVG 1972 § 23 Nr 51 Rn 35>. Dem allg Unterlassungsanspruch aus Abs 1 kann ausnahmsweise der Einwand der **unzulässigen Rechtsausübung** entgegenstehen (§ 2 Abs 1 iVm § 242 BGB) <R: BAG 12.3.2019, 1 ABR 42/17, AP BetrVG 1972 § 23 Nr 51 Rn 41 und 51ff zu Unterlassungsansprüchen des BR aus § 87 Abs 1 Nr 2, die er unter grobem Verstoß gg seine aus § 74 Abs 1 S 2 iVm § 2 Abs 1 folgenden Pflichten erlangte; konkret verzögerte der BR das Mitbestimmungsverf, damit die AG zu Beginn des Monats keinen wirksamen Dienstplan aufweisen kann>. Der Unterlassungsanspruch kann gem § 85 Abs 2 ArbGG auch durch eV gem § 940 ZPO durchgesetzt werden; bei der Vollstreckung kann das ArbG analog § 890 ZPO, § 23 Abs 3 S 2 und 5 aber nur ein **Ordnungsgeld** bis zu 10.000 Euro festsetzen <R: BAG 29.4.2004, 1 ABR 30/02, DB 2004, 2220; **L:** GK/ *Oetker* § 23 Rn 215>. Der AG kann sich ggü dem BR aber nicht verpflichten, dem BR im Falle der Verletzung von MBR eine **Vertragsstrafe** zu zahlen; hierfür besitzt der BR nicht die erforderl Vermögens- und Rechtsfähigkeit <R: BAG 29.9.2004, 1 ABR 30/03, BB 2005, 163>.

Haben AG und BR in einer BV eine mitbestimmungspflichtige Angelegenheit geregelt, hat der BR gg den AG **gem § 77 Abs 1 S 1 einen Anspruch auf die Durchführung der BV und auf die Unterlassung BV-widriger Maßnahmen**. Etwa kann, wenn der AG gg die BV verstößt, gem § 77 Abs 1 der BR und bei groben Verstößen gem § 23 Abs 3 auch eine im Betrieb vertretene Gewerkschaft vom AG verlangen, dass der AG die Überschreitung des Gleitzeitrahmens durch die AN verhindert, etwa Verstöße gg den durch BV zwingend vorgegebenen tägl Gleitzeitrahmen <R: BAG 29.4.2004, 1 ABR 30/02, BB 2004, 1967> oder gg die durch BV geregelte zulässige Schwankungsbreite von Arbeitszeitkonten <R: LAG Köln 7.5.2008, 3 TaBV 85/07, juris>. 27

Hat der AG Maßnahmen ohne oder gg die Beteiligung des BR durchgeführt, so hat der BR einen Verf-Anspruch darauf, dass das **Mitbestimmungsverf (erneut) durchgeführt** oder ein unterbrochenes Mitbestimmungsverf fortgesetzt wird. Dieser Verf-Anspruch kann im Beschlussverf durchgesetzt werden, ggfs durch eV. 28

5. Individualrechtliche Folgen der Nichtbeachtung des MBR

Da die MBR des BR aus § 87 zum Schutz der Kollektivinteressen der Belegschaft das Direktionsrecht des AG einschränken, kann eine mitbestimmungspflichtige Angelegenheit nicht ohne Zustimmung des BR geregelt werden: Die Mitbestimmung des BR ist nach stRspr **Wirksamkeitsvoraussetzung**, soweit dadurch Ansprüche der AN vereitelt oder geschmälert werden <R: BAG 3.12.1991, GS 2/90, BB 1992, 1418; 24.1.2006, 3 AZR 484/04, DB 2007, 471; **L:** ganz **hM** GK/*Wiese* Rn 102ff mwN; **krit** *Richardi/ Maschmann* Rn 104ff mwN>. Diese Auffassung kann **in ihrer Absolutheit nicht** aufrechterhalten werden. Insbes ist nach dem **Schutzzweck des jeweiligen MBR** zu differenzieren <**L:** auch *Richardi/Maschmann* Rn 118ff>: Ist der AG zu Maßnahmen kraft ausfüllungsbedürftigen Gesetzes verpflichtet und entsprechen seine Anweisungen den materiellen Anforderungen, können die AN die Arbeitsleistung nicht mit Hinweis auf die unterbliebene Beteiligung des BR nach § 273 BGB verweigern, etwa bei Maßnahmen des Gesundheits- und Arbeitsschutzes <R: auch BAG 19.2.1997, 5 AZR 982/94, BB 1997, 1364>, Rn 167. Ebenso ändert die unterbliebene Mitwirkung des BR nichts am Bestehen 29

§ 87 Mitbestimmungsrechte

eines gesetzl oder tarifl Anspruchs der AN auf eine AG-Leistung. So ist die Mitbestimmung des BR an den allg Urlaubsgrundsätze nach Abs 1 Nr 5 keine Wirksamkeitsvoraussetzung für die Erteilung des Urlaubs, da jeder AN nach § 7 Abs 1 BUrlG einen einklagbaren und im Wege der eV durchsetzbaren Anspruch auf Erholungsurlaub hat, Rn 127. **Zu den unterschiedl individualrechtl Auswirkungen des Verstoßes gg die einzelnen MBR jeweils am Ende der Mitbestimmungstatbestände unter der Überschrift „Nichtbeachtung des MBR".**

30 Die Beteiligung des BR ist **Wirksamkeitsvoraussetzung für einseitige Leistungsbestimmungen des AG** im Verhältnis zu den AN. Unwirksam ist etwa die Anweisung, Überstunden zu leisten, oder der Widerruf einer freiw gezahlten Zulage ohne Zustimmung des BR, ebenso die einseitige, nicht nach Abs 1 Nr 10 mitbestimmte Lohngestaltung <R: BAG 3.12.1991, GS 2/90, BB 1992, 1418; 24.1.2006, 3 AZR 484/04, DB 2007, 471>. Die ohne oder gg die Beteiligung des BR getroffenen Anweisungen des AG muss der AN nicht befolgen, sondern kann die **Leistung nach § 273 BGB verweigern**, etwa die Leistung von Überstunden oder die Arbeitsleistung zu der vom AG entgg Abs 1 Nr 2 mitbestimmungswidrig geänderten Arbeitszeit, Rn 107. Durch die Nichtbeachtung der mitbestimmungswidrigen AG-Weisung verletzen die AN ihre Arbeitspflichten nicht, sodass eine verhaltensbedingte Kd ausscheidet. Im Betrieb ist die gesetzl oder tarifl Regelung oder die **bisherige** Arbeitszeit- oder Vergütungsordnung weiter anzuwenden, Rn 81 und 245. Der AG schuldet den AN für ausgefallene Arbeit **Annahmeverzugslohn nach § 615 S 1 BGB**, etwa wenn er Kurzarbeit einseitig einführt, Rn 107.

31 Aus dem Grundsatz der Wirksamkeitsvoraussetzung folgt **nicht**, dass bei Verletzung eines MBR **Ansprüche entstehen, die bisher nicht bestanden** haben <R: BAG 28.9.1994, 1 AZR 870/93, DB 1995, 678; 2.3.2004, 1 AZR 271/03, DB 2004, 1669>. Schafft der AG etwa zur übertarifl Vergütung von Ang oberhalb der höchsten Tarifgruppe weitere Gehaltsgruppen, führt die Verletzung des MBR des BR nicht zu einer Erhöhung der übertarifl Gehälter <R: BAG 20.8.1991, 1 AZR 326/90, BB 1992, 276; 28.9.1994, 1 AZR 870/93, DB 1995, 678>; erst mit Einführung der mitbestimmten neuen Entgeltgrundsätze kann sich der AN auf diese berufen, Rn 246. Hat der AG ohne Beteiligung des BR Überstunden angeordnet, können die AN nicht verlangen, Überstunden zu leisten und entspr höher bezahlt zu werden, Rn 107.

32 Haben die AN einer **mitbestimmungswidrigen Anweisung des AG Folge geleistet**, hindert es die unterbliebene Mitbestimmung des BR nicht, dass die AN durch die Arbeitsleistung **Ansprüche, insbes auf Arbeitsentgelt, erwerben** <L: auch *Richardi/Maschmann* Rn 122>. Haben die AN etwa trotz Verletzung des MBR aus Abs 1 Nr 3 tatsächl Überstunden geleistet, begründet dies einen Entgeltanspruch aus § 611a Abs 1 BGB, ebenso, wenn der AN zu vom AG entgg Abs 1 Nr 2 mitbestimmungswidrig geänderten Arbeitszeiten arbeitet, Rn 81 und 108: Entweder ist die Anordnung von Überstunden oder die geänderte Lage der Arbeitszeit durch das Direktionsrecht des AG aus § 106 GewO gedeckt oder der AN hat die Überstunden oder die Arbeit zu den geänderten Zeiten im beiderseitigen Einvernehmen und damit unter einvernehml Änderung des Arbeitsvertrages geleistet. Die unterbliebene Beteiligung des BR macht die individualrechtl wirksame Maßnahme nicht unwirksam, Rn 108. Nähme man demggü an, dass die Weisung des AG oder die einvernehml Änderung des Arbeitsvertrags mangels Mitwirkung des BR unwirksam ist, hätte der AN nach §§ 812 Abs 1 S 1 Alt 1, 818 Abs 2 BGB im Wege der Leis-

tungskondiktion Anspruch auf Wertersatz iH des für Überstunden im Betrieb üblicherweise gezahlten Entgelts, Rn 108.

Leistungen, die der AG erbringt, ohne den BR wirksam beteiligt zu haben, etwa Geld, das 33
er den AN ohne Beteiligung des BR nach Abs 1 Nr 10 gezahlt hat, kann er idR wg **§ 814
BGB** nicht nach § 812 Abs 1 BGB zurückverlangen; in jedem Fall kann der AN Rückforderungsansprüchen den Entreicherungseinwand aus **§ 818 Abs 3 BGB** entgegenhalten, Rn 247, 268.

Ist in einem **Beschlussverf zw BR und AG** (Rn 23 ff) **rechtskräftig festgestellt** worden, 34
dass dem BR in einer streitigen Angelegenheit kein MBR zusteht, können auch die AN nicht mehr mit Erfolg geltend machen, die Angelegenheit sei ihnen ggü nicht wirksam geregelt worden. Etwa kann ein AN einer AG-Weisung nicht mit der Begründung die Gefolgschaft verweigern, dass diese entgg der arbg Entscheidung im Beschlussverf der Mitbestimmung nach Abs 1 Nr 1 unterliege <R: BAG 10.3.1998, 1 AZR 658/97, DB 1999, 2651>.

6. Erweiterung der Mitbestimmung durch TV

Nach §§ 1, 3 Abs 2 TVG können in TV betriebsverfassungsrechtl Fragen mit normativer 35
Wirkung für alle AN tarifgebundener AG geregelt werden <L: näher *Löwisch/Rieble* § 3 TVG Rn 34 f>. Das ermächtigt die Tarifparteien auch dazu, den Kreis der mitbestimmungspflichtigen sozialen Angelegenheiten **durch TV zu erweitern**, also zusätzl Angelegenheiten dem MBR des BR zu unterstellen <R: BAG 18.8.1987, 1 ABR 30/86, BB 1987, 2161; 10.2.1988, 1 ABR 70/86, DB 1988, 1397>. Verpflichtet etwa ein TV den AG, den AN Erschwerniszulagen zu zahlen, und verlangt der TV für die Höhe der Zulage das Einvernehmen mit dem BR, begründet das über Abs 1 Nr 10 hinaus (Rn 215 ff) ein MBR des BR <R: BAG 9.5.1995, 1 ABR 56/94, DB 1995, 2610>. Für die Erweiterung der MBR durch TV ist nach § 3 Abs 2 TVG ausreichend, dass der AG tarifgebunden ist. § 3 Abs 2 TVG ändert aber nichts daran, dass über betriebsverfassungsrechtl Tarifnormen nicht der Inhalt der Arbeitsverhältnisse nicht tarifgebundener AN nicht geregelt werden kann: Entgg dem BAG ist es nicht mögl, dem BR durch TV ein MBR in sozialen Angelegenheiten einzuräumen und AG und BR so zu ermächtigen, materielle Arbeitsbedingungen der AN zu regeln. Unzulässig ist es, Entscheidungen des AG an die nicht durch die ES ersetzbare Zustimmung des BR zu binden, da ein solches Zustimmungsrecht dem betriebsverfassungsrechtl Prinzip der § 87 Abs 2 iVm § 76 Abs 5 S 3 widerspricht, betriebl Konflikte durch Abwägung der betriebl Belange und der AN-Belange zu lösen <R: offengelassen LAG BaWü 7.11.1989, 8 TaBV 2/89, DB 1990, 534>. Zur Erweiterung mitbestimmungspflichtiger sozialer Angelegenheiten **durch BV** § 88 Rn 1, 9 ff.

Durch TV können MBR nur erweitert, hingg nicht dadurch beschränkt werden, dass dem 36
AG die Befugnis eingeräumt wird, eine gem Abs 1 mitbestimmungspflichtige Angelegenheit **einseitig oder durch einzelvertragl Abrede** zu regeln: Andernfalls würde der Schutzzweck der MBR ausgehöhlt. Eine Tarifnorm, die das einseitige Bestimmungsrecht des AG wiederherstellt, ist kein TV iS des Abs 1 Eingangs-Hs, sodass das MBR des BR bestehen bleibt <R: BAG 18.4.1989, 1 ABR 100/87, BB 1989, 2039>. Eine tarifl Regelung betriebl Angelegenheiten kann dem AG aber im gleichen Umfang einseitige Bestimmungsrechte zuweisen, wie das AG und BR durch BV tun könnten (dazu Rn 17) <R:

BAG 17.11.1998, 1 ABR 12/98, DB 1999, 854 für eine tarifl Regelung der Anordnung von Überstunden>.

II. Katalog der mitbestimmungspflichtigen Angelegenheiten

1. Fragen der Ordnung des Betriebs und des Verhaltens der AN im Betrieb (Abs 1 Nr 1)

Literatur: *Deinert*, Ethik, Whistleblower und Mitbestimmung, AuR 2008, 90; *Ehrich/Frieters*, Handlungsmöglichkeiten des Betriebsrats bei Errichtung und Gestaltung der „zuständigen Stellen" i. S. v. § 13 Abs. 1 AGG, DB 2007, 1026; *Eisenbeis/Nießen*, Auf Kollisionskurs: Ethikrichtlinien nach US-amerikanischen Vorbild und deutsches Arbeitsrecht, FS Leinemann (2006), S 697; *Grimm/Windeln*, Nichtraucherschutz im Betrieb – arbeitsrechtliche Konsequenzen und Folgeprobleme betrieblicher Rauchverbote, ArbRB 2008, 273; *Grobys*, Organisationsmaßnahmen des Arbeitgebers nach dem Allgemeinen Gleichbehandlungsgesetz, NJW 2006, 2950, 2952; *Gutzeit*, Mitbestimmung des Betriebsrats bei Internetauftritten des Arbeitgebers, NZA 2021, 301; *Heilmann*, Nichtraucherschutz an Arbeitsplätzen – eine bewegte Materie, AiB 2008, 57; *Hunold*, Mitbestimmung des Betriebsrats bei Führung von Krankengesprächen, BB 1995, 1189; *Junker*, Konzernweite „Ethikregeln" und nationale Betriebsverfassungen, BB 2005, 602; *Kamanabrou*, Die arbeitsrechtlichen Vorschriften des Gleichbehandlungsgesetzes, RdA 2006, 321; *Kock*, Unternehmensethik: Einführung, Inhalte und Mitbestimmung des Betriebsrats, ArbRB 2006, 116; *ders*, Nichtraucherschutz am Arbeitsplatz, NJW 2017, 198; *Kolle/Deinert*, Liebe ist Privatsache – Grenzen einer arbeitsvertraglichen Regelung zwischenmenschlicher Beziehungen, AuR 2006, 177; *Löwisch*, Der Erlass von Rauchverboten zum Schutz vor Passivrauchen am Arbeitsplatz, DB 1979 Beil Nr 1; *Mengel*, Arbeitsrechtliche Aspekte eines Compliance-Programms, PersF 2008, Nr 5, 90; *Mengel/Hagemeister*, Compliance und arbeitsrechtliche Implementierung im Unternehmen, BB 2007, 1386, 1392; *Meyer*, Ethikrichtlinien internationaler Unternehmen und deutsches Arbeitsrecht, NJW 2006, 3605; *Müller*, Der Missbrauch von Alkohol und (sonstigen) Drogen im Arbeitsverhältnis, NJOZ 2019, 1105; *Müller-Bonanni/Sagan*, Organisationspflichten des Arbeitgebers nach dem AGG, ArbRB 2007, 50, 53; *Oetker*, Ausgewählte Probleme zum Beschwerderecht des Beschäftigten nach § 13 AGG, NZA 2008, 264; *Raab*, Mitbestimmung des Betriebsrats bei der Einführung und Ausgestaltung von Krankengesprächen, NZA 1993, 193; *Reinhard*, Mitbestimmungsrechte des Betriebsrats bei der Implementierung von Unternehmens-, insbesondere Verhaltensrichtlinien, NZA 2016, 1233; *Schlachter*, Mitbestimmung bei der Einführung von „Ethikregeln" in nationalen Wirtschaftseinheiten, FS Richardi (2007), S 1067; *Schneider*, Die Beschwerdestelle nach § 13 Abs. 1 AGG – Konfliktlösung ohne Betriebsrat?, AiB 2007, 626; *Schuster/Darsow*, Einführung von Ethikrichtlinien durch Direktionsrecht, NZA 2005, 273; *Süllwold*, Betriebsvereinbarung betr. Einheitliche Arbeitskleidung nebst Kostentragung, ZBVR online 2008, Nr 10, 32; *Walker*, Zur Zulässigkeit von Betriebsbußen, FS Kissel (1994), S 1205; *Ueckert*, Kein Mitbestimmungsrecht bei der Einrichtung einer Beschwerdestelle gemäß § 13 AGG, BB 2007, 780; *Uhl/Polloczek*, Die Auswirkungen des neuen Passivrauchschutzgesetzes auf das Rauchen im Betrieb, BB 2008, 1114; *Westhauer/Sediq*, Mitbestimmungsrechtliche Aspekte des Beschwerderechts nach § 13 AGG, NZA 2008, 78; *Wisskirchen*, Arbeitsrechtliche Fallstricke bei Verhaltens- oder Ethikrichtlinien, PersF 2006, 62.

a) Normzweck und Anwendungsbereich

37 Weil die AN ihre Arbeitsleistung eingegliedert in die vom AG vorgegebene betriebl Organisation und nach den Weisungen des AG erbringen, gewährt Abs 1 Nr 1 dem BR ein praktisch relevantes MBR über die **innere soziale Ordnung**, die das Zusammenwirken und Verhalten der AN im Betrieb regelt <R: BAG 9.12.1980, 1 ABR 1/78, BB 1981, 973>; dabei hat der BR sowohl über das „Ob" von Verhaltens- und Ordnungsmaßnahmen

als auch über deren inhaltliche Ausgestaltung mitzubestimmen. Allein der Umstand, dass **alle AN textgleiche Erklärung** abgeben sollen, führt jedoch nicht dazu, dass das Ordnungsverhalten berührt wird: Dies muss nicht zwingend eine Standardisierung des Verhaltens der AN sein, sondern kann ledigl als Abgabe inhaltsgleicher Erklärungen der Vereinfachung des Verf dienen <R: BAG 10.3.2009, 1 ABR 87/07, AP BetrVG 1972 § 87 Nr 16 Rn 26; 25.9.2012, 1 ABR 50/11, AP BetrVG 1972 § 87 Ordnung des Betriebes Nr 43 Rn 16; 17.3.2015, 1 ABR 48/13, BAGE 151, 117 Rn 23>. Zweck des MBR aus Abs 1 Nr 1 ist es, den AN über den BR eine gleichberechtigte Teilhabe an der Gestaltung des betriebl Zusammenlebens zu ermöglichen <R: BAG 22.7.2008, 1 ABR 40/07, BB 2008, 2520> und Eingriffe in das Persönlichkeitsrecht der AN zu verhindern <R: BAG 13.12.2007, 2 AZR 537/06, DB 2008, 1633; 22.7.2008, aaO>.

Während Abs 1 Nr 6 dem „Verhalten" die „Leistung" der AN ggü stellt, unterwirft Abs 1 Nr 1 nur das Verhalten der AN der Mitbestimmung. Nach Abs 1 Nr 1 **nicht mitbestimmungspflichtig** sind deswg Regelungen, mit denen der AG die Arbeitspflicht der AN konkretisiert oder kontrolliert <L: entgg *Fitting* Rn 66 keine teleologische Reduktion>, Rn 44 ff. Ebenso wenig betreffen Verhaltensmaßregeln ggü Kunden des Betriebs oder Maßnahmen des AG zum Schutz der Betriebsanlagen und Betriebsmittel gg Dritte die innere Ordnung des Betriebs iS des Abs 1 Nr 1. Etwa ist die Einrichtung eines Werkschutzes zum Schutz ggü Dritten mitbestimmungsfrei; anders ist es nur, wenn dem Werkschutz Befugnisse auch ggü AN, etwa zur Personal- und Ausweiskontrolle, eingeräumt werden <L: GK/*Wiese* Rn 201>. Zwar berechtigt Abs 1 Nr 1 AG und BR nicht, in die private Lebensführung der AN einzugreifen <R: BAG 22.7.2008, 1 ABR 40/07, BB 2008, 2520 mwN>, weswg AG und BR nicht durch BV regln können, dass Abtretungen und Verpfändungen von Entgeltansprüchen ggü dem AG nur wirken, wenn der AG schriftl zugestimmt hat <R: BAG 18.7.2006, 1 AZR 578/05, DB 2007, 227>, noch Rn 115 zu Abs 1 Nr 4. Der Begriff des Betriebs iS des Abs 1 Nr 1 ist aber **nicht räumlich, sondern funktional** zu verstehen. Das MBR des BR besteht deswg immer dann, wenn ein Bezug zum Verhalten der AN im Betrieb gegeben ist. Etwa hat der BR mitzubestimmen, wenn der AG die AN anweist, sich in einem Kundenbetrieb der dort eingerichteten biometrischen Zugangskontrolle zu unterziehen <R: BAG 27.1.2004, 1 ABR 7/03, BB 2004, 1389; 22.8.2017, 1 ABR 52/14, NZA 2018, 50 Rn 25 zur Nutzung von Arbeitsmitteln in der Freizeit>, Rn 43 und zu Abs 1 Nr 6 Rn 139, oder etwa, wenn **Ethikrichtlinien** erlassen werden sollen, die auch den privaten Bereich der AN tangieren (Beziehungen im Kollegium, Verhalten auf den sozialen Medien etc., **sog Social-Media-Guidelines**) <L: *Gutzeit* NZA 2021, 301, 303 f>. Nicht mitbestimmungspflichtig ist, ob und ggf unter welchen Voraussetzungen eine koalitionsspezifische Betätigung im Betrieb zulässig ist: die Betätigung von mitgliedschaftlich organisierten Arbeitnehmern zum Zweck der Information über koalitionsspezifische Ziele und der damit verbundenen Werbung für die Gewerkschaft unterliegt nicht der durch das MBR des Betriebsrats nach § 87 Abs 1 Nr 1 beschränkten Regelungsmacht des AG <R: BAG 28.7.2020, 1 ABR 41/18, NJW 2020, 3404 Rn 23 zur Verteilung von gewerkschaftlichen Informations- oder Werbematerial im Betrieb>.

38

Erforderl und mögl ist die Beteiligung des BR nur, soweit gesetzl und tarifl Vorschriften dem AG bei der Aufstellung von Ordnungs- und Verhaltensregeln einen **Spielraum** lassen (Rn 6 und 8). Der BR hat nicht über Maßnahmen mitzubestimmen, zu denen der AG kraft Gesetzes verpflichtet ist (etwa Alkoholverbot und Handyverbot ohne Freisprechein-

39

§ 87 Mitbestimmungsrechte

richtung für Kraftfahrer gem § 24a StVG und § 23 Abs 1a StVO). §§ 1, 3, 7 und 12 AGG schließen als vorrangige und abschließende gesetzl Regelung Maßnahmen gg „unwillkommene sexuelle Zudringlichkeiten oder Körperkontakte, Gesten und Aussagen sexuellen Inhalts" in Ethikrichtlinien (Rn 42) nach Abs 1 Eingangs-Hs aus <**R:** BAG 22.7.2008, 1 ABR 40/07, BB 2008, 2520>. Ebenso wenig hat der BR ein MBR an Maßnahmen, die der AG aufgrund behördlicher Anordnungen ausführen muss, etwa wenn die Genehmigungsbehörde einem kerntechnischen Forschungszentrum die Auflage macht, Personen nur nach einer Sicherheitsüberprüfung durch die Behörde einzustellen und weiterzubeschäftigen <**R:** BAG 9.7.1991, 1 ABR 57/90, DB 1992, 143>. Wird polizeilich angeordnet, dass der AG Kontrolluntersuchungen zur Aufdeckung eines Gelddiebstahls durchführen muss, hat der BR ebenfalls nicht mitzubestimmen <**R:** BAG 17.8.1982, 1 ABR 50/80, DB 1982, 2578; auch 26.5.1988, 1 ABR 9/87, BB 1988, 2316>, zur grds Mitbestimmungspflicht bei solchen Kontrollen Rn 43.

40 Eine Grenze finden Regelungen über das Verhalten der AN im Betrieb an deren durch § 75 Abs 2 geschützten **Persönlichkeitsrecht** (§ 75 Rn 34ff). Selbst wenn ein generelles Verbot von Liebesbeziehungen im Betrieb wg des darin liegenden schwerwiegenden Eingriffs in das Persönlichkeitsrecht der AN regelmäßig unzulässig ist <**L:** BAG 22.7.2008, 1 ABR 40/07, BB 2008, 2520; LAG Ddf 14.11.2005, 10 TaBV 46/05, DB 2006, 162>, schließt die Unzulässigkeit der vom AG geplanten Regelung die Mitbestimmung des BR nicht aus; der BR soll über sein MBR gerade darauf achten, dass durch die Regelung Persönlichkeitsrechte der AN nicht verletzt werden <**R:** BAG 13.12.2007, 2 AZR 537/06, DB 2008, 1633; 22.7.2008, aaO; **aA** LAG Ddf 14.11.2005, aaO; **L:** wie BAG Wlotzke/Preis/*Bender* Rn 41; **abw** *Kolle/Deinert* AuR 2006, 177, 183; *Eisenbeis/Nießen* FS Leinemann (2006), S 697, 715>. Der Eingriff in das Persönlichkeitsrecht der AN durch BV muss durch schutzwürdige Belange anderer Grundrechtsträger, etwa anderer AN, gerechtfertigt sein <**R:** zu Abs 1 Nr 6 BAG 14.12.2004, 1 ABR 34/03, AuR 2005, 456>. Insoweit ist es Aufgabe von AG und BR, die konfligierenden Interessen der AN im Betrieb auszugleichen, etwa bei Rauchverboten die Interessen der Raucher und die der Nichtraucher (zum Rauchverbot noch Rn 41). In keinem Fall macht die ordnungsgem Beteiligung des BR unzulässige Eingriffe in das Persönlichkeitsrecht der AN zulässig <**R:** BAG 8.6.1999, 1 ABR 67/98, BB 1999, 2357; 28.5.2002, 1 ABR 32/01, DB 2003, 287>.

b) Ordnungs- und Verhaltensregeln

41 Mitbestimmungspflichtig sind in erster Linie **verbindliche Verhaltensvorschriften** für die AN (siehe aber Rn 46ff zu Kleiderordnungen) <**L:** ErfK/*Kania* Rn 19>, etwa ein Rauchverbot mit dem Ziel, Nichtraucher vor den Gesundheitsgefahren und Belästigungen durch das Passivrauchen zu schützen <**R:** BAG 19.1.1999, 1 AZR 499/98, BB 1999, 1380; LAG Hamm 6.8.2004, 10 TaBV 33/04, AuA 2005, 47; **L:** *Fitting* Rn 71; Richardi/*Maschmann* Rn 192; GK/*Wiese* Rn 226>; ein Rauchverbot mit dem Ziel, AN von gesundheitsschädlichen Gewohnheiten abzubringen, überschritte hingg die Regelungskompetenz von AG und BR <**R:** BAG 19.1.1999, aaO>. **Kein MBR hat der BR**, wenn ein Rauchverbot schon aus dem Gesetz folgt, etwa aus den NichtraucherschutzG der Länder, aus §§ 5, 6 ArbStättV oder aus brandschutztechnischen Gründen <**R:** LAG Rh-Pf 2.8.2018, 5 TaBVGa 3/18, BeckRS 2018, 24225>. Es besteht auch kein MBR, wenn die Arbeitspflicht der AN ledigl konkretisiert wird, wie bei einem **Rauchverbot** in den Stations- und Funktionsräumen eines Krankenhauses <**R:** LAG München 30.10.1985, 8 TaBV 15/85,

II. Katalog der mitbestimmungspflichtigen Angelegenheiten § 87

NZA 1986, 577> oder an Arbeitsplätzen mit regem Publikumsverkehr, Rn 38. AG und BR dürfen die allg Handlungsfreiheit der Raucher nicht beeinträchtigen und müssen den Verhältnismäßigkeitsgrundsatz aus §75 Abs 1 iVm Art 2 Abs 1 GG beachten; ein generelles Rauchverbot im Freien ist unverhältnismäßig <**R:** BAG 19.1.1999, aaO>. Eine Regelung, dass ein Ausstempeln für die Zeit der Raucherpausen nicht erforderlich ist, kann der BR über Abs 1 Nr 1 nicht erzwingen, da insoweit nicht die Ordnung des Betriebes betroffen ist, sondern dem AG eine Entgeltpflicht für Rauchzeiten ohne Arbeitsleistung auferlegt wird <**R:** LAG SH 21.6.2007, 4 TaBV 12/07, SchlHA 2007, 449>. Noch Rn 140 zu Abs 1 Nr 6. Ein **MBR hat der BR bei**

– einem **Alkoholverbot**, etwa das Verbot, alkoholische Getränke während der Arbeitszeit zu sich zu nehmen oder die Arbeit unter Alkoholeinwirkung anzutreten <**R:** LAG München 23.9.1975, 5 Sa 590/75, BB 1976, 465; zum PersVG BAG 23.9.1986, 1 AZR 83/85, DB 1987, 337; **L:** *Fitting* Rn 71; *Richardi/Maschmann* Rn 192; GK/*Wiese* Rn 228>. Anders ist es, wenn sich das Alkoholverbot auf die Arbeitspflicht bezieht (Rn 38), etwa bei Waffenträgern im Bewachungsgewerbe <**R:** zum PersVG und Grenzzolldienst BVerwG 11.3.1983, 6 P 25/80, BVerwGE 67, 61> oder bei Berufskraftfahrern <**R: aA** LAG München 23.9.1975, 5 Sa 590/75, BB 1976, 465>,
– der Regelung einer **Schweigepflicht**, wenn diese nicht schon aus § 241 Abs 2 BGB folgt und daher nicht nur eine Konkretisierung der Arbeitspflicht ist (Rn 44 ff), etwa die Verpflichtung der AN, untereinander nicht über die Durchführung von Kontrollen zu sprechen; nicht aber bei Schweigevereinbarungen bzgl Geschäfts- und Betriebsgeheimnissen <**R:** BAG 10.3.2009, 1 ABR 87/07, AP BetrVG 1972 § 87 Nr 16 Rn 23 f>, zum Ausschluss des MBR bei einer gesetzl Schweigepflicht Rn 5.
– dem **Verbot, den Betrieb während der Pausen zu verlassen** <**R:** BAG 21.8.1990, 1 AZR 567/89, DB 1991, 394>,
– dem Verbot, eigenes Bargeld mit an den Arbeitsplatz zu bringen, um denkbare Kassenmanipulationen zu erschweren <**R:** Hess LAG 15.1.2004, 5 TaBV 49/03, NZA-RR 2004, 411> oder im Betrieb mit Waren zu handeln,
– dem Verbot, auf dem Betriebsgelände oder unmittelbar vor dem Eingang des Betriebs Schriften oder Propagandamaterial zu verbreiten oder **Meinungsplaketten** zu tragen <**R:** LAG Berlin 21.12.1987, 5 Sa 119/87, juris; auch LAG Hamm 26.5.2008, 10 TaBV 51/08 juris; **L:** DKW/*Klebe* Rn 67>,
– Regelungen über PKW-Stellplätze, etwa die Zuweisung von Stellplätzen außerhalb des eigentl Betriebsgeländes <**R:** LAG Hamm 11.6.1986, 12 TaBV 16/86, NZA 1987, 35> sowie auf dem Betriebsgelände, sofern nicht nur abstrakt der nutzungsberechtigte Personenkreis festgelegt wird <**R:** BAG 7.2.2012, 1 ABR 63/10, AP BetrVG 1972 § 87 Ordnung des Betriebes Nr 42 Rn 20> und über die Einschränkung einer vorhandenen **Parkmöglichkeit** auf dem Betriebsgelände durch Schranken, umlegbare Pfosten und/oder Reservierungsschilder zugunsten best AN <**R:** zum PersVG Hess VGH 5.11.1992, HPV TL 2743/88, AP HPVG § 74 Nr 1; OVG NRW 20.11.1997, 1 A 2732/95.PVL, PersV 1999, 413>; ebenso über die Zuweisung von Fahrradstellplätzen innerhalb des umzäunten Betriebsgeländes <**R: aA** LAG BaWü 4.11.1986, 14 TaBV 4/86, NZA 1987, 428; **L:** wie hier GK/*Wiese* Rn 231>,
– Regelungen zur **privaten Nutzung der Telefone** <**R:** LAG Nürnberg 29.1.1987, 5 TaBV 4/86, NZA 1987, 572 (LS)> oder des **Internets und E-Mail-Verkehrs**, auch ein umfassendes Nutzungsverbot, da mit dem Nutzungsverbot in den Pausen und nach

§ 87 Mitbestimmungsrechte

Ende der Arbeitszeit nicht ausschließl das Arbeitsverhalten der AN geregelt wird; dass insoweit nur die grds Frage geregelt werde, ob die AN Betriebsmittel benutzen können, schließt das MBR ebenso wenig wie bei Zugangskontrollen (Rn 43) aus <R: aA LAG Hamm 7.4.2006, 10 TaBV 1/06, NZA-RR 2007, 20; L: für ein MBR nur an den Nutzungsmodalitäten, wenn der AG die Nutzung grds erlaubt GK/*Wiese* Rn 197ff; *Richardi/Maschmann* Rn 188; *Fitting* Rn 71; ErfK/*Kania* Rn 19; DKW/*Klebe* Rn 67>. Noch Rn 140 zu Abs 1 Nr 6,
- dem **Verbot des Radiohörens** am Arbeitsplatz <R: BAG 14.1.1986, 1 ABR 75/83, DB 1986, 1025, L: GK/*Wiese* Rn 230; *Fitting* Rn 71; *Richardi/Maschmann* Rn 191; DKW/*Klebe* Rn 67; **aA** *von Hoyningen-Huene* Anm zu BAG 14.1.1986, aaO, AP Nr 10 zu § 87 BetrVG 1972 Ordnung des Betriebes>, ebenso das Gebot, privat aufgestellte Rundfunkgeräte aus den Arbeitszimmern zu entfernen <R: zum PersVG BVerwG 30.12.1987, 6 P 20/82, PersR 1988, 54> und das generelle Verbot der Nutzung von **TV-, Video- und DVD-Geräten** auch in den Sozialräumen <R: LAG Köln 12.4.2006, 7 TaBV 68/05, NZA-RR 2007, 80>. Kein MBR besteht, wenn das Verbot arbeitsnotwendig ist (Rn 38), etwa bei dem an die Wachoffiziere eines Fährschiffs ausgesprochenen Verbot, auf der Brücke Radio zu hören <R: LAG SH 24.8.1988, 5 Ta BV 13/88, NZA 1989, 690>, oder bei einem Radioverbot ggü AN, die in Bereichen mit erhebl Publikumsverkehr tätig sind <R: zum PersVG BVerwG aaO>,
- Regelungen über den **Anschluss elektrischer Geräte** (Kaffeemaschine, Klimaanlage) an die Stromversorgung des Betriebs.

42 Da sich das MBR allg auf „Fragen" erstreckt, sind **mitbestimmungspflichtig** auch **unverbindliche Verhaltensvorgaben** oder **innerbetriebl Verf**, mit denen mittelbar auf das Verhalten der AN oder die Ordnung des Betriebs eingewirkt wird, etwa:
- **Ethikregeln**, etwa die Einführung der Ethikrichtlinien einer US-amerikanischen Muttergesellschaft durch den deutschen AG <R: BAG 22.7.2008, 1 ABR 40/07, BB 2008, 2520; LAG Ddf 14.11.2005, 10 TaBV 46/05, DB 2006, 162; L: *Junker* BB 2005, 602; *Schlachter* FS Richardi, S 1067ff; *Fitting* Rn 71; ErfK/*Kania* Rn 21a; *Richardi/Maschmann* Rn 198>. Sind einzelne Regelungen des Verhaltenskodexes mitbestimmungspflichtig (etwa eine sog „whistleblower-Klausel" <R: dazu BAG und LAG Ddf aaO> oder das Verbot, Geschenke und Zuwendungen von Kunden anzunehmen <R: dazu LAG Ddf aaO>, führt dies nicht zu einem MBR an der Ethikrichtlinie insgesamt, weswg etwa die Darlegung der „Unternehmensphilosophie", ethisch-moralischer Programmsätze und ausschließl das Arbeitsverhalten betreffende Vorgaben mitbestimmungsfrei bleiben <R: BAG 22.7.2008 aaO>. Dies gilt auch für ganze **Compliance-Systeme**: Die MB hängt von deren konkreten Inhalten, den konkreten Ethik- oder Verhaltensregeln ab <L: *Richardi/Maschmann* Rn 198; *Fitting* Rn 71; ErfK/*Kania* Rn 21a; *Kort* NJW 2009, 129; **aA** *Junker* BB 2005, 602>. Kein MBR besteht, wenn Redakteuren einer Wirtschaftszeitung im Interesse einer freien und unabhängigen Berichterstattung verboten werden soll, Wertpapiere von Unternehmen der Branchen zu besitzen, über die sie kontinuierlich berichten, und ihnen eine generelle Pflicht zur Vorabgenehmigung von Nebentätigkeiten auferlegt wird, da insoweit mitbestimmungsfrei (Rn 44ff) die Arbeitspflicht konkretisiert wird <R: auch BAG 28.5.2002, 1 ABR 32/01, DB 2003, 287 unter Berufung auf § 118 Abs 1 Nr 2>. Gleiches gilt für Verhaltensanordnungen an die AN im Fall einer Datenpanne: auch hier werden nur Arbeitspflichten konkretisiert <R: aA LAG SH 6.8.2019, 2 TaBV 9/19, NZA-RR

II. Katalog der mitbestimmungspflichtigen Angelegenheiten § 87

2019, 647>. Mitbestimmungspflichtig sind aber wiederum Verhaltensregeln für das betriebl Intranet in einer sog „Netiquette" <R: aA LAG Hessen 5.11.2007, 17 SaGa 1331/07, CR 2008, 660>,
- Regelung des **Beschwerdeverf** vor der Beschwerdestelle nach § 13 Abs 1 S 1 AGG <R: BAG 21.7.2009, 1 ABR 42/08, NZA 2009, 1049 Rn 29 ff; LAG HH 17.4.2007, 3 TaBV 6/07, BB 2007, 2070; **L:** *Ehrich/Frieters* DB 2007, 1026; ohne Initiativrecht des BR *Grobys* NJW 2006, 2950, 2952; *Wisskirchen* DB 2006, 1491, 1497; *Gach/Julis* BB 2007, 773, 775 f; weiter einschränkend *Oetker* NZA 2008, 264, 269> sowie die Festlegung von Maßnahmen nach **§ 12 AGG** <R: vgl LAG München 27.2.2007, 8 TaBV 56/07, juris; **L:** *Wendeling-Schröder/Stein* AGG § 12 Rn 12; *Thüsing* AGG Rn 642>, **nicht aber** die personelle Besetzung der nach § 13 Abs 1 S 1 AGG zu errichtenden Beschwerdestelle <R: BAG 21.7.2009, 1 ABR 42/08, NZA 2009, 1049 Rn 25 ff; LAG Nürnberg 19.2.2008, 6 TaBV 80/07, ZTR 2008, 580 (LS); LAG Rh-Pf 17.4.2008, 9 TaBV 9/08, LAGE § 13 AGG Abs 2; **aA** LAG HH 17.4.2007, aaO; auch LAG Berl-Bbg 28.2.2008, 5 TaBV 2476/07, juris; **L:** ErfK/*Kania* Rn 21a; *Richardi/Maschmann* Rn 193; *Oetker* NZA 2008, 264, 270; *Grobys* NJW 2006, 2950, 2952; *Gach/Julis* BB 2007, 773, 775; **aA** *Kamanabrou* RdA 2006, 321, 335; *Ehrich/Frieters* DB 2007, 1026, 1027; ErfK/*Schlachter* § 13 AGG Rn 2>; die Entscheidung, ob die Beschwerdestelle auf Betriebsebene oder auf Unternehmensebene einzurichten ist, ist eine ebenfalls mitbestimmungsfreie Organisationsentscheidung des AG <R: BAG 21.7.2009, 1 ABR 42/08, NZA 2009, 1049 Rn 18 ff; LAG HH, 17.4.2007, aaO; auch LAG Berl-Bbg 28.2.2008, aaO>,
- Befragungen der AN durch einen Gleichstellungsbeauftragten zur **Aufklärung eines Diskriminierungsvorwurfs** <R: zum PersVG und zur Umsetzung des Befragungsersuchens eines Equal Employment Opportunity-Ermittlers bei den amerikanischen Streitkräften BAG 27.9.2005, 1 ABR 32/04, BB 2006, 784 (LS)>,
- **Mitarbeitergespräche** mit Zielvereinbarung, wenn diese die Zusammenarbeit der AN verbessern und deren Arbeitsfreude und Identifikation mit der Arbeit sowie deren persönl Entwicklung steigern sollen und die Optimierung der Arbeitsergebnisse lediglich als mittelbare Folge oder Fernziel angestrebt wird <R: LAG BaWü 12.6.1995, 16 TaBV 12/94, juris; zum PersVG VGH BaWü 9.5.2000, PL 15 S 2514/99, PersR 2000, 291>; ebenso Vorgesetzten-Mitarbeiter-Gespräche, die die Umgangsformen im Verhältnis von Vorgesetzten und AN iS eines Kooperationsverhältnisses ändern, nicht aber unmittelbar das Arbeitsverhalten beeinflussen sollen <R: zum PersVG VG Frankfurt 22.5.2000, 23 L 960/00 (V), PersR 2001, 120>. Gg die Mitbestimmungspflicht von Krankengesprächen Rn 53. Nicht aber Vorgaben zur Gestaltung oder Dokumentation der Mitarbeitergespräche. Diese konkretisieren die Arbeitspflicht der Führungskraft hinsichtl der Durchführung der Mitarbeitergespräche, Rn 44 ff <R: BAG 17.3.2015, 1 ABR 48/13, BAGE 151, 117 Rn 23>,
- **Sicherheitswettbewerbe**, mit deren Hilfe Unfälle verhindert und das Zusammenleben der AN im Betrieb sicherer gemacht werden soll, insoweit kann der BR aber nicht initiativ tätig werden <R: BAG 24.3.1981, 1 ABR 32/78, DB 1981, 1882>, noch § 88 Rn 2.
- die Durchführung des **betriebl Prüfverf nach § 17 EntgTranspG** gem § 18 Abs 2 S 2 EntgTranspG. Da aber nach BT-Drs 18/11133, S 69 keine neuen MBR geschaffen werden sollen, kommt es insofern darauf an, ob das Prüfverf auf das Verhalten der AN

§ 87 Mitbestimmungsrechte

oder die Ordnung des Betriebs einwirkt. Zudem müssen die gesetzl Vorgaben dem AG Spielraum lassen (Rn 4f) <L: insbes gg ein MBR daher ErfK/*Kania* Rn 21a>.

43 Mitbestimmungspflichtig sind auch **Kontrollregelungen**, mit denen nicht die Arbeitspflicht der AN kontrolliert (Rn 38, 51 ff), sondern die Ordnung im Betrieb durchgesetzt werden soll. **Mitzubestimmen hat der BR** etwa

- über die Einführung, Ausgestaltung und Nutzung eines **Werksausweises** <R: BAG 16.12.1986, 1 ABR 35/85, BB 1987, 683>,
- über Zugangskontrollen, da sie AN und AG vor dem Zutritt Unbefugter schützen, also über **biometrische Zugangskontrollen** als Einlass- und Auslasskontrollen mit Hilfe einer Fingerabdruckerfassung <R: BAG 27.1.2004, 1 ABR 7/03, BB 2004, 1389> und ebenso über die Verpflichtung der AN, beim Betreten und Verlassen von Betriebsräumen wie Schlüssel zu verwendende **codierte Ausweiskarten** zu benutzen <R: aA BAG 10.4.1984, 1 ABR 69/82, BB 1985, 121 zu einem Zugangssicherungssystem, bei dem nicht festgehalten wird, wer, wann und in welcher Richtung den Zugang benutzt; **L**: wie hier DKW/*Klebe* Rn 67; **abw** wie das BAG *Richardi/Maschmann* Rn 186; GK/*Wiese* Rn 183>,
- über **stichprobenartige Kontrollen** der Taschen bei einer durch Los best Gruppe von AN anlässl des Verlassens des Betriebs, um Eigentumsdelikte aufzudecken <R: BAG 12.8.1999, 2 AZR 923/98, DB 2000, 48; 17.8.1982, 1 ABR 50/80, DB 1982, 2578 zur Untersuchung von 50 AN durch das Tauchen der Hände in eine Lösung und das Ableuchten der Kleidung mit einer Stablampe, um die Entwendung chemisch präparierten Geldes aufzudecken> oder routinemäßig durchgeführte Spätkontrollen in Verkaufsstellen <R: BAG 13.12.2007, 2 AZR 537/06, DB 2008, 1633>. Werden hingg einzelne AN bei der Erfüllung ihrer Arbeitspflicht überwacht, hat der BR nicht nach Abs 1 Nr 1 mitzubestimmen, Rn 38, 51ff. Zur Schweigepflicht über solche Kontrollen Rn 41.

c) Kein Mitbestimmungsrecht bei Konkretisierung oder Kontrolle der Arbeitspflicht

44 Nicht mitzubestimmen hat der BR über Anweisungen, die die Arbeitspflicht der AN konkretisieren oder kontrollieren (Rn 38), etwa über die Weisung an Krankenpfleger, Patienten iR einer Arzneimittelstudie ein best Medikament zu verabreichen <R: BAG 10.3.1998, 1 AZR 658/97, DB 1999, 2651> oder, sofern das Veranstaltungsthema ledigl das Arbeitsverhalten betrifft, die Weisung, an einer Informationsveranstaltung des AG teilzunehmen <R: BAG 15.4.2014, 1 ABR 85/12, AP BetrVG 1972 § 87 Ordnung des Betriebes Nr 45 Rn 24ff konkret die MB für das „Dialogforum" der Deutschen Lufthansa AG abl>. Das BAG legt Abs 1 Nr 1 weit aus und nimmt vom MBR nur solche Regeln und Weisungen aus, mit denen der AG die **Hauptleistungspflicht der AN unmittelbar konkretisiert**; wirke sich eine Maßnahme zugleich auf das Ordnungs- und das Arbeitsverhalten aus, komme es darauf an, welcher **Regelungszweck überwiegt** <R: BAG 11.6.2002, 1 ABR 46/01, BB 2003, 50; 13.2.2007, 1 ABR 18/06, DB 2007, 1592; 17.1.2012, 1 ABR 45/10, AP BetrVG 1972 § 87 Ordnung des Betriebes Nr 41 Rn 22; **L**: GK/*Wiese* Rn 209; **weiter** *Richardi/Maschmann* Rn 182; *Fitting* Rn 66; DKW/*Klebe* Rn 55>. Demggü sind nach BVerwG mitbestimmungsfrei schon solche Regelungen, bei denen die Diensterfüllung im Vordergrund steht, während die Auswirkungen auf das Verhalten der Beschäftigten und die Ordnung in der Dienststelle nur zwangsläufige Folge

sind; nur so könne iS des Demokratieprinzips sichergestellt werden, dass die zu erfüllenden öffentl Aufgaben nicht zur Disposition des der Volksvertretung nicht verantwortl PR stünden <R: BVerwG 19.5.1990, 6 P 3/87, ZTR 1990, 444; 13.8.1992, 6 P 20/91, ZTR 1993, 128>. Ob das mitbestimmungsfreie Arbeitsverhalten betroffen ist, beurteilt sich nicht nach den subjektiven Vorstellungen des AG, sondern der **objektive Regelungszweck**, je nach Inhalt der Maßnahme sowie Art des zu beeinflussenden betriebl Geschehens, entscheidet <R: BAG 11.6.2002, 1 ABR 46/01, BAGE 101, 285 [unter Gründe B I]; 17.1.2012, 1 ABR 45/10, AP BetrVG 1972 § 87 Ordnung des Betriebes Nr 41 Rn 22>.

Nicht unter Abs 1 Nr 1 fallen Anordnungen, mit denen der AG die Arbeitsleistung der AN konkretisiert, um die **unternehmerisch-arbeitstechnischen betriebl Abläufe** zu gestalten. Nicht mitbestimmungspflichtig ist daher die Einführung einer einheitl Computerschrift als Hausschrift <R: zum PersVG VGH BaWü 17.9.2002, PL 15 S 623/02, PersR 2003, 78> oder eine Dienstreiseordnung, in der das Verf bei der Genehmigung und Abrechnung von Dienstreisen und die Erstattung von Dienstreisekosten geregelt wird <R: BAG 23.7.1996, 1 ABR 17/96, BB 1997, 206; 27.10.1998, 1 ABR 3/98, BB 1999, 370> oder ein Merkblatt „Verhalten beim Hausalarm" <R: zum PersVG OVG NRW 5.4.2001, 1 A 3033/99.PVL, PersV 2001, 572>. Ebenfalls nicht mitzubestimmen hat der BR über Verpflichtungen der Mitarbeiter zu Namensangaben, etwa die Anweisung an Sachbearbeiter, in Geschäftsbriefen neben dem Nachnamen auch Vornamen anzugeben <R: BAG 8.6.1999, 1 ABR 67/98, BB 1999, 2357> oder über die Anordnung an AN, Namensschilder zu tragen, um den Kunden/Gästen das Ansprechen zu erleichtern, etwa ggü den Schalterangestellten einer Bank <R: BAG 18.4.2000, 1 ABR 22/99, NZA 2000, 1176; **L:** abl GK/*Wiese* Rn 220> oder ggü Straßenbahnfahrern <R: aA BAG 11.6.2002, 1 ABR 46/01, BB 2003, 50; **L:** ErfK/*Kania* Rn 19 und 21; *Fitting* Rn 71; aA GK/*Wiese* Rn 220; DKW/*Klebe* Rn 62>. Auch mitbestimmungsfrei ist die Grundsatzentscheidung bzgl des Bürokonzepts, dass Arbeitsplätze nicht mehr individuell zugeordnet werden, sog **Desk Sharing** <R: LAG Ddf 9.1.2018, 3 TaBVGa 6/17, NZA-RR 2018, 368; **aA** ArbG Frankfurt aM 8.1.2003, 2 BVGa 587/02, BeckRS 2013, 65526; **diff** ArbG Würzburg 8.6.2016, 12 BV 25/15, BeckRS 2016, 107782>. Ebenso wie die eng damit verbundene Weisung, den Schreibtisch für die Nutzung durch das Kollegium aufzuräumen bzw gänzlich zu räumen (sog **Clean Desk**) <L: *Schönhöft/Einfeldt* NZA 2022, 92f>, zu Abs 1 Nr 7 Rn 153.

45

Da sie die Erfüllung der Arbeitspflichten gewährleisten (Rn 38, 44) sind Anordnungen über das **äußere Erscheinungsbild** der AN (Kleiderordnungen, Anordnungen über die Haartracht oder das Tragen von Schmuck) **entgg der hM** <R: etwa BAG 13.2.2007, 1 ABR 18/06, DB 2007, 1592; **L:** GK/*Wiese* Rn 220; *Richardi/Maschmann* 190, 200; *Fitting* Rn 71; DKW/*Klebe* Rn 62> **nicht nach Abs 1 Nr 1 mitbestimmungspflichtig**. Dies gilt insbes, wenn der AG seine AN anweist, Arbeitskleidung zu tragen, die **zum Schutz** des Arbeitsprodukts oder zum Schutz Dritter (etwa der Patienten eines Krankenhauses) oder zum Schutz der AN selbst vor tätigkeitsspezifischen Gesundheitsgefahren **arbeitsnotwendig** ist. **Nicht mitzubestimmen** hat der BR deswg über

46

– die Anordnung eines Klinikums an die AN, hygienisch einwandfreie Schutzkleidung bzw Bereichskleidung zu tragen <R: zum PersVG OVG NRW 12.3.2003, 1 A 5764/00.PVL, PersR 2003, 323; VGH BaWü 27.9.1994, PL 15 S 2844/93, PersR 1995, 214>; zum MBR aus Abs 1 Nr 7 Rn 153,

§ 87 Mitbestimmungsrechte

- über das aus hygienischen Gründen in einem Krankenhaus erlassene Gebot, Hände und Unterarme von Schmuckstücken, Uhren und Ringen freizuhalten und die Haare ab Kragenlänge zusammenzubinden <R: zum PersVG OVG NRW aaO>,
- über die Anordnung an AN in der Margarineherstellung und -verpackung, weiße Drillichkleidung einschließl einer weißen Mütze zu tragen <R: BAG 15.12.1961, 1 ABR 3/60, BB 1962, 220 zum wortgleichen § 56 Abs 1 f BetrVG 1952; L: GK/*Wiese* Rn 220>,
- über die Anweisung an AN von Lebens- oder Arzneimittelherstellern, Kittel und eine angemessene Kopfbedeckung zu tragen, um die Verunreinigung und Beeinträchtigung der Lebens- oder Arzneimittel zu verhindern <L: *SWS* Rn 47a unter Hinweis auf auch bei juris nicht veröffentlichte LAG-Urteile; auch *Henssler* Anm zu BAG 8.8.1989, 1 ABR 65/88, SAE 90, 343, 345>,
- über die Anordnung, Schutzkleidung zum Schutz vor tätigkeitsspezifischen Gesundheitsgefahren zu tragen, etwa wenn der AG AN auf dem Bau oder im Forstbetrieb vorschreibt, Sicherheitsschuhe zu tragen, oder Müllwerker anweist, die vorgeschriebene Schutzkleidung anzuziehen.

47 So wie der AG mitbestimmungsfrei festsetzen darf, dass alle Mitarbeiter auf Geschäftsbriefen Vor- und Nachnamen angeben müssen und AN Namensschilder tragen müssen (Rn 45), darf er mitbestimmungsfrei ein **einheitl Erscheinungsbild der AN mit Außenkontakt** festlegen, um zu gewährleisten, dass die AN für Dritte als solche erkennbar sind und um das äußere Erscheinungsbild und Image zu verbessern. **Nicht** mitbestimmungspflichtig ist deswg

- die Anordnung eines Bewachungsunternehmens an die zur Sicherheit in öffentl Nahverkehrsmitteln eingesetzten AN, eine einheitl Uniform zu tragen,
- die Anordnung einer Spielbank, dass männliche AN zur Wahrung der Seriosität und des einheitl Erscheinungsbildes Anzüge tragen müssen <R: aA BAG 19.5.1998, 9 AZR 307/96, BB 1998, 2527: einheitl dunkelblauer Smoking für Croupiers; 13.2.2007, 1 ABR 18/06, DB 2007, 1592: dezente, nach Funktionsgruppen differenzierende Kleidung für alle AN eines Spielcasinos>,
- die Anweisung an das Bodenpersonal eines zivilen Luftfahrtunternehmens, dezente Kleidung zu tragen <R: aA BAG 8.8.1989, 1 ABR 65/88, DB 1990, 893>, ebenso wie die Regelung einer einheitl Dienstkleidung für das Bodenpersonal eines Luftfahrtunternehmens, damit das Personal sich optisch von den Fluggästen unterscheidet, das Personal schnell auf allen Flughäfen erkannt wird und vom Personal anderer Fluglinien zu differenzieren ist <R: aA BAG 17.1.2012, 1 ABR 45/10, AP BetrVG 1972 § 87 Ordnung des Betriebes Nr 41 Rn 23, wonach das Tragen der Dienstkleidung auch zum Zweck der Erkennbarkeit nicht notwendige Voraussetzung für die Erbringung der geschuldeten Arbeitsleistung sei>.
- die Anweisung an zivile Büroangestellte bei den Streitkräften, keine kurzen Hosen, keine Bermuda-Shorts und keine Unterhemden als Oberbekleidung zu tragen <R: zum PersVG LAG Fft/M 22.8.1966, 1 TaBV 2/66, DB 1967, 251>,
- die Tragepflicht einer Kopfbedeckung für Flugzeugführer der Deutschen Lufthansa AG, um das fliegende Personal in der Öffentlichkeit und insbes ggü Kunden als Repräsentanten des Unternehmens kenntlich zu machen <R: aA BAG 30.9.2014, 1 AZR 1083/12, AP BetrVG 1972 § 87 Ordnung des Betriebes Nr 46 Rn 14 zur „Cockpit-Mütze"">,

II. Katalog der mitbestimmungspflichtigen Angelegenheiten § 87

- und die aus Imagegründen angeordnete Ausstattung der AN einer Baufirma mit einer einheitl Arbeitskleidung <R: aA BAG 1.12.1992, 1 AZR 260/92, BB 1993, 939>,
- Soweit die Farbgebung der Kleidung dazu dient, die auf den Stationen eines Krankenhauses tätigen Berufsgruppen (Ärzte, Krankenschwestern, Reinigungspersonal usw) optisch abzugrenzen, damit Patienten, Besucher und stationsfremdes Personal ohne Weiteres den für ihr jeweiliges Anliegen kompetenten Ansprechpartner erkennen, ist dies ebenfalls nicht mitbestimmungspflichtig <R: aA zum PersVG OVG NRW 12.3.2003, 1 A 5764/00.PVL, PersR 2003, 323, siehe Rn 46>.

Insoweit könnte der BR **allenfalls in Randbereichen** mitbestimmen, soweit der Zweck der AG-Kleiderordnung Spielräume lässt: Dient die einheitl Arbeitskleidung allein hygienischen Zwecken, könnte der BR über Farb- und Formgebung mitzubestimmen haben, etwa darüber, ob die AN in der Margarineherstellung weiße oder auch andersfarbige Drillichkleidung tragen müssen und ob die weiße Mütze nicht durch ein Kopftuch oder ein Haarnetz ersetzt werden kann <R: auch BAG 15.12.1961, 1 ABR 3/60, BB 1962, 220; L: *Richardi/Maschmann* Rn 190, 200> oder über die generelle Farbgebung („dezentfarbig") der den AN eines Krankenhauses unter der einheitl Schutzkleidung erlaubten T-Shirts <R: zum PersVG OVG NRW 12.3.2003, 1 A 5764/00.PVL, PersR 2003, 323>. Dient die einheitl Kleidung der AN mit Außenkontakt einem einheitl, imagefördernden Erscheinungsbild, ist die Mitbestimmung weiter eingeschränkt, sodass etwa selbst ein MBR über die Länge von Röcken und die Farbe von Strümpfen ausscheidet <R: aA BAG 8.8.1989, 1 ABR 65/88, DB 1990, 893 „weiße Socken">, Stichwort „Hooters". Abs 1 Nr 1 macht den BR aber nicht zum Geschmackswächter in Randfragen der betriebl Kleiderordnung: Dass der AG den AN bei Einzelfragen der Arbeitskleidung Spielräume lässt, macht aus einer mitbestimmungsfreien Konkretisierung der Arbeitspflicht keine mitbestimmungspflichtige Regelung des Verhaltens der AN im Betrieb. Wird der BR nach Abs 1 Nr 1 beteiligt, um Konflikte im Miteinander der AN auszugleichen (Rn 37, 40), kann das MBR nicht mit dem Hinweis auf den bezweckten Persönlichkeitsschutz zu einem individualschützenden MBR ausgeweitet werden <R: so aber etwa BAG 17.1.2012, 1 ABR 45/10, AP BetrVG 1972 § 87 Ordnung des Betriebes Nr 41 Rn 26>: Der AN kann Eingriffe in sein Persönlichkeitsrecht selbst rügen und vor die ArbG bringen <L: ausf *Kaiser* FS Kreutz (2009), S 169 ff>.

Da vom Schutzzweck des Abs 1 Nr 1 (Rn 37, 40) nicht gedeckt, kann der BR über sein **Initiativrecht** (Rn 10f) die Einführung einer einheitl Berufskleidung nicht erzwingen <R: aA LAG Nürnberg 10.9.2002, 6 (5) TaBV 41/01, NZA-RR 2003, 197 zur Verpflichtung der AN einer Drogeriekette bei ihrer Tätigkeit einen weißen Kittel zu tragen>. **Nicht** nach Abs 1 Nr 1 mitbestimmungspflichtig ist eine Regelung darüber, wer die **Kosten** der einheitl Arbeitskleidung zu tragen hat <R: BAG 1.12.1992, 1 AZR 260/92, BB 1993, 939; 13.2.2007, 1 ABR 18/06, DB 2007, 1592; L: GK/*Wiese* Rn 222; *Richardi/Maschmann* Rn 190>; insoweit können AG und BR aber eine **freiw BV nach § 88** abschließen <R: BAG 13.2.2007, aaO; L: aA GK/*Wiese* Rn 222>.

Ob die Anordnung an die AN, in einer best Sprache **zu kommunizieren**, reine Arbeitsanweisung ist, hängt von den Umständen ab. Erfordert die Tätigkeit die Kommunikation in einer best Sprache, zB bei Fluglotsen und Piloten oder bei der Zusammenarbeit von AN verschiedener Nationalitäten, konkretisieren Vorschriften über die Arbeitssprache mitbestimmungsfrei die Arbeitspflicht der AN <L: auch *Diller/Powietzka* DB 2000, 718, 721>. Betreffen Anordnungen des AG aber allein die Umgangsformen der AN untereinander,

§ 87 Mitbestimmungsrechte

ordnet er etwa an, dass alle AN einander duzen und mit Vornamen ansprechen müssen, um das Betriebsklima zu verbessern und Hierarchien abzubauen, so ist dies nach Abs 1 Nr 1 mitbestimmungspflichtig <**R:** LAG Hamm 29.7.1998, 14 Sa 1145/98, NZA-RR 1998, 481; **L:** *Fitting* Rn 71; GK/*Wiese* Rn 239 (Sprache), 244 hält eine entspr Regelungsabrede für einen unzulässigen Eingriff in das Persönlichkeitsrecht der AN>.

51 Maßnahmen, mit denen der AG **überwacht oder kontrolliert**, ob ein AN seine Arbeitsleistung erbringt oder Pflichten aus dem Arbeitsverhältnis verletzt, sind **nicht** mitbestimmungspflichtig (Rn 38). Deswg hat der BR nicht mitzubestimmen über die Überwachung einzelner AN im Außendienst durch Privatdetektive <**R:** BAG 26.3.1991, 1 ABR 26/90, BB 1991, 1566> oder eines einzelnen AN wg des Verdachts von gg den AG gerichteten Diebstählen am Arbeitsplatz <**R:** BAG 18.11.1999, 2 AZR 743/98, BB 2000, 672>. Ebenso wenig besteht ein MBR hinsichtl einer Anordnung des AG, in der dieser unter Nennung von Beispielen festlegt, in welchem Umfang die AN bei Verdacht von Unregelmäßigkeiten Meldung erstatten müssen <**R:** zum PersVG aA SchlH OVG 19.1.1993, 11 L 3/92, PersR 1993, 371>. Auch „Laufzettel", auf denen jeweils die an den AN ausgegebenen **Arbeitsmittel**, wie Mobiltelefon und Laptop und die Zugänge und Berechtigungen des AN zu IT-Systemen, -Diensten und Anwendungen verzeichnet sind, können mitbestimmungsfrei eingeführt werden <**R:** BAG 25.9.2012, 1 ABR 50/11, AP BetrVG 1972 § 87 Ordnung des Betriebes Nr 43 Rn 16>; auch Formulare zur Erfassung von Kassendifferenzen <**R:** LArbG Berl-Bbg 19.4.2011, 7 TaBV 556/11, juris>. Stellt der AG ggü den AN klar, dass mit der Ausgabe eines mobilen Arbeitsmittels nicht die Erwartung verbunden ist, dieses in der Freizeit zu dienstlichen Zwecken zu nutzen, unterliegt eine solche Erklärung ebenfalls nicht Abs 1 Nr 1 (auch nicht Abs 1 Nr 3) <**R:** BAG 22.8.2017, 1 ABR 52/14, NZA 2018, 50 LS, zum funktionalen Betriebsbegriff vgl Rn 38>.

52 **Entgg der hM** <**L:** *Fitting* Rn 71; GK/*Wiese* Rn 225; ErfK/*Kania* Rn 20; **krit** aber *Richardi/Maschmann* Rn 183> besteht kein MBR aus Abs 1 Nr 1 an Regelungen, mit deren Hilfe der AG kontrollieren will, ob die AN die geschuldete **Arbeitszeit einhalten**, da so allein die Erfüllung der Arbeitspflicht kontrolliert wird (Rn 38). **Mitbestimmungsfrei** sind damit sowohl Regelungen über Anwesenheitskontrollen bei gleitender Arbeitszeit <**R: aA** zum PersVG BAG 25.5.1982, 1 AZR 1073/79, DB 1982, 2712> einschließl der Anordnung des AG, dass jeder AN das dem Arbeitsplatz nächst gelegene Zeiterfassungsgerät benutzen solle <**R:** zum PersVG BVerwG 13.8.1992, 6 P 20/91, ZTR 1993, 128>. Ebenso wenig besteht ein MBR hinsichtl der Verwendung von Anwesenheitslisten zur Pünktlichkeitskontrolle <**R: aA** obiter dictum BAG 9.12.1980, 1 ABR 1/78, BB 1981, 973 unter Verweis auf ein älteres, nv Urteil> und von Abwesenheitslisten, in die die AN vor Verlassen des Betriebs den Zeitraum und den Anlass (dienstlich oder privat) eintragen müssen <**R:** zum PersVG BVerwG 19.5.1990, 6 P 3/87, ZTR 1990, 444; aus betriebsverfassungsrechtl Gründen gg ein MBR bei der An- und Abmeldung der BR-Mitglieder: BAG 23.6.1983, 6 ABR 65/80, DB 1983, 2419; 13.5.1997, 1 ABR 2/97, BB 1997, 1691>. Auch die Anweisung des AG, bei der Inanspruchnahme einer Raucherpause das Zeiterfassungsgerät zu betätigen, ist mitbestimmungsfrei <**R: aA** LAG Hamm 6.8.2004, 10 TaBV 33/04, AuA 2005, 47>, Rn 41. Nicht mitzubestimmen hat der BR über vorgedruckte Erfassungsbögen, in die die AN die für ihre Tätigkeit aufgewendete Arbeitszeit eintragen müssen, um dem AG eine Kalkulationsgrundlage zu geben <**R:** BAG 24.11.1981, 1 ABR 108/79, BB 1982, 1421; auch 9.12.1980, 1 ABR 1/78, BB 1981, 973> oder wenn der AG zu Kalkulationszwecken mit einer Stoppuhr manuell Arbeitszei-

II. Katalog der mitbestimmungspflichtigen Angelegenheiten § 87

ten messen lässt <R: BAG 8.11.1994, 1 ABR 20/94, DB 1994, 2351>. Zum MBR aus Abs 1 Nr 6 bei technischen Überwachungseinrichtungen Rn 135, 140.

Da die Arbeitsleistung geregelt wird (Rn 38), hat der BR **entgg der hM** <L: *Fitting* Rn 71; GK/*Wiese* Rn 238; DKW/*Klebe* Rn 32, 67; auch *Richardi/Maschmann* Rn 195; differenzierend ErfK/*Kania* Rn 21a> auch **nicht** über das Verf bei **Krankmeldungen** mitzubestimmen, etwa nicht über die Einführung von Formularen, auf denen sich die AN die Notwendigkeit eines Arztbesuchs während der Arbeitszeit vom Arzt bescheinigen lassen sollen <R: aA BAG 21.1.1997, 1 ABR 53/96, BB 1997, 1690> und ebenso wenig über die Anordnung, im Falle einer Erkrankung ein ärztliches Attest vorzulegen <R: wg der abschließenden Regelung in § 3 Abs 1 S 1 LohnFG auch BAG 27.6.1990, 5 AZR 314/89, BB 1990, 2121; aA seitdem BAG 5.5.1992, 1 ABR 69/91, ZTR 1992, 527; 25.1.2000, 1 ABR 3/99, BB 2000, 1195; 23.8.2016, 1 ABR 43/14, AP BetrVG 1972 § 87 Ordnung des Betriebes Nr 48 Rn 16 für eine MB zum „ob" und „wie">. Ebenfalls nicht mitbestimmungspflichtig sind **Krankengespräche**, etwa mit Langzeitkranken über deren Gesundheitszustand und die voraussichtliche Wiederaufnahme der Arbeit <R: zum PersVG BVerwG 6.2.1991, 6 PB 6/90, PersR 1991, 138> oder Krankenkontrollbesuche des AG bei krank gemeldeten AN <R: LAG Rh-PF 29.6.2006, 11 TaBV 43/05, NZA-RR 2007, 417>; auch nicht generell Maßnahmen iR des **BEM iS des § 167 Abs 2 SGB IX**, vielmehr haben die Betriebsparteien bei der Ausgestaltung des BEM für jede einzelne Regelung zu prüfen, ob ein MBR des BR besteht <R: BAG 13.3.2012, 1 ABR 78/10, AP BetrVG 1972 § 87 Nr 18 Rn 12; 22.3.2016, 1 ABR 14/14, NZA 2016, 1283 Rn 11 f>, näher Rn 161 zu Abs 1 Nr 7. Als reine Verf-Vorschrift löst allein der formalisierte Ablauf der Krankengespräche entgg der überwiegenden Meinung kein MBR des BR aus <R: aA BAG 8.11.1994, 1 ABR 22/94, BB 1995, 1188; allg auch 28.5.2002, 1 ABR 32/01, DB 2003, 287; **L:** *Raab* NZA 1993, 193, 198 ff; GK/*Wiese* Rn 237; *Richardi/Maschmann* Rn 194; aA *Fitting* Rn 71; ErfK/*Kania* Rn 21a; DKW/*Berg* Rn 67; *Düwell* NZA 2021, 1614>; dies folgt auch aus dem Umkehrschluss der Neufassung des PersVG: **§ 80 Abs 1 Nr 17 BPersVG** sieht für den gesamten Bereich des § 167 Abs 2 SGB IX ein MBR vor – nicht so aber das ebenfalls 2021 überarbeitete BetrVG, das in § 87 Abs 1 nur eine neue Nr 14 erhalten hat. Ebenfalls nicht mitzubestimmen hat der BR über die Anordnung, dass sich AN Tauglichkeitsuntersuchungen unterziehen müssen <R: LAG Sachsen 29.8.2003, ZTR 2004, 272> oder über Krankenkontrollbesuche, um festzustellen, ob die AN tatsächl erkrankt sind oder sich genesungswidrig verhalten <R: LAG Rh-Pf 29.6.2006, 11 TaBV 43/05, NZA-RR 2007, 417; zum PersVG VGH BaWü 20.4.1993, PB 15 S 879/92, PersV 1995, 131>. Nicht konkretisiert werden Leistungspflichten der AN hingg durch die Anweisung des AG, sich bei Arbeitsaufnahme nach einer mehr als fünftägigen Krankheit zu einem „Krankenbegrüßungsgespräch" in der Personalabteilung zu melden, um mit Hilfe des so erreichten Rechtfertigungsdrucks langfristig den Krankenstand zu senken; diese Anordnung ist als Verhaltensregelung mitbestimmungspflichtig <R: LAG Rh-Pf 29.6.2006, 11 TaBV 43/05, NZA-RR 2007, 417; zum PersVG VG Potsdam 17.12.1997, 11 K 4471/96.PVL, PersV 1998, 565>. Zum MBR des BR in Fragen des Gesundheitsschutzes nach Abs 1 Nr 7 Rn 147 ff.

Verdeckte **Tests**, um die Qualität der Arbeitsleistung der AN zu überprüfen, sind als Leistungskontrollen nicht mitbestimmungspflichtig, Rn 38, 44 <R: LAG Nürnberg 10.10.2006, 6 TaBV 16/06, NZA-RR 2007, 136 zu Testeinkäufen in Drogeriemärkten mit dem Ziel, zu überprüfen, ob die AN das vorgeschriebene Verkaufsverhalten einhalten;

53

54

zum PersVG Hess VGH 24.4.2003, 22 TL 1248/01, PersR 2003, 421 zu Tests bei der Technischen Überwachung Hessen, um eine Verbesserung der Qualität der amtlich vorgeschriebenen Fahrzeugprüfungen zu erreichen; **L**: GK/*Wiese* Rn 213 ff; *Richardi/Maschmann* Rn 197; *Fitting* Rn 72; **aA** DKW/*Berg* Rn 67 (Testkäufer)>. Lässt eine Bank ohne Kenntnis der AN durch ein anderes Unternehmen Tests zur Überprüfung der Beratungsqualität an zufällig ausgewählten Schaltern durchführen und zielt sie damit ledigl auf eine Bestandsaufnahme, werden Leistung und Verhalten der AN nicht beeinflusst, sondern nur festgestellt; ein MBR aus Abs 1 Nr 1 scheidet schon aus diesem Grund aus <**R**: BAG 18.4.2000, 1 ABR 22/99, BB 2000, 2521, das aber iÜ von einem MBR aus Abs 1 Nr 1 bei Kundenbefragungen ausgeht>. Zum MBR des BR aus Abs 1 Nr 6 bei der Überwachung durch technische Kontrolleinrichtungen Rn 135, 140. Ebenso verhält es sich bzgl einer **Mitarbeiterbefragung** durch ein externes Unternehmen zur Qualitätssicherung: Ist die Teilnahme an der Befragung freiw und anonymisiert, ist der Fragebogen nicht nach Abs 1 Nr 1 mitbestimmungspflichtig <**R**: BAG 11.12.2018, 1 ABR 13/17, NZA 2019, 1009 Rn 32 ff>; zu Abs 1 Nr 7 in diesem Fall Rn 160.

d) Betriebsstrafenordnungen

55 Mitzubestimmen hat der BR nach **hM** gem Abs 1 Nr 1 auch über **Disziplinar- bzw Betriebsstrafenordnungen**, die Sanktionen bei Verstößen gg die kollektive Ordnung im Betrieb aufstellen (Geldbuße, Verwarnung oder Verweis) und die das Verf regeln, nach dem solche Sanktionen verhängt werden <**R**: BAG 30.1.1979, 1 AZR 342/76, BB 1979, 1451; 17.10.1989, 1 ABR 100/88, BB 1990, 705 **L**: ErfK/*Kania* Rn 22; GK/*Wiese* Rn 247 ff>. Eine ausreichende Rechtsgrundlage ist jedoch nicht ersichtlich <**L**: *Richardi/Maschmann* Rn 247 ff; auch DKW/*Klebe* Rn 69>; das MBR wird insoweit auch kaum noch praktisch. Der Mitbestimmung soll auch die Verhängung einer Betriebsstrafe im Einzelfall unterliegen; ohne eine mitbestimmte Betriebsstrafenordnung könnten Betriebsstrafen nicht wirksam verhängt werden <**R**: BAG 17.10.1989, aaO>. Ob eine Betriebsstrafe im Einzelfall zu Recht verhängt worden ist, wird im arbg Urteilsverf voll umfänglich nachgeprüft: Gerichtl kontrolliert wird sowohl die Wirksamkeit der Betriebsstrafenordnung als solche, als auch, ob die Einzelstrafe ordnungsgem verhängt, insbes ob der Bußtatbestand verwirklicht worden, die im Einzelfall verhängte Buße angemessen und ob dem betroffenen AN rechtl Gehör gewährt worden ist <**R**: BAG 5.12.1975, BB 1976, 415>. Abs 1 Nr 1 deckt in keinem Fall eine BV, die die Entlassung eines AN als Betriebsstrafe vorsieht <**R**: BAG 28.4.1982, 7 AZR 962/79, DB 1983, 775>.

56 Das MBR erstreckt sich nicht auf arbeitsvertragl Sanktionen wie **Vertragsstrafe** und **Abmahnung**, mit denen allein auf die Verletzung arbeitsvertragl Pflichten durch den AN reagiert wird. Etwa hat der BR über Abmahnungen, die der AG ggü einem AN wg Verletzung arbeitsvertragl Pflichten ausspricht, nicht mitzubestimmen <**R**: BAG 30.1.1979, 1 AZR 342/76, BB 1979, 1451; 17.10.1989, 1 ABR 100/88, BB 1990, 705>. Wird ein AN wg Pflichtwidrigkeiten abgemahnt, ist für die Abgrenzung zw Abmahnung und Betriebsbuße maßgebl, ob der AG ledigl individualrechtl Konsequenzen für den Wiederholungsfall androht oder allein oder zusätzl das beanstandete Verhalten selbst ahnden will (Strafcharakter) <**R**: BAG 30.1.1979, aaO; 19.7.1983, 1 AZR 307/81, DB 1983, 2695>, worauf etwa die Bezeichnung der Sanktion als „Ermahnung", „Rüge" oder „schwerwiegende Rüge", als „Buße" oder „Verweis" hindeutet <**R**: BAG 7.11.1979, 5 AZR 962/77, BB 1980, 414; 17.10.1989, aaO>; maßgebl ist aber die Auslegung der Erklärung und nicht

deren Bezeichnung <R: BAG 5.2.1986, 5 AZR 564/84, DB 1986, 1979>. Auch für die Vertragsstrafe ist maßgebl, ob sie die Erfüllung der arbeitsvertragl Pflichten sichern oder Verstöße gg das gedeihliche Miteinander der AN im Betrieb bestrafen will <L: *Staudinger/Rieble* Rn 135 Vor §§ 339ff BGB>.

e) Individualrechtliche Folgen der Nichtbeachtung des MBR

Solange der AG das MBR des BR nicht beachtet, müssen die AN dessen Ordnungs- und Verhaltensanordnungen **nicht befolgen**; durch die Nichtbeachtung verletzen sie ihre Arbeitspflichten nicht, sodass eine verhaltensbedingte Kd ausscheidet. Stützt der AG eine Kd wg Diebstahls auf eine entgg Abs 1 Nr 1 ohne vorherige Zustimmung des BR durchgeführte Taschenkontrolle (Rn 43), so folgt aus diesem Verstoß kein Beweisverwertungsverbot <R: BAG 13.12.2007, 2 AZR 537/06, DB 2008, 1633>, näher Rn 146 zu Abs 1 Nr 6.

57

2. Beginn und Ende der täglichen Arbeitszeit einschließlich der Pausen sowie Verteilung der Arbeitszeit auf die einzelnen Wochentage (Abs 1 Nr 2)

Literatur: *Bauer/Günther*, Heute lang, morgen kurz – Arbeitszeit nach Maß!, DB 2006, 950; *Bayreuther*, Das Verhältnis von § 99 und § 87 I Nr 2 BetrVG bei der Einstellung von Arbeitnehmern; *Bepler*, Mitbestimmung des Betriebsrats bei der Regelung der Arbeitszeit, NZA Beil 2006, Nr 1, 45; *Buschmann*, Zum Gesetzesvorrang bei der betrieblichen Arbeitszeitgestaltung, FS Wißmann (2005), S 251; *Degenhardt/Kasprzyk*, Freiräume für Arbeitnehmer schaffen – Flexiblere Arbeitszeit, AuA 2008, 4; *Diller*, Das neue Gesetz zur Absicherung flexibler Arbeitszeitregelungen („Flexi-Gesetz"), NZA 1998, 792; *Eylert*, Mitbestimmung des Betriebsrats bei der Arbeitszeit im Spiegel der aktuellen Rechtsprechung, AuR 2017, 4; *Eylert/Meyer*, Zur „Vorabzustimmung" des Betriebsrats bei „eiligen" Arbeitszeitregelungen, RdA 2021, 193; *Franzen*, Umkleidezeiten und Arbeitszeit, NZA 2016, 136; *Gaul*, Arbeitszeit und bezahlte Pause, NZA 1987, 649; *Gaul/Hofelich*, Die arbeitsschutzrechtliche Pflicht zur Bezahlung von Umkleidezeit bei der Verwendung von Schutzausrüstungen, NZA 2016, 149; *Gnade*, Gestaltung der betrieblichen Arbeitszeit und Mitbestimmung des Betriebsrats, FS Kehrmann (1997), 227; *Gutzeit*, Die Mitbestimmung des Betriebsrats bei Fragen der Arbeitszeit, BB 1996, 106; *Hamann*, Mitbestimmung des Betriebsrats in Arbeitszeitfragen bei der gewerbsmäßigen Arbeitnehmerüberlassung, AuR 2003, 322; *Hanau*, Poolsystem und Abrufarbeit als flexible Arbeitszeitmodelle, FS Heinze (2005), S 321; *Heinze*, Flexible Arbeitszeitmodelle, NZA 1997, 681; *Henssler*, Der mitbestimmte Betrieb als „Insel der Beschaulichkeit", FS Hanau (1999), S 413; *Joussen*, Die Rechte des Betriebsrats bei unvorhergesehenem Schichtausfall, DB 2004, 1314; *Klemm*, Zeitkontenmodelle – Rahmenbedingungen und rechtliche Grundlagen, AuA 2006, 256; *Löwisch*, Die Mitbestimmung des Betriebsrats bei der Einarbeitung arbeitsfreier Tage, FS K Molitor (1988), S 225; *Otto*, Mitbestimmung des Betriebsrats bei der Regelung von Dauer und Lage der Arbeitszeit, NZA 1992, 97; *Reichold*, Zeitsouveränität im Arbeitsverhältnis – Strukturen und Konsequenzen, NZA 1998, 393; *Reuter*, Arbeitsrechtliche Aspekte neuer Arbeitszeitstrukturen, RdA 1981, 201; *Richardi*, Kollektivvertragliche Arbeitszeitregelung, ZfA 1990, 211; *Rieble/Gutzeit*, Teilzeitanspruch nach § 8 TzBfG und Arbeitszeitmitbestimmung, NZA 2002, 7; *Säcker/Oetker*, Alleinentscheidungsbefugnisse des Arbeitgebers in mitbestimmungspflichtigen Angelegenheiten aufgrund kollektivrechtlicher Dauerregelungen, RdA 1992, 16; *Salamon/Gatz*, Arbeitgeberseitige Gestaltungsspielräume im Rahmen der mitbestimmten Personaleinsatzplanung NZA 2016, 197; *Schliemann/Förster/Mayer*, Arbeitszeitrecht – gesetzliche, tarifliche und betriebliche Regelungen, 1997; *Schmechel*, Die Rolle des Betriebsrats bei der Einführung und Durchführung von Telearbeit, NZA 2004, 237; *Schoof*, Arbeitszeiten im Betrieb – Es geht nichts ohne Betriebsrat!, AiB 2008, 322; *Schramm/Lodemann*, Regelungsmöglichkeiten zur Vergütung von Umkleidezeiten, NZA 2017, 624; *Schüren*, Job Sharing, 1983; *ders*, Die Mitbestimmung des Betriebsrats bei der Änderung der Arbeitszeit nach dem TzBfG,

§ 87 Mitbestimmungsrechte

AuR 2001, 321; *Schwerdtner*, Die Reichweite der Mitbestimmungsrechte nach § 87 Abs 1 Nr 2, 3 BetrVG bei Teilzeitbeschäftigten mit variabler Arbeitszeit, DB 1983, 2763; *Wirges*, Die Mitbestimmung des Betriebsrats bei der Verlegung der Arbeitszeit an „Brückentagen", DB 1997, 2488; *Zilius*, Arbeitsrechtliche Probleme bei der Einführung der Sommerzeit, AuR 1980, 236.

a) Normzweck und Anwendungsbereich

58 Nach dem in der Praxis wichtigen Mitbestimmungstatbestand des Abs 1 Nr 2 hat der BR über Beginn und Ende der tägl Arbeitszeit und der Pausen sowie über die Verteilung der Arbeitszeit auf die einzelnen Wochentage mitzubestimmen. Über Abs 1 Nr 2 soll der BR zum einen darüber wachen, dass zum Schutz der AN die **arbeitszeitrechtl Bestimmungen eingehalten** werden, zum anderen soll er die berechtigten Interessen der AN an der **Lage** und der **gleichmäßigen Verteilung ihrer Arbeitszeit** und damit auch an ihrer **Freizeit** durchsetzen helfen <R: BAG 21.12.1982, 1 ABR 14/81, BB 1983, 503; 19; 3.5.2006, 1 ABR 14/05, DB 2007, 60> und die unterschiedl Interessen der AN ausgleichen. Dabei müssen sich BV iS des Abs 1 Nr 2 iR der – vielfachen – gesetzl Vorschriften über die Lage der Arbeitszeit und der Pausen halten, insbes iR des ArbZG, der §§ 8 ff JArbSchG, des §§ 4 Abs 2, 5, 6 MuSchG, der Bestimmungen des LadenschlussG und – für die Arbeit auf Abruf – des § 12 TzBfG (Rn 78). Anders als das MBR aus Abs 1 Nr 3 dient Abs 1 Nr 2 **nicht dem Schutz der AN vor Überforderung und Belastungen** <R: BAG 28.5.2002, 1 ABR 40/01, DB 2002, 2385; L: GK/*Gutzeit* Rn 282; aA DKW/*Klebe* Rn 81>. Ob die zeitl Weisung des AG individualrechtl zulässig und der AN mit der Anordnung des AG einverstanden war, spielt für das MBR des BR keine Rolle <R: BAG 30.6.2015, 1 ABR 71/13, BeckRS 2015, 72430 Rn 24f>.

59 Mitzubestimmen hat der BR über die Verteilung der Arbeitszeit, also deren Lage. **Mitbestimmungsfrei** ist hingg die **Dauer** der wöchentl und monatl Arbeitszeit <R: BAG 13.10.1987, 1 ABR 10/86, BB 1988, 270; 26.10.2004, 1 ABR 31/03, BB 2005, 2360 (LS); 15.5.2007, 1 ABR 32/06, DB 2007, 2429; L: aA *Gnade* FS Kehrmann, S 227, 231; krit DKW/*Klebe* Rn 89 ff>; das folgt auch im Umkehrschluss zu Abs 1 Nr 3, der ein MBR nur bei vorübergehenden Änderungen der betriebsüblichen Arbeitszeit erlaubt <R: BAG 21.11.1978, 1 ABR 67/76, EzA § 87 BetrVG 1972 Arbeitszeit Nr 7; 13.10.1987, aaO; L: GK/*Gutzeit* Rn 288 ff, 292; *Richardi/Maschmann* Rn 263 ff, 267; *Fitting* Rn 104; ErfK/*Kania* Rn 25a>. Etwa überschreitet ein Spruch der ES als Regelung über die Dauer der Arbeitszeit die Grenzen des MBR aus Abs 1 Nr 2, durch den die Arbeitszeit so auf die Woche verteilt wird, dass die addierten Arbeitszeiten für die einzelnen Wochenarbeitstage das vom AN geschuldete Arbeitszeitvolumen nicht erreichen <R: BAG 24.1.2006, 1 ABR 6/05, BB 2006, 1685>. Ob und in welchem Umfang **Bereitschaftsdienst und Rufbereitschaft** (Rn 77) oder Nachtarbeit durch Geld oder Freizeitausgleich auszugleichen ist, unterliegt nicht der Mitbestimmung nach Abs 1 Nr 2, da nicht die Lage der Arbeitszeit geregelt wird; über **Ausgleichsregelungen** für Nachtarbeit hat der BR aber nach Abs 1 Nr 7 (Rn 159) und Nr 10 (Rn 229) mitzubestimmen, und wenn feststeht, dass Freizeitausgleich gewährt wird, über dessen nähere Ausgestaltung auch nach Abs 1 Nr 2 <R: BAG 26.4.2005, 1 ABR 1/04, DB 2005, 2030>. Abs 1 Nr 2 eröffnet auch kein MBR darüber, welche **Tätigkeiten** die AN innerhalb der Arbeitszeit verrichten sollen <R: BAG 29.9.2004, 1 ABR 29/03, DB 2005, 343; L: DKW/*Klebe* Rn 81>. Ein MBR besteht aber bei der Festlegung, ob und auf welche Weise die **Arbeitszeit der AN erfasst** wird <R: BAG 9.11.2010, 1 ABR 75/09, AP BetrVG 1972 § 87 Arbeitszeit Nr 126

II. Katalog der mitbestimmungspflichtigen Angelegenheiten § 87

Rn 38>; erfolgt dies durch eine technische Kontrolleinrichtung, ist Nr 6 einschlägig (Rn 128 ff, Rn 134).

Für das MBR des BR ist es ohne Bedeutung, ob der AG die Lage der Arbeitszeit **dauer-** **haft oder nur vorübergehend** verändern will, weswg der BR auch dann mitzubestimmen hat, wenn ein Schichtplan wg Erkrankung eines AN nur für eine kurze Zeit geändert werden muss <**R:** zum PersVG BVerwG 15.2.1988, 6 P 29/85, PersV 1988, 437, 439>. Mitbestimmungspflichtig ist nicht nur die Lage der regelmäßigen Arbeitszeit, sondern auch die **Lage von Überstunden und Kurzarbeit** <**R:** zum PersVG BVerwG 30.6.2005, 6 P 9/04, NZA-RR 2005, 665>, auch wenn Überstunden nur für einen einzelnen Tag und eine best Uhrzeit angeordnet werden sollen <**R:** BAG 13.7.1977, 1 AZR 336/75, BB 1977, 1702: Zusatzschicht an einem Samstag; zum PersVG BVerwG 9.10.1991, 6 P 12/90, PersV 1992, 166: Karnevalsdienstag zw 8 und 9 Uhr; 2.6.1992, 6 P 14/90, ZTR 1992, 346>, noch Rn 70.

60

Das MBR des BR besteht nur bei **kollektiven Maßnahmen**, also bei Regelungen, die die Arbeitszeit abstrakt festlegen und die Interessen der AN unabhängig von der Person und den individuellen Wünschen des Einzelnen betreffen. Die Zahl der betroffenen AN ist nur ein Indiz; mitbestimmungspflichtig ist eine Regelung schon dann, wenn sie die Arbeitszeit für eine nach objektiven Kriterien abgrenzbare Gruppe von AN generell festlegt oder die Arbeitszeit für best Arbeitsplätze oder einen best Arbeitsplatz regelt <**R:** BAG 21.12.1982, 1 ABR 14/81, BB 1983, 503; 16.3.2004, 9 AZR 323/03, DB 2004, 2320; zum PersVG BVerwG 12.8.2002, 6 P 17/01, NZA-RR 2003, 276; **L:** statt aller GK/*Gutzeit* Rn 300 ff mwN>. Das MBR entfällt nicht, weil nur einzelne oder wenige AN von der Arbeitszeitverkürzung oder -verlängerung betroffen sind <**R:** BAG 23.11.1993, 1 ABR 38/93, BB 1994, 935: ein AN; zum PersVG BVerwG 15.2.1988, 6 P 29/85, PersV 1988, 437, 439: drei AN>. Mitbestimmungspflichtig ist etwa die Festlegung von Arbeits- und Pausenzeiten für den Hausmeister einer Schule, da nicht die individuelle Arbeitszeit des als Hausmeister beschäftigten AN, sondern die Arbeitszeit des Arbeitsplatzes „Hausmeister" geregelt wird <**R:** zum PersVG aA Hess VGH 23.5.2000, 22 TL 4473/98, PersR 2001, 83>. Darüber, dass der AG gem § 13 TzBfG einen **Job-Sharing**-Arbeitsplatz für zwei AN einrichtet, hat der BR nicht mitzubestimmen, wohl aber über die Abstimmung der Arbeitszeiten der Jobteiler untereinander <**R:** zum PersVG ganz **gg** ein MBR OVG Berl-Bbg 17.6.1998, 60 PV 14.96, PersV 1999, 304; **L:** GK/*Gutzeit* Rn 334 f; *Richardi/Maschmann* Rn 303; *Fitting* Rn 125; *SWS* Rn 64d>. Mangels Regelungsbedürfnisses entfällt das MBR aber, wenn eine Regelung **ausschließl individuelle Bedürfnisse einzelner AN** befriedigen soll, ohne dass andere AN beeinträchtigt werden, etwa, wenn einem AN bes Arbeitszeiten eingeräumt werden, damit er sein Kind vom Kindergarten abholen kann <**R:** vgl BAG 16.3.2004, 9 AZR 323/03, BB 2005, 1570; **L:** GK *Gutzeit* Rn 303; *Fitting* Rn 114>, oder wenn zehn Küchenhilfen auf eigenen Wunsch von der Spät- in die Tagschicht wechseln und der in der Spätschicht verbliebene AN nicht belastet wird, weil zusätzl Dritte in der Spätschicht eingesetzt werden <**R:** zum PersVG OVG NRW 21.7.2004, 1 A 3554/02.PVL, PersR 2005, 121>. Noch gleich Rn 62.

61

Abs 1 Nr 2 gilt in gleicher Weise für **Teilzeit- wie für Vollzeitbeschäftigte** <**R:** BAG 13.10.1987, 1 ABR 10/86, BB 1988, 270; 8.12.2015, 1 ABR 2/14, AP BetrVG 1972 § 87 Arbeitszeit Nr 139 Rn 16>, auch Rn 85 zu Abs 1 Nr 3: Der BR hat mitzubestimmen bei der Festlegung der Mindestdauer der tägl Arbeitszeit, bei der Festlegung der Höchstzahl von Tagen in der Woche, an denen teilzeitbeschäftigte AN beschäftigt werden sollen und

62

§ 87 Mitbestimmungsrechte

bei der Festlegung der Mindestzahl arbeitsfreier Tage <R: BAG 13.10.1987, aaO>, bei der Lage der vorgegebenen wöchentl Arbeitszeit und deren Verteilung auf die einzelnen Wochentage. Auch erstreckt es sich auf die Frage, ob an einem Arbeitstag zusammenhängend oder in mehreren Schichten gearbeitet werden soll <R: 8.12.2015, 1 ABR 2/14, AP BetrVG 1972 § 87 Arbeitszeit Nr 139 Rn 16; L: *Fitting* Rn 124 mwN>. Das MBR ist auch nicht durch die Regelungen über die Verringerung der Arbeitszeit ausgeschlossen <R: BAG 19.6.2012, 1 ABR 19/11, BAGE 142, 87 Rn 18; 8.12.2015, 1 ABR 2/14, AP BetrVG 1972 § 87 Arbeitszeit Nr 139 Rn 16>, sondern an der nach Abs 1 Nr 2 festgelegten Lage der Arbeitszeit muss sich der Wunsch des AN ausrichten, eine nach § 8 oder § 9a TzBfG sowie nach § 15 Abs 5 BEEG oder nach § 3 PfZG oder § 2 FPfZG verringerte Arbeitszeit auf die Woche und den Wochentag zu verteilen: Der AG kann die Zustimmung zu der vom AN gewünschten Änderung von Dauer und Lage der Arbeitszeit unter Berufung auf die nach Abs 1 Nr 2 mitbestimmte Lage der Arbeitszeit nach § 8 Abs 4 S 1 TzBfG verweigern <R: BAG 18.2.2003, 9 AZR 164/02, BB 2003, 2629; 16.3.2004, 9 AZR 323/03, BB 2005, 1570 – in beiden Fällen einen Verweigerungsgrund im konkreten Fall abl; L: *Rieble/Gutzeit* NZA 2002, 7; GK/*Gutzeit* Rn 331; DKW/*Klebe* Rn 107; *Fitting* Rn 125; SWS Rn 70c> oder nach § 9a Abs 2 S 1TzBfG, § 15 Abs 7 S 1 Nr 4 BEEG, § 3 Abs 4 S 2 PfZG, § 2a Abs 2 S 2 FPfZG. Die betriebsübliche Arbeitszeit steht dem Wunsch nach einem späteren Arbeitsbeginn aber dann nicht entgg, wenn so die individuellen Bedürfnisse des AN befriedigt und die Interessen anderer AN nicht berührt werden, etwa wenn ein Vollzeit-AN in der Versandabteilung mit Arbeitsbeginn 7.00 Uhr seine Arbeitszeit reduziert und wg seiner Kinder nur von 8.00 Uhr bis 12.00 Uhr arbeiten kann <R: BAG 16.3.2004, aaO; L: *SWS* Rn 70c; enger *Rieble/Gutzeit* NZA 2002, 7, 11 f>. Legen AG und Teilzeitkraft einvernehml für einen best Zeitraum fest, an welchen Tagen der AN arbeiten und an welchen Tagen er Blockfreizeit nehmen soll, ist dies wg der Auswirkungen auf die Lage der Arbeitszeit der übrigen AN hingg keine mitbestimmungsfreie Individualmaßnahme <R: zum PersVG *von Roetteken* PersR 2005, 481, 485; aA VGH NRW 29.9.2004, 1 A 4194/02.PVB, PersR 2005, 123>. Die bloße Tatsache, dass Teilzeit-AN individuelle Arbeitszeiten wünschen, hindert die Mitbestimmung des BR nicht, da BR und AG gemeinsam entscheiden müssen, inwieweit diese Wünsche mit Blick auf die Arbeitszeiten der übrigen AN erfüllt werden können <R: BAG 13.10.1987, 1 ABR 10/86, BB 1988, 270; 23.7.1996 AP § 87 BetrVG 1972 Arbeitszeit Nr 68; L: *Rieble/Gutzeit* NZA 2002, 7, 11>. Nach § 8 Abs 4 S 3 TzBfG ist es den TV-Parteien vorbehalten, eine sog Überforderungsquote für Teilzeitarbeitsverhältnisse festzulegen (vgl § 9a Abs 2 S 2 TzBfG); diese Regelungsbefugnis kann nicht über eine tarifl Öffnungsklausel auf AG und BR delegiert werden <R: BAG 24.6.2008, 9 AZR 313/07, NZA 2008, 1309>.

63 Für **Telearbeitsplätze** außerhalb des Betriebs besteht mangels Kollektivbezugs kein MBR darüber, wann und wie lange der häusliche PC tägl eingeschaltet sein muss <L: GK*Gutzeit* Rn 305; *SWS* Rn 64a; **abw** *Fitting* Rn 127>. Der BR hat aber darüber mitzubestimmen, wann die dort Beschäftigten erreichbar sein müssen und wie häufig die Anwesenheit des AN im Betrieb verlangt wird <L: *Fitting* Rn 127 zu Kernzeiten; GK*Gutzeit* Rn 305; *SWS* Rn 64a>. Beschäftigt der AG **eigene AN aus einem anderen Betrieb**, etwa anlässl eines Sonntagsverkaufs, werden diese für die Zeit ihrer Tätigkeit Angehörige des Einsatzbetriebes, sodass der BR über die Lage ihrer Arbeitszeit mitzubestimmen hat <R: BAG 25.2.1997, 1 ABR 69/96, BB 1997, 2003>. Weil sie dem Weisungsrecht des Entlei-

hers unterliegen, ist mitbestimmungspflichtig auch die Lage der Arbeitszeit von **Leih-AN** <R: BAG 15.12.1992, 1 ABR 38/92, BB 1993, 648; 19.6.2001, 1 ABR 43/00, BB 2001, 2582; **L:** GK *Gutzeit* Rn 305; *Fitting* Rn 129; *SWS* Rn 70e>, ebenso wie die erstmalige Zuordnung von neu eingestellten Leih-AN zu den in einer BV festgelegten Schichten, noch Rn 75 <R: BAG 22.10.2019, 1 ABR 17/18, NZA 2020, 123 Rn 21; 22.8.2017, 1 ABR 4/16, BAGE 160, 49 Rn 20; 28.7.2020, 1 ABR 45/18, NZA 2020, 1491 Rn 22; **L:** *Wall* NZA 2021, 927>; zum ggfs bestehenden MBR des BR des Verleiherbetriebs aus Abs 1 Nr 3 Rn 85.

Mittelbar wird dem BR über Abs 1 Nr 2 ein Einfluss auf die **Öffnungszeiten des Betriebs** eingeräumt: Bei der Festlegung der Arbeitszeiten sind weder AG und BR noch die ES an gesetzl Ladenschlusszeiten gebunden; sie können die Lage der Arbeitszeit einerseits so bestimmen, dass der AG die gesetzl Ladenschlusszeiten nicht ausschöpfen kann, andererseits so, dass einzelne AN-Gruppen auch außerhalb der gesetzl Ladenschlusszeiten arbeiten <R: BAG 31.8.1982,1 ABR 27/880, DB 1983, 453 – bestätigt durch BVerfG 18.12.1985, 1 BvR 143/83, DB 1986, 486; 13.10.1987, 1 ABR 10/86, BB 1988, 270; zum PersVG wg des Demokratieprinzips **aA** Hess VGH 20.9.1989, HPV TL 3278/86, NJW 1990, 2020 (Vorstellungszeiten eines Staatstheaters); VGH BaWü 19.10.1999, PL 15 S 326/99, PersV 2002, 29 (Schalteröffnungszeiten einer Sparkasse); **L:** GK*Gutzeit* Rn 319 mwN; DKW/*Klebe* Rn 102; **krit** *SWS* Rn 70b; **abl** *Richardi/Maschmann* Rn 325 mwN; HWGNRH/*Worzalla* Rn 221>. Ebenso können AG und BR bestimmen, dass der Betrieb an best Tagen (etwa Karnevalsdienstag) ganz geschlossen bleibt <R: BAG 26.10.2004, 1 ABR 31/03, BB 2005, 2360 (LS)>. Die durch Art 12 GG geschützte unternehmerische Entscheidungsfreiheit des AG sperrt die Mitbestimmung des BR nicht: Die MBR sind dem BR eingeräumt, damit dieser einseitigen Entscheidungen des AG das Interesse der Belegschaft entgegensetzen kann. Welches Interesse sich durchsetzt, ist nicht Vorfrage, sondern Ergebnis des Mitbestimmungsverf <R: BAG 31.8.1982, 13.10.1987 und 26.10.2004, aaO; **L:** GK/*Wiese* Rn 148 ff; GK/*Gutzeit* Rn 319 ff mwN>, schon Rn 3. Bei der Ausübung seines MBR muss der BR aber **Rücksicht auf die betriebl Bedürfnisse** nehmen, § 2 Abs 1, ebenso muss die ES nach § 76 Abs 5 S 3 bei der Abwägung der betriebl Belange gg die Belange der AN die betriebl Belange mit dem Inhalt zugrunde legen, die sie aufgrund der vom AG getroffenen unternehmerischen Entscheidung haben <**L:** ausf *Rieble* Die Kontrolle des Ermessens der betriebsverfassungsrechtlichen Einigungsstelle 1990, 166 ff>: Die ES darf nicht fragen, ob es sich unternehmerisch lohnt, die Ladenschlusszeiten auszuschöpfen, sondern nur, ob das AG-Interesse auch für den Fall, dass es sich lohnt, hinter den Interessen der AN an einer best Lage der Arbeitszeit zurückstehen muss <**L:** *Löwisch* SAE 1983, 141 ff; *ders* Diskussionsbeitrag in: Blank, Reform der Betriebsverfassung S 78 f>.

64

b) Arbeitszeit

„Arbeitszeit" iS des § 87 Abs 1 Nr 2 ist nicht identisch mit dem Begriff der vergütungspflichtigen Arbeitszeit, der Arbeitszeit nach dem ArbZG oder der Arbeitszeit-RL 2003/88/EG <R: BAG 14.11.2006, 1 ABR 5/06 BAGE 120, 162 Rn 26; 22.10.2019, 1 ABR 11/18, BeckRS 2019, 36551 Rn 22>, sondern ist entspr dem Zweck des MBR (Rn 58) im engeren Sinn die Zeit, während derer der AN die von ihm in einem best zeitl Umfang vertragl geschuldete Arbeitsleistung tatsächl erbringen soll, im weiteren Sinn jedes fremdnützige Tätigwerden im Interesse des AG <R: BAG 15.4.2008, 1 ABR 44/07, EzA

65

§ 87 Mitbestimmungsrechte

§ 80 BetrVG 2001 Nr 9; 17.11.2015, 1 ABR 76/13, BAGE 153, 225 Rn 24; 22.8.2017, 1 ABR 4/16, BAGE 160, 49 Rn 19 mwN; **L:** GK*Gutzeit* Rn 315; *Richardi/Maschmann* Rn 258; *Fitting* Rn 96>. Diese Arbeitszeit richtet sich nach der vertragl oder tarifvertragl Vereinbarung (Rn 67). Eine **Dienstreise** ist keine Arbeitszeit: Das bloße Reisen ist keine Arbeitsleistung <**R:** BAG 14.11.2006, 1 ABR 5/06, DB 2007, 749; **L:** *Loritz* NZA 1997, 1188, 1191; *Fitting* Rn 96; GK*Gutzeit* Rn 315; *Richardi/Maschmann* Rn 259; **aA** *Wulff* AiB 2007, 404, 403 f; DKW/*Klebe* Rn 83>, Rn 77. Reisen ist aber dann Arbeit, wenn der AN – etwa als Außendienst- oder Montagemitarbeiter – mangels festen oder gewöhnlichen Arbeitsorts seine vertragl geschuldete Tätigkeit ohne dauernde Reisetätigkeit gar nicht erfüllen kann <**R:** obiter BAG 14.11.2006, aaO; **L:** *Richardi/Maschmann* Rn 259>; die **Fahrzeit**, die solche AN für die tägl Fahrten zw Wohnort und Kunden aufwenden, ist Arbeitszeit <**R:** EuGH 10.9.2015, C-266/14, NZA 2015, 1177 Rn 46 zur Arbeitszeit iS der RL 2003/88/EG>. Zur Rufbereitschaft Rn 77. Die Teilnahme an einer vom AG iR seines Direktionsrechts angeordneten **Schulungsmaßnahme** ist Arbeitszeit iS von Abs 1 Nr 2 und 3 <**R:** BAG 15.4.2008, aaO; **L:** DKW/*Klebe* Rn 84>, ebenso die Teilnahme an einer **Mitarbeiterversammlung** auf Anweisung des AG (noch Rn 98) <**R:** BAG 13.3.2001, 1 ABR 33/00, DB 2001, 2055> und die vom AG nicht ins Belieben der AN gestellte Teilnahme an Betriebsausflügen <**R:** BAG 27.1.1998, 1 ABR 35/97, BB 1998, 1419 (im konkreten Fall abl, Rn 72); **L:** DKW/*Klebe* Rn 84; **aA** *SWS* Rn 64e.

66 Zeiten, in denen der AN die vorgeschriebene **Arbeitskleidung anzieht** und sich nach Ende der Arbeit wäscht und erneut umkleidet, sind Arbeitszeit, wenn das Umkleiden **vorwiegend den Interessen des AG** dient: Insbes ist dies der Fall bei Schutzkleidung, die notwendig im Betrieb angelegt werden muss, dort nach Beendigung der Tätigkeit verbleibt und der AN arbeitsschutzrechtl ohne sie gar nicht arbeiten darf; oder wenn die **Dienstkleidung bes auffällig** ist, etwa durch eine bes Farbe, Schriftzug oder Logo des AG, und daher nicht bereits zu Hause angelegt und auch auf dem Weg zur Arbeitsstätte getragen werden kann <**R:** vgl BAG 11.10.2000, 5 AZR 122/99, BB 2001, 473 bejahend für Müllwerker; 22.3.1995, 5 AZR 934/93, BB 1995, 1692 abl für einen in der Gastronomieabteilung beschäftigten Koch wg der im Kaufhaus bestehenden Betriebsordnung; 28.7.1994, 6 AZR 220/94, BB 1995, 202 bejahend für Krankenschwestern; 12.11.2013, 1 ABR 59/12, AP BetrVG 1972 § 87 Arbeitszeit Nr 131 Rn 35 bejahend zur Uniform von Fahrpersonal der DB AG, obwohl diese in dezenten Farben gehalten sei; **L:** *Fitting* Rn 96; DKW/*Klebe* Rn 95; HWGHNR/*Worzalla* Rn 186; GK/*Gutzeit* Rn 316>. Ob eine Firmenkleidung im öffentl Raum bes auffällig ist, ist **objektiv** danach zu bestimmen, ob der AN ohne Weiteres als ein solcher des AG identifizierbar ist <**R:** BAG 10.11.2009, 1 ABR 54/08, AP BetrVG 1972 § 87 Arbeitszeit Nr 125 Rn 18 ff, bejahend zu Kleidung in einem markanten und signalgebenden blau/gelb und zum Name des Unternehmens deutlich sichtbar auf der Vorderseite der Hemden, Shirts und Westen sowie auf den Gesäßtaschen; 17.11.2015, 1 ABR 76/13, BAGE 153, 225 Rn 31>. Entscheidet sich der AN, seine Dienstkleidung (dennoch) zu Hause anzulegen, ist diese Tätigkeit nicht ausschließl fremdnützig und damit keine Arbeitszeit, sondern der AN muss keine eigenen Kleidungsstücke einsetzen – unabhängig davon, ob die Dienstkleidung auffällig ist oder nicht <**R:** BAG 12.11.2013, 1 ABR 59/12, AP BetrVG 1972 § 87 Arbeitszeit Nr 131 Rn 33; 17.11.2015, 1 ABR 76/13, BAGE 153, 225 Rn 25>; zum MBR über Kleiderordnungen nach Abs 1 Nr 1 Rn 46 ff. Muss sich der AN aus hygienischen Gründen vor oder nach der Arbeitsleistung einer gründlichen Körperreinigung unterziehen, ist auch das Arbeitszeit

<R: BAG 11.10.2000, aaO bejahend für Müllwerker; L: DKW/*Klebe* Rn 95; GK/*Gutzeit* Rn 316>. Bei der **Bemessung von Zeitvorgaben des AG** für das Umkleiden im Betrieb hat der BR kein MBR nach Abs 1 Nr 2; diese hat grds nach allg Grundsätzen zu erfolgen: Nur die Zeit, die ein AN für das Umkleiden brauchen darf, zählt zur Arbeitszeit <R: BAG 19.9.2012, 5 AZR 678/11, AP BGB § 611 Arbeitszeit Nr 39 Rn 24; 12.11.2013, 1 ABR 59/12, AP BetrVG 1972 § 87 Arbeitszeit Nr 131 Rn 48 f>. Arbeitszeit iS v Abs 1 Nr 2 ist auch die Zeit, die der AN braucht, um in Dienstkleidung vom **Ort seines Kleidungswechsels** zu seinem Arbeitsplatz zu gelangen und umgekehrt; nicht aber, der Weg zur Arbeitsstätte, wenn der AN sich dazu entscheidet, die (auffällige) Dienstkleidung bereits zu Hause anzulegen: Die Zuordnung der Umkleide- und Wegezeiten zur betriebl Arbeitszeit iS des Abs 1 Nr 2 ist von der Entscheidung der AN abhängig, an welchem Ort sie die Dienstkleidung an- und ablegen <R: BAG 17.11.2015, 1 ABR 76/13, BAGE 153, 225 Rn 23, 26 und 33 ff>. Arbeitszeit ist auch die Zeit, welche ein Corona-Schnelltest und die anschl Auswertung (ca 15 Min) in Anspruch nimmt, sofern eine Testpflicht aufgrund einer landesrechtlichen Corona-Schutzverordnung angeordnet ist; nicht bei freiwilliger Testung und damit lediglich der Selbstvergewisserung dienend <L: GK/*Gutzeit* Rn 17>. Die Zeit, die ein AN benötigt, um eine – durch eine BV gestattete – Taschenkontrolle zu dulden, ist hingg keine Arbeitszeit <R: LAG Nürnberg 10.10.2006, 6 TaBV 16/06, BB 2007, 448 (LS)>; zum MBR aus Abs 1 Nr 1 Rn 43, gg ein MBR aus Abs 1 Nr 3 Rn 98.

Das **ArbG** entscheidet unter Auslegung arbeitszeitrechtl gesetzl und tarifl Vorschriften (Rn 65), **ob** best Zeiten als Arbeitszeit zu bewerten sind <R: BAG 29.10.2002, 1 AZR 603/01, DB 2003, 2014; 22.7.2003, 1 ABR 28/02, DB 2004, 766; L: *Richardi/Maschmann* Rn 277; GK/*Gutzeit* Rn 315; *Fitting* Rn 114>. **Nicht mitzubestimmen** hat der BR daher über die Frage, wie Zeiten von Arbeitsbereitschaft und Bereitschaftsdienst arbeitszeitrechtl zu qualifizieren sind <R: BAG 22.7.2003, aaO>, ob etwa Be- und Entladezeiten, während derer ein Kraftfahrer sein Fahrzeug und das Betriebsgelände zwar verlassen darf, einem Arbeitsaufruf aber umgehend nachzukommen hat, Ruhepausen sind <R: BAG 29.10.2002, aaO>. Ebenso wenig hat der BR darüber mitzubestimmen, ob der AN Arbeit leistet durch Vorbereitungs- und Abschlussdienste <R: zum PersVG BVerwG 14.6.1968, VII P 9.66, PersV 1968, 264>, durch Fahrten von seiner Wohnung zur Arbeitsstelle <R: zum PersVG VGH BaWü 26.11.1991, 15 S 898/91, PersR 1992, 320; OVG NRW 29.5.1982, CB 10/81, PersV 1986, 432>, während des Wegs zw dem Ort der Arbeitsaufnahme und dem eigentl Arbeitsplatz <R: zum PersVG BVerwG 4.3.1994, 6 PB 14/93, nv (juris): Weg von der Station eines Krankenhauses zur Pforte> oder auf dem Weg zw dem Abstellplatz der Dienstfahrzeuge und der Arbeitsstelle <R: zum PersVG BVerwG 4.4.1985, 6 P 37/82, PersV 1987, 155>. Mitbestimmungsfrei ist daher auch die Verteilung von Zeiten, die das Fahrpersonal für das individuelle **Zurücklegen der Strecke** zw Wohnung zum Einsatz-/Ablöseort und vom Aussetz-/Ablöseort zur Wohnung braucht <R: BAG 22.10.2019, 1 ABR 11/18, BeckRS 2019, 36551 Rn 21> und zwar, da der Schutzzweck des Abs 1 Nr 2 rein zeitbezogen ist (Rn 58 und 65), auch dann, wenn Omnibus- und U-Bahnfahrer auf diesem **Weg** erforderliche **Arbeitsmittel** mit sich führen <R: BAG 22.10.2019, aaO Rn 29 zur umfangreiche und schweren Ausrüstung des Fahrpersonals wie etwa Taschenlampe, Werkzeug, Geldwechsler, Warnweste>. Das Empfangen, Abgeben und Bereitmachen von arbeitsnotwendigen Betriebsmitteln ist hingg betriebl Arbeitszeit iS des Abs 1 Nr 2, sofern diese Tätigkeiten einem fremden Bedürfnis

67

§ 87 Mitbestimmungsrechte

dienen und nicht zugleich ein eigenes Bedürfnis des AN erfüllen; also nur bei ausschließl dienstlich nutzbaren Arbeitsmitteln <R: BAG 12.11.2013, 1 ABR 59/12, AP BetrVG 1972 § 87 Arbeitszeit Nr 131 Rn 56 das Bereitmachen des mobilen Terminals durch Fahrpersonal als Arbeitszeit bejahend, nicht aber des nicht ausschließl dienstlich nutzbaren Mobiltelefons; 17.11.2015, 1 ABR 76/13, BAGE 153, 225 Rn 40 zum Bus als Arbeitsmittel bei Fahrpersonal>. Zu **Pausen** Rn 79 f.

c) Verteilung der Arbeitszeit auf die Wochentage

68 Mitbestimmungspflichtig ist die Verteilung der Arbeitszeit auf die einzelnen Wochentage, insbes die Festsetzung, dass ein Werktag oder mehrere Werktage pro Woche arbeitsfrei und **welche Tage arbeitsfrei** sein sollen <R: BAG 13.10.1987, 1 ABR 10/86, BB 1988, 270>. Mitzubestimmen hat der BR bei der Aufstellung von **Dienstplänen**, bei Abweichen von bereits aufgestellten Plänen <R: BAG 28.5.2002, 1 ABR 40/01, AP BetrVG 1972 § 87 Arbeitszeit Nr 96; 25.9.2012, 1 ABR 49/11, AP BetrVG 1972 § 87 Arbeitszeit Nr 129 Rn 24 konkret gg eine Änderung und damit ein MBR, wenn nur ein abstrakter Wert für das erwartete Arbeitszeitvolumen im Dienstplan geändert wird; 8.12.2015, 1 ABR 2/14, AP BetrVG 1972 § 87 Arbeitszeit Nr 139 Rn 14> ebenso wie etwa über die Einführung einer Fünf-Tage-Woche <R: zum PersVG BVerwG 31.8.1962, VII P 14.61, PersV 1962, 276 zur Einführung von zwei dienstfreien Samstagen>, bei der Festlegung von Vor- oder Nacharbeit zum Ausgleich für Betriebsausflüge (siehe aber bei Gleitzeitarbeit Rn 72) oder für arbeitsfreie Brückentage zw Feiertagen und Wochenenden. Dem MBR ist genügt, wenn AG und BR die **Grundsätze** festlegen, nach denen Dienstpläne aufgestellt werden <R: BAG 28.10.1986, 1 ABR 11/85, DB 1987, 692; 28.5.2002, 1 ABR 40/01, DB 2002, 2385 – zu Schichtplänen; 18.4.1989, 1 ABR 2/88, DB 1989, 1926 zu Dienstplänen in einem Krankenhaus; **L**: *Richardi/Maschmann* Rn 290, 335; *Fitting* Rn 122; auch DKW/*Klebe* Rn 106>, noch Rn 75. Die Einsatzplanung, die der Aufstellung des konkreten monatl Dienstplans vorausgeht, etwa die Planung, welche Flugzeuge wann welche Ziele anfliegen werden, ist mitbestimmungsfrei <R: BAG 14.1.2014, 1 ABR 66/12, AP BetrVG 1972 § 87 Arbeitszeit Nr 134 Rn 45 ff zu **Besatzungsumläufen**>. Im **Arbeitskampf** kann das MBR des BR bei der Dienstplangestaltung ausgeschlossen sein, etwa bei der Planung der streikbedingt angeordneten Mehrarbeit <R: BAG 20.3.2018, 1 ABR 70/16, NZA 2018, 1081 Rn 44 zur vorbeugenden Mehrarbeitsanordung iR eines Warnstreiks>. Vgl Rn 100 und Rn 106.

69 Mitbestimmungspflichtig ist auch ein **rollierendes System**, nach dem die arbeitsfreien Tage in verschiedenen Wochen auf verschiedene Wochentage gelegt werden <R: BAG 31.1.1989, 1 ABR 69/87, DB 1989, 1631; 25.7.1989, 1 ABR 46/88, DB 1990, 791; **L**: statt aller *SWS* Rn 69g; GK *Gutzeit* Rn 347 ff; **abw** für ein MBR nur über das „Wie", nicht aber über das „Ob" nur HWGNRH/*Worzalla* Rn 200 f>. Von Abs 1 Nr 2 ist das Verlangen des BR gedeckt, best Tage, insbes Feiertage, aus dem rollierenden System auszunehmen <R: BAG 31.1.1989 und 25.7.1989, aaO; **L**: *Richardi/Maschmann* Rn 294; **abw** *SWS* RN 69g>. Da das MBR des BR auf die Verteilung der Arbeitszeit in der Woche beschränkt ist, kann der BR aber nicht verlangen, im Gegenzug zur Verlängerung der Arbeitszeit in einer Woche arbeitsfreie Tage in einer anderen Woche einzuführen <**L**: *Löwisch* FS K Molitor (1988), S 225, 233 ff; zum fehlenden Initiativrecht GK/*Gutzeit* Rn 349>.

II. Katalog der mitbestimmungspflichtigen Angelegenheiten § 87

d) Beginn und Ende der täglichen Arbeitszeit

Mitbestimmungspflichtig ist zudem die **Lage und Dauer der Arbeitszeit am Tag**, also 70
der tägl Arbeitsbeginn und das tägl Ende der Arbeitszeit <R: BAG 13.10.1987, 1 ABR
10/86, BB 1988, 270; 28.9.1988, 1 ABR 41/87, BB 1989, 423; zum PersVG BVerwG
9.10.1991, 6 P 12/90, PersV 1992, 166>. Dem MBR des BR aus Abs 1 Nr 2 ist nur die
Dauer der wöchentl und monatl Arbeitszeit entzogen (Rn 59); hingg wird mit der Dauer
der tägl Arbeitszeit nur geregelt, wie die einzelvertragl vereinbarte oder tarifl Arbeitszeit
an den einzelnen Wochentagen genutzt werden soll <R: BAG 28.9.1988, aaO>. Mitbestimmungspflichtig sind Arbeitszeitregelungen auch dann, wenn sie nicht die gesamte,
sondern **nur einen Teil der tägl Arbeitszeit** regeln, etwa nur Beginn und Ende der Probenzeiten von AN an Theatern <R: zum PersVG BVerwG 12.8.2002, 6 P 17/01 NZA-RR
2003, 276>. Ebenso hat der BR mitzubestimmen, wenn die Arbeitszeit **nur an einem
best Arbeitstag** der Woche verändert werden soll, etwa durch verlängerte Öffnungszeiten
an einem sog Dienstleistungsabend <R: zum PersVG VG Oldenburg 20.10.1989, 8 A 14/
89, PersR 1989, 338> oder durch die Verkürzung der Öffnungszeiten an Freitagen <R:
zum PersVG BVerwG 20.1.1993, 6 P 21/90, PersR 1993, 310> oder durch die Anordnung
von Feiertagsarbeit <R: BAG 27.1.2004, 1 ABR 5/03, NZA 2004, 941>. Werden anlässl
eines Sonntagsverkaufs AN aus anderen Betrieben des AG für ledigl einen Tag im Betrieb beschäftigt, so hat der BR bei der Festlegung von Beginn und Ende ihrer Arbeitszeit
mitzubestimmen <R: BAG 25.2.1997, 1 ABR 69/96, BB 1997, 2003>, Rn 60. Der BR
kann **initiativ** werden, um für einen best Tag im Jahr Ausnahmen von der regulären Arbeitszeitregelung durchzusetzen, etwa eine Arbeitsbefreiung am Karnevalsdienstag; ob
die AN individualrechtl Ansprüche auf Arbeitsbefreiung an diesem Tag besitzen, ist irrelevant <R: BAG 26.10.2004, 1 ABR 31/03, BB 2005, 2360 (LS)>.

Das MBR des BR aus Abs 1 Nr 2 erstreckt sich auf die Einführung von Modellen zur 71
Flexibilisierung der Arbeitszeit; insoweit darf der AG Leistungen der betriebl Altersversorgung davon abhängig machen, dass eine BV über die flexiblere Gestaltung der Arbeitszeit zustande kommt <R: BAG 18.9.2007, 3 AZR 639/06, DB 2008, 823>. Mitbestimmungspflichtig sind einmal **Gleitzeitregelungen**, die die Arbeitszeit am Arbeitstag
verschieben und unterschiedl lange Arbeitszeiten an den einzelnen Tagen der Arbeitswoche ermöglichen. Mitzubestimmen hat der BR zum einen darüber, **ob** im Betrieb Gleitzeit
eingeführt werden soll <R: zum PersVG BVerwG 9.10.1991, 6 P 21/89, PersV 1992, 163;
L: statt aller GK/*Gutzeit* Rn 352 mwN>. Zum anderen hat der BR ein MBR über das
„**Wie**" der Gleitzeit, insbes über die Festlegung der Kernarbeitszeit (Anwesenheitspflicht), der Gleitspannen sowie des Zeitraums, innerhalb dessen Zeitguthaben und Zeitrückstände kompensiert werden müssen <R: BAG 29.4.2004, 1 ABR 30/02, BB 2004,
1967; 9.11.2010, 1 ABR 75/09, AP BetrVG 1972 § 87 Arbeitszeit Nr 126 Rn 30 zur
Kernarbeitszeit> und über die Anordnung des AG an die Abteilungsleiter dafür zu sorgen,
dass an jedem Tag der Woche mindestens ein AN der jeweiligen Abteilung während der
Gleitzeiten außerhalb der Kernarbeitszeit anwesend ist <R: OVG NRW 1.4.1992, CL 22/
89, RiA 1993, 47>. Mitbestimmungspflichtig sind auch die Vorgaben, nach denen die
Durchführung des Gleitzeitsystems kontrolliert wird <L: *Richardi/Maschmann* Rn 297;
GK/*Gutzeit* Rn 353>; bei technischen Kontrollsystemen greift das MBR aus Abs 1 Nr 6.
Nicht mitzubestimmen hat der BR aber über die Regelung der Normalarbeitszeit, welche
Maßstab für Überstunden oder Mehrarbeit in der Gleitzeit ist, sodass diese keine Arbeitszeit ist, sondern nur ein rechnerischer Wert zur Berechnung von **Zeitgutschriften** und da-

§ 87   Mitbestimmungsrechte

mit über den Umfang der von den AN geschuldeten Leistung <**R:** zum PersVG BVerwG 9.10.1991, aaO; **aA** BAG 9.11.2010, 1 ABR 75/09, AP BetrVG 1972 § 87 Arbeitszeit Nr 126 Rn 25 für eine Regelungskompetenz kraft Sachzusammenhang für die Festlegung des Umfangs der Zeitgutschrift; obiter dictum LAG BaWü 11.7.2002, 2 TaBV 2/01, BB 2002, 1751; **L: aA** GK/*Gutzeit* Rn 353>.

72   Wie der **AN sein Gleitzeitkonto nutzt**, ist seine Sache und er entscheidet insbes, ob und wann er freie Gleitzeittage nimmt; ein MBR des BR scheidet mangels Leistungsbestimmungsrecht des AG aus. Etwa hat der BR nicht an der Entscheidung des AN mitzubestimmen, für einen Betriebsausflug während der Arbeitszeit Urlaub oder einen „Gleitzeittag" zu nehmen oder die ausgefallene Arbeitszeit vor- oder nachzuarbeiten <**R:** BAG 27.1.1998, 1 ABR 35/97, BB 1998, 1419; **L:** GK/*Gutzeit* Rn 353>. Mitbestimmungspflichtig ist es **aber**, wenn der AG best Tätigkeiten außerhalb der Kernarbeitszeit verpflichtend anordnet. Etwa verletzt der AG eine BV über die gleitende Arbeitszeit und damit das MBR des BR aus Abs 1 Nr 2, wenn er Schulungs- und Informationsveranstaltungen für Kundenberater außerhalb der Kernzeit, aber innerhalb der Gleitzeit einseitig ansetzt <**R:** BAG 18.4.1989, 1 ABR 3/88, DB 1989, 1978>. Schreibt eine BV zwingend einen tägl Gleitzeitrahmen vor, so können gem § 77 Abs 1 der BR und bei groben Verstößen gem § 23 Abs 3 auch eine im Betrieb vertretene Gewerkschaft vom AG verlangen, dass dieser die Überschreitung des Gleitzeitrahmens durch die AN verhindert <**R:** BAG 29.4.2004, 1 ABR 30/02, BB 2004, 1967>.

73   Mitbestimmungspflichtig ist auch die Arbeitszeitflexibilisierung durch sonstige **Arbeitszeitkonten**, also Regelungen, nach denen die geleistete Arbeitszeit stundenweise verbucht wird, um ein Guthaben aufzubauen und Abweichungen der tatsächl geleisteten von der geschuldeten Arbeit als Minus- oder Plusstunden zu buchen und miteinander zu verrechnen. Mitbestimmungspflichtig ist zum einen, **ob** die Arbeitszeit im Betrieb mit Hilfe von Arbeitszeitkonten flexibilisiert werden soll <**R:** BAG 9.12.2003, 1 ABR 52/02, EzA § 77 BetrVG 2001 Nr 6; 30.5.2006, 1 ABR 21/05, EzA TVG § 4 Chemische Industrie Nr 9; 9.11.2010, 1 ABR 75/09, AP BetrVG 1972 § 87 Arbeitszeit Nr 126 Rn 16; **L:** DKW/*Klebe* Rn 99; ErfK/*Kania* Rn 29>. Zum anderen hat der BR über das „**Wie**" der Arbeitszeitkonten mitzubestimmen <**L:** DKW/*Klebe* Rn 99>, insbes über die Festlegung des Ausgleichszeitraums (etwa von einem Jahr), innerhalb dessen die vertragl vereinbarte Durchschnittsarbeitszeit erreicht werden muss <**R:** BAG 30.5.2006, aaO; 26.9.2017, 1 ABR 57/15, AP BetrVG 1972 § 87 Arbeitszeit Nr 142 Rn 20>, über die Ober- und Untergrenze der tägl oder wöchentl Arbeitszeitdauer (Schwankungsbreite der Arbeitszeitkonten, etwa: Arbeitstag mit mindestens 6 und höchstens 10 Stunden Dauer), über Höchstgrenzen des Aufbaus bzw Abbaus von Zeitsalden (Guthabenaufbau etwa bis zu 150 Stunden) <**R:** BAG 30.5.2006, aaO; 26.9.2017, aaO>, über den Ausgleich von Zeitguthaben durch Geld oder Freizeit <**R:** BAG 9.12.2003, aaO; 9.11.2010, 1 ABR 75/09, AP BetrVG 1972 § 87 Arbeitszeit Nr 126 Rn 36 und Rn 44> und über die Möglichkeit, den AN in Zeiten geringer Aufträge zwangsweise einen Freizeitausgleich abzuverlangen (zB durch Verlängerung der Betriebsferien). Diese Regelungen sind eine einheitl mitbestimmungspflichtige Angelegenheit, sodass nicht unterschiedl BR zuständig sind; es handelt sich um **keine Angelegenheit der betriebl Lohngestaltung nach Abs 1 Nr 10** <**R:** BAG 26.9.2017, aaO>. Mitbestimmungspflichtig sind auch Regelungen darüber, was bei Überschreiten der Höchstgrenzen geschehen soll, ob etwa darüber hinaus gehende Plusstunden zusätzl vergütet oder in den folgenden Ausgleichszeitraum übertragen werden sollen, ob

Plussalden auf gesondert geführten Langzeitkonten angesammelt werden sollen, um diese später für eine Freistellung zur Kinderbetreuung iR eines Sabbaticals oder für einen vorgezogenen Ruhestand nutzen zu können oder für die berufl Weiterentwicklung einsetzen zu können <**R:** BAG 10.12.2013, 1 ABR 40/12, AP BetrVG 1972 § 87 Arbeitszeit Nr 132 Rn 24 für ein MBR bei der Kappung nach 10 Arbeitsstunden, sodass darüber hinaus geleistete Arbeitszeit nicht dem Gleitzeitkonto zugeführt wird>. Mitzubestimmen hat der BR über Kontrollmechanismen, etwa über sog Ampelkontrollmodelle, in denen die Plus- und Minusstunden in grünen, gelben und roten Bereichen angesammelt werden.

AG und BR müssen sich aber **iR der Gesetze und TV** bewegen. Etwa verstößt eine BV, 74
nach der eine Zeitschuld nur durch tatsächl Arbeitsleistung, nicht aber bei krankheitsbedingter Arbeitsunfähigkeit ausgeglichen wird, gg das Lohnausfallprinzip des § 4 I EFZG <**R:** BAG 13.2.2002, 5 AZR 470/00, BB 2002, 1489>. Ebenso weicht eine BV, die dem AG das Recht einräumt, für jeden Tag der Entgeltfortzahlung im Krankheitsfall vom Zeitkonto des AN 1,5 Stunden abzuziehen, zu Ungunsten der AN von § 4 Abs 1 EFZG ab und ist nach § 12 EFZG, § 134 BGB nichtig <**R:** BAG 26.9.2001, 5 AZR 539/00, BB 2002, 732 zu einem TV>. Verstößt der AG mehrfach und über einen erhebl Zeitraum (1 1/2 Jahre) gg die durch BV geregelte zulässige Schwankungsbreite von Arbeitszeitkonten, kann der BR gem § 77 Abs 1 Unterlassung verlangen <**R:** LAG Köln 7.5.2008, 3 TaBV 85/07, juris>. Für Langzeitarbeitszeitkonten, die nicht ledigl der Flexibilisierung der tägl oder wöchentl Arbeitszeit dienen (§ 7b Nr 2 SGB IV), sondern der Regulierung der Lebensarbeitszeit, sind die Sicherungen der §§ 7bff SGB IV zu beachten <**L:** *Wellisch/Lenz,* Wertkonten und andere Arbeitszeitkonten – Neuerungen durch Flexi II – Auswirkungen auf die Arbeitszeitgestaltung, DB 2008, 2762; *Uckermann,* Änderung der gesetzl Rahmenbedingungen von Zeitwertkonten, BB 2008, 1281 und 1566 sowie 1898>.

Abs 1 Nr 2 unterwirft auch die **Mehrschichtarbeit einschließl Wechselschichtsystemen** 75
der Mitbestimmung: Der BR hat darüber mitzubestimmen, **ob** Schichtarbeit im Betrieb eingeführt, verändert oder abgebaut werden soll <**R:** BAG 28.10.1986, 1 ABR 11/85, DB 1987, 692; 29.9.2004, 5 AZR 559/03, ZTR 2005, 274; 3.5.2006, 1 ABR 14/05, DB 2007, 60; 19.6.2012, 1 ABR 19/11, NZA 2012, 1237 Rn 18; **L:** GK/*Gutzeit* Rn 340; *Richardi/ Maschmann* Rn 288; *Fitting* Rn 120; DKW/*Klebe* Rn 104>, etwa ein Dreischichtsystem <**R:** BAG 29.9.2004, aaO> oder eine Nachtschicht nur für drei Monate <**R:** BAG 30.5.2006, 1 ABR 21/05, EzA TVG § 4 Chemische Industrie Nr 9>. Das MBR erstreckt sich auch auf das "**Wie**" der Schichtarbeit <**L:** GK/*Gutzeit* Rn 342 ff; *Richardi/Maschmann* Rn 288; DKW/*Klebe* Rn 104; *Fitting* Rn 122 f>, also auf die zeitl Lage der einzelnen Schichten (**Schichtplan**), und die Abgrenzung des Personenkreises, der Schichtarbeit zu leisten hat <**R:** BAG 28.10.1986, aaO; 28.5.2002, 1 ABR 40/01, DB 2002, 2385; zum PersVG BVerwG 15.2.1988, 6 P 29/85, PersV 1988, 437; 19.6.2012, aaO> einschließl der Frage, welche AN den einzelnen Schichten zugeordnet werden <**R:** BAG 27.6.1989, aaO; 23.11.1993, 1 ABR 38/93, BB 1994, 935; 29.9.2004, aaO; 3.5.2006, aaO; 19.6.2012, aaO; 8.12.2015, 1 ABR 2/14, AP BetrVG 1972 § 87 Arbeitszeit Nr 139 Rn 14>. Das MBR greift auch für neu eingestellte AN und deren Zuordnung zum Schichtplan; **neben dem MBR aus § 99**, da Abs 1 Nr 2 und § 99 unterschiedl Regelungsgegenstände betreffen und mit unterschiedl Konfliktlösungsmechanismen ausgestattet sind <**R:** BAG 22.8.2017, 1 ABR 4/16, NZA 2018, 191 Rn 23; 22.10.2019, 1 ABR 17/18, NZA 2020, 123 Rn 21; 28.7.2020, 1 ABR 45/18, NZA 2020, 1491 Rn 21, 24 (konkret zu Leih-AN); **L:** für ein doppeltes MBR des BR auch *Wall* NZA 2021, 927; **aA** *Bayreuther* NZA 2016,

921, 922>, zu Leih-AN vgl Rn 63. Die Einteilung des neuen AN berührt das kollektive Interesse der Stammbelegschaft nicht erst, wenn der neue AN tatsächl seine Arbeit aufnimmt, sondern schon, wenn er zur Arbeitsleistung verpflichtet ist <R: BAG 22.8.2017, 1 ABR 4/16, NZA 2018, 191 Rn 20f>. Gleiches gilt, wenn der neue AN dem AG nach § 1 Abs 1 AÜG nur für einen Tag zur Arbeitsleistung überlassen ist <R: BAG 22.10.2019, 1 ABR 17/18, NZA 2020, 123 Rn 21>. Der BR hat ferner darüber mitzubestimmen, wie gesetzl Feiertage bei der Schichtarbeit berücksichtigt werden <R: BAG 31.1.1969, 3 AZR 439/68, BB 1969, 717; 29.9.2004, 1 AZR 445/03, NZA 2005, 532>. Mitbestimmungspflichtig ist auch, ob, unter welchen Voraussetzungen und wie von aufgestellten Schichtplänen abgewichen werden kann <R: BAG 28.5.2002, 1 ABR 40/01, DB 2002, 2385; 3.5.2006, aaO>, insbes bei Umsetzungen eines oder mehrerer AN von einer Schicht in eine andere <R: BAG 27.6.1989, aaO; 23.11.1993, 1 ABR 38/93, DB 1994, 735; 1.7.2003, 1 ABR 22/02, DB 2004, 607; L: KW/*Klebe* Rn 104>, aber auch dann, wenn eine Schicht ersatzlos gestrichen wird <R: BAG 1.7.2003, aaO; L: DKW/*Klebe* Rn 104; *Fitting* Rn 121; GK/*Gutzeit* Rn 342>. AG und BR können die Regelungen über die Schichtarbeit in einer BV auf **Rahmenvorgaben** und die **Grundsätze der Schichtplanung** beschränken und die Aufstellung von Einzelschichtplänen nach diesen Vorgaben dem AG überlassen; damit hat der BR sein MBR wirksam ausgeübt und ist an den in der BV aufgeführten Einzelmaßnahmen nicht mehr zu beteiligen <R: BAG 28.10.1986, aaO; 28.5.2002, aaO; 1.7.2003, aaO; 8.12.2015, 1 ABR 2/14, AP BetrVG 1972 § 87 Arbeitszeit Nr 139 Rn 15; für eine solche auch Leih-AN (Rn 63) umfassende BV 22.10.2019, 1 ABR 17/18, NZA 2020, 123 Rn 23ff; L: *Richardi/Maschmann* Rn 290, 335; *Fitting* Rn 122; GK/*Gutzeit* Rn 344; auch DKW/*Klebe* Rn 106>, schon Rn 68.

76 Dass der AG diejenigen AN nicht in den Schichtplan aufnimmt, die aufgrund von Urlaub, Krankheit, eines Kuraufenthaltes oder wg der Teilnahme an Seminaren betriebsabwesend sind, ist **nicht mitbestimmungspflichtig**; es fehlt schon an einer Maßnahme des AG, da die Abwesenheit dieser AN nicht auf ihn zurückzuführen ist <R: BAG 28.5.2002, 1 ABR 40/01, DB 2002, 2385>, auch Rn 72 zur Gleitzeit. Zudem bleiben Beginn und Ende der tägl Arbeitszeit der für die nach dem Jahresschichtplan eingeteilten AN unverändert; dass sie durch den Wegfall von Schichtkollegen einer stärkeren Arbeitsbelastung ausgesetzt werden, unterliegt nicht der Mitbestimmung des BR <R: BAG 28.5.2002, aaO>, Rn 58. Soweit über **Zuschläge** mitentschieden wird, steht das dem MBR an der Schichtarbeit nicht entgg, da es sich insoweit um eine notwendige Konsequenz aus Abs 1 Nr 2 handelt. Der BR kann seine Zustimmung zur Einführung von Schichtarbeit aber nicht davon abhängig machen, dass der AG Zuschläge zahlt <R: ArbG Bielefeld 29.10.1982, 3 BV 10/82, DB 1983, 1880; L: *Reuter* RdA 1981, 201, 207; GK/*Gutzeit* Rn 346; **aA** *Konzen* FS Zöllner (1998), S 799, 822>, allg zu Koppelungsgeschäften Rn 22.

77 **Bereitschaftsdienst** oder **Dienstbereitschaft** ist die Zeit, zu der sich der AN an einem vom AG best Ort außerhalb seines privaten Bereichs, etwa an der Arbeitsstelle, zum jederzeitigen und unverzüglich Einsatz bereitzuhalten hat. Dienstbereitschaft ist **Arbeitszeit** <R: EuGH 9.9.2003, C-151/02, BB 2003, 2063; BAG 29.2.2000, 1 ABR 15/99, DB 2000, 1971; 29.10.2002, 1 AZR 603/01, DB 2003, 2014>. Der BR hat nach Abs 1 Nr 2 über die zeitl Lage der Bereitschaftsdienste und über die Zeiten der Arbeitseinsätze innerhalb des Bereitschaftsdienstes mitzubestimmen <R: BAG 29.2.2000, 1 ABR 15/99, DB 2000, 1971; L: *Richardi/Maschmann* Rn 313; GK/*Gutzeit* Rn 358; DKW/*Klebe* Rn 103; ErfK/*Kania* Rn 29; *Fitting* Rn 127; HWGNRH/*Worzalla* Rn 212; **aA** SWS Rn 64>. **Ruf-**

II. Katalog der mitbestimmungspflichtigen Angelegenheiten § 87

bereitschaft ist die Zeit, zu der sich der AN an einem von ihm best, dem AG anzuzeigenden Ort (etwa zu Hause) aufhält, um bei Bedarf auf Anordnung des AG seine Arbeit aufzunehmen <R: BAG 21.12.1982, 1 ABR 14/81, BB 1983, 503; 29.10.2002, aaO>. Der BR hat nach Abs 1 Nr 2 auch über die Anordnung und die Ausgestaltung eines sog Rufbereitschaftsplanes mitzubestimmen <R: BAG 21.12.1982, aaO; L: *Richardi/Maschmann* Rn 313; GK/*Gutzeit* Rn 360; DKW/*Klebe* Rn 103; ErfK/*Kania* Rn 29; *Fitting* Rn 127; HWGNRH/*Worzalla* Rn 212; aA *SWS* Rn 64>. Zwar leistet der AN während der Rufbereitschaft als solche keine Arbeit. Der Zweck des MBR zu gewährleisten, dass die Interessen der AN an der Lage ihrer Arbeitszeit und damit an ihrer Freizeitgestaltung hinreichend berücksichtigt werden (Rn 58), rechtfertigt es aber, die Rufbereitschaft der Arbeitszeit betriebsverfassungsrechtl gleichzustellen <R: BAG 21.12.1982, aaO; 29.2.2000, aaO; zum PersVG BAG 23.1.2001, 1 ABR 36/00, BB 2001, 1477> – anders als auf einer Dienstreise (Rn 65) muss der AN jederzeit mit der Arbeitsaufnahme rechnen und sich dafür bereithalten <R: BAG 14.11.2006, 1 ABR 5/06, DB 2007, 749>. Die Entscheidung, **ob** überhaupt Bereitschaftsdienst oder Rufbereitschaft eingeführt werden soll, ist nicht nach Abs 1 Nr 2, sondern nach Abs 1 Nr 3 mitbestimmungspflichtig <L: *Richardi/Maschmann* Rn 313; GK/*Gutzeit* Rn 360, 355; **abw** auch insoweit für ein MBR aus Abs 1 Nr 2 DKW/*Klebe* Rn 103; ErfK/*Kania* Rn 29; *Fitting* Rn 127>, Rn 96.

Der BR hat auch über die Arbeitszeitflexibilisierung durch **Arbeit auf Abruf iS des § 12 TzBfG** (KAPOVAZ) nach Abs 1 Nr 2 mitzubestimmen. Mitbestimmungspflichtig ist zum einen die grds Entscheidung, ob AN nach Bedarf oder zu festen Arbeitszeiten beschäftigt werden sollen <R: BAG 28.9.1988, 1 ABR 41/87, BB 1989, 423; L: *Fitting* Rn 126; DKW/*Klebe* Rn 101; ErfK/*Kania* Rn 29; aA GK/*Gutzeit* Rn 336 f; HWGNRH/*Worzalla* Rn 207>. Zum anderen hat der BR über die Modalitäten der Abrufarbeit mitzubestimmen, etwa darüber, innerhalb welchem zeitl Rahmens (Bezugsrahmens) die Arbeitsleistung abgerufen werden muss, welche Mindestdauer für die einzelnen Arbeitsdeputate festgelegt wird, welche Ankündigungsfristen beim Abruf eines AN einzuhalten sind und wie die Belange des AN beim Abruf zu berücksichtigen sind <R: BAG 28.9.1988, aaO; L: *Fitting* Rn 126; DKW/*Klebe* Rn 101; ErfK/*Kania* Rn 29; HWGNRH/*Worzalla* Rn 207; GK/Gutzeit Rn 339, aber gg ein MBR über die Dauer der abrufbaren Arbeitszeit in Rn 337>. Nicht mitzubestimmen hat der BR über den Arbeitsabruf im Einzelfall.

78

e) Beginn und Ende der Pausen

Mitzubestimmen hat der BR über **Beginn und Ende** der Pausen und, da die Pausendauer nicht die Dauer der Arbeitszeit, sondern ledigl deren Lage beeinflusst (Rn 58), auch über die **Dauer** der Pausen <R: BAG 13.10.1987, 1 ABR 10/86, BB 1988, 270; L: *Richardi/ Maschmann* Rn 278>. Dies kann etwa im Dienstplan festgehalten werden; ebenso genügt dem MBR eine abschließende **Regelung des Verf für die Festlegung** von Lage und Dauer der Pausen <R: BAG 25.2.2015, 1 AZR 706/13, AP BetrVG 1972 § 87 Arbeitszeit Nr 136 Rn 33>. Das MBR erstreckt sich darauf, wie die Pausen zeitl über den Arbeitstag verteilt werden, ob die Arbeit an einem Arbeitstag zusammenhängend oder in mehreren Teilabschnitten, die durch größere Pausenzeiten unterbrochen sind, geleistet wird <R: BAG 14.3.1989, 1 ABR 77/87 nv juris; 25.2.2015, 1 AZR 706/13, AP BetrVG 1972 § 87 Arbeitszeit Nr 136 Rn 25>, und erfasst auch die Vertretungsregelung. **Mitbestimmungsfrei** ist hingg die Frage, ob die Pausen auf die Arbeitszeit **anzurechnen** sind, da Anrechnungsbestimmungen die Dauer der Arbeitszeit regeln <R: zum PersVG BVerwG

79

§ 87   Mitbestimmungsrechte

17.12.2020, 5 PB 7/20, NZA-RR 2021, 270 Rn 6; VGH Kassel 11.5.1983, BPV TK 34/82, ZBR 1983, 366 zur Mittagspause>. Nicht mitzubestimmen hat der BR auch über eine etwaige Bezahlung der Pausen, Rn 59, 83. Keine Ruhepausen sind Erholungszeiten im Akkord <L: GK/*Gutzeit* Rn 368; *Richardi/Maschmann* Rn 279a; *Fitting* Rn 119>; das MBR aus Abs 1 Nr 2 wird verdrängt durch die spezielleren MBR aus Abs 1 Nr 10 und 11: an der Festsetzung der Erholungszeiten hat der BR nach Abs 1 Nr 11 mitzubestimmen (Rn 250), über deren zeitl Lage, etwa ob diese ganz oder teilweise zu feststehenden Kurzpausen zusammengefasst werden sollen, nach Abs 1 Nr 10 (Rn 228).

80 Der Begriff „Pause" wird in Abs 1 Nr 2 im Gegensatz zur Arbeitszeit verwandt. Er entspricht § 4 ArbZG: Pausen sind im Voraus feststehende Unterbrechungen der Arbeit, in denen der AN weder Arbeit zu leisten noch sich dafür bereitzuhalten hat und frei über die Nutzung des Zeitraums bestimmen kann <R: BAG 25.2.2015, 1 AZR 706/13, AP BetrVG 1972 § 87 Arbeitszeit Nr 136 Rn 24 mwN>. Das MBR aus Abs 1 Nr 2 umfasst aber auch Pausen, die über die in § 4 ArbZG best Dauer hinausgehen<R: BAG 25.2.2015, 1 AZR 642/13, NZA 2015, 442>. Er bezieht sich daher nur auf **Ruhe- und Erholungspausen, die die Arbeitszeit unterbrechen**, also auf Pausen, die nicht selbst zur Arbeitszeit gehören und typischerweise **nicht als Arbeitszeit zu vergüten sind** <R: BAG 28.7.1981, 1 ABR 65/79, BB 1982, 493; 25.2.2015, 1 AZR 706/13 aaO Rn 24; zum PersVG BVerwG 8.1.2001, 6 P 6/00, NZA 2001, 570>. Gehören Pausen hingg zur vergüteten Arbeitszeit, besteht kein MBR; andernfalls erhielte der BR Einfluss auf den Umfang der Arbeitsleistung und deren Vergütung (Rn 59, 83). **Nicht** mitzubestimmen hat der BR daher über Dauer und Lage der **bezahlten Kurzpausen** <R: zum PersVG VGH BaWü 26.11.1991, 15 S 1572/90, ZTR 1992, 479> und über **bezahlte Betriebs- und Arbeitsschutzpausen**, also zum einen über die Arbeitszeitunterbrechungen, die aus produktionstechnischen Gründen notwendig sind, und zum anderen über Pausen, die für den Gesundheitsschutz erforderl sind, etwa über Lärmschutzpausen <R: BAG 28.7.1981, aaO> und über Pausen zur Unterbrechung von Bildschirmarbeit <R: zum PersVG BVerwG 8.1.2001, aaO>. Letztere können aber als Maßnahmen zur Verhütung von Gesundheitsschädigungen nach Abs 1 Nr 7 mitbestimmungspflichtig sein, Rn 152. **Maßgebl** ist aber nicht, ob für die Pausen eine Vergütungspflicht vereinbart ist, sondern ob sie der **Ruhe und Erholung** dienen, also nicht Arbeitszeit sind <L: GK/*Gutzeit* Rn 365; *Richardi/Maschmann* Rn 280; *Fitting* Rn 118; weiter DKW/*Klebe* Rn 97; aA ErfK/*Kania* Rn 25a>. Deswg hat der BR auch über die Lage von Erholungspausen mitzubestimmen, für die nach TV eine Vergütung vereinbart ist, wenn die Bezahlung nach dem Willen der Tarifpartner nichts am Charakter der Pause als Erholungspause ändern soll <R: BAG 1.7.2003, 1 ABR 20/02, DB 2005, 170>; da der BR andernfalls Einfluss auf die Vergütung nehmen könnte, besteht für bezahlte Pausen aber kein MBR über die Pausendauer <R: BAG 1.7.2003, aaO; L: GK/*Gutzeit* Rn 367; *Fitting* Rn 118>.

f) Individualrechtliche Folgen der Nichtbeachtung des MBR

81 Beteiligt der AG den BR nicht nach Abs 1 Nr 2 oder setzt er sich über dessen verweigerte Zustimmung hinweg, so ist die Arbeitszeitregelung unwirksam <R: BAG 18.9.2002, 1 AZR 668/01, BB 2003, 740; L: enger *Richardi/Maschmann* Rn 343: Nur wenn die Ansprüche der AN geschmälert werden>; im Betrieb ist dann die bisherige Arbeitszeitregelung, etwa Pausen- oder Gleitzeitregelung, weiter anzuwenden <L: GK/*Gutzeit* Rn 374>. Ordnet der AG ohne Zustimmung des BR vorzeitig die Rückkehr von Wechselschicht zu

Normalarbeitszeit an, hat er die bei Wechselschicht fälligen Zeitzuschläge idR wg Annahmeverzugs fortzuzahlen <R: BAG 18.9.2002, aaO>. Bei Nichtbeachtung des MBR durch den AG erhält der AN aber keinen Erfüllungsanspruch auf Leistungen, die die bestehende Vertragsgrundlage übersteigen, etwa darauf, Überstunden gg Zuschläge leisten zu dürfen <R: BAG 18.9.2002, aaO>. Ändert der AG Beginn und Ende der tägl Arbeitszeit, ohne den BR zu beteiligen, öffnet er etwa wg der geänderten Kaufnachfrage sein Ladengeschäft werktägl statt um 9 Uhr erst um 10 Uhr und schließt es stattdessen an Samstagen statt um 14 Uhr erst um 20 Uhr, schuldet er den AN tägl für die Zeit von 9 bis 10 Uhr Annahmeverzugslohn nach § 615 BGB <L: GK/*Gutzeit* Rn 374> und können die AN die Arbeitsleistung an Samstagen nach 14 Uhr gem § 273 BGB verweigern <L: *Richardi/Maschmann* Rn 343>. Arbeitet der AN zu den vom AG mitbestimmungswidrig geänderten Arbeitszeiten, hat er Anspruch auf eine entspr Vergütung aus § 611a Abs 1 BGB oder zumindest aus §§ 812 Abs 1 S 1 Alt 1, 818 Abs 1 BGB <L: auch GK/*Gutzeit* Rn 374; *Richardi/Maschmann* Rn 343>, näher Rn 108 zu Abs 1 Nr 3. Wird das MBR bei der Festlegung der Pausen nicht beachtet, führt dies allein nicht zu einem Anspruch der AN aus § 615 BGB auf Vergütung dieser Pausen; es bedarf eines entspr Angebots der Arbeitsleistung <R: BAG 25.2.2015, 1 AZR 642/13, NZA 2015, 442 Rn 48; 25.2.2015, 1 AZR 706/13, AP BetrVG 1972 § 87 Arbeitszeit Nr 136 Rn 50 f>.

3. Vorübergehende Verkürzung oder Verlängerung der betriebsüblichen Arbeitszeit (Abs 1 Nr 3)

Literatur: *Bischof*, Mitbestimmung bei Einführung und Abbau von Kurzarbeit, NZA 1995, 1021; *Eylert/Meyer*, Zur „Vorabzustimmung" des Betriebsrats bei „eiligen" Arbeitszeitregelungen, RdA 2021, 193; *Gäbert*, Das Initiativrecht des Betriebsrats bei der Einführung von Kurzarbeit, NZA 1986, 412; *Gebel*, Kurzarbeit bei Personalabbau, BB 2015, 2485; *Haag/Discher*, Kurzarbeit – Alternative zur Kündigung?, AuA 2002, 494; *Hamm*, Flexible Arbeitszeitsysteme oder die Geister, die ich rief... – Warum viele Arbeitszeitvereinbarungen für Betriebsräte ungenießbar werden, AiB 2003, 228; *Kaiser*, Kündigungsprävention durch den Betriebsrat, FS Löwisch (2007), S 153; *Kleinmann/Fündling*, Arbeitskampf und betriebliche Mitbestimmung, NZA 2018, 1386; *Kock*, Arbeitszeitflexibilisierung – Gestaltung einer Betriebsvereinbarung zur Anordnung von Überstunden, MDR 2005, 1261; *Kowalsky*, Mitbestimmung bei der Arbeitszeit unter Berücksichtigung des Arbeitszeitgesetzes und konkurrierender tariflicher Regelungen, ZBVR 2002, 90; *Küttner/Schmidt*, Einseitige Anordnung von Überstunden durch den Arbeitgeber im Arbeitskampf, DB 1988, 704; *Lieb*, Zur Mitbestimmung des Betriebsrats bei der Bewältigung der Fernwirkung von Arbeitskämpfen, NZA 1990, 377; *Löwisch*, Kurzarbeit vor Kd – zwischen Betriebsverfassungs- und Kündigungsschutzrecht, FS Wiese (1998), S 249; *ders*, Dienstleistungsabend mit freiwilligen Mitarbeitern, NZA 1989, 959; *Marschner*, Kurzarbeit, AR-Blattei SD 1040; *Meyer*, Einschränkungen der Mitbestimmung im Arbeitskampf, BB 2012, 2753; *Richardi*, Die Mitbestimmung des Betriebsrats bei flexibler Arbeitszeitgestaltung, NZA 1994, 593; *Ulber*, Kurzarbeit – Ein Instrument der Beschäftigungssicherung, AiB 2007, 5; *Wahlig/Jeschke*, Betriebsbedingte Kündigung versus Kurzarbeit, NZA 2010, 607; *Waltermann*, Anordnung von Kurzarbeit durch Betriebsvereinbarung?, NZA 1993, 679. **Weitere Nachweise zum Schrifttum bei § 87 I Nr 2, vor Rn 58.**

a) Normzweck und Anwendungsbereich

Über das MBR nach Abs 1 Nr 2 hinsichtl der Lage der Arbeitszeit hinaus (zum Begriff der Arbeitszeit vgl Abs 1 Nr 2 <R: BAG 14.1.2014, 1 ABR 66/12, AP BetrVG 1972 § 87 Arbeitszeit Nr 134 Rn 23>, Rn 58 ff, vor allem Rn 65) hat der BR nach dem in der Praxis

82

§ 87   Mitbestimmungsrechte

wichtigen Mitbestimmungstatbestand des Abs 1 Nr 3 über die **vorübergehende Änderung der Dauer** der Arbeitszeit, nämlich über die vorübergehende Verkürzung oder Verlängerung der betriebsüblichen Arbeitszeit mitzubestimmen. Wie bei Abs 1 Nr 2 soll der BR zum einen darüber wachen, dass zum Schutz der AN die **arbeitszeitrechtl Bestimmungen eingehalten** werden, zum anderen soll er die berechtigten Interessen der AN an der **gleichmäßigen Verteilung ihrer Arbeitszeit und damit auch an ihrer Freizeit** durchsetzen helfen <**R:** BAG 23.7.1996, 1 ABR 17/96, BB 1997, 206; 1.7.2003, 1 ABR 22/02, DB 2004, 607; zum PersVG BVerwG 30.6.2005, 6 P 9/04, NZA-RR 2005, 665; **L:** *Richardi/Maschmann* Vor Rn 345; *Fitting* Rn 131; DKW/*Klebe* Rn 110>, ebenso die **gerechte Verteilung des Arbeitsentgelts**, das mit Überstunden erhöht und durch Kurzarbeit verringert wird <**R:** BAG 23.7.1996 und 1.7.2003, aaO; **L:** *Richardi/Maschmann* Vor Rn 345; GK/*Gutzeit* Rn 383, 384, 387; *Fitting* Rn 131; DKW/*Klebe* Rn 110; **aA** *Gutzeit* NZA 2008, 255, 259>. Bei der vorübergehenden Verlängerung der Arbeitszeit soll der BR die AN über Abs 1 Nr 3 zudem **vor übermäßiger, die Gesundheit belastender Inanspruchnahme schützen** <**R:** BAG 23.7.1996 und 1.7.2003, aaO: „Belastungen"; zum PersVG BVerwG 30.6.2005, aaO>. Das MBR betrifft die Frage, **ob, von wem und ggfs in welchem Umfang** abw von der üblich geschuldeten Arbeitsleistung vorübergehend weniger oder mehr als betriebsüblich gearbeitet werden soll <**R:** BAG 14.1.2014, 1 ABR 66/12, AP BetrVG 1972 § 87 Arbeitszeit Nr 134 Rn 21>. Mitbestimmungspflichtig ist die Anordnung von Mehrarbeit nicht nur bei vorhersehbaren Vertretungsfällen, etwa infolge Mutterschaftsurlaub oder Dienstreisen <**R:** zum PersVG und Schulen OVG HH 4.9.2000, 8 Bf 22/99.PVL, PersR 2002, 25), sondern auch in **Eilfällen** <**R:** BAG 9.7.2013, 1 ABR 19/12, AP BetrVG 1972 § 87 Arbeitszeit Nr 130 Rn 19>, Rn 19f.

83   Das MBR des BR erstreckt sich **nicht** auf das während der verkürzten oder verlängerten Arbeitszeit zu zahlende **Entgelt** <**R:** BAG 21.1.2003, 1 ABR 9/02, NZA 2003, 1097; **L:** *Fitting* Rn 153; GK/*Wiese/Gutzeit* Rn 381; *Richardi/Maschmann* Rn 383; ErfK/*Kania* Rn 37; **aA** DKW/*Klebe* Rn 129>; mangels MBR kann der BR seine Zustimmung zur Einführung von Kurzarbeit nicht davon abhängig machen, dass der AG den AN das volle Arbeitsentgelt zahlt, sofern die Arbeitsagentur die Gewährung von Kug ablehnen sollte <**R:** LAG Köln 14.6.1989, 2 TaBV 17/89, NZA 1989, 939; LAG Nürnberg 22.7.1976, 1 TaBV 7/76, AMBl BY 1977, C13; **L:** ErfK/*Kania* Rn 37; auch *Fitting* Rn 160; *Richardi/ Maschmann* Rn 383; **aber** für die Möglichkeit der Koppelung mit einem Lohnausgleich bis zur Höhe des Kug GK/*Gutzeit* Rn 384; *Konzen* FS Zöllner (1998), S 799, 822; **aA** DKW/*Klebe* Rn 129>. Abs 1 Nr 3 begründet auch keine Annexkompetenz des BR, über die Vergütung von Überstunden oder von zusätzl oder ausgefallenen Schichten mitzubestimmen; der BR kann die Zustimmung zu Überstunden nicht davon abhängig machen, dass der AG Zuschläge zahlt <**R:** BAG 21.1.2003, aaO; LAG Köln aaO; **aA** LAG Nürnberg, 6.11.1990, 4 TaBV 13/90, DB 1991, 707; auch LAG Hamm 9.2.2007, 10 TaBV 54/ 06, AuR 2007, 316; **L:** GK/Gutzeit Rn 381; *SWS* Rn 74c; HWGNRH/*Worzalla* Rn 242; **aA** *Konzen* FS Zöllner (1998), S 799, 822; DKW/*Klebe* Rn 127>, allg zu **Koppelungsgeschäften** Rn 22. Auch die Entscheidung des AG, ob er Überstunden durch **Freizeitausgleich abgilt oder vergütet**, ist mitbestimmungsfrei <**R:** BAG 22.8.2017, 1 ABR 24/16, AP BetrVG 1972 § 87 Arbeitszeit Nr 141 Rn 25>.

84   Das MBR des BR besteht nur bei **kollektiven Maßnahmen**, die die Interessen der AN unabhängig von der Person und den individuellen Wünschen des Einzelnen betreffen <**R:** BAG 16.7.1991, 1 ABR 69/90, BB 1991, 2156; zum PersVG BVerwG 30.6.2005, 6 P 9/

II. Katalog der mitbestimmungspflichtigen Angelegenheiten § 87

04, NZA-RR 2005, 665>, also einem **betriebl Bedürfnis** nach erweiterter oder verminderter Arbeitsleistung Rechnung tragen sollen <**R:** BAG 10.6.1986, 1 ABR 61/84, BB 1987, 543; 11.11.1986, 1 ABR 17/85, BB 1987, 544>, Rn 2. Ein MBR besteht etwa bei zusätzl Arbeitsbedarf, da entschieden werden muss, ob und in welchem Umfang zur Abdeckung dieses Arbeitsbedarfs Überstunden geleistet werden sollen oder ob die Neueinstellung von AN zweckmäßiger wäre <**R:** BAG 21.12.1982, 1 ABR 14/81, BB 1983, 503; 10.6.1986, aaO; zum PersVG BVerwG 30.6.2005, aaO>. Als generelle Maßnahme mitbestimmungspflichtig sind etwa Regelungen über die Vertretung von (erkrankten) AN, etwa in Privatschulen über Vertretungsunterricht zur Vermeidung von Unterrichtsausfall einschließl der Festlegung von Höchstgrenzen für Vertretungsstunden <**R:** BAG 13.6.1989, 1 ABR 15/88, NZA 1990, 235>, zur Grenze des § 118 dort Rn 36. Das MBR entfällt nicht, weil nur einzelne oder wenige AN von der Arbeitszeitverkürzung oder -verlängerung betroffen sind <**R:** BAG 21.12.1982, aaO: drei AN; 22.2.1983, 1 ABR 27/81, BB 1983, 1724 und 10.6.1986, aaO: ein AN>. Ebenso wenig entfällt das MBR, weil die AN mit den Überstunden einverstanden sind <**R:** BAG 22.2.1983, aaO; 10.6.1986, aaO; 24.4.2007, 1 ABR 47/06, DB 2007, 1475> oder weil sie untereinander eine mögl Regelung absprechen und dem AG vorschlagen, solange es sich um einen kollektiven Regelungswunsch handelt, etwa wenn sie vorschlagen, dass die Störfälle in einem Heizwerk nicht mehr nur von einem AN, sondern von drei AN in wechselnder Rufbereitschaft beseitigt werden sollen <**R:** BAG 21.12.1982, aaO>.

Abs 1 Nr 3 gilt in gleicher Weise für **Teilzeit- wie für Vollzeitbeschäftigte** <**R:** BAG 16.7.1991, 1 ABR 69/90, BB 1991, 2156; 23.7.1996, 1 ABR 13/96, BB 1997, 472>, auch Rn 62 zu Abs 1 Nr 2: Die zur Abdeckung eines betriebl Mehrbedarfs mit einem teilzeitbeschäftigten AN vereinbarte, befristete Erhöhung der Arbeitszeit ist regelmäßig eine nach Abs 1 Nr 3 mitbestimmungspflichtige Verlängerung der betriebsüblichen Arbeitszeit <**R:** BAG 24.4.2007, 1 ABR 47/06, DB 2007, 1475>, noch Rn 88. Das MBR wird nicht durch eine tarifl Regelung ausgeschlossen, wonach Mehrarbeit bei Teilzeit-AN nur die Arbeitszeit sein soll, die über die regelmäßige Arbeitszeit vergleichbarer Vollzeit-AN hinausgeht, da die TV-Parteien sich nicht darauf beschränken können, ein MBR ledigl auszuschließen <**R:** BAG 23.7.1996, aaO>. Die Entsendung von **Leih-AN** in Betriebe, deren betriebsübliche Arbeitszeit die vom Leih-AN vertragl geschuldete Arbeitszeit übersteigt, ist nach Abs 1 Nr 3 im Verleiherbetrieb mitbestimmungspflichtig, sofern die Entsendung für eine entspr verlängerte Arbeitszeit erfolgt <**R:** BAG 19.6.2001, 1 ABR 43/00, BB 2001, 2582>; zum MBR des BR des Entleiherbetriebs an der Lage der Arbeitszeit aus Abs 1 Nr 2 Rn 63.

85

Soweit ein gesetzl oder tarifl Anspruch auf vorübergehende Verkürzung der Arbeitszeit besteht, etwa nach § 8 oder § 9a TzBfG sowie nach § 15 BEEG oder nach § 3 PflZG oder § 2 FPfZG, scheidet ein MBR des BR nach Abs 1 Nr 3 wg des **Gesetzes- bzw Tarifvorbehalts** aus <**L:** *Gaul/G Wisskirchen* BB 2000, 2466, 2468>. Räumt eine tarifl Regelung dem AG ein Ermessen ein, ob und wie er die Arbeitszeit vorübergehend verkürzt, hat der BR an dieser Entscheidung aber mitzubestimmen.

86

Soweit weder Gesetz noch TV entgegenstehen, **ermächtigt** Abs 1 Nr 3 AG und BR **nach der stRspr des BAG**, durch eine gem § 77 Abs 4 unmittelbar und zwingend wirkende BV, den Inhalt der Arbeitsverhältnisse der AN zu ändern und diese zu Mehrarbeit zu verpflichten oder deren Arbeitszeit zu verkürzen, dh Kurz- oder Mehrarbeit auch ggü den AN einzuführen, für die keine dahingehende tarif- oder arbeitsvertragl Ermächtigung be-

87

§ 87 Mitbestimmungsrechte

steht <R: BAG 21.12.1982, 1 ABR 14/81, BB 1983, 503; 12.10.1994, 7 AZR 398/93, DB 1995, 734; 3.4.2003, 1 AZR 349/02, DB 2004, 385; **L:** *Fitting* Rn 139, 141 und 158; GK/ *Gutzeit* Rn 388; *Richardi/Maschmann* Vor Rn 345, 360>, Rn 103. Gg die **hM** bei der Einführung von Kurzarbeit Rn 104. Zum Initiativrecht des BR Rn 10f und 105.

b) Vorübergehende Änderung der betriebsüblichen Arbeitszeit

88 Mitzubestimmen hat der BR bei Verkürzung oder Verlängerung der **betriebsüblichen**, also der regelmäßigen Dauer der betriebl Arbeitszeit. Betriebsüblich sind diejenigen Arbeitszeiten, **die jeweils individualrechtl vereinbart** sind <R: BAG 19.6.2001, 1 ABR 43/00, BB 2001, 2582; 24.4.2007, 1 ABR 47/06, DB 2007, 1475>. Maßgebl ist nicht die im Betrieb häufigste, sondern die für best Arbeitsplätze und AN-Gruppen geltende Arbeitszeit; es können in einem Betrieb für verschiedene AN oder AN-Gruppen mehrere unterschiedl betriebsübliche Arbeitszeiten gelten <R: BAG 13.6.1989, 1 ABR 15/88, NZA 1990, 235; 19.6.2001, aaO; 3.6.2003, 1 AZR 349/02, DB 2004, 385; 24.4.2007, aaO; 14.1.2014, 1 ABR 66/12, BAGE 147, 113 Rn 21>. Die betriebsübliche Arbeitszeit der Teilzeit-AN ist deren regelmäßige, verkürzte Arbeitszeit <R: BAG 23.7.1996, 1 ABR 13/96, BB 1997, 472; 24.4.2007, aaO>, Rn 85.

89 Die regelmäßige Dauer der Arbeitszeit folgt aus **TV** und aus dem **Arbeitsvertrag**. Gewöhnlich wird eine **wöchentl Arbeitszeit** festgelegt, deren Unterschreitung oder Überschreitung das MBR nach Abs 1 Nr 3 auslöst. Ist der für einen best Zeitraum regelmäßig geschuldete Arbeitszeitumfang auf einzelne Wochentage verteilt worden, so ist die betriebsübliche Arbeitszeit die Dauer der regelmäßigen **tägl Arbeitszeit**. Eine **tarifl Jahresarbeitszeit** ist idR nicht die betriebsübliche Arbeitszeit iSd Abs 1 Nr 3, sondern regelt allein das Arbeitszeitvolumen, das der AN dem AG als Gegenleistung im Jahr insgesamt schuldet. Jahresarbeitszeit und betriebsübliche Arbeitszeit entsprechen einander nur dann, wenn die Jahresarbeitszeit weder durch TV noch durch BV auf einen kürzeren Zeitraum verteilt worden ist, sondern diese Verteilung im Belieben der AN steht; dies ist praktisch allenfalls ausnahmsweise der Fall. Wird nur die Jahresarbeitszeit überschritten, löst dies deswg regelmäßig nicht das MBR des BR nach Abs 1 Nr 3 aus <R: BAG 11.12.2001, 1 ABR 3/01, BB 2002, 1970; **L:** GK/*Gutzeit* Rn 408; *Richardi/Maschmann* Rn 348>. Anders ist es, wenn die vom AN geschuldete Arbeitszeit auf eine Stundenzahl pro Woche (38,5 Stunden) im Jahresdurchschnitt festgelegt wird, um einem bes Flexibilitätsbedürfnis des AG Rechnung zu tragen, der den Betrieb wochenweise schließen muss; dann werden Überstunden mitbestimmungspflichtig nicht schon angeordnet, wenn die wöchentl Stundenzahl, sondern erst, wenn die Jahresarbeitszeit überschritten wird <R: vgl BAG 11.11.1997, 9 AZR 566/96, NZA 1998, 1011 zu Bildungsstätten, die je nach Interesse an den angebotenen Seminaren wochenweise geschlossen bleiben>.

90 Auch eine **BV nach Abs 1 Nr 2** regelt die betriebsübliche Arbeitszeit mit der Folge, dass deren Überschreitung oder Unterschreitung nach Abs 1 Nr 3 mitbestimmungspflichtig ist <R: BAG 11.11.1997, 9 AZR 566/96, NZA 1998, 1011>. Dass sich die Lage der Arbeitszeit an einzelnen Arbeitstagen verschiebt, ändert die betriebsübliche Arbeitszeit hingg dann nicht, wenn die BV über Beginn und Ende der Arbeitszeit so zu verstehen ist, dass sie nur einen Durchschnittswert markiert <R: BAG 23.3.1999, 1 ABR 33/98, BB 1999, 2674 für Postzusteller>, etwa eine Jahresarbeitszeit vereinbart ist <R: BAG 11.11.1997, aaO>. Bei Gleitzeitregelungen beschreibt der „Gleitzeit-Korridor" die betriebsübliche Ar-

II. Katalog der mitbestimmungspflichtigen Angelegenheiten   § 87

beitszeit. Durch die **Sommerzeit** (Wegfall einer Stunde bei Einführung, Hinzukommen einer Stunde bei Ende) wird die durch BV festgelegte betriebsübliche Arbeitszeit idR nicht geändert: Ein nach Abs 1 Nr 2 mitbestimmter Schichtplan (Rn 75 f) schreibt für die Nacht der Einführung der Sommerzeit wg des auf eine best Zeit festgelegten Schichtendes betriebsüblich eine um eine Stunde kürzere Arbeitszeit vor <**R:** BAG 11.9.1985, 7 AZR 276/83, DB 1986, 1780; **L: aA** *Zilius* AuR 1980, 236, 238 f>.

Abs 1 Nr 3 setzt voraus, dass der AG Anordnungen ggü AN trifft, für welche **bereits vorher im Betrieb** eine übliche Arbeitszeit bestand, die er verlängern oder verkürzen möchte. Nicht nach Abs 1 Nr 3 mitbestimmungspflichtig sind etwa die vorübergehende Einführung einer zusätzl Schicht, in der ausschließl zu diesem Zweck eingestellte Aushilfskräfte eingesetzt werden, oder die Beschäftigung von AN aus anderen Betrieben des AG anlässl eines einmaligen Sonntagsverkaufs <**R:** BAG 25.2.1997, 1 ABR 69/96, BB 1997, 2003>; zum MBR aus Abs 1 Nr 2 Rn 63, 70. Zur Mitbestimmung bei abw betriebsüblicher Arbeitszeit von Leih-AN Rn 85. 91

Abs 1 Nr 3 betrifft nur die **vorübergehende**, dh die von vornherein **zeitl begrenzte** Verkürzung oder Verlängerung der Arbeitszeit <**R:** BAG 27.1.1998, 1 ABR 35/97, BB 1998, 1419; 3.6.2003, 1 AZR 349/02, DB 2004, 385>. Der Zeitraum, für den vom betriebsüblichen Zeitvolumen abgewichen werden soll, muss **überschaubar** sein <**R:** BAG 24.4.2007, 1 ABR 47/06, DB 2007, 1475>. Maßgebl ist die **Planung des AG** zum Zeitpunkt der Änderung: Beabsichtigt er, nach einem best Zeitraum oder dann, wenn der Anlass für die Arbeitszeitänderung weggefallen ist, zum vorherigen betriebsüblichen Arbeitszeitvolumen zurückzukehren, ist die Verlängerung oder Verkürzung vorübergehend <**R:** BAG 24.4.2007, aaO; **L:** statt aller GK/*Gutzeit* Rn 413>. Gleichwohl kann eine für **mehrere Jahre unkündbare BV** zu Überstunden vom MBR aus Abs 1 Nr 3 gedeckt sein, wenn diese dem AG als Rahmenvereinbarung (Rn 94) die Anordnung von Überstunden ermöglicht, etwa erlaubt, zusätzl zur jeweils tarifl vereinbarten regelmäßigen wöchentl Arbeitszeit drei sog Flexi-Schichten pro Kalenderjahr abzurufen; den zusätzl Schichten fehlt sowohl nach Häufigkeit als auch nach Lage die Regelhaftigkeit, die die betriebsübliche Arbeitszeit kennzeichnet <**R:** BAG 3.6.2003, 1 AZR 349/02, DB 2004, 385; **L:** ErfK/*Kania* Rn 33; GK/*Gutzeit* Rn 413; **aA** DKW/*Klebe* Rn 111>; maßgebl ist nicht die Laufzeit der Regelung, sondern der Charakter der nach ihr zu leistenden Arbeit <**R:** BAG 3.6.2003, aaO>. 92

Nicht mitbestimmungspflichtig ist die **dauerhafte Veränderung** der Arbeitszeit <**R:** BAG 15.5.2007, 1 ABR 32/06, DB 2007, 2429>. Ob die Änderung dauerhaft oder nur vorübergehend ist, richtet sich danach, ob die betriebsübliche Arbeitszeit in ihrer **Regelhaftigkeit** und als „**normale**" betriebl Arbeitszeit unverändert bleibt, oder eine neue betriebsübliche Arbeitszeit eingeführt wird <**R:** BAG 9.7.2013, 1 ABR 19/12, AP BetrVG 1972 § 87 Arbeitszeit Nr 130 Rn 18>. Dauerhaft wird die Arbeitszeit verändert, wenn die jahrelang praktizierte Arbeitsfreistellung am Karnevalsdienstag für die Zukunft aufgehoben wird <**R:** BAG 26.10.2004, 1 ABR 31/03, BB 2005, 2360 (LS); LAG Köln 25.4.2013, 7 TaBV 77/12, BeckRS 2013, 73878 zur Feststellung, ob Rosenmontag künftig ein „rheinischer Feiertag" ist>, der AG eine Zeitgutschrift für die Teilnahme an Betriebsausflügen einführt oder diese von einem auf einen halben Arbeitstag kürzt <**R:** BAG 27.1.1998, 1 ABR 35/97, BB 1998, 1419> oder die Dienstlänge je nach Auslastungssituation künftig um bis zu 45 Min verlängerbar ist, ohne dass diese Möglichkeit auf nur vorübergehend auftretende und abstrakt beschriebene Anlassfälle oder zahlenmäßig 93

§ 87   Mitbestimmungsrechte

begrenzt ist <R: BAG 9.7.2013, 1 ABR 19/12, AP BetrVG 1972 § 87 Arbeitszeit Nr 130 Rn 22>. Will der AG die Arbeitszeit für eine unbestimmte Zeit verkürzen, ist das nicht nach Abs 1 Nr 3 mitbestimmungspflichtig, sondern kann als Betriebseinschränkung iS des § 111 S 3 Nr 1 (§ 111 Rn 33 ff mit § 106 Rn 38 ff) unter das MBR nach §§ 111, 112 fallen.

94 AG und BR können die Regelungen über die Anordnung von Überstunden und Kurzarbeit in einer BV auf **Rahmenvorgaben** beschränken und die Anordnung nach diesen Vorgaben im Einzelfall dem AG überlassen <R: BAG 21.12.1982, 1 ABR 14/81, BB 1983, 503; 12.1.1988, 1 ABR 54/86, BB 1988, 1331; 17.11.1998, 1 ABR 12/98, DB 1999, 854; 3.6.2003, 1 AZR 349/02, DB 2004, 385>; damit hat der BR sein MBR verbraucht und an den in der BV aufgeführten Einzelmaßnahmen nicht mehr mitzubestimmen <R: BAG 12.1.1988, aaO>. Voraussetzung ist, dass die Mehr- oder Minderarbeit einer abstrakten Regelung zugänglich, aber konkret nicht vorhersehbar ist; etwa in Eilfällen (Rn 82) und für Einsätze bei Bereitschaftsdienst und Rufbereitschaft (Rn 96). Eine pauschale Ermächtigung des AG zur Anordnung von Überstunden ist nicht zulässig <R: BAG 17.11.1998, aaO>. Zum MBR aus Abs 1 Nr 2 über die Lage von Überstunden und Kurzarbeit Rn 60. Will der AG die Einführung von Kurzarbeit bzw die Anordnung von Überstunden mit einer entspr Verlängerung der Arbeitszeit bzw einem Freizeitausgleich in derselben Woche verbinden, hat der BR nicht nach Abs 1 Nr 3, sondern nach Abs 1 Nr 2 mitzubestimmen, weil dadurch nicht die Dauer, sondern nur die Lage der wöchentl Arbeitszeit geändert wird.

c) Verlängerung

95 Mitbestimmungspflichtig wird die übliche Arbeitszeit vorübergehend verlängert durch Anordnung von **Überstunden**, etwa durch die Anordnung von Zusatzschichten <R: BAG 13.7.1977, 1 AZR 336/75, BB 1977, 1702> oder von Feiertagsarbeit <R: BAG 27.1.2004, 1 ABR 5/03, NZA 2004, 941>. Ist es im Betrieb üblich geworden, an einem best Tag des Jahres nicht zu arbeiten und soll ausnahmsweise an diesem Tag gearbeitet werden, muss der BR dieser vorübergehenden Verlängerung der Arbeitszeit zustimmen <R: Hess LAG 20.7.1993, 5 TaBV 5/93, ARST 1994, 62; ArbG Fft/M 11.2.1991, 13 BVGa 3/91, NZA 1991, 398; **aA** ArbG Fft/M 6.2.1991, 9 BVGa 4/91, NZA 1991, 397 zur Arbeit am wg des Golfkriegs nicht gefeierten Rosenmontag>. Inhalt des MBR aus Abs 1 Nr 3 ist die Regelungsfrage, ob zusätzl Arbeitsbedarf durch eine vorübergehende Erhöhung der üblichen Arbeitszeit abgedeckt werden soll und welche AN oder AN-Gruppen in welchem Umfang diese Arbeit leisten sollen <R: BAG 24.4.2007, 1 ABR 47/06, DB 2007, 1475>. Das MBR wird schon dann ausgelöst, wenn der AG Überstunden ledigl **duldet**, also entgegennimmt und bezahlt <R: BAG 27.11.1990, 1 ABR 77/89, BB 1991, 548; 24.4.2007, 1 ABR 47/06, DB 2007, 1475; **L:** statt aller GK/*Gutzeit* Rn 430 mwN> oder Überstunden im ausdrückl Einvernehmen zw AG und AN geleistet werden <R: BAG 24.4.2007, aaO>. Der AG kann das MBR nicht dadurch umgehen, dass er, nachdem der BR der Anordnung von Überstunden nicht zugestimmt hat, die Arbeiten auf eine geschäftlich nicht tätige Firma „überträgt", die von denselben Geschäftsführern wie der AG geführt wird, und die die Arbeiten im Betrieb des AG, auf dessen Betriebsanlagen und gerade mit den AN ausführt, die vom AG zu den Überstunden herangezogen werden sollten <R: BAG 22.10.1991, 1 ABR 28/91, BB 1992, 275>.

II. Katalog der mitbestimmungspflichtigen Angelegenheiten § 87

Die iR von **Bereitschaftsdienst** und **Rufbereitschaft** (dazu Rn 77 bei Abs 1 Nr 2) beim 96
konkreten Arbeitseinsatz geleistete „Vollarbeit", die zusätzl zur regelmäßigen Arbeit erbracht wird, verlängert die betriebsübliche Arbeitszeit vorübergehend und ist nach Abs 1
Nr 3 mitbestimmungspflichtig <**R:** BAG 21.12.1982, 1 ABR 14/81, BB 1983, 503;
29.2.2000, 1 ABR 15/99, DB 2000, 1971>. Weil die Anordnung von Bereitschaftsdienst
und Rufbereitschaft die Leistung dieser Überstunden beinhaltet, hat der BR schon über
die grundlegende Anordnung von Bereitschaftsdienst, also darüber mitzubestimmen, **ob
überhaupt Bereitschaftsdienst** außerhalb der regelmäßigen Arbeitszeit eingeführt wird
<**R:** BAG 29.2.2000, aaO; zum PersVG BVerwG 28.3.2001, 6 P 4/00, NZA-RR 2002, 53;
L: statt aller *Richardi/Maschmann* Rn 361>; ebenso über die **Einführung von Rufbereitschaft**, etwa über die Entscheidung des AG, dass Mehrarbeit zur Beseitigung von Störfällen durch die Einrichtung von Rufbereitschaft ermöglicht werden soll <**R:** BAG
21.12.1982, aaO; **L:** *Richardi/Maschmann* Rn 361; DKW/*Klebe* Rn 125>; siehe noch
Rn 77 bei Abs 1 Nr 2. Mitbestimmungspflichtig ist auch die Umwandlung von Schichtdienst in Bereitschaftsdienst <**R:** zum PersVG BVerwG 28.3.2001, 6 P 4/00, NZA-RR
2002, 53>.

Ein MBR nach Abs 1 Nr 3 besteht **nicht**, wenn **Überstunden vollständig abgebaut** wer- 97
den, da der AG insoweit nur zur betriebsüblichen Dauer der Arbeitszeit zurückkehrt; weil
selbst über einen längeren Zeitraum hinweg geleistete Überstunden die regelmäßige betriebsübliche Arbeitszeit nicht ändern, scheidet auch eine Mitbestimmung wg Verkürzung
der Arbeitszeit aus, die zudem idR nicht vorübergehend wäre <**R:** BAG 25.10.1977, 1
AZR 452/74, BB 1978, 610; **L:** *Fitting* Rn 149; *Richardi/Maschmann* Rn 358; *SWS*
Rn 76; HWGNRH/*Worzalla* Rn 239; **aA** DKW/*Klebe* Rn 114f; GK/*Gutzeit* Rn 415>. Zudem greift der Schutzzweck des Abs 1 Nr 3 nicht: Weder brauchen die AN beim Abbau
von Überstunden vor Überlastung geschützt zu werden, noch geht es anders als beim Teilabbau um die gleichmäßige Verteilung der verbleibenden Überstunden auf die AN. Weil
Abs 1 Nr 3 wg der mit Überstunden verbundenen Verdienstmöglichkeiten auch die Verteilungsgerechtigkeit bezweckt (Rn 82), hat der BR aber mitzubestimmen, wenn der AG
Überstunden ledigl reduziert, dies aber nicht gleichmäßig tut und für eine anderweitige
Kürzung ein Regelungsspielraum besteht <**R:** zum PersVG erwogen, aber mit dem Argument abgelehnt, es sei nur ein Schulhausmeister betroffen BAG 25.2.1997, 1 AZR 642/
96, ZTR 1997, 574; **L:** DKW/*Klebe* Rn 115>, vgl zum MBR aus Abs 1 Nr 10 bei der Anrechnung von Tariflohnerhöhungen Rn 233ff. Zwar handelt es sich insoweit nicht um
eine vorübergehende Verkürzung der betriebsüblichen Arbeitszeit, wohl aber um eine
(beschränkte) vorübergehende Verlängerung: Ob der AG von vornherein nur Überstunden
in geringem Umfang anordnet oder eine anfängl Anordnung nachträgl einschränkt, macht
für die AN keinen Unterschied <**R: aA** zum PersVG OVG NRW 5.2.1998, 1 A 4363/
95.PVL, PersV 1998, 550 wg der Formulierung „Anordnung" von Überstunden in § 72
Abs 4 S 1 Nr 2 LPVG NRW und weil der Schutzzweck, die AN vor Überlastung zu schützen, nicht berührt sei; auch BAG 25.2.1997, aaO>.

Die Anordnung einer **Dienstreise** ist keine vorübergehende Verlängerung der Arbeitszeit, 98
da das bloße Reisen keine Arbeitsleistung ist <**R:** BAG 23.7.1996, 1 ABR 17/96, BB
1997, 206; 14.11.2006, 1 ABR 5/06, DB 2007, 749; **L:** *Loritz* NZA 1997, 1188, 1191;
Fitting Rn 140; GK/*Gutzeit* Rn 427; HWGNRH/*Worzalla* Rn 241; **aA** *Wulff* AiB 2007,
404, 403f; DKW/*Klebe* Rn 123>, Rn 65, 77 bei Abs 1 Nr 2. Führt der AG eine **Mitarbeiterversammlung** außerhalb der betriebsüblichen Arbeitszeit durch, besteht ein MBR

§ 87 Mitbestimmungsrechte

nach Abs 1 Nr 3, wenn der AN zur Teilnahme verpflichtet ist, etwa weil der AG kraft Direktionsrechts die Teilnahme anordnet <**R:** BAG 13.3.2001, 1 ABR 33/00, DB 2001, 2055; **L:** GK/*Gutzeit* Rn 428; *Richardi/Maschmann* Rn 362>; hingg nicht, wenn der AG die Teilnahme freistellt, da es sich bei der Teilnahme an der Versammlung dann nicht um im Interesse des AG erbrachte Arbeit und damit nicht um Arbeitszeit handelt <**R:** aA BAG 13.3.2001, aaO; **L:** aA DKK/*Klebe* Rn 122>. Ebenso wenig ist die Zeit, die ein AN benötigt, um eine – durch eine BV gestattete – **Taschenkontrolle zu dulden**, Arbeitszeit (Rn 66); lässt der AG Taschenkontrollen durchführen, wenn die AN die Verkaufsfiliale gerade verlassen, löst dies das MBR des BR aus Abs 1 Nr 3 nicht aus <**R:** LAG Nürnberg 10.10.2006, 6 TaBV 16/06, BB 2007, 448 (LS)>; zum MBR aus Abs 1 Nr 1 Rn 43. Zur Definition des Begriffs Arbeitszeit Rn 65 ff bei Abs 1 Nr 2.

99 Der Zweck des Abs 1 Nr 3, die AN vor Überlastung zu schützen (Rn 82), begrenzt das Initiativrecht des BR: Dient das MBR der Abwehr oder Begrenzung von Überstunden, kann der **BR nicht mit dem Ziel initiativ** werden, der AG möge **Überstunden anordnen** <**R:** zum PersVG BVerwG 6.10.1992, 6 P 25/90, ZTR 1993, 259; **L:** GK/*Gutzeit* Rn 393 ff; *SWS* Rn 78; grds auch *Richardi/Maschmann* Rn 378; wohl auch HWGNRH/ *Worzalla* Rn 256; aA DKW/*Klebe* Rn 113; *Fitting* Rn 159>. Ein Initiativrecht kann auch nicht mit dem weiteren Zweck des MBR begründet werden, der BR solle die berechtigten Interessen der AN an der gleichmäßigen Verteilung ihrer Arbeitszeit und Freizeit sowie eine gerechte Verteilung des durch Überstunden erhöhten Arbeitsentgelts durchsetzen helfen (Rn 82). Den Schutz der AN vor einer zu starken Beschränkung ihrer Freizeit durch Überstunden kann der BR nur durch den Abbau, nicht aber durch die Einführung von Überstunden erreichen. Hinsichtl des Arbeitsentgelts gelten die Beschränkungen des Abs 1 Nr 10 entspr: Über die Höhe des Arbeitsentgelts hat der BR nicht mitzubestimmen, sondern nur über die Verteilung von Entgelt, das der AG freiw zahlt. So wenig der BR nach Abs 1 Nr 10 initiativ werden kann, um zu erreichen, dass der AG übertarifl Zulagen zahlt (Rn 11, 219), so wenig kann der BR über eine Initiative zur Einführung von Überstunden erreichen, dass sich das Arbeitsentgelt der AN erhöht .

100 Im **Arbeitskampf** wird das MBR des BR aus Abs 1 Nr 3 eingeschränkt. Etwa hat der BR nicht nach Abs 1 Nr 3 mitzubestimmen, wenn der AG die betriebsübliche Arbeitszeit für arbeitswillige AN streikbedingt vorübergehend erhöhen möchte <**R:** BAG 24.4.1979, 1 ABR 43/77, NJW 1980, 140 (unter B II 2 der Gründe); 10.12.2002, 1 ABR 7/02, NZA 2004, 223; **L:** GK/*Gutzeit* Rn 435; ErfK/*Kania* Rn 38; *Richardi/Maschmann* Rn 390, 412; *Fitting* Rn 166; *SWS* Rn 80; aA DKW/*Klebe* Rn 116 ff>. Will der AG **vorbeugend** Mehrarbeit anordnen, bedarf es eines Bezugs zu einer laufenden oder einer unmittelbar bevorstehenden Arbeitsniederlegung, damit das MBR streikbedingt entfällt <**R:** BAG 20.3.2018, 1 ABR 70/16, NZA 2018, 1081 Rn 38>. Ferner muss sich die **Mehrarbeitsanordnung** ausdrückl auf AN beschränken, die dem Kampfaufruf nicht folgen und die der Ableistung von Mehrarbeit als einer für sie ersichtlichen Kampfmaßnahme des AG zustimmen <**R:** BAG 20.3.2018, aaO Rn 44 f konkret ein MBR iR eines Warnstreiks bejahend>. Noch Rn 106.

d) Verkürzung

101 Vorübergehend iS des Abs 1 Nr 3 wird die Arbeitszeit vor allem durch die Anordnung von **Kurzarbeit** verkürzt. Kurzarbeit für einen Zeitraum, in dem nach § 104 SGB III Kug gezahlt werden kann, ist regelmäßig vorübergehend, nicht aber der Zeitraum, für den **Transfer-Kug** nach § 111 SGB III gezahlt wird, da diese Zahlungen nach dessen Abs 1 Nr 1, Abs 2 einen dauerhaften, ausdrückl nicht nur vorübergehenden Arbeitsausfall voraussetzen <**L:** GK/*Gutzeit* Rn 422; *Fitting* Rn 152; **aA** DKW/*Klebe* Rn 112>. Soll die mit dem BR vereinbarte Kurzarbeit infolge einer veränderten Auftragslage früher als vorgesehen **aufgehoben** werden, ist dies **nicht** mitbestimmungspflichtig: Durch den Abbau der Kurzarbeit wird nicht die „betriebsübliche Arbeitszeit", sondern die vorübergehend festgelegte „Ausnahme-Arbeitszeit" verändert und in die betriebsübliche Arbeitszeit rückgeführt <**R:** BAG 21.11.1978, 1 ABR 67/76, EzA § 87 BetrVG 1972 Arbeitszeit Nr 7; **L:** *Richardi/Maschmann* Rn 359; *SWS* Rn 76b; **aA** GK/*Gutzeit* Rn 417; *Fitting* Rn 151; ErfK/*Kania* Rn 35>.

Verkürzt wird die Arbeitszeit **auch dann**, wenn die Arbeit aus einem **bes Anlass** (Volksfest, Fußballspiel, Rosenmontagsumzug) an einem Tag ausfällt, oder wenn der AG abw vom Jahresschichtplan eine oder mehrere Schichten ersatzlos streichen will <**R:** BAG 13.7.1977, 1 AZR 336/75, BB 1977, 1702; 1.7.2003, 1 ABR 22/02, DB 2004, 607> oder für jeweils einen Monat den tägl Schichtbeginn bei gleich bleibendem Schichtende um eine halbe Stunde nach hinten verschiebt <**R:** BAG 3.5.2006, 1 ABR 14/05, DB 2007, 60>. Dabei kommt es nicht darauf an, ob sich die Verkürzung des Zeitvolumens in einer entspr verringerten Vergütung oder im Stand des Arbeitszeitkontos niederschlägt; die Änderung der Arbeitszeit iS von Abs 1 Nr 3 setzt nicht voraus, dass sich zugleich auch die Vergütung ändert <**R:** BAG 1.7.2003, aaO; 3.5.2006, aaO; **L:** GK/*Gutzeit* Rn 419>.

102

Abs 1 Nr 3 **ermächtigt** AG und BR **nach stRspr des BAG**, durch eine gem § 77 Abs 4 unmittelbar und zwingend wirkende BV den **Inhalt der Arbeitsverhältnisse der AN zu ändern** und Kurzarbeit auch ggü den AN einzuführen, für die keine dahingehende tarifl oder arbeitsvertragl Ermächtigung besteht <**R:** BAG 12.10.1994, 7 AZR 398/93, DB 1995, 734; **L:** *Fitting* Rn 158; GK/*Gutzeit* Rn 388; *Richardi/Maschmann* Rn 345, 371; ErfK/*Kania* Rn 31>. Hingg wahrt eine Regelungsabrede (§ 77 Rn 105 ff) zwar das MBR aus Abs 1 Nr 3, kann mangels unmittelbarer Rechtswirkung aber auch nach hM die individualvertragl Arbeitszeit der AN nicht wirksam verkürzen <**R:** BAG 14.2.1991, 2 AZR 415/90, BB 1991, 2017; **L:** GK/*Gutzeit* Rn 389; *Richardi/Maschmann* Rn 370 f; *Fitting* Rn 158>. Deshalb muss eine wirksame BV die sich **aus ihr ergebenden Rechte und Pflichten** so **deutlich regeln**, dass diese für die AN zuverlässig zu erkennen sind: Erforderl sind mindestens die Bestimmung von Beginn und Dauer der Kurzarbeit, die Regelung der Lage und Verteilung der Arbeitszeit und auch die **Auswahl der betroffenen AN**. Die personelle Festlegung des Personenkreises kann nicht (später) in einer formlosen Absprache der Betriebsparteien getroffen werden <**R:** BAG 18.11.2015, 5 AZR 491/14, NZA 2016, 565 LS; LAG Hamm 1.8.2012, 5 Sa 27/12, NZA-RR 2013, 244 mwN auch für die **aA**; Sächs LAG 31.7.2002, 2 Sa 910/01, NZA-RR 2003, 366; Hess LAG 14.3.1997, 17/13 Sa 162/96, NZA-RR 1997, 479; **aA** LAG Thüringen 7.10.1999, 2 Sa 404/98, BeckRS 1999, 16427; LAG Berl-Bbg 10.8.1994, 5 Sa 286/94, BeckRS 1994, 30829502>. Wg der durch BV wirksamen Herabsetzung der Arbeitspflicht und der Reduzierung der Entgeltpflicht auf die Höhe des zugesagten Kug, sollen die AN bei einem rückwirkenden Widerruf der Kug-Zusage durch die Arbeitsagentur ihren Entgeltanspruch in Höhe des Kug gg den AG behalten <**R:** BAG 11.7.1990, 5 AZR 557/89, BB 1990, 2493; **L:** *Fitting* Rn 162>. Beachtet die BV eine tarifl, ggü den AN einzuhaltende Ansagefrist für die Einführung von Kurzarbeit nicht, ist sie auch nach **hM** gem Abs 1 Ein-

103

gangssatz nichtig; die AN haben nach § 615 BGB Anspruch auf Annahmeverzugslohn <R: BAG 12.10.1994, aaO; L: DKW/*Klebe* Rn 132>. Ebenso, wenn die BV nicht die inhaltlichen Anforderungen an die Anordnung von Kurzarbeit erfüllt (eben oben), es genügt ein wörtliches Angebot des AN nach § 295 S 1 BGB <R: BAG 18.11.2015, aaO Rn 19>.

104 Als Ermächtigungsgrundlage spielt Abs 1 Nr 3 insbes für die Einführung von Kurzarbeit eine Rolle, da dem AG durch TV nicht die Befugnis verliehen werden kann, Kurzarbeit ohne Rücksicht auf Kd-Gründe und Kd-Fristen einseitig einzuführen <R: BAG 27.1.1994, 6 AZR 541/93, DB 1995, 279; 18.10.1994, 1 AZR 503/93, DB 1995, 2618; L: *Löwisch/Rieble*, TVG § 1 Rn 705; abl auch *Giesen*, Tarifvertragl Rechtsgestaltung für den Betrieb (2002) S 492 f; **abw** für eine unbeschränkte Befugnis wohl *Fitting* Rn 157>. **Entgg der hM** können AG und BR mit einer BV die tarif- oder einzelvertragl vereinbarte Arbeitszeit nicht verkürzen (und ebenso wenig erhöhen) <L: *Waltermann* NZA 1993, 679; *Zöllner* NZA 1997, 121, 128 f; *Heinze* RdA 1998, 14, 19 f, 22 f; *Kaiser* FS Löwisch (2007), S 153, 165 f; *Rieble*, Arbeitsmarkt und Wettbewerb (1996) Rn 1437>: Der **Schutzzweck** des Abs 1 Nr 3 ist darauf beschränkt, die **AN vor einer ungerechtfertigten Minderung ihres Beschäftigungs- und Entgeltanspruchs zu schützen** – indem der BR die Einführung von Kurzarbeit verhindert oder zumindest erreicht, dass die Kürzung der Arbeitszeit und des Arbeitsentgelts gleichmäßig auf alle AN verteilt wird (Rn 82). Diesem Zweck liefe es entgg, wenn der BR es dem AG ermöglichen könnte, Arbeitszeit und Arbeitsentgelt der AN einseitig zu kürzen. Der Eingriff in die Individualarbeitsverhältnisse kann auch nicht mit dem Schutz der AN vor dem Verlust ihres Arbeitsplatzes gerechtfertigt werden: Entgg der **hM** <R: BAG 4.3.1986, 1 ABR 15/84, DB 1986, 1395; L: *Richardi/Maschmann* Rn 377; *Fitting* Rn 159; auch ErfK/*Kania* Rn 35> bezweckt Abs 1 Nr 3 **keine Verstärkung des Kd-Schutzes**: Das BetrVG beschränkt die Kd-Freiheit des AG nicht, sondern gibt dem BR bei Kd lediglich das Anhörungsrecht aus § 102 und räumt ihm selbst bei Massenentlassungen mit §§ 111 ff lediglich eine Chance darauf ein, die unternehmerische Entscheidung beeinflussen zu können; erzwingen kann der BR weder Verhandlungen über, noch die Durchführung eines Interessenausgleichs <L: *Bischof* NZA 1995, 1021, 1024 f; *Kaiser* FS Löwisch (2007), S 153, 165 f; GK/*Gutzeit* Rn 396>. Zudem: Wenn schon die TV-Parteien an das Kd-Schutzrecht gebunden sind, obwohl ihnen § 1 Abs 1 TVG die Befugnis einräumt, die materiellen Arbeitsbedingungen zu regeln, müssen die Betriebspartner ebenfalls an die Kd-Vorschriften gebunden sein.

105 Nach hM soll der BR über sein **Initiativrecht gg den Willen des AG** verlangen und über die ES auch erzwingen können, dass der AG **Kurzarbeit** einführt <R: BAG 4.3.1986, 1 ABR 15/84, BB 1986, 1641; 11.9.1986, 2 AZR 564/85, BB 1987, 1882; L: *Löwisch* FS Wiese (1998), S 249, 252 ff; DKW/*Klebe* Rn 113; *Fitting* Rn 159; ErfK/*Kania* Rn 35; eingeschränkt auch *Richardi/Maschmann* Rn 377>. Macht der BR von seinem Initiativrecht keinen Gebrauch, könne für die Betriebsbedingtheit einer Kd nicht darauf abgestellt werden, ob diese durch Kurzarbeit hätte vermieden werden können <R: BAG 4.3.1986, aaO; 11.9.1986, aaO, welches verlangt, dass BR und AG vor Ausspruch der Kd eine BV über die Einführung von Kurzarbeit abgeschlossen haben; **L: aA** AR/*Kaiser* § 1 KSchG Rn 125>. Die vom BR erzwungene Alternative Kurzarbeit statt Kd ist von vornherein auf die seltenen Fälle beschränkt, in denen der **Unternehmer den Personalbedarf lediglich vorübergehend verringert** oder in denen er auf äußere Ereignisse, wie einen Umsatzrückgang, lediglich reagiert, ohne ein eigenes betriebsorganisatorisches Konzept für die be-

triebsbedingten Kd aufzustellen <L: AR/*Kaiser* § 1 KSchG Rn 124 mwN>. Ein Initiativrecht des BR zur Einführung von Kurzarbeit ist aber auch in diesen Fällen **abzulehnen**. Zwar greift der BR mit seiner Initiative nicht unzulässig in die unternehmerische Entscheidungsfreiheit ein <L: *Löwisch* FS Wiese (1998), S 249, 252; *Kaiser* FS Löwisch (2007), S 153, 165; **aA** GK/*Gutzeit* Rn 395 mwN; auch *Bischof* NZA 1995, 1021, 1024>, der Schutzzweck des Abs 1 Nr 3, die AN vor einer ungerechtfertigten Minderung ihres Beschäftigungs- und Entgeltanspruchs durch Kurzarbeit zu schützen, setzt dem Initiativrecht aber Grenzen (Rn 11). Eine **Erweiterung des Kd-Schutzes** bezweckt Abs 1 Nr 3 **nicht** (Rn 104); es liefe den Wertungen des BetrVG zuwider, wenn der BR Entlassungen dadurch verhindern oder zumindest verzögern könnte, dass auf seine Initiative Kurzarbeit eingeführt wird <L: *Kaiser* FS Löwisch (2007), S 153, 165 f; *Bischof* NZA 1995, 1021, 1024 f; GK/*Gutzeit* Rn 396>. Unerklärlich bliebe auch, warum der BR **singulär** lediglich die Einführung von Kurzarbeit durchsetzen könnte, um Kd zu verhindern, hingg etwa nicht die Weiterbeschäftigung des AN auf einem anderen Arbeitsplatz.

Hat die Landesagentur für Arbeit die Kurzarbeit nach § 19 Abs 1 KSchG zugelassen, beschränkt sich das MBR des BR auf die **Modalitäten** der Kurzarbeit, also insbes darauf, wie die Kurzarbeit innerhalb des Zeitraums, für den sie zugelassen ist, verteilt werden soll <L: SWS Rn 83; HWGNRH/*Worzalla* Rn 250; **aA** die **hM**: GK/*Gutzeit* Rn 422 f mwN>. Auch im **Arbeitskampf** ist der BR darauf beschränkt, über die Modalitäten der Kurzarbeit mitzubestimmen <R: BAG 22.12.1980, 1 ABR 76/79, BB 1981, 669; L: *Fitting* Rn 166; GK/*Gutzeit* Rn 435; ErfK/*Kania* Rn 38; **aA** DKW/*Klebe* Rn 116>. Auch wenn der AG durch arbeitskampfbedingte **Fernwirkungen nur mittelbar betroffen** wird, verlieren seine AN nach den Grundsätzen des Arbeitskampfrisikos für die Dauer der Störung ihren Beschäftigungs- und Entgeltanspruch, wenn andernfalls die Kampfparität beeinträchtigt wäre, sodass der BR auch insoweit auf eine Mitbestimmung über die Modalitäten der Kurzarbeit beschränkt ist <R: BAG 22.12.1980, 1 ABR 2/79, BB 1981, 609 und 22.12.1980, 1 ABR 76/79, aaO; L: ausf *Löwisch/Bittner*, Rechtsfolgen des Arbeitskampfes für die Arbeitsverhältnisse nicht Kampfbeteiligter AR-Blattei-SD 170.3.2 Rn 85 ff; GK/*Gutzeit* Rn 437 ff; *Richardi/Maschmann* Rn 392; ErfK/*Kania* Rn 38; **abw** gg ein MBR auch hinsichtl der Modalitäten der Kurzarbeit SWS Rn 81; HWGNRH/*Worzalla* Rn 285 ff; **aA** für ein vollumfänglich MBR DKW/*Klebe* Rn 118; *Fitting* Rn 174 ff>.

106

e) Individualrechtliche Folgen der Nichtbeachtung des MBR

Die Mitbestimmung des BR ist **Wirksamkeitsvoraussetzung** <R: BAG 13.7.1977, 1 AZR 336/75, BB 1977, 1702; L: *Fitting* Rn 161; GK/*Gutzeit* Rn 451 mwN; *Richardi/Maschmann* Rn 416; **aA** HWGNRH/*Worzalla* Rn 264>. Führt der AG Kurzarbeit einseitig ein, haben die AN für die ausgefallene Arbeit Anspruch auf Arbeitsentgelt nach § 615 BGB <R: BAG 13.7.1977, aaO; L: GK/ *Gutzeit* Rn 451; *Richardi/Maschmann* Rn 417; *Fitting* Rn 156; HWGNRH/*Worzalla* Rn 265>; führen AG und BR die Kurzarbeit durch BV ein, wird nach **hM** die Arbeitspflicht des AN herabgesetzt (Rn 103 f) und haben die AN unter den Voraussetzungen der §§ 95 ff SGB III Anspruch auf Kug (Rn 101). Ordnet der AG einseitig Überstunden an, können die AN ihre Arbeitsleistung gem § 273 BGB verweigern <L: GK/*Gutzeit* Rn 451; *Richardi/Maschmann* Rn 417>. Aus dem Grundsatz der Wirksamkeitsvoraussetzung folgt aber nicht, dass bei Verletzung eines MBR Ansprüche entstehen, die bisher nicht bestanden haben: Deswg können die AN nicht verlangen,

107

§ 87 Mitbestimmungsrechte

Überstunden zu leisten und entspr höher bezahlt zu werden, wenn der AG ohne Beteiligung des BR Überstunden angeordnet hatte, Rn 246 zu Abs 1 Nr 10; vgl Rn 81.

108 Hat der AG mitbestimmungswidrig Überstunden angeordnet und haben die AN **entspr gearbeitet** oder hat der AG geduldet, dass die AN Überstunden leisten (Rn 95), ohne den BR zu beteiligen, wird dadurch aber ein Entgeltanspruch der AN aus § 611a Abs 1 BGB begründet <**L:** vgl *Gutzeit* NZA 2008, 255, 259; *Richardi/Maschmann* Rn 417; GK/*Gutzeit* Rn 451; HWGNRH/*Worzalla* Rn 266>: Entweder ist die Anordnung von Überstunden durch das Direktionsrecht des AG aus § 106 GewO gedeckt oder der AN hat die Überstunden im beiderseitigen Einvernehmen geleistet; darin liegt die einvernehml Änderung des Arbeitsvertrages, die auch bei einem tarifgebundenen AN nach § 4 Abs 3 TVG wirksam ist <**R: aA** LAG Ddf 28.9.2007, 10 Sa 1078/07, ZTR 2008, 148>. Die unterbliebene Beteiligung des BR macht die individualrechtl wirksame Maßnahme nicht unwirksam, Rn 134f zu § 99. Nimmt man hingg an, dass die Weisung des AG oder die einvernehml Änderung des Arbeitsvertrags mangels Mitwirkung des BR unwirksam sei, hätte der AN zwar keinen Entgeltanspruch aus § 611a Abs 1 BGB; der AN könnte aber nach §§ 812 Abs 1 S 1 Alt 1, 818 Abs 2 BGB im Wege der Leistungskondiktion Wertersatz iH des für Überstunden im Betrieb üblicherweise gezahlten Entgelts verlangen.

4. Zeit, Ort und Art der Auszahlung der Arbeitsentgelte (Abs 1 Nr 4)

Literatur: *Ehrich*, Die Zuständigkeit des Gesamtbetriebsrats nach § 50 Abs 1 Satz 1 BetrVG und ihre Bedeutung bei den betrieblichen Beteiligungsrechten, ZfA 1993, 427 ff, insbes 450 ff; *Schaub*, Mitbestimmung des Betriebsrats bei Einführung der bargeldlosen Lohnzahlung, AuA 1992, 108; *Schoof*, Mitbestimmung des Betriebsrats beim Entgelt in Betrieben mit Tarifbindung, AiB 2004, 409; *ders*, Mitbestimmung bei der Entgeltgestaltung, AiB 2007, 345 ff; *Schwerdtner*, Die Reichweite des Mitbestimmungsrechts des Betriebsrats nach § 87 Abs 1 Nr 4 BetrVG bei der Einführung bargeldloser Lohn- und Gehaltszahlung, FS Stahlhacke (1995), S 509; *Süllwold*, Mitbestimmung in sozialen Angelegenheiten, 5. Teil, Zeit, Ort und Art der Auszahlung der Arbeitsentgelte, ZBVR 2005, 23; *Werwach*, Die Mitbestimmung des Betriebsrats in sozialen Angelegenheiten, ZBVR 2000, 114.

a) Normzweck und Anwendungsbereich

109 Nach Abs 1 Nr 4 hat der BR über Zeit, Ort und Art der Auszahlung der Arbeitsentgelte mitzubestimmen, hingg nicht über die Höhe der Vergütung und auch nicht über die Voraussetzungen (des Untergangs) eines Entgeltanspruchs <**R:** BAG 12.4.2011, 1 AZR 412/09, AP BetrVG 1972 § 75 Nr 57 Rn 17; 7.6.2011, 1 AZR 807/09, AP BetrVG 1972 § 77 Betriebsvereinbarung Nr 55 Rn 33 beide gg ein MBR bei einer Stichtagsregelung für eine Bonuszahlung>, siehe Rn 240 ff zu Abs 1 Nr 10. Abs 1 Nr 4 dient dem Interesse des AG und der AN, die **Auszahlung von Arbeitsentgelten einheitl und einfach handhaben** zu können. Das MBR des BR besteht aber nur bei kollektiven Maßnahmen, also bei Regelungen, die die Auszahlung der Vergütung abstrakt regeln (näher Rn 2); insoweit darf der BR zum Schutz der AN auch initiativ werden <**R:** BAG 25.4.1989, 1 ABR 91/87, DB 1989, 1928>. **Tarifl Regelungen** über die Entgeltauszahlung **schließen das MBR häufig aus**. Zudem müssen sich BV nach Abs 1 Nr 4 iR der bestehenden **Gesetze**, etwa der §§ 64, 87c Abs 1 S 1 HGB, des § 107 GewO und des § 35 SeemG halten. § 614 S 2 BGB schließt als abdingbare Norm eine BV mit abw Fälligkeitsregelung nicht aus <**R:** BAG 15.1.2002, 1 AZR 165/01, DB 2002, 1896>; aber etwa die Fälligkeitsregelung in § 3

II. Katalog der mitbestimmungspflichtigen Angelegenheiten § 87

Abs 1 S 1 PflegeArbbV <R: BAG 22.7.2014, 1 ABR 96/12, AP BetrVG 1972 § 87 Nr 19 Rn 35>.

Mitzubestimmen hat idR der **Einzel-BR**, nicht der GBR <R: BAG 15.1.2002, 1 ABR 10/ 01, BB 2002, 1699 zur Abschaffung einer Kontoführungspauschale>. Ob das MBR aus Abs 1 Nr 4 bei Einrichtung einer unternehmensweit zentral geführten computergesteuerten Entgeltabrechnung gem § 50 Abs 1 durch den GBR ausgeübt werden muss, hängt von den Umständen des jeweiligen Unternehmens und der dortigen EDV-Ausstattung ab <R: Hess LAG 21.6.2001, 5 TaBVGa 45/01, juris; L: *Ehrich* ZfA 1993, 427, 450 f>. 110

b) Arbeitsentgelte

„Arbeitsentgelte" benennt die Gegenleistung, die AN für ihre Arbeitsleistung erhalten. Der Begriff ist **weit** zu verstehen und erfasst alle einmalig oder wiederholt gezahlten Leistungen, die der AG den AN als Gegenwert für ihre Arbeitsleistung gewährt, neben dem Grundgehalt etwa auch Zulagen, Trennungsgelder, Aufwandsentschädigungen, Provisionen, Gewinnbeteiligungen, Aktienoptionen, Deputate sowie wiederkehrende Sonderzuwendungen in Form von Gratifikationen, Urlaubsgeldern usw <R: BAG 25.4.1989, 1 ABR 91/89, DB 1989, 1928>. Anders als bei Abs 1 Nr 10 (Rn 221 f) hat der BR wg des Zwecks des MBR aus Abs 1 Nr 4 (Rn 109) hinsichtl der Zahlungsmodi auch bei Leistungen ohne Gegenwertcharakter mitzubestimmen, etwa über Aufwendungsersatzleistungen wie Reisekostenerstattungen <R: zum PersVG aA Bay VGH 18.7.1991, 17 P 91.941, PersV 1993, 80; L: GK/*Gutzeit* Rn 455; *Richardi/Maschmann* Rn 425; *Fitting* Rn 180; DKW/*Klebe* Rn 135; HWGNRH/*Worzalla* Rn 297>, Umzugskostenentschädigungen usw. 111

c) Zeit, Ort und Art der Auszahlung

Mit **Art** der Auszahlung meint Abs 1 Nr 4, ob das Arbeitsentgelt bar oder per Scheck gezahlt oder überwiesen werden soll <R: BAG 24.11.1987, 1 ABR 25/86, BB 1988, 1387>. Sofern durch **TV** zwingend die Überweisung auf ein Konto des AN angeordnet wird, entfällt das MBR des BR. 112

Der **Ort** der Auszahlung betrifft die Frage, ob das Arbeitsentgelt innerhalb oder außerhalb des Betriebs ausbezahlt wird, in welchen Räumen dies geschieht usw. Durch eine nach TV angeordnete bargeldlose Zahlung (Rn 109) wird als Ort der Auszahlung zwingend das vom AN angegebene Kreditinstitut festgelegt; das schließt die Mitbestimmung des BR aus. 113

Mit **Zeit** der Auszahlung meint Abs 1 Nr 4 sowohl die Zeitabschnitte, für die das Arbeitsentgelt bezahlt wird (wöchentl, monatl, jährl) als auch den Auszahlungstag samt Auszahlungsstunde (im Voraus, am 15. des Monats usw). Mitzubestimmen hat der BR etwa über die Frage, ob eine zusätzl Urlaubsvergütung einheitl zu einem best Fälligkeitstermin ausgezahlt werden soll <R: BAG 25.4.1989, 1 ABR 91/87, DB 1989, 1928>. Ebenso hat der BR darüber mitzubestimmen, innerhalb welchen Zeitraums Zeitguthaben der AN finanz ausgeglichen werden sollen; die Betriebspartner können durch BV etwa regeln, dass ein über die regelmäßige tarifl Wochenarbeitszeit hinausgehendes Zeitguthaben erst am Ende eines einjährigen Verteilungszeitraumes vergütet werden soll <R: BAG 15.1.2002, 1 AZR 165/01, DB 2002, 1896>. Mitbestimmungspflichtig ist auch die Entscheidung, ob Samstagsarbeit in ein Jahresarbeitszeitkonto einzustellen oder zeitnah zu vergüten ist <R: 114

§ 87 Mitbestimmungsrechte

BAG 15.1.2002, aaO>, ob die unter Beachtung des MBR aus Abs 1 Nr 3 angeordnete Mehrarbeit in ein Arbeitszeitkonto eingestellt werden kann und ob eine mitbestimmte Verkürzung der Arbeitszeit zu Minusstunden in einem Arbeitszeitkonto führen soll <R: LAG Hamm 10.9.2007, 10 TaBV 85/07, BB 2008, 340 (LS)>. Wird durch TV ein Auszahlungstag angeordnet (etwa Bezahlung des Arbeitsentgelts am ersten oder letzten Tag des Monats), wird das MBR des BR insoweit gesperrt. Auch eine Stundung des Arbeitsentgelts ist nach Abs 1 Nr 4 mitbestimmungspflichtig; insoweit wird jedoch regelmäßig durch TV eine monatl Entgeltauszahlung zwingend vorgeschrieben und die Regelungsbefugnis der Betriebspartner gesperrt <R: LAG Ddf 14.12.2005, 12 (13) Sa 1262/05, juris>. Hingg schließen es TV idR nicht aus, dass ein über das regelmäßige Monatsentgelt auf der Basis der tarifl wöchentl Arbeitszeit hinaus gehendes Zeitguthaben erst später vergütet wird; insoweit bleibt Raum für Regelungen der Betriebspartner nach Abs 1 Nr 4 <R: BAG 15.1.2002, aaO>.

115 **Nicht mitzubestimmen** hat der BR bei **Lohnabtretungsverboten**, da diese nicht zu den Modalitäten der Entgeltauszahlung gehören <R: zum PersVG BAG 26.1.1983, 4 AZR 206/80, PersV 1985, 379; **L:** *Fitting* Rn 190; *Richardi/Maschmann* Rn 434; MünchArbR/ *Salamons* § 323 Rn 14>. Auch **Lohn- oder Gehaltspfändungen** fallen nicht unter das MBR des BR aus Abs 1 Nr 4: Die mit der Bearbeitung von Lohn- oder Gehaltspfändungen verbundenen Kosten fallen dem AG zur Last; er hat weder einen gesetzl Erstattungsanspruch gg den AN noch kann ein solcher Anspruch durch (freiw) BV begründet werden <R: BAG 18.7.2006, 1 AZR 578/05, BB 2007, 221>.

d) Kosten der Auszahlung

116 Schreiben TV oder BV die Überweisung des Arbeitsentgelts auf ein Konto vor, ohne die Kostentragung zu regeln, muss der AN die Kontoführungsgebühren usw selbst tragen <R: BAG 31.8.1982, 1 ABR 8/81, BB 1983, 60>. Um den AN das tarifl bzw einzelvertragl vereinbarte Arbeitsentgelt ungeschmälert zu erhalten, sollen als **Annex** zu Art, Ort und Zeit der Auszahlung auch die **Kosten der Auszahlung** mitbestimmungspflichtig sein: Sofern die Mitbestimmung nicht durch TV gesperrt sei <R: BAG 31.8.1982, 1 ABR 8/81, BB 1983, 60>, könne dem AG durch BV auferlegt werden, die Kontoführungskosten zu tragen und den sonstigen Aufwand der AN mit der bargeldlosen Zahlung zu entgelten <R: BAG 8.3.1977, 1 ABR 33/75, BB 1977, 1199; 24.11.1987, 1 ABR 25/86, BB 1988, 1387; 5.3.1991, 1 ABR 41/90, DB 1991, 2044; 15.1.2002, 1 ABR 10/01, BB 2002, 1699; zum PersVG BVerwG 25.1.1985, 6 P 7/84, PersR 1987, 59; **L:** *Richardi/Maschmann* Rn 437 ff; *Fitting* Rn 186; DKW/*Klebe* Rn 139>; ein MBR bestehe ebenso hinsichtl der Abschaffung der Kontoführungspauschale <R: BAG 15.1.2002, aaO>. Die ES dürfe der AG aber dann nicht mit den Kontoführungskosten belasten, wenn er in der Lage sei, mit den Kreditinstituten zu vereinbaren, dass den AN durch eine bargeldlose Entgeltzahlung keine Kosten entstehen <R: BAG 21.12.1982, 1 ABR 20/81, DB 1983, 996>. Mitbestimmungspflichtig sei auch die Einrichtung einer sog **Kontostunde**, in der die AN unter Entgeltfortzahlung von der Pflicht zur Arbeitsleistung befreit werden, um ihr Arbeitsentgelt vom Konto abheben zu können <R: BAG 20.12.1988, 1 ABR 57/87, BB 1989, 1056; 12.11.1997, 7 ABR 78/96, NZA 1998, 497; zum PersVG BVerwG 20.7.1998, 6 P 13/97, PersR 1998, 523; BAG 5.5.1988, 6 AZR 521/85, DB 1989, 633>. Habe der AG den AN aber angeboten, das Arbeitsentgelt während der Arbeitszeit kostenlos im Betrieb auszuzahlen, überschreite ein Spruch der ES die Grenzen billigen Ermessens, der den AG

verpflichte, den durch die bargeldlose Entgeltzahlung entstehenden Aufwand der AN dadurch auszugleichen, dass er alle AN monatl eine Stunde von der Arbeit freistellt <R: BAG 10.8.1993, 1 ABR 21/93, BB 1994, 140> oder jedem AN monatl 4 Euro zahlt <R: LAG Hamm 22.2.2000, 13 TaBV 80/99, BuW 2001, 176 (LS): 8 DM>. Diese Rspr ist **nicht haltbar**: Das Wort „Annex" verschleiert, dass das MBR aus Abs 1 Nr 4 über den Wortlaut hinaus ausgedehnt wird, obwohl dies weder durch den Zweck des MBR (Rn 109) noch in Zeiten des Jedermann-Kontos praktisch gerechtfertigt ist; jeder hat (mehrere) Konten – nicht nur für die Überweisung des Arbeitsentgelts und auch obwohl die Banken kaum noch kostenlose Girokonten anbieten; eine finanz Belastung des AG ist über Abs 1 Nr 4 **entgg der hM nicht** zulässig <R: *Fischer* RdA 2003, 114, 118 f; *Schwerdtner* FS Stahlhacke (2005), 509, 512 ff; **L:** *SWS* Rn 90; GK/*Gutzeit* Rn 465; HWGNRH/*Worzalla* Rn 307; krit auch *Löwisch/Robrecht* Anm zu BAG 15.1.2002, SAE 2003, 4, 6 f>.

e) Individualrechtliche Folgen der Nichtbeachtung des MBR

Beachtet der AG das MBR des BR nicht, ist die Änderung der Auszahlungsmodalitäten unwirksam; im Betrieb ist weiter die bisherige Handhabung oder die dispositive gesetzl oder tarifl Regelung anzuwenden, vgl Rn 245 bei Abs 1 Nr 10. 117

5. Aufstellung allgemeiner Urlaubsgrundsätze und des Urlaubsplans sowie die Festsetzung der zeitlichen Lage des Urlaubs für einzelne Arbeitnehmer, wenn zwischen dem Arbeitgeber und den beteiligten Arbeitnehmern kein Einverständnis erzielt wird (Abs 1 Nr 5)

Literatur: *Baunack/Middel*, Den Urlaub mitbestimmen, AiB 2016, Nr 5, 18; *Butzke*, Beteiligung des Betriebsrats im Interesse einzelner Arbeitnehmer, BB 1997, 2269; *Faßhauer* Rechtsfragen zur unbezahlten Freistellung, NZA 1986, 453; *Klumpp*, Allgemeines Urlaubsrecht – Überblick, AR-Blattei SD 1640.1; *von der Laden*, Die Bestimmung der Urlaubszeit nach dem Bundesurlaubsgesetz und dem Betriebsverfassungsgesetz, 1971; *Matthes*, Betriebsruhe zwischen Weihnachten und Neujahr, Jura 1988, 654; *M Müller*, Schöne Ferien ... Zur Mitbestimmung bei den Urlaubsgrundsätzen, dbr 2008, Nr 6, S 30; *Powietzka/Fallenstein*, Urlaubsklauseln in Arbeitsverträgen, NZA 2010, 673; *Zimmermann*, Mitbestimmung des Betriebsrats in Fällen der Ablehnung eines Urlaubsantrags durch den Arbeitgeber wegen der vom Arbeitnehmer gewünschten zeitlichen Lage des Urlaubs, AuR 2012, 243.

a) Normzweck und Anwendungsbereich

Das kaum zu Streitfällen führende MBR aus Abs 1 Nr 5 soll es dem BR ermöglichen, auf das Direktionsrecht des AG bei der Urlaubsfestsetzung einzuwirken, um die **Interessen der AN** an einer gleichmäßigen Verteilung der Urlaubszeiten durchzusetzen und deren Urlaubswünsche zu harmonisieren; dabei muss der BR darauf achten, dass der Betrieb durch urlaubsbedingte Personalausfälle möglichst wenig gestört wird <R: BAG 18.6.1974, 1 ABR 25/73, DB 1974, 2263; 28.5.2002, 1 ABR 37/01, NZA 2003, 171; zum PersVG BVerwG 19.1.1993, 6 P 19/90, ZTR 1993, 304>. Deswg besteht das MBR nur, soweit kollektive Interessen betroffen sind, dh die Urlaubswünsche mehrerer AN miteinander in Widerstreit geraten (Rn 126) oder das betriebl Interesse an Arbeit und das Freistellungsinteresse der AN aufeinander abzustimmen sind. Wg des Bedürfnisses nach 118

§ 87   Mitbestimmungsrechte

Abstimmung der AN-Interessen mit denen anderer AN und den betriebl Interessen ist das Wort „Urlaub" weit auszulegen: Das MBR des BR erstreckt sich nicht nur auf den Erholungsurlaub iS des BUrlG, sondern auf **jede bezahlte oder unbezahlte Freistellung** eines AN von der Arbeit, sofern durch sie die Freistellung anderer AN von der Arbeit beeinträchtigt werden kann <**R:** BAG 28.5.2002, aaO; **L: aA** HWGNRH/*Worzalla* Rn 317ff nur für Erholungsurlaub und den Urlaub nach § 125 SGB IX>. Von Abs 1 Nr 5 erfasst werden der Zusatzurlaub für Schwerbehinderte nach § 208 SGB IX <**R:** Hess LAG 28.4.1987, 11 Sa 609/86, NZA 1988, 257 (LS)>, Bildungsurlaube <**R:** BAG 28.5.2002, aaO> und der einem Gastarbeiter im Anschluss an den bezahlten Erholungsurlaub gewährte unbezahlte Sonderurlaub <**R:** BAG 18.6.1974, aaO>. Nicht mitbestimmungspflichtig ist hingg die **Freistellung des AN während der Kd-Frist** <**R:** LAG Köln 16.3.2000, 10 (11) Sa 1280/99, BB 2000, 1627; LAG Hamm 20.9.2002, 10 TaBV 95/02, NZA-RR 2003, 422; **L:** GK/*Gutzeit* Rn 474; ErfK/*Kania* Rn 43; einschränkend DKW/ *Klebe* Rn 141>; ebenso wenig für die Freistellung von BR-Mitgliedern sowie Jugend- und Auszubildendenvertretern zur Teilnahme an Schulungs- und Bildungsveranstaltungen, da **§§ 37 Abs 6 und 7, 65** insofern eine Sonderregelung treffen <**L:** *Richardi/Maschmann* Rn 454; auch GK/*Gutzeit* Rn 475>. Über die Festlegung der Urlaubszeiten für einzelne AN hat der BR nur dann mitzubestimmen, wenn zw dem AG und dem oder den beteiligten AN kein Einverständnis über Lage des Urlaubs erzielt wird (Rn 126).

119 Der Urlaub ist gesetzl (BUrlG) und idR durch TV geregelt. **§ 7 Abs 1 BUrlG** bindet den AG an den **Urlaubswunsch des AN**, soweit diesem Wunsch keine dringenden betriebl Belange oder Urlaubswünsche anderer, aus sozialen Gründen vorrangig zu berücksichtigender AN entgegenstehen. Nur soweit § 7 BurlG und ein Urlaubs-TV dem AG bei der Festlegung des Urlaubs einen Spielraum lassen, ist eine Beteiligung des BR mögl und erforderl. IR des § 7 Abs 1 BUrlG kommt den Betriebspartnern allerdings ein Beurteilungsspielraum zu. Deshalb dürfen sie Betriebsferien (Rn 123) nicht nur dann einführen, wenn keine dringenden betriebl Belange für die zeitweise Schließung des Betriebs sprechen, sondern schon dann, wenn die betriebl Belange die individuellen Urlaubswünsche der AN überwiegen <**R:** BAG 28.7.1981, 1 ABR 79/79, BB 1982, 616>. § 1 BUrlG bindet die Betriebspartner an den Grundsatz, dass Urlaub nicht im Vorgriff auf das nächste Kalenderjahr gewährt werden kann <**R:** BAG 17.1.1974, 5 AZR 380/73, BB 1974, 509>.

120 Mitbestimmungspflichtig ist nur die Verteilung, also die **Lage des Urlaubs** im Urlaubsjahr. Hingg hat der BR über die durch Gesetz (§ 3 I BUrlG) und TV vorgegebene **Dauer des Urlaubs** nicht mitzubestimmen <**R:** BAG 14.1.1992, 9 AZR 148/91, DB 1992, 1889; **L:** GK/*Gutzeit* Rn 476 mwN>. Deswg besteht kein MBR darüber, ob eine Schonzeit auf den Urlaub anzurechnen ist <**R:** zu § 56 BetrVG aF BAG 26.11.1964, 5 AZR 124/64, BB 1965, 40>, und wie der Urlaubsanspruch eines AN, dessen Arbeitsverpflichtung sich iR eines rollierenden Systems auf einige Werktage in der Woche beschränkt (Rn 69), in Arbeitstage umgerechnet wird <**R:** BAG 14.1.1992, aaO>. Ebenso wenig hat der BR darüber mitzubestimmen, ob und in welchem Umfang Urlaub, der aus betriebl oder in der Person des AN liegenden Gründen nicht gewährt werden kann, abzugelten ist. Die Gewährung von zusätzl **Urlaubsgeld** ist nicht nach Abs 1 Nr 5 <**L:** GK/*Gutzeit* Rn 477 mwN>, wohl aber nach Abs 1 Nr 10 mitbestimmungspflichtig, Rn 221.

121 Der BR hat ein **Initiativrecht**: Er kann die Aufstellung von Urlaubsgrundsätzen und eines Urlaubsplans erzwingen, wenn der AG nicht selbst tätig wird <**L:** GK/*Gutzeit* Rn 487, 493; *Richardi/Maschmann* Rn 465>. Der Zweck des MBR setzt dem Initiativrecht aber Grenzen; deswg kann der BR nicht mit dem Ziel initiativ werden, Betriebsferien einzuführen oder zu verlängern <R: aA LAG Nds 26.2.1985, 6 TaBV 2/84, AuR 1999, 319; L: wie hier GK/*Gutzeit* Rn 487f; *Richardi/Maschmann* Rn 466; aA *Fitting* Rn 198; DKW/*Klebe* Rn 145; ErfK/*Kania* Rn 44; MünchArbR/*Salamon* § 324 Rn 22>. Für die Mitbestimmung genügt eine formlose **Regelungsabrede**; der Urlaubsplan (Rn 124f) und die allg Urlaubsgrundsätze (Rn 122f) werden sinnvollerweise durch **BV** vereinbart. Der Streit über die zeitl Lage des vom AN gewünschten Urlaubs betrifft eine Rechtsfrage, weswg der Spruch der ES vollumfänglich der arbg Kontrolle unterliegt, noch Rn 126.

b) Allgemeine Urlaubsgrundsätze

Als „Programm" für die Verteilung des Urlaubs auf die Belegschaft können sich AG und BR auf allg Grundsätze oder **Richtlinien**, dh auf die Regeln beschränken, nach denen der AG den Urlaub im Einzelfall verteilt <R: BAG 28.5.2002, 1 ABR 37/01, NZA 2003, 171>. Dazu gehören etwa Regelungen über die Verteilung des Urlaubs innerhalb des Kalenderjahres und darüber, ob der Urlaub zusammenhängend genommen werden soll und ob und wie er geteilt werden kann <R: BAG 28.5.2002, aaO>. Ebenso mitbestimmungspflichtig sind Regelungen über den Ausgleich paralleler Urlaubswünsche: AG und BR können festlegen, nach welchen Gesichtspunkten Urlaubswünsche vorrangig zu berücksichtigen sind, welchen Einfluss etwa schulpflichtige Kinder oder der Urlaub des berufstätigen Ehepartners auf die zeitl Lage des Urlaubs haben soll <R: BAG 18.6.1974, 1 ABR 25/73, DB 1974, 2263; allg 28.5.2002, aaO>. Zu den allg Urlaubsgrundsätzen gehört auch das Verf, das der AG bei der Urlaubserteilung einzuhalten hat, insbes, wann, wo und wie lange die Urlaubsliste ausliegen muss und bis zu welchem Zeitpunkt die AN ihre Urlaubswünsche in die Liste eintragen müssen und welche Formalien sie dafür zu beachten haben <R: allg BAG 28.5.2002, aaO>. Mitbestimmungspflichtig sind auch Regelungen über die **Urlaubsvertretung** <R: allg BAG 28.5.2002, aaO>. An der Urlaubserteilung im Einzelfall ist der BR hingg nicht zu beteiligen; erst wenn zw AG und einem oder mehreren AN kein Einverständnis über die Lage des Urlaubs erzielt werden kann, löst dies die Mitbestimmungspflicht aus (Rn 126). 122

Zu den allg Urlaubsgrundsätzen gehört auch die Frage, ob im Betrieb für alle oder für best Gruppen von AN, etwa für Betriebsabteilungen, der Urlaub einheitl während eines best Zeitraums gewährt werden soll, dh „**Betriebsferien**" eingeführt werden <R: BAG 28.7.1981, 1 ABR 79/79, BB 1982, 616; 31.5.1988, 1 AZR 192/87, BB 1988, 2465; L: *Richardi/Maschmann* Rn 458 mwN>, da so die Interessen des AG und die Urlaubswünsche der AN koordiniert werden. Deswg hat der BR über die Anordnung des AG mitzubestimmen, dass die Lehrkräfte einer Musikschule ihren gesamten jährl Erholungsurlaub in den Faschings- und den Sommerferien nehmen müssen <R: zum PersVG VGH BaWü 20.6.2000, PL 15 S 2134/99, PersR 2000, 431>. Auch die Anordnung, eine Kinderkrippe müsse mindestens 15 Tage im Jahr schließen und die AN müssten während dieser Zeit einen Teil ihres Jahresurlaubs nehmen, schränkt die freie Urlaubswahl der AN mitbestimmungspflichtig ein <R: vgl für das PersVG BayVGH 25.11.1992, 17 P 92.3068, PersV 1993, 378>. Mitzubestimmen hat der BR auch über eine **Urlaubssperre** wg erhöhten Arbeitsanfalls <R: BAG 28.5.2002, 1 ABR 37/01, NZA 2003, 171; aA zum PersVG BVerwG 19.1.1993, 6 P 19/90, ZTR 1993, 304 mit dem Argument, die Urlaubssperre sei nicht Bestandteil der Urlaubsplanung, sondern gehe dieser zeitl und sachl voraus, indem 123

§ 87 Mitbestimmungsrechte

sie Zeiträume festlege, in denen überhaupt kein Urlaub gewährt werden könne. Zudem diene sie nicht der Koordinierung der Urlaubswünsche der AN, sondern erschöpfe sich darin, einen generellen Hinderungsgrund für den Urlaub während best Zeiträume festzulegen; **L:** hiergg RDW/*Kaiser/Annuß* PersVG § 75 Rn 290>. Vereinbaren AG und BR in einer BV für einzelne Tage zw Weihnachten und Neujahr **Feierschichten**, für die die AN bezahlten Tarifurlaub oder unbezahlten Urlaub nehmen sollen, wird nicht nach Abs 1 Nr 5 mitbestimmungspflichtig Erholungsurlaub erteilt und dessen Lage geregelt, sondern iS des Abs 1 Nr 3 vorübergehend die betriebsübliche Arbeitszeit herabgesetzt <**R:** BAG 9.5.1984, 5 AZR 412/81, BB 1984, 1687>.

c) Aufstellung des Urlaubsplans

124 Um für AG und AN eine langfristige Planung zu ermöglichen, können AG und BR auch in einem **detaillierten Urlaubsplan** im Voraus die Zeiten genau festlegen, in denen den einzelnen AN im Laufe des Kalenderjahres Urlaub gewährt werden soll <**R:** BAG 21.3.1990, 5 AZR 383/89, BB 1990, 1560>. Ein solcher Urlaubsplan begründet für jeden AN einen Anspruch auf Urlaubsgewährung zu dem festgelegten Zeitpunkt; er kann seinen Urlaub antreten, ohne dass ihm dieser noch einmal bes erteilt werden müsste <**L:** statt aller GK/*Gutzeit* Rn 494 mwN>.

125 Wg des **Gebots der Wunschberücksichtigung** aus **§ 7 Abs 1 BUrlG** (Rn 119) können AG und BR den Urlaub nicht gg den Willen des AN festlegen. § 7 Abs 1 BUrlG ist über § 13 Abs 1 BUrlG zwar tarifdispositiv, wird aber durch die meisten TV nicht verdrängt. Um § 7 Abs 1 BUrlG zu genügen, kann der AG zunächst die Urlaubswünsche der einzelnen AN abfragen, in eine Urlaubsliste eintragen lassen und den Urlaubsplan dann dem BR zur Mitbestimmung vorlegen; dass Führen einer **Urlaubsliste** ist als Urlaubsgrundsatz mitbestimmungspflichtig <**L:** *Richardi/Maschmann* Rn 460; GK/*Gutzeit* Rn 495>, Rn 122. Hat der AG die AN vorab nach ihren Urlaubswünschen gefragt, ändert dies nichts daran, dass der Urlaubsplan **dispositiv** sein muss, der AG also von ihm abweichen können muss, wenn ein AN einen abw Urlaubswunsch äußert <**L:** *Richardi/Maschmann* Rn 462>. Gewährt der AG einem AN auf dessen Wunsch Urlaub abw vom Urlaubsplan, ist dies als Individualmaßnahme nicht mitbestimmungspflichtig; erst wenn der Urlaubswunsch zum Streit mit dem AG oder mit anderen AN führt, ist der BR zu beteiligen, Rn 126. Wird der Urlaubsplan generell geändert, hat der BR über diese Änderung mitzubestimmen <**L:** statt aller GK/*Gutzeit* Rn 498 mwN>.

d) Festsetzung der zeitlichen Lage des Urlaubs für einzelne AN

126 Festsetzung der zeitl Lage des Erholungsurlaubs bedeutet die konkrete Urlaubsbewilligung nach Maßgabe des § 7 Abs 1 BUrlG (Rn 119). Ein MBR besteht nur dann, wenn zw AG und den beteiligten AN **kein Einverständnis** über die zeitl Lage des Urlaubs erzielt wird. Nach **hM** soll genügen, dass ein einzelner AN mit der Festlegung des Urlaubs durch den AG nicht einverstanden ist oder von der Regelung im Urlaubsplan abweichen möchte <**L:** *Richardi/Maschmann* Rn 479; *Fitting* Rn 206; DKW/*Klebe* Rn 149; ErfK/*Kania* Rn 46> Dies widerspricht aber sowohl dem Wortlaut des Abs 1 Nr 5, der „AN" im Plural nennt, als auch dem Schutzzweck, die Urlaubswünsche der AN zu harmonisieren, Rn 118. Hingg ist der BR nicht berufen, den individuellen Urlaubsanspruch einzelner AN bei Streit mit dem AG durchzusetzen; dafür steht dem AN das arbg Verf offen. Ein MBR

nach Abs 1 Nr 5 hat der BR daher nur dann, wenn die Urlaubswünsche **von mindestens 2 AN divergieren** oder die **Vertretung** des AN durch andere AN im gewünschten Urlaubszeitraum streitig ist <L: wie hier GK/*Gutzeit* Rn 502 f; MünchArbR/*Salamon* § 324 Rn 19 f>.

e) Individualrechtliche Folgen der Nichtbeachtung des MBR

Die Aufstellung des Urlaubsplans und der allg Urlaubsgrundsätze ist **keine Wirksamkeitsvoraussetzung** für die Erteilung des Urlaubs <R: aA wohl BAG 21.2.2014, 6 Sa 588/13, BeckRS 2014, 68606>: Jeder AN hat nach § 7 Abs 1 BUrlG einen einklagbaren und im Wege der eV durchsetzbaren Anspruch auf Erholungsurlaub, unabhängig davon, ob der AG einen Urlaubsplan ohne Beteiligung des BR aufgestellt hat oder trotz entspr Initiativantrags (noch) nicht aufgestellt oder den BR bei einem Streit über den Urlaubszeitraum nicht beteiligt hat <L: HWGNRH/*Worzalla* Rn 337; GK/*Gutzeit* Rn 510>. Ist der ohne Beteiligung des BR aufgestellte Urlaubsplan unwirksam, folgt daraus nur, dass der einzelne AN keinen Anspruch auf Urlaubsgewährung zum im Urlaubsplan festgelegten Zeitpunkt hat (dazu Rn 124).

127

6. Einführung und Anwendung von technischen Einrichtungen, die dazu bestimmt sind, das Verhalten oder die Leistung der AN zu überwachen (Abs 1 Nr 6)

Literatur: *Altenburg/Leister*, Die Verwertbarkeit mitbestimmungswidrig erlangter Beweismittel im Zivilprozess, NJW 2006, 469; *Byers*, Initiativrecht des BR bei technischer Überwachung am Arbeitsplatz, RdA 2014, 37; *Beckschulze*, Internet-, Intranet- und E-Mail-Einsatz am Arbeitsplatz, DB 2007, 1526; *Dahl/Brink*, Die Mitbestimmung des Betriebsrats bei der Einführung und Anwendung technischer Einrichtungen in der Praxis, NZA 2018, 1231; *Däubler*, Das Fernsprechgeheimnis des Arbeitnehmers, CR 1994, 754; *ders*, Arbeitsrecht und Informationstechnologien – vom Umgang eines traditionellen Rechtsgebiets mit neuen Herausforderungen, CR 2005, 767; *Diller/Schuster*, Rechtsfragen der elektronischen Personalakte, DB 2008, 928; *Ehmann*, Datenschutz und Mitbestimmungsrechte bei der Arbeitnehmer-Datenverarbeitung, NZA 1993, 241; *Fischer*, Prozessuales Verwertungsverbot für mitbestimmungswidrig erlangte Beweismittel, BB 1999, 154; *Franz*, Bildschirmarbeitsverordnung – Mitbestimmung des Betriebsrats nach § 87 Abs 1 Nr 7 BetrVG, AuR 1999, 82; *Fuhlrott/Oltmann*, Begründung prozessualer Verwertungsverbote durch Betriebsvereinbarungen? NZA 2018, 413; *Fuhlrott/Schröder*, Beschäftigtendatenschutz und arbeitsgerichtliche Beweisverwertung, NZA 2017, 278; *Gebhardt/Umnuß*, Anonymisierung als Weg aus der Mitbestimmung bei elektronischer Datenverarbeitung gemäß § 87 I Nr 6 BetrVG?, NZA 1995, 103; *Giesen*, Materielles Betriebsverfassungsrecht und Digitalisierung, NZA 2020, 72; *Göpfert*, Digitale Überwachung mobiler Arbeit, DB 2016, 1015; *Gola*, Datenschutz bei der Kontrolle „mobiler" Arbeitnehmer – Zulässigkeit und Transparenz, NZA 2007, 1139; *Greif*, Arbeitsrechtliche Implikationen von Unternehmensfacebookprofilen, NZA 2015, 1106; *Grimm/Schiefer*, Videoüberwachung am Arbeitsplatz, RdA 2009, 329; *Grosjean*, Überwachung von Arbeitnehmern – Befugnisse des Arbeitgebers und mögliche Beweisverwertungsverbote, DB 2003, 2650; *Haußmann/Kretz*, EDV-Betriebsvereinbarungen im Praxistest, NZA 2005, 259; *Haußmann/Thieme*, Reformbedarf und Handlungsoptionen in der IT-Mitbestimmung, NZA 2019, 1612; *Junker/Band/Feldmann*, Neue Kommunikationsmittel und Rechte des Betriebsrats, BB 2000 Beil Nr 10, 14 ff; *Klebe/Klengel*, Mitbestimmungsrechte im Spiegel neuerer Rechtsprechung zum Daatenschutz, NZA 2021, 1144; *Klösel/Mahnhold*, Die Zukunft der datenschutzrechtlichen Betriebsvereinbarung, NZA 2017, 1428; *Kopke*, Heimliches Mithörenlassen eines Telefongesprächs, NZA 1999, 917; *Kort*, Die Auswirkungen des neuen Bundesdatenschutzgesetzes auf die Mitbestimmung im Arbeitsrecht, RdA 1992, 378; *ders*, Neuer Beschäftigtendatenschutz und

Industrie 4.0, RdA 2018, 24; *Krülls*, Zur Notwendigkeit einer Reform des § 87 Abs. 1 Nr. 6 BetrVG, RdA 2021, 279; *Löwisch*, Fragen zur Mitbestimmung bei der Einführung neuer Technologien, AuR 1987, 96; *Ludwig/Ramcke*, Verhaltens- und Leistungskontrolle nach § 87 Abs 1 Nr 6 BetrVG – Plädoyer für einen Neuanfang! BB 2016, 2293; *Lunk*, Prozessuale Verwertungsverbote im Arbeitsrecht, NZA 2009, 452; *Maschmann*, Zuverlässigkeitstests durch Verführung illoyaler Mitarbeiter?, NZA 2002, 13; *ders*, Mitarbeiterkontrolle in Theorie und Praxis, FS Hromadka (2008), S 233; *Oberwetter*, Arbeitnehmerrechte bei Lidl, Aldi & Co., NZA 2008, 609; *Raffler/Hellich*, Unter welchen Voraussetzungen ist die Überwachung von Arbeitnehmer-e-mails zulässig?, NZA 1997, 862; *Reinhard*, Mitbestimmungsrechte des Betriebsrats bei der Implementierung von Unternehmens-, insbesondere Verhaltensrichtlinien, NZA 2016, 1233; *Röckl/Fahl*, Kündigung nach heimlicher Videoüberwachung, NZA 1998, 1035; *Rudkowski*, „Predictive policing" am Arbeitsplatz, NZA 2019, 72; *Salamon/Maaß*, „Google-Maps" oder „Facebook" – Wann wird ein technisches Hilfsmittel zur Überwachungseinrichtung iSv § 87 BetrVG?, NZA 2021, 1161; *Schlewing*, Prozessuales Verwertungsverbot für mitbestimmungswidrig erlangte Erkenntnisse aus einer heimlichen Videoüberwachung?, NZA 2004, 1071; *Simitis*, Zur Internationalisierung des Arbeitnehmerdatenschutzes – Die Verhaltensregeln der internationalen Arbeitsorganisation FS Dieterich (1999), S 601, 602ff; *Trittin/Fischer*, Datenschutz und Mitbestimmung – Konzernweite Personaldatenverarbeitung und die Zuständigkeit der Arbeitnehmervertretung, NZA 2009, 343; *Weißgerber*, Arbeitsrechtliche Fragen bei der Einführung und Nutzung vernetzter Computerarbeitsplätze (2003); *Wisskirchen/Schiller/Schwindling*, Die Digitalisierung – eine technische Herausforderung für das Mitbestimmungsrecht aus § 87 Abs 1 Nr 6 BetrVG, BB 2017, 2105.

a) Normzweck und Anwendungsbereich

128 Nach dem in der Praxis **zentralen Mitbestimmungstatbestand** des Abs 1 Nr 6 hat der BR bei der Einführung und Anwendung technischer Einrichtungen mitzubestimmen, die dazu bestimmt sind, das Verhalten oder die Leistung der AN zu überwachen. Ein MBR besteht nur hinsichtl technischer Einrichtungen, die der **Überwachung von Arbeitsleistung und Arbeitsverhalten der AN** dienen, etwa wenn technische Einrichtungen Aussagen über die Aktivitäten, den Zeitaufwand und die von den AN verursachten Kosten treffen <R: BAG 14.9.1984, 1 ABR 23/82, BB 1985, 193> oder wenn auf einzelne AN bezogene Aussagen über Fehlzeiten erarbeitet werden <R: BAG 11.3.1986, 1 ABR 12/84, BB 1986, 1292>, aber nicht, wenn Vor- und Nachnamen der AN automatisiert mit den Listen der so genannten Anti-Terror-Verordnungen der Europäischen Union abgeglichen werden <R: BAG 19.12.2017, 1 ABR 32/16, AP BetrVG 1972 § 87 Überwachung Nr 49 Rn 18>; noch Rn 130, 136. Demgüü hat der BR **nicht** mitzubestimmen, soweit technische Einrichtungen ledigl **betriebsbezogene Informationen ermitteln**, etwa Informationen zur Produktionslinie oder Lagerhaltung. Auch EDV-gestützte Personalinformationssysteme, die zwar personenbezogene, aber nicht leistungs- oder verhaltensbezogene Daten verarbeiten, wie Lohnabrechnungsprogramme, sind nicht mitbestimmungspflichtig <R: BAG 22.10.1986, 5 AZR 660/85, BB 1987, 1461>.

129 Über Abs 1 Nr 6 soll der BR das **Persönlichkeitsrecht der AN** vor Beeinträchtigungen und Gefahren durch den Überwachungsdruck schützen, der von der mit der Technisierung verbundenen Möglichkeit der jederzeitigen Beobachtung und fortlaufenden Verhaltens- und Leistungskontrolle ohne Kenntnis des AN ausgeht <R: BAG 9.9.1975, 1 ABR 20/74, BB 1975, 1480; 29.6.2004, 1 ABR 21/03, BB 2005, 102; 14.12.2004, 1 ABR 34/03, AuR 2005, 456; zum PersVG BVerwG 29.9.2004, 6 P 4/04, ZTR 2005, 108; **L:** *Löwisch* AuR 1987, 96, 99f>; eine **Erheblichkeits- oder Üblichkeitsschwelle** muss dabei für ein schützendes MBR des BR nicht überschritten werden <R: BAG 23.10.2018, 1 ABN 36/18, AP BetrVG 1972 § 87 Überwachung Nr 50 Rn 5 zur alltägl Standard-Software wie

Microsoft Excel>. Die Regelungsbefugnis der Betriebspartner und der Inhalt der von ihnen getroffenen Regelungen wird durch **§ 75 Abs 2** beschränkt <**R:** BAG 29.6.2003, 1 ABR 21/03, BB 2005, 102; 14.12.2004, aaO; 15.4.2014, 1 ABR 2/13, BAGE 148, 26 Rn 40f; 25.4.2017, 1 ABR 46/15, AP BetrVG 1972 § 87 Überwachung Nr 48 Rn 19, 21>. Da das allg Persönlichkeitsrecht außerhalb des absoluten Kernbereichs privater Lebensgestaltung nur in den Schranken der verfassungsgem Ordnung garantiert wird, kann es zwar durch Gesetze und durch BV beschränkt werden <**R:** BAG 29.6.2003 und 14.12.2004, aaO>. Der **Eingriff durch BV** muss aber durch schutzwürdige **Belange** anderer Grundrechtsträger, bei Abs 1 Nr 6 des **AG, gerechtfertigt sein** <**R:** BAG 29.6.2003 und 14.12.2004, aaO>. Das berechtigte Interesse des AG, die Belastungssituation der AN analysieren und so Arbeitsabläufe effektiver gestalten zu können, rechtfertigt etwa nicht, sämtliche Arbeitsschritte ohne zeitl Begrenzung zu erfassen, speichern und nach quantitativen Kennzahlen auszuwerten <**R:** BAG 25.4.2017, 1 ABR 46/15, AP BetrVG 1972 § 87 Überwachung Nr 48 LS>. Bezüglich des **Datenschutzes** gilt <**L:** krit zu § 87 Abs 1 Nr 6 angesichts des mittlerweile ausreichenden Schutzes der AN über das Datenschutzrecht *Krülls* RdA 2021, 279, 282>: Von der Öffnungsklausel in Art 88 Abs 1 DSGVO hat der deutsche Gesetzgeber durch § 26 BDSG Gebrauch gemacht. Eine nach Abs 1 Nr 6 abgeschlossene BV erlaubt nach **§ 26 Abs 4 BDSG** die Verarbeitung personenbezogener Daten für Zwecke des Beschäftigungsverhältnisses. Die Betriebspartner dürfen dabei gem Art 88 Abs 2 DSGVO das Schutzniveau der DSGVO nicht absenken und müssen deren Vorgaben aus Art 88 Abs 1 und Art 5 sowie die inhaltlichen Vorgaben des BDSG beachten, etwa § 26 Abs 1 S 2 BDSG bzgl des Aufdeckens von Straftaten. Da die Anwendung von § 4 BDSG mangels einer Öffnungsklausel innerhalb der DSGVO unionsrechtl unzulässig ist <**R:** BVerwG 27.3.2019, 6 C 2/18, NJW 2019, 2556 Rn 47>, greift für die **Videoüberwachung** Art 6 Abs 1 lit f DSGVO <**R:** BAG 26.8.2008, 1 ABR 16/07, DB 2008, 2144 zu § 6b BDSG aF> oder lit e iVm einer Rechtsgrundlage gem Abs 3. Abweichungen in einer BV von der DSGVO und dem BDSG zum Nachteil der AN sind grds unzulässig <**R: offen gelassen** BAG 17.11.2016, 2 AZR 730/15, NZA 2017, 394 Rn 27; **aA** zur Zulässigkeit iS des § 4 Abs 1 BDSG aF BAG 27.5.1986, 1 ABR 48/84, DB 1986, 2080; **L:** wie hier *Schrey/Kielkowski* BB 2018, 629; ErfK/*Kania* Rn 61; krit zur aA der Rspr zum BDSG aF schon *Trittin/Fischer* NZA 2009, 343, 344; *Simitis* FS Dieterich (1999), S 601, 602ff; **aA** wohl GK/*Gutzeit* Rn 526>. Inhaltlich führt die DSGVO sowie das BDSG zu keiner neuen Rechtslage ggü der bisherigen **Rechts- und Billigkeitskontrolle der BV nach § 75 Abs 1 und Abs 2** <**L:** ausf *Klösel/Mahnhold* NZA 2017, 1428ff; GK/*Gutzeit* Rn 525; ErfK/*Kania* Rn 61>; § 26 Abs 6 BDSG normiert ausdrückl, dass die MBR des BR nicht berührt werden. In keinem Fall macht die ordnungsgem Beteiligung des BR iÜ unzulässige Eingriffe in das Persönlichkeitsrecht der AN zulässig <**R:** zu Abs 1 Nr 1 BAG 8.6.1999, 1 ABR 67/98, BB 1999, 2357; 28.5.2002, 1 ABR 32/01, DB 2003, 287; zum PersVG BAG 15.5.1991, 5 AZR 115/90, NZA 1992, 43>.

Der Zweck des Abs 1 Nr 6, die AN vor Eingriffen in ihr Persönlichkeitsrecht zu schützen (Rn 129), **begrenzt das Initiativrecht** des BR: Der BR kann nicht verlangen, dass eine technische Überwachungseinrichtung eingeführt wird <**R:** BAG 28.11.1989, 1 ABR 97/88, BB 1990, 1062; zum PersVG BVerwG 29.9.2004, 6 P 4/04, ZTR 2005, 108; **aA** LAG Hamm 27.7.2021, 7 TaBV 79/20, NZA-RR 2021, 602, nrk (AZ BAG: 1 ABR 22/21) für ein Initiativrecht zum Abschluss einer BV zur Einführung und Anwendung einer elektronischen Zeiterfassung aufgrund des im Gesetzgebungsverfahren dokumentierten und da-

130

§ 87 Mitbestimmungsrechte

her erkennbaren Willens des Gesetzgebers; LAG München 10.8.2021, 3 TaBV 31721, BeckRS 2021, 28924 iR von § 100 Abs 1 ArbGG; zuvor schon LAG Berl-Bdg 22.1.2015, 10 TaBV 1812, BeckRS 2015, 68190; **L:** jetzt auch*Fitting* Rn 251; ErfK/*Kania* Rn 9; *Richardi/Maschmann* Rn 72; Richardi/*Maschmann* Rn 530; **aA** *Greiner/Kalle*, RdA 2021, 76, 82: Arbeitsschutz durch technische Überwachung>, sondern kann nur mit dem Ziel initiativ werden, den Überwachungsdruck einer technischen Einrichtung zu reduzieren, also technische Überwachungseinrichtungen abzuschaffen oder einzuschränken <L: Richardi/*Maschmann* Rn 527, 531>; zum fehlenden MBR bei der **Abschaffung** durch den AG Rn 141. Gleichzeitig erweitert der Zweck des Abs 1 Nr 6 den Anwendungsbereich der Mitbestimmung **über die grds Beschränkung auf kollektive Maßnahmen hinaus**: Der BR hat nach Abs 1 Nr 6 auch dann mitzubestimmen, wenn nur ein **einzelner AN** der Gefahr der jederzeit mögl anonymisierten Überwachung durch technische Kontrolleinrichtungen ausgesetzt ist, Rn 129.

131 Erforderl und mögl ist die Beteiligung des BR nur, soweit gesetzl und tarifl Regelungen dem AG bei der Einführung und Anwendung technischer Überwachungseinrichtungen einen **Spielraum** lassen. Kein MBR besteht etwa bei der Ausrüstung von Lkw oder Omnibussen mit einem Fahrtenschreiber, da dieser nach § 57a StVZO vorgeschrieben ist <R: BAG 10.7.1979, 1 ABR 50/78, DB 1979, 2428>, wohl aber bei der Auswertung und Verwendung der mit Hilfe des Fahrtenschreibers gewonnenen Daten und bei der Weitergabe dieser Daten, es sei denn, auch hierzu ist der AG gesetzl verpflichtet, wie aus § 95 Abs 1 BHO auf Ersuchen des Bundesrechnungshofs <R: zum PersVG BAG 12.1.1988, 1 AZR 352/86, DB 1988, 1552>. Ebenfalls nicht mitzubestimmen hat der BR, wenn eine Behörde die Kontrolle der AN bindend anordnet, etwa der Staatsanwalt verlangt, dass der AG ihn bei strafrechtl Ermittlungen wg Diebstahlverdachts mit Hilfe einer verdeckten Videokamera unterstützt <R: zum PersVG VGH BaWü 7.12.1993, PB 15 S 334/93, PersR 1994, 229>.

b) Technische Einrichtung mit Überwachungszweck

132 **aa.** Das MBR aus Abs 1 Nr 6 bezieht sich nur auf technische Überwachungseinrichtungen, dh auf Einrichtungen, mit deren Hilfe AN-Daten technisch aufgenommen, übermittelt, verarbeitet oder ausgewertet werden (**technische Datengewinnung oder -auswertung**) <R: BAG 14.9.1984, 1 ABR 23/82, EzA § 87 BetrVG 1972 Kontrolleinrichtung Nr 11 mit Anm *Löwisch*; 14.11.2006, 1 ABR 4/06, DB 2007, 1141>. Die Informationen müssen auf technische Weise ermittelt und grds **dokumentiert** werden, sodass sie zumindest für eine gewisse Dauer verfügbar bleiben und vom AG herangezogen werden können <R: BAG 10.12.2013, 1 ABR 43/12, AP BetrVG 1972 § 87 Überwachung Nr 45 Rn 20; 13.12.2016, 1 ABR 7/15, AP BetrVG 1972 § 87 Überwachung Nr 47 Rn 22>. Auch das bloße **Speichern von Daten ohne Verarbeitung** zu leistungs- oder verhaltensbezogenen Aussagen genügt, wenn die technische Einrichtung **objektiv geeignet** ist, diese Daten jederzeit zu Kontrollzwecken abzurufen und auszuwerten <R: zum PersVG BVerwG 9.12.1992, 6 P 16/91, ZTR 1993, 387; **aA** BAG 22.10.1986, 5 AZR 660/85, BB 1987, 1461; **L: aA** Richardi/*Maschmann* Rn 502; GK/*Gutzeit* Rn 562; MünchArbR/*Salomon* § 325 Rn 8>. Die technische Überwachungseinrichtung muss den Überwachungseffekt über Leistung und Verhalten der AN selbst erzielen, also die individualisierbaren personenbezogenen Daten (Rn 136) entweder **selbst ermitteln oder aufzeichnen** <R: BAG 18.2.1986, 1 ABR 21/84, BB 1986, 1154> **oder** Daten, die auf nichttechnischem Wege

II. Katalog der mitbestimmungspflichtigen Angelegenheiten § 87

gewonnen und dem System manuell – etwa durch Ausfüllen von Stückzahllisten – eingegeben werden, selbst zu „Aussagen" über Verhalten oder Leistung der AN **verarbeiten oder auswerten** <R: BAG 14.9.1984, 1 ABR 23/82, BB 1985, 193; 26.7.1994, 1 ABR 6/94, DB 1995, 147; 13.12.2016, 1 ABR 7/15, AP BetrVG 1972 § 87 Überwachung Nr 47 Rn 41 zur manuellen Eingabe bei Facebook, eine Auswertung durch Facebook aber abl; L: DKW/*Klebe* Rn 175; GK/*Gutzeit* Rn 555 ff; ErfK/*Kania* Rn 50>.

Wg des Zwecks, die AN vor Überwachungsdruck zu schützen, den eine jederzeit mögl Beobachtung und Kontrolle auslöst (Rn 128), ist entgg der früheren Rspr <R: BAG 9.9.1975, 1 ABR 20/74, BB 1975, 1480> nicht erforderl, dass die technische Einrichtung die Überwachung unmittelbar, dh in ihrem Kern, selbst bewerkstelligen muss <L: GK/*Gutzeit* Rn 541 f; ErfK/*Kania* Rn 56>. Vielmehr genügt es, dass die Überwachungseinrichtung Leistung oder Verhalten der AN registriert und dies **zeitgleich oder anschließend durch Vorgesetzte beobachtet und bewertet** werden kann, etwa wenn eine Videokamera die unmittelbare verdeckte Beobachtung von AN und Betriebsvorgängen ermöglicht, ohne reproduzierbare Aufzeichnungen (Filme) herzustellen <R: BAG 6.12.1983, 1 ABR 43/81, BB 1984, 850; zum PersVG BVerwG 31.8.1988, 6 P 35/85, NJW 1989, 848; **aA** zu Abs 1 Nr 6 aber wohl wieder BAG 10.12.2013, 1 ABR 43/12, AP BetrVG 1972 § 87 Überwachung Nr 45 Rn 20 sowie 13.12.2016, 1 ABR 7/15, AP BetrVG 1972 § 87 Überwachung Nr 47 Rn 22; L: GK/Gutzeit Rn 565; ErfK/*Kania* Rn 56>; aber nicht, wenn die Kamera eine **Attrappe** ist und daher schon objektiv nicht zur Überwachung geeignet ist <R: LAG MV 12.11.2014, 3 TaBV 5/14, NZA-RR 2015, 196>. Die technische Einrichtung muss keine abschließende oder vollständige Beurteilung der Leistung der AN ermöglichen; es genügt, dass die von ihr erhobenen Daten **iVm anderen Daten und Umständen** eine Beurteilung erlauben <L: Richardi/*Maschmann* Rn 510>. Erfasst ein Bildschirmgerät die von der Textverarbeitung pro Auftrag geschriebene Anzahl der Zeichen, löst dies das MBR aus Abs 1 Nr 6 auch dann aus, wenn das Gerät selbst die Anzahl der Zeilen nicht zu einer Zeit in Bezug setzt, in der der Text geschrieben worden ist <R: BAG 23.4.1985, 1 ABR 2/82, BB 1985, 1664>. Mitzubestimmen hat der BR auch, wenn ein Zählwerk oder eine sonstige technische Einrichtung die Zahl der in einer Arbeitsschicht auf einer Schweißstraße gefertigten Stücke erhebt <R: BAG 18.2.1986, 1 ABR 21/84, BB 1986, 1154 (Kienzle-Schreiber); **L: aA** *Löwisch* AuR 1987, 96, 98> oder ein mit einem automatischen Zählwerk ausgestattetes Fotokopiergerät aufgestellt wird, das durch eine Code-Eingabe den Benutzer identifiziert <R: zum PersVG OVG NRW 1.3.1992, CL 38/89, PersR 1993, 33>.

133

Bei **nicht technischen Kontrollregelungen** hat der BR nach Abs 1 Nr 1 mitzubestimmen, aber – enger als nach Abs 1 Nr 6 – nur, soweit das Miteinander der AN und nicht die Erfüllung der Arbeitspflichten kontrolliert werden soll, Rn 38, 44 ff. Leistungskontrollen ohne technische Hilfsmittel fallen daher weder unter Abs 1 Nr 1 noch unter Nr 6. Gar nicht mitbestimmungspflichtig ist die Überwachung des Arbeitsverhaltens der AN durch **Detektive oder Vorgesetzte** <R: BAG 26.3.1991, 1 ABR 26/90, BB 1991, 1566; 18.11.1999, 2 AZR 743/98, BB 2000, 672> und der Einsatz von **Testkunden** <R: BAG 18.4.2000, 1 ABR 22/99, BB 2000, 2521; LAG Nürnberg 10.10.2006, 6 TaBV 16/06, NZA-RR 2007, 136>, Rn 51 und Rn 54 zu Abs 1 Nr 1. Ebenso wenig mitzubestimmen hat der BR, wenn der AG die für einzelne Arbeitsgänge aufgewandte Arbeitszeit durch manuelle Betätigung einer **Stoppuhr** misst und die so ermittelten Zeiten manuell in Formblätter eintragen lässt <R: BAG 8.11.1994, 1 ABR 20/94, DB 1994, 2351>, oder

134

§ 87   Mitbestimmungsrechte

wenn er AN anweist, den Arbeitsvorgang mit Hilfe von Uhr, Stift und Papier festzuhalten <R: BAG 24.11.1981, 1 ABR 108/79, BB 1982, 1421; LAG SH 4.7.1985, 5 TaBV 15/85, BB 1985, 1791> oder wenn den AN eine Berichtspflicht oder die Pflicht auferlegt wird, ein **Kontrollbuch** zu führen <R: LAG Ddf 17.1.1975, 9 TaBV 115/74, BB 1975, 328> oder wenn der AG zwar über **Google Maps** die kürzeste Fahrtstrecke raussucht, aber anschließend nicht automatisiert, sondern selbst anhand der angegebenen Strecke die Reisekostenabrechnung der AN kontrolliert und entscheidet ob, wie und mit welchen weiteren Aufklärungsmitteln kontrolliert wird <R: BAG 10.12.2013, 1 ABR 43/12, AP BetrVG 1972 § 87 Überwachung Nr 45 Rn 24 f; anders aber die Rspr zu **Facebook und Twitter**, wo jedoch auch nur der AG die Bewertungen von Kunden, die ledigl über die Social Media Kanäle kommuniziert werden, selbst auswertet, Rn 140>. Erfolgt **nur ein Teil** des Überwachungsvorgangs mittels einer technischen Einrichtung, besteht hingg schon ein MBR <R: BAG 10.12.2013, 1 ABR 43/12, AP BetrVG 1972 § 87 Überwachung Nr 45 Rn 20; 13.12.2016, 1 ABR 7/15, AP BetrVG 1972 § 87 Überwachung Nr 47 Rn 22>. Über die Festlegung, ob eine technische Einrichtung genutzt wird, bestimmt der BR bzgl der Kontrolle der Arbeitszeit der AN nach **Abs 1 Nr 2** mit (Rn 58) <R: BAG 9.11.2010, 1 ABR 75/09, AP BetrVG 1972 § 87 Arbeitszeit Nr 126 Rn 38>.

135   **bb.** Ein MBR besteht nur hinsichtl solcher technischer Einrichtungen, die das Verhalten der AN im Betrieb überwachen (vgl Rn 41 ff zu Abs 1 Nr 1) oder kontrollieren, ob und wie die AN ihrer vertragl Arbeitspflicht nachkommen (**Verhaltens- oder Leistungsüberwachung**), schon Rn 128. Ob die Einrichtung das Sozial- und Arbeitsverhalten der AN insgesamt oder nur teilweise überwacht, ist dabei ebenso unerhebl wie die **Dauer** der Überwachung. Auch eine kurzzeitige oder zeitweise Beobachtung aus bes Anlass löst das MBR des BR aus <R: BAG 10.7.1979, 1 ABR 97/77, DB 1979, 2427: kurzzeitige Filmaufnahmen der Arbeitsplätze von jeweils 4–12 Minuten Dauer; zum PersVG BVerwG 31.8.1988, 6 P 35/85, NJW 1989, 848: Zeitweiser Einsatz von Videokameras, um Diebstähle bei der Bundespost aufzuklären>.

136   Die technische Einrichtung muss **personenbezogene Daten** (Texte, Rechenvorgänge und Bilder) erheben oder aufzeichnen, die die Kontrolle der AN ermöglichen. Wg des Zwecks des Abs 1 Nr 6, das Persönlichkeitsrecht der AN zu schützen (Rn 129), besteht das MBR des BR nur dann, wenn die erhobenen Daten **individualisierbar** sind <R: BAG 6.12.1983, 1 ABR 43/81, BB 1984, 850; 14.11.2006, 1 ABR 4/06, DB 2007, 1141>. Etwa sind Zugangskontrollsysteme nur dann nach Abs 1 Nr 6 mitbestimmungspflichtig, wenn das System den Nutzer mit einer den Zugang ermöglichenden Codekarte identifizieren kann oder die Türanlage mit Fingerabdruck bedient werden kann; der BR hat an der Erhebung und Speicherung von Daten durch EDV-Systeme unter Schlüsselnummern, die keinem AN zugeordnet werden können, nicht mitzubestimmen <R: zum PersVG VGH BaWü 12.12.2000, PL 15 S 518/00, PersR 2001, 219 zu Laboranforderungen des Betriebsarztes>. Werden **Gruppen von AN** mit Hilfe technischer Einrichtungen kontrolliert, löst dies mangels Individualisierbarkeit der Daten grds kein MBR aus; anders ist es nur, wenn die Leistungen einzelner AN innerhalb der Gruppe bestimmbar sind oder die Gruppe insgesamt für das Arbeitsergebnis verantwortl ist, sodass der Überwachungsdruck auf die einzelnen Gruppenmitglieder weitergeleitet wird <R: BAG 18.2.1986, 1 ABR 21/84, BB 1986, 1154; 26.7.1994, 1 ABR 6/94, DB 1994, 1573; 13.12.2016, 1 ABR 7/15, AP BetrVG 1972 § 87 Überwachung Nr 47 Rn 27 konkret eine Weiterleitung des Überwachungsdrucks abl bei einer Gruppe von AN, die für die Bearbeitung der Facebook-Sei-

II. Katalog der mitbestimmungspflichtigen Angelegenheiten § 87

te des AG zuständig ist und von deren Beiträgen und Kommentare das Datum und die Uhrzeit der Einstellungen aufgezeichnet werden>.

cc. Wg des Zwecks des MBR aus Abs 1 Nr 6, das Persönlichkeitsrecht der AN vor Beeinträchtigungen und Gefahren durch einen technischen Überwachungsdruck zu schützen (Rn 128), kommt es trotz des Wortlauts „bestimmt" nach der zutreffenden **hM weder auf eine Kontrollabsicht des AG noch darauf** an, ob er die durch die Überwachung gewonnenen **Daten tatsächl auswertet**. Abs 1 Nr 6 ist teleologisch zu reduzieren: Es genügt für die Mitbestimmungspflicht, dass technische Einrichtungen objektiv personenbezogene Daten der AN individualisierbar gewinnen, also zur Überwachung nach ihrer Konstruktion und konkreten Verwendungsweise **objektiv geeignet sind** <R: BAG 9.9.1975, 1 ABR 20/74, BB 1975, 1480 (Produktograph); 10.7.1979, 1 ABR 50/78, DB 1979, 2428 (Fahrtenschreiber); 6.12.1983, 1 ABR 43/81, BB 1984, 850 (Computer); 27.1.2004, 1 ABR 7/03, BB 2004, 1389 (biometrische Zugangskontrolle); 14.11.2006, 1 ABR 4/06, DB 2007, 1141 (Datenverarbeitungssystem); zum PersVG BVerwG 23.9.1992, 6 P 26/90, PersR 1993, 28: objektiv-finale Betrachtungsweise; **L:** *Fitting* Rn 226 mwN; **enger** *Ehman* FS Hilger/Stumpf (1983), S 125, 136; *SWS* Rn 107 f; **aA** Richardi/*Maschmann* Rn 513; >. Daraus folgt, dass sog Multimomentkameras, zeitgeeichte Filmkameras und Produktographen mitbestimmungspflichtig sind, auch wenn sie in erster Linie dazu dienen, Maschinen zu überwachen oder das für die Entlohnung maßgebl Arbeitsergebnis zu ermitteln, während die Überwachung der AN nur ein Nebeneffekt ist <R: BAG 14.5.1974, 1 ABR 45/73, DB 1974, 1868 (Multimomentkameras); 9.9.1975, aaO (Produktograph); 10.7.1979, aaO (Fahrtenschreiber)>.

Angesichts der Gefahren der modernen Datenverarbeitungstechnologie für das Persönlichkeitsrecht der AN greift das MBR bei **Anlagen der elektronischen Datenverarbeitung** entgg dem BAG nicht erst dann, wenn eine technische Einrichtung personenbezogene Daten der AN tatsächl gewinnt <R: BAG 6.12.1983, 1 ABR 43/81, BB 1984, 850; auch 9.9.1975, 1 ABR 20/74, BB 1975, 1480 (Produktograph); **L:** ebenso GK/ *Gutzeit* Rn 538; ErfK/*Kania* Rn 55; DKW/*Klebe* Rn 186>, sondern mit dem BVerwG schon dann, wenn sie mit einem zur Überwachung geeigneten Programm versehen sind oder unschwer versehen werden können, etwa wenn noch keine kontrollgeeignete Software installiert ist, dies aber jederzeit ohne großen Aufwand nachgeholt werden kann; schon hierdurch wird ein **Überwachungsdruck** ausgelösten <R: zum PersVG BVerwG 23.9.1992, 6 P 26/90, PersR 1993, 28; 27.11.1991, 6 P 7/90, PersR 1992, 147; 2.2.1990, 6 PB 11/89, PersR 1990, 113; **L:** *Fitting* Rn 232>. Einen Überwachungsdruck löst die technische Einrichtung nur dann nicht aus, wenn sie ihrer Konstruktion nach überhaupt nicht zur Überwachung geeignet ist oder es zur Überwachung einer technischen Änderung der Anlage bedarf <R: zum PersVG BVerwG 2.2.1990 und 23.9.1992, aaO> oder wenn die technische Einrichtung erst nach einer bes Einweisung der sie bedienenden AN zu Überwachungs- und Kontrollzwecken eingesetzt werden kann, dies aber (noch) nicht beabsichtigt ist <R: zum PersVG BVerwG 27.11.1991 und 23.9.1992, aaO>: Der BR ist zu beteiligen, sobald der AG Maßnahmen ergreift, die eine Verhaltens- oder Leistungskontrolle der AN konkret ermöglichen <R: zum PersVG BVerwG 27.11.1991 und 23.9.1992, aaO>. Bei den heutigen technischen Möglichkeiten ist die Überwachung von vernetzten PCs ohne große Schwierigkeiten möglich, sodass das MBR aus Abs 1 Nr 6 insoweit immer greift.

137

138

§ 87 Mitbestimmungsrechte

139 Der AG wendet ein technisches Überwachungssystem iSv Abs 1 Nr 6 auch dann an, wenn er die AN anweist, sich der Überwachung durch technische Einrichtungen eines **Dritten**, etwa eines Kunden, zu unterwerfen. Diese Anweisung ist auch dann mitbestimmungspflichtig, wenn die AN in erster Linie oder sogar ausschließl im Interesse des Dritten überwacht werden. Ebenso wenig kommt es darauf an, ob der AG selbst Zugriff auf die Daten nehmen kann. Vielmehr ist es angesichts des Schutzzwecks (Rn 128) für das MBR aus Abs 1 Nr 6 ausreichend, dass der AG die Entscheidung trifft, Informationen über das Verhalten seiner AN durch eine zur Überwachung best technische Einrichtung erfassen zu lassen <**R:** BAG 27.1.2004, 1 ABR 7/03, BB 2004, 1389: Nachfolgeunternehmen der Deutschen Bundespost mit 24-Stunden-Service für Störfälle bei einer biometrischen Zugangskontrolle im Betrieb einer Kundin; **L:** ErfK/*Kania* Rn 51; DKW/*Klebe* Rn 181>. Der BR hat darüber mitzubestimmen, ob überhaupt sowie ggfs nach welchen Grundsätzen welche AN für welche Dauer sich der beim Dritten etwa installierten Überwachungseinrichtung unterziehen müssen, aber nicht über die Bedingungen von Einsatz und Betrieb der Überwachungseinrichtung des Dritten <**R:** BAG 26.1.2016, 1 ABR 68/13, AP BetrVG 1972 § 87 Überwachung Nr 46 Rn 30 f>.

140 **dd. Mitzubestimmen** hat der BR va bei sehr vielen – mit fortschreitender Technisierung alltäglichen – **Digitalisierungsmaßnahmen** <**L:** krit zu diesem **ausufernden Anwendungsbereich** von § 87 Abs 1 Nr 6 durch die Digitalisierung *Krülls* RdA 2021, 279, 281 ff; *Greiner/Kalle*, RdA 2021, 76 ff: MBR bei „nahezu jede[r] technische[n] Innovation"; GK/*Gutzeit* Rn 542 und *Gutzeit*, NZA 2021, 301, 305 daher für die Voraussetzung einer „eigenständiger Überwachungswirkung">, **etwa** bei

– **Datenverarbeitungssystemen** mit möglicher Benutzeridentifikation, etwa bei der Einführung von **PCs** <**R:** BAG 6.12.1983, 1 ABR 43/81, BB 1984, 850; 14.11.2006, 1 ABR 4/06, DB 2007, 1141; zum PersVG OVG NRW 2.9.1994, 1 A 3511/91.PVL, PersR 1995, 133>, bei der Einrichtung eines PCs zum Zweck der Teilnahme an einer Schulung im Wege des **E-Learnings** <**R:** LAG Hamm 26.2.2010, 10 TaBV 103/09, nv (juris)>, Einrichtung von **Intranet** und **Internet**anschlüssen mit systemimmanenter Verlaufsprotokollierung <**R:** zum PersVG OVG MV 21.12.2000, 2 M 64/00, ZfPR 2002, 165; **L:** *Raffler/Hellich* NZA 1997, 862, 866; *Junker/Band/Feldmann* BB 2000 Beil Nr 10, 14, 19 ff; *Kiper* PersR 2002, 104, 105 f> und bei der Einrichtung von **Telearbeitsplätzen** mit personenbezogenen Benutzercodes. Zu den Ausnahmen oben Rn 136. Die Verlagerung der Nutzerprofile vom Computer des AN auf einen **Server** ändert die Überwachungsmöglichkeiten des AG nicht und löst deswg kein MBR aus Abs 1 Nr 6 aus <**R:** LAG MV 2.6.2004, 2 TaBV 6/04 juris>.

– **EDV-gestützter Auswertung** manuell erhobener und eingegebener Daten, etwa der Auswertung von Tätigkeitsberichten, die die AN auszufüllen und mit ihrer Personalnummer zu versehen haben <**R:** BAG 14.9.1984, 1 ABR 23/82, BB 1985, 193; zum PersVG BVerwG 16.12.1987, 6 P 32/84, PersV 1989, 68> oder der Auswertung von durch die AN auszufüllenden Stückzahllisten <**R:** BAG 26.7.1994, 1 ABR 6/94, DB 1995, 147> oder einer EDV-gestützten Parkerlaubnisverwaltung, wenn die Daten über Parkverstöße von Hand eingegeben und die Schreibaufträge über Abmahnungen und den Entzug der Parkerlaubnis manuell erteilt und ausgeführt werden <**R:** zum PersVG BVerwG 9.12.1992, 6 P 16/91, ZTR 1993, 387>.

– **Kamera- und Videoaufzeichnungen** am Arbeitsplatz, unabhängig davon, ob ständig aufgezeichnet wird, ob alle Beschäftigten oder nur einzelne observiert werden, Rn 130

II. Katalog der mitbestimmungspflichtigen Angelegenheiten § 87

<R: BAG 10.7.1979, 1 ABR 97/77, BB 1979, 1714; 29.9.2004, 1 ABR 21/03, BB 2005, 102; 14.12.2004, 1 ABR 34/03, AuR 2005, 456; zum PersVG BVerwG 31.8.1988, 6 P 35/85, NJW 1989, 848>. Ist der beobachtete Arbeitsplatz öffentl zugänglich, etwa in Warenhäusern, Banken und Arztpraxen, müssen die Betriebspartner die Grenzen der **DSGVO** beachten (Rn 129) <R: BAG 26.8.2008, 1 ABR 16/07, DB 2008, 2144>.
- **Geräten zur Kontrolle der Arbeitsleistung** wie Fahrtenschreibern <R: BAG 10.7.1979, 1 ABR 50/78, DB 1979, 2428; zum PersVG BAG 12.1.1988, 1 AZR 352/86, DB 1988, 1552> und Fotokopierern mit automatischem Zählwerk, die durch Code-Eingaben die Benutzer identifizieren <R: zum PersVG OVG NRW 11.3.1992, CL 38/89, PersR 1993, 33> oder wenn ein Zählwerk die Zahl der in einer Arbeitsschicht auf einer Schweißstraße gefertigten Stücke erhebt <R: BAG 18.2.1986, 1 ABR 21/84, BB 1986, 1154 (Kienzle-Schreiber)>. Ebenso bei der Einführung eines **GPS-Systems**, mittels dessen der AG die Standorte von Abfallentsorgungsfahrzeugen und deren Fahrern individualisieren kann <R: LAG SH 25.4.2018, 6 TaBV 13/17, BeckRS 2018, 18439>.
- **technischen Anwesenheits- oder Zeiterfassungsgeräten,** die die Einhaltung der (gleitenden) Arbeitszeit kontrollieren <R: BAG 28.11.1989, 1 ABR 97/88, BB 1990, 1062; 7.12.2006, 2 AZR 182/06, DB 2007, 1089; zum PersVG BVerwG 29.9.2004, 6 P 4/04, ZTR 2005, 108>, auch bei der Anweisung des AG, dass die AN bei der Inanspruchnahme einer Raucherpause ein Zeiterfassungsgerät betätigen müssen <R: LAG Hamm 6.8.2004, 10 TaBV 33/04, AuA 2005, 47>. Mitzubestimmen hat der BR auch über die Speicherung von individualisierbaren Aussagen (Rn 136) über krankheitsbedingte Fehlzeiten, attestfreie Krankheitszeiten und unentschuldigte Fehlzeiten in einem **Personalinformationssystem** <R: BAG 11.3.1986, 1 ABR 12/84, BB 1986, 1292>, mangels technischer Überwachung aber nicht über Abwesenheitslisten, in die die AN vor Verlassen des Betriebsgebäudes den Zeitraum, den Anlass sowie bei betriebl veranlassten Gängen den Aufenthaltsort einzutragen haben <R: zum PersVG BVerwG 19.5.1990, 6 P 3/87, ZTR 1990, 444>, zum MBR aus Abs 1 Nr 1 Rn 53.
- bei Nutzung und Einsatz von Datenverarbeitungssystemen zur **Personalverwaltung** <R: BAG 25.9.2012, 1 ABR 45/11, AP BetrVG 1972 § 58 Nr 5 Rn 22 zu **SAP**; 23.10.2018, 1 ABN 36/18, AP BetrVG 1972 § 87 Überwachung Nr 50 Rn 5 zur händischen Erfassung von Anwesenheitszeiten der AN über **Microsoft Excel**; aA L: *Weller/Bessing* BB 2019, 564, 567 für ein Fehlen der Technik, sondern für eine Nutzung von Excel als modernem Notizblock> und auch bei der Einrichtung eines „**Outlook**"-**Gruppenkalenders**, in den die AN ihre betriebl Termine eintragen sollen und der es dem AG so ermöglicht, eine Auswertung der Leistungen des AN im Hinblick auf die Koordination der Termine oder der Terminsdichte vorzunehmen – ohne Wissen des AN <R: LAG Nürnberg 21.2.2017, 7 Sa 441/16, NZA-RR 2017, 302>; auch die Einführung und Nutzung des Softwareprogramms „**Outlook" für die E-Mail-Kommunikation** der AN <R: BAG 23.3.2021, 1 ABR 31/19, NZA 2021, 959 Rn 57>, ebenso wie **Microsoft Office 365** <R: LAG Köln 21.5.2021, 9 TaBV 28/20, NZA-RR 2021, 519> – diese Anwendungen protokollieren das Nutzungsverhalten.
- **technischen Zugangskontrollen,** etwa einer biometrischen Zugangskontrolle durch die Fingerabdruckerfassung mit Hilfe eines Fingerprint-Scanner-Systems <R: BAG 27.1.2004, 1 ABR 7/03, BB 2004, 1389> oder eines elektronischen Schließsystems, das mit speziell programmierten elektronischen Schlüsseln oder Codekarten die jewei-

ligen Zutritts- und Verschlusszeiten individualisiert aufzeichnet <**R:** zum PersVG VGH BaWü 6.10.1981, 15 S 218/81, NJW 1982, 1606; OVG NRW 17.2.2000, 1 A 199/98.PVL, PersR 2001, 31>, mangels Individualisierbarkeit aber nicht, wenn nicht festgehalten wird, wer, wann und in welcher Richtung den Zugang benutzt <**R:** vgl BAG 10.4.1984, 1 ABR 69/82, BB 1985, 121> und dies auch nicht ohne weiteres technisch mögl ist, Rn 136.

- **Telekommunikationsanlagen** mit automatisierter Gesprächsdatenerfassung für einzelne AN, zB über die Zahl und die Dauer von dienstlichen und privaten Telefonaten <**R:** BAG 27.5.1986, 1 ABR 48/84, DB 1986, 2080; 30.8.1995, 1 ABR 4/95, BB 1996, 643; 11.11.1998, 7 ABR 47/97, BB 1999, 1327>; mitbestimmungspflichtig ist auch die Kontrolle des **E-Mail-Verkehrs** <**L:** *Beckschulze* DB 2001, 1491, 1500; *Lindemann/Simon* BB 2001, 1950, 1953f.; *Ernst* NZA 2002, 585, 586; *Fitting* Rn 245a> sowie die Einführung einer **E-Mail -Kommunikation** der AN <**R:** BAG 23.3.2021, 1 ABR 31/19, NZA 2021, 959 Rn 57 zu „Outlook">.
- **Mobiltelefonen**, da mit diesen Telefongespräche der AN kontrolliert und Bewegungsprofile gezeichnet werden können <**R:** ArbG Kaiserslautern 7.3.2007, 8 BV 3/07, juris; **L:** *Wedde* CR 1995, 41, 45, *Fitting* Rn 244 (Rn 245 zum MBR bei Nutzung privater Smartphones für dienstliche Zwecke); ErfK/*Kania* Rn 62>. Kein MBR besteht jedoch hinsichtl der Ausstattung der AN mit Sendeempfängern iR des Notrufsystems eines Krankenhauses, wenn die Geräte nicht geeignet sind, personenbezogene Daten automatisiert zu erheben und zu verarbeiten <**R:** zum PersVG VGH BaWü 18.3.2003, PL 15 S 1430/02, PersV 2003, 459>.
- der Einrichtung einer vom AG betriebenen **Facebook-Seite** mit möglichen „Besucher-Beiträgen" zu den Mitarbeitern; allein die Einführung eines (Gruppen)Accounts ohne die Freischaltung der Beiträge genügt nicht: Beinhaltet der durch die Software dauerhaft gespeicherte und öffentl zugängliche „Besucher-Beitrag" noch keine vernünftige und abschließende Beurteilung des Verhaltens und der Leistung des AN, so genügt es, dass das Posting iVm weiteren gewonnenen Erkenntnissen eine Beurteilung ermöglicht <**R:** BAG 13.12.2016, 1 ABR 7/15, AP BetrVG 1972 § 87 Überwachung Nr 47 Rn 38; **L:** *Greif* NZA 2015, 1106, 1107; ErfK/*Kania* Rn 62; *Fitting* Rn 232, 245; aA *Weller/Bessing*, BB 2019, 564, 565 für ein Fehlen der Technik, sondern allein für ein menschliches Feedback; *Greiner/Kalle*, RdA 2021, 76, 79; für ein MBR unabhängig von der Freischaltung der Beiträge *Salomon/Maaß*, NZA 2021, 1161, 1165>. Entspr hat der BR mitzubestimmen bei der Einrichtung eines **Twitter-Accounts** des AG: Mittels der Antwortfunktion können Leistung und Verhalten der AN bewertet werden; Besucher- oder Kommentarfunktionen sind bei Twitter nicht abwählbar, sodass die Einrichtung im Unterschied zu Facebook immer mitbestimmungspflichtig sind <**R:** LAG HH 13.9.2018, 2 TaBV 5/18, NZA-RR 2018, 655; **L:** *Künzl*, BB 2021, 436, 441 f>.

c) Einführung und Anwendung

141 Das MBR des BR erstreckt sich auf die Einführung und Anwendung technischer Kontrolleinrichtungen. Unter **Einführung** ist dabei außer der **Neueinführung** auch eine wesentl **Erweiterung** einer bereits bestehenden Überwachungseinrichtung zu verstehen. Das MBR greift erst, wenn der AG die Einführung bzw Erweiterung konkret plant. Deshalb kann der BR vom AG nicht verlangen, dass eine BV über allg Regeln für den Einsatz von Informationstechniken abgeschlossen wird <**R:** LAG Ddf 4.11.1988, 17 (6)

TaBV 114/88, NZA 1989, 146>. Nach Wortlaut und Schutzzweck (Rn 128) hat der BR über die **Abschaffung** von technischen Überwachungseinrichtungen kein MBR, da hierdurch kein Überwachungsdruck auf die AN ausgeübt wird <**R:** BAG 28.11.1989, 1 ABR 97/88, BB 1990, 1062; **L:** *Fitting* Rn 251; *Richardi/Maschmann* Rn 527, 531; ErfK/*Kania* Rn 60; **aA** DKW/*Klebe* Rn 166, 188>. Zum Initiativrecht des BR Rn 130.

Anwendung ist die Handhabung der Kontrolleinrichtung. Nach Abs 1 Nr 6 hat der BR mitzubestimmen, wenn die Anwendung einer technischen Einrichtung geändert wird, etwa die Kontrolle gegenständlich erweitert oder auf weitere Personen erstreckt oder auf eine andere Art und Weise durchgeführt wird <**R:** zum PersVG BVerwG 23.9.1992, 6 P 26/90, PersR 1993, 28; OVG NRW 2.9.1994, 1 A 3511/91.PVL, PersR 1995, 133>, sodass auch **Updates** von mitbestimmungspflichtigen Softwarepaketen der MB unterliegen <**L:** krit Giesen NZA 2020, 73, 74>. Mitzubestimmen hat der BR über die **Rahmenbedingungen**, nach denen Kontrolleinrichtungen im Einzelfall eingesetzt werden, aber nicht über den Einzeleinsatz. Etwa kann der BR nach Abs 1 Nr 6 keine BV erzwingen, nach der er Abmahnungen zustimmen muss, die der AG aufgrund eines durch eine Telefonanlage erstellten Reports ausspricht <**R:** BAG 30.8.1995, 1 ABR 4/95, BB 1996, 643>. 142

Damit der BR sein MBR wirksam ausüben kann, verpflichtet Abs 1 Nr 6 den AG, ihn über das technische System der Überwachungseinrichtung, das Betriebsprogramm, das Anwendungsprogramm sowie über Verknüpfungsmöglichkeiten mit anderen Systemen zu **unterrichten**: Der BR muss lückenlos über Hard- und Software sowie über alle gespeicherten Daten informiert werden – ggfs unter Einschaltung des Datenschutzbeauftragten <**R:** zum PersVG BVerwG 8.11.1989, 6 P 7/87, PersR 1990, 102>. 143

Ausgeübt wird das MBR durch den Abschluss einer **BV** iS des § 77; nur diese bindet – anders als die Regelungsabrede – die AN über § 77 Abs 4 S 1 unmittelbar und zwingend (§ 77 Rn 7 ff, 105 ff) und ist eine „Kollektivvereinbarung" iS des § 26 Abs 4 BDSG nach Erwägungsgrund 155 zur DSGVO, oben Rn 129 <**R:** zum PersVG BVerwG 9.12.1992, 6 P 16/91, ZTR 1993, 387>. In der BV kann vereinbart werden, dass bei der Auswertung von Daten BR-Mitglieder hinzuzuziehen sind <**R:** zum PersVG OVG NRW 17.12.2003, 1 A 1088/01.PVL, PersV 2004, 379>. Der BR hat gg den AG gem § 77 Abs 1 S 1 einen Anspruch auf die Durchführung der BV und auf die Unterlassung BV-widriger Maßnahmen, etwa auf Unterlassung der Anwendung einer EDV-Anlage zur Leistungs- und Verhaltenskontrolle. Der Unterlassungsanspruch des BR aus § 77 Abs 1 S 1 steht neben einem etwaigen Anspruch auf Unterlassung mitbestimmungswidrigen Verhaltens <**R:** LAG Köln 21.2.2006, 9 TaBV 34/05, RDV 2007, 78; LAG Hamm 15.7.2005, 10 TaBV 44/05, juris>. 144

d) Individualrechtliche Folgen der Nichtbeachtung des MBR

Die ohne oder gg die Mitbestimmung des BR überwachten AN können verlangen, dass die wg Nichtbeachtung des MBR unzulässig erlangten **Daten nicht verwendet und gespeicherte Daten gelöscht** werden <**R:** zu § 94 BAG 22.10.1986, 5 AZR 660/85, BB 1987, 1461; zum PersVG 12.1.1988, 1 AZR 352/86, DB 1988, 1552>; sind die unzulässig erlangten Daten **an Dritte weitergeleitet** worden, hat der BR keinen Anspruch, dass der AG bei dort eine Löschung der weitergegebenen Daten oder eine Vernichtung von solchen Daten auswertenden Dokumenten veranlasst <**R:** BAG 23.3.2021, 1 ABR 31/19, NZA 2021, 959 Rn 87>: Der Beseitigungsanspruch des BR bei Verletzung seines MBR 145 umfasst nicht die Rückgängigmachung der sich aus der Verletzung ergebenden Folgen, sondern nur die Beendigung des betriebsverfassungswidrigen Zustands <**R:** BAG 23.3.2021 aaO Rn 85>, Rn 26. Solange der AG das MBR des BR nicht beachtet, können die AN ihre Arbeitsleistung nach **§ 273 BGB** verweigern, soweit sie dabei der unzulässigen Überwachung ausgesetzt wären. Durch die Nichtbeachtung der mitbestimmungswidrigen AG-Weisung verletzen die AN ihre Arbeitspflichten nicht, sodass Abmahnung und verhaltensbedingte Kd ausscheiden, Rn 30.

146 Stützt der AG eine Kd wg Unterschlagung auf eine entgg Abs 1 Nr 6 ohne vorherige Zustimmung des BR durchgeführte Videoüberwachung, so folgt aus diesem Verstoß aber **kein Beweisverwertungsverbot.** Ein solches Verwertungsverbot ist dem deutschen Zivilprozessrecht unbekannt und schränkte den Anspruch der Parteien auf rechtl Gehör nach Art 103 Abs 1 GG ein; die Theorie der Wirksamkeitsvoraussetzung kann als außerprozessuale und zudem nicht normierte Regel nicht zu einem Verwertungsverbot bei ansonsten durch den AG rechtmäßig erlangten Informationen führen <**R:** BAG 23.3.2021, 1 ABR 31/19, NZA 2021, 959 zur rw E-Mail-Überwachung; 22.9.2016, 2 AZR 848/15, NZA 2017, 112 Rn 44 zur Verwertung von Videosequenzen; 20.10.2016, 2 AZR 395/15, NZA 2017, 443 Rn 26 ebenfalls zur Videoüberwachung; 13.12.2007, 2 AZR 537/06, DB 2008, 1633 (zu Abs 1 Nr 1); schon 27.3.2003, 2 AZR 51/02, BB 2003, 2578; 7.12.2006, 2 AZR 182/06, DB 2007, 1089; **aA** LAG Bremen 28.7.2005, 3 Sa 98/05, AiB 2006, 325; **L:** *Altenburg/Leister* NJW 2006, 469, 470; *Kopke* NZA 1999, 917, 918ff; *Grosjean* DB 2003, 2650, 1653; *Schlewing* NZA 2004, 1071, 1072; *Lunk* NZA 2009, 457; *Fuhlrott/Schröder* NZA 2017, 278; *Eylert* NZA 2015, 100; auch ErfK/*Kania* Rn 140; *Fitting* Rn 607; **aA**; DKW/*Klebe* Rn 6; GK/*Gutzeit* Rn 522; *Fischer* BB 1999, 154; *Maschmann* NZA 2002, 13, 21; *Röckl/Fahl* NZA 1998, 1035, 1038; *Fuhlrott/Oltmanns* DB 2015, 1719>. Auch BR und AG können in einer BV kein **Beweisverwertungsverbot vereinbaren**, da sich ihre Regelungsmacht nicht auf das öffentl-rechtl Zivilprozessrecht erstreckt <**R:** LAG Köln 19.7.2019, 9 TaBV 125/18, BeckRS 2019, 29458; **aA** LAG Hamm 25.1.2008, 10 Sa 169/07, RDV 2008, 211; LAG Köln 4.11.2005, 11 Sa 500/05, NZA-RR 2006, 302; offengelassen in BAG 23.3.2021, 1 ABR 31/19, NZA 2021, 959 sowie in 31.1.2013, 2 AZR 426/18, AP KSchG 1969 § 1 Personenbedingte Kündigung Nr 38; **L:** ErfK/*Kania* Rn 140 aber für eine Umdeutung in einen **Prozessvertrag** zugunsten des AN, mwN zum Streitstand; *Fuhlrott/Oltmann* NZA 2018, 413 auch gg einen Prozessvertrag>.

7. Regelungen über die Verhütung von Arbeitsunfällen und Berufskrankheiten sowie über den Gesundheitsschutz im Rahmen der gesetzlichen Vorschriften oder der Unfallverhütungsvorschriften (Abs 1 Nr 7)

Literatur: *Balders/Lepping*, Das betriebliche Eingliederungsmanagement nach SGB IX – Arbeits- und schwerbehindertenrechtliche Fragen, NZA 2005, 854; *Bauer/Günther/Böglmüller*, Keine entgrenzte Mitbestimmung im Arbeits- und Gesundheitsschutz, NZA 2016, 1361; *Beck*, Betriebliches Eingliederungsmanagement – Eine Zwischenbilanz nach zehn Jahren Rechtsprechung des BAG, NZA 2017, 81; *Bertzbach*, Kein Kündigungsschutz für angestellte Betriebsärzte, FS Däubler (1999), S 158; *Bloesinger*, Die Auswirkungen eines Verstoßes gegen § 9 III 1 ASiG auf Kündigungen des Arbeitgebers, NZA 2004, 467; *Däubler*, Das neue Mitbestimmungsrecht des Betriebsrats im Arbeitsschutz, DB 1998, 31; *Denck*, Arbeitsschutz und Mitbestimmung des Betriebsrats, ZfA 1976, 447; *Düwell*, Neues vom Gesetzgeber zum betrieblichen Eingliederungsmanagement, NZA 2021, 1614; *Egger*, Die Rechte der Arbeitnehmer und des Betriebsrats auf dem Gebiet des Arbeitsschutzes, BB

1992, 629; *Fabricius*, Die Mitbestimmung des Betriebsrats bei der Umsetzung des neuen Arbeitsschutzrechts, BB 1997, 1254; *Fieseler/Berger*, Mitbestimmung von Maßnahmen des Gesundheitsschutzes, NZA 2018, 1520; *Gagel*, Betriebliches Eingliederungsmanagement – Rechtspflicht und Chance, NZA 2004, 1359 ff; *Geray*, Gefahr erkannt, Gefahr gebannt – Handlungsmöglichkeiten bei der Gefährdungsbeurteilung, dbr 2008, Nr 7, 30; *Grimm/Kühne*, Arbeitsschutz schwer gemacht – Welche Vorgaben sind zu beachten und welche Sanktionen drohen?, ArbRB 2017, 219 ff; *Grimm/Windeln*, Nichtraucherschutz im Betrieb – arbeitsrechtliche Konsequenzen und Folgeprobleme betrieblicher Rauchverbote, ArbRB 2008, 273; *Hoffmann-Remy*, Weniger ist oft mehr – Neues vom BAG zu bEM und Präventionsverfahren, NZA 2016, 1261; *Kiesche*, Krankenrückkehrgespräche und BEM – Zum Ablöseprinzip bei Betriebsvereinbarungen, AiB 2008, 380; *Kittner*, Die Mitbestimmung des Betriebsrats beim Arbeitsschutz – zur Reichweite des § 87 Abs 1 Nr 7 BetrVG, FS Däubler (1999), S 690; *Kohte*, Betriebsverfassungsrechtliche Besetzungsregeln im Bereich des Gesundheitsschutzes, RdA 2019, 347; *Leuchten*, Das Betriebliche Eingliederungsmanagement in der Mitbestimmung, DB 2007, 2482, 2485; *Lützeler*, Neues zur Gefährdungsbeurteilung nach § 5 ArbSchG, ARP 2020, 66; *Martin*, Beleuchtung am Bildschirmarbeitsplatz – Konkretisierung der Arbeitsstättenverordnung und Mitbestimmung, AiB 2008, 601; *Merten*, Gesundheitsschutz und Mitbestimmung bei der Bildschirmarbeit, 2000; *Mertens/Klein*, Die Auswirkungen des Arbeitsschutzgesetzes auf die Mitbestimmungsrechte des Betriebsrats nach § 87 Abs 1 Nr 7 BetrVG, DB 1998, 673; *Namendorf/Natzel*, Betriebliches Eingliederungsmanagement nach § 84 Abs 2 SGB IX und seine arbeitsrechtlichen Implikationen, DB 2005, 1794; *Oberberg*, Die Rechtsprechung zum Gesundheitsschutz im Jahr 2019 und die Konsequenzen für die betriebliche Praxis, NZA-RR 2020, 228; *Oberberg/Hien*, Gefahr oder Gefährdung? – Mitbestimmung des Betriebsrats im Gesundheitsschutz, NZA 2018, 18; *Oppolzer*, Zum Management-Charakter des BEM, AiB 2007, 37; *Satzer*, Stress & Co. nehmen zu – Gesetzlich geforderte Stressprävention wird nur in wenigen Betrieben durchgeführt, AiB 2008, 463; *Schiefer*, Das betriebliche Eingliederungsmanagement (bEM), RdA 2016, 196; *Schwede*, Betriebliches Gesundheitsmanagement und betriebliche Mitbestimmung, ArbRAktuell 2019, 7; *Siemes*, Die Neuregelung der Mitbestimmung des Betriebsrats nach § 87 Abs 1 Nr 7 BetrVG bei Bildschirmarbeit, NZA 1998, 232; *Steinau-Steinrück/Hagemeister*, Das neue betriebliche Eingliederungsmanagement, NJW-Spezial 2005, 129 f; *Uhl/Polloczek*, Ermittlung von psychischen Belastungen am Arbeitsplatz als „Regelungen über den Gesundheitsschutz" im Sinne von § 87 Abs 1 Nr 1 BetrVG?, BB 2007, 2401; *Wagner*, Rechtsprechung zur Mitbestimmung des Betriebsrats bei der Umsetzung des Arbeitsschutzgesetzes und der Bildschirmarbeitsverordnung, DB 1998, 2366; *Wiebauer*, Die Mitbestimmung des Betriebsrats bei Gefährdungsbeurteilung und Arbeitsschutzmaßnahmen, RdA 2019, 41; *Wlotzke*, Das Mitbestimmungsrecht nach § 87 Abs 1 Nr 7 Betriebsverfassungsgesetz und das erneuerte Arbeitsschutzrecht, FS Wissmann (2005), S 426; *Zeppenfeld*, Betriebliche Besetzungsregeln – Grenzen des Eingriffs in die Personalhoheit des Arbeitgebers, NZA 2019, 1539.

a) Normzweck und Anwendungsbereich

Nach Abs 1 Nr 7 hat der BR bei Regelungen über die Verhütung von Arbeitsunfällen und Berufskrankheiten sowie über den Gesundheitsschutz mitzubestimmen, um den AG bei der vorbeugenden Bekämpfung von Unfall- und Gesundheitsgefahren zu unterstützen, ggfs korrigierend Einfluss zu nehmen und so für einen effektiven **Arbeits- und Gesundheitsschutz** zu sorgen <R: BAG 15.1.2002, 1 ABR 13/01, DB 2002, 2278; 8.6.2004, 1 ABR 13/03, DB 2004, 2274; zum PersVG BVerwG 18.5.1994, 6 P 27/92, PersR 1994, 466>. Darüber hinaus erlaubt § 88 Nr 1 ausdrückl freiw BV über zusätzl Maßnahmen zur Verhütung von Arbeitsunfällen und Gesundheitsschädigungen (§ 88 Rn 4). Der Zweck des Abs 1 Nr 7 erweitert den Anwendungsbereich der Mitbestimmung über die grds Beschränkung auf kollektive Maßnahmen hinaus (Rn 2): Der BR hat nach Abs 1 Nr 7 auch dann mitzubestimmen, wenn nur ein **einzelner AN** Gesundheitsgefahren ausgesetzt ist, und zwar nicht nur, wenn diese Gefahren abstrakt-generell von der Tätigkeit oder dem Arbeitsplatz ausgehen, sondern auch dann, wenn ein einzelner AN aufgrund seiner kon-

147

stitutionellen oder gesundheitlichen Disposition bes Gefahren ausgesetzt ist. Dass Gesundheitsschutz Individualschutz ist, zeigt das individuelle Beteiligungsrecht der AN aus § 81 Abs 3 in Betrieben ohne BR (mit § 14 Abs 2 ArbSchG als Entsprechung für den öffentl Dienst); dieses wird in Betrieben mit BR durch das MBR aus Abs 1 Nr 7 aufgenommen und erweitert. Dass die Betroffenheit eines einzelnen AN ausreichen kann, ändert nichts daran, dass Abs 1 Nr 7 nur Regelungen eines **kollektiven Tatbestands** unterfallen, für den eine abstrakt-generelle Lösung erforderl ist, Rn 2 <**R:** BAG 18.3.2014, 1 ABR 73/12, AP BetrVG 1972 § 87 Gesundheitsschutz Nr 21 Rn 19>. Zum fehlenden MBR bei personellen Einzelmaßnahmen Rn 165.

148 Das MBR des BR in Abs 1 Nr 7 besteht nach dem Gesetzeswortlaut nur „**iR der gesetzl Vorschriften oder der UVV**", setzt also voraus, dass derartige **Rahmenvorschriften** dem AG einerseits best Maßnahmen des Gesundheitsschutzes als Verpflichtung aufgeben, andererseits diese nicht selbst detailliert beschreiben, sondern zu ihrer Durchführung **Regelungsspielräume** lassen und dem AG nur ein zu erreichendes Schutzziel vorgeben <**R:** BAG 15.1.2002, 1 ABR 13/01, DB 2002, 2278; 18.8.2009, 1 ABR 43/08, AP BetrVG 1972 § 87 Gesundheitsschutz Nr 16 Rn 18>, noch Rn 151. Zugleich entnimmt das BAG der einschränkenden Formulierung „iR der gesetzl Vorschriften" **systemwidrig** eine Erweiterung des MBR: Der BR soll immer dann mitzubestimmen haben, wenn eine im weitesten Sinne gesundheitsschützende **Rahmenvorschrift eine Handlungspflicht des AG begründet** und betriebl Regelungen verlangt, bei deren Gestaltung ihm Handlungsspielräume verbleiben <**R:** BAG 26.8.1997, 1 ABR 16/97, BB 1998, 845; 15.1.2002, 1 ABR 13/01, DB 2002, 2278; 8.6.2004, 1 ABR 13/031, DB 2004, 2274; 26.4.2005, 1 ABR 1/04, DB 2005, 2030>. Anders als der PR nach § 80 Abs 1 Nr 16 BPersVG hat der BR nach Abs 1 Nr 7 infolge dieser **weiten Auslegung** etwa über Vorbereitungsmaßnahmen wie die Gefährdungsbeurteilung nach § 5 ArbSchG mitzubestimmen (Rn 160, 165) und über Regelungen, die nur mittelbar dem Gesundheitsschutz dienen, etwa über Ausgleichszahlungen für Nachtarbeit (Rn 159); zu weiteren Abweichungen Rn 158. Ordnet eine Rechtsvorschrift eine best Maßnahme **zwingend** an, bleibt für das MBR nach Abs 1 Eingangs-HS kein Raum. Hinsichtl des Einsatzes von externen Beschäftigten gilt: Nach **§ 11 Abs 6 S 1 AÜG** obliegen die öffentl-rechtl Vorschriften des Arbeitnehmerschutzes über die Gestaltung der Arbeitsbedingungen und dabei die Vermeidung von Gefährdungen am Arbeitsplatz für im Entleiherbetrieb tätige **Leih-AN** grds dem Entleiher, sodass der BR des Verleiherbetriebs regelmäßig kein MBR nach Abs 1 Nr 7 hat; etwa nicht für Regelungen über die Anforderungen an eine Schutzkleidung <**R:** BAG 7.6.2016, 1 ABR 25/14, AP BetrVG 1972 § 87 Gesundheitsschutz Nr 23 Rn 12 und 14; **L:** GK/*Gutzeit* Rn 646>. Anders ist dies, wenn der Verleiher sich ggü dem Entleiher zu Schutzmaßnahmen verpflichtet hat, etwa die AN mit der erforderl Schutzausrüstung auszustatten. In einem solchen Fall stellt sich die darauf bezogene mitbestimmungspflichtige Frage bereits im Verleiherbetrieb <**R:** BAG 7.6.2016, aaO Rn 17>.

b) Arbeitsunfälle, Berufskrankheiten und Gesundheitsschutz

149 Nach der Legaldefinition des § 8 SGB VII sind **Arbeitsunfälle** von außen auf den Körper einwirkende Ereignisse, die der AN bei der Arbeitstätigkeit einschließl seines An- und Abfahrtweges zur Arbeit erleidet und die zu einem Gesundheitsschaden oder zum Tod führen; als Gesundheitsschaden gilt auch die Beschädigung oder der Verlust eines Hilfsmittels. **Berufskrankheiten** sind nach § 9 Abs 1 S 1 SGB VII die Krankheiten, die die

Bundesregierung durch die Berufskrankheiten-Verordnung (BKVO) mit Zustimmung des Bundesrates als Berufskrankheiten bezeichnet; in Abgrenzung zu den Arbeitsunfällen beschreiben Berufskrankheiten nicht ein ledigl zeitl begrenztes Ereignis.

Anders als „Arbeitsunfälle" und „Berufskrankheiten" fehlt für den Begriff „Gesundheitsschutz" eine Legaldefinition; dass sich der Begriff „Gesundheitsschutz" im ArbSchG und in Abs 1 Nr 7 entspricht <R: BAG 26.4.2005, 1 ABR 1/04, DB 2005, 2030; 18.8.2009, 1 ABR 43/08, AP BetrVG 1972 § 87 Gesundheitsschutz Nr 16 Rn 17; L: *Fitting* Rn 262>, hilft nicht. Über die **Auffangformulierung Gesundheitsschutz** sollen die AN mit Hilfe des BR vor Gesundheitsschädigungen (vgl § 80 Abs 1 Nr 16 BPersVG) geschützt werden, also vor Beeinträchtigungen, die die Gesundheit der AN einem Unfall und einer Berufskrankheit vergleichbar beeinträchtigen und damit **erhebl** sind; der Begriff Gesundheitsschutz ist insoweit **nicht weit auszulegen** <R: aA ArbG HH 28.6.2007, 5 BV 12/07, AiB 2008, 102; L: **aA** *Fitting* Rn 262; *Wlotzke* FS Wissmann (2005), S 426, 428 ff; *Richardi/ Maschmann* Rn 554; DKW/*Klebe* Rn 209>. Gesundheitsschädigungen sind mehr als bloße Befindlichkeitsstörungen oder erhöhte Anforderungen an die physische und psychische Konstitution; solche zumeist durch Rationalisierungsmaßnahmen hervorgerufene Mehrbelastungen sind mitbestimmungspflichtig nach §§ 90, 91 und § 97 Abs 2. Mobbing führt nur ausnahmsweise zu echten Gesundheitsschädigungen, weswg der BR über Abs 1 Nr 7 idR nicht über Maßnahmen gg Mobbing mitzubestimmen hat <L: für ein mögliches MBR *Benecke* NZA-RR 2003, 225, 232; iVm §§ 3, 5 ArbSchG auch DKW/*Klebe* Rn 258>. Die Beeinträchtigungen müssen zu medizinisch feststellbaren Verletzungen oder Erkrankungen führen oder führen können <R: BAG 18.8.2009, 1 ABR 43/08, AP BetrVG 1972 § 87 Gesundheitsschutz Nr 16 Rn 17>. 150

c) Im Rahmen der gesetzlichen Vorschriften oder der UVV

Das MBR des BR in Abs 1 Nr 7 besteht nach dem Gesetzeswortlaut nur „iR der gesetzl Vorschriften oder UVV" und **beschränkt sich damit auf die Ausfüllung bestehender Normen.** Das Vorhandensein solcher Rahmenvorschriften ist Voraussetzung für die Mitbestimmung nach Abs 1 Nr 7 <R: BAG 28.7.1981, 1 ABR 65/79, BB 1982, 493; L: *Fitting* Rn 264>; TV gehören regelmäßig nicht dazu <R: BAG 11.12.2012, 1 ABR 81/11, AP BetrVG 1972 § 87 Gesundheitsschutz Nr 19 Rn 18>. Anders als nach § 80 Abs 1 Nr 16 BPersVG <R: etwa OVG HH 20.11.1979, Bs PB 5/79, PersV 1982, 27 [Abbau einer gesundheitsschädlichen Klimaanlage]; L: *Richardi/Vogel* PersV 1998, 81, 86> sind deswg **freiw**, unmittelbar dem Gesundheitsschutz dienende Maßnahmen, die weder durch Gesetz noch durch UVV vorgegeben sind, etwa eine vom AG angeordnete Hepatitis-B-Schutzimpfung, nicht nach Abs 1 Nr 7 mitbestimmungspflichtig. Ein MBR besteht zudem nur insoweit, als die Rahmenvorschriften dem AG einen **Regelungsspielraum** bei der Ausfüllung unbestimmter Rechtsbegriffe (Beurteilungsspielraum) oder hinsichtl der Auswahl der in Betracht kommenden Gesundheitsmaßnahmen auf Rechtsfolgenseite (Ermessensspielraum) geben <R: BAG 28.7.1981, aaO; 16.6.1998, 1 ABR 68/97, BB 1999, 55; L: GK/*Gutzeit* Rn 623 ff; *Fitting* Rn 272 ff; *Richardi/Maschmann* Rn 566; ErfK/*Kania* Rn 63>. Ordnen Arbeitsschutzvorschriften Maßnahmen **zwingend** an, etwa einen best Sicherheitsabstand zw Maschinen, besteht kein MBR, zur abschließenden Regelung des § 11 ASiG Rn 166. 151

§ 87 Mitbestimmungsrechte

152 Der Anwendungsbereich von Abs 1 Nr 7 war früher gering; der Gesetzgeber erlässt aber zunehmend auf den Gesundheitsschutz zielende Rahmenregeln. Rahmenvorschriften iS des Abs 1 Nr 7 enthalten insbes **§ 3 ArbSchG** (zur konkreten Gefahr noch Rn 153) <**R:** BAG 18.3.2014, 1 ABR 73/12, AP BetrVG 1972 § 87 Gesundheitsschutz Nr 21 Rn 24: „Prototyp" einer allg gehaltenen Rahmenvorschrift; 7.6.2016, 1 ABR 25/14, AP BetrVG 1972 § 87 Gesundheitsschutz Nr 23 Rn 11; 28.3.2017, 1 ABR 25/15, AP BetrVG 1972 § 87 Gesundheitsschutz Nr 24 Rn 20 f; noch offengelassen von BAG 16.6.1998, 1 ABR 68/97, BB 1999, 55 und 1.7.2003, 1 ABR 20/02, DB 2005, 170; zu § 120 GewO aF: BAG 2.4.1996, 1 ABR 47/95, BB 1997, 1259; **L:** statt aller *Fitting* Rn 296>, aber nach **hM** etwa auch **§ 5 ArbSchG** (Rn 160, 165) <**R:** BAG 7.12.2021, 1 ABR 25/20, NZA 2022, 504 Rn 27>, der damit in Zusammenhang stehenden **§ 6 ArbSchG** <**R:** BAG 13.8.2019, 1 ABR 6/18, AP BetrVG 1972 § 87 Gesundheitsschutz Nr 27 Rn 31, nach Rn 66 aber keine nachträgl Information der AN über das Ergebnis der Gefährdungsbeurteilung, die ggfs § 12 Abs 1 ArbSchG unterfalle (noch Rn 159); **L:** DKW/*Klebe* Rn 231; **aA** GK/*Gutzeit* Rn 646; HWGNRH/*Worzalla* Rn 425; *Wiebauer* RdA 2019, 41, 43> und **§ 12 ArbSchG** (Rn 159) sowie **§ 9 Abs 2 MuSchG** – auch dann, wenn der Beteiligung des BR durch die zu schützende Person widersprochen wurde <**R:** zum MuSchG BAG 9.4.2019, 1 ABR 51/17, NZA 2019, 1055 Rn 21; **L:** BeckOK ArbR/*Dahm*, 63. Ed. 1.3.2022, MuSchG § 10 Rn 19>. Dem Wortlaut des Abs 1 Nr 7 ist nicht zu entnehmen, dass nur öffentl-rechtl Schutzvorschriften das MBR des BR auslösen; deshalb eröffnet auch der die arbeitsvertragl Fürsorgepflicht konkretisierende **§ 618 BGB** den Anwendungsbereich des Abs 1 Nr 7 <**L:** *Fitting* Rn 264; DKW/*Klebe* Rn 216 ff; HWGNRH/*Worzalla* Rn 411; **aA** GK/*Gutzeit* Rn 629 f>. Der **Anhang der Arbeitsstättenverordnung** schreibt in Abschnitt 6 (6.1 Abs 2) zwar entspr **§ 5 BildscharbV** vor, dass die tägl Arbeit an Bildschirmgeräten regelmäßig durch andere Tätigkeiten oder durch Pausen unterbrochen werden muss, legt aber weder die Häufigkeit der Unterbrechungen noch deren Dauer fest und überantwortet die Regelung dieser Frage AG und BR <**R:** zu § 5 BildscharbV LAG HH 21.9.2000, 7 TaBV 3/98, NZA-RR 2001, 1; vor Erlass der BildschArbV BAG 2.4.1996, 1 ABR 47/95, BB 1997, 1259 (überholt BAG 6.12.1983, 1 ABR 43/81, BB 1984, 850); zum PersVG BVerwG 8.1.2001, 6 P 6/00, NZA 2001, 570; **L:** *Löwisch/Neumann* SAE 1997, 85 ff; **aA** *Siemes* NZA 1998, 232, 237>.

153 Bei **Generalklauseln** setzt die Mitbestimmung des BR nach Abs 1 Nr 7 BR voraus, dass eine **konkrete Gesundheitsgefahr** besteht <**R:** statt aller BAG 16.6.1998, 1 ABR 68/97, BB 1999, 55 und 1.7.2003, 1 ABR 20/02, DB 2005, 170>: Andernfalls bliebe für Verlangen des BR nach § 91 kein nennenswerter Raum mehr, § 91 Rn 2 <**R:** BAG 28.3.2017, 1 ABR 25/15, AP BetrVG 1972 § 87 Gesundheitsschutz Nr 24 Rn 21; **L: aA** DKW/*Klebe* Rn 221>. § 3 ArbSchG und § 3a ArbStättV sollen aber keine konkrete Gesundheitsgefahr, sondern eine konkrete **Gefährdung iSv § 5 Abs 1 ArbSchG** (Rn 160) voraussetzen <**R:** zu § 3 ArbSchG BAG 28.3.2017, aaO Rn 22; 21.11.2017, 1 ABR 47/16, AP BetrVG 1972 § 87 Gesundheitsschutz Nr 26 Rn 29; 13.8.2019, 1 ABR 6/18, AP BetrVG 1972 § 87 Gesundheitsschutz Nr 27 Rn 37, 39; zu § 3a ArbStättV BAG 18.7.2017, 1 ABR 59/15, AP BetrVG 1972 § 87 Gesundheitsschutz Nr 25 Rn 16>. Daher kann der ES iR der MB nach Abs 1 Nr 7 auch nicht gleichzeitig der Regelungsauftrag zur Ausgestaltung der Gefährdungsbeurteilung iSv § 5 ArbSchG und zur Regelung erforderl Schutzmaßnahmen sowie deren Wirksamkeitskontrolle iSv § 3 ArbSchG übertragen werden: Ein MBR nach Nr 7 iVm § 3 ArbSchG kann erst greifen, wenn eine konkrete Gefährdung feststeht oder im

II. Katalog der mitbestimmungspflichtigen Angelegenheiten § 87

Rahmen einer vom AG – auf der Grundlage einer von den Betriebsparteien oder der ES zuvor getroffenen Regelung über das Verfahren zur Beurteilung der Arbeitsbedingungen nach § 5 Abs 1 ArbSchG – durchgeführten Beurteilung festgestellt wurde <R: BAG 19.11.2019, 1 ABR 22/18, NZA 2020, 266 Rn 28; 7.12.2021, 1 ABR 25/20, NZA 2022, 504 Rn 27, 29>; zu § 5 ArbSchG noch Rn 160 und 165. Im Rahmen von **§ 3 Abs 1 S 1 ArbSchG** besteht ein MBR bei der Entscheidung, welche der möglichen Schutzmaßnahmen umgesetzt werden soll und auch bezügl der Wirksamkeitskontrolle dieser Maßnahme, **§ 3 Abs 1 S 2 ArbSchG** <R: BAG 7.12.2021, 1 ABR 25/20, NZA 2022, 504 Rn 30>. Etwa besteht ein **MBR** an Maßnahmen zur Asbestsanierung <R: zum PersVG grds BVerwG 23.8.2000, 6 P 12/99, PersR 2001, 20 und 6 P 5/99, PersR 2001, 23 zu Universitäten> oder zur Beseitigung von Schaben und zur Dekontaminierung von insektengiftbelasteten Räumen <R: zum PersVG BVerwG 31.10.1995, 6 P 30/93, PersR 1996, 154 für eine Schule> und bei der Auswahl von Schutzkleidung, wenn sie nicht nur der allg Hygiene oder dem Schutz der Kleidung vor Verschmutzung, sondern dem Schutz der AN vor den typischen, aus der Arbeit resultierenden Gesundheitsgefahren dient <R: zum PersVG VGH BaWü 27.9.1994, PL 15 S 2844/93, PersR 1995, 214 für ein Krankenhaus>, Rn 46 zu Abs 1 Nr 1; nicht aber bei der Einführung von **Desk Sharing**, sofern nicht nachgewiesen werden kann, dass die gemeinsamen Nutzung von PC-Tastaturen und PC-Mäusen zu konkreten Gesundheitsgefährdungen führt, sondern ausreichende Hygienemaßnahmen getroffen werden <R: LAG Ddf 9.1.2018, 3 TaBVGa 6/17, NZA-RR 2018, 368; **L:** *Schönhöft/Einfeldt*, NZA 2022, 92, 93 f>, zu Desk Sharing Rn 45. Mitbestimmungspflichtig sind aber **Alkoholverbote**, wenn sie in erster Linie der Verhütung von Arbeitsunfällen dienen <R: zum PersVG BAG 23.9.1986, 1 AZR 83/85, DB 1987, 337 für Kraftfahrer und Gabelstaplerfahrer>. Da Passivrauchen die Gesundheit erhebl beeinträchtigt (Rn 150), hat der BR bei der Einführung eines **Rauchverbots nach § 618 BGB mit § 5 ArbStättVO** mitzubestimmen <R: allg zum Anspruch auf einen rauchfreien Arbeitsplatz im Wege des Arbeitsschutzes BAG 19.5.2009, 9 AZR 241/08, NJW 2009, 2698; einschränkend wg § 5 Abs 2 ArbStättVO 10.5.2016, 9 AZR 347/15, NZA 2016, 1134 für ein Spielcasino; **L:** GK/*Gutzeit* Rn 658; *Fitting* Rn 307>; zum MBR aus Abs 1 Nr 1 Rn 40, 41.

154 Trifft der AG **Baumaßnahmen**, die die Gesundheit der AN möglicherweise beeinträchtigen, greift **Abs 1 Nr 7 nicht**: Der AG trifft keine Maßnahmen des Gesundheitsschutzes. Deswg besteht kein MBR, wenn der AG auf dem Dach des Betriebsgebäudes eine Mobilfunkantenne in Betrieb nimmt <R: LAG Nürnberg 4.2.2003, 6 (2) TaBV 39/01, NZA-RR 2003, 588>, oder wenn er Fensteröffnungen zumauern oder verkleinern lässt, sodass eine künstliche Beleuchtung und Belüftung notwendig wird <R: zum PersVG VGH BaWü 11.1.1983, 15 S 2215/82, PersV 1985, 332>. In diesen Fällen können allenfalls §§ 90, 91 Mitwirkungsrechte des BR begründen, § 90 Rn 4f, § 91 Rn 4ff. Ebenso wenig hat der BR darüber mitzubestimmen, ob und wie ein wg LKW-Verkehrs gefährlicher Fußgängerübergang zum Sozialgebäude des Betriebs gesichert werden kann, um die AN vor Unfällen zu schützen <R: LAG HH 17.8.2007, 6 TaBV 9/07, AiB 2008, 101; auch 1.2.2007, 8 TaBV 18/06, MDR 2007, 1083>.

155 Den staatl Arbeitsschutzvorschriften entsprechen für den Unfallschutz die von den Berufsgenossenschaften aufgrund von **§ 15 SGB VII** erlassenen UVV. Soweit diese Konkretisierungen zulassen, besteht das MBR nach Nr 7. Für deren Konkretisierung kommen insbes persönl Schutzmaßnahmen, etwa verbindliche Arbeits- und Sicherheitsanweisun-

§ 87 Mitbestimmungsrechte

gen, in Betracht <R: BAG 16.6.1998, 1 ABR 68/97, BB 1999, 55; L: GK/*Gutzeit* Rn 660>.

156 Zwar eröffnen Rahmenvorschriften zum Gesundheitsschutz in einem **TV** das MBR aus Abs 1 Nr 7 nicht; ein TV kann die arbeitsschutzrechtl Generalklauseln aber ausformen und wg Abs 1 Eingangs-Hs die Mitbestimmung des BR inhaltlich beschränken, etwa nur best Maßnahmen zulassen <**L**: GK /*Gutzeit* Rn 620>. Zielt die tarifl Anordnung von Erholungszeiten und ihrer Zusammenfassung zu Kurzpausen nicht auf den Arbeitsschutz, sondern auf die Regelung des Personalbedarfs, besteht kein MBR aus Abs 1 Nr 7 <**R**: BAG 1.7.2003, 1 ABR 20/02, DB 2005, 170>.

157 Nach § 3 Abs 3 ArbSchG darf der AG **Kosten** für Maßnahmen nach dem ArbSchG nicht den AN auferlegen. Entstehen durch betriebl Regelungen iR des Abs 1 Nr 7 Kosten, etwa für Körperschutzeinrichtungen, sind diese vom AG zu tragen. Dies gilt auch, soweit UVV ausgefüllt werden, weil § 2 Abs 4 ArbSchG diese als „sonstige Rechtsvorschriften" iS des ArbSchG nennt <**L**: *Siemes* NZA 1998, 232, 238>. Durch BV können die Betriebspartner den AN nur an den Kosten beteiligen, soweit ihm die **private** Nutzung von persönl Hilfsmitteln gestattet wird <**L**: nur durch eine freiw BV *Fitting* Rn 292; GK/*Gutzeit* Rn 663; *Richardi/Maschman* Rn 579; DKW/*Klebe* Rn 228>.

d) Regelungen über die Verhütung von Arbeitsunfällen

158 Abs 1 Nr 7 **formuliert weit „Regelung über"** und anders als § § 80 Abs 1 Nr 16 BPersVG nicht „Maßnahmen zur Verhütung". Deswg ist das MBR des BR anders als das des PR <**R**: BVerwG 19.5.2003, 6 P 16/02, PersR 2003, 314 mwN> **nicht** auf solche Maßnahmen beschränkt, mit denen der AG den **Gesundheitsschutz beabsichtigt**, die also darauf abzielen, das Risiko von Gesundheitsschädigungen oder Unfällen im Betrieb zu mindern. Gleichwohl unterliegt die **Aufhebung** einer mitbestimmungspflichtigen Maßnahme der Mitbestimmung **nur** dann, wenn sie selbst dem Gesundheitsschutz dient <**R**: zum PersVG BVerwG 19.5.2003, aaO; OVG NRW 3.2.2000, 1 A 5029/98.PVL, PersV 2000, 549 verneinend zur Abschaffung bisher geltender UVV>; das wird nur ausnahmsweise der Fall sein.

159 Zweifelhaft ist, inwieweit der BR über Maßnahmen des AG nach Abs 1 Nr 7 mitzubestimmen hat, die sich nur **mittelbar auf den Arbeits- oder Gesundheitsschutz** der Beschäftigten auswirken. Das BAG bejaht ein MBR auch an mittelbar dem Gesundheitsschutz dienenden Maßnahmen, soweit eine **Rahmenvorschrift eine Handlungspflicht des AG begründet** und betriebl Regelungen verlangt. Etwa diene der in **§ 6 Abs 5 ArbZG** vorgesehene **Ausgleich für Nachtarbeit** mittelbar dem Gesundheitsschutz, weil er die Nachtarbeit mit Zusatzkosten belaste und so für den AG weniger attraktiv mache; an der Entscheidung, ob ein Ausgleich für Nachtarbeit durch bezahlte freie Tage oder durch einen angemessenen Entgeltzuschlag zu gewähren ist, habe der BR nach Abs 1 Nr 7 mitzubestimmen <**R**: BAG 26.8.1997, 1 ABR 16/97, BB 1998, 845; 26.4.2005, 1 ABR 1/04, DB 2005, 2030; 17.1.2012, 1 ABR 62/10, NZA 2012, 513 Rn 14 konkret aufgrund eines bestehenden TV abl; **L**: *Fitting* Rn 275; GK/*Gutzeit* Rn 652; DKK/*Klebe* Rn 226, 252; *Richardi/Maschmann* Rn 561; ErfK/*Kania* Rn 66>, gg ein MBR aus Abs 1 Nr 2 Rn 59 und zum MBR aus Abs 1 Nr 10 Rn 229. Ebenso mitzubestimmen habe der BR nach Abs 1 Nr 7 über Art, Umfang und die konkreten Inhalte der vom AG **nach § 12 Abs 1 ArbSchG** verlangten **Unterweisung** der AN über Sicherheit und Gesundheits-

II. Katalog der mitbestimmungspflichtigen Angelegenheiten § 87

schutz bei der Arbeit <R: BAG 8.6.2004, 1 ABR 13/03, DB 2004, 2274; 11.1.2011, 1 ABR 104/09, AP BetrVG 1972 § 87 Gesundheitsschutz Nr 17 Rn 16; 30.9.2014, 1 ABR 106/12, NZA 2015, 314 Rn 13; **L:** *Fitting* Rn 300; GK/*Gutzeit* Rn 650>.

Mit der Begründung, auch mittelbar dem Gesundheitsschutz dienende Maßnahmen seien mitbestimmungspflichtig, steht das BAG konsequent auf dem Standpunkt, dass der BR auch über Handlungen mitzubestimmen habe, die den Gesundheitsschutz erst vorbereiten, also **Bestandsaufnahmen sowie bloße Vorbereitungsmaßnahmen** unter das MBR aus Abs 1 Nr 7 fallen. Deshalb sei mitbestimmungspflichtig etwa die Gefährdungsbeurteilung nach **§ 5 ArbSchG**, obwohl sie die Arbeit noch nicht zur Verhütung von Gesundheitsgefahren gestaltet, sondern erst Gefährdungen ermittelt, denen durch entspr Maßnahmen zu begegnen ist <R: BAG 8.6.2004, 1 ABR 13/03, DB 2004, 2274; 12.8.2008, 9 AZR 1117/06, DB 2008, 2030; 30.9.2014, 1 ABR 106/12, NZA 2015, 314 Rn 13; 7.12.2021, 1 ABR 25/20, NZA 2022, 504 Rn 27; **aA** zum PersVG BVerwG 14.10.2002, 6 P 7/01, NZA-RR 2003, 273; **L:** GK/*Gutzeit* Rn 645; *Fitting* Rn 299; DKW/*Klebe* Rn 230; *Wlotzke* FS Wissmann (2005), S 426, 429>: mitzubestimmen hat der BR bezüglich der Gleichartigkeit der Arbeitsbedingungen, der Methoden und Verfahren der Feststellung der Gefährdung, darüber in welchen zeitl Abständen die Beurteilung zu wiederholen ist und auf welche Art und Weise deren Ergebnisse zu dokumentieren sind <R: BAG 7.12.2021, 1 ABR 25/20, NZA 2022, 504 Rn 29>. Etwa soll die systematische Befragung einer Vielzahl repräsentativ ausgewählter AN mit Hilfe eines Fragenkatalogs zur Ermittlung typischer Ursachen krankheitsbedingter Fehlzeiten im Betrieb nach § 5 ArbSchG der Mitbestimmung des BR gem Abs 1 Nr 7 unterliegen <R: Hess LAG 29.8.2002, 5 TaBVGa 91/02, RDV 2004, 130; offen gelassen von BAG 8.11.1994, 1 ABR 22/94, BB 1995, 1188>, sofern die **Mitarbeiterbefragung** ortsgebundene arbeitsplatz-, tätigkeitsbzw arbeitsbereichsbezogene Schlüsse zulässt, insoweit nicht anonym und nicht freiw ist <R: BAG 21.11.2017, 1 ABR 47/16, AP BetrVG 1972 § 87 Gesundheitsschutz Nr 26 Rn 27>, noch Rn 53 zum MBR des BR an formalisierten Krankengesprächen aus Abs 1 Nr 1. **Gg ein MBR** aus Abs 1 Nr 7 an der Bestandsaufnahme und Analyse des Arbeits- und Gesundheitsschutzes spricht die Sonderregelung des § 89, nach dessen Abs 2 der BR bei allen Fragen des Arbeitsschutzes und der Unfallverhütung hinzuzuziehen ist; dies begründet ein umfassendes Mitberatungsrecht, aber nicht mehr (§ 89 Rn 11 ff). Nach § 80 Abs 1 Nr 1 iVm Abs 2 hat der BR darüber hinaus ein umfassendes Informations- und Beratungsrecht hinsichtl aller arbeitsschutzrechtl Gesetze, VO und UVV; **§§ 80 Abs 1 Nr 1, 89 sind abschließend** und schließen ein MBR des BR aus Abs 1 Nr 7 aus <**L:** *Löwisch/Neumann* SAE 1997, 85, 87; **aA** *Siemes* NZA 1998, 232, 235 f>.

160

Kein MBR aus Abs 1 Nr 7 besteht an Maßnahmen des **betriebl Eingliederungsmanagements (BEM) nach § 167 Abs 2 SGB IX**, weil es nicht auf die Verhütung von Gesundheitsgefahren zielt (Rn 158 ff), sondern auf Maßnahmen, mit denen das Arbeitsverhältnis eines einzelnen erkrankten AN durch krankheitsgerechte Gestaltung aufrechterhalten werden und eine krankheitsbedingte Kd verhindert werden kann; zudem räumt § 167 Abs 2 S 6 SGB IX iVm § 176 SGB IX dem BR ausdrückl ein Mitwirkungsrecht ein, neben dem kein Raum für ein MBR aus Abs 1 Nr 7 ist <R: LAG HH 21.5.2008, H 3 TaBV 1/08, juris; **L: für** ein MBR *Steinau-Steinrück/Hagemeister*, NJW-Spezial 2005, 129 f; *Gagel* NZA 2004, 1359, 1361; *Oppolzer* AiB 2007, 37, 43; **dagg** *Namendorf/Natzel*, DB 2005, 1794, 1795; *Balders/Lepping* NZA 2005, 854, 856; *Leuchten* DB 2007, 2482, 2485>. Das **BAG** sieht in § 167 Abs 2 SGB IX eine Rahmenvorschrift iS des Abs 1 Nr 7

161

§ 87 Mitbestimmungsrechte

und differenziert ja nach **Einzelfrage**, ob ein MBR besteht oder nicht <**R: Gg ein MBR** 13.3.2012, 1 ABR 78/10, NJW 2012, 2830 Rn 12f zu § 84 Abs 2 S 1 SGB IX aF zum Begriff der Arbeitsunfähigkeit aufgrund des fehlenden Handlungsspielraums des AG; **für ein MBR** bei der Ausgestaltung des Klärungsprozesses nach § 84 Abs 2 S 1 SGB IX aF durch generelle Verfahrensregeln 22.3.2016, 1 ABR 14/14, NZA 2016, 1283 Rn 11f; **L:** ebenso diff *Fitting* Rn 310b>. Ein generelles MBR ist auch mit Blick auf die Neufassung des PersVG zu verneinen: **§ 80 Abs 1 Nr 17 BPersVG** sieht für den gesamten Bereich des § 167 Abs 2 SGB IX ein MBR vor – nicht so aber das ebenfalls 2021 überarbeitete BetrVG, das in § 87 Abs 1 nur eine zusätzl Nr 14 erhalten hat <**L:** *Düwell*, NZA 2021, 1614, 1615>.Weil es sich um eine bloße Vorbereitungsmaßnahme handelt (Rn 160), hat der BR auch nicht hinsichtl **Krankengesprächen** mitzubestimmen, die aus bes Anlass geführt werden, um die individuelle Leistungsfähigkeit der AN zu klären <**R:** LAG BaWü 5.3.1991, 14 TaBV 15/90, NZA 1992, 184; LAG HH 21.5.2008, aaO; auch LAG Hamm 14.1.2005, 10 TaBV 85/04, juris>.

e) Betriebsärzte, Fachkräfte für Arbeitssicherheit und Sicherheitsbeauftragte

162 Abs 1 Nr 7 wird durch **§ 9 Abs 3 ASiG** ergänzt: Der AG darf einen **Betriebsarzt oder eine Fachkraft für Arbeitssicherheit** gem § 9 Abs 3 S 1 ASiG nur mit Zustimmung des BR bestellen oder abberufen; das Gleiche gilt nach § 9 Abs 3 S 2 ASiG, wenn er deren Aufgaben erweitert oder einschränkt; in § 9 Abs 3 S 2 Hs 2 ASiG wird die Geltung von § 87 iVm § 76 angeordnet. Ein Betriebsarzt unterstützt den AG gem § 3 Abs 1 ASiG beim Arbeitsschutz und bei der Unfallverhütung in allen Fragen des Gesundheitsschutzes, untersucht die AN, beurteilt und berät diese arbeitsmedizinisch und wertet Untersuchungsergebnisse aus; der AG muss nach § 2 Abs 1 ASiG Betriebsärzte bestellen, soweit dies wg der Unfall- und Gesundheitsgefahren, die mit der Art des Betriebs für die AN verbunden sind, der Zahl und Zusammensetzung der AN sowie der Betriebsorganisation erforderl ist. Das MBR bei der Bestellung des Betriebsarztes soll es dem BR ermöglichen, durch die Auswahl kompetenter und vertrauenswürdiger Personen die **Persönlichkeitssphäre und die Gesundheit der AN zu schützen** <**R:** zum PersVG vgl BVerwG 25.1.1995, 6 P 19/93, ZTR 1995, 524>. „Bestellung" meint die dauerhafte, dh die über nur hin und wieder erteilte Einzelaufträge hinausgehende Übertragung der Funktion als Betriebsarzt <**R:** zum PersVG OVG NRW 10.12.2003, 1 A 556/02.PVL, PersR 2004, 227>. Der BR hat nur ein **Initiativrecht für die Abberufung** eines ungeeigneten Betriebsarztes oder einer Fachkraft für Arbeitssicherheit <**R:** für ein Initiativrecht bei der Abberufung LAG Hamm 7.1.2008, 10 TaBV 125/07, BeckRS 2008, 51533; **aA** gg eine Initiativrecht LAG Berl-Bbg 5.11.2019, 7 TaBV 1728/19, BeckRS 2019, 32683; **L:** GK/*Gutzeit* Rn 713 mwN in Rn 712; *Richardi/Maschmann* Rn 599; **aA** *Fitting* Rn 321; DKW/*Klebe* Rn 233 beide auch für ein Initiativrecht bzgl der Bestellung; vollumfänglich gg ein Initiativrecht *SWS* Rn 130d, 131 und HWGNRH/*Worzalla* Rn 447>.

163 Gem Abs 1 Nr 7 hat der BR über die **grundlegende Entscheidung nach §§ 2, 19 ASiG** mitzubestimmen, wie viele Betriebsärzte oder Fachkräfte für Arbeitssicherheit bestellt werden, ob diese als **Ang** oder **freiberufl** tätig sein sollen oder ob für die betriebsärztlichen Aufgaben ein **überbetriebl Dienst** verpflichtet wird <**R:** BAG 10.4.1979, 1 ABR 34/77, BB 1979, 1713; **L:** *Fitting* Rn 325; GK/*Gutzeit* Rn 660; DKW/*Klebe* Rn 235; *Richardi/Maschmann* Rn 603>; § 87 Abs 1 Nr 7 greift nicht bei der personellen Einzelmaßnahme an sich (Rn 165): Wird anschließend im Einzelfall ein Betriebsarzt nicht ange-

II. Katalog der mitbestimmungspflichtigen Angelegenheiten § 87

stellt, sondern ein überbetriebl Dienst bestellt, ist der BR zu dieser Bestellung nach § 9 **Abs 3 S 3 ASiG** ledigl anzuhören <**R:** BAG 10.4.1979, aaO; 24.3.1988, 2 AZR 369/87, DB 1989, 227; LAG Hamm 7.1.2008, 10 TaBV 125/07, juris; **L:** *Fitting* Rn 320; GK/*Gutzeit* Rn 697; DKW/*Klebe* Rn 238; *Richardi/Maschmann* Rn 588 f>; ein bloßes Anhörungsrecht besteht auch dann, wenn ein externer Arzt wieder abberufen oder ein überbetriebl Dienst ausgetauscht wird <**R:** LAG Hamm aaO>.

Von der Bestellung oder Abberufung als Betriebsarzt **zu unterscheiden** ist die **Einstellung** des Arztes als Ang oder dessen **Kd**; über die Einstellung hat der BR nach § 99, über die Kd nach § 102 mitzubestimmen. Die unterbliebene oder nicht hinreichende Beteiligung des BR nach Abs 1 Nr 7 führt insoweit weder zur Unwirksamkeit des zw AG und Arzt abgeschlossenen Arbeitsvertrages (§ 99 Rn 131) noch zur Unwirksamkeit der Kd <**R: abw** BAG 24.3.1988, 2 AZR 369/87, DB 1989, 227 zumindest dann, wenn die Kd-Gründe ihre Ursache in der Tätigkeit als Betriebsarzt haben oder von der damit verbundenen Pflichtenkollision sachl nicht zu trennen sind; **L:** wie BAG *Fitting* Rn 324; GK/*Gutzeit* Rn 694; für eine generelle Unwirksamkeit der Kd DKW/*Klebe* Rn 234; *Bertzbach* FS Däubler (1999), S 158; **wie hier** *Bloesinger* NZA 2004, 467>. 164

Nach **§ 22 Abs 1 S 1 SGB VII** ist die Bestellung des **Sicherheitsbeauftragten** mit dem BR zu beraten <**L:** Richardi/*Annuß* § 89 Rn 34>, § 89 Rn 13. Dabei erstreckt sich die Mitbestimmung auch auf die nähere Ausgestaltung der betriebl Sicherheitsorganisation, etwa können iR des § 22 SGB VII die Aufgaben des Sicherheitsbeauftragten näher geregelt werden. Weiter gehend hat der PR bei der Bestellung von Sicherheitsbeauftragten nach § 22 SGB VII ein MBR nach § 80 Abs 1 Nr 16 BPersVG <**R:** BVerwG 18.5.1994, 6 P 27/92, PersR 1994, 466>. Hingg hat der BR nicht nach Abs 1 Nr 7 an der Bestellung und Betrauung **Externer** mit der Gefährdungsbeurteilung iS des § 5 ArbSchG (Rn 160) nach **§ 13 Abs 2 ArbSchG** mitzubestimmen; § 13 Abs 2 ArbSchG räumt dem BR kein Beteiligungsrecht wie § 9 Abs 3 S 3 ASiG ein; nur § 10 Abs 2 S 3 ArbSchG bei Personen für die Erste Hilfe und sonstige Notfallmaßnahmen. § 87 Abs 1 Nr 7 erfasst keine personellen Einzelmaßnahmen, sondern greift nur bei abstrakt-generellen Lösungen, die grds für Einzelmaßnahmen gelten (vgl Rn 163); etwa bei der Festlegung, welche Qualifikationen und Kenntnisse die mit der Durchführung der Gefährdungsbeurteilungen und der Unterweisungen befassten Personen besitzen müssen <**R:** BAG 18.8.2009, 1 ABR 43/08, AP BetrVG 1972 § 87 Gesundheitsschutz Nr 16 Rn 14 und 19, in Rn 22 explizit offenlassend, ob es sich bei § 13 Abs 2 um eine gesetzl Rahmenvorschrift handelt; 18.3.2014, 1 ABR 73/12, AP BetrVG 1972 § 87 Gesundheitsschutz Nr 21 Rn 21; **L:** *Fitting* Rn 300>. Ein MBR aus § 87 Abs 1 Nr 7 besteht jedoch wieder bei der Durchführung der Maßnahmen, etwa nach § 5 ArbSchG (Rn 160) oder § 12 Abs 1 ArbSchG (Rn 159) durch die externe Person <**R:** BAG 30.9.2014, 1 ABR 106/12, NZA 2015, 314 Rn 18>. Vor der Bestellung des Beauftragten für die biologische Sicherheit ist der BR nach **§ 16 Abs 1 S 1 GenTSV** nur anzuhören. Ebenso hat der AG den BR nach **§ 55 Abs 1a BImSchG** vor der Bestellung des Immissionsschutzbeauftragten unter Bezeichnung der ihm obliegenden Aufgaben, bei Veränderungen seines Aufgabenbereichs und bei dessen Abberufung zu unterrichten. 165

Die Betriebsärzte und Fachkräfte für Arbeitssicherheit sind nach § 9 Abs 1 ASiG **zur Zusammenarbeit mit dem BR verpflichtet**; diese Pflicht wird in § 9 Abs 2 ASiG konkretisiert. Zur Sicherstellung dieser Zusammenarbeit ist nach § 11 ASiG in Betrieben mit mehr als 20 Beschäftigten ein **Arbeitsschutzausschuss** zu bilden, der aus dem AG oder 166

§ 87   Mitbestimmungsrechte

einem von diesem Beauftragten, zwei BR-Mitgliedern sowie Betriebsärzten und Fachkräften für Arbeitssicherheit sowie dem Sicherheitsbeauftragten gem § 22 SGB VII besteht. Soweit hierbei ein Regelungsspielraum verbleibt, dh hinsichtl der Anzahl der Betriebsärzte, der Fachkräfte für Arbeitssicherheit und der Sicherheitsbeauftragten, besteht ein MBR des BR <L: DKW/*Klebe* Rn 239; GK/*Gutzeit* Rn 709; *Richardi/Maschmann* Rn 615>. Der BR kann über Abs 1 Nr 7 aber mangels Handlungsspielraum des AG keinen Arbeitsschutzausschuss erzwingen <R: 15.4.2014, 1 ABR 82/12, NZA 2014, 1094 Rn 13; L: GK/*Gutzeit* Rn 707>. Auch regelt § 11 ASiG die Teilnahmepflicht des Betriebsarztes und der Fachkraft für Arbeitssicherheit an den gesetzl vorgesehenen Mindestsitzungen des Arbeitsschutzausschusses, sodass kein MBR besteht <R: BAG 8.12.2015, 1 ABR 83/13, NZA 2016, 504 Rn 24>; schon Rn 151. Vgl § 89 Rn 10.

f) Individualrechtliche Folgen der Nichtbeachtung des MBR

167 Hat der AG Maßnahmen ohne oder gg die Beteiligung des BR durchgeführt, so hat der **BR** einen Anspruch darauf, dass das Mitbestimmungsverf (erneut) durchgeführt wird; der BR kann verlangen, dass er vollständig unterrichtet wird und das Mitbestimmungsverf nachgeholt wird, sofern die Gesundheitsschutzmaßnahme zurückgenommen werden kann <L: vgl *Bertzbach* FS Däubler, S 158, 169; *Bloesinger* NZA 2004, 467, 471>. Soweit durch die Regelung ein betriebsverfassungswidriger Zustand geschaffen worden ist, kann der BR dessen Beseitigung verlangen (Rn 27), etwa die Herausnahme einseitig erlassener Arbeitsschutzanweisungen aus einem Handbuch <R: BAG 16.6.1998, 1 ABR 68/97, BB 1999, 55>. Ist der AG zu Maßnahmen des Gesundheits- und Arbeitsschutzes verpflichtet und entsprechen seine Anweisungen den materiellen Anforderungen, können die AN die Arbeitsleistung nicht mit Hinweis auf die unterbliebene Beteiligung des BR nach § 273 BGB verweigern <R: auch BAG 19.2.1997, 5 AZR 982/94, BB 1997, 1364 für ein Leistungsverweigerungsrecht nach §§ 273, 618 BGB nur dann, wenn die Maßnahme gg materielles Gesundheitsschutzrecht verstößt; L: *Fitting* Rn 291; aA GK/*Gutzeit* Rn 679; *Richardi/Maschmann* Rn 585>.

8. Form, Ausgestaltung und Verwaltung von Sozialeinrichtungen, deren Wirkungsbereich auf den Betrieb, das Unternehmen oder den Konzern beschränkt ist (Abs 1 Nr 8)

Literatur: *Bachmann*, Mitbestimmung bei Umstrukturierung betrieblicher Sozialeinrichtungen, NZA 2002, 1130; *Ballauf*, Grünes Licht für die Betriebskita, AiB 2016, 35; *Caspers*, Teilwiderruf einer Unterstützungskassenversorgung, RdA 2004, 57; *Diller/Schaller*, Mitbestimmungsrechte des Betriebsrats beim CTA?, BB 2021, 1075; *Felder*, Betriebliche Gesundheitszentren – Rechtliche Aspekte, AuA 2019, 512; *Furier*, Mitbestimmung bei der betrieblichen Altersversorgung, AiB 1999, 197; *Gumpert*, Mitbestimmung bei der Umstellung von Werkskantinen auf Automatenverpflegung, BB 1978, 970; *Heither*, Die Rechtsprechung des BAG zur Beteiligung des Betriebsrats bei der Ausgestaltung der betrieblichen Altersversorgung, DB 1991, 700; *Herles/Saleh/Weißofner*, Firmensport unter rechtlichen Gesichtspunkten, BB 2020, 373; *Junker*, Mitbestimmung des Betriebsrats bei Werkswohnungen – Status Quo und Gestaltungsoptionen, FS Peter Kreutz (2010), S 171; *Kemper*, Einzelfragen zur Mitbestimmung des Betriebsrats bei einer Pensionskasse, Gedächtnisschrift Blomeyer (2003), 157; *Kohte*, Mitbestimmungsrecht des Betriebsrats bei Werkmietwohnungen (§ 87 Abs 1 Nr 9 BetrVG), DB 1993, 81; *Martini*, Die gesunde Betriebskantine, AiB 2013, 29; *Perreng*, Mitbestimmen bei der betrieblichen Altersversorgung – Welche Möglichkeiten hat der Betriebsrat

II. Katalog der mitbestimmungspflichtigen Angelegenheiten   § 87

nach dem BetrVG?, AiB 2005, 170; *Reinecke*, Zur Mitbestimmung des Betriebsrats in der betrieblichen Altersversorgung, AuR 2004, 328; *Richardi*, Bestandssicherung und Mitbestimmung in der betrieblichen Altersversorgung, Gedächtnisschrift Blomeyer (2003), 299; *Röder*, Das betriebliche Wohnungswesen im Spannungsfeld von Betriebsverfassungsrecht und Wohnungsmietrecht, 1983; *Schaub*, Die Mitbestimmung des Betriebsrats in der betrieblichen Altersversorgung, AuR 1992, 193; *Steinau-Steinrück/Ziegler*, Betriebliche Freizeit- und Sportveranstaltungen, NJW-Spezial 2009, 770; *Wiese*, Beteiligungsrechte des Betriebsrats bei Drittbeziehungen des Arbeitgebers, NZA 2003, 1113. **Siehe noch die Hinweise vor Abs 1 Nr 10.**

a) Normzweck und Anwendungsbereich

Nach dem praktisch wichtigen Mitbestimmungstatbestand des Abs 1 Nr 8 hat der BR über die Form, Ausgestaltung und Verwaltung von Sozialeinrichtungen mitzubestimmen, um eine **gerechte Verteilung** betriebl Mittel zu gewährleisten und den einseitigen **Abbau sozialer Maßnahmen zu verhindern**; das beschränkt den BR von vornherein auf die Mitbestimmung in **kollektiven Angelegenheiten**, Rn 2. Abs 1 Nr 8 wird in erster Linie vom **Mitverwaltungsgedanken** getragen: Sofern soziale Einrichtungen für die AN vorhanden sind, sollen diese von den Repräsentanten der AN mitverwaltet werden. Das MBR des BR besteht deswg nur für solche Sozialeinrichtungen, deren Wirkungsbereich sich auf den Betrieb, das Unternehmen oder einen Unterordnungskonzern iS des § 54 Abs 1 erstreckt (Rn 176). **168**

Abs 1 Nr 8 beschränkt den BR auf die Mitverwaltung bestehender Sozialeinrichtungen. Hingg ist der BR nicht zu beteiligen an der Entscheidung des AG, ob eine Sozialeinrichtung errichtet werden soll <R: BAG 26.4.1988, 3 AZR 168/86, BB 1988, 2249>; auch, ob eine geplante betriebl Altersversorgung über eine Sozialeinrichtung oder über eine Gruppenlebensversicherung und damit ohne Sozialeinrichtung abgewickelt werden soll. Die alleinige Entscheidungskompetenz des AG folgt aus **§ 88 Nr 2**, der die Errichtung von Sozialeinrichtungen lediglich der freiw Mitbestimmung unterwirft <R: BAG 23.3.1993, 1 ABR 65/92, DB 1993, 1829>, § 88 Rn 2. Zu der **mitbestimmungsfreien Entscheidung über das „Ob"** einer Sozialeinrichtung gehört deren **Zweckbestimmung** und die generelle Festlegung des Kreises der **Nutzungsberechtigten** <R: BAG 26.4.1988, aaO; 23.3.1993, aaO>; zu der schwierigen Abgrenzung ggü der mitbestimmungspflichtigen „Ausgestaltung" Rn 181 ff. Ebenso wenig wie über die Errichtung, hat der BR über die **Auflösung, Schließung oder Zweckänderung** einer Sozialeinrichtung mitzubestimmen <R: BAG 9.7.1985, 1 AZR 631/80, DB 1986, 230; 15.2.2011, 3 AZR 196/09, AP BetrAVG § 1 Auslegung Nr 17 Rn 64>. Sollen die Leistungen einer Unterstützungskasse gekürzt werden, so ist die Festsetzung des neuen Dotierungsrahmens mitbestimmungsfrei, die Aufstellung des neuen Leistungsplans jedoch mitbestimmungspflichtig <R: BAG 13.7.1978, 3 ABR 108/77, BB 1978, 1617>. Abs 1 Nr 8 bleibt insoweit hinter § 79 Abs 1 Nr 4 BPersVG zurück, der dem PR ein MBR auch hinsichtl der Errichtung und Auflösung von Sozialeinrichtungen gibt. **169**

In Abs 1 Nr 9 (Rn 194 ff) werden mit den **Werkmietwohnräumen** ein Teil der Sozialeinrichtungen in einem eigenen Mitbestimmungstatbestand bes hervorgehoben. Bezuschusst der AG eine Sozialeinrichtung und leistet so **zusätzl Entgelt**, verdrängt das speziellere MBR des Abs 1 Nr 8 das MBR aus Nr 10. Die Mitbestimmungstatbestände aus **Abs 1 Nr 8, 9 und 10 ergänzen sich**, noch Rn 197 <R: BAG 10.2.2009, 1 ABR 94/07, NZA 2009, 562 Rn 34>. Abs 1 Nr 9 erlaubt dem BR zum einen die Mitbestimmung in Einzelfällen, nämlich bei der Zuweisung und der Kd von Werkmietwohnräumen und zum ande- **170**

§ 87 Mitbestimmungsrechte

ren bei der allg Festlegung der Nutzungsbedingungen; das entspricht dem MBR des PR aus § 79 Abs 1 Nr 2 BPersVG.

171 Erforderl und mögl ist die Beteiligung des BR nur, soweit gesetzl Regelungen dem AG einen **Spielraum** lassen (Rn 5). Kein MBR besteht deswg etwa hinsichtl der Verwaltung von **Betriebskrankenkassen**; die Beteiligung der AN an deren Ausgestaltung und Verwaltung, insbes auch die Entscheidung, ob sie für Dritte geöffnet werden, ist im SGB IV und SGB V abschließend geregelt <**L:** *Neumann* Kartellrechtl Sanktionierung von Wettbewerbsbeschränkungen im Gesundheitswesen 2000, 33 f>.

b) Sozialeinrichtung

172 Sozialeinrichtungen sind **zweckgebundenes Sondervermögen** des AG, das durch eine abgegrenzte, auf Dauer gerichtete Organisation verwaltet wird, um den AN soziale Vorteile zu gewähren oder zu sichern <**R:** BAG 9.12.1980, 1 ABR 80/77, BB 1981, 735; 16.6.1998, 1 ABR 67/97, NZA 1998, 1185; zum PersVG BAG 15.1.1987, 6 AZR 589/84, BB 1987, 2092; **L:** *Richardi/Maschmann* Rn 625; DKW/*Klebe* Rn 262; **krit** GK/*Gutzeit* Rn 717 f>. Bleiben die Vermögensgegenstände weiterhin dem AG rechtl zugeordnet, müssen sie von den für den laufenden Geschäftsbetrieb eingesetzten Mitteln hinreichend deutlich getrennt werden <**R:** BAG 8.11.2011, 1 ABR 37/10, NZA 2012, 462 Rn 19 abl für einen Personalverkauf, der in die allg Gesamtkassenabrechnung des AG einfließt>: Gewährt der AG Sozialleistungen aus laufenden Betriebsmitteln, besteht mangels Institutionalisierung kein MBR aus Abs 1 Nr 8, sondern aus Abs 1 Nr 10, dort Rn 221. Abs 1 Nr 8 erfordert aber nicht, dass die Sozialeinrichtung über einen eigenen Haushalt innerhalb des Betriebs verfügt. Die Sozialeinrichtung ist **rechtsformunabhängig**: Sie kann errichtet werden als juristische Person, etwa als AG, GmbH <**R:** zum PersVG BVerwG 28.6.2000, 6 P 1/00, NZA 2000, 1123: Eisenbahn-Wohnungsgesellschaften>, als nicht rechtsfähige Gesellschaft, als nicht rechtsfähiger Verein oder als selbstständige juristische Person, etwa als nicht wirtschaftl Verein gem § 21 BGB <**R:** BAG 26.4.1988, 3 AZR 168/86, BB 1988, 2249: Unterstützungsverein der betriebl Altersversorgung; zum PersVG OVG HH 25.2.2002, 8 Bf 386/00.PVL, PersR 2002, 443: Wohnheim einer Fachhochschule>, als Versicherungsverein auf Gegenseitigkeit oder als Stiftung, noch Rn 180.

173 Die Sozialeinrichtung muss **objektiv dem Zweck dienen**, die **soziale Lage** der AN zu verbessern, also den AN des Betriebs jenseits des eigentl Arbeitsentgelts materielle oder ideelle Vorteile gewähren <**R:** BAG 26.4.1988, 3 AZR 168/86, BB 1988, 2249; 11.7.2000, 1 AZR 551/99, BB 2001, 471; zum PersVG BVerwG 16.9.1977, VII P 10.75, PersV 1979, 63; 24.4.1992, 6 P 33/90, PersR 1992, 308; **L:** GK/*Gutzeit* Rn 726; *Richardi/Maschmann* Rn 630, 632; DKW/*Klebe* Rn 263>. Ein **uneigennütziges Handeln** ist nicht Voraussetzung <**R:** zum PersVG BVerwG 16.9.1977 und 24.4.1992, aaO; **L:** GK/*Gutzeit* Rn 730; *Richardi/Maschmann* Rn 632; *Fitting* Rn 337; DKW/*Klebe* Rn 263>, insbes kann ein Entgelt <**R:** BAG 11.7.2000, aaO: Kantine; **L:** statt aller GK/*Gutzeit* Rn 727>, sogar ein marktübliches **Entgelt**, für die Leistungen verlangt werden, wenn mit der Sozialeinrichtung weitergehende Vorteile, etwa das Wohnen nahe des Betriebs verbunden sind <**R:** zum PersVG BVerwG 24.4.1992, aaO und OVG HH 25.2.2002, 8 Bf 386/00.PVL, PersR 2002, 443 zur ortsüblichen Miete für Wohnungen in Personalwohnhäusern; **L:** GK/*Gutzeit* Rn 727; *Fitting* Rn 338 f>. Einer Sozialeinrichtung steht es nicht entgg, wenn sie auf Dauer kostendeckende Einnahmen erzielen soll <**R:** BAG 10.2.2009, 1 ABR 94/07, NZA

2009, 562 Rn 31>, eine **Gewinnerzielungsabsicht** steht der Einordnung als Sozialeinrichtung aber entgg <**R:** zum PersVG BVerwG 24.4.1992, aaO; **L: aA** solange die Einrichtung den AN Vorteile bringt GK/*Gutzeit* Rn 728>. Für das Leistungsprogramm einer Sozialeinrichtung iS des Abs 1 Nr 8 scheiden Bestandteile des Arbeitsentgelts aus, die unmittelbar im Austauschverhältnis zur Arbeitsleistung stehen; deswg fällt ein Liquidationspool, der ledigl der Abwicklung der Entgeltansprüche der AN dient, mangels sozialer Zwecksetzung nicht unter Abs 1 Nr 8 <**R:** BAG 16.6.1998, 1 ABR 67/97, BB 1998, 1956 (LS)>, aber unter Abs 1 Nr 10, Rn 224.

Nicht erforderl ist, dass die Einrichtung ausschließl sozialen Zwecken dient; sie darf **daneben weitere, insbes betriebl Zwecke** verfolgen, etwa mit AN-Wohnungen in der Nähe eines Krankenhauses darauf abzielen, einen Anreiz für die Bewerbung geeigneter Kandidaten zu schaffen sowie AN zu binden, vgl noch Abs 1 Nr 9 Rn 194 ff <**R:** zum PersVG BVerwG 24.4.1992, 6 P 33/90, PersR 1992, 308; OVG HH 25.2.2002, 8 Bf 386/00.PVL, PersR 2002, 443; **aA** OVG NRW 23.10.1986, CL 27/86, PersV 1987, 382; **L:** GK/*Gutzeit* Rn 730; auch *Fitting* Rn 337>. Bei Einrichtungen, die **in erster Linie die Unternehmerbelange** fördern sollen, wie **Werkszeitungen**, besteht mangels sozialer Zwecksetzung aber kein MBR des BR aus Abs 1 Nr 8 <**L:** GK/*Gutzeit* Rn 733; *Richardi/Maschmann* Rn 644; auch *Fitting* Rn 348; diff DKW/*Klebe* Rn 281>, insbes wenn die AN verpflichtet sind, die Einrichtung zu nutzen. Auch betriebl Beratungsstellen, mit denen der AG seiner Pflicht genügt, AN, die durch Aufhebungsvertrag aus dem Arbeitsverhältnis ausscheiden, über ihre steuerlichen und sozialversicherungsrechtl Rechte und Möglichkeiten und über Versorgungsnachteile zu informieren <**R:** vgl BAG 17.10.2000, 3 AZR 605/99, BB 2001, 210 (LS)>, dienen in erster Linie Unternehmerbelangen und sind daher keine Sozialeinrichtungen.

174

Sozialeinrichtungen sind zB:

175

- **Unterstützungs- und Pensionskassen** <**R:** BAG 13.7.1978, 3 ABR 108/77, BB 1978, 1617; 26.4.1988, 3 AZR 168/86, BB 1988, 2249; 10.3.1992, 3 AZR 221/91, DB 1992, 1885>, mangels eigenständiger Organisation (Rn 172) aber **nicht** Versorgungszusagen iS des § 1 Abs 1 BetrAVG und zwar auch dann nicht, wenn für sie Rückstellungen gebildet oder Rückversicherungen abgeschlossen werden; ebenso wenig eine Gruppen-Lebensversicherung für die betriebl Altersversorgung <**R:** BAG 18.3.1976, 3 ABR 32/75, BB 1976, 1175>; ebenso nicht **Contractual Trust Arrangements (CTA)** <**R:** wohl **aA** BAG 22.9.2020, 3 AZR 303/18, AP BetrAVG § 7 Nr 123 Rn 25 für eine Sozialeinrichtung iS des § 2 Abs 1 Nr 4 b) ArbGG; **L:** *Diller/Schaller* BB 2021, 1075, 1077 f>, zum MBR aus Abs 1 Nr 10 Rn 221,
- **Kantinen und Werksküchen** <**R:** BAG 11.7.2000, 1 AZR 551/99, BB 2001, 471; zum PersVG BAG 15.1.1987, 6 AZR 589/84, BB 1987, 2092; BVerwG 9.11.1998, 6 P 1/98, PersV 1999, 404>, mangels eigenständiger Organisation (Rn 172) aber nicht bloße Essenszuschüsse und die Ausgabe von Essenszuschussmarken, zum MBR aus Abs 1 Nr 10 Rn 221,
- **Verkaufsmagazine** zum verbilligten Warenbezug, auch Verkaufsstellen in Krankenhäusern <**R:** zum PersVG BayVGH 10.2.1993, 17 P 92.3742, PersV 1993, 466> und Kleiderkassen, die einen preiswerten Bezug von Dienstkleidung ermöglichen <**R:** zum PersVG dem zuneigend, aber offengelassen von Hess VGH 9.4.1980, BPV TK 16/78, PersV 1982, 378>, mangels eigenständiger Organisation (Rn 172) aber **nicht** die bloße Möglichkeit zum verbilligten **Personaleinkauf** <**R:** BAG 8.11.2011, 1 ABR

§ 87 Mitbestimmungsrechte

37/10, NZA 2012, 462 Rn 18 f; ArbG Hamm 14.7.1982, 3 BV 14/82, DB 1982, 2632>
oder das Aufstellen von **Automaten zum Bezug verbilligter Speisen und Getränke**
<**R: aA** VG Stuttgart 26.7.1999, PL 21 K 11/99, PersR 1999, 540 für einen Kaffeeautomaten; **L: abw** *Fitting* Rn 347; *Richardi/Maschmann* Rn 641; DKW/*Klebe* Rn 281; HWGNRH/*Worzalla* Rn 469>, es sei denn, es besteht eine über Einzelautomaten hinausgehende Organisation <**R:** zu § 56 BetrVG BAG 26.10.1965, aaO zum Übergang der Getränkeversorgung durch Verkaufsstellen zu einer durch Automaten, die von einer rechtl selbstständigen Gesellschaft betrieben wird>, noch Rn 221 zum MBR aus Abs 1 Nr 10,
- **Betriebskindergärten** und -kindertagesstätten <**R:** LAG Hamm 27.11.1975, 8 TaBV 88/75, BB 1976, 37>; die Sozialeinrichtung darf **für keinen unbestimmten Nutzerkreis** geöffnet sein und nicht statt den AN der Öffentlichkeit dienen <**R:** BAG 10.2.2009, 1 ABR 94/07, NZA 2009, 562 Rn 38 f> sowie betriebl Ferien- und Kinderheime, ebenso Lehrlingsheime, nicht aber bloße Ermäßigungen des Elternbeitrags für Kindergärten, zum MBR aus Abs 1 Nr 10 Rn 221,
- **Sozialwerke** zur Förderung von Erholungsmaßnahmen <**R:** zum PersVG BVerwG 5.9.1986, 6 P 10/84, PersV 1987, 333>, auch **Sportanlagen** (noch Rn 177) und betriebl Fitnessstudios, mangels eigenständiger Organisation (Rn 172) aber **nicht Betriebsausflüge** <**R:** BAG 27.1.1998, 1 ABR 35/97, BB 1998, 1419> und **Betriebsfeiern**, zum MBR aus Abs 1 Nr 10 Rn 221,
- **Fortbildungseinrichtungen**, auch Büchereien,
- ein **Buswerksverkehr**, wenn dieser über abgesonderte Mittel und eine eigenständige Organisation verfügt, der AG den Busverkehr also mit eigenem Wagen und Personal betreibt, hingg mangels eigenständiger Organisation (Rn 172) **nicht**, wenn er den Busverkehr eines Fremdunternehmens nur bezahlt <**R:** LAG SH 17.3.1983, 2 (3) Sa 548/82, BB 1984, 140; zum PersVG BAG 9.7.1985, 1 AZR 631/80, DB 1986, 230; **L:** GK/*Gutzeit* Rn 731; *Fitting* Rn 347>, ebenso wenig die bloße Gewährung von Fahrtkostenzuschüssen; insoweit kann aber ein MBR nach Abs 1 Nr 10 bestehen, Rn 221,
- **Wohnungen**, Wohnheime und Wohnhäuser, über die der Betrieb verfügt, können Sozialeinrichtungen sein <**R:** zum PersVG BVerwG 28.6.2000, 6 P 1/00, NZA 2000, 1123; 24.4.1992, 6 P 33/90, PersR 1992, 308>; die Mitbestimmungstatbestände des Abs 1 Nr 8 und 9 ergänzen einander (Rn 197 bei Abs 1 Nr 9) <**R:** BAG 10.2.2009, 1 ABR 94/07, NZA 2009, 562 Rn 34>; bloße Mietzuschüsse fallen hingg nicht unter das MBR aus Abs 1 Nr 8, wohl aber unter das aus Abs 1 Nr 10, dort Rn 221.
- **Keine Sozialeinrichtungen sind Parkplätze**, die für die AN auf dem Betriebsgelände zur Verfügung gestellt werden, da diese nicht als zweckgebundenes Sondervermögen geführt und durch eine abgrenzbare, auf Dauer gerichtete Organisation verwaltet werden, Rn 172 <**R:** zu Fahrradstellplätzen LAG BaWü 4.11.1986, 14 TaBV 4/86, NZA 1987, 428; zum PersVG OVG SA 5.10.2005, 5 L 19/04, PersR 2006, 84; auch VGH BaWü 19.1.1993, PL 15 S 2849/92 PersR 1993, 559; 25.2.1997, PL 15 S 2464/95, PersR 1997, 402; **aA** LAG Ddf 20.6.1978, 5 TaBV 90/77, DB 1979, 115; zum PersVG Hess VGH 24.6.1993, HPV TL 490/92, PersR 1994, 87 und 25.9.2003, 22 TL 2300/02, PersR 2004, 114; **L: aA** GK/*Gutzeit* Rn 731, 231>. Die Einschränkung einer vorhandenen Parkmöglichkeit auf dem Gelände der Dienststelle durch Schranken usw zugunsten best AN kann aber nach Abs 1 Nr 1 mitbestimmungspflichtig sein, Rn 41.

c) Auf den Betrieb, das Unternehmen oder den Konzern beschränkter Wirkungsbereich

Ein MBR des BR besteht nach Abs 1 Nr 8 nur für solche Sozialeinrichtungen, deren Wirkungsbereich sich auf den **Betrieb**, das **Unternehmen** oder den Konzern erstreckt. Der Konzernbegriff ist in Übereinstimmung mit § 54 Abs 1 auf den **Unterordnungskonzern** zu beschränken (§ 54 Rn 2), da für die AN andernfalls ein BR fehlt, der die Sozialeinrichtung mitverwalten kann <L: GK/*Gutzeit* Rn 737; *Richardi/Maschmann* Rn 635; ErfK/*Kania* Rn 70; offen lassend DKW/*Klebe* Rn 266; aA *Fitting* Rn 346>: An Form, Ausgestaltung und Verwaltung einer Sozialeinrichtung in einem Unterordnungskonzern hat nach § 58 Abs 1 der KBR und bei einer unternehmensweiten Sozialeinrichtung nach § 50 Abs 1 der GBR mitzubestimmen <R: BAG 10.2.2009, 1 ABR 94/07, NZA 2009, 562 Rn 15 zu § 50 Abs 1 im Fall einer Kita für alle Betriebe des AG>. **Nicht** nach Abs 1 Nr 8 mitbestimmungspflichtig sind Sozialeinrichtungen, deren Wirkungsbereich über das Unternehmen bzw einen Unterordnungskonzern hinausgeht, also insbes nicht Sozialeinrichtungen, die – was häufig vorkommt – für einen **ganzen Gewerbezweig** errichtet werden <R: BAG 22.4.1986, 3 AZR 100/83, BB 1986, 1989; 9.5.1989, 3 AZR 439/88, DB 1989, 2491 – beide zu Gruppenunterstützungskassen; zumindest missverständlich insoweit 11.12.2001, 3 AZR 512/00, DB 2003, 293>, vgl noch Rn 178. Das Abstimmungsverhalten des AG in solchen Sozialeinrichtungen unterliegt aber dem MBR nach Abs 1 Nr 10 <R: BAG 9.5.1989, 3 AZR 439/88, DB 1989, 2491; 14.12.1993, 3 AZR 618/93, NZA 1994, 554>, s Rn 215; **nicht mitbestimmte Maßnahmen sind zwar nicht unwirksam**, den AG trifft aber eine **Ausfallhaftung** <R: BAG 9.5.1989, aaO; L: *Reinecke* AuR 2004, 328, 335; *Fitting* Rn 374; GK/*Gutzeit* Rn 710, 868>, zu den individualrechtl Folgen noch Rn 191 ff. Demggü beschränkt § 79 Abs 1 Nr 4 BPersVG den PR nicht auf die Mitbestimmung über Sozialeinrichtungen, deren Wirkungsbereich auf die Dienststelle oder den Geschäftsbereich mehrstufiger Verwaltungen begrenzt ist, sondern setzt am Handeln der Dienststelle an: Errichtet oder verwaltet die Dienststelle eine Sozialeinrichtung zusammen mit anderen Dienststellen oder mit privatrechtl Betrieben, ändert dies nichts am MBR des PR <L: RDW/*Kaiser/Annuß* PersVG § 75 Rn 326 f>.

176

Mitzubestimmen hat der BR zum einen über **Sozialeinrichtungen des Betriebs**, also über solche, mit denen der AG die AN des Betriebs begünstigt und deren Verwaltung er rechtl richtungsweisend beeinflussen kann <R: zum PersVG BVerwG 5.9.1986, 6 P 10/84, PersV 1987, 333; 28.6.2000, 6 P 1/00, NZA 2000, 1123>. Abs 1 Nr 8 meint damit vom AG errichtete und finanzierte Sozialeinrichtungen, **hingg nicht Solidareinrichtungen der AN**. Keine Sozialeinrichtungen des AG sind insbes **Selbsthilfeeinrichtungen der AN** wie Sportvereine, Spar- und Darlehensvereine und Baugenossenschaften <R: zum PersVG BVerwG 12.7.1984, 6 P 14/83, ZBR 1985, 28 zum Bundeswehr-Sozialwerk>; hieran ändert auch eine finanz Förderung der Einrichtung durch den AG nichts. Wird dem AG durch Satzungsänderung aber ein maßgebl Einfluss auf die Verwaltung der Selbsthilfeeinrichtung eingeräumt, hat der BR über die nachfolgenden Verwaltungsmaßnahmen mitzubestimmen.

177

Mitverwalten kann der BR Sozialeinrichtungen nur insoweit, als diese für **die vom BR repräsentierten AN** eingerichtet worden sind. Der Anerkennung als Sozialeinrichtung steht es aber nicht entgg, dass die Einrichtung **nicht alle AN** des Betriebs oder des Unternehmens erfasst <R: zum PersVG BVerwG 16.9.1977, VII P 10.75, PersV 1979, 63 zur

178

§ 87 Mitbestimmungsrechte

Krankenversorgung; Hess VGH 24.6.1993, HPV TL 490/92, PersR 1994, 87 zu einem städtischen Parkhaus>. Trotz der Beschränkung des MBR auf Sozialeinrichtungen des Betriebs, des Unternehmens oder eines Unterordnungskonzerns (Rn 176) hat der BR auch dann gem Abs 1 Nr 8 mitzubestimmen, wenn mit dem AG oder den AN verbundene Dritte die Sozialeinrichtung nutzen dürfen, etwa **ehemalige AN sowie Ehegatten und Hinterbliebene der AN** <R: zum PersVG BVerwG 16.9.1977, aaO; 24.4.1992, 6 P 33/90, PersR 1992, 308 und 28.6.2000, 6 P 1/00, NZA 2000, 1123 beide zu Wohnungen; L: GK/*Gutzeit* Rn 7366; *Fitting* Rn 344; ErfK/*Kania* Rn 70>. Ebenso besteht ein MBR aus Abs 1 Nr 8, wenn **Außenstehende als Gäste** zur Nutzung der Sozialeinrichtung zugelassen sind <R: BAG 21.6.1979, 3 ABR 3/78, BB 1979, 1718 zur Zulassung konzernfremder Mitglieder zu einer konzernweiten Pensionskasse durch bes Beschluss; <R: BAG 10.2.2009, 1 ABR 94/07, NZA 2009, 562 Rn 32>; L: GK/*Gutzeit* Rn 738 f; *Fitting* Rn 345; DKW/*Klebe* Rn 265>, wenn etwa Besucher in einer Kantine essen dürfen <R: BAG 11.7.2000, 1 AZR 551/99, BB 2001, 471; obiter 21.6.1979, aaO; zum PersVG BVerwG 9.11.1998, 6 P 1/98, PersV 1999, 404> oder an den Verkaufsstellen eines Krankenhauses einkaufen dürfen <R: BayVGH 10.2.1993, 17 P 92.3742, PersV 1993, 466 zu> oder ein betriebl Kindergarten aus wirtschaftl Gründen auch Kindern von Nicht-AN offen steht <R: Die Sozialeinrichtung darf **für keinen unbestimmten Nutzerkreis** geöffnet sein und nicht statt den AN der Öffentlichkeit dienen <R: BAG 10.2.2009, 1 ABR 94/07, NZA 2009, 562 Rn 40 ff>. Auch über Einrichtungen, die sowohl für AN als auch für **ltd Ang** bestehen, hat der BR nach Abs 1 Nr 8 mitzubestimmen <L: GK/*Gutzeit* Rn 736; *Richardi*/*Maschmann* Rn 639; *Fitting* Rn 344a; ErfK/*Kania* Rn 70>, zu Abs 1 Nr 9 Rn 205. Wg der Beschränkung auf Sozialeinrichtungen des Betriebs usw genügt es anders als für das MBR des PR aus § 79 Abs 1 Nr 4 BPersVG aber nicht, dass AN eine **für Dritte errichtete Einrichtung mitbenutzen** dürfen <R: für ein MBR nach PersVG OVG NRW 31.5.1988, CL 11/86, PersV 1991, 37 zur Mitbenutzung der Hochschulmensa durch die Studentenwerksbeschäftigten; 8.3.1989, CL 23/87, PersV 1990, 93 zur Klinikverpflegung für die in den Personalunterkünften der Klinik wohnenden AN; VGH BaWü 24.11.1981, 15 S 1394/81, PersV 1983, 277 zur Mitbenutzung des für Studenten eingerichteten Omnibusverkehrs durch Universitätsbeschäftigte; L: weitere Nw bei RDW/*Kaiser*/*Annuß* § 75 PersVR Rn 328; **abw** für ein MBR aus Abs 1 Nr 8 bei Mitnutzung einer für Patienten errichteten Krankenhauskantine durch AN: GK/*Gutzeit* Rn 738 unter Verweis auf OVG NRW 8.3.1989, aaO>. Die Sozialeinrichtung darf **für keinen unbestimmten Nutzerkreis** geöffnet sein und **nicht** statt den AN **der Öffentlichkeit** dienen. Maßgebl für die Beurteilung des Wirkungsbereichs ist nicht das äußere Erscheinungsbild, sondern der letzte (geänderte) vom AG vorgegebene Zweck <R: BAG 10.2.2009, 1 ABR 94/07, NZA 2009, 562 Rn 35 f>.

179 Der AG muss zudem die Verwaltung der Sozialeinrichtung rechtl richtungsweisend **beeinflussen können**. Das ist unproblematisch, wenn die Sozialeinrichtung als **unselbstständiger Betriebsteil** geführt wird (Rn 186). Auf eine **rechtl selbstständige Sozialeinrichtung** kann sich der AG einen maßgebl Einfluss etwa dadurch sichern, dass er weisungsgebundene Aufsichtsratsmitglieder in die Organe der Sozialeinrichtung entsendet, die die Hälfte aller Aufsichtsratsmitglieder stellen und bei Stimmengleichheit ein doppeltes Stimmrecht haben, sodass Geschäftsführungsmaßnahmen ohne Zustimmung des AG nicht getroffen werden können <R: zum PersVG BVerwG 28.6.2000, 6 P 1/00, NZA 2000, 1123 für Eisenbahn-Wohnungsgesellschaften>, näher Rn 187.

II. Katalog der mitbestimmungspflichtigen Angelegenheiten § 87

d) Form, Ausgestaltung und Verwaltung

Abs 1 Nr 8 erstreckt die Mitbestimmung zunächst auf die Form der Sozialeinrichtung: Hat sich der AG entschlossen oder in einer freiw BV dem BR ggü verpflichtet, eine Sozialeinrichtung zu schaffen, bestimmen **BR und AG gemeinsam**, in welcher **rechtl Form** die Sozialeinrichtung betrieben werden soll <R: BAG 13.3.1973, 1 ABR 16/72, BB 1973, 845; 24.4.1986, 6 AZR 607/83, BB 1987, 545; L: statt aller GK/*Gutzeit* Rn 755 ff>. Mitbestimmungspflichtig ist insbes, ob die Sozialeinrichtung als unselbstständiger Teil des Betriebs, Unternehmens oder Unterordnungskonzerns, als nicht rechtsfähige oder als rechtsfähige Gesellschaft usw betrieben werden soll, zu den mögl Formen einer Sozialeinrichtung schon Rn 172. Ebenso unterliegt die **Verpachtung** einer Sozialeinrichtung, etwa einer Kantine, und die Kd des Kantinenbewirtschaftungsvertrages der Mitbestimmung des BR <R: zum PersVG Hess VGH 12.10.1959, BPV 6/58, AP PersVG § 67 Nr 1; L: GK/*Gutzeit* Rn 760 f; *Richardi/Maschmann* Rn 657; *Fitting* Rn 367 (als Verwaltungsmaßnahme)>, noch Rn 189. 180

Die Zweckbestimmung der Sozialeinrichtung ist als Entscheidung über das „Ob" mitbestimmungsfrei, Rn 169; mitbestimmungspflichtig ist nach Abs 1 Nr 8 aber die Ausgestaltung der Sozialeinrichtung. **Zweckbestimmung und Ausgestaltung sind schwer voneinander abzugrenzen**: Ausgestaltung bezeichnet die Maßnahmen, die zeitl und ihrer Bedeutung nach zw der grundlegenden Zweckbestimmung auf der einen Seite und der laufenden Verwaltung der Sozialeinrichtung auf der anderen Seite liegen, insbes die nähere Konkretisierung der vom AG festgelegten Zweckbestimmung. Dazu gehören die Aufstellung allg **Benutzungsgrundsätze** für eine Kantine <R: BAG 15.9.1987, 1 ABR 31/86, DB 1988, 404> oder in Einrichtungen, die wie Unterstützungs- und Pensionskassen Leistungen an die AN erbringen, der **„Leistungsplan"**, der innerhalb des vom AG vorgegebenen finanz Rahmens (Rn 169) regelt, welche AN unter welchen Voraussetzungen, welche Leistungen erhalten <R: BAG 26.4.1988, 3 AZR 168/86, BB 1988, 2249; 10.3.1992, 3 AZR 221/91, DB 1992, 1885>. Die Frage, ob statt eines **Betriebskindergartens** eine Sportanlage errichtet werden soll, ist als Zweckbestimmung mitbestimmungsfrei; die Frage, ob der Betriebskindergarten nur für Kinder ab Vollendung des dritten Lebensjahres oder auch für Kleinkinder unter drei Jahren geöffnet wird, hingg als Ausgestaltung mitbestimmungspflichtig. Ein MBR besteht etwa, wenn der AG die bisherigen Benutzungsgrundsätze einschränkt, etwa festlegt, dass künftig keine Jubiläumsfeiern mehr in der Kantine stattfinden dürfen <R: BAG 15.9.1987, 1 ABR 31/86, DB 1988, 404; L: *Richardi/Maschmann* Rn 664; **aA** GK/*Gutzeit* Rn 767: mitbestimmungsfreie Zweckbestimmung>. 181

Bes Probleme bestehen bei der **Bestimmung des begünstigten Personenkreises**: Die Abgrenzung der bezugsberechtigten AN nach generellen Merkmalen, etwa die Begünstigung nur der Ang, nur der weiblichen AN oder nur der AN best Betriebsabteilungen, gehört zur mitbestimmungsfreien Zweckbestimmung <R: LAG Ddf 20.9.1977, 11 TaBV 116/76, BB 1978, 202>, während die Leistungsvoraussetzungen im Einzelnen die Sozialeinrichtung mitbestimmungspflichtig näher ausgestalten, sodass der BR bei einer betriebl Ruhegeldeinrichtung über die Festlegung von Wartezeiten und anrechnungsfähigen Dienstzeiten mitzubestimmen hat <L: *Fitting* Rn 363; GK/*Gutzeit* Rn 768>. Zur Abstimmung des BR mit dem SprA bei Einrichtungen, die gleichzeitig AN und ltd Ang dienen, § 77 Rn 29. 182

§ 87 Mitbestimmungsrechte

183 Auch die **Ausstattung der Sozialeinrichtung mit Sachmitteln**, etwa mit Gebäuden, und ihre **finanz „Dotierung"** ist als Entscheidung über das „Ob" mitbestimmungsfrei <**R:** BAG 26.4.1988, 3 AZR 168/86, BB 1988, 2249; 23.3.1993, 1 ABR 65/92, DB 1993, 1829>, Rn 169. Wg des vom AG zwingend vorgegebenen Dotierungsrahmens kann der BR keine Form oder Ausgestaltung der Sozialeinrichtung erzwingen und keine Verwaltungsmaßnahmen durchsetzen, die die vom AG vorgegebene finanz Ausstattung der Sozialeinrichtung gg dessen Willen erhöhte. Das ist vor allem für den Leistungsplan von Bedeutung: Der BR kann eigene Vorstellungen nur verwirklichen, soweit der AG Mehraufwendungen durch Einsparungen an anderen Stellen ausgleichen kann <**R:** vgl zu Abs 1 Nr 10 BAG 12.6.1975, 3 ABR 13/74, BB 1975, 1062>. Auch die **Kürzung** bzw vollständige **Streichung** einer einmal durch den AG gewährten finanz Ausstattung ist mitbestimmungsfrei <**R:** BAG 26.4.1988, 3 AZR 168/86, BB 1988, 2249; 10.3.1992, 3 AZR 221/91, DB 1992, 1885 beide zur Teilschließung einer Unterstützungskasse; auch 15.2.2011, 3 AZR 196/09, AP BetrAVG § 1 Auslegung Nr 17 Rn 64>, es sei denn, der AG hat sich insoweit in einer freiw BV nach § 88 Nr 2 gebunden. Kürzt der AG die finanz Ausstattung einer Sozialeinrichtung, hat der BR, sofern ein Regelungsspielraum verbleibt, aber über die Grundsätze mitzubestimmen, nach denen die gekürzten Mittel auf die begünstigten AN verteilt werden sollen, also über den neuen Leistungsplan <**R:** BAG 26.4.1988 und 10.3.1992, aaO>. Zum parallelen Problem bei Abs 1 Nr 10 Rn 241 ff.

184 Die Mitbestimmung bei der **Verwaltung** der Sozialeinrichtung erfasst alle Maßnahmen der **inneren Organisation** <**R:** zum PersVG BVerwG 24.4.1992, 6 P 33/90, PersR 1992, 308; 9.11.1998, 6 P 1/98, PersV 1999, 404>. Darunter fällt zum einen die Geschäftsführung der Sozialeinrichtung <**R:** ArbG Ludwigshafen 25.5.1976, 5 BV 13/76 M, BB 1976, 1607; zum PersVG BVerwG 7.11.1969, VII P 11.68, PersV 1970, 187: Kantine>. Mitbestimmungspflichtig sind etwa die Anschaffung von Einrichtungsgegenständen <**R:** zum PersVG BVerwG 7.11.1969, aaO> sowie grundlegende Personalentscheidungen, etwa über den Wegfall eines Betreuerdienstpostens in einem Jugendheim <**R:** zum PersVG BayVGH 19.7.1989, 18 P 89.1935, juris> und über die Entscheidung, das Personal aufzustocken <**R:** zum PersVG BVerwG 7.11.1969, aaO>; soweit dem AG durch BV nicht die Personalentscheidungsbefugnis im Einzelfall übertragen worden ist, hat der BR auch über die Entscheidung mitzubestimmen, einen best AN der Sozialeinrichtung einzustellen oder zu kündigen <**L:** GK/*Gutzeit* Rn 775>. Mitbestimmungspflichtig sind zum anderen Einzelregelungen über die **Nutzung der Sozialeinrichtung** <**R:** BAG 11.7.2000, 1 AZR 551/99, BB 2001, 471; zum PersVG BVerwG 7.11.1969, aaO – beide zu Kantinen; **L:** GK/*Gutzeit* Rn 775; für MBR wg „Ausgestaltung" *Richardi/Maschmann* Rn 659 ff; DKW/*Klebe* Rn 271>. Ein MBR besteht etwa an den Nutzungszeiten <**R:** BAG 10.2.2009, 1 ABR 94/07, NZA 2009, 562 Rn 18: Öffnungszeiten einer Kindertagesstätte; zum PersVG Nds OVG 9.9.1994, 17 L 133/94, PersR 1994, 565: Verkaufszeiten einer Kantine; **L:** *Fitting* Rn 362> sowie an der Kalkulation und Festsetzung des von den AN zu zahlenden Nutzungsentgelts <**R:** BAG 6.12.1963, 1 ABR 9/63, BB 1964, 130; 22.1.1965, 1 ABR 9/64, BB 1965, 541; zum PersVG BVerwG 7.11.1969, aaO: Essenspreise einer Kantine; VGH BaWü 24.11.1981, 15 S 1394/81, PersV 1983, 277: Fahrpreis für Werksbusse; **L:** GK/*Gutzeit* Rn 769, 750; *Fitting* Rn 364; *Richardi/Maschmann* Rn 663>, zur Miete von Wohnungen siehe Rn 209 bei Abs 1 Nr 9. AG und BR können den AN aber nicht auferlegen, Kantinenessen auch dann zu bezahlen, wenn sie es nicht in

II. Katalog der mitbestimmungspflichtigen Angelegenheiten § 87

Anspruch nehmen <R: BAG 11.7.2000, aaO, das das Ergebnis mit § 75 Abs 2 begründet; L: statt aller GK/*Gutzeit* Rn 750>.

Keine Verwaltungsmaßnahmen sind die Erfüllung der aufgrund von Verwaltungsmaßnahmen eingegangenen Rechtsgeschäfte (Miet-, Kauf- und Arbeitsverträge), etwa die Zahlung der Löhne und Gehälter an das eingestellte Kantinenpersonal <R: zum PersVG BVerwG 7.11.1969, VII P 11.68, PersV 1970, 187>. Auch arbeitsrechtl Anweisungen an die AN der Sozialeinrichtung, etwa die Anordnung, Dienstkleidung zu tragen, sind nicht nach Abs 1 Nr 8 mitbestimmungspflichtig <R: zum PersVG Hess VGH 9.4.1980, BPV TK 16/78, PersV 1982, 378>, noch Rn 190.

185

e) Mitbestimmungsverfahren

Wird die **Sozialeinrichtung als unselbstständiger Betriebsteil** geführt, muss der BR bei jeder Verwaltungsmaßnahme mitbestimmen: Ohne seine Mitbestimmung dürfen keine Leistungen ggü den AN des Betriebs festgesetzt werden, darf in der Sozialeinrichtung kein Personal eingesetzt und dürfen keine Sachmittel verwendet werden. Regeln AG und BR die Verwaltung der unselbstständigen Sozialeinrichtung in einer **BV**, entfällt das MBR des BR bei einzelnen Verwaltungsmaßnahmen <L: AR/*Kolbe* Rn 54>. Mögl ist es auch, den BR oder ein anderes vom BR gebildetes Organ **mit der alleinigen Verwaltung der Sozialeinrichtung zu betrauen** <R: BAG 24.4.1986, 6 AZR 607/83, BB 1987, 545: Kantine>; dies ist aber nicht über Abs 1 Nr 8 erzwingbar, sondern kann nur durch freiw BV geregelt werden <L: GK/*Gutzeit* Rn 783; *Fitting* Rn 375; DKW/*Klebe* Rn 277>, § 77 Rn 3. Der BR kann mangels Rechtsfähigkeit und weil es andernfalls an einer Sozialeinrichtung des Betriebs fehlte (Rn 177), aber nicht selbst Träger der Sozialeinrichtung sein <R: BAG 24.4.1986, aaO; L: GK/*Gutzeit* Rn 783; DKW/*Klebe* Rn 277>. Die laufende Verwaltung der Sozialeinrichtung kann auch durch BV auf den AG übertragen werden, wenn der BR an der Aufsicht über die Verwaltung gleichberechtigt beteiligt wird <L: GK/*Gutzeit* Rn 784; **aA** wg unzulässigen Verzichts auf das MBR *Fitting* Rn 375; DKW/*Klebe* Rn 278>.

186

Wird die Sozialeinrichtung als **selbstständige juristische Person** geführt, lässt sich das MBR des BR dadurch verwirklichen, dass dieser in die satzungsmäßigen Organe der Einrichtung Vertreter (Vertrauenspersonen) entsendet, gg deren Willen mitbestimmungspflichtige Beschlüsse nicht gefasst werden können, sog **organschaftliche Lösung** durch **paritätische** Besetzung des zuständigen Verwaltungsorgans <R: BAG 13.7.1978, 3 ABR 108/77, BB 1978, 1617; 26.4.1988, 3 AZR 168/86, BB 1988, 2249; 10.3.1992, 3 AZR 221/91, DB 1992, 1885; 11.12.2001, 3 AZR 512/00, DB 2003, 293; zum PersVG BVerwG 16.9.1977, VII P 10.75, PersV 1979, 63; **L:** statt aller GK/*Gutzeit* Rn 786 ff mwN>. Die organschaftliche Lösung schließt eine Mitbestimmung des BR außerhalb des paritätisch besetzten Organs aus. Entsteht bei einer Organentscheidung eine Pattsituation, müssen AG und BR die nicht entschiedene Frage selbst, notfalls unter Einschaltung der **ES**, entscheiden. Die organschaftliche Lösung kann nur in einer BV festgelegt werden <R: BAG 13.7.1978, aaO; zum PersVG BVerwG 16.9.1977, aaO; **L:** „wünschenswert" GK/*Gutzeit* Rn 791>. Die **Vertrauenspersonen** brauchen keine BR-Mitglieder zu sein <R: vgl BAG 26.4.1988, aaO; zum PersVG BVerwG 16.9.1977, aaO>. Der BR kann das Wahlvorschlagsrecht für die Vertrauenspersonen aber nicht den Gewerkschaften überlas-

187

§ 87 Mitbestimmungsrechte

sen, weil er so unzulässig auf das MBR aus Abs 1 Nr 8 verzichtete <R: zum PersVG BVerwG 16.9.1977, aaO>.

188 Ist bei einer Sozialeinrichtung als selbstständiger juristischer Person nichts anderes vereinbart, greift für die Mitbestimmung die sog **„zweistufige Lösung"**: Die mitbestimmungspflichtigen Fragen müssen zw AG und BR auf der ersten Stufe so ausgehandelt werden, als wäre die Sozialeinrichtung nicht rechtl selbstständig. Auf der zweiten Stufe muss der AG seine tatsächl und rechtl Möglichkeiten ausnutzen, damit die mit dem BR getroffenen Regelungen von der Sozialeinrichtung befolgt werden, zB durch Weisungen an die von ihm entsandten Vereinsorgane <R: BAG 13.7.1978, 3 ABR 108/77, BB 1978, 1617; zum PersVG BVerwG 16.9.1977, VII P 10.75, PersV 1979, 63 **L**: statt aller GK/*Gutzeit* Rn 788>. Der BR kann verlangen, dass der AG auf die Sozialeinrichtung mit dem Ziel einwirkt, die Satzung an die Erfordernisse der Mitbestimmung anzupassen, und dass der AG die Sozialeinrichtung im Weigerungsfall auflöst und mit einer mitbestimmungskonformen Satzung neu gründet <R: zum PersVG BVerwG 16.9.1977, aaO>. Selbst wenn der BR jahrelang geduldet hat, dass die nicht paritätisch besetzten Organe der Sozialeinrichtung deren Aufgaben allein wahrnehmen, kann er jeden aktuellen Streitfall zum Anlass nehmen, um sein MBR aus Abs 1 Nr 8 durchzusetzen <R: BAG 13.7.1978, aaO>.

189 AG und BR können sich darauf einigen, die Sozialeinrichtung auf einen **Dritten zu übertragen**, sie etwa zu **verpachten** (Rn 180), wie dies insbes bei Kantinen vorkommt. Dabei hat der BR zunächst über das „Ob" und das „Wie" der Übertragung mitzubestimmen. Hat sich der AG durch die Gestaltung des Pachtvertrages einen rechtl gesicherten Einfluss auf die Verwaltung der Sozialeinrichtung einräumen lassen, ist der BR bei Verwaltungsmaßnahmen im Wege der zweistufigen Lösung (Rn 188) zu beteiligen <R: zu Abs 1 Nr 9 BAG 18.7.1978, 1 ABR 20/75, BB 1978, 1668; zum PersVG BayVGH 10.2.1993, 17 P 92.3742, PersV 1993, 466; **L**: *Richardi/Maschmann* Rn 685; ErfK/*Kania* Rn 79; wohl auch DKW/*Klebe* Rn 279>. Etwa darf der AG eine Preiserhöhung für die ausgegebenen Essen der Kantine nicht genehmigen, solange der BR nicht zustimmt. Der BR kann bei Abschluss des Pachtvertrages erzwingen, dass der AG entspr vertragl Genehmigungsvorbehalte vereinbart.

190 Eine **rechtl verselbstständigte Sozialeinrichtung** kann gleichzeitig ein Betrieb iS des BetrVG sein, sodass **in der Sozialeinrichtung ein BR** zu bilden ist. Neben dem MBR des BR des Betriebs über die Verwaltung der Sozialeinrichtung nach Abs 1 Nr 8 besteht dann ein MBR des in der Sozialeinrichtung bestehenden BR in personellen und sozialen (sowie wirtschaftl) Fragen der dort Beschäftigten nach §§ 87, 99 ff <**L**: GK/*Gutzeit* Rn 796; *Richardi/Maschmann* Rn 688; *Fitting* Rn 368; DKW/*Klebe* Rn 267; zum PersVG *Kunze* PersV 1979, 353 f>. Etwa hat der BR des Betriebs über die Änderung der Öffnungszeiten einer Kantine als Verwaltungsmaßnahme nach Abs 1 Nr 8 mitzubestimmen (Rn 184) und hat zusätzl der BR der Kantine ein MBR aus Abs 1 Nr 2, da mit den Öffnungszeiten auch Beginn und Ende der tägl Arbeitszeit der Kantinen-AN festgelegt wird <R: BAG 10.2.2009, 1 ABR 94/07, NZA 2009, 562 Rn 18 zu den Öffnungszeiten einer Kita>; insoweit ist innerhalb desselben Unternehmens nach § 50 Abs 1 zwingend der GBR zuständig <**L**: *Fitting* Rn 368 (andernfalls für den Vorrang des MBR im Betrieb vor dem MBR in der Sozialeinrichtung); **aA** für ein abgestuftes Verf zunächst zw AG und BR des Stammbetriebs und anschließend in der Sozialeinrichtung GK/*Gutzeit* Rn 797 f; *Richardi/Maschmann* Rn 691 f; DKW/*Klebe* Rn 267>. Die Anordnung an die AN einer

II. Katalog der mitbestimmungspflichtigen Angelegenheiten   § 87

Kantine, Dienstkleidung zu tragen, ist zwar keine nach Abs 1 Nr 8 mitbestimmungspflichtige Verwaltungsmaßnahme (Rn 185), aber nach **hM** eine nach Abs 1 Nr 1 vom BR der Kantine mitzubestimmende Regelung des Verhaltens der AN im Betrieb, Rn 46 ff.

f) Individualrechtliche Folgen der Nichtbeachtung des MBR

Wird die **Sozialeinrichtung als unselbstständiger Betriebsteil** geführt (Rn 186) und **beteiligt der AG den BR nicht** nach Abs 1 Nr 8 oder setzt er sich über dessen verweigerte Zustimmung hinweg, sind Verwaltungsmaßnahmen, etwa die Erhöhung der Essenspreise in einer Kantine, **unwirksam**. Einen (neuen) Leistungsplan, etwa für eine betriebl Unterstützungskasse hinsichtl Leistungen der betriebl Altersversorgung, kann der AG nur unter Beteiligung des BR beschließen; ein nicht mitbestimmter Teilwiderruf ist unwirksam <**R**: BAG 26.4.1988, 3 AZR 168/86, BB 1988, 2249; 10.3.1992, 3 AZR 221/91, DB 1992, 1885>. Bis zur Durchführung des MBR gelten für die AN die bisherigen Nutzungsbedingungen oder der bisherige Leistungsplan, Rn 245 zu Abs 1 Nr 10. 191

Bei **nicht organschaftlich verwalteten** (Rn 188) und **bei verpachteten** (Rn 189) **Sozialeinrichtungen** reicht das MBR des BR hingg nur so weit, wie der Einfluss des AG auf den Träger der Sozialeinrichtung oder den Pächter. Deswg ist die Änderung der Nutzungsbedingungen einer selbstständig geführten oder verpachteten Kantine, etwa die Änderung der Öffnungszeiten oder die Erhöhung der Preise, **ggü den AN wirksam**, und ist es Sache des BR, über den AG Einfluss auf die Sozialeinrichtung zu nehmen <**L**: *Richardi/Maschmann* Rn 706>. Demggü bejaht die **hM** die Unwirksamkeit auch dann, wenn eine **rechtl selbstständige** Sozialeinrichtung die Nutzungsbedingungen oder den Leistungsplan ändert <**L**: *Fitting* Rn 377; DKW/*Klebe* Rn 280; einschränkend GK/*Gutzeit* Rn 789: Wenn der AG die Sozialeinrichtung unterhält>. Etwa hat das BAG angenommen, der Teilwiderruf eines Leistungsplans sei unwirksam, wenn er von einer rechtl selbstständigen Unterstützungskasse ausgesprochen wird, deren Verwaltung der AG rechtl im Wege der zweistufigen Lösung beeinflussen kann <**R**: BAG 26.4.1988, siehe Rn 191> oder in der der Vorstand den Widerruf erklärt und so die organschaftliche Lösung durch paritätische Besetzung der zuständigen Mitgliederversammlung missachtet <**R**: BAG 10.3.1992, siehe Rn 191>, Rn 187 f. Das ist nicht haltbar. Im zweiten Fall war der Widerruf entweder schon gesellschaftsrechtl unwirksam, weil vom unzuständigen Organ ausgesprochen, oder aber die organschaftliche Lösung wurde doch nicht praktiziert, da das maßgebl Unternehmensorgan nicht paritätisch besetzt war; auch dann muss der BR im Weg des zweistufigen Verf auf den AG Einfluss nehmen, um die Änderungen in der Sozialeinrichtung rückgängig zu machen. 192

Da das BetrVG Rechtsbeziehungen Dritter allenfalls mittelbar beeinflusst, sind **Rechtsgeschäfte** einer selbstständigen Sozialeinrichtung **mit Dritten**, etwa Kaufverträge über Einrichtungsgegenstände, Nahrungsmittel und Getränke für die betriebl Kantine und die Arbeitsverträge mit den Kantinen-AN, auch dann wirksam, wenn der BR an den zugrunde liegenden mitbestimmungspflichtigen Maßnahmen entgg Abs 1 Nr 8 nicht beteiligt worden ist <**L**: GK/*Gutzeit* Rn 776 ff; *Richardi/Maschmann* Rn 705, 112; *Fitting* Rn 378; DKW/*Klebe* Rn 280>. Das gilt auch, wenn die Sozialeinrichtung als unselbstständiger Betriebsteil geführt wird: Abs 1 Nr 8 ist weder ein gesetzl Verbot iS des § 134 BGB, das zur Nichtigkeit von Verträgen mit Dritten führt, noch nimmt die unterlassene Mitbestimmung dem AG die Vertretungsbefugnis iS des § 167 BGB. Dem AG wird die Erfüllung 193 entspr Verträge mangels Mitbestimmung des BR auch **nicht iS des § 275 Abs 1 BGB unmöglich**: Anders als die vom BR nach § 99 Abs 2 verweigerte Zustimmung zu einer Einstellung löst die Nichtbeteiligung des BR an Verwaltungsmaßnahmen nach Abs 1 Nr 8 weder ein betriebsverfassungsrechtl Beschäftigungsverbot für Kantinen-AN aus, noch ist sie ein rechtl Hindernis, Kaufverträge über Nahrungsmittel zu erfüllen, also das Gekaufte zu bezahlen <L: vgl *v Hoyningen-Huene* DB 1987, 1426, 1431; **aA** für einen Schadensersatzanspruch aus § 280 Abs 1 BGB wg subjektiver Unmöglichkeit GK/*Gutzeit* Rn 776, 778>.

9. Zuweisung und Kd von Wohnräumen, die den Arbeitnehmern mit Rücksicht auf das Bestehen eines Arbeitsverhältnisses vermietet werden, sowie die allgemeine Festlegung der Nutzungsbedingungen (Abs 1 Nr 9)

Literatur: Wie bei Abs 1 Nr 8.

a) Normzweck und Anwendungsbereich

194 Abs 1 Nr 9 hebt einen Teil der Sozialeinrichtungen, nämlich den an AN überlassenen Wohnraum, bes hervor und gestaltet das MBR des BR näher aus. Nach Abs 1 Nr 9 hat der BR bei der Zuweisung, Kd und bei der allg Festsetzung der Nutzungsbedingungen von Wohnungen mitzubestimmen, die vom AG mit Rücksicht auf das Bestehen eines Arbeitsverhältnisses vermietet werden, um dafür zu sorgen, dass **Wohnraum gerecht unter den AN verteilt** wird – unter Berücksichtigung sozialer Belange und bes Notlagen <R: zum PersVG BVerwG 7.7.1993, 6 P 8/91, PersR 1993, 555; 15.3.1995, 6 P 23/93, PersR 1995, 334>. Dem BR wird so eine Mitsprache im Bereich der privaten Lebensführung der AN ermöglicht, sofern das Arbeitsverhältnis Anlass für die Wohnraumüberlassung ist <R: zum PersVG BVerwG aaO>, Rn 199. Die Wohnungsvergabe an AN spielte in der Vergangenheit keine große Rolle mehr, erlangt aufgrund der Kombination des Fachkräftemangels mit einem angespannten urbanen Wohnungsmarkt aber wieder größere Bedeutung: Mit AN-Wohnungen in der Nähe des Arbeitsortes wird ein Anreiz für die Bewerbung geeigneter Kandidaten geschaffen bzw werden AN über die Wohnung an den AG gebunden; die **Praxisrelevanz steigt**.

195 Abs 1 Nr 9 setzt keinen kollektiven Tatbestand voraus, sondern knüpft mit der Zuweisung und der Kd von Wohnungen ausschließl an **individuelle Maßnahmen** an, wenn auch im Kollektivinteresse: Der BR ist in jedem **Einzelfall** zu beteiligen, in dem der AG einem AN Wohnraum zuweist oder diesen kündigt (Rn 202 f; zur Berücksichtigung der Interessen der übrigen AN noch Rn 204 f). Bei der **Zuweisung** einer Werkmietwohnung sollen mit Hilfe des BR die sozialen Belange aller Bewerber und bei der **Kd** die des betroffenen AN berücksichtigt werden. Damit der BR die Auswahlentscheidung des AG überprüfen kann, muss der AG den BR gem § 80 Abs 2 vor jeder Zuweisung und Kd von Wohnungen rechtzeitig unterrichten, dem BR insbes alle Wohnungsbewerber mitteilen. Hinsichtl der Nutzungsbedingungen macht Abs 1 Nr 9 mit der Formulierung „allg" demggü deutlich, dass der BR nur über die **Grundsätze** mitzubestimmen hat, hingg **nicht** bei Einzelmaßnahmen wie **Mieterhöhungen** für eine einzelne Wohnung, Rn 208.

196 Abs 1 Nr 9 setzt voraus, dass der AG über einen Bestand an Werkmietwohnungen verfügt. Wie bei Abs 1 Nr 8 (Rn 169) ist die grundlegende Entscheidung des AG, **ob** er seinen AN

Wohnungen zur Verfügung stellt, ebenso **mitbestimmungsfrei** <R: BAG 13.3.1973, 1 ABR 16/72, BB 1973, 845; 19.10.1999, 1 ABR 64/98, juris> wie die generelle Festlegung des Kreises der Nutzungsberechtigten <R: BAG 23.3.1993, 1 ABR 65/92, DB 1993, 1829> und die Entscheidung über die finanz Grundausstattung (noch Rn 209f): Der BR kann den AG über sein Initiativrecht (Rn 10) weder dazu zwingen, Wohnungen zu errichten, noch dazu, AN überhaupt oder best AN Wohnungen zur Verfügung zu stellen. Mitbestimmungsfrei ist auch die gegenläufige Entscheidung, an AN künftig keine oder weniger Wohnungen zu vergeben, etwa wenn der AG beschließt, einzelne Wohnungen aus einem bisher einheitl für AN, ltd Ang und Dritte zur Verfügung stehenden Wohnungsbestand ausschließl an eine nicht vom BR repräsentierte Personengruppe, zB die ltd Ang, zu vergeben, <R: BAG 23.3.1993, aaO: Reihenhäuser für Direktoren> oder der AG Wohnungen veräußert oder entwidmet, um die Räume künftig als Büroräume zu nutzen <R: BAG 13.3.1973, aaO obiter dictum> oder in Dusch-, Umkleide- und Aufenthaltsräume für Handwerker umzubauen <R: LAG Bremen 18.2.2003, 1 TaBV 13/02, juris>.

Abs 1 Nr 9 verdrängt nicht als lex specialis das MBR aus **Abs 1 Nr 8**: Das Wohnen ist ein sozialer Vorteil (Rn 173). Werden Wohnungen als zweckgebundenes Sondervermögen geführt und durch eine abgrenzbare, auf Dauer gerichtete Organisation verwaltet, hat der BR über deren Ausgestaltung und Verwaltung nach Abs 1 Nr 8 mitzubestimmen <R: zum PersVG BVerwG 24.4.1992, 6 P 33/90, PersR 1992, 308>; Abs 1 Nr 8, 9 und 10 ergänzen sich (Rn 170) <R: BAG 10.2.2009, 1 ABR 94/07, NZA 2009, 562 Rn 34>. 197

b) Wohnräume, die AN mit Rücksicht auf das Arbeitsverhältnis vermietet werden

Wohnung ist jeder zum Schlafen, Essen, Kochen und privaten Nutzung best und geeignete Raum. Ob sich dieser Raum in einem festen Gebäude befindet, ist irrelevant; auch Behelfsheime, transportable Baracken etc fallen unter Abs 1 Nr 9. Wie schon der Wortlaut „Wohnräume" deutl macht, verlangt Abs 1 Nr 9 keine abgeschlossene Wohnung, sondern unterstellt auch **einzelne Wohnräume** der Mitbestimmung des BR, etwa den Platz in einem Personalwohnheim mit Gemeinschaftsküche, -toilette und -dusche <R: zum PersVG OVG NRW 6.3.1997, 1 A 1094/94.PVL, PersR 1997, 456> oder das von mehreren Personen bewohnte **Zimmer** <R: BAG 3.6.1975, 1 ABR 118/73, BB 1975, 1159 zum Zweibettzimmer eines Wohnheims>. Auch dass der AG die Räume möbliert hat und nur vorübergehend für **kürzere Zeit** vermietet, hindert das MBR des BR nicht <R: BAG 3.6.1975, aaO; 28.7.1992, 1 ABR 22/92, DB 1993, 740>. Trotz des abw Wortlaut „Wohnungen" in § 79 Abs Nr 2 BPersVG hat auch der PR über die Zuweisung einzelner Wohnräume mitzubestimmen <L: RDW/*Kaiser/Annuß* PersVG § 75 Rn 182>. 198

Der BR hat nach Abs 1 Nr 9 nur mitzubestimmen, wenn der Wohnraum den AN „vermietet", also den AN aufgrund eines **neben dem Arbeitsvertrag bestehenden Mietverhältnisses** überlassen wird; damit werden ledigl die **sog Werkmietwohnungen** iS der §§ 576–576b BGB, **nicht aber die Werkdienstwohnungen** vom MBR erfasst, zu deren Bezug der AG den AN im Arbeitsvertrag funktionsbezogen verpflichtet, etwa bei Wohnungen für Pförtner, Hausmeister, Wachpersonal, Heimleiter <R: BAG 3.6.1975, 1 ABR 118/73, BB 1975, 1159; 28.7.1992, 1 ABR 22/92, DB 1993, 740; allg zur Abgrenzung zw Werkdienst- und Werkmietwohnung 7.6.2006, 4 AZR 316/05, NZA 2007, 343 mwN; **L:** zum MBR des PR aus § 79 Abs Nr 2 BPersVG auch über Werkdienstwohnungen RDW/*Kaiser/Annuß* PersVG § 75 Rn 183>. **Mit Rücksicht auf das Arbeitsverhältnis** 199

§ 87 Mitbestimmungsrechte

werden Wohnungen den AN vermietet, wenn Werkmietwohnungen als Sozialeinrichtung iS des Abs 1 Nr 8 geführt werden (Rn 175) oder wenn der AG Wohnungen nur an AN des Betriebs vermietet oder die Wohnungen den AN zu günstigeren Mieten überlässt als Dritten. Nicht mitzubestimmen hat der BR, wenn der AG am freien Wohnungsmarkt als Vermieter von Wohnraum auftritt, etwa zur Vermögensanlage Wohnungen baut und diese zu den üblichen Bedingungen unter anderem auch an ihre AN vermietet <R: BAG 18.7.1978, 1 ABR 20/75, BB 1978, 1668>.

200 Sachl Anknüpfungspunkt für das MBR ist die **rechtl oder tatsächl Möglichkeit des AG**, den **Mieter verbindlich auszuwählen**. Worauf diese Möglichkeit gründet, auf das Eigentum des AG oder auf ein Wohnungsbelegungsrecht an Wohnungen Dritter, etwa wenn der AG den Bau von Wohnungen bezuschusst und ihm als Gegenleistung dingliche oder schuldrechtl Wohnungsbesetzungsrechte eingeräumt werden (sog **werksgeförderte Wohnungen**), ist ohne Belang <R: BAG 18.7.1978, 1 ABR 20/75, BB 1978, 1668; 19.10.1999, 1 ABR 64/98, juris>.

201 Mitzubestimmen hat der BR nur dann, wenn die Wohnungen für AN bestimmt sind, die **vom BR repräsentiert werden**: Der Mieter muss AN des AG sein und dem Betrieb (noch) angehören <R: BAG 28.7.1992, 1 ABR 22/92, DB 1993, 740; 23.3.1993, 1 ABR 65/92, DB 1993, 1829>. Mit **Beendigung des Arbeitsverhältnisses** endet das MBR des BR, etwa über die Kd einer Werkmietwohnung <R: OLG Fft/M 14.8.1992, 20 REMiet 1/92, BB 1992, 2000>. Deswg hat der BR auch nicht über Mietvertragsbedingungen mitzubestimmen, deren Wirkung von der aufschiebenden Bedingung der Auflösung des Arbeitsverhältnisses abhängig gemacht werden, etwa über die Pflicht des AN, bei seinem Ausscheiden aus dem Arbeitsverhältnis und dem damit verbundenen Auszug aus der Wohnung Schönheitsreparaturen durchzuführen <R: zum PersVG BVerwG 7.7.1993, 6 P 8/91, PersR 1993, 555>. Das BAG will das MBR weiter auf die **Überlassung von Wohnungen an Dritte** erstrecken, die nicht in einem Vertragsverhältnis zum AG stehen, aber nach dessen Weisungen iS des § 106 GewO **eingegliedert** tätig sind und die Wohnraumüberlassung nur mit Rücksicht auf die **zeitweise Beschäftigung** im Betrieb erfolgt <R: BAG 28.7.1992, 1 ABR 22/92, DB 1993, 740 für Auszubildende, die iR einer überbetriebl Ausbildung zeitweise im AG-Betrieb ausgebildet werden; L: zust *Natzel* Anm AP BetrVG 1972 § 87 Werkmietwohnung Nr 7 unter 2; *Däubler/Schiek* Anm AP BetrVG 1972 § 87 Werkmietwohnung Nr 8 unter IV 2>. Mitzubestimmen hat der BR auch dann, wenn Werkdienstwohnungen aus einem **einheitl Bestand ohne feste Zuordnung sowohl an AN als auch an weitere Personen**, etwa an ltd Ang vergeben werden, Rn 205 und 211.

c) Zuweisung und Kündigung

202 Wg des Zwecks des MBR, die gerechte Verteilung des Wohnraums unter den AN sicher zu stellen (Rn 194), und der Erstreckung der Mitbestimmung auf Wohnungen Dritter, für die der AG ein Belegungsrecht hat (Rn 200), ist die **Wohnungszuweisung abw** von der **hM** nicht die Verschaffung des Nutzungsrechts an der Wohnung <R: zum PersVG **so aber** BVerwG 16.11.1987, 6 P 5/86, PersV 1989, 65>, insbes nicht der Abschluss des Mietvertrages, sondern die vorgelagerte **Entscheidung über die Person des Begünstigten** <L: statt aller *Richardi/Maschmann* Rn 724>.

II. Katalog der mitbestimmungspflichtigen Angelegenheiten § 87

„Kd" in Abs 1 Nr 9 ist nicht die Beendigung des Mietverhältnisses durch einseitige Ge- 203
staltungserklärung des AG als Vermieter der Wohnung, sondern wg des Zwecks des
MBR (Rn 194) und der Erstreckung des MBR auf die Wohnungsvermietung durch Dritte
(Rn 200) die dem Beendigungsakt vorgelagerte Entscheidung des AG, dem AN die Wohnung zu entziehen (gerade Rn 202 zur Wohnungszuweisung). Kd sind daher alle Maßnahmen des AG, die darauf zielen, das Wohnrecht des AN zu beenden, etwa auch, wenn der
AG beschließt, auf den externen Vermieter dahin einzuwirken, dass dieser das Mietverhältnis beendet <L: ähnl DKW/*Klebe* Rn 292; ausdrückl aA ErfK/*Kania* Rn 90>. Beenden AG und AN das Mietverhältnis einvernehml durch **Aufhebungsvertrag**, hat der BR
nicht mitzubestimmen, da der AN des Schutzes durch den BR nicht bedarf und die Interessen der übrigen AN erst durch die nachfolgende Neuzuweisung der Wohnung berührt
werden <L: *Röder*, Das betriebl Wohnungswesen im Spannungsfeld von Betriebsverfassungsrecht und Wohnungsmietrecht, 1983, S 57 f>, Rn 205.

Wird eine Wohnung aus dem Bestand der für AN zur Verfügung stehenden Wohnungen 204
herausgenommen, etwa durch **(Teil)Schließung der Sozialeinrichtung Werkwohnung**,
hat der BR über die **Entwidmung** weder nach Abs 1 Nr 8 (Rn 169) noch nach Abs 1 Nr 9
mitzubestimmen (Rn 196). Besteht das Arbeitsverhältnis des bisherigen Mieters fort, hat
der BR aber über den Widerruf der Wohnungszuweisung mitzubestimmen, um die sozialen Belange des AN durchsetzen zu können, etwa dessen Interesse am Verbleib in der
Wohnung, bis er eine neue Unterkunft gefunden hat <R: LAG Bremen 18.2.2003, 1
TaBV 13/02, juris>. Hat das Arbeitsverhältnis geendet, besteht das MBR nur noch zugunsten der übrigen AN, in deren Interesse der BR die Räumung der Werkmietwohnung
durchsetzen können muss <R: vgl BAG 28.7.1992, 1 ABR 22/92, DB 1993, 740>, nicht
aber zugunsten des ausgeschiedenen AN (Rn 201); die Mitbestimmung des BR ist in diesem Fall auch nach **hM** (zu dieser Rn 213) nicht Wirksamkeitsvoraussetzung für die Kd
des Wohnraums <R: OLG Fft/M 14.8.1992, 20 REMiet 1/92, BB 1992, 2000>.

Mitzubestimmen hat der BR auch dann, wenn Werkmietwohnungen aus einem **einheitl** 205
Bestand ohne feste Zuordnung sowohl an AN als auch an weitere Personen, etwa an
ltd Ang, vergeben werden (schon Rn 201): Werden Wohnungen an Nichtbeschäftigte vermietet, berührt dies die Interessen der vom BR vertretenen AN, da diese Wohnungen den
AN nicht mehr zur Verfügung stehen <R: BAG 30.4.1974, 1 ABR 36/73, BB 1974, 1070;
28.7.1992, 1 ABR 22/92, DB 1993, 740; 23.3.1993, 1 ABR 65/92, DB 1993, 1829>. Ein
MBR besteht auch dann, wenn sich kein AN des Betriebs um die Wohnung beworben hat
und diese deswg an einen Außenstehenden vergeben wird <R: zum PersVG Hess VGH
26.1.1983, HPVTL 36/81, HessVGRspr 1984, 39; aA OVG NRW 26.1.1984, CL 42/82,
PersV 1986, 474>. Hingg hat der BR an der Beendigung des Mietverhältnisses mit betriebsfremden Personen nicht mitzubestimmen, da die bloße Beendigung des Mietverhältnisses das vom BR wahrgenommene kollektive Interesse, die Wohnung mit AN des Betriebs zu besetzen, nicht berührt; erst die Neuzuweisung der Wohnung betrifft die Belange
der Belegschaft. Der BR darf aber **initiativ** werden (Rn 10) und auf **die Freikündigung**
einer mit betriebsfremden Personen besetzten Wohnung drängen, etwa wenn der ursprüngl Grund für die Zuweisung an den Dritten weggefallen ist und in der Belegschaft
ein erhebl Wohnbedarf besteht <R: BAG 28.7.1992, 1 ABR 22/92, DB 1993, 740>. Beschließt der AG, einzelne Wohnungen aus einem bisher einheitl für AN, ltd Ang und Dritte zur Verfügung stehenden Wohnungsbestand ausschließl an eine nicht vom BR reprä-

§ 87   Mitbestimmungsrechte

sentierte Personengruppe, zB die ltd Ang, zu vergeben, bedarf diese Entwidmung aber nicht der Mitbestimmung des BR, Rn 204. Zur Abstimmung mit dem SprA § 77 Rn 29.

206 Das Mietverhältnis über **Werkmietwohnungen** muss der Vermieter auch dann **gesondert kündigen**, wenn das Arbeitsverhältnis endet. Insoweit helfen dem Vermieter aber die **§§ 576 ff BGB** und zwar auch dann, wenn Vermieter und AG personenverschieden sind, Rn 200, 207 <L: Grüneberg/*Weidenkaff* BGB § 576 Rn 3>. Der externe Vermieter braucht sich mietvertragl nicht durch eine Klausel abzusichern, dass er das Mietverhältnis auf schriftl Verlangen des Wohnungsbesetzungsberechtigten kündigen darf: Da mit dem Arbeitsverhältnis auch der Anlass für die Wohnungsvermietung weggefallen ist, erlaubt § 576 BGB die o Kd des Mietverhältnisses in einer ggü § 573c Abs 1 S 2 BGB verkürzten Frist; die Absicht, die Wohnung für einen aktiv beschäftigten AN frei zu kündigen, genügt als berechtigtes Interesse für die Kd iS des § 573 Abs 1 S 1BGB <L: Grüneberg/*Weidenkaff* BGB § 576 Rn 5>. Widerspricht der Mieter der Kd und verlangt die Fortsetzung des Mietverhältnisses nach § 574 BGB, weil dessen Beendigung für ihn, seine Familie usw eine Härte bedeutet, sind in die Abwägung nicht nur die Vermieterbelange nach § 574 Abs 1 S 1 Hs 2 BGB, sondern nach § 576a Abs 1 BGB auch die Belange des AG einzustellen; das ist insbes in den Fällen wichtig, in denen der AG nicht zugleich der Vermieter der Wohnung ist, Rn 200, 207 <L: Grüneberg/*Weidenkaff* BGB § 576a Rn 4>. Das Kd-Recht aus § 576 BGB besteht aber erst „nach Beendigung des Dienstverhältnisses"; an dieser mit dem Ausscheiden des AN wirksam werdenden Kd-Entscheidung hat der BR nicht mitzubestimmen, da er für ausgeschiedene AN nicht zuständig ist (Rn 201), insofern ist der Verlust der Wohnung ggfs schon iR des § 102 vom BR zu berücksichtigen. Ein MBR des BR besteht daher regelmäßig nur dann, wenn einem AN die Wohnung trotz fortbestehenden Arbeitsverhältnisses gekündigt wird; insoweit ist der AN schon hinreichend durch die §§ 573 ff BGB geschützt.

207 Gehört die **Wohnung einem Dritten** und hat der AG lediglich ein **Belegungsrecht**, so reicht das MBR des BR nur soweit, wie die Rechte des AG ggü dem Vermieter: Der BR hat ein auf das Belegungsrecht des AG (Rn 200) beschränktes MBR <R: BAG 18.7.1978, 1 ABR 20/75, BB 1978, 1668; 19.10.1999, 1 ABR 64/98, juris>. Das MBR besteht in dem Umfang, in dem der AG auf die Vermietung der Wohnungen durch den Dritten rechtl Einfluss nehmen kann, etwa als Mehrheitsgesellschafter der Vermieterin <R: BAG 18.7.1978, aaO>. Beschränken sich die Möglichkeiten des AG darauf, dem Vermieter AN zur Auswahl vorzuschlagen, kann auch der BR nur an der Ausübung dieses Vorschlagsrechts beteiligt werden. Das MBR kann wie bei der Mitbestimmung für Sozialeinrichtungen nach Abs 1 Nr 8 verwirklicht werden (Rn 187f): Ist eine selbstständige juristische Person Vermieter der Wohnungen, muss der BR entweder in den Organen der juristischen Person mindestens paritätisch vertreten sein oder über die Art und Weise, in der der AG auf die juristische Person Einfluss nimmt, mitbestimmen können. Noch Rn 212.

d) Allgemeine Festsetzung der Nutzungsbedingungen

208 Mitzubestimmen hat der BR bei der erstmaligen Festsetzung und bei der Änderung oder Aufhebung von Nutzungsbedingungen für Wohnungen, über die der AG verfügt (Rn 200). Nutzungsbedingungen sind **sämtliche Modalitäten**, die die Rechte und Pflichten der Mietvertragsparteien, insbes den Gebrauch der Wohnung, regeln <R: zum PersVG BVerwG 7.7.1993, 6 P 8/91, PersR 1993, 555>. Da Abs 1 Nr 9 ein MBR nur für die

II. Katalog der mitbestimmungspflichtigen Angelegenheiten   § 87

„allg" Festsetzung der Nutzungsbedingungen begründet, hat der BR nur über die der Wohnungsnutzung **generell und einheitl zugrunde zu legenden Maßstäbe** mitzubestimmen, hingg nicht über die Festsetzung von Nutzungsbedingungen im Einzelfall <**R**: BAG 13.3.1973, 1 ABR 16/72, BB 1973, 845; 3.6.1975, 1 ABR 118/73, BB 1975, 1159; zum PersVG BVerwG 15.3.1995, 6 P 23/93, PersR 1995, 334>. Die allg Nutzungsbedingungen werden sinnvollerweise in einer **BV** nach § 77 festgelegt.

Zu den allg Nutzungsbedingungen gehören der **Mustermietvertrag** einschließl der Abreden über die Durchführung von **Schönheitsreparaturen** sowie die Haus- und Garagenordnung, insbes über Fragen der Tierhaltung in den Wohnungen, Regelungen über die Reinigung des Treppenhauses und des Gehweges <**R**: BAG 13.3.1973, 1 ABR 16/72, BB 1973, 845>. Ebenso mitbestimmungspflichtig sind iR des vom AG vorgegebenen Dotierungsrahmens (Rn 196) die Festsetzung des Mietzinses und die Umlage der **Betriebskosten** <**R**: BAG 13.3.1973, 1 ABR 16/72, BB 1973, 845; 3.6.1975, 1 ABR 118/73, BB 1975, 1159; zum PersVG BVerwG 15.3.1995, 6 P 23/93, PersR 1995, 334>. Das MBR erstreckt sich aber ledigl auf die **Grundsätze für die Mietzinsbildung** <**R**: BAG 28.7.1992, 1 ABR 22/92, DB 1993, 740>, insbes darauf, welcher Quadratmeterpreis idR für eine Wohnung best Lage und Ausstattung bezahlt werden soll <**R**: BAG 13.3.1973 und 28.7.1992, aaO> und ob und wie die Mieten nach sozialen Gesichtspunkten gestaffelt werden sollen <**R**: BAG 19.10.1999, 1 ABR 64/98, juris>. Weil der AG den Dotierungsrahmen mitbestimmungsfrei vorgibt (Rn 196), kann er über Abs 1 Nr 9 weder dazu gezwungen werden, einen jährl vorgesehenen Mietzuschuss zu erhöhen noch kann er daran gehindert werden, diese zu mindern <**R**: BAG 13.3.1973 und 19.10.1999, aaO>.

209

Zu den mitbestimmungspflichtigen Nutzungsbedingungen gehört auch die Frage, unter welchen Voraussetzungen **Modernisierungs- und Instandsetzungsarbeiten** durchgeführt werden. Zwar kann der BR vom AG nicht verlangen, solche Arbeiten durchzuführen, da dieser den Dotierungsrahmen für die Werkmietwohnungen mitbestimmungsfrei festlegen kann (Rn 196). Der BR hat aber ein Zustimmungsrecht, wenn der AG von sich aus solche Maßnahmen durchführen will und es darum geht, ob, in welchem Umfang und zu welchen Zeiten die Mieter diese Arbeiten dulden müssen <**L**: *Röder*, Das betriebl. Wohnungswesen im Spannungsfeld von Betriebsverfassungsrecht und Wohnungsmietrecht, 1983, S 57f; ErfK/*Kania* Rn 91>. Stellt der AG den AN nur die Wohnräume einschließl einer Heizgelegenheit zur Verfügung und überlässt den Mietern die **Beschaffung von Heizmaterial**, ist die Frage der Lieferung von Heizgas keine Nutzungsbedingung: Veräußert der AG ein Gasnetz, aus dem die Werkmietwohnungen bisher mit verbilligtem Gas versorgt worden sind, besteht insoweit kein MBR des BR <**R**: BAG 22.10.1985, 1 ABR 47/83, DB 1986, 704; **L**: GK/*Gutzeit* Rn 837>, noch Rn 221 bei Abs 1 Nr 10.

210

Ein MBR hinsichtl der Festlegung der Nutzungsbedingungen einschließl des Mietzinses besteht zwar nur, soweit die vom BR repräsentierten AN betroffen sind (Rn 201); allg Nutzungsbedingungen müssen auch nicht zwingend einheitl für betriebsangehörige und für betriebsfremde Mieter festgelegt werden <**R**: BAG 28.7.1992, 1 ABR 22/92, DB 1993, 740>. Werden Werkmietwohnungen aus einem **einheitl Bestand ohne feste Zuordnung sowohl an AN als auch an weitere Personen**, etwa an ltd Ang, vergeben, und werden Nutzungsbedingungen nicht nur für AN, sondern einheitl etwa auch für ehemalige AN und für Dritte festgelegt oder geändert, etwa der Mietzins erhöht, hat der BR wg des AN-Bezugs aber gleichwohl insgesamt mitzubestimmen <**R**: zum PersVG BVerwG 15.3.1995, 6 P 23/93, PersR 1995, 334; **enger** BAG 28.7.1992, aaO; auch 23.3.1993, 1

211

§ 87   Mitbestimmungsrechte

ABR 65/92, DB 1993, 1829: MBR nur hinsichtl der an AN vermieteten Wohnungen; **L: ebenso enger als hier** *Fitting* Rn 404; ErfK/*Kania* Rn 95; GK/*Gutzeit* Rn 830>. Das ist tatsächl zwingend bei Nutzungsbedingungen, die für alle Mieter einheitl gelten müssen, etwa der Haus- und Garagenordnung, und ist gerechtfertigt hinsichtl der übrigen Nutzungsbedingungen, etwa der Grundsätze über die Mietzinsbildung, weil die Dritt-Wohnungen nach Auszug des Mieters wieder jederzeit durch AN belegt werden können.

212   Werden die Nutzungsbedingungen durch den **externen Vermieter** festgelegt, reicht das MBR des BR nur so weit, wie der Einfluss des AG auf den Vermieter, Rn 207. Kann der externe Vermieter den Mietzins frei festlegen, hat der BR nicht mitzubestimmen <R: vgl BAG 18.7.1978, 1 ABR 20/75, BB 1978, 1668>.

e) Individualrechtliche Folgen der Nichtbeachtung des MBR

213   Ist der AG **zugleich der Vermieter**, ist die Beteiligung des BR keine Wirksamkeitsvoraussetzung für den **Abschluss des Mietvertrags**: Ein ohne oder gg die Beteiligung des BR geschlossener Mietvertrag ist **wirksam** <L: *Röder*, Das betriebl. Wohnungswesen im Spannungsfeld von Betriebsverfassungsrecht und Wohnungsmietrecht, 1983, S 154; ErfK/*Kania* Rn 89; GK/ *Gutzeit* Rn 820; *Richardi/Maschmann* Rn 746; MünchArbR/*Salamon* § 327 Rn 31; **aA** DKW/*Klebe* Rn 290; *Fitting* Rn 393 für eine unwirksame Zuweisung>; dazu, dass der Abschluss des Mietvertrages nicht Gegenstand der Mitbestimmung ist, Rn 202. AN, die bei der Wohnungszuweisung übergangen worden sind, haben keinen Anspruch auf Bezug der mitbestimmungswidrig zugewiesenen Wohnung. Der BR kann vom AG aber verlangen, dass das Mitbestimmungsverf nachgeholt wird, sofern sich die Wohnungsvergabe durch Kd der Wohnung rückgängig machen lässt. Dies ist wg der zwingenden Mieterschutzvorschriften der §§ 568 ff BGB schwierig; die §§ 576 ff BGB helfen nicht, da sie die Kd von Werkmietwohnungen erst nach Beendigung des Beschäftigungsverhältnisses erleichtern (Rn 206). Auch für die **Kd** der Wohnung ist die Mitbestimmung des BR **keine Wirksamkeitsvoraussetzung** <L: HWGNRH/*Worzalla* Rn 533; **aA** GK/*Gutzeit* Rn 826; *Richardi/Maschmann* Rn 747; *Fitting* Rn 398; ErfK/*Kania* Rn 90; DKW/*Klebe* Rn 292>: Gegenstand der Mitbestimmung ist nicht die Kd, sondern die vorgelagerte Entscheidung des AG, dem AN die Wohnung zu entziehen, Rn 203; auf die Verletzung des MBR aus Abs 1 Nr 9 kann sich auch der gekündigte Mieter im Mietschutzprozess nicht berufen <L: **aA** *Röder*, 1983, S 56 f>. Legt der AG **Nutzungsbedingungen** ohne oder gg die Beteiligung des BR fest oder ändert er diese, kann der BR **feststellen lassen**, dass die Regelungen unwirksam sind und verlangen, dass das Beteiligungsverf nachgeholt wird; bis dahin müssen BR und AN die vom AG angeordneten Nutzungsbedingungen **hinnehmen** <L: HWGNRH/*Worzalla* Rn 534; **aA** *Richardi/Maschmann* Rn 748 (unwirksam, wenn verschlechternd); GK/*Gutzeit* Rn 838; MünchArbR/*Salamon* § 327 Rn 34>, Rn 191 zu Abs 1 Nr 8.

214   Gehört die **Wohnung einem Dritten** und hat der AG ledigl ein **Belegungsrecht** (Rn 200, 207, 212), ist die Mitbestimmung des BR **in keinem Fall Wirksamkeitsvoraussetzung** für die Zuweisung und für die Kd von Wohnungen Dritter <L: *Röder*, 1983, S 259; *Richardi/Maschmann* Rn 747; GK/*Gutzeit* Rn 827; **aA** DKW/*Klebe* Rn 292> und auch nicht für die Festlegung allg Nutzungsbedingungen für solche Wohnungen <R: vgl **abw** für den Fall, dass die Wohnung als rechtl selbstständige Sozialeinrichtung geführt wird BAG 26.4.1988, 3 AZR 168/86, BB 1988, 2249 zur betriebl Altersversorgung; **L: wie hier** *Ri-*

II. Katalog der mitbestimmungspflichtigen Angelegenheiten § 87

chardi/Maschmann Rn 748>: Das BetrVG regelt nur die Rechtsbeziehungen zw AG und BR sowie Belegschaft und beeinflusst die Rechtsbeziehungen Dritter allenfalls mittelbar. Noch Rn 193 zu Abs 1 Nr 8.

10. Fragen der betrieblichen Lohngestaltung, insbes die Aufstellung von Entlohnungsgrundsätzen und die Einführung und Anwendung von neuen Entlohnungsmethoden sowie deren Änderung (Abs 1 Nr 10)

Literatur: *Annuß*, Entgeltmitbestimmung und Arbeitsvertrag, RdA 2014, 193; *Caspers*, Teilnachwirkung des Tarifvertrags durch § 87 Abs 1 Nr 10 BetrVG – zur Ablösung tariflicher Vergütungssysteme, FS Löwisch (2007), S 45; *Eyer/Mattioli*, Betriebliche Entgeltsysteme, AuA 2008, 102; *Gaul*, Die Mitbestimmung des Betriebsrats bei der fehlzeitenorientierten Gewährung von Sonderleistungen, DB 1994, 1137; *Gründel/Butz*, Mitbestimmungsrechte bei Provisionssystemen, BB 2014, 2747; *Hanau*, Die lediglich relationale Wirkung des § 87 Abs 1 Nr 10 BetrVG – Zum Verhältnis der betrieblichen Mitbestimmung über die betriebliche Lohngestaltung zur Individual- und Tarifautonomie, RdA 1998, 345; *Hoß*, Neue Rechtsprechung zur Anrechnung der Tariflohnerhöhung, NZA 1997, 1129; *ders*, Vergütungsregelungen und Mitbestimmung des Betriebsrats (§ 87 Abs 1 Nr 10 BetrVG), NZA 1998, 1081; *Hromadka*, Der Große Senat zu den übertariflichen Zulagen, DB 1992, 1573 ff; *ders*, Entgeltänderung durch Betriebsvereinbarung?, NZA-Beilage 2014, 136; *Ilbertz*, Betriebliche Vergütungsordnung nach Wegfall der Tarifbindung, ZBVR 2005, 9; *Kania*, Betriebsratsbeteiligung bei der Durchsetzung von Entgelttransparenz, NZA 2017, 819; *Kania/Schulte-Wissermann*, Mitbestimmung des Betriebsrats über seine Vergütung?, NZA 2019, 78; *Lieb*, Die Mitbestimmung beim Prämienlohn, ZfA 1988, 413; *Lindemann/Simon*, Flexible Bonusregelungen im Arbeitsvertrag, BB 2002, 1807; *Löwisch*, Die Mitbestimmung des Betriebsrats bei der Gehaltsfestsetzung für Angestellte nach Arbeitsplatzrangfolge und Leistungsbeurteilung, DB 1973, 1746; *Meisel*, Übertarifliches Entgelt und Tarifentgelterhöhungen, BB 1991, 406; *Oetker*, Die Auswirkungen tariflicher Entgelterhöhungen für den Effektivverdienst im Zielkonflikt von individueller Gestaltungsfreiheit und kollektivrechtlicher Gewährleistung innerbetrieblicher Verteilungsgerechtigkeit, RdA 1991, 16; *Ohl*, Betriebsvereinbarungen zum Arbeitsentgelt, AiB 2007, 352; *Reichold*, Entgeltmitbestimmung als Gleichbehandlungsproblem, RdA 1995, 147; *ders*, Notwendige Mitbestimmung als neue „Anspruchgrundlage" FS Konzen (2006), S 763; *Reichold/Rein*, Effektuierung oder Verkomplizierung? Neues zur Entgeltmitbestimmung des Betriebsrats, SAE 2008, 269; *Richardi*, Die Mitbestimmung des Betriebsrats bei der Regelung des Arbeitsentgelts, ZfA 1976, 1; *ders*, Der Große Senat des BAG zur Mitbestimmung bei der Anrechnung einer Tariflohnerhöhung auf über- und außertarifliche Zulagen, NZA 1992, 961; *ders*, Mitbestimmung bei der Entgeltgestaltung, NZA-Beilage 2014, 155; *Roloff*, Entwicklungslinien der Rechtsprechung zu § 87 Abs 1 Nr 10 BetrVG, RdA 2014, 228; *Salamon*, § 87 BetrVG als Geltungsgrund tariflicher Vergütungsordnungen für Außenseiter? NZA 2012, 899; *ders*, Auswirkungen des gesetzlichen Mindestlohns auf betriebsverfassungsrechtliche Entgeltgrundsätze, NZA 2017, 751; *ders*, Nachwirkung bei Betriebsvereinbarungen über freiwillige Sozialleistungen – Faktischer Abschied von den Grundsätzen der teilmitbestimmten Betriebsvereinbarung durch die Figur einer betriebsverfassungsrechtlich freiwilligen Gesamtvergütung, NZA 2010, 745; *Schoof*, Mitbestimmen bei der Entgeltgestaltung, AiB 2007, 345; *Schüren*, Mitbestimmung des Betriebsrats bei Zulagen und betrieblichen Entgeltsystemen, RdA 1996, 14; *Schwab*, Offene Fragen und Rechtsanwendungsprobleme nach dem Zulagen-Beschluß des Bundesarbeitsgerichts, BB 1993, 495; *Thüsing*, Das Mitbestimmungsrecht des Betriebsrats bei der Ausgestaltung freiwilliger Jahressonderzahlungen, DB 1997, 1130; *Wagner*, Ergebnisorientierte variable Vergütungen, BB 1997, 150; *Walenta*, Kein (nachträgliches) Mitbestimmungsrecht des Betriebsrats bei echten Streikbruchprämien, NZA 2021, 1762; *Weber/Hoß*, Die Umsetzung der Entscheidung des Großen Senats zur Mitbestimmung bei der Anrechnung übertariflicher Zulagen durch die Rechtsprechung des 1. Senats, NZA 1993, 632; *Wiese*, Mitbestimmungspflichtige kollektive Tatbestände bei der Anrechnung von Zulagen auf Tariflohnerhöhungen, RdA 1995, 355; *ders*, Notwendige Mitbestimmung und Vertragsfreiheit – kritische Anmerkungen zur Rechtsprechung des Bundesarbeitsgerichts, FS Kraft (1998),

§ 87 Mitbestimmungsrechte

S 683; *ders*, Geltung von Entlohnungsgrundsätzen und Mitbestimmung, RdA 2012, 332. **Siehe noch die Hinweise vor Abs 1 Nr 8 und 10.**

a) Normzweck und Anwendungsbereich

215 Nach Abs 1 Nr 10 hat der BR über die Aufstellung von Entlohnungsgrundsätzen und die Einführung und Anwendung neuer Entlohnungsmethoden sowie deren Änderung mitzubestimmen, um die AN vor einer einseitig an den Interessen des AG orientierten Lohngestaltung zu schützen, für ein angemessenes, durchsichtiges Lohngefüge zu sorgen und die innerbetriebl Lohngerechtigkeit zu gewährleisten (**Verteilungsgerechtigkeit**) <**R:** BAG 22.1.1980, 1 ABR 48/77, BB 1982, 432; 31.5.2005, 1 ABR 22/04, DB 2005, 2585; 30.9.2008, 1 ABR 54/07, DB 2009, 407; zum PersVG BVerwG 9.12.1998, 6 P 6/97, NZA 1999, 1003; BAG 28.7.1998, 3 AZR 357/97, DB 1999, 750>. Wie der Einschub „insbes" und der Oberbegriff „Lohngestaltung" zeigt, sind Entlohnungsgrundsätze und Entlohnungsmethoden nur Beispiele; Abs 1 Nr 10 gewährt als **Generalklausel ein umfassendes MBR in allen Fragen der Lohngestaltung** <**R:** zum PersVG BVerwG 9.12.1998, aaO; BAG 15.1.1987, 6 AZR 589/84, BB 1987, 2092> und zwar unabhängig davon, ob die neue Entlohnung für den AN **günstiger** ist <**R:** BAG 26.8.2008, 1 AZR 354/07, BAGE 127, 297 Rn 21; 14.1.2014, 1 ABR 57/12, AP BetrVG 1972 § 87 Lohngestaltung Nr 145 Rn 21; 24.1.2017, 1 AZR 772/14, NZA 2017, 931 Rn 38>. Ledigl über die Entgelthöhe hat der BR nicht mitzubestimmen, Rn 240 ff. Auch **verfahrensrechtl Regelungen** in Fragen der Lohngestaltung, mit denen eine zügige Einigung der Betriebsparteien im Fall der erzwingbaren MB über den Inhalt einer BV sichergestellt werden soll, unterfallen nicht Abs 1 Nr 10 <**R:** BAG 23.10.2018, 1 ABR 10/17, AP BetrVG 1972 § 77 Nr 115 Rn 21 konkret zu Unterrichtungsansprüchen und Vermeidungen von Verzögerungen>. Abs 1 Nr 10 ist **Auffangtatbestand für Abs 1 Nr 8**: Werden freiw Leistungen des AG über ein zweckgebundenes Sondervermögen abgewickelt, hat der BR nach Abs 1 Nr 8 mitzubestimmen <**R:** BAG 11.7.2000, 1 AZR 551/99, BB 2001, 471>, gewährt der AG den AN die freiw Leistungen unmittelbar, greift das MBR des Abs 1 Nr 10 <**R:** BAG 9.12.1980, 1 ABR 80/77, BB 1981, 735; zum PersVG BAG 9.7.1985 AP BPersVG § 75 Nr 16 aF>, dazu, dass Abs 1 Nr 8, 9 und 10 sich ergänzen Rn 197 und 170. Der PR hat gem § 80 Abs 1 Nr 8 **BPersVG** in Fragen der Lohngestaltung mitzubestimmen; dieser fasst die Tatbestände des Abs 1 Nr 10 und 11 zusammen, hat wg des TV-Vorrangs (§§ 15 ff TvöD-AT/TV-L) aber eine erhebl geringere praktische Bedeutung als Abs 1 Nr 10 für die Mitbestimmung des BR <**R:** BVerwG 6.2.1987 BVerwGE 75, 365>. § 79 Abs 1 Nr 1 und Abs 2 BPersVG geben dem PR darüber hinaus ein MBR, wenn einem AN im Einzelfall Unterstützungen, Vorschüsse, Darlehen und entspr soziale Zuwendungen gewährt werden.

216 Das MBR des BR besteht nur bei **kollektiven Maßnahmen**, also bei Regelungen, die die Lohngestaltung abstrakt-generell regeln; **unabhängig vom Geltungsgrund der Entgeltleistung** (TV, BV, einzelvertragl Absprachen oder eine vom AG einseitig praktizierte Vergütungsordnung) <**R:** st Rspr vgl etwa BAG 22.6.2010, 1 AZR 853/08, AP Lohngestaltung Nr 136 Rn 22>. Hingg hat der BR über die wg der bes Umstände des einzelnen AN getroffene **individuelle Lohngestaltung nicht** mitzubestimmen <**R:** BAG 3.12.1991, GS 2/90, BB 1992, 1418; 23.3.1993, 1 AZR 582/92, BB 1993, 1873>, Rn 2: „Lohngestaltung" ist die Errichtung oder Änderung eines vom Einzelfall losgelösten, **gruppenbezogenen Entgeltsystems** <**R:** zum PersVG BVerwG 9.12.1998, 6 P 6/97, NZA 1999, 1003; BAG 28.7.1998, 3 AZR 357/97, DB 1999, 750>. Die Abgrenzung rich-

tet sich danach, ob Strukturformen des Entgelts einschließl ihrer näheren Vollzugsform geregelt werden oder nicht, wobei die **Anzahl der betroffenen AN** ein Indiz für einen kollektiven Tatbestand sein kann <**R**: BAG 3.12.1991, aaO; 23.3.1993, aaO; 14.6.1994, 1 ABR 63/93, BB 1995, 825>. Ein kollektiver Bezug besteht insbes, wenn der AG für Leistungen an eine Mehrzahl von AN ein Budget vorsieht <**R**: BAG 10.10.2006, 1 ABR 68/05, BB 2007, 106>.

Auch wenn der AG **keine ausdrückl Regel** aufstellt, aber Sonderzahlungen oder Entgeltkürzungen an **abstrakte, verallgemeinerungsfähige Merkmale** knüpft, regelt er **kollektiv Strukturformen** des Entgelts und löst das MBR des BR aus Abs 1 Nr 10 aus. Honoriert der AG etwa bes **Leistungen der AN**, setzt er kollektiv die Leistungen der AN zueinander ins Verhältnis und orientiert sich an einer Normalleistung <**L**: GK/*Gutzeit* Rn 938 f; *Fitting* Rn 422; DKW/*Klebe* Rn 299; ErfK/*Kania* Rn 99>; der AG kann das MBR nicht dadurch ausschließen, dass er für eine Vielzahl von AN das Entgelt „individuell" festlegt <**R**: BAG 10.10.2006, 1 ABR 68/05, BB 2007, 106>. Deswg hat der BR mitzubestimmen, wenn der AG eine Tariflohnerhöhung ggü einzelnen AN aus Leistungsgründen anrechnet <**R**: BAG 22.9.1992, 1 AZR 459/90, BB 1993, 726; 27.10.1992, 1 ABR 17/92, BB 1993, 1589; 14.6.1994, 1 ABR 63/93, BB 1995, 825> oder nachträgl einen „individuellen Sonderbonus" zahlt, mit dem er bes, wenn auch bei einzelnen AN unterschiedl Leistungen honorieren will <**R**: BAG 29.2.2000, 1 ABR 4/99, DB 2000, 2614;14.6.1994, aaO>, es sei denn, zw den Sonderzahlungen besteht kein innerer Zusammenhang <**R**: BAG [GS] 3.12.1991, GS 2/90, BB 1992, 1418>. **Zulagen aus sozialen Gründen**, etwa die Unterstützung einer alleinerziehenden Mutter, knüpfen ebenfalls mitbestimmungspflichtig an generelle Kriterien an <**R**: vgl BAG 14.6.1994, aaO; **L**: GK/*Gutzeit* Rn 938 f; *Fitting* Rn 422; ErfK/*Kania* Rn 99>. Kollektiv handelt der AG auch, wenn er eine Tariflohnerhöhung deswg anrechnet, weil das Arbeitsverhältnis faktisch zur Zeit nicht vollzogen wird, etwa ggü AN, die sich in Mutterschutz oder Elternzeit befinden bzw langzeiterkrankt sind <**R**: BAG 27.10.1992, aaO; 22.9.1992, aaO>, oder wenn er die Anrechnung mit der absehbaren Beendigung des Arbeitsverhältnisses bzw der kurzen Betriebszugehörigkeit begründet <**R**: BAG 27.10.1992, aaO>.

217

Der **Kollektivbezug entfällt ausnahmsweise**, wenn die Höhe des Entgelts allein von bes Umständen in der Person des AN abhängt, etwa ein AN eine individuelle Leistung mit dem Hinweis aushandelt, andernfalls werde er das Arbeitsverhältnis nicht eingehen oder beenden <**R**: obiter dictum BAG 10.10.2006, 1 ABR 68/05, BB 2007, 106>. Zahlt der AG einzelnen AN Sonderzulagen wg der Arbeitsmarktlage, ist das als kollektive Maßnahme nur dann mitbestimmungspflichtig, wenn durch die Sonderzahlung eine best **AN-Gruppe** an den Betrieb gebunden werden soll, hingg mitbestimmungsfrei, wenn ein AN nur gg ein entspr Entgelt zum Eintritt oder zum Verbleib im Betrieb bereit sei <**R**: obiter dictum BAG 14.6.1994, 1 ABR 63/93, BB 1995, 825; **L**: *Fitting* 423>. Nur in zwei Fällen hat das BAG einen Kollektivtatbestand tatsächl verneint: in einem Fall, in dem eine Tariflohnerhöhung auf Wunsch eines AN angerechnet wurde, um steuerl Nachteile zu vermeiden <**R**: BAG 27.10.1992, 1 ABR 17/92, BB 1993, 1589> und in einem weiteren Fall, in dem die Tariflohnerhöhung nur bei einem AN angerechnet wurde, weil dieser nach einem Betriebsunfall wg seiner gesundheitlichen Einschränkungen zwar auf einen tarifl niedriger bewerteten Arbeitsplatz umgesetzt worden war, gleichwohl aber sein bisheriges Entgelt weiter gezahlt bekommen hatte <**R**: BAG 22.9.1992, 1 AZR 461/90, DB 1993, 384>. Wird eine Tariflohnerhöhung bei voller Weitergabe an die übrigen AN aber ggü mehreren

218

AN angerechnet, deren Tätigkeit nicht mehr ihrer Eingruppierung entspricht, stellt der AG hingg kollektiv und mitbestimmungspflichtig eine Regel auf <R: BAG 23.3.1993, 1 AZR 582/92, BB 1993, 1873>.

219 Das MBR aus Abs 1 Nr 10 wird sinnvollerweise durch Abschluss einer **BV iS von § 77** ausgeübt <L: *Richardi/Maschmann* Rn 890; GK/*Gutzeit* Rn 1007>; die BV kann normative Anspruchsgrundlage und zugleich Ausübung des MBR für die künftige Anwendung der in ihr zum Ausdruck kommenden Entlohnungsgrundsätze sein <R: BAG 22.6.2010, 1 AZR 853/08, AP Lohngestaltung Nr 136 Rn 25>. Ausreichend ist, dass AG und BR durch die BV Rahmenvorgaben machen, die der AG ausfüllen kann <L: GK/*Gutzeit* 1008>. Der BR kann die Einführung und Änderung von Entlohnungsgrundsätzen auch **initiieren** <R: BAG 30.1.1990, 1 ABR 2/89, BB 1990, 1842; 20.9.1990, 1 ABR 74/89, EzA § 80 BetrVG 1972 Nr 39>. Um überhaupt initiativ werden zu können, kann der BR verlangen, dass der AG einem Betriebsausschuss **Einsicht in die Bruttolohn- und Bruttogehaltslisten** einschließl der übertarifl Zulagen und Leistungszulagen gewährt und dem BR weitere Informationen gibt, § 80 Rn 39, 43 <R: BAG 20.9.1990, aaO; zum PersVG BVerwG 22.12.1993, 6 P 34/92, ZTR 1994, 258>. Um sein MBR aus Abs 1 Nr 10 und seine Überwachungsaufgabe aus § 80 Abs 1 iVm § 75 Abs 1 wahrnehmen zu können, kann der BR darüber hinaus vom AG weitergehende Informationen verlangen; durch bloßen Einblick in die Gehaltslisten wird er nicht in die Lage versetzt, verantwortl zu prüfen, ob etwa der Zahlung von Sonderzulagen Prinzipien zugrunde liegen <R: BAG 10.10.2006, 1 ABR 68/05, BB 2007, 106>. Das **Initiativrecht** des BR geht aber nicht weiter, als sein MBR (Rn 11), weswg er weder Entgelterhöhungen oder die Einführung oder Erhöhung freiw AG-Leistungen noch eine Zweckänderung für freiw AG-Leistungen erzwingen kann (noch Rn 240 ff). Etwa kann der BR nicht mit dem Ziel initiativ werden, dass der AG statt einer Individual- eine Gruppenprämie einführt: Da die Gruppenprämie auch den Gruppenmitgliedern ohne prämienwürdige Leistung zugutekommt, würde mit dieser der Zweck des AG, jeden einzelnen AN über die Prämie zu einer erhöhten Arbeitsleistung anzuspornen, verfehlt <R: BAG 8.12.1981, 1 ABR 55/79, DB 1982, 1276>.

220 Die betriebl Lohngestaltung ist nach Abs 1 Eingangs-Hs insbes durch die **Diskriminierungsverbote** aus Art 141 EG, § 75 Abs 1 und dem AGG und durch den **arbeitsrechtl Gleichbehandlungsgrundsatz** (§ 75 Abs 1) eingeschränkt; auch der AG muss sich bei der mitbestimmungsfreien (Rn 242) Bestimmung des begünstigten Personenkreises bei außer- und übertarifl Entgelten und Sozialleistungen iR dieser Grundsätze halten. Das sog **Besserstellungsverbot**, das in den Gesetzen über den Bundeshaushaltsplan dem Empfänger einer Zuwendung der öffentl Hand, zB einer Großforschungseinrichtung, unter Androhung des Entzugs der Zuwendung die Auflage erteilt, eigene AN nicht besser zu stellen als die AN des Zuwendungsgebers, schränkt das MBR aus Abs 1 Nr 10 nicht ein; ggfs kann es jedoch das Ermessen der Betriebspartner und der ES einschränken, wenn bei Missachtung des Besserstellungsverbots der Verlust der Zuwendungen zu befürchten und damit das Wohl der AN und des Betriebs iS des § 2 Abs 1 gefährdet ist <R: LAG München 11.10.2007, 3 TaBV 37/07, LAGE BetrVG 2001 § 87 Betriebl Lohngestaltung Nr 2>. Begrenzt wird die betriebl Lohngestaltung auch durch den **Tarifvorrang**, Rn 6 ff, 231 ff. Zu den Rechten des BR, wenn der AG gg Gesetze oder TV verstößt, § 80 Rn 4 ff, 53 f. **Streikbruchprämien** als Arbeitskampfmittel unterliegen nicht der MB des BR <R: vgl BAG 20.3.2018, 1 ABR 70/16, NZA 2018, 1081 zur teleologischen Reduktion des MBR bei Mehrarbeit iR eines Warnstreiks; L: *Walenta*, NZA 2021, 1762>.

b) Lohn

Die Lohngestaltung erfasst alle vermögenswerten AG-Leistungen, deren Bemessung 221 nach einem System erfolgt. Als Generalklausel erlaubt Abs 1 Nr 10 dem BR die Mitbestimmung über **alle Formen der Vergütung aus Anlass des Arbeitsverhältnisses**, auch dann, wenn diese **leistungsunabhängig** gewährt werden <R: BAG 31.5.2005, 1 ABR 22/04, DB 2005, 2585>. Mitzubestimmen hat der BR etwa über

- **Leistungen der betriebl Altersversorgung** <R: BAG 12.6.1975, 3 ABR 13/74, BB 1975, 1062; 29.7.2003, 3 ABR 34/02, BB 204, 943; 19.7.2005, 3 AZR 472/04, DB 2006, 343; 24.1.2006, 3 AZR 484/04, DB 2007, 471>, auch bei Gruppenunterstützungskassen, also Sozialeinrichtungen, die deswg nicht unter Abs 1 Nr 8 fallen, weil sie über den Betrieb, das Unternehmen oder den Unterordnungskonzern hinaus gehen <R: BAG 22.4.1986, 3 AZR 100/83, BB 1986, 1989; 9.5.1989, 3 AZR 439/88, DB 1989, 2491>, nicht aber über **Contractual Trust Arrangements (CTA)**, die nur eine Art und Weise der finanztechnischen Absicherung der Versorgungszusage sind <L: *Diller/Schaller* BB 2021, 1075, 1077 f>; Rn 175 bei Abs 1 Nr 8,
- **Zulagen** <R: BAG 17.12.1985, 1 ABR 6/84, BB 1986, 734; 30.1.1990, 1 ABR 2/89, BB 1990, 1842; 30.9.2008, 1 ABR 54/07, DB 2009, 407; zum PersVG BAG 25.7.1996, 6 AZR 179/95, NZA 1997, 620>, noch Rn 233 ff,
- **Urlaubsgelder** <R: BAG 26.8.2008, 1 AZR 354/07, DB 2008, 2709; zum PersVG BAG 15.4.2008, 1 AZR 65/07, NZA 2008, 888>,
- **Gratifikationen und Jubiläumszuwendungen** <R: BAG 26.8.2008, 1 AZR 354/07, DB 2008, 2709>,
- **Zuschüsse**, etwa Essenszuschussmarken <R: zum PersVG BAG 15.1.1987, 6 AZR 589/84, BB 1987, 2092>, Ermäßigungen des Elternbeitrags für Kindergärten <R: BAG 22.10.1981, 6 ABR 69/79, DB 1982, 811>, Mietzuschüsse <R: BAG 10.6.1986, 1 ABR 65/84, DB 1986, 2340> und Kosten für Familienheimflüge in das Heimatland der AN <R: BAG 10.6.1986, aaO>, zu Kantinen und Betriebskindergärten noch Rn 175 bei Abs 1 Nr 8, zu Werkmietwohnungen noch Rn 175 bei Abs 1 Nr 8 und Rn 194 ff bei Abs 1 Nr 9,
- Möglichkeiten zum **verbilligten Bezug von Produkten und Dienstleistungen des AG**, etwa wenn ein Luftfahrtunternehmen seinem Bodenpersonal Flugpreisermäßigungen gewährt <R: BAG 22.10.1985, 1 ABR 38/83, DB 1986, 384; 8.11.2011, 1 ABR 37/10, NZA 2012, 462 Rn 22 ff zum Personalverkauf von Kantinenwaren auf einem Fährschiff> oder der AG den Mietern seiner Werkmietwohnungen billiges Heizgas aus eigener Produktion liefert <R: BAG 22.10.1985, 1 ABR 47/83, DB 1986, 704>, noch Rn 172, 175 bei Abs 1 Nr 8 und Rn 194 ff bei Abs 1 Nr 9,
- **AG-Darlehen** <R: BAG 9.12.1980, 1 ABR 80/77, BB 1981, 735>,
- **geldwerte Sachleistungen**, die dem AN mit Rücksicht auf seine Arbeitsleistung gewährt werden, etwa **Dienstwagen** <L: DKW/*Klebe* Rn 301, 331; diff zwischen mitbestimmungsfreier dienstl Nutzung und mitbestimmungspflichtiger privater Nutzung *Sura*, ArbRAktuell 2022, 225> oder der kostenlose Transport zur Arbeitsstätte durch vom AG bezahlte Busunternehmen oder Sammeltaxis <R: vgl BAG 18.9.2002, 1 AZR 477/01, BB 2003, 795; zum PersVG BAG 9.7.1985, 1 AZR 631/80, DB 1986, 230; aA LAG SH 17.3.1983, 2 (3) Sa 548/82, BB 1984, 140>, noch Rn 175 bei Abs 1 Nr 8, ebenso wenn der AG den AN Laptops auch für die private Nutzung zur Verfügung stellt,

§ 87 Mitbestimmungsrechte

- **Wettbewerbe**, die der AG veranstaltet, um die AN zu einer best Leistung zu motivieren und bei denen den Gewinnern geldwerte Vorteile gewährt werden, etwa Reisen in die USA <R: BAG 30.3.1982, 1 ABR 55/80, BB 1982, 1300> oder Geldprämien <R: BAG 10.7.1979, 1 ABR 88/77, BB 1979, 1824>,
- **Betriebsausflüge** mit vollem Lohnausgleich, wenn der Zweck dem einer Erfolgsprämie entspricht und die Ausflüge aus Anlass eines bes Unternehmenserfolges eingeführt werden <R: BAG 27.1.1998, 1 ABR 35/97, BB 1998, 1419>,
- **Zeitzuschläge** für Samstagsarbeit, die in Abhängigkeit vom Zeitraum der erbrachten Arbeitsleistung auf dem Arbeitszeitkonto gutgeschrieben werden <R: BAG 18.3.2014, 1 ABR 75/12, AP BetrVG 1972 § 87 Lohngestaltung Nr 146 Rn 18 ff>.
- Mitarbeiterbeteiligung am Unternehmen <R: BAG 10.11.2021, 10 AZR 696/19, AP BGB § 611 Gratifikation Nr 321 Rn 60>, etwa **Aktienoptionen**, sofern der AG die Optionsverteilung zwingend und einzig für seine AN (mit-)gestaltet <R: BAG 12.6.2019, 1 ABR 57/17, ArbRB 2019, 301, konkret für ein deutsches Tochterunternehmen bzgl Aktienoptionen an einer ausländischen Konzernobergesellschaft abl; ebenso LAG München 11.8.2017, 9 TaBV 34/17, BeckRS 2017, 124513; L: *Zaumseil* NZA 2019, 1331, 1333>.

222 **Nicht mitzubestimmen** hat der BR über Zahlungen, mit denen den AN konkret entstehende oder entstandene Auslagen ersetzt werden, wie **Reisekostenerstattungen** einschließl der **Aufwandsentschädigungen**, die den AN aus Anlass von Geschäftsreisen <R: BAG 8.12.1981, 1 ABR 91/79, BB 1982, 989; 10.6.1986, 1 ABR 65/84, DB 1986, 2340; 27.10.1998, 1 ABR 3/98, BB 1999, 370> oder für den Einsatz des privaten Pkw für **Dienstfahrten** oder für einen dienstlich veranlassten **Umzug** gewährt werden <L: GK/*Gutzeit* Rn 867; *Richardi/Maschmann* Rn 765; *Fitting* Rn 416; DKW/*Klebe* Rn 302>, zum Ersatz von Kontoführungsgebühren Rn 116 bei Abs 1 Nr 4. Haben Zahlungen aus Anlass von Geschäftsreisen aber nicht nur den Zweck, entstandene Kosten in pauschalierter Form abzugelten, sind sie Vergütung iS von Abs 1 Nr 10, auch wenn sie als „**Spesen**" bezeichnet werden <R: BAG 27.10.1998, aaO; L: *Fitting* Rn 416; DKW/*Klebe* Rn 302>.

223 Lohncharakter haben **nur vermögenswerte Leistungen des AG**. Dazu muss die Leistung des AG als solche das Vermögen der AN mehren, sei es unmittelbar, sei es dadurch, dass sie diesen eigene Aufwendungen erspart, wie Zuschüsse zur privaten Wohnungsmiete (Rn 221) oder durch einen Zeitzuschlag für Samstagsarbeit auf dem Arbeitszeitkonto <R: BAG 18.3.2014, 1 ABR 75/12, AP BetrVG 1972 § 87 Lohngestaltung Nr 146 Rn 19>. Macht der AG die Zuweisung eines eigenen, technisch komplett ausgestatteten und an ihr zentrales EDV-System angebundenen Büros an Bezirksdirektoren mit einem Innendienstmitarbeiter davon abhängig, dass der Bezirksdirektor best Nettowerteinheiten erwirtschaftet, hat der BR an der Heraufsetzung dieser Nettowerteinheiten nicht mitzubestimmen: Die **Zuweisung eines eigenen Büros und eines Mitarbeiters** ist auch dann keine Frage der betriebl Lohngestaltung, wenn dadurch eine effektivere Aufgabenerledigung mögl wird <R: BAG 31.5.2005, 1 ABR 22/04, DB 2005, 2585; L: DKW/*Klebe* Rn 302>.

224 Kein Arbeitsentgelt sind Vergütungen, die ein AN aus Verträgen erhält, die er in eigener Verantwortung mit Dritten abgeschlossen hat, etwa der **Liquidationserlös von Chefärzten**. Über die Beteiligung nachgeordneter AN an solchen Einnahmen hat der BR nach Abs 1 Nr 10 mitzubestimmen, wenn die Beteiligung (teilweise) an die Stelle des Entgeltanspruchs gg den AG treten soll <R: BAG 16.6.1998, 1 ABR 67/97, BB 1998, 1956 (LS) für die Beteiligung am chefärztlichen Liquidationspool; L: diff Anm von *Löwisch* ArztR

1999, 64 ff>. Mitbestimmungspflichtig sind aber Grundsätze, nach denen der AG **Gelder Dritter** unter die AN verteilt, etwa über die Tronc-Verteilung <**R:** BAG 16.7.1985, 1 ABR 9/83, DB 1986, 231; 9.12.2003, 1 ABR 44/02, DB 2004, 2055; **L:** *Richardi/Maschmann* Rn 850 zu Bedienungsgeldern>. Trinkgeld ist nach § 107 Abs 3 S 2 GewO kein Arbeitsentgelt <**R:** vgl BAG 28.6.1995, 7 AZR 1001/94, BB 1996, 164; **L:** *Salje* DB 1989, 321, 322; GK/*Gutzeit* Rn 865>, weswg der BR über die Frage, ob jeder AN das ihm gezahlte Trinkgeld behalten darf oder in eine später nach Köpfen zu verteilende, gemeinsame Kasse einzahlen muss, nicht mitzubestimmen hat.

c) Aufstellung von Entlohnungsgrundsätzen

Der BR hat nach Abs 1 Nr 10 mitzubestimmen über die Aufstellung, also über die Einführung und Änderung von Entlohnungsgrundsätzen, insbes über den Wechsel von einem Entlohnungsgrundsatz zu einem anderen, Rn 227. Entlohnungsgrundsätze sind das **System, nach dem das Entgelt** für den Betrieb, für best Abteilungen oder für Gruppen von AN ermittelt und bemessen werden soll, also die **allg technischen Regeln, nach denen die Lohnfindung und -berechnung erfolgt** <**R:** BAG 29.3.1977, 1 ABR 123/74, BB 1977, 1046; 31.5.2005, 1 ABR 22/04, DB 2005, 2585; zum PersVG BVerwG 9.12.1998, 6 P 6/97, NZA 1999, 1003>; die rechtl Grundlage der Entlohnungsgrundsätze ist für das MBR irrelevant, Rn 216. Mitzubestimmen hat der BR darüber, ob die AN nach einem reinen Zeitlohnsystem entgolten werden oder leistungsbezogen nach einem Akkord- oder einem Prämienlohnsystem <**R:** BAG 29.3.1977, aaO; 20.11.1990, 1 AZR 643/89, BB 1991, 835> oder nach einem Mischsystem, etwa einem Zeitlohnsystem mit Leistungszulage <**R:** BAG 8.12.1981, 1 ABR 55/79, DB 1982, 1276; 17.12.1985 1 ABR 6/84, BB 1986, 734> oder ob sie Provisionen erhalten sollen <**R:** BAG 29.3.1977, aaO; 26.7.1988, 1 AZR 54/87, DB 1989, 384>. Mitbestimmungspflichtig sind auch Systeme der Gewinnbeteiligung <**R:** LAG Bremen 27.10.1978, 1 TaBV 5/78, BB 1978, 1668> und Naturallohnsysteme. Ein MBR des BR besteht auch, wenn der AG oberhalb der höchsten Tarifgruppe ein betriebl Gehaltsgruppensystem einführt <**R:** BAG 28.9.1994, 1 AZR 870/93, DB 1995, 678>.

225

Zu den Entlohnungsgrundsätzen zählt neben der Grundentscheidung für eine Vergütung nach Zeit oder Leistung (Rn 225) auch die **nähere Ausformung des Entgeltsystems**. Etwa hat der BR bei einem **Zeitlohnsystem** darüber mitzubestimmen, ob Stunden-, Wochen- oder Monatslohn gezahlt wird <**R:** BAG 30.10.2001, 1 ABR 8/01, DB 2002, 798>, ob mehrere gleich hohe oder verschieden hohe (Monats-)löhne gezahlt werden <**R:** BAG 22.6.2010, 1 AZR 853/08, AP Lohngestaltung Nr 136 Rn 23> und ob die Lohn- oder Gehaltsfestsetzung nach abstrakten Tätigkeitsmerkmalen erfolgen soll, wie sie in TV üblich ist, oder ob für sie eine Arbeitsplatzrangfolge maßgebend sein soll, die durch eine systematische Leistungsbeurteilung ermittelt wird. Lässt ein oberhalb der höchsten Tarifgruppe eingeführtes betriebl Gehaltsgruppensystem innerhalb einer Bandbreite Spielräume für individuelle Gehaltsvereinbarungen zu, unterliegen die Festlegung der Wertunterschiede und die Bestimmung der Bandbreiten der Mitbestimmung des BR <**R:** BAG 28.9.1994, 1 AZR 870/93, DB 1995, 678>. Bei einem **Leistungslohnsystem** ist mitbestimmungspflichtig, ob Gruppenakkord oder Einzelakkord bzw Gruppen- oder Einzelprämien eingeführt werden. Ebenso unterliegt die nähere Ausgestaltung eines **Provisionssystems** der Mitbestimmung des BR <**R:** BAG 26.7.1988, 1 AZR 54/87, DB 1989, 384; 25.6.1996, 1 AZR 853/95, juris>. Mitbestimmungspflichtig ist die Art der gezahlten Pro-

226

§ 87 Mitbestimmungsrechte

visionen, das Verhältnis der Provision zum Lohnfixum (Anrechenbarkeit) sowie das Verhältnis der Provisionen zueinander, einschließl der Festsetzung der Bezugsgrößen, zB ob bei Erreichung einer best Provisionshöhe diese und/oder andere Provisionen progressiv oder degressiv beeinflusst werden, ob eine Provision ganz oder teilweise fortfällt sowie die abstrakte Staffelung der Provisionssätze <R: BAG 29.3.1977, 1 ABR 123/74, BB 1977, 1046; 13.3.1984, 1 ABR 57/82, BB 1984, 2128; 26.7.1988, aaO>. Das MBR des BR beim Prämienlohn erstreckt sich auf die Prämienkurve, in der verschiedenen Leistungsgraden verschiedene Lohnhöhen linear, progressiv oder degressiv ansteigend zugeordnet werden; für den Geldfaktor besteht ein MBR aus Abs 1 Nr 11, Rn 251 <R: BAG 16.12.1986, 1 ABR 26/85, BB 1987, 2450; 20.11.1990, 1 AZR 643/89, BB 1991, 835>, noch Rn 228. Nicht nach Abs 1 Nr 10, sondern nach Abs 1 Nr 4 mitbestimmungspflichtig ist es, nach welchen Grundsätzen Abschläge auf das Arbeitsentgelt gezahlt werden oder wie Vorschüsse verrechnet werden, da insoweit allein die Art der Entgeltauszahlung geregelt wird <R: aA zum PersVG obiter dictum BVerwG 20.3.1980, 6 P 72/78, PersV 1981, 296>.

227 Aufstellung von Entlohnungsgrundsätzen iS des Abs 1 Nr 10 meint nicht nur ihre erstmalige **Einführung**, sondern auch ihre **Änderung**, insbes den Wechsel von einem Entlohnungsgrundsatz zu einem anderen <R: BAG 2.3.2004, 1 AZR 271/03, DB 2004, 1669>; selbst nach Wegfall des Geltungsgrundes der Vergütungsordnung, in welcher die Entlohnungsgrundsätze enthalten sind, kann der AG nicht einseitig agieren <R: BAG 8.12.2009, 1 ABR 66/08, NZA 2010, 404 Rn 21 zum Betriebsübergang>. Dabei ist aber erst die **tatsächl Änderung**, nicht etwa bloße Vereinbarung eines Widerrufsrechts für den AG mitbestimmungspflichtig <R: BAG 24.1.2017, 1 AZR 772/14, NZA 2017, 931 Rn 38>. Mitzubestimmen hat der BR nach Abs 1 Nr 10 etwa, wenn der AG von einer Vergütungsordnung mit Gehaltsdifferenzierung nach Lebensaltersstufen zu einer Vergütungsordnung ohne Lebensaltersstufen übergehen will <R: BAG 13.3.2001, 1 ABR 7/00, ZTR 2002, 94; 2.3.2004, aaO> oder vom Akkordlohn zum Zeitlohn oder zum Prämienlohn oder wenn sich die Vergütung nicht mehr nach einer altersabhängigen Grundvergütung bemessen soll, die um einen Ortszuschlag ergänzt wird, sondern nach einem zweistufigen Grundentgelt mit sich daran anschließenden Entwicklungsstufen, deren Erfüllung von der Beschäftigungszeit abhängig ist und die bislang vorgesehenen Bewährungs-, Zeit- und Tätigkeitsaufstiege ebenso unberücksichtigt bleiben wie die familienbezogenen Entgeltbestandteile <R: BAG 17.5.2011, 1 AZR 797/09, AP BetrVG 1972 § 87 Lohngestaltung Nr 138 Rn 26 sowie 5.5.2015, 1 AZR 435/13, AP BetrVG 1972 § 87 Lohngestaltung Nr 147 Rn 22>; auch bei Streichung einer Gewinnbeteiligung gg einmalige Zahlung eines Pauschalbetrages <R: BAG 14.1.2014, 1 ABR 57/12, AP BetrVG 1972 § 87 Lohngestaltung Nr 145 Rn 18>. Die Vergütungsstruktur wird regelmäßig auch dann geändert, wenn nur **einer von mehreren Bestandteilen**, aus denen sich die Gesamtvergütung zusammensetzt, gestrichen, erhöht oder vermindert wird <R: BAG 28.2.2006, 1 ABR 4/05, BAGE 117, 130 Rn 17f; 23.6.2009, 1 AZR 214/08, AP BetrVG § 77 Betriebsvereinbarung Nr 45 Rn 16 und 19 zum Wechsel von einer Kombination aus Zeit- und Prämienlohn zu einem reinen Zeitlohn durch Kd einer BV; 24.1.2017, 1 AZR 772/14, NZA 2017, 931 Rn 38>. Mitbestimmungspflichtig ist es auch, wenn das Verhältnis von Fixum, Provision und Prämie geändert werden soll <R: BAG 6.12.1988, 1 ABR 44/87, DB 1989, 1822>. Gruppiert der AG neu eingestellte AN in die betriebl Entgeltordnung ein, vereinbart er mit ihnen aber eine höhere Wochenarbeitszeit ohne Lohnausgleich, wendet der AG gleichwohl wei-

terhin das im Betrieb geltende Entgeltschema an und ändert dieses nicht mitbestimmungspflichtig; dass für die AN das pro Zeiteinheit gezahlte Arbeitsentgelt rechnerisch verringert wird, löst ein MBR weder aus Abs 1 Nr 2, 3 noch aus Abs 1 Nr 10 aus, da weder die Dauer der Arbeitszeit noch die Höhe des Entgelts mitbestimmungspflichtig sind <R: BAG 30.10.2001, 1 ABR 8/01, DB 2002, 798; L: aA DKW/*Klebe* Rn 306>. Auch wenn der AG sein eingeräumtes Ermessen bei der Festsetzung der Höhe von Sonderzahlungen ausübt, ändert er die Entlohnungsgrundsätze nicht, sondern wendet diese an <R: BAG 23.8.2017, 10 AZR 136/17, NZA 2018, 44 Rn 27>. Auch allein die **Zahlung des gesetzl Mindestlohns** bedingt keine Änderung der mitbestimmten Entlohnungsgrundsätze <R: BAG 27.4.2021, 1 ABR 21/20, NZA 2021, 967 Rn 24f zu einem Mindestlohn, der höher ist als die in den untersten Entgeltgruppen angesetzten Stundenentgelte>: Der AG erfüllt nur den materiell-rechtlich eigenständigen, gesetzl Anspruch, der zudem kein Raum für ein MBR des BR lässt. Zur **Beendigung** von Entlohnungsgrundsätzen Rn 241.

d) Einführung und Anwendung von neuen Entlohnungsmethoden und deren Änderung

Mitzubestimmen hat der BR auch bei der Einführung, Anwendung und Änderung von Entlohnungsmethoden. Entlohnungsmethode ist das Verf, also die **Art und Weise, in der das zw AG und BR vereinbarte Entlohnungssystem durchgeführt wird** <R: BAG 29.3.1977, 1 ABR 123/74, BB 1977, 1046>. Mitzubestimmen hat der BR darüber, wie der **Arbeitswert**, dh der Schwierigkeitsgrad der Arbeit, festgestellt wird, von der die Zuordnung einer best Arbeit zu einer Entgeltgruppe abhängt. In Betracht kommen hierfür sowohl Punktbewertungssysteme, die die Schwierigkeitsgrade jeder Arbeit durch Punkte ausdrücken, als auch Leistungsgruppensysteme, bei denen näher definierte Typen von Arbeiten best Entgeltgruppen zugeordnet werden. Bei Leistungslohnsystemen, insbes beim Akkord- und Prämienlohn, hat der BR darüber mitzubestimmen, wie der **Leistungsgrad der einzelnen AN** ermittelt wird; das MBR aus Abs 1 Nr 10 und aus Abs 1 Nr 11 gehen insoweit ineinander über <R: vgl BAG 16.4.2002, 1 ABR 34/01, DB 2003, 212>, zur gegenseitigen Ergänzung schon Rn 197 und 170. Beim Akkordlohn ist der BR etwa an der Entscheidung zu beteiligen, mit Hilfe welchen Systems, etwa des Refa-, des Bedaux-, des WF- oder des MTM-Systems, die Vorgabezeiten ermittelt werden <R: BAG 16.4.2002 aaO; L: statt aller GK/*Gutzeit* Rn 970>; ebenso besteht ein MBR an der zeitl Lage der Erholungszeiten, etwa ob diese ganz oder teilweise zu feststehenden Kurzpausen zusammengefasst werden sollen <R: BAG 24.11.1987, 1 ABR 12/86, BB 1988, 977>; an der Festsetzung der Erholungszeiten selbst, hat der BR nach Abs 1 Nr 11 mitzubestimmen, Rn 250. Beim Prämienlohn sind die Bestimmung der Normalleistung, der Bezugsgröße sowie des Prämienansatzes mitbestimmungspflichtig <R: BAG 16.12.1986, 1 ABR 26/85, BB 1987, 2450>, die Prämienkurve ist ein mitbestimmungspflichtiger Entlohnungsgrundsatz, Rn 226, an der Festsetzung des Geldfaktors ist der BR nach Abs 1 Nr 11 zu beteiligen, Rn 251. Ein MBR besteht auch hinsichtl der Art und Weise, in der eine Gewinnbeteiligung der AN ermittelt wird <R: LAG Bremen 27.10.1978, 1 TaBV 5/78, BB 1978, 1668> – zu welchen Konditionen und in welchem Umfang AN am Beteiligungsmodell teilnehmen können <R: BAG 10.11.2021, 10 AZR 696/19, AP BGB § 611 Gratifikation Nr 321 Rn 60>. Mit dem Wort „Anwendung" wird klargestellt, dass der BR nicht nur über die Auswahl einer Entlohnungsmethode, sondern auch über deren praktische Durchführung mitzubestimmen hat.

228

§ 87 Mitbestimmungsrechte

229 Wird dem AG durch TV für die Bemessung des Urlaubsentgelts die **Wahlmöglichkeit** zw der Berechnung anhand des konkreten Entgeltausfalls oder nach dem Durchschnitt der letzten vor der Urlaubsgewährung abgerechneten zwölf Kalendermonate eingeräumt, hat der BR bei der Ausübung dieses Wahlrechts nach Abs 1 Nr 10 mitzubestimmen <**R:** BAG 3.12.2002, 9 AZR 535/01, BB 2003, 1232>. Auch an der Entscheidung nach § 6 Abs 5 ArbZG, ob ein Ausgleich für Nachtarbeit durch bezahlte freie Tage oder durch einen angemessenen Entgeltzuschlag zu gewähren ist, hat der BR nach Abs 1 Nr 10 mitzubestimmen <**R:** BAG 26.8.1997, 1 ABR 16/97, BB 1998, 845>; zum MBR aus Abs 1 Nr 7 Rn 159, gg ein MBR aus Abs 1 Nr 2 Rn 59.

230 **Keine** nach Abs 1 Nr 10 mitbestimmungspflichtige Entlohnungsmethode ist es, wenn der AG als Entscheidungshilfe für die Einführung eines Leistungslohnsystems **probeweise Zeitstudien** mit Hilfe einer Filmkamera durchführt <**R:** BAG 24.11.1981, 1 ABR 108/79, BB 1982, 1421>; erst wenn er die Zeitstudie iR der Lohnfestsetzung, etwa beim Akkord, verwenden will, greifen die MBR aus Abs 1 Nr 10 und Nr 11, ausf in Rn 250. Auch über **arbeitsorganisatorische Vorgaben** des AG, etwa wenn dieser die von den AN zu verrichtenden Tätigkeiten festlegt, hat der BR nicht mitzubestimmen <**R:** BAG 14.1.1986, 1 ABR 82/83, DB 1986, 1286 für Funktionsbeschreibungen; 16.7.1991, 1 ABR 66/90, BB 1992, 564 für die Einteilung von Verkaufsgebieten für Außendienstmitarbeiter>; ebenso wenig, wenn der AG die Fließbandgeschwindigkeit festsetzt, der BR kann insoweit aber nach §§ 90, 91 zu beteiligen sein <**L:** GK/*Gutzeit* Rn 976 mwN; *Fitting* Rn 436; DKW/*Klebe* Rn 309>. Legt der AG ledigl fest, dass und wie die AN die von ihnen geleistete Arbeit **nachweisen** müssen, um das Entgelt zu erhalten, ist dies ebenfalls nicht nach Abs 1 Nr 10 mitbestimmungspflichtig <**R:** BAG 4.8.1981, 1 ABR 54/78, DB 1982, 383 für von den AN auszufüllende Tageszettel zum Nachweis tarifl ausgleichspflichtiger Überstunden>.

e) Verhältnis zu TV

231 Entlohnungsgrundsätze sind idR durch TV abschließend geregelt, sodass sich die Mitbestimmung wg Abs 1 Eingangs-Hs beim eigentl Arbeitsentgelt idR auf die **Ergänzung tarifvertragl Entgeltbestimmungen** beschränkt, Rn 6 ff. Die Entgelt-TV setzen meist ledigl die Entgelthöhe und best Entgeltzahlungssysteme (insbes Zeitlohn, Akkordlohn, Prämienlohn) fest, regeln aber nicht, welches System in welchem Betrieb für welche Arbeit angewandt und wie es dort näher ausgestaltet werden soll; dies bleibt AG und BR überlassen. Etwa hat der BR über die Festlegung und Gewichtung der Kriterien für eine betriebl Lohnstruktur mitzubestimmen, wenn ein TV AN und AG die Vereinbarung der Höhe des Entgelts überlässt und selbst keine Entgeltordnung aufstellt <**R:** BAG 14.12.1993, 1 ABR 31/93, DB 1994, 1573>. Bei einem tarifl Nachtarbeitszuschlag, für den der TV ledigl einen Zeitrahmen vorsieht, hat der BR an der Festlegung der Zeitspanne mitzubestimmen, für die der Nachtzuschlag gezahlt werden soll <**R:** BAG 21.9.1993, 1 ABR 16/93, BB 1994, 500>. Gelten für Teile der Belegschaft verschiedenartige tarifl Entgeltsysteme, erstreckt sich das MBR aber nicht auf das Verhältnis der Entgeltsysteme zueinander <**R:** vgl BAG 19.9.1995, 1 ABR 20/95, BB 1996, 1113>. Da die Lohnzahlung iS des Abs 1 Nr 10 **nicht** notwendig betriebseinheitl geregelt werden muss, reicht die **bloße Tarifbindung des AG** nicht, sondern sperrt der TV die Mitbestimmung bei Inhaltsnormen nur ggü den tarifgebundenen AN iS der §§ 3 Abs 1, 4 Abs 1 S 1 TVG, Rn 6. Die nicht tarifgebundenen AN sind mit einem MBR des BR zu schützen. Nach dem **BAG**

II. Katalog der mitbestimmungspflichtigen Angelegenheiten § 87

reicht hingg die bloße Tarifbindung des AG auch bei Inhaltsnormen für die Tarifsperre <R: BAG 18.10.2011, 1 ABR 25/10, NZA 2012, 392 Rn 21; 28.3.2017, 1 ABR 1/16, AP BetrVG 1972 § 87 Lohngestaltung Nr 152 Rn 25; 20.2.2018, 1 ABR 53/16, AP BetrVG 1972 § 87 Lohngestaltung Nr 155 Rn 20>. Zwar entstehe eine Schutzlücke für die nicht tarifgebundenen AN. Um diese zu schließen, sei aber das tarifl Entlohnungssystem, soweit dieses der erzwingbaren MB nach § 87 Abs 1 Nr 10 unterliegt, auch ggü den nicht tarifgebundenen AN anzuwenden <R: BAG 18.10.2011, aaO Rn 26 und Rn 29 gg einen Anspruch der nicht tarifgebundenen AN auf Tariflohn; 23.8.2016, 1 ABR 15/14, NZA 2017, 74 Rn 18 und Rn 19 zur Anwendung aller tarifl Vergütungsordnungen im Fall von Tarifpluralität sowie für ein MBR aus § 99 bzgl der Zuordnung zu einer der tarifl Vergütungsordnungen; 21.3.2018, 7 ABR 38/16, NZA 2018, 1090 Rn 32; L: ErfK/*Kania* Rn 100; aA wie hier GK/*Gutzeit* Rn 68 mwN; *Salamon*, NZA 2012, 899>.

Weiter geht das MBR aus Abs 1 Nr 10, soweit ein TV keine Regelungen für den Betrieb, für best Arbeitsverhältnisse oder für best Entgeltbestandteile trifft: Ist der **AG nicht tarifgebunden**, erstreckt sich das MBR auf das betriebl Entgeltsystem insgesamt <R: BAG 26.8.2008, 1 AZR 354/07, DB 2008, 2709>, Rn 7. Bei tarifgebundenen AG hat der BR über **außer- und übertarifl Entgelte** insgesamt mitzubestimmen <R: BAG 18.5.2010, 1 ABR 96/08, BeckRS 2010, 72310 Rn 12>. Da Abs 1 Nr 10 dem BR aber kein MBR über die Höhe des Entgelts einräumt (Rn 240 ff), kann der AG frei entscheiden, ob er eine zusätzl freiw Leistung überhaupt erbringen will, ob er die Gehälter der AT-Angestellten erhöht, ob er diese weiterhin erbringen will und welchem Zweck das Zusatzentgelt dient. Der BR hat an der Ausgestaltung einer freiw Leistung daher nur iR des vom AG vorgegebenen Dotierungsrahmens (Rn 241, 243) und nur solange mitzubestimmen, wie der AG bereit ist, die Leistung überhaupt zu erbringen (Rn 241). Wendet ein tarifgebundener AG auf alle AN unabhängig von ihrer Tarifgebundenheit die für ihn geltende tarifl Vergütungsstruktur in ihrer jeweiligen Fassung an, unterliegt die Einführung einer neuen Vergütungsstruktur aufgrund einer bloßen Tarifsukzession nicht dem MBR des BR nach Abs 1 Nr 10: Im Betrieb findet nach wie vor das jeweils geltende Tarifwerk Anwendung <R: BAG 17.5.2011, 1 AZR 797/09, AP BetrVG 1972 § 87 Lohngestaltung Nr 138 Rn 24 zur Tarifsukzession vom BAT zum TV-L>.

232

Die **Anrechnung einer Tariflohnerhöhung auf über-/außertarifl Zulagen** sowie der **Widerruf** über-/außertarifl Zulagen aus Anlass und bis zur Höhe einer Tariflohnerhöhung unterliegen der Mitbestimmung, wenn sich die **Verteilungsgrundsätze ändern** und ein Regelungsspielraum für eine anderweitige Anrechnung bzw Kürzung besteht <R: grundlegend BAG 3.12.1991, GS 2/90, BB 1992, 1418; 19.7.2005, 3 AZR 472/04, DB 2006, 343; L: GK/*Gutzeit* Rn 900 ff; *Fitting* Rn 470 ff; ErfK/*Kania* Rn 112 ff; DKW/*Klebe* Rn 315; krit *Richardi/Maschmann* Rn 814 ff>; aber erst die tatsächl Änderung, nicht die bloße **Vereinbarung eines Widerrufsrechts** für den AG <R: BAG 24.1.2017, 1 AZR 772/14, NZA 2017, 931 Rn 38>. Kürzt der AG den Gesamtaufwand für übertarifl Zulagen, widerruft er etwa Leistungszulagen, hat der BR darüber mitzubestimmen, wie der gekürzte Gesamtaufwand auf die betroffenen AN verteilt wird <R: BAG 13.1.1987, 1 ABR 51/85, DB 1987, 1096>; etwa wenn das Weihnachtsgeld nicht für alle AN widerrufen wird <R: BAG 24.1.2017, 1 AZR 772/14, NZA 2017, 931 Rn 42>. Die Verteilungsgrundsätze werden auch dann mitbestimmungspflichtig geändert, wenn der AG übertarifl Gehaltsgruppen aus Anlass einer Tariflohnerhöhung anhebt, sodass sich ihr Verhältnis zueinander und zur höchsten Tarifgruppe ändert <R: BAG 18.10.1994, 1 ABR 17/94, BB

233

§ 87   Mitbestimmungsrechte

1995, 566>. Hat der BR der Einführung eines Zulagensystems zugestimmt, ist eine Änderung der Verteilungsgrundsätze durch unterschiedl hohe Anrechnung einer Tariflohnerhöhung nicht mitbestimmungspflichtig, wenn der AG mit dieser Änderung ledigl die mitbestimmte Regelung vollzieht <R: BAG 22.9.1992, 1 AZR 405/90, BB 1993, 135; L: GK/ *Gutzeit* Rn 922; DKW/*Klebe* Rn 314>. Schreibt die Übergangsregelung eines TV die Anrechnung von Tätigkeitszulagen auf die Differenz zw der neuen und der darunterliegenden bisherigen Gehaltsgruppe vor, hat der BR wg Abs 1 Eingangs-Hs nicht mitzubestimmen <R: BAG 7.9.1994, 10 AZR 716/93, BB 1995, 828>. Die Grundsätze zur Anrechenbarkeit von Tariferhöhungen auf übertarifl Entgelte sind auch dann anzuwenden, wenn das Tarifentgelt nicht prozentual, sondern durch für alle AN gleich hohe monatl Pauschalbeträge erhöht wird <R: BAG 25.6.2002, 3 AZR 167/01, DB 2002, 2494; 21.1.2003, 1 AZR 125/02, EzA § 4 TVG Tariflohnerhöhung Nr 41>.

234 Wird das **Zulagenvolumen** durch die Tariflohnerhöhung **völlig aufgezehrt** oder wird die Tariflohnerhöhung auf die über- oder außertarifl Zulagen **vollständig und gleichmäßig angerechnet**, ist die Anrechnung **mitbestimmungsfrei**. Im ersten Fall besteht kein Regelungsspielraum, da kein Zulagenvolumen mehr vorhanden ist, das verteilt werden könnte; der AG regelt nur das „Ob" der Zulage <R: BAG 3.12.1991, GS 2/90, BB 1992, 1418; 27.8.2008, 5 AZR 820/07, DB 2008, 2766; L: GK/*Gutzeit* Rn 926 f; *Fitting* Rn 477; ErfK/*Kania* Rn 115; **krit** *Richardi/Maschmann* Rn 818 ff; **aA** DKW/*Klebe* Rn 315 f>. Im zweiten Fall der **gleichmäßigen und vollständigen Anrechnung** wird bei bis dahin unterschiedl hohen übertarifl Zulagen zwar die Verteilungsrelation verändert; das MBR aus Abs 1 Nr 10 entfällt aber, weil es aus rechtl Gründen an einem Regelungsspielraum fehlt: Mehr als die Tariflohnerhöhung anzurechnen darf der AG nicht, die Verteilung ist bei vollständiger Anrechnung zwingend <R: BAG 3.12.1991, aaO; 27.8.2008, aaO; L: GK/*Gutzeit* Rn 928 f; *Fitting* Rn 478; ErfK/*Kania* Rn 115; *Richardi/Maschmann* Rn 818 ff>. Dass der AG die Anrechnung bei wenigen AN versehentlich unterlässt, ändert nichts an der Mitbestimmungsfreiheit <R: BAG 31.10.1995, 1 AZR 276/95, BB 1996, 646; 9.11.2005, 5 AZR 595/04, EzA § 4 TVG Tariflohnerhöhung Nr 45>. Lässt der AG Zulagen trotz einer unterschiedl Erhöhung der tarifl Grundgehälter unverändert, verändert er die Verteilungsgrundsätze ebenfalls nicht, sodass kein MBR besteht <R: BAG 28.4.1998, 1 ABR 53/97, BB 1998, 1800 (LS)>. Bestehen für Teile der Belegschaft **verschiedenartige Entgeltsysteme**, die durch Unterschiede der Tätigkeiten bedingt sind, und rechnet der AG eine Tariflohnerhöhung in den unteren beiden Entgeltgruppen vollständig an, erhöht aber die Gehälter für die AT-Ang, folgt daraus kein MBR bei der Tarifanrechnung: Wg der vollständigen Anrechnung verbleibt in den unteren Entgeltgruppen kein Regelungsspielraum; die Gehaltserhöhung im AT-Bereich löst ein MBR für die unteren Entgeltgruppen nicht aus, da sich das MBR aus Abs 1 Nr 10 nicht auf das Verhältnis der unterschiedl betriebl Entgeltsysteme zueinander erstreckt <R: BAG 19.9.1995, 1 ABR 20/95, BB 1996, 1113; L: GK/*Gutzeit* Rn 930>, Rn 242. Rechnet der AG eine Tariflohnerhöhung an, obwohl er dies aufgrund TV oder Einzelarbeitsvertrag nicht darf, löst die Anrechnung kein MBR aus Abs 1 Nr 10 aus: Es ist Sache des AN und nicht des BR, die Vertragswidrigkeit einer vertragswidrigen Anrechnung geltend zu machen <R: BAG 7.2.1996, 1 AZR 657/95, BB 1996, 1838>.

235 Will der AG eine neu geschaffene tarifl Zulage voll auf in unterschiedl Höhe gewährte übertarifl Zulagen anrechnen, verbleibt **ausnahmsweise dann ein Regelungsspielraum** und damit ein MBR des BR aus Abs 1 Nr 10, wenn zeitgleich mit der **Einführung der**

II. Katalog der mitbestimmungspflichtigen Angelegenheiten § 87

Tarifzulage die Tarifgehälter linear erhöht werden, der AG auch die von ihm gezahlte übertarifl Zulage entspr erhöht und die neue Tarifzulage erst anschließend anrechnet, da dies im Ergebnis nur eine teilweise Anrechnung bedeutet <R: BAG 14.2.1995, 1 AZR 565/94, BB 1995, 2061; L: DKW/*Klebe* Rn 315>. Mitzubestimmen hat der BR auch, wenn der AG eine Tariflohnerhöhung auf die übertarifl Zulagen aller AN anrechnet, um das durch die Anrechnung eingesparte Zulagevolumen künftig anders zu verteilen <R: BAG 11.8.1992, 1 AZR 279/90, DB 1993, 46>. Kürzt der AG anlässl einer Tariflohnerhöhung alle übertarifl Zulagen um den gleichen Prozentsatz, ändern sich die Verteilungsgrundsätze grds nicht. Die Kürzung ist aber dann mitbestimmungspflichtig, wenn den AN nach den bisherigen Verteilungsgrundsätzen ein best Mindestbetrag (**Sockelbetrag**) als übertarifl Zulage garantiert war und der AG durch die Kürzung in diesen Sockelbetrag eingreift <R: BAG 3.12.1991, GS 2/90, BB 1992, 1418>.

Beruhen die volle Anrechnung einer Tariflohnerhöhung auf übertarifl Zulagen und die wenig später erklärte Zusage einer neuen übertarifl Leistung auf einer **einheitl Konzeption des AG**, so liegt hierin eine insgesamt mitbestimmungspflichtige Änderung der Entlohnungsgrundsätze <R: BAG 17.1.1995, 1 ABR 19/94, BB 1995, 1482; L: *Richardi/Maschmann* Rn 830; *Fitting* Rn 481; DKW/*Klebe* Rn 316>. Dafür genügt es, dass sich der AG durch die Anrechnung zunächst nur einen finanz Spielraum für die Gewährung neuer Leistungen schaffen will und über die Neuverteilung erst in einem zweiten Schritt entscheiden will, also im Zeitpunkt der Anrechnung noch nicht abschließend entschieden hat, wem und in welcher Höhe er die neuen übertarifl Leistungen gewähren will <R: BAG 17.1.1995, aaO>. Sieht ein TV eine Entgelterhöhung in zwei Stufen vor, sind die Nichtanrechnung der ersten und die vollständige Anrechnung der zweiten Stufe auf übertarifl Zulagen nur mitbestimmungspflichtig, wenn sie auf einer einheitl Entscheidung des AG beruhen – was sich nach den Umständen des Einzelfalls richtet <R: BAG 24.1.2017, 1 ABR 6/15, AP BetrVG 1972 § 87 Lohngestaltung Nr 149 Rn 16>: Ein einheitl Anrechnungskonzept ist jedoch die Ausnahme; für den Regelfall ist davon auszugehen, dass der AG bei jeder Tariflohnerhöhung neu darüber befindet, ob und ggfs in welchem Umfang er sie auf übertarifl Leistungen anrechnen will <R: BAG 8.6.2004, 1 AZR 308/03, BB 2005, 723>. Für die Beurteilung, ob ein konzeptioneller Zusammenhang besteht oder ob der AG bei seiner Entscheidung über die Anrechnung der ersten Stufe nicht bereits sein Verhalten bei der zweiten oder der dritten Stufe plante, kann der **zeitl Abstand** zw den Anrechnungsmaßnahmen ausschlaggebend sein: Beträgt der zeitl Abstand nur wenige Wochen, ist ohne entgegenstehende Anhaltspunkte regelmäßig von einem einheitl Konzept auszugehen; nicht aber, wenn zw den Anrechnungsentscheidungen viele Monate liegen. Eine einheitl Konzeption liegt ferner regelmäßig dann nahe, wenn der zweite Abschnitt einer Tariferhöhung den ersten **verdrängt** bzw. an dessen Stelle tritt. Dagg liegen in den Fällen, in denen die zweite Stufe der Tariferhöhung auf der ersten aufbaut, eher gesonderte, selbständige Anrechnungsentscheidungen vor <R: BAG 10.3.2009, 1 AZR 55/08, AP BetrVG 1972 § 87 Lohngestaltung Nr 134 Rn 21>. Zu bejahen ist ein einheitl Anrechnungskonzept etwa dann, wenn der AG eine Anrechnung bei der ersten Tariferhöhung unterlässt, um die zweite abzuwarten <R: BAG 14.2.1995, 1 ABR 41/94, BB 1995, 1481> oder wenn der AG bei einer Einmalzahlung und bei den prozentualen Tariferhöhungen für die Monate Juni und Juli von einer Anrechnung absieht, aber im August eine vollständige Anrechnung vornimmt – dann bedarf es einer MB des BR <R: BAG 10.3.2009, 1 AZR 55/08, AP BetrVG 1972 § 87 Lohngestaltung Nr 134 Rn 22>. Ist zum

236

Zeitpunkt der Anrechnungsentscheidung des AG noch nicht absehbar, dass der ETV eine zweistufige Entgelterhöhung enthalten wird, liegt kein Gesamtkonzept und damit kein MBR vor <**R:** BAG 24.1.2017, 1 ABR 6/15, AP BetrVG 1972 § 87 Lohngestaltung Nr 149 Rn 21>. Kürzt der AG zunächst mitbestimmungsfrei das Zulagenvolumen und – unter Beibehaltung der bisherigen Verteilungsrelation – auch die einzelnen Zulagen, gibt aber zugleich bekannt, dass er eine Änderung der Verteilungsrelation erreichen will, können AG und BR eine auf den Zeitpunkt einer Tariferhöhung rückwirkende BV über die Anrechnung der übertarifl Zulagen abschließen <**R:** BAG 19.9.1995, 1 AZR 208/95, BB 1996, 326>, allg zu rückwirkenden BV § 77 Rn 30.

237 Der AG darf das MBR des BR aus **Abs 1 Nr 10 nicht dadurch unterlaufen**, dass er für den Fall, dass der BR seinen Anrechnungsvorschlägen nicht zustimmt, **androht**, den Tariflohn mitbestimmungsfrei vollständig anzurechnen <**R:** BAG 26.5.1998, 1 AZR 704/97, BB 1998, 2422; **L:** DKW/*Klebe* Rn 315; *Richardi/Maschmann* Rn 830; *Fitting* Rn 477>. Widerspricht der BR aber nicht lediglich den Verteilungsvorschlägen des AG, sondern der Kürzung überhaupt, überschreitet er sein MBR (Rn 240 f); der AG darf dann legitimerweise mit einer vollständigen Anrechnung reagieren <**R:** BAG aaO; **L:** *Richardi/Maschmann* Rn 830; **aA** DKW/*Klebe* Rn 315>. Zur Nachwirkung einer teilmitbestimmten BV über freiw AG-Leistungen § 77 Rn 67.

238 Hat der AG den Entgelt-TV gekündigt und **wirkt dieser lediglich iS des § 4 Abs 5 TVG nach**, erfasst der nachwirkende TV nicht die Arbeitsverhältnisse, die nach Kd des TV begründet werden <**R:** BAG 22.7.1998, 4 AZR 403/97, BB 1998, 2366; 7.11.2001, 4 AZR 703/00, BB 2002, 1048; **L:** *Löwisch/Rieble* TVG § 4 Rn 814 mwN; **aA** *Wank* TVG § 4 Rn 354 ff mwN>. Der BR kann nicht rügen, dass die neu eingestellten AN aufgrund des arbeitsrechtl Gleichbehandlungsgrundsatzes in die nachwirkende tarifl Entgeltgruppen eingruppiert werden müssen: Durch die Kd des TV will der AG das Entgelt der AN auf eine neue Grundlage stellen; dies ist ein sachl Grund für die Ungleichbehandlung der neu eingestellten und der bisherigen AN <**R:** BAG 11.6.2002, 1 AZR 390/01, DB 2002, 2725; zum PersVG BVerwG 15.2.1988, 6 P 21/85, ZTR 1988, 186; **L:** *Löwisch/Rieble* TVG § 4 Rn 820>, noch Rn 245. Vereinbart der AG das Arbeitsentgelt mit den neu eingestellten AN nach einheitl Grundsätzen, hat der BR über diese Entlohnungsgrundsätze nach Abs 1 Nr 10 mitzubestimmen, da die Tarifüblichkeitssperre des § 77 Abs 3 nur eine BV, nicht aber die Mitbestimmung ausschließt (Rn 8, § 77 Rn 126 ff). Hat der AG bei der Aufstellung der neuen Entgeltgrundsätze den BR nicht beteiligt oder wendet er die Entgeltgrundsätze gg dessen Widerspruch an, folgt daraus entgg der hM <**R:** BAG 11.6.2002, aaO; 2.3.2004, 1 AZR 271/03, DB 2004, 1669 = AP TVG § 3 Nr 31 mit abl Anm *Reichold*; zum PersVG BAG 15.4.2008, 1 AZR 65/07, NZA 2008, 888; **L:** zust Anm zu BAG 11.6.2002, aaO: *Wiese* AP BetrVG 1972 § 87 Lohngestaltung Nr 113; *Thüsing* EWiR 2003, 95; *Ilbertz* ZBVR 2003, 37; **abl wie hier** *Reichold* FS Konzen, S 763, 773 f; *Caspers* FS Löwisch, S 45 ff> aber nicht, dass der nachwirkende TV als betriebl Entgeltordnung fort gilt und die neu Eingestellten in diese Entgeltordnung einzugruppieren sind: Die Nichtzustimmung des BR zu neuen kollektiven Entgeltgrundsätzen vermag aus dem TV keine – alte – betriebl Entgeltordnung zu machen. Das zeigt auch der Vergleich zu einer durch BV vereinbarten betriebl Entgeltordnung (Rn 239): Auch diese wirkt nach der Kd nicht nach und erfasst die nach Kd eingestellten AN nicht (§ 77 Rn 65). Der BR kann gg die Zugrundelegung der vom AG einheitl angewandten neuen

II. Katalog der mitbestimmungspflichtigen Angelegenheiten § 87

Entgeltregeln aber gem § 99 Abs 2 einwenden, die „Eingruppierung" verstoße gg Abs 1 Nr 10, Rn 244 und § 99 Rn 65.

Ist der **AG nicht tarifgebunden**, erstreckt sich die Mitbestimmung des BR ebenfalls auf die Bildung des betriebl Entgeltsystem insgesamt und auf die Übernahme der von Dritten verwendeten Entgeltordnung im Betrieb <**R:** BAG 28.2.2006, 1 ABR 4/05, BB 2006, 190; 26.8.2008, 1 AZR 354/07, DB 2008, 2709; zum PersVG BVerwG 9.12.1998, 6 P 6/97, NZA 1999, 1003>. Mit der Entscheidung, für die Außenstelle Berlin den Vergütungs-TV BAT-Ost einzuführen, trifft ein Forschungsinstitut nicht ledigl mitbestimmungsfrei eine Entscheidung über die Gesamtsumme der Personalausgaben (Rn 240 f), sondern ersetzt den bisherigen Verteilungsgrundsatz, dass alle AN unabhängig vom Tätigkeitsort nach einer einheitl Ordnung (BAT-West) vergütet werden, durch eine gespaltene Vergütungsordnung <**R:** zum PersVG BVerwG 9.12.1998, aaO>. 239

f) Kein MBR über die Entgelthöhe

Wie § 88 Nr 2 (§ 88 Rn 2) deutlich macht <**R:** BAG 12.6.1975, 3 ABR 13/74, BB 1975, 1062>, gibt Abs 1 Nr 10 dem BR keinen Einfluss auf die Entscheidung über die Entgelthöhe; die **Entgelthöhe** ist **mitbestimmungsfrei** <**R:** BAG 22.1.1980, 1 ABR 48/77, BB 1982, 432; 31.5.2005, 1 ABR 22/04, DB 2005, 2585; 30.9.2008, 1 ABR 54/07, DB 2009, 407; **L:** GK/*Gutzeit* Rn 847 ff; *Fitting* Rn 419; *Richardi/Maschmann* Rn 792 ff; ErfK/*Kania* Rn 103; **aA** DKW/*Klebe* Rn 311 ff mwN>; ebenso die **Voraussetzungen (des Untergangs) eines Entgeltanspruchs** <**R:** BAG 12.4.2011, 1 AZR 412/09, AP BetrVG 1972 § 75 Nr 57 Rn 17; 7.6.2011, 1 AZR 807/09, AP BetrVG 1972 § 77 Betriebsvereinbarung Nr 55 Rn 33; 5.7.2011, 1 AZR 94/10, AP BetrVG 1972 § 87 Lohngestaltung Nr 139 Rn 27 alle drei gg ein MBR für eine Stichtagsregelung bzgl einer Bonuszahlung>. Der BR kann nach Abs 1 Nr 10 daher weder erreichen, dass das Arbeitsentgelt in einer best Höhe festgesetzt wird noch verhindern, dass ein einmal festgelegtes Entgelt gekürzt wird. Eine BV, nach der die Vereinbarung eines von den Arbeitsvertragsparteien einzelvertragl vereinbarten Gehaltsbestandteil von der Zustimmung des BR abhängt, ist unzulässig <**R:** BAG 30.10.2012, 1 ABR 61/11, NZA 2013, 522 Rn 26; 18.11.2014, 1 ABR 18/13, BeckRS 2015, 65972 Rn 21>. Mitbestimmungspflichtig sind lediglich die abstrakt-generellen Regelungen, die als Verteilungsgrundsätze die individuelle Lohnhöhe allenfalls mittelbar beeinflussen: Stellt der AG für die individualrechtl versprochene Vergütung einen bes Dotierungsrahmen zur Verfügung, unterliegt dessen Verteilung bei Vorliegen eines kollektiven Tatbestands dem MBR aus Abs 1 Nr 10 <**R:** BAG 30. 10.2012, 1 ABR 61/11, NZA 2013, 522 Rn 27; 14.1.2014, 1 ABR 57/12, AP BetrVG 1972 § 87 Lohngestaltung Nr 145 Rn 16>. Zur Mitbestimmung über die Entgelthöhe bei leistungsabhängigen Entgelten nach Abs 1 Nr 11 Rn 248. 240

Zur **mitbestimmungsfreien Entgeltpolitik** gehört die Entscheidung des AG, **ob** er in seinem Betrieb überhaupt außer- und übertarifl Entgelte, etwa Leistungszulagen, Prämien usw einführen will, ebenso die Festsetzung der Höhe der Gruppengehälter für die AT-Ang <**R:** BAG 18.9.2002, 1 AZR 477/01, BB 2003, 795; 21.1.2003, 1 ABR 5/02, NZA 2003, 810; 18.11.2003, 1 AZR 604/02, BB 2004, 2529; 30.9.2008, 1 ABR 54/07, DB 2009, 407>. Zur mitbestimmungsfreien Lohnpolitik gehören auch die **Abschaffung** außer- und übertarifl Entgelte und die **Kürzung** der finanz Ausstattung <**R:** BAG 3.12.1991, GS 2/90, BB 1992, 1418; 8.6.2004, 1 AZR 308/03, 2005, 723>. Nicht mitzubestimmen hat der 241

§ 87 Mitbestimmungsrechte

BR über die Entscheidung des AG bei fehlender Tarifbindung (Rn 232), die Arbeitsentgelte abzusenken <R: BAG 28.2.2006, 1 ABR 4/05, BB 2006, 190; zum PersVG BVerwG 16.2.1988, 6 P 24/86, PersR 1988, 103; 15.2.1988, 6 P 21/85, ZTR 1988, 186>, wenn hierdurch der relative Abstand der Gesamtvergütungen zueinander unverändert bleibt, etwa alle Gehälter um 20% gekürzt werden <R: BAG 17.5.2011, 1 AZR 797/09, AP BetrVG 1972 § 87 Lohngestaltung Nr 138 Rn 18 und 28> und auch nicht nur best Geschäftsbereiche eine Gehaltsanpassung erfahren <R: BAG 21.2.2017, 1 ABR 12/15, NZA 2017, 801 Rn 26 ff>. Mitbestimmungsfrei ist auch die Entscheidung des AG sämtliche Prämienleistungen zu streichen <R: BAG 23.1.2008, 1 ABR 82/06, NZA 2008, 774> oder Essenszuschussmarken zu kürzen <R: zum PersVG BAG 15.1.1987, 6 AZR 589/84, BB 1987, 2092> und auch nicht über die Entscheidung des AG, eine BV, die eine freiw Leistung des AG regelt, zu **kündigen** <R: BAG 5.10.2010, 1 ABR 20/09, NZA 2011, 598 Rn 23; 10.12.2013, 1 ABR 39/12, AP BetrVG 1972 § 87 Lohngestaltung Nr 144 Rn 20>; zur fehlenden Nachwirkung einer solchen BV § 77 Rn 67. Ohne Mitbestimmung des BR kann der AG über den **finanz Gesamtaufwand (Dotierungshöhe)** für das **außertarifl Entgelt** entscheiden, dh die Mindest- und Höchstsätze für diese Entgelte festsetzen <R: BAG 22.1.1980, 1 ABR 48/77, BB 1982, 432; 18.9.2002, aaO; **L:** *Fitting* Rn 445; ErfK/*Kania* Rn 108; **krit** *Lieb* ZfA 1988, 413>. Schafft der AG oberhalb der höchsten Tarifgruppe weitere Gehaltsgruppen, hat der BR bei der Aufstellung dieses Gehaltsgruppensystems zwar grds mitzubestimmen. Ein MBR besteht aber nicht, soweit der AG den Wertunterschied zw der obersten Tarifgruppe und der untersten AT-Gruppe festlegt, da er dadurch zugleich die Gehaltshöhe bestimmt <R: BAG 28.9.1994, 1 AZR 870/93, DB 1995, 678>.

242 Mitbestimmungsfrei ist auch die **Zweckbestimmung** außer- und übertarifl Entgelte <R: BAG 8.12.1981, 1 ABR 55/79, BB 1982, 2106; 18.11.2003, 1 AZR 604/02, BB 2004, 2529; 23.1.2008, 1 ABR 82/06, NZA 2008, 774> und die mit der Zweckbestimmung untrennbar verbundene **Festlegung des Personenkreises**, der Anspruch auf die Zulage usw hat <R: BAG 8.12.1981, aaO; 18.11.2003, aaO; 23.1.2008, aaO; wohl aber für ein MBR, wenn der Personenkreis bei gleichbleibendem Zweck eingeschränkt wird 18.3.2014, 1 ABR 75/12, AP BetrVG 1972 § 87 Lohngestaltung Nr 146 Rn 26 ff zur Beschränkung des Zeitzuschlags für Samstagsarbeit auf einen best Personenkreis>. Deshalb kann der BR nicht verlangen, dass die Zwecksetzung einer freiw Prämie grundlegend geändert wird, der AG zB von einer Einzel- zu einer Gruppenprämien übergeht <R: BAG 8.12.1981, aaO>, Rn 226. Wg der mitbestimmungsfreien Festlegung des begünstigten Personenkreises darf der AG in einem Betrieb mehrere voneinander unabhängige Entgeltsysteme anwenden, sofern die Bildung verschiedener AN-Gruppen auf sachl Gründen beruht, etwa bedingt ist durch unterschiedl Tätigkeiten <R: BAG 19.10.1995, 1 ABR 20/95, BB 1996, 1113> oder durch den Einstellungszeitpunkt <R: BAG 18.11.2003, 1 AZR 604/02, BB 2004, 2529>. Zahlt der AG neu eingestellten AN geringere Entgelte, verstößt er damit nicht gg den arbeitsrechtl Gleichbehandlungsgrundsatz <R: BAG 18.11.2003, aaO>, Rn 238. Mitbestimmungsfrei ist aber nur die Festlegung des begünstigten Personenkreises nach generellen Merkmalen; an der Festlegung der Leistungsvoraussetzungen im Einzelnen hat der BR nach Abs 1 Nr 10 mitzubestimmen <R: BAG 8.12.1981, aaO>, vgl Rn 225 ff und Rn 181 ff zu Abs 1 Nr 8. Will der AG in jedem Einzelfall entscheiden, ob er eine Zulage zahlt, ist dieses Prinzip zwar mitbestimmungsfrei, doch unterliegen die

II. Katalog der mitbestimmungspflichtigen Angelegenheiten § 87

Grundsätze, nach denen die Zuerkennung der Zulagen erfolgen soll, der Mitbestimmung <R: BAG 17.12.1985, 1 ABR 6/84, BB 1986, 734>.

Der AG ist auch bei der Einführung, Zweckbestimmung und Festlegung des begünstigten Personenkreises und der finanz Ausstattung der Abs 1 Nr 10 unterstellten **betriebl Sozialleistungen** (Rn 221 und zu Abs 1 Nr 8 Rn 169, 181 ff) frei, während deren nähere Ausgestaltung der Mitbestimmung des BR unterfällt <R: BAG 12.6.1975, 3 ABR 13/74, BB 1975, 1062; 8.12.1981, 3 ABR 53/80, BB 1982, 186>. Mitbestimmungsfrei sind etwa Festlegungen von Warensortiment und Abgabemengen für den Personaleinkauf <R: BAG 8.11.2011, 1 ABR 37/10, NZA 2012, 462 Rn 25 zum Personalverkauf von Kantinenwaren auf einem Fährschiff>. Mitbestimmungsfrei ist auch die Form der Altersversorgung, also die Frage, ob diese über Direktzusagen, über Lebensversicherungen oder über Sozialeinrichtungen iS des Abs 1 Nr 8 gesichert werden soll <R: BAG 12.6.1975, aaO; **L:** *Fitting* Rn 458; GK/*Gutzeit* Rn 892>. Schließt der AG Lebensversicherungsverträge zugunsten seiner AN ab, ist der BR weder bei der Auswahl des Versicherungsunternehmens noch beim Wechsel der Versicherungsgesellschaft zu beteiligen <R: BAG 16.2.1993, 3 ABR 29/92, BB 1993, 1291; 29.7.2003, 3 ABR 34/02, BB 204, 943>. Ebenso wie bei den Sozialeinrichtungen iS des Abs 1 Nr 8 (Rn 183) kann der AG nur den **„Dotierungsrahmen"**, also das finanz Gesamtvolumen für betriebl Sozialleistungen frei bestimmen <R: BAG 29.7.2003, aaO>, während die Verteilung der finanz Mittel auf den begünstigten Personenkreis mitbestimmungspflichtig ist. Die Abgrenzung der bezugsberechtigten AN-Gruppen nach generellen Merkmalen (zB Begünstigung nur der Ang, nur von älteren AN, nur der AN best Betriebsabteilungen) ist mitbestimmungsfrei <R: BAG 12.6.1975, aaO; 29.7.2003, aaO>; iR des vom AG vorgegebenen Begünstigtenkreises hat der BR aber über den Leistungsplan, also über die Anspruchsvoraussetzungen im Einzelnen, mitzubestimmen, etwa über die Wartezeiten, die anrechnungsfähigen Dienstzeiten und die Verwirkung von Ansprüchen <R: BAG 12.6.1975, aaO>, auch dann, wenn die Einzelheiten durch ein Beratungsinstitut ausgearbeitet werden <R: BAG 12.6.1975, aaO; 4.5.1982, 3 AZR 1202/79, BB 1983, 697>. Schließt der AG zur betriebl Altersversorgung Lebensversicherungsverträge zugunsten seiner AN bei einem Versicherungsunternehmen ab, sind mitbestimmungspflichtig der Leistungsplan und die Regelungen über die Heranziehung der AN zu den Versicherungsbeiträgen <R: BAG 16.2.1993, aaO>.

243

g) Individualrechtliche Folgen der Nichtbeachtung des MBR

Beteiligt der AG den BR nicht nach Abs 1 Nr 10 oder setzt er sich über dessen verweigerte Zustimmung hinweg, kann der **BR vom AG verlangen**, die Anwendung des mitbestimmungswidrig geänderten Vergütungssystems im Betrieb zu unterlassen <R: BAG 13.3.2001, 1 ABR 7/00, ZTR 2002, 94>; zu den Rechtsschutzmöglichkeiten des BR Rn 26 ff. Gg die Eingruppierung einzelner AN in ein betriebl Entgeltsystem, an dessen Entstehen der BR nicht beteiligt worden ist, kann der BR als Gesetzesverstoß nach § 99 Abs 2 Nr 1 die Nichtbeachtung seines MBR aus Abs 1 Nr 10 rügen <R: BAG 27.6.2000, 1 ABR 36/99, BB 2001, 1094; 30.10.2001, 1 ABR 8/01, DB 2002, 798; **L:** *Fitting* § 99 Rn 208>, § 99 Rn 65.

244

Die einseitige, nicht nach Abs 1 Nr 10 mitbestimmte Lohngestaltung ist **ggü den AN unwirksam** <R: BAG 3.12.1991, GS 2/90, BB 1992, 1418; 24.1.2006, 3 AZR 484/04, DB 2007, 471; zum PersVG 28.7.1998, 3 AZR 357/97, DB 1999, 750>; im Betrieb ist die

245

§ 87 Mitbestimmungsrechte

gesetzl oder tarifl Regelung <R: BAG 3.12.2002, 9 AZR 535/01, BB 2003, 1232> oder die bisherige Vergütungsordnung weiter anzuwenden <R: BAG 22.6.2010, 1 AZR 853/08, AP Lohngestaltung Nr 136 Rn 43; 11.1.2011, 1 AZR 310/09, AP BetrVG 1972 § 87 Lohngestaltung Nr 137 Rn 34>, sodass die AN bei **Neueinstellungen** Anspruch auf eine höhere als die vertragl vereinbarte Vergütung haben können <R: BAG 13.9.1983, 3 AZR 343/81, DB 1984, 2047 zu Abs 1 Nr 11; 11.6.2002, 1 AZR 390/01, DB 2002, 2725; 2.3.2004, 1 AZR 271/03, DB 2004, 1669, das aber falsch die bisherige tarifl Entgeltordnung als betriebl fortgelten lässt; dagg Rn 238; **L**: GK/*Gutzeit* Rn 1008; DKW/*Klebe* Rn 5; **aA** *Richardi/Maschmann* Rn 896, 896a>. Unabhängig von den **Rechtsschutzmöglichkeiten des BR** (Rn 26 ff) wird die im Arbeitsvertrag getroffene Vereinbarung über die Vergütungshöhe von Gesetzes wg ergänzt durch die Verpflichtung des AG, den AN nach den im Betrieb geltenden Entlohnungsgrundsätzen zu vergüten <R: BAG 11.1.2011, 1 AZR 310/09, AP BetrVG 1972 § 87 Lohngestaltung Nr 137 Rn 34; 17.5.2011, 1 AZR 797/09, AP BetrVG 1972 § 87 Lohngestaltung Nr 138 Rn 30; 24.1.2017, 1 AZR 772/14, NZA 2017, 931 Rn 34>. Eine Anrechnung oder ein Widerruf außer- und übertarifl Entgelte ist ggü den AN nur wirksam, wenn der BR nach Abs 1 Nr 10 beteiligt worden ist; eine mitbestimmungswidrig erfolgte Anrechnung mindert den Anspruch des AN auf die Zusatzleistung nicht, weswg dieser Fortzahlung seines bisherigen Entgelts verlangen kann <R: BAG 3.12.1991, aaO; 9.7.1996, 1 AZR 690/95, BB 1996, 2524 (LS); 10.3.2009, 1 AZR 55/08, AP BetrVG 1972 § 87 Lohngestaltung Nr 134 Rn 16>. Dabei hat die rechtskräftige Entscheidung im Beschlussverf über das MBR des BR **präjudizielle Bindungswirkung** für Individualstreitigkeiten <R: BAG 23.2.2016, 1 AZR 73/14, NZA 2016, 906 Rn 21 konkret ein MBR und damit auch einen Anspruch des AN auf ungekürzte Zahlung der freiw übertarifl Zulage abl>. Bis zur Einigung mit dem BR kann der AG die Entgelte lediglich unter Beibehaltung der bisherigen Verteilungsgrundsätze kürzen <R: BAG 3.12.1991, aaO>, der Einigung kann aber Rückwirkung beigemessen werden (Rn 236).

246 Schafft der AG zur übertarifl Vergütung von Ang oberhalb der höchsten Tarifgruppe weitere Gehaltsgruppen, führt die Verletzung des MBR des BR hingg nicht schon deswg zu einer Erhöhung der übertarifl Gehälter <R: BAG 20.8.1991, 1 AZR 326/90, BB 1992, 276; 28.9.1994, 1 AZR 870/93, DB 1995, 678> oder zu einer höheren betriebl Altersversorgung <R: BAG 19.7.2005, 3 AZR 472/04, DB 2006, 343>: Aus dem Grundsatz der Wirksamkeitsvoraussetzung folgt **nicht**, dass bei Verletzung eines MBR **Ansprüche entstehen, die bisher nicht bestanden** <R: BAG 28.9.1994, aaO; 15.11.1994, 5 AZR 682/93, BB 1995, 409; 19.7.2005, aaO; 2.3.2004, 1 AZR 271/03, DB 2004, 1669; zum PersVG BAG 15.4.2008, 1 AZR 65/07, NZA 2008, 888: **L**: *Richardi/Maschmann* Rn 896; ErfK/*Kania* Rn 116>; erst mit Einführung der mitbestimmten neuen Entgeltgrundsätze kann sich der AN auf diese berufen. Die Theorie der Wirksamkeitsvoraussetzung trägt keinen Anspruch auf Vergütung nach mitbestimmungswidrig geänderten Entlohnungsgrundsätzen; sie ist nicht Anspruchsgrundlage zur Durchsetzung mitbestimmungswidrigen Verhaltens <R: BAG 5.5.2015, 1 AZR 435/13, AP BetrVG 1972 § 87 Lohngestaltung Nr 147 Rn 32>. Erhöht der AG übertarifl Gehaltsgruppen aus Anlass einer Tariflohnerhöhung teilweise, haben die übergangenen AN aber dann Anspruch auf die Gehaltserhöhung, wenn sich ihr Gehalt aus dem Tarifgehalt und einer übertarifl Zulage zusammensetzt: In der nur teilweisen Erhöhung der übertarifl Gehälter liegt die Anrechnung der Zulage, die wg der Verletzung des MBR unwirksam ist; die AN haben Anspruch auf den Differenzbetrag zw der mitbestimmunsgwidrig verringerten und der ungekürzten übertarifl Zulage <**R: BAG 28.9.1994, aaO**>.

Geld, das der AG den AN zahlt, ohne den BR nach Abs 1 Nr 10 wirksam beteiligt zu haben, kann er idR wg § **814 BGB**, nicht jedoch nach § 812 Abs 1 BGB zurückverlangen; in jedem Fall kann der AN Rückforderungsansprüchen den Entreicherungseinwand aus § 818 Abs 3 BGB entgegenhalten. Dass dadurch im Fall einer abw Einigung mit dem BR Mehrkosten entstehen, die den **ursprüngl Dotierungsrahmen übersteigen**, hindert das MBR des BR nicht: Die zusätzl Belastung des AG ist eine Folge seines mitbestimmungswidrigen Verhaltens; der Grundsatz, dass der BR bei der Festlegung des Dotierungsrahmens nicht mitzubestimmen hat (Rn 241, 243), wird dadurch nur faktisch durchbrochen <**R: BAG 14.6.1994, 1 ABR 63/93, BB 1995, 825**>. Auf der anderen Seite führen solche nicht mitbestimmungswidrigen Zahlungen nicht zu Ansprüchen der AN, Rn 246.

247

11. Festsetzung der Akkord- und Prämiensätze und vergleichbarer leistungsbezogener Entgelte, einschließlich der Geldfaktoren (Abs 1 Nr 11)

Literatur: *Beckerle*, Leistungszulagen und Leistungsprämien, ZTR 1996, 156; *Boegl*, Mitbestimmung des Personal- bzw. Betriebsrats bei Einführung der leistungsorientierten Bezahlung, ZBVR online 2007, Nr 1, 18–26; *Däubler*, Zielvereinbarungen als Mitbestimmungsproblem, NZA 2005, 793; *Ehlscheid/Unterhinninghofen*, Neue Entgeltsysteme und die Rechtsprechung des Bundesarbeitsgerichts, AiB 2002, 295; *Lieb*, Die Mitbestimmung beim Prämienlohn, ZfA 1988, 413; *Löwisch*, Die Mitbestimmung des Betriebsrats bei der Gehaltsfestsetzung für Angestellte nach Arbeitsplatzrangfolge und Leistungsbeurteilung, DB 1973, 1746; *Mix/Wittenberg*, Beteiligung des Betriebsrats bei Zielvereinbarungen und Bonusregelungen, ZBVR online 2008, Nr 11, 27–30; *Schang*, Die Mitbestimmung des Betriebsrats bei neuen Formen der Leistungsvergütung, 2002; *Schaub*, Die Mitbestimmung beim Arbeitsentgelt, AuA 1995, 1; *Schoof*, Mitbestimmung des Betriebsrats beim Entgelt in Betrieben mit Tarifbindung, AiB 2004, 409; *ders*, Mitbestimmung bei der Entgeltgestaltung, AiB 2007, 345 ff; *Schwab*, Das Recht der Arbeit im Leistungslohn (Akkord und Prämie), AR-Blattei SD 40. **Siehe noch die Hinweise vor Abs 1 Nr 10.**

a) Normzweck und Anwendungsbereich

Abs 1 Nr 11 erweitert die Mitbestimmung des BR bei **leistungsbezogenen Entgelten** über Abs 1 Nr 10 hinaus (Rn 240 ff) auf die **Geldfaktoren** und gibt dem BR damit mittelbar einen Einfluss auf die Lohnhöhe. Da der AN bei leistungsbezogenen Entgelten die Höhe seines Entgelts unmittelbar durch seine Arbeitsleistung beeinflussen, also durch rascheres oder besseres Arbeiten mehr verdienen kann <**R: BAG 29.3.1977, 1 ABR 123/ 74, BB 1977, 1046; 15.5.2001, 1 ABR 39/00, BB 01, 2320; zum PersVG BVerwG 26.7.1979, 6 P 44/78, PersV 1981, 71; 23.12.1982, 6 P 19/80, PersV 1983, 506**>, soll der BR über sein MBR verhindern helfen, dass der AN unter Hintanstellung seiner Gesundheit übermäßig schnell arbeiten muss, um ein höheres Einkommen zu erlangen <**R: BAG 15.5.2001, aaO: Schutz des AN vor Überlastung; 23.6.2009, 1 AZR 214/08, AP BetrVG 1972 § 77 Betriebsvereinbarung Nr 45 Rn 17: keine Überforderung; L:** *Fitting* Rn 499 f; DKW/*Klebe* Rn 340; **krit** *Richardi/Maschmann* Rn 900 f>. Zudem können Leistungen idR nicht mit mathematischer Genauigkeit bewertet werden, sondern besteht ein Beurteilungsspielraum; insoweit dient das MBR aus Abs 1 Nr 11 in Ergänzung zu Abs 1 Nr 10 der **Durchsetzung der innerbetriebl Lohngerechtigkeit** <**R: BAG 29.3.1977, aaO; L:** *Fitting* Rn 500; *Richardi/Maschmann* Rn 902; DKW/*Klebe* Rn 340>. Entspr entfällt das

248

§ 87 Mitbestimmungsrechte

MBR in den Fällen, in denen der AN durch rascheres Arbeiten kein höheres Einkommen, sondern ledigl **mehr Freizeit** erwirtschaften kann.

b) Akkordlohn

249 Zu den leistungsbezogenen Entgelten gehört der **Akkordlohn**, bei dem das Entgelt ausschließl nach der vom AN in einer best Arbeitszeit erzielten Arbeitsleistung bemessen wird. Um den Akkordlohn berechnen zu können, wird als Akkordvorgabe pro hergestelltem oder bearbeitetem Stück beim **Geld- oder Stückakkord** der Geldfaktor (Stückpreis), beim **Zeitakkord** der Zeitfaktor bestimmt. Zu diesem Zweck wird zunächst der Akkordrichtsatz, dh der Stundenverdienst eines Akkordarbeiters bei Normalleistung (Grundlohn plus Zuschläge) – idR durch TV – festgesetzt. Zum anderen wird ermittelt, wie viele Stücke ein AN bei Normalleistung in einer Stunde herstellt oder bearbeitet. Die Normalleistung wird mit dem Akkordrichtsatz in Bezug gesetzt und so die Akkordvorgabe errechnet, zB 25 Cent pro bearbeitetem Stück als Geldfaktor oder 3 Minuten pro hergestelltem Stück als Zeitfaktor. Der Akkordlohn des AN errechnet sich beim Geldakkord aus der individuellen Arbeitsmenge multipliziert mit dem Geldfaktor, beim Zeitakkord aus der Zahl der Stücke multipliziert mit der Zahl der für das Stück vorgegebenen Minuten multipliziert mit dem Betrag des für die vorgegebene Minute ausgeworfenen Geldbetrags. Soweit keine abschließende tarifl Regelung besteht (Rn 8 ff), hat der BR **bei der Festsetzung aller Bezugsgrößen als Rechengrößen mitzubestimmen**, also nicht nur bei der Festlegung des Stück- und des Zeitfaktors, sondern auch hinsichtl des Geldfaktors, Rn 252 f.

250 Zentraler Ansatzpunkt für das MBR des BR nach Abs 1 Nr 11 ist der **Zeitfaktor**: Um sicherzustellen, dass der AN bei normaler Leistung den Normallohn erhält und bei einer das normale Maß übersteigenden Leistung ein darüber liegendes Arbeitsentgelt bekommt, ist der BR bei der Festsetzung der Vorgabezeiten einschließl der Erholungszeiten zu beteiligen <**R:** BAG 24.2.1987, 1 ABR 18/85, BB 1987, 1246; 24.11.1987, 1 ABR 12/86, BB 1988, 977; 16.4.2002, 1 ABR 34/01, DB 2003, 212>. Beim Stückakkord ist die Zeitvorgabe in der Entgeltfestsetzung für das einzelne bearbeitete Stück mitenthalten, sodass der BR darüber mitzubestimmen hat, wie die **Normalleistung** (Anzahl bearbeiteter Stücke pro Stunde) ermittelt wird. Mitzubestimmen hat der BR auch dann, wenn die Zeitvorgabe nach arbeitswissenschaftl Grundsätzen, zB dem **Refa- oder Bedauxverfahren**, festgestellt wird: Das MBR nach Abs 1 Nr 11 wird hier zwar zu einem bloßen „**Mitbeurteilungsrecht**"; dieses ist angesichts der erhebl Beurteilungsspielräume zum Schutz der AN vor Überforderung durch falsche Vorgabezeiten aber sinnvoll <**R:** BAG 28.7.1981, 1 ABR 56/78, BB 1982, 1050>. Nach Abs 1 Nr 11 hat der BR auch darüber mitzubestimmen, ob in die Vorgabezeit einbezogene **Wartestunden**, in denen der AN die Akkordarbeit aus von ihm nicht zu vertretenden Gründen nicht leisten kann, mit dem Akkordrichtsatz oder dem persönl Durchschnittsverdienst des AN bezahlt werden <**R:** BAG 14.2.1989, 1 AZR 97/88, DB 1989, 1929>; ob die Wartezeiten überhaupt in die Vorgabezeiten einbezogen oder daneben gesondert erfasst werden, ist schon nach Abs 1 Nr 10 mitbestimmungspflichtig <**R:** BAG 14.2.1989, aaO>. Da der BR nach Abs 1 Nr 11 erst bei der Festsetzung der Akkordsätze, **nicht aber bei bloßen Vorbereitungsmaßnahmen mitzubestimmen** hat, besteht kein MBR hinsichtl der vom AG vor Festlegung des Zeitfaktors durchgeführten **Zeitstudien**, die sich nicht auf die Akkordsätze auswirken <**R:** BAG 10.7.1979, 1 ABR 97/77, BB 1979, 1714; 24.11.1981, 1 ABR 108/79, BB 1982,

1421; **L:** ErfK/*Kania* Rn 124; **aA** DKW/*Klebe* Rn 356; *Fitting* Rn 511; GK/*Gutzeit* Rn 1048 mwN>, oder hinsichtl der bloßen Vorprüfung, ob die Akkordsätze neu festzusetzen sind <**R:** zum PersVG BVerwG 3.12.1957, VII P 11.57, BVerwGE 6, 46>.

Abs 1 Nr 11 erstreckt das MBR des BR sowohl beim Stück- als auch beim Zeitakkord auf den **Geldfaktor** ieS <**R:** BAG 29.3.1977, 1 ABR 123/74, BB 1977, 1046; 25.5.1982, 1 ABR 19/80, DB 1982, 2467; 14.2.1989, 1 AZR 97/88, DB 1989, 1929>. Das spielt wg des **Tarifvorrangs** nach Abs 1 Eingangs-Hs keine Rolle (Rn 6 ff), wenn der Akkordrichtsatz, wie meist, tarifl festgesetzt ist. Fehlt eine solche tarifl Festsetzung, folgt aus der Erstreckung des MBR auf den Geldfaktor nach hM, dass der BR auch über die **Lohnhöhe** für die Bezugsleistung und damit über den Preis für die Arbeit im Leistungslohn überhaupt mitbestimmen kann <**R:** BAG 25.5.1982, aaO; 13.9.1983, 1 ABR 32/81, EzA BetrVG 1972 § 87 Leistungslohn Nr 8 mit krit Anm *Löwisch*; 16.12.1986, 1 ABR 26/85, BB 1987, 2450; **L:** *Lieb* ZfA 1988, 413 ff; GK/*Gutzeit* Rn 1040 ff; *Fitting* Rn 516; ErfK/*Kania* Rn 122; DKW/*Klebe* Rn 339, 355; **aA** *Richardi/Maschmann* Rn 930 ff mwN; *Joost*, ZfA 1993, 257, 271 ff>. Das MBR nach Abs 1 Nr 11 beinhaltet aber ebenso wenig wie das MBR nach Abs 1 Nr 10 (Rn 240 ff) das Recht des BR, vom AG die Zahlung zusätzl leistungsbezogener Entgelte zu verlangen und deren Zahlung über die ES zu erzwingen. Deswg ist der AG an einen Spruch der ES über den Geldfaktor nur solange gebunden, wie er überhaupt Leistungslohn gewährt <**R:** so auch BAG aaO; **L:** GK/*Gutzeit* Rn 1044>. Der AG kann sich damit der Mitbestimmung des BR über den Geldfaktor dadurch entziehen, dass er statt des Leistungslohnsystems ein Zeitlohnsystem einführt.

251

Abs 1 Nr 11 erstreckt das MBR des BR auf die „Festsetzung" der Akkordsätze: Der BR hat danach nicht nur über die generellen Akkordvorgaben, sondern auch über die **Festsetzung jedes einzelnen Akkordsatzes** mitzubestimmen <**R:** BAG 28.7.1981, 1 ABR 56/78, BB 1982, 1050 zu Provisionen>. Festsetzung des Akkordsatzes meint aber ledigl abstrakt die Berechnung des Akkordsatzes für ein best Arbeitsvorhaben und einen best Arbeitsplatz, hingg nicht die individuelle Lohnberechnung für einzelne AN <**L:** *Fitting* Rn 518; DKW/*Klebe* Rn 354; ErfK/*Kania* Rn 121>. Ist für einen best Arbeitsplatz und ein best Arbeitsvorhaben ein Akkordsatz festgelegt worden, löst nur eine Änderung dieses Akkordsatzes, nicht aber der Wechsel des Arbeitsplatzinhabers das MBR des BR nach Abs 1 Nr 11 aus.

252

c) Prämienlohn

Auch der **Prämienlohn** ist eine Form der Leistungsentlohnung: Der AN erhält für eine bestimmte Arbeitsleistung eine Prämie, die idR zusätzl zum Grundentgelt bezahlt wird; die Höhe der Prämie bemisst sich nach dem Verhältnis der Leistung des AN zu einer Bezugsleistung <**R:** BAG 13.9.1983, 1 ABR 32/81, BB 1983, 2051>. Anders als beim Akkordlohn ist beim Prämienlohn aber nicht die vom AN pro Zeiteinheit erwirtschaftete Leistungsmenge die einzig mögl **Bezugsgröße**. Vielmehr wird die Leistung des AN mit Hilfe der unterschiedlichsten Bezugsgrößen gemessen, etwa der Menge und der Güte der produzierten Güter, der Qualität der Arbeitsleistung, der Materialausnutzung und der Maschinennutzung; diese Bezugsgrößen können allein oder nebeneinander verwendet werden. Voraussetzung ist, dass die prämierte Leistung quantifiziert werden kann, also **messbar** ist. Mitbestimmungspflichtig ist es etwa, wenn eine Prämie nach dem Verhältnis der erreichten Menge an produzierten Möbelteilen oder der Laufzeit der Maschine zur er-

253

§ 87   Mitbestimmungsrechte

reichbaren Menge oder Laufzeit berechnet werden soll <R: BAG 13.9.1983, aaO> oder wenn den AN auf auswärtigen Baustellen ein Prämienlohn für die Stunden gezahlt wird, um die die AN die vorab kalkulierte Gesamtstundenzahlen unterbieten <R: BAG 20.11.1990, 1 AZR 643/89, BB 1991, 835>. Bei AN im Vertrieb kann als Bezugsgröße an die erzielten Umsätze angeknüpft werden <R: BAG 25.4.1995, 9 AZR 690/93, BB 1995, 2170>. Kein MBR besteht, sofern der AG die Prämiensätze nicht neu festsetzen, sondern die Lohnform der Prämienentlohnung **völlig beseitigen** will; dieser Tatbestand unterfällt ausschließl Abs 1 Nr 11 <R: BAG 23.6.2009, 1 AZR 214/08, AP BetrVG 1972 § 77 Betriebsvereinbarung Nr 45 Rn 20>. Die Bedeutung des Prämienlohns wächst zulasten des Akkordlohns, weil bei der fortschreitenden Mechanisierung der Fertigungsverf der AN die von ihm erwirtschaftete Arbeitsmenge je Zeiteinheit zunehmend weniger beeinflussen kann und dadurch andere Leistungskriterien, wie etwa die Qualität der Arbeit, die Maschinenausnutzung usw betriebswirtschaftl bedeutsamer werden.

254   Der BR hat über die den Geldfaktoren beim Akkord vergleichbaren Entgelteinheiten mitzubestimmen, also über den **Prämienausgangslohn** und den **Höchstprämienlohn** <R: BAG 16.12.1986, 1 ABR 26/85, BB 1987, 2450; 20.11.1990, siehe Rn 253>; die Bezugsgröße, der Prämienansatz und die Prämienkurve, dh die Normalleistung, sind schon nach Abs 1 Nr 10 mitbestimmungspflichtig, Rn 226. Da es bei einem Prämiensystem – anders als beim Akkordlohn (Rn 249) – selten erforderl wird, die Normalleistung eines Arbeitsplatzes oder einer AN-Gruppe im Einzelfall zu ermitteln, steht das MBR aus Abs 1 Nr 10 im Vordergrund. Praktisch relevant wird das MBR des BR nach Abs 1 Nr 11, wenn die Höhe der Prämiensätze **tarifl nicht festgelegt** ist, Rn 6 ff.

d) Vergleichbare leistungsbezogene Entgelte

255   **Andere Entgeltformen** als der Akkord- und der Prämienlohn unterliegen nur dann dem MBR aus Abs 1 Nr 11, wenn sie wie diese **leistungsbezogen** sind (Rn 248); am Leistungsbezug fehlt es schon bei Jubiläums- und Anwesenheitsprämien sowie den sog Erschwerniszulagen. Über die Leistungsbezogenheit hinaus verlangt Abs 1 Nr 11, dass das leistungsbezogene Entgelt **mit dem Akkord- und Prämienlohn vergleichbar** ist: Wie bei Akkord und Prämie, muss die Tätigkeit des AN mit einer quantifizierbaren und messbaren Normalleistung (Soll-Leistung) verglichen werden und muss das Messergebnis (Ist-Leistung) die Höhe des Entgelts unmittelbar beeinflussen; durch **kontinuierliche Messung** der Arbeitsleistung muss auf den AN ein Leistungsanreiz und Leistungsdruck ausgeübt werden, vor dem er durch die Beteiligung des BR geschützt werden soll, Rn 248 <R: BAG 28.7.1981, 1 ABR 56/78; BB 1982, 1050; 29.2.2000, 1 ABR 4/99, BB 2000, 2045; 15.5.2001, 1 ABR 39/00, BB 2001, 2320>. Schreibprämien für Ang, die unmittelbar und automatisch erworben werden, wenn eine best Zahl von Anschlägen überschritten wird und die sich nach der Zahl der Anschläge automatisch erhöhen, knüpfen etwa unmittelbar an das Arbeitsergebnis an und sind deswg nach Abs 1 Nr 11 mitbestimmungspflichtig <R: zum PersVG BVerwG 23.12.1982, 6 P 19/80, DB 1983, 1877>. Ebenso besteht ein MBR des BR aus Abs 1 Nr 11, wenn die Höhe des variablen Arbeitsentgelts für AN im Vertrieb davon abhängt, zu wieviel Prozent der AN die zähl- und messbaren Ziele erreicht, die er zuvor mit dem AG in einer für ein Geschäftsjahr abgeschlossenen Zielvereinbarung vereinbart hat („Euro-Planumsatz" als volle Zielerfüllung) <R: vgl BAG 21.10.2003, 1 ABR 39/02, BB 2004, 2467>. Ebenso ist der Stücklohn von Heimarbeitern

ein mitbestimmungspflichtiges, leistungsbezogenes Entgelt <R: BAG 13.9.1983, 3 AZR 343/81, DB 1984, 2047>.

Am **unmittelbaren Einfluss der Arbeitsleistung auf das Entgelt fehlt es** bei Leistungszulagen, die von einer Leistungsbeurteilung abhängen und bis zur Neubeurteilung **konstant** bleiben, unabhängig davon, ob die Leistung des AN bis zur Neubeurteilung sinkt oder steigt <R: BAG 22.10.1985, 1 ABR 67/83, BB 1986, 1224; 15.5.2001, 1 ABR 39/00, BB 2001, 2320>. Etwa ist eine Leistungsprämie, bei der allein die in einem Beurteilungszeitraum von drei Monaten erbrachte Leistung die Höhe der Vergütung in den folgenden zwölf Monaten bestimmt, kein leistungsbezogenes Entgelt iSd Abs 1 Nr 11 <R: BAG 15.5.2001, aaO>. Ebenso wenig vergütet der AG iS des Abs 1 Nr 11 leistungsbezogen, wenn er bes Einsatz einzelner AN durch eine nachträgl und einmalige **freiw Zahlung** würdigt <R: BAG 29.2.2000, 1 ABR 4/99, BB 2000, 2045>. Wettbewerbsprämien, mit denen der AG iR eines innerbetriebl Wettbewerbs die Arbeitsleistung der AN und deren persönl Einsatz auszeichnet (Rn 221 zu Abs 1 Nr 10), sind schon deswg kein Leistungslohn, weil sie als **zeitl begrenzte, zusätzl Vergütung** das regelmäßige vertragl Arbeitsentgelt unberührt lassen <R: BAG 10.7.1979, 1 ABR 88/77, BB 1979, 1824>. Nicht leistungsbezogen iS des Abs 1 Nr 11 sind **Gewinnbeteiligungen**, bei denen der Ertrag des ganzen Unternehmens und nicht die Arbeitsleistung des einzelnen AN bestimmt, in welcher Höhe der AN ein zusätzl Entgelt erhält <R: LAG Bremen 7.10.1978, 1 Ta BV 5/78, BB 1978, 1668>.

256

Provisionen sind idR **keine leistungsbezogenen Entgelte** iS des Abs 1 Nr 11, da sie nicht an die Tätigkeit des AN, sondern an einen best Erfolg anknüpfen. Das gilt nicht nur für die Anteils- und Leistungsprovisionen <R: BAG 28.7.1981, 1 ABR 56/78, BB 1982, 1050; **L**: GK/*Gutzeit* Rn 1023 f; *Fitting* Rn 535>, sondern entgg der früheren, ausdrückl aufgegebenen Rechtsprechung <R: BAG 29.3.1977, 1 ABR 123/74, BB 1977, 1046> auch für Abschluss- und Vermittlungsprovisionen, etwa wenn der AN für jeden Geschäftsabschluss eine best Zahl von Provisionspunkten verdient: Da sich die Höhe der Provision nicht aus dem Verhältnis der Arbeitsleistung zu einer feststellbaren Bezugsleistung ergibt, sondern ausschließl an den Leistungserfolg anknüpft, handelt es sich nicht um vergleichbares leistungsbezogenes Entgelt iS des Abs 1 Nr 11 <R: BAG 13.3.1984, 1 ABR 57/82, BB 1984, 2128; 26.7.1988, 1 AZR 54/87, DB 1989, 384; **L**: GK/*Gutzeit* Rn 1023; *Fitting* Rn 535; ErfK/*Kania* Rn 127; MünchArbR/*Salamon* § 328 Rn 72; **aA**: DKW/*Klebe* Rn 352>. Allerdings hat der BR über die Festlegung der Punktzahl für jedes Geschäft als Entlohnungsgrundsatz nach Abs 1 Nr 10 mitzubestimmen <R: BAG aaO>.

257

e) Individualrechtliche Folgen der Nichtbeachtung des MBR

Wie bei Abs 1 Nr 10, dort Rn 244 ff.

258

12. Grundsätze über das betriebliche Vorschlagswesen (Abs 1 Nr 12)

Literatur: *Anic*, Ideenmanagement – Erfolgskriterien des Betrieblichen Vorschlagswesens aus wirtschafts- und rechtswissenschaftlicher Sicht (2001); *Bontrup*, Ideenmanagement – Motor für mehr Konkurrenzfähigkeit, AuA 2001, 436; *Brachmann/Menzel*, Modernes Ideenmanagement, AuA 2014, 632; *Fischer/Breisig*, Ideenmanagement (2000); *Gaul/Bartenbach*, Die kollektivrechtliche Ordnung des betrieblichen Vorschlagswesens, DB 1980, 1843; *Gaul*, Verbesserungsvorschlag und arbeits-

§ 87 Mitbestimmungsrechte

rechtliches Sonderleistungsprinzip, BB 1992, 1710; *Gennen*, Betriebliches Vorschlagswesen zu Hard- und Software – Mitbestimmung gem § 87 Abs 1 Nr 12 BetrVG bei einfachen Verbesserungsvorschlägen mit IT-Bezug, ITRB 2008, 45; *Heilmann/Taeger*, Praktische Rechtsfragen des Arbeitnehmererfindungsrechts, BB 1990, 1969; *Krauß*, Das betriebliche Vorschlagswesen aus rechtlicher Sicht (1977); *Leuze*, Mitbestimmung beim betrieblichen Vorschlagswesen, PersV 2009, 364; *Löw*, Ideenmanagement, AuA 2008, 593; *Martin*, Die arbeitsrechtliche Behandlung betrieblicher Verbesserungsvorschläge unter Berücksichtigung immaterialgüterrechtlicher Grundlagen (2003); *Nebel*, Rechtliche Aspekte des Innovationsmanagements, PersF 2013, 82; *Pfisterer*, Gestaltungshinweise zu einer Betriebsvereinbarung gemäß § 87 Abs 1 Ziff 12 BetrVG, AiB 1995, 334; *Rieble/Gistel*, Ideenmanagement und betriebliche Mitbestimmung, DB 2005, 1382; *Schoden*, Die Beteiligungsrechte des Betriebsrats beim betrieblichen Vorschlagswesen, AuR 1980, 73; *Schwab*, Das Arbeitnehmererfinderrecht, AR-Blattei SD 670; *ders*, Betriebsrat und betriebliches Vorschlagswesen, AiB 1999, 445; *ders*, Der Arbeitnehmer als Vorschlageinreicher, NZA-RR 2015, 225; *Sziedat/Heberling*, Modernes Ideenmanagement, AiB 2017, 32; *Wollwert*, Ideenmanagement im Konzern, NZA 2012, 889.

a) Normzweck und Anwendungsbereich

259 Verbesserungsvorschläge von AN sollen die Arbeitsabläufe erleichtern und vereinfachen und so die Arbeitssicherheit steigern, den Arbeits- und Gesundheitsschutz erhöhen, die Zusammenarbeit der AN untereinander und damit deren Arbeitszufriedenheit verbessern und die Wirtschaftlichkeit des Betriebs verstärken. Der BR hat über die Aufstellung der Bewertungsgrundsätze für Verbesserungsvorschläge mitzubestimmen, um zum einen die **Gleichbehandlung** der AN bei der Behandlung von Verbesserungsvorschlägen sicherzustellen und zum anderen die Bewertung der Verbesserungsvorschläge für die AN durchschaubar zu gestalten, um sie so zur Mitgestaltung der Dienst- und Arbeitsabläufe **zu motivieren** <**R**: BAG 28.4.1981, 1 ABR 53/79, DB 1981, 1882>. Zur Sicherung der **Transparenz** und Gleichbehandlung zielt das MBR des BR auf die Institutionalisierung des betriebl Vorschlagswesens und dessen Reglementierung durch ein best, von Organen getragenes Verf <**R**: BAG 28.4.1981, aaO>.

260 Abs 1 Nr 12 räumt dem BR die **Mitbestimmung nur sehr eingeschränkt** ein, nämlich lediglich über die Grundsätze der Bewertung von Vorschlägen; diese Grundsätze sind in einer **BV** aufzustellen <**L**: *Richardi/Maschmann* Rn 970; *Schwab* NZA-RR 2015, 225, 227; **aA** HWGNRH/*Worzalla* Rn 709; GK/*Gutzeit* Rn 1085>. Der AG kann über die Mitbestimmung aber nicht verpflichtet werden, Verbesserungsvorschläge anzunehmen und zu verwerten; seine Entscheidung, ob und in welcher Höhe Verbesserungsvorschläge verwertet und vergütet werden, ist mitbestimmungsfrei, noch Rn 265 f <**L**: *Richardi* Rn 963 ff>. Der BR kann **initiativ** werden und die Einführung eines betriebl Vorschlagswesens verlangen <**R**: BAG 28.4.1981, 1 ABR 53/79, DB 1981, 1882; **L**: *Richardi/Maschmann* Rn 967; *Fitting* Rn 551; ErfK/*Kania* Rn 132; GK/*Gutzeit* Rn 1072; DKW/*Klebe* Rn 365>; Rn 10 f. Das Verlangen des BR, Grundsätze für das betriebl Vorschlagswesen zu vereinbaren, ist nicht von irgendeiner Vorentscheidung des AG über die Einführung eines betriebl Vorschlagswesens abhängig; der BR kann initiativ werden, sobald ein kollektives (Rn 2) Regelungsbedürfnis besteht.

b) Betriebliches Vorschlagswesen

261 Betriebl Vorschlagswesen ist **jedes System**, nach dem Vorschläge angeregt, gesammelt, ausgewertet und belohnt werden, die die AN außerhalb ihrer Arbeitspflichten zur Verein-

II. Katalog der mitbestimmungspflichtigen Angelegenheiten § 87

fachung oder Verbesserung der Arbeit im Betrieb machen. Dabei ist unerhebl, ob technische, kaufmännische, organisatorische oder soziale Verbesserungen vorgeschlagen werden. Das MBR des BR besteht auch bei befristeten Vorschlagsaufrufen, etwa iR von Preisausschreiben oder Ideenwettbewerben; zum ggfs bestehenden MBR aus Abs 1 Nr 10 Rn 221.

Keine Verbesserungsvorschläge iS des Abs 1 Nr 12 sind gebrauchsmuster- oder patentfähige **AN-Erfindungen** gem § 2 ANErfG und technische Verbesserungsvorschläge iS der §§ 3, 20 Abs 1 **ANErfG**, die dem AG eine ähnl Vorzugsstellung gewähren wie ein gewerbliches Schutzrecht; diese sind qualitativ mehr als ein Verbesserungsvorschlag und allein nach dem **ANErfG** zu behandeln <L: *Richardi/Maschmann* Rn 953; *Fitting* Rn 542; GK/*Gutzeit* Rn 1059>. Ledigl die Behandlung einfacher technischer Verbesserungsvorschläge iS der §§ 3, 20 Abs 2 ANErfG kann nach der ausdrückl Regelung der **§ 20 Abs 2 ANErfG** iVm Abs 1 Nr 12 durch BV geregelt werden <R: BAG 20.1.2004, 9 AZR 393/03, DB 2004, 1049; **L:** *Richardi/Maschmann* Rn 954f; *Fitting* Rn 543>. Da § 20 Abs 1 S 2 ANErfG auf die die Vergütung regelnden §§ 9 und 12 ANErfG verweist, kann eine nach Abs 1 Nr 12 geschlossene BV zwar das Verf, nicht aber die Vergütung für solche technische Verbesserungsvorschläge regeln <L: *Fitting* Rn 544; DKW/*Klebe* Rn 361f; HWGNRH/*Worzalla* Rn 696; **aA** *SWS* Rn 201>. 262

c) Grundsätze

Mitbestimmungspflichtig ist nach Abs 1 Nr 12 insbes die **Organisation** des betriebl Vorschlagswesens einschließ des **Verf**, nach dem Verbesserungsvorschläge eingereicht und bewertet werden sollen <R: BAG 28.4.1981, 1 ABR 53/79, DB 1981, 1882; 16.3.1982, 1 ABR 63/80, BB 1983, 963; **L:** GK/*Gutzeit* Rn 1076ff>. Mitzubestimmen hat der BR über die Entscheidung, welche **Organe** für das Vorschlagswesen zuständig sein sollen, ob etwa ein Beauftragter für das betriebl Vorschlagswesen oder eine Gutachterkommission eingesetzt wird; das schließt die Mitbestimmung darüber ein, wie eine solche Kommission grds besetzt sein soll, ob ihr etwa ein Mitglied des BR angehören <R: BAG 28.4.1981, aaO> oder ob sie **paritätisch** besetzt sein soll <R: BAG 28.4.1981, aaO; 20.1.2004, 9 AZR 393/03, DB 2004, 1049>, noch Rn 266. Über die **personelle Auswahl** des konkreten Beauftragten oder der einzelnen Kommissionsmitglieder hat der BR hingg nicht nach Abs 1 Nr 12 mitzubestimmen; er kann daher keine Regelung verlangen, nach der der Beauftragte für das betriebl Vorschlagswesen nur mit Zustimmung des BR bestellt werden kann <R: BAG 16.3.1982, 1 ABR 63/80, BB 1983, 963; **L:** *Richardi/Maschmann* Rn 959; GK/*Gutzeit* Rn 1080; ErfK/*Kania* Rn 133; **aA** DKW/*Klebe* Rn 369>. 263

Hinsichtl des **Verf zur Einreichung und Bearbeitung der Verbesserungsvorschläge** (Rn 263) hat der BR etwa darüber mitzubestimmen, ob dem AN eine Eingangsbestätigung über den eingereichten Vorschlag auszuhändigen ist und ob und unter welchen Voraussetzungen dem AN ein Einspruchsrecht gg Entscheidungen der Bewertungskommission eingeräumt werden soll. Abs 1 Nr 12 ermöglicht es bei Gruppenvorschlägen aber nicht, durch BV die **Prozessführungsbefugnis** auf ein Gruppenmitglied so zu übertragen, dass die Prozessführungsbefugnis der übrigen Mitglieder ausgeschlossen ist <R: **aA** LAG Saarland 11.10.1995, 1 Sa 63/95, BB 1996, 487 (LS); **L: aA** GK/*Gutzeit* Rn 1083>. 264

§ 87 Mitbestimmungsrechte

265 Besteht ein betriebl Vorschlagswesen, kann der BR nur über die Grundsätze mitbestimmen, **nicht** aber über die **Verwertung eines einzelnen Verbesserungsvorschlages**, schon Rn 260: Ob aufgrund von Verbesserungsvorschlägen die betriebl Organisation, das Fertigungsverf oder sonstige Vorgänge im Betrieb geändert werden sollen, ist eine unternehmerische Entscheidung. Ist die Verwertung des Vorschlages mitbestimmungsfrei, darf der BR auch nicht über die Annahme von Vorschlägen mitbestimmen; andernfalls wäre der AG im Ergebnis gezwungen, auch für nicht verwertete Verbesserungsvorschläge eine Prämie zu zahlen. Damit entscheidet der AG sowohl über die Annahme eines Verbesserungsvorschlages als auch über dessen Verwertung mitbestimmungsfrei <**R:** BAG 28.4.1981, 1 ABR 53/79, DB 1981, 1882; 16.3.1982, 1 ABR 63/80, BB 1983, 963; **L:** statt aller GK/*Gutzeit* Rn 1071 mwN>.

266 **Nicht** nach Abs 1 Nr 12 mitbestimmungspflichtig ist die Entscheidung, **ob und in welcher Höhe** Verbesserungsvorschläge **vergütet** werden, schon Rn 260: So wie Abs 1 Nr 10 mit der betriebl Lohngestaltung nur die Strukturformen des Arbeitsentgelts, nicht aber die Höhe des Arbeitsentgelts der Mitbestimmung des BR unterstellt (Rn 240 ff), so können nach Abs 1 Nr 12 nur die **Grundsätze** festgelegt werden, nach denen die Prämie für einen verwerteten Verbesserungsvorschlag bemessen wird, nicht aber die Höhe der Prämie selbst <**R:** BAG 28.4.1981, 1 ABR 53/79, DB 1981, 1882; **L:** *Richardi/Maschmann* Rn 964 f; *Fitting* Rn 549; ErfK/*Kania* Rn 131; *SWS* Rn 205; GK/*Gutzeit* Rn 1068, 1083 f; **krit** DKW/*Klebe* Rn 370>. Der AG ist bei der Festsetzung der Prämiensätze (etwa in % eines Netto-Jahresvorteils) frei, insbes bei der Grundentscheidung, welcher €-Betrag als Geldfaktor für einen iR des Bewertungssystems ermittelten Bewertungspunkt zu zahlen ist <**R:** BAG 28.4.1981, aaO; 16.3.1982, 1 ABR 63/80, BB 1983, 963; **L:** GK/*Gutzeit* Rn 1084; *Richardi/Maschmann* Rn 965; ErfK/*Kania* Rn 131; **aA** DKW/*Klebe* Rn 370; *Fitting* Rn 554>. Mögl und in der Praxis nicht selten ist, dass die Betriebspartner in einer freiw BV nach § 88 die Bewertung und Prämierung im Einzelfall einer **paritätisch besetzten Bewertungskommission** nach §§ 317 ff BGB übertragen <**R:** BAG 20.1.2004, 9 AZR 393/03, NZA 2004, 994; 16.12.2014, 9 AZR 431/13, NZA-RR 2015, 229; 19.5.2015, 9 AZR 863/13, AP BetrVG 1972 § 87 Vorschlagswesen Nr 4; **L:** *Rieble/Gistel* DB 2005, 1382, 1384 f; GK/*Gutzeit* Rn 1084; DKW/*Klebe* Rn 368; ErfK/*Kania* Rn 132; *Fitting* Rn 552, 555>; schon Rn 263.

267 Will der AG Verbesserungsvorschläge vergüten (Rn 266) oder verwertet er einen Verbesserungsvorschlag und zieht daraus einen Vorteil, sodass er **analog § 612 BGB** verpflichtet ist, dem AN eine Vergütung zu zahlen <**R:** BAG 16.3.1982, 1 ABR 63/80, BB 1983, 963; einen Anspruch aus § 612 BGB offenlassend, wenn eine BV existiert 19.5.2015, 9 AZR 863/13, AP BetrVG 1972 § 87 Vorschlagswesen Nr 4 Rn 28; **L:** *Schwab* AiB 1999, 445, 446; DKW/*Klebe* Rn 370, 372>, hat der BR darüber mitzubestimmen, nach welchen **Grundsätzen und Methoden die Prämie bemessen** werden soll <**L:** GK/*Gutzeit* Rn 1083>. Mitbestimmungspflichtig ist die Wahl des Vergütungssystems sowie die Methoden der Prämienbemessung, die Bewertungsgrundsätze, insbes wie der Nutzen des Verbesserungsvorschlags zu ermitteln ist, die Prämienbemessung, wenn kein konkreter wirtschaftl Nutzen besteht, die Verteilung der Prämie bei Gruppenvorschlägen und Vorschlägen von Qualitätszirkeln sowie die Festlegung der Prämienart (Geld- oder Sachprämie) <**R:** BAG 28.4.1981, 1 ABR 53/79, DB 1981, 1882; 16.3.1982, 1 ABR 63/80, BB 1983, 963; **L:** GK/*Gutzeit* Rn 1083, *Richardi/Maschmann* Rn 962; ErfK/*Kania* Rn 132>. Mitzubestimmen hat der BR auch darüber, wie eine Prämie für einen Verbesserungsvor-

II. Katalog der mitbestimmungspflichtigen Angelegenheiten § 87

schlag bestimmt werden soll, dessen Nutzen nicht zu ermitteln ist. Dem BR wird damit ein MBR über die **materiellen Gesichtspunkte** eingeräumt, von denen die Bewertung von Verbesserungsvorschlägen abhängt. Die Bewertung des einzelnen Verbesserungsvorschlages anhand dieser Bewertungsgrundsätze trifft der AG hingg mitbestimmungsfrei <R: BAG 16.3.1982, 1 ABR 63/80, BB 1983, 963; L: *Krauß*, Vorschlagswesen, 1977, S 942; Fitting Rn 554; SWS Rn 205; HWGNRH/*Worzalla* Rn 702; aA *Schoden* AuR 1980, 73, 76f>.

d) Individualrechtliche Folgen der Nichtbeachtung des MBR

Wird der BR an der Aufstellung der Grundsätze über die Bewertung von Verbesserungsvorschlägen nicht oder **nicht ordnungsgem beteiligt**, hindert dies den AG daran, Verbesserungsvorschläge anhand von ihm einseitig aufgestellter Grundsätze zu bewerten und zu prämieren <L: aA *Richardi/Maschmann* Rn 972; HSWGN/*Worzalla* Rn 710>. Hat der AN einen Anspruch auf die Prämie analog § 612 BGB (Rn 267), hat er auch ohne Mitbestimmung des BR einen Anspruch auf die Prämie <L: *Krauß* S 64f; DKW/*Klebe* Rn 372>. Zahlt der AG eine Prämie, ohne dazu individualvertragl verpflichtet zu sein, und verletzt er das MBR des BR aus Abs 1 Nr 12, kann er die Prämie wg § 814 BGB nicht unter Berufung auf die Verletzung des MBR zurückverlangen; in jedem Fall kann der AN Rückforderungsansprüchen den Entreicherungseinwand aus § 818 Abs 3 BGB entgegenhalten <L: mit anderer Begründung gg einen Rückzahlungsanspruch GK/*Gutzeit* Rn 1086; *Richardi/Maschmann* Rn 972; HWGNRH/*Worzalla* Rn 710>.

268

13. Grundsätze über die Durchführung von Gruppenarbeit; Gruppenarbeit im Sinne dieser Vorschrift liegt vor, wenn im Rahmen des betriebl Arbeitsablaufs eine Gruppe von Arbeitnehmern eine ihr übertragene Gesamtaufgabe im Wesentl eigenverantwortlich erledigt (Abs 1 Nr 13)

Literatur: *Annuß*, Mitwirkung und Mitbestimmung der Arbeitnehmer im Regierungsentwurf eines Gesetzes zur Reform des BetrVG, NZA 2001, 367; *Blanke*, Arbeitsgruppen und Gruppenarbeit in der Betriebsverfassung, RdA 2003, 140; *Cox/Peters*, Betriebsvereinbarung „Gruppenarbeit", AiB 1997, 402; *Elert*, Gruppenarbeit. Individual- und kollektivarbeitsrechtliche Fragen moderner Arbeitsformen, 2001; *Federlin*, Arbeitsgruppen in Betrieben, FS Leinemann (2006), 505; *Franken*, Individualrechtliche Fragen der Gruppenarbeitsverhältnisse (2005); *Franzen*, Die Freiheit des Arbeitnehmer zur Selbstbestimmung nach dem neuen BetrVG, ZfA 2001, 423; *Geffken*, Ausschüsse und Arbeitsgruppen, AIB 2006, 266; *Häuser*, Zur Haftung der Mitglieder einer Betriebsgruppe, in: FS Beuthien (2009), S 411; *Hund*, § 87 Abs 1 Nr 13 im System der Mitbestimmung in sozialen Angelegenheiten (2012); *Hunold*, Gruppenarbeit, AR-Blattei SD 840; *Klein*, Gruppenarbeit – Praxis, Interessenlage und Mitbestimmung, NZA Beil 24/2001, 13; *Löwisch*, Änderungen der Betriebsverfassung durch das Betriebsverfassungs-Reformgesetz, BB 2001, 1734; *Nill*, Selbstbestimmung in der Arbeitsgruppe – Die Regelungen zur Gruppenarbeit im Betriebsverfassungs-Reformgesetz (2005); *Paul*, Gruppenarbeit, 2001; *Picker*, Betriebsverfassung und Arbeitsverfassung, RdA 2001, 259; *Preis/Elert*, Erweiterung der Mitbestimmung bei der Gruppenarbeit?, NZA 2001, 371; *Rose*, Gruppenarbeit in Deutschland, in: FS Goos (2009), S 79; *Sittard/Müller*, Einführung agiler Arbeitsmethoden und betriebliche Mitbestimmung – Mitbestimmungsrechte in der neuen Arbeitswelt, ArbRB 2018, 381; *Wiese*, Die Mitbestimmung des Betriebsrats über Grundsätze zur Durchführung von Gruppenarbeit nach § 87 Abs 1 Nr 13 BetrVG, BB 2002, 198.

§ 87   Mitbestimmungsrechte

a) Normzweck und Anwendungsbereich

269 Der 2001 durch das **BetrVerf-RG** hinzugefügte Abs 1 Nr 13 unterstellt die Grundsätze über die Durchführung von Gruppenarbeit der Mitbestimmung und definiert in Hs 2 als Gruppenarbeit, dass eine Gruppe von AN iR des betriebl Arbeitsablaufs eine ihr übertragene Gesamtaufgabe im Wesentlichen eigenverantwortl erledigt, Rn 273 ff. Zentrales Merkmal der Gruppenarbeit ist, dass die Arbeitsprozesse nicht vom AG durch Weisungsrecht geordnet, sondern der **autonomen Zusammenarbeit der AN** überantwortet werden. Das BetrVerf-RG trägt der Gruppenarbeit nicht nur in Abs 1 Nr 13 Rechnung, sondern verpflichtet AG und BR in § 75 Abs 2 S 2, die Selbstständigkeit und Eigeninitiative von Arbeitsgruppen zu fördern (§ 75 Rn 41). Zudem erlaubt § 28a dem BR in Betrieben mit mehr als 100 AN, best Aufgaben (etwa nach Abs 1 Nr 1–12), auf Arbeitsgruppen zu übertragen; für diese darf die Arbeitsgruppe nach § 28a Abs 2 S 1 Vereinbarungen mit dem AG abschließen, die nach § 28a Abs 2 S 2 wie eine BV nach § 77 Abs 4 unmittelbar und zwingend für die Gruppenmitglieder gelten (§ 28a Rn 22 ff).

270 Über das MBR aus Abs 1 Nr 13 soll der BR einer „Selbstausbeutung der Gruppenmitglieder" und einer „Ausgrenzung leistungsschwächerer AN" im Wege des **„Gruppendrucks" entgegenwirken** <L: RegE BT-Ds 14/5741 S 47f zu Nr 56; *Richardi/Maschmann* Vorb Rn 973; *Fitting* 564>. Dabei müssen sich BR und AG und im Konfliktfall die ES an die Maßstäbe des § 75, insbes an § 75 Abs 2 S 2 halten: Die Grundsätze über die Durchführung der Gruppenarbeit müssen so gefasst werden, dass sie **Selbstständigkeit und Eigeninitiative der AN fördern** und nicht verhindern, § 75 Rn 46.

271 **Ob** der AG Gruppenarbeit einführt oder nicht und ob er sie wieder abschafft, entscheidet er **mitbestimmungsfrei** <L: GK/*Gutzeit* Rn 1097, 1105; *Richardi/Maschmann* Rn 980; *Fitting* Rn 572; ErfK/*Kania* Rn 134; krit DKW/*Klebe* Rn 380f>. Da es sich um eine arbeitsorganisatorische Maßnahme und nicht um eine soziale Angelegenheit handelt (§ 88 Rn 1), kann der AG sich zur Einführung oder Abschaffung von Gruppenarbeit auch **nicht** iR einer **freiw BV** gem § 88 verpflichten. Ebenfalls nicht von Abs 1 Nr 13 erfasst wird der **Gruppenzuschnitt**: Die Entscheidung, welche Arbeitsaufgaben in einer Arbeitsgruppe zusammengefasst werden und wie groß eine Arbeitsgruppe sein soll, ist der Durchführung der Gruppenarbeit vorgelagert und dem mitbestimmungsfreien Direktionsrecht des AG vorbehalten <L: GK/*Gutzeit* Rn 1108; aA *Fitting* Rn 575; DKW/*Klebe* Rn 384>. Ebenso wenig hat der BR über die Frage mitzubestimmen, welche AN zu welcher Arbeitsgruppe gehören; diese personelle Angelegenheit ist nach **§ 95 und § 99** mitbestimmungspflichtig <L: *Elert* 128; *Franzen* ZfA 2001, 423, 447; GK/*Gutzeit* Rn 1098 mwN; aA *Fitting* Rn 575; DKW/*Klebe* Rn 384>. Zu beachten sind aber die Unterrichtungs- und Beratungsrechte nach **§§ 90, 106, 111** <L: GK/*Gutzeit* Rn 1098 mwN>; zu § 99 dort Rn 29.

272 Soweit ein **TV** Gruppenarbeit regelt, geht er nach Abs 1 Eingangs-Hs betriebl Regelungen vor. Nach § 3 Abs 1 Nr 5 können TV auch zusätzl betriebsverfassungsrechtl Vertretungen zur erleichterten Zusammenarbeit zw BR und Arbeitsgruppen vorsehen, etwa ein bes Gremium, in dem die Sprecher von Arbeitsgruppen zusammentreten. Die Befugnis des BR aus § 28a, MBR an die Arbeitsgruppe zu übertragen (schon Rn 269), kann durch TV aber nicht ausgeschlossen werden, da § 28a eine zwingende organisatorische Bestimmung enthält.

II. Katalog der mitbestimmungspflichtigen Angelegenheiten § 87

b) Gruppenarbeit

Abs 1 Nr 13 Hs 2 definiert als Gruppenarbeit, dass eine **Gruppe** von AN eine ihr übertragene Gesamtaufgabe iR des betriebl Arbeitsablaufs im Wesentl eigenverantwortl erledigt. Aus dem Zweck des MBR (Rn 270) folgt, dass eine Gruppe **mindestens drei AN** voraussetzt, da erst bei 3 Personen ein „Gruppendruck" entstehen kann, dem das MBR entgegenwirken soll <**R**: vgl BGH 22.3.2001, GSSt 1/00 zum vergleichbaren Begriff der Bande iS von § 244 Abs 1 Nr 2 StGB; **L**: *Löwisch* BB 2001, 1790, 1792; GK/*Gutzeit* Rn 1092>. Die Zusammenarbeit zw zwei AN iR eines Job-Sharing wird von Abs 1 Nr 13 nicht erfasst. 273

Der AG muss der AN-Gruppe eine **gemeinsam zu erledigende Gesamtaufgabe** übertragen. In Betracht kommt einmal, dass eine einheitl Arbeitsaufgabe gemeinschaftlich zu erledigen ist, etwa in der traditionellen Akkordgruppe <**R**: vgl BAG 24.4.1974, 5 AZR 480/73, BB 1974, 1208>. Ebenso ist es mögl, dass verschiedene Teilaufgaben gemeinsam zu erledigen sind; diese können im Arbeitsablauf nacheinander geschaltet sein, wie etwa die Anlieferung von Teilen, deren Montage und deren Ablieferung bis hin zur Verpackung. Alle Mitglieder der Gruppe sind zusammen für ein best Ergebnis verantwortl, sodass die Benennung mehrerer Mitarbeiter, die jeder für sich best Aufgaben durchführen sollen, keine Installation einer Gruppe iS des Abs 1 Nr 13 ist <**R**: LAG Nbg 20.12.2011, 6 TaBV 37/11, BeckRS 2012, 70165 konkret Abs 1 Nr 13 bei der Delegation ärztlicher Tätigkeiten auf die „Gruppe" der Pflegekräfte abl>. 274

Abs 1 Nr 13 setzt voraus, dass die AN-Gruppe ihre Gesamtaufgabe „**im Wesentlichen eigenverantwortlich**" erledigt (vgl Rn 269): Der Arbeitsgruppe müssen „Vorgesetztenkompetenzen" übertragen sein, dh der AG muss die Ausübung seines Weisungsrechts so weit auf die AN-Gruppe übertragen, dass der Schwerpunkt der Verantwortung für die Erledigung bei der Arbeitsgruppe selbst liegt <**L**: RegE BT-Drs 14/5741 S 47f zu Nr 56; GK/*Gutzeit* Rn 1092; DKW/*Klebe* Rn 378; *Fitting* Rn 571>. Bloße Zielvereinbarungssysteme genügen nicht, selbst wenn die Zielvereinbarungen koordiniert werden, da sie nichts an der Ausübung des Weisungsrechts durch den AG ändern <**L**: *Löwisch* BB 2001, 1790, 1792; GK/*Gutzeit* Rn 1093>. Wie die **Vorgesetztenkompetenzen** ausgeübt werden, entscheidet die Gruppe. Keinesfalls kann der AG ein Mitglied der Gruppe zum Vorgesetzten bestimmen; tut er dies, ist die Gruppe nicht hinreichend eigenverantwortl organisiert: Es fehlt dann an einem konstitutiven Merkmal der Gruppenarbeit; mangels der Möglichkeit, Gruppendruck auszuüben (Rn 270), entfällt zugleich ein Bedürfnis für die Mitbestimmung des BR. 275

Mit der Voraussetzung, die Gruppe müsse die übertragene Arbeit „**iR des betriebl Arbeitsablaufs**" erledigen, soll das MBR auf die Fälle beschränkt werden, in denen die Arbeitsgruppe in den betriebl Arbeitsablauf „eingegliedert" ist. Hingg sollen Arbeitsgruppen, die „nur parallel zur Arbeitsorganisation bestehen, wie zB Projektgruppen und Steuerungsgruppen" nicht erfasst sein, weil die die Mitbestimmung rechtfertigenden Gefahren der Selbstausbeutung und Ausgrenzung (Rn 270) nicht bestünden <**L**: RegE BT-Ds 14/5741 S 48 zu Nr 56; GK/*Gutzeit* Rn 1091, 1094; *Fitting* Rn 570>. Gleichwohl können auch **Projektgruppen oder Steuerungsgruppen** eine AN-Gruppe iS des Abs 1 Nr 13 sein: Wird einer Projektgruppe eine Arbeitsaufgabe zur im Wesentl eigenverantwortl Erledigung (Rn 275) übertragen – etwa die Entwicklung oder Verbesserung eines Produktes, die Optimierung eines Arbeitsprozesses oder die Ursachenforschung für einen Produkti- 276

§ 87 Mitbestimmungsrechte

onsfehler – ist das ein eigener betriebl Arbeitsablauf, bei dem ebenfalls die Gefahr von Gruppendruck, Selbstausbeutung und Ausgrenzung auftreten kann, sodass der Schutzzweck des Abs 1 Nr 13 (Rn 270) greift <**L:** *Elert* S 25; DKW/*Klebe* Rn 379>.

c) Durchführungsgrundsätze

277 Mit Grundsätzen über die Durchführung der Gruppenarbeit unterwirft Abs 1 Nr 13 in erster Linie die **Organisation und das Verf der Zusammenarbeit in der Gruppe** der Mitbestimmung des BR, etwa die Wahl eines Gruppensprechers, dessen Stellung, Aufgaben und Vertretung, die Durchführung von **Gruppengesprächen** zur Meinungsbildung in der Gruppe sowie die Regeln für die Zusammenarbeit mit anderen Gruppen <**L:** RegE BT-Drs 14/5741 S 47 zu Nr 56; GK/*Gutzeit* Rn 1108 f, 1111; *Fitting* Rn 576; DKW/*Klebe* Rn 382; **krit** *Preis/Elert* NZA 2001, 371, 374>. Der **Gruppensprecher** kann auch berechtigt werden, die Rechte der Gruppenmitglieder ggü dem AG geltend zu machen (zur Vorgesetztenrolle vgl Rn 275); Abs 1 Nr 13 ermöglicht es aber nicht, ihm durch BV die alleinige Prozessführungsbefugnis zu übertragen, da so die übrigen Gruppenmitglieder unzulässig von der Prozessführung ausgeschlossen würden, Rn 264 zu Abs 1 Nr 12. Mitzubestimmen hat der BR nach Abs 1 Nr 13 auch über Grundsätze zur „**Konfliktlösung in der Gruppe**" <**L:** RegE BT-Drs 14/5741 S 47 zu Nr 56; GK/*Gutzeit* Rn 1109, 1113; *Fitting* Rn 576; **krit** *Preis/Elert* NZA 2001, 371, 374>. Etwa kann vorgesehen werden, dass bei Konflikten der BR-Vors oder ein anderes BR-Mitglied, die Vertrauensperson der Schwerbehinderten, die Gleichstellungsbeauftragte oder ein Betriebspsychologe hinzuzuziehen ist. Ebenso kann ein bes Mediationsverf vorgeschrieben werden; durch dieses kann aber weder die betriebl Beschwerdemöglichkeit nach §§ 84 ff noch die Anrufung des ArbG ausgeschlossen werden (§§ 4, 101 ArbGG).

278 Zum Schutz leistungsschwächerer AN vor Ausgrenzung (Rn 270) soll der BR über Abs 1 Nr 13 sicherstellen, dass bei der **Verteilung der Arbeit unter die gruppenangehörigen AN** dem aus dem Persönlichkeitsrecht fließenden **Beschäftigungsanspruch** ausreichend Rechnung getragen wird. Zu diesem Zweck können der Gruppensprecher, aber auch der AG, verpflichtet werden, den BR in angemessenen Abständen darüber zu unterrichten, wie die Arbeit in der Arbeitsgruppe verteilt wird. Mitzubestimmen hat der BR auch über die Grundsätze, nach denen Informationen über die Tätigkeit der Gruppenmitglieder an den AG erstellt und weitergegeben werden, die dieser der Beurteilung der AN in Zeugnissen usw zugrunde legt. Abs 1 Nr 13 eröffnet dem BR aber keine Mitbestimmung über die Organisation der Arbeit selbst: Entscheiden die Gruppenmitglieder anstelle des AG eigenverantwortl, wie die ihnen übertragenen Arbeitsaufgaben zu erledigen sind, **konkretisieren sie selbst ihre arbeitsvertragl Leistungsverpflichtung**.

d) Individualrechtliche Folgen der Nichtbeachtung des MBR

279 Für die praktische Durchführung der vom AG mitbestimmungsfrei eingeführten (Rn 271) Gruppenarbeit, ist die Mitbestimmung des BR Wirksamkeitsvoraussetzung. Die Grundsätze der Gruppenarbeit werden sinnvollerweise durch **BV** festgelegt <**L:** *Richardi/Maschmann* Rn 986; DKW/*Klebe* Rn 384; zu den Eckpunkten einer solchen BV *Cox/Peter* AiB 1997, 402 ff>.

14. Ausgestaltung von mobiler Arbeit, die mittels Informations- und Kommunikationstechnik erbracht wird (Abs 1 Nr 14)

Literatur: *Althoff,* Das Betriebsrätestärkungsgesetz – Fortschritt oder Stillstand?, ArbRAktuell 2021, 151; *Bayreuther,* Mitbestimmung bei mobiler Arbeit nach § 87 I Nr. 14 BetrVG, NZA 2021, 839; *Eicke,* Die wichtigsten Neuerungen durch das Betriebsrätemodernisierungsgesetz, ArbR 2021, 313; *Gaul/Kaule,* Das Betriebsrätemodernisierungsgesetz. Mehr Schein als Sein, ArbRB 2021, 176; *Giesen,* Gesetzgebungspläne zur „mobilen Arbeit", ZfA 2021, 177; *Möllenkamp,* Das Betriebsrätemodernisierungsgesetz 2021 – Regelungsinhalte und Praxisauswirkungen, DB 2021, 1198; *Müller,* Erweiterung der Mitbestimmung und des Unfallversicherungsschutzes bei mobiler Arbeit bzw. im Homeoffice (Teil 1), ArbRAktuell 2021, 408; *Reinartz,* Das Betriebsrätemodernisierungsgesetz, NZA-RR 2021, 457; *Schiefer/Worzalla,* Das Betriebsrätemodernisierungsgesetz – Eine „Mogelpackung"?, NZA 2021, 817; *Winzer/Baeck/Hilgers,* Das Betriebsrätemodernisierungsgesetz – Der Regierungsentwurf als Update für das BetrVG?, NZA 2021, 620.

a) Normzweck und Anwendungsbereich

Durch das **Betriebsrätemodernisierungsgesetz** v 14.6.2021 BGBl I 2021, 1762 mWv 18.6.2021 wurde Nr 14 neu in den Katalog der Mitbestimmungsrechte aufgenommen. Sie umfasst die Ausgestaltung von mobiler Arbeit, die mittels Informations- und Kommunikationstechnik erbracht wird. Die ortsflexible Arbeitsleistung sei aus arbeits-, familien- und gleichstellungspolitischen Gründen zu fördern. Hierzu müsse auf betrieblicher Ebene zum Schutz der AN ein einheitlicher und verbindlicher Rechtsrahmen für die mobile Arbeit durch den BR erzwingbar sein (BT-Drs 19/28899, S 2): In einer **BV** <L: Richardi/*Maschmann,* Rn 989k> seien die Vor- und Nachteile mobiler Arbeit unter Berücksichtigung der Belange des jeweiligen Betriebs in ein ausgewogenes Verhältnis zu bringen (BT-Drs 19/28899, S 12), etwa die Gefahr der Entgrenzung von Arbeits- und Privatleben <L: GK/*Gutzeit* Rn 1120; Richardi/*Maschmann,* Rn 989a> oder der gefährliche Zugriff von AG und Kollegium auf den AN mittels (Informations- und Kommunikations-)Technik <L: GK/*Gutzeit* Rn 1126>. **280**

Das MBR erstreckt sich – entgegen dem Referentenentwurf <L: *Reinartz,* NZA-RR 2021, 457, 467f> – nur auf die **Ausgestaltung („wie")** mobiler Arbeit. Die Entscheidung zur Einführung und Beendigung („ob") liegt allein beim AG (BT-Drs 19/28899 S 23 und BR-Drs 271/21 S 20), auch wenn die Einführung durch den AG von einer bestimmten Ausgestaltung abhängig gemacht und so das MBR des BR ausgehebelt wird <L: *Althoff,* ArbRAktuell 2021, 151>. Unter den Begriff der Ausgestaltung fallen etwa Regelungen über den Ort und den zeitlichen Umfang der mobilen Arbeit, deren täglichen Beginn und Ende, Regelungen über bestimmte Anwesenheitspflichten in der Betriebsstätte, zur Erreichbarkeit der AN, zur Bereitstellung der Arbeitsmittel, zu Sicherheitsaspekten <L: GK/*Gutzeit* Rn 1130; ErfK/*Kania* Rn 137; **krit** zur Vermischung von „ob" und „wie" bei der Festlegung von Anwesenheitspflichten *Bayreuther* NZA 2021, 839, 840>. Nicht mitbestimmungspflichtig als „ob" ist etwa der berechtigte Personenkreis und die Geeignetheit der Tätigkeit für mobiles Arbeiten – hierüber entscheidet der AG alleine. Entsprechend besteht **kein Initiativrecht** des BR zur Einführung mobiler Arbeit <L: Richardi/*Maschmann,* Rn 989b mwN>, auch wenn die Gesetzesänderung mit einem neuen Recht des BR zur Anstrebung mehr mobiler Arbeit iS der AN begründet wurde (BT-Drs 19/28899 S 17), Rn 280. Der Gesetzgeber ging fälschlicherweise davon aus, dass parallel zu **281**

§ 87 Mitbestimmungsrechte

Nr 14 das Mobile Arbeit-Gesetz (MAG) erlassen wird, welches einen Anspruch auf „Homeoffice" beinhalten sollte (zur Verbindung von Nr 14 mit dem MAG noch Rn 284 f).

282 Da der Betriebsbegriff des BetrVG nicht räumlich, sondern funktional zu verstehen ist (vgl Rn 38), unterlag die Ausgestaltung der mobilen Arbeit als betrieblicher Arbeitsplatz nach § 5 Abs 1 S 1 (zur Telearbeit § 5 Rn 13) <L: Richardi/*Maschmann*, § 1 Rn 112af mwN> bereits MBR gem **Nr 1** (soweit das Ordnungsverhalten betroffen war; etwa bei Verhaltens- und Sicherheitsvorgaben bei der Nutzung von Telearbeitsplätzen), (sofern im Einzelfall einschlägig) gem **Nr 2** (Beginn und Ende der Arbeitszeit), gem **Nr 6** (technische Überwachungseinrichtung, Rn 140) und gem **Nr 7** (Gesundheitsschutz) sowie gem **Nr 10** (Entschädigungsvereinbarung bezgl privater Arbeitsmittel und Einrichtungen) <**R:** zu diesen unterschiedl MBR etwa LAG Hessen 18.6.2020, 5 TaBVGa 74/20, NZA 2021, 291; LAG Meck-Vor 25.2.2020, 5 TaBV 1/20, NZA-RR 2020, 257>. Insoweit ist Nr 14 **lediglich klarstellend** und fasst die bisher schon bestehenden MBR als **Auffangtatbestand** zusammen <L: BeckOK ArbR/*Werner*, 64. Ed. 1.6.2022, Rn 206a; *Giesen* ZfA 2021, 177, 196>. Die bisherigen Rechte des BR gelten unverändert fort (BT-Drs 19/28899 S 23): Neben § 87 Abs 1 auch aus **§ 111 S 3 Nr 3** und **§ 99** <**R:** zur Verlegung des Arbeitsortes vom Betrieb ins Homeoffice oder umgekehrt als mitbestimmungspflichtige Versetzung BAG 20.10.2021, 7 ABR 34/20, NZA 2022, 494 Rn 18 ff; 22.9.2021, 7 ABR 13/20, AP BetrVG 1972 § 99 Nr 174 Rn 22 f>, § 99 Rn 30, sowie ggf aus **§§ 90, 91, 92a** <L: Richardi/*Maschmann*, Rn 989c und f; ErfK/*Kania* Rn 136>.

283 Ein MBR besteht nur bei **kollektiven Tatbeständen** (Rn 2), sodass mitbestimmungsfrei einem einzelnen AN aufgrund persönlicher Umstände erlaubt werden kann, mobil zu arbeiten, etwa bei Erkrankung seines minderjährigen Kindes <L: Richardi/*Maschmann*, Rn 989f; *Bayreuther* NZA 2021, 839, 840; *Giesen* ZfA 2021, 177, 193>; insofern kann schon aus dem Wortlaut von Nr 14 nichts anderes folgen (zur hM, Abs 1 Nr 5 setze aufgrund seines Wortlauts keinen kollektiven Tatbestand voraus Rn 126).

b) Mobile Arbeit

284 „Mobile Arbeit" wird in Nr 14 nicht definiert; nur konkretisiert, dass hierzu Informations- und Kommunikationstechnik verwendet werden muss (noch Rn 286). Denn parallel zur Einführung von Nr 14 sollte die GewO um eine Definition mobiler Arbeit erweitert werden – im Zuge des Erlasses des Mobile Arbeit-Gesetzes, zu dem es bislang jedoch nicht kam (schon Rn 281). Aus diesem Entwurf von § 111 Abs 1 S 2 GewO und der Gesetzesbegründung ergibt sich, dass die Arbeitsleistung **außerhalb der Betriebsstätte** an einem Ort nach Wahl des AN oder an einem mit dem AG vereinbarten Ort zu erbringen ist (BT-Drs 19/28899 S 23) <L: *Müller* ArbRAktuell 2021, 408>; zur Versetzung ins Homeoffice § 87 Rn 30. Unbeachtlich ist, ob sich dieser Ort ändert (etwa Arbeit (im Rahmen von Workation) in wechselnden Hotelzimmern, in einem Café, im Zug) oder aber – wie etwa mit der Wohnung des AN – gleich bleibt; dieser Ort kann nach § 2 Abs 7 ArbStättVO ein Telearbeitsplatz sein <L: Richardi/*Maschmann* Rn 989e>. Ebenso irrelevant ist, ob die Arbeit ausnahmsweise spontan, anlassbezogen und vorübergehend (vgl § 87 Abs 1 Nr 3), wie etwa in einer Pandemie, oder dauerhaft regelmäßig mobil erbracht (BT-Drs 19/28899 S 23) und, ob ganztags oder nur stundenweise mobil gearbeitet wird <L: Richardi/*Maschmann* Rn 989e; *Giesen* ZfA 2021, 177, 192; *Müller* ArbRAktuell 2021, 408, 410>.

II. Katalog der mitbestimmungspflichtigen Angelegenheiten **§ 87**

Vom MBR ausgenommen ist mobiles Arbeiten, das aufgrund der **Eigenart der Tätig-**   285
keit außerhalb der Betriebsstätte erfolgt, zB bei Handelsvertretern und Monteuren –
auch sofern diese mittels Laptop etc agieren <L: Richardi/*Maschmann* Rn 989d; **aA**
GK/*Gutzeit* Rn 1125>. Nr 14 erfasst nur eine Arbeitsleistung, die ursprüngl im Betrieb
erbracht wurde und für die nun „Homeoffice" ermöglicht werden soll <L: ErfK/*Kania*
Rn 138 Verengung des Anwendungsbereichs auf typische PC-gebundene Büroarbeits-
plätze>. Ist die Tätigkeit aufgrund ihrer Eigenart schon in der Vergangenheit nicht an
die Betriebsstätte gekoppelt gewesen, muss das mobile Arbeiten nicht mehr gefördert
werden (zu diesem Gesetzeszweck Rn 280). Auch hier zeigt sich die starke Verbindung
von Nr 14 mit den Gesetzesentwürfen zum Mobile Arbeit-Gesetz, welches AN erstmals
einen Anspruch auf Homeoffice gewähren sollte <L: *Bayreuther* NZA 2021, 839; *Gie-*
sen ZfA 2021, 177, 191>, schon Rn 281. Bei Tätigkeiten, die nur teilweise aufgrund
ihrer Eigenart zwingend außerhalb der Betriebsstätte zu erbringen sind, ist der Part, der
bislang im Betrieb erbracht wurde und nun etwa ins Homeoffice verlagert wird, mobile
Arbeit, deren Ausgestaltung mitbestimmungspflichtig ist <L: **aA** *Müller* ArbRAktuell
2021, 408, 409 für eine angestellte Rechtsanwältin und deren Mobilität durch Gerichts-
termine>.

c) Mittels Informations- und Kommunikationstechnik

Dem MBR unterliegt nur mobile Arbeit, die mittels Informations- und Kommunikati-   286
onstechnik erbracht wird, etwa mittels **Personalcomputern, Laptops, Tablets und**
Smartphones, die Informations- und Kommunikationstechnik in sich vereinen. Ist ein
Zugriff mittels dieser Technik auf den AN durch AG und Kollegium möglich, hat der
BR zum Schutz der AN mitzubestimmen, Rn 280, obwohl dieser Schutz bereits durch
die ausufernde Auslegung von Nr 6 übererfüllt ist (Rn 140). Es genügt der **potenzielle**
technische Zugriff auf den AN und damit die Möglichkeit der Kontaktaufnahme mittels dieser Mittel <L: GK/*Gutzeit* Rn 1127 mwN>. Als Gegenbeispiele nennt die Gesetzesbegründung die Tätigkeit als Fahrer oder Bote (BT-Drs 19/28899 S 23). Jedoch
können diese ihre Arbeitsleistung tatsächlich auch nicht ohne Navigationssystem,
Smartphone etc erbringen („mittels"), sie bekommen etwa die Route über eine App vorgegeben und unterliegen so dem technischen Zugriff <L: **aA** *Müller*, ArbRAktuell
2021, 408, 409 f>.

d) Individualrechtliche Folgen der Nichtbeachtung des MBR

Beteiligt der AG den BR nicht nach Abs 1 Nr 14 oder setzt er sich über dessen verweiger- 287
te Zustimmung hinweg, kann der BR vom AG verlangen, die Anwendung der mitbestimmungswidrigen Ausgestaltung der mobilen Arbeit im Betrieb zu **unterlassen**; zu den
Rechtsschutzmöglichkeiten des BR Rn 26 ff.

Die einseitige, nicht nach Abs 1 Nr 14 mitbestimmte Ausgestaltung der mobilen Arbeit 288
ist **ggü den AN unwirksam**; im Betrieb ist die **gesetzl oder tarifl Regelung oder die**
bisherige mitbestimmte BV weiter anzuwenden. Solange der AG das MBR des BR
nicht beachtet, können die AN ihre mobile Arbeit nach **§ 273 BGB** verweigern. Durch

§ 87 Mitbestimmungsrechte

die Nichtbeachtung der mitbestimmungswidrigen AG-Weisung verletzen die AN ihre Arbeitspflichten nicht, sodass Abmahnung und verhaltensbedingte Kd ausscheiden, Rn 30.

§ 88 Freiwillige Betriebsvereinbarungen

Durch Betriebsvereinbarung können insbesondere geregelt werden
1. zusätzliche Maßnahmen zur Verhütung von Arbeitsunfällen und Gesundheitsschädigungen;
1a. Maßnahmen des betrieblichen Umweltschutzes;
2. die Errichtung von Sozialeinrichtungen, deren Wirkungsbereich auf den Betrieb, das Unternehmen oder den Konzern beschränkt ist;
3. Maßnahmen zur Förderung der Vermögensbildung;
4. Maßnahmen zur Integration ausländischer Arbeitnehmer sowie zur Bekämpfung von Rassismus und Fremdenfeindlichkeit im Betrieb;
5. Maßnahmen zur Eingliederung schwerbehinderter Menschen.

Literatur: *Brachmann/Diepold*, Wirken Betriebsvereinbarungen nach?, AuA 2011, 654; *Dietz*, Betriebsvereinbarung und Dienstvertrag, FS Sitzler (1956), S 132; *Fastrich*, Betriebsvereinbarung und Privatautonomie, RdA 1994, 129; *Fröb*, Die Bekämpfung von Rassismus und Fremdenfeindlichkeit im Arbeitsrecht (2018); *Haas*, Die Partizipation der Beschäftigten im Arbeitsschutzrecht (2017); *Kleinebrink*, Der Ausstieg aus freiwilligen Betriebsvereinbarungen, ArbRB 2020, 25; *Kollar*, Gesundheitsschutz als Aufgabe der Betriebs- und Tarifparteien (2015); *Kreutz*, Grenzen der Betriebsautonomie, 1979; *Kuhn*, Verfahrensregelungen sind mitbestimmungsfrei, DB 2019, 313; *Löwisch*, Arbeitsrechtliche Fragen von AIDS-Erkrankung und AIDS-Infektion, DB 1987, 936; *ders*, Möglichkeiten und Grenzen der Betriebsvereinbarung, AuR 1978, 97; *ders*, Rückzahlungs- und Bestandsklauseln in Betriebsvereinbarungen, NZA 2013, 549; *Neef*, Die Betriebsvereinbarung als Ersatztarifvertrag, FS Schaub (1998), S 515; *Schielke*, Kostentragung bei der Lohnpfändung – Zugleich Besprechung von BAG, BB 2007, 221, BB 2007, 378; *Schöne/Klaes*, Sittenwidrigkeit von Nachwirkungsklauseln in freiwilligen Betriebsvereinbarungen?, BB 1997, 2374; *Thielemann*, Verstöße des Arbeitnehmers gegen Compliance- und Ethikrichtlinien (2018); *Waltermann*, Gestaltung von Arbeitsbedingungen durch Vereinbarung mit dem Betriebsrat, NZA 1996, 357; *ders*, „Umfassende Regelungskompetenz" der Betriebsparteien zur Gestaltung durch Betriebsvereinbarung?, RdA 2007, 257; *Westhauser/Sediq*, Mitbestimmungsrechtliche Aspekte des Beschwerderechts nach § 13 AGG, NZA 2008, 78; *Wiese*, Zur betrieblichen Vereinbarung finanzieller Leistungspflichten von Arbeitgebern und Arbeitnehmern in sozialen Angelegenheiten, FS Richardi (2007), S 817.

Übersicht

	Rn.		Rn.
I. Normzweck und Anwendungsbereich	1	2. Weitere Angelegenheiten	10
II. Gegenstand freiwilliger Betriebsvereinbarungen	4	3. Nicht durch Betriebsvereinbarung regelbare Angelegenheiten	14
1. Aufgezählte Beispiele	4		

I. Normzweck und Anwendungsbereich

§ 88 verleiht AG und BR eine **umfassende Zuständigkeit**, durch freiwillige BV **soziale** **1** **Angelegenheiten** zu regeln <R: BAG 7.11.1989, GS 3/85, BB 1990, 1840>. Zwar nennt § 88 nur sechs Beispielsfälle; diese Aufzählung ist aber nicht abschl, sondern nennt die

§ 88 Freiwillige Betriebsvereinbarungen

durch freiwillige BV regelbaren Gegenstände nur „insbes". **Entgg der Auffassung des BAG** kann aus § 77 Abs 3 S 1 und 2 **nicht** gefolgert werden, dass § 88 den Betriebspartnern eine umfassende Kompetenz gibt, **alle Arbeitsbedingungen** durch freiwillige BV zu regeln <R: so aber BAG 7.11.1989, aaO; 12.12.2006, 1 AZR 96/06, DB 2007, 866; L: so aber *Fitting* Rn 2; DKW/*Berg* Rn 1; ErfK/*Kania* Rn 1; HWGNRH/*Worzalla* Rn 4>: Dass § 77 Abs 3 die Tarifautonomie (Art 9 Abs 3 GG) vor konkurrierenden Gestaltungen durch BV sichern will, heißt nicht, dass die Regelungsbefugnisse der Tarifparteien und Betriebspartner grds den gleichen Umfang hätten. Auch aus § 28 Abs 2 S 1 SprAuG, nach dem AG und SprA mit unmittelbarer und zwingender Wirkung für die ltd Ang Richtlinien über den Inhalt, den Abschluss und die Beendigung von Arbeitsverhältnissen abschließen können, lässt sich nicht folgern, dass die Befugnisse von AG und BR ebenso weit gehen müssen <R: so aber BAG 12.12.2006, aaO; L: so aber *Fitting Rn 2; ErfK/Kania* Rn 1>: Das SprAuG kennt nur wenige erzwingbare MBR und eröffnet mit § 28 SprAuG stattdessen eine dem § 1 TVG nachgebildete Generalklausel, die in § 28 Abs 2 S 2 SprAuG – anders als in § 77 – ausdrückl das Günstigkeitsprinzip normiert. § 88 muss im systematischen Gesamtzusammenhang des BetrVG gelesen werden. Danach ist die Regelungsbefugnis der Betriebspartner angesichts der Überschrift des 3. Abschnitts auf „Soziale Angelegenheiten" beschränkt, also § 88 zu lesen als: „Durch Betriebsvereinbarung können soziale Angelegenheiten geregelt werden, insbes ..." <L: GK/*Gutzeit* Rn 10; *Richardi* Rn 3>. **Soziale Angelegenheiten** sind insoweit aber **weit zu verstehen**: Soweit entspr dem Schutzzweck des § 87 (dort Rn 1) der Persönlichkeits- und Gesundheitsschutz der AN oder aber ein Ausgleich der unterschiedl Interessen der AN im Betrieb und damit Verteilungsgerechtigkeit bezweckt wird und **kollektive Maßnahmen** getroffen werden, also die Angelegenheiten der AN im Betrieb abstrakt-generell geregelt werden (§ 87 Rn 2), eröffnet § 88 die Möglichkeit zum Abschluss freiwilliger BV (Rn 9 ff). Insofern können auch abstrakt-generelle Vorgaben für personelle Einzelmaßnahmen durch freiwillige BV geregelt werden <L: auch GK/*Gutzeit* Rn 11; *Richardi* Rn 4>, Rn 12.

2 Eine weitere Funktion erfüllt § 88 als **Auslegungshilfe**: Die beispielhaft aufgezählten Regelungen, die nach § 88 nur Gegenstand einer freiwilligen BV sein können, helfen bei der Abgrenzung dessen, was der BR über § 87 Abs 1 erzwingen kann. Etwa macht § 88 Nr 2 deutl, dass sich der AG zur „Errichtung" von Sozialeinrichtungen ledigl durch freiwillige BV verpflichten kann, sodass die Formulierung „Form, Ausgestaltung und Verwaltung" von Sozialeinrichtungen in § 87 Abs 1 Nr 8 eng zu verstehen ist und der BR ein erzwingbares MBR nur über das „Wie" von Sozialeinrichtungen, nicht aber über das „Ob" hat <R: BAG 23.3.1993, 1 ABR 65/92, DB 1993, 1829>, § 87 Rn 169. Ebenso zeigt § 88 Nr 1, der eine freiwillige BV über „zusätzl" Maßnahmen zur Verhütung von Arbeitsunfällen und Gesundheitsschädigungen erlaubt, dass § 87 Abs 1 Nr 7 eng auszulegen ist und das MBR des BR entspr dem Gesetzeswortlaut auf die Ausgestaltung „der gesetzl Vorschriften oder UVV" beschränkt, also voraussetzt, dass Rahmenvorschriften bestehen und dem AG einerseits best Maßnahmen des Gesundheitsschutzes als Verpflichtung aufgeben, andererseits zu ihrer Durchführung Regelungsspielräume lassen (§ 87 Rn 148, 151) <R: BAG 28.3.2017, 1 ABR 25/15, BAGE 159, 12 Rn 21>. Indem § 88 Nr 1 Maßnahmen zur Verhütung von Arbeitsunfällen und Gesundheitsschädigungen allein der freiwilligen Mitbestimmung zuordnet, soweit sie nicht durch Gesetze oder UVV geboten sind, macht das Gesetz deutl, dass der BR entspr Maßnahmen auch nicht als Verhaltensregeln gem § 87

Abs 1 Nr 1 über die ES durchsetzen können soll; deswg besteht ein Initiativrecht zur Einführung von Sicherheitswettbewerben weder über § 87 Abs 1 Nr 7 noch über § 87 Abs 1 Nr 1 <R: BAG 24.3.1981, 1 ABR 32/78, DB 1981, 1882; L: aA GK/*Gutzeit* Rn 15>, noch Rn 4 und § 87 Rn 42.

Auch freiwillige BV wirken **nach § 77 Abs 4 S 1 unmittelbar und zwingend** auf die Arbeitsverhältnisse der AN, § 77 Rn 7. Weder der AG noch der BR können den Abschluss freiwilliger BV nach § 88 über die ES erzwingen; sie können die ES aber freiwillig zur Beseitigung von Meinungsverschiedenheiten einschalten, § 76 Abs 6 S 1, ebenso bei „teilmitbestimmten" Angelegenheiten. Der Spruch der ES ersetzt die Einigung zw AG und BR aber nur dann, wenn sich beide Seiten ihm im Voraus unterworfen haben oder ihm nachträgl zustimmen, § 76 Abs 6 S 2. AG und BR haben iR des § 88 **kein Initiativrecht** <R: BAG 11.12.2018, 1 ABR 17/17, NZA 2019, 714 Rn 24 ff; L: GK/*Gutzeit* Rn 4>. Freiwillige BV iS des § 88 **wirken nicht nach, § 77 Abs 6** (§ 77 Rn 66) <R: BAG 9.2.1989, 8 AZR 310/89, BB 1989, 2112; 21.8.1990, 1 ABR 73/89, BB 1990, 2406>, die Nachwirkung kann jedoch vereinbart werden <R: BAG 23.10.2018, 1 ABR 10/17, NZA 2019, 186 Rn 25>; zu teilmitbest BV § 77 Rn 67. Die Betriebspartner müssen beim Abschluss der BV die Grenzen des **§ 75** beachten (Rn 8 und 10 sowie § 75 Rn 5 und § 77 Rn 19 ff); zum **Günstigkeitsprinzip** § 77 Rn 51 ff <R: BAG 18.11.2014, 1 ABR 18/13, BeckRS 2015, 65972 Rn 22 zweifelnd, ob eine freiwillige BV wirksam ist, nach der günstigere arbeitsvertragl Regelungen nicht zu erfüllen sind>. Ein TV und eine ledigl tarifübliche Regelung derselben Materie sperren gem **§ 77 Abs 3** freiwillige BV, wenn der TV den Abschluss ergänzender BV nicht ausdrückl zulässt <R: BAG 18.8.1987, 1 ABR 30/86, BB 1987, 2161; L: GK/*Gutzeit* Rn 8 mwN>, § 77 Rn 126. Eine Inhaltskontrolle nach §§ 305 ff BGB (**AGB-Kontrolle**) schließt § 310 Abs 4 S 1 BGB auch für freiwillige BV aus <R: BAG 12.4.2011, 1 AZR 412/09, AP BetrVG 1972 § 75 Nr 57 Rn 20; 13.10.2015, 1 AZR 853/13, AP BetrVG 1972 § 77 Nr 109 Rn 31>, § 77 Rn 145 ff.

II. Gegenstand freiwilliger Betriebsvereinbarungen

1. Aufgezählte Beispiele

Nr 1 ergänzt § 87 Abs 1 Nr 7 (schon Rn 2): Das MBR des BR aus § 87 Abs 1 Nr 7 über die Verhütung von Arbeitsunfällen oder Gesundheitsschädigungen besteht nur „iR der gesetzl Vorschriften oder UVV" und beschränkt sich damit auf die Ausfüllung bestehender Normen (§ 87 Rn 148, 151); dass der AG gesundheitsschützende Vorschriften einhält, kann der BR auch nach § 80 Abs 1 Nr 1 überwachen. § 88 Nr 1 erlaubt es AG und BR weitergehend, den Gesundheits- und Arbeitsschutz auch dann in einer BV zu regeln, wenn **keine gesetzl Rahmenvorschriften** bestehen. Die Betriebspartner können etwa festlegen, dass im Betrieb freiwillige Hepatitis-B-Schutzimpfungen durchgeführt werden, oder dass freiwillige Reihenuntersuchungen <L: *Löwisch* DB 1987, 936, 938 f> oder Rehabilitationsmaßnahmen durchgeführt werden. Durch freiwillige BV kann sich der AG auch verpflichten, Sicherheitswettbewerbe durchzuführen, mit deren Hilfe Unfälle verhindert werden sollen und das Zusammenleben der AN im Betrieb sicherer gemacht werden soll (schon Rn 2) <R: BAG 24.3.1981, 1 ABR 32/78, DB 1981, 1882>, oder gesetzl nicht vorgeschriebene Schutzmaßnahmen zu ergreifen, etwa Feuerschutzeinrichtungen, Alarmvorrichtungen, Schutzräume und eine Unfallstation aufzubauen. Ebenso können

§ 88 Freiwillige Betriebsvereinbarungen

die AN über eine freiwillige BV verpflichtet werden, über UVV hinaus Körperschutzkleidung zu tragen; zur Kostenpflicht Rn 10.

5   Nach **Nr 1a** können AG und BR auch Maßnahmen des **betriebl Umweltschutzes** durch BV regeln. Nr 1a wird ergänzt durch § 80 Abs 1 Nr 9, der es zur allg Aufgabe des BR macht, den betriebl Umweltschutz zu fördern, und durch § 89 Abs 2 S 2, der den AG verpflichtet, den BR bei allen mit dem betriebl Umweltschutz in Zusammenhang stehenden Besichtigungen und Fragen hinzuzuziehen und ihm unverzüglich die den betriebl Umweltschutz betreffenden Auflagen und Anordnungen der zuständigen Stellen mitzuteilen. Der betriebl Umweltschutz ist **in § 89 Abs 3 legaldefiniert**. Nr 1a mit § 89 Abs 3 gibt dem BR kein allgemeinpolitisches Mandat auf dem Gebiet des Umweltschutzes, sondern begrenzt die Regelungskompetenz der Betriebspartner auf Maßnahmen, die die **vom BR vertretenen AN schützen** und deren Interessen wahren (näher § 89 Rn 16). Darüber hinaus kann eine BV nur in sozialen, also **kollektiven Angelegenheiten** abgeschlossen werden (Rn 1, § 89 Rn 17). Eine BV, die nur einzelne AN betrifft, etwa die Versetzung eines gg Umwelteinflüsse bes sensiblen AN auf einen anderen Arbeitsplatz, wird von § 88 nicht gedeckt, Rn 1.

6   **Nr 2** ergänzt § 87 Abs 1 Nr 8 für Sozialeinrichtungen, deren Wirkungsbereich auf den Betrieb, das Unternehmen oder den Konzern beschränkt ist (zum Begriff der Sozialeinrichtung vgl § 87 Rn 172 ff): Die Entscheidung, ob eine Sozialeinrichtung errichtet werden soll, ist – einschließl der Zweckbestimmung, der Dotierung und der generellen Festlegung des Kreises der Nutzungsberechtigten – nicht über § 87 Abs 1 Nr 8 erzwingbar (Rn 2 und § 87 Rn 169), sondern obliegt allein der Entscheidung des AG. Der AG kann sich aber in einer freiwilligen BV zur **Errichtung einer Sozialeinrichtung** verpflichten. Hat sich der AG in einer freiwilligen BV verpflichtet, eine Sozialeinrichtung zu errichten, kann er sie nicht einfach schließen oder deren Zweckbestimmung oder Dotierung aufheben bzw ändern, sondern muss zunächst die freiwillige BV kündigen; diese wirkt wg § 77 Abs 6 allerdings nicht nach (Rn 3 und § 77 Rn 66). Nach Nr 2 kann sich der AG ggü dem BR auch verpflichten, einen Beschäftigungsbetrieb oder eine **Beschäftigungsgesellschaft** zu errichten: Die allg Voraussetzungen, nach denen die Berufsbildungsmaßnahmen durchgeführt werden, gehören trotz der systematischen Stellung der §§ 96 ff zu den sozialen Angelegenheiten iS dieser Vorschrift, Rn 1 und § 97 Rn 3 <**L:** *Kaiser* NZA 1992, 193, 194; GK/*Gutzeit* Rn 12>.

7   **Nr 3** umfasst die **Förderung der Vermögensbildung** und macht damit zum einen deutl, dass solche BV nicht an der Individualsphäre der AN scheitern. Zum anderen stellt Nr 3 klar, dass AG und BR auch andere Formen der Vermögensbildung vereinbaren können, als sie im Vermögensbildungsgesetz geregelt sind. Auch für BV über Vermögensbildung gilt die Tarifsperre des § 77 Abs 3 (Rn 3); eine Ausnahme ist anders als etwa in § 112 Abs 1 S 4 nicht angeordnet <**L:** GK/*Gutzeit* Rn 33; ErfK/*Kania* Rn 6; HWGNRH/*Worzalla* Rn 12; *SWS* Rn 9; aA *Richardi* Rn 29; *Fitting* Rn 25; DKW/*Berg* Rn 26>. Maßnahmen zur Vermögensbildung dürfen nur dann **in erdiente Besitzstände eingreifen**, etwa durch Bestimmungen, wie das ausgezahlte und zur Vermögensbildung zweckgerichtet eingesetzte Arbeitsentgelt und die erzielten Erträge zu verwenden sind, wenn z Zt der Entstehung der Ansprüche hinreichende Anhaltspunkte dafür gegeben waren, dass diese Ansprüche zulasten der AN von den Betriebsparteien geändert werden können <**R:** BAG 10.11.2021, 10 AZR 696/19, AP BGB § 611 Gratifikation Nr 321 Nr 63>.

Nach **Nr 4** können AG und BR auch freiwillige BV über Maßnahmen zur **Integration** **ausländischer AN** sowie zur Bekämpfung von Rassismus und Fremdenfeindlichkeit im Betrieb schließen. Insoweit ergänzt Nr 4 das Verbot der Benachteiligung wg Rasse, ethnischer und sonstiger Herkunft sowie Abstammung und Nationalität aus **§ 75 Abs 1** (§ 75 Rn 17f), und knüpft an die allg Aufgabe des BR aus **§ 80 Abs 1 Nr 7** an, die Integration ausländischer AN im Betrieb und das Verständnis zw ihnen und den deutschen AN zu fördern sowie Maßnahmen zur Bekämpfung von Rassismus und Fremdenfeindlichkeit im Betrieb zu beantragen (§ 80 Rn 14, 21). In Betracht kommen etwa BV über Sprachunterricht für ausländische AN. 8

Nr 5 ermöglicht freiwillige BV über Maßnahmen zur Eingliederung schwerbehinderter Menschen und konkretisiert damit die allg Aufgabe des BR nach § 80 Abs 1 Nr 4, diese Eingliederung zu fördern (§ 80 Rn 18); so auch § 176 S 1 SGB IX. Etwa kann eine BV angelehnt an eine **Inklusionsvereinbarung iS des § 166 SGB IX** vereinbart werden <L: DKW/*Berg* Rn 29a zum SGB IX aF; Fuchs/Ritz/Rosenow/*Schrader*, 7. Aufl 2021, BetrVG § 88 Rn 3>; da allein eine BV unmittelbar und zwingend wirkt, ist diese zweifelsfrei zur Inklusionsvereinbarung abzugrenzen <L: *Fitting* Rn 30f; GK/*Gutzeit* Rn 40>. Die Integration Schwerbehinderter ist nach § 92 Abs 3 S 2 auch Gegenstand der Personalplanung (§ 92 Rn 6) – mit einem dahingehenden Unterrichtungs-, Beratungs- und Vorschlagsrecht des BR (§ 92 Rn 8ff). 9

2. Weitere Angelegenheiten

So wie Nr 4 den Abschluss freiwilliger BV iR der allg Aufgabe des BR aus § 80 Abs 1 Nr 7 zur Integration ausländischer AN sowie zur Bekämpfung von Rassismus und Fremdenfeindlichkeit im Betrieb erlaubt (Rn 8), können BR und AG auch BV abschließen, um die **übrigen Schutz- und Förderungspflichten aus § 80 Abs 1** zu erfüllen, etwa um tatsächl Gleichstellung von Frauen und Männern nach § 80 Abs 1 Nr 2a durchzusetzen und die Vereinbarkeit von Familie und Erwerbstätigkeit der im Betrieb beschäftigten AN nach § 80 Abs 1 Nr 2b zu fördern. Das Beschwerdeverf vor der **Beschwerdestelle nach § 13 Abs 1 S 1 AGG** sowie die Maßnahmen nach § 12 AGG unterfallen der erzwingbaren Mitbestimmung nach § 87 Abs 1 Nr 1 (§ 87 Rn 42), hingg nicht die Entscheidung, ob die Beschwerdestelle auf Betriebsebene oder auf Unternehmensebene einzurichten ist <R: BAG 21.7.2009, 1 ABR 42/08, NZA 2009, 1049 Rn 18ff und Rn 29ff; LAG München 27.2.2007, 8 TaBV 56/07, juris; LAG Berl-Bbg 28.2.2008, 5 TaBV 2476/07, BeckRS 2011, 66985> und nicht die personelle Besetzung der nach § 13 Abs 1 S 1 AGG zu errichtenden Beschwerdestelle <R: BAG 21.7.2009, aaO; LAG Nürnberg 19.2.2008, 6 TaBV 80/07, ZTR 2008, 580 (LS); LAG Rh-Pf 17.4.2008, 9 TaBV 9/08, BeckRS 2008, 54145; aA LAG HH 17.4.2007, 3 TaBV 6/07, BB 2007, 2070>; diese Angelegenheiten können die Betriebspartner aber durch freiwillige BV regeln. 10

Nr 3 erlaubt freiwillige BV über die Förderung der Vermögensbildung, Nr 2 freiwillige BV über die Errichtung von Sozialeinrichtungen. Die Beispiele machen deutl, dass AG und BR durch freiwillige BV die **Entgeltgestaltung** im Betrieb regeln können; ausweislich § 87 Abs 1 Nr 4, 10 und 11 handelt es sich um soziale Angelegenheiten iS des § 88 (Rn 1). So wie der AG nach Nr 2 über § 87 Abs 1 Nr 8 hinausgehen und sich verpflichten kann, Sozialeinrichtungen zu errichten (Rn 6), so kann der AG auch über § 87 Abs 1 Nr 10 hinausgehen, der dem BR ein MBR nur hinsichtl der Verteilung freiwilliger Leis- 11

§ 88   Freiwillige Betriebsvereinbarungen

tungen gibt ("Wie"), und sich verpflichten, best Entgeltleistungen (übertarifl Urlaubsgeld oder jährl Sonderzahlung) zu erbringen ("**Ob**") <**R:** BAG 9.2.1989, 8 AZR 310/89, BB 1989, 2112; 21.8.1990, 1 ABR 73/89, BB 1990, 2406; 23.1.2003, 1 ABR 5/02, NZA 2003, 810; 18.10.2011, 1 AZR 376/10, AP BetrVG 1972 § 87 Lohngestaltung Nr 140 Rn 13 für eine **Verpflichtung zur Gehaltserhöhung**>. Durch freiwillige BV kann der AG auch die **MBR erweitern**, etwa dem BR erlauben, über jede Anrechnung einer Tariferhöhung auf eine übertarifl Zulage mitzubestimmen, auch soweit § 87 nicht greift, § 87 Rn 233 ff <**R:** BAG 13.7.1962, 1 ABR 2/61, BB 1962, 1243; durch Regelungsabrede: 14.8.2001, 1 AZR 744/00, DB 2002, 902; durch TV: 10.2.1988, 1 ABR 70/86, DB 1988, 1397; 31.1.1995, 1 ABR 35/94, DB 1995, 1670; **L:** GK/*Wiese* § 87 Rn 10 mwN; DKW/ *Berg* Rn 13; DKW/*Klebe* § 87 Rn 45 f; **aA** *Löwisch* AuR 1978, 97, 99; HWGNRH/*Worzalla* § 87 Rn 53 f; *SWS* Rn 1, § 87 Rn 7>. Grenze ist die Tarifsperre des § 77 Abs 3, vgl Rn 3. Nach § 88 können AG und BR auch ein Lohnabtretungsverbot vereinbaren <**R:** BAG 5.9.1960, 1 AZR 509/57, BB 1960, 1202; **L:** GK/*Gutzeit* Rn 12> und die AN grds auch **an Kosten für ihnen gewährte Vorteile beteiligen**, etwa an den Kosten für eine betriebseinheitl Kleidung, soweit die AN diese auch in ihrer Freizeit tragen können <**R:** BAG 13.2.2007, 1 ABR 18/06, DB 2007, 1592; **abw** wg des Günstigkeitsprinzips noch BAG 1.12.1992, 1 AZR 260/92, BB 1993, 939; **L:** *Fitting* Rn 3; **aA** GK/*Gutzeit* Rn 18 mit § 87 Rn 662 f>, § 87 Rn 49. Eine Grenze bildet die durch **§ 75 Abs 2** geschützte allg Handlungsfreiheit der AN (§ 75 Rn 45): Eine Kostenbeteiligung der AN scheidet aus, wenn sie keinerlei Vorteile erhalten; AG und BR können die AN nicht dazu verpflichten, Kantinenessen auch dann zu bezahlen, wenn sie es nicht in Anspruch nehmen <**R:** BAG 11.7.2000, 1 AZR 551/99, BB 2001, 471> oder ihnen Kosten auferlegen, die nach allg Grundsätzen der AG zu tragen hat, etwa die Kosten für die arbeitsnotwendige Kleidung (§ 87 Rn 46), die § 670 BGB dem AG auferlegt, oder die mit der Bearbeitung von Lohn- oder Gehaltspfändungen verbundenen Kosten <**R:** BAG 18.7.2006, 1 AZR 578/05, BB 2007, 221>.

12 Die Regelungsbefugnis der Betriebspartner erstreckt sich weiter auf alle **allg Arbeitsbedingungen**; dies ist aber nur insoweit von Bedeutung, als der BR den Abschluss einer BV nicht schon über § 87 erzwingen kann. Etwa können AG und BR die weder nach § 87 Abs 1 Nr 2 noch nach 3 erzwingbare Dauer der Arbeitszeit in einer freiwilligen BV regeln <**R:** BAG 18.8.1987, 1 ABR 30/86, BB 1987, 2161>. Ebenso können sie nach § 88 Regelungen treffen, die die Arbeitspflicht der AN konkretisieren und deswg nicht unter das MBR des BR aus § 87 Abs 1 Nr 1 fallen, etwa Kleiderordnungen im Betrieb aufstellen (die entgg der **hM** nicht nach § 87 Abs 1 Nr 1 erzwingbar sind, § 87 Rn 46 ff) oder Reisekosten- und Spesenregelungen treffen (§ 87 Rn 45), oder Wettbewerbs- und Nebentätigkeitsverbote sowie Verschwiegenheits- und Loyalitätspflichten regeln <**L:** GK/*Gut­zeit* Rn 12>. Über das MBR aus § 87 Abs 1 Nr 1 hinaus (§ 87 Rn 41, auch Rn 175), können AG und BR nach § 88 auch Regelungen über Parkplätze auf dem Betriebsgelände in einer freiwilligen BV treffen, insbes darüber, ob und wie viele Parkgelegenheiten den AN zur Verfügung gestellt werden sollen. Über §§ 90, 91 hinausgehend kann nach § 88 auch die Mindestausstattung von Arbeitsplätzen und Arbeitsräumen geregelt werden <**L:** GK/ *Gutzeit* Rn 12>.

13 Soweit durch kollektive Regelungen der Persönlichkeits- und Gesundheitsschutz der AN oder aber ein Ausgleich der unterschiedl Interessen der AN im Betrieb und damit Verteilungsgerechtigkeit bezweckt wird, können durch freiwillige BV in Ergänzung der §§ 96 ff

Fortbildungsmaßnahmen näher geregelt werden und **Vorgaben für personelle Einzelmaßnahmen** (Einstellungen, Versetzungen, Eingruppierungen und Kd) gemacht werden <L: GK/*Gutzeit* Rn 11; *Richardi* Rn 4; DKW/*Berg* Rn 9>, schon Rn 1. Etwa kann sich der AG in einer BV verpflichten, Teilzeit-AN nur mit festen Arbeitszeiten, dh unter Verzicht auf Abrufmöglichkeiten entspr dem Arbeitsanfall, einzustellen <R: BAG 13.10.1987, 1 ABR 51/86, DB 1988, 345>. Die Betriebspartner können auch die Länge von Kd-Fristen und bes Formen für die Kd vereinbaren und die Kd bestimmter AN-Gruppen, etwa älterer AN, von der Zustimmung des BR abhängig machen <L: GK/*Gutzeit* Rn 11 mwN>, sofern nicht § 77 Abs 3 diese Inhalte in einer BV sperrt (schon Rn 3) <R: BAG 18.3.2010, 2 AZR 337/08, AP BGB § 626 Nr 228 Rn 25 zum Ausschluss einer betriebsbedingten Kd bei mindestens 25jähriger Betriebszugehörigkeit>. Demggü können sie die **Begründung, Änderung oder Lösung einzelner Arbeitsverhältnisse** nicht in einer freiwilligen BV regeln, weil insoweit **nicht soziale Angelegenheiten** (Rn 1), sondern personelle Einzelmaßnahmen betroffen sind <R: BAG 17.7.1964, 1 ABR 3/64, DB 1964, 1743 mit anderer Begründung>. Deswg kann der AG den AN durch freiwillige BV bei der Ausgliederung eines Betriebsteils an eine Konzerntochter auch nicht die Wiedereinstellung für den Fall zusagen, dass ihre Beschäftigung bei der Konzerntochter aus betriebl Gründen nicht mögl ist <R: aA BAG 19.10.2005, 7 AZR 32/05, BB 2006, 1747; 24.4.2013, 7 AZR 523/11, NZG 2014, 1112 Rn 25 ff>, § 77 Rn 11. Ebenso wenig können AG und BR zur Wahrung einer ausgewogenen Altersstruktur und im Sinne einer vorausberechenbaren Personalplanung in einer freiwilligen BV vorsehen, dass das Arbeitsverhältnis ohne Kd mit Erreichen einer best Altersgrenze endet <R: aA BAG 20.11.1987, 2 AZR 284/86, BB 1988, 1820; 14.3.2012, 7 AZR 148/11, AP BetrVG 1972 Betriebsvereinbarung Nr 58 Rn 34 ff; 13.10.2015, 1 AZR 853/13, AP BetrVG 1972 § 77 Nr 109 Rn 13 ff; L: aA GK/*Gutzeit* Rn 12>, noch § 77 Rn 12. Dass AN während des laufenden Kd-Schutzprozesses Annahmeverzugsansprüche einklagen müssen, die vom Ausgang des Kd-Schutzprozesses abhängen, kann durch freiwillige BV nicht festgelegt werden, da insoweit allein das Individualarbeitsverhältnis betroffen ist (vgl Rn 1); die BV scheitert nicht erst wg unverhältnismäßiger Belastung der AN § 75 <R: so aber BAG 12.12.2006, 1 AZR 96/06, DB 2007, 866>.

3. Nicht durch Betriebsvereinbarung regelbare Angelegenheiten

In **wirtschaftl Angelegenheiten** können die Betriebspartner freiwillige BV nicht abschließen, weil es sich dabei nicht um soziale Angelegenheiten (Rn 1) handelt <L: auch *Richardi* Rn 5>. **Ausnahmen** bestehen, soweit die **Sozialplanregelungen** ergänzt werden. Etwa können die Betriebspartner einen Rahmensozialplan für mögl Betriebsänderungen abschließen <R: BAG 26.8.1997, 1 ABR 12/97, BB 1998, 371; für eine freiwillige BV für den Fall mögl Betriebsänderungen eines Konzernunternehmens 11.12.2007, 1 AZR 824/06, NZA-RR 2008, 298 Rn 34; 17.4.2012, 1 AZR 119/11, AP BetrVG 1972 § 112 Nr 218 Rn 23: unternehmenseinheitl vorsorglicher Sozialplan> oder im Interesse des AG an alsbaldiger Planungssicherheit zusätzl ergänzend zu einem Sozialplan in einer freiwilligen BV Leistungen für den Fall vorsehen, dass der AN keine Kd-Schutzklage erhebt <R: BAG 31.5.2005, 1 AZR 254/04, BB 2005, 1967> oder einen Aufhebungsvertrag schließt, § 112 Rn 54 und § 75 Rn 34. Solche BV unterliegen nicht den für Sozialpläne aus § 112 Abs 1 BetrVG folgenden Regelungsbeschränkungen <R: BAG 18.5.2010, 1 AZR 187/09, AP BetrVG 1972 § 112 Nr 209 Rn 22>. Maßnahmen der **Beschäftigungs-**

14

§ 88 Freiwillige Betriebsvereinbarungen

sicherung, wie sie nach § 92a Abs 1 vom BR vorgeschlagen werden können, können Gegenstand freiwilliger BV nach § 88 sein, soweit sie nicht unternehmerische Maßnahmen betreffen, wie etwa bei der Ausgliederung von Arbeit oder ihrer Vergabe an andere Unternehmen oder bei der Festlegung des Produktions- oder Investitionsprogramms. Zur Regelung solcher Fragen in einem Interessenausgleich § 112 Rn 104 ff.

15 **Keine** sozialen Angelegenheiten iS des § 88 sind **betriebsverfassungsrechtl Fragen**, die die Rechtsstellung der Organe des Betriebs zueinander regeln: Der organisatorische Bereich des Betriebsverfassungsrechts kann nur durch das BetrVG selbst und durch TV und BV geregelt werden, sofern dies das BetrVG – wie in § 3 – ausdrückl zulässt <**R:** vgl BAG 16.2.1973, 1 ABR 18/72, BB 1973, 1634 für TV>. Aufgestellt werden können nur Verf-Regeln, die die Grundstruktur der Betriebsverfassung unberührt lassen <**L:** *Löwisch* AuR 1978, 97, 100>; etwa können die Betriebspartner durch freiwillige BV für die Unterrichtung über die Personalplanung (§§ 92 ff) einen Personalplanungsausschuss schaffen oder für die Unterrichtung des BR bei Einstellungen und für dessen Anhörung bei Kd bes Verf-Vorschriften aufstellen (§ 102 Abs 6, dort Rn 136 ff).

16 Durch freiwillige BV kann der AG zwar die MBR erweitern (Rn 10), der BR kann über eine freiwillige BV aber **nicht auf MBR verzichten oder MBR einschränken**: Der BR ist bloßer Sachwalter der AN-Interessen; er ist nicht berechtigt, zulasten der AN auf deren Schutz durch das BetrVG zu verzichten <**R:** BAG 14.8.2001, 1 AZR 619/00, BB 2002, 413; 3.6.2003, 1 AZR 349/02, DB 2004, 385; **L:** GK/*Wiese* § 87 Rn 5 mwN>. Eine Grenze bilden aber die Individualrechte der AN: AG und BR sind nicht berechtigt, über zusätzl geschaffene MBR in die Rechte der AN einzugreifen; sie können keine Eingriffsermächtigung schaffen.

§ 89 Arbeits- und betrieblicher Umweltschutz

(1) Der Betriebsrat hat sich dafür einzusetzen, dass die Vorschriften über den Arbeitsschutz und die Unfallverhütung im Betrieb sowie über den betrieblichen Umweltschutz durchgeführt werden. Er hat bei der Bekämpfung von Unfall- und Gesundheitsgefahren die für den Arbeitsschutz zuständigen Behörden, die Träger der gesetzlichen Unfallversicherung und die sonstigen in Betracht kommenden Stellen durch Anregung, Beratung und Auskunft zu unterstützen.

(2) Der Arbeitgeber und die in Absatz 1 Satz 2 genannten Stellen sind verpflichtet, den Betriebsrat oder die von ihm bestimmten Mitglieder des Betriebsrats bei allen im Zusammenhang mit dem Arbeitsschutz oder der Unfallverhütung stehenden Besichtigungen und Fragen und bei Unfalluntersuchungen hinzuzuziehen. Der Arbeitgeber hat den Betriebsrat auch bei allen im Zusammenhang mit dem betrieblichen Umweltschutz stehenden Besichtigungen und Fragen hinzuzuziehen und ihm unverzüglich die den Arbeitsschutz, die Unfallverhütung und den betrieblichen Umweltschutz betreffenden Auflagen und Anordnungen der zuständigen Stellen mitzuteilen.

(3) Als betrieblicher Umweltschutz im Sinne dieses Gesetzes sind alle personellen und organisatorischen Maßnahmen sowie alle die betrieblichen Bauten, Räume, technische Anlagen, Arbeitsverfahren, Arbeitsabläufe und Arbeitsplätze betreffenden Maßnahmen zu verstehen, die dem Umweltschutz dienen.

(4) An Besprechungen des Arbeitgebers mit den Sicherheitsbeauftragten im Rahmen des § 22 Abs. 2 des Siebten Buches Sozialgesetzbuch nehmen vom Betriebsrat beauftragte Betriebsratsmitglieder teil.

(5) Der Betriebsrat erhält vom Arbeitgeber die Niederschriften über Untersuchungen, Besichtigungen und Besprechungen, zu denen er nach den Absätzen 2 und 4 hinzuzuziehen ist.

(6) Der Arbeitgeber hat dem Betriebsrat eine Durchschrift der nach § 193 Abs. 5 des Siebten Buches Sozialgesetzbuch vom Betriebsrat zu unterschreibenden Unfallanzeige auszuhändigen.

Literatur: *Benz*, Die Haftung des betrieblichen Vorgesetzten im Bereich der Arbeitssicherheit und des Umweltschutzes, BB 1988, 2237; *Bieler*, Mitbestimmung des Betriebsrats beim Arbeitsschutz, BuW 1998, 276; *Deinert*, Unfallversicherung und Arbeitsschutz, Jura 2014, 1033; *Denck*, Arbeitsschutz und Anzeigerecht des Arbeitnehmers, DB 1980, 2132; *Döring/Böhm*, Gesundheitsschutz – Arbeitgeberpflichten am Beispiel der Asbestverseuchung, AuA 2007, 210; *Egger*, Die Rechte der Arbeitnehmer und des Betriebsrats auf dem Gebiet des Arbeitsschutzes. Bestandsaufnahme und Reformüberlegungen, BB 1992, 629; *Faber*, Gestaltungsmöglichkeiten des Betriebsrates beim betrieblichen Arbeits- und Gesundheitsschutz, AiB 1995, 19; *Froschauer*, Arbeitsrecht und Umweltschutz (1994); *Geyer*, Das Zugangsrecht des Betriebsrats nach §§ 80 und 89 BetrVG, FA 2004, 296; *Haas*, Die Partizipation der Beschäftigten im Arbeitsschutzrecht (2017); *Hannen*, Aufgaben und Befugnisse des Betriebsrats beim Arbeitsschutz, ZBVR 1997, 30; *Heilmann*, Ohne Gesundheit ist alles nichts! – Wissenswertes zum Gefahrenstoffrecht, dbr 2007, Nr 7, 15; *Kittner/Pieper*, Sicherheit und Gesundheitsschutz als Handlungsfeld des Betriebsrats und des Personalrats – Überwachung, Unterrichtung, Beteiligung, Mitbestimmung, PersR 2005, 339; *Klein*, Umweltschutz, Vereinbarkeit von Familie und Erwerbstätigkeit und Bekämpfung von Rassismus: Neue Aufgaben des Betriebsrats?, ZBVR 2004, 206; *Köbl*, Umweltschutz durch Arbeits- und Betriebsorganisationsrecht, in: Leipold (Hrsg), Umweltschutz und Recht in Deutschland und Japan (2000) S 285; *Kohte*, Vom Arbeitsschutz zur Arbeitsumwelt. Europäische Herausforderung für das deutsche Arbeitsrecht (1994); *Koll*, Die Beurteilung von Gefährdungen am Arbeitsplatz und ihre Dokumentation nach der EG-Rahmenrichtlinie Arbeitsschutz, FS Wlotzke (1996), S 701; *Kunz*, Personalvertretung – Mittler und Wächter im Arbeits- und Gesundheitsschutz, inform 2008, Nr 4, 24; *Lohse/Fritsche*, Unterrichtungspflicht des Betriebsrats bei Arbeitsunfällen von Fremdpersonal, DB 2019, 1743; *Niklas*, Mitwirkung in Umweltschutzfragen, ArbRB 2019, 372; *Pieper*, Arbeitsschutz im Umbruch? Verzögerungen bei der Umsetzung des EG-Arbeitsumweltrechts, AuR 1993, 355; *ders*, Nationales Arbeitsschutzrecht zwischen Innovation und Anpassungszwängen, AiB 2004, 590; *Pulte*, Beteiligungsrechte des Betriebsrats außerhalb der Betriebsverfassung, NZA 2000, 234; *Reichel/Meyer*, Betrieblicher Umweltschutz als Schnittstelle zwischen Arbeitsrecht und Umweltrecht, RdA 2003, 101; *Rieble*, Umweltschutz durch kollektives Arbeitsrecht, ZTR 2000, 1; *Rudolph*, Recht auf Betriebsbegehung, ZBVR 2004, 92; *Rudow*, Arbeitsschutz und psychische Belastungen – Dargestellt am Beispiel der Arbeit von Erzieherinnen in Kindertagesstätten, AiB 2007, 470; *Teichert*, Betriebliche Umweltinformationssysteme – Handlungsmöglichkeiten der Arbeitnehmervertretung, AiB 1994, 229; *Wagner*, Die Beteiligung des Betriebsrats bei Umweltmanagementsystemen nach der EG-Öko-Audit-Verordnung, AiB 1996, 453; *Wiese*, Beteiligung des Betriebsrats beim betrieblichen Umweltschutz nach dem Gesetz zur Reform des Betriebsverfassungsrechts, BB 2002, 674; *Zrenner*, Integration des Arbeits- und Umweltschutzes im Betrieb, Die Berufsgenossenschaft 1994, 45.

Übersicht

	Rn.		Rn.
I. Normzweck und Anwendungsbereich	1	III. Betrieblicher Umweltschutz	16
II. Arbeitsschutz	5	1. Begriff, Abs 3	16
1. Begriff	5	2. Überwachungspflicht des Betriebsrats, Abs 1 S 1	18
2. Überwachungspflicht des Betriebsrats, Abs 1 S 1	6	3. Unterrichtungs- und Hinzuziehungsrecht, Abs 2 S 2, Abs 5	19
3. Unterstützungspflicht, Abs 1 S 2	7		
4. Unterrichtungs- und Hinzuziehungsrecht, Abs 2, 4, 5 und 6	11	IV. Nichtbeachtung der Mitwirkungsrechte	21

I. Normzweck und Anwendungsbereich

1 § 89 räumt dem BR eine über § 87 Abs 1 Nr 7, § 88 Nr 1 und § 80 Abs 1 Nr 9 hinausreichende, umfassende Mitwirkung beim **Arbeitsschutz und der Unfallverhütung** ein. Die Kenntnisse und Erfahrungen des BR, der dem betriebl Geschehen nahesteht und Einblick in Missstände und Gefahren hat, sollen im Interesse der AN für den Arbeitsschutz und die Unfallverhütung nutzbar gemacht werden. Zugleich soll § 89 dem BR die notwendige Informationsbasis für die Mitwirkung und Mitbestimmung beim Arbeitsschutz verschaffen.

2 Die Mitwirkungsrechte des BR nach § 89 bezgl des **betriebl Umweltschutzes** ergänzt § 80 Abs 1 Nr 9, der es zur allg Aufgabe des BR macht, den betriebl Umweltschutz zu fördern, sowie durch § 88 Nr 1a, nach dem der BR freiwillige BV über Maßnahmen des betriebl Umweltschutzes abschließen kann, näher Rn 16 ff.

3 § 89 verpflichtet den BR als Organ. Der BR kann aber seine Aufgaben entweder einzelnen Mitgliedern oder einem bes **BR-Ausschuss** nach § 28 Abs 1 übertragen; ebenso kann ein gemeinsamer Ausschuss von AG und BR nach § 28 Abs 2 errichtet werden. Die Übertragung auf eine Arbeitsgruppe nach § 28a kommt nicht in Betracht, weil der Arbeits-

schutz in keinem bes Zusammenhang mit den von der Arbeitsgruppe zu erledigenden Tätigkeiten steht (§ 28a Rn 11).

Zu beteiligen ist der BR nur, soweit Arbeitsschutzmaßnahmen auch die von ihm nach § 5 Abs 1 vertretenen **AN einschließl der Leih-AN** betreffen, hingg nicht, soweit allein die Belange freier Mitarbeiter oder ltd Ang berührt werden (vgl § 75 Rn 8 ff); Letzteres ist aber praktisch kaum vorstellbar. Nicht nach § 89 mitzuwirken hat der BR etwa, wenn AN einer Drittfirma aufgrund eines zw dem AG und der Drittfirma geschlossenen Werk- oder Dienstvertrags räuml getrennt von den AN des Betriebs tätig werden <L: aA ErfK/*Kania* Rn 2; DKW/*Buschmann* Rn 3 zu Externen>. Aber § 89 kann hinsichtl Fremdpersonal greifen, welches nicht zur Arbeitsleistung überlassen ist, wenn es auf dem Betriebsgelände und im Betriebsgebäude tätig ist <R: BAG 12.3.2019, 1 ABR 48/17, NZA 2019, 850 Rn 31 ff zum Unterrichtungsanspruch des BR bei Arbeitsunfällen von Fremdpersonal>: Es können unfallverhütungsrelevante Erkenntnisse für die betriebszugehörigen AN gewonnen werden.

II. Arbeitsschutz

1. Begriff

„Arbeitsschutz" in § 89 ist weit zu verstehen. Über die Unfallverhütung hinaus, werden alle Vorschriften erfasst, die der Erhaltung der Gesundheit der AN dienen, etwa der Arbeitsschutz von Personen, die schwanger sind, ein Kind geboren haben oder stillen, der Jugendarbeitsschutz und der Arbeitszeitschutz – auch dann, wenn der Beteiligung des BR durch die zu schützende Person widersprochen wurde <R: zum MuSchG BAG 9.4.2019, 1 ABR 51/17, NZA 2019, 1055 Rn 21 <L: BeckOK ArbR/*Dahm*, 63. Ed 1.3.2022, MuSchG § 10 Rn 19>. Auch andere, **der Gesundheit** im weiteren Sinne **dienende Maßnahmen** wie Erholungs-, Sport- und sanitäre Einrichtungen und die gesundheitsbewusste Verköstigung der AN im Betrieb fallen unter § 89; für diese Einrichtungen wird idR zusätzl das MBR des BR aus § 87 Abs 1 Nr 8 greifen (§ 87 Rn 175). An der menschengerechten Gestaltung der Arbeit selbst, ist der BR nach §§ 90 f zu beteiligen.

2. Überwachungspflicht des Betriebsrats, Abs 1 S 1

Abs 1 S 1 konkretisiert und verstärkt die allg Überwachungspflicht des BR in § 80 Abs 1 Nr 1 und die Pflicht in § 80 Abs 1 Nr 9, Maßnahmen des Arbeitsschutzes und des betriebl Umweltschutzes zu fördern: Nach Abs 1 S 1 hat sich der BR dafür **einzusetzen**, dass die Vorschriften über den Arbeitsschutz und die Unfallverhütung im Betrieb durchgeführt werden. Zu diesem Zweck kann er von seinem Informationsrecht nach § 80 Abs 2 Gebrauch machen und insbes verlangen, dass er Auskünfte von AN erhält, die in Fragen des Arbeitsschutzes bes sachkundig sind, § 80 Abs 2 S 4. Ebenso darf der BR Anlagen betreten, die nach den Arbeitsschutzvorschriften und den UVV mit dem Schild gesichert sind: „Unbefugten ist der Zutritt verboten"; der BR bzw seine Mitglieder müssen sich jedoch vorher aus Sicherheitsgründen bei den aufsichtsführenden Stellen melden <R: Hess LAG 4.2.1972, 5 BVTa 3/71, DB 1972, 2214; L: GK/*Gutzeit* Rn 11; Richardi/*Annuß* Rn 12; HWGNRH/*Worzalla* Rn 21; nur hinsichtl der Voranmeldung abw *Fitting* Rn 12; DKW/*Buschmann* Rn 30; ErfK/*Kania* Rn 4>. Der BR muss auch die AN dazu anhalten, im eigenen Interesse die Arbeitsschutzvorschriften zu beachten <L: GK/*Gutzeit* Rn 10 mwN>.

§ 89 Arbeits- und betrieblicher Umweltschutz

3. Unterstützungspflicht, Abs 1 S 2

7 Nach Abs 1 S 2 hat der BR die für den Arbeitsschutz **zuständigen Behörden**, die Träger der gesetzl Unfallversicherung und die sonstigen in Betracht kommenden Stellen bei der Bekämpfung von Unfall- und Gesundheitsgefahren zu unterstützen. Für den Arbeitsschutz zuständig sind die Gewerbeaufsichtsämter, die staatl Gewerbeärzte, die Gesundheitsämter, die Baubehörden, die Bergämter und die Bergaufsichtsbehörden, etwa das Hessische Amt für Arbeitsschutz und Sicherheitstechnik <**R:** BAG 3.6.2003, 1 ABR 19/02, DB 2003, 2496>. **Träger der gesetzl Unfallversicherung** sind die Berufsgenossenschaften. **Sonstige Stellen** sind vor allem die Sachverständigen der Technischen Überwachungsvereine (TÜV).

8 Die Unterstützungspflicht des Abs 1 S 2 besteht auch **innerbetriebl** ggü dem AG, ggü den Betriebsärzten und den Fachkräften für Arbeitssicherheit nach dem ASiG, ggü den Ersthelfern iS des § 10 Abs 2 ArbSchG, ggü dem Strahlenschutzbeauftragten nach § 43 StrlSchV, ggü dem Gefahrgutbeauftragten nach § 3 Abs 1 GbV, ggü dem Beauftragten für biologische Sicherheit nach § 29 GenTSV und dem Immissionsschutz- und Störfallbeauftragten gem §§ 53, 58a BImSchG sowie ggü der nach § 9 Abs 5 MuSchG vom AG mit der Wahrnehmung der Aufgaben nach dem MuSchG beauftragten (externen) Person <**L:** BeckOK ArbR/*Dahm*, 63. Ed. 1.3.2022, MuSchG § 9 Rn 38 ff>.

9 Unterstützen meint die Pflicht des BR, Maßnahmen ggü den zuständigen Stellen (Rn 7 f) **anzuregen**, sich mit den zuständigen Stellen **zu beraten** und diesen **Auskünfte zu geben**. Etwa muss der BR den AG (Rn 8) über Verstöße der AN gg Arbeitsschutzvorschriften, insbes gg UVV in Kenntnis setzen.

10 Der BR ist insbes berechtigt und verpflichtet, die **Aufsichtsbehörden** auf Mängel im Arbeitsschutz hinzuweisen, Vorschläge zur Beseitigung zu machen und den Aufsichtsbehörden nähere, innerbetriebl Informationen zu geben, damit sie auf Verletzungen von Arbeitsschutzbestimmungen reagieren können; etwa kann er die Behörde ersuchen, einen Arbeitsschutzausschuss nach § 11 ASiG gem § 12 Abs 1 ASiG behördl anzuordnen <**R:** BAG 15.4.2014, 1 ABR 82/12, BAGE 148, 58 Rn 11; 8.12.2015, 1 ABR 83/13, NZA 2016, 504 Rn 24> § 87 Rn 166. Bei Verstößen gg §§ 3 ff ArbZG kann der BR den Behörden die im Betrieb tatsächl geleisteten Arbeitszeiten mitteilen <**R:** BAG 3.6.2003, 1 ABR 19/02, DB 2003, 2496>, zur Beschaffung dieser Informationen vom AG § 80 Rn 25 ff. Da Abs 1 S 2 den BR ausdrückl zur Auskunft ggü den Aufsichtsbehörden verpflichtet, steht § 79 der Weiterleitung von Informationen an diese Behörden **nicht entgg** <**R:** BAG 3.6.2003 aaO; **L:** GK/*Gutzeit* Rn 61 mwN>. Auch wenn dies anders als in § 17 Abs 2 S 1 ArbSchG nicht ausdrückl normiert ist, muss der BR wg des Grundsatzes der vertrauensvollen Zusammenarbeit in § 2 aber den AG um Abhilfe bitten; er darf die Überwachungsbehörde erst unterrichten, wenn dieser Versuch erfolglos geblieben ist <**R:** BAG 3.6.2003, aaO; **L:** GK/*Gutzeit* Rn 59; Richardi/*Annuß* Rn 19; *Fitting* Rn 18; ErfK/*Kania* Rn 5; HWGNRH/*Worzalla* Rn 16; **abw** DKW/*Buschmann* Rn 25>. Im Einzelfall kann der Datenschutz der AN dem BR eine Datenübermittlung verwehren, etwa eine generelle und einschränkungslose Übermittlung der auf die einzelnen AN bezogenen Arbeitszeiten <**R:** BAG 3.6.2003, aaO; **L:** HWGNRH/*Worzalla* Rn 17; **abw** DKW/*Buschmann* Rn 25>.

4. Unterrichtungs- und Hinzuziehungsrecht, Abs 2, 4, 5 und 6

Nach **Abs 2 S 2 Hs 2** hat der AG dem BR die den Arbeitsschutz und die Unfallverhütung betreffenden **Auflagen und Anordnungen** der zuständigen Stellen unverzügl (also iS des § 121 Abs 1 S 1 BGB ohne schuldhaftes Zögern) **mitzuteilen**, gleichgültig, ob sich diese allg auf den Betrieb oder nur auf einzelne Anlagen beziehen. Nach § 12 Abs 2 Nr 1 ASiG muss die zuständige Behörde, bevor sie ggü dem AG eine Anordnung nach dem ASiG trifft, AG und BR anhören und mit ihnen erörtern, welche Maßnahmen angebracht sind. Nach § 12 Abs 4 ASiG muss sie selbst den BR über eine ggü dem AG getroffene Anordnung schriftl in Kenntnis setzen. 11

Nach **Abs 2 S 1** müssen der AG und die in Abs 1 S 2 genannten Stellen den **BR** (Rn 7f) bei Besichtigungen und Unfalluntersuchungen **hinzuziehen**. Etwa ist der BR bei Revisionen von Betrieben zur Kontrolle der Einhaltung des MuSchG nach § 29 Abs 2 MuSchG iVm §§ 22 Abs 2 und 3 ArbSchG hinzuziehen <L: BeckOK ArbR/*Dahm*, 63. Ed. 1.3.2022, MuSchG § 29 Rn 8ff>. Hinzuziehen bei Unfalluntersuchungen umfasst die **Konsultation** bei allen – vom BR ggfs auch anzuregenden – Aufklärungsmaßnahmen, etwa bei der Befragung des Verunfallten, bei Zeugenvernehmungen, bei der Anhörung von Sachverständigen und bei einer Begehung des Unfallorts, aber keine autarke und separierte Ermittlungsobliegenheit des BR. Mitzuteilen sind dem BR die sachbezogenen Daten, die **unfallverhütungsrelevante Rückschlüsse** zulassen (etwa Angabe des Datums, der Uhrzeit des Unfalls, der Unfallstelle, des Unfallhergangs sowie über erlittene Verletzungen), aber nicht darüber hinausgehende Angaben wie den Namen des betroffenen AN, der Drittfirma, bei der er beschäftigt ist (Rn 4), sowie deren Anschrift, nicht den Eintritt von Arbeitsunfähigkeit und auch nicht den Namen von Unfallzeugen <R: BAG 12.3.2019, 1 ABR 48/17, NZA 2019, 850 Rn 35f>. Hinzuziehen ist der BR zu jedem Unfall, der vom AG oder einer zuständigen Stelle untersucht wird; ob sich der Unfall innerhalb oder außerhalb des Betriebs ereignet hat und ob ein Betriebsangehöriger beteiligt ist, spielt keine Rolle <R: BVerwG 8.12.1961, VII P 7.59, DB 1962, 607; BAG 12.3.2019, 1 ABR 48/17, NZA 2019, 850 Rn 31ff zum Arbeitsunfall von Fremdpersonal auf dem Betriebsgelände oder in der Betriebshalle; vgl Rn 4>. 12

Abs 4 erstreckt das Hinzuziehungsrecht auf **Besprechungen des AG mit den Sicherheitsbeauftragten** iR des § 22 Abs 2 SGB VII, beschränkt das Teilnahmerecht aber auf einzelne vom BR beauftragte Mitglieder. Nach § 22 Abs 1 S 1 SGB VII besteht ein Mitberatungsrecht des BR schon bei der Bestellung der Sicherheitsbeauftragten (vgl § 87 Rn 165). Anzuhören ist der BR vor der Bestellung des Beauftragten für die biologische Sicherheit nach § 29 GenTSV und vor der Bestellung, der Abberufung und der Veränderung der Aufgaben eines Immissionsschutzbeauftragten nach § 55 Abs 1a BImSchG, § 87 Rn 165. Auch die Betriebsärzte und Fachkräfte für Arbeitssicherheit sind nach §§ 9, 11 ASiG zur Zusammenarbeit mit dem BR verpflichtet (noch § 87 Rn 166). Der AG darf einen Betriebsarzt oder eine Fachkraft für Arbeitssicherheit gem § 9 Abs 3 ASiG nur mit Zustimmung des BR bestellen oder abberufen und deren Aufgaben auch nur mit Zustimmung des BR erweitern oder einschränken (§ 87 Rn 162ff). 13

Der AG muss dem BR **gem Abs 5** die **Niederschriften** über die Untersuchungen, Besichtigungen und Besprechungen, zu denen dieser nach Abs 2 und 4 hinzuziehen ist, **aushändigen**. Die Pflicht zur Überlassung der Niederschriften besteht unabhängig davon, ob der BR tatsächl an den Besprechungen teilgenommen hat <L: GK/*Gutzeit* Rn 73 mwN>. 14

Abs 5 verpflichtet den AG aber nicht, Niederschriften anzufertigen; nur wenn der AG solche Niederschriften freiwillig anfertigt oder aufgrund gesetzl Vorschriften (etwa gem § 193 Abs 9 S 2 SGB VII bei einem Schiffsunfall) dazu verpflichtet ist, muss er diese dem BR zuleiten <L: GK/*Gutzeit* Rn 74 mwN>. Abs 5 verpflichtet ausdrückl nur den AG: Die in Abs 1 S 2 bezeichneten Stellen (Rn 7f) dürfen dem BR die Niederschriften nicht unmittelbar zuleiten, sondern müssen den Umweg über den AG nehmen <L: GK/ *Gutzeit* Rn 73; HWGNRH/*Worzalla* Rn 38; **aA** *Fitting* Rn 27; DKW/*Buschmann* Rn 40, 48; Richardi/*Annuß* Rn 27 mit der Einschränkung der Information des AG vor der Direktübermittlung durch die zuständigen Stellen>.

15 Der AG hat jeden Unfall in seinem Betrieb, der zu einer Arbeitsunfähigkeit von mehr als drei Tagen geführt hat, der zuständigen Stelle binnen drei Tagen anzuzeigen (§ 193 Abs 1 S 1, Abs 4 S 1 SGB VII). Diese **Unfallanzeige** ist nach § 193 Abs 5 SGB VII **vom BR zu unterzeichnen**; eine Mitverantwortung des BR entsteht dadurch nicht. Wird die Anzeige mittels Datenübertragung erstattet, ist anzugeben, welches Mitglied des BR vor der Absendung von ihr Kenntnis genommen hat <R: BAG 12.3.2019, 1 ABR 48/17, NZA 2019, 850 Rn 14>. Der AG muss dem BR **gem § 89 Abs 6** alsbald nach der Unterschrift eine Durchschrift der Unfallanzeige aushändigen. Erhält die zuständige Stelle eine vom BR nicht mitunterzeichnete Unfallanzeige, hat der dortige technische Aufsichtsbeamte dem BR eine Abschrift der Unfallanzeige zu übersenden oder mitzuteilen, dass die Unfallanzeige eingegangen ist. Zur Verletzung von Abs 6 noch Rn 22.

III. Betrieblicher Umweltschutz

1. Begriff, Abs 3

16 Betriebl Umweltschutz sind nach Abs 3 alle personellen und organisatorischen Maßnahmen sowie alle betriebl Bauten, Räume, technische Anlagen, Arbeitsverf, Arbeitsabläufe und Arbeitsplätze, die dem Umweltschutz dienen. Da der BR kein allgemeinpolitisches Mandat hat, sondern seine Mitwirkungsrechte dem Schutz der im Betrieb beschäftigten AN und dem Ausgleich der unterschiedl Interessen der AN im Betrieb dienen (auch § 87 Rn 1), ist der betriebl Umweltschutz zu begrenzen auf Maßnahmen, die die **vom BR vertretenen AN schützen** und deren Interessen wahren <R: auch BAG 11.10.1995, 7 ABR 42/94, NZA 1996, 934 zu einer BR-Schulung; **L:** GK/*Gutzeit* Rn 30ff mwN>. Deshalb kann durch BV zwar eine Regelung über die Vermeidung von Luftverschmutzungen im Betrieb getroffen, nicht aber der AG verpflichtet werden, auf dem Dach des Fabrikgebäudes eine Anlage zur Gewinnung von Solarstrom zu errichten (noch § 80 Rn 24). Darauf deutet auch die amtl Überschrift des 3. Abschnitts „Soziale Angelegenheiten" hin. Zu beteiligen ist der BR nur, soweit Gefahren oder Beeinträchtigungen für die AN vom AG oder seiner Arbeitsorganisation – unter Einschluss anderer AN oder Kunden – ausgehen.

17 Die Begriffe „sozial" und „betriebl" beschränken die Beteiligung des BR zudem auf **kollektive Maßnahmen**, also auf Regelungen, die die Angelegenheiten der AN im Betrieb abstrakt ordnen <L: auch GK/*Gutzeit* § 88 Rn 25f>. Zu beteiligen ist der BR, wenn der AG Maßnahmen des Umweltschutzes für eine nach objektiven Kriterien abgrenzbare Gruppe von AN oder für best Arbeitsplätze oder einen best Arbeitsplatz generell festlegt oder aber gebotene Maßnahmen unterlässt, näher § 87 Rn 2. Zum Abfallbeauftragten nach § 54 KrW-AbfG aF vgl die Abfallbeauftragtenverordnung (AbfBeauftrV), in Kraft seit 1.6.17.

2. Überwachungspflicht des Betriebsrats, Abs 1 S 1

Abs 1 S 1 konkretisiert und verstärkt die allg Überwachungspflicht des BR in § 80 Abs 1 Nr 1 und die Pflicht in § 80 Abs 1 Nr 9, Maßnahmen des Arbeitsschutzes und des betriebl Umweltschutzes zu fördern: Nach Abs 1 S 1 hat sich der BR dafür einzusetzen, dass die Vorschriften über den betriebl Umweltschutz (Rn 16 f) durchgeführt werden. Damit wird zum einen klargestellt, dass Umweltschutznormen, die mit dem Schutz aller Menschen auch zugleich dem Schutz der AN dienen, etwa § 19 ChemG, §§ 55 Abs 1a, 58c BImSchG, Gegenstand des Beteiligungsrechts des BR sind <L: *Rieble* ZTR 2000, 1, 2>. Zum anderen muss der BR auch darüber wachen, dass Vorschriften über den betriebl Umweltschutz in TV <L: zu diesen *Rieble* ZTR 2000, 1> eingehalten werden. § 88 Nr 1a eröffnet den Betriebspartnern ausdrückl die Möglichkeit, freiwillige BV über Maßnahmen des betriebl Umweltschutzes abzuschließen, § 88 Rn 5. Der BR hat sich auch bei den AN für die Beachtung des betriebl Umweltschutzes einzusetzen, Rn 6. 18

3. Unterrichtungs- und Hinzuziehungsrecht, Abs 2 S 2, Abs 5

Nach **Abs 2 S 2** muss der AG den BR bei allen im Zusammenhang mit dem betriebl Umweltschutz (Rn 16 f) stehenden Besichtigungen und Fragen hinzuziehen und ihm unverzügl die entspr Auflagen und Anordnungen der zuständigen Stellen mitteilen. Etwa muss der AG den BR hinzuziehen, wenn Vertreter der zuständigen Behörde iR des Verf nach dem BImSchG eine genehmigungsbedürftige Anlage besichtigen. Etwaige Niederschriften über solche Besichtigungen sind nach **Abs 5** dem BR zuzuleiten (Rn 14). 19

Hinsichtl des sog **Umweltauditing** ist eine Besonderheit zu beachten: Anlage 1 der **EG-VO 761/2001** über die freiwillige Beteiligung von Organisationen an einem Gemeinschaftssystem für das Umweltmanagement und die Umweltbetriebsprüfung (EMAS) vom 19.3.2001 (ABl EG Nr L 114 S 1 ff) sieht unter B IV eine Einbeziehung der AN in den Prozess einer kontinuierlichen Verbesserung der Umweltleistung vor und bestimmt insoweit ausdrückl, dass auf Antrag auch AN-Vertreter einbezogen werden. Aus der – unmittelbar geltenden – VO folgt **unabhängig von den Vorschriften des BetrVG** das Recht des BR (GBR), sich in das Umweltauditing des Unternehmens einzuschalten, um die Interessen der von ihm vertretenen AN zu wahren. 20

IV. Nichtbeachtung der Mitwirkungsrechte

Behindert der AG den BR vorsätzl bei der Wahrnehmung seiner Aufgaben aus § 89, ist dies nach **§ 119 Abs 1 Nr 2** strafbar. Der Verstoß gg Unfallverhütungsvorschriften ist nach **§ 209 SGB VII** eine **Ordnungswidrigkeit**. 21

Verstößt der AG grob gg seine Unterrichtungs- oder Beratungspflicht, kann der BR gg den AG ein Zwangsverf nach § 23 Abs 3 einleiten. Beeinträchtigt der AG den BR in der Ausübung der Rechte und Pflichten aus § 89 Abs 2 bis 5, hat der BR gg den AG einen **Unterlassungsanspruch aus § 78 S 1** <R: LAG Hessen 26.9.2011, 16 TaBV 105/11, NZA-RR 2012, 85 [unter Gründe II. 2. c)]>. Bei einer Verletzung von **Abs 6** greifen ausschließl die Bußgeldvorschriften des SGB VII <R: BAG 12.3.2019, 1 ABR 48/17, NZA 2019, 850 Rn 14>. 22

Vierter Abschnitt
Gestaltung von Arbeitsplatz, Arbeitsablauf und Arbeitsumgebung

§ 90 Unterrichtungs- und Beratungsrechte

(1) Der Arbeitgeber hat den Betriebsrat über die Planung

1. von Neu-, Um- und Erweiterungsbauten von Fabrikations-, Verwaltungs- und sonstigen betrieblichen Räumen,
2. von technischen Anlagen,
3. von Arbeitsverfahren und Arbeitsabläufen einschließlich des Einsatzes von Künstlicher Intelligenz oder
4. der Arbeitsplätze

rechtzeitig unter Vorlage der erforderlichen Unterlagen zu unterrichten.

(2) Der Arbeitgeber hat mit dem Betriebsrat die vorgesehenen Maßnahmen und ihre Auswirkungen auf die Arbeitnehmer, insbesondere auf die Art ihrer Arbeit sowie die sich daraus ergebenden Anforderungen an die Arbeitnehmer so rechtzeitig zu beraten, dass Vorschläge und Bedenken des Betriebsrats bei der Planung berücksichtigt werden können. Arbeitgeber und Betriebsrat sollen dabei auch die gesicherten arbeitswissenschaftlichen Erkenntnisse über die menschengerechte Gestaltung der Arbeit berücksichtigen.

Literatur: *Ehmann*, Arbeitsschutz und Mitbestimmung bei neuen Technologien (1981); *Frank/Heine*, Künstliche Intelligenz im Betriebsverfassungsrecht, NZA 2021, 1448; *Greifenstein/Jansen/Kißler*, Mitbestimmung am Arbeitsplatz – Eine neue Chance durch neue Technologien?, in: Martens/Peter, Mitbestimmung und Demokratisierung (1989), S 77; *Heither*, Gestaltung von Arbeitsplatz, Arbeitsablauf und Arbeitsumgebung (§§ 90, 91 BetrVG), AR-Blattei SD 530.14.7; *Hofe*, Betriebliche Mitbestimmung und Humanisierung der Arbeitswelt (1978); *ders*, Die Mitbestimmung nach § 91 BetrVG im Verhältnis zum Arbeitsschutzrecht, AuR 1979, 79; *Joussen*, Mitbestimmung bei Neu- und Umbauten, ZMV 2021, 236; *Köstler*, Die Sicherung der Betriebsratsrechte gem § 90 BetrVG durch Verbot der geplanten Maßnahme ist möglich, BB 1982, 861; *Kreikebaum*, Organisatorische Aspekte des Zusammenwirkens von Arbeitgeber und Betriebsrat im Rahmen des autonomen Arbeitsschutzes, in: Fürstenberg, Menschengerechte Gestaltung der Arbeit (1983), S 91; *Ludwig/Hinze*, Digitalisierung und IT-Mitbestimmung – Wie die Betriebsparteien den Wandel gemeinsam gestalten können, NZA 2021, 1444; *Lüders/Weller*, Erzwingbare Mitbestimmungsrechte des Betriebsrates bei Fragen des Gesundheitsschutzes und der Gesundheitsprävention, BB 2016, 116; *Möllenkamp*, Das Betriebsrätemodernisierungsgesetz 2021 – Regelungsinhalte und Praxisauswirkungen –, DB 2021, 1198; *Natzel*, Zur Mitbestimmung bei der menschengerechten Gestaltung der Arbeit, RdA 1974, 280; *ders*, Mitwirkung und Mitbestimmung des Betriebsrats bei der menschengerechten Gestaltung der Arbeit, DB Beilage 1972, Nr 24, 3; *Oberhoff*, Menschengerechte Gestaltung der Arbeit im Sinne des Betriebsverfassungsgesetzes – Auszug aus einem Vortrag vor Betriebsräten gemäß BetrVerfG § 37 Abs 7, BB 1973, 1641; *Pornschlegel/Birkwald*, Ebenen und Kategorien gesicherter arbeitswissenschaftlicher Erkenntnisse im Sinne der §§ 90 und 91 BetrVG, afa-Informationen 1973, Heft 6; *Pulte*, „Gesicherte" arbeitswissenschaftliche Erkenntnisse, AuR 1983, 174; *Schmidt*, Sicherung der Betriebsratsrechte gem § 90 BetrVG durch Verbot der geplanten Maßnahme?, BB 1982, 48; *Schulze/Ratzesberger*, Einführung von Software – Grundlagen und Grenzen der betrieblichen Mitbestimmung, ArbRAktuell 2016, 301; *Schweres*, Menschengerechte Gestaltung der Arbeit (MGdA), AiB 1995, 634; *Söllner*, Humanisierung der Arbeit, Arbeitsrecht in der Verfassungsordnung des Grundgesetzes (1994); *Stück*, New Work – new rules? Ausgewählte arbeitsrechtliche Aspekte der Planung und Umsetzung moderner Bürokonzepte, ArbRAktuell 2018, 409; *Waas*, KI und Arbeitsrecht, RdA 2022, 125; *Wiebauer*, Die Mitbestimmung des Betriebsrats bei Gefährdungsbeurteilung und Arbeitsschutzmaßnahmen, RdA 2019, 41; *Wiese*, Personale Aspekte und Überwachung der häuslichen Telearbeit, RdA 2009, 344; *Zöllner*, Arbeitsrecht und menschengerechte Arbeitsgestaltung, RdA 1973, 212.

Übersicht

	Rn.		Rn.
I. Normzweck und Anwendungsbereich	1	III. Mitwirkungsrechte des Betriebsrats	13
II. Gestaltung von Arbeitsplatz, Arbeitsablauf und Arbeitsumgebung	4	1. Planung	13
		2. Unterrichtungsrecht, Abs 1	15
1. Neu-, Um- und Erweiterungsbauten, Abs 1 Nr 1	4	3. Beratungsrecht, Abs 2	18
2. Technische Anlagen, Abs 1 Nr 2	6	4. Nichtbeachtung der Mitwirkungsrechte	22
3. Arbeitsverfahren und Arbeitsabläufe einschließlich des Einsatzes von Künstlicher Intelligenz, Abs 1 Nr 3	7		
4. Arbeitsplätze, Abs 1 Nr 4	8		

I. Normzweck und Anwendungsbereich

Mit §§ 90 und 91 soll die Betriebsverfassung über den eigentl Arbeitsschutz (§§ 80 Abs 1 Nr 1, 87 Abs 1 Nr 7, 88 Nr 1, 89) hinaus in den Dienst der **menschengerechten Gestaltung der Arbeit** gestellt werden und ergänzt § 75. Die Mitwirkung des BR wird aber begrenzt auf ein Beratungsrecht in § 90 Abs 2 und ein MBR in § 91, das nur unter sehr engen Voraussetzungen greift (§ 91 Rn 1 ff); § 90 Abs 1 beinhaltet nur ein Unterrichtungsrecht. 1

Aus dem **Gesamtzusammenhang mit §§ 80 Abs 1 Nr 1, 87 Abs 1 Nr 7, 89** folgt eine **Beschränkung** der Mitwirkung des BR nach §§ **90, 91**: Das MBR des BR in § 87 Abs 1 Nr 7 besteht nur „iR der gesetzl Vorschriften oder der UVV" und beschränkt sich damit auf die Ausfüllung bestehender Normen (§ 87 Rn 151); dass der AG gesundheitsschützende Vorschriften einhält, kann der BR auch nach § 80 Abs 1 Nr 1 überwachen. §§ 90, 91 beschränken den BR zwar nicht auf die Ausfüllung gesundheitsschützender Rahmenvorschriften, sondern erlauben dem BR eine Mitwirkung schon, soweit die Einhaltung der gesicherten arbeitswissenschaftl Erkenntnisse über die menschengerechte Gestaltung der Arbeit betroffen ist, auch soweit diese Erkenntnisse noch nicht in Rechtsnormen eingeflossen sind. Da § 90 Abs 2 den BR auf ein Beratungsrecht beschränkt (Rn 18) und § 91 dem BR zum einen ein ledigl korrigierendes MBR (§ 91 Rn 9 ff) und dieses zum anderen nur unter sehr eingeschränkten Voraussetzungen gewährt (§ 91 Rn 4 ff), kann der BR aber praktisch nichts erzwingen, wozu der AG nicht ohnehin schon durch Rechtsvorschriften verpflichtet ist, etwa zu einer Umgestaltung der Arbeitsbedingungen nach § 13 Abs 1 Nr 1 MuSchG <L: BeckOK ArbR/*Dahm* MuSchG § 13 Rn 36>: Über §§ 90, 91 kann der BR den AG **nicht verpflichten**, gesicherte arbeitswissenschaftl Erkenntnisse 2

§ 90   Unterrichtungs- und Beratungsrechte

über die menschengerechte Gestaltung der Arbeit zu beachten, die **noch nicht Inhalt von Rechtsnormen** sind <R: BAG 28.7.1981, 1 ABR 65/79, BB 1982, 493>.

3   Die Rechte des BR nach den §§ 90, 91 sind von seinen Rechten in wirtschaftl Angelegenheiten nach den §§ 106 ff zu unterscheiden. Dort ist die Zielsetzung die Sicherung der wirtschaftlichen Interessen der AN. Soweit in **§§ 90 f und §§ 106 ff** Mitberatungs- und Mitbestimmungsrechte beim gleichen Gegenstand ansetzen, bestehen sie deshalb **nebeneinander**, etwa bezüglich der Änderung der Betriebsanlage, die unter Abs 1 Nr 1 sowie unter § 111 S 3 Nr 4 fällt <L: HWGNRH/*Rose* Rn 76>; noch Rn 21.

II. Gestaltung von Arbeitsplatz, Arbeitsablauf und Arbeitsumgebung

1. Neu-, Um- und Erweiterungsbauten, Abs 1 Nr 1

4   Neu-, Um- und Erweiterungsbauten verlangen Veränderungen der **baul Substanz** durch die **Neuerrichtung** von Gebäuden oder eine **baul Veränderung** vorhandener Gebäude; auf den Umfang der Veränderung kommt es nicht an <R: zum PersVG BVerwG 17.7.1987, 6 P 6/85, PersV 1989, 312; L: DKW/*Klebe/Wankel* Rn 7>. Erfasst werden **alle der betriebl Zweckbestimmung dienenden Räume**, in denen sich die AN aufhalten, dh die eigentl Arbeitsräume (Rn 8), aber auch die Lager-, Aufenthalts- und Waschräume, die Kantinen usw (Rn 10) <L: GK/*Weber* Rn 9 mwN>, hingg nicht Park- oder Sportplätze <L: GK/*Weber* Rn 9; ErfK/*Kania* Rn 2; HWGNRH/*Rose* Rn 25 f; aA *SWS* Rn 8>. Lässt der Eigentümer des vom AG gemieteten Betriebsgebäudes auf dem zu betriebl Zwecken nicht genutzten Dach eine Mobilfunkantenne aufstellen, löst dies keine Mitwirkungsrechte des BR aus <R: LAG Nürnberg 4.2.2003, 6 (2) TaBV 39/01, NZA-RR 2003, 588>. Voraussetzung ist, dass die Bauten die **Arbeitsbedingungen beeinflussen können**. Wird die Bausubstanz und werden damit auch die Arbeitsbedingungen nicht verändert, etwa bei Renovierungs- oder Reparaturarbeiten, muss der BR nicht beteiligt werden <L: GK/*Weber* Rn 10 mwN>. Nicht erfasst werden Abbrucharbeiten <L: GK/*Weber* Rn 10 mwN>.

5   Umgebaut werden Arbeitsräume **etwa**, wenn drei kleinere Räume durch die Beseitigung von zwei Trennwänden und das Zumauern von zwei Türöffnungen zu einem größeren Raum zusammengelegt werden <R: zum PersVG BVerwG 17.7.1987, aaO zur Zusammenlegung der Briefsortierung>. Unter Abs 1 Nr 1 fällt auch der Einbau von neuen Fenster- und Türöffnungen <L: GK/*Weber* Rn 10; DKW/*Klebe/Wankel* Rn 7; Richardi/*Annuß* Rn 8; **aA** für das Brechen neuer Türen *Fitting* Rn 18a; ErfK/*Kania* Rn 2> und von isolierverglasten Fenstern, um Lärm- oder Geruchsbelästigungen fernzuhalten <R: zum PersVG Hess VGH 2.4.1992, HPV TL 1/88, HGZ 1993, 113>.

2. Technische Anlagen, Abs 1 Nr 2

6   Unter Abs 1 Nr 2 fallen alle technischen Geräte und Anlagen, die unmittelbar oder mittelbar dem Arbeitsablauf dienen oder sich sonst auf den Arbeitsablauf und den Arbeitsplatz auswirken können, also **Einfluss auf die Arbeitsbedingungen** haben <L: GK/*Weber* Rn 12>. Nicht erforderl ist, dass die AN an, in, auf oder mit diesen technischen Anlagen beschäftigt werden; es genügt, wenn sie mit ihnen in Berührung kommen <L: GK/*Weber*

Rn 12>. Erfasst wird einmal das eigentl technische Arbeitsgerät und damit Fabrikationsmaschinen, Förderbänder und Datensichtgeräte und technische Arbeitsgeräte wie PC, nicht aber Arbeitstische und -stühle <**L**: GK/*Weber* Rn 13; Richardi/*Annuß* Rn 11> und Handwerkszeug <**L**: GK/*Weber* Rn 13 mwN; diff HWGNRH/*Rose* Rn 33>; diese fallen unter Abs 1 Nr 4 (Rn 11). Erfasst werden zum anderen Anlagen, die nicht unmittelbar Produktionszwecken dienen, die aber Auswirkungen auf die Arbeit haben können, wie Klima- und Beleuchtungsanlagen, Lärmschutzanlagen und Fahrstühle <**L**: statt aller GK/ *Weber* Rn 13>. Die bloße Ersatzbeschaffung oder Reparatur ist keine Planung iS des Abs 1, es sei denn, dass sich aus der Ersatzbeschaffung andere Auswirkungen auf die Arbeitsbedingungen ergeben können <**R**: weiter OLG Düsseldorf 8.4.1982, 5 Ss (OWi) 136/ 82 – 110/82 I, DB 1982, 1575: Ersetzung einer alten durch eine neue Anlage kommt Neuanschaffung gleich; **L**: Richardi/*Annuß* Rn 12 mwN>.

3. Arbeitsverfahren und Arbeitsabläufe einschließlich des Einsatzes von Künstlicher Intelligenz, Abs 1 Nr 3

Arbeitsablauf und Arbeitsverf lassen sich nicht streng voneinander trennen: Unter **Arbeitsverf** ist die **Technologie** zu verstehen, die bei der Erledigung einer Arbeitsaufgabe angewandt wird (körperl Arbeit, Einsatz technischer Hilfsmittel, Einsatz von Automaten, EDV-Anlagen usw) <**L**: Richardi/*Annuß* Rn 13 mwN>. **Arbeitsablauf** meint die Durchführung des **Arbeitsverf im Einzelnen**, also den vom AG angeordneten organisatorischen, zeitl und räuml Ablauf des Arbeitsprozesses, insbes den Einsatz der AN und Betriebsmittel (Fließbandarbeit, Gruppenarbeit oder Einzelarbeit, Arbeit in der Halle oder im Freien) <**L**: GK/*Weber* Rn 18 mwN> einschließl der Telearbeit <**L**: GK/*Weber* Rn 19 mwN; HWGNRH/*Rose* Rn 43>. In der Praxis immer wichtiger werden Qualitätsmanagement-Systeme <**L**: GK/*Weber* Rn 19; *Fitting* Rn 28; HWGNRH/*Rose* Rn 42>. 7

Durch das Betriebsrätemodernisierungsgesetz v 14.6.2021 (BGBl I 2021 S 1762) mWv 18.6.2021 wurde Abs 1 Nr 3 klarstellend <**L**: BR-Drs 271/21, S 20 und BT-Drs 19/28899, S 15 und 23; wohl auch BeckOK ArbR/*Werner*, 62. Ed 1.12.2021, Rn 5> um ein Unterrichtungsrecht des BR bzgl des **Einsatzes von Künstlicher Intelligenz** (KI) ergänzt. Aufgrund des allein klarstellenden Charakters der Nennung der KI in Nr 3, kann auch nach Nr 2 zu unterrichten sein, sofern KI Bestandteil einer technischen Anlage ist <**L**: ErfK/*Kania* Rn 4>. Das Unterrichtungsrecht (Rn 15 ff) soll das Vertrauen und die Akzeptanz der Beschäftigten bzgl KI stärken, um diese im Betrieb erfolgreich implementieren zu können <**L**: BT-Drs 19/ 28899, S 2 und 15; BR-Drs 271/21, S 2>. KI ist generell ein Sammelbegriff ohne festen Bedeutungsinhalt <**L**: *Höpfner/Daum* ZfA 2021, 467, 469>, der auch in dem von der EU-Kommission im April 2021 vorgelegten Verordnungsvorschlag zur Festlegung harmonisierter Vorschriften für die künstliche Intelligenz nicht aussagekräftig definiert wird <abrufbar unter: https://eur-lex.europa.eu/legal-content/DE/TXT/HTML/?uri=CELEX:52021PC0206 &from=FR>. Auch an einer Definition der KI seitens des Gesetzgebers im Betriebsrätemodernisierungsgesetz fehlt es (auch § 80 Rn 56); dieser nennt lediglich beispielhaft Algorithmic-Decision-Making-Systeme (ADM-Systeme) – ohne diese zu erläutern <**L**: BT-Drs 19/ 28899, S 15>. Der Gesetzgeber verweist auf die Strategie „Künstliche Intelligenz" der Bundesregierung vom 15.11.2018 <**L**: BT-Drs 19/28899, S 2 und 14; Strategie abrufbar unter: https://www.bmwi.de/Redaktion/DE/Publikationen/Technologie/strategie-kuenstliche-intelligenz-der-bundesregierung.pdf?__blob=publicationFile&v=10>. In dieser wird zwischen schwacher und starker KI unterschieden <L: hierzu *Horstmeier* BB 2022, 116, 120f>, was jedoch für eine Definition der KI im Rahmen des § 90 auch nicht hilfreich ist. KI wird in der Literatur als Nachbildung eines menschenähnlichen Verhaltens verstanden, welches nicht vollständig vorhersehbar ist <L: ausführlich *Höpfner/Daum* ZfA 2021, 467, 469 und *Frank/Heine* NZA 2021, 1448, 1450ff, sowie *Waas* RdA 2022, 125>. Andere vertreten, dass auch KI erfasst sein soll, die lediglich eine menschliche Entscheidung vorbereite <L: *Ludwig/Hinze* NZA 2021, 1444, 1445>; auch bloße Automatisierung und Robotik <L: *Horstmeier* BB 2022, 116, 120>. Es kann nicht Sinn und Zweck der neuen Regelung sein, den BR über jeglichen Einsatz von KI im Betrieb und damit etwa auch über den Einsatz eines Mähroboters zu unterrichten <L: *Möllenkamp* DB 2021, 1198, 1202> oder über den Einsatz von Dienstwagen mit Fahrassistenz. Der KI-Begriff ist restriktiv zu verstehen und hierfür ein unmittelbarer Bezug der KI zu Belegschaftsinteressen zu verlangen <L: *Steiner/Schunder* NZA 2022, 12, 16>. Ferner umfasst Abs 1 Nr 3 nicht jeglichen Einsatz von KI im Betrieb, sondern nur einen solchen, der Arbeitsverfahren oder -abläufe ändert <L: BT-Drs 19/28899, S 23: „in diesem Zusammenhang"">; die Unterlagen zur Funktionsweise des KI-Systems und zu dessen Auswirkung auf die Arbeitsweise der Beschäftigten sind dem BR vom AG vorzulegen <L: *Ludwig/Hinze* NZA 2021, 1444, 1445>. Um Rechtsstreitigkeiten zu vermeiden, die der Gesetzgeber mittels der fehlenden Definition verursacht <L: *Schiefer/Worzalla* NZA 2021, 817, 822; *Möllenkamp* DB 2021, 1198, 1202>, können die Betriebsparteien ihre Zusammenarbeit durch eine gemeinsame Definition von KI erleichtern und so den Anwendungsbereich von Normen konkretisieren, die sich auf KI beziehen. Praktisch wird wohl häufig ein Sachverständiger über den Einsatz von KI entscheiden; zum erforderlichen Sachverständigen zur Beurteilung von KI vgl § 80 Abs 3 S 2 und 3 nF (§ 80 Rn 56). Zur Einführung von KI mittels technischer Einrichtungen vgl auch § 87 Abs 1 Nr 6 (§ 87 Rn 128ff).

4. Arbeitsplätze, Abs 1 Nr 4

8 Der Begriff des Arbeitsplatzes in Abs 1 Nr 4 ist **räuml und nicht funktional** zu verstehen. Erfasst werden der räuml Bereich, in dem der AN tätig ist, einschließl der unmittelbaren Arbeitsumgebung, also der Gesamtheit der Umwelteinflüsse auf den Arbeitsplatz wie Licht, Klima und Lärm <R: zum PersVG BVerwG 19.5.2003, 6 P 16/02, PersR 2003, 314; L: im Ergebnis, wenn auch mit unterschiedl Begründung hM, etwa Richardi/*Annuß* Rn 15 mwN; GK/*Weber* Rn 22 mwN>. Abs 1 Nr 4 hat insoweit die Bedeutung einer Generalklausel <L: Richardi/*Annuß* Rn 16; DKW/*Klebe/Wankel* Rn 16; auch GK/*Weber* Rn 21>.

9 Der Arbeitsplatz muss sich nicht in einem Gebäude befinden oder stationär sein, sondern kann auch **im Freien** liegen und kann „**beweglich**" sein, etwa wenn der AN in einem Fahrzeug tätig ist oder die Arbeitsleistung an verschiedenen Orten erbringt <R: zum PersVG BVerwG 19.5.2003, 6 P 16/02, PersR 2003, 314 für Dienstfahrzeug; 15.12.1978, 6 P 13/78, PersV 1980, 145 für S-Bahn; 15.12.1978, 6 P 18/78, PersV 1980, 151 für Omnibus>. Auch die Gestaltung von **Heim- bzw. Telearbeitsplätzen**, also von Arbeitsplätzen in der Wohnung des AN, ist mitbestimmungspflichtig <R: zum Homeoffice Hess LAG 18.6.2020, 5 TaBVGa 74/20, NZA 2021, 291>, allerdings nur soweit der AG und nicht der AN selbst den Arbeitsplatz gestaltet; bei Eigengestaltungen durch die AN hat der BR nicht mitzubestimmen.

Räume und Einrichtungen **außerhalb des Arbeitsbereichs**, etwa Pausen- oder Umkleideräume <R: zum PersVG BVerwG 17.2.1986, 6 P 21/84, NJW 1986, 2778>, Sanitärräume, Speiseräume und Cafeterien sowie Flure und Treppen fallen nicht unter Abs 1 Nr 4, sondern unter die „sonstigen betriebl Räume" iS des Abs 1 Nr 1; zum MBR über Beschäftigtenparkplätze aus § 87 Abs 1 Nr 1 und 8 vgl § 87 Rn 41 und 175. Je nach Tätigkeit gehören Nebenräume aber zum Arbeitsplatz, etwa wenn die Arbeit innerhalb des gesamten Betriebs zu leisten ist, wie durch Hausmeister und Reinigungspersonal. 10

Erfasst werden die **räuml und (arbeits-)technischen Bedingungen**, unter denen eine Arbeitsaufgabe geleistet werden muss, also alle **ständigen** Merkmale des Arbeitsplatzes wie dessen Lage und (körper- und funktionsgerechte) Ausstattung mit Geräten und Einrichtungsgegenständen (Sitzgelegenheiten, Anlagen zur Beleuchtung, Belüftung und Temperaturregelung und zur Ausschaltung von Umgebungseinflüssen wie Lärm) <R: zum PersVG BVerwG 17.7.1987, 6 P 6/85, PersV 1989, 312; OVG NW 31.5.2001, 1 A 2277/99.PVL, PersR 2002, 215>. 11

Planung meint sowohl die **Errichtung** und Ausgestaltung neuer Arbeitsplätze als auch die **Umgestaltung** bereits vorhandener Arbeitsplätze. Für die AN macht es auch keinen Unterschied, ob der AG Arbeitsplätze umbaut, etwa Zimmer und Fenster verkleinert, oder ob er einen **Umzug** in kleinere Räume mit kleineren Fenstern anordnet, weswg die Mitwirkungsrechte des BR auch bei einem Umzug in anders ausgestattete Räume innerhalb desselben Gebäudes oder in ein anderes Gebäude ausgelöst werden <R: Hess LAG 3.11.1992, 5 TaBV 27/92, BB 1993, 1948; **aA** zum PersVG BVerwG 27.7.1979, 6 P 25/78, PersV 1981, 73; **L:** wie hier DKW/*Klebe/Wankel* Rn 17; ErfK/*Kania* Rn 5>. Unter Abs 1 Nr 4 fällt auch die Errichtung eines Großraumbüros <R: LAG München 16.4.1987, 8 (9) TaBV 56/86, DB 1988, 186>. 12

III. Mitwirkungsrechte des Betriebsrats

1. Planung

§ 90 erlaubt dem BR **nur eine Reaktion** auf vom AG geplante Änderungen, gibt dem BR aber kein Recht, selbst initiativ zu werden oder den AG zu Beratungen anzuregen <L: GK/*Weber* Rn 7 mwN>. Der BR kann jedoch nach § 80 Abs 1 Nr 2 und 9 Planungen vorschlagen, aber nicht durchsetzen; besteht oder droht ein gesundheitsschädl Zustand, kann der BR aber nach § 87 Abs 1 Nr 7 initiativ werden. 13

Der BR ist schon im Planungsstadium und nicht erst bei der tatsächl Einführung bzw Änderung von Arbeitsplatz, Arbeitsablauf und -umgebung zu unterrichten. Bloße Vorüberlegungen lösen die Mitwirkung aber noch nicht aus: Das Planungsstadium ist erst erreicht, wenn der AG die Durchführung einer der in Abs 1 genannten Maßnahmen **ernsthaft erwägt**. Der BR ist nicht erst zu beteiligen, wenn der AG einen fertigen Plan ausgearbeitet hat, er soll schon den davor liegenden Prozess der Planung beeinflussen können; vgl § 90 Abs 2 S 1 (Rn 15 und 18) <L: GK/*Weber* Rn 6; Richardi/*Annuß* Rn 17 f; *Fitting* Rn 8 f; DKW/*Klebe/Wankel* Rn 19 und 27; ErfK/*Kania* Rn 6; **aA** HWGNRH/*Rose* Rn 11; *SWS* Rn 14>. An bloßen Vorüberlegungen und Untersuchungen über ggfs zweckmäßige Veränderungen ist der BR noch nicht zu beteiligen <R: BAG 12.3.2019, 1 ABR 43/17, NZA 2019, 1153 Rn 34 (kein Informationsanspruch solange AG Handlungsbedarf nur 14

eruiert); **L**: GK/*Weber* Rn 5; HWGNRH/*Rose* Rn 9ff auch zur **aA**; *SWS* Rn 13f>. Zum anderen folgt aus der Unterrichtspflicht im Planungsstadium, dass sich diese nicht auf den Ist-Zustand, sondern nur auf **künftige Änderungen** bezieht <**L**: GK/*Weber* Rn 7 mwN>.

2. Unterrichtungsrecht, Abs 1

15 Der AG muss den BR unter Vorlage der **erforderl, also vollständigen, Unterlagen** (Baupläne, technische Zeichnungen, Beschreibungen neuer technischer Anlagen und neuer Fabrikations- und Arbeitsmethoden, Organisationsmodelle für die Verwaltung usw; etwa die Unterlagen nach § 14 MuSchG <**L**: BeckOKArbR/*Dahm* MuSchG § 14 Rn 6>) über seine Planungen unterrichten. Voraussetzung ist, dass der AG über diese **Unterlagen verfügt**; wie bei § 80 Abs 2 S 2 ist er nicht verpflichtet, eigens für die Unterrichtung des BR Unterlagen erst anzufertigen, § 80 Rn 38 <**L**: HWGNRH/*Rose* Rn 61>. Der AG muss den BR **rechtzeitig** unterrichten, also so zeitig, dass der BR über die geplanten Änderungen noch sinnvoll mit dem AG nach Abs 2 beraten kann, Rn 18. Der AG verletzt seine Unterrichtungspflicht grob, wenn er den BR immer wieder so spät über die Planungen informiert, dass dieser die Pläne praktisch nur noch zur Kenntnis nehmen kann, ohne eine realistische Chance zu haben, eventuelle Vorschläge und Bedenken noch umzusetzen <**R**: Hess LAG 3.11.1992, 5 TaBV 27/92, BB 1993, 1948>. Anders als bei § 80 Abs 2 S 2 (§ 80 Rn 37) setzt Abs 1 nicht voraus, dass der BR die Vorlage der Unterlagen verlangt, sondern muss der AG die Unterlagen **von sich aus vorlegen**. Der BR kann seinen Unterrichtungsanspruch durch eV durchsetzen (§ 80 ArbGG iVm § 935 ZPO).

16 Anders als nach § 80 Abs 2 S 2 kann der BR nur die **Vorlage**, nicht aber die Zurverfügungstellung der Unterlagen verlangen, also keine – auch nur zeitweise – Überlassung. Nur dann, wenn – insbes wg der Komplexität des Vorgangs oder des Umfangs der Unterlagen – dem Zweck der Unterrichtung nur dadurch genügt werden kann, dass die Unterlagen dem BR **vorübergehend überlassen** werden, muss der AG dem BR diese zeitweise zur Verfügung stellen <**L**: Richardi/*Annuß* Rn 22; GK/*Weber* Rn 27; HWGNRH/*Rose* Rn 57; *SWS* Rn 17a; auch ErfK/*Kania* Rn 7; **abw** für dauerhafte Überlassung DKW/*Klebe/Wankel* Rn 26; *Fitting* Rn 12>.

17 Über etwaige Betriebs- und Geschäftsgeheimnisse, die der BR bei der Unterrichtung erfährt, ist der BR gem § 79 zur Geheimhaltung verpflichtet. Die Einschränkung der Unterrichtungspflicht in **§ 106 Abs 2** kann **nicht analog** angewandt werden; es fehlt schon an der planwidrigen Regelungslücke <**L**: GK/*Weber* Rn 28; Richardi/*Annuß* Rn 20; DKW/ *Klebe/Wankel* Rn 4; **aA** *SWS* Rn 17a>.

3. Beratungsrecht, Abs 2

18 Nach Abs 2 S 1 muss der AG die geplanten Maßnahmen mit dem BR **beraten** und zwar so **rechtzeitig**, dass Vorschläge und Bedenken des BR bei der Planung berücksichtigt werden können, er also auf die Willensbildung des AG Einfluss nehmen kann <**R**: BAG 11.12.1991, 7 ABR 16/91, BB 1992, 1351>. Abs 2 S 1 ist insoweit für alle Informations- und Beratungsansprüche des BR ein **allg Rechtsgedanke** <**R**: OVG SH 13.4.2011, 12 LB 6/10, SchlHA 2012, 78 (Ls 2) sogar für eine Übertragung auf den PR>. Der AG muss die Stellungnahme des BR entgegennehmen und sowohl seine eigene Planung als auch die

Stellungnahme des BR mit diesem im Einzelnen erörtern. Der BR kann seinen Anspruch auf Beratung durch eV durchsetzen (§ 80 ArbGG iVm § 935 ZPO). Voraussetzung ist aber, dass der AG Änderungen plant; der BR kann entspr Planungen nicht selbst initiieren, Rn 13f <L: HWGNRH/*Rose* Rn 63 ff mwN>. Ebenso ist der AG nach vorangegangener Beratung mit dem BR nicht daran gehindert, die vorgesehenen Maßnahmen ohne Rücksicht auf die Einwände des BR so durchzuführen, wie er es für richtig hält: Abs 2 enthält ledigl ein Mitberatungsrecht des BR <L: HWGNRH/*Rose* Rn 68 mwN>. Ein MBR besteht nur iR des § 91 für Maßnahmen, mit deren Hilfe Belastungen aus der nicht menschengerechten Gestaltung der Arbeit abgewendet, gemildert oder ausgeglichen werden sollen.

Nach Abs 2 S 1 sollen AG und BR die Auswirkungen der geplanten Maßnahmen auf die AN, insbes auf ihre Arbeit und die sich daraus ergebenden Anforderungen erörtern. Im Vordergrund steht dabei gem Abs 2 S 2 die **menschengerechte Arbeitsgestaltung** (ebenso § 2 Abs 1 ArbSchG, § 6 S 1 ASiG; auch § 9 MuSchG <L: BeckOKArbR/*Dahm* MuSchG § 9 Rn 4>). Die Beratung ist nicht auf den Gesundheitsschutz beschränkt, sondern bezweckt auch die Berücksichtigung ergonomischer Erkenntnisse (§ 91 Rn 5), damit nicht der Mensch der Maschine, sondern die Maschine dem Menschen angepasst wird <L: Richardi/*Annuß* vor §§ 90f Rn 1>. Der BR hat auf funktionsgerechte Einrichtungen, auf körpergerechte Sitzmöbel und auf die Abwendung negativer Einflüsse aus der Arbeitsumgebung (Licht-, Temperatur-, Geräusch- oder sonstiger Einflüsse) hinzuwirken <R: zum PersVG BVerwG 15.12.1978, 6 P 13/78, PersV 1980, 145>. Zu beraten ist darüber, wie sich Bauten, technische Anlagen, Arbeitsverf, Arbeitsabläufe und Arbeitsplätze so gestalten lassen, dass körperl und psychische Schäden der AN möglichst vermieden, menschl Leistungsgrenzen nicht überschritten, an die Leistungsgrenzen heranreichende Beanspruchungen abgebaut und Unterforderungen beseitigt werden. Darüber hinaus ist das Beratungsrecht aus Abs 2 S 1 auch auf die Frage zu erstrecken, wie in der durch fortschreitende Arbeitsteilung geprägten Industrie- und Dienstleistungswelt den AN die Identifikation mit ihrer Arbeit ermöglicht werden kann. 19

Nach Abs 2 S 2 sollen AG und BR bei der Beratung die **gesicherten arbeitswissenschaftl Erkenntnisse** (ebenso § 4 Nr 3 ArbSchG, § 28 Abs 1 S 2 JArbSchG) über die menschengerechte Gestaltung der Arbeit berücksichtigen, § 91 Rn 5f. Da sie diese Erkenntnisse ledigl „auch" berücksichtigen sollen, ist die Beratung insoweit nicht beschränkt, sondern können AG und BR in die Beratungen auch noch nicht gesicherte Erkenntnisse einbeziehen und über diese hinausgehende Überlegungen über eine menschengerechte Arbeitsgestaltung anstellen <L: GK/*Weber* Rn 30 mwN>. 20

Zu beraten ist über **alle Auswirkungen** der vorgesehenen Maßnahme auf die AN, etwa über die durch die Einführung neuer Arbeitsgeräte und Arbeitsverf möglicherweise entstehenden erhöhten Anforderungen an die berufl Qualifikation der AN, insoweit kann zusätzl das MBR aus § 97 Abs 2 bestehen, § 97 Rn 6ff. Zu erörtern ist auch die mögl Gefährdung von Persönlichkeitsrechten (§ 75 Rn 37 ff), etwa des Rechts auf informationelle Selbstbestimmung bei Einführung von Datenverarbeitungsanlagen, hier wird häufig auch das MBR des BR aus § 87 Abs 1 Nr 6 greifen, § 87 Rn 128 ff. Der AG muss mit dem BR auch über etwaige wirtschaftl Auswirkungen beraten, die etwa durch Herabgruppierungen bei Veränderung von Arbeitswerten oder beim Wegfall von Arbeitsplätzen infolge von Rationalisierungsmaßnahmen eintreten können; insoweit überschneidet sich das Beratungsrecht mit den Beratungsrechten nach § 96 Abs 1 (§ 96 Rn 11 ff) und § 111 S 1 21

§ 90 Unterrichtungs- und Beratungsrechte

(§ 111 Rn 56 ff); anders als nach § 111 S 1 muss der AG die wirtschaftl Folgen der in Abs 1 genannten betriebsändernden Maßnahmen aber auch in Unternehmen mit weniger als 21 AN mit dem BR beraten.

4. Nichtbeachtung der Mitwirkungsrechte

22 Unterrichtet (§ 90 Abs 1) der AG den BR nicht rechtzeitig, wahrheitswidrig oder unvollständig, handelt er nach § **121 Abs 1 ordnungswidrig**; die Ordnungswidrigkeit kann nach § 121 Abs 2 mit einer Geldbuße bis zu 10.000 € geahndet werden <**R:** weiter OLG Düsseldorf 8.4.1982, 5 Ss (OWi) 136/82 – 110/82 I, DB 1982, 1575; **L:** Richardi/*Annuß* Rn 39>. Gleiches gilt bzgl der Unterrichtung nach Abs 2.

23 Verstößt der AG grob gg seine Unterrichtungs- oder Beratungspflicht, kann der BR ein Zwangsverf nach § **23 Abs 3** gg den AG einleiten <**R:** Hess LAG 3.11.1992, 5 TaBV 27/92, BB 1993, 1948>. § 90 begründet aber kein Abwehrrecht gg Baumaßnahmen des AG und bei Verstößen des AG gg die Unterrichtungs- und Beratungspflicht **keinen allg Unterlassungs- und Beseitigungsanspruch gg die Baumaßnahme selbst** <**R:** LAG Nürnberg 4.2.2003, 6 (2) TaBV 39/01, NZA-RR 2003, 588>.

24 Wird der BR nicht ordnungsgem nach Abs 1 unterrichtet und beurteilt den Sachverhalt deshalb nicht sachgerecht, kann dies Konsequenzen für die Erforderlichkeit der Kosten nach § 40 Abs 1 haben: etwa wenn der BR aufgrund von fehlenden/falschen Informationen ein Gerichtsverf einleitet und einen RA beauftragt, was bei ordnungsgem Unterrichtung eindeutig als aussichtslos einzustufen gewesen wäre <**R:** LAG Berl-Bbg 16.4.2010, 10 TaBV 2577/09, juris Rn 31 ff>.

§ 91 Mitbestimmungsrecht

Werden die Arbeitnehmer durch Änderungen der Arbeitsplätze, des Arbeitsablaufs oder der Arbeitsumgebung, die den gesicherten arbeitswissenschaftlichen Erkenntnissen über die menschengerechte Gestaltung der Arbeit offensichtlich widersprechen, in besonderer Weise belastet, so kann der Betriebsrat angemessene Maßnahmen zur Abwendung, Milderung oder zum Ausgleich der Belastung verlangen. Kommt eine Einigung nicht zustande, so entscheidet die Einigungsstelle. Der Spruch der Einigungsstelle ersetzt die Einigung zwischen Arbeitgeber und Betriebsrat.

Literatur: S die Hinweise zu § 90.

Übersicht

	Rn.		Rn.
I. Normzweck und Anwendungsbereich	1	III. Inhalt des Mitbestimmungsrechts	9
II. Menschenwidrige Änderung von Arbeitsplatz, Arbeitsablauf und Arbeitsumgebung	4	IV. Nichtbeachtung des Mitbestimmungsrechts	13

I. Normzweck und Anwendungsbereich

Das MBR aus § 91 ergänzt den Unterrichtungsanspruch und das Beratungsrecht des BR aus § 90. Anders als der PR nach dem in der Praxis wichtigen MBR des § 80 Abs 1 Nr 4 BPersVG hat der BR kein allg MBR bei der Gestaltung der Arbeitsplätze, sondern kann mitbestimmen **nur, um bes erhebl Belastungen von den AN abzuwehren** <R: BAG 1.7.2003, 1 ABR 20/02, DB 2005, 170>, Rn 5 ff. Zudem kann der BR nur angemessene Maßnahmen zur Abwendung, Milderung oder zum Ausgleich der Belastung verlangen. 1

Durch das MBR sollen die AN vor **Überbeanspruchungen** und **Gefährdungen** ihrer körperl und seelischen Gesundheit durch die äußeren Bedingungen der Arbeitsleistung geschützt werden <R: zum PersVG BVerwG 19.5.2003, 6 P 16/02, PersR 2003, 314>. Das MBR ist nicht auf den Gesundheitsschutz beschränkt, sondern bezweckt auch die Berücksichtigung ergonomischer Erkenntnisse, damit nicht der Mensch der Maschine, sondern die Maschine dem Menschen angepasst wird, § 90 Rn 19. § 91 schützt die AN im Vorfeld des Arbeits- und Gesundheitsschutzes <L: BT-Drs VI/2729, S 4 f> und wird teilweise von §§ 87 Abs 1 Nr 7, 89 überlagert <R: vgl BAG 8.6.2004, 1 ABR 13/03, BAGE 111, 36 unter B I 2 b bb (2) der Gründe zur Eingrenzung des § 87 Abs 1 Nr 7, damit für § 91 BetrVG ein Anwendungsbereich verbleibt; konkreter zu § 87 Abs 1 Nr 7: 28.3.2017, 1 ABR 25/15, BAGE 159, 12 Rn 21>; § 87 Rn 153. 2

Tarifl Bestimmungen, etwa über die Fließband- und Taktarbeit, die das MBR des BR verstärken, sind ebenso wie die Erweiterung der MBR in sozialen Angelegenheiten durch § 1 TVG gedeckt, § 87 Rn 35 <L: aA HWGNRH/*Rose* Rn 3; *SWS* Rn 1 a>. Soweit Arbeitsbedingungen, etwa Erschwerniszulagen, tarifvertragl abschließend geregelt sind, scheitert eine entspr BV aber am Sperrvorrang des § 77 Abs 3. Der Tarifvorbehalt des § 87 Abs 1 Eingangs-HS greift mangels planwidriger Regelungslücke nicht <L: *Fitting* 3

§ 91 Mitbestimmungsrecht

Rn 22; MünchArbR/*Oberthür* § 332 Rn 27; **abw** GK/*Weber* Rn 25; DKW/*Klebe/Wankel* Rn 23>.

II. Menschenwidrige Änderung von Arbeitsplatz, Arbeitsablauf und Arbeitsumgebung

4   Mitzubestimmen hat der BR nach S 1 nur dann, wenn Arbeitsplätze, Arbeitsablauf oder Arbeitsumgebung **geändert** werden; eine Verbesserung bestehender Zustände kann der BR nicht erreichen <**R:** BAG 28.7.1981, 1 ABR 65/79, BB 1982, 493; **L:** Richardi/*Annuß* Rn 6>. S 1 setzt nicht voraus, dass die Änderung vom AG geplant ist; es genügt, dass Änderungen **unabhängig vom Willen des AG** eintreten, etwa wenn Büromöbel oder technisches Arbeitsgerät durch Verschleiß oder Beschädigung die AN arbeitswissenschaftl Erkenntnissen offensichtlich widerspricht <**L:** GK/*Weber* Rn 7 mwN>. „Änderungen" bedeutet nicht, dass der BR erst mitbestimmen kann, wenn der AG eine Maßnahme tatsächl durchführt oder jedenfalls das Planungsstadium abgeschlossen ist <**L: so aber** HWGNRH/*Rose* Rn 18; wie hier GK/*Weber* Rn 8>. Vielmehr muss der BR schon vorher Maßnahmen zur Abwendung, Milderung oder zum Ausgleich von Belastungen verlangen können, wenn bereits **im Planungsstadium** erkennbar ist, dass der AG mit der geplanten Arbeitsplatzgestaltung offensichtlich gg gesicherte arbeitswissenschaftl Erkenntnisse verstoßen wird und die AN deswg bes belastet werden <**R:** BAG 6.12.1983, 1 ABR 43/81, BB 1984, 850; **L:** Richardi/*Annuß* Rn 6; *Fitting* Rn 15; DKW/*Klebe/Wankel* Rn 7>. Auch wenn der BR bei der vorangegangenen Beratung nach § 90 keine Einwände gg die geplanten Änderungen erhoben oder diesen sogar zugestimmt hatte, kann er sein MBR aus § 91 geltend machen, wenn er nachträgl bes Belastungen der AN erkennt <**R: aA** LAG Nds 25.3.1982, 11 TaBV 7/81, DB 1982, 2039; **L:** wie hier GK/*Weber* Rn 10; Richardi/*Annuß* Rn 32; *Fitting* Rn 15; DKW/*Klebe/Wankel* Rn 2; **aA** HWGNRH/*Rose* Rn 6; SWS Rn 6>.

5   Der BR kann nach S 1 nur mitbestimmen, wenn die Arbeitsplätze usw den gesicherten arbeitswissenschaftl Erkenntnissen über die menschengerechte Gestaltung der Arbeit widersprechen <**R:** BAG 28.7.1981, 1 ABR 65/79, BB 1982, 493>. **Arbeitswissenschaftl Erkenntnisse** meint zunächst die Ergonomie, die die Leistungsmöglichkeiten und -grenzen des arbeitenden Menschen im Hinblick auf den menschl Körperbau und die Körperfunktionen auslotet und darauf zielt, Mensch und Arbeitsbedingungen bestmögl aneinander anzupassen, schon § 90 Rn 19. Zur Ergonomie zählen insbes Erkenntnisse über die anthropometrische Gestaltung von Arbeitsplätzen, also über die Arbeitsstellung des Menschen an Maschinen sowie über die Belastung von Muskeln, Sinnen und Nerven durch die Arbeit selbst, die bei ihr geforderte Aufmerksamkeit und durch Umwelteinflüsse. Neben der Ergonomie gehören zur Arbeitswissenschaft alle Wissenschaftszweige, die sich der menschengerechten Gestaltung der Arbeit widmen, insbes die Arbeitspsychologie, die Arbeitssoziologie, die Arbeitspädagogik und die Arbeitstechnologie.

6   **Gesichert** sind arbeitswissenschaftl Erkenntnisse jedenfalls dann, wenn sie empirisch abgesichert, insbes methodisch und statistisch nachgewiesen sind <**R:** LAG BaWü 18.2.1981, 2 TaBV 5/80, BB 1981, 1577>. Derartige Erkenntnisse bestehen insbes auf dem Gebiet der Ergonomie für die anthropometrische Gestaltung von Arbeitsplätzen (Rn 5) und hinsichtl der Belastbarkeit des Menschen durch Umgebungseinflüsse, insbes

durch Lärm und Beleuchtung. Vielfach sind aber nicht alle arbeitswissenschaftl Forschungen empirisch abgesichert, sodass von gesicherten Erkenntnissen nur für einen gewissen Mindeststandard gesprochen werden kann. Von gesicherten Erkenntnissen kann man aber dann sprechen, wenn sie in DIN-Normen oder ähnlich autorisierten technischen Regelwerten festgehalten sind oder wenn der Gesetz- oder Verordnungsgeber bestimmte arbeitswissenschaftl Ergebnisse in sein Regelwerk übernimmt, wie etwa in den auf Grundlage des § 3 Abs 2 ArbStättVO erlassenen Arbeitsstättenrichtlinien.

Mitzubestimmen hat der BR nach S 1 nur dann, wenn die Änderung der Arbeitsplätze 7 usw den gesicherten arbeitswissenschaftl Erkenntnissen **offensichtlich widerspricht**. Teilweise wird behauptet, ein Widerspruch zw der tatsächl Gestaltung des Arbeitsplatzes usw und den gesicherten arbeitswissenschaftl Erkenntnissen sei nur dann offensichtlich, wenn er für einen sachkundigen Betriebspraktiker deutl erkennbar ist <R: LAG BaWü 18.2.1981, 2 TaBV 5/80, DB 1981, 1781; für „einigermaßen Fachkundigen" LAG Nds 25.3.1982, 11 TaBV 7/81, BB 1982, 1609; **L:** HWGNRH/*Rose* Rn 21 f; *SWS* Rn 4>. Das geht aber am Schutzzweck des Gesetzes vorbei: Ein Widerspruch, der objektiv schwer wiegt, löst das MBR des BR schon aus, wenn er **für einen Fachmann** offenkundig ist <**L:** GK/*Weber* Rn 12; Richardi/*Annuß* Rn 9; *Fitting* Rn 12; DKW/*Klebe/Wankel* Rn 14; ErfK/*Kania* Rn 2>.

Mitbestimmungspflichtig sind nur solche Änderungen der Arbeitsplätze usw, die die **AN** 8 **bes belasten**. Mit „bes Belastung" wird nicht ledigl das Erfordernis des offensichtlichen Widerspruchs (Rn 7) zusätzl umschrieben <**L:** GK/*Weber* Rn 14; Richardi/*Annuß* Rn 10; **aA** DKW/*Klebe/Wankel* Rn 16>. Vielmehr errichtet das Erfordernis der bes Belastung eine zusätzl Schwelle für das MBR des BR: Der BR hat erst dann mitzubestimmen, wenn die arbeitswissenschaftl Erkenntnissen offensichtlich widersprechende Gestaltung des Arbeitsplatzes usw eine Belastung auslöst, die **wesentl stärker** ist als die Belastung, die mit einer vergleichbaren Arbeitstätigkeit vergleichbarer AN normalerweise verbunden ist <**L:** GK/*Weber* Rn 17; *Fitting* Rn 5; ErfK/*Kania* Rn 2; HWGNRH/*Rose* Rn 27; *SWS* Rn 5; **aA** Richardi/*Annuß* Rn 12>. Diese Belastung muss über die Einarbeitungszeit hinaus **auf Dauer** bestehen <**L:** *Fitting* Rn 5; HWGNRH/*Rose* Rn 28; *SWS* Rn 5; **aA** GK/*Weber* Rn 17; Richardi/*Annuß* Rn 12; DKW/*Klebe/Wankel* Rn 17>. Es genügt, wenn ein einzelner AN bes belastet wird <**L:** GK/*Weber* Rn 19 mwN>, solange er **objektiv** belastet wird, hat die Belastung ihren Grund hingg in den persönl Verhältnissen des AN, und § 91 greift nicht <**L:** GK/*Weber* Rn 19; Richardi/*Annuß* Rn 14; *Fitting* Rn 6; ErfK/*Kania* Rn 1; HWGNRH/*Rose* Rn 30 *SWS* Rn 5a; **aA** DKW/*Klebe/Wankel* Rn 18>, sondern bleibt dem einzelnen AN nur sein Beschwerderecht aus §§ 84, 85.

III. Inhalt des Mitbestimmungsrechts

§ 91 spricht anders als § 87 I Nr 7 nicht von der „Verhütung" von Gefahren und macht 9 die Änderung von Arbeitsplätzen, Arbeitsablauf oder Arbeitsumgebung nicht von der Zustimmung des BR abhängig; insoweit ist der BR auf das Unterrichtungs- und Mitberatungsrecht aus § 90 beschränkt (§ 90 Rn 7). Vielmehr berechtigt § 91 den BR nur, angemessene Maßnahmen zur Abwendung, Milderung oder zum Ausgleich der mit der Änderung verbundenen bes Belastungen zu verlangen, sog **korrigierendes MBR** <**R:** BAG 6.12.1983, 1 ABR 43/81, BB 1984, 850>; insoweit kann der BR Maßnahmen auch über

§ 91 Mitbestimmungsrecht

S 2 erzwingen. Widersprechen nur einzelne Arbeitsplätze den gesicherten arbeitswissenschaftl Erkenntnissen offensichtlich, kann der BR Maßnahmen nur für die Arbeitsplätze verlangen, nicht aber eine best Ausgestaltung von Arbeitsplätzen.

10 Soweit technisch mögl und wirtschaftl vertretbar, soll die Änderung der Arbeitsplätze usw **vollständig abgewandt**, dh so korrigiert werden, dass die AN keinen bes Belastungen mehr ausgesetzt sind. In Betracht kommen etwa die Gestaltung des Arbeitsplatzes nach den Körpermaßen des betroffenen AN, Hilfsmittel zur Vermeidung bes belastender Körperhaltungen, der Einsatz von Servosystemen und Transportmitteln zur Abwendung übermäßiger körperl Belastungen, die Beschränkung der Dauer bes belastender Tätigkeiten, die Herabsetzung der Bandgeschwindigkeit und Verlängerung der Arbeitstakte bei Fließbandarbeit, der Ersatz gesundheitsschädl Werkstoffe durch unschädl und die Beseitigung von schädl Umwelteinflüssen (noch § 89 Rn 16ff). Der BR kann aber immer nur **angemessene korrigierende Abwendungsmaßnahmen** verlangen, nicht aber, dass vom AG getroffene Maßnahmen rückgängig gemacht oder in ihrem Charakter vollständig verändert werden; insoweit besteht nur das Mitberatungsrecht nach § 90 <**L:** MünchArbR/ *Oberthür* § 332 Rn 25; **aA** GK/*Weber* Rn 28; Richardi/*Annuß* Rn 19; *Fitting* Rn 19; DKW/*Klebe/Wankel* Rn 19>. Etwa kann der BR über § 91 nicht fordern, dass eine Produktionsanlage stillgelegt wird, weil sie die AN übermäßig körperl in Anspruch nimmt, dass Fließbandarbeit durch Gruppenmontage ersetzt oder dass ein neues Betriebsgebäude wg fehlender Schallisolierung nicht benutzt wird.

11 Können die bes Belastungen nicht abgewandt werden, müssen BR und AG nach Maßnahmen suchen, um diese Belastungen zumindest **abzumildern**. Der Übergang von Abwendungs- zu Milderungsmaßnahmen ist fließend. In Betracht kommen etwa Vorsorge- und Überwachungsuntersuchungen bei gesundheitsgefährdenden Tätigkeiten, der Einsatz von Körperschutzmitteln, die Anordnung von Erholungspausen und auch bes Arbeitsanweisungen, etwa dass die betroffenen AN einander ablösen sollen oder dass der einzelne AN die Möglichkeit erhält, im Laufe eines Arbeitstags oder der Arbeitswoche zw verschiedenen Arbeitsaufgaben zu wechseln.

12 Ist eine Abwendung oder Abmilderung von Belastungen nicht mögl, kann der BR **Ausgleichsmaßnahmen** durchsetzen, die konkrete Belastungen **nachträgl kompensieren**. Etwa können den AN bei Arbeiten im Freien Wärmestellen oder -räume oder Schattenplätze, bei bes schmutzigen Tätigkeiten Duschen, Bäder, Reinigungsmittel und Kleidung zum Wechseln sowie bei bes anstrengender Arbeit Ruheräume zur Verfügung gestellt werden. Darüber hinaus können den AN als Ausgleich Erschwerniszulagen <**L:** GK/*Weber* Rn 32 aber auch krit; *Fitting* Rn 21 (als letzte Möglichkeit); **aA** Richardi/*Annuß* Rn 15, 23; DKW/*Klebe/Wankel* Rn 21; HWGNRH/*Rose* Rn 40ff; *SWS* Rn 13> oder Zusatzurlaub gewährt werden.

IV. Nichtbeachtung des Mitbestimmungsrechts

13 Verstößt die Arbeitsplatzgestaltung offensichtlich gg gesicherte arbeitswissenschaftl Erkenntnisse und werden die AN deswg bes belastet, können die AN ihre Arbeitsleistung nach **§ 273 BGB** verweigern. Grund für das Leistungsverweigerungsrecht ist allerdings nicht ein etwaiger Verstoß gg das MBR aus § 91, sondern allein die menschenwidrige Arbeitsplatzgestaltung selbst <**R:** auch BAG 19.2.1997, 5 AZR 982/94, BB 1997, 1364

IV. Nichtbeachtung des Mitbestimmungsrechts **§ 91**

für ein Leistungsverweigerungsrecht nach §§ 273, 618 BGB nur dann, wenn die Maßnahme gg materielles Gesundheitsschutzrecht verstößt>. Entspricht die Arbeitsplatzgestaltung (noch) gesicherten arbeitswissenschaftl Erkenntnissen (Rn 5 f) oder belasten die Abweichungen die AN nicht bes (Rn 8), können die AN die Arbeitsleistung nicht mit Hinweis auf die unterbliebene Beteiligung des BR nach § 273 BGB verweigern <L: abw GK/*Weber* Rn 36; Richardi/*Annuß* Rn 24; DKW/*Klebe/Wankel* Rn 26 bei nicht nur geringfügigen und kurzfristigen PV> auch § 87 Rn 167.

Begründet die Einigung zw AG und BR nach S 1 oder der Spruch der ES nach S 2, wie regelmäßig, **Individualansprüche** der AN, sind diese im Urteilsverf durchzusetzen <L: *Fitting* Rn 23 mwN>. 14

Fünfter Abschnitt
Personelle Angelegenheiten

Erster Unterabschnitt
Allgemeine personelle Angelegenheiten

§ 92 Personalplanung

(1) Der Arbeitgeber hat den Betriebsrat über die Personalplanung, insbesondere über den gegenwärtigen und künftigen Personalbedarf sowie über die sich daraus ergebenden personellen Maßnahmen einschließlich der geplanten Beschäftigung von Personen, die nicht in einem Arbeitsverhältnis zum Arbeitgeber stehen, und Maßnahmen der Berufsbildung an Hand von Unterlagen rechtzeitig und umfassend zu unterrichten. Er hat mit dem Betriebsrat über Art und Umfang der erforderlichen Maßnahmen und über die Vermeidung von Härten zu beraten.

(2) Der Betriebsrat kann dem Arbeitgeber Vorschläge für die Einführung einer Personalplanung und ihre Durchführung machen.

(3) Die Absätze 1 und 2 gelten entsprechend für Maßnahmen im Sinne des § 80 Abs. 1 Nr. 2a und 2b, insbesondere für die Aufstellung und Durchführung von Maßnahmen zur Förderung der Gleichstellung von Frauen und Männern. Gleiches gilt für die Eingliederung schwerbehinderter Menschen nach § 80 Absatz 1 Nummer 4.

Literatur: *Balkenhol*, Trendmonitor Personalplanung, AiB 2008, 573; *Bontrup*, Mehr Sicherheit und Kontinuität durch Bedarfsplanung, AuA 2001, 17; *Engels*, Betriebsrat: Kontrollinstanz in Sachen 1-€-Jobs?, FS Richardi (2007) S 519; *Fritze*, Einflussmöglichkeiten des Betriebsrats auf den Wechsel befristet Beschäftigter in die Dauerbeschäftigung (2006); *Gertler*, Betriebsverfassungsrechtliche Auskunftsansprüche im Konzern (2009); *Heinze*, Personalplanung, Einstellung und Kündigung (1982); *Horstkötter*, Geschlechtergleichstellung und Betriebsverfassungsrecht, AiB 2002, 34; *Hützen/Maiß*, Veränderte Beteiligungsrechte des Betriebsrats beim Einsatz von Fremdpersonal, ArbR 2017, 299; *Hunold*, Die Mitwirkung und Mitbestimmung des Betriebsrats in allgemeinen personellen Angelegenheiten (§§ 93–95 BetrVG), DB 1989, 1334; *Kadel*, Personalabbauplanung und Unterrichtung des Betriebsrats nach § 92 BetrVG, BB 1993, 707; *Kowalsky*, Förderung und Sicherung der Beschäftigung im Betrieb, ZBVR 2003, 88; *Krause*, Flexibler Personaleinsatz, ZfA 2014, 349; *Löwisch*, Zielgrößen für den Frauenanteil auf Führungsebenen: Beteiligung von Betriebsrat und Sprecherausschuss, BB 2015, 1909; *Löwisch/Mandler*, Beteiligungsrechte des Betriebsrats für im Betrieb tätige Angehörige des öffentlichen Dienstes, BB 2016, 629; *Nebe*, Vereinbarkeit von Familie und Beruf – ein Thema für Tarifvertrags- und Betriebsparteien?, FS Bepler (2012) S 439; *Niklas*, Vorlageanspruch des Betriebsrats bei Personalplanung, BB 2019, 2432; *Peltzer*, Personalplanung, innerbetriebliche Stellenausschreibung, Personalfragebogen und Auswahlrichtlinien (§§ 92 ff BetrVG), DB 1972, 1164; *Rentsch*, Die rechtzeitige Unterrichtung betrieblicher Arbeitnehmervertretungen (2015); *Röder/Arnold*, Zielvorgaben zur Förderung des Frauenanteils in Führungspositionen, NZA 2015, 1281; *Scheriau*, Personalplanung, AiB 2013, 145; *ders*, Beteiligungsrechte des Betriebsrats bei Personal- und Unternehmensplanung, AiB 2012, 154; *Schulz/Pfrang*, Reichweite und Grenzen von Auskunfts- und Informationsansprüchen des Betriebsrats, BB 2018, 1396; *Wurm*, Betriebsratsaufgaben und -rechte rund um die Teilzeitbeschäftigung, ZBVR 2003, 182; *Zwanziger*, Die Mitbestimmung des Betriebsrats bei Berufsbildungs- und Qualifizierungsmaßnahmen im Lichte der Rechtsprechung, AuR 2010, 459.

Übersicht

	Rn.		Rn.
I. Normzweck und Anwendungsbereich	1	1. Voraussetzung: Planung	8
II. Gegenstand der Beteiligung	4	2. Unterrichtungspflicht des Arbeitgebers, Abs 1 S 1	9
1. Personalplanung	4		
2. Förderung von Frauen und Familienverträglichkeit sowie der Eingliederung schwerbehinderter Menschen	7	3. Beratungsrecht des Betriebsrats, Abs 1 S 2	13
		4. Vorschlagsrecht des Betriebsrats, Abs 2	14
III. Beteiligungsrechte des Betriebsrats	8	5. Nichtbeachtung der Mitwirkungsrechte	16

I. Normzweck und Anwendungsbereich

§ 92 lässt den BR nur mitwirken: Er begründet in Abs 1 S 1 nur eine grundlegende Informationspflicht des AG ggü dem BR in **allg abstrakten** personellen Angelegenheiten – ergänzt um das Beratungsrecht aus Abs 1 S 2 und um das Vorschlagsrecht des BR aus Abs 2, welches einen selbstständigen Unterrichtungsanspruch beinhaltet. Konkrete personenbezogene Einzelmaßnahmen sind nach § 99 mitzubestimmen. Dieses Normverständnis ist **unionsrechtskonform** <R: BAG 12.3.2019, 1 ABR 43/17, BB 2019, 2427 Rn 22 f>. Die Personalplanung ist mit Blick auf die unternehmerische Entscheidungsfreiheit mitbestimmungsfrei (vgl Rn 5). Abs 3 erstreckt die Unterrichtungspflicht sowie das Beratungs- und das Vorschlagsrecht aus Abs 1 und 2 ausdrückl auf Maßnahmen iS des § 80 Abs 1 Nr 2a und b, insbes auf Maßnahmen zur Gleichberechtigung von Frauen und Männern, sowie auf die Eingliederung schwerbehinderter Menschen iS des § 80 Abs 1 Nr 4. Abs 3 hat vor allem Appellfunktion, da der BR schon nach Abs 1 und 2 bei der Personalentwicklung zu beteiligen ist <L: Richardi/*Thüsing* Vorbem Rn 2>. 1

Nach § 92 kann der BR nur an der Personalplanung beteiligt werden, soweit diese Planungen Arbeitsplätze betreffen, auf denen **von ihm repräsentierten AN** beschäftigt werden oder beschäftigt werden könnten. Da die Beschäftigung von **Leih-AN** oder die Übertragung von betriebl Tätigkeiten **auf Drittfirmen** oder **freie Mitarbeiter** die Zahl der für AN bestehenden Arbeitsplätze verringert, ist der BR auch an darauf zielenden Planungen nach § 92 zu beteiligen <R: vgl BAG 31.1.1989, 1 ABR 72/87, BB 1989, 1693; 15.12.1998, 1 ABR 9/98, BB 1999, 1497>. Dies hat der Gesetzgeber in Abs 1 S 1 mWz 1.4.2017 durch das Gesetz zur Änderung des Arbeitnehmerüberlassungsgesetzes und anderer Gesetze vom 21.2.2017 (BGBl 2017 S 262) klargestellt („einschließlich der geplanten Beschäftigung von Personen, die nicht in einem Arbeitsverhältnis zum Arbeitgeber stehen") <L: BT-Drs 18/9232, S 32>. An einer ausschließl auf **ltd Ang** iS des § 5 Abs 3 bezogenen Personalplanung ist der BR aber nicht zu beteiligen <L: Richardi/*Thüsing* Rn 20; GK/*Raab* Rn 5; HWGNRH/*Rose* Rn 22 für eine Mitbestimmung nur bei der Frage der Abgrenzung; *SWS* Rn 4; **aA** DKW/*Homburg* Rn 45>. Soweit es darum geht, ob der Bedarf an Leitungsstellen durch AN des Betriebs, ggfs nach einer Qualifikation, gedeckt werden kann, ist der BR zu beteiligen <L: Richardi/*Thüsing* Rn 21 f; GK/*Raab* Rn 5; HWGNRH/*Rose* Rn 22 und 57; *Fitting* Rn 16; DKW/*Homburg* Rn 31>. 2

§ 92 Personalplanung

3 Die Rechte des BR aus § 92 können **nicht durch BV oder TV erweitert** werden. § 92 wägt – wie § 92a (dort Rn 2) – die berechtigten Interessen der AN und die unternehmerisch-wirtschaftl Entscheidungsfreiheit des AG bei der Personalplanung sorgfältig ab und ist infolgedessen kein bloßes Modell, sondern die vom Gesetzgeber für angemessen gehaltene Lösung, die durch BV und TV nicht strukturell verändert werden kann, vgl Vor §§ 106ff Rn 5 <**R: abw** BAG 10.2.1988, 1 ABR 70/86, DB 1988, 1397; **L:** ErfK/*Kania* Vorbem Rn 2; **aA** für BV GK/*Raab* Vorbem 25; *Fitting* Rn 22>.

II. Gegenstand der Beteiligung

1. Personalplanung

4 Nach § 92 hat der AG den BR bei der Personalplanung zu beteiligen; nutzt der AG für die Personalplanung künstliche Intelligenz, ändert dies nichts an den Rechten des BR – auch wenn dies durch das **Betriebsrätemodernisierungsgesetz** vom 14.6.2021 (BGBl I 2021, 1762 mWv 18.6.2021) nicht in § 95 aufgenommen wurde, vgl hingegen § 95 Abs 2a, § 95 Rn 18 <**L:** *Frank/Heine* NZA 2021, 1448, 1449>. Abs 1 S 1 hebt den gegenwärtigen und künftigen **Personalbedarf** als Teil der Personalplanung bes hervor; erfasst ist sowohl der quantitative als auch der qualitative Personalbedarf <**R:** BAG 6.11.1990, 1 ABR 60/89, BB 1991, 689> und zwar auch insofern, als der Personalbedarf mit Personen gedeckt werden soll, die nicht in einem Arbeitsverhältnis zum AG stehen (Rn 1): Der AG ermittelt, wie viele Arbeitskräfte er für die gegenwärtigen und künftigen Arbeitsaufgaben benötigt, welche Kenntnisse und Fertigkeiten diese haben müssen und stellt dem Ergebnis den gegenwärtigen und den künftigen Stand der AN des Betriebs ggü. Aus dem Vergleich ergibt sich der Personalbedarf <**L:** HWK/*Ricken* Rn 5>.

5 Die Personalbedarfsplanung ist eine abgeleitete Funktion der Betriebs- und Unternehmensplanung. Auf die der Personalbedarfsplanung vorgelagerte **Unternehmensplanung**, also insbes auf die Absatzplanung, die Produktionsplanung, die Investitionsplanung, die Kapazitätsauslastung und die Finanzplanung, erstrecken sich die Beteiligungsrechte des BR aus § 92 **nicht** <**L:** Richardi/*Thüsing* Rn 4; HWGNRH/*Rose* Rn 62; GK/*Raab* Rn 9>: Das Gesetz hat die Unterrichtung und Mitberatung über diese Themen in §§ 106ff dem WirtA zugewiesen, der seinerseits den BR über die mögl Auswirkungen auf die Personalplanung unterrichten muss. Erst wenn der AG die aktuelle Personalbedarfsplanung auf Daten der Unternehmensplanung stützt, sind auch diese Daten dem BR nach Abs 1 S 1 mitzuteilen <**R:** BAG 19.6.1984, 1 ABR 6/83, BB 1984, 2265; **L:** GK/*Raab* Rn 9; HWGNRH/*Rose* Rn 62>. Der BR ist unabhängig davon zu beteiligen, ob die Personalplanung durch eine konkrete unternehmenspolitische Entscheidung, etwa die Aufnahme eines neuen Produkts in das Fertigungsprogramm veranlasst worden ist, oder ob der AG sie generell für etwaige zukünftige Fälle aufstellt. Auch personelle Maßnahmen, die durch die wirtschaftl Entwicklung des Unternehmens oder eine bes betriebl Situation erzwungen werden, sind Personalplanung iS des Abs 1 S 1 <**R:** OLG Hamm 7.12.1977, 4 Ss OWi 1407/77, DB 1978, 748>.

6 Personalplanung iS des Abs 1 S 1 sind weiter die sich aus dem Personalbedarf ergebenden personellen Maßnahmen (**Personaldeckungsplanung**), nämlich die Entscheidungen des AG darüber, wie der festgestellte Personalbedarf gedeckt (Personalbeschaffung) und wie

ein etwa vorhandener Überhang beseitigt werden kann (Personalabbau) <**R:** BAG 6.11.1990, 1 ABR 60/89, BB 1991, 689>. Dazu gehören auch die **Personaleinsatzplanung** <**R:** BAG 23.3.2010, 1 ABR 81/08, NZA 2011, 811 Rn 23>, etwa der Dienstplan im Krankenhaus, der vorgibt, wieviele Pflegekräfte im Spät-, Nacht- und Frühdienst abhängig von der Bettenbelegung einzusetzen sind <**R:** LAG SH 25.4.2018, 6 TaBV 21/17, BB 2018, 2488> sowie die **Personalentwicklung**, etwa der Laufbahnaufstieg <**R:** BAG 23.3.2010, 1 ABR 81/08, NZA 2011, 811 Rn 23 f> sowie die Durchführung der Gespräche mit den Mitarbeitern <**R:** BAG 17.3.2015, 1 ABR 48/13, BAGE 151, 117 Rn 19>. IR der **Personalbeschaffungsplanung** ist zu ermitteln, ob und inwieweit der Personalbedarf durch befristete oder unbefristete Neueinstellungen, durch die Umsetzung von AN oder die Beschäftigung von Leih-AN, freien Mitarbeitern sowie den Abschluss von Werkverträgen gedeckt werden kann, auf Letzteres weist der Gesetzeswortlaut seit 2017 ausdrücklich hin, Rn 1 <**L:** BT-Drs 18/9232, S 32>. Planen muss der AG in diesem Zusammenhang auch, nach welchen Kriterien er die einzustellenden AN auswählen will (Aufstellung von Auswahl- und Beurteilungskriterien, Versendung von Personalfragebogen, dazu § 94), inwieweit die Arbeitsverwaltung in die Arbeitskräftesuche eingeschaltet werden soll und welche Maßnahmen der Berufsbildung getroffen bzw verbessert werden können. Auch die Stellenbeschreibung fällt unter § 92 <**R:** BAG 14.1.2014, 1 ABR 49/12, DB 2014, 1382>. IR der **Personalabbauplanung** ist insbes die zu erwartende AN-Fluktuation zu berechnen, um feststellen zu können, ob und inwieweit ein Personalüberhang durch diese Fluktuation oder durch das Vorziehen der Altersgrenze abgebaut werden kann oder ob und inwieweit dafür Entlassungen notwendig sind. Die Personalkostenplanung unterfällt § 92 nicht: Die Kosten ergeben sich erst aus der getroffenen Planung bzw sind diese nur der Unternehmerfreiheit unterliegende Parameter für die Personaldeckungsplanung, Rn 8 <**R:** ausdrückl **offen gelassen** BAG 12.3.2019, 1 ABR 43/17, BB 2019, 2427 Rn 21; **L: wie hier** GK/*Raab* Rn 19; HWGNRH/*Rose* Rn 67; *Niklas* BB 2019, 2432; **aA** *Fitting* Rn 20; DKW/*Homburg* Rn 33; **diff** Richardi/*Thüsing* Rn 15>.

2. Förderung von Frauen und Familienverträglichkeit sowie der Eingliederung schwerbehinderter Menschen

Nach § 80 Abs 1 Nr 2a hat der BR in Konkretisierung von § 75 Abs 1 (§ 75 Rn 24) die Durchsetzung der tatsächl Gleichstellung von Frauen und Männern zu fördern (§ 80 Rn 15), ergänzt um die Pflicht in § 80 Abs 1 Nr 2b, die Vereinbarkeit von Familie und Erwerbstätigkeit der im Betrieb beschäftigten AN zu fördern (§ 75 Rn 27 und § 80 Rn 16). Auf § 80 Abs 1 Nr 2a und b verweist Abs 3, zudem auch auf die Eingliederung schwerbehinderter Menschen nach § 80 Abs 1 Nr 4, sodass auch die Maßnahmen zu dieser Integration Gegenstand der Personalplanung sind. Da § 80 Abs 2 eine umfassendere Unterrichtungspflicht enthält als § 92 Abs 1 S 1 (Rn 10), ist Abs 3 nur von Bedeutung, soweit er die Unterrichtungspflicht des AG aus § 80 Abs 2 gem § 92 Abs 1 S 2 um ein in § 80 nicht enthaltenes Beratungsrecht ergänzt (zur Beratung Rn 13), vgl. zu freiw BV zu diesem Thema § 88 Rn 9.

7

§ 92 Personalplanung

III. Beteiligungsrechte des Betriebsrats

1. Voraussetzung: Planung

8 Die Beteiligungsrechte des BR nach § 92 setzen eine Personal**planung** des AG voraus; an bloßen Überlegungen hinsichtl des gegenwärtigen und zukünftigen Arbeitskräftebedarfs ist der BR noch nicht zu beteiligen <R: BAG 19.6.1984, 1 ABR 6/83, BB 1984, 2265; 6.11.1990, 1 ABR 60/89, BB 1991, 689>. Das Stadium der Planung ist erst erreicht, wenn der AG seine Überlegungen über Personalbedarf und Personaldeckung so konkretisiert, dass man sie als Vorgabe ansehen kann, nach der er in der betriebl Personalpolitik zukünftig verfahren will <R: BAG 19.6.1984, aaO; vgl 12.3.2019, 1 ABR 43/17, BB 2019, 2427 Rn 25 zu bloßen Parametern für eine spätere Planung>. Es werden Ziele festgelegt und Methoden, Strategien und Vorgehensweisen formuliert, um diese zu erreichen <R: BAG 12.3.2019, aaO>. Solange der AG nur Möglichkeiten einer Personalreduzierung erkundet, diese ersichtl aber nicht nutzen will, braucht er den BR nicht zu informieren und keine Einsicht in einen Bericht zu gewähren, der sich mit Rationalisierungsmöglichkeiten befasst <R: BAG 19.6.1984, aaO>. Dass sich der AG Mittel zur Verwirklichung seiner Planung erst noch beschaffen muss, hindert den Eintritt in das Planungsstadium dagg nicht <R: BAG 6.11.1990, aaO>. Deshalb muss der AG dem BR Einsicht in die Stellenpläne gewähren, die er iR der Mittelbeschaffung dem Drittmittelgeber vorlegt <R: BAG 6.11.1990, aaO>. Die Unterrichtung und Beratung hat zu einem **Zeitpunkt** zu erfolgen, in dem Vorschläge und Bedenken des BR bzgl der Personalplanung noch berücksichtigt werden können. § 90 Abs 2 S 1 ist insoweit für alle Informations- und Beratungsansprüche des BR ein **allg Rechtsgedanke** <R: OVG SH 13.4.2011, 12 LB 6/10, SchlHA 2012, 78 (Ls 2) zur beabsichtigen Planstellenverschiebung>.

2. Unterrichtungspflicht des Arbeitgebers, Abs 1 S 1

9 Nach Abs 1 S 1 hat der AG den BR **rechtzeitig**, also schon im Planungsstadium (Rn 8) über die Personalplanung zu unterrichten. Um über das Ausüben des Vorschlagsrechts nach Abs 2 entscheiden zu können, muss der BR vorab unterrichtet werden, sodass Abs 2 daneben eine eigenständige Unterrichtungspflicht des AG beinhaltet (Rn 14). Die Unterrichtung muss **umfassend**, dh vollständig sein. Vollständig ist die Unterrichtung nur, wenn sie, was Abs 1 S 1 hervorhebt, anhand von **Unterlagen** erfolgt. Gemeint sind alle Unterlagen, die dem AG als Planungsgrundlage dienen, etwa Statistiken über die AN, über den Krankenstand und über die Personalfluktuation <R: BAG 19.6.1984, 1 ABR 6/83, BB 1984, 2265; 6.11.1990, 1 ABR 60/89, BB 1991, 689>, Personalbedarfsunterlagen einschließl solcher auf EDV-Grundlage, Stellenpläne <R: BAG 19.6.1984, aaO>, aber auch Unterlagen über Produktions-, Investitions- oder Rationalisierungsentscheidungen, wenn sie Grundlage der aktuellen Personalplanung sind <R: BAG 19.6.1984, aaO>, Rn 5. Wird in einem Unternehmen eine monatl Personalstatistik geführt, die einen Abgleich des Soll-Personalstandes mit dem Ist-Stand vornimmt, hat der BR einen Anspruch auf Vorlage dieser Statistik <R: LAG Nds 4.6.2007, 12 TaBV 56/06, ZBVR online 2008, Nr 2, 14>; nicht aber auf eine Personalumsatzstatistik, wenn der AG mit dieser keine Personalentscheidungen begründet, sondern diese etwa nur für ein betriebsinternes Controlling nutzt <R: LAG SH 26.2.2019, 2 TaBV 14/18, NZA-RR 2019, 484>. Unterlagen zu früheren Planungen, etwa zum Personalbestand in der **Vergangenheit**, sind nur erfasst,

III. Beteiligungsrechte des Betriebsrats § 92

wenn der AG diese zur Grundlage seiner aktuellen Planung macht <R: Sächs LAG 9.12.2011, 3 TaBV 25/10, ZBVR online 2012, Nr 7/8, 8–11>. In welchem Zusammenhang die Unterlagen erstellt wurden, oder ob sie neben der Personalplanung noch anderen Zwecken dienten, etwa Finanzierungsfragen, ist unerheblich <R: BAG 8.11.2016, 1 ABR 64/14, NZA 2017, 942 Rn 13>. Es ist im Einzelfall abzugrenzen, ob die Unterlagen nur Vorüberlegungen betreffen, aus denen dann eine Personalplanung folgen kann (vgl Rn 8) <R: BAG 12.3.2019, 1 ABR 43/17, BB 2019, 2427 Rn 26 zu Unterlagen zur Steuerung der betriebl Kennzahlen der Bereichs-Soll-Entgeltgruppendurchschnitte sowie zu Musterbetrieben, konkret abl>.

Der BR ist nur „**anhand**" von Unterlagen zu unterrichten: Anders als nach § 80 Abs 2 S 2 Hs 1 (§ 80 Rn 37) müssen die Personalplanungsunterlagen dem BR nicht zur Verfügung gestellt, dh nicht für eine best Zeit überlassen werden. Es genügt, wenn der AG dem BR – im Beisein des AG – **Einblick** in die **Unterlagen** gewährt <R: etwas weiter LAG München 6.8.1986, 8 TaBV 34/86, BB 1987, 615 für eine Aushändigung, wenn nur so eine sachgerechte Vorbereitung der Beratung mit dem AG mögl ist; ebenso Sächs LAG 9.12.2011, 3 TaBV 25/10, ZBVR online 2012, Nr 7/8, 8–11 mit Hinweis auf die Geheimhaltungspflicht nach § 79; **L: wie hier** GK/*Raab* Rn 28; Richardi/*Thüsing* Rn 31 f; HWGNRH/*Rose* Rn 88; *SWS* Rn 15b; ErfK/*Kania* Rn 7; **aA** für eine Überlassung *Fitting* Rn 34a; DKW/*Homburg* Rn 42f>. Abschriften darf der BR nicht herstellen, einzelne Notizen müssen genügen <R: LAG München 6.8.1986, aaO>; auch keine Kopien <R: Sächs LAG 9.12.2011, 3 TaBV 25/10, ZBVR online 2012, Nr 7/8, 8–11>. Die Unterrichtungspflicht ist, auch ohne ausdrückl Hinweis, wie die Informationspflicht ggü dem WirtA nach § 106 Abs 2 begrenzt durch die Gefährdung von Betriebs- und Geschäftsgeheimnissen (§ 106 Rn 19 ff). 10

Weitergehend muss der AG dem BR für die Unterrichtung über Maßnahmen der Frauen- und der Familienförderung iS des **Abs 3 mit § 80 Abs 1 Nr 2a und b** und für die Unterrichtung über die **Eingliederung schwerbehinderter Menschen (Abs 3 mit § 80 Abs 1 Nr 4)** Planungsunterlagen zur Verfügung stellen, etwa einen Frauenförderplan oder Pläne über die Errichtung eines Betriebskindergartens: Das bloße Einblicksrecht aus Abs 3 mit Abs 1 S 1 beschränkt das weiter gehende Recht des BR aus **§ 80 Abs 2 S 2 Hs 1** nicht (Rn 7), § 80 Rn 37 ff. 11

Ergänzt wird Abs 1 S 1 **durch** die Pflicht des AG aus **§ 20 TzBfG**, den BR über die Anzahl der befristet beschäftigten AN und ihren Anteil an der Gesamtbelegschaft des Betriebs und des Unternehmens zu informieren. Für die Vereinbarkeit von Familie und Beruf, die auch durch ein Mehr an Teilzeitbeschäftigung erreicht werden kann, wird Abs 3 mit Abs 1 S 1 zudem ergänzt um **§ 7 Abs 4 TzBfG**, den BR über Teilzeitarbeit im Betrieb und Unternehmen, insbes über vorhandene und geplante Teilzeitarbeitsplätze und über die Umwandlung von Vollzeit- in Teilzeitarbeitsplätze zu informieren und auf Verlangen die erforderl Unterlagen zur Verfügung zu stellen. Das geht über Abs 3 mit Abs 1 insoweit hinaus, als die Unterrichtungspflicht nach § 7 Abs 4 S 1 TzBfG keine Personalplanung des AG voraussetzt (dazu Rn 8) und ihm mehr als das Einblicksrecht (Rn 10) des Abs 1 S 1 gibt: Informationsunterlagen müssen dem BR gem § 7 Abs 4 S 2 Hs 1 TzBfG – wie nach § 80 Abs 2 S 2 Hs 1 (dort Rn 37) – zur Verfügung gestellt werden. Für das Beratungsrecht aus Abs 1 S 2 und das Vorschlagsrecht aus Abs 3 verweist § 7 Abs 4 S 2 Hs 2 TzBfG ausdrückl auf § 92. Darüber, ob eine Befristung **mit oder ohne Sachgrund** erfolgt 12

§ 92 Personalplanung

und welcher Sachgrund ggf greift, hat der AG den BR gem § 92 Abs 1 S 1 nicht zu unterrichten <R: BAG 27.10.2010, 7 ABR 86/09, BAGE 136, 123 Rn 33>.

3. Beratungsrecht des Betriebsrats, Abs 1 S 2

13 Nach Abs 1 S 2 hat der AG mit dem BR über Art und Umfang der erforderl Maßnahmen und über die Vermeidung von Härten rechtzeitig (Rn 8) zu beraten. Der Wortlaut beschränkt das Beratungsrecht auf die **Personaldeckungsplanung**; ein Recht zur Beratung über die Personalbedarfsplanung gibt Abs 1 S 2 dem BR nicht <R: grds auch BAG 6.11.1990, 1 ABR 60/89, BB 1991, 689; L: wie hier GK/*Raab* Rn 34; Richardi/*Thüsing* Rn 35; ErfK/*Kania* Rn 9; HWGNRH/*Rose* Rn 96 f; **aA** *Fitting* Rn 35; DKW/*Homburg* Rn 46 f>. Dass sich das Mitberatungsrecht auf die Vermeidung von Härten, dh die Berücksichtigung sozialer Gesichtspunkte erstreckt, wird insbes beim Personalabbau wichtig.

4. Vorschlagsrecht des Betriebsrats, Abs 2

14 Nach Abs 2 kann der BR dem AG **Vorschläge** für die Durchführung der Personalplanung unterbreiten; ebenso für die Einführung einer solchen, sofern noch keine Personalplanung praktiziert wird <R: BAG 8.11.2016, 1 ABR 64/14, NZA 2017, 942 Rn 22>. Der AG ist nicht verpflichtet, den Vorschlägen zu folgen, nach § 74 Abs 1 S 2 iVm § 2 Abs 1 muss er die Vorschläge aber **eingehend** mit dem BR **erörtern**. Da der BR **Informationen** bedarf, um in eigener Verantwortung prüfen zu können, ob er von seinem Vorschlagsrecht Gebrauch macht, besteht **nach § 80 Abs 2 S 1 und 2 iVm § 92 Abs 2** neben § 92 Abs 1 ein eigener Unterrichtungsanspruch <R: BAG 8.11.2016, 1 ABR 64/14, NZA 2017, 942 Rn 11 ff; 12.3.2019, 1 ABR 43/17, BB 2019, 2427 Rn 27 ff; LAG Nds 1.6.2016, 13 TaBV 13/15, nv (juris)>; über die für diese Prüfung erforderlichen Informationen geht der Unterrichtungsanspruch nicht hinaus <R: BAG 23.3.2010, 1 ABR 81/08, NZA 2011, 811 Rn 16 und 24 zur Information über innerbetriebl Bewerber>. Vor allem ist der BR nicht berechtigt, neben dem AG „gleichberechtigt" eine „originäre" Personalplanung durchzuführen <R: BAG 8.11.2016, 1 ABR 64/14, NZA 2017, 942 Rn 21; 12.3.2019, 1 ABR 43/17, BB 2019, 2427 Rn 30>. Kommt ein Vorschlagsrecht offensichtl nicht in Betracht, besteht auch keine Unterrichtungspflicht <R: BAG 23.3.2010, 1 ABR 81/08, NZA 2011, 811 Rn 16; 30.9.2008, 1 ABR 54/07, AP BetrVG 1972 § 80 Nr 71 Rn 28 mwN für eine zweistufige Prüfung: 1. Aufg des BR wahrscheinlich; 2. Erforderlichkeit der Information für den Einzelfall>.

15 Familie und Erwerbstätigkeit sind besser zu vereinbaren, wenn der AN seine Arbeitszeit flexibel einteilen kann, häufig auch dadurch, dass er nicht voll erwerbstätig ist. Insoweit kann der BR dem AG nach Abs 3 mit Abs 2 vorschlagen, mehr **Teilzeitarbeitsplätze** im Betrieb zu schaffen und **flexiblere Arbeitszeiten** einzuführen. Das überschneidet sich zum einen mit dem Vorschlagsrecht des BR aus § 92a Abs 1 S 2, wonach der BR zur Sicherung und Förderung der Beschäftigung entspr Vorschläge machen darf (§ 92a Rn 3), und hinsichtl der Flexibilisierung der Arbeitszeit zum anderen mit dem Initiativrecht des BR aus § 87 Abs 1 Nr 2 (§ 87 Rn 10 f, Rn 58 ff).

5. Nichtbeachtung der Mitwirkungsrechte

Unterrichtet der AG den BR nach Abs 1 S 1, Abs 3 nicht rechtzeitig, wahrheitswidrig oder unvollständig, handelt er nach § 121 Abs 1 **ordnungswidrig**; die Ordnungswidrigkeit kann nach § 121 Abs 2 mit einer Geldbuße bis zu 10.000 € geahndet werden. Beurteilt der BR den Sachverhalt deshalb nicht sachgerecht, kann dies Konsequenzen für die Erforderlichkeit der Kosten nach § 40 Abs 1 haben: etwa wenn der BR aufgrund von fehlenden/falschen Informationen ein Gerichtsverf einleitet und einen RA beauftragt, was bei ordnungsgem Unterrichtung eindeutig als aussichtslos einzustufen gewesen wäre <**R:** LAG Berl-Bbg 16.4.2010, 10 TaBV 2577/09, juris Rn 31 ff>. 16

Die Unterrichtungs- und Beratungspflicht sollte im Wege des **vorläufigen Rechtsschutz** geltend gemacht werden <**R:** vgl Sächs LAG 9.12.2011, 3 TaBV 25/10, ZBVR online 2012, Nr 7/8, 8–11>; der Gegenstandswert beträgt nach **§ 23 Abs 3 S 2 RVG** 5.000 € bzw im vorläufigen Rechtsschutz hälftig 2.500 € (Auffangwert aufgrund des fehlenden vermögensrechtl Charakters <**R:** LAG Hamm 25.6.2010, 10 Ta 163/10, nv (juris)>. Verstößt der AG grob gg seine Unterrichtungs- oder Beratungspflicht, kann der BR ein Zwangsverf nach § 23 Abs 3 gg den AG einleiten. 17

§ 92a Beschäftigungssicherung

(1) Der Betriebsrat kann dem Arbeitgeber Vorschläge zur Sicherung und Förderung der Beschäftigung machen. Diese können insbesondere eine flexible Gestaltung der Arbeitszeit, die Förderung von Teilzeitarbeit und Altersteilzeit, neue Formen der Arbeitsorganisation, Änderungen der Arbeitsverfahren und Arbeitsabläufe, die Qualifizierung der Arbeitnehmer, Alternativen zur Ausgliederung von Arbeit oder ihrer Vergabe an andere Unternehmen sowie zum Produktions- und Investitionsprogramm zum Gegenstand haben.

(2) Der Arbeitgeber hat die Vorschläge mit dem Betriebsrat zu beraten. Hält der Arbeitgeber die Vorschläge des Betriebsrats für ungeeignet, hat er dies zu begründen; in Betrieben mit mehr als 100 Arbeitnehmern erfolgt die Begründung schriftlich. Zu den Beratungen kann der Arbeitgeber oder Betriebsrat einen Vertreter der Bundesagentur für Arbeit hinzuziehen.

Literatur: *Annuß*, Mitwirkung und Mitbestimmung der Arbeitnehmer im Regierungsentwurf eines Gesetzes zur Reform des BetrVG, NZA 2001, 367; *Bauer*, Neues Spiel bei der Betriebsänderung und der Beschäftigungssicherung?, NZA 2001, 375; *Göpfert/Giese*, Vorschläge zur Sicherung und Förderung der Beschäftigung, NZA 2016, 463; *Kaiser*, Kündigungsprävention durch den Betriebsrat, FS Löwisch (2007), S 153; *Körner*, Neue Betriebsratsrechte bei atypischer Beschäftigung, NZA 2006, 573; *Löwisch*, Änderung der Betriebsverfassung durch das Betriebsverfassungs-Reformgesetz (Teil II), BB 2001, 1790; *ders*, Beschäftigungssicherung als Gegenstand betrieblicher und tariflicher Regelungen und von Arbeitskämpfen, DB 2005, 554; *ders*, Beschäftigungssicherung als Gegenstand von Mitwirkungs- und Mitbestimmungsrechten im europäischen und deutschen Recht, FS Konzen (2006), S 533; *Lunk/Studt*, Beschäftigungssicherung nach § 92a BetrVG, ArbRB 2002, 240; *Rieble*, Erweiterte Mitbestimmung in personellen Angelegenheiten, NZA 2002, Sonderheft BetrVG, 46; *Röder/Günther/Gerigk*, Zukunftsvereinbarungen – ein neues Spielfeld für Gewerkschaften und Betriebsräte?, DB 2021, 1741; *S Schneider*, Das Mandat des Betriebsrats zur Beschäftigungsförderung und -sicherung im Betrieb (2005).

Übersicht

	Rn.		Rn.
I. Normzweck und Anwendungsbereich	1	IV. Begründungspflicht des Arbeitgebers, Abs 2 S 2	10
II. Vorschlagsrecht des Betriebsrats, Abs 1	3	V. Nichtbeachtung der Mitwirkungsrechte	12
III. Beratungsrecht des Betriebsrats, Abs 2 S 1 und 3	7		

I. Normzweck und Anwendungsbereich

1 § 92a und § 80 Abs 1 Nr 8 (§ 80 Rn 22) haben erstmals die „Beschäftigungssicherung" zur Aufgabe des BR erhoben. § 92a hat vor allem **klarstellende Funktion**, noch Rn 12. Denn auch vor 2001 beschränkte das BetrVG den BR nicht gem § 111 S 1 darauf, auf Planungen des AG lediglich zu reagieren und erst nach Unterrichtung durch den AG über von diesem geplante Betriebsänderungen zu beraten. Vielmehr berechtigte § 80 Abs 1 Nr 2 den BR schon bisher, dem AG Maßnahmen vorzuschlagen, die dem Betrieb und der

Belegschaft dienen (§ 80 Rn 11); der AG musste diese Vorschläge gem §§ 2 Abs 1, 74 Abs 1 S 2 mit dem BR beraten <L: als überflüssig kritisieren § 92a deswg etwa *Däubler* AuR 2001, 1, 6; *Annuß* NZA 2001, 367, 368; *Bauer* NZA 2001, 375, 378>. § 92a stellt insoweit klar, dass der BR nicht an die Grenzen der §§ 87–113 gebunden ist und insbes die Beratung über Fabrikations- und Arbeitsmethoden, über das Produktions- und Investitionsprogramm usw nicht dem WirtA nach § 106 vorbehalten ist. Zudem hilft § 92a dem BR, indem er Beispiele für Maßnahmen zur Beschäftigungsförderung und -sicherung aufzählt und in Abs 2 S 2 die Pflicht des AG beinhaltet, seine Ablehnung von BR-Vorschlägen zu begründen (dazu Rn 10f). Gleichwohl verdrängen die **§§ 111 ff als lex specialis** § 92a und das Verf nach § 92a ist ggü § 112 nicht vorgreiflich <R: LAG Hamm 20.3.2009, 10 TaBV 17/09, nv (juris) mwN; L: GK/*Raab* Rn 39; **aA** *Göpfert/Giese* NZA 2016, 463, 465>.

Die Rechte des BR aus § 92a können **nicht durch BV oder TV erweitert** werden. § 92a wägt – wie § 92 – die berechtigten Interessen der AN und die unternehmerisch-wirtschaftl Entscheidungsfreiheit des AG bei der Personalplanung sorgfältig ab und ist infolgedessen kein bloßes Modell, sondern die vom Gesetzgeber für angemessen gehaltene Lösung, die durch BV und TV nicht strukturell verändert werden kann, vgl Vor §§ 106 ff Rn 5 und § 92 Rn 3. Mögl sind nur freiwillige BV, sofern sie soziale Angelegenheiten iS des § 88 regeln, Rn 9.

II. Vorschlagsrecht des Betriebsrats, Abs 1

Der BR kann dem AG nach Abs 1 S 1 Vorschläge zur Sicherung und Förderung der Beschäftigung machen. Da der BR Informationen bedarf, um in eigener Verantwortung prüfen zu können, ob er von seinem Vorschlagsrecht Gebrauch macht, besteht nach § 92a Abs 1 **ein eigener Unterrichtungsanspruch – wie nach § 92 Abs 2** (§ 92 Rn 14) <R: BAG 12.3.2019, 1 ABR 43/17, BB 2019, 2427 Rn 33 zur Vorlage der notwendigen Unterlagen, konkret abl>. **Beschäftigungssicherung** meint den Erhalt bestehender Arbeitsplätze, **Beschäftigungsförderung** Maßnahmen, die geeignet sind, die Arbeit im Betrieb attraktiver und AN-freundlicher zu machen. Darunter fallen, wie Abs 1 S 1 deutlich macht, die Umwandlung von Vollzeitarbeitsplätzen in Teilzeitarbeitsplätze und die Einführung flexibler Arbeitszeiten, um die Erwerbstätigkeit von AN mit Familie, insbes von Frauen, zu erleichtern, daneben die Einführung von Altersteilzeit, um jüngere AN einzustellen und ihnen den berufl Aufstieg zu ermöglichen <L: RegE, BT-Drs 14/5741 S 49>. Hinsichtl der Vorschläge zur Teilzeitarbeit deckt sich § 92a mit § 92 Abs 3, Abs 2 und § 7 Abs 3 TzBfG, § 92 Rn 15.

Die Aufzählung in Abs 1 S 2 ist nicht abschließend, sondern nennt lediglich **Beispiele**. Etwa können auch unternehmerische Entscheidungen zum Investitions- und Produktionsprogramm, zur Produktpalette oder zu Erweiterungen des Angebots vorgeschlagen werden <L: *Röder/Günther/Gerigk* DB 2021, 1741, 1743>. Unter Beschäftigungsförderung fallen deswg auch Vorschläge des BR, die die Weiterbeschäftigung befristet eingestellter AN zum Ziel haben, noch § 99 Rn 77. Abs 1 ermöglicht es dem BR aber nicht, die Beschäftigung von Arbeitsuchenden zu fördern, indem er **neue Arbeitsplätze** schafft: Der BR vertritt lediglich die Interessen der Belegschaft und nicht die Externer <L: *Rieble* ZIP

§ 92a Beschäftigungssicherung

2001, 133, 140; ErfK/*Kania* Rn 1; auch *Fitting* Rn 5; krit auch *Bauer*, NZA 2001, 375, 378; **aA** DKW/*Däubler* Rn 5; GK/*Raab* Rn 12>.

5 Das Vorschlagsrecht aus Abs 1 dient nicht dazu, eine Regelung ausschließl zugunsten der individuellen Bedürfnisse einzelner AN zu erreichen <L: GK/*Raab* Rn 9>, etwa eine bes Arbeitszeitregelung für einen AN einzuführen, damit dieser sein Kind vom Kindergarten abholen kann: Mitwirkungs- und Mitbestimmungsrechte bei individuellen Maßnahmen räumen dem BR nur die §§ 81–86, 99 und 102–104 ein. Hingg setzt § 92a voraus, dass die Vorschläge des BR einen **kollektiven Bezug** haben. Dafür genügt es, dass der BR generelle Verbesserungen für einen einzelnen **Arbeitsplatz** (und nicht den dort derzeit beschäftigten AN) vorschlägt, etwa für die Arbeitszeit des einzigen Hausmeisterarbeitsplatzes im Betrieb (vgl § 87 Rn 2, 61).

6 Ein **echtes Initiativrecht** räumt Abs 1 dem BR **nicht** ein: Der BR kann weder eine Entscheidung des AG über seine Vorschläge noch den Abschluss von BV erzwingen, sondern nach Abs 2 S 1 ledigl erreichen, dass der AG die Vorschläge mit ihm berät und es begründet, wenn er diesen nicht folgen will (Rn 7 ff und 10 f) <R: LAG Hamm 20.3.2009, 10 TaBV 17/09, nv (juris)>. Eine Entscheidung gg den Willen des AG kann der BR nur in den Fällen durchsetzen, in denen ihm das Gesetz über § 92a hinaus ein echtes Initiativrecht einräumt und er in Streitfällen eine verbindliche Entscheidung durch die ES (etwa gem §§ 87 Abs 2, 91, 95, 98 Abs 4, 109 und 112 Abs 4) oder durch das ArbG (nach § 104) herbeiführen kann. So kann der BR über sein Initiativrecht aus § 87 Abs 1 Nr 2 erreichen, dass der AG eine flexiblere Arbeitszeitregelung, etwa Gleitzeit oder Arbeitszeitkonten einführt (§ 87 Rn 10 ff, 71 ff), <R: gg Einführung von Kurzarbeit über § 92a LAG Bremen 26.4.2012, 2 TaBVGa 5/12, nv (juris)>.

III. Beratungsrecht des Betriebsrats, Abs 2 S 1 und 3

7 Nach **Abs 2 S 1** muss der AG die Vorschläge des BR mit diesem beraten. Beraten heißt nicht, dass der AG dem BR vollumfänglich seine eigene unternehmerische Planung erläutern muss. Vielmehr darf der AG sich **darauf beschränken**, den **konkreten Vorschlag mit dem BR zu erörtern** <L: *Rieble* NZA 2002, Sonderheft BetrVG, 48>. Kommen bei der Beratung über den BR-Vorschlag eigene Planungen des AG zur Sprache, gilt **§ 106 Abs 2 S 1 entspr**, wenn der Änderungsvorschlag wirtschaftl Angelegenheiten iS des § 106 Abs 3 betrifft: Der AG darf die Beratung beschränken, soweit durch diese Betriebs- und Geschäftsgeheimnisse gefährdet würden (§ 106 Rn 19 f).

8 Zu den Beratungen können der AG oder der BR nach **Abs 2 S 3** einen **Vertreter der Bundesagentur für Arbeit** hinzuziehen; dieser ist schon deswg nicht analog § 80 Abs 4 verpflichtet, Betriebs- und Geschäftsgeheimnisse iS des § 79 Abs 2 (§ 79 Rn 8 ff) zu wahren, weil die **Geheimhaltungspflicht** gem § 120 strafbewehrt ist <L: DKW/*Däubler* Rn 16; **aA** Richardi/*Thüsing* Rn 17; GK/*Raab* Rn 26>; der Gesetzgeber hat, anders etwa als in § 109 S 3 Hs 2, darauf verzichtet, auf § 80 Abs 4 zu verweisen. Das Recht des BR, Vertreter der Arbeitsverwaltung hinzuzuziehen, wird anders als nach § 80 Abs 3 nicht beschränkt: Weder setzt Abs 2 S 3 voraus, dass die Einschaltung dieser Personen erforderl ist, um Beschäftigungssicherungsmaßnahmen zu beraten, noch verlangt Abs 2 S 3 eine nähere Absprache mit dem AG (zu § 80 Abs 3 dort Rn 49 ff). Gleichwohl muss der AG die Anwesenheit von betriebsexternen Beratern **nur eingeschränkt dulden**: Zum einen

bezieht sich das Hinzuziehungsrecht des BR nach dem eindeutigen Wortlaut des Abs 2 S 3 nur auf die Beratung der Vorschläge mit dem BR. Sobald der AG nach Abs 2 S 2 begründet, warum er die Vorschläge des BR für ungeeignet hält, kann er verlangen, dass der Vertreter der Arbeitsagentur den Raum verlässt. Da auch § 80 Abs 1 Nr 8 die Beschäftigungssicherung und -förderung zur Aufgabe des BR macht, greift neben Abs 2 S 3 auch § 80 Abs 3: Der BR kann, etwa zur Vorbereitung eines Beschäftigungssicherungsplans iS des § 92a, einen RA als Sachverständigen hinzuziehen, wenn dies erforderl ist <R: ArbG Essen 16.12.2003, 6 BV 97/03, AiB 2004, 436; L: Richardi/*Thüsing* Rn 18>.

Stimmt der AG den Vorschlägen des BR ganz oder teilweise zu, können die Betriebsparteien eine **freiwillige BV** zur Beschäftigungsförderung und -sicherung abschließen – sofern die Regelungen **soziale Angelegenheiten iS des § 88** zum Gegenstand haben. Das ist etwa der Fall bei Vereinbarungen über die flexible Gestaltung der Arbeitszeit, über die Förderung von Teilzeitarbeit und Altersteilzeit und über die Durchführung von Qualifizierungsmaßnahmen, zB in einer Beschäftigungsgesellschaft. Hingg können freiwillige BV über wirtschaftl Maßnahmen, etwa über die Ausgliederung und Fremdvergabe von Arbeitsaufgaben oder über ein Produktions- und Investitionsprogramm, nicht abgeschlossen werden <L: *Löwisch* BB 2001, 1734, 1794; *Rieble* NZA 2002, Sonderheft BetrVG, 48, 50>. 9

IV. Begründungspflicht des Arbeitgebers, Abs 2 S 2

Will der AG die BR-Vorschläge bei künftigen Planungen berücksichtigen, besteht keine Begründungspflicht <L: GK/*Raab* Rn 29; DKW/*Däubler* Rn 17; HWGNRH/*Rose* Rn 28 auch bei einer nur teilweisen Einigung>. Nur wenn der AG die Vorschläge des BR zur Beschäftigungsförderung und -sicherung ablehnt, muss er seine abl Haltung gem Abs 2 S 2 Hs 1 begründen; in Betrieben mit mehr als 100 AN (zu denen die wahlberechtigten Leih-AN nicht gehören, § 7 Rn 10) verlangt Abs 2 S 2 Hs 2 eine schriftl Begründung. Die Begründungspflicht trifft den AG, wenn er die Vorschläge des BR für „ungeeignet" hält. Das spricht dagg, die Begründungspflicht auch auf die Fälle zu erstrecken, in denen der AG die vorgeschlagene Maßnahme zwar für geeignet, aber für nicht erforderl oder für unangemessen hält oder sie aus anderen Gründen nicht umsetzen möchte <L: *Rieble* NZA 2002, Sonderheft BetrVG, 48, 49; SWS Rn 5; zweifelnd *Annuß*, NZA 2001, 367, 368; aA GK/*Raab* Rn 29; *Fitting* Rn 11; DKW/*Däubler* Rn 18>. Schlägt etwa der BR vor, neue Arbeitsplätze einzurichten oder eine weniger automatisierte Fertigung einzuführen, werden solche Maßnahmen auch aus Sicht des AG geeignet sein, die Beschäftigung zu sichern und zu fördern. Hält der AG diese Maßnahmen gleichwohl für wirtschaftl nicht sinnvoll, braucht er seine abl Haltung nicht zu begründen. Die Beschränkung der Begründungspflicht auf ungeeignete Vorschläge schützt den AG vor allem vor einer Begründung seiner abl Haltung zu BR-Vorschlägen im Bereich der wirtschaftl Angelegenheiten, etwa über das Produktions- und Investitionsprogramm <L: *Rieble* NZA 2002, Sonderheft BetrVG, 48, 49>. 10

Dass der AG eine Maßnahme schon für ungeeignet hält, die Beschäftigung zu sichern und zu fördern, kommt vor allem für Änderungen der Arbeitsorganisation, etwa hinsichtl der Einführung von Teilzeitarbeit und dem Abbau von Überstunden in Betracht <L: *Rieble* NZA 2002, Sonderheft BetrVG, 48, 49>. Auch insoweit muss der AG die Geeignetheit 11

§ 92a Beschäftigungssicherung

der BR-Vorschläge nicht widerlegen, sondern darf sich, wie bei der BR-Anhörung nach § 102 Abs 1, damit begnügen, seine **subjektive Haltung** darzulegen (§ 102 Rn 14): Er muss – nachvollziehbar – darlegen, warum er die Vorschläge des BR nicht für geeignet hält, Arbeitsplätze zu sichern oder die Beschäftigung im Betrieb zu fördern <**L:** *Rieble* NZA 2002, Sonderheft BetrVG, 48, 49; *SWS* Rn 5; *Fitting* Rn 11; **aA** GK/*Raab* Rn 31>.

V. Nichtbeachtung der Mitwirkungsrechte

12 Die Mitwirkung nach § 92a geht über einen **bloßen Appell** an den AG nicht hinaus: Der BR kann dem AG nach Abs 1 S 1 ledigl Vorschläge zum Erhalt bestehender Arbeitsplätze machen. Er hat aber keine Möglichkeit, eine Entscheidung des AG und den Abschluss von BV zu erzwingen, sondern kann ledigl erreichen, dass der AG die Vorschläge mit ihm berät und es begründet, wenn er diese für „ungeeignet" (Rn 7 ff) hält. Da § 92a nicht in den Bußgeldkatalog des § 121 aufgenommen worden ist, begründet eine etwaige Pflichtverletzung des AG keine Ordnungswidrigkeit. Verweigert der AG eine Beratung oder die Begründung nach Abs 2 S 2, kann er damit aber eine grobe PV iS des **§ 23 Abs 3** begehen <**R:** LAG Hamm 20.3.2009, 10 TaBV 17/09, nv (juris)>. Aus der PV folgt kein **Unterlassungsanspruch des BR** gem § 92a <**R:** LAG Hamm 20.3.2009, 10 TaBV 17/09, nv (juris) zu §§ 111 ff; **L:** ErfK/*Kania* Rn 1>.

13 § 92a begründet Rechte und Pflichten im Verhältnis zw BR und AG, entfaltet aber keine unmittelbaren Rechtswirkungen zw dem AG und dem einzelnen AN. Kommt der AG seiner Beratungs- oder Begründungspflicht aus § 92a nicht oder nicht ausreichend nach, **beschränkt dies nicht ein Recht zur Kd** von Arbeitsverhältnissen <**R:** BAG 18.10.2006, 2 AZR 434/05, DB 2007, 810 mwN; **L:** statt aller Richardi/*Thüsing* Rn 19 mwN>.

§ 93 Ausschreibung von Arbeitsplätzen

Der Betriebsrat kann verlangen, dass Arbeitsplätze, die besetzt werden sollen, allgemein oder für bestimmte Arten von Tätigkeiten vor ihrer Besetzung innerhalb des Betriebs ausgeschrieben werden.

Literatur: *U Fischer*, Zustimmungsverweigerung wegen unterbliebener Ausschreibung in Teilzeit, AuR 2005, 255; *ders*, Verletzung der Ausschreibungsverpflichtung nach § 7 Abs 1 TzBfG und Zustimmungsverweigerung nach § 99 Abs 2 BetrVG, AuR 2001, 325; *Hanel*, Die innerbetriebliche Stellenausschreibung, PERSONAL 1985, 211; *Herschel*, Innerbetriebliche Stellenausschreibung im Medienbereich, UFITA 89 (1981), 47; *Kahn/Wedde*, Auswahlrichtlinien und Stellenausschreibungen, AiB 1992, 546; *Kleinebrink*, Mitbestimmungsrechte und Gestaltungsmöglichkeiten bei innerbetrieblichen Stellenausschreibungen, ArbRB 2006, 217; *ders*, Stellenausschreibungen für Leiharbeitnehmer, ArbRB 2018, 189; *Laber/Schmidt*, Die innerbetriebliche Stellenausschreibung, ArbRB 2012, 276; *Matthiessen*, Ausschreibungspflicht und Betriebsratsbeteiligung, ZBVR online 2015, Nr 5, 32; *Middel*, Ausschreibungspflicht von Arbeitsplätzen, AiB 2012, 260; *Müller/Becker*, Die innerbetriebliche Ausschreibungspflicht (§ 93 BetrVG) in der Arbeitsrechtspraxis, NZA 2019, 513; *Rehak*, Pflicht zur Stellenausschreibung, ZfPR 2004, 85; *Schartel*, Ausschreibung von Arbeitsplätzen, AuA 1993, 20; *Schiefer*, Innerbetriebliche Stellenausschreibung, § 93 BetrVG, P&R 2011, 97; *H Schneider*, Ist die Stellenbeschreibung gesetzlich normiert?, AuA 1997, 149; *Stück*, Die Vermeidung von Diskriminierungsfällen bei Stellenausschreibungen, MDR 2017, 429; *ders*, Stellen richtig ausschreiben, AuA 2014, 648; *ders*, Die Stellenausschreibung in Recht und Praxis, ArbR 2012, 363.

Übersicht

	Rn.		Rn.
I. Normzweck und Anwendungsbereich	1	2. Ausschreibung	9
II. Ausschreibung von zu besetzenden Arbeitsplätzen	5	III. Nichtbeachtung des Mitbestimmungsrechts	12
1. Besetzung von Arbeitsplätzen	5		

I. Normzweck und Anwendungsbereich

S 1 räumt dem BR ein echtes **MBR** ein: Der BR kann **initiativ** werden und die Stellenausschreibung vom AG, auch mündlich <R: BAG 1.6.2011, 7 ABR 18/10, AP Nr 136 zu § 99 BetrVG 1972 Rn 28> und konkludent <R: LAG Köln 28.4.2017, 9 TaBV 78/16, nv (juris)>, **verlangen** <R: zum Verlangen spätestens durch die Antragsschrift vor Gericht BAG 29.9.2020, 1 ABR 17/19, NZA 2021, 68 Rn 14>. Eine (generelle) Ausschreibungspflicht des AG kann auch in einer freiw BV (vgl Rn 9) vereinbart sein <R: BAG 14.12.2004, 1 ABR 54/03, BB 2005, 1170>. Im Streitfall kann der BR im arbg Beschlussverf durchsetzen, dass der AG freiwerdende oder neugeschaffene Arbeitsplätze vor der Neubesetzung zunächst innerbetriebl ausschreibt. Mit diesem Initiativrecht will das Gesetz dem Interesse der im Betrieb beschäftigten AN Rechnung tragen, bei der Besetzung von freien Arbeitsplätzen sowohl ggü fremden Bewerbern als auch ggü anderen AN des Betriebs die **gleichen Chancen** zu erhalten. § 93 dient aber nicht dem Individualschutz, sondern dem kollektiven Interesse an einer chancengleichen berufl Entwicklung der im Betrieb beschäftigten AN und damit dem Ausgleich gleichlaufender Interessen in der Belegschaft, aber – ähnl § 99 (dort Rn 1, 5) – auch dem Schutz der bereits Beschäftigten da-

1

§ 93 Ausschreibung von Arbeitsplätzen

vor, durch externe Bewerber bei Beförderungen usw verdrängt zu werden <**R:** BAG 23.2.1988, 1 ABR 82/86, DB 1988, 1452; 27.7.1993, 1 ABR 7/93, BB 1993, 2233; **L:** statt aller GK/*Raab* Rn 3>. § 93 soll zudem einem **transparenten Stellenbesetzungsverfahren** für die verfügbaren Arbeitsplätze dienen <**R:** BAG 1.2.2011, 1 ABR 79/09, BAGE 137, 106 Rn 19; 15.10.2013, 1 ABR 25/12, NZA 2014, 214 Rn 22>, noch Rn 3. Dass von vornherein **nur externe Bewerber geeignet** sind, steht der Ausschreibungspflicht daher nicht entgg <**R:** LAG Ddf 12.4.2019, 10 TaBV 46/18, BB 2019, 2490 nrk (AZ beim BAG 1 ABR 22/19); LAG Berl-Bbg 5.9.2013, 21 TaBV 843/13, nv (juris)>; erst mit Ablauf der Ausschreibungsfrist und ggfs der Sichtung der innerbetriebl Bewerbungen steht fest, dass eine innerbetriebl Besetzung ausscheidet; die Ausschreibung belastet den AG als bloßes Verf nicht übermäßig <**R:** Hess LAG 2.11.1999, 4 TaBV 31/99, AP BetrVG 1972 § 93 Nr 7>. Ein Widerspruch des BR nach § 99 Abs 2 Nr 5 ist auch nicht rechtsmissbräuchlich, wenn mit keinen internen Bewerbern zu rechnen ist <**R:** LAG Köln 14.9.2012, 5 TaBV 18/12, nv (juris)>. Vgl § 99 Rn 96.

2 Der Pflicht zur innerbetriebl Stellenausschreibung folgt aber **keine entspr Besetzungspflicht** des AG: Der AG ist frei darin zu entscheiden, ob er eine Stelle mit einem innerbetriebl oder einem externen Bewerber besetzt <**R:** BAG 7.11.1977, 1 ABR 55/75, DB 1978, 447; 30.1.1979, 1 ABR 78/76, DB 1979, 1608; 18.11.1980, 1 ABR 63/78, DB 1981, 998; **L:** statt aller Richardi/*Thüsing* Rn 29 mwN>.

3 Der BR kann nur die innerbetriebl Ausschreibung von Arbeitsplätzen fordern, die mit den von ihm repräsentierten **AN iS des § 5 Abs 1 besetzt werden sollen**, auch wenn diese Tendenzträger sind, da eine Ausschreibung der Stelle nicht die Tendenzbestimmung und -verwirklichung berührt <**R:** BAG 30.1.1979, 1 ABR 78/76, AP BetrVG 1972 § 118 Nr 11; 1.2.2011, 1 ABR 79/09, BAGE 137, 106 Rn 27>. Insbes kann er nicht fordern, dass Stellen für ltd Ang iS des § 5 Abs 3 ausgeschrieben werden <**L:** statt aller GK//*Raab* Rn 17 mwN>. Entgg der überwiegenden Meinung wird die Reichweite des Initiativrechts aus § 93 S 1 nicht durch § 99 erweitert und auf die Ausschreibung von Beschäftigungsmöglichkeiten erstreckt, zu deren Besetzung der BR seine Zustimmung nach § 99 verweigern könnte. Deswg hat der BR weder über die Ausschreibung von Stellen für **Leih-AN**, unabhängig von deren Einsatzdauer <**R: aA** für den Fall der dauerhaften Besetzung mit Leih-AN BAG 1.2.2011, 1 ABR 79/09, BAGE 137, 106 Rn 14: Art und Inhalt des ausgeschriebenen Rechtsverhältnisses unerheblich; 1.6.2011, 7 ABR 18/10, AP Nr 136 zu § 99 BetrVG 1972 Rn 26ff; für den Fall des Einsatzes von Leih-AN für mindestens vier Wochen (zu dieser Grenze vgl Rn 5) 15.10.2013, 1 ABR 25/12, NZA 2014, 214 Rn 17; 7.6.2016, 1 ABR 33/14, NZA 2016, 1226 Rn 20; **L:** wie hier GK/*Raab* Rn 16; HWGNRH/*Rose* Rn 47 f; **aA** Richardi/*Thüsing* Rn 5; *Fitting* Rn 5; DKW/*Buschmann* Rn 7>, noch über solche für **freie Mitarbeiter** <**R: aA** BAG 27.7.1993, 1 ABR 7/93, BB 1993, 2233; **L:** wie hier Richardi/*Thüsing* Rn 5; HWGNRH/*Rose* Rn 36; krit auch *SWS* Rn 3; GK/*Raab* Rn 15; **aA** wie das BAG *Fitting* Rn 5; DKW/*Buschmann* Rn 7> noch über die **Fremdvergabe an Drittunternehmen** mitzubestimmen <**L:** GK/*Raab* Rn 17; Richardi/*Thüsing* Rn 5; HWGNRH/*Rose* Rn 40; *SWS* Rn 3>: Bei der Eingliederung von Leih-AN hat der BR ein Zustimmungsverweigerungsrecht aus § 99 nur, um den Betriebsfrieden zu schützen (§ 99 Abs 2 Nr 6) und ggfs die Beachtung von Gesetzen, TV usw zu erreichen (§ 99 Abs 1 Nr 1), etwa bei der geplanten Eingliederung von Salmonellenausscheidern (§ 99 Rn 16f; gg die Beteiligung bei Aufträgen an Drittunternehmen und freie Mitarbeiter § 99 Rn 18, 21). Hingg dienen weder § 93 noch § 99 dem Erhalt oder der

Schaffung von Arbeitsplätzen: Will der AG freie Beschäftigungsmöglichkeiten mit Leih-AN oder freien Mitarbeitern besetzen oder die dort zu erledigenden Aufgaben an Drittunternehmen fremdvergeben, sind sie dem innerbetriebl Arbeitsmarkt entzogen und ginge eine Ausschreibung ins Leere; diese unternehmerische und betriebsorganisatorische Entscheidung des AG kann der BR nicht über § 93 beeinflussen (noch § 99 Rn 16 dazu, dass es nicht Sinn und Zweck des MBR des BR aus § 99 ist, der Gefahr durch eine Drittvergabe von Tätigkeiten iwS zu begegnen) <R: aA BAG 1.2.2011, 1 ABR 79/09, BAGE 137, 106 Rn 23 für einen Vorrang von § 81 Abs 4 S 1 Nr 1 SGB IX aF, § 241 Abs 2 BGB (Rücksichtnahmepflicht ggü leistungsgeminderten AN) und § 9 TzBfG ggü der Unternehmerfreiheit>. Auch dass den AN die Möglichkeit gegeben werden soll, sich um eine Beschäftigung als Leih-AN oder als freier Mitarbeiter zu bewerben, liegt außerhalb des Schutzzwecks des § 93 <R: wie hier zum Leih-AN LAG Nds 9.8.2006, aaO; zum freien Mitarbeiter BAG 27.7.1993, aaO; aA BAG 15.10.2013, 1 ABR 25/12, NZA 2014, 214 Rn 25 für eine erforderl Möglichkeit der Bewerbung für Gekündigte oder befristete AN, deren Stellen auslaufen; 7.6.2016, 1 ABR 33/14, NZA 16, 1226 Rn 20>. § 93 dient nicht der erhöhten Transparenz von betriebl Vorgängen (Rn 1) <R: so aber BAG 1.2.2011, 1 ABR 79/09, BAGE 137, 106 Rn 19 und 21>.

Vom MBR erfasst werden alle Arbeitsplätze, die **im Betrieb** besetzt werden sollen, hingg nicht Arbeitsplätze außerhalb des Betriebs. Deswg kann der BR weder eine unternehmens- noch eine konzernweite Stellenausschreibung verlangen <R: LAG München 8.11.1988, 2 Sa 691/88, DB 1989, 1880; L: DKW/*Buschmann* Rn 5; HWGNRH/*Rose* Rn 28>, und zwar wg der ausdrückl Beschränkung auf die Ausschreibung „innerhalb des Betriebs" auch dann, wenn ausnahmsweise der GBR oder KBR nach §§ 50, 58 zuständig sind <L: *SWS* Rn 5; GK/*Raab* Rn 33; **aA** Richardi/*Thüsing* Rn 16ff; *Fitting* Rn 10; DKW/*Buschmann* Rn 28; ErfK/*Kania* Rn 7>; die Geltendmachung einer betriebsbezogenen Ausschreibung fällt **nicht in die Zuständigkeit von GBR oder KBR** <R: BAG 1.2.2011, 1 ABR 79/09, BAGE 137, 106 Rn 26; 16.8.2011, 1 ABR 22/10, BAGE 139, 25 Rn 30>. Dafür spricht über den Wortlaut hinaus insbes die Verknüpfung mit dem Zustimmungsverweigerungsrecht aus § 99 Abs 2 Nr 5 <L: HWGNRH/*Rose* Rn 30>. Daher schließt die Vereinbarung in einer KBV oder GBV, einen gewissen Prozentsatz der fertig **ausgebildeten Nachwuchskräfte zu übernehmen**, die Ausschreibungspflicht nicht aus <R: BAG 29.9.2020, 1 ABR 17/19, NZA 2021, 68 Rn 18 auch zu einer solchen tarifl Vereinbarung>. Anders ist es nur, wenn ein unternehmensweiter BR iS des § 3 Abs 1 Nr 1a gebildet worden ist, da das Unternehmen dann nach § 3 Abs 5 S 1 als Betrieb iS des Gesetzes gilt.

II. Ausschreibung von zu besetzenden Arbeitsplätzen

1. Besetzung von Arbeitsplätzen

Ein **zu besetzender Arbeitsplatz** soll nicht zwingend mit einer **Einstellung iS von § 99 Abs 1 S 1** vorliegen <R: so aber BAG 12.6.2019, 1 ABR 5/18, NZA 2019, 1288 Rn 44 für eine Einstellung durch Übertragung einer Führungsfunktion in einer Matrixstruktur, ohne dass zugleich ein Arbeitspatz frei war>. Wird ein AN iS des § 99 Abs 1 S 1 eingestellt, hätte immer auch ein anderer AN eingestellt werden können (konkret ein anderer AN die Führungsaufgabe übertragen bekommen) und die Chancengleichheit der Bewer-

§ 93   Ausschreibung von Arbeitsplätzen

ber ist zu wahren (Rn 1) <R: **wie hier** LAG Ddf 20.12.2017, 2012 TaBV 66/17, NZA-RR 2018, 298 (Vorinstanz zu BAG 12.6.2019, aaO)>. Kein Arbeitsplatz ist aber frei, wenn ein solcher lediglich **verlagert** wird und bisheriger und neuer Arbeitsplatz identisch sind <R: LAG Nürnberg 2.2.2017, 5 TaBV 32/16, ZTR 2018, 46>. Soll der Arbeitsplatz interimsmäßig **kürzer als einen Monat** besetzt werden, besteht kein MBR nach § 99 (vgl § 95 Abs 3; § 99 Rn 7) und damit keine Pflicht, die Stelle auszuschreiben <R: LAG München 4.4.2019, 3 TaBV 7/19, nv (juris)>. Nach hM soll aus der Formulierung „allgemein oder für bestimmte Arten von Tätigkeiten" folgen, dass der BR nicht für einen **Einzelfall** die Ausschreibung eines best Arbeitsplatzes verlangen könne, also nicht **aus Anlass konkreter Stellenbesetzungen** <R: LAG München 6.10.2005, 3 TaBV 24/05, juris; LAG Köln 1.4.1993, 10 TaBV 97/92, LAGE BetrVG 1972 § 93 Nr 2; **L:** Richardi/*Thüsing* Rn 9; GK/*Raab* Rn 25; *Fitting* Rn 5; HWGNRH/*Rose* Rn 33; *SWS* Rn 4; ErfK/*Kania* Rn 3>. § 93 spricht aber auch davon, dass „Arbeitsplätze, die besetzt werden sollen" auf Verlangen des BR ausgeschrieben werden müssen. Die hM engt den Anwendungsbereich der Norm entgg ihrem Schutzzweck zu sehr ein: Das Interesse der AN, auf eine Stellenneubesetzung durch eine innerbetriebl Ausschreibung aufmerksam gemacht zu werden, besteht gleichermaßen, wenn im konkreten Einzelfall eine Stelle frei wird <R: vgl auch BAG 25.1.2005, 1 ABR 59/03, BB 06, 2421, das in der Aufstockung der Arbeitszeit eines teilzeitbeschäftigten AN dann eine Einstellung iS des § 99 Abs 1 gesehen hat, wenn der AG das zusätzl Arbeitszeitvolumen als Arbeitsplatz ausgeschrieben hatte oder nach § 93 hätte ausschreiben müssen (dazu § 99 Rn 14); LAG Bremen 5.11.2009, 3 TaBV 16/09, nv (juris) zur Ausschreibung der konkreten freien Stellen nach einem „Ringtausch"; **L:** DKW/*Buschmann* Rn 9>.

6   Ein Arbeitsplatz wird deshalb **etwa** auch dann iS des § 93 besetzt, wenn er frei wird, weil der bisherige AN dauerhaft aus dem Betrieb ausscheidet, etwa durch Kd oder Aufhebungsvertrag, oder aber vorübergehend nicht tätig ist, etwa weil das Arbeitsverhältnis wg Elternzeit ruht. Auch wenn ein AN absehbar langfristig erkrankt und der AG zur Überbrückung eine Ersatzkraft einstellt, muss dieser Arbeitsplatz auf Verlangen des BR ausgeschrieben werden. Befristet der AG den Arbeitsvertrag mit der Vertretungskraft wegen der sich mehrfach verlängernden Arbeitsunfähigkeit des erkrankten AN wiederholt, kann der BR bei jeder Neubefristung die innerbetriebl Ausschreibung verlangen. Plant der AG, die Arbeitszeit eines teilzeitbeschäftigten AN heraufzusetzen, hat er das Arbeitszeitvolumen, um das er die Arbeitszeit des AN erhöhen will, auf Verlangen des BR auszuschreiben. Folgt man der hM, kann der BR eine Ausschreibung konkret zu bestellender Stellen erreichen, indem er vom AG etwa verlangt, frei werdende Arbeitsplätze usw im Betrieb auszuschreiben <R: BAG 23.2.1988, 1 ABR 82/86, DB 1988, 1452; LAG Hamm 31.10.2000, 13 TaBV 47/00, LAGE BetrVG 1972 § 93 Nr 3>. Die Ausschreibungspflicht besteht auch für Arbeitsplätze, die mit **Nachwuchskräften aus dem eigenen Betrieb** besetzt werden sollen <R: BAG 29.9.2020, 1 ABR 17/19, NZA 2021, 68 Rn 14 ff zur vereinbarten Übernahme in TV, KBV oder GBV; Rn 4; hingg sind Ausbildungsplätze keine Arbeitsplätze und daher nicht intern nach § 93 auszuschreiben, auch wenn bezgl dieser ein MBR nach § 99 besteht (§ 99 Rn 6) <**L:** *Kleinebrink* DB 2021, 2081, 2083 f>.

7   Ob es sich um **unbefristete oder befristete** (zur Mindestdauer von vier Wochen vgl Rn 5) Arbeitsplätze oder um **Vollzeit- oder Teilzeitarbeitsplätze** handelt, ist unerhebl. Bis zum 31.12.2000 musste der AG nach S 3 aF in der Ausschreibung darauf hinweisen, wenn er von sich aus oder auf die Anregung des BR nach S 2 aF bereit war, Arbeitsplätze

mit Teilzeitbeschäftigten zu besetzen, andernfalls konnte der BR nach § 99 Abs 2 Nr 5 seine Zustimmung zur Stellenbesetzung verweigern. S 2 und 3 aF sind durch Art 2a des TzBfG gestrichen worden und durch die Pflicht des AG in **§ 7 Abs 1 TzBfG ersetzt** worden, Arbeitsplätze auch als Teilzeitarbeitsplätze auszuschreiben, wenn sie sich dafür eignen. Der BR kann dem AG nach § 92 Abs 3, 92a Abs 1 vorschlagen, Teilzeitarbeitsplätze neu einzurichten oder Vollzeit- in Teilzeitstellen umzuwandeln, § 92 Rn 15, § 92a Rn 1 ff. Schreibt der AG eine Stelle gleichwohl nicht als Teilzeitarbeitsplatz aus, löst dies aber kein Zustimmungsverweigerungsrecht des BR nach § 99 Abs 2 Nr 5 aus, da § 7 Abs 1 TzBfG die Rechte des BR anstelle des § 93 S 2 und 3 aF abschließend regelt und den BR auf einen Informationsanspruch beschränkt, § 99 Rn 97 mwN.

Das Initiativrecht erstreckt sich nur auf die **künftige** Neubesetzung von Arbeitsplätzen. 8 Hat der AG das Einstellungsverf bereits eingeleitet, etwa ein Personalberatungsunternehmen mit der Suche nach Bewerbern beauftragt, begründet ein nachträgl Ausschreibungsverlangen des BR weder eine Ausschreibungspflicht noch berechtigt es den BR zur Zustimmungsverweigerung nach § 99 Abs 2 Nr 5. In jedem Fall ist es zu spät, wenn der BR die Ausschreibung erst verlangt, nachdem der AG das Anhörungsverf nach § 99 eingeleitet hat <**R:** BAG 1.6.2011, 7 ABR 18/10, AP Nr 136 zu § 99 BetrVG 1972 Rn 27; LAG Hamm 26.9.2008, 10 TaBV 127/07, juris; **L:** GK/*Raab* Rn 28; Richardi/*Thüsing* Rn 15>, § 99 Rn 96. Zum Nachholen der Ausschreibung Rn 12. Hat der AG nach der Ausschreibung der Stelle von der Durchführung dieser Maßnahme Abstand genommen und eine neue Entscheidung über die Besetzung der Stelle getroffen, ist die Stelle erneut auszuschreiben <**R:** 30.4.2014, 7 ABR 51/12, BAGE 148, 108 Rn 21>.

2. Ausschreibung

Der BR kann gem S 1 nur verlangen, dass der AG überhaupt im Betrieb zu besetzende 9 Stellen – mit dem in Rn 11 genannten Mindestinhalt – ausschreibt. Dagg hat er **kein erzwingbares MBR über Form und Inhalt der Stellenausschreibungen** <**R:** BAG 29.9.2020, 1 ABR 17/19, NZA 2021, 68 Rn 22>: Einen best Inhalt schreibt § 93 für die Ausschreibung nicht vor, die konkrete Ausgestaltung gibt der Zweck der Ausschreibung vor <**R:** BAG 17.6.2008, 1 ABR 20/07, DB 2008, 2200; 30.4.2014, 7 ABR 51/12, BAGE 148, 108 Rn 23 mwN>. Der AG bestimmt, welche Anforderungen ein AN für die ausgeschriebene Stelle erfüllen muss <**R:** BAG 23.2.1988, 1 ABR 82/86, DB 1988, 1452; 27.10.1992, 1 ABR 4/92, BB 1993, 1285>; an der Festlegung der fachl und persönl Voraussetzungen für eine Stelle kann der BR nach § 95 mitzubestimmen haben, § 95 Rn 4 ff. Ebenso wenig kann der BR über § 93 eine best Form der Stellenausschreibung erzwingen <**R:** BAG 23.2.1988 und 27.10.1992, aaO; **L:** GK/*Raab* Rn 34 f; *SWS* Rn 6; ErfK/*Kania* Rn 5; *Fitting* Rn 6; **aA** Richardi/*Thüsing* Rn 13, aber Rn 22; DKW/*Buschmann* Rn 10>. Näheres kann aber in einer **freiwilligen BV** geregelt werden <**R:** BAG 17.6.2008, aaO>. Haben BR und AG bindend vereinbart, dass eine Stelle in einer best Form und mit einem best Mindestinhalt ausgeschrieben werden muss, und genügt die Stellenausschreibung nicht diesen Anforderungen, berechtigt dies den BR nach § 99 Abs 2 Nr 5 zur Zustimmungsverweigerung, § 99 Rn 97 <**R:** BAG 27.10.1992, 1 ABR 4/92, BAGE 71, 259; 10.3.2009, 1 ABR 93/07, BAGE 130, 1 Rn 46>.

Es bestehen aber gewisse **Mindestanforderungen** für **Form und Frist** der Ausschrei- 10 bung: Regelmäßig erforderl, aber auch ausreichend ist es, wenn die Ausschreibung in der

Weise bekannt gemacht wird, in der üblicherweise die Information der AN erfolgt <**R:** BAG 17.6.2008, 1 ABR 20/07, DB 2008, 2200>. Aus dem Wort „Ausschreibung" folgt, dass die zu besetzenden Arbeitsplätze im Betrieb schriftl bekanntgegeben werden müssen. Gemeint ist aber keine Schriftform iS des § 126 BGB, sodass auch die Ausschreibung im betriebsinternen Intranet ausreicht, wenn dieses jedem AN einfach zugänglich ist, oder auch in der Werkszeitung oder durch Aushang am Schwarzen Brett, im Schaukasten, durch Rundschreiben per E-Mail oder auf dem Postweg <**R:** BAG 6.10.2010, 7 ABR 18/09, DB 2011, 658 Rn 17>. Das Gesetz gibt keine Frist für die Ausschreibung vor. Maßgebl ist der Zweck der Ausschreibung und eine Überlegungszeit für die Bewerber einzuplanen. Eine zweiwöchige innerbetriebl Ausschreibung ist grds ausreichend und mit Blick auf das betriebl Interesse an einer zügigen Stellenbesetzung auch noch angemessen. Zwei Wochen zwischen Bekanntmachung der Ausschreibung und Ende der Bewerbungsfrist berechtigen den BR nicht zur Zustimmungsverweigerung nach § 99 Abs 2 Nr 5 <**R:** BAG 6.10.2010, 7 ABR 18/09, DB 2011, 658 Rn 18 ff gg § 7 Abs 2 BUrlG und § 2 KSchG als Maßstab für eine längere Ausschreibungsdauer, den Fall von Kurzarbeit oder Werksferien aber ausdrückl offenlassend (Rn 21)>. **Verzögert** sich die Entscheidung über die Stellenbesetzung, ist die Stelle nicht erneut auszuschreiben, wenn der längere Zeitraum für eine sachgemäße Entscheidung erforderlich ist. Gleiches gilt bei einer **Verkürzung** des Zeitraums, wenn eine solche Verkürzung regelmäßig erfolgt und dies den AN bekannt ist <**R:** BAG 30.4.2014, 7 ABR 51/12, BAGE 148, 108 Rn 28 konkret zur Besetzung zum 1.10. statt zum 1.3. abl>.

11   Auch ein **Mindestinhalt** ergibt sich aus dem Zweck der Ausschreibung: Aus ihr muss hervorgehen, welcher Arbeitsplatz besetzt werden soll, welche Qualifikation erwartet wird <**R:** BAG 23.2.1988, 1 ABR 82/86, DB 1988, 1452; 17.6.2008, 1 ABR 20/07, DB 2008, 2200>, die Dauer der Arbeitszeit und ggfs auch deren Lage sowie bei wem und bis wann die Bewerbung einzureichen ist <**R:** BAG 17.6.2008, aaO>. Hingg ist die Angabe der **Tarifgruppe** des vakanten Arbeitsplatzes nicht erforderl <**R:** LAG Berl-Bbg 11.2.2005, 6 TaBV 2252/04, AuR 2005, 238 (LS); LAG SH 6.7.2017, 4 TaBV 6/17, nv (juris); **L:** Richardi/*Thüsing* Rn 23; GK/*Raab* Rn 37; *SWS* Rn 6; **aA** *Fitting* Rn 7; wohl DKW/*Buschmann* Rn 14>. Wird die Vergütungsgruppe aber falsch angegeben, soll ein Verweigerungsgrund nach § 99 Abs 2 Nr 5 bestehen (vgl Rn 12), wenn die **Falschangabe** offensichtlich war: Interessenten könnten von der Bewerbung abgehalten werden <**R:** 10.3.2009, 1 ABR 93/07, BAGE 130, 1 Rn 47>. Die Falschangabe hielte jedoch externe wie interne Bewerber ab, sodass deren Chancengleichheit gewahrt wäre (Rn 1); ist die Falschangabe offensichtlich, ist zudem fraglich, ob sie Bewerber abhält <**L:** GK/*Raab* Rn 48>. Der AG muss aber das Verbot diskriminierender Ausschreibungen nach §§ 11, 7 Abs 1 **AGG** beachten <**R:** BAG 10.3.2009, 1 ABR 93/07, BAGE 130, 1 Rn 46>. Schreibt der AG die Stelle zwar innerbetriebl aus, nennt in einer externen Ausschreibung aber geringere Anforderungen, ist S 1 nicht genügt, da die innerbetriebl Ausschreibung diejenigen innerbetriebl Bewerber von einer Bewerbung ausschließt, die die geringeren Anforderungen erfüllten und sich nur deswg nicht beworben haben, weil sie die innerbetriebl geforderten höheren Anforderungen nicht erfüllen <**R:** BAG 23.2.1988, aaO>. Gleiches gilt, wenn der AG in der internen Ausschreibung keine Angaben zur Befristung macht, aber extern angibt, ob die Stelle (un)befristet zu besetzen ist; zwingend erforderlich ist die Angabe, ob eine Stelle (un)befristet ist, nicht <**R:** LAG SH 6.3.2012, 2 TaBV 37/11, nv (juris)>. Der AG darf in der Ausschreibung darauf hinweisen, dass die Stelle mit

einem Leih-AN besetzt werden soll <R: Hess LAG 24.4.2007, 4 TaBV 24/07, juris>, noch Rn 3.

III. Nichtbeachtung des Mitbestimmungsrechts

Solange der AG eine nach § 93 erforderl innerbetriebl Ausschreibung des zu besetzenden Arbeitsplatzes unterlässt oder die Ausschreibung lückenhaft oder offensichtlich falsch (Rn 11) ist, kann der BR nach § **99 Abs 2 Nr 5** in Unternehmen mit idR mehr als 20 AN die Zustimmung zu einer Einstellung oder Versetzung verweigern (§ 99 Rn 96 f). Bei einem groben Verstoß, kommt zudem ein Verfahren nach § **23 Abs 3** gg den AG in Betracht <R: vgl LAG Berl-Bbg 23.3.2010, 7 TaBV 2411/09, nv (juris)>. **12**

Hat der AG die Stelle nicht gem § 93 ausgeschrieben, kann er dies zeitnah **nachholen**, wenn die Einstellung vorläufig nach § 100 erfolgte und zuvor eine Ausschreibung technisch oder organisatorisch nicht mögl war und keine internen Bewerber zu erreichen waren <R: für nur diese Möglichkeit der Nachholung, um eine bloß formale Funktion des § 93 zu vermeiden LAG Bremen 5.11.2009, 3 TaBV 16/09, nv (juris); L: *Fitting* § 99 Rn 252; DKW/*Bachner* § 99 Rn 233>. Auch wenn die Voraussetzung des § 100 nicht vorlagen, kann eine Ausschreibung nachgeholt werden. Melden sich auf die nachgeholte Ausschreibung keine internen Bewerber, besteht aus prozessökonomischen Gründen kein Zustimmungsverweigerungsrecht nach § 99 Abs 2 Nr 5; deren Chancengleichheit war durch die fehlende Ausschreibung nicht beeinträchtigt (Rn 1). Melden sich Bewerber, ist das Verfahren erneut durchzuführen und der BR nach § 99 zu beteiligen <R: LAG Berlin 26.9.2003, 6 TaBV 609/03, nv (juris); LAG Köln 14.9.2012, 5 TaBV 18/12, nv (juris); L: GK/*Raab* Rn 51>. **13**

§ 94 Personalfragebogen, Beurteilungsgrundsätze

(1) Personalfragebogen bedürfen der Zustimmung des Betriebsrats. Kommt eine Einigung über ihren Inhalt nicht zustande, so entscheidet die Einigungsstelle. Der Spruch der Einigungsstelle ersetzt die Einigung zwischen Arbeitgeber und Betriebsrat.

(2) Absatz 1 gilt entsprechend für persönliche Angaben in schriftlichen Arbeitsverträgen, die allgemein für den Betrieb verwendet werden sollen, sowie für die Aufstellung allgemeiner Beurteilungsgrundsätze.

Literatur: *Annuß*, Arbeitsrechtliche Aspekte von Zielvereinbarungen in der Praxis, NZA 2007, 290; *Breisig*, Potenzialermittlung durch das „Assessment Center", AiB 2003, 138; *Buchner*, Freiheit und Bindung des Arbeitgebers bei Einstellungsentscheidungen, NZA 1991, 577; *Däubler*, Zielvereinbarungen als Mitbestimmungsproblem, NZA 2005, 793; *Diller/Powietzka*, Drogenscreenings und Arbeitsrecht, NZA 2001, 1227; *Diller/Schuster*, Rechtsfragen der elektronischen Personalakte, DB 2008, 928; *Ehrich*, Fragerecht des Arbeitgebers bei Einstellungen und Folgen der Falschbeantwortung, DB 2000, 421; *Euler*, Zulässigkeit der Frage nach einer Schwerbehinderung nach Einführung des Benachteiligungsverbots des § 81 Abs 2 SGB IX (2004); *Gennen*, Das Assessment-Center Verfahren, ZfA 1990, 495; *Gitter/Henker*, Die Beteiligungsrechte des Betriebsrats bei der Gestaltung von Personalfragebogen in sicherheits- und sabotagegefährdeten Unternehmen, ZTR 1990, 403; *B Gola*, Der „neue" Beschäftigtendatenschutz nach § 26 BDSG nF, BB 2017, 1462; *Grimm/Freh*, Rechte des Betriebsrats bei unternehmensinternen Ermittlungen, ArbRB 2012, 241; *Grunewald*, Der Einsatz von Personalauswahlverfahren und -methoden im Betrieb – ein faktisch rechtsfreier Raum, NZA 1996, 15; *C S Hergenröder*, Fragerecht des Arbeitgebers und Offenbarungspflicht des Arbeitnehmers, AR-Blattei SD 715; *Hümmerich*, Rechte des Betriebsrats bei der Erfassung von Bewerber-Daten, RdA 1979, 143; *Hunold*, Die Mitwirkung und Mitbestimmung des Betriebsrats in allgemeinen personellen Angelegenheiten (§§ 93–95 BetrVG), DB 1989, 1334; *ders*, Aktuelle Probleme bei der Personalauswahl, DB 1993, 224; *Jedzig*, Einführung standardisierter Verfahren zur Leistungsbeurteilung von Arbeitnehmern, DB 1991, 753; *Klebe/Schumann*, Die Rechte des Betriebsrats bei der Einführung und Anwendung von Personalinformationssystemen, AuR 1983, 40; *Kleinebrink*, Einwilligung in die Erhebung von Beschäftigtendaten und Datenschutz, ArbRB 2012, 61; *Mallmann*, Gegen HIV/AIDS-Diskriminierung, AiB 2008, 212; *Moll/Roebers*, Beteiligungsrechte des Betriebsrats bei Personalumfragen im Unternehmen, DB 2011, 1862; *Ohlendorf/Fuhlrott*, Mitbestimmungsfreie Mitarbeiterbefragungen?, ArbR 2010, 623; *Peltzer*, Personalplanung, innerbetriebliche Stellenausschreibung, Personalfragebogen und Auswahlrichtlinien (§§ 92ff BetrVG), DB 1972, 116; *Powierski/Wittek*, Diversity-Befragungen – Zulässigkeit zur Verbesserung des Diversity-Managements aus arbeits- und datenschutzrechtlicher Sicht, DB 2021, 1944; *Salamon/Hoppe*, Mitarbeiterbefragungen, AuA 2013, 575; *Scheicht/Loy*, Arbeitsrechtliche Aspekte des Whistleblowings, DB 2015, 803; *K Schmidt*, Ermittlung und Abfrage von Sozialdaten, AuA 2007, 476; *Söllner*, Zur Beteiligung des Betriebsrats und zur Zuständigkeit der Einigungsstelle bei der Einführung und Anwendung von Personalinformationssystemen, DB 1984, 1243; *Stubbe*, Assessment Center – Rechtliche Grenzen der Verfahren zur Bewerberauswahl (2006); *Thiel*, Inhalt von Personalfragebogen, ZMV 2001, 17; *Wedde*, Der Betriebsrat als Datenschützer, AiB 2014, Nr 3, 15; *Wisskirchen/Jordan/Bissels*, Arbeitsrechtliche Probleme bei der Einführung internationaler Verhaltens- und Ethikrichtlinien (Codes of Conduct/Codes of Ethics), DB 2005, 2190; *Wohlgemuth*, Fragerecht und Erhebungsrecht, AuR 1992, 46; *Zeller*, Die arbeitsrechtlichen Aspekte des Personalfragebogens als Mittel der Personalauswahl, BB 1987, 1522; *Zumkeller*, Mitarbeiterbeurteilung, AuA 2017, 704.

I. Normzweck und Anwendungsbereich § 94

Übersicht

	Rn.		Rn.
I. Normzweck und Anwendungsbereich	1	III. Persönliche Angaben in Formulararbeitsverträgen, Abs 2 Hs 1	15
II. Personalfragebogen, Abs 1	3	IV. Beurteilungsgrundsätze, Abs 2 Hs 2	17
1. Gegenstand des Mitbestimmungsrechts	3	V. Nichtbeachtung des Mitbestimmungsrechts	23
2. Beschränktes Fragerecht	6		

I. Normzweck und Anwendungsbereich

§ 94 gewährt dem BR ein **Zustimmungsrecht** bei der erstmaligen Einführung und bei 1 der Änderung von **Personalfragebogen** (Abs 1 S 1), von persönl Angaben in Formulararbeitsverträgen (Abs 2 Hs 1) und von allg Beurteilungsgrundsätzen (Abs 2 Hs 2) (**Frage- und Beurteilungsgrundsätzen**) im **Betrieb**. Entscheidet die Konzernleitung in allen Konzernunternehmen einheitl gestaltete Standardfragebogen für eine Mitarbeiterbefragung einzusetzen, ist der KBR zuständig <**R:** BAG 21.11.2017, 1 ABR 47/16, NZA 2018, 380 Rn 24>, bei unternehmensweiten Beurteilungsrundsätzen der GBR <**R:** LAG Nürnberg 21.12.2010, 6 TaBVGa 12/10, NZA-RR 2011, 130; LAG Hamm 11.1.2010, 10 TaBV 99/09, LAGE § 98 ArbGG 1979 Nr 57>. Im Streitfall entscheidet nach Abs 1 S 2 die ES, deren Spruch die Einigung zw AG und BR nach Abs 1 S 3 ersetzt. Die Beteiligung des BR soll sicherstellen, dass das Allgemeine Persönlichkeitsrecht der AN und der Bewerber um einen Arbeitsplatz vor unzulässigen Ausforschungen oder diskriminierenden Fragen präventiv geschützt wird <**R:** BAG 9.7.1991, 1 ABR 57/90, BAGE 68, 127; 21.11.2017, 1 ABR 47/16, NZA 2018, 380 Rn 31>; bei Beurteilungsgrundsätzen soll zudem die Chancengleichheit der Bewerber und AN bei der Einstellung und Beförderung gesichert werden <**R:** vgl auch BAG 28.3.1979, 5 AZR 80/77, BB 1979, 1401; zum PersVG BVerwG 11.12.1991, 6 P 20/89, PersR 1992, 202; **L:** Richardi/*Thüsing* Rn 57, 63>; zum Normzweck der Transparenz bei Beurteilungsgrundsätzen noch Rn 17.

Der BR ist auf ein Zustimmungsrecht beschränkt, kann also **nicht** seinerseits **initiativ** 2 werden, um Frage- und Beurteilungsgrundsätze einzuführen oder den Inhalt bereits eingeführter Grundsätze zu ändern <**R:** BAG 23.3.2010, 1 ABR 81/08, NZA 2011, 811 Rn 20; 17.3.2015, 1 ABR 48/13, BAGE 151, 117 Rn 25>. Auf eine Einigung zw AG und BR über den Inhalt der Frage- und Beurteilungsgrundsätze müssen, sofern sie nicht in einer BV festgelegt werden, die Regeln des **§ 77 zumindest sinngem** angewandt werden; insbes können Frage- und Beurteilungsgrundsätze sowohl vom AG als auch vom BR entspr **§ 77 Abs 5 gekündigt** werden <**R:** LAG Fft/M 8.1.1991, 5 TaBV 162/90, DB 1992, 534; **L:** GK/*Raab* Rn 14 mwN>. Da der BR kein Initiativrecht hat, mit dem er eine Änderung von Frage- und Beurteilungsgrundsätzen erreichen könnte, endet mit Ablauf der Kd-Frist das Recht des AG, die gekündigten Grundsätze zu verwenden, eine Nachwirkung analog § 77 Abs 6 scheidet aus, vgl § 77 Rn 64, 66 <**L:** GK/*Raab* Rn 15 mwN; *Fitting* Rn 15; differenzierend Richardi/*Thüsing* Rn 47 (Nachwirkung nur bei Kd durch AG); DKW/*Klebe/Wankel* Rn 28 (Nachwirkung nur bei Kd zur Änderung)>.

II. Personalfragebogen, Abs 1

1. Gegenstand des Mitbestimmungsrechts

3 **Personalfragebogen** sind dem Wortsinn nach Formulare, in denen personenbezogene Fragen nach einem best Schema zusammengestellt sind, die ein AN oder ein Bewerber um einen Arbeitsplatz schriftl beantworten soll, um dem AG Aufschluss über seine Person und Qualifikation zu geben. Wg der Zielrichtung des § 94, den BR zum Schutz des Persönlichkeitsrechts der AN bei Aufstellung und Verwendung von Personalfragebogen zu beteiligen (Rn 1), muss der Begriff über den Wortlaut hinaus weit ausgelegt und auf alle Methoden erstreckt werden, mit denen AN und Bewerbern **schematisierte Fragen** gestellt und die **Antworten** zu Person und Qualifikation **fixiert** werden <**R:** für eine weite Auslegung LAG HH 20.1.2015, 2 TaBVGa 1/15, ZBVR online 2016, Nr 6, 14>; unabhängig davon, ob **analog oder digital** <**R:** BVerwG 29.7.2021, 5 P 2.20, NVwZ 2022, 79 Rn 15 ff zu Angaben in einem elektronischen Bewerbermanagementsystem zu § 88 Abs 1 Nr 23 HmbPersVG>. Abs 1 greift auch, wenn der AG oder ein vom ihm Beauftragter die AN oder Bewerber aufgrund einer „Checkliste" **mündlich** befragt und die Antworten selbst schriftl festhält <**R:** BAG 21.9.1993, 1 ABR 28/93, DB 1994, 480; **L:** Richardi/*Thüsing* Rn 8 mwN>. Am **Bezug der Fragen zu Person und Qualifikation** fehlt es aber etwa bei Fragebögen zu den Ursachen für Kassendifferenzen <**R:** LAG Berl-Bbg 19.4.2011, 7 TaBV 556/11, nv (juris); **L:** für ein MBR auch bei systematisch durchgeführten Personalbefragungen zu „Diversity-Merkmalen", sog **„Diversity-Befragungen"** *Powierski/Wittek* DB 2021, 1944, 1946>. Wegen fehlender Schutzbedürftigkeit des APKR soll ein **freiwillig** auszufüllender Standardfragebogen nicht unter § 94 Abs 1 S 1 fallen, ebenso nicht, wenn dieser ausreichend **anonymisiert** ist <**R:** BAG 21.11.2017, 1 ABR 47/16, NZA 2018, 380 Rn 31; ebenso 11.12.2018, 1 ABR 13/17, BB 2019, 1529 Rn 36; zur Mitbestimmung bei freiw Mitarbeitergesprächen nach § 94 Abs 2 aber BAG 17.3.2015, 1 ABR 48/13, BAGE 151, 117 Rn 27; offenlassend noch LAG HH 20.1.2015, 2 TaBVGa 1/15, ZBVR online 2016, Nr 6, 14; **L:** den anonymisierten Fragebogen mangels Zuordnung zu einer Person als mitbestimmungsfreien Arbeitsplatzerhebungsbogen verstehend *Fitting* Rn 7; GK/*Raab* Rn 18; Richardi/*Thüsing* Rn 10; vgl Rn 19>. Nach dem BVerwG besteht ein MBR jedoch auch bei Fragebögen, deren Nutzung zwar freiwillig ist, zu deren Nutzung sich Benutzer zur **Vermeidung von Nachteilen aber gezwungen fühlen; indirekter Zwang genügt** <**R:** BVerwG 29.7.2021, 5 P 2.20, NVwZ 2022, 79 Rn 15 ff zu Angaben in einem elektronischen Bewerbermanagementsystem für in- und externe Bewerbungen zu § 88 Abs 1 Nr 23 HmbPersVG>.

4 Das Zustimmungsrecht des BR erfasst nicht die Frage, ob überhaupt Personalfragebogen im Betrieb verwendet werden sollen, sondern nur deren **Inhalt**. Verweigert der BR aber, etwa bei psychologischen Testverf, die Zustimmung zum gesamten Inhalt eines best Fragebogens, kann die ES entscheiden, ob der betreffende Fragebogen überhaupt verwendet werden darf oder nicht. Bei einer negativen Entscheidung muss der AG einen anderen Personalfragebogen verwenden und zu diesem die Zustimmung des BR einholen bzw erzwingen.

5 Das Zustimmungsrecht des BR erstreckt sich **nicht auf die Verwendung der durch Personalfragebogen erhobenen Daten**. Die Verwendung dieser Daten betrifft entweder die Personalplanung oder die Personalverwaltung, für die mit §§ 92, 93 besondere MBR und

Mitwirkungsrechte des BR bestehen <L: GK/*Raab* Rn 26; Richardi/*Thüsing* Rn 39; ErfK/*Kania* Rn 3; HWGNRH/*Rose* Rn 24; **aA** *Fitting* Rn 9; DKW/*Klebe/Wankel* Rn 7 mwN>. Der BR kann nach Abs 1 S 1 auch **nicht verhindern**, dass die durch einen Personalfragebogen erhobenen Daten **gespeichert** werden, sofern sich die Datenspeicherung iR der Zweckbestimmung des Arbeitsverhältnisses hält und damit nach § 26 BDSG zulässig ist <L: zum BDSG und § 94 ausf DKW/*Klebe/Wankel* Rn 49 ff>.

2. Beschränktes Fragerecht

Der BR muss jeder einzelnen Frage zustimmen, die in Personalfragebogen an Bewerber 6 oder AN gerichtet werden soll. Dabei sind AG und BR und im Streitfall die ES bei der Entscheidung über den Inhalt von Fragebogen an die Grundsätze gebunden, die das Fragerecht des AG beschränken: Persönl Angaben, die die **Persönlichkeitssphäre** der Bewerber oder AN verletzen oder den **AN entgg § 1 AGG, Art 9 Abs 3 GG usw diskriminieren**, dürfen Personalfragebogen nicht erheben. Wg des Rechts auf informationelle Selbstbestimmung sind alle Fragen unzulässig, die keinen **Bezug zum Arbeitsverhältnis** haben. Besteht ein Informationsinteresse des AG, kann eine Frage gleichwohl infolge der Abwägung mit dem Persönlichkeitsschutz des Bewerbers oder AN oder wg unzulässiger Diskriminierung ausgeschlossen sein. Auf eine unzulässige Frage darf der AN auch dann lügen, wenn sie in einem mit Zustimmung des BR zustande gekommenen Personalfragebogen enthalten ist.

Im Einzelnen gilt: Im Einstellungsgespräch kann nach Tatsachen gefragt werden, die für 7 die fachl und persönl **Eignung** des Bewerbers von Bedeutung sind. Erlaubt sind deswg Fragen nach der Schulbildung, der Berufsbildung, dem berufl Werdegang, der letzten Arbeitsstelle und wegen § 14 Abs 2 S 2 TzBfG auch nach einer Vorbeschäftigung beim AG; ebenso kann der AG um Vorlage entspr Zeugnisse bitten <**R:** BAG 7.9.1995, 8 AZR 828/93, BB 1996, 749; **L:** Richardi/*Thüsing* Rn 22; GK/*Raab* Rn 31; HWGNRH/*Rose* Rn 27>. Gefragt werden darf auch nach einem bestehenden **Wettbewerbsverbot** <L: Richardi/*Thüsing* Rn 22; GK/*Raab* Rn 44; DKW/*Klebe/Wankel* Rn 21>.

Nach der **Vergütung** beim bisherigen AG darf in der Regel nicht gefragt werden, da diese 8 Vergütung für die erstrebte Tätigkeit keine Bedeutung hat <**R:** auch BAG 19.5.1983, 2 AZR 171/81, BB 1984, 533; **L:** für eine Ausnahme, wenn der Bewerber seine bisherige Vergütung als Mindestvergütung fordert GK/*Raab* Rn 31; auch *Fitting* Rn 21 und Richardi/*Thüsing* Rn 28; **aA** HWGNRH/*Rose* Rn 33>. Auch nach den **Vermögensverhältnissen** darf nicht gefragt werden, da es sich insoweit um rein private Angelegenheiten handelt; gefragt werden darf danach nur dann, wenn dem AN eine bes Vertrauensstellung, insbes im Umgang mit Geld, übertragen werden soll <**L:** GK/*Raab* Rn 44 mwN; DKW/*Klebe/Wankel* Rn 19 mwN>. Nach **Lohn- und Gehaltspfändungen** darf der AG wg der für ihn damit verbundenen Unannehmlichkeiten aber schon im Bewerbungsgespräch und nicht erst nach der Begründung des Arbeitsverhältnisses fragen <**L:** Richardi/*Thüsing* Rn 28; HWGNRH/*Rose* Rn 53; **aA** *Fitting* Rn 21; GK/*Raab* Rn 44; DKW/*Klebe/Wankel* Rn 19>.

Wg unzulässigen Eingriffs in das Persönlichkeitsrecht darf der AG Bewerbern mangels 9 Bezugs zur geplanten Tätigkeit (Rn 6) keine Fragen nach **persönl Angelegenheiten** wie dem Familienstand und der Kinderzahl stellen (obwohl § 7 Abs 1 AGG insoweit kein Diskriminierungsverbot enthält). Die Frage nach dem **Alter** oder Geburtsdatum der Bewerber verbietet § 7 Abs 1 AGG: <**L:** *Leuchten* NZA 2002, 1254, 1257; *Bertelsmann*,

§ 94   Personalfragebogen, Beurteilungsgrundsätze

ZESAR 2005, 242, 248 ff>. Erst **nach Abschluss des Arbeitsvertrags** sind persönl Daten betreffende Fragen zulässig, soweit sie für eine ordnungsgemäße Lohnbuchhaltung erforderlich sind, also Fragen nach dem Alter, nach dem Familienstand und der Kinderzahl (wegen der Steuerklasse und des Kinderfreibetrags), nach der zuständigen Krankenkasse und Rentenversicherung <L: *Fitting* Rn 20; GK/*Raab* Rn 46; DKW/*Klebe/Wankel* Rn 20; auch HWGNRH/*Rose* Rn 29>.

10 Unzulässig ist, außer in entspr Tendenzbetrieben (§ 118 Rn 8 ff), den Bewerber vor der Einstellung nach der **Partei-, Gewerkschafts- und Religionszugehörigkeit** zu fragen <L: *Fitting* Rn 17 mwN>. Die Frage nach der Gewerkschaftszugehörigkeit verstößt gg Art 9 Abs 3 GG, die nach der Parteizugehörigkeit und nach der Religion gg §§ 1, 3, 7 AGG, zudem ist für die Religionszugehörigkeit Art 140 GG iVm § 136 Abs 3 S 1 WRV zu beachten. Nach Abschluss des Arbeitsvertrages ist die Frage nach der Partei-, Gewerkschafts- und Religionszugehörigkeit zulässig, sofern der AG sie für Entgeltberechnung und Lohnbuchhaltung benötigt <L: *Fitting* Rn 17 mwN>, schon Rn 9. Gewährt der AG etwa tarifl Arbeitsbedingungen nur tarifgebundenen AN, darf er nach der Gewerkschaftszugehörigkeit fragen, um die Tarifbindung nach §§ 3 I, 4 I TVG feststellen zu können. Ebenso muss der AG wg der Abführung der Kirchensteuer nach Einstellung nach der Religionszugehörigkeit fragen dürfen.

11 Trotz der sich aus dem MuSchG für den AG ergebenden vielfältigen Verpflichtungen darf der AG eine Bewerberin nicht nach dem Bestehen einer **Schwangerschaft** fragen, da dies gg das Diskriminierungsverbot aus §§ 1, 3, 7 AGG verstieße <R: EuGH 8.11.1990, C 177/88, BB 1991, 692; BAG 6.2.2003, 2 AZR 621/01, BB 2003, 1734>. Das gilt auch dann, wenn sich nur Frauen um einen Arbeitsplatz bewerben <R: EuGH, 8.11.1990, aaO; BAG 15.10.1992, 2 AZR 227/92, BB 1993, 433> und wenn die Frau die vereinbarte Tätigkeit wg eines mutterschutzrechtl Beschäftigungsverbots zunächst nicht aufnehmen kann <R: BAG 6.2.2003, 2 AZR 621/01, BB 2003, 1734>.

12 Während die bisher hM davon ausging, dass der AG wg der ihn treffenden gesetzl Verpflichtungen aus dem SGB IX einen Bewerber uneingeschränkt nach dessen **Schwerbehinderteneigenschaft** fragen durfte, also auch dann, wenn die der Schwerbehinderteneigenschaft zugrunde liegende Behinderung keinen Einfluss auf die Leistungsfähigkeit des AN für die beabsichtigte Tätigkeit hatte, <R: BAG 5.10.1995, 2 AZR 923/94, BB 1996, 696 zum SchwbG>, ist dies wg des auf EG-Richtlinien beruhenden Diskriminierungsverbots in § 164 Abs 2 S 1 SGB IX sehr zweifelhaft. Richtigerweise darf nach der Schwerbehinderteneigenschaft nicht mehr gefragt werden, sondern nur nach einer Körperbehinderung des Bewerbers, die dessen Arbeitsfähigkeit schwerwiegend beeinträchtigt <R: LAG Hamm 19.10.2006, 15 Sa 740/06, juris; vgl auch BAG 7.6.1984, 2 AZR 270/83, DB 1984, 2706, das eine bloße Beeinträchtigung ausreichen lässt; offengelassen von BAG 7.7.2011, 2 AZR 396/10, NZA 2012, 34; L: Richardi/*Thüsing* Rn 15 f; *Fitting* Rn 23; GK/*Raab* Rn 39; DKW/*Klebe/Wankel* Rn 13>. Nach der Einstellung muss der AN dem AG aber seine Schwerbehinderteneigenschaft offen legen – so wie die werdende Mutter nach § 15 MuSchG – damit der AG seine Pflichten aus dem SGB IX erfüllen kann <R: aA für ein Fragerecht des AG nach sechs Monaten (§ 173 Abs 1 Nr 1 SGB IX), nach denen der Sonderkündigungsschutz nach § 168 SGB IX greift BAG 16.2.2012, 6 AZR 553/10, NZA 2012, 555; aber 26.9.2013, 8 AZR 650/12, NZA 2014, 258: Ohne Information des AG kann sich der AN nicht auf den Schwerbehindertenschutz berufen; L:

Richardi/*Thüsing* Rn 16; **abw** nur für ein Fragerecht des AG GK/*Raab* Rn 39; nur davon sprechen auch DKW/*Klebe/Wankel* Rn 13; HWGNRH/*Rose* Rn 45 f>.

Auch bei der Frage nach **Krankheiten** ist der Diskriminierungsschutz Behinderter nach § 1 AGG zu beachten <L: Richardi/*Thüsing* Rn 18>, zudem greifen solche Fragen in das Persönlichkeitsrecht der Bewerber und AN ein: Der AG darf nur fragen, soweit Krankheiten die Tätigkeit des AN auf dem zu besetzenden Arbeitsplatz beeinträchtigen <L: GK/*Raab* Rn 32; DKW/*Klebe/Wankel* Rn 15; enger *Fitting* Rn 24>. Mangels hinreichenden Bezugs zur spezifischen Arbeitstätigkeit darf der AG nicht generell nach dem Gesundheitszustand fragen oder die Vorlage einer Bescheinigung der Krankenkasse verlangen, in der die Häufigkeit, Dauer und Art der Erkrankungen der letzten Zeit aufgelistet sind <L: *Fitting* Rn 24>. Nach chronischen Krankheiten darf aber gefragt werden, soweit sie die Arbeitsfähigkeit beeinträchtigen <L: GK/*Raab* Rn 32>, etwa nach einer Alkohol- oder Drogenabhängigkeit <L: Richardi/*Thüsing* Rn 19; HWGNRH/*Rose* Rn 37; **enger** *Fitting* Rn 24>. Jenseits gesetzl Vorschriften (etwa §§ 32 ff JArbSchG) und Anordnungen in UVV muss sich der Bewerber auch keiner ärztlichen Einstellungsuntersuchung oder Drogentests unterziehen; das Weigerungsrecht schützt aber nur vordergründig, da er damit rechnen muss, bei einer Weigerung nicht eingestellt zu werden <L: *Fitting* Rn 24; Richardi/*Thüsing* Rn 19 gg Gesundheitstests>; Blutuntersuchungen durch den werksärztlichen Dienst, um auf Alkoholmissbrauch und Drogenkonsum zu überprüfen, sind aber nach § 95 mitbestimmungspflichtig, § 95 Rn 6. Nach einer bloßen HIV-Infektion darf mangels Beeinträchtigung der Arbeitsfähigkeit grds nicht gefragt werden, sondern nur dann, wenn aufgrund der konkreten Tätigkeit (Heil- und Pflegeberufe, Lebensmittelherstellung und -ausgabe) die Gefahr der Ansteckung anderer AN oder Dritter besteht <L: GK/*Raab* Rn 35; HWGNRH/*Rose* Rn 36; *Fitting* Rn 25; **R**: nach BAG 19.12.2013, 6 AZR 190/12, NZA 2014, 372 ist die symptomlose HIV-Infektion eine Behinderung, die insofern vom AN offengelegt werden müsste (Rn 12)>. Nach einer akuten HIV-Erkrankung darf ebenfalls nur gefragt werden, soweit diese die Arbeitsleistung konkret beeinträchtigt <L: **abw** immer für ein Fragerecht *Fitting* Rn 25; GK/*Raab* Rn 35; HWGNRH/*Rose* Rn 36>. 13

Nach **Vorstrafen** darf der AG nur fragen, soweit diese für die künftige Tätigkeit relevant sind, etwa bei einem Kraftfahrer nach Vorstrafen wg Verkehrsdelikten oder bei einem Buchhalter oder dem Schalterangestellten einer Bank nach Vermögensstraftaten <**R**: BAG 15.1.1970, 2 AZR 64/69, BB 1970, 803; 20.5.1999, 2 AZR 320/98, BB 1999, 2249>. § 53 BZRG schränkt das Fragerecht weiter ein, indem er es dem Betroffenen erlaubt, sich als unbestraft zu bezeichnen, wenn eine Verurteilung nicht in das Führungszeugnis aufgenommen worden ist oder zu tilgen ist. Nach solchen Vorstrafen darf der AG ebenso wenig fragen wie gem § 51 BZRG nach bereits getilgten Vorstrafen <**R**: obiter BAG 21.2.1991, 2 AZR 449/90, BB 1991, 2014; offen gelassen 27.7.2005, 7 AZR 508/04, NZA 2005, 1243>. Der AG darf einen Bewerber nach anhängigen Ermittlungs- und Strafverf befragen, wenn diese Zweifel an dessen persönl Eignung für die in Aussicht genommene Tätigkeit begründen können <**R**: BAG 27.7.2005, aaO zu einer Bewerberin auf eine Stelle als wissenschaftl Mitarbeiterin an einem strafrechtl Lehrstuhl>. 14

III. Persönliche Angaben in Formulararbeitsverträgen, Abs 2 Hs 1

15 Nach Abs 2 Hs 1 muss der BR auch **persönl Angaben in schriftl Formulararbeitsverträgen** zustimmen – nicht der Verwendung von Formularen per se und nicht den übrigen Formularangaben <R: LAG Nürnberg 21.12.2010, 6 TaBVGa 12/10, NZA-RR 2011, 130>. Da Abs 2 Hs 1 verhindern soll, dass der AG über die Arbeitsverträge das MBR des BR bei Personalfragebogen nach Abs 1 umgeht, ist das MBR aus Abs 2 Hs 1 teleologisch auf Vertragsbedingungen und -angaben zu beschränken, die für eine Vielzahl von Fällen vorformuliert sind. Das MBR besteht hingg mangels Schutzbedürfnisses nicht für Angaben in individuell ausgehandelten **Formulararbeitsverträgen** <L: Richardi/*Thüsing* Rn 56; GK/*Raab* Rn 55; DKW/*Klebe/Wankel* Rn 31; *Fitting* Rn 27; *SWS* Rn 23 f; HWGNRH/*Rose* 66>. Wg des beschränkten Anwendungsbereichs gibt Abs 1 dem BR aber kein Recht zur Mitgestaltung der Arbeitsverträge <R: LAG Nürnberg 21.12.2010, 6 TaBVGa 12/10, NZA-RR 2011, 130; L: Richardi/*Thüsing* Rn 56; *Fitting* Rn 27; HWGNRH/*Rose* 67 f>. Die Zustimmung des BR macht aber solche Arbeitsverträge nicht zulässig, die Angaben verlangen, die wg des Eingriffs in die Persönlichkeitssphäre der Bewerber und AN nicht erfragt werden dürfen (Rn 6 ff). Aus §§ 305 ff BGB folgen keine Beschränkungen, da sie keine Klauselverbote aufstellen, die persönl Angaben des Vertragspartners betreffen.

16 Sind die im Betrieb allg verwendeten Formulararbeitsverträge mit dem BR abgestimmt, kann er schon bei deren Ausgestaltung überprüfen, inwieweit sie den in § 80 Abs 1 Nr 1 genannten Rechtsnormen entsprechen und die nach § 2 Abs 1 NachwG erforderl Angaben enthalten; die **Vorlage der Formulararbeitsverträge ist nicht nach § 80 Abs 2 erforderl**. Um die Einhaltung des NachwG zu überwachen, kann der BR daher nur dann die Vorlage der ausgefüllten Arbeitsverträge verlangen, wenn er konkrete Anhaltspunkte dafür darlegt, dass weitere Informationen erforderl sind <R: BAG 19.10.1999, 1 ABR 75/98, BB 2000, 1297; L: GK/*Raab* Rn 56; *SWS* Rn 25>.

IV. Beurteilungsgrundsätze, Abs 2 Hs 2

17 Beurteilungsgrundsätze iS des Abs 2 Hs 2 sind allg Regelungen, die die Bewertung des Verhaltens oder der Leistung der AN objektivieren und an **einheitl Kriterien** ausrichten, um zu erreichen, dass die Beurteilungsergebnisse miteinander vergleichbar sind <R: BAG 23.10.1984, 1 ABR 2/83, DB 1985, 495; 18.4.2000, 1 ABR 22/99, BB 2000, 2521>. Diese abstrakten Kriterien für die Arbeitsleistung und die persönl Eignung des AN sollen die Beurteilung der berufl Entwicklungsmöglichkeiten im Betrieb **transparent** ausgestalten <R: BAG 14.1.2014, 1 ABR 49/12, DB 2014, 1382 Rn 20>. Abs 2 Hs 2 setzt nicht voraus, dass die vom AG allg angewandten Grundsätze schriftl fixiert sind; für die Mitbestimmung des BR genügt es, dass der AG auf Grundlage formularmäßig erhobener Leistungsdaten regelmäßig AN rügt oder belobigt <R: LAG BaWü 6.3.2007, 11 TaBV 101/06, AuR 2008, 77; zum PersVG BVerwG 11.12.1991, 6 P 20/89, PersR 1992, 202>. Ebenso besteht das MBR, wenn Fähigkeits- und Eignungsprofile als **Programm für die automatische Datenverarbeitung** erstellt und gespeichert werden <L: statt aller GK/*Raab* Rn 59 mwN>.

IV. Beurteilungsgrundsätze, Abs 2 Hs 2 § 94

Das Zustimmungsrecht bezieht sich aber nur auf die Einführung der Frage- und Beurtei- 18
lungsgrundsätze usw, hingg **nicht auf deren Anwendung im Einzelfall** <**R:** LAG Nds
6.3.2007, 11 TaBV 101/06, AuR 2008, 77; **L:** statt aller Richardi/*Thüsing* Rn 73>; auf
das Ergebnis der Beurteilung hat der BR nur mittelbar über die Aufstellung der Beurteilungskriterien Einfluss <**R:** LAG Rh-Pf 18.9.2019, 7 TaBV 20/19, nv (juris)>. Insoweit
ist der AG aber nach § 82 Abs 2 S 1 verpflichtet, den AN über die Beurteilung seiner
Leistungen zu informieren und diese mit dem AN zu erörtern; zu dieser Besprechung
kann der AN nach § 82 Abs 2 S 2 ein BR-Mitglied hinzuziehen. Zum Recht des AN, seine Beurteilung mit dem AG zu erörtern, § 82 Rn 3 f.

Die Beurteilungsgrundsätze müssen sich auf die **Person des AN** beziehen. Mangels Per- 19
sonenbezugs enthalten **Arbeitsplatzbewertungen** (schon Rn 3) **und Funktionsbeschreibungen keine** Beurteilungsgrundsätze iS des Abs 2 Hs 2 <**R:** BAG 18.4.2000, 1 ABR
22/99, BB 2000, 2521; 17.11.2010, 7 ABR 123/09, BAGE 136, 200 Rn 30; **L:** Richardi/
Thüsing Rn 59; GK/*Raab* Rn 60; *Fitting* Rn 31>. Gleiches gilt für **Stellenausschreibungen**, die nicht Grundlage einer Leistungsbeurteilung sind <**R:** BAG 14.1.1986, 1 ABR
82/83, DB 1986, 1286; 14.1.2014, 1 ABR 49/12, DB 2014, 1382 Rn 20 für ein MBR,
sofern die zugewiesenen Tätigkeiten die Grundlage der Arbeitsbeurteilung sind>. Ebenso
wenig sind **Führungsrichtlinien**, nach denen Führungskräfte die Arbeit nachgeordneter
Mitarbeiter kontrollieren, Beurteilungsgrundsätze iS des Abs 2 Hs 2; anders ist es nur,
wenn in den Anweisungen an die Führungskräfte allg Grundsätze für die Bewertung der
Tätigkeit, der von ihnen zu beurteilenden AN enthalten sind: Nicht die Tatsache, dass
Mitarbeiter beurteilt werden sollen, sondern erst die Einführung allg Beurteilungsgrundsätze löst das MBR nach Abs 2 Hs 2 aus <**R:** BAG 23.10.1984, 1 ABR 2/83, DB 1985,
495; LAG Hamm 11.1.2010, 10 TaBV 99/09, LAGE § 98 ArbGG 1979 Nr 57; **L:** Richar-
di/*Thüsing* Rn 61; GK/*Raab* Rn 63; HWGNRH/*Rose* 76; DKW/*Klebe/Wankel* Rn 44; *Fitting* Rn 29>, noch § 95 Rn 5.

Mit Beurteilungsrichtlinien werden zum einen die **materiellen Beurteilungsmerkmale** 20
festgelegt, also die Grundsätze, nach denen die Arbeitsleistung und die Eignung eines
AN für seinen Arbeitsplatz beurteilt werden. Ebenso wie bei Personalfragebogen (Rn 3 ff)
müssen AG und BR sowie im Streitfall die ES die **Grenzen** beachten, die Beurteilungsgrundsätzen **durch das Persönlichkeitsrecht** der Bewerber und AN gezogen werden
(§ 75 Rn 37 ff). **Mitbestimmungspflichtig ist etwa**, wie Qualität und Quantität des Ar-
beitsergebnisses ermittelt und bewertet werden, mit Hilfe welcher Leistungsprofile die
Eignung von AN für bestimmte Aufgaben ermittelt werden und welche Kriterien in die
Beurteilung einfließen (zB Fachwissen, Denk- und Urteilsvermögen, Entschlussfähigkeit,
Verantwortungsbewusstsein, Leistungsbereitschaft, Belastbarkeit, mündlich und schriftl
Ausdruck, Teamverhalten, Verhandlungsgeschick, Mitarbeiterführung <**R:** BAG
28.3.1979, 5 AZR 80/77, BB 1979, 1401; LAG Rh-Pf 6.6.2008, 6 TaBV 4/08, AE 2008,
314>. Merkmale, die keinen Bezug zu der nach dem Arbeitsvertrag geschuldeten Leistung haben, dürfen in Beurteilungsrichtlinien nicht berücksichtigt werden <**R:** BAG
28.3.1979, aaO; 10.3.1982, 5 AZR 927/79, PersV 1984, 285>.

Mitbestimmungspflichtig sind insoweit auch **Beurteilungsschemata**, etwa die Entschei- 21
dung für ein Noten- oder Punktesystem, die Festlegung von Notenbezeichnungen für das
Gesamturteil und der Maßstäbe, nach denen Noten vergeben werden <**R:** zum PersVG
OVG NW 20.5.1998, 1 A 3522/96.PVL, PersR 1999, 171>. Mitbestimmungspflichtig
sind auch Bestimmungen darüber, wer für die Beurteilung zuständig ist, ob und wann der

§ 94 Personalfragebogen, Beurteilungsgrundsätze

zu beurteilende AN angehört werden soll und in welcher Weise dem AN eine Beurteilung eröffnet wird <**R**: zum PersVG BVerwG 11.12.1991, 6 P 20/89, PersR 1992, 202>, ebenso die Vorgabe, wie oft und aus welchem Anlass beurteilt wird, ob etwa periodisch wiederkehrende Regelbeurteilungen oder lediglich Zweckbeurteilungen aus Anlass von Versetzungen und Beförderungen erstellt werden <**R**: vgl BAG 10.3.1982, 5 AZR 927/79, PersV 1984, 285>.

22 Mitbestimmungspflichtig ist zum anderen das **Verf**, nach dem Beurteilungen erstellt werden <**R**: BAG 14.1.2014, 1 ABR 49/12, DB 2014, 1382 Rn 20; 17.3.2015, 1 ABR 48/13, BAGE 151, 117 Rn 26; **L**: statt aller Richardi/*Thüsing* Rn 58, 68>, etwa die Entscheidung, ob Kenntnisse durch Einstellungsprüfungen, durch psychologische Testverf, graphologische Gutachten oder durch laufende Befragung und Beobachtung der AN erhoben werden. Ebenso mitbestimmungspflichtig sind die Einführung von (freiwilligen; vgl Rn 3) **Mitarbeitergesprächen**, wenn diese als Führungsinstrument zum einen der Motivations- und Leistungsverbesserung dienen, aber ebenso der Leistungseinschätzung für zurückliegende Zeiträume <**R**: BAG 17.3.2015, 1 ABR 48/13, BAGE 151, 117 Rn 27; LAG Rh-Pf 6.6.2008, 6 TaBV 4/08, AE 2008, 314); **L**: Richardi/*Thüsing* Rn 68; DKW/ *Klebe* Rn 44>; führt der AG Fragebögen zur Verwendung bei obligatorischen „Jahresgesprächen" ein, so hat der BR auch nach Abs 1 mitzubestimmen <**R**: LAG Köln 21.4.1997, 3 TaBV 79/96, NZA-RR 1997, 481>. Auch Assessmentcenter-Verf für Bewerber und AN sind nach Abs 2 Hs 2 zustimmungspflichtig <**L**: Richardi/*Thüsing* Rn 68; DKW/*Klebe/Wankel* Rn 40; *Fitting* Rn 26; differenzierend HWGNRH/*Rose* Rn 75>; zum MBR bei freiwilligen Angaben nach Abs 1 Rn 3. Müssen Verkäufer ihre tägl Verkaufsleistung nach best Kategorien auflisten und will der AG nicht lediglich aus betriebl Gründen Verkaufsdaten erfassen, sondern wertet er die Daten systematisch und vergleichend aus, um daran bei der Personalführung positive und negative Maßnahmen zu knüpfen (standardisierte positive und negative in Briefe und Abmahnungen), handelt es sich um ein nach Abs 2 mitbestimmungspflichtiges Beurteilungsverf <**R**: LAG BaWü 6.3.2007, 11 TaBV 101/06, AuR 2008, 77>. Nicht mitzubestimmen hat der BR aber, wenn eine Bank ohne Kenntnis der AN durch ein anderes Unternehmen Tests zur Überprüfung der Beratungsqualität an zufällig ausgewählten Schaltern durchführen lässt, die Bank die Ergebnisse aber nicht mit einzelnen AN oder Gruppen von AN in Verbindung bringen kann <**R**: BAG 18.4.2000, 1 ABR 22/99, BB 2000, 2521>, Rn 19.

V. Nichtbeachtung des Mitbestimmungsrechts

23 Die Zustimmung des BR bzw deren Ersetzung durch die ES ist **Wirksamkeitsvoraussetzung**: Solange der BR Personalfragebogen, Formulararbeitsverträgen und Beurteilungsgrundsätzen nicht zugestimmt hat, darf der AG diese **nicht verwenden**. Eine Befragung von Bewerbern oder AN durch Personalfragebogen, an deren Inhalt der BR nicht beteiligt worden ist oder zu denen er die Zustimmung verweigert hat, ist unzulässig: Selbst wenn die im Fragebogen enthaltenen Fragen nach allg Grundsätzen zulässig sind (Rn 6 ff), ist der Bewerber oder AN nicht verpflichtet zu antworten; verweigert er die Antwort, verstößt er dadurch nicht gg seine arbeitsvertragl Pflichten <**R**: zum PersVG BVerwG 28.1.1998, 6 P 2/97, PersR 1998, 374; **L**: Richardi/*Thüsing* Rn 52; GK/*Raab* Rn 52; *Fitting* Rn 34>. Hingg folgt aus der unterlassenen Beteiligung des BR **kein Recht des Be-**

werbers oder AN zur Lüge: Lügt der Bewerber auf eine materiell-rechtl zulässige Frage des AG, kann der AG seine auf Abschluss des Arbeitsvertrages gerichtete Willenserklärung wg arglistiger Täuschung nach § 123 BGB auch dann anfechten, wenn der BR über den Personalfragebogen entgg Abs 1 nicht mitbestimmt hat <R: zum PersVG BVerwG 28.1.1998, aaO; BAG 2 12.1999, 2 AZR 724/98, BB 2000, 1092; L: Richardi/*Thüsing* Rn 54; GK/*Raab* Rn 50; HWGNRH/*Rose* Rn 101; ErfK/*Kania* Rn 3; krit *Fitting* Rn 35>.

Der AN kann die **Entfernung von Beurteilungen** aus der Personalakte verlangen, wenn 24 der AG der Beurteilung nicht mitbestimmte Beurteilungsgrundsätze zugrunde gelegt hat <L: Richardi/*Thüsing* Rn 75; GK/*Raab* Rn 67; *Fitting* Rn 35; enger HWGNRH/*Rose* Rn 97, 103>; nach Art 17 Abs 1 lit d) DSGVO sind mitbestimmungswidrig erhobene und damit unzulässige Daten zu löschen <L: Richardi/*Thüsing* Rn 53; GK/*Raab* Rn 50>. Erkenntnisse, die der AG durch die Verwendung unzulässiger Frage- und Beurteilungsgrundsätze erlangt hat, darf er ggü den AN nicht verwenden, etwa nicht einer Beurteilung zugrunde legen <L: GK/*Raab* Rn 67; Richardi/*Thüsing* Rn 49f, 74>. Insbes darf der AG Beurteilungen, die er anhand von unzulässigen allg Beurteilungsgrundsätzen gewonnen hat, nicht zur Grundlage für die Versetzung oder Kd von AN machen.

Verstößt der AG gg § 94 und erhebt persönl Daten oder Leistungsdaten, ohne den BR be- 25 teiligt zu haben, kann der **BR** aufgrund seines **allg Unterlassungsanspruchs** Unterlassung verlangen und im arbg Beschlussverf durchsetzen <R: LAG BaWü 6.3.2007, 11 TaBV 101/06, AuR 2008, 77; **krit** LAG Nürnberg 21.12.2010, 6 TaBVGa 12/10, NZA-RR 2011, 130; L: GK/*Raab* Rn 70; DKW/*Klebe/Wankel* Rn 55; ErfK/*Kania* Rn 5; Richardi/*Thüsing* Rn 74; **aA** HWGNRH/*Rose* Rn 106>.

§ 95 Auswahlrichtlinien

(1) Richtlinien über die personelle Auswahl bei Einstellungen, Versetzungen, Umgruppierungen und Kündigungen bedürfen der Zustimmung des Betriebsrats. Kommt eine Einigung über die Richtlinien oder ihren Inhalt nicht zustande, so entscheidet auf Antrag des Arbeitgebers die Einigungsstelle. Der Spruch der Einigungsstelle ersetzt die Einigung zwischen Arbeitgeber und Betriebsrat.

(2) In Betrieben mit mehr als 500 Arbeitnehmern kann der Betriebsrat die Aufstellung von Richtlinien über die bei Maßnahmen des Absatzes 1 Satz 1 zu beachtenden fachlichen und persönlichen Voraussetzungen und sozialen Gesichtspunkte verlangen. Kommt eine Einigung über die Richtlinien oder ihren Inhalt nicht zustande, so entscheidet die Einigungsstelle. Der Spruch der Einigungsstelle ersetzt die Einigung zwischen Arbeitgeber und Betriebsrat.

(2a) Die Absätze 1 und 2 finden auch dann Anwendung, wenn bei der Aufstellung der Richtlinien nach diesen Absätzen Künstliche Intelligenz zum Einsatz kommt.

(3) Versetzung im Sinne dieses Gesetzes ist die Zuweisung eines anderen Arbeitsbereichs, die voraussichtlich die Dauer von einem Monat überschreitet, oder die mit einer erheblichen Änderung der Umstände verbunden ist, unter denen die Arbeit zu leisten ist. Werden Arbeitnehmer nach der Eigenart ihres Arbeitsverhältnisses üblicherweise nicht ständig an einem bestimmten Arbeitsplatz beschäftigt, so gilt die Bestimmung des jeweiligen Arbeitsplatzes nicht als Versetzung.

Literatur: *Bauer/Krieger*, Neue Spielregeln für Punkteschemata bei betriebsbedingten Kündigungen?, FS Richardi (2007), S 177; *Bengelsdorf*, Das gesetzwidrige Verbot der Verwendung von Kündigungsauswahlrichtlinien ohne Betriebsratsbeteiligung, ZfA 2007, 277; *Buchner*, Freiheit und Bindung des Arbeitgebers bei Einstellungsentscheidungen, NZA 1991, 577; *Frank/Heine*, Künstliche Intelligenz im Betriebsverfassungsrecht, NZA 2021, 1448; *Gennen*, Das Assessment-Center Verfahren, ZfA 1990, 495; *Gola*, Gentests und Drogenscreenings im Arbeitsverhältnis, ZBVR 2004, 162; *Gussen*, Auswahlrichtlinien nach § 95 BetrVG als Arbeitgeberkorsett für die Einstellung von Leiharbeitnehmern?, NZA 2011, 830; *Hidalgo/Häberle-Haug/Stubbe*, (Nicht-)Beteiligung des Betriebsrats bei der Aufstellung eines Punkteschemas zur Sozialauswahl, DB 2007, 914; *Hunold*, Die Mitwirkung und Mitbestimmung des Betriebsrats in allgemeinen personellen Angelegenheiten (§§ 93–95 BetrVG), DB 1989, 1334; *Kaiser*, Kündigungsprävention durch den Betriebsrat, FS Löwisch (2007), S 153; *Kempter*, Namensliste, Auswahlrichtlinie, Altersgruppen – Chancen und Risiken bei der Sozialauswahl, BB 2013, 3061; *Kleinebrink*, Digitalisierung der Arbeitswelt: Das Anforderungsprofil und dessen arbeitsrechtliche Bedeutung, DB 2017, 1713; *Lassmann*, Auswahlrichtlinien für personelle Maßnahmen in der Praxis, AiB 2008, 594; *Niedrig*, Die Gestaltung von Auswahlrichtlinien für Einstellungen und Versetzungen gemäß § 95 BetrVG unter Einbeziehung betriebswirtschaftlicher Anforderungen und Erfahrungen (2002); *Quecke*, Punkteschema und Sozialauswahl, RdA 2007, 335; *Reufels/Heite*, Streitpunkt „Entfristungsrichtlinien", ArbRB 2018, 206; *Richardi*, Mitbestimmung des Betriebsrats über Kündigungs- und Versetzungsrichtlinien, FS Stahlhacke (1995), S 447; *Rossa/Salamon*, Personalabbau trotz Nichtbeteiligung des Betriebsrats bei Auswahlrichtlinien?, NJW 2008, 1991; *Schönfeld/Gennen*, Mitbestimmung bei Assessment-Centern – Beteiligungsrechte des Betriebsrats und des Sprecherausschusses, NZA 1989, 543; *Zöllner*, Auswahlrichtlinien für Personalmaßnahmen, FS G Müller (1981), S 665.

Übersicht

	Rn.		Rn.
I. Normzweck und Anwendungsbereich	1	2. Betriebe mit 500 Arbeitnehmern und weniger	14
II. Inhalt von Auswahlrichtlinien	4	3. Betriebe mit mehr als 500 Arbeitnehmern	15
1. Fachliche und persönliche Voraussetzungen	4	4. Einsatz Künstlicher Intelligenz	18
2. Soziale Gesichtspunkte	7	IV. Nichtbeachtung des Mitbestimmungsrechts	19
3. Auswahlverfahren	12		
III. Umfang der Beteiligungsrechte	13	V. Versetzung iS des Abs 3	22
1. Grundsätze	13		

I. Normzweck und Anwendungsbereich

§ 95 verstärkt das Mitberatungsrecht des BR aus § 92 bei der Personaldeckungsplanung **1** in einem für die AN des Betriebs bes wichtigen Punkt: Stellt der AG Auswahlrichtlinien für die Personalbeschaffung und den Personalabbau auf, wird dem BR in Abs 1 ein Zustimmungsrecht und in größeren Betrieben nach Abs 2 darüber hinausgehend ein MBR eingeräumt (Rn 15 ff). § 95 knüpft die Beteiligung des BR an die **Einstellung, Versetzung, Umgruppierung und Kd iS der §§ 99, 102**: Einstellung ist die Eingliederung des AN in den Betrieb (§ 99 Rn 6 ff), Versetzung iS des Abs 3 ist die Zuweisung eines anderen Arbeitsbereichs (§ 99 Rn 28 ff), Umgruppierung ist der Wechsel eines AN von einer im Betrieb bestehenden Entgeltgruppe in eine andere (§ 99 Rn 52 ff) und Kd die einseitige Auflösung des Arbeitsverhältnisses durch den AG (§ 102 Rn 5 f). Bei Umgruppierungen wird § 95 kaum praktisch relevant, da der maßgebl Entgelt-TV oder die nach § 87 Abs 1 Nr 10 mitbestimmte BV über die betriebl Entgeltordnung (§ 87 Rn 239) abstrakte Entgeltmerkmale enthalten, unter die zu subsumieren ist (§ 99 Rn 41) <**R:** BAG 10.12.2002, 1 ABR 27/01, ZTR 2003, 584; **L:** Richardi/*Thüsing* Rn 9, 36; GK/*Raab* Rn 49; ErfK/*Kania* Rn 16>. Mitbestimmungspflichtig ist damit nicht, wie umgruppiert wird, uU aber, wer umgruppiert wird, etwa bei der Insichbeurlaubung von Beamten, die dazu führt, dass diese trotz gleichbleibender Tätigkeit aus der gesetzl Besoldungsordnung für Beamte in eine tarifl Entgeltordnung fallen <**R:** BAG 10.12.2002, aaO; **L:** GK/*Raab* Rn 49; *Fitting* Rn 14; ErfK/*Kania* Rn 16>. Richtlinien über den Laufbahnaufstieg fallen unter keine der von § 95 erfassten personellen Maßnahmen <**R:** BAG 23.3.2010, 1 ABR 81/08, NZA 2011, 811 Rn 21>.

Anders als §§ 99 ff, 102 wird der BR über § 95 nicht an der Einstellung, Versetzung und **2** Kd im Einzelfall beteiligt, sondern kann der BR bei **abstrakt-generellen Richtlinien** für personelle Einzelmaßnahmen mitwirken: Mit „Richtlinien" knüpft § 95 an Regelungen an, die abstrakt für den Betrieb, für best Betriebsabteilungen bzw Arbeitsbereiche oder für best Typen von Arbeitsplätzen festgelegt werden sollen und vorbehaltlich einer späteren Änderung abstrakt-generell für alle zukünftigen Fälle gelten sollen. Gleichwohl hat der BR über die Einführung eines Punkteschemas mitzubestimmen, dass der AG nicht generell auf alle künftigen betriebsbedingten Kündigungen, sondern nur auf **konkret bevorstehende Kündigungen** anwenden will <**R:** BAG 26.7.2005, 1 ABR 29/04, BB 2005, 2819; 24.10.2013, 6 AZR 854/11, AP InsO § 125 Nr 12 Rn 34; **L: krit** ErfK/*Kania* Rn 4; **aA** GK/*Raab* Rn 6>. Die damit wg des uU langwierigen Verf über die ES verbundene Verzögerung beabsichtigter Kd ist als notwendige Einschränkung der unternehmerischen

§ 95 Auswahlrichtlinien

Entscheidungsfreiheit hinzunehmen, zumal der AG schon zuvor mit dem BR Sozialauswahlrichtlinien hätte aufstellen können <R: BAG 26.7.2005, aaO>.

3 Durch mitbestimmte Auswahlrichtlinien soll die jeweilige Personalentscheidung versachlicht und objektiviert und **für die AN durchschaubar** gemacht werden: Der AN soll erkennen können, warum er und nicht ein anderer von einer Personalmaßnahme betroffen/begünstigt wird <R: BAG 10.12.2002, 1 ABR 27/01, ZTR 2003, 584; 26.7.2005, 1 ABR 29/04, BB 2005, 2819; **L**: GK/*Raab* Rn 1; *Fitting* Rn 2; DKW/*Klebe/Wankel* Rn 1>. Diesem Normzweck entspr können Einstellungsbewerber aus Auswahlrichtlinien **keinen Einstellungsanspruch** ableiten <R: LAG Rh-Pf 16.1.2018, 6 Sa 425/17, nv (juris)>.

II. Inhalt von Auswahlrichtlinien

1. Fachliche und persönliche Voraussetzungen

4 In Auswahlrichtlinien können AG und BR nach Abs 2 S 1 die fachl und persönl **Voraussetzungen** für personelle Einzelmaßnahmen festlegen; dies spielt insbes für Einstellungen und Versetzungen eine Rolle. Wird hierbei Künstliche Intelligenz (KI) eingesetzt, ändert dies nichts an den Rechten des BR, Abs 2a (Rn 18). **Fachl** vorausgesetzt werden können etwa eine best Ausbildung (und Mindestnoten) oder die erfolgreiche Teilnahme an einer betriebl oder außerbetriebl Schulungsmaßnahme. Ebenso können die Betriebspartner verlangen, dass der Bewerber oder AN Kenntnisse und Fertigkeiten auch praktisch beherrscht (zB fließende Beherrschung mehrerer Fremdsprachen, grundlegende EDV-Kenntnisse, mehrjährige Fahrpraxis). **Persönl** können an die AN physische und physiologische Anforderungen gestellt werden, etwa an die Muskelkraft, Sehleistung oder Fahrtüchtigkeit oder die Eignung zum Vorgesetzten. Für den Verkauf von Damenoberbekleidung einschließl Badebekleidung in einem Einzelhandelsgeschäft mit Anprobemöglichkeit können die Betriebspartner als persönl Voraussetzung an das weibliche Geschlecht anknüpfen <R: vgl LAG Köln 19.7.1996, 7 Sa 499/96, NZA-RR 1997, 84>. Soweit § 95 fachl Voraussetzungen für Einstellungen und Versetzungen, insbes Beförderungen, der Mitbestimmungspflicht unterwirft, geht dies fließend in den Anwendungsbereich des § 94 Abs 2 Hs 2 über, nach dem materielle Beurteilungsmerkmale zustimmungspflichtig sind, § 94 Rn 20 f.

5 „Auswahl"-Richtlinien sind Präferenzregeln, dh machen Entscheidungsvorgaben für die Auswahl zw mehreren Personen <R: BAG 31.5.2005, 1 ABR 22/04, DB 2005, 2585>. Sie hindern den AG deshalb nicht, ohne Beteiligung des BR Mindestqualifikationen für einen Arbeitsplatz aufzustellen. Als betriebsorganisatorische Maßnahmen **nicht** nach § 95 (vgl aber etwa § 94 Rn 19) mitbestimmungspflichtig sind die vom AG aufgestellten **Stellen- oder Funktionsbeschreibungen** und von ihm für best Arbeitsplätze entwickelten **Anforderungsprofile** <R: BAG 31.5.1983, 1 ABR 6/80, BB 1984, 275 für Anforderungsprofile; 31.1.1984, 1 ABR 63/81, BB 1984, 915 und 14.1.2014, 1 ABR 49/12, DB 2014, 1382 Rn 15 für Stellenbeschreibungen; 14.1.1986, 1 ABR 82/83, DB 1986, 1286 für Funktionsbeschreibungen; **L**: Richardi/*Thüsing* Rn 19 ff; GK/*Raab* Rn 43 f; HWGNRH/*Rose* Rn 19 f; **aA** *Fitting* Rn 22; DKW/*Klebe/Wankel* Rn 5 ff>. Legt der AG fest, unter welchen Voraussetzungen Bezirksdirektoren ein eigenes Büro und ein Mitarbeiter zugewiesen wird, ist dies ebenfalls nicht nach § 95 mitbestimmungspflichtig <R:

BAG 31.5.2005, aaO>, noch § 87 Rn 223. Auch mit der Verteilung von Stellen auf die einzelnen Betriebe stellt der AG keine Auswahlrichtlinien auf <R: BAG 28.3.2006, 1 ABR 59/04, NZA 2006, 1367 für die Zuweisung von Planstellen an die Betriebe der Deutschen Post AG>.

Erst wenn der AG aus den Stellenbeschreibungen und Anforderungsprofilen Richtlinien 6 für seine personalpolitischen Auswahlentscheidungen ableitet, ist der BR nach § 95 zu beteiligen. Dafür ist **nicht Voraussetzung, dass der AG Auswahlrichtlinien ausdrückl aufstellt**; der BR ist vielmehr schon dann zu beteiligen, wenn der AG seine in Stellenbeschreibungen und Anforderungsprofilen niedergelegten Vorstellungen darüber, welche Voraussetzungen AN für die Besetzung von Stellen erfüllen müssen, regelmäßig anwendet <L: *Löwisch* Anm zu BAG 31.5.1983, aaO, AP Nr 2 zu § 95 BetrVG 1972>. Auch bei der vom AG geübten Praxis, (künftigen) AN durch den werksärztlichen Dienst Blut- und Urinproben zu entnehmen und diese auf Alkoholmissbrauch und Drogenkonsum zu überprüfen, handelt es sich um eine mitbestimmungspflichtige Auswahlrichtlinie <R: LAG BaWü 13.12.2002, 16 TaBV 4/02, NZA-RR 2003, 417; L: *Fitting* Rn 10>.

2. Soziale Gesichtspunkte

Nach Abs 2 S 1 können Auswahlrichtlinien auch soziale Gesichtspunkte regeln, etwa die 7 Frage, ob bei der **Besetzung von Arbeitsplätzen** betriebsangehörige AN bei gleicher Qualifikation betriebsfremden vorgezogen werden sollen (zur Ausschreibung § 93). Festgelegt werden kann auch, in welchem Umfang bei Beförderungen weibliche, schwerbehinderte, ältere und ausländische AN entspr den Schutzaufträgen in § 80 Abs 1 Nr 2a und b, 4, 6 und 7 berücksichtigt werden sollen (§ 80 Rn 1 ff).

Die größte Rolle spielen Auswahlrichtlinien über soziale Gesichtspunkte für betriebsbe- 8 dingte Kd, bei denen der AG nicht dem AN kündigen darf, dessen konkreter Arbeitsplatz wegfällt, sondern im Wege der **Sozialauswahl gem § 1 Abs 3 KSchG** nach Betriebszugehörigkeit, Lebensalter, Unterhaltspflichten und Schwerbehinderung ermitteln muss, welcher AN als sozial stärker auf den Arbeitsplatz weniger angewiesen ist; nur diesem darf er kündigen. Eine Sozialauswahl kann nur unterbleiben, wenn bei einer Betriebstillegung allen AN <R: BAG 27.10.2005, 8 AZR 568/04, NZA 2006, 668> oder bei Umstrukturierungen oder Betriebsteilstillegungen allen wg ihrer Tätigkeit vergleichbaren AN gekündigt wird. Da bei verhaltens- und personenbedingten Kd keine Auswahlentscheidung zu treffen ist, können die Betriebspartner für diese Kd keine Sozialauswahlrichtlinien nach § 95 aufstellen <L: Richardi/*Thüsing* Rn 38; GK/*Raab* Rn 50; HWGNRH/*Rose* Rn 55; SWS Rn 19; *Fitting* Rn 24; **aA** DKW/*Klebe/Wankel* Rn 29>. Auch für die **betriebsbedingte Änderungskd** ist die Aufstellung von Auswahlrichtlinien mögl <R: BAG 12.8.2010, 2 AZR 945/08, AP KSchG 1969 § 2 Nr 147 Rn 43>.

Auswahlrichtlinien für Kd müssen sich **iR des gesetzl Kd-Schutzrechts** halten, können 9 den Kd-Schutz also weder erweitern noch beschränken <R: BAG 11.3.1976, 2 AZR 43/75, BB 1976, 883; 5.6.2008, 2 AZR 907/06, BB 2009, 447>. § 1 Abs 3 KSchG zählt die Sozialauswahlkriterien abschließend auf <R: BAG 31.5.2007, 2 AZR 276/06, DB 2008, 1106 mwN; **L:** AR/*Kaiser* KSchG § 1 Rn 168, 229 mwN>; wg dieser abschließenden Aufzählung dürfen auch AG und BR keine weiteren Sozialauswahlkriterien berücksichtigen <L: HWGNRH/*Rose* Rn 59; *Fitting* Rn 25; **aA** Richardi/*Thüsing* Rn 42; GK/*Raab* Rn 56; DKW/*Klebe/Wankel* Rn 26>; auch nicht im Rahmen der Änderungskd <R: **aA**

§ 95   Auswahlrichtlinien

BAG 12.8.2010, 2 AZR 945/08, AP KSchG 1969 § 2 Nr 147 Rn 46 ff für eine ausnahmsweise mögl Ergänzung mit Faktoren, die einen unmittelbaren Bezug zu den vier Grunddaten haben, konkret die Pflege von Angehörigen aber als zu berücksichtigenden Faktor abl>. Mit der ausdrückl Normierung und Beschränkung auf vier Sozialdaten hat der Gesetzgeber diese zudem als gleichwertig anerkannt; es besteht kein Vorrang zu Gunsten eines Kriteriums <R: BAG 5.12.2002, 2 AZR 549/01, NZA 2003, 791>. Den Betriebspartnern verbleibt aber hinsichtl der Gewichtung der Gesichtspunkte ein nicht unerhebl Gestaltungsspielraum <R: BAG 26.7.2005, 1 ABR 29/04, BB 2005, 2819>. Üblich sind Punkteschemata, die den in § 1 Abs 3 KSchG aufgezählten Sozialkriterien Punkte vergeben.

10   Nach § 1 Abs 3 S 1 KSchG muss der AG die sozialen Gesichtspunkte aber nur „ausreichend" berücksichtigen; seine Auswahlentscheidung braucht nur vertretbar zu sein <R: BAG 5.12.2002 aaO; 2.6.2005, 2 AZR 480/04, BB 2006, 496; 6.7.2006, 2 AZR 442/05, NZA 2007, 139>. Der Maßstab des § 1 Abs 3 KSchG wird weiter herab gesetzt und dem AG die Kd erleichtert, wenn er aufgrund einer Sozialauswahlrichtlinie iS des § 95 kündigt; Voraussetzung ist, dass die Gewichtung der Sozialauswahlkriterien in einer **BV** nach § 77 festgelegt wird: Die Kd kann dann nach **§ 1 Abs 4 KSchG** nur auf **grobe Fehlerhaftigkeit**, also darauf überprüft werden, ob die Gewichtung der sozialen Gesichtspunkte jede Ausgewogenheit vermissen lässt <R: BAG 21.1.1999, 2 AZR 624/98, BB 1999, 1556; 5.6.2008, 2 AZR 907/06, BB 2009, 447>; eine individuelle Abschlussprüfung im Einzelfall („Handsteuerung") ist entbehrlich <R: BAG 9.11.2006, 2 AZR 812/05, BB 2007, 1393; **L:** AR/*Kaiser* KSchG § 1 Rn 170, 232; GK/*Raab* Rn 54; APS/*Kiel* § 1 Rn 699; **aA** in krassen Ausnahmefällen LAG Nds 28.5.2004, 10 Sa 2180/03, LAGE KSchG § 1 Soziale Auswahl Nr 44a>. Grob fehlerhaft ist etwa eine Auswahlrichtlinie, die eines der Sozialkriterien, das bei allen AN vorliegt (Alter, Betriebszugehörigkeit), nicht oder so gering bewertet, dass es praktisch keinen Ausschlag geben kann <R: BAG 18.10.2006, 2 AZR 473/05, DB 2007, 922> oder die einzelne Sozialdaten überhaupt nicht berücksichtigt <R: BAG 18.10.1984, 2 AZR 61/83, BB 1985, 803 (zu § 1 Abs 3 KSchG); 6.7.2006, 2 AZR 442/05, NZA 2007, 139>.

11   **§ 1 Abs 4 KSchG** setzt den **Prüfungsmaßstab nur für die Gewichtung der Sozialdaten** zueinander enger als § 1 Abs 5 KSchG für Namenslisten in einem Interessenausgleich (§ 112 Rn 4), aber nicht für die Sozialauswahl insgesamt herab <R: BAG 5.6.2008, 2 AZR 907/06, BB 2009, 447>. Deswg bleibt es beim Prüfungsmaßstab des § 1 Abs 3 KSchG, wenn in einer Richtlinie nach § 95 festgelegt wird, welche AN miteinander vergleichbar sind, also deswg in die Sozialauswahl einbezogen werden, weil ihre Tätigkeit der des weggefallenen Arbeitsplatzes weitgehend entspricht und welche AN aus der Sozialauswahl nach § 1 Abs 3 S 2 KSchG aufgrund eines berechtigten betriebl Interesses, insbes als Leistungsträger, herausgenommen werden <**L:** näher AR/*Kaiser* KSchG § 1 Rn 232 f>. Die Betriebspartner haben – wie der AG – für die Bildung der Vergleichsgruppen aber einen Beurteilungsspielraum <R: BAG 15.6.1989, 2 AZR 580/88, BB 1990, 351; 5.6.2008 aaO>, ebenso für die Festlegung, nach welchen Kriterien AN wg berechtigter betriebl Bedürfnisse nach § 1 Abs 3 S 2 KSchG aus der Sozialauswahl herausgenommen werden sollen. Auch die Betriebspartner können in Richtlinien aber nicht per se best AN-Gruppen, etwa AN aus best Abteilungen oder aus Arbeitsgruppen, aus der Sozialauswahl herausnehmen <R: BAG 15.6.1989, 2 AZR 580/88, BB 1990, 351>.

3. Auswahlverfahren

Auswahlrichtlinien können auch das **Verf** festlegen, nach dem festgestellt werden soll, inwieweit bei einzelnen AN die fachl, persönl und sozialen Voraussetzungen für Einstellungen, Versetzungen und Kd vorhanden sind <R: für ein der Änderungskd vorgeschaltetes in Auswahlrichtlinien geregeltes Auswahlverf BAG 12.8.2010, 2 AZR 945/08, AP KSchG 1969 § 2 Nr 147 Rn 44; L: Richardi/*Thüsing* Rn 11; GK/*Raab* Rn 20; *Fitting* Rn 21; DKW/*Klebe/Wankel* Rn 19; HWGNRH/*Rose* Rn 15>: Der BR ist an der Entscheidung zu beteiligen, ob einzustellende AN aufgrund von Einstellungsgesprächen, Einstellungsprüfungen, ärztlichen Untersuchungen, psychologischen Testverf, durch Einsatz eines Assessmentcenters oder mit Hilfe eines Personalinformationssystems auf EDV-Grundlage ausgewählt werden sollen. Der BR hat aber für Verf-Regeln kein Initiativrecht nach Abs 2 (Rn 16). Der Anwendungsbereich des § 95 deckt sich insoweit teilweise mit dem des § 94 Abs 2 Hs 2, der das Verf, nach dem Beurteilungen erstellt werden, der Mitbestimmungspflicht unterwirft, § 94 Rn 22. Wird sich in diesem Verfahren KI bedient, ändert dies nichts an den Rechten des BR, Abs 2a (Rn 18).

12

III. Umfang der Beteiligungsrechte

1. Grundsätze

§ 95 verlangt keine Schriftform, sodass Auswahlrichtlinien auch durch formlose **Regelungsabreden** aufgestellt werden können <R: ausdr offengelassen von BAG 17.11.2010, 7 ABR 120/09, NZA-RR 2011, 415 Rn 32; 10.7.2013, 10 AZR 915/12, AP GewO § 106 Nr 24 Rn 41; L: Richardi/*Thüsing* Rn 56; *Fitting* Rn 9; DKW/*Klebe/Wankel* Rn 13; HWGNRH/*Rose* Rn 9; ErfK/*Kania* Rn 5; aA GK/*Raab* Rn 10; *SWS* Rn 8>. Der Kontrollmaßstab für betriebsbedingte Kd wird durch Sozialauswahlrichtlinien aber gem § 1 Abs 4 KSchG nur dann auf grobe Fehlerhaftigkeit herabgesetzt, wenn sie in einer **BV** iS des § 77 vereinbart sind (Rn 10). Haben AG und BR den Inhalt von Auswahlrichtlinien nicht in einer BV festgelegt, müssen die Regeln des **§ 77** aber **zumindest sinngem** angewandt werden; insbes können Auswahlrichtlinien sowohl vom AG als auch vom BR entspr § 77 Abs 5 gekündigt werden <L: Richardi/*Thüsing* Rn 59 und 61; DKW/*Klebe/Wankel* Rn 14; ErfK/*Kania* Rn 5; GK/*Raab* Rn 11>.

13

2. Betriebe mit 500 Arbeitnehmern und weniger

In Betrieben mit 500 AN oder weniger muss der BR nach Abs 1 Auswahlrichtlinien zustimmen, dies gilt auch, sofern eine KI-Anwendung eigenständig oder innerhalb eines von einem Dritten vorgegebenen Rahmens Auswahlrichtlinien aufstellt – und nicht der AG selbst, Abs 2a (Rn 18). Da er auf ein Zustimmungsrecht beschränkt ist, kann der BR **nicht** seinerseits **initiativ** werden, um die Einführung oder Änderung einer Auswahlrichtlinie zu erreichen. Da der BR kein Initiativrecht hat, endet mit Ablauf der Kd-Frist (Rn 13) das Recht des AG, die gekündigte Richtlinie zu verwenden, eine Nachwirkung analog § 77 Abs 6 scheidet aus, vgl § 77 Rn 64, 66 <L: Richardi/*Thüsing* Rn 60; GK/*Raab* Rn 12; *Fitting* Rn 6; ErfK/*Kania* Rn 5; HWGNRH/*Rose* Rn 82; aA DKW/*Klebe/Wankel* Rn 14>. Können sich AG und BR über die Auswahlrichtlinien oder deren Inhalt

14

§ 95 Auswahlrichtlinien

nicht einigen, entscheidet in Betrieben mit bis zu 500 AN die **ES nur auf Antrag des AG**, nicht aber auf Antrag des BR, Abs 1 S 2 iVm Abs 2 S 1 <R: BAG 10.12.2002, 1 ABR 27/01, ZTR 2003, 584; 26.7.2005, 1 ABR 29/04, BB 2005, 2819; L: Richardi/*Thüsing* Rn 65; GK/*Raab* Rn 60; *Fitting* Rn 3, 15; HWGNRH/*Rose* Rn 78; ErfK/*Kania* Rn 6; krit DKW/*Klebe/Wankel* Rn 17>.

3. Betriebe mit mehr als 500 Arbeitnehmern

15 Nach Abs 2 kann der BR **in Betrieben mit mehr als 500 AN initiativ** werden, also die Aufstellung von Auswahlrichtlinien (nach Abs 2a unter Einsatz von KI, Rn 18) verlangen und im Streitfall die ES anrufen; vor allem in solchen größeren Unternehmen wird der Einsatz von KI relevant. Die wahlberechtigten **Leih-AN** sind seit dem AÜG-Änderungsgesetz v 21.2.2017 mWz 1.4.2017 gem **§ 14 Abs 2 S 4 AÜG** mitzuzählen <L: *Fitting* Rn 16; Richardi/*Thüsing* Rn 52 allerdings nicht auf § 14 Abs 2 S 4 abstellend; **aA** GK/*Raab* Rn 29 aufgrund des Zwecks des Schwellenwertes entgegen dem Wortlaut des AÜG; HWGNRH/*Rose* Rn 76 aber noch auf AÜG aF abst>, wohl aber dann, wenn sich die beabsichtigten Richtlinien auch oder ausschließl auf die nach § 99 mitbestimmungspflichtige (§ 99 Rn 17) Einstellung von Leih-AN beziehen sollen <R: LAG HH 21.9.2006, 1 TaBV 5/06, AuR 2008, 161 (LS)>.

16 Auswahlrichtlinien in Betrieben mit mehr als 500 AN **wirken gem § 77 Abs 6 nach** <L: Richardi/*Thüsing* Rn 60 mwN>. Abs 2 beschränkt das Initiativrecht (und damit die Nachwirkung) auf Auswahlrichtlinien, die fachl, persönl und soziale Gesichtspunkte regeln; für Auswahlrichtlinien über das Auswahlverf (Rn 12) bleibt es beim Zustimmungsrecht aus Abs 1 <L: *Zöllner* FS G Müller, S 665, 681 f; GK/*Raab* Rn 20; HWGNRH/*Rose* Rn 15; **aA** Richardi/*Thüsing* Rn 14; DKW/*Klebe/Wankel* Rn 19; wohl auch *Fitting* Rn 21>.

17 Erzwingen kann der BR nach Abs 2 nur „**Richtlinien**", dh nur Vereinbarungen über allg Auswahlvoraussetzungen. Der BR kann die Einführung personeller Auswahlrichtlinien zur Förderung von schwerbehinderten Menschen auch dann nach Abs 2 verlangen, wenn für den Betrieb eine Integrationsvereinbarung nach § 83 SGB IX getroffen werden könnte; das folgt schon aus der allg Aufgabe des BR aus § 80 Abs 1 Nr 4, die Eingliederung der Schwerbehinderten und sonstiger bes schutzbedürftiger Personen zu fördern <R: LAG Köln 3.5.2005, 9 TaBV 76/04, NZA-RR 2006, 580>. Die Auswahl selbst ist Sache des AG. Nach Abs 2 erzwingbare Richtlinien dürfen den Ermessensspielraum des AG lediglich durch Entscheidungskriterien einschränken, sie dürfen seine Entscheidungsfreiheit aber nicht vollständig beseitigen <R: BAG 10.12.2002, 1 ABR 27/01, ZTR 2003, 584; 26.7.2005, 1 ABR 29/04, BB 2005, 2819; L: *Fitting* Rn 19; **abw** allenfalls für einen Ermessensfehler der ES DKW/*Klebe/Wankel* Rn 27 f>.

4. Einsatz Künstlicher Intelligenz

18 Durch das **Betriebsrätemodernisierungsgesetz** v 14.6.2021 (BGBl I 2021 S 1762) mWv 18.6.2021 **stellt Abs 2a nun klar** <L: BR-Drs 271/21, S 20 und BT-Drs 19/28899, S 23>, dass die **Rechte des BR nach Abs 1** gleichermaßen bei einem Einsatz von KI gelten – sofern eine KI-Anwendung eigenständig oder innerhalb eines von einem Dritten vorgegebenen Rahmens selbst Auswahlrichtlinien aufstellt <L: BR-Drs 271/21, S 20 f; BT-Drs

19/28899, S 23>; etwa sofern die KI Bewerbungen mit dem Anforderungsprofil vergleicht und diese nach bestimmten Auswahlkriterien vorsortiert <**L:** *Frank/Heine* NZA 2021, 1448, 1449>. Entwickelt nicht die KI die Auswahlrichtlinien, sondern gibt der AG die Auswahlkriterien selbst vor, stellt er die Richtlinien auf – nicht die KI, wie es aber der Wortlaut des Abs 2a verlangt. Der BR ist dann an der Aufstellung durch den AG nach Abs 1 zu beteiligen <**L:** *Frank/Heine* NZA 2021, 1448, 1449; *Möllenkamp* DB 2021, 1198, 1201>. Aufgrund des Prinzips des ständigen Selbstlernens der KI, darf aus Praktikabilitätsgründen nicht jede Fortentwicklung der Auswahlrichtlinie der Zustimmung des BR unterliegen <**L:** *Horstmeier* BB 2022, 116, 121>. Nach Abs 2a gelten ferner gleichermaßen die **Rechte des BR aus Abs 2**: Der BR darf die Aufstellung von Auswahlrichtlinien durch KI initiativ in größeren Unternehmen mit mehr als 500 AN verlangen (Rn 15 ff). Kommt bislang im Unternehmen noch keine KI zum Einsatz, kann der BR nicht deren Einführung verlangen: Abs 2a sichert nur die Rechte des BR aus Abs 1 und 2 (eben oben) <**L:** *Frank/Heine* NZA 2021, 1448, 1449 f; zur bloßen Sicherung der Rechte auch ErfK/*Kania* Rn 9>. Da es an einer klaren Definition von KI auch im Rahmen des § 95 fehlt (ausführlich zur Bedeutung von KI § 90 Rn 7), sollten die Betriebsparteien zur Vermeidung von Rechtsstreitigkeiten diese **gemeinsam definieren** und so (unter anderem) den Anwendungsbereich von § 95 konkretisieren (§ 90 Rn 7) <**L:** zu einer Digitalisierungsvereinbarung vgl etwa *Ludwig/Hinze* NZA 2021, 1444, 1447 f>. Nach § 80 Abs 3 S 2 und 3 nF wird wohl häufig ein Sachverständiger über den Einsatz von KI entscheiden (§ 80 Rn 56).

IV. Nichtbeachtung des Mitbestimmungsrechts

Verstößt der AG gg eine Auswahlrichtlinie, kann der BR nach § 99 Abs 2 Nr 2 seine Zustimmung zu einer Einstellung oder Versetzung verweigern, § 99 Rn 75 (zu Umgruppierungen Rn 1). Da § 95 nicht der Verhinderung von Einstellungen dient, sondern dem BR Rechte bei der Auswahl der AN gewährt (Rn 1 und § 99 Rn 57 f), berechtigt ein Verstoß gg § 95 nicht zur Zustimmungsverweigerung nach § 99 Abs 2 Nr 1 <**R:** BAG 10.7.2013, 7 ABR 91/11, NZA 2013, 1296 Rn 27>. Verstößt der AG bei einer o Kd gg eine Auswahlrichtlinie, kann der BR der Kd nach **§ 102 Abs 3 Nr 2** widersprechen, § 102 Rn 83 ff. Auch der AN kann sich im Kd-Schutzprozess gem § 1 Abs 2 S 2 Nr 1a KSchG auf den Verstoß gg die Auswahlrichtlinie berufen.

19

Der AG darf eine Auswahlrichtlinie nicht anwenden, solange der BR dieser nicht zugestimmt hat und seine Zustimmung nicht gem Abs 1 S 2 und 3 durch die ES ersetzt worden ist. Wendet der AG ein ohne Beteiligung des BR aufgestelltes Punkteschema an, führt der Mitbestimmungsverstoß allein **nicht zur Unwirksamkeit der ausgesprochenen Kd** <**R:** BAG 9.11.2006, 2 AZR 812/05, BB 2007, 1393; zum PersVG BAG 6.7.2006, 2 AZR 442/05, NZA 2007, 139; zu einer nicht mitbestimmten Bewertungsmatrix mit Punktetabelle für die Einstellungsentscheidung LAG Köln 19.11.2021, 9 TaBV 15/21, BeckRS 2021, 42832 nrk (AZ BAG 1 ABR 1/22); **aA** LAG Hamm 21.11.2008, 13 TaBV 84/08, BeckRS 2009, 55974; **L:** *Fitting* Rn 8; HWGNRH/*Rose* Rn 92; **aA** Richardi/*Thüsing* Rn 75>.

20

Verstößt der AG gg § 95 und wendet Auswahlrichtlinien an, ohne den BR beteiligt zu haben, kann der **BR** aufgrund seines **allg Unterlassungsanspruchs** Unterlassung **verlan-**

21

§ 95   Auswahlrichtlinien

gen und im arbg Beschlussverf, ggfs im Wege der eV, durchsetzen <R: BAG 26.7.2005, 1 ABR 29/04, BB 2005, 2819; 9.11.2006, 2 AZR 812/05, BB 2007, 1393; LAG Köln 19.11.2021, 9 TaBV 15/21, BeckRS 2021, 42832 nrk (AZ BAG 1 ABR 1/22) **L:** GK/*Raab* Rn 31; DKW/*Klebe/Wankel* Rn 41; *Fitting* Rn 31; zurückhaltend Richardi/*Thüsing* Rn 75; abw nur für einen Anspruch aus § 23 Abs 3 HWGNRH/*Rose* Rn 94>.

V. Versetzung iS des Abs 3

22   § 95 Abs 3 enthält eine Legaldefinition der Versetzung. Da die Versetzung insbes für das Zustimmungserfordernis in § 99 wichtig ist, wird § 95 Abs 3 bei § 99 mitkommentiert, § 99 Rn 24 ff.

Zweiter Unterabschnitt
Berufsbildung

§ 96 Förderung der Berufsbildung

(1) Arbeitgeber und Betriebsrat haben im Rahmen der betrieblichen Personalplanung und in Zusammenarbeit mit den für die Berufsbildung und den für die Förderung der Berufsbildung zuständigen Stellen die Berufsbildung der Arbeitnehmer zu fördern. Der Arbeitgeber hat auf Verlangen des Betriebsrats den Berufsbildungsbedarf zu ermitteln und mit ihm Fragen der Berufsbildung der Arbeitnehmer des Betriebs zu beraten. Hierzu kann der Betriebsrat Vorschläge machen.

(1a) Kommt im Rahmen der Beratung nach Absatz 1 eine Einigung über Maßnahmen der Berufsbildung nicht zustande, können der Arbeitgeber oder der Betriebsrat die Einigungsstelle um Vermittlung anrufen. Die Einigungsstelle hat eine Einigung der Parteien zu versuchen.

(2) Arbeitgeber und Betriebsrat haben darauf zu achten, dass unter Berücksichtigung der betrieblichen Notwendigkeiten den Arbeitnehmern die Teilnahme an betrieblichen oder außerbetrieblichen Maßnahmen der Berufsbildung ermöglicht wird. Sie haben dabei auch die Belange älterer Arbeitnehmer, Teilzeitbeschäftigter und von Arbeitnehmern mit Familienpflichten zu berücksichtigen.

Literatur: *Alexander*, Das weite Verständnis der betrieblichen Berufsbildung, NZA 1992, 1057; *Altunkas*, Betriebliche Qualifizierung, AiB 2013, 248; *Birk*, Berufsbildung und Arbeitsrecht – Zu einigen arbeitsrechtlichen Fragen der beruflichen Ausbildung, Fortbildung und Umschulung, FS Gnade (1992), S 311; *Brachmann/Menzel*, Mitbestimmung bei Fortbildungen, AuA 2014, 512; *Däubler*, Betriebliche Weiterbildung als Mitbestimmungsproblem – Status quo und rechtspolitische Perspektiven, BB 2000, 1190; *Fracke*, Die betriebliche Weiterbildung (2003); *Gilberg*, Die Mitwirkung des Betriebsrats bei der Berufsbildung (1999); *Goos*, Betriebsvereinbarungen über Weiterbildung, ZfA 1991, 61; *Hamm*, Mitbestimmung und Berufsbildung, AuR 1992, 326; *Hammer*, Unternehmensbezogene Informationen als Grenze des Mitbestimmungsrechts bei betrieblichen Fort- und Weiterbildungsmaßnahmen?, AuR 1985, 210; *ders*, Der betriebsverfassungsrechtliche Begriff der Berufsbildung in Rechtsprechung und Literatur, ZTR 1996, 245; *Heidemann*, Regelungen zur Weiterbildung, PersR 2008, 110; *Kallenberg*, Die betriebliche Berufsbildung als Beteiligungsgegenstand nach dem Betriebsverfassungsgesetz, ZBVR 2003, 40; *Käufer*, Weiterbildung im Arbeitsverhältnis (2002); *Kleinebrink*, Initiativrechte des Betriebsrats auf digitale Weiterbildung der Arbeitnehmer, DB 2018, 254; *Kraushaar*, Betriebliche Berufsfortbildung und Betriebsrat, AuR 1989, 173; *Lakies*, Aufgaben und Rechte des Betriebsrats bei der Berufsbildung, ZBVR online 2014, Nr 6, 32; *Malotte/Mencke*, Chancen durch Weiterbildung – die Berufsbildungsbedarfsanalyse nach § 96 BetrVG, AiB 2003, 669; *Mosch/Oelkers*, Mitbestimmung bei betrieblichen Bildungsmaßnahmen, NJW-Spezial 2008, 594; *Oetker*, Die Mitbestimmung der Betriebs- und Personalräte bei der Durchführung von Berufsbildungsmaßnahmen, 1986; *ders*, Betriebsverfassungsrechtliche Aspekte des Ausbildungsverbundes, DB 1985, 1739; *Pristin*, Ohne Qualifizierung geht nichts, AiB 2017, Nr 6, 14; *Rhode*, Führungskräfteentwicklung, AiB 2004, 342; *Rieble*, Erweiterte Mitbestimmung in personellen Angelegenheiten, NZA 2001, Sonderheft BetrVG S 48; *Sandmann/Schmitt-Rolfes*, Arbeitsrechtliche Probleme der Arbeitnehmerweiterbildung, ZfA 2002, 295; *Sarge*, Aktuelle Rechtsfragen der Auslandsausbildung – Auslandsaufenthalt von Auszubildenden und Rechte des Betriebsrats, AiB 2007, 107; *Scheriau*, Weiterbildung als Instrument der Beschäftigungssicherung, AiB 2010, 741; *S Schneider*, Das Mandat des Betriebsrats zur Beschäftigungsförderung und -sicherung im Betrieb (2004); *Wiesinger*, Berufs-

§ 96 Förderung der Berufsbildung

bildung – Rechte des Betriebsrats iSd BetrVG, BuW 2003, 780; *Wittenberg*, Aufgaben und Befugnisse des Betriebsrats im Zusammenhang mit der Qualifizierung der Arbeitnehmer, ZBVR online 2013, Nr 9, 32.

Übersicht

	Rn.		Rn.
I. Normzweck und Anwendungsbereich	1	2. Beratungs- und Vorschlagsrecht des Betriebsrats, Abs 1 S 2 und 3, Vermittlung durch die Einigungsstelle, Abs 1a	11
II. Berufsbildung	3		
III. Mitwirkungsrechte des Betriebsrats	7		
1. Förderungspflichten von Arbeitgeber und Betriebsrat, Abs 1 S 1, Abs 2	7		

I. Normzweck und Anwendungsbereich

1 § 96 (und § 97 Abs 1) räumen dem BR **Beratungs-, Vorschlagsrechte und Förderungspflichten** hinsichtl der Berufsbildung ein, aber kein echtes MBR: Für die Planung und Konzeption der berufl Bildung bleibt der AG allein zuständig; der BR kann den AG nicht zwingen, best Berufsbildungsmaßnahmen durchzuführen <L: GK/*Raab* Rn 22 mwN>. Ein MBR besteht nur für die nähere Ausgestaltung berufl Bildungsmaßnahmen nach § 97 Abs 2 (§ 97 Rn 2 ff) und bei der Auswahl von Teilnehmern nach § 98 Abs 3, 4 (§ 98 Rn 13 ff) und der Bestellung und Abberufung von Ausbildern nach § 98 Abs 2 (§ 98 Rn 8 ff).

2 Erfasst werden Auszubildende (§ 5 Abs 1 BetrVG) und AN mit Arbeitsvertrag zum Betriebsinhaber; für die Berufsbildung der **Leih-AN** ist der Verleiher und Vertrags-AG zuständig <R: LAG HH 31.10.2012, 5 TaBV 6/12, nv (juris); L: *Fitting* Rn 6>, noch Rn 6. Aus § 96 folgen auch **keine Individualansprüche** einzelner AN auf berufl Förderung – weder aus Abs 1 S 1 <L: Richardi/*Thüsing* Rn 18 mwN> noch aus Abs 2 <L: Richardi/*Thüsing* Rn 28 mwN>. Individualansprüche können sich aber aus den AN-Weiterbildungsgesetzen der Bundesländer ergeben: <L: *Fitting* Rn 24; ErfK/*Kania* Rn 10>, aus TV oder dem Arbeitsvertrag.

II. Berufsbildung

3 § 96 formuliert einen **weiten Begriff** der Berufsbildung. Darunter sind **alle Bildungsmaßnahmen mit einem Bezug zum Beruf** zu verstehen, also in Übereinstimmung mit § 1 Abs 1 BBiG die berufl Erstausbildung sowie die Umschulung und die Fortbildung <R: BAG 23.4.1991, 1 ABR 49/90, BB 1992, 565 mwN; 26.4.2016, 1 ABR 21/14, NZA 2016, 1036 Rn 21>. **Erstausbildung** und **Umschulung** vermitteln in einem geordneten Ausbildungsgang fachl Fertigkeiten und Kenntnisse iS einer berufl Grundausbildung, die überhaupt zu einer Tätigkeit in einem best Beruf qualifiziert. Ein Unterschied besteht nur insoweit, als die Erstausbildung den Auszubildenden erstmals zur Aufnahme eines Berufs befähigt, während der Umschüler bereits einen Beruf erlernt hat und mit Hilfe der Umschulung Kenntnisse und Fertigkeiten für einen anderen Beruf erwirbt. Der Begriff der Berufsausbildung in § 96 erfasst über das BBiG hinaus auch sonstige, insbes auch kurze berufl Ausbildungsmaßnahmen, also neben der Vermittlung von Fertigkeiten und Kennt-

II. Berufsbildung § 96

nissen in einem geordneten Ausbildungsgang auch das **Anlernen** einer neuen Tätigkeit <R: für einen weiten Begriff BAG 23.4.1991, aaO; 28.1.1992, 1 ABR 41/91, BB 1992, 1488; L: GK/*Raab* Rn 11 mwN>.

Werden berufl Kenntnisse und Fertigkeiten innerhalb eines Berufs ledigl erweitert, ist 4 dies nicht als Fortbildung mitbestimmungspflichtig. **Fortbildung** sind nur solche Maßnahmen, die an den vorhandenen Wissensgrundstock der AN anknüpfen, fachl und berufl Kenntnisse vertiefen und aktualisieren und ein Mehr an Kenntnissen vermitteln, als zur Ausübung der dem AN momentan übertragenen Tätigkeit erforderl ist. Dabei meint berufl Fortbildung neben der Vermittlung neuer auch die fortlaufend notwendige Anpassung der AN-Kenntnisse an technische, organisatorische oder rechtl Neuerungen, ohne die eine geregelte Arbeitstätigkeit nicht mögl wäre <R: BAG 23.4.1991, 1 ABR 49/90, BB 1992, 565 zum Seminar „PC-Grundlagen">. Maßgebl kommt es darauf an, dass über die bloße Erhaltung und Vertiefung des bereits vorhandenen Wissens hinaus neue Kenntnisse und Fertigkeiten erworben werden, die sich zwar innerhalb des berufl Spektrums halten, aber über den Mindeststandard hinausgehen. Auf die **Form der Veranstaltung** (Vortragsveranstaltung oder Kurse, arbeitsbegleitende Veranstaltung oder Blockveranstaltung mit der Notwendigkeit einer vollständigen Freistellung, Seminare <R: BAG 23.4.1991, aaO zum Seminar „PC-Grundlagen">) kommt es nicht an.

Wird ein AN hingg **gem § 81 Abs 1 S 1** ledigl in die arbeitsvertragl geschuldete Tätigkeit 5 gezielt **eingewiesen**, ist das **keine Berufsbildung iS der §§ 96ff** <R: BAG 23.4.1991, 1 ABR 49/90, BB 1992, 565 zu 1 1/2-stündigen Veranstaltungen zur Vermittlung eines Verständnisses für Hygienemaßnahmen und Hygienetechnik in der Pharmaproduktion; L: *Fitting* Rn 11; GK/*Raab* Rn 12ff ausf zur Abgrenzung; Richardi/*Thüsing* Rn 16; DKW/ *Buschmann* Rn 10ff; HWGNRH/*Worzalla* Rn 6ff>: § 81 Abs 1 S 1 setzt voraus, dass der eingewiesene AN die erforderl Fähigkeiten und Kenntnisse besitzt und diese ledigl mit Bezug auf den konkreten Arbeitsplatz konkretisiert zu werden brauchen <R: BAG 23.4.1991, aaO; LAG Hamm 8.11.2002, 10 (13) TaBV 59/02, NZA-RR 2003, 543; enger zum PersVG BVerwG 27.11.1991, 6 P 7/90, PersR 1992, 147 für die Einweisung in ein Mehrplatz-Textsystem; 17.10.2002, 6 P 3/02, ZTR 2003, 526>. Keine Berufsbildungsmaßnahmen sind deshalb Schulungen, mit denen Verhaltens- und Leistungsdefizite der AN eines Kaufhauses abgebaut werden sollen, die der AG durch eine Befragung von Kunden ermittelt hat, welche das Verhalten und die Leistung der AN in einzelnen Abteilungen als wenig „freundlich", „hilfsbereit" oder „fachkundig" bewertet haben <R: BAG 28.1.1992, 1 ABR 41/91, BB 1992, 1488; L: Richardi/*Thüsing* Rn 16; GK/*Raab* Rn 20; ErfK/*Kania* Rn 9; **krit** *Fitting* Rn 22>. Demggü ist es keine Einweisung in den Arbeitsplatz, sondern eine Maßnahme der Berufsbildung, wenn neue Aufgaben eine längere Einarbeitungszeit erfordern <L: GK/*Raab* Rn 19>.

§ 96 erlaubt dem BR die Mitwirkung nur an Berufsbildungsmaßnahmen für **AN des Be-** 6 **triebs**, Rn 2. Das meint sowohl die Teilnahme an betriebl als auch an außerbetriebl Maßnahmen der Berufsbildung iS des § 97 Abs 1 (näher § 97 Rn 2, 7). Unschädl ist, wenn auch AN anderer Betriebe und Unternehmen an den Bildungsmaßnahmen teilnehmen oder wenn diese Maßnahmen außerhalb des Betriebs durchgeführt werden <R: BAG 4.12.1990, 1 ABR 10/90, DB 1991, 971; 12.11.1991, 1 ABR 21/91, DB 1992, 741>. Die AN des Betriebs müssen aber bei der Beteiligung Vorrang ggü den anderen Teilnehmern genießen. Ausschließl externe Veranstaltungen genügen nicht, auch wenn die Teilnehmer als Leih-AN beim AG eingesetzt werden <R: 26.4.2016, 1 ABR 21/14, NZA 2016, 1036

§ 96 Förderung der Berufsbildung

Rn 25>. Unterstützen können AG und BR etwa auch die Teilnahme von Fremdsprachensekretären oder Außenhandelskaufleuten an Sprachlehrgängen im Ausland, an der Qualifizierung in Fernstudiengängen usw.

III. Mitwirkungsrechte des Betriebsrats

1. Förderungspflichten von Arbeitgeber und Betriebsrat, Abs 1 S 1, Abs 2

7   Abs 1 S 1 verpflichtet AG und BR, die Berufsbildung der AN des Betriebs zu fördern. Ein echtes MBR wird dem BR insoweit aber nicht eingeräumt, Rn 1. **Abs 2 S 1** verstärkt die Förderungspflicht aus Abs 1 S 1, indem er AG und BR dazu anhält, allen AN unter Berücksichtigung der betriebl Notwendigkeiten die **Teilnahme an betriebl und außerbetriebl Maßnahmen der Berufsbildung** zu ermöglichen: Alle AN des Betriebs sollen die gleiche Chance auf Berufsbildung haben. An der Auswahl der Teilnehmer ist der BR dafür nach § 98 Abs 3, 4 zu beteiligen (§ 98 Rn 13 ff) <R: 26.4.2016, 1 ABR 21/14, NZA 2016, 1036 Rn 26>. Die Fördermaßnahmen müssen sich nach Abs 1 S 1 **iR der betriebl Personalplanung** halten, also die Zielvorgaben beachten, die die betriebl Personalbedarfsplanung iS des § 92 setzt. Daneben sind die bes Vorgaben der betriebl Berufsbildungsplanung zu beachten; insoweit kann der BR nach Abs 1 S 2 initiativ werden, gleich Rn 11, 13.

8   Nach Abs 2 S 2 müssen AG und BR darauf achten, dass für die Teilnahme an Berufsbildungsmaßnahmen auch **ältere AN, Teilzeitbeschäftigte (also insbes Frauen) und AN mit Familienpflichten** berücksichtigt werden; dies konkretisiert die allg Förderpflichten des BR aus § 80 Nr 2a, 2b und Nr 6 <R: BAG 15.4.2008, 1 ABR 44/07, NZA-RR 2009, 98> (§ 80 Rn 15 f und 20) und aus § 92 Abs 3 (§ 92 Rn 7) und ergänzt die Pflicht des AG zur Förderung der Berufsausbildung Teilzeitbeschäftigter in § 10 TzBfG, die aber hinter der Förderungspflicht des Abs 2 S 2 zurückbleibt <L: zu § 10 TzBfG ausf DKW/ *Buschmann* Rn 33 ff>. Um Teilzeitbeschäftigten eine Teilnahme an Berufsbildungsmaßnahmen während ihrer üblichen Arbeitszeiten zu ermöglichen, kann der AG etwa betriebl Berufsbildungsmaßnahmen nur halbtags durchführen; ebenso kann er Tagesveranstaltungen mit Kinderbetreuung anbieten, um AN mit Kindern entgegenzukommen.

9   Nach **§ 19 TzBfG** hat der AG dafür Sorge zu tragen, dass auch befristet beschäftigte AN an Berufsbildungsmaßnahmen teilnehmen, sofern nicht dringende betriebl Gründe oder Aus- und Fortbildungswünsche anderer AN entgegenstehen; einen entspr Förderungsauftrag des BR enthält weder das TzBfG noch § 80. Konsequent verpflichtet Abs 1 S 2 AG und BR nicht, die Berufsbildungsbelange ausländischer AN bes zu berücksichtigen: § 80 Abs 1 Nr 7 nimmt den BR nur in die Pflicht, um die Integration ausländischer AN, nicht aber deren Beschäftigung im Betrieb, zu fördern (§ 80 Rn 14 und 21).

10 Bei der Förderung der Berufsausbildung müssen AG und BR mit den für die Berufsbildung und deren Förderung **zuständigen Stellen zusammenarbeiten**. Das sind nach dem BBiG in erster Linie die verschiedenen Kammern (§ 71 BBiG), etwa die Handwerkskammern, die Industrie- und Handelskammern und die Landwirtschaftskammern und nach dem SGB III die Bundesagentur für Arbeit (§§ 56 ff, 81 ff SGB III). Zuständige Stellen iS des § 96 sind auch die berufsbildenden und weiterbildenden Schulen sowie die AG-Ver-

bände und Gewerkschaften, soweit sie die Berufsbildung fördern <L: GK/*Raab* Rn 26 f; ErfK/*Kania* Rn 10>.

2. Beratungs- und Vorschlagsrecht des Betriebsrats, Abs 1 S 2 und 3, Vermittlung durch die Einigungsstelle, Abs 1a

Abs 1 S 2 und 3 geben dem BR **auf Verlangen** ein **Mitberatungs- und Vorschlagsrecht** in Fragen der Berufsbildung, also über Ausbildungsart, Ausbildungsdauer und Zahl der Teilnehmer an Berufsbildungsmaßnahmen. Abs 1 S 2 macht die Beratung von einem Verlangen des BR abhängig; weiter gehend begründet § 97 Abs 1 unter den dortigen Voraussetzungen eine Beratungspflicht auf Initiative des AG (§ 97 Rn 5); der Beratungsanspruch ist im arbg Beschlussverf durchsetzbar. Der AG muss die Vorschläge des BR ebenso wie seine eigenen Planungen mit dem BR erörtern. Das hindert den AG aber nicht daran, die Berufsbildung anschließend entspr seinen eigenen Vorstellungen zu regeln oder nicht zu regeln. Eine Ausnahme macht nur § 97 Abs 2 (§ 97 Rn 7 ff); bei der Durchführung von Berufsbildungsmaßnahmen beschränken die MBR aus § 98 den AG (§ 98 Rn 2 ff, 13 ff). Allerdings kann der BR die **ES** (§ 76 Rn 1 ff) seit dem 18.6.2021 (**Betriebsrätemodernisierungsgesetz** v 14.6.2021, BGBl I 2021 S 1762, mWv 18.6.2021) nach Abs 1a um **Vermittlung** anrufen, sofern eine Einigung mit dem AG über Maßnahmen der Berufsbildung nicht zustande kommt. Die ES übernimmt in diesem Fall eine moderierende Fkt zwischen den Parteien und versucht, auf eine Einigung hinzuwirken. Sie hat keine Spruchkompetenz, sodass kein Einigungszwang besteht <L: BR-Drs 271/21, S 21; BT-Drs 19/28899, S 23> und der AG auch weiterhin nur nach seinen eigenen Vorstellungen agieren kann; anders etwa gem § 97 Abs 2 S 2 und 3 sowie gem § 98 Abs 4. Die **Kosten** für die Vermittlung durch die ES nach Abs 1a trägt aber stets der AG, § 76a Abs 1 (§ 76a Rn 1 ff) <L: BR-Drs 271/21, S 12; BT-Drs 19/28899, S 16>, sodass er an konstruktiven Lösungen im Vorfeld interessiert sein dürfte. **Auch der Arbeitgeber** kann die ES um Vermittlung anrufen.

Um mit dem AG über Fragen der Berufsbildung zu beraten und ggfs Vorschläge zu machen, benötigt der BR Kenntnisse über die **finanziellen Mittel**, die der AG für Maßnahmen der Berufsbildung zur Verfügung stellt und darüber, wie diese Mittel auf die einzelnen Bereiche, die Kostenstellen, verteilt sind; insoweit kann der BR **nach § 80 Abs 2** Auskunft verlangen <R: LAG Hamm 23.9.1997, 13 TaBV 32/97, AuR 1998, 125 (LS)>.

Primär richten sich das Beratungs- und das Vorschlagsrecht auf die **Berufsdeckungsplanung**, also auf die Frage, mit welchen Maßnahmen der Berufsbildungsbedarf im Betrieb gedeckt werden kann. Weiter gehend als § 92 Abs 1 S 2, der den BR auf die Beratung über die Personaldeckungsplanung beschränkt (§ 92 Rn 13), erlaubt Abs 1 S 2 dem BR aber auch die Beratung über die **Berufsbedarfsplanung** (Rn 14): Der BR kann initiativ werden und vom AG verlangen, Maßnahmen der Berufsbildung mit ihm zu beraten, auch wenn der AG selbst keine Personalplanungsmaßnahmen im Bereich der Berufsbildung plant <L: Richardi/*Thüsing* Rn 20, 22; GK/*Raab* Rn 32>.

Nach dem durch das BetrVerf-RG 2001 eingefügten Abs 1 S 2 ist der AG auf Verlangen des BR verpflichtet, den gegenwärtigen und künftigen **Berufsbildungsbedarf** quantitativ und qualitativ **zu ermitteln**: Auf Verlangen des BR muss der AG ermitteln, wie viele Arbeitskräfte mit welchen Kenntnissen und Fähigkeiten er für die gegenwärtigen und künf-

§ 96 Förderung der Berufsbildung

tigen Arbeitsaufgaben benötigt, und dieser Planung den gegenwärtigen und künftigen Stand im Betrieb gegenüberstellen. Aus diesem Soll-Ist-Vergleich ergibt sich der Berufsbildungsbedarf, der dem BR nicht schriftl mitzuteilen ist <R: LAG HH 31.10.2012, 5 TaBV 6/12, nv (juris)>. Während § 92 dem BR für die Personalentwicklungsplanung lediglich ein Vorschlagsrecht gibt und iÜ eine Personalplanung des AG voraussetzt (§ 92 Rn 13), begründet Abs 1 S 2 einen im arbg Beschlussverf durchsetzbaren **Anspruch** des BR gg den AG <L: HWGNRH/*Worzalla* Rn 30>: Auf Verlangen des BR ist der AG verpflichtet, den Berufsbildungsbedarf zu ermitteln und sich best Informationen überhaupt erst zu beschaffen <R: LAG HH 31.10.2012, aaO>. Das gilt auch dann, wenn der AG keinen aktuellen Berufsbildungsbedarf sieht, Rn 13 <L: GK/*Raab* Rn 29; *Fitting* Rn 36>. Eine Grenze setzt aber insoweit die dem AG frei stehende Personalplanung, Rn 15. Aus einem einmaligen Verlangen des BR kann keine Pflicht des AG folgen, regelmäßig, etwa einmal im Jahr, bzgl des Berufsbildungsbedarfs aktiv zu werden <R: LAG HH 31.10.2012, aaO>.

15 § 96 berechtigt den BR **nicht dazu, an der Planung mitzuwirken**: Nach Abs 1 S 2 fällt die Bedarfsermittlung – ebenso wie die Personalbedarfsplanung nach § 92 (§ 92 Rn 13) – ausschließl in die Kompetenz des AG: Der BR kann nur verlangen, dass der AG seine Planung mit ihm nach Abs 1 S 2 berät <L: *Rieble* NZA 2001, Sonderheft BetrVG S 48, 52> und die ES hierbei ggf nach Abs 1a vermittelt. Über Abs 1 S 2 kann der BR auch nicht erzwingen, dass der AG eine umfassende Unternehmens- und Personalplanung iS des § 92 durchführt, um auf deren Grundlage den Berufsbildungsbedarf zu ermitteln <L: *Rieble* NZA 2002, Sonderheft BetrVG S 48, 51 f; **weiter** offenbar *Engels/Trebinger/Löhr-Steinhaus* DB 2001, 532, 538>. Vielmehr darf sich der AG darauf beschränken, den Berufsbildungsbedarf anzugeben, so wie er aus seinen sonstigen Planungen folgt. Plant der AG Änderungen, können diese aber das MBR des BR aus § 97 Abs 2 auslösen (§ 97 Rn 7 ff).

§ 97 Einrichtungen und Maßnahmen der Berufsbildung

(1) Der Arbeitgeber hat mit dem Betriebsrat über die Errichtung und Ausstattung betrieblicher Einrichtungen zur Berufsbildung, die Einführung betrieblicher Berufsbildungsmaßnahmen und die Teilnahme an außerbetrieblichen Berufsbildungsmaßnahmen zu beraten.

(2) Hat der Arbeitgeber Maßnahmen geplant oder durchgeführt, die dazu führen, dass sich die Tätigkeit der betroffenen Arbeitnehmer ändert und ihre beruflichen Kenntnisse und Fähigkeiten zur Erfüllung ihrer Aufgaben nicht mehr ausreichen, so hat der Betriebsrat bei der Einführung von Maßnahmen der betrieblichen Berufsbildung mitzubestimmen. Kommt eine Einigung nicht zustande, so entscheidet die Einigungsstelle. Der Spruch der Einigungsstelle ersetzt die Einigung zwischen Arbeitgeber und Betriebsrat.

Literatur: *Altunkas*, Betriebliche Qualifizierung, AiB 2013, 248; *Brachmann/Menzel*, Mitbestimmung bei Fortbildungen, AuA 2014, 512; *Burkert*, Das neue Mitbestimmungsrecht des Betriebsrats gemäß § 97 Absatz 2 BetrVG (2005); *Franzen*, Das Mitbestimmungsrecht des Betriebsrats bei der Einführung von Maßnahmen der betrieblichen Berufsbildung nach § 97 II BetrVG, NZA 2001, 865; *Göpfert/Seier*, Die „Transformations-Einigungsstelle": Inhalt und Grenzen eines „Qualifizierungs-Sozialplans", NZA 2019, 588; *Kaiser*, Kündigungsprävention durch den Betriebsrat, FS Löwisch (2007), S 153; *Kleinebrink*, Initiativrechte des Betriebsrats auf digitale Weiterbildung der Arbeitnehmer, DB 2018, 254; *ders*, Mitbestimmung bei Workshops, Schulungen, Seminaren und Co, ArbRB 2014, 241; *Lakies*, Aufgaben und Rechte des Betriebsrats bei der Berufsbildung, ZBVR online 2014, Nr 6, 32; *Lingemann*, Betriebsänderungen nach neuem BetrVG, NZA 2002, 934; *Löwisch*, Auswirkungen des Betriebsverfassungs-Reformgesetzes auf Mitwirkung und Mitbestimmung des Betriebsrats, NZA 2001, Sonderbeil zu Heft 24, 40; *ders*, Beschäftigungssicherung als Gegenstand von Mitwirkungs- und Mitbestimmungsrechten im europäischen und deutschen Recht, FS Konzen (2006), S 533; *Rieble*, Erweiterte Mitbestimmung in personellen Angelegenheiten, NZA 2001, Sonderheft BetrVG S 48; *Scheriau*, Weiterbildung als Instrument der Beschäftigungssicherung, AiB 2010, 741; *Schiefer/Worzalla*, Moderne Arbeitswelt (Teil 2): Betriebsrat und Betriebsratsaufgaben, DB 2019, 2017; *Schulze/Wannisch*, Qualifizierung verhindert Abbau, AiB 2019, Nr 10, 13; *Schwarzbach*, Bei Veränderungen mithalten können, AiB 2010, 746; *Stück*, Recht auf Fortbildung, PERSONAL 2007, Nr 6, 58; *Wittenberg*, Aufgaben und Befugnisse des Betriebsrats im Zusammenhang mit der Qualifizierung der Arbeitnehmer, ZBVR online 2013, Nr 9, 32; *Zuber/Sprenger*, Das Mitbestimmungsrecht des Betriebsrats bei Berufsbildungsmaßnahmen nach § 97 Abs 2 BetrVG, AiB 2003, 358. S zudem noch die Angaben bei § 96.

Übersicht

	Rn.		Rn.
I. Normzweck und Anwendungsbereich	1	III. Mitbestimmungsrecht des Betriebsrats, Abs 2	7
II. Beratungsrecht des Betriebsrats, Abs 1	2	1. Voraussetzungen	7
1. Betriebliche Berufsbildungsmaßnahmen und -einrichtungen	2	2. Inhalt	12
2. Außerbetriebliche Berufsbildungsmaßnahmen	6	3. Auswirkungen auf Kündigungen	16

§ 97 Einrichtungen und Maßnahmen der Berufsbildung

I. Normzweck und Anwendungsbereich

1 Abs 1 ergänzt das allg Mitwirkungsrecht aus § 96 durch ein bes Beratungsrecht für best Berufsbildungsmaßnahmen (Rn 2 ff). 2001 ist § 97 in **Abs 2** um ein **MBR** erweitert worden, dass der Kd-Prävention dient, aber nur eine beschränkte Reichweite hat (Rn 7 ff).

II. Beratungsrecht des Betriebsrats, Abs 1

1. Betriebliche Berufsbildungsmaßnahmen und -einrichtungen

2 Abs 1 verpflichtet den AG zum einen, mit dem BR über die Einführung, die Errichtung und die Ausstattung betriebl Berufsbildungseinrichtungen und -maßnahmen zu beraten. Zur Berufsbildung § 96 Rn 3 ff. **Betriebl** sind Berufsbildungsmaßnahmen nur, wenn der AG Träger bzw Veranstalter der Maßnahme ist und sie für seine AN durchführt <**R**: BAG 4.12.1990, 1 ABR 10/90, DB 1991, 971; 12.11.1991, 1 ABR 21/91, DB 1992, 741; 18.4.2001, 1 ABR 28/99, DB 2000, 2433; 24.8.2004, 1 ABR 28/03, DB 2005, 781; 26.4.2016, 1 ABR 21/14, NZA 2016, 1036 Rn 22; **L**: Richardi/*Thüsing* Rn 8>. Träger bzw Veranstalter ist der AG auch dann, wenn er die Berufsbildungsmaßnahme in Zusammenarbeit mit Dritten durchführt und auf Inhalt und Durchführung rechtl oder tatsächl einen beherrschenden Einfluss hat <**R**: BAG 4.12.1990, 12.11.1991, 18.4.2001 und 24.8.2004, aaO; 5.3.2013, 1 ABR 11/12, AP Nr 15 zu § 98 BetrVG 1972 Rn 15; **L**: Richardi/*Thüsing* Rn 8>. **Für seine AN** führt der AG die Bildungsmaßnahme durch, wenn diese vorrangig seinen AN offen steht und andere Teilnehmer nur ausnahmsweise, etwa zur Lückenfüllung, berücksichtigt werden <**R**: BAG 4.12.1990 und 12.11.1991, aaO>; unbeachtlich ist, ob die anderen externen Teilnehmer als **Leih-AN** beim AG eingesetzt sind <**R**: 26.4.2016, 1 ABR 21/14, NZA 2016, 1036 Rn 25>, zu Leih-AN vgl § 96 Rn 2 und 6. Zu außerbetriebl Maßnahmen Rn 6.

3 **Berufsbildungseinrichtungen** setzen wie Sozialeinrichtungen iS des § 87 Abs 1 Nr 8 (§ 87 Rn 172) einen abgesonderten Teil konkreter Mittel mit einer gewissen Organisation voraus <**L**: aA GK/*Raab* Rn 6>. Betriebl Berufsbildungseinrichtung sind Lehr- oder Umschulungswerkstätten, betriebl Berufsbildungszentren <**L**: statt aller GK/*Raab* Rn 7> und eine vom AG allein betriebene Beschäftigungs- und Qualifizierungsgesellschaft <**L**: DKW/ *Buschmann* Rn 3; differenzierend ErfK/*Kania* Rn 2; **aA** GK/*Raab* Rn 7>; ob eine mit anderen AG gegründete Beschäftigungsgesellschaft eine betriebl (Rn 2) Einrichtung ist, ist eine Frage des Einzelfalls <**L**: näher *Kaiser* NZA 1992, 193, 195 f>.

4 Der AG ist verpflichtet, mit dem BR über die **Errichtung und Ausstattung** betriebl Berufsbildungseinrichtungen und die **Einführung** betriebl Berufsbildungsmaßnahmen zu beraten, Rn 5. Das Beratungsrecht besteht auch bei der **Schließung und Beendigung** solcher Einrichtungen und Maßnahmen als actus contrarius <**L**: DKW/*Buschmann* Rn 3; **aA** ErfK/*Kania* Rn 3; GK/*Raab* Rn 6; *Fitting* Rn 4; HWGNRH/*Worzalla* Rn 3> und bei einer **Änderung** bestehender Maßnahmen oder Einrichtungen <**L**: GK/*Raab* Rn 6; Richardi/ *Thüsing* Rn 6; *Fitting* Rn 4; DKW/*Buschmann* Rn 3; **aA** HWGNRH/*Worzalla* Rn 3>. Beratungsgegenstand ist bei Berufsbildungseinrichtungen neben der sachl und finanziellen auch die personelle Ausstattung; für die Bestellung und Abberufung von Ausbildern besteht zusätzl das MBR aus § 98 Abs 2 und 5. Errichtet der AG ständige Berufsbildungs-

einrichtungen (Rn 3) kommt zusätzl das MBR aus § 87 Abs 1 Nr 8 in Betracht (§ 87 Rn 168 ff); auch über § 87 Abs 1 Nr 8 kann der BR deren Errichtung aber nicht erzwingen (§ 87 Rn 169).

Der **AG** ist – anders als nach § 96 Abs 1 S 2 (§ 96 Rn 11) – nicht erst auf Verlangen des BR, sondern **von sich aus** verpflichtet über Fragen der betriebl Berufsbildung mit dem BR **zu beraten**, etwa über die Frage, ob im Betrieb Lehrlinge ausgebildet, ob Umschulungsmaßnahmen ergriffen, welche Ausbildungsgänge dabei angeboten werden sollen usw. Zur Beratung verpflichtet ist der AG, sobald er die Einführung oder Errichtung von Berufsbildungsmaßnahmen oder -einrichtungen **plant**. Dem AG bleibt damit sowohl die Initiative als auch die Entscheidung darüber vorbehalten, ob im Betrieb solche Maßnahmen durchgeführt oder Berufsbildungseinrichtungen errichtet werden; hinsichtl des „Ob" ist der BR auf sein Vorschlagsrecht aus § 96 Abs 1 S 3 (§ 96 Rn 11) und sein MBR aus Abs 2 beschränkt (Rn 7 ff). Führt der AG betriebl Berufsbildungsmaßnahmen durch, hat der BR ein MBR aus § 98 (§ 98 Rn 2 ff). 5

2. Außerbetriebliche Berufsbildungsmaßnahmen

Das Beratungsrecht des BR erstreckt sich auch auf die Teilnahme von AN an **außerbetriebl Berufsbildungsmaßnahmen**, etwa an Fortbildungskursen. Voraussetzung für das Beratungsrecht ist wie bei betriebl Berufsbildungsmaßnahmen, dass der AG die Teilnahme von AN an außerbetriebl Berufsbildungsmaßnahmen **plant**. Der AG muss mit dem BR alle Fragen beraten, die die Teilnahme der AN betreffen, also die Art der Maßnahme, die Auswahl der AN nach fachl und persönl Gesichtspunkten sowie den Zeitpunkt und die Dauer ihrer Teilnahme <L: Richardi/*Thüsing* Rn 10 mwN>. AG und BR müssen sowohl über die Belange derjenigen AN sprechen, die teilnehmen, als auch über die Belange der übrigen AN. Dabei haben AG und BR nach § 96 Abs 2 darauf zu achten, dass alle AN die gleiche Chance zur Teilnahme an Bildungsmaßnahmen erhalten (§ 96 Rn 8 f). Stellt der AG die AN für die Dauer der Teilnahme frei oder trägt er die Teilnahmekosten jedenfalls teilweise, hat der BR bei der Auswahl der teilnehmenden AN nach § 98 Abs 3, 4 mitzubestimmen (§ 98 Rn 2 ff) <R: 26.4.2016, 1 ABR 21/14, NZA 2016, 1036 Rn 26>. 6

III. Mitbestimmungsrecht des Betriebsrats, Abs 2

1. Voraussetzungen

Plant der AG Maßnahmen, aufgrund derer sich die Tätigkeit von AN ändert, sodass deren berufl Fähigkeiten und Kenntnisse zur Erfüllung ihrer Aufgaben nicht mehr ausreichen, muss der AG den einzelnen AN darüber nach § 81 Abs 4 unterrichten und mit ihm erörtern, wie seine berufl Kenntnisse und Fähigkeiten den künftigen Anforderungen angepasst werden können (§ 81 Rn 4, 7 ff). Damit korrespondiert die Pflicht des AG zur rechtzeitigen Beratung mit dem BR aus § 90 Abs 2 (§ 90 Rn 18 ff). Der durch das BetrVerf-RG in § 97 eingefügte Abs 2 erweitert die Rechte des BR und gibt ihm ein **echtes MBR mit Initiativrecht** <L: *Löwisch* BB 2001, 1734, 1795; *Reichold* NZA 2001, 857, 864>: Der BR hat über die Einführung von betriebl Berufsbildungsmaßnahmen mitzubestimmen, um Qualifikationsdefizite der AN zu beheben. Im Streitfall entscheidet nach Abs 2 S 2 und S 3 die ES verbindlich. 7

§ 97   Einrichtungen und Maßnahmen der Berufsbildung

8   Abs 2 zielt mittelbar auf den **präventiven Kd-Schutz** <**R:** LAG Hamm 8.11.2002, 10 (13) TaBV 59/02, NZA-RR 2003, 543; **L:** *Kaiser* FS Löwisch, S 153, 162 mwN; *Fitting* Rn 10; Richardi/*Thüsing* Rn 2; DKW/*Buschmann* Rn 8>. Voraussetzung für die Mitbestimmung des BR ist ein **vom AG verursachtes Qualifikationsdefizit der AN**. Ähnl wie beim Zustimmungsverweigerungsrecht nach § 99 Abs 2 Nr 3 reichen Kenntnisse und Fähigkeiten erst dann nicht mehr aus, wenn die begründete Besorgnis besteht, dass die vom AG geplanten Änderungen Qualifikationsdefizite bewirken, die zu Kd führen können <**R:** vgl LAG Hamm 8.11.2002, 10 (13) TaBV 59/02, NZA-RR 2003, 543; **L:** *Rieble* NZA 2001, Sonderheft BetrVG, 48, 54; *Kaiser* FS Löwisch, S 153, 162>. Dabei setzt das MBR des BR ein, wenn der AG solche Maßnahmen plant.

9   Qualifikationsmängel, deren **Ursache beim AN** liegen, lösen das MBR nach Abs 2 nicht aus. Bleiben die berufl Fähigkeiten eines AN etwa deswg hinter dem Erforderlichen zurück, weil er krankheitsbedingt oder wg Inanspruchnahme von Elternzeit längere Zeit nicht gearbeitet hat, kann der BR etwaige Qualifizierungsmaßnahmen nicht über Abs 2 erzwingen <**L:** *Löwisch* BB 2001, 1734, 1795; *Franzen* NZA 2001, 865, 866; GK/*Raab* Rn 20; *Fitting* Rn 12>. Insoweit ist der BR auf seine Vorschlagsrechte aus § 92 Abs 2 (§ 92 Rn 14) und aus § 92a Abs 1 beschränkt (§ 92a Rn 5 ff). Mit dem betriebl Eingliederungsmanagementverf (**BEM**) enthält **§ 167 Abs 2 SGB IX** eine Pflicht zur Beteiligung des BR: Sind AN innerhalb eines Jahres länger als sechs Wochen ununterbrochen oder wiederholt arbeitsunfähig krank, klärt der AG mit dem BR, bei schwerbehinderten Menschen außerdem mit der Schwerbehindertenvertretung iS des § 177 SGB IX, wie die Arbeitsunfähigkeit möglichst überwunden werden und mit welchen Leistungen oder Hilfen erneuter Arbeitsunfähigkeit vorgebeugt und der Arbeitsplatz erhalten werden kann; diese Pflicht besteht ggü allen, nicht nur ggü behinderten AN <**R:** BAG 12.7.2007, BB 2008, 277; **L:** BT-Drs 15/1783 S 15>; der AN muss der Beteiligung des BR usw zustimmen und ist am BEM zu beteiligen.

10   Wie in den Parallelvorschriften § 81 Abs 4 und § 90 lösen nur AG-Maßnahmen mit **Betriebsbezug** das MBR des BR aus, insbes eine Änderung der technischen Anlagen, der Arbeitsverf, -abläufe und -plätze, etwa wenn der AG von halbautomatischer auf vollautomatische Herstellung umstellt und die Programmierung und Bedienung der Herstellungsautomaten erhöhte Anforderungen an die AN stellt <**L:** so noch ausdrückl § 97 Abs 2 in der Fassung des RegE, BT-Drs 14, 5741 S 15 und 49 f; *Rieble* NZA 2001 Sonderheft BetrVG S 48, 52 f; auch *Franzen* NZA 2001, 865, 867 f>. Führen personelle Einzelmaßnahmen, etwa eine Versetzung, zu Qualifikationsdefiziten des versetzten AN, kann der BR hingg keine Maßnahmen zur Fortbildung des AN verlangen <**L:** *Rieble* NZA 2001, Sonderheft BetrVG, 48, 53; *Franzen* NZA 2001, 865, 868; GK/*Raab* Rn 18; **aA** *Fitting* Rn 13; DKW/*Buschmann* Rn 13>. Der BR wird durch Abs 2 nicht zum Sachwalter der Individualrechte der AN. Es bleibt bei der Pflicht des AG aus § 81 Abs 4, mit dem betroffenen AN Qualifizierungsmaßnahmen zu erörtern, und es obliegt dem AN, ggfs ein Mitglied des **BR** zu der Erörterung beizuziehen, § 81 Abs 4 S 3 <**L:** *Rieble* NZA 2001, Sonderheft BetrVG, 48, 53; *Franzen* NZA 2001, 865, 868>.

11   Führt die Einführung grundlegend neuer Arbeitsmethoden und Fertigungsverf, etwa der Übergang von halbautomatischer zu vollautomatischer Fertigung, zu Qualifikationsdefiziten der AN, ist diese Maßnahme eine **Betriebsänderung iS des § 111 S 3 Nr 5** (§ 111 Rn 48), über die der AG den BR gem § 111 S 1 rechtzeitig und umfassend unterrichten und die er mit dem BR beraten muss. Inhalt des nach § 112 Abs 1–3 abzuschließenden

III. Mitbestimmungsrecht des Betriebsrats, Abs 2   § 97

Interessenausgleichs können auch wg der Betriebsänderung notwendig werdende, personelle Einzelmaßnahmen, etwa Qualifizierungsmaßnahmen, sein. Der Interessenausgleich ist nicht erzwingbar. Darüber geht Abs 2 hinaus: Qualifizierungsmaßnahmen, die in Folge einer Betriebsänderung notwendig werden, kann der BR nach Abs 2 S 2 und S 3 erzwingen (zum beschränkten Umfang Rn 12 ff, 16 ff).

2. Inhalt

Abs 2 S 1 räumt dem BR ein MBR bei der Einführung von **Maßnahmen der betriebl Berufsbildung** ein. Anders als Abs 1, der neben der Einführung betriebl Berufsbildungsmaßnahmen auch die Errichtung und Ausstattung betriebl Einrichtungen zur Berufsbildung und die Teilnahme an außerbetriebl Berufsbildungsmaßnahmen nennt (Rn 2, 6), **beschränkt** Abs 2 die Beteiligung des BR **inhaltlich** auf die Mitbestimmung über die Frage, **welche Maßnahmen** der Berufsbildung innerbetriebl ergriffen werden sollen. Für das Ob betriebl Berufsbildungseinrichtungen, also für deren Errichtung und Ausstattung, und für die Teilnahme der AN an außerbetriebl Bildungsmaßnahmen ist der BR auf sein Beratungsrecht aus Abs 1 beschränkt <L: *Löwisch* BB 2001, 1734, 1795; *Rieble* NZA 2001 Sonderheft BetrVG, 48, 53 f; *Richardi/Thüsing* Rn 14; GK/*Raab* Rn 13; *Fitting* Rn 24>. Der BR kann insoweit nur die **Definition von Qualifizierungszielen und Qualifizierungswegen** mitbestimmen <L: *Löwisch* BB 2001, 1734, 1795; *Rieble* NZA 2001 Sonderheft BetrVG, 48, 53 f>. 12

Da der AG die Qualifikationsdefizite der AN durch seine organisatorischen Maßnahmen auslöst, muss er die Kosten für die Bildungsmaßnahmen tragen; eine **Kostenbeteiligung der AN** können weder AG und BR vereinbaren noch kann sie durch die ES festgesetzt werden <L: *Rieble* NZA 2001 Sonderheft BetrVG, 48, 55; *Franzen* NZA 2001, 865, 869; GK/*Raab* Rn 24; *Fitting* Rn 30 f; DKW/*Buschmann* Rn 24; abw HWGNRH/*Worzalla* Rn 26 ff; *Richardi/Thüsing* Rn 17; ErfK/*Kania* Rn 7>; im Arbeitsvertrag oder TV können aber mitbestimmungsfrei Rückzahlungsklauseln für den Fall vereinbart werden, dass der AN nach der Qualifizierung selbst kündigt <L: *Rieble* NZA 2001 Sonderheft BetrVG, 48, 55; *Franzen* NZA 2001, 865, 870; GK/*Raab* Rn 24; *Fitting* Rn 32; aA ErfK/*Kania* Rn 7; aA ganz gg die Zulässigkeit von Rückzahlungsklauseln DKW/*Buschmann* Rn 24>. Die Zeit, in der der AN an einer Qualifizierungsmaßnahme teilnimmt, ist **keine Arbeitszeit und daher nicht zu vergüten**. Eine Vergütung kann der BR auch nicht über § 97 Abs 2 erzwingen, sie kann nur durch TV, freiwillige BV (sofern nicht § 77 Abs 3 entgegensteht) oder im Arbeitsvertrag vereinbart werden <L: *Rieble* NZA 2001 Sonderheft BetrVG, 48, 55; *Franzen* NZA 2001, 865, 869; GK/*Raab* Rn 24; HWGNRH/*Worzalla* Rn 25 ff für eine Entsch im Einzelfall; **abw** nur für die Erzwingbarkeit einer unbezahlten Freistellung durch den AG Richardi/*Thüsing* Rn 17; wohl auch ErfK/*Kania* Rn 7; aA ganz gg die Möglichkeit einer unbezahlten Freistellung *Fitting* Rn 31; DKW/*Buschmann* Rn 24>. 13

Wg des Ziels der Mitbestimmung, durch die Behebung von Qualifikationsdefiziten personenbedingte (uU auch betriebsbedingte) Kd der AN wg Leistungsmängeln zu verhindern (Rn 8), schränkt **§ 1 Abs 2 S 3 KSchG** die Reichweite des Abs 2 weiter ein: Der BR kann nur solche Qualifizierungsmaßnahmen durchsetzen, die spätere Kd verhindern können. Das beschränkt den BR auf die Durchsetzung von Qualifizierungsmaßnahmen, die **dem AG zumutbar** sind <L: *Franzen* NZA 2001, 865, 867 und 871; *Kaiser* FS Löwisch, 14

§ 97 Einrichtungen und Maßnahmen der Berufsbildung

S 153, 163 f; Richardi/*Thüsing* Rn 15; *Fitting* Rn 25; ErfK/*Kania* Rn 6; HWGNRH/*Worzalla* Rn 18; **aA** GK/*Raab* Rn 22>.

15 Der BR kann aber **keine Individualansprüche einzelner AN** auf Qualifizierung erzwingen. Insoweit ist der BR auf seine MBR über die Auswahl der Teilnehmer nach § 98 Abs 3 (§ 98 Rn 13 ff) <L: *Löwisch* BB 2001, 1734, 1795; *Reichold* NZA 2001, 857, 864; *Rieble* NZA 2001 Sonderheft BetrVG, 48, 54; auch *Franzen* NZA 2001, 865, 868 f> und auf das Widerspruchsrecht nach § 102 Abs 3 Nr 4 beschränkt (§ 102 Rn 97 ff).

3. Auswirkungen auf Kündigungen

16 Abs 2 erhebt die Mitbestimmung **nicht zur Wirksamkeitsvoraussetzung** für eine spätere Kd: Unterlässt es der AG, den BR bei der Festlegung von Qualifizierungsmaßnahmen zu beteiligen, macht dies die Kd nicht unwirksam <L: *Franzen* NZA 2001, 865, 871; *Rieble* NZA 2001 Sonderheft BetrVG, 48, 55; *Kaiser* FS Löwisch, S 153, 163; Richardi/*Thüsing* Rn 16; GK/*Raab* Rn 31; *Fitting* Rn 37; *SWS* Rn 7m; **abw** *Annuß* NZA 2001, 367, 368; DKW/*Buschmann* Rn 28>. Denn die Verletzung eines MBR führt nur dann zur Unwirksamkeit einer individualrechtl Maßnahme, wenn diese selbst Gegenstand der Mitbestimmung ist <R: BAG 2.12.1999, 2 AZR 724/98, BB 2000, 1092; 5.4.2001, 2 AZR 580/99, BB 2001, 2115>. Abs 2 unterwirft aber nicht die Kd, sondern die Bildungsmaßnahme der Mitbestimmung.

17 **Ebenso wenig** hat der **BR einen Anspruch auf Unterlassung von Kd**, bis das Mitbestimmungsverf nach Abs 2 abgeschlossen ist <L: *Kaiser* FS Löwisch, S 153, 163; GK/*Raab* Rn 32; Richardi/*Thüsing* Rn 19; ErfK/*Kania* Rn 8; HWGNRH/*Worzalla* Rn 42; *SWS* Rn 7m; **aA** *Franzen* NZA 2001, 865, 871; *Fitting* Rn 36; DKW/*Buschmann* Rn 28>. Auch insoweit gilt, dass der Unterlassungsanspruch nicht weiter reicht als das MBR; zudem lässt der Unterlassungsanspruch aus § 98 Abs 5 S 1 einen Umkehrschluss zu <L: *Kaiser* FS Löwisch, S 153, 163 Fn 41; ErfK/*Kania* Rn 8; Richardi/*Thüsing* Rn 19>.

18 Weitergehende Wirkung hat die Mitbestimmung des BR aus Abs 2, wenn AG und BR vor Ausspruch der Kd bereits **Qualifizierungsmaßnahmen vereinbart** haben: Durch die Abrede mit dem BR hat der AG die Qualifizierungsmaßnahmen als zumutbar gem § 1 Abs 2 S 3 KSchG anerkannt. Will der AG einem AN kündigen, ohne diesen zu qualifizieren, kann der BR der Kd nach **§ 102 Abs 3 Nr 4** widersprechen und so die Weiterbeschäftigung des gekündigten AN während des Kd-Schutzprozesses erreichen. Vorbehaltlich der Sozialauswahl ist die Kd darüber hinaus nach § 1 Abs 2 S 3 KSchG unwirksam, da feststeht, dass der AN nach einer Qualifizierung weiterbeschäftigt werden kann <L: *Kaiser* FS Löwisch, S 153, 163; *Annuß* NZA 2001, 367, 368; *Franzen* NZA 2001, 865, 871; GK/*Raab* Rn 31>.

19 Der BR hat über die **Auswahl der teilnahmeberechtigten AN** Berufsbildungsmaßnahmen **nach § 98 Abs 3** mitzubestimmen <R: 26.4.2016, 1 ABR 21/14, NZA 2016, 1036 Rn 26; L: *Kaiser* FS Löwisch, S 153, 164; **aA** für Abs 2 *Fitting* Rn 27>. Diese Auswahl folgt eigenen Wertungen; die in § 1 Abs 3 KSchG aufgezählten Sozialauswahlkriterien müssen nicht berücksichtigt werden. Der Kd-Schutz der AN wird dadurch aber nicht verkürzt <L: *Kaiser* FS Löwisch, S 153, 163; **aA** *Fitting* Rn 28>: Spricht der AG Kd aus, steht nicht nur für die Teilnehmer an den Qualifizierungsmaßnahmen, sondern für alle qualifizierbaren AN fest, dass sie nach der Teilnahme an den vereinbarten Qualifizie-

rungsmaßnahmen weiterbeschäftigt werden können. Wer weiterbeschäftigt und damit qualifiziert werden muss und wem gekündigt werden kann, ist nach § 1 Abs 3 KSchG durch Sozialauswahl zu entscheiden <L: *Kaiser* FS Löwisch, S 153, 163; Richardi/*Thüsing* Rn 16; auch *Rieble* NZA 2001 Sonderheft BetrVG, 48, 56; **abw** *Franzen* NZA 2001, 865, 869>. Der BR kann durch seine Mitbestimmung über die Teilnahme von AN an Qualifizierungsmaßnahmen die Kd einzelner AN nicht verhindern <L: *Kaiser* FS Löwisch, S 153, 163>.

§ 98 Durchführung betrieblicher Bildungsmaßnahmen

(1) Der Betriebsrat hat bei der Durchführung von Maßnahmen der betrieblichen Berufsbildung mitzubestimmen.

(2) Der Betriebsrat kann der Bestellung einer mit der Durchführung der betrieblichen Berufsbildung beauftragten Person widersprechen oder ihre Abberufung verlangen, wenn diese die persönliche oder fachliche, insbesondere die berufs- und arbeitspädagogische Eignung im Sinne des Berufsbildungsgesetzes nicht besitzt oder ihre Aufgaben vernachlässigt.

(3) Führt der Arbeitgeber betriebliche Maßnahmen der Berufsbildung durch oder stellt er für außerbetriebliche Maßnahmen der Berufsbildung Arbeitnehmer frei oder trägt er die durch die Teilnahme von Arbeitnehmern an solchen Maßnahmen entstehenden Kosten ganz oder teilweise, so kann der Betriebsrat Vorschläge für die Teilnahme von Arbeitnehmern oder Gruppen von Arbeitnehmern des Betriebs an diesen Maßnahmen der beruflichen Bildung machen.

(4) Kommt im Fall des Absatzes 1 oder über die nach Absatz 3 vom Betriebsrat vorgeschlagenen Teilnehmer eine Einigung nicht zustande, so entscheidet die Einigungsstelle. Der Spruch der Einigungsstelle ersetzt die Einigung zwischen Arbeitgeber und Betriebsrat.

(5) Kommt im Fall des Absatzes 2 eine Einigung nicht zustande, so kann der Betriebsrat beim Arbeitsgericht beantragen, dem Arbeitgeber aufzugeben, die Bestellung zu unterlassen oder die Abberufung durchzuführen. Führt der Arbeitgeber die Bestellung einer rechtskräftigen gerichtlichen Entscheidung zuwider durch, so ist er auf Antrag des Betriebsrats vom Arbeitsgericht wegen der Bestellung nach vorheriger Androhung zu einem Ordnungsgeld zu verurteilen; das Höchstmaß des Ordnungsgeldes beträgt 10.000 Euro. Führt der Arbeitgeber die Abberufung einer rechtskräftigen gerichtlichen Entscheidung zuwider nicht durch, so ist auf Antrag des Betriebsrats vom Arbeitsgericht zu erkennen, dass der Arbeitgeber zur Abberufung durch Zwangsgeld anzuhalten sei; das Höchstmaß des Zwangsgeldes beträgt für jeden Tag der Zuwiderhandlung 250 Euro. Die Vorschriften des Berufsbildungsgesetzes über die Ordnung der Berufsbildung bleiben unberührt.

(6) Die Absätze 1 bis 5 gelten entsprechend, wenn der Arbeitgeber sonstige Bildungsmaßnahmen im Betrieb durchführt.

Literatur: *Altunkas*, Betriebliche Qualifizierung, AiB 2013, 248; *Bork/Fischer*, Betriebliche Bildungsmaßnahmen, AuA 2015, 640; *Brachmann/Menzel*, Mitbestimmung bei Fortbildungen, AuA 2014, 512; *Ehrich*, Die Mitbestimmung des Betriebsrats bei der Bestellung und Abberufung von betrieblichen Bildungsbeauftragten (§ 98 Abs 2, 5 BetrVG), RdA 1993, 220; *Hoppe/Fabritius*, Reichweite des Mitbestimmungsrechts bei der Durchführung betrieblicher Bildungsmaßnahmen, ArbR 2012, 449; *Kleinebrink*, Initiativrechte des Betriebsrats auf digitale Weiterbildung der Arbeitnehmer, DB 2018, 254; *ders*, Mitbestimmung bei Workshops, Schulungen, Seminaren und Co, ArbRB 2014, 241; *ders*, Tarifvertragliche Mitbestimmung im Ausbildungsbetrieb, FS 50 Jahre Bundesarbeitsgericht (2004), 963; *Kraft*, Mitbestimmungsrechte des Betriebsrats bei betrieblichen Berufsbildungs- und sonstigen Bildungsmaßnahmen nach § 98 BetrVG, NZA 1990, 457; *Lakies*, Aufgaben und

Rechte des Betriebsrats bei der Berufsbildung, ZBVR online 2014, Nr 6, 32; *Pristin*, Ohne Qualifizierung geht nichts, AiB 2017, Nr 6, 14; *Raab*, Betriebliche und außerbetriebliche Bildungsmaßnahmen, NZA 2008, 270; *Wiese*, Beteiligungsrechte des Betriebsrats bei Drittbeziehungen des Arbeitgebers, NZA 2003, 1113; *Wittenberg*, Aufgaben und Befugnisse des Betriebsrats im Zusammenhang mit der Qualifizierung der Arbeitnehmer, ZBVR online 2013, Nr 9, 32; *Zwanziger*, Die Mitbestimmung des Betriebsrats bei Berufsbildungs- und Qualifizierungsmaßnahmen im Lichte der Rechtsprechung, AuR 2010, 459. S zudem noch die Angaben bei § 96.

Übersicht

	Rn.		Rn.
I. Normzweck und Anwendungsbereich	1	III. Mitbestimmungsrecht über die Auswahl der Arbeitnehmer, Abs 3 und 4	13
II. Mitbestimmungsrecht bei betrieblichen Berufsbildungsmaßnahmen	2	IV. Sonstige Bildungsmaßnahmen, Abs 6	21
1. Durchführung der Berufsbildung, Abs 1 und 4	2		
2. Bestellung und Abberufung der Ausbilder, Abs 2 und 5	8		

I. Normzweck und Anwendungsbereich

Die Teilnahme an Berufsbildungsmaßnahmen ist für die berufl Entwicklung des einzelnen AN, etwa für spätere Beförderungen, von erhebl Bedeutung. Insoweit dienen die MBR des BR aus § 98 der **Verbesserung** der Aus- und Weiterbildung der AN und sollen für **Transparenz**, korrekte Auswahl und angemessene Inhalte sorgen <R: LAG HH 10.1.2007, 4 TaBV 3/05, juris>. Über das MBR bei der Auswahl der Teilnehmer für Ausbildungsmaßnahmen aus Abs 3 soll der BR sicherstellen, dass die Fortbildungswünsche der AN gleichmäßig berücksichtigt und **Fortbildungschancen** unter Berücksichtigung der Fortbildungsbereitschaft und -eignung **gerecht verteilt** werden <R: 26.4.2016, 1 ABR 21/14, NZA 2016, 1036 Rn 26; zum PersVG BVerwG 29.1.2003, 6 P 16/01, ZTR 2003, 253; 7.3.1995, 6 P 7/93, PersR 1995, 332; **L:** GK/*Raab* Rn 25 mwN>. Zu Abs 2 noch Rn 8. 1

II. Mitbestimmungsrecht bei betrieblichen Berufsbildungsmaßnahmen

1. Durchführung der Berufsbildung, Abs 1 und 4

Abs 1 räumt dem BR ein **MBR** nur über die Durchführung betriebl Berufsbildungsmaßnahmen ein; können sich AG und BR nicht einigen, entscheidet die ES nach Abs 4 verbindlich. Zur Berufsbildung § 96 Rn 3 ff. **Betriebl** ist eine Berufsbildungsmaßnahme nur dann, wenn der AG der Träger bzw Veranstalter der Maßnahme ist oder – bei Berufsbildungsmaßnahmen in Zusammenarbeit mit Dritten – auf Inhalt und Durchführung der Maßnahme rechtl oder tatsächl einen beherrschenden Einfluss hat (§ 97 Rn 2). Das MBR ist auf betriebl Berufsbildungsmaßnahmen beschränkt, weil ein MBR bei außerbetriebl Maßnahmen an der fehlenden Gestaltungsmacht des AG scheitert <R: BAG 18.4.2001, 1 ABR 28/99, DB 2000, 2433>. Anders als § 97 Abs 1 nennt Abs 1 nur **Maßnahmen, nicht** 2

§ 98 Durchführung betrieblicher Bildungsmaßnahmen

aber Einrichtungen der betriebl Berufsbildung. Insoweit hat der BR kein MBR, kann also insbes nicht darüber mitbestimmen, in welcher rechtl Form Berufsbildungseinrichtungen betrieben und wie diese verwaltet werden. Insoweit ist der BR auf sein MBR aus § 87 Abs 1 Nr 8 beschränkt (§ 87 Rn 168 ff).

3 Vereinbaren mehrere AG, Berufsbildungsmaßnahmen gemeinsam durchzuführen, ohne dass einzelne AG einen beherrschenden Einfluss haben, handelt es sich für alle Beteiligten um **außerbetriebl Bildungsmaßnahmen**, über deren Durchführung die BR in den einzelnen Betrieben nicht mitzubestimmen haben <**R:** BAG 18.4.2000, 1 ABR 28/99, DB 2000, 2433>. Obwohl die AG einen Einfluss auf die Ausgestaltung behalten, hat der BR entgg der hM **nicht analog Abs 1 beim Abschluss der Vereinbarung über die Zusammenarbeit** mitzubestimmen, soweit in dieser Regelungen über die spätere Durchführung der Bildungsmaßnahmen getroffen werden <**R:** so aber BAG 18.4.2000, aaO; **L:** wie das BAG *Fitting* Rn 6; DKW/*Buschmann* Rn 6; **aA wie hier** GK/*Raab* Rn 6; HWGNRH/*Worzalla* Rn 8>. Es fehlt schon an einer planwidrigen Regelungslücke, da das Gesetz in §§ 96–98 deutl zw betriebl und außerbetriebl Bildungsmaßnahmen trennt und das MBR aus Abs 1 ausdrückl auf betriebl Bildungsmaßnahmen beschränkt ist. Zudem fehlt es auch an einem hinreichend abgegrenzten Sonderfall, auf den die analoge Anwendung beschränkt werden kann: Mit dem Argument, der AG behielte Einfluss auf die Ausgestaltung, ließe sich ebenso wie bei Sozialeinrichtungen iS des § 87 Abs 1 Nr 8 über eine „zweistufige Lösung" ein MBR auch dann analog Abs 1 bejahen, wenn die Berufsbildungsmaßnahme von einem externen Träger durchgeführt wird (näher § 87 Rn 188); die Analogie würde zur Regel und bliebe keine eng begrenzte Ausnahme.

4 Abs 1 räumt dem BR ein MBR über die „**Durchführung**" betriebl Berufsbildungsmaßnahmen, also über das „**Wie**" dieser Maßnahmen ein und das auch, wenn die berufl Bildung dazu dient, den AN fachl in die Lage zu versetzen, in einem anderen bestreikten Betrieb zur Beseitigung oder Milderung der Folgen des dort durchgeführten Streiks eingesetzt zu werden <**R:** BAG 10.2.1988, 1 ABR 39/86, BAGE 57, 295: Berufl Bildung als bloße Vorbereitung des tatsächl Einsatzes der AN als Maßnahme des Arbeitskampfes; vgl 13.12.2011, 1 ABR 2/10, BAGE 140, 113 Rn 38>. Dagg hat der BR nach Abs 1 **nicht** darüber mitzubestimmen, **ob** überhaupt Berufsbildungsmaßnahmen durchgeführt und welche Ausbildungsziele mit diesen verfolgt werden sollen; hinsichtl der Einführung betriebl Berufsbildungsmaßnahmen beschränkt ihn das Gesetz auf die Mitberatungs- und Vorschlagsrechte aus §§ 96 Abs 1 S 2 und 3, 97 Abs 1 (§ 96 Rn 11 ff; § 97 Rn 2 ff) und auf das MBR aus § 97 Abs 2 (§ 97 Rn 7 ff) <**R:** BAG 24.8.2004, 1 ABR 28/03, DB 2005, 781; **L:** GK/*Raab* Rn 10 mwN>. Der AG kann daher mitbestimmungsfrei zum einen bestimmen, ob best Berufsbildungsmaßnahmen im Betrieb überhaupt durchgeführt werden, also Auszubildende überhaupt eingestellt werden sollen <**R:** BAG 24.8.2004, aaO> und kann zum anderen mitbestimmungsfrei die finanziellen Ausstattung <**R:** BAG 24.8.2004, aaO>, den Ausbildungszweck und den Adressatenkreis festlegen <**L:** GK/*Raab* Rn 12 mwN>.

5 Die nach Abs 1 mitbestimmte Durchführung von betriebl Bildungsmaßnahmen betrifft **generell-abstrakte Maßnahmen** hinsichtl Zeit, Inhalt, Umfang und Methode der Vermittlung von Kenntnissen; sie besteht aber nicht bei jeder konkreten Einzelmaßnahme <**R:** BAG 24.8.2004, aaO; LAG HH 10.1.2007, 4 TaBV 3/05, juris; **L:** GK/*Raab* Rn 13 mwN>. Die Rechtsbeziehungen des AG zum Auszubildenden bzw zum fortzubildenden AN sind mitbestimmungsfrei; insbes auch die Vereinbarung von Rückzahlungsklauseln

II. Mitbestimmungsrecht bei betrieblichen Berufsbildungsmaßnahmen   § 98

für den Fall, dass der AN kündigt, nachdem der AG in ihn Ausbildungsmaßnahmen investiert hat <L: GK/*Raab* Rn 16; Richardi/*Thüsing* Rn 16; *Fitting* Rn 8; ErfK/*Kania* Rn 6; aA DKW/ *Buschmann* Rn 8 ff>, auch § 97 Rn 13.

Auch wenn eine ausdrückl Einschränkung – wie in § 87 Abs 1 Einleitungs-Hs – fehlt, ist 6 das MBR des BR **ausgeschlossen, soweit gesetzl oder tarifl Bestimmungen** die Durchführung der Berufsbildungsmaßnahmen regeln <R: BAG 5.11.1985, 1 ABR 49/83, DB 1986, 1341; 24.8.2004, 1 ABR 28/03, DB 2005, 781; L: GK/*Raab* Rn 13; Richardi/*Thüsing* Rn 13>. Da das BBiG und die Ausbildungsverordnungen die materiellen Faktoren der Ausbildung weitgehend abschließend regeln, beschränkt sich das MBR im Wesentlichen auf Maßnahmen, die die Berufsausbildung **organisatorisch umsetzen** und den Besonderheiten des ausbildenden Betriebs anpassen <L: GK/*Raab* Rn 13 mwN>; etwa hat der BR mitzubestimmen über den Ort und die Räume, in denen ausgebildet wird <R: zum PersVG BVerwG 24.3.1998, 6 P 1/96, ZTR 1998, 571>, über die Reihenfolge der Ausbildungsstationen im Betrieb und über die Ausgestaltung der Prüfung, soweit dem AG ein Gestaltungsspielraum verbleibt <R: BAG 5.11.1985, aaO>. Auf materielle Ausbildungsfragen erstreckt sich das MBR des BR nicht <R: BAG 24.8.2004, aaO>.

Mitbestimmungspflichtig sind auch die **zeitl Lage** der Ausbildung, insbes der praktischen 7 Ausbildung und deren Abstimmung mit dem theoretischen Unterricht <R: zum PersVG BVerwG 24.3.1998, 6 P 1/96, ZTR 1998, 571> und die Festlegung der Ausbildungstage und des tägl Beginns und Endes von Maßnahmen oder Kursen; ergänzend bestehen die MBR aus § 87 Abs 1 Nr 2 und 3 <R: zum PersVG OVG Berlin 19.3.2002, 60 PV 19.01, PersR 2002, 517; offengelassen von BAG 15.4.2008, 1 ABR 44/07, NZA-RR 2009, 98; L: DKW/ *Buschmann* Rn 5; HWGNRH/*Worzalla* Rn 17; **abw** *SWS* Rn 18>. Hingg ist die **Dauer** der Bildungsmaßnahme **keine** Regelung über die Durchführung einer Maßnahme, sondern eine Entscheidung über das „Ob": Ob der AG eintägige Schulungskurse anbietet oder mehrwöchige Schulungen, ist eng mit der Entscheidung über den Zweck der Schulungen verbunden, die der AG mitbestimmungsfrei trifft <R: **aA** BAG 24.8.2004, 1 ABR 28/03, DB 2005, 781 zur Verkürzung der Ausbildung nach § 29 Abs 2 BBiG aF; L: **aA** wie das BAG Richardi/*Thüsing* Rn 9; ErfK/*Kania* Rn 5; DKW/*Buschmann* Rn 5; **wie hier** HWGNRH/*Worzalla* Rn 16; GK/*Raab* Rn 12; *SWS* Rn 17>.

2. Bestellung und Abberufung der Ausbilder, Abs 2 und 5

Nach Abs 2 iVm Abs 5 hat der BR **bei der Bestellung und Abberufung der Ausbilder** 8 **mitzubestimmen**, die der AG mit der Durchführung der betriebl Berufsbildung beauftragt, um so den AN vor unqualifizierten Berufsbildungen zu schützen und die Qualität der Aus- und Weiterbildung zu sichern (Rn 1) <R: BAG 5.3.2013, 1 ABR 11/12, AP Nr 15 zu § 98 BetrVG 1972 Rn 17>. Das MBR besteht nach **Abs 5 S 4 nur iR der §§ 28 ff BBiG, §§ 22 ff HwO**. Bildet der AG selbst aus, entfällt das MBR aus Abs 2 <L: ErfK/*Kania* Rn 8>. Ausbilder sind nicht nur solche iS des BBiG, sondern auch andere mit der berufl Fortbildung beauftragte Personen <L: Richardi/*Thüsing* Rn 26; GK/*Raab* Rn 20; *Fitting* Rn 13, 18; DKW/*Buschmann* Rn 19; ErfK/*Kania* Rn 11; HWGNRH/*Worzalla* Rn 30>, auch dann, wenn AN des Betriebs oder ltd Ang mit Fortbildungsaufgaben betraut werden <L: Richardi/*Thüsing* Rn 26; *Fitting* Rn 13; DKW/*Buschmann* Rn 20; GK/*Raab* Rn 20>. Ob die Ausbilder dem BetrVG unterfallen ist ebenso unbeachtlich wie

§ 98   Durchführung betrieblicher Bildungsmaßnahmen

deren Rechtsbeziehung zum AG <R: BAG 5.3.2013, 1 ABR 11/12, AP Nr 15 zu § 98 BetrVG 1972 Rn 17>.

9   Der BR kann der Bestellung eines Ausbilders widersprechen und seine Abberufung verlangen, wenn einer der in Abs 2 genannten Gründe gg den Ausbilder sprechen, ihm also entweder die **persönl oder fachl Eignung** für eine Berufsausbildung fehlt (§§ 29, 30 BBiG, §§ 22aff HwO) oder er seine **Aufgaben vernachlässigt**, so seine Pflicht zur ordnungsgem Ausbildung nicht oder so schlecht erfüllt, dass zu befürchten ist, die Auszubildenden werden das Ziel der Ausbildung verfehlen <L: GK/*Raab* Rn 23 mwN>. Es kommt allein darauf an, ob der Ausbilder objektiv ungeeignet ist; ein schuldhaftes Fehlverhalten setzt Abs 2 nicht voraus <L: HWGNRH/*Worzalla* Rn 37; *Fitting* Rn 15; DKW/*Buschmann* Rn 18 alle für einen SEA bei schuldhafter Pflichtverl; ErfK/*Kania* Rn 10>.

10   **Können sich AG und BR nicht darüber einigen**, ob ein Ausbilder bestellt oder abberufen werden soll, kann der BR **nach Abs 5** S 1 beim **ArbG** beantragen, dem AG aufzugeben, die Bestellung zu unterlassen oder die Abberufung durchzuführen. Bestellt der AG eine bestimmte Person entgg einem rechtskräftigen Beschluss des ArbG zum Ausbilder, kann er auf Antrag des BR vom ArbG zu einem Ordnungsgeld bis zur Höhe von 10.000 € verurteilt werden (Abs 5 S 2); das Ordnungsgeld ist kein Zwangsmittel, sondern Strafe und setzt damit ein Verschulden des AG voraus <L: GK/*Raab* Rn 38; Richardi/*Thüsing* Rn 41; *Fitting* Rn 25; HWGNRH/*Worzalla* Rn 47>. Hat das ArbG dem AG rechtskräftig aufgegeben, einen Ausbilder abzuberufen, kann der AG dazu auf Antrag des BR durch ein gerichtl Zwangsgeld angehalten werden (Abs 5 S 3).

11   Dass der Gesetzestext das **Antragsrecht auf den BR beschränkt**, ist nicht nur konsequent, soweit der BR die Abberufung eines Ausbilders verlangt, sondern auch, soweit der BR der Bestellung eines Ausbilders widersprochen hat: Der AG kann nicht beantragen, das ArbG möge feststellen, der Widerspruch des BR sei rechtswidrig <R: so aber LAG Berlin 6.1.2000, 10 TaBV 2213/99, NZA-RR 2000, 370; L: GK/*Raab* Rn 37; *Fitting* Rn 21; DKW/*Buschmann* Rn 23; ErfK/*Kania* Rn 12; **diff** Richardi/*Thüsing* Rn 37; **wie hier** HWGNRH/*Worzalla* Rn 43>. Ein solcher Antrag ginge ins Leere, da entgg einer verbreiteten Auffassung <L: *Fitting* Rn 21; DKW/*Buschmann* Rn 23; ErfK/*Kania* Rn 12> der **Widerspruch des BR den AG nicht daran hindert**, die von ihm gewünschte Person gleichwohl zum **Ausbilder zu bestellen**: Das Widerspruchsrecht des § 98 Abs 2, 5 löst anders als das Zustimmungsverweigerungsrecht aus § 99 kein betriebsverfassungsrechtl Beschäftigungsverbot aus (§ 99 Rn 131); eine dem § 99 Abs 4 entspr Regelung, nach der der AG den Widerspruch des BR beseitigen müsste, bevor er einen Ausbilder bestellen darf, fehlt. § 98 Abs 5 S 2 sieht keine Zwangsmittel, sondern mit dem Ordnungsgeld nur eine Sanktion vor (Rn 10) und diese auch erst in dem Fall, dass der AG den Ausbilder entgg einem auf Antrag des BR erlassenen arbg Beschlusses bestellt <L: Richardi/*Thüsing* Rn 37; GK/*Raab* Rn 36; HWGNRH/*Worzalla* Rn 43>. Dass der AG so gezwungen wird, sich über den Widerspruch des BR hinwegzusetzen und das vom BR einzuleitende Verf nach Abs 5 S 2 abzuwarten <L: deswg für ein Antragsrecht des AG GK/*Raab* Rn 37>, ist vom Gesetz gewollt und ähnelt dem Verf nach §§ 100, 101.

12   Bestellung und Abberufung eines Ausbilders sind von seiner Einstellung und Versetzung sowie von seiner Kd zu trennen. Für diese personellen Einzelmaßnahmen bestehen bes Beteiligungsrechte des BR nach **§§ 99ff, 102** <L: GK/*Raab* Rn 43f; Richardi/*Thüsing* Rn 27 mwN>.

III. Mitbestimmungsrecht über die Auswahl der Arbeitnehmer, Abs 3 und 4

Um eine sachwidrige Bevorzugung und Benachteiligung einzelner AN zu verhindern (Rn 1) hat der BR nach Abs 3 in drei Fällen ein **MBR hinsichtlich der Auswahl der AN**, die an Berufsbildungsmaßnahmen (§ 96 Rn 3 ff) teilnehmen: Das MBR besteht einmal, wenn der AG **betriebl** Berufsbildungsmaßnahmen iS des § 97 (§ 97 Rn 2) durchführt, § 98 Abs 3 Var 1. Über die Auswahl der Teilnehmer an **außerbetriebl** Berufsbildungsmaßnahmen (§ 97 Rn 6) hat der BR mitzubestimmen, wenn der AG die AN für die Dauer dieser Bildungsmaßnahmen von der Arbeit – gg oder ohne Entgeltfortzahlung – freistellt, § 98 Abs 3 Var 2, oder wenn er die Kosten der Teilnahme (Teilnehmergebühren, Reise- und Aufenthaltskosten) ganz oder teilweise übernimmt, § 98 Abs 3 Var 3. Unter den Voraussetzungen des Abs 3 hat der BR auch bei der Auswahl der AN mitzubestimmen, die in einen Beschäftigungsbetrieb bzw eine Beschäftigungs- und Qualifizierungsgesellschaft wechseln <L: *Kaiser* NZA 1992, 193, 195 f>. Können sich AG und BR nicht über die Auswahl der AN einigen, entscheidet die **ES** nach **Abs 4** verbindl. Stellt der AG den AN für eine betriebl Berufsbildung frei, ohne sich mit dem BR zuvor geeinigt zu haben und die fehlende Einigung durch die ES ersetzen zu lassen, kann dieser einmalige Verstoß grob iS des **§ 23 Abs 3** sein <R: BAG 18.3.2014, 1 ABR 77/12, NZA 2014, 987 Rn 13 und 18; ob Verstöße des AG gg § 98 unabhängig von § 23 Abs 3 einen **allg Unterlassungsanspruch** begründen explizit offenlassend 20.4.2010, 1 ABR 78/08, BAGE 134, 62 Rn 30>. 13

Mitzubestimmen hat der BR nur über die Auswahl der Teilnehmer, hingg **nicht** darüber, **ob** der AG Berufsbildungsmaßnahmen durchführt oder ob er diesen Teilnehmer zu externen Maßnahmen schickt. Da der BR nicht über den Zweck von Fortbildungsmaßnahmen mitbestimmt (Rn 4), kann der AG auch mitbestimmungsfrei festlegen, welche fachl **Zulassungsvoraussetzungen** die Teilnehmer erfüllen müssen <L: Richardi/*Thüsing* Rn 61 mwN> und **wie viele AN** teilnehmen dürfen <L: GK/*Raab* Rn 26 mwN>. Zum MBR des BR nach § 97 Abs 2 § 97 Rn 6 ff. 14

Abs 3 scheint dem BR ein MBR bei Einzelmaßnahmen zu geben. Wortlaut und Systematik des BetrVG zeigen aber, dass Abs 3 die Mitbestimmung des BR auf **Kollektivmaßnahmen** beschränkt: Die Zahl der für Berufsbildungsmaßnahmen zur Auswahl stehenden AN ist dabei nur ein Indiz. Mitbestimmungspflichtig ist jede Auswahlentscheidung, die nicht ledigl das Individualinteresse eines AN, sondern auch die Fortbildungsinteressen anderer AN berührt. Mitzubestimmen hat der BR daher auch dann, wenn der AG nur einen AN für Berufsbildungsmaßnahmen freistellt, der sich von sich aus um die Fortbildung beworben hat, da diese Freistellung die Interessen anderer fortbildungswilliger und -geeigneter AN berührt <R: zum PersVG BVerwG 7.3.1995, 6 P 7/93, PersR 1995, 332>. Mangels Auswahlentscheidung entfällt das MBR des BR nur dann, wenn aufgrund der Ausschreibung nur ein best AN für die Berufsbildungsmaßnahme in Betracht kommt, etwa weil es nur einen AN dieser Fachrichtung oder Qualifikation im Betrieb gibt <R: zum PersVG BVerwG 7.3.1995, aaO>. 15

Mitzubestimmen hat der BR bei der **konkreten Auswahl** der Teilnehmer an Berufsbildungsmaßnahmen. Das MBR besteht aber **nur, wenn der BR dem AG eigene Vorschläge** für die Teilnahme von AN oder AN-Gruppen macht; der BR kann sich nicht darauf 16

§ 98 Durchführung betrieblicher Bildungsmaßnahmen

beschränken, der vom AG getroffenen Auswahl zu widersprechen <**R:** BAG 8.12.1987, 1 ABR 32/86, BB 1988, 1183; 30.5.2006, 1 ABR 17/05, DB 2006, 2748>; macht er keine Vorschläge, kann die Maßnahme ohne Zustimmung des BR durchgeführt werden <**R:** BAG 20.4.2010, 1 ABR 78/08, BAGE 134, 62 Rn 15 f>. Wird die Fortbildung außerhalb des Betriebs durchgeführt und entscheidet der Veranstalter verbindl über die Auswahl der Teilnehmer, ist der AG auf ein Vorschlagsrecht beschränkt; der BR hat an der Auswahl der vorzuschlagenden Teilnehmer mitzubestimmen. Macht der BR Vorschläge, müssen sich AG und BR über die Teilnehmer einigen, wobei in die Auswahl alle vom BR vorgeschlagenen als auch alle vom AG vorgesehenen AN einzubeziehen sind <**R:** BAG 8.12.1987 und 30.5.2006, aaO>. Können sich AG und BR nicht oder nur über die Besetzung eines Teils der Aus- oder Fortbildungsplätze einigen, entscheidet die **ES nach Abs 6 verbindl** über die Auswahl der Teilnehmer. Aufgrund des ES-Spruchs haben die ausgewählten AN einen arbeitsvertragl Anspruch gg den AG auf Teilnahme an betriebl Berufsbildungsmaßnahmen, bei außerbetriebl Berufsbildungsmaßnahmen darauf, dass der AG sie von der Arbeit freistellt oder die entstehenden Kosten ersetzt <**L:** Richardi/ *Thüsing* Rn 68; *Fitting* Rn 34>.

17 Um dem BR den Vorschlag von Teilnehmern und eine Beteiligung an der Auswahl der vom AG vorgeschlagenen Bewerber zu ermöglichen, benötigt der BR Kenntnisse über die Fortbildungseignung und den Fortbildungswillen der AN. Deswg kann der BR **nach § 80 Abs 2** Informationen verlangen, über die der AG insoweit verfügt (§ 80 Rn 37), etwa über Unterlagen, die der AG iR eines Bewerberrankings für eine Fortbildungsmaßnahme erstellt hat <**R:** BAG 23.3.2010, 1 ABR 81/08, NZA 2011, 811 Rn 25 f>.

18 **Keine** Auswahl trifft der AG, wenn er allen Interessenten die Teilnahme an einer Fortbildungsveranstaltung verweigert <**R:** zum PersVG OVG NW 29.1.1985, CL 40/83, juris; OVG BBg 18.10.1990, PV Bln 7.89, PersR 1991, 395 (LS)>; insoweit entscheidet er mitbestimmungsfrei über das Ob der Teilnahme. Mangels Auswahlentscheidung nicht mitbestimmungspflichtig ist auch die Entscheidung des AG, alle Bewerber für eine Fortbildungsveranstaltung zu melden. Wird die Zuweisung eines AN zu einer Fortbildungsveranstaltung nachträglich **aufgehoben**, unterfällt dies als Individualmaßnahme nicht dem MBR aus Abs 3 (vgl Rn 15); über die Auswahl eines Ersatzteilnehmers hat der BR hingg mitzubestimmen.

19 Abs 3 gewährt dem BR nur ein MBR an der konkreten Auswahlentscheidung; anders als etwa § 78 Abs 1 Nr 13 BPersVG mit der weiten Formulierung „Auswahl der Teilnehmerinnen und Teilnehmer an Fortbildungsveranstaltungen" <**R:** BVerwG 29.1.2003, 6 P 16/ 01, ZTR 2003, 253>. Es besteht **kein MBR** über die **grds Auswahlkriterien** für die Teilnahme von AN an Berufsbildungsmaßnahmen. Richtlinien, die für eine Mehrzahl von Auswahlentscheidungen vorwegnehmend bestimmen, welche Kriterien zugrunde zu legen sind, können nur durch freiwillige BV festgelegt werden; es handelt sich nicht um Auswahlrichtlinien iS des § 95 <**L:** GK/*Raab* Rn 29 mwN>. Ebenso kann nur durch freiwillige BV das **Verf** ausgestaltet werden, mit dessen Hilfe festgestellt werden soll, ob AN die Voraussetzungen für die Teilnahme an Fortbildungsveranstaltungen erfüllen.

20 Abs 3 gewährt dem BR **kein MBR über die Modalitäten der Teilnahme**. Nicht mitzubestimmen hat der BR darüber, ob AN für Berufsbildungsmaßnahmen von ihrer Tätigkeit freigestellt werden <**R:** zum PersVG OVG NW 23.10.1986, CL 51/84, ZBR 1987, 188 für Beamte>, ob der AG die Kosten für die Freistellung übernimmt <**R:** zum PersVG

OVG NW 27.10.1999, 1 A 5100/97.PVL, PersR 2000, 169>, ob und wie AN für die Teilnahme an Bildungsveranstaltungen außerhalb ihrer regulären Arbeitszeit einen Freizeitausgleich erhalten <**R:** zum PersVG OVG BBg 13.2.1998, 60 PV 11.96, PersR 1998, 476> und ob der AG die Kosten für die Berufsbildungsveranstaltungen (Teilnehmergebühren, Fahrt-, Reise- und Aufenthaltskosten) übernimmt <**R:** zum PersVG BVerwG 15.12.1994, 6 P 19/92, ZTR 1995, 230>, hierzu § 97 Rn 13.

IV. Sonstige Bildungsmaßnahmen, Abs 6

Nach Abs 6 sind die Abs 1 bis 5 entspr anzuwenden, wenn der AG innerhalb des Betriebs sonstige Bildungsmaßnahmen durchführt, also Bildungsmaßnahmen, die **mit dem Beruf unmittelbar nichts zu tun** haben, sondern der Weiterbildung der AN iÜ dienen. In Betracht kommen vor allem Bildungsinhalte, die ansonsten etwa von Volkshochschulen und ähnl Einrichtungen angeboten werden (Sprachkurse, PC-Kurse, Erste-Hilfe-Kurse, Psychologiekurse usw). Unter Abs 6 fallen etwa moderierte Gesprächskreise (workshops) die nach einem didaktisch-methodischen Konzept Hintergrundwissen und Erfahrungen in Form von „Selbsterfahrung" vermitteln <**R:** LAG Ddf 9.10.2008, 15 TaBV 96/07, juris>. 21

Voraussetzung ist nach Abs 6, dass die Bildungsmaßnahmen **im Betrieb** durchgeführt werden, es sich also um eine betriebl Bildungsmaßnahme handelt. Eine Ausnahme besteht nur, soweit Abs 6 auf die Auswahl von Teilnehmern nach Abs 3 verweist: Stellt der AG die AN für die Dauer von sonstigen Bildungsmaßnahmen außerhalb des Betriebs von der Arbeit – gg oder ohne Entgeltfortzahlung – frei oder übernimmt er die Kosten der Teilnahme, hat der BR über die Auswahl der Teilnehmer an solchen außerbetriebl Maßnahmen mitzubestimmen <**L:** Richardi/*Thüsing* Rn 74; GK/*Raab* Rn 45, 50; MünchArbR/*Oberthür* § 339 Rn 24; **aA** *Fitting* Rn 40; HWGNRH/*Worzalla* Rn 75; SWS Rn 46>, § 97 Rn 2. 22

Nicht unter Abs 6 fallen Angebote zu Freizeitveranstaltungen und Unterhaltung, etwa die Einrichtung eines betriebl Schachklubs oder Sportvereins <**L:** GK/*Raab* Rn 47 mwN>. Zur Abgrenzung ggü der Einweisung der AN nach § 81 Abs 1 S 1 und 2 s § 96 Rn 5. 23

Dritter Unterabschnitt
Personelle Einzelmaßnahmen

§ 99 Mitbestimmung bei personellen Einzelmaßnahmen

(1) In Unternehmen mit in der Regel mehr als zwanzig wahlberechtigten Arbeitnehmern hat der Arbeitgeber den Betriebsrat vor jeder Einstellung, Eingruppierung, Umgruppierung und Versetzung zu unterrichten, ihm die erforderlichen Bewerbungsunterlagen vorzulegen und Auskunft über die Person der Beteiligten zu geben; er hat dem Betriebsrat unter Vorlage der erforderlichen Unterlagen Auskunft über die Auswirkungen der geplanten Maßnahme zu geben und die Zustimmung des Betriebsrats zu der geplanten Maßnahme einzuholen. Bei Einstellungen und Versetzungen hat der Arbeitgeber insbesondere den in Aussicht genommenen Arbeitsplatz und die vorgesehene Eingruppierung mitzuteilen. Die Mitglieder des Betriebsrats sind verpflichtet, über die ihnen im Rahmen der personellen Maßnahmen nach den Sätzen 1 und 2 bekanntgewordenen persönlichen Verhältnisse und Angelegenheiten der Arbeitnehmer, die ihrer Bedeutung oder ihrem Inhalt nach einer vertraulichen Behandlung bedürfen, Stillschweigen zu bewahren; § 79 Abs 1 Satz 2 bis 4 gilt entsprechend.

(2) Der Betriebsrat kann die Zustimmung verweigern, wenn

1. die personelle Maßnahme gegen ein Gesetz, eine Verordnung, eine Unfallverhütungsvorschrift oder gegen eine Bestimmung in einem Tarifvertrag oder in einer Betriebsvereinbarung oder gegen eine gerichtliche Entscheidung oder eine behördliche Anordnung verstoßen würde,

2. die personelle Maßnahme gegen eine Richtlinie nach § 95 verstoßen würde,

3. die durch Tatsachen begründete Besorgnis besteht, dass infolge der personellen Maßnahme im Betrieb beschäftigte Arbeitnehmer gekündigt werden oder sonstige Nachteile erleiden, ohne dass dies aus betrieblichen oder persönlichen Gründen gerechtfertigt ist; als Nachteil gilt bei unbefristeter Einstellung auch die Nichtberücksichtigung eines gleich geeigneten befristet Beschäftigten,

4. der betroffene Arbeitnehmer durch die personelle Maßnahme benachteiligt wird, ohne dass dies aus betrieblichen oder in der Person des Arbeitnehmers liegenden Gründen gerechtfertigt ist,

5. eine nach § 93 erforderliche Ausschreibung im Betrieb unterblieben ist oder

6. die durch Tatsachen begründete Besorgnis besteht, dass der für die personelle Maßnahme in Aussicht genommene Bewerber oder Arbeitnehmer den Betriebsfrieden durch gesetzwidriges Verhalten oder durch grobe Verletzung der in § 75 Abs. 1 enthaltenen Grundsätze, insbesondere durch rassistische oder fremdenfeindliche Betätigung, stören werde.

(3) Verweigert der Betriebsrat seine Zustimmung, so hat er dies unter Angabe von Gründen innerhalb einer Woche nach Unterrichtung durch den Arbeitgeber diesem schriftlich mitzuteilen. Teilt der Betriebsrat dem Arbeitgeber die Verweigerung seiner Zustimmung nicht innerhalb der Frist schriftlich mit, so gilt die Zustimmung als erteilt.

(4) Verweigert der Betriebsrat seine Zustimmung, so kann der Arbeitgeber beim Arbeitsgericht beantragen, die Zustimmung zu ersetzen.

Literatur: *Anton-Dyck*, Unterrichtungsumfang bei Versetzungen, ArbRB 2017, 123; *Bayreuther*, Das Verhältnis von §§ 99 und 87 I Nr 2 BetrVG bei der Einstellung von Arbeitnehmern, NZA 2016, 921; *Beck*, Umfang der Vorlagepflicht des Arbeitgebers bei Einstellungen nach § 99 Abs. 1 Satz 1 BetrVG, DB 2015, 2701; *Becker*, Mitbestimmung eines Betriebsrats der Einsatzstelle bei der Beschäftigung Freiwilliger nach dem BFDG gem. § 99 BetrVG, NZA 2016, 923; *Belling*, Das MBR des Betriebsrats bei Versetzungen, DB 1985, 335; *Berkowsky*, Aktuelle Probleme der Versetzungs-Änderungskündigung: der Arbeitgeber im Zangengriff von individuellem und kollektivem Arbeitsrecht, NZA 2010, 250; *Bittmann/Weise*, Matrixstrukturen: Übertragung einer Führungsposition als zustimmungspflichtige Einstellung?, DB 2018, 2114; *Boemke*, Das arbeitsgerichtliche Zustimmungsersetzungsverfahren nach § 99 Abs 4 BetrVG, ZfA 1992, 473; *Butzke*, Beteiligung des Betriebsrats im Individualinteresse einzelner Arbeitnehmer, Berufsbildung 1997, 2269; *Dannhäuser*, Die Unbeachtlichkeit der Zustimmungsverweigerung des Betriebsrats bei personellen Einzelmaßnahmen, NZA 1989, 617; *Dauner-Lieb*, Der innerbetriebliche Fremdfirmeneinsatz auf Dienst- oder Werksvertragsbasis im Spannungsfeld zwischen AÜG und BetrVG, NZA 1992, 817; *Dütz*, Mitbestimmungssicherung bei Eingruppierungen, AuR 1993, 33; *Ebert*, Zustimmungsverweigerung nach § 99 Abs 3 BetrVG – Zustimmungsersetzungsverfahren und vorläufige personelle Einzelmaßnahmen, ArbRB 2005, 157; *Eylert/Kreutzberg-Kowalczyk*, Verfahrensrechtliche Fragen und Fallstricke des Eingruppierungsprozesses, NZA-RR 2020, 337; *Freiberg*, Die Beteiligung des Betriebsrates gemäß § 99 BetrVG (Teil 1), P&R 2015, 183; *ders*, Die Beteiligung des Betriebsrats gemäß § 99 BetrVG (Teil 2), P&R 2015, 202; *Gerauer*, Keine Mitbestimmung bei Versetzung aufgrund einer Umsetzungs- oder Versetzungsklausel, BB 1995, 406; *Gottwald*, Anspruch des Arbeitnehmers auf Zustimmungsersetzungsverfahren nach § 99 Abs 4 BetrVG, BB 1997, 2427; *Griese*, Die Mitbestimmung bei Versetzungen, BB 1995, 458; *Hartmann*, Beschäftigungsanspruch und Zustimmungsersetzung – Zur Stellung des individualrechtlich betroffenen Arbeitnehmers im Beschlussverfahren nach § 99 Abs. 4 BetrVG, ZfA 2008, 383; *Heither*, Die Beteiligung des Betriebsrats in personellen Angelegenheiten, AR-Blattei SD 530.14.3; *Helml*, Zustimmungsverweigerung aus Sicht des Arbeitsgerichts, AiB 2009, 1; *Hexel/Lüders*, Mitbestimmung bei personellen Einzelmaßnahmen, NZA 2010, 613; *von Hoyningen-Huene*, Grundlagen und Auswirkungen einer Versetzung, NZA 1993, 145; *Hunold*, Fortentwicklung des Einstellungsbegriffs in der Rechtsprechung, NZA 1998, 1025; *ders*, Die Rechtsprechung zur Mitbestimmung des Betriebsrats bei Versetzungen, NZA-RR 2001, 617; *ders*, Änderung, insbesondere Erhöhung der vertraglichen Arbeitszeit als Einstellung, NZA 2005, 910; *ders*, Die Rechtsprechung zu den Beteiligungsrechten des Entleiher-Betriebsrats bei Einsatz von Leiharbeitnehmern, NZA-RR 2008, 281; *ders*, § 99 BetrVG: Die Bedeutung der Personalhoheit bei drittbezogenem Personaleinsatz (Werk- und Dienstverträge), NZA 2012, 113; *Kallenberg*, Mitbestimmung bei Versetzungen, ZBVR 2004, 67; *ders*, Mitbestimmung bei Eingruppierungen und Umgruppierungen, ZBVR online 2006, Nr 4, 20; *Kania/Schulte-Wissermann*, Mitbestimmung des Betriebsrats über seine Vergütung?, NZA 2019, 78; *Karthaus/Klebe*, Betriebsratsrechte bei Werkverträgen, NZA 2012, 417; *Kassakowski*, Keine arbeitgeberseitige Verpflichtung zur Durchführung eines Zustimmungsersetzungsverfahrens aus Treu und Glauben, DB 2017, 1850; *Kempter/Steinat*, Personelle Angelegenheiten nach § 99 BetrVG – verfahrensrechtliche Aspekte und taktische Möglichkeiten des Arbeitgebers, NZA-RR 2017, 630; *Lambrich/Schwab*, Betriebsübergreifende Versetzung im Konzern und Mitbestimmung gem. § 99 BetrVG, DB 2012, 1928; *Leisten*, Einstweilige Verfügung zur Sicherung von MBRen des Betriebsrats beim Einsatz von Fremdfirmen, BB 1992, 266; *Lerch/Culik*, Zustimmungsverweigerungsgründe bei personellen Einzelmaßnahmen, ArbRAktuell 2021, 405; *Leube*, Bundes- und Jugendfreiwilligendienst – Betriebsverfassungs- bzw. Personalvertretungsrecht in der Einsatzstelle, ZTR 2012, 207; *Leuchten*, Zur Zustimmung des Betriebsrats bei der

§ 99 Mitbestimmung bei personellen Einzelmaßnahmen

Einstellung von Leiharbeitnehmern – insbesondere bei Konzernarbeitsverhältnissen, Festschrift zum 25-jährigen Bestehen der Arbeitsgemeinschaft Arbeitsrecht im Deutschen Anwaltverein (2006) S 927; *Lück*, Einstellung und Eingruppierung, AiB 2013, 161; *Lützen*, „Schriftlich" und „Schriftform" – der unbekannte Unterschied, NJW 2012, 1627; *Matthes*, Die Rechtsstellung des ohne Zustimmung des Betriebsrats eingestellten Arbeitnehmers, DB 1974, 2007; *ders*, Die Rechtsstellung des ohne Zustimmung des Betriebsrats versetzten, eingruppierten und umgruppierten Arbeitnehmers, DB 1975, 1651; *Matthiessen*, Der Unterrichtungsanspruch des Betriebsrats bei personellen Einzelmaßnahmen i. S. d. § 99 Abs. 1 BetrVG, ZBVR online 2013, Nr 3, 31; *H G Meier*, Beteiligung des Betriebsrats bei Versetzung und Änderungskündigung, NZA 1988, Beil Nr 3; *Meisel*, Die Mitwirkung und Mitbestimmung des Betriebsrats in personellen Angelegenheiten, 5. Aufl 1984; *Oelkers*, Unterrichtung des Betriebsrats vor Einstellungen nach § 99 BetrVG, NJW-Spezial 2007, 450; *Preis/Deutzmann*, Entgeltgestaltung durch Arbeitsvertrag und Mitbestimmung, NZA-Beilage 2017, 101; *Raab*, Individualrechtliche Auswirkungen der Mitbestimmung des Betriebsrats gem §§ 99, 102 BetrVG, ZfA 1995, 479; *Reiserer*, Der Umfang der Unterrichtung des Betriebsrats bei Einstellungen, BB 1992, 2499; *Richardi*, Die Mitbestimmung bei Einstellungen als Generalklausel einer Beteiligung an Änderungen des Arbeitsvertrags, NZA 2009, 1; *Rieble*, Erweiterte Mitbestimmung in personellen Angelegenheiten, NZA 2002, Sonderheft BetrVG, 46; *Salamon/Gatz*, Arbeitgeberseitige Gestaltungsspielräume im Rahmen der mitbestimmten Personaleinsatzplanung, NZA 2016, 197; *V Schmidt*, (Ersatz-)Einstellungen im Kündigungsschutzprozeß als Fall des § 99 Abs 2 Ziff 3 BetrVG, AuR 1986, 97; *Schrader*, Versetzung und Umsetzung – Die Reaktionsmöglichkeiten des Betriebsrats, AiB 2009, 21; *ders*, Arbeitgeber verletzt Mitbestimmungsrechte nach §§ 99, 100 BetrVG, AiB 2013, 172; *Schulze/Ratzesberger*, Personelle Einzelmaßnahmen nach § 99 BetrVG – Informationsansprüche des Betriebsrats, ArbR 2015, 494; *Schulze/Schreck*, Personelle Einzelmaßnahmen nach § 99 BetrVG – Handlungsmöglichkeiten des Betriebsrats, ArbR 2013, 9; *Schwab/Weicker*, Betriebsübergreifende Versetzung im Unternehmen und Mitbestimmung gem. § 99 BetrVG, DB 2012, 976; *Sibben*, Beteiligung des Betriebsrats bei Suspendierungen, NZA 1998, 1266; *Thannheiser*, Mitbestimmungsrecht bei der Eingruppierung, AiB 2000, 528; *Trebeck*, Möglichkeit einer befristeten Zustimmung zur Einstellung im Rahmen des § 99 BetrVG bei der Einstellung von Leiharbeitnehmern, ArbR 2012, 343; *Ulber*, Die Einstellung und ihre vorläufige Durchführung – Am Beispiel der Eingliederung von Leiharbeitnehmern in den Entleiherbetrieb, AiB 2009, 7; *Veit*, Die Sicherung des MBRs des Betriebsrats bei Eingruppierungen, RdA 1990, 325; *Wall*, Einsatz von Leiharbeitnehmern – Nur mit doppelter Zustimmung des Betriebsrats, NZA 2021, 927; *Wensing/Freise*, Beteiligungsrechte des Betriebsrats bei der Übernahme von Leiharbeitnehmern, BB 2004, 2238; *Wiesenecker/Fündling*, Das Verfahren nach § 99 BetrVG, AuA 2019, 640; *Wulff*, Beteiligungsrechte bei Ein- und Umgruppierung, AiB 2013, 156.

Übersicht

	Rn.		Rn.
I. Normzweck und Anwendungsbereich	1	c) Zuteilung einer anderen Arbeitsaufgabe	34
II. Mitbestimmungspflichtige Maßnahmen	5	d) Länger als einen Monat oder unter erheblicher Änderung der Arbeitsumstände	37
1. Einstellung	5		
a) Normzweck und Anwendungsbereich	5		
b) Eingliederung in den Betrieb	6	e) Keine Versetzung bei ständig wechselndem Arbeitsplatz	40
c) Mindesttatbestand an arbeitsvertraglichen Rechtsbeziehungen	15	3. Eingruppierung/Umgruppierung	41
2. Versetzung	24	a) Normzweck und Anwendungsbereich	41
a) Normzweck und Anwendungsbereich	24	b) Entgeltordnung	44
b) Zuweisung eines anderen Arbeitsplatzes	28	c) Eingruppierung	51
		d) Umgruppierung	52

III. Gründe für die Zustimmungsverweigerung 56	5. Abs 2 Nr 4 92
1. Grundsatz 56	6. Abs 2 Nr 5 96
2. Abs 2 Nr 1 57	7. Abs 2 Nr 6 98
a) Normzweck und Anwendungsbereich.................... 57	IV. Unterrichtungspflicht 104
	1. Umfang 104
b) Verstoß gegen Gesetz 59	a) Einstellung 104
c) Verstoß gegen Tarifvertrag 66	b) Versetzung 112
d) Verstoß gegen Betriebsvereinbarung................... 71	c) Eingruppierung/Umgruppierung..................... 113
e) Verstoß gegen Unfallverhütungsvorschriften, behördliche Anordnungen und gerichtliche Entscheidungen................ 72	2. Unterbliebene oder fehlerhafte Unterrichtung................ 115
	3. Verschwiegenheitspflicht der Betriebsratsmitglieder 118
3. Abs 2 Nr 2 75	V. Erteilung und Versagung der Zustimmung 119
4. Abs 2 Nr 3 76	
a) Normzweck und Anwendungsbereich.................... 76	VI. Ersetzung der Zustimmung durch das Arbeitsgericht 127
b) Kündigungs-Prävention 78	VII. Individualrechtliche Folgen der Nichtbeachtung des Zustimmungsverweigerungsrechts 131
c) Schutz vor sonstigen Nachteilen.................... 83	
d) Schutz befristet beschäftigter Arbeitnehmer 87	1. Einstellung................... 131
	2. Versetzung................... 133
e) Ohne Rechtfertigung aus betrieblichen oder persönlichen Gründen 91	3. Eingruppierung und Umgruppierung 140

I. Normzweck und Anwendungsbereich

Der in der Praxis **zentrale Mitbestimmungstatbestand** räumt dem BR das Recht ein, bei personellen Einzelmaßnahmen ggü AN (Einstellung, Versetzung, Ein- und Umgruppierung) mitzubestimmen. Wie die Zustimmungsverweigerungsgründe des Abs 2 zeigen, soll der BR bei **Einstellungen und Versetzungen** die Kollektivinteressen der im Betrieb Beschäftigten vor Belastungen und Belästigungen durch den neu Eingestellten schützen, Rn 5, 24. Nur bei der Versetzung soll der BR über sein Zustimmungsverweigerungsrecht (nach Abs 2 Nr 4, Rn 92 ff) auch den versetzten AN individuell schützen <R: BAG 5.3.1991, 1 ABR 39/90, BB 1991, 1338; zum PersVG BVerwG 18.6.2002, 6 P 12/01, ZTR 2003, 43>, Rn 24. **1**

Bei **Ein- und Umgruppierungen** räumt § 99 Abs 1 dem BR kein Mitgestaltungsrecht, sondern ledigl ein **Mitbeurteilungsrecht** ein: Die Eingruppierung des AN in eine im Betrieb angewandte Entgeltordnung ist keine konstitutive Maßnahme, sondern Rechtsanwendung und dient der einheitl und gleichmäßigen Anwendung der Entgeltordnung in gleichen und vergleichbaren Fällen und damit der innerbetriebl Lohngerechtigkeit und der Transparenz der betriebl Entgeltpraxis, näher Rn 41. **2**

§ 99 gilt nur **in Unternehmen mit idR** (§ 1 Rn 22 ff) **mehr als 20 wahlberechtigten** (§ 7 Rn 4 ff) **AN**; Leih-AN sind nach § 7 S 2 wahlberechtigt, wenn sie länger als drei Monate im Betrieb eingesetzt werden, § 7 Rn 27. Trotz des auf Unternehmen zielenden Wortlauts, ist § 99 bei gemeinsamen Betrieben mehrerer Unternehmen in teleologischer Extension dahin auszulegen, dass es für das Zustimmungsverweigerungsrecht des BR genügt, wenn **3** in dem gemeinsamen Betrieb insgesamt mehr als 20 wahlberechtigte AN beschäftigt sind, auch wenn die beteiligten Unternehmen jeweils weniger als 20 wahlberechtigte AN haben <R: für eine analoge Anwendung des § 99 BAG 29.9.2004, 1 ABR 39/03, DB 2005, 951; L: für eine analoge Anwendung GK/*Raab* Rn 10; Richardi/*Thüsing* Rn 13; DKW/*Bachner* Rn 7; HWGNRH/*Huke* Rn 4; weiter *Fitting* Rn 10; **abw** *Löwisch* BB 2001, 1734, 1795; ErfK/*Kania* Rn 1>.

4 **Nicht** mitzubestimmen hat der BR nach § 99 bei personellen Einzelmaßnahmen ggü **ltd Ang**; insoweit ist der SprA gem § 31 Abs 1 SprAuG zuständig. Wird die Einstellung oder eine personelle Veränderung eines ltd Ang beabsichtigt, ist dies dem BR lediglich nach § 105 mitzuteilen. Das gilt auch dann, wenn ein AN zum ltd Ang befördert werden soll <R: BAG 29.1.1980, 1 ABR 49/78, DB 1980, 1946>; hierzu § 105 Rn 2. Hat der AG einen AN fälschlich als ltd Ang angesehen und den BR bei einer personellen Einzelmaßnahme ledigl nach § 105 beteiligt, kann die Mitteilung nach § 105 idR nicht in eine Unterrichtung nach § 99 umgedeutet werden; ausf § 105 Rn 6. Wird ein **Beamter** der Deutschen Bahn AG innerhalb dieses Unternehmens versetzt, so hat der BR des aufnehmenden Betriebs ein Zustimmungsverweigerungsrecht hinsichtl der Eingliederung; solche Beamte gelten nach § 5 Abs 1 S 3 als AN <R: zu § 19 Abs 1 DBGrG BAG 12.12.1995, 1 ABR 23/95, DB 1996, 100>, auch § 5 Rn 7. Auch hat der BR bei innerbetriebl Versetzungen von Beamten mitzubestimmen, die privatrechtl organsierten Kooperationsunternehmen zugewiesen oder gestellt sind; daneben kann ein MBR des PR der Dienststelle bestehen <R: BAG 4.5.2011, 7 ABR 3/10, AP BetrVG 1972 § 99 Nr 138 Rn 23 zu Soldaten der Bundeswehr>.

II. Mitbestimmungspflichtige Maßnahmen

1. Einstellung

a) Normzweck und Anwendungsbereich

5 Der in der Praxis **zentrale Mitbestimmungstatbestand** räumt dem BR das Recht ein, die Zustimmung zur Einstellung von Beschäftigten aus den in Abs 2 abschließend aufgezählten Gründen (Rn 55 ff) zu verweigern und so zu verhindern, dass ein Externer in die Belegschaft eingegliedert wird (Rn 1). Mit Hilfe des Zustimmungsverweigerungsrechts sollen die im Betrieb beschäftigten AN kollektiv vor Belastungen und Belästigungen durch den neu Eingestellten geschützt werden, insbes vor mögl Nachteilen durch Kd oder Versetzungen oder vor Störungen des Betriebsfriedens; zudem soll die Einhaltung von Vergabekriterien bei der Besetzung von Arbeitsplätzen gewährleistet werden <R: BAG 5.3.1991, 1 ABR 39/90, BB 1991, 1338; 2.10.2007, 1 ABR 60/06, NZA 2008, 244; zum PersVG BVerwG 18.6.2002, 6 P 12/01, ZTR 2003, 43>. **Zuständig** ist daher der BR des aufnehmenden Betriebes. Sollte die Einstellung zugleich eine Versetzung von einem anderen Betrieb des Unternehmens sein, ist nicht der GBR zuständig, sondern obliegt die Wahrnehmung des dadurch begründeten Zustimmungsrechts des dortigen BR <R: BAG 12.6.2019, 1 ABR 5/18, NZA 2019, 1288 Rn 34>; auch bei einer Einstellung in zwei Betriebe eines Unternehmens ist nicht der GBR, sondern sind die beiden jeweiligen BR zuständig <R: BAG 22.10.2019, 1 ABR 13/18, NZA 2020, 61 Rn 11>, Rn 31 zur Zuständigkeit des GBR bei Versetzungen.

b) Eingliederung in den Betrieb

Das über § 99 geschützte kollektive Interesse der Belegschaft (Rn 5) wird erst berührt, **6** wenn der AN tatsächl im Betrieb beschäftigt wird – unabhängig davon, ob der mit ihm abgeschlossene Arbeitsvertrag wirksam oder unwirksam ist <**R**: zum Thür PersVG BAG 5.5.2004, 7 AZR 629/03, ZTR 2005, 213>. Deswg ist Einstellung die **tatsächl Eingliederung** des AN in den Betrieb, **also die Zuweisung eines Arbeitsplatzes iS eines konkreten Aufgabenbereichs** <**R**: BAG 28.4.1992, 1 ABR 73/91, BB 1992, 1852; 23.1.2008, 1 ABR 74/06, DB 2008, 822; zum PersVG BAG 13.4.1994, 7 AZR 651/93, DB 1995, 435; BVerwG 21.3.2007, 6 P 4/06, ZTR 2007, 404; **L**: MünchArbR/*Lunk* § 340 Rn 12 ff; Richardi/*Thüsing* Rn 29 ff; für eine Einstellung sowohl bei Abschluss des Arbeitsvertrags als auch bei Arbeitsaufnahme GK/*Raab* Rn 30 ff; *Fitting* Rn 30 ff; HWGNRH/*Huke* Rn 32 ff; auch *SWS* Rn 12 ff>. Der AN muss so in die Betriebsorganisation eingegliedert sein, dass dadurch die durch Abs 2 geschützten Interessen der Belegschaft berührt werden <**R**: BAG 28.4.1992, aaO; 22.4.1997, 1 ABR 74/96, NZA 1997, 1297; zum LPVG NRW BVerwG 18.6.2002, 6 P 12/01, ZTR 2003, 43; auch 6.9.1995, 6 P 41/93, ZTR 1996, 331; **L**: MünchArbR/*Lunk* § 340 Rn 13; Richardi/*Thüsing* Rn 29> und der Betriebsinhaber jedenfalls teilweise typische AG-Funktionen wahrnimmt (Rn 15 ff). Wo sich der Arbeitsplatz befindet, ist unbeachtlich: Der AN muss seine Arbeitsleistung weder in den Betriebsräumen noch auf dem Betriebsgelände erbringen, vielmehr muss der AG mithilfe des AN den arbeitstechn Zweck des Betriebes verfolgen. Es genügt daher für ein MBR, wenn ein AN eines bestimmten Betriebs des Unternehmens zum Vorgesetzten von unternehmensangehörigen AN eines anderen Betriebs bestellt wird <**R**: BAG 12.6.2019, 1 ABR 5/18, NZA 2019, 1288 Rn 16 ff zur mitbestimmungspflichtige Einstellung, sog **Matrixstruktur**; 26.5.2021, 7 ABR 17/20, NZA 2021, 1494 Rn 43>. Auch setzte eine Einstellung nicht voraus, dass der AN seine Arbeiten zu bestimmten Zeiten verrichten muss, sodass auch Vertrauensarbeitszeit genügt <**R**: BAG 22.10.2019, 1 ABR 13/18, NZA 2020, 61 Rn 19>. Insbes wg der durch Abs 2 Nr 3 und 6 geschützten Interessen der Belegschaft, ist der BR auch dann zu beteiligen, wenn Auszubildende eines reinen Ausbildungsbetriebs zum Zwecke ihrer praktischen Ausbildung vorübergehend in einem anderen Betrieb eingesetzt werden <**R**: BAG 30.9.2008, 1 ABR 81/07, DB 2009, 350>; auf das **Rechtsverhältnis**, in dem die Person zum Betriebsinhaber steht, kommt es nicht an <**R**: BAG 27.10.2010, 7 ABR 86/09, BAGE 136, 123 Rn 20; 23.6.2010, 7 ABR 1/09, NZA 2010, 1302 Rn 10>, noch Rn 15 ff. Der **Abschluss des Arbeitsvertrages und sein Inhalt** sind **nicht Gegenstand der Mitbestimmung** <**R**: BAG 18.10.1988, 1 ABR 33/87, BB 1989, 626; 28.4.1992, aaO; 28.3.2000, 1 ABR 16/99, BB 2000, 2311>.

Nach stRspr des **BVerwG zum BPersVG** werden die Interessen der Beschäftigten erst **7** dann berührt und der AN erst dann iS des § 78 Abs 1 Nr 1 BPersVG eingegliedert, wenn der AN betriebl und sozial an die Dienststelle gebunden wird: Es besteht **kein Zustimmungsverweigerungsrecht, wenn der AN in der Dienststelle bloß vorübergehend tätig wird** <**R**: BVerwG 27.11.1991, 6 P 15/90, ZTR 1992, 261; 21.3.2007, 6 P 4/06, ZTR 2007, 404>. Eine Eingliederung bejaht das BVerwG in Anlehnung an § 8 Abs 1 Nr 2 SGB IV, wenn eine Beschäftigung für mehr als zwei Monate geplant ist, weswg kurzfristige Urlaubs-, Krankheits- oder Mutterschaftsvertretungen nicht mitbestimmungspflichtig sind <**R**: BVerwG 27.11.1991, aaO; 25.9.1995, 6 P 44/93, NZA-RR 1996, 318>. Die Anknüpfung an § 8 Abs 1 Nr 2 SGB IV ist wg der unterschiedl Schutzzwecke des Sozialversicherungs- und des Personalvertretungsrechts zwar nicht sachgerecht; aber mit § 78

§ 99 Mitbestimmung bei personellen Einzelmaßnahmen

Abs 1 Nr 6 und 7 zeigt das BPersVG, dass es die Kollektivinteressen der AN in der aufnehmenden Dienststelle für schutzwürdig erachtet, wenn ein Externer für mehr als drei Monate eingegliedert wird <L: RDW/*Kaiser/Annuß* PersVG § 75 Rn 11; **R:** abl BVerwG 27.11.1991 aaO>. Auf das BetrVG übertragbar ist der Grundgedanke, dass das Zustimmungsverweigerungsrecht erst besteht, wenn ein Beschäftigter nicht nur vorübergehend in den Betrieb eingegliedert wird. Als Zeitgrenze, ab der die Interessen der Belegschaft berührt sind, nennt § 95 Abs 3 für Versetzungen einen Monat; diese Grenze ist auf Einstellungen zu übertragen. Ähnl hat das BAG in Anlehnung an § 95 Abs 3 ein Zustimmungsverweigerungsrecht bei der Arbeitszeiterhöhung von Teilzeit-AN bejaht, wenn diese für länger als einen Monat geplant ist <**R:** BAG 25.1.2005, 1 ABR 59/03, BB 2006, 2421>, Rn 14. Eingestellt wird ein Beschäftigter iS des § 99 Abs 1 erst dann, wenn eine **Beschäftigung für mehr als einen Monat** geplant ist <**R:** abw für eine Einstellung von für wenige Tage abgeordneten AN eines anderen Betriebs BAG 16.12.1986, 1 ABR 52/85, BB 1987, 900; abw für die Eingliederung von Leih-AN 23.1.2008, 1 ABR 74/06, DB 2008, 822; 9.3.2011, 7 ABR 137/09, NZA 2011, 871 Rn 26f; **L:** aA Richardi/*Thüsing* Rn 37>. Erst dann ist die Stelle nach § 93 auch auszuschreiben, § 93 Rn 5 <**R:** LAG München 4.4.2019, 3 TaBV 7/19, nv (juris)>.

8 Als Einstellung mitbestimmungspflichtig ist nicht nur die erstmalige Eingliederung des AN in den Betrieb, sondern **jede Entscheidung des AG über die Besetzung eines Arbeitsplatzes**. Wird etwa ein AN aufgrund mehrerer, wenn auch aneinander anschließender befristeter Arbeitsverträge beschäftigt, ist jede befristete Eingliederung mitbestimmungspflichtig <**R:** BAG 23.1.2008, 1 ABR 74/06, DB 2008, 822>. § 99 ist aber nicht anwendbar, wenn der AG kraft Gesetzes zur Beschäftigung eines AN verpflichtet ist, etwa nach § 78a und bei einem Betriebsübergang nach § 613a Abs 1 BGB <**R:** BAG 7.11.1975, 1 ABR 78/74, BB 1976, 134; **L:** statt aller GK/*Raab* Rn 38 und 53; HWGNRH/*Huke* Rn 51>. Werden AN eines Betriebs in einen anderen Betrieb abgeordnet, ist dies für den aufnehmenden Betrieb eine mitbestimmungspflichtige Einstellung <**R:** BAG 16.12.1986, 1 ABR 52/85, BB 1987, 900>, noch Rn 24. Da sich lediglich die Rechtsgrundlage der Beschäftigung ändert, hingg nicht die tatsächl Eingliederung des Beschäftigten in die Betriebsorganisation, ist es als bloßer Statuswechsel keine Einstellung, wenn ein Beamter im Wege der sog **Insichbeurlaubung** in ein Arbeitsverhältnis zu seinem AG wechselt <**R:** BAG 10.12.2002, 1 ABR 27/01, ZTR 2003, 584 zur Post>.

9 Wird ein AN **zunächst vorläufig** und im Anschluss daran endgültig eingestellt, sind beide Maßnahmen zustimmungspflichtig <**R:** Hess LAG 22.3.1994, 4 TaBV 120/93, BB 1994, 2276 (LS)>, es sei denn, dem BR ist bereits vor der Einstellung auf Probe mitgeteilt worden, dass der AN bei Bewährung auf unbest Zeit weiterbeschäftigt werde <**R:** BAG 7.8.1990, 1 ABR 68/89, BB 1990, 2489; **L:** GK/*Raab* Rn 36; DKW/*Bachner* Rn 47; *Fitting* Rn 38f; krit HWGNRH/*Huke* Rn 42>. Die **Beendigung einer vorläufigen Maßnahme nach § 100** und der anschließende Einsatz des AN im ursprüngl Rahmen ist keine Einstellung iS des Abs 1 S 1; insofern sind die Beteiligungsrechte des BR nach § 100 vorrangig <**R:** BAG 15.4.2014, 1 ABR 101/12, NZA 2014, 920 Rn 13>; hierzu § 100 Rn 1ff. Bei **Abrufarbeit iS des § 12 TzBfG**, bei der Zeitpunkt und voraussichtliche Dauer des jeweiligen Arbeitseinsatzes nicht feststehen, hat der BR nicht über den einzelnen Arbeitseinsatz mitzubestimmen, sondern ist nur bei Abschluss des die Abrufarbeit begründenden Rahmenvertrages zu beteiligen: Dass der Rahmenvertrag offen lässt, zu welcher Zeit und in welchem Umfang die vereinbarte Arbeitsleistung innerhalb des Vertragszeitraumes er-

bracht werden soll, schadet nicht, da mit dem Rahmenvertrag die für die Mitbestimmung wesentl AG-Entscheidungen über die Person des AN, über die geschuldete Tätigkeit und über die zu zahlende Vergütung und damit über die Eingruppierung getroffen werden <**R:** BAG 28.4.1992, 1 ABR 73/91, BB 1992, 1852; **L:** *Fitting* Rn 36; diff ob, aufgrund des Rahmenvertrages eine Arbeitspflicht besteht DKW/*Bachner* Rn 45>. Zustimmungspflichtig ist es auch, wenn Abrufkräfte in eine Liste aufgenommen werden in der Absicht, nur die auf der Liste stehenden Personen wiederkehrend zu beschäftigen, selbst wenn die Aufnahme in die Liste keine Pflicht zum Tätigwerden begründet und für jeden Einsatz ein eigener Arbeitsvertrag abgeschlossen werden soll: Wie bei einem Rahmenvertrag, werden schon mit der Aufnahme in die Abrufliste alle für die Mitbestimmung wesentl Entscheidungen getroffen, nur der Zeitpunkt und der jeweilige Umfang des einzelnen Arbeitseinsatzes bleiben offen. Mitzubestimmen hat der BR daher hinsichtl der Aufnahme der Bewerber in die Liste, hingg nicht beim Abschluss der jeweiligen Arbeitsverträge <**R:** zur Aufnahme von Abrufkräften bei der Bundespost und zum PersVG BVerwG 3.2.1993, 6 P 28/91, ZTR 1993, 433; zur Aufnahme in eine Art Transfergesellschaft, die einzelne Projekteinsätze vermittelt BAG 9.4.2019, 1 ABR 25/17, AP BetrVG 1972 § 99 Nr 160 Rn 24; **abw** zur Aufnahme von AN in einen Aushilfenpool Hess LAG 27.5.2008, 4 TaBV 25/08, juris; **L: abw** DKW/*Bachner* Rn 45>. Zur Mitbestimmung bei ständig wechselnden Arbeitsplätzen noch Rn 40.

Da der AG eine Entscheidung über die Eingliederung des AN trifft und den andernfalls frei werdenden Arbeitsplatz besetzt (Rn 8), hat der BR insbes über die **Verlängerung eines beendeten Arbeitsverhältnisses** mitzubestimmen: über die Fortsetzung eines befristeten Arbeitsverhältnisses über den Beendigungstermin hinaus <**R:** BAG 28.10.1986, 1 ABR 16/85, BB 1987, 2298; zum PersVG 5.5.2004, 7 AZR 629/03, ZTR 2005, 213; **L:** *Fitting* Rn 38f; DKW/*Bachner* Rn 47; Richardi/*Thüsing* Rn 39ff; **aA** HWGNRH/*Huke* Rn 42; *SWS* Rn 19f>, über die Weiterbeschäftigung des AN über die **(tarif) vertragl vereinbarte Altersgrenze** hinaus <**R:** BAG 13.3.1992, 1 ABR 67/91, BB 1992, 1790; 22.9.2021, 7 ABR 22/20, AP BetrVG 1972 § 99 Nr 171 Rn 30ff zu einer Hinausschiebensvereinbarung iSv § 41 SGB VI; **L:** *Fitting* Rn 39; DKW/*Bachner* Rn 47; **aA** GK/*Raab* Rn 37; *SWS* Rn 19h; Richardi/*Thüsing* Rn 42> und über die **Übernahme eines Auszubildenden** in ein Arbeitsverhältnis nach Abschluss des Ausbildungsverhältnisses oder über die **Übernahme von Studierenden**, die eine betriebl Praxisphase im Unternehmen absolvierten <**R:** BAG 29.9.2020, 1 ABR 17/19, NZA 2021, 68 Rn 15; LAG Hamm 14.7.1982, 12 TaBV 27/82, DB 1982, 2303; **L:** GK/*Raab* Rn 38; Richardi/*Thüsing* Rn 46; DKW/*Bachner* Rn 47; *Fitting* Rn 52; **aA** HWGNRH/*Huke* Rn 51; *SWS* Rn 19l>. Ebenfalls mitbestimmungspflichtig ist die sog „**vertragslose Weiterbeschäftigung**", also die Weiterbeschäftigung über das Ende eines befristeten Arbeitsverhältnisses hinaus, ohne dass ausdrückl ein Arbeitsvertrag abgeschlossen wird <**R:** zum BPersVG BVerwG 15.11.1995, 6 P 2/94, PersR 1996, 278; BAG 23.6.2009, 1 ABR 30/08, NZA 2009, 1162 Rn 20 zur Weiterbeschäftigung über das Fristende hinaus von nach § 123a Abs 2 BRRG unbefristet zugewiesenen, bislang im Angestelltenverhältnis befristet beschäftigten Beamten>; richtigerweise besteht wg § 625 BGB auch insoweit ein Arbeitsverhältnis mit Vertrag.

Da der AG keine Eingliederungsentscheidung trifft (Rn 8), sind alle Maßnahmen mitbestimmungsfrei, die durch die Zustimmung des BR zur erstmaligen Eingliederung des AN in den Betrieb gedeckt sind: Wird die Beschäftigung **lediglt tatsächl unterbrochen**, etwa

10

11

§ 99 Mitbestimmung bei personellen Einzelmaßnahmen

weil das Arbeitsverhältnis wg Inanspruchnahme von **Elternzeit** ruht, so ist die Wiederaufnahme der Tätigkeit **keine Einstellung iS des § 99**, sondern durch die Zustimmung des BR zur Ersteingliederung gedeckt <**L:** *D Kaiser,* Erziehungs- und Elternurlaub in Verbundsystemen kleiner und mittlerer Unternehmen (1993), S 66 f; statt aller GK/*Raab* Rn 55 mwN>. Mitzubestimmen hat der BR aber, wenn ein AN während der Elternzeit auf seinem bisherigen Arbeitsplatz eine befristete Teilzeitbeschäftigung aufnehmen soll, da insofern nicht das bisherige Arbeitsverhältnis fortgesetzt, sondern für eine Zwischenzeit eine neue Beschäftigungsentscheidung getroffen wird, die die Interessen der übrigen AN berührt <**R:** BAG 28.4.1998, 1 ABR 63/97, BB 1998, 2525; **L:** *Fitting* Rn 45; DKW/ *Bachner* Rn 49 noch zum Erziehungsurlaub; MünchArbR/*Lunk* § 340 Rn 26>. Ebenso wenig ist die Wiederbeschäftigung des AN nach Suspendierung des Arbeitsverhältnisses durch Arbeitskampfmaßnahmen eine mitbestimmungspflichtige Einstellung iS des § 99 <**L:** statt aller GK/*Raab* Rn 55 und 59>.

12 Kein MBR besteht, wenn ein **gekündigter AN** seine Tätigkeit im Betrieb wieder aufnimmt, nachdem das ArbG die Unwirksamkeit der Kd rechtskräftig festgestellt hat <**R:** obiter zum PersVG BVerwG 25.8.1988, 6 P 36/85, ZTR 1989, 39; **L:** Richardi/*Thüsing* Rn 49> oder nachdem AG und AN einen die Rechtswirkungen der Kd rückwirkend beseitigenden arbg Vergleich abgeschlossen haben <**R:** zum PersVG BVerwG 25.8.1988, aaO; **L:** GK/*Raab* Rn 54>. Ebenso wenig ist die „Rücknahme" der Kd, also die Fortsetzung eines gekündigten Arbeitsverhältnisses im Einvernehmen von AG und AN, keine Einstellung, wenn die bisherige Beschäftigung unverändert fortgesetzt wird <**R:** Hess LAG 12.5.1987, 4 TaBV 267/86, BB 1987, 2093; **L:** GK/*Raab* Rn 54; *Fitting* Rn 46; Richardi/ *Thüsing* Rn 49; HWGNRH/*Huke* Rn 51 f; **aA** DKW/*Bachner* Rn 48>. Auch die Weiterbeschäftigung des AN während des Kd-Schutzprozesses nach BR-Widerspruch gem § 102 Abs 3, 5 oder aufgrund des individualrechtl Weiterbeschäftigungsanspruchs löst die Mitbestimmung nach § 99 nicht aus <**L:** Richardi/*Thüsing* Rn 49; *Fitting* Rn 46>. Nach § 99 zu beteiligen ist der BR aber dann, wenn ein AN wiedereingestellt wird, nachdem er aus dem Betrieb ausgeschieden war – sei es aufgrund einer Zusage des AG <**R:** BAG 5.4.2001, 2 AZR 580/99, BB 2001, 2115> oder aufgrund eines Wiedereinstellungsanspruchs; das Beteiligungsrecht besteht allerdings nur, soweit der AG einen Entscheidungsspielraum hat, hingg nicht, wenn er zur Wiedereinstellung aller ausgeschiedenen AN verpflichtet ist <**L:** GK/*Raab* Rn 56 f; Richardi/*Thüsing* Rn 40, 51; *Fitting* Rn 48; DKW/*Bachner* Rn 53>.

13 Die **Umwandlung eines Vollzeitarbeitsverhältnisses in ein Teilzeitarbeitsverhältnis** ist **keine** mitbestimmungspflichtige Einstellung <**R:** BAG 25.1.2005, 1 ABR 59/03, BB 2006, 2421; zur Altersteilzeit und zum PersVG BVerwG 12.6.2001, 6 P 11/00, ZTR 2001, 531; **L:** GK/*Raab* Rn 60 aE; *Fitting* Rn 42 f>: Zwar berührt die Entscheidung, den AN mit einer geringeren Stundenzahl als bisher zu beschäftigen, die kollektiven Interessen der übrigen AN, da die Herabsetzung der Arbeitszeit eines AN – ebenso wie dessen Versetzung (Rn 24) – mit unzumutbaren Mehrbelastungen für die übrigen AN verbunden sein kann. Nach Abs 1 hat der BR aber nur über die Eingliederung eines AN in den Betrieb mitzubestimmen, hingg nicht über dessen Ausgliederung, Rn 5 f.

14 Wird die **Arbeitszeit eines teilzeitbeschäftigten AN heraufgesetzt**, wechselt er etwa von einer Halbtags- zu einer Vollzeitbeschäftigung, ist der BR an dieser Entscheidung zu beteiligen <**R:** BAG 25.1.2005, 1 ABR 59/03, BB 2006, 2421; 15.5.2007, 1 ABR 32/06, DB 2007, 2429; 9.12.2008, 1 ABR 74/07, nv; zum PersVG BVerwG 23.3.1999, 6 P 10/

97, PersR 1999, 395; 2.6.1993, 6 P 3/92, ZTR 1993, 525; **L:** HWGNRH/*Huke* Rn 42; *Fitting* Rn 40 ff; **aA** GK/*Raab* Rn 60; Richardi/*Thüsing* Rn 52; ErfK/*Kania* Rn 6>: Es macht keinen Unterschied, ob der AG einen neuen AN in die Belegschaft eingliedert oder einen bereits beschäftigten AN – unter Verdrängung interner und externer Bewerber – in größerem Umfang als bisher in die Belegschaft eingliedert. Insoweit ändert der AG nicht ledigl mitbestimmungsfrei die Modalitäten des Arbeitsverhältnisses (Rn 36), sondern entscheidet über die Neubesetzung eines Arbeitsplatzes. Voraussetzung ist, dass die Arbeitszeit des AN sowohl nach Dauer als auch nach Umfang mehr als unerhebl verändert wird, also **nicht nur vorübergehend und nicht nur geringfügig aufgestockt** wird. Das BAG bejaht eine Einstellung in Anlehnung an § 95 Abs 3 schon dann, wenn die Arbeitszeit für mehr als einen Monat erhöht werden soll <**R:** BAG 25.1.2005 und 15.5.2007, aaO>; demggü verlangt das BVerwG in Anlehnung an § 8 Abs 1 Nr 2 SGB IV eine Erhöhung für mehr als zwei Monate <**R:** BVerwG 23.3.1999, aaO; 21.7.1994, 6 PB 8/94, ZTR 1995, 187>, hiergegen Rn 7. Zudem hat das BAG eine Einstellung zunächst nur dann bejaht, wenn der AG das zusätzl Arbeitszeitvolumen als Arbeitsplatz ausgeschrieben hatte oder nach § 93 hätte ausschreiben müssen <**R:** BAG 25.1.2005, aaO>. Nun stellt das BAG – wie das BVerwG – allein auf die zusätzl Stundenzahl ab, die die zu schützenden Belange der übrigen AN berühren müsse; für das erforderl Mindestmaß wurde auf § 12 Abs 1 S 3 TzBfG aF zurück gegriffen, nach dem eine wöchentl Arbeitszeit von 10 Stunden typischerweise das interessengerechte zeitl Minimum für eine Beschäftigung sei <**R:** BAG 15.5.2007, aaO: Aufstockung um 5 Stunden von 35 auf 40 Stunden nicht ausreichend; 9.12.2008, aaO: Aufstockung um 17,5 Stunden ausreichend; BVerwG 23.3.1999, aaO: Aufstockung um 14,75 Stunden ausreichend>. Zum 1.1.2019 wurde die Arbeit auf Abruf reformiert und § 12 Abs 1 S 3 sieht seitdem eine Mindestarbeitszeit von 20 – anstatt von 10 – Stunden vor. Auf § 12 Abs 1 S 3 TzBfG kann daher nicht mehr zurückgegriffen werden; ein MBR erst ab 20 zusätzl Stunden kommt nicht in Betracht. Vielmehr ist am ursprüngl Ansatz des BAG festzuhalten: Eine Aufstockung der Arbeitszeit berührt als Eingliederungsentscheidung nur dann die Interessen der übrigen AN, wenn das zusätzl Arbeitszeitvolumen sinnvoll durch die Einstellung eines anderen AN abgedeckt werden könnte, das **zusätzl Arbeitszeitvolumen mithin einen eigenständigen „Arbeitsplatz"** ausfüllt. Wann dies der Fall ist, hängt von den Verhältnissen im Betrieb, insbes von der Einstellungspraxis – etwa Einstellung auch von 8-Stunden-Kräften – ab <**L:** diff wie hier je nach Einzelfall DKW/*Bachner* Rn 44; auf die Organisationshoheit des AG stellen zur Eignung von Arbeitsplätzen als Teilzeitarbeitsplätze iS des § 7 Abs 1 TzBfG ab: *Annuß/ Thüsing/Mengel* TzBfG § 7 Rn 3; *Meinel/Heyn/Herms* TzBfG § 7 Rn 10 – jeweils mwN>.

c) Mindesttatbestand an arbeitsvertraglichen Rechtsbeziehungen

Voraussetzung für eine Einstellung iS des Abs 2 ist neben der tatsächl Eingliederung des 15 AN in den Betrieb (Rn 6 ff) ein Mindesttatbestand an arbeitsvertragl Rechtsbeziehungen zum Betriebsinhaber: Da nicht der Arbeitsvertrag Gegenstand des MBR ist, sondern die Eingliederung des AN in den Betrieb, setzt Abs 1 **nicht zwingend** voraus, dass zw dem neuen AN und dem AG als Betriebsinhaber ein **Arbeitsverhältnis** begründet wird. Als Grundlage der Beschäftigung genügt bei Nichtigkeit des Arbeitsvertrages etwa ein fehlerhaftes Arbeitsverhältnis <**R:** zum PersVG BVerwG 25.9.1995, 6 P 44/93, NZA-RR 1996, 318; **L:** statt aller GK/*Raab* Rn 35 mwN; DKW/*Bachner* Rn 42>.

§ 99 Mitbestimmung bei personellen Einzelmaßnahmen

16 Auch eine **mehrseitige Rechtsbeziehung**, insbes eine vertragl Dreiecksbeziehung, kann Grundlage für die Eingliederung des AN in den Betrieb sein. Voraussetzung ist, dass der Beschäftigte derart in die Arbeitsorganisation des Betriebs eingegliedert wird, dass der Betriebsinhaber die **für eine weisungsabhängige Tätigkeit typischen Entscheidungen über Art, Umfang, Zeit und Ort der Tätigkeit trifft** und damit wenigstens teilweise eine AG-Stellung einnimmt <R: BAG 5.3.1991, 1 ABR 39/90, BB 1991, 1338; 13.12.2005, 1 ABR 51/04, DB 2006, 1504 (LS); 2.10.2007, 1 ABR 60/06, NZA 2008, 244; zum PersVG BVerwG 13.4.2004, 6 PB 2/04, ZTR 2004, 383; 21.3.2007, 6 P 4/06, ZTR 2007, 404; L: Richardi/*Thüsing* Rn 53; *Fitting* Rn 54ff; ErfK/*Kania* Rn 9; wohl auch DKW/*Bachner* Rn 40; distanziert GK/*Raab* Rn 52>. Denn nur mit Hilfe eines entspr Weisungsrechts kann der AG den Betriebsfrieden wahren, zu dessen Schutz der BR nach Abs 2 Nr 6 aufgerufen ist. Die übrigen Schutzzwecke des Zustimmungsverweigerungsrechts (Rn 4) werden mangels Arbeitsvertragsschlusses mit den Fremdbeschäftigten ohnehin nicht berührt; in Betracht kommt allenfalls ein Verstoß gg Gesetze, TV usw iS des Abs 2 Nr 1, etwa bei der geplanten Eingliederung von Salmonellenausscheidern, Rn 60. Dass durch die Drittvergabe von Tätigkeiten, die von AN des Betriebs durchgeführt wurden oder durchgeführt werden könnten, Arbeitsplätze tatsächl wegfallen oder neue Arbeitsplätze nicht geschaffen werden, löst das Zustimmungsverweigerungsrecht des BR hingg nicht aus, da eine solche Gefahr nicht besteht: Eine Kd der Stamm-AN, um Leih-AN an deren Stelle zu beschäftigen, wäre als Austauschkündigung nach § 1 Abs 1 KSchG unzulässig <R: zur Unzulässigkeit BAG 26.9.1996, 2 AZR 200/96, BB 1997, 260 (Crewing); 16.12.2004, 2 AZR 66/04, NZA 2005, 761>; einer solchen Gefahr zu begegnen, ist nicht Sinn und Zweck des MBR des BR aus § 99 <R: BAG 5.3.1991, aaO>.

17 Als Einstellung **mitbestimmungspflichtig** ist danach insbes die Beschäftigung von **Leih-AN**; das folgt auch aus der klarstellenden Vorschrift des § 14 Abs 3 S 1, Abs 4 AÜG <R: BAG 12.11.2002, 1 ABR 1/02, BB 2003, 850; 25.1.2005, 1 ABR 61/03, BB 2005, 2189; 23.1.2008, 1 ABR 74/06, DB 2008, 822; zum PersVG BVerwG 20.5.1992, 6 P 4/90, PersR 1992, 405; L: statt aller Richardi/*Thüsing* Rn 54f>; zur Unterrichtungspflicht bzgl Leih-AN noch Rn 108. Hingg ist die Entsendung aus dem Verleiherbetrieb wg § 95 Abs 3 S 2 keine Versetzung (Rn 40). Die Aufnahme von Leih-AN in einen Stellenpool, aus dem sie der Verleiher auf Anforderung des Entleihers für Einsätze auswählt, ist noch nicht zustimmungspflichtig, sondern erst der konkrete Einsatz eines Leih-AN im Entleiherbetrieb <R: BAG 23.1.2008, aaO>, aber noch Rn 9 zur Abrufarbeit.

18 **Nicht** mitbestimmungspflichtig ist die Beschäftigung von AN einer Drittfirma aufgrund eines zw dem AG und der **Drittfirma geschlossenen Werk- oder Dienstvertrags** <R: BAG 5.3.1991, 1 ABR 39/90, BB 1991, 1338 zum Flämmen von Brammen durch Fremdflämmer; 5.5.1992, 1 ABR 78/91, BB 1992, 1999 zu Fremdpförtnern; zum PersVG BVerwG 4.9.1995, 6 P 32/93, ZTR 1996, 280 zur Gebäudereinigung durch ein externes Reinigungsunternehmen; BAG 13.3.2001, 1 ABR 34/00, BB 2001, 2586 zu durch Sicherheitsunternehmen eingesetzte Testkäufer; BVerwG 8.1.2003, 6 P 8/02, PersR 2004, 148 zum Krankentransport durch ein klinikfremdes Unternehmen; **abw** in einem Sonderfall BAG 1.8.1989, 1 ABR 54/88, BB 1990, 419 zu Tallymännern im Hamburger Hafen; L: Richardi/*Thüsing* Rn 59f; DKW/*Bachner* Rn 60ff; MünchArbR/*Lunk* § 340 Rn 40; **diff** *SWS* Rn 19d; ebenso GK/*Raab* Rn 43ff sehr ausf zum Streitstand; **abw** *Fitting* Rn 63ff auch sehr ausf; HWGNRH/*Huke* Rn 40f>: Solange die Drittfirma entscheidet, welche Mitarbeiter wann und wo zum Einsatz kommen, genügt es für deren Eingliederung iS des

§ 99 nicht, dass sie durch den AG eingearbeitet werden, auch wenn die Einarbeitung nicht nur in der Anfangszeit, sondern auch später immer wieder erforderl wird <R: BAG 9.7.1991, 1 ABR 45/90, DB 1992, 327; 22.4.1997, 1 ABR 74/96, BB 1997, 2008 (LS)>; keinesfalls reicht es aus, dass die Beschäftigten in den Arbeitsablauf integriert sind und dem fachl oder werkvertragl Weisungsrecht des AG unterliegen <R: zum PersVG BVerwG 8.1.2003, aaO; 13.4.2004, 6 PB 2/04, ZTR 2004, 383>. Ebenso wenig genügt es, dass betriebsorganisatorische Umstände eine enge räumliche Zusammenarbeit der AN und der Drittbeschäftigten erfordern, oder dass der Produktionsprozess im AG-Betrieb den zeitl Rahmen für die Tätigkeit der Fremdbeschäftigten vorgibt, oder dass der Drittfirma kostenlos Fertigungseinrichtungen und Betriebsmittel überlassen werden <R: BAG 5.3.1991, aaO zum Flämmen von Brammen durch Fremdflämmer; 9.7.1991, aaO zur Lackierung von Bremszylindern; auch 18.10.1994, 1 ABR 9/94, BB 1995, 518>. Von einem Weisungsrecht des AG ggü den Drittbeschäftigten ist aber dann auszugehen, wenn der AG diese in die Dienstpläne einschließl der Bereitschafts- und Rufbereitschaftsdienste einträgt sowie über Überstunden und Beurlaubungen einschließl der Urlaubs- und Vertretungsplanung entscheidet <R: BAG 13.5.2014, 1 ABR 50/12, NZA 2014, 1149 Rn 23, 31 „indiziell" für eine Einstellung; zum PersVG BVerwG 18.6.2002, 6 P 12/01, ZTR 2003, 43; 8.1.2003, aaO; 13.4.2004, aaO>. Häufigkeit und Dauer des Einsatzes sind ebenso unbeachtlich wie der Ort der Leistungserbringung <R: BAG 13.12.2016, 1 ABR 59/14, NZA 2017, 525 Rn 23 ff zur Eingliederung von Mitarbeitern eines externen Wachschutzunternehmens in einem Krankenhaus>.

Beim Einsatz von Drittkräften bejaht das BAG ein Weisungsrecht des AG und damit ein Zustimmungsverweigerungsrecht des BR idR auch in den Fällen, in denen die Beschäftigten (vorgeblich) zu niemandem in einem Arbeitsverhältnis stehen <L: DKW/*Bachner* Rn 39; *Fitting* Rn 33; mangels AN-Stellung abl *v Hoyningen-Huene* Anm zu BAG 12.11.2002, AP BetrVG 1972 § 99 Nr 43>. Mitzubestimmen hat der BR etwa bei der Beschäftigung von Pflegekräften an einem Universitätsklinikum aufgrund eines mit der **DRK-Schwesternschaft** geschlossenen Gestellungsvertrages, wenn die Rotes-Kreuz-Pflegekräfte auf vereinsrechtl Grundlage tätig werden <R: BAG 22.4.1997, 1 ABR 74/96, BB 1997, 2008 (LS); 23.6.2010, 7 ABR 1/09, NZA 2010, 1302 Rn 11; zum PersVG BVerwG 18.6.2002, 6 P 12/01, ZTR 2003, 43; 13.4.2004, 6 PB 2/04, ZTR 2004, 383; **L:** Richardi/*Thüsing* Rn 63; DKW/*Bachner* Rn 57; HWGNRH/*Huke* Rn 42; *Fitting* Rn 33a, 62; MünchArbR/*Lunk* § 340 Rn 43> und beim Einsatz ehrenamtlicher Mitarbeiter des DRK auf Krankenkraftwagen im Rahmen eines **DRK-Rettungsdienstes** <R: BAG 12.11.2002, 1 ABR 60/01, NZA 2004, 1289; ebenso zum PersVG und zu ehrenamtlichen Angehörigen der Freiwilligen Feuerwehr OVG NRW 27.10.1999, 1 A 5193/97.PVL, ZTR 2000, 187; **L:** GK/*Raab* Rn 41>, § 5 Rn 11. Zur Versetzung von Mitgliedern des DRK-Schwesternschaft e.V. noch Rn 24. Im Verhältnis zum DRK sind die Schwestern AN und haben deshalb im Entleiherbetrieb die **Stellung von Leih-AN**, ebenso die ehrenamtlich tätigen Vereinsmitglieder, sofern sie für ihre Tätigkeit vergütet werden <R: so jetzt auch BAG 21.2.2017, 1 ABR 62/12, NZA 2017, 662 Rn 25 ff auf die Entscheidung des EuGH (17.11.2016, C-216/15, EuZW 2017, 68) auf seine Vorlagefrage hin (17.3.2015, 1 ABR 62/12, BAGE 151, 131)>. Bei deren Einstellung ist daher sowohl der BR des verleihenden Vereins als auch der BR beim entleihenden Einsatz-AG zuständig <R: BAG 23.6.2010, 7 ABR 1/09, BAGE 135, 26 Rn 18; 9.10.2013, 7 ABR 12/12, AP BetrVG 1972 § 99 Versetzung Nr 54 Rn 20>.

§ 99　Mitbestimmung bei personellen Einzelmaßnahmen

20　Zustimmungspflichtig war auch die Beschäftigung von **Zivildienstleistenden** <R: BAG 19.6.2001, 1 ABR 25/00, BB 2002, 47; **L:** Richardi/*Thüsing* Rn 63; DKW/*Bachner* Rn 56; *Fitting* Rn 77; **krit** GK/*Raab* Rn 42>; dass die Zuweisung der Zivildienstleistenden durch Verwaltungsakt erfolgte, änderte nichts am Zustimmungsverweigerungsrecht, da der AG die Auswahlentscheidung traf und das Bundesamt für Zivildienst dem AG den von ihm selbst genannten Zivildienstleistenden ohne eigene Auswahlentscheidung zuwies <R: BAG 19.6.2001, aaO>. Ebenso hat der BR bei der Beschäftigung von Dienstleistenden im Rahmen des **Bundesfreiwilligendienstes** mitzubestimmen <R: ArbG Ulm 18.7.2012, 7 BV 10/11, BeckRS 2012, 73234 und 7.3.2016, 4 BV 10/15, BeckRS 2016, 132682; *Leube* ZTR 2012, 207, 209; **aA** ArbG Magdeburg 17.2.2015, 6 BV 77/15, BeckRS 2016, 69150; **L:** DKW/*Bachner* Rn 56; *Fitting* Rn 77 mwN; HWGNRH/*Huke* Rn 37; **aA** *Becker* NZA 2016, 923; **krit** GK/*Raab* Rn 42> und auch bei der Beschäftigung von erwerbsfähigen Hilfebedürftigen iS von § 16d Abs 7 SGB II, den **sog Ein-Euro-Jobbern**: Obwohl der Bewilligungsbescheid des Job-Centers wesentl Modalitäten der Tätigkeit (zu leistende Arbeit, Dauer der Beschäftigung, wöchentl Beschäftigungszeit) vorgibt, bleiben mit der Verteilung der Beschäftigungszeit auf die einzelnen Wochentage, der Urlaubsbewilligung, der Bestimmung des konkreten Einsatzortes und den fachl Weisungen wichtige Weisungsbefugnisse beim AG <R: BAG 2.10.2007, 1 ABR 60/06, NZA 2008, 244; zum PersVG BVerwG 21.3.2007, 6 P 4/06, ZTR 2007, 404; **L:** Richardi/*Thüsing* Rn 64; DKW/*Bachner* Rn 40; *Fitting* Rn 54 f mwN>; dass die Hilfebedürftigen dem AG durch Verwaltungsakt zugewiesen werden, schadet so wenig wie bei Zivildienstleistenden/Bundesfreiwilligendienstleistenden <R: BAG 2.10.2007, aaO>. Entgg der früheren Rechtsprechung <R: BAG 3.10.1978, 6 ABR 46/76, DB 1979, 1186> ist auch die Beschäftigung von **Strafgefangenen** eine mitbestimmungspflichtige Einstellung, da der AG das Direktionsrecht ausübt <L: DKW/*Bachner* Rn 55; Richardi/*Thüsing* Rn 63; *Fitting* Rn 76; MünchArbR/*Lunk* § 340 Rn 45; **krit** GK/*Raab* Rn 62; **aA** SWS Rn 19q; HWGNRH/*Huke* Rn 56>.

21　Das BAG bejaht ein MBR des BR nach Abs 1 auch bei der Beschäftigung **freier Mitarbeiter**, wenn diese zusammen mit den AN des Betriebs eine Tätigkeit verrichten, die ihrer Art nach weisungsgebunden ist, der Verwirklichung des arbeitstechnischen Zwecks des Betriebes dient und daher vom AG organisiert werden muss <R: BAG 15.4.1986, 1 ABR 44/84, BB 1986, 1986 zum Einsatz selbstständiger Taxiunternehmer durch einen zentralen Dienst zur Behindertenbeförderung; 3.7.1990, 1 ABR 36/89, BB 1990, 2188 und 31.1.1995, 1 ABR 35/94, DB 1995, 1670 zu Lehrkräften in der Erwachsenenbildung bzw in einem von einer öffentl Körperschaft getragenen Berufsförderungswerk zur Rehabilitation erwachsener Behinderter; 27.7.1993, 1 ABR 7/93, BB 1993, 2233 für Sprachlehrkräfte; **L:** Richardi/*Thüsing* Rn 62; **krit** *Fitting* Rn 35, 73; im Zweifel **abl** GK/*Raab* Rn 40, 49; ErfK/*Kania* Rn 8; SWS Rn 19b>. Das ist falsch: Da sich freie Mitarbeiter per definitionem von AN dadurch unterscheiden, dass bei ihnen die durch Weisungsgebundenheit und Eingliederung best persönl Abhängigkeit fehlt, löst die Beschäftigung freier Mitarbeiter **kein Zustimmungsverweigerungsrecht** des BR aus <R: so für den Regelfall auch BAG 30.8.1994, 1 ABR 3/94, NZA 1995, 649 für im Außendienst als Finanzberater tätige, freie Handelsvertreter einer Bank>. Ob die freien Mitarbeiter die gleiche Tätigkeit verrichten wie AN des Betriebs ist nicht maßgebl <R: anders falsch BAG 30.8.1994, aaO in allen freien Mitarbeiterfällen>, solange der Betriebsinhaber nicht die für eine weisungsabhängige Tätigkeit typischen Entscheidungen über Art, Umfang, Zeit und Ort der

Tätigkeit trifft und damit wenigstens einen Teil der AG-Stellung ggü den Beschäftigten einnimmt (Rn 16). Um beurteilen zu können, ob neue Mitarbeiter weisungsfrei oder weisungsgebunden beschäftigt werden und ggfs ein Zustimmungsverweigerungsrecht besteht, kann der BR nach § 80 Abs 2 Auskunft über die Tätigkeit der Mitarbeiter verlangen <R: BAG 15.12.1998, 1 ABR 9/98, BB 1999, 1497>, § 80 Rn 2.

Mangels weisungsgebundener Tätigkeit ist auch die Beschäftigung von **Schülerpraktikanten** keine Einstellung iS von § 99 Abs 1; diese sind rechtl schon nicht verpflichtet, für den Betrieb zu arbeiten, aber Studenten in einem verpflichtenden **Betriebspraktikum** sowie **Volontäre** <R: BAG 8.5.1990, 1 ABR 7/89, DB 1990, 2124 keine Mitbestimmung bei Schülern; **L:** GK/*Raab* Rn 52; *Fitting* Rn 51a>. 22

Selbst wenn die Beschäftigung Dritter die Zustimmungspflicht des BR nach § 99 auslöst, werden die Dritten damit nicht zu betriebsangehörigen AN iS des § 7, da § 7 neben der Eingliederung in den Betrieb ein Arbeitsverhältnis zum Betriebsinhaber voraussetzt (§ 7 Rn 9 ff). Nach § 7 Abs 1 S 2 sind Leih-AN trotz fehlender AN-Eigenschaft aber wahlberechtigt, sobald sie länger als drei Monate im Betrieb eingesetzt worden sind, § 7 Rn 21 ff. 23

2. Versetzung

a) Normzweck und Anwendungsbereich

Der BR hat mitzubestimmen, wenn AN in einen anderen Betrieb versetzt oder innerhalb des Betriebs umgesetzt werden. Diese Mitbestimmung spielt in der Praxis eine wichtige Rolle. Sie ist allerdings auf eine bloße Mitteilung nach **§ 80 Abs 2 S 1 reduziert**, sofern ein arbeitswilliger AN **streikbedingt** versetzt wird; auch wenn der abgebende Betrieb nicht im Kampfgebiet liegt <R: BAG 13.12.2011, 1 ABR 2/10, BAGE 140, 113 Rn 30 und 37>, § 74 Rn 13 ff, 21. Wird der AN gg seinen Willen versetzt, dient die Mitbestimmung des BR des abgebenden Betriebs über den Zustimmungsverweigerungsgrund des Abs 2 Nr 4 zum einen dem **Individualschutz des versetzten AN** <R: BAG 5.3.1991, 1 ABR 39/90, BB 1991, 1338; 2.10.2007, 1 ABR 60/06, NZA 2008, 244; 17.6.2008, 1 ABR 38/07, DB 2008, 2771; zum PersVG BVerwG 18.6.2002, 6 P 12/01, ZTR 2003, 43>, sodass keine Versetzung vorliegt, wenn der anderweitige Einsatz vom AG weder angeordnet noch zumindest koordiniert wird <R: BAG 29.9.2010, 1 ABR 21/19, BAGE 172, 292 Rn 28 zu einer Durchsage im Einzelhandel, auf welche hin sich die AN selbst koordinieren>; Rn 92. Zum anderen soll der BR zugunsten der **AN des abgebenden Betriebs** prüfen, ob die Versetzung für diese mit unzumutbaren **Mehrbelastungen** verbunden ist; nützt die Versetzung – wie häufig – dem berufl Fortkommen des versetzten AN, sind auch die Belange etwaiger Mitbewerber zu beachten <R: BAG 20.9.1990, 1 ABR 37/90, BB 1991, 550; 19.2.1991, 1 ABR 36/90, BB 1991, 1486; LAG SH 12.4.2007, 4 TaBV 66/06, juris; zum PersVG BVerwG 28.5.2002, 6 P 9/01, PersR 2002, 340>. Daher kommt es nicht darauf an, ob es sich bei den von der Versetzung betroffenen Beschäftigten um AN handelt, die der BR repräsentiert, sondern die Versetzung muss sich auf die geschützten Interessen der vom BR repräsentierten Belegschaft auswirken können <R: BAG 9.10.2013, 7 ABR 12/12, AP BetrVG 1972 § 99 Versetzung Nr 54 Rn 13 zur mitbestimmungspflichtigen Versetzung trotz Personalgestellung in einer Uniklinik (DRK-Schwesternschaft e.V.; zur Einstellung von deren Mitgliedern Rn 19)>; zuständig kann 24

§ 99   Mitbestimmung bei personellen Einzelmaßnahmen

für die Versetzung von Drittkräften je nach Personalhoheit (Rn 15 ff) sowohl der BR des verleihenden Vereins als auch der BR beim entleihenden Einsatz-AG sein <R: BAG 9.10.2013, 7 ABR 12/12, AP BetrVG 1972 § 99 Versetzung Nr 54 Rn 21>, vgl aber Rn 40. Im **aufnehmenden Betrieb** wirkt die Versetzung **wie eine Einstellung** <R: BAG; 22.1.1991, 1 ABR 18/90, DB 1991, 2088; 30.9.2008, 1 ABR 81/07, BB 2009, 101; zum PersVG BVerwG 29.1.2003, 6 P 19/01, ZTR 2003, 252>; zum Schutzzweck Rn 5.

25 Die Versetzung ist **in § 95 Abs 3 legaldefiniert**: Versetzung iS der §§ 99, 95 Abs 3 BetrVG ist die Zuweisung eines anderen Arbeitsbereichs, die voraussichtlich die Dauer von einem Monat überschreitet (Rn 37) oder die mit einer erhebl Änderung der Arbeitsumstände verbunden ist (Rn 38 f). Unter Zuweisung eines anderen Arbeitsbereichs ist einmal die Zuweisung eines anderen Arbeitsplatzes, also die Herausnahme des AN aus seiner bisherigen betriebl Einheit zu verstehen; **abw** vom entspr MBR des PR aus § 78 Abs 1 Nr 6 bei der Umsetzung ist aber nicht Voraussetzung, dass sich der Arbeitsort ändert. Versetzung ist auch der Wechsel eines AN in einen anderen Betrieb desselben AG (Rn 31). Das MBR des BR des abgebenden Betriebs entfällt, wenn der Wechsel in einen anderen Betrieb den Wünschen des AN und seiner freien Entscheidung entspricht (Rn 32 f). Wie bei der Einstellung (Rn 6) hat der BR **nicht an der individualrechtl Maßnahme mitzubestimmen**, die der Versetzung zugrunde liegt (**Ausübung des Direktionsrechts, Änderungsvertrag oder Änderungskündigung**), sondern nur an deren betriebsorganisatorischer Umsetzung, also an der **Umgliederung** (Rn 28 ff).

26 Der „**Arbeitsbereich**" iS von § 95 Abs 3 S 1 ist nach § 81 Abs 2 iVm Abs 1 S 1 **räumlich und funktional** zu verstehen: Der Arbeitsbereich umfasst den Ort der Arbeitsleistung, die Art der Tätigkeit einschließl der Verantwortung des AN und den Platz in der betriebl Organisation. Ein anderer Arbeitsbereich wird einem AN iS des § 95 Abs 3 S 1 zugewiesen, wenn sich das **Gesamtbild** seiner bisherigen Tätigkeit so verändert, dass die neue Tätigkeit vom Standpunkt eines mit den betriebl Verhältnissen vertrauten Beobachters eine „andere" ist <R: BAG 11.12.2007, 1 ABR 73/06, NZA-RR 2008, 353; 17.6.2008, 1 ABR 38/07, DB 2008, 2771; **L**: statt aller DKW/*Bachner* Rn 101; *Fitting* Rn 125; GK/*Raab* Rn 100 mwN>. Dies kann aus der Änderung des Inhalts der Arbeitsaufgaben und der mit ihnen verbundenen Verantwortung folgen <R: BAG 26.10.2004, 1 ABR 45/03, BB 2005, 1453; 17.6.2008, aaO>, aus einer Änderung der Art und Weise, wie die Arbeitsaufgabe zu erledigen ist, und aus einer Änderung der Stellung des AN innerhalb der betriebl Organisation durch Zuordnung zu einer anderen betriebl Einheit <R: BAG 26.10.2004, 1 ABR 45/03, BB 2005, 1453; 17.6.2008, aaO>; die Änderung der tarifl Wertigkeit der auszuführenden Tätigkeit spielt keine Rolle <R: BAG 29.9.2010, 1 ABR 21/19, BAGE 172, 292 Rn 29 und 39>. Allerdings muss eine **Erheblichkeitsschwelle** überschritten sein: Jede Tätigkeit ist laufenden Veränderungen durch die technische Gestaltung des Arbeitsablaufs, neue Hilfsmittel und Maschinen und durch eine Umorganisation des Arbeitsablaufs unterworfen. Deswg ist für eine Versetzung erforderl, dass die Änderung über solche üblichen hinausgeht und zur Folge hat, dass die Arbeitsaufgabe oder die Tätigkeit eine „andere" wird <R: BAG 28.8.2007, 1 ABR 70/06, DB 2008, 70; 17.6.2008, aaO; **L**: statt aller DKW/*Bachner* Rn 101; HWGNRH/*Huke* Rn 97>. Unerhebl für den Versetzungsbegriff ist, ob der AG individualrechtl zur Versetzung befugt ist <R: BAG 29.9.2010, 1 ABR 21/19, BAGE 172, 292 Rn 24>.

27 Versetzung meint nur personelle, **nicht organisatorische Maßnahmen**: Werden etwa zwei Betriebe zusammengelegt bzw wird ein Betrieb in einen anderen eingegliedert oder

wird ein Betriebsteil ausgegliedert, ändert sich zwar für die AN der Beschäftigungsbetrieb, diese Änderung beruht aber nicht auf einer Versetzung einzelner AN und ist daher nicht nach § 99 mitbestimmungspflichtig <R: zum PersVG Nds OVG 1.4.1998, 17 L 6193/96, NZA-RR 1998, 526; Hess VGH 14.1.1993, HPV TL 2659/89, PersR 1993, 459; L: HWGNRH/*Huke* Rn 105; aA DKW/*Bachner* Rn 107a>. Der BR ist nicht im Rahmen seines **Restmandats nach § 21b** zu beteiligen <R: BAG 8.12.2009, 1 ABR 41/09, AP BetrVG 1972 § 99 Nr 129 Rn 17 und 8.12.2009, 1 ABR 37/09, Beck RS 2010, 72879 Rn 19, aber ausdrücklich offenlassend, ob eine Versetzung vorliegt, wenn der AG einem AN nach der **vollständigen Stilllegung des Betriebs** eine Tätigkeit in einem anderen Betrieb des Unternehmens zuweist (Rn 24 bzw Rn 25)>. Diese Betriebsänderung löst aber nach §§ 106 Abs 3 Nr 7 und 8 die Unterrichtungspflicht des AG ggü dem WirtA nach § 106 Abs 2 aus und die Beteiligungsrechte des BR nach §§ 111 (S 3 Nr 2 und 3), 112. Auch über Betriebs- oder Betriebsteilverlegungen oder die Verlegung einzelner Abteilungen hat der BR nicht nach § 99, sondern nur nach §§ 111, 112 mitzubestimmen <R: vgl BAG 27.6.2006, 1 ABR 35/05, BB 2006, 2647 zur wg Umbaußnahmen vorübergehenden Verlegung von Abteilungen eines Versicherungsunternehmens in ein 3 km entferntes Betriebsgebäude; zum PersVG BVerwG 27.7.1979, 6 P 25/78, PersV 1981, 73 zur Verlegung der Verkehrsabteilung der Staatsanwaltschaft vom Hauptgebäude in einen angemieteten Bürohausneubau; LAG Köln 30.1.1995, 3 Sa 1200/94, ZTR 1995, 280 zur Verlegung eine Dienststelle in die neuen Bundesländer; L: GK/*Raab* Rn 95 ff; *Fitting* Rn 144; HWGNRH/*Huke* Rn 98, 106; aA DKW/*Bachner* Rn 107a>. Das Zustimmungsverweigerungsrecht entfällt aber nur, wenn sich die Maßnahmen des AG auf die Organisationsänderung oder Verlegungsentscheidung beschränken. Hingg hat der BR an Versetzungen einzelner AN mitzubestimmen, die Organisationsänderungen oder eine Verlegung der Dienststelle vorbereiten oder an diese anschließen <R: zum PersVG OVG Berl-Bbg 20.12.1999, 60 PV 8.99, PersR 2000, 377; OVG NRW 26.9.2003, 1 A 3411/01. PVB, AP BPersVG § 75 Nr 83>.

b) Zuweisung eines anderen Arbeitsplatzes

Unter Zuweisung eines anderen Arbeitsbereichs ist einmal die Zuweisung eines anderen Arbeitsplatzes zu verstehen, die den AN aus einer betriebl Einheit herausnimmt und einer anderen Einheit zuweist, ohne dass sich die Arbeitsaufgabe ändern muss (**Umgliederung**) <R: BAG 29.2.2000, 1 ABR 5/99, BB 2000, 1784>. Das ist – unabhängig von der geographischen Veränderung (Rn 30 und 39) – für die betroffenen AN etwa der Fall, wenn das auf mehrere Standorte verteilte Rechnungswesen zentralisiert und 20 von insgesamt 30 Arbeitsplätzen der Abteilung Rechnungswesen an einem Standort mit anderen Arbeitsplätzen zu einer Zentralabteilung im Betrieb der Hauptverwaltung zusammengelegt werden <R: BAG 28.2.2006, 1 ABR 1/05, DB 2006, 2183>.   28

Allein, dass der AN **mit anderen Vorgesetzten und Kollegen zusammenarbeiten muss, genügt nicht**. Kein anderer Arbeitsplatz wird dem AN zugewiesen, wenn ein Sekretär einer anderen Sachbearbeiterin derselben betriebl Einheit zugewiesen oder die betriebl Einheit des AN einer anderen Leitungsstelle zugeordnet wird <R: BAG 10.4.1984, 1 ABR 67/82, BB 1984, 1937; L: GK/*Raab* Rn 110; SWS Rn 161; DKW/*Bachner* Rn 113; krit HWGNRH/*Huke* Rn 104 f>. Der bloße Wechsel von Pflegekräften aus dem Tages- in den Nachtdienst eines Dialysezentrums verändert deren Tätigkeit nicht schon deswg wesentl, weil sie dort auf andere Kollegen treffen und den Diensten jeweils eine andere   29

§ 99 Mitbestimmung bei personellen Einzelmaßnahmen

Gruppenschwester vorsteht <**R:** BAG 23.11.1993, 1 ABR 38/93, BB 1994, 935; **L:** GK/*Raab* Rn 111; HWGNRH/*Huke* Rn 100, 104>, während eine Altenpflegekraft, die auf eine andere Station eines Seniorenheimes wechselt, zustimmungspflichtig versetzt wird, weil zum Kollegen- und Vorgesetztenwechsel maßgebl hinzukommt, dass sie nach dem Stationswechsel andere Bewohner betreut, deren jeweils individueller Pflegebedarf das Tätigkeitsbild der Pflegekraft prägt <**R:** BAG 29.2.2000, 1 ABR 5/99, BB 2000, 1784; **L:** *Fitting* Rn 139a, aber auf die organisatorische Eigenständigkeit der Abteilungen abstellend; ebenso HWGNRH/*Huke* Rn 104 und DKW/*Bachner* Rn 110; **aA** GK/*Raab* Rn 111>. Dass einem im Verkauf eines Textilwarenhauses tätigen AN eine Tätigkeit in einer anderen Abteilung und Etage zugewiesen wird, ändert am Inhalt seiner Arbeitsaufgabe (Beratung von Kunden, Aufräumen und Präsentation) ebenfalls nichts; mangels Gruppen- oder Teamarbeit genügt auch der bloße Wechsel der Arbeitskollegen und des unmittelbaren Vorgesetzten nicht für eine Versetzung iS der §§ 99, 95 Abs 3 <**R:** BAG 17.6.2008, 1 ABR 38/07, DB 2008, 2771>. Wg der wesentl anderen Art der Zusammenarbeit mit starker Abhängigkeit der einzelnen Gruppenmitglieder voneinander und der Notwendigkeit der Abstimmung, werden an den AN bei **Gruppenarbeit** hingg funktional-inhaltlich andere Anforderungen gestellt, sodass es als Versetzung zustimmungspflichtig ist, wenn ein AN Tätigkeiten, die er bisher im Einzelakkord verrichtet, nunmehr im Gruppenakkord erbringen soll <**R:** BAG 22.4.1997, 1 ABR 84/96, DB 1998, 208; **L:** DKW/*Bachner* Rn 110; je nach Einbindung in die Gruppe und Notwendigkeit der Zusammenarbeit diff *Fitting* Rn 141; **aA** GK/*Raab* Rn 102>, oder wenn ein in Gruppenarbeit beschäftigter AN von einer Arbeitsgruppe in eine andere wechselt <**R:** LAG Köln 26.7.1996, 12 TaBV 33/96, NZA 1997, 280>.

30 Eine **Änderung des Arbeitsortes** ist nicht immer eine Versetzung <**R: so aber** obiter BAG 18.2.1986, 1 ABR 27/84, BB 1986, 2056; **so aber L:** DKW/*Bachner* Rn 106; *Fitting* Rn 143; MünchArbR/*Lunk* § 341 Rn 10; Richardi/*Thüsing* Rn 121; **wie hier** GK/*Raab* Rn 97 f> und auch nicht dann, wenn mit der Ortsänderung erhebl längere Anfahrtwege für den AN verbunden sind <**L: so aber** HWGNRH/*Huke* Rn 110; auch *SWS* Rn 159>; erst Recht kann das Überschreiten der **Ortsgrenze der polit Gemeinde** – unabhängig von der Art nach gleichbleibenden Tätigkeit – nicht ausschlaggebend für eine Versetzung sein <**R: aber** eine Versetzung innerhalb einer polit Gemeinde abl BAG 27.6.2006, 1 ABR 35/05, BAGE 118, 314 Rn 15 (3 km Entfernung); 20.10.2021, 7 ABR 34/20, NZA 2022, 494 Rn 21; 17.11.2021, 7 ABR 18/20, NZA 2022, 501 Rn 14 ff (12 km innerhalb von Berlin, 45 Min Fahrtzeit mit ÖPNV); **hingegen** allein für eine Versetzung aufgrund von einer Entfernung von 12 km innerhalb einer Stadt LAG Nürnberg 10.5.2021, 1 TaBV 3/21, NZA-RR 2022, 28>: Voraussetzung ist vielmehr, dass der AN aufgrund der Ortsänderung nicht nur vorübergehend (Rn 37) in eine andere betriebl Einheit eingegliedert wird <**L:** GK/*Raab* Rn 97 f>, etwa wenn der AG anlässl der Entwicklung neuer Fahrzeugmodelle anordnet, dass mehrere AN aus der Produktentwicklung ihre Arbeitsleistung in Japan im Betrieb einer japanischen Firma nach einem gestaffelten Zeitplan erbringen sollen <**R:** BAG 18.2.1986, aaO>. Auch die Verlegung des Arbeitsortes vom Betrieb ins **Homeoffice** oder umgekehrt, der Wechsel von **alternierender Telearbeit** zu durchgängiger Tätigkeit vor Ort im Betrieb, ist eine mitbestimmungspflichtige Versetzung <**R:** BAG 20.10.2021, 7 ABR 34/20, NZA 2022, 494 Rn 18 ff; vgl auch BAG 22.9.2021, 7 ABR 13/20, AP BetrVG 1972 § 99 Nr 174 Rn 22 f>; die Zuweisung eines anderen Dienstortes kann auch eine Versetzung sein, obwohl der AN am alten und am

neuen Dienstort im Homeoffice war und sich insofern der tatsächliche Arbeitsort nicht verändert hat <R: Hess LAG 14.1.2020, TaBV 5/19, NZA-RR 2020, 427>; zum Wechsel des Arbeitsortes s noch Rn 39, dort auch zum Wechsel ins **Großraumbüro** und zum **Desk Sharing**.

Wg des Zwecks des Zustimmungsverweigerungsrechts (Rn 24), ist auch der Wechsel eines AN **in einen anderen Betrieb** oder in einen nach § 4 S 1 selbstständigen Betriebsteil, also seine **Ausgliederung** aus dem abgebenden und seine **Eingliederung** in den neuen Betrieb, eine Versetzung iS des § 95 Abs 3 S 1 <R: BAG 20.9.1990, 1 ABR 37/90, BB 1991, 550; 11.7.2000, 1 ABR 39/99, DB 2001, 765> und zwar auch dann, wenn der AN in ein anderes Unternehmen entsandt wird <R: BAG 19.2.1991, 1 ABR 36/90, BB 1991, 1486; LAG SH 12.4.2007, 4 TaBV 66/06, juris; **L:** Richardi/*Thüsing* Rn 139, 143; ErfK/*Kania* Rn 15; MünchArbR/*Lunk* § 341 Rn 12a>. Ist ein nur vorübergehender Betriebswechsel geplant, also von vornherein die **Rückkehr des AN in seinen Stammbetrieb beabsichtigt**, hat der BR des aufnehmenden Betriebs bei einer für länger als einen Monat geplanten Eingliederung mitzubestimmen (Rn 37) und der BR des abgebenden Betriebs auch dann, wenn der AN mit der Versetzung einverstanden ist: Es handelt sich um eine einheitl Maßnahme des Ausscheidens aus und der Wiedereingliederung in den abgebenden Betrieb, die zum Schutz der Belegschaft dieses Betriebs nicht aufgespalten werden kann und daher nicht erst bei der Wiedereingliederung des AN, sondern insgesamt der Mitwirkung des BR bedarf <R: BAG 18.2.1986, 1 ABR 27/84, BB 1986, 2056; 14.11.1989, 1 ABR 87/88, BB 1990, 1129; **L:** Richardi/*Thüsing* Rn 140; GK/*Raab* Rn 129; ErfK/*Kania* Rn 15>. Der **GBR ist nicht zuständig** <R: BAG 26.1.1993, 1 AZR 303/92, BB 1993, 1871; 12.6.2019, 1 ABR 5/18, NZA 2019, 1288 Rn 34; 22.10.2019, 1 ABR 13/18, NZA 2020, 61 Rn 11; **L:** GK/*Raab* Rn 132; **aA** Richardi/*Thüsing* Rn 142>, § 50 Rn 31; vgl Rn 5.

Während der BR im aufnehmenden Betrieb zum Schutz der dortigen Belegschaft stets ein Zustimmungsverweigerungsrecht hat (Rn 5), wird das MBR des abgebenden Betriebs wg Versetzung teilweise auf den vorübergehenden Betriebswechsel beschränkt: Das **dauerhafte Ausscheiden** eines AN aus dem Betrieb löse jenseits von § 102 keine Beteiligungsrechte des BR aus <**L:** *SWS* Rn 162, 171; ausf zum Streitstand GK/*Raab* Rn 123 ff>. Nach BAG entfällt das MBR des BR des abgebenden Betriebs bei einem dauerhaften Wechsel in einen anderen Betrieb, wenn der **AN den Wechsel des Arbeitsplatzes selbst gewünscht** hat oder dieser jedenfalls seinen Wünschen und seiner freien Entscheidung entspricht: Der Schutzzweck des § 99 (Rn 24) könne nicht erreicht werden, da der ausscheidende AN nicht gg seinen Willen geschützt zu werden brauche und der BR die verbleibende Belegschaft nicht schützen könne, weil es ihm unmögl sei, dass (einverständliche oder kündigungsbedingte) Ausscheiden des AN aus dem Betrieb zu verhindern <R: BAG 20.9.1990, 1 ABR 37/90, BB 1991, 550; 26.1.1993, 1 AZR 303/92, BB 1993, 1871; 13.12.2011, 1 ABR 2/10, BAGE 140, 113 Rn 23; **L:** Richardi/*Thüsing* Rn 141; HWGNRH/*Huke* Rn 114; GK/*Raab* Rn 127; **aA** DKW/*Bachner* Rn 17, 107>.

Gg den vollständigen Ausschluss des Zustimmungsverweigerungsrechts bei dauerhaftem Betriebswechsel spricht der 2001 in § 103 eingefügte Abs 3, nach dem die Versetzung von Amtsträgern auch dann zustimmungspflichtig ist, wenn sie zum Amtsverlust führt; das erfasst insbes die betriebsübergreifende Versetzung, § 103 Rn 21 <**L:** RegE BT-Drs 14/5741 S 51>. Auch der Ausschluss des MBR erst dann, wenn der Betriebswechsel den Wünschen und der freien Entscheidung des AN entspricht, ist **angesichts § 103 Abs 3 S 1**

§ 99 Mitbestimmung bei personellen Einzelmaßnahmen

Hs 2 zu eng: Danach entfällt das Zustimmungserfordernis schon dann, wenn der Amtsträger mit seiner betriebsübergreifenden Versetzung einverstanden ist (§ 103 Rn 27). Einverständnis ist weniger als der Wunsch des AN: Es genügt, dass der AN **ausdrückl sein Einverständnis** mit der Versetzung erklärt oder mit dem AG einen Änderungsvertrag abschließt – ebenso wie der BR unstr nicht zu beteiligen ist, wenn der AN einen Aufhebungsvertrag abschließt, um in ein anderes Unternehmen zu wechseln (§ 102 Rn 7). Erklärt sich der versetzte AN nicht ausdrückl einverstanden, sondern beugt er sich einer kraft Direktionsrechts ausgesprochenen Versetzung ledigl, ohne dazu Stellung zu nehmen, oder nimmt er eine ÄnderungsKd hin, ohne sich mit einer Kd-Schutzklage zur Wehr zu setzen, bleibt das Zustimmungsverweigerungsrecht des BR hingg bestehen, wenn die Versetzung nicht den Wünschen des AN entspricht, § 103 Rn 28; die Beweislast trägt der AG <**R:** BAG 20.9.1990, 1 ABR 37/90, BB 1991, 550>.

c) Zuteilung einer anderen Arbeitsaufgabe

34 Zuweisung eines anderen Arbeitsbereichs ist auch die Zuteilung einer anderen Arbeitsaufgabe <**R:** BAG 10.4.1984, 1 ABR 67/82, BB 1984, 1937; 2.4.1996, 1 AZR 743/95, BB 1996, 1940>. Voraussetzung ist, dass sich der Inhalt der geschuldeten Arbeitsleistung, mithin das **Gesamtbild der Tätigkeit des AN, ändert** <**R:** BAG 29.9.2004, 1 ABR 39/03, DB 2005, 951; **L:** statt aller GK/*Raab* Rn 100; DKW/*Bachner* Rn 101; *Fitting* Rn 125>, Rn 26. Dies kann sich auch aus einer **Gesamtschau** der geänderten Umstände ergeben, die jeweils für sich alleine nicht für eine erhebliche Änderung der Tätigkeit ausreichen. Für eine erhebliche Änderung spricht, dass der AN nach seiner Versetzung **eingearbeitet** werden muss <**R:** LAG Köln 28.4.2017, 9 TaBV 78/16, BeckRS 2017, 115167>. Es genügt also nicht, wenn Schreibkräfte, die bisher Texte mit einer Kugelkopfschreibmaschine geschrieben haben, die gleichen Texte nunmehr mit Hilfe eines Bildschirmgerätes schreiben <**R:** BAG 10.4.1984, 1 ABR 67/82, BB 1984, 1937>. Das Gesamtbild der Tätigkeit ändert sich aber bei Beförderungen, etwa vom Sachbearbeiter zum Abteilungsleiter, von einer Stenotypistin zur Chefsekretärin und vom Arbeiter zum Lagerverwalter. Ebenso ändert sich das Gesamtbild der Tätigkeit, wenn ein bis dahin als Staplerfahrer in der Lagerhaltung tätiger AN als Fahrer eines kleineren Lkw für Transporte zw den drei Versandhallen auf dem Betriebsgelände eingesetzt wird <**R:** BAG 26.10.2004, 1 ABR 45/03, BB 2005, 1453> oder ein AN aus der Gipsabteilung, in der Abdrücke zur Herstellung von Kiefermodellen erstellt werden, in die Stellung als Auslieferfahrer wechselt, selbst wenn er vorher gelegentl zu Auslieferungsfahrten herangezogen worden war <**R:** BAG 29.9.2004, aaO>. Auch mit der Entsendung von AN, die regulär in der Produktion oder Logistik beschäftigt sind, in betriebsinterne „workshops", um die Analyse und Optimierung von Arbeits- und Fertigungsabläufen zu erlernen, wird ihnen eine gänzlich andere Tätigkeit iS des § 95 Abs 3 zugewiesen <**R:** BAG 28.8.2007, 1 ABR 70/06, DB 2008, 70>, noch Rn 39.

35 Eine andere Arbeitsaufgabe wird dem AN auch dann übertragen, wenn der bisherige Arbeitsbereich durch **Zuweisung oder Wegnahme von Teilfunktionen** erweitert oder verkleinert wird und das Gesamtbild der Tätigkeit durch diesen Teilbereich maßgebl geprägt und durch dessen Hinzukommen oder Entzug qualitativ erhebl verändert wird <**R:** BAG 2.4.1996, 1 AZR 743/95, BB 1996, 1940; **L:** statt aller GK/*Raab* Rn 102; DKW/*Bachner* Rn 111>. Die Änderung des Sachgebiets eines kaufmännischen Ang ist noch keine Versetzung, wohl aber der Wechsel eines Autoverkäufers vom Innen- in den Außendienst

<R: BAG 2.4.1996, aaO>. Eine Versetzung kann bei der Wegnahme von Teilfunktionen, etwa durch Herabstufung eines Betriebskontrolleurs zum Probenholer, dadurch indiziert sein, dass die neue Tätigkeit mehrere Tarifgruppen niedriger zu bewerten ist <R: BAG 30.9.1993, 2 AZR 283/93, BB 1994, 426>. Werden Kassiererin einem SB-Warenhaus statt an einer herkömmlichen (Scan-)Kasse zur Überwachung von vier Selbstbedienungskassen (sog. Selbstscanning-Kassen) eingesetzt, ändert sich trotz Wegfalls des Einscannens der gekauften Artikel und des Kassierens und der zeitgleichen Überwachung von vier Kassen nichts am Gepräge der Gesamttätigkeit Kassieren mit **Kontakt zum Kunden** <R: BAG 29.9.2020, 1 ABR 21/19, BAGE 172, 292 Rn 32 für eine Versetzung darauf abstellend, ob Kundenkontakt weiterhin besteht, da Kunden (an der Kasse) weder zurückgewiesen noch deren Belange zurückgestellt werden können>; eine techn Modernisierung ist bei Beibehaltung der zu erledigenden Arbeiten nur ausnahmsweise die Zuweisung eines anderen Arbeitsbereiches <R: LAG Rh-Pf 4.4.2006, 2 TaBV 36/05, AE 2007, 85>. Werden dem AN die bisherigen **Arbeitsaufgaben nur entzogen**, ohne dass neue an ihre Stelle treten, fehlt es an der „Zuweisung eines anderen Arbeitsbereichs", weswg der AN nicht iS des § 95 Abs 3 versetzt wird, etwa bei einer Freistellung während der Kd-Frist <R: BAG 28.3.2000, 1 ABR 17/99, BB 2000, 2414> oder bei der Zuweisung an ein allein der Arbeitsvermittlung dienendes Jobcenter unter Freistellung von den bisherigen Arbeitspflichten <R: LAG Rh-Pf 12.7.2007, 4 TaBV 5/07, BeckRS 2008, 51375>. Keine Versetzung ist daher auch die Beendigung des Einsatzes eines zur Arbeitsleistung gestellten AN infolge der Kd des ihn betreffenden Personalüberlassungsvertrags durch den Einsatz-AG <R: BAG 17.2.2015, 1 ABR 45/13, AP BetrVG 1972 § 99 Versetzung Nr 56 Rn 29>, im Gegensatz zum Wechsel in eine sog Transfergesellschaft, wenn dort noch einzeln Projekteinsätze vermittelt werden <R: BAG 9.4.2019, 1 ABR 25/17, AP BetrVG 1972 § 99 Nr 160 Rn 24>.

Die Arbeitsaufgabe wird **nicht iS des § 95 Abs 3 S 1** verändert, wenn sich ledigl die **materiellen Arbeitsbedingungen** ändern. Deshalb wird ein AN nicht versetzt, wenn sich ledigl das **Arbeitsentgelt** senkt oder erhöht <L: GK/*Raab* Rn 105; auch SWS Rn 158d> oder sich **Dauer und Lage** seiner Arbeitszeit ändern: Der Übergang eines AN von Vollzu Teilzeitarbeit und umgekehrt ist keine Versetzung, kann aber als Einstellung zustimmungspflichtig sein, Rn 14 <L: *Fitting* Rn 149; GK/*Raab* Rn 105; Richardi/*Thüsing* Rn 125>. Ausnahmsweise liegt aber eine Versetzung iS der §§ 99, 95 Abs 3 vor, wenn sich durch die geänderten **Umstände**, unter denen der AN die ihm zugewiesene Arbeitsaufgabe erbringen muss, etwa die **Lage der Arbeitszeit**, das Gesamtbild der Tätigkeit verändert <R: BAG 26.5.1988, 1 ABR 18/87, BB 1988, 2100; 19.2.1991, 1 ABR 21/90, BB 1991, 2079; L: *Fitting* Rn 150; DKW/*Bachner* Rn 116; MünchArbR/*Lunk* § 341 Rn 9; Richardi/*Thüsing* Rn 119; aA GK/*Raab* Rn 105; SWS Rn 158>, Rn 35. Nicht zustimmungspflichtig ist deshalb etwa der Übergang von Normalarbeitszeit zum Schichtdienst <R: BAG 19.2.1991, aaO; L: DKW/*Bachner* Rn 115; *Fitting* Rn 149; GK/*Raab* Rn 105; Richardi/*Thüsing* Rn 125; SWS Rn 158c> oder von der Tagschicht zur Nachtschicht <R: BAG 23.11.1993, 1 ABR 38/93, BB 1994, 935; L: *Fitting* Rn 149; GK/*Raab* Rn 105; SWS Rn 158b>, zum MBR aus § 87 Abs 1 Nr 2 dort Rn 75; solange sich die Art der Tätigkeit nicht ändert, auch nicht der Wechsel von Akkordarbeit zu Zeitarbeit und umgekehrt, zum MBR aus § 87 Abs 1 Nr 10 dort Rn 226 f. Mit dem Wechsel vom Einzelzum Gruppenakkord wird dem AN aber zustimmungspflichtig eine funktional-inhaltlich andere Arbeitstätigkeit zugewiesen, Rn 29.

36

d) Länger als einen Monat oder unter erheblicher Änderung der Arbeitsumstände

37 Um kurzfristige Entsendungen von AN zu Kunden sowie Krankheits- und Urlaubsvertretungen und ähnl Fälle vom Zustimmungserfordernis freizuhalten, gilt die Zuweisung eines anderen Arbeitsbereichs nach § 95 Abs 3 S 1 grds **nur dann als Versetzung**, wenn sie voraussichtlich die **Dauer von einem Monat überschreitet**. Plant der AG eine Versetzung des AN auf Dauer, muss der BR der Zuweisung des neuen Arbeitsbereichs auch dann zustimmen, wenn der AG den AN zunächst nur für einen (Probe-)Monat auf dem neuen Arbeitsplatz einsetzt <R: LAG SH 5.6.1992, 6 TaBV 15/92 LAGE BetrVG 1972 § 95 Nr 14>.

38 **Ausnahmsweise** kann auch die einmonatige oder **kürzere Zuweisung** eines anderen Arbeitsplatzes oder einer anderen Arbeitsaufgabe eine Versetzung sein. Voraussetzung ist, dass sich die **äußeren Umstände erhebl** – und nicht nur überhaupt – **ändern**, unter denen der AN die Arbeit erbringen muss. Hierunter fallen etwa die zeitl Lage der Arbeit, die Ausstattung des Arbeitsplatzes mit technischen Hilfsmitteln und zudem Faktoren wie Lärm, Schmutz, Hitze, Kälte oder Nässe <R: BAG 29.9.2020, 1 ABR 21/19, BAGE 172, 292 Rn 25>. Für die Erheblichkeit kann auch die Dauer der geänderten Umstände eine Rolle spielen, die Belastung ist umso geringer, desto kürzer AN dieser ausgesetzt sind; **Grad und Dauer** ergeben die Intensität <R: BAG aaO Rn 35f zu einem halbstündigen anderweitigen Einsatz>. Maßgebl sind die Umstände des Einzelfalls <R: BAG 28.9.1988, 1 ABR 37/87, BB 1989, 286; 21.9.1999, 1 ABR 40/98, BB 2000, 1036; **L**: statt aller Richardi/*Thüsing* Rn 132 ff; DKW/*Bachner* Rn 123> vom Standpunkt eines neutralen Beobachters aus <R: BAG 29.9.2020, 1 ABR 21/19, BAGE 172, 292 Rn 25 und 35>. Etwa ändern sich die Arbeitsumstände erhebl, wenn ein AN aus einer normalen Arbeitsumgebung auf einen Arbeitsplatz mit starken Umwelteinflüssen (Hitze, Nässe, Lärm usw) wechselt <R: BAG 12.12.2007, 1 ABR 73/06, NZA-RR 2008, 353>. Die Übertragung (kurzfristiger) Vertretungsaufgaben im Innendienst an Bildschirm und Telefon ist für AN einer Luftfahrtgesellschaft, die ansonsten überwiegend auf dem Vorfeld eines Flughafens arbeiten, mit erhebl Änderungen verbunden, da die körperl Bewegung und die Einflüsse durch Witterung, Lärm und Kerosingeruch entfallen <R: LAG Ddf 29.2.2008, 9 TaBV 91/07, BeckRS 2008, 58167; das BAG entschied nur anders (23.6.2009, 1 ABR 23/08, NZA 2009, 1430), da dies in den tatsächl Feststellungen des LAG keine Stütze fände (Rn 32)>. Hingg liegt in der nur wenige Tage währenden Übertragung der Aufgaben von Copiloten auf Flugkapitäne trotz des Verantwortungsverlusts und der hierarchischen Unterordnung unter den als Kapitän fungierenden Kollegen zwar eine Änderung des Arbeitsbereichs (Rn 35), aber mangels der – zusätzl erforderl – erhebl Änderung der äußeren Arbeitsumstände keine Versetzung <R: BAG 12.12.2007, aaO>. Werden AN einer Spielbank vorübergehend die Aufgaben des Videosaalchefs und des „Begrüßers" übertragen, handelt es sich schon deswg um keine Versetzung, weil die Tätigkeiten in denselben Räumen, zur selben Zeit, unter Anwesenheit derselben Arbeitskollegen und Besucher und damit insgesamt unter Beibehaltung derselben äußeren Umstände zu verrichten sind wie die „regulären" Aufgaben <R: BAG 17.6.2007, 1 ABR 22/06, NZA-RR 2007, 581>.

39 Der bloße **Wechsel des Arbeitsortes** ändert die Arbeitsumstände noch nicht erhebl <R: BAG 28.9.1988, 1 ABR 37/87, BB 1989, 286; **abw** obiter immer für eine Versetzung 18.2.1986, 1 ABR 27/84, BB 1986, 2056; auch LAG Hamm 23.1.2004, 10 TaBV 43/03, EzA-SD 2004, Nr 7, 13 (LS)>, ebenso wenig die damit verbundene Notwendigkeit, unter

einem anderen Vorgesetzten und mit anderen Arbeitskollegen arbeiten zu müssen <R: BAG 28.9.1988, aaO; L: Richardi/*Thüsing* Rn 133; GK/*Raab* Rn 110; SWS Rn 165; **krit** HWGNRH/*Huke* Rn 104f>, schon Rn 29f. Mit keiner erhebl Änderung der Arbeitsumstände verbunden ist die Entsendung von Mitarbeitern in betriebsinterne „workshops", die auf dem Betriebsgelände stattfinden, deren Teilnehmer überwiegend Arbeitskollegen sind und die in die Zeit der Frühschicht fallen, während derer die Teilnehmer auch regulär arbeiten <R: BAG 28.8.2007, 1 ABR 70/06, DB 2008, 70>, Rn 34. An den Umständen der Tätigkeit selbst ändert sich nichts, wenn der Wechsel des Arbeitsorts dazu führt, dass der AN längere, erheblich geänderte **Anfahrtswege** in Kauf nehmen muss <R: vgl BAG 21.9.1999, 1 ABR 40/98, BB 2000, 1036 für den zweitägigen Aufenthalt eines in Bonn mit Auslandsbezug beschäftigten AN in Brüssel; **aA** BAG 18.10.1988, 1 ABR 26/87, DB 1989, 422 für die Abordnung von Eppingen nach Leonberg; 1.8.1989, 1 ABR 51/88, DB 1990, 382 für die zweitägige Abordnung eines Croupiers von Berlin zur Kölner Messe; 8.8.1989, 1 ABR 63/88, DB 1990, 537 für die mehrfache Entsendung eines Qualitätskontrolleurs für jeweils 4 bis 9 Tage in einen 160 km entfernt liegenden Schokoladenbetrieb in der ehemaligen DDR; LAG Hamm 23.1.2004, aaO für die Versetzung von einer in eine andere Filiale einer Großbäckerei in einer anderen politischen Gemeinde; **L: aA** Richardi/*Thüsing* Rn 133; *Fitting* Rn 146; SWS Rn 165; DKW/*Bachner* Rn 114; HWGNRH/*Huke* Rn 106> oder wg einer **Dienstreise** oder eines kurzfristigen Einspringens in anderen Filialen des AG auswärts übernachten muss <R: BAG 21.9.1999, 1 ABR 40/98, BB 2000, 1036; **L:** SWS Rn 165; **aA** DKW/*Bachner* Rn 114; **diff** GK/*Raab* Rn 99>. Wird ein AN immer wieder kurzfristig an einen anderen Arbeitsort entsandt, ohne dass dieser ständige Wechsel des Arbeitsplatzes für Arbeitsverhältnisse dieser Art typisch ist (zu § 95 Abs 3 S 2 sogleich Rn 40), kann diese Maßnahme aber insgesamt als eine von vornherein auf längere Zeit als einen Monat angelegte Zuweisung eines anderen Arbeitsbereichs zustimmungspflichtig sein. Hat sich der bislang im Einzelbüro sitzende AN im Rahmen von **Desk Sharing** oder in einem **Großraumbüro** ab sofort selbst einen Arbeitsplatz zu suchen, liegt auch damit keine Versetzung vor <L: *Schönhöft/Einfeldt* NZA 2022, 92, 95f>.

e) Keine Versetzung bei ständig wechselndem Arbeitsplatz

Nach § 95 Abs 3 S 2 gilt die Zuweisung des jeweiligen Arbeitsplatzes für AN, die nach der Eigenart ihres Arbeitsverhältnisses **üblicherweise nicht ständig an einem best Arbeitsplatz beschäftigt** sind, nicht als Versetzung. Der ständige Wechsel des Arbeitsplatzes muss für Arbeitsverhältnisse dieser Art **typisch** sein: Es genügt nicht, dass der AG aufgrund des Direktionsrechts aus § 106 GewO vom AN einen Arbeitsplatzwechsel verlangen kann; vielmehr darf der AN nach dem Inhalt der geschuldeten Arbeitsleistung nicht ständig an einem bestimmten Arbeitsplatz beschäftigt sein <R: BAG 2.11.1993, 1 ABR 36/93, DB 1994, 985; 21.9.1999, 1 ABR 40/98, BB 2000, 1036>. Auch nicht genügt der gelegentliche Wechsel im Einverständnis mit dem AN <R: BAG 9.10.2013, 7 ABR 12/12, AP BetrVG 1972 § 99 Versetzung Nr 54 Rn 30>. Dies ist etwa der Fall bei Montagearbeitern, ebenso im Regelfall bei Gesamthafenarbeitern <R: BAG 2.11.1993, aaO – im konkreten Fall abl>, bei AN im Baugewerbe, bei Außendienst-Ang und bei Springern <R: BAG 9.10.2013, aaO Rn 30> sowie bei Auszubildenden, wenn, wie bei Trainees, turnusmäßige Versetzungen von einer Filiale zur anderen oder zur Zentrale sachl geboten sind, um das Ausbildungsziel zu erreichen <R: BAG 3.12.1985, 1 ABR 58/

83, BB 1986, 1291 (LS)>. Auslandseinsätze von Beratern eines IT-Unternehmens, die über keinen Arbeitsplatz in den Niederlassungen des AG verfügen und die deutschlandweit extern bei Kunden eingesetzt werden, sind nach § 95 Abs 3 S 2 ebenfalls nicht zustimmungspflichtig <R: Hess LAG 13.2.2007, 4 TaBV 200/06, juris>. Auch **Leih-AN** fallen grds unter § 95 Abs 3 S 2, da sie typischerweise wechselnd bei verschiedenen AG tätig sind <R: BAG 9.10.2013, aaO Rn 30; 9.6.2001, 1 ABR 43/00, BAGE 98, 60 [B II 2 der Gründe]>. Zur mitbestimmungspflichtigen Einstellung in Fällen des später ständig wechselnden Arbeitsplatzes vgl Rn 9.

3. Eingruppierung/Umgruppierung

a) Normzweck und Anwendungsbereich

41 Bei Ein- und Umgruppierungen räumt Abs 1 dem BR kein Mitgestaltungsrecht, sondern lediglich ein **Mitbeurteilungsrecht** ein: Ein- und Umgruppierung des AN in eine im Betrieb angewandte Entgeltordnung sind keine konstitutiven Maßnahmen, sondern Subsumtion unter vorgegebene Entgeltschemata und somit Akte der **Rechtsanwendung** <R: BAG 17.3.2005, 8 ABR 8/04, EzA § 4 TVG Eingruppierung Nr 10; 2.8.2006, 10 ABR 48/05, NZA-RR 2007, 554; 28.8.2008, 2 AZR 967/06, juris>, Rn 2. Das Mitprüfungsrecht des BR soll dazu beitragen, dass die im Betrieb bestehende Entgeltordnung in vergleichbaren Fällen zutreffend und einheitl angewandt wird; als Richtigkeitskontrolle dient es der **Transparenz der Vergütungspraxis**, der Wahrung des Tarifgefüges und der **Lohngerechtigkeit** <R: BAG 3.5.2006, 1 ABR 2/05, DB 2006, 2746; 17.6.2008, 1 ABR 37/07, ZTR 2008, 638; **L**: *Fitting* Rn 96; *Richardi/Thüsing* Rn 89 ff; GK/*Raab* Rn 64>. Der BR ist aber auf die Zustimmungsverweigerung beschränkt; er kann beim ArbG nicht über einen Feststellungsantrag eine gutachterliche Auskunft zur Auslegung unbestimmter Eingruppierungsmerkmale verlangen, etwa über die Eingruppierung von juristischen Schadenssachbearbeitern in einer Rechtsschutzversicherung <R: BAG 22.6.2005, 10 AZR 34/04, ZTR 2006, 195>; der BR kann aber losgelöst von einem konkreten Einzelfall generell klären lassen, ob er berechtigt ist, seine Zustimmung zur Eingruppierung der Sachbearbeiter zu verweigern; dieser Globalantrag ist aber unbegründet, wenn auch nur ein Einzelfall nicht unter die Eingruppierungsmerkmale fällt <R: BAG 22.6.2005, aaO>. Ein Anspruch, die Tätigkeit von AN einer bestimmten Entgeltgruppe zuzuordnen, hat der BR ggü dem AG nicht; der BR hat **kein Initiativrecht**, aufgrund dessen er vom AG eine bestimmte Ein- oder Umgruppierung verlangen könnte <R: BAG 25.8.2010, 4 ABR 104/08, NJOZ 2011, 812 Rn 43>; zum Antrag auf Vornahme einer Ein- oder Umgruppierung vgl § 101 Rn 3.

42 Vereinbaren AG und AN das zu zahlende **Arbeitsentgelt frei, rein individualrechtl** ohne Bezugnahme auf einen TV oder ein anderes Entgeltsystem, besteht **kein Zustimmungsverweigerungsrecht** <R: BAG 23.9.2003, 1 ABR 35/02, DB 2004, 550; **L**: statt aller GK/*Raab* Rn 73>; beschränkt sich der AG darauf, dem AN oder dem BR mitzuteilen, dass der AN als AT-Ang eine frei vereinbarte Vergütung erhalten werde, braucht er die Zustimmung des BR nicht einzuholen <R: BAG 31.5.1983, 1 ABR 57/80, DB 1984, 995>. Ebenso wenig wird ein AN umgruppiert, wenn er mit dem AG individualvertragl eine Änderung seines Arbeitsentgelts, insbes eine übertarifl Bezahlung vereinbart, oder wenn AG und AN vereinbaren, dass der AN in eine höhere Tarifgruppe eingestuft wird, als dies seiner Tätigkeit entspricht: Insoweit wird nicht unter das Entgeltschema des TV

subsumiert, sondern frei ein Entgelt einzelvertraglich vereinbart, für das auf den TV lediglich Bezug genommen wird <**R:** LAG HH 30.4.1975, 5 Sa 151/74, BB 1975, 1015; **L:** statt aller GK/*Raab* Rn 73, 83 mwN>. Wird eine umsatzabhängige übertarifl Vergütung wg Umsatzrückgangs angepasst, ist dies keine zustimmungspflichtige Rückgruppierung, sondern der Vollzug der einzelvertragl Abrede <**R:** zum PersVG BAG 6.2.1985, 4 AZR 127/83, DB 1985, 2208>.

Das Zustimmungsverweigerungsrecht besteht hinsichtl der Ein- und Umgruppierung **aller AN** (§ 5 Rn 1 ff). Mitzuwirken hat der BR etwa auch an der Eingruppierung von **geringfügig Beschäftigten** <**R:** BAG 18.6.1991, 1 ABR 60/90, BB 1991, 1860> und an der Zuordnung von **Heimarbeitern** in die aufgrund der bindenden Feststellungen nach § 19 HAG vorgegebenen Entgeltgruppen <**R:** BAG 20.9.1990, 1 ABR 17/90, DB 1991, 552; **L:** Richardi/*Thüsing* Rn 85; GK/*Raab* Rn 66; *Fitting* Rn 88; DKW/*Bachner* Rn 81; *SWS* Rn 20c; **aA** HWGNRH/*Huke* Rn 73>. Zustimmungspflichtig ist insbes auch die Zuordnung von **AT-Ang** zu betriebl Gehaltsgruppen <**R:** BAG 28.1.1986, 1 ABR 8/84, DB 1986, 1398; zum PersVG BVerwG 22.2.1989, 6 P 3/86, PersR 1989, 199; **L:** *Fitting* Rn 94, 113; DKW/*Bachner* Rn 72>, ebenso, wenn der AG eine Einordnung eines eingestellten oder versetzten AN in die Entgeltgruppen des TV geprüft hat, aber zu dem Ergebnis kommt, die Tätigkeit übersteige die Qualifikationsmerkmale der obersten Tarifgruppe <**R:** BAG 31.10.1995, 1 ABR 5/95, BB 1996, 1009>. Der BR hat nach Abs 1 S 1 ein Mitbeurteilungsrecht auch bei der Frage, ob ein bislang außertarifl vergüteter Ang nach einer Versetzung weiterhin außertarifl eingruppiert ist oder nunmehr unter eine tarifl Entgeltordnung fällt <**R:** BAG 12.12.2006, 1 ABR 13/06, DB 2007, 527>. Wird ein Ang zum **ltd Ang** befördert und erhält entspr mehr Geld, ist der BR nicht nach § 99, sondern lediglich nach § 105 zu beteiligen. Ein **Leih-AN** ist für die Zeit der AN-Überlassung wg des Equal-pay-Grundsatzes aus § 8 Abs 1 S 1 AÜG in die im Entleiherbetrieb geltende Entgeltordnung einzugruppieren; da der Verleiher als AG das Arbeitsentgelt und die Eingruppierung schuldet, ist ausschließl der BR des Verleiherbetriebs an der Eingruppierung zu beteiligen <**L:** *Fitting* Rn 83 mwN; DKW/*Bachner* Rn 73>.

b) Entgeltordnung

Der BR hat ein Zustimmungsverweigerungsrecht, wenn ein AN in ein **Vergütungsschema** eingruppiert wird: in ein kollektives, mindestens zwei Vergütungsgruppen enthaltendes Entgeltschema, das eine Zuordnung der AN zu einer der Vergütungsgruppen nach bestimmten, generell bestehenden Merkmalen vorsieht. Eine individuelle außertarifl Zulage löst aber ein MBR aus, sofern die Zulagengewährung in ein Vergütungsgruppensystem eingebunden ist <**R:** BAG 15.5.2019, 7 ABR 46/17, AP ZA-Nato-Truppenstatut Art 56 Nr 30 Rn 34>. Unbeachtlich ist, ob das Schema aufgrund eines TV, einer BV, einer allg eingegangenen vertragl Verpflichtung oder einer einseitigen Praxis des AG Anwendung findet <**R:** BAG 14.4.2010, 7 ABR 91/08, AP BetrVG 1972 § 99 Eingruppierung Nr 44 Rn 12>. Es bedarf **keines Anspruchs des AN auf die Anwendung des Vergütungsschemas**; er muss etwa nicht tarifgebunden sein, sondern das Vergütungsschema nur (aufgrund der Tarifgebundenheit des AG) **im Betrieb gelten** <**R:** klarstellend BAG 4.5.2011, 7 ABR 10/10, NZA 2011, 1239 Rn 20 f für den Fall eines außertarifl Vertrages bei einem tarifgebundenen AG; bestätigt 14.8.2013, 7 ABR 56/11, AP BetrVG 1972 § 99 Eingruppierung Nr 62 Rn 22>. Entsprechend hat der tarifgebundene AG auch die nicht tarifgebundenen AN im Fall einer **Tarifpluralität** unter Beteiligung des BR den Entgeltgruppen

§ 99   Mitbestimmung bei personellen Einzelmaßnahmen

beider Vergütungsordnungen zuzuordnen, vgl. § 87 Abs 1 ES und Abs 1 Nr 10 <R: BAG 14.4.2015, 1 ABR 66/13, NZA 2015, 1077 Rn 32; 23.8.2016, 1 ABR 15/14, NZA 2017, 74 Rn 18f; 27.9.2017, 7 ABR 8/16, NZA 2018, 533 Rn 34>; zur Unterrichtungspflicht in diesem Fall Rn 113. Zum Anspruch auf Vornahme einer Eingruppierung Rn 126. Allein die Eingruppierung in ein Entgeltschema fällt unter § 99 Abs 1 S 1. Werden die häufig neben dem Schema angewandten **betriebl Entlohnungsgrundsätze** geändert, wird das abstrakte Entgeltschema nicht berührt und es besteht kein Zustimmungsverweigerungsrecht <R: BAG 28.4.2009, 1 ABR 97/07, AP BetrVG 1972 § 99 Eingruppierung Nr 40 Rn 20; 21.3.2018, 7 ABR 38/16, NZA 2018, 1090 Rn 35>.

45   Meist wird der AN in die Entgeltgruppe eines **TV** eingruppiert; haben sich schon die Tarifvertragsparteien über die Einstufung verständigt und keinen Beurteilungsspielraum gelassen, besteht zwecks Lohngerechtigkeit (Rn 41) kein Erfordernis an einer erneuten Beurteilung der Rechtslage durch die Betriebsparteien <R: BAG 14.4.2015, 1 ABR 65/13, AP BetrVG 1972 § 99 Nr 145 Rn 28f; 26.9.2018, 7 ABR 18/16, NZA 2019, 181 Rn 34 konkret für ein Erfordernis, da die Tarifvertragsparteien nicht prüften, ob die Mitarbeiter die Tätigkeit tatsächlich ausübten (Rn 35)>. Mitzubestimmen hat der BR auch dann, wenn der AG den AN in eine **betriebl Entgeltordnung** eingruppiert, insbes weil der AG nicht tarifgebunden ist <R: BAG 23.11.1993, 1 ABR 34/93, DB 1994, 1575; zum PersVG BVerwG 22.2.1989, 6 P 3/86, PersR 1989, 199>, noch Rn 46. Die Mitbestimmung ist dann zweistufig: Auf der **ersten Stufe** hat der BR über die Grundsätze der betriebl Entgeltordnung nach § 87 Abs 1 Nr 10 mitzubestimmen (§ 87 Rn 239); auf der **zweiten Stufe** der Eingruppierungsentscheidung im Einzelfall, ist der BR nach Abs 1 an der Subsumtion unter diese mitbestimmten Regeln zu beteiligen. Abs 2 Nr 1 verkoppelt das MBR aus § 87 Abs 1 Nr 10 und das Mitbeurteilungsrecht aus Abs 1: Hat der AG den BR nicht nach § 87 Abs 1 Nr 10 beteiligt, kann der BR dies bei der Eingruppierung als Gesetzesverstoß iS des Abs 2 Nr 1 rügen, Rn 65.

46   Hat der AG die tarifl Entgeltordnung gekündigt und **wirkt diese ledigl iS des § 4 Abs 5 TVG nach**, erfasst der nachwirkende TV nicht die Arbeitsverhältnisse, die nach Kd des TV begründet werden <R: BAG 22.7.1998, 4 AZR 403/97, BB 1998, 2366; 7.11.2001, 4 AZR 703/00, BB 2002, 1048>. Der BR kann nicht rügen, dass die neu eingestellten AN aufgrund des arbeitsrechtl Gleichbehandlungsgrundsatzes in die nachwirkenden tarifl Entgeltgruppen eingruppiert werden müssen: Durch die Kd des TV will der AG die Eingangsbezahlung der AN auf eine neue Grundlage stellen; dies ist ein sachl Grund für die Ungleichbehandlung der neu eingestellten und der bisherigen Beschäftigten <R: BAG 11.6.2002, 1 AZR 390/01, DB 2002, 2725; zum PersVG BVerwG 15.2.1988, 6 P 21/85, ZTR 1988, 186>. Vereinbart der AG das Arbeitsentgelt mit neu eingestellten AN nach einheitl Grundsätzen, hat der BR über diese Entlohnungsgrundsätze nach § 87 Abs 1 Nr 10 mitzubestimmen (§ 87 Rn 238), da die Tarifüblichkeitssperre des § 77 Abs 3 nur BV, nicht aber die Mitbestimmung ausschließt (§ 77 Rn 126ff, § 87 Rn 8). Hat der AG den BR bei der Aufstellung der neuen Entgeltgrundsätze nicht beteiligt oder wendet er sie gg dessen Widerspruch an, folgt daraus entgg der Rspr des BAG <R: BAG 11.6.2002, aaO; 2.3.2004, 1 AZR 271/03, DB 2004, 1669; zum PersVG BAG 15.4.2008, 1 AZR 65/07, NZA 2008, 888> aber nicht, dass der nachwirkende TV als betriebl Entgeltordnung fort gilt und die neu Eingestellten in diese Entgeltordnung einzugruppieren sind: Die Nichtzustimmung des BR zu neuen kollektiven Entgeltgrundsätzen vermag aus dem TV keine – alte – betriebl Entgeltordnung zu machen. Der BR kann gg die Zugrundelegung der vom AG einheitl angewandten neuen Entgeltregeln aber gem Abs 2 Nr 1 einwenden, die „Eingruppierung" verstoße gg § 87 Abs 1 Nr 10 (Rn 65).

Für die Subsumtion unter eine Entgeltordnung ist unerhebl, wie die **Stufen des Entgeltschemas** ausgestaltet sind: Typischerweise teilen TV Tätigkeiten in verschiedene Kategorien ein und ordnen diese Tätigkeiten schematisch best Entgeltstufen zu. Die Anknüpfung an Tätigkeitsmerkmale ist aber nicht zwingend; Entgeltgruppen können auch an Dienstbezeichnungen anknüpfen, ohne dass höhere Dienstbezeichnungen zwingend mit einer höher bewerteten Tätigkeit verbunden sind <**R:** zum PersVG BVerwG 22.2.1989, 6 P 3/86, PersR 1989, 199 zu Banken>. Eine Beteiligungspflicht des BR besteht für alle Stufenzuordnungen <**R:** BAG 6.4.2011, 7 ABR 136/09, AP BetrVG 1972 § 99 Nr 135 zu § 15 TVöD>. 47

Zustimmungspflichtig ist nicht nur die Einordnung des AN in ausdrückl sog Vergütungs-, Lohn- oder Gehalts-„gruppen", sondern ebenso die Feststellung, dass ein AN die Voraussetzungen für eine best Zusatzleistung, insbes eine **Zulage**, erfüllt <**R:** BAG 24.6.1986, 1 ABR 31/84, BB 1987, 60; 2.4.1996, 1 ABR 50/95, DB 1996, 2392>. Voraussetzung für die Mitbestimmung des BR ist, dass über die Gewährung der Zulage durch Subsumtion unter abstufende Tätigkeits- oder Leistungsmerkmale entschieden wird und die Zulage die **Funktion einer Zwischengruppe** erfüllt (gestuftes System) <**R:** BAG 24.6.1986, aaO; 2.4.1996, aaO; 21.3.2018, 7 ABR 38/16, NZA 2018, 1090 Rn 36; dies für eine Vorhandwerkerzulage unzutreffend abl BAG 27.7.1993, 1 ABR 11/93, DB 1994, 1373; zum PersVG BAG 2.4.1980, 4 AZR 301/78, DB 1980, 2531; 11.6.1980, 4 AZR 437/78, PersV 1982, 297; **L:** GK/*Raab* Rn 66; DKW/*Bachner* Rn 89; HWGNRH/*Huke* Rn 60; SWS Rn 20b>. Hingg entsteht kein Zustimmungsverweigerungsrecht des BR, wenn der AG eine Zulage in angemessener Höhe für eine unspezifische Kombination von Tätigkeiten festlegen kann <**R:** BAG 2.4.1996, aaO> oder wenn eine Zulage nur für die Dauer einer Tätigkeit unter bes Umständen gezahlt wird, wie etwa Erschwerniszulagen, ohne die Stellung des AN innerhalb der Entgeltordnung zu verändern <**R:** BAG 24.6.1986, aaO; **L:** DKW/*Bachner* Rn 89; HWGNRH/*Huke* Rn 60> oder ohne Rücksicht auf die Zuordnung zu einer bestimmten Vergütungsgruppe gezahlt wird, etwa allein von den persönlichen Verhältnissen des AN abhängt <**R:** BAG 19.10.2011, 4 ABR 119/09, NZA-RR 2012, 250 zum Familienzuschlag>. Die (übertarifl) Zulagengewährung muss in ein Vergütungsgruppensystem eingebunden sein, abstrakt und nicht individuell gewährt werden <**R:** zum PersVG BAG 15.5.2019, 7 ABR 46/17, NJOZ 2019, 1485 Rn 34 und 38ff>. 48

Ebenso erstreckt sich das Zustimmungsverweigerungsrecht auf die Bestimmung der richtigen **Fallgruppe** innerhalb einer Entgeltgruppe, wenn mit der Fallgruppe unterschiedl Rechtsfolgen, etwa die Möglichkeit des Bewährungsaufstiegs in verschiedene Entgeltgruppen, verbunden sein können <**R:** BAG 27.7.1993, 1 ABR 11/93, DB 1994, 1373; **L:** Richardi/*Thüsing* Rn 75, 101; GK/*Raab* Rn 65; *Fitting* Rn 90; DKW/*Bachner* Rn 71; SWS Rn 20b>. 49

In einem Betrieb können im Verhältnis zum selben AG **unterschiedl Entgeltordnungen** für best Teile der Belegschaft gelten (§ 87 Rn 242), erst recht in einem gemeinsamen Betrieb mehrerer Unternehmen iS des § 2 verschiedene Entgeltordnungen für die jeweiligen AG im Verhältnis zu ihren AN. Im Gemeinschaftsbetrieb besteht das MBR bei Ein- und Umgruppierungen ausschließl ggü dem Vertrags-AG des betroffenen AN <**R:** BAG 23.9.2003, 1 ABR 35/02, DB 2004, 550; **L:** *Fitting* Rn 81>. Gilt für einen beteiligten AG 50

§ 99 Mitbestimmung bei personellen Einzelmaßnahmen

kein kollektives Entgeltschema, kann der BR eine Eingruppierung der AN dieses AG nicht verlangen <**R:** BAG 12.12.2006, 1 ABR 38/05, DB 2007, 1361; **L:** *Fitting* Rn 81>. Auch ist die **abstrakte Bewertung** eines Arbeitsplatzes oder einer Tätigkeit keine Eingruppierung: Denn diese erfolgt unabhängig vom Arbeitsplatzinhaber oder von demjenigen, der die Tätigkeit ausübt und Gegenstand der Beurteilung ist nicht der AN, sondern der Arbeitsplatz <**R:** BAG 17.11.2010, 7 ABR 123/09, NZA 2011, 531 Rn 27; 12.1.2011, 7 ABR 34/09, AP BetrVG 1972 § 99 Eingruppierung Nr 52 Rn 17>. Der BR ist erst bei der konkreten Zuordnung des AN zu der abstrakt bewerteten Stelle zu beteiligen: Er hat mitzubeurteilen, ob der einzelne AN die Stelle tatsächl innehat und die dort zu leistenden Tätigkeiten der Arbeitsplatzbewertung entsprechen <**R:** BAG 12.1.2011, 7 ABR 15/09, NZA-RR 2011, 574; 19.4.2012, 7 ABR 52/10, AP BetrVG 1972 § 99 Eingruppierung Nr 60>.

c) Eingruppierung

51 Eingruppierung ist zunächst die **erstmalige Einreihung** eines gerade eingestellten AN in ein Entgeltsystem; die Korrektur einer falschen Eingruppierung ist als Umgruppierung zustimmungspflichtig (Rn 52 ff). Dabei umfasst das MBR alle Faktoren, die im Zusammenhang mit einer Ein- oder Umgruppierung zu einem unterschiedlichen Entgelt führen können, zB auch die Einreihung in eine Stufe innerhalb einer Entgeltgruppe – unabhängig davon, ob die **Einstufung** aufgrund reines Zeitablaufs erfolgt <**R:** BAG 20.1.2021, 4 ABR 1/20, AP BetrVG 1972 § 99 Nr 169 Rn 11 zu § 16 III TVöD/VKA>; eine Mitbestimmung nur bei einer „Teileingruppierung" steht einer unrichtigen, unzutreffenden Eingruppierung gleich <**R:** BAG 17.11.2021, 7 ABR 42/19, BeckRS 2021, 44084 Rn 17>. Wächst ein AN aus einer tarifl Entgeltordnung heraus und besteht ein gestuftes außertarifl Entgeltsystem, so ist die erstmalige Einordnung in die außertarifl Entgeltordnung ebenfalls eine mitbestimmungspflichtige Eingruppierung <**R:** BAG 26.10.2004, 1 ABR 37/03, DB 2005, 561>. Schließt sich unmittelbar an ein befristetes Arbeitsverhältnis ein weiteres Arbeitsverhältnis an, ohne dass sich die Tätigkeit oder das maßgebl Entgeltschema ändern, ist eine erneute Eingruppierung nicht erforderl <**R:** BAG 11.11.1997, 1 ABR 29/97, DB 1998, 1923; 1.7.2009, 4 ABR 18/08, NZA 2010, 290 Rn 12 f>, zur zustimmungspflichtigen Einstellung in diesem Fall Rn 8 f. Einem Antrag auf Ersetzung der Zustimmung zur Eingliederung fehlt in diesem Fall das Rechtsschutzbedürfnis (noch Rn 129) <**R: aA** wohl BAG 23.10.2018, 1 ABR 26/17, NZA 2019, 483 Rn 14>. Werden die Arbeitsplätze überprüft und umfangreiche Daten erhoben, um die Richtigkeit der bisherigen Eingruppierung zu überprüfen und eine künftige, korrekte Eingruppierung vorzubereiten, ohne dass die Eingruppierung selbst vorweggenommen wird, ist der BR an der Datenerhebung nicht nach Abs 1 zu beteiligen <**R:** zum PersVG BVerwG 21.3.2005, 6 PB 8/04, ZTR 2005, 383>. Der BR ist aber dann zu beteiligen, wenn AN Aufgaben übertragen werden, die zur Schaffung eines neuen, bisher noch nicht bewerteten Arbeitsplatzes führen und der AG aus diesem Anlass bestehende Eingruppierungen überprüft, selbst wenn es im Ergebnis zu keinem Wechsel der Entgeltgruppe kommt: Nicht der AN, sondern dessen neue Tätigkeit wird eingruppiert <**R:** zum PersVG BVerwG 8.12.1999, 6 P 3/98, ZTR 2000, 234>; hingg besteht kein Zustimmungsverweigerungsrecht, wenn feststeht, dass für die neue Tätigkeit noch keine (tarifvertragl) Entgeltordnung existiert.

d) Umgruppierung

Kennzeichnend für die Umgruppierung ist der **Wechsel der Entgeltgruppe**. Die **Neueinreihung** des AN in eine im Betrieb geltende Entgeltordnung besteht in der Feststellung, dass die Tätigkeit oder die Stellung des AN nicht oder nicht mehr den Merkmalen der Entgeltgruppe entspricht, in die er bisher eingruppiert war, sondern er in eine höhere oder niedrigere Entgeltgruppe einzureihen ist. Anlass für die Feststellung kann sein, dass sich die Tätigkeit des AN aufgrund des Direktionsrechts des AG, eines Änderungsvertrags oder einer Änderungs-Kd ändert, das Entgeltschema verändert wird oder der AG die Rechtslage anders einschätzt <R: BAG 2.4.1996, 1 ABR 50/95, DB 1996, 2392; 26.10.2004, 1 ABR 37/03, DB 2005, 561>. Auch wenn der AG nicht ausdrückl ausspricht, dass er einen AN umgruppiert, hat der BR mitzubestimmen, wenn sich die Tätigkeit des AN so ändert, dass sie einer anderen Entgeltgruppe entspricht; gerade in diesen Fällen ist das Bedürfnis nach einer Richtigkeitskontrolle durch den BR groß <R: zum PersVG BAG 21.3.1995, 1 ABR 46/94, DB 1996, 480>. 52

Rückgruppierung ist die arbeitgeberseitige Zuordnung der Tätigkeit des AN zu einer niedrigeren Entgeltgruppe als derjenigen, in welche der AN zuvor eingruppiert war. Rückgruppiert wird ein AN nicht nur dann, wenn sich die Entgeltgruppe durch Zuweisung einer anderen Tätigkeit oder durch Verringerung des Umfangs der bisherigen Tätigkeit ändert, sondern ebenso, wenn die Herabstufung der Korrektur einer als unrichtig erkannten Einstufung dient, **korrigierende Rückgruppierung** <R: BAG 20.3.1990, 1 ABR 20/89, BB 1990, 1271; 22.1.2003, 4 ABR 12/02, ZTR 2003, 454; zum PersVG BAG 30.5.1990, 4 AZR 74/90, DB 1991, 338; 26.8.1992, 4 AZR 210/92, DB 1993, 839; L: statt aller DKW/*Bachner* Rn 86>; die Beweislast für eine korrigierende Rückgruppierung trägt der AG <R: BAG 27.4.2022, 4 AZR 463/21, BeckRS 2022, 17428 Rn 27, 47>. Die Rückgruppierung durch Änderung der Tätigkeit ist ohne Änderung des Arbeitsvertrages durch Änderungs-Kd oder Änderungsvertrag nur mögl, wenn die Zuweisung der schlechter bezahlten Tätigkeit vom Arbeitsvertrag und damit vom Direktionsrecht des AG erfasst ist. 53

Eine **Höhergruppierung** ist die vom AG beabsichtigte Zuordnung der Tätigkeit des AN zu einer höheren Entgeltgruppe als derjenigen, in welche der AN zuvor eingruppiert war. Regelmäßig wird der AN im Zusammenhang mit **tatsächl Veränderungen** höher gruppiert, etwa bei einer Beförderung oder wenn der AN durch das Bestehen einer Prüfung die Voraussetzungen einer höheren Entgeltgruppe erfüllt <R: zum PersVG obiter BVerwG 3.6.1977, VII P 8.75, BVerwGE 54, 92>. Knüpfen die Gehaltsgruppen eines Entgeltschemas nicht an Tätigkeitsmerkmale, sondern an Dienstbezeichnungen an (Rn 47), ist die mit der Verleihung einer solchen Dienstbezeichnung verbundene Anhebung des Gehaltsrahmens ebenfalls zustimmungspflichtig <R: zum PersVG BVerwG 22.2.1989, 6 P 3/86, PersR 1989, 199 zu Banken>. Gelangt der AG aufgrund einer Prüfung zu dem Ergebnis, der AN sei durch Erweiterung oder sonstige Veränderungen seiner Tätigkeit nicht mehr in die maßgebl Entgeltordnung einzugruppieren, weil die (vorgesehene) Tätigkeit höherwertige Qualifikationsmerkmale als die höchste Entgeltgruppe aufweist, besteht das Mitbeurteilungsrecht des BR auch dann, wenn es jenseits dieser Entgeltordnung keine weitere gestufte Entgeltordnung gibt, in die eingruppiert werden muss; die mitzubeurteilende Maßnahme erschöpft sich dann in der „**Ausgruppierung**" <R: BAG 26.10.2004, 1 ABR 37/03, DB 2005, 561; 17.6.2008, 1 ABR 37/07, ZTR 2008, 54

638>. Existiert dagg außerhalb der bisherigen tarifl Entgeltordnung eine weitere gestufte Entgeltordnung, ist die Umgruppierung unvollständig, solange der AN nicht in diese Entgeltordnung eingruppiert wird <R: BAG 26.10.2004, aaO und 17.6.2008, aaO>.

55 Ein Zustimmungsverweigerungsrecht besteht zum anderen dann, wenn sich die **Eingruppierungsmerkmale ändern**, sich etwa bei gleichbleibender Tätigkeit des AN die Vergütungsordnung ändert <R: BAG 22.4.2009, 4 ABR 14/08, NZA 2009, 1286 Rn 51 zur Überleitung in den TVöD; 21.10.2009, 4 ABR 40/08, AP BetrVG Rn 14 zur Überleitung in den Entgelt-TV Post>, konkret die Entgeltgruppen des, den bisherigen TV ablösenden, neuen TV auf andere Tätigkeitsmerkmale abstellen <R: BAG 12.1.1993, 1 ABR 42/92, DB 1993, 1094; 9.3.1993, 1 ABR 48/92, NZA 1993, 1045>, oder wenn die tarifl Eingruppierungsmerkmale neu gefasst werden und zB auf Lebensjahre oder auf Leistungskategorien anstelle von Tätigkeitsjahren abstellen <R: BAG 3.10.1989, 1 ABR 66/88, DB 1990, 1092>, oder wenn sich die Zahl der Entgeltgruppen ändert und es um die Eingruppierung des AN im geänderten Bereich geht <R: BAG 3.10.1989, aaO>. Wird der AN in ein vollständig neues Tarifwerk eingeordnet, ist dies als Eingruppierung zustimmungspflichtig (Rn 51). Mitzubestimmen hat der BR darüber hinaus über die korrigierende Höhergruppierung, mit der eine unrichtige Bewertung der übertragenen Tätigkeit berichtigt wird <R: zum PersVG BVerwG 6.10.1992, 6 P 22/90, ZTR 1993, 125>.

III. Gründe für die Zustimmungsverweigerung

1. Grundsatz

56 Der BR kann die Zustimmung zu einer Maßnahme iS des Abs 1 nur verweigern, wenn diese gg einen der in Abs 2 **abschließend genannten Gründe (Versagungskatalog)** verstößt. Hingg kann der BR die Zustimmung nicht aus arbeitsmarktpolitischen Gründen verweigern, etwa nicht der Einstellung eines Rentners als Gartenaufseher im botanischen Garten mit der Begründung widersprechen, Rentner seien angesichts der Arbeitsmarktlage prinzipiell nicht einzustellen <R: zum PersVG Hess VGH 23.1.1991, HPV TL 2511/85, ZTR 1991, 306> oder sich gg die Erteilung von Lehraufträgen und gg befristete Aufstockungen von Teilzeitverträgen mit Lehrern mit dem Argument wehren, dies wirke beschäftigungspolitisch kontraproduktiv; die Gelder müssten zur Einstellung arbeitsloser Lehrer verwendet werden <R: zum PersVG vgl BVerwG 16.12.1992, 6 P 27/91, PersR 1993, 217>. Abs 2 gibt dem BR nur die Möglichkeit, der Einstellung und Versetzung in der vom AG beabsichtigten Form zuzustimmen oder die Zustimmung insgesamt zu verweigern; die Einstellung zu anderen Bedingungen kann er hingg nicht durchsetzen. Insoweit steht ihm nur ein **negatives Mitgestaltungsrecht** zu <R: BAG 9.7.1996, 1 ABR 55/95, BB 1996, 2570; 28.3.2000, 1 ABR 16/99, BB 2000, 2311>. Allerdings kann eine BV die Beschränkung auf die Zustimmungsverweigerungsgründe des Abs 2 aufheben. Dies ändert jedoch nichts daran, dass die (anderen) Verweigerungsgründe anzugeben sind (Rn 119 ff) <R: BAG 23.8.2016, 1 ABR 22/14, AP BetrVG 1972 § 99 Nr 149 Rn 43 und 46, wonach die vereinbarte „Mitbestimmung" auch eine Zuständigkeit der ES begründen soll>.

III. Gründe für die Zustimmungsverweigerung § 99

2. Abs 2 Nr 1: die personelle Maßnahme gg ein Gesetz, eine VO, eine UVV oder gg eine Bestimmung in einem TV oder in einer BV oder gg eine gerichtl Entscheidung oder eine behördl Anordnung verstoßen würde

a) Normzweck und Anwendungsbereich

Nach Abs 2 Nr 1 kann der BR die Zustimmung zu einer personellen Maßnahme iS des Abs 1 verweigern, wenn die Maßnahme gg ein Gesetz, eine VO, eine UVV, eine Bestimmung in einem TV oder in einer BV, gg eine gerichtl Entscheidung oder gg eine behördl Anordnung verstieße. Die Regelwerke, die den BR zu einer Zustimmungsverweigerung berechtigen, sind in Abs 2 Nr 1 **abschl** aufgeführt. Der Verstoß gegen eine **Regelungsabrede** ist nicht erfasst <R: BAG 13.8.2019, 1 ABR 10/18, NZA 2019, 1651 Rn 30 ff>. Der BR kann seine Zustimmung gem Abs 2 Nr 1 nur verweigern, wenn die Maßnahme selbst gg ein Gesetz, einen TV usw verstieße; etwa muss eine **Einstellung als solche untersagt** sein. Eine Zustimmungsverweigerung ist danach nicht bei jedem Normverstoß gerechtfertigt, sondern nur, wenn der Normzweck nur dadurch erreicht werden kann, dass die Einstellung insgesamt unterbleibt <R: BAG 28.6.1994, 1 ABR 59/93, DB 1995, 326; 9.7.1996, 1 ABR 55/95, BB 1996, 2570; 28.3.2000, 1 ABR 16/99, BB 2000, 2311; 14.12.2004, 1 ABR 54/03, BB 2005, 1170; 25.1.2005, 1 ABR 61/03, BB 2005, 2189; L: statt aller GK/*Raab* Rn 190 f>. Hingg hat der BR kein allgemeinpolitisches Mandat, über die Einhaltung des gesamten Rechts zu wachen. Der Zustimmungsverweigerungsgrund aus Abs 2 Nr 1 kann bei allen personellen Einzelmaßnahmen praktisch werden, spielt aber in der Praxis insbes bei **Ein- und Umgruppierungen bei Verstoß gg TV** eine Rolle; im Übrigen ist Abs 2 Nr 1 in der gebotenen engen Auslegung (Rn 58 ff) wenig praxisrelevant. 57

Der BR kann Rechtsverstöße nur einwenden, soweit eine Rechtsvorschrift die AN **schützt**, für die der BR zuständig ist, die also bereits im Betrieb tätig sind. Hinsichtl der Eingliederung Externer in den aufnehmenden Betrieb durch Einstellung und Versetzung dient das Zustimmungsverweigerungsrecht aus Abs 2 Nr 1 allein dem Schutz der AN im Beschäftigungsbetrieb; gg eine Eingliederung kann der BR des aufnehmenden Betriebs nicht den Verstoß gg solche Rechtsvorschriften einwenden, die lediglich die externen Bewerber schützen. Bei Versetzungen und insbes bei Ein- und Umgruppierungen soll der BR zudem auch den betroffenen AN schützen. Die Interessen der Beschäftigten am bisherigen Arbeitsplatz des versetzten oder umgruppierten AN werden nicht über Abs 2 Nr 1, sondern über Abs 2 Nr 2 gesichert (Rn 24). 58

b) Verstoß gegen Gesetz

Ein Zustimmungsverweigerungsrecht besteht nicht nur dann, wenn die personelle Maßnahme gg kodifiziertes Recht verstößt, sondern ebenso bei Verstößen gg ungeschriebenes **Richterrecht** oder **Gewohnheitsrecht** <R: zum PersVG BVerwG 26.1.1994, 6 P 21/92, PersR 1994, 213>. Da das MBR des BR bei Einstellungen und Versetzungen nicht den Abschluss oder die Änderung des Arbeitsvertrages, sondern nur die Eingliederung des AN in den Betrieb erfasst (Rn 6 ff), kann sich der BR mit der Zustimmungsverweigerung allein gg die Modalitäten der Eingliederung wenden, hingg nicht gg die Modalitäten des Arbeitsvertrags; das Zustimmungsverweigerungsrecht ist **kein Instrument für eine umfassende Vertragsinhaltskontrolle** <R: BAG 28.3.2000, 1 ABR 16/99, BB 2000, 2311; 59

§ 99 Mitbestimmung bei personellen Einzelmaßnahmen

14.12.2004, 1 ABR 54/03, BB 2005, 1170; 25.1.2005, 1 ABR 61/03, BB 2005, 2189>. Etwa kann der BR die Zustimmung zu einer Einstellung nicht mit der Begründung verweigern, dass der AN nicht oder falsch eingruppiert <R: BAG 20.12.1988, 1 ABR 68/87, BB 1989, 1549> oder unzulässigerweise untertarifl bezahlt werden solle <R: BAG 9.7.1996, 1 ABR 55/95, BB 1996, 2570; 28.3.2000, aaO; L: *Fitting* Rn 189; GK/*Raab* Rn 191>. Ebenso wenig kann der BR ein Zustimmungsverweigerungsrecht darauf stützen, dass der Arbeitsvertrag nicht befristet abgeschlossen werden dürfe, insbes kein sachl Grund iS des § 14 Abs 1 TzBfG für die Befristung bestehe <R: BAG 28.6.1994, 1 ABR 59/93, DB 1995, 326; zum PersVG BVerwG 12.8.1983, 6 P 29/79, PersV 1985, 246; 17.8.1989, 6 P 11/87, ZTR 1990, 32; 15.11.1989, 6 P 2/87, ZTR 1990, 122; L: *Fitting* Rn 210; *SWS* Rn 56; HWGNRH/*Huke* Rn 112; GK/*Raab* Rn 191; **abw** Richardi/*Thüsing* Rn 220 f>; noch Rn 67 zu tarifl Befristungsverboten und allg Rn 59. Auch das Argument, der Arbeitsvertrag müsse auf der Grundlage der manteltarifl Vorschriften für AN West statt Ost abgeschlossen werden, trägt eine Zustimmungsverweigerung nicht <R: zum PersVG BVerwG 15.11.1995, 6 P 53/93, ZTR 1996, 376>.

60 Ein Zustimmungsverweigerungsrecht begründen Gesetze, die als **Beschäftigungsverbot** die Beschäftigung best AN verbieten. Beispiele sind das Verbot aus § 42 Abs 1 IfSG, Salmonellenausscheider usw in Kantinen zu beschäftigen, die Verbote der Sonn- und Feiertagsarbeit aus § 9 Abs 1 **ArbZG**, Beschäftigungsverbote für (werdende) Mütter nach §§ 3, 4, 5, 6, 11, 12 **MuSchG** und für Jugendliche nach §§ 22 ff **JArbSchG**. Damit der Zustimmungsverweigerung nicht der Abschluss des Arbeitsvertrags, sondern nur die Eingliederung des AN im Betrieb verhindert werden kann (Rn 5), sperrt die verweigerte Zustimmung aber nicht die Beschäftigung des AN insgesamt, sondern nur die Beschäftigung zu den verbotenen Zeiten oder mit den verbotenen Tätigkeiten und wird deswg wenig praktisch. Praxisrelevanz erlangt hat allein die mit der Begründung verweigerte Zustimmung, dass der für die Beschäftigung von Nicht-EU-Ausländern nach §§ 18 ff **AufenthG** benötigte Aufenthaltstitel bzw die für die Beschäftigung eines Staatsangehörigen der neuen EU-Mitgliedstaaten nach § 284 **SGB III** erforderl Arbeitsgenehmigung fehle <R: zu § 19 AFG BAG 22.1.1991, 1 ABR 18/90, DB 1991, 2088>. Richtigerweise begründet das Fehlen einer nach §§ 18 ff AufenthG und § 284 SGB III erforderl Erlaubnis kein Zustimmungsverweigerungsrecht, da diese Normen nicht die Belegschaft des aufnehmenden Betriebs schützen, sondern ausschließl arbeitsmarktpolitischen Zielen dienen, §§ 18 Abs 1 1, 19c Abs 3 AufenthG <L: **aA** GK/*Raab* Rn 190; *Fitting* Rn 195; ErfK/*Kania* Rn 23; HWGNRH/*Huke* Rn 186; *SWS* §§ 99–101 Rn 53; Richardi/*Thüsing* Rn 214>, Rn 55.

61 Der Einstellung entgegenstehende Rechtsvorschriften enthalten auch solche Gesetze, die die **Einstellung von AN an bes Voraussetzungen knüpfen**. Hierher gehören §§ 27 ff BBiG und §§ 21 ff HandwO, nach denen Auszubildende nur bei Eignung des Ausbilders und der Ausbildungsstätte eingestellt werden dürfen (noch Rn 72); für die Bestellung zum Ausbilder gilt die Spezialvorschrift des § 98 Abs 2 (§ 98 Rn 8 ff). Entgg der **hM** <R: BAG 22.3.1994, 1 ABR 51/93, BB 1994, 2070 zu § 36 Abs 2 BDSG aF; L: DKW/*Bachner* Rn 198; *Fitting* Rn 203; Richardi/*Thüsing* Rn 219> kann der BR die Zustimmung zur Einstellung oder Versetzung eines **Datenschutzbeauftragten** aber nicht mit der Begründung verweigern, diesem fehle die nach § 5 Abs 3 BDSG erforderl Fachkunde oder Zuverlässigkeit nach § 7 Abs 3 BDSG (entsprechen Art 37 Abs 5 DSGVO und Art 39 Abs 2 DSGVO): Anders als § 9 Abs 3 S 1 ASiG für die Bestellung von Betriebsärzten und Fachkräften für Arbeitssicherheit (§ 87 Rn 162 ff), macht das BDSG die Übertragung der

III. Gründe für die Zustimmungsverweigerung § 99

Funktion des Datenschutzbeauftragten gerade nicht von der Mitbestimmung des BR abhängig; die Übertragung der Aufgabe als Datenschutzbeauftragter ist von der zustimmungspflichtigen Eingliederung des AN in den Betrieb zu trennen. Hinzukommt, dass § 38 BDSG für den Datenschutzbeauftragten nichtöffentl Stellen keine Qualifikationsanforderungen nennt – nur § 5 Abs 3 BDSG ganz allg Anforderungen für öffentl Stellen <L: wie hier GK/*Raab* Rn 192; *SWS* Rn 55; HWGNRH/*Huke* Rn 191>.

Nach **hM** soll der BR die Zustimmung zu einer Einstellung auch mit der Begründung verweigern können, diese verstoße gg eine vom Gesetzgeber vorgeschriebene, der Einstellung **vorgeschaltete Prüfpflicht**. Etwa soll ein Zustimmungsverweigerungsrecht bestehen, wenn der AG vor einer Einstellung nicht gem **§ 164 Abs 1 S 1 SGB IX** geprüft hat, ob der freie Arbeitsplatz mit einem schwerbehinderten AN besetzt werden kann <R: zu § 81 SGB IX aF BAG 23.6.2010, 7 ABR 3/09, NZA 2010, 1361 Rn 18 zur verweigerten Zustimmung zur Einstellung eines **Leih-AN** ohne Prüfung, ob der freie Arbeitsplatz mit einem schwerbehinderten AN besetzt werden kann; 17.6.2008, 1 ABR 20/07, DB 2008, 2200; zu § 14 Abs 1 S 1 SchwBG BAG 14.11.1989, 1 ABR 88/88, BB 1990, 421; **aA wie hier** zum PersVG VGH BaWü 13.12.1988, 15 S 2173/88, PersR 1990, 149; L: DKW/*Bachner* Rn 197; *Richardi/Thüsing* Rn 215; *Fitting* Rn 195a; **aA wie hier** HWGNRH/*Huke* Rn 189 für interne Ausschreibungen; *SWS* Rn 57>. Ebenso soll der BR die Zustimmung verweigern können, wenn der AG unter Verstoß gg **§ 7 Abs 1 TzBfG** nicht prüft, ob die freie Stelle mit einer Teilzeitkraft besetzt werden kann <R: LAG BaWü 19.7.2004, 14 TaBV 4/03, juris; L: **aA** *Ehler* BB 2001, 1146, 1147f; ErfK/*Preis* § 7 TzBfG Rn 11; *Fitting* Rn 211; *SWS* Rn 57>; zum Verstoß gg § 9 TzBfG Rn 86 und 88. Das ist **abzulehnen**: Der BR hat weder ein allgemeinpolitisches Mandat, über die Einhaltung des gesamten Rechts zu wachen (Rn 57), noch kann er über sein Zustimmungsverweigerungsrecht die Interessen (diskriminierter) externer Bewerber wahren, für die er nicht zuständig ist, Rn 58 <R: zu § 14 SchwBG ausdrücklich aA BAG 14.11.1989, aaO; 10.11.1992, 1 ABR 21/92, DB 1993, 1141; zur Teilzeitbeschäftigung LAG BaWü 19.7.2004, aaO>. Zudem besteht ein Zustimmungsverweigerungsrecht nur dann, wenn der Zweck der Norm ausschließl dadurch erreicht werden kann, dass die Eingliederung des eingestellten Bewerbers unterbleibt, Rn 57. § 164 Abs 1 S 1 SGB IX, § 7 Abs 1 TzBfG wollen aber ledigl Schwerbehinderte und Teilzeitbeschäftigte fördern, hingg nicht die Eingliederung Nichtbehinderter und Vollzeitbeschäftigter verhindern <L: HWGNRH/*Huke* Rn 189; *SWS* Rn 57>. Dem kann auch nicht entgegengehalten werden, dass der Zweck des § 164 SGB IX nur dadurch erreicht werden könne, dass die endgültige Einstellung des nicht schwerbehinderten AN zunächst unterbleibe und die Einstellung eines nicht schwerbehinderten Arbeitslosen eine „potenzielle" Benachteiligung der arbeitslosen Schwerbehinderten entgg §§ 7, 1 AGG sein könne <R: **so aber** BAG 17.6.2008, aaO sowie 23.6.2010, aaO Rn 26>. Nur bei Versetzungen und Umsetzungen innerhalb des Betriebs kann der BR rügen, der AG habe zulasten von im Betrieb beschäftigten schwerbehinderten AN § 164 Abs 1 SGB IX nicht beachtet; auch insoweit löst der Schutz externer schwerbehinderter Bewerber aber kein Zustimmungsverweigerungsrecht aus <R: BAG 17.6.2008, aaO; L: HWGNRH/*Huke* Rn 189>. § 7 Abs 1 TzBfG begründet hingg in keinem Fall ein Zustimmungsverweigerungsrecht, da § 7 Abs 4 TzBfG die Rechte des BR abschließend regelt und den BR auf einen Informationsanspruch beschränkt <L: *Ehler* BB 2001, 1146, 1147f>.

62

§ 99   Mitbestimmung bei personellen Einzelmaßnahmen

63 Zudem wird dem BR vielfach ein Zustimmungsverweigerungsrecht eingeräumt, wenn der AG bei seiner **Einstellungsentscheidung** gg ein Diskriminierungsverbot verstößt, insbes gg **§ 7 Abs 1 AGG** <R: zu Abs 2 Nr 5 ArbG Essen 8.11.1990, 1 BV 67/90, BetrR 91, 280; zum PersVG und § 7 Abs 1 des Berliner Landesgleichstellungsgesetzes BVerwG 20.3.1996, 6 P 7/94, ZTR 1996, 569; L: *Besgen* BB 2007, 213, 217; ErfK/*Kania* Rn 24; *Fitting* Rn 198 f; DKW/*Bachner* Rn 197; Richardi/*Thüsing* Rn 217; **aA** GK/*Raab* Rn 196 f; ebenso HWGNRH/*Huke* Rn 186, 193; *SWS* Rn 59> oder gg **§ 75** <R: ArbG Fft/M 16.12.1974, 11 BV 5/74, DB 1975, 2329; L: *Fitting* Rn 196; DKW/*Bachner* Rn 197; **aA** GK/*Raab* Rn 196 f; HWGNRH/*Huke* Rn 186; *SWS* Rn 58> oder gg **Art 9 Abs 3 GG** durch die unzulässige Anknüpfung an die Nichtzugehörigkeit des Bewerbers zu einer Gewerkschaft <R: BAG 28.3.2000, 1 ABR 16/99, BB 2000, 2311>. Auch dies ist für Eingliederungen durch Einstellungen und Versetzungen abzulehnen: § 7 Abs 1 AGG und § 75 Abs 1 wollen lediglich die diskriminierten Bewerber schützen, hingg nicht etwa die Eingliederung eines Mannes anstelle einer diskriminierten Frau erreichen <L: GK/*Raab* Rn 197; Richardi/*Thüsing* Rn 217; *SWS* §§ 99–101 Rn 59>. Die Interessen der (diskriminierten) externen Bewerber kann der BR über sein Zustimmungsverweigerungsrecht nicht wahren, da er für diese nicht zuständig ist <R: ausdrückl **aA** BAG 28.3.2000, aaO; 10.11.1992, 1 ABR 21/92, DB 1993, 1141; L: **aA** DKW/*Bachner* Rn 197; *Fitting* Rn 198; **wie hier** GK/*Raab* Rn 197; HWGNRH/*Huke* Rn 186>; ein darüber hinausgehendes allgemeinpolitisches Mandat, die Einhaltung des gesamten Rechts zu überwachen, kommt ihm nicht zu, Rn 57 f <R: ausdrückl **aA** BVerwG 20.3.1996, aaO>. Mangels Zuständigkeit des BR für die externen Bewerber kann man auch nicht argumentieren, die Normverletzung könne nur dadurch verhindert werden, dass die Einstellung aufgrund eines diskriminierenden und deswg unzulässigen Auswahlverf ganz unterbleiben müsse, da nur so erreicht werden könne, dass diskriminierte Bewerber eine Chance bekommen, in ein neues – diskriminierungsfreies – Auswahlverf einbezogen zu werden <R: so aber BAG 28.3.2000, aaO>. Nur bei **Versetzungen** kann der BR die Diskriminierung übergangener AN entgg § 7 Abs 1 AGG und § 75 Abs 1 geltend machen <R: BAG 18.9.2002, 1 ABR 56/01, NZA 2003, 622; L: GK/*Raab* Rn 197; HWGNRH/*Huke* Rn 186>; bei **Ein- und Umgruppierungen** in betriebl Entgeltordnungen den Verstoß gg § 75 Abs 1 und den arbeitsrechtl Gleichbehandlungsgrundsatz, Rn 46 <R: vgl BAG 28.1.1986, 1 ABR 8/84, DB 1986, 1398; L: GK/*Raab* Rn 197; HWGNRH/*Huke* Rn 186>.

64 Der BR kann seine Verweigerung der Zustimmung zur Einstellung von **Leih-AN** zwar nicht damit begründen, der einzugliedernde Leih-AN arbeite entgg dem Gleichstellungsgebot der §§ 8, 9 Abs 1 Nr 2 AÜG zu schlechteren Arbeitsbedingungen, insbes für weniger Entgelt als die Stamm-AN: Das **Equal Pay-Gebot** will nicht die Eingliederung des Leih-AN in den Betrieb verhindern, sondern wendet sich lediglich gg best Modalitäten des Leih-AN-Vertrags; über diese hat der BR aber nicht mitzubestimmen, Rn 59 <R: BAG 21.7.2009, 1 ABR 35/08, NZA 2009, 1156 Rn 25; für die nicht gewerbsmäßige AN-Überlassung 25.1.2005, 1 ABR 61/03, BB 2005, 2189; L: GK/*Raab* Rn 287 mwN>. Da die Einstellung als solche für den einzustellenden AN auch keine Benachteiligung ist, liegt auch kein Zustimmungsverweigerungsrecht aus Abs 2 Nr 4 vor, wenn er schlechter bezahlt wird als die Stamm-AN <R: BAG 21.7.2009, 1 ABR 35/08, NZA 2009, 1156 Rn 31>. Ein Zustimmungsverweigerungsrecht für den BR des Entleiherbetriebs besteht aber, wenn ein gewerbsmäßig handelnder Verleiher keine **Erlaubnis** gem § 1 Abs 1 S 1 AÜG zum AN-Verleih hat, ihm diese wg Verstoßes gg das Equal Pay-Gebot nach § 3

III. Gründe für die Zustimmungsverweigerung   § 99

Abs 1 Nr 3 AÜG möglicherweise nicht verlängert wird oder die AN-Überlassung nicht iS des **§ 1 Abs 1 S 4, Abs 1b AÜG vorübergehend** ist: Dass nach § 10 Abs 1 AÜG ein Arbeitsverhältnis zw dem Entleiherbetrieb und dem AN zustande käme, zeigt zwar, dass die Verbotsnormen des AÜG es nicht bezwecken, die Eingliederung des Leih-AN in den Betrieb zu verhindern <**R:** LAG Nds 18.2.2008, 12 TaBV 142/07, EzAÜG § 14 AÜG Betriebsverfassung Nr 73; **aA** LAG SH 2.7.2008, 6 TaBV 11/08, NZA-RR 2009, 75; **L:** *Fitting* Rn 189b; Richardi/*Thüsing* Rn 212>. Dem steht allerdings § 14 Abs 3 AÜG entgg: Da der BR nach § 14 Abs 3 S 1 AÜG vor der Übernahme eines Leih-AN zu beteiligen ist und er dabei nach § 14 Abs 3 S 2 AÜG auch die Erlaubnis zur Arbeitnehmerüberlassung des Verleihers nach § 12 Abs 1 S 3 AÜG zu prüfen hat, muss ein Zustimmungsverweigerungsrecht auch bestehen, wenn die Erlaubnis fehlt, etwa mangels vorübergehender Überlassung <**R:** BAG 10.7.2013, 7 ABR 91/11, NZA 2013, 1296 Rn 51; 30.9.2014, 1 ABR 79/12, AP BetrVG 1972 § 99 Nr 141 Rn 40; 21.2.2017, 1 ABR 62/12, NZA 2017, 662 Rn 24 zur Überlassung von DRK-Schwestern als Leih-AN; LAG Nds 19.9.2012, 17 TaBV 124/11, BeckRS 2012, 74786; LAG Berl-Bbg 19.12.2012, 4 TaBV 1163/12, BeckRS 2012, 76380; **L:** DKW/*Bachner* Rn 197; Richardi/*Thüsing* Rn 212; ausf *Fitting* Rn 189g ff sowie GK/*Raab* Rn 288 ff>. Zum Zustimmungsverweigerungsrecht aus Abs 2 Nr 3 in diesen Fällen, Rn 76 ff.

Der BR kann seine Zustimmung auch mit der Begründung verweigern, die personelle   65
Maßnahme verstoße gg materielles **Betriebsverfassungsrecht**. Gg die Eingruppierung eines AN in ein betriebl Entgeltsystem, an dessen Entstehen der BR nicht beteiligt worden ist, kann der BR als Gesetzesverstoß die Nichtbeachtung seines MBR aus **§ 87 Abs 1 Nr 10** rügen <**R:** BAG 27.6.2000, 1 ABR 36/99, BB 2001, 1094; 28.4.2009, 1 ABR 97/07, AP BetrVG 1972 § 99 Eingruppierung Nr 40 Rn 26; 21.3.2018, 7 ABR 38/16, NZA 2018, 1090 Rn 30; **L:** *Fitting* Rn 208>. Hingg berechtigt der Verstoß des AG gg **Verf-Vorschriften** des BetrVG, etwa die nicht rechtzeitige oder ausreichende Unterrichtung des BR vor Durchführung personeller Maßnahmen, den BR nicht zur Zustimmungsverweigerung <**R:** BAG 20.12.1988, 1 ABR 68/87, BB 1989, 1549; 10.8.1993, 1 ABR 22/93, NZA 1994, 187; **L:** Richardi/*Thüsing* Rn 223 f; GK/*Raab* Rn 198; DKW/*Bachner* Rn 197; *Fitting* Rn 206 f>; die fehlerhafte Unterrichtung vermag das Zustimmungsverweigerungsverf erst gar nicht in Gang zu setzen. Da § 95 nicht der Verhinderung von Einstellungen dient, sondern dem BR Rechte bei der Auswahl der AN gewährt (Rn 57 f und § 95 Rn 1), berechtigt ein Verstoß gg § 95 auch nicht zur Zustimmungsverweigerung nach Abs 2 Nr 1<**R:** BAG 10.7.2013, 7 ABR 91/11, NZA 2013, 1296 Rn 27>, zu § 95 noch Rn 75.

c) Verstoß gegen Tarifvertrag

Ein Verstoß gg einen **wirksamen** <**R:** BAG 8.12.2010, 7 ABR 98/09, NZA 2011, 751   66
zum ungeeigneten Zustimmungsverweigerungsgrund eines Verstoßes gg ein tarifvertragl, altersdiskriminierendes Höchstalter für die Einstellung von Piloten> TV erlaubt dem BR die Zustimmungsverweigerung (außer bei den praktisch nicht in Betracht kommenden Betriebsnormen iS des § 3 Abs 2 TVG) nur, sofern AN und AG gem §§ 3 Abs 1, 4 Abs 1 TVG oder aufgrund einer Allgemeinverbindlicherklärung nach § 5 Abs 4 TVG **tarifgebunden** sind. Gelten die Bestimmungen eines TV nur über einzelvertragl Bezugnahme oder kraft betriebl Übung, begründen tarifwidrige Beschäftigungen hingg kein Zustimmungsverweigerungsrecht: Der Gesetzgeber hat nur normativ wirkende Regelungen der

§ 99 Mitbestimmung bei personellen Einzelmaßnahmen

Kontrolle des BR unterstellt, einzelvertragl Abreden aber gerade aus dem MBR heraushalten wollen <**R:** BAG 8.12.2010, 7 ABR 98/09, NZA 2011, 751 Rn 28; **L:** Richardi/ *Thüsing* Rn 228; **aA** DKW/*Bachner* Rn 200 für ein Ausreichen auch der vertraglichen Bezugnahme und der betrieblichen Übung; *Fitting* Rn 212; HWGNRH/*Huke* Rn 196>. Für die Zustimmungsverweigerung reicht es aber, dass der BR einen Verstoß gg den im Betrieb geltenden TV rügt (Rn 124): Die Tarifgebundenheit des AN muss er nicht nachweisen; diese ist erst im arbg Beschlussverf nach § 99 Abs 4 oder § 101 zu klären. Da allerdings eine Eingruppierung in einen TV unabhängig von der Tarifgebundenheit des AN zu erfolgen hat und es keines Anspruchs des AN auf die Anwendung des Vergütungsschemas bedarf, sondern die Vergütungsordnung nur im Betrieb gelten muss <**R:** BAG 4.5.2011, 7 ABR 10/10, NZA 2011, 1239 Rn 20f für den Fall eines außertarifl Vertrages bei einem tarifgebundenen AG; bestätigt 14.8.2013, 7 ABR 56/11, AP BetrVG 1972 § 99 Eingruppierung Nr 62 Rn 22>, Rn 44, muss für die Zustimmungsverweigerung zu einer Ein- oder Umgruppierung in ein tarifl Vergütungsschema auch der **Verstoß gg einen nicht im Arbeitsverhältnis normativ wirkenden TV** ausreichen <**L:** GK/*Raab* Rn 201; DKW/*Bachner* Rn 200; *Fitting* Rn 212; HWGNRH/*Huke* Rn 196>, noch Rn 69 f.

67 Tarifvertragl Bestimmungen sind für die **Eingliederung** insbesondere **Abschlussverbote**; tarifl. Inhaltsnormen iS von § 4 Abs 1 S 1 TVG, welche die Vergütung regeln, stehen einer Einstellung als solchen nicht entgg <**R:** BAG 21.7.2009, 1 ABR 35/08, NZA 2009, 1156 Rn 23 gg eine untertarifl Bezahlung als Zustimmungsverweigerungsgrund>, ebenso wenig tarifl geregelte Arbeitszeiten <**R:** BAG 27.10.2010, 7 ABR 36/09, NZA 2011, 527 Rn 27>. Etwa kann ein TV über Besetzungsregelungen die Beschäftigung best AN-Gruppen an best Arbeitsplätzen untersagen <**R:** BAG 26.4.1990, 1 ABR 84/87, DB 1990, 1919>. Voraussetzung ist, dass der TV die Beschäftigung nur unter best Bedingungen erlaubt, sodass als tarifl Verbotsnormen insbes qualitative Besetzungsregelungen in Betracht kommen. Hierzu gehören Tarifbestimmungen, die der tarifgerechten Eingruppierung dienen, nicht <**R:** BAG 18.3.2008, 1 ABR 81/06, DB 2008, 1922>. Da das mit der Einstellung zu begründende Beschäftigungsverhältnis nicht Gegenstand der Mitbestimmung ist (Rn 6), darf der BR die Zustimmung zu einer Einstellung nicht mit der Begründung verweigern, der Arbeitsvertrag müsse auf der Grundlage der manteltarifl Vorschriften für AN West statt Ost abgeschlossen werden <**R:** zum PersVG BVerwG 15.11.1995, 6 P 53/93, ZTR 1996, 376>, noch Rn 70 zur Eingruppierung. Ebenso wenig kann der BR die Zustimmung zu einer befristeten Einstellung oder zur Verlängerung einer Befristung mit der Begründung verweigern, die Befristung enthalte keinen durch TV geforderten sachl Befristungsgrund <**R:** BAG 28.6.1994, 1 ABR 59/93, DB 1995, 326; **L:** *Fitting* Rn 213; auch DKW/*Bachner* Rn 200; *SWS* Rn 56>; anders kann es sein, wenn die tarifl Befristungsregelung iS einer „Absperrtechnik" verhindern soll, dass überhaupt AN aufgrund unzulässig befristeter Arbeitsverträge in den Betrieb eingegliedert werden und so die Dauerarbeitsverhältnisse dort Beschäftigter gefährden <**R:** obiter dictum BAG 28.6.1994, aaO>; zu § 14 Abs 1 TzBfG Rn 59. Verbietet der TV den Abschluss von Arbeitsverträgen mit einer wöchentl Arbeitszeit von weniger als 20 Stunden, berechtigt dies den BR nicht zur Zustimmungsverweigerung, da er sich damit unzulässigerweise gg den Inhalt des Arbeitsvertrags wenden würde <**R: aA** BAG 28.1.1992, 1 ABR 45/91, BB 1992, 994; **L:** *Fitting* Rn 212d f; wohl auch *SWS* §§ 99–101 Rn 60; **aA** Richardi/*Thüsing* Rn 227; auch DKW/*Bachner* Rn 200 zu einer Quote für Arbverh mit 40 Wochenstunden>, Rn 159.

III. Gründe für die Zustimmungsverweigerung § 99

Als Zustimmungsverweigerungsgrund in Betracht kommen auch **tarifvertragl Ab-** 68
schlussgebote <L: DKW/*Bachner* Rn 200; *Fitting* Rn 214; HWGNRH/*Huke* Rn 195;
GK/*Raab* Rn 200>, insbes zur **Begünstigung oder Bevorzugung der im Betrieb Beschäftigten**, etwa wenn nach TV die betriebsangehörigen Bewerber für eine zu besetzende Stelle bei gleicher Qualifikation Vorrang vor externen Bewerbern haben <R: BAG
1.10.1991, 1 ABR 1/91, AuR 92, 60 (LS)> oder aufgrund eines TV über den sozialverträglichen Personalabbau vorrangig unterzubringen und daher zu versetzen sind, bevor
Dritte eingestellt werden dürfen <R: zum PersVG BVerwG 29.1.1996, 6 P 38/93, ZTR
1996, 570 im konkreten Fall abl>. Die Zustimmung zu einer Herabgruppierung kann der
BR davon abhängig machen, dass der AG die durch TV geforderten Bemühungen zur
Übertragung eines gleichwertigen Arbeitsplatzes – ggfs nach Fortbildungs- und Umschulungsmaßnahmen – ausgeschöpft hat <R: zum PersVG BVerwG 30.4.2001, 6 P 9/00,
ZTR 2001, 433>.

Praxisrelevant sind Verstöße gg einen TV vor allem bei der **Ein- und Umgruppierung** 69
(Rn 41 ff), zur Tarifbindung bei Ein- und Umgruppierungen Rn 66: Etwa kann der BR
einwenden, dass der AN nach den vom AG zugrunde zu legenden Tätigkeits- und sonstigen Eingruppierungsmerkmalen in eine zu niedrige Vergütungsgruppe eingereiht werde
<R: BAG 19.8.2004, 8 ABR 40/03, juris; zum PersVG BVerwG 10.4.1984, 6 P 10/82,
Buchholz 238.38 § 36 LPersVG RPf Nr 1; L: HWGNRH/*Huke* Rn 195>. Ebenso kann
der BR seine Zustimmungsverweigerung darauf stützen, die vom AG beabsichtigte korrigierende Höhergruppierung habe bereits für die Vergangenheit erfolgen müssen <R: zum
PersVG BVerwG 6.10.1992, 6 P 22/90, ZTR 1993, 125>. Da das Zustimmungsverweigerungsrecht nicht allein den ein- oder umzugruppierenden AN schützt, sondern auch kollektiv der innerbetriebl Lohngerechtigkeit sowie der Transparenz der betriebl Vergütungspraxis dient (Rn 41), kann der BR die Zustimmung auch mit der Begründung verweigern,
der AN sei entgg dem TV zu hoch eingruppiert <R: BAG 28.4.1998, 1 ABR 50/97, BB
1998, 2059; zum PersVG BVerwG 10.4.1984, aaO; L: *Fitting* Rn 212; GK/*Raab* Rn 201;
auch HWGNRH/*Huke* Rn 196>. Wird eine tarifl Entgeltgruppe geteilt (in I a und I b),
kann der BR seine Zustimmung aber nicht mit der Begründung verweigern, die einzugruppierenden AN erfüllten bei unveränderter Tätigkeit die Voraussetzungen der jeweils
anderen Entgeltgruppe, da er der Eingruppierung in die Entgeltgruppe I oder II schon
nach der bisherigen Entgeltgruppenordnung zugestimmt hatte <R: BAG 18.1.1994, 1
ABR 42/93, BB 1994, 1287; L: GK/*Raab* Rn 201>. Da sich die Eingruppierung in der
Subsumtion unter die festgelegten Einreihungsmerkmale erschöpft (Rn 2, 41), kann der
BR seine Zustimmung zu einer Herabgruppierung nicht wg persönl oder wirtschaftl
Gründe des AN verweigern, sich etwa auf dessen durch den Bau eines Hauses angespannte finanzielle Verhältnisse berufen <R: zum PersVG Nds OVG 20.4.2001, 17 L 4895/98,
PersV 2002, 412>.

Zwar beschränkt sich das Recht des BR, die Zustimmung zu Ein- und Umgruppierungen 70
zu verweigern, darauf, die Subsumtion des AG unter das vorgegebene Entgeltschema zu
kontrollieren. Das Zustimmungsverweigerungsrecht geht aber über die bloße Rüge hinaus, der AG habe von ihm vorgegebene Tätigkeitsmerkmale fehlerhaft unter den von
ihm zugrunde gelegten TV subsumiert: Der BR darf auch die vom AG ermittelten Tätigkeits- und sonstigen **Eingruppierungsmerkmale** in Frage stellen und einwenden, der
AN übe tatsächl andere als die vom AG zugrunde gelegten Tätigkeiten aus, weswg eine
andere Eingruppierung erforderl sei; an die Tätigkeitsdarstellung des AG ist der BR nicht

gebunden <**R:** vgl BAG 22.1.2003, 4 ABR 12/02, ZTR 2003, 454; **aA** zum PersVG BVerwG 10.4.1984, 6 P 10/82, Buchholz 238.38 § 36 LPersVG RPf Nr 1; Nds OVG 20.4.2001, 17 L 4895/98, PersV 2002, 412>. Auch kann der BR seine Zustimmung verweigern, wenn die für die Bewertung maßgebende Gesamttätigkeit oder die getrennt zu bewertenden Teiltätigkeiten nicht oder falsch bestimmt wurden <**R:** BAG 16.12.2020, 4 ABR 8/20, NJOZ 2021, 1272 Rn 18 ff>: Setzt sich die auszuübende Tätigkeit eines AN aus **verschiedenen Tätigkeiten** unterschiedl Entgeltgruppen zusammen, ist nicht stets eine einheitl zu bewertende Gesamttätigkeit des AN anzunehmen, sondern die zu beurteilende Tätigkeit kann auch aus mehreren Einzeltätigkeiten bestehen, die jeweils gesondert zu bewerten und insg für die Eingruppierung maßgebend sind; auch dann, wenn einzelne Tätigkeiten zunächst tatsächl nicht zugewiesen waren <**R:** 18.2.2015, 4 AZR 780/13, AP BetrVG 1972 § 77 Nr 107 Rn 34>. Es ist eine Prognose über die zu erwartenden zeitl Anteile der einzelnen Tätigkeiten erforderl <**R:** BAG 3.7.2019, 4 ABR 28/18, NJOZ 2019, 1440 Rn 18 ff; 24.2.2021, 4 ABR 19/20, AP TVG § 1 Tarifverträge: Chemie Nr 23 Rn 21>, wobei auch ausschlaggebend sein kann, ob die Merkmale die Tätigkeit (trotz geringem zeitl Aufwand) prägen <**R:** BAG 26.2.2020, 4 ABR 19/19, NZA-RR 2020, 429 Rn 28 ff>. Weiterhin darf der BR seine Zustimmungsverweigerung auch darauf stützen, der AG wende einen für den Betrieb oder für den AN **nicht oder nicht mehr geltenden TV** an <**R:** BAG 27.1.1987, 1 ABR 66/85, NZA 1987, 489; 30.1.1990, 1 ABR 98/88, BB 1990, 1626; 27.6.2000, 1 ABR 36/99, BB 2001, 1094; 22.3.2005, 1 ABR 64/03, BB 2005, 2024; **L:** GK/*Raab* Rn 201; *Fitting* Rn 212; HWGNRH/*Huke* Rn 196; *SWS* Rn 60>. Hingg darf der BR über sein Zustimmungsverweigerungsrecht nicht das **Entgeltschema als solches** kontrollieren oder dessen Unrechtmäßigkeit rügen, sich etwa nicht mit dem Argument gg das Tarifgefüge wenden, das nach dem TV zu zahlende Entgelt sei unangemessen oder benachteilige AN gleichheitswidrig, weswg auf diese statt des TV Ost der TV West angewendet werden müsse <**R:** zum PersVG BVerwG 15.11.1995, 6 P 53/93, ZTR 1996, 376; auch 15.2.1988, 6 P 21/85, ZTR 1988, 186; 14.6.1995, 6 P 43/93, ZTR 1995, 425>. Die Mitbestimmung des BR umfasst insbes nicht das Recht, auf die Aufstellung eines neuen oder auf die Änderung eines vorhandenen Entgeltsystems hinzuwirken <**R:** zum PersVG BVerwG 14.6.1995, aaO>; hinsichtl über- oder außertarifl Entgeltbestandteile hat der BR insoweit ein MBR nach § 87 Abs 1 Nr 10, § 87 Rn 231 ff.

d) Verstoß gegen Betriebsvereinbarung

71 Auf eine BV kann der BR seine Zustimmungsverweigerung insbes stützen, soweit sie Abschlussverbote und -gebote enthält (Rn 67 f zu TV und § 77 Rn 11): Eine BV, nach der das Arbeitsverhältnis der im Betrieb beschäftigten AN mit der Vollendung des 65. Lebensjahres endet, enthält ein Verbot der Weiterbeschäftigung eines AN über die Altersgrenze hinaus nur, wenn dies in der BV ausdrückl erklärt wird; der BR kann deshalb seine Zustimmung zur Weiterbeschäftigung über eine solche Altersgrenze hinaus idR nicht verweigern <**R:** BAG 10.3.1992, 1 ABR 67/91, BB 1992, 1790; **L:** Richardi/*Thüsing* Rn 226, 229; *Fitting* Rn 216; HWGNRH/*Huke* Rn 200>. In Betracht kommen auch Abschlussgebote in **Sozialplänen**: Verpflichtet sich der AG, die aufgrund einer Betriebsänderung ausgeschiedenen AN ein Jahr lang bei gleicher Qualifikation bevorzugt einzustellen und sie dazu von freiwerdenden Stellen zu unterrichten, kann der BR die Zustimmung zur Einstellung eines anderen Bewerbers verweigern, wenn der AG gg diese Verpflichtungen verstößt <**R:** BAG 18.12.1990, 1 ABR 15/90, BB 1991, 761; 20.10.2021, 7 ABR 34/

III. Gründe für die Zustimmungsverweigerung §99

20, NZA 2022, 494 Rn 47; **L:** DKW/*Bachner* Rn 201; auch *Fitting* Rn 216; HWGNRH/*Huke* Rn 200>. Ein Verstoß gg eine BV kann der BR bei einer fehlerhaften Eingruppierung in eine betriebl Entgeltordnung rügen <**L:** HWGNRH/*Huke* Rn 200>.

e) Verstoß gegen Unfallverhütungsvorschriften, behördliche Anordnungen und gerichtliche Entscheidungen

UVV iS des Abs 2 Nr 1 sind vor allem solche, die Beschäftigungsverbote enthalten oder bes fachl oder persönl Anforderungen an die AN stellen <**L:** DKW/*Bachner* Rn 199>. 72

Eine personelle Einzelmaßnahme widerspricht nur in Ausnahmefällen einer **behördl Anordnung**, etwa wenn das Gewerbeaufsichtsamt gem § 27 JArbSchG die Beschäftigung Jugendlicher mit best Arbeiten untersagt oder nach §§ 33 mit 27 ff BBiG oder §§ 24 mit 21 ff HandwO einer Ausbildungsstätte das Ausbilden und das Einstellen von Auszubildenden untersagt <**L:** statt aller Richardi/*Thüsing* Rn 231>. 73

Verstößt eine personelle Maßnahme gg Richterrecht, ist dies ein Gesetzesverstoß, hingg kein Verstoß gg gerichtl Entscheidungen <**L:** statt aller Richardi/*Thüsing* Rn 230>. Die Tatbestandsvariante „**gerichtl Entscheidung**" zielt vielmehr auf die Fälle, in denen der AG eine gerichtl Entscheidung **im konkreten Einzelfall** nicht beachtet, etwa eine Person einstellen will, obwohl gg diese durch Strafurteil nach § 70 StGB ein Berufsverbot verhängt worden ist oder diese durch Strafurteil nach § 45 StGB die Fähigkeit verloren hat, öffentl Ämter zu bekleiden <**L:** statt aller GK/*Raab* Rn 204 mwN>. Der BR kann die Zustimmung zu der Einstellung eines Fahrers mit der Begründung verweigern, dem Bewerber sei die Fahrerlaubnis gem §§ 69 ff StGB oder § 111a StPO gerichtl entzogen worden oder das Gericht habe wg einer Ordnungswidrigkeit gem § 25 StVG ein Fahrverbot gg den Bewerber ausgesprochen; Voraussetzung ist, dass das Urteil rechtskräftig geworden ist. Ein ledigl auf ein bis drei Monate begrenztes Fahrverbot gem § 44 StGB genügt hingg nicht, um die Zustimmung zur Einstellung oder dauerhaften Versetzung des AN zu verweigern, da der AN für die Verbotszeit mit anderen Tätigkeiten beschäftigt werden kann <**L:** GK/*Raab* Rn 204; **aA** Richardi/*Thüsing* Rn 230; *Fitting* Rn 217; DKW/*Bachner* Rn 202; HWGNRH/*Huke* Rn 202>. Der AG verstößt gg eine gerichtl Entscheidung, wenn der AN eine best Eingruppierung gerichtl durchgesetzt hat und der AG die Eingruppierung später entgg dieser Entscheidung ändern will <**L:** statt aller Richardi/*Thüsing* Rn 230> oder wenn dem AG im Beschlussverf nach §§ 100 Abs 3, 101, 104 die Beschäftigung des AN im Betrieb oder an einem best Arbeitsplatz verboten worden ist <**L:** statt aller GK/*Raab* Rn 204 mwN>; ein Verstoß gg eine gerichtl Entscheidung ist aber zu verneinen, wenn der AG verurteilt worden ist, den AN zu den bestehenden vertragl Bedingungen zu beschäftigen, ohne dass der Inhalt der Arbeitsaufgaben des AN Streitgegenstand gewesen wäre <**R:** BAG 26.10.2004, 1 ABR 45/03, BB 2005, 1453; **L:** statt aller GK/*Raab* Rn 204 mwN; auch HWGNRH/*Huke* Rn 202>. 74

3. Abs 2 Nr 2: die personelle Maßnahme gg eine Richtlinie nach § 95 verstoßen würde

Über sein Zustimmungsverweigerungsrecht kann der BR auch die Verletzung einer Auswahlrichtlinie iS des § 95 (§ 95 Rn 4 ff) beanstanden. Da dem AG ein Beurteilungsspielraum zusteht, reicht es für eine Zustimmungsverweigerung nicht, wenn der AG einzelne 75

Aspekte nicht beachtet hat, etwa von einzelnen unzutreffenden sozialen Gesichtspunkten für eine Umsetzung ausgegangen ist. Es ist vielmehr eine Gesamtschau durchzuführen. Ein Zustimmungsverweigerungsgrund nach Abs 2 Nr 2 besteht nur, wenn nicht mehr davon gesprochen werden kann, dass das Auswahlverf der RL entspricht <R: BAG 9.4.2019, 1 ABR 25/17, AP BetrVG 1972 § 99 Nr 160 Rn 33>. Lag bei Ablauf der Wochenfrist (Rn 119) noch keine RL vor, kann der BR durch deren spätere Genehmigung keinen Zustimmungsverweigerungsgrund nach Abs 2 Nr 2 schaffen <R: BAG 17.11.2010, 7 ABR 120/09, NZA-RR 2011, 415 Rn 29>. Aus Abs 2 Nr 2 folgt zugleich negativ, dass der Verstoß gg eine Auswahlrichtlinie keine weiteren Folgen für das Arbeitsverhältnis hat. Rügt der BR, die Auswahlrichtlinien seien **ohne seine Zustimmung** zustande gekommen, besteht kein Zustimmungsverweigerungsrecht nach Abs 2 Nr 2 <R: vgl BAG 9.11.2006, 2 AZR 812/05, BB 2007, 1393 zu einem ohne Beteiligung des BR aufgestellten Punkteschema, das nicht zur unwirksamen Kd führt; zum PersVG BAG 6.7.2006, 2 AZR 442/05, NZA 2007, 139; zu einer nicht mitbestimmten Bewertungsmatrix für die Einstellungsentscheidung LAG Köln 19.11.2021, 9 TaBV 15/21, BeckRS 2021, 42832 nrk (AZ BAG 1 ABR 1/22); **aA** LAG Hamm 21.11.2008, 13 TaBV 84/08, BeckRS 2009, 55974; **L:** *Fitting* § 95 Rn 8; HWGNRH/*Rose* § 95 Rn 92; **aA** Richardi/*Thüsing* § 95 Rn 75>, vgl § 95 Rn 20f. Zwar verstößt eine Einstellung oder Versetzung unter Zugrundelegung der Auswahlrichtlinien wg Missachtung der BR-Beteiligung gg § 95 als Gesetz. Da § 95 nicht der Verhinderung von Einstellungen dient, sondern dem BR Rechte bei der Auswahl der AN gewährt (Rn 57f und § 95 Rn 1), berechtigt ein Verstoß gg § 95 aber nicht zur Zustimmungsverweigerung nach Abs 2 Nr 1 <R: BAG 10.7.2013, 7 ABR 91/11, NZA 2013, 1296 Rn 27> (oben Rn 65 zu Verstößen gg § 87 Abs 1 Nr 10). Dass die formelle Rechtswidrigkeit der Auswahlrichtlinien die Auswahlentscheidung nicht materiell rechtswidrig gemacht hat, weil keine Person ausgewählt worden ist, die nicht hätte ausgewählt werden dürfen, heilt diesen Gesetzesverstoß nicht <R: **abw** zum PersVG BayVGH 18.7.1991, 17 P 91.1181, 1183 und 1184, PersV 1993, 81>.

4. Abs 2 Nr 3: die durch Tatsachen begründete Besorgnis besteht, dass infolge der personellen Maßnahme im Betrieb beschäftigte AN gekündigt werden oder sonstige Nachteile erleiden, ohne dass dies aus betriebl oder persönl Gründen gerechtfertigt ist; als Nachteil gilt bei unbefristeter Einstellung auch die Nichtberücksichtigung eines gleich geeigneten befristet Beschäftigten

a) Normzweck und Anwendungsbereich

76 Nach Abs 2 Nr 3 kann der BR die Zustimmung zu einer personellen Einzelmaßnahme verweigern, wenn diese die Gefahr begründet, dass bereits beschäftigten AN gekündigt wird oder diese sonstige Nachteile erleiden; Regelungszweck des Abs 2 Nr 3 ist – mit Ausnahme des Abs 2 Nr 3 Hs 2 (Rn 87ff) – die Erhaltung des status quo der im Betrieb beschäftigten AN <R: BAG 26.10.2004, 1 ABR 45/03, BB 2005, 1453; **L:** Richardi/*Thüsing* Rn 243>. Das Zustimmungsverweigerungsrecht zielt damit in erster Linie auf eine **Verstärkung des Kd-Schutzes**: Wird ein AN eingestellt, besteht die Möglichkeit, dass dieser einen Arbeitsplatzinhaber verdrängt. Der BR soll daher präventiv prüfen, ob Einstellungen und Versetzungen die Gefahr begründen, dass bereits beschäftigten AN gekün-

III. Gründe für die Zustimmungsverweigerung   § 99

digt wird. Da der Kd-Schutz nach dem KSchG betriebsbezogen ist, schützt Abs 2 Nr 3 nicht alle AN des Unternehmens, sondern nur **im Betrieb** beschäftigte AN. Zum anderen soll der BR über das Zustimmungsverweigerungsrecht die **kollektiven Interessen** der AN schützen, die in dem Betrieb tätig sind, in dem der betroffene AN beschäftigt ist oder künftig beschäftigt wird, bei Versetzungen sollen auch die kollektiven Interessen der AN im abgebenden Betrieb geschützt werden <R: zum PersVG BVerwG 4.6.1993, 6 P 31/91, PersV 1994, 414 und 27.9.1993, 6 P 4/93, PersR 1993, 495>. Gg Ein- und Umgruppierungen kann der BR Nachteile iS des Abs 2 Nr 3 nicht einwenden <L: GK/*Raab* Rn 209; Richardi/*Thüsing* Rn 236; HWGNRH/*Huke* Rn 207>.

Voraussetzung ist, dass **Tatsachen die Besorgnis begründen**, Einstellungen oder Versetzungen führten zu Kd anderer oder zu Nachteilen für andere AN. Bloße Vermutungen und Befürchtungen des BR genügen nicht; vielmehr muss der BR Tatsachen vorbringen, die seine Besorgnis schlüssig erscheinen lassen. Der BR muss diese Tatsachen **substantiiert** vortragen <R: zum PersVG BAG 22.5.1985, 4 AZR 427/83, NZA 1986, 166>. Etwa kann er seine Zustimmungsverweigerung gg die unbefristete Einstellung eines Arztes darauf stützen, dass ein in den Personalakten enthaltenes Schreiben des ärztlichen Direktors die Abwesenheitszeiten einer befristet beschäftigten Ärztin durch BR-Tätigkeit als kaum tragbar bezeichne, und deswg die Besorgnis bestehe, dass die wg ihrer BR-Tätigkeit als lästig empfundene befristete Beschäftigte durch den unbefristet eingestellten Arzt ersetzt und ihr Arbeitsvertrag nicht verlängert werden solle <R: zum PersVG BVerwG 13.5.1987, 6 P 20/85, PersR 1987, 193>. Es ist nicht erforderl, dass der BR die Namen der seiner Ansicht nach von der Kd bedrohten oder sonst wie benachteiligten AN nennt <R: BAG 25.1.2005, 1 ABR 61/03, BB 2005, 2189; **abw** zum PersVG BayVGH 11.9.1991, 18 P 91.1377, PersV 1993, 85>. Aufgrund der vom BR vorgebrachten Tatsachen muss die Benachteiligung nicht feststehen; es genügt die „**Besorgnis**" also die große Wahrscheinlichkeit einer Benachteiligung.

77

b) Kündigungs-Prävention

Wg der Gefahr der Kd von Arbeitsplatzinhabern, kann der BR die Zustimmung zu einer **Einstellung** externer Bewerber nur dann verweigern, wenn die Kd des Arbeitsplatzinhabers nicht sozial gerechtfertigt wäre: Das Zustimmungsverweigerungsrecht entfällt, wenn die Kd nach § 1 Abs 2 und Abs 3 KSchG sozial gerechtfertigt wäre, insbes weil der Arbeitsplatzinhaber sozial weniger schutzbedürftig ist als der AN, der eingestellt werden soll; praktisch ist die Sozialwidrigkeit einer etwaigen späteren Kd des Arbeitsplatzinhabers vorweg zu prüfen <R: BAG 15.9.1987, 1 ABR 29/86, DB 1988, 235>. Deswg besteht das Zustimmungsverweigerungsrecht bei Einstellungen nur in seltenen Ausnahmefällen. Denn eine Verdrängung des alten durch den neuen AN ist nur zu befürchten, wenn der „Neue" Kd-Schutz genießt und deswg in die Sozialauswahl nach § 1 Abs 3 KSchG einzubeziehen ist. Das setzt ein Arbeitsverhältnis von mindestens 6-monatiger Dauer voraus. Die durch Tatsachen begründete Besorgnis, die Einstellung eines AN werde in 6 Monaten zur Kd eines bereits beschäftigten AN führen, ist kaum vorstellbar. Praktisch in Betracht kommt eine Sozialauswahl zw neuem und altem AN daher nur, wenn der „Neue" bisher schon in einem Arbeitsverhältnis zum AG stand und deswg Kd-Schutz genießt. Das ist etwa der Fall, wenn der „Neue" bisher befristet beschäftigt war und der AG das Arbeitsverhältnis als unbefristetes fortsetzt oder wenn der AN schon beim selben AG, aber in einem anderen Betrieb, tätig war <L: *Kaiser* FS Löwisch (2007), S 153,

78

§ 99 Mitbestimmung bei personellen Einzelmaßnahmen

157>. Ebenso drohen kündigungsrechtl Nachteile, wenn ein AN mit Sonder-Kd-Schutz eingestellt wird, etwa ein Schwerbehinderter. Der BR kann der Einstellung eines AN auf einen freigekündigten Arbeitsplatz nicht mit der Begründung widersprechen, die Einstellung benachteilige den früheren Stelleninhaber, falls dieser den Kd-Schutzprozess gewinne (aber mit der Begründung, die Kd sei wegen Wegfalls des Arbeitsplatzes ausgesprochen worden): Ein solcher Nachteil kann nicht entstehen, da der obsiegende AN einen Anspruch auf Weiterbeschäftigung hat <**R:** ArbG Offenbach 24.6.1981, 1 BV 23/81, DB 1981, 2033; vgl zur Kd eines BR-Mitglieds LAG Rh-Pf 28.8.2007, 3 TaBV 23/07, juris; **L:** GK/*Raab* Rn 211 mwN; **aA** diff je nach Kündigungsgrund DKW/*Bachner* Rn 216>.

79 Von praktischer Relevanz soll das Zustimmungsverweigerungsrecht aus Abs 2 Nr 3 bei **Versetzungen** sein und nach **hM** Manipulationen des AG bei der Sozialauswahl vermeiden helfen: Wird ein AN, dessen Arbeitsplatz wegfällt, **auf einen bereits besetzten Arbeitsplatz versetzt**, begründet das nach Auffassung des **BAG generell die Besorgnis**, dass dem bisherigen Arbeitsplatzinhaber gekündigt wird: Der BR sei berechtigt, seine Zustimmung zu der Versetzung zu verweigern, wenn der versetzte AN iS des § 1 Abs 3 KSchG sozial schwächer ist als der Arbeitsplatzinhaber, sodass dieser stärkere bisherige Inhaber bei einer Sozialauswahl betriebsbedingt zu kündigen wäre <**R:** BAG 15.9.1987, 1 ABR 29/86, DB 1988, 235; **L:** DKW/*Bachner* Rn 209; *Fitting* Rn 220, 227; GK/*Raab* Rn 211; Richardi/*Thüsing* Rn 240; **krit** HWGNRH/*Huke* Rn 208>. Im Mittelpunkt steht der Fall, dass der AG eine Vielzahl von Arbeitsplätzen abbaut und einen Teil der AN auf neu geschaffene „bessere" Stellen versetzt, etwa ein Druckereiunternehmen seine Führungsebenen von 6 auf 4 reduziert, wodurch 56 Stellen wegfallen und aus dem Kreis der betroffenen AN 12 auf neu eingerichtete „Beförderungsstellen" versetzt werden: Der BR dürfe die Zustimmung zur „Beförderung" mit der Begründung verweigern, der AG habe die Beförderungsentscheidung entgg § 1 Abs 3 KSchG nicht nach sozialen Gesichtspunkten getroffen; das begründe für die übergangenen AN die Gefahr, qua Änderungs-Kd auf eine schlechtere Stelle versetzt zu werden oder durch Beendigungs-Kd ganz aus dem Arbeitsverhältnis auszuscheiden <**R:** BAG 30.8.1995, 1 ABR 11/95, BB 1996, 797; **L:** *Fitting* Rn 226 f; GK/*Raab* Rn 211; Richardi/*Thüsing* Rn 241 f>.

80 Die **hM überdehnt den Anwendungsbereich** des Abs 2 Nr 3 und verdoppelt unnötig die Kontrolle der Sozialauswahl – der BR könnte so Fehler sowohl bei der Versetzung rügen (über Abs 2 Nr 3) als auch bei der Kd (über § 102 Abs 3 Nr 3). Das Zustimmungsverweigerungsrecht aus § 99 soll die Arbeitsplatzinhaber aber nicht generell vor der Kd-Gefahr schützen, sondern nur vor den spezifischen Kd-Gefahren durch Versetzung: Wie bei der Einstellung eines externen Bewerbers sollen die AN nur davor geschützt werden, dass durch die Versetzung ein sozial schwacher AN hinzukommt, also die Belegschaft vergrößert und gerade dadurch die Kd-Gefahr für die bereits Beschäftigten erhöht wird. Kd-schutzrechtl zutreffend beschränkt das BAG die Zustimmungsverweigerung auf den Fall, dass die neu geschaffene Stelle **keine „echte" Beförderungsstelle** ist, sondern eine Stelle, für die auch die übergangenen AN nach bisher ausgeübter Tätigkeit, Qualifikation und Arbeitsvertrag in Betracht kommen <**R:** BAG 30.8.1995, 1 ABR 11/95, BB 1996, 797>: Nur wenn die AN austauschbar sind, also ohne Änderung des Arbeitsvertrages aufgrund ihrer bisher ausgeübten Tätigkeit und Qualifikation in der Lage sind, die Arbeit eines Kollegen zu verrichten, muss im Wege der Sozialauswahl nach § 1 Abs 3 KSchG entschieden werden, welche AN auf den höherwertigen Arbeitsplätzen weiterzubeschäftigen sind. Die Beschränkung auf „unechte" Beförderungen führt die Argumentation des

III. Gründe für die Zustimmungsverweigerung § 99

BAG **betriebsverfassungsrechtl aber ad absurdum**: Handelt es sich bei den neu geschaffenen Stellen um solche, die auch die übergangenen AN ausfüllen können, so ändert die Versetzung anderer AN auf die vermeintlichen „Beförderungsstellen" nichts am Kd-Schutz. Möchte der AG im Anschluss an die Versetzungen einen Teil der übergangenen AN entlassen oder im Wege der Änderungs-Kd auf schlechtere Arbeitsplätze herabstufen, muss er die zu Kündigenden mit Hilfe der Sozialauswahl auswählen. In die Sozialauswahl sind die versetzten AN trotz ihrer „unechten" Beförderung einzubeziehen. Denn die Versetzung hat die nur scheinbar „beförderten" AN nicht aus dem Kreis der für die Sozialauswahl miteinander vergleichbaren Personen herausgenommen. Entgg Abs 2 Nr 3 sind die Kd daher nicht „infolge" der Versetzung zu befürchten: Nicht die Versetzung begründet die Kd-Gefahr, sondern der Entschluss des AG, Arbeitsplätze zu streichen – insoweit ist der BR aber auf sein Anhörungsrecht aus § 102 beschränkt <L: *Kaiser* FS Löwisch, S 153, 159f; wie hier abl auch *Löwisch* Anm zu BAG 30.8.1995, aaO, EzA BetrVG 1972 § 99 Nr 130 und *ders* RdA 1996, 352, 354f; ErfK/*Kania* Rn 29; krit auch HWGNRH/*Huke* Rn 208>.

Man könnte daran denken, dem BR ein Zustimmungsverweigerungsrecht zu geben, wenn der AG durch Vorab-Versetzungen den **Kreis der in die Sozialauswahl einzubeziehenden AN verkleinert** <L: so GK/*Raab* Rn 211>. Zwar wird das Kündigungsrisiko für die verbleibenden AN erhöht, wenn der Kreis der für die Kd in Betracht kommenden AN verkleinert wird, indem andere AN durch die Versetzung aus dem Kreis der vergleichbaren AN herausgenommen werden. Aus diesem Kreis fallen die Beförderten aber nur dann heraus, wenn sie auf eine **„echte" Beförderungsstelle** versetzt werden. Gerade in diesem Fall gewährt das BAG dem BR – mit Recht – aber kein Zustimmungsverweigerungsrecht. Denn das KSchG schützt den AN ledigl vor dem Verlust seines Arbeitsverhältnisses, wie es im Zeitpunkt der Kd besteht. Hingg gewährt das KSchG dem AN keinen Anspruch auf Beförderung, um seine Kd abzuwenden (keine „vertikale" Sozialauswahl). Das Kd-Schutzrecht hindert den AG damit nicht daran, einzelne AN zu befördern und so aus der Sozialauswahl herauszunehmen <R: BAG 29.3.1990, 2 AZR 369/89, DB 1991, 173; 10.11.1994, 2 AZR 242/94, BB 1995, 1907>. Muss der AN die Beförderung Dritter aber kd-schutzrechtl hinnehmen, kann dem BR ein Zustimmungsverweigerungsrecht nicht unter Berufung auf den präventiven Kd-Schutz des AN eingeräumt werden <L: *Kaiser* FS Löwisch (2007), S 153, 160>.

Auch der 2001 in das BetrVG eingefügte § 97 Abs 2 zielt mittelbar auf den präventiven Kd-Schutz: Plant der AG Maßnahmen, aufgrund derer sich die Tätigkeit von AN so ändert, dass deren berufl Fähigkeiten und Kenntnisse zur Erfüllung ihrer Aufgaben nicht mehr ausreichen, und beabsichtigt er die Einstellung oder Versetzung besser qualifizierter AN in den neuen Tätigkeitsbereich, wird das zugunsten der nicht hinreichend qualifizierten AN bestehende Zustimmungsverweigerungsrecht aus Abs 2 Nr 3 durch das MBR aus **§ 97 Abs 2 flankiert**, nach dem der BR über die Einführung von betriebl Berufsbildungsmaßnahmen mitzubestimmen hat. Da § 97 Abs 2 es dem BR nicht ermöglicht, Individualansprüche einzelner AN auf inner- oder außerbetriebl Qualifizierung zu erzwingen (§ 97 Rn 15), und § 97 Abs 2 die Mitbestimmung nicht zur Wirksamkeitsvoraussetzung für eine spätere Kd erhebt, weswg die Kd nicht unwirksam ist, wenn der AG es unterlässt, den BR bei der Festlegung von Qualifizierungsmaßnahmen zu beteiligen (§ 97 Rn 16), kann der BR den Erhalt des gefährdeten Arbeitsverhältnisses nur über Abs 2 Nr 3 erreichen <L: näher *Kaiser* FS Löwisch (2007), S 153, 162ff>.

81

82

§ 99 Mitbestimmung bei personellen Einzelmaßnahmen

c) Schutz vor sonstigen Nachteilen

83 Nach Abs 2 Nr 3 kann der BR die Zustimmung zu einer Einstellung oder Versetzung auch verweigern, wenn **sonstige Nachteile** für im Betrieb beschäftigte AN drohen. Nachteile sind nicht nur der **Verlust einer Rechtsposition**, etwa die wg Einstellung oder Versetzung Dritter unterbliebene Beförderung trotz vertragl Anspruchs auf Beförderung <R: BAG 13.6.1989, 1 ABR 11/88, BB 1989, 2328; 30.8.1995, 1 ABR 11/95, BB 1996, 797>; der bloße Verlust einer **Beförderungschance genügt nicht** <R: BAG 18.7.1978, 1 ABR 43/75, BB 1980, 157; 18.9.2002, 1 ABR 56/01, NZA 2003, 622; 17.6.2008, 1 ABR 20/07, DB 2008, 2200 mwN>. Weil den AN lediql eine Chance genommen wird, kann der BR seine Zustimmung zu einer Versetzung auch nicht mit der Begründung verweigern, dass sie befristet beschäftigte AN deswg benachteilige, weil ihnen wg der Versetzung die Möglichkeit einer Verlängerung oder Aufhebung der Befristung genommen werde <R: LAG Hamm 26.9.2008, 10 TaBV 127/07, BeckRS 2008, 139711>. Aus §§ 37 Abs 5, 78 S 2 kann ein Anspruch von BR-Mitgliedern auf Beförderung folgen, weswg der BR seine Zustimmung zur Versetzung anderer AN mit der Begründung verweigern kann, BR-Mitglieder seien nicht befördert worden <R: LAG Köln 22.2.2008, 4 TaBV 60/07, BeckRS 2008, 53481; auch LAG Rh-Pf 28.8.2007, 3 TaBV 23/07, BeckRS 2008, 51359 – beide im konkreten Fall abl>.

84 Ebenso genügen **tatsächl Nachteile der übrigen AN**, insbes **unzumutbare Mehrbelastungen (Leistungsverdichtung)** für die übrigen AN <R: BAG 15.9.1987, 1 ABR 44/86, BB 1988, 482; L: DKW/*Bachner* Rn 215; *Fitting* Rn 228>. Der BR des **abgebenden Betriebs** kann gg die Versetzung eines AN einwenden, dass sich die Verantwortungsbereiche der verbleibenden Schichtleiter verdopple (Verantwortung für mehr Maschinen und unterstellte AN) <R: BAG 15.9.1987, aaO> oder dass die Übernahme der Spezialaufgaben, die bislang vom Versetzten wahrgenommen worden seien, die verbleibenden AN mangels einschlägiger Fachkenntnisse überfordere <R: zum PersVG BVerwG 4.6.1993, 6 P 31/91, PersV 1994, 414>.

85 Der BR des **aufnehmenden Betriebs** kann die Zustimmung etwa mit der Begründung verweigern, dass die fortlaufend wiederholten, jeweils auf ein halbes Jahr befristeten Einstellungen einer Vielzahl von AN wg der jeweils notwendigen Einarbeitung zu einer unzumutbaren Belastung der Stammbelegschaft führe <R: zum PersVG BVerwG 6.9.1995, 6 P 41/93, ZTR 1996, 331>; dass die Einstellung von nicht hinreichend qualifizierten AN zu dauerhaften Mehrbelastungen der übrigen AN des Betriebs führe <R: zum PersVG OVG NRW 30.7.2003, 1 A 2575/02.PVL, PersV 2004 173> und dass die Notwendigkeit der Umschulung eines versetzten AN für die Zeit der Umschulung zusätzl Kräfte des aufnehmenden Betriebs binde <R: zum PersVG BVerwG 4.6.1993, 6 P 31/91, PersV 1994, 414>. Ein sonstiger Nachteil ist es auch, wenn ein im Betrieb beschäftigter AN versetzt werden muss, um dem eingestellten oder versetzten AN Platz zu machen, oder wenn seine materiellen Arbeitsbedingungen verschlechtert werden, insbes wg der Neueinstellungen Kurzarbeit eingeführt wird <L: Richardi/*Thüsing* Rn 245; HWGNRH/*Huke* Rn 209>.

86 Besetzt der AG einen Vollzeitarbeitsplatz neu, hat der BR kein Abs 2 Nr 3 Hs 2 entsprechendes Zustimmungsverweigerungsrecht (zum Schutz befristetet AN gleich Rn 87 ff), um die Interessen bereits **teilzeitbeschäftigter** gleich geeigneter, **AN** durchzusetzen <L: GK/*Raab* Rn 217, 220; Richardi/*Thüsing* Rn 248>. Der AG ist aus § 9 TzBfG individualvertragl verpflichtet, einen Teilzeitbeschäftigten, der die Verlängerung der vereinbarten

III. Gründe für die Zustimmungsverweigerung § 99

Arbeitszeit wünscht (zur dahingehenden Unterrichtungspflicht vgl Rn 104), bei der Besetzung eines entspr freien Arbeitsplatzes bei gleicher Eignung zu bevorzugen. Beachtet der AG § 9 TzBfG nicht, löst dies das Zustimmungsverweigerungsrecht des BR nach Abs 2 Nr 1 aus <L: *Hanau* RdA 2001, 65, 73; DKW/*Bachner* Rn 218; GK/*Raab* Rn 193> und begründet die Nichtberücksichtigung für den Teilzeitbeschäftigten wg seines Anspruchs aus § 9 TzBfG (Rn 88) einen sonstigen Nachteil iS des Abs 2 Nr 3 <R: BAG 1.6.2011, 7 ABR 117/09, NZA 2011, 1435 Rn 31; LAG SH 26.8.2008, 5 TaBV 18/08, EzA-SD 2009, Nr 3, 10 (LS); L: Richardi/*Thüsing* Rn 245>.

d) Schutz befristet beschäftigter Arbeitnehmer

Nach Abs 2 Nr 3 Hs 2 gilt die unbefristete Einstellung eines Bewerbers als Nachteil für **befristet beschäftigte AN**, die sich in gleicher Weise wie der Eingestellte für die unbefristete Tätigkeit eignen. Individualrechtl ist der AG gem § 18 TzBfG ledigl verpflichtet, die befristet beschäftigten AN über unbefristete Arbeitsplätze zu informieren, die besetzt werden sollen. Weiter gehend kann der BR über Abs 2 Nr 3 Hs 2 erreichen, dass der Arbeitsplatz mit befristet beschäftigten AN besetzt wird, also die unbefristete Beschäftigung befristet beschäftigter AN durchsetzen. Das flankiert die Pflicht des BR aus § 80 Abs 1 Nr 8 (§ 80 Rn 22) und aus § 92a, zur Beschäftigungsförderung beizutragen (§ 92a Rn 1 ff), macht aber – anders als etwa § 9 TzBfG (gleich Rn 88) – den BR zum Sachwalter der Individualinteressen einzelner AN. Die Zustimmungsverweigerung wg Nichtberücksichtigung eines gleich geeigneten, befristet Beschäftigten wird nach Beendigung dessen befristeten Arbeitsverhältnisses mit Ablauf der aus § 17 S 1 TzBfG folgenden 3-wöchigen Klagefrist unbegründet <R: LAG Ddf 19.3.2008, 2 TaBV 3/08, LAGE § 99 BetrVG 2001 Nr 6>. 87

Voraussetzung ist erstens, dass der AG einen Bewerber **einstellt**; dass ein unbefristet Beschäftigter auf eine andere unbefristete Stelle versetzt wird, genügt nicht. Angesichts des Schutzzwecks des Abs 2 Nr 3 Hs 3, befristet Beschäftigte vor Nachteilen durch externe Konkurrenz zu schützen, kann der BR die Zustimmung zur Eingliederung auch solcher AN verweigern, die **aus einem anderen Betrieb** desselben Unternehmens in den Betrieb versetzt werden und dort unbefristet beschäftigt werden sollen <L: *Oetker* NZA 2003, 937, 938; GK/*Raab* Rn 218; Richardi/*Thüsing* Rn 248; *Fitting* Rn 230; DKW/*Bachner* Rn 217; HWGNRH/*Huke* Rn 212; aA ErfK/*Kania* Rn 31a>. Erhöht der AG die Stundenzahl eines **Teilzeitbeschäftigten** unbefristet in einem Umfang, der eine Einstellung begründet (Rn 14), kann der BR seine Zustimmung auch dann nicht unter Berufung auf Abs 2 Nr 3 Hs 2 verweigern, wenn ein im Umfang des zusätzl Arbeitszeitdeputats befristet Beschäftigter die zusätzl Stelle ausfüllen kann: Wg des Anspruchs des Teilzeitbeschäftigten auf bevorzugte Berücksichtigung aus **§ 9 TzBfG** hat der AG keinen Entscheidungsspielraum <L: *Oetker* NZA 2003, 937, 939; *Fitting* Rn 235>. Das Zustimmungsverweigerungsrecht aus Abs 2 Nr 3 Hs 2 besteht auch zugunsten von AN, die in einem befristeten Probearbeitsverhältnis stehen <L: *Fitting* Rn 231; aA *Rieble* NZA 2002, SD BetrVG S 48, 57; im Ergebnis auch *Hanau* RdA 2001, 65, 72 f; *Konzen* RdA 2001, 76, 92; *SWS* Rn 73a>. 88

Hingg soll der BR über Abs 2 Nr 3 Hs 2 **nicht** – jenseits der Kd-Prävention – den internen Wettbewerb um Arbeitsplätze beeinflussen können und es dem BR ermöglichen, die **unbefristete Beschäftigung best AN durchzusetzen**: Wird das Arbeitsverhältnis eines be- 89

§ 99 Mitbestimmung bei personellen Einzelmaßnahmen

fristet beschäftigten AN in ein unbefristetes umgewandelt, ist dies zwar eine Einstellung iS des § 99 (Rn 10), löst aber kein Zustimmungsverweigerungsrecht des BR aus, da der Schutzzweck durch die personelle Maßnahme selbst erreicht wird <L: *Oetker* NZA 2003, 937, 939; Richardi/*Thüsing* Rn 249; *Fitting* Rn 235>; das ermöglicht es dem AG, Abs 2 Nr 3 Hs 2 zu umgehen, indem er Externe zunächst befristet und erst anschließend unbefristet beschäftigt <L: *Rieble* NZA 2002, SD BetrVG S 48, 56 f; GK/*Raab* Rn 221; Richardi/*Thüsing* Rn 249>. Aus dem gleichen Grund besteht kein Zustimmungsverweigerungsrecht, wenn ein Auszubildender nach Ende seiner Ausbildung unbefristet eingestellt wird <L: GK/*Raab* Rn 218; *Fitting* Rn 235; aA *Oetker* NZA 2003, 937, 939>.

90 Voraussetzung ist zweitens die **unbefristete Einstellung des externen Bewerbers**. Deswg kann der BR über sein Zustimmungsverweigerungsrecht nicht erreichen, dass eine befristete Einstellung Dritter unterlassen wird, um für einen befristet Beschäftigten die Verlängerung seines Befristungszeitraums zu erreichen <L: *Rieble* NZA 2002, SD BetrVG S 48, 56>. Ein Zustimmungsverweigerungsrecht besteht drittens nur dann, wenn der befristet Beschäftigte für den unbefristet besetzten Arbeitsplatz **gleich geeignet** ist wie der Eingestellte; insoweit hat der AG einen Beurteilungsspielraum <L: GK/*Raab* Rn 226; *Fitting* Rn 233>. Der Beurteilungsspielraum des AG kann aber durch Auswahlrichtlinien iS des § 95 beschränkt sein (s § 95 Rn 4 ff). Behauptet der AG, der befristet Beschäftigte sei für die zu besetzende Stelle nicht gleichermaßen geeignet wie der externe Bewerber, hindert das den BR nicht daran, sein Zustimmungsverweigerungsrecht auszuüben <L: *Rieble* NZA 2002, SD BetrVG S 48, 56>; der AG kann ledigl die verweigerte Zustimmung des BR nach Abs 4 vom ArbG ersetzen lassen (Rn 127 ff). Implizit wird mit dem Merkmal der gleichen Eignung betont, dass ein Zustimmungsverweigerungsrecht nur besteht, wenn der zu besetzende Arbeitsplatz mit dem des befristet Beschäftigten vergleichbar ist; eine „Beförderung" kann der BR über Abs 2 Nr 3 Hs 2 nicht durchsetzen <L: GK/*Raab* Rn 226 mwN>.

e) Ohne Rechtfertigung aus betrieblichen oder persönlichen Gründen

91 Das **Zustimmungsverweigerungsrecht des BR entfällt**, wenn die zu erwartenden Nachteile für die AN des Betriebs aus betriebl oder persönl Gründen gerechtfertigt sind: Die zu erwartende Benachteiligung muss objektiv ungerechtfertigt sein, betriebl und persönl Rechtfertigungsgründe werden sich dabei häufig überschneiden. Persönl Gründe erlauben die Einstellung eines AN, dessen Eingliederung die Arbeitsplätze von im Betrieb beschäftigten AN gefährdet, wenn die Kündigung dieser AN nach § 1 Abs 2 und 3 KSchG sozial gerechtfertigt wäre (Rn 78). Beweisbelastet für die Rechtfertigungsgründe ist der AG <L: GK/*Raab* Rn 228 mwN>.

5. Abs 2 Nr 4: der betroffene AN durch die personelle Maßnahme benachteiligt wird, ohne dass dies aus betriebl oder in der Person des AN liegenden Gründen gerechtfertigt ist

92 Nach Abs 2 Nr 4 kann der BR seine Zustimmung verweigern, wenn der von der Maßnahme **betroffene AN** selbst durch die personelle Maßnahme **benachteiligt** wird <R: BAG 2.4.1996, 1 ABR 39/95, BB 1997, 97 mwN>. Praktisch kommt das nur bei der **Versetzung** in Betracht, etwa wenn sich für den AN die materiellen Arbeitsbedingungen verschlechtern, weil ihm ein Arbeitsplatz zugewiesen wird, der eine geringere Qualifikation

III. Gründe für die Zustimmungsverweigerung § 99

voraussetzt und schlechter bezahlt ist als der bisherige <R: BAG 2.4.1996, aaO>. Eine Einstellung bringt dem AN hingg keinen Nachteil, sondern ist immer ein Mehr ggü der Nichteinstellung <R: LAG SH 24.4.2008, 1 TaBV 41/07, juris; L: statt aller Richardi/ *Thüsing* Rn 256>. So wenig der BR seine Zustimmungsverweigerung über Abs 2 Nr 1 mit dem gesetzes- oder tarifwidrigen Inhalt des Arbeitsvertrages begründen kann (Rn 59), so wenig kann der BR die Zustimmung zu einer Einstellung aus dem Grund verweigern, dass der AN durch möglicherweise tarifwidrige Arbeitsbedingungen iS des Abs 2 Nr 4 benachteiligt werde, etwa finanziell durch die tarifwidrige Aufteilung eines Vollzeitbedarfs <R: BAG 1.6.2011, 7 ABR 117/09, NZA 2011, 1435 Rn 50 zum Verstoß gg den Equal-Pay-Grundsatz des ÄÜG; LAG SH 30.4.2008, 6 TaBV 40/07, juris; **aA** LAG SH 11.3.2008, 2 TaBV 36/07, juris>, oder dass er hinsichtl best Arbeitsbedingungen schlechter gestellt wird als vergleichbare AN im Betrieb <R: LAG SH 24.4.2008, aaO; L: GK/ *Raab* Rn 230; Richardi/*Thüsing* Rn 256>: Abs 2 Nr 4 eröffnet dem BR **nicht die Möglichkeit zu einer Inhaltskontrolle der arbeitsvertragl Bedingungen** <R: LAG SH 30.4.2008, aaO und 24.4.2008, aaO; L: *Fitting* Rn 245>. Ein- und Umgruppierungen sind für den AN nie unmittelbar nachteilig <R: BAG 6.8.2002, 1 ABR 49/01, BB 2003, 639>: weder wenn der AN falsch eingruppiert wird, da die falsche Eingruppierung am Anspruch des AN auf die richtige Entlohnung nichts ändert (Rn 139), noch wenn der AN richtig, aber in eine schlechtere als die bisherige Entgeltgruppe, umgruppiert wird, da die Anwendung der im Betrieb anzuwendenden Entgeltordnung als richtige Rechtsanwendung keinen Nachteil iS des Abs 2 Nr 4 begründet <R: BAG 6.8.2002, aaO; 28.4.2009, 1 ABR 97/07, AP BetrVG 1972 § 99 Eingruppierung Nr 40 Rn 36; 23.10.2018, 1 ABR 26/17, NZA 2019, 483 Rn 30; L: Richardi/*Thüsing* Rn 257; *Fitting* Rn 242; **abw** DKW/*Bachner* Rn 223; wohl auch GK/*Raab* Rn 231>.

Baut der AG eine Vielzahl von Arbeitsplätzen ab und stuft einen Teil der AN auf neu 93 geschaffene „schlechtere" Arbeitsplätze herab (während er einen Teil der AN auf neu geschaffene „bessere" Stellen stuft, dazu Rn 79 ff) und entlässt den Rest, so soll der BR den Versetzungen auf die „schlechteren" Stellen die Zustimmung versagen dürfen, wenn der AG soziale Kriterien iS des § 1 Abs 3 KSchG nicht berücksichtigt hat <R: BAG 2.4.1996, 1 ABR 39/95, BB 1997, 97 m **krit** Anm *Kania* SAE 1998, 96; L: *Fitting* Rn 243; Richardi/*Thüsing* Rn 258>. Das knüpft an die Rspr zur Zustimmungsverweigerung nach Abs 2 Nr 3 an (Rn 79); wie dort **überdehnt** diese Auffassung **das Zustimmungsverweigerungsrecht** des BR: Abs 2 Nr 4 will den AN nur vor solchen Nachteilen schützen, die aus der Zuweisung des neuen Arbeitsplatzes selbst resultieren – sei es wg Verschlechterung der Umstände, unter denen die Arbeit zu erbringen ist (Lärm, Schmutz), sei es wg einer Verschlechterung der Vertragsbedingungen (schlechtere Bezahlung, verkleinertes Aufgabengebiet usw). Hingg wird durch Abs 2 Nr 4 weder eine Verstärkung des Kd-Schutzes bezweckt, noch könnte eine solche erreicht werden: Muss der AG eine Änderungs-Kd aussprechen und wendet sich der BR nicht gg die Zuweisung des neuen Arbeitsplatzes an sich, sondern nur gg die die Änderungs-Kd tragenden Gründe, ist er auf das Anhörungsverf nach § 102 beschränkt; der AN kann sich mit einer Kd-Schutzklage wehren. Kann der AG den AN kraft seines Direktionsrechts umsetzen, kommt ein präventiver Kd-Schutz schon deswg nicht in Betracht <L: *Kaiser* FS Löwisch (2007), S 153, 161>.

Der BR kann die Zustimmung zu einer Versetzung **etwa** mit der Begründung verweigern, 94 dass sich für den Versetzten die Arbeitsbedingungen verschlechtern <L: GK/*Raab*

§ 99 Mitbestimmung bei personellen Einzelmaßnahmen

Rn 233; Richardi/*Thüsing* Rn 258; DKW/*Bachner* Rn 226>, etwa dass er auf der neuen Stelle eine geringerwertigere Tätigkeit ausüben soll <R: offengelassen von LAG Hamm 18.1.2008, 10 TaBV 95/07, ZBVR online 2008, Nr 6, 18> oder dass die Besorgnis besteht, der Betroffene werde nicht unerhebl in seinem berufl Fortkommen benachteiligt und es verschlechterten sich seine Aufstiegsmöglichkeiten <R: zum PersVG BVerwG 27.9.1993, 6 P 4/93, PersR 1993, 495; L: DKW/*Bachner* Rn 226>. Ebenso kann der BR einwenden, dass das fortgeschrittene Lebensalter und die vollständige Veränderung des Arbeitsgebietes die Umsetzung für den AN unzumutbar machen <R: zum PersVG BVerwG 4.6.1993, 6 P 31/91, PersV 1994, 414> oder dass die Versetzung einer Teilzeitbeschäftigten ohne begleitende Maßnahmen zu einer unzumutbaren Arbeitsbelastung führe, da die zu übertragende Stelle für eine Teilzeitbeschäftigung ungeeignet sei <R: zum PersVG OVG NRW 21.6.2001, 1 A 5600/99.PVL, PersR 2001, 52> oder dass der AN an einen Ort versetzt oder abgeordnet wird, der weit vom bisherigen Wohnsitz entfernt ist <L: statt aller GK/*Raab* Rn 233>. Beabsichtigt der AG einen AN, dessen bisheriger Arbeitsplatz weggefallen ist, auf einen Arbeitsplatz mit mehreren Beschäftigungsorten (Springerarbeitsplatz) einzusetzen, kann der BR dieser Versetzung nur insgesamt, nicht aber hinsichtl einzelner Beschäftigungsorte widersprechen; ein Zustimmungsverweigerungsgrund iS des Abs 2 Nr 4 wg Benachteiligung des AN scheidet jedenfalls dann aus, wenn sich die durchschnittlichen Fahrzeiten zwischen Wohnung und Arbeitsstätten nicht verlängern <R: LAG Köln 2.4.2007, 14 TaBV 9/07, juris>.

95 Das Zustimmungsverweigerungsrecht des BR entfällt, wenn der **AN dem Wechsel seines Arbeitsplatzes zugestimmt** hat <L: GK/*Raab* Rn 229, 232; HWGNRH/*Huke* Rn 217 zur Versetzung; **krit** DKW/*Bachner* Rn 225; **aA** Richardi/*Thüsing* Rn 259; *Fitting* Rn 246> (Rn 32 f). Ebenso wie bei Abs 2 Nr 3 (Rn 91) kann der BR die Zustimmung auch dann nicht verweigern, **wenn betriebl oder in der Person des AN liegende Gründe die Benachteiligung rechtfertigen**. Betriebl Gründe rechtfertigen etwa die Versetzung eines AN mit Kundenkontakt, wenn dieser beharrlich gg geltende Kleidervorschriften verstößt <R: vgl LAG Hamm 22.10.1991, 13 TaBV 36/91, BB 1992, 430>. Eine unternehmerische Entscheidung rechtfertigt als betriebl Grund die Versetzung von AN an einen anderen Ort <R: BAG 16.1.2007, 1 ABR 16/06, EzA BetrVG 2001 § 99 Versetzung Nr 3; L: Richardi/*Thüsing* Rn 253> oder auf einen geringerwertigen Arbeitsplatz <R: LAG Hamm 18.1.2008, 10 TaBV 95/07, ZBVR online 2008, Nr 6, 18>. Eine Versetzung ist aber in der Regel nicht aus betriebl Gründen gerechtfertigt, sofern die Organisationsentscheidung des AG und der darauf beruhende Versetzungsentschluss praktisch deckungsgleich sind. Dann hat der AG seine Entscheidung hinsichtl ihrer organisatorischen Durchführbarkeit zu verdeutlichen und die Organisationsmaßnahme muss auf sachl nachvollziehbaren, plausiblen Gründen beruhen; die Entscheidung des AG darf nicht willkürlich sein <R: BAG 20.10.2021, 7 ABR 34/20, NZA 2022, 494 Rn 51 ff zu notwendigen kurzfristigen und engen Teamabstimmungen, die eine persönliche Anwesenheit voraussetzten, sodass keine Telearbeit mehr möglich sei>.

6. Abs 2 Nr 5: eine nach § 93 erforderliche Ausschreibung im Betrieb unterblieben ist

Zur Ausschreibung im Betrieb vgl die Kommentierung zu § 93.

III. Gründe für die Zustimmungsverweigerung § 99

Nach Abs 2 Nr 5 kann der BR die Zustimmung verweigern, solange eine nach § 93 erforderliche **innerbetriebl Ausschreibung** eines zu besetzenden **Arbeitsplatzes unterblieben** ist, um den im Betrieb beschäftigten AN eine reelle Chance zur Bewerbung auf solche Arbeitsplätze zu gewähren: Innerbetriebl Bewerbern sollen zumindest die gleichen Chancen für die Besetzung der freien Stelle eingeräumt werden wie den außerbetriebl Bewerbern <R: BAG 23.2.1988, 1 ABR 82/86, DB 1988, 1452>. Außerdem soll die innerbetriebl Ausschreibung zudem einem **transparenten Stellenbesetzungsverfahren** dienen <R: BAG 1.2.2011, 1 ABR 79/09 BAGE 137, 106 Rn 19; 15.10.2013, 1 ABR 25/12, NZA 2014, 214 Rn 22>, § 99 Rn 1. Der BR kann seine Zustimmung zu einer Einstellung wg fehlender Ausschreibung grds nur gem Abs 2 Nr 5 verweigern, wenn er die Ausschreibung vor dem Zustimmungsersuchen des AG **verlangt**, auch mündl <R: BAG 1.6.2011, 7 ABR 18/10, AP Nr 136 zu § 99 BetrVG 1972 Rn 28> und konkludent <R: LAG Köln 28.4.2017, 9 TaBV 78/16, nv (juris)>, oder mit diesem eine **Vereinbarung** über die Ausschreibung zu besetzender Arbeitsplätze getroffen hat, § 99 Rn 1 <R: BAG 14.12.2004, 1 ABR 54/03, BB 2005, 1170; L: GK/*Raab* Rn 234; Richardi/*Thüsing* Rn 263; *Fitting* Rn 247a; *SWS* Rn 78; HWGNRH/*Huke* Rn 221; weiter wg § 2 Abs 1 auch dann, wenn der AG freie Stellen stets ausgeschrieben hat DKW/*Bachner* Rn 229>. Auch wenn feststeht, dass für die zu besetzende Stelle **kein AN des Betriebs in Betracht kommt**, berechtigt die unterlassene innerbetriebl Ausschreibung den BR gleichwohl zur Zustimmungsverweigerung: Erst mit Ablauf der Ausschreibungsfrist und ggfs der Sichtung der innerbetriebl Bewerbungen steht fest, dass eine innerbetriebl Besetzung ausscheidet; die Ausschreibung belastet den AG als bloßes Verf nicht übermäßig <R: Hess LAG 2.11.1999, 4 TaBV 31/99AP BetrVG 1972 § 93 Nr 7; LAG Ddf 12.4.2019, 10 TaBV 46/18, BB 2019, 2490; LAG Berl-Bbg 5.9.2013, 21 TaBV 843/13, nv (juris); L: *Fitting* Rn 248; MünchArbR/*Lunk* § 340 Rn 78; GK/*Raab* Rn 234; **abw** für ein Zustimmungsverweigerungsrecht, aber mit Zustimmungsersetzung durch das ArbG: Richardi/*Thüsing* Rn 266; **ganz abl** HWGNRH/*Huke* Rn 222; *SWS* Rn 81>. Wenn mit keinen internen Bewerbungen zu rechnen war, ist ein Widerspruch des BR nach Abs 2 Nr 5 daher auch nicht rechtsmissbräuchlich <R: LAG Köln 14.9.2012, 5 TaBV 18/12, nv (juris); **L: wie hier** *Fitting* Rn 248; DKW/*Bachner* Rn 234; **aA** GK/*Raab* Rn 234; Richardi/*Thüsing* Rn 266>. Auch wenn die Voraussetzung des § 100 nicht vorlagen, kann eine Ausschreibung nachgeholt werden. Gibt es auf die **nachgeholte Ausschreibung** keine internen Bewerbungen, besteht aus prozessökonomischen Gründen kein Zustimmungsverweigerungsrecht nach Abs 2 Nr 5; deren Chancengleichheit war durch die fehlende Ausschreibung nicht beeinträchtigt (Rn 96); § 93 Rn 13.

96

Die Zustimmung verweigern kann der BR auch dann, wenn die Stelle **nicht form- oder fristgerecht** ausgeschrieben wurde oder die Ausschreibung **nicht die erforderlichen Mindestinhalte** aufwies, zu diesen ausf § 92 Rn 9 ff <L: GK/*Raab* Rn 234; Richardi/*Thüsing* Rn 263; *Fitting* Rn 251; DKW/*Bachner* Rn 231; HWGNRH/*Huke* Rn 221>. Nennt der AG in externen Stellenanzeigen geringere Anforderungen für eine Bewerbung um diese Stelle als in einer innerbetriebl Ausschreibung, ist die Stelle entgg § 93 nicht ordnungsgem ausgeschrieben, da die innerbetriebl Ausschreibung diejenigen innerbetriebl Bewerber von einer Bewerbung ausschließt, die die geringeren Anforderungen erfüllten und sich nur deswg nicht beworben haben, weil sie die innerbetriebl geforderten, höheren Anforderungen nicht erfüllen <R: BAG 23.2.1988, 1 ABR 82/86, DB 1988, 1452; L: GK/*Raab* Rn 234; *Fitting* Rn 251; DKW/*Bachner* Rn 232>. Ebenso soll die Zustim-

97

§ 99 Mitbestimmung bei personellen Einzelmaßnahmen

mungsverweigerung begründet sein, wenn die Ausschreibung gesetzwidrig, insbes diskriminierend iS von §§ 11 mit 1, 3, 7 AGG ist <R: Hess LAG 13.7.1999, 4 TaBV 192/97, NZA-RR 1999, 641; **L:** GK/*Raab* Rn 234; *Fitting* Rn 250; DKW/*Bachner* Rn 231; ErfK/ *Kania* Rn 34; **aA** Richardi/*Thüsing* Rn 263; HWGNRH/*Rose* § 93 Rn 22; *SWS* Rn 82; MünchArbR/*Lunk* § 340 Rn 79>. Schreibt der AG eine Stelle entgg § 7 Abs 1 TzBfG nicht als Teilzeitarbeitsplatz aus, löst dies hingg kein Zustimmungsverweigerungsrecht des BR aus, da § 7 Abs 1 TzBfG die Rechte des BR abschließend regelt und den BR auf einen Informationsanspruch beschränkt, Rn 62 und § 93 Rn 7 <**L:** *Beckschulze* DB 2000, 2598, 2605; *Ehler* BB 2001, 1146, 1147; ErfK/*Kania* Rn 34; *Annuß/Thüsing/Mengel* TzBfG, § 7 Rn 17; **aA** *Rolfs* RdA 2001, 129, 141; *Däubler* ZIP 2001, 217, 218; *Fischer* AuR 2005, 255; 256f; *Fitting* Rn 249; DKW/*Bachner* Rn 230 auch für einen Zustimmungsverweigerungsgrund nach § 99 Abs 2 Nr 1; **unentschieden** Richardi/*Thüsing* Rn 267; HWGNRH/*Huke* Rn 224>.

7. Abs 2 Nr 6: die durch Tatsachen begründete Besorgnis besteht, dass der für die personelle Maßnahme in Aussicht genommene Bewerber oder AN den Betriebsfrieden durch gesetzwidriges Verhalten oder durch grobe Verletzung der in § 75 Abs 1 enthaltenen Grundsätze, insbes durch rassistische oder fremdenfeindliche Betätigung, stören werde

98 Nach Abs 2 Nr 6 kann der BR die Zustimmung zu einer personellen Maßnahme verweigern, wenn die durch Tatsachen begründete Besorgnis besteht, dass der AN oder Bewerber den Betriebsfrieden durch gesetzwidriges Verhalten oder durch grobe Verletzung der in § 75 Abs 1 enthaltenen Grundsätze, insbes durch rassistische oder fremdenfeindliche Betätigung, stören werde. Über Abs 2 Nr 6 soll der BR ausschließl die Belange der AN am neuen Arbeitsplatz des Störers schützen. Die **Praxisrelevanz** des Abs 2 Nr 6 ist **gering**, da es dem BR in aller Regel kaum mögl ist, Tatsachen für die Besorgnis einer künftigen Störung des Betriebsfriedens darzulegen, Rn 100 ff.

99 Eine **Parallele** findet Abs 2 Nr 6, nach dem der BR präventiv die Zustimmung zu einer Einstellung oder Versetzung verweigern kann, **in § 104**, der es dem BR erlaubt, die Entfernung den Betriebsfrieden störender AN aus dem Betrieb zu verlangen. Zu den Voraussetzungen Störung des Betriebsfriedens durch gesetzwidriges Verhalten oder durch grobe Verletzung der in § 75 Abs 1 enthaltenen Grundsätze § 104 Rn 7 ff; zu der Voraussetzung der durch Tatsachen begründeten Besorgnis Rn 77 bei Abs 2 Nr 3. Nach Abs 2 Nr 6 kann der BR vom AG die Einstellung eines potenziell störenden AN aber unter deutl geringeren Voraussetzungen verhindern als sie § 104 für die Entlassung oder Versetzung eines schon eingestellten AN aufstellt, da dafür nur eine wiederholte (§ 104 Rn 7) ernstl Störung (§ 104 Rn 11) des Betriebsfriedens genügt. Im Unterschied zu § 99 Abs 2 Nr 6 BetrVG verlangt § 104 S 1 BetrVG nicht nur die begründete Prognose einer künftigen Störung des Betriebsfriedens, sondern deren tatsächliches und zudem wiederholtes – also zumindest zweimaliges – Vorliegen in der Vergangenheit. Zudem genügt nicht schon die Störung, sondern nur die (wiederholte) „ernstliche" Störung des Betriebsfriedens <R: BAG 16.4.2004, 1 ABR 48/03, DB 2005, 1469>.

100 Voraussetzung für ein Zustimmungsverweigerungsrecht des BR ist, dass konkrete **Tatsachen** die Prognose rechtfertigen, der in Aussicht genommene Bewerber oder AN werde künftig den Betriebsfrieden stören. Etwa kann der BR seine Zustimmungsverweigerung

wg befürchteter künftiger Störungen auf den Nachweis stützen, dass der Bewerber aus seinem früheren Arbeitsverhältnis wg Straftaten oder Vertrauensbrüchen entlassen worden ist, die für den zu besetzenden Arbeitsplatz von Bedeutung sind <**R:** BAG 16.4.2004, 1 ABR 48/03, DB 2005, 1469; **L:** GK/*Raab* Rn 236; Richardi/*Thüsing* Rn 271; *SWS* Rn 85>. Nicht ausreichend sind bloße Werturteile wie die Einschätzung des BR, der Betreffende passe nicht in die Belegschaft, sei unfreundlich, kontaktarm, grob und verschlossen <**L:** Richardi/*Thüsing* Rn 273; *SWS* Rn 86>.

Die die Prognose rechtfertigenden Tatsachen muss der BR **substantiiert darlegen**. Eine Schranke für die Tatsachenermittlung enthält § 83 Abs 1 S 2, nach dem der **BR** nur mit Zustimmung des AN Einblick in die Personalakte nehmen kann. Aus dem Gebot der vertrauensvollen Zusammenarbeit des § 2 Abs 1 folgt nicht, dass der AG den Bewerber oder AN bei Zweifeln über dessen Integrationsfähigkeit dazu drängen darf, sein Einverständnis zum Einblick des BR in seine Personalakte zu geben; der AG darf den Persönlichkeitsschutz des Bewerbers oder AN nicht mit Blick auf nur möglicherweise berührte Interessen anderer AN einschränken oder Druck in diese Richtung ausüben. **101**

Die vom BR vorgebrachten Tatsachen müssen **objektiv** die **Besorgnis** begründen, also eine **Prognose** rechtfertigen, dass der in Aussicht genommene Bewerber oder AN künftig den Betriebsfrieden stören werde <**R:** BAG 16.4.2004, 1 ABR 48/03, DB 2005, 1469; **L:** statt aller *Fitting* Rn 253>: Nicht das vergangene, sondern das künftig zu erwartende Verhalten muss gesetzwidrig sein oder grob gg die Grundsätze des § 75 Abs 1 verstoßen. Erforderl ist eine Prognose, die mit großer Wahrscheinlichkeit auf ein künftiges gesetzwidriges und grob störendes Verhalten schließen lässt. Überholte Vorkommnisse rechtfertigen eine solche Prognose nicht <**R:** zu § 104 LAG BaWü 24.1.2002, 4 TaBV 1/01, AuR 2002, 116 (LS); **L:** *Fitting* Rn 253a>. **102**

Der BR muss damit eine **dreistufige Prüfung** durchführen: Er muss prüfen, (1) ob das frühere oder gegenwärtige Verhalten des Einzugliedernden gesetzwidrig war oder grob gg die Grundsätze des § 75 Abs 1 verstoßen hat; falls dies zu bejahen ist (2), ob die Besorgnis besteht, dass der Einzugliedernde sich künftig erneut entspr fehlerhaft verhalten werde, und, wenn auch dies zu bejahen ist, (3) ob durch ein solches Verhalten der Betriebsfrieden gestört wird <**R:** BAG 16.4.2004, 1 ABR 48/03, DB 2005, 1469>. **103**

IV. Unterrichtungspflicht

1. Umfang

a) Einstellung

Nach Abs 1 S 1 hat der AG den BR vor jeder Einstellung umfassend zu unterrichten, insbes muss er die erforderl Bewerbungsunterlagen vorlegen und Auskunft über die Bewerber und über die Auswirkungen der geplanten Einstellung geben. Die Unterrichtungspflicht dient dazu, dem BR die Informationen zu verschaffen, die er benötigt, um nach Abs 2 sachgerecht zur Einstellung Stellung nehmen und ggfs seine Zustimmung verweigern zu können <**R:** BAG 28.6.2005, 1 ABR 26/04, NZA 2006, 111>. Daher benötigt der BR keine Information darüber, wer eine Aufstockung der Arbeitszeit iS des § 9 TzBfG begehrt; allein der Wunsch, aufzustocken, genügt auch nach der Reform des TzBfG durch **104**

§ 99 Mitbestimmung bei personellen Einzelmaßnahmen

das Brückenteilzeit-EinführungsG v 11.12.2018 (BGBl I S 2384) nicht für einen Anspruch der AN aus § 9 TzBfG <R: BAG 1.6.2011, 7 ABR 117/09, NZA 2011, 1435 Rn 27 ff>; zum Zustimmungsverweigerungsgrund in diesem Fall Rn 86 und 88. Die Unterrichtungspflicht besteht deswg nicht nur hinsichtl des Bewerbers, den der AG einstellen will, sondern auch hinsichtl der Bewerber, die **nicht berücksichtigt werden** <R: BAG 3.12.1985, 1 ABR 72/83, BB 1986, 876; 14.12.2004, 1 ABR 55/03, DB 2005, 1524>. Dagg ist der AG nicht verpflichtet, den BR über Bewerber auf andere Arbeitsplätze <R: BAG 10.11.1992, 1 ABR 21/92, DB 1993, 1141> und über solche Bewerber zu informieren, die ihre Bewerbung zurückziehen bzw diese nicht mehr ernstl betreiben, da diese Bewerbungen für die Beurteilung der geplanten Einstellung ohne Bedeutung sind.

105 Schaltet der AG bei der Stellenneubesetzung ein **Personalberatungsunternehmen** ein, ist zu unterscheiden: Beschränkt sich das Unternehmen darauf, Personen vorzuschlagen, die es schon kennt, etwa bereits in seiner Kartei hat, muss der BR nur über die dem AG tatsächl benannten Bewerber unterrichtet werden, da nur diese in Kontakt mit dem AG treten, etwa über den einzigen vorgeschlagenen Bewerber <R: BAG 18.12.1990, 1 ABR 15/90, BB 1991, 761>. Sucht der Personalberater demggü anstelle des AG AN, etwa über eine Annonce, sind alle Personen, die sich auf die Annonce melden, Bewerber auf den Arbeitsplatz <R: BAG 18.12.1990, aaO; 21.10.2014, 1 ABR 10/13, NZA 2015, 311 Rn 32>; auch, wenn das Anforderungsprofil oder die Qualifikationsvoraussetzungen nicht erfüllt werden und Bewerber damit – ggfs sogar offensichtlich oder objektiv – ungeeignet sind: Der AG muss dem BR die Bewerbungsunterlagen aller Bewerber vorlegen und sie sich zu diesem Zweck ggfs vom Personalberatungsunternehmen beschaffen; auch wenn sie – richtigerweise – als ungeeignet aussortiert wurden <R: noch offengelassen von BAG 18.12.1990, aaO; so jetzt aber 21.10.2014, 1 ABR 10/13, NZA 2015, 311 Rn 27 und 30 zu Bewerbungen, die einem Recruitment-Center vorliegen>.

106 **Bewerbungsunterlagen** iS des Abs 1 S 1 Hs 1 sind einmal die von den Bewerbern aus Anlass ihrer Bewerbung eingereichten Unterlagen wie Arbeitszeugnisse, Führungszeugnisse, Angaben über den Gesundheitszustand, Lebenslauf usw. Zu den Bewerbungsunterlagen zählen auch die Unterlagen, die der AG anlässl der Bewerbung über einen Bewerber erstellt, also insbes schriftliche Auskünfte von dritter Seite, ausgefüllte Personalfragebögen, standardisierte Interview- oder Prüfungsergebnisse oder schriftl Protokolle über Bewerbungsgespräche <R: BAG 3.12.1985, 1 ABR 72/83, BB 1986, 876; 14.12.2004, 1 ABR 55/03, DB 2005, 1524; 17.6.2008, 1 ABR 20/07, DB 2008, 2200>. Der AG muss dem BR nur die für dessen Meinungsbildung erforderl Bewerbungsunterlagen vorlegen, weswg es häufig ausreichen wird, dass der AG die aus den Unterlagen ersichtl Daten und Angaben in eine selbst erstellte Übersicht überträgt oder Prüfungs- und Testergebnisse zusammenfasst; der AG kann zudem darauf verzichten, vom Bewerber beigefügte umfangreiche Anlagen die, etwa im Lebenslauf, mitgeteilte Umstände und Daten lediglich bestätigen, an den BR weiter zu leiten <R: BAG 14.12.2004, aaO>. Beruht die Auswahlentscheidung des AG für einen von mehreren Stellenbewerbern maßgebl auf zuvor geführten Vorstellungsgesprächen, so gehört zur Auskunft über die Person der Beteiligten, dass der AG den BR über den für seine Entscheidung bedeutsamen Inhalt dieser Gespräche unterrichtet <R: BAG 28.6.2005, 1 ABR 26/04, NZA 2006, 111>. Aufzeichnungen, die für die Auswahlentscheidung des AG ohne jegliche Bedeutung sind, wie formlose, unstrukturierte Gesprächsnotizen, muss dieser dem BR nicht vorlegen <R: BAG 17.6.2008, aaO; 14.4.2015, 1 ABR 58/13, NZA 2015, 1081 Rn 18 f zu Notizen als Erinnerungsstüt-

IV. Unterrichtungspflicht § 99

zen>. Weiterhin beschränkt sich die Vorlagepflicht auf die Unterlagen, die der AG selbst hat: Abs 1 begründet keine Verpflichtung des AG, mehr Bewerbungsunterlagen anzufordern oder zu erstellen, als er selbst für die Beurteilung eines Bewerbers für notwendig hält <R: BAG 18.7.1978, 1 ABR 8/75, DB 1978, 2320; LAG Hamm 1.8.2003, 10 TaBV 2/03, NZA-RR 2004, 84; L: statt aller GK/*Raab* Rn 144 mwN>, s aber Rn 109 und Rn 105 zur Anforderung der Unterlagen der Personalberatung. Eine nachträgl Veränderung des Einstellungstermins löst idR keine erneute Unterrichtungspflicht aus <R: LAG Ddf 4.3.1976, 7 TaBV 97/75, DB 1976, 779; L: *SWS* Rn 24>.

Nicht zu den Bewerbungsunterlagen gehören die **Arbeitsverträge**, auf deren Inhalt sich das MBR des BR nicht erstreckt (Rn 6, 59); über den Inhalt des Arbeitsvertrags mit dem einzustellenden AN braucht der AG den BR nicht zu unterrichten <R: BAG 18.10.1988, 1 ABR 33/87, BB 1989, 626>. Damit der BR beurteilen kann, ob er von seinen Zustimmungsverweigerungsgründen aus Abs 2 Gebrauch machen soll, sind insoweit aber **Ausnahmen** zu machen für die Art und Dauer der vorgesehenen Beschäftigung und für die vorgesehene Eingruppierung: Der AG muss dem BR nach Abs 1 S 1 Hs 2 Auskunft über die Auswirkungen der geplanten Einstellung geben. Insbes ist wg mögl Beeinträchtigungen der schon beschäftigten AN nach Abs 2 Nr 3 und 6 (Rn 76 ff und 98 ff) der künftige **Arbeitsplatz** des AN mitzuteilen <R: BAG 18.10.1988, aaO; 14.12.2004, 1 ABR 55/03, DB 2005, 1524; L: statt aller GK/*Raab* Rn 152 mwN>, dessen Aufgaben und Verantwortung, seine Art der Tätigkeit und seine Einordnung in den Betrieb – wie bei einer Versetzung <R: BAG 12.6.2019, 1 ABR 39/17, NZA 2019, 1292 Rn 19>. Ebenso ist der BR über die **Dauer der Arbeitszeit** des einzustellenden AN zu informieren, insbes bei Begründung oder Aufstockung eines Teilzeitarbeitsverhältnisses, Rn 14 <R: Hess LAG 18.11.1986, 4 TaBV 44/86, BB 1987, 1951 (LS); LAG SH 30.4.2008, 6 TaBV 40/07, juris; L: DKW/*Bachner* Rn 142; *SWS* Rn 40a>; nicht aber, um zu prüfen, ob die tarifl Arbeitszeiten eingehalten werden <R: BAG 27.10.2010, 7 ABR 36/09, NZA 2011, 527 Rn 28>, Rn 67. Nicht zu informieren ist der BR aber über die **Lage** der Arbeitszeit <R: LAG SH 29.1.1987, 4 TaBV 19/86, NZA 1988, 68 (keine Mitteilung der Schicht); aA Hess LAG 18.11.1986, aaO; L: aA DKW/*Bachner* Rn 142 für die Mitteilung der Lage bei der Einstellung von Teilzeit-AN>. Und auch nicht, ob eine Befristung **mit welchem oder ohne Sachgrund** erfolgt. Der BR bedarf dieser Information nicht für eine sachgerechte Stellungnahme nach Abs. 2 (Rn 119 ff). Er ist nur darüber zu unterrichten, ob eine Befristung erfolgt, vgl Rn 8 ff <R: BAG 27.10.2010, 7 ABR 86/09, BAGE 136, 123 Rn 22 und 24; L: *Fitting* Rn 162a>. Der AG hat schon bei der Unterrichtung über die Einstellung die vorgesehene **Eingruppierung** mitzuteilen, damit der BR sein Zustimmungsverweigerungsrecht zu Einstellung und Eingruppierung nach Möglichkeit in einem Verf-Gang ausüben kann <L: statt aller GK/*Raab* Rn 151 mwN>. Hingg ist die individuelle **Gehaltshöhe** nicht mitzuteilen <R: BAG 18.10.1988, aaO; L: GK/*Raab* Rn 143, 151 mwN; *SWS* Rn 41; abw DKW/*Bachner* Rn 155>, auch nicht mit Blick auf **den Equal-Pay-Grundsatz** gem §§ 8, 9 Abs 1 Nr 2 AÜG bzgl Stamm- und Leih-AN <R: BAG 1.6.2011, 7 ABR 18/10, AP Nr 136 zu § 99 BetrVG 1972 Rn 24; 1.6.2011, 7 ABR 117/09, NZA 2011, 1435 Rn 22>, Rn 64.

Insbes bei der Einstellung von **Leih-AN** und von **AN von Drittfirmen** (Rn 17 ff) muss der AG nur die Unterlagen vorlegen, die er besitzt, Rn 106. Der Name des Leih-AN ist aber mitzuteilen, ggfs hat der AG die Personalien beim Verleiher zu erfragen oder bei diesem auf eine so rechtzeitige Auswahlentscheidung zu drängen, dass er seinen Pflichten

107

108

§ 99 Mitbestimmung bei personellen Einzelmaßnahmen

nach Abs 1 S 1 und S 2 rechtzeitig nachkommen kann <R: BAG 9.3.2011, 7 ABR 137/09, NZA 2011, 871 Rn 29>; auch Einsatzbereich und -umfang sowie Einstellungstermin und -dauer sind mitzuteilen <R: BAG 1.6.2011, 7 ABR 117/09, NZA 2011, 1435 Rn 21>. Keinesfalls muss er dem BR bei Einstellung von Leih-AN Einsicht in die AN-Überlassungsverträge gewähren <R: aA BAG 6.6.1978, 1 ABR 66/75, DB 1978, 1841; L: GK/*Raab* Rn 284; MünchArbR/*Lunk* § 340 Rn 53; aA Richardi/*Thüsing* Rn 169; *Fitting* Rn 178a (BR beim Entleiher); DKW/*Bachner* Rn 148 (BR beim Verleiher)>, sondern muss nach § 14 Abs 3 S 2 AÜG nur die schriftl Erklärung des Verleihers vorlegen, dass dieser die Erlaubnis zur AN-Überlassung nach § 1 AÜG besitzt <R: BAG 1.6.2011, 7 ABR 18/10, AP Nr 136 zu § 99 BetrVG 1972 Rn 20; 1.6.2011, 7 ABR 117/09, NZA 2011, 1435 Rn 21>. Bei der Einstellung von AN von Drittfirmen ist der BR nicht über den Inhalt des mit der Firma geschlossenen Werk- oder Dienstvertrags zu unterrichten <L: aA DKW/*Bachner* Rn 150 für eine solche Verpflichtung aus § 80 Abs 2>.

109 Soweit die vorhandenen Bewerbungsunterlagen zur Information des BR nicht ausreichen, ist der AG verpflichtet, **weitere Auskünfte über die Person** der Beteiligten zu geben, etwa wenn im Betrieb keine Personalfragebogen verwendet werden. Beruht die Auswahlentscheidung des AG für einen von mehreren Stellenbewerbern maßgebl auf zuvor geführten Vorstellungsgesprächen, so gehört zur Auskunft über die Person der Beteiligten nach § 99 Abs 1 S 1, dass der AG den BR über den für seine Entscheidung bedeutsamen Inhalt dieser Gespräche unterrichtet <R: BAG 28.6.2005, 1 ABR 26/04, NZA 2006, 111>.

110 Der AG muss die Bewerbungsunterlagen dem BR **vorlegen**; der BR ist nicht berechtigt, Kopien oder Abschriften zu fertigen <L: ErfK/*Kania* Rn 21>. Vorlage bedeutet, dass dem BR Gelegenheit zur Einsichtnahme gewährt werden muss: Die Unterlagen sind dem BR bis zu dessen Beschlussfassung, längstens eine Woche, zu überlassen <R: BAG 3.12.1985, 1 ABR 72/83, BB 1986, 876; L: DKW/*Bachner* Rn 162; *Fitting* Rn 181; Richardi/*Thüsing* Rn 172; aA nur für ein Einsichtsrecht GK/*Raab* Rn 154; HWGNRH/*Huke* Rn 146; *SWS* Rn 38>. Der Bewerber kann die Vorlage seiner Bewerbungsunterlagen an den BR nicht verhindern <L: *Fitting* Rn 182; GK/*Raab* Rn 155; HWGNRH/*Huke* Rn 147; DKW/*Bachner* Rn 153; *SWS* Rn 37; aA Richardi/*Thüsing* Rn 171 mwN>. Der BR kann aber nicht verlangen, dass sich ihm die Bewerber persönl vorstellen oder dass er zu Einstellungsgesprächen hinzugezogen wird <R: BAG 18.7.1978, 1 ABR 8/75, DB 1978, 2320; L: statt aller GK/*Raab* Rn 156 mwN>. Ebenso wenig ist der BR berechtigt, an den Vorstellungsgesprächen, die eine im Betrieb bestellte Auswahlkommission mit den Bewerbern führt, durch ein von ihm entsandtes Mitglied **teilzunehmen** <R: BAG 14.4.2015, 1 ABR 58/13, NZA 2015, 1081 Rn 21; zum PersVG BVerwG 6.12.1978, 6 P 2/78, BVerwGE 57, 151>. Der AG muss seine Auswahl auch ggü dem BR **nicht rechtfertigen** <R: BAG 14.4.2015, aaO>.

111 Der AG muss den BR vorab unterrichten, also zu einem Zeitpunkt, in dem er selbst noch keine Entscheidung über die personelle Einzelmaßnahme getroffen hat. Für die Einstellung bedeutet das, dass der AG den BR nicht erst bei der tatsächl Eingliederung des AN in den Betrieb, sondern schon **vor Abschluss des Arbeitsvertrags** informieren muss <R: BAG 28.4.1992, 1 ABR 73/91, BB 1992, 1852>. Nach Abs 1 S 1 Hs 2 aE hat der AG gleichzeitig mit der Unterrichtung die **Zustimmung des BR einzuholen**: Der BR soll wissen, dass aufgrund der Unterrichtung durch den AG die Wochenfrist des Abs 3 S 1 zu laufen beginnt, innerhalb derer er die Zustimmung verweigern muss, um die Zustim-

IV. Unterrichtungspflicht   § 99

mungsfiktion nach Abs 3 S 2 zu vermeiden (Rn 120). Der AG muss den BR daher entweder ausdrückl auffordern, der Einstellung zuzustimmen oder aus seiner Unterrichtung muss sich zumindest zweifelsfrei ergeben, dass er nunmehr die Erklärung des BR erwartet; maßgeblich sind §§ 133, 157 BGB. Dies gilt auch, wenn der AG die Zustimmung des BR zu mehreren personellen Maßnahmen einholen will: Das Gesetz schreibt für den **Antrag des AG auf Zustimmung** zu einer der in § 99 Abs 1 bezeichneten personellen Maßnahmen **keine besondere Form** vor <R: BAG 5.4.2001, 2 AZR 580/99, BB 2001, 2115; 10.11.2009, 1 ABR 64/08, AP BetrVG 1972 § 99 Eingruppierung Nr 43 Rn 17; L: HWGNRH/*Huke* Rn 124; Richardi/*Thüsing* Rn 181; *SWS* Rn 22; immer von einer der Unterrichtung immanenten Bitte um Zustimmung ausgehend: *Fitting* Rn 186; GK/*Raab* Rn 166>.

b) Versetzung

Der BR ist gem Abs 1 S 1 vor jeder Versetzung grds in **gleichem Umfang wie vor einer** 112 **Einstellung** zu unterrichten <R: BAG 12.6.2019, 1 ABR 39/17, NZA 2019, 1292 Rn 19>. Angesichts der Häufigkeit von Versetzungen wird sich die Unterrichtung bei nicht einschneidenden Änderungen des Arbeitsbereichs aber auf die Mitteilung der geplanten Maßnahme und wenige, erläuternde Stichworte beschränken können <L: Richardi/*Thüsing* Rn 186; GK/*Raab* Rn 159>. Eine Einstellung, über welche der AG den BR falsch/nicht unterrichtet (Rn 104 ff), führt nicht zu einer mit dieser Einstellung „eine juristische Sekunde" danach einhergehenden Versetzung <R: BAG 8.11.2016, 1 ABR 56/14, AP BetrVG 1972 § 99 Nr 151 Rn 16>.

c) Eingruppierung/Umgruppierung

Bei Eingruppierungen und Umgruppierungen <R: zur fehlenden Relevanz der Abgrenzung für § 99 BetrVG BAG 23.2.2021, 1 ABR 4/20, NZA 2021, 1413 Rn 27; 20.10.2021, 7 ABR 14/20, BeckRS 2021, 43032 Rn 22: Entscheidend ist vielmehr, dass ein Akt der Rechtsanwendung (Rn 2, 41) und die Kundgabe des hierbei gefundenen Ergebnisses stattfinden> erstreckt sich die Unterrichtungspflicht lediql auf die **für die Richtigkeitskontrolle** (Rn 2, 41) **erforderl Punkte**: Der AG muss dem BR nicht nur den Namen des ein- oder umzugruppierenden AN und die bisherige sowie nach seiner Ansicht neu zutreffende Entgeltgruppe mitteilen, sondern darüber hinaus auch, aufgrund welcher Tatsachen der AN anders als bisher einzureihen ist <R: BAG 18.8.2009, 1 ABR 49/08, NZA 2010, 112 Rn 12; 5.5.2010, 7 ABR 70/08, AP BetrVG 1972 § 99 Nr 130 Rn 24>. Dagg ist der AG zu Auskünften über die Höhe des Entgelts nicht verpflichtet, Rn 107. Wg der Spezialvorschrift des § 80 Abs 2 S 2 kann der BR auch nicht die Vorlage der Bruttolohn- und Gehaltslisten fordern. Der BR muss aufgrund der Angaben des AG prüfen können, ob ein Anlass besteht, die Zustimmung zu verweigern. Daher sind je nach Ausgestaltung der Vergütungsordnung die entsprechenden Vergütungsmerkmale mitzuteilen <R: BAG 18.8.2009, aaO Rn 14 f>; etwa Lebensalter, Betriebszugehörigkeit, auch die Beschäftigungszeit in einer bestimmten Vergütungsgruppe, wenn sich das Entgelt danach richtet <R: BAG 13.11.2013, 4 ABR 16/12, AP BetrVG 1972 § 99 Eingruppierung Nr 64 Rn 13; 1.6.2011, 7 ABR 138/09, NJOZ 2012, 673 Rn 40>. Grundsätzlich hat der AG auch über alle ihm bekannten Umstände zu informieren, welche die Wirksamkeit der Vergütungsordnung betreffen, vgl § 99 Abs 2 Nr 1 <R: BAG 5.5.2010, 7 ABR 70/08, AP BetrVG

§ 99 Mitbestimmung bei personellen Einzelmaßnahmen

1972 § 99 Nr 130 Rn 24 f zur fehlenden Unterzeichnung der für die Ein- oder Umgruppierung maßgebl TV>. Besteht im Betrieb **Tarifpluralität** hat zwar eine Ein- oder Umgruppierung in alle Tarifsysteme zu erfolgen (Rn 44). Die Unterrichtung nur über das vom AG für richtig gehaltene Vergütungsschema reicht aber aus, da die Zuordnung in beide Vergütungsordnungen nicht zwingend in einem einheitl Akt zu erfolgen hat und der BR die weitere Einreihung in die anderen Vergütungsordnungen entsprechend § 101 (Rn 126) verlangen kann <R: BAG 27.9.2017, 7 ABR 8/16, NZA 2018, 533 Rn 26>.

114 Auch bei Ein- und Umgruppierungen beschränkt sich die Unterrichtungspflicht auf die Vorlage solcher **Unterlagen**, über die der AG selbst verfügt. Hingg verpflichtet Abs 1 den AG nicht dazu, Unterlagen, insbes Arbeitsplatzbeschreibungen, erst zu erstellen, um den BR zu informieren.

2. Unterbliebene oder fehlerhafte Unterrichtung

115 Der AG muss den BR **vor einer geplanten personellen Einzelmaßnahme** unterrichten, also vor der Eingliederung des AN in den Betrieb (Rn 66 ff) oder vor dessen Umgliederung (Rn 24 ff) oder Ein- oder Umgruppierung (Rn 41 ff). Unbeachtlich ist, wer im späteren Moment der tatsächl Umsetzung der Einzelmaßnahme AG ist <R: BAG 28.7.2020, 1 ABR 5/19, AP BetrVG 1972 § 99 Nr 168 Rn 21 zur tatsächl Umgruppierung erst nach **§ 613a I 1 BGB**; noch Rn 130>. Unterrichtet der AG den BR nicht, nicht vollständig oder nicht rechtzeitig, beginnt die **Wochenfrist des Abs 3**, innerhalb derer der BR die Zustimmung verweigern kann (Rn 119 ff), **nicht zu laufen** <R: BAG 10.8.1993, 1 ABR 22/93, NZA 1994, 187; 5.4.2001, 2 AZR 580/99, BB 2001, 2115>; dies gilt auch, wenn der BR – fälschlicherweise nach § 105, nicht aber nach § 99 Abs 1 S 1 unterrichtet wurde <R: BAG 21.11.2018, 7 ABR 16/17, BAGE 164, 230 Rn 19>. Beachtet der AG bei der Unterrichtung ein in einer BV vorgesehenes Verf nicht, wird die Wochenfrist ebenfalls nicht in Lauf gesetzt <R: **aA** LAG Berlin 11.2.1985, DB 1986, 49, das von einem Zustimmungsverweigerungsgrund nach Abs 2 Nr 1 ausgeht>. Dies gilt auch dann, wenn der BR schon auf eine unvollständige Unterrichtung hin zum Zustimmungsersuchen Stellung genommen hat <R: BAG 9.4.2019, 1 ABR 25/17, AP BetrVG 1972 § 99 Nr 160 Rn 28>. Verweigert der BR die Zustimmung, kann der AG im Zustimmungsersetzungsverf nach Abs 4 die fehlende oder unzureichende Unterrichtung des BR nachholen mit der Folge, dass der BR die Zustimmung innerhalb der dann beginnenden Wochenfrist verweigern muss <R: BAG 10.8.1993, aaO; 28.3.2000, 1 ABR 16/99, BB 2000, 2311>. Nimmt der AG von seiner ursprüngl geplanten Maßnahme Abstand und leitet eine eigenständige, neue personelle Einzelmaßnahme ein, die auf die Einstellung/Versetzung des gleichen AN gerichtet ist, liegt damit eine ordnungsgem Unterrichtung vor und die Frist nach § 99 Abs 3 S 1 beginnt zu laufen; ein bloß nachträgliches Ersuchen um Zustimmung bei Aufrechterhalten der ursprüngl Maßnahme genügt nicht <R: BAG 21.11.2018, 7 ABR 16/17, BAGE 164, 230 Rn 21>, zum Verf nach § 99 Abs 4 vgl Rn 129.

116 **Kennt der BR Mängel der Unterrichtung**, muss er den AG wg des Gebots der vertrauensvollen Zusammenarbeit aus § 2 Abs 1 innerhalb der Wochenfrist auf diese **hinweisen** <R: BAG 10.8.1993, 1 ABR 22/93, NZA 1994, 187> und schriftl etwaige Ergänzungen vom AG verlangen; andernfalls gilt mit Ablauf der Wochenfrist seine Zustimmung als erteilt, wenn sie der BR nicht ausdrückl verweigert <R: BAG 14.3.1989, 1 ABR 80/87, DB 1989, 1523; **L:** statt aller GK/*Raab* Rn 168 mwN>. Ergänzt der AG seine Unterrich-

IV. Unterrichtungspflicht § 99

tung, setzt er damit eine neue Wochenfrist in Lauf, sofern für den BR erkennbar ist, dass der AG seiner noch nicht vollständig erfüllten Unterrichtungspflicht nachkommen möchte <**R:** BAG 1.6.2011, 7 ABR 18/10, AP Nr 136 zu § 99 BetrVG 1972 Rn 21; 29.6.2011, 7 ABR 24/10, NZA-RR 2012, 18; **L:** *Fitting* Rn 271; Richardi/*Thüsing* Rn 284; GK/*Raab* Rn 169>. Hat der BR auf eine unvollständige Unterrichtung hin die Zustimmung verweigert, kann der AG die fehlende Unterrichtung noch im Zustimmungsersetzungsverf – mittels Schriftsatzes nebst Anlagen an das Gericht – nachholen <**R:** BAG 5.5.2010, 7 ABR 70/08, AP BetrVG 1972 § 99 Nr 130 Rn 34>. Der BR kann dann innerhalb einer Woche nach Zugang der Unterlagen bei dem Vors des BR weitere, sich aus der nachgeschobenen Unterrichtung ergebende Zustimmungsverweigerungsgründe geltend machen, ohne dass hierauf ein Hinweis seitens des AG i erforderlich ist <**R:** BAG 1.6.2011, aaO; 29.6.2011, aaO>; einer erneuten Zustimmungsverweigerung bedarf es nicht, wenn der AG von seiner ursprüngl Maßnahme keinen Abstand genommen und keine eigenständige, neue personelle Einzelmaßnahme eingeleitet hat <**R:** BAG 29.1.2020, 4 ABR 8/18, NZA 2020, 808 Rn 12>. Der Entscheidung über den Zustimmungsersetzungsantrag steht die zunächst unvollständige Unterrichtung des BR dann nicht mehr entgg <**R:** BAG 20.12.1988, 1 ABR 68/87, BB 1989, 1549; 10.8.1993, aaO; 28.3.2000, 1 ABR 16/99, BB 2000, 2311>. Die Wochenfrist wird jedoch nur dadurch in Gang gesetzt – und die Hinweispflicht des BR ausgelöst –, wenn der AG die nach Abs 1 unverzichtbaren Auskünfte über die geplante Maßnahme und die Person sämtlichen Beteiligten unter Einschluss der von ihm selbst erhobenen auswahlrelevanten Daten erteilt hat; nur dann weiß der BR, dass der AG die Unterrichtung subjektiv als ausreichend und ordnungsgem angesehen hat <**R:** BAG 14.3.1989, aaO; 28.6.2005, 1 ABR 26/04, NZA 2006, 111>. Hingg wird die Frist des Abs 3 nicht in Lauf gesetzt, wenn es der BR unterlässt, den AG auf offensichtliche Unvollständigkeiten der Unterrichtung hinzuweisen. Dies gilt auch dann, wenn der BR seine Zustimmung trotz der unvollständigen Unterrichtung verweigert, da der AG nicht berechtigterweise den Schluss ziehen kann, die Unterrichtung sei aus Sicht des BR ausreichend, sondern davon ausgehen muss, dass dessen Stellungnahme für alle Fälle den Eintritt der Fiktion des Abs 3 S 2 verhindern soll <**R:** BAG 14.12.2004, 1 ABR 55/03, DB 2005, 1524; 28.6.2005, aaO; **L:** GK/*Raab* Rn 168; Richardi/*Thüsing* Rn 284>.

Verletzt der AG die Unterrichtungspflicht, begeht er eine **Ordnungswidrigkeit** nach § 121 Abs 1. Führt er die Maßnahme durch, ohne den BR zu informieren und seine Zustimmung einzuholen, kann der BR nach § 101 gerichtl durchsetzen, dass der AG die Maßnahme rückgängig macht (§ 101 Rn 7, dort auch zum **allg Unterlassungsanspruch des BR**). Eine Vereinbarung zwischen AG und BR, wonach der AG bei der Verletzung von MBR aus § 99 eine **Vertragsstrafe** an den BR oder an Dritte zu zahlen hat, ist unwirksam: Der BR ist nicht vermögensfähig (§ 40 Rn 8), eine solche Vereinbarung verstößt gg zwingende betriebsverfassungsrechtl Grundsätzen zur Gewährleistung der betriebsverfassungsrechtl Ordnung und mangels § 101 besteht keine planwidrige Lücke, die durch eine solche Vereinbarung zu schließen ist <**R:** BAG 19.1.2010, 1 ABR 62/08, NZA 2010, 592 Rn 9 ff>. Ist der AG der Auffassung, dass die beabsichtigte Maßnahme nicht der Zustimmung des BR nach § 99 BetrVG bedarf, sieht das BetrVG kein Verfahren vor; es besteht aber grds ein Interesse iS des **§ 256 Abs 1 ZPO**, dass kein MBR besteht <**R:** BAG 22.9.2021, 7 ABR 13/20, AP BetrVG 1972 § 99 Nr 174 Rn 20 konkret das Feststellungsinteresse abl, da nicht die gesamte Maßnahme, sondern nur Teilaspekte dieser zum Gegenstand des **neg Feststellungsantrags** gemacht worden waren>.

117

§ 99 Mitbestimmung bei personellen Einzelmaßnahmen

3. Verschwiegenheitspflicht der Betriebsratsmitglieder

118 Nach Abs 1 S 3 sind die Mitglieder des BR zur Verschwiegenheit über die **persönl Verhältnisse** und Angelegenheiten von AN verpflichtet, die ihnen iR einer personellen Einzelmaßnahme nach § 99 bekannt geworden sind. Der Wortlaut „AN" ist weit auszulegen: Da der AG den BR bei einer Einstellung vor Abschluss des Arbeitsvertrags (Rn 111) und zudem nicht nur über den Bewerber, den er einstellen will, sondern auch über die nicht berücksichtigten Bewerber informieren muss (Rn 104), ist aus dem Schutzzweck des Abs 1 S 3 und dem systematischen Zusammenhang zu folgern, dass Abs 1 S 3 die Mitglieder des BR zum Stillschweigen auch hinsichtl der Bewerber-Geheimnisse verpflichtet <R: auch BAG 3.12.1985, 1 ABR 72/83, BB 1986, 876>. Da als Einstellung mitbestimmungspflichtig auch die Beschäftigung von Nicht-AN ist, insbes von Leih-AN (§ 99 Rn 17), von Zivildienstleistenden/Bundesfreiwilligendienstleistenden, Ein-Euro-Jobbern (Rn 20) und nach der – falschen (Rn 21) – **hM** auch die Einstellung von freien Mitarbeitern, besteht eine Geheimhaltungspflicht auch über Geheimnisse dieser Personen. Die Verschwiegenheitspflicht erstreckt sich nicht nur auf die vom AG mitgeteilten, sondern auch auf die sonst – etwa durch ein Gespräch mit dem AN – in Erfahrung gebrachten Umstände, sofern diese ihrer Bedeutung und ihrem Inhalt nach einer vertraulichen Behandlung bedürfen. Hierher zählen insbes der Gesundheitszustand, die Familienverhältnisse, Vorstrafen, aber auch der bisherige berufl Werdegang und das künftige Arbeitsentgelt. Auch der Umstand, dass sich jemand aus einer ungekündigten Stellung auf eine neue Stelle beworben hat, ist eine persönl Angelegenheit, die vertraulich behandelt werden muss. Der Verstoß gg die Verschwiegenheitspflicht ist **nach § 120 Abs 2 strafbewehrt**, soweit Geheimnisse von AN verraten werden, nicht aber, soweit Geheimnisse von Bewerbern und Leih-AN usw weitergegeben werden (§ 120 Rn 23). Die Verschwiegenheitspflicht gilt nicht ggü anderen betriebsverfassungsrechtl Amtsträgern (Abs 1 S 3 Hs 2 iVm § 79 Abs 1 S 3 und 4) <**L**: DKW/*Bachner* Rn 169; HWGNRH/*Huke* Rn 147>, doch kann insoweit bei bes sensiblen Daten eine Verschwiegenheitspflicht aus § 75 Abs 2 folgen, § 75 Rn 37 <**L**: *Löwisch* in Schünemann/Pfeiffer, Die Rechtsprobleme von AIDS (1988), S 329f; für eine Einschränkung des Verweises in Abs 1 S 3 Hs 2 GK/*Raab* Rn 165; Richardi/*Thüsing* Rn 195, 198>.

V. Erteilung und Versagung der Zustimmung

119 Ist der BR vom AG von der geplanten personellen Einzelmaßnahme unterrichtet worden, kann er seine Zustimmung gem Abs 3 S 1 unter ausreichender Angabe von Gründen <R: BAG 24.7.1979, 1 ABR 78/77, BB 1980, 104> innerhalb einer **Frist von einer Woche** schriftl verweigern. Auf Gründe, die er nicht innerhalb der Wochenfrist vorgebracht hat, kann sich der BR im arbg Verf über die Zustimmungsverweigerung (Rn 127ff) nicht berufen <**R**: BAG 15.4.1986, 1 ABR 55/84, DB 1986, 1783; 22.1.2003, 4 ABR 12/02, ZTR 2003, 454; 17.3.2005, 8 ABR 8/04, AP TVG § 1 Tarifverträge: Einzelhandel Nr 90: kein Nachschieben von Zustimmungsverweigerungsgründen; **L**: Richardi/*Thüsing* Rn 295f; ErfK/*Kania* Rn 39; GK/*Raab* Rn 177; *SWS* Rn 91; HWGNRH/*Huke* Rn 182; MünchArbR/*Lunk* § 340 Rn 89; *Fitting* Rn 291; **abw** nur für die Einstellung DKW/*Bachner* Rn 187>, es sei denn, er hatte von diesen Gründen vor Ablauf der Wochenfrist überhaupt keine Kenntnis <**L**: DKW/*Bachner* Rn 187; GK/*Raab* Rn 177; **aA** Richardi/*Thüsing*

V. Erteilung und Versagung der Zustimmung § 99

Rn 322; MünchArbR/*Lunk* § 340 Rn 89>. So kann der BR die Zustimmung nicht nach Abs 2 Nr 2 verweigern, wenn er die Auswahlrichtlinie erst nach Ablauf der Wochenfrist genehmigt <R: BAG 17.11.2010, 7 ABR 120/09, NZA-RR 2011, 415 Rn 29>, Rn 75. Ohne Beschränkung kann der BR seine Zustimmungsverweigerung nachträgl auf weitere rechtl Argumente stützen, etwa auf den Verstoß gg Art 3 Abs 1 GG und auf Gründe, die die Wirksamkeit einer Rechtsnorm betreffen, auf der die vom AG beabsichtigte Maßnahme beruht <R: BAG 6.8.2002, 1 ABR 49/01, BB 2003, 639; 29.1.2020, 4 ABR 26/19, NZA 2020, 813 Rn 24 ff zum verspäteten Einwand der Unwirksamkeit einer Tarifnorm wegen Verstoßes gegen § 4 Abs 1 1 TzBfG; L: GK/*Raab* Rn 177; HWGNRH/*Huke* Rn 182; ErfK/*Kania* Rn 39; *SWS* Rn 91; *Fitting* Rn 264>. Hat der BR schon nach unvollständiger Unterrichtung durch den AG die Zustimmung zur Einstellung verweigert und holt der AG im Zustimmungsersetzungsverf die fehlende Unterrichtung nach, so kann der BR innerhalb einer Woche weitere Zustimmungsverweigerungsgründe mit Bezug auf die nachträgl mitgeteilten Tatsachen geltend machen, Rn 116.

Geht dem AG oder einer zur Entgegennahme ermächtigten Person die Zustimmungsverweigerung des BR **nicht innerhalb der Wochenfrist** zu, gilt dessen Zustimmung nach Abs 3 S 2 als erteilt; Abs 3 S 2 ist keine bloße Einrede des AG, sodass ein Berufen auf die Fristversäumnis nicht rechtsmissbräuchlich gem § 242 BGB sein kann <R: BAG 18.8.2009, 1 ABR 49/08, NZA 2010, 112 Rn 25>. Zwar ist die Zustimmungsverweigerung nur wirksam, wenn ihr ein **wirksamer Beschluss** des BR zugrunde liegt <R: BAG 30.9.2014, 1 ABR 32/13, NZA 2015, 370 Rn 35, zu Beweislastfragen in Rn 36 ff); die **Zustimmungsfiktion** erfasst aber auch den Fall, dass der Beschluss des BR innerhalb dieser Frist nicht ordnungsgemäß zustande kommt <R: vgl BAG 28.3.1974, 2 AZR 472/73, BB 1974, 979 für den parallelen Fall des § 102 Abs 2 S 2>. Eine ohne Vertretungsbefugnis unterzeichnete Erklärung des Stellvertreters des Vors des BR wahrt die Frist des § 99 Abs 3 S 1 nicht; für die Verweigerung der Zustimmung ist nach § 26 Abs 2 S 1 der **Vors des BR zuständig** <R: BAG 1.6.2011, 7 ABR 138/09, NJOZ 2012, 673 Rn 68>; zum Problem der rechtl Verhinderung des BRM Rn 123 aE.

120

Die Wochenfrist **beginnt** gem §§ 186, 187 Abs 1 BGB mit dem Tag nach der Unterrichtung, sie **endet** gem § 188 Abs 2 BGB mit dem Ablauf des Tags der nächsten Woche, der dem Tag der Unterrichtung entspricht. Ist der BR etwa an einem Montag unterrichtet worden, beginnt die Zustimmungsverweigerungsfrist am Dienstag derselben Woche und endet am Montag der nächsten Woche um 24.00 Uhr. Fällt der letzte Tag der Frist auf einen Sonntag, Sonnabend oder gesetzl Feiertag, verlängert sich die Frist gem § 193 BGB bis zum Ablauf des nächsten Werktags. Wird die Wochenfrist infolge höherer Gewalt versäumt, etwa weil der BR wg einer Naturkatastrophe oder einem Brand auf dem Fabrikgelände nicht zusammentreten kann, ist der Fristlauf für die Dauer der Verhinderung entspr § 206 BGB gehemmt <L: DKW/*Bachner* Rn 175; ErfK/*Kania* Rn 40; *Fitting* Rn 272a; HWGNRH/*Huke* Rn 181; **aA** MünchArbR/*Lunk* § 340 Rn 88>. Die Wochenfrist kann durch TV <R: BAG 22.10.1985, 1 ABR 42/84, DB 1986, 593> und durch eine Vereinbarung zw AG und BR <R: BAG 16.11.2004, 1 ABR 48/03, DB 2005, 1469; 3.5.2006, 1 ABR 2/05, DB 2006, 2746; 18.8.2009, 1 ABR 49/08, NZA 2010, 112 Rn 17 (offenlassend, ob über sechs Monate zu lang sind); 5.5.2010, 7 ABR 70/08, AP BetrVG 1972 § 99 Nr 130 Rn 31 für eine mögl Verlängerung um mehr als sieben Monate aufgrund der Anzahl der vorzunehmenden Umgruppierungen> vor Fristablauf <R: vgl nur BAG 29.6.2011, 7 ABR 24/10, NZA-RR 2012, 18 Rn 28> **verlängert**, aber **nicht vollständig**

121

§ 99 Mitbestimmung bei personellen Einzelmaßnahmen

aufgehoben werden; weder in einer BV noch in einem TV <**R:** BAG 23.8.2016, 1 ABR 22/14, AP BetrVG 1972 § 99 Nr 149 Rn 40 f zur Aufhebung der Fiktionswirkung; **L:** DKW/*Bachner* Rn 175; *Fitting* Rn 266 f; GK/*Raab* Rn 170; Richardi/*Thüsing* Rn 286 f; HWGNRH/*Huke* Rn 180>. Das Fristende muss anhand der Abrede eindeutig bestimmbar sein <**R:** BAG 3.5.2006, aaO; im konkreten Fall für unschädlich erachtend BAG 20.10.2021, 7 ABR 34/20, NZA 2022, 494 Rn 39 f>. Hingg verstößt es gg Abs 3, wenn AG und BR vereinbaren, dass das Zustimmungsverf erst endet, wenn der BR die Zustimmung erteilt oder verweigert <**R:** LAG BaWü 27.5.2008, 2 TaBV 5/07, juris; **aA** LAG Sachsen 8.8.1995, 8 TaBV 19/94, BB 1996, 428 (LS)>. Ebenso können AG und BR nicht wirksam vereinbaren, dass die Zustimmung des BR als verweigert gilt, wenn in der Frist kein Einvernehmen über die personelle Maßnahme erzielt wird <**R:** BAG 18.8.2009, 1 ABR 49/08, NZA 2010, 112 Rn 19; 3.3.2013, 7 ABR 39/11, AP BetrVG 1972 § 99 Eingruppierung Nr 61 Rn 27>. Eine **Verkürzung** der Frist (in Eilfällen) ist nicht zulässig, der BR kann sich jedoch vor Fristablauf abschließend erklären <**L:** DKW/*Bachner* Rn 175>, näher § 102 Rn 45. Zum Beginn des Fristlaufs bei fehlender, nicht rechtzeitiger oder nicht vollständiger Unterrichtung des BR durch den AG Rn 115 f.

122 Der AG ist nach § 2 Abs 1 dazu verpflichtet, das Anhörungsverf grds **während der Arbeitszeit** des BR-Vors oder (bei dessen Verhinderung, Rn 120) des Stellvertreters einzuleiten; der BR ist nicht verpflichtet, eine Mitteilung des AG außerhalb der Arbeitszeit und außerhalb der Betriebsräume entgegenzunehmen <**R:** zu § 102 BAG 27.8.1982, 7 AZR 30/80, BB 1983, 377>. Das Anhörungsschreiben geht dem BR gem § 26 Abs 2 S 2 iVm § 130 BGB mit Einwurf in dessen Briefkasten zu und setzt die Frist des Abs 3 in Gang <**R:** Nds LAG 26.11.2007, 6 TaBV 34/07, LAGE BetrVG 2001 § 99 Nr 5>. Die widerspruchslose Entgegennahme einer Mitteilung des AG setzt die Wochenfrist aber auch dann in Lauf, wenn sie außerhalb der Arbeitszeit und außerhalb der Betriebsräume erfolgt <**R:** zu § 102 BAG 27.8.1982, aaO>. Die Frist für die Äußerung des BR endet nicht mit Ende der Betriebszeit, sondern um 24.00 Uhr des letzten Tags der Frist <**R:** zu § 102 BAG 8.4.2003, 2 AZR 505/02, DB 2003, 2342; **aA** LAG Berlin 21.6.1999, 18 Sa 71/99, juris>; zur Fristberechnung gem §§ 187, 188 BGB schon Rn 121. Ist der BR in einer unvorhersehbaren und schwerwiegenden Situation nicht (rechtzeitig) zu erreichen, entfällt das Beteiligungsrecht nicht aufgrund des Notfalls; hier genügen die gesetzl Möglichkeiten nach § 100 <**R:** BAG 19.1.2010, 1 ABR 55/08, NZA 2010, 659 Rn 29>.

123 Nach dem Gesetzeswortlaut muss der BR die Zustimmung **unter Angabe von Gründen schriftlich verweigern**. Dieses „schriftlich" ist nach BAG nicht mehr iS des § 126 BGB zu verstehen <**R: anders noch** BAG 24.7.1979, 1 ABR 78/77, BB 1980, 104>; vielmehr sei dem Schriftformgebot auch durch die Beachtung der **Textform des § 126b BGB** genügt, weswegen eine Geltendmachung durch **E-Mail** <**R:** BAG 10.3.2009, 1 ABR 93/07, BAGE 130, 1 Rn 36; 14.8.2013, 7 ABR 56/11, AP BetrVG 1972 § 99 Eingruppierung Nr 62 Rn 33; zum PersVG BVerwG 15.12.2016, 5 P 9/15, BVerwGE 157, 117 Rn 21 ff; 15.5.2020, 5 P 9/19, NZA-RR 2020, 438 Rn 7 ff (Schriftlichkeit iS des allg Sprachgebrauchs); **L:** HWGNRH/*Huke* Rn 174; *Fitting* Rn 260a f; ErfK/*Kania* Rn 39; DKW/*Bachner* Rn 181; **krit** Richardi/*Thüsing* Rn 292 (dogmatisch nicht befriedigend) ebenso GK/*Raab* Rn 174 (dogmatisch nicht überzeugen)> oder **Fax** ausreiche <**R:** BAG 11.6.2002, 1 ABR 43/01, BB 2003, 310; 6.8.2002, 1 ABR 49/01, BB 2003, 639; **L:** *Fitting* Rn 260b; DKW/*Bachner* Rn 181; HWGNRH/*Huke* Rn 174>: Die Zustimmungsverweigerung nach § 99 Abs 3 S 1 sei keine Willenserklärung, sondern nur eine **geschäftsähnliche Erklä-**

V. Erteilung und Versagung der Zustimmung **§ 99**

rung. Es gehe nicht um die Vornahme eines Rechtsgeschäfts, sondern die Zustimmungsverweigerung sei nur auf einen tatsächl Erfolg gerichtet <R: BAG 10.3.2009, 1 ABR 93/07, BAGE 130, 1 Rn 31 ff; 1.6.2011, 7 ABR 138/09, NJOZ 2012, 673 Rn 48; L: DKW/*Bachner* Rn 181; HWGNRH/*Huke* Rn 174>. Eine analoge Anwendung des § 126 BGB auf die rechtsgeschäftsähnliche Erklärung sei aber nicht gerechtfertigt. Denn nach **Normzweck und Interessenlage** genüge die Textform des § 126b BGB <R: BAG 10.3.2009, 1 ABR 93/07, BAGE 130, 1 Rn 36; 1.6.2011, 7 ABR 138/09, NJOZ 2012, 673 Rn 48>; dies entspräche auch der häufig betriebl geübten Praxis <L: DKW/*Bachner* Rn 181>: Das Formerfordernis des § 99 Abs 3 S 1 solle gewährleisten, dass der AG auf sichere Weise Kenntnis von den Zustimmungsverweigerungsgründen erhält und sich so Klarheit über die Erfolgsaussichten des Ersetzungsverf nach § 99 Abs 4 verschaffen könne <R: vgl. BAG 14.4.2015, 1 ABR 58/13, NZA 2015, 1081 Rn 24>. Diesem Zweck genüge auch eine schriftl Erklärung ohne eigenhändige Namensunterschrift <R: BAG 10.3.2009, 1 ABR 93/07, BAGE 130, 1 Rn 34; 1.6.2011, 7 ABR 138/09, NJOZ 2012, 673 Rn 48 f; L: Richardi/*Thüsing* Rn 293>. Vollständigkeit und inhaltlicher Abschluss der Erklärung ließen sich durch eine Grußformel, die maschinenschriftl Namenswiedergabe oder Ähnliches unmissverständlich kenntlich machen <R: BAG 9.12.2008, 1 ABR 79/07, AP BetrVG 1972 § 99 Eingruppierung Nr 36 Rn 40; 10.3.2009, 1 ABR 93/07, BAGE 130, 1 Rn 34 ff; 1.6.2011, 7 ABR 138/09, NJOZ 2012, 673 Rn 48>. Aus der Gestaltung des Schriftstücks sowie dem gesamten Erklärungsverhalten des BR im konkreten Zustimmungsverf müsse nur zweifelsfrei festzustellen sein, dass es sich um eine vollständige Stellungnahme des BR handele und nicht bloß um einen Entwurf <R: BAG 1.6.2011, 7 ABR 138/09, NJOZ 2012, 673 Rn 51 zur Nutzung eines Formulars und bloßem Ankreuzen>; ferner müsse **Person und Identität des Erklärenden** festzustellen sein <R: BAG 1.6.2011, 7 ABR 138/09, NJOZ 2012, 673 Rn 67; 21.3.2018, 7 ABR 38/16, NZA 2018, 1090 Rn 24>. **Richtigerweise** geht es aber nicht um die Frage einer analogen Anwendung der Vorschriften über Willenserklärungen auf rechtsgeschäftsähnliche Erklärungen. Denn § 99 Abs 3 S 1 ordnet eindeutig an, dass die Zustimmungsverweigerung „schriftlich" zu erfolgen hat. Damit ist durch § 99 Abs 3 S 1 die „schriftliche Form" vorgeschrieben und verweist das BetrVG selbst auf § 126 BGB. Dass der Gesetzgeber mit „schriftlich" die Textform des § 126b BGB meint, kann angesichts des eindeutigen Wortlauts des § 99 Abs 3 S 1 nicht angenommen werden – zumal auch arbeitsrechtl Normen teilweise ausdrücklich auf die „Textform" des § 126b BGB verweisen, etwa § 613a Abs 5, 6 BGB, § 34 Abs 1 S 4 BetrVG <R: **aA** das hält BAG 9.12.2008, 1 ABR 79/07, NZA 2009, 627 Rn 29 für unerheblich>. Dass der Gesetzgeber mit „schriftlich" die Schriftform iS des § 126 BGB meint, folgt auch aus § 630 BGB, der in S 1 ein „schriftliches Zeugnis" verlangt und in S 3 die Erteilung des Zeugnisses in elektronischer Form (also der des § 126a BGB) ausdrücklich verbietet: Das schließt im Erst-Recht-Schluss auch die Textform des § 126b BGB aus, die geringeren Anforderungen als die elektronische Form iS des § 126a BGB unterliegt; zudem zeigt § 630 S 3 BGB, dass der Gesetzgeber Ausnahmen von der Schriftform des § 126 BGB ausdrücklich normiert, dementsprechend keine Ausnahme will, soweit dies nicht normiert ist. So verlangt auch das BAG für das Zeugnis die Schriftform des § 126 BGB mit Unterschrift des AG <R: BAG 4.10.2005, 9 AZR 507/04, NZA 2006, 436 unter II.2.a)>. Daher ist die Erklärung des BR richtigerweise vom BR-Vors bzw vom Ausschuss-Vors (§ 28) oder (bei dessen Verhinderung, Rn 120) des Stellvertreters eigenhändig zu unterschreiben; dieser darf die Stellungnahme auch dann unterschreiben, wenn **er selbst der AN ist, der versetzt werden soll** <R: BAG 19.3.2003, 7 ABR

§ 99 Mitbestimmung bei personellen Einzelmaßnahmen

15/02, BB 2003, 1681; **aA** für eine zeitweilige Verhinderung iSd § 25 Abs 1 aus rechtl Gründen aber 10.11.2009, 1 ABR 64/08, AP BetrVG 1972 § 99 Eingruppierung Nr 43 Rn 22 (konkret abl); ebenso 24.4.2013, 7 ABR 82/11, NZA 2013, 857 Rn 16, aber nicht, wenn das BRM sich nur selbst auch auf die betreffende Stelle beworben hatte; ebenso 6.11.2013, 7 ABR 84/11, AP BetrVG 1972 § 33 Nr 2 Rn 29, aber nicht bzgl der Einleitung des Verf nach § 101 BetrVG, um zu klären, ob es sich überhaupt um eine der Mitbestimmung nach § 99 unterliegende personelle Maßnahme handelt>. Der BR kann die Zustimmung weder durch ein rechtzeitig als Telefax übermitteltes Verweigerungsschreiben wirksam verweigern noch genügt eine Zustimmungsverweigerung per E-Mail ohne qualifizierte elektronische Signatur iS von § 126a BGB <**R: so auch früher** LAG BaWü 1.8.2008, 5 TaBV 8/07, ZTR 2009, 105; LAG Hamm 18.9.2007, 4 TaBV 83/07, AuR 2008, 77 (LS); LAG Rh-Pf 12.7.2007, 2 TaBV 74/06, juris; **L: krit** GK/*Raab* Rn 174; Richardi/*Thüsing* Rn 292 f>. Soll eine Formerleichterung eintreten bzw. die Digitalisierung des Arbeitsalltags abgebildet werden, ist diese Aufgabe des Gesetzgebers, wie etwa die Formvorschrift für BV nach § 77 Abs 2 durch das **Betriebsrätemodernisierungsgesetz** v 14.6.2021 (BGBl I 2021, 1762 mWv 18.6.2021) angepasst wurde; § 77 Rn 77.

124 Mindestanforderung für eine wirksame Zustimmungsverweigerung ist, dass die Begründung des BR es **als mögl erscheinen lässt**, dass einer der **Zustimmungsverweigerungsgründe des § 99 Abs 2** geltend gemacht wird <**R:** BAG 26.1.1988, 1 AZR 531/86, BB 1988, 1327; **L: statt aller** DKW/*Bachner* Rn 184; Richardi/*Thüsing* Rn 298>. Entspr dem Zweck der Schriftform (Rn 123) müssen auch die **Gründe für die Zustimmungsverweigerung** (Rn 56 ff) unterschrieben sein <**R: so auch früher** BAG 24.7.1979, 1 ABR 78/77, BB 1980, 104>; Zustimmungsverweigerung und Begründung brauchen aber nicht in demselben Schriftstück enthalten zu sein <**R:** zum PersVG BVerwG 15.5.2020, 5 P 9/19, NZA-RR 2020, 438 Rn 9; **L:** *Fitting* Rn 261; enger Richardi/*Thüsing* Rn 295>. Eines wirksamen Beschlusses des BR (Rn 120) über die Zustimmungsverweigerungsgründe bedarf es nicht: Übermittlung und Mitteilung der Zustimmungsverweigerungsgründe obliegen dem Vors, der diese auf der Grundlage der vorangegangenen Willensbildung des BR eigenständig formuliert <**R:** BAG 30.9.2014, 1 ABR 32/13, NZA 2015, 370 Rn 54>. Eine Zustimmungsverweigerung ohne Angabe von Gründen ist ebenso wenig wirksam <**R:** BAG 18.7.1978, 1 ABR 43/75, BB 1980, 157> wie die Berufung auf einen Grund, der offensichtl nicht unter einen der Tatbestände des Abs 2 fällt <**R:** BAG 26.1.1988, 1 AZR 531/86, BB 1988, 1327 insoweit unter Aufgabe von 18.8.1978, aaO; **L:** DKW/*Bachner* Rn 184; *Fitting* Rn 262; Richardi/*Thüsing* Rn 298>. Zudem muss der BR Stellung zum konkreten Einzelfall nehmen und darf sich nicht darauf beschränken, eine nur formelhafte, nicht dem Einzelfall angepasste, also austauschbare Begründung zu geben oder nur den Gesetzeswortlaut zu wiederholen, etwa ledigl auf eine der Nummern des Abs 2 zu verweisen <**R:** BAG 24.7.1979, 1 ABR 78/77, BB 1980, 104; zum PersVG BVerwG 29.1.1996, 6 P 38/9, ZTR 1996, 570; **L:** DKW/*Bachner* Rn 184; *Fitting* Rn 262; GK/*Raab* Rn 175; HWGNRH/*Huke* Rn 171>; auf Tatsachen muss sich der BR aber nur für die Zustimmungsverweigerung nach Abs 2 Nr 3 und 6 stützen <**R:** BAG 26.1.1988, aaO insoweit unter Aufgabe von BAG 24.7.1979, aaO; **L:** *Fitting* Rn 262; Richardi/*Thüsing* Rn 299, 301; GK/*Raab* Rn 175; **abw** gg das Erfordernis, Tatsachen anzugeben, sofern diese bekannt sind, DKW/*Bachner* Rn 184; immer für eine Tatsachenangabe *SWS* Rn 94; **krit** auch HSGWNRH/*Huke* Rn 171>. Verweigert der BR seine Zustimmung zu personellen Einzelmaßnahmen einer großen Anzahl von AN jeweils mit wortidentischer Begründung, ohne auf die konkreten Tätigkeiten einzugehen, handelt es sich um eine unbeachtliche Pauschalablehnung, die die Zustimmungsfiktion des Abs 3 S 2 auslöst <R: LAG Berlin 14.7.2005, 16 TaBV 593/05, juris>. Bezieht sich die Begründung bei mehreren Einzelmaßnahmen nur auf einzelne dieser Maßnahmen, gilt die Zustimmung zu den anderen Maßnahmen als erteilt <R: BAG 13.5.2014, 1 ABR 9/12, NZA-RR 2015, 23 Rn 21>. Dass der BR auf eine falsche Nr des Abs 2 abstellt, ist unerheblich, wenn der AG aus der Begründung des BR erkennen kann, auf welchen Zustimmungsverweigerungsgrund der BR seine Ablehnung stützt <R: BAG 28.1.1986, 1 ABR 8/84, DB 1986, 1398>. Die Ausführungen des BR sind vom AG nicht in enger Wortinterpretation, sondern nach ihrem erkennbaren Sinn auszulegen <R: zum PersVG BVerwG 18.4.1986, 6 P 31/84, PersR 1986, 134>. Dass die Auffassung des BR im Ergebnis falsch ist, macht die Zustimmungsverweigerung nicht unwirksam <R: zum PersVG BVerwG 30.4.2001, 6 P 9/00, PersR 2001, 382; L: statt aller GK/*Raab* Rn 176 mwN>.

Der BR kann der personellen Einzelmaßnahme auch **ausdrückl zustimmen**. Seine Zustimmung kann der BR zum einen vor Ablauf der Wochenfrist, zum anderen – unter Änderung seines Verweigerungsbeschlusses – auch noch dann erklären, wenn er die Zustimmung innerhalb der Wochenfrist verweigert hatte. Hingg muss sich der AG auf eine einmal erteilte Zustimmung verlassen können. Sie kann deshalb auch innerhalb der Wochenfrist des Abs 3 S 1 nicht mehr zurückgenommen werden <L: Richardi/*Thüsing* Rn 279; GK/*Raab* Rn 238; HWGNRH/*Huke* Rn 164; **aA** wenn der AG dem BR erforderl Informationen vorenthalten hat: DKW/*Bachner* Rn 177>. 125

Führt der AG die personelle Maßnahme ohne Zustimmung des BR durch, kann der BR beim ArbG beantragen, dem AG aufzugeben, die personelle Maßnahme aufzuheben und so zugleich überprüfen lassen, ob der AG zum Abbruch des Verf berechtigt war, § 100 Rn 7 ff. Geht es dem BR nicht um einen Verstoß gg sein MBR in der Vergangenheit, sondern um die Feststellung, dass der AG in künftigen Fällen verpflichtet ist, die Zustimmung des BR zu personellen Einzelmaßnahmen einzuholen, kann er eine darauf gerichtete Feststellungsklage erheben <R: BAG 16.7.1985, 1 ABR 35/83, BB 1986, 525; 28.10.1986, 1 ABR 16/85, BB 1987, 2298; L: DKW/*Bachner* Rn 238>. Ist zw AG und BR streitig, ob der AG den BR ordnungsgem unterrichtet und der BR seine Zustimmung ordnungsgem verweigert hat, kann der AG, um einem gg ihn gerichteten Verf nach § 101 zu entgehen, im Beschlussverf nach § 2a Abs 1 ArbGG die **arbg Feststellung beantragen, dass die Zustimmung des BR als ersetzt gilt**. Mit diesem Antrag kann er hilfsweise den Antrag auf Zustimmungsersetzung nach Abs 4 verbinden <R: BAG 24.7.1979, 1 ABR 78/77, BB 1980, 104; 28.1.1986, 1 ABR 10/84, BB 1986, 1778; L: statt aller GK/*Raab* Rn 253 mwN>, Rn 127 ff. Unterlässt der AG die **gebotene Ein- oder Umgruppierung**, kann der BR nicht die Aufhebung der personellen Maßnahme verlangen, aber in entsprechender Anwendung von § 101 beim ArbG beantragen, dem AG aufzugeben, eine Ein- oder Umgruppierungsentscheidung vorzunehmen, ihn um Zustimmung zu ersuchen und im Falle der beachtlichen Zustimmungsverweigerung das arbg Zustimmungsersetzungsverf einzuleiten (Rn 127 ff) <R: stRspr vgl nur BAG 14.4.2010, 7 ABR 91/08, NZA-RR 2011, 83 Rn 11 mwN; 4.5.2011, 7 ABR 10/10, NZA 2011, 1239 Rn 16; zur Antragsformulierung des BR 18.10.2011, 1 ABR 34/10, AP BetrVG 1972 § 87 Lohngestaltung Nr 142>. Eine betriebsverfassungsrechtl Pflicht des AG zur Ein- oder Umgruppierung besteht aber nicht für Ein- oder Umgruppierungen, 126

§ 99 Mitbestimmung bei personellen Einzelmaßnahmen

die einen in der Vergangenheit liegenden, abgeschlossenen Zeitraum betreffen: Ob der AN früher zutreffend eingruppiert war, spielt für das Verhältnis der Betriebsparteien zueinander keine Rolle mehr <R: BAG 11.9.2013, 7 ABR 29/12, AP BetrVG 1972 § 99 Eingruppierung Nr 63 Rn 17 unter ausdrückl Aufgabe der früheren Rspr in Rn 23; aA noch BAG 3.5.1994, 1 ABR 58/93, AP BetrVG 1972 § 99 Eingruppierung Nr 2 [unter Gründe B II 3]>.

VI. Ersetzung der Zustimmung durch das Arbeitsgericht

127 Verweigert der BR die Zustimmung zu einer Einstellung oder Versetzung, kann der AG die Maßnahme entweder **unterlassen** (Rn 132) oder nach Abs 4 beim ArbG beantragen, die Zustimmung zu ersetzen. Unter den Voraussetzungen des § 100 kann der AG die personelle Maßnahme auch vorläufig durchführen; daneben ist **kein Raum für eine eV** auf Ersetzung der Zustimmung <L: Richardi/*Thüsing* Rn 344; DKW/*Bachner* Rn 241; GK/*Raab* Rn 254>. Eine **Verpflichtung zur Einleitung** eines Zustimmungsersetzungsverf besteht angesichts der Formulierung „kann" nicht; der AG kann sich unter den Voraussetzungen des § 100 auf vorläufige Maßnahmen beschränken <R: LAG Rh-Pf 14.12.2007, 6 TaBV 49/07, NZA-RR 2008, 248>; zur ggfs individualrechtl ggü dem AN bestehenden Pflicht des AG, ein Zustimmungsersetzungsverf einzuleiten, Rn 132. Die Möglichkeit, die Maßnahme zu unterlassen, hat der AG bei Ein- und Umgruppierungen hingg nicht: Da der AG den AN beschäftigt, muss er ihn entspr der zugewiesenen Tätigkeit vergüten und deswg auch eingruppieren; es sei denn, er umgeht die Eingruppierung, in dem er außertarifl vergütet, obwohl eine Vergütungsordnung im Betrieb greift (Rn 126). Stimmt der BR einer vom AG geplanten Ein- oder Umgruppierung nicht zu, muss der AG deswg das Zustimmungsersetzungsverf nach Abs 4 einleiten <R: BAG 9.2.1993, 1 ABR 51/92, BB 1993, 1007 mwN; 9.3.1993, 1 ABR 48/92, ZTR 1993, 390>.

128 Das ArbG entscheidet über den Antrag auf Ersetzung nach § 99 Abs 4 im **Beschlussverf** nach § 2a Abs 1 Nr 1 iVm §§ 80ff ArbGG darüber, ob der AG den BR ordnungsgem unterrichtet hat <R: BAG 15.4.1986, 1 ABR 55/84, DB 1986, 1783> und ob ein Grund zur Verweigerung der Zustimmung gegeben ist oder nicht. Beantragt der AG, die Zustimmung des BR zu einer geplanten personellen Maßnahme zu ersetzen, und stellt sich im Laufe des Verf heraus, dass der BR die Zustimmung ohne beachtlichen Grund oder verspätet verweigert hat, muss das ArbG auch ohne einen ausdrückl darauf gerichteten Antrag des AG feststellen, dass die Zustimmung des BR nach Abs 3 S 2 als erteilt gilt <R: BAG 18.10.1988, 1 ABR 33/87, BB 1989, 626>. Gegenstand des Zustimmungsersetzungsverf nach Abs 4 ist die Frage, ob die beabsichtigte personelle Maßnahme angesichts der Verweigerungsgründe des BR gegenwärtig und zukünftig zulässig ist, ob etwa die vom AG benannte Ein- oder Umgruppierung nach den anwendbaren Tarifmerkmalen zutrifft <R: BAG 13.11.2019, 4 ABR 3/19, NZA-RR 2020, 204 Rn 20 eine pauschale Prüfung als ausreichend erachtend>; hingg nicht, ob die Maßnahme im Zeitpunkt der Antragstellung durch den AG zulässig war. Diese Frage ist nach Maßgabe der **Rechtslage im Zeitpunkt der gerichtl Entscheidung** zu beantworten <R: BAG 10.7.2013, 7 ABR 91/11, NZA 2013, 1296 Rn 28 zur ausnahmsweise zulässigen Änderung des Streitgegenstands in Rn 31>; tatsächl Veränderungen sind jedenfalls bis zum Schluss der Anhörung

VI. Ersetzung der Zustimmung durch das Arbeitsgericht § 99

vor dem LAG zu berücksichtigen <R: BAG 16.1.2007, 1 ABR 16/06, EzA BetrVG 2001 § 99 Versetzung Nr 3>. Ersetzt das ArbG die Zustimmung des BR, darf der AG mit Rechtskraft des Beschlusses den AN einstellen oder versetzen, also innerhalb des Betriebs ein- oder umgliedern (Rn 6 ff und 24 ff) oder den AN ein- oder umgruppieren. Die Betriebsparteien können bereits vor Rechtshängigkeit eines Ersetzungsverf nach Abs 4 vereinbaren, sich der erstinstanzlichen arbg Entscheidung zu **unterwerfen** und hiergegen kein Rechtsmittel einzulegen <R: BAG 8.9.2010, 7 ABR 73/09, AP BetrVG 1972 § 99 Nr 131 Rn 29>. Bei Einstellungen und Versetzungen kann der AG nach rechtskräftigem Unterliegen zwar die auf das gleiche Ziel gerichtete personelle Maßnahme **erneut einleiten** und erforderlichenfalls gem § 99 Abs 4 wiederum die Ersetzung der Zustimmung beantragen; die rechtskräftige Ablehnung der Zustimmungsersetzung in einem vorangegangenen Verf ist der Ausgang eines weiteren Ersetzungsverf nicht präjudiziell, sondern der neue Antrag ein neuer, prozessual eigenständiger Gegenstand. Im Verf zu einer Ein- oder Umgruppierung entfaltet der Beschluss aber bei gleichbleibendem Sachverhalt **Bindungswirkung** auch für nachfolgende Verf: So lange sich weder die Tätigkeit des AN noch das Entgeltschema ändert, ist keine neue Eingruppierung erforderlich, so die gerichtl Entscheidung fort wirkt <R: BAG 20.3.2014, 2 AZR 840/12, NZA 2014, 1415 Rn 23 f>.

Der AG hat ein **Rechtsschutzbedürfnis** für einen Antrag nach § 99 Abs 4 nur, solange er 129 die Durchführung der personellen Maßnahme beabsichtigt. Gegenstand des Verf ist die Frage, ob die beabsichtigte personelle Maßnahme angesichts der vom BR vorgebrachten Verweigerungsgründe **gegenwärtig und zukünftig** als endgültige Maßnahme zulässig ist <R: BAG 1.7.2009, 4 ABR 18/08, NZA 2010, 290 Rn 15 zu Einstellung und Versetzung mwN, Rn 16 zur Eingruppierung mwN; 1.7.2009, 4 ABR 16/08, BeckRS 2009, 73716 Rn 16 zu Einstellung und Versetzung mwN, Rn 17 zur Eingruppierung mwN>. Es fehlt daher am Rechtschutzbedürfnis, wenn der einzugruppierende AN nicht mehr im Betrieb beschäftigt oder zwischenzeitl anders eingruppiert ist <R: BAG 1.7.2009, aaO Rn 16; 17.11.2021, 7 ABR 39/19, AP BetrVG 1972 § 99 Nr 172 Rn 19 ff>. Kündigt der AG dem zu versetzenden AN, erledigt sich das Verf mit dem Ablauf der Kd-Frist, sofern der AN nicht weiterbeschäftigt wird <R: Hess LAG 4.12.2007, 4 TABV 112/07, AuR 2008, 278 (LS)>. Zieht der AG sein Zustimmungsersuchen ggü dem BR zurück, ist das gerichtl Zustimmungsersetzungsverf objektiv **erledigt** und zwar auch dann, wenn der BR bereits einem weiteren Ersuchen um Zustimmung zur Einstellung desselben Bewerbers widersprochen hatte <R: BAG 28.2.2006, 1 ABR 1/05, DB 2006, 2183 mwN; 21.11.2018, 7 ABR 16/17, BAGE 164, 230 Rn 21>; der AG darf die personelle Maßnahme nicht durchführen. Gibt es den BR, dessen Zustimmung gerichtl ersetzt werden soll, im Zeitpunkt der gerichtl Entscheidung nicht mehr, kann der AG die personelle Einzelmaßnahme endgültig durchführen, ohne sich betriebsverfassungswidrig zu verhalten und ist das Verf auf den Antrag des AG wg Erledigung einzustellen <R: BAG 19.2.2008, 1 ABR 65, NZA-RR 2008, 490>.

Im Beschlussverf ist der **AN nach hM nicht Beteiligter**, sodass die arbg Entscheidung 130 keine Bindungswirkung für ein vom AN angestrengtes Urteilsverf entfaltet <R: BAG 27.5.1982, 6 ABR 105/79, BB 1983, 442 zur Versetzung; 22.3.1983, 1 ABR 49/81, BB 1983, 1986 zur Eingruppierung; L: GK/*Raab* Rn 259 mwN; Richardi/*Thüsing* Rn 311, **krit** Rn 345>; dies gilt auch für Leih-AN, die in einen Entleiherbetrieb übernommen werden sollen <R: BAG 21.7.2009, 1 ABR 35/08, NZA 2009, 1156 Rn 8>. Dem ist für die

Eingruppierung und Umgruppierung nicht zu folgen, weil deren Richtigkeit sowohl Gegenstand des Beschluss- als auch des Urteilsverf ist, Rn 139. Neben dem BR ist gem § 83 Abs 3 ArbGG der aktuelle AG zu **beteiligen**; nach einem Betriebsübergang iS des § 613a BGB der Erwerber, der in die konkrete prozessuale Stellung des Veräußerers eingetreten ist <R: BAG 28.4.2009, 1 ABR 97/07, AP BetrVG 1972 § 99 Eingruppierung Nr 40 Rn 12>, auch wenn der vorherige AG das Zustimmungsverfahren einleitete (Rn 115). Der **Gegenstandswert** eines Verf auf Ersetzung der Zustimmung zu einer Einstellung oder Versetzung ist grundsätzlich mit dem Auffangwert des § 23 Abs 3 S 2 Hs 2 RVG (derzeit 5.000 EUR) zu bemessen <R: LAG Ddf 12.12.2016, 4 Ta 529/16, BeckRS 2016, 110954 Rn 16 mit Nachweisen zu dieser Rechtsprechung der anderen LAG>. Eine Eingruppierung betreffende Verf richten sich nach dem dreijährigen Unterschiedsbetrag abzüglich 25% – angelehnt an § 42 Abs 2 S 2 GKG <R: LAG Ddf 12.12.2016, 4 Ta 529/16, BeckRS 2016, 110954 Rn 18>.

VII. Individualrechtliche Folgen der Nichtbeachtung des Zustimmungsverweigerungsrechts

1. Einstellung

131 Der **Arbeitsvertrag** ist unabhängig von der Zustimmung des BR **wirksam** <R: BAG 2.7.1980, 5 AZR 56/79, AP BetrVG 1972 § 101 Nr 5; 12.7.1988, 1 ABR 85/86, BB 1988, 2176; 5.4.2001, 2 AZR 580/99, BB 2001, 2115; L: Richardi/*Thüsing* Rn 329; GK/*Raab* Rn 182; DKW/*Bachner* Rn 250; HWGNRH/*Huke* Rn 23, 158; ErfK/*Kania* Rn 45; *Fitting* Rn 278>. Anders ist es nur, wenn AG und Bewerber die Wirksamkeit des Arbeitsvertrages unter die Bedingung gestellt haben, dass die Zustimmung des BR erteilt oder ersetzt wird. Auch wenn der Arbeitsvertrag wirksam ist, löst die unterbliebene Beteiligung des BR ebenso wie die Zustimmungsverweigerung durch den BR ein **betriebsverfassungsrechtl Beschäftigungsverbot** aus <R: BAG 5.4.2001, aaO; L: DKW/*Bachner* Rn 250; auch Richardi/*Thüsing* Rn 330; GK/*Raab* Rn 182>: Solange die vom BR verweigerte Zustimmung nicht durch das ArbG ersetzt wird, hat der AN nicht lediglich ein Leistungsverweigerungsrecht <R: so aber BAG 5.4.2001, aaO zur Versetzung; ebenso 22.4.2010, 2 AZR 491/09, NZA 2010, 1235 Rn 13; L: *Fitting* Rn 280; Richardi/*Thüsing* Rn 330>, sondern ist ggü dem AG gem § 275 Abs 1 BGB (rechtl Unmöglichkeit) zur Arbeitsleistung weder verpflichtet noch berechtigt <L: wohl auch GK/*Raab* Rn 182 eine Pflichtenkollision auflösend; ErfK/*Kania* Rn 45>. An der Beschäftigung sind AG und AN entgg der **hM** <R: BAG 5.4.2001, aaO; L: GK/*Raab* Rn 182; Richardi/*Thüsing* Rn 330; DKW/*Bachner* Rn 250; *Fitting* Rn 280; ErfK/*Kania* Rn 45> nicht erst dann gehindert, wenn der BR das Verf nach § 101 einleitet; vielmehr muss der AG in jedem Fall das Zustimmungsersetzungsverf nach Abs 4 einleiten, wenn er den AN beschäftigen will. In Ausnahme zu § 326 Abs 1 S 1 Hs 1 BGB kann der AN trotz Nichtarbeit **nach § 615 BGB Annahmeverzugslohn** in der versprochenen Höhe verlangen <R: BAG 2.7.1980, aaO; 21.2.2017, 1 AZR 367/15, NZA 2017, 740 Rn 22; L: für Erhalt des Entgeltanspruchs auch DKW/*Bachner* Rn 250; **abw** nur für Schadensersatz ErfK/*Kania* Rn 45>.

132 Der AG kann die Einwendungen des BR auch akzeptieren und **auf ein Zustimmungsersetzungsverf verzichten**, Rn 127; er bleibt dem AN bis zum Ende des Arbeitsverhältnis-

VII. Individualrechtliche Folgen der Nichtbeachtung § 99

ses aus § 615 BGB zur Entgeltfortzahlung verpflichtet (Rn 131); eine Beendigung durch Kd kann er mangels erfüllter Wartefrist des § 1 KSchG nach § 622 Abs 1 BGB schnell herbeiführen. Eine Einleitung des Zustimmungsersetzungsverf kann der AN nur vom AG verlangen, wenn sich der AG hierzu vertragl verpflichtet hat. Für die Annahme einer solchen Selbstbindung müssen allerdings besondere Anhaltspunkte gegeben sein. Ebenso kommt ein Anspruch auf Durchführung bei kollusivem Zusammenwirken der Betriebsparteien in Betracht <R: BAG 21.2.2017, 1 AZR 367/15, NZA 2017, 740 Rn 14>. Leitet der AG das Zustimmungsersetzungsverf zumindest fahrlässig nicht ein, obwohl es nicht von vornherein aussichtslos ist, verletzt er eine **Nebenpflicht** aus dem Arbeitsvertrag und schuldet dem AN aus **§ 280 Abs 1 BGB Schadensersatz** iH des entgangenen Arbeitsentgelts <R: zum PersVG und Zuweisung einer höherwertigen Tätigkeit BAG 14.6.1972, 4 AZR 315/71, PersV 1974, 324 (im konkreten Fall abl); 3.12.2002, 9 AZR 481/01, BB 2003, 1014; **L**: *Fitting* Rn 289 und § 100 Rn 7; HWGNRH/*Huke* Rn 235; DKW/*Bachner* Rn 250 (aber falsch für einen Anspruch aus cic [§§ 280 Abs 1, 311 Abs 2, 241 Abs 2 BGB]); einschränkend GK/*Raab* Rn 263>, der aber ebenfalls durch den nächstmögl Kd-Termin begrenzt ist. Es schösse aber über das Ziel hinaus, dem AN für die kurze Zeit bis zum Ablauf der Kd-Frist einen einklagbaren Anspruch auf Durchführung des Zustimmungsersetzungsverf zu geben <R: so auch BAG 21.2.2017, 1 AZR 367/15, NZA 2017, 740 Rn 18 ff gg einen Anspruch aus § 241 Abs 2 BGB; **L: so aber** HWGNRH/*Huke* Rn 235; **abl wie hier** GK/*Raab* Rn 182 und 260, 264; SWS Rn 102; wohl auch *Fitting* Rn 289 (unpraktisch und umständlich)>: Der AG hat ein eigenes schutzwürdiges Interesse daran, selbst zu entscheiden, ob er von seinem Antragsrecht auf Einleitung eines Beschlussverf nach § 99 Abs 4 Gebrauch machen und sich damit in eine gerichtl Auseinandersetzung mit dem BR begeben will; der AN ist wegen § 615 BGB nicht schutzlos. Zum gesetzl Beschäftigungsanspruch aus § 164 Abs 4 S 1 Nr 1 SGB IX bei Versetzungen Rn 139.

2. Versetzung

Die Versetzung des AN berührt auch seine **individualrechtl Stellung**. Ob die vom AG angeordnete Änderung dem AN ggü individualarbeitsrechtl zulässig ist, der AG den AN insbes aufgrund seines Direktionsrechts versetzen durfte, spielt für das Zustimmungsverweigerungsrecht aus § 99 keine Rolle: Auch wenn der AG individualrechtl eine Änderungs-Kd aussprechen müsste, dies aber unterlassen hat, muss der BR an der Versetzung nach § 99 beteiligt werden <R: vgl BAG 2.4.1996, 1 AZR 743/95, BB 1996, 1940>. Dass der AG den AN individualrechtl nicht versetzen darf, weil er die erforderl Änderungs-Kd nicht ausgesprochen hat, berechtigt den BR nicht zur Zustimmungsverweigerung: Beide Verf sind also grds unabhängig voneinander durchzuführen <R: BAG 10.8.1993, 1 ABR 22/93, NZA 1994, 187>. 133

Da das MBR bei Versetzungen auch dem Schutz des betroffenen AN diene (Rn 24, 92), soll die fehlende Zustimmung des BR die Versetzung individualrechtl unzulässig machen, wenn der AG den AN **kraft Direktionsrechts** versetzen darf <R: BAG 26.1.1988, 1 AZR 531/86, BB 1988, 1327; 5.4.2001, 2 AZR 580/99, BB 2001, 2115; 7.11.2002, 2 AZR 650/00, EzA § 615 BGB 2002 Nr 1; LAG Hamm 15.7.2008, 14 Sa 1957/07, juris; **L**: *Fitting* Rn 283; DKW/*Bachner* Rn 252; **aA wie hier** Richardi/*Thüsing* Rn 334f; GK/*Raab* Rn 184f; SWS Rn 152a; HWGNRH/*Huke* Rn 23, 118>. Entgg der **hM** genügt es 134

§ 99   Mitbestimmung bei personellen Einzelmaßnahmen

aber ebenso wie bei der Einstellung, aus der verweigerten Zustimmung des BR ein **betriebsverfassungsrechtl Beschäftigungsverbot** abzuleiten (Rn 131): Der AN darf gem § 275 Abs 1 BGB (rechtl Unmöglichkeit) nicht auf dem vom AG vorgesehenen neuen Arbeitsplatz beschäftigt werden, sondern ist auf seinem bisherigen Arbeitsplatz zu beschäftigen. Ist der bisherige Arbeitsplatz nicht frei, kann der AN überhaupt nicht arbeiten, erhält aber **nach § 615 BGB Annahmeverzugslohn**, solange das Zustimmungsverweigerungsverf nicht abgeschlossen ist <L: GK/*Raab* Rn 185 (schwebende vorläufige Unwirksamkeit)>.

135   Schließen AG und AN einen **Änderungsvertrag** oder nimmt der AN das **Änderungsangebot des AG bei einer Änderungs-Kd vorbehaltlos an**, ist die Zustimmung des BR nach § 99 Wirksamkeitsvoraussetzung nur für die tatsächl Zuweisung des neuen Arbeitsbereichs aufgrund der geänderten Vertragsbedingungen, der Vertrag ist aber ebenso wenig wie der Arbeitsvertrag bei der Einstellung bei unterlassener Beteiligung oder verweigerter Zustimmung des BR unwirksam <L: Richardi/*Thüsing* Rn 337; GK/*Raab* Rn 186; aA *Fitting* Rn 283>, Rn 131. Verweigert der BR seine Zustimmung zur Versetzung, hindert dies nach § 275 Abs 1 BGB die Beschäftigung des AN auf dem vom AG vorgesehenen neuen Arbeitsplatz; auf seinem bisherigen Arbeitsplatz kann der AN nicht beschäftigt werden, weil die Beschäftigung auf diesem Arbeitsplatz vom Arbeitsvertrag wg der einvernehml Änderung nicht mehr umfasst ist, es sei denn, der AN willigt in eine erneute Änderung seines Arbeitsvertrags ein. Da der AG den AN nicht entspr seinem Arbeitsvertrag beschäftigen kann, hat der AN gem § 615 BGB Anspruch auf Annahmeverzugslohn, solange das Zustimmungsverweigerungsverf nicht abgeschlossen ist <L: auch DKW/*Bachner* Rn 252>. An der Änderungs-Kd ist der BR nach § 102 zu beteiligen. Wird der AN mit seinem Einverständnis auf Dauer in einen anderen Betrieb versetzt, scheidet das MBR von vornherein aus, Rn 32 f.

136   Spricht der AG eine **Änderungs-Kd** aus und **nimmt der AN das Änderungsangebot unter Vorbehalt an**, soll die verweigerte Zustimmung des BR nach § 99 Wirksamkeitsvoraussetzung iS des § 134 BGB für die tatsächl Zuweisung des Arbeitsbereichs sein <R: BAG 30.9.1993, 2 AZR 283/93, BB 1994, 426; 7.11.2002, 2 AZR 650/00, EzA § 615 BGB 2002 Nr 1; L: *Fitting* Rn 122; DKW/*Bachner* Rn 255>. Da die Zustimmung des BR oder deren gerichtl Ersetzung keine Wirksamkeitsvoraussetzung für die Änderungs-Kd zum Zwecke der Versetzung ist <R: BAG 22.4.2010, 2 AZR 491/09, AP KSchG 1969 § 2 Nr 145 Rn 15 mwN; L: *Fitting* Rn 122>, soll also das betriebsverfassungsrechtl Schicksal der Versetzung von der Wirksamkeit der Kd zu trennen sein und der AN muss trotz Wirksamkeit der Änderungs-Kd nicht zu den geänderten Bedingungen arbeiten <L: *Fitting* Rn 122>; auch, wenn das Gericht die verweigerte Zustimmung – rechtskräftig – nicht ersetzt hat. Denn durch die rechtskräftige Abweisung eines Antrags auf Ersetzung der verweigerten Zustimmung werde die Ausführung der mit der Änderungs-Kd beabsichtigten Vertragsänderung nicht dauernd unmöglich iS von § 275 Abs 1 BGB <R: BAG 22.4.2010, 2 AZR 491/09, AP KSchG 1969 § 2 Nr 145 Rn 16; dies noch in Betracht ziehend Senat 30.9.1993, aaO [unter Gründe B I 3 e) ff)]; offen gelassen von 28.8.2008, 2 AZR 967/06, BAGE 127, 342>. Denn es sei dem AG unbenommen, nach erfolglosem Zustimmungsersuchen und erfolglosem Antrag auf Zustimmungsersetzung ein neues Ersuchen um Zustimmung an den BR zu richten und bei dessen abermaliger Ablehnung erneut deren gerichtliche Ersetzung zu beantragen, der AG könne die kollektivrechtl Sperre beseitigen <R: BAG 22.4.2010, 2 AZR 491/09, AP KSchG 1969 § 2 Nr 145 Rn 21>.

VII. Individualrechtliche Folgen der Nichtbeachtung § 99

Richtigerweise wird der Arbeitsvertrag durch die Annahme unter Vorbehalt ebenfalls wirksam dahin geändert, dass der AN – vorbehaltlich der Überprüfung durch das ArbG – ausschließl zu den geänderten Bedingungen zu arbeiten verpflichtet ist; die Annahme unter Vorbehalt hat also bis zum Ende des Kd-Schutzprozesses dieselben Rechtswirkungen wie die einvernehml Änderung des Arbeitsvertrags, Rn 135. Nur wenn das ArbG im Kd-Schutzprozess zu dem Ergebnis kommt, die vom AG angetragene Änderung der Arbeitsbedingungen sei sozial nicht gerechtfertigt, ist der AN wieder zu seinen bisherigen Arbeitsbedingungen zu arbeiten verpflichtet und wird die Zustimmungsverweigerung des BR zur Beschäftigung unter den geänderten Bedingungen gegenstandslos.

Ist der **Arbeitsvertrag** durch die Annahme des Änderungsangebots – auch unter Vorbehalt – **wirksam geändert worden** und deswg eine Beschäftigung des AN zu den bisherigen Arbeitsbedingungen nicht mehr mögl (Rn 135 f), besteht die Gefahr, dass der AG dem AN **mangels Beschäftigungsmöglichkeit betriebsbedingt kündigt**, wenn er den AN auch zu den geänderten Bedingungen nicht beschäftigen kann, weil der BR die Zustimmung dazu verweigert und auch das ArbG die Zustimmung nicht nach Abs 4 ersetzt. Um eine Kd zu verhindern, kann man weder behaupten, dass die Änderungs-Kd das Direktionsrecht des AG ledigl erweitere <R: so aber BAG 30.9.1993, 2 AZR 283/93, BB 1994, 426; 7.11.2002, 2 AZR 650/00, EzA § 615 BGB 2002 Nr 1; L: DKW/*Bachner* Rn 255>, noch dass der bisherige Arbeitsbereich dem AN nicht wirksam entzogen sei <L: so aber *Fitting* Rn 122; vgl auch *SWS* Rn 134>, noch dass der AN seinen Arbeitsvertrag nicht verletze, wenn er der Weisung nicht Folge leiste <L: so aber GK/*Raab* Rn 186>. Der AG sollte das **Änderungsangebot deswg durch die Zustimmung des BR zur Versetzung aufschiebend bedingen**, sodass mit der endgültig verweigerten Zustimmung das ursprüngl Arbeitsverhältnis wieder auflebt <L: *von Hoyningen-Huene* NZA 1993, 145, 150; davon geht regelmäßig aus *Raab* ZfA 1995, 479, 513 f>. **137**

Der AG kann die **Verf nach § 99 und nach § 102 miteinander verbinden** <R: zum PersVG BAG 3.11.1977, 2 AZR 277/76, DB 1978, 1135; L: *Löwisch* NZA 1988, 633, 639 f; Richardi/*Thüsing* § 102 Rn 285; *SWS* Rn 154>. Der BR muss sich dann innerhalb einer Woche sowohl zur Versetzung als auch zur Änderungs-Kd äußern, andernfalls gilt seine Zustimmung zu beiden Maßnahmen als erteilt (§§ 99 Abs 3, 102 Abs 2 S 2). Werden die Verf nach § 102 BetrVG und § 99 BetrVG nicht zeitgleich, sondern nacheinander durchgeführt, so sind dem BR die im zuerst durchgeführten Verf mitgeteilten Tatsachen nicht in dem weiteren Verf erneut mitzuteilen <R: LAG BaWü 11.9.2006, 15 TaBV 6/06, juris>. **138**

Schwerbehinderte haben **nach § 164 Abs 4 S 1 Nr 1 SGB IX einen Anspruch auf Beschäftigung**, bei der sie ihre Fähigkeiten und Kenntnisse verwerten und weiterentwickeln können. Ist für die Erfüllung dieses Beschäftigungsanspruchs eine Versetzung erforderl, haben sie einen Anspruch gg den AG darauf, dass dieser die Zustimmung gem Abs 1 beim BR einholt und das arbg Zustimmungsersetzungsverf nach Abs 4 durchführt, wenn bes Umstände bestehen und nicht feststeht, dass die Zustimmungsverweigerung durch objektive Gründe iS des Abs 2 getragen ist <R: BAG 3.12.2002, 9 AZR 481/01, BB 2003, 1014; 22.9.2005, 2 AZR 519/04, DB 2006, 952; 21.2.2017, 1 AZR 367/15, NZA 2017, 740 Rn 14; L: *Klumpp* Anm zu BAG 3.12.2002, aaO, EzA § 81 SGB IX Nr 1, 15 ff; *Fitting* Rn 172; DKW/*Bachner* Rn 250; Richardi/*Thüsing* Rn 313–315>. Nicht schwerbehinderten AN kann ein solcher Anspruch nur bei bes Zusagen im (geänderten) Arbeitsvertrag zugebilligt werden <L: DKW/*Bachner* Rn 250a>. **139**

§ 99 Mitbestimmung bei personellen Einzelmaßnahmen

3. Eingruppierung und Umgruppierung

140 Wird der AN eingruppiert, also erstmals in ein Entgeltschema eingereiht (Rn 51), hat er einen **Anspruch auf das der Entgeltordnung entspr Arbeitsentgelt unabhängig von der Zustimmung oder Zustimmungsverweigerung des BR** und vom Ausgang des Zustimmungsersetzungsverf; das Zustimmungsverweigerungsrecht des BR soll als bloßes Mitbeurteilungsrecht ledigl die Richtigkeit der Eingruppierung gewährleisten (Rn 2, 41). Seinen Entgeltanspruch kann der AN im arbg Urteilsverf einklagen <**L**: statt aller Richardi/*Thüsing* Rn 340 sowie GK/*Raab* Rn 187>. Aus dem Sinn und Zweck des Zustimmungsverweigerungsrechts bei Eingruppierungen folgt aber eine **begrenzte präjudizielle Bindungswirkung des Zustimmungsersetzungsverf**: Soweit im Zustimmungsersetzungsverf nach Abs 4 eine best Entgeltgruppe als zutreffend ermittelt oder als unzutreffend ausgeschlossen wurde, kann der AN seinen Entgeltanspruch unmittelbar auf diese gerichtl Entscheidung stützen. Der AN kann sich auch auf einen für ihn günstigen Ausgang des Zustimmungsersetzungsverf berufen und den sich danach ergebenden Entgeltanspruch geltend machen, ohne dass die materielle Richtigkeit der Eingruppierungsentscheidung im Urteilsverf noch einmal nachgeprüft wird <**R**: BAG 3.5.1994, 1 ABR 58/93, BB 1994, 2490; 28.8.2008, 2 AZR 967/06, juris; **L**: *Rieble* Anm zu BAG 3.5.1994, EzA § 99 BetrVG 1972 Nr 122; Richardi/*Thüsing* Rn 340; ErfK/*Kania* Rn 47; **abw** HWGNRH/*Huke* Rn 22, 64; *Fitting* Rn 101; GK/*Raab* Rn 77>.

141 Das Erfordernis der BR-Zustimmung zu einer Umgruppierung führt nicht dazu, dass der **Entgeltanspruch** eines umgruppierten AN stets unverändert bleibt, solange der BR nicht zugestimmt hat. Fehlt die Zustimmung des BR, richtet sich die Rechtsfolge nach dem Schutzzweck des § 99: Wird der AN im Zuge einer Veränderung seiner Tätigkeit **rückgruppiert**, behält er seinen bisherigen Entgeltanspruch, solange der BR der der Rückgruppierung zugrunde liegenden Versetzung nicht zugestimmt hat <**R**: zum PersVG BAG 14.7.1965, 4 AZR 358/64, AP TVG § 1 Tarifverträge: BAVAV Nr 5; **L**: *Friedrich/Kloppenburg* RdA 2001, 293, 308>. Bei einer ledigl korrigierenden Rückgruppierung (Rn 39) beschränkt sich der Entgeltanspruch hingg auch dann auf das richtige Entgelt, wenn die Zustimmung des BR noch aussteht <**R**: LAG BaWü 22.2.2006, 13 Sa 42/05, juris; zum PersVG BAG 6.8.1997, 4 AZR 195/96, NZA 1998, 263; 30.5.1990, 4 AZR 74/90, BB 1990, 2043; **L**: *Fitting* Rn 116>. Das gilt auch dann, wenn der AG die korrigierende Umgruppierung tarifvertragl nur durch Änderungs-Kd aussprechen kann (Rn 52): Die Änderungs-Kd – zu der der BR nach § 102 anzuhören ist – und damit auch die Umgruppierung, ist unabhängig von der Zustimmung des BR nach § 99 wirksam, Rn 135 zur Versetzung.

142 Bei der **Höhergruppierung aufgrund der Übertragung einer höherwertigen Tätigkeit**, hat der AN Anspruch auf das der höheren Gruppe entspr Entgelt, auch wenn der BR der Umgruppierung nicht zugestimmt hat <**R**: zum PersVG BAG 15.12.1976, 4 AZR 540/75, PersV 1978, 322; 10.3.1982, 4 AZR 541/79, AP Nr 7 zu § 75 BPersVG aF, das dies mit einer entspr Anwendung der §§ 612 bzw 812 BGB begründet; **L**: *Fitting* Rn 116>. Die höhere Vergütung entfällt nicht automatisch, wenn dem AN die höherwertige Tätigkeit wieder entzogen wird, sondern erst dann, wenn der BR dem Tätigkeitsentzug zugestimmt hat, gerade Rn 141 <**R**: zum PersVG BAG 10.3.1982, 4 AZR 541/79, AP Nr 7 zu § 75 BPersVG aF mit ausf Anm *Löwisch/Schüren*>.

VII. Individualrechtliche Folgen der Nichtbeachtung § 99

Ausdrückl offen gelassen hat das BAG die **individualrechtl Folgen** für den Vergütungsanspruch des AN, sofern der AG die **gebotene Ein- oder Umgruppierung** unterlässt und der BR in entsprechender Anwendung von § 101 beim ArbG beantragt, dem AG aufzugeben, eine Ein- oder Umgruppierungsentscheidung vorzunehmen, ihn um Zustimmung zu ersuchen und im Falle der beachtlichen Zustimmungsverweigerung das arbg Zustimmungsersetzungsverf einzuleiten (Rn 126) <**R:** BAG 4.5.2011, 7 ABR 10/10, NZA 2011, 1239 Rn 21>.

143

§ 100 Vorläufige personelle Maßnahmen

(1) Der Arbeitgeber kann, wenn dies aus sachlichen Gründen dringend erforderlich ist, die personelle Maßnahme im Sinne des § 99 Abs 1 Satz 1 vorläufig durchführen, bevor der Betriebsrat sich geäußert oder wenn er die Zustimmung verweigert hat. Der Arbeitgeber hat den Arbeitnehmer über die Sach- und Rechtslage aufzuklären.

(2) Der Arbeitgeber hat den Betriebsrat unverzüglich von der vorläufigen personellen Maßnahme zu unterrichten. Bestreitet der Betriebsrat, dass die Maßnahme aus sachlichen Gründen dringend erforderlich ist, so hat er dies dem Arbeitgeber unverzüglich mitzuteilen. In diesem Fall darf der Arbeitgeber die vorläufige personelle Maßnahme nur aufrechterhalten, wenn er innerhalb von drei Tagen beim Arbeitsgericht die Ersetzung der Zustimmung des Betriebsrats und die Feststellung beantragt, dass die Maßnahme aus sachlichen Gründen dringend erforderlich war.

(3) Lehnt das Gericht durch rechtskräftige Entscheidung die Ersetzung der Zustimmung des Betriebsrats ab oder stellt es rechtskräftig fest, dass offensichtlich die Maßnahme aus sachlichen Gründen nicht dringend erforderlich war, so endet die vorläufige personelle Maßnahme mit Ablauf von zwei Wochen nach Rechtskraft der Entscheidung. Von diesem Zeitpunkt an darf die personelle Maßnahme nicht aufrechterhalten werden.

Literatur: *Gillen/Vahle*, Vorläufige Personalmaßnahmen nach § 100 BetrVG, BB 2010, 761; *Hoppe/Marcus*, Die vorläufige Durchführung personeller Maßnahmen: Das Verfahren gemäß § 100 BetrVG, ArbR 2011, 367; *Kania*, Schweigen des BR auf eine Unterrichtung nach § 100 II 1 BetrVG, NZA 2016, 614; *Kleinebrink*, Beteiligungsrechte des Betriebsrats bei kurzfristigen vorläufigen personellen Maßnahmen, ArbRB 2015, 243; *Koll*, Vorläufige personelle Maßnahme, AiB 2013, 169; *Kowalsky*, Vorläufigkeitsregelungen bei Mitbestimmungsentscheidungen des Betriebsrats, ZBVR 1999, 108; *Lahusen*, Zur Durchsetzung vorläufiger personeller Einzelmaßnahmen, NZA 1989, 869; *Lipke*, Einstweiliger Rechtsschutz des Betriebsrates bei Missachtung betriebsverfassungsrechtlicher Beteiligungsrechte nach § 99 BetrVG, DB 1980, 2239; *Matthes*, Verfahrensrechtliche Fragen im Zusammenhang mit Beteiligungsrechten des Betriebsrats bei personellen Einzelmaßnahmen, DB 1989, 1285; *Rudolph*, Vorläufige personelle Maßnahmen – Die richtige Reaktion des Betriebsrats, AiB 2009, 26; *ders*, Vorläufige Einstellungen von Leiharbeitnehmern, AiB 2012, 165; *Schrader*, Arbeitgeber verletzt Mitbestimmungsrechte nach §§ 99, 100 BetrVG, AiB 2013, 172; *Süllwold*, Vorläufige personelle Maßnahmen, ZBVR 2004, 143 und 166. Vgl. auch die Angaben zur Literatur zu § 99.

Übersicht

	Rn.		Rn.
I. Normzweck und Anwendungsbereich	1	2. Kein unverzügliches Bestreiten durch Betriebsrat, Abs 2 S 2	6
II. Dringendes Erfordernis für vorläufige Maßnahme	2	IV. Arbeitsgerichtliches Beschlussverfahren	7
III. Unterrichtung des Betriebsrats, Abs 2 S 1 und 2	5	1. Antrag des Arbeitgebers, Abs 2 S 3	7
1. Unverzügliche Unterrichtung durch den Arbeitgeber, Abs 2 S 1	5	2. Beschluss des Arbeitsgerichts, Abs 3	9

I. Normzweck und Anwendungsbereich

§ 99 macht die Durchführung personeller Einzelmaßnahmen von der Zustimmung des BR abhängig. Um daraus entstehende **Unzuträglichkeiten für den Betrieb zu vermeiden**, berechtigt § 100 den AG Einstellungen und Versetzungen (§ 99 Rn 6 ff und 24 ff) vorläufig durchzuführen, wenn dies aus sachl Gründen dringend erforderl ist; daneben ist kein Raum für eine eV auf Ersetzung der Zustimmung nach § 99 Abs 4 <**R:** BAG 13.12.2011, 1 ABR 2/10, NZA 2012, 571 Rn 34; **L:** Richardi/*Thüsing* Rn 1; DKW/*Bachner* Rn 1; *Fitting* Rn 1>, § 99 Rn 127. § 100 entbindet den AG nicht von der **Einhaltung ggfs weiterer MBR des BR** <**R:** BAG 28.7.2020, 1 ABR 45/18, NZA 2020, 1491 Rn 24 und 34 zu § 87 I Nr 2 neben § 99>. Vorläufig einstellen oder versetzen kann der AG einen AN nach § 100 nicht nur, wenn der BR die Zustimmung verweigert hat (Abs 1 Alt 2), sondern auch schon, bevor der BR sich innerhalb der Wochenfrist des § 99 Abs 3 geäußert hat (Abs 1 Alt 1) und auch bereits bevor er nach § 99 über die geplante Einstellung oder Versetzung unterrichtet worden ist <**L:** Richardi/*Thüsing* Rn 5–7; GK/*Raab* Rn 17; HWGNRH/*Huke* Rn 6; SWS Rn 104 >. Da der AN unabhängig von der Beteiligung des BR einen Anspruch auf das seiner Tätigkeit entspr Arbeitsentgelt hat (§ 99 Rn 140 ff), können **Ein- und Umgruppierungen** (§ 99 Rn 41 ff) als bloße Subsumtionsakte unter Entgeltschemata **nie nur vorläufig durchgeführt** werden, sodass §§ 100, 101 auf sie keine Anwendung finden <**R:** vgl auch BAG 27.1.1987, 1 ABR 66/85, NZA 1987, 489; **L:** Richardi/*Thüsing* Rn 4; DKW/*Bachner* Rn 7; *Fitting* Rn 5; ErfK/*Kania* Rn 1; HWGNRH/*Huke* Rn 4 und 10; **aA** GK/*Raab* Rn 5 ff und 13 für die Eingruppierung>. § 100 – als Bestandteil der Systematik der §§ 99–101 – ist **unabdingbar**: Eine Vereinbarung zwischen AG und BR, wonach der AG bei der Verletzung von MBR aus § 99 eine **Vertragsstrafe** an den BR oder an Dritte zu zahlen hat, ist unwirksam <**R:** BAG 19.1.2010, 1 ABR 62/08, NZA 2010, 592 Rn 9 ff; **L:** GK/*Raab* § 101 Rn 27>.

II. Dringendes Erfordernis für vorläufige Maßnahme

Dringend erforderl sind Einstellungen und Versetzungen nur, wenn der AG im Interesse des Betriebs alsbald handeln muss, die geplante Maßnahme also **keinen Aufschub verträgt**, wobei das Merkmal „aus sachl Gründen" darauf hindeutet, dass die Dringlichkeit auf vom AG nicht rechtzeitig voraussehbaren Umständen beruhen muss: Der AG darf sich also nicht bewusst in Zugzwang setzen, um nach § 100 handeln zu können; es darf **kein zumutbarer anderer Weg** zur Verfügung stehen <**R:** LAG Hamm 16.5.2008, 10 TaBV 123/07, juris; LAG Bremen 5.11.2009, 3 TaBV 16/09, BeckRS 2010, 72373 unter Gründe 4 a; **L:** Richardi/*Thüsing* Rn 8; *Fitting* Rn 4 f; ErfK/*Kania* Rn 1>. Maßgebl sind allein die Verhältnisse zur Zeit der Einstellung oder Versetzung; entfällt der sachl Grund später wieder, braucht der AG die vorläufige Maßnahme vor Abschluss des nach Abs 2 S 3 (Rn 7 ff) eingeleiteten Verf nicht aufzuheben <**R:** BAG 6.10.1978, 1 ABR 51/77, BB 1979, 373; **L:** Richardi/*Thüsing* Rn 9; GK/*Raab* Rn 10; *Fitting* Rn 4 a; HWGNRH/*Huke* Rn 11; SWS Rn 106; **abw** DKW/*Bachner* Rn 8>.

Die **vorläufige Einstellung** eines AN ist aus sachl Gründen dringend erforderl, wenn eine für den Betrieb wichtige Person mit bes Qualifikationen nur bei sofortigem Handeln gewonnen werden kann <**R:** LAG Berlin 27.9.1982, 9 TaBV 3/82, BB 1983, 574 (LS)>.

§ 100   Vorläufige personelle Maßnahmen

Dagg ist allein die Tatsache, dass im Betrieb AN fehlen, noch kein dringender Grund iS des Abs 1 S 1, weil dies bei geplanten Einstellungen die Regel ist. Dass Einstellungen verzögert werden, kann nur dann nicht hingenommen werden, wenn dadurch der ordnungsgem betriebl Ablauf gestört wird <R: BAG 6.10.1978, 1 ABR 51/77, BB 1979, 373; LAG Hamm 16.5.2008, siehe Rn 2>. Eine durch Mutterschutz und Elternzeit entstandene Vakanz ist nicht unvorhersehbar und unplanbar und daher nicht aus sachl Gründen gerechtfertigt <R: LAG Bremen 5.11.2009, 3 TaBV 16/09, BeckRS 2010, 72373 unter Gründe 4 b>. Bei **Versetzungen** kommt eine vorläufige Durchführung aus entspr dringenden betriebl Gründen in Betracht <R: BAG 7.11.1977, 1 ABR 55/75, DB 1978, 447>. Gerade bei kurzen und deswg meist kurzfristigen Versetzungen ist der AG häufig auf die vorläufige Durchführung angewiesen. Kein solcher betriebl Grund liegt vor, wenn der AN aufgrund seines Widerspruchs nach § 613a Abs 6 BGB an den bisherigen AG zurückfällt und nun versetzt werden muss <R: BAG 21.2.2013, 8 AZR 877/11, NZA 2013, 617 Rn 45>.

4   Der AG muss den **AN**, den er vorläufig einstellen oder versetzen will, **nach Abs 1 S 2 über die Sach- und Rechtslage aufklären**, insbes darauf hinweisen, dass die Einstellung oder Versetzung nach Abs 3 hinfällig wird, wenn das ArbG feststellt, dass deren vorläufige Durchführung offensichtl nicht dringend erforderl war (Rn 9) oder die Zustimmung des BR zur Einstellung oder Versetzung nicht ersetzt (Rn 10). Für den AG ist es sinnvoll, für vorläufige Einstellungen und Versetzungen einen entspr Vorbehalt in den Arbeitsvertrag aufzunehmen (schon § 99 Rn 137).

III. Unterrichtung des Betriebsrats, Abs 2 S 1 und 2

1. Unverzügliche Unterrichtung durch den Arbeitgeber, Abs 2 S 1

5   Der AG muss den BR von der vorläufigen personellen Maßnahme unverzügl unterrichten, dh **ohne schuldhaftes Zögern (§ 121 Abs 1 Satz 1 BGB)**, also so schnell, wie es der ordnungsgem Geschäftsgang erlaubt, die **sachl Gründe mitteilen**, die die vorläufige Einstellung oder Versetzung rechtfertigen, da der BR nur so beurteilen kann, ob er von seinem Recht nach Abs 2 S 2 Gebrauch machen soll, dass die Maßnahme nicht aus sachl Gründen dringend erforderl ist (noch Rn 6) <R: LAG Bremen 5.11.2009, 3 TaBV 16/09, BeckRS 2010, 72373 unter Gründe 4 a>. Die Unterrichtung kann unmittelbar vor, notfalls auch nach der vorläufigen Einstellung oder Versetzung erfolgen <R: BAG 7.11.1977, 1 ABR 55/75, DB 1978, 447>. Verletzt der AG die Begründungspflicht des Abs 2 S 1, ist die Durchführung der personellen Maßnahme unzulässig, da es an einer Verf-Voraussetzung fehlt <R: Hess LAG 7.11.2006, 4 TaBV 108/06, AuR 2007, 185 (LS); 31.7.2007, 4 TaBV 35/07, AuR 2008, 77 (LS); LAG Hamm 4.4.2008, 13 TaBV 88/07, juris; LAG Berl-Bbg 5.9.2013, 21 TaBV 843/13, BeckRS 2014, 67575 Rn 54 mwN; **L**: DKW/*Bachner* Rn 16; ErfK/*Kania* Rn 3; **aA** HWGNRH/*Huke* Rn 16>; da das Verf nicht wirksam eingeleitet worden ist, kann die dringende Erforderlichkeit der vorläufigen Durchführung nicht festgestellt werden und der Feststellungsantrag nach Abs 2 S 3 (Rn 7f) ist unbegründet <R: Hess LAG 7.11.2006, aaO und 31.7.2007, aaO; LAG Berl-Bbg 5.9.2013, aaO>. Die Unterrichtung des BR nach Abs 2 S 1 ersetzt nicht die nach § 99 Abs 1 S 1 erforderl Unterrichtung <R: BAG 12.6.2019, 1 ABR 39/17, NZA 2019, 1292 Rn 26>. Beide Informationen können aber miteinander verbunden werden <**L**: statt aller Richardi/*Thüsing*

Rn 14 mwN>. Abs 2 S 1 setzt nicht unbedingt voraus, dass dem BR vor Durchführung der vorläufigen Personalmaßnahme Gelegenheit gegeben wird, zu deren Dringlichkeit gesondert Stellung zu nehmen <R: BAG 7.11.1977, aaO>.

2. Kein unverzügliches Bestreiten durch Betriebsrat, Abs 2 S 2

Die vorläufige Einstellung oder Versetzung ist **wirksam, wenn der BR nicht unverzügl** 6
bestreitet, dass es sachl dringend erforderl ist, die personelle Einzelmaßnahme vorläufig durchzuführen, oder er der vorläufigen Durchführung **zustimmt** – unabhängig davon, ob tatsächl sachl Gründe für die vorläufige Durchführung bestehen. Stimmt der BR nach Abs 2 zwar der vorläufigen Einstellung oder Versetzung zu, verweigert aber gleichzeitig seine Zustimmung nach § 99 Abs 3, muss der AG das Zustimmungsersetzungsverf nach § 99 Abs 4 einleiten; die vorläufige Einstellung oder Versetzung wird in diesem Fall gem Abs 3 unwirksam, wenn das ArbG die Zustimmungsersetzung rechtskräftig ablehnt (Rn 10). Leitet der AG das Zustimmungsersetzungsverf nach § 99 Abs 4 nicht ein, kann der BR nach § 101 vorgehen <R: LAG Hamm 29.3.1976, 3 TaBV 1/76, DB 1976, 2023; L: statt aller GK/*Raab* Rn 30 mwN>; gg einen allg Unterlassungsanspruch des BR noch Rn 7.

IV. Arbeitsgerichtliches Beschlussverfahren

1. Antrag des Arbeitgebers, Abs 2 S 3

Bestreitet der BR unverzügl, dass es sachl dringend erforderl ist, die personelle Einzel- 7
maßnahme vorläufig durchzuführen, muss der AG die Maßnahme entweder aufheben oder nach Abs 2 S 3 beim ArbG die **Feststellung beantragen, dass die vorläufige Durchführung dringend erforderl** war. Für die Aufrechterhaltung der vorläufigen Maßnahme kommt es nicht auf den objektiven Nachweis dringender Erforderlichkeit an (Rn 2), sondern auf die Einhaltung des in § 100 Abs 2 vorgesehenen Verf <R: BAG 23.6.2009, 1 ABR 23/08, NZA 2009, 1430 Rn 18; 15.4.2014, 1 ABR 101/12, NZA 2014, 920 Rn 18>. Nach Abs 2 S 3 muss der AG den Feststellungsantrag **mit dem Antrag auf Zustimmungsersetzung nach § 99 Abs 4 verbinden**; ein isolierter Feststellungsantrag ist unzulässig <R: BAG 15.9.1987, 1 ABR 44/86, BB 1988, 482>. Stellt der AG diese Anträge nicht, kann der BR nach § 101 die Aufhebung der vorläufigen Maßnahme erzwingen. Der BR kann seinen Antrag, die vom AG nach Abs 2 S 3 beantragte Feststellung abzulehnen, auch mit dem Antrag nach § 101 verbinden. Einen **allg Unterlassungsanspruch**, um eine gg § 100 Abs 2 verstoßende personelle Maßnahme zu verhindern, hat der BR nicht: Es fehlt an einer spezifischen Schutzlücke, sowohl hinsichtl unbefristeter oder doch auf längere Zeit geplanter als auch hinsichtl nur kurzzeitig beabsichtigter Maßnahmen. Ein Unterlassungsanspruch kommt aber unter den Voraussetzungen des § 23 Abs 3 in Betracht (§ 23 Rn 43 ff) <R: grundlegend BAG 23.6.2009, 1 ABR 23/08, NZA 2009, 1430 Rn 14 ff; 9.3.2011, 7 ABR 137/09, NZA 2011, 871 Rn 13; L: GK/*Raab* § 101 Rn 25>. Werden **AN für wenige Stunden oder Tage eingestellt**, ist dies als Einstellung von vornherein nicht (§ 99 Rn 7) und als Versetzung nur unter best Voraussetzungen mitbestimmungspflichtig (§ 99 Rn 38 ff), sodass ein Verf nach § 100 nur ausnahmsweise eingeleitet werden muss; in diesen Fällen muss der AG die Beteiligungsrechte des BR be-

§ 100   Vorläufige personelle Maßnahmen

achten und kann sich nicht darauf berufen, ein Beschlussverf werde wg Beendigung der Beschäftigung vom Erstgericht jedes Mal eingestellt werden <**R:** zu kurzfristigen Einstellungen LAG München 18.9.2007, 6 TaBV 59/07, EzAÜG § 14 AÜG Betriebsverfassung Nr 71; **aA** LAG RhPf 14.12.2007, 6 TaBV 49/07, NZA-RR 2008, 248; **L:** DKW/*Bachner* Rn 6>.

8   Abs 2 S 3 setzt dem AG für den Antrag auf Feststellung der Zulässigkeit einer vorläufigen Maßnahme und den damit verbundenen Zustimmungsersetzungsantrag eine **Frist von drei Tagen**, innerhalb derer der Antrag beim ArbG eingegangen sein muss. Gem § 187 Abs 1 BGB beginnt die Frist nicht an dem Tag der Mitteilung des BR an den AG, er bestreite die dringende Notwendigkeit der vorläufigen Maßnahme (etwa: Montag), sondern am nachfolgenden Tag (Dienstag) und endet nach § 188 Abs 1 BGB mit Ablauf des dritten darauffolgenden Tags (Donnerstag derselben Woche), sofern nicht § 193 BGB zu beachten ist.

2. Beschluss des Arbeitsgerichts, Abs 3

9   Das ArbG muss entscheiden, ob die vorläufige Durchführung der personellen Einzelmaßnahme aus sachl Gründen offensichtl nicht dringend erforderl war. Das Fehlen der Dringlichkeit ist offensichtlich, wenn der AG grob verkannt hat, dass die vorläufige Einstellung oder Versetzung nicht betriebl notwendig war <**R:** BAG 7.11.1977, 1 ABR 55/75, DB 1978, 447>; maßgebl ist der Zeitpunkt der vorläufigen Einstellung oder Versetzung (Rn 1). Stellt das Gericht fest, dass **sachl Gründe die vorläufige Durchführung offensichtl nicht dringend erforderten**, endet die Personalmaßnahme gem Abs 3 S 1 mit Ablauf von 2 Wochen nach Rechtskraft des arbg Beschlusses und darf danach nicht mehr aufrechterhalten werden, die vorläufige personelle Maßnahme ist **auflösend bedingt**: Ein vorläufig eingestellter AN darf nicht, auch nicht auf einem anderen Arbeitsplatz, weiterbeschäftigt werden; ein vorläufig versetzter AN muss wieder auf seinem alten Arbeitsplatz beschäftigt werden, sofern er durch Direktionsrecht versetzt worden ist; ist die Beschäftigung auf dem bisherigen Arbeitsplatz vom Arbeitsvertrag wg einer einvernehml Änderung dessen (auch nach Änderungs-Kd) nicht mehr umfasst, ist die Beschäftigung dort nur mögl, wenn der AN in eine erneute Änderung seines Arbeitsvertrags einwilligt, zu den Folgen § 99 Rn 135 <**R:** BAG 15.4.2014, 1 ABR 101/12, NZA 2014, 920 Rn 19 und 23>. Auflösend bedingt ist auch die zwischenzeitl Eingliederung des AN auf der vorläufigen Stelle, sodass der BR des vormaligen Einsatzbetriebes seine Rückkehr nicht durch eine Zustimmungsverweigerung verhindern kann <**R:** BAG 15.4.2014, aaO Rn 24>. Hält der AG die Einstellung oder Versetzung trotz des entgegenstehenden arbg Beschlusses aufrecht, kann der BR das Zwangsverf nach § 101 einleiten. Deswegen hat der AG den BR nach Abs 2 S 1 (Rn 5) nicht nur über die Einleitung einer vorläufigen Maßnahme zu unterrichten, sondern auch über das Ende dieser <**R:** BAG 15.4.2014, aaO Rn 20>. Hält das Gericht das **Fehlen der Dringlichkeit nicht für offensichtl**, bleibt die vorläufige Einstellung oder Versetzung bestehen, bis das ArbG nach § 99 Abs 4 darüber entschieden hat, ob es die Zustimmung des BR ersetzt (Rn 10).

10   Entscheidet das ArbG iR des **parallel durchzuführenden Zustimmungsersetzungsverf nach § 99 Abs 4**, dass die **Zustimmung des BR zu ersetzen ist**, ist die Einstellung oder Versetzung mit Rechtskraft des Zustimmungsersetzungsbeschlusses endgültig wirksam. Ist im Zeitpunkt der Zustimmungsersetzung nach § 99 Abs 4 über den Feststellungsantrag

nach Abs 2 S 3 noch nicht entschieden worden, hat sich dieser Antrag objektiv erledigt <R: BAG 18.10.1988, 1 ABR 36/87, BB 1989, 700; 14.12.2004, 1 ABR 55/03, DB 2005, 1524; 21.2.2017, 1 ABR 62/12, NZA 2017, 662 Rn 62; L: Richardi/*Thüsing* Rn 36; GK/*Raab* Rn 42, 51; HWGNRH/*Huke* Rn 40; aA *Fitting* Rn 15>. Da feststeht, dass der AG die Maßnahme dauerhaft durchführen darf, kommt es nicht mehr darauf an, ob ihre vorläufige Durchführung gerechtfertigt war: Selbst wenn die vorläufige Durchführung nicht aus sachl Gründen dringend geboten gewesen sein sollte, hat sich der AG nicht betriebsverfassungswidrig verhalten, da er die Maßnahme bei Einhaltung des Verf aus Abs 2 bis zu einer arbg Entscheidung aufrechterhalten durfte <R: BAG 18.10.1988, aaO; 26.10.2004, 1 ABR 45/03, BB 2005, 1453; L: GK/*Raab* Rn 42; Richardi/*Thüsing* Rn 37; aA *Fitting* Rn 15; auch DKW/*Bachner* Rn 40>. Der Feststellungsantrag des AG ist nur für die Zeit bis zur rechtskräftigen Entscheidung über den Zustimmungsersetzungsantrag zu stellen; so ist der Antrag des AG nach § 100 Abs 2 S 3 **regelmäßig als befristet auszulegen** und das Verf nach Wegfall der Rechtshängigkeit des Feststellungsantrags einzustellen <R: BAG 1.6.2011, 7 ABR 18/10, AP Nr 136 zu § 99 BetrVG 1972 Rn 32 f; 10.3.2009, 1 ABR 93/07, BAGE 130, 1 Rn 49 ff>. Lässt es die Prozesslage zu, muss das ArbG aber vor der Entscheidung über das Zustimmungsersetzungsverf entscheiden, ob die vorläufige Durchführung der Personalmaßnahme sachl dringend erforderl war <R: BAG 18.10.1988, aaO>. Ersetzt das ArbG die Zustimmung des BR nicht, endet die vorläufige Einstellung oder Versetzung gem Abs 3 S 2 iVm S 1 mit Ablauf von zwei Wochen nach Rechtskraft des abl Beschlusses <R: BAG 18.10.1988, aaO und 26.10.2004, aaO; L: statt aller *Fitting* Rn 18 mwN>, Rn 9.

§ 101 Zwangsgeld

Führt der Arbeitgeber eine personelle Maßnahme im Sinne des § 99 Abs 1 Satz 1 ohne Zustimmung des Betriebsrats durch oder hält er eine vorläufige personelle Maßnahme entgegen § 100 Abs 2 Satz 3 oder Abs 3 aufrecht, so kann der Betriebsrat beim Arbeitsgericht beantragen, dem Arbeitgeber aufzugeben, die personelle Maßnahme aufzuheben. Hebt der Arbeitgeber entgegen einer rechtskräftigen gerichtlichen Entscheidung die personelle Maßnahme nicht auf, so ist auf Antrag des Betriebsrats vom Arbeitsgericht zu erkennen, dass der Arbeitgeber zur Aufhebung der Maßnahme durch Zwangsgeld anzuhalten sei. Das Höchstmaß des Zwangsgeldes beträgt für jeden Tag der Zuwiderhandlung 250 Euro.

Literatur: *Arnold,* Antrag nach § 101 BetrVG auch bei nachgeholter Anhörung des Betriebsrats erfolgreich, DB 2019, 2136; *Matthes,* Die Aufhebung von Einstellungen und Versetzungen nach § 101 BetrVG, FS Richardi (2007), S 685; *Mittag/Junghans,* Arbeitgeber verletzt Mitbestimmungsrecht nach § 99 BetrVG – So kann sich der Betriebsrat erfolgreich zur Wehr setzen, AiB 2009, 30; *Oberthür,* Kein allgemeiner Unterlassungsanspruch bei personellen Maßnahmen, ArbRB 2010, 30; *Rudolph,* Nichtbeachtung der Mitbestimmung, AiB 2012, 167; *Tiedemann,* Die Aufhebung von mitbestimmungswidrigen personellen Einzelmaßnahmen, ArbRB 2014, 253. Vgl. auch die Angaben zur Literatur zu § 99.

1 § 101 **sichert das Zustimmungsverweigerungsrecht des BR aus §§ 99, 100 ab**; dem BR wird ein Werkzeug an die Hand gegeben, damit der AG **künftig** (Rn 8) die MBR des BR achtet und die betriebsverfassungsrechtl Ordnung einhält <R: BAG 21.11.2018, 7 ABR 16/17, BAGE 164, 230 Rn 23>. Er greift ein, wenn:

– der AG entgg § 99 eine vorläufige personelle Einzelmaßnahme ohne Zustimmung des BR durchgeführt hat, dessen Zustimmung also weder ausdrückl erteilt worden ist (§ 99 Rn 119), noch wg Ablaufs der Wochenfrist nach § 99 Abs 3 S 2 als erteilt gilt (§ 99 Rn 120), noch durch das ArbG im Verf nach § 99 Abs 4 ersetzt worden ist (§ 99 Rn 127 f); darauf, ob die Zustimmungsverweigerung berechtigt war, kommt es nicht an,

– oder der AG eine vorläufige personelle Maßnahme iS des § 100 aufrechterhält, obwohl der BR die dringende Erforderlichkeit bestritten hat, ohne dass der AG daraufhin nach § 100 Abs 2 S 3 das ArbG angerufen hat (§ 100 Rn 7),

– oder der AG eine vorläufige personelle Maßnahme aufrechterhält, obwohl es das ArbG durch rechtskräftige Entscheidung abgelehnt hat, die Zustimmung nach § 99 Abs 4 zu ersetzen, oder festgestellt hat, dass die vorläufige Maßnahme offensichtl aus sachl Gründen nicht erforderl war, § 100 Abs 3 (§ 100 Rn 9 f).

2 § 101 bereitet bei **Einstellungen und Versetzungen** keine Schwierigkeiten: Der AG hat während des Verf nach § 101 keinen durchsetzbaren Anspruch gg den AN darauf, dass dieser zu den im Arbeitsvertrag vereinbarten oder bei einer Versetzung zu den geänderten Bedingungen tätig wird <R: BAG 5.4.2001, 2 AZR 580/99, BB 2001, 2115>. Gibt das ArbG dem Antrag des BR statt, steht fest, dass der AG die Beschäftigung des AN auf Dauer unterlassen muss, dh bei einer Einstellung die Beschäftigung überhaupt und bei einer Versetzung die Beschäftigung auf dem neuen Arbeitsplatz. Die individualrechtl Fol-

gen richten sich nach dem Inhalt des jeweiligen Arbeitsvertrags, zur Einstellung § 99 Rn 131 f; zur Versetzung § 99 Rn 133 ff.

Problematisch ist § 101 bei **Eingruppierungen**. Da der AN unabhängig von der Beteiligung des BR einen Anspruch auf das seiner Tätigkeit entspr Arbeitsentgelt hat (§ 99 Rn 140 ff), und das Zustimmungsverweigerungsrecht nur auf eine Richtigkeitskontrolle bei der Subsumtion unter Entgeltschemata zielt (§ 99 Rn 2, 41), kann das ArbG die Eingruppierung nach § 101 nicht aufheben. Hat der AG den BR überhaupt nicht an Ein- und Umgruppierungen beteiligt oder hat er ihn zwar beteiligt, ist aber die vom BR verweigerte Zustimmung im Zustimmungsersetzungsverf nicht ersetzt worden, kann der BR nach § 101 nur verlangen, dass dem AG aufgegeben wird, nachträgl die Zustimmung des BR einzuholen bzw bei deren Verweigerung das Verf nach § 99 Abs 4 durchzuführen, sofern der BR seine Zustimmung form- und fristgerecht verweigert hat <**R:** BAG 3.5.1994, 1 ABR 58/93, BB 1994, 2490; 27.6.2000, 1 ABR 36/99, BB 2001, 1094 mwN **L:** Richardi/*Thüsing* Rn 9, 12; ErfK/*Kania* Rn 2; DKW/*Bachner* Rn 6; *Fitting* Rn 8 f; **aA** GK/*Raab* Rn 9 ff>. Bei Ein- und Umgruppierungen ist eine „Aufhebung" im wörtlichen Sinne schon nicht möglich, da es sich hierbei nur um Akte der Rechtsanwendung (Rn 2, 41) handelt <**R:** BAG 28.7.2020, 1 ABR 5/19, AP BetrVG 1972 § 99 Nr 168 Rn 18>; der BR kann nicht die zwangsgeldbewehrte „Unterlassung" einer Eingruppierung verlangen <**R:** BAG 29.7.2009, 7 ABR 95/07, NZA 2009, 1223 Rn 34>. Dies gilt entsprechend § 101 auch, wenn der AG die (betriebsverfassungsrechtl) **gebotene Ein- oder Umgruppierung unterlässt** (§ 99 Rn 127 ff) <**R:** st Rspr vgl nur BAG 14.4.2010, 7 ABR 91/08, NZA-RR 2011, 83 Rn 11 mwN; 4.5.2011, 7 ABR 10/10, NZA 2011, 1239 Rn 16; zur Antragsformulierung des BR 18.10.2011, 1 ABR 34/10, AP BetrVG 1972 § 87 Lohngestaltung Nr 142>, auch wenn bei Tarifpluralität nur die Eingruppierung in einen TV erfolgt (§ 99 Rn 113) <**R:** BAG 27.9.2017, 7 ABR 8/16, NZA 2018, 533 Rn 26>, aber nicht, wenn die betreffende Ein- oder Umgruppierung in der **Vergangenheit** liegt und einen abgeschlossenen Zeitraum betrifft (noch Rn 8): Ob der AN früher zutreffend eingruppiert war, spielt für das Verhältnis der Betriebsparteien zueinander keine Rolle mehr <**R:** BAG 11.9.2013, 7 ABR 29/12, AP BetrVG 1972 § 99 Eingruppierung Nr 63 Rn 17 unter ausdrückl Aufgabe der früheren Rspr in Rn 23; 4.4.2015, 1 ABR 65/13, AP BetrVG 1972 § 99 Nr 145 Rn 22; aA noch BAG 3.5.1994, 1 ABR 58/93, AP BetrVG 1972 § 99 Eingruppierung Nr 2 [unter Gründe B II 3]>.

Diese Grundsätze gelten auch für die **Höhergruppierung** (§ 99 Rn 54). Hingg kann das ArbG auf Antrag des BR nach § 101 eine **Rückgruppierung**, die wg einer Änderung der Arbeitstätigkeit notwendig wird (§ 99 Rn 53), durch den AG aufheben und so dem AN den Status quo bis zur endgültigen Entscheidung über die richtige Eingruppierung erhalten <**L:** *Löwisch* Anm zu BAG 22.3.1983, 1 ABR 49/81, AP Nr 6 zu § 101 BetrVG 1972>.

Das ArbG entscheidet im **Beschlussverf** nach § 2a Abs 1 Nr 1 iVm § 80 ArbGG. Nach Auffassung des BAG ist der betroffene AN in diesem Verf nicht Beteiligter <**R:** BAG 22.3.1983, 1 ABR 49/81, BB 1983, 1986; **L:** Richardi/*Thüsing* Rn 14; GK/*Raab* Rn 18; ErfK/*Kania* Rn 3; DKW/*Bachner* Rn 9; *Fitting* Rn 6; HWGNRH/*Huke* Rn 351; **aA** *Löwisch* Anm zu BAG 22.3.1983, AP Nr 6 zu § 101 BetrVG 1972>. Der **Gegenstandswert** eines Verf nach § 101 ist grundsätzlich mit dem Auffangwert des § 23 Abs 3 S 2 Hs 2 RVG (derzeit 5.000 €) zu bemessen <**R:** LAG Ddf 12.12.2016, 4 Ta 529/16, BeckRS 2016, 110954 Rn 16 mit Nachweisen zu dieser Rechtsprechung der anderen

§ 101 Zwangsgeld

LAG>; Verf eine Eingruppierung betreffend, richten sich nach dem dreijährigen Unterschiedsbetrag abzgl 25% – angelehnt an § 42 Abs 2 S 2 GKG <**R:** LAG Ddf 12.12.2016, 4 Ta 529/16, BeckRS 2016, 110954 Rn 18>. Der AG kann im Verf nach § 101 nicht mit einem Hilfsantrag einwenden, der BR habe kein Zustimmungsverweigerungsrecht, da dies dem Schutzzweck des § 101 widerspräche, die Mitbestimmung des BR nach §§ 99, 100 abzusichern <**R:** BAG 21.11.1978, 1 ABR 91/76, BB 1979, 678>. Ist der AG aber auf Klage des AN im Urteilsverf rechtskräftig zu einer best personellen Maßnahme verurteilt worden, muss der Antrag des BR nach § 101 abgewiesen werden, da dem AG nicht einander widersprechende Verhaltensweisen gerichtl abverlangt werden können.

6 Hebt der AG die personelle Einzelmaßnahme entgg einer rechtskräftigen gerichtl Entscheidung nicht auf, ist er auf Antrag des BR dazu durch ein gerichtl festzusetzendes **Zwangsgeld** anzuhalten. Hebt der AG die personelle Maßnahme auf, bevor das festgesetzte Zwangsgeld beigetrieben worden ist, muss er das Zwangsgeld nicht mehr entrichten, da der mit diesem verfolgte Zweck bereits erreicht ist <**L:** statt aller Richardi/*Thüsing* Rn 24 mwN>. BR und AG können nicht vereinbaren, dass der AG bei Verletzung der Beteiligungsrechte nach §§ 99, 100 eine Vertragsstrafe an den BR oder einen Dritten, etwa das Deutsche Rote Kreuz, zahlen muss: Der BR ist als Organ weder vermögens- noch rechtsfähig; zudem sind die Sanktionen des BetrVG abschließend <**R:** zu § 87 Abs 1 Nr 2 und 3 BAG 29.9.2004, 1 ABR 30/03, BB 2005, 163; 19.1.2010, 1 ABR 62/08, NZA 2010, 592 Rn 9 ff; **L:** GK/*Raab* Rn 27>.

7 Ein auf § 2 (§ 87 Rn 26) oder auf § 23 Abs 3 (§ 23 Rn 43 ff) gestützter Antrag des BR, dem AG aufzugeben, **personelle Einzelmaßnahmen ohne vorherige Zustimmung des BR zu unterlassen** oder künftig vor solchen Maßnahmen die Zustimmung des BR einzuholen, ist unbegründet, weil sich das Zustimmungsverweigerungsrecht des BR nur auf Maßnahmen bezieht, die eine **konkrete Person** betreffen <**R:** abw BAG 17.3.1987, 1 ABR 65/85, BB 1987, 1878; Hess LAG 15.12.1998, 4 TaBV 107/98, NZA-RR 1999, 584; **L: aA** Richardi/*Thüsing* Rn 5; GK/*Raab* Rn 25; DKW/*Bachner* Rn 19 ff; *Fitting* Rn 12; ErfK/*Kania* Rn 8>. Unzulässig ist auch der Antrag, der AG möge es unterlassen, eine konkrete personelle Einzelmaßnahme ohne Zustimmung des BR vorzunehmen, da § 100 den AG berechtigt, einen AN auch ohne vorherige Zustimmung des BR einzustellen oder zu versetzen <**R:** BAG 6.12.1994, 1 ABR 30/94, NZA 1995, 488; **L:** Richardi/*Thüsing* Rn 5; *Fitting* Rn 12>. Ebenso ist mit Blick auf die Möglichkeit des BR nach § 101 vorzugehen, ein Antrag auf Feststellung unzulässig, dass dem BR bei einer bereits endgültig durchgeführten personellen Einzelmaßnahme ein MBR aus § 99 zugestanden habe <**R:** BAG 15.4.2008, 1 ABR 14/07, NZA 2008, 1020 mwN; 22.9.2021, 7 ABR 13/20, AP BetrVG 1972 § 99 Nr 174 Rn 20>. Zulässig kann jedoch ein abstrakter Feststellungsantrag sein, wenn die betroffene Maßnahme häufiger im Betrieb auftritt, sich künftig jederzeit wiederholen kann und in der Vergangenheit Anlass für einen Streitfall war <**R:** BAG 22.3.2016, 1 ABR 19/14, NZA 2016, 909 Rn 19 mwN auch zur Auslegung eines konkreten als abstrakten Feststellungsantrags>. § 101 ist auch hinsichtl eines **allg Unterlassungsanspruch** des BR abschließend: Es fehlt an einer spezifischen Schutzlücke, sowohl hinsichtl unbefristeter oder doch auf längere Zeit geplanter als auch hinsichtl nur kurzzeitig beabsichtigter Maßnahmen. Ein Unterlassungsanspruch kommt aber unter den Voraussetzungen des **§ 23 Abs 3** in Betracht (§ 23 Rn 43 ff); Rn 7 <**R:** grundlegend BAG 23.6.2009, 1 ABR 23/08, NZA 2009, 1430 Rn 14 ff; 9.3.2011, 7 ABR 137/09, NZA 2011, 871 Rn 13; bislang offenlassend 6.12.1994, 1 ABR 30/94, BAGE 78, 379; **L:**

GK/*Raab* Rn 25>. Erfüllt der AG seine Informationspflicht aus § 99 Abs 1 S 1 Hs 1 ggü dem BR nicht, verhält er sich zudem **ordnungswidrig** iS des § 121 Abs 1.

Nimmt der AG von der geplanten Maßnahme Abstand, **erledigt** sich das Verfahren nach § 101 BetrVG; nicht aber, wenn er das bislang vollständig unterbliebene Beteiligungsverf nur nachholt: Könnte der AG so ein Verf nach § 99 ff vermeiden, wäre § 99 Abs 1 faktisch auf ein Einspruchsrecht reduziert <R: BAG 21.11.2018, 7 ABR 16/17, BAGE 164, 230 Rn 22 f>; vgl. § 99 Rn 115. Der Antrag nach § 101 S 1 wird **unbegründet**, wenn die antragsgegenständliche personelle Einzelmaßnahme – etwa durch Zeitablauf – tatsächl geendet hat: Entscheidungen im Aufhebungsverf haben nur Wirkung für die **Zukunft** (schon Rn 1). Wirkt die Eingruppierung bis heute nach und ist noch nicht abgeschlossen, fehlt dem Antrag des BR nach § 101 BetrVG nicht das Rechtsschutzbedürfnis <R: BAG 20.10.2021, 7 ABR 14/20, BeckRS 2021, 43032 Rn 18>. Es geht nicht darum, ob die Maßnahme bei ihrer Durchführung betriebsverfassungsrechtl zulässig war <R: 25.4.2018, 7 ABR 30/16, AP BetrVG 1972 § 99 Nr 156 Rn 21 zur Verschmelzung von abgebendem und aufnehmendem Betrieb während des Verf; 14.5.2013, 1 ABR 10/12, AP BetrVG 1972 § 118 Nr 86 Rn 34 zur auslaufenden Befristung und zur auflösend bedingten Einstellung; 14.4.2015, 1 ABR 66/13, NZA 2015, 1077 Rn 21 zur Ein- und Umgruppierung (vgl schon Rn 3)>; auch dann nicht, wenn aufgrund einer fortbestehenden Matrixstruktur mit Wiederholungen der personellen Maßnahme zu rechnen ist <R: 25.4.2018, 7 ABR 30/16, aaO Rn 27>. 8

An einem Verf, das auf die Aufhebung der Einstellung eines AN nach § 101 S 1 gerichtet ist, ist der **GBR** auch dann nicht zu beteiligen, wenn der AN aufgrund der ihm übertragenen Personalverantwortung gleichzeitig noch in weitere Betriebe des Unternehmens eingegliedert wird <R: BAG 22.10.2019, 1 ABR 13/18, NZA 2020, 61 Rn 11>; zur **Zuständigkeit** des GBR § 99 Rn 5 und 31. Der Beschluss des BR zur Einleitung des Verf nach § 101 kann der Vors, der von der personellen Maßnahme betroffen ist, nur dann selbst unterschreiben, wenn zu klären ist, ob es sich überhaupt um eine der Mitbestimmung nach § 99 unterliegende personelle Maßnahme handelt; sonst ist er iS des § 25 Abs 1 aus rechtl Gründen zeitweilig verhindert <R: BAG 6.11.2013, 7 ABR 84/11, AP BetrVG 1972 § 33 Nr 2 Rn 29>, § 99 Rn 123. 9

§ 102 Mitbestimmung bei Kündigungen

(1) Der Betriebsrat ist vor jeder Kündigung zu hören. Der Arbeitgeber hat ihm die Gründe für die Kündigung mitzuteilen. Eine ohne Anhörung des Betriebsrats ausgesprochene Kündigung ist unwirksam.

(2) Hat der Betriebsrat gegen eine ordentliche Kündigung Bedenken, so hat er diese unter Angabe der Gründe dem Arbeitgeber spätestens innerhalb einer Woche schriftlich mitzuteilen. Äußert er sich innerhalb dieser Frist nicht, gilt seine Zustimmung zur Kündigung als erteilt. Hat der Betriebsrat gegen eine außerordentliche Kündigung Bedenken, so hat er diese unter Angabe der Gründe dem Arbeitgeber unverzüglich, spätestens jedoch innerhalb von drei Tagen, schriftlich mitzuteilen. Der Betriebsrat soll, soweit dies erforderlich erscheint, vor seiner Stellungnahme den betroffenen Arbeitnehmer hören. § 99 Abs. 1 Satz 3 gilt entsprechend.

(3) Der Betriebsrat kann innerhalb der Frist des Absatzes 2 Satz 1 der ordentlichen Kündigung widersprechen, wenn

1. der Arbeitgeber bei der Auswahl des zu kündigenden Arbeitnehmers soziale Gesichtspunkte nicht oder nicht ausreichend berücksichtigt hat,

2. die Kündigung gegen eine Richtlinie nach § 95 verstößt,

3. der zu kündigende Arbeitnehmer an einem anderen Arbeitsplatz im selben Betrieb oder in einem anderen Betrieb des Unternehmens weiterbeschäftigt werden kann,

4. die Weiterbeschäftigung des Arbeitnehmers nach zumutbaren Umschulungs- oder Fortbildungsmaßnahmen möglich ist oder

5. eine Weiterbeschäftigung des Arbeitnehmers unter geänderten Vertragsbedingungen möglich ist und der Arbeitnehmer sein Einverständnis hiermit erklärt hat.

(4) Kündigt der Arbeitgeber, obwohl der Betriebsrat nach Absatz 3 der Kündigung widersprochen hat, so hat er dem Arbeitnehmer mit der Kündigung eine Abschrift der Stellungnahme des Betriebsrats zuzuleiten.

(5) Hat der Betriebsrat einer ordentlichen Kündigung frist- und ordnungsgemäß widersprochen und hat der Arbeitnehmer nach dem Kündigungsschutzgesetz Klage auf Feststellung erhoben, dass das Arbeitsverhältnis durch die Kündigung nicht aufgelöst ist, so muss der Arbeitgeber auf Verlangen des Arbeitnehmers diesen nach Ablauf der Kündigungsfrist bis zum rechtskräftigen Abschluss des Rechtsstreits bei unveränderten Arbeitsbedingungen weiterbeschäftigen. Auf Antrag des Arbeitgebers kann das Gericht ihn durch einstweilige Verfügung von der Verpflichtung zur Weiterbeschäftigung nach Satz 1 entbinden, wenn

1. die Klage des Arbeitnehmers keine hinreichende Aussicht auf Erfolg bietet oder mutwillig erscheint oder

2. die Weiterbeschäftigung des Arbeitnehmers zu einer unzumutbaren wirtschaftlichen Belastung des Arbeitgebers führen würde oder

3. der Widerspruch des Betriebsrats offensichtlich unbegründet war.

(6) Arbeitgeber und Betriebsrat können vereinbaren, dass Kündigungen der Zustimmung des Betriebsrats bedürfen und dass bei Meinungsverschiedenheiten über die Berechtigung der Nichterteilung der Zustimmung die Einigungsstelle entscheidet.

(7) Die Vorschriften über die Beteiligung des Betriebsrats nach dem Kündigungsschutzgesetz bleiben unberührt.

Literatur: *Bader*, Die Betriebsratsanhörung subjektiv determiniert – was folgt daraus?, NJW 2015, 1420; *ders*, Rechtsprechung zur Betriebsratsanhörung ab dem Jahre 2010, NZA-RR 2015, 505; *Bauer/Krieger*, Rien ne vas plus – „Nachkarten" nach Abwicklungsvertrag ausgeschlossen, NZA 2006, 306; *Bayreuther*, Der neue Kündigungsschutz schwerbehinderter Arbeitnehmer nach § 95 II SGB IX, NZA 2017, 87; *Becker-Schaffner*, Die Rechtsprechung zum Umfang der Pflicht zur Mitteilung der Kündigungsgründe nach § 102 Abs 1 BetrVG, DB 1996, 426; *Benecke*, Beteiligungsrechte des Betriebsrats bei der Umdeutung von Kündigungen, AuR 2005, 48; *Berkowsky*, Die Beteiligung des Betriebsrats bei Kündigungen (1996); *Bitter*, Zum Umfang und Inhalt der Informationspflicht des Arbeitgebers gegenüber dem Betriebsrat bei der betriebsbedingten Kündigung insbesondere bei der Sozialauswahl, NZA-Beil 3/91, S 16; *Brinkmeier*, Ende der Weiterbeschäftigungsanspruchs nach § 102 Abs 5 BetrVG bei nachfolgender Kündigung ohne Widerspruch des Betriebsrats?, AuR 2005, 46; *Clemenz*, „Wie verändert der Datenschutz die Prüfung einer Verdachtskündigung?" – Eine nicht nur juristische Betrachtung der Rechtsprechung zur Verdachtskündigung, FS Preis (2021), S 131; *Diller*, Der Wahnsinn hat Methode (Teil II), NZA 2004, 579; *Felser*, Betriebsratsanhörung bei Kündigungen, AiB 2009, 41; *B Gaul*, Die Weiterbeschäftigung nach zumutbaren Umschulungs- oder Fortbildungsmaßnahmen, BB 1995, 2422; *Göttling*, Die Kündigung schwerbehinderter Menschen – Problembereiche bei der Beteiligung der Schwerbehindertenvertretung, FS Preis (2021), S 353; *Griebeling*, Bestreiten der Betriebsratsanhörung mit Nichtwissen – Rechtsprechungsänderung im Stillen?, NZA 2007, 540; *Gussone*, Weiterbeschäftigungsanspruch des Arbeitnehmers und Gegenantrag des Arbeitgebers nach § 102 Abs 5 BetrVG, AuR 1994, 245; *Haas*, Der vorläufige Weiterbeschäftigungsanspruch des Arbeitnehmers nach § 102 BetrVG im Lichte der Rechtsprechung, NZA-RR 2008, 57; *Hager*, Die Umdeutung der außerordentlichen in eine ordentliche Kündigung, BB 1989, 693; *Hertzfeld/Steffens*, Fehlerhafte Betriebsratsanhörung bei mehreren Kündigungsgründen, DB 2021, 2015; *Hohmeister*, Die ordnungsgemäße Anhörung des Betriebsrats gem § 102 BetrVG als Wirksamkeitsvoraussetzung für eine Kündigung, NZA 1991, 209; *Hunold*, § 102 BetrVG: Abschließende Stellungnahme des Betriebsrats, NZA 2010, 797; *Isenhardt*, § 102 BetrVG auf dem Prüfstand – neue Zeiten, andere Rechtsprechung?, FS 50 Jahre Bundesarbeitsgericht (2004), S 943; *D Kaiser*, Kündigungsprävention durch den Betriebsrat, FS Löwisch (2007), S 153; *Kania/Kania*, Betriebsratsbeteiligung nach § 102 BetrVG bei der Kündigung von betriebsübergreifend beschäftigten Arbeitnehmern, FS Preis (2021), S 559; *Kempter/Steinat*, Der (Weiter-) Beschäftigungsanspruch – Voraussetzungen, Rechtsfolgen und taktische Fragestellungen, NZA 2016, 913; *Klein*, Der Kündigungsschutz schwerbehinderter Arbeitnehmer nach dem Bundesteilhabegesetz, NJW 2017, 852; *Kraft*, Beschäftigungsanspruch und Weiterbeschäftigungsanspruch, ZfA 1979, 123; *ders*, Das Anhörungsverfahren gemäß § 102 BetrVG und die „subjektive Determinierung" der Mitteilungspflicht, FS Kissel (1994), S 611; *Liebisch*, Die Beteiligung des Betriebsrats an Kündigungen und ihre Auswirkungen auf die kündigungsrechtliche Stellung des Arbeitnehmers (2004); *Lingemann/Steinhauser*, Fallen beim Ausspruch von Kündigungen – Betriebsratsanhörung, NZA 2017, 937; *Löwisch*, Die Weiterbeschäftigung des Arbeitnehmers während des Kündigungsrechtsstreits, DB 1978, Beil Nr 7; *ders*, Neuregelungen des Kündigungs- und Befristungsrechts durch das Gesetz zu Reformen am Arbeitsmarkt, BB 2004, 154; *Lützen*, Darf der Betriebsrat seinen Widerspruch gegen eine Kündigung dem Arbeitnehmer direkt zuleiten?, NZA 2019, 1254; *Matthes*, Der betriebsverfassungsrechtliche Weiterbeschäftigungsanspruch, FS Gnade (1992), S 225; *ders*, Betriebsvereinbarungen über Kündigungen durch den Arbeitgeber, FS Schwerdtner (2003), S 331; *Mauer/Schüßler*, Gestaltung von Betriebsvereinbarungen nach § 102 Abs 6 BetrVG, BB 2000, 2518; *von Mellenthien*, Prozessbeschäftigung im Kontext des betriebsverfassungsrechtlichen Weiterbeschäftigungsanspruchs, BB 2020, 1972; *Mühlhausen*, Das Bestreiten der Betriebsratsanhörung mit Nichtwissen, NZA 2002, 644; *Mühlmann*, Beteiligung der Schwerbehindertenvertretung bei Kündigungen durch den Arbeitgeber, NZA 2017,

§ 102 Mitbestimmung bei Kündigungen

884; *Nungeßer*, Weiterbeschäftigungsanspruch, AR-Blattei SD 1805; *Oetker*, Die Anhörung des Betriebsrats vor Kündigungen und die Darlegungs- und Beweislast im Kündigungsschutzprozeß, BB 1989, 417; *ders*, Die zivilrechtliche Unwirksamkeit der Kündigung wegen einer Verletzung der Mitteilungspflichten im Rahmen der Betriebsratsanhörung nach § 102 BetrVG – eine geglückte richterliche Rechtsfortbildung?, FS Kraft (1998), S 429; *Pallasch*, Das Weiterbeschäftigungsverhältnis und seine Rückabwicklung, BB 1993, 2225; *Raab*, Individualrechtliche Auswirkungen der Mitbestimmung des Betriebsrats gem §§ 99, 102 BetrVG, ZfA 1995, 479; *ders*, Neujustierung des Verhältnisses von kollektivrechtlichem und individualrechtlichem Kündigungsschutz – Überlegungen aus Anlass des 100-jährigen Bestehens der Betriebsverfassung, FS 100 Jahre Betriebsverfassungsrecht (2020), S 585; *Ramrath*, Die Weiterbeschäftigung des Arbeitnehmers während des Kündigungsschutzprozesses – rechtliche Grundlagen und wirtschaftliche Rahmenbedingungen –, FS Leinemann (2006), S 346; *Reidel*, Die einstweilige Verfügung auf (Weiter-)Beschäftigung – eine vom Verschwinden bedrohte Rechtsform?, NZA 2000, 454; *Reinhard/Kliemt*, Die Durchsetzung arbeitsrechtlicher Ansprüche im Eilverfahren, NZA 2005, 545; *Richardi*, Ersetzung der Zustimmung des Betriebsrats durch Beschluß des Arbeitsgerichts, RdA 1975, 73; *Rieble*, § 102 Abs 6 BetrVG – eine funktionslose Vorschrift?, AuR 1993, 39; *ders*, Entbindung von der Weiterbeschäftigungspflicht nach § 102 Abs 5 Satz 2 Nr 2 BetrVG, BB 2003, 844; *Rinke*, Anhörung des Betriebsrats – vorgezogenes Kündigungsschutzverfahren?, NZA 1998, 77; *Schmeisser*, Der Weiterbeschäftigungsanspruch nach § 102 BetrVG und wie man ihn pariert, NZA-RR 2016, 169; *Schrader/Straube*, Die tatsächliche Beschäftigung während des Kündigungsrechtsstreites, RdA 2006, 98; *Schmitt*, Aktuelle Rechtsfragen bei der Kündigung schwerbehinderter Menschen, BB 2017, 2293; *Schütte*, Pflichten des Betriebsrats und des Arbeitgebers im Anhörungsverfahren nach § 102 II 4 BetrVG und § 102 IV BetrVG, NZA 2011, 263; *Schwerdtner*, Grenzen der Zulässigkeit des Nachschiebens von Kündigungsgründen im Kündigungsschutzprozeß, NZA 1987, 361; *Vossen*, Die Anhörung des Betriebsrats (§ 102 Abs 1 BetrVG), FA 2007, 66; *Willemsen/Hohenstatt*, Weiterbeschäftigung und Entbindungsmöglichkeiten nach § 102 Abs 5 BetrVG, insbesondere bei Massenentlassungen, DB 1995, 215; *Wolf/Gangel*, Anfechtung und Kündigungsschutz, AuR 1982, 271; *Zumkeller*, Die Anhörung des Betriebsrats bei der Kündigung von Ersatzmitgliedern – Unter besonderer Berücksichtigung des Verhältnisses des § 103 BetrVG zu § 102 BetrVG, NZA 2001, 823.

Übersicht

	Rn.
I. Normzweck und Anwendungsbereich	1
II. Anhörung des Betriebsrats	5
1. Voraussetzungen	5
a) Kündigung	5
b) Arbeitnehmer iS des § 5 Abs 1	8
2. Inhalt der Unterrichtung durch den Arbeitgeber	9
a) Person des Arbeitnehmers	9
b) Art der Kündigung und Kündigungsfrist	10
c) Kündigungsgründe	14
aa) Umfang der Mitteilungspflicht	14
bb) Personenbedingte Kündigung	20
cc) Verhaltensbedingte Kündigung	23
dd) Betriebsbedingte Kündigung	26
ee) Änderungskündigung	36
3. Unterrichtungsverfahren	38
a) Adressat	38
b) Zeitpunkt	44
c) Form	50
d) Verhältnis zu §§ 103, 104	54
4. Reaktion des Betriebsrats	57
a) Inhalt	57
b) Betriebsratsbeschluss	62
5. Folgen der Nichtanhörung oder der fehlerhaften Anhörung	66
6. Verschwiegenheitspflicht der Betriebsratsmitglieder	73
7. Datenverarbeitung	74
III. Widerspruch des Betriebsrats, Abs 3	76
1. Form und Frist des Widerspruchs	76
2. Widerspruchsgründe	80
a) Abs 3 Nr 1: der Arbeitgeber bei der Auswahl des zu kündigenden Arbeitnehmers soziale Gesichtspunkte nicht oder nicht ausreichend berücksichtigt hat	80

b) Abs 3 Nr 2: die Kündigung gegen eine Richtlinie nach § 95 verstößt 86
c) Abs 3 Nr 3: der zu kündigende Arbeitnehmer an einem anderen Arbeitsplatz im selben Betrieb oder in einem anderen Betrieb des Unternehmens weiterbeschäftigt werden kann 88
d) Abs 3 Nr 4: die Weiterbeschäftigung des Arbeitnehmers nach zumutbaren Umschulungs- oder Fortbildungsmaßnahmen mögl ist........................ 97
e) Abs 3 Nr 5: eine Weiterbeschäftigung des Arbeitnehmers unter geänderten Vertragsbedingungen mögl ist und der Arbeitnehmer sein Einverständnis hiermit erklärt hat 102

3. Rechtsfolgen des Widerspruchs..................... 104
IV. Anspruch auf vorläufige Weiterbeschäftigung, Abs 5 109
   1. Voraussetzungen 109
   2. Inhalt 114
   3. Gerichtliche Durchsetzung 123
   4. Entbindung des Arbeitgebers von der Weiterbeschäftigung 125
   5. Weiterbeschäftigung aus anderen Gründen.................... 132
V. Bindung der Kündigung an die Zustimmung des Betriebsrats......... 136

I. Normzweck und Anwendungsbereich

Der **in der Praxis zentrale Mitbestimmungstatbestand** räumt dem BR ein Anhörungsrecht vor Kd ein, um zu erreichen, dass der BR im Vorfeld auf den Willensbildungsprozess des AG einwirken kann <R: BAG 19.1.1983, 7 AZR 514/80, BB 1983, 1920; 24.6.2004, 2 AZR 461/03, NZA 2004, 1330; 3.4.2008, 2 AZR 956/06, NZA 2008, 807; 23.10.2014, 2 AZR 736/13, NZA 2015, 476 Rn 22>. Um die BR-Anhörung zu sichern, ist eine Kd, die der AG ohne oder ohne vollständige Anhörung des BR ausspricht, nach Abs 1 S 3 unwirksam (Rn 66 f). 1

Mit dem Anhörungsrecht bezweckt das BetrVG einen **präventiven Kd-Schutz** <L: *Kaiser* FS Löwisch (2007), S 153, 154; Richardi/*Thüsing* Rn 15>. Dem BR wird die Möglichkeit eingeräumt, Gründe gg die geplante Kd vorzubringen und so die Kd-Entscheidung des AG zu beeinflussen. Dieser Schutz ist auf einen bloßen Verf-Schutz beschränkt. Der AG muss dem BR zwar gem Abs 1 S 1 und 2 seine Gründe für die Kd mitteilen (Rn 14 ff) und darf erst kündigen, nachdem der BR zu der Kd Stellung genommen hat oder die Frist für die Stellungnahme des BR nach Abs 2 S 1–3 abgelaufen ist. Eine Erörterung darüber, ob und wie eine Kd vermeidbar ist, kann der BR aber nicht erzwingen; er kann die **Kd nicht verhindern**. Der AG muss die Erklärung des BR ledigl zur Kenntnis nehmen. Danach kann er ohne Weiteres kündigen. Die BR-Anhörung ist damit kein vorweggenommenes Kd-Schutzverf <L: *Kaiser* FS Löwisch (2007), S 153, 154; GK/*Raab* Rn 3; krit *Rinke* NZA 1998, 77 ff>. Ob die vom AG angegebenen Gründe für eine wirksame Kd ausreichen, beurteilen die ArbG im Kd-Schutzprozess. Diese materielle Prüfung soll der BR nicht vorwegnehmen, sondern durch das Anhörungsverf ledigl in den Stand versetzt werden, die Kd-Motivation des AG nachzuvollziehen <L: *Kaiser* FS Löwisch (2007), S 153, 154>, Rn 14 ff. Ebenso wenig wie bei § 99 (Rn 131, 133 ff und 140 ff) räumt § 102 dem BR damit bei personellen Einzelmaßnahmen einen Einfluss auf die pri- 2

§ 102 Mitbestimmung bei Kündigungen

vatrechtl Rechtsbeziehungen zw AG und AN ein (zur Theorie der Wirksamkeitsvoraussetzung bei § 87 dort Rn 29 ff).

3 Widerspricht der BR der Kd aus einem der in Abs 3 abschließend aufgezählten Gründen, löst dies gem Abs 5 einen **Weiterbeschäftigungsanspruch des AN** aus. Das gilt allerdings nur bei Ausspruch einer o Kd, hingg nicht bei einer ao Kd nach § 626 BGB (Rn 109). Der Widerspruch dient nicht der Kd-Prävention, sondern **verhindert den Vollzug der Kd** <L: *Kaiser* FS Löwisch (2007), S 153, 155>. Der AN wird, wenn er gg die Kd klagt und seine Weiterbeschäftigung verlangt, bis zum Ende des Kd-Schutzprozesses zu unveränderten Arbeitsbedingungen weiterbeschäftigt (Rn 114 ff). Auch das entspricht § 99: So wie der BR über die Verweigerung der Zustimmung zur Einstellung oder Versetzung die Eingliederung eines Externen in den Betrieb oder die Umgliederung eines AN innerhalb des Betriebs, also dessen tatsächl Beschäftigung trotz wirksamen oder wirksam geänderten Arbeitsvertrags, verhindern kann (§ 99 Rn 131 und 133 ff), kann der BR über seinen Widerspruch nach Abs 3 verhindern, dass der AN für die Dauer des Kd-Schutzprozesses aus dem Betrieb ausgegliedert wird. Anders als das Zustimmungsverweigerungsrecht des BR aus § 99, das primär dem Schutz der übrigen AN und über § 99 Abs 2 Nr 4 nur bei Versetzungen dem Individualschutz des betroffenen AN dient (§ 99 Rn 6, 24 und 92), schützt das Widerspruchsrecht des BR aus Abs 3 allein den von der Kd betroffenen AN. Dieser soll bis zum rechtskräftigen Abschluss des Kd-Schutzprozesses auf seinem bisherigen Arbeitsplatz weiterbeschäftigt werden, damit er für den Fall, dass das ArbG die Unwirksamkeit der Kd feststellt, auch tatsächl eine Chance auf Erhalt seines Arbeitsplatzes durch nahtlose Weiterbeschäftigung hat. Dadurch stärkt das Widerspruchsrecht zugleich die Stellung des BR bei der Ausübung seiner kollektivrechtl Befugnisse <**R**: BAG 27.5.2020, 5 AZR 247/19, NZA 2020, 1169 Rn 43>.

4 Nach **Abs 7** bleiben die Vorschriften über die Beteiligung des BR nach dem KSchG unberührt. Gem **§ 3 KSchG** kann der AN, der eine Kd für sozial ungerechtfertigt hält, binnen einer Woche Einspruch beim BR einlegen. Das kann für ihn dann von Interesse sein, wenn der BR vor seiner Stellungnahme den AN nicht nach Abs 2 S 4 angehört hat <L: ErfK/*Kiel* § 3 KSchG Rn 2; LSSW/*Spinner* § 3 KSchG Rn 2 f>. Zudem kann der AN, wenn der BR der Kd nicht nach § 102 Abs 3 widersprochen hat, über § 3 S 3 KSchG eine begründete Stellungnahme des BR zu der Kd erreichen. Gleichwohl ist § 3 KSchG in der Praxis nur von geringer Bedeutung <L: KR/*Klose* § 3 KSchG Rn 7; APS/*Künzl* § 3 KSchG Rn 3 f; LSSW/*Spinner* § 3 KSchG Rn 1>. Im Fall einer Massenentlassung muss der AG vor Ausspruch der Kd nach Maßgabe des **§ 17 Abs 2 KSchG** den BR konsultieren und nach **§ 17 Abs 1 KSchG** der Agentur für Arbeit eine Anzeige erstatten. Der Anzeige ist nach § 17 Abs 3 S 2 KSchG eine Stellungnahme des BR beizufügen <L: LSSW/ *Wertheimer* § 17 KSchG Rn 46 ff, 58 ff>.

II. Anhörung des Betriebsrats

1. Voraussetzungen

a) Kündigung

5 Der AG hat den BR nach Abs 1 **vor jeder Kd** zu hören. Das gilt sowohl für die o Kd als auch für die ao Kd, unabhängig davon, ob es sich um eine Beendigungs- oder um eine Änderungs-Kd handelt <**R**: BAG 28.2.1974, 2 AZR 455/73, DB 1974, 1294; zurÄnde-

rungs-Kd BAG 3.11.1977, 2 AZR 277/76, DB 1978, 1135; 30.9.1993, 2 AZR 283/93, DB 1994, 637; **L:** statt aller Richardi/*Thüsing* Rn 11 f mwN>. Zur Anhörungspflicht im Arbeitskampf § 74 Rn 25, in Tendenzbetrieben § 118 Rn 53.

Die Kd ist ein Vertragslösungsrecht, kein Vertragsänderungsrecht. Deshalb ist eine **Teil-** 6 **Kd** einzelner Vertragsbedingungen oder einzelner Vertragsteile grds nicht zulässig <**R:** BAG 23.3.2011, 10 AZR 562/09, BB 2011, 2683 Rn 27; 18.5.2017, 2 AZR 721/16, BB 2017, 2621 Rn 17; 18.10.2018, 6 AZR 246/17, NZA-RR 2019, 102 Rn 34, 37>. Andernfalls hätte es der Kd-Berechtigte in der Hand, einseitig das Äquivalenzgefüge des Vertrages zu zerstören und dem Vertragspartner einen Vertrag mit einem Inhalt aufzuzwingen, den er so nie abgeschlossen hätte <**L:** AR/*Kaiser* § 2 KSchG Rn 1>. Vertragsänderungen gg den Willen des AN kann der AG nur durch Änderungs-Kd iS des § 2 S 1 KSchG erreichen, also über eine Beendigungs-Kd, die der AG mit dem Angebot verbinden muss, das Arbeitsverhältnis zu geänderten Bedingungen fortzusetzen. Zu dieser Änderungs-Kd ist der BR nach § 102 anzuhören. Eine im Arbeitsvertrag vorbehaltene „Teil-Kd" **ist hingg ein Widerrufsvorbehalt, auf den § 102 nicht anwendbar** ist <**R:** zum PersVG LAG SH 27.1.1983, 2 (3) Sa 367/82, BB 1984, 725; **L:** HWGNRH/*Huke* Rn 18; GK/*Raab* Rn 26; Richardi/*Thüsing* Rn 13 f; **diff** DKW/*Bachner/Deinert* Rn 14; **aA** APS/*Koch* Rn 29; KR/ *Rinck* Rn 44>.

Nicht nach § 102 mitbestimmungspflichtig ist es, wenn das Arbeitsverhältnis durch einen 7 **Aufhebungsvertrag** <**R:** BAG 28.6.2005, 1 ABR 25/04, BB 2006, 1059 Rn 19; **L:** DKW/*Bachner/Deinert* Rn 19; *Fitting* Rn 15; HWGNRH/*Huke* Rn 18; GK/*Raab* Rn 25; HWK/*Ricken* Rn 6; Richardi/*Thüsing* Rn 22 – alle mwN auf **abw** Meinungen> oder als befristetes Arbeitsverhältnis gem § 620 Abs 3 BGB, § 15 Abs 1 TzBfG durch **Zeitablauf** endet <**R:** BAG 28.10.1986, 1 ABR 16/85, BB 1987, 2298; **L:** statt aller GK/*Raab* Rn 25>. Gilt ein befristetes Arbeitsverhältnis mangels sachl Befristungsgrundes gem § 16 S 1 Hs 1 TzBfG als auf unbest Zeit geschlossen, ist der BR zu einer dann notwendigen Kd nach § 102 anzuhören. Auf die Mitteilung eines **Bedingungseintritts** nach §§ 21, 15 Abs 2 TzBfG ist § 102 nicht anzuwenden <**R:** BAG 11.12.2019, 7 AZR 350/18, NZA 2020, 800 Rn 64; 26.2.2020, 7 AZR 121/19, NZA 2020, 794 Rn 42>. Nicht mitteilungspflichtig ist auch die **Anfechtung** des Arbeitsvertrags <**R:** BAG 11.11.1993, 2 AZR 467/ 93, BB 1994, 357; **L:** *Fitting* Rn 15; HWGNRH/*Huke* Rn 18; AR/*Kolbe* Rn 5; GK/*Raab* Rn 25; Richardi/*Thüsing* Rn 28 f; **krit** Wolf/*Gangel* AuR 1982, 271, 275 f; DKW/*Bachner/Deinert* Rn 21>. Vereinbaren AG und AN mündlich, dass der AG zur Beendigung des Arbeitsverhältnisses eine Kd aussprechen und ein Abwicklungsvertrag geschlossen werden soll, ist die Kd kein Scheingeschäft; der BR ist zu ihr anzuhören <**R:** BAG 28.6.2005, 1 ABR 25/04, BB 2006, 1059 Rn 20 ff; **L:** *Fitting* Rn 15; ErfK/*Kania* Rn 1; AR/*Kolbe* Rn 5; Richardi/*Thüsing* Rn 23; **diff** APS/*Koch* Rn 33; **aA** Bauer/*Krieger*, NZA 2006, 306>.

b) Arbeitnehmer iS des § 5 Abs 1

Voraussetzung für die Beteiligung des BR ist, dass der AG einem AN iS des § 5 Abs 1 8 (§ 5 Rn 1 ff) kündigt <**R:** BAG 25.10.2007, 6 AZR 1045/06, DB 2008, 355: nicht bei Kd eines GmbH-Geschäftsführers>. Ob der AN Kd-Schutz nach dem **KSchG** genießt, ist **für das Anhörungsverf hingg gleichgültig** <**R:** BAG 28.9.1978, 2 AZR 2/77, BB 1979, 1094; 3.12.1998, 2 AZR 234/98, NZA 1999, 477; 12.9.2013, 6 AZR 121/12, DB 2013,

§ 102 Mitbestimmung bei Kündigungen

2746 Rn 19; **L:** statt aller GK/*Raab* Rn 20 mwN>. Der BR ist **auch zu einer Kd vor Vertragsantritt**, also vor Aufnahme der Tätigkeit durch den zu kündigenden AN, anzuhören <**R:** Hess LAG 31.5.1985, 13 Sa 833/84, DB 1985, 2689; **L:** DKW/*Bachner/Deinert* Rn 15; HWGNRH/*Huke* Rn 8; Richardi/*Thüsing* Rn 15; **aA** APS/*Koch* Rn 30; KR/*Rinck* Rn 35>. § 102 gilt auch für die Kd eines **Heimarbeiters**, der iS des § 5 Abs 1 S 2 hauptsächlich für den Betrieb arbeitet (§ 5 Rn 18) <**R:** BAG 7.11.1995, 9 AZR 268/94, BB 1996, 592>, und für die Kd eines **Berufsausbildungsverhältnisses** nach § 22 BBiG <**R:** BAG 19.11.2015, 6 AZR 844/14, BB 2016, 381 Rn 30 ff>. Vor der Kd **ltd Ang** ist nicht der BR gem § 102 anzuhören, sondern der SprA nach § 31 Abs 2 SprAuG; dem BR ist die geplante Kd ledigl nach § 105 mitzuteilen. Die Beteiligungspflicht nach § 102 besteht nur für AN von Betrieben, die dem persönl Geltungsbereich des BetrVG unterfallen <**R:** BAG 24.5.2018, 2 AZR 54/18, BB 2018, 2877 Rn 12 f, wonach **im Ausland tätige AN deutscher Betriebe** nur erfasst werden, wenn deren Tätigkeit der im Inland entfalteten Betriebstätigkeit zuzurechnen ist („Ausstrahlung"); vgl auch 7.5.2020, 2 AZR 692/19, NZA 2021, 225 Rn 60>.

2. Inhalt der Unterrichtung durch den Arbeitgeber

a) Person des Arbeitnehmers

9 Der AG muss dem BR zunächst **die Person des AN nennen**, dem er kündigen will <**R:** BAG 16.9.1993, 2 AZR 267/93, BB 1994, 429>. Teilt der AG dem BR nach § 105 seine Absicht mit, einem ltd Ang zu kündigen, genügt diese Mitteilung nicht den Anforderungen an die Unterrichtung des BR nach § 102, sodass die Kd nach Abs 1 S 3 unwirksam ist, wenn sich im Kd-Schutzprozess herausstellt, dass es sich bei dem AN doch nicht um einen ltd Ang handelt <**R:** BAG 7.12.1979, 7 AZR 1063/77, DB 1980, 742>.

b) Art der Kündigung und Kündigungsfrist

10 Der AG muss dem BR die **Art der Kd** mitteilen. Er muss also klarstellen, ob er eine o oder eine fristlose ao Kd oder eine ao Kd mit sozialer Auslauffrist aussprechen will <**R:** BAG 12.8.1976, 2 AZR 311/75, NJW 1976, 2366; 29.8.1991, 2 AZR 59/91, DB 1992, 379; 26.3.2015, 2 AZR 517/14, NZA 2015, 1180 Rn 18; **L:** *Fitting* Rn 25; ErfK/*Kania* Rn 5>. Weiter ist mitzuteilen, ob es sich um eine Beendigungs- oder um eine Änderungs-Kd handelt <**R:** BAG 10.3.1982, 4 AZR 158/79, DB 1982, 1520; 12.8.2010, 2 AZR 945/08, NZA 2011, 460 Rn 18; **L:** DKW/*Bachner/Deinert* Rn 69; APS/*Koch* Rn 100>. Das schließt es nicht aus, den BR alternativ zu einer Beendigungs- oder Änderungs-Kd anzuhören, wenn im Zeitpunkt der Anhörung der Kd-Sachverhalt für beide Alternativen feststeht und jedenfalls eine der beiden Kd definitiv ausgesprochen werden soll <**R:** BAG 22.4.2010, 2 AZR 991/08, NZA-RR 2010, 583 Rn 16; 17.3.2016, 2 AZR 182/15, BB 2016, 2169 Rn 18; **L:** *Fitting* Rn 25>. Hat der AG den BR nur zu einer beabsichtigten o Kd angehört, kann er keine ao Kd aussprechen <**R:** BAG 12.8.1976, aaO>.

11 Beabsichtigt der AG eine **ao fristlose Kd** und hört er den BR zu dieser an, braucht er dem BR von einem mögl Ausschluss des Rechts zur o Kd aufgrund eines tarifl Sonder-Kd-Schutzes keine Mitteilung zu machen <**R:** BAG 7.5.2020, 2 AZR 678/19, BB 2020, 2237 Rn 16>. Auch gehört die Wahrung der Kd-Erklärungsfrist des § 626 Abs 2 BGB nicht zu den „Gründen der Kd" iS des § 102 Abs 1 S 2, über die der AG den BR unter-

II. Anhörung des Betriebsrats § 102

richten muss <**R:** BAG 7.5.2020, 2 AZR 678/19, BB 2020, 2237 Rn 17; 10.12.2020, 2 AZN 82/20, BB 2021, 447 Rn 10>. Allerdings entbindet dies den AG nicht von der **Angabe, wann der Kd-Sachverhalt sich zugetragen hat**. Soweit der AG darüber hinaus ggü dem BR (freiwillig) Angaben macht, die für die Einhaltung der Frist des § 626 Abs 2 BGB von Bedeutung sind, „müssen diese wahrheitsgemäß erfolgen" <**R:** BAG 7.5.2020, aaO>. Damit ist gemeint, dass der AG nicht bewusst unrichtige, unvollständige oder irreführende Angaben machen darf, Rn 17 <**R:** vgl BAG 23.10.2014, 2 AZR 736/13, NZA 2015, 476 Rn 14>.

Die nach dem materiellen Kd-Schutzrecht zulässige **Umdeutung** einer unwirksamen ao in eine o Kd ist nicht mögl, wenn der AG den BR nur zu der beabsichtigten ao Kd, nicht aber zu einer eventuellen o Kd angehört hat <**R:** BAG 12.8.1976, 2 AZR 311/75, NJW 1976, 2366; 16.3.1978, 2 AZR 424/76, BB 1979, 371>. Das gilt entgg dem BAG <**R:** BAG 16.3.1978, aaO; 20.9.1984, 2 AZR 633/82, DB 1985, 655; 11.10.1989, 2 AZR 88/89, DB 1990, 1974; vgl auch 26.3.2015, 2 AZR 783/13, NZA 2015, 866 Rn 49> selbst dann, wenn der BR der ao Kd vorbehaltlos zugestimmt hat und nicht ersichtl ist, dass er für den Fall der Unwirksamkeit der ao Kd einer o Kd entgegengetreten wäre, weil eine solche Annahme, etwa mit Blick auf das Widerspruchsrecht nach Abs 3 Nr 3, rein hypothetisch ist <**L:** *Löwisch* Anm zu BAG 12.8.1976, EzA § 102 BetrVG 1972 Nr 25; *Benecke* AuR 2005, 48, 50 f; **krit** auch *Hager* BB 1989, 693, 696; GK/*Raab* Rn 68; **aA** (wie das BAG) DKW/*Bachner*/*Deinert* Rn 71; *Fitting* Rn 63; APS/*Koch* Rn 160; KR/*Rinck* Rn 235>. Die Anhörung zu einer **hilfsweise zu erklärenden o Kd** ist aber wirksam, wenn der AG den BR deutl auf diese Möglichkeit hinweist und vor Ausspruch der Kd die Wochenfrist nach Abs 2 S 1 einhält <**R:** BAG 16.3.1978, aaO; auch 26.3.2015, aaO; **L:** *Benecke* AuR 2005, 48, 49; *Fitting* Rn 63; HWGNRH/*Huke* Rn 174 ff; KR/*Rinck* Rn 234>.

Der AG muss dem BR grds auch die **Kd-Frist** so mitteilen, dass der BR das ungefähre Vertragsende in etwa abschätzen und beurteilen kann, ob die Gründe für die Kd im Entlassungszeitpunkt tatsächl bestehen werden <**R:** BAG 15.12.1994, 2 AZR 327/94, NZA 1995, 521>. Auch bei einer Änderungs-Kd, etwa zur Reduzierung des Weihnachtsgelds, muss der AG dem BR die Kd-Frist mitteilen, wenn sich die Tragweite der geplanten Änderung erst anhand der Kd-Fristen ermitteln lässt <**R:** BAG 29.3.1990, 2 AZR 420/89, BB 1990, 2118>. Einer bes Mitteilung der Kd-Frist bedarf es dagg nicht, wenn der BR über die tatsächl Umstände für die Berechnung der maßgebl Kd-Frist – etwa die gesetzl Frist oder die Frist aus einem anwendbaren TV – unterrichtet ist <**R:** BAG 16.9.1993, 2 AZR 267/93, BB 1994, 429; 15.12.1994, aaO, 24.10.1996, 2 AZR 895/95, DB 1997, 630; 20.6.2013, 6 AZR 805/11, NZA 2013, 1137 Rn 38; **L:** ErfK/*Kania* Rn 5; *Fitting* Rn 25; HWK/*Ricken* Rn 27>. Der BR ist regelmäßig ausreichend über den Zeitpunkt der beabsichtigten Beendigung des Arbeitsverhältnisses informiert, wenn die geltende Kd-Frist feststeht und der AG klarstellt, dass die Kd in naher Zukunft ausgesprochen werden soll <**R:** BAG 20.6.2013, aaO>. Eine exakte Kenntnis des **Kd-Zeitpunkts** kann dem BR schon deswg nicht vermittelt werden, weil idR nicht sicher ist, wann die Kd dem AN nach Durchführung des Anhörungsverf zugehen wird. Hat der AG dem BR **versehentl eine unzutreffende Kd-Frist mitgeteilt**, genügt dies gleichwohl den Anforderungen des Abs 1 S 1, wenn der Mitteilung entnommen werden kann, dass der AG die Kd unter Einhaltung der gesetzl oder tarifvertragl vorgeschriebenen Frist zum nächstmögl Zeitpunkt aussprechen will <**R:** BAG 15.12.1994, aaO>. Etwas anderes gilt dann, wenn der AG

§ 102 Mitbestimmung bei Kündigungen

gänzlich offenlässt, mit welcher Frist und zu welchem Termin die geplante Kd ausgesprochen werden soll <**R:** BAG 25.4.2013, 6 AZR 49/12, AP § 343 InsO Nr 1 Rn 143; 20.6.2013, aaO; **L:** APS/*Koch* Rn 103>.

c) Kündigungsgründe

aa) Umfang der Mitteilungspflicht

14 Gem Abs 1 S 2 muss der AG dem BR die Kd-Gründe mitteilen. Da das Anhörungsverf nach § 102 nicht das arbg Kd-Schutzverf vorwegnehmen soll, sondern den BR ledigl in die Lage versetzen soll, die Kd-Entscheidung des AG nachzuvollziehen (Rn 2), braucht der AG nicht die objektiv kd-erhebl Tatsachen anzugeben, sondern muss nur die Kd-Gründe mitteilen, die seinen Kd-Entschluss tatsächl bestimmt haben (**Grundsatz der subjektiven Determinierung der Unterrichtungspflicht**) <**R:** BAG 18.5.1994, 2 AZR 920/93, BB 1994, 1783; 23.10.2014, 2 AZR 736/13, NZA 2015, 476 Rn 14; 26.3.2015, 2 AZR 417/14, NZA 2015, 1083 Rn 45; 17.3.2016, 2 AZR 182/15, BB 2016, 2169 Rn 16; 5.12.2019, 2 AZR 240/19, NZA 2020, 646 Rn 43 f mwN>.

15 Dass der AG dem BR nicht die die Kd objektiv tragenden Gründe mitteilt, macht die Kd nicht schon nach Abs 1 S 3 unwirksam. Allerdings kann die Kd im Kd-Schutzprozess nicht auf solche **nicht mitgeteilten Gründe** gestützt werden, soweit die Umstände dem AG bereits bekannt waren <**R:** BAG 18.5.1994, 2 AZR 920/93, BB 1994, 1783; 11.12.2003, 2 AZR 536/02, EzA § 102 BetrVG 2001 Nr 5>. Etwa kann eine Kd wg einer für nachgewiesen erachteten Straftat bei unverändertem Sachverhalt nicht nachträgl mit dem Verdacht dieser Straftat begründet werden <**R:** BAG 3.4.1986, 2 AZR 324/85, BB 1987, 1114; 20.6.2013, 2 AZR 546/12, NZA 2014, 143 Rn 40; LAG Nürnberg 8.12.2020, 7 Sa 226/20, BB 2021, 954; **L:** KR/*Rinck* Rn 103>. Dagg ist die Anhörung zu einer Verdachts-Kd für die spätere Beurteilung der Wirksamkeit der Kd wg eines nachgewiesenen Pflichtenverstoßes ausreichend, wenn dem BR sämtliche Umstände mitgeteilt worden sind, welche nicht nur den Tatverdacht, sondern zur mögl Überzeugung des Gerichts auch den Tatvorwurf begründen; dem BR ist dann nichts vorenthalten worden <**R:** BAG 23.6.2009, 2 AZR 474/07, BB 2010, 1856 Rn 59; 10.6.2010, 2 AZR 541/09, NZA 2010, 1227 Rn 24; 21.11.2013, 2 AZR 797/11, NZA 2014, 243 Rn 41; **L:** KR/*Fischermeier/ Krumbiegel* § 626 BGB Rn 232; APS/*Koch* Rn 128; KR/*Rinck* Rn 103>. Zu Kd-Gründen, die der **AG beim Ausspruch der Kd nicht gekannt hat**, ist eine nachträgl Anhörung des BR mögl; sie können – nach erfolgter Anhörung – im Kd-Schutzprozess noch nachgeschoben werden (Rn 71).

16 Der AG muss die für seinen Kd-Entschluss maßgebl Kd-Gründe dem BR **vollständig** mitteilen und zwar so detailliert, dass sich der BR ohne zusätzl eigene Nachforschungen ein **Bild über die Stichhaltigkeit der Gründe** machen und beurteilen kann, ob es sinnvoll ist, gg die Kd Bedenken zu erheben oder Widerspruch einzulegen <**R:** BAG 17.2.2000, 2 AZR 913/98, BB 2000, 1407; 22.4.2010, 2 AZR 991/08, NZA-RR 2010, 583 Rn 13; 19.11.2015, 2 AZR 217/15, NZA 2016, 540 Rn 44>. Der BR soll in die Lage versetzt werden, **sachgerecht auf die Willensbildung des AG einzuwirken** <**R:** BAG 23.10.2014, 2 AZR 736/13, NZA 2015, 476 Rn 22; 16.7.2015, 2 AZR 15/15, BB 2016, 318 Rn 14; 22.9.2016, 2 AZR 700/15, NZA 2017, 304 Rn 25>. Entspr dem Grundsatz der subjektiven Determinierung reicht die Mitteilungspflicht des AG aber nicht so weit wie seine Darlegungslast im Prozess <**R:** BAG 22.9.1994, 2 AZR 31/94, DB 1995, 477;

II. Anhörung des Betriebsrats § 102

21.11.2013, 2 AZR 797/11, NZA 2014, 243 Rn 27; 26.3.2015, 2 AZR 417/14, NZA 2015, 1083 Rn 46; 7.5.2020, 2 AZR 678/19, BB 2020, 2237 Rn 15; **L:** *Fitting* Rn 41; APS/*Koch* Rn 105; HWK/*Ricken* Rn 28>.

Schildert der AG dem BR den Sachverhalt **bewusst unrichtig, unvollständig oder irreführend**, etwa durch Verschweigen wesentl Umstände, ist die Anhörung unzureichend und die Kd unwirksam <**R:** BAG 22.9.1994, 2 AZR 31/94, DB 1995, 477; 13.5.2004, 2 AZR 392/03, BB 2004, 2190; 22.9.2016, 2 AZR 700/15, NZA 2017, 304 Rn 26; 10.12.2020, 2 AZN 82/20, BB 2021, 447 Rn 12>. Dabei darf der AG ihm bekannte **Umstände**, die sich bei objektiver Betrachtung **zugunsten des AN auswirken** können, dem BR nicht deshalb vorenthalten, weil sie für seinen eigenen Kd-Entschluss nicht von Bedeutung waren <**R:** BAG 23.10.2014, 2 AZR 736/13, NZA 2015, 476 Rn 15; 16.7.2015, 2 AZR 15/15, BB 2016, 318 Rn 19; 19.11.2015, 2 AZR 217/15, NZA 2016, 540 Rn 45; **L:** GK/*Raab* Rn 81 f>. Eine bloß **vermeidbare oder unbewusste Fehlinformation** macht die BR-Anhörung dagg noch nicht unwirksam <**R:** BAG 22.9.1994, aaO; 12.9.2013, 6 AZR 121/12, DB 2013, 2746 Rn 21; 26.3.2015, 2 AZR 417/14, NZA 2015, 1083 Rn 45>. Maßgebl ist, ob der AG gutgläubig ist und ob bei objektiv falscher Unterrichtung dem Sinn und Zweck der BR-Anhörung genügt worden ist. Bei einer unbewussten Fehlinformation ist dies der Fall, wenn sich der Inhalt der Unterrichtung mit dem Kenntnisstand des AG deckt und der BR damit auf derselben Tatsachenbasis wie dieser auf die Kd-Absicht einwirken kann <**R:** BAG 16.7.2015, 2 AZR 15/15, BB 2016, 318 Rn 17; **L:** ausf GK/*Raab* Rn 80, 115>. Der AG trägt die Beweislast dafür, dass er den BR nicht bewusst irregeführt hat <**R:** BAG 22.9.1994, aaO>.

17

Will der AG das Arbeitsverhältnis noch **während der Wartezeit des § 1 Abs 1 KSchG** kündigen, braucht er dem BR keine Gründe mitzuteilen, die den objektiven Merkmalen des § 1 Abs 2 KSchG entsprechen. Denn dies würde zu einer unzulässigen Vorverlegung des erst nach Ablauf der Wartezeit eintretenden Kd-Schutzes in das Anhörungsverf führen. Dem Grundsatz der subjektiven Determinierung entspr muss der AG auch hier diejenigen Umstände mitteilen, aus denen er seinen Kd-Entschluss herleitet. Wird die Kd auf substantiierbare Tatsachen gestützt, sind diese mitzuteilen <**R:** BAG 12.9.2013, 6 AZR 121/12, DB 2013, 2746 Rn 22; 19.11.2015, 6 AZR 844/14, BB 2016, 381 Rn 31>. Grundlage kann aber auch ein **abschließendes Werturteil** sein (zB dahingehend, dass der AN keine hinreichenden Arbeitsleistungen erbringe oder dass er sich in der Probezeit nicht bewährt habe), wenn dieses für den Kd-Entschluss maßgebl ist, ohne dass der AG begründen muss, wie er zu diesem Werturteil gelangt ist <**R:** BAG 18.5.1994, 2 AZR 920/93, BB 1994, 1783; 22.9.2005, 2 AZR 366/04, NZA 2006, 204 Rn 23; 12.9.2013, 6 AZR 121/12, DB 2013, 2746 Rn 22 f, 26 ff; **L:** DKW/*Bachner/Deinert* Rn 84, 118; ErfK/*Kania* Rn 7; KR/*Rinck* Rn 89>. Der Wirksamkeit der Kd steht in diesem Fall auch nicht entgg, wenn der AG später im Arbeitszeugnis verschiedene positive Eigenschaften, Fähigkeiten und Leistungen des AN hervorhebt <**R:** LAG MV 11.8.2020, 5 Sa 66/20, NZA-RR 2020, 588 Rn 30>. Dieselben Grundsätze wie zur Kd während der Wartezeit gelten für eine Kd im **kd-schutzfreien Kleinbetrieb** <**L:** *Fitting* Rn 23; KR/*Rinck* Rn 89; **krit** Richardi/*Thüsing* Rn 79> und für die Kd eines Berufsausbildungsverhältnisses gem § 22 Abs 1 BBiG während der Probezeit <**R:** BAG 19.11.2015, aaO>.

18

Zu einer umfassenden Unterrichtung des BR ist der AG nicht verpflichtet, wenn der BR die Gründe für die Kd **ohnehin kennt** oder soweit der AG den BR bereits vor dem Anhörungsverf, etwa wg einer geplanten Betriebsänderung, erschöpfend über die Kd-Grün-

19

§ 102 Mitbestimmung bei Kündigungen

de unterrichtet hatte. Er genügt seiner Mitteilungspflicht in einem solchen Fall, wenn er im Anhörungsverf pauschal auf die Gründe verweist <R: BAG 27.6.1985, 2 AZR 412/84, BB 1986, 321; 19.5.1993, 2 AZR 584/92, BB 1993, 2020; 5.4.2001, 2 AZR 580/99, BB 2001, 2115; L: DKW/*Bachner/Deinert* Rn 162; *Fitting* Rn 41; ErfK/*Kania* Rn 7; APS/ *Koch* Rn 104; GK/*Raab* Rn 91, 96; Richardi/*Thüsing* Rn 54; aA *Hohmeister* NZA 1991, 209, 213>. Ebenso ist es ausreichend, wenn sich der AG auf eine bereits erfolgte Anhörung des BR, die vor dem Ausspruch einer früheren, unwirksamen Kd stattgefunden hat, bezieht und dazu erforderl Änderungen und Ergänzungen mitteilt <R: BAG 31.1.2019, 2 AZR 426/18, NZA 2019, 893 Rn 86>. Der BR muss vom AG allerdings so viel erfahren, dass er – auch unter Rückgriff auf vorhandene Kenntnisse – die ihm in § 102 eingeräumten Rechte bezogen auf die konkret beabsichtigte Kd ausüben kann. Selbst wenn er bereits alles (oder sogar mehr als der AG) weiß, muss er vom AG jedenfalls erfahren, auf welchen Tatsachenkomplex dieser die Kd stützen möchte <R: BAG 11.12.2003, 2 AZR 536/02, EzA § 102 BetrVG 2001 Nr 5; L: DKW/*Bachner/Deinert* Rn 89; Richardi/*Thüsing* Rn 54>. Zur Kd nach vorangegangenen Verhandlungen über einen Interessenausgleich mit Namensliste Rn 34.

bb) Personenbedingte Kündigung

20 Der AG **darf einem AN personenbedingt kündigen, wenn** die Prognose gerechtfertigt ist, dass der AN in seiner Leistungsfähigkeit künftig so eingeschränkt sein wird, dass es zu erhebl Störungen des Arbeitsverhältnisses mit betriebl oder wirtschaftl Beeinträchtigungen des AG kommen wird <R: BAG 11.12.2003, 2 AZR 667/02, BB 2004, 1682>. Im Mittelpunkt steht die **krankheitsbedingte Kd**, die nach st Rspr des BAG iS einer 3-Stufen-Prüfung gerechtfertigt ist, wenn auf der **1. Stufe** zu erwarten ist, dass die Arbeitsfähigkeit des AN bezogen auf die bisher ausgeübte Tätigkeit nicht dauerhaft wiederhergestellt werden kann (negative Gesundheitsprognose), und auf der **2. Stufe** zu befürchten steht, dass es wg der zu erwartenden krankheitsbedingten Ausfälle des AN zu einer erhebl Beeinträchtigung betriebl Interessen kommen wird, die sowohl in Betriebsablaufstörungen als auch in Entgeltfortzahlungskosten liegen kann, wenn diese für einen Zeitraum von mehr als 6 Wochen jährlich zu erwarten sind. Schließl soll auf der **3. Stufe** eine Interessenabwägung ergeben, dass die betriebl Beeinträchtigungen zu einer billigerweise nicht mehr hinzunehmenden Belastung des AG führen <R: BAG 8.11.2007, 2 AZR 292/06, NZA 2008, 593 Rn 16; 30.9.2010, 2 AZR 88/09, NZA 2011, 39 Rn 11; 13.5.2015, 2 AZR 565/14, BB 2016, 1340 Rn 12; 16.7.2015, 2 AZR 15/15, NZA 2016, 99 Rn 29>.

21 **Mitteilen muss der AG dem BR** bei einer **krankheitsbedingten Kd** die bisherigen Fehlzeiten und die Art der Erkrankungen, die die negative Gesundheitsprognose rechtfertigen (1. Stufe), sowie die wirtschaftl Belastungen des AG und die Betriebsbeeinträchtigungen, mit denen infolge der Fehlzeiten künftig gerechnet werden muss (2. Stufe), ebenso die Sozialdaten des AN. Sind die betriebstypischen Störungen des Betriebsablaufs wg krankheitsbedingter Ausfälle dem BR bekannt, kann sich der AG für die 2. Stufe auf pauschale Hinweise beschränken <R: BAG 24.11.1983, 2 AZR 347/82, BB 1984, 1045; 27.2.1997, 2 AZR 302/96, BB 1997, 1949>, zur 3. Stufe Rn 25. Da eine **krankheitsbedingte dauernde Leistungsunfähigkeit** die betriebl Interessen ohne Weiteres erhebl beeinträchtigt, weil ein Einsatz des AN dauerhaft unmögl ist, muss der AG im Kd-Schutzprozess insoweit nur die negative Prognose auf der 1. Stufe darlegen, dass auch in Zukunft nicht mit der Wiederherstellung der Leistungsfähigkeit des AN zu rechnen ist <R: BAG 30.1.1986,

2 AZR 668/84, NZA 1987, 555; 19.4.2007, 2 AZR 239/06, NZA 2007, 1041 Rn 22, 30f>. Darauf beschränkt sich auch die Unterrichtungspflicht ggü dem BR <R: vgl BAG 30.1.1986, aaO; 21.5.1992, 2 AZR 399/91, BB 1993, 727; **L:** DKW/*Bachner/Deinert* Rn 95; APS/*Koch* Rn 119>. Ist **völlig ungewiss**, ob die Arbeitsfähigkeit wiederhergestellt werden kann, steht es einer krankheitsbedingten dauernden Leistungsunfähigkeit gleich, wenn – ausgehend vom Zeitpunkt des Zugangs der Kd – jedenfalls in den nächsten 24 Monaten mit einer Genesung des AN nicht gerechnet werden kann <R: BAG 13.5.2015, 2 AZR 565/14, BB 2016, 1340 Rn 18>.

Soll dem AN wg **häufiger Kurzerkrankungen** gekündigt werden, kann sich der AG bei der Darlegung der Negativprognose darauf beschränken, die in der Vergangenheit aufgetretenen Fehlzeiten vorzutragen. Dabei sind die Fehlzeiten aber nicht pauschal, sondern aufgeschlüsselt nach den konkreten **Ausfallzeiten der einzelnen Jahre** darzulegen, damit sich der BR über die Häufigkeit der Erkrankungen in einem Jahr ein Bild machen kann <R: BAG 18.9.1986, 2 AZR 638/85, juris Rn 35; 7.11.2002, 2 AZR 493/01, EzA § 174 BGB 2002 Nr 1 zu § 77 HPVG; **L:** APS/*Koch* Rn 121; KR/*Rinck* Rn 98>. Die betreffenden Fehlzeiten lediglich „addiert gebündelt" anzugeben, genügt den Anforderungen nicht <R: BAG 18.9.1986, aaO; ArbG Berlin 20.12.2013, 28 Ca 12974/13, DB 2014, 1207 (LS)>. Ist **dem AG die Krankheitsursache bekannt**, ist auch diese anzugeben <**L:** APS/*Koch* Rn 121; GK/*Raab* Rn 97; KR/*Rinck* Rn 98>. Will der AG die Kd auf die wirtschaftl Auswirkungen der Entgeltfortzahlungskosten stützen, sind dem BR die in den zurückliegenden Jahren angefallenen Beträge mitzuteilen, wobei je nach den Umständen des Falls die Angabe eines Gesamtbetrags ausreichend sein kann <R: BAG 7.11.2002, aaO>.

22

cc) Verhaltensbedingte Kündigung

Voraussetzung einer verhaltensbedingten Kd ist die Prognose, dass der AN seine arbeitsvertragl Pflichten auch in Zukunft verletzen wird. Entscheidend ist die Wiederholungsgefahr. In der Vergangenheit liegende Vertragsverletzungen sind nur ein Indiz für diese Prognose. Die Befürchtung künftiger Vertragsverletzungen ist aber regelmäßig gerechtfertigt, wenn der AN trotz Abmahnung erneut gg arbeitsvertragl Pflichten verstößt und diese Pflichtverletzungen denjenigen entsprechen, wg derer er abgemahnt worden ist <R: BAG 12.1.2006, 2 AZR 179/05, NZA 2006, 980 Rn 55; 23.6.2009, 2 AZR 283/08, EzA § 1 KSchG Verhaltensbedingte Kündigung Nr 75 Rn 14>. Nach Auffassung des BAG soll eine Interessenabwägung ergeben können, dass dem AN trotz der Gefahr künftiger Pflichtverletzungen aus sozialen Gründen nicht gekündigt werden darf <**L:** dagg AR/*Kaiser* § 1 KSchG Rn 27 mwN>.

23

Der AG **muss dem BR alle Voraussetzungen für eine verhaltensbedingte Kd mitteilen**, vor allem die der Prognose künftigen Fehlverhaltens zugrunde liegenden Tatsachen sowie Inhalt und Anzahl der **Abmahnungen** <R: LAG Rh-Pf 30.5.2008, 9 Sa 806/07, juris; zum PersVG BAG 31.8.1989, 2 AZR 453/88, DB 1990, 1928; **L:** statt aller GK/*Raab* Rn 98 mwN>. **Entlastende Umstände**, zB die Nichtbestätigung eines Diebstahlverdachts durch einen Tatzeugen <R: BAG 2.11.1983, 7 AZR 65/82, DB 1984, 407; 5.4.2001, 2 AZR 580/99, BB 2001, 2115; zum PersVG 31.8.1989, aaO> oder die einer Beleidigung eines Vorgesetzten nachfolgende Entschuldigung des AN <R: LAG Hamm 24.7.2008, 8 Sa 632/08, juris> sind ebenfalls mitzuteilen. Ebenso ist erforderl, dass der AG den BR über eine **Gegenvorstellung** des AN, etwa ggü einer Abmahnung, informiert

24

§ 102 Mitbestimmung bei Kündigungen

<R: BAG 22.9.1994, 2 AZR 31/94, DB 1995, 477; 6.2.1997, 2 AZR 265/96, BB 1997, 1311; zum PersVG BAG 31.8.1989, aaO>, es sei denn, der AG hat seinen Kd-Entschluss nicht von der Erteilung der entspr Abmahnung abhängig gemacht, da er eine solche für entbehrlich hielt oder diese einen anderen Sachverhalt betraf <R: BAG 9.6.2011, 2 AZR 284/10, NZA-RR 2012, 12 Rn 49>. **Beweismaterial**, etwa die von einer Detektei im Auftrag des AG erstellten Videofilme und Fotomappen, die belegen, dass der zu kündigende AN während krankheitsbedingter Fehlzeiten einer unerlaubten Nebentätigkeit nachgegangen ist, braucht der AG dem BR weder nach § 102 Abs 1 noch nach § 80 Abs 2 vorzulegen <R: BAG 26.1.1995, 2 AZR 386/94, DB 1995, 1134>, Rn 52.

25   Auf die Mitteilung der für die **Interessenabwägung** maßgebl **persönl Umstände** (Sozialdaten) des AN (insbes Lebensalter, Betriebszugehörigkeit und ein evtl Sonder-Kd-Schutz) kann nach der Rspr des BAG normalerweise auch dann nicht verzichtet werden, wenn sie für den Kd-Entschluss des AG ohne Bedeutung waren <R: BAG 6.10.2005, 2 AZR 280/04, NZA 2006, 431 Rn 41; 23.10.2014, 2 AZR 736/13, NZA 2015, 476 Rn 15; 19.11.2015, 2 AZR 217/15, NZA 2016, 540 Rn 45>. Anders liegt es nur dann, wenn der BR die ungefähren Sozialdaten des zu kündigenden AN kennt und es dem AG auf die Sozialdaten wg der Schwere der Kd-Vorwürfe ersichtl nicht ankommt <R: BAG 15.11.1995, 2 AZR 974/94, NZA 1996, 419; 6.10.2005, aaO; 19.11.2015, aaO; LAG Ddf 19.1.2022, 12 Sa 705/21, juris Rn 69ff (Revision anhängig unter Az 2 AZR 194/22); **L:** KR/*Rinck* Rn 74; **krit** APS/*Koch* Rn 94a>.

dd) Betriebsbedingte Kündigung

26   Trifft der AG aus außerbetriebl Umständen (zB Mangel an kostendeckenden Aufträgen, Rohstoff- oder Energiemangel oder Finanzierungsschwierigkeiten) oder aus innerbetriebl Umständen (Umstellung oder Einschränkung der Produktion, Verlagerung der Produktion ins Ausland) eine unternehmerische Entscheidung, die zu einem Personalüberhang führt, kann der AG den Personalbestand mit der betriebsbedingten Kd dem veränderten Personalbedarf anpassen. Die **betriebl Erfordernisse** müssen die betriebsbedingte Kd des einzelnen AN „bedingen", also kausal für die Kd sein. Der AG muss zunächst versuchen, den zu kündigenden AN auf einem anderen freien Arbeitsplatz im Betrieb oder Unternehmen weiterzubeschäftigen – unter geänderten Vertragsbedingungen oder nach einer Umschulung oder Fortbildung. Der AG darf zudem nicht ohne Weiteres dem AN kündigen, dessen Arbeitsplatz wegfällt, sondern muss prüfen, ob der betroffene AN auf einem bereits besetzten Arbeitsplatz weiterbeschäftigt werden kann. Dafür muss er im Wege der **Sozialauswahl gem § 1 Abs 3 KSchG** nach den dort abschließend aufgezählten sozialen Kriterien – Betriebszugehörigkeit, Lebensalter, Unterhaltspflichten und Schwerbehinderung – ermitteln, welcher AN sozial stärker und damit auf den Arbeitsplatz weniger angewiesen ist; nur diesem – meist jungen, kinderlosen – AN darf er kündigen. Die Sozialauswahl tritt an die Stelle der ansonsten vom BAG geforderten Interessenabwägung, Rn 20, 25 <**L:** ausf AR/*Kaiser* § 1 KSchG Rn 114ff, 168ff; LSSW/*Schlünder* § 1 KSchG Rn 295ff, 413ff>.

27   Bei einer betriebsbedingten Kd muss der AG **dem BR im Einzelnen mitteilen**, aus welchen **Gründen** der Arbeitsplatz des zu kündigenden AN wegfällt. Pauschalhinweise auf Auftragsmangel, Arbeitsmangel oder Rationalisierungsmaßnahmen genügen nicht. Der AG muss seine unternehmerische, besser: betriebsorganisatorische Entscheidung, die

zum Wegfall der Beschäftigungsmöglichkeit führt, vollständig und in ihren Auswirkungen darlegen <**R:** LAG Hamm 30.9.1999, 16 Sa 2598/98, LAGE § 102 BetrVG 1972 Nr 73; LAG BaWü 22.4.2008, 22 Sa 66/07, juris Rn 50 ff; Hess LAG 30.8.2012, 14 Sa 683/11, juris Rn 44; **L:** statt aller GK/*Raab* Rn 93, KR/*Rinck* Rn 90, beide mwN>. Etwa muss der AG bei der Streichung einer Hierarchieebene dem BR konkret mitteilen, welche Arbeiten des zu kündigenden AN künftig nicht mehr anfallen und welche Arbeiten auf welche anderen Mitarbeiter umverteilt werden sollen und inwiefern diese noch über freie Arbeitskapazitäten verfügen <**R:** LAG SH 13.6.2013, 5 Sa 21/13, LAGE § 102 BetrVG 2001 Nr 17 Rn 43>. Stützt der AG die Kd auf einen Personalüberhang infolge eines Rückgangs an Aufträgen, reicht der bloße Verweis auf „interne Berechnungen" ggü dem BR ohne Darlegung von deren Inhalt und Folgen nicht aus <**R:** LAG Rh-Pf 8.7.2016, 1 Sa 538/15, juris Rn 36>.

Weiter muss der AG dem BR mitteilen, ob er die **Weiterbeschäftigung des AN auf einem freien Arbeitsplatz im Unternehmen** für mögl hält. Besteht eine Weiterbeschäftigungsmöglichkeit, kann der BR der Kd nach Abs 3 Nr 3–5 widersprechen, Rn 88 ff. Der AG muss den BR auch darüber informieren, wenn er mit dem AN vor der Kd über eine alternative Beschäftigungsmöglichkeit bereits verhandelt hat <**R:** LAG Berl-Bbg 28.5.2020, 21 Sa 2090/19, juris Rn 67 f; **L:** DKW/*Bachner/Deinert* Rn 102; APS/*Koch* Rn 110; GK/*Raab* Rn 94>. Sieht der AG keine Möglichkeit, den zu kündigenden AN auf einem anderen Arbeitsplatz weiterzubeschäftigen, genügt er seiner Anhörungspflicht schon durch einen entspr konkludenten Hinweis, dass aus seiner Sicht keine geeignete Weiterbeschäftigungsmöglichkeit besteht <**R:** BAG 17.2.2000, 2 AZR 913/98, BB 2000, 1407; 23.2.2010, 2 AZR 656/08, NZA 2010, 1288 Rn 25 f>. Einer näheren Erläuterung, aus welchen Gründen der AG welche Stellen als für eine Weiterbeschäftigung ungeeignet verworfen hat, bedarf es nicht; es genügt, wenn der AG dem BR das Ergebnis seiner Überprüfung mitteilt <**R:** BAG 22.10.2015, 2 AZR 650/14, NZA 2016, 630 Rn 26 f (zu §§ 30, 31 MAVO)>. Hat der BR hingg vor Einleitung des Anhörungsverf Auskunft über die mögl Weiterbeschäftigung des AN auf einem konkreten, kürzlich frei gewordenen Arbeitsplatz verlangt, muss der AG dem BR mitteilen, warum diese Beschäftigungsmöglichkeit aus seiner Sicht nicht besteht; ein pauschaler Hinweis auf die fehlende Weiterbeschäftigungsmöglichkeit genügt dann nicht den Anforderungen des Abs 1 <**R:** BAG 17.2.2000, aaO>. Verlangt der BR erst während des Anhörungsverf konkretere Informationen, muss der AG nachbessern (Rn 53).

Führt der AG eine **Sozialauswahl** nach § 1 Abs 3 KSchG durch, muss er dem BR unaufgefordert die in die Auswahl einbezogenen AN und deren Sozialdaten sowie seinen Bewertungsmaßstab angeben <**R:** BAG 29.3.1984, 2 AZR 429/83, BB 1984, 1426; 12.8.2010, 2 AZR 945/08, NZA 2011, 460 Rn 19; **L:** GK/*Raab* Rn 95; HWK/*Ricken* Rn 38; **aA** HWGNRH/*Huke* Rn 50>. Dabei genügt er seiner Mitteilungspflicht, wenn er die für ihn subjektiv erhebl Auswahlüberlegungen darlegt <**R:** BAG 12.8.2010, aaO>. Ein evtl bestehender Sonder-Kd-Schutz ist ebenfalls mitzuteilen. Verfehlt ist dagg die Rspr, nach der der AG dem BR jedenfalls das Lebensalter und die Betriebszugehörigkeit des zu kündigenden AN zwingend auch dann mitzuteilen hat, wenn er eine **Sozialauswahl gar nicht vornimmt**. Nur so werde der BR in die Lage versetzt, die Kd-Entscheidung des AG nachzuvollziehen und zu überprüfen <**R:** BAG 15.12.1994, 2 AZR 327/94, NZA 1995, 521; 18.10.2006, 2 AZR 676/05, NZA 2007, 798 Rn 36; **L:** *Fitting* Rn 31>. Dies steht im Widerspruch zum Grundsatz der subjektiven Determinierung der Unterrich-

§ 102 Mitbestimmung bei Kündigungen

tungspflicht <L: zutr gg das BAG auch Richardi/*Thüsing* Rn 74>, noch Rn 31. Die Betriebszugehörigkeit ist dann ledigl für die Kd-Frist relevant.

30 **Verlangt der BR** iR des Anhörungsverf **eine Erklärung** des AG, warum er einen best AN nicht in die Sozialauswahl einbezogen habe, muss der AG seine Entscheidung erläutern; die Anhörungsfrist des Abs 2 beginnt mit Zugang der Information erneut zu laufen <L: aA KR/*Rinck* Rn 96>, noch Rn 53. Legt der AG bei den für die Sozialauswahl maßgebl **Unterhaltspflichten** die nach § 39e EStG für die Lohnsteuer mitgeteilten Daten zugrunde, weil für ihn keine Anhaltspunkte dafür bestehen, dass die Angaben nicht zutreffen <R: vgl dazu BAG 28.6.2012, 6 AZR 682/10, NZA 2012, 1090 Rn 47 ff (für den Interessenausgleich nach § 125 InsO); **L:** ErfK/*Oetker* § 1 KSchG Rn 333; KR/*Rachor* § 1 KSchG Rn 746; **krit** AR/*Kaiser* § 1 KSchG Rn 213>, muss er, wenn er dies ggü dem BR kennzeichnet und der BR nicht nachfragt, nur diese Daten mitteilen <R: BAG 6.7.2006, 2 AZR 520/05, NZA 2007, 266 Rn 18; 17.1.2008, 2 AZR 405/06, NZA-RR 2008, 571 Rn 26; 5.11.2009, 2 AZR 676/08, NZA 2010, 457 Rn 40 f (zur ehemaligen Lohnsteuerkarte)>.

31 Teilt der AG dem BR mit, dass er **keine Sozialauswahl durchführt** oder ist dies für den BR ohne Weiteres erkennbar, braucht er dem BR keine Sozialdaten vergleichbarer AN mitzuteilen (zu den Sozialdaten des zu kündigenden AN Rn 29). Dies kommt in Betracht, wenn der AG im Betrieb verbleibende AN für nicht vergleichbar mit dem zu kündigenden AN hält. Dann ist der BR über diese nicht zu unterrichten <R: BAG 15.12.1994, 2 AZR 327/94, NZA 1995, 521; 7.11.1996, 2 AZR 720/95, RzK III 1b Nr 26; auch 13.5.2004, 2 AZR 329/03, BB 2004, 2190; 12.8.2010, 2 AZR 945/08, NZA 2011, 460 Rn 19; **L:** Richardi/*Thüsing* Rn 74>. Gleiches gilt, wenn der AG eine Sozialauswahl für entbehrlich hält, weil er infolge einer **Betriebsstilllegung** allen AN kündigen will. Die Mitteilung der Sozialdaten vergleichbarer AN ist dann nicht erforderl <R: BAG 24.2.2000, 8 AZR 167/99, BB 2000, 1528 (LS); 13.5.2004, aaO; 12.8.2010, aaO; **L:** DKW/*Bachner/Deinert* Rn 104; GK/*Raab* Rn 63; Richardi/*Thüsing* Rn 74>.

32 Ist die **Weiterbeschäftigung** auf einem freien Arbeitsplatz **in einem anderen Betrieb** des Unternehmens mögl (Rn 28), ist eine Auswahl unter den für die Besetzung dieser Arbeitsplätze in Betracht kommenden AN entspr § 1 Abs 3 KSchG durchzuführen <R: BAG 12.8.2010, 2 AZR 945/08, NZA 2011, 460 Rn 40; 27.7.2017, 2 AZR 476/16, NZA 2018, 234 Rn 38; für eine Auswahl „zumindest" nach § 315 BGB noch BAG 15.12.1994, 2 AZR 320/94, BB 1995, 930; **L:** ErfK/*Oetker* § 1 KSchG Rn 253; KR/*Rachor* § 1 KSchG Rn 584; LSSW/*Schlünder* § 1 KSchG Rn 348 f>. Entspr dem zur Reichweite der Unterrichtung über anderweitige Beschäftigungsmöglichkeiten Gesagten (Rn 28) muss der AG den BR auch über diese Sozialauswahl informieren.

33 Plant der AG **Massenentlassungen**, muss er den BR sowohl über die wirtschaftl Gründe für die Entlassungen als auch über den Grund für jede einzelne Kd eingehend informieren. Dabei genügt es nicht, wenn der AG dem BR ledigl die Anzahl der zu kündigenden AN nennt <R: BAG 14.2.1978, 1 AZR 154/76, DB 1978, 1501; **L:** DKW/*Bachner/Deinert* Rn 112; ErfK/*Kania* Rn 9>. Der AG muss dem BR auch bei Massenentlassungen die allg Sozialdaten sowie einen etwaigen Sonder-Kd-Schutz, etwa bei schwerbehinderten AN, mitteilen <R: BAG 16.9.1993, 2 AZR 267/93, BB 1994, 429; **L:** APS/*Koch* Rn 97>.

34 Auch wenn AG und BR in einem **Interessenausgleich** (§ 112 Rn 4) die zu kündigenden AN in einer **Namensliste** aufführen und so die arbg Kontrolle der Sozialauswahl gem § 1

Abs 5 KSchG herabsetzen <L: ausf AR/*Kaiser* § 1 KSchG Rn 234 ff; LSSW/*Schlünder* § 1 KSchG Rn 500 ff>, ist die **Anhörung nach § 102 nicht entbehrlich**, weil der BR nur über seinen Widerspruch die Weiterbeschäftigung einzelner AN während des Kd-Schutzverf erreichen kann <R: BAG 20.5.1999, 2 AZR 532/98, BB 1999, 2032; 21.2.2002, 2 AZR 581/00, NZA 2002, 1360; 28.8.2003, 2 AZR 377/02, BB 2004, 1056; 5.11.2009, 2 AZR 676/08, NZA 2010, 457 Rn 37; L: *Löwisch* BB 2004, 154, 157; *Fitting* Rn 35b; GK/*Raab* Rn 96>. Der AG kann die **Anhörung aber mit den Verhandlungen** über den Interessenausgleich **verbinden**, wenn er dies bei Einleitung des Beteiligungsverf klarstellt und dies ggfs im Wortlaut des Interessenausgleichs zum Ausdruck gebracht wird <R: BAG 28.6.2012, 6 AZR 682/10, NZA 2012, 1090 Rn 63; 20.6.2013, 6 AZR 805/11, NZA 2013, 1137 Rn 37 (zur Namensliste nach § 125 InsO)>. Dabei muss **für den BR aber hinreichend erkennbar** sein, dass der AG mit der Mitteilung den Zweck verfolgt, seiner Anhörungspflicht nach § 102 zu genügen, und dass der BR innerhalb der Frist des Abs 2 zur Kd Stellung nehmen soll <R: LAG Hamm 11.2.2020, 7 Sa 1149/19, juris Rn 48 ff>, s auch Rn 50. Tatsachen, die dem BR bereits aus den Interessenausgleichsverhandlungen bekannt sind, zB das aus Sicht des AG entfallende Beschäftigungsbedürfnis und die der Sozialauswahl zugrunde liegenden Tatsachen, müssen dann im Anhörungsverf nicht erneut mitgeteilt werden <R: BAG 20.5.1999, aaO; 21.2.2002, aaO; 28.8.2003, aaO; 5.11.2009, aaO; 20.6.2013, aaO; L: *Fitting* Rn 35c; GK/*Raab* Rn 96>.

Soll der **Betrieb stillgelegt werden**, muss der AG gleichwohl ein Anhörungsverf für jeden einzelnen AN durchführen <R: BAG 14.2.1978, 1 AZR 154/76, DB 1978, 1501>. Er kann sich allerdings auf pauschale Hinweise beschränken; zur Sozialauswahl Rn 31. 35

ee) Änderungskündigung

§ 2 S 1 KSchG erlaubt dem AG entgg dem missverständlichen Wortlaut keine echte Änderungs-Kd, sondern eine Beendigungs-Kd, die der AG mit dem Angebot verbinden kann, das Arbeitsverhältnis zu geänderten Bedingungen fortzusetzen. Die Änderungs-Kd ist damit ein aus zwei Willenserklärungen (Gestaltungsrecht Beendigungs-Kd und Angebot der Vertragsänderung) zusammengesetztes Rechtsgeschäft <R: BAG 10.9.2009, 2 AZR 822/07, NZA 2010, 333 Rn 15; 21.5.2019, 2 AZR 26/19, NZA 2019, 1143 Rn 30>. Der AN kann das Angebot vorbehaltlos annehmen, dieses ganz ablehnen oder unter Vorbehalt annehmen. Bei einer Änderungs-Kd müssen dem BR sowohl die **Gründe für die Änderung** der Arbeitsbedingungen als auch das **Änderungsangebot** mitgeteilt werden <R: BAG 27.9.2001, 2 AZR 236/00, BB 2002, 1914; 12.8.2010, 2 AZR 945/08, NZA 2011, 460 Rn 18>. Der Grundsatz der subjektiven Determinierung der Unterrichtungspflicht (Rn 14) gilt auch hier <R: BAG 12.8.2010, aaO>. Will sich der AG eine Beendigungs-Kd vorbehalten und dazu eine erneute Anhörung ersparen, muss er zugleich verdeutlichen, dass er im Falle der Ablehnung des Änderungsangebots durch den AN die Beendigungs-Kd beabsichtigt <R: BAG 30.11.1989, 2 AZR 197/89, NZA 1990, 704; vgl auch 22.4.2010, 2 AZR 991/08, NZA-RR 2010, 583 Rn 15 ff für den Fall des Widerspruchs gg den Betriebsübergang>. 36

Eine betriebsbedingte Änderungs-Kd zur direkten **Entgeltsenkung** ist nach der Rspr nur dann gerechtfertigt, wenn sonst erforderl werdende Beendigungs-Kd vermieden werden. Regelmäßig bedarf es deshalb eines umfassenden Sanierungsplans, der alle ggü der beabsichtigten Änderungs-Kd mildern Mittel ausschöpft <R: näher dazu BAG 26.6.2008, 2 37

§ 102 Mitbestimmung bei Kündigungen

AZR 139/07, NZA 2008, 1182 Rn 20; 20.6.2013, 2 AZR 396/12, NZA 2013, 1409 Rn 31; 20.10.2017, 2 AZR 783/16 (F), NZA 2018, 440 Rn 41; AR/*Kaiser* § 2 KSchG Rn 42; LSSW/*Wertheimer* § 2 KSchG Rn 80ff>. Hierüber muss der AG den BR umfassend informieren. Insbes muss er dem BR dafür die Ertragslage des Betriebs und nicht nur diejenige einzelner Betriebsteile mitteilen <R: BAG 11.10.1989, 2 AZR 61/89, BB 1990, 1628>.

3. Unterrichtungsverfahren

a) Adressat

38 Von der geplanten Kd ist gem § 26 Abs 2 S 2 der **BR-Vors** und bei dessen Verhinderung sein Stellv zu unterrichten. Der Stellv des BR-Vors ist zur Entgegennahme der Anhörung nur berechtigt, wenn und solange der Vors selbst verhindert ist <R: BAG 7.7.2011, 6 AZR 248/10, NZA 2011, 1108 Rn 15>. Die Unterrichtung eines anderen BR-Mitglieds genügt nur, wenn dieses vom BR oder vom BR-Vors zur Entgegennahme ermächtigt worden ist <R: BAG 27.6.1985, 2 AZR 412/84, BB 1986, 321; 6.10.2005, 2 AZR 316/04, NZA 2006, 990 Rn 25>. Trifft der BR keine Vorkehrungen für den Fall, dass sowohl der BR-Vors als auch sein Stellv verhindert sind, ist jedes BR-Mitglied als berechtigt und verpflichtet anzusehen, die Mitteilung des AG entgegenzunehmen <R: BAG 27.6.1985, aaO; **L**: statt aller DKW/*Bachner/Deinert* Rn 158; Richardi/*Thüsing* Rn 89>.

39 Der BR-Vors oder ein anderes für den Empfang zuständiges BR-Mitglied ist nicht verpflichtet, eine Mitteilung des AG nach Abs 1 **außerhalb der Arbeitszeit und außerhalb der Betriebsräume** entgegenzunehmen. Nimmt ein Empfangsberechtigter die Mitteilung gleichwohl entgg, wird dadurch aber die Wochenfrist des Abs 2 S 1 in Gang gesetzt <R: BAG 27.8.1982, 7 AZR 30/80, BB 1983, 377; **L**: DKW/*Bachner/Deinert* Rn 160; *Fitting* Rn 21; Richardi/*Thüsing* Rn 91>. Ist ein BR-Vors aufgrund Ortsabwesenheit tatsächl verhindert, ein Anhörungsschreiben des AG, dessen Übergabe außerhalb des Betriebs dem BR rechtzeitig angekündigt worden war, entgegenzunehmen, ist der Stellv des BR-Vors nach § 26 Abs 2 S 2 zur Entgegennahme außerhalb des Betriebs berechtigt, wenn nicht zuvor der BR bzw sein Vors die vom AG angekündigte Übergabe außerhalb des Betriebs abgelehnt hatte <R: BAG 7.7.2011, 6 AZR 248/10, NZA 2011, 1108 Rn 17>.

40 Ist das Beteiligungsrecht nach § 102 einem **BR-Ausschuss übertragen** worden, muss der Ausschuss-Vors bzw dessen Stellv über die Kd informiert werden <R: BAG 4.8.1975, 2 AZR 266/74, BB 1975, 1435; LAG Ddf 14.1.2021, 5 Sa 483/20, NZA-RR 2021, 358 Rn 41; **L**: DKW/*Bachner/Deinert* Rn 156; *Fitting* Rn 21, 50; APS/*Koch* Rn 70, 77; Richardi/*Thüsing* Rn 86>. Ist der AG nicht darüber unterrichtet, dass ein BR-Ausschuss errichtet worden ist, genügt er seiner Mitteilungspflicht durch die Information des BR-Vors <**L**: APS/*Koch* Rn 70; KR/*Rinck* Rn 115>.

41 § 102 setzt das **Bestehen eines BR** voraus. Ein gewählter BR muss sich konstituiert haben <R: BAG 23.8.1984, 6 AZR 520/82, BB 1985, 1066>. Anzuhören ist der BR des Betriebs, dem der AN im Zeitpunkt der Kd angehört <R: BAG 24.5.2012, 2 AZR 62/11, NZA 2013, 277 Rn 42; 8.5.2014, 2 AZR 1005/12, BB 2015, 60 Rn 31>. Bei einer nicht angefochtenen BR-Wahl repräsentiert der BR nur die Belegschaft, die ihn mitgewählt hat, hingg nicht die AN eines unselbständigen Betriebsteils oder Nebenbetriebs iS des § 4, die den BR hätten mitwählen müssen, aber tatsächl nicht mitgewählt haben; zur Kd

dieser AN ist der BR nicht anzuhören <**R:** BAG 3.6.2004, 2 AZR 577/03, NZA 2005, 175; **L:** APS/*Koch* Rn 69; KR/*Rinck* Rn 55; **aA** *Bitter* NZA-Beil 3/91, S 16, 17; DKW/ *Bachner/Deinert* Rn 140; *Fitting* Rn 20c>. Ebenso ist der BR eines Kooperationsbetriebs nicht neben dem bei der Dienststelle gebildeten Personalrat anzuhören, wenn die Bundeswehr einem AN kündigt, der dem Kooperationsbetrieb nur beigestellt ist <**R:** BAG 31.7.2014, 2 AZR 407/13, NZA 2015, 621 Rn 53f>.

Widerspricht der AN dem Übergang seines Arbeitsverhältnisses auf einen neuen Betriebsinhaber gem **§ 613a BGB**, weswg ihm der bisherige AG mangels Beschäftigungsmöglichkeit kündigt, und ist wg Übergangs des gesamten Betriebs auf den Erwerber für den widersprechenden AN kein Einzel-BR zuständig, besteht keine Anhörungspflicht. Der im übergegangenen Betrieb fortbestehende BR hat weder ein Übergangsmandat nach § 21a noch ein Restmandat nach § 21b. Auch wird dadurch nicht der GBR beim Alt-AG zuständig; der AG kann ohne BR-Anhörung kündigen <**R:** BAG 21.3.1996, 2 AZR 559/ 95, BB 1996, 1502; 24.5.2012, 2 AZR 62/11, NZA 2013, 277 Rn 45ff; 8.5.2014, 2 AZR 1005/12, BB 2015, 60 Rn 34ff; 24.9.2015, 2 AZR 562/14, NZA 2016, 366 Rn 60ff; **L:** APS/*Koch* Rn 55, 73; AR/*Kolbe* Rn 2; GK/*Raab* Rn 51>, § 50 Rn 32.

42

Ist die Amtszeit des BR abgelaufen und noch kein neuer gewählt worden, entfällt das Anhörungsverf, es sei denn, der frühere BR führt die BR-Geschäfte ausnahmsweise nach § 22 weiter <**R:** LAG Rh-Pf 15.1.2020, 7 Sa 179/19, juris Rn 119f; zum PersVG auch BAG 15.1.1974, 1 AZR 234/73, PersV 1975, 36>, s auch § 21 Rn 7. Geht der **Betrieb** durch **Stilllegung**, Spaltung oder Zusammenlegung unter, behält der BR für die Ausübung seiner Rechte aus § 102 **nach § 21b ein Restmandat**, bis er zur Kd des letzten AN angehört worden ist <**R:** BAG 25.10.2007, 8 AZR 917/06, BB 2008, 1175 Rn 49>, § 21b Rn 15; zum Übergangsmandat bei Spaltung und Zusammenlegung von Betrieben s § 21a Rn 7ff, 28ff. Wird ein **Gemeinschaftsbetrieb** mehrerer Unternehmen aufgelöst, weil eines der beiden Unternehmen seine betriebl Tätigkeit einstellt, führt dies grds nicht zur Beendigung der Amtszeit des im Gemeinschaftsbetrieb gewählten BR. Dieser ist zur Kd der ausscheidenden AN anzuhören, auch wenn die Gesamtzahl der AN und der BR-Mitglieder unter die Zahlen des § 13 Abs 2 Nr 1 und 2 absinkt und deswg die Amtszeit des BR endet. Bis zu Neuwahlen nimmt ggfs das einzige verbliebene BR-Mitglied nach § 22 die Befugnisse aus § 102 wahr <**R:** BAG 19.11.2003, 7 AZR 11/03, BB 2004, 720>.

43

b) Zeitpunkt

Der AG muss den BR **vor der Kd** anhören. Die Anhörung muss vor dem Absenden des Kd-Schreibens oder dessen Übergabe an den AN stattfinden <**R:** BAG 13.11.1975, 2 AZR 610/74, BB 1976, 694; 8.4.2003, 2 AZR 505/02, DB 2003, 2342>. Auch kann der AG die Kd wirksam erst nach Ablauf der für die Äußerung des BR in Abs 2 S 1–3 bestehenden Fristen aussprechen, also bei einer o Kd nach Ablauf von einer Woche und bei einer ao Kd nach Ablauf von 3 Tagen <**R:** BAG 13.11.1975, aaO; 18.9.1975, 2 AZR 594/ 74, BB 1976, 227>, sofern der AG nicht vor Fristablauf bereits von einer abschließenden Stellungnahme des BR zur Kd ausgehen durfte (Rn 58ff). Hat der AG den BR angehört, muss er die Kd nicht binnen einer kurzen Frist aussprechen. Er darf warten und ohne erneute Anhörung des BR kündigen, solange sich der Kd-Sachverhalt nicht geändert hat <**R:** BAG 26.5.1977, 2 AZR 201/76, BB 1978, 96; **L:** GK/*Raab* Rn 45; **abw** DKW/*Bachner/Deinert* Rn 125 (enger zeitl Zusammenhang); APS/*Koch* Rn 65 (Vermutung für einen

44

§ 102 Mitbestimmung bei Kündigungen

neuen oder zwischenzeitl erstmals abschließend gebildeten Kd-Entschluss, wenn AG länger als 4 Wochen mit der Kd zuwartet)>. Eine bloße Anhörung auf Vorrat genügt den Anforderungen indessen nicht (Rn 46).

45 Die Fristen können vom AG – auch in **Eilfällen** – nicht einseitig verkürzt werden <**R:** BAG 29.3.1977, 1 AZR 46/75, BB 1977, 947; **L:** DKW/*Bachner/Deinert* Rn 16; GK/*Raab* Rn 144; KR/*Rinck* Rn 125; Richardi/*Thüsing* Rn 112; **krit** SWS Rn 34; **aA** HWGNRH/*Huke* Rn 25>. Jedoch verbietet es § 2 Abs 1 dem BR, die Fristen stets auszuschöpfen. Bei einer ao Kd muss in dringenden Fällen sofort eine Sitzung des BR oder des Personalausschusses einberufen werden, um über die Kd zu beraten. Bei einer o Kd darf der BR die Wochenfrist ausnahmsweise dann nicht ausschöpfen, wenn bes Eilbedürftigkeit gegeben ist, der AG etwa erkennbar ein bes Interesse an der Einhaltung eines best Kd-Termins hat und selbst alles getan hat, um diesen einzuhalten <**L:** HWGNRH/*Huke* Rn 25; GK/*Raab* Rn 145; *SWS* Rn 34; einschränkend KR/*Rinck* Rn 125; **abw** DKW/*Bachner/Deinert* Rn 16>. Verzögert der BR in einem solchen Fall seine Äußerung, gilt die Zustimmung zur Kd entspr § 162 BGB als erteilt <**L:** HWGNRH/*Huke* Rn 26; *SWS* Rn 34; ausnahmsweise auch KR/*Rinck* Rn 125; Richardi/*Thüsing* Rn 112>. Bei **Massenentlassungen** verlängert sich die Anhörungsfrist nicht, AG und BR können aber eine Verlängerung vereinbaren. Einen Anspruch auf Abschluss einer solchen Vereinbarung hat der BR allerdings nicht <**R:** BAG 14.8.1986, 2 AZR 561/85, DB 1987, 1050>.

46 Der AG muss den BR so zeitig unterrichten, dass er die **Kd-Frist für eine o Kd** und die **Zweiwochenfrist des § 626 Abs 2 BGB für die ao Kd** einhalten kann <**R:** BAG 18.8.1977, 2 ABR 19/77, BB 1978, 43; zum PersVG 8.6.2000, 2 AZR 375/99, BB 2001, 463>. Eine **Anhörung auf Vorrat** zu einer vom AG bislang bloß erwogenen Kd ist **nicht mögl**. So widerspricht es Sinn und Zweck des Anhörungsverf, dieses zu einem Zeitpunkt einzuleiten, in dem der AG seine Kd-Absicht noch nicht verwirklichen will oder kann, weil seine Kd-Überlegungen noch unter dem Vorbehalt der weiteren Entwicklung stehen <**R:** BAG 22.4.2010, 2 AZR 991/08, NZA-RR 2010, 583 Rn 14; 17.3.2016, 2 AZR 182/15, BB 2016, 2169 Rn 17; **L:** *Fitting* Rn 26; GK/*Raab* Rn 46>. Etwa darf der AG den BR nicht zu einer Kd anhören, die er wg des erwarteten Fernbleibens eines AN von der Arbeit aussprechen will, da der BR dann nicht seiner Funktion gerecht werden kann, den AG ggfs vom Ausspruch der Kd abzuhalten, Rn 1 f <**R:** BAG 19.1.1983, 7 AZR 514/80, BB 1983, 1920>. Gleiches gilt, wenn der AG den BR zu einer Kd anhört und diesem mitteilt, dass deren Ausspruch noch von einer Einigung über einen Interessenausgleich und einen Sozialplan abhängt; eine vorzeitig ausgesprochene Kd ist dann von der Anhörung nicht mehr gedeckt <**R:** BAG 27.11.2003, 2 AZR 654/02, EzA § 102 BetrVG 2001 Nr 6>.

47 Bedarf die Kd der **Zustimmung des Integrationsamts nach § 168 SGB IX** oder der für den Arbeitsschutz zuständigen **obersten Landesbehörde nach § 17 Abs 2 MuSchG, § 18 Abs 1 S 4, 5 BEEG**, kann das Anhörungsverf sowohl vor Einholung der Zustimmung als auch danach durchgeführt werden <**R:** zum PersVG BAG 5.9.1979, 4 AZR 875/77, DB 1980, 455; **L:** HWK/*Ricken* Rn 23>. Das gilt auch für die **Anhörung der Schwerbehindertenvertretung** nach § 178 Abs 2 SGB IX im Fall der Kd eines schwerbehinderten Menschen, die sich – insbes mit Blick auf Inhalt und Frist – nach den für die Anhörung des BR nach § 102 geltenden Grundsätzen richtet. Es genügt, wenn der AG zunächst gem §§ 168 ff SGB IX die Zustimmung des Integrationsamts zur Kd des schwerbehinderten Menschen einholt und erst danach gem § 102 den BR zur Kd anhört und nach

§ 178 Abs 2 SGB IX die Schwerbehindertenvertretung beteiligt <**R:** BAG 13.12.2018, 2 AZR 378/18, BB 2019, 1337 Rn 15ff, 19ff; **L:** *Göttling* FS Preis (2021), S 353, 365; NPGWJ/*Pahlen* § 178 SGB IX Rn 11dff; **aA** *Bayreuther* NZA 2017, 87, 90; *Klein* NJW 2017, 852, 854; *Schmitt* BB 2017, 2293, 2296ff>. Einer **ordnungsgem BR-Anhörung** steht es nicht entgg, wenn der AG den BR nicht über die Einzelheiten der Anhörung der Schwerbehindertenvertretung informiert hat, da es sich hierbei nicht um „Gründe für die Kd" iS des Abs 1 S 2 handelt <**R:** LAG Ddf 10.12.2020, 5 Sa 231/20, NZA-RR 2021, 298 Rn 46f>. Hat der AG den BR vor Einschaltung des Integrationsamts zur fristlosen Kd eines schwerbehinderten AN angehört, ist **bei unverändertem Sachverhalt** eine erneute Anhörung auch dann nicht erforderl, wenn die Zustimmung des Integrationsamts erst nach einem jahrelangen verwaltungsgerichtl Verf erteilt wird <**R:** zum SchwbG und PersVG BAG 18.5.1994, 2 AZR 626/93, BB 1994, 1857>.

Wg des Zweckes des § 102, dem BR Gelegenheit zu geben, auf den Kd-Entschluss des AG einzuwirken (Rn 1), besteht die Anhörungspflicht **vor jeder Kd erneut**. Das Anhörungsverf entfaltet grds nur für die Kd Wirksamkeit, für die es eingeleitet worden ist. Insbes wenn der AG wg Bedenken gg die Wirksamkeit der ersten Kd **vorsorgl erneut kündigt**, muss der BR erneut angehört werden <**R:** BAG 31.1.1996, 2 AZR 273/95, BB 1996, 1016 (LS); 10.11.2005, 2 AZR 623/04, NZA 2006, 491 Rn 42; 3.4.2008, 2 AZR 965/06, NZA 2008, 807 Rn 26; LAG Nürnberg 8.12.2020, 7 Sa 226/20, BB 2021, 954; **L:** *Fitting* Rn 26; ErfK/*Kania* Rn 1; AR/*Kolbe* Rn 4; KR/*Rinck* Rn 72; Richardi/*Thüsing* Rn 127; **aA** *Diller* NZA 2004, 579, 582; APS/*Koch* Rn 26>. Scheitert eine Kd, zu der der BR ordnungsgem angehört worden ist, **aber ledigl am fehlenden Zugang** beim AN, muss der BR vor einer erneuten Kd nicht nochmals angehört werden, wenn diese Kd in einem engen zeitl Zusammenhang mit der ersten Kd ausgesprochen und auf denselben Sachverhalt gestützt wird <**R:** BAG 11.10.1989, 2 AZR 88/89, BB 1990, 1701; 7.5.1998, 2 AZR 285/97, FA 1998, 315; **L:** *Fitting* Rn 26; ErfK/*Kania* Rn 1; AR/*Kolbe* Rn 4; APS/*Koch* Rn 24; KR/*Rinck* Rn 72; Richardi/*Thüsing* Rn 127>. Zur vorsorgl Kd während eines Verf nach § 103 Abs 2 s Rn 55 und § 103 Rn 66f.

48

Keine erneute Pflicht zur Anhörung des BR besteht auch dann, wenn der AG bei einer Änderungs-Kd das Änderungsangebot entspr den Einwänden des BR zugunsten des AN einschränkt, etwa das Arbeitsverhältnis zu geänderten Bedingungen unbefristet anstatt wie ursprüngl beabsichtigt nur befristet fortsetzt <**R:** LAG Berl-Bbg 15.2.2008, 8 Sa 1476/07, NZA-RR 2009, 71; **L:** KR/*Rinck* Rn 73; **aA** Richardi/*Thüsing* Rn 127>.

49

c) Form

Das Anhörungsverf nach § 102 unterliegt keiner best Form. Der AG **braucht den BR nur mündlich zu informieren**, eine schriftl Anhörung ist nicht erforderl <**R:** BAG 26.1.1995, 2 AZR 386/94, DB 1995, 1134; 23.6.2009, 2 AZR 474/07, BB 2010, 1856 Rn 37>. Allerdings muss der AG den BR **zu einer Stellungnahme** zu seiner konkreten Kd-Absicht **auffordern**. Eine ausdrückl Aufforderung an den BR, zu der beabsichtigten Kd Stellung zu nehmen, ist idR **nur dann nicht erforderl**, wenn der BR der Mitteilung des AG entnehmen kann, dass dieser damit den Zweck verfolgt, seiner Anhörungspflicht nach § 102 zu genügen <**R:** BAG 7.12.1979, 7 AZR 1063/77, BB 1980, 628; LAG Hamm 11.2.2020, 7 Sa 1149/19, juris Rn 48f; **L:** GK/*Raab* Rn 39f; HWK/*Ricken* Rn 19; KR/*Rinck* Rn 108f>. Wird die Anhörung durch eine betriebsfremde Person als Bote oder

50

§ 102   Mitbestimmung bei Kündigungen

Vertreter des AG durchgeführt, kann der BR die Anhörung **nicht entspr § 174 S 1 BGB zurückweisen**, wenn der Anhörung keine Vollmachtsurkunde beigefügt ist <R: BAG 13.12.2012, 6 AZR 348/11, BB 2013, 1339 Rn 71 ff>. Auch stellt die Durchführung des Anhörungsverf nach § 102 durch ein verbundenes Unternehmen iS des § 15 AktG keine Rechtsdienstleistung iS des § 2 Abs 1 RDG dar <R: BAG 21.5.2019, 2 AZR 582/18, NZA 2019, 1052 Rn 12>.

51 **Hört der AG den BR schriftl an**, etwa indem er ihm in einem Anhörungsschreiben die Personalien des AN, Angaben zur Kd-Frist und zum Kd-Termin sowie zum betriebsbedingten Kd-Grund mitteilt, muss er sich an ergänzenden mündlichen Erklärungen festhalten lassen. Kann der BR aufgrund der Erklärungen des AG davon ausgehen, dass eine betriebsbedingte Kd erst nach einer Einigung über den Interessenausgleich und den Sozialplan ausgesprochen wird und erklärt der AG dennoch nach Abschluss des Anhörungsverf abw die Kd vor Abschluss des Sozialplans, ist die Anhörung nicht ordnungsgem erfolgt <R: BAG 27.11.2003, 2 AZR 654/02, NZA 2004, 752 (LS)>.

52 Anders als nach § 99 muss der AG dem BR **keine (vorhandenen schriftl) Unterlagen** über seine Kd-Absicht vorlegen. Das gilt auch dann, wenn der Kd-Sachverhalt ungewöhnlich komplex ist <R: BAG 26.1.1995, 2 AZR 386/94, DB 1995, 1134; 6.2.1997, 2 AZR 265/96, BB 1997, 1311; L: HWGNRH/*Huke* Rn 70; ErfK/*Kania* Rn 4; GK/*Raab* Rn 106; KR/*Rinck* Rn 111; Richardi/*Thüsing* Rn 84 f>. Insofern begründet auch § 83 Abs 1 S 2 eine Schranke, nach der der BR nur mit Zustimmung des AN Einblick in die Personalakte nehmen kann. Auch aus dem Gebot der vertrauensvollen Zusammenarbeit des § 2 Abs 1 folgt nicht, dass der AG den AN dazu drängen darf, sein Einverständnis zum Einblick des BR in seine Personalakte zu geben; der AG **muss dem BR nicht Einsicht in die Personalakten** des zu kündigenden AN gewähren <R: BAG 27.6.1985, 2 AZR 412/84, BB 1986, 321; 26.1.1995, aaO; **aA** für die Möglichkeit des BR im Zusammenhang mit § 102 Unterlagen nach § 80 Abs 2 zu verlangen: LAG Hamm 6.1.1994, 16 Sa 1216/93, LAGE § 102 BetrVG 1972 Nr 40; L: wie hier GK/*Raab* Rn 106; Richardi/*Thüsing* Rn 85; **aA** DKW/*Bachner/Deinert* Rn 50; *Fitting* Rn 26>.

53 Der AG genügt seiner Unterrichtungspflicht auch dann, wenn er dem BR best Tatsachen **erst auf Nachfrage** mitteilt; die **Anhörungsfrist** läuft dann aber ab der auf Nachfrage mitgeteilten Information erneut <R: BAG 6.2.1997, 2 AZR 265/96, BB 1997, 1311; L: DKW/*Bachner/Deinert* Rn 123; GK/*Raab* Rn 198>. Informationen, die sich der BR nach der Unterrichtung durch den AG anderweitig selbst beschafft, heilen eine unzureichende Unterrichtung durch den AG nicht <R: BAG 6.2.1997, aaO; L: KR/*Rinck* Rn 154; aA GK/*Raab* Rn 92>. Hat der AG den BR (irrtümlich) fehlerhaft über den Kd-Sachverhalt informiert und erfährt er dies – etwa aufgrund einer Rüge des BR – noch vor Ausspruch der Kd, ist der AG verpflichtet, dem BR den zutreffenden Sachverhalt bzw die geänderten Umstände mitzuteilen <R: BAG 17.2.2000, 2 AZR 913/98, BB 2000, 1407; L: GK/*Raab* Rn 199; HWK/*Ricken* Rn 42; KR/*Rinck* Rn 153, 244; Richardi/*Thüsing* Rn 137>. Auch dann läuft die Anhörungsfrist von Neuem. Eine Pflicht zur Ergänzung der Mitteilung mit erneutem Beginn der Anhörungsfrist besteht auch dann, wenn sich die **tatsächl Umstände bis zum Ausspruch der Kd ändern** <R: BAG 22.9.2016, 2 AZR 700/15, NZA 2017, 304 Rn 33; L: GK/*Raab* Rn 87>. Hingg wird die Frist nicht erneut in Gang gesetzt, wenn die Anhörung bereits ordnungsgem war und der AG dem BR ledigl ergänzende Informationen mitteilt, die über das Notwendige einer ordnungsgem Information hinausgehen <R: BAG 23.10.2014, 2 AZR 736/13, NZA 2015, 476 Rn 28 f>.

II. Anhörung des Betriebsrats   § 102

d) Verhältnis zu §§ 103, 104

Da das **Zustimmungsverf nach § 103** eine ggü dem Anhörungsverf nach § 102 qualifizierte Form der Beteiligung des BR bei einer ao Kd ist und die für das Anhörungsverf nach § 102 geltenden Grundsätze entspr für das Zustimmungsverf nach § 103 gelten, genügt der AG seinen Mitteilungspflichten nach § 102, wenn er zunächst (zutreffend oder irrtümlich) ein Verf nach § 103 einleitet und den BR entspr unterrichtet. Steht dann im Kd-Zeitpunkt zweifelsfrei fest, dass ein Schutz nach § 103 nicht besteht, kann der AG die ao Kd ohne Zustimmung des BR aussprechen. Eine erneute Anhörung des BR nach § 102 ist nicht erforderl, wenn die Angaben im Antrag nach § 103 den Anforderungen des § 102 genügten <R: vgl BAG 17.3.2005, 2 AZR 275/04, NZA 2005, 1064; L: APS/*Koch* Rn 86a; KR/*Rinck* § 103 Rn 70>. Umgekehrt kann eine Anhörung nach § 102 eine Zustimmung nach § 103 nicht ersetzen <R: BAG 17.3.2005, aaO>.   54

Spricht der AG **während eines von ihm weiter betriebenen Verf nach § 103 Abs 2** eine Kd ggü dem betreffenden AN aus, so geschieht dies regelmäßig vorsorgl für den Fall, dass die Kd nicht (mehr) der Zustimmung des BR bedarf. Diese vorsorgl Kd ist nicht als Abbruch des Verf nach § 103 zu verstehen und verbraucht auch nicht die bis dahin erfolgte Unterrichtung des BR <R: BAG 27.1.2011, 2 ABR 114/09, NZA-RR 2011, 348 Rn 24, 27 ff; 1.10.2020, 2 AZR 238/20, NZA 2020, 1639 Rn 15>; näher dazu § 103 Rn 66 f.   55

Folgt der AG dem **Verlangen des BR nach § 104**, einem AN zu kündigen oder diesen zu versetzen, braucht der AG den BR zu dieser Beendigungs- oder Änderungs-Kd nicht erneut nach § 102 anzuhören, weil das Entlassungs- oder Versetzungsverlangen bereits die Zustimmung des BR zu der Kd enthält <R: BAG 15.5.1997, 2 AZR 519/96, BB 1997, 1748 (LS); 28.3.2017, 2 AZR 551/16, BB 2017, 1917 Rn 36; L: AR/*Kolbe* § 104 Rn 6; Richardi/*Thüsing* § 104 Rn 17>. Das gilt selbst dann, wenn das Kd- oder Versetzungsverlangen des BR den Anforderungen des § 104 nicht genügt <R: BAG 15.5.1997, aaO>. S auch § 104 Rn 13 mwN.   56

4. Reaktion des Betriebsrats

a) Inhalt

Hat der AG den BR von einer geplanten o Kd ordnungsgem unterrichtet, kann der BR nach Abs 2 S 1 dem AG innerhalb einer **Frist** von einer Woche **schriftl** und unter Angabe von Gründen **Bedenken** gg die Kd mitteilen oder nach Abs 3 der Kd schriftl **widersprechen** (Rn 76 ff) und durch den Widerspruch die Pflicht des AG nach Abs 5 begründen, den AN bis zum rechtskräftigen Abschluss des Kd-Schutzprozesses weiterzubeschäftigen (Rn 109 ff); zur Form Rn 77. Zu einer **ao Kd** muss sich der BR nach Abs 2 S 3 unverzügl, dh sobald es im ordnungsgem Geschäftsgang mögl ist, **spätestens jedoch innerhalb von drei Tagen** äußern (zur Fristberechnung nach §§ 187 ff BGB § 99 Rn 121). Wird einem tarifl unkündbaren AN ao unter Einhaltung der Frist für die o Kd gekündigt, gilt die Wochenfrist des Abs 2 S 1 <R: BAG 12.1.2006, 2 AZR 242/05, EzA § 626 BGB 2002 Unkündbarkeit Nr 9; L: KR/*Rinck* Rn 132; Richardi/*Thüsing* Rn 108; **aA** Bitter/Kiel FS Schwerdtner (2003), S 13, 28 ff>.   57

Ob und wie sich der BR äußert, ist für die Durchführung des Anhörungsverf gleichgültig. Äußert sich der BR innerhalb der Anhörungsfrist nicht, so ist das Anhörungsverf beendet;   58

§ 102 Mitbestimmung bei Kündigungen

der AG kann die Kd nach Ablauf der Wochen- oder 3-Tages-Äußerungsfrist wirksam aussprechen. **Äußert sich der BR**, so hat der AG dessen Stellungnahme und ggfs nähere mündliche Erläuterungen **zur Kenntnis zu nehmen**. Eine Beratung mit dem BR verlangt das Gesetz nicht. Vielmehr ist das Anhörungsverf mit dem Eingang der Äußerung des BR beendet und kann der AG nach der Kenntnisnahme die Kd aussprechen. Den Ablauf der Anhörungsfrist braucht er nicht mehr abzuwarten, wenn eine das Anhörungsverf **abschließende Stellungnahme des BR** vorliegt <R: BAG 15.12.1994, 2 AZR 327/94, NZA 1995, 521; 16.1.2003, 2 AZR 707/01, BB 2003, 1791; 23.10.2014, 2 AZR 736/13, NZA 2015, 476 Rn 13; 13.6.2019, 6 AZR 459/18, BB 2019, 2554 Rn 60>. Nach **neuerer Rspr** soll der AG von einer abschließenden Stellungnahme des BR aber nur ausgehen dürfen, wenn bes Anhaltspunkte hierfür vorliegen. Der AG müsse der Äußerung des BR unzweifelhaft entnehmen können, dass es sich um eine abschließende Stellungnahme handele. Besondere Anhaltspunkte für eine abschließende Stellungnahme lägen regelmäßig vor, wenn der BR dem AG mitteile, er stimme der beabsichtigten Kd ausdrückl und vorbehaltlos zu, oder erkläre, von einer Äußerung zur Kd-Absicht abzusehen. Ggfs müsse der AG, sofern er die Kd vor Ablauf der Frist aussprechen wolle, beim BR-Vors nachfragen und um entspr Klarstellung bitten; auf dessen Erklärung könne er sich verlassen <R: BAG 25.5.2016, 2 AZR 345/15, NZA 2016, 1140 Rn 24 ff, 27 unter ausdrückl **Aufgabe seiner früheren Rspr**, zuletzt 24.6.2004, 2 AZR 461/03, NZA 2004, 1330>.

59 Diese enge Auffassung ist abzulehnen. Das **BAG vertauscht hier Regel und Ausnahme**. Nach dem Empfängerhorizont kann bei schriftl und auch elektronischen Äußerungen im Rechtsverkehr typischerweise davon ausgegangen werden, dass diese ernst gemeint und abschließend sind. Die Vorbehaltslosigkeit und Ausdrücklichkeit ergibt sich aus der Äußerung selbst und braucht nicht eigens erklärt zu werden. Vielmehr liegt es an demjenigen, der noch Vorbehalte hat, diese zu äußern. Deshalb liegt es genau umgekehrt: Richtigerweise kann von einer abschließenden Stellungnahme des BR ausgegangen werden, sofern nicht (wie im entschiedenen Fall) besondere Anhaltspunkte für deren Vorläufigkeit sprechen <L: krit auch *Nägele* Anm AP § 102 BetrVG 1972 Nr 170; GK/*Raab* Rn 42; wie das BAG DKW/*Bachner/Deinert* Rn 176; *Fitting* Rn 54; KR/*Rinck* Rn 147 f>.

60 Hat sich der BR **nicht abschließend geäußert**, ist eine vor Ablauf der Frist ausgesprochene Kd nach Abs 1 S 3 unwirksam <R: BAG 3.4.2008, 2 AZR 956/06, NZA 2008, 807 Rn 18; 23.10.2014, 2 AZR 736/13, NZA 2015, 476 Rn 13; 25.5.2016, 2 AZR 345/15, NZA 2016, 1140 Rn 23; L: *Fitting* Rn 54, 57a; KR/*Rinck* Rn 146 f, 161>. Dabei kommt es in zeitl Hinsicht darauf an, ob die Kd **endgültig den Machtbereich des AG verlassen hat**. Dann ist eine Beeinflussung der Willensbildung des AG durch den BR nicht mehr mögl <R: BAG 8.4.2003, 2 AZR 505/02, DB 2003, 2342; 27.9.2012, 2 AZR 955/11, NZA 2013, 425 Rn 25>. Hat der BR zu der Kd-Absicht innerhalb der Frist des Abs 2 S 1 aber keine Stellung genommen, so führt es nicht zur Unwirksamkeit der Kd, wenn der AG bereits am letzten Tag der Äußerungsfrist bei Dienstschluss das **Kd-Schreiben einem Kurier übergibt** und gleichzeitig dafür sorgt, dass eine Zustellung erst so spät erfolgt, dass er sie noch verhindern kann, wenn der BR wider Erwarten doch zu der Kd-Absicht Stellung nimmt <R: BAG 8.4.2003, aaO; 24.9.2015, 2 AZR 562/14, NZA 2016, 366 Rn 68; L: *Fitting* Rn 57a; KR/*Rinck* Rn 228>. Eine nachträgl Zustimmung des BR zu einer vom AG verfrüht ausgesprochenen Kd heilt den Mangel der Anhörung nicht <R: BAG 28.2.1974, 2 AZR 455/73, BB 1974, 836; L: *Fitting* Rn 59; ErfK/*Kania* Rn 29; KR/*Rinck* Rn 161>.

II. Anhörung des Betriebsrats § 102

Teilt der BR mit, dass er ein Anhörungsverf nach § 102 für entbehrlich halte, weil der zu 61
kündigende Beschäftigte kein AN, sondern ltd Ang iS des § 5 Abs 3 sei, sodass eine Mitteilung nach § 105 ausreiche, schließt dies als abschließende Stellungnahme das Anhörungsverf in Bezug auf die beabsichtigte Kd ab <**R:** LAG Rh-Pf 11.1.2008, 9 Sa 489/07, juris Rn 70>.

b) Betriebsratsbeschluss

Die Ausübung der Beteiligungsrechte nach § 102 steht dem **BR als Organ** zu. Weder der 62
BR-Vors noch ein einzelnes BR-Mitglied kann ermächtigt werden, zur Kd Stellung zu nehmen <**R:** BAG 28.2.1974, 2 AZR 455/73, BB 1974, 836>. Der BR kann die Ausübung der Beteiligungsrechte aber dem Betriebsausschuss iS des § 27 oder einem anderen BR-Ausschuss iS des § 28 (§ 28 Rn 13 ff) übertragen <**R:** BAG 4.8.1975, 2 AZR 266/74, BB 1975, 1435; 12.7.1984, 2 AZR 320/83, BB 1985, 1599>. Zur Übertragung auf den GBR § 50 Rn 42 ff.

Der BR oder der BR-Ausschuss (Rn 62) muss durch ordnungsgem, in einer BR- oder in 63
einer Ausschusssitzung gefassten Beschluss entscheiden, ob und ggfs wie er zu einer vom AG ausgesprochenen Kd Stellung nehmen will <**R:** BAG 4.8.1975, 2 AZR 266/74, BB 1975, 1435>. Ist der BR für die Dauer der Äußerungsfrist des Abs 2 iS des § 33 Abs 2 beschlussunfähig, muss sich analog § 22 der Rest-BR äußern <**R:** BAG 18.8.1982, 7 AZR 437/80, BB 1983, 251>. Erst wenn der BR völlig funktionsunfähig ist, etwa weil das einzige BR-Mitglied für längere Zeit erkrankt ist und ein Ersatzmitglied nicht zur Verfügung steht, kann der BR nicht beteiligt werden <**R:** BAG 15.11.1984, 2 AZR 341/83, DB 1985, 1028>.

Mängel bei der Beschlussfassung des BR und bei der Mitteilung des BR-Beschlusses 64
an den AG gehen nur ausnahmsweise zulasten des AG. Hat der AG das Anhörungsverf ordnungsgem eingeleitet, wirken sich in aller Regel solche Mängel **nicht aus**, die in den Zuständigkeits- und Verantwortungsbereich des BR fallen, auch wenn der AG im Zeitpunkt der Kd weiß oder vermuten kann, dass die Behandlung der Angelegenheit durch den BR nicht fehlerfrei gewesen ist <**R:** BAG 4.8.1975, 2 AZR 266/74, BB 1975, 1435; 15.5.1997, 2 AZR 519/96, NZA 1997, 1106; 6.10.2005, 2 AZR 316/04, NZA 2006, 990 Rn 21; 22.11.2012, 2 AZR 732/11, NZA 2013, 665 Rn 43; 13.6.2019, 6 AZR 459/18, NZA 2019, 1638 Rn 59; **L:** *Fitting* Rn 53; HWGNRH/*Huke* Rn 103; ErfK/*Kania* Rn 26; APS/*Koch* Rn 155 f; AR/*Kolbe* Rn 28; KR/*Rinck* Rn 158; **abw** DKW/*Bachner/Deinert* Rn 256; GK/*Raab* Rn 110>. Solche Fehler gehen schon deshalb nicht zulasten des AG, weil dieser keine rechtl Möglichkeit der Einflussnahme auf die Beschlussfassung des BR hat <**R:** BAG 6.10.2005, aaO; 22.11.2012, aaO; **L:** APS/*Koch* Rn 155; KR/*Rinck* Rn 158>. Der AG genügt seiner Anhörungspflicht deswg auch dann, wenn der Äußerung des BR kein ordnungsgem Beschluss zugrunde liegt <**R:** BAG 4.8.1975, aaO; 15.5.1997, aaO; 24.6.2004, 2 AZR 461/03, NZA 2004, 1330> oder wenn der BR die in Abs 2 S 4 vorgeschriebene Anhörung des zu kündigenden AN ermessensfehlerhaft unterlassen hat <**R:** BAG 2.4.1976, 2 AZR 513/75, DB 1976, 1063>.

Anders ist es nur, wenn die Mängel des Anhörungsverf **offensichtl sind** oder der **AG** 65
durch unsachgem Verhalten die Mängel **selbst veranlasst**, da sich der AG wg widersprüchlichen Verhaltens rechtsmissbräuchlich verhielte, wenn er das Anhörungsverf als ordnungsgem durchgeführt behandelte <**R:** BAG 15.11.1995, 2 AZR 974/94, NZA 1996,

§ 102 Mitbestimmung bei Kündigungen

419; **L:** *Fitting* Rn 53; HWGNRH/*Huke* Rn 103, 105; APS/*Koch* Rn 155, 157; KR/*Rinck* Rn 160>. **Offensichtl** sind die Mängel etwa, wenn erkennbar nicht der BR, sondern nur der BR-Vors zur Kd Stellung genommen hat <**R:** BAG 28.2.1974, 2 AZR 455/73, BB 1974, 836; 15.11.1995, aaO; auch 6.10.2005, 2 AZR 316/04, NZA 2006, 990 Rn 22; 22.11.2012, 2 AZR 732/11, NZA 2013, 665 Rn 44>. Vom AG **veranlasst** sind die Mängel (und ebenso offensichtl), wenn der AG die BR-Mitglieder außerhalb einer BR-Sitzung der Kd zustimmen lässt, etwa anlässl einer Besprechung mit allen BR-Mitgliedern <**R:** BAG 24.3.1977, 2 AZR 289/76, DB 1977, 1853; LAG Rh-Pf 24.1.1986, 6 Sa 1008/85, BB 1986, 1295 (LS)>. Allein die Tatsache, dass auf Wunsch des AG die Anhörungsfrist verkürzt worden ist, führt noch nicht dazu, dass Fehler des BR dem AG zuzurechnen sind <**R: aA** LAG Hamm 30.6.1994, 4 Sa 75/94, LAGE § 102 BetrVG 1972 Nr 43>.

5. Folgen der Nichtanhörung oder der fehlerhaften Anhörung

66 Eine Kd, die **ohne vorherige Anhörung** des BR ausgesprochen wird, ist nach Abs 1 S 3 **unwirksam**. Es handelt sich um eine Rechtsunwirksamkeit aus anderen Gründen iS des § 13 Abs 3 KSchG, die Klagefrist der §§ 13 Abs 1, 4 KSchG gilt. Das Arbeitsverhältnis kann nicht gem §§ 9, 10 KSchG gg Abfindung aufgelöst werden, nur weil der BR vor der Kd nicht angehört worden ist <**R:** BAG 9.10.1979, 6 AZR 1059/77, BB 1980, 369>. Die Auflösung des Arbeitsverhältnisses nach **§ 9 KSchG** setzt voraus, dass die Kd wg Sozialwidrigkeit nach § 1 KSchG unwirksam ist. Für den **Auflösungsantrag** des AN ist es aber unschädl, wenn die Kd zusätzl wg fehlerhafter BR-Anhörung unwirksam ist. Hingg kann sich der AG auf die Begünstigung durch § 9 KSchG nicht berufen, wenn die Kd auch an der fehlerhaften BR-Anhörung scheitert <**R:** BAG 22.9.2016, 2 AZR 700/15, NZA 2017, 304 Rn 34; 16.12.2021, 2 AZR 356/21, NZA 2022, 407 Rn 40; **L:** LKB/*Linck* § 9 KSchG Rn 16ff; KR/*Rinck* Rn 251; LSSW/*Spinner* § 9 KSchG Rn 18f, 46f; **abw** KR/*Spilger* § 9 KSchG Rn 32ff>.

67 Eine Kd ist gem Abs 1 S 3 auch dann **unwirksam**, wenn der AG den BR vor der Kd zwar angehört hat, die **Unterrichtung aber nicht den Anforderungen des Abs 1 S 2 entsprach**, Rn 9ff <**R:** BAG 16.9.1993, 2 AZR 267/93, BB 1994, 429; 17.2.2000, 2 AZR 913/98, BB 2000, 1407; 20.6.2013, 2 AZR 546/12, NZA 2014, 143 Rn 39; 22.9.2016, 2 AZR 700/15, NZA 2017, 304 Rn 25; **L:** *Fitting* Rn 56; GK/*Raab* Rn 112ff; KR/*Rinck* Rn 152; Richardi/*Thüsing* Rn 128>. Dagg ist die Anhörung nicht schon dann fehlerhaft, wenn die dem BR mitgeteilten Gründe die Kd objektiv nicht rechtfertigen oder sich im Kd-Schutzprozess als tatsächl unzutreffend herausstellen (Rn 2) bzw vom AG nicht bewiesen werden können <**R:** BAG 16.1.1987, 7 AZR 495/85, BB 1987, 2302>.

68 Hinsichtl der ordnungsgem Anhörung des BR gilt eine **abgestufte Darlegungslast**. Danach hat im Prozess der AN zunächst einmal die für ihn günstige Tatsache vorzutragen, dass überhaupt **ein BR besteht** und deshalb die **Pflicht zu dessen Anhörung** gem §102 bestand <**R:** BAG 15.12.2011, 8 AZR 692/10, NZA-RR 2012, 570 Rn 66; 18.10.2012, 6 AZR 41/11, BB 2013, 956 Rn 27>. Steht die Anhörung des BR nicht im Streit, ist das ArbG nicht berechtigt, eine ordnungsgem BR-Anhörung zu prüfen <**R:** BAG 23.6.2005, 2 AZR 193/04, NZA 2005, 1233>. Gleiches gilt, wenn der AN deutl zum Ausdruck gebracht hat, dass er an der betriebsverfassungsrechtl Rüge als solcher nicht mehr festhält. Dann ist die Kd unter dem Aspekt fehlerhafter BR-Anhörung nach Abs 1 nicht zu kon-

trollieren <R: BAG 24.5.2012, 2 AZR 206/11, NZA 2013, 137 Rn 50; 20.6.2013, 2 AZR 546/12, NZA 2014, 143 Rn 46 f>.

Greift der AN mit entspr Sachvortrag die Kd wg unterbliebener oder fehlerhafter BR-Anhörung an, **obliegt es dem AG, darzulegen**, dass er den BR ordnungsgem angehört hat. Das betreffende Vorbringen des AG hat das Gericht grds selbst dann auf seine Schlüssigkeit hin zu überprüfen, wenn der AN ihm im weiteren Verlauf des Prozesses nicht nochmals entgegengetreten ist <R: BAG 24.5.2012, 2 AZR 206/11, NZA 2013, 137 Rn 49; 20.6.2013, 2 AZR 546/12, NZA 2014, 143 Rn 45>. Auf einen entspr Prozessvortrag des AG hin darf sich der AN allerdings nicht darauf beschränken, die ordnungsgem BR-Anhörung weiter pauschal mit Nichtwissen zu bestreiten. Vielmehr muss er nach § 138 Abs 1 und 2 ZPO vollständig und im Einzelnen darlegen, ob der BR entgg der Behauptung des AG überhaupt nicht angehört worden ist oder in welchen Punkten er die Erklärungen des AG über die BR-Anhörung für falsch oder für unvollständig hält <R: BAG 16.3.2000, 2 AZR 75/99, BB 2000, 1677; 23.6.2005, 2 AZR 193/04, NZA 2005, 1233; 24.5.2012, aaO; 10.12.2020, 2 AZN 82/20, BB 2021, 447 Rn 12; **L:** *Fitting* Rn 57; ErfK/*Kania* Rn 30; KR/*Rinck* Rn 252 f>. 69

Materiell-rechtl können Kd-Gründe, die bei Ausspruch der Kd bereits bestanden, im Kd-Schutzprozess uneingeschränkt nachgeschoben werden, da kd-schutzrechtl keine Pflicht zur Begründung der Kd ggü dem AN besteht. Wg des Zwecks des Anhörungsverf nach § 102, dem BR zu ermöglichen, auf den Kd-Entschluss des AG einzuwirken (Rn 1), besteht aber ein betriebsverfassungsrechtl Verbot des **Nachschiebens von Kd-Gründen**. Auf Gründe, die im Zeitpunkt der Kd bereits bestanden und **die dem AG bekannt waren**, die er dem BR aber nicht mitgeteilt hat, kann er die Kd im Kd-Schutzprozess nicht stützen. Eine nachträgl Anhörung zu diesen Gründen genügt nicht, vielmehr muss der AG ggfs dem AN nach (erneuter) Anhörung des BR erneut kündigen <R: BAG 11.4.1985, 2 AZR 239/84, NZA 1986, 674; 18.6.2015, 2 AZR 256/14, NZA 2016, 287 Rn 47; **L:** DKW/*Bachner/Deinert* Rn 129; *Fitting* Rn 44; APS/*Koch* Rn 173; GK/*Raab* Rn 197 f; HWK/*Ricken* Rn 41; KR/*Rinck* Rn 243; Richardi/*Thüsing* Rn 135; **aA** HWGNRH/*Huke* Rn 65 f>. Etwa kann er eine Kd wg einer für nachgewiesen erachteten Straftat ohne Anhörung des BR auch zur Verdachts-Kd nicht nachträgl auf den Verdacht dieser Straftat stützen, wenn die Verdachtsmomente bei Ausspruch der Kd bekannt waren <R: BAG 23.4.2008, 2 ABR 71/07, NZA 2008, 1081 Rn 23 f; 20.6.2013, 2 AZR 546/12, NZA 2014, 143 Rn 40; 7.5.2020, 2 AZR 678/19, BB 2020, 2237 Rn 22; LAG Nürnberg 8.12.2020, 7 Sa 226/20, BB 2021, 954>. Nur Tatsachen, die der AG dem BR nicht mitgeteilt hat, weil sie diesem bereits bekannt sind (Rn 19), kann der AG im Kd-Schutzprozess so einführen wie die dem BR mitgeteilten Tatsachen <R: BAG 11.12.2003, 2 AZR 536/02, EzA § 102 BetrVG 2001 Nr 5>. 70

Die Anhörung des BR kann **während des Kd-Schutzverf nachgeholt werden**, wenn Kd-Gründe, die bei Ausspruch der Kd bereits vorlagen, dem **AG erst später bekanntgeworden** sind. In diesem Fall muss der AG nicht erneut kündigen <R: BAG 11.4.1985, 2 AZR 239/84, NZA 1986, 674; 23.5.2013, 2 AZR 102/12, BB 2014, 316 Rn 32; 18.6.2015, 2 AZR 256/14, NZA 2016, 287 Rn 47; LAG Nürnberg 8.12.2020, 7 Sa 226/20, BB 2021, 954; **L:** *Fitting* Rn 43; HWGNRH/*Huke* Rn 63 f; HWK/*Ricken* Rn 43; KR/*Rinck* Rn 248; Richardi/*Thüsing* Rn 137 ff; **aA** DKW/*Bachner/Deinert* Rn 132 f; **abw** APS/*Koch* Rn 174 und GK/*Raab* Rn 200, wonach auf eine nachträgl Information des BR verzichtet werden kann>. Maßgebl ist der Wissensstand des Kd-Berechtigten, bei einer 71 juristischen Person die Kenntnis des gesetzl oder satzungsgem für die Kd zuständigen Organs, sofern dieses nicht selbst in den Kd-Sachverhalt verstrickt ist <R: BAG 18.6.2015, 2 AZR 256/14, NZA 2016, 287 Rn 48 ff; L: GK/*Raab* Rn 198; Richardi/*Thüsing* Rn 135a>. Ohne erneute Anhörung ist der AG außerdem nicht gehindert, im Kd-Schutzprozess Tatsachen nachzuschieben, die die dem BR mitgeteilten Kd-Gründe ledigl erläutern und konkretisieren, ohne den Kd-Sachverhalt wesentl zu verändern <R: BAG 11.4.1985, aaO; 15.7.2004, 2 AZR 376/03, NZA 2005, 523; L: GK/*Raab* Rn 195; Richardi/*Thüsing* Rn 135>.

72 Die Pflicht zur Anhörung des BR nach Abs 1 **gilt auch für die ao Kd**; allerdings kann der BR der ao Kd nicht gem Abs 3 mit der Folge eines Weiterbeschäftigungsanspruchs nach Abs 5 widersprechen. Dem berechtigten Interesse, den AN schon während des Anhörungsverf nicht weiterzubeschäftigen, kann der AG ggfs dadurch Rechnung tragen, dass er den AN von der Arbeitsleistung ohne Entgeltzahlung freistellt.

6. Verschwiegenheitspflicht der Betriebsratsmitglieder

73 Soweit der BR iR der Unterrichtung durch den AG oder iR der Anhörung des AN nach Abs 2 S 4 Kenntnis von persönl Verhältnissen und Angelegenheiten des AN erlangt, die ihrer Bedeutung oder ihrem Inhalt nach einer vertraulichen Behandlung bedürfen, ist er nach **Abs 2 S 5 iVm § 99 Abs 1 S 3 zum Stillschweigen verpflichtet** (§ 99 Rn 118). Ein Verstoß gg die Verschwiegenheitspflicht ist gem § 120 Abs 2 strafbar.

7. Datenverarbeitung

74 Die **Übermittlung der personenbezogenen Daten** des zu kündigenden AN an den BR und auch der personenbezogenen Daten vergleichbarer AN im Fall der Sozialauswahl bei einer betriebsbedingten Kd iR der Anhörung nach § 102 **erfüllt den Tatbestand der Datenverarbeitung** iS der DS-GVO und des BDSG. Diese ist, da die Übermittlung für die wirksame Beendigung des Arbeitsverhältnisses durch eine vom AG auszusprechende Kd sowie eine sachgerechte Ausübung des Beteiligungsrechts des BR aufgrund der gesetzl Vorschrift des § 102 erforderl ist, **nach § 26 Abs 1 S 1 BDSG erlaubt**, ohne dass es einer vorherigen Einwilligung der betroffenen AN bedarf <L: *Fitting* Rn 32; APS/*Koch* Rn 87; GK/*Raab* Rn 60; KR/*Rinck* Rn 107>. Ergänzend stellt **§ 26 Abs 6 BDSG** klar, dass die Beteiligungsrechte der Interessenvertretungen der Beschäftigten unberührt bleiben. Nach Maßgabe von Art 9 Abs 2 lit b DS-GVO sowie § 26 Abs 3 S 1 BDSG sind, etwa im Fall einer Schwerbehinderung oder einer krankheitsbedingten Kd, auch solche personenbezogenen Daten umfasst, die sich auf die körperliche oder geistige Gesundheit beziehen und aus denen Informationen über den **Gesundheitszustand** des AN hervorgehen (Art 4 Nr 15 DS-GVO), sofern deren Mitteilung zur sachgerechten Wahrnehmung des Beteiligungsrechts des BR aus § 102 erforderl ist <R: vgl allg zu §§ 3 Abs 9, 28 Abs 6 Nr 3 BDSG aF BAG 7.2.2012, 1 ABR 46/10, BB 2012, 2310 Rn 24 ff, 42 ff; L: APS/*Koch* Rn 87>.

75 Bei der Verarbeitung der personenbezogenen Daten haben sowohl der AG als auch der BR die **Vorschriften über den Datenschutz einzuhalten** <R: BAG 9.4.2019, 1 ABR 51/17, BB 2019, 2810 Rn 23>. Etwa sind bei der Verarbeitung **sensitiver Gesundheitsdaten** gem §§ 26 Abs 3 S 3, 22 Abs 2 S 1 BDSG angemessene und spezifische Schutzmaßnah-

men zur Wahrung der Interessen des betroffenen AN zu treffen <**R:** BAG 9.4.2019, 1 ABR 51/17, BB 2019, 2810 Rn 25 ff>, von denen § 22 Abs 2 S 2 BDSG eine Reihe von Beispielen nennt <**L:** dazu ErfK/*Franzen* § 22 BDSG Rn 4>. Sind solche Schutzmaßnahmen vorhanden, ist davon auszugehen, dass schutzwürdige Interessen des AN der Datenverarbeitung nicht entgegenstehen <**R:** BAG 9.4.2019, 1 ABR 51/17, BB 2019, 2810 Rn 40>. Eine **datenschutzrechtl überschießende Information des BR** iR der Anhörung nach § 102, also ein „zu viel" an Unterrichtung, führt nicht zur Unwirksamkeit der Kd gem Abs 1 S 3 <**L:** *Clemenz* FS Preis (2021), S 131, 139 f>. Sie kann aber datenschutzrechtl Sanktionen wie Geldbußen oder die Verpflichtung des AG zum Schadensersatz nach Art 82 DS-GVO nach sich ziehen. **Soweit der BR** zur Erfüllung der in seiner Zuständigkeit liegenden Aufgaben **personenbezogene Daten verarbeitet**, ist gem § 79a Abs 1 S 2 der AG der für die Verarbeitung Verantwortliche iS der datenschutzrechtlichen Vorschriften (dazu § 79a Rn 6 ff).

III. Widerspruch des Betriebsrats, Abs 3

1. Form und Frist des Widerspruchs

Der BR kann nach ordnungsgem Anhörung (Rn 9 ff) der Kd nicht nur zustimmen oder gem Abs 2 S 1 Bedenken gg die Kd anmelden. Vielmehr kann er einer o Kd auch **nach Abs 3 widersprechen** mit der Folge, dass der AG den AN bis zum rechtskräftigen Abschluss eines etwaigen Kd-Schutzprozesses weiterbeschäftigen muss (Rn 109 ff). 76

Will der BR diesen Weg gehen, muss er der beabsichtigten Kd **innerhalb der Wochenfrist des Abs 2 S 1** (Rn 57) zumindest in Textform gem § 126b BGB widersprechen. Eine bes Form schreibt Abs 3 für den Widerspruch – anders als Abs 2 S 1 mit der Schriftform für die Äußerung von Bedenken – zwar nicht vor. Auch verweist Abs 3 nur für die Frist, hingg nicht für die Form des Widerspruchs, auf Abs 2 S 1. Aus Abs 4, nach dem der AG dem AN eine „Abschrift der Stellungnahme" des BR zuleiten muss, wenn er dem AN trotz BR-Widerspruchs kündigt, ist aber ein Formerfordernis abzuleiten, wobei – wie bei der Ausübung des Zustimmungsverweigerungsrechts nach § 99 Abs 3 S 1 (§ 99 Rn 123) – inzwischen **Textform iS des § 126b BGB genügt.** Die Mitteilung des Widerspruchs per Telefax oder E-Mail, sofern diese den Anforderungen des § 126b BGB genügt, ist damit mögl <**R:** vgl zu § 99 BAG 11.6.2002, 1 ABR 43/01, BB 2003, 310; 9.12.2008, 1 ABR 79/07, NZA 2009, 627 Rn 27 ff, 42 ff; 10.3.2009, 1 ABR 93/07, NZA 2009, 622 Rn 29 ff; **L:** DKW/*Bachner/Deinert* Rn 201; *Fitting* Rn 64, 71; APS/*Koch* Rn 188; KR/*Rinck* Rn 184; **abw** Richardi/*Thüsing* Rn 189 (keine E-Mail); **aA** GK/*Raab* Rn 142, wonach Schriftform iSv § 126 Abs 1 BGB zu fordern ist>. 77

Der BR muss **hinreichend deutl** zum Ausdruck bringen, dass er von dem Widerspruchsrecht nach Abs 3 Gebrauch machen will und nicht ledigl Bedenken iS des Abs 2 äußert <**R:** LAG Rh-Pf 26.2.2015, 5 SaGa 7/14, juris Rn 36; **L:** DKW/*Bachner/Deinert* Rn 193; KR/*Rinck* Rn 178; Richardi/*Thüsing* Rn 190>. Auch muss er den Widerspruch **begründen**. Es gelten dieselben Grundsätze wie für die Begründung der Zustimmungsverweigerung nach § 99 (§ 99 Rn 124). Beruft sich der BR auf Gründe, die schlechterdings nicht unter den Katalog des Abs 3 fallen, etwa ledigl darauf, der AN könne auf demselben Arbeitsplatz weiterbeschäftigt werden (Rn 96), ist der Widerspruch unbeachtlich <**R:** BAG 78

§ 102 Mitbestimmung bei Kündigungen

12.9.1985, 2 AZR 324/84, BB 1986, 802; **L:** statt aller GK/*Raab* Rn 155 mwN>. Ebenso wenig genügt für den Widerspruch nach Abs 3 eine bloß formelhafte, nicht dem Einzelfall angepasste Begründung, etwa die bloße Bezugnahme auf eine der Nrn des Abs 3 <**R:** LAG München 2.3.1994, 5 Sa 908/93, BB 1994, 1287 (LS); LAG Berl-Bbg 5.4.2019, 3 SaGa 417/19, juris Rn 32; Hess LAG 10.9.2021, 8 SaGa 770/21, juris Rn 12; LAG BaWü 17.9.2021, 12 SaGa 3/21, juris Rn 46; **L:** statt aller GK/*Raab* Rn 155 mwN>.

79 **Stimmt** der BR der geplanten Kd **ausdrückl zu**, kann der AG kündigen (Rn 58 ff). Der BR kann die einmal erteilte Zustimmung nicht innerhalb der Wochenfrist zurücknehmen und doch noch Widerspruch einlegen. Der AG muss sich – wie bei § 99 – auf die einmal erteilte Zustimmung des BR verlassen können (s auch § 99 Rn 125).

2. Widerspruchsgründe

a) Abs 3 Nr 1: der Arbeitgeber bei der Auswahl des zu kündigenden Arbeitnehmers soziale Gesichtspunkte nicht oder nicht ausreichend berücksichtigt hat

80 Nach Abs 3 Nr 1 kann der BR einer o Kd (nicht aber einer ao Kd) widersprechen, wenn der AG bei der Auswahl des zu kündigenden AN soziale Gesichtspunkte nicht oder nicht ausreichend berücksichtigt hat. Damit sind die in § 1 Abs 3 KSchG abschließend aufgezählten Sozialauswahlkriterien erfasst, weswg dieser Widerspruchsgrund nur bei **betriebsbedingten Kd** in Betracht kommt <**R:** LAG Ddf 2.9.1975, DB 1975, 1995; Hess LAG 3.2.2015, 15 SaGa 1727/14, juris Rn 36; **L:** DKW/*Bachner/Deinert* Rn 209; APS/*Koch* Rn 192; GK/*Raab* Rn 158; Richardi/*Thüsing* Rn 159>.

81 Mit „**ausreichend**" entspricht Abs 3 Nr 1 dem Kontrollmaßstab des § 1 Abs 3 KSchG, der ebenfalls nur verlangt, dass der AG die sozialen Gesichtspunkte „ausreichend" berücksichtigt. Dem AG kommt bei der Gewichtung der Sozialauswahlkriterien ein **Wertungsspielraum** zu, ohne dass er an abstrakte Vorgaben gebunden ist <**R:** BAG 6.7.2006, 2 AZR 442/05, NZA 2007, 139 Rn 60; 29.1.2015, 2 AZR 164/14, NZA 2015, 426 Rn 11>. Die Auswahlentscheidung braucht nur vertretbar zu sein; sie muss nicht der Entscheidung entsprechen, die das Gericht getroffen hätte <**R:** BAG 31.5.2007, 2 AZR 276/06, NZA 2008, 33 Rn 64>. Der Wertungsspielraum des AG führt dazu, dass die Fehlerhaftigkeit der Sozialauswahl nur dann erfolgreich gerügt werden kann, sofern ein deutl schutzwürdigerer AN gekündigt wird <**R:** BAG 22.3.2012, 2 AZR 167/11, NZA 2012, 1040 Rn 19; 29.1.2015, aaO>. Mit der ausdrückl Normierung und Beschränkung auf **vier Sozialdaten** (Betriebszugehörigkeit, Lebensalter, Unterhaltspflichten und Schwerbehinderung) hat der Gesetzgeber diese als gleichwertig anerkannt; es besteht kein Vorrang zu Gunsten eines Kriteriums <**R:** BAG 29.1.2015, aaO>. Als nicht ausreichend kann der BR die Sozialauswahl rügen, wenn einzelne Sozialdaten überhaupt nicht berücksichtigt werden oder wenn Sozialdaten völlig überbewertet werden <**R:** vgl BAG 6.7.2006, 2 AZR 442/05, NZA 2007, 139 Rn 61; **L:** AR/*Kaiser* § 1 KSchG Rn 169>.

82 Der Bewertungsspielraum des AG erstreckt sich auch auf die **Vergleichbarkeit der AN** <**L:** näher AR/*Kaiser* § 1 KSchG Rn 169, 175 ff; LSSW/*Schlünder* § 1 KSchG Rn 465>. In die Sozialauswahl werden nur diejenigen AN einbezogen, deren Funktion auch von dem AN wahrgenommen werden kann, dessen Arbeitsplatz weggefallen ist. Der Kreis der vergleichbaren AN bestimmt sich in 1. Linie nach arbeitsplatzbezogenen Merkmalen: Vergleichbar sind nicht nur die AN auf identischen Arbeitsplätzen, sondern es genügt,

III. Widerspruch des Betriebsrats, Abs 3 § 102

wenn der AN, dessen Arbeitsplatz wegfällt, aufgrund seiner Tätigkeit und Ausbildung eine andersartige, aber gleichwertige Tätigkeit (ggfs nach einer kurzen Einarbeitungszeit) ausführen kann, sog **„qualifikationsmäßige Austauschbarkeit"** <R: BAG 5.6.2008, 2 AZR 907/06, NZA 2008, 1120 Rn 18; 22.3.2012, 2 AZR 167/11, NZA 2012, 1040 Rn 19>. Voraussetzung ist zudem, dass der AG den AN kraft Direktionsrechts auf den anderen Arbeitsplatz um- oder versetzen kann, sog **„arbeitsvertragl Austauschbarkeit"** <R: BAG 31.5.2007, 2 AZR 276/06, NZA 2008, 33 Rn 49; 5.6.2008, aaO; 20.6.2013, 2 AZR 271/12, NZA 2013, 837 Rn 12; **L: aA** LSSW/*Schlünder* § 1 KSchG Rn 429ff>. Als nicht ausreichend kann der BR die Sozialauswahl rügen, wenn AN ohne Sachgrund als nicht vergleichbar eingestuft und nicht in die Sozialauswahl einbezogen werden <**L:** vgl zur Überschreitung des Wertungsspielraums LSSW/*Schlünder* § 1 KSchG Rn 465>. Stellt der AG nicht auf soziale Gesichtspunkte, sondern ausschließl auf betriebl Belange ab, wird die Sozialwidrigkeit vermutet <**R:** BAG 18.10.1984, 2 AZR 61/83, BB 1985, 803>. Eine Kd ist nicht unwirksam, wenn der AG zwar unrichtige Erwägungen angestellt, etwa den Kreis der in die Sozialauswahl einzubeziehenden AN wg Verkennung des Betriebsbegriffs zu eng gezogen hat, die fehlerhafte Sozialauswahl aber gleichwohl zufällig zu einem vertretbaren Ergebnis geführt hat <**R:** BAG 18.1.2007, 2 AZR 796/05, EzA § 2 KSchG Nr 64 Rn 30; 20.6.2013, 2 AZR 271/12, NZA 2013, 837 Rn 13; 27.7.2017, 2 AZR 476/16, NZA 2018, 234 Rn 41>.

Für einen auf Abs 3 Nr 1 gestützten **Widerspruch** genügt die allg Behauptung, es gebe andere AN, die weniger schutzbedürftig seien, nicht. Der BR muss vielmehr den Personenkreis **vergleichbarer AN** zumindest **anhand abstrakter Merkmale bezeichnen**, sodass der AG in der Lage ist, seine Auswahlentscheidung zu überprüfen <**R:** BAG 9.7.2003, 5 AZR 305/02, BB 2003, 2400; LAG Nürnberg 17.8.2004, 6 Sa 439/04, NZA-RR 2005, 255; LAG HH 21.5.2008, 4 SaGa 2/08, BB 2008, 2636; **L:** DKW/*Bachner/Deinert* Rn 211; *Fitting* Rn 81; APS/*Koch* Rn 194; GK/*Raab* Rn 161; KR/*Rinck* Rn 196; Richardi/*Thüsing* Rn 165>. 83

Weiter muss der Widerspruch erkennen lassen, welche **Sozialauswahlkriterien** (zB Alter und Betriebszugehörigkeit) nach Ansicht des BR bei der Sozialauswahl nicht genügend berücksichtigt worden sind <**R:** LAG HH 21.5.2008, 4 SaGa 2/08, BB 2008, 2636; einen pauschalen Hinweis auf dem AG bekannte Sozialdaten lässt genügen LAG Bbg 15.12.1992, 1 Ta 61/92, LAGE § 102 BetrVG Beschäftigungspflicht Nr 13; **L:** DKW/*Bachner/Deinert* Rn 211; KR/*Rinck* Rn 196>. Die einzelnen AN, die er für sozial stärker und damit für vorrangig zu kündigen hält, muss der BR aber weder namentlich benennen noch müssen diese anhand der abstrakten Merkmale aus dem Widerspruchsschreiben bestimmbar sein <**R:** LAG HH 21.5.2008, aaO; LAG HH 25.5.2010, 1 SaGa 3/10, juris Rn 57; **aA** BAG 9.7.2003, 5 AZR 305/02, BB 2003, 2400; LAG Ddf 19.4.2016, 3 Sa 467/15, LAGE § 77 BetrVG 2001 Nr 19 (juris Rn 111); **L:** DKW/*Bachner/Deinert* Rn 211; *Fitting* Rn 81; APS/*Koch* Rn 194; **aA** HWGNRH/*Huke* Rn 135; KR/*Rinck* Rn 196>. Je dezidierter der AG seine Sozialauswahl belegt, desto genauer muss allerdings auch die Widerspruchsbegründung des BR sein <**L:** APS/*Koch* Rn 194; HWK/*Ricken* Rn 70; Richardi/*Thüsing* Rn 195; **abw** GK/*Raab* Rn 162>. 84

Kündigt der AG aufgrund eines **Punkteschemas**, muss der BR darlegen, warum er dieses Punkteschema für falsch hält oder warum der AG das Schema im Einzelfall falsch angewandt hat. Stützt der AG die Kd auf eine **mitbestimmte Sozialauswahlrichtlinie** iS des § 95 (§ 95 Rn 8ff), kann der BR die Gewichtung der von ihm mit festgelegten Sozialdaten 85

§ 102 Mitbestimmung bei Kündigungen

hingg nicht rügen; für die fehlerhafte Anwendung der Sozialauswahlrichtlinie im Einzelfall ist Abs 3 Nr 2 der speziellere Widerspruchsgrund.

b) Abs 3 Nr 2: die Kündigung gegen eine Richtlinie nach § 95 verstößt

86 Auch die Kd aufgrund einer Sozialauswahlrichtlinie nach § 95 (§ 95 Rn 8 ff) legt lediglich die Sozialauswahl iS des § 1 Abs 3 KSchG fest und greift nur bei der **betriebsbedingten Kd** <L: HWGNRH/*Huke* Rn 137; KR/*Rinck* Rn 203; Richardi/*Thüsing* Rn 166; aA DKW/*Bachner/Deinert* Rn 215>. Legen AG und BR die Bewertung der Sozialauswahlkriterien des § 1 Abs 3 KSchG in einer Richtlinie iS des § 95 durch eine BV fest, so kann die Kd nach § 1 Abs 4 KSchG nur auf **grobe Fehlerhaftigkeit**, also darauf überprüft werden, ob die Gewichtung der sozialen Kriterien jede Ausgewogenheit vermissen lässt <R: BAG 5.12.2002, 2 AZR 697/01, BB 2004, 1229>. Das ist der Fall, wenn einzelne Sozialdaten überhaupt nicht, eindeutig unzureichend oder mit eindeutig überhöhter Bedeutung berücksichtigt wurden <R: BAG 5.6.2008, 2 AZR 907/06, NZA 2008, 1120 Rn 19; 18.3.2010, 2 AZR 468/08, NZA 2010, 1059 Rn 13>. Eine Auswahlrichtlinie, die eines der gesetzl Sozialkriterien, das bei allen AN vorliegt (Alter, Betriebszugehörigkeit) nicht oder so gering bewertet, dass es praktisch keinen Ausschlag geben kann, erfüllt nicht die gesetzl Vorgaben des § 1 Abs 4 KSchG und ist deshalb nicht geeignet, den AG durch die Anwendung des eingeschränkten Prüfungsmaßstabs der groben Fehlerhaftigkeit zu privilegieren <R: BAG 18.10.2006, 2 AZR 473/05, NZA 2007, 504 Rn 28 f>. § 1 Abs 4 KSchG setzt den Prüfungsmaßstab nur für die **Gewichtung der Sozialdaten zueinander** und nicht für die Sozialauswahl insgesamt herab. Die Festlegung, welche AN miteinander vergleichbar sind und welche AN aus der Sozialauswahl nach § 1 Abs 3 S 2 KSchG herausgenommen werden, ist daher nach § 1 Abs 3 KSchG vollumfänglich zu überprüfen <L: AR/*Kaiser* Rn 232; LSSW/*Schlünder* § 1 KSchG Rn 490>.

87 Die Geltendmachung des **Widerspruchsrechts** des BR aus Abs 3 Nr 2 erfordert, dass der BR die Auswahlrichtlinie benennt, gg die die Kd seiner Auffassung nach verstößt. Auch muss er die Tatsachen angeben, aus denen sich der Verstoß gg die Auswahlrichtlinie ergibt <L: DKW/*Bachner/Deinert* Rn 214; GK/*Raab* Rn 163; KR/*Rinck* Rn 201>. Dabei muss es sich um eine Auswahlrichtlinie iSv § 95 handeln <L: DKW/*Bachner/Deinert* Rn 214>. IÜ geht das Widerspruchsrecht über den Anwendungsbereich des § 1 Abs 4 KSchG hinaus. Der BR kann den Verstoß gg eine Sozialauswahlrichtlinie insgesamt, also nicht nur hinsichtl der Gewichtung der Sozialdaten, rügen und der Kd widersprechen, weil sie **Sozialdaten iS des § 1 Abs 3 KSchG nicht hinreichend berücksichtige**. Da das Widerspruchsrecht den Kd-Schutz verstärken und dem AN insbes die Weiterbeschäftigung während des Kd-Schutzprozesses ermöglichen soll (Rn 109 ff), hingg nicht betriebsverfassungswidriges AG-Verhalten sanktioniert, genügt es für den BR-Widerspruch aber nicht, dass der AG sich nicht an die Vorgaben einer Sozialauswahlrichtlinie iS des § 95 hält. Der Verstoß gg eine Richtlinie iS des § 95 berechtigt den BR nur dann zum Widerspruch, wenn dies die Kd zumindest nach § 1 Abs 3 KSchG sozialwidrig macht. Daran ändert auch § 1 Abs 2 S 2 Nr 1a KSchG nichts, nach dem eine Kd schon wg Verstoßes gg § 95 sozialwidrig sein soll. Denn der Prüfungsmaßstab des § 1 Abs 3, 4 KSchG wird dadurch nicht verändert.

III. Widerspruch des Betriebsrats, Abs 3 § 102

c) *Abs 3 Nr 3: der zu kündigende Arbeitnehmer an einem anderen Arbeitsplatz im selben Betrieb oder in einem anderen Betrieb des Unternehmens weiterbeschäftigt werden kann*

Der Widerspruchsgrund aus Abs 3 Nr 3 knüpft an § 1 Abs 2 S 2 KSchG an: Die Kd ist **88** nicht durch dringende betriebl Erfordernisse iSd § 1 Abs 2 S 1 KSchG bedingt, wenn der AG den AN auf einem freien Arbeitsplatz weiterbeschäftigen kann; dies hält § 1 Abs 2 S 2 KSchG ausdrückl fest <**R**: BAG 23.11.2004, 2 AZR 38/04, NZA 2005, 986>. Die Weiterbeschäftigungsobliegenheit nach § 1 Abs 2 KSchG ist anders als die Sozialauswahl nach § 1 Abs 3 KSchG nicht auf den Betrieb beschränkt, sondern bezieht freie Arbeitsplätze in anderen Betrieben desselben **Unternehmens** ein. Hingg ist das KSchG grds **nicht konzernbezogen** <**R**: BAG 23.4.2008, 2 AZR 1110/06, NZA 2008, 939 Rn 22; 18.10.2012, 6 AZR 41/11, BB 2013, 956 Rn 55 ff; **L**: näher AR/*Kaiser* § 1 KSchG Rn 151 ff; LSSW/*Schlünder* § 1 KSchG Rn 335 ff, 346 ff, 351 f>. Auch erstreckt sich die Weiterbeschäftigungsobliegenheit nach der Rspr grds nicht auf Arbeitsplätze im Ausland <**R**: BAG 24.9.2015, 2 AZR 3/14, NZA 2015, 1457 Rn 18; offengelassen für den Fall der Verlagerung von Betrieben oder Betriebsteilen ins Ausland BAG 29.8.2013, 2 AZR 809/12, NZA 2014, 730 Rn 28; **L**: AR/*Kaiser* § 1 KSchG Rn 152; LSSW/*Schlünder* § 1 KSchG Rn 346>.

Der **Arbeitsplatz** muss bei Zugang der Kd oder bis zum Ablauf der Kd-Frist **tatsächl** **89** **frei sein** <**R**: BAG 29.8.2013, 2 AZR 721/12, NZA-RR 2014, 325 Rn 17; 26.3.2015, 2 AZR 417/14, NZA 2015, 1083 Rn 27> **oder in absehbarer Zeit** nach Ablauf der Kd-Frist **frei werden** und dem AG die Überbrückung der Zeit zw dem Ablauf der Kd-Frist und dem Freiwerden des Arbeitsplatzes **zumutbar** sein <**R**: BAG 15.12.1994, 2 AZR 327/94, NZA 1995, 521; 27.7.2017, 2 AZR 476/16, NZA 2018, 234 Rn 26, 30>. Erfüllt der AN das Anforderungsprofil des fraglichen Arbeitsplatzes, bedarf es grds keiner weitergehenden Prüfung mehr, ob ihm die Tätigkeit zumutbar ist, auch wenn die Zuweisung des Arbeitsplatzes eine **Vertragsänderung erforderl** macht. Denn der AN soll grds selbst entscheiden können, ob er eine Weiterbeschäftigung unter veränderten, möglicherweise sogar erhebl verschlechterten Arbeitsbedingungen für zumutbar erachtet oder nicht <**R**: BAG 23.2.2010, 2 AZR 656/08, NZA 2010, 1288 Rn 57; 29.8.2013, 2 AZR 809/12, NZA 2014, 730 Rn 23; 26.3.2015 aaO; **L**: LSSW/*Schlünder* § 1 KSchG Rn 345>.

Dem AG zumutbar ist die Weiterbeschäftigung auf einem anderen Arbeitsplatz nur **90** dann, wenn der AN die **fachl und persönl Anforderungen des Arbeitsplatzes** – und sei es auch erst nach einer dem AG zumutbaren Einarbeitung, Umschulung oder Fortbildung – erfüllt <**R**: BAG 29.8.2013, 2 AZR 721/12, NZA-RR 2014, 325 Rn 18; 27.7.2017, 2 AZR 476/16, NZA 2018, 234 Rn 31>. Zur Weiterbeschäftigung auf einer freien Beförderungsstelle ist der AG nicht verpflichtet, da das Arbeitsverhältnis nur in seinem bisherigen Bestand und Inhalt geschützt wird <**R**: BAG 23.11.2004, 2 AZR 38/04, NZA 2005, 986; 23.2.2010, 2 AZR 656/08, NZA 2010, 1288 Rn 40>.

Auch wenn Abs 3 Nr 3 das **Widerspruchsrecht** des BR nicht ausdrückl auf die Möglich- **91** keit der Weiterbeschäftigung auf einem „freien" Arbeitsplatz bezieht, geht das Widerspruchsrecht des BR nicht weiter als die Weiterbeschäftigungsobliegenheit des AG aus § 1 Abs 2 S 2 KSchG <**R**: BAG 22.7.1982, 2 AZR 30/81, BB 1983, 834; **L**: DKW/*Bachner/Deinert* Rn 217, 222; *Fitting* Rn 83; *Richardi/Thüsing* Rn 176>. Der Widerspruch soll ledigl den individualrechtl Kd-Schutz des AN verstärken. Für einen ordnungsgem Wider-

§ 102 Mitbestimmung bei Kündigungen

spruch genügt es nicht, wenn der BR nur allg auf eine anderweitige Beschäftigungsmöglichkeit im Betrieb oder Unternehmen verweist; der BR muss den Arbeitsplatz, auf dem der AN eingesetzt werden kann, in bestimmbarer Weise angeben <**R**: BAG 17.6.1999, 2 AZR 608/98, BB 1999, 2090 (LS); 11.5.2000, 2 AZR 54/99, BB 2000, 2049; LAG Ddf 19.4.2016, 3 Sa 467/15, LAGE § 77 BetrVG 2001 Nr 19 (juris Rn 113); **L**: *Fitting* Rn 83; Richardi/*Thüsing* Rn 176>. Da der Kd-Schutz grds nicht konzernbezogen ist (Rn 88), rechtfertigt die Weiterbeschäftigungsmöglichkeit in einem anderen Konzernunternehmen den Widerspruch des BR grds nur, wenn der AN für den ganzen Konzern eingestellt ist <**R**: BAG 14.10.1982, 2 AZR 568/80, DB 1983, 2635; 22.5.1986, 2 AZR 612/85, DB 1986, 2547; **L**: DKW/*Bachner/Deinert* Rn 219; GK/*Raab* Rn 165; HWK/*Ricken* Rn 73; Richardi/*Thüsing* Rn 177 mwN>.

92 Ein Widerspruch des BR nach Abs 3 Nr 3 ist nicht auf die betriebsbedingte Kd beschränkt, sondern besteht ebenso bei einer **personenbedingten Kd** <**L**: statt aller GK/*Raab* Rn 166 mwN>. Auch insoweit flankiert das Widerspruchsrecht den individuellen Kd-Schutz der AN. Eine Kd ist als ultima ratio erst zulässig, wenn der AN nicht auf einem anderen Arbeitsplatz beschäftigt werden kann; insbes muss der AG eine krankheitsbedingte Kd durch die Beschäftigung des AN auf einem leidensgerechten Arbeitsplatz verhindern <**R**: BAG 12.7.2007, 2 AZR 716/06, BB 2008, 277 Rn 29 ff, 43 f; 13.5.2015, 2 AZR 565/14, BB 2016, 1340 Rn 28 ff, 34; 21.11.2018, 7 AZR 394/17, NZA 2019, 309 Rn 36 ff (alle auch zum bEM nach § 84 Abs 2 SGB IX aF [§ 167 Abs 2 SGB IX nF]); zur behinderungsgerechten Beschäftigung nach § 81 Abs 4 S 1 Nr 1 SGB IX aF (§ 164 Abs 4 S 1 Nr 1 SGB IX nF) BAG 14.3.2006, 9 AZR 411/05, NZA 2006, 1214 Rn 18 f; **L**: AR/*Kaiser* § 1 KSchG Rn 88, 98; LSSW/*Schlünder* § 1 KSchG Rn 228 ff, 233, 253 f>.

93 Nach hM soll der BR auch einer **verhaltensbedingten Kd** nach Abs 3 Nr 3 widersprechen können <**R**: BAG 22.7.1982, 2 AZR 30/81, BB 1983, 834; 31.3.1993, 2 AZR 492/92, BB 1994, 790; **L**: DKW/*Bachner/Deinert* Rn 206, 229; *Fitting* Rn 77; KR/*Rinck* Rn 208; Richardi/*Thüsing* Rn 155, 171; ausnahmsweise GK/*Raab* Rn 166; **aA** HWGNRH/*Huke* Rn 122, 141; SWS Rn 114>. Das entspricht der **hM** zum Kd-Schutzrecht, nach welcher der AG auch gezwungen sein soll, eine verhaltensbedingte Kd zu vermeiden, indem er den AN auf einen anderen Arbeitsplatz versetzt <**R**: BAG 22.7.1982, aaO bei Alkoholmissbrauch; 31.3.1993, aaO für eine Tätlichkeit unter Arbeitskollegen; 20.6.2013, 2 AZR 583/12, NZA 2013, 1345 Rn 28 für das unerlaubte Herstellen von Betäubungsmitteln in nicht geringer Menge durch einen im Objektschutz tätigen Wachpolizisten; **L**: AR/*Kaiser* § 1 KSchG Rn 44>. Allerdings soll die Versetzungsobliegenheit nur bei **arbeitsplatzbezogenen**, hingg nicht bei arbeitsplatzunabhängigen **Kd-Gründen** bestehen, also etwa dann nicht, wenn das Vertrauen des AG in den AN durch ein von diesem außerdienstl verübtes Tötungsdelikt erschüttert ist <**R**: BAG 8.6.2000, 2 AZR 638/99, NZA 2000, 1282>. Das ist schon kündigungsschutzrechtl nicht richtig, weswg auch ein **Widerspruchsrecht** des BR nach Abs 3 Nr 3 **ausscheidet**. Ist ein AN trotz Abmahnung wiederholt tätlich gg Arbeitskollegen geworden, hat er trotz Abmahnung erneut eigenmächtig seinen Urlaub verlängert oder ist er ständig zu spät zur Arbeit gekommen, braucht der AG die Kd nicht durch eine Versetzung zu vermeiden. Durch sein eigenmächtiges Verhalten zeigt der AN, dass er nicht gewillt ist, seine eigenen Interessen hinter die des AG zu stellen, sondern dass er seine Interessen vertragswidrig eigenmächtig durchsetzt. Dies rechtfertigt in jedem Fall die Kd <**L**: AR/*Kaiser* § 1 KSchG Rn 44; krit auch

LSSW/*Schlünder* § 1 KSchG Rn 145; SPV/*Preis* Rn 1211>. Gg diese kann auch der BR nicht nach Abs 3 Nr 3 die Möglichkeit der Weiterbeschäftigung auf einem anderen Arbeitsplatz einwenden.

Widerspricht der BR einer Kd nach Abs 3 Nr 3, liegt darin zugleich der Vorschlag an den AG, den AN auf einen anderen Arbeitsplatz zu versetzen. Da der BR mit dem **Weiterbeschäftigungsverlangen der Versetzung bereits zugestimmt** hat, braucht der AG das Zustimmungsverf nach § 99 nicht durchzuführen <R: vgl zum Versetzungsverlangen des BR BAG 15.5.1997, 2 AZR 519/96, BB 1997, 1748 (LS); L: HWGNRH/*Huke* Rn 148; ErfK/*Kania* Rn 20; GK/*Raab* Rn 169; KR/*Rinck* Rn 211; Richardi/*Thüsing* Rn 178; **abw** *Fitting* Rn 84, wonach der BR des abgebenden Betriebs die Zustimmung zur Versetzung aber nicht wird verweigern können; **aA** DKW/*Bachner/Deinert* Rn 230>. Ebenso wenig muss der AG, wenn die vom BR vorgeschlagene Versetzung nur über eine Änderungs-Kd mögl ist, den BR nach § 102 zu dieser Kd anhören; im Widerspruch liegt die Zustimmung zu der Änderungs-Kd <R: vgl wieder BAG 15.5.1997, aaO; L: Richardi/*Thüsing* Rn 179; **aA** DKW/*Bachner/Deinert* Rn 230>. 94

Soll der AN **in einen anderen Betrieb versetzt** werden, muss der dortige BR der Einstellung des AN in diesen Betrieb nach § 99 zustimmen (§ 99 Rn 24). Verweigert der BR des aufnehmenden Betriebs seine Zustimmung, hindert das die Weiterbeschäftigung zu den geänderten Bedingungen im anderen Betrieb, solange die verweigerte BR-Zustimmung nicht nach § 99 Abs 4 ersetzt ist (§ 99 Rn 127 ff, 131). Auf den BR-Widerspruch nach Abs 3 Nr 3 hat die Zustimmungsverweigerung des BR im aufnehmenden BR **keinen Einfluss** <L: **aA** HWK/*Ricken* Rn 74>. Da mit der verweigerten Zustimmung nicht feststeht, dass eine Weiterbeschäftigung zu geänderten Bedingungen tatsächl ausscheidet, kann der Widerspruch seine Funktion erfüllen, dem AN die Darlegungslast im Kd-Schutzprozess zu erleichtern (Rn 106) und die Grundlage für die Weiterbeschäftigung des AN während des Kd-Schutzprozesses zu legen (Rn 114 ff)>. 95

Der Einwand, der AN könne auf seinem **bisherigen Arbeitsplatz weiterbeschäftigt** werden, weil dieser ohnehin wieder besetzt werden solle oder weil krankheitsbedingte Ausfälle des AN durch Vertretungen ausgeglichen werden könnten, rechtfertigt **keinen Widerspruch**, da ein solches Vorbringen darauf hinaus liefe, den betriebs- oder personenbedingten Kd-Grund überhaupt zu bestreiten. Gerade darauf aber erstreckt sich das Widerspruchsrecht des BR nicht. Ob der Kd-Grund besteht, wird ausschließl im Kd-Schutzprozess überprüft <R: BAG 12.9.1985, 2 AZR 324/84, BB 1986, 802; auch 11.5.2000, 2 AZR 54/99, BB 2000, 2049; L: DKW/*Bachner/Deinert* Rn 225; HWGNRH/*Huke* Rn 143; ErfK/*Kania* Rn 20; GK/*Raab* Rn 164; KR/*Rinck* Rn 210; Richardi/*Thüsing* Rn 173; *SWS* Rn 134; **aA** *Fitting* Rn 90>. Der BR kann der Kd nach Abs 3 Nr 3 aber mit der Begründung widersprechen, dass ein AN zwar auf demselben Arbeitsplatz, aber in einer anderen Schicht beschäftigt werden kann <R: ArbG Ludwigshafen 6.3.1972, 2 Ca 173/72, EzA § 102 BetrVG 1972 Nr 1; L: DKW/*Bachner/Deinert* Rn 225; HWGNRH/*Huke* Rn 143; GK/*Raab* Rn 164; Richardi/*Thüsing* Rn 175>. 96

d) Abs 3 Nr 4: die Weiterbeschäftigung des Arbeitnehmers nach zumutbaren Umschulungs- oder Fortbildungsmaßnahmen möglich ist

Der Widerspruchsgrund aus Abs 3 Nr 4 knüpft an § 1 Abs 2 S 3 KSchG an, der Kd auch dann ausschließt, wenn der AN die Anforderungen eines freien Arbeitsplatzes erst nach 97

§ 102   Mitbestimmung bei Kündigungen

zumutbaren Fortbildungs- oder Umschulungsmaßnahmen erfüllt. **Umschulungsmaßnahmen** vermitteln eine berufl Grundausbildung, die überhaupt zu einer Tätigkeit in einem best Beruf qualifiziert, während **Fortbildungsmaßnahmen** an den vorhandenen Wissensgrundstock der AN anknüpfen <R: vgl BAG 7.2.1991, 2 AZR 205/90, BB 1992, 214>. Weil § 1 Abs 2 S 3 KSchG auch die Umschulung nennt, kann auch die Umschulung in einen anderen Beruf als milderes Mittel die Kd ausschließen – allerdings nur in engen Grenzen. So wenig, wie der AN die Versetzung auf eine freie Beförderungsstelle verlangen kann (Rn 90), so wenig kann er die Umschulung auf eine Beförderungsstelle erzwingen <R: BAG 7.2.1991, aaO, das aber die Umschulung einer angelernten Laborassistentin zur Büroassistentin nicht für eine Beförderung hält>. Eine Umschulung oder Fortbildung hindert die Kd nur dann, wenn mit hinreichender Sicherheit feststeht, dass der AN die Qualifikation für diesen Arbeitsplatz erwerben wird und nach der Fortbildung oder Umschulung tatsächl weiterbeschäftigt werden kann <R: BAG 7.2.1991, aaO; 8.5.2014, 2 AZR 1001/12, NZA 2014, 1200 Rn 21>. Der AG ist nicht verpflichtet, den AN allein zum Zwecke der Qualifikation weiter zu beschäftigen, ohne dass ein geeigneter Arbeitsplatz im Betrieb oder Unternehmen (absehbar) alsbald frei wird <R: BAG 8.5.2014, aaO>.

98 Ob Fortbildungs- oder Umschulungsmaßnahmen **dem AG zumutbar** sind, hängt zum einen von den Kosten der Maßnahme und zum anderen von deren Dauer ab. Weil im Kd-Zeitpunkt mit an Sicherheit grenzender Wahrscheinlichkeit feststehen muss, dass für den AN ein der Qualifizierung entspr Arbeitsplatz frei sein wird (Rn 97), kommen allenfalls einige Monate dauernde Maßnahmen in Betracht <R: vgl BAG 7.2.1991, 2 AZR 205/90, BB 1992, 214, welches aber eine 2-jährige Umschulung wohl als zumutbar ansieht>. Nach §§ 92a, 97 Abs 2 mit dem BR vereinbarte Qualifizierungsmaßnahmen erkennt der AG mit der Vereinbarung als gem § 1 Abs 2 S 3 KSchG zumutbar an. Ebenso spricht es für die Zumutbarkeit, wenn der AG anderen AN zuvor entspr Qualifizierungen ermöglicht hat. Der **AN** muss mit der Umschulung oder Fortbildung **einverstanden sein**, da sie gg seinen Willen nicht durchgeführt werden kann <L: APS/*Koch* Rn 202; GK/*Raab* Rn 177; HWK/*Ricken* Rn 76; Richardi/*Thüsing* Rn 182>.

99 Stehen **mehr qualifizierungsfähige AN** zur Kd an, als freie Stellen nach Umschulungs- oder Fortbildungsmaßnahmen frei sind, hat der BR über die Auswahl der teilnahmeberechtigten AN an diesen Maßnahmen nach **§ 98 Abs 3** mitzubestimmen <L: aA *Fitting* § 97 Rn 27>, § 98 Rn 13 ff. Diese Auswahl folgt eigenen Wertungen, die Sozialauswahlkriterien des § 1 Abs 3 KSchG müssen nicht berücksichtigt werden. Der Kd-Schutz wird dadurch aber nicht verkürzt <L: aA *Fitting* § 97 Rn 28>. Mit der Vereinbarung der Qualifizierungsmaßnahmen steht nicht nur für die Teilnehmer an den Maßnahmen, sondern für alle qualifizierbaren AN fest, dass sie nach einer Qualifizierung weiterbeschäftigt werden können. **Wer** weiterbeschäftigt und damit qualifiziert werden muss und wem gekündigt werden kann, ist nach **§ 1 Abs 3 KSchG** zu entscheiden <L: *Kaiser* FS Löwisch (2007), S 153, 164; *Rieble* Sonderheft NZA 2001, 48, 56; Richardi/*Thüsing* § 97 Rn 16; **abw** *Franzen* NZA 2001, 865, 869>. Der Vergleichbarkeit iR der Sozialauswahl steht es nicht entgg, dass manche AN nach Auswahl durch AG und BR bereits an Qualifizierungsmaßnahmen teilgenommen haben, andere hingg nicht <R: LAG Bbg 9.6.1995, 5 Sa 205/95, LAGE § 15 KSchG Nr 129>.

100 Bei einem auf Abs 3 Nr 4 gestützten **Widerspruch** muss der BR angeben, **welche Umschulungs- oder Fortbildungsmaßnahmen** seiner Meinung nach in Betracht kommen

III. Widerspruch des Betriebsrats, Abs 3   § 102

und auf welchem Arbeitsplatz der AN danach beschäftigt werden kann <R: LAG Berl-Bbg 5.4.2019, 3 SaGa 417/19, juris Rn 34>. Da der Widerspruch den Kd-Schutz des AN flankiert (Rn 3), kann der BR der Kd wg der Möglichkeit der Weiterbeschäftigung nach Umschulungs- und Fortbildungsmaßnahmen aber nur für solche AN widersprechen, die von den qualifizierungsfähigen AN als nach § 1 Abs 3 KSchG sozial schwach weiterzubeschäftigen wären; auf die Auswahlkriterien des § 98 Abs 3 kann er den Widerspruch nicht stützen (vgl Rn 99).

Der Widerspruchsgrund aus Abs 3 Nr 4 greift vor allem, aber nicht ausschließl, bei **be-** **triebsbedingten Kd**. Kündigt der AG einem AN wg Leistungsmängeln, kann der BR gg diese **personenbedingte Kd** nach Abs 3 Nr 4 einwenden, dass der AN nach Umschulungs- oder Fortbildungsmaßnahmen weiterbeschäftigt werden kann <**L:** DKW/*Bachner/ Deinert* Rn 232; HWGNRH/*Huke* Rn 151; GK/*Raab* Rn 172; Richardi/*Thüsing* Rn 181; *SWS* Rn 141>. Insbes hier wird Abs 3 Nr 4 von § 97 flankiert (§ 97 Rn 7 ff).   101

e) Abs 3 Nr 5: eine Weiterbeschäftigung des Arbeitnehmers unter geänderten Vertragsbedingungen möglich ist und der Arbeitnehmer sein Einverständnis hiermit erklärt hat

Die Kd ist nach § 1 Abs 2 S 3 KSchG auch dann ausgeschlossen, wenn der AN unter geänderten Arbeitsbedingungen weiterbeschäftigt werden kann und er sein Einverständnis hierzu erklärt hat. Das verlangt vom AG, vor einer Beendigungs-Kd dem AN **von sich aus** eine mögl anderweitige Beschäftigung auf einem **freien Arbeitsplatz** auch zu geänderten (gleichwertigen oder schlechteren) Bedingungen **anzubieten** <**R:** BAG 29.8.2013, 2 AZR 809/12, NZA 2014, 730 Rn 22; 26.3.2015, 2 AZR 417/14, NZA 2015, 1083 Rn 26>. Eine dafür notwendige Änderungs-Kd darf nur in „Extremfällen" unterbleiben, da der AN grds selbst entscheiden können soll, ob er eine Weiterbeschäftigung unter veränderten, möglicherweise **erhebl schlechteren Arbeitsbedingungen** akzeptiert oder nicht <**R:** BAG 8.5.2014, 2 AZR 1001/12, NZA 2014, 1200 Rn 13; 26.3.2015, 2 AZR 417/14, NZA 2015, 1083 Rn 28>. Hingg ist der AG nicht verpflichtet, den AN auf einer freien Beförderungsstelle weiter zu beschäftigen, da das Arbeitsverhältnis nur in seinem bisherigen Bestand und Inhalt geschützt wird <**R:** BAG 23.11.2004, 2 AZR 38/04, NZA 2005, 986; 23.2.2010, 2 AZR 656/08, NZA 2010, 1288 Rn 40>. Ein Wechsel von Teilzeit in Vollzeit stellt nach der Rspr allerdings keine Beförderung dar, da in diesem Fall kein höherwertiger Arbeitsplatz angeboten werde <**R:** BAG 26.3.2015, 2 AZR 417/14, NZA 2015, 1083 Rn 41>. Beruft sich der AN nach dem Ausspruch einer Beendigungs-Kd nicht zeitnah auf eine ihm bekannte Beschäftigungsmöglichkeit, spricht dies für die Annahme, dass er selbst darin keine zumutbare Beschäftigungsperspektive erblickt und ein entspr Angebot des AG auch mit Blick auf eine drohende Beendigungs-Kd nicht angenommen hätte <**R:** BAG 23.2.2010, 2 AZR 656/08, NZA 2010, 1288 Rn 57; 26.3.2015, 2 AZR 417/14, NZA 2015, 1083 Rn 28>. Keine freien Arbeitsplätze iS des § 1 Abs 2 S 2, 3 KSchG sind solche, die ausschließl der Qualifizierung und der Vermittlung an andere Unternehmen innerhalb und außerhalb des Konzerns dienen <**R:** BAG 8.5.2014, 2 AZR 1001/12, NZA 2014, 1200 Rn 16 ff, 22; **L:** ausf AR/*Kaiser* § 1 KSchG Rn 157 f; LSSW/ *Schlünder* § 1 KSchG Rn 363 ff, insbes 367 f>.   102

Wie § 1 Abs 2 S 3 KSchG setzt auch Abs 3 Nr 5 für den BR-Widerspruch voraus, dass **der AN sein Einverständnis** zu den vom BR vorgeschlagenen Änderungen der Vertrags-   103

§ 102   Mitbestimmung bei Kündigungen

bedingungen erklärt hat. Der AN muss sich auf den Boden des vom BR vorgeschlagenen Kompromisses stellen. Der Widerspruch genügt nur dann den Anforderungen, wenn der BR mitteilt, welche Vertragsbedingungen wie geändert werden sollen und dass der AN mit diesen Änderungen einverstanden ist <R: Hess LAG 15.2.2013, 14 SaGa 1700/12, LAGE § 102 BetrVG 2001 Beschäftigungspflicht Nr 6 (juris Rn 11)>. Das bedeutet, dass der BR das Einverständnis des AN vor der Erhebung des Widerspruchs einholen muss <L: *Fitting* Rn 95; APS/*Koch* Rn 203; KR/*Rinck* Rn 223; GK/*Raab* Rn 182; Richardi/*Thüsing* Rn 186; **abw** DKW/*Bachner/Deinert* Rn 246>. Der AN muss aber auch die Möglichkeit haben, sein Einverständnis **unter dem Vorbehalt zu erklären**, dass die vorgeschlagene Vertragsänderung sozial gerechtfertigt ist, mit der Folge, dass der AG eine Änderungs-Kd aussprechen muss, um die Weiterbeschäftigung zu den geänderten Bedingungen durchzusetzen <R: BAG 21.4.2005, 2 AZR 244/04, NZA 2005, 1294; L: *Fitting* Rn 96; APS/*Koch* Rn 204; GK/*Raab* Rn 183>. Erklärt der AG entspr dem Widerspruch des BR eine Änderungs-Kd, steht dem AN ein Anspruch auf Weiterbeschäftigung nach Abs 5 S 1 nicht zu, da der AG in diesem Fall dem Vorschlag des BR gerade folgt <L: DKW/*Bachner/Deinert* Rn 247; GK/*Raab* Rn 183; KR/*Rinck* Rn 224>. Zu dieser Änderungs-Kd muss der BR nicht mehr gesondert angehört werden <L: AR/*Kolbe* Rn 31; Richardi/*Thüsing* Rn 187>.

3. Rechtsfolgen des Widerspruchs

104   § 1 Abs 2 S 2 Nr 1b und S 3 KSchG scheinen den Kd-Schutz des AN an den Widerspruch des BR zu knüpfen. Danach ist der AG zur Weiterbeschäftigung des AN auf einem freien Arbeitsplatz (ggfs nach Umschulungs- oder Fortbildungsmaßnahmen oder einer Änderung der Arbeitsbedingungen) nur dann verpflichtet, wenn der BR der Kd widersprochen hat. Auch der Verstoß gg eine Auswahlrichtlinie soll die Kd nach § 1 Abs 2 S 1 Nr 1a KSchG nur dann unwirksam machen, wenn der BR der Kd widersprochen hat. Hingg verknüpft das KSchG Kd-Schutz und BR-Widerspruch nicht für Verstöße gg die Sozialauswahl iS des § 1 Abs 3 KSchG.

105   Nach zutreffender **hM sind § 1 Abs 2 S 2 und 3 KSchG teleologisch zu reduzieren**. Die Mitbestimmung soll den AN schützen. Machte man Kd-Beschränkungen vom Widerspruch des BR abhängig, hätte es dieser in der Hand, den Kd-Schutz zulasten einzelner AN zu beschränken; in Betrieben ohne BR bestünden best Kd-Beschränkungen von vornherein nicht. Deswg muss die mögl Weiterbeschäftigung des AN unabhängig vom BR-Widerspruch zur Unwirksamkeit der Kd führen <R: BAG 29.8.2013, 2 AZR 809/12, NZA 2014, 730 Rn 22; 8.5.2014, 2 AZR 1001/12, NZA 2014, 1200 Rn 12; 26.3.2015, 2 AZR 417/14, NZA 2015, 1083 Rn 26; L: AR/*Kaiser* § 1 KSchG Rn 165; LSSW/*Schlünder* § 1 KSchG Rn 563; Richardi/*Thüsing* Rn 207 f>. Dafür spricht insbes der Vergleich zur Sozialauswahl gem § 1 Abs 3 KSchG: Während die Sozialauswahl das horizontale Verhältnis mehrerer AN regelt, die um die verbleibenden Beschäftigungsmöglichkeiten im Betrieb konkurrieren <R: BAG 29.3.1990, 2 AZR 369/89, DB 1991, 173>, betrifft die Weiterbeschäftigungsmöglichkeit des § 1 Abs 2 KSchG das vertikale Verhältnis von AG und AN und lässt schon das dringende betriebl Erfordernis für eine Kd entfallen. Es ist nicht Aufgabe des BR, die privatrechtl Beziehungen zw AG und AN zu beeinflussen (§ 99 Rn 6, 59 und 107), sondern primär, die Interessen der AN im Betrieb auszugleichen (§ 99 Rn 5 und 24, § 87 Rn 1). Der Systematik des BetrVG entspräche es deswg allen-

III. Widerspruch des Betriebsrats, Abs 3 § 102

falls, die Berufung des AN auf eine fehlerhafte Sozialauswahl iS des § 1 Abs 3 KSchG vom Widerspruch des BR abhängig zu machen; das hat das KSchG aber gerade nicht getan.

§ 102 überlässt es dem AN, ob er eine trotz Widerspruch des BR ausgesprochene Kd im Kd-Schutzprozess angreifen will. Tut er dies, kann er sich im Kd-Schutzprozess auf den Widerspruch des BR stützen und so seine **Darlegungs- und Beweislast erleichtern**. Der AG muss dem AN nach **Abs 4** mit der Kd eine **Abschrift der Stellungnahme des BR** zuleiten. Auf die Tatsachen, die der BR in seinem Widerspruch gg die Kd geltend gemacht hat, kann sich der AN im Kd-Schutzprozess stützen. Das unterstützt den AN für die Widerspruchsgründe aus Abs 3 Nr 3–5 aber nur tatsächl, da nach **§ 1 Abs 2 S 4 KSchG** ohnehin der AG darzulegen und zu beweisen hat, dass eine Weiterbeschäftigung des AN auf einem freien Arbeitsplatz nicht mögl oder zumutbar ist. Dafür genügt aber der allg Vortrag des AG, er könne den AN nicht weiterbeschäftigen. Dem AN obliegt es dann darzulegen, wie er sich eine anderweitige Beschäftigung vorstellt. Die Darlegungslast springt nur dann auf den AG zurück, wenn der AN schlüssig vorträgt, auf welchem Arbeitsplatz er sich eine anderweitige Beschäftigung vorstellt <**R:** BAG 15.12.1994, 2 AZR 327/94, NZA 1995, 521; 29.8.2013, 2 AZR 809/12, NZA 2014, 730 Rn 24>. Für diesen schlüssigen Vortrag kann sich der AN auf die Widerspruchsbegründung des BR stützen. 106

Hingg muss nach **§ 1 Abs 3 S 3 KSchG** von vornherein der AN die Tatsachen, aus denen sich die Unrichtigkeit der Sozialauswahl ergibt, darlegen und beweisen. Er muss also vortragen, welchen namentlich zu benennenden AN an seiner Stelle hätte gekündigt werden können und unter Angabe der individuellen Sozialdaten darlegen, warum diese deutl weniger schutzbedürftig sind als er <**R:** BAG 8.8.1985, 2 AZR 464/84, NZA 1986, 679; 21.7.1988, 2 AZR 75/88, DB 1989, 485>. Der AN kann sich insoweit auf die Gründe stützen, die der BR in seinem Widerspruch nach Abs 3 Nr 1 gg die Kd einwendet. Insoweit verbessert der BR-Widerspruch die Position des AN aber kaum. Denn wenn der AN die maßgebl Daten nicht kennt, muss der AG auf (konkludente) Aufforderung des AN <**R:** BAG 18.10.1984, 2 AZR 61/83, BB 1985, 803> seiner **Auskunftspflicht aus § 1 Abs 3 S 1 Hs 2 KSchG** genügen und substantiiert vortragen, also die für die Sozialauswahl in Betracht kommenden AN namentlich angeben sowie die sozialen Gesichtspunkte und die Maßstäbe nennen, nach denen er diese Gesichtspunkte abgewogen hat. Wie bei der Mitteilung an den BR (Rn 29) ist der AG dabei auf die Mitteilung seiner subjektiven, von ihm tatsächl angestellten Überlegungen beschränkt <**R:** BAG 21.7.1988, aaO; 5.12.2002, 2 AZR 697/01, BB 2004, 1229; 18.1.2007, 2 AZR 796/05, EzA § 2 KSchG Nr 64 Rn 38; 27.9.2012, 2 AZR 516/11, NZA 2013, 559 Rn 46; **L:** näher AR/*Kaiser* § 1 KSchG Rn 230 f; LSSW/*Schlünder* § 1 KSchG Rn 492 ff, 552 ff>. Gibt der AG keine oder eine unvollständige Auskunft, so kann der AN beim Fehlen eigener Kenntnis seiner aus § 1 Abs 3 KSchG iVm § 138 Abs 1 ZPO herzuleitenden Substantiierungspflicht, die Namen sozial stärkerer AN zu nennen, nicht genügen. In diesen Fällen ist sein Vortrag, es seien sozial stärkere AN als er vorhanden, schlüssig und ausreichend <**R:** BAG 18.1.2007, aaO; 19.12.2013, 6 AZR 790/12, BB 2014, 953 Rn 53>. 107

Wichtigste Rechtsfolge des Widerspruchs ist, dass er unter den Voraussetzungen des Abs 5 einen Anspruch des AN auf **Weiterbeschäftigung** zu den bisherigen Arbeitsbedingungen (gg Entgelt) begründet, bis das Kd-Schutzverf rechtskräftig abgeschlossen ist, gleich Rn 109 ff. 108

§ 102 Mitbestimmung bei Kündigungen

IV. Anspruch auf vorläufige Weiterbeschäftigung, Abs 5

1. Voraussetzungen

109 Der Anspruch eines gekündigten AN auf vorläufige Weiterbeschäftigung hat nach Abs 5 S 1 **vier Voraussetzungen**: Erstens muss der **AG eine o Kd ausgesprochen** haben. Allerdings gilt Abs 5 entspr für eine wg Unkündbarkeit ausgesprochene ao Kd mit Auslauffrist <R: vgl BAG 4.2.1993, 2 AZR 46/92, EzA § 626 BGB nF Nr 144; L: DKW/*Bachner/ Deinert* Rn 277; *Fitting* Rn 105; ErfK/*Kania* Rn 32; GK/*Raab* Rn 213; Richardi/*Thüsing* Rn 217>. Verbindet der AG mit der ao Kd hilfsweise eine o Kd, besteht wg der ao Kd kein Weiterbeschäftigungsanspruch <R: LAG Hamm 18.5.1982, 11 Sa 311/82, DB 1982, 1679; **diff** LAG Rh-Pf 8.6.2011, 8 SaGa 7/10, juris Rn 28 f; L: HWGNRH/*Huke* Rn 179; ErfK/*Kania* Rn 32; AR/*Kolbe* Rn 38; HWK/*Ricken* Rn 84; KR/*Rinck* Rn 261; Richardi/ *Thüsing* Rn 218 f; **diff** GK/*Raab* Rn 214 ff; **aA** DKW/*Bachner/Deinert* Rn 278; *Fitting* Rn 104>. Abs 5 greift in diesem Fall erst, wenn die Unwirksamkeit der ao Kd feststeht und nur noch um die o Kd gestritten wird.

110 Zweitens muss der **BR der Kd frist- und ordnungsgem widersprochen** haben <R: BAG 12.9.1985, 2 AZR 324/84, BB 1986, 802; 11.5.2000, 2 AZR 54/99, BB 2000, 2049>. Zu den Anforderungen an einen ordnungsgem Widerspruch Rn 76 ff.

111 Drittens muss der AN nach dem KSchG Klage auf Feststellung erhoben haben, dass das Arbeitsverhältnis durch die Kd nicht aufgelöst worden ist. Erforderl ist eine **Kd-Schutzklage** nach § 4 KSchG <L: *Fitting* Rn 106; GK/*Raab* Rn 218>. Weil sich das Widerspruchsrecht des BR nach Abs 3 nur auf die Sozialwidrigkeit der Kd bezieht, muss der AN mit der Klage **zumindest auch die Sozialwidrigkeit der Kd geltend machen**. Ein Weiterbeschäftigungsanspruch nach Abs 5 besteht folglich nur dann, wenn das KSchG für den AN gilt (§§ 1 Abs 1 und 23 Abs 1 KSchG) und er die Klage innerhalb der Drei-Wochen-Frist des § 4 KSchG erhoben hat <R: BAG 13.7.1978, 2 AZR 717/76, BB 1979, 322; L: ErfK/*Kania* Rn 33; GK/*Raab* Rn 218 f; **abw** KR/*Rinck* Rn 275>. Die Erweiterung des Anwendungsbereichs der Klagefrist durch das Gesetz zu Reformen am Arbeitsmarkt v 23.12.2003 hat daran nichts geändert. Stützt der AN die Klage ausschließlich auf sonstige Unwirksamkeitsgründe, kommt ein Weiterbeschäftigungsanspruch nach Abs 5 nicht in Betracht <L: *Kempter/Steinat* NZA 2016, 913, 915; HWGNRH/*Huke* Rn 182; ErfK/*Kania* Rn 33; AR/*Kolbe* Rn 40; GK/*Raab* Rn 219; **aA** APS/*Koch* Rn 205; KR/*Rinck* Rn 275; Richardi/*Thüsing* Rn 227>. Hat der AN die Drei-Wochen-Frist versäumt, so ist der AG zur Weiterbeschäftigung nur und erst mit Rechtskraft des Zwischenurteils verpflichtet, mit dem die verspätete Klage gem § 5 Abs 4 S 3 KSchG zugelassen wird <L: vgl HWGNRH/*Huke* Rn 180; ErfK/*Kania* Rn 33; APS/*Koch* Rn 205; GK/*Raab* Rn 221; HWK/*Ricken* Rn 86; KR/*Rinck* Rn 277; Richardi/*Thüsing* Rn 226; **abw** DKW/*Bachner/ Deinert* Rn 287; *Fitting* Rn 109>.

112 Voraussetzung für den Weiterbeschäftigungsanspruch ist viertens, dass der **AN die Weiterbeschäftigung verlangt**. Dies muss **hinreichend deutl** geschehen. Der AN muss sich auf den Widerspruch des BR stützen <R: BAG 17.6.1999, 2 AZR 608/98, NZA 1999, 1154>. Die bloße Geltendmachung des allg Beschäftigungsanspruchs bis zum Ablauf der Kd-Frist oder des allg Weiterbeschäftigungsanspruchs nach Ablauf der Kd-Frist (Rn 132 ff) enthält für sich allein nicht das Weiterbeschäftigungsverlangen nach Abs 5 S 1 <R: LAG München 17.12.2003, 5 Sa 1118/03, NZA-RR 2005, 312 (LS); Hess LAG

13.7.2016, 18 Sa 1498/15, VersR 2017, 842; **L:** APS/*Koch* Rn 206; GK/*Raab* Rn 222>. Den Antrag auf Weiterbeschäftigung muss der AN **bis zum Ablauf der Kd-Frist** stellen, weil nur so der Zweck des Weiterbeschäftigungsanspruchs erreicht werden kann, die Qualifikation des AN durch dessen tatsächl Arbeitsleistung und Integration in den Betrieb fortlaufend zu erreichen <**R:** offengelassen von BAG 17.6.1999, aaO; eine Antragstellung noch am ersten Arbeitstag nach Ablauf der Kd-Frist halten für ausreichend BAG 11.5.2000, 2 AZR 54/99, BB 2000, 2049; LAG HH 25.5.2010, 1 SaGa 3/10, juris Rn 60; vgl auch BAG 25.10.2012, 2 AZR 845/11, NZA 2013, 900 Rn 32, wonach der AN für das Weiterbeschäftigungsverlangen nicht an die Klagefrist des § 4 S 1 KSchG gebunden ist (obiter dictum); **L:** *Fitting* Rn 106; APS/*Koch* Rn 207; KR/*Rinck* Rn 279>. Ist die Kd-Frist kürzer als die Klagefrist von drei Wochen nach § 4 KSchG, muss die Weiterbeschäftigung spätestens mit der Erhebung der Klage verlangt werden <**L:** *Fitting* Rn 106; HWGNRH/*Huke* Rn 188; **abw** KR/*Rinck* Rn 279 (unverzügl nach Klageerhebung); **aA** für einen Antrag bis zum Ende des Kd-Schutzprozesses **R:** BAG 31.8.1978, 3 AZR 989/77, BB 1979, 523; **L:** GK/*Raab* Rn 223; Richardi/*Thüsing* Rn 230>.

Bei einer **Änderungs-Kd** (Rn 36) kann sich der AN nach § 2 KSchG mit dem Änderungsangebot des AG unter dem Vorbehalt einverstanden erklären, dass die Änderung nicht sozial ungerechtfertigt ist. Der AG kann ihn bis zum Abschluss des Kd-Schutzprozesses zu den geänderten Arbeitsbedingungen weiterbeschäftigen und ist nicht verpflichtet, den AN vorläufig zu den bisherigen Bedingungen weiterzubeschäftigen <**R:** BAG 18.1.1990, 2 AZR 183/89, BB 1990, 1843; **L:** *Fitting* Rn 13; HWGNRH/*Huke* Rn 203; GK/*Raab* Rn 233; KR/*Rinck* Rn 265; Richardi/*Thüsing* Rn 292; **aA** DKW/*Bachner*/*Deinert* Rn 280>. Nimmt der AN bei einer auf eine **Versetzung iSd § 95 Abs 3** gerichteten Kd das Änderungsangebot unter dem Vorbehalt des § 2 KSchG an und stimmt der BR der Versetzung nicht nach § 99 zu, hindert dies die Änderung des Arbeitsvertrags entgg der **hM** nicht (§ 99 Rn 136). Die unterbliebene Beteiligung des BR löst aber ein betriebsverfassungsrechtl Beschäftigungsverbot aus. Der AN ist zur Arbeitsleistung entspr dem geänderten Arbeitsvertrag weder verpflichtet noch berechtigt, solange die vom BR verweigerte Zustimmung nicht durch das ArbG ersetzt wird, § 99 Rn 134 ff. Da der AN der Änderung seines Arbeitsvertrages nur unter Vorbehalt zugestimmt hat, muss der AG den AN auf seinem bisherigen Arbeitsplatz weiterbeschäftigen, wenn er nicht dessen vorläufige Beschäftigung nach § 100 verlangt oder aufrechterhalten kann <**L:** DKW/*Bachner*/*Deinert* Rn 280; *Fitting* Rn 13; KR/*Rinck* Rn 266; Richardi/*Thüsing* Rn 293>. Nimmt der AN das Änderungsangebot dagg nicht an, kann er unter den Voraussetzungen des Abs 5 die Weiterbeschäftigung zu unveränderten Arbeitsbedingungen bis zum Ende des Kd-Schutzprozesses verlangen, wenn der BR der Kd nach Abs 3 ordnungsgem widersprochen und er selbst Kd-Schutzklage erhoben hat <**L:** HWGNRH/*Huke* Rn 203; GK/*Raab* Rn 232; KR/*Rinck* Rn 267; Richardi/*Thüsing* Rn 220>.

2. Inhalt

Abs 5 S 1 begründet kein gesetzl Weiterbeschäftigungsschuldverhältnis <**L: aA** HWGNRH/*Huke* Rn 189; *SWS* Rn 177; auch *Fitting* Rn 103>, sondern ein **Gestaltungsrecht** des AN, mit dessen Hilfe er die Rechtswirkungen der Kd bis zum rechtskräftigen Abschluss des Kd-Schutzprozesses hinausschieben kann. Fortgesetzt wird das **ursprüngl, durch den Arbeitsvertrag begründete Arbeitsverhältnis** <**R:** BAG 12.9.1985, 2 AZR

§ 102 Mitbestimmung bei Kündigungen

324/84, BB 1986, 802; 10.3.1987, 8 AZR 164/84, DB 1987, 1045; 7.3.1996, 2 AZR 432/ 95, BB 1996, 1721; 27.5.2020, 5 AZR 247/19, NZA 2020, 1169 Rn 39; **L:** *Rieble* BB 2003, 844; DKW/*Bachner*/*Deinert* Rn 302; GK/*Raab* Rn 228; KR/*Rinck* Rn 286; Richardi/*Thüsing* Rn 213, 235>.

115 Nach Abs 5 S 1 muss der AG den AN bis zum rechtskräftigen Urteil im Kd-Schutzprozess und damit bis zum Ende des Kd-Schutzprozesses bei **unveränderten Arbeitsbedingungen,** also insbes auch zum Arbeitsentgelt in gleicher Höhe, weiterbeschäftigen <**R:** BAG 7.3.1996, 2 AZR 432/95, BB 1996, 1721>; zur Ausnahme bei der Änderungs-Kd gerade Rn 113. Da Grundlage des Entgeltfortzahlungsanspruchs die durch Abs 5 S 1 angeordnete Fortdauer der Wirkungen des Arbeitsverhältnisses ist, besteht dieser Anspruch auch dann, wenn sich die Kd im Kd-Schutzprozess als wirksam erweist <**R:** BAG 12.9.1985, 2 AZR 324/84, BB 1986, 802; 7.3.1996, aaO; 27.5.2020, 5 AZR 247/19, NZA 2020, 1169 Rn 39, 41>.

116 Bis zum rechtskräftigen Abschluss des Kd-Schutzprozesses hat der AN auch Anspruch auf **Nebenleistungen** aus dem Arbeitsverhältnis <**L:** DKW/*Bachner*/*Deinert* Rn 302; Richardi/*Thüsing* Rn 236; auch APS/*Koch* Rn 210; einschränkend HWGNRH/*Huke* Rn 192; KR/*Rinck* Rn 289>. Da das Weiterbeschäftigungsverlangen das Arbeitsverhältnis fortsetzt (Rn 114), erhöht es auch dann die Dauer der Betriebszugehörigkeit und löst einen Anspruch auf betriebszugehörigkeitsabhängige Leistungen aus, wenn das ArbG die Kd-Schutzklage später abweist, weil die Kd wirksam war <**L:** DKW/*Bachner*/*Deinert* Rn 303; APS/*Koch* Rn 210; KR/*Rinck* Rn 290; Richardi/*Thüsing* Rn 242; **aA** *Fitting* Rn 114; HWGNRH/*Huke* Rn 192>.

117 Der AG muss den AN gem Abs 5 S 1 auch **tatsächl weiterbeschäftigen** <**R:** BAG 26.5.1977, 2 AZR 632/76, BB 1977, 1504; 7.3.1996, 2 AZR 432/95, BB 1996, 1721>. Der Weiterbeschäftigungsanspruch bezweckt es gerade, dem AN für den Fall, dass im Kd-Schutzprozess die Unwirksamkeit der Kd festgestellt wird, den Arbeitsplatz tatsächl zu erhalten, sodass das Arbeitsverhältnis nahtlos fortgesetzt werden kann und nicht ledigl gg Zahlung einer Abfindung nach §§ 9, 10 KSchG beendet wird <**R:** BAG 27.2.1985, GS 1/84, BB 1985, 1978; **L:** statt aller Richardi/*Thüsing* Rn 238 mwN>.

118 Der AN ist nicht zwingend auf demselben Arbeitsplatz zu beschäftigen wie bisher, sondern **kann auf einen gleichwertigen Arbeitsplatz umgesetzt werden** <**R:** LAG HH 21.5.2008, 4 SaGa 2/08, BB 2008, 2636; **L:** *Fitting* Rn 114; APS/*Koch* Rn 211; KR/*Rinck* Rn 291; *SWS* Rn 176>, insbes wenn bei einer betriebsbedingten Kd mehrere vergleichbare Arbeitsplätze wegfallen. Da Rechtsgrund für den Anspruch auf tatsächl Beschäftigung das Arbeitsverhältnis ist (Rn 114), kann der AG den AN wie im ungekündigten oder gekündigten Arbeitsverhältnis auch während des Weiterbeschäftigungsverhältnisses **freistellen** <**R:** LAG Nürnberg 18.9.2007, 4 Sa 586/07, ZTR 2008, 108; **L:** DKW/*Bachner*/ *Deinert* Rn 304; *Fitting* Rn 114; KR/*Rinck* Rn 285>, zu § 615 BGB gleich Rn 120f.

119 **Verlangt der AN** seine vorläufige Weiterbeschäftigung (Rn 112), ist er zur Arbeitsleistung entspr dem gekündigten Arbeitsvertrag **auch verpflichtet.** Ihn treffen darüber hinaus die arbeitsvertragl Nebenpflichten, etwa zur Treue und Verschwiegenheit. Während des Weiterbeschäftigungsverhältnisses bestehen auch die Rechte des AN aus dem BetrVG; er ist vor allem weiterhin aktiv und passiv wahlberechtigt <**R:** vgl LAG Berlin 2.5.1994, 9 TaBV 1/94, DB 1994, 2556; **L:** DKW/*Bachner*/*Deinert* Rn 305; *Fitting*

IV. Anspruch auf vorläufige Weiterbeschäftigung, Abs 5 § 102

Rn 115; HWGNRH/*Huke* Rn 193 f; APS/*Koch* Rn 211; KR/*Rinck* Rn 292; Richardi/*Thüsing* Rn 241>, § 7 Rn 7, § 8 Rn 4.

Streiten AG und AN über die Kd des Arbeitsverhältnisses, gerät der AG in **Annahmeverzug**, wenn der AN die Arbeitsleistung gem § 295 BGB wörtlich anbietet, weil der AG mit der Berufung auf das Ende des Arbeitsverhältnisses erklärt, er werde keine weitere Arbeitsleistung mehr annehmen. Ein wörtliches Angebot kann nach der Rspr bereits darin liegen, dass der AN gg die Beendigung des Arbeitsverhältnisses protestiert und/oder eine Kd-Schutzklage einreicht <**R:** BAG 15.5.2013, 5 AZR 130/12, NZA 2013, 1076 Rn 22>. Ledigl für den Fall einer **unwirksamen Kd** durch den AG geht das BAG weiterhin davon aus, dass der AG gem § 296 BGB mit dem Ablauf der Kd-Frist in **Annahmeverzug** gerät, ohne dass es eines – auch nur wörtlichen – Angebots des AN bedarf. In der Kd liege dann zugleich die Erklärung, die Arbeitsleistung nach Ablauf der Kd-Frist nicht mehr anzunehmen <**R:** BAG 16.5.2012, 5 AZR 251/11, NZA 2012, 971 Rn 12; 15.5.2013, aaO; 14.12.2017, 2 AZR 86/17, NZA 2018, 646 Rn 32; **L: krit** Staudinger/*Feldmann* (2019) § 296 BGB Rn 4 f>. Im **unstreitig bestehenden Arbeitsverhältnis** muss der AN die Leistung dagg tatsächl anbieten (§ 294 BGB). Ein wörtliches Angebot iS des § 295 BGB genügt nur dann, wenn der AG dem AN erklärt hat, er werde die Leistung nicht annehmen oder sei nicht verpflichtet, den AN in einem die tatsächl Heranziehung übersteigenden Umfang zu beschäftigen <**R:** BAG 28.6.2017, 5 AZR 263/16, NZA 2017, 1528 Rn 21>. In der Aufhebung der Arbeitspflicht durch **Freistellung** erblickt das BAG einen Verzicht des AG auf das Angebot der Arbeitsleistung <**R:** BAG 23.1.2008, 5 AZR 393/07, NZA 2008, 595 Rn 13; 15.5.2013, 5 AZR 130/12, NZA 2013, 1076 Rn 25 f>. 120

Ist der AG in Annahmeverzug geraten, hat der AN ab dessen Eintritt einen **Anspruch auf Annahmeverzugsentgelt** aus §§ 611a Abs 2, 615 BGB, der bei wirksamer Kd bis zum Ablauf der Kd-Frist, bei unwirksamer Kd ohne zeitl Grenze besteht. Besteht das Arbeitsverhältnis wg Unwirksamkeit der Kd ohnehin fort, besteht der Anspruch auf Annahmeverzugslohn unabhängig davon, ob der AG nach Abs 5 S 1 oder aus einem anderen Grund (Rn 132 ff) zur Weiterbeschäftigung des AN verpflichtet ist. Er entfällt bei Weiterbeschäftigung deswg auch dann nicht, wenn der AG nach Abs 5 S 2 durch eV von der Weiterbeschäftigungspflicht entbunden wird <**R:** LAG Rh-Pf 11.1.1980, (7) 6 Sa 657/79, BB 1980, 415; **L:** GK/*Raab* Rn 239; KR/*Rinck* Rn 312; Richardi/*Thüsing* Rn 267>. Nur **für den Fall, dass die Kd wirksam ist**, setzt ein über die Kd-Frist hinausgehender Anspruch auf Annahmeverzugslohn voraus, dass der AN einen Anspruch auf Weiterbeschäftigung hat. Dieser endet mit dem rechtskräftigen Abschluss des Kd-Schutzprozesses (Rn 114) oder wenn der AG durch eV gem Abs 5 S 2 von der Weiterbeschäftigungspflicht entbunden wird <**R:** BAG 7.3.1996, 2 AZR 432/95, BB 1996, 1721>, Rn 125 ff. Zur Milderung der Rechtsfolgen des Annahmeverzugs durch die sog „Prozessbeschäftigung" noch Rn 135. 121

Während des Weiterbeschäftigungszeitraums können AG und AN das Arbeitsverhältnis **aus neuen Gründen** sowohl o als auch ao **kündigen** <**L:** HWGNRH/*Huke* Rn 195; GK/*Raab* Rn 230; Richardi/*Thüsing* Rn 246>. Der AG muss vor dieser Kd den BR nach § 102 anhören. Auch ggü der neuen o Kd kann der AN nach einem frist- und ordnungsgem BR-Widerspruch unter den Voraussetzungen des Abs 5 die vorläufige Weiterbeschäftigung verlangen (Rn 109 ff). Wehrt der AN sich nicht gg die zweite Kd oder nimmt er die Kd-Schutzklage zurück, endet mit Ablauf der Kd-Frist das Arbeitsverhältnis. Damit entfällt zugleich die vorläufige Weiterbeschäftigungspflicht des AG hinsichtl der ersten Kd <**L:** 122

Fitting Rn 110>. Ebenso endet die Weiterbeschäftigungspflicht des AG hinsichtl der ersten Kd mit dem späteren Ablauf der Kd-Frist einer weiteren Kd, wenn für diese die Verpflichtung zur Weiterbeschäftigung wg Fehlens der Voraussetzungen des Abs 5 S 1 nicht besteht <R: LAG Köln 14.3.2019, 6 Sa 489/18, LAGE § 1 KSchG Betriebsbedingte Kündigung Nr 105 (juris Rn 78); L: *Fitting* Rn 110; AR/*Kolbe* Rn 48; GK/*Raab* Rn 230>.

3. Gerichtliche Durchsetzung

123 Entspricht der AG dem Weiterbeschäftigungsverlangen des AN nicht, kann der AN seine Ansprüche auf Beschäftigung und auf Entgeltzahlung klageweise im **Urteilsverf** durchsetzen. Regelmäßig kommt auch eine **eV nach §§ 935, 940 ZPO** in Betracht <L: statt aller DKW/*Bachner/Deinert* Rn 295; GK/*Raab* Rn 236; Richardi/*Thüsing* Rn 249>. Um den Anspruch auf vorläufige Weiterbeschäftigung durchzusetzen, **muss der AN glaubhaft machen**, dass er fristgem Kd-Schutzklage erhoben und den Antrag auf Weiterbeschäftigung gestellt hat und dass der BR der Kd ordnungsgem widersprochen hat. Ein **bes Verfügungsgrund muss hingg nicht glaubhaft gemacht werden**, da das Sicherungsinteresse (§ 935 ZPO) schon aus der Rechtsnatur des Anspruchs folgt <R: LAG Hamm 24.1.1994, 19 Sa 2029/93, AuR 1994, 310 (LS); LAG Berlin 16.9.2004, 10 Sa 1763/04, LAGE § 102 BetrVG 2001 Beschäftigungspflicht Nr 3; LAG HH 21.5.2008, 4 SaGa 2/08, BB 2008, 2636; LAG Köln 26.11.2012, 5 SaGa 14/12, juris Rn 32; LAG Sachsen 1.8.2014, 2 SaGa 10/14, juris Rn 22 ff; **aA** LAG BaWü 30.8.1993, 15 Sa 35/93, NZA 1995, 683; LAG BaWü 17.9.2021, 12 SaGa 3/21, juris Rn 34 ff; LAG Nürnberg 18.9.2007, 4 Sa 586/07, ZTR 2008, 108; LAG Köln 10.3.2010, 3 SaGa 26/09, juris Rn 19; LAG Berl-Bbg 30.3.2011, 4 SaGa 432/11, juris Rn 48 ff; **L:** DKW/*Bachner/Deinert* Rn 297; ErfK/*Kania* Rn 36; APS/*Koch* Rn 213; AR/*Kolbe* Rn 43; GK/*Raab* Rn 236; KR/*Rinck* Rn 293; **aA** *Fitting* Rn 116; HWGNRH/*Huke* Rn 198>.

124 Dass er zur **Weiterbeschäftigung nicht verpflichtet** ist, weil der BR der Kd nicht wirksam widersprochen hat oder der AN nicht rechtzeitig Kd-Schutzklage erhoben oder die Weiterbeschäftigung nicht rechtzeitig verlangt hat, kann der AG im Urteilsverf im Wege einer **negativen Feststellungsklage** feststellen lassen. Eine solche Feststellung ist auch im eV-Verf mögl <R: LAG Bbg 15.12.1992, 1 Ta 61/92, LAGE § 102 BetrVG 1972 Beschäftigungspflicht Nr 13; Hess LAG 10.9.2021, 8 SaGa 770/21, juris Rn 6; **aA** LAG München 5.10.1994, 5 Sa 698/94, LAGE § 102 BetrVG 1972 Beschäftigungspflicht Nr 19; **L:** *Haas* NZA-RR 2008, 57, 60 f; *Fitting* Rn 121; HWGNRH/*Huke* Rn 214; GK/*Raab* Rn 245; **aA** *Matthes* FS Gnade (1992), S 225, 232>. Dem Anspruch des AN auf Weiterbeschäftigung kann der AG **aber nicht die Gründe entgegenhalten**, aus denen er nach Abs 5 S 2 Nr 1 bis 3 von der Weiterbeschäftigung entbunden werden kann; diese Gründe kann er nur in dem von ihm anzustrengenden Entbindungsverf (Rn 125 ff) geltend machen <R: LAG HH 25.1.1994, 3 Sa 113/93, LAGE § 102 BetrVG 1972 Beschäftigungspflicht Nr 21; LAG SH 5.3.1996, 1 Ta 16/96, LAGE § 102 BetrVG 1972 Beschäftigungspflicht Nr 23; LAG Köln 26.11.2012, 5 SaGa 14/12, juris Rn 36; **L:** DKW/*Bachner/Deinert* Rn 298; KR/*Rinck* Rn 294, 316; Richardi/*Thüsing* Rn 251>. Der AG darf auch nicht im eV-Verf des AN auf Weiterbeschäftigung aus Abs 5 S 1 einen Antrag auf Erlass einer Entbindungsverfügung nach Abs 5 S 2 stellen; beide Verf sind zu trennen <R: **aA** Hess LAG 15.2.2013, 14 SaGa 1700/12, LAGE § 102 BetrVG 2001 Beschäfti-

IV. Anspruch auf vorläufige Weiterbeschäftigung, Abs 5   § 102

gungspflicht Nr 6 (juris Rn 13); **L:** *Rieble* BB 2003, 844, 849; **aA** *Fitting* Rn 117; APS/ *Koch* Rn 226; AR/*Kolbe* Rn 43; Richardi/*Thüsing* Rn 251; auch KR/*Rinck* Rn 295, 316>.

4. Entbindung des Arbeitgebers von der Weiterbeschäftigung

Den gesetzl Weiterbeschäftigungsanspruch aus Abs 5 S 1 kann der AG nicht durch einseitige Willenserklärung beseitigen, sondern gem Abs 5 S 2 nur mit Hilfe des ArbG <R: BAG 7.3.1996, 2 AZR 432/95, BB 1996, 1721>. Nach Abs 5 S 2 Nr 1 bis 3 kann das ArbG den AG auf seinen Antrag **durch eV** von der Verpflichtung zur Weiterbeschäftigung entbinden (**Entbindungsverfügung**); den Entbindungsantrag kann der AG während des gesamten Kd-Rechtsstreits stellen <**L:** DKW/*Bachner/Deinert* Rn 312; GK/*Raab* Rn 237; KR/*Rinck* Rn 299>. Der Antrag setzt nicht voraus, dass ein Weiterbeschäftigungsanspruch des AN nach Abs 5 S 1 besteht <**R:** LAG München 17.12.2003, 5 Sa 1077/03, NZA-RR 2005, 312 (LS); LAG Nürnberg 5.9.2006, 6 Sa 458/06, ZTR 2007, 339; Hess LAG 15.2.2013, 14 SaGa 1700/12, LAGE § 102 BetrVG 2001 Beschäftigungspflicht Nr 6 (juris Rn 13); LAG Ddf 24.4.2013, 4 SaGa 6/13, LAGE § 102 BetrVG 2001 Beschäftigungspflicht Nr 7 (juris Rn 4); LAG HH 9.4.2014, 6 SaGa 2/14, juris Rn 45ff; **aA** LAG Berlin 11.6.1974, 8 Sa 37/74, 10 Ga 1/74, BB 1974, 1024; Hess LAG 2.11.1984, 13 Ta 309/84, NZA 1985, 163; LAG HH 2.11.2001, 3 Sa 81/01, AiB 2003, 496; **L:** *Fitting* Rn 121; HWGNRH/*Huke* Rn 213f; APS/*Koch* Rn 224; GK/*Raab* Rn 245; KR/*Rinck* Rn 311; Richardi/*Thüsing* Rn 262>. Ein **bes Verfügungsgrund ist nicht erforderl** <**R:** LAG HH 14.9.1992, 2 Sa 50/92, NZA 1993, 141; LAG München 13.7.1994, 5 Sa 408/94, LAGE § 102 BetrVG 1972 Beschäftigungspflicht Nr 17; LAG Nürnberg 5.9.2006, aaO; Hess LAG 15.2.2013, aaO; Hess LAG 10.9.2021, 8 SaGa 770/21, juris Rn 6; LAG Ddf 24.4.2013, aaO (juris Rn 30); **aA** LAG BaWü 30.8.1993, 15 Sa 35/93, NZA 1995, 683; **L:** *Rieble* BB 2003, 844, 849f; *Schmeisser* NZA-RR 2016, 169, 170; APS/*Koch* Rn 225; GK/*Raab* Rn 238; KR/*Rinck* Rn 314; *SWS* Rn 171a; Richardi/*Thüsing* Rn 261; **aA** DKW/*Bachner/Deinert* Rn 311>.   125

Über die eV wird im **Urteilsverf** entschieden, auf das nach § 62 Abs 2 ArbGG iVm § 936 ZPO die **Vorschriften der ZPO über eV** und Arreste Anwendung finden <**L:** statt aller GK/*Raab* Rn 237; KR/*Rinck* Rn 313 ff>. Insbes genügt es nach § 920 Abs 2 ZPO, dass der AG die Gründe für die eV glaubhaft macht. Mit Erlass der eV wird der AG ex nunc von der Weiterbeschäftigungspflicht durch rechtsgestaltende Entscheidung entbunden <**R:** BAG 7.3.1996, 2 AZR 432/95, BB 1996, 1721; **L:** Richardi/*Thüsing* Rn 267>. Aus dem Rechtsgedanken des § 924 Abs 3 ZPO folgt, dass der Entbindung von der Weiterbeschäftigungspflicht nicht entgg steht, dass gg das Gerichtsurteil bzw den Gerichtsbeschluss Berufung bzw Widerspruch eingelegt werden kann. Weist das ArbG den Entbindungsantrag des AG rechtskräftig ab, kann der AG den Antrag wiederholen, wenn **neue Tatsachen** vorliegen, die im ersten Verf nicht vorgebracht werden konnten <**R:** LAG Köln 19.5.1983, 3 Sa 268/83, DB 1983, 2368; **L:** ErfK/*Kania* Rn 41; APS/*Koch* Rn 227; GK/*Raab* Rn 237; KR/*Rinck* Rn 300; Richardi/*Thüsing* Rn 266>.   126

Nach **Abs 5 S 2 Nr 1** ist der AG von der Weiterbeschäftigung zu entbinden, wenn die **Kd-Schutzklage des AN keine hinreichende Aussicht auf Erfolg bietet oder mutwillig** erscheint. Entspr den zu § 114 ZPO (Prozesskostenhilfe) entwickelten Grundsätzen <**L:** statt aller GK/*Raab* Rn 240; Richardi/*Thüsing* Rn 255 mwN> hat eine Kd-Schutzklage dann keine hinreichende Aussicht auf Erfolg, wenn nicht wenigstens eine gewisse Wahr-   127

§ 102 Mitbestimmung bei Kündigungen

scheinlichkeit dafür besteht, dass der AN mit seiner Klage durchdringt <R: LAG Ddf 23.5.1975, 8 Sa 152/75, EzA § 102 BetrVG 1972 Beschäftigungspflicht Nr 4; LAG HH 14.9.1992, 2 Sa 50/92, NZA 1993, 140; **L:** DKW/*Bachner/Deinert* Rn 318; HWGNRH/ *Huke* Rn 208; APS/*Koch* Rn 220; GK/*Raab* Rn 240; KR/*Rinck* Rn 303; Richardi/*Thüsing* Rn 255; **aA** *SWS* Rn 180>. An der ausreichenden Erfolgsaussicht fehlt es etwa, wenn der AG glaubhaft machen kann, dass der Betrieb stillgelegt wird und auch kein geeigneter Arbeitsplatz in einem anderen Betrieb des Unternehmens frei ist, oder wenn der AN sich nachträgl mit der Aufhebung des Arbeitsverhältnisses einverstanden erklärt. Ist die **Kd-Schutzklage des AN in erster Instanz abgewiesen** worden, genügt es nicht, dass der AG ledigl auf die Klageabweisung hinweist. Dies führt nicht dazu, dass es nun Sache des AN ist, darzulegen und glaubhaft zu machen, weshalb die Kd-Schutzklage gleichwohl hinreichende Aussicht auf Erfolg hat <R: Hess LAG 5.3.2018, 16 SaGa 127/18, LAGE § 102 BetrVG 2001 Beschäftigungspflicht Nr 8 (juris Rn 22); **aA** ArbG Passau 18.2.1992, 4 Ga 2/92, BB 1992, 928 (LS); **L:** APS/*Koch* Rn 220; GK/*Raab* Rn 240>.

128 Der AG kann nach **Abs 5 S 2 Nr 2** wg **unzumutbarer wirtschaftl Belastung** von der Weiterbeschäftigung entbunden werden. Dieser Entbindungsgrund knüpft nicht an die Kd (wie Abs 5 S 2 Nr 1) oder den Widerspruch des BR an (wie Abs 5 S 2 Nr 3) und ist deutl unbestimmter. Weil Abs 5 dem AN die vorläufige Weiterbeschäftigung gerade sichern will, genügt es für eine Belastung iS des S 2 Nr 2 deshalb nicht, dass der AG den AN nicht mehr benötigt. Ein Entbindungsgrund iS des Abs 5 S 2 Nr 2 liegt deswg nicht allein in dringenden betriebl Erfordernissen iSv § 1 Abs 2 KSchG oder in einer Betriebsänderung samt Personalabbau iS der §§ 111ff <R: LAG München 13.7.1994, 5 Sa 408/94, LAGE § 102 BetrVG 1972 Beschäftigungspflicht Nr 17; LAG HH 21.5.2008, 4 SaGa 2/08, BB 2008, 2636>. Anknüpfungspunkt ist die **wirtschaftl Belastung des AG**, also des **Unternehmens** <R: LAG München 17.12.2003, 5 Sa 1077/03, NZA-RR 2005, 312 (LS); LAG HH 21.5.2008, aaO; **L:** DKW/*Bachner/Deinert* Rn 320; APS/*Koch* Rn 221; GK/ *Raab* Rn 242; KR/*Rinck* Rn 305; Richardi/*Thüsing* Rn 257; **aA** *Rieble* BB 2003, 844, 846f; HWGNRH/*Huke* Rn 210; auch *Fitting* Rn 119>. Maßgebl sind dafür nicht allein die wirtschaftl Belastungen des AG durch die Weiterbeschäftigung des einzelnen AN <R: **so aber** LAG München 17.12.2003, aaO mwN; LAG HH 16.5.2001, 4 Sa 33/01, NZA-RR 2002, 25; **L: so aber** DKW/*Bachner/Deinert* Rn 323; auch GK/*Raab* Rn 242>.

129 Die wirtschaftl Belastungen des AG müssen so gravierend sein, dass **Auswirkungen für die Liquidität oder Wettbewerbsfähigkeit** des Unternehmens nicht von der Hand zu weisen sind <R: LAG Rh-Pf 10.7.2007, 3 SaGa 9/07, juris Rn 12; LAG HH 21.5.2008, 4 SaGa 2/08, BB 2008, 2636; Hess LAG 5.3.2018, 16 SaGa 127/18, LAGE § 102 BetrVG 2001 Beschäftigungspflicht Nr 8 (juris Rn 25); **L: wie hier** *Rieble* BB 2003, 844, 847; *Fitting* Rn 119; KR/*Rinck* Rn 305; Richardi/*Thüsing* Rn 257; auch DKW/*Bachner/Deinert* Rn 322; **abw** GK/*Raab* Rn 242>. Das kommt in Betracht, wenn der AG einer erhebl Anzahl von AN betriebsbedingt gekündigt hat und die Summe der Weiterbeschäftigungskosten den AG unzumutbar belastet <R: LAG Berlin 20.3.1978, 9 Sa 10/78, AuA 1979, 253; auch LAG Rh-Pf 10.7.2007, aaO; **L:** *Rieble* BB 2003, 844, 846ff; *Schmeisser* NZA-RR 2016, 169, 172; KR/*Rinck* Rn 306; Richardi/*Thüsing* Rn 257; **aA** DKW/*Bachner/Deinert* Rn 323>. Im Falle einer Betriebsstilllegung kann die tatsächl Weiterbeschäftigung eines AN zu unveränderten Bedingungen zu einer unzumutbaren Belastung des AG führen, wenn neben den reinen Entgeltkosten eigens hierfür mit hohem Aufwand eine be-

IV. Anspruch auf vorläufige Weiterbeschäftigung, Abs 5   § 102

triebl Infrastruktur aufrechterhalten werden muss <R: LAG Ddf 24.4.2013, 4 SaGa 6/13, LAGE § 102 BetrVG 2001 Beschäftigungspflicht Nr 7 (juris Rn 12)>.

Nach **Abs 5 S 2 Nr 3** ist der AG von der Weiterbeschäftigungspflicht zu entbinden, wenn der **Widerspruch des BR offensichtl unbegründet** war. Ob die Kd-Schutzklage Erfolg verspricht, ist demggü unerhebl. Der AG kann gem Abs 5 S 2 Nr 3 nicht schon dann von der Weiterbeschäftigungspflicht entbunden werden, wenn der Widerspruch des BR nicht ordnungsgem ist, sondern nur dann, wenn der Widerspruch (auch) offensichtl unwirksam ist <R: LAG München 17.12.2003, 5 Sa 1077/03, NZA-RR 2005, 312 (LS); LAG München 24.4.2007, 6 Sa 115/07, juris Rn 21f; aA LAG BaWü 15.5.1974, 6 Sa 35/74, BB 1975, 43; LAG Ddf 15.3.1978, 12 Sa 316/78, DB 1978, 1282; LAG Hamm 31.1.1979, 8 Sa 1578/78, DB 1979, 1232; LAG HH 9.4.2014, 6 SaGa 2/14, juris Rn 55; **L: aA** DKW/*Bachner/Deinert* Rn 329; ErfK/*Kania* Rn 40; APS/*Koch* Rn 224; KR/*Rinck* Rn 311>. Insoweit kann der AG nur negativ feststellen lassen, dass er zur Weiterbeschäftigung nicht verpflichtet ist <**L:** GK/*Raab* Rn 245; **abw** *Fitting* Rn 121; HWGNRH/*Huke* Rn 213 f>.   130

Offensichtl unbegründet ist der BR-Widerspruch, wenn ein Widerspruchsgrund nicht besteht. In Betracht kommt zum einen, dass die tatsächl Umstände, auf die der BR seinen Widerspruch stützt, nicht gegeben sind, etwa weil ein anderer Arbeitsplatz für den AN gar nicht frei ist <R: LAG Ddf 2.9.1975, 5 Sa 323/75, DB 1975, 1995> oder weil Auswahlrichtlinien iS von § 95, auf deren Nichteinhaltung der BR sich beruft, überhaupt nicht aufgestellt sind <R: LAG Berlin 5.9.2003, 13 Sa 1629/03, EzA-SD 2003, Nr 22, 12 (LS)>. Zum anderen ist der Widerspruch offensichtl unbegründet, wenn der BR die rechtl Voraussetzungen des Widerspruchsrechts nach Abs 3 verkannt hat, insbes den Widerspruch auf unzulässige Gründe stützt, etwa auf die mögl Weiterbeschäftigung auf dem bisherigen Arbeitsplatz <R: LAG Hamm 31.1.1979, 8 Sa 1578/78, DB 1979, 1233>, Rn 96. Gleiches gilt, wenn er nur das entgg § 167 Abs 2 SGB IX (§ 84 Abs 2 SGB IX aF) unterlassene bEM rügt, ohne auf eine Möglichkeit der Weiterbeschäftigung auf einem freien Arbeitsplatz iS des Abs 3 Nr 3–5 zu verweisen <R: LAG Nürnberg 5.9.2006, 6 Sa 458/06, ZTR 2007, 339>. Kann die Unbegründetheit des Widerspruchs erst in einem schwierigen Beweiserhebungsverf geklärt werden, genügt dies nicht für Abs 5 S 2 Nr 3. Was der AG nicht glaubhaft, also durch Vorlage von Unterlagen, Versicherung an Eides statt oder präsente Zeugen offenkundig machen kann (vgl § 294 ZPO), darf iR des Abs 5 S 2 Nr 3 nicht berücksichtigt werden.   131

5. Weiterbeschäftigung aus anderen Gründen

Der gekündigte AN hat während des Kd-Rechtsstreits auch **außerhalb des Abs 5** einen allg Anspruch auf Weiterbeschäftigung über den Ablauf der Kd-Frist oder bei einer fristlosen Kd über deren Zugang hinaus bis zum rechtskräftigen Abschluss des Kd-Schutzprozesses, soweit überwiegende schützenswerte Interessen des AG einer solchen Beschäftigung nicht entgegenstehen <R: BAG 27.2.1985, GS 1/84, BB 1985, 1978; **aA** LAG Nds 10.2.2016, 14 Sa 745/15, LAGE § 1 KSchG Betriebsbedingte Kündigung Nr 102 (juris Rn 31 ff); **L:** DKW/*Bachner/Deinert* Rn 271; APS/*Koch* Rn 235 ff; KR/*Rinck* Rn 353 ff; Richardi/*Thüsing* Rn 272 ff; **aA** HWGNRH/*Huke* Rn 206; GK/*Raab* Rn 247>. Keine schützenswerten Interessen des AG stehen der Weiterbeschäftigung des AN entgg, wenn die **Kd offensichtl unwirksam** ist. Das ist nur dann der Fall, wenn die Unwirksamkeit der Kd ohne jeden vernünftigen Zweifel in rechtl und tatsächl Hinsicht offen zutage liegt   132

§ 102 Mitbestimmung bei Kündigungen

<R: LAG Rh-Pf 26.2.2015, 5 SaGa 7/14, juris Rn 40; LAG Köln 15.4.2020, 4 Ta 55/20, NZA-RR 2020, 475 Rn 46>. Hingg begründet die Ungewissheit über den Ausgang des Kd-Schutzprozesses idR ein schützenswertes Interesse des AG an der Nichtbeschäftigung, welches das Beschäftigungsinteresse des AN für die Dauer des Kd-Prozesses überwiegt. Das gilt bis zu dem Zeitpunkt, in dem im Kd-Prozess **ein die Unwirksamkeit der Kd feststellendes Urteil** ergeht. Solange ein solches Urteil besteht (bis zur Aufhebung des Urteils in der nächsten Instanz), begründet die Ungewissheit des Prozessausgangs für sich allein kein überwiegendes Gegeninteresse des AG gg die Weiterbeschäftigung; dafür müssen vielmehr zusätzl Umstände hinzukommen <R: BAG 27.2.1985, aaO>. Diese können sich zB aus einer unzumutbaren wirtschaftl Belastung des AG ergeben <R: LAG Ddf 15.10.2020, 11 Sa 799/19, juris Rn 122 ff>.

133 Sind die Tatbestandsvoraussetzungen des allg Weiterbeschäftigungsanspruchs erfüllt, steht er dem AN auch ohne ein entspr klagestattgebendes Urteil zu <R: BAG 22.7.2014, 9 AZR 1066/12, NZA 2014, 1330 Rn 19>. Kommt der AG einem Verlangen des AN auf Weiterbeschäftigung nicht nach, kann der AN den **Weiterbeschäftigungsantrag** im Wege objektiver Klagehäufung im Kd-Schutzprozess, aber auch in einem gesonderten Prozess erheben. Der Klage des AN auf Weiterbeschäftigung darf das ArbG nur stattgeben, wenn es auf die Kd-Schutzklage des AN feststellt, dass das Arbeitsverhältnis durch die Kd nicht aufgelöst worden ist <R: BAG 27.2.1985, GS 1/84, BB 1985, 1978>. Kündigt der AG erneut, endet der Anspruch des AN auf Weiterbeschäftigung nur, wenn die zweite Kd auf einen neuen Lebenssachverhalt gestützt wird, der eine zusätzl Ungewissheit über den Fortbestand des Arbeitsverhältnisses begründet <R: BAG 19.12.1985, 2 AZR 190/85, BB 1986, 1435; **L:** APS/*Koch* Rn 237; KR/*Rinck* Rn 357>.

134 AG und AN können sich **über die vorläufige Weiterbeschäftigung** während des Kd-Rechtsstreits auch ausdrückl oder stillschweigend **einigen**. Inhalt der Vereinbarung ist, dass das gekündigte Arbeitsverhältnis auflösend bedingt durch die rechtskräftige Abweisung der Kd-Schutzklage fortgesetzt werden soll <R: BAG 4.9.1986, 8 AZR 636/84, BB 1987, 1109; 20.5.2021, 2 AZR 457/20, NZA 2021, 1092 Rn 11 ff, 16; **L:** APS/*Koch* Rn 242; KR/*Rinck* Rn 361>. Diese Abrede bedarf der Schriftform nach §§ 21, 14 Abs 4 TzBfG <R: BAG 22.10.2003, 7 AZR 113/03, NZA 2004, 1275 (aber für eine Zweckbefristung); **L:** APS/*Koch* Rn 242; aA KR/*Rinck* Rn 361>. Die **bloße tatsächl Weiterbeschäftigung** aufgrund des allg Anspruchs auf Weiterbeschäftigung (Rn 132 f) begründet hingg keine Vereinbarung über die Fortsetzung des Arbeitsverhältnisses, sofern nicht im Einzelfall darauf gerichtete Willenserklärungen abgegeben werden <R: BAG 22.7.2014, 9 AZR 1066/12, NZA 2014, 1330 Rn 12 ff>. Durch die vorläufige Weiterbeschäftigung **zur Abwendung der Zwangsvollstreckung** eines titulierten allg Weiterbeschäftigungsanspruchs wird ebenfalls kein Arbeitsverhältnis – auch kein faktisches bzw fehlerhaftes Arbeitsverhältnis – begründet <R: BAG 27.5.2020, 5 AZR 247/19, NZA 2020, 1169 Rn 23 ff>.

135 Den **Annahmeverzug** während des Kd-Rechtsstreits mit Entgeltzahlungspflicht aus §§ 611a, 615 BGB (Rn 120 f) kann der AG nicht verhindern, indem er dem AN Arbeit unter Vorbehalt (Weiterbeschäftigungsverhältnis) anbietet, gleichzeitig aber die Kd aufrechterhält. Der AG gerät nur dann nicht in Annahmeverzug, wenn er die Arbeitsleistung „als Erfüllung des fortbestehenden Arbeitsverhältnisses" annimmt, die Kd also „zurücknimmt", indem er unmissverständlich klarstellt, dass er zu Unrecht gekündigt habe <R: BAG 7.11.2002, 2 AZR 650/00, EzA § 615 BGB 2002 Nr 1; 19.9.2012, 5 AZR 627/11,

NZA 2013, 101 Rn 30; **L:** ErfK/*Preis* § 615 BGB Rn 67>. Der AG kann dem AN aber eine Weiterbeschäftigung in einem **weiteren, zweckbefristeten Arbeitsverhältnis** anbieten, insbes eine „**Prozessbeschäftigung**" <**R:** vgl BAG 4.9.1986, 8 AZR 636/84, BB 1987, 1109; 8.9.2021, 5 AZR 205/21, NZA 2022, 113 Rn 17f; offengelassen von BAG 20.5.2021, 2 AZR 457/20, NZA 2021, 1092 Rn 18>. Diese beendet zwar nicht den Annahmeverzug, begründet aber für den AN eine anderweitige Verdienstmöglichkeit. Nimmt der AN das Angebot auf Prozessbeschäftigung nicht an und wird auch nicht anderweitig beschäftigt, unterlässt er einen anderweitigen Erwerb böswillig iS der §§ 615 S 2 BGB, 11 Nr 2 KSchG und muss sich diesen entgangenen Verdienst auf seinen Anspruch auf Annahmeverzugsentgelt gg den AG anrechnen lassen <**R:** BAG 22.2.2000, 9 AZR 194/99, BB 2000, 1410; 13.7.2005, 5 AZR 578/04, BB 2006, 50; **L:** APS/*Koch* Rn 241>. Hat der AN ein **Weiterbeschäftigungsurteil erstritten**, kann er das Angebot des AG auf Abschluss eines befristeten Prozessarbeitsverhältnisses aber ablehnen und den AG darauf verweisen, seiner Verpflichtung aus dem Weiterbeschäftigungsurteil nachzukommen (Rn 134); der AN handelt dann nicht böswillig iS von § 11 Nr 2 KSchG <**R:** BAG 8.9.2021, 5 AZR 205/21, NZA 2022, 113 Rn 16ff>. Der AN kann die Annahme einer zumutbaren Arbeit auch dadurch böswillig unterlassen, dass er ein im Zusammenhang mit einer Kd erklärtes Änderungsangebot nicht nach § 2 KSchG unter Vorbehalt annimmt <**R:** BAG 26.9.2007, 5 AZR 870/06, NZA 2008, 1063 Rn 23 mwN>.

V. Bindung der Kündigung an die Zustimmung des Betriebsrats

Nach Abs 6 können AG und BR eine **freiwillige BV** des Inhalts schließen, dass Kd, auch ao Kd <**R:** LAG Ddf 25.8.1995, 17 Sa 324/95, BB 1996, 1277 (LS); **L:** *Fitting* Rn 124; GK/*Raab* Rn 250; KR/*Rinck* Rn 330; zweifelnd Richardi/*Thüsing* Rn 297; **aA** MünchArbR/*Volk* § 344 Rn 164>, der **Zustimmung des BR** bedürfen und dass bei Meinungsverschiedenheiten über die Berechtigung der Nichterteilung der Zustimmung die ES entscheidet. Die Kd kann auch durch TV an die Zustimmung des BR gebunden werden <**R:** BAG 21.6.2000, 4 AZR 379/99, BB 2001, 258; vgl auch 24.2.2011, 2 AZR 830/09, NZA 2011, 708 Rn 21; **L:** *Löwisch* DB 1998, 877, 882; DKW/*Bachner/Deinert* Rn 348; *Fitting* Rn 132; KR/*Rinck* Rn 326; **aA** *SWS* Rn 18>, nicht aber durch den Arbeitsvertrag <**R:** BAG 23.4.2009, 6 AZR 263/08, NZA 2009, 915 Rn 10ff>. 136

Abs 6 will verfahrensmäßig absichern, dass die Rechtmäßigkeit der Kd vor deren Ausspruch geprüft wird. Hingg können AG und BR den **Kd-Schutz einzelner AN** über Abs 6 **weder beschränken noch erweitern** <**L:** *Fitting* Rn 126; ErfK/*Kania* Rn 43; GK/*Raab* Rn 252; KR/*Rinck* Rn 329f; **aA** *Rieble* BB 1991, 471, 473 (für verhaltens- und personenbedingte Kd)>, noch § 88 Rn 13. 137

AG und BR können vereinbaren, dass der AG die **ES anrufen** kann, wenn der BR aufgrund einer BV nach Abs 6 die Zustimmung zur Kd eines AN verweigert. Er kann dann seine Mitteilungen zu den Kd-Gründen auch noch im Verf vor der ES vervollständigen <**R:** BAG 7.12.2000, 2 AZR 391/99, DB 2001, 1154>. Die ES ist bei ihrer Entscheidung an das materielle Kd-Recht, insbes an das KSchG, gebunden. Ist die Kd nach materiellem Kd-Recht wirksam, muss die ES die Zustimmung des BR ersetzen. Die Entscheidung der ES über diese Rechtsfrage ist vom ArbG voll nachzuprüfen <**R:** BAG 7.12.2000, aaO; **L:** *Fitting* Rn 127; Richardi/*Thüsing* Rn 310 mwN>. Erklärt die ES die Kd für berechtigt, 138

§ 102 Mitbestimmung bei Kündigungen

kann der AG kündigen. Dass der BR die Entscheidung der ES vor dem ArbG anfechten kann, ändert an der Kd-Berechtigung des AG schon deshalb nichts, weil diese Anfechtung an keine Frist gebunden ist und der BR die Kd des AG andernfalls beliebig hinauszögern könnte. Ein Spruch der ES, mit welchem die Zustimmung des BR ersetzt wird, präjudiziert den Kd-Rechtsstreit nicht.

139 Der **AN** ist weder an dem Verf vor der ES <L: *Fitting* Rn 128; GK/*Raab* Rn 264> noch an dem arbg Beschlussverf über die Erteilung oder Verweigerung der Zustimmung des BR zur Kd zu beteiligen, da der AN nicht in seiner betriebsverfassungsrechtl, sondern nur in seiner individualrechtl Stellung betroffen ist <L: *Rieble* AuR 1993, 39, 46f; GK/*Raab* Rn 264; **aA** DKW/*Bachner/Deinert* Rn 349; *Fitting* Rn 128; APS/*Koch* Rn 184; KR/*Rinck* Rn 345>.

140 Das Verf nach Abs 6 tritt **an die Stelle des Anhörungsverf** nach Abs 1 bis 5 <R: BAG 7.12.2000, 2 AZR 391/99, DB 2001, 1154; 21.6.2000, 4 AZR 379/99, BB 2001, 258; **L:** *Fitting* Rn 125; HWGNRH/*Huke* Rn 228; ErfK/*Kania* Rn 47; KR/*Rinck* Rn 332, 337; **aA** DKW/*Bachner/Deinert* Rn 346>. Weil das Verf nach Abs 6 dem AN einen über Abs 5 hinausgehenden Bestandsschutz gewährt, muss er im Interesse der Praktikabilität der Regelung in Kauf nehmen, dass der Bestandsschutz nach Abs 6 endet, wenn die ES die Zustimmung des BR zur Kd ersetzt, während er bei einem Widerspruch des BR gg die Kd nach Abs 3, 5 erreichen kann, so lange weiterbeschäftigt zu werden, bis das ArbG über die Wirksamkeit der Kd entschieden hat, Rn 109 ff.

… # § 103 Außerordentliche Kündigung und Versetzung in besonderen Fällen

(1) Die außerordentliche Kündigung von Mitgliedern des Betriebsrats, der Jugend- und Auszubildendenvertretung, der Bordvertretung und des Seebetriebsrats, des Wahlvorstands sowie von Wahlbewerbern bedarf der Zustimmung des Betriebsrats.

(2) Verweigert der Betriebsrat seine Zustimmung, so kann das Arbeitsgericht sie auf Antrag des Arbeitgebers ersetzen, wenn die außerordentliche Kündigung unter Berücksichtigung aller Umstände gerechtfertigt ist. In dem Verfahren vor dem Arbeitsgericht ist der betroffene Arbeitnehmer Beteiligter.

(2a) Absatz 2 gilt entsprechend, wenn im Betrieb kein Betriebsrat besteht.

(3) Die Versetzung der in Absatz 1 genannten Personen, die zu einem Verlust des Amtes oder der Wählbarkeit führen würde, bedarf der Zustimmung des Betriebsrats; dies gilt nicht, wenn der betroffene Arbeitnehmer mit der Versetzung einverstanden ist. Absatz 2 gilt entsprechend mit der Maßgabe, dass das Arbeitsgericht die Zustimmung zu der Versetzung ersetzen kann, wenn diese auch unter Berücksichtigung der betriebsverfassungsrechtlichen Stellung des betroffenen Arbeitnehmers aus dringenden betrieblichen Gründen notwendig ist.

Literatur: *Annuß*, Mitwirkung und Mitbestimmung der Arbeitnehmer im Regierungsentwurf eines Gesetzes zur Reform des BetrVG, NZA 2001, 367; *Ascheid*, Zustimmungsersetzung nach § 103 BetrVG und Individualprozeß, FS Hanau (1999), S 685; *Belling*, Die Beteiligung des Betriebsrats bei der Kündigung von Amtsträgern wegen der Stilllegung des Betriebs oder einer Betriebsabteilung, NZA 1985, 481; *Besgen*, Besonderheiten des Zustimmungsersetzungsverfahrens nach § 103 BetrVG, NZA 2011, 133; *Boemke-Albrecht*, Die Versetzung von Betriebsratsmitgliedern, BB 1991, 541; *Diller*, Der Wahnsinn hat Methode (Teil II) – Über die Unmöglichkeit, ein Verfahren nach § 103 BetrVG erfolgreich zu beenden, NZA 2004, 579; *Eylert*, Der besondere Kündigungsschutz für Wahlvorstandsmitglieder, Wahlbewerber und Wahlinitiatoren bei der Betriebsratswahl, AuR 2014, 300; *Eylert/Fenski*, Untersuchungsgrundsatz und Mitwirkungspflichten in Zustimmungsersetzungsverfahren nach § 103 Abs 2 BetrVG, BB 1990, 2401; *Eylert/Rinck*, Besonderer Kündigungsschutz durch Betriebsratswahlen, BB 2018, 308; *Fischermeier*, Die Beteiligung des Betriebsrats bei außerordentlichen Kündigungen gegenüber Betriebsratsmitgliedern und anderen Funktionsträgern, ZTR 1998, 433; *Franzen*, Versetzung eines Betriebsratsmitglieds – Ausbau des Versetzungsschutzes durch § 103 BetrVG nF, SAE 2001, 269; *Grau/Schaut*, Aktuelle Fragen zum Sonderkündigungsschutz von Wahlbewerbern bei den Betriebsratswahlen, BB 2014, 757; *Grimm/Brock/Windeln*, Betriebsratswahlen: Vorzeitige Bestellung des Wahlvorstands – Sonderkündigungsschutz ohne Funktion, DB 2006, 156; *Hilbrandt*, Neue Entwicklungen beim Sonderkündigungsschutz von Mandatsträgern, NZA 1998, 1258; *Klebe/Schumann*, Unwirksamkeit der Kündigungen von Organen der Betriebsverfassung bei fehlerhafter Zustimmung des Betriebsrats?, DB 1978, 1591; *Kleinebrink*, Voraussetzungen des Sonderkündigungsschutzes für Ersatzmitglieder des Betriebsrats, ArbRB 2012, 379; *Kreft*, Kontinuität und Wandel beim Bestandsschutz, NZA-Beil 2/2012, 58; *Lelley*, Die entgeltlose Suspendierung von Betriebs- und Personalräten während des Zustimmungs- und Zustimmungsersetzungsverfahrens – Zulässigkeit und Voraussetzungen einer umstrittenen Handlungsoption des Arbeitgebers, FS Leinemann (2006), S 543; *Lepke*, Zustimmung des Betriebsrates zu außerordentlichen Kündigungen des Arbeitgebers in besonderen Fällen, BB 1973, 894; *Linck/Koch*, Ausgewählte Rechtsfragen zum Zustimmungsersetzungsverfahren nach § 103 BetrVG, FS 100 Jahre Betriebsverfassungsrecht (2020), S 399; *Löwisch*, Die Verknüpfung von Kündigungsschutz und Betriebsverfassung nach dem BetrVG 1972, DB 1975, 349; *ders*, Änderung der Betriebsverfassung durch das Betriebsverfassungs-Reformgesetz, BB 2001, 1734 (Teil I), 1790 (Teil II); *Matthes*, Probleme des Kündigungsschutzes von Be-

§ 103 Außerordentliche Kündigung und Versetzung in besonderen Fällen

triebsratsmitgliedern, DB 1980, 1165; *K Müller*, Die Kündigung von Amtsträgern – Auswirkungen von Mängeln im Zustimmungsverfahren nach § 103 BetrVG auf die außerordentliche Kündigung von Amtsträgern (2005); *Nägele/Nestel*, Besonderer Kündigungsschutz bei erstmaliger Wahl eines Betriebsrats, BB 2002, 354; *Oberthür*, Zur betriebsübergreifenden Versetzung von Betriebsratsmitgliedern – Inhalt, Reichweite und Rechtsfolgen des besonderen Versetzungsschutzes im Überblick, ArbRB 2013, 319; *Oetker*, Die Reichweite des Amtsschutzes betriebsverfassungsrechtlicher Organträger – am Beispiel der Versetzung von Betriebsratsmitgliedern, RdA 1990, 343; *Prütting*, Prozessuale Koordinierung von kollektivem und Individualarbeitsrecht, RdA 1991, 257; *Richardi*, Ersetzung der Zustimmung des Betriebsrats durch Beschluß des Arbeitsgerichts im Rahmen von § 103 BetrVG, RdA 1975, 73; *Ricken*, Kontinuität des Betriebsrats als Strukturprinzip der Betriebsverfassung, FS 100 Jahre Betriebsverfassungsrecht (2020), S 629; *Rieble*, Erweiterte Mitbestimmung in personellen Angelegenheiten, NZA 2001, Sonderheft BetrVG S 48; *Rudolph*, Betriebsratswahl und Kündigungen, AiB 2005, 655; *Schmid/Eckart*, Die fundamentalen Regeln der Betriebsratswahl – Anfechtbarkeit und Nichtigkeit einer Betriebsratswahl sowie Auswirkungen auf den Kündigungsschutz, DB 2017, 1649; *Schulz*, Erlöschen der betriebsverfassungsrechtlichen Amtsträgerschaft während des Zustimmungsersetzungsverfahrens, NZA 1995, 1130; *Stahlhacke*, Außerordentliche betriebsbedingte Änderungskündigungen von Betriebsratsmitgliedern, FS Hanau (1999), S 281; *Weber/Lohr*, Der Sonderkündigungsschutz von Betriebsratsmitgliedern, BB 1999, 2350; *Witt*, Kündigungsschutz im Rahmen der Betriebsverfassung und Personalvertretung, AR-Blattei SD 530.9; *Zumkeller*, Die Anhörung des Betriebsrats bei der Kündigung von Ersatzmitgliedern, NZA 2001, 823.

Übersicht

	Rn.		Rn.
I. Normzweck und Anwendungsbereich	1	a) Gegenüber der außerordentlichen Kündigung	42
II. Geschützter Personenkreis	4	b) Gegenüber der Versetzung	50
III. Zustimmungspflichtige Maßnahmen	15	c) Ersetzungsverfahren	55
1. Außerordentliche Kündigung	15	d) Beteiligung des zu kündigenden Betriebsratsmitglieds	69
2. Versetzung	22	V. Rechtsstellung des Arbeitnehmers bei Zustimmungsverweigerung	72
IV. Zustimmungsverfahren	30		
1. Unterrichtung des Betriebsrats	30		
2. Reaktion des Betriebsrats	34	VI. Verhältnis zu § 102 und § 99	80
3. Ersetzung der Zustimmung durch das Arbeitsgericht	42		

I. Normzweck und Anwendungsbereich

1 Das Amt als BR-Mitglied und die anderen betriebsverfassungsrechtl Ämter haben ihre Grundlage im Arbeitsverhältnis des Amtsträgers. Endet das Arbeitsverhältnis, endet auch das Amt, § 24 Nr 3 (§ 24 Rn 10). Um die Amtsinhaber und die Bewerber um ein Amt arbeitsvertragl abzusichern, schließen §§ 15 f KSchG die o Kd von BR-Mitgliedern und anderen Amtsträgern grds aus und lassen sie nach § 15 Abs 4 und 5 KSchG ausnahmsweise nur bei Stillegung des Betriebs oder der Betriebsabteilung zu, in dem oder in der das BR-Mitglied beschäftigt ist <L: ausf LSSW/*Wertheimer* Erl zu § 15 f KSchG>. Der AG kann Amtsträgern und Bewerbern um ein Amt allenfalls **ao iS des § 626 BGB kündigen**. Vor dieser ao Kd schützt § 103 das BR-Mitglied verfahrensmäßig, indem es die ao Kd von der **Zustimmung des BR** abhängig macht.

2 § 103 schützt die BR-Mitglieder seit 2001 in Abs 3 zudem vor dem Amtsverlust durch Versetzung. Ein BR-Mitglied verliert sein Amt nicht nur mit der Beendigung seines Arbeitsverhältnisses (Rn 1), sondern auch mit der Versetzung in einen anderen Betrieb des-

selben Unternehmens, da damit seine Betriebszugehörigkeit und Wählbarkeit nach § 8 Abs 1 enden (§ 24 Rn 18), ebenso mit der Beförderung zum ltd Ang (§ 24 Rn 17). Abs 3 bindet deshalb auch eine **zum Amtsverlust führende Versetzung** an die **Zustimmung des BR**.

Wie insbes aus Abs 3 hervorgeht, der nur zum Amtsverlust führende Versetzungen an die Zustimmung des BR bindet, aber auch das Fehlen eines § 15 Abs 1 S 2 KSchG entspr Kd-Schutzes nach Ende der Amtszeit zeigt, bezweckt § 103 vor allem den Schutz der **Kontinuität des BR als Gremium** <R: BAG 23.8.1984, 2 AZR 391/83, BB 1985, 335; 18.9.1997, 2 ABR 15/97, BB 1998, 482; 29.8.2013, 2 AZR 419/12, NZA 2014, 660 Rn 29; **L:** *Ricken* FS 100 Jahre Betriebsverfassungsrecht (2020), S 629, 633 f; DKW/ *Bachner/Deinert* Rn 1; *Fitting* Rn 1; GK/*Raab* Rn 1>. Der BR soll zustimmen müssen, bevor eines seiner Mitglieder durch Kd oder Versetzung aus seiner Mitte ausscheidet. Eigene Unterlassungs- und Beseitigungsansprüche stehen dem BR als Gremium sowohl bei einer ao Kd als auch bei einer Versetzung ohne oder gg die Zustimmung des BR nur nach § 78 zu, wenn dadurch – wie in der Regel – die BR-Tätigkeit gestört oder behindert wird, § 78 Rn 17. Da die Zustimmungspflicht nur durch eine unfreiwillige Beendigung oder Veränderung des Arbeitsverhältnisses ausgelöst wird, wie die Anknüpfung an die „Kd" des AG und an Versetzungen zeigt, mit denen der AN nicht einverstanden ist, dient § 103 **auch dem Individualschutz** des BR-Mitglieds. Dieses soll im Interesse einer unbefangenen Amtsausübung davor geschützt werden, dass der AG sich unbequemer Mandatsträger durch eine unberechtigte Kd oder unfreiwillige Versetzung zu entledigen versucht <R: BAG 23.8.1984, aaO; 18.9.1997, aaO und 29.8.2013, aaO; **L:** DKW/*Bachner/Deinert* Rn 1; GK/*Raab* Rn 1>.

II. Geschützter Personenkreis

§ 103 gilt nach Abs 1 für die dort **aufgezählten Amtsträger und Bewerber um ein Amt**. Geschützt werden die Mitglieder des BR, der Jugend- und Auszubildendenvertretung (diese zusätzl noch durch § 78a, dort Rn 1 ff), der Bordvertretung und des See-BR, des Wahlvorstands sowie die Wahlbewerber. Das Zustimmungserfordernis zu einer ao Kd eines Wahlbewerbers besteht auch dann, wenn der AG keine Kenntnis von der Bewerbung hat <R: LAG Berl-Bbg 2.3.2007, 9 Sa 1866/06, LAGE § 15 KSchG Nr 19; **L:** Richardi/ *Thüsing* Rn 7>. Obwohl nicht erwähnt, werden die Mitglieder zusätzl betriebsverfassungsrechtl Vertretungen iS des § 3 Abs 1 Nr 1–3 durch § 103 geschützt, da § 3 Abs 5 S 2 sie dem BR ausdrückl gleichstellt <R: vgl zur Anwendbarkeit des § 15 Abs 4 KSchG BAG 27.6.2019, 2 AZR 38/19, BB 2020, 187 Rn 17 ff; **L:** *Fitting* Rn 5; APS/*Linck* § 15 KSchG Rn 24; GK/*Raab* Rn 5; Richardi/*Thüsing* Rn 5; aA HWK/*Ricken* Rn 5>. Ausdrückl von § 103 erfasst werden gem § 40 EBRG die im Inland beschäftigten Mitglieder eines **Europäischen BR** sowie die Mitglieder des bes Verhandlungsgremiums und die AN-Vertreter iR eines Verf zur Unterrichtung und Anhörung <L: HWK/*Giesen* EBRG Rn 39, 72; KR/*Rinck* Rn 11; LSSW/*Wertheimer* § 15 KSchG Rn 10>. Gleichgestellt sind nach § 42 S 1 Nr 2, S 2 Nr 1 SEBG außerdem die im Inland beschäftigten Mitglieder eines **SE-BR** einer Europäischen Gesellschaft (SE) und nach § 44 S 1 Nr 2, S 2 SCEBG die Mitglieder eines **SCE-BR** einer Europäischen Genossenschaft (SCE), die Beschäftigte der SE (bzw SCE), ihrer Tochtergesellschaften oder Betriebe oder einer der beteiligten

§ 103 Außerordentliche Kündigung und Versetzung in besonderen Fällen

Gesellschaften, betroffenen Tochtergesellschaften oder betroffenen Betriebe sind <L: APS/*Linck* § 15 KSchG Rn 28; KR/*Rinck* Rn 11>.

5 Da nicht aufgezählt und nicht gleichgestellt, werden durch § 103 **hingg nicht geschützt** die Mitglieder des WirtA, der ES, einer tarifl Schlichtungsstelle oder einer betriebl Beschwerdestelle (etwa nach § 13 AGG). Für diese besteht ledigl der allg Schutz des § 78. Der Vermittler nach § 18a wird durch § 20 Abs 1 S 2 und Abs 2 geschützt (§ 78 Rn 6). § 103 gilt auch **nicht für die AN-Vertreter im Aufsichtsrat** <R: BAG 4.4.1974, 2 AZR 452/73, DB 1974, 1067; L: GK/*Raab* Rn 15; Richardi/*Thüsing* Rn 13>; diese genießen den allg Schutz vor Benachteiligung nach § 26 MitbestG oder nach § 9 DrittelbG. Ebenso unterfallen AN-Vertreter im Aufsichts- oder Verwaltungsorgan einer SE oder einer SCE, die Beschäftigte der SE (bzw SCE), ihrer Tochtergesellschaften oder Betriebe oder einer der beteiligten Gesellschaften, betroffenen Tochtergesellschaften oder betroffenen Betriebe sind, dem Benachteiligungsschutz und nicht demjenigen nach 103 (§ 42 S 1 Nr 4 SEBG; § 44 S 1 Nr 4 SCEBG) <L: KR/*Rinck* Rn 11, 24; Richardi/*Thüsing* Rn 13>.

6 Die Amtsträger werden für die **Dauer ihres Amtes** geschützt. Für die Frage, ob Sonder-Kd-Schutz nach § 103 besteht, ist der Zeitpunkt des **Zugangs der Kd** maßgebl <R: BAG 8.9.2011, 2 AZR 388/10, NZA 2012, 400 Rn 43; 27.9.2012, 2 AZR 955/11, NZA 2013, 425 Rn 20; L: *Fitting* Rn 9; GK/*Raab* Rn 26; KR/*Rinck* Rn 63; Richardi/*Thüsing* Rn 16>. Für die Amtszeit der **BR-Mitglieder** gilt § 21 (dort Rn 1 ff). Deren bes Kd-Schutz **beginnt** gem § 21 S 2 Alt 1 mit der Bekanntgabe des Wahlergebnisses im Sinne von § 18 WO <R: LAG MV 27.11.2007, 5 Sa 129/07, juris Rn 37> und zwar entgg § 21 S 2 Alt 2 auch dann, wenn der bisherige BR noch im Amt ist. Begönne die Amtszeit erst gem § 21 S 2 Alt 2 mit dem Ablauf der Amtszeit des bisherigen BR, gäbe es für neu gewählte BR-Mitglieder eine Schutzlücke, da ihr Schutz als Wahlbewerber mit Bekanntgabe des Wahlergebnisses endet (Rn 13) und sie bis zum Ablauf der Amtszeit des bisherigen BR auch nicht als BR-Mitglieder geschützt wären; dies widerspricht dem vom Gesetz gewollten kontinuierlichen Schutz <R: **abw wohl** BAG 19.9.1991, 2 ABR 14/91, RzK II 3 Nr 20; L: DKW/*Bachner/Deinert* Rn 15; *Fitting* Rn 55; GK/*Raab* Rn 18; KR/*Rinck* Rn 27; Richardi/*Thüsing* Rn 17; aA HWGNRH/*Huke* Rn 21>. **Freistellung** und **Hausverbot** hindern den Sonder-Kd-Schutz nicht <R: BAG 8.9.2011, 2 AZR 388/10, NZA 2012, 400 Rn 45 ff>.

7 Mit dem **Ende der Amtszeit des BR** endet der Schutz der Mitglieder bei Versetzungen und ao Kd nach § 103 <R: BAG 5.11.2009, 2 AZR 487/08, NZA-RR 2010, 236 Rn 16>. Gem **§ 15 Abs 1 S 2 KSchG** ist die o Kd aber für ein weiteres Jahr unzulässig <L: dazu näher APS/*Linck* § 15 KSchG Rn 122 ff; LSSW/*Wertheimer* § 15 KSchG Rn 21 ff>. Wird die BR-Wahl **gem § 19 angefochten**, endet **mit der Rechtskraft** des der Anfechtung stattgebenden arbg Beschlusses sowohl der Kd-Schutz aus § 15 KSchG als auch der aus § 103 <R: BAG 12.3.2009, 2 ABR 24/08, NZA-RR 2010, 180 Rn 23, 25; 27.1.2011, 2 ABR 114/09, NZA-RR 2011, 348 Rn 18, 20; Hess LAG 24.7.2020, 14 Sa 264/19, juris Rn 44; L: DKW/*Bachner/Deinert* Rn 10; GK/*Raab* Rn 17>. **Kein Kd-Schutz besteht**, wenn die BR-Wahl ausnahmsweise nichtig ist <R: LAG Hamm 17.11.2006, 10 Sa 1555/06, juris Rn 60 ff (im konkreten Fall abl); LAG Köln 15.4.2020, 4 Ta 55/20, NZA-RR 2020, 475 Rn 50; L: *Schmid/Eckart* DB 2017, 1649, 1654; DKW/*Bachner/Deinert* Rn 10; *Fitting* Rn 5; GK/*Raab* Rn 4>. Der nach § 13 Abs 2 Nr 3 **zurückgetretene BR** bleibt allerdings gem § 22 geschäftsführend im Amt, bis der neue BR gewählt und das Wahlergebnis bekanntgegeben ist. Die Mitglieder behalten solange auch den Sonder-Kd-

Schutz nach § 15 KSchG und nach § 103 <R: BAG 12.3.2009, 2 ABR 24/08, NZA-RR 2010, 180 Rn 26; 27.1.2011, 2 ABR 114/09, NZA-RR 2011, 348 Rn 21; **L:** *Fitting* § 22 Rn 8; GK/*Raab* Rn 19; Richardi/*Thüsing* § 22 Rn 6>; s auch § 21 Rn 21.

Rückt ein **Ersatzmitglied** in den BR nach (§ 25 Abs 1 S 1), hat es von diesem Zeitpunkt an den vollen Schutz des § 103 <R: LAG Rh-Pf 30.1.2007, 5 TaBV 60/06, juris>. Tritt ein Ersatzmitglied nach § 25 Abs 1 S 2 ledigl vorübergehend als Stellv eines zeitweilig verhinderten Mitglieds in den BR ein (zur zeitweiligen Verhinderung § 25 Rn 10 ff), greift § 103 **für die Dauer der Vertretung** <R: BAG 18.5.2006, 6 AZR 627/05, NZA 2006, 1037 Rn 25; 27.9.2012, 2 AZR 955/11, NZA 2013, 425 Rn 18; **L:** *Fitting* Rn 9; APS/ *Linck* Rn 3; GK/*Raab* Rn 20 f>. Nach der Rspr des BAG rückt das Ersatzmitglied **mit Beginn des Verhinderungsfalls** automatisch in den BR nach, unabhängig davon, ob dem Ersatzmitglied die Verhinderung des ordentlichen BR-Mitglieds bekannt ist und ob an dem jeweiligen Tag BR-Tätigkeit anfällt, wobei das BAG offengelassen hat, ob dies auch dann gilt, wenn der Ausfall des BR-Mitglieds von vornherein nur für wenige Stunden zu erwarten ist und der BR sich darauf einstellen kann <R: BAG 8.9.2011, 2 AZR 388/10, NZA 2012, 400 Rn 33 ff, 44; **L:** *Linck/Koch* FS 100 Jahre Betriebsverfassungsrecht (2020), S 399, 403 f; krit LSSW/*Wertheimer* § 15 KSchG Rn 37 f>. Dabei kann das Berufen auf § 103 im Einzelfall nach § 242 BGB ausgeschlossen sein, wenn der Verhinderungsfall kollusiv zu dem Zweck herbeigeführt wurde, dem Ersatzmitglied den bes Kd-Schutz zu verschaffen <R: BAG 8.9.2011, 2 AZR 388/10, NZA 2012, 400 Rn 39; 27.9.2012, 2 AZR 955/11, NZA 2013, 425 Rn 24>. Findet zu Beginn des Vertretungsfalls eine **Sitzung des BR** statt, soll der Kd-Schutz **schon mit der Ladung** des Ersatzmitglieds zu dieser Sitzung beginnen <R: zu § 15 KSchG BAG 17.1.1979, 5 AZR 891/77, BB 1979, 888; **L:** *Fitting* Rn 9; GK/*Raab* Rn 21; KR/*Rinck* Rn 46>. Eine vor Beginn des bes Kd- und Versetzungsschutzes nach § 103 ausgesprochene Kd oder angeordnete Versetzung wird aber nicht deswg unwirksam, weil das Ersatzmitglied in den BR nachrückt. Nach **§ 15 Abs 1 S 2 KSchG** wird das Ersatzmitglied vor o Kd aber für ein Jahr nach dem Vertretungsfall geschützt, wobei für den nachwirkenden Kd-Schutz des Ersatzmitglieds auch nach Auffassung des BAG in der Vertretungszeit tatsächl BR-Tätigkeit angefallen sein muss <R: BAG 12.2.2004, 2 AZR 163/03, EzA § 15 KSchG nF Nr 56; 19.4.2012, 2 AZR 233/11, NZA 2012, 1449 Rn 41>; s auch § 25 Rn 24 f.

Abs 1 erstreckt den Kd-Schutz ausdrückl auf **Wahlbewerber**. Zudem bezieht Abs 3 Wahlbewerber in den Kreis der geschützten Personen dadurch ein, dass Versetzungen die Zustimmungspflicht nicht nur dann auslösen, wenn sie zum Amtsverlust führen, sondern auch schon bei Verlust der Wählbarkeit <**L:** *Rieble* NZA 2001, Sonderheft BetrVG S 48, 59; GK/*Raab* Rn 39; Richardi/*Thüsing* Rn 32>. Der Kd- und Versetzungsschutz beginnt **mit der Aufstellung des Wahlvorschlags** (vgl § 15 Abs 3 KSchG). Ein Wahlvorschlag ist aufgestellt, sobald ein Wahlvorstand für die Wahl bestellt ist und für den Kandidaten ein Wahlvorschlag vorliegt, der – sofern nach der Neufassung des § 14 Abs 4 überhaupt erforderl (dazu § 14 Rn 26) – die dort vorgesehene Mindestzahl von Stützunterschriften enthält, auch wenn im Zeitpunkt der Anbringung der letzten erforderl Stützunterschrift das Wahlausschreiben noch nicht erlassen und die Frist zur Einreichung von Wahlvorschlägen noch nicht angelaufen war <R: BAG 4.3.1976, 2 AZR 620/74, DB 1976, 1335; 5.12.1980, 7 AZR 781/78, DB 1981, 1142; 7.7.2011, 2 AZR 377/10, NZA 2012, 107 Rn 16 ff; 19.4.2012, 2 AZR 299/11, AP § 15 KSchG 1969 Nr 72 Rn 11 ff; **L:** LKB/*Bayreuther* § 15 KSchG Rn 28; *Fitting* Rn 10a; HWGNRH/*Huke* Rn 26; AR/*Kolbe* Rn 4;

§ 103 Außerordentliche Kündigung und Versetzung in besonderen Fällen

GK/*Raab* Rn 24; **aA** erst ab Einreichung des Vorschlags beim Wahlvorstand APS/*Linck* § 15 KSchG Rn 70; Richardi/*Thüsing* Rn 19>.

10 Voraussetzung für einen gültigen Wahlvorschlag ist die **Wählbarkeit des Bewerbers nach § 8 im Zeitpunkt der Wahl** <**R:** BAG 7.7.2011, 2 AZR 377/10, NZA 2012, 107 Rn 37 ff>. Zu weit geht es aber, Wahlbewerber auch dann vor Kd und Versetzung zu schützen, wenn die Vorschlagslisten durch spätere Streichung von Stützunterschriften gem § 8 Abs 2 Nr 3 WO ungültig werden <**R:** so aber BAG 5.12.1980, 7 AZR 781/78, DB 1981, 1142; auch 17.3.2005, 2 AZR 275/04, NZA 2005, 1064; 7.7.2011, 2 AZR 377/10, NZA 2012, 107 Rn 26; **L:** wie das BAG *Eylert/Rinck* BB 2018, 308, 311; DKW/*Bachner/Deinert* Rn 18; *Fitting* Rn 10a; **wie hier** *Grau/Schaut* BB 2014, 757, 759; APS/*Linck* § 15 KSchG Rn 71; GK/*Raab* Rn 24>. **Bewerber um das Amt des Wahlvorstands** sind keine Wahlbewerber iS des § 103 Abs 1 <**R:** BAG 31.7.2014, 2 AZR 505/13, NZA 2015, 245 Rn 24 ff; **L:** DKW/*Bachner/Deinert* Rn 10; *Fitting* Rn 10; APS/*Linck* Rn 2; HWK/*Ricken* Rn 5; LSSW/*Wertheimer* § 15 KSchG Rn 45>.

11 Die **Wahlvorstandsmitglieder** werden entspr § 15 Abs 3 S 1 KSchG ab dem Zeitpunkt durch § 103 geschützt, in dem der Wahlvorstand nach § 16 Abs 1 durch den BR oder nach § 17 Abs 1 durch den GBR oder KBR bestellt worden oder nach §§ 14a Abs 1 S 2 und 17a Nr 3 oder nach § 17 Abs 2 durch die Betriebsversammlung gewählt worden oder nach §§ 16 Abs 2, 17 Abs 4 durch das ArbG bestellt worden ist. Bei der Bestellung durch das ArbG beginnt der Sonder-Kd-Schutz bereits mit der Verkündung und nicht erst mit der formellen Rechtskraft des Einsetzungsbeschlusses <**R:** BAG 26.11.2009, 2 AZR 185/08, NZA 2010, 443 Rn 13 ff; **L:** *Eylert/Rinck* BB 2018, 308, 311; *Fitting* Rn 10; KR/*Rinck* Rn 30; LSSW/*Wertheimer* § 15 KSchG Rn 49>. Ist die Wahl durch die Betriebsversammlung nichtig (§ 17 Rn 7, 12), greift § 103 nicht <**R:** BAG 7.5.1986, 2 AZR 349/85, DB 1986, 1883>. **Ersatzmitglieder des Wahlvorstands** (§ 16 Rn 14) sind nach § 15 Abs 3 S 1 KSchG und § 103 geschützt, sobald sie an Stelle eines ausgeschiedenen Mitglieds des Wahlvorstands oder solange sie für ein verhindertes Mitglied des Wahlvorstands in den Wahlvorstand nachgerückt sind <**R:** vgl LAG Berl-Bbg 12.1.2022, 23 SaGa 1521/21, juris Rn 26, 33, 36; **L:** *Fitting* § 16 Rn 39; GK/*Kreutz* § 16 Rn 95>.

12 AN, die nach §§ 17 Abs 3, 17a Nr 3 S 2 zu einer Betriebs- oder Wahlversammlung **einladen** oder die Bestellung eines Wahlvorstandes nach §§ 16 Abs 2 S 1, 17 Abs 4, 17a Nr 4, 63 Abs 3 **beantragen**, sind nach § 15 Abs 3a KSchG vor o Kd geschützt; allerdings haben sie, da im Gesetz nicht genannt, **keinen Schutz nach § 103** <**L:** *Eylert/Rinck* BB 2018, 308, 313; APS/*Linck* Rn 2; **aA** KR/*Kreft* § 15 KSchG 31.1>. Gleiches gilt für die nach Maßgabe des durch das Betriebsrätemodernisierungsgesetz v 14.6.2021 eingefügten § 15 Abs 3b KSchG vor personen- und verhaltensbedingten o Kd geschützten AN, die **Vorbereitungshandlungen zur Errichtung eines BR** oder einer Bordvertretung unternehmen und eine öffentlich beglaubigte Erklärung mit dem Inhalt abgegeben haben, dass sie die Absicht haben, einen BR oder eine Bordvertretung zu errichten (sog „**Vorfeld-Initiatoren**"). Von der Abgabe der Erklärung bis zum Zeitpunkt der Einladung zu einer Betriebs- oder Wahlversammlung nach § 17 Abs 3 oder § 17a Nr 3 S 2, längstens jedoch für 3 Monate, können diese nur o betriebsbedingt oder ao aus wichtigem Grund gekündigt werden <**L:** näher ErfK/*Kiel* § 15 KSchG Rn 13a; KR/*Kreft* § 15 KSchG Rn 27 ff>. **§ 103 findet keine Anwendung** <**L:** GK/*Raab* Rn 7, 51; KR/*Rinck* Rn 26>. Angesichts des eindeutigen Wortlauts und der Systematik des § 15 KSchG kommt in den Fällen des § 15

Abs 3a und 3b KSchG auch eine analoge Anwendung der Abs 1–2a nicht in Betracht <L: aA KR/*Kreft* § 15 KSchG Rn 31.1>.

Der **Schutz der Wahlvorstandsmitglieder und der nicht gewählten Wahlbewerber** 13 vor ao Kd und Versetzung nach § 103 **endet** mit der Bekanntgabe des Wahlergebnisses durch den Wahlvorstand, § 18 WO <R: BAG 30.5.1978, 2 AZR 637/76, BB 1979, 323; L: LKB/*Bayreuther* § 15 KSchG Rn 61; APS/*Linck* § 15 KSchG Rn 84, 86; KR/*Rinck* Rn 30 f; Richardi/*Thüsing* Rn 22>. Ein in diesem Zeitpunkt noch nicht rechtskräftig abgeschlossenes Beschlussverf über die Zustimmung des ArbG zur Kd in BR-losen Betrieben oder zur Ersetzung der Zustimmung nach Abs 2 S 1 erledigt sich <R: BAG 30.5.1978, aaO>. Wird das Wahlergebnis nicht durch den Wahlvorstand bekanntgemacht, endet der bes Kd-Schutz mit der konstituierenden Sitzung des BR <R: BAG 5.11.2009, 2 AZR 487/08, NZA-RR 2010, 236 Rn 23 f; L: *Fitting* Rn 10; LSSW/*Wertheimer* § 15 KSchG Rn 50>. Noch vor der Bekanntgabe des Wahlergebnisses endet das Zustimmungserfordernis, wenn der Bewerber seine Kandidatur zurückzieht <R: BAG 17.3.2005, 2 AZR 275/04, NZA 2005, 1064; L: Richardi/*Thüsing* Rn 23>. Auch endet der Sonder-Kd-Schutz, wenn die Unwirksamkeit der Bestellung zum Wahlvorstand durch rechtskräftige Entscheidung festgestellt wird <R: BAG 26.11.2009, 2 AZR 185/08, NZA 2010, 443 Rn 22; L: *Fitting* Rn 10; APS/*Linck* § 15 KSchG Rn 85>. Die o Kd von früheren Wahlvorstandsmitgliedern und erfolglosen Wahlbewerbern verbietet § 15 Abs 3 S 2 KSchG hingg noch für weitere sechs Monate nach der Bekanntgabe des Wahlergebnisses <L: dazu APS/*Linck* § 15 KSchG Rn 128 f; LSSW/*Wertheimer* § 15 KSchG Rn 51 ff>.

§ 179 Abs 3 SGB IX (§ 96 Abs 3 SGB IX aF) erstreckt den Schutz des § 103 (sowie des 14 § 78a und des § 15 KSchG) auch auf die **Mitglieder der Schwerbehindertenvertretung** (Vertrauenspersonen), sodass zu deren ao Kd die Zustimmung des BR oder deren Ersetzung durch das ArbG erforderl ist; einer Zustimmung der Schwerbehindertenvertretung bedarf es nach § 179 Abs 3 SGB IX nicht <R: BAG 19.7.2012, 2 AZR 989/11, NZA 2013, 143 Rn 18; L: *Fitting* Rn 6; APS/*Linck* Rn 58; GK/*Raab* Rn 9; LSSW/*Wertheimer* § 15 KSchG Rn 14>. Entsprechendes gilt gem § 180 Abs 7 SGB IX (§ 97 Abs 7 SGB IX aF) für die ao Kd ggü dem Mitglied einer Gesamtschwerbehindertenvertretung oder Konzernschwerbehindertenvertretung <L: APS/*Linck* Rn 58; KR/*Rinck* Rn 19>. Ebenso findet nach § 179 Abs 3 SGB IX der bes Versetzungsschutz nach Abs 3 Anwendung <R: BAG 27.7.2016, 7 ABR 55/14, NZA 2017, 200 Rn 21>. § 103 gilt wg § 177 Abs 6 SGB IX (§ 94 Abs 6 SGB IX aF) auch für die **Mitglieder des Wahlvorstands** und die **Wahlbewerber** für das Amt der Schwerbehindertenvertretung <L: *Fitting* Rn 6; APS/*Linck* Rn 59; GK/*Raab* Rn 8; KR/*Rinck* Rn 19; Richardi/*Thüsing* Rn 12; aA HWGNRH/*Huke* Rn 15 f>.

III. Zustimmungspflichtige Maßnahmen

1. Außerordentliche Kündigung

§ 103 gilt nur für die ao Kd von BR-Mitgliedern, **nicht** aber für die wg Stilllegung des 15 Betriebs oder einer Betriebsabteilung ausnahmsweise **nach § 15 Abs 4 und 5 S 2 KSchG zulässige o Kd** <R: BAG 18.9.1997, 2 ABR 15/97, BB 1998, 482; 15.2.2007, 8 AZR 310/06, EzA § 613a BGB 2002 Nr 66 Rn 39; 28.5.2009, 8 AZR 273/08, NZA 2009, 1267

Caspers

§ 103   Außerordentliche Kündigung und Versetzung in besonderen Fällen

Rn 67>. Zu einer solchen o Kd ist der BR ledigl nach § 102 anzuhören <R: BAG 13.8.1992, 2 AZR 22/92, DB 1993, 1424; 23.2.2010, 2 AZR 656/08, NZA 2010, 1288 Rn 20; **L:** GK/*Raab* Rn 33; KR/*Rinck* Rn 58; Richardi/*Thüsing* Rn 25>. Muss einem BR-Mitglied nach § 15 Abs 4 oder 5 S 2 KSchG deswg ao betriebsbedingt gekündigt werden, weil das **BR-Mitglied tarifl unkündbar** ist, muss der BR dieser Kd ebenfalls nicht nach § 103 zustimmen; er muss nur nach § 102 angehört werden <R: BAG 18.9.1997, aaO; 15.2.2007, aaO; **L:** APS/*Linck* Rn 8; GK/*Raab* Rn 36; Richardi/*Thüsing* Rn 26>.

16 **§ 103 ist entspr anzuwenden**, wenn dem AN vor Eintritt des bes Kd-Schutzes (Rn 6 ff) ordentlich gekündigt worden ist, der AG aber zu einem Zeitpunkt die Auflösung des Arbeitsverhältnisses nach **§ 9 Abs 1 S 2 KSchG** beantragt, in dem der AN durch § 103 geschützt wird, und er den Auflösungsantrag auf Gründe stützt, die sämtlich nach Eintritt des bes Kd-Schutzes liegen <R: LAG Berlin 27.5.2004, 13 Sa 313/04, NZA-RR 2005, 130; **L:** APS/*Biebl* § 9 KSchG Rn 58; GK/*Raab* Rn 37; aA AR/*Kolbe* Rn 6>. Das **gilt allerdings dann nicht**, wenn zum Zeitpunkt der Entscheidung über den Auflösungsantrag der bes Kd-Schutz nicht mehr besteht, auch wenn der Auflösungsantrag auf Vorgänge während der Zeit des bes Kd-Schutzes gestützt wird <R: BAG 29.8.2013, 2 AZR 419/12, NZA 2014, 660 Rn 26 ff im Fall der Kd eines späteren Wahlbewerbers; **L:** APS/*Biebl* § 9 KSchG Rn 58; GK/*Raab* Rn 37>. Diese müssen auch nicht geeignet sein, einen wichtigen Grund iS des § 626 Abs 1 BGB abzugeben <R: BAG 29.8.2013, aaO; **L:** ErfK/*Kiel* § 9 KSchG Rn 20; KR/*Rinck* Rn 65>.

17 **Nicht** nach § 103 zustimmungspflichtig ist es, wenn das Arbeitsverhältnis durch einen **Aufhebungsvertrag** endet <R: obiter dictum BAG 11.7.2000, 1 ABR 39/99, DB 2001, 765; **L:** DKW/*Bachner/Deinert* Rn 9; ErfK/*Kania* Rn 6; GK/*Raab* Rn 37; SWS Rn 5>. Wie die ausdrückl Beschränkung auf „Kd" durch den AG und in Abs 3 für Versetzungen ohne Einverständnis des AN deutl macht, greift der Schutz des § 103 nur ggü einer unfreiwilligen Beendigung des Arbeitsverhältnisses. Das entspricht dem Schutzzweck des § 103. Der AN muss vor der Beendigung des Arbeitsverhältnisses individuell nur geschützt werden, wenn er unfreiwillig aus dem Arbeitsverhältnis ausscheidet. Der BR als Gremium kann den Schutz vor dem freiwilligen Ausscheiden eines seiner Mitglieder nicht erreichen, wie auch die Möglichkeit der Amtsniederlegung nach § 24 Nr 2 zeigt (§ 24 Rn 5). Nicht nach § 103 zustimmungspflichtig ist es deswg auch dann, wenn das BR-Mitglied selbst kündigt. Grds enden **auch befristete Arbeitsverhältnisse** von BR-Mitgliedern nicht anders als diejenigen anderer AN mit dem Ablauf der vereinbarten Zeit; § 15 Abs 1 S 1 KSchG iVm § 103 findet keine Anwendung <R: BAG 25.6.2014, 7 AZR 847/12, BB 2015, 122 Rn 16; **L:** DKW/*Bachner/Deinert* Rn 9; *Fitting* Rn 13; HWGNRH/*Huke* Rn 34; ErfK/*Kania* Rn 6; GK/*Raab* Rn 37; SWS Rn 5>. Zu einem etwaigen (befristeten) Anschlussarbeitsverhältnis § 78 Rn 27.

18 Ist das Arbeitsverhältnis zwischen **Verleiher und einem dem BR angehörenden Leih-AN** aufgrund unerlaubter AN-Überlassung nach § 9 Nr 1 Hs 1 AÜG unwirksam, greift § 103 ebenfalls nicht <**L:** DKW/*Bachner/Deinert* Rn 9c; APS/*Linck* Rn 7>. Anders liegt es aber dann, wenn der Leih-AN sein Festhalten am Arbeitsvertrag mit dem Verleiher gem § 9 Nr 1 Hs 2 AÜG erklärt und der Verleiher ao kündigen will. Gleiches gilt in den Fällen des § 9 Nr 1a und Nr 1b AÜG.

19 Obwohl die **Anfechtung** das Arbeitsverhältnis nach hM wie eine Kd nur ex nunc beendet <R: stRspr seit BAG 5.12.1957, 1 AZR 594/56, AP § 123 BGB Nr 2>, reagiert sie auf

Mängel beim Willensbildungsprozess. Es geht bei ihr also nicht um die Beendigung eines wirksam begründeten Arbeitsverhältnisses. Auch wenn sich der AG über die Anfechtung von unliebsamen BR-Mitgliedern trennen kann, greift der Schutzzweck des § 103 nicht ein. Die Willensentschließungsfreiheit des AG darf nicht durch ein Zustimmungserfordernis beschränkt werden <L: *Fitting* Rn 13; AR/*Kolbe* Rn 7>, noch § 102 Rn 7.

§ 15 KSchG gilt grds auch bei der **Änderungs-Kd** <R: BAG 12.3.2009, 2 AZR 47/08, NZA 2009, 1264 Rn 15 ff; 20.3.2014, 2 AZR 825/12, NZA 2014, 1089 Rn 17 f, 26>, Rn 21. Nach hM kann der AG auch dann, wenn er **aus betriebsbedingten Gründen** Arbeitsbedingungen ggü allen oder einer Vielzahl von AN ändern, also **Massenänderungs-Kd** aussprechen will, ggü den BR-Mitgliedern und den anderen geschützten Amtsträgern gem § 15 Abs 1 KSchG nur eine ao Änderungs-Kd – unter Einhaltung einer der fiktiven Kd-Frist entspr Auslauffrist – aussprechen, die ggfs der vorherigen Zustimmung des BR nach § 103 bzw deren Ersetzung durch das ArbG bedarf. Eine o Kd ggü den durch § 15 KSchG geschützten Amtsträgern sei nur in den gesetzl geregelten Ausnahmefällen des § 15 Abs 4 und 5 KSchG zulässig <R: BAG 6.3.1986, 2 ABR 15/85, DB 1986, 2605; 21.6.1995, 2 ABR 28/94, BB 1995, 2113; 7.10.2004, 2 AZR 81/04, BB 2005, 334 (für eine Kd im Nachwirkungszeitraum); 17.3.2005, 2 ABR 2/04, NZA 2005, 949; **L:** *Eylert/Rinck* BB 2018, 308, 312; DKW/*Bachner/Deinert* Rn 4; ErfK/*Kania* Rn 6; APS/*Linck* § 15 KSchG Rn 10; KR/*Rinck* Rn 60>. Dies **verstößt gg das Begünstigungsverbot des § 78 S 2** und überzeugt daher nicht. Vielmehr ist § 15 Abs 1 KSchG bei betriebsbedingten Massenänderungs-Kd teleologisch zu reduzieren und die o Kd auch ggü BR-Mitgliedern und den weiteren geschützten Amtsträgern zuzulassen. Wie aus § 15 Abs 4 und 5 KSchG hervorgeht, sollen diese von generellen, betriebsbedingten Maßnahmen nicht ausgenommen werden <L: wie hier *Grau/Schaut* BB 2014, 757, 760; *Fitting* Rn 12; HWGNRH/*Huke* Rn 34; GK/*Raab* Rn 32; Richardi/*Thüsing* § 78 Rn 29 ff; LSSW/*Wertheimer* § 15 KSchG Rn 75 f>, § 78 Rn 26. Bei diesen o Änderungs-Kd ist der BR nicht nach § 103, sondern ledigl nach § 102 zu beteiligen <L: *Fitting* Rn 12a>.

Eine **personen- und verhaltensbedingte Änderungs-Kd** kann der AG wg § 15 Abs 1 KSchG nur als ao Kd aussprechen. **Entgg der hM** muss der BR dieser aber grds nicht nach § 103 zustimmen, sondern er ist nur nach § 102 anzuhören. Wie der Versetzungsschutz aus Abs 3 zeigt, schützt § 103 primär den BR als Gremium vor dem Ausscheiden seiner (potenziellen) Mitglieder, Rn 3. Mit Blick auf Abs 3 ist Abs 1 teleologisch zu reduzieren. Eine Zustimmungspflicht besteht nur für solche Änderungs-Kd, **die zum Amtsverlust bzw zum Verlust der Wählbarkeit** führen <R: aA BAG 27.6.2019, 2 AZR 38/19, BB 2020, 187 Rn 35; Hess LAG 15.5.2008, 5 TaBV 149/07, juris (zu einer krankheitsbedingten Änderungs-Kd zur Rückgruppierung); **L:** aA *Fitting* Rn 12; APS/*Künzl* § 2 KSchG Rn 138a; GK/*Raab* Rn 31; KR/*Rinck* Rn 60>. Der nachrangige Zweck des § 103, die BR-Mitglieder davor zu schützen, dass sie wg ihrer BR-Tätigkeit individuelle Nachteile erleiden, wird hinreichend durch die Beschränkung auf ao Kd durch § 15 Abs 1 KSchG und durch den Sonderschutz der BR-Mitglieder in § 37 Abs 4 und § 78 erreicht; einer Sperrmöglichkeit durch den BR bedarf es insoweit nicht. Deswg darf der AG ein BR-Mitglied, das krankheitsbedingt seine bisherige Tätigkeit nicht mehr verrichten kann, nach Anhörung des BR gem § 102 durch personenbedingte Änderungs-Kd auf einen sog leidensgerechten Arbeitsplatz versetzen <R: allg BAG 3.11.1977, 2 AZR 277/76, SAE 1979, 201; 3.7.2003, 2 AZR 617/02, BB 2004, 1006>, verhaltensbedingt durch Änderungs-Kd zu einer Reinigungskraft herabstufen, wenn das BR-Mitglied seine Aufgaben

§ 103 Außerordentliche Kündigung und Versetzung in besonderen Fällen

als Vorarbeiter trotz Abmahnung nicht ordnungsgem erfüllt, zB Anwesenheitsnachweise unzutreffend führt <R: allg BAG 6.9.2004, 2 AZR 628/03, BB 2005, 946>, sowie das als Verkaufsassistent tätige BR-Mitglied betriebsbedingt herabgruppieren, wenn die Hierarchiestufe des Verkaufsassistenten in allen Filialen des AG abgeschafft wird <R: vgl BAG 17.3.2005, 2 ABR 2/04, NZA 2005, 949 (eine betriebsbedingte ao Änderungs-Kd im konkreten Fall abl wg Abgruppierung um zwei Vergütungsgruppen)>.

2. Versetzung

22 Die Versetzung ist **in § 95 Abs 3 legaldefiniert**: Versetzung iS der §§ 99, 95 Abs 3 ist die Zuweisung eines anderen Arbeitsbereichs, die voraussichtlich die Dauer von einem Monat überschreitet oder die mit einer erhebl Änderung der Arbeitsumstände verbunden ist, § 99 Rn 25 ff. Abs 3 fordert die Zustimmung des BR nur zu solchen Versetzungen, durch die das **BR-Mitglied sein Amt oder seine Wählbarkeit verliert**; für sonstige Versetzungen von BR-Mitgliedern bleibt der BR auf sein Zustimmungsverweigerungsrecht aus § 99 beschränkt.

23 Da Abs 1 ausdrückl die Zustimmung des BR für Kd verlangt, wird Abs 3 nach ganz hM auf Versetzungen **aufgrund des Direktionsrechts** des AG aus § 106 GewO beschränkt <R: BAG 27.6.2019, 2 AZR 38/19, BB 2020, 187 Rn 35; L: *Fitting* Rn 65; APS/*Linck* Rn 53; KR/*Rinck* Rn 170>. Versetzungen qua Änderungs-Kd sind **entgg der hM** nur dann nach Abs 1 zustimmungspflichtig, wenn sie zum Amtsverlust führen (Rn 21). Nicht mehr in den BR wählbar mit der Folge des Amtsverlustes nach §§ 8 Abs 1, 24 Nr 4 ist ein AN etwa dann, wenn er **zum ltd Ang iS des § 5 Abs 3 befördert** wird, § 24 Rn 17 <L: APS/*Linck* Rn 53; GK/*Raab* Rn 43; KR/*Rinck* Rn 172>. Damit wird er aber idR einverstanden und Abs 3 wg dieses Einverständnisses nicht anwendbar sein, gleich Rn 27 ff.

24 Im Mittelpunkt stehen damit die Fälle, in denen ein BR-Mitglied **dauerhaft in einen anderen Betrieb desselben Unternehmens versetzt** wird, da damit die Betriebszugehörigkeit endet, § 24 Rn 18 <R: LAG Berlin 22.12.2004, 9 TaBV 2175/04, AiB 2006, 516; L: KR/*Rinck* Rn 171; Richardi/*Thüsing* Rn 30>. Da der AN durch eine nur vorübergehende Abordnung in einen anderen Betrieb des AG seine Betriebszugehörigkeit und damit auch seine Wählbarkeit iS des § 8 Abs 1 nicht verliert, ist eine solche Versetzung nicht nach § 103 zustimmungspflichtig; der BR kann nur nach § 99 seine Zustimmung verweigern <L: *Rieble* NZA 2001, Sonderheft BetrVG S 48, 59; *Fitting* Rn 66; APS/*Linck* Rn 53; GK/*Raab* Rn 40>. **Dauerhaft** in diesem Sinne ist angesichts der §§ 8 Abs 1, 24 Nr 4 eine Versetzung, die länger als sechs Monate andauert <L: jetzt auch APS/*Linck* Rn 53; ohne klare Grenze GK/*Raab* Rn 40; KR/*Rinck* Rn 172; Richardi/*Thüsing* Rn 31; **abw** erst dann nicht mehr vorübergehend, wenn die Versetzung einige Jahre dauert *Fitting* Rn 66>.

25 **Keine Versetzung** iS der §§ 95 Abs 3, 103 Abs 3 stellt es dar, wenn das BR-Mitglied iR einer **Betriebsspaltung** unter Beibehaltung seines konkreten Arbeitsplatzes organisatorisch einem anderen Betrieb zugeordnet wird. Es fehlt idR schon an der „Zuweisung eines anderen Arbeitsbereichs" iS des § 95 Abs 3. Unabhängig davon ist die Wertung des § 111 S 3 Nr 3 zu beachten. Das „Ob" der Betriebsspaltung ist mitbestimmungsfrei, was über die §§ 95 Abs 3, 99 und 103 Abs 3 nicht unterlaufen werden darf <R: LAG München 9.1.2020, 3 TaBV 30/19, juris Rn 35 ff, 42; LAG Berl-Bbg 2.9.2020, 15 TaBVGa 883/20, juris Rn 33 ff; **aA** LAG Berl-Bbg 11.3.2021, 10 TaBV 811/20, juris Rn 145 (anhängig

beim BAG unter Az 1 ABR 8/21); **L:** *Annuß* NZA 2001, 367, 369; *Rieble* NZA 2001, Sonderheft BetrVG S 48, 58 f; *Fitting* Rn 67; GK/*Raab* Rn 42; **aA** KR/*Rinck* Rn 172>.

Wird das BR-Mitglied **dauerhaft in ein anderes Unternehmen** „versetzt", wechselt zwangsläufig der AG. Der BR hat in diesem Fall nur dann nach Abs 1 zuzustimmen, wenn das Arbeitsverhältnis durch Kd beendet wird, hingg nicht bei einer einvernehml Aufhebung durch Vertrag, Rn 17. Anders ist es nur dann, wenn der Arbeitsvertrag mit der Konzernmutter abgeschlossen worden ist und dieser den Arbeitseinsatz in allen oder mehreren Konzernunternehmen ermöglicht oder wenn der AN von seinem Unternehmen zur Tätigkeit in ein anderes Unternehmen verliehen wird und dies vom Arbeitsvertrag, etwa einer konzernweiten Versetzungsklausel, gedeckt ist. In diesen Fällen hat der BR des abgebenden Unternehmens bei einer dauerhaften Versetzung mitzubestimmen. 26

Nach Abs 3 S 1 Hs 2 bedarf die Versetzung eines Mandatsträgers dann nicht der Zustimmung des BR, wenn der betroffene **AN mit der Versetzung einverstanden** ist. Einverständnis ist weniger als der Wunsch des AN. Es genügt, dass der AN **ausdrückl** sein Einverständnis mit der Versetzung erklärt oder mit dem AG einen Änderungsvertrag schließt <**L:** DKW/*Bachner/Deinert* Rn 75; *Fitting* Rn 70; **abw** nur, wenn die Versetzung auf Wunsch des AN erfolgt oder das Ergebnis seiner freien Entscheidung ist (§ 99 Rn 33): HWGNRH/*Huke* Rn 40; GK/*Raab* Rn 44>. 27

Erklärt sich der versetzte AN **nicht ausdrückl einverstanden**, sondern beugt er sich einer kraft Direktionsrechts ausgesprochenen Versetzung ledigl, ohne dazu Stellung zu nehmen, oder nimmt er eine Änderungs-Kd hin, die zum Amtsverlust oder zum Verlust der Wählbarkeit führt (Rn 21, 23), ohne sich dagg mit einer Kd-Schutzklage zur Wehr zu setzen, bleibt das Zustimmungsverweigerungsrecht des BR bestehen <**L:** DKW/*Bachner/Deinert* Rn 75>. Das im Arbeitsvertrag pauschal erteilte Einverständnis des AN zu etwaigen Versetzungen genügt nicht. Da Abs 3 ohnehin nur Versetzungen aufgrund des arbeitsvertragl eingeräumten Direktionsrechts erfasst (Rn 23) und daneben das Einverständnis des AN gesondert nennt, meint er, dass sich der AN **mit der konkreten Versetzung** einverstanden erklärt <**R:** LAG Berlin 22.12.2004, 9 TaBV 2175/04, AiB 2006, 516; **L:** *Fitting* Rn 70; HWGNRH/*Huke* Rn 40>. 28

Die Zustimmung kann der AN auch **noch nachträgl erklären** <**L:** *Fitting* Rn 70; ErfK/*Kania* Rn 6; Richardi/*Thüsing* Rn 33>. Einmal erklärt, kann das Einverständnis nicht widerrufen werden <**L:** *Rieble* NZA 2001, Sonderheft BetrVG S 48, 59; GK/*Raab* Rn 46; Richardi/*Thüsing* Rn 33>. Praktisch wird der AN idR mit seiner Beförderung zum ltd Ang einverstanden sein, sodass ein Zustimmungsrecht des BR häufig schon aus diesem Grund ausscheiden wird, schon Rn 23. 29

IV. Zustimmungsverfahren

1. Unterrichtung des Betriebsrats

Das Zustimmungsverf nach § 103 ist eine ggü dem Anhörungsverf nach § 102 qualifizierte Form der Beteiligung des BR bei einer **Kd**, die dem BR mit dem Zustimmungsverweigerungsrecht ledigl mehr Rechte einräumt. Für die Beteiligung des BR gelten im Übrigen aber **dieselben Grundsätze wie nach § 102** <**R:** BAG 1.12.1977, 2 AZR 426/76, DB 1978, 355; 17.3.2005, 2 AZR 275/04, NZA 2005, 1064; 23.4.2008, 2 ABR 71/07, NZA 30

§ 103 Außerordentliche Kündigung und Versetzung in besonderen Fällen

2008, 1081 Rn 23; **L:** APS/*Linck* Rn 17; GK/*Raab* Rn 60; KR/*Rinck* Rn 69 f; Richardi/ *Thüsing* Rn 41>. Der Grundsatz der **subjektiven Determinierung** der Unterrichtungspflicht gilt auch hier. Der AG braucht also nicht die objektiv kd-erhebl Tatsachen anzugeben, sondern muss nur die Gründe mitteilen, die subjektiv für seinen Kd-Entschluss maßgebend sind (§ 102 Rn 14).

31 Folglich muss der AG dem BR die Person des Mandatsträgers, dem er kündigen will, die Art der Kd und die Kd-Gründe nennen (§ 102 Rn 9 ff). Die **maßgebl Tatsachen** muss der AG dem BR vollständig und so detailliert mitteilen, dass sich der BR ohne zusätzl eigene Nachforschungen ein Bild über die Stichhaltigkeit der Gründe machen und beurteilen kann, ob es sinnvoll ist, die Zustimmung zur Kd zu verweigern (§ 102 Rn 16). Nur wenn der BR die Gründe für die Kd ohnehin kennt, genügt der AG seiner Mitteilungspflicht, wenn er im Anhörungsverf pauschal auf die Gründe verweist (§ 102 Rn 19). Wg des Zwecks des § 103 (Rn 3) besteht die Anhörungspflicht vor jeder neuen Kd erneut (auch § 102 Rn 48), sofern der AG nicht ledigl vorsorgl gekündigt hat (dazu Rn 66 f). Soweit der BR iR der Unterrichtung durch den AG oder iR der Anhörung des AN oder im arbg Zustimmungsersetzungsverf Kenntnis von persönl Verhältnissen und Angelegenheiten des AN erlangt, die ihrer Bedeutung oder ihrem Inhalt nach einer vertraulichen Behandlung bedürfen, ist er wie nach § 102 Abs 2 S 5 iVm § 99 Abs 1 S 3 zum Stillschweigen verpflichtet (§ 102 Rn 73).

32 Von der **geplanten Kd** ist gem § 26 Abs 2 S 2 grds der **BR-Vors** und bei dessen Verhinderung sein Stellv zu unterrichten. Wurde das Beteiligungsrecht einem BR-**Ausschuss** übertragen <**R:** dazu BAG 17.3.2005, 2 AZR 275/04, NZA 2005, 1064>, ist der Ausschuss-Vors bzw dessen Stellv zu informieren, § 102 Rn 40. Soll der BR zur Kd seines Vors angehört werden, ist dieser iS des § 25 Abs 1 S 2 verhindert (Rn 37) und sein Stellv zu unterrichten <**R:** LAG Hamm 5.3.2008, 10 TaBV 63/07, juris Rn 73>. Die Unterrichtung des BR unterliegt keiner best Form. Der AG braucht den BR nur **mündlich** zu informieren, er muss den BR weder schriftl über die Kd informieren noch – anders als bei § 99 – muss er dem BR Unterlagen über seine Kd-Absicht vorlegen. Das gilt auch dann, wenn der Kd-Sachverhalt ungewöhnlich komplex ist (§ 102 Rn 50 ff). Zum Verhältnis zu § 99 Rn 81.

33 Bei **Versetzungen** richtet sich der Umfang der Unterrichtungspflicht nach § 99 Abs 1 <**R:** BAG 27.7.2016, 7 ABR 55/14, NZA 2017, 200 Rn 25; **L:** APS/*Linck* Rn 55; GK/ *Raab* Rn 60; KR/*Rinck* Rn 175 f>; s § 99 Rn 112.

2. Reaktion des Betriebsrats

34 Der BR kann der beabsichtigten ao Kd oder Versetzung eines BR-Mitglieds zustimmen oder die Zustimmung verweigern. Anders als nach § 99 Abs 2 und § 102 Abs 3 ist er dabei **an keine best Gründe gebunden**. Dass der BR im Ergebnis nur rechtl Bedenken gg die Wirksamkeit der Kd oder Versetzung äußern kann, spielt nicht für die verweigerte Zustimmung, sondern erst im Zustimmungsersetzungsverf vor den ArbG nach Abs 2 eine Rolle, Rn 55 ff.

35 Entspr § 102 Abs 2 S 3 (dort Rn 44, 57) muss sich der BR zu der **geplanten ao Kd** unverzügl, dh sobald es im ordnungsgem Geschäftsgang mögl ist, spätestens jedoch **innerhalb von drei Tagen**, äußern <**R:** BAG 18.8.1977, 2 ABR 19/77, BB 1978, 43; 1.12.1977, 2

AZR 426/76, DB 1978, 355; 24.10.1996, 2 AZR 3/96, BB 1997, 629; **L:** *Fitting* Rn 71a; APS/*Linck* Rn 19; GK/*Raab* Rn 69; KR/*Rinck* Rn 81; Richardi/*Thüsing* Rn 46>. Die Frist kann vom AG – auch in Eilfällen – nicht einseitig verkürzt werden. Jedoch verbietet es § 2 Abs 1 dem BR, die Fristen stets auszuschöpfen. In dringenden Fällen muss sofort eine Sitzung des BR oder des Personalausschusses einberufen werden, um über die Kd zu beraten (§ 102 Rn 45). Für die **Versetzung** ist **§ 99 Abs 3 S 1 analog** anzuwenden. Der BR muss sich innerhalb einer Woche zur Versetzungsmitteilung des AG äußern <**L:** *Fitting* Rn 71a; APS/*Linck* Rn 55; GK/*Raab* Rn 69; KR/*Rinck* Rn 179>. Äußert sich der BR zum Zustimmungsverlangen des AG nicht in den Fristen des § 102 Abs 2 S 3 bzw des § 99 Abs 3 S 1, muss der AG mangels Zustimmung des BR das Zustimmungsersetzungsverf nach Abs 2 einleiten, Rn 55 ff.

Anders als § 102 Abs 2 S 2 für die o Kd fingiert § 103 die Zustimmung nicht, wenn sich der BR nicht innerhalb der Anhörungsfrist äußert. Vielmehr verlangt die Vorschrift eine **ausdrückl Zustimmung** des BR <**R:** BAG 23.8.1984, 2 AZR 391/83, BB 1985, 335; **L:** *Fitting* Rn 33; APS/*Linck* Rn 19; GK/*Raab* Rn 69; Richardi/*Thüsing* Rn 46>. Die Zustimmungserklärung muss **abschließend** gemeint sein (vgl § 102 Rn 58 ff). Teilt der BR dem AG etwa mit, er stimme einer verhaltensbedingten Kd an sich zu, verlange aber noch die schriftl Bestätigung der AG-Angaben durch einen Zeugen, liegt darin keine Zustimmung iS des Abs 1, da für den AG erkennbar ist, dass der BR die beabsichtigte Kd noch weiter erörtern und sich eine endgültige Entscheidung vorbehalten will <**R:** BAG 1.12.1977, 2 AZR 426/76, DB 1978, 355; **L:** *Fitting* Rn 36; GK/*Raab* Rn 68>. Auch im Fall der **Versetzung** nach Abs 3 ist eine ausdrückl Zustimmung des BR erforderl; § 99 Abs 3 S 2 ist nicht anzuwenden <**L:** APS/*Linck* Rn 55; GK/*Raab* Rn 69; KR/*Rinck* Rn 187; Richardi/*Thüsing* Rn 46>. 36

Der BR oder der BR-Ausschuss (Rn 32) muss durch ordnungsgem, in einer BR- oder in einer Ausschusssitzung gefassten **Beschluss** entscheiden, ob er der Kd zustimmt (näher § 102 Rn 62 f). Das zu kündigende oder zu versetzende **BR-Mitglied** ist **von der Beratung und Beschlussfassung ausgeschlossen**. Es gilt als zeitweilig verhindert iS des § 25 Abs 1 S 2 und wird durch ein Ersatzmitglied vertreten, § 25 Rn 17 <**R:** BAG 23.8.1984, 2 AZR 391/83, BB 1985, 335; **L:** *Fitting* Rn 31; APS/*Linck* Rn 14; GK/*Raab* Rn 64; Richardi/*Thüsing* Rn 47>. Beabsichtigt der AG, mehreren BR-Mitgliedern aus dem gleichen Grund zu kündigen oder mehrere zu versetzen, ist jedes Mitglied nur von der Teilnahme an der Beratung und Abstimmung über seine eigene Kd oder Versetzung ausgeschlossen <**R:** BAG 25.3.1976, 2 AZR 163/75, BB 1976, 932; **L:** *Fitting* Rn 31; APS/*Linck* Rn 15; GK/*Raab* Rn 65; Richardi/*Thüsing* Rn 45>. Soll **dem einzigen BR-Mitglied** ao gekündigt oder soll dieses versetzt werden, entscheidet das Ersatzmitglied allein <**L:** *Fitting* Rn 31; HWGNRH/*Huke* Rn 67; GK/*Raab* Rn 64; Richardi/*Thüsing* Rn 44>. 37

Soll dem einzigen BR-Mitglied gekündigt werden und ist **ein Ersatzmitglied nicht vorhanden**, muss das Zustimmungsersetzungsverf vor dem ArbG analog Abs 2 unmittelbar eingeleitet werden (**Zustimmungserteilungsverf**) <**R:** BAG 14.9.1994, 2 AZR 75/94, EzA § 103 BetrVG 1972 Nr 36; 25.4.2018, 2 AZR 401/17, NZA 2018, 1087 Rn 8; **L:** DKW/*Bachner/Deinert* Rn 40; *Fitting* Rn 31; GK/*Raab* Rn 53, 64>. Gleiches gilt bei der geplanten Kd oder Versetzung von **Wahlbewerbern und Wahlvorstandsmitgliedern** in einem **bisher BR-losen Betrieb**. Mit **Abs 2a** hat das Betriebsrätemodernisierungsgesetz v 14.6.2021 dies nun geregelt. Anerkannt war das Erfordernis eines Zustimmungserteilungsverf nach Abs 2 im BR-losen Betrieb indes bereits zuvor <**R:** BAG 30.5.1978, 2 38

§ 103 Außerordentliche Kündigung und Versetzung in besonderen Fällen

AZR 637/76, BB 1979, 323; **L:** APS/*Linck* Rn 16; GK/*Raab* Rn 50, 52; Richardi/*Thüsing* Rn 38>. Hat sich **inzwischen ein neuer BR konstituiert** und ist der Wahlbewerber in den BR gewählt worden, ist der neue BR im Verf nach Abs 2 zu beteiligen und um seine Zustimmung zu ersuchen. Stimmt der BR der Kd zu, erledigt sich das Beschlussverf (Rn 41). Erteilt der BR die Zustimmung nicht, ist der Zustimmungserteilungsantrag beim ArbG auf einen Zustimmungsersetzungsantrag umzustellen <**R:** LAG Köln 25.1.2019, 9 TaBV 117/18, NZA-RR 2019, 323 Rn 34ff; LAG Köln 18.3.2019, 2 TaBV 116/18, juris Rn 25ff>. Daran hat das Betriebsrätemodernisierungsgesetz nichts geändert <**L:** DKW/ *Bachner/Deinert* Rn 40; Richardi/*Thüsing* Rn 38, 66>.

39 Ist der **Beschluss nicht ordnungsgem** zustande gekommen (§ 33 Rn 4ff), ist insbes anstelle des betroffenen BR-Mitglieds nicht das ihn vertretende Ersatzmitglied geladen, sind der Beschluss des BR und damit dessen **Zustimmung zur Kd unwirksam**, sodass der AG an sich nicht wirksam kündigen kann <**R:** BAG 23.8.1984, 2 AZR 391/83, BB 1985, 335; **L:** Richardi/*Thüsing* Rn 54>. Nach **hM** können die zu § 102 entwickelten Grundsätze, nach denen Mängel bei der Beschlussfassung des BR und bei der Mitteilung des BR-Beschlusses an den AG nur ausnahmsweise dann zulasten des AG gehen, wenn diese offensichtl sind oder der AG sie durch unsachgemäßes Verhalten selbst veranlasst hat (§ 102 Rn 64f), nicht auf § 103 übertragen werden <**R:** BAG 23.8.1984, aaO; **L:** DKW/*Bachner/Deinert* Rn 36; *Fitting* Rn 38; GK/*Raab* Rn 62; **krit** *Besgen* NZA 2011, 133, 134f>.

40 Daran ist richtig, dass der Beschluss des BR bei § 102 nur dafür maßgebl ist, ob die Anhörungsfristen des Abs 2 S 2 und 3 verkürzt werden können, während es für die Zulässigkeit einer ao Kd ggü einem BR-Mitglied **konstitutiv auf die Zustimmung** des BR und damit auf den der Zustimmungserklärung zugrunde liegenden BR-Beschluss ankommt <**R:** BAG 23.8.1984, 2 AZR 391/83, BB 1985, 335>. Der AG genießt **aber Vertrauensschutz**. Ist ihm der Beschluss vom zuständigen BR- oder Ausschussmitglied mitgeteilt worden (Rn 32) und kennt der AG die die Unwirksamkeit des Zustimmungsbeschlusses begründenden Tatsachen nicht und muss er sie auch nicht kennen, darf er auf dessen Wirksamkeit vertrauen; das BR-Mitglied kann sich dann nicht auf die Unwirksamkeit der Kd oder Versetzung wg fehlender Zustimmung berufen <**R:** BAG 23.4.1984, aaO; 17.3.2005, 2 AZR 275/04, NZA 2005, 1064; **L:** ErfK/*Kania* Rn 8; APS/*Linck* Rn 25; GK/ *Raab* Rn 63; KR/*Rinck* Rn 108f>. Ein weitergehendes Risiko kann dem AG nicht aufgebürdet werden, da er keine Möglichkeit hat, die Wirksamkeit des BR-Beschlusses zu überprüfen <**R:** BAG 23.4.1984, aaO>. Insbes muss der AG keine eigenen Nachforschungen anstellen. Er muss sich letztlich nur solche Tatsachen zurechnen lassen, die er kennt oder – weil offensichtl – kennen muss <**L:** APS/*Linck* Rn 25; KR/*Rinck* Rn 109>. Das entspricht im Ergebnis aber regelmäßig der Sphärentheorie <**L:** ErfK/*Kania* Rn 8; Richardi/*Thüsing* Rn 54; für deren Anwendung HWGNRH/*Huke* Rn 68; HWK/*Ricken* Rn 15>.

41 Hat der BR seine Zustimmung verweigert, kann er sie noch **nachträgl erteilen**. Anders als das im Interesse des zu kündigenden AN bestehende Widerspruchsrecht nach § 102 Abs 3 (§ 102 Rn 76ff) ist dem BR das Zustimmungsrecht nach § 103 in erster Linie im Interesse seiner eigenen Funktionsfähigkeit eingeräumt (Rn 3). Seine abl Entscheidung über die Zustimmung zur Kd oder Versetzung eines seiner Mitglieder muss der BR deswg revidieren können <**R:** BAG 23.6.1993, 2 ABR 58/92, BB 1994, 284; **L:** *Fitting* Rn 36; APS/*Linck* Rn 21; KR/*Rinck* Rn 96; Richardi/*Thüsing* Rn 52>. Ein Beschlussverf nach

Abs 2 (Rn 55 ff) erledigt sich durch die nachträgl Zustimmung des BR <R: BAG 23.6.1993, aaO>. Hingg ist eine erst **nach Ausspruch der Kd**, also nach Zugang der Kd-Erklärung, vom BR erteilte Zustimmung für diese Kd rechtl bedeutungslos <R: vgl BAG 22.8.1974, 2 ABR 17/74, BB 1974, 1578; **L:** Richardi/*Thüsing* Rn 56>. Jedoch kann der AG, **wenn er nur vorsorgl** für den Fall **gekündigt hatte**, dass die Kd nicht (mehr) der Zustimmung des BR bedurfte (Rn 66 f und § 102 Rn 55), nach der nachträgl Zustimmung des BR unverzügl erneut kündigen.

3. Ersetzung der Zustimmung durch das Arbeitsgericht

a) Gegenüber der außerordentlichen Kündigung

Verweigert der BR seine Zustimmung zur ao Kd oder Versetzung eines BR-Mitglieds, kann der AG die Zustimmung durch das ArbG ersetzen lassen, wenn die Zustimmungsverweigerung nicht durch **rechtl Gründe** getragen ist. Wirksam ist die verweigerte Zustimmung des BR zu einer ao Kd eines BR-Mitglieds nur, wenn sie damit begründet werden kann, dass ein wichtiger Grund iS des § 626 Abs 1 BGB fehlt oder dass die Kd aus anderen Gründen, etwa wg Nichteinhaltung der Zweiwochenfrist des § 626 Abs 2 BGB, nichtig ist <**R:** BAG 25.3.1976, 2 AZR 163/75, BB 1976, 932>. Nach Abs 2 S 1 iVm § 15 KSchG hat der AG einen Anspruch auf Ersetzung der Zustimmung, wenn die beabsichtigte ao Kd unter Berücksichtigung aller Umstände gerechtfertigt ist <**R:** BAG 23.4.2008, 2 ABR 71/07, NZA 2008, 1081 Rn 17; 16.11.2017, 2 AZR 14/17, BB 2018, 699 Rn 37; LAG Köln 6.7.2018, 9 TaBV 47/17, NZA-RR 2018, 599 Rn 30>. 42

Für die Frage, ob ein **wichtiger Grund iS des § 626 Abs 1 BGB** die ao Kd eines BR-Mitglieds rechtfertigt, kommt es – anders als bei der Versetzung in Abs 3 S 2 (Rn 51) – auf die betriebsverfassungsrechtl Stellung des betroffenen AN, also auf die kollektiven Interessen des BR und der Belegschaft am Verbleib des betroffenen AN in seiner betriebsverfassungsrechtl Funktion, nicht an <**R:** BAG 16.11.2017, 2 AZR 14/17, BB 2018, 699 Rn 39; LAG Rh-Pf 21.7.2020, 8 TaBV 12/19, juris Rn 125; **L:** *Fitting* Rn 43; ErfK/*Kania* Rn 12>. Seine gegenteilige Ansicht <**R:** BAG 22.8.1974, 2 ABR 17/74, BB 1974, 1578; 3.4.1979, 6 ABR 63/76, DB 1979, 1706; **L:** zu ihr GK/*Raab* Rn 75> hat das BAG aufgegeben <**R:** BAG 16.11.2017, aaO>. Es gelten die **allg Grundsätze zur ao Kd** <**L:** dazu LSSW/*Löwisch* Vor § 1 KSchG Rn 142 ff>. Als wichtiger Grund für die Kd eines BR-Mitglieds kommen insbes verhaltensbedingte Gründe in Betracht, nur ausnahmsweise personenbedingte <**R:** zur krankheitsbedingten Kd im konkreten Fall abl BAG 18.2.1993, 2 AZR 526/92, DB 1994, 1426; LAG Rh-Pf 16.8.2006, 9 TaBV 67/05, juris Rn 49> und betriebsbedingte Gründe. Betriebsbedingte Massenänderungs-Kd kann der AG entgg der Rspr schon als o Kd aussprechen, Rn 20 und § 78 Rn 26. 43

Verletzt ein BR-Mitglied **ausschließl arbeitsvertragl Pflichten**, die in keinem unmittelbaren Zusammenhang mit seiner Tätigkeit im BR stehen, gelten für die **ao verhaltensbedingte Kd** die zu § 626 Abs 1 BGB entwickelten Grundsätze uneingeschränkt. BR-Mitglieder dürfen wg ihrer Tätigkeit weder benachteiligt noch begünstigt werden, § 78 S 2 <**R:** LAG Köln 28.11.1996, 6 Sa 844/96, NZA 1997, 1166; LAG Berlin 3.8.1998, 9 TaBV 4/98, BB 1999, 421; LAG Nürnberg 20.6.2007, 4 TaBV 66/06, juris Rn 48; **L:** *Fitting* Rn 26; HWGNRH/*Huke* Rn 55; GK/*Raab* Rn 75 f; Richardi/*Thüsing* Anh Rn 18>, andernfalls ist die Kd nach § 134 BGB nichtig, vgl § 78 Rn 25. Eine Umdeutung in eine 44

§ 103   Außerordentliche Kündigung und Versetzung in besonderen Fällen

ao Kd mit einer der fiktiven o Kd-Frist entspr sozialen Auslauffrist oder in eine o Kd kommt nicht in Betracht <R: BAG 21.6.2012, 2 AZR 343/11, NZA 2013, 224 Rn 12f; vgl auch 12.5.2010, 2 AZR 587/08, NZA-RR 2011, 15 Rn 17>. Wird dem BR-Mitglied **ledigl die Verletzung einer Amtspflicht** vorgeworfen, ist die Kd unzulässig und nur ein Ausschlussverf nach § 23 mögl <R: BAG 16.10.1986, 2 ABR 71/85, BB 1987, 1952; 5.11.2009, 2 AZR 487/08, NZA-RR 2010, 236 Rn 30; auch 19.7.2012, 2 AZR 989/11, NZA 2013, 143 Rn 39 zu § 179 Abs 3 SGB IX (§ 96 Abs 3 SGB IX aF); **L:** *Fitting* Rn 30; HWGNRH/*Huke* Rn 54; GK/*Raab* Rn 76>.

45 Verletzt ein BR-Mitglied durch eine Handlung **sowohl seine Amtspflichten als auch seine arbeitsvertragl Pflichten**, soll an den wichtigen Grund bei dessen ao Kd wg der daneben bestehenden Möglichkeit, das Mitglied nach § 23 Abs 1 aus dem BR auszuschließen (§ 23 Rn 20ff), ein „strengerer Maßstab" anzulegen sein <R: BAG 22.8.1974, 2 ABR 17/74, BB 1974, 1578; 16.10.1986, 2 ABR 71/85, BB 1987, 1952; 5.11.2009, 2 AZR 487/08, NZA-RR 2010, 236 Rn 30; 19.7.2012, 2 AZR 989/11, NZA 2013, 143 Rn 49; **L:** DKW/*Bachner/Deinert* Rn 27; *Fitting* Rn 30; HWK/*Ricken* Rn 14>. Damit ist gemeint, dass zu berücksichtigen ist, wenn der Funktionsträger nur durch die Ausübung seines Amtes in Konflikt mit seinen arbeitsvertragl Pflichten geraten konnte <R: BAG 19.7.2012, aaO; 16.11.2017, 2 AZR 14/17, BB 2018, 699 Rn 38; **L:** *Eylert/Rinck* BB 2018, 308, 314; ErfK/*Kania* Rn 12>. Daran ist zutreffend, dass der AG auf dem Umweg über die Kd entgg § 78 S 2 nicht das BR-Amt beeinträchtigen darf, dem AN also keine Nachteile aus seiner BR-Mitgliedschaft entstehen dürfen. Ein ggü der Kd anderer AN strengerer Prüfungsmaßstab ist dadurch aber nicht gerechtfertigt <R: LAG Köln 28.11.1996, 6 Sa 844/96, NZA 1997, 1166; **L:** GK/*Raab* Rn 77; Richardi/*Thüsing* Anh Rn 21>.

46 Abzustellen ist bei der ao Kd nicht darauf, ob dem AG die Weiterbeschäftigung des BR-Mitglieds für die Dauer des Kd-Schutzes aus § 15 KSchG (Amtszeit plus Auslaufschutz für ein weiteres Jahr, Rn 7) unzumutbar ist, sondern darauf, ob dem AG die Weiterbeschäftigung **bis zum Ablauf der fiktiven o Kd-Frist unzumutbar** ist <R: BAG 10.2.1999, 2 ABR 31/98, NZA 1999, 708; 19.7.2012, 2 AZR 989/11, NZA 2013, 143 Rn 44; 27.9.2012, 2 AZR 955/11, NZA 2013, 425 Rn 39; **L:** *Fitting* Rn 27; GK/*Raab* Rn 78; Richardi/*Thüsing* Anh Rn 18>.

47 Anerkannt worden sind in der Praxis zum einen solche arbeitsvertragl Pflichtverletzungen, die **in keinem Zusammenhang mit der BR-Tätigkeit** stehen, wie Unterschlagungen und Veruntreuungen <R: BAG 22.8.1974, 2 ABR 17/74, BB 1974, 1578 für ein freigestelltes BR-Mitglied>, der Verkauf von Schrott im Eigentum des AG unter Einzahlung des Kaufpreises auf ein Sonderkonto des BR <R: BAG 10.2.1999, 2 ABR 31/98, DB 1999, 1121 für den BR-Vors>, der Verzehr von Speisen, die nicht mehr an Restaurantgäste abgegeben werden, ohne ausdrückl Zustimmung des zur Freigabe berechtigten Managers <R: LAG Köln 15.10.2007, 2 TaBV 33/07, AuR 2008, 229 (LS) (im konkreten Fall abl)>, auch der bloße Versuch eines Diebstahls oder einer sonstigen strafbaren Handlung zulasten des AG <R: LAG Hamm 19.10.2007, 10 Sa 813/07, juris (im konkreten Fall abl)>, der begründete Verdacht, im Eigentum des AG stehende Sachen aus dessen Warenlager zum Zweck der Veräußerung entwendet zu haben <R: LAG Köln 6.7.2018, 9 TaBV 47/17, NZA-RR 2018, 599 Rn 33ff>, die beharrl Verweigerung der geschuldeten Arbeitsleistung <R: LAG Köln 25.1.2019, 9 TaBV 117/18, NZA-RR 2019, 323 Rn 39f (im konkreten Fall abl)>, private Erledigungen während der Arbeitszeit und damit einher-

gehender Arbeitszeitbetrug <**R:** LAG Rh-Pf 26.4.2017, 4 Sa 372/16, juris Rn 42; LAG Rh-Pf 24.10.2017, 8 TaBV 19/17, juris Rn 51 f (im konkreten Fall abl)>, dringender Verdacht des Erschleichens einer Zeitgutschrift für eine 30-minütige Mittagspause <**R:** LAG Rh-Pf 21.7.2020, 8 TaBV 12/19, juris Rn 122 ff>, sexuelle Belästigungen am Arbeitsplatz <**R:** LAG Hamm 25.5.2007, 13 TaBV 119/06, LAGE § 626 BGB 2002 Nr 11a; LAG MV 5.3.2020, 5 TaBV 9/19, NZA-RR 2020, 419 Rn 65 ff (unerwünschtes Zusenden pornographischer Videos)>, tätliche Auseinandersetzungen und deren Androhung ggü dem Vorgesetzten oder anderen AN <**R:** LAG Hamm 5.3.2008, 10 TaBV 63/07, juris; LAG Hamm 29.7.2011, 10 TaBV 11/11, juris Rn 67>, die Abgabe einer vorsätzl falschen eidesstattlichen Versicherung in einem Rechtsstreit mit dem AG <**R:** BAG 24.11.2005, 2 ABR 55/04, EzA § 103 BetrVG 2001 Nr 5 (im konkreten Fall abl)>, die Bereitschaft, in einem Rechtsstreit gg den AG vorsätzl falsch auszusagen <**R:** BAG 16.10.1986, 2 ABR 71/85, BB 1987, 1952>, wiederholt unzulässige Konkurrenztätigkeit <**R:** LAG Hamm 14.3.2016, 13 TaBV 58/15 (wiedergegeben bei BAG 25.4.2018, 2 AZR 401/17, NZA 2018, 1087); LAG Ddf 4.9.2013, 4 TaBV 15/13, LAGE § 103 BetrVG 2001 Nr 15 (juris Rn 29 [im konkreten Fall abl])> und der wiederholte Verstoß gg ein betriebl Rauchverbot <**R:** BAG 27.9.2012, 2 AZR 955/11, NZA 2013, 425 Rn 35>. Keinen wichtigen Grund stellt hingg regelmäßig die Ausübung einer Nebentätigkeit des AN in seiner Freizeit dar <**R:** BAG 13.5.2015, 2 ABR 38/14, NZA 2016, 116 Rn 19 ff, 43 (abl zur Tätigkeit des BR-Mitglieds als Beisitzer in ES anderer Betriebe des AG)>.

Zur ao Kd berechtigt ist der AG auch bei Pflichtverletzungen, die das Mitglied **im Zusammenhang mit seiner BR-Tätigkeit** begeht, etwa der beharrl Verstoß gg die Verpflichtung, sich zwecks BR-Arbeit abzumelden (§ 37 Rn 42 ff) <**R:** LAG Hamm 8.6.2007, 10 TaBV 31/07, juris>, die unberechtigte Reisekostenabrechnung für eine Fahrt zu einer BR-Sitzung <**R:** LAG Hamm 23.4.2008, 10 TaBV 117/07, juris>, das heimliche Mitschneiden von Personalgesprächen <**R:** BAG 19.7.2012, 2 AZR 989/11, NZA 2013, 143 Rn 40>, einer Betriebsausschusssitzung <**R:** LAG BaWü 9.9.2011, 17 Sa 16/11, LAGE § 15 KSchG Nr 23 (juris Rn 39 ff [im konkreten Fall abl])> oder einer Betriebsversammlung <**R:** LAG Ddf 28.3.1980, 9 Sa 67/80, DB 1980, 2396>, Verstöße gg die Verschwiegenheitspflicht <**R:** LAG Hamm 22.7.2011, 10 Sa 381/11, juris Rn 73 (im konkreten Fall abl); Hess LAG 12.3.2015, 9 TaBV 188/14, juris Rn 28 ff (im konkreten Fall abl)>, verunglimpfende und aufhetzende Wahlwerbung bei einer BR-Wahl mit schwerwiegenden Ehrverletzungen und parteipolitischem Engagement mit verfassungsfeindlicher Zielsetzung <**R:** BAG 15.12.1977, 3 AZR 184/76, DB 1978, 1038>, der Verstoß gg das Neutralitätsgebot des § 74 Abs 2 durch den Aufruf des freigestellten Mitglieds der vom BR gebildeten Personalkommission zu Arbeitsniederlegungen und später durch die namentliche Benennung von drei arbeitswilligen AN auf einer Informationsveranstaltung nach spontanen Arbeitsniederlegungen als Reaktion auf die Ankündigung erhebl Betriebseinschränkungen durch die Konzernobergesellschaft <**R:** aA LAG Hamm 9.2.2007, 10 TaBV 54/06, AuR 2007, 316>, die Beleidigung von Streikbrechern und von Vorgesetzten durch Hochhalten eines Transparents mit der Darstellung eines großen Hinterteils und der Verunglimpfung „Arschkriecher" <**R:** aA Hess LAG 24.10.2000, 9 TaBV 19/00, NZA-RR 2001, 300>, die Beleidigung von Vorgesetzten bei Gesprächen mit BR-Bezug <**R:** LAG Nds 25.10.2004, 5 TaBV 96/03, NZA-RR 2005, 530 (im konkreten Fall abl)>, die Erstattung einer vorsätzl falschen Strafanzeige gg den AG mit Bezug auf BR-Tätigkeit <**R:** LAG Hamm 28.11.2003, 10 Sa 1036/03, DB 2004, 442>, die vorsätzl Falschaussage eines BR-Mitglieds in einem den eigenen AG betreffenden Beschlussverf <R: BAG 5.11.2009, 2 AZR 487/08, NZA-RR 2010, 236 Rn 31>, die Manipulation des Wahlergebnisses durch die Vorsitzende des Wahlvorstands zu ihren eigenen Gunsten <R: LAG Köln 15.4.2020, 4 Ta 55/20, NZA-RR 2020, 475 Rn 57f> und die Werbung für eine Gewerkschaft unter unbefugter Ausnutzung des BR-Amts <L: HWGNRH/*Huke* Rn 58>. Dass der AG eine Überwachungskamera einsetzt, ohne den BR nach § 87 Abs 1 Nr 6 beteiligt zu haben (zum Erfordernis § 87 Rn 128 ff, 140), rechtfertigt nicht, dass ein BR-Mitglied eigenmächtig und vorsätzl das zu einer Überwachungskamera führende Stromkabel durchtrennt; der AG ist zur ao Kd berechtigt <R: aA im konkreten Fall LAG Rh-Pf 2.7.1995, 2 TaBV 25/05, AE 2006, 116 (LS)>.

49 Innerbetriebl geäußerte **Kritik** eines AN am AG und den betriebl Verhältnissen berechtigt den AG auch dann nicht zur Kündigung, wenn sie in Form polemischer und überspitzter Äußerungen vorgetragen wird. Entspr Äußerungen sind vom Grundrecht der Meinungsfreiheit gedeckt, solange es sich nicht um Schmähkritik handelt, bei der nicht mehr die Auseinandersetzung in der Sache, sondern allein die Diffamierung der Person im Vordergrund steht <R: LAG Berl-Bbg 18.8.2008, 10 TaBV 885/08, juris Rn 54ff, 63 ff; LAG Berl-Bbg 2.10.2014, 10 TaBV 1134/14, NZA-RR 2015, 125 (abl zum Vergleich der Arbeitsbedingungen im Betrieb mit denen eines Konzentrationslagers in einer BR-Sitzung ggü der teilnehmenden Personalleiterin); LAG Berl-Bbg 17.12.2019, 7 TaBV 1479/19, BB 2020, 958 (im konkreten Fall abl); allg BAG 12.1.2006, 2 AZR 21/05, NZA 2006, 917 Rn 44 ff; 31.7.2014, 2 AZR 505/13, NZA 2015, 245 Rn 38 ff; 5.12.2019, 2 AZR 240/19, NZA 2020, 646 Rn 77, 87, 93 ff>. Äußert sich ein BR-Mitglied in einer Rede beleidigend über den Leiter der Personalabteilung und entschuldigt sich dieses bereits im Verlauf der weiteren Rede ausdrückl für die verbale Entgleisung, ist eine ao Kd nicht gerechtfertigt <R: LAG Rh-Pf 15.7.2008, 3 TaBV 22/08, juris Rn 19>. Zur ao Kd berechtigt ist der AG aber dann, wenn der AN die Kritik mit erhebl Herabwürdigungen verbindet, etwa auf dem Schwarzen Brett einer nur Konzernmitarbeitern zugänglichen Internetseite die wg einer geplanten Sanierung vom AG zu führenden „Trennungsgespräche" unter dem Dateinamen „Schlachtbank" anspricht, daneben einen unbewegten Sensenmann einblendet und mit einer Bilderanimation (Atompilz, „Arbeit macht frei", Leichenberge, Guillotine usw) verbindet <R: aA BAG 24.11.2005, 2 AZR 584/04, NZA 2006, 650 Rn 31 ff im Kd-Schutzprozess eines ao gekündigten BR-Mitglieds>.

b) Gegenüber der Versetzung

50 Die Verweigerung der Zustimmung nach Abs 3 zu einer zum Amtsverlust eines BR-Mitglieds führenden Versetzung (Rn 22) ist zulässig, wenn der AG die Grenzen seines Direktionsrechts aus § 106 GewO nicht einhält, etwa weil der Arbeitsvertrag überhaupt keine betriebsübergreifende Versetzung kraft Direktionsrechts ermöglicht oder der AG entgg § 106 GewO, § 315 BGB die **Grenzen billigen Ermessens überschreitet**. Zudem kann der BR die Zustimmung auch unter Berufung auf die Zustimmungsverweigerungsgründe des § 99 Abs 2 verweigern <R: BAG 27.7.2016, 7 ABR 55/14, NZA 2017, 200 Rn 48>, Rn 81.

51 Das billige Ermessen wird in **Abs 3 S 2** dahin **konkretisiert**, dass zum einen die **betriebsverfassungsrechtl Stellung des AN** berücksichtigt werden muss, weswg bei der Versetzungsentscheidung insbes darauf Rücksicht zu nehmen ist, ob der BR auf das Mitglied wg dessen Funktion, etwa als BR-Vors oder wg dessen bes Fachkunde, nur schwer verzichten kann <L: *Löwisch* BB 2001, 1734, 1796; *Fitting* Rn 73; GK/*Raab* Rn 84 f; HWK/*Ricken* Rn 30; KR/*Rinck* Rn 200; Richardi/*Thüsing* Rn 36; **abw** *Rieble* NZA 2001, Sonderheft BetrVG S 48, 60>. Dabei sind **auch die individuellen Interessen** des betroffenen Mandatsträgers in die Abwägung einzubeziehen <R: BAG 27.7.2016, 7 ABR 55/14, NZA 2017, 200 Rn 31; L: *Fitting* Rn 72; APS/*Linck* Rn 57b; GK/*Raab* Rn 83 f>.

Zum anderen rechtfertigen nach Abs 3 S 2 nur **dringende betriebl Gründe** die Versetzung. Ein dringender betriebl Grund liegt vor, wenn die Arbeitskraft des Mandatsträgers im Beschäftigungsbetrieb nicht mehr gefordert ist <R: BAG 27.7.2016, 7 ABR 55/14, NZA 2017, 200 Rn 29; L: *Fitting* Rn 74; GK/*Raab* Rn 85>. Das kann insbes infolge von **Betriebsänderungen** iS des § 111 geschehen, etwa auch dann, wenn der Unternehmer neue Arbeitsmethoden und Fertigungsverf iS des § 111 S 3 Nr 5 einführt, die Ausbildung und die Fähigkeiten des BR-Mitglieds für die neuen Aufgaben nicht ausreichen und die Qualifikationsdefizite auch nicht durch Fortbildungs- und Umschulungsmaßnahmen aufgefangen werden können, § 97 Rn 7 ff. Die **unternehmerische Entscheidung**, den Betrieb umzustrukturieren, ist wie bei der betriebsbedingten Kd von den ArbG nicht zu überprüfen <R: BAG 11.7.2000, 1 ABR 39/99, NZA 2001, 516; 27.7.2016, aaO>. **§ 1 Abs 5 KSchG**, nach dem vermutet wird, dass eine Kd durch dringende betriebl Erfordernisse iS des § 1 Abs 2 KSchG bedingt ist, wenn die aufgrund einer Betriebsänderung nach § 111 zu kündigenden AN in einem Interessenausgleich zwischen AG und BR namentlich bezeichnet sind, ist auf betriebsübergreifende Versetzungen von Mandatsträgern nach Abs 3 **nicht entspr** anzuwenden <R: BAG 27.7.2016, 7 ABR 55/14, NZA 2017, 200 Rn 34 ff; L: *Fitting* Rn 74a; GK/*Raab* Rn 84; KR/*Rinck* Rn 196>.

52

Der AG ist verpflichtet, die Versetzung des Mandatsträgers **nach Möglichkeit durch geeignete andere Maßnahmen zu vermeiden** <R: BAG 27.7.2016, 7 ABR 55/14, NZA 2017, 200 Rn 30>. Kommen für die Stelle im anderen Betrieb oder die Stellung als ltd Ang mehrere AN in Betracht, ist die Versetzung des BR-Mitglieds gg dessen Willen nicht dringend und muss an seiner Stelle ein anderer AN versetzt werden <L: *Rieble* NZA 2001, Sonderheft BetrVG S 48, 60; *Fitting* Rn 72>. Allerdings muss der AG grds keine Weiterbeschäftigungsmöglichkeiten neu schaffen, um eine Versetzung zu vermeiden <R: BAG 27.7.2016, aaO>. Dringende betriebl Gründe können **auch in der Person des BR-Mitglieds** liegen, etwa, wenn dieses in einen anderen Betrieb versetzt werden soll, weil es im Herkunftsbetrieb den Betriebsfrieden massiv stört <L: wie hier HWK/*Ricken* Rn 30; allg GK/*Raab* Rn 86; Richardi/*Thüsing* Rn 35; aA *Fitting* Rn 74; KR/*Rinck* Rn 197>.

53

Ist das BR-Mitglied gem § 38 vollständig von seiner Arbeitstätigkeit **freigestellt** und wird dessen bisherige Arbeitstätigkeit in einen anderen Betrieb verlagert, ist zweifelhaft, ob es versetzt werden darf, da es während des Freistellungszeitraums tatsächl nicht arbeitet. Das BAG hat bei der Ausgliederung einer Betriebsabteilung nach § 15 Abs 5 KSchG die o Kd eines freigestellten BR-Mitglieds erlaubt, weil es kein „freischwebendes BR-Mitglied" geben dürfe <R: BAG 18.9.1997, 2 ABR 15/97, BB 1998, 482>. Das ist unzutreffend. Wählbarkeit nach §§ 24 Nr 4, 8 setzt weder eine aktuelle tatsächl Arbeitsleistung des AN noch die Möglichkeit zu einer solchen Arbeitsleistung voraus. Ist das BR-Mitglied wg § 38 nicht verpflichtet, tatsächl zu arbeiten, bestehen weder dringende betriebl Gründe für eine Kd noch solche für eine Versetzung. Eine Entscheidung über die Beschäftigung freigestellter BR-Mitglieder wird erst mit Ende der Amtszeit bzw mit Ende

54

§ 103   Außerordentliche Kündigung und Versetzung in besonderen Fällen

der Freistellung notwendig; Kd und Versetzung sind erst zu diesem Zeitpunkt mögl <L: *Rieble* NZA 2001, Sonderheft BetrVG S 48, 60; *Fitting* Rn 74; GK/*Raab* Rn 86; KR/ *Rinck* Rn 198>. Das BR-Mitglied wird mit einer Versetzung aber idR im eigenen Interesse einverstanden sein, weil es ansonsten bei Ende des Freistellungszeitraums ohne Arbeitsplatz dasteht.

c) Ersetzungsverfahren

55 **Verweigert** der BR seine Zustimmung zu einer ao Kd oder äußert er sich zu dem Zustimmungsverlangen des AG **nicht unverzügl** (Rn 35), kann der AG nach Abs 2 beim ArbG die Ersetzung der Zustimmung beantragen <R: BAG 18.8.1977, 2 ABR 19/77, BB 1978, 43; 24.10.1996, 2 AZR 3/96, BB 1997, 629>. Die Beteiligung des BR ist Zulässigkeitsvoraussetzung für das Ersetzungsverf <R: BAG 7.5.1986, 2 ABR 27/85, NZA 1986, 719; L: LKB/*Bayreuther* § 15 KSchG Rn 130>. Ein vor Ablauf der 3-Tages-Frist gestellter Antrag auf Ersetzung der Zustimmung zur ao Kd ist unzulässig und wird auch nicht durch eine spätere Verweigerung der Zustimmung durch den BR geheilt <R: BAG 7.5.1986, aaO>. Für eine **Versetzung** darf der AG das Zustimmungsersetzungsverf analog § 99 Abs 3 S 1 erst einleiten, wenn der BR nicht innerhalb von einer Woche auf die Versetzungsmitteilung des AG reagiert hat, Rn 35. Der Zustimmungsersetzungsantrag kann nicht unter der Bedingung gestellt werden, dass der BR die Zustimmung zu der beabsichtigten ao Kd oder Versetzung verweigert <R: BAG 7.5.1986, aaO; L: KR/*Rinck* Rn 88; Richardi/*Thüsing* Rn 66>. Zu der nach § 626 Abs 2 BGB zu wahrenden Zweiwochenfrist Rn 57 f, zum Nachschieben von Umständen, die erst im Lauf des Beschlussverf bekannt werden oder entstehen, Rn 61 f.

56 **Endet das Amt des BR-Mitglieds** vor der arbg Entscheidung über die Zustimmungsersetzung, wird der Antrag des AG auf Zustimmungsersetzung nach Abs 2 mangels Rechtsschutzinteresses **unzulässig** <R: BAG 27.6.2002, 2 ABR 22/01, DB 2002, 2655; 24.11.2005, 2 ABR 55/04, EzA § 103 BetrVG 2001 Nr 5>. **Anders** liegt es aber dann, wenn sich an das Ende der Amtszeit, in der ein Antrag nach Abs 2 gestellt wurde, **ohne Unterbrechung eine neue Amtszeit** anschließt. Dann gilt die Zustimmungsverweigerung fort. Das Verf erledigt sich nicht, sondern kann weitergeführt werden <R: BAG 19.9.1991, 2 ABR 14/91, RzK II 3 Nr 20; 12.3.2009, 2 ABR 24/08, NZA-RR 2010, 180 Rn 24>. Gleiches gilt, wenn das betreffende BR-Mitglied **als Wahlvorstand** für die Wahl eines neuen BR fungiert <R: vgl BAG 16.11.2017, 2 AZR 14/17, BB 2018, 699 Rn 33 ff, wo der Ersetzungsbeschluss zum Zeitpunkt der Bestellung zum Wahlvorstand schon verkündet, aber noch nicht rechtskräftig geworden war>. Denn die gerichtl Entscheidung im Verf nach Abs 2 ersetzt nicht die Zustimmung des BR im Hinblick auf ein best betriebsverfassungsrechtl Amt, sondern bezogen auf die vom AG geltend gemachten Kd-Gründe <R: BAG 16.11.2017, 2 AZR 14/17, BB 2018, 699 Rn 36>.

57 Die den AN schützende materiell-rechtl **Zweiwochenfrist des § 626 Abs 2 BGB** gilt auch bei einer nach § 103 zustimmungspflichtigen ao Kd eines BR-Mitglieds <R: BAG 22.8.1974, 2 ABR 17/74, BB 1974, 1578; 7.5.1986, 2 AZR 349/85, DB 1986, 1883; 24.10.1996, 2 AZR 3/96, BB 1997, 629>. Da ein arbg Zustimmungsersetzungsbeschluss idR nicht binnen zwei Wochen erlangt werden kann, genügt es, wenn der AG (1) innerhalb der Zweiwochenfrist des § 626 Abs 2 BGB den BR ordnungsgem unterrichtet und beim BR die Zustimmung zur ao Kd beantragt, (2) bei ausdrückl oder wg Ablauf der 3-

Tages-Frist zu unterstellender Zustimmungsverweigerung (Rn 35) innerhalb der Zweiwochenfrist das Zustimmungsersetzungsverf beim ArbG einleitet <**R:** BAG 18.8.1977, 2 ABR 19/77, BB 1978, 43; 24.10.1996, aaO> und (3) die Kd in entspr Anwendung von § 174 Abs 5 SGB IX (§ 91 Abs 5 SGB IX aF) **unverzügl ausspricht**, nachdem das ArbG die Zustimmung rechtskräftig ersetzt hat <**R:** BAG 24.4.1975, 2 AZR 118/74, BB 1975, 1014; 16.11.2017, 2 AZR 14/17, BB 2018, 699 Rn 46; 25.4.2018, 2 AZR 401/17, NZA 2018, 1087 Rn 17; 1.10.2020, 2 AZR 238/20, NZA 2020, 1639 Rn 14; **L:** KR/*Fischermeier*/*Krumbiegel* § 626 BGB Rn 353; *Fitting* Rn 46; GK/*Raab* Rn 103; KR/*Rinck* Rn 141; Richardi/*Thüsing* Rn 63, 86>.

Nach Auffassung des LAG Berl-Bbg soll die **unbewusst fehlerhafte Unterrichtung des** **58** **BR über** das Datum, zu dem der AG von den für die Kd maßgebenden Tatsachen **Kenntnis** erlangt hat (§ 626 Abs 2 S 2 BGB), zur Unzulässigkeit des Zustimmungsersetzungsantrags führen <**R:** LAG Berl-Bbg 11.5.2020, 12 TaBV 1966/19, NZA-RR 2020, 524 Rn 29 ff>. Dem kann jedenfalls dann nicht gefolgt werden, wenn der AG ggü dem BR aufgrund eines Diktatfehlers ein Datum angegeben hat, das – wie im entschiedenen Fall – vor dem Tag der eigentl Kenntniserlangung liegt. Die noch mögl Wahrung der Zweiwochenfrist kann der BR im Zeitpunkt seiner Beschlussfassung – ausgehend von dem mitgeteilten Datum – überprüfen und seiner Entscheidung zugrunde legen, ohne dass dem BR als Gremium und dem BR-Mitglied (Rn 3) aus der fehlerhaften Angabe des früheren Datums in der Unterrichtung ein Nachteil erwachsen kann. Der Fehler wirkt sich jedenfalls im Zustimmungsverf nicht zulasten von BR und AN aus. Ob das Zustimmungsersetzungsverf sodann rechtzeitig innerhalb der Zweiwochenfrist beim ArbG eingeleitet worden ist, ist eine Frage der Begründetheit des Zustimmungsersetzungsantrags und im Beschlussverf zu überprüfen <**R:** allg BAG 16.11.2017, 2 AZR 14/17, BB 2018, 699 Rn 48; 25.4.2018, 2 AZR 401/17, NZA 2018, 1087 Rn 18, 21>, s auch Rn 60 und Rn 70. Hat der AG tatsächl erst später Kenntnis erlangt, ist entgg dem LAG dieser Zeitpunkt im Beschlussverf zugrunde zu legen. Die Behauptung, die Fehlinformation führe dazu, dass das Zustimmungsverf bei dem BR seinen Zweck nicht habe verwirklichen können <**R:** LAG Berl-Bbg 11.5.2020, 12 TaBV 1966/19, NZA-RR 2020, 524 Rn 31>, liegt bei Angabe eines vor der eigentl Kenntniserlangung liegenden Datums der Kenntniserlangung durch den AG neben der Sache.

Den Antrag auf Zustimmung des Integrationsamts zur Kd eines **schwerbehinderten BR-** **59** **Mitglieds** gem §§ 168, 174 Abs 1 SGB IX (§§ 85, 91 Abs 1 SGB IX aF) kann der AG vor, während oder erst nach Beteiligung des BR stellen <**R:** zum PersVG und zum SchwbG BAG 11.5.2000, 2 AZR 276/99, BB 2000, 2470; **L:** *Besgen* NZA 2011, 133, 135; *Fitting* Rn 40; AR/*Kolbe* Rn 20; APS/*Linck* Rn 37, 61 f; **abw** HWGNRH/*Huke* Rn 75>. Verweigert der BR seine Zustimmung zur Kd eines schwerbehinderten BR-Mitglieds, muss der AG die Zustimmungsersetzung unverzügl beantragen, nachdem das Integrationsamt der Kd zugestimmt hat oder seine Zustimmung nach § 174 Abs 3 S 2 SGB IX fingiert worden ist <**R:** zum SchwbG BAG 22.1.1987, 2 ABR 6/86, DB 1987, 1743; vgl auch 26.9.2013, 2 AZR 843/12, NZA-RR 2014, 236 Rn 42; **L:** APS/*Linck* Rn 61; Richardi/*Thüsing* Rn 61>.

Das **ArbG** hat unter allen in Betracht kommenden rechtl Gründen **vollumfänglich nach-** **60** **zuprüfen**, ob die ao Kd oder Versetzung wirksam ist oder nicht <**R:** BAG 22.8.1974, 2 ABR 17/74, BB 1974, 1578; 11.5.2000, 2 AZR 276/99, BB 2000, 2470; 23.4.2008, 2 ABR 71/07, NZA 2008, 1081 Rn 17>, Rn 42 ff und 50 ff. Dabei prüft es auch, ob die Aus-

§ 103 Außerordentliche Kündigung und Versetzung in besonderen Fällen

schlussfrist des § 626 Abs 2 BGB eingehalten worden ist <**R:** BAG 25.4.2018, 2 AZR 401/17, NZA 2018, 1087 Rn 18; 27.6.2019, 2 ABR 2/19, NZA 2019, 1415 Rn 15>. Das ArbG trifft eine Rechtsentscheidung, die praktisch den Kd-Schutzprozess vorwegnimmt <**R:** BAG 22.8.1974, aaO>. Maßgebl Zeitpunkt für die Beurteilung eines Antrags nach Abs 2 auf Ersetzung der Zustimmung zu einer ao Kd ist der Zeitpunkt der letzten mündlichen Tatsachenverhandlung <**R:** BAG 19.9.1991, 2 ABR 14/91, RzK II 3 Nr 20; **L:** KR/ *Rinck* Rn 120>.

61 Bei der Entscheidung über den Antrag auf Ersetzung der Zustimmung sind auch solche Umstände zu berücksichtigen, die **erst im Lauf des Beschlussverf bekannt** werden oder entstehen. Da es anders als im Kd-Schutzprozess nach Anhörung des BR gem § 102 im Beschlussverf nicht um die Kd selbst, sondern um die Zustimmung zu einer erst noch auszusprechenden Kd geht, können nicht nur solche **Tatsachen nachgeschoben werden**, die bei Einleitung des Zustimmungsersetzungsverf bereits gegeben waren, sondern auch solche Umstände, die bis zum rechtskräftigen Abschluss dieses Verf eintreten <**R:** BAG 22.8.1974, 2 ABR 17/74, BB 1974, 1578; 23.4.2008, 2 ABR 71/07, NZA 2008, 1081 Rn 25; **L:** *Fitting* Rn 42; GK/*Raab* Rn 90; Richardi/*Thüsing* Rn 72>. Das gilt unabhängig davon, ob diese Tatsachen dem AG bekannt waren oder nicht <**R:** BAG 23.4.2008, aaO; **L:** *Fitting* Rn 42; GK/*Raab* Rn 90; KR/*Rinck* Rn 123>. Das nachträgl Vorbringen weiterer Kd-Gründe beeinträchtigt den Zweck des Zustimmungsersetzungsverf nicht, die Unbefangenheit der Amtsführung durch den Schutz vor unberechtigten Kd zu gewährleisten (Rn 3), da der BR nach wie vor frei ist, über seine Zustimmung zu entscheiden und die Wirksamkeit einer Kd zu verhindern <**R:** BAG 23.4.2008, aaO; **L:** GK/*Raab* Rn 90>.

62 Da das arbg Verf grds nur einzuleiten ist, wenn der BR die Zustimmung zur geplanten Kd verweigert oder sich nicht unverzügl zu dieser geäußert hat, muss der AG dem BR zuvor **Gelegenheit geben, seine Stellungnahme anhand der neuen Tatsachen zu überprüfen**, also dem BR diese Tatsachen ordnungsgem mitteilen, Rn 30 ff <**R:** BAG 22.8.1974, 2 ABR 17/74, BB 1974, 1578; 23.4.2008, 2 ABR 71/07, NZA 2008, 1081 Rn 25; **L:** *Fitting* Rn 42; GK/*Raab* Rn 90; Richardi/*Thüsing* Rn 72>. Die Mitteilung an den BR wird nicht dadurch ersetzt, dass der BR-Vors durch Teilnahme am Beschlussverf von den neuen Tatsachen erfährt <**R:** BAG 27.5.1975, 2 ABR 125/74, DB 1975, 1706; 23.4.2008, aaO; **L:** DKW/*Bachner/Deinert* Rn 43; GK/*Raab* Rn 90; Richardi/*Thüsing* Rn 72>. Die nachzuschiebenden Gründe muss der AG dem BR **innerhalb der Ausschlussfrist des § 626 Abs 2 BGB** mitteilen und auch vor Ablauf dieser Frist in das Beschlussverf einführen; nur das entspricht dem regulären Verf, in dem der AG das Zustimmungsersetzungsverf innerhalb der Frist des § 626 Abs 2 BGB einleiten muss, Rn 57 <**R:** LAG Rh-Pf 15.4.2015, 4 TaBV 24/14, juris Rn 50; **aA** BAG 22.8.1974, aaO; **L: wie hier** DKW/*Bachner/Deinert* Rn 43; *Fitting* Rn 42; KR/*Rinck* Rn 128; Richardi/*Thüsing* Rn 73; **aA** HWGNRH/*Huke* Rn 79; APS/*Linck* Rn 31; GK/*Raab* Rn 91>.

63 Mit **Rechtskraft** des arbg Beschlusses ist die Zustimmung des BR wirksam ersetzt; der AG kann die Kd **erst danach** wirksam aussprechen <**R:** BAG 11.11.1976, BB 1977, 895; 9.7.1998, 2 AZR 142/98, BB 1998, 2317> bzw sein Direktionsrecht erst danach wirksam ausüben. Maßgebl ist grds die **formelle Rechtskraft** des Beschlusses <**R:** BAG 9.7.1998, aaO>. Sie tritt ein, wenn der Beschluss mit einem ordentlichen Rechtsmittel nicht mehr angefochten werden kann <**R:** BAG 26.11.2009, 2 AZR 185/08, NZA 2010, 443 Rn 12>. Das ist bei einem Beschluss des ArbG der Fall, wenn nicht binnen eines Monats ab Zustellung des Beschlusses, spätestens aber mit Ablauf von sechs Monaten nach der Ver-

IV. Zustimmungsverfahren § 103

kündung Beschwerde zum LAG eingelegt wird, § 87 Abs 2 iVm § 66 Abs 1 S 1, 2 ArbGG <L: näher ErfK/*Koch* § 89 ArbGG Rn 3; Schwab/Weth/*Tiedemann* § 87 ArbGG Rn 30>. Die formelle Rechtskraft eines die Zustimmung des BR ersetzenden Beschlusses des LAG tritt, sofern die Rechtsbeschwerde nicht zugelassen worden ist, mit Ablauf der Frist von einem Monat ab Zustellung des in vollständiger Form abgefassten Beschlusses für die Einlegung der Nichtzulassungsbeschwerde bzw mit der Zurückweisung der Nichtzulassungsbeschwerde durch das BAG ein <R: BAG 9.7.1998, aaO; 16.11.2017, 2 AZR 14/17, BB 2018, 699 Rn 20; L: APS/*Linck* Rn 43; KR/*Rinck* Rn 139; näher *Linck/Koch* FS 100 Jahre Betriebsverfassungsrecht (2020), S 399, 404 ff; Schwab/Weth/*Tiedemann* § 92a ArbGG Rn 9>.

Ergibt sich aus den Gründen des zugestellten Beschlusses des LAG, dass eine Nichtzulassungsbeschwerde **offensichtl unstatthaft** bzw aussichtslos ist, steht dem AG nach Auffassung des BAG das Recht zum Ausspruch der Kd bereits zu diesem Zeitpunkt zu <R: BAG 25.10.1989, 2 AZR 342/89, RzK II 3 Nr 17; 24.11.2011, 2 AZR 480/10, NZA-RR 2012, 333 Rn 18; **zuletzt offen gelassen** von BAG 16.11.2017, 2 AZR 14/17, BB 2018, 699 Rn 23; **krit** *Linck/Koch* FS 100 Jahre Betriebsverfassungsrecht (2020), S 399, 407 f; GK/*Raab* Rn 96>. Der AG ist jedoch nicht verpflichtet, vor Eintritt der formellen Rechtskraft des Beschlusses des LAG zu kündigen <R: BAG 9.7.1998, 2 AZR 142/98, BB 1998, 2317; L: ErfK/*Kania* Rn 14; APS/*Linck* Rn 44; KR/*Rinck* Rn 140>. Eine solche vorzeitige Kd ist für den AG zudem mit Risiken behaftet. Da eine Nichtzulassungsbeschwerde gem § 92a iVm § 72a Abs 3 S 2 Nr 1 ArbGG auch auf die grds Bedeutung der Rechtssache gestützt werden kann, ist eine sichere Prognose über die offensichtl Aussichtslosigkeit der Nichtzulassungsbeschwerde kaum mögl <R: LAG Nds 22.1.2010, 10 Sa 424/09, LAGE § 103 BetrVG 2001 Nr 10 (juris Rn 27); L: *Besgen* NZA 2011, 133, 134; ErfK/*Kania* Rn 14; AR/*Kolbe* Rn 21; KR/*Rinck* Rn 140>.

64

Für den Ausspruch der ao Kd steht dem AG **ab dem Eintritt der formellen Rechtskraft** nicht erneut die Zweiwochenfrist des § 626 Abs 2 BGB zur Verfügung, sondern er muss die **Kd unverzügl** aussprechen, vgl § 174 Abs 5 SGB IX (§ 91 Abs 5 SGB IX aF) <R: BAG 24.4.1975, 2 AZR 118/74, BB 1975, 1014; 16.11.2017, 2 AZR 14/17, BB 2018, 699 Rn 46; 25.4.2018, 2 AZR 401/17, NZA 2018, 1087 Rn 17; 1.10.2020, 2 AZR 238/20, NZA 2020, 1639 Rn 14; L: DKW/*Bachner/Deinert* Rn 53; *Fitting* Rn 46; ErfK/*Kania* Rn 14; AR/*Kolbe* Rn 21; GK/*Raab* Rn 103; KR/*Rinck* Rn 141; Richardi/*Thüsing* Rn 86>, Rn 57. **Unverzügl ab Kenntnis** vom Ende des Sonder-Kd-Schutzes des Amtsträgers kündigen muss der AG auch dann, wenn der **Sonder-Kd-Schutz** während des laufenden Zustimmungsersetzungsverf **endet**, sofern die Frist des § 626 Abs 2 BGB, wie dies regelmäßig der Fall sein wird, bereits abgelaufen ist <R: BAG 30.5.1978, 2 AZR 637/76, AP § 15 KSchG 1969 Nr 4; 16.11.2017, aaO; 1.10.2020, aaO; L: APS/*Linck* Rn 34; KR/*Rinck* Rn 137>. Findet zB während des Zustimmungsersetzungsverf eine Neuwahl statt, bei der der zu kündigende AN nicht wieder in den BR gewählt wird, endet dessen bes Kd-Schutz nach § 103 (Rn 7). In diesem Fall muss der AG die ao Kd unverzügl nach Ausscheiden des AN aus dem BR aussprechen <R: LAG München 19.2.2008, 6 Sa 361/07, juris Rn 31>. Der BR muss zu der Kd nicht (erneut) gem § 102 Abs 1 angehört werden, sofern sich die Gründe für die Kd nicht geändert haben (Rn 79).

65

Spricht der AG **während eines von ihm weiter betriebenen Verf** nach Abs 2 eine Kd ggü dem betreffenden AN ohne das Vorliegen der Zustimmung des BR aus, so geschieht dies regelmäßig vorsorgl für den Fall, dass die Kd nicht (mehr) der Zustimmung des BR

66

§ 103   Außerordentliche Kündigung und Versetzung in besonderen Fällen

bedarf. Diese **vorsorgl Kd** ist **nicht als Abbruch des Verf nach § 103 zu verstehen**. In ihr liegt keine Rücknahme des Zustimmungsersuchens ggü dem BR, und sie verbraucht auch nicht die bis dahin erfolgte Unterrichtung des BR <**R:** BAG 27.1.2011, 2 ABR 114/09, NZA-RR 2011, 348 Rn 24, 27 ff; 16.11.2017, 2 AZR 14/17, BB 2018, 699 Rn 51; 25.4.2018, 2 AZR 401/17, NZA 2018, 1087 Rn 13; 1.10.2020, 2 AZR 238/20, NZA 2020, 1639 Rn 15>. Sie kommt – vor allem mit Blick auf § 626 Abs 2 BGB und das Erfordernis der unverzügl Kd (Rn 65) – in Betracht, wenn der AG Zweifel am Fortbestehen des Zustimmungserfordernisses hat, weil er zB von einer nichtigen Neuwahl des BR ausgeht, er Zweifel am Vorliegen eines Verhinderungsfalls nach § 25 Abs 1 S 2 hat, Zweifel an der Wirksamkeit einer nachträgl erklärten Zustimmung des BR zur Kd bestehen oder die Wirksamkeit der Amtsniederlegung des BR-Mitglieds nicht eindeutig ist <**L:** *Diller* NZA 2004, 579, 583 f; APS/*Linck* Rn 39>. Bedurfte die Kd tatsächl noch der Zustimmung des BR, ist sie nichtig <**R:** BAG 16.11.2017, 2 AZR 14/17, BB 2018, 699 Rn 11 ff>, der AG kann das Verf nach Abs 2 aber zu Ende führen und nach rechtskräftiger Ersetzung der Zustimmung erneut kündigen.

67   Das **gilt allerdings nur dann**, wenn der AG sein Zustimmungsersuchen nicht fallen gelassen hat <**R:** vgl BAG 27.1.2011, 2 ABR 114/09, NZA-RR 2011, 348 Rn 24, 27; 16.11.2017, 2 AZR 14/17, BB 2018, 699 Rn 51>, obwohl er davon ausgegangen ist, eine Zustimmung des BR sei (möglicherweise) nicht mehr erforderl <**L:** APS/*Linck* Rn 44>. Auch wenn der AG irrtüml dieser Auffassung war, schadet dies nicht <**R:** vgl BAG 27.1.2011, 2 ABR 114/09, NZA-RR 2011, 348 Rn 30; **L:** *Kreft* NZA-Beil 2/2012, S 58, 65>. Vielmehr ist idR davon auszugehen, dass ein AG, der im Lauf des gerichtl Verf eine Kd ggü dem betreffenden AN ohne Zustimmung des BR unter Aufrechterhaltung seines Ersetzungsantrags erklärt, dies nur vorsorgl tut <**R:** BAG 1.10.2020, 2 AZR 238/20, NZA 2020, 1639 Rn 15>. Seine frühere Auffassung, nach der der Zustimmungsersetzungsantrag mit der vorzeitigen Kd unzulässig wurde und die Anhörung des BR zu der Kd verbraucht war <**R:** BAG 24.10.1996, 2 AZR 3/96, BB 1997, 629; vgl auch 9.7.1998, 2 AZR 142/98, BB 1998, 2317>, hat das BAG inzwischen ausdrückl aufgegeben <**R:** BAG 1.10.2020, aaO>. Es bedarf vielmehr sonstiger Umstände, die die Annahme rechtfertigen, der AG habe sein Zustimmungsersuchen ggü dem BR zurückgenommen. Eine nur vorsorgl durchgeführte neue Anhörung des BR zu einer beabsichtigten ao Kd nebst Antrag auf Zustimmung reicht dafür nicht <**R:** BAG 1.10.2020, 2 AZR 238/20, NZA 2020, 1639 Rn 18>.

68   **Lehnt es das ArbG rechtskräftig ab**, die vom BR verweigerte Zustimmung zu ersetzen, kann der AG dem BR-Mitglied nicht wirksam kündigen. Wg derselben Tatsachen kann der AG dem BR-Mitglied auch nicht erneut kündigen; einem erneuten Zustimmungsersetzungsverf steht die **materielle Rechtskraft** des die Zustimmungsersetzung abl ersten arbg Beschlusses entgg <**R:** BAG 16.9.1999, 2 ABR 68/98, BB 2000, 306>. Nur wenn neue Tatsachen auftauchen, die die ao Kd rechtfertigen, kann der AG erneut das Zustimmungsersetzungsverf einleiten und bei der rechtskräftigen Zustimmungsersetzung kündigen. Das kommt etwa in Betracht, wenn das BR-Mitglied, dem der AG wg des Vorwurfs strafbarer Handlungen kündigen wollte, später wg dieser Taten strafgerichtl rechtskräftig verurteilt worden ist <**R:** BAG 16.9.1999, aaO; **L:** DKW/*Bachner/Deinert* Rn 57, HWGNRH/*Huke* Rn 86; GK/*Raab* Rn 98>. Das gilt für die Versetzung entspr <**L:** GK/*Raab* Rn 98>.

IV. Zustimmungsverfahren **§ 103**

d) Beteiligung des zu kündigenden Betriebsratsmitglieds

An dem arbg Beschlussverf über die Zustimmungsersetzung ist das **BR-Mitglied** nach 69
§ 103 Abs 2 S 2 iVm § 83 ArbGG **Beteiligter** und nach § 83 Abs 3 ArbGG anzuhören.
RA-Kosten, die dem BR-Mitglied aufgrund seiner Beteiligung in dem Verf entstanden
sind, können nicht nach § 40 Abs 1 erstattet werden, weil der BR seine kollektiven Interessen in diesem Verf selbst wahrt und das BR-Mitglied durch seine Beteiligung keine
BR-Tätigkeit ausübt <**R**: BAG 5.4.2000, 7 ABR 6/99, BB 2001, 1357; **L**: HWGNRH/
Huke Rn 80>. Ersetzt das ArbG die vom BR verweigerte Zustimmung, kann das BR-Mitglied gg den arbg Beschluss im Zustimmungsersetzungsverf Beschwerde einlegen, und
zwar auch dann, wenn der BR die Entscheidung hinnimmt <**R**: BAG 10.12.1992, 2 ABR
32/92, DB 1993, 889; **L**: HWGNRH/*Huke* Rn 80; GK/*Raab* Rn 101; Richardi/*Thüsing*
Rn 80>. Stimmt der BR der Kd oder Versetzung doch noch zu, nachdem er die Zustimmung zunächst verweigert hatte, und erklärt der AG daraufhin im Zustimmungsersetzungsverf die Hauptsache für erledigt und widerspricht das BR-Mitglied der Erledigung,
ist das Verf gleichwohl einzustellen: zwar nicht nach § 83a Abs 2 ArbGG wg übereinstimmender Erledigungserklärung von AG und BR, sondern weil sich das Beschlussverf
durch die nachträgl Zustimmung des BR erledigt hat <**R**: BAG 23.6.1993, 2 ABR 58/92,
BB 1994, 284; 3.6.2015, 2 AZB 116/14, NZA 2015, 894 Rn 12 ff>. Das gilt auch für das
Beschwerdeverf, das von dem betroffenen BR-Mitglied eingeleitet worden ist <**R**: BAG
23.6.1993, aaO>.

Dass der AN Beteiligter am Beschlussverf ist, hindert ihn nicht daran, anschließend im 70
Kd-Schutzprozess auf Feststellung zu klagen, dass die ao Kd unwirksam ist, wenn das
ArbG im Beschlussverf nach Abs 2 die Zustimmung zu dieser Kd rechtskräftig ersetzt
hat. Der Feststellungsklage fehlt weder das Rechtsschutzinteresse noch steht ihr die
Rechtskraft der Entscheidung im Beschlussverf als negative Prozessvoraussetzung entgg
<**R**: BAG 24.4.1975, 2 AZR 118/74, BB 1975, 1014; **L**: GK/*Raab* Rn 113; Richardi/*Thüsing* Rn 87>. Mit der rechtskräftigen Ersetzung der Zustimmung zur Kd steht jedoch mit
bindender Wirkung für den späteren Kd-Schutzprozess fest, dass die ao Kd unter Berücksichtigung aller Umstände gerechtfertigt ist <**R**: BAG 16.11.2017, 2 AZR 14/17, BB
2018, 699 Rn 41 f; 25.4.2018, 2 AZR 401/17, NZA 2018, 1087 Rn 9 f, 16; **L**: APS/*Linck*
Rn 51; GK/*Raab* Rn 113>. Von dieser Bindung ist auch umfasst, dass der AG die Kd-Erklärungsfrist des § 626 Abs 2 BGB nicht deshalb versäumt hat, weil ihm der zur Begründung der Kd angeführte Sachverhalt bei Einleitung des Beschlussverf länger als zwei Wochen bekannt gewesen wäre <**R**: BAG 16.11.2017, 2 AZR 14/17, BB 2018, 699 Rn 48;
25.4.2018, 2 AZR 401/17, NZA 2018, 1087 Rn 16>, Rn 57, 60.

Wg der Bindungswirkung **kann der AN ledigl geltend machen**, das ArbG habe zur 71
Wirksamkeit der Kd im Zustimmungsersetzungsverf deswg unrichtig entschieden, weil
nachträgl neue Tatsachen aufgetaucht seien, die im Beschlussverf noch nicht hätten geltend gemacht werden können <**R**: BAG 24.4.1975, 2 AZR 118/74, BB 1975, 1014;
11.5.2000, 2 AZR 276/99, BB 2000, 2470; 16.11.2017, 2 AZR 14/17, BB 2018, 699
Rn 42; 25.4.2018, 2 AZR 401/17, NZA 2018, 1087 Rn 10>. Kd-Hindernisse, die der AN
schon im Zustimmungsersetzungsverf hätte einwenden können, kann er nur ausnahmsweise noch im Kd-Schutzprozess geltend machen, wenn diese – wie die fehlende Zustimmung des Integrationsamts zur Kd eines Schwerbehinderten – noch nach Abschluss des
Zustimmungsersetzungsverf herbeigeführt werden können, Rn 59 <**R**: BAG 11.5.2000,

aaO; **L:** *Fitting* Rn 47; APS/*Linck* Rn 50; GK/*Raab* Rn 113; Richardi/*Thüsing* Rn 89>. Auch die Feststellung, dass der BR der Kd nicht zustimmen muss, zB weil der AG nach § 15 Abs 4 oder 5 KSchG gekündigt hat und kündigen durfte (Rn 15), ist im Kd-Schutzprozess als Vorfrage erhebl <**R:** BAG 18.9.1997, 2 ABR 15/97, BB 1998, 482>. Die rechtskräftige Ersetzung der vom BR verweigerten Zustimmung zu einer ao Kd bindet aber in einem Kd-Schutzprozess nicht, in dem sich der AN gg eine nach seinem Ausscheiden aus dem BR ausgesprochene, auf denselben Sachverhalt gestützte o Kd wehrt <**R:** BAG 15.8.2002, 2 AZR 214/01, BB 2003, 673>. Auch kann der AN im Kd-Schutzprozess geltend machen, dass die Kd nicht unverzügl nach dem Eintritt der formellen Rechtskraft des Zustimmungsersetzungsbeschlusses (dazu Rn 65) erklärt worden ist; dabei handelt es sich um eine neue Tatsache <**R:** BAG 16.11.2017, 2 AZR 14/17, BB 2018, 699 Rn 48; 25.4.2018, 2 AZR 401/17, NZA 2018, 1087 Rn 18>.

V. Rechtsstellung des Arbeitnehmers bei Zustimmungsverweigerung

72   Die nach Abs 1 erforderl (oder nach Abs 2 ersetzte) Zustimmung des BR ist **Wirksamkeitsvoraussetzung für die Kd** eines BR-Mitglieds; ohne die Zustimmung ist die Kd unwirksam <**R:** BAG 22.8.1974, 2 ABR 17/74, BB 1974, 1578; 1.12.1977, 2 AZR 426/76, DB 1978, 355; 16.11.2017, 2 AZR 14/17, BB 2018, 699 Rn 14 ff; **L:** *Fitting* Rn 24; GK/*Raab* Rn 57; KR/*Rinck* Rn 111; Richardi/*Thüsing* Rn 55>. Das BR-Mitglied kann die Kd des AG aber nicht nach § 182 Abs 3 BGB iVm § 111 S 2, 3 BGB zurückweisen, weil ihm der AG die vom BR erteilte Zustimmung nicht in schriftl Form vorlegt <**R:** BAG 4.3.2004, 2 AZR 147/03, NZA 2004, 717; **L:** ErfK/*Kania* Rn 9; APS/*Linck* Rn 26; GK/*Raab* Rn 56; KR/*Rinck* Rn 95; **aA** *Fitting* Rn 31; widersprüchlich Richardi/*Thüsing* Rn 42, 49>. Die nachträgl, dh nach der Kd-Erklärung erteilte Zustimmung, ist rechtl bedeutungslos; zu einer bereits ausgesprochenen Kd kann der AG nicht beim ArbG beantragen, die Zustimmung zu ersetzen <**R:** BAG 22.8.1974, aaO; **L:** *Fitting* Rn 24; GK/*Raab* Rn 57; KR/*Rinck* Rn 111>. Ebenso wie bei der fehlenden Anhörung nach § 102 (§ 102 Rn 66) handelt es sich um eine Rechtsunwirksamkeit aus anderen Gründen iS des § 13 Abs 3 KSchG; eine Auflösung des Arbeitsverhältnisses gg Abfindung gem §§ 9, 10 KSchG kommt nicht in Betracht <**R:** BAG 9.10.1979, 6 AZR 1059/77, BB 1980, 369>.

73   Die Zustimmung des BR ist im Falle des Abs 3 **Wirksamkeitsvoraussetzung auch für die Versetzung** eines BR-Mitglieds <**L:** DKW/*Bachner/Deinert* Rn 77; *Fitting* Rn 71; APS/*Linck* Rn 56; GK/*Raab* Rn 59>. Der BR kann analog § 101 verlangen, dass das ArbG die ohne Zustimmung des BR durchgeführte Versetzung eines BR-Mitglieds aufhebt <**R:** LAG Berlin 22.12.2004, 9 TaBV 2175/04, AiB 2006, 516; **aA** LAG Nürnberg 11.10.2010, 7 TaBVGa 7/10, DB 2011, 883 (LS), wonach die Versetzung aber nach Maßgabe der §§ 935, 940 ZPO durch eV rückgängig gemacht werden können soll; **L:** wie hier *Fitting* Rn 71b; HWGNRH/*Huke* Rn 43; APS/*Linck* Rn 56; GK/*Raab* Rn 59; KR/*Rinck* Rn 190>. § 100 kann bei verweigerter Zustimmung nach Abs 3 nicht analog angewandt werden <**R:** BAG 27.7.2016, 7 ABR 55/14, NZA 2017, 200 Rn 50; LAG Berlin 22.12.2004, aaO; **L:** DKW/*Bachner/Deinert* Rn 84; GK/*Raab* Rn 59; **aA** APS/*Linck* Rn 56; KR/*Rinck* Rn 207>. Der BR kann der Versetzung aber noch nachträgl zustimmen und diese damit für die Zukunft legitimieren <**L:** GK/*Raab* Rn 59; KR/*Rinck* Rn 191>.

V. Rechtsstellung des Arbeitnehmers bei Zustimmungsverweigerung § 103

Verweigert der BR die Zustimmung zur ao Kd oder zur Versetzung, behält der AN, solange die Zustimmung vom ArbG nicht rechtskräftig ersetzt worden ist, seinen **arbeitsvertragl Anspruch** auf Beschäftigung zu den bisherigen Bedingungen, insbes auf Zahlung seines Arbeitsentgelts, und damit zugleich die Möglichkeit, sein betriebsverfassungsrechtl Amt auszuüben. Letzteres ist gerade Sinn des § 103 (Rn 2f). 74

Vor Ausspruch der Kd darf der AG das BR-Mitglied **ausnahmsweise suspendieren**, wenn es dem AG unzumutbar ist, die Arbeitsleistung entgegenzunehmen. Das ist nur dann der Fall, wenn bei einer Weiterbeschäftigung erhebl Gefahren für den AG oder die Belegschaft, insbes Störungen des Betriebsfriedens oder der betriebl Abläufe, drohen, etwa durch weitere strafbare Handlungen oder durch ansteckende Krankheiten des gekündigten BR-Mitglieds <**R:** Sächs LAG 14.4.2000, 3 Sa 298/00, NZA-RR 2000, 588; LAG Hamm 12.12.2001, 10 Sa 1741/01, NZA-RR 2003, 311; LAG Köln 2.8.2005, 1 Sa 952/05, NZA-RR 2006, 28; Hess LAG 3.5.2007, 9 TaBVGa 72/07, AE 2007, 331; LAG HH 27.2.2008, 5 SaGa 1/08, juris Rn 48; LAG Hamm 25.11.2011, 13 SaGa 44/11, juris Rn 27; **L:** APS/*Linck* Rn 48; GK/*Raab* Rn 118; HWK/*Ricken* Rn 24; Richardi/*Thüsing* Rn 93; auch DKW/*Bachner/Deinert* Rn 49>. Dass die Kd gerechtfertigt wäre, genügt hingg nicht <**R:** LAG HH 27.2.2008, aaO; LAG Hamm 17.11.2006, 10 Sa 1555/06, juris Rn 70; LAG Hamm 25.11.2011, aaO; **aA** LAG Hamm 12.12.2001, 10 Sa 1741/01, NZA-RR 2003, 311; Hess LAG 11.6.2008, 18 SaGa 553/08, AuR 2008, 321 (LS); **L:** KR/*Rinck* Rn 151; **aA** in Ausnahmefällen auch APS/*Linck* Rn 48>. Hat das BR-Mitglied einen Vorgesetzten beleidigt und erhebl bedroht, ist es dem AG nicht zumutbar, das BR-Mitglied für die Dauer des Zustimmungsersetzungsverf einem anderen Vorgesetzten, etwa in einer anderen Schicht, zu unterstellen <**R: aA** LAG Köln 29.7.2008, 9 Sa 333/08, AuR 2009, 104 (LS)>. 75

Eine Suspendierung lässt den **Vergütungsanspruch** des AN gem § 615 S 1 BGB nicht entfallen. Der AG gerät in Annahmeverzug, wenn er für die Dauer des arbg Zustimmungsersetzungsverf das zu kündigende BR-Mitglied von der Arbeit freistellt <**R:** BAG 11.11.1976, 2 AZR 457/75, DB 1977, 1190; LAG Köln 29.7.2008, 9 Sa 333/08, AuR 2009, 104 (LS); Hess LAG 11.6.2008, 18 SaGa 553/08, AuR 2008, 321 (LS); **L:** KR/*Rinck* Rn 152f; Richardi/*Thüsing* Rn 95; grds auch, aber mit Ausnahme bei berechtigter Nichtannahme HWGNRH/*Huke* Rn 95; GK/*Raab* Rn 120>. 76

Dass die Weiterbeschäftigung unzumutbar ist, hindert das BR-Mitglied nicht daran, sein **BR-Amt auszuüben** und dafür den Betrieb aufzusuchen. An der Ausübung seines BR-Amts ist das BR-Mitglied erst dann gehindert, wenn droht, dass das BR-Mitglied sein Zutrittsrecht **rechtsmissbräuchlich ausübt**, etwa allein durch das Betreten des Betriebs den Betriebsfrieden unmittelbar und konkret gefährden würde <**R:** LAG Ddf 22.2.1977, 11 TaBV 7/77, DB 1977, 1053; LAG München 19.3.2003, 7 TaBV 65/02, NZA-RR 2003, 641; **L:** KR/*Rinck* Rn 159; Richardi/*Thüsing* Rn 96>. Das BR-Mitglied muss dann nach § 25 Abs 1 S 2 durch ein Ersatzmitglied vertreten werden. Zur betriebsverfassungsrechtl Stellung des BR-Mitglieds während eines sich an das Zustimmungsersetzungsverf anschließenden Kd-Schutzprozesses § 24 Rn 11. 77

Die Ansprüche auf Entgeltzahlung, Beschäftigung und Zutritt zum Betrieb kann das BR-Mitglied im Wege der **eV nach § 62 Abs 2 bzw § 85 Abs 2 ArbGG iVm § 940 ZPO** geltend machen <**R:** LAG München 19.3.2003, 7 TaBV 65/02, NZA-RR 2003, 641; LAG HH 16.9.2005, 3 Sa 33/05, juris; LAG Köln 2.8.2005, 1 Sa 952/05, NZA-RR 2006, 28; 78

LAG Hamm 17.11.2006, 10 Sa 1555/06, juris; **aA** Hess LAG 11.6.2008, 18 SaGa 553/08, AuR 2008, 321 (LS)>.

79 **Scheidet das BR-Mitglied** während des Zustimmungsersetzungsverf **aus dem BR** aus, zB weil es in den neugewählten BR nicht wiedergewählt wurde, muss der AG den neu gewählten BR zur ao Kd nicht nach § 102 erneut anhören, sofern die Gründe für die ao Kd sich nicht geändert haben <**R:** BAG 8.6.2000, 2 AZN 276/00, BB 2000, 1944; 5.11.2009, 2 AZR 487/08, NZA-RR 2010, 236 Rn 28; auch 1.10.2020, 2 AZR 238/20, NZA 2020, 1639 Rn 14f; **L:** *Besgen* NZA 2011, 133, 136; *Fitting* Rn 50; HWGNRH/ *Huke* Rn 83; APS/*Linck* Rn 34; KR/*Rinck* Rn 137; *Richardi/Thüsing* Rn 76; **aA** DKW/ *Bachner/Deinert* Rn 59; GK/*Raab* Rn 94>. Wird das BR-Mitglied während des Zustimmungsersetzungsverf **wiedergewählt**, gilt die Erklärung des (früheren) BR zur ao Kd, etwa eine Zustimmungsverweigerung, fort <**R:** BAG 12.3.2009, 2 ABR 24/08, NZA-RR 2010, 180 Rn 24f; 27.1.2011, 2 ABR 114/09, NZA-RR 2011, 348 Rn 18; **L:** DKW/*Bachner/Deinert* Rn 59; *Fitting* Rn 50>. Ein laufendes Verf nach Abs 2 hat sich nicht erledigt (Rn 56).

VI. Verhältnis zu § 102 und § 99

80 Das Zustimmungsrecht nach § 103 ist eine ggü dem Anhörungsverf nach § 102 qualifizierte Form der Beteiligung des BR bei einer **ao Kd** der von Abs 1 erfassten Mandatsträger. Es verdrängt als stärkeres Beteiligungsrecht das Anhörungs- und Widerspruchsrecht aus § 102 <**R:** vgl BAG 17.3.2005, 2 AZR 275/04, NZA 2005, 1064; 16.11.2017, 2 AZR 14/17, BB 2018, 699 Rn 51; **L:** KR/*Rinck* Rn 69>. Die Verf-Grundsätze des § 102 gelten aber grds auch für das Zustimmungsverf nach § 103, Rn 30f.

81 Bei einer in den Anwendungsbereich des Abs 3 fallenden **Versetzung** geht das Verf nach § 103 dem Beteiligungsverf nach § 99 als das speziellere vor <**R:** BAG 27.7.2016, 7 ABR 55/14, NZA 2017, 200 Rn 48ff; **L:** *Fitting* Rn 71; GK/*Raab* 55; KR/*Rinck* Rn 185; *Richardi/Thüsing* Rn 37; **aA** HWK/*Ricken* Rn 32>. Die in § 99 Abs 2 geregelten Zustimmungsverweigerungsgründe kann der BR aber auch im Rahmen des Zustimmungsverf nach § 103 einwenden <**R:** BAG 27.7.2016, aaO; **L:** DKW/*Bachner/Deinert* Rn 82; *Fitting* Rn 71; GK/*Raab* Rn 55, 67, 83; KR/*Rinck* Rn 185; *Richardi/Thüsing* Rn 37>. Zudem ist bei betriebsübergreifenden Versetzungen das MBR des BR des den AN aufnehmenden Betriebes gem § 99 zu beachten (dazu § 99 Rn 31).

§ 104 Entfernung betriebsstörender Arbeitnehmer

Hat ein Arbeitnehmer durch gesetzwidriges Verhalten oder durch grobe Verletzung der in § 75 Abs. 1 enthaltenen Grundsätze, insbesondere durch rassistische oder fremdenfeindliche Betätigungen, den Betriebsfrieden wiederholt ernstlich gestört, so kann der Betriebsrat vom Arbeitgeber die Entlassung oder Versetzung verlangen. Gibt das Arbeitsgericht einem Antrag des Betriebsrats statt, dem Arbeitgeber aufzugeben, die Entlassung oder Versetzung durchzuführen, und führt der Arbeitgeber die Entlassung oder Versetzung einer rechtskräftigen gerichtlichen Entscheidung zuwider nicht durch, so ist auf Antrag des Betriebsrats vom Arbeitsgericht zu erkennen, dass er zur Vornahme der Entlassung oder Versetzung durch Zwangsgeld anzuhalten sei. Das Höchstmaß des Zwangsgeldes beträgt für jeden Tag der Zuwiderhandlung 250 Euro.

Literatur: *von Hoyningen-Huene*, Belästigungen und Beleidigungen von Arbeitnehmern durch Vorgesetzte, BB 1991, 2215; *Husemann/Tophof*, Die Kündigung durch den Betriebsrat, NZA 2017, 1242; *Kleinebrink*, Sanktionen auf Druck der Belegschaft bei Verstößen gegen Corona-Schutzvorschriften, ArbRB 2021, 115; *Kreitner*, Mobbing am Arbeitsplatz, DStR 1997, 1292; *Riedlinger*, Hass und Hetze entgegengetreten, AiB 2019, 29; *Warschkow/Erdmann*, Mobbing unterbinden – Rechtliche Möglichkeiten gegen Mobbing im Betrieb, AiB 1995, 509; *Werwach*, Die Initiativrechte des Betriebsrats, ZBVR 1999, 64; *Zimmer*, Fremdenfeindlichkeit und Rassismus im Betrieb, AiB 2001, 256.

Übersicht

	Rn.		Rn.
I. Normzweck und Anwendungsbereich	1	III. Entlassungs- oder Versetzungsverlangen des Betriebsrats	13
II. Wiederholte ernstliche Störung des Betriebsfriedens	7	IV. Gerichtliche Durchsetzung	14

I. Normzweck und Anwendungsbereich

§ 104 gibt dem BR ein Mittel zur Durchsetzung des **Betriebsfriedens**. Setzen Teile der Belegschaft oder Auftraggeber den **AG unter Druck, einem missliebigen AN** zu kündigen, rechtfertigt dies allein die Kd aber nicht: Der AG ist aufgrund seiner Fürsorgepflicht gehalten, dem Druck zu widerstehen <**R:** BAG 18.9.1975, 2 AZR 311/74, DB 1976, 634; 19.6.1986, 2 AZR 563/85, DB 1986, 2498; 4.10.1990, 2 AZR 201/90, DB 1991, 2599>. Übt etwa die Belegschaft wg des Verhaltens eines Vorgesetzten Druck auf den AG aus, ist eine (verhaltensbedingte) Kd nur gerechtfertigt, wenn der Vorgesetzte seine vertragl Pflichten trotz Abmahnung tatsächl verletzt hat <**R:** vgl BAG 31.1.1996, 2 AZR 158/95, DB 1996, 990>; der durch das Fehlverhalten ausgelöste Unmut in der Belegschaft verstärkt das Gewicht der Vertragswidrigkeit. Verletzt der Vorgesetzte seine vertragl Pflichten nicht, kündigen aber mehrere AN, weil sie mit ihm nicht zusammenarbeiten wollen, und drohen dem AG dadurch schwere Schäden, kann ausnahmsweise eine Kd aus betriebsbedingten Gründen gerechtfertigt sein; ggfs als ao Kd <**R:** BAG 4.10.1990, aaO zur Kd von fast 50% der Pflegekräfte einer Station mit dem vom Chefarzt unterstützten Verlangen, die Stationsleiterin zu versetzen>. An die Zulässigkeit einer betriebsbedingten

§ 104 Entfernung betriebsstörender Arbeitnehmer

Druck-Kd sind strenge Anforderungen zu stellen, insbes muss die Kd das einzig in Betracht kommende Mittel sein, um schwere wirtschaftl Schäden abzuwenden; eine Versetzung ist vorrangig <**R:** BAG 19.6.1986 und 4.10.1990, aaO; zuletzt 18.7.2013, 6 AZR 420/12, NZA 2014, 109 Rn 36 ff>. Die vorherige Anhörung des AN ist keine Wirksamkeitsvoraussetzung für eine Druck-Kd <**R:** BAG 4.10.1990, aaO>.

2 Die Zulässigkeit der sog Druck-Kd (Rn 1) scheint § 104 zu erweitern, indem er es dem BR erlaubt, vom AG die Entlassung oder Versetzung betriebsstörender AN zu verlangen. § 104 schafft aber **keinen neuen Kd-Grund, sondern setzt einen Kd-Grund voraus** <**R:** BAG 28.3.2017, 2 AZR 551/16, NZA 2017, 985 Rn 26; LAG Köln 14.7.1994, 10 TaBV 24/94, juris; LAG BaWü 31.5.1995, 12 Sa 188/94, juris; **L:** *Fitting* Rn 10; GK/*Raab* Rn 19; **krit** Richardi/*Thüsing* Rn 16>: Eine Entlassung von AN kann der BR nach § 104 nur durchsetzen, wenn das Verhalten des AN eine Kd nach § 626 BGB oder nach § 1 Abs 1 KSchG rechtfertigt, etwa wg fremdenfeindlichen Fehlverhaltens <**R:** BAG 1.7.1999, 2 AZR 676/98, BB 1999, 2302>. Einem AN, der nicht unter das KSchG fällt, kann der AG ohne Gründe kündigen; insoweit setzt aber § 104 (Rn 7 ff) dem Entlassungsverlangen Grenzen. Allerdings: Sind die Voraussetzungen des § 104 gegeben (Rn 7 ff), würde dies ohne ein Verlangen des BR in der Regel auch eine verhaltens- oder personenbedingte Kd iSd § 1 Abs 2 S 1 KSchG rechtfertigen <**R:** BAG 28.3.2017 aao Rn 26>. Ausnahmsweise kommt eine **betriebsbedingte Kd** in Betracht <**L:** GK/*Raab* Rn 25 HWGNRH/*Huke* Rn 18; auch *Fitting* Rn 10; Richardi/*Thüsing* Rn 16>, hierfür reicht der durch den BR ausgeübte Druck aber nur dann aus, wenn die drohende Gefährdung des Betriebs auf der Weigerung einer Mehrzahl von AN beruht, mit dem zu kündigenden AN zusammenzuarbeiten (zum betriebsbedingten Kdgrund des arbeitsgerichtl Beschlusses nach § 104 S 2 und 3 noch Rn 15). Daran, dass § 104 keinen Kd-Grund schafft, sondern einen Kd-Grund voraussetzt, ändert auch die Tatsache nichts, dass **S 2 und 3** dem BR ein Zwangsverf eröffnen <**L:** weiter Richardi/*Thüsing* Rn 18>; noch Rn 14 f, auch zur **aA** <**R:** BAG 28.3.2017, aaO Rn 27 ff>. Da die Kd **ultima ratio** ist, kann der BR die Entlassung des AN nicht verlangen, wenn dessen Versetzung ausreicht, um die Störung des Betriebsfriedens zu beseitigen. Ergänzt wird § 104 um die Pflicht des AG aus § 12 Abs 3 AGG, diskriminierende AN abzumahnen, zu versetzen oder zu kündigen, um die Diskriminierung zu unterbinden. § 104 beinhaltet eine besondere Pflicht der Mitglieder des BR, jeglicher Diskriminierung von Beschäftigten entgegenzuwirken: In § 104 finden die verfassungsrechtlichen Wertungen der Unantastbarkeit der **Menschenwürde und des Diskriminierungsverbots** Niederschlag <**R:** BVerfG 2.11.2020, 1 BvR 2727/19, NZA 2020, 1704 Rn 17>. Wegen Verletzung dieser Pflicht kann die Fortsetzung des Arbeitsverhältnisses unzumutbar sein, sodass ein Kdgrund besteht <**R:** LAG Köln 6.6.2019, 4 Sa 18/19, juris Rn 80>. Eine Schulung des BR zum Thema Mobbing kann nach § 37 Abs 6 mit Blick auf § 104 erforderlich sein <**R:** BAG 14.1.2015, 7 ABR 95/12, BB 2015, 1212>.

3 Eine **Parallele** findet § 104 im Zustimmungsverweigerungsrecht des BR aus **§ 99 Abs 2 Nr 6**, nach dem der BR präventiv die Zustimmung zu einer Einstellung oder Versetzung verweigern kann, wenn die durch Tatsachen begründete Besorgnis besteht, dass der Bewerber oder der zu versetzende AN den Betriebsfrieden durch gesetzwidriges Verhalten oder durch grobe Verletzung der in § 75 Abs 1 enthaltenen Grundsätze stören wird, § 99 Rn 98 ff. Demggü erlaubt § 104 es dem BR reaktiv, die Entfernung entspr AN aus dem Betrieb zu verlangen. Sowohl § 99 Abs 2 Nr 6 als auch § 104 bezwecken den Schutz der übrigen Belegschaft vor betriebsstörenden AN, insb vor Rassismus und Fremdenfeind-

I. Normzweck und Anwendungsbereich § 104

lichkeit (§ 99 Rn 99, oben Rn 2). Nach § 99 Abs 2 Nr 6 kann der BR vom AG die Einstellung eines potenziell störenden AN aber unter deutl geringeren Voraussetzungen verhindern als nach § 104 die Entlassung oder Versetzung eines schon eingestellten AN <R: BAG 16.4.2004, 1 ABR 48/03, DB 2005, 1469>, § 99 Rn 99. Während das Zustimmungsverweigerungsrecht aus § 99 Abs 2 Nr 6 keinen Einfluss auf den Arbeitsvertrag AG-AN hat, sondern die verweigerte Zustimmung ledigl ein betriebsverfassungsrechtl Verbot der Beschäftigung und Eingliederung des AN im Betrieb auslöst (§ 99 Rn 131), zielt das Entlassungsverlangen des BR nach § 104 auf die Beendigung des Arbeitsvertrages – allerdings nur, soweit der AG ein Recht zur Kd hat, Rn 2. Als milderes Mittel setzt § 104 vor die Kd zudem die Versetzung des AN.

Das Verlangen nach Entlassung oder Versetzung kann sich nur auf „AN" beziehen, also 4 in jedem Fall auf AN iS des § 5 Abs 1 (§ 5 Rn 1 ff). Der Schutzzweck des § 104, die Belegschaft vor Beeinträchtigungen durch störende Beschäftigte zu schützen (Rn 3), würde eine Erstreckung des Entlassungs- und Versetzungsdrucks auf weitere Mitarbeiter, die mit den AN zusammenarbeiten und deswg stören können, insbes auf Vorgesetzte, deren störendes Verhalten im Mittelpunkt von Druck-Kd steht (Rn 1), rechtfertigen, auch wenn sie ltd Ang iS des § 5 Abs 3 sind. Der Einbeziehung **ltd Ang** in § 104 (§ 5 Rn 25 ff) steht aber § 105 als Spezialvorschrift entgg, der den BR bei personellen Änderungen hinsichtl ltd Ang auf einen bloßen Informationsanspruch und auf das Antragsrecht aus § 80 Abs 1 Nr 2 beschränkt <R: LAG Nürnberg 22.1.2002, 6 TaBV 13/01, NZA-RR 2002, 524; L: GK/*Raab* Rn 4; Richardi/*Thüsing* Rn 13; DKW/*Bachner* Rn 9; *Fitting* Rn 3; ErfK/*Kania* Rn 2; APS/*Linck* Rn 3; HWGNRH/*Huke* Rn 2>. Die Entfernung betriebsstörender ltd Ang kann der BR auch dann nicht verlangen, wenn der AN erst nach Schluss der mündl Anhörung erster Instanz zum Prokuristen bestellt und damit zum ltd Ang wird <R: LAG Nürnberg 22.1.2002, aaO>. Schon keine AN sind Personen iS des **§ 5 Abs 2**, etwa kann kein Anspruch auf Entfernung eines Geschäftsführers bestehen <R: LAG Hamm 2.8.2016, 7 TaBV 11/16, BB 2016, 2941>.

Wie die Parallelvorschrift des § 99 Abs 2 Nr 6 zeigt, die auf den Schutz der Belegschaft 5 gerade auch vor störenden Leih-AN zielt (§ 99 Rn 16 f), muss der BR über § 104 aber die Entlassung oder Versetzung von **Leih-AN** verlangen können <L: GK/*Raab* Rn 4; Richardi/*Thüsing* Rn 13; APS/*Linck* Rn 4; auch DKW/*Bachner* Rn 9; *Fitting* Rn 3; aA HWGNRH/*Huke* Rn 2; KR/*Rinck* Rn 6>. Hingg kann der BR weder die Entfernung von **AN einer Drittfirma** verlangen, die aufgrund eines zw dem AG und der Drittfirma geschlossenen Werk- oder Dienstvertrags für den Dritt-AG tätig werden (§ 99 Rn 18 f), noch von **freien Mitarbeitern**, für die es dem BR entgg der **hM** auch an einem Zustimmungsverweigerungsrecht aus § 99 Abs 2 Nr 6 fehlt (§ 99 Rn 21) <L: *Fitting* Rn 3; aA GK/*Raab* Rn 4; Richardi/*Thüsing* Rn 13; MünchArbR/*Volk* § 344 Rn 142>.

Anders als der BR kann der **PR** zwar nach § 78 Abs 5 Nr 3 BPersVG seine Zustimmung 6 zu einer personellen Maßnahme iS der § 78 Abs 1 aus § 99 Abs 2 Nr 6 entspr Gründen verweigern <L: RDW/*Kaiser*/*Annuß* § 77 Rn 79 mwN>. Eine dem § 104 entspr Regelung fehlt im BPersVG; der PR kann insbes nicht nach § 78 Abs 1 Nr 5 und 6 iVm § 77 Abs 1 BPersVG beantragen, dass ein den Dienststellenfrieden störender Beschäftigter versetzt oder umgesetzt wird <L: RDW/*Kaiser*/*Annuß* § 77 Rn 76 mwN>.

II. Wiederholte ernstliche Störung des Betriebsfriedens

7   Eine Druck-Kd kann der AG auch auf Verlangen des BR grds nur aussprechen, wenn er das Arbeitsverhältnis gem § 1 Abs 1 KSchG aus verhaltensbedingten Gründen kündigen kann, Rn 2 (dort auch zur ausnahmsweise mögl betriebsbedingten Kd). Diesen strengen Kd-Voraussetzungen trägt § 104 Rechnung, indem er für ein Entlassungsverlangen des BR voraussetzt, dass der AN den Betriebsfrieden durch gesetzwidriges Verhalten oder durch grobe Verletzung der Grundsätze des § 75 Abs 1 wiederholt ernstl gestört hat. Das entspricht den Voraussetzungen für eine **ordentliche verhaltensbedingte Kd**, die die Prognose verlangt, der AN werde künftig seine arbeitsvertragl Pflichten verletzen. Eine solche Prognose ist nur gerechtfertigt, wenn der AN in der Vergangenheit, idR mehrfach, gg entspr vertragl Pflichten verstoßen hat und wg dieser Vertragsverletzungen abgemahnt worden ist; Kd-Grund ist dann eine erneute Pflichtverletzung des AN nach Abmahnung. Diesen Erfordernissen trägt § 104 dadurch Rechnung, dass er ein Entlassungsverlangen nur dann rechtfertigt, wenn der AN den Betriebsfrieden **wiederholt**, also mindestens zweimal gestört hat. Das ändert nichts daran, dass eine verhaltensbedingte Kd und damit ein Entlassungsverlangen des BR nur dann gerechtfertigt ist, wenn zu befürchten ist, der AN werde den Betriebsfrieden künftig stören <L: ähnl GK/*Raab* Rn 9>, zu § 99 Abs 2 Nr 6 dort Rn 100 ff. Weil das Entlassungsverlangen eine verhaltensbedingte Kd gg störende AN durchsetzen soll, muss es entgg der **hM** erst recht gerechtfertigt sein, wenn dem AN nicht ledigl ordentl verhaltensbedingt gekündigt werden kann, sondern wenn der AG wg der Schwere der Pflichtverletzung auch wg einer **einmaligen** Störung des Betriebsfriedens **ao kündigen** kann <R: aA BAG 16.4.2004, 1 ABR 48/03, DB 2005, 1469; L: aA GK/*Raab* Rn 9; *Fitting* Rn 7; Richardi/*Thüsing* Rn 8; APS/*Linck* Rn 12; MünchArbR/ *Volk* § 344 Rn 146; HWGNRH/*Huke* Rn 7>.

8   Der BR kann die Entlassung eines AN zum einen verlangen, wenn der AN den Betriebsfrieden durch **gesetzwidriges Verhalten** stört. **Beispiele** sind zu befürchtende Straftaten wie Eigentumsdelikte, Beleidigungen und Körperverletzungen <R: im konkreten Fall abl LAG BaWü 24.1.2002, 4 TaBV 1/01, AuR 2002, 116 (LS); LAG Hamm 23.10.2009, 10 TaBV 39/09, BeckRS 2010, 66070; LAG Köln 15.10.1993, 13 TaBV 36/93, NZA 1994, 431> sowie strafrechtl relevante sexuelle Belästigungen. Auch Ordnungswidrigkeiten sind gesetzwidrig, etwa der Verstoß gg das BDSG durch unerlaubtes Erheben von Daten <R: im konkreten Fall abl zu § 99 Abs 2 Nr 6 BAG 16.11.2004, 1 ABR 48/03, DB 2005, 1469 zu § 43 Abs 2 Nr 1 BDSG aF>. Durch gesetzwidriges Verhalten stört ein AN auch dann, wenn er Kollegen unter Verstoß gg § 7 Abs 1 mit § 3 Abs 3, 5 AGG diskriminiert, etwa Frauen oder Ausländer erniedrigt, anfeindet, beleidigt, einschüchtert oder sexuell belästigt. Greift ein AN in das allg Persönlichkeitsrecht anderer AN ein, etwa wenn er zufällig die auf einem Schreibtisch entdeckten psychologischen Beurteilungen von Mitarbeitern und Bewerbern an Kollegen weitergibt, verstößt dieses Verhalten gg § 823 Abs 1 BGB <R: BAG 16.11.2004, aaO>. Auch der Verstoß gg arbeitsschutzrechtliche Corona-Vorschriften im Betrieb kann stören.

9   Zum anderen kann der BR die Entlassung eines AN verlangen, wenn der AN den Betriebsfrieden durch **grobe Verletzung der Grundsätze des § 75 Abs 1**, insbes durch rassistische oder fremdenfeindlich Betätigungen stört. **Beispiele** sind grob unkollegiales Verhalten und die grundlose Verweigerung der Zusammenarbeit mit best Kollegen (echtes „Mobbing"). Die Diskriminierung von Angehörigen einer Minderheitengruppe, etwa

II. Wiederholte ernstliche Störung des Betriebsfriedens § 104

durch fremdenfeindliches Verhalten, fällt wg Verstoßes gg das AGG schon unter die Tatbestandsalternative gesetzwidriges Verhalten, ebenso die Beeinträchtigung des allg Persönlichkeitsrechts von Kollegen wg Verstoßes gg § 823 Abs 1 BGB (Rn 8). Grob verstößt ein AN nur dann gg § 75, wenn die Diskriminierung anderer im Betrieb tätiger Personen auffällig ist oder er die Mindestregeln sozialen Zusammenlebens erhebl missachtet. Ungefälligkeiten, Eigensinn oder Rechthaberei genügen hingg ebenso wenig wie die bloße Oppositionsstellung eines AN.

Der AN muss **nicht zwingend schuldhaft** gehandelt haben; dies verlangt weder § 104 **10** <L: aA GK/*Raab* Rn 10; Richardi/*Thüsing* Rn 9; DKW/*Bachner* Rn 6; *Fitting* Rn 8; HWGNRH/*Huke* Rn 9; KR/*Rinck* Rn 18> noch ist dies entgg der **hM** Voraussetzung der verhaltensbedingten Kd <L: AR/*Kaiser* § 1 KSchG Rn 31 mwN>. Ebenso wenig verlangt § 104, dass der AN aus gehässigen oder aggressiven Motiven gehandelt hat; es genügt auch ein spontanes Augenblicksversagen, wenn dies zu erhebl Störungen des Betriebsfriedens führt <R: aA LAG BaWü 24.1.2002, aaO zu einem AN, der einem anderen AN die Hornhaut verätzt hatte, indem er ihm absichtlich aus unmittelbarer Nähe mit einem Silikonspray ins Gesicht gesprüht hatte>.

Das beanstandete Verhalten muss **den Betriebsfrieden ernstl gestört haben**: Durch das **11** gesetzwidrige oder gg § 75 Abs 1 verstoßende Verhalten muss eine so erhebl Beunruhigung im Betrieb eingetreten sein, dass die reibungslose Zusammenarbeit und das notwendige gegenseitige Vertrauen gefährdet werden. Die begründete Besorgnis, dass der AN durch sein Verhalten den Betriebsfrieden ernstl stören werde, genügt anders als nach § 99 Abs 2 Nr 3 nicht <R: LAG Köln 15.10.1993, 13 TaBV 36/93, NZA 1994, 431; L: ErfK/ *Kania* Rn 3; *Fitting* Rn 7; HWGNRH/*Huke* Rn 6; GK/*Raab* Rn 8; Richardi/*Thüsing* Rn 7; APS/*Linck* Rn 13>. Der Betriebsfrieden ist aber nicht erst dann gestört, wenn die gesamte oder die Mehrheit der Belegschaft oder ganze Betriebsabteilungen betroffen sind; bei erhebl Beeinträchtigungen genügt es, wenn unmittelbar nur wenige AN betroffen sind <R: LAG BaWü 24.1.2002, 4 TaBV 1/01, AuR 2002, 116 (LS); enger LAG Köln 15.10.1993, 13 TaBV 36/93, NZA 1994, 431; **L: abw** ins Gewicht fallende Zahl von AN: KR/*Rinck* Rn 16; beachtliche Zahl von AN: DKW/*Bachner* Rn 2; GK/*Raab* Rn 8; ErfK/*Kania* Rn 3; erhebl Zahl: HWGNRH/*Huke* Rn 8>; keine Voraussetzung ist, dass sich eine allg Unruhe in der Belegschaft bemerkbar macht oder gar eine Zusammenrottung der AN stattfindet und ein offener Streit ausbricht <R: zur ao Kd wg Tragens einer Anti-Strauß-Plakette BAG 9.12.1982, 2 AZR 620/80, DB 1983, 2578>. Da § 104 nicht dem Gesundheitsschutz der AN dient (Rn 1 ff), kommt es auf keine psychische oder physische Belastung der AN an <so aber R: LAG Berl-Bbg 28.7.2016, 10 TaBV 367/16, ArbRAktuell 2016, 560>.

Weil die Kd ultima ratio ist, soll der AG auch im Vorfeld einer verhaltensbedingten Kd **12** gezwungen sein, die Beendigung des Arbeitsverhältnisses dadurch zu **vermeiden**, dass er den AN auf einen **anderen Arbeitsplatz** versetzt oder zu geänderten Arbeitsbedingungen **weiterbeschäftigt** <R: BAG 22.7.1982, 2 AZR 30/81, BB 1983, 834 bei Alkoholmissbrauch; 31.3.1993, 2 AZR 492/92, BB 1994, 790; L: AR/*Kaiser* KSchG § 1 Rn 44>. Eine Versetzung soll die Kd aber **nur bei arbeitsplatzbezogenen, hingg nicht bei arbeitsplatzunabhängigen Kd-Gründen** verhindern, etwa nicht, wenn es zu nicht arbeitsplatzspezifischen Störungen des Betriebsfriedens gekommen ist oder wenn das Vertrauen des AG in den AN durch ein von diesem außerdienstlich verübtes Tötungsdelikt erschüttert ist <R: BAG 8.6.2000, 2 AZR 638/99, NZA 2000, 1282>. Beleidigungen oder Tätlichkeiten gg Arbeitskollegen sind entgg dem BAG <R: 31.3.1993, aaO und 6.10.2005, 2 AZR

280/04, DB 2006, 675> aber nur ausnahmsweise arbeitsplatzbezogen, etwa wenn ein AN Kollegen beleidigt oder tätlich angreift, weil er gerade mit diesen zerstritten ist und die Auseinandersetzung nicht auch für weitere AN den Betriebsfrieden gestört hat. Ist ein AN aber massiv oder trotz Abmahnung wiederholt ausfällig oder tätlich gg Arbeitskollegen geworden, rechtfertigt dies in jedem Fall die Prognose, dass es zu entspr Verhaltensweisen auch ggü anderen Kollegen kommen wird; ein solches Risiko muss der AG in keinem Fall tragen, sondern darf dem AN kündigen <R: auch BAG 6.10.2005, aaO; **aA** obiter 22.7.1982, aaO; 31.3.1993, aaO; **L:** AR/*Kaiser* KSchG § 1 Rn 44>. Kann ausnahmsweise die verhaltensbedingte Kd durch eine Versetzung abgewendet werden, darf der BR auch nur eine solche Versetzung verlangen <L: DKW/*Bachner* Rn 13; *Fitting* Rn 9>; diese Möglichkeit ist in § 104 ausdrückl genannt.

III. Entlassungs- oder Versetzungsverlangen des Betriebsrats

13 Das Entlassungs- oder Versetzungsverlangen des BR muss durch einen **wirksamen BR-Beschluss** gestützt sein; ein bloßes Verlangen des BR-Vors genügt nicht <L: HWGNRH/*Huke* Rn 10; KR/*Rinck* Rn 11; Richardi/*Thüsing* Rn 14>. Kommt der AG zu dem Ergebnis, dass das Entlassungsverlangen berechtigt ist, muss er dem AN kündigen. Einer **erneuten Anhörung des BR nach § 102** bedarf es **nicht**: Das Entlassungs- oder Versetzungsverlangen enthält bereits die Zustimmung des BR zur Beendigungs- bzw Änderungs-Kd <R: BAG 28.3.2017, 2 AZR 551/16, NZA 2017, 985 Rn 35ff; 15.5.1997, 2 AZR 519/96, BB 1997, 1748 (LS); **L:** *Fitting* Rn 9; Richardi/*Thüsing* Rn 17; diff danach, ob die Maßnahme vom Verlangen des BR umfasst ist: GK/*Raab* Rn 26; DKW/*Bachner* Rn 12>, § 102 Rn 56; schlägt der BR die Versetzung auf einen konkreten Arbeitsplatz vor, ist der BR an der Versetzung auch nicht nach § 99 zu beteiligen, wohl aber, wenn der AG eine Versetzung auf einen anderen Arbeitsplatz plant <L: GK/*Raab* Rn 27; DKW/*Bachner* Rn 12; Richardi/*Thüsing* Rn 21; HWGNRH/*Huke* Rn 10; *Fitting* Rn 9 und Rn 13>. **Konkrete personelle Maßnahmen** kann der BR aber vom AG **nicht** verlangen <R: LAG Hamm 23.10.2009, 10 TaBV 39/09, BeckRS 2010, 66070 keine Entziehung von Personalführungsfunktionen>. Kommt der AG zu dem Ergebnis, dass das Verlangen des BR nicht berechtigt ist, muss er sich aufgrund seiner Fürsorgepflicht ggü dem AN dem Verlangen des BR widersetzen <L: *Fitting* Rn 10; GK/*Raab* Rn 25>.

IV. Gerichtliche Durchsetzung

14 Kommt der AG dem Verlangen des BR auf Versetzung oder Entlassung nicht nach, kann der BR nach **S 2 beim ArbG beantragen**, dem AG die Entlassung oder Versetzung des AN aufzugeben; Streitwert in Anlehnung an § 42 Abs 2 S 1 GKG (Vierteljahresentgelt) <R: vgl LAG Ddf 12.12.2016, 4 Ta 529/16, BeckRS 2016, 110954>. Die Antragsstellung ist an keine Frist gebunden, sondern unterliegt nur der Verwirkung <L: GK/*Raab* Rn 28; Richardi/*Thüsing* Rn 23; HWGNRH/*Huke* Rn 228; DKW/*Bachner* Rn 16; *Fitting* Rn 15>. Gibt das ArbG dem AG entspr dem Verlangen des BR auf, den AN zu entlassen oder zu versetzen, und folgt der AG diesem Gerichtsbeschluss nicht, ist er auf Antrag des BR dazu durch ein gerichtl festzulegendes **Zwangsgeld** anzuhalten (S 3), vgl § 101 Rn 6.

IV. Gerichtliche Durchsetzung § 104

Eine **Ordnungs- oder Zwangshaft** erfolgt gem § 85 Abs 1 S 3 ArbGG nicht <L: ErfK/ *Koch* § 85 ArbGG Rn 3>.

Der Individual-Kd-Schutz des AN bleibt entgg der **hM** unangetastet: Anders als nach § 103 hat die im Verf nach § 104 getroffene Entscheidung, dass die Kd des AN oder dessen Versetzung begründet ist, **keine Präklusionswirkung** für den nachfolgenden Individualrechtsstreit und ist der **AN am Beschlussverf nach § 104 auch nicht analog § 103 Abs 2 S 2 gem § 83 Abs 3 ArbGG zu beteiligen** <R: aA BAG 28.3.2017, 2 AZR 551/ 16, NZA 2017, 985 für den Beschluss im Verf nach § 104 S 2 als **o betriebsbedingten – aber nicht ao – Kd-Grund**, um § 104 effektiv umzusetzen; 22.9.2021, 7 ABR 22/20, NZA 2022, 290 Rn 40; **L: wie hier** *Rieble* AuR 1993, 39, 47; GK/*Raab* 28; **aA** DKW/ *Bachner* Rn 11, 15 und 19; *Fitting* Rn 14 und 16 ff; MünchArbR/*Volk* § 344 Rn 155; Richardi/*Thüsing* Rn 22; HWGNRH/*Huke* Rn 21; APS/*Linck* Rn 28; KR/*Rinck* Rn 33 und 53; BeckOK ArbR/*Mauer* 62. Ed 1.12.2021, Rn 4); **krit** *Husemann/Tophof* NZA 2017, 1242 ff>: Es fehlt sowohl an einer planwidrigen Regelungslücke für die Analogie als auch an einer Interessengleichheit mit dem Verf nach § 103. Da der Amtsträger nur wg seines Amtes in den Genuss des Kd-Schutzes nach § 15 KSchG, § 103 kommt (nur ao Kd und nur mit Zustimmung des BR), ist eine Verkürzung dieses Kd-Schutzes durch seine Beteiligung am arbg Beschlussverf (zwei statt drei Instanzen, Untersuchungsgrundsatz statt Parteibetrieb) und durch die Präklusionswirkung (§ 103 Rn 70) gerechtfertigt. Hingg lässt ein Entlassungsverlangen des BR den individuellen Kd-Schutz des AN unberührt; er ist durch den Anspruch des BR im Unterschied zu § 103 nicht unmittelbar betroffen. Eine erneute Anhörung nach § 102 bedarf es aber nicht <R: BAG 28.3.2017, aaO>, vgl Rn 13.

§ 105 Leitende Angestellte

Eine beabsichtigte Einstellung oder personelle Veränderung eines in § 5 Abs. 3 genannten leitenden Angestellten ist dem Betriebsrat rechtzeitig mitzuteilen.

Literatur: *Heinz*, Fehler- und Gefahrenquellen im Umgang mit leitenden Angestellten – Worauf Arbeitgeber achten sollten, BB 2019, 2868.

1 Der BR ist in Angelegenheiten hinsichtl ltd Ang iS des § 5 Abs 3 (§ 5 Rn 25 ff) grds nicht zu beteiligen; eine beabsichtigte Einstellung oder personelle Veränderung eines ltd Ang muss der AG gem § 31 Abs 1 **SprAuG** dem SprA mitteilen und den SprA nach § 31 Abs 2 SprAuG vor jeder Kd eines ltd Ang anhören – mit der Folge der Unwirksamkeit der Kd bei unterlassener oder nicht ausreichender Anhörung gem § 31 Abs 2 S 3 SprAuG. Daneben verlangt § 105 vor Einstellungen und personellen Veränderungen ltd Ang nur eine Mitteilung des AG ggü dem BR, um so das **Informationsbedürfnis** des BR über die Person und Aufgaben neuer bzw weggehender Vorgesetzter zu befriedigen. Ferner soll der BR durch die Mitteilung entscheiden können, **ob es sich bei den Betroffenen um ltd Ang iS des § 5 Abs 3 BetrVG handelt** oder dem BR nicht doch die betriebsverfassungsrechtl Rechte für AN zustehen, § 99, § 102 etc <R: LAG Rh-Pf 4.5.2021, 6 TaBV 1/20, Rn 55, juris; obiter dictum LAG Berlin 13.9.2016, 12 TaBV 25/16, Rn 59, juris>; zur falschen Einordung als ltd Ang noch Rn 5. § 105 regelt die Mitteilungspflichten des AG gegenüber dem BR bzgl ltd Ang **abschließend**.

2 **Einstellung** ist wie in § 99 (§ 99 Rn 6 ff) die tatsächl Eingliederung des ltd Ang in den Betrieb. Dass mit dem Beschäftigten eine Probezeit vereinbart wird, um seine Eignung gerade im Hinblick auf die Stellung als ltd Ang zu erproben, ändert nichts daran, dass diese Einstellung dem BR lediglich nach § 105 mitzuteilen ist und er nicht nach § 99 beteiligt werden muss <R: BAG 25.3.1976, 1 AZR 192/75, BB 1976, 743>. Auch die Beförderung eines AN zum ltd Ang ist eine nach § 105 mitteilungspflichtige Eingliederung <R: BAG 8.2.1977, 1 ABR 22/76, AP BetrVG 1972 § 5 Nr 16; L: GK/*Raab* Rn 3; Richardi/*Thüsing* Rn 5; aA DKW/*Bachner* Rn 5>.

3 **Personelle Veränderung** ist jede Veränderung, die den Aufgabenbereich des ltd Ang innerhalb der Betriebsleitung berührt, etwa der Entzug von Funktionen (vgl § 99 Rn 35); auch wenn diese zum Verlust des Status ltd Ang führt <R: LAG BaWü 28.10.2015, 10 TaBV 3/15, BeckRS 2015, 125759; L: KR/*Rinck* Rn 17; GK/*Raab* Rn 3; aA DKW/*Bachner* Rn 2 für eine Einstellung iS des § 99>. Wg des Zwecks der Mitteilungspflicht (Rn 1) greift § 105 nicht erst dann, wenn der ltd Ang iS des § 95 Abs 3 (§ 99 Rn 25 ff) versetzt wird <L: statt aller Richardi/*Thüsing* Rn 6 mwN>. Ein- und Umgruppierungen sind keine personellen Veränderungen, wie auch der Vergleich des § 31 Abs 1 SprAuG „personelle Veränderung" mit § 30 S 1 Nr 1 SprAuG („Änderung der Gehaltsgestaltung") zeigt; insoweit besteht auch kein Informationsinteresse des BR <L: GK/*Raab* Rn 7; Richardi/*Thüsing* Rn 6; auch HWGNRH/*Huke* Rn 11; aA DKW/*Bachner* Rn 5>. Wird der ltd Ang zu einem AN iS des § 5 Abs 1 (so oben), hat der BR der Eingruppierung aber nach § 99 zuzustimmen <R: LAG BaWü 28.10.2015, 10 TaBV 3/15, BeckRS 2015, 125759>. Personelle Veränderung ist das Ausscheiden des ltd Ang aus dem Betrieb aufgrund einer Kd. Nach § 105 sind dem BR auch einvernehml personelle Veränderungen eines ltd Ang mitzuteilen, etwa Versetzungen aufgrund Änderungsvertrages oder das Ausscheiden aus dem

Betrieb aufgrund eines Aufhebungsvertrages oder durch Eigen-Kd des ltd Ang <L: *Fitting* Rn 4; DKW/*Bachner* Rn 5; ErfK/*Kania* Rn 3; **aA** GK/*Raab* Rn 8; APS/*Linck* Rn 3; HWGNRH/*Huke* Rn 2>.

Der AG muss dem BR die beabsichtigte Einstellung und personelle Veränderung eines ltd 4
Ang **rechtzeitig mitteilen**. Um das Informationsbedürfnis des BR (Rn 1) zu befriedigen und diesem die Möglichkeit zu geben, etwaige Bedenken anzumelden, muss der AG den BR **vor der Einstellung oder personellen Veränderung** informieren <**R:** Hess LAG 23.5.2013, 9 TaBV 288/12, BeckRS 2013, 72578 für eine rechtzeitige Mitteilung eine Woche vor der geplanten Durchführung der Maßnahme>, vgl § 99 Rn 115. Der BR muss grds vor Abschluss des Arbeitsvertrags unterrichtet werden; anders ist es nur, wenn berechtigte Interessen, insbes die absolute Vertraulichkeit der Vertragsverhandlungen, entgegenstehen <**L:** GK/*Raab* Rn 11; Richardi/*Thüsing* Rn 15; HWGNRH/*Huke* Rn 13; **aA** DKW/Bachner Rn 7; KR/*Rinck* Rn 24>. Der BR ist über die **Person des betroffenen ltd Ang und über seine betriebl Funktion** (Funktionsbezeichnung des nunmehr übernommenen Aufgabenbereichs) zu informieren, insb über seine Stellung im Betrieb. Weitergehend, etwa über die bei einer Einstellung vereinbarten Arbeitsbedingungen und die persönlichen Verhältnisse des ltd Ang (Lebenslauf, Zeugnisse, Eingruppierungsprüfung etc), hat der AG nicht zwingend zu unterrichten <**R:** LAG Rh-Pf 4.5.2021, 6 TaBV 1/20, Rn 54 f, juris>. Der BR ist dabei auf ein **reines Informationsrecht** beschränkt, er ist nicht vom AG anzuhören. Verletzt der AG seine Mitteilungspflicht, wird dies **nicht sanktioniert**; auf die Wirksamkeit der Einstellung, Versetzung oder Kd eines ltd Ang hat die unterlassene oder nicht hinreichende Mitteilung keinen Einfluss <**R:** BAG 25.3.1976, 1 AZR 192/75, BB 1976, 743 zur Kd>. Der BR kann den AG nicht analog § 101 dazu zwingen, die personelle Maßnahme rückgängig zu machen <**R:** LAG Ddf 13.5.1976, 3 TaBV 2/76, DB 1976, 1383>. Ganz ausnahmsweise kann der BR – bei groben Verstößen – ein Verf nach § 23 Abs 3 einleiten (§ 23 Rn 43 ff) <**R:** Hess LAG 23.5.2013, 9 TaBV 288/12, BeckRS 2013, 72578 zu vier Verstößen gg § 105; **L:** DKW/*Bachner* Rn 12; GK/*Raab* Rn 15; Richardi/*Thüsing* Rn 19>. Die Nichtbeachtung des § 105 ist keine Ordnungswidrigkeit, vgl § 121 Abs 1.

Irrt der AG bei einer Kd und hält einen AN fälschlich für einen ltd Ang, weswg er den 5
BR nicht nach § 102 anhört, sondern ledigl nach § 105 informiert, kann diese Mitteilung grds nicht über § 140 BGB in eine Anhörung nach § 102 umgedeutet werden, da die Mitteilung dem BR keinen Anlass gibt, über etwaige Bedenken oder einen Widerspruch gg die Kd nachzudenken <**R:** BAG 21.11.2018, 7 ABR 16/17, BAGE 164, 230 Rn 19; 19.8.1975, 1 AZR 565/74, BB 1975, 1483; **L:** GK/*Raab* Rn 13 mwN>, noch § 102 Rn 9. Der AG kann jedoch bei Zweifeln über den Status des Beschäftigten ggü dem BR klar stellen, dass er neben der Mitteilung nach § 105 **vorsorgl auch ein Anhörungsverf nach § 102** einleite; dies genügt, um die Kd nicht an § 102 Abs 1 S 3 scheitern zu lassen <**R:** BAG 26.5.1977, 2 AZR 135/76, BB 1977, 1351; 7.12.1979, 7 AZR 1063/77, BB 1980, 628 (im konkreten Fall abl)>. Teilt der BR mit, dass er ein Anhörungsverf nach § 102 für entbehrl halte, weil der zu Kündigende kein AN, sondern ltd Ang iS des § 5 Abs 3 sei, schließt dies als abschließende Stellungnahme das Anhörungsverf in Bezug auf die beabsichtigte Kd ab <**R:** LAG Rh-Pf 11.1.2008, 9 Sa 489/07, juris>, § 102 Rn 61. Auch bzgl der erforderl Zustimmung nach § 99 trägt der AG das Risiko, wenn er fälschlicherweise annimmt, der Betroffene sei ltd Ang <**R:** LAG Rh-Pf 4.5.2021, 6 TaBV 1/20, Rn 57, juris>. Zur Mitteilungspflicht nach § 105, damit der BR entscheiden kann, ob der Betroffene AN oder ltd Ang ist schon Rn 1.

Sechster Abschnitt
Wirtschaftliche Angelegenheiten

Erster Unterabschnitt
Unterrichtung in wirtschaftlichen Angelegenheiten

Vorbemerkungen zu §§ 106ff

1 Die §§ 106ff regeln die Beteiligung der betriebsverfassungsrechtl AN-Organe in den wirtschaftl Angelegenheiten des Unternehmens. Sie haben **soziale Schutzfunktion**: Ihr Zweck geht einmal dahin, den AN wie dem BR umfassenden Einblick in die wirtschaftl Lage des Unternehmens zu verschaffen, um sich in ihrem Verhalten entspr einrichten zu können. Zum anderen sollen wichtige Veränderungen auf betriebl Ebene mit ihren regelmäßig einschneidenden wirtschaftl Folgen für die AN vom BR mitberaten und diese Folgen sozial aufgefangen werden können <R: BAG 1.10.1974, 1 ABR 77/73, BB 1975, 327; 31.10.1975, 1 ABR 4/74, AP Nr 2 zu § 106 BetrVG 1972>. Dementspr besteht die Beteiligung im Wesentlichen in einer umfassenden **Information**, insbes auf dem Weg über den **WirtA** (§§ 106 bis 110), und der Mitwirkung bei **Betriebsänderungen** mit dem Recht des **BR**, einen Sozialplan zu erzwingen (§§ 111 bis 113).

2 Weil es um wirtschaftliche Angelegenheiten geht, verwendet das Gesetz in den §§ 106–113 (mit Ausnahme des § 112 Abs 4 S 2) den Begriff des „**Unternehmers**" anstelle des sonst verwendeten „Arbeitgebers". Die Unterscheidung ist letztlich rein terminologisch. Inhaltlich ändert sich hierdurch aber nichts, weil Unternehmer und Arbeitgeber betriebsverfassungsrechtlich als Träger des Betriebs identisch sind <L: GK/*Oetker* Rn 10; Richardi/*Annuß* Rn 12>.

3 Die Beteiligungsrechte aus §§ 106ff können sich mit den Mitwirkungsrechten des BR nach §§ 90f, §§ 92, 92a, 97 Abs 2, 99 Abs 1, 102 Abs 1, Abs 3 Nr 3 bis 5, § 17 Abs 2 KSchG oder § 14 Abs 4 S 2 WpÜG überschneiden. Da diese Beteiligungsrechte unterschiedliche Zielsetzungen haben, stehen sie grds **nebeneinander**.

4 **Unionsrechtlich** nehmen die §§ 106ff auch die Forderungen insbesondere der Anhörungs-RL 2022/14/EG auf. Zwar sind bei der Auslegung der Beteiligungsmechanismen der §§ 106 und insbesondere der §§ 111ff die Vorgaben der RL 2002/14/EG zu berücksichtigen, das gelingt aber aufgrund der gegebenen gesetzlichen Vorgaben (und auch auf der Grundlage der bisherigen Rechtsprechung) ausreichend <L: GK/*Oetker* § 111 Rn 6>. Eine Gesetzesänderung oder -ergänzung wird durch unionsrechtliche Forderungen nicht verlangt. Beteiligungserfordernisse, die durch andere RL wie etwa die Massenentlassungs-RL 98/50/EG oder die Betriebsübergangs-RL 2001/23/EG aufgestellt werden, werden zum einen von anderen gesetzlichen Regelungen aufgenommen, §§ 17f KSchG, § 613a BGB, zum anderen können weitere Folgen von Massenentlassung und Betriebsübergang auch im Rahmen der Beteiligungsrechte der §§ 106ff berücksichtigt werden.

5 Eine **Erweiterung** der Beteiligungsrechte in wirtschaftl Angelegenheiten **durch BVen oder TVe ist ausgeschlossen**: Die §§ 106ff wägen unter Berücksichtigung der in den

Mitbestimmungsgesetzen, insbes dem BetrVG 1952 und dem MitbestG, geregelten Beteiligung der AN auf Unternehmensebene die berechtigten Interessen der AN und die unternehmerisch-wirtschaftl Entscheidungsfreiheit des Betriebsinhabers in wirtschaftl Angelegenheiten sorgfältig ab. Sie sind infolgedessen kein bloßes Modell, sondern die vom Gesetzgeber für angemessen gehaltene Lösung, die durch BV und TV nicht strukturell verändert werden kann <**L:** Richardi/*Annuß* Vorbem § 106 Rn 13; *Löwisch* AuR 1978, 97, 99; offener GK/*Oetker* vor § 106 Rn 13 ff>. Unberührt bleibt aber die Möglichkeit, in BVen oder TVen materielle Arbeitsbedingungen zu regeln, auch soweit diese zugleich Gegenstand der Beteiligungsrechte in wirtschaftl Angelegenheiten sind. Etwa können TVe Vorgaben für den Inhalt von Sozialplänen enthalten.

Für den Fall der **Insolvenz** werden die Vorschriften der §§ 111 ff über die Mitwirkung 6 und Mitbestimmung bei Betriebsänderungen durch die §§ 121 ff InsO modifiziert, s dazu § 112 Rn 113 ff. Die Vorschriften der §§ 106 ff über die Unterrichtung des WirtA sind hingg auch in der Insolvenz unverändert anzuwenden. Zur Unterrichtung des WirtA über eine möglicherweise bevorstehende Insolvenz s § 106 Rn 27.

Das Gesetz über den Stabilisierungs- und Restrukturierungsrahmen für Unternehmen 7 (**StaRUG** vom 22.12.2020, BGBl I, S 3256) sieht für die Frage der Einleitung und Durchführung der entsprechenden Stabilisierungs- und Restrukturierungsmaßnahmen keine eigene Beteiligung der AN-Vertretungen und so auch nicht von WirtA und BR vor <**L:** dazu auch *Salamon/Krimm* NZA 2021, 235>. Vielmehr verweist § 92 StaRUG auf die allg Beteiligungsrechte. Fällt also eine konkrete Maßnahme nach dem StaRUG in das Unterrichtungsrecht des WirtA oder kommt es in diesem Zusammenhang zu einer Betriebsänderung iSd § 111, so greifen die Rechte aus § 106 und §§ 111, 112.

Zur Unterrichtungspflicht in **unionsweit** tätigen Unternehmen und Unternehmensgruppen ggü dem Europäischen BR s § 32 EBRG (Anhang 2 Rn 7). 8

Die Regelungen über den WirtA finden in **Tendenzunternehmen** keine Anwendung, 9 § 118 Abs 1 S 2 <dazu **R:** BAG 22.7.2014, 1 ABR 93/12 DB 2014, 2540>, die Regelungen der §§ 111–113 nur insoweit, als sie den Ausgleich oder die Milderung wirtschaftl Nachteile für die AN infolge von Betriebsänderungen regeln. Für die Religionsgemeinschaften und ihre erzieherischen und karitativen Einrichtungen gilt das BetrVG insgesamt nicht, § 118 Abs 2.

§ 106 Wirtschaftsausschuss

(1) In allen Unternehmen mit in der Regel mehr als einhundert ständig beschäftigten Arbeitnehmern ist ein Wirtschaftsausschuss zu bilden. Der Wirtschaftsausschuss hat die Aufgabe, wirtschaftliche Angelegenheiten mit dem Unternehmer zu beraten und den Betriebsrat zu unterrichten.

(2) Der Unternehmer hat den Wirtschaftsausschuss rechtzeitig und umfassend über die wirtschaftlichen Angelegenheiten des Unternehmens unter Vorlage der erforderlichen Unterlagen zu unterrichten, soweit dadurch nicht die Betriebs- und Geschäftsgeheimnisse des Unternehmens gefährdet werden, sowie die sich daraus ergebenden Auswirkungen auf die Personalplanung darzustellen. Zu den erforderlichen Unterlagen gehört in den Fällen des Absatzes 3 Nr. 9a insbesondere die Angabe über den potentiellen Erwerber und dessen Absichten im Hinblick auf die künftige Geschäftstätigkeit des Unternehmens sowie die sich daraus ergebenden Auswirkungen auf die Arbeitnehmer; Gleiches gilt, wenn im Vorfeld der Übernahme des Unternehmens ein Bieterverfahren durchgeführt wird.

(3) Zu den wirtschaftlichen Angelegenheiten im Sinne dieser Vorschrift gehören insbesondere

1. die wirtschaftliche und finanzielle Lage des Unternehmens;
2. die Produktions- und Absatzlage;
3. das Produktions- und Investitionsprogramm;
4. Rationalisierungsvorhaben;
5. Fabrikations- und Arbeitsmethoden, insbesondere die Einführung neuer Arbeitsmethoden;
5a. Fragen des betrieblichen Umweltschutzes;
5b. Fragen der unternehmerischen Sorgfaltspflichten in Lieferketten gemäß dem Lieferkettensorgfaltspflichtengesetz;*
6. die Einschränkung oder Stillegung von Betrieben oder von Betriebsteilen;
7. die Verlegung von Betrieben oder Betriebsteilen;
8. der Zusammenschluß oder die Spaltung von Unternehmen oder Betrieben;
9. die Änderung der Betriebsorganisation oder des Betriebszwecks
9a. die Übernahme des Unternehmens, wenn hiermit der Erwerb der Kontrolle verbunden ist, sowie
10. sonstige Vorgänge und Vorhaben, welche die Interessen der Arbeitnehmer des Unternehmens wesentlich berühren können.

Literatur: *Alles/Handermann,* Komplexe Restrukturierungen und ihre praktischen Herausforderungen, DB 2019, 1027; *Bitsch,* Betriebsverfassungsrechtliche Auskunftsansprüche im Konzern, NZA-RR 2015, 617; *Cox/Offermann,* Der Wirtschaftsausschuss, 2003; *Croonenbrock/Brems,* Die (recht-

---

* Hinweis des Verfassers: Nr. 5b. tritt am 1.1.2023 in Kraft.

zeitige) Unterrichtung des Wirtschaftsausschusses beim Unternehmenskauf, DB 2017, 1513; *Edenfeld*, Der Wirtschaftsausschuss in komplexen Unternehmensstrukturen DB 2015, 679; *Fleischer*, Reichweite und Grenze der Unterrichtungspflicht des Unternehmers gegenüber dem Wirtschaftsausschuss nach §§ 106 Abs. 2 S 2, Abs, 3 Nr 9a BetrVG, ZfA 2009, 787; *Göpfert/Giese*, Die EU-Richtlinie im Arbeitsrecht: Verschärfte Konsultationspflichten in der vorinsolvenzlichen Sanierung?, NZI-Beilage 2019, 29; *Göpfert/Giese*, Die Arbeitnehmer im Gefüge des StaRUG, NZI-Beilage 2021, 55; *Gutzmann*, Die Unterrichtung des Wirtschaftsausschusses gem. §§ 106 Abs 2 und 108 Abs 5 BetrVG, DB 1989, 1083; *Hey/Claßmann*, Das Beteiligungsrecht des Betriebsrats in Unternehmen ohne Wirtschaftsausschuss bei Unternehmensübernahmen mit Kontrollerwerb, BB 2015, 3061; *Joost*, Wirtschaftliche Angelegenheiten als Kompetenzbereich des Wirtschaftsausschusses, FS Kissel (1994), S 433; *Joost*, Die Mitwirkung des Wirtschaftsausschusses bei Unternehmensübernahmen, FS Kreutz (2010), S 161; *Keim*, Wann ist die Einschaltung des Wirtschaftsausschusses rechtzeitig?, BB 1980, 1330; *Kleinebrink*, Die Beteiligung des Wirtschaftsausschusses und des Betriebsrats bei Umstrukturierungen, ArbRB 2020, 322; *Kort*, Matrix-Strukturen im Fokus neuerer arbeitsrechtlicher Betrachtung, BB 2021, 1204, *Lerch/Weinbrenner*, Auskunftsanspruch des Wirtschaftsausschusses bei Konzernbezug, NZA 2013, 355; *Lerche*, Der Europäische Betriebsrat und der deutsche Wirtschaftsausschuß, 1997; *Löw*, Arbeitsrechtliche Regeln im Risikobegrenzungsgesetz, DB 2008, 758; *Löwisch*, Erfasst das Risikobegrenzungsgesetz auch Kleinunternehmen?, DB 2008, 2834; *Löwisch*, Beschäftigungssicherung als Gegenstand von Mitwirkungs- und Mitbestimmungsrechten im europäischen und deutschen Recht, FS Konzen (2006), S 533; *Löwisch/Wegmann*, Die Berücksichtigung von Leiharbeitnehmern in Betriebsverfassungs- und Mitbestimmungrechts, BB 2017, 373; *Meyer*, Neue betriebsverfassungsrechtliche Fragen zum Teil-Betriebsübergang, NZA 2018, 900; *Oetker*, Verschwiegenheitspflichten des Unternehmers als Schranke für die Unterrichtungspflichten gegenüber Wirtschaftsausschuß und Betriebsrat in wirtschaftlichen Angelegenheiten, FS Wissmann (2005), S 396; *Röder/Göpfert*, Unterrichtung des Wirtschaftsausschusses bei Unternehmenskauf und Umwandlung, BB 1997, 2105; *Röder/Merten*, Publizitätspflicht bei arbeitsrechtlich relevanten Maßnahmen, NZA 2005, 268; *Salamon* Der Wirtschaftsausschuss bei einem Gemeinschaftsbetrieb im Unternehmen, NZA 2017, 891; *Salamon/Krimm*, Arbeitsrechtliche Aspekte und Herausforderungen im außerinsolvenzlichen Sanierungsverfahren, NZA 2021, 235; *Schindele*, Information des Wirtschaftsausschusses im Konzern, ArbRAktuell 2018, 509; *Schleifer/Kliemt*, Einschränkung betriebsverfassungsrechtlicher Unterrichtungspflicht durch Insiderrecht?, DB 1995, 2214; *Schmidt*, Der Wirtschaftsausschuss, die Einigungsstelle und die Arbeitsgerichte, FS Preis (2021), S 1183; *Schröder/Falter*, Die Unterrichtung des Wirtschaftsausschusses bei Unternehmensübernahmen nach Inkrafttreten des Risikobegrenzungsgesetzes, NZA 2008, 1097; *Schubert*, Der Unternehmensbegriff im Rahmen der betrieblichen Mitbestimmung in wirtschaftlichen Angelegenheiten, ZfA 2004, 253; *Wiese*, Sitzungen des Wirtschaftsausschusses und die Behandlung geheimhaltungsbedürftiger, vertraulicher sowie sonstiger Tatsachen, FS K Molitor (1988), S 365; *ders*, Zur rechtzeitigen Unterrichtung des Betriebsrats und des Wirtschaftsausschusses von Konzernunternehmen über Investitionsrahmenpläne eines Unterordnungskonzerns, FS Wiedemann (2002), S 617.

Übersicht

	Rn.		Rn.
I. Bildung des Wirtschaftsausschusses	1	4. Fragen der unternehmerischen Sorgfaltspflichten in Lieferketten gemäß dem Lieferkettensorgfaltspflichtgesetz	35
II. Unterrichtung des Wirtschaftsausschusses	10		
III. Wirtschaftliche Angelegenheiten	25	5. Betriebsänderungen	36
1. Lage des Unternehmens	26	6. Generalklausel	57
2. Betriebliche Vorhaben	31	IV. Streitigkeiten	60
3. Betrieblicher Umweltschutz	34		

§ 106 Wirtschaftsausschuss

I. Bildung des Wirtschaftsausschusses

1 Nach Abs 1 ist der WirtA für das **Unternehmen** zu errichten. Der WirtA ist in Unternehmen mit GBR dessen **Hilfsorgan**, § 107 Abs 2 S 2 <R: BAG 9.5.1995, 1 ABR 61/94, BB 95, 1963 (LS), NZA 1996, 55>, iÜ ein Hilfsorgan des BR, der den WirtA errichtet hat, § 107 Abs 2 S 1 (§ 107 Rn 2). Aus der Bezugnahme auf das Unternehmen folgt einmal, dass es ausgeschlossen ist, mehrere WirtA für Teile des Unternehmens, etwa räumlich zusammenliegende Betriebe, zu bilden. Andererseits kann ein WirtA nicht für mehrere Unternehmen errichtet werden, selbst wenn diese einem Konzern angehören <R: BAG 23.8.1989, 7 ABR 39/88, BB 90, 1634 (LS), DB 1990, 1519>. Solche von der gesetzlichen Regelung abweichende Wirtschaftsausschussstrukturen können aber durch Tarifvertrag gem § 3 Abs 1 Nr 3 geschaffen werden (dazu § 3 Rn 21). In Tendenzunternehmen ist kein WirtA zu bilden, § 118 Abs 1 S 2 (s § 118 Rn 57).

2 Für die inländischen Teile eines **ausländischen Unternehmens** muss ein WirtA gebildet werden, wenn im Inland regelmäßig mehr als 100 AN beschäftigt werden <R: BAG 1.10.1974, 1 ABR 77/73, BB 1975, 327; L: Richardi/*Annuß* Rn 14; GK/*Oetker* Rn 27: analoge Anwendung>. Dass das BAG entschieden hat, dass für von einer Konzernspitze im Ausland beherrschte Unternehmen ein KBR nicht gebildet werden kann (s § 54 Rn 13), ändert daran nichts <aA L: AR/*Kolbe* Rn 2>. Anders als § 54 Abs 1 S 1, der ausdrücklich an den Konzern iS von § 18 Abs 1 AktG anknüpft, stellen weder § 106 noch § 47 Abs 1 auf ein in einer Form des deutschen Rechts geführtes Unternehmen ab. Maßgebend für diese Vorschriften ist vielmehr das Unternehmen iS einer den Betrieben übergeordneten Einheit. Eine solche, mehrere Betriebe zusammenfassende Einheit, ist auch als Teileinheit der im Inland gelegenen Betriebe denkbar und praktikabel. S auch Einl Rn 15 und unten Rn 5.

3 Ein WirtA ist nur in Unternehmen mit **idR mehr als 100 ständig beschäftigten AN** zu bilden. Teilzeitbeschäftigte zählen voll mit. Voraussetzung ist, dass die AN für den arbeitstechnischen Zweck des Unternehmens eingesetzt werden (s § 5 Rn 2). Leih-AN zählen nach § 14 Abs 2 S 4 AÜG mit, die 6-Monats-Schwelle des § 14 Abs 2 S 6 AÜG gilt nicht, wohl aber das Erfordernis der ständigen Beschäftigung <L: GK/*Oetker* Rn 36; aA: Richardi/*Annuß* Rn 11>. Ltd Ang zählen nicht mit, sie sind keine AN im Sinne des § 5 Abs 1 <L: ErfK/*Kania* Rn 2>. Zur ständigen Beschäftigung s § 1 Rn 24.

4 Besteht das Unternehmen aus mehreren Betrieben, muss ein WirtA gebildet werden, wenn **in allen zum Unternehmen gehörenden Betrieben** insgesamt mindestens 101 AN ständig beschäftigt werden. Auch AN aus nicht BR-fähigen oder aus anderen Gründen vertretungslosen Betrieben sind mitzuzählen <R: vgl LAG Fft/M 7.11.1989, 4 TaBV 1889, AuR 1991, 29, LAGE § 106 BetrVG 1972 Nr 5; LAG Köln 21.1.2001, 11 TaBV 75/00, ArbuR 2001, 281>.

5 Betreiben mehrere Unternehmen einen **gemeinsamen Betrieb** (§ 1 Rn 29ff) mit idR mehr als 100 ständig beschäftigten AN, ist nach der hM ein WirtA zu bilden, und zwar auch dann, wenn keines der Unternehmen für sich allein diese Beschäftigtenzahl erreicht <R: BAG 19.11.2019, 7 ABR 3/18, NZA 2020, 598; BAG 1.8.1990, 7 ABR 91/88, BB 90, 2270 (LS), DB 1991, 1782; BAG 29.9.2004, 1 ABR 39/03, EzA § 99 BetrVG 2001 Nr 4>. Das freilich verkennt den durch das G bewusst vorgegebenen Unterschied zwischen Unternehmen und Betrieb <L: Richardi/*Annuß* Rn 8; AR/*Kolbe* Rn 2>. Bilden

zwei Konzernunternehmen einen Gemeinschaftsbetrieb, von denen lediglich das beherrschende Unternehmen in der Regel mehr als 100 AN ständig beschäftigt, ist der WirtA ausschließlich bei dem herrschenden Unternehmen zu errichten <R: BAG 22.3.2016, 1 ABR 10/14, NZA 2016, 969; L: krit *Fitting* Rn 18d>. Hat jedes der am gemeinsamen Betrieb beteiligten Unternehmen mehr als 100 AN, so bleibt es bei der allg Regel, dass der WirtA jeweils unternehmensbezogen zu bilden ist <R: BAG 26.2.2020, 7 ABR 20/18, NZA 2020, 960>. Zur Frage der Beteiligung eines Tendenzunternehmens am gemeinsamen Betrieb s § 118 Rn 9.

Hat ein **inländisches Unternehmen Betriebe im Ausland**, so sind die AN der ausländischen Betriebe bei der Errechnung der Mindestzahl nicht einzubeziehen, weil diese AN vom BetrVG nicht erfasst werden <L: Richardi/*Annuß* Rn 14; *Fitting* Rn 19; aA DKW/ *Däubler* § 106 Rn 28>. Ist für die inländischen Teile eines **ausländischen Unternehmens** ein WirtA zu errichten (Rn 2), sind nur die im Inland beschäftigten AN mitzuzählen. 6

Die Befugnisse des WirtA werden nicht dadurch berührt, dass die Zahl der im Unternehmen beschäftigten AN **vorübergehend unter 101 sinkt**. Verringert sich die Zahl der Beschäftigten aber für eine nicht absehbare Zeit auf weniger als 101, entfallen die Voraussetzungen für das Weiterbestehen des WirtA: Sein Amt endet wie das des BR, wenn die AN-Mindestzahl des § 1 unterschritten wird <R: BAG 7.4.2004, 7 ABR 41/03, EzA § 106 BetrVG 2001 Nr 1f>. IÜ ist die Amtszeit des WirtA an die des BR gekoppelt (§ 107 Rn 4f). 7

In Unternehmen mit **weniger als 101 ständig beschäftigten AN** steht der Unterrichtungsanspruch nach §§ 106ff nicht etwa dem BR zu. Insbes hat dieser nicht das in § 108 Abs 5 festgelegte allg Recht auf Erläuterung des Jahresabschlusses <R: LAG Köln 8.9.1987, 11 TaBV 32/87, NZA 1988, 210>. Der BR ist über wirtschaftl Fragen lediglich nach § 80 Abs 2 zu unterrichten, wenn er die betreffenden Informationen benötigt, um konkrete betriebsverfassungsrechtl Aufgaben wahrzunehmen <R: BAG 5.2.1991, 1 ABR 24/90, BB 1991, 1635; L: GK/*Oetker* Rn 46>. Für die Unterrichtung im speziellen Fall des § 106 Abs 3 Nr 9a gilt freilich der (letztlich systemwidrige) § 109a (s dort Rn 2). 8

Soweit nach § 3 Abs 1 Nr 4 durch TV **unternehmensübergreifende Arbeitsgemeinschaften** von BR oder GBR gebildet werden, kann das nicht dazu führen, dass die BR oder GBR die Informationen über wirtschaftl Angelegenheiten, die sie gem § 108 Abs 4 über ihre Wirtschaftsausschüsse erhalten haben, untereinander austauschen. Ein solcher Informationsaustausch lässt sich mit einer Wirtschaftsordnung, in der die Unternehmen untereinander im Wettbewerb stehen, nicht vereinbaren. 9

II. Unterrichtung des Wirtschaftsausschusses

Der WirtA hat nach Abs 1 S 2 eine **Doppel- und damit gleichsam eine Scharnierfunktion**. Er soll einerseits die wirtschaftl Angelegenheiten mit dem Unternehmer beraten und andererseits den BR in wirtschaftl Angelegenheiten unterrichten. Grundlage für die Erfüllung beider Aufgaben ist die Unterrichtung des WirtA durch den Unternehmer gem Abs 2. 10

Gegenstand der Unterrichtung sind sämtliche **wirtschaftl Angelegenheiten** des Unternehmens (Rn 25ff) einschließlich ihrer **Auswirkungen auf die Personalplanung**. Ge- 11

§ 106 Wirtschaftsausschuss

meint ist damit, dass der Unternehmer die Information über Absatz-, Beschaffungs-, Produktions- und Investitionsplanung und über die Kapazitätsauslastung und Finanzplanung auch darauf erstrecken muss, welche Folgen diese Planungen für die Personalplanung haben. Die Personalplanung selbst unterfällt der Unterrichtspflicht nicht <L: ErfK/*Kania* Rn 5>. Dadurch soll dem BR anhand der ihm vom WirtA weitergegebenen Informationen ermöglicht werden, sein Unterrichtungs- und Beratungsrecht nach § 92 und sein Vorschlagsrecht nach § 92a effektiv wahrzunehmen.

12 Im **Konzern** besteht für das abhängige Unternehmen ggü „seinem" WirtA keine Pflicht zur Unterrichtung über die wirtschaftl Lage des beherrschenden Unternehmens, es besteht auch kein entspr Informationsbeschaffungsanspruch des WirtA <R: BAG 17.12.2019, 1 ABR 35/18, NZA 2020, 531>. Das kann dann anders sein, wenn das abhängige Unternehmen über keine oder keine ausreichenden Informationen über Planungen und Vorgaben des herrschenden Unternehmens verfügt, die sich auf das abhängige Unternehmen unmittelbar oder mittelbar auswirken können, und der WirtA ohne diese Informationen seine Hilfsfunktion für den Betriebsrat nicht sinnvoll erfüllen kann <R: BAG 17.12.2019, 1 ABR 35/18, NZA 2020, 531; LAG Berl-Bbg 19.7.2018, 21 TaBV 33/18, NZA-RR 2018, 605>. Allerdings gibt es auch in diesem Fall keinen Unterrichtungsanspruch gg das herrschende Unternehmen selbst, berechtigt ist der WirtA immer nur ggü dem Unternehmen, bei dem er gebildet ist <L: GK/*Oetker* Rn 154; kritisch im Hinblick auf Art 13 Abs 1 b ii RestrukturierungsRL 2019/1023 *Göpfert/Giese* NZI-Beilage 2021, 55, 56>.

13 Gleiches gilt bei sog „**Matrix-Strukturen**", bei denen keine vertikale Beeinflussung besteht, sondern zwischen den einzelnen verknüpften Unternehmen gleichsam eine „horizontale" – auch dann verbleibt es beim Unterrichtungsanspruch des WirtA ausschließlich ggü dem Unternehmen, bei dem er gebildet wurde <L: *Kort* BB 2021, 1204, 1209>.

14 Der Unternehmer muss den WirtA **wahrheitsgem** und **umfassend** unterrichten. Er kann die Information nicht auf Angelegenheiten von grds Bedeutung oder auf solche Fragen beschränken, die die Belegschaft unmittelbar betreffen, etwa die Erhaltung der Arbeitsplätze der AN und deren Arbeitsbedingungen: § 106 enthält keine dem § 111 S 1 entspr Bestimmung. Die Unterrichtungspflicht erstreckt sich aber nicht auf Vorgänge, die unter keinem Gesichtspunkt für die AN wichtig sind, etwa den Abschluss gewöhnlicher Geschäfte <R: BAG 1.10.1974, 1 ABR 77/73, BB 1975, 327>. Solche Bagatellangelegenheiten unterfallen der Unterrichtungspflicht nicht, weil sich aus Abs 3 eine entspr Erheblichkeitsschwelle herauslesen lässt <L: HWK/*Willemsen/Lembke* Rn 38>. Auf der anderen Seite muss der WirtA nicht darlegen, wofür er die Informationen benötigt, § 106 Abs 2 S 1 verpflichtet den Unternehmer unabhängig von einem konkreten „Verwertungsinteresse" des WirtA <R: BAG 17.12.2019, 1 ABR 25/18, NZA 2020, 393; L: *Schmidt* FS Preis, S 1183, 1185>. Der Unternehmer muss den WirtA auch über wirtschaftl Angelegenheiten unterrichten, die Betriebe betreffen, in denen kein BR gewählt worden ist, sofern zu treffende Entscheidungen Auswirkungen auf andere Teile des Unternehmens haben können <R: BAG 9.5.1995, 1 ABR 61/94, BB 1995, 2563 (LS), NZA 1996, 55>, s noch Rn 36 (Betriebsstilllegung).

15 § 106 Abs 1 macht keine Formvorgaben für die Unterrichtung; eine Unterrichtung in deutscher Sprache ist grds ausreichend <L: HWK/*Willemsen/Lembke* Rn 40>.

Sind WirtA und SprA einverstanden, kann der Unternehmer die Unterrichtung des WirtA mit der des SprA nach § 32 Abs 1 SprAuG verbinden. 16

Der Unternehmer hat den WirtA unter Vorlage der **erforderlichen**, also der für die vollständige Information (Rn 14) notwendigen **Unterlagen verständlich** zu unterrichten <L: Richardi/*Annuß* Rn 26>. Hier besteht kein Auswahlermessen des Unternehmers, ob er überhaupt und welche Unterlagen er vorlegt; es kommt hier allein auf die Erforderlichkeit an <R: BAG 17.12.2019, 1 ABR 25/18, NZA 2020, 393; zu den Einschränkungen s Rn 19>. Solche Unterlagen sind etwa Betriebsstatistiken, Kalkulationsgrundlagen, Investitionspläne, Kostenanalysen, Umweltgutachten, zB über die Verwendung von Solarenergieanlagen, Rationalisierungspläne, Entwürfe für neue Fabrikations- und Arbeitsmethoden, wichtige Verträge und Organisationsmodelle. Vorzulegen ist auch der nach § 108 Abs 5 zu erläuternde Jahresabschluss (§ 108 Rn 15 ff) und der zum Jahresabschluss nach § 321 HGB erstellte Wirtschaftsprüfungsbericht <R: BAG 8.8.1989, 1 ABR 61/88, BB 1990, 458>; ebenso die Angebote bei Nr 9a <L: AR/*Kolbe* Rn 6; HWK/*Willemsen/Lembke* Rn 37>. Vorzulegen sind die beim Unternehmer vorhandenen Unterlagen; einen Anspruch auf Erstellung von Unterlagen hat auch der WirtA nicht (§ 80 Rn 38). Zur Einsicht in die Unterlagen § 108 Rn 14. 17

Der Unternehmer muss den WirtA **rechtzeitig** unterrichten, dh so, dass dieser sowohl sein Recht zur Beratung mit dem Unternehmer sinnvoll wahrnehmen als auch den BR so informieren kann, dass dieser seinerseits von den ihm zustehenden Beteiligungsrechten rechtzeitigen Gebrauch machen kann. Daraus folgt insbes, dass der Unternehmer dem WirtA von ihm erwogene unternehmerische Entscheidungen so frühzeitig mitteilen muss, dass Kritik und eigene Vorschläge des WirtA sowie Initiativen des BR in sozialen und personellen Angelegenheiten noch möglich sind <R: KG 25.9.1978, 9 TaBV 1/78, DB 1979, 112>. Bloße Vorüberlegungen, etwa die Erarbeitung von Diskussionsmodellen für eine wirtschaftl Maßnahme, lösen die Unterrichtungspflicht des Unternehmers noch nicht aus <L: AR/*Kolbe* Rn 5; *Keim* BB 1980, 1330>. Der Unternehmer darf den WirtA aber nicht vor vollendete Tatsachen stellen, etwa indem er bei börsennotierten Aktien eine Gewinnwarnung verbunden mit der Ankündigung herausgibt, es müsse eine bestimmte Anzahl von Stellen abgebaut oder ein Geschäftszweig aufgegeben werden. Ebenso muss der Unternehmer die Mitglieder des WirtA rechtzeitig vor der Sitzung des WirtA unterrichten, weil ansonsten die Wahrnehmung der Beteiligungsrechte nicht gewährleistet ist <L: Richardi/*Annuß* Rn 24>. 18

Bei der Unterrichtung in wirtschaftl Angelegenheiten begnügt sich das BetrVG nicht mit der allg Geheimhaltungspflicht des § 79 (§ 79 Rn 1), sondern gestattet dem AG, die Unterrichtung des WirtA zu beschränken, wenn diese **Betriebs- und Geschäftsgeheimnisse** gefährden würde. Eine solche Gefährdung kommt in zwei Fallgruppen in Betracht: Einmal kann es an der Zuverlässigkeit der Mitglieder des WirtA oder der Mitglieder des von diesem unterrichteten BR oder der gem § 31 zugezogenen Gewerkschaftsbeauftragten fehlen, sodass die Geheimhaltungspflicht des § 79 zum Schutz des Betriebs- oder Geschäftsgeheimnisses nicht ausreicht <R: BAG 11.7.2000, 1 ABR 43/99, BB 2001, 580 (LS), DB 2001, 598>. Dies wird insbes der Fall sein, wenn eine dieser Personen schon einmal ein Betriebs- oder Geschäftsgeheimnis unbefugt weitergegeben hat. Zum anderen ist die Unterrichtungspflicht bei solchen Betriebs- und Geschäftsgeheimnissen eingeschränkt, die für das Unternehmen so wesentlich sind, dass auch schon die geringste Gefahr einer unbefugten Weitergabe vermieden werden muss <R: BAG 11.7.2000, aaO; 19

OLG Karlsruhe 7.6.1985, DB 1986, 387>. Dies kommt etwa in Betracht bei einem neuen, für das Unternehmen entscheidenden Fertigungsverf, an dem die Konkurrenz ebenfalls arbeitet, oder bei delikaten Verhandlungen über einen Großauftrag aus dem Ausland. Dass gewerkschaftliche Mitglieder des WirtA die erlangten Kenntnisse potenziell iR von Tarifverhandlungen verwerten können, reicht hingg nach Auffassung des BAG <R: BAG 11.7.2000, aaO> nicht aus.

20 Ob ein Betriebs- oder Geschäftsgeheimnis durch eine entspr Mitteilung gefährdet wird oder nicht, **entscheidet der Unternehmer nach pflichtgemäßem Ermessen**. Seine Entscheidung kann durch die ES und das ArbG überprüft werden, § 109 (dort Rn 3 ff). Der Unternehmer kann auch darauf verzichten, die Unterrichtung bei Gefährdung von Betriebs- und Geschäftsgeheimnissen zu beschränken und stattdessen vom WirtA verlangen, die mitgeteilten Betriebs- und Geschäftsgeheimnisse nicht in das Protokoll aufzunehmen <L: *Wiese* FS K Molitor, S 365 ff>.

21 Art 14 lit c der MarktmissbrauchsVO 596/2014 verbietet die Weitergabe von **Insiderinformationen** an den WirtA nicht <L: AR/*Kolbe* Rn 7>, die Information an den WirtA erfolgt nach Art 10 Abs 1 infolge der normalen Aufgabenerfüllung. Damit werden aber die Mitglieder des WirtA zu Insidern, die den entspr Restriktionen unterfallen <L: HWK/ *Willemsen/Lembke* Rn 32; Richardi/*Annuß* Rn 32>.

22 Abs 1 S 2 räumt dem WirtA das Recht ein, die ihm nach Abs 2 mitgeteilten wirtschaftl Angelegenheiten mit dem Unternehmer zu **beraten**, dh diese mit ihm im Einzelnen zu erörtern <R: BAG 22.3.2016, 1 ABR 10/14, NZA 2016, 969>. Ebenso kann der WirtA von sich aus wirtschaftl Angelegenheiten zur Sprache bringen und vom Unternehmer verlangen, diese mit ihm zu besprechen. Das Erörterungsrecht besteht aber nur ggü dem Unternehmer. Hingg darf der WirtA nicht ohne den Unternehmer Stellungnahmen zu wirtschaftl Fragen abgeben, sei es ggü dem BR, der Belegschaft oder der Öffentlichkeit. Näher konkretisiert wird die Beratung mit dem Unternehmer durch § 108 Abs 1 und 2, der die Sitzungen des WirtA regelt (§ 108 Rn 1 ff).

23 Der WirtA ist nach Abs 1 S 2 verpflichtet, den **BR** über die ihm mitgeteilten wirtschaftl Angelegenheiten **zu unterrichten**. Abs 1 S 2 wird ergänzt durch § 108 Abs 4, wonach dem BR über jede Sitzung des WirtA unverzüglich und vollständig berichtet werden muss (§ 108 Rn 20). Ist der WirtA gem § 107 Abs 2 S 2 durch den GBR gebildet worden (§ 107 Rn 1), hat er diesen und nicht die einzelnen BRe zu unterrichten <L: **aA** *Fitting* Rn 27>; der GBR muss dann die Informationen an die Einzel-BR weitergeben.

24 Kommt der Unternehmer der Unterrichtungspflicht nicht rechtzeitig und umfassend nach, kann dies über § 23 Abs 3 geltend gemacht werden <R: LAG Berl-Bbg 30.3.2012, 10 TaBV 2362/11, juris>.

III. Wirtschaftliche Angelegenheiten

25 Abs 3 benennt die einzelnen Unterrichtungstatbestände. Die Aufzählung ist nicht abschließend („insbesondere"), umfasst wegen der Auffangregelung des Abs 3 Nr 10 aber wohl alle in Frage kommenden Tatbestände. Aus Abs 3 lässt sich eine Erheblichkeitsschwelle schließen, sodass eine Unterrichtung über die laufenden Geschäfte und über Ba-

III. Wirtschaftliche Angelegenheiten §106

gatellgeschäfte nicht umfasst sind <L: HWK/*Willemsen/Lembke* Rn 55; **aA** GK/*Oetker* Rn 59>.

1. Lage des Unternehmens

Das Unterrichtungs- und Beratungsrecht des WirtA erstreckt sich zunächst auf die **wirtschaftl und finanzielle Lage des Unternehmens (Abs 3 Nr 1)**. Dazu gehören der Auftragsbestand des Unternehmens, der Umfang des Warenlagers, die Lieferzeiten, die Verhältnisse auf den Rohstoffmärkten, das zur Verfügung stehende Kapital, die Höhe der Kredite, Wechselverpflichtungen und Außenstände, Wechselkursprobleme, mögliche Kreditschwierigkeiten, steuerliche Belastungen, soziale Aufwendungen und das voraussichtliche Unternehmensergebnis. Die Unterrichtungspflicht umfasst auch die zukünftige Entwicklung des Unternehmens <L: GK/*Oetker* Rn 68>. 26

Nach Abs 3 Nr 1 muss der Unternehmer den WirtA auch informieren, wenn er beabsichtigt, einen **Insolvenzantrag** oder auf Durchführung eines Schutzschirmverf, § 270b InsO, zu stellen <L: ErfK/*Kania* Rn 8; GK/*Oetker* Rn 70>, oder wenn ein solcher Antrag von Dritten gestellt worden ist <L: Richardi/*Annuß* Rn 41>. Gleiches gilt, wenn präventive Restrukturierungsmaßnahmen nach §§ 47f; 49ff oder 60ff StaRUG eingeleitet werden sollen <L: *Lingscheid/Kunz* DB 2021, 677, 678; für eine Anwendung des Abs 3 Nr 10 *Salamon/Krimm* NZA 2021, 235, 238f; *Kolbe* Mit Schwung aus der Krise, S. 145, 162>. 27

Die Unterrichtungspflicht nach Abs 3 Nr 1 betrifft die wirtschaftl und finanzielle Lage und Entwicklung des **Unternehmens im Ganzen** <L: HWK/*Willemsen/Lembke* Rn 57>. Deshalb kann der WirtA vom Unternehmer zwar verlangen, die Ertrags- und Kostensituation einzelner Produktions- und Geschäftszweige des Unternehmens zu erläutern. Hingg kann der WirtA keine entspr Informationen über jeden einzelnen Betrieb oder gar einzelne Betriebsabteilungen verlangen, da damit ein Einblick in die Einzelheiten der Unternehmensführung verbunden wäre. Eine Unterrichtung unter Vorlage der entspr Unterlagen, etwa der monatlichen Erfolgsrechnungen, kommt insoweit aber nach Abs 3 Nr 6 in Betracht, wenn es um die Stilllegung eines Betriebs oder Betriebsteils geht (Rn 36ff) <R: BAG 17.9.1991, 1 ABR 74/91, BB 1991, 2527>. 28

Bei Kapitalgesellschaften gehören zur wirtschaftl Lage des Unternehmens auch Veränderungen der Eigentumsverhältnisse, etwa der Wechsel größerer Aktienpakete ins Ausland oder der Übergang sämtlicher Geschäftsanteile einer GmbH auf einen neuen Gesellschafter <R: BAG 22.1.1991, 1 ABR 38/89, BB 1991, 1191>; s auch noch Rn 46ff. **Nicht** unter Abs 3 Nr 1 fallen aber die **persönlichen Rechtsbeziehungen und Verhältnisse des Unternehmers**. Deshalb braucht etwa der notarielle Vertrag über die Veräußerung von Geschäftsanteilen nicht vorgelegt zu werden <R: BAG 22.1.1991, aaO>. Ebensowenig muss der Unternehmer bei der Vorlage des Jahresabschlusses nach § 108 Abs 5 sein Privatvermögen offenlegen (§ 108 Rn 16). 29

Gegenstand der Unterrichtung des WirtA ist nach **Abs 3 Nr 2** die **Produktions- und Absatzlage** des Unternehmens. Das meint insbes den Umfang der Gütererzeugung, die Lage bei der Materialbeschaffung, den Grad der Kapazitätsauslastung, langfristige Lieferverpflichtungen, die Auftragslage und den Umsatz. 30

2. Betriebliche Vorhaben

31 Im **Produktionsprogramm** (**Abs 3 Nr 3**) legt der Unternehmer fest, welche Güter und Leistungen er herstellen und anbieten, insbes welche neuen Produkte in welchem Umfang er auf dem Markt einführen will. Im **Investitionsprogramm** regelt er, wie er das Produktionsprogramm durchführen will, insbes welche Anlagen und Ausrüstungen dafür angeschafft werden sollen. Auch über Investitionsprogramme für den Absatz, vor allem für die Werbung, muss der Unternehmer den WirtA nach Abs 1 S 2 iVm Abs 3 Nr 3 unterrichten.

32 **Rationalisierungsvorhaben** (**Abs 3 Nr 4**) sind alle Maßnahmen, die dazu dienen, durch Einführung neuer Fabrikations- und Arbeitsmethoden die Produktivität zu erhöhen oder Kosten zu sparen (Normung der Produkte, Typisierung des Arbeitsablaufs, Mechanisierung, Automation, betriebsorganisatorische Maßnahmen).

33 Unter **Fabrikationsmethode** (**Abs 3 Nr 5**) ist die technisch-organisatorische Methode zu verstehen, nach der Güter hergestellt oder Leistungen abgegeben werden, zB ob in Serien produziert wird oder in Einzelherstellung. Die **Arbeitsmethode** betrifft den Einsatz der menschlichen Arbeit bei der Produktion, also den Arbeitsablauf (körperlicher Einsatz, Einsatz technischer Hilfsmittel, digitale Instrumente) und das Arbeitsverf (Fließbandarbeit, Gruppenarbeit, Einzelarbeit, „flexible office", Homeoffice, crowdworking; Desk-Sharing) <**L**: *Oltmanns/Fuhlrott* NZA 2018, 1225, 1229; *Stück*, ArbRAktuell 2018, 409, 410; *Kohte* NZA-RR 2018, 368>.

3. Betrieblicher Umweltschutz

34 Unter **Fragen des betriebl Umweltschutzes** (**Abs 3 Nr 5a**) sind nach der gesetzlichen Definition des § 89 Abs 3 alle personellen und organisatorischen Maßnahmen sowie alle die betriebl Bauten, Räume, technische Anlagen, Arbeitsverf, Arbeitsabläufe und Arbeitsplätze betreffenden Maßnahmen zu verstehen, die dem auf die Situation der im Betrieb tätigen AN bezogenen Umweltschutz dienen (s dazu § 89 Rn 16f). Das Unterrichtungs- und Beratungsrecht des WirtA erstreckt sich auf die wirtschaftl Seite dieser Fragen <**L**: weitergehend GK/*Oetker* Rn 80>, nicht auf die auf den Schutz der AN bezogene Seite, für die die Mitwirkungsrechte der §§ 80 Abs 1 Nr 9 und 89 Abs 2 S 2 einschlägig sind. Etwa kann sich der WirtA wohl mit den Kosten von Maßnahmen zur Optimierung der Atemluft befassen, nicht aber mit deren technischer Machbarkeit. Das Unterrichtungsrecht umfasst auch die Einführung eines Umweltmanagementsystems (EMAS) VO 761/2001 <**L**: Richardi/*Annuß* Rn 49>.

4. Fragen der unternehmerischen Sorgfaltspflichten in Lieferketten gemäß dem Lieferkettensorgfaltspflichtgesetz

35 Abs 3 Nr 5b wurde durch Art 4 des Gesetzes über unternehmerischen Sorgfaltspflichten in **Lieferketten** vom 16.7.2021, BGBl I, S 2959, eingefügt. Die Regelung tritt am 1.1.2023 in Kraft. Der WirtA soll über „Fragen" der Sorgfaltspflichten des Unternehmers aus dem LkSG unterrichtet werden <**L**: allg zu diesen *Stöbener de Mora/Noll* NZG 2021, 1237>. Das betrifft zunächst die Frage, ob solche Pflichten überhaupt bestehen, ob also der Anwendungsbereich des LkSG eröffnet ist. Denn diese Pflichten treffen zunächst nur

III. Wirtschaftliche Angelegenheiten **§ 106**

Unternehmen, die ihren Hauptsitz in Deutschland haben und regelmäßig mehr als 3.000 AN in Deutschland beschäftigen, § 1 Abs 1 LkSG. Ab dem 1.1.2024 sinkt der Schwellenwert auf Unternehmen mit mehr als 1.000 AN. In beiden Fällen aber gibt es eine Diskrepanz zwischen den Schwellenwerten des § 106 und des LkSG. Ist das LkSG anwendbar, hat der Unternehmer über alle Fragen, die die Erfüllung der Sorgfaltspflichten betreffen, zu unterrichten. Das Informationsinteresse des WirtA gründet hier nicht zuletzt darauf, die Auswirkungen potenzieller Verstöße gegen das LkSG auf die wirtschaftliche Lage des Unternehmens, gerade im Hinblick auf die öffentliche Wahrnehmung, erkennen zu können <**L:** BT-Drs 19/30505, S 44>.

5. Betriebsänderungen

Stilllegung von Betrieben nach Abs 3 Nr 6 bedeutet, dass der Unternehmer die Betriebs- und Produktionsgemeinschaft auf Dauer oder jedenfalls für einen unbestimmten, wirtschaftlich nicht unerheblichen Zeitraum ernstlich und endgültig aufgibt <**R:** BAG 18.7.2017, 1 AZR 546/15, NZA 2017, 1618; 27.9.1984, 2 AZR 309/83, BB 1985, 1333>, vgl § 1 Rn 11 ff. Damit geht auch die Auflösung der Betriebsorganisation einher, die bloße Produktionseinstellung reicht (noch) nicht <**R:** BAG, 18.7.2017, 1 AZR 546/15, NZA 2017, 1618; **L:** Richardi/*Annuß* § 111 Rn 60>. Notwendig ist, dass er die Stilllegungsabsicht unmissverständlich kundgibt, die Betriebstätigkeit vollständig einstellt, allen AN kündigt und die Betriebsmittel, über die er verfügen kann, veräußert <**R:** BAG 17.3.1987, 1 ABR 47/85, BB 1987, 1603>. Kündigt der AG allen AN in der Absicht, sie wiedereinzustellen, legt er den Betrieb mangels einer auf einen längeren Zeitraum angelegten Stilllegungsabsicht nicht iS des Abs 3 Nr 6 still <**R:** BAG 16.6.1987, 1 AZR 528/85, BB 1987, 2231>. Wird die betriebl Arbeit infolge äußerer Einwirkungen wie Brand, Naturkatastrophen, Arbeitskämpfen oder aufgrund von Verwaltungsanordnungen lediglich unterbrochen, ist auch das keine Betriebsstilllegung iS des Abs 3 Nr 6 <**R:** BAG 16.6.1987, aaO>. Kündigen sämtliche AN von sich aus, fehlt es an der Stilllegung des Betriebs durch den Unternehmer <**R:** BAG 4.7.1989, 1 ABR 35/88, BB 1989, 2256 (LS), DB 1990, 485>. Der Unternehmer muss den WirtA auch über die Stilllegung von Betrieben unterrichten, in denen kein BR gewählt worden ist, sofern diese Stilllegung Auswirkungen auf andere Teile des Unternehmens haben kann <**R:** BAG 9.5.1995, 1 ABR 61/94, BB 1995, 1963 (LS), NZA 1996, 55>, Rn 14. 36

Der **Betriebsübergang** auf einen neuen Inhaber ist für sich keine Betriebsstilllegung: Der Gesetzgeber hat die auftretenden Probleme dadurch gelöst, dass er in § 613a BGB angeordnet hat, dass die Arbeitsverhältnisse auf den neuen Inhaber übergehen <**R:** BAG 21.10.1980, 1 AZR 145/79, DB 1981, 698>. Auch die **Aufspaltung eines Unternehmens** in eine sog Besitz- und eine sog Betriebsgesellschaft fällt nicht unter Abs 3 Nr 6 <**R:** BAG 17.2.1981, 5 AZR 570/78, BB 1981, 1214>, kann aber die Unterrichtungspflicht nach Abs 3 Nr 10 auslösen (Rn 57). 37

Abs 3 Nr 6 erfasst auch die **Einschränkung von Betrieben**. Einschränkung heißt, dass der Unternehmer planmäßig die betriebl Arbeit und Leistungsfähigkeit für einen von vornherein nicht übersehbaren, wirtschaftlich erheblichen Zeitraum teilweise einstellt, vgl Rn 36 <**L:** Richardi/*Annuß* § 111 Rn 69>. Ob der Unternehmer die Betriebsanlagen teilweise außer Betrieb setzt oder die Zahl der regelmäßig beschäftigten AN, etwa durch Übergang von Mehrschicht- auf Einschichtbetrieb, herabsetzt, ist für die Unterrichtungs- 38

Klumpp 1095

§ 106   Wirtschaftsausschuss

pflicht nach Abs 1 S 2 iVm Abs 3 Nr 6 gleichgültig <**R:** so für die Herabsetzung der AN-Zahl bei § 111 S 3 Nr 1 BAG 22.5.1979, 1 ABR 17/77, BB 1979, 1501 mit dem Hinweis darauf, dass der betriebsverfassungsrechtl Betriebsbegriff die Belegschaft mit umfasst>.

39 Anders als § 111 S 3 Nr 1 (§ 111 Rn 33) verlangt Abs 3 Nr 6 nicht, dass wesentliche Betriebsteile stillgelegt oder eingeschränkt werden. Das bedeutet, dass eine Betriebseinschränkung aufgrund eines **Personalabbaus** nicht notwendig voraussetzt, dass die Zahlen und Prozentangaben des § 17 KSchG erreicht werden. Da aber nicht schon jede betriebsbedingte Kd als Betriebseinschränkung iS des Abs 3 Nr 6 aufgefasst werden kann, muss wenigstens ein nicht ganz unerheblicher Teil der Belegschaft betroffen sein. Anders als § 111 S 3 iVm S 1 (§ 111 Rn 28) setzt Abs 3 Nr 6 auch nicht voraus, dass die Betriebseinschränkung wesentliche Nachteile für erhebliche Teile der Belegschaft erwarten lässt. Daraus ist zu schließen, dass der Unternehmer den WirtA über einen planmäßigen Personalabbau auch dann unterrichten muss, wenn dieser allein durch die natürliche Fluktuation, dh aufgrund des Ausscheidens von AN aus Altersgründen oder aufgrund von Eigen-Kd, verwirklicht werden soll (s aber § 111 Rn 38).

40 Abs 3 Nr 6 erstreckt die Unterrichtung auch auf **Betriebsteile**, also organisatorisch selbstständige Teileinheiten des Betriebes. Dass diese „wesentlich" sind, verlangt die Vorschrift, anders als § 111 S 3 Nr 1, ebenfalls nicht, allerdings folgt aus Abs 3 Nr 10, dass es sich nicht um Bagatellstilllegungen handelt, die die Interessen der AN nicht betreffen <**L:** Richardi/*Annuß* Rn 50; AR/*Kolbe* Rn 8>.

41 **Verlegt (Abs 3 Nr 7)** wird ein Betrieb oder Betriebsteil, wenn sein Standort geändert wird, ohne dass sich am Betriebszweck etwas ändert. Lediglich geringfügige Standortänderungen, die sich – wie etwa der Wechsel der Straßenseite – unter keinem Gesichtspunkt wirtschaftlich auf die AN auswirken können, lösen die Unterrichtungspflicht nach Abs 3 Nr 7 nicht aus <**R:** BAG 17.8.1982, 1 ABR 40/80, BB 1983, 501>. Verlegung eines Betriebsteils ist auch die Versetzung von nicht unerheblichen Teilen der Belegschaft in eine bestehende andere Betriebsstätte. Auch hier gilt die Einschränkung auf solche Verlegungen, die die Interessen der AN betreffen, s vorherige Rn.

42 Der **Zusammenschluss verschiedener Betriebe** eines Unternehmens (**Abs 3 Nr 8**) kann entweder so erfolgen, dass mehrere Betriebe zu einem neuen zusammengeschlossen werden, oder so, dass ein Betrieb in den anderen eingegliedert wird. Anders als § 111 S 3 Nr 3 erfasst Abs 3 Nr 8 aber nur den Zusammenschluss von und nicht den Zusammenschluss mit Betrieben und damit nicht den Fall, dass ein Betriebsteil in einen anderen Betrieb eingegliedert wird. Umgekehrt meint die **Spaltung von Betrieben** nicht nur den Fall, dass durch die Maßnahme neue selbstständige Betriebe entstehen, sondern auch den, dass ein nicht unerheblicher Betriebsteil (Rn 24) abgespalten und danach mit einem anderen Betrieb vereinigt wird. Die bloße Stilllegung eines Betriebsteils, wie sie insbes im Zuge eines Outsourcing vorkommen kann, stellt keine Spaltung dar, sondern ist Nr 6 zuzuordnen <**R:** BAG 18.3.2008, 1 ABR 77/06, EzA § 111 BetrVG 2001 Nr 5>. Abs 3 Nr 8 erfasst auch den Zusammenschluss und die Spaltung von **Unternehmen**. Mit Zusammenschluss sind dabei Verschmelzungen und Vermögensübertragungen, mit Spaltung sind Aufspaltung, Abspaltung und Ausgliederung iS der §§ 2 ff und 123 ff UmwG gemeint. Hingg gehören Unternehmensverbindungen iS des § 15 AktG und auch die Übertragung von Gesellschaftsanteilen nicht hierher; insoweit greift aber Abs 3 Nr 10 (Rn 57). Auch

ein (bloßer) Formwechsel fällt nicht unter Abs 3 Nr 8, kann aber unter Abs 3 Nr 10 fallen <L: GK/*Oetker* Rn 88; AR/*Kolbe* Rn 8>.

Betriebsorganisation (Abs 3 Nr 9) ist die Ordnung, nach der die im Betrieb vorhandenen Produktionsmittel und die dort tätigen AN zur Erfüllung des Betriebszwecks eingesetzt werden <R: BAG 22.5.1979, 1 ABR 17/77, BB 1979, 1501>. Dazu gehören insbes die Leitung des Betriebs, die Zentralisation oder Delegation von Aufgaben, die Gliederung und der Aufbau der Betriebsabteilungen und die Einführung des sog Divisionsprinzips. **Betriebszweck** sind die mit dem Betrieb verfolgten arbeitstechnischen Zwecke, also in Produktionsbetrieben die herzustellenden Produkte, in Dienstleistungsbetrieben die zu erbringenden Dienstleistungen. Der Betriebszweck kann sich sowohl dadurch ändern, dass neue Produkte oder Dienstleistungen eingeführt werden, als auch dadurch, dass dem bisherigen Betrieb eine weitere Abteilung mit einem neuen arbeitstechnischen Betriebszweck hinzugefügt wird <R: BAG 17.2012.1985, 1 ABR 78/83, BB 1986, 1576 (LS), DB 1986, 2085>. 43

Anders als § 111 S 3 Nr 4 (§ 111 Rn 44) verlangt Abs 3 Nr 9 keine grundlegende Änderung von Betriebsorganisation oder Betriebszweck. Allerdings gilt auch hier, dass eine Beschränkung auf wesentliche Änderungen erfolgen muss <L: Richardi/*Annuß* Rn 55; AR/*Löwisch* Rn 8; aA GK/*Oetker* Rn 89>. Dh etwa, dass eine nur geringfügige Veränderung eines hergestellten Produkts auch nicht zwingend eine Änderung des Betriebszwecks ist. Ebenso wenig wird die Betriebsorganisation iS des Abs 3 Nr 9 geändert, wenn der Unternehmer lediglich einzelne organisatorische Änderungen vornimmt: Für die Einzelheiten des organisatorischen Ablaufs ist der Unternehmer und sind iR des § 87 Abs 1 Nr 1 und 6 Unternehmer und BR, nicht aber der WirtA zuständig. 44

Die durch das am 19.8.2008 in Kraft getretene **Risikobegrenzungsgesetz** (BGBl I 2008, 1666) eingefügte Vorschrift des **Abs 3 Nr 9a** soll ausdrücklich klarstellen, dass zu den wirtschaftl Angelegenheiten, über die der Unternehmer den WirtA unterrichten muss, auch eine Übernahme des Unternehmens gehört, wenn damit der Erwerb der Kontrolle über das Unternehmen verbunden ist <L: Begründung des RegE BT-Drs 16/7438 zu Art 4 Buchstabe b>. Die für börsennotierte Unternehmen geltenden Vorschriften der §§ 10 Abs 5, 14 Abs 4 und 27 Abs 2 WpÜG über die Unterrichtung des BR über Übernahmeangebote bleiben daneben bestehen. Anwendbar bleibt auch der Auffangtatbestand der Nr 10 (unten Rn 57 ff), was relevant werden kann, wenn die Voraussetzungen der Nr 9a nicht gegeben sind. 45

Nr 9a knüpft an das **Unternehmen** an, in dem ein WirtA besteht. Einen Unterschied danach, ob Träger des Unternehmens eine Kapitalgesellschaft, eine sonstige juristische Person des Privatrechts, eine Personengesellschaft oder auch eine natürliche Person als Einzelunternehmer ist, macht das Gesetz nicht. Dies lässt sich auch nicht aus dem Zusammenhang mit dem Risikobegrenzungsgesetz entnehmen, welches die Vorschrift eingeführt hat <L: zweifelnd AR/*Kolbe* Rn 10 f>. Finanzinvestitionen, die mit Risiken verbunden sind, sind bei allen Unternehmensformen denkbar. Auch hängt das Interesse der Belegschaft, über eine Änderung der Kontrolle des Unternehmens informiert zu werden, nicht davon ab, wie der Träger des Unternehmens verfasst ist, in welchem sie tätig sind. 46

Der Tatbestand der Nr 9a besteht aus zwei Elementen: Es muss (1) eine **Übernahme** stattfinden und es muss (2) mit dieser der **Erwerb der Kontrolle** über das Unternehmen verbunden sein <L: Richardi/*Annuß* Rn 55a; aA GK/*Oetker* Rn 95>. Weder die Übernah- 47

§ 106 Wirtschaftsausschuss

me des Unternehmens noch der Erwerb der Kontrolle genügen für sich allein. Deshalb kann die Begriffsbestimmung des § 29 WpÜG, wonach Übernahmeangebote Angebote sind, die auf den Erwerb der Kontrolle gerichtet sind und als Kontrolle das Halten von mindestens 30% der Stimmrechte an der Zielgesellschaft anzusehen ist, nicht einfach übernommen werden <L: so aber GK/*Oetker* Rn 95>. Im Einzelnen gilt:

48 Eine **Übernahme** des Unternehmens liegt vor, wenn dessen **Träger wechselt**. Ein Assetdeal reicht hierfür nicht <L: Richardi/*Annuß* Rn 55a>. Dafür ist bei einer Kapitalgesellschaft der Erwerb der Mehrheit der Anteile erforderlich. Bei einer Personengesellschaft muss die Mehrheit der Gesellschafter wechseln und bei einem Einzelunternehmer muss an dessen Stelle eine andere natürliche oder juristische Person treten. Eine Übernahme liegt auch bei der Übertragung des Vermögens einer AG auf einen VVaG oder umgekehrt und bei der Übertragung des Vermögens eines öffentl-rechtl Versicherungsunternehmens auf eine AG oder einen VVaG vor (vgl §§ 174 ff UmWG). Dass lediglich 30% der Anteile einer Aktiengesellschaft erworben werden, stellt noch keine Übernahme des Unternehmens dar und geht jedenfalls außerhalb des Anwendungsbereichs des § 29 Abs 2 WpHG fehl <L: dazu Richardi/*Annuß* Rn 55a; AR/*Kolbe* Rn 11>. Insoweit bewendet es einerseits bei den Informationspflichten ggü dem BR nach den §§ 10 Abs 5, 14 Abs 4 und 27 Abs 2 WpÜG. Andererseits kann es sich um einen Vorgang handeln, über den der WirtA nach Nr 10 zu unterrichten ist. Bezugsobjekt ist das Unternehmen, damit fällt die Übernahme eines herrschenden Unternehmens für die Tochterunternehmen nicht unter Abs 3 Nr 9a <L: GK/*Oetker* Rn 101>.

49 Für den **Erwerb der Kontrolle** reicht bei Kapitalgesellschaften der Erwerb der Mehrheit der Anteile regelmäßig aus. Etwas anderes gilt nur, wenn durch eine entspr Vereinbarung festgelegt wird, dass das Unternehmen unabhängig vom Willen der Anteilsmehrheit geführt werden kann, sog Entherrschungsvertrag <L: zutr AR/*Kolbe* Rn 11>. Bei Personengesellschaften kommt es darauf an, ob mit dem Erwerb der Mehrheit auch die Geschäftsführungsbefugnis verbunden ist <L: anders, weil keine Kumulation voraussetzend GK/*Oetker* Rn 98>. Bei der Kommanditgesellschaft reicht der Erwerb der Mehrheit der Kommanditanteile also nicht aus, vielmehr muss auch der Komplementär vom Inhaber der Mehrheit der Anteile gestellt werden, insbes indem dieser auch die Mehrheit der Anteile einer bestehenden Komplementär-GmbH erwirbt.

50 Für den **Umfang der Information** sind grds die allg für die Unterrichtung des WirtA geltenden Grundsätze maßgeblich (oben Rn 14 ff). Dabei gehört zu den vorzulegenden Unterlagen regelmäßig nicht der Veräußerungsvertrag, weil er lediglich das Innenverhältnis zwischen dem bisherigen und dem neuen Träger des Unternehmens betrifft <R: BAG 22.1.1991, 1 ABR 38/89, BB 1991, 1191>.

51 Da es sich bei der Übernahme des Unternehmens durch einen neuen Träger nicht um eine unternehmerische Entscheidung im eigentlichen Sinne handelt, auf die der WirtA mit Hilfe seines Beratungsrechts Einfluss nehmen könnte, genügt nach allg Grundsätzen an sich die Information über die Tatsache der erfolgten Veräußerung dem Gebot der **Rechtzeitigkeit** <R: BAG aaO>. § 106 Abs 2 S 2 verlagert die Unterrichtung aber nunmehr in Korrektur der Rechtsprechung des BAG insofern nach vorne, als der potenzielle Erwerber und seine Absichten im Hinblick auf die künftige Geschäftstätigkeit des Unternehmens sowie die sich daraus ergebenden Auswirkungen auf die AN anzugeben sind, wobei

Gleiches gelten soll, wenn im Vorfeld der Übernahme des Unternehmens ein Bieterverf durchgeführt wird.

Verlangt wird nach dem Wortlaut der Vorschrift die Angabe über „**den**" potenziellen Erwerber, nicht über die potenziellen Erwerber. Das kann nicht anders als dahin verstanden werden, dass nicht über alle diejenigen zu informieren ist, die sich für eine Übernahme interessieren und möglicherweise auch entspr Angebote abgegeben haben, sondern nur über denjenigen, mit dem der Veräußerungsvertrag **tatsächlich abgeschlossen werden soll**. Dem Erfordernis der Rechtzeitigkeit ist also genügt, wenn dem BR das Verhandlungsergebnis mitgeteilt wird, bevor der Veräußerungsvertrag endgültig abgeschlossen wird. Dem WirtA muss lediglich ausreichend Zeit gegeben werden, sich mit der konkret geplanten Übernahme durch den vorgesehenen Erwerber zu befassen und Bedenken und Modifizierungsvorschläge vorzubringen. Wenn Hs 2 von § 106 Abs 2 S 2 bestimmt, dass „Gleiches gilt", wenn im Vorfeld der Übernahme des Unternehmens ein Bieterverf durchgeführt wird, heißt das nicht, dass dem BR Angaben über alle Bieter zu machen wären. Da Hs 2 auf Hs 1 Bezug nimmt, ist vielmehr auch dann nur „**der**" potenzielle Erwerber anzugeben, also derjenige Bieter, dessen Angebot angenommen werden soll. Hinsichtlich der übrigen Bieter bewendet es bei den Informationspflichten ggü dem BR nach den §§ 10 Abs 5 und 14 Abs 4 WpÜG sowie dem Recht des BR zur Stellungnahme nach § 27 Abs 2 WpÜG. **52**

Mit Angabe „**über**" den potenziellen Erwerber ist nicht nur die Angabe von dessen Identität gemeint. Vielmehr gehört dazu auch die Darstellung von dessen wirtschaftl Verhältnissen. Der WirtA muss die Möglichkeit haben, im Interesse der AN Bedenken gg die Bonität des potenziellen Erwerbers vorzubringen. Ausdrücklich erstreckt wird die Informationspflicht auf die Absichten im Hinblick auf die künftige Geschäftstätigkeit des Unternehmens sowie die sich daraus ergebenden Auswirkungen auf die AN. Insbes muss mitgeteilt werden, ob die bisherigen Produktions- und Dienstleistungsbereiche des Unternehmens fortgeführt oder modifiziert, ersetzt oder eingestellt werden sollen und was daraus für den Bestand der Arbeitsverhältnisse im Unternehmen folgt. Freilich wird zu Recht angemerkt, dass diese Absichten nur dann mitgeteilt werden können, wenn sie dem Unternehmer bekannt sind <L: ErfK/*Kania* Rn 6a>. **53**

Auch für die Unterrichtung nach Abs 3 Nr 9a gilt, dass sie insoweit nicht zu erfolgen hat, wie sie **Betriebs- und Geschäftsgeheimnisse** gefährden würde (Rn 19 ff). Da nach richtiger Auffassung die Information noch rechtzeitig ist, wenn die Verhandlungen mit dem potenziellen Erwerber grds abgeschlossen sind bzw grds feststeht, welcher Bieter den Zuschlag erhalten soll (Rn 52), reduziert sich die Gefährdung der Betriebs- und Geschäftsgeheimnisse auf den Fall, dass die Gefahr besteht, dass ein günstiger oder gar einziger Erwerber abspringt, wenn die Erwerbsabsicht vor Abschluss des endgültigen Vertrages bekannt wird. Ob in einem solchen Fall die Geheimhaltungspflicht der Mitglieder des WirtA genügt, ist eine Frage des Einzelfalls. **54**

Adressat der Informationspflicht ist wie im ganzen Bereich des § 106 der **Unternehmer** <R: BAG 22.3.2016, 1 ABR 10/14, BB 2016, 1790>. Unternehmer ist, sofern es sich nicht um einen Einzelunternehmer handelt, derjenige, der das Unternehmen leitet, iF von OHG und KG also die geschäftsführenden Gesellschafter, iF der GmbH der Geschäftsführer und iF der AG der Vorstand <L: *Schröder/Falter* NZA 2008, 1097, 1099; allg GK/ *Oetker* § 106 Rn 149>. Dass sich § 106 Abs 3 Nr 9a iVm Abs 2 S 2 nicht im Wege des **55**

§ 106 Wirtschaftsausschuss

Informationsdurchgriffs an den potenziellen Erwerber selbst wendet <**R**: BAG 22.3.2016, 1 ABR 10/14, BB 2016, 1790>, macht die Vorschriften entgg einer weit verbreiteten Meinung <**L**: AR/*Kolbe* Rn 10; *Thüsing* ZIP 2008, 106; *Löw* DB 2008, 758, 759 f> nicht sinnlos. Einmal folgt aus dem Gebot der vertrauensvollen Zusammenarbeit des § 2 Abs 1, dass der Unternehmer sich zu bemühen hat, die erforderlichen Informationen über und von dem potenziellen Erwerber einzuholen. Zum anderen gibt das Ausbleiben genügender Informationen dem BR Argumente, um in der Beratung mit dem Unternehmer der konkret geplanten Übernahme entgegenzutreten und darüber auch die Belegschaft zu informieren.

56 Zu den Beteiligungspflichten nach §§ 289 f KABG s <**L**: *Klebeck/Kolbe* BB 2014, 707>; zur Unterrichtungspflicht in Unternehmen, in denen kein WirtA besteht, s § 109a und die Erl dazu.

6. Generalklausel

57 Abs 3 Nr 10 ist ein **Auffangtatbestand**: Über Vorhaben und Vorgänge, die **wesentliche Interessen der AN berühren** können, besteht die Unterrichtungspflicht. Anders als bei § 111 S 1 geht es dabei nicht notwendig um für AN resultierende Nachteile. Vielmehr sind etwa ein geplanter Betriebsübergang iS des § 613a BGB, die Unternehmensverbindungen iS des § 15 AktG, die Abtretung sämtlicher Geschäftsanteile einer GmbH <**R**: 22.1.1991, 1 ABR 38/89, EzA § 106 BetrVG 1972 Nr 14>, soweit diese nicht den Tatbestand der Nr 9a erfüllt, ein geplanter Gang an die Börse oder ein für den Bestand des Unternehmens grundlegender Rechtsstreit, zB in Patentsachen, gemeint. Auch Outsourcingprojekte gehören hierher <**R**: BAG 11.7.2000, 1 ABR 43/99, EzA § 109 BetrVG 1972 Nr 2>. Hingg fällt die **laufende Geschäftsführung nicht** unter Abs 3 Nr 10, da die Leitung des Unternehmens allein Sache des Unternehmers ist: Es gehört nicht zu den Aufgaben des WirtA, die Geschäftsführung im Einzelnen mit Kritik zu begleiten. IÜ berührt die laufende Geschäftsführung idR nicht wesentliche Interessen der AN.

58 Nicht unter Abs 3 Nr 10 fallen **personelle Einzelmaßnahmen** des Unternehmers, auch wenn sie, wie etwa die Bestellung eines AN zum ltd Ang, für die Belegschaft von großem Interesse sind: Diese Fragen sind nach §§ 99 ff, 105 mitbestimmungspflichtig.

59 Auch die meisten der nach § 87 mitbestimmungspflichtigen **sozialen Angelegenheiten** lösen die Unterrichtungspflicht des Unternehmers nach Abs 3 Nr 10 nicht aus. Etwas anderes gilt nur, wenn wirtschaftl Fragen mit betroffen sind, etwa bei der Einführung länger dauernder Kurzarbeit, bei unternehmensweiten Lohnerhöhungen oder -senkungen oder bei Fragen des betriebl Vorschlagwesens. Auch Art und Umfang der Sozialaufwendungen des Unternehmens, etwa der Plan, eine Ruhegeldeinrichtung zu schaffen, sowie größere Veränderungen von Struktur und Größe der Belegschaft <**L**: *Vogt* DB 1976, 625, 626> können ein Unterrichtungsrecht des WirtA nach Abs 3 Nr 10 begründen.

IV. Streitigkeiten

60 Die ArbG entscheiden im Beschlussverf nach § 2a Abs 1 Nr 1 ArbGG über Streitigkeiten, die mit der Errichtung, der Zusammensetzung, den Tätigkeiten, insbes den Sitzungen,

und der Amtszeit des **WirtA** zusammenhängen <**R:** BAG 18.7.1978, 1 ABR 34/75, BB 1978, 1777>. Im Beschlussverf antragsbefugt und beteiligungsfähig ist nur der GBR, in Unternehmen ohne GBR der BR, der den WirtA errichtet hat, nicht aber der WirtA, weil dieser lediglich ein Hilfsorgan des GBR bzw BR ist, Rn 1 <**R:** BAG 26.2.2020, 7 ABR 20/18, NZA 2020, 960; BAG 8.3.1983, 1 ABR 44/81, BB 1983, 2115; **aA** Hess LAG 7.2.2017, 4 TaBV 155/16, juris; Richardi/*Annuß* § 107 Rn 49>.

Kommt der Unternehmer seiner **Unterrichtungspflicht** nicht nach, kann er dazu durch den GBR oder BR (Rn 1), nicht aber den WirtA <**R:** BAG 8.3.1983, aaO> im Wege des arbg Beschlussverf angehalten werden, auch wenn ihm kein grober Pflichtverstoß iS des § 23 Abs 3 vorzuwerfen ist <**R:** BAG 17.5.1983, 1 ABR 21/80, BB 1983, 1984>. Hat er eine vom WirtA verlangte Auskunft nicht, nicht rechtzeitig oder nur ungenügend mitgeteilt, findet aber das bes Streitbeilegungsverf des § 109 Anwendung (§ 109 Rn 2ff). IÜ ist die Verletzung der Unterrichtungspflicht eine OWi iS des § 121 <**R:** OLG Hamm 7.12.1977, 4 Ss OWi 1407/77, DB 1978, 748>. 61

§ 107 Bestellung und Zusammensetzung des Wirtschaftsausschusses

(1) Der Wirtschaftsausschuss besteht aus mindestens drei und höchstens sieben Mitgliedern, die dem Unternehmen angehören müssen, darunter mindestens einem Betriebsratsmitglied. Zu Mitgliedern des Wirtschaftsausschusses können auch die in § 5 Abs. 3 genannten Angestellten bestimmt werden. Die Mitglieder sollen die zur Erfüllung ihrer Aufgaben erforderliche fachliche und persönliche Eignung besitzen.

(2) Die Mitglieder des Wirtschaftsausschusses werden vom Betriebsrat für die Dauer seiner Amtszeit bestimmt. Besteht ein Gesamtbetriebsrat, so bestimmt dieser die Mitglieder des Wirtschaftsausschusses; die Amtszeit der Mitglieder endet in diesem Fall in dem Zeitpunkt, in dem die Amtszeit der Mehrheit der Mitglieder des Gesamtbetriebsrats, die an der Bestimmung mitzuwirken berechtigt waren, abgelaufen ist. Die Mitglieder des Wirtschaftsausschusses können jederzeit abberufen werden; auf die Abberufung sind die Sätze 1 und 2 entsprechend anzuwenden.

(3) Der Betriebsrat kann mit der Mehrheit der Stimmen seiner Mitglieder beschließen, die Aufgaben des Wirtschaftsausschusses einem Ausschuss des Betriebsrats zu übertragen. Die Zahl der Mitglieder des Ausschusses darf die Zahl der Mitglieder des Betriebsausschusses nicht überschreiten. Der Betriebsrat kann jedoch weitere Arbeitnehmer einschließlich der in § 5 Abs. 3 genannten leitenden Angestellten bis zur selben Zahl, wie der Ausschuss Mitglieder hat, in den Ausschuss berufen; für die Beschlussfassung gilt Satz 1. Für die Verschwiegenheitspflicht der in Satz 3 bezeichneten weiteren Arbeitnehmer gilt § 79 entsprechend. Für die Abänderung und den Widerruf der Beschlüsse nach den Sätzen 1 bis 3 sind die gleichen Stimmenmehrheiten erforderlich wie für die Beschlüsse nach den Sätzen 1 bis 3. Ist in einem Unternehmen ein Gesamtbetriebsrat errichtet, so beschließt dieser über die anderweitige Wahrnehmung der Aufgaben des Wirtschaftsausschusses; die Sätze 1 bis 5 gelten entsprechend.

Schrifttum: Literatur: *Oetker/Lunk*, Der Betriebsrat – ein Ersatzorgan für den Wirtschaftsausschuß?, DB 1990, 2320; *Rädel*, Schulungen für Mitglieder des Wirtschaftsausschusses, AuA 2000, 364.

Übersicht

	Rn.		Rn.
I. Errichtung des Wirtschaftsausschusses	1	2. Rechtsstellung	12
II. Mitglieder des Wirtschaftsausschusses	7	III. Betriebsratsausschuss mit Wirtschafts-	
1. Auswahl	7	ausschuss-Funktion	15

I. Errichtung des Wirtschaftsausschusses

1 Der WirtA ist ein Hilfsorgan des BR, deshalb ist er nicht etwa paritätisch besetzt, seine Mitglieder werden vielmehr allein durch den BR oder den GBR bestellt <L: Richardi/*Annuß* Rn 1>. Nach Abs 1 S 1 besteht der WirtA aus mindestens drei und höchstens sieben

I. Errichtung des Wirtschaftsausschusses § 107

Mitgliedern. Die genaue (auch gerade) Zahl wird vom entsendenden Organ festgesetzt, ein Abweichen von der gesetzlichen Größe ist auch durch Vereinbarung nicht möglich <**L:** HWK/*Willemsen/Lembke* Rn 3>.

Besteht das Unternehmen nur aus einem Betrieb oder ist nur in einem der Betriebe des Unternehmens ein **BR** gewählt, werden die Mitglieder des WirtA vom BR dieses Betriebs bestellt, Abs 2 S 1 <**R:** LAG Fft/M 7.11.1989, 4 TaBV 18/89, AuR 1991, 29 (LS), LAGE § 106 BetrVG 1972 Nr 5>. Besteht das Unternehmen aus mehreren Betrieben und ist gem § 47 Abs 1 ein **GBR** errichtet worden, bestimmt dieser die Mitglieder des WirtA, Abs 2 S 2; für die Stimmberechtigung ist § 47 Abs 7 bis 9 maßgeblich (§ 47 Rn 25f). Ist in einem Unternehmen mit mehreren Betrieben, in denen jeweils BR bestehen, entgg § 47 Abs 1 kein GBR errichtet worden, kann ein WirtA nicht bestellt werden <**R:** Hess LAG 7.2.2017, 4 TaBV 155/16, BeckRS 2017, 109504; **L:** GK/*Oetker* Rn 23>. 2

Die Mitglieder des WirtA werden nicht wie Mitglieder des Betriebsausschusses (§ 27) und von Ausschüssen nach § 28 vom BR gewählt, sondern von diesem **entsandt**. Die Entsendung erfolgt durch Beschluss des BR gem § 33 in der Weise, dass über jede zu entsendende Person abgestimmt wird. Der BR beschließt die zu entsendenden Mitglieder jeweils mit einfacher Mehrheit, bei der Abstimmung im GBR kommt es auf die Mehrheit der Stimmenzahl an <**L:** Richardi/*Annuß* Rn 13>. Ein Minderheitenschutz besteht damit nicht, was dadurch gerechtfertigt ist, dass bei den Mitgliedern des WirtA die persönliche und fachliche Eignung im Vordergrund steht und auch ltd Ang entsandt werden können. Werden aber gem Abs 3 die Aufgaben des WirtA einem besonderen Ausschuss des BR oder GBR-Ausschuss übertragen, dann gelten auch die Wahlgrundsätze für BR- und GBR-Ausschüsse und damit auch der Grundsatz der Verhältniswahl (Rn 15). Es können auch Ersatzmitglieder bestellt werden <**L:** Richardi/*Annuß* Rn 14>. 3

Werden die WirtA-Mitglieder gem Abs 2 S 1 vom BR entsandt, ist die **Amtszeit des WirtA an die des BR gekoppelt**: Die WirtA-Mitglieder werden gem Abs 2 S 1 für die Dauer der Amtszeit des BR (§ 21) bestimmt. Endet das Amt des BR vorzeitig (vgl § 13 Abs 2), endet damit auch das Amt des WirtA. Unabhängig von der Dauer der Amtszeit des WirtA **endet die Mitgliedschaft einzelner Mitglieder**, wenn sie ihr Amt niederlegen, vom BR abberufen werden oder die Wählbarkeitsvoraussetzungen verlieren. Eine Amtsniederlegung ist ebenso wie die Niederlegung des Amts als BR-Mitglied (§ 24 Rn 5) jederzeit möglich. Gem Abs 2 S 3 kann der BR die Abberufung von WirtA-Mitgliedern ebenfalls jederzeit und ohne besonderen Grund beschließen. Verliert ein Mitglied sein BR-Amt, so führt dies nicht zwangsläufig zum Verlust der Mitgliedschaft im WirtA, dies gilt nur dann, wenn es sich um das einzige BR-Mitglied im WirtA handelt. Ebenso führt der Wechsel zum ltd Ang nicht zur Beendigung der Mitgliedschaft im WirtA <**L:** Richardi/*Annuß* Rn 24>. Wie bei der Wahl zum Betriebsausschuss (§ 27 Rn 8ff) kann der BR bei der Entsendung von Mitgliedern in den WirtA Ersatzmitglieder wählen, die für die ausscheidenden WirtA-Mitglieder nachrücken. 4

Da die §§ 47ff keine bes Amtszeit des **GBR** kennen, sondern dieser vom Fortbestand der einzelnen BR unabhängig ist (§ 47 Rn 8), enthält Abs 2 S 2 für die Amtszeit des vom GBR errichteten WirtA (Rn 2) eine Sondervorschrift: Die Mitgliedschaft im GBR endet gem § 49 mit dem Ende der Mitgliedschaft im BR, also idR mit dem Ablauf von dessen Amtszeit. Dementspr bestimmt Abs 2 S 2, dass die Amtszeit des WirtA mit der Amtszeit der Mehrheit der Mitglieder des GBR endet, die an seiner Bestimmung mitzuwirken be- 5

§ 107   Bestellung und Zusammensetzung des Wirtschaftsausschusses

rechtigt waren. Damit endet die Amtszeit des WirtA idR dann, wenn die Amtszeit der Mehrheit der BR des Unternehmens abgelaufen ist (§ 49 Rn 1).

6   Die **Kosten** des WirtA trägt entspr § 40 Abs 2 der Unternehmer <**R:** BAG 17.10.1990, 7 ABR 69/89, BB 1991, 1264; **L:** HWK/*Willemsen/Lembke* Rn 38>. Zu diesen Kosten können auch die Kosten eines Rechtsanwalts gehören, der zur Erstattung einer Ordnungswidrigkeitsanzeige wegen mangelhafter Information des WirtA zugezogen wird <**R:** LAG SH 14.11.2000, 1 TaBV 22a/00, BB 2001, 1048>.

II. Mitglieder des Wirtschaftsausschusses

1. Auswahl

7   Gem Abs 1 S 1 und 2 müssen die Mitglieder des WirtA **dem Unternehmen angehören**. Das gilt auch im Konzern, sodass es nur auf das einzelne Konzernunternehmen ankommt. Damit bringt das Gesetz zum Ausdruck, dass nicht ausschließlich AN des Unternehmens iS des § 5 Abs 1, sondern auch andere Personen in den WirtA entsandt werden können, wenn sie nicht nur vorübergehend im Unternehmen tätig sind <**L:** *Fitting* Rn 6>. Für die ltd Ang iS des § 5 Abs 3 (§ 5 Rn 25 ff) sagt Abs 1 S 2 das ausdrücklich; sie können auch dann zu Mitgliedern des WirtA bestellt werden, wenn sie SprA-Mitglieder sind. Aber auch andere Personen, die im Unternehmen tätig sind, können in den WirtA entsandt werden. Dabei ist die Tätigkeit im Unternehmen maßgeblich, eine bloße Anteilseignerschaft oder eine bloße gesellschaftsrechtliche Überwachungsaufgabe reichen dafür nicht, sodass etwa Aktionäre oder Gesellschafter einer Personenhandelsgesellschaft als solche nicht entsandt werden können <**L:** Richardi/*Annuß* Rn 5>. Das gilt auch für Mitglieder des Aufsichtsrates als solche und damit auch für die Vertreter der Gewerkschaften im Aufsichtsrat <**L:** GK/*Oetker* Rn 7>. Auf der anderen Seite ist aber eine Aufsichtsratsmitgliedschaft oder eine Aktionärs- und Gesellschafterstellung bei gegebener Tätigkeit im Unternehmen kein Ausschlusskriterium. Ebenso ist dies bei den anderen in § 5 Abs 2 Nr 3–5 genannten Personengruppen. Ebenfalls entsandt werden können auch freie Mitarbeiter oder AN-Ähnliche, es ist nicht notwendig, dass die AN-Eigenschaft vorliegt <**L:** GK/*Oetker* Rn 6, 11>. Beamte, die in einem Post- oder Bahnnachfolgeunternehmen beschäftigt sind, können – wie sich aus § 5 Abs 1 S 3 BetrVG; § 24 Abs 3 S 1 PostPersRG; § 19 Abs 1 S 1 DBGrG ergibt – entsandt werden. Nicht in Betracht kommt aber die Entsendung einer der in § 5 Abs 2 Nr 1 und 2 genannten Personen, weil diese den Unternehmer repräsentieren, der Adressat der Rechte des WirtA ist. Notwendig ist aber, dass ein **Rechtsverhältnis zum Unternehmen** besteht, Leih-AN können deshalb ebenso wenig in den WirtA entsandt werden wie Angehörige eines anderen Konzernunternehmens <**R:** Hess LAG, 7.2.2017, 4 TaBV 155/16, BeckRS 2017, 109504; **L:** GK/*Oetker* Rn 8, 9; HWK/*Willemsen/Lembke* Rn 7>. Wird eine unternehmensfremde Person vorübergehend in den WirtA entsandt, so soll dies zwar nicht zur unwirksamen Errichtung des WirtA führen <**R:** Hess LAG, 7.2.2017, 4 TaBV 155/16, BeckRS 2017, 109504>, jedenfalls aber ist der WirtA nicht rechtmäßig besetzt und kann seine gesetzlichen Aufgaben nicht ausführen.

8   In **ausländischen Betrieben** eines deutschen Unternehmens **beschäftigte Personen** können nicht Mitglieder des WirtA sein, weil sich dorthin die Geltung des BetrVG nicht er-

streckt. Doch hindert die bloß vorübergehende Beschäftigung eines für einen inländischen Betrieb eingestellten AN in einem ausländischen Betrieb die Mitgliedschaft wie im BR so auch im WirtA nicht; vgl auch Einl Rn 16 <L: wie hier AR/*Kolbe* Rn 2; GK/*Oetker* Rn 9; **aA** *Fitting* Rn 7>.

Nach Abs 1 S 1 muss mindestens eines der Mitglieder des WirtA **BR-Mitglied** sein. Ist der WirtA gem Abs 2 S 2 vom GBR errichtet worden (Rn 2), muss dieses nicht zwingend auch ein Mitglied des GBR sein <L: HWK/*Willemsen/Lembke* Rn 4; Richardi/*Annuß* Rn 7>. Der Status des Ersatzmitgliedes im BR als solcher genügt nicht, solange es nicht zum Nachrücken in den BR gekommen ist <L: GK/*Oetker* Rn 14>. Abs 1 S 1 enthält eine Mindestregelung, deshalb können auch alle Mitglieder des WirtA zugleich BR-Mitglieder sein. 9

Nach Abs 1 S 3 sollen die WirtA-Mitglieder die zur Erfüllung ihrer Aufgaben erforderliche **fachliche und persönliche Eignung** besitzen. Damit soll erreicht werden, dass Personen in den WirtA entsandt werden, die einerseits – insbes im Hinblick auf die Geheimhaltungspflicht (§ 79) – persönlich zuverlässig und andererseits in der Lage sind, wirtschaftl Zusammenhänge zu verstehen und zu beurteilen. So sollen die Mitglieder des WirtA nach dessen Erläuterung etwa einen Jahresabschluss verstehen können <R: BAG 18.7.1978, 1 ABR 34/75 DB 1978, 2223>. Sonstige (charakterliche) Eigenschaften wie etwa die Lebenserfahrung, der gesunde Menschenverstand und die geistige Beweglichkeit sind wenig praktikabel und vage <L: GK/*Oetker* Rn 19; anders noch Vorauflage Rn 7>. Daneben ist für die Auswahl der WirtA-Mitglieder wichtig, dass zw dem BR bzw GBR (Rn 1) und den zu entsendenden Personen ein gewisses Vertrauensverhältnis besteht. 10

Zwar ist Abs 1 S 3 als Soll-Vorschrift formuliert, ist aber dennoch keine bloße „Empfehlung" oder kein „Hinweis" <so aber **L:** DKW/*Däubler* Rn 14>. Denn das Gesetz geht davon aus, dass die Mitglieder im WirtA entsprechend sachverständig sind, sodass externer Sachverstand grds nicht herangezogen werden kann <R: BAG 18.7.1978, 1 ABR 34/75, DB 1978, 2223; **L:** HWK/*Willemsen/Lembke* Rn 12>. Zur Schulungsmöglichkeit der Mitglieder selbst sogleich Rn 14. 11

2. Rechtsstellung

Die §§ 106 ff enthalten keine Bestimmungen über die Rechtsstellung der Mitglieder des WirtA; nur § 78 erwähnt die Mitglieder des WirtA ausdrücklich. Für sie gilt deswg nur diese allg Schutzbestimmung, während die bes Schutzvorschriften der §§ 37 f, § 78 a und § 103 sowie des § 15 KSchG auf die Mitglieder des WirtA keine Anwendung finden <R: BAG 6.11.1973, 1 ABR 8/73, BB 1974, 461; 20.1.1976, 1 ABR 44/75, AP Nr 10 zu § 89 ArbGG 1953>. Allerdings wendet die hM zumindest § 37 Abs 1–3 entspr an <L: GK/*Oetker* Rn 38>. Im Ergebnis besteht darüber weitgehend Einigkeit. Es gilt das Ehrenamtsprinzip <L: HWK/*Willemsen/Lembke* Rn 29>. Aus dem Verbot des § 78 S 1, die Tätigkeit des WirtA **zu behindern**, folgt, dass der AG die Mitglieder des WirtA zur Wahrnehmung ihrer Aufgaben von der Arbeit freistellen muss; das entspricht dem Anspruch der BR-Mitglieder auf Arbeitsbefreiung aus § 37 Abs 2 (§ 37 Rn 21 ff). Für BR-Mitglieder, die dem WirtA angehören, folgt dies nach der Rechtsprechung aus der Anwendung des § 37 Abs 2 BetrVG <R: BAG 11.11.1998, 7 AZR 491/97, NZA 1999, 1119>. 12

13 Aus dem **Benachteiligungsverbot** des § 78 S 2 lässt sich einmal ableiten, dass der AG den Mitgliedern des WirtA nicht wg ihrer Tätigkeit kündigen darf (vgl § 78 Rn 48). Deshalb kann etwa eine Kd des WirtA-Mitglieds scheitern, wenn diese gerade zur Verhinderung der Tätigkeit im WirtA ausgesprochen wird – Grundlage ist dann § 78, nicht aber § 15 KSchG <L: Richardi/*Annuß* Rn 29>. Allerdings wendet die hM zumindest § 37 Abs 1–3 entspr an <L: GK/*Oetker* Rn 38>. Zum anderen folgt aus § 78 S 2, dass den WirtA-Mitgliedern für die Zeiten, in denen sie wg ihres WirtA-Amtes von der Arbeit befreit sind, ihr Arbeitsentgelt fortzuzahlen ist; das entspricht dem Anspruch der BR-Mitglieder auf Entgeltfortzahlung aus § 37 Abs 2 (§ 37 Rn 48 ff). Ebenso wie für die BR-Mitglieder aus § 37 Abs 3 (§ 37 Rn 57 ff) lässt sich für die WirtA-Mitglieder aus § 78 S 2 weiter ableiten, dass Zeiten, in denen sie außerhalb der regulären Arbeitszeit für den WirtA tätig sind, in Freizeit ausgeglichen werden müssen. Verboten ist nach § 78 S 2 auch eine Benachteiligung der WirtA-Mitglieder in ihrer beruflichen Entwicklung. Jedoch muss eine solche Benachteiligung im konkreten Einzelfall festgestellt werden.

14 Typisierte Ansprüche, wie sie **§ 37 Abs 4 und 5** für BR-Mitglieder vorsehen (§ 37 Rn 79 ff), haben die Mitglieder des WirtA nicht. Weil die WirtA-Mitglieder nach § 107 Abs 1 S 3 die zur Erfüllung ihrer Aufgaben erforderliche fachliche und persönliche Eignung bereits vor ihrer Entsendung in den WirtA besitzen sollen, lässt sich aus § 78 S 2 im Regelfall auch kein Anspruch auf bezahlte Freistellung für eine Schulung ableiten <R: LAG Köln 13.6.1997, AiB 1998, 697, ARST 1998, 162; LAG Hamm 16.7.1997, 3 Sa 2443/96, BB 1997, 2007>. Deshalb besteht auch generell kein Schulungsanspruch aus § 37 Abs 6 <R: BAG 11.11.1998, AP BetrVG 1972 § 37 Nr 129; **L**: GK/*Oetker* Rn 39; aA Richardi/*Annuß* Rn 28>, s hierzu vertiefend § 37 Rn 92.

III. Betriebsratsausschuss mit Wirtschaftsausschuss-Funktion

15 Nach Abs 3 können BR oder GBR die Aufgaben des WirtA einem **Betriebsratsausschuss** übertragen. Dies kann auch der Betriebsausschuss oder Gesamtbetriebsausschuss sein. Da nach der Neufassung des § 28 durch das BetrVerf-RG BR-Ausschüsse schon in Betrieben mit mehr als 100 AN gebildet werden können, ist die Übertragung heute in jedem Falle möglich. Dass ein Betriebsausschuss nach § 27 Abs 1 iVm § 9 S 1 erst ab 201 AN gebildet werden kann, steht dem nicht entgg <**L**: aA AR/*Kolbe* Rn 9>. Die Beschränkung der Mitgliederzahl auf die Zahl der Mitglieder des Betriebsausschusses in Abs 3 S 2 lässt sich so verstehen, dass auch in Betrieben und Unternehmen mit zwischen 101 und 200 AN die Zahl von fünf Ausschussmitgliedern einzuhalten ist. Eine Übertragung der Aufgaben des WirtA auf sich selbst können BR und GBR nicht beschließen, weil das der besonderen Funktion des WirtA nicht gerecht würde, zudem würde die durch das Gesetz bewusst beschränkte Zahl der Mitglieder des WirtA überschritten <**L**: *Oetker/Lunk*, DB 1990, 2320, 2321 ff; AR/*Kolbe* Rn 9 f; Richardi/*Annuß* Rn 34 mit Verweis auf die Gesetzgebungsgeschichte; **aA** *Fitting* Rn 33>.

16 Für den Beschluss zur Übertragung ist gem Abs 3 S 1 die absolute Mehrheit der Stimmen der BR-Mitglieder notwendig. Hat das Unternehmen nur einen Betrieb, muss der **BR die Übertragung beschließen** (vgl Rn 2). Für die Errichtung des Ausschusses gelten iÜ die Vorschriften des § 28 iVm § 27 und § 51 Abs 1 S 2. Die Bestimmung der Mitglieder er-

III. Betriebsratsausschuss mit Wirtschaftsausschuss-Funktion § 107

folgt also durch Wahl, die gem § 27 Abs 1 S 3 nach den Grundsätzen der Verhältniswahl durchzuführen ist.

Gem Abs 3 S 2 darf die **Zahl der Ausschussmitglieder** die in § 27 Abs 1 festgelegte Zahl der Mitglieder des BR-Ausschusses nicht übersteigen. Nach Abs 3 S 3 kann der BR jedoch mit der absoluten Mehrheit seiner Stimmen weitere AN einschließlich der ltd Ang – auch wenn sie Mitglieder des SprA sind – (§ 5 Rn 25 ff) kooptieren und so in den BR-Ausschuss berufen. Die Zahl dieser Zugewählten darf die Zahl der BR-Mitglieder im Ausschuss nicht übersteigen. 17

Nach Abs 3 S 5 kann der BR seinen Übertragungsbeschluss, die Mitgliederzahl im BR-Ausschuss und die Zuwahl weiterer Ausschussmitglieder **jederzeit abändern und widerrufen**. Auch dafür ist die absolute Mehrheit der Stimmen der BR-Mitglieder erforderlich. 18

Nach Abs 3 S 6 beschließt in **Unternehmen, in denen ein GBR errichtet ist**, dieser über die anderweitige Wahrnehmung der Aufgaben des WirtA. Da die Vorschrift die S 1 bis 5 des Abs 3 in Bezug nimmt, kann auch diese anderweitige Wahrnehmung nur in der Übertragung auf einen Ausschuss des GBR bestehen. Weder die Übertragung auf Ausschüsse des BR noch die Wahrnehmung durch den GBR selbst ist zulässig (Rn 15). Bei der Entsendung zusätzl Ausschussmitglieder entspr Abs 3 S 3 können auch BR-Mitglieder zugewählt werden, die nicht Mitglieder des GBR sind. 19

§ 108 Sitzungen

(1) Der Wirtschaftsausschuss soll monatlich einmal zusammentreten.

(2) An den Sitzungen des Wirtschaftsausschusses hat der Unternehmer oder sein Vertreter teilzunehmen. Er kann sachkundige Arbeitnehmer des Unternehmens einschließlich der in § 5 Abs. 3 genannten Angestellten hinzuziehen. Für die Hinzuziehung und die Verschwiegenheitspflicht von Sachverständigen gilt § 80 Abs. 3 und 4 entsprechend.

(3) Die Mitglieder des Wirtschaftsausschusses sind berechtigt, in die nach § 106 Abs. 2 vorzulegenden Unterlagen Einsicht zu nehmen.

(4) Der Wirtschaftsausschuss hat über jede Sitzung dem Betriebsrat unverzüglich und vollständig zu berichten.

(5) Der Jahresabschluss ist dem Wirtschaftsausschuss unter Beteiligung des Betriebsrats zu erläutern.

(6) Hat der Betriebsrat oder der Gesamtbetriebsrat eine anderweitige Wahrnehmung der Aufgaben des Wirtschaftsausschusses beschlossen, so gelten die Absätze 1 bis 5 entsprechend.

Literatur: *Cox/Offermann*, Verschärfung der Veröffentlichungspflicht von Jahresabschlüssen, AiB 2007, 267; *Hommelhoff*, Abschlußprüfer-Berichte an den Wirtschaftsausschuß?, ZIP 1990, 218; *Löwisch*, Die Erläuterung des Jahresabschlusses gemäß § 108 Abs. 5 BetrVG bei Personenhandelsgesellschaften und Einzelkaufleuten, FS 25 Jahre BAG (1979), S 353; *Martens*, Die Vorlage des Jahresabschlusses und des Prüfungsberichts gegenüber dem Wirtschaftsausschuß, DB 1988, 1229; *Oetker*, Die Erläuterung des Jahresabschlusses gegenüber dem Wirtschaftsausschuß unter Beteiligung des Betriebsrats (§ 108 V BetrVG), NZA 2001, 689; s iÜ § 106.

Übersicht

	Rn.		Rn.
I. Allgemeines	1	IV. Unterrichtungspflicht des Wirtschaftsausschusses gegenüber dem Betriebsrat	20
II. Teilnahmeberechtigter Personenkreis	5		
III. Unterrichtungspflicht des Arbeitgebers	14		

I. Allgemeines

1 Gem Abs 1 soll der WirtA oder BR-Ausschuss (Abs 6) **einmal monatlich** zusammentreten. Sondersitzungen sind möglich, wenn der WirtA durch den Unternehmer ansonsten nicht mehr rechtzeitig, dh vor der Durchführung geplanter wirtschaftl Maßnahmen, unterrichtet werden kann. Stehen keine Fragen an, über die der WirtA nach § 106 Abs 2 vom Unternehmer zu unterrichten ist oder über die er beraten will, kann eine Sitzung auch ausfallen.

2 Das Gesetz enthält keine weiteren Vorschriften über den äußeren Ablauf der WirtA-Sitzungen. Da der WirtA gem § 107 Abs 2 S 1 und 2 ein Ausschuss des BR bzw des GBR

(§ 106 Rn 1, § 107 Rn 1 ff) ist, sind die **für die BR-Sitzungen geltenden Vorschriften** sinngem anzuwenden, soweit sie auf den WirtA passen und aus § 108 nichts anderes folgt <**R**: BAG 18.11.1980, 1 ABR 87/78, BB 1981, 1464>. Entspr anzuwenden sind deswg §§ 26, 29 Abs 1 bis 3, 30 und 31 (zu Letzterem Rn 11).

Umstritten ist, ob der WirtA die Pflicht hat, einen **Vorsitzenden** zu wählen. Die Bestimmung eines Vorsitzenden ist jedenfalls zweckmäßig, letztlich aber zu fordern, weil dadurch die Kommunikation mit dem Unternehmer erleichtert wird <**L**: zum Streitstand GK/*Oetker* Rn 3>. 3

Eine **digitale (audio-visuelle) Durchführung** der Sitzungen des WirtA ist möglich. Es gelten die Regelungen über die BR-Sitzungen und damit auch § 30 Abs 2, 33 Abs 1 <**L**: GK/*Oetker* Rn 10>. § 129 aF, der bis zum 19.3.2022 ausdrücklich die Möglichkeit einer audio-visuellen Durchführung der WirtA-Sitzungen regelte, gilt nicht mehr. 4

II. Teilnahmeberechtigter Personenkreis

Die Sitzungen des WirtA sind entspr § 30 S 4 **nicht öffentlich**. Deswg können **Protokollführer**, die nicht Mitglieder des WirtA sind, gg den Willen des Unternehmers nicht zu den Sitzungen des WirtA hinzugezogen werden <**R**: BAG 17.10.1990, 7 ABR 69/89, BB 1991, 1264>. 5

Nach Abs 2 S 1 muss aber der **Unternehmer** oder sein Vertreter an den Sitzungen teilnehmen; nur um eine Sitzung mit dem Unternehmer vorzubereiten, kann der WirtA auch ohne diesen zusammentreten <**R**: BAG 16.3.1982, 1 AZR 406/80, BB 1982, 1857 (LS), DB 1982, 1326>. Unternehmer sind der Inhaber einer Einzelfirma, die Organmitglieder einer juristischen Person und bei Personengesellschaften alle vertretungs- oder geschäftsführungsbefugten Gesellschafter. Besteht Gesamtvertretungsmacht oder Gesamtgeschäftsführungsbefugnis, genügt es, wenn ein Mitglied des Vertretungsorgans oder ein zur Vertretung oder Geschäftsführung berufener Gesellschafter an der Sitzung teilnimmt. Hier ist nach pflichtgemäßem Ermessen diejenige Person auszuwählen, die in der jeweiligen Angelegenheit zuständig ist. Das kann, muss aber nicht der Arbeitsdirektor (§ 33 MitbestG, § 13 MontanMitbestG) sein <**L**: GK/*Oetker* Rn 20; *Fitting* Rn 16; anders noch 6. Auflage Rn 4>. 6

Anstelle des Unternehmers kann nach dessen freiem Ermessen auch sein **Vertreter** an den Sitzungen des WirtA teilnehmen <**L**: GK/*Oetker* Rn 24>. Vertreter ist nicht jeder vom AG mit der Vertretung ad hoc Beauftragte, sondern nur sein allg Vertreter, also derjenige, der in der Unternehmenshierarchie in wirtschaftl Angelegenheiten nach dem Unternehmer die Verantwortung trägt <**L**: *Fitting* Rn 14>. Deshalb scheidet eine Vertretung „ad hoc", also nur für die betreffende Sitzung des WirtA aus <**L**: GK/*Oetker* Rn 22>. In Betracht kommen in erster Linie Generalbevollmächtigte und Prokuristen <**L**: AR/*Kolbe* Rn 3>. 7

Abs 2 S 2 stellt es dem Unternehmer frei, **sachkundige AN des Unternehmens** einschließlich der ltd Ang iS des § 5 Abs 3 (§ 5 Rn 25 ff) zu den Sitzungen des WirtA hinzuzuziehen. IdR wird der Unternehmer Abteilungsleiter oder Sachbearbeiter mitbringen, die über die nötige Sachkunde hinsichtlich der zu erörternden wirtschaftl Fragen verfügen. Der Unternehmer kann sich auch darauf beschränken, Sachkundige nur für einzelne 8

§ 108 Sitzungen

oder mehrere Tagesordnungspunkte hinzuzuziehen. Weder WirtA noch BR oder GBR können verlangen, dass bestimmte sachkundige AN oder dass eine bestimmte Anzahl solcher AN hinzugezogen werden <L: GK/*Oetker* Rn 25>. Ein Recht des Unternehmers, auch **externe Sachverständige** zuzuziehen, folgt aus Abs 2 nicht, für sie gilt allein Abs 2 S 3. Hierzu bedarf es des Einvernehmens mit dem BR oder GBR gem Abs 2 S 3 <L: *Fitting* Rn 18; **aA** Richardi/*Annuß* Rn 21, der aber vernachlässigt, dass es für die Durchbrechung des Grundsatzes der Nichtöffentlichkeit (Rn 5) einer Ermächtigungsvorschrift bedarf>.

9   Abs 2 S 3 erlaubt es, in entspr Anwendung des § 80 Abs 3 **Sachverständige** zu den Sitzungen des WirtA hinzuzuziehen: BR oder GBR können auf Anregung des WirtA nach vorheriger Vereinbarung mit dem Unternehmer (§ 80 Rn 53) Sachverständige zu den Sitzungen des WirtA laden, wenn die Zuziehung zur ordnungsgem Erfüllung der Aufgaben des WirtA erforderlich ist (§ 80 Rn 55 ff). Das ist nur dann der Fall, wenn der WirtA gem § 106 Abs 1 S 2 über wirtschaftl Angelegenheiten (§ 106 Rn 25 ff) unterrichtet werden soll oder über solche beraten will, die mit dem von § 107 Abs 1 S 3 bei den WirtA-Mitgliedern vorausgesetzten Fachwissen nicht gelöst oder beurteilt werden können. Hat der BR nicht genügend sachkundige Mitglieder in den WirtA entsandt, kommt eine Zuziehung von Sachverständigen grds nicht in Betracht <R: BAG 18.7.1978, 1 ABR 34/75, BB 1978, 1777>. Es bedarf eines Beschlusses des WirtA oder des BR, dass ein Sachverständiger hinzugezogen werden soll <R: LAG Berl-Bbg 20.1.2015, 7 TaBV 2158/14, juris>.

10 Abs 2 S 3 verweist nicht auf § 80 Abs 2 S 4, sodass der BR nicht verlangen kann, dass der Unternehmer dem WirtA **sachkundige AN als Auskunftspersonen** zur Verfügung stellt. Es ist Sache des BR, genügend sachkundige Mitglieder in den WirtA zu entsenden. Hat er das nicht getan, geht das zu seinen Lasten <L: Richardi/*Annuß* Rn 18; **aA** und auf die Erforderlichkeit abstellend GK/*Oetker* Rn 27>.

11 Aus dem Umstand, dass der WirtA ein Ausschuss des BR bzw GBR ist (§ 106 Rn 1, § 107 Rn 1 ff), hatte das BAG zunächst gefolgert, dass der WirtA in entspr Anwendung des § 31 generell **Gewerkschaftsbeauftragte** zu seinen Sitzungen hinzuziehen könne <R: BAG 18.11.1980, 1 ABR 31/78, AP Nr 2 zu § 108 BetrVG 1972>. Aus § 107 Abs 1, nach dem die Mitglieder des WirtA dem Unternehmen angehören müssen, schließt das BAG nunmehr mit Recht, dass Gewerkschaftsbeauftragte nur zu inhaltlich bestimmten Beratungsgegenständen hinzugezogen werden können und nur, wenn die vom Gesetzgeber vorausgesetzte Sachkunde der WirtA-Mitglieder ausnahmsweise zur Erfüllung ihrer Aufgaben nicht ausreicht <R: BAG 25.6.1987, 6 ABR 45/85, DB 1987, 2468; wieder offengelassen von BAG 28.2.1990, 7 ABR 22/89, BB 1990, 1347; L: anders und für eine sachlich voraussetzungslose Möglichkeit der Hinzuziehung GK/*Oetker* Rn 45>. Zudem muss die Gewerkschaft im BR oder, wenn der GBR den WirtA bestellt, in diesem vertreten sein <L: Richardi/*Annuß* Rn 25>.

12 Wird ein Gewerkschaftsbeauftragter hinzugezogen, kann der Unternehmer seinerseits einen Vertreter des **AG-Verbandes** hinzuziehen, dem er angehört. Das Gebot der Paritätswahrung rechtfertigt insoweit eine entspr Anwendung des § 29 Abs 4 S 2 <R: BAG 18.11.1980, aaO; L: AR/*Kolbe* Rn 6>.

13 Nach § 178 Abs 4 SGB IX ist die **Schwerbehindertenvertretung** berechtigt, an den Sitzungen des WirtA beratend teilzunehmen <R: BAG 4.6.1987, 6 ABR 70/85, BB 1987,

1951, DB 1987, 2467>. Die Jugend- und Auszubildendenvertretung hat dagg kein Teilnahmerecht <L: überzeugend GK/*Oetker* Rn 49; aA MünchArbR/*Stamer* § 307 Rn 92>.

III. Unterrichtungspflicht des Arbeitgebers

Der WirtA ist in seinen Sitzungen gem § 106 Abs 2 durch den Unternehmer oder dessen Vertreter umfassend über die wirtschaftl Angelegenheiten des Unternehmens (§ 106 Rn 25 ff) zu unterrichten (§ 106 Rn 10 ff). Die Unterrichtungspflicht besteht im Konzernverbund nicht über die Angelegenheiten des beherrschenden Unternehmens <R: BAG 17.12.2019, 1 ABR 35/18, NZA 2020, 531>. Die **Unterlagen**, die der Unternehmer dem WirtA nach § 106 Abs 2 vorlegen muss (§ 106 Rn 17), können die Mitglieder des WirtA gem Abs 3 **einsehen**. Die Einsichtnahme ist grds nur während der Sitzungen des WirtA möglich; nur wenn dies zur Vorbereitung der Sitzung unumgänglich ist, dürfen die WirtA-Mitglieder die Unterlagen auch schon vor der Sitzung einsehen <R: BAG 20.11.1984, 1 ABR 64/82, BB 1985, 927; L: GK/*Oetker* Rn 54>. Das Einsichtnahmerecht umfasst die Befugnis, sich schriftliche Notizen zu machen <R: LAG Hamm 9.2.1983, 12 TaBv 65/82, DB 1983, 1311>. Da Einsichtnahme weniger bedeutet als Zurverfügungstellung von Unterlagen, sind die WirtA-Mitglieder aber nicht berechtigt, die Unterlagen zu fotokopieren oder zum genaueren Studium mitzunehmen (vgl § 80 Rn 42 zur Einblicknahme in die Lohn- und Gehaltslisten). **14**

Nach Abs 5 hat der Unternehmer dem WirtA den **Jahresabschluss** zu erläutern. Der Jahresabschluss umfasst die Jahresbilanz sowie die Gewinn- und Verlustrechnung des Unternehmens (§ 242 Abs 3 HGB). Der Jahresabschluss muss die Mindestanforderungen erfüllen, die handelsrechtl an eine ordnungsgem Jahresbilanz und eine ordnungsgem Gewinn- und Verlustrechnung gestellt werden. Maßgebend sind dabei für alle Unternehmen die in den §§ 264 ff HGB niedergelegten Grundsätze, für Kapitalgesellschaften zusätzl die §§ 264 ff HGB und für Genossenschaften die §§ 336 ff HGB. Der Konzernabschluss fällt als solcher nicht unter die Erläuterungspflicht des Abs 5, weil auch diese unternehmensbezogen ist <R: BAG 17.12.2019, 1 ABR 35/18 Rn 35, NZA 2020, 531; L: GK/*Oetker* Rn 67; HWK/*Willemsen/Lembke* Rn 39; aA *Fitting* Rn 31>. **15**

Bei **Personenhandelsgesellschaften und Einzelkaufleuten** kann die Unterrichtung auf die Mitteilung einer sog Betriebsbilanz beschränkt werden, dh einer Bilanz, die nur das dem Unternehmen gewidmete Betriebsvermögen, **nicht** aber das im Unternehmen arbeitende **Privatvermögen** des Unternehmers enthält: Eine Offenlegung des privaten Vermögens ist nicht Sinn der Beteiligung des WirtA in wirtschaftl Angelegenheiten (§ 106 Rn 29). Bei Personenhandelsgesellschaften mit natürlichen Personen als persönlich haftendem Gesellschafter und Einzelkaufleuten können deshalb auch bei der Jahresbilanz nach dem Vorbild des § 9 Abs 3 Publizitätsgesetz die Kapitalkonten in einem Posten „Eigenkapital" zusammengefasst und die Steuern in der jährlichen Gewinn- und Verlustrechnung nach dem Vorbild des § 5 Abs 5 S 2 Publizitätsgesetz unter den sonstigen Aufwendungen ausgewiesen werden <L: *Löwisch* FS BAG, S 357 ff>. **16**

Der Jahresabschluss muss dem WirtA **nach seiner Feststellung** bekannt gegeben und erläutert werden. Für die **Aktiengesellschaften** bedeutet dies, dass der WirtA alsbald nach der Feststellung des Jahresabschlusses iS der §§ 172 f AktG informiert werden muss. Der Auffassung, dass der Jahresabschluss dem WirtA bereits nach dessen Aufstellung durch **17**

§ 108 Sitzungen

den Vorstand oder nach der Abschlussprüfung, aber vor der Feststellung <L: *Fitting* Rn 33; ErfK/*Kania* Rn 13; GK/*Oetker* Rn 72> mitgeteilt werden muss, kann nicht zugestimmt werden, weil das die Grenze zur Unternehmensmitbestimmung verwischt.

18 Der Unternehmer muss den Jahresabschluss nach Abs 5 **erläutern** und dabei den BR bzw GBR (§ 107 Rn 1) beteiligen <R: BAG 17.12.2019, 1 ABR 35/18, NZA 2020, 531>: Er muss über die Bedeutung und Zusammenhänge der einzelnen Rechnungsposten Auskunft geben, auf wesentliche Veränderungen hinweisen und – in angemessenem zeitlichem Rahmen – Fragen der WirtA- und BR- bzw GBR-Mitglieder beantworten, um WirtA und BR bzw GBR in die Lage zu versetzen, die Vermögenssituation und die Kosten- und Ertragssituation des Unternehmens zu verstehen. Über die ihnen gegebenen Informationen können die WirtA- und BR-Mitglieder Aufzeichnungen machen. Soweit Betriebs- und Geschäftsgeheimnisse gefährdet werden können, braucht der Unternehmer über die betreffenden Punkte entspr § 106 Abs 2 keine Auskünfte zu geben (§ 106 Rn 19).

19 Die sachgerechte Erläuterung setzt voraus, dass der Jahresabschluss dem WirtA im **Wortlaut** bekannt gegeben wird. Das kann auch vorab in elektronischer Form geschehen. Unabhängig davon haben die Mitglieder des WirtA die Möglichkeit, sich auf dem Weg über das allg bestehende Recht zur Einsichtnahme in das elektronische Handelsregister nach § 9 HGB Kenntnis vom Wortlaut der Jahresabschlüsse von Kapitalgesellschaften zu verschaffen, weil diese gem § 325 HGB unverzüglich nach der Vorlage an die Gesellschafter elektronisch einzureichen sind <L: s hierzu *Cox/Offermann* AiB 2007, 267>.

IV. Unterrichtungspflicht des Wirtschaftsausschusses gegenüber dem Betriebsrat

20 Abs 4 konkretisiert die in § 106 Abs 1 S 2 festgelegte allg Unterrichtungspflicht des WirtA ggü dem BR bzw GBR: Der WirtA hat den BR bzw GBR über jede Sitzung unverzüglich, dh sobald es im ordnungsgem Geschäftsgang möglich ist, umfassend und vollständig zu informieren. Der BR bzw. GBR muss sich ein Bild von den mitgeteilten wirtschaftlichen Angelegenheiten machen können. Dafür genügt es idR nicht, wenn dem BR bzw GBR lediglich ein Sitzungsprotokoll übersandt wird. Vielmehr muss der BR bzw GBR normalerweise **in einer Sitzung des BR bzw GBR** durch ein Mitglied des WirtA **mündlich** unterrichtet werden, damit dieses auf Fragen nähere Erläuterungen geben kann.

21 **Sanktionen** für eine verspätete Unterrichtung des BR durch den WirtA kennt das Gesetz keine. Es bleibt aber freilich die Abberufungsmöglichkeit durch BR oder GBR <L: GK/*Oetker* Rn 57>.

§ 109 Beilegung von Meinungsverschiedenheiten

Wird eine Auskunft über wirtschaftliche Angelegenheiten des Unternehmens im Sinn des § 106 entgegen dem Verlangen des Wirtschaftsausschusses nicht, nicht rechtzeitig oder nur ungenügend erteilt und kommt hierüber zwischen Unternehmer und Betriebsrat eine Einigung nicht zustande, so entscheidet die Einigungsstelle. Der Spruch der Einigungsstelle ersetzt die Einigung zwischen Arbeitgeber und Betriebsrat. Die Einigungsstelle kann, wenn dies für ihre Entscheidung erforderlich ist, Sachverständige anhören; § 80 Abs. 4 gilt entsprechend. Hat der Betriebsrat oder der Gesamtbetriebsrat eine anderweitige Wahrnehmung der Aufgaben des Wirtschaftsausschusses beschlossen, so gilt Satz 1 entsprechend.

Literatur: *Bötticher*, Die Zuständigkeit der Einigungsstelle des § 70 Abs 2 BetrVG in rechtsstaatlicher Sicht, FS A Hueck (1959), S 149; *Dütz*, Betriebsverfassungsrechtliche Auskunftspflichten im Unternehmen, FS Westermann (1974), S 37; *ders*, Arbeitsgerichtliche Überprüfbarkeit von Einigungsstellensprüchen nach § 109 BetrVG, FS D Gaul (1992), S 41; *Henssler*, Die Entscheidungskompetenz der betriebsverfassungsrechtlichen Einigungsstelle in Rechtsfragen, RdA 1991, 268; *Leipold*, Die Einigungsstellen nach dem neuen Betriebsverfassungsgesetz, FS Schnorr von Carolsfeld (1972), S 273; *Rieble*, Die Kontrolle der Einigungsstelle in Rechtsstreitigkeiten, BB 1991, 471; *Schmidt*, Der Wirtschaftsausschuss, die Einigungsstelle und die Arbeitsgerichte, FS Preis (2021) S 1183.

Gegenstand des Streitbeilegungsverf nach § 109 sind (einzelne) **Auskünfte über wirtschaftl Angelegenheiten** iS des § 106. Nach § 109 sind daher nicht nur Streitigkeiten über die Unterrichtungspflicht des Unternehmers nach § 106 Abs 1 S 2, Abs 2 zu klären (§ 106 Rn 10ff, § 108 Rn 14), sondern auch der Streit über die Erläuterung des Jahresabschlusses nach § 108 Abs 5 (§ 108 Rn 15ff) und über die Unterrichtung der AN nach § 110. Die ES entscheidet damit im Verfahren nach § 109 Rechts- und nicht Regelungsfragen <**R:** BAG 17.12.2019, 1 ABR 25/18, NZA 2020, 393>. Damit werden zwei Zwecke verfolgt: Einmal werden durch die vorrangige Regelung von Auskunftsfragen innerhalb des Unternehmens wirtschaftlich sensible Unternehmensinformationen geschützt und zum anderen dient die Entscheidung vor der ES auch der effizienten Arbeit des WirtA <**L:** GK/*Oetker* Rn 3>. 1

Im bes Verf nach § 109 ist nicht der grds Streit zw Unternehmer und BR bzw GBR zu entscheiden, welche Fragen wirtschaftl Angelegenheiten iS der §§ 106 ff betreffen; das muss im arbg Beschlussverf entschieden werden <**R:** BAG 11.7.2000, 1 ABR 43/99, BB 2001, 580 (LS), DB 2001, 598>. Nach § 109 kann nur geklärt werden, ob eine **konkret verlangte** Auskunft überhaupt, in welchem Umfang, unter Vorlage welcher Unterlagen, zu welchem Zeitpunkt und auf welche Art erteilt werden muss <**R:** BAG 12.2.2019, 1 ABR 37/17, AP BetrVG 1972 § 106 Nr 20; BAG, 17.12.2019, 1 ABR 25/18, NZA 2020, 393; 17.9.1991, 1 ABR 74/90, BB 1991, 2527; LAG Ba-Wü, 7.10.2020, 10 TaBV 2/20, ArbR 2020, 665>; allerdings hat die Rspr die Zuständigkeit der ES jüngst auch dann angenommen, wenn es um die Entscheidung über das Verlangen künftiger, regelmäßig wiederkehrender Auskünfte oder Vorlage von Unterlagen geht <**R:** BAG 17.12.2019, 1 ABR 35/18, NZA 2020, 531; ablehnend GK/*Oetker* Rn 36>. Dementspr setzt das Verf nach § 109 ein **ausdrückliches Auskunftsverlangen des WirtA** oder des nach § 107 Abs 3 eingesetzten BR-Ausschusses (S 4) voraus: Der WirtA muss in einer bestimmten wirt- 2

§ 109 Beilegung von Meinungsverschiedenheiten

schaftl Angelegenheit auf der Grundlage eines Beschlusses konkrete Fragen an den Unternehmer richten <**R:** LAG Düsseldorf 26.2.2016, 4 TaBV 8/16, ZTR 2016, 352; LAG Hamm 2.11.2015, 13 TaBV 70/155, juris; **L:** ErfK/*Kania* Rn 2>. Andernfalls ist die ES offensichtl unzuständig <**R:** LAG Köln 2.3.2009, 2 TaBV 111/08, LAGE § 98 ArbGG 1979 Nr 52>. Gleiches gilt im Falle bereits abgeschlossener Maßnahmen <**L:** GK/*Oetker* Rn 36>.

3 Das Verf nach § 109 erstreckt sich auch auf die Frage, ob der Unternehmer eine konkrete Auskunft deshalb gem § 106 Abs 2 verweigern darf, weil dadurch **Betriebs- oder Geschäftsgeheimnisse** gefährdet werden (§ 106 Rn 19f): Das auf eine möglichst diskrete Behandlung unternehmensinterner Vorgänge angelegte Verf nach § 109 ist gerade auf die Beilegung von Meinungsverschiedenheiten darüber gemünzt, ob ein Betriebs- und Geschäftsgeheimnis besteht <**R:** LAG Ddf 13.3.1978, 21 TaBV 3/78, DB 1978, 1695; **L:** *Böttícher* FS A Hueck, S 149, 164>. Die ES befindet deshalb im Verf nach § 109 auch über Rechtsfragen <**R:** BAG 12.2.2019, 1 ABR 37/17, AP BetrVG 1972 § 106 Nr 20>. Beruft sich der Unternehmer auf die Gefährdung von Betriebs- oder Geschäftsgeheimnissen, braucht er diese der ES nicht zu offenbaren. Vielmehr genügt es, dass er die Gefährdung schlüssig darlegt und glaubhaft macht <**R:** LAG Köln 13.7.1999, 13 TaBV 5/99, AP Nr 1 zu § 109 BetrVG 1972>.

4 Kommt der Unternehmer einem Auskunftsverlangen des WirtA (Rn 2) nicht nach, muss sich der **WirtA an den BR bzw GBR wenden** <**L:** GK/*Oetker* Rn 19>. Der BR bzw GBR hat zunächst zu prüfen, ob er das Auskunftsverlangen des WirtA für berechtigt hält. Ist dies der Fall, muss er mit dem Unternehmer eine Einigung über das Auskunftsverlangen versuchen. Wendet sich der WirtA nicht wegen der aus seiner Sicht fehlenden oder mangelhaften Auskunft an den BR, so kann dieser nicht aus eigener Initiative das Verfahren des § 109 über das Auskunftsrecht des WirtA einleiten. Dann bleibt es beim allg Anspruch aus § 80 Abs 2 <**L:** *Schmidt* FS Preis, S 1183, 1187>.

5 **Einigen sich Unternehmer und BR bzw GBR**, ist die Einigung für beide Teile bindend. Kommen sie überein, dass der Unternehmer die vom WirtA verlangte Auskunft erteilen muss, kann er vom BR bzw GBR, nicht aber vom WirtA (§ 106 Rn 60) im **arbg Beschlussverf** dazu angehalten werden, die Auskunft entspr der Einigung zu erteilen (vgl § 77 Rn 87): Das ArbG verurteilt den Unternehmer entspr der Einigung mit dem BR bzw GBR, ohne dass es noch einmal die gesetzlichen Voraussetzungen für die Erteilung der Auskunft nachprüft. Der Beschluss des ArbG wird nach § 85 ArbGG iVm § 888 ZPO vollstreckt; die Nichterfüllung der Auskunftspflicht ist auch eine OWi iS des § 121. Einigen sich Unternehmer und BR bzw GBR dahin, dass das Auskunftsverlangen nicht berechtigt ist, anerkennt der BR bzw GBR, dass der Unternehmer nicht verpflichtet ist, die begehrte Auskunft zu erteilen. Führt der BR bzw GBR dennoch das Verf nach § 109 weiter durch und ruft die ES an, muss diese das Auskunftsverlangen ohne weitere Prüfung zurückweisen.

6 **Einigen sich Unternehmer und BR bzw GBR nicht** und ist damit der Einigungsversuch gescheitert, können beide Seiten die **ES** anrufen. Der WirtA selbst ist nicht in diese Entscheidung einzubeziehen <**R:** BAG 17.12.2019, 1 ABR 25/18, NZA 2020, 393>. Die ES ist nach dem mit dem Verf verfolgten Zweck, wirtschaftl Angelegenheiten unternehmensintern und damit möglichst diskret zu behandeln, für die Klärung des Streits **primär zuständig** <**R:** LAG Hessen, 17.8.2020, 16 TaBV 24/20 Rn 41, ArbR 2020, 55>: Weder BR

bzw GBR noch Unternehmer können die ES umgehen und direkt beim ArbG klären lassen, ob das Auskunftsverlangen des WirtA berechtigt ist <**R:** BAG 12.2.2019, 1 ABR 37/17, AP BetrVG 1972 § 106 Nr 20; **L:** *Dütz* FS Westermann, S 37, 46; *Leipold* FS Schnorr von Carolsfeld, S 273, 285>. Der WirtA selbst kann die ES nicht anrufen <**L:** GK/*Oetker* Rn 29>. Vorbehaltlich ihrer Nachprüfung durch das ArbG ist die von der ES getroffene Entscheidung nach § 109 S 2 für die Beteiligten bindend: Der Unternehmer muss die Auskunft entspr dem Spruch der ES erteilen (zur Durchsetzung Rn 5); der BR bzw GBR kann den von der ES abgelehnten Auskunftsanspruch nicht arbg durchsetzen.

Für das **Verf vor der ES** gilt § 76 (§ 76 Rn 40 ff). Allerdings sollen auch Entscheidungen 7 der ES, die nicht der Schriftform des § 76 Abs 3 S 4 entsprechen, wirksam sein, weil der Spruch der ES funktional einer Regelungsabrede entspräche <**R:** BAG, 17.12.2019, 1 ABR 25/18 Rn 23, NZA 2020, 393>. Eine Besonderheit besteht auch insofern, als die ES nach § 109 S 3 **Sachverständige** anhören kann, wenn dies für ihre Entscheidung erforderlich ist. Anders als für die Hinziehung von Sachverständigen durch den BR nach § 80 Abs 3 (§ 80 Rn 53 ff) und den WirtA nach § 108 Abs 2 S 3 (§ 108 Rn 9) ist für die Anhörung der Sachverständigen vor der ES nicht erforderlich, dass diese sich darüber vorher mit dem AG einigt. Hat die ES dem Auskunftsverlangen des WirtA stattgegeben, kann der AG im arbg Beschlussverf beantragen, den Spruch der ES aufzuheben. Hat die ES entschieden, dass der WirtA keinen Anspruch auf die begehrte Auskunft hat, kann der BR bzw GBR den Spruch der ES im arbg Beschlussverf überprüfen lassen.

Die Entscheidung der ES darüber, ob, wann, in welcher Weise und in welchem Umfang 8 der Unternehmer den WirtA zu unterrichten hat und ob eine Gefährdung von Betriebs- oder Geschäftsgeheimnissen der Auskunft entgegensteht, unterliegt der vollen **Rechtskontrolle** der ArbG. Zwar handelt es sich insoweit um unbestimmte Rechtsbegriffe. Doch kann § 109 nicht entnommen werden, dass deren letztverbindliche Interpretation der ES überantwortet werden soll. Vielmehr ist diese Interpretation wie sonst auch Aufgabe der Gerichte <**R:** BAG 11.7.2000, 1 ABR 43/99, BB 2001, 580 (LS), DB 2001, 598; zweifelnd noch 8.8.1989, BB 1990, 458; LAG Köln 13.7.1999, 13 TaBV 5/99, AP Nr 1 zu § 109 BetrVG 1972; **L:** grundlegend aA *Rieble* BB 1991, 471, 472 f; einschränkend (Maßstab eines Revisionsgerichts) GK/*Oetker* Rn 40>. Dementspr gilt für die Anfechtung der Entscheidung der ES auch nicht die Frist des § 76 Abs 5 S 4. Vom ArbG nachzuprüfen ist auch, ob die ES zu Recht ihre Zuständigkeit angenommen hat, ob also Unternehmer und BR bzw GBR überhaupt über eine Auskunft in wirtschaftl Angelegenheiten streiten. Kommt das ArbG zu dem Ergebnis, dass eine vom WirtA verlangte Auskunft entgg dem Spruch der ES nicht zu erteilen war, stellt es die Unwirksamkeit des Spruchs fest.

§ 109a Unternehmensübernahme

In Unternehmen, in denen kein Wirtschaftsausschuss besteht, ist im Fall des § 106 Absatz 3 Nr. 9a der Betriebsrat entsprechend § 106 Absätze 1 und 2 zu beteiligen, § 109 gilt entsprechend.

Literatur: *Fleischer*, Reichweite und Grenzen der Unterrichtungspflicht des Unternehmers gegenüber dem Wirtschaftsausschuss nach §§ 106 Abs. 2 S. 2, Abs. 3 Nr. 9a, 109a BetrVG, ZfA 2009, 787; s § 106 Abs 2.

1 Die durch das Risikobegrenzungsgesetz (§ 106 Rn 45) eingefügte Bestimmung setzt den BR in den Fällen des § 106 Abs 3 Nr 9a letztlich systemwidrig als **Ersatzgremium** anstelle des nicht gebildeten WirtA ein. Dabei ist die Reichweite des Verweises in § 109a umstritten. Sieht man die Vorschrift als Gesamtverweis auf § 106 Abs 1, so gilt die Unterrichtungspflicht in Unternehmen unterhalb des Schwellenwertes des § 106 Abs 1 nicht, sondern nur dann, wenn ein WirtA regelwidrig nicht errichtet wurde <**L**: so *Löwisch* DB 2008, 2834, 2835>, andere sehen richtig eine Unterrichtungspflicht gerade und nur dann, wenn der Schwellenwert des Abs 1 des § 106 nicht erreicht wird, sodass im Falle des gesetzeswidrigen „Versäumens" der Errichtung des WirtA der BR nicht als dessen „Ersatz" fungieren kann <**L**: Richardi/*Annuß* Rn 2; ErfK/*Kania* Rn 1; HWK/*Willemsen/Lembke* Rn 2; *Fitting* Rn 4; AR/*Kolbe* Rn 2; DKW/*Däubler* Rn 1; HWGNRH/*Hess* Rn 3>. Die weiteste Ansicht folgert aus dem Wortlaut des § 109 („besteht"), dass die Vorschrift stets greift, wenn es im Unternehmen keinen WirtA gibt <**L**: GK/*Oetker* Rn 6, 8>, das lässt aber außer Acht, dass sich der BR nicht durch den Errichtungsverstoß (wenn auch tatbestandlich sehr begrenzt) selbst zum WirtA machen können soll. Wenn die Aufgaben des WirtA von einem Ausschuss des BR übernommen werden, § 107 Abs 3, ist § 109a ersichtlich nicht anwendbar <**L**: GK/*Oetker* Rn 7>.

2 Der intendierte Einbezug der Kleinunternehmen <**L**: BT-Drs 16/7438, S 15> ist jedenfalls systemwidrig <**L**: AR/*Kolbe* Rn 1; GK/*Oetker* Rn 2>, weil sie den BR zum Ersatz-WirtA macht, und zudem nicht folgerichtig, weil das zweckgebende Informationsinteresse des BR in Unternehmen ohne WirtA nur auf § 106 Abs 3 Nr 9a konzentriert wird <**L**: GK/ Oetker Rn 2>.

3 Auch der **Verweis auf § 106 Abs 1, 2** ist weitgehend missglückt: So ist zunächst der Verweis auf die Pflicht zur Errichtung eines WirtA in § 106 Abs 1 S 1 nichtssagend, wenn der Schwellenwert im Unternehmen überhaupt nicht erreicht wird; und auch die in § 106 Abs 1 S 2 begründete Unterrichtungspflicht des WirtA ggü dem BR geht ersichtlich ins Leere, wenn kein WirtA besteht <**L**: dazu insgesamt GK/*Oetker* Rn 15 ff>. Ob dem BR durch den Verweis auf § 106 Abs 1 S 2 auch ein Beratungs- und nicht nur ein Unterrichtungsrecht gegenüber dem AG zusteht, ist umstritten <**L**: dafür Richardi/*Annuß* Rn 2; dagegen GK/*Oetker* Rn 18>. Das wird mit dem systematischen Hinweis verneint, § 109a verweise beredt nicht auf die prozedurale Vorschrift des § 108 <**L**: GK/*Oetker* Rn 18>. Freilich ist der Verweis auf § 106 Abs 1 überhaupt nur dann sinnvoll, wenn er auf die Beratungspflicht verweist <im Ergebnis auch **L**: Richardi/*Annuß* Rn 2>.

4 Das Unterrichtungsrecht des BR beschränkt sich **inhaltlich** auf die Unternehmensübernahme nach § 106 Abs 3 Nr 9a. Hinsichtlich des Tatbestandes der Unternehmensübernah-

me und der Reichweite der Unterrichtungspflicht gelten die zu § 106 Abs 2, Abs 3 Nr 9a gemachten Ausführungen, s § 106 Rn 14 ff, 45 ff. Das Beteiligungsrecht nach § 109a besteht neben dem Unterrichtungsanspruch nach § 14 Abs 4 WpÜG <L: Richardi/*Annuß* Rn 2; GK/*Oetker* Rn 3, 28 f>.

Nicht erfasst werden **Tendenzunternehmen**. Dies folgt aus § 118 Abs 1 S 2, nach dem in Tendenzunternehmen die §§ 106 bis 110, zu denen auch § 109a gehört, nicht anzuwenden sind. 5

Bei **Streitigkeiten** zw Unternehmer und BR über die Reichweite der Unterrichtung entscheidet in primärer Zuständigkeit die ES nach § 109. 6

§ 110 Unterrichtung der Arbeitnehmer

(1) In Unternehmen mit in der Regel mehr als 1000 ständig beschäftigten Arbeitnehmern hat der Unternehmer mindestens einmal in jedem Kalendervierteljahr nach vorheriger Abstimmung mit dem Wirtschaftsausschuss oder den in § 107 Abs. 3 genannten Stellen und dem Betriebsrat die Arbeitnehmer schriftlich über die wirtschaftliche Lage und Entwicklung des Unternehmens zu unterrichten.

(2) In Unternehmen, die die Voraussetzungen des Absatzes 1 nicht erfüllen, aber in der Regel mehr als zwanzig wahlberechtigte ständige Arbeitnehmer beschäftigen, gilt Absatz 1 mit der Maßgabe, dass die Unterrichtung der Arbeitnehmer mündlich erfolgen kann. Ist in diesen Unternehmen ein Wirtschaftsausschuss nicht zu errichten, so erfolgt die Unterrichtung nach vorheriger Abstimmung mit dem Betriebsrat.

1 § 110 verfolgt den Zweck, dass auch die **einzelnen AN** in regelmäßigen Abständen über die wirtschaftl Lage und Entwicklung des Unternehmens unterrichtet werden. Auch aufgrund dieser Unterrichtung wird der AN in die Lage versetzt, entsprechende Fragen an den AG, etwa in der Betriebsversammlung, zu stellen. Die Unterrichtungspflicht nach § 110 ist aber von der Unterrichtungspflicht in der Betriebsversammlung, § 43 Abs 2, unabhängig. In Tendenzunternehmen ist § 110 nicht anzuwenden, § 118 Abs 1 S. 2.

2 Der Unternehmer soll die AN über die wirtschaftliche Lage und Entwicklung des Unternehmens (nicht des Unternehmers) informieren. Das umfasst insbes die für die AN wesentlichen Tatsachen, etwa über die Beschäftigungsentwicklung und über geplante Betriebsänderungen. Der Unternehmer muss die Belegschaft aufgrund von § 110 Abs 2 auch über ein anstehendes Restrukturierungsverfahren nach dem StaRUG unterrichten, wenn kein WirtA oder BR besteht.

3 Er kann sich dabei auf eine Zusammenfassung der wesentlichen Daten beschränken, muss aber auch eine Prognose über die künftige Entwicklung abgeben. Der Unternehmer muss wegen der hergestellten „Betriebsöffentlichkeit" über solche Gesichtspunkte nicht unterrichten, deren Veröffentlichung die Wettbewerbslage beeinträchtigen kann <L: ErfK/*Kania* Rn 4; *Fitting* Rn 7>. Die Grenze zum Betriebs- und Geschäftsgeheimnis muss nicht überschritten sein <so aber L: DKW/*Däubler* Rn 7; GK/*Oetker* Rn 13>. § 110 begründet aber **keinen individuellen Anspruch des einzelnen AN** <str wie hier überzeugend L: GK/*Oetker* Rn 6; für einen Anspruch des einzelnen AN etwa HWK/*Willemsen/Lembke* Rn 1>.

4 Bevor der Unternehmer die AN unterrichtet, muss er sich nach Abs 1 **mit dem WirtA** oder ggfs dem BR- oder GBR-Ausschuss über den Inhalt des Berichts **abstimmen**. „Abstimmung" bedeutet nicht Einigungszwang. Können sich Unternehmer und WirtA über den Lagebericht nicht verständigen, steht es dem Unternehmer frei, ihn so abzugeben, wie er das für richtig hält; eine „Gegendarstellung" des WirtA muss er nicht aufnehmen <R: BAG 14.5.2013, 1 ABR 4/12, NZA 2013, 1223; L: GK/*Oetker* Rn 24; AR/*Kolbe* Rn 4; aA DKW/*Däubler* Rn 12>. Dem BR bleibt es aber unbenommen, im Rahmen seiner weiteren Aufgaben und Befugnisse, etwa in der Betriebsversammlung, auf die Meinungsverschiedenheiten hinzuweisen. Gleiches gilt für den GBR in der Betriebsräteverr

sammlung nach § 53. Ein eigenes Berichtsrecht ggü den AN des Unternehmens entsprechend § 110 hat der BR aber nicht <L: Richardi/*Annuß* Rn 10>.

Der Unternehmer muss die AN mindestens einmal **in jedem Kalendervierteljahr** unterrichten. Den Zeitpunkt legt der Unternehmer fest <L: Richardi/*Annuß* Rn 3>. Treten zwischenzeitlich wesentliche Veränderungen ein, muss auch häufiger unterrichtet werden. Die Unterrichtung muss für die AN verständlich sein <L: GK/*Oetker* Rn 30> und so erfolgen, dass die AN einfach und mühelos Kenntnis nehmen können. Ob die Informationen für AN, die der deutschen Sprache nicht mächtig sind, zu übersetzen sind, ist str <L: dafür *Fitting* Rn 6; ErfK/*Kania* Rn 3; dagg HWK/*Willemsen/Lembke* Rn 12>. Nach allg Erwägungen wird aber grds eine Unterrichtung in deutscher Sprache ausreichen. Nach Abs 1 muss der Unternehmer die AN in Unternehmen mit idR mehr als 1000 ständig beschäftigten AN **schriftlich**, etwa durch Verteilung eines Berichts oder in der Werkszeitung informieren, ein Aushang am „Schwarzen Brett" reicht nicht, weil dem AN die Möglichkeit der Befassung ohne äußeren Druck gegeben sein muss <L: Richardi/*Annuß* Rn 6; ErfK/*Kania* Rn 3; jedenfalls für längere Berichte auch GK/*Oetker* Rn 28>. Der Unternehmer kann auch eine digitale Version zur Verfügung stellen, wenn gewährleistet ist, dass alle AN Zugang erhalten. §§ 126, 126a BGB greifen nicht <L: AR/*Kolbe* Rn 5; **aA** HWK/*Willemsen/Lembke* Rn 10, aber *de lege ferenda* für elektronische Form>. 5

In Unternehmen mit zw 21 und 1.000 Beschäftigten können die AN nach Abs 2 **mündlich** unterrichtet werden. Insbes kann der Unternehmer seinen Bericht in der nach § 43 Abs 1 vierteljährlich einzuberufenden Betriebsversammlung erstatten, in der er die Belegschaft ohnehin über das Personal- und Sozialwesen und über die wirtschaftl Lage und Entwicklung des Betriebs informieren muss (§ 43 Abs 2 S 3). 6

Ein Verstoß gg die Unterrichtungspflicht **ist bußgeldbewährt**, § 121. Streitigkeiten über die richtige Erfüllung sind im arbeitsgerichtl Beschlussverf, §§ 2a Abs 1, 2 iVm §§ 80 ff ArbGG auszutragen <L: ErfK/*Kania* Rn 8>. 7

Zweiter Unterabschnitt
Betriebsänderungen

§ 111 Betriebsänderungen

In Unternehmen mit in der Regel mehr als zwanzig wahlberechtigten Arbeitnehmern hat der Unternehmer den Betriebsrat über geplante Betriebsänderungen, die wesentliche Nachteile für die Belegschaft oder erhebliche Teile der Belegschaft zur Folge haben können, rechtzeitig und umfassend zu unterrichten und die geplanten Betriebsänderungen mit dem Betriebsrat zu beraten. Der Betriebsrat kann in Unternehmen mit mehr als 300 Arbeitnehmern zu seiner Unterstützung einen Berater hinzuziehen; § 80 Abs. 4 gilt entsprechend; im Übrigen bleibt § 80 Abs. 3 unberührt. Als Betriebsänderung im Sinne des Satzes 1 gelten

1. Einschränkung und Stilllegung des ganzen Betriebs oder von wesentlichen Betriebsteilen,
2. Verlegung des ganzen Betriebs oder von wesentlichen Betriebsteilen,
3. Zusammenschluss mit anderen Betrieben oder die Spaltung von Betrieben,
4. grundlegende Änderungen der Betriebsorganisation, des Betriebszwecks oder der Betriebsanlagen,
5. Einführung grundlegend neuer Arbeitsmethoden und Fertigungsverfahren.

Literatur: *Alles/Handermann*, Komplexe Restrukturierungen und ihre praktischen Herausforderungen, DB 2019, 1027; *Althoff/Knorz*, Neue Entwicklungen in der Rechtsprechung zum Unterlassungsanspruch des Betriebsrats bei Betriebsänderungen, ArbRAktuell 2021, 543; *Baeck/Diller*, Zur Teilbarkeit von Betriebsänderungen, NZA 1997, 689; *Beneke*, Die Kosten des Beratung des Betriebsrats, NZA 2018, 1361; *Boecken*, Gemeinschaftsbetrieb und Anwendbarkeit der §§ 111 ff BetrVG, FS 50 Jahre BAG (2004), S 931; *Däubler*, Einvernehmlicher Personalabbau bei drohender Krise?, NZA 2020, 10; *Gaul*, Beteiligungsrechte des Betriebsrats aus §§ 111, 112 BetrVG bei der Spaltung eines gemeinsamen Betriebes mehrerer Unternehmen, NZA 2003, 695; *Giesen*, Materielles Betriebsverfassungsrecht und Digitalisierung, NZA 2020, 73; *Göpfert/Brune*, Moderne Führungsinstrumente auf dem arbeitsrechtlichen Prüfstand, NZA-Beilage 2018, 87; *Henssler*, Aufspaltung, Ausgliederung und Fremdvergabe, NZA 1994, 294; *Hohmann-Dennhardt*, Entscheidungsstrukturen im Unternehmen und Arbeitnehmerinteressen – zur Effektivität der Mitbestimmung bei Betriebsänderungen, 1980; *Hohenstatt/Willemsen*, Die Mitbestimmung bei Betriebsänderungen: Risiken, Nebenwirkungen und Therapievorschläge, FS 100 Jahre Betriebsverfassungsrecht (2020), S 205; *Lelley/Bruck*, Kein Blick zurück im Zorn – Zur Mitbestimmung beim Zusammentreffen von Betriebsänderung und Betriebsratswahl, BB 2020, 2810; *Ludwig/Hinze*, Kein Unterlassungsanspruch des Betriebsrats gegen Abbau von Leiharbeitnehmern im Rahmen einer Betriebsänderung, NZA 2018, 841; *dies*, Digitalisierung und IT-Mitbestimmung – Wie die Betriebsparteien den Wandel gemeinsam gestalten können, NZA 2021, 1444; *Ludwig/Kemna*, Betriebsänderung und Beteiligung der Schwerbehindertenvertretung, NZA 2019, 1547; *Matthes*, Betriebsänderungen in wesentlichen Betriebsteilen, FS D Gaul (1992), S 397; *C Meyer*, Neue betriebsverfassungsrechtliche Fragen zum Teil-Betriebsübergang, NZA 2018, 900; *Neef*, Betriebsübergang und Betriebsänderung, NZA 1994, 97; *Oltmanns/Fuhlrott*, Desk-Sharing & Coworking-Spaces: Arbeitsrechtliche Besonderheiten zweier „moderner Arbeitsformen", NZA 2018, 1225; *B Otto/Jares*, Kein allgemeiner Unterlassungsanspruch des Betriebsrats bei Betriebsänderung, DB 2018, 899; *Plander*, Umstrukturierungen und Änderungen der

Arbeitsorganisation als Gegenstände der Betriebsverfassung, NZA 2000, 393; *Reiserer/Lachmann*, Personalabbau und Massenentlassung – Verknüpfung von Interessenausgleichs- und Konsultationsverfahren, BB 2021, 1268; *Rieble*, Interessenausgleich über Auslandsinvestitionen, NZA 2004, 1029; *Rose/Grimmer*, Die Stellung des Beraters des Betriebsrats nach § 111 S 2 BetrVG, DB 2003, 1790; *Salamon/Krimm*, Arbeitsrechtliche Aspekte und Herausforderungen im außerinsolvenzlichen Sanierungsverfahren, NZA 2021, 235; *Salamon/von Stechow*, Planung und Durchführung einer Betriebsänderung während der Beteiligung des Betriebsrats, NZA 2016, 85; *Scharff*, Beteiligungsrechte von Arbeitnehmervertretungen bei Umstrukturierungen auf Unternehmens- und Betriebsebene, BB 2016, 437; *Schönhöft/Einfeldt*, Desk Sharing – Grenzen der betrieblichen Mitbestimmung, NZA 2022, 92; *Schwanecke*, Die „grundlegende Änderung des Betriebszwecks" im Sinne des § 111 S 2 Nr 4 BetrVG 1972, 1989; *Schwegler*, Der Schutz der Vereinbarungen und Verfahrensrechte zum Interessenausgleich, 2011; *Ullrich*, Auswirkungen des § 4 S. 2 BetrVG auf den Betriebsbegriff im Rahmen von § 111 BetrVG, NZA 2004, 1308; ältere Literatur s Vorauflagen.

Übersicht

	Rn.		Rn.
I. Überblick	1	d) Änderung von Organisation, Zweck und Anlagen	43
II. Anwendungsbereich	3	e) Einführung neuer Arbeitsmethoden und Fertigungsverfahren	48
1. Anknüpfung an das Unternehmen	3	V. Unterrichtungs- und Beratungspflicht	49
2. Arbeitnehmerzahl	12	1. Unterrichtung	49
III. Zuständigkeiten	15	2. Beratung	56
IV. Betriebsänderungen	26	3. Hinzuziehung eines Beraters des Betriebsrats	57
1. Allgemeines	26	4. Sanktionen bei Verletzungen	63
2. Tatbestände	33	VI. Streitigkeiten	65
a) Einschränkung und Stilllegung	33		
b) Verlegung	41		
c) Zusammenschluss und Spaltung	42		

I. Überblick

Die §§ 111 bis 113 sind die **zentralen Regelungen** der Mitwirkung und Mitbestimmung in wirtschaftl Angelegenheiten. Im Gegensatz zum WirtA hat der BR hier eine stärkere Position, weil (eingeschränkt) mit dem Interessenausgleich und (intensiv) mit dem Sozialplan kollektivrechtl wirksamere Instrumente für die Einflussnahme des BR bei Betriebsänderungen zur Verfügung stehen. Nach § 111 S 1 hat der Unternehmer den BR bei geplanten Betriebsänderungen im Sinne des § 111 S 3 zu unterrichten und mit ihm über die Betriebsänderung zu beraten. Über die Betriebsänderung und ihre konkrete Durchführung kann dann ein Interessenausgleich geschlossen werden, der aber nicht erzwingbar ist, und dessen Nichtbeachtung durch den Unternehmer (lediglich) die individualrechtl Folgen eines Nachteilsausgleichsanspruches der AN nach § 113 hat. Über den Ausgleich der sozialen Nachteile, die sich aus der Betriebsänderung für die AN ergeben, kann der BR dagg einen Sozialplan – mit Ausnahme der Fälle des § 112a – über die ES erzwingen. Damit ergibt sich eine gestufte Intensität der Beteiligung des BR: Während er die Durchführung einer Betriebsänderung letztlich nicht verhindern kann, kann der Ausgleich der Nachteile der AN auch gg den Willen des AG im Wege eines ES-Verf erreicht werden. Mittelbar werden sich die potenziellen wirtschaftl Folgen aus einem Sozialplan aber regelmäßig auch auf die Planung und Durchführung der Betriebsänderung selbst auswirken, (nur) insofern kann auch von einer Steuerungsfunktion des Sozialplanes gesprochen werden <L: Richardi/*Annuß* Rn 16>.

2   Das Verf nach den §§ 111 ff steht neben **weiteren gesetzlich vorgeschriebenen Konsultationsverf** im Rahmen von Betriebsänderungen. Dabei sind zwar rechtl die Verf nach § 17 Abs 2 KSchG und nach §§ 323 ff UmwG vom Beteiligungsverf nach §§ 111, 112 zu trennen, allerdings können diese praktisch vereint werden, sodass der AG den BR nur einmal unterrichtet und damit mehreren Unterrichtungspflichten nachkommt – freilich setzt dies voraus, dass der BR klar erkennen kann, welchen Unterrichtungs- und Beratungspflichten der AG genügen will <R: BAG 13.6.2019, 6 AZR 459/18, BB 2019, 2554; 20.9.2012, 6 AZR 155/11, NZA 2013, 31; L: AR/*Kolbe* Rn 1; dazu ausf *Reiserer/Lachmann* BB 2021, 1268, 1272 f>. Auch das Anhörungsverf nach § 102 wird durch § 111 nicht ersetzt, sondern ist für jeden AN gesondert durchzuführen, kann aber ebenfalls praktisch zusammengefasst werden. In jedem Falle müssen die Voraussetzungen der verschiedenen Beteiligungsverf gewahrt werden.

II. Anwendungsbereich

1. Anknüpfung an das Unternehmen

3   § 111 stellt seit seiner Fassung durch das BetrVerf-RG für den Anwendungsbereich der Mitwirkungs- und MBR bei Betriebsänderungen nicht mehr auf den Betrieb, sondern auf das **Unternehmen** ab. Damit soll sichergestellt werden, dass der Zweck des Schwellenwertes von 20 wahlberechtigten AN, nämlich kleinere Unternehmen vor zu starken Belastungen insbes durch Sozialpläne zu schützen, auch tatsächlich nur diesen Unternehmen zugutekommt. Weil die Frage der wirtschaftl Belastbarkeit eines Unternehmens nicht von dessen organisatorischer Gliederung in einzelne Betriebseinheiten abhängig ist, soll die Gesamtzahl der AN des Unternehmens allein entscheidend sein <L: BT-Drs 14/5741 S 51>.

4   Damit werden **Kleinbetriebe größerer Unternehmen**, wie das auch der Intention der vorherigen Rechtsprechung des BAG entspricht <R: BAG 8.6.1999, 1 AZR 831/98, BB 1999, 2244; mit krit Anm L: *Löwisch* SAE 2000, 175>, den Mitwirkungs- und MB-Verf nach den §§ 111 ff unterstellt. Nicht erfasst werden lediglich AN in nicht BR-fähigen Kleinstbetrieben (§ 1 Rn 19 ff), die nicht iS des § 4 Abs 2 einem Hauptbetrieb zuzuordnen sind (dazu § 4 Rn 16 f), denn für sie fehlt es von vornherein an einer möglichen Vertretung durch einen BR. Auch der GBR ist für sie nicht zuständig (§ 50 Rn 39). Zu den Auswirkungen der Erstreckung auf Kleinbetriebe auf den Begriff der Betriebsänderung unten Rn 33 ff.

5   Auf der anderen Seite bleiben kleinere Unternehmen auch dann ausgenommen, wenn sie größeren **Konzernen** angehören. Maßgeblich ist auch im Konzernverbund stets das einzelne Unternehmen <R: BAG 14.4.2015, 1 AZR 223/14, NZA 2015, 1212>. Deshalb kann die Verselbstständigung von Betrieben zu Unternehmen im Wege der Umwandlung dazu führen, dass die Schwelle des § 111 S 1 unterschritten und so die Mitbestimmung bei Betriebsänderungen vermieden wird. Das ist nicht per se rechtsmissbräuchlich <L: AR/*Kolbe* Rn 3; s aber DKW/*Däubler* Rn 34>.

II. Anwendungsbereich §111

In **Tendenzunternehmen** im Sinne des § 118 Abs 1 gelten die §§ 111 ff eingeschränkt: 6
Ein Interessenausgleich muss nicht versucht werden, für den Sozialplan gelten die allg
Vorgaben, § 118 Abs 1 S 2. In Betrieben kirchl Träger, die unter § 118 Abs 2 fallen, gilt
das BetrVG insgesamt nicht. Die kirchl Mitarbeitervertretungsgesetze sehen aber eine
entspr Beteiligung der Mitarbeitervertretung vor, s etwa § 27a MAVO.

Haben mehrere Unternehmen einen **gemeinschaftlichen Betrieb** gebildet, in dem sie die 7
Arbeitgeberfunktionen im Bereich der sozialen und personellen Angelegenheiten einheitlich wahrnehmen, ist wegen des Unternehmensbezugs nicht auf die Gesamtzahl aller im
Gemeinschaftsbetrieb beschäftigten AN abzustellen. Vielmehr ist maßgebend, ob das **Unternehmen** seinerseits mehr als 20 AN beschäftigt. Sind deshalb im Gemeinschaftsbetrieb mehr als 20 AN beschäftigt, erreicht aber keines der tragenden Unternehmen diesen
Schwellenwert für sich allein, greifen die §§ 111 ff nicht <L: HWK/*Hohenstatt/Willemsen*
Rn 16>.

Eine analoge Anwendung in diesem Fall <L: dafür aber GK/*Oetker* Rn 17> ist gerade 8
wegen des Zwecks des Unternehmensbezugs nichts angezeigt <L: Richardi/*Annuß*
Rn 26>. Das BAG wendet zwar den ebenfalls auf die Größe des Unternehmens abstellenden § 99 Abs 1 S 1 auf den Gemeinschaftsbetrieb analog an <R: BAG 29.9.2004, 1 ABR
39/03, DB 2005, 951>. Maßgebend für diese die Mitwirkung und Mitbestimmung vornehmlich bei Einstellungen und Versetzungen betreffende Analogie ist nach den Entscheidungsgründen der Umstand, dass es an der „räumlich bedingten engen persönlichen
Zusammenarbeit zwischen Arbeitgeber und Arbeitnehmern (...) in gleichem Maße auch
dann" fehlt, „wenn zwar das einzelne Unternehmen nicht mehr als zwanzig Arbeitnehmer
beschäftigt, diese aber in einer organisatorischen Einheit tätig sind, in der sie zusammen
mit den Arbeitnehmern eines anderen Unternehmens eine Belegschaft von insgesamt
mehr als zwanzig Mitarbeitern bilden". Dieser Zweck greift aber im Rahmen der
§§ 111 ff nicht: Hier geht es darum, ab welcher Größe ein Unternehmen im Falle von Betriebsänderungen dem komplizierten Interessenausgleichsverf unterstellt und der finanziellen Belastung durch einen Sozialplan ausgesetzt werden soll – und diese Frage lässt
sich nur für jedes Unternehmen selbst beantworten. Dass es mit anderen Unternehmen in
einem Gemeinschaftsbetrieb zusammenwirkt, ändert an seiner Stellung im ausdrücklich
auf den „Unternehmer" abstellenden Interessenausgleichsverf des § 112 Abs 1 bis 3 und
seiner finanziellen Belastung durch einen Sozialplan nichts. Dementspr ist Adressat des
Beteiligungsverf nach §§ 111, 112 von vornherein der „Unternehmer" und nicht wie in
§ 99 der „Arbeitgeber" <L: im Ergebnis wie hier ErfK/*Kania* Rn 5; Richardi/*Annuß*
Rn 26; differenzierend *Fitting* Rn 23; MünchArbR/*Leder* § 345 Rn 2; AR/*Kolbe* Rn 4; aA
DKW/*Däubler* Rn 33; GK/*Oetker* Rn 17>.

Liegt der Fall so, dass **eines** der am gemeinsamen Betrieb beteiligten Unternehmen den 9
Schwellenwert überschreitet und das andere nicht, entfallen die Beteiligungsrechte
der §§ 111 ff nicht ganz <L: Richardi/*Annuß* Rn 26; vgl auch *Annuß* NZA 2001, 367,
369; s auch GK/*Oetker* Rn 18; aA DKW/*Däubler* Rn 33>. Vielmehr hat das Unternehmen, das den Schwellenwert überschreitet, den BR des gemeinsamen Betriebs zu unterrichten; Interessenausgleichs- und Sozialplanverf müssen zw dem BR des gemeinsamen
Betriebs und diesem Unternehmen hinsichtlich der AN durchgeführt werden, die zu dem
Unternehmen im Arbeitsverhältnis stehen und von der Betriebsänderung betroffen sind.
Das gilt auch, wenn der gemeinsame Betrieb den Schwellenwert selbst nicht erreicht –
weil es eben auf den Unternehmensbezug ankommt.

§ 111 Betriebsänderungen

10 Der **Unternehmensbezug beschränkt sich aber auf den** für die Anwendbarkeit der §§ 111ff maßgebenden **Schwellenwert**. IÜ knüpfen die Vorschriften nach wie vor an den Betriebsbegriff <**R**: BAG, 19.7.2012, 2 AZR 386/11, NZA 2013, 333> (zum Betriebsbegriff s § 1 Rn 3ff) an: Nach § 111 ist maßgebend, ob eine Betriebsänderung vorliegt <**R**: BAG vom 21.1.2020, 1 AZR 149/19, NZA 2021, 731>. Interessenausgleich und Sozialplan beziehen sich nach § 112 auf die geplante Betriebsänderung. Gleiches gilt nach § 112a Abs 1 hinsichtlich der Frage, welchen Umfang ein reiner Personalabbau annehmen muss, um eine Sozialplanpflichtigkeit auszulösen. Auch § 113 stellt für den Nachteilsausgleich auf die geplante Betriebsänderung ab.

11 Die Mitwirkungs- und MBR nach §§ 111, 112 bestehen nur in Unternehmen und dort für Betriebe, in denen überhaupt ein **BR besteht**. Wird in einem Unternehmen ein BR gewählt, nachdem der Unternehmer mit der Durchführung der Betriebsänderung begonnen hat, ist der BR an der Betriebsänderung nicht nach §§ 111, 112 zu beteiligen, also weder ein Interessenausgleichs- noch ein Sozialplanverfahren durchzuführen <**R**: BAG 20.4.1982, 1 ABR 3/80, BB 1982, 1423; **L**: GK/*Oetker* Rn 38: maßgeblich: konstituierende Sitzung; **aA** DKW/*Däubler* Rn 154>. Der Unternehmer ist nicht verpflichtet zuzuwarten, bis ein BR gewählt ist <**R**: BAG 18.11.2003, 1 AZR 30/03; AP Nr 162 zu § 112 BetrVG 1972>. Zu dem Fall, dass ein BR-loser Betrieb zu einem Unternehmen gehört, in dem ein GBR besteht, s Rn 22.

2. Arbeitnehmerzahl

12 Für die Ermittlung der Zahl der in der Regel **wahlberechtigten AN** im Sinne des § 111 S 1 ist auf die Personalstärke abzustellen, die für das Unternehmen im Allgemeinen kennzeichnend ist. Durch das Betriebsrätemodernisierungsgesetz 2022 wurde das Alter der aktiven Wahlberechtigung von 18 auf 16 Jahre herabgesetzt, dazu § 7 Rn 4. Die Berechnung erfolgt nach der „**Kopfzahl**", eine Berücksichtigung *pro rata temporis* erfolgt nicht <**L**: HWK/*Hohenstatt/Willemsen* Rn 13>. Werden AN nicht ständig, sondern lediglich zeitweilig beschäftigt, kommt es für die Frage der regelmäßigen Beschäftigung darauf an, ob die AN während des größten Teils eines Jahres normalerweise beschäftigt werden. Eine Ausnahme gilt lediglich für reine Kampagnebetriebe <**R**: BAG 16.11.2004, 1 AZR 642/03, AP BetrVG 1972 § 111 Nr 58>. Abzustellen ist auf den Zeitpunkt, zu dem der Entschluss über eine Betriebsänderung gefasst wird <**R**: BAG 16.11.2004, aaO>.

13 Maßgebend für die „Regelbeschäftigung" ist also nicht die zufällige tatsächliche, sondern die **normale Beschäftigtenzahl**, bei der auch die absehbare weitere Entwicklung des Unternehmens zu berücksichtigen ist, freilich ohne dass die durch die Betriebsänderung selbst ausgelöste Verringerung der Beschäftigtenzahl einzubeziehen wäre <**R**: BAG 18.10.2011, 1 AZR 335/10, NZA 2012, 221; 24.2.2005, 2 AZR 207/04, DB 2005, 1576; 10.12.1996, 1 ABR 43/96 BB 1997, 1206>. Geht der Stilllegung eines Betriebs (Rn 33ff) ein Personalabbau voraus, der sich über einen längeren Zeitraum erstreckt, bleibt er für die Ermittlung der idR beschäftigten AN außer Betracht, wenn er rückwirkend als Vorstufe der Betriebsstilllegung erscheint <**L**: s auch zu sog Freiwilligenprogrammen *Däubler* NZA 2020, 10, 12ff>. Dann bleibt die ursprüngliche Beschäftigtenzahl maßgebend <**R**: BAG 10.12.1996, aaO; 16.11.2004, aaO>. Sollte der Personalabbau dagg eine Fortführung des Betriebs ermöglichen und hat er für eine nicht unerhebliche Zeit zu einer Stabilisierung der Belegschaftsstärke auf niedrigerem Niveau geführt, so folgt die Zahl der

idR Beschäftigten aus der Belegschaftsstärke dieser Zwischenstufe <R: BAG 9.5.1995, 1 ABR 51/94, BB 1995, 1963 (LS), DB 1995, 2075>.

Im Unternehmen beschäftigte **Leih-AN** sind bei der Berechnung des Schwellenwertes mitzuzählen, sofern sie wahlberechtigt sind, §§ 14 Abs 2 S 4 AÜG, 7 S 2 BetrVG <L: AR/*Kolbe* Rn 6; ErfK/*Kania* Rn 5>. Es kommt aber auch hier auf die regelmäßige Beschäftigung an. Richtigerweise wird man dies entspr auch im Falle der privilegierten AN-Überlassung – etwa Konzern, § 1 Abs 3 Nr 2 AÜG – so sehen müssen <L: GK/*Oetker* Rn 29>. 14

III. Zuständigkeiten

Adressat der in den §§ 111, 112 festgelegten Beteiligungsrechte des BR ist der Unternehmer, also diejenige (natürliche oder juristische) Person oder Gesellschaft des Privatrechts, die Träger des Unternehmens ist. 15

Ist über das Vermögen des Betriebsinhabers das **Insolvenzverf** eröffnet worden, sind die Beteiligungsrechte nach den §§ 111, 112 grds ggü dem Insolvenzverwalter auszuüben <R: BAG (GS) 13.12.1978, GS 1/77, BB 1979, 267, 287>. Dies gilt auch, wenn die erforderlichen arbeitsrechtl Maßnahmen Folge einer Entscheidung der Gläubigerorgane sind. Denn auch solche bedürfen der Umsetzung durch den Insolvenzverwalter. Er ist Verhandlungspartner des BR auch dann, wenn die Gläubigerversammlung gem § 157 S 1 InsO die Unternehmensstilllegung beschließt und dies die Betriebsstilllegung iS des § 111 S 3 Nr 1 zur Folge hat <L: MK-InsO/*Caspers* vor § 113–128 Rn 11>. Der Restrukturierungsbeauftragte nach § 73 ff StaRUG oder der Sanierungsmoderator nach § 94 StaRUG sind keine Adressaten der Rechte des BR nach § 111, das ist auch in den Fällen der Anwendung der Stabilisierungs- und Restrukturierungsinstrumente nach dem StaRUG der Unternehmer selbst. 16

Kommt es im Zusammenhang mit einer **Betriebsveräußerung** zu einer Betriebsänderung, ist **Adressat** der Beteiligungsrechte derjenige, der die konkrete betriebsändernde Maßnahme **plant**. Dies kann der Veräußerer auch dann sein, wenn die Maßnahme erst nach dem Betriebsübergang durchgeführt wird. Für Sozialplan- oder Nachteilsausgleichsansprüche, die aufgrund einer Betriebsänderung vor der Betriebsveräußerung entstanden sind, haftet allein der Veräußerer. Eine Haftung des Erwerbers nach § 613a BGB kommt nicht in Betracht, weil die Arbeitsverhältnisse der vor dem Betriebsübergang entlassenen AN nicht auf ihn übergehen. Möglich ist nur, dass der Erwerber nach § 25 HGB für die Sozialplan- oder Nachteilsausgleichsansprüche einstehen muss. Wird ein **Unternehmen aufgespalten** und dabei ein Betrieb oder Betriebsteil veräußert, haftet der Erwerber gem § 133 Abs 1 S 1 UmwG gesamtschuldnerisch für die vor der Eintragung der Aufspaltung ins Handelsregister begründeten Sozialplanverbindlichkeiten. In dem Sonderfall, dass ein Unternehmen in eine Anlage- und eine Betriebsgesellschaft aufgespalten wird, haftet die Anlagegesellschaft unter den engen Voraussetzungen des § 134 UmwG auch für solche Sozialplanverbindlichkeiten, die nach der Spaltung begründet werden. Werden Unternehmen im Zuge einer Betriebsveräußerung verschmolzen, haftet der übernehmende Rechtsträger ohnehin für sämtliche Ansprüche. 17

§ 111   Betriebsänderungen

18 Hat das Unternehmen nur einen Betrieb, ist der dort gebildete BR für die Ausübung der Beteiligungsrechte nach den §§ 111, 112 zuständig. Hat das **Unternehmen mehrere Betriebe**, bei denen BR gebildet sind, und besteht gem § 47 ein GBR, muss unterschieden werden: Betrifft die geplante Betriebsänderung nur einen der Betriebe, liegt die Zuständigkeit bei dessen BR. Soll sich die Betriebsänderung nach der unternehmenseinheitlichen Planung hingg auf mehrere Betriebe beziehen, ist der GBR zuständig <**R:** BAG 24.1.1996, 1 AZR 542/95, BB 1996, 2093 für die Verlegung eines Betriebes und seine Zusammenlegung mit einem anderen Betrieb; BAG 8.6.1999, 1 AZR 831/98, BB 1999, 2244 für die Stilllegung aller Bereiche eines Außendienstes>. Dabei kann auch zwischen der Zuständigkeit für die Unterrichtung und Beratung zu einem Interessenausgleich und zur Verhandlung über einen Sozialplan unterschieden werden: Fällt der Interessenausgleich in die Zuständigkeit des GBR, so ist dennoch zu prüfen, ob der Ausgleich der wirtschaftl Nachteile für die AN nicht die einzelnen Betriebe unabhängig voneinander berührt <**R:** BAG 23.10.2002, 7 ABR 55/01, AP Nr 26 zu § 50 BetrVG 1972; **L:** AR/*Kolbe* Rn 9>.

19 Der BR muss zum Zeitpunkt des Durchführungsentschlusses des Unternehmers zur Betriebsänderung bestehen – ein erst später gewählter BR kann sich nicht auf die Rechte aus §§ 111 f berufen <**R:** BAG 28.10.1992, 10 ABR 75/91, NZA 1993, 420; **L:** MünchArbR/*Leder* § 345 Rn 7; AR/*Kolbe* Rn 7: BR muss „in der Sekunde" des Unternehmerentschlusses bestehen; HWK/*Hohenstatt/Willemsen* Rn 9; dazu ausf *Lelley/Bruck* BB 2020, 2810; 2814 ff; **aA** DKW/*Däubler* Rn 155, auf die Bekanntgabe des Wahlausschreibens abstellend>.

20 Erfolgen die Betriebsänderungen in einem Unternehmen, das zu einem **Konzern** gehört und ist in diesem gem § 54 ein **KBR** gebildet, so kommt auch dessen Zuständigkeit in Betracht. Sie setzt nach § 58 Abs 1 voraus, dass die geplanten Betriebsänderungen **unternehmensübergreifend** angelegt sind <**R:** BAG 11.12.2001, 1 AZR 193/01, BB 2002, 1487; offengelassen für eine Betriebsstilllegung BAG 18.7.2017, 1 AZR 546/15, NZA 2017, 1618>. Zuständig auf Unternehmerseite ist in so einem Fall das herrschende Unternehmen (§ 58 Rn 14).

21 Bei **Zweifeln über den zuständigen Verhandlungspartner** genügt es, dass der Unternehmer in geeigneter Weise versucht, den richtigen Partner für Unterrichtung und Beratung zu finden. Er muss die in Betracht kommenden AN-Vertretungen zur Klärung der Zuständigkeitsfrage auffordern und dann mit der ihm benannten verhandeln. Einigen sich die AN-Vertretungen in vertretbarer Zeit nicht, ist die von ihm getroffene Entscheidung über den zuständigen Verhandlungspartner maßgebend, sofern sie unter Berücksichtigung der Entscheidungssituation nachvollziehbar erscheint <**R:** BAG 24.1.1996, 1 AZR 542/95, BB 1996, 2093>. Das ist bedeutsam für den Versuch des Interessenausgleichs nach § 113 Abs 3 (s dazu § 113 Rn 9 ff).

22 Sind nur in einem **Teil der Betriebe eines Unternehmens BR gebildet** und besteht für das Unternehmen ein GBR, ist dieser gem § 50 Abs 1 S 1 Hs 2 grds auch für die Betriebe ohne BR zuständig. Vorausgesetzt ist dabei allerdings, dass für die geplante Betriebsänderung nach dem in Rn 18 Gesagten überhaupt eine Zuständigkeit des GBR und nicht der Einzel-BR gegeben ist. Auch erstreckt sich die Zuständigkeit nicht auf nach § 1 Abs 1 S 1 überhaupt nicht BR-fähige Betriebe, soweit diese nicht gem § 4 Abs 2 einem Hauptbetrieb zugeordnet sind (vgl § 50 Rn 39).

Ist in einem **Unternehmen mit mehreren Betrieben nur ein BR** gebildet, scheidet nach § 47 Abs 1 die Errichtung eines GBR aus (47 Rn 5). Dementspr bestehen in einem solchen Fall die Beteiligungsrechte nach §§ 111, 112 nur für den Betrieb, in dem der BR gebildet ist, und werden von diesem ausgeübt. 23

Scheiden die BR-Mitglieder im Zuge einer Betriebsstilllegung aus dem Betrieb aus (§ 15 Abs 4, 5 KSchG), behält der BR – obwohl die Mitgliedschaft im BR nach § 24 Abs 1 Nr 3 mit der Beendigung des Arbeitsverhältnisses grds erlischt – für die Regelung der offenen Fragen, insbes des Sozialplans, gem § 21b ein **Restmandat** (§ 21b Rn 5). Wird im Zuge der Betriebsänderung ein Betrieb gespalten oder werden Betriebe oder Betriebsteile zu einem neuen Betrieb zusammengelegt, ist für die Regelung der offenen Fragen in § 21a auf der BR-Seite ein **Übergangsmandat** vorgesehen, s die Erl zu § 21a. 24

Die Beteiligung der **Schwerbehindertenvertretung** ist nach § 111 nicht vorgesehen, sie regelt sich allein nach § 178 Abs 2 SGB IX <L: dazu *Ludwig/Kemna* NZA 2019, 1547>. Diese Trennung gilt auch für andere besondere AN-Vertretungsorgane. 25

IV. Betriebsänderungen

1. Allgemeines

Die Beteiligungsrechte nach den §§ 111, 112 setzen voraus, dass der Unternehmer eine **Betriebsänderung plant**. Wie die in § 111 S 3 genannten Fälle zeigen, meint Betriebsänderung, dass entweder der Betrieb als organisatorische Einheit, die Betriebsmittel, der Betriebszweck oder die in der Belegschaft zusammengefassten AN qualitativen oder quantitativen Änderungen unterworfen werden sollen <R: BAG 17.2.1981, 1 ABR 101/78, BB 1981, 1214>. Maßgeblich ist der allg Begriff der §§ 1, 4 BetrVG, sodass etwa in der Auflösung gewillkürter Vertretungsstrukturen nach § 3 Abs 1 keine Betriebsänderung liegt <L: ErfK/*Kania* Rn 13; *Kania/Trebeck* BB 2014, 1595; *Ludwig/Glau* BB 2019, 309>. Ebenfalls fallen weder der Zusammenschluss von Unternehmen noch die Spaltung von Unternehmen als solche unter die §§ 111, 112 <R: BAG 17.2.1981, aaO>. Der **Katalog des § 111 S 3 ist abschließend**, das gebietet bereits das Streben nach Rechtssicherheit <L: AR/*Kolbe* Rn 11; HWK/*Hohenstatt/Willemsen* Rn 20; *Richardi/Annuß* Rn 41: **aA**: GK/*Oetker* Rn 58; *Fitting* Rn 34, freilich mit dem Hinweis, dass im Katalog des S 3 alle praktisch relevanten Fälle enthalten seien; s aber für die Frage nach einer richtlinienkonformen Extension *Reichold*, NZA 2003, 289, 299>. 26

Deshalb ist auch eine **Betriebsveräußerung** nach § 613a BGB als solche noch keine Betriebsänderung <R: BAG 15.12.2011, 8 AZR 682/10, NZA-RR 2012, 570>. Das gilt auch unter Berücksichtigung der Vorgaben der Übergangs-RL 2001/23/EG und der Anhörungs-RL 2002/14/EG, sie werden bezogen auf den Betriebsübergang durch § 613a BGB umgesetzt <L: *Richardi/Annuß* Rn 124; **aA** DKW/*Däubler* Rn 126>. Geht mit der Betriebsveräußerung aber eine Betriebsänderung einher, wird etwa ein Betrieb räumlich nicht unerheblich verlegt, die alte Betriebsgemeinschaft vollständig aufgelöst und der Betrieb an dem neuen Ort mit einer im Wesentlichen neuen Belegschaft fortgeführt, liegt darin eine beteiligungspflichtige Betriebsänderung <R: vgl BAG 15.12.2011, 8 AZR 682/10, NZA-RR 2012, 570; 25.1.2000, 1 ABR 1/99, BB 2000, 2261; L: ErfK/*Kania* Rn 12; s auch *C Meyer* NZA 2018, 900>. 27

§ 111 Betriebsänderungen

28 Dass § 111 S 1 von Betriebsänderungen spricht, die **wesentliche Nachteile** für die Belegschaft oder erhebliche Teile der Belegschaft zur Folge haben können, hat nach der Rspr des BAG keine eigenständige Bedeutung. Das BAG geht davon aus, dass § 111 S 3 das Entstehen solcher Nachteile für die dort genannten Betriebsänderungen fingiert und erst bei der Aufstellung eines Sozialplans geprüft werden muss, ob sie auch tatsächlich entstehen <R: BAG 16.6.1987, 1 ABR 41/85, BB 1987, 1737>, was zu einem „Sozialplan null" führen kann, wenn durch die Betriebsänderungen keine Nachteile ausgelöst werden <L: AR/*Kolbe* Rn 11>. Eine Betriebsänderung im Sinne des S 3 muss aber erheblich sein – nur dann ist die Fiktion der wesentlichen Nachteile gerechtfertigt <R: BAG 22.3.2016, 1 ABR 12/14, BB 2016, 1913>.

29 § 111 S 1 knüpft für die Beteiligungsrechte nach den §§ 111, 112 an vom Unternehmer **geplante Betriebsänderungen** an. Gegenstand der Beteiligungsrechte ist damit die auf eine Betriebsänderung abzielende Entscheidung des Unternehmers <R: BAG 6.6.1978, 1 AZR 495/75, BB 1978, 1362 (LS), DB 1978, 1650>. Deshalb sind vom AG nicht beabsichtigte Eigenkd aller AN eines Betriebs wg Lohnrückständen als von ihm nicht geplant nicht beteiligungspflichtig <R: BAG 4.7.1989, 1 ABR 35/88, BB 1989, 2256 (LS), DB 1990, 485>. Auch die bloße Hinnahme des Ausscheidens von AN aufgrund natürlicher Fluktuation stellt keine geplante Betriebsänderung dar, selbst wenn sie durch ein konkretes Ereignis, etwa die Entscheidung eines Kunden, veranlasst ist <R: LAG Hamm 21.8.2008 13 TaBVGa 16/08, BeckRS 2008, 57206>. Geplant bedeutet auf der anderen Seite nicht, dass Grundlage der Betriebsänderung eine bewusste und freie Entscheidung des Unternehmers sein muss: Auch eine Betriebsänderung, mit der der Unternehmer auf eine zwangsläufige wirtschaftl Entwicklung, eine Katastrophe, eine Pandemie, eine behördliche Anordnung oder die Eröffnung des Insolvenzverf reagiert, unterliegt der Beteiligung des BR <R: BAG (GS) 13.12.1978, GS 1/77, BB 1979, 267, 287; 14.9.1976, 1 AZR 784/75, BB 1977, 142; L: MK-InsO/*Caspers* §§ 121, 122 Rn 12>.

30 Gegenstand der Beteiligungsrechte nach §§ 111, 112 ist nur die **jeweilige**, dh die aktuelle Entscheidung des Unternehmers, eine Betriebsänderung durchzuführen. Erreicht eine geplante Betriebsänderung für sich genommen das in § 111 S 3 Nr 1 bis 5 vorausgesetzte Ausmaß nicht, überschreitet aber zusammen mit früher geplanten und/oder früher durchgeführten Betriebsänderungen dieses Ausmaß, löst das die Beteiligungsrechte des BR nicht aus.

31 Der **Insolvenzfall** führt nicht dazu, dass die Beteiligungsrechte des BR nach §§ 111, 112 BetrVG grds suspendiert würden. Zwar ist die Durchführung eines Insolvenzverf selbst keine Betriebsänderung iSd § 111, werden aber während des Verf Betriebsänderungen iSd § 111 geplant, ist der BR grds nach deren Maßgabe zu beteiligen. Allerdings nehmen die §§ 120 ff InsO die Erfordernisse des Insolvenzverf auf und modifizieren die Vorgaben der §§ 111, 112 punktuell <L: GK/*Oetker* Rn 45>.

32 Unberührt bleiben die Beteiligungsrechte der §§ 111, 112 auch im Falle von Maßnahmen nach dem **StaRUG**. Dessen § 92 bestimmt dies ausdrücklich. Deshalb wird das Verfahren der §§ 111, 112 nur dann ausgelöst, wenn eine entsprechende Betriebsänderung im Zusammenhang mit den Stabilisierungs- und Restrukturierungsmaßnahmen geplant sind. Nach § 2 Abs 1 Nr 2 StaRUG hat der Restrukturierungsplan für bestimmte Rechte des Unternehmens gestaltende Wirkung. Führt dies zu einer Betriebsänderung (etwa durch den Abzug von entsprechenden Vermögensgegenständen), kann darin eine Betriebsände-

rung iSd § 111 liegen. Ist dies der Fall, so muss die Unterrichtung des BR rechtzeitig vor Einreichung des Restrukturierungsplanes erfolgen <L: s dazu *Göpfert/Giese* NZI-Beilage 2021, 55, 56 *Giese/Jungbauer* BB 2020, 2679, 2683; *Lingscheid/Kunz* DB 2021, 677, 679; *Salamon/Krimm* NZA 2021, 235, 238 f>. Aus § 5 StaRUG iVm Nr 7 der Anlage zum StaRUG, die dem Unternehmer aufgeben, die Auswirkungen des Restrukturierungsvorhabens auf die Beschäftigungsverhältnisse sowie Entlassungen und Kurzarbeiterregelungen und die Modalitäten der Unterrichtung und Anhörung der AN-Vertretung im Restrukturierungsplan anzugeben, erfordern dagg selbst nicht die Anhörung als solche, sondern die bloße Beschreibung des Anhörungsverfahrens. Dies entspricht auch Art 8 Abs 1 lit g iii Restrukturierungs-RL 2019/1023.

2. Tatbestände

a) Einschränkung und Stilllegung

Nach **S 3 Nr 1** ist der BR bei der Einschränkung oder Stilllegung des Betriebs oder von Betriebsteilen zu beteiligen. Eine **Betriebsstilllegung** ist die Aufgabe des Betriebszwecks unter gleichzeitiger Auflösung der Betriebsorganisation für unbestimmte, also nicht nur vorübergehende Zeit <R: BAG 18.7.2017, 1 AZR 546/15, BB 2017, 2739 (LS), NZA 2017, 1618>. Das entspricht § 106 Abs 3 Nr 6, sodass auf die Erläuterungen dieser Vorschrift (§ 106 Rn 36 ff) verwiesen werden kann. 33

S 3 Nr 1 verlangt weitergehend als § 106 Abs 3 Nr 6 aber, dass **wesentliche Betriebsteile** eingeschränkt oder stillgelegt werden. Entspr der sozialen Schutzfunktion der §§ 111 ff ist das zu bejahen, wenn von der Einschränkung oder Stilllegung ein erheblicher Teil der Belegschaft betroffen ist <R: BAG 22.5.1979, 1 AZR 848/76, BB 1979, 1501>. Welche Funktion der Betriebsteil im Betriebsablauf hat, spielt demggü keine Rolle <R: BAG 7.8.1990, 1 AZR 445/89, BB 1990, 2271 (LS), DB 1991, 760>. Ob eine bestimmte Zahl von AN ein erheblicher Teil der Belegschaft ist, hängt von der Größe des betroffenen Betriebs ab. Diese wiederum bestimmt sich nach dem in den §§ 1 und 14 geregeltem Betriebsbegriff <R: BAG 31.5.2007, 2 AZR 254/06, NZA 2007, 1307>. Auch hier helfen die Schwellenwerte des § 17 Abs 1 KSchG (dazu sogleich Rn 35) <L: AR/*Kolbe* Rn 13>. Die Beweislast für die Tatsachen, die für die Abgrenzung des Betriebes im konkreten Fall maßgebend sind, liegt dabei bei demjenigen, der sich auf die Erheblichkeit des Belegschaftsteils beruft. Im Falle der Vermutungswirkung des § 1 Abs 5 KSchG ist das der AG <R: BAG 31.5.2007, aaO>, im Falle des Nachteilsausgleichsanspruchs nach § 113 Abs 3 der AN. 34

Ein **Personalabbau** stellt nur dann eine wesentliche Betriebsänderung dar, wenn er einen bestimmten Umfang erreicht <R: BAG 9.11.2021, AP BetrVG 1972 § 112 Nr 245>. Die Rechtsprechung orientiert sich dafür an den Zahlen und Prozentangaben, von denen § 17 Abs 1 KSchG die Voraussetzungen der Massenentlassung abhängig macht <R: BAG 17.3.2016, 2 AZR 182/15, NZA 2016, 1072; LAG Rh-Pf, 18.5.2020, 3 Sa 429/19, juris; LAG Schleswig-Holstein, 10.6.2020, 6 Sa 179/19, juris; s für die L: GK/*Oetker* Rn 96>. Danach müssen in Betrieben mit 21 bis 59 AN sechs AN, in Betrieben mit 60 bis 499 zehn Prozent oder 26 AN und in Betrieben mit mindestens 500 AN 30 AN zur Entlassung anstehen. Allerdings müssen stets mindestens fünf Prozent der Belegschaft betroffen sein <R: BAG 9.11.2010, 1 AZR 708/09, NZA 2011, 466; 2.8.1983, 1 AZR 516/ 35

§ 111 Betriebsänderungen

81, BB 1984, 274; 22.1.2004, 2 AZR 111/02, NZA 2006, 64 (LS), AP BetrVG 1972 § 112 Nr 1>. Auf den in § 17 Abs 1 S 1 KSchG genannten Zeitraum von 30 Kalendertagen kommt es insoweit nicht an <R: BAG 22.5.1979, 1 AZR 848/76, BB 79, 1501; 22.1.2004, aaO>. **Leih-AN** sind bei der Berechnung nicht zu berücksichtigen, um Wertungswidersprüche mit § 112a zu vermeiden, den § 14 Abs 2 S 4 AÜG ausdrücklich aus der Berücksichtigung für die betriebsverfassungsrechtlichen Schwellenwerte ausnimmt <R: ArbG Darmstadt, 14.2.2018, 5 BVGa 3/18, NZA 2018, 885; **L:** *Fitting* Rn 77; ErfK/ *Kania* Rn 10>. Das führt dazu, dass ein Abbau der Leiharbeitsverhältnisse im Betrieb für sich kein betriebsändernder Personalabbau iSd S 3 Nr 1 ist <**L:** GK/*Oetker* Rn 99>.

36 In **kleineren Betrieben** mit nicht mehr als 20 AN eines Unternehmens mit mehr als 20 AN genügt in entspr Anwendung des § 112a Abs 1 Nr 1 BetrVG die Entlassung von 20 vom Hundert, mindestens aber sechs AN <R: LAG Nürnberg 21.9.2009, 6 Sa 808/08, BB 2009, 2421 (LS), BeckRS 2009, 73039: mindestens 30 vom Hundert; **L:** GK/*Oetker* Rn 103: mindestens 3; Richardi/*Annuß* Rn 74: mindestens 30%>. Ausgeschlossen bleiben damit nur Betriebe bis 5 AN.

37 Maßgebend sind entspr dem Schutzzweck der §§ 111 ff nur die **betriebsbedingten Kd**; verhaltens- oder personenbedingte Kd bleiben außer Betracht, ebenso Beendigungen von Arbeitsverhältnissen wg Fristablaufs und das Ausscheiden von AN wg Erreichens der Altersgrenze.

38 **Aufhebungsverträge**, die zum Zweck des Personalabbaus geschlossen werden, sind dagg mitzuzählen (Argument aus § 112a Abs 1 S 2 BetrVG), ebenso vom AG veranlasste Eigen-Kd <R: BAG 23.8.1988, 1 AZR 276/87, BB 1988, 2387>. Eine Veranlassung in diesem Sinne liegt nur dann vor, wenn der AG die AN im Hinblick auf eine konkret geplante Betriebsänderung bestimmt hat, selbst zu kündigen oder einen Aufhebungsvertrag zu schließen, um eine sonst notwendig werdende Kd zu vermeiden. Ein bloßer Hinweis des AG auf eine unsichere Lage des Unternehmens, auf notwendig werdende Betriebsänderungen oder der Rat, sich eine neue Stelle zu suchen, genügt nicht <R: BAG 20.4.1994, 10 AZR 323/93, BB 1994, 1938; 19.7.1995, 10 AZR 885/94, BB 1995, 2534>. Nutzt der AG lediglich die natürliche Personalfluktuation aus, um sein Personal abzubauen, ist das ebenfalls keine Betriebsänderung iS des § 111 S 3 Nr 1 <R: BAG 2.8.1983, 1 AZR 516/ 81, BB 1984, 274>.

39 Stilllegung oder Einschränkung eines Betriebsteils iS des § 111 S 3 Nr 1 setzen nicht notwendig voraus, dass der erhebliche Teil der Belegschaft auf einmal aus dem Betrieb ausscheidet: Auch der auf einer einheitlichen Planungsentscheidung beruhende **sukzessive**, sich über die in § 17 KSchG genannte Grenze von 30 Kalendertagen hinaus erstreckende Personalabbau unterliegt, wenn er den genannten Umfang (Rn 35 f) erreicht, der Beteiligung des BR. Ein naher zeitlicher Zusammenhang von mehreren Entlassungswellen kann dabei Indiz für eine einheitliche Planung sein <R: BAG 28.3.2006, 1 ABR 5/05, BB 2006, 2084>. Nur sofern sukzessive Personalreduzierungen auf voneinander unabhängigen Unternehmerentscheidungen beruhen, sind die Zahlen der einzelnen Entlassungswellen nicht zusammenzurechnen. Zur Berechnung der Zahl der idR beschäftigten AN iS des S 1, wenn der Betriebsstilllegung ein sich über einen längeren Zeitraum erstreckender Personalabbau vorausgeht, Rn 12 f.

40 Wird ein Betrieb, der von vornherein für einen zeitlich begrenzten Betriebszweck errichtet worden ist, nach Erreichen dieses Zwecks geschlossen, ist das **keine Betriebsstillle-**

IV. Betriebsänderungen § 111

gung iS des S 3 Nr 1 <**R:** LAG München 15.2.1989, 7 TaBV 34/88, BB 1989, 775 (LS), LAGE § 111 BetrVG 1972 Nr 9>. Gleiches gilt bei Personalreduzierungen, die auf gewöhnlichen Schwankungen der Betriebstätigkeit beruhen, welche mit der Eigenart des betroffenen Betriebes, zB als Saisonbetrieb, zusammenhängen <**R:** BAG 22.5.1979, 1 AZR 848/76, BB 1979, 1501>. Der Schutzzweck der §§ 111 ff trifft auf solche Fälle nicht zu.

b) Verlegung

Nach **S 3 Nr 2** ist Betriebsänderung auch die **Verlegung von Betrieben** oder Betriebsteilen; das entspricht § 106 Abs 3 Nr 7 (§ 106 Rn 41). Wie S 3 Nr 1 für die Stilllegung (Rn 33) ist auch S 3 Nr 2 enger als § 106 Abs 3 Nr 7 und beschränkt die Mitwirkung des BR nach §§ 111, 112 auf die Verlegung von **wesentlichen Betriebsteilen** <**R:** LAG Köln, 27.10.2016, 7 TaBV 54/16, ArbR 2017, 150>. Wesentlich ist nach der Rechtsprechung ein Betriebsteil, wenn in ihm ein erheblicher Teil der Belegschaft iS der Zahlen und Prozentangaben des § 17 KSchG, mindestens aber in Höhe von 5 Prozent beschäftigt ist <**R:** vgl BAG 26.10.1982, 1 ABR 11/81, DB 1983, 1766>. Für Kleinbetriebe gilt das in Rn 36 Gesagte entspr.

41

c) Zusammenschluss und Spaltung

S 3 Nr 3 definiert als Betriebsänderung den Zusammenschluss und die Spaltung von **Betrieben**; das entspricht insoweit § 106 Abs 3 Nr 8 (§ 106 Rn 42). Anders als § 106 Abs 3 Nr 8 erfasst S 3 Nr 3 aber nicht nur den Zusammenschluss von Betrieben (§ 106 Rn 42), sondern auch den Zusammenschluss **mit** Betrieben und damit auch den Fall, dass ein **Betriebsteil** abgespalten und in einen anderen Betrieb eingegliedert wird <**R:** BAG 10.12.1996, 1 ABR 32/96, BB 1997, 1587>. Umstritten ist, ob auch sog Bagatellabspaltungen unter S 3 Nr 3 fallen. Das BAG hat dies offengelassen <**R:** BAG 10.12.1996, 1 ABR 32/96, NZA 1997, 898>. Richtig ist, dass auch hier die Schwellenwerte des § 17 Abs 1 KSchG jedenfalls orientierend heranzuziehen sind <**L:** AR/*Kolbe* Rn 16; WHSS/*Schweibert* Rn C 61; **aA** Richardi/*Annuß* Rn 102>. Die virtuelle Zusammenarbeit von Unternehmen und AN verschiedener „analoger" Betriebe führt grundsätzlich nicht zu einer Betriebsänderung iSd S 3 Nr 3. Bei diesen „virtuellen Gemeinschaftsbetrieben" kommt es grds nicht zur Änderung der vorher bestehenden Betriebsstruktur, sondern eben lediglich zu einer Zusammenarbeit der AN im virtuellen Raum <**R:** LAG Berlin-Brandenburg, 10.12.2020, 26 TaBVGa 1498/20 Rn 40, NZA-RR 2021, 183>. Dazu, dass die teilweise Stilllegung eines Betriebes keine Spaltung ist, s § 106 Rn 42. Sie unterfällt, wenn es sich um einen wesentlichen Betriebsteil handelt, der Nr 1 (Rn 33).

42

d) Änderung von Organisation, Zweck und Anlagen

Nach **S 3 Nr 4** ist der BR bei Änderungen der Betriebsorganisation und des Betriebszwecks zu beteiligen; das entspricht § 106 Abs 3 Nr 9 (§ 106 Rn 43). Zusätzl definiert S 3 Nr 4 die Änderung der Betriebsanlagen als Betriebsänderung. Betriebsanlagen sind alle Anlagen, die der Erfüllung des Betriebszwecks dienen <**R:** BAG 26.10.1982, 1 ABR 11/81, DB 1983, 1766>. Nicht nur die Änderung sämtlicher, sondern auch einzelner Betriebsanlagen kann unter S 3 Nr 4 fallen, sofern es sich um Anlagen handelt, die für den gesamten Betrieb von erheblicher Bedeutung sind. Hierfür ist die Zahl der von derÄnde-

43

§ 111   Betriebsänderungen

rung betroffenen AN ein Indiz, wobei auch iR des S 3 Nr 4 die Zahlen und Prozentangaben des § 17 KSchG und die Mindestquote von 5 Prozent (Rn 35) maßgeblich sind <**R:** BAG 26.10.1982, aaO>. Werden die Betriebsanlagen unternehmenseinheitlich geändert, ist für jeden Betrieb gesondert zu prüfen, ob diese Zahlen erreicht sind.

44   S 3 Nr 4 verlangt über § 106 Abs 3 Nr 9 hinaus, dass die Betriebsorganisation, der Betriebszweck oder die Betriebsanlagen **grundlegend geändert** werden. Grundlegend wird die Betriebsorganisation geändert, wenn der Aufbau und die Gliederung des Betriebs oder die Zuständigkeiten einschneidend verändert oder Betriebsteile mit erheblichem Gewicht ausgegliedert werden <**R:** BAG 22.3.2016, 1 ABR 12/14, BB 2016, 1913>. Es geht also bildlich um einen ändernden „Sprung", nicht um eine schrittweise Entwicklung <so **L:** *Röder/Gepert* NZA 2017, 1289, 1291>. Dies ist der Fall, wenn ein bislang mit eigenen Angestellten durchgeführter Außendienst durch den Aufbau eines Netzes selbstständiger Handelsvertreter mit neuen Zuständigkeitsgebieten ersetzt wird <**R:** BAG 18.11.2008 1 AZR 37/02, BB 2004, 1372>. Die bloße Ausgliederung von „Anhängseln" genügt hingg nicht <**R:** BAG 21.10.1980, 6 AZR 640/79, BB 1982, 618 (LS), DB 1981, 698>. Der Betriebszweck wird grundlegend geändert, wenn der Gegenstand der Betriebstätigkeit so umgestellt wird, dass sich das Gepräge des Betriebs völlig verändert, etwa wenn ein bisheriger Produktionsbetrieb nur noch Dienstleistungen erbringt. Hingg lösen bloße Veränderungen der erzeugten Produkte oder erbrachten Dienstleistungen die Mitwirkung des BR nach S 3 Nr 4 noch nicht aus.

45   Ob die Betriebsanlagen grundlegend geändert werden, hängt in erster Linie vom **Grad der technischen Änderung** ab <**R:** BAG 26.10.1982, 1 ABR 11/81, DB 1983, 1766; **L:** *Röder/Gepert* NZA 2017, 1289, 1291>. Kann nicht zweifelsfrei geklärt werden, ob Betriebsorganisation, -zweck oder -anlagen grundlegend geändert werden sollen, ist entspr der sozialen Schutzfunktion des § 111 (Rn 1 vor §§ 106 ff) auf den Grad der nachteiligen Auswirkungen für die betroffenen AN abzustellen <**R:** BAG 22.3.2016, 1 ABR 12/14, BB 2016, 1913; 26.10.1982, aaO>.

46   Nach S 3 Nr 4 muss der Unternehmer den BR auch über solche Betriebsänderungen unterrichten, die mit einer **Unternehmensänderung** einhergehen oder in deren Folge auftreten. Etwa ändert eine Unternehmensaufspaltung, bei der die **Arbeitsaufgaben auf verschiedene Betriebe aufgeteilt** werden, sowohl die Betriebsorganisation als auch den Betriebszweck <**R:** BAG 16.6.1987, 1 ABR 41/85, BB 1987, 1737>, es sei denn, es wird nur ein „Anhängsel" ausgegliedert (Rn 44). Von einer solchen Betriebsänderung sind alle AN des ursprünglich einheitlichen Betriebs betroffen <**R:** BAG 16.6.1987, aaO>. Hingg ist die bloße Aufspaltung eines Unternehmens in eine Besitzgesellschaft und eine Betriebsgesellschaft keine Betriebsänderung <**R:** BAG 17.2.1981, 1 ABR 101/78, BB 1981, 1214>.

47   Nach S 3 Nr 4 ist der BR auch zu beteiligen, wenn die Betriebsarbeit iR einer **Teilbetriebsveräußerung** iS des § 613a BGB auf mehrere Betriebe aufgeteilt wird <**R:** BAG 16.6.1987, 1 ABR 41/85, BB 1987, 1737; 25.1.2000, 1 ABR 1/99, BB 2000, 2261>. Wird ein Betrieb insgesamt veräußert, ist das demggü keine Betriebsänderung iS des S 3 Nr 4 (s auch Rn 27). Ein Beteiligungsrecht des BR besteht aber, wenn der Erwerber eine betriebsändernde Maßnahme iS des § 111 trifft, etwa den Betrieb stilllegt <**R:** vgl BAG 26.2.1987, 2 AZR 768/85, BB 1987, 972> oder den Betriebszweck ändert. Besteht eine Betriebsänderung darin, dass ein Unternehmer mit den bei ihm beschäftigten AN einen

IV. Betriebsänderungen §111

ursprünglich gemeinsam mit einem anderen Unternehmer geführten Betrieb verlässt, sind beide Unternehmer zusammen zu Verhandlungen über Interessenausgleich und Sozialplan verpflichtet <R: LAG Nürnberg 22.3.1995, 4 TaBV 33/94, DB 1995, 1972 (LS), NZA-RR 1996, 91>. Beschäftigt allerdings eines der Unternehmen nicht mehr als 20 AN, scheiden in Bezug auf die bei ihm beschäftigten AN die Mitwirkungs- und MBR nach §§ 111, 112 aus (oben Rn 7 ff).

e) Einführung neuer Arbeitsmethoden und Fertigungsverfahren

Nach S 3 Nr 5 ist der BR bei der **Einführung neuer Arbeitsmethoden und Fertigungsverf** zu beteiligen; das entspricht, da Fertigungsverf nur ein anderes Wort für Fabrikationsmethode ist, § 106 Abs 3 Nr 5 (§ 106 Rn 33). Die neu eingeführten Arbeitsmethoden oder Fertigungsverf müssen über § 106 Abs 3 Nr 5 hinausgehend **grundlegend**, also wesentlich anders sein als die bisher im Betrieb verwendeten <R: BAG 22.3.2016, 1 ABR 12/14, BB 2016, 1913>. Das kann etwa bei der Einführung des sog Desk-Sharing oder von Coworking-Spaces so sein, also wenn für die AN des Betriebs nicht feste und insgesamt weniger Arbeitsplätze als AN zur Verfügung stehen oder wenn kurzfristig angemietete Räume zur Arbeitsleistung genutzt werden <R: offengelassen LAG Düsseldorf, 9.1.2018, 3 TaBVGa 6/17, NZA-RR 2018, 368; ArbG Fft/M, 8.1.2003, 2 BVGa 587/02; L: einschränkend für das Desk-Sharing *Schönhöft/Einfeldt* NZA 2022, 92, 95 f; insgesamt zum „flexible office" L: *Oltmanns/Fuhlrott* NZA 2018, 1225, 1229; *Stück* ArbRAktuell 2018, 409, 410; *Kohte* NZA-RR 2018, 368>. Gleiches gilt auch für die Einführung von Homeoffice-Arbeitsplätzen, jedenfalls wenn dies grundlegend und für einen erheblichen Teil der AN vereinbart wird <L: *Mues/Müncheberg* ArbRB 2020, 214, 217; *Gaul/Rindone* ArbRB 2021, 208, 211; *Fischer* jurisPR-ArbR 14/2021 Anm 8>. „Klassischer" greift S 3 Nr 5 etwa beim Übergang von Einzel- zu Serienfertigung, von Fließband- zu Gruppenarbeit, von halbautomatischer zu vollautomatischer Fertigung, bei der Einführung von Datensichtgeräten im Rechnungswesen und der Einführung einer Inline-Produktionsanlage in einer Druckerei ein <R: LAG Fft/M 27.10.1987, 4 Ta BV 283/86, NZA 1988, 407, LAGE § 111 BetrVG 1972 Nr 7>. Gibt der Unternehmer die Eigenfertigung eines notwendigen Vorprodukts auf, kann das eine grundlegende Änderung des Arbeitsverf iS des S 3 Nr 5 sein <R: BAG 7.8.1990, 1 AZR 445/89, BB 1990, 2271 (LS), DB 1991, 760>. Die bloße Verbesserung bisheriger Verf, etwa die Verwendung von weiterentwickelter, auf der bisherigen aufbauender Software genügt hingg nicht. Gleiches gilt für die Einführung digitaler Arbeitsmittel und -prozesse insgesamt <L: *Ludwig/Hinze* NZA 2021, 1444, 1446>. Ob die Arbeitsmethoden oder Fertigungsverf für die Branche insgesamt neu sind, spielt angesichts des mit den §§ 111 ff verfolgten Gesetzeszwecks keine Rolle <L: HWK/*Willemsen/Hohenstatt* Rn 52>. Das Mitwirkungsrecht nach S 3 Nr 5 schließt die MBR nach § 87 Abs 1 Nr 6 und Nr 13 nicht aus. Die Beteiligungsverf sind nebeneinander anwendbar.

48

V. Unterrichtungs- und Beratungspflicht

1. Unterrichtung

49 § 111 S 1 verpflichtet den Unternehmer, den BR über Betriebsänderungen schon im **Planungsstadium** zu unterrichten. Das Planungsstadium ist erreicht, wenn Vorüberlegungen so konkretisiert werden, dass man sie als Vorgaben ansehen kann, nach denen der Unternehmer vorbehaltlich der Beratung mit dem BR verfahren will. Es bedarf also einer konkreten Planung und des Entschlusses zu ihrer Umsetzung <**R**: BAG 18.7.2017, 1 AZR 546/15, NZA 2017, 1618; 20.11.2001, 1 AZR 97/01, NZA 2002, 992; für § 92 BAG 19.6.1984, 1 ABR 6/83, BB 1984, 2265; im Anschluss daran für § 111 BAG 27.6.1989, 1 ABR 19/88, BB 1989, 2254 (LS), DB 1990, 181; LAG Hamm 8.8.2008, 10 TaBV 21/08, BeckRS 2008, 57191; **aA** OLG Hamburg 4.6.1985, 2 Ss 5/85, NZA 1985, 568: Unterrichtung in einem möglichst frühen Stadium>. Damit ist aber auch gemeint, dass die Pflichten aus § 111 dann nicht bestehen, wenn zum Zeitpunkt des Durchführungsentschlusses des Unternehmers zur Betriebsänderung noch kein BR besteht – ein erst später gewählter BR kann sich nicht auf die Rechte aus §§ 111 f berufen <**R**: BAG 28.10.1992, 10 ABR 75/91, NZA 1993, 420; **L**: MünchArbR/*Leder* § 345 Rn 7; AR/*Kolbe* Rn 7: BR muss „in der Sekunde" des Unternehmerentschlusses bestehen>.

50 Hat der Unternehmer den grds Entschluss zu einer Betriebsänderung gefasst, muss er den BR **rechtzeitig** unterrichten, also zu einem so frühen Zeitpunkt, dass sowohl die in § 111 S 1 vorgesehene Beratung als auch die Verhandlungen über Interessenausgleich und Sozialplan ohne Zeitdruck durchgeführt werden können <**R**: BAG 14.9.1976, 1 AZR 784/75, BB 1977, 142>. Ist die Betriebsänderung bereits in allen Einzelheiten festgelegt und sind auch die gesellschaftsrechtl notwendigen Voraussetzungen (etwa die Zustimmung des Aufsichtsrates) gegeben, ist eine erst danach erfolgende Unterrichtung des BR nicht mehr rechtzeitig <**L**: ErfK/*Kania* Rn 22>. Allerdings können die Beschlüsse der Gesellschaftsorgane unter dem Vorbehalt der BR-Beteiligung gefasst werden <**L**: AR/*Kolbe* Rn 19>.

51 Unterrichtet der Unternehmer den BR erst, nachdem er **mit der Betriebsänderung begonnen** hat, ist dies in jedem Fall zu spät <**R**: BAG 14.9.1976, aaO> und hat Nachteilsausgleichsansprüche nach § 113 Abs 3 zur Folge. Begonnen ist mit der Betriebsänderung, wenn der Unternehmer AV kündigt, und zwar auch solche ltd Ang, obwohl für diese das BetrVG nicht gilt <**R**: BAG 4.6.2003, 10 AZR 586/02, EzA § 209 InsO Nr 1>. Zu spät ist die Unterrichtung, wenn die Maßnahme bereits umgesetzt wird, so wenn im Falle der Betriebsstilllegung **unumkehrbare Maßnahmen zur Auflösung der betriebl Organisation ergriffen werden** <**R**: BAG 18.7.2017, 1 AZR 546/15, BB 2017, 2739 (LS), NZA 2017, 1618>. Auch sonst darf der Unternehmer den BR nicht vor vollendete Tatsachen stellen, etwa indem er die Betriebsänderung öffentlich als unabwendbar darstellt. Hingg liegt weder in der Einstellung der wieder aufnehmbaren Produktion noch in der widerruflichen Freistellung der AN für sich gesehen schon der Beginn der Betriebsänderung <**R**: BAG 22.11.2005, 1 AZR 407/04 DB 2006, 1907>.

52 Der Unternehmer muss den BR **umfassend** über die geplante Betriebsänderung unterrichten: Die dem BR mitgeteilten Umstände müssen den Umfang und die zu erwartenden Auswirkungen der geplanten Maßnahmen sowie die Gründe für deren Zweckmäßigkeit erkennen lassen <**R**: BAG 18.7.1972, 1 AZR 189/72, BB 1972, 1407>. Der BR kann ver-

langen, dass ihm alle für die Betriebsänderung maßgeblichen Daten mitgeteilt und gem § 80 Abs 2 S 2 die entspr **Unterlagen** zur Verfügung gestellt werden (vgl § 80 Rn 39). Er hat jedoch keinen Anspruch auf Daten, die für die Planung keine Rolle spielen oder die der Unternehmer selbst nicht zur Verfügung hat <R: LAG Hamm 5.3.1986, 12 Ta BV 164/85, BB 1986, 1291; L: ErfK/*Kania* Rn 23>. Werden durch die Information des BR über die geplante Betriebsänderung Betriebs- und Geschäftsgeheimnisse gefährdet, werden diese durch die allg Regelungen der §§ 79, 120 BetrVG und der weiteren einschlägigen Gesetze, GeschGehG, MarktmißbrauchsVO (EU) 596/2014 geschützt <L: GK/*Oetker* Rn 199; aA die Vorlauflage Rn 44: § 106 Abs 2 analog>.

Die Unterrichtung bedarf **keiner bestimmten Form**, praktisch jedoch wird eine schriftliche Unterrichtung zu raten sein. Richtig wird darauf hingewiesen, dass die Art und Weise der Unterrichtung ihren Zweck stützen müsse <L: GK/*Oetker* Rn 200>. Deshalb wird gerade für komplexere Sachverhalte eine rein mündliche Unterrichtung nicht ausreichen. **53**

Über Betriebsänderungen, die auch wesentliche Nachteile für **ltd Ang** zur Folge haben, muss der Unternehmer gem § 32 Abs 2 S 1 SprAuG auch den SprA rechtzeitig und umfassend unterrichten. **54**

Die Pflicht zur rechtzeitigen Information trifft den **Unternehmer als solchen**. Sie wird deshalb weder durch die unternehmensinternen Entscheidungsstrukturen noch durch Konzernabhängigkeiten eingeschränkt. Werden die für das Unternehmen handelnden Personen, etwa der Vorstand einer Aktiengesellschaft, ihrerseits von den Entscheidungsträgern erst unterrichtet, nachdem die Entscheidung zu einer Betriebsänderung gefallen ist, und können sie deshalb den BR nicht mehr rechtzeitig unterrichten, geht das zulasten des Unternehmens <L: in diesem Sinne auch *Fitting* Rn 105>. Hingenommen werden müssen nach dem Territorialitätsprinzip (Einl Rn 15 ff) allerdings Entscheidungen herrschender Unternehmen mit Sitz im Ausland; insoweit kann das inländische, beherrschte Unternehmen nur die Pflicht treffen, die Entscheidung des herrschenden Unternehmens alsbald nach Kenntnisnahme dem BR mitzuteilen <R: LAG Köln 11.3.1999, 6 TaBV 65/98, LAGE § 111 BetrVG 1972 Nr 16>. Insoweit greift aber in seinem Anwendungsbereich das EBRG (Anh 3). **55**

2. Beratung

§ 111 S 1 verpflichtet den Unternehmer, die geplante Betriebsänderung mit dem BR zu **beraten**: Der Unternehmer muss die Stellungnahme des BR entgegennehmen und sowohl die eigene Planung als auch die Stellungnahme des BR mit diesem im Einzelnen erörtern. Die Beratung erstreckt sich auf die Frage, ob es wirklich notwendig ist, die geplante Betriebsänderung durchzuführen, auf die Bedingungen, unter denen sie durchgeführt werden soll und auf die mit ihr verbundenen sozialen und personellen Auswirkungen, also auf den Versuch eines Interessenausgleichs (s dazu § 112 Rn 3 ff). Lässt sich der Unternehmer nicht auf die Beratung ein, löst das Nachteilsausgleichsansprüche nach § 113 Abs 3 aus. Eine vorherige Beratung ist allerdings entbehrlich, wenn die Betriebsänderung – etwa wg Zahlungsunfähigkeit des AG – unausweichlich ist. Hier genügt es, wenn der Unternehmer den BR von der geplanten Betriebsänderung unterrichtet; danach kann er diese durchführen <R: BAG 23.1.1979, 1 AZR 64/76, BB 1979, 782>. **56**

3. Hinzuziehung eines Beraters des Betriebsrats

57 Nach S 2 kann der BR in Unternehmen mit mehr als 300 AN zu seiner Unterstützung einen **Berater** hinzuziehen, nach der hM auch mehrere <L: Richardi/*Annuß* Rn 54; DKW/Däubler Rn 176; kritisch mit Blick auf den Wortlaut: AR/*Kolbe* Rn 22>. Maßgebend ist die Zahl der AN iS des § 5 Abs 1; auf die Wahlberechtigung nach § 7 kommt es deshalb nicht an. **Leih-AN** zählen wegen § 14 Abs 2 S 4 AÜG mit <L: GK/*Oetker* Rn 220; **anders** noch die Vorauflage Rn 54>. § 111 S 2 sieht im Wortlaut keinen Bezug zur regelmäßigen AN-Anzahl vor. Das wird von starken Stimmen als bloßes Redaktionsversehen gewertet <L: GK/*Oetker* Rn 220; *Fitting* Rn 118; ErfK/*Kania* Rn 25>, sodass es danach auf die regelmäßig beschäftigten AN ankäme. Allerdings lässt sich dies durch die Gesetzgebungsgeschichte nicht belegen, der Zweck des Schwellenwertes, nämlich die Berücksichtigung der wirtschaftlichen Leistungsfähigkeit des Unternehmens, wird besser aufgenommen, wenn es für die Berechnung auf den Zeitpunkt der Einleitung des Unterrichtungsverfahrens ankommt <L: Richardi/*Annuß* Rn 53; s zu teleologischen Gesichtspunkten auch *Oetker* NZA 2002, 465, 467>.

58 Als solche Berater kommen ein Wirtschaftsprüfer, ein Steuerberater, ein Rechtsanwalt, ein Unternehmensberater, ein sachkundiger Gewerkschaftsfunktionär, aber auch ein Angehöriger des Unternehmens, etwa ein freigestelltes Mitglied eines anderen BR des Unternehmens oder ein Mitglied des WirtA, in Betracht. Der Berater unterliegt nach dem für entspr anwendbar erklärten § 80 Abs 4 der Geheimhaltungspflicht des § 79, die nach § 120 Abs 1 Nr 3a strafbewehrt ist.

59 Die Beratung nach S 2 bezieht sich auf die Betriebsänderung als solche und auf die Ausstattung des BR mit dem entspr Wissen, nicht aber auf die rechtl Vertretung, etwa in einem Beschlussverf <R: BAG 14.12.2016, 7 ABR 8/15, NZA 2017, 514>. Hier bleibt es bei den Voraussetzungen des § 40 BetrVG <L: ErfK/*Kania* Rn 25>.

60 Anders als für die Hinzuziehung eines Sachverständigen nach § 80 Abs 3 bedarf der BR für die Zuziehung des Beraters **keiner vorherigen Vereinbarung** mit dem Unternehmer. Ebenfalls anders als § 80 Abs 3 macht § 111 S 2 die Hinzuziehung auch nicht ausdrücklich davon abhängig, dass sie zur Erfüllung der Aufgaben des BR nach den §§ 111, 112 erforderlich ist. Allerdings steht die Hinzuziehung im pflichtgemäßen Ermessen des BR. Hier muss sich der BR zunächst nicht prinzipiell auf die Möglichkeit eines internen Beraters verweisen lassen <L: Richardi/*Annuß* Rn 53>. Dies gilt auch im Insolvenzfall, allerdings muss der BR dann in Rechnung stellen, dass die Kosten des Beraters zulasten der Masse gehen und damit gem § 123 Abs 2 S 2 InsO mögliche Sozialplanansprüche schmälern <L: MK-InsO/*Löwisch/Caspers* § 123 Rn 60 ff>. Bei der Ausübung seines pflichtgemäßen Ermessens hat der BR den Grds der vertrauensvollen Zusammenarbeit nach § 2 Abs 1 zu beachten. Über die Kostentragung des AG nach § 40 kommt es hier auch zur Berücksichtigung, ob die Heranziehung eines Beraters erforderlich ist <R: BAG 18.11.2020, 7 ABR 37/19, NZA 2021, 65>. Die mutwillige Zuziehung eines Beraters in einem ganz einfach gelagerten Fall kann dementspr eine Pflichtverletzung des BR iS des § 23 Abs 1 darstellen.

61 § 111 S 2 sagt nichts über die **Vergütung des hinzugezogenen Beraters**. Deshalb gilt die allgemeine Kostenregel des § 40, aus der auch die notwendige Erforderlichkeit resultiert <R: BAG 18.11.2020, 7 ABR 37/19, NZA 2021, 65>. Nach der Rechtsprechung des BGH ist der BR bei Abschluss eines Beratervertrages, der sich innerhalb der Vorgaben des § 111 S 2 hält, rechtsfähig und kann deshalb auch selbst Vertragspartner des Beraters sein <R: BGH 25.10.2012, III ZR 266/11, BB 2013, 380; s auch BAG 18.11.2020, 7 ABR 37/19, NZA 2021, 65>. Der BGH stellt hier vor allem darauf ab, dass anders als bei § 80 Abs 3 keine vorherige Absprache mit dem AG erfolgen muss. Freilich wird die partielle Rechtsfähigkeit des BR durch die Reichweite des Erstattungsanspruches aus § 40 Abs 1 begrenzt: dieser gibt nach der Rechtsprechung die für die Rechtsfähigkeit in diesem Falle maßgebliche Vermögensfähigkeit vor. Erfolgt eine Vergütungsvereinbarung deshalb über das hier als notwendig Angesehene hinaus, handelt der BR *ultra vires* und können die als Vertreter des BR handelnden BR-Mitglieder entspr § 179 Abs 1 BGB haften <R: BGH 25.10.2012, III ZR 266/11, BB 2013, 380>.

Eine **Vergütung betriebsinterner Berater** kommt regelmäßig nicht in Betracht. Von ihnen muss erwartet werden, dass sie den BR auch ohne bes Entgelt beraten, vgl § 612 Abs 1 BGB <R: vgl für die betriebsangehörigen Mitglieder von ES vor Inkrafttreten des § 76a BAG 11.5.1976, 1 ABR 15/75, AP Nr 2 zu § 76 BetrVG 1972>. Allerdings ist es eine Frage der Reichweite des Arbeitsvertrages und des Weisungsrechtes des AG, ob betriebsinterne AN zur Beratung des BR überhaupt verpflichtet sind. 62

4. Sanktionen bei Verletzungen

Führt der Unternehmer eine Betriebsänderung durch, ohne den BR darüber rechtzeitig und umfassend unterrichtet und seine Planung mit diesem beraten zu haben, **ändert das nichts an der Wirksamkeit der getroffenen Maßnahme**. Dass der AG die Beteiligungsrechte des BR verletzt hat, führt aber zu einem Anspruch derjenigen AN auf **Nachteilsausgleich nach § 113 Abs 3**, die aufgrund der Betriebsänderung entlassen werden oder andere wirtschaftl Nachteile erleiden (§ 113 Rn 9 ff). Zu den Rechten des BR und der AN, wenn der Unternehmer einen Interessenausgleich nicht einhält, § 112 Rn 11. 63

Die **Nichtbefolgung der Informationspflicht** des § 111 S 1 stellt gem § 121 Abs 1 eine bußgeldbewehrte Ordnungswidrigkeit dar (s die Erl zu § 121). 64

VI. Streitigkeiten

Bestehen zw Unternehmer und BR Meinungsverschiedenheiten darüber, ob der BR nach § 111 an einer vom AG geplanten Maßnahme zu beteiligen ist, entscheidet das ArbG im Beschlussverf gem §§ 2a Abs 1 Nr 1, 80 ArbGG <R: BAG 10.11.1987, 1 AZR 360/86, BB 1988, 842>. Gegenstand des Beschlussverf ist dabei über das Vorliegen einer **Betriebsänderung** hinaus die Frage, ob der BR einen **Unterrichtungs- und Beratungsanspruch** hat <R: BAG 18.3.1975, 1 ABR 102/73, BB 1975, 884> und nach S 2 einen Berater zuziehen darf. Es kann für den Unternehmer zweckmäßig sein, ein solches Beschlussverf einzuleiten, da er andernfalls das ganze Verf nach § 112 durchlaufen müsste, um das Risiko von Nachteilsausgleichsansprüchen der AN nach § 113 Abs 3 (Rn 63 und § 113 Rn 9 ff) zu vermeiden <L: AR/*Kolbe* Rn 23>. 65

Der BR kann seinen Anspruch auf Unterrichtung und Beratung über eine geplante Betriebsänderung aus § 111 S 1 im arbg Beschlussverf, ggfs auch im Wege der eV durchsetzen <L: *Löwisch* RdA 1989, 216, 219; ErfK/*Kania* Rn 26>. Um seine Mitwirkungsrechte 66

§ 111 Betriebsänderungen

nach §§ 111, 112 zu sichern, kann der BR dem AG aber **nicht** – weder über den allg Unterlassungsanspruch noch über § 23 Abs 3 – durch eV **untersagen lassen, eine Betriebsänderung** – insbes durch Ausspruch betriebsbedingter Kd bei einer Betriebsstilllegung – **durchzuführen**, bis der AG den BR ordnungsgem beteiligt hat: Das würde die in § 113 Abs 1, 3 zum Ausdruck kommende Entscheidungsfreiheit des Unternehmers zur Durchführung von Betriebsänderungen unterlaufen und die Systematik der Beteiligungsrechte durchbrechen <**R:** BAG 28.8.1991, 7 ABR 72/90, BB 1991, 2306 kein Anspruch auf Einhaltung eines Interessenausgleichs; LAG Rheinland-Pfalz 27.8.2014, 4 TaBVGa 4/14, NZA-RR 2015, 197; LAG Baden-Württemberg 21.10.2009, 20 TaBv Ga 1/09; LAG Köln 5.3.2009, 5 TaBV Ga 1/09, LAGE § 111 BetrVG 2001, Nr 8; LAG Ddf 14.12.2005, 12 TaBV 60/05, LAGE § 111 BetrVG 2001 Nr 4; LAG Rh-Pf 28.3.1989, 3 TaBV 6/89, NZA 89, 863 (LS), LAGE § 111 BetrVG 1972 Nr 10; LAG SH 13.1.1992, 4 TaBV 54/91, BB 1992, 1210 (LS), LAGE § 111 BetrVG 1972 Nr 11; LAG Nürnberg 6.6.2000, 6TaBV 8/00, BB 2000, 2100; LAG München 24.9.2003, 5 TaBV 48/03, LAGE § 111 BetrVG 2001 Nr 3; LAG Köln 5.3.2009, 5 TaBV Ga 1/09, LAGE § 111 BetrVG 2001, Nr 8: jedenfalls wenn der BR keine zeitgerechten Schritte unternommen hat, um zu einem Interessensausgleich zu kommen; **aA** LAG Düsseldorf, 6.1.2021, 4 TaBVGa 6/20, juris; LAG Hamm 17.2.2015, 7 TaBVGa 1/15, NZA-RR 2015, 247; LAG SH 15.12.2010, 3 TaBVGa 12/10, ZinsO 2011, 1122; LAG Hamm 28.8.2003, 13 TaBV 127/03, LAGE § 111 BetrVG Nr 2; LAG Thüringen 18.8.2003, 1 Ta 104/03, LAGE § 111 BetrVG 2001 Nr 1; LAG München 22.12.2008, 6 TaBV Ga 6/08, ArbuR 2009, 142; LAG Hamburg 27.6.1997, 5 TaBV 5/97, NZA-RR 1997, 296, LAGE § 111 BetrVG 1972 Nr 15; LAG Fft/M 30.8.1984, 4 Ta BV Ga 113/84, BB 1985, 659; LAG Berlin 7.9.1995, 10 TaBV 5/95 und 9/95, BB 1996, 64 (LS), LAGE § 111 BetrVG 1972 Nr 13; **L:** ErfK/*Kania* Rn 27; AR/*Kolbe* Rn 25; *Löwisch* aaO; ausf GK/*Oetker* Rn 277 ff; **aA** *Fitting* Rn 138>. Weil ein Unterlassungsanspruch allenfalls der Sicherung der Unterrichtungs- und Beratungsrechte des BR dienen könnte, ist er nach Durchführung der Betriebsänderung in jedem Falle ausgeschlossen <**R:** LAG Köln, 21.5.2021, 9 TaBV 56/20; LAG Rheinland-Pfalz 22.3.2018, 4 TaBV 20/17>.

67 Umstritten ist, ob nicht **Art 8 Abs 2 RL 2002/14/EG** einen Unterlassungsanspruch fordert <**R:** LAG Düsseldorf, 6.1.2021, 4 TaBVGa 6/20, juris; **L:** dafür Richardi/*Annuß* Rn 168, es spreche „viel dafür"">, freilich besteht mit dem Anspruch auf Nachteilsausgleich, § 113 Abs 3, bereits eine entspr Sanktion <**L:** ErfK/*Kania* Rn 27; ausf GK/*Oetker* Rn 289>. Geht, wie häufig, die Betriebsänderung mit einer Massenentlassung im Sinne des § 17 Abs 1 KSchG einher, so folgt über die richtlinienkonforme Auslegung (Massenentlassungs-RL 98/59/EG) im Falle der unzureichenden Beteiligung des BR nach § 17 Abs 2 KSchG die Nichtigkeit der dennoch ausgesprochenen Kd <**R:** BAG 13.6.2019, 6 AZR 459/18, BB 2019, 2554>. Wegen der inhaltlich parallelen Unterrichtungsstrukturen werden so auch Verstöße gg § 111 BetrVG letztlich „quersanktioniert" <**L:** s auch AR/*Kolbe* Rn 25>.

§ 112 Interessenausgleich über die Betriebsänderung, Sozialplan

(1) Kommt zwischen Unternehmer und Betriebsrat ein Interessenausgleich über die geplante Betriebsänderung zustande, so ist dieser schriftlich niederzulegen und vom Unternehmer und Betriebsrat zu unterschreiben; § 77 Absatz 2 Satz 3 gilt entsprechend. Das Gleiche gilt für eine Einigung über den Ausgleich oder die Milderung der wirtschaftlichen Nachteile, die den Arbeitnehmern infolge der geplanten Betriebsänderung entstehen (Sozialplan). Der Sozialplan hat die Wirkung einer Betriebsvereinbarung. § 77 Abs. 3 ist auf den Sozialplan nicht anzuwenden.

(2) Kommt ein Interessenausgleich über die geplante Betriebsänderung oder eine Einigung über den Sozialplan nicht zustande, so können der Unternehmer oder der Betriebsrat den Vorstand der Bundesagentur für Arbeit um Vermittlung ersuchen, der Vorstand kann die Aufgabe auf andere Bedienstete der Bundesagentur für Arbeit übertragen. Erfolgt kein Ermittlungsersuchen oder bleibt der Vermittlungsversuch ergebnislos, so können der Unternehmer oder der Betriebsrat die Einigungsstelle anrufen. Auf Ersuchen des Vorsitzenden der Einigungsstelle nimmt ein Mitglied des Vorstandes der Bundesagentur für Arbeit oder ein vom Vorstand der Bundesagentur für Arbeit benannter Bediensteter der Bundesagentur für Arbeit an der Verhandlung teil.

(3) Unternehmer und Betriebsrat sollen der Einigungsstelle Vorschläge zur Beilegung der Meinungsverschiedenheiten über den Interessenausgleich und den Sozialplan machen. Die Einigungsstelle hat eine Einigung der Parteien zu versuchen. Kommt eine Einigung zustande, so ist sie schriftlich niederzulegen und von den Parteien und vom Vorsitzenden zu unterschreiben.

(4) Kommt eine Einigung über den Sozialplan nicht zustande, so entscheidet die Einigungsstelle über die Aufstellung eines Sozialplans. Der Spruch der Einigungsstelle ersetzt die Einigung zwischen Arbeitgeber und Betriebsrat.

(5) Die Einigungsstelle hat bei ihrer Entscheidung nach Absatz 4 sowohl die sozialen Belange der betroffenen Arbeitnehmer zu berücksichtigen als auch auf die wirtschaftliche Vertretbarkeit ihrer Entscheidung für das Unternehmen zu achten. Dabei hat die Einigungsstelle sich im Rahmen billigen Ermessens insbesondere von folgenden Grundsätzen leiten zu lassen:

1. Sie soll beim Ausgleich oder bei der Milderung wirtschaftlicher Nachteile, insbesondere durch Einkommensminderung, Wegfall von Sonderleistungen oder Verlust von Anwartschaften auf betriebliche Altersversorgung, Umzugskosten oder erhöhte Fahrtkosten, Leistungen vorsehen, die in der Regel den Gegebenheiten des Einzelfalles Rechnung tragen.

2. Sie hat die Aussichten der betroffenen Arbeitnehmer auf dem Arbeitsmarkt zu berücksichtigen. Sie soll Arbeitnehmer von Leistungen ausschließen, die in einem zumutbaren Arbeitsverhältnis im selben Betrieb oder in einem anderen Betrieb des Unternehmens oder eines zum Konzern gehörenden Unternehmens weiterbeschäftigt werden können und die Weiterbeschäftigung ablehnen; die

mögliche Weiterbeschäftigung an einem anderen Ort begründet für sich allein nicht die Unzumutbarkeit.

2a. Sie soll insbesondere die im Dritten Buch des Sozialgesetzbuches vorgesehenen Förderungsmöglichkeiten zur Vermeidung von Arbeitslosigkeit berücksichtigen.

3. Sie hat bei der Bemessung des Gesamtbetrages der Sozialplanleistungen darauf zu achten, dass der Fortbestand des Unternehmens oder die nach Durchführung der Betriebsänderung verbleibenden Arbeitsplätze nicht gefährdet werden.

Literatur: *Bauer*, Betriebsübergang im Tendenzbetrieb, FS Wissmann (2005), S 215; *Brors*, Altersdiskriminierung bei Sozialplanabfindungen rentennaher Beschäftigter, ZESAR 2021, 378; *Busch*, Abfindung nur bei Klageverzicht jetzt auch in Sozialplänen, BB 2005, 267; *Däubler*, Einvernehmlicher Personalabbau bei drohender Krise?, NZA 2020, 10; *Francken/Hartmann/Bubeck*, Die Abfindung, 1999; *Gagel*, § 2 SGB III: Schlüssel zum eingliederungsorientierten Kündigungsrecht und zu Transfer-Sozialplänen, BB 2001, 358; *Giese*, Zur wirtschaftlichen Vertretbarkeit eines Sozialplans, FS Wissman (2005), S 314; *Göpfert/Krieger*, Wann ist die Anrufung der Einigungsstelle bei Interessenausgleichs- und Sozialplanverhandlungen zulässig, NZA 2005, 254; *Göpfert/Wenzler*, Erzwingbarer „Qualifizierungs"-Sozialplan?, NZA 2020, 15; *Hesse*, Das Scheitern des Interessenausgleichs in der Einigungsstelle, FS ARGE Arbeitsrecht im DAV (2006), S 879; *Hohenstatt/Willemsen*, Die Mitbestimmung bei Betriebsänderungen: Risiken, Nebenwirkungen und Therapievorschläge, FS 100 Jahre Betriebsverfassungsrecht (2020), S 205; *Junker*, Sozialplananspruche im Konzern, ZIP 1993, 1599; *Kaindl/Nickel*, Durchgriff oder kein Durchgriff, das ist hier die Frage, BB 2021, 2868; *Kania/Joppich*, Der Interessenausgleich und sein Scheitern, NZA 2005, 749; *Kruip*, Betriebsrentenanpassung und Sozialplandotierung in Konzern und Umwandlung (1997); *Lipinski/Meyer*, Beurteilung der wirtschaftlichen Vertretbarkeit eines Sozialplans (§ 112 BetrVG) auch unter Berücksichtigung der Konzernmutter?, DB 2003, 1846; *Löwisch*, Der „vorsorgliche Sozialplan" – eine zweifelhafte Rechtsfigur, FS Dieterich (1999), S 345; *ders*, Arbeitsrechtliche Fragen des Transfer-Sozialplans, in: Schriftenreihe der Bayer-Stiftung für deutsches und internationales Arbeits- und Wirtschaftsrecht, Band 6 (2000) S 33; *Ludwig/Hinze*, Der Sozialplan in der Restrukturierung – Allgemeine Grundsätze und „Berechnungsdurchgriff", NZA 2020, 1657; *Matthes*, Rechtsfragen zum Interessenausgleich, FS Wlotzke (1996), S 393; *C Meyer*, Die Dauersozialpläne als neuartige Regelungsform des Sozialplans, NZA 1996, 239; *ders*, Bindungswirkung eines Interessenausgleichs, BB 2001, 882; *Oberthür*, Normurheberschaft und Bestimmtheitsfragen beim Transfersozialplan, ZfA 2021, 429; *Reichold*, Sozialplanabfindung bei Neugründung kraft Betriebsübergang, RdA 2007, 373; *Röder/Baeck*, Interessenausgleich und Sozialplan, 3. Aufl 2001; *Stindt*, Die Bedrohung durch Arbeitslosigkeit und deren Vermeidung durch das Transfer-/Sozialplan-/Konzept, FS BAG (2004), S 1101; *Weber/Burmester*, Die Ermessensentscheidung der Einigungsstelle bei Sozialplänen und ihre arbeitsgerichtliche Überprüfung, BB 1995, 2268; *Willemsen/Hohenstatt*, Zur umstrittenen Bindungs- und Normwirkung des Interessenausgleichs, NZA 1997, 345; *Winderlich*, Sozialplan und Betriebsänderung – Gedanken zum Wegfall der Geschäftsgrundlage, BB 1994, 2483; *Wissmann*, Das schwierige Miteinander von Interessenausgleich und Sozialplan, FS ARGE Arbeitsrecht im DAV (2006), S 1037; ältere Literatur s Vorausgaben.

Übersicht

	Rn.		Rn.
I. Allgemeines	1	a) Ausgleich	31
II. Interessenausgleich	3	b) Transfersozialplan	37
III. Sozialplan	16	5. Wirksamkeit des Sozialplans	45
1. Funktion	16	a) Sozialplan als Betriebsvereinbarung	45
2. Geltungsbereich	18	b) Bindung an das staatliche Recht	46
3. Voraussetzungen des Sozialplans	21	c) Billigkeitskontrolle	51
4. Inhalt des Sozialplans	31		

d) Ermessensbeschränkungen des erzwingbaren Sozialplanes, Abs 5 . 62
e) Verrechnungsregeln. 78
6. Verhältnis von Sozialplan und Tarifvertrag 79
7. Beendigung und Änderung des Sozialplans. 86
8. Ansprüche aus dem Sozialplan 94
9. Haftung für Sozialplanansprüche . 100
10. Freiwillige Betriebsvereinbarungen 104
IV. Verfahren 107
V. Interessenausgleich und Sozialplan in der Insolvenz 113

I. Allgemeines

Um die AN vor Nachteilen bei Betriebsänderungen zu schützen, bestimmt § 112, dass der BR doppelt zu beteiligen ist: Der BR berät einmal mit dem Unternehmer in einem formalisierten Verf dessen unternehmerische Entscheidung, ob und wie die Betriebsänderung durchgeführt werden soll (**Interessenausgleich**). Zum anderen bestimmt er über den Ausgleich der sozialen Folgen der Betriebsänderung mit (**Sozialplan**). Interessenausgleich und Sozialplan stehen nicht isoliert nebeneinander, sondern sollen bei Lösung der durch eine Betriebsänderung entstehenden Probleme nach Möglichkeit ineinandergreifen: Soweit es dem Unternehmer aus wirtschaftl Gründen vertretbar erscheint, soll er die Betriebsänderung so durchführen, dass die Interessen der AN möglichst wenig beeinträchtigt werden. Soweit solche Beeinträchtigungen unvermeidlich sind, sollen diese Folgen ausgeglichen werden. § 112 hat deshalb Interessenausgleich und Sozialplan **verfahrensmäßig miteinander verknüpft**. 1

Entstehen **ltd Ang** infolge einer geplanten Betriebsänderung wirtschaftl Nachteile, hat der Unternehmer mit dem SprA über Ausgleich und Milderung dieser Nachteile zu beraten (§ 32 Abs 2 S 2 SprAuG). Zw AG und SprA kann – als Richtlinie nach § 28 SprAuG – ein Sozialplan für die ltd Ang vereinbart werden <**R:** BAG 10.2.2009, 1 AZR 767/07, DB 2009, 967>. Deshalb ist es regelmäßig nicht möglich, die ltd Ang in einen von AG und BR vereinbarten Sozialplan einzubeziehen (§ 77 Rn 28). 2

II. Interessenausgleich

Der Interessenausgleich ist freiwillig, er kann (anders als der Sozialplan) nicht durch Anrufung der ES erzwungen werden. **Gegenstand** des Interessenausgleichs ist die geplante **Betriebsänderung** selbst: AG und BR sollen in dem Verf nach Abs 2 bis 3 beraten, ob die geplante Betriebsänderung tatsächlich durchgeführt werden muss und inwieweit Änderungen möglich sind, um den Interessen der betroffenen AN Rechnung zu tragen <**R:** BAG 16.8.2011, 1 AZR 44/10, AP BetrVG 1972 § 113 Nr 55; 27.10.1987, 1 ABR 9/86, BB 1988, 761>. AG und BR können etwa vereinbaren, dass der Unternehmer die geplante Betriebsänderung zeitlich hinausschiebt, umfangmäßig beschränkt (zB indem er den Betrieb nicht stillgelegt, sondern lediglich einschränkt) oder aber eine andere als die geplante Maßnahme ergreift (zB die Betriebsstilllegung durch die Produktion anderer Güter abwendet). 3

Der Interessenausgleich kann sich dabei auch auf die **zukünftige Personalplanung** und die im Gefolge der Betriebsänderung notwendig werdenden personellen Einzelmaßnah- 4

§ 112   Interessenausgleich über die Betriebsänderung, Sozialplan

men erstrecken. Etwa können die Betriebspartner den Zeitpunkt und die Reihenfolge von Kd festlegen, oder Änderungen des Arbeitsverhältnisses vorsehen, bei deren Ablehnung der AN einer Änderungs-Kd ausgesetzt ist. Werden von einer Kd oder Änderungs-Kd betroffene AN im Interessenausgleich in eine **Namensliste** aufgenommen, wird nach § 1 Abs 5 KSchG deren Betriebsbedingtheit vermutet und die Nachprüfung der Sozialauswahl auf grobe Fehlerhaftigkeit reduziert <R: BAG 27.9.2012, 2 AZR 516/11, NZA 2013, 559; vgl für die Änderungs-Kd BAG 19.6.2007, 2 AZR 304/06, NZA 2008, 104 und BAG 6.9.2007, 2 AZR 715/06, DB 2008, 640; L: zur Bedeutung einer Namensliste im KSchG s *Löwisch/Spinner/Wertheimer* KSchG § 1 Rn 407 ff> Möglich ist auch, für anstehende betriebsbedingte Kd Auswahlrichtlinien für die Sozialauswahl zu vereinbaren (§ 95 Rn 2 f). AG und BR können auch Versetzungs- und Umschulungspflichten des AGs für die von der Betriebsänderung betroffenen AN vereinbaren <R: BAG 17.9.1991, 1 ABR 23/91, BB 1992, 1133> oder die Neueinstellung von AN für einen bestimmten Zeitraum von der nicht ersetzbaren Zustimmung des BR abhängig machen. Ebenso können die Betriebspartner im Interessenausgleich die Zulässigkeit von Mehrarbeit beschränken. Nach **§ 323 Abs 2 UmwG** kann im Interessenausgleich im Falle einer Verschmelzung, Spaltung oder Vermögensübertragung auch eine Zuordnung von AN zu einem Betrieb oder Betriebsteil erfolgen, die dann nur auf grobe Fehlerhaftigkeit überprüft werden kann. Allerdings ist diese Zuordnungsentscheidung nur im Zweifel maßgeblich, gesetzliche Zuordnungsregelungen gehen vor <R: BAG 19.10.2017, 8 AZR 63/16, NZA 2018, 370; L: MünchArbR/*Leder* § 347 Rn 18>. Zum Interessenausgleich in der Insolvenz s Rn 113.

5   Der Interessenausgleich wird als betriebsverfassungsrechtl **Vereinbarung sui generis** begriffen <R: BAG 21.3.2012, 6 AZR 596/10, NZA 2012, 1058; L: ausf zur dogmatischen Einordnung GK/*Oetker* Rn 60 ff>. Das ist richtig, weil dem Interessenausgleich die normative Kraft der BV fehlt <R: BAG 23.9.2003, 1 AZR 576/02, NZA 2004, 440>. Das gilt jedenfalls, solange sich der Interessenausgleich allein auf die Betriebsänderung als unternehmerische Entscheidung bezieht <L: Richardi/*Annuß* Rn 45>. Werden den einzelnen AN Rechte eingeräumt (qualifizierter Interessenausgleich), so handelt es sich hier entweder um eine freiwillige BV, § 88, oder um eine Sozialplanregelung, die dann auch eine entspr normative Wirkung entfalten <R: BAG 14.11.2006, 1 AZR 40/06, BB 2007, 218>.

6   Unabhängig vom Interessenausgleich iS des Abs 1 können die Betriebspartner Bestimmungen über die Durchführung von Betriebsänderungen **auch in BV** nach § 88 festlegen. Voraussetzung dafür ist, dass die Bestimmungen eine **soziale Angelegenheit iS des § 88** betreffen. Dazu gehören insbes Vorgaben für personelle Einzelmaßnahmen, etwa der zeitlich begrenzte Ausschluss von betriebsbedingten Kd und Wiedereinstellungsgebote bei Besserung der wirtschaftl Verhältnisse oder auch die Verpflichtung zur Errichtung einer Beschäftigungsgesellschaft (§ 88 Rn 6). An solche BV ist der Unternehmer gebunden. Sie gelten auch unmittelbar und zwingend für die Arbeitsverhältnisse der AN <L: Richardi/*Annuß* Rn 46>. Möglich bleibt nur die Kd der BV aus wichtigem Grund (§ 77 Rn 97) und, soweit es um Kd-Verbote geht, auch die Kd der Arbeitsverhältnisse nach § 626 BGB <L: *Löwisch/Spinner* KSchG vor § 1 Rn 108 ff>.

7   Keine sozialen Angelegenheiten stellen hingg rein unternehmerische Maßnahmen dar, wie die Ausgliederung von Arbeit oder ihre Vergabe an andere Unternehmen oder die Festlegung des Produktions- oder Investitionsprogramms. Insoweit ist ausschließlich eine

Regelung im Interessenausgleich mit der eingeschränkten Sanktion des § 113 Abs 1, 2 möglich <L: s hierzu auch *Bauer* NZA 2001, 375, 378>.

Der Interessenausgleich ist nach § 112 Abs 1 S 1 **schriftlich niederzulegen** und von BR und Unternehmer zu unterzeichnen <R: BAG 19.7.2012, 2 AZR 386/11, DB 2013, 523>. Das braucht nicht in einer besonderen Urkunde zu geschehen. Für die Schriftform genügt es, wenn sich aus einer schriftlichen Vereinbarung zw Unternehmer und BR ergibt, dass sie sich über die Betriebsänderung einig sind. So kann ein Sozialplan mittelbar auch die Einigung darüber enthalten, dass eine Betriebsänderung stattfinden und wie diese aussehen soll <R: BAG 20.4.1994, 10 AZR 186/93, BB 1994, 1936>. Dass der BR die Zustimmung zur Betriebsänderung beschlossen und möglicherweise auch protokolliert hat, genügt dagg nicht <R: BAG 26.10.2004, 1 AZR 493/03, BB 2005, 559>. Der durch das Betriebsrätemodernisierungsgesetz vom 14.6.2021 eingefügte Verweis auf § 77 Abs 2 S 3 führt nun dazu, dass auch die **elektronische Form nach § 126a Abs 1 BGB** möglich ist. Das bedeutet zunächst, dass der Interessenausgleich in einem digitalen Format niedergelegt wird, das lesbar ist und dauerhaft wiedergegeben werden kann <L: dazu allg MüKoBGB/*Einsele* § 126a Rn 3>. Hinzukommen muss gleichsam als Unterschriftsersatz die qualifizierte elektronische Signatur nach Art 26 der Elektronischen Transaktionen VO 910/2014, § 17 VDG. § 126a Abs 2 BGB gilt dabei ausweislich § 77 Abs 2 S 3 nicht, sodass der Interessenausgleich ebenso wie die BV stets beide Signaturen tragen muss.

Ein nur **formwidriger**, etwa mündlicher **Interessenausgleich** kann, wenn der Unternehmer von ihm abweicht, keine Ansprüche der AN auf Nachteilsausgleich nach § 113 Abs 1 oder 2 auslösen. Wie bei § 87 durch die Regelungsabrede (§ 87 Rn 14) wird durch den mündlichen Interessenausgleich dem Mitwirkungsrecht des BR gem Abs 1 S 1 genügt, sodass Nachteilsausgleichsansprüche nach § 113 Abs 3 ausscheiden <R: aA BAG 9.7.1985, 1 AZR 323/83, BB 1986 10015 (LS), DB 1986, 279; L: wie hier *Gamillscheg* S 1121; *Löwisch* RdA 1989, 216, 218; wie das BAG Richardi/*Annuß* Rn 26; GK/*Oetker* Rn 50>. Zum Zustandekommen des Interessenausgleichs durch Vermittlung der Bundesagentur für Arbeit und dem Verf vor der ES Rn 108 ff.

Der Interessenausgleich muss nicht im Betrieb ausgelegt werden, denn er hat grds keine normative Wirkung. Anderes gilt nur dann, wenn der Interessenausgleich teilweise auch BV ist und damit normativ auf die Arbeitsverhältnisse einwirkt. Dann gilt § 77 Abs 2 S 4 <L: GK/*Oetker* Rn 49>.

Aus § 113 Abs 1 und 2 folgt, dass der **Unternehmer nicht gehindert ist, sich über den Interessenausgleich hinwegzusetzen** und die von ihm geplante Betriebsänderung so durchzuführen, wie er das ursprünglich beabsichtigt hatte. Er kann auch nicht vom BR auf Einhaltung des Interessenausgleichs in Anspruch genommen werden. Ein Interessenausgleich „erzeugt keinen Anspruch des BR auf dessen Einhaltung" <R: BAG 28.8.1991, 7 ABR 72/90, BB 1991, 2306; L: *Willemsen/Hohenstatt* NZA 1997, 345, 346 ff; *Löwisch* RdA 1989, 216, 217; im Ergebnis auch GK/*Oetker* Rn 61; *Matthes* FS Wlotzke (1996), S 393, 396 ff; *Meyer* BB 2001, 882, 884 ff>. Stimmen in der Literatur sprechen sich aber für die Berücksichtigung bei personellen Einzelmaßnahmen im Rahmen des Zustimmungsverweigerungsgrundes des § 99 Abs 2 Nr 1 aus <L: GK/*Oetker* Rn 72>. Auch eine entspr Vereinbarung eines Erfüllungsanspruches <L: so *Fitting* Rn 45; GK/*Oetker* Rn 74> ist nicht anzuerkennen. Dies ließe sich zum einen nicht mit dem von § 113 Abs 1 intendierten Schutz der Unternehmerfreiheit vereinbaren <L: Richardi/*Annuß* Rn 45>.

§ 112 Interessenausgleich über die Betriebsänderung, Sozialplan

Und zudem: Der BR hat keinen Zugriff auf die Betriebsänderung selbst und kann deshalb auch keine verbindlichen Vereinbarungen darüber treffen <**L:** Richardi/*Annuß* Rn 52>. Besteht kein zwingender Grund für den Unternehmer, vom Interessenausgleich abzuweichen, ist er lediglich verpflichtet, an die infolge der Abweichung entlassenen AN nach § 113 Abs 1 Abfindungen zu zahlen und etwaige wg der Abweichung entstehende andere wirtschaftl Nachteile nach § 113 Abs 2 auszugleichen (§ 113 Rn 2 ff). Ein Rechtsbindungswille kann deshalb nur dort eine Rolle spielen, wo entspr Vereinbarungen in die Rechtsmacht des BR fallen, entweder über § 88 oder aber über Sozialplaninhalte.

12 Der **BR** wird demggü durch den Interessenausgleich **gebunden**. Insbes darf er sich bei der Ausübung seiner MBR nach den §§ 87, 91, 97 Abs 2, 98, 99 und 102 nicht in Widerspruch zum Interessenausgleich setzen.

13 Hat der Unternehmer die **Betriebsänderung bereits durchgeführt**, kann der BR keinen Interessenausgleich mehr abschließen: Die betroffenen AN können dann nur Nachteilsausgleich nach § 113 Abs 3 verlangen, § 113 Rn 9 ff.

14 Gegenstand eines Interessenausgleichs kann nur eine **konkret geplante Betriebsänderung** sein; ein **Rahmeninteressenausgleich** für künftige Betriebsänderungen ist nicht möglich, weil sich der BR dadurch seiner Beteiligungsrechte an der dann später konkret durchzuführenden Maßnahme begeben würde <**R:** BAG 19.1.1999, 1 AZR 342/98, BB 2000, 47; LAG Köln 12.6.2020, 7 TaBV 69/19, NZA 2020, 1500>. Ein solcher Rahmeninteressenausgleich ist auch kein versuchter Interessenausgleich iSd § 113 Abs 3 <**L:** GK/*Oetker* Rn 13>. Allerdings ist stets die Frage nach dem **konkreten Regelungsgehalt** und dessen Bezug zur Betriebsänderung zu stellen, sodass auch eine als „Rahmeninteressenausgleich" bezeichnete Vereinbarung ein Interessenausgleich sein kann. Dass der Interessenausgleich bei einer sich über einen längeren Zeitraum erstreckenden und eine Vielzahl von Maßnahmen erfassenden Betriebsänderung zunächst nur deren erste Phase regelt, ist aber zulässig <**R:** BAG 20.4.1994, 10 AZR 86/93, BB 1994, 1936>. Soweit soziale Angelegenheiten iS des § 88 betroffen sind, sind Rahmenvereinbarungen möglich; das in Rn 6 f Gesagte gilt entspr. Zu Rahmensozialplänen s Rn 106.

15 Das **Anhörungsverf nach § 102** wird durch den Interessenausgleich nicht berührt, sondern ist auch dann als persönliche Einzelmaßnahme durchzuführen, wenn die Kd im Interessenausgleich vereinbart ist. Dies gilt auch im Falle einer vereinbarten Namensliste.

III. Sozialplan

1. Funktion

16 Sozialplanleistungen dienen dem Ausgleich oder der Milderung wirtschaftl Nachteile, die den AN infolge von Betriebsänderungen – künftig – entstehen: Damit haben sie **Überbrückungsfunktion** und sind keine Entschädigung für den Verlust des Arbeitsplatzes selbst <**R:** BAG 12.2.2019, 1 AZR 279/17, AP BetrVG 1972 § 112 Nr 240; 30.11.2016, 10 AZR 11/16, BB 2017, 378; 30.10.2000, 1 AZR 65/01, NZA 2002, 449; 15.1.1991, 1 AZR 80/90, BB 1991, 1488; 9.11.1994, 10 AZR 281/94, BB 1995, 1038; **L:** Richardi/*Annuß* Rn 53; **aA** früher BAG (GS) 13.12.1978, GS 1/77, BB 1979, 267>. Das ist auch aus Gründen des Gleichbehandlungsrechts geboten <**L:** HWK/*Hohenstatt/Willemsen* Rn 29 unter Hinweis auf EuGH 6.12.2012, C 152/11, NZA 2012, 1435>. Trotz

III. Sozialplan § 112

dieser zukunftsbezogenen Überbrückungsfunktion steht es den Betriebspartnern aufgrund ihres weiten Ermessensspielraums aber frei, für die Höhe der Sozialplanleistungen an vergangenheitsbezogene Kriterien, auch an die bisherige Betriebszugehörigkeit, anzuknüpfen <R: BAG 16.3.1994, 10 AZR 606/93, BB 1994, 1360 (LS), DB 1994, 2635; L: ErfK/ *Kania* § 112a Rn 12; s gg eine völlige Abkehr von der Entschädigungsfunktion auch GK/ *Oetker* Rn 121>.

Nach §§ 110ff SGB III können in einem Sozialplan vorgesehene Transfermaßnahmen, die der Wiedereingliederung von einer Betriebsänderung betroffener AN in den Arbeitsmarkt dienen, insbes Qualifikationsmaßnahmen, durch **Zuschüsse der BA** gefördert werden. Auf diese Weise soll die Überbrückungsfunktion des Sozialplans gestärkt werden. 17

2. Geltungsbereich

Der Sozialplan ist grds **betriebsbezogen**. Daran hat auch der Wechsel vom Betrieb zum Unternehmen in § 111 (dazu § 111 Rn 3 ff) nichts geändert. Der GBR kann deshalb einen unternehmensweiten Sozialplan nur dann abschließen, wenn die Betriebsänderung nach einer betriebsübergreifenden Planung erfolgt, sodass die Voraussetzungen des § 50 Abs 1 S 1 gegeben sind <R: BAG 8.6.1999, 1 AZR 831/98, BB 1999, 2244 mit Anm *Löwisch* SAE 2000, 175; 3.5.2006, 1 ABR 15/05, BB 2006, 2250>. Der Sozialplan kann grds nur die AN erfassen, die zum Zeitpunkt der Betriebsänderung dem Betrieb angehören <L: Richardi/*Annuß* Rn 76>. Auf der anderen Seite erfasst der Sozialplan aber nicht nur die AN, die bei seinem Abschluss der Belegschaft angehören, sondern auch diejenigen, die schon vorher aus dem Betrieb **ausgeschieden** sind, weil der AG schon vor Aufstellung des Sozialplans mit der Betriebsänderung begonnen hatte <R: BAG 23.4.1985, 1 ABR 3/ 81, BB 1985, 929> oder weil die Betriebspartner den Sozialplan rückwirkend ändern, Rn 86ff <R: BAG 10.8.1994, 10 ABR 61/93, BB 1995, 363 (LS), DB 1995, 480>. Auch das Restmandat erstreckt sich auf die Ausgeschiedenen <R: BAG 5.10.2000, 1 AZR 48/ 00, BB 2001, 1416 (LS), DB 2001, 1563>. 18

Gewährt der Sozialplan betriebsbedingt gekündigten AN Abfindungen, muss er gem § 112a Abs 1 S 2 auch die AN entspr abfinden, die **aufgrund einer vom AG** im Hinblick auf die geplante Betriebsänderung **veranlassten Eigen-Kd** oder eines Aufhebungsvertrags (§ 111 Rn 38) aus dem Betrieb ausgeschieden sind <R: BAG 20.4.1994, 1 AZR 323/93, BB 1994, 1938; 19.7.1995, 10 AZR 885/94, BB 1995, 2534>. Ihre Herausnahme verstieße gg § 75 und den arbeitsrechtl Gleichbehandlungsgrundsatz (Rn 51 ff). Auch dass die im Zuge eines Aufhebungsvertrages getroffene Abfindungsregelung eine Nachbesserungsklausel für den Fall günstigerer späterer Sozialplanleistungen enthält, ändert nichts daran, dass der AN, wenn es zum Sozialplan kommt, einen unmittelbaren und nach § 77 Abs 4 unabdingbaren Anspruch aus dem Sozialplan erhält <R: BAG 6.8.1997, 10 AZR 66/97, BB 1997, 2332 (LS), AP Nr 116 zu § 112 BetrVG 1972>. Die Betriebspartner können im Sozialplan auch Regelungen für die **Ruheständler** des Betriebs treffen, etwa Ruhegeldbestimmungen ändern (str, § 77 Rn 21). 19

Gegenstand des Sozialplans kann nur der Ausgleich von Nachteilen von Personen sein, die dem **persönlichen Geltungsbereich** des BetrVG unterfallen. Dazu gehören neben den AN auch die Auszubildenden und die in der Hauptsache für den Betrieb arbeitenden Heimarbeiter (§ 5 Abs 1 BetrVG), nicht aber die Leiharbeitnehmer (arg. § 7 S 2 BetrVG) <L: ErfK/*Kania* § 112a Rn 19>. Ausgenommen sind die in § 5 Abs 2 BetrVG genannten 20

§ 112 Interessenausgleich über die Betriebsänderung, Sozialplan

Personen, insbes Ehegatten, Verwandte und Verschwägerte ersten Grades. **Ltd Ang** nach § 5 Abs 3 BetrVG werden vom Sozialplan nicht erfasst, die Notwendigkeit ihrer Gleichstellung ergibt sich auch nicht aus dem arbeitsrechtl Gleichbehandlungsgrundsatz <**R:** BAG 16.7.1985, 1 AZR 206/81, BB 1985, 1233>. Für leitende Angestellte folgt aber aus § 28 Abs 2, 32 Abs 2 SprAuG die Möglichkeit einer (nicht erzwingbaren) SprA-Vereinbarung als „Sozialplanäquivalent" <**R:** s BAG 10.2.2009, 1 AZR 767/07, NZA 2009, 970; **L:** dazu, inwieweit dennoch Ansprüche aus dem Sozialplan selbst geltend gemacht werden können Richardi/*Annuß* Rn 74 f>.

3. Voraussetzungen des Sozialplans

21 Ein Sozialplan setzt nach Abs 1 S 2 zunächst voraus, dass der Unternehmer eine **Betriebsänderung** iS des § 111 plant (§ 111 Rn 26 f). Besteht die Betriebsänderung lediglich in einem Personalabbau (§ 111 Rn 35 ff), sind die bes Voraussetzungen des § 112a Abs 1 zu beachten (§ 112a Rn 2 ff). Plant der Unternehmer eine Betriebsänderung in einem neugegründeten Unternehmen, ist der Sozialplan während der ersten vier Jahre nach der Unternehmensgründung nicht gem Abs 4 und 5 erzwingbar, § 112a Abs 2 (§ 112a Rn 6 ff).

22 Die Betriebsänderung muss **wirtschaftl Nachteile** für die AN erwarten lassen. Wirtschaftl Nachteile sind nach dem Wortsinn nur Vermögensnachteile, nicht aber immaterielle Nachteile. Immaterielle Nachteile können nur nach § 91 ausgeglichen werden (§ 91 Rn 1 ff).

23 Dass **Entlassungen** zu Vermögensnachteilen des AN führen, ist wg der Schwierigkeiten, eine entspr bezahlte Stelle zu finden, der Probleme bei der Wohnungssuche, dem Ausschluss des Kd-Schutzes im neuen Arbeitsverhältnis während der ersten sechs Monate sowie der wg der geringeren Betriebszugehörigkeit kürzeren Kd-Fristen, der zunächst geringeren Urlaubsdauer und der anfangs noch nicht bestehenden Ruhegeldanwartschaften so typisch, dass die **Entlassung regelmäßig selbst ein wirtschaftl Nachteil** iS des Abs 1 S 2 ist.

24 Ob die Entlassung **rechtswirksam**, insbes eine betriebsbedingte Kd sozial gerechtfertigt ist, spielt dafür ebenfalls keine Rolle. § 112 begründet keine Obliegenheit des AN, sich gg eine betriebsbedingte Kd zu wehren. Auch kann sich der Unternehmer zur Vermeidung von Sozialplanforderungen nicht darauf berufen, die Kd seien wg Übergangs des Betriebs auf einen Dritten gem § 613a Abs 4 BGB unwirksam gewesen: Damit verstößt er gg § 242 BGB (*venire contra factum proprium*) <**R:** BAG 27.6.1995, 1 ABR 62/94, BB 1996, 1504>. Sieht ein Sozialplan vor, dass einem AN bei Abschluss eines iR einer Betriebsänderung vereinbarten Aufhebungsvertrags eine Abfindung zusteht, handelt der AG, der zur Vermeidung der Rechtsfolgen des § 613a BGB auf den Abschluss des Aufhebungsvertrags gedrängt hat, rechtsmissbräuchlich, wenn er die Zahlung der Abfindung mit dem Hinweis verweigert, der Aufhebungsvertrag sei als Umgehung des § 613a Abs 4 BGB unwirksam und das Arbeitsverhältnis auf den Betriebserwerber übergegangen <**R:** LAG Thüringen 20.6.1994, 8/3 Sa 1826/93, NZA 1996, 110 (LS), LAGE § 112 BetrVG 1972 Nr 34>.

25 An einem auszugleichenden wirtschaftl Nachteil fehlt es aber, wenn ein AN in einem benachbarten Betrieb des gleichen Unternehmens auf einem **gleichwertigen Arbeitsplatz**

III. Sozialplan § 112

übernommen wird oder in ein anderes Unternehmen zu vollständig gleichen Bedingungen und unter der Zusage von Kd-Schutz auch vor Erfüllung der Wartezeit nach § 1 Abs 1 KSchG wechseln kann <**R:** LAG Hamburg 8.7.1980, 6 TaBV 4/80, EzA § 112 BetrVG 1972 Nr 23, ZIP 1981, 82; vgl auch BAG 19.6.1996, 10 AZR 23/96, BB 1996, 2522, wonach ein Sozialplan vorsehen kann, dass AN keine Abfindung bekommen, wenn sie durch Vermittlung des AG einen neuen Arbeitsplatz erhalten, und BAG 28.8.2008, 1 AZR 346/07, EzA § 112 BetrVG 2001 Nr 28, wonach es an der zur Voraussetzung eines Sozialplananspruchs gemachten „betriebsbedingten" Beendigung des Arbeitsverhältnisses fehlt, wenn der AN im Gemeinschaftsbetrieb lediglich von einem zum anderen AG wechselt; **L:** *Wiedemann/Willemsen* Anm zu BAG 8.12.1976, AP Nr 3 zu § 112 BetrVG 1972>.

Für den von der ES aufgestellten Sozialplan ist dieser Gedanke in Abs 5 Nr 2 S 2 verdichtet: Dieser sieht als Ermessensrichtlinie vor, dass AN, die ein zumutbares Arbeitsverhältnis im selben Betrieb oder in einem anderen Betrieb des Unternehmens oder einem zum Konzern gehörenden Unternehmen ausschlagen, von Sozialplanleistungen ausgeschlossen werden (Rn 64 ff). 26

Führt die geplante Betriebsänderung **nicht zur Entlassung** von AN, kann der wirtschaftl Nachteil einmal in einer **schlechteren Bezahlung** als der bisherigen liegen, die insbes durch die Versetzung auf einen anderen Arbeitsplatz, den Einsatz neuer Maschinen oder die Einführung einer neuen Fabrikationsmethode und den dadurch bedingten Übergang vom Akkord- zum Zeitlohn ausgelöst werden kann. Wirtschaftl Nachteile können den AN auch entstehen, wenn die Betriebsänderung für sie **erhöhte Aufwendungen** verursacht, etwa Fahrtkosten oder Umzugskosten, die infolge einer Betriebsverlegung anfallen. Treten auch solche wirtschaftl Nachteile nicht ein, kommt ein Sozialplan nicht in Betracht. 27

Der wirtschaftl Nachteil muss **aus der Betriebsänderung herrühren**. Tritt die Betriebsänderung im Gefolge eines Betriebsübergangs nach § 613a BGB auf, können deshalb weder die Nachteile, die auf dem Betriebsübergang beruhen, noch auch eine etwaige Verringerung der Haftungsmasse bei dem Betriebserwerber sowie dessen befristete Befreiung von der Sozialplanpflicht nach § 112a Abs 2 die Aufstellung eines Sozialplans rechtfertigen <**R:** BAG 10.12.1996, 1 ABR 32/96, BB 1997, 1587; 25.1.2000, 1 ABR 1/99, BB 2000, 2261>. Dass die Begründung des Spruchs der ES über einen solchen Sozialplan nur solche Nachteile aufführt, macht diesen aber noch nicht unwirksam. Vielmehr kommt es darauf an, ob die im Sozialplan vorgesehenen Ausgleichs- oder Minderungsmaßnahmen durch zu erwartende Nachteile der im Gefolge des Betriebsübergangs auftretenden Betriebsänderungen gerechtfertigt sind <**R:** BAG 25.1.2000, aaO>. Führt auf der anderen Seite der Widerspruch gg den Übergang des Arbeitsverhältnisses nach § 613a BGB beim Veräußerer zum Verlust des Arbeitsplatzes, so kann das Aufgeben eines sicheren Arbeitsplatzes ohne nachvollziehbaren Grund bei der Bemessung der Abfindung berücksichtigt werden <**L:** HWK/*Hohenstatt/Willemsen* Rn 37>. 28

Auszugleichen sind immer nur die Nachteile, die **aus der jeweiligen Betriebsänderung** hervorgehen. Sieht der unternehmerische Plan eine Betriebsverlegung iS des § 111 S 3 Nr 2 und einen Personalabbau vor, sind Nachteile der vom Personalabbau betroffenen AN nur dann zu ersetzen, wenn die Betriebsverlegung auch für ihre Entlassung **kausal** ist. Fehlt die Kausalität, beschränkt sich die Sozialplanpflicht auf den Ausgleich der von der 29

§ 112   Interessenausgleich über die Betriebsänderung, Sozialplan

Verlegung betroffenen, im Betrieb verbleibenden AN. Ob in diesem Fall für die entlassenen AN eine Sozialplanpflichtigkeit besteht, bemisst sich nach § 112a Abs 1 (s dort Rn 2ff).

30   Ist rechtl zweifelhaft, ob bei Kd eines Auftrages über bestimmte Dienstleistungen und Neuvergabe dieses Auftrages an einen anderen Auftragnehmer ein Betriebsübergang vom bisherigen auf den neuen Auftragnehmer oder wg der vom bisherigen Auftragnehmer ggü seinen bisherigen AN ausgesprochenen Kd eine Betriebsänderung vorliegt, können die Betriebspartner **vorsorglich** für den Fall, dass kein Betriebsübergang gegeben ist, einen Sozialplan vereinbaren <R: BAG 1.4.1998, 10 ABR 17/97, BB 1998, 1588>. Rechtl betrachtet handelt es sich bei einer solchen Vorgehensweise um die Vereinbarung einer sog uneigentlichen oder Scheinbedingung: Der Sozialplan hängt nicht wie bei der echten Bedingung von einem noch ungewissen zukünftigen Ereignis ab. Vielmehr steht schon fest, ob er wirksam ist oder nicht. Die Parteien wissen das nur nicht, weil sie sich über eine rechtl Voraussetzung im Unklaren sind. Dass die Parteien diese Ungewissheit im Vertrag dokumentieren, ist wie bei jedem Geschäft auch beim Sozialplan möglich <L: *Löwisch* FS Dieterich, S 345, 346>. Zum sog „vorsorglichen Sozialplan" s noch Rn 106.

4. Inhalt des Sozialplans

a) Ausgleich

31   Der Sozialplan dient dem Ausgleich der Nachteile, die den AN durch die Betriebsänderung entstehen. Deshalb sind solche Sozialpläne nicht möglich, die nicht zum Nachteilsausgleich, sondern im Gegenteil ausschließlich zu einer weiteren Belastung der AN führen <R: BAG 7.5.1987, 2 AZR 271/86, BB 1988, 564; 24.3.1981, 1 AZR 805/78, DB 1981, 2178; L: ErfK/*Kania* § 112a Rn 23; Richardi/*Annuß* Rn 89>. Sozialpläne können zunächst finanzielle Leistungen des AG an die von der Betriebsänderung betroffenen AN vorsehen. Dieser Ausgleich der Nachteile infolge der Betriebsänderung ist, der Brückenfunktion folgend, für den Sozialplan zentral. Im Mittelpunkt stehen dabei **Abfindungszahlungen** im Falle von Entlassungen. Eine Begrenzung findet die Vereinbarungsfreiheit der Betriebspartner hier (nur) im Gesetzesrecht und der Billigkeitsprüfung. Hier bestehen zwar für die ES nach Abs 5 S 2 Nr 2 Ermessensvorgaben, sodass die Arbeitsmarktchancen des einzelnen AN gerade bei der Festlegung der Abfindung zu berücksichtigen sind, was etwa pauschale, für alle AN gleich hohe Abfindungen verhindert. Für den durch die Betriebspartner vereinbarten Sozialplan besteht diese Einschränkung aber nicht, sie können die Abfindung auch abstrakt nach den Kriterien wie Alter, Betriebszugehörigkeit oder Unterhaltspflichten bemessen. Wegen der Brückenfunktion <L: Richardi/*Annuß* Rn 91> hat sich die Abfindung auch am Zukünftigen zu orientieren, sodass eine Festlegung etwa allein nach der Betriebszugehörigkeit ausscheidet. Ansonsten kommt eine freiwillige BV in Betracht.

32   **Höchstgrenzen für Abfindungen** sieht das Gesetz nicht vor. Insbes kann die in § 113 übernommene Höchstgrenze des § 10 KSchG nicht auf die Sozialplanleistungen nach § 112 übertragen werden: Leistungen aus dem Sozialplan und Nachteilsausgleichszahlungen nach § 113 verfolgen verschiedene Zwecke, vgl § 113 Rn 1 <R: BAG 27.10.1987, 1 ABR 9/86, BB 1988, 761; L: zutr *Otto* ZfA 1985, 71, 79f>. Auf der anderen Seite sind gesetzlich auch keine Mindestregelungen für die Abfindungshöhe vorgegeben; die in

§ 1a KSchG vorgesehene 0,5%-Regel gilt beim Sozialplan nicht <**L:** *Ludwig/Hinze* NZA 2020, 1657, 1658>. Freilich muss der Gleichheitsgrundsatz beachtet werden und der Zweck des Sozialplanes, die durch die Betriebsänderung eintretenden Nachteile auszugleichen.

Als finanzielle Leistungen kommen außer Abfindungen laufende und einmalige **Ausgleichszahlungen** in Betracht. Etwa kann der AG Jubiläumsgaben vorziehen, Umzugskosten übernehmen, zusätzl Fahrtkosten ersetzen, Trennungsentschädigungen, Mietbeihilfen oder Beihilfen zu Umschulungen zahlen und Verdiensteinbußen bei Versetzungen durch Lohngarantien verhindern. Auch Ausgleichsleistungen bei Änderungen der betriebl Altersversorgung oder die Übernahme der Rentenversicherungsbeiträge bei vorzeitiger Inanspruchnahme einer Altersrente nach § 187a SGB VI kommen in Betracht. Ebenfalls kommen Ausgleichszahlungen bei Eintritt einer Sperrzeit nach § 159 Abs 1 S 2 Nr 1 SGB III in Betracht <**R:** BAG 27.10.1987, 1 ABR 9/86, BB 1988, 761>. Auch bei Ausgleichsleistungen für sonstige Nachteile braucht nur dann nicht nach den Gegebenheiten des Einzelfalls differenziert zu werden, wenn dadurch die Abwicklung des Sozialplans wesentlich erschwert würde <**L:** vgl Begründung zum RegE BT-Drs 10/2102 unter A II 3a>.   33

Durch Sozialplan können auch **Härtefonds gebildet werden**. Diese können einmal die Leistungen eines Sozialplans für die AN ergänzen, die aufgrund ihrer bes persönlichen Situation durch die Betriebsänderung bes Nachteile erleiden <**R:** vgl BAG 17.10.1989, 1 ABR 75/88, BB 1990, 489>. Zum anderen kommt ein Härtefonds in Betracht, wenn für den Sozialplan, etwa in der Insolvenz, nur wenige Mittel zur Verfügung stehen. Hier kann es zweckmäßig sein, sich auf die Bildung eines Härtefonds zu beschränken, aus dem ausschließlich die AN Leistungen erhalten, die durch die Betriebsänderung bes hart getroffen werden. Als abgrenzbares Sondervermögen ist ein solcher Härtefonds eine Sozialeinrichtung iS des § 87 Abs 1 Nr 8, die von AG und BR gemeinsam verwaltet wird (§ 87 Rn 168 ff); bei einer Betriebsstilllegung hat der BR auch insoweit ein Restmandat iS des § 21b. Wird ein Härtefonds nicht oder nicht vollständig ausgeschöpft, fällt er an den AG zurück <**R:** LAG Bremen 15.6.1990, 4 Sa 353/89, BB 1990, 2119 (LS), LAGE § 112 BetrVG 1972 Nr 17>.   34

Der Sozialplan kann neben finanziellen Regelungen auch solche über **andere materielle Arbeitsbedingungen** aufstellen, etwa Bestimmungen über das Verbleiben von gekündigten AN in Werkswohnungen treffen, Wettbewerbsverbote aufheben, Rückzahlungsmodalitäten für AG-Darlehen verändern, den AN Freizeit für die Stellensuche gewähren oder auch die Abmilderung von Versetzungen durch virtuelle Maßnahmen vorsehen <**R:** BAG 30.11.2016, 10 AZR 11/16BB 2017, 378>. Ebenso kann der Sozialplan die betriebl Altersversorgung solcher AN regeln, die noch keine unverfallbaren Versorgungsanwartschaften erworben haben, insbes diesen AN Anwartschaftsrechte erhalten. Die Voraussetzungen, unter denen AN versetzt oder gekündigt werden dürfen, etwa Kd-Fristen, können demggü im – erzwingbaren – Sozialplan nicht geregelt werden <**R:** BAG 17.9.1991, 1 ABR 23/91, BB 1992, 1133>. Denn anders als der Interessenausgleich bezieht sich der Sozialplan nur auf die Folgen der Betriebsänderung, nicht aber auf diese selbst. Auch eine Regelung, nach der das Entgelt der im Betrieb verbleibenden AN gekürzt wird, ist nicht von § 112 gedeckt, weil sie keinen wirtschaftl Nachteil ausgleicht. Eine solche Bestimmung können die Betriebspartner nur in einer freiwilligen BV nach § 88 treffen, vgl Rn 104 ff.   35

36 Der erzwingbare Sozialplan iS von § 112 Abs 4 setzt das Vorliegen einer konkreten Betriebsänderung iS des § 111 voraus. Stehen zum Zeitpunkt des Abschlusses des Sozialplans Durchführung, Art und Umfang einer Betriebsänderung noch nicht fest, sind lediglich vorsorgliche Maßnahmen in Form einer Betriebsvereinbarung möglich <R: BAG 11.12.2001, 1 AZR 93/01, BB 2002, 1487>. Zu solchen vorsorglichen Sozialplänen Rn 106.

b) Transfersozialplan

37 Anstelle von Abfindungen kann der Sozialplan auch Leistungen vorsehen, die den AN den **Transfer in eine neue Beschäftigung** erleichtern, insbes ihrer Qualifikation dienen sollen <L: s allg zum Qualifizierungssozialplan *Göpfert* NZA 2020, 15>. In Betracht kommen Kosten der beruflichen Weiterbildung, Mobilitätshilfen (Fahrtkosten, Trennungskosten, Umzugskosten), Kosten für Trainingsmaßnahmen zur Verbesserung der Eingliederungsaussichten sowie Bewerbungskosten und Reisekosten im Zusammenhang mit Fahrten zur Berufsberatung, Eignungsfeststellung und zu Vorstellungsgesprächen.

38 Solche Transferleistungen sind insofern interessant, als sie im Unterschied zu Abfindungen gem § 110 SGB III von der **Bundesagentur für Arbeit durch Zuschüsse gefördert** werden können. Nach § 110 Abs 1 S 1 SGB III ist das der Fall, wenn die Maßnahme nicht vom Unternehmer selbst, sondern von einem Dritten durchgeführt wird, wenn die vorgesehene Maßnahme der Eingliederung der AN in den Arbeitsmarkt dienen soll, die Durchführung der Maßnahme gesichert ist und ein System zur Sicherung der Qualität angewendet wird <L: s *Gagel/Klein* § 110 SGB III Rn 38ff; GK/*Oetker* Rn 447ff>. Die Förderung ist freilich eng an die Beratung durch die Bundesagentur für Arbeit gekoppelt, weil § 110 Abs 1 SGB III als Anspruchsvoraussetzung fordert, dass diese von den Betriebspartnern hinzuzuziehen ist. Dabei ist aber stets das Subventionsverbot zu beachten. Zum einen können keine Maßnahmen gefördert werden, die letztlich zu einer Qualifizierung für den eigenen Betrieb oder das eigene Unternehmen führen, zum anderen darf keine Entlastung von anderen Verpflichtungen, sei es aus Gesetz oder aus vertraglicher Grundlage, wie etwa einem Transfertarifvertrag, erfolgen. Eine Koppelung der Unterstützung durch § 111 SGB III mit den Transferleistungen durch den Unternehmer im Sozialplan ist aber unschädlich <L: *Brand/Kühl* § 111 SGB III Rn 19; *Gagel/Klein* § 111 SGB III Rn 56>.

39 Die Bezuschussung setzt nach § 110 Abs 1 S 2 SGB III voraus, dass der Unternehmer im Rahmen des Sozialplans in angemessenem Umfang **Mittel zur Finanzierung der Transfermaßnahme** zur Verfügung stellt. Diese Voraussetzung ist jedenfalls dann erfüllt, wenn die Obergrenzen des § 123 InsO ausgeschöpft sind <L: *Wutzke* InsO 1998, 6, 8>. Bei massearmen Insolvenzen muss auch ein geringerer Eigenbetrag ausreichen. Der Zuschuss ist aber stets nach § 110 Abs 2 S 2 SGB III begrenzt. Danach darf er nicht mehr als 50 Prozent der aufzuwendenden Maßnahmekosten übersteigen und höchstens 2500 Euro je gefördertem AN betragen. Ob der Unternehmer, um die Maßnahme durchführen zu können, höhere Leistungen als sie der Obergrenze des § 123 InsO entsprechen, einsetzt, liegt in seinem pflichtgemäßen Ermessen. Rechtsgrundlage dafür ist § 88 BetrVG.

40 Die Zuschussförderung setzt weiter voraus, dass AN aufgrund von Betriebsänderungen iS des § 111 BetrVG von Arbeitslosigkeit bedroht sind (§ 110 Abs 1 S 1 iVm S 3 SGB III). Allerdings gilt das nach § 110 Abs 1 S 3 SGB III unabhängig von der Unternehmensgröße, sodass in Kleinunternehmen auch der Abbau weniger Arbeitsplätze genügen kann,

III. Sozialplan § 112

wenn sich dieser als wesentliche Betriebseinschränkung darstellt <L: *Gagel/Klein* § 110 SGB III Rn 19>. Auch auf die Anwendbarkeit des BetrVG im jeweiligen Betrieb kommt es nicht an, sodass auch die nicht unter das BetrVG fallenden Luftbetriebe (§ 117 Abs 2 BetrVG) und Betriebe in kirchl Einrichtungen (§ 118 Abs 2 BetrVG) erfasst werden, sofern sie in selbstständiger Rechtsform betrieben werden. Die Regelung gilt auch für Betriebe, in denen das BetrVG nicht gilt, weil kein BR gewählt worden ist. Lediglich der öffentliche Dienst ist ausgenommen.

Die Zuschüsse sind nach §§ 323 Abs 2 SGB III zu beantragen. Antragsberechtigt ist der AG, der dem Antrag eine Stellungnahme des BR beizufügen hat, oder der BR selbst. Der Antrag hat nach § 324 Abs 1 SGB III keine Rückwirkung. Zuständig ist die Agentur für Arbeit, in deren Bezirk der Betrieb liegt, § 327 Abs 3 S 3 SGB III. 41

Nach § 111 SGB III haben AN zur Vermeidung von Entlassungen und zur Verbesserung ihrer Vermittlungsaussichten Anspruch auf Kurzarbeitergeld zur Förderung der Eingliederung bei betriebl Restrukturierungen (**Transferkurzarbeitergeld**). Voraussetzung für dessen Gewährung ist nach § 111 Abs 3 SGB III, dass in einem Betrieb Personalanpassungsmaßnahmen aufgrund einer Betriebsänderung durchgeführt und die von Arbeitsausfall betroffenen AN in einer betriebsorganisatorisch eigenständigen Einheit zusammengefasst werden. Jedoch ist nach § 111 Abs 8 SGB III der Anspruch ausgeschlossen, wenn die AN nur vorübergehend in der betriebsorganisatorisch eigenständigen Einheit zusammengefasst werden, um anschließend einen anderen Arbeitsplatz in dem gleichen oder einem anderen Betrieb des Unternehmens oder, falls das Unternehmen einem Konzern angehört, in einem Betrieb eines anderen Konzernunternehmens des Konzerns zu besetzen <L: dazu *Gagel/Klein* § 111 SGB III Rn 104 ff>. Konzern ist, wie sich aus der gesetzlichen Definition des § 18 AktG ergibt, sowohl der Unterordnungs- als auch der Gleichordnungskonzern. 42

Der Transfersozialplan kann auch **Pflichten der von ihm begünstigten AN** festlegen. Etwa kann vorgesehen werden, dass Teilnehmer, die nicht ordnungsgem an der Qualifizierungsmaßnahme teilnehmen oder sie abbrechen, nach erfolgter Kd durch den früheren AG oder die Beschäftigungsgesellschaft die bereits getätigten nutzlosen Aufwendungen für die Qualifizierungsmaßnahme zu ersetzen haben <L: *Löwisch* Arbeitsrechtliche Fragen des Transfersozialplans, S 33, 49; für die Förderung der Weiterbildung während des Anspruches auf Transferkurzarbeitergeld s § 111a SGB III>. 43

Für den von der ES aufgestellten Sozialplan sieht Abs 5 Nr 2a vor, dass die Förderungsmöglichkeiten zur Vermeidung von Arbeitslosigkeit berücksichtigt werden sollen (Rn 70f). 44

5. Wirksamkeit des Sozialplans

a) Sozialplan als Betriebsvereinbarung

Der Sozialplan ist, wie sich aus Abs 1 S 3 ergibt, als BV aufzufassen <R: BAG 17.11.2015, 1 AZR 881/13, AP Nr 231 zu § 112 BetrVG 1972; 27.8.1975, 4 AZR 454/74, AP Nr 2 zu § 112 BetrVG 1972>. Für Abschluss, Form, Bekanntmachung, Inkrafttreten, Mängel und Auslegung von Sozialplänen gilt deshalb das zu BV in § 77 Rn 136ff Geschriebene <R: BAG 22.3.2005, 1 AZR 3/04, DB 2005, 1472>. 45

§ 112 Interessenausgleich über die Betriebsänderung, Sozialplan

b) Bindung an das staatliche Recht

46 Als BV findet der Sozialplan seine **Grenze** am Gebot des Vertrauensschutzes und dem Grundsatz der Verhältnismäßigkeit (§ 77 Rn 19 ff). Insbes können den AN nicht bereits entstandene Ansprüche durch den Sozialplan entzogen werden, darin läge eine unzulässige Rückwirkung. Etwa dürfen rückständige Lohnansprüche im Sozialplan weder für verfallen erklärt noch gestundet werden <**R:** vgl LAG BaWü 27.4.1977, 8 Sa 203/76, DB 1977, 1706>.

47 Der Vertrauensschutz beschränkt auch die Ablösung eines Sozialplans durch einen anderen. Zwar ist nach der Zeitkollisionsregel eine solche Ablösung grds möglich, auch wenn die im zweiten Sozialplan getroffenen Regelungen für die AN ungünstiger sind. Bereits entstandene Ansprüche der AN können aber nicht mehr geschmälert oder ganz entzogen werden <**R:** BAG 12.11.2002, 1 AZR 58/02, DB 2003, 1635; 19.2.2008, aaO>.

48 Der Sozialplan ist wie jede BV (§ 77 Rn 15) an das **zwingende staatliche Recht** gebunden. Von Bedeutung ist dabei insbes das **KSchG**: Der Sozialplan kann weder die Sozialauswahl nach § 1 Abs 3 KSchG präjudizieren noch eine nicht betriebsbedingte Kd entgg § 1 KSchG sozial rechtfertigen. Ebensowenig darf er nach der Rspr die Zahlung von Sozialplanabfindungen davon abhängig machen, dass die im Zuge der Betriebsänderung gekündigten AN keine Kd-Schutzklage erheben <**R:** BAG 7.12.2021, 1 AZR 562/20, NZA 2022, 281; BAG 9.12.2014 - 1 AZR 146/13, NZA 2015, 438; BAG 31.5.2005, 1 AZR 254/04, BB 2005, 1967; 20.12.1983, 1 AZR 442/82, BB 1984, 2003; LAG Nürnberg,14.10.2020, 2 Sa 227/20, NZA-RR 2021, 166; **L:** ErfK/*Kania* § 112a Rn 23; nachvollziehbar kritisch mit Hinweis auf das unternehmerische Interesse einer planbaren Betriebsänderung Richardi/*Annuß* Rn 112>. Der Sozialplan kann die Fälligkeit der Sozialplanansprüche aber auf den Zeitpunkt hinausschieben, in welchem ein vom AN anhängig gemachter Kd-Rechtsstreit rechtskräftig abgeschlossen ist <**R:** BAG 31.5.2005, 1 AZR 254/02, BB 2005, 1967; LAG München 11.3.2008, 6 Sa 1023/07, BeckRS 2009, 67684, das der rechtskräftigen Entscheidung die Klagerücknahme mit Recht gleichstellt>. Das KSchG hindert AG und BR aber nicht, im Interesse des AG an alsbaldiger Planungssicherheit zusätzl zu einem Sozialplan in einer freiwilligen Betriebsvereinbarung Leistungen für den Fall vorzusehen, dass der AN von seinem Recht zur Erhebung einer Kd-Schutzklage keinen Gebrauch macht (sog **Turboprämie**) <**R:** BAG 9.12.2014, 1 AZR 146/13, BB 2015, 765; 18.5.2010, 1 AZR 187/09; **L:** HWK/*Willemsen/Hohenstatt* Rn 54>. Eine solche Regelung entspricht der in § 1a KSchG zu Ausdruck kommenden gesetzgeberischen Wertung. Freilich darf damit nach der Rspr das Verbot nicht umgangen werden, Sozialplanansprüche von einem Klageverzicht abhängig zu machen <**R:** BAG 31.5.2005, aaO>. Eine solche Umgehung kann nach einer jüngeren Entscheidung des BAG vorliegen, wenn der von ihnen geschlossene Sozialplan seinen Zweck, die infolge der Betriebsänderung entstehenden wirtschaftlichen Nachteile der betroffenen Arbeitnehmer auszugleichen oder zu mildern, „nicht ansatzweise erfüllt" <**R:** BAG 7.12.2021, 1 AZR 562/20, NZA 2022, 281>. Dabei ist aber nicht darauf abzustellen, ob durch die freiwillige BV dem Sozialplan Mittel entzogen werden <**R:** BAG 7.12.2021, 1 AZR 562/20, NZA 2022, 281; anders noch BAG 31.5.2005, 1 AZR 254/04, BB 2005, 1967>.

49 Sozialpläne unterliegen den **Diskriminierungsverboten** des § 75 Abs 1 und des AGG. Etwa ist eine Sozialplanregelung, welche die Abfindung davon abhängig macht, dass ein ausländischer AN in seine Heimat zurückkehrt, **unzulässig** <**R:** BAG 7.5.1987, 2 AZR

271/86, BB 1988, 564>. Eine Differenzierung von Sozialplanleistungen nach Alter oder Betriebszugehörigkeit ist aber nach Maßgaben von § 10 S 3 Nr 6 AGG zulässig <R: BAG 11.11.2008, 1 AZR 475/07, DB 2009, 347; 26.5.2009, 1 AZR 198/08, DB 2009, 1766>. Für diese Altersdifferenzierung ist aber umstritten, inwiefern eine pauschale Steigerung der Abfindung je Lebensjahr (und Betriebszugehörigkeit) möglich ist <dafür **R:** BAG 20.1.2009, 1 AZR 298/08, DB 2009, 1766; kritisch *Brors*, ZESAR 2021, 378, 380 ff>. Richtig ist, dass sich die Differenzierung nach dem Alter mit einem Sondernachteil im Hinblick auf die Überbrückungsfunktion und damit den Nachteilsausgleich rechtfertigen lassen muss <dazu **L:** Richardi/*Annuß* Rn 91; HWK/*Hohenstatt/Willemsen* Rn 38>. Das kann auch dazu führen, dass „rentennahe" AN eine verminderte Abfindung erhalten <**R:** BAG 7.5.2019, 1 ABR 54/17, BB 2019, 2043; 30.9.2008, 1 AZR 684/07, EzA § 112 BetrVG 2001 Nr 29; 26.5.2009, aaO; EuGH 6.12.2012, C-152/11, NZA 2012, 1435; **L:** ErfK/*Kania* § 112a Rn 24>. Dies kann bis zu einem vollständigen Ausschluss der Abfindung gehen <**R:** BAG 7.6.2019, BB 2019, 2043>, allerdings ist dabei zu berücksichtigen, dass die Möglichkeit der Einschränkung der Abfindung stets mit dem Zeitpunkt und dem Umfang der Altersrente in Relation stehen muss <**L:** ErfK/*Kania* § 112a Rn 24a; HWK/ *Willemsen/Hohenstatt* Rn 52>. Für den Bezug einer Rente wegen einer Behinderung wird dies nicht gelten <**R:** BAG 17.11.2015, 1 AZR 938/13, NZA 2016, 501>. Jedenfalls sieht die Rspr zu Recht in einer Berechnung einer Sozialplanabfindung, die an den Zeitraum zwischen Beendigung des Arbeitsverhältnisses und frühestmöglichem Termin des Renteneintritts anknüpft, eine mittelbare Benachteiligung wegen der Behinderung, weil schwerbehinderte AN nach § 236a Abs 1 S SGB IV früher Altersrente in Anspruch nehmen können <**R:** BAG 28.7.2020, 1 AZR 590/18, BB 2021, 61; BAG 16.7.2019, 1 AZR 842/16, NZA 2019, 1432; **L:** *Brors* ZESAR 2021, 378, 381>. Von vornherein keine Altersdiskriminierung liegt in der Höchstbegrenzung einer mit Alter und Betriebszugehörigkeit steigenden Sozialplanabfindung <**R:** BAG 2.10.2007, 1 AZN 793/07, DB 2008, 69>. Zu beachten ist auch das Verbot der Diskriminierung von Teilzeitbeschäftigten und befristet Beschäftigten nach § 4 TzBfG <**R:** LAG Hessen 10.12.2008, 6/17 Sa 431/08, BeckRS 2011, 71527; **L:** HWK/*Hohenstatt/Willemsen* Rn 51>. Zur Bindung an den allg Gleichbehandlungsgrundsatz s Rn 51 ff.

Das Recht der AGB (§§ 305 ff BGB) findet auf Sozialpläne wg ihres Charakters als BV keine Anwendung (§ 310 IV S 1 BGB). **50**

c) Billigkeitskontrolle

Sozialpläne unterliegen der Billigkeitskontrolle durch die ArbG <**R:** BAG 29.10.2002, 1 AZR 80/02, EzA § 112 BetrVG 2001 Nr 4>. Dabei ist zu unterscheiden zw der billigen Behandlung der einzelnen AN, insbes ihrer Gleichbehandlung gem § 75 Abs 1 S 1 und dem arbeitsrechtl Gleichbehandlungsgrundsatz, auf der einen und der Herstellung des billigen Ausgleichs zw AG und Belegschaft auf der anderen Seite (vgl allg zu dieser Unterscheidung § 77 Rn 19 f). Rechtswidrig ist zunächst das benachteiligende Anknüpfen an Unterscheidungsmerkmale wie Geschlecht, Behinderung, Herkunft oder Gewerkschaftsmitgliedschaft <**L:** HWK/*Willemsen/Hohenstatt* Rn 51>. Auch eine entspr nicht gerechtfertigte Bevorzugung einzelner Gruppen ist gleichheitswidrig. Das gilt auch für die Gewerkschaftsmitgliedschaft <**R:** BAG 15.4.2015, 4 AZR 796/13, DB 2015, 2398> allerdings muss hier die Leistung an die Gewerkschaftsmitglieder aus einem Sozialtarifvertrag außerhalb der Betrachtung bleiben. Im Einzelnen gilt: **51**

§ 112   Interessenausgleich über die Betriebsänderung, Sozialplan

52 Es ist **nicht unbillig**, wenn der Sozialplan die AN von Abfindungen ausnimmt, die auf Vermittlung des AGs einen neuen Arbeitsplatz erhalten haben <**R:** BAG 19.6.1996, 10 AZR 23/96, BB 1996, 2522>. Ebenso ist es sachlich gerechtfertigt, wenn die Betriebspartner solche AN von Sozialplanleistungen ausnehmen, die zum Zeitpunkt der Auflösung des Arbeitsverhältnisses die Voraussetzungen für den übergangslosen Rentenbezug nach Beendigung des Anspruchs auf Arbeitslosengeld erfüllen <**R:** BAG 31.7.1996, 10 AZR 45/96, BB 1997, 364>. Müssen die AN bei **vorzeitigem Rentenbezug** Abschläge hinnehmen, kann ihre vollständige Herausnahme aber unbillig sein (s dazu noch Rn 49). Die Begrenzung einer mit Alter und Betriebszugehörigkeit steigenden Abfindung auf einen **Höchstbetrag** (sog Kappungsgrenze) verstößt nicht gg den Gleichbehandlungsgrundsatz, weil bei typisierender Betrachtungsweise davon auszugehen ist, dass die wirtschaftl Nachteile der betroffenen AN noch angemessen ausgeglichen werden <**R:** BAG 21.7.2009, 1 AZR 566/08, NZA 2009, 1107; **L:** GK/*Oetker* §§ 112, 112a Rn 334>. In einer neueren Entscheidung bejaht das BAG in diesem Fall zwar eine mittelbare Benachteiligung, sieht diese aber dann als gerechtfertigt an, wenn es zu einer spürbaren Abmilderung der Nachteile der älteren AN kommt und es gerade um die Begrenzung der altersbezogenen Bevorzugung geht <**R:** BAG 7.12.2021, 1 AZR 562/20, NZA 2022, 281>. Ebenfalls ist eine Kappungsgrenze keine gg § 75 Abs 1 S 2 verstoßende Benachteiligung älterer AN, wenn den AN gleichzeitig die Weiterbeschäftigung in einem anderen Werk anzubieten ist <**R:** BAG 19.10.1999, 1 AZR 838/98, BB 2000, 884 (LS), DB 2000, 930>. Es verstößt auch nicht gg den arbeitsrechtl Gleichbehandlungsgrundsatz, **Sonderabfindungen** nur für die schwerbehinderten AN vorzusehen, deren Schwerbehinderteneigenschaft bei der Aufstellung des Sozialplanes feststeht <**R:** BAG 19.4.1983, 1 AZR 498/81, BB 1984, 673>. Der Zweck der Sozialplanabfindung als Überbrückungshilfe rechtfertigt es auch, die Abfindung in dem Verhältnis festzusetzen, das der persönlichen Arbeitszeit (Teilzeit) des AN im Verhältnis zur tarifl Arbeitszeit entspricht <**R:** BAG 28.10.1992, 10 AZR 129/92, BB 1993, 506>. Zulässig ist es auch, AN von Sozialplanleistungen auszuschließen, die dem AG vorsätzlich erhebliche Vermögensschäden zugefügt haben <**R:** LAG Thüringen 6.2.1995, 8/4 Sa 1888/93, NZA 1996, 671>. Die Betriebspartner sind aus Gründen der praktikablen Durchführung einer Sozialplanregelung befugt, die Zahlung eines Abfindungszuschlags für unterhaltsberechtigte Kinder davon abhängig zu machen, dass diese auf der Lohnsteuerkarte (elektronische Lohnsteuerabzugsmerkmale) eingetragen sind <**R:** BAG 12.3.1997, 10 AZR 648/96, BB 1997, 1897; s aber LAG D 2.9.2015, 12 Sa 543/15, BeckRS 2015, 72657>.

53 Da die Betriebspartner nicht verpflichtet sind, die Höhe der Sozialplanleistungen an der **Betriebszugehörigkeit** auszurichten (vgl Rn 16), ist es auch nicht unbillig, wenn sie nur Zeiten berücksichtigen, in denen die AN dem AG-Betrieb tatsächlich angehört haben <**L:** GK/*Oetker* Rn 339>. Deswg ist es zulässig, nur die Betriebszugehörigkeit beim AG und seinem Rechtsvorgänger zu berücksichtigen und Tätigkeiten bei einem früheren AG selbst dann nicht anzurechnen, wenn der AG sie in einen Überleitungsvertrag als bei ihm zurückgelegte Betriebszugehörigkeitszeit anerkannt hat <**R:** BAG 16.3.1994, 10 AZR 606/93, BB 1994 1360 (LS), DB 1994, 2635>. Zu tarifl Betriebszugehörigkeitsklauseln s Rn 85.

54 Mit dem arbeitsrechtl Gleichbehandlungsgrundsatz ist es auch vereinbar, wenn AG und BR AN, die ihr Arbeitsverhältnis durch eine **Eigenkd** oder einen **Aufhebungsvertrag** beendet haben, ganz vom Sozialplan ausnehmen <**R:** BAG 20.4.1994, 10 AZR 323/93, BB

1994, 1938; 19.7.1995, 19 AZR 885/94, BB 1995, 2534> oder ihnen eine ggü den betriebsbedingt gekündigten AN geringere Abfindung zusprechen <**R:** BAG 1.2.2011, 1 AZR 417/09, NZA 2011, 880; 11.8.1993, 10 AZR 558/92, BB 1994, 359; 24.11.1993, 10 AZR 31/93, BB 1994, 723 (LS), DB 1994 1043; LAG Köln 2.11.1999, 13 Sa 477/99, AP Nr 134 zu § 112 BetrVG 1972, NZA-RR 2000, 193>. Die Betriebspartner können davon ausgehen, dass die AN ihr Arbeitsverhältnis nur deswg von sich aus beenden, weil sie bereits eine neue Arbeitsstelle gefunden haben, sodass sie der Verlust ihres bisherigen Arbeitsplatzes weniger schwer trifft <**R:** BAG 11.8.1993, aaO>. Dabei können als maßgeblicher **Stichtag** die für die betroffenen AN feststehende Durchführung der Betriebsänderung, das Scheitern des Interessenausgleichs oder das damit in engem zeitlichen Zusammenhang stehende Inkrafttreten des Sozialplans festgelegt und nur die AN von Sozialplanabfindungen ausgenommen werden, die vorher auf eigenen Entschluss aus dem Arbeitsverhältnis ausgeschieden sind <**R:** BAG 12.4.2011, 1 AZR 505/09, NZS 2011, 1302; 15.5.2007, 1 AZR 370/06, AP BetrVG 1972 § 112 Nr 188; 30.11.1994, 10 AZR 578/93, BB 1995, 620; 24.1.1996, BB 1996, 912 (LS); LAG Köln 1.4.2009, 9 Sa 1401/08, BeckRS 2009, 68314; **L:** *Annuß* FS Kreutz, S 13, 20 ff>. Die durch Eigen-Kd oder Aufhebungsvertrag ausgeschiedenen AN werden selbst dann nicht gleichheitswidrig benachteiligt, wenn der Sozialplan den betriebsbedingt gekündigten AN eine Abfindung auch für den Fall zuspricht, dass sie vor Ablauf der Kd-Frist aus dem Arbeitsverhältnis ausscheiden, weil sie einen neuen Arbeitsplatz gefunden haben: Für diese AN steht bei Beendigung des Arbeitsverhältnisses zwar ebenfalls fest, dass sie wg der Betriebsänderung keinen nach dem Sozialplan maßgeblichen wirtschaftl Nachteil erleiden. Es steht aber im Ermessen der Betriebspartner, durch Zusage der Abfindung die unerwünschte Folge zu vermeiden, dass die betriebsbedingt gekündigten AN die Aufnahme des neuen Arbeitsverhältnisses bis zum Ablauf der Kd-Frist hinausschieben und damit den Abfindungsanspruch von beliebig manipulierbaren Umständen abhängig machen <**R:** BAG 20.4.1994, aaO>.

Betriebl Interessen, insbes die Absicht, die personelle Zusammensetzung der Belegschaft bis zu einem bestimmten Zeitpunkt zu sichern, rechtfertigen weder die Versagung noch die Minderung von Sozialplanleistungen für AN, die ihr Arbeitsverhältnis, ohne dazu vom AG veranlasst worden zu sein, selbst kündigen <**R:** BAG 9.12.2014, 1 AZR 406/13, NZA 2015, 557; 6.11.2007, 1 AZR 960/06 und vom 19.2.2008, 1 AZR 1004/06, EzA § 112 BetrVG 2001 Nr 25 und 26; **aA** noch BAG 9.11.1994, 10, 10 AZR 281/94 und 19.7.1995, 10 AZR 885/94, EzA § 112 BetrVG Nr 78 und 82; **L:** HWK/*Hohenstatt/Willemsen* Rn 48>. Auch eine Prämie für die Weiterarbeit bis zur Betriebsänderung (retention bonus) kann nicht Gegenstand eines Sozialplanes sein. Sie kann allerdings in einer freiwilligen BV vereinbart werden <**R:** BAG 9.12.2014, 1 AZR 406/13, NZA 2015, 557; **L:** ErfK/*Kania* § 112a Rn 23>. 55

Die Herausnahme der durch Eigenkd oder Aufhebungsvertrag ausgeschiedenen AN verstößt nur dann gg § 75 Abs 1 S 1 und den arbeitsrechtl Gleichbehandlungsgrundsatz, wenn der AG die Kd oder den Vertragsschluss **veranlasst** hat <**R:** BAG 20.4.1994, 10 AZR 323/93, BB 1994, 1938; 19.7.1995, 10 AZR 885/94, BB 1995, 2534>. In diesem Fall ist auch eine Reduzierung der Sozialplanleistungen für AN, die eine Eigen-Kd vor dem Tag des Abschlusses des Sozialplans aussprechen, unzulässig <**R:** BAG 19.2.2008, aaO>. 56

§ 112   Interessenausgleich über die Betriebsänderung, Sozialplan

57 Der Ausschluss von AN, die ohne sachlichen Grund dem Übergang ihres Arbeitsverhältnisses auf die Betriebserwerber nach § 613a Abs 6 BGB widersprochen haben und deshalb von einer Betriebsänderung beim Betriebsveräußerer betroffen sind, ist möglich <R: BAG 22.7.2007, 2 AZR 448/05, NZA 2008, 425>. Gleiches gilt für die AN, deren Arbeitsverhältnis nach § 613a Abs 1 S 1 BGB übergeht und die deshalb infolge der Betriebsänderung ihren Arbeitsplatz nicht verlieren <L: GK/*Oetker* Rn 339>.

58 **Unbillig** ist es, wenn bei Stilllegung des Betriebs diejenigen AN im Sozialplan nicht berücksichtigt werden, die aus einem vorhergehenden, für die ursprünglich beabsichtigte Teilstilllegung aufgestellten Sozialplan wesentlich geringere Abfindungen erhalten hatten <R: BAG 9.12.1981, 5 AZR 549/79, BB 1982, 1299>. Unbillig ist es auch, wenn AN nicht berücksichtigt werden, die von einer vorangegangenen Betriebsänderung an und für sich betroffen waren, aber erst in Zusammenhang mit der nachfolgenden Betriebsänderung entlassen werden <R: LAG Berl-Bbg 20.6.2008, 22 Sa 364/08, BeckRS 2010, 70086>.

59 Gg § 75 Abs 1 S 1 verstieß auch eine Sozialplanregelung, nach der die Erstattungsansprüche der Bundesagentur für Arbeit gg den AG nach § 147a SGB III aF allein auf die Abfindungen der AN angerechnet wurden, für die der AG das Arbeitslosengeld tatsächlich erstatten musste <R: BAG 26.6.1990, 1 AZR 74/90, BB 1991, 621>.

60 Soweit der AN durch den Sozialplan unbillig oder gleichheitswidrig benachteiligt wird, führt dies dann nicht zur Unwirksamkeit des gesamten Sozialplanes, wenn dieser auch ohne die unbillige Regelung sinnvoll und geschlossen ist <L: GK/*Oetker* Rn 340>. Der einzelne AN kann die **Anhebung seiner Leistung** auf das angemessene Niveau fordern <R: BAG 17.11.2015, 5 AZR 731/12, NZA 2015, 501>, auch wenn dadurch die vorgegebene Gesamtsumme des Sozialplans überschritten wird <R: BAG 19.2.2008, 1 AZR 1004/06, AP Nr 191 zu § 112 BetrVG 1972; 17.2.1981, 1 AZR 290/78, BB 1981, 1092>. Dies gilt auch, wenn der Gleichheitsverstoß darin liegt, dass iF eines sich hinziehenden einheitlichen Personalabbaus der AN aus einem früheren Sozialplan geringere Ansprüche hat als später ausscheidende AN aus einem zweiten Sozialplan <R: vgl BAG 11.2.1998, 10 AZR 22/97, BB 1998, 1211>. AN, die aufgrund einer zulässigen Differenzierung keine Sozialplanleistungen erhalten, haben auch keinen entspr Anspruch aufgrund des arbeitsrechtl Gleichbehandlungsgrundsatzes <R: BAG 17.4.1996, 10 AZR 606/95, BB 1996, 1724 (LS, NZA 1996, 1113>. Die mit der Aufstockung verbundene Ausdehnung des Volumens des Sozialplans braucht der AG aber nur solange hinzunehmen, wie die Mehrbelastung im Verhältnis zum Gesamtvolumen nicht ins Gewicht fällt <R: BAG 21.10.2003, 1 AZR 407/02, BB 2004, 722>. Eine Erhöhung des Gesamtvolumens um 1,7% hat das BAG als hinnehmbar angesehen. Dagg überschreitet eine Erhöhung um 20% in jedem Fall die Opfergrenze <R: LAG Nds 20.2.2007, 9 SA 1373/06, LAGE § 75 BetrVG 2001 Nr 5>.

61 Über die **Billigkeit des Ausgleichs** zwischen den Interessen der Belegschaft auf der einen Seite und denen des Unternehmens auf der anderen Seite entscheidet die ES nach den Maßstäben des Abs 5. Eine Bindung an die gesetzliche Wertung von § 1a Abs 2 S 1 KSchG besteht nicht <R: LAG Hessen 14.10.2008, 4 TaBV 68/08, BeckRS 2011, 71519>. Ob die Grundsätze des Abs 5 eingehalten worden sind, ist richtiger Auffassung nach nur bei Entscheidungen der ES iR des § 76 Abs 5 S 4 zu überprüfen <L: näher *Löwisch* SAE 1985, 324>. Dabei sind die Betriebsparteien auch dann an die Zweiwochen-

III. Sozialplan § 112

frist der Vorschrift gebunden, wenn die ES bei der Festsetzung von Faktoren für die Berechnung von Sozialplanleistungen, etwa der Berücksichtigung von Betriebszugehörigkeitszeiten, einem Irrtum unterlegen ist <R: BAG 1.4.1998, 10 ABR 17/97, BB 1998, 1588>. Der einzelne AN kann die Unbilligkeit der Gesamtausstattung des Sozialplanes nicht im Urteilsverf geltend machen <R: BAG 17.2.1981, 1 AZR 290/78, BB 1981, 1092>, s noch § 77 Rn 88.

d) *Ermessensbeschränkungen des erzwingbaren Sozialplanes, Abs 5*

Die Entscheidung der ES über den Sozialplan unterliegt – wie allg, Rn 46 ff, 51 ff – einer Rechtskontrolle und einer Billigkeitskontrolle <L: Richardi/*Annuß* Rn 141; ErfK/*Kania* § 112a Rn 31>, hier gelten jedoch im Vergleich zum von den Betriebspartnern aufgestellten Sozialplan weitere Einschränkungen. Zum einen kann der von der ES aufgestellte Sozialplan keine Inhalte haben, die den Eintritt wirtschaftl Nachteile verhindern sollen, weil der Interessenausgleich nicht erzwingbar ist <L: HWK/*Hohenstatt/Willemsen* Rn 59>, zum anderen wird die Billigkeitskontrolle durch die Ermessensrichtlinien des Abs 5 präzisiert. Werden diese Leitlinien nicht eingehalten, ist der Sozialplan angreifbar, § 76 Abs 5 S 4 <L: ErfK/*Kania* § 112a Rn 31; AR/*Kolbe* Rn 23>. 62

Nach Abs 5 S 2 Nr 1 muss der Ausgleich oder die Milderung der wirtschaftl Nachteile idR den **Gegebenheiten des Einzelfalls** Rechnung tragen. Pauschalierungen der Sozialplanleistungen, wie etwa und praktisch am bedeutsamsten der Abfindung, sind deshalb nur dann zulässig, wenn mit Wahrscheinlichkeit davon auszugehen ist, dass alle oder nahezu alle AN infolge der Entlassung wirtschaftl Nachteile mindestens im Umfang der Abfindungen erleiden. Ist eine solche Prognose nicht gerechtfertigt, weil die Betriebsänderung in die wirtschaftl Verhältnisse der AN ganz unterschiedlich eingreift oder weil die Aussichten der AN auf dem Arbeitsmarkt völlig verschieden sind, hält sich eine Pauschalregelung nicht in den Ermessensgrenzen des Abs 5 <L: *Otto* ZfA 1985, 71, 79 f>. Allerdings ist eine gewisse Abstraktion für die Festsetzung der Abfindungen möglich, sodass dann, auch mit Blick auf Abs 5 S 2 Nr 2, zumindest nach Arbeitsmarktgesichtspunkten, insbes dem Lebensalter der AN, der familienbedingten Einschränkung ihrer Mobilität, der Berufsgruppe, ihrer Ausbildung, ihren Fähigkeiten und bes Qualifikationen, einer etwaigen Schwerbehinderteneigenschaft sowie dem regionalen Arbeitsmarkt differenziert werden kann. Werden diese Kriterien also „weit gestreut", kann durch sie auf die jeweiligen Einzelbedürfnisse Rücksicht genommen werden <L: HWK/*Hohenstatt/Willemsen* Rn 64>. Eine Differenzierung aber allein nach dem Monatseinkommen und der Dauer der Betriebszugehörigkeit ist ermessensfehlerhaft, weil sie Sonderbedarfe, etwa infolge einer Schwerbehinderung, nicht abdeckt <R: BAG 14.9.1994, 10 ABR 7/94, BB 1995, 407>. Höchstbegrenzungsklauseln für Abfindungen sind aber zulässig <R: BAG 23.8.1988, 1 AZR 284/87, BB 1989, 144; vgl auch LAG Hamm 3.6.1991, 19 Sa 1579/90, LAGE § 112 BetrVG 1972 Nr 20>, dazu Rn 49. Insbes in kleineren Betrieben können die Leistungen für jeden AN individuell festgelegt werden <R: BAG 12.2.1985, 1 AZR 40/84, BB 1985, 1129>. 63

Nach Abs 5 Nr 2 S 2 sollen AN, die ein **zumutbares Arbeitsverhältnis** im selben Betrieb oder in einem anderen Betrieb des Unternehmens oder eines zum Konzern gehörenden Unternehmens ausschlagen, von Sozialplanleistungen ausgeschlossen werden. Das verbietet idR die Zuerkennung von Abfindungsansprüchen an AN, die einen angebotenen 64

Klumpp

§ 112 Interessenausgleich über die Betriebsänderung, Sozialplan

zumutbaren Arbeitsplatz ablehnen <**R:** BAG 28.9.1988, 1 ABR 23/87, BB 1989, 498; **L:** ausf *Löwisch* Anm zu BAG aaO, AP Nr 47 zu § 112 BetrVG 1972>. Dies gilt auch für AN, die dem Übergang ihres Arbeitsverhältnisses nach § 613a BGB ohne sachlichen Grund widersprechen und so die Weiterbeschäftigungsmöglichkeit beim Betriebserwerber ausschlagen <**R:** vgl BAG 5.2.1997, 10 AZR 553/96, BB 1997, 2167; **L:** AR/*Bayreuther* § 613a BGB Rn 133>. Allerdings enthält Abs 5 Nr 2 S 2 – wie die übrigen Grundsätze des Abs 5 – nur **Leitlinien für die Ermessensausübung der ES**: Die ES muss sie zwar beachten, welche Folgerungen sie im konkreten Fall aus ihnen zieht, bleibt aber ihr überlassen. Insbes kann die ES die verschiedenen Grundsätze des Abs 5 in eine Gesamtabwägung bringen.

65 IR des billigen Ermessens hält sich die ES jedenfalls, solange sie an die AN keine größeren Anforderungen stellt als **§ 140 SGB III** hinsichtlich der **Zumutbarkeit einer Beschäftigung** für einen Arbeitslosen. Dies ergibt sich heute aus § 2 Abs 5 Nr 3 SGB III, der AN allg verpflichtet, zur Vermeidung von Arbeitslosigkeit eine zumutbare Beschäftigung aufzunehmen <**L:** vgl *Löwisch* NZA 1998, 729, 730; aA *Gagel/Bepler* § 2 SGB III Rn 52>. Umstritten ist, ob die Vorgaben des § 140 SGB III die ES insgesamt binden, oder ob diese innerhalb der (weiten) Zumutbarkeitsvorgaben des § 140 SGB III engere Grenzen ziehen kann. Das wird wegen der verschiedenen Zwecksetzung von Abs 5 S 2 Nr 2 und § 140 SGB III bejaht <**L:** ErfK/*Kania* § 112a Rn 34; HWK/*Hohenstatt/Willemsen* Rn 68>. Allerdings ist die Anwendung der Zumutbarkeitsgrundsätze des SGB III insoweit angebracht, als etwaige wirtschaftl Nachteile, die mit dem neuen Arbeitsverhältnis verbunden wären, nach Abs 5 Nr 1 im Sozialplan ohnehin ausgeglichen werden müssen. Außerdem wäre es widersinnig, wenn der AN ein neues Arbeitsverhältnis zunächst ablehnen könnte und damit Sozialplanleistungen für den Verlust seines bisherigen Arbeitsplatzes erhielte, um sich dann unter dem Druck der Zumutbarkeitsvorschriften des SGB III doch auf das angebotene Arbeitsverhältnis einzulassen <**R:** weitergehend BAG 28.9.1988, 1 ABR 23/87, BB 1989, 498, wonach die ES frei festlegen kann, unter welchen Voraussetzungen ein Arbeitsplatz zumutbar ist, sodass auch AN von Sozialplanleistungen ausgeschlossen werden können, die einen iS des SGB III unzumutbaren, nach dem Sozialplan aber noch zumutbaren Arbeitsplatz ausschlagen; enger LAG Ddf 23.10.1986, 17 TaBV 98/86, DB 1987, 1254, LAGE § 76 BetrVG 1972 Nr 26; LAG Hamm 25.1.1990, 16 Sa 969/89, LAGE § 112 BetrVG 1972 Nr 15 und LAG Hessen 9.12.1997, 4 TaBV 56/97, BB 1998, 1847 (LS), NZA-RR 1999, 140, die nur einen gleichwertigen Arbeitsplatz für zumutbar halten; **L:** *Löwisch* Anm zu BAG aaO, AP Nr 47 zu § 112 BetrVG 1972; vgl auch *Schaub/Koch* Arbeitsrechtshandbuch § 244 Rn 80, der die Zumutbarkeitsvorschriften des SGB III als Auslegungshilfe für die Einzelfallentscheidung heranziehen will; aA *Fitting* Rn 270, der die Zumutbarkeitsregelungen des § 140 SGB III für nicht maßgeblich hält; GK/*Oetker* Rn 411; ErfK/*Kania* § 112a Rn 34>.

66 Nach diesen Grundsätzen ist dem AN ein **zeitlicher Mehraufwand** für den Weg zw Wohnung und neuer Arbeitsstätte von bis zu 2 1/2 Std tägl bei Vollzeitarbeit und von bis zu 2 Std täglich bei einer Arbeitszeit unter 6 Stunden zumutbar (vgl § 140 Abs 4 S 2 SGB III); längere Pendelzeiten muss der AN hinnehmen, soweit sie in der Region bei vergleichbaren AN üblich sind (vgl § 140 Abs 4 S 3 SGB III).

67 Eine Verringerung des Entgelts um bis zu 20 Prozent muss der AN nach dem Gedanken des § 140 Abs 3 S 2 SGB III hinnehmen, zumal Einkommensminderungen nach Abs 5 S 2 Nr 1 durch Ausgleichleistungen im Sozialplan Rechnung getragen werden soll.

III. Sozialplan § 112

Die Annahme einer **Teilzeitbeschäftigung** ist dem AN nur zumutbar, wenn die damit verbundene Entgeltminderung das in § 140 Abs 3 S 2 SGB III festgelegte Maß nicht überschreitet <R: weitergehend für eine tarifvertragliche Regelung BAG 28.2.2002, 6 AZR 525/01, DB 2002, 1946>. Dass eine Beschäftigung **befristet** ist, vorübergehend eine getrennte Haushaltsführung erfordert oder nicht zu den Beschäftigungen gehört, für die der AN ausgebildet ist oder die er bisher ausgeübt hat, macht sie nicht von vornherein unzumutbar (§ 140 Abs 5 SGB III). Etwa ist Außendiensttätigkeit einem bisherigen Innendienstmitarbeiter nicht ohne Weiteres unzumutbar <R: aA LAG Niedersachsen 24.8.2004, 13 SA 1699/03, LAGE BetrVG 2001 Nr 2>. Auf der anderen Seite können bes personenbezogene Gründe der Zumutbarkeit entgegenstehen (§ 121 Abs 1 SGB III). Etwa ist dem AN die Arbeitsaufnahme an einem anderen Ort insbes dann nicht zumutbar, wenn dadurch die Betreuung eines aufsichtsbedürftigen Kindes oder einer pflegebedürftigen Person nicht mehr gewährleistet wäre. 68

Schließt ein Sozialplan die Zahlung einer Abfindung aus, wenn AN die ihnen angebotenen zumutbaren Ersatzarbeitsplätze ausgeschlagen haben, sind für die **Beurteilung der Zumutbarkeit** des Ersatzarbeitsplatzes die Arbeitsbedingungen maßgebend, die dem jeweiligen AN vor seiner Kd zuletzt unterbreitet worden waren <R: LAG Hamm 25.1.1990, 16 Sa 969/89, LAGE § 112 BetrVG 1972 Nr 15>. Veränderungen nach Aufstellung des Sozialplans, zB der Umstand, dass ein gekündigter AN alsbald einen gleichwertigen Arbeitsplatz findet, können nichts an einmal entstandenen Sozialplananprüchen ändern, s noch Rn 94 ff. 69

Wenn nach **Nr 2a** die ES die im SGB III vorgesehenen Förderungsmöglichkeiten zur Vermeidung von Arbeitslosigkeit berücksichtigen soll, bedeutet das zunächst, dass die ES Kontakt mit den zuständigen Stellen der BA aufnehmen muss, um sich über die konkreten Förderungsmöglichkeiten zu informieren, und dass sie diese Förderungsmöglichkeiten in ihre Beratungen einzubeziehen hat. Versäumt die ES diese Information und Beratung, handelt sie ermessensfehlerhaft; ein etwaiger Spruch der ES ist unwirksam. 70

Aus Abs 5 Nr 2a folgt darüber hinaus, dass der Sozialplan, wo das die Förderungsmöglichkeiten nach dem SGB III erlauben, „**vorrangig** als Mittel für die Schaffung neuer Beschäftigungsperspektiven genutzt werden soll" <L: Begründung BT-Drs 14/5741 S 52>: Ergeben Information und Beratung mit den Stellen der BA, dass eine Förderungsmöglichkeit in Betracht kommt, entspricht es regelmäßig billigem Ermessen, wenn der Sozialplan **Transferleistungen und keine Abfindungen** vorsieht. Nicht nur werden dann iS des Abs 5 Nr 2 S 1 die Aussichten der betroffenen AN auf dem Arbeitsmarkt berücksichtigt. Vor allem greift die bes Verantwortung der AN zur Anpassung ihrer beruflichen Leistungsfähigkeit und zur Vermeidung von Arbeitslosigkeit nach § 2 Abs 4 und 5 SGB III als zusätzl Ermessensrichtlinie. Sind Eingliederungsmaßnahmen nur für einen Teil der betroffenen AN förderungsfähig, muss der Sozialplan seine Mittel ausgewogen auf die Eingliederungskosten für sie und auf die Ausgleichszahlungen für die nicht in Betracht kommenden AN verteilen <L: *Löwisch* Arbeitsrechtliche Fragen des Transfersozialplans, S 43 f>. Als Transfermaßnahmen sehen die §§ 110, 111 SGB III die Unterstützung einzelner Transfermaßnahmen vor (Rn 38 ff), aber auch die Gewährung von Transferkurzarbeitergeld. Diese wiederum setzt, neben anderem, voraus, dass die betroffenen AN in einer sog betriebsorganisatorisch eigenständigen Einheit (beE) zusammengefasst werden <L: dazu Gagel/*Bieback* § 111 SGB III Rn 55 ff>. Die Errichtung einer sog internen beE kann aber durch Sozialplan der ES nicht erreicht werden, da dies zu stark in die betriebl Orga- 71

§ 112 Interessenausgleich über die Betriebsänderung, Sozialplan

nisationseinheit des Unternehmers eingriffe <L: HWK/*Hohenstatt/Willemsen* Rn 73; **aA** DKW/*Däubler* Rn 256>, die Verpflichtung zur Errichtung einer externen Qualifizierungsgesellschaft scheidet ebenfalls aus. Hinzu kommt: Die Überleitung der AN in eine externe beE – und damit zu einem anderen AG –, kann durch Sozialplan insgesamt nicht erfolgen, dazu ist stets die Zustimmung der AN selbst notwendig. Allerdings kann die ES vorsehen, dass der AG die Transfermaßnahmen auch der externen Qualifizierungsgesellschaft finanziell unterstützt <L: ErfK/*Kania* § 112a Rn 37d>.

72 Wie sich aus Abs 5 S 1 ergibt, müssen die Betriebspartner darauf achten, dass der Sozialplan für das Unternehmen **wirtschaftlich vertretbar** ist. Äußerste Schranke für den Sozialplan ist gem Abs 5 S 2 Nr 3 die finanzielle Belastung des Unternehmers, jenseits derer der Fortbestand des Unternehmens oder der Erhalt der nach der Betriebsänderung verbleibenden Arbeitsplätze gefährdet werden. Bis zu dieser Schranke ist die wirtschaftl Vertretbarkeit für das Unternehmen insbes danach zu bemessen, wie dessen künftige Chancen, im Wettbewerb zu bestehen, seine Fähigkeit, in der Zukunft Verbindlichkeiten zu begleichen, und seine Kreditwürdigkeit trotz der geplanten Belastungen durch den Sozialplan aussehen. Zusätzl muss die Fortführung der Unternehmenstätigkeit für den Unternehmensträger, insbes für einen Einzelunternehmer oder für eine Personenhandelsgesellschaft, mit der die Gesellschafter ihren Lebensunterhalt verdienen, in einem gewissen Rahmen rentabel bleiben. Gesetzliche Anhaltspunkte für die Vertretbarkeit der Leistungen gibt es wenige, allerdings wird zu Recht darauf hingewiesen, dass die Vorgaben für die Bemessung von Abfindungen in den §§ 3, 1a, 10 KSchG als Leitlinie herangezogen werden sollten, und Abweichungen davon sachlich zu begründen sind <L: ErfK/*Kania* § 112a Rn 38>.

73 Wird ein Unternehmen insgesamt **stillgelegt**, entfällt die Prüfung der wirtschaftl Vertretbarkeit. Es geht dann lediglich noch darum, dem Unternehmer einen im Vergleich zu den Interessen der AN gerechten Anteil an dem vorhandenen Betriebsvermögen zu sichern <L: *Beuthien* SAE 1980, 318, 321 f>.

74 Verfügt ein Unternehmen über keine eigenen Mittel, sondern ist es **von Zuwendungen Dritter abhängig**, wie Großforschungseinrichtungen im Verhältnis zum Bund und zu den Ländern, kann ein Sozialplan nur nach Maßgabe der von den Dritten dafür zur Verfügung gestellten Mittel abgeschlossen werden. Soweit Dritte für die Sozialplanleistungen haften, wie das nach § 134 I UmwG im Falle einer Unternehmensspaltung gegeben sein kann (Rn 103), richtet sich die wirtschaftl Vertretbarkeit nach der Leistungsfähigkeit des Haftenden <R: LAG Hessen 14.10.2008, 4 TaBV 68/08, BeckRS 2011, 71519>.

75 Auch soweit ein **Transfersozialplan** in Betracht kommt (Rn 37 ff), richtet sich die Frage, ob und in welchem Umfang solche Maßnahmen im Sozialplan vorgesehen werden, nach der wirtschaftl Vertretbarkeit der damit verbundenen Kosten für das Unternehmen. Auch hier gilt, dass der Gesamtbetrag der Sozialplanleistungen den Fortbestand des Unternehmens oder die verbleibenden Arbeitsplätze nicht gefährden darf <L: *Rolfs* NZA 1998, 17, 21>. Lässt die wirtschaftl Leistungsfähigkeit des Unternehmens Transferleistungen nur für einen Teil der in Betracht kommenden AN zu, muss deren Auswahl unter Beachtung der Grundsätze des § 75 Abs 1 erfolgen. Dabei können nicht ohne weiteres die Grundsätze der Sozialauswahl nach § 1 Abs 3 KSchG zugrunde gelegt werden, weil das Bedürfnis, sich qualifizieren zu können, bei jüngeren AN mit kürzerer Betriebszugehörigkeit größer

III. Sozialplan § 112

sein kann als bei älteren, langjährig Betriebszugehörigen <L: *Löwisch* Arbeitsrechtliche Fragen des Transfersozialplans, S 33, 44>.

Für die Beurteilung, ob der Sozialplan für das Unternehmen wirtschaftlich vertretbar ist, kommt es nicht auf den **Zeitpunkt** der Betriebsänderung <R: so noch BAG 23.4.1985, 1 ABR 3/81, BB 1985, 929 zur alten Fassung des § 112>, sondern wg des Gebots des Abs 5, den wirklichen Verhältnissen Rechnung zu tragen, auf die Verhältnisse bei **Aufstellung des Sozialplans** an. 76

Einen grds **Bemessungsdurchgriff**, also konzernbezogene und nicht die bloße unternehmensbezogene Betrachtung der wirtschaftl Vertretbarkeit, bei konzernangehörigen Unternehmen auf die Konzernmutter gibt es nicht <R: BAG 22.1.2013, 1 ABR 85/11, AP BetrVG 1972 § 112 Nr 219; L: GK/*Oetker* Rn 388; Richardi/*Annuß* Rn 145; dazu insgesamt *Kaindl/Nickel* BB 2021, 2868; aA DKW/*Däubler* Rn 192>. Eine Ausnahme ist zunächst bei Bestehen einer Grundlage für die Innenhaftung zu machen, wenn die Konzernobergesellschaft für die Verpflichtungen des insbesondere durch Beherrschungs- oder Gewinnabführungsvertrag abhängigen Unternehmens einzustehen hat und sich die hierinliegende Gefahrenlage realisiert hat <R: BAG 10.3.2015, 3 AZR 739/13, NZA 2015, 1187; 15.1.2013, NZA 2014, 87; L: GK/*Oetker* Rn 389; Richardi/*Annuß* Rn 146; *Kaindl/Nickel* BB 2021, 2868, 2870; *Ludwig/Hinze* NZA 2020, 1657, 1661 ebenso für harte Patronatserklärungen>. Eine andere Frage ist, ob bei anderweitigen Abhängigkeiten (etwa früher bei der sog Haftung im qualifiziert faktischen Konzern) <R: dazu BGH 17.9.2001, II ZR 178/99, BGHZ 149, 10> ein Bemessungsdurchgriff erfolgt. Das wird mit Hinweis auf eine bestehende Existenzvernichtungshaftung bejaht <R: BAG 15.3.2011, 1 ABR 97/09, NZA 2011, 1112; L: HWK/*Willemsen/Lembke* Rn 77; *Ludwig/Hinze* NZA 2020, 1657, 1661>. Ebenfalls bejaht wird ein Berechnungsdurchgriff im Falle einer Aufspaltung eines Unternehmens in eine Betriebs- und eine Anlagegesellschaft, wenn sich aus § 134 Abs 1 UmwG eine Gesamthaftung ergibt <R: BAG 15.3.2011, 1 ABR 97/09, NZA 2011, 1112; L: *Kaindl/Nickel* BB 2021, 2868, 2869; *Ludwig/Hinze* NZA 2020, 1657, 1664>. 77

e) Verrechnungsregeln

Sozialpläne können vorsehen, dass auf die nach ihnen zu gewährenden Leistungen Abfindungen für den Arbeitsplatzverlust, welche die AN aus anderen Rechtsgründen erhalten, anzurechnen sind. Sie tragen mit solch einer Anrechnung lediglich dem geringeren Schutzbedürfnis Rechnung. Die Anrechnungsbefugnis erstreckt sich auch auf Abfindungen nach § 1a KSchG <R: BAG 19.6.2007, 1 AZR 340/06, EzA/§ 1a KSchG Nr 2>. Eine Verrechnung mit Ansprüchen auf Nachteilsausgleich, § 113, ist auch ohne entspr Vereinbarung im Sozialplan möglich <R: BAG 12.2.2019, 1 AZR 279/17, AP BetrVG 1972 § 112 Nr 240; 13.6.1989, 1 AZR 819/87, DB 1989, 2026>. 78

6. Verhältnis von Sozialplan und Tarifvertrag

Die §§ 111 ff hindern die **Tarifvertragsparteien** nicht, ihrerseits Tarifverträge über anstehende Betriebsänderungen und deren Folgen zu schließen <R: BAG 15.4.2015, 4 AZR 796/13, DB 2015, 2398; 6.12.2006, 4 AZR 798/05; L: MüArbR/*Klumpp* § 237 Rn 88ff>. Auch ein Arbeitskampf kann um einen solchen TV geführt werden <R: BAG 24.4.2007, 1 AZR 252/06, DB 2007, 1924>. Während eines derartigen Arbeitskampfes ruhen aber 79 die Mitwirkungs- und Mitbestimmungsrechte des BR mit der Folge, dass Maßnahmen der Betriebsänderung auch ohne Durch- oder Weiterführung eines Interessensausgleichsverf durchgeführt werden können, s dazu § 74 Rn 26.

80 Derartige entweder als Haustarifverträge oder als unternehmensbezogene Verbandstarifverträge abgeschlossene **Tarifsozialpläne** können die Verlängerung von Kdfristen, die zu vergütende Teilnahme an Qualifikationsmaßnahmen und Abfindungen zum Gegenstand haben. Sie müssen aber die eigentliche unternehmerische Entscheidung zur Betriebsänderung respektieren. Standortgarantien oder der gänzliche Ausschluss auch außerordentlicher betriebsbedingter Kd würden die durch Art 12 Abs 1 GG geschützte Unternehmensfreiheit verletzen und damit die Tarifmacht überschreiten <**L:** *Löwisch* DB 2005, 554, 556f; *ders* FS Richardi, S 679>. Auch eine Bestimmung, nach der bei Betriebsänderung Kd erst zulässig sind, wenn ein Tarifsozialplan abgeschlossen ist, wäre unzulässig, weil sie den AG dann zur Durchführung der Betriebsänderung auf eine Angriffsaussperrung mit dem Ziel des Abschlusses eines Tarifsozialplans verwiese. Eine gerichtliche Kontrolle des Umfangs geforderter Ausgleichsmaßnahmen hält das BAG für mit Art 9 Abs 3 GG nicht vereinbar <**R:** BAG 24.4.2007, aaO>. Das kann aber nur bis zu der Grenze gelten, an der die Forderungen so hoch sind, dass in Wirklichkeit die Betriebsänderung selbst auf dem Prüfstand steht <**L:** dazu MüArbR/*Ricken* § 272 Rn 40>. Leistungen in Tarifsozialplänen können vom Nichterheben einer Kd-Schutzklage abhängig gemacht werden <**R:** BAG 6.12.2006, aaO mit **L:** Anm *Löwisch* RdA 2009, 253 zu den Auswirkungen dieser Entscheidung auf betriebl Sozialpläne>. Zum Verhältnis tarifvertraglicher Sozialplanleistungen zu Leistungen aus einem betriebsverfassungsrechtl Sozialplan s Rn 82ff.

81 Verhandeln BR, Gewerkschaft und Unternehmer gemeinsam über den Ausgleich von Nachteilen, die infolge einer Betriebsänderung entstehen, ist bei einer daraus resultierenden Vereinbarung das Gebot der **Rechtsquellenklarheit** zu berücksichtigen <**R:** BAG 26.2.2020, 4 AZR 48/19, NZA 2020, 1121; BAG 15.4.2008, 1 AZR 86/07, NZA 2008, 1074; **L:** dazu ausf *Oberthür* ZfA 2021, 429, 431>. Deshalb muss klar erkennbar sein, wer welche normativ wirkenden Vereinbarungen zu verantworten hat – was also Tarifvertrag und was Sozialplan ist. Das kann auch dann möglich sein, wenn ein Dokument von allen Beteiligten unterschrieben ist <**R:** BAG 26.2.2020, 4 AZR 48/19, NZA 2020, 1121>.

82 Nach Abs 1 S 4 gilt der **Sperrvorrang des TV** (dazu § 77 Rn 112ff) **nicht**. Dass in dem Wirtschafts- oder Gewerbezweig und in dem Wirtschaftsgebiet, in dem der von der Betriebsänderung betroffene Betrieb liegt, in TV Leistungen an die AN für den Fall von Betriebsänderungen vorgesehen sind – man denke an Ausgleichszahlungen für den Fall der Arbeitslosigkeit oder der Herabgruppierung infolge von Rationalisierungsmaßnahmen –, hindert also nicht, entspr Bestimmungen in einen Sozialplan aufzunehmen. Auch die Aufstellung von Sozialplänen durch TV ist zulässig.

83 Sieht ein Tarifvertrag Sozialplanleistungen vor, müssen diese bei einem danach durch die ES beschlossenen Sozialplan berücksichtigt werden, weil sich die auszugleichenden Nachteile der AN entspr vermindern. Möglich ist auch, dass entweder der Sozialplan oder der TV selbst bestimmen, dass die in ihnen vorgesehenen Leistungen nur insoweit erbracht werden sollen, als nicht schon ein Anspruch auf Leistungen nach der anderen Regelung besteht (s Rn 78).

III. Sozialplan § 112

Abs 1 S 4 gilt nur für den **erzwingbaren Sozialplan**, der das Vorliegen der Tatbestandsmerkmale des Abs 1 S 2 voraussetzt. Soweit darüber hinaus Sozialplanleistungen in Ausschöpfung der Kompetenz zu freiwilligen BV nach § 88 festgesetzt sind (vgl Rn 104 ff), ist daher § 77 Abs 3 anwendbar. 84

TV enthalten häufig Klauseln, nach denen für Ansprüche, die dem Grunde oder der Höhe nach von der Dauer der **Betriebszugehörigkeit** abhängig sind, die Betriebszugehörigkeit bei betriebsbedingter Kd als nicht unterbrochen gilt, wenn die Unterbrechung nicht länger als 12 Monate gedauert hat. Da diese Klauseln nicht lediglich auf tarifl Ansprüche, sondern ebenso auf andere Ansprüche des AN, insbes etwa auf betriebl Ruhegelder zielen, wird man sie auch auf Sozialplanleistungen erstrecken müssen, sofern diese von der Dauer der Betriebszugehörigkeit abhängig gemacht sind. Auf der anderen Seite werden **tarifl Ausschlussfristen** idR ebenfalls auf Sozialplanansprüche anzuwenden sein <**R**: vgl etwa BAG 18.4.2000, 1 AZR 386/99, BeckRS 2000, 30784401; für Nachteilsausgleichsansprüche nach § 113 BetrVG BAG 20.6.1978, 1 AZR 102/76, BB 1979, 44>. Dementspr gilt eine tarifl Ausschlussfrist, die allg Ansprüche aus dem Arbeitsverhältnis erfasst, auch für den Anspruch auf Zahlung einer einmaligen Abfindung aus einem Sozialplan, die anlässlich der Beendigung des Arbeitsverhältnisses gewährt wird <**R**: BAG 30.11.1994, 10 AZR 79/94, BB 1995, 520>, und zwar auch, wenn der TV lediglich arbeitsvertraglich in Bezug genommen ist <**R**: BAG 27.1.2004, 1 AZR 184/03, BB 2004, 1282>. Hingg werden Sozialplanansprüche, die erst nach Beendigung des Arbeitsverhältnisses fällig werden und Überbrückungs- und Vorsorgefunktion für die Zeit nach Durchführung der nachteiligen Betriebsänderung haben, von tarifl Ausschlussfristen nur erfasst, wenn der TV dies deutlich bestimmt <**R**: BAG 3.4.1990, 1 AZR 131, 89, EzA § 4 TVG Ausschlussfristen Nr 94>. 85

7. Beendigung und Änderung des Sozialplans

Der Sozialplan endet normalerweise mit **Erreichung des mit ihm verfolgten Zwecks**, dh wenn die in ihm vorgesehenen Ausgleichsleistungen an die betroffenen AN gewährt worden sind. 86

Gem Abs 1 S 3 iVm § 77 Abs 5 können die Betriebspartner einen Sozialplan kündigen. Eine **ordentliche Kd** setzt aber grds voraus, dass die Betriebspartner eine solche Kd-Möglichkeit im Sozialplan vereinbart haben <**R**: BAG 10.8.1994, 10 ABR 61/93, DB 1995, 480>. Ob eine solche Vereinbarung vorliegt muss ggfs durch Auslegung ermittelt werden (dazu § 77 Rn 31 ff). Ein Sozialplan, der Dauerregelungen enthält, nach denen den AN für schlechter bezahlte Arbeitsplätze Ausgleichsleistungen auf unbestimmte Zeit gewährt werden, kann auch ohne eine ausdrückliche Kd-Vereinbarung ordentlich gekündigt werden <**R**: vgl BAG 24.3.1981, 1 AZR 805/78, BB 1983, 250; 10.8.1994, aaO; **L**: ErfK/*Kania* § 112a Rn 40; AR/*Kolbe* Rn 30; **aA** *Fitting* Rn 216 f; GK/*Oetker* Rn 209>. 87

Ohne bes Vereinbarung ist auch die **außerordentliche Kd** des Sozialplans nur bei Dauerregelungen, nicht aber bei einmaligen Abfindungsansprüchen möglich, da nur bei Dauerregelungen dem gekündigten Vertragspartner das Festhalten am Vertrag unzumutbar werden kann <**R**: BAG 10.8.1994, aaO>. Die ao Kd setzt die Ausschöpfung der Möglichkeiten einvernehmlicher Anpassung voraus (vgl § 77 Rn 97). 88

§ 112   Interessenausgleich über die Betriebsänderung, Sozialplan

89   Die Betriebspartner können einen Sozialplan für die Zukunft jederzeit einvernehmlich **aufheben oder abändern**, insbes durch einen neuen Sozialplan ablösen <R: BAG 24.3.1981, 1 AZR 805/78, BB 1983, 250; 10.8.1994, 10 ABR 61/93, BB 1995, 363 (LS), DB 1995, 480; 5.10.2000, 1 AZR 48/00, BB 2001, 1416 (LS), DB 2001, 1563>. Sie dürfen in bereits entstandene Sozialplananspüche aber nicht zulasten der AN eingreifen (s Rn 46 f) und müssen auch sonst die Grenzen des Vertrauensschutzes und der Verhältnismäßigkeit wahren.

90   Ist der Sozialplan gekündigt worden, um eine Änderung zu ermöglichen, wirkt die Kd nur für die Zukunft; die Sozialplanregelungen wirken gem Abs 1 S 3 iVm § 77 Abs 6 nach, bis sie durch eine neue Regelung ersetzt werden (§ 77 Rn 64 ff). Die Betriebspartner können die Wirkungen des ablösenden Sozialplans aber auf den Zeitpunkt zurückbeziehen, in dem der erste Sozialplan aufgrund der Kd geendet hat <R: BAG 5.10.2001, 1 AZR 48/00, DB 2001, 1563>.

91   Der Sozialplan unterliegt auch den Grundsätzen über das Fehlen und den **Wegfall der Geschäftsgrundlage** iSv § 313 BGB. Als Geschäftsgrundlage ist dabei insbes die wirtschaftl Lage des Unternehmens anzusehen: Stellt sich heraus, dass AG und BR oder die ES bei Aufstellung des Sozialplans irrige Vorstellungen über die wirtschaftl Lage des Unternehmens hatten, oder verbessert oder verschlechtert sich die wirtschaftl Lage später grundlegend, muss der Sozialplan **an die tatsächliche Lage angepasst** werden <R: BAG 17.2.1981, 1 AZR 290/78, BB 1981, 1092; 10.8.1994, 10 ABR 61/93, BB 1995, 1240>. Hat der AG mit der Durchführung einer geplanten Betriebsstilllegung durch Kd alle Arbeitsverhältnisse begonnen, so entfällt die Geschäftsgrundlage des für die Betriebsstilllegung vereinbarten Sozialplans, wenn alsbald nach Ausspruch der Kd der Betrieb von einem Dritten übernommen wird, der sich bereit erklärt, alle Arbeitsverhältnisse zu den bisherigen Bedingungen fortzuführen. In einem solchen Fall ist der Sozialplan, der allein für den Verlust der Arbeitsplätze Abfindungen vorsah, den veränderten Umständen anzupassen <R: BAG 28.8.1996, 10 AZR 886/95, BB 1996, 2624; L: HWK/*Hohenstatt/Willemsen* Rn 87>.

92   Führen Verhandlungen des AG und BR zu keiner Einigung über die Anpassung des Sozialplans, soll nach weit verbreiteter Auffassung in der Literatur die ES zur Entscheidung über die Anpassung berufen sein <L: AR/*Kolbe* Rn 32; GK/*Oetker* Rn 219; *Fitting* Rn 219; Richardi/*Annuß* Rn 187>. Diese im Anschluss an die vor Inkrafttreten der Schuldrechtsreform ergangene Rspr des BAG vertretene Auffassung lässt sich mit § 313 I BGB nicht vereinbaren. Danach hat der Vertragsteil, dem das Festhalten am unveränderten Vertrag nicht zugemutet werden kann, einen **Rechtsanspruch auf Anpassung**, der gerichtlich durchsetzbar ist <L: Grüneberg/*Grüneberg* § 313 Rn 41; ErfK/*Kania* § 112a Rn 42>. Eine Vorschrift, nach welcher der dementspr Anrufung des ArbG eine Anrufung der ES vorzuschalten wäre, existiert nicht. Sie könnte ohnehin nichts daran ändern, dass über die Anpassung als Rechtsfrage letztlich das ArbG zu entscheiden hätte. Der Anspruch auf Anpassung kann auch in einem Individualprozess eingewandt werden, in dem ein AN den Anspruch auf eine Sozialplanleistung geltend macht. Zwar richtet sich der Anspruch auf Anpassung formal gg den BR als Partner des Sozialplans. Da aber der AN seinen Leistungsanspruch aus dem Sozialplan ableitet, muss er sich auch Störungen von dessen Grundlage entgg halten lassen. Es wäre widersinnig, könnte der AN erst Leistungen verlangen, müsste diese dann aber nach Feststellung des Wegfalls der Geschäfts-

grundlage im Verf zw AG und BR nach Maßgaben der §§ 812 ff BGB wieder zurückgewähren.

Anlässlich der Anpassung der Sozialplanregelungen sind die Betriebspartner weitergehend als bei einer freiwilligen Änderung oder einer Kd des Sozialplans befugt, bereits entstandene Ansprüche der AN zu deren Lasten zu modifizieren. Insofern besteht kein Vertrauensschutz: Die Abfindungsansprüche aus dem Sozialplan hängen als Ansprüche aus einem Vertrag zugunsten Dritter von dessen Schicksal ab (§ 334 BGB) und stehen damit von vornherein unter dem Vorbehalt, dass eine für den Sozialplan vorausgesetzte Geschäftsgrundlage nicht später wegfällt. Anders als Ansprüche aus einer betriebl Altersversorgung sind Sozialplanansprüche auch nicht erdient und als Überbrückungsleistung keine Entschädigung für den Verlust erworbener Rechte oder Besitzstände, sondern nur der Ausgleich für künftig zu erwartende Nachteile <**R:** BAG 10.8.1994, 10 ABR 61, 93, BB 1995, 1240>. Die Betriebspartner können auch die Ansprüche der AN rückwirkend kürzen, die im Zeitpunkt der Sozialplananpassung bereits aus dem Betrieb ausgeschieden sind (Rn 18) <**R:** BAG 10.8.1994, aaO>. Allerdings ist der Grundsatz der Verhältnismäßigkeit zu beachten <**R:** BAG 5.10.2000, 1 AZR 48/00, NZA 2001, 849>. 93

8. Ansprüche aus dem Sozialplan

Die Ansprüche der AN aus dem Sozialplan sind **Rechtsansprüche gg den AG** mit den bes Sicherungen des § 77 Abs 4 (§ 77 Rn 34 ff). Sie werden im Urteilsverf nach § 2 Abs 1 Nr 3a ArbGG geltend gemacht. 94

Da Sozialplanleistungen Nachteile ausgleichen sollen, welche die AN durch die Betriebsänderung erleiden, entsteht der Anspruch erst, wenn die Nachteile tatsächlich eintreten, regelmäßig also mit Beendigung des Arbeitsverhältnisses. Stirbt iF eines Personalabbaus der AN, bevor seine Entlassung wirksam wird, kann ein Anspruch aus dem Sozialplan in seiner Person nicht entstehen <**R:** BAG 27.6.2006, 1 AZR 322/05, NZA 2006, 1238; 25.9.1996, 10 AZR 311/96, BB 1996, 2572> und dementspr auch nicht vererbt werden <**R:** vgl BAG 26.8.1997, 9 AZR 227/96, BB 1998, 700; **L:** HWK/*Hohenstatt/Willemsen* Rn 89>. 95

Gem Abs 1 S 3 iVm § 77 Abs 4 S 4 können **Ausschlussfristen** für Sozialplanansprüche sowohl im Sozialplan selbst als auch in TV vereinbart werden. Zur Frage, wann tarifl Ausschlussfristen Sozialplanansprüche erfassen, s Rn 85. Für Sozialplanansprüche gilt die normale Verjährungsfrist <**R:** BAG 30.10.2001, 1 AZR 65/01, DB 2002, 903> gem §§ 195, 199 BGB, also drei Jahre ab Kalenderjahresende. 96

Finanzielle Leistungen aus dem Sozialplan unterliegen den **Lohnpfändungsvorschriften** nach §§ 850 ff ZPO <**R:** BAG 13.11.1991, 4 AZR 29/91, BB 1992, 358>. **Einkommensteuerrechtlich** sind sowohl laufende als auch einmalige Zahlungen aus dem Sozialplan grds als Einkünfte aus unselbstständiger Arbeit anzusehen. Steuerfreiheit, wie sie früher nach § 3 Nr 9 EStG gegeben war, besteht heute nicht mehr. Allerdings sind Abfindungen Entschädigungen im Sinne des § 24 Nr 1a EStG mit einer möglichen entspr privilegierten Auswirkung auf die Progression <**R:** s BFH 14.4.2015, IX R 29/14, DStZ 2015, 731>. Sozialplanabfindungen unterliegen aber nicht der Beitragspflicht zur **Sozialversicherung**, da es sich hierbei um Leistungen für die Zeit nach Ende des Arbeitsverhältnisses und damit nicht um Arbeitsentgelt iS des § 14 Abs 1 SGB IV handelt <**R:** LAG Hamm 97

§ 112 Interessenausgleich über die Betriebsänderung, Sozialplan

23.11.1984, 16 Sa 948/84, BB 1985, 446, DB 1985, 446; vgl auch BAG 9.11.1988, 4 AZR 433/88, BB 1989, 428; BSG 21.2.1990, 12 RK 20/88, BB 1990, 1350>.

98 Sozialplanleistungen haben bei den AN, die wg der Betriebsänderung entlassen worden und arbeitslos sind, grds keinen Einfluss auf deren **Anspruch auf Arbeitslosengeld**, da Sozialplanleistungen kein Arbeitsentgelt iS des § 14 Abs 1 SGB III sind. Etwas anderes gilt nach § 158 Abs 1 und 2 SGB III, wenn das Arbeitsverhältnis aus Anlass der Betriebsänderung vor Ablauf der maßgebenden o Kd-Frist endet. Dann ruht der Anspruch auf Arbeitslosengeld für die Dauer der Kd-Frist, bis die Sozialplanleistungen auf den Kalendertag umgerechnet einen Betrag zw 25 % und 60 % (je nach Lebensalter und Dauer der Betriebszugehörigkeit) des Arbeitsentgelts erreicht haben, das der AN bis zum Ablauf der Kd-Frist erhalten hätte, längstens jedoch 1 Jahr <L: APS/*Steinmeyer/Greiner* SGB III § 158 Rn 68 ff; ErfK/*Rolfs* SGB III § 158 Rn 17 ff>.

99 Erhebt der AN gg die wg der Betriebsänderung ausgesprochene Kd **erfolgreich Kd-Schutzklage**, kann er nur die Fortsetzung des Arbeitsverhältnisses oder bei Nichtfortsetzung eine Abfindung nach § 9 KSchG, nicht aber die Abfindung aus dem Sozialplan beanspruchen. Denn er hat in diesem Fall infolge der Betriebsänderung keine wirtschaftl Nachteile erlitten. Damit entfällt die Rechtsgrundlage für etwa schon festgesetzte Sozialplanansprüche des AN. Eine Anrechnungsklausel, nach der die Abfindung nach §§ 9, 10 KSchG lediglich anzurechnen ist, entspricht dem nicht. Sie ist nur wirksam, wenn sich der AG freiwillig auf sie einlässt <R: missverständlich BAG 20.6.1985, 2 AZR 427/84, BB 1985, 530, welches allg solche Anrechnungsklauseln für zulässig erklärt, ohne deutlich zu machen, dass in seinem Fall Grundlage eine freiwillige BV war>.

9. Haftung für Sozialplanansprüche

100 Der **persönlich haftende Gesellschafter** einer Personengesellschaft haftet für Sozialplanansprüche der AN <R: BAG 6.5.1986, 1 AZR 553/84, BB 1987, 1739>. Ausgeschiedene Gesellschafter haften nur für Ansprüche aus einem Sozialplan, der zu einem Zeitpunkt abgeschlossen worden ist, zu dem sie der Gesellschaft noch angehört haben <R: BAG 24.3.1992, 9 AZR 387/90, BB 1992, 2008 (LS), DB 1992, 2300>. Die Haftung erstreckt sich gem § 160 Abs 1 HGB nur auf die Sozialplanleistungen, die vor Ablauf von fünf Jahren nach dem Ausscheiden fällig werden. Führen zwei Unternehmen gemeinsam einen Betrieb (§ 1 Rn 29 ff), haften sie für die in diesem Betrieb entstehenden Sozialplanansprüche als Gesamtschuldner, weil sie für die Betriebsverfassung die AG-Funktionen gemeinsam wahrnehmen; ausgenommen von dieser gesamtschuldnerischen Haftung sind aber Unternehmen, die nach dem in § 111 Rn 3 ff Gesagten gar nicht sozialplanpflichtig sind.

101 In **Unterordnungskonzernen** haben die AN von Tochterunternehmen, die wg Vermögenslosigkeit Sozialplanforderungen nicht erfüllen können, entspr §§ 302, 303 AktG einen **Zahlungsanspruch gg das herrschende Unternehmen**, sofern die Sozialplanforderungen vor Beendigung des Beherrschungsverhältnisses entstanden sind <R: BAG 8.3.1994, 9 AZR 197/92, BB 1994, 2350>. Für die Haftung im faktischen Konzern wird auf die Figur der Existenzvernichtungshaftung zurückgegriffen <R: s BGH 17.9.2001, II ZR 178/99, BGHZ 149, 10>.

III. Sozialplan § 112

Im Falle eines Betriebsübergangs kommt es zur Weitergeltung des Sozialplanes, der ja einer BV gleichgestellt ist. Damit haftet der Betriebserwerber nach allg Grundsätzen <L: GK/*Oetker* Rn 156>. 102

Bei der Verschmelzung nach § 2 UmwG haftet der übernehmende Rechtsträger für sämtliche Sozialplanansprüche. Bei der **Spaltung nach § 123 UmwG** haften die neuen Unternehmen gem § 133 Abs 1 S 1 UmwG gesamtschuldnerisch für Altschulden, also für die vor der Eintragung der Spaltung ins Handelsregister begründeten Verbindlichkeiten. Die Nachhaftung ist – entspr den allg gesellschaftsrechtl Vorschriften (Rn 100) – auf fünf Jahre begrenzt. Eine **Mithaftung für Neuverbindlichkeiten**, die nach der Spaltung begründet werden, sieht das Gesetz nur in dem Spezialfall vor, dass ein Unternehmen in eine Anlage- und eine Betriebsgesellschaft gespalten wird. Da das bei der Anlagegesellschaft versammelte Betriebsvermögen regelmäßig nicht für Sozialplanansprüche der im Zuge einer Betriebsänderung von der Betriebsgesellschaft entlassenen AN zur Verfügung steht, sieht § 134 UmwG insofern unter engen Voraussetzungen eine Mithaftung der Anlagegesellschaft für spätere Sozialplanforderungen vor <L: *Schaub* Betriebsübergang im Recht der Gesamtrechtsnachfolge, FS Wlotzke, S 103, 113 f>. Damit wird insbes der Rspr des BAG korrigierend Rechnung getragen, wonach Sozialplanansprüche erst durch den Abschluss des Sozialplans begründet werden, zuvor also keine – durch gesellschaftsrechtl Nachhaftung gesicherte – Anwartschaft als Altverbindlichkeit besteht. Diese Nachhaftung dauert gem § 134 Abs 3 UmwG ausnahmsweise 10 Jahre. 103

10. Freiwillige Betriebsvereinbarungen

Neben oder anstelle eines **erzwingbaren Sozialplans** können die Betriebspartner – unabhängig von den Voraussetzungen der §§ 111, 112 – für den Ausgleich von Nachteilen, die den AN aufgrund von Betriebsänderungen entstehen, **freiwillige BV nach § 88** abschließen, soweit diese Vorschrift anwendbar ist (§ 88 Rn 1). Solche BV können auf der einen Seite Leistungen vorsehen, die über diejenigen hinausgehen, zu denen der AG nach § 112 Abs 5 verpflichtet werden kann (Rn 62 ff). Insbes sind AG und BR nicht an die Leitlinien der Nr 1 bis 3 des Abs 5 gebunden. Etwa können sie entgg der Nr 1 pauschale Abfindungen vorsehen und sich auch dort, wo ein Transfersozialplan möglich wäre, entgg der Nr 2a auf einen Ausgleichssozialplan beschränken. Möglich ist auch die Übernahme der Verpflichtung zur Errichtung einer Beschäftigungsgesellschaft durch den AG (§ 88 Rn 6). 104

Auf der anderen Seite können freiwillige Sozialpläne auch **nachteiligere Regelungen** als ein nach § 112 erzwingbarer Sozialplan enthalten. Etwa können in einer BV festgelegte Sozialleistungen gekürzt werden (s schon Rn 46). 105

Nach § 88 können die Betriebspartner grds auch – nicht erzwingbare – sog **Rahmen- oder vorsorgliche Sozialpläne** abschließen, die für künftig auftretende Betriebsänderungen Vorsorge treffen, insbes den AN für den Fall, dass sie von einer Betriebsänderung betroffen werden, Rechtsansprüche gg den AG einräumen <R: BAG, 22.3.2016, 1 ABR 12/14, NZA 2016, 894>. Nach Auffassung des BAG kann ein „**vorsorglicher Sozialplan**", der auf eine spätere, jedenfalls „grob absehbare" Betriebsänderung zielt, das MBR des BR nach § 112 für eine später tatsächlich vorgenommene Betriebsänderung verbrauchen. Dann sei nur noch über einen Interessenausgleich zu verhandeln <R: BAG 26.8.1997, 1 ABR 12/97, BB 1998, 371; L: GK/*Oetker* §§ 112, 112a Rn 313>. Allerdings ist hier zu kritisieren, dass der Zusammenhang zwischen Interessenausgleich und Sozial- 106

§ 112   Interessenausgleich über die Betriebsänderung, Sozialplan

plan aufgelöst wird, außerdem ist ein Konflikt mit § 124 InsO möglich und es sind Schwierigkeiten bei der Beurteilung der Förderungsmöglichkeiten nach dem SGB III zu gewärtigen <L: s im Einzelnen *Löwisch* FS Dieterich, S 345, 347 ff>. Dies spricht jedenfalls dafür, dass ein Rahmensozialplan, der nicht einmal „im Groben" auf eine konkrete Betriebsänderung zielt und deshalb gleichsam völlig von ihr losgelöst ist, die Rechte des BR aus § 112 im Falle der konkreten Betriebsänderung nicht beeinträchtigt <L: GK/*Oetker* §§ 112, 112a Rn 351>. Richtig ist aber, dass die Betriebspartner in einem Rahmensozialplan vorgesehene Leistungen berücksichtigen müssen, wenn sie aus Anlass einer konkreten Betriebsänderung einen Sozialplan nach § 112 vereinbaren. Auch können die Betriebspartner einen vorsorglichen Sozialplan jedenfalls durch einen aus Anlass einer konkreten Betriebsänderung aufgestellten Sozialplan ablösen <R: BAG 19.2.2008, 1 AZR 1004/06, EzA § 112 BetrVG 2002 Nr 26>. Eine Zusammenrechnung von Ansprüchen aus einem vorsorglichen und einem konkreten Sozialplan erfolgt aber nicht <R: BAG 17.4.2012, 1 AZR 119/11, NZA 2012, 1240; L: HWK/*Hohenstatt/Willemsen* Rn 31>.

IV. Verfahren

107   Das Gesetz geht davon aus, dass Unternehmer und BR die in § 111 S 1 vorgesehene Beratung über geplante Betriebsänderungen so führen, dass eine **Einigung** über Interessenausgleich und Sozialplan gem § 112 Abs 1 zustande kommt. Will der AG die Betriebsänderung durchführen, muss er die Initiative für den Abschluss eines Interessenausgleichs ergreifen. Ohne einen entspr Versuch ist er verpflichtet, den betroffenen AN einen Nachteilsausgleich nach § 113 Abs 3 zu zahlen (s im Einzelnen § 113 Rn 9 ff).

108   Einigen sich Unternehmer und BR nicht über Interessenausgleich oder Sozialplan, kann die eine oder die andere Seite den **Vorstand der BA** um **Vermittlung** ersuchen (Abs 2 S 1). Das Vermittlungsersuchen ist fakultativ; Unternehmer und BR können darauf auch verzichten und direkt die ES anrufen (Abs 2 S 2). Ersucht nur eine Seite den Vorstand um Vermittlung, besteht kein Einlassungszwang der anderen Seite <L: HWK/*Hohenstatt/Willemsen* Rn 17; aA *Fitting* Rn 31>.

109   Wird der Vorstand der BA nicht ersucht oder bleibt sein Vermittlungsversuch ergebnislos, können Unternehmer oder BR die **ES** anrufen (Abs 2 S 2). Die ES soll zunächst versuchen, eine **Einigung** zw Unternehmer und BR über Interessenausgleich und Sozialplan **herbeizuführen** (Abs 3 S 2). Unternehmer und BR sind verpflichtet, der ES Vorschläge zur Beilegung ihrer Meinungsverschiedenheiten zu machen (Abs 3 S 1); uU müssen sie der ES dazu Unterlagen, etwa über die Betriebsänderung, vorlegen. Der Vors der ES kann auch ein Mitglied der BA zuziehen (Abs 2 S 3). Gelingt eine Einigung über Interessenausgleich oder Sozialplan, ist diese nach Abs 3 S 3 schriftlich niederzulegen und von den Parteien und dem ES-Vors zu unterschreiben. Zu den Folgen der Nichtanrufung der ES s § 113 Rn 9 ff.

110   Kommt eine Einigung zw den Betriebspartnern trotz der Vermittlungsbemühungen der ES nicht zustande, entscheidet die **ES** nach Abs 4 S 1 **verbindlich** nur über die Aufstellung des **Sozialplans**. Dem Sozialplan muss sie, wenn ein Interessenausgleich zustande gekommen ist, diesen, wenn eine Einigung darüber gescheitert ist, die Betriebsänderung so zugrunde legen, wie der AG sie geplant hat. Der Spruch der ES ersetzt nach Abs 4 S 2

die Einigung zw Unternehmer und BR, wirkt also wie ein vereinbarter Sozialplan. Zu dem in Abs 5 festgelegten Ermessensrahmen für die Entscheidung der ES Rn 31 ff, 51 ff und 62 ff. Fragen des Interessenausgleichs selbst (Rn 3 ff) können nicht Inhalt des ES-Spruchs sein <R: BAG 17.9.1991, 1 ABR 23/91, BB 1992, 1133>. Möglich ist aber, dass sich Unternehmer und BR einem Spruch der ES vorab unterwerfen oder ihn nachträglich annehmen (§ 76 Abs 6 S 2). In Betracht kommt das insbesondere, wenn nur noch ein einzelner Punkt des Interessensausgleichs, etwa die Namensliste nach § 1 V KSchG, streitig ist.

Damit ist der Sozialplan erzwingbar, und zwar auch dann, wenn ein Interessenausgleich nicht versucht wurde oder wenn die Betriebsänderung bereits durchgeführt wurde. Eine Grenze für die Erzwingbarkeit setzt (lediglich) § 112a. **111**

Der Spruch der ES, durch den ein Sozialplan aufgestellt worden ist, kann im **arbg Beschlussverf** angefochten werden. Zur Anfechtung berechtigt sind der Unternehmer und der BR, nicht aber die einzelnen von der Betriebsänderung betroffenen AN. Der Spruch der ES unterliegt der vollen **Rechtskontrolle**. Insbes hat das ArbG nachzuprüfen, ob tatsächlich eine Betriebsänderung iS des § 111 vorlag, ob den AN dadurch wirtschaftl Nachteile entstanden und ob die Verfahrensvorschriften des § 76 eingehalten worden sind. Ebenso unterliegt der Nachprüfung durch das ArbG, ob die ES bei der Aufstellung des Sozialplans die sozialen Belange der betroffenen AN berücksichtigt, auf die wirtschaftl Vertretbarkeit für das Unternehmen geachtet (Abs 5 S 1) und sich von den in Abs 5 S 2 festgelegten Grundsätzen hat leiten lassen. Insoweit besteht aber nur eine an die Frist des § 76 Abs 5 S 4 gebundene **Ermessenskontrolle** <L: HWK/*Hohenstatt/Willemsen* Rn 94>, vgl § 76 Rn 90 ff. **112**

V. Interessenausgleich und Sozialplan in der Insolvenz

Dass über das Vermögen des Unternehmens das Insolvenzverf eröffnet wird, ändert nichts an den Beteiligungsrechten des BR nach den §§ 111, 112. Als Adressat der Beteiligungsrechte tritt der **Insolvenzverwalter** an die Stelle des Unternehmers (vgl § 111 Rn 16). Insolvenzverwalter und BR müssen über einen Interessenausgleich verhandeln und einen Sozialplan vereinbaren; im Nichteinigungsfalle stellt die ES den Sozialplan auf. Auch ein mit dem Insolvenzverwalter vereinbarter Sozialplan muss sich iR des Abs 5 halten; an die Stelle der wirtschaftl Vertretbarkeit für das Unternehmen (Rn 72) treten aber die Interessen der übrigen Insolvenzgläubiger <R: vgl BAG (GS) 13.12.1978, GS 1/77, BB 1979, 267>. Die §§ 121 bis 125 InsO enthalten jedoch eine Reihe von Modifikationen: **113**

Nach § 121 InsO gilt Abs 2 S 1 im Insolvenzverf mit der Maßgabe, dass dem Verf vor der ES nur dann ein **Vermittlungsversuch des Vorstands der BA** vorangeht, wenn Insolvenzverwalter und der BR gemeinsam darum ersuchen. Die Vorschrift modifiziert Abs 2 dahin, dass der mit Zeitaufwand verbundene Vermittlungsversuch des Vorstands der BA dann nicht stattfindet, wenn eine Seite dies nicht will. Auf der anderen Seite kann die Einschaltung des Vorstands der BA dann zweckmäßig sein, wenn Zuschüsse der BA zu Sozialplanmaßnahmen in Rede stehen (dazu Rn 38 ff). Unberührt von § 121 InsO bleibt die Vorschrift des Abs 2 S 3, nach der im ES-Verf der Vorstand der BA auf Ersuchen des Vorsitzenden der ES an der Verhandlung teilnimmt. **114**

§ 112 Interessenausgleich über die Betriebsänderung, Sozialplan

115 Ist eine Betriebsänderung geplant und kommt zw Insolvenzverwalter und BR der Interessenausgleich nicht innerhalb von drei Wochen nach Verhandlungsbeginn oder schriftlicher Aufforderung zur Aufnahme von Verhandlungen zustande, obwohl der Insolvenzverwalter den BR entspr § 111 S 1 rechtzeitig und umfassend unterrichtet hat, kann der Verwalter gem § 122 Abs 1 InsO die **Zustimmung des ArbG** dazu beantragen, dass die Betriebsänderung durchgeführt wird, ohne dass das Verf nach Abs 2 vorangegangen ist. Nach § 122 Abs 2 InsO erteilt das ArbG die Zustimmung, wenn die wirtschaftl Lage des Unternehmens auch unter Berücksichtigung der sozialen Belange der AN erfordert, dass die Betriebsänderung sogleich durchgeführt wird <L: im Einzelnen hierzu MK-InsO/ *Caspers* §§ 121, 122 Rn 31 ff>. Hat das ArbG seine Zustimmung erteilt, scheiden Nachteilsausgleichsansprüche nach § 113 Abs 3 aus (s dazu § 113 Rn 20).

116 Nach § 125 InsO können in einem Interessenausgleich zw Insolvenzverwalter und BR die AN, denen gekündigt werden soll, **namentlich bezeichnet** werden. Es wird dann vermutet, dass die Kd der namentlich bezeichneten AN betriebsbedingt ist. Auch kann die Sozialauswahl nur auf grobe Fehlerhaftigkeit nachgeprüft werden, wobei es nicht als grob fehlerhaft anzusehen ist, wenn eine ausgewogene Personalstruktur erhalten oder **geschaffen** wird <L: s hierzu im Einzelnen MK-InsO/*Caspers* Erl zu § 125>.

117 In einem **Sozialplan**, der **nach** Eröffnung des Insolvenzverf aufgestellt wird, kann für die Leistungen an die AN nur ein Gesamtbetrag von bis zu zweieinhalb Monatsverdiensten der von einer Entlassung betroffenen AN vorgesehen werden. Die Verbindlichkeiten aus einem solchen Sozialplan sind Masseverbindlichkeiten. Doch darf, wenn nicht ein Insolvenzplan zustande kommt, für die Berichtigung von Sozialplanforderungen nicht mehr als ein Drittel der Masse verwendet werden, die ohne einen Sozialplan zur Verteilung an die Insolvenzgläubiger zur Verfügung stünde, § 123 Abs 2 InsO <L: s im Einzelnen MK-InsO/*Caspers* Erl zu § 123>.

118 § 123 InsO bezieht sich nicht auf Sozialpläne, die von Insolvenzverwalter und BR auf der Grundlage von § 88 abgeschlossen werden. Solche **freiwilligen BV** sind auch in der Insolvenz rechtl möglich; allerdings muss der Insolvenzverwalter bei ihrem Abschluss seiner Verpflichtung als Sachwalter der Gläubigerinteressen gerecht werden, wenn er eine Haftung nach § 60 InsO vermeiden will. Praktisch bedeutet das, dass er solche Sozialpläne nur abschließen darf, **wenn dies der Masse zugutekommt**. In Betracht kommt etwa, dass der Insolvenzverwalter auf diese Weise den kurzfristigen Übergang von AN in Qualifizierungsmaßnahmen erreicht, die gleichzeitig durch Zuschüsse der BA (dazu Rn 38 ff) gefördert werden. Soweit ausnahmsweise solche Sozialpläne vom Insolvenzverwalter abgeschlossen werden, sind die aus ihnen resultierenden Forderungen Masseverbindlichkeiten nach § 55 Abs 1 Nr 1 InsO <L: MK-InsO/*Caspers* § 123 Rn 11>.

119 Ein Sozialplan, der **vor** Eröffnung des Insolvenzverf, jedoch nicht früher als drei Monate vor dem Eröffnungsantrag aufgestellt worden ist, kann sowohl vom Insolvenzverwalter als auch vom BR widerrufen werden (§ 124 Abs 1 InsO). Wird der Sozialplan widerrufen, so können die AN, denen Forderungen aus dem Sozialplan zustanden, bei der Aufstellung eines Sozialplans im Insolvenzverf berücksichtigt werden <L: s im Einzelnen MK-InsO/ *Caspers* Erl zu § 124>.

§ 112a Erzwingbarer Sozialplan bei Personalabbau, Neugründungen

(1) Besteht eine geplante Betriebsänderung im Sinne von § 111 Satz 3 Nr. 1 allein in der Entlassung von Arbeitnehmern, so findet § 112 Abs. 4 und 5 nur Anwendung, wenn

1. in Betrieben mit in der Regel weniger als 60 Arbeitnehmern 20 vom Hundert der regelmäßig beschäftigten Arbeitnehmer, aber mindestens 6 Arbeitnehmer,
2. in Betrieben mit in der Regel mindestens 60 und weniger als 250 Arbeitnehmern 20 vom Hundert der regelmäßig beschäftigten Arbeitnehmer oder mindestens 37 Arbeitnehmer,
3. in Betrieben mit in der Regel mindestens 250 und weniger als 500 Arbeitnehmern 15 vom Hundert der regelmäßig beschäftigten Arbeitnehmer oder mindestens 60 Arbeitnehmer,
4. in Betrieben mit in der Regel mindestens 500 Arbeitnehmern 10 vom Hundert der regelmäßig beschäftigten Arbeitnehmer, aber mindestens 60 Arbeitnehmer

aus betriebsbedingten Gründen entlassen werden sollen. Als Entlassung gilt auch das vom Arbeitgeber aus Gründen der Betriebsänderung veranlasste Ausscheiden von Arbeitnehmern aufgrund von Aufhebungsverträgen.

(2) § 112 Abs. 4 und 5 findet keine Anwendung auf Betriebe eines Unternehmens in den ersten vier Jahren nach seiner Gründung. Dies gilt nicht für Neugründungen im Zusammenhang mit der rechtlichen Umstrukturierung von Unternehmen und Konzernen. Maßgebend für den Zeitpunkt der Gründung ist die Aufnahme einer Erwerbstätigkeit, die nach § 138 der Abgabenordnung dem Finanzamt mitzuteilen ist.

Literatur: *Meyer*, Interdependenzen zwischen dem Sozialplanprivileg aus § 112a Abs. 2 BetrVG und der Gestaltung von Betriebsübergängen nach § 613a Abs. 1 BGB, FS 100 Jahre Betriebsverfassungsrecht (2020), S 481.

Für die Zahlenstaffeln des Abs 1 ist der Betrieb Anknüpfungspunkt; der Paradigmenwechsel zum Unternehmen in § 111 wird in § 112a nicht nachvollzogen. Allerdings ist die Staffel der Nr 1 dahin geändert worden, dass **alle** Betriebe mit weniger als 60 AN erfasst werden, also auch diejenigen, die bis zu 20 AN haben. Damit wird vermieden, dass größere Unternehmen mit zahlreichen kleineren Betrieben von der Sozialplanpflicht beim reinen Personalabbau freigestellt werden. Ausgenommen bleiben danach nur Betriebe mit bis zu fünf AN, weil in ihnen die Staffel der Nr 1 nicht erreicht werden kann. 1

Besteht eine geplante Betriebsänderung iS von § 111 S 3 Nr 1 (Betriebsstilllegung oder -einschränkung) **allein in einem Personalabbau**, ist ein Sozialplan nur dann nach § 112 Abs 4 und 5 erzwingbar, wenn die in Abs 1 S 1 genannten **Zahlen und Prozentsätze** erreicht werden <L: GK/*Oetker* Rn 273>. Diese Staffeln orientieren sich an § 17 KSchG, legen aber die dortigen Schwellen in unterschiedlicher Weise höher. Erfolgt der Personalabbau stufenweise, ist für die Staffeln von einer einheitlichen Betriebsänderung auszugehen, wenn sich alle Entlassungen als Umsetzung einer auf demselben Planungssachver- 2

§ 112a Erzwingbarer Sozialplan bei Personalabbau, Neugründungen

halt beruhenden Unternehmerentscheidung darstellen <**R:** BAG 28.3.2006, 1 ABR 5/05, BB 2006, 2084>.

3 In die Berechnung einzubeziehen sind nur die AN, die **aus betriebsbedingten Gründen entlassen** werden sollen, nicht aber diejenigen, denen verhaltens- oder personenbedingt gekündigt werden soll oder deren Arbeitsverhältnis aufgrund Fristablaufs endet. Als Entlassung gelten neben den betriebsbedingten AG-Kd aber auch das vom AG veranlasste Ausscheiden eines AN aufgrund eines Aufhebungsvertrags (Abs 1 S 2) und die von ihm veranlassten Eigenkd (näher § 111 Rn 38).

4 Abs 1 S 1 schließt **lediglich die Erzwingbarkeit** von Sozialplänen, dh die verbindliche Entscheidung der ES über den Sozialplan aus <**R:** BAG 8.11.1988, 1 AZR 678/87, BB 1989, 773; **L:** GK/*Oetker* Rn 270>. Dagg bleiben die Unterrichtungs- und Beratungspflicht des Unternehmers nach § 111 S 1 (§ 111 Rn 49 ff) und seine Pflicht aus § 112 Abs 1 bis 3, mit dem BR über Interessenausgleich und Sozialplan zu verhandeln und sich auf ein Verf vor der ES einzulassen (§ 112 Rn 107 ff), auch bei einem Personalabbau iS des Abs 1 bestehen. Deshalb in diesen Fällen auch § 113 Abs 3 anwendbar <**L:** ErfK/*Kania* § 113 Rn 3>.

5 Wenn Abs 1 S 1 voraussetzt, dass die geplante Betriebsänderung **allein** in einem Personalabbau besteht, heißt das nicht, dass die Vorschrift dann nicht greift, wenn im Gefolge des Personalabbaus weitere Maßnahmen, etwa die Aufgabe gemieteter Räume, notwendig werden <**R:** BAG 28.3.2006, 1 ABR 5/05, BB 2006, 2084>. Sind allerdings die weiteren Maßnahmen allein oder zusammen mit dem Personalabbau eine Betriebsänderung iSv § 111 S 3, werden etwa ein wesentlicher Betriebsteil stillgelegt oder die Betriebsorganisation oder die Betriebsaufgaben grundlegend geändert usw, ist § 112a nicht mehr anwendbar: Der mit der Einschränkung der Sozialplanpflichtigkeit verfolgte Zweck, dem AG im Interesse der Beschäftigungsförderung den Abbau eines unvorhersehbar eingetretenen Personalüberhangs zu erleichtern, ist dann überschritten <**R:** BAG 28.3.2006, 1 ABR 5/ 05, BB 2006, 2084>. Ein Sozialplan ist dann erzwingbar, auch wenn die Zahl der betroffenen AN unter den Schwellenwerten des § 112a liegt, sofern nur die für die Erfüllung des Merkmals „wesentlich" bzw. „grundlegend" erforderliche Zahl betroffener AN erreicht wird (dazu § 111 Rn 34, 44).

6 Nach **Abs 2 S 1** sind in einem **neu gegründeten Unternehmen** während der ersten vier Jahre nach der Gründung Sozialpläne nicht gem § 112 Abs 4 und 5 erzwingbar (**Sozialplanprivileg**). Das soll junge Unternehmen vor zu großer finanzieller Belastung schützen, der Unternehmensaufbau soll erleichtert werden <**L:** BT-Drs 10/2102, S 28>. Voraussetzung für das Sozialplanprivileg des Abs 2 S 1 ist lediglich, dass das Unternehmen noch nicht länger als vier Jahre besteht (Rn 7 f); auf Art und Ausmaß der Betriebsänderung kommt es – anders als für § 112a Abs 1 – nicht an. Abs 2 S 1 gilt deshalb auch, wenn die Betriebsänderung in einem Betrieb durchgeführt wird, den das neu gegründete Unternehmen nach § 613a BGB übernommen hat, auch wenn dieser Betrieb selbst länger als vier Jahre besteht <**R:** BAG 27.6.2006, 1 ABR 18/05, EzA § 112a BetrVG 2001 Nr 2; **L:** zust *Reichold* RdA 2007, 372; GK/*Oetker* Rn 277, 279>. Allerdings ist über die fehlende Sozialplanpflicht nach § 613a Abs 5 BGB zu informieren <**R:** BAG 26.3.2015, 2 AZR 783/13, NZA 2015, 866; 14.11.2013, 8 AZR 824/12, NZA 2014, 610; **L:** dazu allgemein *Meyer*, FS 100 Jahre Betriebsverfassungsrecht, S 480, 490 ff>. Wird das neugegründete Unternehmen aber deshalb eingeschaltet, um eine Betriebsänderung iS des

§ 111 S 3 Nr 1 ohne Sozialplanpflicht durchführen zu können, so kann sich der Unternehmer wegen § 242 BGB nicht auf Abs 2 S 1 berufen <R: BAG 27.6.2006, 1 ABR 18/05, DB 2007, 62; 13.6.1989, 1 ABR 14/88, AP BetrVG 1972 § 112a Nr 3; L: AR/*Kolbe* Rn 13; Richardi/*Annuß* Rn 15>.

Wegen des Gesetzeszwecks des „Aufbauschutzes" ist für die Vier-Jahres-Frist der Spruch der ES, nicht die Betriebsänderung oder ihre Durchführung maßgeblich – erfolgt der ES-Spruch nach Ablauf der Frist, besteht die Privilegierung nach Abs 2 S 1 nicht mehr <L: GK/*Oetker* Rn 281; **aA** Richardi/*Annuß* Rn 12; DKW/*Däubler* Rn 329; *Fitting* Rn 112: Beginn der Durchführung der Betriebsänderung>. Der **Vier-Jahres-Zeitraum** beginnt mit der Aufnahme der Erwerbstätigkeit des Unternehmens. Dies muss dem Finanzamt nach § 138 AO mitgeteilt werden, allerdings kommt es für den Beginn der Privilegierungsfrist nicht auf den formalen Eingang dieser Meldung beim Finanzamt an, sondern auf den Zeitpunkt des meldepflichtigen Ereignisses und damit der Aufnahme der Erwerbstätigkeit selbst <L: GK/*Oetker* Rn 280>. Die Fristberechnung erfolgt nach den §§ 187 Abs 1, 188 Abs 2 BGB. 7

Auch Abs 2 S 1 schließt **lediglich die Erzwingbarkeit von Sozialplänen** aus. Dagg ist der Unternehmer auch in neu gegründeten Unternehmen verpflichtet, den BR gem § 111 S 1 über geplante Betriebsänderungen zu unterrichten und darüber mit ihm zu beraten (§ 111 Rn 49 ff). Gem § 112 Abs 1 bis 3 hat er mit ihm über Interessenausgleich und Sozialplan zu verhandeln und sich auf ein Verf vor der ES einzulassen (§ 112 Rn 107 ff). Um Streitigkeiten über den Zeitpunkt der Unternehmensgründung auszuschließen, bestimmt Abs 2 S 3 als Gründungsdatum die Aufnahme einer nach § 138 AO mitteilungspflichtigen Erwerbstätigkeit. 8

Das Sozialplanprivileg gilt nur für echte Neugründungen, **nicht** aber für Neugründungen im Zusammenhang mit der rechtl **Umstrukturierung von Unternehmen und Konzernen** (Abs 2 S 2). Nach dem UmwG kommen als sozialplanpflichtige Neugründungen im Zusammenhang mit der rechtl Umstrukturierung von Unternehmen und Konzernen in Betracht die Verschmelzung von Unternehmen zur Neugründung (§§ 2 Nr 2, 36 ff UmwG), die Auf- und Abspaltung zur Neugründung (§§ 123 Abs 1 Nr 2, Abs 2 Nr 2, 135 ff UmwG) sowie die Ausgliederung von Unternehmensteilen (§ 123 Abs 3 Nr 2 UmwG) und außerhalb des UmwG die Übertragung des Vermögens eines Unternehmens auf ein neu gegründetes Unternehmen einschließlich der Sachgründung <**R:** s auch BAG 12.6.2019, 7 AZR 317/17, NZA 2019, 1568>. 9

Um eine **Neugründung** im Zusammenhang mit einer Unternehmensumstrukturierung handelt es sich etwa, wenn der Alleingesellschafter und Geschäftsführer der Komplementär-GmbH einer KG eine neue GmbH gründet und diese den Betrieb der KG übernimmt <**R:** BAG 22.2.1995, 10 ABR 21/94, BB 1995, 1144 (LS), DB 1995, 1182> oder zwei Unternehmen einzelne Betriebe einem neugegründeten Unternehmen übertragen, das die Betriebe mit einer auf dem Zusammenschluss beruhenden erweiterten unternehmerischen Zielsetzung fortführen soll <**R:** BAG 22.2.1995, 10 ABR 23/94, BB 1995, 1300 (LS), DB 1995, 1514>. Von vornherein nicht unter Abs 2 S 1 fällt der identitätswahrende Formwechsel (§ 190 UmwG), weil hier ein bestehendes Unternehmen lediglich eine neue Rechtsform erhält, sodass es an einer Neugründung fehlt <**R:** BAG 22.2.1995, aaO>. 10

§ 113 Nachteilsausgleich

(1) Weicht der Unternehmer von einem Interessenausgleich über die geplante Betriebsänderung ohne zwingenden Grund ab, so können Arbeitnehmer, die infolge dieser Abweichung entlassen werden, beim Arbeitsgericht Klage erheben mit dem Antrag, den Arbeitgeber zur Zahlung von Abfindungen zu verurteilen; § 10 des Kündigungsschutzgesetzes gilt entsprechend.

(2) Erleiden Arbeitnehmer infolge einer Abweichung nach Absatz 1 andere wirtschaftliche Nachteile, so hat der Unternehmer diese Nachteile bis zu einem Zeitraum von zwölf Monaten auszugleichen.

(3) Die Absätze 1 und 2 gelten entsprechend, wenn der Unternehmer eine geplante Betriebsänderung nach § 111 durchführt, ohne über sie einen Interessenausgleich mit dem Betriebsrat versucht zu haben, und infolge der Maßnahme Arbeitnehmer entlassen werden oder andere wirtschaftliche Nachteile erleiden.

Literatur: *Hesse*, Das Scheitern des Interessenausgleichs in der Einigungsstelle, FS ARGE Arbeitsrecht im DAV (2006), S 879; *Heuer/Janko*, Wie erklärt der Arbeitgeber das Scheitern der Interessenausgleichsverhandlungen in der Einigungsstelle?, NZA 2020, 1521; *Hohenstatt/Willemsen*, Die Mitbestimmung bei Betriebsänderungen: Risiken, Nebenwirkungen und Therapievorschläge, FS 100 Jahre Betriebsverfassungsrecht (2020), S 205; *Kania/Joppich*, Der Interessenausgleich und sein Scheitern, NZA 2005, 749; *Keller*, Kann auf den Nachteilsausgleich nach § 113 BetrVG verzichtet werden?, NZA 1997, 519; *Leuchter/Lipinzki*, Die Anrechnung des Nachteilsausgleichs auf die Sozialplanabfindung nach der Massenentlassungsrichtlinie 98/59/EG, NZA 2003, 1361; *Löwisch*, Probleme des Interessenausgleichs, RdA 1989, 216; *Oberthür*, Anrechnung einer Sozialplanabfindung auf den Nachteilsausgleich aus § 113 BetrVG – Vorschlag einer Neuverortung, FS 100 Jahre Betriebsverfassungsrecht (2020), S 549; *Reuther*, Verrechenbarkeit von Sozialplanabfindung und Nachteilsausgleich, NZA 2019, 759; ältere Literatur s Vorauflagen.

Übersicht

	Rn.		Rn.
I. Zweck	1	IV. Tarifliche Ausschlussfristen und Verzicht	18
II. Nachteilsausgleich nach Abs 1 und 2	2		
III. Nachteilsausgleich nach Abs 3	9	V. Nachteilsausgleich in der Insolvenz	20

I. Zweck

1 § 113 setzt die (individualrechtl wirkende) Sanktion für das Abweichen vom Interessenausgleich und für den Nichtversuch eines Interessenausgleichs. Damit soll die Vorschrift letztlich das Beteiligungsverf nach den §§ 111, 112 schützen <L: ErfK/*Kania* Rn 1; zur nicht hinreichend geglückten Formulierungsgeschichte der Vorschrift Richardi/*Annuß* Rn 2 ff>. Der Unternehmer kann in diesen Fällen zwar nicht daran gehindert werden, die Betriebsänderung durchzuführen (§ 111 Rn 63) <L: AR/*Kolbe* Rn 1: Schutz der Unternehmerfreiheit>, muss den betroffenen AN aber eine Abfindung zahlen. Somit hat die Vorschrift auch individualschützenden Charakter: Die durch die Betriebsänderung ausgelösten Nachteile des AN sollen ausgeglichen werden, so besteht Zweckidentität zu den Leistungen aus einem Sozialplan <R: BAG 12.2.2019, 1 AZR 279/17, AP BetrVG 1972

§ 112 Nr 240; **L:** *Fitting* Rn 2>. Unberührt von den Ansprüchen der AN auf Nachteilsausgleich aus § 113 bleibt die Möglichkeit des BR, einen Sozialplan nach § 112 Abs 4 und 5 über die ES zu erzwingen. Der Anspruch auf Nachteilsausgleich kann deshalb auch dann bestehen, wenn wegen § 112a keine Sozialplanpflicht besteht <**L:** ErfK/*Kania* Rn 3>. Richtig und „unionsrechtsfest" ist, dass wegen der Zweckidentität zu den Sozialplanleistungen eine Abfindung nach § 113 auf eine Sozialplanabfindung anzurechnen ist <**R:** BAG 12.2.2019, 1 AZR 279/17, AP BetrVG 1972 § 112 Nr 240>.

II. Nachteilsausgleich nach Abs 1 und 2

Abs 1 setzt voraus, dass über die geplante Betriebsänderung zw Unternehmer und BR ein **Interessenausgleich** nach § 112 zustande gekommen ist, der **Unternehmer aber davon abweicht**. Denkbar ist etwa, dass der Unternehmer eine Betriebsänderung, auf die er im Interessenausgleich verzichtet hat, doch durchführt oder sich nicht an die vereinbarten Modifikationen der Betriebsänderung hält, diese etwa nicht zeitlich hinausschiebt oder nicht umfangmäßig beschränkt. Für die Durchführung einer „ganz anderen" Betriebsänderung gilt Abs 3 <**L:** AR/*Kolbe* Rn 2>. Ob § 113 Abs 1, 2 in Tendenzbetrieben bei Abweichung eines freiwilligen Interessenausgleichs anzuwenden ist, wurde von der Rspr offengelassen <**R:** BAG 27.10.1998, 1 AZR 766/97, BB 1998, 2365>, ist aber im Ergebnis abzulehnen. 2

Anspruch auf Nachteilsausgleich haben die AN aber auch dann nur, wenn diese Abweichung **ohne zwingenden Grund erfolgt**, für den der Unternehmer darlegungs- und beweispflichtig ist. Nicht zwingend in diesem Sinne sind die zur Betriebsänderung selbst führenden Gründe, da sie bereits und gerade beim Interessenausgleich berücksichtigt werden. Zwingend sind deshalb nur nachträglich entstandene oder nachträglich erkennbar gewordene Umstände, die die Betriebspartner, wären sie bei Abschluss des Interessenausgleichs bereits bekannt gewesen, berücksichtigt hätten <**R:** BAG 10.6.1969, 1 AZR 2/69, BB 1969, 1434 (LS), DB 1969, 1706; 17.9.1974, 1 AZR 16/74, BB 1974, 1483>. Darüber hinaus zeigt die Forderung nach zwingenden Gründen, dass bloße sachliche Gründe nicht ausreichen: Hier hat sich die Formel herausgebildet, dass dem verständigen AG praktisch keine andere Wahl blieb, als vom Interessenausgleich abzuweichen <**L:** *Fitting* Rn 8; ErfK/*Kania* Rn 4>. Maßgeblicher Beurteilungszeitpunkt ist dabei die Durchführung der interessenausgleichswidrigen Maßnahme. Die Gründe für das Abweichen vom Interessenausgleich können rechtl, wirtschaftl, arbeitstechnischer oder organisatorischer Art sein (zB plötzlich auftretender Rohstoffmangel, Kreditschwierigkeiten, gesetzgeberische Maßnahmen, behördliche Anordnungen, Absatzkrisen, Einfuhrbeschränkungen, Störungen der Betriebseinrichtungen, Pandemie usw), ebenso können Wettbewerbsrücksichten oder nachträgliche Veränderungen der Marktlage den Unternehmer zwingen, vom Interessenausgleich abzuweichen. Einer Kd des Interessenausgleichs bedarf es nicht <**L:** AR/*Kolbe* Rn 3>. 3

Ansprüche auf Nachteilsausgleich entstehen aber nur, wenn aus dem Abweichen vom Interessenausgleich **Entlassungen oder andere wirtschaftl Nachteile** für AN resultieren <**R:** BAG 12.2.2019, 1 AZR 279/17, AP BetrVG 1972 § 112 Nr 240; 22.1.2012, 1 AZR 873/11, DB 2013, 328>: Notwendig ist ein **Kausalzusammenhang** zw der Abweichung und der Entlassung bzw dem wirtschaftl Nachteil. An einem solchen Kausalzusammen- 4

§ 113 Nachteilsausgleich

hang fehlt es, wenn der AN ohnehin entlassen worden wäre oder sonstige Nachteile erlitten hätte, etwa weil seine Entlassung im Interessenausgleich vorgesehen war. Eine Verrechnung mit Ansprüchen aus einem Sozialplan ist auch ohne entspr Vereinbarung im Sozialplan möglich <R: BAG 12.2.2019, 1 AZR 279/17, AP BetrVG 1972 § 112 Nr 240; 13.6.1989, 1 AZR 819/87, DB 1989, 2026>.

5 **Entlassung** ist jede betriebsbedingte Kd sowie eine vom AG veranlasste Eigenkd und ein Aufhebungsvertrag <R: BAG 23.8.1988, 1 AZR 276/87, BB 1988, 2387; L: *Löwisch* RdA 1989, 216, 220; GK/*Oetker* Rn 65>, § 111 Rn 37 f. Entlassung in diesem Sinne ist nur die **rechtswirksame Kd**, weil die AN ggü unwirksamen Kd ausreichend durch das KSchG geschützt sind <R: BAG 31.10.1995, 1 AZR 372/95, DB 1996, 1683; L: *Fitting* Rn 23; ErfK/*Kania* Rn 5; aA GK/*Oetker* Rn 66; Richardi/*Annuß* Rn 37>. Rechtswirksam ist allerdings auch eine unwirksame Kd gg die der AN keine Kd-Schutzklage erhoben hat (§ 7 KSchG). Erhebt der AN Kd-Schutzklage, kommt ein Nachteilsausgleichsanspruch nur dann in Betracht, wenn die Kd-Schutzklage rechtswirksam abgewiesen worden ist. Einen entspr Antrag kann der AN hilfsweise im Kd-Schutzprozess stellen.

6 Werden AN rechtswirksam entlassen, weil der AG ohne zwingenden Grund vom Interessenausgleich abgewichen ist, können sie gem **Abs 1** eine **Abfindung** verlangen, für deren Höhe § 10 KSchG gilt <R: BAG 7.11.2017, 1 AZR 186/16, AP BetrVG 1972 § 113 Nr 59; L: zur Bemessung im Einzelnen *Löwisch/Spinner/Wertheimer* § 10 KSchG Rn 10 ff>. Innerhalb der in § 10 KSchG normierten Höchstgrenzen setzt das Gericht die Abfindung für den einzelnen AN nach pflichtgem Ermessen fest. Dabei sind alle maßgeblichen Umstände zu berücksichtigen, insbes die Dauer der Betriebszugehörigkeit des AN und die wirtschaftl Folgen, die die Entlassung für ihn hat, auf der einen und die wirtschaftl Lage des Unternehmens auf der anderen Seite <L: ErfK/*Kania* Rn 6: zurückhaltend; aA Richardi/*Annuß* Rn 49>. **Auch der Umstand, dass der AN eine weitere Beschäftigungsmöglichkeit abgelehnt hat**, ist zu berücksichtigen <R: BAG 10.12.1996, 1 AZR 290/96, BB 1997, 1899 für Abs 3>. Bei der Festsetzung der Abfindung muss auch das Ausmaß, in dem sich der Unternehmer über den Interessenausgleich hinweggesetzt hat, berücksichtigt werden <R: BAG 29.2.1972, 1 AZR 176/71, DB 1972, 1118>. Eine Orientierung des Nachteilsausgleiches an § 1a KSchG hält das BAG für möglich <R: BAG 7.11.2017, 1 AZR 186/16, AP BetrVG 1972 § 113 Nr 59>.

7 Für die **Geltendmachung** des Abfindungsanspruchs ggü dem AG genügt es, wenn der AN eine Leistungsklage erhebt, die die Höhe der Abfindung in das Ermessen des Gerichts stellt, sofern die für die Bemessung der Abfindung maßgebenden Umstände in der Klageschrift mitgeteilt sind <R: BAG 22.2.1983, 1 AZR 260/81, BB 1984, 61; L: GK/*Oetker* Rn 116>. Für die Leistungsklage besteht keine bes Frist.

8 Führt das Abweichen vom Interessenausgleich zu **anderen wirtschaftl Nachteilen** als zu Entlassungen, zB zu Umsetzungen, Versetzungen oder Änderungs-Kd von AN, können die AN vom AG gem **Abs 2** beanspruchen, dass dieser die Nachteile für maximal 12 Monate ausgleicht. In Betracht kommen etwa Lohnausgleichszahlungen bei schlechter bezahlter Arbeit, Fahrtkostenersatz, Ersatz von Umzugskosten, Trennungsentschädigungen, Mietbeihilfen, Beihilfen zur Umschulung. Immaterielle Nachteile sind (wie beim Sozialplan, § 112 Rn 22) nicht auszugleichen <R: LAG SH 17.6.2014, 2 Sa 95/14, BeckRS 2014, 71880>.

III. Nachteilsausgleich nach Abs 3

Der Anspruch auf Nachteilsausgleich nach Abs 3 setzt voraus, dass der Unternehmer eine geplante **Betriebsänderung iS des § 111 durchführt**, dh mit deren unumkehrbaren Durchführung, etwa durch den Ausspruch von Kd, zumindest begonnen hat <**R:** BAG 18.7.2017, 1 AZR 546/15, NZA 2017, 1618; 14.4.2015, 1 AZR 794/13, NZA 2015, 1147; 23.9.2004, 1 AZR 576/02, NZA 2004, 440>. Maßnahmen, die lediglich der Vorbereitung einer Betriebsänderung dienen, genügen nicht. Weitere Voraussetzung ist, dass der AG vor Beginn der Betriebsänderung einen **Interessenausgleich mit dem BR nicht versucht** hat: Der Unternehmer muss den BR vor seiner endgültigen Entscheidung über die geplante Betriebsänderung unterrichtet und mit dem BR vor der Betriebsänderung über deren Notwendigkeit und über etwaige Modalitäten beraten haben <**R:** BAG 4.12.1979, 1 AZR 843/76, BB 1980, 679>. Auf ein Verschulden des Unternehmers kommt es nicht an <**R:** BAG 23.9.2003, 1 AZR 576/02, NZA 2004, 440>, ebenso wenig auf den Abschluss eines „nachträglichen" Interessenausgleiches <**R:** LAG Düsseldorf 9.3.2017, 5 Sa 780/16, BeckRS 2017, 110385>. Für Tendenzbetriebe gilt Abs 3 nicht <**R:** BAG 27.10.1998, 1 AZR 766/97, BB 1998, 2365>.

9

Kommt es bei einer solchen Beratung nicht zu einem Interessenausgleich und **ruft der BR deswg gem § 112 Abs 2 S 2 die ES an**, muss der AG mit der Betriebsänderung bis zur Beendigung des Verf vor der ES warten, da nur so gesichert werden kann, dass, wie in § 112 Abs 3 vorgesehen, auch der Interessenausgleich selbst Gegenstand des ES-Verf wird <**R:** so für § 72 BetrVG 1952 BAG 10.6.1969, 1 AZR 2/69, BB 1969, 1434 (LS), DB 1969, 1706; 20.11.1970, 1 AZR 408/69, BB 1971, 437; offengelassen in BAG 14.9.1976, 1 AZR 784/75, BB 1977, 142; **L:** aA *Ehmann* Betriebsstilllegung und Mitbestimmung 1978, 57 ff; *Dolde/Bauer* BB 1978, 1675, 1678>. Zur Beendigung des ES-Verf s Rn 13.

10

Das arbeitsrechtl Beschäftigungsförderungsgesetz vom 25.9.1996 (BGBl I, 1476) hatte das Interessenausgleichsverf mit einer **Frist** versehen. Es ließ für den – Nachteilsausgleichsansprüche der AN ausschließenden – Versuch des Interessenausgleichs genügen, dass der Unternehmer den BR gem § 111 S 1 beteiligte und nicht innerhalb von zwei Monaten nach Beginn der Beratungen oder schriftlicher Aufforderung zur Aufnahme der Beratungen ein Interessenausgleich zustande gekommen war. Dabei endete die Frist spätestens einen Monat nach Anrufung der ES. Diese in den Sätzen 2 und 3 von § 113 Abs 3 aF enthaltene Regelung hat das Korrekturgesetz vom 19.12.1998 (BGBl I, 3843) mit der Begründung gestrichen, der Befriedungseffekt des Interessenausgleichsverf solle wiederhergestellt werden. Bei Betriebsänderungen iR von Umstrukturierungsmaßnahmen, die sehr komplex und mit weitreichenden Auswirkungen für die AN verbunden sein können, reiche die zwei- bzw dreimonatige Frist für das gesamte Interessenausgleichsverf einschließlich der Anrufung und Verhandlung vor der ES in aller Regel nicht aus <**L:** BT-Drs 14/45 S 57f>. Ausgeblendet worden ist damit der andere Gesichtspunkt, dass Interessenausgleichsverf vom BR auch in die Länge gezogen und so als Druckmittel benutzt werden können, um Sozialplanleistungen durchzusetzen, die über den gesetzlichen Rahmen hinausgehen <**L:** s *Blanke/Rose* RdA 2001, 92, 101, die geradezu von der „Zeitkarte im Blatt des Betriebsrats" sprechen; vgl iÜ die Hinweise bei *Röder/Baeck* BB 1996 Beil 17 S 23; *Neef* NZA 1997, 65, 66f>.

11

§ 113 Nachteilsausgleich

12 Man steht damit wieder vor dem Problem, die Anforderungen sachgerecht zu umschreiben, die an den **Versuch eines Interessenausgleichs** durch den AG nach Abs 3 zu stellen sind. Nach Auffassung des BAG muss der AG alle Möglichkeiten einer Einigung ausschöpfen und **erforderlichenfalls die ES anrufen** <R: BAG 22.9.2016, 2 AZR 276/16, NZA 2017, 175>. Eine Ausnahme hiervon soll nur in Betracht kommen, wenn der BR-Vors trotz eines ordnungsgemäßen BR-Beschlusses dem Verlangen des AG nach schriftlicher Niederlegung des Interessenausgleiches nicht nachkommt <R: BAG 26.10.2004, 1 AZR 493/04, BB 2005, 559; L: *Fitting* Rn 18; GK/*Oetker* Rn 49 ff>. Das geht zu weit. Dem vom Gesetzgeber mit der Aufhebung der Sätze 2 und 3 des Abs 3 verfolgten Zweck ist genügt, wenn der Unternehmer den BR ordnungsgem nach § 111 S 1 beteiligt, ihn zu Beratungen auffordert und danach eine je nach Umfang der in Rede stehenden Betriebsänderung angemessene Frist verstreicht. Auch verlangt der Gesetzeszweck nicht, dass die Last, die ES anzurufen, beim Unternehmer liegt. Wenn der BR der Auffassung ist, die Interessen der AN seien am besten auf dem Weg über die ES wahrzunehmen, muss er sie auch anrufen <L: vgl schon *Löwisch* RdA 1989, 216, 218 f; AR/*Kolbe* Rn 7; dazu auch *Hohenstatt/Willemsen* FS 100 Jahre Betriebsverfassungsrecht, S 205, 213 ff>. Der Vorstand der Bundesagentur für Arbeit muss nicht nach § 112 Abs 2 einbezogen werden <L: GK/*Oetker* Rn 52; Richardi/*Annuß* Rn 29>.

13 Folgt man der Auffassung des BAG, entsteht die Frage, **wie lange** sich der Unternehmer auf die Verhandlungen vor der ES einlassen muss, um seiner Pflicht zu genügen, einen Interessenausgleich „zu versuchen". Das Abstellen auf ein formales Kriterium, etwa die Feststellung des Scheiterns durch den Vorsitzenden der ES, ist mangels einer ges Bestimmung nicht möglich <R: BAG 16.8.2011, 1 AZR 44/10, BB 2011, 3060 (LS); LAG Rh-Pf, 6.2.2020, 5 TaBV 30/19, juris; LAG Rh-Pf, 8.1.2021, 5 TaBV 16/10, EzA-SD 2021, Nr 18, 15; LAG München 13.4.2007, 11 TaBV 91/06, BeckRS 2009, 61894; L: Richardi/*Annuß* Rn 29; GK/*Oetker* Rn 55; *Kania/Joppich* NZA 2005, 749, 752; **aA** BeckOKArbR/*Besgen*, Stand: 1.6.2022, Rn 6>. Der Sache nach muss man vom Unternehmer verlangen, dass er an dem in § 112 Abs 3 vorgesehenen Versuch der ES, eine Verständigung über den Interessenausgleich herbeizuführen, durch eine Erörterung seiner eigenen Vorstellung und derjenigen des BR, sowie etwaigen Vorschlägen der gem § 112 Abs 2 S 3 hinzugezogenen Bundesagentur für Arbeit, mitwirkt. Kommt er aufgrund dieser Erörterungen zu dem Ergebnis, eine Verständigung sei wegen der Diskrepanz zwischen seinen Vorstellungen und denen des BR, der Bundesagentur für Arbeit oder auch des ES-Vorsitzenden nicht möglich, hat er seiner Versuchspflicht Genüge getan; die Pflicht zur vertrauensvollen Zusammenarbeit (§ 74 Abs 1) erfordert dann nur noch, dass er das aus seiner Sicht eingetretene Scheitern der Verhandlung dem BR und dem ES-Vorsitzenden mitteilt <L: *Hohenstatt/Willemsen* FS 100 Jahre Betriebsverfassungsrecht, S 205, 216>. Angesichts der einer Anrufung der ES gem § 111 S 1 und 2 vorangehenden Beratung mit dem BR, in Betrieben mit mehr als 300 AN ggf unter Hinzuziehung eines Beraters des BR, genügt für diese Erörterung regelmäßig **eine Sitzung der ES** <L: *Hesse* FS ARGE DAV, S 868, 1 f; Richardi/*Annuß* Rn 29>. Darauf abzustellen, ob die ES, praktisch also meistens der Vorsitzende, die Verständigungsmöglichkeiten für ausgeschöpft hält <L: DKW/*Däubler* § 112, 112a Rn 9; *Fitting* § 112,112a Rn 42>, lässt außer Acht, dass die Entscheidung über das Ob und Wie der Betriebsänderung nicht bei der ES, sondern allein beim Unternehmer liegt <L: so im Ergebnis auch GK/*Oetker* § 113 Rn 55>.

III. Nachteilsausgleich nach Abs 3 § 113

Ist ein Interessenausgleich zw Unternehmer und BR zustande gekommen und **streiten** 14
diese nur noch über den Sozialplan, ist der Unternehmer dadurch nicht gehindert, die
Betriebsänderung durchzuführen. Ein Anspruch der AN auf Nachteilsausgleich aus Abs 3
scheidet aus <**R**: BAG 27.3.1984, 1 AZR 210/83, BB 1985, 268>. Dies gilt auch, wenn
sich der BR schriftlich mit der vom AG geplanten Betriebsänderung einverstanden erklärt
hat <**R**: BAG 26.10.2004, 1 AZR 493/04, BB 2005, 559>.

Der Nachteilsausgleich nach Abs 3 setzt nur voraus, dass die **Betriebsänderung** für die 15
Entlassung oder den sonstigen Nachteil der AN **kausal** geworden ist <**R**: BAG
22.1.2013, 1 AZR 873/11, BeckRS 2013, 68947>. Dabei kommt es auf die Auswirkungen
der Betriebsänderung an, die auch noch nach längerer Zeit durch eine Entlassung eintreten können <**R**: LAG Düsseldorf 9.3.2017, 5 Sa 780/16, BeckRS 2017, 110385: Entlassung zwei Jahre nach Umsetzung einer Betriebsstilllegung>. Ob diese Nachteile auch entstanden wären, wenn der AG einen Interessenausgleich rechtzeitig versucht hätte, spielt
angesichts der Sanktionsfunktion der Vorschrift hingg keine Rolle. Es genügt, dass durch
den Interessenausgleich die Entlassungen oder der Nachteil möglicherweise vermieden
worden wären <**R**: BAG 13.6.1989, 1 AZR 819/87, BB 1989, 2118 (LS), DB 1989,
2026>. Den Kausalzusammenhang hat der AN darzulegen und zu beweisen, freilich streitet bei einem engen zeitlichen Zusammenhang der erste Anschein für die Kausalität <**L**:
Fitting Rn 28>.

Ansprüche auf Nachteilsausgleich nach Abs 3 bestehen auch, wenn der Unternehmer 16
nachweisen kann, dass für die geplante Betriebsänderung ein **zwingender Grund** bestanden hat, der auch ein Abweichen von einem Interessenausgleich iS des Abs 1 gerechtfertigt hätte <**R**: BAG 22.5.1979, 1 ABR 17/77, BB 1979, 1501; **L**: GK/*Oetker* Rn 59>.
Abs 3 ist nach richtiger hM eine Rechtsfolgenverweisung <**L**: GK/*Oetker* Rn 58; ErfK/
Kania Rn 9; aA Richardi/*Annuß* Rn 24ff>. Allerdings kann – im Wege einer teleologischen Reduktion von Abs 3 – vom AG nicht verlangt werden, die Verhandlungen über
den Interessenausgleich auch dann zu Ende zu führen, wenn sie sinnlos geworden sind,
etwa wenn der Betrieb infolge eingetretener Zahlungsunfähigkeit in jedem Fall stillgelegt
werden muss <**R**: BAG 23.1.1979, 1 AZR 64/76, BB 1979, 782>. In diesem Fall ist der
AG nicht verpflichtet, die durch die Betriebsänderung entstandenen Nachteile auszugleichen. Freilich reichen wirtschaftl Belastungen als solche nicht aus, um den Nachteilsausgleichsanspruch vermeiden zu können <**L**: GK/*Oetker* Rn 61>. Zudem sind die Gründe
für das Nichtversuchen eines Interessenausgleiches dann bei der Festlegung der Abfindungshöhe zu berücksichtigen <**L**: ErfK/*Kania* Rn 9>.

Unter den Voraussetzungen des Abs 3 erhalten die AN, die **entlassen** werden, einen **An-** 17
spruch auf Abfindung entspr den für Abs 1 geltenden Grundsätzen (Rn 6). Wird nachträglich noch ein Sozialplan aufgestellt, können die AN die Abfindung aus Abs 1 und die
Sozialplanabfindung nicht voll nebeneinander verlangen: Die Nachteilsausgleichsabfindungen nach Abs 3 sind auf die Sozialplanabfindungen anzurechnen, soweit mit ihnen
die mit der Entlassung verbundenen wirtschaftl Nachteile abgegolten werden sollen <**R**:
BAG 13.12.1978, GS 1/77, BB 1979, 267; 20.11.2001, 1 AZR 97/01, BB 2002, 1862>
und umgekehrt <**R**: BAG 13.6.1989, 1 AZR 819/87, BB 1989, 2118 (LS), DB 1989,
2026>. Da der Nachteilsausgleich nicht nur die mit der Betriebsänderung verbundenen
Nachteile der AN ausgleichen, sondern auch das Verhalten des AG sanktionieren soll
(Rn 1), kann er höher sein als die Sozialplanabfindung; der überschießende Teil bleibt
dem entlassenen AN <**R**: BAG 13.6.1989, 1 AZR 819/87, BB 1989, 2118 (LS), DB

§ 113   Nachteilsausgleich

1989, 2026; **L**: GK/*Oetker* Rn 109>. Unionsrechtliche Erwägungen stehen der Anrechnungslösung im Grundsatz nicht entgegen. Zum einen folgt aus einem Verstoß gegen richtlinienumsetzendes Recht bereits eine entsprechende „Binnensanktion", sodass etwa der unionsrechtlichen Sanktionsforderung der ME-RL bereits durch die Unwirksamkeit der Entlassung Genüge getan wird <**R**: BAG 12.2.2019, 1 AZR 279/17AP BetrVG 1972 § 112 Nr 240; **L: aA** *Oberthür* FS 100 Jahre Betriebsverfassungsrecht, S 549, 553 ff>. Zum anderen besteht bei einem ordnungsgemäß abgeschlossenen, unionsrechtlich geforderten Verfahren, wie etwa nach § 17 Abs 2 KSchG, keine Sanktionsforderung, sodass gerade nicht von einem allgemeinen, stets zu berücksichtigenden und die Anrechnungslösung pauschal ausschießenden unionsrechtlichen Erfordernis gesprochen werden kann <**L**: s dazu auch GK/*Oetker* Rn 110>. Zweckmäßigerweise regeln die Betriebsparteien die Anrechnung im Sozialplan <**R**: LAG Rheinland-Pfalz 24.9.2007, 5 Sa 277/07, BeckRS 2008, 51643>.

IV. Tarifliche Ausschlussfristen und Verzicht

18   Der BR kann nicht zulasten der AN auf die Ansprüche aus § 113 verzichten <**L**: ErfK/*Kania* Rn 1>. Tarifl Ausschlussfristen, sofern sie sich auf alle beiderseitigen Ansprüche aus dem Arbeitsverhältnis und auf mit dem Arbeitsverhältnis in Verbindung stehende Ansprüche beziehen, gelten auch für den Abfindungsanspruch des entlassenen AN nach Abs 3 iVm Abs 1 <**R**: BAG 22.2.1983, 1 AZR 260/81, BB 1984, 61>. Die tarifl Ausschlussfrist, innerhalb derer der AN den Abfindungsanspruch ggü dem AG geltend machen muss, beginnt mit dem Ausscheiden des AN aus dem Arbeitsverhältnis, da der Anspruch mit dessen Ausscheiden fällig wird <**R**: BAG 18.12.1984, 1 AZR 176/82, BB 1985, 1394>. Dies gilt auch, wenn ein Kd-Schutzprozess noch anhängig ist <**R**: BAG 3.8.1982, 1 AZR 77/81, BB 1983, 836 (LS), DB 1982, 2631>.

19   Auf den entstandenen Nachteilsausgleichsanspruch kann auch arbeitsvertraglich, etwa im Zuge eines Aufhebungsvertrages, **verzichtet** werden <**R**: BAG 23.9.2003, 1 AZR 576/02, DB 2004, 658>.

V. Nachteilsausgleich in der Insolvenz

20   Ansprüche auf Nachteilsausgleich erwerben infolge einer Betriebsänderung entlassene oder sonst benachteiligte AN nach Abs 3 auch dann, wenn der Insolvenzverwalter die Betriebsänderung durchführt, ohne zuvor einen Interessenausgleich mit dem BR versucht zu haben <**R**: BAG 22.7.2003, 1 AZR 541/02, DB 2003, 2708>. Aus § 122 InsO ergibt sich insoweit aber, dass der Insolvenzverwalter Nachteilsausgleichsansprüche vermeiden kann, wenn er das Zustimmungsverf nach dieser Vorschrift durchführt <**R**: BAG 7.11.2017, 1 AZR 186/16, AP BetrVG 1972 § 113 Nr 59>. Die rechtskräftige Zustimmung des ArbG entbindet ihn dann von der Sanktion des Nachteilsausgleichs <**L**: s näher MK-InsO/*Caspers* §§ 121, 122 Rn 21 ff>.

21   In der Insolvenz sind Nachteilsausgleichsansprüche nach § 113 Insolvenzforderungen iS des § 38 InsO, wenn der Unternehmer mit der Durchführung der Betriebsänderung begonnen hat <**R**: vgl BAG 3.4.1990, 1 AZR 150/89, BB 1990, 1420>. Hat der Insolvenz-

verwalter nach der Insolvenzeröffnung mit der Durchführung der Betriebsänderung begonnen, sind die Abfindungsansprüche Masseverbindlichkeiten gem § 55 InsO <s iÜ zum Nachteilsausgleich in der Insolvenz **R**: BAG 7.11.2017, 1 AZR 186/16, AP BetrVG 1972 § 113 Nr 59; 22.7.2003, 1 AZR 541/02, DB 2003, 2708; **L**: MK-InsO/*Caspers* §§ 121, 122 Rn 26>.

Für die Höhe des Anspruches aus § 113 gelten auch im Insolvenzfall die allg Überlegungen, weder § 123 InsO noch die Insolvenzsituation als solche wirken hier begrenzend <R: BAG 7.11.2017, 1 AZR 186/16, AP BetrVG 1972 § 113 Nr 59>. **22**

Fünfter Teil
Besondere Vorschriften für einzelne Betriebsarten

Erster Abschnitt
Seeschifffahrt

§ 114 Grundsätze

(1) Auf Seeschifffahrtsunternehmen und ihre Betriebe ist dieses Gesetz anzuwenden, soweit sich aus den Vorschriften dieses Abschnitts nichts anderes ergibt.

(2) Seeschifffahrtsunternehmen im Sinne dieses Gesetzes ist ein Unternehmen, das Handelsschifffahrt betreibt und seinen Sitz im Geltungsbereich dieses Gesetzes hat. Ein Seeschifffahrtsunternehmen im Sinne dieses Abschnitts betreibt auch, wer als Korrespondenzreeder, Vertragsreeder, Ausrüster oder aufgrund eines ähnlichen Rechtsverhältnisses Schiffe zum Erwerb durch die Seeschifffahrt verwendet, wenn er Arbeitgeber des Kapitäns und der Besatzungsmitglieder ist oder überwiegend die Befugnisse des Arbeitgebers ausübt.

(3) Als Seebetrieb im Sinne dieses Gesetzes gilt die Gesamtheit der Schiffe eines Seeschifffahrtsunternehmens einschließlich der in Absatz 2 Satz 2 genannten Schiffe.

(4) Schiffe im Sinne dieses Gesetzes sind Kauffahrteischiffe, die nach dem Flaggenrechtsgesetz die Bundesflagge führen. Schiffe, die in der Regel binnen 24 Stunden nach dem Auslaufen an den Sitz eines Landbetriebs zurückkehren, gelten als Teil dieses Landbetriebs des Seeschifffahrtsunternehmens.

(5) Jugend- und Auszubildendenvertretungen werden nur für die Landbetriebe von Seeschifffahrtsunternehmen gebildet.

(6) Besatzungsmitglieder im Sinne dieses Gesetzes sind die in einem Heuer- oder Berufsausbildungsverhältnis zu einem Seeschifffahrtsunternehmen stehenden im Seebetrieb beschäftigten Personen mit Ausnahme des Kapitäns. Leitende Angestellte im Sinne des § 5 Abs. 3 dieses Gesetzes sind nur die Kapitäne.

Literatur: *Bemm/Lindemann*, Seemannsgesetz und Manteltarifvertrag in deutschen Häfen, 5. Aufl 2003; *Dzida*, Deutsche Mitbestimmung und ausländische Schiffe, RIW 2006, 941; *Fischer*, Der Internationale Betrieb – Prüf- oder Stolperstein für das Territorialitätsprinzip, RdA 2002, 160; *Franzen*, Die Betriebsverfassung in der Seeschifffahrt, AR-Blatttei SD, Seearbeitsrecht V, 1450.5; *Glockauer*, Arbeitsrechtliche Folgen von Unternehmens-Umstrukturierungen in der deutschen Seeschifffahrt (2003); *Hövener*, Die Betriebsverfassung und ihre Auswirkungen auf die arbeitsrechtlichen Verhältnisse an Bord deutscher Seeschiffe (1975); *Lindemann*, Sammlung See-Arbeitsrechtlicher Entscheidungen, SeeAE, Loseblatt (1978); *Löwisch/Wegmann*, Zahlenmäßige Berücksichtigung von Leiharbeitnehmern in Betriebsverfassungs- und Mitbestimmungsrecht, BB 2017, 373; *Ludewig*, Kollektives Arbeitsrecht auf Schiffen des Internationalen Seeschifffahrtsregisters, Diss Hamburg (2012); *Maul-Sartori*, Das neue Seearbeitsrecht – auch für Landratten für Interesse, NZA 2013, 821; *Monnerjahn*, Das Arbeitsverhältnis in der deutschen Seeschifffahrt (1964); *Paulina*, Mitbestimmung auf

See, Erläuterungen zu Bordvertretung und Seebetriebsrat, 2. Aufl 1980; *Rabe/Bahnsen*, Seehandelsrecht, 5. Aufl 2018; *Reuter*, Umfang und Schranken des gewerkschaftlichen Zutrittsrechts unter besonderer Berücksichtigung der Seeschifffahrt, ZfA 1976, 107; *Rommel*, Flaggenwechsel deutscher Seeschiffe, Hansa 1976, 193; *Ruhwedel*, Die Partenreederei (1973); *Säcker*, Inhalt und Grenzen des gewerkschaftlichen Zutrittsrecht im Betrieb unter besonderer Berücksichtigung der Verhältnisse in der Seeschifffahrt, Rechtsgutachten für die Gewerkschaft ÖTV (1975); *Schaps/Abraham*, Das deutsche Seerecht, 1. Band, 3. Aufl 1959, 2. Band, 3. Aufl 1962, 3. Band 3. Aufl 1964; *Segelken*, Kapitänsrecht, 2. Aufl 1974; *Sischka*, Betriebsverfassungsrecht in der Binnenschifffahrt – Organisation und Funktionsbedingungen, Diss. Mannheim (1996); *Stabenow*, Betriebsverfassung in Seeschifffahrtsunternehmen, Hansa 1971, 1797; *ders*, Die Wahlen von Bordvertretungen und Seebetriebsräten, Hansa 1972, 1834; *Strecker*, Arbeitsrecht in der Binnenschifffahrt, RdTW 2013, 346; *Wosnik*, Das Heuerverhältnis im seerechtlichen Arbeitsrecht und das Mitspracherecht der Schiffsbesatzung, Diss Würzburg (1972).

Übersicht

	Rn.		Rn.
I. Allgemeines	1	d) Schiffe als Teil des Landbetriebs	35
II. Seeschifffahrtsunternehmen, Abs 2	4	4. Jugendvertretungen, Abs 5	38
1. Unternehmen der Handelsschifffahrt	4	IV. Besatzungsmitglieder	39
2. Sitz im Geltungsbereich des BetrVG	10	1. Begriff	39
3. Rechtsträger von Seeschifffahrtsunternehmen	12	2. Besatzungsmitglieder an Land	42
a) Reeder	12	3. Leihheuerverhältnis	44
b) Partenreederei und Korrespondentreeder	13	4. Auszubildende	45
c) Vertragsreeder	18	5. Besatzungsmitglieder auf Schiffen unter ausländischen Flaggen	46
d) Ausrüster	20	6. Beschäftigte an Bord, die nicht Besatzungsmitglieder sind	49
e) Ähnliches Rechtsverhältnis	21	7. Leitende Angestellte	53
III. Seebetrieb	22	8. Kapitän	54
1. Seebetrieb und Landbetrieb	22	a) Rechtsstellung des Kapitäns	54
2. Seebetrieb als Einheit, Abs 3	23	b) Kapitän als Betriebsverfassungsorgan	55
3. Schiff, Abs 4	26	V. Stellung der Gewerkschaften im Seebetrieb und an Bord	57
a) Kauffahrteischiff	27	VI. Streitigkeiten	63
b) Schiffe unter der Bundesflagge	30		
c) Schiffe unter ausländischen Flaggen	33		

I. Allgemeines*

Der erste Abschnitt des Fünften Teils (§§ 114 bis 116) enthält Sonderregelungen für die Seeschifffahrt. Diese gehen von der Grundvorstellung aus, dass ein Seeschifffahrtsunternehmen organisatorisch in einen Seebetrieb und einen Landbetrieb gegliedert ist. Für den Landbetrieb gelten die allg Vorschriften des Gesetzes. Auf den Seebetrieb finden die besonderen Bestimmungen Anwendung, deren Kernstück die Bildung gesonderter Betriebs-   1

---

* Die Kommentierung der §§ 114–116 bearbeitet die Erläuterungen von *Kröger* und *Lindemann* in der 1982 erschienenen sechsten Auflage des Kommentars zum BetrVG von *Galperin/Löwisch* neu. Dr *Martin Kröger*, Geschäftsführer des Verbandes Deutscher Reeder, danke ich für die Durchsicht der Kommentierung.

§ 114 Grundsätze

vertretungen ist (Bordvertretung und Seebetriebsrat). Diese vom allg Schema abweichenden Organisationsformen sollen entspr den vom Landbetrieb abweichenden Verhältnissen in der Seeschifffahrt (Mobilität des Betriebsteils „Seeschiff", weltweiter Einsatz der Schiffe, Einsatz der Seeschiffe auch im Geltungsbereich fremder Rechtsordnungen, keine oder nur geringe Kontaktmöglichkeit mehrerer Seeschiffe eines Unternehmens untereinander, besondere Sozialstrukturen an Bord) eine sachgerechte Betreuung der AN in den Seebetrieben durch Betriebsverfassungsorgane sichern.

2 Für die Mitgliedschaft von Besatzungsmitgliedern von Seeschiffen in Gremien des Europäischen Betriebsrats enthält § 41a EBRG Sonderregeln. Absatz 2 der Vorschrift ermöglicht die Sitzungsteilnahme auf See befindlicher Besatzungsmitglieder mittels moderner Kommunikationstechnik, also etwa per Telefonkonferenz oder Videokonferenz. Zu Sonderregelungen für Videokonferenzen und Telefonkonferenzen aus Anlass der Covid-19-Pandemie s § 129 mit Erl von *Holler*. Für die Vertretung der AN in den Aufsichtsräten der Seeschifffahrtunternehmen gelten im Grundsatz die Bestimmungen des MitbestG und des DrittelbG. Besonderheiten sind in den § 34 MitbestG und § 3 Abs 3 DrittelbG geregelt. Insbes gilt für die Anwendung dieser Gesetze die Gesamtheit der Schiffe eines Unternehmens als ein Betrieb <L: s im Einzelnen *Habersack/Henssler* Mitbestimmungsrecht, 4. Aufl 2018, Erl zum § 34 MitbestG und § 3 Abs 3 DrittelbG>. Bei der Anwendung des KSchG gilt nach § 24 Abs 2 KSchG die Gesamtheit der Seeschiffe oder der Binnenschiffe eines Schifffahrtsbetrieb als ein Betrieb <L: LSSW/*Löwisch* § 24 Rn 51 ff>.

3 Für die Vertretung des Personals der Marine gilt das Soldatinnen-Soldatenbeteiligungsgesetz (SBG) vom 29.8.2016 (BGBl I 2065). Die Vertretung erfolgt durch Vertrauenspersonen, die auf den Schiffen und Booten der Marine gewählt werden (§ 4 Abs 1 S 2 Nr 2 SBG). Diese bilden bei den Verbänden Versammlungen der Vertrauenspersonen (§ 33 Abs 1 S 1 SBG). Für den Organisationsbereich der Marine insgesamt besteht ein Vertrauenspersonenausschuss aus fünf Mitgliedern, der bei Grundsatzregelungen zu beteiligen ist (§ 39 Abs 1 S 3 Nr 3 iVm Abs 2 SBG).

II. Seeschifffahrtsunternehmen, Abs 2

1. Unternehmen der Handelsschifffahrt

4 Nach dem insoweit klaren Wortlaut des § 114 Abs 1 ist das BetrVG (nicht nur die Sondervorschriften des Ersten Abschnitts im Fünften Teil) auf Reedereien anwendbar, wenn diese die gesetzl Merkmale eines Seeschifffahrtsunternehmens erfüllen und entspr Betriebe haben. Ein Unternehmen ist nach der Legaldefinition in § 114 Abs 2 S 1 ein Seeschifffahrtsunternehmen, wenn es Handelsschiffe betreibt und seinen Sitz im Geltungsbereich des BetrVG hat.

5 Die Wortfassung in Abs 2 S 2 scheint die Grunddefinition des ersten Satzes durch Fallgestaltungen zu ergänzen, die nicht von der Definition im S 1 erfasst werden, wie aus der Verwendung des Wortes „auch" geschlossen werden könnte. Die Fassung ist jedoch missglückt. Es werden in Abs 2 S 2 ledigl einige Unterfälle der Generaldefinition des Seeschifffahrtsunternehmens aufgezählt, die nur beschränkt eigenständige Bedeutung haben und die von ihrer handels- und gesellschaftsrechtl Systematik her sehr unterschiedliche Fallgruppen zusammenfassen. Den im Satz 2 aufgezählten Gesellschaftsformen ist ge-

II. Seeschifffahrtsunternehmen, Abs 2   § 114

meinsam die Trennung zwischen Volleigentum am Schiff einerseits und der rechtl, teilweise nur abgeleiteten Befugnis eines Dritten, über den wirtschaftl Einsatz des Schiffes zu bestimmen. Der Regelung liegt der Gedanke zugrunde, dass es im Falle einer Trennung zwischen Eigentum und „Management" am Schiff für den betriebsverfassungsrechtl Begriff „Seeschifffahrtsunternehmen" auf dasjenige Unternehmen ankommen soll, bei dem die „Managementfunktionen" liegen, wenn dieses Unternehmen zugleich die wesentlichsten Arbeitgeberbefugnisse ggü Kapitän und Bordbesatzung ausübt <R: BAG 26.9.1978, 1 AzR 480/76, BB 1980, 367 = SeeAE Nr 1 zu § 114 BetrVG = Hansa 1979, 445>.

Der Begriff Handelsschifffahrt in § 114 Abs 2 S 1 ist ein Begriff der Wirtschaftspraxis. Er umfasst alle dem Erwerb durch Seeschifffahrt dienenden wirtschaftl Betätigungen <L: GK/*Franzen* § 114 Rn 3>. Darunter fallen insbes die gewerbsmäßige Beförderung von Gütern oder Reisenden, insbes die Kreuzschifffahrt mit Seeschiffen, die Geschäfte von Schleppschifffahrtsunternehmen, das Versorgen von Bohrinseln mit Hilfe von Seeschiffen, die gewerbsmäßige Bergung und Hilfeleistung mit Seeschiffen. Auch ein mittelbarer Erwerb durch Seefahrt genügt, also ein Erwerb, der erst durch Seefahrt mögl wird, wie der See-Erwerb durch Hochseefischerei, durch den gewerbsmäßigen Einsatz von Forschungsschiffen, Vermessungsschiffen, das Fördern von Bodenschätzen aus dem Meer mit Hilfe von Seeschiffen.   6

Nach Wortlaut und Sinn des Gesetzes kommt es nicht darauf an, ob Handelsschifffahrt der alleinige oder Hauptzweck des Unternehmens ist. Zur jedenfalls grds Anwendbarkeit der §§ 114 ff reicht es aus, dass ein Unternehmen auch Handelsschifffahrt betreibt, selbst wenn ein anderer Erwerbszweck wirtschaftl im Vordergrund steht (zB Hüttenwerk mit eigener, rechtl unselbstständiger Werksreederei zur Erzversorgung des Unternehmens, Mineralölgesellschaften mit eingegliederter Tankschifffahrtsabteilung, Touristikunternehmen mit eigenen Seeschiffen) <L: GK/*Franzen* § 114 Rn 3; Richardi/*Forst* § 114 Rn 22>. Dem Gesamtunternehmen gehören dann ein Seeschifffahrtsunternehmen und diesem ein Seebetrieb an, auf den die besonderen Bestimmungen anwendbar sind.   7

Andererseits reichen bloße Neben- und Hilfstätigkeiten der Handelsschifffahrt allein, ohne dass ein Seeschiff durch das Unternehmen selbst verwendet wird, nicht aus, um die Voraussetzung eines Seeschifffahrtsunternehmens im Sinne des § 114 Abs 2 zu erfüllen (zB Umschlagsbetrieb, Schiffsmakler, Schiffszulieferunternehmen). Auch fällt ein nicht gewerbsmäßiger, etwa hoheitlicher Einsatz von Seeschiffen (zB von Lotsenschiffen, Feuerschiffen, Tonnenlegern und anderen Schiffen der Wasser- und Schifffahrtsverwaltungen des Bundes oder der Länder, Schiffen der Bundesmarine, des Bundesgrenzschutzes, der Zollverwaltung) schon aus dem speziellen Unternehmensbegriff des § 114 heraus. Die Ausnahmebestimmung des § 130 hat insoweit ggü diesen Bereichen keine eigenständige Bedeutung.   8

Handelsschifffahrt kann begrifflich mit Schiffen unter deutscher wie fremder Flagge betrieben werden. Die in § 114 Abs 2 S 1 gewählte Wortfassung enthält insoweit keine Einschränkung. Die Legaldefinition für den Begriff „Schiff" in § 114 Abs 4, die sich auf Schiffe unter deutscher Flagge beschränkt, bezieht sich nach dem Sinnzusammenhang der Gesamtvorschrift allein auf die Abgrenzung und Eingrenzung des Seebetriebs (§ 114 Abs 3) eines Schifffahrtsunternehmens. Nur die unter deutscher Flagge fahrenden Schiffe eines solchen Unternehmens bilden danach einen einheitlichen Seebetrieb im Sinne des   9

§ 114 Grundsätze

Gesetzes (vgl Rn 22 ff, 30 ff). Unter ausländischer Flagge eingesetzte Schiffe gehören nicht zum Seebetrieb und fallen deshalb aus dem sachlichen Anwendungsbereich des Gesetzes heraus (vgl dazu im Einzelnen Rn 33). Das Unternehmen, das Schiffe unter ausländischer Flagge vom Inland her wirtschaftl einsetzt und seinen Sitz in Deutschland hat, betreibt dennoch Handelsschifffahrt, bleibt Seeschifffahrtsunternehmen im Sinne des Gesetzes und unterliegt damit nach § 114 Abs 1 insoweit den Normen des BetrVG <L: im Ergebnis ähnl GK/*Franzen* § 114 Rn 3; Richardi/*Forst* § 114 Rn 23>. Soweit das Unternehmen ausschließlich Schiffe unter ausländischen Flaggen betreibt, beschränkt sich der Anwendungsbereich des BetrVG allerdings auf den Landbetrieb des Unternehmens und auf die unternehmensbezogenen Vorschriften des Gesetzes.

2. Sitz im Geltungsbereich des BetrVG

10 Anders als für den allg Geltungsbereich des BetrVG, das vom Territorialitätsgrundsatz ausgeht, enthält § 114 Abs 2 S 1 iR der Legaldefinition des Seeschifffahrtsunternehmens eine zusätzl Eingrenzung: das Unternehmen muss seinen Sitz im Geltungsbereich des Gesetzes, also in Deutschland haben. Die Belegenheit des Sitzes richtet sich nach den allg handelsrechtl Bestimmungen. Der Sitz eines Unternehmens liegt daher im Regelfall dort, wo sich die Hauptverwaltung, der Mittelpunkt der geschäftlichen Oberleitung, befindet.

11 Liegt der Unternehmenssitz im Ausland, fehlt es an einer wesentlichen gesetzl Voraussetzung für die Anwendbarkeit des Gesetzes <R: BAG 26.9.1978, 1 AzR 480/76, BB 1980, 367 = SeeAE Nr 1 zu § 114 BetrVG = Hansa 1979, 445>. Auch wenn dieses Unternehmen im Inland (Land-)Betriebsstätten unterhält, ohne dass diese einen selbstständigen Sitz (wie bei Zweigniederlassungen) errichten, bzw wenn es ein Schiff bereedert, das die deutsche Bundesflagge führt, findet das Gesetz aufgrund der insoweit klaren Wortfassung des § 114 Abs 2 1 iVm Abs 1 auf diese Betriebe keine Anwendung <R: BAG 26.9.1978, aaO; L: GK/*Franzen* § 114 Rn 4; aM Richardi/*Forst* § 114 Rn 19 ff>. Die Gesetzesfassung deckt sich hier nicht mit dem für den allg Teil des Gesetzes von der Rspr entwickelten Gedanken, inländische Betriebsteile ausländischer Unternehmen auch dann dem Gesetz zu unterstellen, wenn kein Unternehmenssitz im Geltungsbereich des Gesetzes begründet wurde. Der insoweit unmissverständliche Wortlaut des Gesetzes ist jedoch nicht hinweg zu interpretieren, auch wenn er im Einzelfall zu Anwendungslücken des Gesetzes führen kann <L: ebenso *Birk*, FS Schnorr von Carolsfeld, S 86>. Die von *Forst* <L: aaO> für den Fall eines inländischen Landbetriebs eines ausländischen Seeschifffahrtsunternehmens vertretene abweichende Auffassung mit der Begründung, die Regelung im § 114 Abs 1 wolle ledigl die gleichzeitige Anwendung des Gesetzes auf Seeschifffahrtsunternehmen wie Seebetriebe klarstellen, der Inlandssitz sei deshalb nur Voraussetzung für die unternehmensbezogenen Bestimmungen, ist mit der insoweit klaren Wortfassung nicht zu vereinbaren, zumal ein Bedürfnis für gesetzgeberische Klarstellungen in dem angenommenen Sinn nicht erkennbar ist. Für den Unternehmensbereich bei Seeschifffahrtsunternehmen mit inländischem Sitz galten die betriebsverfassungsrechtl Bestimmungen schon vor der Neufassung des Gesetzes von 1972, insoweit bedurfte es einer gesetzgeberischen Klarstellung nicht. Für Auslandsunternehmen entfällt die betriebsverfassungsrechtl Mitwirkung im Unternehmerorgan nach allg Auffassung schon unter Territorialitätsgesichtspunkten, sodass auch insoweit eine gesetzgeberische Klarstellung kaum Sinn geben würde. Große praktische Bedeutung hat das Problem bislang nicht, da Reedereien mit Aus-

landssitz und rechtl unselbstständigen inländischen Land- oder Seebetriebsteilen in der Schifffahrtspraxis bisher keine Rolle spielen. Reedereiagenturen ausländischer Seeschifffahrtsunternehmen in deutschen Häfen sind selbstständige Betriebe, auf die bei Erfüllung der sonstigen Voraussetzungen ohnehin die allg Vorschriften des Gesetzes Anwendung finden.

3. Rechtsträger von Seeschifffahrtsunternehmen

a) Reeder

Die Reedereigenschaft bezieht sich im handelsrechtl Sinne jeweils auf ein konkretes einzelnes Schiff (vgl § 476 HGB) und wird beim Eigentum an mehreren Schiffen rechtl mehrfach vermittelt. Diese rechtl Trennung hat insbes Bedeutung für Haftungsabgrenzungen ggü Dritten, sie spielt für den betriebsverfassungsrechtl Begriff des Schifffahrtsunternehmens keine Rolle. Gehören mehrere Schiffe einem Reeder und setzt dieser sie iR eines betriebsorganisatorisch zusammengefassten Landbetriebs ein, so liegt insoweit nur ein Seeschifffahrtsunternehmen im Sinne des BetrVG vor <L: GK/*Franzen* § 114 Rn 7>. 12

b) Partenreederei und Korrespondentreeder

In der Praxis spielt die gesellschaftsrechtl Sonderform der Partenreederei bislang eine wesentliche Rolle, die § 114 Abs 2 S 2 durch die Erwähnung des Korrespondentreeders bes hervorhebt. Die Vorschriften über die Partenreederei sind zwar durch das Gesetz zur Reform des Seehandelsrechts vom 20.4.2013 aufgehoben worden, bleiben aber für vor dem 25.4.2013 entstandene Partenreedereien in Kraft (Art 71 Abs 1 EGHGB). Eine Partenreederei liegt vor, wenn mehrere Personen, ohne eine Handelsgesellschaft zu bilden, gemeinsam ein Schiff zum Erwerb durch die Seefahrt für gemeinschaftliche Rechnung verwenden und ihnen dieses Schiff gemeinsam (nach hM nach Bruchteilen) gehört (§§ 489 ff HGB aF). 13

Die Partenreederei bezieht sich nach ihrer gesetzl Definition stets nur auf ein Schiff. Gehören mehrere Schiffe denselben Beteiligten („Mitreeder"), die sich in der gesellschaftsrechtl Form der Partenreederei verbunden haben, so bestehen so viele rechtl selbstständige Partenreedereien wie Schiffe. Die Partenreederei tritt nach außen regelmäßig unter einer namensähnl Bezeichnung auf, deren wesentlicher Bestandteil der Name des Schiffes ist (Partenreederei MS „X"). Sie ist nach hM aktiv und passiv parteifähig. Rechte und Pflichten der Partenreederei sind solche der Mitreeder (§ 494 Abs 2 HGB aF). Die Partenreederei wird nach außen (auch ggü den AN des Betriebs) durch einen Korrespondentreeder vertreten. Korrespondentreeder ist häufig einer der Mitreeder, er hat dann die Stellung eines geschäftsführenden Gesellschafters. Auch ein Dritter kann zum Korrespondentreeder und damit zum ständigen Vertreter der Partenreederei bestellt werden (§ 492 Abs 1 aF HGB). Korrespondentreeder kann eine natürliche oder juristische Person, auch eine Personengesamtheit in der Form einer Handelsgesellschaft (OHG, KG) sein. Die gesetzl umschriebene Vertretungsmacht des Korrespondentreeders (§ 493 HGB aF) umfasst alle gewöhnlichen Reedereigeschäfte einschließl der Ausrüstung des Schiffes. Dazu gehört der Abschluss von Arbeits-(Heuer-)verträgen mit Besatzungsmitgliedern und deren Erfüllung. Die Vertretungsmacht zum Abschluss eines Arbeitsvertrages mit dem Kapitän hebt das Gesetz bes hervor (§ 496 Abs 2 HGB aF). 14

§ 114   Grundsätze

15 Vertritt der Korrespondentreeder nur eine Partenreederei, ist diese Seeschifffahrtsunternehmen und Seebetrieb im Sinne des § 114 Abs 2. Dessen Satz 2 hat für diesen Fall keine eigenständige Bedeutung. Werden mehrere Partenschiffe durch einen Korrespondentreeder betreut, so gilt dessen Unternehmen als Seeschifffahrtsunternehmen im Sinne des BetrVG. Alle von ihm iR seines Unternehmens eingesetzten Schiffe gelten als ein Seebetrieb im Sinne des § 114 Abs 3 ohne Rücksicht auf die sonstigen Eigentumsverhältnisse an diesen Schiffen. Allein im Unternehmensbereich des Korrespondentreeders wird daher gegebenenfalls ein Seebetriebsrat gebildet, dessen Partner der Korrespondentreeder ist. In dieser aus dem Sinn der Vorschrift iVm § 114 Abs 3 S 2 folgenden Zuordnung und gleichzeitigen Zusammenfassung mehrerer Betriebsteile zu einem Seeschifffahrtsunternehmen und einem Seebetrieb liegt der rechtl eigenständige Zweck des zweiten Satzes im § 114 Abs 2.

16 Diese Zuordnung und Zusammenfassung gilt auch, wenn der Korrespondentreeder neben den von ihm als Korrespondentreeder betreuten Schiffen von Partenreedereien zugleich eigene oder gecharterte Schiffe oder Schiffe, für die er zugleich Vertragsreeder (s Rn 18) ist, iR seines Unternehmens einsetzt. Dies gilt nicht, wenn, wie es in besonderen Fällen, insbes beim Einsatz von Schiffen unter ausländischen Flaggen mögl sein kann, zwar die wirtschaftl Dispositionsbefugnis über die Schiffe beim „Korrespondentreeder" liegt, aufgrund besonderer vertragl Gestaltungen die Befugnisse des AG aber nicht von ihm ausgeübt werden.

17 Wird die Bestellung zum Korrespondentreeder aufgrund Beendigung des Bereederungsvertrages für ein Schiff beendet, so fällt dieses Schiff aus dem Seebetrieb des Korrespondentreeders heraus. Die bisherige Partenreederei als solche wird dann wieder zum Seeschifffahrtsunternehmen mit selbstständigem Seebetrieb (zu den Rechtsfolgen für den Seebetriebsrat vgl § 116 Rn 25).

c) Vertragsreeder

18 Dasselbe gilt, wenn ein oder mehrere Schiffe von einem Vertragsreeder in dessen Unternehmensbereich eingesetzt werden. Der Vertragsreeder ist keine gesellschaftsrechtl Sonderform des HGB, sondern eine Entwicklung der Rechtspraxis <**L**: Rabe/Bahnsen/*Bahnsen* Vor 476 Rn 51; *Schaps/Abraham*, Seehandelsrecht 1. Teil, § 492 Rn 2>. Der Vertragsreeder führt die Geschäfte anderer Reedereien und bewirtschaftet (ähnl wie ein Korrespondentreeder für eine Partenreederei) für einen anderen Schiffseigner (Reeder oder Handelsgesellschaft) aufgrund eines „Bereederungsvertrages" als dessen Vertreter ein oder mehrerer Schiffe. Seine Vertretungsbefugnis bestimmt sich nach dem zugrunde liegenden Bereederungsvertrag, der einen Geschäftsbesorgungsvertrag darstellt <**R**: Hanseatisches OLG 20.6.2016, 6 SchH 2/16, juris>. Der Umfang der Vertretungsbefugnis gleicht in der Praxis häufig den Befugnissen eines Korrespondentreeders. Der Vertragsreeder führt daher in der Praxis zuweilen fälschlich ebenfalls die Bezeichnung Korrespondentreeder, aus deren Verwendung auf den Umfang der erteilten Vollmacht geschlossen werden kann <**R**: Hans OLG Bremen, Hansa 1951, 996>.

19 Bewirtschaftet der Vertragsreeder nur ein Schiff eines Reeders, erfüllt er bereits die Merkmale eines Seeschifffahrtsunternehmens im Sinne des § 114 Abs 2 S 1. S 2 hat insoweit keine eigenständige Bedeutung. Bereedert er in seinem Unternehmen mehrere Schiffe desselben oder verschiedener Eigentümer, werden diese Schiffe im Seeschifffahrtsun-

ternehmen des Vertragsreeders zusammengefasst (§ 114 Abs 2 S 2) und gelten als ein Seebetrieb im Sinne des § 114 Abs 3, wenn – wie in der Regel – die Funktionen des AG ggü Kapitänen und Besatzungsmitgliedern durch den Vertragsreeder ausgeübt werden <L: GK/*Franzen* § 114 Rn 10>. Dies ist stets der Fall, wenn er die Heuerverträge ausdrücklich im eigenen Namen geschlossen hat oder wenn die Absicht nicht erkennbar wurde, für einen fremden Reeder zu handeln. Schließt der Vertragsreeder einen Heuervertrag im Namen des von ihm vertretenen Reeders, wird dieser AG. Aufgrund des Bereederungsvertrags zwischen dem Reeder und dem Vertragsreeder steht diesem jedoch auch in diesen Fällen regelmäßig die Wahrnehmung der Funktion des AG zu, sodass sein Unternehmensbereich als Seeschifffahrtsunternehmen im Sinne des BetrVG gilt und das konkret bereederte Schiff, auf das sich die Dienstverpflichtung der Besatzungsmitglieder und des Kapitäns bezieht, allein dem Seebetrieb des Vertragsreeders zugeordnet wird.

d) Ausrüster

Ausrüster ist, wer ein ihm nicht gehörendes Schiff zum Erwerb durch die Seefahrt betreibt (§ 477 Abs 1 HGB). Im Rechtsverkehr wird der Ausrüster dem Reeder gleichgestellt (§ 477 Abs 2 HGB). Die Führung des Schiffes durch den Ausrüster selbst kommt in der Praxis nur noch in der Küstenschifffahrt vor. Darauf kommt es für den Begriff des Seeschifffahrtunternehmens iSd BetrVG aber nicht an. Maßgebend ist nach § 114 Abs 1 S 2 vielmehr, dass der Ausrüster AG des Kapitäns oder der Besatzungsmitglieder ist oder überwiegend die Befugnisse des AG ausübt. Der Ausrüsterbegriff spielt für die Praxis der Betriebsverfassung insbes in Fällen der „Bareboat Charter" oder „Charter by demise" eine Rolle. In diesen Fällen der Mietcharter wird der Charterer zum Ausrüster, ihm obliegt allein die Anstellung von Kapitän und Besatzung. Das Schiff wird allein seinem Seeschifffahrtsunternehmen und Seebetrieb und nicht dem des Eigentümers zugerechnet. Dasselbe gilt, wenn in den Fällen der „Demise Charter" der Vercharterer auf der Grundlage einer „Management-Klausel" im Chartervertrag für Rechnung des Charterers und regelmäßig gg ein Pauschalentgelt die Besatzung anheuert. Er handelt dabei, obwohl er gegebenenfalls zugleich Eigentümer des Schiffes ist, nur aufgrund abgeleiteten Rechts des Charterers. An dessen Weisungsgewalt ggü der Besatzung und damit an dessen Ausrüstereigenschaft ändert sich nichts <L: Rabe/Bahnsen/*Bahnsen* § 477 Rn 14f>. Das Seeschiff wird auch in diesem Fall dem Seeschifffahrtsunternehmen und Seebetrieb des Ausrüsters zugeordnet.

e) Ähnliches Rechtsverhältnis

Das BetrVG lässt es für die Zuordnung eines Schiffes zum Seeschifffahrtsunternehmen und Seebetrieb ferner genügen, wenn ein Schiff „aufgrund eines ähnl Rechtsverhältnisses" von einem Dritten zum Erwerb durch die Seeschifffahrt verwendet wird, wenn dieser AG des Kapitäns und der Besatzung ist oder die Arbeitgeberfunktionen überwiegend ausübt. Da das Gesetz sehr unterschiedlich konstruierte Rechtsverhältnisse in den drei zunächst genannten Varianten nebeneinandergestellt hat, ist eine Definition eines allen Varianten ähnelnden Rechtsverhältnisses kaum möglich. Grundlegendes Kriterium aller drei Vertragsformen ist jedoch der wirtschaftliche Einsatz des Schiffes durch eine vom Eigentümer verschiedene Person im eigenen oder fremden Namen aufgrund gesetzl oder vertragl begründeter Geschäftsführungs- und Vertretungsmacht. Kann ein solches Verhältnis im Einzelfall mit Hilfe der gesetzl formulierten Rechtstypen nicht erfasst werden, kann ein „ähnliches" Rechtsverhältnis in Frage kommen. Wesentlich ist, dass die Arbeitgeberfunktionen bei demjenigen liegen, der das Schiff bewirtschaftet. Dabei kommt es auf die Ausübung der überwiegenden Befugnisse des AG an, also auf die Ausübung der maßgebenden Gestaltungsrechte des AG hinsichtl des Arbeitsverhältnisses. Dazu zählen das Einstellungsrecht, das Kündigungsrecht und das Direktionsrecht. Liegen diese Funktionen in der Hand des „Management"-Unternehmens, welches das Schiff in der Form des Korrespondentreeders, Vertragsreeders, Ausrüsters oder eines ähnl Rechtsverhältnisses bewirtschaftet, zählt das betreffende Schiff zu dessen Seeschifffahrtsunternehmen und Seebetrieb. Die Zeitchartervertäge mit „Employment-Klausel" erfüllen das letztgenannte Kriterium nicht. Es handelt sich bei diesen Verträgen um Frachtverträge mit Dienstverschaffungsverpflichtung des Vercharterers. Sie geben dem Charterer zwar Weisungsrechte ggü Kapitän und Besatzung, übertragen aber die Arbeitgeberfunktionen nicht auf den Charterer. Die betriebsverfassungsrechtl Zuordnung der Zeitcharterschiffe zum Unternehmen und Seebetrieb des Vercharterers bleibt daher unberührt <L: Richardi/*Forst* § 114 Rn 34; GK/*Franzen* § 114 Rn 11>.

III. Seebetrieb

1. Seebetrieb und Landbetrieb

22 Das BetrVG trennt innerhalb eines Seeschifffahrtsunternehmens zwischen dem Seebetrieb, für den die besonderen Vorschriften dieses Abschnitts gelten, und dem Landbetrieb, der an verschiedenen Stellen des Ersten Abschnitts im Fünften Teil erwähnt wird (vgl § 114 Abs 4 und 5, § 116 Abs 2 Nr 2 lit b, Nr 7 S 1), auf den aber im Übrigen die allg Bestimmungen des Gesetzes angewendet werden <L: Richardi/*Forst* § 114 Rn 48; GK/*Franzen* § 114 Rn 115>.

2. Seebetrieb als Einheit, Abs 3

23 Ähnl wie in § 24 Abs 1 S 2 KSchG fasst § 114 Abs 3 die Gesamtheit der Schiffe eines Seeschifffahrtsunternehmens zu einem Seebetrieb zusammen, ohne dass es auf die arbeitstechnische und organisatorische Eingliederung der Seeschiffe in das sonstige Organisationsgefüge des Unternehmens ankommt. So hebt etwa der selbstständige Einsatz der Schiffe durch mehrere im Organisationsaufbau des Unternehmens voneinander getrennte und selbstständig handelnde Abteilungen, zB nach Fahrtgebieten, Einsatzarten, Schiffstypen, Frachtenmärkten getrennt, die Einheit des Seebetriebs für die Betriebsverfassung nicht auf. Auch ist nicht entscheidend, ob die Seeschiffe nach den allg Regeln des Gesetzes als selbstständige Betriebe oder Betriebsteile oder Teile eines Landbetriebs zu werten wären <L: Richardi/*Forst* § 114 Rn 37; GK/*Franzen* § 114 Rn 13>. § 114 Abs 3 ist insoweit lex specialis.

24 Ein Seebetrieb kann aus nur einem Schiff bestehen (so insbes bei einer Partenreederei – vgl Rn 13) oder aus einer Mehrzahl von Schiffen. Diese können einem Eigentümer gehören oder mehreren. Letzterenfalls werden sie dann zu einem Seebetrieb zusammengefasst, wenn ihre Bereederung durch ein Unternehmen durchgeführt wird (Korrespondentreeder, Vertragsreeder, Ausrüster oder ähnl Rechtsverhältnis) und bei diesem die Arbeitgeber-

funktionen für Kapitäne und Besatzungsmitglieder der Schiffe liegen. Bewirtschaftet ein Reeder zugleich eigene wie fremde Schiffe aufgrund eines der in § 114 Abs 2 S 2 genannten Rechtsverhältnisse, so liegt auch in diesem Fall nur ein einheitlicher Seebetrieb, und zwar des bereedernden Schifffahrtsunternehmens, vor.

Welche Schiffe dem einheitlichen Seebetrieb zuzuordnen sind, folgt aus § 114 Abs 4. Nach dieser Vorschrift werden nur Seehandelsschiffe, welche die Bundesflagge führen, vom BetrVG erfasst. Diese bilden zugleich gem § 114 Abs 3 den Seebetrieb. Von diesen Schiffen wiederum zählen nur solche zum Seebetrieb, die nicht regelmäßig innerhalb von 24 Stunden an den Sitz des Landbetriebes zurückkehren (§ 114 Abs 4 S 2). Nicht zum Seebetrieb gehören also Schiffe unter ausländischer Flagge (sie fallen nicht unter den sachlichen Anwendungsbereich des Gesetzes – vgl Rn 33 ff) und Schiffe, die innerhalb von 24 Stunden nach dem Auslaufen an den Sitz des Betriebs zurückkehren. Letztere gelten als Teil des Landbetriebes (vgl Rn 35). 25

3. Schiff, Abs 4

Voraussetzung für den Anwendungsbereich des Gesetzes auf ein Seeschiff und für dessen Zurechnung zum Seebetrieb ist, dass es sich um ein Kauffahrteischiff handelt, das nach den Vorschriften des Flaggenrechtsgesetzes die Bundesflagge führt. 26

a) Kauffahrteischiff

Schiffe sind nach der Verkehrsauffassung schwimmfähige Hohlkörper von nicht ganz unbedeutender Größe, die fähig und bestimmt sind, auf oder unter dem Wasser fortbewegt zu werden, um Personen oder Sachen zu transportieren <L: so die zutreffende von der hM getragene Definition bei Schaps/*Abraham*, Seehandelsrecht 1. Teil, Vorbem vor § 476 Rn 1 ff>. Das BetrVG verweist auf das Flaggenrechtsgesetz. Dieses unterscheidet ohne eigene Legaldefinition zwischen „Kauffahrteischiffen" und „sonstigen zur Seefahrt best Schiffen". Nur die erstgenannten werden vom BetrVG erfasst. Kauffahrteischiffe in diesem Sinne (der Begriff wird in Art 27 GG, § 1 Flaggenrechtsgesetz, § 3 Abs 2 Schiffsregisterordnung, § 1 Abs 1 SeeArbG gebraucht) sind Schiffe, die zum Erwerb durch die Seefahrt bestimmt sind oder diesem tatsächlich dienen <L: Bemm/*Lindemann* § 1 Rn 3 ff; Rabe/Bahnsen/*Bahnsen* Vor 476 Rn 20; Schaps/*Abraham*, 3. Bd, § 1 SeemG Rn 1>. Dazu rechnet der Gesamtbereich der Handelsschifffahrt (vgl Rn 6) einschließl des mittelbaren Erwerbs durch Seefahrt, also auch Fischereifahrzeuge, Bergungsschlepper uÄ. Nicht hierher gehören Schiffskörper, die nicht zum Transport von Personen oder Sachen bestimmt sind, wie Bohrinseln <L: so für § 34 MitbesG Habersack/*Henssler*, Mitbestimmungsrecht, 4. Aufl 2018> oder Schiffe, die allein Wohnzwecken dienen. Für sie ist ein Betriebsrat nach § 1 zu bilden. Das Gleiche gilt für Schiffsbauwerke, die erst nach Fertigstellung Seeschiffe im Rechtssinne werden und zuvor für die Betriebsverfassung dem Landbetrieb zuzurechnen sind. Ein vorübergehender Verlust einzelner Merkmale des Schiffsbegriffs berührt die Schiffseigenschaft nicht (zB Umbau auf einer Werft, auch längeres beschäftigungsloses Aufliegen, vorübergehende Verwendung als Gaststättenschiff) <L: GK/*Franzen* § 114 Rn 17>. 27

Nicht unter den Begriff Kauffahrteischiff fallen nicht dem Erwerb dienende Schiffe (zB Schiffe der Bundesmarine, Dienstfahrzeuge der Behörden und öffentlich-rechtl Körper- 28

§ 114 Grundsätze

schaften, Privatyachten, Forschungsschiffe staatlicher Stellen). Werden solche Schiffe aber von einem Erwerbs-Unternehmen an öffentliche Stellen verchartert, und von diesen Stellen iR der Charter zu Forschungs- oder anderen nicht gewerblichen Zwecken verwendet, bleiben sie gewerbsmäßig eingesetzte Kauffahrteischiffe des Vercharterers und gehören zu dessen Seebetrieb <L: GK/*Franzen* § 114 Rn 17>. Soweit die Besetzung dieser Schiffe, zB von Forschungs- bzw Versorgungsschiffen staatlicher Stellen, privaten Seeschifffahrtsunternehmen übertragen ist, bleiben diese Schiffe gleichwohl Hoheitsschiffe und zählen nicht zum Seebetrieb des die Besatzung stellenden Seeschifffahrtsunternehmens.

29 Keine Kauffahrteischiffe sind die Binnenschiffe. Für die Abgrenzung zwischen Seeschiff und Binnenschiff ist wesentlich, ob das Schiff regelmäßig zur Seefahrt oder zur Fahrt auf Binnengewässern eingesetzt wird <R: Hans OLG Hamburg 24.11.1959, MDR 1960, 316; L: Rabe/Bahnsen/*Bahnsen* Vor 476 Rn 17 f>. Wird das Schiff auch auf Binnengewässern verwendet (zB Schlepper), kommt es darauf an, ob es nach Bauart und Ausrüstung für die Seefahrt geeignet ist. Letzteren falls ist es als Seeschiff/Kauffahrteischiff einzuordnen, wenn es überwiegend zur Seefahrt eingesetzt wird. Ergibt die Abgrenzung, dass es sich nach Bauart und Ausrüstung um ein Binnenschiff handelt oder wird das Schiff überwiegend zur Binnenschifffahrt eingesetzt, so ist das Schiff nicht dem Seebetrieb zuzuordnen, vielmehr finden die allg Vorschriften Anwendung. Diese entscheiden über die weitere Zuordnung (Nebenbetrieb des Landbetriebs, Teilbetrieb oder Betriebsteil eines Landbetriebes).

b) Schiffe unter der Bundesflagge

30 Das Kauffahrteischiff muss ferner die Bundesflagge führen. Es kommt nach dem Gesetz auf das tatsächliche Führen der Flagge an <L: Richardi/*Forst* § 114 Rn 42; GK/*Franzen* § 114 Rn 20>. Die Voraussetzungen ergeben sich aus dem Flaggenrechtsgesetz (§§ 1 und 2). Das Flaggenrechtsgesetz unterscheidet zwischen dem Recht (§ 2) und der Pflicht (§ 1) zum Führen der Flagge. Die bloße Berechtigung zur deutschen Flaggenführung (sie kann gegeben sein, wenn der Schiffseigentümer seinen Wohnsitz im Ausland hat oder an einer deutschen Partenreederei ausländische Mitreeder beteiligt sind), ohne dass die Bundesflagge tatsächlich geführt wird, reicht zur Anwendbarkeit des § 114 Abs 4 nicht aus. Andererseits spielt **nur** die Flaggenführung, nicht auch die Registereintragung eine Rolle. So kann einem Seeschiff, das einem Ausländer gehört und in einem ausländischen Schiffsregister eingetragen ist, das Recht zur Führung der Bundesflagge befristet verliehen werden (§ 11 Flaggenrechtsgesetz), wenn es an einen in Deutschland Ansässigen auf der Grundlage einer Bareboat Charter verchartert worden ist. Der in Deutschland ansässige Bereederer wird in solchem Fall zum Ausrüster. Trotz des Auslandseigentums ist das Schiff dem inländischen Seebetrieb des Ausrüsters so lange zuzuordnen, wie es die Bundesflagge führt. Ist der inländische Charterer aber ledigl Zweigstelle eines Unternehmens, das seinen Sitz im Ausland hat, entfällt trotz deutscher Flaggenführung des Schiffes die Anwendbarkeit des BetrVG, weil mangels inländischen Sitzes kein Seeschifffahrtsunternehmen iS des § 114 Abs 2 vorliegt (Rn 4, 10). Die Frage nach einem inländischen Seebetrieb stellt sich in solchem Falle nach der insoweit klaren Wortfassung des Gesetzes nicht mehr.

Die Beschränkung des BetrVG auf Schiffe, die die Bundesflagge tatsächlich führen, entspricht insoweit zwar nicht vollständig dem Prinzip des völkerrechtl Übereinkommens über die Hohe See vom 29.4.1958 (Gesetz vom 21.9.1972 BGBl 1972, S 1089 ff), nach dessen Art 5 „Schiffe die Staatszugehörigkeit des Staates besitzen, dessen Flagge sie zu führen berechtigt sind". Die engere Fassung des BetrVG vermeidet aber, dass unterschiedliche ausländische und inländische Rechtsnormen der Betriebsverfassung bezogen auf dasselbe Schiff gleichzeitig zur Anwendung kommen, ohne dass eine konkrete Durchsetzungsmöglichkeit für das deutsche Recht auf Schiffen unter fremder Flagge gegeben wäre. 31

Schiffe unter der Bundesflagge unterliegen auch dann den Vorschriften des BetrVG, wenn sie sich auf rechtsfreier Hoher See oder in ausländischen Hoheitsgewässern aufhalten <**L**: GK/*Franzen* Vor § 114 Rn 4>. Für sie gelten dann zwar auch ausländische Rechtsordnungen des jeweiligen Küstenstaates, der Anwendungsbereich des BetrVG „strahlt" jedoch auf die betriebsverfassungsrechtl Beziehungen der Bordbesatzungen auch im Ausland aus. Die Inlandsbeziehung zum Rechtsträger des inländischen Seeschifffahrtsunternehmens als Anknüpfungspunkt für das BetrVG wird durch den Auslandsaufenthalt des Schiffes nicht unterbrochen. Hoheitsakte auf fremdem Staatsgebiet werden dadurch im Übrigen nicht gesetzt, völkerrechtl Bedenken bestehen gg eine solche „Mitreise" der inländischen Betriebsverfassung daher nicht. Auch das BetrVG geht in mehreren Bestimmungen von der grds Anwendbarkeit des Gesetzes auch in ausländischen Hoheitsgewässern aus. So lässt § 116 Abs 3 Nr 7 und 8 Tätigkeiten des Seebetriebsrats und der Bordversammlungen ausdrücklich auch im ausländischen Hafen zu. 32

c) Schiffe unter ausländischen Flaggen

Schiffe, die eine fremde Flagge führen, unterliegen dagg nicht den Bestimmungen des BetrVG <**R**: BAG 17.9.1974, 1 ABR 85/73, BB 1975, 136 = SeeAE Nr 2 zu § 116 BetrVG = SAE 1976, S 1; **L**: GK/*Franzen* § 114 Rn 4>. Diese Schiffe gelten nach allg See- und Völkerrecht nicht als deutsches Territorium. Auch wenn sie sich innerhalb deutscher Hoheitsgewässer aufhalten, sind sie aus dem sachlichen Anwendungsbereich des Gesetzes ausgenommen. Für den persönlichen Anwendungsbereich kann dies uU anders sein (vgl dazu Rn 46 f). Es ist nicht entscheidend, ob solche Schiffe vom Inland oder vom Ausland her wirtschaftlich betreut werden. Auch Schiffe deutscher Reeder, die diese unter ausländischen Flaggen einsetzen, sind nicht Schiffe im Sinne des § 114 Abs 4. Auch hier kommt es nicht auf die Registereintragung, sondern nur auf die Flaggenführung an. Schiffe, die in einem deutschen Schiffsregister eingetragen sind und deutschen Eignern gehören, aber an einen ausländischen Ausrüster im Wege der Bareboat-Charter verchartert wurden, scheiden ebenfalls aus dem Seebetrieb des deutschen Reeders aus, wenn und solange Reeder und Ausrüster von der Befugnis des § 7 Flaggenrechtsgesetz Gebrauch machen, mit Genehmigung des Bundesamtes für Seeschifffahrt und Hydrographie, nicht die Bundesflagge, sondern befristet auf höchstens zwei Jahre eine ausländische Flagge zu führen. 33

Die Ausgliederung von Schiffen unter fremden Flaggen aus dem Anwendungsbereich des BetrVG hat unterschiedliche Konsequenzen für dessen sachlichen und persönlichen Anwendungsbereich. Schiffe unter fremden Flaggen gehören nicht zum Seebetrieb eines inländischen Schifffahrtsunternehmens im Sinne des BetrVG, auch dann nicht, wenn sie 34

§ 114 Grundsätze

wirtschaftlich vom Inland her disponiert werden. Betreibt ein inländisches Seeschifffahrtsunternehmen mit Hauptsitz im Geltungsbereich des BetrVG Schiffe unter deutscher Flagge und Nebensitz im Ausland zugleich Schiffe, die eine fremde Flagge führen, zählen nur die erstgenannten zu seinem Seebetrieb. Nur auf diesen Schiffen wird gegebenenfalls eine Bordvertretung gewählt. Besteht auch ein Heuerverhältnis zwischen dem inländischen Unternehmen und den Besatzungsmitgliedern, die auf Schiffen tätig sind, die unter ausländischen Flaggen eingesetzt werden, kann sich der persönliche Anwendungsbereich des BetrVG (insbes die Zuständigkeit und Wahl des Seebetriebsrats) auch auf diese erstrecken (vgl dazu Rn 47).

d) Schiffe als Teil des Landbetriebs

35 Von der Anwendung der Sondervorschriften des Gesetzes über die Seeschifffahrt sind diejenigen Schiffe ausgenommen, die in der Regel binnen 24 Stunden nach Auslaufen an den Sitz eines Landbetriebs zurückkehren; sie gelten als Teil dieses Landbetriebs des Seeschifffahrtsunternehmens (§ 114 Abs 4 S 2). Erfasst werden von dieser Bestimmung im Wesentlichen die Seebäder-, Förde- und Fährschiffe, die Assistenzschlepper sowie Teile der Küstenfischerei <L: GK/*Franzen* § 114 Rn 22>, also Schiffe, die wegen ihrer Landbezogenheit es ebenso wenig wie die Binnenschiffe erforderl erscheinen lassen, besondere Betriebsvertretungen mit speziellem Zuschnitt auf die Eigenarten der Seeschifffahrt einzurichten. Die Folge dieser gesetzl Regelungen ist, dass in einem Seeschifffahrtsunternehmen, welches Handelsschifffahrt ausschließlich mit Schiffen betreibt, die regelmäßig weniger als 24 Stunden auf See sind, kein Seebetriebsrat und an Bord dieser Schiffe keine Bordvertretungen gebildet werden. Verfügt dagg das Seeschifffahrtsunternehmen über Schiffe beider Kategorien, so ist für die Schiffe des Seebetriebs ein Seebetriebsrat und Bordvertretungen, für die Schiffe des Landbetriebs entweder allein oder mit dem übrigen Landbetrieb ein Betriebsrat zu bilden. Für die Zugehörigkeit der Besatzungsmitglieder zum See- oder Landbetrieb ist die Gestaltung der Heuerverträge maßgebend, dh die Zugehörigkeit hängt davon ab, auf welcher Schiffsgattung das Besatzungsmitglied Dienst zu tun verpflichtet ist. Besteht die Verpflichtung zur Tätigkeit auf Schiffen sowohl des Landbetriebs als auch des Seebetriebs, liegt eine Form eines Doppelarbeits-(heuer-)verhältnisses mit der Zugehörigkeit zu beiden Betrieben vor <L: GK/*Franzen* § 114 Rn 24>. Erfolgt eine Umsetzung eines Besatzungsmitglieds von einem zum Seebetrieb gehörigen Schiff auf ein Schiff des Landbetriebes des Seeschifffahrtsunternehmens, so ist der BR des Landbetriebes nur bei der erstmaligen Beschäftigung auf diesem Schiff zu beteiligen. Die Betriebszugehörigkeit wird nicht unterbrochen, wenn das Besatzungsmitglied anschließend auf einem Schiff des Seebetriebes Dienst tut, und eine erneute Einstellung iSd § 99 liegt nicht vor, wenn es wieder auf ein zum Zuständigkeitsbereich des Landbetriebsrats gehöriges Schiff zurückkehrt <R: LAG SH 8.11.1979, SeeAE Nr 3 zu § 99 BetrVG; L: *Bemm/Lindemann* § 27 Rn 15>.

36 Als Schiffe im Sinne der Ausnahmeregelung des § 114 Abs 4 S 2 gelten nur solche, die in der Regel binnen 24 Stunden nach dem Auslaufen an den Sitz jeweils desselben Landbetriebs zurückkehren. Die Frist richtet sich nach dem bestimmungsgemäßen regelmäßigen Einsatz; vorübergehende Abweichungen haben keine Auswirkungen. Nicht erforderl ist, dass das Schiff zum Sitz des Seeschifffahrtsunternehmens selbst zurückkehrt; vielmehr wird allein darauf abgestellt, dass es sich bei dem Einsatzort, von dem aus die zeitlich begrenzten Fahrten durchgeführt werden, um einen Landbetrieb im Sinne der §§ 1, 4 des

Seeschifffahrtsunternehmens handelt, zu dem das Schiff gehört. Dadurch, dass das Schiff mit der Landbasis betriebsverfassungsrechtl eine Einheit bildet, kann dieser Landbetrieb seine eigene Betriebsratsfähigkeit durchaus erst aufgrund der Zugehörigkeit der Besatzungsmitglieder des Schiffes zu den AN des Landesbetriebs erlangen, sofern bei diesem allein die Voraussetzungen der §§ 1, 4 nicht vorliegen <L: GK/*Franzen* § 114 Rn 23>.

Sofern ein Schiff binnen der Tagesfrist nicht jeweils zu seinem Ausgangspunkt zurückkehrt, sondern Endpunkt der Reise ein anderer (deutscher) Hafen ebenfalls mit Sitz eines Landbetriebs des Seeschifffahrtsunternehmens ist, unterliegt es nach dem insoweit klaren Wortlaut des Gesetzes nicht der Ausnahmeregelung, obwohl der rechtspolitische Grundgedanke des Gesetzes, der Landbezogenheit der Kurzstreckenschiffe Rechnung zu tragen, auch auf diese Fälle zutrifft <L: wie hier Richardi/*Forst* § 114 Rn 44; aM GK/*Franzen* § 114 Rn 22>. Ferner sind die Voraussetzungen der Ausnahmebestimmung nicht erfüllt, wenn sich in dem Hafen, von dem aus das Schiff ständig operiert, nur eine nicht zum Seeschifffahrtsunternehmen gehörende Agentur befindet, bei der keine arbeitsrechtl Beziehungen zu den Besatzungsmitgliedern bestehen <L: wie hier Richardi/*Forst* § 114 Rn 44; aM GK/*Franzen* § 114 Rn 22>. Dagg gilt die Abgrenzungsregelung auch für den Fall der regelmäßigen Rückkehr an einen im Ausland befindlichen Landbetrieb des Seeschifffahrtsunternehmens. Dies hat zur Folge, dass für ein derartiges Schiff das BetrVG nicht gilt, weil das Gesetz auf ausländische Betriebe keine Anwendung findet, auch wenn sie zu einem deutschen Unternehmen gehören <L: wie hier Richardi/*Forst* § 114 Rn 44>. 37

4. Jugendvertretungen, Abs 5

Nach § 114 Abs 5 werden Jugendvertretungen nur für Landbetriebe von Seeschifffahrtsunternehmen gebildet. Die Bestimmungen des Dritten Teils des Gesetzes (§§ 60–73b) finden deshalb auf den Seebetrieb sowie auf die dazu gehörigen Schiffe insgesamt keine Anwendung. Von der Bildung einer Jugendvertretung als eines besonderen Vertretungsorgans für die jugendlichen Besatzungsmitglieder ist vom Gesetzgeber Abstand genommen worden, um einer Zersplitterung der im Vergleich zu den Landbetrieben geringer bemessenen Anzahl von Betriebsvertretungsmitgliedern entgegenzuwirken. Dieser Verzicht bedeutet jedoch nicht den Ausschluss der Jugendlichen aus der Betriebsverfassungsordnung an Bord bzw im Seebetrieb; vielmehr haben die jugendlichen Besatzungsmitglieder, unabhängig vom Alter, das aktive Wahlrecht zur Bordvertretung (§ 115 Abs 2 Nr 1) sowie zum Seebetriebsrat (§ 116 Abs 2 Nr I). Insoweit haben die Besatzungsmitglieder dieser Altersgruppe sogar eine rechtl Besserstellung ggü den jugendlichen AN in Landbetrieben erfahren. Letztere sind erst ab Vollendung des 18. Lebensjahres wahlberechtigt (§ 7 S 1); ledigl für den Fall, dass im Betrieb mindestens fünf jugendliche AN beschäftigt sind, steht diesen auch ein Wahlrecht – nämlich zur Jugendvertretung – zu (§ 60 Abs 1). Andererseits setzt bei jugendlichen Besatzungsmitgliedern das passive Wahlrecht erst mit Vollendung des 18. Lebensjahres ein (§ 115 Abs 2 Nr 2, § 116 Abs 2 Nr 2), während AN in Landbetrieben auch schon vor Vollendung des 18. Lebensjahres in die Jugendvertretung gewählt werden können. Da die Landbetriebe des Seeschifffahrtsunternehmens den allg Bestimmungen des Gesetzes unterliegen, werden dort nach Maßgabe von § 73a Jugendvertretungen gebildet. 38

§ 114   Grundsätze

IV. Besatzungsmitglieder

1. Begriff

39 Der persönliche Anwendungsbereich der Sondervorschriften über die Seeschifffahrt ist auf die Besatzungsmitglieder des Seeschifffahrtsunternehmens beschränkt. Ihnen ist das aktive und passive Wahlrecht zu Bordvertretungen und Seebetriebsräten vorbehalten (vgl §§ 115 Abs 2 Nr 1 und 2, 116 Abs 2 Nr 1 und 2). Die übrigen im Seeschifffahrtsunternehmen beschäftigten AN gehören dem Landbetrieb an.

40 Besatzungsmitglieder sind nach § 114 Abs 6 S 1 die in einem Heuer- oder Berufsausbildungsverhältnis zu einem Seeschifffahrtsunternehmen stehenden, im Seebetrieb beschäftigte Personen mit Ausnahme des Kapitäns. Die Vorschrift nimmt damit auf die im Seearbeitsrecht verwendeten Begriffe des Besatzungsmitglieds und des Heuervertrags Bezug. Nach § 3 Abs 1 SeeArbG sind Besatzungsmitglieder alle Personen, die an Bord des Schiffes tätig sind, unabhängig davon, ob sie vom Reeder oder von einer anderen Person beschäftigt werden oder als Selbstständige tätig sind. Nach § 28 Abs 1 S 2 SeeArbG wird ein Heuerverhältnis durch den Heuervertrag zwischen Reeder und Besatzungsmitglied begründet. Nach 28 Abs 1 S 1 SeeArbG dürfen Besatzungsmitglieder nur mit einem gültigen Heuervertrag beschäftigt werden. In der Konsequenz dieser Bezugnahme liegt es, dass nicht nur diejenigen Seeleute, die mit dem Seeschifffahrtsunternehmen in einem Arbeitsverhältnis stehen, sondern auch LeihAN und auch Selbstständige, mit denen ein Heuerverhältnis begründet ist, Besatzungsmitglieder im Sinne von § 114 Abs 6 S 1 sind. Ausgenommen sind nur die in § 3 Abs 3 SeeArbG aufgeführten Personen insbes Lotsen, Inspekteure und mit Reparaturen betreuten Personen (näher Rn 49 ff). Für eine allg Herausnahme Selbstständiger wie sie *Franzen* vorschlägt <L: GK/*Franzen* § 114 Rn 26>, besteht kein Grund. Es ist sinnvoll, die schwierige Abgrenzung zwischen AN und freien Mitarbeitern im Bereich der Arbeitnehmervertretung der Seeschifffahrt zu vermeiden. Ebenso ist es sinnvoll, LeihAN über § 14 Abs 2 AÜG hinausgehend gänzlich in die dortige Betriebsverfassung einzubeziehen <L: Richardi/*Forst* § 114 Rn 50 ff>.

41 Die betreffenden Personen müssen im Seebetrieb beschäftigt sein. Damit sind nicht nur solche Personen gemeint, die jeweils an Bord eines Schiffes tätig sind, dh bei denen eine konkrete Zuordnung zu einem best Schiff besteht <R: so aber BGH vom 29.6.1951, BGHZ 3, 34 ff, 39 für den Besatzungsmitgliedsbegriff des Binnenschifffahrtsgesetzes; L: ebenso *Galperin* SAE 1976, 7>. Erfasst werden von diesem Begriff vielmehr alle Belegschaftsangehörigen des Seeschifffahrtsunternehmens, für die eine Verpflichtung zum Dienst an Bord eines zum Seebetrieb gehörenden Schiffes besteht <L: GK/*Franzen* § 114 Rn 27>. Kriterium für den betriebsverfassungsrechtl Besatzungsmitgliedsbegriff ist allein die arbeitsrechtl Zuordnung zum Seebetrieb als Gesamtheit der Schiffe im Gegensatz zum Landbetrieb des Seeschifffahrtsunternehmens und nicht die Zuordnung zum einzelnen Schiff des Seebetriebs <R: BAG vom 17.9.1974, BB 1975, 136 = AP Nr 1 zu § 116 BetrVG 1972 = SeeAE Nr 2 zu § 116 BetrVG = Hansa 1974, 2097 = EZA Nr 1 zu § 116 BetrVG = SAE 1976, 1>.

2. Besatzungsmitglieder an Land

Demnach gehören zu den Besatzungsmitgliedern neben den aktiven Borddienst leisten- 42
den Schiffsoffizieren, sonstigen Angestellten und Schiffsleuten auch diejenigen, die sich
infolge Urlaubs oder Krankheit an Land aufhalten, ferner solche, deren wesentliche
Rechte und Pflichten aus dem Heuerverhältnis vorübergehend ruhen, etwa bei Ableistung
einer Wehrübung <L: GK/*Franzen* § 114 Rn 27>. Schließlich gehören zum Kreis der Besatzungsmitglieder weiterhin auch diejenigen zum Borddienst Verpflichteten, die sich
ohne vorherige Beendigung des Heuerverhältnisses für eine längere Zeit zur Ausbildung
an Land befinden oder die vorübergehend eine Tätigkeit im Landbetrieb des Seeschifffahrtsunternehmens übernommen haben, ohne endgültig dorthin versetzt worden zu sein,
zB eine Baubeaufsichtigung oder eine Beschäftigung als Supercargo (Ladungsinspektor)
auf einem gecharterten, nicht zum Seebetrieb des Seeschifffahrtsunternehmens gehörenden Schiff <R: vgl hierzu BAG vom 17.9.1974, aaO>.

Anders ist es dagg bei einem längerfristigen – etwa ein bis zwei Jahre währenden – Wech- 43
sel vom Seebetrieb zum Landbetrieb zwecks Tätigkeit im Reedereikontor (sog. „job rota-
tion"). Hier erfolgt die – wenn auch befristete – Eingliederung in den Landbetrieb in einer
Weise, bei der von einer gleichzeitigen Zugehörigkeit zum Seebetrieb nicht mehr gesprochen werden kann <L: ähnl GK/*Franzen* § 114 Rn 27>.

3. Leihheuerverhältnis

Besatzungsmitglieder sind auch die aufgrund eines Heuervertrags beschäftigten LeihAN. 44
Ist Verleiher ein anderes Seeschifffahrtunternehmen mit eigenem Seebetrieb können die
LeihAN nach Maßgabe des in Rn 40 Gesagten zugleich dort Besatzungsmitglied sein
<L: GK/*Franzen* Rn 27 aE>. Ist der Verleiher kein Seeschifffahrtunternehmen, richtet
sich die betriebsverfassungsrechtl Stellung der LeihAN bei ihm nach den allg Vorschriften des BetrVG.

4. Auszubildende

Nach § 114 Abs 6 S 1 gehören zu den Besatzungsmitgliedern auch die in einem Berufs- 45
ausbildungsverhältnis zu einem Seeschifffahrtunternehmen stehenden, im Seebetrieb beschäftigten Personen. Vorausgesetzt ist damit das Bestehen eines Berufsausbildungsverhältnisses aufgrund eines Berufsausbildungsvertrages nach den §§ 81 ff SeeArbG. Personen, die ohne Berufsausbildungsverhältnis zu Ausbildungszwecken auf Seeschiffen beschäftigt werden, wie Schüler und Studenten, zählen nicht zu den Besatzungsmitgliedern
(§ 3 Abs 3 Nr 8 bis 10 SeeArbG). Etwas anderes gilt nur wenn sie ohnehin in einem
Heuerverhältnis stehen, das für die Zeit einer Fortbildung ruht. Soweit die Ausbildung
nicht im Seebetrieb des Seeschifffahrtsunternehmens erfolgt, mit dem der Ausbildungsvertrag geschlossen wurde, sondern iR einer Ausbildungsgemeinschaft mehrerer Unternehmen, deren Mitglied das Seeschifffahrtsunternehmen ist, ist der Auszubildende als
Besatzungsmitglied sowohl des Seeschifffahrtsunternehmens, mit dem er den Ausbildungsvertrag geschlossen hat, dort als wahlberechtigt für die Wahl des Seebetriebsrats
<R: ArbG Emden 3.3.1977, SeeAE Nr 5 zu § 116 BetrVG> anzusehen, als auch in dem
Seeschifffahrtsunternehmen, in dessen Seebetrieb er zur Ausbildung entsandt worden ist

§ 114   Grundsätze

<L: vgl als Bsp für eine Ausbildungsgemeinschaft: Hansa 1976, 33 ff>. Entspr gilt für das von den Gemeinschaftsmitgliedern entsandte Ausbildungspersonal.

5. Besatzungsmitglieder auf Schiffen unter ausländischen Flaggen

46 Bei einem Einsatz auf einem Schiff unter ausländischer Flagge bleibt der betriebsverfassungsrechtl Status des Besatzungsmitgliedes dann erhalten, wenn zugleich die Verpflichtung zur Dienstleistung auf den zum Seebetrieb gehörenden Schiffen besteht <L: GK/ Franzen § 114 Rn 27>. Dies ist zB der Fall, wenn zum Seeschifffahrtsunternehmen nicht nur Schiffe unter deutscher, sondern auch solche mit fremder Flagge gehören und das Besatzungsmitglied aufgrund einer entspr Zusatzvereinbarung zum Heuervertrag auf diesen außerhalb des Seebetriebs stehenden Schiffen Dienst tut. Während eines solchen Einsatzes ruht vorübergehend die gem § 28 Abs 2 Nr 3 iVm § 1 Abs 1 S 1 SeeArbG auf die die Bundesflagge führenden Kauffahrteischiffe beschränkte Dienstleistungspflicht. Ein weiterer Fall eines vorübergehend ruhenden Heuerverhältnisses ist gegeben, wenn die Tätigkeit an Bord des Schiffes unter fremder Flagge aufgrund eines neuen – regelmäßig zeitlich begrenzten – Heuerverhältnisses mit einem anderen (möglicherweise sogar ausländischen) AG erfolgt, daneben aber das Heuerverhältnis zum deutschen Seeschifffahrtsunternehmen ungekündigt fortbesteht, insbesondere die Anwartschaften aus dem Heuerverhältnis in diesem Unternehmen (zB Zählung der Zugehörigkeitsdauer zum Betrieb, Pensionsansprüche, Gratifikationen, Tantiemen, sonstige Vergünstigungen und Kündigungsfristen) auch während des Einsatzes auf dem Schiff unter ausländischer Flagge aufrechterhalten bleiben. Hier gilt nichts anderes, als wenn ein Doppelarbeits-(heuer-)verhältnis praktiziert wird. Zwar hat in diesem wie in dem zuerst geschilderten Fall die Tätigkeit auf den Schiffen unter ausländischer Flagge als solche außer Betracht zu bleiben; insbes besteht dort kein Recht zur Wahl von Bordvertretungen aufgrund des BetrVG. Durch die entscheidend fortbestehende heuervertragl Bindung des Besatzungsmitglieds an das deutsche Seeschifffahrtsunternehmen bleibt aber die betriebsverfassungsrechtl Zuordnung zu dessen Seebetrieb erhalten <R: ArbG Emden 3.3.1977, SeeAE Nr 5 zu § 116 BetrVG>. Das Heuerverhältnis zwischen Besatzungsmitglied und Seeschifffahrtsunternehmen und die Tätigkeit auf Schiffen unter fremder Flagge sind arbeitsrechtl miteinander vereinbar <R: BAG 17.9.1974, BB 1975, 136 = SeeAE Nr 2 zu § 116 BetrVG = SAE 1976, 1; ArbG Emden 3.3.1977, SeeAE Nr 5 zu § 116 BetrVG>.

47 Die international-arbeitsrechtl Kollisionsnorm des § 114 Abs 4 S 1, wonach Schiffe unter ausländischer Flagge nicht zum deutschen Seebetrieb zählen, schließt nicht aus, dass zugleich zwischen den auf ausländischen Schiffen fahrenden Besatzungsmitgliedern und dem deutschen Seebetrieb Rechtsbeziehungen arbeitsrechtl Art bestehen. So kann das ruhende Heuerverhältnis zum deutschen Seebetrieb seine betriebsverfassungsrechtl Bedeutung behalten, zB in der Aufrechterhaltung des Wahlrechts des Besatzungsmitglieds zu diesem Seebetrieb oder bzgl der Ausübung von Beteiligungsrechten des Seebetriebsrats bei personellen Maßnahmen des Seeschifffahrtsunternehmens, die das ruhende Heuerverhältnis des Besatzungsmitglieds betreffen. Damit werden keine das Territorialprinzip verletzende Akte auf fremdem Staatsgebiet gesetzt. Diese Fälle sind vergleichbar mit den sog „Ausstrahlungen" eines deutschen Betriebes über die Grenzen Deutschlands hinaus, denen anerkanntermaßen das Territorialprinzip nicht entgegensteht (BD I Einl Rn 16).

IV. Besatzungsmitglieder **§ 114**

Kein Besatzungsmitglied im Sinne des BetrVG ist, wer eine Bordtätigkeit in einem See- **48**
schifffahrtsunternehmen mit Sitz im Geltungsbereich dieses Gesetzes ausübt, wenn dieses
Unternehmen über keine eigenen bzw keine nach § 114 Abs 3 diesen gleichgesetzten
Schiffe unter deutscher Flagge verfügt. Hier fehlt es an dem notwendigen Erfordernis der
Eingliederung in einen Seebetrieb gem § 114 Abs 3.

6. Beschäftigte an Bord, die nicht Besatzungsmitglieder sind

Obwohl ebenfalls an Bord der zum Seebetrieb gehörigen Schiffe tätig, zählen nach § 3 **49**
Abs 3 SeeArbG verschiedene Personengruppen nicht zu den Besatzungsmitgliedern. Neben Lotsen (§ 3 Abs 3 Nr 1 SeeArbG) sind das insbes Personen, die Reparatur- und Wartungsarbeiten auf dem Schiff durchführen, bei Stauerarbeiten helfen oder ledigl für eine
best Fahrtstrecke gg Leistung von Schiffdiensten für höchstens 96 Stunden mitgenommen
werden (§ 3 Abs 3 Nr 2 und 3 SeeArbG). Auch Künstler zur Unterhaltung der Fahrgäste
und vorübergehend an Bord tätigende Wissenschaftler zählen hierher (§ 3 Abs 3 Nr 5 und
6 SeeArbG).

Mitfahrende Angehörige sind, wenn sie einen Heuerschein besitzen und gemustert sind, **50**
nur dann zum Kreise der Besatzungsmitglieder zu zählen, wenn sie entspr den im Heuerschein niedergelegten Vertragspflichten Dienste leisten. Ist ein Heuervertrag nur aus formalen, vornehmlich versicherungs- und abfertigungstechnischen Gründen geschlossen
(§ 117 BGB), so überwiegen die Elemente des zugrunde liegenden Passagiervertrages.
Eine Besatzungsmitgliedschaft des Familienangehörigen wird nicht begründet.

Seeleute, die im Zuge ihrer Heimschaffung nach den §§ 73 ff oder § 140 SeeArbG auf **51**
dem Schiff eines anderen Seeschifffahrtsunternehmens befördert werden, zählen nicht zu
den Besatzungsmitgliedern dieses Schiffes <L: GK/Franzen § 114 Rn 26>. Etwas anderes
gilt nur, wenn mit ihnen für Dauer der Heimschaffung eigens ein Heuerverhältnis mit
dem anderen Seeschifffahrtsunternehmen begründet wird.

Blinde Passagiere zählen nicht zu den Besatzungsmitgliedern, auch wenn sie zum Aus- **52**
gleich der Mitnahme zu Dienstleistungen herangezogen werden

7. Leitende Angestellte

Die Zugehörigkeit zur Gruppe der leitenden Angestellten im Sinne von § 5 Abs 3 dieses **53**
Gesetzes ist im Seebetrieb des Seeschifffahrtsunternehmens auf die Kapitäne beschränkt
(zur Rechtsstellung des Kapitäns Rn 54 ff). Auch die Schiffsoffiziere in leitender Stellung
(zB der Erste Offizier, der Leitende Ingenieure oder der sog Staff Captain bzw Leitende
Offizier an Bord eines Passagierschiffes) unterliegen trotz ihrer Eigenschaft als Vorgesetzter des entspr Dienstzweiges ohne Ausnahme sämtlichen Vorschriften des Gesetzes
<L: GK/*Franzen* § 114 Rn 28>. Leitende Schiffsoffiziere sind deshalb auch zur Bordvertretung und zum Seebetriebsrat wählbar.

8. Kapitän

a) Rechtsstellung des Kapitäns

54 Der Kapitän ist das vom Reeder zur Führung bestellte Besatzungsmitglied (§ 5 Abs 1 SeeArbG). Persönlich ist er regelmäßig AN des Reeders. Als solcher gehört er zur Belegschaft des Seeschifffahrtsunternehmens. Nach § 114 Abs 6 S 1 zählt er begrifflich an sich nicht zu den Besatzungsmitgliedern. Entgg der insoweit missglückten Wortfassung kann hieraus nicht der Schluss gezogen werden, dass der Kapitän nicht AN des Seebetriebs sei. Vielmehr zählen nach dem Sinnzusammenhang der Sondervorschriften über die Seeschifffahrt als eine Regelung für das gesamte seefahrende Personal zu den AN des Seebetriebs neben den Besatzungsmitgliedern auch die Kapitäne. Anderenfalls wäre der Kapitän den AN des Landbetriebs zuzuordnen, unter anderem mit der ersichtl nicht gewollten und die betriebl Einheit zerreißenden Folge, dass nach § 105 der AG eine beabsichtigte Einstellung oder personelle Veränderung eines Kapitäns nicht dem Seebetriebsrat, sondern dem (Land-)Betriebsrat mitzuteilen hätte.

b) Kapitän als Betriebsverfassungsorgan

55 Von größerer Bedeutung als sein eigener Arbeitnehmerstatus ist für die Betriebsverfassung die zentrale Stellung des Kapitäns als Partner der Bordvertretung (vgl § 115 Rn 4). Neben der Verantwortung, die der Kapitän für die nautische Führung des Schiffes trägt, vertritt er den Reeder als AG und übt an Bord dessen Direktionsrecht aus <L: Richardi/Forst § 115 Rn 3; GK/Franzen § 115 Rn 4>. An diese arbeitgeberähnl Stellung des Kapitäns knüpft das BetrVG an und lässt den Kapitän iR der Bordverfassung gleichfalls an die Stelle des AG treten. Der Kapitän ist damit ein selbstständiges Betriebsverfassungsorgan.

56 Sofern der Kapitän verhindert ist, das Schiff zu führen oder wenn ein Kapitän nicht vorhanden ist, nimmt nach § 5 Abs 3 SeeArbG der Erste Offizier des Deckdienstes oder der Alleinsteuermann dessen Pflichten und Befugnisse einschließl derjenigen aus dem BetrVG wahr. Sofern der Kapitänsvertreter Mitglied der Bordvertretung ist, ist er für die Dauer der Stellvertretung an der Ausübung seines Amtes vorübergehend gehindert. Gem § 115 Abs 3 iVm § 25 Abs 1 S 2 rückt ein Ersatzmitglied nach; ist ein Ersatzmitglied nicht mehr vorhanden, ist die Bordvertretung vorübergehend handlungsunfähig. Kein Fall der Stellvertretung ist die Einsetzung eines anderen Kapitäns. Sie kann heute ohnehin nur vom Reeder vorgenommen werden. Die aus § 516 Abs 2 S 1 HGB aF folgende entspr Befugnis des Kapitäns besteht heute nicht mehr. Sie kann insbes nicht § 479 Abs 1 S 1 HGB entnommen werden, denn sie gehört nicht zu den Rechtshandlungen, die der Betrieb des Schiffes gewöhnlich mit sich bringt.

V. Stellung der Gewerkschaften im Seebetrieb und an Bord

57 Die allg Grundsätze der Betriebsverfassung, die insbes in den §§ 2, 74 und 75 niedergelegt sind, gelten auch iR der Bord- wie der Seebetriebsverfassung. Die vor allem den Gewerkschaften, teilweise auch den Arbeitgeberverbänden eingeräumten Unterstützungs-, Anfechtungs- und Initiativrechte stehen diesen Organisationen auch iR der Betriebsverfassung an Bord der Schiffe und im Seebetrieb zu.

V. Stellung der Gewerkschaften im Seebetrieb und an Bord   § 114

Dies gilt auch für das **Zugangsrecht von Gewerkschaftsbeauftragten** zum Betrieb iR 58
des § 2 Abs 2. Auf der Basis dieses Zugangsrechts nach § 2 Abs 2 können auch Seeschiffe
von Gewerkschaftsbeauftragten zur Wahrnehmung der speziellen betriebsverfassungsrechtl gewerkschaftlichen Aufgaben betreten werden. Gewerkschaftsbeauftragte haben allerdings den Kapitän vorher von ihrer Besuchsabsicht zu unterrichten <**L**: GK/*Franzen*
§ 114 Rn 31>. Er muss, wie der AG, Gelegenheit haben, die Voraussetzungen des Zugangsanspruchs zu prüfen und etwaige betriebl Vorkehrungen zu treffen, insbes um Störungen des Schiffsbetriebs zu vermeiden.

Die vorbezeichneten Rechte stehen jeder „im Betrieb vertretenen Gewerkschaft" zu. Die   59
Aufteilung der Betriebsverfassung in der Seeschifffahrt in den Bord- und Seebetrieb führt
auch hier zu Besonderheiten. Eine Gewerkschaft ist im Seebetrieb vertreten, wenn ihr
mindestens ein Besatzungsmitglied eines der zum Seebetrieb gehörenden Schiffe angehört. Zur Wahrnehmung eines Initiativ-, Anfechtungs-, Teilnahme- und des Zugangsrechts an Bord eines konkreten Schiffes zur Unterstützung oder zur Bildung seiner Bordvertretung dagg genügt die Vertretung der Gewerkschaft allein im Seebetrieb regelmäßig
nicht. Sie reicht nur dann aus, wenn die Zielrichtung des gewerkschaftlichen Handelns an
Bord dieses Schiffes nicht dessen Bordvertretung, sondern den Seebetrieb betrifft (zB Initiativrecht der Gewerkschaft zur Wahl eines Seebetriebsrats). Für alle anderen Fälle der
gewerkschaftlichen Mitwirkung im Bordbetrieb ist dagg Voraussetzung, dass mindestens
ein Besatzungsmitglied an Bord des konkreten Schiffes Mitglied der Gewerkschaft ist
<**L**: GK/*Franzen* § 114 Rn 31>. Diese unterschiedliche Zuordnung entspricht einerseits
der verselbstständigten Stellung des Seebetriebsrats und der Bordvertretung zueinander
und andererseits der nur als Hilfsfunktion gedachten Aufgaben der Gewerkschaften ggü
den Betriebsverfassungsorganen, die sich auf jeweils best Organe bezieht.

Zwar sind auch Spitzenverbände der Gewerkschaften im Sinne der Betriebsverfassung.   60
Internationale Dachverbände nationaler Seeleute- und Transportarbeitergewerkschaften
können dennoch nicht als eine im Bord- oder im Seebetrieb vertretene Gewerkschaft im
Sinne des BetrVG angesehen werden, auch wenn ihnen eine im Betrieb vertretene deutsche Gewerkschaft als Mitglied angehört. Die Mediatisierung der Mitgliedschaft zu einer
ausländischen Organisation reicht nicht aus, um eine hinreichend enge Verbindung zum
Einzelbetrieb zu knüpfen; denn die gesetzl Pflichten der Gewerkschaften nach dem
BetrVG (vgl § 2 Rn 49 ff), die mit ihren Rechten korrespondieren, können im Ausland ansässige Organisationen nicht erfüllen <**L**: GK/*Franzen* § 114 Rn 31>. Beauftragte internationaler gewerkschaftlicher Dachorganisationen haben daher weder in deutschen noch
in ausländischen Häfen selbstständige betriebsverfassungsrechtl Mitwirkungs- oder Zutrittsrechte an Bord deutscher Seeschiffe; sie können Zutrittsrechte nach § 2 Abs 2 nur
dann geltend machen, wenn eine im Seebetrieb bzw an Bord vertretene deutsche Gewerkschaft sie mit der Wahrnehmung best betriebsverfassungsrechtl Rechte betraut <**L**: GK/
Franzen § 114 Rn 31b>.

Soweit Art 9 Abs 3 GG **ein koalitionsrechtl Zutrittsrecht** zum Betrieb begründet (§ 2   61
Rn 56 ff) gilt dies auch für Seebetriebe. Insbes können die Gewerkschaften auch dort
Wahl- und Mitgliederwerbung betreiben sowie sich und über ihre Tätigkeit informieren.
Der Kapitän muss ihnen insoweit Zugang gewähren, als nicht der Betriebsablauf gefähr-
det wird, Sicherheitsvorschriften entgegenstehen oder Betriebsgeheimnisse gefährdet
werden. Werbung für Arbeitskampfmaßnahmen braucht der Kapitän aber nicht zu dulden

§ 114 Grundsätze

<R: LAG BaWü 8.8.1973, 4 Sa 29/73, SeeAE Nr I (II) zu Art 9 GG [S 7 ff] = AuR 1974, 316, 320; L: *Reuter* ZfA 1976, 178; aM *Säcker* Zutrittsrecht, S 51 ff>.

62 Haben Besatzungsmitglieder in dringenden Angelegenheiten, etwa in Fällen notwendiger Rechtsberatung, keine Möglichkeit einen Beauftragten ihrer Gewerkschaft an Land aufzusuchen, muss ihnen der Kapitän die nach § 125 Abs 1 SeeArbG erforderl Erlaubnis geben, den Gewerkschaftsbeauftragten an Bord zu bringen <L: Richardi/*Forst* § 114 Rn 62>.

VI. Streitigkeiten

63 Bei Streitigkeiten über die Anwendung von § 114 entscheidet das ArbG im Beschlussverf (§ 2a Abs 1 Nr 1, Abs 2 iVm §§ 80 ff ArbGG). Örtlich zuständig ist gem § 82 Abs 1 S 2 ArbGG das ArbG, in dessen Bezirk das Seeschifffahrtsunternehmen seinen Sitz hat. Abweichende Vereinbarungen über die örtliche Zuständigkeit, sei es einzel- oder tarifvertragl, sind wegen der Ausschließlichkeit des Gerichtsstandes im Beschlussverf unwirksam. Für dieses Verf gilt ebenfalls nicht die Möglichkeit der tarifl Vereinbarung der Zuständigkeit eines Schiedsgerichtes nach § 101 Abs 2 ArbGG.

§ 115 Bordvertretung

(1) Auf Schiffen, die mit in der Regel mindestens fünf wahlberechtigten Besatzungsmitgliedern besetzt sind, von denen drei wählbar sind, wird eine Bordvertretung gewählt. Auf die Bordvertretung finden, soweit sich aus diesem Gesetz oder aus anderen gesetzlichen Vorschriften nicht etwas anderes ergibt, die Vorschriften über die Rechte und Pflichten des Betriebsrats und die Rechtsstellung seiner Mitglieder Anwendung.

(2) Die Vorschriften über die Wahl und Zusammensetzung des Betriebsrats finden mit folgender Maßgabe Anwendung:

1. Wahlberechtigt sind alle Besatzungsmitglieder des Schiffes.
2. Wählbar sind die Besatzungsmitglieder des Schiffes, die am Wahltag das 18. Lebensjahr vollendet haben und ein Jahr Besatzungsmitglied eines Schiffes waren, das nach dem Flaggenrechtsgesetz die Bundesflagge führt. § 8 Abs. 1 Satz 3 bleibt unberührt.
3. Die Bordvertretung besteht auf Schiffen mit in der Regel

   5 bis 20 wahlberechtigten Besatzungsmitgliedern aus einer Person,

   21 bis 75 wahlberechtigten Besatzungsmitgliedern aus drei Mitgliedern,

   über 75 wahlberechtigten Besatzungsmitgliedern aus fünf Mitgliedern.
4. (weggefallen)
5. § 13 Abs. 1 und 3 findet keine Anwendung. Die Bordvertretung ist vor Ablauf ihrer Amtszeit unter den in § 13 Abs. 2 Nr. 2 bis 5 genannten Voraussetzungen neu zu wählen.
6. Die wahlberechtigten Besatzungsmitglieder können mit der Mehrheit aller Stimmen beschließen, die Wahl der Bordvertretung binnen 24 Stunden durchzuführen.
7. Die in § 16 Abs. 1 Satz 1 genannte Frist wird auf zwei Wochen, die in § 16 Abs. 2 Satz 1 genannte Frist wird auf eine Woche verkürzt.
8. Bestellt die im Amt befindliche Bordvertretung nicht rechtzeitig einen Wahlvorstand oder besteht keine Bordvertretung, wird der Wahlvorstand in einer Bordversammlung von der Mehrheit der anwesenden Besatzungsmitglieder gewählt; § 17 Abs. 3 gilt entsprechend. Kann aus Gründen der Aufrechterhaltung des ordnungsgemäßen Schiffsbetriebs eine Bordversammlung nicht stattfinden, so kann der Kapitän auf Antrag von drei Wahlberechtigten den Wahlvorstand bestellen. Bestellt der Kapitän den Wahlvorstand nicht, so ist der Seebetriebsrat berechtigt, den Wahlvorstand zu bestellen. Die Vorschriften über die Bestellung des Wahlvorstands durch das ArbG bleiben unberührt.
9. Die Frist für die Wahlanfechtung beginnt für Besatzungsmitglieder an Bord, wenn das Schiff nach Bekanntgabe des Wahlergebnisses erstmalig einen Hafen im Geltungsbereich dieses Gesetzes oder einen Hafen, in dem ein Seemannsamt seinen Sitz hat, anläuft. Die Wahlanfechtung kann auch zu Protokoll des Seemanns-

§ 115   Bordvertretung

amtes erklärt werden. Wird die Wahl zur Bordvertretung angefochten, zieht das Seemannsamt die an Bord befindlichen Wahlunterlagen ein. Die Anfechtungserklärung und die eingezogenen Wahlunterlagen sind vom Seemannsamt unverzüglich an das für die Anfechtung zuständige ArbG weiterzuleiten.

(3) Auf die Amtszeit der Bordvertretung finden die §§ 21, 22 bis 25 mit der Maßgabe Anwendung, dass

1. die Amtszeit ein Jahr beträgt,
2. die Mitgliedschaft in der Bordvertretung auch endet, wenn das Besatzungsmitglied den Dienst an Bord beendet, es sei denn, dass es den Dienst an Bord vor Ablauf der Amtszeit nach Nummer 1 wieder antritt.

(4) Für die Geschäftsführung der Bordvertretung gelten die §§ 26 bis 36, § 37 Abs. 1 bis 3 sowie die §§ 39 bis 41 entsprechend. § 40 Abs. 2 ist mit der Maßgabe anzuwenden, dass die Bordvertretung in dem für ihre Tätigkeit erforderlichen Umfang auch die für die Verbindung des Schiffes zur Reederei eingerichteten Mittel zur beschleunigten Übermittlung von Nachrichten in Anspruch nehmen kann.

(5) Die §§ 42 bis 46 über die Betriebsversammlung finden für die Versammlung der Besatzungsmitglieder eines Schiffes (Bordversammlung) entsprechende Anwendung. Auf Verlangen der Bordvertretung hat der Kapitän der Bordversammlung einen Bericht über die Schiffsreise und die damit zusammenhängenden Angelegenheiten zu erstatten. Er hat Fragen, die den Schiffsbetrieb, die Schiffsreise und die Schiffssicherheit betreffen, zu beantworten.

(6) Die §§ 47 bis 59 über den Gesamtbetriebsrat und den Konzernbetriebsrat finden für die Bordvertretung keine Anwendung.

(7) Die §§ 74 bis 105 über die Mitwirkung und Mitbestimmung der Arbeitnehmer finden auf die Bordvertretung mit folgender Maßgabe Anwendung:

1. Die Bordvertretung ist zuständig für die Behandlung derjenigen nach diesem Gesetz der Mitwirkung und Mitbestimmung des Betriebsrats unterliegenden Angelegenheiten, die den Bordbetrieb oder die Besatzungsmitglieder des Schiffes betreffen und deren Regelung dem Kapitän aufgrund gesetzlicher Vorschriften oder der ihm von der Reederei übertragenen Befugnisse obliegt.
2. Kommt es zwischen Kapitän und Bordvertretung in einer der Mitwirkung oder Mitbestimmung der Bordvertretung unterliegenden Angelegenheit nicht zu einer Einigung, so kann die Angelegenheit von der Bordvertretung an den Seebetriebsrat abgegeben werden. Der Seebetriebsrat hat die Bordvertretung über die weitere Behandlung der Angelegenheit zu unterrichten. Bordvertretung und Kapitän dürfen die Einigungsstelle oder das ArbG nur anrufen, wenn ein Seebetriebsrat nicht gewählt ist.
3. Bordvertretung und Kapitän können im Rahmen ihrer Zuständigkeiten Bordvereinbarungen abschließen. Die Vorschriften über Betriebsvereinbarungen gelten für Bordvereinbarungen entsprechend. Bordvereinbarungen sind unzulässig, soweit eine Angelegenheit durch eine Betriebsvereinbarung zwischen Seebetriebsrat und Arbeitgeber geregelt ist.

4. In Angelegenheiten, die der Mitbestimmung der Bordvertretung unterliegen, kann der Kapitän, auch wenn eine Einigung mit der Bordvertretung noch nicht erzielt ist, vorläufige Regelungen treffen, wenn dies zur Aufrechterhaltung des ordnungsgemäßen Schiffsbetriebs dringend erforderlich ist. Den von der Anordnung betroffenen Besatzungsmitgliedern ist die Vorläufigkeit der Regelung bekannt zu geben. Soweit die vorläufige Regelung der endgültigen Regelung nicht entspricht, hat das Schifffahrtsunternehmen Nachteile auszugleichen, die den Besatzungsmitgliedern durch die vorläufige Regelung entstanden sind.

5. Die Bordvertretung hat das Recht auf regelmäßige und umfassende Unterrichtung über den Schiffsbetrieb. Die erforderlichen Unterlagen sind der Bordvertretung vorzulegen. Zum Schiffsbetrieb gehören insbesondere die Schiffssicherheit, die Reiserouten, die voraussichtlichen Ankunfts- und Abfahrtszeiten sowie die zu befördernde Ladung.

6. Auf Verlangen der Bordvertretung hat der Kapitän ihr Einsicht in die an Bord befindlichen Schiffstagebücher zu gewähren. In den Fällen, in denen der Kapitän eine Eintragung über Angelegenheiten macht, die der Mitwirkung oder Mitbestimmung der Bordvertretung unterliegen, kann diese eine Abschrift der Eintragung verlangen und Erklärungen zum Schiffstagebuch abgeben. In den Fällen, in denen über eine der Mitwirkung oder Mitbestimmung der Bordvertretung unterliegenden Angelegenheit eine Einigung zwischen Kapitän und Bordvertretung nicht erzielt wird, kann die Bordvertretung dies zum Schiffstagebuch erklären und eine Abschrift dieser Eintragung verlangen.

7. Die Zuständigkeit der Bordvertretung im Rahmen des Arbeitsschutzes bezieht sich auch auf die Schiffssicherheit und die Zusammenarbeit mit den insoweit zuständigen Behörden und sonstigen in Betracht kommenden Stellen.

Schrifttum: Literatur: S § 114.

Übersicht

	Rn.		Rn.
I. Allgemeines	1	b) Bei fehlender Bordvertretung	28
II. Grundsätze	2	7. Wahlanfechtung	29
1. Bordvertretungsfähigkeit	2	IV. Amtszeit der Bordvertretung	34
2. Rechtsstellung der Bordvertretung und ihrer Mitglieder	4	1. Regelmäßige Amtszeit	34
		2. Erlöschen der Mitgliedschaft	36
III. Wahl und Zusammensetzung der Bordvertretung	6	V. Geschäftsführung der Bordvertretung	39
1. Wahlberechtigung	7	1. Allgemeines	39
2. Wählbarkeit	11	2. Beschleunigte Nachrichtenübermittlung	43
3. Zahl der Bordvertretungsmitglieder	14	VI. Bordversammlung	45
4. Zeitpunkt der Bordvertretungswahlen	16	1. Allgemeines	45
		2. Berichterstattung über Schiffsreise	50
5. Wahlvorschriften	17	3. Beantwortung schiffsbezogener Fragen	53
a) Geltung der allgemeinen Regeln	17		
b) Abgekürztes Wahlverfahren	20		
6. Bestellung des Wahlvorstandes	23	VII. Gesamt- und Konzernbetriebsrat	54
a) Bei bestehender Bordvertretung	23		

§ 115   Bordvertretung

VIII. Mitwirkung und Mitbestimmung der
 Bordvertretung.................. 55
 1. Allgemeines.................. 55
 2. Zuständigkeit der Bordvertretung.. 56
 3. Beilegung von Meinungsverschiedenheiten........................ 58
 4. Bordvereinbarungen........... 61

 5. Vorläufige Regelungen.......... 63
 6. Unterrichtung über den Schiffsbetrieb......................... 68
 7. Schiffstagebücher.............. 70
 8. Arbeitsschutz und Schiffssicherheit 72
IX. Streitigkeiten.................... 78

I. Allgemeines

1   In seiner abschnittsweisen Gliederung dem Aufbau des Gesetzes folgend, enthält § 115 die Sonderbestimmungen über Bildung, Amtszeit und Aufgaben der Bordvertretung. Die Vorschrift wird ergänzt durch die allg Grundsätze über den persönlichen, sachlichen und räumlichen Geltungsbereich der Seebetriebsverfassungsnormen, die in § 114 enthalten sind. Die Bestimmungen im § 115 sind grds zwingend; Abweichungen sind nur durch Tarifverträge iR des § 3 zulässig. Die Gesetzesmaterialien sind in BT-Drs VI A 786 S 24 ff, 56 ff, BT-Drs VI/2729 S 54 ff, zu BT-Drs VI/2729 S 33 ff sowie in dem Protokoll über die Sitzung des Ausschusses für Arbeit und Sozialordnung (10. Ausschuss) vom 14.5.1971 (S 42 ff) enthalten.

II. Grundsätze

1. Bordvertretungsfähigkeit

2   Auf Schiffen mit in der Regel mindestens fünf wahlberechtigten Besatzungsmitgliedern, von denen drei wählbar sind, wird eine Bordvertretung gewählt. Die Voraussetzungen entsprechen denen der Betriebsratsfähigkeit des § 1, ohne dass allerdings wie in jener Grundvorschrift darauf abgestellt wird, dass die Besatzungsmitglieder ständig beschäftigt sein müssen. Hierauf brauchte indessen auch nicht bes hingewiesen zu werden, da aufgrund der zwingenden Besetzungsvorschriften der Schiffsbesetzungsverordnung vom 18.7.2013 (BGBl I 25/75) im Interesse der Schiffssicherheit bereits gewährleistet ist, dass die überwiegende Anzahl der Besatzungsmitglieder ständig an Bord tätig ist. Die regelmäßige Besatzungsstärke richtet sich nicht nach diesen vorgenannten Mindestbesetzungsvorschriften, sondern allein nach der Anzahl der üblicherweise iR des konkreten Bordbetriebs tätigen Besatzungsmitglieder <L: GK/*Franzen* § 115 Rn 2>. Sofern ein Schiff aus Sicherheitsgründen nur mit weniger als fünf Besatzungsmitgliedern besetzt zu sein braucht, ist es gleichwohl bordvertretungsfähig, wenn etwa aufgrund des erhöhten Arbeitsanfalls regelmäßig mehr als fünf Besatzungsmitglieder auf diesem Schiff tätig sind.

3   Bordvertretungsfähig sind nur Schiffe im Sinne dieses Gesetzes, also Kauffahrteischiffe, die nach dem Flaggenrechtsgesetz die Bundesflagge führen (vgl § 114 Rn 25 ff). Hinzukommen muss noch, dass das Seeschifffahrtsunternehmen, zu dem das Schiff gehört, seinen Sitz im Geltungsbereich dieses Gesetzes hat (vgl § 114 Rn 10 ff). Nicht als Schiffe im Sinne des Gesetzes gelten solche, die in der Regel binnen 24 Stunden nach dem Auslaufen an den Sitz desselben Landbetriebs des Seeschifffahrtsunternehmens zurückkehren; sie gelten als Bestandteil des Landbetriebs (vgl § 114 Rn 35 ff).

2. Rechtsstellung der Bordvertretung und ihrer Mitglieder

Die Bordvertretung ist das Vertretungsorgan der Besatzungsmitglieder an Bord des Schiffes. Ihr alleiniger Gesprächs- und Verhandlungspartner ist der Kapitän als Repräsentant des AG an Bord und eigenständiges Organ der Bordverfassung (vgl § 114 Rn 54). Auf die Bordvertretung finden, soweit sich aus diesem Gesetz oder aus anderen gesetzl Vorschriften nichts anderes ergibt, die Bestimmungen über die Rechte und Pflichten des BR und die Rechtsstellung seiner Mitglieder Anwendung (§ 115 Abs 1 S 2). Durch die Bezugnahme auf andere gesetzl Vorschriften ist klargestellt, dass etwa öffentlich-rechtl Befugnisse des Kapitäns (zB nach § 121 SeeArbG), die das BetrVG als arbeitsrechtl Gesetz nicht antasten kann und will, unberührt bleiben <L: *Stabenow* Hansa 1971, 1797, 1799>. Im Übrigen aber steht die Bordvertretung bzgl der Rechte und Pflichten einem BR an Land gleich. Sie tritt ebenfalls in Vorschriften außerhalb dieses Gesetzes, in denen der BR Träger von Rechten oder Pflichten ist (zB §§ 3, 15, 16 KSchG), an dessen Stelle. Ledigl in Bezug auf den Kündigungsschutz seiner Mitglieder gilt für die Bordvertretung eine Abweichung: Im Hinblick auf ihre einjährige Amtszeit (vgl Rn 34) ist die Dauer des nachfolgenden Kündigungsschutzes ggü dem BR von einem Jahr auf sechs Monate nach Ende der Amtszeit verkürzt (§ 15 Abs 1 S 2 KSchG).

IR der zweigliedrigen Seebetriebsverfassung (Bordvertretung/Seebetriebsrat) ist die Bordvertretung allein für die Behandlung der Bordangelegenheiten zuständig, während die übrigen Aufgaben in den Kompetenzbereich des Seebetriebsrats fallen (vgl Rn 56). Als selbständiges Betriebsverfassungsorgan übt die Bordvertretung iR ihrer Zuständigkeit ihre Tätigkeit eigenverantwortlich aus und ist nicht von Weisungen des Seebetriebsrates abhängig. Beide Gremien stehen grds gleichberechtigt nebeneinander. Ist ein Seebetriebsrat nicht gewählt, so hat dies auf die Rechtsstellung der Bordvertretung keinen Einfluss; insbes kann sie nicht dessen Aufgaben der Reedereileitung ggü wahrnehmen.

III. Wahl und Zusammensetzung der Bordvertretung

Die Wahl und die Zusammensetzung der Bordvertretung richten sich zum einen nach den allg Vorschriften des Gesetzes (§§ 7–20) iVm den Sonderregelungen des § 115 Abs 2 Nr 1–9, zum anderen nach den der Wahlordnung Seeschifffahrt – (WOS). Die Wahlordnung ist in Anhang 2 abgedruckt.

1. Wahlberechtigung

Das aktive Wahlrecht zur Bordvertretung besteht nach § 115 Abs 2 Nr 1 für alle Besatzungsmitglieder, die im Zeitpunkt der Wahl zur Besatzung des konkreten Schiffes gehören (zum Begriff des Besatzungsmitglied § 114 Rn 40). Diese Zuordnung erfolgt nicht bereits durch den Abschluss des Heuervertrags, da Besatzungsmitglieder auf jedem Schiff des Reeders zum Schiffsdienst verpflichtet sind. Auch soweit die Dienstleistungspflicht des Besatzungsmitglieds von vornherein auf das im Heuervertrag bezeichnete Schiff beschränkt ist (§ 28 Abs 2 Nr 3 SeeArbG), gilt nichts anderes <L: aM Richardi/*Forst* § 115 Rn 12>. Denn auch damit gehört das Besatzungsmitglied noch nicht zur Besatzung eines best Schiffes. Zwar wird durch die Angabe des Schiffes im Heuervertrag der Dienstleistungsort konkretisiert. Der notwendige unmittelbare rechtl Bezug zum Schiff wird aber

§ 115   Bordvertretung

erst durch die Dienstaufnahme des Besatzungsmitgliedes an Bord hergestellt. Erst von diesem Zeitpunkt an hat der Kapitän dem Besatzungsmitglied ggü die arbeitgeberähnl Anordnungs- und Weisungsrechte. In der Zeit zwischen Ausstellung des Heuervertrages und dem an Bord Kommen – also während der Übergangs- oder Wartezeit bis zum Eintreffen des Schiffes bzw während der Fahrt zum Liegeplatz des Schiffes – liegt die Ausübung dieser Rechte dagg noch ausschließlich beim Reeder als AG selbst und der für den Gesamtbereich des Seebetriebes zuständigen Personalabteilung des Unternehmens an Land.

8   Entspr der hier vertretenen Auffassung wird in § 2 Abs 1 WOS bestimmt, dass der Wahlvorstand bei einer Bordvertretungswahl die Wählerliste bis zum Abschluss der Stimmabgabe zu berichtigen hat, wenn ein Besatzungsmitglied den Dienst an Bord aufnimmt oder beendet. Es liegt insoweit anders als bei der Seebetriebsratswahl, bei der wegen der Abstimmung auf Seebetriebsebene nach § 33 Abs 2 WOS die Wählerliste zu berichtigen ist, sofern ein Besatzungsmitglied ein Heuerverhältnis zum Seeschifffahrtsunternehmen eingeht oder beendet, unabhängig von der Frage, ob bereits eine konkrete arbeitsorganisatorische Zuordnung zu einem best Schiff begründet wurde. Weil auf Schiffen keine Jugendvertretungen gebildet werden (vgl § 114 Abs 5), ist für die Ausübung des Wahlrechts abw von § 7 ein Mindestalter nicht vorgesehen.

9   Die Zugehörigkeit zur Schiffsbesatzung und damit die Wahlberechtigung zur Bordvertretung endet für das Besatzungsmitglied mit seiner Ablösung von Bord, unabhängig davon, ob diese Ablösung zwecks Urlaubsgewährung, Umsetzung oder wegen Beendigung des Heuerverhältnisses erfolgt <L: GK/*Franzen* § 115 Rn 8>. Insoweit gilt nichts anderes als bei einer Mitgliedschaft in der Bordvertretung, die nach § 115 Abs 3 Nr 2 ebenfalls endet, wenn das Besatzungsmitglied den Dienst an Bord beendet (Rn 37). Dagg hat eine vorübergehende Bordabwesenheit des Besatzungsmitgliedes, etwa wegen Landgangs im Hafen, Urlaubs oder Krankenhausaufenthalts, auf die Zugehörigkeit zur Schiffsbesatzung keinen Einfluss <L: Richardi/*Forst* § 115 Rn 12; GK/*Franzen* § 115 Rn 8>.

10 Zur Teilnahme an der Wahl sind nur diejenigen Besatzungsmitglieder des Schiffes berechtigt, die in die Wählerliste eingetragen sind (§ 2 Abs 2 WOS). Ferner kann ein Besatzungsmitglied sein Wahlrecht nur ausüben, wenn es im Zeitpunkt der Wahl an Bord anwesend ist, weil in der WOS abw von den Vorschriften der §§ 26ff der allg Wahlordnung für die Bordvertretung schriftl Stimmabgabe nicht vorgesehen ist.

2. Wählbarkeit

11 Wählbar sind Besatzungsmitglieder, die im Zeitpunkt der Wahl zur Besatzung des Schiffes gehören (§ 115 Abs 2 Nr 2). Bzgl der Zugehörigkeit wird auf die entspr Ausführungen bei der Wahlberechtigung verwiesen (Rn 6ff). Sofern nach den dort niedergelegten Grundsätzen feststeht, dass der Wahlbewerber zur Schiffsbesatzung zählt, ist seine Anwesenheit an Bord im Zeitpunkt der Wahl für die Wählbarkeit nicht erforderl. Kurzurlaub oder Krankheit stehen seiner Wählbarkeit nicht entgg. Wählbar sind jedoch nur Besatzungsmitglieder, die am Tage der Wahl das 18. Lebensjahr vollendet haben. Es gilt insofern nichts anderes als nach den allg Vorschriften des Gesetzes (§ 8).

12 Im Gegensatz zur allg Vorschrift des § 8 Abs 1 braucht der Wahlbewerber jedoch keine Mindestzugehörigkeit zu dem Schiff bzw zum Seebetrieb zu erfüllen. Stattdessen muss

der Wahlbewerber am Tage der Wahl mindestens ein Jahr Besatzungsmitglied eines Schiffes gewesen sein, das nach dem Flaggenrechtsgesetz die Bundesflagge führt (zum Recht der Flaggenführung vgl § 114 Rn 30). Trotz des insoweit nicht ganz eindeutigen Wortlauts der Vorschrift (der Begriff Schiff verweist auf die gesetzliche Definition des § 114 Abs 4, die Hinzufügung des weiteren Halbsatzes über die Flaggenführung ist überflüssig und lässt Zweifel zu) muss im Interesse der einheitlichen Begriffsbildung davon ausgegangen werden, dass die notwendige Fahrzeit auf einem Kauffahrteischiff iS des § 114 Abs 4 und nicht auf anderen Seeschiffen, die die Bundesflagge führen, abgeleistet sein muss <L: GK/*Franzen* § 115 Rn 9>. Der Nachweis der einjährigen Fahrzeit wird durch die Dienstbescheinigung gem § 33 SeeArbG erbracht. Entgg der insoweit ebenfalls unglücklichen Gesetzesfassung ist es nicht erforderl, dass die einjährige Fahrzeit auf demselben Schiff abgeleistet wurde; es genügen Fahrzeiten auf irgendwelchen Kauffahrteischiffen unter deutscher Flagge <L: GK/*Franzen* § 115 Rn 9>. Die Regelung will einerseits dem häufigen Schiffwechsel der Seeleute Rechnung tragen. Andererseits soll mit der Beschränkung der Anrechenbarkeit auf Seefahrtzeiten unter deutscher Flagge erreicht werden, dass das Bordvertreteramt von solchen Besatzungsmitgliedern ausgeübt wird, die neben allg seemännischen Erfahrungen auch über Grundkenntnisse in der Anwendung deutschen Seearbeits- und Seesozialrechts verfügen (vgl die Begründung des BT-Ausschusses für Arbeit und Sozialordnung, zu BT-Drs VI/2729, S 33). Für die Bemessung der Fahrzeit ist ebenfalls die rechtl Zugehörigkeit des Besatzungsmitgliedes zur Schiffsbesatzung maßgebend (vgl Rn 6ff). Vorübergehende Dienstunterbrechungen haben deshalb außer Betracht zu bleiben; längere Urlaubszeiten dagg sind bei der Fahrzeit nicht zu berücksichtigen. Nicht erforderl ist, dass die einjährige Fahrzeit zusammenhängend absolviert wurde. Es zählen auch Fahrzeiten vor Vollendung des 18. Lebensjahres sowie solche, die auf Schiffen erfolgt sind, auf die nach § 114 Abs 4 S 2 die Sonderregelungen über die Seeschifffahrt keine Anwendung finden.

Entspr der allg Vorschrift des § 8 Abs 1 S 3, die ausdrücklich für anwendbar erklärt wird, ist nicht wählbar, wer infolge strafgerichtlicher Verurteilung die Fähigkeit, Rechte aus öffentlichen Wahlen zu erlangen, nicht besitzt. Nach § 2 Abs 2 WOS ist formelle Wählbarkeitsvoraussetzung die Eintragung in die Wählerliste. **13**

3. Zahl der Bordvertretungsmitglieder

Nach § 115 Abs 2 Nr 3 besteht die Bordvertretung mit in der Regel 5 bis 20 wahlberechtigten Besatzungsmitgliedern aus einer Person („Bordobmann"), mit 21 bis 75 aus 3, mit mehr als 75 aus 5 Mitgliedern. Damit ist ggü der allg Vorschrift des § 9 eine Reduzierung der Mitgliederzahl im Bereich ab 50 Beschäftigten erfolgt. Der Grund hierfür ist der iR der Bordgemeinschaft stets gegebene enge Kontakt der Besatzungsmitglieder untereinander, der es selbst auf Schiffen mit einer größeren Besatzungsstärke einer zahlenmäßig kleinen Bordvertretung ermöglicht, die notwendige persönliche Verbindung zu den einzelnen Besatzungsmitgliedern aufrechtzuerhalten. Da es jedoch in der deutschen Seeschifffahrt nur noch wenige Schiffe gibt, deren Besatzungsstärke die Zahl 50 überschreitet (Kreuzfahrtschiffe, Passagierschiffe, Fangfabrikschiffe), kommt der Sonderregelung in der Praxis nur eingeschränkte Bedeutung zu. **14**

Maßgebl für die Größe der Bordvertretung ist die Anzahl der wahlberechtigten Besatzungsmitglieder (Rn 6), die am Tage des Erlasses des Wahlausschreibens zur Besatzung **15**

§ 115   Bordvertretung

des Schiffes gehören (§ 5 Abs 2 Nr 3 WOS). Auszugehen ist von der regelmäßigen Beschäftigtenzahl (Rn 2); vorübergehende Veränderungen haben keinen Einfluss auf die Mitgliedsstärke. Sind an Bord nicht genügend wählbare Besatzungsmitglieder beschäftigt oder finden sich nicht genügend Wahlbewerber, so bemisst sich die Zahl der Bordvertretungsmitglieder gem § 11 nach der nächstniedrigeren Besatzungsstärke.

4. Zeitpunkt der Bordvertretungswahlen

16 Anders als die Betriebsratswahlen sind die Wahlen zur Bordvertretung nicht an kalendermäßig best Zeiträume gebunden. Die Vorschriften des § 13 Abs 1 und 3 finden keine Anwendung (§ 115 Abs 2 Nr 5 S 1). Der für die Betriebsratswahlen geltende dreijährige Wahlrhythmus musste im Hinblick auf die einjährige Amtszeit der Bordvertretung (§ 115 Abs 3 Nr 1) aufgegeben werden; die Bordvertretungswahlen ebenfalls auf einen best Zeitpunkt im Jahr zu fixieren, erschien wegen der traditionell starken Fluktuation der Besatzungsmitglieder und der dadurch regelmäßig notwendig werdenden vorzeitigen Neuwahlen nicht praktikabel. Außer nach Ablauf der einjährigen Amtszeit finden Neuwahlen nach § 115 Abs 2 Nr 5 S 2 lediglich in den Fällen des § 13 Abs 2 Nr 2 bis 5 statt: Absinken unter die vorgeschriebene Zahl der Bordvertretungsmitglieder (§ 13 Abs 2 Nr 2), etwa deshalb, weil die Mitgliedschaft in der Bordvertretung nach § 115 Abs 3 Nr 2 geendet hat (vgl Rn 37), Rücktritt der Bordvertretung mit der Mehrheit ihrer Mitglieder (§ 13 Abs 2 Nr 3), erfolgreiche Anfechtung der Bordvertretungswahl (§ 13 Abs 2 Nr 4) und Auflösung durch gerichtliche Entscheidung (§ 13 Abs 2 Nr 5); zu den Gründen im einzelnen vgl § 13 Rn 7ff. Dagg ist auf Bordvertretungswahlen die Vorschrift des § 13 Abs 2 Nr 1 (Neuwahl wegen starker Veränderung der Beschäftigtenzahl binnen eines Zeitraumes von 18 Monaten) nicht anwendbar: Der Grund hierfür ist zum einen die kürzere Amtszeit der Bordvertretung, im Wesentlichen aber die Tatsache, dass die Besatzungsstärke wegen der zwingenden Besetzungsvorschriften (Rn 2) aus Sicherheitsgründen ständig nahezu konstant bleibt. Schließlich findet auch § 13 Abs 2 Nr 6 für Bordvertretungswahlen keine Anwendung. Von der Übernahme dieser Bestimmung konnte abgesehen werden, da für die Wahlen zur Bordvertretung, anders als bei den Betriebsratswahlen in § 13 Abs 1, kein best Zeitpunkt vorgesehen ist.

5. Wahlvorschriften

a) Geltung der allgemeinen Regeln

17 Für die Durchführung der Bordvertretungswahl gelten die allg Wahlvorschriften des § 14. Auch die Bordvertretung wird nach § 14 Abs 1 in geheimer und unmittelbarer Wahl gewählt. Es gelten auch die Grundsätze gleicher, allg und freier Wahl (§ 14 Abs 5 ff).

18 Nach § 14 Abs 2 gilt der Grds der Verhältniswahl. Mehrheitswahl findet statt, wenn nur ein Wahlvorschlag eingereicht wird (§§ 21 ff und 24 ff WOS).

19 Wahlvorschläge können die wahlberechtigten Besatzungsmitglieder und die an Bord vertretenen Gewerkschaften machen (§ 14 Abs 3). Für Wahlvorschläge der wahlberechtigten Besatzungsmitglieder gilt der durch das Betriebsrätemodernisierungsgesetz neu gefasste § 14 Abs 4. Danach bedarf es auf Schiffen mit in der Regel bis zu 20 wahlberechtigten Besatzungsmitgliedern keiner Unterzeichnung von Wahlvorschlägen mehr. Wahlvor-

III. Wahl und Zusammensetzung der Bordvertretung   § 115

schläge in Betrieben mit in der Regel 21 bis 100 wahlberechtigten Besatzungsmitgliedern müssen von mindestens zwei wahlberechtigten Besatzungsmitgliedern unterzeichnet sein, solche auf Schiffen mit in der Regel mehr als 100 wahlberechtigten Besatzungsmitgliedern von mindestens einem zwanzigstel der wahlberechtigten Besatzungsmitglieder. In jedem Fall genügt die Unterzeichnung durch 50 wahlberechtigte Besatzungsmitglieder. Nach § 14 Abs 5 müssen Wahlvorschläge von Gewerkschaften von zwei Beauftragten unterzeichnet worden sein.

b) Abgekürztes Wahlverfahren

Wegen der engen Bordgemeinschaft und der damit verbundenen jederzeitigen Erreichbarkeit aller Beteiligten ermöglicht § 115 Abs 2 Nr 6 die Abkürzung der Wahl der Bordvertretung auf einen Zeitraum von 24 Stunden, § 14a findet daneben keine Anwendung <L: Richardi/*Forst* § 115 Rn 34>. Das gilt sowohl für die erstmalige als auch für jede nachfolgende Bordvertretungswahl <L: GK/*Franzen* § 115 Rn 16>. 20

Voraussetzung ist, dass die wahlberechtigten Besatzungsmitglieder (Rn 6) mit der Mehrheit aller Stimmen das abgekürzte Wahlverf beschließen. Für die Beschlussfassung ist damit weder die Mehrheit der abgegebenen Stimmen noch die Stimmenmehrheit der Bordanwesenden ausreichend <L: Richardi/*Forst* § 115 Rn 26; GK/*Franzen* § 115 Rn 16>. Der Anstoß zur abgekürzten Wahl kann von jedem wahlberechtigten Besatzungsmitglied, aber auch vom Kapitän oder einer an Bord vertretenen Gewerkschaft ausgehen <L: Richardi/*Forst* § 115 Rn 25; GK/*Franzen* § 115 Rn 16>. Die Abstimmung braucht nicht geheim durchgeführt zu werden. Sie kann der Bestellung des Wahlvorstandes vorausgehen oder folgen, wobei für die Abstimmung selbst die Bildung eines förmlichen Wahlvorstandes nach §§ 17, 115 Abs 2 Nr 8 nicht erforderl ist. Die Abstimmung muss spätestens bis zum Erlass des Wahlausschreibens erfolgt sein, da gem § 5 Abs 1 S 2 WOS mit diesem Zeitpunkt das normale Wahlverf mit den hierfür maßgeblichen Fristen eingeleitet ist <L: Richardi/*Forst* § 115 Rn 25; **aM** GK/*Franzen* § 115 Rn 16>. 21

Für die verkürzte Wahl gelten mit den Modifikationen des § 31 WOS die allg Bordvertretungs-Wahlvorschriften der §§ 1 bis 30 WOS. Falls sich der Ablauf aus zwingenden Gründen verzögert, etwa wegen stärkerer dienstlicher Inanspruchnahme der Besatzungsmitglieder zwecks Aufrechterhaltung des ordnungsgemäßen Schiffsbetriebs, ist die Wahl nach § 31 Nr 4 WOS dennoch zu Ende zu führen. 22

6. Bestellung des Wahlvorstandes

a) Bei bestehender Bordvertretung

Die allg Vorschriften über die Bestellung des Wahlvorstandes sind für die Bordvertretungswahlen zum Teil modifiziert worden. Zunächst ist nach § 115 Abs 2 Nr 7 die sechswöchige Frist des § 16 Abs 1 S 1, innerhalb derer ein aus dem Amt ausscheidender BR einen Wahlvorstand für die Durchführung von Neuwahlen einzusetzen hat, für die Bordvertretung auf zwei Wochen herabgesetzt. Dies ist im Hinblick auf die allg verkürzten Fristen für die einzelnen Stufen der Bordvertretungswahl geschehen (vgl §§ 6 Abs 1, 7 Abs 1, 11 Abs 2 WOS), die gewährleisten, dass eine Wahl stets binnen einer Woche abgeschlossen ist. Endet die Amtszeit der Bordvertretung aus den in § 13 Abs 2 Nr 2 und 3 genannten Gründen vorzeitig, so führt die ausscheidende Bordvertretung die Geschäfte 23

§ 115 Bordvertretung

gem § 22 vorläufig weiter. Hier muss die Bordvertretung jedoch ebenfalls binnen der Zwei-Wochen-Frist des § 115 Abs 2 Nr 7 iVm § 16 Abs 1 vor Beendigung der Amtszeit den Wahlvorstand bestellen. Bei Beendigung der Amtszeit infolge Wahlanfechtung (§ 13 Abs 2 Nr 4) richtet sich die Bestellung des Wahlvorstandes nach § 115 Abs 2 Nr 8 iVm § 17, bei der Beendigung infolge Auflösung durch arbeitsgerichtl Entscheidung (§ 13 Abs 2 Nr 5) nach § 23 Abs 2.

24 Hat die Bordvertretung es pflichtwidrig unterlassen, einen Wahlvorstand zu bestellen, so gilt zunächst § 115 Abs 2 Nr 8 S 1 iVm § 17 Abs 3: Der Wahlvorstand wird in einer Bordversammlung, zu der drei wahlberechtigte Besatzungsmitglieder oder einer an Bord vertretenen Gewerkschaften einladen können, von der Mehrheit der anwesenden Besatzungsmitglieder gewählt.

25 Wenn aus Gründen der Aufrechterhaltung des ordnungsgemäßen Schiffsbetriebs eine Bordversammlung nicht stattfinden kann, ist der Kapitän nach § 115 Abs 2 Nr 8 S 2 berufen, auf Antrag von drei wahlberechtigten Besatzungsmitgliedern den Wahlvorstand zu bestellen. Die Entscheidung darüber, ob der ordnungsgemäße Schiffsbetrieb die Durchführung einer Bordversammlung zulässt, hat der Kapitän als Verantwortlicher für die Erhaltung der Sicherheit und Ordnung an Bord (vgl § 132 SeeArbG) nach pflichtgemäßem Ermessen zu treffen. Der ordnungsgemäße Ablauf des Schiffsbetriebs ist allerdings nicht bereits dadurch gefährdet, dass die Besatzungsmitglieder wegen der Teilnahme an der Bordversammlung gehindert sind, ihre sonstigen Arbeiten zu verrichten. Dies ist erst dann der Fall, wenn die Anwesenheit der überwiegenden Anzahl der Besatzungsmitglieder an ihren jeweiligen Arbeitsplätzen aus dringlichen schiffsbetriebsbedingten Gründen erforderl ist, zum Bsp beim Lösch- oder Ladearbeiten oder Seeklarmachen des Schiffes, Ein- oder Auslaufen oder Verholen des Schiffes, Nebel- oder Sturmfahrt, Revierfahrt bzw Fahrt auf stark befahrenen Schifffahrtswegen, Beendigung von dringenden Instandsetzungsarbeiten <L: GK/*Franzen* § 115 Rn 21>. Wenn dagg nur wenige Besatzungsmitglieder aufgrund des Dienstbetriebs für die Bordversammlung nicht abkömmlich sind (zB die Wachgänger auf der Brücke und in der Maschine), liegt kein Fall des § 115 Abs 2 Nr 8 S 2 vor. Andernfalls könnte der Wahlvorstand während der Reise stets nur vom Kapitän bestellt und nicht – wie vom Gesetzgeber in erster Linie vorgesehen – von der Bordversammlung gewählt werden. Sofern die Voraussetzungen für die Bestellung des Wahlvorstandes durch den Kapitän erfüllt sind, besteht nach dem eindeutigen Wortlaut des § 115 Abs 2 Nr 8 S 2 („kann") für diesen keine Verpflichtung, die Bestellung vorzunehmen. Bestellt der Kapitän den Wahlvorstand, so kann er dessen Mitglieder nach freiem Ermessen bestimmen. In analoger Anwendung des § 16 Abs 2 S 2 können zwar die Antragsteller Vorschläge für die Zusammensetzung des Wahlvorstandes machen; der Kapitän ist aber ebenso wenig wie das ArbG im Falle des § 16 Abs 2 S 2 an die im Antrag genannten Besatzungsmitglieder gebunden (vgl § 16 Rn 20) <L: GK/*Franzen* § 115 Rn 21>.

26 Bestellt der Kapitän den Wahlvorstand nicht, so ist nach § 115 Abs 2 Nr 8 S 3 der Seebetriebsrat berechtigt, einen Wahlvorstand einzusetzen. Damit erwächst dem Seebetriebsrat das Initiativrecht immer erst dann, wenn zunächst der Kapitän zur Bestellung befugt war und dieser von seinem Recht keinen Gebrauch macht, sei es durch ausdrückliche Ablehnung oder durch Nichtausübung des Einsetzungsrechts innerhalb einer angemessenen Frist <L: GK/*Franzen* § 115 Rn 22>. Ein erneuter Antrag von drei Besatzungsmitgliedern ist nicht erforderl. Die Einsetzung des Wahlvorstandes durch den Seebetriebsrat kann

III. Wahl und Zusammensetzung der Bordvertretung § 115

auch auf dem Funkweg oder über Satellit erfolgen (vgl Rn 43). Stets lebt aber das Wahlrecht der Bordversammlung (vgl Rn 23) wieder auf, wenn zwischenzeitlich der – meist nur vorübergehende – Hinderungsgrund für die Durchführung einer Bordversammlung entfallen und eine Bestellung des Wahlvorstandes durch die Ersatzorgane Kapitän und Seebetriebsrat noch nicht erfolgt ist. Haben der Kapitän oder der Seebetriebsrat ohne Beachtung der ihnen zugewiesenen Rangfolge <L: GK/*Franzen* § 115 Rn 25> oder ohne einen entspr Antrag von drei Wahlberechtigten (Rn 25) einen Wahlvorstand eingesetzt, so ist die Bestellung unwirksam; in diesem Fall bleibt der Bordversammlung das Recht zur Wahl des Wahlvorstandes stets erhalten.

Nach § 115 Abs 2 Nr 8 S 4 bleiben die Vorschriften über die Bestellung des Wahlvorstandes durch das ArbG unberührt. Haben die mögl Wege zur Bestellung des Wahlvorstandes eine Woche vor Ablauf der Amtszeit der Bordvertretung nicht zur Bestellung eines Wahlvorstandes geführt, bestellt ihn das ArbG auf Antrag von mindestens drei Wahlberechtigten oder einer an Bord vertretenen Gewerkschaft (§ 16 Abs 1 S 1 iVm § 115 Abs 2 Nr 7): Angesicht der Zuständigkeit des ArbG des Heimathafens (Rn 78) ist diese Regelung nur ausnahmsweise praktikabel. Sofern nach Anrufung des ArbG, aber noch vor Rechtskraft des Beschlusses über die Bestellung des Wahlvorstandes zwischenzeitlich die Bordversammlung, der Kapitän bzw der Seebetriebsrat einen Wahlvorstand eingesetzt hat, wird das Beschlussverf gegenstandslos. 27

b) Bei fehlender Bordvertretung

Besteht auf dem Schiff keine Bordvertretung, so wird der Wahlvorstand nach § 115 Abs 2 Nr 8 iVm § 17 Abs 1 und 2 durch die Bordversammlung gewählt. Zu dieser können drei wahlberechtigte Besatzungsmitglieder oder eine an Bord vertretene Gewerkschaft einladen (§ 17 Abs 3). Wenn aus Gründen der Aufrechterhaltung des ordnungsgemäßen Schiffsbetriebs eine Bordversammlung nicht stattfinden kann, so besteht auch hier das Recht des Kapitäns und subsidiär des Seebetriebsrats, den Wahlvorstand zu bestellen (vgl Rn 25, 26). Findet trotz Einladung durch drei wahlberechtigte Besatzungsmitglieder oder durch eine an Bord vertretene Gewerkschaft keine Bordversammlung statt oder wählt die Bordversammlung keinen Wahlvorstand, und bestellen auch Kapitän und Seebetriebsrat den Wahlvorstand nicht, so bestellt auch ihn das ArbG auf Antrag (§ 115 Abs 2 Nr 8 S 4 iVm § 17 Abs 4). 28

7. Wahlanfechtung

Die Zwei-Wochen-Frist des § 19, binnen derer die Bordvertretungswahl angefochten werden kann (vgl hierzu im einzelnen § 19 Rn 20 ff), beginnt gem § 115 Abs 2 Nr 9 für die anfechtungsberechtigten Besatzungsmitglieder an Bord, wenn das Schiff nach Bekanntgabe des Wahlergebnisses (§ 17 Abs 2 WOS) erstmalig einen deutschen Hafen [*oder einen ausländischen Hafen, in dem ein deutsches Seemannsamt seinen Sitz hat,*] anläuft. Nach § 187 Abs 1 BGB beginnt die Anfechtungsfrist mit dem Tage, der auf den Tag des Einlaufens in den Hafen folgt. Entspr der Vorschrift des § 116 Abs 3 Nr 7 S 2 gelten die Schleusen des Nord-Ostsee-Kanals nicht als Häfen im Sinne dieser Bestimmung <L: GK/*Franzen* § 115 Rn 28>. Dadurch wird die Anfechtung auch bei den während der Schiffsreise durchgeführten Wahlen ermöglicht, bei denen sonst das ArbG nicht mehr rechtzeitig angerufen werden könnte. 29

§ 115   Bordvertretung

30 Die in § 115 Abs 2 Nr 9 vorgesehene **Zuständigkeit des Seemannsamts ist entfallen.** Seemannsämter waren nach § 9 Nr 2 Seemannsgesetz im Inland die von den Landesregierungen als solche eingerichteten Verwaltungsbehörden, im Ausland die vom Auswärtigen Amt best diplomatischen und konsularischen Vertretungen der Bundesrepublik Deutschland einschließl der Honorar-Konsularbeamten. Das Seemannsgesetz und damit dessen § 9 ist aber durch Art 7 Abs 4 des Gesetzes zur Umsetzung des Seearbeitsübereinkommens vom 20.4.2013 (BGBl I 868) mit Wirkung vom 1.8.2013 aufgehoben worden. Damit ist die bundesrechtl Rechtsgrundlage der Seemannsämter entfallen. Auf diese aber beziehen sich die anderen bundesrechtl Regelungen, welche den Seemannsämtern Zuständigkeiten zuweisen <L: s für das Parallelproblem des § 111 Abs 1 S 2 ArbGG AR/*Reinfelder* § 111 ArbGG Rn 1>. Davon auszugehen, dass § 115 Abs 2 Nr 9 seit der Reform des Seearbeitsrechts eine § 9 Nr 2 Seemannsgesetz entspr Regelung „immanent" ist <L: GK/*Franzen* § 115 Rn 29; ähnl Richardi/*Forst* § 115 Rn 37>, ist nicht zu folgen. Den auf die Seemannsämter bezugnehmenden bundesrechtl Vorschriften kann nicht unterstellt werden, dass sie dem Landesrecht oder dem Kommunalrecht die Bestimmung der zuständigen Behörden überlassen wollen. Soll § 115 Abs 2 Nr 9 wieder in Funktion gesetzt werden, ist dafür eine neue bundesgesetzl Regelung erforderl, über die derzeit zwischen der Berufsgenossenschaft Verkehr und dem BMAS auch verhandelt wird <L: Auskunft des Verbands Deutscher Reeder (Frau Petersen) vom 12.11.2019; vom BMAS war trotz mehrmaliger Nachfrage keine Auskunft zu erhalten>.

31 Keine Geltung hat der verspätete Fristenbeginn nach dem eindeutigen Wortlaut des Gesetzes für die sonstigen Anfechtungsberechtigten nach § 115 Abs 2 Nr 9 iVm § 19, nämlich die zur Schiffsbesatzung gehörenden Besatzungsmitglieder, die sich an Land befinden (vgl Rn 6), die an Bord vertretenen Gewerkschaften (vgl § 114 Rn 57ff) sowie den Kapitän bzw das Seeschifffahrtsunternehmen <L: ebenso GK/*Franzen* § 115 Rn 27; anders bzgl des Kapitäns: Richardi/*Forst* § 115 Rn 36>. Abgesehen davon, dass dem Kapitän die Anfechtung jedenfalls mittels Funk mögl sein dürfte, wäre die Einbeziehung der anderen Anfechtungsberechtigten in die Fristverlängerung geboten gewesen, da bei fehlenden Wahlunterlagen bzw bei mangelnder Gelegenheit zur Erklärung der Anfechtung die Fristnot auch für diese Berechtigten eintreten kann.

32 Für die Wahlanfechtung selbst gelten die Vorschriften des § 19. Nach dem durch das Betriebsrätemodernisierungsgesetz in die Vorschrift eingefügten Abs 3 ist eine Anfechtung wegen Unrichtigkeit der Wählerliste nur noch eingeschränkt möglich (§ 19 Rn 33ff).

33 Mit dem Wegfall der Rechtsgrundlage der Seemannsämter ist auch die in § 115 Abs 2 Nr 9 S 2 bis 4 vorgesehene Möglichkeit entfallen, die Anfechtung zu Protokoll des Seemannsamts zu erklären. Mögl ist aber die Erklärung der Anfechtung zu Protokoll des ArbG nach § 81 Abs 1 ArbGG. Dabei genügt auch die Erklärung bei einem örtlich unzuständigen ArbG. Dieses hat die Erklärung gem § 48 Abs 1 ArbGG iVm § 17a GVG an das örtlich zuständige ArbG zu verweisen. Die Erklärung zu Protokoll des örtlich unzuständigen ArbG wahrt die Anfechtungsfrist. Es gilt insoweit nichts anderes als bei der Verweisung nach § 281 ZPO <R: vgl BGH 20.2.1986, III ZR 232/84, NJW 1986, 2255; L: *Saenger* ZPO, Beck-Online, 8. Aufl 2019, § 281 Rn 21>.

IV. Amtszeit der Bordvertretung

1. Regelmäßige Amtszeit

Die Bestimmungen über die Amtszeit des BR mit Ausnahme der Zeiten eines Übergangs- oder Restmandats (§§ 21, 22 bis 25) sind auch auf die Amtszeit der Bordvertretung anzuwenden. Abweichungen ergeben sich in folgenden Bereichen: Die regelmäßige Amtszeit der Bordvertretung beträgt anders als im § 21 S 1 nur ein Jahr. Die Verkürzung rechtfertigt sich aus den Besonderheiten des Bordbetriebes. Nach dem Ausscheiden aus dem Borddienst eines Schiffes (zB infolge Antritts des Jahresurlaubs) kehrt das Besatzungsmitglied infolge zentraler Personaleinsatzplanung im Regelfall nicht auf dasselbe Schiff, sondern auf ein anderes Schiff des Unternehmens zurück, auf dem Personalablösungen notwendig werden. Die Jahresfrist vermeidet daher, dass die Amtszeit der Bordvertretung und die Bordanwesenheit der Mehrzahl der Besatzungsmitglieder, von deren Vertrauen die Bordvertretung getragen wurde, auseinanderfallen. 34

Die Amtszeit der Bordvertretung beginnt mit der Bekanntgabe des Wahlergebnisses (§ 17 Abs 3 WOS) oder, wenn zu diesem Zeitpunkt noch eine Bordvertretung besteht, mit Ablauf von deren Amtszeit (§ 21 S 2). Die Bestimmungen der Sätze 2 und 4 des § 21 über das Amtszeitende haben für die Bordvertretung keine Bedeutung, da Bordvertretungswahlen in regelmäßigen Wahlzeiträumen mit gesetzl Endterminen nicht vorgeschrieben sind (§ 115 Abs 2 Nr 5, vgl Rn 16). Die Amtszeit endet vorzeitig bei Vorliegen einer der Gründe des § 13 Abs 2 Nr 2 bis 5 (vgl Rn 16) und bei Verbringen des Schiffes unter eine ausländische Flagge (vgl § 114 Rn 33 ff). 35

2. Erlöschen der Mitgliedschaft

Die Mitgliedschaft in der Bordvertretung erlischt aus den in § 24 Abs 1 aufgezählten Gründen: Ablauf der Amtszeit, Niederlegung des Amtes, Beendigung des Heuerverhältnisses, Verlust der Wählbarkeit, Ausschluss aus der Bordvertretung oder nachträgliche Aberkennung der Wählbarkeit. Für die nur im arbeitsgerichtlichen Beschlussverfahren herbeizuführenden Beendigungsfälle Ausschluss aus der Bordvertretung und nachträgliche Aberkennung der Wählbarkeit kann dabei die Möglichkeit der Verhandlung im Wege der Bild- und Tonübertragung nach § 128a ZPO genutzt werden <L: vgl AR/*Schütz* § 46 ArbGG Rn 6>. Ist die Mitgliedschaft durch Beendigung des Heuerverhältnisses erloschen, lebt sie auch dann nicht wieder auf, wenn das Besatzungsmitglied noch während der Amtszeit der Bordvertretung an Bord desselben Schiffes zurückkehrt. 36

Zusätzl zu den in § 24 Abs 1 genannten Gründen erlischt die Mitgliedschaft in der Bordvertretung, wenn das Besatzungsmitglied (bei weiterbestehendem Heuerverhältnis) den Dienst an Bord beendet, es sei denn, es tritt den Dienst vor Ablauf der Amtszeit der Bordvertretung wieder an (§ 115 Abs 3 Nr 2). Voraussetzung für eine solche Dienstbeendigung ist eine im Zeitpunkt des Ausscheidens beabsichtigte **endgültige** Ablösung von Bord <L: GK/*Franzen* § 115 Rn 34; Richardi/*Forst* § 115 Rn 46>. Die aktuelle Verpflichtung, an Bord dieses Schiffes Dienst zu tun, muss enden. Dies ist regelmäßig der Fall bei einer Ablösung wegen Antritts des Jahresurlaubs (vgl Rn 9) und wegen Umsetzung auf ein anderes Schiff, nicht aber bei Krankheit <R: ArbG Hamburg 11.4.1980, S 15 Ca 18/80, nv> oder Kurzurlaub. Bei einer vorübergehenden Abwesenheit bleibt die Mitgliedschaft in 37

§ 115 Bordvertretung

der Bordvertretung bestehen, während der Abwesenheit vertritt ein Ersatzmitglied den Abwesenden (§ 25 Abs 1 S 2). Bei einer endgültigen Ablösung von Bord endet die Mitgliedschaft in der Bordvertretung entgg dem missverständlich formulierten Wortlaut im § 115 Abs 3 Nr 2 nicht erst nach Ablauf der Amtszeit der Bordvertretung, wenn endgültig feststeht, dass das ausgeschiedene Mitglied nicht innerhalb dieser Zeit zurückgekehrt ist, sondern bereits mit seinem Ausscheiden <L: ebenso GK/*Franzen* § 115 Rn 34>. Eine andere Auslegung wäre nicht nur impraktikabel, sondern würde auch dem Gedanken, die Stetigkeit der Arbeit der Betriebsverfassungsorgane zu sichern, widersprechen. Im Fall einer Beendigung des Dienstes an Bord übernimmt daher regelmäßig ein Ersatzmitglied vorläufig die Stelle des Ausgeschiedenen; kehrt dieser während der Amtszeit zurück, tritt er in seine Funktionen als Mitglied der Bordvertretung wieder vollen Umfangs ein.

38 Sinkt die Zahl der Bordvertretungsmitglieder infolge der Beendigung der Borddienstzeit eines Mitgliedes mangels Ersatzmitgliedern unter die gesetzl Mindestzahl, so liegt ein Fall des § 13 Abs 2 Nr 2 vor; eine neue Bordvertretung ist zu wählen (Rn 16). Die bisherige Bordvertretung mit der verminderten Anzahl von Bordvertretungsmitgliedern bleibt bis zum Abschluss der Neuwahl im Amt, längstens jedoch bis zum Ablauf der regulären Amtsperiode. Die erste Bordvertretung lebt auch dann nicht wieder auf, wenn inzwischen eine neue Bordvertretung gewählt ist und das ausgeschiedene Mitglied vor dem (theoretischen) Ende der Amtszeit der ersten Bordvertretung den Borddienst wieder antritt.

V. Geschäftsführung der Bordvertretung

1. Allgemeines

39 Nach § 115 Abs 4 gelten für die Geschäftsführung der Bordvertretung grds die allg Vorschriften der §§ 26 bis 36, 37 Abs 1–3 sowie der §§ 39 bis 41. Dabei sind die durch das Betriebsrätemodernisierungsgesetz vom 14.6.2021 (BGBl I 1762) erfolgten Änderungen dieser Vorschriften zu beachten. Insbesondere kann nunmehr gem § 130 Abs 2 auch die Teilnahme an einer Sitzung der Bordvertretung mittels Video- und Telefonkonferenz erfolgen. Dies kann auf großen Schiffen für solche Besatzungsmitglieder praktisch sein, die an vom Sitzungsort entfernten Positionen beschäftigt sind. Nicht anwendbar sind jedoch diejenigen Regelungen, denen allg seebetriebsverfassungsrechtl Grundsätze bzw Besonderheiten des Schiffsbetriebs entgegenstehen (Rn 40). Ergänzt werden die allg Vorschriften durch § 115 Abs 4 S 2 sowie § 116 Abs 3 Nr 5 (vgl Rn 42 u 43 ff). Bzgl der verbleibenden allg Bestimmungen wird auf die dortigen Kommentierungen verwiesen.

40 Von der Anwendung ausgeschlossen sind die Vorschriften über Betriebsausschüsse sowie weitere Ausschüsse (§§ 27 Abs 1 bis 3, 28), da die Bordvertretung nach § 115 Abs 2 Nr 3 höchstens aus fünf Mitgliedern besteht und Ausschüsse erst gebildet werden können, wenn der BR mindestens neun Mitglieder hat (§ 27 Abs 1 S 1). Auf Schiffen mit mehr als 100 Besatzungsmitgliedern ist aber die Übertragung von Aufgaben auf Arbeitsgruppen (§ 28a) mögl. Die Bestimmungen über Jugend-/Ausbildungsvertretungen gelten nicht, weil nach § 114 Abs 5 auf Schiffen keine solche Vertretungen gebildet werden. Hingg sind die Regelungen über die Schwerbehindertenvertretung (§§ 29 Abs 2 S 4, 32) anwendbar, sofern auf dem Schiff mindestens fünf seediensttaugliche Schwerbehinderte beschäftigt sind und diese gem § 177 SGB IX eine Schwerbehindertenvertretung gewählt haben (s auch noch § 116 Rn 28).

Ausdrücklich ausgenommen ist die Bordvertretung aus den allg Bestimmungen über die finanzielle und berufliche Sicherung der BR-Mitglieder (§ 115 Abs 4 iVm § 37 Abs 4 und 5). Da die Bordvertretung aber unter die Schutzvorschriften des § 78 fällt, wonach Amtsträger in der Ausübung ihrer Tätigkeit nicht gestört oder behindert und wegen ihrer Tätigkeit auch in ihrer beruflichen Entwicklung nicht benachteiligt oder begünstigt werden dürfen, bezieht sich die Ausnahmeregelung nur auf den einjährigen Zeitraum nach Beendigung der Amtszeit. Der Grund für den Ausschluss der nachfolgenden Sicherung ist die kürzere – infolge der Fluktuation regelmäßig sogar unter sechsmonatige – Amtszeit der Bordvertretung und der daraus sonst resultierenden Vervielfachung der Anzahl von anspruchsberechtigten Bordvertretungsmitgliedern im Verhältnis zu BR-Mitgliedern bei vergleichbarer Betriebsgröße in einem Landbetrieb. Dies ist ebenfalls der Grund für die Herausnahme der Bordvertretung aus den Bestimmungen über die Teilnahme an Schulungs- und Bildungsveranstaltungen (§ 115 Abs 4 iVm § 37 Abs 6 und 7) <L: ebenso GK/*Franzen* § 115 Rn 35; **aM** Richardi/*Forst* § 115 Rn 57>. Schließlich ist für die Bordvertretung ausdrücklich abbedungen die Regelung des § 38 über die ständige Freistellung, der im Hinblick auf die üblichen Besatzungsstärken deutscher Kauffahrteischiffe im Übrigen kaum praktische Bedeutung zugekommen wäre. Ausgeschlossen ist jedoch nur die ständige Freistellung von Bordvertretungsmitgliedern, nicht auch deren Freistellung von ihrer beruflichen Tätigkeit iR des § 37 Abs 2 (vgl § 37 Rn 38). Diese Vorschrift bleibt in vollem Umfang anwendbar <L: Richardi/*Forst* § 115 Rn 58>.

41

Ergänzt wird die Vorschrift des § 30 über die Betriebsratssitzungen durch § 116 Abs 3 Nr 5. Danach sind die Mitglieder des Seebetriebsrats berechtigt, an den Sitzungen der Bordvertretung teilzunehmen. Das Teilnahmerecht setzt keine Ladung durch die Bordvertretung voraus. Es kann jedoch nur bei Sitzungen ausgeübt werden, die während der Liegezeit des Schiffes in einem Hafen durchgeführt werden. Handelt es sich bei dem Liegeplatz um einen bundesdeutschen Hafen, so besteht das Teilnahmerecht bei jeder Sitzung (§ 116 Abs 3 Nr 5 und 6), in ausländischen Häfen jedoch nur nach Maßgabe des § 116 Abs 3 Nr 7 und 8 (vgl § 116 Rn 41). Damit der Seebetriebsrat von seinem Teilnahmerecht Gebrauch machen kann, sind ihm entspr § 31 Hs 2 der Zeitpunkt der Sitzung und die Tagesordnung von der Bordvertretung rechtzeitig mitzuteilen.

42

2. Beschleunigte Nachrichtenübermittlung

Die Verpflichtung des Kapitäns zur Bereitstellung der für die Amtsführung erforderl Informations-/Kommunikationstechnik (§ 40 Abs 2) wird durch § 115 Abs 4 S 2 ergänzt. Danach kann die Bordvertretung in dem für ihre Tätigkeit erforderl Umfang auch die für die Verbindung des Schiffes zur Reederei eingerichteten Mittel zur beschleunigten Übermittlung von Nachrichten in Anspruch nehmen. Hiermit wird der Bordvertretung die Benutzung von privaten Kommunikationsmitteln, die zwischen Reederei und Schiff bestehen, ermöglicht. Gemeint sind damit unter anderem Mobilfunkverbindungen und Telexverbindungen, auch über eine Reederei-Agentur. Die Benutzung dieser Nachrichtenmittel beschränkt sich nicht auf die Verbindung zwischen Bordvertretung und Reederei, sondern bezieht sich bei Erforderlichkeit auch auf andere Stellen, wie zB die Unterrichtung des Seebetriebsrats in den Fällen, in denen keine Einigung mit dem Kapitän erzielt werden

43

§ 115 Bordvertretung

konnte und die Angelegenheiten deshalb an den Seebetriebsrat abzugeben sind (§ 115 Abs 7 Nr 2), oder zwecks Kontaktaufnahme mit den zuständigen Behörden bei Fragen, die den Arbeitsschutz bzw die Schiffssicherheit betreffen (§ 115 Abs 7 Nr 7 iVm § 89).

44 Nicht erfasst wird von § 115 Abs 4 S 2 die allg Befugnis zur Teilnahme an der öffentlichen Telekommunikation, insbes am Mobilfunkverkehr. Sofern die Bordvertretung iR ihrer Aufgaben von diesem allg Recht Gebrauch macht, richtet sich die Kostentragungspflicht für die angefallenen Gebühren nach § 40 Abs 1 (vgl § 40 Rn 36 ff). Damit stellt sich anders als bei § 115 Abs 4 S 2 die Frage der Erforderlichkeit der Inanspruchnahme der öffentlichen Fernmeldeeinrichtungen nicht bereits bei der beabsichtigten Benutzung, sondern erst bei Prüfung der Frage, wem die entstandenen Kosten zur Last fallen. Sofern die Nutzung des öffentl Telekommunikationsverkehrs wesentlich teurer ist als die Nutzung der Telekommunikationsmittel des Schiffes, kommt eine Kostenerstattung regelmäßig nicht in Betracht.

VI. Bordversammlung

1. Allgemeines

45 An die Stelle der Betriebsversammlung tritt an Bord eines Seeschiffes die Bordversammlung der Besatzungsmitglieder. Für die Bordversammlung gelten die Vorschriften über die Betriebsversammlung (§§ 42 bis 46) entspr. Sie wird im Regelfall durch die Bordvertretung einberufen, unter den Voraussetzungen des § 116 Abs 3 Nr 6 bis 8 auch durch den Seebetriebsrat (vgl § 116 Rn 37). Auf See werden wegen des ständigen Wachdienstes auf der Brücke und gegebenenfalls in der Maschine regelmäßig nicht alle Besatzungsmitglieder teilnehmen können, also nur Teilversammlungen mögl sein (§ 42 Abs 1 S 3). Abteilungsversammlungen (etwa des Deck- oder Maschinenpersonals) sind zwar rechtl ebenfalls zulässig <L: ebenso GK/*Franzen* § 115 Rn 40>; sie werden aber wegen der relativ geringen Anzahl aller Besatzungsmitglieder an Bord, ihrer räumlichen wie organisatorischen Nähe und der gesetzl umschriebenen Themenstellung der in der Bordversammlung zu behandelnden Fragen, die den Gesamtbereich des Schiffes angehen, den Ausnahmefall bilden.

46 Leiter der Bordversammlung ist der Vors der Bordvertretung, in den Fällen des § 116 Abs 3 Nr 6 bis 8 der Vors des Seebetriebsrats. Teilnahmeberechtigt sind alle Besatzungsmitglieder. Sonstige an Bord beschäftigte Personen (vgl § 114 Rn 49) haben kein gesetzl Teilnahmerecht. Wohl aber können Beauftragte der an Bord vertretenen Gewerkschaften (vgl § 114 Rn 57) beratend teilnehmen, ein Recht, das aus praktischen Gründen nur bei Hafenliegezeiten des Schiffes ausgeübt werden kann.

47 Die Bordversammlungen finden auch im Hafen regelmäßig in den Betriebsräumen, also an Bord des Schiffes, statt. Dafür geeignete Messeräume sind der Bordvertretung zur Verfügung zu stellen. Soweit deren Benutzung aus betriebl Gründen (zB starke Lärmbelästigung wegen laufender Reparaturarbeiten) nicht mögl ist, kann die Bordversammlung im Hafen auch an Land in dafür geeigneten Räumlichkeiten durchgeführt werden. Evtl Mietkosten sind iR des Erforderlichen nach § 40 vom Reeder zu erstatten <L: GK/*Franzen* § 115 Rn 40>.

VI. Bordversammlung § 115

Nach dem Gesetz hat die Bordvertretung eine regelmäßige Bordversammlung einmal in **48** jedem Kalendervierteljahr einzuberufen (§ 43 Abs 1 S 1) und einen Tätigkeitsbericht zu erstatten. Zusätzl sind außerordentliche Bordversammlungen nach § 43 Abs 1 S 3 und Abs 3 unter den dort genannten Voraussetzungen möglich. Der gesetzl vorgeschriebene vierteljährliche Turnus für regelmäßige Bordversammlungen hat sich in der Schifffahrtspraxis nicht bewährt. De lege ferenda sollte geprüft werden, auf die konkrete Reise des Schiffes abzustellen, zumal diese die Zusammensetzung der Besatzung wie die Tätigkeit der Bordvertretung bestimmt.

Die regelmäßigen Bordversammlungen finden grds während der Arbeitszeit statt. Die **49** Vergütung der Arbeitszeit bestimmt sich für regelmäßige und außerordentliche Bordversammlungen nach § 44 analog. Die Bordvertretung setzt den Termin einer Bordversammlung nach pflichtgemäßem Ermessen fest, sie muss jedoch bei der Terminierung auf die Interessen eines reibungslosen Betriebsablaufs achten. Die Einberufung von Bordversammlungen zB bei Revierfahrten, Nebel- oder Sturmfahrten, beim Seeklarmachen und ähnl Vorgängen, die eine Anwesenheit der Mehrzahl der Besatzungsmitglieder an ihren Arbeitsplätzen notwendig macht, wäre durch das pflichtgemäße Ermessen nicht gedeckt.

2. Berichterstattung über Schiffsreise

Der Kapitän ist zu den Bordversammlungen unter Mitteilung der Tagesordnung einzuladen. Er kann zur Versammlung sprechen. Auf den Kapitän finden insoweit die Vorschriften über das Teilnahmerecht des AG in Betriebsversammlungen (§ 43 Abs 2; vgl dort Rn 8 ff) entspr Anwendung mit einigen Besonderheiten: Der Kapitän ist auf Verlangen der Bordvertretung zur Berichterstattung über die Schiffsreise und die damit zusammenhängenden Angelegenheiten verpflichtet (§ 115 Abs 5 S 2). Diese Verpflichtung trifft ihn in seiner arbeitgeberähnl Stellung als Betriebsverfassungsorgan und Partner der Bordvertretung (vgl § 114 Rn 55). Anders als in § 43 Abs 2 S 3 sieht das Gesetz daher nicht vor, dass er sich bei seiner Berichtspflicht (zB durch den Ersten Offizier) vertreten lassen könnte. Er ist daher auf entspr Verlangen der Bordvertretung zur persönlichen Berichterstattung und zu diesem Zweck auch zum persönlichen Erscheinen in der Bordversammlung verpflichtet <L: GK/*Franzen* § 115 Rn 41>. Daraus sowie aus dem Gebot der vertrauensvollen Zusammenarbeit (§ 2 Abs 1) folgt andererseits, dass bei der Terminierung von solchen Bordversammlungen, bei denen ein Bericht des Kapitäns erwartet wird, auf dessen sonstige dienstliche Inanspruchnahme Rücksicht zu nehmen ist. **50**

Der Bericht des Kapitäns hat sich auf die konkrete Schiffsreise und die damit zusammenhängenden Angelegenheiten zu erstrecken, er ist schiffsbezogen, nicht reedereibezogen. Schon hieraus folgt, dass er sich nicht auf die wirtschaftliche Lage und Entwicklung des Unternehmens oder des Seebetriebs beziehen kann. Die wirtschaftliche Lage einzelner Schiffe einer Reederei lässt sich vom Kapitän nicht sinnvoll beurteilen. Auch hierauf bezieht sich die Berichtspflicht deshalb nicht. Die weitergehende Informationsverpflichtung des AG im § 43 Abs 2 S 3 wird für den Bordbetrieb durch die insoweit engere Fassung des § 115 Abs 5 S 2 verdrängt <L: ebenso Richardi/*Forst* § 115 Rn 67; aM: GK/*Franzen* § 115 Rn 41, der unter Verkennung der erhebl praktischen Probleme, die mit der Einholung der entspr vollständigen Informationen durch den Kapitän beim Seeschifffahrtsunternehmen verbunden sind, eine weitergehende Berichtspflicht annimmt>. **51**

§ 115   Bordvertretung

52   Aus dem schiffs- und reisebezogenen Charakter des Kapitänsberichts rechtfertigt sich, dass § 115 Abs 5 S 2 im Gegensatz zu § 43 Abs 2 S 3 keine zeitliche Einengung der Berichterstattung auf einen Jahresbericht vorsieht. Die Eingrenzung folgt hier aus der Natur der Sache. Der Kapitän hat über die jeweilige konkrete Reise einmal zusammenhängend zu berichten und sich dabei zu der Schiffsroute, den zu befahrenden Gewässern, der Reisedauer, zu den Lade- und Löschhäfen sowie sonstigen Anlaufhäfen und etwaigen Besonderheiten der Reise zu äußern. Der Bericht hat sich auch auf den internen Arbeitsablauf des Bordbetriebs und die Personallage an Bord einschließl der Personalplanung zu erstrecken, soweit sie von Bord aus beeinflusst wird. Die Berichtspflicht besteht nicht, soweit durch die Mitteilung von Tatsachen oder Geschehensabläufen Betriebs- oder Geschäftsgeheimnisse gefährdet werden (§ 43 Abs 2 S 3 gilt insoweit entspr).

3. Beantwortung schiffsbezogener Fragen

53   Der Kapitän hat darüber hinaus Fragen zu beantworten. Ein Fragerecht hat jeder, der berechtigterweise an der Bordversammlung teilnimmt. Ergänzende Fragen zum Bordbetrieb sind bereits iR der allg Berichtspflicht des Kapitäns zulässig. Das Gesetz verpflichtet den Kapitän zusätzl zur Beantwortung von Fragen, die den Schiffsbetrieb, die Schiffsreise und die Schiffssicherheit betreffen. Der Schiffsbetrieb umfasst bereits die Schiffssicherheit und die Reiserouten. Die gesetzl Definition im § 115 Abs 7 Nr 5 S 3, die den Zuständigkeitsbereich der Bordvertretung umschreibt, gilt hier für die Begriffsabgrenzung entspr (vgl Rn 68 ff). Gemeint sind Bereiche, die über den internen Bordbetrieb hinausgehen und die das Schiff als Verkehrsmittel und seine Verkehrssicherheit betreffen (zB Ausrüstung des Schiffes mit Rettungsmitteln, seine Seetauglichkeit, Besetzung und Bemannung des Schiffes). Dies schließt Fragen nach der Ladung des Schiffes ein, soweit diese die Verkehrs- und Schiffssicherheit berührt. Die ausschließlich kommerzielle Seite des Schiffseinsatzes wird dagg von der Auskunftspflicht nicht erfasst <L: weiter GK/*Franzen* § 115 Rn 43>. Zu Fragen zB nach Einzelheiten einer Charterpartie, dem Inhalt eines Konnossements, dem Abschluss und Inhalt von Bunkerkontrakten, von Versicherungspolicen oder dem Ablauf eines Havarie-grosse-Verfahrens und ähnl Gegenständen besteht daher keine gesetzl Auskunftsverpflichtung ggü der Bordversammlung.

VII. Gesamt- und Konzernbetriebsrat

54   Wird im Seeschifffahrtsunternehmen ein GBR oder KBR errichtet, sind die in den §§ 47 bis 59 dem BR übertragenen Aufgaben ausschließlich dem Seebetriebsrat zugewiesen (§ 116 Abs 5). Die Bordvertretung hat in diesem Rahmen entspr ihrer auf den Bordbetrieb eines konkreten Schiffes zugeschnittenen Aufgaben keine Kompetenzen (§ 115 Abs 6).

VIII. Mitwirkung und Mitbestimmung der Bordvertretung

1. Allgemeines

55   § 115 Abs 7 enthält in seinen Nr 1 bis 7 die für die Bordvertretung maßgebl Abweichungen von den Vorschriften des Vierten Teils des Gesetzes über die Mitwirkungs- und Mit-

bestimmungsrechte der AN. Die Notwendigkeit für die Sonderregelung ergibt sich einerseits aus der Aufgabenteilung zwischen Seebetriebsrat und Bordvertretung, andererseits aus der regelmäßig bestehenden großen Entfernung zwischen Schiff und dem Ort, an dem das Seeschifffahrtsunternehmen seinen Sitz hat. Zuvor ist in § 115 Abs 7 S 1 klargestellt, dass auf die Bordvertretung der Katalog der individuellen und kollektiven Beteiligungsrechte der AN (§§ 74 bis 105) grds Anwendung findet; ausgenommen sind lediglich die Bestimmungen über wirtschaftliche Angelegenheiten (§§ 106 bis 113), die im Seebetrieb zentral für alle Schiffe ausschließlich durch den Seebetriebsrat wahrgenommen werden (vgl § 116 Abs 6). Sofern der BR aufgrund von Vorschriften außerhalb dieses Gesetzes Träger von Rechten und Pflichten ist, tritt die Bordvertretung iR ihrer Zuständigkeit an dessen Stelle (vgl Rn 4).

2. Zuständigkeit der Bordvertretung

Die Grundvorschrift über die Kompetenzen der Bordvertretung iR der zweigliedrigen Seebetriebsverfassung enthält § 115 Abs 7 Nr 1: Danach ist die Bordvertretung zuständig für die Behandlung derjenigen nach diesem Gesetz der Mitwirkung und Mitbestimmung des BR unterliegenden Angelegenheiten, die den **Bordbetrieb** oder die **Besatzungsmitglieder** des Schiffes betreffen und deren Regelung dem Kapitän aufgrund gesetzl Vorschriften oder der ihm übertragenen Befugnisse obliegt. Dagg ist der Seebetriebsrat nach § 116 Abs 6 Nr 1 zuständig für Angelegenheiten auf Seebetriebsebene, nämlich solche, die alle oder mehrere Schiffe des Seebetriebs oder die Besatzungsmitglieder aller oder mehrerer Schiffe des Seebetriebs betreffen bzw für die die Bordvertretung nicht zuständig ist. Damit stehen sich entspr dem im Seearbeitsrecht vorherrschenden Prinzip der Aufteilung der Arbeitgeberbefugnis auf den Reeder und Kapitän grds jeweils nur Kapitän und Bordvertretung sowie Reeder und Seebetriebsrat ggü <L: GK/*Franzen* § 115 Rn 45>. Zum **Bordbetrieb** gehört der gesamte Arbeits- und Betriebsablauf an Bord sowie die Schiffssicherheit, die Reiserouten, die voraussichtlichen Ankunfts- und Abfahrtszeiten sowie die zu befördernde Ladung, dh alle Vorgänge an Bord, die in § 115 Abs 7 Nr 5 unter dem Begriff „Schiffsbetrieb" zusammengefasst sind <L: aM bzgl des Schiffsbetriebs GK/*Franzen* § 115 Rn 49, der jedoch unberücksichtigt lässt, dass die Bordvertretung die ihr in § 115 Abs 7 Nr 5 und 7 übertragenen Beteiligungsrechte nicht ausüben könnte, wenn nicht sie, sondern der Seebetriebsrat nach § 116 Abs 6 Nr 1 lit c hierfür zuständig wäre>. **Besatzungsmitglieder** sind diejenigen Beschäftigten des Seebetriebs, die dem betreffenden Schiff zugeordnet sind. Die Zuordnung beginnt mit der Dienstaufnahme des Besatzungsmitgliedes an Bord und endet mit dessen Ablösung (vgl Rn 6 ff). 56

Auch soweit eine Angelegenheit allein den Bordbetrieb oder die Besatzungsmitglieder des Schiffes betrifft, ist die Zuständigkeit der Bordvertretung nach der ausdrücklichen Vorschrift des § 115 Abs 7 Nr 1 nur gegeben, wenn ihre Regelung aufgrund gesetzl Vorschriften oder der vom Reeder übertragenen Befugnisse in die Kompetenz des Kapitäns fällt. Die gesetzl Befugnisse des Kapitäns beruhen im Wesentlichen auf den Vorschriften des HGB (insbes § 479) und den einschlägigen Vorschriften des SeeArbG sowie denjenigen Bestimmungen, bei denen der Kapitän aufgrund seiner Arbeitgeberstellung an Bord neben dem Reeder zuständig ist, wie zB bei den Kündigungsregelungen der §§ 65 ff SeeArbG. Daneben ergeben sich weitere gesetzl Befugnisse des Kapitäns aus den zahlreichen öffentlich-rechtl Vorschriften, die Regelungen über Einrichtung, Ausrüstung, Besetzung, 57

§ 115 Bordvertretung

Bemannung, Krankenfürsorge, Verproviantierung, Schiffspapiere usw enthalten. Soweit aber nicht der Kapitän, sondern der Reeder an seiner Stelle in einer die Reeder betreffenden Angelegenheit tätig wird (entweder weil die Befugnisse des Kapitäns im Innenverhältnis beschränkt sind, oder weil neben dem Kapitän dem Reeder die Befugnisse ebenfalls zustehen wie bei der Kündigung eines Besatzungsmitglieds), ist für deren Behandlung nicht die Bordvertretung, sondern der Seebetriebsrat als Gesprächspartner der Reederei zuständig <L: KR/*Weigand* SeeArbG Rn 57; allg zur Zuständigkeitsabgrenzung Bordvertretung/Seebetriebsrat bei Kündigungen: *Lindemann* Die Beendigung des Arbeitsverhältnisses in der Seeschifffahrt, S 26 ff, 69 ff>. Sind einzelne Befugnisse des Kapitäns vom Reeder beschränkt, so muss die Bordvertretung dies ebenfalls gg sich gelten lassen. Insbes kann sie in solchen Bereichen nicht initiativ tätig werden, da der Kapitän etwaige Regelungen nur unter Verstoß gg seine Pflichten ggü dem Reeder treffen könnte <L: ebenso GK/*Franzen* § 115 Rn 50>.

3. Beilegung von Meinungsverschiedenheiten

58 Das Verf für die Beilegung von Streitigkeiten zwischen Kapitän und Bordvertretung in den der Mitwirkung und Mitbestimmung der Bordvertretung unterliegenden Angelegenheiten ist in § 115 Abs 7 Nr 2 für einen Teil der Fälle ggü der allg Vorschrift des § 76 abw geregelt. Kommt es in einer in den Zuständigkeitsbereich der Bordvertretung fallenden Angelegenheit (§ 115 Abs 7 Nr 1) trotz ernsthafter Bemühungen der Beteiligten an Bord nicht zu einer Einigung, so kann die Angelegenheit von der Bordvertretung nach einer entspr Beschlussfassung an den Seebetriebsrat abgegeben werden, der sich sodann in eigener Zuständigkeit mit dem Seeschifffahrtsunternehmen um eine Einigung in der Sache bemühen muss und der gegebenenfalls die ES oder das ArbG anrufen kann (§ 116 Abs 6 Nr 1 lit b). Der Seebetriebsrat hat in diesem Fall die Bordvertretung über die weitere Behandlung der Angelegenheit zu unterrichten (§ 115 Abs 7 Nr 2 S 2). Aus Gründen der größeren Sachnähe des Seebetriebsrats und des Seeschifffahrtsunternehmens zu den Bordangelegenheiten sowie zur Vermeidung der Schwierigkeiten, die die Einberufung einer ES bei der regelmäßig bestehenden großen Entfernung zwischen dem Schiff und dem Seeschifffahrtsunternehmen selbst bei Benutzung von Telekommunikation mit sich bringt, ist der Bordvertretung und dem Kapitän damit der Weg zur ES oder zum ArbG abgeschnitten. Sie dürfen diese Stellen nur anrufen, wenn ein Seebetriebsrat nicht gewählt ist (§ 115 Abs 7 Nr 2 S 3; vgl Rn 60).

59 Obwohl nicht ausdrücklich erwähnt, kann der Kapitän ebenfalls eine im Streit befindliche Angelegenheit im Sinne des § 115 Abs 7 Nr 2 S 1 an das Seeschifffahrtsunternehmen abgeben mit der Folge, dass die Sache nunmehr zwischen Reederei als AG und Seebetriebsrat zu behandeln ist <L: GK/*Franzen* § 115 Rn 52; *Stabenow* Hansa 1971, 1797; Richardi/*Forst* § 115 Rn 79>. Dieses Abgaberecht ergibt sich daraus, dass dem Kapitän bei einem bestehenden Seebetriebsrat in gleicher Weise wie der Bordvertretung der Weg zur ES versperrt ist. Würde jedoch nur die Bordvertretung berechtigt sein, in einer den Bordbetrieb oder die Besatzungsmitglieder des Schiffes betreffenden streitigen Angelegenheit auf eine verbindliche Erledigung hinzuwirken, so würde damit das nach § 76 bestehende allg Gebot des gleichmäßigen Zugangs zur ES verletzt.

60 Ist im Seebetrieb kein Seebetriebsrat vorhanden so dürfen Bordvertretung und Kapitän zur Beilegung von Streitigkeiten die ES oder das ArbG unmittelbar anrufen <L: GK/

Franzen § 115 Rn 53>. Hier gilt die Bestimmung des § 76, wonach entweder bei Bedarf eine ES zu bilden oder durch Bordvereinbarung (vgl Rn 61) eine ständige ES zu errichten ist. Sofern der Kapitän in einem solchen Falle die Angelegenheit an den AG (das Seeschifffahrtsunternehmen) abgibt, etwa weil die ES regelmäßig an dessen Sitz einberufen wird, so hat dies keine betriebsverfassungsrechtl Konsequenzen im Verhältnis zur Bordvertretung. Die Bordvertretung bleibt in diesem Fall weiter für die Behandlung der Angelegenheit zuständig <L: GK/*Franzen* § 115 Rn 53>. Wird in den Angelegenheiten des § 115 Abs 7 Nr 2 S 1 eine Einigung zwischen Kapitän und Bordvertretung nicht erzielt, kann die Bordvertretung dies zum Schiffstagebuch erklären und eine Abschrift dieser Eintragung verlangen (§ 115 Abs 7 Nr 6 S 3; vgl Rn 71).

4. Bordvereinbarungen

Zu den Aufgaben des Kapitäns und der Bordvertretung als selbstständigen Organen der Betriebsverfassung gehört auch der Abschluss von BV, die rechtl den BV nach § 77 Abs 2 bis 6 entsprechen (§ 115 Abs 7 Nr 3 Sätze 1 und 2). Die Ermächtigung ist auf die Vereinbarung solcher Regelungen beschränkt, für deren Behandlung Kapitän und Bordvertretung nach § 115 Abs 7 Nr 1 (vgl Rn 56 ff) zuständig sind. Überschreiten Bordvertretung und Kapitän ihre Zuständigkeit, so ist die Bordvereinbarung unwirksam. Bordvereinbarungen sind ferner unzulässig, soweit eine Angelegenheit durch eine BV zwischen Seebetriebsrat und AG geregelt ist (§ 115 Abs 7 Nr 3 S 3). Sofern zwischen Seebetriebsrat und AG eine BV über Angelegenheiten geschlossen wird, die bereits Gegenstand einer Bordvereinbarung sind, tritt die Bordvereinbarung damit außer Kraft. Zwar behandelt das Gesetz ausdrücklich nur den ersten Fall, dass bei einer bestehenden BV nicht noch eine Bordvereinbarung über dasselbe Thema geschlossen werden kann; nach dem Sinn der Vorschrift, die die Geltung voneinander abweichender Regelungen innerhalb des Seeschifffahrtsunternehmens verhindern soll, hat aber jede BV auf Seebetriebsebene absoluten Vorrang vor der für das einzelne Schiff geltenden Bordvereinbarung <L: Richardi/ Forst § 115 Rn 87; GK/*Franzen* § 115 Rn 54>.

61

Zwischen Kapitän und Bordvertretung können ebenfalls **Regelungsabreden** getroffen werden (vgl § 77 Rn 106 ff). Für den Bordbetrieb mit einem Wechsel von Kapitän, Bordvertretung und Besatzung regelmäßig bereits innerhalb kurzer Intervalle erscheint dieses Instrument wegen seiner größeren Flexibilität besser geeignet als die Bordvereinbarung, die in den Fällen des § 77 Abs 6 auch noch die Nachfolger bindet. Letzteres ist auch der Grund, weshalb es bisher in der Seeschifffahrt erst in geringem Maße zum Abschluss von Bordvereinbarungen, dagg aber bereits sehr häufig zur Vereinbarung von Regelungsabreden gekommen ist.

62

5. Vorläufige Regelungen

Während das Gesetz in mitbestimmungspflichtigen Angelegenheiten mit Ausnahme derjenigen in § 100 (vgl Rn 67) vorläufige einseitige Regelungen des AG nicht zulässt, sieht § 115 Abs 7 Nr 3 wegen der besonderen Situation an Bord vor, dass in Angelegenheiten, die der Mitbestimmung der Bordvertretung unterliegen, der Kapitän, auch wenn eine Einigung mit der Bordvertretung noch nicht erzielt ist, vorläufige Regelungen treffen kann, wenn dies zur Aufrechterhaltung des ordnungsgemäßen Schiffsbetriebs dringend erfor-

63

§ 115 Bordvertretung

derl ist. Damit ist gewährleistet, dass bei eilbedürftigen Angelegenheiten während der Reise, wenn eine der im Gesetz vorgesehenen Stellen (Seebetriebsrat, Seeschifffahrtsunternehmen, ES, ArbG; vgl Rn 58 ff) nicht mehr rechtzeitig angerufen werden kann, im Interesse der Aufrechterhaltung des nautischen und kommerziellen Schiffsbetriebs jedenfalls vorläufige Regelungen getroffen werden können. Allerdings besteht die vorläufige Regelungsbefugnis des Kapitäns nur in den Grenzen dieser Bestimmung, die als Ausnahmevorschrift darüber hinaus eng auszulegen ist.

64 Voraussetzung ist, dass es sich bei der zu regelnden Materie um eine solche handelt, die seitens der Bordvertretung mitbestimmungsbedürftig ist. Das sind im Wesentlichen die Fälle der sozialen Mitbestimmung (§ 87) sowie der Mitbestimmung bei personellen Einzelmaßnahmen (§§ 99, 103, 104). Unterliegt die Angelegenheit dagg lediglich der Mitwirkung der Bordvertretung, so bedarf es keiner vorläufigen Regelung, da mitwirkungsbedürftige Maßnahmen nicht von der Zustimmung der Bordvertretung, sondern nur von der vorherigen Anhörung und Beratung abhängen, im Übrigen aber allein vom Kapitän geregelt werden können. Weiter ist Voraussetzung, dass der Kapitän zuvor grds den Versuch einer Einigung mit der Bordvertretung unternommen hat und diese Bemühungen erfolglos geblieben sind. In bes eilbedürftigen Fällen kann jedoch auf den Einigungsversuch selbst bzw auf die Unterrichtung der Bordvertretung über die geplante Maßnahme verzichtet werden, da sonst der Zweck der Vorschrift vereitelt würde <L: GK/*Franzen* § 115 Rn 56>.

65 Die vorläufige Maßnahme ist allein zur Aufrechterhaltung des ordnungsgemäßen Schiffsbetriebs zulässig. Zum Schiffsbetrieb gehören insbes die Schiffssicherheit, die Reiseroute des Schiffes sowie die zu befördernde Ladung (§ 115 Abs 7 Nr 5 S 3; vgl Rn 68 ff). Die Ordnungsmäßigkeit des Schiffsbetriebs richtet sich nach der seemännischen Verkehrsanschauung sowie nach den zahlreichen den Schiffsbetrieb regelnden Gesetzen und Verordnungen (vgl hierzu Rn 45 sowie 48 ff). Eine vorläufige Regelung ist dann als dringend erforderl anzusehen, wenn ein verantwortungsbewusster Kapitän im Interesse des Schiffs und der Besatzung sowie des Seeschifffahrtsunternehmens alsbald handeln müsste, die geplante Maßnahme also keinen Aufschub bis zur Anrufung einer der zuständigen Stellen (vgl Rn 58 ff) duldet <L: GK/*Franzen* § 115 Rn 57>. Die Maßnahme muss wirkl notwendig sein, und es darf kein anderer zumutbarer Weg zur Verfügung stehen. Den von der Anordnung betroffenen Besatzungsmitgliedern ist die Vorläufigkeit der Regelung bekanntzugeben (§ 115 Abs 7 Nr 4 S 2). Sofern die Bordvertretung in der Angelegenheit noch nicht tätig war, hat der Kapitän sie von den Maßnahmen ebenfalls zu unterrichten. Die Bordvertretung kann hierüber – wie auch in den sonstigen Fällen der Nichteinigung – Erklärungen zum Schiffstagebuch abgeben und eine Abschrift dieser Eintragung verlangen (§ 115 Abs 7 Nr 6 S 3). Die vorläufige Regelung bleibt bestehen, bis sie durch eine endgültige Regelung ersetzt wird. Die Initiative, um in der Angelegenheit eine endgültige Regelung herbeizuführen, liegt bei der Bordvertretung, die zu diesem Zweck die Angelegenheit an den Seebetriebsrat abgeben kann (vgl Rn 58). Eine § 100 Abs 2 vergleichbare Vorschrift, nach der der Kapitän die vorläufige Maßnahme nur aufrechterhalten darf, wenn er seinerseits initiativ wird, besteht nicht.

66 Soweit die vorläufige Regelung der endgültigen Regelung nicht entspricht, hat der Reeder als AG Nachteile auszugleichen, die den Besatzungsmitgliedern durch die vorläufige Regelung entstanden sind (§ 115 Abs 7 Nr 4 S 3). Das gilt nicht nur für solche vorläufigen Regelungen, die bis zur endgültigen Regelung fortgewirkt haben, sondern auch für dieje-

VIII. Mitwirkung und Mitbestimmung der Bordvertretung § 115

nigen, die sich in einer einmaligen Anordnung seitens des Kapitäns erschöpft haben. Der Nachteilsausgleich beschränkt sich nicht auf den Ersatz eines durch die vorläufige Regelung entstandenen Schadens im Sinne der §§ 249ff BGB; vielmehr sind auch sonstige Einschränkungen und Belastungen – wie zB entgangene Landgangsmöglichkeiten – zu kompensieren <L: Richardi/*Forst* § 115 Rn 84; GK/*Franzen* § 115 Rn 62>. Der Ausgleichsanspruch ist nicht von einem Verschulden des Kapitäns abhängig <L: *Stabenow* Hansa 1971, 1797, 1799>, sondern besteht immer schon dann, wenn die endgültige von der vorläufigen Regelung in einer für die Besatzungsmitglieder günstigen Weise abweicht. Kommt es nicht zu einer endgültigen Regelung fehlt auch die Grundlage für einen solchen Ausgleichsanspruch. Dass die Bordvertretung nicht initiativ wird, um eine endgültige Regelung herbeizuführen, kann zwar pflichtwidrig sein (GK/*Franzen* Rn 61), hat dann aber ledigl die Folgen des § 23.

Im Verhältnis zur Bestimmung des § 100 über die vorläufige Durchführung personeller Maßnahmen ist § 115 Abs 7 Nr 4 die speziellere Regelung und schließt daher die Anwendung der allg Vorschrift aus <L: Richardi/*Forst* § 115 Rn 82; GK/*Franzen* § 115 Rn 55>. Ohne die vorläufige Regelungsbefugnis des § 115 Abs 7 Nr 4 wäre der Kapitän bei der Ausübung der Rechte des § 100 gehalten, unter den dort genannten Voraussetzungen binnen einer dreitägigen Frist das ArbG anzurufen. Daran wäre der Kapitän jedoch regelmäßig gerade aus den Gründen, die den Gesetzgeber zur Schaffung der Sonderregelung bewogen haben, nämlich weil eine neutrale Instanz nicht rechtzeitig erreicht werden kann, gehindert. Somit unterliegen die vorläufigen personellen Einzelmaßnahmen im Sinne des § 99 Abs 1 S 1, insbes die Einstellung und Versetzung, ausschließlich der Bestimmung des § 115 Abs 7 Nr 4. 67

6. Unterrichtung über den Schiffsbetrieb

Die Bordvertretung hat das Recht auf regelmäßige und umfassende Unterrichtung über den Schiffsbetrieb. Die erforderl Unterlagen sind der Bordvertretung vorzulegen (§ 115 Abs 7 Nr 5 S 1 und 2). Diese auf die schiffsbezogenen Befugnisse des Kapitäns abstellende Unterrichtungspflicht passt die allg Informationsregelung des § 80 Abs 2 an die Besonderheiten des Schiffsbetriebs an <L: HWGNRH/*Heß* § 115 Rn 33; aM GK/*Franzen* § 115 Rn 63; Richardi/*Forst* § 115 Rn 89, der die Sonderregelung des § 115 Abs 7 Nr 5 neben die des § 80 Abs 2 treten lassen will>. Zum Schiffsbetrieb gehören alle Vorgänge an Bord, die mit dem Einsatz des Schiffes als Verkehrsträger im Zusammenhang stehen, also der gesamte Betriebs- und Arbeitsablauf an Bord, wozu nach § 115 Abs 7 Nr 5 S 3 insbes die Schiffssicherheit (vgl hierzu im Einzelnen Rn 72ff), die Reiserouten, die voraussichtlichen Ankunfts- und Abfahrtszeiten (vgl hierzu Rn 50ff) und die zu befördernde Ladung rechnen, sowie schließlich Fragen der Unterbringung der Besatzungsmitglieder an Bord und deren Verpflegung. 68

Der Kapitän hat die Bordvertretung von sich aus regelmäßig und umfassend zu unterrichten. Die regelmäßige Unterrichtung ist an die Stelle der rechtzeitigen Unterrichtung in § 80 Abs 2 getreten, ohne dass hierdurch aber eine sachliche Änderung eingetreten wäre: in beiden Fällen muss die Unterrichtung jeweils in der Weise erfolgen, dass die Vertretung die ihr nach diesem Gesetz übertragenen Aufgaben auch durchführen kann. Anders als dem BR, dem die hierfür erforderl Unterlagen nach § 80 Abs 2 S 2 auf Verlangen jederzeit zur Verfügung zu stellen sind (vgl § 80 Rn 37ff), sind der Bordvertretung die Un- 69

§ 115　Bordvertretung

terlagen **ledigl vorzulegen**. Allerdings bedarf es hierzu keines ausdrücklichen Verlangens seitens der Bordvertretung; vielmehr hat der Kapitän der Bordvertretung von sich aus die Einsichtnahme in die Unterlagen zu ermöglichen <L: GK/*Franzen* § 115 Rn 66>. Zu den Unterlagen gehören die Schiffspapiere und- Dokumente, die die Angaben des Kapitäns über den Schiffsbetrieb bestätigen <L: vgl die Zusammenstellung der in Betracht kommenden Papiere und Dokumente bei *Bemm/Lindemann* Einf Rn 44 ff>.

7. Schiffstagebücher

70　Nach § 115 Abs 7 Nr 6 S 1 hat der Kapitän der Bordvertretung auf Verlangen Einsicht in die an Bord befindlichen Schiffstagebücher zu gewähren. Das Führen des Schiffstagebuchs dient dem Zweck, alle erhebl Vorgänge an Bord des Schiffes im Interesse aller Beteiligten urkundlich festzuhalten (vgl § 6 Abs 3 Schiffssicherheitsgesetz). Nur bei richtiger und vollständiger Eintragung aller privat- und öffentlich-rechtl Vorgänge an Bord ist das Tagebuch geeignet, die volle Beweiskraft einer Privaturkunde bei Verf vor den Gerichten und Behörden zu entfalten <L: zum Umfang der Eintragungspflicht *Rabe/Bahnsen* § 579 HGB Rn 34 ff>. Neben dem eigentlichen Schiffstagebuch werden an Bord folgende weitere Tagebücher geführt: Maschinentagebuch, Funktagebuch, Peilfunktagebuch, Öltagebuch, Krankenbuch, Gesundheitstagebuch, Betäubungsmittelbuch, Unfalltagebuch, Deviationstagebuch sowie Ladegeschirrheft. Aufgrund der im Gesetz verwendeten Formulierung („Schiffstagebücher") sowie nach dem Zweck der Vorschrift erstreckt sich das Einsichtsrecht der Bordvertretung grds auch auf diese Tagebücher. Da jedoch das zu führende Funktagebuch, wie sich aus § 88 Abs 4 TKG ergibt, dem Fernmeldegeheimnis unterliegt, und die medizinischen Aufzeichnungen insbes die ärztlichen Berichtsformulare nach § 109 Abs 1 S 1 SeeArbG vertraulich sind, sind diese Tagebücher von dem Recht auf Einsichtnahme ausgeschlossen. Beide Urkunden unterliegen nicht der ausschließlichen Dispositionsgewalt des AG bzw des Kapitäns, sondern zusätzl der des geschützten Personenkreises, nämlich des Benutzers der Funkanlagen bzw des behandelten Besatzungsmitglieds. Aus diesem Grund scheidet auch ein Einsichtsrecht unter analoger Anwendung des § 79 über die Geheimhaltungspflicht aus <L: wie hier Richardi/*Forst* § 115 Rn 92; aM GK/*Franzen* § 115 Rn 67 der aber daran vorbeigeht, dass die angesichts des Wortlauts von § 79 Abs 1 allein mögliche analoge Anwendung nicht zu dem mit der Strafvorschrift des § 120 Abs 2 bezweckten Schutz des AN führen kann>. Nach § 115 Abs 7 Nr 6 S 2 kann die Bordvertretung in den Fällen, in denen der Kapitän eine Eintragung über Angelegenheiten macht, die der Mitwirkung oder Mitbestimmung unterliegen, eine Abschrift der Eintragung verlangen und Erklärungen (zB eine Gegendarstellung oder sonstige Ergänzungen) zum Schiffstagebuch abgeben.

71　Ferner ist die Bordvertretung in den Fällen, in denen über eine beteiligungspflichtige Angelegenheit eine Einigung zwischen Kapitän und Bordvertretung nicht erzielt wird (vgl Rn 35 ff), berechtigt, dies zum Schiffstagebuch zu erklären und eine Abschrift dieser Eintragung zu verlangen (§ 115 Abs 7 Nr 6 S 3). Damit ist der Bordvertretung die Möglichkeit eröffnet, sich bei einer späteren Abgabe der Angelegenheit an den Seebetriebsrat und in einem Verf vor der ES oder dem ArbG der Beweisfunktion des Schiffstagebuchs zu bedienen.

8. Arbeitsschutz und Schiffssicherheit

Die Grundlagen für die in § 115 Abs 7 Nr 7 besonders genannte Zuständigkeit der Bordvertretung zur Mitwirkung und Mitbestimmung in Angelegenheiten des Arbeitsschutzes ergeben sich aus § 80 Abs 1 Nr 1 und Nr 9, § 87 Abs 1 Nr 7 (vgl dort Rn 147 ff), § 88 Nr 1 (vgl dort Rn 4 ff) und § 89, die für die Bordvertretung entspr gelten. Der Begriff **Arbeitsschutz** umfasst alle Vorschriften und Maßnahmen, die den Schutz des einzelnen AN gg Betriebsgefahren bei der Arbeitsverrichtung am Arbeitsplatz bezwecken (technischer Arbeitsschutz), die auf die Einhaltung der gesetzl geregelten Arbeitszeiten und den Schutz des einzelnen gg Überschreitungen der Höchstarbeitszeit zielen (zeitlicher Arbeitsschutz), die eine Rücksichtnahme auf die besondere körperliche Konstitution des einzelnen AN (medizinischer Arbeitsschutz) und den Frauen- und Jugendarbeitsschutz zum Ziel haben. Der Begriff ist im Betriebsverfassungsrecht grds weit zu verstehen und erfasst zB auch die Verpflegung an Bord und andere der Gesundheit im weiteren Sinne dienende Maßnahmen, wie etwa Erholungseinrichtungen oder Sanitäreinrichtungen (im Einzelnen § 89 Rn 5).

Unter den Begriff **Schiffssicherheit** werden diejenigen Vorschriften und Maßnahmen zusammengefasst, die der Betriebssicherheit des einzelnen Schiffes und seiner Einrichtungen dienen (im Wesentlichen: nautisch-technische Bau- und Ausrüstungsvorschriften), die sich mit der Sicherheit der Ladung und der Fahrt des einzelnen Schiffes befassen (zB Bestimmungen über die Beförderung gefährlicher Güter, Vorschriften über die ausreichende Besetzung und Bemannung von Schiffen, über die Kennzeichnung von Schiffen und das Verhalten im Verkehr). Generell sind dies Vorschriften und Maßnahmen, die der Sicherheit der Schifffahrt und der Sicherheit und Leichtigkeit des Verkehrs dienen. <L: *Lampe* Der Begriff Schiffssicherheit Hansa 1960, 1 ff, 31 ff, 33>. Sie bezwecken primär den Schutz der Allgemeinheit, schützen damit aber zugleich die Rechtsgüter anderer Verkehrsteilnehmer, der Häfen und Wasserstraßenverwaltungen und sonstiger dritter Personen und beziehen dadurch auch Fahrgäste und Besatzungsmitglieder des eigenen Schiffes in ihren Schutzbereich mit ein. Zum Bereich der Schiffssicherheit gehören zB die Bestimmungen des Internationalen Übereinkommens von 1960 zum Schutz des menschlichen Lebens auf See (Gesetz vom 6.5.1965, BGBl II S 465, 480) mit weiteren Ergänzungen und Änderungen und die Schiffssicherheitsverordnungen vom 18.9.1998 (BGBl I S 3013), zuletzt geändert durch Art 2 der 19. Schiffssicherheitsverordnung vom 3.3.2020 (BGBl I S 412), die in erster Linie Anforderungen an Bau und Ausrüstung der Seeschiffe regeln. Außerdem rechnen hierher die Regelungen über Stabilität, Freibord, Positionslichter, Seekarten, Schiffsbesetzung oder die Bestimmungen über die Stauung und Beförderung gefährlicher Ladungsgüter und die Seestraßenordnung. Andererseits finden sich Vorschriften über Bauanforderungen und Schiffsausrüstungen, Bordeinrichtungen, Maschinenanlagen und Gerätschaften und deren Einrichtung und Erhaltung zur Vermeidung von Unfällen und Berufskrankheiten auch in den UVV der See-Berufsgenossenschaft.

Eine Abgrenzung der Bereiche Arbeitsschutz und Schiffssicherheit ist im Einzelfall häufig weder nach der Rechtsquelle noch nach dem erkennbaren Schutzziel der Einzelbestimmung möglich. § 115 Abs 7 Nr 7 erweitert daher den Zuständigkeitsbereich der Bordvertretung iR des Arbeitsschutzes auch auf die Schiffssicherheit, soweit Arbeitsschutzmaßnahmen (insbes beim technischen Arbeitsschutz) und Anforderungen an die Schiffssicherheit (zB Erfüllung best Auflagen einerseits des Amtes für Arbeitsschutz, anderer-

§ 115　Bordvertretung

seits der See-Berufsgenossenschaft als für die Durchführung der Schiffssicherheit beauftragte Stelle) sich auf denselben Gegenstand an Bord beziehen. In solchen Fällen kann der Bordvertretung ein Mitwirkungsrecht nicht mit der Begründung verweigert werden, es handele sich ausschließlich oder überwiegend um Aufgaben der Schiffssicherheit. Da das Gesetz die Zuständigkeit der Bordvertretung für die Schiffssicherheit jedoch ausdrücklich nur „im Rahmen des Arbeitsschutzes" anordnet, ist Voraussetzung eines Mitwirkungs- oder Mitbestimmungsrechts bei Maßnahmen der Schiffssicherheit, dass durch sie gleichzeitig Vorschriften oder Maßnahmen des Arbeitsschutzes berührt werden. Das Gesetz dehnt die Mitwirkungsrechte der Bordvertretung mithin nicht auf alle übrigen Bereiche der (reinen) Schiffssicherheit aus <L: GK/*Franzen* § 115 Rn 69>. So besteht kein Mitwirkungsrecht der Bordvertretung zB im Bereich der nautischen Führung des Schiffes, bei der Beschaffung von Seekarten oder nautischen Instrumenten oder der Beantragung sog „qualitativer Ausnahmegenehmigungen" zur Schiffsbesetzung (zB Zulassung abweichender Befähigungszeugnisse als nach Richtlinien oder VO vorgeschrieben). Solche Ausnahmegenehmigungen werden allerdings im Regelfall ohnehin nicht vom Kapitän, sondern vom Reedereibetrieb veranlasst, sodass sich aus diesem Grunde schon die Frage einer Mitwirkung der Bordvertretung im Regelfall nicht stellen wird.

75　§ 115 Abs 7 Nr 7 erweitert die Zuständigkeit der Bordvertretung auf die Zusammenarbeit mit den für die Schiffssicherheit zuständigen Behörden und Stellen. Die Bordvertretung hat sie nach § 89 Abs 1 S 1 bei der Bekämpfung von Unfall- und Gesundheitsgefahren und insoweit auch bei Gefahren der Schiffssicherheit zu unterstützen (vgl § 89 Rn 5ff). Für den Arbeitsschutz in der Seeschifffahrt sind dies die jeweiligen Landesämter für Arbeitsschutz, die Gewerbeaufsichtsämter sowie die See-Berufsgenossenschaft (§§ 143, 110 SeeArbG). Für die Schiffssicherheit ist dies in erster Linie ebenfalls die See-Berufsgenossenschaft. Daneben sind im Bereich der Schiffssicherheit eine Vielzahl von Stellen zuständig, wie etwa die Behörden der Wasser- und Schifffahrtsverwaltung des Bundes, das Deutsche Hydrographische Institut, die hafenärztlichen Dienststellen oder die Wasserschutzpolizei der Länder.

76　Der Umfang der Befugnisse der Bordvertretung entspricht im Übrigen dem Umfang der Aufgaben des BR iR des Arbeitsschutzes und richtet sich im Einzelnen nach den in Rn 49 zitierten Gesetzesbestimmungen. Die Arbeitsschutz- und Gesundheitsvorschriften des SeeArbG, die Unfallverhütungsvorschriften und die Vielzahl der zwingenden Normen zur Schiffssicherheit lassen jedoch in der Praxis nur noch wenig Raum für ausfüllungsfähige Rahmenbestimmungen, innerhalb derer ein Ermessensspielraum des Reeders und damit ein Mitwirkungs- und Mitbestimmungsrecht der Bordvertretung bestehen könnte (vgl im Einzelnen § 87 Rn 159ff). Die Befugnisse der Bordvertretung beschränken sich in der Praxis daher weitgehend auf eine Teilnahme an den Bordbesichtigungen der zuständigen Arbeitsschutz- und Schiffssicherheitsstellen. Sie bezieht sich auf die bei diesen Besichtigungen mögl und erforderl Anregungen der Bordvertretung ggü den genannten Stellen sowie auf die Aufgabe, ggü der Schiffsleitung auf die Einhaltung von Auflagen der behördlichen Stellen hinzuwirken.

77　Der Schwerpunkt der Mitwirkung liegt heute bei dem nach § 115 SeeArbG zu bildenden Schiffssicherheitsausschuss, dem neben dem Kapitän ein Mitglied der Bordvertretung und der Sicherheitsbeauftragte (§ 116 SeeArbG) angehören. Er hat nach § 115 Abs 2 S 1 SeeArbG die Aufgabe, Anliegen des Arbeitsschutzes und der Unfallverhütung zu beraten.

IX. Streitigkeiten

Bei Streitigkeiten über den Anwendungsbereich des § 115 entscheidet das ArbG im Beschlussverf (§ 2a Abs 1 Nr 1, Abs 2 iVm §§ 80 ff ArbGG), soweit diese nicht vor die ES bzw den Seebetriebsrat und das Seeschifffahrtsunternehmen als Vorinstanzen gehören (vgl Rn 35 ff). Örtlich zuständig ist nach § 82 S 1 ArbGG das ArbG, in dessen Bezirk das Schiff seinen Heimathafen hat <L: GK/*Franzen* § 115 Rn 71>. Heimathafen ist der Hafen, von dem aus die Seefahrt mit dem Schiff betrieben wird <L: *Rabe/Bahnsen* Vorbem vor § 476 Rn 40>. Hat das Schiff keinen Heimathafen im Geltungsbereich des Grundgesetzes, so ist örtlich zuständig das ArbG, in dessen Bezirk der Registerhafen liegt. Registerhafen ist der Hafen im Geltungsbereich des Grundgesetzes, in dessen Schiffsregister das Schiff nach der Schiffsregisterordnung eingetragen ist. Abweichende Vereinbarungen über die örtliche Zuständigkeit, sei es einzel- oder tarifvertragl, sind wegen der Ausschließlichkeit des Gerichtsstandes im Beschlussverf unwirksam. Für dieses Verf gilt ebenfalls nicht die Möglichkeit tarifl Vereinbarung der Zuständigkeit eines Schiedsgerichts nach § 101 Abs 2 ArbGG.

78

Bei Streitigkeiten über Individualansprüche von Mitgliedern der Bordvertretung, die mit ihrer Amtsausübung zusammenhängen, sowie über Ansprüche von Besatzungsmitgliedern auf Nachteilsausgleich (vgl Rn 43) entscheidet das ArbG im Urteilsverf (§ 2 Abs 1 Nr 3a, Abs 5 iVm §§ 46 ff ArbGG) <L: GK/*Franzen* § 115 Rn 71>. In diesem Fall ist bei der Geltung der maßgebl Tarifverträge die Gerichtsstandsvereinbarung des § 36 MTV-See 2014 zu beachten, welche die ausschließliche Zuständigkeit des ArbG Hamburg vorsieht.

79

§ 116 Seebetriebsrat

(1) In Seebetrieben werden Seebetriebsräte gewählt. Auf die Seebetriebsräte finden, soweit sich aus diesem Gesetz oder aus anderen gesetzlichen Vorschriften nicht etwas anderes ergibt, die Vorschriften über die Rechte und Pflichten des Betriebsrats und die Rechtsstellung seiner Mitglieder Anwendung.

(2) Die Vorschriften über die Wahl, Zusammensetzung und Amtszeit des Betriebsrats finden mit folgender Maßgabe Anwendung:

1. Wahlberechtigt zum Seebetriebsrat sind alle zum Seeschifffahrtsunternehmen gehörenden Besatzungsmitglieder.
2. Für die Wählbarkeit zum Seebetriebsrat gilt § 8 mit der Maßgabe, dass

    a) in Seeschifffahrtsunternehmen, zu denen mehr als acht Schiffe gehören oder in denen in der Regel mehr als 250 Besatzungsmitglieder beschäftigt sind, nur nach § 115 Abs. 2 Nr. 2 wählbare Besatzungsmitglieder wählbar sind;

    b) in den Fällen, in denen die Voraussetzungen des Buchstabens a nicht vorliegen, nur Arbeitnehmer wählbar sind, die nach § 8 die Wählbarkeit im Landbetrieb des Seeschifffahrtsunternehmens besitzen, es sei denn, dass der Arbeitgeber mit der Wahl von Besatzungsmitgliedern einverstanden ist.

3. Der Seebetriebsrat besteht in Seebetrieben mit in der Regel

    5 bis 400 wahlberechtigten Besatzungsmitgliedern aus einer Person,

    401 bis 800 wahlberechtigten Besatzungsmitgliedern aus drei Mitgliedern,

    über 800 wahlberechtigten Besatzungsmitgliedern aus fünf Mitgliedern.

4. Ein Wahlvorschlag ist gültig, wenn er im Fall des § 14 Abs. 4 Satz 1 erster Halbsatz und Satz 2 mindestens von drei wahlberechtigten Besatzungsmitgliedern unterschrieben ist.
5. § 14a findet keine Anwendung.
6. Die in § 16 Abs. 1 Satz 1 genannte Frist wird auf drei Monate, die in § 16 Abs. 2 Satz 1 genannte Frist auf zwei Monate verlängert.
7. Zu Mitgliedern des Wahlvorstands können auch im Landbetrieb des Seeschifffahrtsunternehmens beschäftigte Arbeitnehmer bestellt werden. § 17 Abs. 2 bis 4 findet keine Anwendung. Besteht kein Seebetriebsrat, so bestellt der Gesamtbetriebsrat oder, falls ein solcher nicht besteht, der Konzernbetriebsrat den Wahlvorstand. Besteht weder ein Gesamtbetriebsrat noch ein Konzernbetriebsrat, wird der Wahlvorstand gemeinsam vom Arbeitgeber und den im Seebetrieb vertretenen Gewerkschaften bestellt; Gleiches gilt, wenn der Gesamtbetriebsrat oder der Konzernbetriebsrat die Bestellung des Wahlvorstands nach Satz 3 unterlässt. Einigen sich Arbeitgeber und Gewerkschaften nicht, so bestellt ihn das ArbG auf Antrag des Arbeitgebers, einer im Seebetrieb vertretenen Gewerkschaft oder von mindestens drei wahlberechtigten Besatzungsmitgliedern. § 16 Abs. 2 Satz 2 und 3 gilt entsprechend.

8. Die Frist für die Wahlanfechtung nach § 19 Abs. 2 beginnt für Besatzungsmitglieder an Bord, wenn das Schiff nach Bekanntgabe des Wahlergebnisses erstmalig einen Hafen im Geltungsbereich dieses Gesetzes oder einen Hafen, in dem ein Seemannsamt seinen Sitz hat, anläuft. Nach Ablauf von drei Monaten seit Bekanntgabe des Wahlergebnisses ist eine Wahlanfechtung unzulässig. Die Wahlanfechtung kann auch zu Protokoll des Seemannsamtes erklärt werden. Die Anfechtungserklärung ist vom Seemannsamt unverzüglich an das für die Anfechtung zuständige ArbG weiterzuleiten.

9. Die Mitgliedschaft im Seebetriebsrat endet, wenn der Seebetriebsrat aus Besatzungsmitgliedern besteht, auch, wenn das Mitglied des Seebetriebsrats nicht mehr Besatzungsmitglied ist. Die Eigenschaft als Besatzungsmitglied wird durch die Tätigkeit im Seebetriebsrat oder durch eine Beschäftigung gemäß Absatz 3 Nr. 2 nicht berührt.

(3) Die §§ 26 bis 41 über die Geschäftsführung des Betriebsrats finden auf den Seebetriebsrat mit folgender Maßgabe Anwendung:

1. In Angelegenheiten, in denen der Seebetriebsrat nach diesem Gesetz innerhalb einer bestimmten Frist Stellung zu nehmen hat, kann er, abweichend von § 33 Abs. 2, ohne Rücksicht auf die Zahl der zur Sitzung erschienenen Mitglieder einen Beschluss fassen, wenn die Mitglieder ordnungsgemäß geladen worden sind.

2. Soweit die Mitglieder des Seebetriebsrats nicht freizustellen sind, sind sie so zu beschäftigen, dass sie durch ihre Tätigkeit nicht gehindert sind, die Aufgaben des Seebetriebsrats wahrzunehmen. Der Arbeitsplatz soll den Fähigkeiten und Kenntnissen des Mitglieds des Seebetriebsrats und seiner bisherigen beruflichen Stellung entsprechen. Der Arbeitsplatz ist im Einvernehmen mit dem Seebetriebsrat zu bestimmen. Kommt eine Einigung über die Bestimmung des Arbeitsplatzes nicht zustande, so entscheidet die Einigungsstelle. Der Spruch der Einigungsstelle ersetzt die Einigung zwischen Arbeitgeber und Seebetriebsrat.

3. Den Mitgliedern des Seebetriebsrats, die Besatzungsmitglieder sind, ist die Heuer auch dann fortzuzahlen, wenn sie im Landbetrieb beschäftigt werden. Sachbezüge sind angemessen abzugelten. Ist der neue Arbeitsplatz höherwertig, so ist das diesem Arbeitsplatz entsprechende Arbeitsentgelt zu zahlen.

4. Unter Berücksichtigung der örtlichen Verhältnisse ist über die Unterkunft der in den Seebetriebsrat gewählten Besatzungsmitglieder eine Regelung zwischen dem Seebetriebsrat und dem Arbeitgeber zu treffen, wenn der Arbeitsplatz sich nicht am Wohnort befindet. Kommt eine Einigung nicht zustande, so entscheidet die Einigungsstelle. Der Spruch der Einigungsstelle ersetzt die Einigung zwischen Arbeitgeber und Seebetriebsrat.

5. Der Seebetriebsrat hat das Recht, jedes zum Seebetrieb gehörende Schiff zu betreten, dort im Rahmen seiner Aufgaben tätig zu werden sowie an den Sitzungen der Bordvertretung teilzunehmen. § 115 Abs. 7 Nr. 5 Satz 1 gilt entsprechend.

6. Liegt ein Schiff in einem Hafen innerhalb des Geltungsbereichs dieses Gesetzes, so kann der Seebetriebsrat nach Unterrichtung des Kapitäns Sprechstunden an Bord abhalten und Bordversammlungen der Besatzungsmitglieder durchführen.

§ 116 Seebetriebsrat

7. Läuft ein Schiff innerhalb eines Kalenderjahres keinen Hafen im Geltungsbereich dieses Gesetzes an, so gelten die Nummern 5 und 6 für europäische Häfen. Die Schleusen des Nordostseekanals gelten nicht als Häfen.

8. Im Einvernehmen mit dem Arbeitgeber können Sprechstunden und Bordversammlungen, abweichend von den Nummern 6 und 7, auch in anderen Liegehäfen des Schiffes durchgeführt werden, wenn ein dringendes Bedürfnis hierfür besteht. Kommt eine Einigung nicht zustande, so entscheidet die Einigungsstelle. Der Spruch der Einigungsstelle ersetzt die Einigung zwischen Arbeitgeber und Seebetriebsrat.

(4) Die §§ 42 bis 46 über die Betriebsversammlung finden auf den Seebetrieb keine Anwendung.

(5) Für den Seebetrieb nimmt der Seebetriebsrat die in den §§ 47 bis 59 dem Betriebsrat übertragenen Aufgaben, Befugnisse und Pflichten wahr.

(6) Die §§ 74 bis 113 über die Mitwirkung und Mitbestimmung der Arbeitnehmer finden auf den Seebetriebsrat mit folgender Maßgabe Anwendung:

1. Der Seebetriebsrat ist zuständig für die Behandlung derjenigen nach diesem Gesetz der Mitwirkung oder Mitbestimmung des Betriebsrats unterliegenden Angelegenheiten,

   a) die alle oder mehrere Schiffe des Seebetriebs oder die Besatzungsmitglieder aller oder mehrerer Schiffe des Seebetriebs betreffen,

   b) die nach § 115 Abs. 7 Nr. 2 von der Bordvertretung abgegeben worden sind oder

   c) für die nicht die Zuständigkeit der Bordvertretung nach § 115 Abs. 7 Nr. 1 gegeben ist.

2. Der Seebetriebsrat ist regelmäßig und umfassend über den Schiffsbetrieb des Seeschifffahrtsunternehmens zu unterrichten. Die erforderlichen Unterlagen sind ihm vorzulegen.

Literatur: S § 114.

Übersicht

	Rn.		Rn.
I. Allgemeines	1	b) Kleinere Unternehmen	12
II. Grundsätze	2	4. Zahl der Seebetriebsratsmitglieder	13
1. Seebetriebsratsfähigkeit	2	5. Vertretung des Geschlechts in der Minderheit	15
2. Rechtsstellung des Seebetriebsrats und seiner Mitglieder	3	6. Wahlvorschläge	16
III. Wahl und Zusammensetzung des Seebetriebsrats	6	7. Bestellung des Wahlvorstands bei bestehendem Seebetriebsrat	18
1. Grundsatz	6	8. Bestellung des Wahlvorstands bei fehlendem Seebetriebsrat	20
2. Wahlberechtigung	7	9. Verfahren des Wahlvorstands	23
3. Wählbarkeit	9	10. Wahlanfechtung	24
a) Mittlere und größere Unternehmen	9		

IV. Amtszeit/Mitgliedschaft im Seebetriebsrat 25
V. Geschäftsführung des Seebetriebsrats . 27
  1. Grundsatz.................... 27
  2. Beschlussfähigkeit............. 29
  3. Freistellung bzw Beschäftigung von Seebetriebsratsmitgliedern 30
  4. Heuergarantie................. 33
  5. Unterbringung 38
  6. Zutritts- und Betätigungsrecht des Seebetriebsrats an Bord.......... 40
    a) Allgemeines 40
    b) Rechte des Seebetriebsrats in deutschen Häfen 41
    c) Die Rechte des Seebetriebsrats in europäischen Häfen......... 46
    d) Rechte des Seebetriebsrats in außereuropäischen Häfen 52
VI. Keine Betriebsversammlung im Seebetrieb 54
VII. Gesamtbetriebsrat, Konzernbetriebsrat 56
VIII. Mitwirkung und Mitbestimmung des Seebetriebsrats................... 60
  1. Grundsatz.................... 60
  2. Zuständigkeit des Seebetriebsrats .. 61
  3. Unterrichtung über den Schiffsbetrieb 64
IX. Streitigkeiten 66

I. Allgemeines

§ 116 folgt in seiner abschnittsweisen Gliederung dem Aufbau des Gesetzes und enthält **1** die Sonderbestimmungen über Bildung, Amtszeit und Aufgaben des Seebetriebsrats. Die Vorschrift wird ergänzt durch die allg Grundsätze über den persönlichen, sachlichen und räumlichen Geltungsbereich der Seebetriebsverfassungsnormen, die in § 114 enthalten sind. Die Regelung ist grds zwingend; Abweichungen sind nur durch zustimmungsbedürftige Tarifverträge iR des § 3 zulässig <L: GK/*Franzen* § 116 Rn 1>. Ein derartiger Tarifvertrag kann etwa die Bildung eines gemeinsamen Seebetriebsrates für die Schiffe mehrerer Reedereien vorsehen, unabhängig von den Voraussetzungen des § 1 Abs 1 S 2.

II. Grundsätze

1. Seebetriebsratsfähigkeit

In Seebetrieben (§ 114 Abs 3, vgl Rn 23ff), in denen in der Regel mindestens fünf Besat- **2** zungsmitglieder (§ 114 Abs 6, vgl Rn 39ff) ständig beschäftigt werden, von denen drei wählbar sind, werden Seebetriebsräte gewählt (§ 116 Abs 1 S 1). Die Mindestzahl der wahlberechtigten und wählbaren Besatzungsmitglieder ergibt sich aus der Anwendbarkeit der allg Vorschriften des Gesetzes auf den Seebetriebsrat (vgl § 114 Abs 1) und damit auch des § 1, mittelbar ferner aus § 116 Abs 2 Nr 3. Auf das Erfordernis der drei wählbaren Besatzungsmitglieder kommt es allein in den Fällen nicht an, in denen nach der Ausnahmevorschrift des § 116 Abs 2 Nr 2 lit b nur AN des Landbetriebs des Seeschifffahrtsunternehmens zum Seebetriebsrat wählbar sind und das Seeschifffahrtsunternehmen nicht sein Einverständnis mit der Wahl von Besatzungsmitgliedern erklärt hat. Auch dann ist aber erforderl, dass von den AN des Landbetriebs mindestens drei wählbar sind <L: GK/*Franzen* § 116 Rn 2>. Keinen Einfluss auf die Seebetriebsratsfähigkeit haben dagg die Anzahl der zum Seebetrieb zählenden Schiffe sowie das Vorhandensein einer Bordvertretung auf diesen Schiffen. Auch bei nur einem Schiff, selbst wenn dort keine Bordvertretung im Amt ist, kann unter Beachtung von § 116 Abs 2 Nr 2b ein Seebetriebsrat gebildet werden <L: GK/*Franzen* § 116 Rn 2>.

2. Rechtsstellung des Seebetriebsrats und seiner Mitglieder

3 Der Seebetriebsrat stellt die Vertretung der Besatzungsmitglieder iR der Landorganisation der Reederei für alle Schiffe des Seebetriebs dar. Auf ihn finden, soweit sich aus diesem Gesetz oder aus anderen gesetzl Vorschriften nicht etwas anderes ergibt, die Vorschriften über die Rechte und Pflichten des BR und die Rechtsstellung seiner Mitglieder Anwendung (§ 116 Abs 1 S 2). Gesprächs- und Verhandlungspartner des Seebetriebsrats ist die Leitung des Seeschifffahrtsunternehmens oder der diesem nach § 114 Abs 2 S 2 gleichgestellten Rechtsträger (vgl § 114 Rn 12 ff).

4 Die Zuständigkeit des Seebetriebsrats iR der Aufgaben, die nach den allg Vorschriften des Gesetzes dem BR übertragen sind, bezieht sich grds nur auf solche Angelegenheiten, die alle oder mehrere Schiffe des Seebetriebs oder die Besatzungsmitglieder aller oder mehrerer Schiffe des Seebetriebs betreffen (§ 116 Abs 6 Nr 1a, Rn 61).

5 Für den Bereich der unmittelbaren Bordangelegenheiten ist der Seebetriebsrat dagg nur nach Abgabe der konkreten Frage durch die Bordvertretung zuständig (§ 115 Abs 7 Nr 2, vgl § 115 Rn 56). Der Seebetriebsrat hat mit Ausnahme des § 116 Abs 3 Nr 6 bis 8 auch kein direktes Eingriffsrecht in Bordangelegenheiten. Ggü der Bordvertretung als dem Organ der Bordverfassung hat der Seebetriebsrat keinerlei Weisungsrecht <L: GK/*Franzen* § 116 Rn 6>. Beide Gremien stehen grds gleichberechtigt nebeneinander (vgl hierzu § 115 Rn 58). Ein „Instanzenzug" besteht lediglich insoweit, als eine Bordvertretung Streitfälle nicht an die ES oder das ArbG herantragen kann, sondern den Seebetriebsrat anrufen muss (§ 115 Abs 7 Nr 2 S 6) und als BV zwischen Seeschifffahrtsunternehmen und Seebetriebsrat Bordvereinbarungen zwischen Kapitän und Bordvertretung über die gleiche Angelegenheit vorgehen (§ 115 Abs 7 Nr 3 S 3). Schließlich kann der Seebetriebsrat nicht die Aufgaben einer fehlenden Bordvertretung übernehmen, ebenso wenig wie der Bordvertretung die Aufgaben eines fehlenden Seebetriebsrats zuwachsen. Damit gelangen die Beteiligungsrechte der Besatzungsmitglieder erst dann vollständig zur Geltung, wenn sich sowohl auf Schiffs- als auch auf Seebetriebsebene eine Betriebsvertretung im Amt befindet. Der Seebetriebsrat hat ggü der Bordvertretung ebenfalls nicht die Stellung eines GBR <L: GK/*Franzen* § 116 Rn 3; Richardi/*Forst* § 116 Rn 5>. Nur der Seebetriebsrat bildet zusammen mit den übrigen BR des Seeschifffahrtsunternehmens den GBR (vgl Rn 56). Der Bordvertretung stehen keinerlei Mitwirkungsrechte aufgrund der Bestimmungen der §§ 47 bis 59 zu (auch §§ 115 Abs 6, 116 Abs 5) <L: GK/*Franzen* § 116 Rn 3>.

III. Wahl und Zusammensetzung des Seebetriebsrats

1. Grundsatz

6 Die Wahl und Zusammensetzung des Seebetriebsrats richtet sich nach den allg Vorschriften des Gesetzes (§§ 7 bis 20) iVm den Sonderregelungen des § 116 Abs 2 Nr 1 bis 8. Diese Bestimmungen werden ergänzt durch die §§ 32 bis 60 der Wahlordnung Seeschifffahrt.

2. Wahlberechtigung

Das aktive Wahlrecht zum Seebetriebsrat besteht für alle Besatzungsmitglieder, die im Zeitpunkt der Wahl zum Seeschifffahrtsunternehmen gehören (§ 116 Abs 2 Nr 1). Besatzungsmitglieder sind nach § 114 Abs 6 S 1 die in einem Heuer- oder Berufsausbildungsverhältnis zu einem Seeschiffahrtunternehmen stehenden, im Seebetrieb beschäftigten Personen mit Ausnahme des Kapitäns (s im Einzelnen § 114 Rn 39 ff). Die Zugehörigkeit zum Seeschifffahrtsunternehmen liegt vor, wenn für das Besatzungsmitglied eine rechtl Verpflichtung zur Dienstleistung an Bord eines zum Seebetrieb gehörenden Schiffes besteht. Damit kommt es – anders als beim Wahlrecht zur Bordvertretung (vgl § 115 Rn 6) – für die Wahlberechtigung zum Seebetriebsrat nicht auf eine konkrete Zuordnung zu einem best Schiff im Sinne dieses Gesetzes an, sondern allein auf das Bestehen eines wirksamen Heuer- oder Berufsausbildungsverhältnisses vorgenannten Inhalts. Deshalb sind wahlberechtigt zum Seebetriebsrat neben den an Bord tätigen Besatzungsmitgliedern alle übrigen zum Schiffsdienst auf Seebetriebs-Schiffen verpflichteten Besatzungsmitglieder, die sich im Zeitpunkt der Wahl an Land befinden bzw auf einem Schiff Dienst tun, welches nicht zum Seebetrieb gehört, zB auf einem Schiff unter ausländischer Flagge (vgl § 114 Rn 46 ff), einem Schiff als Teil des Landbetriebs (vgl § 114 Rn 42 ff) bzw einem Schiff einer fremden Reederei aufgrund eines Leihheuerverhältnisses (vgl § 114 Rn 44) oder auf einem zu einer Ausbildungsgemeinschaft gehörigen Ausbildungsschiff (vgl § 114 Rn 45) <R: wie hier BAG 17.9.1974, BB 1975, 136 = SeeAE Nr 2 zu § 116 BetrVG = Hansa 1974, 2097; ArbG Emden 3.3.1977, SeeAE Nr 5 zu § 116 BetrVG; L: GK/*Franzen* § 116 Rn 5>.

Da in Seebetrieben und auf Schiffen keine Jugendvertretungen gebildet werden (vgl § 114 Abs 5), ist für die Ausübung des Wahlrechts abw von § 7 ein Mindestalter nicht vorgesehen. Zur Teilnahme an der Wahl sind nur diejenigen Besatzungsmitglieder berechtigt, die in die Wählerliste eingetragen sind (§ 33 Abs 3 WOS).

3. Wählbarkeit

a) Mittlere und größere Unternehmen

In Seeschifffahrtsunternehmen, zu denen mehr als acht Schiffe gehören oder in denen in der Regel mehr als 250 Besatzungsmitglieder beschäftigt sind, sind **ausschließlich Besatzungsmitglieder** wählbar (§ 116 Abs 2 Nr 2 lit a). Für die Besatzungsmitgliedseigenschaft ist es nicht erforderl, dass zum Zeitpunkt der Wahl tatsächlich eine Dienstleistung auf einem best Schiff verrichtet wird; es muss nur mit einer aktiven Rückkehr des Betreffenden auf ein Schiff zu rechnen sein, etwa im Falle einer Wehrübung oder bei einer Tätigkeit als Wahlvorstand <R: BAG 25.1.1979; SeeAE Nr 4 zu § 116 BetrVG und LAG SH 13.11.1978, 3 Ta BV 24/78>.

Maßgebl für die Größe des Seebetriebs ist die Anzahl der Schiffe, welche die Bundesflagge führen und nicht in der Regel binnen 24 Stunden nach Auslaufen an den Sitz eines Landbetriebs zurückkehren (vgl § 114 Rn 35 ff) <L: Richardi/*Forst* § 116 Rn 14; GK/*Franzen* § 116 Rn 6>. Selbst bei weniger als neun Schiffen sind gleichwohl nur Besatzungsmitglieder wählbar, wenn die Belegschaft des Seeschifffahrtsunternehmens aus mehr als 250 Besatzungsmitgliedern besteht. Hierbei zählen allerdings entgg dem missverständlichen Gesetzeswortlaut nur die zum Seebetrieb des Seeschifffahrtsunternehmens

§ 116 Seebetriebsrat

gehörenden Besatzungsmitglieder. Besatzungsmitglieder, die ausschließlich auf Schiffen mit kurzen Seezeiten zum Dienst verpflichtet sind (vgl § 114 Rn 35), gehören als AN im Sinne des § 5 zum Landbetrieb des Seeschifffahrtsunternehmens und sind dort unter den Voraussetzungen des § 8 zum BR des Landbetriebs wählbar. Ledigl im Falle der Doppelzugehörigkeit zum Land- und Seebetrieb (vgl 114 Rn 35) sind sie ebenfalls bei der Berechnung der für die Größe des Seebetriebs maßgebl Besatzungsmitgliedszahl zu berücksichtigen.

11 Wählbar sind nach den im § 116 Abs 2 Nr 2 lit a in Bezug genommenen Vorschriften der §§ 8, 115 Abs 2 Nr 2 9 Besatzungsmitglieder, die im Zeitpunkt der Wahl mindestens 6 Monate dem Seebetrieb angehören und zusätzl eine einjährige Fahrtzeit auf die Bundesflagge führenden Schiffen vorweisen können (vgl zu Letzterem § 115 Rn 12). Abzulehnen ist die Ansicht von Richardi/*Forst* <L: § 116 Rn 16> und GK/*Franzen* <L: § 116 Rn 7>, wonach sich die Wählbarkeit von Besatzungsmitgliedern allein nach § 115 Abs 2 Nr 2 richtet, sodass es auf eine sechsmonatige Betriebszugehörigkeit nicht ankommen soll. Hiergg spricht zunächst der insoweit eindeutige Wortlaut des Gesetzes in § 116 Abs 2 Nr 2, wonach es heißt: „Für die Wählbarkeit zum Seebetriebsrat gilt § 8 mit der Maßgabe, dass …". Aber auch die Gegenüberstellung des § 116 Abs 2 Nr 2 lit a mit § 116 Abs 2 Nr 2 lit b spricht gg diese Auffassung. Aus der letzteren Vorschrift (vgl hierzu Rn 12) ergibt sich eindeutig, dass hier die sechsmonatige Betriebszugehörigkeit in jedem Falle Wählbarkeitsvoraussetzung für den Seebetriebsrat ist. Es ist nicht einzusehen, weshalb in den kleineren Seeschifffahrtsunternehmen eine sechsmonatige Betriebszugehörigkeit Wählbarkeitsvoraussetzung zum Seebetriebsrat ist, während diese Voraussetzung für die Wahl zum Seebetriebsrat in den größeren Seeschifffahrtsunternehmen nicht gegeben zu sein braucht <R: ebenso ArbG Hamburg 18.1.1973, SeeAE Nr 1 zu § 116 BetrVG; L: HWGNRH/*Heß* § 116 Rn 10>. Nach § 34 Abs 2 WOS ist formelle Wählbarkeitsvoraussetzung die Eintragung in die Wählbarkeitsliste.

b) Kleinere Unternehmen

12 Gehören zum Seeschifffahrtsunternehmen weniger als neun Schiffe und sind dort regelmäßig weniger als 251 Besatzungsmitglieder tätig, so sind zum Seebetriebsrat nur im Landbetrieb mindestens 6 Monate beschäftigte AN wählbar, es sei denn, dass die Reederei als AG mit der Wahl von Besatzungsmitgliedern einverstanden ist (§ 116 Abs 2 Nr 2 lit b). Das Einverständnis ist weder an eine besondere Form gebunden noch ist es an einen best Adressaten zu richten. Die Einverständniserklärung muss jedoch dem Wahlvorstand vor Erlass des Wahlausschreibens bekannt sein, da der Wahlvorstand, wenn ledigl im Landbetrieb des Seeschifffahrtsunternehmens beschäftigte AN wählbar sind, gem § 34 Abs 1 WOS eine Wählbarkeitsliste aufzustellen hat, die nach § 35 Abs 1 WOS zusammen mit dem Wahlausschreiben zu versenden ist. Bei der Bildung des Seebetriebsrats aus einem AN des oder eines Landbetriebs des Seeschifffahrtsunternehmens richten sich die Wählbarkeitsvoraussetzungen nach § 8. Wählbar ist auch, wer bereits Mitglied des BR in einem Landbetrieb ist. Nach § 34 Abs 2 WOS ist formelle Wählbarkeitsvoraussetzung die Eintragung in die Wählbarkeitsliste.

4. Zahl der Seebetriebsratsmitglieder

Nach § 116 Abs 2 Nr 3 besteht der Seebetriebsrat in Seebetrieben mit in der Regel 5 bis 400 wahlberechtigten Besatzungsmitgliedern aus einer Person, bei 401 bis 800 wahlberechtigten Besatzungsmitgliedern aus 3 Mitgliedern, bei über 800 wahlberechtigten Besatzungsmitgliedern aus 5 Mitgliedern. Damit ist die Zahl der Seebetriebsratsmitglieder ggü der allg Vorschrift des § 9 erhebl verringert worden. Die Reduzierung ist einerseits zur Vermeidung finanzieller Härten erfolgt, die sich für das Seeschifffahrtsunternehmen wegen der Einschränkung der Bordtätigkeit aller zum Seebetriebsrat gewählten Besatzungsmitglieder ergäben, zum anderen aber auch im Hinblick auf die in Seebetrieben bestehende Aufteilung der betriebsverfassungsrechtl Aufgaben auf Seebetriebsrat und Bordvertretungen: Denn dadurch, dass sämtliche den Bordbetrieb oder die Besatzungsmitglieder des Schiffes betreffenden Angelegenheiten, deren Regelung dem Kapitän aufgrund gesetzl Vorschriften oder ihm von der Reederei übertragenen Befugnisse obliegt, in den Zuständigkeitsbereich der Bordvertretungen gehören (§ 115 Abs 7 Nr 1) und allein von diesen zu betreuen sind, ist der Geschäftsanfall für den Seebetriebsrat auch entspr geringer als für den BR in einem Landbetrieb mit einer vergleichbaren Belegschaftsstärke. 13

Maßgebl für die Größe des Seebetriebsrats ist die Anzahl der wahlberechtigten Besatzungsmitglieder (vgl Rn 7), die am Tage des Erlasses des Wahlausschreibens zur Belegschaft des Seebetriebs gehören (§ 38 Abs 2 Nr 4 WOS). Auszugehen ist von der regelmäßigen Beschäftigtenzahl; vorübergehende Veränderungen haben keinen Einfluss auf die Mitgliedsstärke. Sind im Seebetrieb nicht genügend wählbare Besatzungsmitglieder vorhanden oder finden sich nicht genügend Wahlbewerber, so bemisst sich die Zahl der Seebetriebsratsmitglieder gem § 11 nach der nächstniedrigeren Beschäftigtenstufe. Vom Tage der Wahl bis zum Ablauf der Amtszeit bleibt die Mitgliedszahl des Seebetriebsrats unabhängig von der jeweiligen Anzahl der wahlberechtigten Besatzungsmitglieder stets gleich. Allerdings können starke Veränderungen unter den Voraussetzungen des § 13 Abs 2 Nr 1 Neuwahlen mit einer möglicherweise geänderten Mitgliederzahl des Seebetriebsrats auslösen (vgl § 13 Rn 8 ff). 14

5. Vertretung des Geschlechts in der Minderheit

Auch für den Seebetriebsrat gilt § 15 Abs 2, nach dem das Geschlecht in der Minderheit mindestens in seinem zahlenmäßigen Verhältnis im BR vertreten sein muss, wenn dieser mindestens aus 3 Mitgliedern besteht. Die Umsetzung der Vorschrift ist in § 37 WOS geregelt. 15

6. Wahlvorschläge

Für die Durchführung der Seebetriebsratswahl gelten die allg Wahlgrundsätze des § 14. Um jedoch zu gewährleisten, dass auch die Besatzungsmitglieder von kleineren Schiffen mit einer geringeren als 30 köpfigen Schiffsbesatzung eigene Wahlvorschläge zum Seebetriebsrat einreichen können, ist nach § 116 Abs 2 Nr 4 die Mindestzahl von Unterschriften für Wahlvorschläge ggü der allg Regelung des § 14 Abs 3 und 4 auf drei Besatzungsmitglieder herabgesetzt worden. Für die Frist, Form der Einreichung der Wahlvorschläge und ihre Behandlung durch den Wahlvorstand gelten die Bestimmungen der 16

§ 116 Seebetriebsrat

§§ 39 ff, 57 f WOS. Nach dem durch die Änderungsverordnung vom 8.10.2021 in § 58 eingefügten S 2 können Wahlberechtigte für die Wahl zum Mitglied des Seebetriebsrats rechtswirksam nur einen Wahlvorschlag unterstützen.

17 § 14a über das vereinfachte Verf für Kleinbetriebe findet keine Anwendung (§ 116 Abs 2 Nr 5).

7. Bestellung des Wahlvorstands bei bestehendem Seebetriebsrat

18 Die allg Vorschriften über die Bestellung des Wahlvorstands (§§ 16, 17) sind für die Seebetriebsratswahlen in den Sondervorschriften zum Teil erhebl modifiziert. Zunächst ist nach § 116 Abs 2 Nr 6 die zehnwöchige Frist des § 16 Abs 1 S 1, innerhalb derer ein aus dem Amt scheidender Betriebsrat einen Wahlvorstand für die Durchführung von Neuwahlen einzusetzen hat, für den Seebetriebsrat auf drei Monate verlängert worden. Da die Mitglieder des Seebetriebsrats durch Briefwahl gewählt werden (§ 46 WOS), mussten von vornherein lange Postumlaufzeiten berücksichtigt werden, die gewährleisten, dass auch alle Schiffe des Seeschifffahrtsunternehmens unabhängig von ihrem Standort bei der Vorbereitung und Durchführung der Wahl ordnungsgemäß erfasst werden können. Aus dem gleichen Grund ist die Frist des § 16 Abs 2 S 1, binnen derer bei Untätigkeit des Seebetriebsrats durch das ArbG eine Ersatzbestellung erfolgen kann, auf zwei Monate verlängert worden.

19 Abw von § 16 Abs 1 und 2 können zu Mitgliedern des Wahlvorstands entweder wahlberechtigte Besatzungsmitglieder oder auch im Landbetrieb des Seeschifffahrtsunternehmens beschäftigte AN bestellt werden (§ 116 Abs 2 Nr 7 S 1). Die letztere Möglichkeit ist zur Vermeidung finanzieller Härten für das Seeschifffahrtsunternehmen geschaffen worden, da es zur ordnungsgemäßen Durchführung der Wahl nicht notwendig ist, in jedem Fall Besatzungsmitglieder zur Bildung des Wahlvorstands an Land kommen zu lassen, die, anders als AN des Landbetriebs, neben ihrer Tätigkeit als Wahlvorstand nicht ihrer bisherigen Beschäftigung nachgehen können. Zulässig ist auch die Berufung von Besatzungsmitgliedern neben AN des Landbetriebs.

8. Bestellung des Wahlvorstands bei fehlendem Seebetriebsrat

20 Besteht in einem Seebetrieb kein Seebetriebsrat – entweder weil bisher noch keine Wahl stattgefunden hat oder weil infolge Ablaufs der Amtszeit, Nichtigkeit bzw erfolgreicher Anfechtung der Wahl eine Neuwahl erforderl ist, bestellt den Wahlvorstand gem § 116 Abs 2 Nr 7 S 2 der GBR oder, falls ein solcher nicht besteht, der KBR. Besteht weder ein KBR noch ein GBR, wird der Wahlvorstand gem § 116 Abs 2 S 4 gemeinsam vom AG (Seeschifffahrtsunternehmen) und allen im Seebetrieb vertretenen Gewerkschaften bestellt (zum Begriff der im Seebetrieb vertretenen Gewerkschaft vgl § 114 Rn 59). Die allg Regelung des § 17 Abs 1 bis 4 findet daneben keine Anwendung (§ 116 Abs 2 Nr 7 S 2), weil es sowohl unwirtschaftlich als auch impraktikabel wäre, für den Seebetrieb die Einberufung einer Betriebsversammlung zur Bildung des Wahlvorstands zuzulassen. Dadurch, dass die Bestimmung des § 17 Abs 2 insgesamt nicht anwendbar ist, haben die wahlberechtigten Besatzungsmitglieder kein eigenes Initiativrecht zur Bildung eines Wahlvorstands <L: GK/*Franzen* § 116 Rn 15>. Allerdings können die Besatzungsmitglie-

III. Wahl und Zusammensetzung des Seebetriebsrats § 116

der ggü den im Seebetrieb vertretenen Gewerkschaften oder ggü dem AG (Seeschifffahrtsunternehmen) die Einsetzung eines Wahlvorstands anregen.

Wie im Falle der Einsetzung des Wahlvorstands durch den Seebetriebsrat (vgl Rn 16) können nach § 116 Abs 7 S 1 zu Mitgliedern des Wahlvorstands entweder wahlberechtigte Besatzungsmitglieder oder auch im Landbetrieb des Seeschifffahrtsunternehmens beschäftigte AN bestellt werden. Zulässig ist ebenfalls die Berufung von Besatzungsmitgliedern neben AN des Landbetriebs <L: GK/*Franzen* § 116 Rn 17>. Die Bestellung (see- bzw land-)betriebsfremder Gewerkschaftsmitglieder ist nicht möglich; dies ist allein bei der Einsetzung des Wahlvorstands durch das ArbG im Falle der Nichteinigung vorgesehen (§ 116 Abs 2 Nr 7 S 6 iVm § 16 Abs 2 S 3; vgl hierzu Rn 22). Im Übrigen gelten für die Zusammensetzung des Wahlvorstands und dessen Größe die Grundsätze des § 16 Abs 1. Zwar ist § 17 Abs 1, der auf diese Bestimmung verweist, nach § 116 Abs 2 Nr 7 S 2 nicht anwendbar; Sinn der zuletzt genannten Änderungsvorschrift ist allein, die Möglichkeit der Bestellung des Wahlvorstands durch die Betriebsversammlung auszuschließen, nicht aber auch die reinen Organisationsbestimmungen über Anzahl der Wahlvorstandsmitglieder, Vorsitzenden, Ersatzmitglieder, Gruppenzugehörigkeit usw <L: GK/*Franzen* § 116 Rn 17>. 21

Kommt es zwischen dem Seeschifffahrtsunternehmen und den Gewerkschaften nicht zu einer Einigung – zB infolge gescheiterter Verhandlungen oder infolge mangelnder Verhandlungsbereitschaft einer oder auch beider Seiten trotz entspr Aufforderung eines der Beteiligten bzw Anregung von wahlberechtigten Besatzungsmitgliedern –, so bestellt den Wahlvorstand das ArbG auf Antrag des AG (Seeschifffahrtsunternehmens), einer im Seebetrieb vertretenen Gewerkschaft oder von mindestens drei wahlberechtigten Besatzungsmitgliedern (§ 116 Abs 2 Nr 7 S 5). In dem Antrag können von den Antragsberechtigten entspr § 16 Abs 2 S 2 Vorschläge für die Zusammensetzung des Wahlvorstands gemacht werden. Ferner kann das ArbG nach § 16 Abs 2 S 3 auch Mitglieder einer im Seebetrieb vertretenen Gewerkschaft, die nicht Besatzungsmitglieder des Seeschifffahrtsunternehmens sind, zu Mitgliedern des Wahlvorstands bestellen, wenn dies zur ordnungsgemäßen Durchführung der Wahl erforderl ist. 22

9. Verfahren des Wahlvorstands

Das Verfahren des Wahlvorstands ist in § 32 WOS geregelt. Nach dem durch die Verordnung vom 8.10.2021 in § 32 Abs 3 WOS eingefügten S 2 finden die Sitzungen grundsätzlich als Präsenzsitzung statt. Nach den ebenfalls durch die Verordnung in § 32 eingefügten Abs 4 und 5 kann der Wahlvorstand beschließen, dass die Teilnahme an einer nicht öffentlichen Sitzung mittels Video- und Telefonkonferenz erfolgen kann. Dies gilt allerdings nicht für Sitzungen zur Prüfung der eingereichten Wahlvorschläge und zur Durchführung eines eventuell notwendig werdenden Losverfahrens. Die Möglichkeit der Teilnahme mittels Video- und Telefonkonferenz gilt nur zusätzlich, sodass es den Wahlvorstandsmitgliedern freisteht, vor Ort in Präsenz an der Sitzung teilzunehmen. Eine solche Teilnahme vor Ort gilt dann nach Abs 5 auch als erforderlich im Sinne von § 20 Abs 3 S 2 und berechtigt deshalb den AG nicht zur Minderung des Arbeitsentgelts <L: *Boemke/Haase* NZA 2021, 1517>. 23

§ 116   Seebetriebsrat

10. Wahlanfechtung

24   Die Sonderregelung des § 116 Abs 2 Nr 8 über die Anfechtung der Seebetriebsratswahl ist weitgehend der Vorschrift des § 115 Abs 2 Nr 9 nachgebildet (vgl hierzu § 115 Rn 29 ff). Die Zuständigkeit des Seemannsamts ist auch hier entfallen (dazu § 115 Rn 30). Die Zwei-Wochen-Frist des § 19, innerhalb derer die Seebetriebsratswahl von mindestens drei Besatzungsmitgliedern, einer im Seebetrieb vertretenen Gewerkschaft oder dem AG (Seeschifffahrtsunternehmen) angefochten werden kann, beginnt auch hier für die anfechtungsberechtigten Besatzungsmitglieder an Bord, wenn das Schiff nach Bekanntgabe des Wahlergebnisses (§ 55 Abs 2 iVm § 38 Abs 4 WOS) erstmalig einen deutschen Hafen anläuft. Die Wahlanfechtung bei der Seebetriebsratswahl ist aber gem § 116 Abs 2 Nr 8 S 2 anders als bei der Bordvertretungswahl im Interesse der Rechtssicherheit und der Kontinuität der Betriebsratsarbeit nach Ablauf von drei Monaten seit Bekanntgabe des Wahlergebnisses unzulässig, und zwar unabhängig davon, ob das Schiff inzwischen einen für die Ingangsetzung der Anfechtungsfrist maßgebl Hafen im Inland angelaufen hat.

IV. Amtszeit/Mitgliedschaft im Seebetriebsrat

25   Für die Amtszeit des Seebetriebsrats gelten die allg Vorschriften über die Amtszeit des BR (§§ 21 bis 25) ohne Einschränkungen (§ 116 Abs 2 S 1). Die regelmäßige Amtszeit beträgt vier Jahre. Die Amtszeit endet vorzeitig aus den in § 13 Abs 2 genannten Gründen. Zusätzl endet die Amtszeit, wenn alle Schiffe des Unternehmens unter ausländischen Flaggen eingesetzt werden <L: Richardi/*Forst* § 116 Rn 36; GK/*Franzen* § 116 Rn 21>, da es dann an einem seebetriebsratsfähigen Betrieb im Sinne des § 114 Abs 3 fehlt (vgl § 114 Rn 33 ff), oder wenn alle aufgrund § 114 Abs 2 S 2 zu einem Seebetrieb zusammengefassten Schiffe eines Korrespondentreeders oder Vertragsreeders aufgrund Beendigung des Bereederungsvertrags in die Seebetriebe der einzelnen Eigentümergesellschaften zurückkehren (vgl § 114 Rn 17). Auch in diesem Fall liegt ein betriebsratsfähiger Seebetrieb des Korrespondent- bzw Vertragsreeders nicht mehr vor. Scheiden nur einzelne Schiffe aus dem Seebetrieb aus, regelt sich der Fortbestand der Amtszeit des Seebetriebsrats nach der Bestimmung des § 13 Abs 2 Nr 1 (wesentliche Veränderung der regelmäßigen Belegschaftsstärke).

26   Die Mitgliedschaft im Seebetriebsrat endet in den im § 24 genannten Fällen. Darüber hinaus endet sie auch dann, wenn der Seebetriebsrat gem § 116 Abs 2 Nr 2 lit a oder lit b aus Besatzungsmitgliedern besteht und das Mitglied des Seebetriebsrats die Rechtsstellung des Besatzungsmitglieds verliert (§ 116 Abs 2 Nr 9 S 1). Für den Fall einer Beendigung des Heuerverhältnisses folgt dies bereits aus § 24 Nr 3 und im Übrigen, da die Stellung als Besatzungsmitglied Voraussetzung der Wählbarkeit ist, aus § 24 Nr 4. Die selbstständige rechtl Bedeutung der Vorschrift ergibt sich daher erst aus ihrem zweiten Teil, wonach die Tätigkeit im Seebetriebsrat selbst und eine Beschäftigung an Land infolge der Seebetriebsratstätigkeit, soweit keine Freistellung erfolgt, die Rechtsstellung des BR-Mitglieds als Besatzungsmitglied unberührt lässt (§ 116 Abs 2 Nr 9 S 2, Abs 3 Nr 2). Anders als bei der Bordvertretung (§ 115 Abs 3 Nr 2) unterbricht eine längere betriebl Abwesenheit infolge Urlaubs, Wehrdienst und ähnl Gründen die Mitgliedschaft im Seebe-

triebsrat nicht <L: GK/*Franzen* § 116 Rn 21>. Die Stellvertretung des zeitweilig verhinderten BR-Mitglieds richtet sich nach § 25 Abs 1.

V. Geschäftsführung des Seebetriebsrats

1. Grundsatz

Nach § 116 Abs 3 gelten für die Geschäftsführung des Seebetriebsrats grds die allg Vorschriften der §§ 26 bis 41. Dabei sind die durch das Betriebsrätemodernisierungsgesetz vom 14.6.2021 (BGBl I 1762) erfolgten Änderungen dieser Vorschriften zu beachten. Insbesondere kann nunmehr gem § 130 Abs 2 auch die Teilnahme an einer Sitzung des Seebetriebsrats mittels Video- und Telefonkonferenz erfolgen. Nicht anwendbar bzw ausdrücklich ausgeschlossen sind jedoch diejenigen Regelungen, denen allg seebetriebsverfassungsrechtl Grundsätze bzw Besonderheiten des Schiffsbetriebs entgegenstehen. Ergänzt werden die allg Vorschriften durch § 116 Abs 3 Nr 1 bis 8 (vgl Rn 29 ff). Bzgl der verbleibenden allg Bestimmungen wird auf die dortige Kommentierung verwiesen. Von der Anwendung ausgeschlossen sind die Vorschriften über Betriebsausschüsse sowie weiterer Ausschüsse (§§ 27 Abs 1 bis 3, 28), da der Seebetriebsrat nach § 116 Abs 2 Nr 3 höchstens aus fünf Mitgliedern besteht und Ausschüsse erst gebildet werden können, wenn der BR mindestens neun Mitglieder hat (§ 27 Abs 1 S 1). Ferner haben keine Geltung die Bestimmungen über Jugendvertretungen, weil nach § 114 Abs 5 in Seebetrieben keine Jugendvertretungen gebildet werden.

27

Die Regelungen über die **Schwerbehindertenvertretung** (§§ 29 Abs 2 S 4, 32, 35 Abs 3) sind anwendbar wenn eine solche gebildet ist. Das ist nicht von vornerein ausgeschlossen. Zwar setzt die Arbeit an Bord nach § 11 SeeArbG Seediensttauglichkeit voraus. Diese aber kann für die jeweiligen Tätigkeiten auch im Falle einer Schwerbehinderung gegeben sein <R: OVG Hamburg 3.9.2010, 1 Bs 146/10, juris; L: zu pauschal Richardi/*Forst* § 116 Rn 42; GK/*Franzen* § 116 Rn 23>.

28

2. Beschlussfähigkeit

Für die Beschlüsse des Seebetriebsrats gilt zunächst § 32 Abs 1 und 2. Damit ist der Seebetriebsrat beschlussfähig, wenn mindestens die Hälfte seiner Mitglieder an der Beschlussfassung teilnimmt. Für verhinderte Seebetriebsratsmitglieder hat der Vors nach § 29 Abs 2 S 6 Ersatzmitglieder (§ 25) zu laden. Die Ersatzmitglieder des Seebetriebsrats sind jedoch grds weiter an Bord tätig und können daher regelmäßig nicht rechtzeitig zu der bevorstehenden Sitzung hinzugezogen werden. In den Fällen, in denen das Gesetz für die Abgabe der Stellungnahme des BR best Fristen vorsieht, könnten sich daraus Schwierigkeiten ergeben. Aus diesem Grunde bestimmt § 116 Abs 3 Nr 1 abw von § 33 Abs 2, dass der Seebetriebsrat in Angelegenheiten, in denen er nach diesem Gesetz innerhalb einer best Frist Stellung zu nehmen hat – zB in den Fällen der §§ 99, 100, 102 bei personellen Einzelmaßnahmen und Kündigungen –, ohne Rücksicht auf die Zahl der zur Sitzung erschienenen Mitglieder beschlussfähig ist. Bei einem mehrköpfigen Seebetriebsrat kann somit der Beschluss auch nur bei Anwesenheit eines Mitgliedes bzw Ersatzmitgliedes gefasst werden <L: GK/*Franzen* § 116 Rn 25>. Diese Regelung gilt jedoch nur dann, wenn der Vors sämtliche Mitglieder ordnungsgemäß geladen hat. Dagg ist es nicht erfor-

29

§ 116 Seebetriebsrat

derl, nach § 29 Abs 2 S 6 für ein verhindertes Seebetriebsratsmitglied auch das Ersatzmitglied zu laden, denn diese Ladung würde das an Bord tätige Ersatzmitglied regelmäßig nicht mehr rechtzeitig erreichen <L: GK/*Franzen* § 116 Rn 26; Richardi/*Forst* § 116 Rn 45>. Zur Teilnahme an Sitzungen und Beschlussfassungen mittels Video- und Telefonkonferenz s § 30 Rn 12 ff.

3. Freistellung bzw Beschäftigung von Seebetriebsratsmitgliedern

30 Die in § 38 enthaltene Regelung über die Freistellung von BR-Mitgliedern findet auf den Seebetriebsrat Anwendung. Allerdings ergibt sich eine Beschränkung dieser Vorschrift, da ein Seebetriebsrat maximal aus fünf Mitgliedern besteht (§ 116 Abs 2 Nr 3) und deshalb in einem Seebetrieb auch mit mehr als 3000 Besatzungsmitgliedern die Zahl der freigestellten Seebetriebsratsmitglieder nicht über fünf steigt. Da im Übrigen die Zahl der Besatzungsmitglieder, nach der sich die Zahl der Freistellungen bestimmt, nicht mit der für die Größe des Seebetriebs maßgebl Besatzungsmitgliedszahl übereinstimmt (vgl § 38 und § 116 Abs 2 Nr 3), werden freigestellt in Seebetrieben mit in der Regel

– 5 bis 500 wahlberechtigten Besatzungsmitgliedern der Seebetriebsobmann bei mindestens 200 Besatzungsmitgliedern,
– 501 bis 900 wahlberechtigten Besatzungsmitgliedern ein Mitglied des dreiköpfigen Seebetriebsrats bei bis zu 500 Besatzungsmitgliedern,
– bei mehr als 500 zwei Mitglieder,
– 901 bis 1500 wahlberechtigten Besatzungsmitgliedern drei Mitglieder des fünfköpfigen Seebetriebsrats,
– 1501 bis 2000 wahlberechtigten Besatzungsmitgliedern vier Mitglieder des fünfköpfigen Seebetriebsrats,
– 2001 und mehr wahlberechtigten Besatzungsmitgliedern alle fünf Mitglieder des Seebetriebsrats.

31 Soweit die Mitglieder des Seebetriebsrats nach den vorgenannten Regelungen nicht ständig freizustellen sind, sind sie so zu beschäftigen, dass sie durch ihre Tätigkeit nicht gehindert sind, die Aufgaben des Seebetriebsrats wahrzunehmen (§ 116 Abs 3 Nr 2 S 1). Danach kann ein aus dem Kreise der AN des Landbetriebs gewählter Seebetriebsobmann seine bisherige Tätigkeit regelmäßig fortführen <L: GK/*Franzen* § 116 Rn 27>. Dagg scheidet eine Weiterbeschäftigung von nicht freigestellten Seebetriebsratsmitgliedern, die aus dem Kreis der Besatzungsmitglieder gewählt sind, iR ihrer bisherigen Aufgaben an Bord praktisch aus. Nur in Ausnahmefällen kommt eine Tätigkeit auf Seeschiffen des Seebetriebs in Betracht, nämlich dann, wenn diese Schiffe ständig innerhalb kurzer Zeit zum Sitz des Seebetriebsrats zurückkehren. Besteht keine derartige Einsatzmöglichkeit im Seebetrieb, so sind die nicht freigestellten Mitglieder in einem anderen Betrieb des Seeschifffahrtsunternehmens zu beschäftigen. Dies kann der dem Seebetrieb zugeordnete Landbetrieb oder jeder andere Betrieb sein, sofern nur gewährleistet ist, dass die betreffenden Mitglieder ungehindert ihre Aufgaben als Seebetriebsrat wahrnehmen können. Dabei soll nach § 116 Abs 3 Nr 2 S 2 der Arbeitsplatz an Land den Fähigkeiten und Kenntnissen des Mitglieds des Seebetriebsrats und seiner beruflichen Stellung entsprechen. Dies wäre der Fall bei einer Beschäftigung an Bord von Schiffen, die nach § 114 Abs 4 S 2 wegen ihrer kurzen Seezeiten als Teil des Landbetriebs gelten <L: GK/*Franzen* § 116 Rn 28>. Mit Ausnahme dieser letzteren Tätigkeit stellt der Arbeitsplatz an Land

aber regelmäßig gänzlich andere berufliche Anforderungen an die zum Seebetriebsrat gewählten Besatzungsmitglieder als ihr bisheriger Tätigkeitsbereich an Bord, sodass dem Gesetzespostulat nur in seltenen Fällen wird entsprochen werden können. Aus diesem Grund ist die Bestimmung des § 116 Abs 3 Nr 2 S 2 auch ledigl als Sollvorschrift gestaltet worden.

Der Arbeitsplatz der nicht freigestellten Mitglieder ist im Einvernehmen mit dem Seebetriebsrat zu bestimmen (§ 116 Abs 3 Nr 2 S 3). Kommt eine Einigung über die Bestimmung des Arbeitsplatzes nicht zustande, so entscheidet die ES mit bindender Wirkung (bzgl der Anrufung und Entscheidung der ES im Einzelnen sowie deren Rechtskontrolle vgl § 76 Rn 40). Sofern die nicht freigestellten Seebetriebsratsmitglieder in einem anderen Betrieb des Seeschifffahrtsunternehmens als dem Seebetrieb beschäftigt werden, erwerben sie zusätzl zu ihrer nach § 116 Abs 2 Nr 9 S 2 fortbestehenden Zugehörigkeit zum Seebetrieb auch die Zugehörigkeit zu diesem Betrieb <L: GK/*Franzen* § 116 Rn 28>. Da die Zuweisung des Arbeitsplatzes in diesem Betrieb einer Einstellung nach § 99 gleichkommt, bedarf sie selbst bei vorheriger Einigung zwischen Seeschifffahrtsunternehmen und Seebetriebsrat bzw vorhandenem Spruch der ES ebenfalls noch der Zustimmung des BR des Gastbetriebes. Besteht hingg ein GBR, so bedarf es stattdessen nach § 50 Abs 1 der Zustimmung dieses Gremiums, da beide Betriebe betroffen sind und die sachliche Notwendigkeit einer einheitlichen Entscheidung unabweisbar ist <L: ebenso GK/*Franzen* § 116 Rn 30; Richardi/*Forst* § 116 Rn 53>. 32

4. Heuergarantie

Das Mitglied des Seebetriebsrats hat für die Zeit seiner Freistellung nach § 37 Abs 4 einen Anspruch auf Zahlung der Heuer, die es erlangt hätte, wenn es während dieser Zeit gearbeitet hätte (vgl hierzu im Einzelnen § 37 Rn 48 ff). Dies gilt aufgrund ausdrücklicher Klarstellung in § 116 Abs 3 Nr 3 auch für die nicht ständig freigestellten Mitglieder des Seebetriebsrats, die als Besatzungsmitglieder im Landbetrieb oder einem sonstigen Betrieb des Seeschifffahrtsunternehmens beschäftigt werden. Wenn allerdings der neue Arbeitsplatz höherwertig ist als die bisherige Dienststelle an Bord, so ist das diesem Arbeitsplatz entspr Arbeitsentgelt zu zahlen. 33

Die Heuer, dh das seemännische Arbeitsentgelt, setzt sich regelmäßig zusammen aus einem Festbetrag sowie aus Zulagen und Zuschlägen, die sich nach dem Ausmaß der Arbeit, dem Erfolg oder ähnl nicht gleichbleibenden Bemessungsgrundlagen richten (vgl § 38 Abs 1 und 2 SeeArbG). Da letztere Heuerbestandteile je nach Fahrtgebiet des Schiffes von Monat zu Monat zum Teil erhebl Schwankungen unterliegen können, ist die Feststellung des wirkl Heuerausfalls schwierig. Hinzu kommt, dass nicht bekannt ist, auf welchem Schiff das Seebetriebsratsmitglied künftig seinen Dienst verrichtet hätte, da die Besatzungsmitglieder in der Regel auf jedem Schiff des Reeders zur Dienstleistung verpflichtet sind (§ 6 Abs 4 MTV-See iVm § 28 Abs 2 Nr 3 SeeArbG). Damit das Seebetriebsratsmitglied auch nicht vom Zufall der Bezüge im letzten Monat vor Amtsantritt abhängig ist, erscheint es sinnvoll, die Heuer – ähnl wie bei der Errechnung des Urlaubsentgelts nach § 25 Abs 1 MTV-See – auf Grundlage des Mittels des maßgebl Bruttoverdienstes der letzten sechs Monate zu bestimmen <L: GK/*Franzen* § 116 Rn 25 aE>. Eine weitere praktikable Lösung bietet die Festsetzung der Heuer entspr den maßgebl Durchschnittsbezügen sämtlicher Besatzungsmitglieder des Seeschifffahrtsunternehmens 34

§ 116   Seebetriebsrat

gleichen Dienstgrades sowie gleicher Jahresstaffel <**L**: Richardi/*Forst* § 116 Rn 55; GK/*Franzen* § 116 Rn 25>. Diese Berechnung müsste dann periodisch neu angestellt werden.

35 Zu den für die Heuer des Mitglieds des Seebetriebsrats maßgebl **Zuschlägen und Zulagen** gehören die Mehrarbeitsvergütung und Zuschläge für Sonn-, Feiertags- und Nachtarbeit (§ 51 SeeArbG). Die Mehrarbeitsvergütung wird durch die pauschale Überstundenvergütung nach § 11 MTV-See abgegolten. Die Zuschläge für Sonntags-, Feiertags- und Nachtarbeit richten sich nach § 15 MTV-See iVm § 16 MTV-See. Soweit diese die Voraussetzung für die Steuerfreiheit nach § 3b EStG nicht erfüllen, haben die Beschäftigten nach § 16 MTV-See einen Anspruch auf Lohnergänzung.

36 Die Höhe des **Urlaubsanspruchs** des Seebetriebsratsmitglieds richtet sich nach derjenigen Anzahl von Urlaubstagen pro Monat, die ihm als Besatzungsmitglied bei einer Dienstleistung an Land zustehen würde, mithin zwei, drei oder vier Kalendertage pro Monat (§ 23 Abs 6 MTV-See). Eine Zugrundelegung des Gesamturlaubsanspruchs nach § 23 Abs 5 MTV-See kommt nicht in Betracht, weil durch diesen Anspruch entgangene Freizeiten kompensiert werden, die dem Besatzungsmitglied während seiner Seebetriebsratstätigkeit an Land regelmäßig bereits gewährt werden <**L**: GK/*Franzen* § 116 Rn 36>.

37 **Sachbezüge** aus dem Heuerverhältnis sind gem § 116 Abs 3 Nr 3 S 2 angemessen abzugelten. Obgleich sich die Sonderregelung des § 116 Abs 3 Nr 3 allein auf die im Landbetrieb tätigen Seebetriebsratsmitglieder bezieht, gilt dieser Grds ebenfalls für die ständig freigestellten Mitglieder, da sich deren Beschäftigungsort grds ebenfalls an Land befindet. Zu den Sachbezügen zählt in erster Linie die Verpflegung (§ 97 SeeArbG). Als angemessene Abgeltung ist in der Seeschifffahrt das „kleine" Verpflegungsgeld des § 17 Abs 3 Nr 2 MTV-See iVm B Nr 1 HTV-See anzusehen. Nicht zu den abgeltbaren Sachbezügen des § 116 Abs 3 Nr 3 gehört die freie Unterbringung an Bord. Hierfür trifft § 116 Abs 3 Nr 4 eine Sonderregelung (vgl Rn 38 ff). Sachbezug ist ferner das Uniformgeld (20 MTV-See), allerdings muss sich das Mitglied des Seebetriebsrats dasjenige anrechnen lassen, was es dadurch erspart, dass es die Uniform für die Dauer der Arbeitszeit nicht trägt.

5. Unterbringung

38 Nach § 116 Abs 3 Nr 4 ist über die Unterkunft der in den Seebetriebsrat gewählten Besatzungsmitglieder unter Berücksichtigung der örtlichen Verhältnisse eine Regelung zwischen dem Seebetriebsrat und dem AG zu treffen, wenn der Arbeitsplatz sich nicht am Wohnort befindet. Bei der Art der Unterkunft (möbliertes Zimmer, abgeschlossene Wohnung, Unterbringung mehrerer Seebetriebsratsmitglieder in einer Wohnung) sind der Dienstgrad und die Art der bisherigen Unterbringung an Bord zu berücksichtigen. Kommt eine Einigung nicht zustande, so entscheidet mit bindender Wirkung die ES (vgl hierzu § 76 Rn 40). Zur Kostentragungspflicht des AG enthält § 116 Abs 3 Nr 4 zwar keinen ausdrücklichen Hinweis; sie ergibt sich aber aus dem Sinn der Vorschrift sowie aus dem Rechtsgedanken, dass das Seebetriebsratsmitglied nicht schlechter gestellt werden soll als während seiner Tätigkeit an Bord. Obwohl das Gesetz durch die Verwendung des Begriffs „Arbeitsplatz" vom Wortlaut her offensichtlich nur auf die nicht freigestellten Mitglieder des Seebetriebsrats abstellt, gehören auch die ständig freigestellten Mitglieder, wenn sie die Betriebsratsaufgaben nicht an ihrem ständigen Wohnort wahrnehmen, wegen der insoweit gleichgelagerten Situation zu den Anspruchsberechtigten aus dieser Vor-

schrift. Dem Seebetriebsratsmitglied, dessen Wohnort, dh dessen Wohnsitz iS des § 7 BGB, zwar nicht innerhalb derselben politischen Gemeinde, aber noch in derselben Wirtschaftsregion seines Arbeitsplatzes liegt, von der aus der Beschäftigungsort ohne Weiteres erreicht werden kann (zB Wohngemeinden im Einzugsbereich der Städte), steht der Anspruch nach § 116 Abs 3 Nr 4 nicht zu. Hier ist jedoch bei größerer Entfernung zwischen Wohnort und Arbeitsplatz eine Beteiligungspflicht des AG an den Fahrtkosten dann zu bejahen, wenn diese die Kosten der Inanspruchnahme sonst üblicher Nahverkehrsmittel überschreiten <L: GK/*Franzen* § 116 Rn 35>.

Sofern das Seebetriebsratsmitglied seinen ständigen Wohnsitz am Ort oder im Umland der Tätigkeit des Seebetriebsrats hat, erhält es – anders als bei den sonstigen Sachbezügen nach § 116 Abs 3 Nr 3 (vgl Rn 37) – für die Nichtbeanspruchung der Bordunterkunft keine Abgeltung. Verlegt das Mitglied des Seebetriebsrats während seiner Amtszeit seinen ständigen Wohnsitz an den Ort der Betriebsratsarbeit, so fällt der zunächst bestehende Anspruch auf Unterkunftsgewährung fort. Eine Verlegung ist dann anzunehmen, wenn das betreffende Mitglied des Seebetriebsrats seine Familie an den Ort des Arbeitsplatzes übersiedeln lässt, oder wenn es sich unter Aufgabe seines bisherigen Hauptwohnsitzes am Ort des Arbeitsplatzes eine eigene Wohnung nimmt <L: GK/*Franzen* § 116 Rn 35>. 39

6. Zutritts- und Betätigungsrecht des Seebetriebsrats an Bord

a) Allgemeines

Der Seebetriebsrat übt – anders als der BR eines Landbetriebs oder die Bordvertretung – seine Tätigkeit in der Regel nicht in unmittelbarer Nähe der von ihm vertretenen Besatzungsmitglieder aus. Die persönliche Kontaktaufnahme mit den Besatzungsmitgliedern beschränkt sich vielmehr auf die Zeiten, in denen die Besatzungsmitglieder vor Dienstantritt bzw nach Dienstbeendigung an Bord den Seebetriebsrat iR von Sprechstunden nach § 39 aufsuchen, sowie auf die Hafenliegezeiten der Schiffe. Damit der Seebetriebsrat in den übrigen Fällen die Besatzungsmitglieder an Bord betreuen kann, gewähren ihm § 116 Abs 3 Nr 5 bis 8 schiffsbezogene Zutritts- und Betätigungsrechte. Dabei unterliegen die Befugnisse des Seebetriebsrats zur Vermeidung finanzieller Härten für das Seeschifffahrtsunternehmen entspr der jeweiligen geographischen Position des Schiffes verschiedenen Stufungen. Das Gesetz sieht danach unterschiedliche Regelungen für deutsche Häfen, europäische Häfen und außereuropäische Häfen vor. Europäische Häfen im Sinne der Vorschrift sind nicht nur Häfen in Staaten der EU, sondern Häfen in allen geographisch zu Europa gehörenden Staaten, etwa auch solche in Großbritannien, Island, Norwegen, Albanien, Ukraine, Bosnien-Herzegowina und in den europäischen Teilen Russlands und der Türkei. 40

b) Rechte des Seebetriebsrats in deutschen Häfen

Nach § 116 Abs 3 Nr 5 S 1 hat der Seebetriebsrat das Recht, ohne Zustimmung des Kapitäns jedes zum Seebetrieb gehörende Schiff zu betreten und dort iR seiner Aufgaben tätig zu werden, wenn dieses in einem Hafen oder auf Hafenreede im Geltungsbereich dieses Gesetzes liegt <L: GK/*Franzen* § 116 Rn 39>. Die Bestimmung des § 125 Abs 1 SeeArbG, die vom generellen Zugangsverbot für nicht zur Besatzung gehörende Personen ausgeht, wird insoweit durch die speziellere betriebsverfassungsrechtl Norm überlagert. 41

§ 116   Seebetriebsrat

Ledigl in entspr Anwendung des Rechtsgedankens des § 115 Abs 7 Nr 4 kann dem Seebetriebsrat vom Kapitän der Zutritt verweigert werden, wenn dies zur Aufrechterhaltung des ordnungsgemäßen Schiffsbetriebs dringend erforderl ist <L: GK/*Franzen* § 116 Rn 41>. Da das Zutrittsrecht des Seebetriebsrats nicht von der Wahrnehmung konkreter Aufgaben an Bord abhängt, braucht dem Kapitän – anders als beim Zugangsrecht von Gewerkschaftsbeauftragten zum Schiff (vgl § 114 Rn 57 ff) – vom Seebetriebsrat keine Gelegenheit gegeben zu werden, etwaige Voraussetzungen des Zugangsanspruchs zu prüfen. Gleichwohl entfällt damit noch nicht die Verpflichtung des Seebetriebsrats, den Kapitän über den beabsichtigten Besuch zu unterrichten, da der Kapitän aus Gründen der allg Sicherheit wissen muss, wer sich jeweils an Bord befindet <L: GK/*Franzen* § 116 Rn 41>. Nach § 116 Abs 3 Nr 5 S 1 hat der Seebetriebsrat das Recht, iR seiner Aufgaben an Bord tätig zu werden. Zu diesen Aufgaben gehören solche aufgrund der Mitwirkungs- und Mitbestimmungsrechte der Besatzungsmitglieder, insbes des § 80 Abs 1 und § 87, sofern hierfür die Zuständigkeit des Seebetriebsrats gegeben ist (§ 116 Abs 6 Nr 1 iVm § 115 Abs 7 Nr 1 und 2), sowie schließlich die nachfolgenden Rechte aus § 116 Abs 3 Nr 5 und 6 (vgl Rn 42 ff).

42   Nach § 116 Abs 3 Nr 5 S 1 ist der Seebetriebsrat berechtigt, an den Sitzungen der Bordvertretung mit beratender – nicht mit beschließender – Stimme teilzunehmen. Die Teilnahmebefugnis setzt keine Ladung voraus. Damit aber der Seebetriebsrat auch von seinem Recht Gebrauch machen kann, sind ihm entspr § 31 Hs 2 der Zeitpunkt und die Tagesordnung von der Bordvertretung rechtzeitig mitzuteilen <L: GK/*Franzen* § 116 Rn 41>. Dagg berechtigt die Teilnahmebefugnis des Seebetriebsrats diesen nicht zur selbstständigen Einberufung der Bordvertretung zu einer gemeinsamen Sitzung an Bord.

43   Ferner hat der Seebetriebsrat nach § 116 Abs 3 Nr 5 S 2 iVm § 115 Abs 7 Nr 5 S 1 einen Anspruch gg den Kapitän auf umfassende Unterrichtung über den Schiffsbetrieb (vgl hierzu § 115 Rn 68). Dieses Recht korrespondiert mit dem gg den AG bestehenden Anspruch auf regelmäßige und umfassende Unterrichtung über den gesamten Seebetrieb des Seeschifffahrtsunternehmens nach § 116 Abs 6 Nr 2 (vgl Rn 64 ff). Beide Ansprüche sind jedoch nicht deckungsgleich, da zum einen der Auskunftsanspruch ggü dem Kapitän nicht regelmäßig besteht, sondern zeitlich begrenzt ist für die Dauer des Aufenthaltes des Seebetriebsrats an Bord des Schiffes, zum anderen die Unterrichtung des Seebetriebsrats durch den Kapitän wegen des unmittelbaren Bezugs zum Schiffsbetrieb anderen Inhalts ist als die mittelbare Unterrichtung durch das Seeschifffahrtsunternehmen. Insoweit kommt dem Anspruch auf Unterrichtung durch den Kapitän eine durchaus eigenständige Bedeutung zu <L: GK/*Franzen* § 116 Rn 31>. Der Informationsanspruch erstreckt sich auf Einsicht in die Schiffstagebücher. Dem Gesetzgeber ist bei der Verweisung in 116 Abs 3 Nr 5 S 2 auf § 115 Abs 7 Nr 5 S 1 offensichtlich ein Redaktionsversehen unterlaufen; die Verweisung hätte vielmehr auf § 115 Abs 7 Nr 6 S 1 lauten müssen <L: Richardi/ *Forst* § 117 Rn 62; aM GK/*Franzen* § 116 Rn 43>. Unabhängig davon hat der Seebetriebsrat ohnehin die Möglichkeit, von den die Mitwirkung und Mitbestimmung der AN betreffenden Schiffstagebucheintragungen auch über die Bordvertretung Kenntnis zu erhalten, da die Bordvertretung hiervon jeweils eine Abschrift vom Kapitän verlangen kann.

44   Schließlich ist der Seebetriebsrat nach § 116 Abs 3 Nr 6 berechtigt, selbst Sprechstunden an Bord abzuhalten. Hierzu bedarf es anstelle der in § 39 Abs 1 S 1 vorgesehenen Vereinbarung mit dem Kapitän ledigl dessen vorheriger Unterrichtung. Im Übrigen gelten aber

V. Geschäftsführung des Seebetriebsrats § 116

die allg Vorschriften über die Sprechstunde, insbes also § 39 Abs 3 sowie § 40 Abs 2, wonach der Kapitän für die Sprechstunden an Bord einen hierfür geeigneten Raum sowie Informations- und Kommunikationstechnik zur Verfügung zu stellen hat (vgl § 40 Rn 23 ff).

Ebenfalls nach § 116 Abs 3 Nr 6 hat der Seebetriebsrat das Recht, **Bordversammlungen** der Besatzungsmitglieder durchzuführen. Diese treten an die Stelle der nach § 116 Abs 4 ausgeschlossenen Betriebsversammlung aller Besatzungsmitglieder auf Seebetriebsebene (vgl Rn 43) und werden neben den Bordversammlungen der Bordvertretung nach § 115 Abs 5 durchgeführt <L: GK/*Franzen* § 115 Rn 39, § 116 Rn 48>. Der von Richardi/*Forst* <L: § 115 Rn 69> vertretenen Meinung, wonach die Bordversammlungen des Seebetriebsrats die von der Bordvertretung durchzuführenden Versammlungen „konsumieren", kann wegen des selbstständigen Verhältnisses dieser Betriebsverfassungsorgane zueinander nicht gefolgt werden. Es wäre sonst dem Seebetriebsrat verwehrt, ordentliche Bordversammlungen durchzuführen, wenn die Bordvertretung bereits das Kontingent in dem gesetzl best Zeitraum verbraucht hat und umgekehrt, wofür im Gesetz keine Stütze vorhanden ist; außerdem haben Seebetriebsrat und Bordvertretung verschiedene, sich ergänzende Aufgaben (vgl § 115 Rn 1), die auch zu unterschiedlichen Themen bei der Bordversammlung führen können. Der Seebetriebsrat ist daher berechtigt, auf jedem Schiff vier bzw sechs ordentliche Bordversammlungen im Kalenderjahr durchzuführen. Die Einzelheiten hierfür ergeben sich aus § 115 Abs 5 S 1 iVm §§ 42 bis 46 (vgl § 115 Rn 34 ff), allerdings mit der Maßgabe, dass anstelle des Kapitäns der Reeder als AG bzw dessen zuständige Personalabteilung zu laden ist, weil Gesprächspartner des Seebetriebsrats nicht der Kapitän, sondern das Seeschifffahrtsunternehmen ist <L: GK/*Franzen* § 116 Rn 48>.

45

c) Die Rechte des Seebetriebsrats in europäischen Häfen

Läuft ein Schiff innerhalb eines Kalenderjahres keinen Hafen im Geltungsbereich dieses Gesetzes an, so besteht für den Seebetriebsrat gem § 116 Abs 3 Nr 7 S 1 das Zutritts- und Betreuungsrecht des § 116 Abs 3 Nr 5 und 6 (vgl Rn 41 ff) in allen anderen europäischen Häfen. Da nach § 116 Abs 3 Nr 7 S 2 die Schleusen des Nord-Ostsee-Kanals nicht als Häfen gelten, können vom Seebetriebsrat die einzelnen Aufgaben in europäischen Häfen ausgeübt werden, selbst wenn das Schiff im Kalenderjahr den Nord-Ostsee-Kanal passiert hat.

46

Das Besuchsrecht des § 116 Abs 3 Nr 7 in außerdeutschen europäischen Häfen kann vom Seebetriebsrat auf jedem Schiff grds nur einmal im Kalenderjahr ausgeübt werden <R: ArbG Hamburg 25.3.1975, SeeAE Nr 3 zu § 116 BetrVG; L: GK/*Franzen* § 116 Rn 39>. Dies ergibt sich aus dem der Systematik des Gesetzes zugrunde liegenden Gedanken, dass die Rechte des Seebetriebsrats und der Besatzung auf Schiffen, die im Laufe eines Kalenderjahres keinen deutschen Hafen anlaufen, keinen größeren Umfang haben, als diejenigen bzgl eines Schiffes, das einmal im Jahr einen deutschen Hafen anläuft. Denn wenn ein Schiff nur einmal im Kalenderjahr einen deutschen Hafen anläuft, so ist der Seebetriebsrat auf sein Besuchsrecht während dieses einmaligen Aufenthaltes beschränkt, ohne dass ihm ein Recht aus § 116 Abs 3 Nr 7 zusteht. Wenn der Gesetzgeber es schon in diesen Fällen als dem Seeschifffahrtsunternehmen nicht zumutbar angesehen hat, die Aufwendungen für einen weiteren Besuch des Seebetriebsrats in diesem Kalenderjahr in

47

§ 116 Seebetriebsrat

einem außerdeutschen europäischen Hafen zu tragen, so muss dies erst recht gelten, wenn es innerhalb eines Jahres bereits die Kosten für einen Besuch in einem ausländischen Hafen aufgewendet hat.

48 Das Recht zum Besuch des Schiffes in europäischen Häfen außerhalb Deutschlands besteht nicht in jedem Falle erst nach Ablauf des jeweiligen Kalenderjahres, sondern immer schon dann, wenn bei normalem Verlauf der Dinge, im Besonderen unter Berücksichtigung der Einsatzplanung, feststeht, dass ein Schiff einen deutschen Hafen im Kalenderjahr nicht mehr anlaufen wird <R: ArbG Hamburg 25.3.1975, SeeAE Nr 3 zu § 116 BetrVG>. Eine entspr Feststellung kann angesichts der kurzen Reisezeiten zwischen europäischen Häfen in der überwiegenden Mehrzahl der Fälle allerdings erst gg Ende des Jahres getroffen werden. Würden dagg die Kriterien des § 116 Abs 3 Nr 7 immer erst nach Ablauf des Kalenderjahres festgestellt werden können, so würde dieses Besuchsrecht trotz vorliegender Voraussetzungen in einzelnen Fällen vereitelt, wenn nämlich das Schiff am Anfang eines Kalenderjahres einen deutschen Hafen erreicht, nachdem es im vorangegangenen Kalenderjahr keinen deutschen Hafen angelaufen hat oder dann, wenn das Schiff im laufenden Kalenderjahr zwar keinen deutschen Hafen, wohl aber einen anderen europäischen Hafen anläuft, im folgenden Kalenderjahr jedoch nur außereuropäische Häfen berührt, obgleich der Gesetzgeber die Kostenbelastung für den Besuch eines europäischen Hafens in § 116 Abs 3 Nr 7 für zumutbar gehalten hat <R: ArbG Hamburg 25.3.1975, SeeAE Nr 3 zu § 116 BetrVG>.

49 Trifft der Seebetriebsrat anlässlich des Besuchs eines Schiffes im europäischen Hafen auf ein weiteres zum Seebetrieb gehörendes Schiff, so besteht für den Seebetriebsrat nach § 116 Abs 3 Nr 5 und 6 ein Zutrittsrecht zu diesem Schiff auch dann, wenn es im Kalenderjahr bereits einen deutschen Hafen angelaufen hatte (bzw noch anlaufen wird) oder wenn es im Kalenderjahr vom Seebetriebsrat bereits in einem deutschen, europäischen oder außereuropäischen Hafen aufgesucht worden ist: Hier steht dem Interesse des Seebetriebsrats auf möglichst umfassende Betreuung der Besatzungsmitglieder nicht das bei den sonstigen Fällen überwiegende Kosteninteresse des Seeschifffahrtsunternehmens auf einen einmaligen Besuch entgg <L: GK/*Franzen* § 116 Rn 40>.

50 Zusätzl Besuchsrechte ohne zahlenmäßige Beschränkung können sich aus § 116 Abs 3 Nr 8 ergeben. Danach ist der Seebetriebsrat befugt, im Einvernehmen mit dem AG Sprechstunden und Bordversammlungen, abw von § 116 Abs 3 Nr 6 und 7, auch in anderen Liegehäfen des Schiffes durchzuführen, wenn ein **dringendes Bedürfnis** hierfür besteht (vgl zu den Voraussetzungen im Einzelnen Rn 52). Dieses außerordentliche Besuchsrecht in dringenden Fällen ist nicht auf außereuropäische Häfen beschränkt, sondern kann auch in europäischen Häfen ausgeübt werden <R: ArbG Hamburg vom 25.3.1975, SeeAE Nr 3 zu § 116 BetrVG>. Sofern der Seebetriebsrat das Schiff iR dieses außerordentlichen Besuchsrechts nach § 116 Abs 3 Nr 8 in einem europäischen bzw außereuropäischen Hafen aufgesucht hat, besteht in demselben Kalenderjahr dann kein weiteres ordentliches Besuchsrecht während der Liegezeiten des Schiffes in einem europäischen Hafen nach § 116 Abs 3 Nr 7, wenn der Seebetriebsrat anlässlich des außerordentlichen Besuchs bereits Gelegenheit hatte, seine Rechte aus § 116 Abs 3 Nr 5 und 6 auszuüben. Das einmalige Besuchsrecht des Abs 3 Nr 7 wird insoweit durch das weiterreichende Recht des Abs 3 Nr 8 konsumiert <L: GK/*Franzen* § 116 Rn 45>.

V. Geschäftsführung des Seebetriebsrats § 116

Sofern die Voraussetzungen der Besuchsrechte nach § 116 Abs 3 Nr 7 und 8 in europäischen Häfen erfüllt sind, hat der AG nach § 40 Abs 1 die **Kosten** der Reise des Seebetriebsrats sowie seiner Unterbringung zu tragen. Allerdings ist es für eine effektive Betreuung der Besatzungsmitglieder nicht erforderl, dass an der Reise alle Mitglieder des Seebetriebsrats teilnehmen <L: GK/*Franzen* § 116 Rn 49>. Denn auch während der Besuchsreise bleibt alleiniger Gesprächspartner des Seebetriebsrats der Reeder als AG, sodass es regelmäßig ausreicht, wenn ein Mitglied des Seebetriebsrats das Schiff zwecks Ausübung der Rechte nach § 116 Abs 3 Nr 5 und 6 aufsucht und im Anschluss daran der Seebetriebsrat an seinem Sitz aufgrund der Berichterstattung des Mitglieds gegebenenfalls die erforderl Beschlüsse fasst und Anregungen bzw Beanstandungen, die sich aus dem Schiffsbesuch ergeben, ggü dem AG geltend macht. 51

d) Rechte des Seebetriebsrats in außereuropäischen Häfen

Der Seebetriebsrat ist nach § 116 Abs 3 Nr 8 BetrVG berechtigt, auch in außereuropäischen Liegehäfen des Schiffes im Einvernehmen mit dem Seeschifffahrtsunternehmen Sprechstunden und Versammlungen an Bord durchzuführen, wenn ein **dringendes Bedürfnis** hierfür besteht. Dieses außerordentliche Besuchsrecht ist unabhängig davon gegeben, ob das Schiff innerhalb des Kalenderjahres bereits einen deutschen Hafen angelaufen hat bzw noch anläuft oder ob der Seebetriebsrat das Schiff binnen dieses Zeitraums bereits in einem europäischen Hafen besucht hat. Voraussetzung ist, dass ein dringendes Bedürfnis hierfür besteht, zB nach einem schweren Schiffsbrand <R: ArbG Hamburg 25.3.1975, SeeAE Nr 3 zu § 116 BetrVG>. Die Tatsache, dass ein Schiff im Kalenderjahr weder einen deutschen noch einen europäischen Hafen anläuft, stellt allein noch kein dringendes Bedürfnis dar. Dies hätte der Gesetzgeber in der Fassung des § 116 Abs 3 Nr 8 analog des § 116 Abs 3 Nr 7 deutlich gemacht. Allerdings kann ein dringendes Bedürfnis für die Durchführung von Sprechstunden und Bordversammlungen dann bestehen, wenn ein Bordbesuch schon über mehrere Jahre nicht mögl war und insbes eine Bordvertretung nicht existiert <L: GK/*Franzen* § 116 Rn 45>. Anders als beim ordentlichen Besuchsrecht im europäischen Hafen (vgl Rn 45 ff) können in den Fällen des § 116 Abs 3 Nr 8 die Sprechstunden und Bordversammlungen nur nach vorheriger Einigung mit dem AG durchgeführt werden. Es genügt also nicht die Unterrichtung des Kapitäns, sondern es ist für die Durchführung der Reise selbst sowie der Sprechstunden und Bordversammlungen die Zustimmung des Reeders als AG erforderl <L: GK/*Franzen* § 116 Rn 45>. Kommt eine Einigung nicht zustande, so entscheidet nach § 116 Abs 3 Nr 8 S 2 und 3 die ES mit für beide Seiten bindender Wirkung (bzgl der Anrufung sowie Entscheidung der ES im Einzelnen vgl § 76 Rn 40). 52

Sofern die Voraussetzungen des Besuchsrechts nach § 116 Abs 3 Nr 8 in außereuropäischen Häfen erfüllt sind, hat der AG nach § 40 Abs 1 die **Kosten** der Reise des Seebetriebsrats sowie seiner Unterbringung zu tragen. Die Anzahl der an der Reise teilnehmenden Seebetriebsratsmitglieder richtet sich – ebenso wie bei dem Besuchsrecht in europäischen Häfen – nach dem jeweiligen Erfordernis (vgl Rn 51); regelmäßig reicht es aus, wenn ein Mitglied das Schiff aufsucht. 53

§ 116 Seebetriebsrat

VI. Keine Betriebsversammlung im Seebetrieb

54 In Seebetrieben werden Betriebsversammlungen aller Besatzungsmitglieder der zum Seebetrieb gehörenden Schiffe nicht durchgeführt (§ 116 Abs 4). Die Eigenart des Seebetriebs und der weltweite Einsatz der Schiffe lassen eine gleichzeitige Zusammenkunft aller AN schon aus praktischen Gründen nicht zu. Der erzielbare Repräsentations- und Informationserfolg solcher Versammlungen stünde in erkennbarem Missverhältnis zu dem erforderl Aufwand. An die Stelle der fehlenden Betriebsversammlungen treten die vom Seebetriebsrat durchführbaren Bordversammlungen nach § 116 Abs 3 Nr 6 bis 8 (vgl Rn 45 ff). Weitere Ersatzformen für den Wegfall der Betriebsversammlungen sieht das Gesetz nicht vor. So lassen sich etwa zusätzl Bordbesuche des Seebetriebsrats im Ausland aus den in § 116 Abs 3 Nr 5 bis 8 vorgesehenen oder zusätzl Berichterstattungsformen über das Maß hinaus, das sich aus den allg Informationsaufgaben des BR ergibt (vgl dazu § 40 Rn 36 ff), aus dem Fortfall der Betriebsversammlungen auf Seebetriebsebene nicht herleiten.

55 Allerdings kommt hier wegen der erschwerten Kommunikation zwischen dem Seebetriebsrat und den an Bord tätigen Besatzungsmitgliedern der Art der Unterrichtung eine besondere Bedeutung zu. Da sich das sog „schwarze Brett" als Informationsmittel wegen der räumlichen Entfernung zwischen den einzelnen Schiffen und dem Sitz des Unternehmens nicht eignet, ist der Reeder als AG regelmäßig verpflichtet, dem Seebetriebsrat statt dessen auf seine Kosten (vgl § 40 Abs 2 iVm Abs 1) die Möglichkeit zu eröffnen, sich in einem eigenen Mitteilungsblatt oder in digitaler Form an die Belegschaft zu wenden <R: ArbG Bremen 11.4.1978, SeeAE Nr 6 zu § 116 BetrVG; L: GK/*Franzen* § 116 Rn 51>. Hinsichtl der Häufigkeit des Erscheinens eines Informationsblattes erscheint es angemessen, sich an der Anzahl der in einem Landbetrieb mögl Betriebsversammlungen nach § 43 Abs 1 zu orientieren <R: ArbG Bremen 11.4.1978, aaO>. Auch wenn ein Schiff innerhalb eines Jahres keinen deutschen oder europäischen Hafen anläuft und Bordversammlungen des Seebetriebsrats deswegen nicht oder nur in eingeschränktem Umfang mögl sind, gilt nichts anderes. Die vom Gesetzgeber in § 116 Abs 4 vorgenommene Interessenabwägung der Belange des Betriebs und der betroffenen Besatzungsmitglieder ist insoweit eindeutig. In diesen Fällen tritt die betriebsverfassungsrechtl Bedeutung der Bordvertretung bes hervor.

VII. Gesamtbetriebsrat, Konzernbetriebsrat

56 Die Bestimmungen der §§ 47 bis 59 über die Bildung und Zuständigkeit von Gesamt- und Konzernbetriebsräten gelten an sich auch für Seeschifffahrtsunternehmen. Soweit in diesen Vorschriften den Betriebsräten Kompetenzen und Pflichten zugewiesen worden sind, entfallen diese in Seebetrieben auf den Seebetriebsrat (§ 116 Abs 5). Den Bordvertretungen stehen insoweit keine Mitwirkungsrechte zu (vgl § 115 Rn 54).

57 Da nach § 114 Abs 3 die Gesamtheit der Schiffe eines Seeschifffahrtunternehmens als (ein) Seebetrieb gilt, ist ein GBR nur dann zu errichten wenn neben dem Seebetriebsrat ein oder mehrere Landbetriebsräte bestehen. Ein solcher GBR ist dann nach § 50 Abs 1 für die Angelegenheiten zuständig, die sowohl den Seebetrieb als auch den oder die Landbetriebe betreffen und einheitlich geregelt werden müssen. Eine Beauftragung des

GBR durch den Seebetriebsrat nach § 50 Abs 2 kommt angesichts der klaren Aufgabenzuweisung in § 116 Abs 5 nicht in Betracht <L: aM Richardi/*Forst* § 116 Rn 70>.

Ist das Seeschifffahrtsunternehmen Teil eines Konzerns (zum Begriff vgl § 54 Rn 5 ff), 58 kann durch Beschluss des dort bestehenden GBR nach Maßgabe §§ 54 ff ein KBR errichtet werden. Dabei treten nach § 54 Abs 2 die Seebetriebsräte derjenigen Seeschifffahrtsunternehmen an die Stelle des GBR, in denen ein GBR nicht gebildet worden ist. Die Zuständigkeit des KBR richtet sich nach § 58 Abs 1. Eine Übertragung der Aufgaben des GBR auf den KBR nach § 58 Abs 2 kommt nicht in Betracht, soweit die Seebetriebe betroffen sind. Gehört zum Konzern kein Landbetrieb kann auch kein KBR errichtet werden, weil diesem nach § 116 Abs 5 keine Aufgaben zukommen können.

Eine Gesamt-/Konzernjugendvertretung kann in Seeschifffahrtsunternehmen nur von den 59 Jugendvertretungen der Landbetriebe gebildet werden. Deren Kompetenz erstreckt sich nicht auf die in dem Seebetrieb beschäftigten Jugendlichen, weil in Seebetrieben keine besonderen Jugendvertretungen gewählt werden (§ 114 Abs 5).

VIII. Mitwirkung und Mitbestimmung des Seebetriebsrats

1. Grundsatz

§ 116 Abs 6 enthält in seinen Nr 1 und 2 die für den Seebetriebsrat maßgebl Abweichun- 60 gen von den Vorschriften des Vierten Teils des Gesetzes über Mitwirkungs- und Mitbestimmungsrechte der AN. Die Notwendigkeit für die Sonderregelungen ergibt sich einerseits aus der Aufgabenteilung zwischen Seebetriebsrat und Bordvertretung, andererseits aus der Mobilität der den Seebetrieb bildenden Betriebsteile „Schiff". Zuvor ist in § 116 Abs 6 S 1 klargestellt, dass auf den Seebetriebsrat der gesamte Katalog der individuellen und kollektiven Beteiligungsrechte der AN (§§ 74 bis 113) Anwendung findet, einschließl der Bestimmungen über wirtschaftliche Angelegenheiten (§§ 106 bis 113); für Letztere ist der Seebetriebsrat wegen der Regelung in § 115 Abs 7 Nr 1 ausschließlich zuständig (vgl § 115 Rn 55), und zwar auch, soweit nur ein einzelnes Schiff betroffen ist.

2. Zuständigkeit des Seebetriebsrats

§ 116 Abs 6 Nr 1 lit a weist dem Seebetriebsrat iR der zweigliedrigen Seebetriebsverfas- 61 sung die Zuständigkeit für die Behandlung derjenigen nach diesem Gesetz der Mitwirkung oder Mitbestimmung des BR unterliegenden Angelegenheiten zu, die alle oder mehrere Schiffe des Seebetriebs oder die Besatzungsmitglieder aller oder mehrerer Schiffe des Seebetriebs betreffen. Das gilt zB für die Erstellung von Kammerbelegungsplänen für Besatzungsmitglieder, die sich auf mehrere Schiffe des Seebetriebs erstrecken – MBR nach § 87 Abs 1 Nr 1 <R: ArbG Bremen 17.1.1980, SeeAE Nr 2 zu § 87 BetrVG>, nicht jedoch für die Umsetzung eines Besatzungsmitglieds von einem Schiff des Reeders auf ein anderes gem § 6 Abs 4 MTV-SEE, da diese Umsetzung keine mitbestimmungspflichtige Versetzung im Sinne der §§ 99, 95 Abs 3 darstellt <R: LAG SH 8.11.1979, AZ SeeAE Nr 3 zu § 99 BetrVG>. Hierdurch wird auf Seebetriebsebene die Einheitlichkeit von Regelungen gewährleistet, deren Bedeutung nicht auf ein Schiff bzw dessen Besatzung beschränkt ist. Durch diese Zuständigkeitsregel wird aber die möglicherweise eben-

§ 116 Seebetriebsrat

falls bestehende Kompetenz der Bordvertretung in einer dieser Angelegenheiten (vgl § 115 Abs 7 Nr 1; s dort Rn 33 ff) nicht beseitigt. Insoweit besteht eine konkurrierende Zuständigkeit beider Organe. In entspr Anwendung des Rechtsgedankens des § 115 Abs 7 Nr 3 (vgl dort Rn 39) ist die Bordvertretung in diesen Fällen solange zur Regelung der Angelegenheiten befugt, bis sie vom Seebetriebsrat an sich gezogen werden. Mit dem Zeitpunkt des Tätigwerdens des Seebetriebsrats werden bestehende Bordregelungen in gleicher Sache hinfällig und ist die Bordvertretung künftig gehindert, in diesen Angelegenheiten noch in eigener Zuständigkeit tätig zu werden <L: GK/*Franzen* § 116 Rn 53>.

62 Daneben ist der Seebetriebsrat gem § 116 Abs 6 Nr 1 lit b zuständig für die Behandlung schiffsbezogener Angelegenheiten, die nach § 115 Abs 7 Nr 2 von der Bordvertretung oder dem Kapitän wegen nicht erzielter Einigung abgegeben worden sind (vgl § 115 Rn 58 ff). Mit dem Übergang der Angelegenheit auf den Seebetriebsrat erlischt die ursprüngliche Zuständigkeit der Bordvertretung.

63 Schließlich fallen nach § 116 Abs 6 Nr 1 lit c in die Kompetenz des Seebetriebsrats solche Angelegenheiten, für die nicht die Zuständigkeit der Bordvertretung nach § 115 Abs 7 Nr 1 gegeben ist. Damit obliegt dem Seebetriebsrat die Behandlung derjenigen Fälle an Bord, die nicht vom Kapitän, sondern nur vom Reeder geregelt werden können (zB die oKd ggü einem Schiffsoffizier oder sonstigen Angestellten nach § 65 Abs 3 SeeArbG) <L: *Lindemann* Die Beendigung des Arbeitsverhältnisses in der Seeschifffahrt, S 26 ff, 69 ff; GK/*Franzen* § 116 Rn 55>. Ferner ist der Seebetriebsrat zuständig für diejenigen Angelegenheiten, in denen neben dem Kapitän ebenfalls der Reeder zuständig ist (zB die oKd von Schiffsleuten nach § 65 Abs 1 SeeArbG) und nicht der Kapitän, sondern der Reeder die entspr Maßnahme trifft <L: *Lindemann* aaO>. Schließlich ist der Seebetriebsrat zuständig für die Angelegenheiten solcher Besatzungsmitglieder, die keinem best Schiff zugeordnet sind (vgl § 115 Rn 6) und bei denen damit sämtliche Arbeitgeberbefugnisse ungeteilt beim Reeder liegen.

3. Unterrichtung über den Schiffsbetrieb

64 Der Seebetriebsrat hat das Recht auf regelmäßige und umfassende Unterrichtung über den Schiffsbetrieb des Seeschifffahrtsunternehmens. Die erforderl Unterlagen sind ihm vorzulegen (§ 116 Abs 6 Nr 2). Diese Unterrichtungspflicht passt die allg Informationsregelung des § 80 Abs 2 an die Besonderheiten des Seebetriebs an, verdrängt diese aber nicht <L: ebenso Richardi/*Forst* 116 Rn 74; GK/*Franzen* § 116 Rn 56; aM noch die Voraufl>. Auch die Zuziehung eines Sachverständigen nach Maßgabe von § 80 Abs 3 kommt in Betracht.

65 Wie aus § 115 Abs 7 Nr 5 S 3 ersichtl, gehören zum Schiffsbetrieb insbes die Schiffssicherheit, die Reiserouten, die voraussichtlichen Ankunfts- und Abfahrtszeiten sowie die zu befördernde Ladung. Ferner gehören zum Schiffsbetrieb der gesamte Arbeits- und Betriebsablauf auf dem Schiff, schließlich auch die Unterbringung der Besatzungsmitglieder und deren Verpflegung an Bord. Die Reedereileitung hat den Seebetriebsrat von sich aus regelmäßig und umfassend über sämtliche zum Seebetrieb gehörenden Schiffe (vgl § 114 Rn 21 ff) zu unterrichten. Anders als die Unterlagen nach § 80 Abs 2 S 2 sind die Unterlagen gem § 116 Abs 6 Nr 2 S 2 dem Seebetriebsrat nicht zur Verfügung zu stellen, also auf Zeit auszuhändigen (§ 80 Rn 37 ff), sondern ledigl vorzulegen <L: GK/*Franzen* § 116 Rn 56>. Allerdings bedarf es hierzu keines ausdrücklichen Verlangens seitens des Seebe-

triebsrats; vielmehr hat die Reedereileitung dem Seebetriebsrat von sich aus die Einsichtnahme in die Unterlagen zu ermöglichen.

IX. Streitigkeiten

Bei Streitigkeiten über den Anwendungsbereich des § 116 entscheidet das ArbG im Beschlussverf (§ 2a Abs 1 Nr 1, Abs 2 iVm §§ 80 ff ArbGG). Örtlich zuständig ist entspr § 82 S 2 ArbGG das ArbG, in dessen Bezirk das Seeschifffahrtsunternehmen seinen Sitz hat <**R:** ArbG Bremen 17.1.1980, SeeAE Nr 2 zu § 87 BetrVG; **L:** Richardi/*Forst* § 116 Rn 78>. Abweichende Vereinbarungen über die örtliche Zuständigkeit, sei es einzel- oder tarifvertragl, sind wegen der Ausschließlichkeit des Gerichtsstands im Beschlussverf unwirksam. Für dieses Verf gilt ebenfalls nicht die tarifl Vereinbarung der Zuständigkeit eines Schiedsgerichts nach § 101 Abs 2 ArbGG.

66

Bei Streitigkeiten über Individualansprüche der Mitglieder des Seebetriebsrats, die im Zusammenhang mit ihrer Amtsführung stehen, entscheidet das ArbG im Urteilsverf (§ 2 Abs 1 Nr 3a, Abs 5 iVm §§ 46 ff ArbGG). In diesem Fall ist bei Geltung der maßgebl Tarifverträge die Gerichtsstandsvereinbarung des § 36 MTV-See zu beachten, welche die ausschließliche Zuständigkeit des ArbG Hamburg vorsieht.

67

Zweiter Abschnitt
Luftfahrt

§ 117 Geltung für die Luftfahrt

(1) Auf Landbetriebe von Luftfahrtunternehmen ist dieses Gesetz anzuwenden. Auf im Flugbetrieb beschäftigte Arbeitnehmer von Luftfahrtunternehmen ist dieses Gesetz anzuwenden, wenn keine Vertretung durch Tarifvertrag nach Absatz 2 Satz 1 errichtet ist.

(2) Für im Flugbetrieb beschäftigte Arbeitnehmer von Luftfahrtunternehmen kann durch Tarifvertrag eine Vertretung errichtet werden. Über die Zusammenarbeit dieser Vertretung mit den nach diesem Gesetz zu errichtenden Vertretungen der Arbeitnehmer der Landbetriebe des Luftfahrtunternehmens kann der Tarifvertrag von diesem Gesetz abweichende Regelungen vorsehen. Auf einen Tarifvertrag nach den Sätzen 1 und 2 ist § 4 Absatz 5 des Tarifvertragsgesetzes anzuwenden.

Literatur: *Bayreuther*, Betriebsratswahl für das Luftfahrtpersonal von ausländischen Fluggesellschaften, NZA, 2010, 262; *Darányi*, Die Bordbetriebsverfassung nach § 117 Abs 2 S 1 BetrVG unter Berücksichtigung europa- und verfassungsrechtlicher Vorgaben (2013); *Gaul*, FS 100 Jahre Betriebsverfassungsrecht (2020), S 141; *Grabherr*, Betriebsvertretungen für Luftfahrtpersonal nach § 117 BetrVG, NZA 1988, 532; *Jacobs/Frieling*, FS 100 Jahre Betriebsverfassungsrecht (2020), S 243; *Jacobs/Krios*, Keine Nachwirkung betriebsverfassungsrechtlicher Tarifnormen iSd § 117 Abs 2 BetrVG, ZTR, 2011, 643; *Jerchel*, § 117 BetrVG novelliert – endlich gesetzliche Gewährleistung von Betriebsräten für Crews über den Wolken!, AuR 2019, 1; *Krause*, Die Zulässigkeit partikularer Personalvertretungen im Luftverkehr, FS Buchner (2009), S 493; *Linsenmaier*, Der „Flugbetrieb" iSv § 117 BetrVG – Voraussetzungen und Rechtsfolgen, FS Preis (2021), S 759; *Ludwig*, Die Neuregelung des § 117 BetrVG – eine Bruchlandung?, BB 2019, 180; *Müller/Becker*, Die Neuregelung des § 117 Abs. 1 BetrVG in der (Luftverkehrs-)Praxis, BB 2019, 884; *Spinner/Wiesenecker*, Unwirksame Vereinbarungen über die Organisation der Betriebsverfassung, FS Löwisch (2007), S 375; *Vielmeier*, § 117 II BetrVG als (bedrohtes) Privileg des Fliegenden Personals, NZA 2018, 1530; *Weber/Gräf*, Nachwirkung Betriebsverfassungsrechtlicher Tarifnormen nach § 117 Abs 2 S 1 BetrVG, RdA 2012, 95.

Übersicht

	Rn.		Rn.
I. Allgemeines	1	4. Rechtsstellung der Vertretungsmitglieder	26
II. Geltungsbereich	4	5. Einräumung von Mitbestimmungs- und Mitwirkungsrechten	29
1. Luftfahrtunternehmen	4	6. Zusammenarbeit mit dem Landbetriebsrat	32
2. Landbetriebe	6	IV. Gesetzlicher Betriebsrat	35
3. Im Flugbetrieb beschäftigte Arbeitnehmer	7	1. Errichtung	35
III. Tarifvertragliche Vertretung	11	2. Anwendung des BetrVG	39
1. Tarifvertrag als Regelungsinstrument	11	3. Subsidiarität	46
2. Errichtung von Vertretungen	18	V. Streitigkeiten	48
3. Organisationsregeln	23		

I. Allgemeines

Der Zweite Abschnitt des fünften Teils (§ 117) enthält Sonderregelungen für die Luftfahrt. Seit der am 1.5.2019 in Kraft getretenen Neuregelung durch Art 4e des Qualifizierungschancengesetzes vom 18.12.2018 (BGBl I 2651) besteht der Kern der Regelung nur noch in der Zulassung tarifl Regelungen der Betriebsverfassung für die im Flugverkehr beschäftigten AN von Luftfahrtunternehmen. Wo eine solche nicht getroffen ist, gelten auch für diese nunmehr die allg Regelungen des BetrVG. Für die AN der Landbetriebe von Luftfahrtunternehmen gilt das ohnehin. 1

Für die Vertretung der AN in den Aufsichtsräten der Luftfahrtunternehmen gelten die Bestimmungen des MitbestG und DrittelbG; Sondervorschriften wie für die Seeschifffahrt bestehen für die Luftfahrt nicht. Bei der Anwendung des KSchG gilt nach § 24 Abs 2 KSchG die Gesamtheit der Luftfahrzeuge eines Luftverkehrsbetrieb als ein Betrieb <L: LSSW/*Löwisch* § 24 Rn 5>. BR iS von § 17 Abs 2 KSchG ist auch eine nach § 117 Abs 2 gebildete tarifl Vertretung <R: LAG Berl-Bbg 11.7.2019, 21 Sa 2100/18, juris>. 2

Für die Vertretung des fliegenden Personals der Luftwaffe gilt das Soldatinnen- und Soldatenbeteiligungsgesetz Gesetz (SBG) vom 29.8.2016 (BGBl I 2065). Die Vertretung erfolgt durch Vertrauenspersonen bei den Einheiten der Luftwaffe. Diese bilden bei den Geschwadern Versammlungen der Vertrauenspersonen (§ 33 Abs 1 S 2 SBG). Für den Organisationsbereich der Luftwaffe besteht ein Vertrauenspersonenausschuss aus sieben Mitgliedern, der bei Grundsatzregelungen zu beteiligen ist (§ 39 Abs 1 S 3 Nr 2 iVm Abs 2 SBG). 3

II. Geltungsbereich

1. Luftfahrtunternehmen

Luftfahrtunternehmen iS des § 117 sind Unternehmen, die Personen, Tiere oder Sachen durch Luftfahrzeuge befördern. Ob diese Beförderung gewerbsmäßig erfolgt oder nicht, spielt keine Rolle <R: BAG 20.2.2001, 1 ABR 27/00, EzA § 117 BetrVG 1972 Nr 5>. Unternehmen und Betriebe der Flughäfen oder der Zulieferer rechnen nicht dazu. Sie sind, soweit privatrechtl betrieben, selbstständige Unternehmen oder Betriebe iS des BetrVG. 4

Der Begriff Luftfahrzeug kann § 1 Abs 2 LuftVG entnommen werden <L: Richardi/*Forst* § 117 Rn 9>. Danach zählen zu den Luftfahrzeugen insbes Flugzeuge, Drehflügler, Luftschiffe und Segelflugzeuge. 5

2. Landbetriebe

Zu den Landbetrieben der Luftfahrtunternehmen zählen die Verwaltungen, Werkstätten, der sog Bodendienst, die Flughafen- und Verkaufsbüros, soweit sie Organisationsteil des Luftfahrtunternehmens sind. Auf sie findet das BetrVG ohne Einschränkungen Anwendung. Über ihre betriebsverfassungsrechtl Einordnung als Betrieb, Betriebsteil, Nebenbetrieb oder Teilbetrieb entscheiden die allg Vorschriften. Soweit das BetrVG auf die Größe 6 der Belegschaft abstellt, bleiben für den Landbetrieb die im Flug beschäftigten AN unberücksichtigt.

3. Im Flugbetrieb beschäftigte Arbeitnehmer

7 § 117 verwendet auch den Begriff des Flugbetriebs. Dieser stellt dennoch keinen vom Gesetz geschaffenen gesonderten Betriebsteil mit eigener Betriebsverfassung dar wie der Seebetrieb bei einem Seeschifffahrtsunternehmen. § 117 Abs 2 S 1 schafft lediglich die Möglichkeit besonderer tarifl Regelungen für im Flugbetrieb beschäftigter AN <R: BAG 21.1.2020, 1 AZR 149/19, EZA, § 117 BetrVG Nr 3, Rn 38 ff>. Ob in einem Luftfahrtunternehmen mehrere Betriebe oder Betriebsteile im Sinne des betriebsverfassungsrechtlichen Betriebsbegriffs bestehen, ist für die Regelung deshalb nicht relevant <L: anders wohl *Jacobs/Frieling* FS 100 Jahre Betriebsverfassungsrecht, S 253 ff>. Ob ein solcher TV für alle im Flugbetrieb eines Luftfahrtunternehmens beschäftigten AN, oder nur für einen Teil von diesen gilt, hängt davon ab, für welchen Betrieb die Personalvertretung errichtet ist und welchen persönlichen Geltungsbereich ihr der Tarifvertrag zumisst (Rn 18 ff).

8 Die Ausrichtung an den im Flugbetrieb beschäftigten AN hat zur Konsequenz, dass ein solcher TV keine Regelungen treffen kann, die nicht auch im Flugbetrieb des Unternehmens beschäftigte AN betreffen. So kann der gebildeten Personalvertretung nicht das Recht eingeräumt werden, über einen alle AN betreffenden Interessenausgleich zu verhandeln <R: BAG aaO Rn 54 f>.

9 Im Flugbetrieb beschäftigt ist das sog fliegende Personal, also das Cockpitpersonal und das Kabinenpersonal, nicht aber das Bodenpersonal, das den Flugbetrieb technisch ermöglicht und begleitet, insbes die Flugzeuge wartet. Auch Personal, das zu von Fall zu Fall Kontroll- oder Prüfzwecken mitfliegt, gehört nicht zum Kreis der im Flugbetrieb beschäftigten AN <R: BAG 14.10.1986, 1 ABR 13/85, EzA § 117 BetrVG 1972 Nr 3>.

10 Der Entscheidung des BAG vom 20.2.2001 <R: 1 ABR 27/00, EzA § 117 BetrVG 1972 Nr 5> folgend steht die hM auf dem Standpunkt, als im Flugbetrieb beschäftigte AN könnten nur solche angesehen werden, die dauerhaft ortsungebunden tätig sind. Personal, welches von Stützpunkten aus Flüge mit kleinerem Einsatzradius durchführe, werde dem Zweck der Regelung nach nicht von der Sondervorschrift erfasst <L: *Richardi/Forst* § 117 Rn 7; GK/*Franzen* 117 Rn 5>. Diese Auffassung führt zu erhebl Abgrenzungsschwierigkeiten. Auch der Linienflugbetrieb erfolgt vielfach von best Standorten aus und führt je nach Flugstrecke in mehr oder minder großen Zeitabständen zur Rückkehr an den Standort. Das Bedürfnis nach dieser einschränkenden Auslegung besteht heute nicht mehr, weil im Falle fehlender tarifl Regelung die gesetzl Betriebsverfassung gilt. Auf die Einschränkung sollte deshalb verzichtet und es den Tarifvertragsparteien überlassen werden, inwieweit sie für das fliegende Personal eine besondere Betriebsverfassung schaffen.

III. Tarifvertragliche Vertretung

1. Tarifvertrag als Regelungsinstrument

Nach § 117 Abs 2 S 1 kann für die im Flugbetrieb beschäftigten AN **durch Tarifvertrag** 11
eine Vertretung errichtet werden. Mit dem Begriff des Tarifvertrages nimmt die Vorschrift auf das TVG Bezug. Tarifvertragsparteien iS von § 2 Abs 1 TVG werden ermächtigt, im Wege betriebsverfassungsrechtl Nomen iS von § 1 Abs 1 iVm § 3 Abs 2 TVG eine Vertretung für das fliegende Personal zu schaffen. Mögl sind sowohl Verbandstarifverträge wie Haustarifverträge. Praktiziert werden derzeit ua

– Tarifvertrag Personalvertretung Nr 2 (TV PV) für das Bordpersonal der Deutschen Lufthansa Aktiengesellschaft vom 31.5.2017
– Tarifvertrag Personalvertretung Nr 2 für die Beschäftigten des Cockpitpersonals der Eurowings GmbH vom 19.3.2018
– Tarifvertrag Personalvertretung für das Cockpitpersonal der TUIfly GmbH vom 31.10.2012
– Tarifvertrag Personalvertretung für das Cockpitpersonal bei Lufthansa CityLine vom 19.2.1976.

Da es sich um betriebsverfassungsrechtl Normen handelt, gelten die Bestimmungen eines 12
solchen Tarifvertrages für alle Betriebe, deren AG tarifgebunden sind (§ 3 Abs 2 TVG). Sie sind daher auch ggü nicht organisierten AN und ggü solchen AN wirksam, die einer nicht am Tarifabschluss beteiligten Gewerkschaft angehören.

Nähere Vorgaben enthält die Ermächtigung nicht. Die Tarifvertragsparteien haben **weite** 13
Gestaltungsfreiheit. § 117 Abs 2 S 1 bindet sie insbes nicht an die Formen und Verf des BetrVG. Abweichenden Regelungen stehen auch weder Art 3 GG noch die Richtlinie 2002/14/EG entgg <R: BAG 17.3.2015, 1 ABR 59/13, EzA § 117 BetrVG 2001 Nr 2>. Allerdings kann eine tarifl Regelung das nunmehr in § 117 Abs 1 S 2 vorgesehene subsidiäre Eingreifen der gesetzl Betriebsverfassung nur verhindern, wenn sie ein eigenständiges Vertretungsorgan des fliegenden Personals schafft. Bloße Informationspflichten des AG ggü den im Flugbetrieb beschäftigten AN genügen dafür nicht. Auch Arbeitnehmervertretungen auf rein schuldrechtl Grundlage <L: Richardi/*Forst* § 117 Rn 18> kommt diese Kraft nicht zu.

Auf Tarifverträge iS von § 117 Abs 2 S 1 ist nach der neu eingefügten Vorschrift von 14
Abs 2 S 3 § 4 Abs 5 TVG anzuwenden. Auch solche Tarifverträge **wirken damit nach**, sodass ihre Regelungen auch nach Ablauf des Tarifvertrags weiter gelten, bis sie durch eine andere Abmachung ersetzt werden. Als andere „Abmachung" kommt an sich nur ein neuer Tarifvertrag in Betracht, weil sich die Ermächtigung des Abs 2 S 1 nur auf Tarifverträge bezieht <L: *Gaul* FS 100 Jahre Betriebsverfassungsrecht, S 143>. Sinngemäß führt aber auch die Bildung eines BR nach Abs 1 S 2, der die im Flugbetrieb beschäftigten AN erfasst, zur Ablösung der tarifl Regelung: Die Auffangfunktion von § 4 Abs 5 TVG ist dann nicht mehr notwendig <L: *Jacobs/Frieling* FS 100 Jahre Betriebsverfassungsrecht, S 256>.

§ 4 Abs 5 TVG ist dispositiv. Die Nachwirkung kann deshalb von vornherein ausgeschlos- 15
sen oder befristet werden. Auch kann sie nachträglich durch Tarifvertrag beseitigt werden <L: *Löwisch/Rieble* § 4 Rn 858 ff>. Ein Bedürfnis, die Nachwirkung auch ohne eine sol-

che vertragl Einschränkung auszuschließen <L: GK/*Franzen* § 117 Rn 17 f; Richardi/ *Forst* § 117 Rn 20; *Löwisch/Rieble* § 4 Rn 758 ff>, besteht heute nicht mehr, weil schon im Nachwirkungszeitraum die Einbeziehung der im Flugbetrieb beschäftigten AN in die gesetzl Betriebsverfassung mögl ist (Rn 14).

16 § 4a Abs 3 TVG bestimmt, dass für Rechtsnormen eines Tarifvertrages iS von § 117 Abs 2 die Kollisionsregel des § 4a Abs 2 S 2 nur gilt, wenn die in dem Tarifvertrag geregelte **betriebsverfassungsrechtl Frage** bereits durch Tarifvertrag einer anderen Gewerkschaft geregelt ist. Praktische Bedeutung kommt dieser Bestimmung dann nicht zu, wenn Tarifverträge nach § 117 Abs 2 für die einzelnen Gruppen des fliegenden Personals abgeschlossen werden, weil dann der Betrieb als maßgebl Kollisionseinheit fehlt <L: *Löwisch/Rieble* § 4a TVG Rn 93>. Werden auf alle im Flugbetrieb beschäftigten AN bezogene Betriebsstrukturtarifverträge abgeschlossen, ist die Konkurrenz nach dem Mehrheitsprinzip zu lösen <L: *Löwisch/Rieble* § 4a TVG Rn 145; *Gaul* FS 100 Jahre Betriebsverfassungsrecht, S 152 ff>.

17 Die Ermächtigung zum Abschluss von Tarifverträgen schließt auch hier die Ermächtigung zu Arbeitskampfmaßnahmen ein <R: BAG 29.7.2009, 7 ABR 27/08, NZA 2009, 1424 Rn 38 für Betriebsstrukturtarifverträge nach § 3 BetrVG; L: *Löwisch/Rieble* Grundl Rn 500>.

2. Errichtung von Vertretungen

18 Die den Tarifvertragsparteien in § 117 Abs 2 S 1 eingeräumte Gestaltungsfreiheit betrifft zunächst die Errichtung selbst. Die Tarifvertragsparteien können eine Vertretung für das gesamte fliegende Personal errichten oder verschiedene Vertretungen für das Cockpitpersonal und das Kabinenpersonal. Im letzteren Fall kann der Tarifvertrag unter dem einheitlichen Dach der Personalvertretung auch Gruppenvertretungen für die Gruppe des Cockpitpersonals und die Gruppe des Kabinenpersonals (so §§ 6a ff TV PV) oder auch eine Gesamtvertretung nach dem Vorbild der §§ 47 ff BetrVG vorsehen. Regelmäßig werden die tarifvertragl Vertretungen bei den Flugbetrieben errichtet. Mögl ist aber auch eine Errichtung bei den Flugunternehmen, sei es direkt durch Tarifvertrag oder durch BV oder Beschluss der AN aufgrund des Tarifvertrags (vgl § 3 TV PV). Der tarifvertragl Regelung unterliegt auch, ob die Flugbetriebsvertretungen nach dem Vorbild des BetrVG eine Gesamtvertretung beim Flugunternehmen und eine Konzernvertretung zu bilden haben. Der TV PV sieht beides in seinen §§ 47 ff und §§ 54 ff vor. Personalvertretungen können entweder getrennt für das Cockpitpersonal und das Kabinenpersonal oder einheitlich für das gesamte Bordpersonal gebildet werden. Im letzteren Fall kann der Tarifvertrag unter dem einheitlichen Dach der Personalvertretung auch Gruppenvertretungen für die Gruppe des Cockpitpersonals und die Gruppe des Kabinenpersonals vorsehen (so §§ 6a ff TV PV). Wird die Personalvertretung nur für einen Teil des Personals gebildet, kann ihr nicht das Recht zum Abschluss von Vereinbarungen eingeräumt werden, die auch andere Teile des Personals betreffen <R: BAG 21.1.2020, 1 AZR 149/19, juris, Rn 54 für einen Nachteilsausgleich>. Auch eine Gesamtvertretung kommt dann nur für den Teil des Personals in Betracht, für den Personalvertretungen gebildet worden sind <R: hierzu LAG Düsseldorf 26.8.2020, 11 TaBV 56/20, Rechtsbeschwerde zum BAG anhängig unter 7 ABR 3/21>.

19 Möglich sind auch eigene Vertretungen für das in bestimmten Bereichen des Luftfahrtunternehmens beschäftigte fliegende Personal. Etwa können unterschiedliche Personalver-

tretungen für das fliegende Personal im Frachtflugbetrieb und das fliegende Personal im Passagierflugbetrieb gebildet werden. Auch die Errichtung von Vertretungen für das an den einzelnen Flughäfen stationierte fliegende Personal ist denkbar. Die Tarifvertragsparteien können sich für solche Gestaltungen auch an § 3 BetrVG orientieren ohne freilich an diese gebunden zu sein.

Für Luftfahrtkonzerne kommt auch die Bildung einer Konzernvertretung in Betracht. Voraussetzung ist, dass entweder alle dem Konzern angehörenden Unternehmen Mitglied des tarifschließenden AG-Verbands sind oder entsprechende aufeinander abgestimmte Haustarifverträge abschließen. 20

Der **persönliche Geltungsbereich** der praktizierten Tarifverträge erstreckt sich grds auf alle AN des fliegenden Personals. Allerdings nehmen die Tarifverträge zum Teil nicht nur leitende Angestellte im Sinne des § 5 Abs 3, sondern weiteres Führungspersonal aus. So findet der TV PV nach seinem § 1b Abs 3 keine Anwendung auf Angehörige des Bordpersonals sofern und solange sie als Dienststellenleiter aufgrund übertragener Führungsaufgaben Gesprächspartner der Personalvertretung sind. So gilt der Tarifvertrag für das Cockpitpersonal von TUIfly nach seinem § 2 Nr 2 nicht für Flugbetriebsleiter, Chefpiloten, Flottenchefs, Postholder Training sowie deren jeweiligen Stellvertreter. So gilt der Tarifvertrag Personalvertretung Nr 2 für das Cockpitpersonal nach seinem § 2 II nicht für die Nominated Persons gem VO (EU). Das wirft die Frage auf, ob für diese Personen gem § 117 Abs 1 S 2 das BetrVG gilt. Die Frage ist zu verneinen. Das subsidiäre Eingreifen der gesetzl Betriebsverfassung soll nur verhindern, dass überhaupt kein Vertretungsorgan des fliegenden Personals besteht (Rn 1). Unter Sachgesichtspunkten erfolgende Abgrenzungen des persönlichen Geltungsbereichs will es nicht ausschließen. 21

Die Errichtung der Personalvertretung erfolgt durch **Wahl**. Die Tarifverträge orientieren sich dafür durchweg an den Wahlvorschriften des BetrVG. Die Wahlperiode beträgt auch hier vier Jahre. Der § 126 TV PV sieht auch die tarifl Vereinbarung einer Wahlordnung vor, die sich an der Wahlordnung des Gesetzgebers orientiert und das Thema elektronische Wahl regelt. 22

3. Organisationsregeln

Die Tarifverträge weisen den Personalvertretungen einen best **Sitz** zu. Nach § 6 des TV PV ist das der Dienstsitz des verantwortlichen Betriebsleiters (Accountable Manager nach EASA OPS). Nach § 19 Abs 1 des Tarifvertrags für das Cockpitpersonal von TUIfly ist das der Ort der zuständigen Flugbetriebsleitung. Nach § 4 Abs 4 Tarifvertrag Personalvertretung Nr 2 von Eurowings der Standort von deren Hauptverwaltung. 23

Für die dort **auszuübende Tätigkeit** der Personalvertretungen werden im Wesentlichen die Bestimmungen der §§ 26ff über die Geschäftsführung des BR übernommen. Nach dem Vorbild von § 30 S 4 und § 33 Abs 1 S 1 erklären auch die Tarifverträge die Sitzungen der Personalvertretungen für nicht öffentlich und sehen Beschlussfassungen durch die „anwesenden" Mitglieder vor (§§ 30 S 4, 33 Abs 1 S 1 TV PV; § 22 Nr 5 II, § 24 Nr 1 S 1 des Tarifvertrags für das Cockpitpersonal von TUIfly). Anders als der durch das Betriebsrätemodernisierungsgesetz vom 14.6.2021 (BGBl I 1762) neu gefasste § 30 BetrVG sehen die Bestimmungen des TV PV bislang keine Teilnahme an Sitzungen mittels Vi- 24

§ 117 Geltung für die Luftfahrt

deo- und Telefonkonferenz vor. Die Änderungen des BetrVG lösen gem § 134 Abs 1 TV PV aber eine beiderseitige Verhandlungsverpflichtung über diese Frage aus.

25 Auch die Tarifverträge sehen **Personalversammlungen** vor. Die Personalversammlungen finden regelmäßig am Sitz der Personalvertretung statt. Doch sehen die Tarifverträge in unterschiedlicher Form Teilversammlungen vor, um den AN die Teilnahme zu erleichtern (§§ 42f TV PV; § 22 des Tarifvertrags für das Cockpitpersonal von TUIfly; § 8 Eurowings TV). Die Tarifverträge enthalten durchweg Bestimmungen, nach denen die Durchführung von Personalversammlungen den Flugbetrieb nicht beeinträchtigen darf, im Gegenzug aber die Teilnahme der AN erleichtert wird. So können nach § 44 Abs 1 TV PV (ähnl § 8 Eurowings TV) die AN die Teilnahme an der Personalversammlung „requesten", das heißt, die Teilnahme an der Personalversammlung als Teil ihrer persönlichen Arbeitszeit werten lassen. Nach § 30 des Tarifvertrags für das Cockpitpersonal von TUIfly kann die Teilnahme nur außerhalb der geplanten Flugdiensteinsätze erfolgen, wird aber pauschal durch einen jährl zusätzl freien Tag ausgeglichen. Die Personalversammlungen sind nicht anders als die nach dem BetrVG auf Information und Beratung beschränkt.

4. Rechtsstellung der Vertretungsmitglieder

26 Nicht anders als § 37 BetrVG erklären die Tarifverträge die Vertretungstätigkeit zum **unentgeltlichen Ehrenamt** mit der Maßgabe, dass die Personalvertreter für die Durchführung ihrer Aufgaben von ihrer beruflichen Tätigkeit ohne Minderung des Arbeitsentgelts zu befreien sind (§ 37 Abs 1, 6, 9 TV PV, § 33 Nr 1, 5 TUIfly). Auch Ansprüche auf Arbeitsbefreiung zur Teilnahme an Schulungs- und Bildungsveranstaltungen unter Fortzahlung des Entgelts sind vorgesehen (§ 37 Abs 7, 8 TV PV, § 33 Nr 3, 4).

27 Bes geregelt sind die **Freistellungen**. Nach § 38 Abs 1 TV PV werden je nach Größe des Flugbetriebs ein oder mehrere Gruppenvertretungsmitglieder von ihrer beruflichen Tätigkeit freigestellt, wobei die Freizustellenden von den beiden Gruppenvertretungen gewählt werden. Voll freigestellte Mitglieder erhalten keinen Einsatzplan, ihnen wird aber die freiwillige Aufrechterhaltung der Lizenz ermöglicht. Nicht freigestellte Mitglieder werden für die Sitzungswochen freigestellt und können in dieser Zeit keine Flugeinsätze absolvieren. Ähnl Regelungen enthalten andere Tarifverträge (vgl § 4 Abs 4 Eurowings TV). Hingg schließt § 33 Nr 1 Abs 3 TUIfly wegen des fliegerischen Berufs Dauerfreistellungen aus.

28 Die Mitglieder der tarifvertragl Personalvertretungen, Wahlbewerber und Initiatoren einer Vertretung genießen im gleichen Umfang Kündigungsschutz wie BR-Mitglieder, Wahlbewerber und Initiatoren einer BR-Wahl. Dies ergibt sich aus einer analogen Anwendung von § 3 Abs 5 BetrVG iVm § 24 Abs 1 und § 15 Abs 1–3b KSchG. S im Einzelnen LSSW/*Wertheimer*, § 15 Rn 10 KSchG mit weiteren Nachweisen.

5. Einräumung von Mitbestimmungs- und Mitwirkungsrechten

29 Hinsichtl der Mitbestimmung und Mitwirkung orientieren sich die Tarifverträge in weitem Umfang am BetrVG, sei es, dass sie dessen Bestimmungen wiedergeben (so §§ 74ff TV PV und §§ 47ff TUIfly TV), sei es, dass sie pauschal auf das BetrVG Bezug nehmen

(so § 1 Abs 4 Eurowings TV). Dem entspr kommen den Personalvertretungen in personellen und wirtschaftlichen Angelegenheiten durchweg die gleichen Mitbestimmungs- und Mitwirkungsrechte zu wie dem BR nach dem BetrVG.

In den sozialen Angelegenheiten sind Sonderregelungen hinsichtl der Mitbestimmung in **Arbeitszeitfragen** getroffen. Der vollen Mitbestimmung unterliegen die allg Dienstplanregelungen. Hinsichtl der darauf aufbauenden Einsatzpläne bestehen Einspruchs- oder Zustimmungsrechte. Der konkrete Einsatz von Piloten oder Kabinenpersonal ist von der Mitbestimmung ausgenommen. S im Einzelnen etwa § 87 Abs 1 Nr 2 TV PV, § 48 TUIfly und § 10 Eurowings TV. Abgesehen von der Arbeitszeit gelten die gleichen Mitwirkungs- und Mitbestimmungsrechte wie im BetrVG. Für den Konfliktfall sehen auch die Tarifverträge Einigungsstellen vor.

Die durch TV errichteten Vertretungen sind auch als „Betriebsräte" im Sinne von § 17 Abs 2 KSchG anzusehen, sodass sie über geplante Massenentlassungen zu unterrichten sind <R: BAG 13.2.2020, 6AZR 146/19, EzA § 17 KSchG Nr 44; LAG Berl-Bbg 9.12.2021, 5 Sa 981/21, juris>. Auch der besondere Kdschutz des § 15 KSchG erfasst seinem Sinn nach die Mitglieder der tarifvertraglichen Vertretung <R: LAG Berl-Bbg 26.3.2015, 26 Sa1513/14, LAGE BetrVG 2001 § 117 Nr 3; L: Richardi/*Thüsing*, § 103 Rn 5; aM GK/*Franzen* Rn 23, nach dem die TV-Parteien über die Anwendbarkeit entscheiden.

6. Zusammenarbeit mit dem Landbetriebsrat

§ 117 Abs 2 S 2 ermächtigt die Tarifvertragsparteien durch Tarifvertrag auch Bestimmungen über die Zusammenarbeit der tarifl Personalvertretungen mit den nach dem BetrVG errichteten Betriebsverfassungsorganen der Landbetriebe zu treffen. Diese Ermächtigung korrespondiert mit der Ermächtigung in § 3 Abs 1 Nr 3, durch Tarifvertrag andere Arbeitnehmervertretungsstrukturen zu schaffen. Etwa könnte für die Wahrnehmung der Mitwirkungsrechte in wirtschaftl Angelegenheiten auf der Unternehmensebene ein besonderes Organ eingerichtet werden, in das die Gesamtvertretungen des fliegenden Personals und der GBR Vertreter entsenden.

Von diesen Möglichkeiten ist bislang nur beschränkt Gebrauch gemacht worden. So verpflichtet § 55a Abs 1 TV PV den AG nur, die Zusammenarbeit der nach diesen Tarifvertrag errichteten Personalvertretungen mit dem nach § 54 errichteten Konzernbetriebsrat für die Landbetriebe der deutschen Lufthansa AG anzuregen und zu fördern. Diese Zusammenarbeit soll durch maximal zwei Vertreter (einen Vertreter der Gruppenvertreter Cockpit und einen Vertreter der Gruppenvertreter Kabine) der Gesamtvertretung erfolgen. Sollte eine solche Zusammenarbeit „nachhaltig nicht möglich" sein, hat der AG die an den Konzernbetriebsrat übersandten schriftl Informationen ebenfalls schriftl zur Information an die beiden Vorsitzenden der Gesamtvertretung zu übersenden (Protokollnotiz Nr 1, Ziffer 2 zum TV PV vom 31.5.2017).

Die Ermächtigung des § 3 Abs 1 Nr 3 kann auch dazu genutzt werden, eine gemeinsame Vertretung für die im Flugbetrieb und im Landbetrieb beschäftigten AN zu schaffen. Für die Frage, welcher TV sich nach § 4a Abs 2 TVG durchsetzt, ist dann die Mitgliedermehrheit unter den in Flugbetrieb **und** Landbetrieb beschäftigten AN maßgebend <L: *Gaul* FS 100 Jahre Betriebsverfassungsrecht, S 154>. Ausgenommen ist nur der Fall des § 4a Abs 3 TVG (Rn 16).

IV. Gesetzlicher Betriebsrat

1. Errichtung

35 Dass nach § 117 Abs 1 S 2 mangels tarifl Vertretung auf im Flugbetrieb beschäftigter AN das BetrVG anzuwenden ist, heißt zunächst, dass für diese dann ein BR zu wählen ist, wenn die Voraussetzungen des § 1 gegeben sind. Das setzt voraus, dass der Flugbetrieb, in dem die AN beschäftigt sind, den Betriebsbegriff des § 1 erfüllt <L: *Jacobs/Frieling* FS 100 Jahre Betriebsverfassungsrecht, S 253 ff>. Dafür ist eine arbeitsorganisatorische Einheit erforderl, die auf der AG-Seite über einen selbstständigen Leitungsapparat in den wesentlichen mitbestimmungs- und mitwirkungspflichtigen Angelegenheiten verfügt (§ 1 Rn 3 ff). Eine arbeitsorganisatorische Einheit stellt der Flugbetrieb als solcher dar; Cockpit und Kabine lassen sich insoweit nicht trennen <L: *Löwisch/Rieble* TVG § 4a Rn 87; wohl auch *Vielmeier* NZA 2018, 1532>. Ob ein selbstständiger Leitungsapparat geschaffen wird, ist Entscheidung der Flugunternehmen. Besteht er, ist nach § 17 Abs 1 S 2 in einer Versammlung des zum Flugbetrieb gehörenden Personals ein Wahlvorstand zu wählen. Zu dieser Betriebsversammlung können nach § 17 Abs 3 drei wahlberechtigte AN oder eine im Flugbetrieb vertretene Gewerkschaft einladen. Findet trotz Einladung keine Betriebsversammlung statt oder wählt diese keinen Wahlvorstand, bestellt diesen das ArbG auf Antrag (§ 17 Abs 4).

36 Nach § 4 Abs 1 sind BR an sich auch in Betriebsteilen zu errichten, wenn diese räumlich weit vom Hauptbetrieb entfernt oder durch Aufgabenbereich und Organisation selbstständig sind. Für Betriebsteile ausländischer Flugbetriebe, für die keine Leitung im Inland besteht, kann das wegen des Territorialitätsprinzips (Einleitung Rn 20) aber nicht gelten <R: aA ArbG Berlin 41. Kammer, 7.2.2019, 41 Ca 4536/18, juris, welches den Flugkapitän als Leitungsorgan ansehen will; L: wie hier eing *Jacobs/Frieling* FS 100 Jahre Betriebsverfassungsrecht, S 254 f>.

37 Besteht bei dem Flugunternehmen eine einheitliche Personalverwaltung, welche die Arbeitgeberbefugnisse in den mitbestimmungs- und mitwirkungspflichtigen Angelegenheiten sowohl für den Flugbetrieb als auch für den Landbetrieb ausübt, führt das seit dem Inkrafttreten des Abs 1 S 2 (1.5.2019) dazu, dass bei Fehlen einer tarifl Vertretung Flugbetrieb und Landbetrieb einen einheitlichen Betrieb bilden. Steigt dadurch die Zahl der in diesem einheitlichen Betrieb beschäftigter AN um die Hälfte, mindestens aber um 50, ist nach § 13 Abs 1 Nr 1 der BR neu zu wählen. Der Wahlvorstand ist in diesem Fall nach § 16 vom bisherigen BR zu bestellen <L: *Müller/Becker* BB 2019, 885>. Bis zu dieser Neuwahl wird das im Flugbetrieb beschäftigte Personal vom bisherigen BR vertreten.

38 Nach Maßgabe von § 3 Abs 1 Nr 3 können durch Tarifvertrag auch für Luftfahrtunternehmen abw von der gesetzl Struktur andere Arbeitnehmerstrukturen gebildet werden. Insbes ist es so auch hier möglich, besondere Vertretungen für Cockpitpersonal und Kabinenpersonal zu schaffen. Das kann auch so geschehen, dass nach dem Vorbild der bestehenden tarifvertragl Regelungen unter dem Dach einer einheitlichen Personalvertretung, Gruppenvertretungen für das Cockpitpersonal und das Kabinenpersonal geschaffen werden. Diesen Weg zu beschreiten, kann einfacher sein als die tarifvertragl Errichtung einer Vertretung nach Abs 1 S 2.

2. Anwendung des BetrVG

Die Wahl der Betriebsräte richtet sich nach den Vorschriften der §§ 7ff. Wahlberechtigt 39
sind alle AN mit Ausnahme der leitenden Angestellten iSd § 5 Abs 3. Die Herausnahme
anderer AN etwa von Nominated Persons oder von solchen, die ihre Flugtauglichkeit verloren haben, ist nicht möglich.

Sofern nicht gem § 3 Abs 1 Nr 3 tarifvertragl Gruppenvertretungen vorgesehen sind, liegt 40
die Vertretung der AN beim gem nach Maßgabe der §§ 7ff gewählten BR. Unter den Voraussetzungen des § 47 ist ein GBR und unter den Voraussetzungen des § 54 ein KBR zu
errichten, deren Zuständigkeiten sich nach § 50 und § 58 richten.

Auch für den Flugbetrieb gelten die Vorschriften der §§ 42ff über die **Betriebsversamm-** 41
lung. Die Eigenart des Flugbetriebes lässt dabei die Durchführung einer Versammlung
aller AN am gleichen Ort und zum gleichen Zeitpunkt nicht zu. Was den Ort anlangt,
können deshalb Teilversammlungen an den einzelnen Stationen durchgeführt werden
(§ 42 Abs S 3). Die Zeitpunkte für diese Teilversammlungen sind so zu wählen, dass
möglichst viele Angehörige des fliegenden Personals teilnehmen können (§ 44 Abs 1
S 1). An den unter diesen Maßgaben einberufenen Betriebsversammlungen ist jeder Angehörige des fliegenden Personals teilnahmeberechtigt. Er ist deshalb befugt, seine Arbeit
zu unterbrechen; soweit die Versammlung außerhalb seiner persönlichen Arbeitszeit stattfindet, hat er gem § 44 Abs 1 S 3 Anspruch auf Erstattung der Fahrtkosten durch den AG.

Abweichende tarifvertragl Regelungen ermöglichen die §§ 42ff nicht. Insbes ist es nicht 42
möglich, nach dem Vorbild der personalrechtl Tarifverträge der Durchführung des Flugbetriebs den Vorrang vor der Teilnahmeberechtigung einzuräumen. Auch ist es nicht
möglich, auf diesem Wege die in den §§ 42ff nicht vorgesehene Teilnahme mittels Videound Telefonkonferenz vorzusehen.

Die Mitbestimmung in **sozialen Angelegenheiten** richtet sich nach § 87. Dabei gelten 43
auch der Vorrang des Tarifvertrages nach § 87 Abs 1 Eingangssatz und die Tarifsperre
des § 77 Abs 3. Das ermöglicht eine weitgehende Angleichung an die Regelungen der
personalrechtl Tarifverträge.

Einstellung, Versetzung, Eingruppierung und Umgruppierung unterliegen dem Zu- 44
stimmungsrecht nach § 99. Für **Kündigungen** besteht das Anhörungsrecht nach § 102
Abs 1 und 2 sowie das Widerspruchsrecht nach § 102 Abs 3. Diese Rechte könnten tarifvertragl erweitert, aber nicht eingeschränkt werden.

Anzuwenden sind auch die Vorschriften über den Wirtschaftsausschuss (§§ 106ff) und 45
über die Mitwirkung und Mitbestimmung bei Betriebsänderungen und den **Sozialplan**
(§ 111). Die Beteiligungsrechte können tarifl nicht eingeschränkt werden. Insbes ist es
nicht möglich, für **Betriebsänderungen** ein bloßes Anhörungsrecht vorzusehen und das
Recht auszuschließen, einen Sozialplan zu verlangen.

3. Subsidiarität

Aus § 117 Abs 1 S 2 folgt die Subsidiarität des gesetzl BR: Besteht eine tarifvertragl Ver- 46
tretung iSd in Rn 11 Gesagten, kann kein gesetzl BR errichtet werden. Eine gleichwohl
durchgeführte Wahl ist nichtig. Ein bloß nachwirkender Tarifvertrag schließt die Errichtung eines gesetzl BR aber nicht aus (Rn 11).

47 Wird ein Tarifvertrag iSd § 117 Abs 2 S 1 geschlossen, nachdem bereits ein gesetzl BR besteht, führt das nicht ohne Weiteres zum Wegfall des Letzteren <L: so aber wohl *Müller/Becker* BB 2019, 884, 886f>. Ein solcher abrupter Wechsel würde die effektive Vertretung der Belange der AN beeinträchtigen. Vielmehr gilt § 3 Abs 4 entspr: Wenn der Tarifvertrag nichts anderes bestimmt, ist er erstmals zum Zeitpunkt der nächsten regelmäßigen Betriebsratswahl anzuwenden, sofern nicht ohnehin eine Neuwahl des BR erforderl ist (S 1). Ausgeschlossen ist mithin nur jede Neuwahl des gesetzl BR. Die Amtszeit des gewählten BR endet erst, wenn während des Wahlzeitraumes für die regelmäßige Betriebsratswahl (§ 13 Abs 1 S 1) oder nach Eintritt der Notwendigkeit einer außerordentlichen Wahl (§ 13 Abs 1 S 2) eine tarifvertragl Vertretung errichtet wird. Allerdings kann der Tarifvertrag auch einen anderen Wahlzeitpunkt für die tarifvertragl Vertretung vorsehen, mit der Folge, dass die Amtszeit des bestehenden gesetzl BR mit der Bekanntgabe des Wahlergebnisses für die tarifvertragl Vertretung endet (S 2).

V. Streitigkeiten

48 Bei Streitigkeiten über den Anwendungsbereich des § 117 einschließl der auf Grundlage des Abs 2 geschlossenen Tarifverträge entscheidet das ArbG im Beschlussverf (§ 2a Abs 1 Nr 1, Abs 2 iVm § 80 ArbGG). Zuständig ist das ArbG, in dessen Bezirk der Landbetrieb bzw Flugbetrieb liegt.

Dritter Abschnitt
Tendenzbetriebe und Religionsgemeinschaften

§ 118 Geltung für Tendenzbetriebe und Religionsgemeinschaften

(1) Auf Unternehmen und Betriebe, die unmittelbar und überwiegend

1. politischen, koalitionspolitischen, konfessionellen, karitativen, erzieherischen, wissenschaftlichen oder künstlerischen Bestimmungen oder
2. Zwecken der Berichterstattung oder Meinungsäußerung, auf die Artikel 5 Abs. 1 Satz 2 des Grundgesetzes Anwendung findet,

dienen, finden die Vorschriften dieses Gesetzes keine Anwendung, soweit die Eigenart des Unternehmens oder des Betriebs dem entgegensteht. Die §§ 106 bis 110 sind nicht, die §§ 111 bis 113 nur insoweit anzuwenden, als sie den Ausgleich oder die Milderung wirtschaftlicher Nachteile für die Arbeitnehmer infolge von Betriebsänderungen regeln.

(2) Dieses Gesetz findet keine Anwendung auf Religionsgemeinschaften und ihre karitativen und erzieherischen Einrichtungen unbeschadet deren Rechtsform.

Literatur zu Abs 1: *Bauer*, Betriebsänderungen in Tendenzunternehmen, FS Wißmann (2005), S 215; *Bauer/Lingemann*, Stilllegung von Tendenzbetrieben am Beispiel von Pressebetrieben, NZA 1995, 813; *Bauer/Mengel*, Tendenzschutz für Neue Medienunternehmen, NZA 2001, 307; *Baumgarten*, Tendenzschutz eines Gemeinschaftsunternehmens mehrerer Unternehmen, von denen nur eines ein Tendenzunternehmen ist, ArbRAktuell 2018, 104; *Bauschke*, Tendenzbetriebe – allgemeine Problematik und brisante Themenbereiche, ZTR 2006, 69; *Berger/Delhey*, Mitbestimmung der Betriebsvertretung bei Arbeitszeitregelungen gegenüber Redakteuren?, NZA 1992, 441; *Detmer*, Tendenzschutz an wissenschaftlichen Hochschulen?, ZTR 1991, 499; *Dzida/Hohenstatt*, Tendenzschutz nur gegenüber Tendenzträgern?, NZA 2004, 1084; *Gillen/Hörle*, Betriebsänderungen in Tendenzbetrieben, NZA 2003, 1225; *Grund*, Der Weiterbeschäftigungsanspruch des Tendenzträgers, in: Deters/Wallraf/Weberling (Hrsg), Im Zweifel für die Pressefreiheit (2008) S 181; *Hanau*, Personelle Mitbestimmung des Betriebsrats in Tendenzbetrieben, insbesondere Pressebetrieben, BB 1973, 901; *Hartmann*, Interessenausgleich und Sozialplan in außeruniversitären Forschungseinrichtungen, FS Meusel (1997), S 55; *Helfrich*, Kündigung eines Wissenschaftlers in der Probezeit – Rechte des Betriebsrats und Tendenzschutz, WissR 1994, 64; *Kania*, Betriebsräte in Lizenzfußballvereinen, SpuRt 1994, 121; *Kleinebrink*, Beteiligungsrechte bei Betriebsänderungen in Tendenzunternehmen und Tendenzbetrieben, ArbRB 2008, 375; *Kohte*, Die politischen Bestimmungen nach § 118 BetrVG – ein weites Feld?, BB 1999, 1110; *Korinth*, Weiterbeschäftigungsanspruch in Tendenzbetrieben, ArbRB 2003, 350; *Kreuder*, Tendenzschutz und Mitbestimmung, AuR 2000, 122; *Küchenhoff*, Tendenzschutz in Bildungseinrichtungen für Erwachsene, NZA 1992, 679; *Löwisch*, Musik als Kunst iS des Tendenzschutzes, FS Caemmerer (1978), S 559; *ders*, Forschung als Wissenschaft iS des Tendenzschutzes, FS Müller-Freienfels (1986), S 439; *ders*, Tendenzschutz im Gesundheitswesen, FS Wlotzke (1996), S 381; *Löwisch/Kaiser*, Tendenzschutz in öffentlich-rechtlich geführten Bühnenunternehmen – zu den verfassungsrechtlichen Grenzen der Landespersonalvertretungsgesetze (1996); *Lorenzen*, Der karitative Gesundheitskonzern, RdA 2016, 186; *Lunk*, Der Tendenzgemeinschaftsbetrieb, NZA 2005, 841; *Mayer-Maly*, Die Rechtsstellung konzernangehöriger Verlagsdruckereien nach § 118 Abs 1 BetrVG, FS Löffler (1980), S 267; *Mayer-Maly/Löwisch*, Bemerkungen zur neueren Rechtsprechung zum Tendenzschutz, BB 1983, 913; *G Müller*, Überlegungen zur Tendenzträgerfrage, FS

§ 118 Geltung für Tendenzbetriebe und Religionsgemeinschaften

Hilger/Stumpf (1983), S 477; *Plander*, Merkwürdigkeiten des betriebsverfassungsrechtlichen Tendenzschutzes, AuR 2002, 12; *ders*, Die Lage der Arbeitszeit von Zeitungsredakteuren als Mitbestimmungsproblem, AuR 1991, 353; *Reuter*, Das Sonderarbeitsrecht des Pressebereichs – Eine Bestandsaufnahme, Arbeitsrecht in der Bewährung 1994, 941; *Richardi*, Sportverbände und Tendenzunternehmen in der Betriebsverfassung, FS Tomandl (1998), S 299; *Richter*, Beteiligungsrechte des Betriebsrats in Tendenzbetrieben – Insbesondere bei personellen Einzelmaßnahmen (§§ 99 bis 105 BetrVG 1972), DB 1991, 2661; *Rieble*, Personalabbau in Forschungseinrichtungen – Kündigungsschutz und Sozialplan, WissR 1994, 40; *Rinsdorf*, Einstweiliger Rechtsschutz statt Nachteilsausgleich bei Betriebsänderungen im Tendenzbetrieb, ZTR 2001, 197; *Rüthers/Beninca*, Die Verwirklichung des Tendenzschutzes in Pressebetrieben im Rahmen des Direktionsrechts bei Versetzungen von Redakteuren, AfP 1995, 638; *Rüthers/Franke*, Die Tendenzträgerschaft der Arbeitnehmer bei § 118 BetrVG, DB 1992, 374; *Schlachter*, Verletzung von Konsultationsrechten des Betriebsrats in Tendenzunternehmen, FS Wißmann (2005), S 412; *Sieling-Wendeling*, Zum Tendenzschutz im Konzern nach dem Mitbestimmungsgesetz 1976, AuR 1977, 240; *Stölzel*, Neue Entwicklungen zum Tendenzbetrieb mit erzieherischer Zwecksetzung, NZA 2009, 239; *Thannhäuser*, Der Tendenzschutz in Forschungseinrichtungen oder – der wissenschaftlich-technische Mitarbeiter ein Arbeitnehmer zweiter Klasse?, WissR 1997, 95; *Thüsing*, Das Arbeitsrecht privater Hochschulen – Gedanken zu einer Materie im Schatten des öffentlichen Dienstrechts, ZTR 2003, 544; *Weberling*, Unterlassungsansprüche des Betriebsrats bei Verstößen gegen § 90 BetrVG insbesondere im Tendenzunternehmen, AfP 2005, 139; *Wendeling-Schröder*, Wissenschaftsfreiheit und Tendenzschutz, AuR 1984, 328.

Literatur zu Abs 2: *Beckers*, Errichtung von Betriebsräten in kirchlichen Einrichtungen?, ZTR 2000, 63; *Bernards*, Die Schlichtungsstelle im Mitarbeitervertretungsrecht der katholischen Kirche (1991); *Blens*, Outsourcing bei kirchlichen Einrichtungen, ZMV 2006, 62; *Dütz*, Mitbestimmung für kirchliche Mitarbeiter, ZBVR online 2009, Nr 3, 20; *Kohte*, Die betriebsverfassungsrechtliche Sonderstellung von karitativen Einrichtungen der Religionsgemeinschaften, BlStSozArbR 1983, 145; *Loritz*, Mitbestimmungsordnung in Gemeinschaftsbetrieben kirchlicher Träger, Gedächtnisschrift Meinhard Heinze (2005), 541; *Löwisch*, Einrichtungen der Religionsgemeinschaften iS des § 118 Abs 2 BetrVG und des § 112 BPersVG, AuR 1979 Sonderheft, S 33; *Richardi*, Arbeitsrecht in der Kirche (2000); *Rüthers*, Tendenzschutz und Kirchenautonomie im Arbeitsrecht, NJW 1978, 2066; *Schubert*, „Varietas delectat" oder doch „One size fits it all (better)"? – Ein Plädoyer für die Anwendung des BetrVG für alle Arbeitnehmer in Deutschland, FS 100 Jahre Betriebsverfassungsrecht (2020), S 705; *Thüsing*, Mitbestimmung und Tarifrecht im kirchlichen Konzern, ZTR 2002, 56; *Weth/Wern*, Vom weltlichen zum kirchlichen Betrieb – Probleme des Betriebsübergangs, NZA 1998, 118.

Übersicht

	Rn.		Rn.
I. Normzweck und Anwendungsbereich	1	8. Zwecke der Berichterstattung oder Meinungsäußerung	30
II. Tendenzcharakter	8	IV. Beschränkung der Betriebsratsbeteiligung	34
1. Betrieb und Unternehmen	8	1. Grundsätze	34
2. Unmittelbare Tendenzbestimmung	12	2. Organisatorische Vorschriften (§§ 1–73)	37
3. Überwiegende Tendenzbestimmung	13	3. Allgemeine Mitwirkungsgrundsätze (§§ 74 ff)	39
4. Beschlussverfahren	16		
III. Erfasste Tendenzen	17		
1. Abschließende Aufzählung	17		
2. Politische Bestimmungen	19	4. Soziale Angelegenheiten (§§ 87–89)	41
3. Koalitionspolitische Bestimmungen	20		
4. Konfessionelle Bestimmungen	21	5. Arbeitsplatz und -umgebung (§§ 90, 91)	45
5. Karitative Bestimmungen	22		
6. Erzieherische Bestimmungen	26	6. Allgemeine personelle Angelegenheiten (§§ 92–95)	46
7. Wissenschaftliche und künstlerische Bestimmungen	28		

7. Berufsbildung (§§ 96–98) 48
8. Personelle Einzelmaßnahmen
   (§§ 99–105) 50
9. Wirtschaftliche Angelegenheiten
   (§§ 106–113) 57
V. Religionsgemeinschaften und ihre Einrichtungen 62

I. Normzweck und Anwendungsbereich

Unternehmen und Betriebe, bei denen die **Verwirklichung der in § 118 Abs 1 genannten Tendenzzwecke** im Vordergrund steht, sollen vor Einschränkungen dieser Zweckverfolgung geschützt werden, die durch die Ausübung der Beteiligungsrechte des BR entstehen können. Dabei handelt es sich, die erzieherischen und karitativen Zwecke einmal ausgenommen, um bes durch das GG geschützte Zwecksetzungen <**R:** BVerfG 30.4.2015, 1 BvR 2274/12, NZA 2015, 820; BAG 30.4.2014, 7 ABR 30/12, NZA 2015, 820; BVerfG 6.11.1979, 1 BvR 81/76, und 15.12.1999 (Kammer), 1 BvR 729/92, AP § 118 BetrVG 1972 Nr 14 und 68; **L:** *Fitting* Rn 2>. Der Tendenzschutz setzt sich hier verfassungsrechtl ggü dem Sozialstaatsprinzip (Art 20 Abs 1 GG) und ggü Art 3 Abs 1 GG durch <**R:** BVerfG 30.4.2015, 1 BvR 2274/12, NZA 2015, 820; BAG 30.4.2014, 7 ABR 30/12, NZA 2015, 820; BVerfG, 6.11.1979, aaO; **L:** *Richardi/Forst* Rn 16>. § 118 Abs 1 ist damit grundrechtsausgestaltend <**R:** BVerfG 30.4.2015, 1 BvR 2274/12, NZA 2015, 820>. 1

Es geht der Ausnahmevorschrift des Abs 1 deshalb auch nicht um die Privilegierung nicht erwerbswirtschaftl Unternehmen, weil außer im Falle der karitativen Unternehmen und Betriebe die fehlende **Gewinnerzielungsabsicht** keine Voraussetzung für die Anwendung des Abs 1 ist <**L:** GK/*Weber* Rn 23 ff; ErfK/*Kania* Rn 2>. 2

Dieser Tendenzschutz ist nach § 118 Abs 1 für die Beteiligung in wirtschaftl Angelegenheiten der §§ 106 ff absolut, sodass hier keine Mitwirkung des BR erfolgen kann. Für die anderen Beteiligungsrechte ist er relativ, und knüpft damit an die Nähe der konkreten Angelegenheit zum jeweiligen Tendenzzweck an <**R:** BAG 19.11.2019, 7 ABR 3/18, NZA 2020, 598>. 3

Entspr Bestimmungen enthalten § 31 EBRG, § 39 SEBG, § 1 Abs 4 S 1 MitbestG, § 1 Abs 2 S. 1 DrittelbG; § 39 Abs 1 SCEBG; § 28 MgVG und enthielten § 81 Abs 1 BetrVG 1952 sowie § 67 BRG <**L:** zur Entstehungsgeschichte ausf GK/*Weber* Rn 4 ff>. Nach § 32 Abs 1 S 2 SprAuG haben SprA in Tendenzbetrieben keinerlei Mitwirkungsrechte in wirtschaftl Angelegenheiten. 4

Die Einschränkung der Beteiligungsrechte des BR ist mit **unionsrechtl Vorgaben** vereinbar. Art 3 Abs 2 RL 2002/14/EG lässt eine entsprechende Privilegierung der Tendenzunternehmen zu <**L:** MünchArbR/*Vogt*, § 351 Rn 4; *Richardi/Forst* Rn 2; **R:** offengelassen 26.2.2020, 7 ABR 20/18, NZA 2020, 960; BAG 19.11.2019, 7 ABR 3/18, NZA 2020, 598>. Der 7. Senat des BAG sieht zudem auch methodisch keine Möglichkeit, selbst bei angenommenem Richtlinienverstoß den absoluten Ausschluss der Beteiligungsrechte nach § 118 Abs 1 unangewendet zu lassen <**R:** BAG 19.11.2019, 7 ABR 3/18, NZA 2020, 598; **L:** kritisch dazu *Latzel*, ZfA 2020, 52, 568 ff>. Der Anwendungsausschluss des § 118 Abs 2 ist ebenfalls soweit richtlinienkonform, als die Mitarbeitervertretungssysteme der katholischen wie der evangelischen Kirche – in MAVO und MVG.EKD geregelt – die in der Anhörungs-RL geforderten Anhörungsrechte vorsehen <**L:** *Richardi/Forst* § 118 Rn 2>. 5

Klumpp

§ 118 Geltung für Tendenzbetriebe und Religionsgemeinschaften

6   Dabei schließt Abs 1 nicht aus, dass der Tendenzschutz des Abs 1 durch **betriebsverfassungsrechtl Normen** eines freiw, also nicht erkämpfbaren TV (§§ 1, 3 Abs 2 TVG) eingeschränkt und dem BR tarifvertragl ein MBR auch im durch Abs 1 geschützten Bereich, etwa bei der Einstellung von Tendenzträgern (Rn 50f), eingeräumt wird <**R:** BAG 31.1.1995, 1 ABR 35/94, DB 1995, 1670 zur Einstellung von Dozenten in einem Berufsförderungswerk; 5.10.2000, 1 ABR 14/00, BB 2001, 1536 (LS): Bildung eines WirtA; **L:** GK/*Weber* Rn 41>. Allerdings wird man **einen solchen Verzicht auf den Tendenzschutz** kollektivrechtl nur durch **Firmentarifvertrag** zulassen können, der Arbeitgeberverband kann nicht zulasten des Mitgliedsunternehmens auf Grundrechte verzichten <**L:** MünchArbR/*Vogt*, § 351 Rn 6; GK/*Weber* Rn 41; Richardi/*Forst* Rn 26>. Nach – hier nicht geteilter (§ 88 Rn 1) – Auffassung des BAG kann der AG aber selbst dem BR durch BV in tendenzrelevanten Fragen MBR einräumen, solange er nicht unzulässig auf den Kernbereich seines grundrechtl Schutzes verzichtet <**R:** BAG 31.1.1995, aaO; 27.10.1998, 1 AZR 766/97, BB 1999, 68 für den freiw Interessenausgleich; **L:** GK/*Weber* Rn 42>. Ein einzelvertragl vereinbartes **Redaktionsstatut** für einen Zeitungsverlag, das die Bildung eines Redaktionsrats zur Beteiligung der Redakteure in tendenzbezogenen Maßnahmen vorsieht, verstößt nicht gg § 118; eine Konkurrenz des Redaktionsrats zum BR besteht nicht, soweit sich die Kompetenzen des Redaktionsrats auf tendenzbezogene Angelegenheiten beziehen <**R:** BAG 19.6.2001, 1 AZR 463/00, BB 2002, 308; **L:** GK/*Weber* Rn 44; *Fitting* Rn 30; ErfK/*Kania* Rn 3>. Ebenso hindert § 118 nicht die Errichtung von Orchester- und Bühnenvorständen.

7   Im Gegensatz zu Abs 1, der für Tendenzbetriebe „lediglich" die Einschränkung von einzelnen Mitbestimmungs- und Beteiligungsrechten vorsieht, schließt **Abs 2** die Religionsgemeinschaften und ihre karitativen und erzieherischen Einrichtungen insgesamt von der **Anwendung des BetrVG aus**, um dem Selbstbestimmungsrecht der Religionsgemeinschaften aus Art 140 GG iVm Art 137 Abs 3 WRV Genüge zu tun (Entsprechendes regeln auch § 1 Abs 3 Nr 2 SprAuG, § 1 Abs 4 S 2 MitbestG, § 1 Abs 2 S 2 DrittelbG). Sind diese Einrichtungen öffentl-rechtl getragen, findet das BetrVG ohnehin keine Anwendung, § 130 BetrVG. § 1 Abs 2 BPersVG wiederum schließt die Anwendung des Personalvertretungsrechts auf öffentl-rechtl verfasste kirchl Einrichtungen aus. Das eröffnet den Religionsgemeinschaften die Möglichkeit, ein eigenes System der Mitarbeitervertretung zu schaffen. Sowohl die katholische wie die evangelische Kirche haben davon Gebrauch gemacht (Rn 62).

II. Tendenzcharakter

1. Betrieb und Unternehmen

8   Abs 1 S 1 stellt für den Tendenzcharakter Unternehmen und Betrieb nebeneinander. Einem Betrieb als bloßer – tendenzfreier – arbeitstechnischer Organisation (§ 1 Rn 3ff) kann der **Tendenzcharakter aber stets nur vom Unternehmen verliehen** werden. Erst der hinter der arbeitstechnischen Organisation liegende weitere Unternehmenszweck kann tendenzbezogen sein <**R:** BAG 19.11.2019, 7 ABR 3/18, NZA 2020, 598; BAG 26.2.2020, 7 ABR 20/18, NZA 2020, 960; BAG 22.7.2014, 1 ABR 93/12, NZA 2014, 1417; BAG 27.7.1993, 1 ABR 8/93, DB 1994, 2550; **L:** *Fitting* Rn 5; GK/*Weber* Rn 52>. Für § 118 gelten für den Unternehmens- und Betriebsbegriff als solchen keine

II. Tendenzcharakter § 118

besonderen tendenzrechtlichen Implikationen, maßgeblich sind die allg Definitionen <**L:** Richardi/*Forst* Rn 37>, s § 1 Rn 3 ff.

Hat ein Unternehmen nur **einen Betrieb**, entscheidet der Tendenzcharakter des Unternehmens zugleich über den Tendenzcharakter des Betriebs. Hat ein Unternehmen **mehrere Betriebe**, kommt es für deren Tendenzcharakter darauf an, ob sich der Tendenzcharakter des Unternehmens im jeweiligen Betrieb auswirkt <**R:** BAG 19.11.2019, 7 ABR 3/18, NZA 2020, 598>. Etwa verleiht der Tendenzcharakter eines Verlagsunternehmens dem Verlagsbetrieb, nicht aber dem Druckereibetrieb oder dem Zustellbetrieb Tendenzcharakter <**R:** LAG Köln 24.9.1998, 10 TaBV 57/97, NZA-RR 1999, 194; **L:** GK/*Weber* Rn 53 mwN>. Mögl ist, dass in einem Unternehmen nur ein Betrieb den Tendenzcharakter des Unternehmens teilt <**L:** ErfK/*Kania* Rn 5>. Bei einem **Gemeinschaftsbetrieb**, bei dem auch ein Tendenzunternehmen beteiligt ist, kommt es nach der Rspr wie im Mischunternehmen darauf an, ob im für den gemeinsamen Betrieb gebildeten Trägerunternehmen als solchem überwiegend Tendenzzwecke verfolgt werden <**R:** BAG 19.11.2019, 7 ABR 3/18, NZA 2020, 598; BAG 15.3.2006, 7 ABR 24/05, DB 2006, 2300; LAG Köln 10.11.2017, 4 TaBV 14/17 (freilich auf den Betrieb abstellend); die Rechtsbeschwerde wurde zurückgewiesen BAG 19.11.2019, 7 ABR 3/18; **L:** GK/*Weber* Rn 56>; näher liegt es aber, dem Gemeinschaftsbetrieb in diesen Fällen Tendenzschutz zuzuerkennen, aber dessen Reichweite für die einzelnen Beteiligungsrechte jeweils gesondert zu bestimmen <**L:** *Lunk* NZA 2005, 841; ErfK/*Kania* Rn 5; Richardi/*Forst* Rn 40>. 9

Soweit nach dem BetrVG Beteiligungsrechte auf **Unternehmensebene** bestehen, etwa nach §§ 106 bis 110 (Rn 50 ff), hängt der Tendenzschutz nach Abs 1 davon ab, ob dem Unternehmen insgesamt Tendenzcharakter zukommt oder nicht <**L:** GK/*Weber* Rn 55 mwN>. Dabei kommt es auf das Unternehmen als **selbstständige rechtl Einheit** an, während der Umstand, dass das Unternehmen mit anderen (Tendenz-)Unternehmen verflochten ist, unerhebl ist <**R:** BAG 30.6.1981, 1 ABR 30/79, BB 1982, 990; **L:** GK/*Weber* Rn 57 mwN>. 10

Gehört ein Unternehmen einem **Unterordnungskonzern** an (§ 54 Rn 2 ff), kann nicht schlicht auf den Tendenzcharakter des herrschenden Unternehmens abgestellt werden: Einen „Tendenzkonzern" in diesem Sinne gibt es nicht <**L:** s aber *Lorenzen* RdA 2016, 186 ff>. Es kommt vielmehr darauf an, ob das beherrschte Unternehmen vom Tendenzcharakter des herrschenden Unternehmens erfasst wird oder trotz dessen Tendenzcharakters tendenzfrei ist <**R:** BAG 22.7.2014, 1 ABR 93/12, DB 2014, 2540; 30.6.1981, 1 ABR 30/79, BB 1982, 990; BVerfG 29.4.2003, 1 BvR 62/99, NZA 2003, 864; **L:** GK/*Weber* Rn 58 f mwN>. Das ist etwa nicht der Fall bei einem von einem Verlagsunternehmen beherrschten Zeitungszustellungsbetrieb <**R:** BVerfG 29.4.2003, aaO> oder Druckunternehmen <**R:** BAG 30.6.1981, aaO>. Umgekehrt richtet sich der Tendenzcharakter des herrschenden Unternehmens allein nach dessen Unternehmenszweck <**L:** GK/*Weber* Rn 59; Richardi/*Forst* Rn 45>. Das herrschende Unternehmen ist aber auch dann Tendenzunternehmen, wenn es die Tendenz nicht in einem eigenen Produktionsbetrieb miterarbeitet, sondern sich als Konzernspitze auf die Leitung von Tendenzunternehmen beschränkt: Durch diese Leitung verwirklicht das Unternehmen gerade die Ziele, zu deren Schutz Abs 1 besteht <**R:** OLG HH 22.1.1980, 11 W 38/79, BB 1980, 332; **L:** GK/*Weber* Rn 59; Richardi/*Forst* Rn 45>. 11

2. Unmittelbare Tendenzbestimmung

12 Tendenzschutz besteht nur für die Betriebe und Unternehmen, die den geschützten **Tendenzen unmittelbar dienen**, deren Unternehmenszweck also selbst auf die Tendenz ausgerichtet ist. Die AN des Betriebs bzw Unternehmens müssen „direkt die Tendenz erarbeiten und damit auch beeinflussen können" <R: BAG 22.7.2014, 1 ABR 93/12, DB 2014, 2540; BAG 31.10.1975, 1 ABR 64/74, BB 1976, 136; 20.11.1990, 1 ABR 87/98, DB 1991, 1474>. Dass das Unternehmen mehrere Tendenzen nebeneinander verfolgt, schadet dem Tendenzcharakter ebenso wenig wie – mit Ausnahme der karitativen Unternehmen (Rn 22 ff) –, dass dessen Tätigkeit überwiegend auf Gewinn zielt <R: BAG 14.11.1975, 1 ABR 107/74, BB 1976, 183; **L:** GK/*Weber* Rn 49>. Dass ein Betrieb oder Unternehmen Hilfsfunktionen für Tendenzunternehmen wahrnimmt, genügt nicht, um auch diesem Tendenzcharakter zu verschaffen <R: BAG 22.7.14, 1 ABR 93/12, DB 2014, 2540; LAG Berlin-Brandenburg, 20.12.2021, 21 TaBV 504/21, juris>. Von Bedeutung ist das Unmittelbarkeitserfordernis vor allem für die Medien: Unmittelbar tendenzbezogen sind lediglich die Verlage und ihnen vergleichbare Unternehmen und Betriebe, nicht aber die Unternehmen und Betriebe der Herstellung (etwa Druckereien) <R: BAG 31.10.1975, 1 ABR 64/74, BB 1976, 136> und des Vertriebs, also etwa des Zeitschriften- und Buchhandels <R: OLG HH 22.1.1980, 11 W 38/79, BB 1980, 322; **L:** GK/*Weber* Rn 64 mwN; *Fitting* Rn 28 mwN>, sowie die Verwertungsgesellschaften <R: BAG 8.3.1983, 1 ABR 44/81, BB 1983, 2115 für die GEMA>. Ebenso wenig genügt das bloße Bereitstellen von Hilfsmitteln für die wissenschaftl Forschung anderer, etwa durch ein Bereitstellen von Software durch eine Gesellschaft für die wissenschaftl Datenverarbeitung für die Forschung durch Dritte <R: BAG 20.11.1990, aaO> oder durch eine Universitätsbibliothek <R: Beispiel von BAG 20.11.1990, aaO; **aA L:** Richardi/*Forst* Rn 85; krit auch ErfK/*Kania* Rn 6>.

3. Überwiegende Tendenzbestimmung

13 Das Gesetz verlangt, dass die unmittelbar tendenzbezogenen Tätigkeiten in dem betreffenden Betrieb oder Unternehmen überwiegen, wenn tendenzgeschützte und nicht tendenzgeschützte Unternehmenszwecke nebeneinander verwirklicht werden (sog **Mischbetriebe und Mischunternehmen**). Das BAG vertritt eine „**quantitativ-numerische Betrachtungsweise**", nach der maßgebl ist, in welcher Größenordnung das Unternehmen seine personellen und sonstigen Mittel zur Verwirklichung seiner tendenzgeschützten und seiner nicht tendenzgeschützten Ziele regelmäßig einsetzt <R: BAG 19.11.2019, 7 ABR 3/18, NZA 2020, 598; BAG 15.3.2006, 7 ABR 24/05, DB 2006, 2300; BAG 27.7.1993, 1 ABR 8/93, DB 1994, 2550; **L:** *Fitting* Rn 6; ErfK/*Kania* Rn 7; AR/*Kolbe* Rn 11; einschränkend HWK/*Hohenstatt/Dzida* § 118 Rn 14; Richardi/*Forst* Rn 53 f>. Eine Rundfunkanstalt soll dann überwiegend den Zwecken der Berichterstattung und Meinungsäußerung dienen, wenn der Sendeanteil der Wortbeiträge und moderierten Musiksendungen den der reinen Musiksendungen prozentual übersteigt <R: BAG 27.7.1993, 1 ABR 8/93, DB 1994, 2550>. Bei personalintensiven Tätigkeiten soll in erster Linie auf den Personaleinsatz abgestellt und geprüft werden, ob mehr als die Hälfte der Gesamtarbeitszeit des Personals zur Tendenzverwirklichung eingesetzt wird (Arbeitszeitmenge); hierfür kommt es nicht allein auf die Arbeitszeit der Tendenzträger (Rn 35 f) oder ihre Zahl an, sondern auch auf die Arbeitszeit anderer AN, soweit diese mit ihrer Arbeit der Verwirklichung der

Unternehmenstendenz dienen, zB indem sie die technischen Voraussetzungen für die Tendenzverwirklichung schaffen <**R:** BAG 19.11.2019, 7 ABR 3/18, NZA 2020, 598; BAG 21.6.1989, 7 ABR 58/87, BB 1990, 920 für einen Zoo; 3.7.1990, 1 ABR 36/89, BB 1990, 2188 für ein Berufsbildungswerk der Gewerkschaft; 15.3.2006, 7 ABR 24/05, DB 2006, 2300 (LS) für einen Verein zur Förderung der Altenhilfe; **L:** *Fitting* Rn 6; DKW/*Wedde* Rn 9; ErfK/*Kania* 7; eingeschränkt auch Richardi/*Forst* Rn 52 ff>. Ein Verein zur Förderung der Altenhilfe, der insbes eine Wohnstätte für alte Menschen führt, dient danach dann karitativen Zwecken, wenn von 4545,75 Wochenarbeitsstunden 2441,25 Arbeitsstunden für Hilfeleistungen ggü hilfsbedürftigen Menschen (stationäre Pflege und Nachtwachen sowie ambulante Pflege) erbracht werden <**R:** BAG 3.7.1990, aaO>.

Der Auffassung des BAG **kann nicht gefolgt werden**. Zum einen ist es schon schwierig, festzustellen, wann der Personaleinsatz der Tendenzverwirklichung oder anderen Zwecken dient. So hat das BAG dem LAG im Fall des Kölner Zoos aufgegeben, notfalls in entspr Anwendung des § 287 ZPO, zu schätzen, ob die Arbeit der Tierpfleger auch der wissenschaftl Forschung dient (etwa die Fütterung der Tiere der wissenschaftl Bestimmung oder dem Zoopublikum); hierzu bedürfe es zunächst der Feststellung, welche der gehaltenen Tierarten überhaupt Gegenstand wissenschaftl Forschung der wissenschaftl ausgebildeten Mitarbeiter seien. Vor allem würde es aber dem Zweck des Abs 1, die Freiheitsrechte des Unternehmers zu schützen, nicht gerecht, wollte man ihren Vorrang vor den Beteiligungsrechten des BR vom Umfang des Personaleinsatzes und des Einsatzes der anderen Betriebsmittel abhängig machen. Entscheidend muss vielmehr sein, ob die Verwirklichung der durch § 118 geschützten Freiheitsrechte der im Vordergrund stehende Unternehmenszweck ist, sodass er dem Betrieb bzw Unternehmen das **Gesamtgepräge** gibt <**R: ausdrückl abl** BAG 21.6.1989, 7 ABR 58/87, BB 1990, 920; 15.3.2006, 7 ABR 24/05, DB 2006, 2300 (LS); **L: wie hier** *Mayer-Maly/Löwisch* BB 1983, 913, 915; GK/*Weber* Rn 70; HWGNRH/*Hess* Rn 12 ff>. Ob das so ist, lässt sich nur im Einzelfall feststellen <**R:** vgl BAG 29.5.1970, BB 1970, 1008>, die gesetzl Vorgabe „überwiegend" ist deshalb nicht streng quantitativ zu begreifen, wobei hier zwangsläufig der quantitative Einsatz der AN für den Tendenzzweck ein wichtiges Indiz ist <**L:** GK/*Weber* Rn 71; im Ergebnis auch Richardi/*Forst* Rn 53 f: „ergänzende qualitative Kriterien">. 14

Im **Pressebereich** hindert der Umstand, dass ein Verlagsbetrieb gleichzeitig eine Druckabteilung hat, in der die verlegten Werke gedruckt werden, den Tendenzcharakter nicht, und zwar auch dann nicht, wenn in der Druckabteilung gleichzeitig Fremdaufträge erledigt werden. Erst wenn die Fremdaufträge ein solches Gewicht erlangen, dass man dem Gesamtgepräge nach nicht mehr nur von einem Verlagsbetrieb mit Druckerei, sondern ebenso von einem Druckereibetrieb mit Verlag sprechen kann, scheidet der Tendenzcharakter aus <**R:** BAG 9.12.1975, 1 ABR 37/74, DB 1976, 584; abw großzügiger zum PersVG Bay VGH 16.6.1999, 17 P. 98.1241, ZTR 2000, 43: Der Umfang der wirtschaftl Betätigung in der Druckerei sei für den Tendenzcharakter eines Ordensverlags unerhebl; **L: abw** wie BayVGH GK/*Weber* Rn 72>. Eine quantitativ-numerische Abgrenzung kann insoweit nur ein Indiz sein <**L:** auch GK/*Weber* Rn 71; Richardi/*Forst* Rn 54 „zu schablonenhaft">. 15

4. Beschlussverfahren

16 Der Tendenzcharakter eines Betriebs oder eines Unternehmens als solcher kann nach der Rspr nicht (mehr) isolierter Gegenstand eines Beschlussverf nach § 2a Abs 1 Nr 1 ArbGG sein. Vielmehr ist die Frage nach der Feststellung des Tendenzzweckes stets nur Vorfrage für die konkrete Reichweite der Rechte des BR <R: BAG 22.7.2014, 1 ABR 93/12, DB 2014, 2540; BAG 14.12.2010, 1 ABR 93/09, BAGE 136, 334; **aA** noch BAG 21.7.1998, 1 ABR 2/98, BB 1999, 1116>.

III. Erfasste Tendenzen

1. Abschließende Aufzählung

17 Abs 1 sieht für zwei Gruppen von Tendenzeigenschaften die Einschränkung der Mitbestimmungsrechte des BR vor: in Abs 1 Nr 1 für die geistig-ideellen; in Abs 1 Nr 2 für die Berichterstattung oder Meinungsäußerung. Der Katalog der Tendenzen in Abs 1 ist **abschließend** <R: BAG 23.3.1999, 1 ABR 28/98, BB 1999, 1873>. Deshalb ist § 118 **nicht analogiefähig** <R: BAG 23.3.1999, 1 ABR 28/98, BB 1999, 1873; **L:** GK/*Weber* Rn 39; *Fitting* Rn 3>. Das folgt zwar nicht zwangsläufig aus der Einordnung als Ausnahmevorschrift <R: BAG 31.10.1975, 1 ABR 64/74, BB 1976, 136>, aber deshalb, weil keine planwidrige Regelungslücke feststellbar ist <**L:** GK/*Weber* Rn 39 mwN; **aA** Richardi/*Forst* Rn 31>, immerhin wurde die noch in der Vorgängernorm des § 81 BetrVG 1952 und im eingebrachten Gesetzesentwurf der BReg vorgesehene Berücksichtigung „ähnlicher Bestimmungen" explizit nicht aufgenommen <Ausschussdrs BT-Drs VI/2729, S 61f>.

18 Aus diesem Grund genießen die Organisationen des Natur-, Tier- und Umweltschutzes sowie Wander- oder Sportvereine als solche keinen Tendenzschutz, eine entsprechende Anwendung scheidet aus <**L:** *Kania* SpuRt 1994, 121, 125>.

2. Politische Bestimmungen

19 Einer politischen Bestimmung dienen die politischen Parteien (Art 21 GG) und andere unmittelbar auf die Beteiligung an der staatl Willensbildung gerichtete Organisationen, etwa die freien Wählervereinigungen sowie die mit diesen verbundenen Organisationen, etwa die von den Parteien getragenen politischen Stiftungen <R: BAG 28.8.2003, 2 ABR 48/02, DB 2004, 1156> oder auch Parlamentsfraktionen <R: ArbG Bonn 16.9.1987, 4 Ca 1398/87, juris; **L:** HWK/*Hohenstatt/Dzida* § 118 Rn 3>. „Politisch" ist aber nicht **beschränkt auf „parteipolitisch"**; erfasst wird vielmehr jede Organisation, die unmittelbar Einfluss auf das politische Leben des Staates nehmen will <R: BAG 21.7.1998, 1 ABR 2/98, BB 1999, 1116; **L:** Richardi/*Forst* Rn 63; GK/*Weber* Rn 79; *Fitting* Rn 15; ErfK/*Kania* Rn 8; HWGNRH/*Hess* Rn 17; DKW/*Wedde* Rn 25, der aber vor einer Ausuferung warnt>. Deshalb zählen hierzu auch wirtschaftspolitische und sozialpolitische Vereinigungen, etwa der Verband der Kriegsopfer, der Bundesverband der deutschen Industrie sowie die Vertriebenenverbände, aber auch Bürgerinitiativen, soweit sie einen Betrieb iS des § 1 haben. Hingg dient die staatsentlastende Erfüllung öffentl Aufgaben im Auftrag staatl Stellen keiner politischen Bestimmung iS des Abs 1, wenn sie selbst keine Einfluss-

nahme auf das öffentl Leben bezweckt <R: BAG 21.7.1998, aaO>; deswg sind keine Tendenzbetriebe etwa die Technischen Überwachungsvereine (TÜV) <R: BAG 28.9.1971, 1 ABR 4/71, AP BetrVG 1952 § 81 Nr 14; L: Richardi/*Forst* Rn 66 mwN>. Die Wahrnehmung spezieller Mitgliederinteressen ggü Dritten, etwa durch einen Mieter- oder Hauseigentümerverein oder durch einen Landessportverband, dient ebenfalls keiner politischen Zweckbestimmung <R: BAG 21.7.1998, aaO; 23.3.1999, 1 ABR 28/98, BB 1999, 1973 (Landessportverband); L: GK/*Weber* Rn 84 mwN; Richardi/*Forst* Rn 66 mwN>. Die diesen Grundsatz durchbrechende Privilegierung koalitionspolitischer Tätigkeit ist deshalb im Gesetz ausdrückl genannt.

3. Koalitionspolitische Bestimmungen

Koalitionspolitischen Bestimmungen dienen die **Gewerkschaften** und die **AG-Verbände** 20 einschließl ihrer Einrichtungen, soweit deren Betriebszweck auf die Gestaltung der Arbeits- und Wirtschaftsbedingungen gerichtet ist (**Art 9 Abs 3 GG**) <L: MünchArbR/*Vogt* § 351 Rn 20; GK/*Weber* Rn 86f mwN>. Deshalb fallen rechtl selbstständige wirtschaftl Unternehmen der Gewerkschaften und AG-Verbände (Versicherungen, Banken, Wohnungsbaugesellschaften, Konsumvereine) nicht unter Abs 1 <L: Richardi/*Forst* Rn 67>, wohl aber verbandsinterne Bildungs- und Schulungseinrichtungen oder Forschungsinstitute, sofern sie die Tätigkeit der Koalition als solche unterstützen <L: ErfK/*Kania* Rn 9>. Gemeinsame Einrichtungen der Tarifvertragsparteien genießen als solche keinen Tendenzschutz, solange sich nicht aus dem konkreten Zweck der Einrichtung anderes ergibt <L: Richardi/*Forst* Rn 67; *Fitting* Rn 16>. Die Rechtsberatung und gerichtl Vertretung von Gewerkschaftsmitgliedern des DGB dient auch nach der Ausgliederung des Rechtsschutzes in die DGB-Rechtsschutz GmbH koalitionspolitischen Zwecken iS des Abs 1 Nr 1 <R: LAG BaWü 10.10.2005, 6 TaBV 11/04, AuR 2006, 133; s auch BAG 6.12.1979, 2 AZR 1055/77, DB 1980, 547; L: *Fitting* Rn 16>. Auch Verlage der Gewerkschaften und AG-Vereinigungen dienen koalitionspolitischen Betätigungen iS des Abs 1 Nr 1; insoweit greift aber Abs 1 Nr 2 als Sondervorschrift, Rn 30 ff. Ausgenommen sind die Bildungswerke einer Gewerkschaft, deren Bildungsmaßnahmen jedermann offenstehen <R: BAG 3.7.1990, 1 ABR 36/89, BB 1990, 2188>.

4. Konfessionelle Bestimmungen

Einer konfessionellen Bestimmung (**Art 4 GG**) dienen Unternehmen, deren Zwecksetzung Ausdruck einer best religiösen Überzeugung ist. Trotz des Begriffes „konfessionell" sind nicht nur christliche, sondern insgesamt religiöse Zweckbestimmungen gemeint. Der Anwendungsbereich der Vorschrift ist aber begrenzt, weil die Religionsgemeinschaften und ihre karitativen und erzieherischen Einrichtungen nach Abs 2 insgesamt von der Anwendung des BetrVG ausgenommen sind, wie etwa Einrichtungen der katholischen Caritas und der evangelischen Diakonie (Rn 62 ff). Abs 1 erfasst damit Einrichtungen mit religiöser Zielsetzung, die keine Einrichtungen der Religionsgemeinschaft selbst sind, weil sie selbst auf Selbstständigkeit bedacht sind oder weil deren Tätigkeit nach dem Selbstverständnis der Religionsgemeinschaft keine Religionsausübung ist <L: Richardi/*Forst* Rn 68>. Erfasst werden etwa konfessionelle Männer-, Frauen- und Jugendverbände, konfessionelle Eheanbahnungsinstitute, Missionsvereine, Pfadfinderschaften und die Heilsarmee <L: GK/*Weber* Rn 93 mwN; ErfK/*Kania* Rn 10>. Dass ein Krankenhaus konfessionell ausgerichtet ist, genügt allein noch nicht, da die im Krankenhaus verrichteten Tätigkeiten nicht unmittelbar und überwiegend der Ausübung eines Bekenntnisses dienen <R: LAG Hamm 14.3.2000, 13 TaBV 116/99, NZA-RR 2000, 532>; regelmäßig sind Krankenhäuser aber karitative Unternehmen, Rn 22 ff. Auch lediglich die Anfertigung religiöser Gegenstände als Betriebszweck reicht nicht aus <L: HWK/*Hohenstatt/Dzida* § 118 Rn 5>.

5. Karitative Bestimmungen

22 Ein Unternehmen dient karitativen Bestimmungen, wenn es sich den **sozialen Dienst an körperl oder seelisch** leidenden Menschen zum Ziel gesetzt hat, sofern das Unternehmen selbst nicht von Gesetzes wegen unmittelbar zu derartiger Hilfeleistung verpflichtet ist <R: BAG 19.11.2019, 7 ABR 3/18, NZA 2020, 598; BAG 22.7.2014, 1 ABR 93/12, NZA 2014, 1417; 29.6.1988, 7 ABR 15/87, DB 1989, 536; 15.3.2006, 7 ABR 24/05, DB 2006, 2300 (LS); 31.7.2002, 7 ABR 12/01, DB 2002, 2729 mwN; dazu, dass es nicht auf das subjektive Leiden, sondern auf objektive Maßstäbe ankommt LAG RhPf 14.8.2013, 8 TaBV 40/12>. Zur Karitativität gehört zwar die **Freiwilligkeit der Hilfeleistung** <R: BAG 22.7.2014, 1 ABR 93/12, NZA 2014, 1417; 14.5.2013, 1 ABR 10/12, NJOZ 2013, 1891>, sie wird aber nicht dadurch ausgeschlossen, dass an dem Unternehmen ein Unternehmensträger beteiligt ist, der selbst aufgrund gesetzl Normen verpflichtet ist, derartige Hilfeleistungen zu erbringen oder zumindest die Kosten für solche Hilfeleistungen zu tragen; maßgebl für die karitative Bestimmung sind vielmehr die Statuten des Unternehmens selbst <R: BAG 24.5.1995, 7 ABR 48/94, DB 1996, 1347; 22.11.1995, 7 ABR 12/95, BB 1996, 1564 (LS); 31.7.2002, aaO>. Dass eine Gebietskörperschaft, die gesetzl verpflichtet ist, die bedarfsgerechte Versorgung der Bevölkerung mit leistungsfähigen Krankenhäusern sicherzustellen, Anteile an einem in privatrechtl Rechtsform betriebenen Krankenhaus hält, lässt dessen karitative Bestimmung nicht entfallen <R: BAG 24.5.1995, aaO>, ebenso wenig die Aufnahme des Krankenhauses in den staatl Krankenhausplan <R: BAG 22.11.1995, aaO>.

23 Karitativ ist eine Tätigkeit aber nur, wenn die **Erwirtschaftung von Gewinnen nicht beabsichtigt** ist <R: BAG 19.11.2019, 7 ABR 3/18, NZA 2020, 598; BAG 22.7.2014, 1 ABR 93/12, NZA 2014, 1417; 22.5.2012, 1 ABR 7/11, BAGE 141, 367; BVerfG 30.4.2015, 1 BvR 2274/12, NZA 2015, 820; BAG 29.6.1988, 7 ABR 15/87, DB 1989, 536; 24.5.1995, 7 ABR 48/94, DB 1996, 1347; L: GK/*Weber* Rn 99 mwN>. Mit einer karitativen Bestimmung verträgt sich zwar das Ziel, **kostendeckend** zu arbeiten <R: BAG 29.6.1988 und 24.5.1995, 7 ABR 48/94, aaO; L: MünchArbR/*Vogt* § 351 Rn 24>, und auch die Verwendung eines Gewinns für satzungsgemäße Zwecke <R: BAG 19.11.2019, 7 ABR 3/18, NZA 2020, 598>, nicht aber eine Gewinnerzielungsabsicht <R: BAG 29.6.1988 und 24.5.1995, aaO; L: GK/*Weber* Rn 99; *Fitting* Rn 18; ErfK/*Kania* Rn 11; HWGNRH/*Hess* Rn 35; wohl auch DKW/*Wedde* Rn 31; aA Richardi/*Forst* Rn 72, solange der erwirtschaftete Gewinn anderen Einrichtungen mit karitativem Zweck zufließt>. Deshalb sind zB Krankenhäuser und Altenheime keine karitativen Unternehmen, wenn sie ausschließl unter kommerziellen Gesichtspunkten geführt werden <L: näher *Löwisch* FS Wlotzke, S 381, 382 ff>.

Bei der karitativen Zwecksetzung stellt sich die Frage der Unmittelbarkeit der Zweckumsetzung bes: Hier müssen die karitativen Dienstleistungen den der Hilfe bedürfenden Menschen direkt zugutekommen, weil nur dann der karitative Zweck durch das Unternehmen selbst verwirklicht und konkret umgesetzt wird <R: BAG 22.5.2012, 1 ABR 7/11, BAGE 141, 367; s dazu auch BVerfG 30.4.2015, 1 BvR 2274/12, NZA 2015, 820; L: *Fitting* Rn 18; krit MünchArbR/*Vogt* § 351 Rn 27>. Deshalb fallen Unternehmen mit einem die karitativen Dienste vorbereitenden Zweck (etwa der DRK-Blutspendedienst) <R: BAG 22.5.2012, aaO> nicht unter Abs 1 Nr 1; **aA L**: Richardi/*Forst* Rn 72>. 24

Karitativen Bestimmungen dienen **etwa**: die Betriebe des Roten Kreuzes (DRK) und der Wohlfahrtsverbände; die Deutsche Lebensrettungsgesellschaft (DLRG) und die Bergwacht; das Müttergenesungswerk, die Deutsche Krebshilfe und der Volksbund Deutsche Kriegsgräberfürsorge eV <R: BAG 8.12.1970, 1 ABR 20/70, BB 1971, 1054>; die Arbeiterwohlfahrt <R: LAG Hamm 10.8.2007, 13 TaBV 26/07, juris>, private Werkstätten für Behinderte iS von § 136 SGB IX <R: BAG 22.4.2014, 1 ABR 93/12, DB 2014, 2540; 7.4.1981, 1 ABR 83/78, DB 1981, 2623>, Berufsförderungswerke zur Wiedereingliederung von Behinderten <R: BAG 8.11.1988, 1 ABR 17/87, BB 1989, 773; 31.1.1995, 1 ABR 35/94, DB 1995, 1670>, Unternehmen zur berufl Integration von bes schwer einzugliedernden Hilfsbedürftigen iS des SGB II <R: LAG SH 4.1.2000, 3 TaBV 40/99, BB 2000, 773 (LS) zu Sozialhilfeempfängern>, Beschäftigungs- und Qualifizierungsgesellschaften <L: *Kaiser* NZA 1992, 193, 200>; Unternehmen der Altenhilfe, insbes zur Führung einer Wohnstätte für alte Menschen <R: BAG 15.3.2006, 7 ABR 24/05, DB 2006, 2300 (LS)>, und Heime für Drogengefährdete sowie Dialysezentren <R: BAG 18.4.1989, 1 ABR 97/87, DB 1990, 179>. 25

6. Erzieherische Bestimmungen

Eine Bildungseinrichtung, insbes eine Schule oder Berufsausbildungsstätte, dient dann einer erzieherischen Bestimmung, wenn durch planmäßige und methodische Unterweisung in einer Mehrzahl allgemeinbildender und berufsbildender Fächer die **Persönlichkeit des Menschen geformt** werden soll <R: BAG 13.1.1987, 1 ABR 49/85, AP BetrVG 1972 § 118 Nr 33; 21.6.1989, 7 ABR 58/87, BB 1990, 920; 3.7.1990, 1 ABR 36/89, BB 1990, 2188; 31.1.1995, 1 ABR 35/94, DB 1995, 1670; L: GK/*Weber* Rn 108; *Fitting* Rn 20; DKW/*Wedde* Rn 39; HWGNRH/*Hess* Rn 49; ErfK/*Kania* Rn 12; weiter Richardi/*Forst* Rn 77>, Art 7 GG. Unerhebl ist, ob die erzieherische Tätigkeit ggü Kindern und Jugendlichen oder ggü Erwachsenen ausgeübt wird <R: BAG 3.7.1990, 1 ABR 36/89, BB 1990, 2188; 31.1.1995, 1 ABR 35/94, DB 1995, 1670>. Auf die Persönlichkeitsentwicklung in diesem Sinne wirken ein: Privatschulen <R: BAG 13.1.1987, aaO>, private Kindergärten <R: Sächs LAG 13.7.2007, 3 TaBV 35/06, ZTR 2007, 640 (LS)> und Internate, soweit es sich nicht um reine Wohnheime handelt <R: BAG 22.5.1979, 1 ABR 45/77, DB 1979, 2183>, ebenso private Berufsschulen, überbetriebl Lehrwerkstätten und Erwachsenenbildungsstätten <R: BAG 3.7.1990, aaO (Bildungswerk einer Gewerkschaft)> sowie die (auch karitativen Zwecken dienenden, Rn 22) Berufsförderungswerke zur Wiedereingliederung von Behinderten <R: BAG 31.1.1995, aaO>; zu privaten (Fach-)Hochschulen als wissenschaftl Einrichtungen Rn 28. Kindertagesstätten (KiTa) können je nach pädagogischem Konzept unter Abs 1 Nr 1 fallen (s auch die Vorgaben in § 1 des KiQuTG [„Gute-Kita-Gesetz"] <L: *Fitting* Rn 20>). Erzieherische Einrichtungen der Kirche, etwa 26

§ 118 Geltung für Tendenzbetriebe und Religionsgemeinschaften

ein vom katholischen Kolpingwerk getragenes Berufsbildungswerk, sind nach Abs 2 ganz aus dem Anwendungsbereich des BetrVG ausgenommen, Rn 66; Musikschulen können, etwa über die musikalische Früherziehung und über das Musizieren in Orchestern, der Persönlichkeitsbildung und damit erzieherischen Bestimmungen dienen <L: aA GK/*Weber* Rn 112>. Erzieherische Einrichtungen in öffentlich-rechtlicher Trägerschaft fallen schon wegen § 130 aus dem Anwendungsbereich des BetrVG.

27 **Keine Tendenzunternehmen** in diesem Sinne sind Sprachschulen, da sie ledigl vereinzelte Fähigkeiten vermitteln, nicht aber die Persönlichkeit des Menschen formen <R: BAG 7.4.1981, 1 ABR 62/78, AP BetrVG 1972 § 118 Nr 17; L: GK/*Weber* Rn 112 mwN>, ebenso wenig Fahrschulen <L: Richardi/*Forst* Rn 79 mwN> und Tanzschulen <L: GK/*Weber* Rn 112>, es sei denn, sie führen Jugendliche umfassend in gesellschaftl Umgangsformen ein. Auch der Zoo dient nicht erzieherischen Bestimmungen, allein wegen der Kürze der gegebenen „Einwirkungszeit" <R: BAG 21.6.1989, 7 ABR 58/87, BB 1990, 920; L: statt aller GK/*Weber* Rn 113>, aber uU wissenschaftl Bestimmungen Rn 14 und 28. Sportvereine und auch Sportverbände fallen grds nicht unter den Tendenzschutz, die Tendenzgruppen des Abs 1 sind abschließend und der Schwerpunkt des Zweckes von Sportvereinen liegt regelmäßig in der körperlichen Ertüchtigung <R: BAG 23.3.1999, 1 ABR 28/98, BAGE 91, 144; L: MünchArbR/*Vogt* § 351 Rn 10; Richardi/*Forst* Rn 79; GK/*Weber* Rn 114; ErfK/*Kania* Rn 12; **aA** für Sportvereine jedenfalls für Kinder und Jugendliche die Vorauflage Rn 12; für entspr Anwendung Richardi FS Tomandl, S 299, 310, 312>.

7. Wissenschaftliche und künstlerische Bestimmungen

28 **Wissenschaftl** Bestimmung ist iS des Art 5 Abs 3 GG umfassend zu verstehen und erfasst jede wissenschaftl Tätigkeit, also alle Tätigkeiten, die nach Inhalt und Form ernsthaft und planmäßig versuchen, die Wahrheit zu ermitteln oder Wahrheiten zu hinterfragen. Dabei ist Wissenschaft der gemeinsame Oberbegriff für Forschung und Lehre: Forschung ist „die geistige Tätigkeit mit dem Ziele, in methodischer, systematischer und nachprüfbarer Weise neue Erkenntnisse zu gewinnen", Lehre die „wissenschaftlich fundierte Übermittlung der durch die Forschung gewonnenen Erkenntnisse" <R: BVerfG 29.5.1973, 1 BvR 424/71 und 1 BvR 325/72, NJW 1973, 1176; BAG 21.6.1989, 7 ABR 58/87, BB 1990, 920; 20.11.1990, 1 ABR 87/98, DB 1991, 1474>. Forschung ist dabei nicht nur die Grundlagenforschung, sondern auch die angewandte Forschung, weil sie, wenn auch an der praktischen Anwendbarkeit orientiert, darauf zielt, neue Erkenntnisse zu gewinnen <R: BAG 21.6.1989 und 20.11.1990, aaO>. Wissenschaftl Bestimmung dienen damit alle privaten Forschungsinstitute, etwa die Institute der Max-Planck-Gesellschaft und der Fraunhofer-Gesellschaft, die vom Bund und den Ländern getragenen, in privater Rechtsform betriebenen Großforschungseinrichtungen, private Hochschulen und die verschiedenen Wirtschaftsforschungs- und Meinungsforschungsinstitute, uU auch Großrechenzentren <R: BAG 20.11.1990, 1 ABR 87/89, DB 1991, 1474>, uU auch ein Zoo <R: BAG 21.6.1989, 7 ABR 58/87, BB 1990, 920>, noch Rn 12. Wissenschaftl Zwecken dienen auch private Hochschulen <L: Richardi/*Forst* Rn 83; **abw** für erzieherische Einrichtungen DKW/*Wedde* Rn 40>, wissenschaftl Bibliotheken und wissenschaftl Buch- und Zeitschriftenverlage, nicht aber die sog wissenschaftl Buchhandlungen (Rn 10). Soweit Wirtschaftsunternehmen Forschung betreiben, sind sie, weil sie überwiegend

(Rn 13 f) andere, tendenzfreie Ziele verfolgen, dagg keine Tendenzunternehmen iS des Abs 1.

Zur **Kunst** iS des Art 5 Abs 3 GG gehören schöpferische Werke der Sprache, der Musik und der darstellenden Kunst einschl der Lichtbildwerke (vgl § 2 UrhG). Die Kunstfreiheit des Art 5 Abs 3 GG garantiert dabei in gleicher Weise den „Werkbereich" des künstlerischen Schaffens als auch den „Wirkbereich", also die Darbietung und die Verbreitung des Kunstwerks <**R:** BVerfG 24.2.1971, 1 BvR 435/68, BVerfGE 30, 173, 189; 5.3.1974, 1 BvR 712/68, BVerfGE 36, 321>. Allerdings reicht allein der Handel mit Kunstgegenständen nicht aus <**L:** HWK/*Hohenstatt/Dzida* § 118 Rn 9>. Unternehmen mit künstlerischer Bestimmung sind Theater und Musikaufführungsstätten <**R:** BAG 28.10.1986, 1 ABR 16/85, BB 1987, 2298>, auch Bühnenunternehmen der öffentl Hand <**L:** MünchArbR/ *Vogt* § 351 Rn 32>, Orchester- und Gesangsvereinigungen, Filmhersteller und -verleiher, Musikverlage und Schallplattenunternehmen <**R:** OLG HH 22.1.1980, 11 W 38/79, BB 1980, 332>, belletristische Buchverlage <**R:** BAG 15.2.1989, 7 ABR 12/87, DB 1989, 2625; **L:** für die Einordnung von Lizenzsportvereinen als künstlerisch *Kania* SpuRt 1994, 121, 126>, Konzertagenturen und Veranstalter von Kunstausstellungen oder der Zirkus <**L:** *Fitting* Rn 22; für den Zirkus kritisch Richardi/*Forst* Rn 89>; nicht aber Verwertungsgesellschaften <**R:** zur GEMA: BAG 8.3.1983, 1 ABR 44/81, NJW 1984, 1144>. 29

8. Zwecke der Berichterstattung oder Meinungsäußerung

Abs 1 Nr 2 hebt die Zwecke der Berichterstattung oder Meinungsäußerung iS des Art 5 Abs 1 S 2 GG bes hervor. Aus dem auf Art 5 Abs 1 S 2 GG beschränkten Verweis folgt aber, dass nicht jede Form der Meinungsäußerung (auch iS des Art 5 Abs 1 S 1 GG) Tendenzschutz genießt, sondern nur die durch Medienunternehmen <**L:** GK/*Weber* Rn 126 mwN>; ob sie zur Gewinnerzielung betrieben werden, ist unerhebl <**R:** BAG 29.5.1970, 1 ABR 17/69, BB 1970, 1008; 14.11.1975, 1 ABR 107/74, BB 1976, 183; **L:** GK/*Weber* Rn 132 mwN>. Erfasst werden in erster Linie **Presseunternehmen**. Wg Art 5 GG ist von einem weiten Pressebegriff auszugehen: Abs 1 Nr 2 erfasst nicht nur Zeitungs- und Zeitschriftenverlage <**R:** BAG 1.9.1987, 1 ABR 22/86, DB 1987, 2656; 30.5.2006, 1 ABR 17/05, DB 2006, 2748>, sondern alle Hersteller von Presseerzeugnissen, etwa von Werkszeitungen <**R:** BVerfG 8.10.1996, 1 BvR 1183/90, BB 1997, 205>, Presse- und Nachrichtenagenturen <**L:** GK/*Weber* Rn 134 mwN> sowie auch Internetanbieter mit eigenen redaktionellen Beiträgen <**L:** DKW/*Wedde* Rn 52>. Auch belletristische Buchverlage fallen unter Abs 1 Nr 2 <**L:** GK/*Weber* Rn 136; Richardi/*Forst* Rn 97; *Fitting* Rn 26; HWGNRN/*Hess* Rn 67; **aA** DKW/*Wedde* Rn 53>, sie dienen zudem idR auch künstlerischen <**R:** BAG 15.2.1989, 7 ABR 12/87, DB 1989, 2625> Zwecken iS des Abs 1 Nr 1, Rn 28. Verlage, die Anzeigenblätter ohne jeden redaktionellen Teil herausgeben, und Adress-, Telefonbuch und Landkartenverlage usw genießen keinen Tendenzschutz nach Abs 1 Nr 2 <**R:** offengelassen von BAG 14.11.1975, 1 ABR 107/74, BB 1976, 183 für Adressbuchverlage; **L:** GK/*Weber* Rn 139 mwN; *Fitting* Rn 23 mwN>. Ebenso wenig soll der bloße Vertrieb von Presseerzeugnissen <**L:** GK/*Weber* Rn 139 mwN> und sollen bloße Lohndruckereien, die ledigl für andere Tendenzunternehmen Druckaufträge durchführen, Zwecken der Berichterstattung und Meinungsäußerung dienen <**R:** BAG 29.5.1970, aaO; 30.10.1975, 1 ABR 64/74, DB 1976, 151; **L:** Richardi/*Forst* Rn 100 mwN>; richti- 30

§ 118 Geltung für Tendenzbetriebe und Religionsgemeinschaften

gerweise scheitert der Tendenzschutz jedoch erst daran, dass sie diesen Zwecken nicht unmittelbar dienen <**L:** krit auch ErfK/*Kania* Rn 16>, Rn 10.

31 Abs 1 Nr 2 gilt ebenso wie Art 5 Abs 1 S 2 GG auch für private **Rundfunk- und Filmunternehmen** <**R:** BAG 11.2.1992, 1 ABR 49/91, BB 1992, 993; 27.7.1993, 1 ABR 8/93, DB 1994, 2550>. Werbefilme dienen nicht der Meinungsbildung, sondern dem Verkauf von Waren <**L:** GK/*Weber* Rn 135; *Fitting* Rn 28; DKW/*Wedde* Rn 55>. Der Tendenzschutz über § 118 spielt bei Rundfunkunternehmen aber eine geringere Rolle als bei Presseunternehmen, weil die programmgestaltenden Mitarbeiter in Rundfunkunternehmen überwiegend als freie, häufig als AN-ähnliche Mitarbeiter beschäftigt werden <**R:** BAG 20.9.2000, 5 AZR 61/99, BB 2001, 888 (Reporter, Redakteur und Moderator); LAG Köln 22.1.2008, 9 Sa 1053/07, BeckRS 2008, 52524 (Redakteur); **L:** weitere Beispiele bei *Kaiser*, Arbeitsrecht der Medien, in: Medienrecht, Lexikon für Praxis und Wirtschaft, 5. Aufl 2009, S 8>, die nicht unter § 5 Abs 1 fallen (§ 5 Rn 9) und deswg ohnehin nicht vom BR vertreten werden.

32 Der Tendenzschutz umfasst auch Unternehmen, die Berichterstattung und **Meinungsäußerung im Internet** betreiben. Ob diese dann der Presse- oder der Rundfunkfreiheit unterfallen, ist bisweilen offen, im Ergebnis aber nicht entscheidend <**L:** Richardi/*Forst* Rn 102; dazu auch BVerfG 21.12.2016, 1 BvR 1081/15, NJW 2017, 1537>. Allerdings muss dies dann auch der maßgebl Zweck sein: Stellt das Unternehmen ledigl Kommunikationsplattformen (*social media*) bereit, so ergibt sich kein Tendenzschutz <**L:** MünchArbR/*Vogt* § 351 Rn 34>.

33 Ob das Presse- oder Rundfunkunternehmen seinerseits **tendenzgebunden** ist oder – wie bei Buchverlagen häufig – von einer **Tendenzvielfalt** geprägt wird, spielt keine Rolle: Meinungsäußerung ist auch ohne einseitige Tendenzgebundenheit iS des Abs 1 geschützt. Auf die Tendenzgebundenheit des Presseunternehmens kommt es idR auch deshalb nicht an, weil die meisten Druckerzeugnisse jedenfalls der in Abs 1 Nr 2 ausdrückl genannten Berichterstattung dienen <**R:** BAG 14.11.1975, 1 ABR 107/74, BB 1976, 183>.

IV. Beschränkung der Betriebsratsbeteiligung

1. Grundsätze

34 Abs 1 S 2 schließt die Beteiligung des BR in den wirtschaftl Angelegenheiten absolut aus (Rn 57), die §§ 111–113 bleiben in Tendenzunternehmen nur hinsichtl des Sozialplans anwendbar (Rn 58 ff). Die übrigen Vorschriften des BetrVG finden nach Abs 1 S 1 keine Anwendung, soweit die Eigenart, also die Tendenz des Unternehmens oder Betriebs, dem entgegensteht. Das erlaubt es, die MBR nur insoweit einzuschränken, wie es aus Gründen des Tendenzschutzes erforderl ist. Da der BR über bloße Unterrichtungs- und Beratungsrechte nicht auf die Tendenz einwirken kann, bleiben diese unbeschränkt bestehen.

35 Insbes bei personellen Einzelmaßnahmen (Rn 48 ff), aber auch bei Berufsbildungsmaßnahmen (Rn 50 f) und bei sozialen Angelegenheiten, wird die Mitwirkung und Mitbestimmung des BR nur eingeschränkt, soweit **tendenzbezogene Maßnahmen** in Bezug auf sog Tendenzträger getroffen werden <„Maßnahmentheorie" **R:** BAG 14.5.2013, 1 ABR 10/12, AP BetrVG 1972 § 118 Nr 86; BAG 30.1.1979, 1 ABR 78/76, BB 1979, 1555; **L:** ErfK/*Kania* § 118 Rn 20; AR/*Kolbe* Rn 13; GK/*Weber* § 118 Rn 165 f; *Fitting*

IV. Beschränkung der Betriebsratsbeteiligung § 118

§ 118 Rn 29; **aA** HWK/*Hohenstatt/Dzida* Rn 24 Tendenzbezug kann sich auch ergeben, wenn keine Tendenzträger als solche betroffen sind; dazu auch Richardi/*Forst* Rn 114 ff>. **Tendenzträger** sind AN, die an der Verwirklichung der geistig-ideellen Zielsetzung des Betriebs in dem Sinne unmittelbar mitwirken, dass sie diese inhaltlich prägend beeinflussen. Nicht erforderl ist, dass der AN zu mehr als der Hälfte seiner Gesamtarbeitszeit tendenzbezogene Aufgaben verrichtet; es genügt, dass er überhaupt solche Arbeiten in nicht völlig unbedeutendem Umfang verrichtet <**R:** BAG 14.5.2013, 1 ABR 10/12, AP BetrVG 1972 § 118 Nr 86; 20.4.2010, 1 ABR 78/08, NZA 2010, 902; 20.11.1990, 1 ABR 87/98, DB 1991, 1474; Hess LAG 13.10.2011, 5 Sa 224/11>. In Unternehmen mit karitativer oder erzieherischer Zwecksetzung gelten Verschärfungen, weil hier kein besonderer Grundrechtsbezug besteht, sondern allein der entsprechende Zweck die Einschränkungen des Abs 1 rechtfertigt. Hier ist derjenige Tendenzträger, der im Wesentlichen frei über die Aufgabenerledigung entscheiden kann <**L:** *Fitting* Rn 30; s auch ErfK/*Kania* Rn 20> und bei dem die tendenzbezogene Tätigkeit einen bedeutenden Teil der Arbeitszeit ausmacht <**R:** BAG 14.5.2013, 1 ABR 10/12, AP BetrVG 1972 § 118 Nr 86; 14.9.2010, 1 ABR 29/09, NZA 2011, 225>.

Tendenzträger eines Gewerkschaftsbetriebs (Rn 20) sind die Gewerkschaftssekretäre einschließl der sog Rechtsschutzsekretäre <**R:** BAG 6.12.1979, 2 AZR 1055/77, DB 1980, 547>. In erzieherischen Einrichtungen (Rn 26) sind Tendenzträger Lehrkräfte in Privatschulen <**R:** BAG 22.5.1979, 1 ABR 45/77, DB 1979, 2183; 3.7.1990, 1 ABR 36/89, BB 1990, 2188> und Lehrkräfte in einem Berufsförderungswerk zur Umschulung und Wiedereingliederung von Behinderten in das Berufsleben <**R:** BAG 31.1.1995, 1 ABR 35/94, DB 1995, 1670>, ebenso dort tätige Psychologen <**R:** BAG 8.11.1988, 1 ABR 17/87, BB 1989, 630>. Tendenzträger ist in Wissenschaftseinrichtungen (Rn 28) der AN, der selbst wissenschaftl tätig ist, dh selbst forscht oder lehrt; dass die Forschungstätigkeit einen Anteil von 30% der Gesamtarbeitszeit ausmacht, genügt <**R:** BAG 20.11.1990, 1 ABR 87/98, DB 1991, 1474>, Rn 28. In Betrieben mit künstlerischer Bestimmung (Rn 29) sind alle an der künstlerischen Gestaltung der Produktion maßgebl beteiligten AN Tendenzträger <**R:** BAG 28.10.1986, 1 ABR 16/85, BB 1987, 2298>. Dazu zählen in Theatern und Orchestern insbes die Regisseure, Schauspieler, Solotänzer, Solosänger und Orchestersolisten, aber auch die Maskenbildner, Kostümbildner und Beleuchter <**R: aA** BAG 28.10.1986, aaO; **L:** *Löwisch/Kaiser* Tendenzschutz, S 47 ff>. Kein Tendenzträger ist mangels eigenen Gestaltungsspielraums der Leiter der Kostümabteilung eines Theaters <**R:** BAG 13.2.2007, 1 ABR 14/06, NZA 2007, 1121>. In Medienunternehmen (Rn 30 ff) sind Tendenzträger Redakteure von Tageszeitungen <**R:** BAG 1.9.1987, 1 ABR 22/86, DB 1987, 2656; 28.5.2002, 1 ABR 32/01, DB 2003, 287; 30.5.2006, 1 ABR 17/05, DB 2006, 2748> und Rundfunksendern <**R:** BAG 11.2.1992, 1 ABR 49/91, BB 1992, 993>, einschließl der Sportredakteure <**R:** BAG 9.12.1975, 1 ABR 37/74, DB 1976, 584> und der Anzeigenredakteure <**R:** LAG Köln 24.6.2008, 9 TaBV 74/07, juris>, ebenso die Redaktionsvolontäre <**R:** BAG 19.5.1981, 1 ABR 39/79, DB 1982, 129; 23.6.1983, 6 AZR 595/80, DB 1984, 1786>, nicht aber der Schlussredakteur, der die Texte auf einheitl Schreibweise, Stil und formale Richtigkeit überprüft <**R:** LAG HH 22.10.2008, 5 SaGa 5/08, BeckRS 2008, 58013>. Keine Tendenzträger sind deshalb die Rettungs- oder Pflegekraft <**R:** BAG 12.11.2002, 1 ABR 60/01, BAGE 103, 329>, pädagogische Kräfte <**R:** BAG 14.9.2010, 1 ABR 29/09, BAGE 135, 291> und Begleitkräfte für Behinderte <**R:** BAG 14.5.2013, 1 ABR 10/12, AP BetrVG 1972 § 118 Nr 86>.

36

2. Organisatorische Vorschriften (§§ 1–73)

37 Der Tendenzcharakter eines Betriebs oder Unternehmens steht der Anwendung der **organisatorischen Vorschriften** des BetrVG (**§§ 1–73**) idR nicht entgg: Wie die Repräsentation der AN im Betrieb, Unternehmen und Konzern organisiert wird, ist eine Zweckmäßigkeitsfrage, die nicht von dem bes Unternehmenszweck abhängt <L: Richardi/*Forst* Rn 123 mwN>. Insbes haben die Gewerkschaften auch in Tendenzbetrieben grds das in **§ 2 Abs 2 festgelegte Zugangsrecht zum Betrieb** (§ 2 Rn 35 ff). Etwas anderes gilt nur in Betrieben mit koalitionspolitischer Tendenz: Gewerkschaftsfunktionäre können weder Zugang zum Betrieb eines AG-Verbands noch zu dem einer anderen Gewerkschaft verlangen <L: Richardi/*Forst* Rn 123; GK/*Weber* Rn 183; *Fitting* Rn 31; ErfK/*Kania* Rn 21; HWGNRH/*Hess* Rn 156; aA DKW/*Wedde* Rn 81>.

38 Obwohl es sich um eine bloße Informationspflicht handelt (§ 43 Rn 9), **beschränkt** mittelbar Abs 1 S 2 die Pflicht des AG, in Betriebsversammlungen in Tendenzbetrieben gem § 43 Abs 2 S 3 einen **Lagebericht** über die wirtschaftl Lage und Entwicklung des Unternehmens zu erstatten: Weil Abs 1 S 2 die Pflicht des AG zur Unterrichtung über wirtschaftl Angelegenheiten gem §§ 106 bis 110 ggü dem WirtA ausschließt (Rn 57), kann vom AG auch in der Betriebsversammlung nicht mehr als ein allg Überblick verlangt werden, auch die anschließende Erörterung muss sich auf diesen Überblick beschränken <R: aA BAG 8.3.1977, 1 ABR 18/75, BB 1977, 648; L: wie hier Richardi/*Forst* Rn 126; aA wie das BAG *Fitting* Rn 31; DKW/*Wedde* Rn 81; auch GK/*Weber* Rn 149; wohl auch ErfK/*Kania* Rn 21>.

3. Allgemeine Mitwirkungsgrundsätze (§§ 74 ff)

39 Die **allg Grundsätze** über die Mitwirkung und Mitbestimmung der AN (**§§ 74 ff**) gelten grds auch in Tendenzbetrieben. Allerdings wird die in § 75 enthaltene Pflicht, AN nicht wg ihrer politischen oder gewerkschaftlichen Betätigung, ihrer Religion usw zu diskriminieren, durch den Tendenzcharakter **relativiert** <L: Richardi/*Forst* Rn 131>. Insbes kann der Unternehmer verlangen, dass die Tendenzträger (Rn 35 f) für die Tendenz des Betriebs eintreten und die übrigen AN sich jedenfalls nicht zu Tendenzen bekennen, die dem Tendenzcharakter des Betriebs zuwiderlaufen. In Betrieben politischer Parteien gilt das Verbot des § 74 Abs 2 S 3, jede parteipolitische Betätigung im Betrieb zu unterlassen (§ 74 Rn 32 ff), für eben diese Partei nicht.

40 **Keine Einschränkung** besteht für das **Einblicksrecht** in die Bruttolohn- und -gehaltslisten nach **§ 80 Abs 2 S 2**: Durch bloße Informations-, Anhörungs- und Beratungsrechte des BR wird ein Tendenzunternehmen nicht daran gehindert oder darin beeinträchtigt, seine geistig-ideellen Ziele zu verfolgen <R: BAG 22.5.1979, 1 ABR 45/77, DB 1979, 2183 (Gehaltslisten von Lehrern und Erziehern); 30.6.1981, 1 ABR 26/79, BB 1981, 1950 (Gehaltslisten von Zeitungsredakteuren); 13.2.2007, 1 ABR 14/06, NZA 2007, 1121 (Gagenlisten von künstlerisch tätigem Theaterpersonal); L: GK/*Weber* Rn 189; Richardi/*Forst* Rn 133; *Fitting* Rn 31; DKW/*Wedde* Rn 81; ErfK/*Kania* Rn 22; SWS Rn 9b>.

4. Soziale Angelegenheiten (§§ 87–89)

Die Tendenz eines Betriebs schränkt die MBR des BR in **sozialen Angelegenheiten** nach 41
§ 87 idR nicht ein: Abs 1 S 1 schützt die geistig-ideelle Tendenz des Betriebs, § 87 schützt die AN davor, dass der AG durch sein Direktionsrecht aus § 106 GewO die Arbeitsbedingungen einseitig belastend gestaltet und bezweckt zum einen den Persönlichkeits- und Gesundheitsschutz der AN, vor allem aber einen Ausgleich der unterschiedl Interessen der AN im Betrieb und damit Verteilungsgerechtigkeit (§ 87 Rn 1). Die Schutzbereiche kollidieren nur ausnahmsweise dann, wenn tendenzbedingte Gründe mit der Organisation des reibungslosen Betriebsablaufs kollidieren, auf den sich die MBR des § 87 in erster Linie beziehen <R: BAG 22.5.1979, 1 ABR 100/77, BB 1979, 1555>.

Kein MBR aus § 87 Abs 1 Nr 1 (§ 87 Rn 37 ff) besteht, wenn Redakteuren einer Wirt- 42 schaftszeitung im Interesse einer freien und unabhängigen Berichterstattung verboten werden soll, Wertpapiere von Unternehmen der Branchen zu besitzen, über die sie kontinuierlich berichten, und ihnen eine generelle Pflicht zur Vorabgenehmigung von Nebentätigkeiten auferlegt wird <R: auch BAG 28.5.2002, 1 ABR 32/01, DB 2003, 287>.

Insbes kann in Tendenzbetrieben das MBR über die Lage der **Arbeitszeit aus § 87 Abs 1** 43
Nr 2 (§ 87 Rn 58 ff) eingeschränkt sein: Wie eine **Privatschule** den Unterricht gestaltet, ist eine unmittelbar auf die erzieherische Bestimmung gerichtete Entscheidung des Schulträgers, weswg der BR nicht darüber mitbestimmen darf, ob die Schule nicht mehr als Halbtags-, sondern künftig als Ganztagsschule betrieben wird, und damit auch nicht über die Frage, ob Lehrer auch an Nachmittagen zum Unterricht und zur Betreuung von Schülern herangezogen werden können <R: BAG 13.1.1987, 1 ABR 49/85, AP BetrVG 1972 § 118 Nr 33>, ebenso wenig über eine Änderung der Lehrerstundenpläne <R: vgl BAG 23.6.1992, 1 ABR 53/91, DB 1992, 2643 ohne auf § 118 einzugehen>. Hingg hat der BR in einer Privatschule bei der Festlegung der Höchstgrenzen für Vertretungsstunden (Überstunden) nach § 87 Abs 1 Nr 3 (§ 87 Rn 82 ff) mitzubestimmen, da es insoweit weder um die konkrete Anordnung von Überstunden noch um die Auswahl der AN bei der Anordnung von Vertretungsstunden geht <R: BAG 13.6.1989, 1 ABR 15/88, NZA 1990, 235>, § 87 Rn 84. In Krankenhäusern, Dialysezentren usw berührt die Aufstellung von Dienstplänen für Pflegepersonal die Tendenzverwirklichung regelmäßig nicht und ist daher mitbestimmungspflichtig <R: BAG 18.4.1989, 1 ABR 2/88, BB 1989, 1696>. Die Festlegung der Probenzeiten in einem **Bühnenunternehmen** ist insoweit dem MBR entzogen, als damit zwangsläufig die Gesamtdauer der Proben für eine Aufführung und so die künstlerische Qualität der Aufführung beeinflusst werden <R: BAG 4.8.1981, 1 ABR 106/79, DB 1982, 705; **L:** ausf *Löwisch/Kaiser*, Tendenzschutz, S 64 f, 68 ff>. Als grds wertneutrale organisatorische Entscheidungen über den Arbeitsablauf im Betrieb hat der BR in **Medienunternehmen** mitzubestimmen über die Dauer der Arbeitszeit der Redakteure an einzelnen Arbeitstagen <R: BAG 30.1.1990, 1 ABR 101/88, BB 1990, 1904> und idR auch über Beginn und Ende ihrer tägl Arbeitszeit <R: BAG 14.1.1992, 1 ABR 35/91, BB 1992, 1135; 11.2.1992, 1 ABR 49/91, BB 1992, 993>. Erst wenn konkrete Arbeitszeitregelungen, wie der Redaktionsschluss und die Lage und Dauer von Redaktionskonferenzen, die für die Aktualität der Berichterstattung relevanten Entscheidungen des AG und damit die Tendenzverwirklichung ernsthaft gefährden, entfällt das MBR <R: BAG 14.1.1992 und 11.2.1992, aaO, bestätigt durch BVerfG 15.12.1999 (Kammer), 1 BvR 729/92, NZA 2000, 217>.

§ 118 Geltung für Tendenzbetriebe und Religionsgemeinschaften

44 Bei der Gestaltung der **materiellen Arbeitsbedingungen** für Tendenzträger (Rn 35 f) kann die Eigenart des Tendenzbetriebs dem MBR des BR ausnahmsweise entgegenstehen. Dies gilt etwa für das MBR des BR aus § 87 Abs 1 Nr 10 (§ 87 Rn 215 ff), sofern der AG Entgeltformen regeln will, die gerade die Tendenz fördern sollen, indem sie etwa bes Leistungen auf dem Gebiet der Tendenzverwirklichung, zB in der Forschung, anspornen und honorieren sollen <**R:** offengelassen BAG 31.1.1984, 1 AZR 174/81, BB 1985, 398; 13.2.1990, 1 ABR 13/89, NZA 1990, 575; **L:** wie hier Richardi/*Forst* Rn 144; *Fitting* Rn 32; GK/*Weber* Rn 200; ErfK/*Kania* Rn 23; *SWS* Rn 10b; **aA** DKW/*Wedde* Rn 96>.

5. Arbeitsplatz und -umgebung (§§ 90, 91)

45 § 118 Abs 1 schränkt die Beteiligung des BR bei der Gestaltung von Arbeitsplatz, Arbeitsablauf und Arbeitsumgebung nicht ein, da es sich um arbeitstechnische Fragen ohne Tendenzbezug handelt <**L:** Richardi/*Forst* Rn 146 mwN>.

6. Allgemeine personelle Angelegenheiten (§§ 92–95)

46 Obwohl bloßes Informations- und Beratungsrecht, ist das Recht des BR aus § 92 wg seines engen Zusammenhangs mit den nach Abs 1 S 2 ausgeschlossenen Unterrichtungs- und Beratungsrechten aus §§ 106 ff (Rn 57) auf die **Personaldeckungsplanung** zu beschränken (auch Rn 38 zum Lagebericht iS des § 43): Der BR ist nur über die Planung von Personalbeschaffung, Personalabbau und Berufsbildung (§ 92 Rn 6), nicht aber über die Personalbedarfsplanung (§ 92 Rn 4) zu informieren, da diese Teil der allg Betriebs- und Unternehmensplanung iS der §§ 106 ff ist; sein Beratungsrecht ist gleichermaßen beschränkt <**R: aA** BAG 6.11.1990, 1 ABR 60/89, BB 1991, 689; **L:** distanziert berichtend auch ErfK/*Kania* Rn 24; **aA** wie das BAG GK/*Weber* Rn 204; *Fitting* Rn 33; DKW/*Wedde* Rn 98>. Hingg hat die Beratung über die Beschäftigungssicherung keinen tendenzspezifischen Charakter; deswg ist die Anwendung von **§ 92a nur** ausgeschlossen, soweit ausnahmsweise über Gegenstände beraten wird, die zu den wirtschaftl Angelegenheiten iS des § 106 Abs 3 gehören, etwa über das Produktions- und Investitionsprogramm <**L: aA** GK/*Weber* Rn 206>.

47 Arbeitsplätze für Tendenzträger (Rn 35 f) sind auch in Tendenzunternehmen nach § 93 auf Verlangen des BR innerbetriebl auszuschreiben: Tendenzbezogen ist nicht die Ausschreibung, sondern erst die Entscheidung über die Auswahl der AN <**R:** BAG 30.1.1979, 1 ABR 78/76, BB 1979, 1555; **L:** Richardi/*Forst* Rn 150; GK/*Weber* Rn 207; *Fitting* Rn 33; DKW/*Wedde* Rn 98; ErfK/*Kania* Rn 24; **aA** HWGNRH/*Hess* Rn 110>; aus der unterlassenen Ausschreibung folgt aber kein Zustimmungsverweigerungsrecht des BR aus § 99 Abs 2 Nr 5, Rn 43 <**R:** BAG 30.1.1979, aaO; **L:** Richardi/*Forst* Rn 150; GK/*Weber* Rn 207>. Bei Personalfragebögen, Beurteilungsgrundsätzen (**§ 94**) und Auswahlrichtlinien (**§ 95**) sind tendenzbezogene Inhalte (etwa Fragen nach der publizistischen, politischen, konfessionellen Einstellung, die Beurteilung der tendenzbezogenen fachl Qualifikation von Tendenzträgern usw) mitbestimmungsfrei <**R:** BAG 21.9.1993, 1 ABR 28/93, DB 1994, 480 gg die Mitbestimmung über die Frage nach der Stasi-Zugehörigkeit in einem Institut der sozialwissenschaftl Grundlagenforschung; vgl auch BAG 28.5.2002, 1 ABR 32/01, DB 2003, 287; **L:** ErfK/*Kania* Rn 24; HWGNRH/*Hess* Rn 108; **ganz gg** die Mitbestimmung GK/*Weber* Rn 208 f; auch *Fitting* Rn 33; Richardi/*Forst* Rn 154, wie

hier nur Rn 155 für Personalfragebögen; **weiter** nur ausnahmsweise für Einschränkungen DKW/*Wedde* Rn 99>; iÜ gelten §§ 94, 95 auch in Tendenzbetrieben.

7. Berufsbildung (§§ 96–98)

Auch in Tendenzunternehmen ist der AG gem § 96 verpflichtet, in Zusammenarbeit mit dem BR die Berufsbildung der AN des Betriebes zu fördern, und gem § 97, von sich aus über Fragen der betriebl Berufsbildung und die Teilnahme von AN außerbetriebl Berufsbildungsmaßnahmen, etwa an Fortbildungskursen, mit dem BR zu beraten <L: ErfK/*Kania* Rn 24; GK/*Weber* Rn 212 mwN>.

Soweit die §§ 96 ff dem BR **echte MBR** einräumen, nämlich in § 97 Abs 2 <L: GK/*Weber* Rn 212> über Qualifizierungsmaßnahmen und in § 98 Abs 2 über die Bestellung und Abberufung der Ausbilder und in § 98 Abs 3, 4 über die Auswahl von Teilnehmern an Berufsbildungsmaßnahmen, ist danach zu differenzieren, ob Tendenzträger (Rn 35 f) oder Nicht-Tendenzträger ausgebildet werden sollen: Sollen Ausbilder für künftige Tendenzträger bestellt werden oder Tendenzträger für weiterführende Bildungsmaßnahmen ausgewählt werden, etwa Journalisten für Auslandsaufenthalte, muss ein MBR des BR ausscheiden, da der BR andernfalls entgg § 118 Einfluss auf die Tendenz nehmen könnte. Beabsichtigt etwa ein Verlagsunternehmen, einen Redakteur zu einer Berufsbildungsmaßnahme zu entsenden, hat der BR regelmäßig nicht gem § 98 Abs 4 mitzubestimmen <**R:** BAG 20.4.2010, 1 ABR 78/08, BB 2010, 2766; BAG 30.5.2006, 1 ABR 17/05, DB 2006, 2748; **L:** GK/*Weber* Rn 213; Richardi/*Forst* Rn 155; *Fitting* Rn 33; ErfK/*Kania* Rn 24; HWGNRH/*Hess* Rn 111; **aA** DKW/*Wedde* Rn 101>. Ebenso wie bei Einstellungen und Versetzungen (Rn 50) spricht eine Vermutung dafür, dass Tendenzträger aus tendenzbezogenen Gründen für Berufsbildungsmaßnahmen iS des § 98 Abs 3 ausgewählt werden <**R:** BAG 30.5.2006, aaO>. Der Tendenzbezug entfällt auch nicht, wenn sich die Fortbildung, etwa Medien-Manager-Seminare, auch an Nicht-Tendenzträger richtet: Das MBR aus § 98 Abs 3, 4 betrifft nicht die inhaltliche Ausgestaltung und Durchführung der Maßnahme, sondern die Auswahl der Teilnehmer, weswg allein der Tendenzbezug der Auswahlentscheidung maßgebl ist: Die Entscheidung, dass best Kenntnisse zur optimalen Tendenzverwirklichung auch bei den Tendenzträgern erforderl sind, trifft der Unternehmer mitbestimmungsfrei <**R:** BAG 30.5.2006, aaO>. Bildungsmaßnahmen nach § 98 Abs 6 haben hingg idR keinen Bezug zur berufl Tätigkeit der AN; für die Auswahl der Teilnehmer an sonstigen Bildungsmaßnahmen schränkt § 118 die Mitwirkungsrechte des BR daher nicht ein <**R:** BAG 30.5.2006, aaO>.

8. Personelle Einzelmaßnahmen (§§ 99–105)

Bei **personellen Einzelmaßnahmen**, dh bei Einstellungen, Versetzungen und Kd, schränkt Abs 1 die Beteiligungsrechte des BR nur bei **Tendenzträgern** ein, Rn 35 f. Auch bei Tendenzträgern steht aber der Tendenzcharakter des Betriebs den **Unterrichtungs- und Beratungsrechten** des BR aus §§ 99 Abs 1, 100 Abs 1 nicht entgg: Durch bloße Informations-, Anhörungs- und Beratungsrechte des BR wird ein Tendenzunternehmen nicht daran gehindert oder darin beeinträchtigt, seine geistig-ideellen Ziele zu verfolgen <**R:** BVerfG 6.11.1979, 1 BvR 81/76, BB 1980, 886>. Deshalb muss der AG den BR etwa über die geplante Versetzung eines Redakteurs in einem Zeitschriftenverlag unter-

§ 118 Geltung für Tendenzbetriebe und Religionsgemeinschaften

richten und die erforderl Unterlagen vorlegen, und zwar auch dann, wenn er den Tendenzträger aus tendenzbedingten Gründen versetzen will <**R:** BAG 1.9.1987, 1 ABR 22/86, DB 1987, 2656; **L:** *Fitting* Rn 37; GK/*Weber* Rn 218; HWGNRH/*Hess* Rn 122; enger Richardi/*Forst* Rn 158; DKW/*Wedde* Rn 106; ErfK/*Kania* Rn 25; **krit** *SWS* Rn 8>. Unterrichtet der AG den BR nicht, kann dieser gem § 101 beim ArbG beantragen, den AG zur Aufhebung der personellen Maßnahme zu verpflichten <**R:** BAG 1.9.1987, 1 ABR 22/86, DB 1987, 2656; **L:** GK/*Weber* Rn 219; *Fitting* Rn 37; DKKW/*Wedde* Rn 105; ErfK/*Kania* Rn 25; Richardi/*Forst* Rn 158; **aA** HWGNRH/*Hess* Rn 119>.

51 Ggü der Einstellung, Versetzung und Eingruppierung von Tendenzträgern kann und darf der BR die Zustimmung gem § 99 nur dann verweigern, wenn der AG die Tendenzträger unabhängig von tendenzbedingten Gründen einstellen oder versetzen will. Plant er die Einstellung oder Versetzung hingg aus tendenzbedingten Gründen, steht der Tendenzcharakter des Betriebs der Ausübung des Zustimmungsverweigerungsrechts entgg <**R:** BAG 7.11.1975, 1 ABR 78/74, BB 1976, 134; 1.9.1987, 1 ABR 22/86, DB 1987, 2656; **L:** GK/*Weber* Rn 216; Richardi/*Forst* Rn 156, 157; *Fitting* Rn 36; ErfK/*Kania* Rn 25; *SWS* Rn 8, 8b; aA DKW/*Wedde* Rn 102>. Dafür, dass ein Tendenzträger aus tendenzbedingten Gründen eingestellt oder versetzt wird, spricht eine tatsächl Vermutung <**R:** BAG 7.11.1975 und 1.9.1987, aaO; **L:** GK/*Weber* Rn 216 mwN; *Fitting* Rn 36; ErfK/*Kania* Rn 25; *SWS* Rn 8>; selbst dann, wenn die Versetzung offensichtlich arbeitsvertragswidrig ist <**R:** LAG BaWü 3.3.1999, 22 TaBV 1/98, juris>. Da das Zustimmungsverweigerungsrecht ggü Einstellungen und Versetzungen von Tendenzträgern dann vollständig entfällt, kann der BR die Zustimmung auch nicht aus tendenzneutralen Gründen verweigern <**R:** BAG 27.7.1993, 1 ABR 8/93, DB 1994, 2550; **L:** GK/*Weber* Rn 217; Richardi/*Forst* Rn 156; ErfK/*Kania* Rn 25; **aA** DKW/*Wedde* Rn 103>. Streiten AG und BR bei der Einstellung oder Versetzung eines Tendenzträgers über die Zustimmungsbedürftigkeit dieser Maßnahme, braucht der AG nicht das Zustimmungsersetzungsverf nach § 99 Abs 4 einzuleiten, sondern kann abwarten, ob der BR das Verf nach § 101 einleitet <**R:** BAG 1.9.1987, aaO>. Anders als sonst (§ 101 Rn 5) wird in diesem Verf auch geprüft, ob ein Zustimmungsverweigerungsgrund besteht.

52 Weil **Eingruppierungen und Umgruppierungen** keine konstitutiven Maßnahmen, sondern Subsumtionen unter vorgegebene Entgeltschemata und somit Akte der Rechtsanwendung sind und unabhängig von der Tendenz des Betriebs sicherstellen sollen, dass die im Betrieb bestehende Entgeltordnung in vergleichbaren Fällen zutreffend und einheitl angewandt wird (§ 99 Rn 41), ist das Zustimmungsverweigerungsrecht des BR aus § 99 bei Ein- und Umgruppierungen von Tendenzträgern **nicht eingeschränkt** <**R:** BAG 31.5.1983, 1 ABR 57/80, DB 1984, 995; 3.12.1985, 4 ABR 80/83, AP BetrVG 1972 § 99 Nr 31; **L:** GK/*Weber* Rn 221; Richardi/*Forst* Rn 159; *Fitting* Rn 36; DKW/*Wedde* Rn 107; ErfK/*Kania* Rn 25; **aA** HWGNRH/*Hess* Rn 123>.

53 Wird einem Tendenzträger aus tendenzbedingten Gründen **gekündigt**, ist der BR auch zu den tendenzbedingten Kd-Gründen **vollständig anzuhören** und kann gem **§ 102 Abs 2 Bedenken** gg die Kd vorbringen <**R:** BAG 7.11.1975, 1 AZR 282/74, BB 1976, 416; **L:** Richardi/*Forst* Rn 160; ErfK/*Kania* Rn 26; *SWS* Rn 9; **aA** HWGNRH/*Hess* Rn 126>; der Tendenzbezug kann anders als bei Einstellungen und Versetzungen bei einer Kd aber nicht tatsächl vermutet werden <**R:** BAG 7.11.1975, aaO; **L:** GK/*Weber* Rn 223 mwN>; entgg der **hM** <**R:** BAG 7.11.1995, aaO; **L:** Richardi/*Forst* Rn 160; *Fitting* Rn 38; DKW/*Wedde* Rn 108; ErfK/*Kania* Rn 26; *SWS* Rn 9; AR/*Kolbe* Rn 16> ist der BR für seine Be-

denken gg die Kd auch nicht auf soziale Gesichtspunkte beschränkt <L: GK/*Weber* Rn 223>: Die Parallele zu § 31 Abs 2 S 4 SprAuG, der anders als § 32 SprAuG nicht auf § 118 verweist, zeigt, dass der Gesetzgeber einen Tendenzschutz nicht für erforderl hält, soweit sich der AG ledigl Bedenken gg eine geplante Kd anhören muss, er in seiner Kd-Freiheit aber nicht eingeschränkt wird. Der BR kann einer tendenzbedingten Kd auch gem § 102 Abs 3 widersprechen, löst dadurch aber keinen Weiterbeschäftigungsanspruch nach § 102 Abs 5 aus (§ 102 Rn 76 ff), da dieser unzulässig in die Freiheit des Tendenzunternehmens eingriffe, frei zu entscheiden, welche Tendenzträger er wie lange auf einer Stelle beschäftigt <R: LAG HH 17.7.1974, 4 Sa 45/74, EzA § 102 BetrVG 1972 Beschäftigungspflicht Nr 2; Hess LAG 2.6.2006, 10 SaGa 565/06, AR-Blattei ES 1570 Nr 71; L: Richardi/*Forst* Rn 162; GK/*Weber* Rn 223; **abw** ganz gg ein Widerspruchsrecht *Fitting* Rn 38; **aA** für ein Widerspruchsrecht DKW/*Wedde* Rn 110 f>.

Die **ao Kd** eines als Tendenzträger beschäftigten BR-Mitglieds aus tendenzbezogenen Gründen bedarf **nicht der Zustimmung des BR nach § 103**, da der AG ansonsten bis zum Ende des arbg Beschlussverf über die Zustimmungsersetzung gezwungen wäre, den Tendenzträger weiter zu beschäftigen; der BR ist nur nach § 102 anzuhören <R: BAG 28.8.2003, 2 ABR 48/02, DB 2004, 1156; L: GK/*Weber* Rn 224; Richardi/*Forst* Rn 164; *Fitting* Rn 40; ErfK/*Kania* Rn 26; **aA** DKW/*Wedde* Rn 116>. Ebenso wenig bedarf die Versetzung eines als Tendenzträger beschäftigten BR-Mitglieds der Zustimmung des BR nach § 103 Abs 3. 54

Soweit ein Tendenzbetrieb AN in tendenzbezogenen Berufen ausbildet, etwa als Redaktionsvolontär, ist **§ 78a** auf **Auszubildende**, die gleichzeitig Mitglied der Jugend- und Auszubildendenvertretung usw sind, nur eingeschränkt anwendbar: Zwar muss der AG auch in diesem Fall nach § 78a Abs 1 dem Auszubildenden seine Absicht mitteilen, ihn nach Beendigung des Berufsausbildungsverhältnisses nicht in ein Arbeitsverhältnis übernehmen zu wollen. Richtigerweise ist der AG aber nicht verpflichtet, den Auszubildenden als Tendenzträger weiter zu beschäftigen: Entgg dem BAG <R: BAG 23.6.1983, 6 AZR 595/80, DB 1984, 1786; L: ebenso GK/*Weber* Rn 187; *Fitting* Rn 40; DKW/*Wedde* Rn 108> können tendenzbezogene Gründe gg die Weiterbeschäftigung nicht erst im Verf nach § 78a Abs 4 berücksichtigt werden und die Weiterbeschäftigungspflicht nur dann entfallen, wenn die Weiterbeschäftigung aus tendenzbedingten Gründen unzumutbar ist. Der Auszubildende kann aber nicht gem § 78a Abs 2 die Weiterbeschäftigung als Tendenzträger verlangen, da dadurch die Freiheit des Unternehmers bei tendenzbezogenen Entscheidungen unzulässig eingeschränkt würde. Verlangen kann der Auszubildende nur, auf einem tendenzfreien Arbeitsplatz weiterbeschäftigt zu werden. 55

§ 104 ist anwendbar, soweit sich das Entfernungsverlangen des BR nicht gerade auf die Tendenzverstöße des AN bezieht <L: GK/*Weber* Rn 225; Richardi/*Forst* Rn 165; *Fitting* Rn 41; **abw** für uneingeschränkte Anwendbarkeit DKW/*Wedde* Rn 117; HWGNRH/*Hess* Rn 135>. **§ 105** gilt uneingeschränkt <L: DKW/*Wedde* Rn 118 mwN>. 56

9. Wirtschaftliche Angelegenheiten (§§ 106–113)

Nach Abs 1 S 2 sind die **§§ 106 bis 110** in Tendenzunternehmen **nicht anzuwenden**: In Tendenzunternehmen ist also weder ein WirtA zu bilden, noch muss der Unternehmer die AN gem § 110 über die wirtschaftl Lage des Unternehmens unterrichten (noch Rn 34, 42). Maßgebl ist der Unternehmenszweck <R: BAG 22.7.2014, 1 ABR 93/12, DB 2014, 57

§ 118 Geltung für Tendenzbetriebe und Religionsgemeinschaften

2540>. Für einen Gemeinschaftsbetrieb von Unternehmen, die jeweils für sich nicht die Schwelle der 100 AN nach § 106 Abs 1 S 1 erreichen, sind die Regelungen der §§ 106–110 auch nicht analog anzuwenden, wenn ein Unternehmen Tendenzunternehmen ist und der den Gemeinsamen Betrieb tragende Unternehmenszusammenschluss überwiegend Tendenzwecken dient <R: BAG 19.11.2019, 7 ABR 3/18, NZA 2020, 598>.

58 Nach Abs 1 S 2 sind die **§§ 111 bis 113** in Tendenzbetrieben nur insoweit anzuwenden, als sie den Ausgleich oder die Milderung wirtschaftl Nachteile für die AN infolge von Betriebsänderungen regeln: Auch in Tendenzbetrieben muss der AG den **BR gem § 111 S 1** über geplante Betriebsänderungen **unterrichten** und diese mit dem BR **beraten** <R: BAG 18.11.2003, 1 AZR 637/02, DB 2004, 1372; 30.4.2004, 1 AZR 7/03, BB 2004, 1791; **L:** GK/*Weber* Rn 157 mwN>. Die Beratung erstreckt sich dabei jedoch nur auf die mit der Betriebsänderung verbundenen sozialen Auswirkungen und nicht auf die Betriebsänderung selbst. Einen **Interessenausgleich** muss der AG in Tendenzbetrieben **nicht gem § 112 Abs 1 bis 3 versuchen** <R: BAG 28.8.2003, 2 ABR 48/02, DB 2004, 1156; **L:** GK/*Weber* Rn 153; Richardi/*Forst* Rn 106; *Fitting* Rn 47; ErfK/*Kania* Rn 18; HWGNRH/*Hess* Rn 143; **aA** DKW/*Wedde* Rn 71>.

59 Mögl ist aber ein **freiw Interessenausgleich** <R: BAG aaO; **L:** GK/*Weber* Rn 154>. Ob in diesem Fall § 113 Abs 1 und 2 anzuwenden ist, ist eine Frage der Auslegung dieses Interessenausgleichs. Ein solcher Interessenausgleich ist dann ein „echter" und führt auch zu den entsprechenden kündigungsschutzrechtl Folgen: So sind in einem freiw Interessenausgleich vereinbarte Namenslisten nach § 1 Abs 5 KSchG und § 125 InsO zu berücksichtigen <R: LAG Köln 13.2.2012, 5 Sa 303/11; **L:** ErfK/*Kania* Rn 18; **aA** Richardi/*Annuß* § 112 Rn 22a>.

60 **§ 112 greift nur hinsichtl des Sozialplans**: Der AG muss mit dem BR gem § 112 Abs 1 über einen Sozialplan beraten, nach § 112 Abs 2 kann der Vorstand der Bundesagentur für Arbeit um Vermittlung ersucht werden, und entscheidet die ES gem § 112 Abs 3, 4 im Nichteinigungsfalle verbindl § 112 Abs 5 und § 112a gelten. Entgg der **hM** <R: BAG 18.11.2003, 1 AZR 637/02, DB 2004, 1372; 27.10.1998, 1 AZR 766/97, 1 AZR 766/97, BB 1999, 687; 28.8.2003, aaO; **L:** *Fitting* Rn 47; *SWS* Rn 11; DKW/*Wedde* Rn 73> kommt in Tendenzbetrieben **kein Nachteilsausgleich nach § 113 Abs 3** in Betracht, wenn der AG eine Betriebsänderung durchführt, ohne den BR rechtzeitig unterrichtet und Verhandlungen über einen Sozialplan ermöglicht zu haben; insoweit fehlt es sowohl an einer planwidrigen Regelungslücke für die allein mögl entspr Anwendung des § 113 Abs 3 noch an der Interessengleichheit, da der BR den Sozialplan und damit auch den Erhalt der erforderl Informationen über die ES durchsetzen kann <**L:** auch Richardi/*Forst* Rn 107; GK/*Weber* Rn 161; ErfK/*Kania* Rn 18; HSWGN/*Hess* Rn 143 ff>.

61 § 118 Abs 1 betrifft nur die Beteiligungsrechte des BR nach dem BetrVG. Deshalb ist der BR nach § 17 Abs 2 KSchG bei Massenentlassungen nach § 17 Abs 1 KSchG auch in Tendenzbetrieben zu unterrichten und es ist mit ihm zu beraten <R: BAG 18.11.2003, 1 AZR 637/02, DB 2004, 1372; **L:** ErfK/*Kania* Rn 18>. Im Gegensatz zur RL 2002/14/EG in deren Art 3 Abs 2 sieht die MassenentlassungsRL 98/59/EG keine Ausnahme für Tendenzunternehmen vor. Allerdings hat der BR auch nach § 17 Abs 2 KSchG keinen Anspruch auf Abschluss einer die Massenentlassung regelnden Vereinbarung.

V. Religionsgemeinschaften und ihre Einrichtungen

Nach Abs 2 findet das Betriebsverfassungsgesetz keine Anwendung auf Religionsgemeinschaften und ihre karitativen und erzieherischen Einrichtungen unbeschadet ihrer Rechtsform. Mit Abs 2 trägt das Gesetz ebenso wie § 1 Abs 2 BPersVG dem in **Art 140 GG iVm Art 137 Abs 3 WRV** gewährleisteten Recht der Religionsgemeinschaften Rechnung, ihre Angelegenheiten innerhalb der Schranken der für alle geltenden Gesetze selbstständig zu ordnen und zu verwalten (sog kirchl Selbstbestimmungsrecht, wobei sich freilich sowohl die verfassungsrechtl Garantie wie auch Abs 2 nicht auf christliche Religionsgemeinschaften und ihre Einrichtungen beschränken). Zu den eigenen Angelegenheiten der Religionsgemeinschaften gehört es auch, ihre Verfassung und Organisation und damit auch ihre Mitarbeitervertretung zu regeln <**R:** BVerfG 11.10.1977, BB 1977, 1702; BAG 5.12.2007, 7 ABR 72/06, NZA 2008, 653 mwN>. Damit ist den Religionsgemeinschaften die Möglichkeit gegeben, ein eigenes AN-Beteiligungssystem zu schaffen <**R:** BAG 11.7.2019, 6 AZR 40/17, NZA-RR 2019, 590>. Sowohl die katholische wie auch die evangelische Kirche haben von dieser Möglichkeit Gebrauch gemacht. Die Mitarbeitervertretungsordnung (MAVO) auf der einen und das Mitarbeitervertretungsgesetz (MVG.EKD) auf der anderen Seite bilden die Strukturen des BetrVG im Wesentlichen ab. 62

Dem Abs 2 entsprechende Vorschriften enthalten § 1 Abs 3 SprAuG, § 1 Abs 4 S 2 MitbestG und enthielt § 81 Abs 2 BetrVG 1952. Für die Personalvertretung s § 1 Abs 2 BPersVG. 63

Der Begriff der **Religionsgemeinschaft** entspricht dem des Art 137 WRV <**R:** BAG 24.7.1991, 7 ABR 34/90, NZA 1991, 977>. Allerdings scheiden die öffentl-rechtl organisierten Kirchen und ihre unselbstständigen Einrichtungen schon nach § 130 aus dem Anwendungsbereich des BetrVG aus (§ 130 Rn 4). Abs 2 gilt deswg nur für die rechtl selbstständigen und privatrechtl verfassten Einrichtungen der öffentl-rechtl organisierten Kirchen, die nach kirchl Selbstverständnis berufen sind, den Auftrag der Kirche in der Welt wahrzunehmen und zu erfüllen <**R:** BVerfG 11.10.1977, 2 BvR 209/76, BB 1977, 1702; BAG 24.7.1991, 7 ABR 34/90, DB 1992, 1427; 5.12.2007, 7 ABR 72/06, NZA 2008, 653 mwN>. Dabei beschränkt sich die Religionsausübung nach dem Selbstverständnis der evangelischen und der katholischen Kirche nicht auf den Bereich des Glaubens und des Gottesdienstes, sondern umfasst auch die Entfaltung in der Welt, etwa die Öffentlichkeitsarbeit mit publizistischen Mitteln als Teil kirchl Mission. Deswg fallen auch rechtl selbstständige Presseverbände der Kirchen unter Abs 2 <**R:** BAG 24.7.1991, aaO; **L:** Richardi/*Forst* Rn 189; **aA** GK/*Weber* Rn 239; ErfK/*Kania* Rn 32; DKW/*Wedde* Rn 132>. 64

Zur Religionsausübung gehört nach kirchl Selbstverständnis insbes auch das karitative und erzieherische Wirken einschließl der kirchl Krankenpflege <**R:** BVerfG 25.3.1980, 2 BvR 208/76, BVerfGE 53, 366; BAG 14.4.1988, 6 ABR 36/86, NJW 1988, 3283; 31.7.2002, 7 ABR 72/06, DB 2002, 2729; 5.12.2007, 7 ABR 72/06, NZA 2008, 653>. Während der Begriff der erzieherischen Einrichtung wie in Abs 1 Nr 1 auszulegen ist, Rn 26 f <**R:** BAG 14.4.1988, aaO; **abw** auch insoweit für ein Selbstbestimmungsrecht der Kirchen *Fitting* Rn 59; GK/*Weber* Rn 239> ist der Begriff der „**karitativen Einrichtung**" in Abs 2 aus verfassungsrechtl Gründen weiter zu verstehen als in Abs 1 Nr 1 und **nach dem Selbstverständnis der Kirche zu bestimmen**: Das den Kirchen durch Art 140 GG iVm § 137 Abs 3 WRV garantierte Selbstbestimmungsrecht umfasst auch die Befugnis 65 der Kirche, selbst darüber zu entscheiden, ob eine Betätigung „Caritas" ist. Eine Vorgabe durch staatl Organe, welche Art kirchl Betätigung karitativ ist, wäre ein unzulässiger Eingriff in das verfassungsrechtl garantierte Selbstbestimmungsrecht der Kirche <R: BAG 23.10.2002, 7 ABR 59/01, NZA 2004, 334; L: *Beckers* ZTR 2000, 63, 65; *Fitting* Rn 59; aA ErfK/*Kania* Rn 32>. Das Selbstbestimmungsrecht erfasst auch die Entscheidung der Kirche darüber, durch welche Mittel und Einrichtungen sie ihren Auftrag in dieser Welt wahrnehmen und erfüllen will <R: BAG 24.11.1981, 1 ABN 12/81, BB 1982, 1363; 23.10.2002, aaO; L: *Beckers* ZTR 2000, 63, 65; *Richardi*, Arbeitsrecht in der Kirche, § 3 Rn 15; *Fitting* Rn 59>.

66   Zu den karitativen oder erzieherischen Bestimmungen dienenden Einrichtungen iS des Abs 2 (Rn 22 ff, 26 f) zählen **zum einen** die von der Religionsgemeinschaft selbst eingerichteten und unterhaltenen Kindergärten <R: vgl BAG 25.4.1978, 1 AZR 70/76, BB 1978, 1779 (katholischer Pfarrkindergarten)>, Schulen <R: vgl BAG 4.3.1980, 1 AZR 1151/78, BB 1980, 1639 (katholische Privatschule in Trägerschaft der Genossenschaft der Franziskanerinnen)>, Krankenhäuser, Kinderheime, Pflegeheime, Altersheime, Erwachsenenbildungsstätten und Berufsbildungswerke, **zum anderen** die **Einrichtungen von ihr getragener, selbstständiger, privatrechtl Vereine**, Stiftungen und Gesellschaften, sofern die Religionsgemeinschaft auf sie bestimmenden Einfluss ausüben kann. Unter Abs 2 fallen deswg etwa vom einem Mitglied des **Diakonischen Werkes der Evangelischen Kirche** betriebene Krankenhäuser oder Pflegeeinrichtungen <R: BAG 22.3.2018, 6 AZR 835/16, NZA 2018, 1350; 6.12.1977, 1 ABR 28/77, DB 1978, 943; 31.7.2002, 7 ABR 72/06, DB 2002, 2729; offengelassen 5.12.2007, 7 ABR 72/06, NZA 2008, 653>, Jugenddörfer <R: BAG 30.4.1997, 7 ABR 60/95, NZA 1997, 1240> oder Kinderheime <R: BAG 11.3.1986, 1 ABR 26/84, NZA 1986, 685>, ebenso ein vom **katholischen Kolpingwerk** getragenes Berufsbildungswerk, in dem lernbehinderte Jungen und Männer zwischen 16 und 20 Jahren schulisch weitergebildet und berufl ausgebildet werden <R: BAG 14.4.1988, 6 ABR 36/86, NJW 1988, 3283>. Auch eine in privatrechtl Rechtsform betriebene Behindertenwerkstatt kann nach Ausgliederung aus einer Einrichtung der katholischen Kirche eine karitative Einrichtung iS des Abs 2 sein, sofern die Zuordnung der Einrichtung zur Kirche und ihre Zielsetzung gewahrt bleiben <R: LAG Hamm 22.6.2001, 10 TABV 96/00, KirchE 39, 182>, ebenso eine Wohnungsbau-GmbH der katholischen Kirche <R: BAG 23.10.2002, 7 ABR 59/01, NZA 2004, 334; L: Richardi/*Forst* Rn 187; GK/*Weber* Rn 240; *Fitting* Rn 61; aA DKW/*Wedde* Rn 131>.

67   **Voraussetzung** ist eine **institutionelle Verbindung** zw der Kirche und der Einrichtung, aufgrund derer die Kirche über ein Mindestmaß an Einflussmöglichkeiten verfügt, um auf Dauer gewährleisten zu können, dass die religiöse Betätigung der Einrichtung mit kirchl Vorstellungen übereinstimmt; erst die verwaltungsmäßige Verflechtung zw der Religionsgemeinschaft und „ihrer" Einrichtung rechtfertigt den Ausschluss des staatl MBR <R: BAG 5.12.2007, 7 ABR 72/06, NZA 2008, 653; L: GK/*Weber* Rn 237 mwN>. Der Einfluss der Kirche bedarf zwar keiner satzungsmäßigen Absicherung; die Kirche muss aber in der Lage sein, inhaltlich und personell so Einfluss auf die Einrichtung zu nehmen, dass sie einen etwaigen Dissens in religiösen Angelegenheiten unterbinden kann <R: BAG 30.4.1997, 7 ABR 60/95, NZA 1997, 1240; 31.7.2002, 7 ABR 12/01, DB 2002, 2729; 5.12.2007, aaO>. Maßgebl ist die Möglichkeit der Einflussnahme, das tatsächl Maß der Einflussnahme oder Kontrolle durch die Amtskirche ist ohne Bedeutung <R: BAG 30.4.1997 und 5.12.2007, aaO>. Dies gilt auch für gemischte kirchl-weltliche Einrichtun-

gen <R: LAG Meck-Vorpommern 23.4.2013, 5 TaBV 8/12, BeckRS 2013, 70729; L: Richardi/*Forst* Rn 193>. Allein die Mitgliedschaft der Einrichtung oder ihres Rechtsträgers im Diakonischen Werk der Evangelischen Kirche begründet das erforderl Mindestmaß an Einflussmöglichkeiten nicht <R: BAG 5.12.2007, aaO>. Kirchenrechtl verpflichtet aber etwa die Grundordnung des kirchl Dienstes im Rahmen kirchl Arbeitsverhältnisse der katholischen Kirche in ihrem Art 2 Abs 2 die Einrichtungen, in deren Satzung diese Grundordnung zu übernehmen, Art 8 der Grundordnung (künftig: Art. 10) sieht auch die entsprechende Mitarbeitervertretung vor. Erfolgt diese Übernahme nicht, ist die Einrichtung nicht kirchl iS der Grundordnung – und damit auch nicht iS des § 118 Abs 2.

Erzieherische oder karitative Einrichtungen, die **ledigl iS eines Bekenntnisses geführt** **68** **werden**, ohne mit der betreffenden Religionsgemeinschaft verbunden zu sein, sind keine Einrichtungen der Religionsgemeinschaft iS des Abs 2, sondern ledigl Tendenzunternehmen bzw -betriebe iS des Abs 1 (Rn 22 ff, 26 f). Übernimmt aber eine Religionsgemeinschaft eine bisher von anderen betriebene karitative oder erzieherische Einrichtung, wird diese dadurch zu einer Einrichtung der Religionsgemeinschaft iS des Abs 2; dass sich die AN zu einer „Dienstgemeinschaft" im Geiste des betreffenden religiösen Bekenntnisses zusammenfinden, ist nicht erforderl <R: BAG 9.2.1982, 1 ABR 36/80, BB 1982, 924>.

Art 140 GG iVm Art 137 Abs 7 WRV stellt die **Weltanschauungsgemeinschaften** den **69** Religionsgemeinschaften zwar gleich, allerdings reicht der Wortlaut des § 118 Abs 2, der sich nur auf Religionsgemeinschaften bezieht, nicht so weit. Deshalb allerdings ist die mittlerweile wohl herrschende Meinung zumindest für eine verfassungskonforme Auslegung, sodass Abs 2 deshalb auch auf Weltanschauungsgemeinschaften anzuwenden ist <R: LAG Hamm 17.5.2002, 10 TaBV 140/01, NZA-RR 2002, 625; L: Richardi/*Forst* Rn 195 f, auch ErfK/*Kania* Rn 30; *Fitting* Rn 54; HWGNRH/*Hess* Rn 175 ff; DKW/*Wedde* Rn 124; aA GK/*Weber* Rn 233>. Ob eine Organisation eine Religionsgemeinschaft ist, entscheidet sich nach staatl Recht <R: BAG 22.3.1995, 5 AZB 21/94, AP ArbGG 1979, § 5 Nr 21; L: Richardi/*Forst* Rn 175>. Weder Religions- noch Weltanschauungsgemeinschaft ist die sog Scientology-Kirche, deren Lehren ledigl als Vorwand zur Gewinnerzielung dienen <R: BAG 22.3.1995, 5 AZB 21/94, DB 1995, 1714; L: GK/*Weber* Rn 234; *Fitting* Rn 54; HWGNRH/*Hess* Rn 176; ErfK/*Kania* Rn 30>, § 75 Rn 19.

Fällt eine Einrichtung unter Abs 2, so findet das BetrVG insgesamt keine Anwendung, es **70** kann kein BR gewählt werden und es entstehen keine betriebsverfassungsrechtl Rechte. Auch sind einzelne Regelungen des BetrVG im Bereich des Abs 2 nicht entsprechend anzuwenden. Das gilt etwa für § 77 Abs 4 S 1, der nicht entsprechend auf die mitarbeitervertretungsrechtl Dienstvereinbarungen angewandt werden kann <L: *Klumpp* ZAT 2017, 172>. Fällt ein Betrieb – etwa im Wege des Betriebsübergangs – aus dem Selbstbestimmungsrecht heraus, so ist das BetrVG anzuwenden, umgekehrt entfällt die Anwendung des BetrVG, wenn ein Betrieb in den kirchl Bereich aufgenommen wird. Die katholische MAVO sieht für diesen Fall vor, dass der bisherige BR zunächst als MAV bestehen bleibt und insbesondere die MAV-Wahl zu initiieren hat, § 13d Abs 2, 4 MAVO.

Ob Abs 2 auf einen Betrieb anzuwenden ist, ist im arbeitsgerichtl Beschlussverf zu klären **71** <R: BAG 19.12.1969, 1 ABR 10/69, AP BetrVG § 81 Nr 12; 21.11.1975, 1 ABR 12/75, AP BetrVG 1972 § 118 Nr 6; 6.12.1977, 1 ABR 28/77, AP BetrVG 1972 § 118 Nr 10>. Mitarbeitervertretungsrechtl Streitigkeiten in kirchl Einrichtungen werden durch die kirchl Arbeitsgerichte entschieden <R: BAG 30.4.2014, 7 ABR 30/12, NZA 2014, 1223>.

Sechster Teil
Straf- und Bußgeldvorschriften

§ 119 Straftaten gegen Betriebsverfassungsorgane und ihre Mitglieder

(1) Mit Freiheitsstrafe bis zu einem Jahr oder mit Geldstrafe wird bestraft, wer

1. eine Wahl des Betriebsrats, der Jugend- und Auszubildendenvertretung, der Bordvertretung, des Seebetriebsrats oder der in § 3 Abs. 1 Nr. 1 bis 3 oder 5 bezeichneten Vertretungen der Arbeitnehmer behindert oder durch Zufügung oder Androhung von Nachteilen oder durch Gewährung oder Versprechen von Vorteilen beeinflusst,

2. die Tätigkeit des Betriebsrats, des Gesamtbetriebsrats, des Konzernbetriebsrats, der Jugend- und Auszubildendenvertretung, der Gesamt-Jugend- und Auszubildendenvertretung, der Konzern-Jugend- und Auszubildendenvertretung, der Bordvertretung, des Seebetriebsrats, der in § 3 Abs. 1 bezeichneten Vertretungen der Arbeitnehmer, der Einigungsstelle, der in § 76 Abs. 8 bezeichneten tariflichen Schlichtungsstelle, der in § 86 bezeichneten betrieblichen Beschwerdestelle oder des Wirtschaftsausschusses behindert oder stört oder

3. ein Mitglied oder ein Ersatzmitglied des Betriebsrats, des Gesamtbetriebsrats, des Konzernbetriebsrats, der Jugend- und Auszubildendenvertretung, der Gesamt-Jugend- und Auszubildendenvertretung, der Konzern-Jugend- und Auszubildendenvertretung, der Bordvertretung, des Seebetriebsrats, der in § 3 Abs. 1 bezeichneten Vertretungen der Arbeitnehmer, der Einigungsstelle, der in § 76 Abs. 8 bezeichneten Schlichtungsstelle, der in § 86 bezeichneten betrieblichen Beschwerdestelle oder des Wirtschaftsausschusses um seiner Tätigkeit willen oder eine Auskunftsperson nach § 80 Abs. 2 Satz 4 um ihrer Tätigkeit willen benachteiligt oder begünstigt.

(2) Die Tat wird nur auf Antrag des Betriebsrats, des Gesamtbetriebsrats, des Konzernbetriebsrats, der Bordvertretung, des Seebetriebsrats, einer der in § 3 Abs. 1 bezeichneten Vertretungen der Arbeitnehmer, des Wahlvorstands, des Unternehmers oder einer im Betrieb vertretenen Gewerkschaft verfolgt.

Literatur: *Annuß*, Strafbare Betriebsratsbegünstigung bei Vergütungsentscheidungen, NStZ 2020, 201; *Baade/Reiserer*, Die Betriebsratsvergütung als Compliance-Risiko, DStR 2022, 155; *Bormann*, Unternehmenshandeln gegen Betriebsratsgründungen – Der Fall Schlecker, WSI Mitteilungen 2008, 45; *Braun/Ledwon*, Der „gekaufte" Betriebsrat, ArbRB 2020, 83; *Dannecker*, Der strafrechtliche Schutz der betriebsverfassungsrechtlichen Organe und ihrer Mitglieder, FS Gitter (1995), S 167; *Dilcher/Schoof*, Störung der Betriebsratsarbeit, AiB 2020, Nr. 3, 31; *U Fischer*, Das Ehrenamtsprinzip der Betriebsverfassung „post Hartzem" – antiquiert oder Systemerfordernis?, NZA 2007, 484; *ders*, Korruptionsbekämpfung in der Betriebsverfassung, BB 2007, 997; *Gercke/Kraft/Richter*, Arbeitsstrafrecht, 3. Aufl 2021; *Graf/Link*, Überhöhte Betriebsratsvergütung – kein neues Betätigungsfeld für Steuerfahnder, NJW 2009, 409; *Johnson*, Die rechtskonforme Vergütung von Betriebsratsmitgliedern: Das Begünstigungsverbot als unterschätze Compliance-Falle?, CCZ 2021, 75; *Koch/Kudlich/*

§ 119 Straftaten gegen Betriebsverfassungsorgane und ihre Mitglieder

Thüsing, Betriebsratsvergütung vor dem Strafgericht, ZIP 2022, 1; *Krumm/Mauermann*, Rechtsgüterschutz durch die Straf- und Bußgeldvorschriften des BetrVG (1990); *Kudlich*, „Gesetzesumgehung" und andere Fälle teleologischer Lückenschließung im Strafrecht, FS Stöckel (2010), S 93; *Ledwon/Sura*, Die Rolle des Arbeitsgebers bei der Betriebsratswahl, DB 2022, 328; *Leitner/Rosenau* (Hrsg), Wirtschafts- und Steuerstrafrecht, 2. Aufl 2022; *Lüthge/Stöckert*, Betriebsratswahlen 2022: Neue Herausforderungen aus Arbeitgebersicht, DB 2022, 121; *Markowski*, Einstweiliger Rechtsschutz bei Betriebsratswahlen, ArbRB 2021, 343; *Müller-Gugenberger* (Hrsg), Wirtschaftsstrafrecht, 7. Aufl 2021; *Pasewaldt*, Straftaten gegen Betriebsverfassungsorgane und ihre Mitglieder gem § 119 BetrVG, ZIS 2007, 75; *Polzer/Helm*, Behinderung der Betriebsratsarbeit: Ein Fall für den Staatsanwalt, AiB 2000, 133; *Reinecke*, Die Rolle des Strafrechts bei der Durchsetzung des Arbeitsrechts, AuR 1997, 139 ff; *Rieble*, Betriebsratswahlwerbung durch den Arbeitgeber?, ZfA 2003, 283; *ders*, Gewerkschaftsbestechung?, CCZ 2008, 121; *ders*, Die Betriebsratsvergütung, NZA 2008, 276; *ders*, Gewerkschaftsnützige Leistungen an Betriebsräte, BB 2009, 1016 ff; *ders*, Betriebsratsbegünstigung und Betriebsausgabenabzug, BB 2009, 1612; *ders*, Strafbarkeit der Arbeitgeberfinanzierung gelber Arbeitnehmervereinigungen, ZIP 2009, 1593; *Rieble/Klebeck*, Strafrechtliche Risiken der Betriebsratsarbeit, NZA 2006, 758; *Sax*, Die Strafbestimmungen des Betriebsverfassungsgesetzes (1975); *Schemmel/Slowinski*, Notwendigkeit von Criminal Compliance im Bereich der Betriebsratstätigkeit, BB 2009, 830; *Schlegel*, Wahlbehinderung, AiB 2020, Nr. 4, 3; *Schlösser*, Zur Strafbarkeit des Betriebsrates nach § 119 BetrVG – ein Fall straffreier notwendiger Teilnahme?, NStZ 2007, 562; *Schlünder*, Die Rechtsfolgen der Mißachtung der Betriebsverfassung durch den Arbeitgeber (1991); *ders*, Strafrechtliche Sanktionen und Ordnungswidrigkeiten (§ 119 bis § 121 BetrVG), AiB 1990, 490; *Schünemann*, Die strafrechtliche Beurteilung der Beeinflussung von Betriebsratswahlen durch verdecktes Sponsoring, FS Gauweiler (2009), S 515; *Vey*, Freistellung von gewählten BR-Mitgliedern – die wichtigsten Grundsätze, BB 2022, 180; *Wolff*, Vergütung von Betriebsratsmitgliedern – Ein Fall für Compliance, AuA 2008, 534; *Zimmer/Dürr*, Die Betriebsratsbegünstigung – Ab wann ist sie kriminell?, NZWiSt 2021, 176; *Zimmer/Stetter*, Korruption und Arbeitsrecht, BB 2006, 1445 ff.

Übersicht

	Rn.		Rn.
I. Normzweck und Anwendungsbereich	1	V. Schutz vor Benachteiligung und Begünstigung, Abs 1 Nr 3	36
II. Grundsätze	6	1. Normzweck und Anwendungsbereich	36
III. Wahlschutz, Abs 1 Nr 1	10	2. Begünstigung	41
1. Normzweck und Anwendungsbereich	10	3. Benachteiligung	45
2. Wahlbehinderung	13	VI. Subjektiver Tatbestand	48
3. Wahlbeeinflussung	18	VII. Verfolgungsvoraussetzungen: Verjährung und Strafantragserfordernis	49
IV. Schutz vor Behinderung und Störung der Betriebsratstätigkeit, Abs 1 Nr 2	25		
1. Normzweck und Anwendungsbereich	25	VIII. Andere Straftatbestände	52
2. Behinderung	28		
3. Störung	33		

I. Normzweck und Anwendungsbereich

1 § 119 dient unmittelbar dem Schutz der Wahlen des BR (Abs 1 Nr 1), der Funktionsfähigkeit der betriebsverfassungsrechtl Organe (Abs 1 Nr 2) und der ungestörten Tätigkeit ihrer Mitglieder (Abs 1 Nr 3). Der Schutzzweck des § 119 geht jedoch darüber hinaus (wobei die Einordnung als Schutzgesetz iS des § 823 Abs 2 BGB umstritten ist): Die BR-Wahl, der BR als Organ und die Tätigkeit der BR-Mitglieder werden nicht um ihrer selbst

I. Normzweck und Anwendungsbereich § 119

willen geschützt, sondern, um die AN an der innerbetriebl Willensbildung über den BR zu beteiligen; in diesem Sinne ist geschütztes Rechtsgut die **Mitbestimmung nach dem BetrVG** <L: *Dannecker* FS Gitter, S 167, 171; *Pasewaldt* ZIS 2007, 75, 76; GK/*Oetker* Rn 6; **aA** *Krumm-Mauermann*, Rechtsgüterschutz S 13>. Hierbei mag dem Strafrecht durchaus eine gewisse „Durchsetzungsfunktion" zukommen, so wie man es aus dem Urheberstrafrecht kennt. So weist zB *Growe* (<L: AiB 2011, 693>) darauf hin, dass bei Betriebsrats-Mobbing die Drohung mit einer Strafanzeige (als ultima ratio) durchaus Wirkung entfalten kann (und soweit derlei Drohungen effektiv sind, erstaunt die geringe „gerichtspraktische" Bedeutung der Vorschrift auch nicht). Nicht zuletzt deshalb mag auch die Strafdrohung ein Teil der europarechtl Verpflichtung nach Art 7 RL 2002-/14/EG sein, nach dem die Mitgliedstaaten dafür Sorge zu tragen haben, dass die AN-Vertretungen bei der Ausübung ihrer Funktion „einen ausreichenden Schutz und ausreichende Sicherheiten genießen, die es ihnen ermöglichen, die ihnen übertragenen Aufgaben in angemessener Weise wahrzunehmen".

Dagg kommt § 119 (bzw der Möglichkeit, etwaigen Unregelmäßigkeiten durch ein Strafverf nachzugehen) nach der zutreffenden Auffassung des BAG keine Kompensationswirkung im Rahmen einer Kündigung bei Massenentlassungen zu, insbes lässt es sich nicht als „Konsultationsverfahren" iS des § 17 Abs 2 KSchG einordnen <R: BAG 21.3.2013, 2 AZR 60/12>. Aber auch innerhalb seines thematischen Schutzbereichs bleibt zu berücksichtigen, dass dieser Schutz **nur gg Angriffe auf bestimmten Angriffswegen** gewährt wird, deren Beschreibung mit Blick auf das strafrechtl Bestimmtheitsgebot ernst genommen werden muss. Wo die Grenzen dieser ausschnittsweisen Pönalisierung („fragmentarischer Charakter des Strafrechts") erreicht sind, darf nicht mit dem „Geist der betrieblichen Mitbestimmung" als teleologischem Superargument eine darüber hinausgehende Strafbarkeit konstruiert werden <L: *Kudlich* FS Stöckel, S 93, 113f>; dies gilt umso mehr, als die teilweise sehr weit gefassten Tatbestandsformulierungen mit dem **Bestimmtheitsgebot des Art 103 Abs 2 GG ohnehin** nur bei restriktiver Auslegung vereinbar sind <L: *Pasewaldt* ZIS 2007, 75, 77; krit *Schünemann* FS Gauweiler, S 515, 528 ff; *Rieble* ZfA 2003, 283, 311>. Das Strafmaß ist mit Freiheitsstrafe bis zu einem Jahr oder mit Geldstrafe niedrig. 2

Die Strafbarkeit ausgewählter Verhaltensweisen läuft in gewisser Weise den Grundsätzen der vertrauensvollen Zusammenarbeit aus §§ 2 Abs 1, 74 und dem Prinzip der Zwangsschlichtung über die ES nach § 76 zuwider, die auf Kooperation von BR und AG und nicht auf Konfrontation ausgelegt sind; auch deswg ist eine **restriktive Auslegung** geboten. Die **praktische Bedeutung** der Vorschrift ist daher zu Recht **gering**. Dies liegt zum einen daran, dass es sich um ein **Antragsdelikt** handelt und Abs 2 den **Kreis der antragsbefugten Personen eng** zieht, insbes den AN kein Strafantragsrecht einräumt (die aber natürlich versuchen könnten, auf einen Strafantrag durch den BR hinzuwirken): Soweit etwa BR-Mitglieder begünstigt werden (Abs 1 Nr 1 und 3), hat allenfalls eine konkurrierende Gewerkschaft Interesse an der strafrechtl Verfolgung des für die Tatbeteiligten nützl Verhaltens. Zum anderen wird aufgrund des geringen Strafrahmens (vgl Rn 2) bei einer gleichzeitigen Verwirklichung anderer Tatbestände die Verfolgung im Einzelfall nach § 154a StPO auf diese beschränkt bleiben <R: so etwa im Verf vor dem LG Nürnberg-Fürth, Urt v 24.11.2008, 3 KLs 501 Js 1777/08, AuR 2010, 35 als Vorinstanz zu BGHSt 55, 288 (Siemens – AUB)>. 3

4 Die Straftatbestände des § 119 sind **weitgehend, aber nicht vollständig betriebsverfassungsakzessorisch** <L: *Dannecker* FS Gitter, S 167, 173; *Schünemann* FS Gauweiler, S 515, 524 ff; DKW/*Trümner* Rn 3, 13; § *Rieble* CCZ 2008, 121, 126; GK/*Oetker* Rn 12, 18, 25; **R:** für vollständige Deckungsgleichheit von Abs 1 Nr 1 und § 20 BayObLG 29.7.1980, RReg 4 St 173/80, BB 1980, 1638>. Anders als § 121 (§ 121 Rn 1) ist § 119 kein Blankettgesetz, das nur mit Hilfe der §§ 20, 78 ausgelegt werden kann; § 119 ist – in der durch Art 103 Abs 2 GG gebotenen restriktiven Auslegung (Rn 3 und insbes Rn 27 ff) – aus sich selbstständig und **enger als die §§ 20, 78 auszulegen** (was unter dem Stichwort der „asymmetrischen Akzessorietät im Wirtschaftsstrafrecht selbst bei wortidentischen Normen kein unbekanntes Phänomen ist!): Nicht jede Wahlbehinderung oder -beeinflussung iS des § 20 und nicht jede Behinderung, Störung, Begünstigung und Benachteiligung iS des § 78 ist strafwürdiges Unrecht <L: *Dannecker* FS Gitter, S 167, 173 ff>.

5 Dem § 119 entspr Straftatbestände enthalten **§ 34 SprAuG** für den SprA, **§ 44 Abs 1 Nr 2 EBRG** für den EBR und **§ 45 Abs 1 Nr 2, Abs 2 Nr 2 und 3 SEBG** für die Beteiligung der AN in der Europäischen Gesellschaft. **Keine Entsprechung zu § 119** kennt das **SGB IX** für die Schwerbehindertenvertretung: Obwohl die Vorschriften über den Wahlschutz bei der BR-Wahl nach § 94 Abs 6 S 2 SGB IX auf die Schwerbehindertenvertretung entspr anwendbar sind und § 96 Abs 2 SGB IX dem § 78 entspr Verbote enthält, stellt § 237b SGB IX – wie § 120 – nur den Geheimnisverrat unter Strafe <L: *Zwiehoff* jurisPR-ArbR 11/2018 Anm 1>. Das ist angesichts des Strafrechtsschutzes zugunsten der Jugend- und Auszubildendenvertretung in § 119 erstaunlich. Obwohl § 24 Abs 1 **BPersVG** entspr § 20 die Wahlbehinderung und Wahlbeeinflussung verbietet, kennt das BPersVG keine Straftatbestände zum Schutz der Personalvertretung und der AN. Ein ausdrückl Verbot der Behinderung und Störung der PR-Tätigkeit und der Benachteiligung und Begünstigung von PR-Mitgliedern enthält das BPersVG ohnehin nicht; aus dem in § 46 Abs 1 BPersVG – entspr § 37 Abs 1 – normierten Ehrenamtsprinzip wird aber ein allg Verbot entnommen, PR-Mitglieder materiell besser zu stellen als andere Beschäftigte <L: RDW/*Treber* PersVG (2008) § 46 Rn 8>. Obwohl § 20 Abs 1 und 2 MitbestG, § 10i Abs 1 und 2 MontMitBestErgG und § 10 Abs 1 und 2 DrittelbG die Wahlen der AN-Vertreter in den Aufsichtsrat schützen, sind die Behinderung und die Beeinflussung dieser Wahlen nicht strafbewehrt. Die Behinderung und Störung der Aufsichtsratstätigkeit und die Benachteiligung und Begünstigung von Aufsichtsratsmitgliedern verbieten **weder die Mitbestimmungsgesetze noch das AktG**; § 404 AktG (iVm § 106 AktG) stellt nur – wie § 120 – den Geheimnisverrat unter Strafe. Außerhalb des Arbeitsrechts finden sich **im Kernstrafrecht Wahlbeeinflussungsdelikte** in den §§ 108 ff StGB für Wahlen zu verschiedenen **Parlamenten** und zu den kommunalen Gebietskörperschaften sowie für die Urwahlen in der Sozialversicherung (§ 108d StGB); diese sind zumindest wertungsmäßig im Blick zu behalten, wenn es um die Reichweite der Auslegung des § 119 Abs 1 Nr 1 geht, da zumindest nicht selbstverständlich ist, dass die betriebl Mitbestimmung weiterreichend geschützt werden muss als die parlamentarische Demokratie.

II. Grundsätze

6 Alle Straftatbestände des § 119 richten sich ebenso wie §§ 20, 78 **gg jedermann**, also nicht nur gg den AG und gg betriebsangehörige AN, sondern auch gg ltd Ang iS des

II. Grundsätze § 119

§ 5 Abs 3 und gg Außenstehende, so auch an den BR-Anwalt, der einem BR-Mitglied eine Prämie für die Vermittlung des Mandats zahlt <L: *Rieble* FA 2013, 130>, ebenso an Funktionäre der AG-Verbände und Gewerkschaften <R: LAG Ddf 12.8.1993, 14 TaBV 54/93, NZA 1994, 1052; Esser/Rübenstahl/Saliger/Tsambikakis/*Esser* § 119 Rn 4>. **Auch die Mitglieder der durch die Strafbestimmung geschützten Organe** können sich strafbar machen, etwa wenn der Wahlvorstand die Wahlen behindert, noch Rn 25 zu Abs 1 Nr 2.

Strafbar sind **alle Formen der Tatbegehung**, also auch mittelbare Täterschaft (§ 25 Abs 1 StGB), Mittäterschaft (§ 25 Abs 2 StGB), Anstiftung (§ 26 StGB) und Beihilfe (§ 27 StGB). Bei der Begünstigung iS des Abs 1 Nr 3 ist die bloße Entgegennahme des Vorteils durch das begünstigte BR-Mitglied als notwendige Teilnahme nicht strafbar, näher Rn 40; das gilt auch für die Begünstigung bei Wahlen iS des Abs 1 Nr 1, vgl Rn 18 ff. 7

Da § 119 keine Strafbarkeit für eine fahrlässige Tatbegehung anordnet, ist nach § 15 StGB **nur vorsätzl Verhalten** strafbar; eine Begünstigungs- oder Benachteiligungsabsicht ist weder bei Abs 1 Nr 1 noch bei Abs 3 Voraussetzung <L: *Fitting* Rn 10; auch Richardi/*Annuß* Rn 26 (zu Abs 1 Nr 3); aA GK/*Oetker* Rn 31>. Ein **Verbotsirrtum**, also der Irrtum über die Rechtswidrigkeit des Tuns, ist nach **§ 17 StGB** (nur dann) entschuldigt, wenn er unvermeidbar ist; bei vermeidbarer Verbotsunkenntnis bleibt der Schuldvorwurf bestehen, die Strafe kann aber nach § 49 Abs 1 StGB gemildert werden <L: Schönke/Schröder/*Sternberg-Lieben/Schuster* § 17 StGB Rn 1, 24>. Unvermeidbar ist ein Verbotsirrtum, wenn der Täter trotz der ihm nach den Umständen des Falles, seiner Persönlichkeit sowie seinem Lebens- und Berufskreis zuzumutenden Anspannung des Gewissens die Einsicht in die Unrechtmäßigkeit seines Handelns nicht zu gewinnen vermochte; etwa aufkommende Zweifel muss er durch Nachdenken oder erforderlichenfalls durch Einholung von Rat beseitigen <R: BGH 16.5.2000, Stb St (R) 2/00, NJW 2000, 2366; L: Schönke/Schröder/*Sternberg-Lieben/Schuster* § 17 StGB Rn 18>. Wird die Rechtsauffassung des Täters durch eine gerichtl Entscheidung oder durch die Rechtsauskunft einer sachkundigen, unvoreingenommenen und mit der Erteilung der Auskunft keinerlei Eigeninteresse verfolgenden Person bestätigt, begründet dies die Unvermeidlichkeit eines Irrtums, wenn der Täter auf die Richtigkeit der Entscheidung oder Auskunft vertraut hat und nach den für ihn erkennbaren Umständen auch vertrauen durfte <R: BGH 16.5.2000, aaO; L: Schönke/Schröder/*Sternberg-Lieben/Schuster* § 17 StGB Rn 18>. So wie Auskünfte der Gewerkschaft ausreichen, genügen auch Auskünfte des AG-Verbands: Dem AG kann es nicht vorgeworfen werden, dass er sich bei Zweifeln über die wirksame Bestellung eines Wahlvorstandes nicht an einen RA, sondern als Einzelhändler an den Einzelhandelsverband wendet; der AG muss nicht davon ausgehen, dass ein Verband – ebenso wenig wie eine Gewerkschaft – aus Parteilichkeit falsche Auskünfte erteilt <R: aA AmtG Detmold 24.8.1978, 4 Ns 7 Ls 2553/77, BB 1979, 783; L: wie hier *SWS* Rn 8>. 8

Der Versuch einer Straftat nach § 119 ist **nicht strafbar**, da § 119 nur ein Vergehen iS des § 12 Abs 2 StGB regelt und es an einer ausdrückl Bestimmung der Versuchsstrafbarkeit fehlt (§ 23 Abs 1 StGB). 9

§ 119 Straftaten gegen Betriebsverfassungsorgane und ihre Mitglieder

III. Wahlschutz, Abs 1 Nr 1

1. Normzweck und Anwendungsbereich

10 Abs 1 Nr 1 stellt die Behinderung oder Beeinflussung von BR-Wahlen (zu den damit durch das Betriebsrätemodernisierungsgesetz verbundenen neuen Herausforderungen <L: *Lüthge/Stöckert* DB 2022, 121 ff, va zur Wahlbeeinflussung 126>) unter Strafe und knüpft dafür an § 20 an: Zwar stellt Abs 1 Nr 1 einerseits nur Handlungen unter Strafe, die unter § 20 fallen, bleibt aber andererseits **hinter § 20 zurück**: Nicht jede Behinderung oder Beeinflussung der Wahl iS des § 20 ist strafwürdiges Unrecht, insbes wird für die erste Tatbestandsalternative der Wahlbehinderung vertreten, dass der Wahlakt erhebl erschwert werden muss <L: *Dannecker* FS Gitter, S 167, 173 ff; auch DKW/*Trümner* Rn 3; **abw** für Deckungsgleichheit GK/Oetker Rn 12; ErfK/*Kania* Rn 2>, vgl ferner auch Rn 14. Was den sachl Anwendungsbereich angeht, schützt § 20 nur die Wahlen zum BR, über § 3 Abs 5 S 2 aber auch die Wahlen zu den AN-Vertretungen nach § 3 Abs 1 Nr 1–3, über § 63 Abs 2 S 2 die Wahl zur Jugend- und Auszubildendenvertretung, über § 115 Abs 2 Eingangssatz die Wahl zur Bordvertretung und über § 116 Abs 2 Eingangssatz die Wahl zum See-BR. Demggü besteht der Strafrechtsschutz des Abs 1 Nr 1 **ausdrückl auch für die Wahlen zu den AN-Vertretungen iS des § 3 Abs 1 Nr 5** und geht damit über § 20 hinaus. Weder § 20 (**aA** § 20 Rn 2) noch § 119 Abs 1 Nr 1 schützen vor Behinderungen oder Manipulationen BR-interner Wahlen, etwa der Wahl des BR-Vors. Ebenso wenig fällt die Entscheidung über die Entsendung von BR-Mitgliedern in den GBR oder in den KBR nach §§ 47 Abs 2, 55 Abs 1 unter §§ 20, 119 Abs 1 Nr 1 <L: GK/*Oetker* Rn 10 mwN>, bei Behinderungen kommt aber eine Strafbarkeit nach Abs 2 Nr 2 in Betracht.

11 Trotz des weiten Wortlauts „wer ... behindert ... oder ... beeinflusst" bewehrt Abs 1 Nr 1 nicht die bloße Tätigkeit des Behinderns oder Beeinflussens mit Strafe; die erfolglose Einflussnahme auf das Wahlgeschehen ist nicht strafbar: Abs 1 Nr 1 ist ein **Erfolgsdelikt** <R: LAG Köln 15.10.1993, 13 TaBV 36/93, NZA 1994, 431; **L:** *Polzer/Helm* AiB 2000, 133, 136; *Rieble* ZfA 2003, 283, 311 ff; *Pasewaldt* ZIS 2007, 75, 76; GK/*Oetker* Rn 13; Richardi/*Annuß* Rn 13; **aA** DKW/*Trümner* Rn 1a>. Zur Tatvollendung ist in der Tatbestandsalternative Wahlbehinderung (Rn 13 ff) jedoch nicht erforderl, dass die Wahl tatsächl vereitelt wird, da Abs 1 Nr 1 nicht die „Wahlverhinderung", sondern die bloße „Behinderung" unter Strafe stellt: es genügt eine spürbare Erschwerung oder Verzögerung der Wahl <R: BayObLG 29.7.1980, RReg 4 St 173/80, BB 1980, 1638; **L:** *Rieble* ZfA 2003, 283, 311 f; *Pasewaldt* ZIS 2007, 75, 76; GK/*Oetker* Rn 14 mwN; zum Strafantrag als zusätzlichem Druckmittel bei einer einstweiligen Verfügung auf Überlassung von Unterlagen nach § 2 Abs 2 WO *Markowski* ArbRB 2021, 343, 345>. Bei der Tatbestandsalternative Wahlbeeinflussung (Rn 18 ff) ist keine kausale Beeinflussung des Wahlergebnisses erforderl, sondern es genügt, dass die Einflussnahme dazu führt, dass einzelne Stimmen abw von der ursprüngl Absicht abgegeben werden oder dass ein AN nicht oder doch für die BR-Wahl kandidiert, dh Stimmabgabe oder Kandidatur modifiziert werden <L: *Rieble* ZfA 2003, 283, 313; *Pasewaldt* ZIS 2007, 75, 76; *Fitting* Rn 4; weiter GK/*Oetker* Rn 17>.

12 Nach hM schützt Abs 1 Nr 1 nicht nur die Wahl selbst, also nicht nur den **eigentl Abstimmungsvorgang**, sondern auch **vor- und nachbereitende Handlungen**, etwa die Kandi-

datenaufstellung, die Bestellung des Wahlvorstands, allg die Vorbereitung der Wahl <R: für die Behinderung BayObLG 29.7.1980, RReg 4 St 173/80, BB 1980, 1638; L: Esser/ Rübenstahl/Saliger/Tsambikakis/*Esser* § 119 Rn 6; GK/*Oetker* Rn 11 mwN>. Ohne Einschränkungen stimmt das nur für die Tatbestandsalternative „**Wahlbehinderung**", welche die ungehinderte tatsächl Durchführung (das „Ob") der Wahlen schützt (Rn 13 ff); diese kann auch und gerade durch Einflussnahmen im Vorfeld des eigentl Abstimmungsvorgangs vereitelt werden (Rn 15). Hingg schützt die Tatbestandsalternative „**Wahlbeeinflussung**" in Anlehnung an §§ 108, 108b StGB nur den eigentl Wahlvorgang selbst (das „Wie" der Wahlen) vor Manipulationen durch Einflussnahmen auf das aktive Wahlrecht (Abstimmung der AN) und das passive Wahlrecht (Aufstellung der Kandidaten), Rn 20. „Vorbereitungshandlungen" sind nur erfasst, soweit auf die AN oder die potenziellen Kandidaten zwar zeitl vor der eigentl Stimmabgabe eingewirkt wird, die Beeinflussung sich dann aber unmittelbar auf den Abstimmungsvorgang auswirkt; die bloße Wahlwerbung und Unterstützungen von Kandidaten im Vorfeld von Wahlen genügen nicht (näher Rn 21 ff).

2. Wahlbehinderung

Als **erste Tatbestandsalternative** nennt Abs 1 Nr 1 die Wahlbehinderung, also tatsächl Beschränkungen, durch die der Ablauf der Wahl **gestört, verzögert oder verhindert** wird; die AN müssen faktisch daran gehindert oder dabei gestört werden, überhaupt zu wählen, also am Wahlakt teilzunehmen und ihre Stimme abzugeben <L: Beispielsfall zur Wahlbehinderung bei *Schlegel* AiB 2020, Nr 4, 36>. Wahlbehinderung ist damit die Beeinträchtigung des **„Ob" der Wahl** durch **Einfluss auf die Handlungsfreiheit der AN**; diese müssen daran gehindert werden, am Wahlakt teilzunehmen und ihre Stimme abzugeben; die Einflussnahme auf die Willensbildung der AN und damit auf das „Wie" der Wahl ist nur nach der zweiten Tatbestandsalternative der Wahlbeeinflussung strafbar, Rn 18 ff <R: zu § 20 LAG BaWü 31.5.1972, 4 TaBV 1/72, DB 1972, 1392; L: *Rieble* ZfA 2003, 282, 288>. 13

Nach Abs 1 Nr 1 macht sich aber nur derjenige strafbar, der den ordnungsgem Ablauf der Wahl **erhebl beeinträchtigt** (Rn 10) und die Wahl dadurch erschwert (Rn 11). **Nicht strafbar** ist es, wenn der AG eine Mitarbeiterversammlung einberuft, um mit der Belegschaft zu erörtern, ob tatsächl ein BR erforderl sei oder ob die durch diesen entstehenden Kosten nicht zu hoch seien und nicht anderweitig einvernehml Regelungen mit der Belegschaft erzielt werden können <R: aA ArbG Regensburg 6.6.2002, 6 BVGa 6/02 S, AiB 2003, 554; L: aA GK/*Oetker* Rn 16>. Ebenso wenig genügt es, wenn der AG das Einladungsschreiben zu der Betriebsversammlung, in welcher der Wahlvorstand gewählt werden soll, mit einem eigenen Schreiben verbindet, in welchem er sich gg die Gründung eines BR ausspricht, ankündigt, für den Fall der Gründung eines BR über eine Betriebsschließung nachzudenken, und mitteilt, er stehe den AN dann wg der zeitl Inanspruchnahme durch den BR jedenfalls nicht mehr für Hilfe bei kleineren, insbes privaten Angelegenheiten während der Arbeitszeit zur Verfügung <R: aA ArbG Kiel 13.11.2003, 1 BV 34 d/03, AiB 2004, 106 (LS); L: aA GK/*Oetker* Rn 16>. Damit wird das „Ob" der Wahl nicht tatsächl erschwert, sondern der AG versucht ledigl Einfluss auf die Willensbildung der AN zu nehmen; das ist aber nur dann strafbar, wenn er für die Nichtbeteiligung an der Wahl Vorteile oder Nachteile in Aussicht stellt, Rn 18 ff. Ebenso wenig ist es daher 14

§ 119 Straftaten gegen Betriebsverfassungsorgane und ihre Mitglieder

strafbar, wenn der AG Ang schriftl darauf hinweist, er sehe sie als ltd Ang an, weswg sie an der BR-Wahl nicht teilnehmen dürften <R: aA zu § 20 LAG BaWü 31.5.1972, 4 TaBV 1/72, DB 1972, 1392; L: aA Richardi/*Annuß* Rn 15>.

15 Strafbar ist es, die **Einberufung und Durchführung einer Betriebsversammlung zur Wahl des Wahlvorstands zu behindern** <R: BayObLG 29.7.1980, RReg 4 St 173/80, BB 1980, 1638; LG Siegen 13.11.1986, 6 Ls 25 Js 354/84 S 2/85, AiB 1992, 41; so auch bei gravierenden Verstößen gg die Mitwirkungspflichten bei der Wahl, es sei denn die Wahl selbst leidet wiederum an gravierenden Mängeln, hierzu ArbG Hamburg v 7.1.2015, 27 BVGa 5/14>, auch indem der AG einem Gewerkschaftsbeauftragten, der die BR-Wahl initiiert, den Zugang zum Betrieb verweigert <R: LG Siegen 13.11.1986, aaO; L: *Zabel* AuR 1992, 42>, oder AN mit der Kd droht, wenn sie nicht unterschreiben, von ihrer Initiative zur Einleitung von BR-Wahlen Abstand zu nehmen <R: LG Marburg 10.5.2007, 2 Ns 2 Js 18719/05, AiB 2008, 108; AmtG Emmendingen 24.7.2002, 5 Cs 440 Js 26354, AK 329/07, AuR 2009, 222>, zur Strafbarkeit wg Nötigung nach § 240 StGB Rn 50. Ebenso strafbar ist ein gg den Wahlvorstands-Vors ausgesprochenes Hausverbot <R: AmtG Bremen 6.9.1984, 75 Ds 12 Js 11055/83, AiB 1992, 42; zur umgekehrten Konstellation, in der ein Hausverbot auf das Verhalten eines Gewerkschaftssekretärs gestützt wird, den AG einer Begehung des § 119 BetrVG zu bezichtigen, vgl LArbG Fft/M 3.2.2011, 9 TaBV 137/10> oder die eigenmächtige Streichung von Namen und Unterschriften aus einer im Betrieb ausgehängten Wählerliste <R: AmtG Konstanz 3.9.1981, La 91/80 (23/80), AiB 1982, 34; L: Kündigung wegen Beteiligung einer Wahlvorbereitung vgl Esser/Rübenstahl/Saliger/Tsambikakis/*Esser* § 119 Rn 47>.

16 Fraglich ist, ob die **Beseitigung und Verfälschung von Wahlunterlagen** nach der Wahl als Wahlbehinderung strafbar ist, etwa wenn es der AG unternimmt, das Wahlergebnis nach durchgeführter Wahl durch den Austausch von Wahlunterlagen zu beeinflussen <R: **für eine Strafbarkeit** LG Braunschweig 28.4.1999, 37 Ns 703 Js 15338/98, NStZ-RR 2000, 93; L: **für eine Strafbarkeit** *Dannecker* FS Gitter, S 167, 177; Richardi/*Annuß* Rn 15; *Fitting* Rn 4; DKW/*Trümner* Rn 3; aA die Vorauflage>: Denn trotz des bes massiven Eingriffs in den Wahlvorgang wird dadurch nicht der Wahlakt (das „Ob" der Stimmabgabe) behindert, sondern „nur" das Wahlergebnis (das „Wie" der Stimmabgabe) verfälscht. Ein Verständnis, nach dem die Verfälschung des Wahlergebnisses die Wahl selbst nicht behindert, legt jedenfalls das StGB nahe, das zw Wahlbehinderung (§ 107 StGB) und Wahlfälschung (§ 107b StGB) unterscheidet. Da auch die zweite Tatbestandsalternative Wahlbeeinflussung nicht greift (Rn 18 ff), wäre damit die Fälschung der BR-Wahlen usw straffrei. Versteht man freilich als „Wahl" den gesamten Vorgang bis zur Bekanntgabe des Wahlergebnisses, ließe sich ein solches Verhalten wohl noch unter die „Behinderung" des Vorganges subsumieren.

17 Ein **Unterlassen** ist **nur ausnahmsweise strafbar**. Voraussetzung für die Strafbarkeit des Unterlassens ist nach § 13 StGB, dass dieses dem aktiven Tun gleichgestellt werden kann. Dies ist der Fall, wenn der Unterlassende rechtl dafür einzustehen hat, dass der Erfolg nicht eintritt, der Täter also eine **strafrechtl Garantenstellung** innehat und diese verletzt <L: Esser/Rübenstahl/Saliger/Tsambikakis/*Esser* § 119 Rn 7; KK/*Trümner* Rn 5; auch ErfK/*Kania* Rn 2; aA GK/*Oetker* Rn 15; HSWGN/*Hess* Rn 16; auch Richardi/*Annuß* Rn 14; zur Einteilung der Garantenpflichten Schönke/Schröder/*Bosch* § 13 StGB Rn 9 ff; Satzger/Schluckebier/Widmaier/*Kudlich* § 13 Rn 18 ff>. So ist der Wahlvorstand nur dafür gebildet, die BR-Wahl einzuleiten und durchzuführen; bleibt er untätig, macht er sich

III. Wahlschutz, Abs 1 Nr 1 § 119

strafbar <L: *Dannecker* FS Gitter, S 167, 177; HSWGN/*Hess* Rn 18>, zu Abs 1 Nr 1 als Jedermannsdelikt Rn 6. Hingg hat der AG mangels Garantenstellung nicht pauschal strafrechtl dafür einzustehen, dass der Erfolg der Wahlbehinderung nicht eintritt; auch bei den §§ 107 ff StGB wird eine Strafbarkeit durch Unterlassen nicht diskutiert. Vielmehr wird man danach zu differenzieren haben, ob es sich um eine unverzichtbare Mitwirkung oder nur eine Erleichterung der Durchführung handelt. **Entgg früher Auflagen strafbar** kann daher die Weigerung des AG sein, die zur Durchführung der Wahl notwendigen Unterlagen herauszugeben <R: AmtG Detmold 24.8.1978, 4 Ns 7 Ls 2553/77, BB 1979, 783; L: GK/*Oetker* Rn 15 f; *Fitting* Rn 4; DKW/*Trümner* Rn 5>; **straflos** ist dagg seine Weigerung, bei der Erstellung der Wählerliste behilfl zu sein und dem Wahlvorstand den betriebl Fotokopierer zur Verfügung zu stellen <R: aA AmtG Bremen 6.9.1984, 75 Ds 12 Js 11055/83, AiB 1992, 42; L: aA GK/*Oetker* Rn 16; DKW/*Trümner* Rn 5>. Zwar verstößt der AG mit all dem gg das BetrVG; soweit dieses aber ledigl die betriebsverfassungsrechtl Beziehung zw AG und BR normiert, handelt es sich um schuldrechtl Pflichten aus dem durch § 2 Abs 1 begründeten gesetzl durch „wechselseitige Rücksichtnahmepflichten" geprägten Schuldverhältnis <R: allg BAG 3.5.1994, 1 ABR 24/93, BB 1994, 2273>. Diese Pflichten des AG muss der BR grds mit Hilfe seiner Durchführungs- oder Unterlassungsansprüche durchsetzen. Dass der bloße Verstoß gg Unterstützungspflichten aus dem BetrVG kein strafwürdiges Unrecht ist, zeigt insbes § 120, der den Verstoß gg Informationspflichten als bloße OWi und nicht als Straftat einordnet. In keinem Fall ist die erforderl Erheblichkeitsschwelle (Rn 10, 14) erreicht.

3. Wahlbeeinflussung

Als **zweite Tatbestandsalternative** nennt Abs 1 Nr 1 die Wahlbeeinflussung durch Zufügung oder Androhung von Nachteilen oder durch Gewährung oder Versprechen von Vorteilen; dass dies in sittl anstößiger Weise geschehen muss, sagt Abs 1 Nr 1 nicht <L: abw *Fitting* Rn 4; DKW/*Trümner* Rn 7; ErfK/*Kania* Rn 2>. **Vorteil** ist jede materielle oder immaterielle Leistung, auf die der Begünstigte keinen Anspruch hat und die ihn zumindest mittelbar besser stellt (§ 20 Rn 9), **Nachteil** ist jede Schlechterstellung, etwa durch Kd oder Versetzung: Droht der AG einem AN die Kd an, um die Wahl dieses AN zu verhindern, so ist dies Wahlbeeinflussung iS des § 20 Abs 1 <R: zu § 20 BAG 13.10.1977, 2 AZR 387/76, BB 1978, 660; LAG Rh-Pf 5.12.1991, 4 Sa 752/91, AiB 1992, 531>, ebenso, wenn er einen AN zur Abstandnahme von der Kandidatur bewegen will, indem er die Kd oder die Zuweisung schlechterer Arbeit androht. Der Schwerpunkt der Strafbarkeit wg Beeinflussung der BR-Wahlen liegt auf der Gewährung oder dem Versprechen von Vorteilen, Rn 20, 22 ff. 18

Abs 1 Nr 1 sagt nicht, **wer begünstigt oder benachteiligt** werden muss. Typischerweise wird der wahlberechtigte AN benachteiligt oder begünstigt werden, um eine best Stimmenabgabe zu erreichen; ebenso ist aber auch eine Benachteiligung (Rn 18, 21) oder Begünstigung der Wahlbewerber denkbar, etwa durch Finanzierung des Wahlkampfes (noch Rn 22) <L: *Schünemann* FS Gauweiler, S 515, 522>. Verboten ist es auch, best AN durch Androhung von Nachteilen davon abzuhalten, für den BR oder für eine best Liste zu kandidieren (Rn 18). 19

§ 108 StGB (Wählernötigung) und **§ 108b StGB** (Wählerbestechung) bewehrt bei Wahlen zu Volksvertretungen und bei den Urwahlen zur Sozialversicherung nur Manipulatio- 20

§ 119   Straftaten gegen Betriebsverfassungsorgane und ihre Mitglieder

nen beim eigentl Wahlvorgang einschließl der Ermittlung des Ergebnisses mit Strafe. Die Wahlrechtsausübung bei BR-Wahlen kann strafrechtl nicht stärker geschützt werden <R: vgl auch schon Rn 4 und *Kudlich* FS Stöckel, S 93, 113>. Entspr ist Abs 1 Nr 1 eng auszulegen: Wahlbeeinflussung erfordert die Beeinträchtigung des Abstimmungsvorgangs durch unmittelbare Beeinträchtigung der aktiven und passiven Wahlfreiheit <R: ausdrückl **aA** nur für die Behinderung BayObLG 29.7.1980, RReg 4 St 173/80, BB 1980, 1638; **L:** *Dannecker* FS Gitter, S 167, 180; *Schünemann* FS Gauweiler, S 515, 526; *Rieble* ZIP 2009, 1593, 1599>. Verboten sind **„Stimmenkauf"** und **„Stimmennötigung"**, also die **Einflussnahme auf die Wahl durch Einflussnahme auf die** (aktiv wie passiv) **Wahlberechtigten** <**L:** *Dannecker* FS Gitter, S 167, 180; *Rieble* ZfA 2003, 283, 290 ff, 292>, mangels Versprechens von Vorteilen aber nicht die wahrheitswidrige Wahlwerbung <**L:** DKW/*Trümner* Rn 10; SWS Rn 7; **aA** *Dannecker* FS Gitter, S 167, 179>, Rn 24. Strafbar ist es etwa, wenn der Werksleiter vor der BR-Wahl in einer Rede deutl macht, dass bei einer Wiederwahl der BR-Mitglieder finanzielle Einbußen (Streichen von Sonderzulagen und Erfolgsbeteiligungen) für die Belegschaft zu befürchten seien <**R:** ArbG Berlin 8.8.1984, 18 BV 5/84, AiB 2006, 108 (LS); **L:** zu den strafrechtl Risiken bei betriebsöffentlichen Auseinandersetzungen zwischen AG und BR *Pletke/Lepper* ArbR 2018, 247; zur Vorbereitung auf die BR-Wahl und drohenden Sanktionen für Beeinflussungsversuche *Weller/Menke* AuA 2017, 338>.

21 **Wahlpropaganda der Gewerkschaften** soll wg Art 9 Abs 3 GG sogar unter Androhung von Nachteilen **erlaubt** sein: Die Gewerkschaften dürften sich in die Vorbereitungen zur BR-Wahl einschalten und auf ihre Mitglieder – unter Androhung des Ausschlusses – dahin einwirken, dass diese keine Listen konkurrierender Gewerkschaften oder anderer politischer Gruppen unterstützen <**R:** zum BetrVG 1952 BAG 2.12.1960, 1 ABR 20/59, BB 1961, 330; **L:** Esser/Rübenstahl/Saliger/Tsambikakis/*Esser* § 119 Rn 7; KK/*Trümner* Rn 10; ErfK/*Kania* Rn 2>. Ebenso sollen die Gewerkschaften wg Art 9 Abs 3 GG Mitglieder ausschließen dürfen, die bei BR-Wahlen auf einer konkurrierenden Liste kandidieren <**R:** BVerfG 24.2.1999, 1 BvR 123/93, NZA 1999, 713; **L:** DKW/*Trümner* Rn 10>; daraus folgt, dass die Gewerkschaften mit diesem Ausschluss auch im Vorfeld einer Wahl drohen dürfen <**L:** *Schünemann* FS Gauweiler, S 515, 525>. Das ist trotz Art 9 Abs 3 GG **zweifelhaft** <**L:** krit auch HSWGN/*Hess* Rn 21>.

22 Hingg soll der **AG** nach verbreiteter Auffassung einem strikten **Neutralitätsgebot** unterliegen, das ihm die Wahlpropaganda zugunsten einer best Liste oder best AN verbiete <**R:** Hess LAG, 12.11.2015, 9 TaBV 44/15, wonach ein Verstoß gg die Neutralitätspflicht anzunehmen sei, wenn der AG in Mitarbeiterversammlungen die AN in Verbindung mit deutl Kritik am Verhalten des BR zur Aufstellung alternativer Listen auffordert und äußert, wer die BR-Vorsitzende bzw den BR wiederwähle, begehe Verrat am Unternehmen; vgl auch ArbG Heilbronn 18.3.1999, 1 BV 1/99, AiB 1999, 581 (zu § 19); LG Nürnberg-Fürth 24.11.2008, 3 Kls 501 Js 1777/08, AuR 2010, 35 (im Ergebnis bestätigt durch BGHSt 55, 288), sowie dazu *Fischer* AuR 2010, 4; **aA** wie hier Einstellungsverfügung der StA Freiburg 27.7.1995, 90 Js 136/95, EzA BetrVG 1972 §119 Nr 1; **L:** *Ledwon/Sura* DB 2022, 328, 331 ff; ErfK/*Kania* Rn 2; DKW/*Trümner* Rn 8; GK/*Kreutz* § 20 Rn 30; Leitner/Rosenau/*Hinderer* § 119 Rn. 7; Richardi/*Thüsing* § 20 Rn 18; *Kraatz* wistra 2011, 447; *Rieble* ZfA 2003, 283, 294 ff und ZIP 2009, 1593, 1600>. Danach sollen auch Zuwendungen des AG an eine AN-Vereinigung (etwa an die „Arbeitsgemeinschaft unabhängiger Betriebsangehöriger" [AUB]), die deren Stellung stärkt und einen aufwendigen

III. Wahlschutz, Abs 1 Nr 1 § 119

Wahlkampf ermöglicht, strafbar sein. Ebenso strafbar mache sich der AG, der durch die Finanzierung einer Wahlzeitung einseitig eine Gruppe von Kandidaten unterstützt <R: ausschließl zu § 20 Abs 2 BAG 4.12.1986, 6 ABR 48/85, BB 1987, 412; LAG HH 12.3.1998, 2 TaBV 2/98, AiB 1998, 701; LAG BaWü 1.8.2007, 12 TaBV 7/07, LAGE § 19 BetrVG 2001 Nr 3; L: DKW/*Trümner* Rn 8; **aA** *Dannecker* FS Gitter, S 167, 180>. Das ist **falsch**: Aus § 20 folgen keine bes Rücksichtnahmeverbote best Personen; Abs 1 Nr 1 und § 20 richten sich gg jedermann (Rn 6). Ein Neutralitätsgebot für den AG folgt auch weder aus § 75 <L: **so aber** *Fitting* § 20 Rn 24; DKW/*Schneider* § 20 Rn 19; ErfK/*Eisemann/Koch* § 20 Rn 7; **abl wie hier** *Dannecker* FS Gitter, S 167, 179> noch aus Art 9 Abs 3 GG <L: **so aber** *Maschmann* NZA 2008, 613, 618f; teilweise wird dies auch im Kontext der Meinungsfreiheit diskutiert, vgl *Wichert* DB 2018, 381>, auch § 20 Rn 10. Selbst wenn man ein Neutralitätsgebot aus § 75, Art 9 Abs 3 GG bejahte, bewehrt Abs 1 Nr 1 nur Verstöße gg § 20, nicht aber gg § 75 oder gg Art 9 Abs 3 GG mit Strafe <L: *Dannecker* FS Gitter, S 167, 180; *Rieble* ZfA 2003, 283, 294ff und ZIP 2009, 1593, 1600>.

Durch die bloße finanzielle Unterstützung von best Kandidaten beeinflusst der AG **zudem nicht unmittelbar** die Ausübung des Wahlrechts, wenn er nicht unmittelbar Einfluss auf die Kandidatur best Personen überhaupt nimmt („Kandidatenkauf"), Rn 12, 18f. Etwaige Verstöße gg die Chancengleichheit der Wahl werden nicht über § 20 sanktioniert, sondern berechtigen als Verstoß gg wesentl Grundsätze des Wahlrechts ledigl zur Anfechtung nach § 19 <R: BAG 6.12.2000, 7 ABR 34/99, DB 2001, 1422>. Auch deswg ist es nicht strafbar, wenn der AG eine AN-Vereinigung durch materielle Zuwendungen oder durch die Finanzierung einer Wahlkampfzeitung (Rn 22) unterstützt. Ebenso wenig ist es strafbar, wenn ltd Ang Unterschriften für eine Vorschlagsliste zur BR-Wahl sammeln <R: **aA** zu § 20 LAG HH 12.3.1998, 2 TaBV 2/98, AiB 1998, 701 (ganz falsch auch für ein Neutralitätsgebot [Rn 21] für ltd Ang); Hess LAG 23.8.2001, 12 TaBV 31/01, DB 2001, 2559 (Ls); L: **aA** DKW/*Trümner* Rn 7> (§ 20 Rn 10); Vergleichbares gilt für die Unterstützung der Kandidaten durch Dritte (Rn 5), etwa durch Einsammeln von Spenden für den Wahlkampf <L: *Schünemann* FS Gauweiler, S 515, 522; *Rieble* ZIP 2009, 1593, 1599>.

Sonstige Einflussnahmen auf die Willensbildung der AN, die nicht mit Vorteilen erkauft oder mit der Androhung von Nachteilen verbunden werden, sind weder Wahlbeeinflussung noch Wahlbehinderung. Deswg macht sich der AG nicht nach Abs 1 Nr 1 strafbar, wenn er in einem Rundschreiben festhält, wer seines Erachtens nicht in den BR gewählt werden solle, selbst wenn er dies mit wahrheitswidrigen Behauptungen über einen Kandidaten verbindet <R: Einstellungsverfügung der StA Freiburg 27.7.1995, 90 Js 136/95, EzA § 119 BetrVG 1972 Nr 1>, Rn 20. Nicht strafbar ist auch der Aufruf des AG zum Wahlboykott <R: LAG Köln 15.10.1993, 13 TaBV 36/93, NZA 1994, 431; L: *Fitting* Rn 4; HSWGN/*Hess* Rn 22; *SWS* Rn 7> oder die Einberufung einer Mitgliederversammlung oder die Versendung eines Schreibens, auf der oder mit dem der AG bei den AN Stimmung gg die Wahl des BR machen will <R: **aA** ArbG Regensburg 6.6.2002, 6 BVGa 6/02 S, AiB 2003, 554; ArbG Kiel 13.11.2003, 1 BV 34 d/03, AiB 2004, 106 (LS); L: **aA** GK/*Oetker* Rn 16>, noch Rn 14. Ebenso darf ein zum BR kandidierender Vorbeter Wahlempfehlungen an türkische Gastarbeiter abgeben, ohne sich nach Abs 1 Nr 1 strafbar zu machen – ob der Vorbeter einen beherrschenden Einfluss innerhalb der mohammedanischen Glaubensgemeinschaft hat oder nicht, ist unerhebl <R: darauf stellt **aber ab** LAG

§ 119 Straftaten gegen Betriebsverfassungsorgane und ihre Mitglieder

Hamm 12.2.1976, 8 TaBV 90/75, DB 1976, 922 (LS); **L:** wie hier *Rieble* ZIP 2009, 1593, 1598>. Auch die verunglimpfende und aufhetzende Wahlwerbung durch einen Kandidaten zur BR-Wahl mit schwerwiegenden Ehrverletzungen und parteipolitischem Engagement mit verfassungsfeindl Zielsetzung ist (ggfs nach anderen Vorschriften zu belangen, aber) nicht nach Abs 1 Nr 1 strafbar <**R:** vgl den Sachverhalt BAG 15.12.1977, 3 AZR 184/76, DB 1978, 1038>.

IV. Schutz vor Behinderung und Störung der Betriebsratstätigkeit, Abs 1 Nr 2

1. Normzweck und Anwendungsbereich

25 Abs 1 Nr 2 stellt die Behinderung und Störung der BR-Tätigkeit unter Strafe und **knüpft damit an die Verbote des § 78 S 1 an**, § 78 Rn 5 ff. Welche Rolle ein etwaiges „Betriebsrat-Mobbing" dabei tatsächl spielt, wird (möglicherweise auch jeweils lobbyistisch eingefärbt) unterschiedl dargestellt <**L:** vgl etwa *Heimann* AiB 2017, 26; *Dilcher/Schoof* AiB 2020, Nr 3, 31>. Die unterschiedl Terminologie – § 78 spricht von Behinderung und Störung der Mitglieder, § 119 Abs 1 Nr 2 von den Organen selbst – ist für das Ergebnis ohne Bedeutung: Werden einzelne BR-Mitglieder behindert oder gestört, stört dies die Tätigkeit des Organs (des BR) insgesamt <**L:** *Dannecker* FS Gitter, S 167, 181>. Abs 1 Nr 2 richtet sich gg Beeinträchtigungen der Tätigkeit des BR, der Jugend- und Auszubildendenvertretung – jeweils einschließl der auf Unternehmens- und Konzernebene gebildeten Vertretungen (insbes GBR und KBR) – des WirtA, der Bordvertretung und des See-BR, der ES, einer tarifl Schlichtungsstelle (§ 76 Abs 8), einer betriebl Beschwerdestelle (§ 80 Abs 2 S 4, etwa nach § 13 AGG) und (anders als Abs 1 Nr 1, Rn 10) auf alle zusätzl betriebsverfassungsrechtl Vertretungen iS des § 3 Abs 1. Wie in § 78 S 1 und abw von Abs 1 Nr 3 (Rn 37) werden die Ersatzmitglieder nicht ausdrückl genannt, sondern wird nur der BR als Gremium vor Behinderungen und Störungen geschützt. Daraus folgt, dass wie bei § 78 S 1 ein Ersatzmitglied nur für die Dauer seiner Stellvertretung eines zeitweilig verhinderten Mitglieds oder ab dem Zeitpunkt seines endgültigen Nachrückens für ein ausgeschiedenes BR-Mitglied geschützt ist (§ 78 Rn 3), nicht aber generell.

26 Abs 1 Nr 2 ist ein **Erfolgsdelikt**: die Behinderung oder Störung muss eingetreten sein <**L:** *Pasewaldt* ZIS 2007, 75, 78; GK/*Oetker* Rn 20; Richardi/*Annuß* Rn 20; *Fitting* Rn 7; aA DKW/*Trümner* Rn 1a>. Abs 1 Nr 2 ist ein **Jedermannsdelikt** <**L:** Müller-Gugenberger/Kruhl/Hadamitzky/*Thul* § 35 Rn 35.26>: Der BR wird vor Behinderungen und Störungen nicht nur gg Eingriffe des AG geschützt, sondern auch vor Eingriffen Dritter. Entgg einer teilweise vertretenen Auffassung schützt Abs 1 Nr 2 nicht nur die Störung der BR-Tätigkeit von außen, sondern ebenso die Störung durch BR-Mitglieder: Ist geschütztes Rechtsgut des § 119 einheitl die Mitbestimmung nach dem BetrVG (Rn 1), so ist dieses auch einheitl vor Eingriffen von außen und von innen geschützt <**L:** allg *Dannecker* FS Gitter, S 167, 172; *Pasewaldt* ZIS 2007, 75, 798; GK/*Oetker* Rn 6; **aA** Richardi/*Annuß* Rn 20; ErfK/*Kania* Rn 3; DKW/*Trümner* Rn 14; HSWGN/*Hess* Rn 5; SWS Rn 2>.

27 Auch Abs 1 Nr 2 ist nach hM **akzessorisch** zu § 78 S 1: Jede Behinderung oder Störung des BR iS des § 78 S 2 soll nach Abs 1 Nr 2 strafbewehrt sein <**L:** *Pasewaldt* ZIS 2007, 75, 78; GK/*Oetker* Rn 18; **aA** DKW/*Trümner* Rn 13>. Das ist **wg der Weite des Behin-**

IV. Schutz vor Behinderung und Störung der Betriebsratstätigkeit, Abs 1 Nr 2 **§ 119**

derungs- und Störungsbegriffs in § 78 S 2 zweifelhaft: So soll etwa der AG den BR schon dadurch stören, dass er BR-Mitglieder anbrüllt oder ihnen mit körperl Gewalt droht <R: ArbG Fft/M 14.1.1999, 13 BV 17/97, AuR 2000, 115> oder über diese sachl falsche und böswillig abwertende Behauptungen verbreitet <R: LAG Nds 6.4.2004, 1 TaBV 64/03, DB 2004, 1735 (im konkreten Fall abl)>, § 78 Rn 1; das mag aus verschiedenen Gründen ein nicht gebotenes Verhalten sein, ist aber kein strafwürdiges Unrecht. Wg des Bestimmtheitsgebotes aus Art 103 Abs 2 GG ist Abs 1 Nr 2 eng auszulegen, und es fallen nur eindeutige Fälle rechtswidriger Behinderung und Störung unter den Straftatbestand <L: *Dannecker* FS Gitter, S 167, 172; Gercke/Kraft/Richter/*Richter* Rn 1148: zB nicht jede Verletzung einer dem AG obliegenden Aufklärungspflicht; aA Müller-Gugenberger/Kruhl/Hadamitzky/*Thul* § 35 Rn 35.27: ggfs Lösung über § 153 StPO>.

2. Behinderung

Behinderung iS des § 78 S 1 ist jede unzulässige Störung, Erschwerung oder Verhinderung 28 der BR-Tätigkeit <R: BAG 1.8.1990, 7 ABR 99/88, DB 1991, 47; 19.7.1995, 7 ABR 60/94, BB 1996, 328; 12.11.1997, 7 ABR 14/97, BB 1998, 1006>. Die praktische Bedeutung des § 78 S 1 liegt vor allem darin, den BR-Mitgliedern die Kontaktaufnahme mit den AN und dafür den Zutritt zum Betrieb und insbes den Zugang zu BR-Sitzungen zu sichern <R: LAG München 27.2.1998, 8 TaBV 98/97, AiB Telegramm 1998, 21; LAG Hamm 25.6.2004, 10 TaBV 61/04, juris; LAG HH 6.10.2005, 7 TaBV 7/05, AiB 2006, 238>, § 78 Rn 6. Als Behinderung strafbar ist es deswg, wenn der AG den BR-Mitgliedern ein **Hausverbot** erteilt <R: AmtG Göttingen, 33 Ds – 41 Js 17043/88, 360/89, AiB 1992, 41: nachdem sich die BR-Mitglieder geweigert hatten, ein Plakat aus den Räumen des BR zu entfernen; AmtG HH 18.12.1989, AiB 1990, 212: ggü BR-Vors> oder wenn trotz der expliziten Sonderregel in § 129 den BR-Mitgliedern untersagt wird, an BR-Sitzungen per Videokonferenz von zu Hause aus teilzunehmen, obwohl im Betrieb die Vorgaben der Corona-ArbSchV für Sitzungen des BR nicht eingehalten werden können <R: Arb Köln 24.3.2021, 18 BVGa 11/21, NZA-RR 2021, 375>. Ebenso folgt aus § 78 S 1, dass jedes BR-Mitglied zur innerbetriebl Kommunikation mit den AN die vom AG nach § 40 Abs 2 zur Verfügung zu stellenden Sachmittel (§ 40 Rn 14 ff) ungehindert nutzen können, insbes jederzeit mit AN des Betriebs telefonieren können muss <R: BAG 8.3.2000, 7 ABR 73/98, AuR 2000, 142>, § 78 Rn 7. In diesem Kontext entschied das BAG, dass der BR einen separaten, vom Proxy-Server des AG unabhängigen Internetzugang nicht allein deshalb für erforderl halten darf, weil über den zentral vermittelten Internetzugang technisch die Möglichkeit besteht, die Internetnutzung und den E-Mail-Verkehr zu überwachen. Dies begründet das BAG ua auch damit, dass ein bestehendes Missbrauchspotenzial nicht *a priori* zulasten des AG gehen könne, weil dieser sich schließlich auch durch eine Kontrolle der BR-Tätigkeit mittels Auswertung der Aufzeichnungen über Internetaktivitäten nach § 119 Abs 1 Nr 2 BetrVG strafbar machen könne <R: BAG 20.4.2016, 7 ABR 50/14, BB 2016, 1844; ähnlich bereits LAG BaWü 23.1.2013, 13 TaBV 8/12, MMR 2013, 336>. Gleichwohl ist fraglich, ob der AG nicht nur gg § 78 S 1 verstößt, sondern sich auch nach Abs 1 Nr 2 strafbar macht, wenn er **Telefongespräche des BR verhindert und aktiv unterbricht** <R: bejahend AmtG Passau 5.6.1986, 9 Js 1262/85, AiB 1992, 42; **L: bejahend** *Fitting* Rn 7; DKW/*Trümner* Rn 12; HSWGN/*Hess* Rn 14a>; hier gibt es gute Gründe, kein strafrechtl hinreichend erhebl Verhalten (Rn 27) anzunehmen. Vergleichbares gilt, wenn der AG eigenmächtig Anschläge des BR vom Schwarzen Brett entfernt <R: zu § 78 Hess LAG 15.3.2007, 9 TaBVGa 32/07, juris

§ 119   Straftaten gegen Betriebsverfassungsorgane und ihre Mitglieder

4> oder vom BR in das betriebsinterne Intranet eingestellte Seiten löscht <**R:** zu § 78 BAG 3.9.2003, 7 ABR 12/03, BB 2004, 668; LAG Hamm 12.3.2004, 10 TaBV 161/03, RDV 2004, 223 (LS)>, § 78 Rn 8. Nicht strafbar ist es, wenn der AG aufgrund seines Hausrechts beleidigende und verleumderische Mitteilungen des BR aus Aushängekästen entfernt <**R:** LG Ddf 7.10.1958, VI 158/58, BB 1959, 632>. Auch durch die Weigerung, dem BR die **Mittel für die BR-Tätigkeit** zur Verfügung zu stellen, behindert der AG die BR-Tätigkeit nicht in strafrechtl relevanter Weise <**L:** so aber *Zabel* AuR 1992, 42, 43; *Fitting* Rn 7; DKW/*Trümner* Rn 12; HSWGN/*Hess* Rn 24a; ErfK/*Kania* Rn 3>: Denn der Anspruch auf die erforderl Sachmittel folgt nicht aus § 78 S 1, sondern aus § 40 Abs 2, § 78 Rn 9.

29   Entgg der hM dürfte es nicht als Behinderung der BR-Tätigkeit iS des Abs 1 Nr 2 strafbar sein, wenn der AG öffentl durch Aushang oder in einem Schreiben an alle **AN empfiehlt, eine Betriebsversammlung nicht zu besuchen**, weil erst vor zwei Monaten eine Betriebsversammlung stattgefunden habe, beim jetzigen Krankenstand und Termindruck keine Zeit für eine weitere Versammlung sei und es mangels abgeschlossener Tarifverhandlungen müßig sei, über die Tarifsituation zu diskutieren: Auch wenn der AG die Betriebsversammlung nicht verhindern, sondern ledigl behindern muss, wird durch ein solches Schreiben das Organisationsrecht des BR nicht (schwerwiegend) und schon gar nicht strafwürdig beeinträchtigt (Rn 27); der BR kann die Betriebsversammlung gleichwohl nach § 43 Abs 1 S 4 abhalten <**R:** aA OLG Stuttgart 9.9.1988, 1 Ws 237/88, BB 1988, 2245 (LS) gg die Einstellungsverfügung des Generalstaatsanwalts und für die Erhebung einer öffentl Anklage iS des § 175 StPO; **L:** aA GK/*Oetker* Rn 19; *Fitting* Rn 7; DKW/*Trümner* Rn 12; HSWGN/*Hess* Rn 14a; *SWS* Rn 9>. Ebenso wenig ist es eine strafbare Behinderung der BR-Tätigkeit, wenn der AG die **AN auffordert**, ein Schreiben zu verfassen, um **die Ablösung des BR zu verlangen** <**R:** aA AmtG Passau 5.6.1985, 9 Js 1262/85, AiB 1992, 42>; denn auch diese Bitte beeinflusst die Tätigkeit des BR nicht; zur Störung der BR-Tätigkeit, Rn 33 ff. Eine Behinderung nach § 78 S 1, die wohl ebenso wenig die Strafbarkeitsschwelle überschreitet, ist anzunehmen, wenn der AG die Teilnahme eines BR-Mitglieds an Personalgesprächen iSv § 82 BetrVG von einer entsprechenden **Vorankündigung** abhängig macht <**R:** LArbG Fft/M 7.12.2015, 16 TaBV 140/15>. Ebenso fraglich ist, ob bereits die Einordnung einer Personalmaßnahme (Planung eines Personalabbaus) als Betriebs- und Geschäftsgeheimnis <**R:** unzulässig nach LArbG Kiel 20.5.2015, 3 TaBV 35/14> dem BR die Möglichkeit zu einer effektiven AN-Vertretung nimmt, mithin eine strafrechtl relevante Behinderung darstellt.

30   Wird einem **Vertreter der Gewerkschaft verboten, den Betrieb zu betreten**, so liegt hierin nur dann eine Behinderung oder Störung iS von Abs 1 Nr 2, wenn der Besuch zur Wahrnehmung einer der im Betriebsverfassungsgesetz abschließend geregelten Aufgaben und Befugnisse der Gewerkschaften dienen soll <**R:** OLG Stuttgart 21.12.1977, 2 Ws 21/77, BB 1978, 450; **L:** GK/*Oetker* Rn 19; HSWGN/*Hess* Rn 14a; *SWS* Rn 9; DKW/*Trümner* Rn 12; weiter *Zabel* AiB 1992, 42, 43; *Fitting* Rn 7>.

31   **Missachtet der AG Beteiligungsrechte des BR wiederholt** und beharrl <**L:** zum Verstoß gg Erkundigungspflichten als Behinderung im Kontext der Erstellung der Wahlberechtigtenliste im Entleiherbetrieb *Hamann* jurisPR-ArbR 4/2016 Anm 5 zu LArbG Hamm v 18.9.2015, 13 TaBV 20/15>, sodass er den BR als Organ praktisch ignoriert, liegt darin allerdings eine iS des Abs 1 Nr 2 strafbare Behinderung der BR-Tätigkeit <**L:** *Fitting* Rn 7; ErfK/*Kania* Rn 3> (§ 78 Rn 5). Ebenso in der Zerschlagung des BR durch Versetzen, Gehaltskürzungen und ungerechtfertigte Kettenkündigungen <**R:** AG Ham-

IV. Schutz vor Behinderung und Störung der Betriebsratstätigkeit, Abs 1 Nr 2 § 119

burg-Harburg AiB 1990, 212; **L:** Esser/Rübenstahl/Saliger/Tsambikakis/*Esser*, § 119 Rn 14>. Als in § 119 nicht enthaltenes subjektives Merkmal kommt es hierfür auch nicht darauf an, ob der AG den BR bewusst beiseiteschiebt <**L:** *Dannecker* FS Gitter, S 167, 182; *Pasewaldt* ZIS 2007, 75, 79; GK/*Oetker* Rn 20; **aA** *Roos* AiB 1999, 490, 492; Richardi/*Annuß* Rn 21; HSWGN/*Hess* Rn 27; *SWS* Rn 11; auch DKW/*Trümner* Rn 13; weiter *Sax* S 190, 197>. Das gilt aber nur für die echte Mitwirkung und Mitbestimmung des BR, hingg nicht für vorgelagerte Anhörungs- und Unterrichtungspflichten: Solche Pflichtverstöße des AG sind allenfalls eine OWi iS des § 121, dort Rn 1. Da § 121 den Verstoß gg die Pflicht zur Vorlage von Unterlagen nicht sanktioniert, ist die Nichtvorlage erst recht kein strafwürdiges Unrecht iS des Abs 1 Nr 2 <**L: aA** *Fitting* Rn 7>, § 121 Rn 2. Da die Anhörung des BR nach § 102 keine bloße Unterrichtungspflicht ist, sondern eine echte Beteiligung des BR, ist es aber nach Abs 1 Nr 2 strafbar, wenn der AG den BR vor der Kd entgg § 102 vorsätzl wiederholt nicht anhört, insbes entgg einem Beschluss des ArbG, in dem ihm die Beteiligung des BR aufgegeben wird <**R:** BAG 20.9.1957, 1 AZR 136/56, AP Nr 34 zu § 1 KSchG>.

Auch **Mitglieder der geschützten betriebsverfassungsrechtl Organe** können die BR-Tätigkeit behindern; Abs 1 Nr 2 ist ein Jedermannsdelikt (Rn 6). Danach kann es nach Abs 1 Nr 2 strafbar sein, wenn BR-Mitglieder nicht zu Sitzungen erscheinen, sodass die Beschlussfähigkeit des BR in Frage gestellt ist (§ 33 Abs 2); auch kann sich der BR-Vors strafbar machen, wenn er entgg § 29 Abs 2 S 1 keine BR-Sitzung einberuft, obwohl der AG an den BR-Vors in einer mitbestimmungspflichtigen Angelegenheit herangetreten ist, oder wenn der BR-Vors sich entgg § 26 Abs 2 S 1 weigert, BR-Beschlüsse, etwa über die Zustimmung des BR zur Kd eines BR-Mitglieds nach § 103 Abs 1, dem AG mitzuteilen. Auch insoweit genügen einmalige Verfehlungen nicht, sondern müssen das BR-Mitglied oder der BR-Vors beharrl gg ihre betriebsverfassungsrechtl Pflichten verstoßen. 32

3. Störung

Informiert der AG die AN in einer Betriebsversammlung einseitig über die von ihm gem § 40 zu tragenden BR-Kosten, indem er diese allein als das Betriebsergebnis negativ beeinflussenden Faktor herausstellt, stört er zwar die BR-Tätigkeit iS des § 78 S 2, und der BR kann Unterlassung verlangen <**R:** BAG 19.7.1995, 7 ABR 60/94, BB 1996, 328; 12.11.1997, 7 ABR 14/97, BB 1998, 1006>, § 78 Rn 11 und 25, macht sich aber nicht iS des Abs 1 Nr 1 strafbar <**R: aA** ArbG Darmstadt 20.11.1986, 1 BVGa 9/86, AiB 1987, 140 schon für die monatl Bekanntgabe der BR-Kosten; **L: aA** DKW/*Trümner* Rn 12>. Ebenso stört der AG die BR-Tätigkeit dadurch unzulässig, dass er BR-Mitglieder **anbrüllt** oder ihnen mit körperl Gewalt **droht** <**R:** ArbG Fft/M 14.1.1999, 13 BV 17/97, AuR 2000, 115> oder über diese sachl falsche und böswillig abwertende Behauptungen verbreitet <**R:** LAG Nds 6.4.2004, 1 TaBV 64/03, DB 2004, 1735 (im konkreten Fall abl)>, § 78 Rn 10 und 25; gleichwohl kann ein solches Verhalten nur ausnahmsweise, in bes krassen Fällen strafbar sein (vgl bereits Rn 27). Das gilt auch für den umgekehrten Fall, in dem ein BR-Mitglied, insbes der BR-Vors, auf eine Abmahnung wg seiner Arbeitsleistung (aufgrund einer Kundenbeschwerde) damit reagiert, dass er Vorgesetzte als „Arschlöcher" bezeichnet, mit dem Bruch der vertrauensvollen Zusammenarbeit droht und ankündigt, es werde künftig keine einvernehml Absprachen zw AG und BR geben 33

<R: LAG Nds 25.10.2004, 5 TaBV 96/03, NZA-RR 2005, 530 gg die ao Kd und Amtsenthebung nach § 23 Abs 1>.

34 Schon für eine Störung der BR-Tätigkeit iS des § 78 S 1 genügt es **nicht**, dass der AG droht, **Vergünstigungen für die Belegschaft zu streichen** und dafür den BR verantwortl macht, etwa wenn er damit droht, keine kostenlosen Parkplätze mehr zur Verfügung zu stellen, falls er sich mit dem BR nicht ohne Einschaltung der ES über eine Parkplatzregelung einigen könne <R: aA LAG Köln 31.7.2008, 9/4 TaBV 24/08, juris> oder eine Tariflohnerhöhung zu 100% anzurechnen, falls der BR nicht einer best Art der Anrechung zustimme <R: aA Hess LAG 28.1.1998, 8 Sa 2219/96, juris>, § 78 Rn 10. Erst recht macht sich der AG nicht wg Behinderung und Störung der BR-Tätigkeit strafbar, wenn er Entgelterhöhungen für die AN nur für den Fall verspricht, dass der BR den Entwurf eines Urlaubsplans für den Sommerurlaub unterschreibt, ohne die ES anzurufen <R: aA AmtG Kempten 6.12.1999, Cs 213 Js5082/99, AiB 2001, 182; **L:** aA *Fitting* Rn 7; DKW/*Trümner* Rn 12; HSWGN/*Hess* Rn 14a; *SWS* Rn 9>, oder androht, angekündigte Sonderleistungen (zB Lohn- und Gehaltserhöhungen, Weihnachtsfeier nebst entspr Weihnachtsleistungen) nicht zu gewähren, sofern der BR einen Beschlussantrag wg Verletzung von MBR durch den AG nicht zurücknimmt <R: aA AmtG Kempten 6.12.1999, aaO> oder der ao Kd des BR-Vors nicht nach § 103 zustimmt <R: aA AmtG HH 18.12.1989, AiB 1990, 212>. Das BayObLG hat die Drohung des AG ggü BR-Mitgliedern, übertarifl freiwillige Leistungen wie Weihnachtsgeld, Anwesenheitsprämie und Sonderurlaub zu streichen, wenn der BR nicht zurücktreten sollte, ledigl unter dem Gesichtspunkt der Nötigung iS des § 240 StGB, hingg nicht unter dem Aspekt der Behinderung der BR-Tätigkeit iS des Abs 1 Nr 2 problematisiert <R: BayObLG 29.7.1980, RReg 4 St 173/80, BB 1980, 1638; **L: abw** für Abs 1 Nr 2 *Fitting* Rn 7; DKW/*Trümner* Rn 12; HSWGN/*Hess* Rn 14a; ErfK/*Kania* Rn 3>.

35 Mit der falschen Behauptung, die BR-Wahl sei angefochten, stört der AG die BR-Tätigkeit schon nicht, da die Anfechtung an dessen Amt und Tätigkeit nichts ändert; strafbar ist eine solche Behauptung in keinem Fall <R: weiter AmtG Konstanz 3.9.1981, La 91/80 (23/80), AiB 1982, 34>. Die an die AN gerichtete Aufforderung des AG, ein Schreiben zu verfassen, um **die Ablösung des BR zu verlangen**, ist weder als Behinderung noch als Störung der BR-Tätigkeit strafbar <R: **aA für eine strafbare Behinderung** AmtG Passau 5.6.1985, 9 Js 1262/85, AiB 1992, 42>. Insoweit wird aber der BR nicht in seiner Tätigkeit behindert (Rn 29), sondern allenfalls gestört.

V. Schutz vor Benachteiligung und Begünstigung, Abs 1 Nr 3

1. Normzweck und Anwendungsbereich

36 Nach Abs 1 Nr 3 macht sich strafbar, wer ein BR-Mitglied usw (Rn 37) um seiner Tätigkeit willen benachteiligt oder begünstigt; das knüpft an das Benachteiligungs- und Begünstigungsverbot des **§ 78 S 2** an (Rn 4 und § 78 Rn 13 ff). Auch wenn Abs 1 Nr 3 anders als § 78 S 2 Hs 2 neben der Begünstigung und Benachteiligung wg ihrer Tätigkeit die „**berufl Entwicklung**" nicht nennt, fällt diese unproblematisch unter Begünstigung und Benachteiligung <**L:** GK/*Oetker* Rn 25>.

V. Schutz vor Benachteiligung und Begünstigung, Abs 1 Nr 3   § 119

Abs 1 Nr 3 richtet sich **gg Beeinträchtigungen der Tätigkeit der** Mitglieder des BR, der   37
Jugend- und Auszubildendenvertretung – jeweils einschließl der auf Unternehmens- und
Konzernebene gebildeten Vertretungen (insbes GBR und KBR) – des WirtA, der Bordvertretung und des See-BR, der ES, einer tarifl Schlichtungsstelle (§ 76 Abs 8), einer betriebl Beschwerdestelle (etwa nach § 13 AGG) und zusätzl betriebsverfassungsrechtl Vertretungen iS des § 3 Abs 1. Anders als § 78 S 2 erfasst § 119 Abs 1 Nr 3 ausdrückl auch
die **Ersatzmitglieder** und geht damit über § 78 S 2 hinaus: Während § 78 S 2 ein Ersatzmitglied für die Dauer seiner Stellvertretung eines zeitweilig verhinderten Mitglieds oder
ab dem Zeitpunkt seines endgültigen Nachrückens für ein ausgeschiedenes BR-Mitglied
schützt (§ 78 Rn 3), wird über Abs 1 Nr 3 die Begünstigung und Benachteiligung von Ersatzmitgliedern schon dann bestraft, wenn diese ledigl gewählt sind, ohne gem § 25 Abs 1
betriebsverfassungsrechtl Aufgaben wahrzunehmen: Insbes die Begünstigung dieser Ersatzmitglieder kann das Vertrauen der AN in die Unabhängigkeit der Amtsführung des
BR beeinträchtigen und ist damit strafwürdig <**L:** *Dannecker* FS Gitter, S 167, 174; **aA**
GK/*Oetker* Rn 26; *Fitting* Rn 8; HSWGN/*Hess* Rn 28>. Die Novellierung des BetrVG hat
2001 das Benachteiligungs- und Begünstigungsverbot des § 78 S 2 und die Strafbarkeit in
§ 119 Abs 1 Nr 3 ausdrückl auf die Auskunftspersonen des § 78 Abs 2 S 3 erstreckt.

Abs 1 Nr 3 verbietet wie § 78 S 2 jede sachl nicht gerechtfertigte Benachteiligung oder   38
Begünstigung der BR-Mitglieder usw **wg der BR-Tätigkeit**; es genügt, dass das BR-Mitglied im Vergleich zu einem Nicht-Mitglied **objektiv** besser oder schlechter gestellt ist
<**R:** zum PersVG BAG 16.2.2005, 7 AZR 95/04, NZA-RR 2005, 556; **L:** *Rieble* NZA
2008, 276, 277>. Die Mitgliedschaft im BR muss **kausal** für die Sonderbehandlung sein:
Strafbar ist jede Besser- oder Schlechterstellung eines BR-Mitglieds **im Verhältnis zu
anderen vergleichbaren AN**, die nicht aus sachl Erwägungen, sondern wg der Amtstätigkeit erfolgt <**R:** OLG Ddf 27.3.2008, III-2 Ss 110/07 – 88/07 III, 2 Ss 110/07 – 88/07
III, DB 2008, 1220 (LS) zur Benachteiligung; **L:** Esser/Rübenstahl/Saliger/Tsambikakis/
Esser § 119 Rn 16; *Dzida/Mehens* NZA 2013, 753, 754>. Dass der Begünstigende oder
Benachteiligende Einfluss auf die Amtsführung des BR nehmen will, setzt Abs 1 Nr 3
nicht voraus: Sanktioniert wird die bloße Begünstigung wg des Amtes („um ihrer Tätigkeit willen") <**L:** *Rieble* CCZ 2008, 121, 125; **abw** für eine Unrechtsvereinbarung *Pasewaldt* ZIS 2007, 75, 79>. Keine strafwürdige Bevorzugung oder Benachteiligung von ES-
Mitgliedern (Rn 37) ist es, wenn dem Vors und den nicht betriebsangehörigen ES-Mitgliedern extrem unterschiedl Vergütungen gewährt werden, selbst wenn die Differenzierung nicht durch § 76a Abs 4 S 3–5 sachl gerechtfertigt ist: Das ES-Mitglied wird nicht
wg seiner Tätigkeit als ES-Mitglied (ggü AN des Betriebs) benachteiligt, sondern als ES-
Mitglied im Verhältnis zu anderen ES-Mitgliedern <**R: aA** LAG München 11.1.1991, 2
TaBV 57/90, BB 1991, 551 (LS); **L: aA** *Fitting* Rn 9; DKW/*Trümner* Rn 16; *SWS* Rn 12;
instruktiv *Strauß* JuS 2018, 1143>.

Abs 1 Nr 3 ist ein **Erfolgsdelikt**. Wie der Vergleich mit Abs 1 Nr 1 zeigt, genügt das blo-   39
ße Versprechen einer Begünstigung oder das Androhen von Nachteilen nicht; das BR-
Mitglied muss tatsächl begünstigt oder benachteiligt worden sein <**L:** *Dannecker* FS Gitter, S 167, 183; *Pasewaldt* ZIS 2007, 75, 79; GK/*Oetker* Rn 25 mwN>. Subjektiv erfordert Abs 1 Nr 3 einen **Begünstigungs- oder Benachteiligungsvorsatz** (aber keine auf die
Begünstigung oder Benachteiligung zielende Absicht, Rn 8): Der Täter muss sich darüber
bewusst sein oder zumindest billigend in Kauf nehmen, dass die für das BR-Mitglied begünstigenden oder benachteiligenden Maßnahmen sachl nicht gerechtfertigt sind <**R:** zur

§ 119 Straftaten gegen Betriebsverfassungsorgane und ihre Mitglieder

Benachteiligung OLG Ddf 27.3.2008, III-2 Ss 110/07 – 88/07 III, 2 Ss 110/07 – 88/07 III, DB 2008, 1220 (LS)>.

40 Abs 1 Nr 3 ist ein **Jedermannsdelikt**, Rn 6. Die **Entgegennahme einer Zuwendung** (Rn 40 ff) durch das BR-Mitglied ist zwar **als notwendige Teilnahme nicht strafbar** <L: *Rieble/Klebeck* NZA 2006, 758, 767; *Schlösser* NStZ 2007, 562, 564; *Rieble* CCZ 2008, 121, 125; *Fischer* BB 2007, 997, 999; GK/*Oetker* Rn 25 mwN; krit *Cosack* ZRP 2016, 177>; dennoch kann sich das BR-Mitglied etwa wg Anstiftung gem § 26 StGB zur Haupttat des Begünstigenden nach Abs 1 Nr 3 strafbar machen, wenn sein Tatbeitrag die straflose Teilnahme durch bloßes Nehmen übersteigt, etwa in dem das BR-Mitglied die Zuwendung fordert <L: *Rieble/Klebeck* NZA 2006, 758, 767; *Rieble* CCZ 2008, 121, 125; *Fischer* BB 2007, 997, 1000; *Pasewaldt* ZIS 2007, 75, 80; GK/*Oetker* Rn 25; *Fitting* Rn 9; **enger** *Schlösser* NStZ 2007, 562, 565 f; **abw** offenbar ErfK/*Kania* Rn 4>.

2. Begünstigung

41 Strafrechtl stehen Fälle der **Begünstigung im Vordergrund:** Entgegengewirkt werden soll der Gefahr einer Korrumpierung der BR-Mitglieder; insbes soll verhindert werden, dass BR-Mitglieder vom AG „gekauft" werden <L: *Rieble* CCZ 2008, 121, 125; *Schweibert/Buse* NZA 2007, 1080, 1085; *Dzida/Mehrens* NZA 2013, 753; monographisch *Esser*, Die Begünstigung von Mitgliedern des Betriebsrats, 2013>. Die Bezahlung von BR-Mitgliedern (durch den Personalvorstand einer Aktiengesellschaft) als Gegenleistung für ihre Amtsführung, die über das Entgeltausfallprinzip des § 37 Abs 2 hinausgeht, etwa über Sonderbonuszahlungen, Quartalszahlungen und Zahlungen für betriebsfremde Ausgaben (Bezahlung des als Arbeiter eingestellten BR-Vors wie einen Markenvorstand), ist als Begünstigung nach Abs 1 Nr 3 strafbar <R: LG Braunschweig 25.1.2007, 6 KLs 48/06, CCZ 2008, 32; L: zur Problematik, dass AN-Vertreter, die zugleich im Aufsichtsrat sitzen, doppelt bezahlt und somit „begünstigt" werden, vgl eingehend *Rieble* AG 2016, 315 ff>.

42 Voraussetzung ist eine **persönl Begünstigung** des BR-Mitglieds. Zahlungen, die dem BR als Gremium zugutekommen, etwa die Ausstattung mit nicht geschuldeten Laptops ausschließl für die BR-Tätigkeit (§ 40 Rn 20) oder die Bereitstellung eines Fernsehers für das BR-Büro, sind nicht nach Abs 1 Nr 3 strafbar <L: *Rieble* CCZ 2008, 121, 126, 127; speziell zur Sach- und Personalausstattung des BR *Bayreuther* NZA 2013, 758>. Ebenso wenig fällt die Leistung an Dritte unter § 78 S 2 und Abs 1 Nr 3, solange dem BR-Mitglied dieser Vorteil nicht zumindest mittelbar zugutekommt <L: *Rieble* CCZ 2008, 121, 125>. Auch die Begünstigung einer Gewerkschaft, etwa Zuwendungen an die „Arbeitsgemeinschaft unabhängiger Betriebsangehöriger" (AUB), um deren Stellung zu stärken, ist keine Begünstigung einzelner BR-Mitglieder und damit nicht strafbar <L: wie hier *Rieble* CCZ 2008, 121, 126>. Anders wäre es nur, wenn die AN-Vereinigung ledigl formal als Empfänger agiert, die Zuwendungen aber sofort an BR-Mitglieder durchgereicht werden <L: *Rieble* CCZ 2008, 121, 126; weiter *Schemmel/Slowinski* BB 2009, 830, 832>.

43 Erhält ein **BR-Mitglied, das zugleich Mitglied einer Gewerkschaft** ist, Vergünstigungen durch den AG oder vermittelt durch die Gewerkschaft als bloße Zahlstelle (Rn 42), fällt dies nur dann unter Abs 1 Nr 3, wenn es diese Zahlungen als BR-Mitglied und nicht allg als AN erhält <R: BAGE 162, 159: Ein BR-Mitglied wird durch einen im Zuge einer kündigungsrechtl Auseinandersetzung abgeschlossenen Aufhebungsvertrag idR auch

V. Schutz vor Benachteiligung und Begünstigung, Abs 1 Nr 3 § 119

dann nicht unzulässigerweise begünstigt iSv § 78 Satz 2 BetrVG, wenn der Aufhebungsvertrag bes attraktive finanzielle oder sonstige Konditionen enthält, die einem AN ohne BR-Amt nicht zugestanden worden wären, denn diese Begünstigung beruht regelmäßig auf dem besonderen Kündigungsschutz des BR-Mitglieds nach § 15 Abs 1 KSchG> oder als Mitglied der Gewerkschaft erhält <L: *Rieble* CCZ 2008, 121, 126>: Das BetrVG schreibt in **§ 2 Abs 1** ein Nebeneinander der Tätigkeit von BR und Gewerkschaften vor und stellt in **§ 74 Abs 3** klar, dass der AN nicht deswg in der Betätigung für seine Gewerkschaft beschränkt wird, weil er ein betriebsverfassungsrechtl Mandat übernommen hat. Auch für BR-Mitglieder in herausgehobener Funktion, etwa für freigestellte BR-Mitglieder und insbes für den BR-Vors, besteht keine gesteigerte Pflicht, sich bei Betätigungen für die Gewerkschaft zurückzuhalten (§ 74 Rn 39). Deswg fallen auch Leistungen der Gewerkschaft an die ihr angehörenden BR-Mitglieder, etwa durch Schulungen oder Rechtsberatung, nicht unter Abs 1 Nr 3, soweit sie sich iR des Verbandszwecks halten, <L: *Rieble* CCZ 2008, 121, 127>. Andererseits ist es nach Abs 1 Nr 3 strafbar, wenn der AG vorsätzl betriebsverfassungsrechtl Leistungen an ein BR-Mitglied erbringt, obwohl es nicht als BR-Mitglied, sondern als Mitglied der Gewerkschaft tätig wird, etwa wenn er das BR-Mitglied für die Teilnahme an Schulungsveranstaltungen von der Arbeitstätigkeit unter Entgeltfortzahlung nach § 37 Abs 2 freistellt oder für Schulungsstunden außerhalb der Arbeitszeit nach § 37 Abs 3 Freizeitausgleich gewährt oder wenn er nach § 40 die Schulungskosten übernimmt – obwohl es sich um eine Schulung für Gewerkschaftsmitglieder und nicht für BR-Mitglieder handelt <L: *Rieble* CCZ 2008, 121, 126 und *ders* BB 2009, 1016, 1018 ff; zur Problematik von BR-Schulungen mit „Verwöhncharakter" *Zimmermann* NZA 2017, 162; zu sonstigen Fällen (nicht gerechtfertigter) zusätzlicher Freistellung von BR-Mitgliedern *Vey* BB 2022, 180, 181>.

Zu Unrecht begünstigt wird ein BR-Mitglied etwa, wenn seine Arbeitszeit während **44** der Freistellungsphase von 19,25 auf 30 Stunden heraufgesetzt und es ein entspr **höheres Entgelt** erhält <R: zum PersVG BAG 16.2.2005, 7 AZR 95/04, NZA-RR 2005, 556; L: zum Problem des Ausgleichs bei freigestellten BR-Mitgliedern in flexiblen Arbeitszeitmodellen *Schönhöft/Oelze* NZA 2017, 284>, wenn BR-bedingte Mehrarbeit iS des 37 Abs 3 vergütet wird <R: zu § 78 LAG Köln 6.3.1998, 11 (9) Sa 383/97, NZA-RR 1999, 247>, wenn BR-Mitglieder bei BR-bedingten Reisen höhere Beträge als andere AN bei betriebl veranlassten Reisen erhalten <R: zu § 78 BAG 23.6.1975, 1 ABR 104/73, BB 1975, 1111; 16.4.2003, 7 AZR 423/01, NZA 2004, 171; 28.3.2007, 7 ABR 33/06, AP BetrVG 1972 § 40 Nr 89 (LS)>, oder wenn der bislang in der Position eines Sachbearbeiters (EG 11) stehende AN in die EG 14 hochgruppiert wird, was der Position eines Abteilungsleiters entspricht <R: LAG Ddf 17.4.2019, 7 Sa 1065/18; **L:** allg zu strafbaren Begünstigungen bei Vergütungsentscheidungen *Annuß* NStZ 2020, 201; *Vey* BB 2022, 180, 183; auch mit Blick auf § 266 StGB *Koch/Kudlich/Thüsing* ZIP 2022, 1 ff; *Zimmer/Dürr* NZWiSt 2021, 176 ff; *Johnson* CCZ 2021, 75, 79 f; *Baade/Reiserer* DStR 2022, 155 ff; *Braun/Ledwon* ArbRB 2020, 83 ff; Vorschläge für eine rechtssichere Vergütung bei *Götz* DB 2020, 558 ff>. Weitere Beispiele für materielle Begünstigungen: § 78 Rn 14 ff. Ob ein BR-Mitglied unzulässig begünstigt wird, wenn der AG dessen befristetes Arbeitsverhältnis (befristet) verlängert, um die personelle Kontinuität der BR-Arbeit zu sichern, ist zweifelhaft <L: **befürwortend Vorauflage**; R: aA zu § 78 BAG 23.1.2002, 7 AZR 611/00, BB 2002, 1097>, § 78 Rn 19 <L: zusammenfassend instruktiv am Maßstab des

§ 78 S 2 BetrVG, aber auch auf die Strafbarkeitsrisiken nach § 119 BetrVG hinweisend *Behrendt/Lilienthal* KSzW 2014, 277>.

3. Benachteiligung

45 Der AG benachteiligt BR-Mitglieder **etwa** strafbar iS des Abs 1 Nr 3, wenn er mehreren BR-Mitgliedern in engem zeitl Zusammenhang das Arbeitsentgelt oder Zulagen kürzt und ihnen ohne Grund andere, schlechtere als die bisher verrichteten Tätigkeiten zuweist oder einem BR-Mitglied mehrfach kurz hintereinander ohne tragfähigen Grund ao kündigt <**R:** AmtG HH 18.12.1989, AiB 1990, 212>. Auch der Zwang, BR-Sitzungen außerhalb der Arbeitszeit ohne Entgeltzahlung abzuhalten, benachteiligt die BR-Mitglieder strafbar <**R:** AmtG Kempten 6.12.1999, Cs 213 Js 5082/99, AiB 2001, 182>. Suspendiert der AG drei BR-Mitglieder mit sofortiger Wirkung von der Arbeit und teilt ihnen mit, dass er das Arbeitsverhältnis nicht fortsetzen wolle, weil die BR-Mitglieder an einer nicht erforderl Schulungsmaßnahme teilgenommen und sich zudem nicht ordnungsgem von der Arbeit abgemeldet hätten, kann auch das eine strafbare Benachteiligung sein <**R:** offenlassend OLG Ddf 27.3.2008, III-2 Ss 110/07 – 88/07 III, 2 Ss 110/07 – 88/07 III, DB 2008, 1220 (LS)>.

46 Abgesehen von diesen bes Fällen wiederholter und gleichförmiger Benachteiligungen mehrerer BR-Mitglieder (Rn 45) spielt die Benachteiligung strafrechtl keine Rolle – insoweit scheinen die **zivilrechtl Sanktionen auszureichen**: Weigert sich etwa der AG, das befristete Arbeitsverhältnis eines BR-Mitglieds gerade wg dessen BR-Tätigkeit zu verlängern, kann das BR-Mitglied wg dieser Benachteiligung den Abschluss eines entspr Arbeitsvertrags verlangen <**R:** BAG 12.2.1975, 5 AZR 79/74, BB 1975, 701>, § 78 Rn 19 und 22. Steigt das BR-Mitglied nur wg seines BR-Amtes nicht in eine Position mit höherer Vergütung auf, hat es einen Gleichstellungsanspruch, kann also verlangen, so gestellt zu werden, wie es ohne BR-Amt entspr der berufl Entwicklung vergleichbarer AN stünde <**R:** BAG 17.8.2005, 7 AZR 528/04, NZA 2006, 448; zum PersVG BAG 26.9.1990, 7 AZR 208/89, DB 1991, 2678 (LS)>, § 78 Rn 21 f. Gelingt dem BR-Mitglied der Nachweis, dass die Nichtbeförderung eine Benachteiligung gerade wg der BR-Tätigkeit ist, kann es nach § 78 S 2 und § 37 Abs 4 und 5 einen Anspruch auf ein Arbeitsentgelt haben, das demjenigen vergleichbarer AN entspricht <**R:** BAG 11.12.1991, 7 AZR 75/91, NZA 1993, 909; 17.8.2005, 7 AZR 528/04, NZA 2006, 448>, ebenso ist ein Anspruch auf Beförderung mgl <**R:** BAG 15.1.1992, 7 AZR 194/91, DB 1993, 1379; LAG Köln 22.2.2008, 4 TaBV 60/07, juris>, § 78 Rn 23.

47 Dass bei Benachteiligungen der Schwerpunkt auf dem **Zivilrechtsschutz** liegt und strafrechtl Verurteilungen nur bei gleichförmiger Benachteiligung mehrerer BR-Mitglieder ausgesprochen worden sind (Rn 45), ist **konsequent**: Bei der Benachteiligung steht die individualvertragl Schlechterstellung des BR-Mitglieds im Vordergrund. Demggü tritt das Interesse der AN an einer unbeeinträchtigten Amtsausübung des BR (Rn 1) in den Hintergrund: Der AG greift in die Unabhängigkeit der Amtsführung zulasten der AN nicht dadurch ein, dass er ein BR-Mitglied nicht befördert, dessen befristetes Arbeitsverhältnis nicht verlängert usw, sondern nur dann, wenn er solche Benachteiligungen androht, um Druck auf die BR-Mitglieder auszuüben, oder wenn er BR-Mitglieder wiederholt und insbes gleichförmig benachteiligt, sodass sich die Benachteiligungen herumsprechen und die BR-Mitglieder von einer neutralen Amtsführung abhalten oder AN davon

abhalten, für den BR zu kandidieren. Abs 1 Nr 3 stellt aber gerade nicht – wie Abs 1 Nr 1 – das (ausdrückl oder durch gleichförmiges Verhalten konkludente) Androhen der Benachteiligung unter Strafe, sondern die Benachteiligung selbst. Insoweit schießt der Straftatbestand über seinen Schutzzweck hinaus. Bei der Bestrafung wg Benachteiligung von BR-Mitgliedern ist Zurückhaltung geboten, zumal sich der AG hier auch in der schwierigen Situation zwischen Skylla der Begünstigung und Charybdis der Benachteiligung befindet <L: zum diesbezüglichen Spannungsfeld auch *Aszmons* DB 2014, 895>.

VI. Subjektiver Tatbestand

Taten nach § 119 sind nur bei (zumindest bedingt) vorsätzl Handeln strafbar, vgl § 15 StGB iVm Art 1 Abs 2 EGStGB. Problematisch ist dabei weniger der Vorsatz hinsichtl der konkreten (also etwa behindernden, benachteiligenden bzw bevorzugenden etc) Handlungen als solchen als vielmehr die fehlerhafte Einordnung als (bereits oder noch nicht unzulässig) etwa benachteiligend bzw bevorzugend <L: zu Vorsatz und Irrtum bei § 119 BetrVG *Meyer*, BB 2016, 2421 (mit Tendenz: „in der Regel Verbotsirrtum"; ähnlich Müller-Gugenberger/Kruhl/Hadamitzky/*Thul* § 35 Rn 35.4); dagg *Latzel* wistra 2013, 334 (regelmäßig Tatbestandsirrtum: betriebsverfassungsrechtl Rechtslage als „Vorfrage"); zur Frage einer diesbezüglichen „Enthaftung" durch Rechtsrat *Pletke/Lepper* ArbR 2018, 247>. Vom Vorsatz umfasst muss auch der Taterfolg sein, also der Umstand, dass sich aus einem bestimmten Verhalten überhaupt eine Behinderung der Wahl ergibt. 48

VII. Verfolgungsvoraussetzungen: Verjährung und Strafantragserfordernis

Die Straftaten des § 119 verjähren nach drei Jahren (§ 78 Abs 3 Nr 5 StGB) und werden nach Abs 2 § nur auf **Antrag (§ 77 StGB)** verfolgt. Abs 2 räumt die Antragsbefugnis generell dem BR, dem GBR, dem KBR, der Bordvertretung, dem See-BR und den in § 3 Abs 1 bezeichneten Vertretungen der AN, dem Wahlvorstand, dem Unternehmer oder einer im Betrieb vertretenen Gewerkschaft ein <L: vertiefend zu den Anforderungen an den Strafantrag durch den Wahlvorstand am Beispiel der Störung von Betriebsversammlungen *Vogel/Luber* ArbR 2019, 193; ferner *Schulze/Pfeffer* ArbR 2017, 615; krit zum Antragserfordernis allg Müller-Gugenberger/Kruhl/Hadamitzky/*Thul* § 35 Rn 35.8a>. Das ist dahin einzuschränken, dass die betriebsverfassungsrechtl Gremien nur antragsbefugt sind, soweit der konkrete Straftatbestand (Abs 1 Nr 1–3) diese als geschützt aufzählt. Der Strafantrag des BR setzt einen ordnungsgem BR-Beschluss iS des § 33 voraus (§ 33 Rn 1); den Strafantrag muss nach § 26 Abs 2 S 1 der BR-Vors oder sein Stellv stellen (§ 26 Rn 8). Der Strafantrag durch eine Gewerkschaft muss von der nach der Gewerkschaftssatzung zur Vertretung befugten Stelle gestellt werden, typischerweise dem Bundesvorstand <R: BayObLG 29.7.1980, RReg 4 St 173/80, BB 1980, 1638; L: *Polzer/Helm* AiB 2000, 133, 138; *Rieble* ZfA 2003, 283, 315 f>; dieser kann den von einer unzuständigen Stelle gestellten Strafantrag innerhalb der Antragsfrist (Rn 51) genehmigen <R: BayObLG 29.7.1980, aaO; L: *Rieble* ZfA 2003, 283, 316>. 49

50 **Nicht antragsbefugt** sind die durch Abs 1 geschützte **Jugend- und Auszubildendenvertretung**, insoweit nimmt der jeweilige BR die Antragsbefugnis wahr. Ebenfalls nicht antragsbefugt sind die **einzelnen BR-Mitglieder**. Da das BAG als Gewerkschaften iS des BetrVG nur tariffähige, also insbes mächtige AN-Vereinigungen ansieht <**R:** BAG 19.9.2006, 1 ABR 53/05, DB 2007, 1256>, können konkurrierende **Kleinvereinigungen von AN** keinen Strafantrag stellen. Auffällig ist, dass – abw etwa von § 23 Abs 3 – die durch Abs 1 geschützten **AN** (Rn 1) nicht strafantragsberechtigt sind. Insoweit verhindert das Antragserfordernis (ebenso wie die Anonymisierung von BR-Entscheidungen <**L:** *Cosack* ZRP 2016, 177, 179>) die effektive Strafverfolgung, weil antragsbefugt nur Täter und Begünstigte sind, die kein Interesse an der eigenen Strafverfolgung oder der Strafverfolgung des Begünstigenden haben <**L:** *Fischer* BB 2007, 997, 1000; *Rieble* CCZ 2008, 121, 125 f>. Es sollte daher erwogen werden, das Antragserfordernis zu streichen <**L:** hierzu auch Esser/Rübenstahl/Saliger/Tsambikakis/*Esser* § 119 Rn 12>.

51 Der Strafantrag ist nach **§ 77b Abs 1 StGB** binnen einer **Frist** von drei Monaten ab Kenntniserlangung von der Tat und der Person des Täters zu stellen. Bei Kollegialorganen wie dem BR ist maßgebl die Kenntnis des vertretungsbefugten (§ 26 Abs 2) BR-Vors. Der Strafantrag wird bei der Staatsanwaltschaft, den Behörden und Beamten des Polizeidienstes oder bei den Amtsgerichten gestellt, § 158 Abs 1 StPO. Stellt die Staatsanwaltschaft das Ermittlungsverf ein, kann der Antragsteller gem § 172 StPO binnen zwei Wochen Beschwerde bei der vorgesetzten Staatsanwaltschaft einlegen, mangels Verletzteneigenschaft aber nicht die antragstellende Gewerkschaft <**L:** *Rieble* ZfA 2003, 283, 316; GK/*Oetker* Rn 56; aA *Fitting* Rn 15; DKW/*Trümner* Rn 2, 24 ff; einschränkend nur bei Abs 1 Nr 1 Richardi/*Annuß* Rn 36>. Der Strafantrag kann gem § 77d Abs 1 S 1 StGB bis zum rechtskräftigen Abschluss des Strafverf wieder zurückgenommen werden; gem § 470 StPO trägt dann der Antragsteller die Kosten des Strafverf. Beauftragt der BR einen RA damit, den Strafantrag zu stellen, oder nimmt der BR seinen Strafantrag zurück, muss über § 40 der AG die entstehenden Kosten tragen <**R:** LAG Ddf 12.8.1993, 14 TaBV 54/93, NZA 1994, 1052>. Zuständig für das Strafverf sind nicht die ArbG, sondern die ordentl Gerichte, § 13 GVG.

VIII. Andere Straftatbestände

52 Droht der AG verschiedenen AN (hier in verschiedenen Filialen) mit einer verhaltensbedingten Kd wg Arbeitsverweigerung oder nach verstärkten Leistungskontrollen, wenn die AN nicht von ihrer Initiative ablassen, einen BR zu gründen, kommt außer der Strafbarkeit nach Abs 1 Nr 1 (Rn 15) auch eine Strafbarkeit nach **§ 240 StGB wg Nötigung** in Betracht <**R:** LG Marburg 10.5.2007, 2 Ns 2 Js 18719/05, AiB 2008, 108 (Schlecker)>. Droht der AG BR-Mitgliedern, übertarifl freiwillige Leistungen wie Weihnachtsgeld, Anwesenheitsprämie und Sonderurlaub zu streichen, sofern der BR nicht zurücktritt, kann darin ebenfalls eine nach § 240 StGB strafbare Nötigung liegen <**R:** BayObLG 29.7.1980, RReg 4 St 173/80, BB 1980, 1638>, noch Rn 33. Anders als Abs 1 Nr 1 ist § 240 StGB kein Antragsdelikt.

53 Die Bezahlung von BR-Mitgliedern (durch den Personalvorstand einer Aktiengesellschaft) als Gegenleistung für ihre Amtsführung, die über das Entgeltausfallprinzip des § 37 Abs 2 hinausgeht, oder zur Beeinflussung der BR-Wahlen kann als **Untreue nach**

§ 266 StGB zum Nachteil des Unternehmens strafbar sein <R: LG Braunschweig 25.1.2007, 6 KLs 48/06, CCZ 2008, 32 (Volkert/VW); LG Nürnberg-Fürth 24.11.2008, 3 Kls 501 Js 1777/08, AuR 2010, 35 (Siemens/AUB); **L:** *Fischer* BB 2007, 997, 1000; *Strauß* NZA 2018, 1372; *Esser*/Rübenstahl/Saliger/Tsambikakis/*Esser* § 119 Rn 9 ff; zur „Aktivierung" des § 116 im Rahmen des § 266 StGB *Brand/Lotz* RdA 2012, 73; aus neuerer Zeit im Kontext der Ermittlungen gg Verantwortliche des Volkswagenkonzerns *Schmitt-Rolfes* AuA 2018, 79>. Hingg ist die dem Aufsichtsrat bekannte Finanzierung des BR oder best Wahlbewerber eine Untreue iS des § 266 StGB zulasten der Anteilseigner nur dann, wenn sich diese Finanzierung nicht „lohnt"; unter welchen Umständen sich finanzielle Einflussnahmen auf AN-Vertreter lohnen, ist noch nicht abschließend geklärt <R: für Strafbarkeit nach § 266 StGB LG Braunschweig 25.1.2007, aaO; LG Nürnberg-Fürth 24.11.2008, aaO; **L:** differenzierend *Rieble* ZIP 2009, 1593, 1595 f>.

§ 299 StGB – früher § 12 UWG – ist UWG-akzessorisch und findet bei Straftaten zulasten der Betriebsverfassung **keine Anwendung**. Mit den Formulierungen „im geschäftl Verkehr" und „bei dem Bezug von Waren oder gewerbl Leistungen im Wettbewerb" erfasst § 299 StGB nur die Korruption zulasten des Unternehmens durch Beeinflussung des Güter- und Dienstleistungsmarktes und zudem nur bei der Bestechung von „Ang und Beauftragten", also in einem Prinzipal-Agenten-Konflikt. Schutzgut ist die durch GWB und UWG verfasste Wettbewerbsordnung <**L:** *Rieble* CCZ 2008, 121, 122 ff; auch *Fischer* BB 2007, 997, 1000>. Der Gütermarkt ist bei Begünstigungen von BR-Mitgliedern ausnahmsweise nur dann beeinträchtigt, wenn Entscheidungen des BR bei der Auswahl von Schulungsveranstaltungen, der Auswahl des Versicherungsunternehmens für die betriebl Altersversorgung usw durch Bestechung beeinflusst werden <**L:** *Rieble/Klebeck* NZA 2006, 758, 767; *Rieble* CCZ 2008, 121, 123; *Fischer* BB 2007, 997, 1000>. 54

Werden Zahlungen an BR-Mitglieder oder Gewerkschaften geleistet, um die BR-Wahlen entgg §§ 20, 119 Abs 1 Nr 1 zu beeinflussen, oder werden BR-Mitglieder finanziell bevorzugt und **setzt das Unternehmen diese Zahlungen steuerl entgg § 4 Abs 5 Nr 10 EStG als Betriebsausgabe ab,** kann dies zur Strafbarkeit wg **Steuerhinterziehung nach § 370 AO** führen <R: LG Nürnberg-Fürth 24.11.2008, 3 Kls 501 Js 1777/08, juris; **L:** ausf *Rieble* BB 2009, 1612 ff; vgl auch Esser/Rübenstahl/Saliger/Tsambikakis/*Esser* § 119 Rn 13>; § 370 AO ist anders als § 119 kein Antragsdelikt. 55

§ 120 Verletzung von Geheimnissen

(1) Wer unbefugt ein fremdes Betriebs- oder Geschäftsgeheimnis offenbart, das ihm in seiner Eigenschaft als

1. Mitglied oder Ersatzmitglied des Betriebsrats oder einer der in § 79 Abs. 2 bezeichneten Stellen,
2. Vertreter einer Gewerkschaft oder Arbeitgebervereinigung,
3. Sachverständiger, der vom Betriebsrat nach § 80 Abs. 3 hinzugezogen oder von der Einigungsstelle nach § 109 Satz 3 angehört worden ist,
3a. Berater, der vom Betriebsrat nach § 111 Satz 2 hinzugezogen worden ist,
3b. Auskunftsperson, die dem Betriebsrat nach § 80 Abs. 2 Satz 3 zur Verfügung gestellt worden ist, oder
4. Arbeitnehmer, der vom Betriebsrat nach § 107 Abs. 3 Satz 3 oder vom Wirtschaftsausschuss nach § 108 Abs. 2 Satz 2 hinzugezogen worden ist,

bekannt geworden und das vom Arbeitgeber ausdrücklich als geheimhaltungsbedürftig bezeichnet worden ist, wird mit Freiheitsstrafe bis zu einem Jahr oder mit Geldstrafe bestraft.

(2) Ebenso wird bestraft, wer unbefugt ein fremdes Geheimnis eines Arbeitnehmers, namentlich ein zu dessen persönlichen Lebensbereich gehörendes Geheimnis, offenbart, das ihm in seiner Eigenschaft als Mitglied oder Ersatzmitglied des Betriebsrats oder einer der in § 79 Abs. 2 bezeichneten Stellen bekannt geworden ist und über das nach den Vorschriften dieses Gesetzes Stillschweigen zu bewahren ist.

(3) Handelt der Täter gegen Entgelt oder in der Absicht, sich oder einen anderen zu bereichern oder einen anderen zu schädigen, so ist die Strafe Freiheitsstrafe bis zu zwei Jahren oder Geldstrafe. Ebenso wird bestraft, wer unbefugt ein fremdes Geheimnis, namentlich ein Betriebs- oder Geschäftsgeheimnis, zu dessen Geheimhaltung er nach den Absätzen 1 und 2 verpflichtet ist, verwertet.

(4) Die Absätze 1 bis 3 sind auch anzuwenden, wenn der Täter das fremde Geheimnis nach dem Tode des Betroffenen unbefugt offenbart oder verwertet.

(5) Die Tat wird nur auf Antrag des Verletzten verfolgt. Stirbt der Verletzte, so geht das Antragsrecht nach § 77 Abs. 2 des Strafgesetzbuches auf die Angehörigen über, wenn das Geheimnis zum persönlichen Lebensbereich des Verletzten gehört; in anderen Fällen geht es auf die Erben über. Offenbart der Täter das Geheimnis nach dem Tode des Betroffenen, so gilt Satz 2 sinngemäß.

Literatur: *Hitzfeld*, Geheimnisschutz im Betriebsverfassungsrecht (1990); *Niklas*, Die Verschwiegenheitspflicht des Betriebsrats, ArbRB 2020, 122; *Rengier*, Zum strafprozessualen Zeugnisverweigerungsrecht des Betriebs- und Personalrats, BB 1980, 321; *Taeger*, Verschwiegenheitspflicht im Arbeitsrecht, AuA 1992, 201; *Tag*, Der lückenhafte Schutz von Arbeitnehmergeheimnissen gemäß § 120 Abs 2 BetrVG, BB 2001, 1578; *Weber*, Die Rechtsfolgen von Amtspflichtverletzungen des Betriebsrats und seiner Mitglieder, DB 1992, 2135.

Übersicht

	Rn.		Rn.
I. Normzweck und Anwendungsbereich	1	2. Geheimhaltungsbedürftige persönliche Geheimnisse eines Arbeitnehmers	22
II. Grundsätze	4		
III. Betriebs- oder Geschäftsgeheimnisse, Abs 1	7	3. Unbefugte Offenbarung	29
1. Täterkreis	7	V. Qualifizierung, Abs 3	32
2. Geheimhaltungsbedürftige Betriebs- und Geschäftsgeheimnisse	13	VI. Verfolgungsvoraussetzungen: Verjährung und Strafantragserfordernis	33
3. Unbefugte Offenbarung	15		
IV. Persönliche Geheimnisse eines Arbeitnehmers, Abs 2	19	VII. Andere Straftatbestände	34
1. Täterkreis	19		

I. Normzweck und Anwendungsbereich

§ 120 schützt vor Geheimnisverrat und dient, wie insbes das ausschließl dem Verletzten eingeräumte Antragsrecht des Abs 5 zeigt, **dem Individualschutz des Geheimnisträgers** <L: GK/*Oetker* Rn 7; ErfK/*Kania* Rn 1; **abw** zu Abs 2 *Tag* BB 2001, 1578, 1579 f: zusätzl mittelbar die Funktionsfähigkeit der Institution BR>. In der Praxis spielen die Straftatbestände keine größere Rolle. Abs 4 erstreckt den Strafrechtsschutz auch auf die Zeit nach dem Tod des Unternehmers bzw der Liquidation einer Handelsgesellschaft (Abs 1) und insbes bei persönl Geheimnissen auf die Zeit nach dem Tod des AN (Abs 2). Das Strafmaß ist mit Freiheitsstrafe bis zu einem Jahr (oder nach Abs 3 mit bis zu zwei Jahren) oder mit Geldstrafe niedrig.

Die Straftatbestände des § 120 knüpfen unmittelbar an die Geheimhaltungspflichten des **§ 79** (Rn 8ff) sowie der **§§ 102 Abs 2 S 5, 99 Abs 1 S 3 und aus §§ 82 Abs 2 S 4, 83 Abs 1 S 3** (Rn 21) an. Insoweit ist konsequent, dass der Gesetzgeber des Geschäftsgeheimnisgesetzes (BGBl 2019 I, S 466) § 120 im BetrVG belassen und nicht versucht hat, auch den im BetrVG geregelten betriebl Geheimnisschutz in das GeschGehG zu überführen. Abs 1 formuliert den Straftatbestand selbst. Hingg hat Abs 2 – wie § 121 (§ 121 Rn 2) – blankettartigen Charakter, das erst zusammen mit den explizit in Bezug genommenen außerstrafrechtl Geheimhaltungspflichten (§§ 102 Abs 2 S 5, 99 Abs 1 S 3 und aus §§ 82 Abs 2 S 4, 83 Abs 1 S 3) zu einem vollständigen Tatbestand wird. Verschwiegenheitspflichten der BR-Mitglieder usw aus dem Grundsatz der vertrauensvollen Zusammenarbeit in § 2, aus § 75 Abs 2 (§ 75 Rn 37) und aus der arbeitsvertragl Treuepflicht (§ 79 Rn 9 und 14) sind nicht nach Abs 1 strafbewehrt.

Dem § 120 entspr Straftatbestände enthalten **§ 35 SprAuG** für den SprA und **§§ 43, 44 Abs 1 Nr 1, Abs 2 EBRG** für den EBR, **§ 45 Abs 1 Nr 1, Abs 2 Nr 1 SEBG** für die Beteiligung der AN in der Europäischen Gesellschaft und **§ 155 SGB IX** für die Schwerbehindertenvertretung. Für Aufsichtsratsmitglieder stellt **§ 404 AktG** (iVm § 106 AktG) den Geheimnisverrat unter Strafe. Für PR-Mitglieder enthält **§ 203 Abs 2 Nr 2 StGB** eine entspr Strafnorm; §§ 110, 111 BPersVG sind durch Art 287 Nr 4 G v 2.3.1974 I 469 idF d § 1 Nr 14 G v 15.8.1974 I 1942 mWv 1.1.1975 aufgehoben worden.

§ 120   Verletzung von Geheimnissen

II. Grundsätze

4 Entgg dem missverständl Einleitungs-Hs „wer", ist § 120 ein **Sonderdelikt** und adressiert nur die in den einzelnen Absätzen aufgezählten Personen, insbes also Funktionsträger der Betriebsverfassung. Strafbar sind alle Formen der Tatbegehung, also auch mittelbare Täterschaft (§ 25 Abs 1 StGB), Mittäterschaft (§ 25 Abs 2 StGB), Anstiftung (§ 26 StGB) und Beihilfe (§ 27 StGB). Auch wer selbst nicht zur Geheimhaltung verpflichtet ist, kann als Teilnehmer (§§ 26, 27 StGB) strafbar sein, allerdings ist seine Strafe gem § 28 Abs 1 StGB iVm § 49 Abs 1 StGB zu mildern.

5 Da § 120 Strafbarkeit für die fahrlässige Tatbegehung nicht anordnet, ist nach § 15 StGB **nur vorsätzl Verhalten** strafbar.

6 § 120 ist ein **Erfolgsdelikt**; es ist vollendet, wenn das Geheimnis einem Dritten offenbart, also von diesem zur Kenntnis genommen worden ist <L: GK/*Oetker* Rn 11; auch Richardi/*Annuß* Rn 11>. Der **Versuch** einer Straftat nach § 120 ist **nicht strafbar**, da § 120 nur ein Vergehen iS des § 12 Abs 2 StGB regelt und es an einer ausdrückl Bestimmung der Versuchstrafbarkeit fehlt (§ 23 Abs 1 StGB). Dies gilt auch für den Qualifikationstatbestand des Abs 3 <L: ErfK/*Kania* Rn 1>.

III. Betriebs- oder Geschäftsgeheimnisse, Abs 1

1. Täterkreis

7 Abs 1 droht demjenigen Freiheitsstrafe bis zu einem Jahr oder Geldstrafe an, der unbefugt ein fremdes Betriebs- oder Geschäftsgeheimnis offenbart, das der AG ausdrückl als geheimhaltungsbedürftig bezeichnet hat. Abs 1 ist ein **Sonderdelikt**: Das Betriebs- oder Geschäftsgeheimnis muss dem zur Geheimhaltung Verpflichteten **nach Abs 1 Einleitungs-HS in seiner Eigenschaft als BR-Mitglied usw bekannt geworden sein**. Erfährt das BR-Mitglied das Geheimnis iR seiner Tätigkeit als AN des Betriebs, greift § 79 nicht; eine Schweigepflicht folgt dann zwar regelmäßig aus der arbeitsvertragl Treuepflicht des AN – Letztere ist nicht nach § 120 strafbewehrt. Eine Strafbarkeit kann hier aber aus § 23 Abs 1 Nr 3 iVm § 4 Abs 2 Nr 3 GeschGehG (bzw für Altfälle aus § 17 UWG aF) folgen <L: zusammenfassend auch *Niklas* ArbRB 2020, 122 ff>.

8 Wie § 79 richtet sich § 120 über **Abs 1 Nr 1** in erster Linie an die **BR-Mitglieder** und die **Ersatzmitglieder** und über **den dortigen Verweis auf § 79 Abs 2** auch an die Mitglieder des GBR und des KBR, der Jugend- und Auszubildendenvertretung (auch auf Unternehmens- und Konzernebene) <L: Richardi/*Annuß* Rn 9; HSWGN/*Hess* Rn 7; aA GK/*Oetker* Rn 23; DKW/*Trümner* Rn 6; ErfK/*Kania* Rn 2>, des WirtA, der Bordvertretung und des See-BR, der **ES**, einer tarifl Schlichtungsstelle (§ 76 Abs 8), einer betriebl Beschwerdestelle (etwa nach § 13 AGG) und zusätzl betriebsverfassungsrechtl Vertretungen iS des § 3 Abs 1 <L: Richardi/*Annuß* Rn 9; HSWGN/*Hess* Rn 7; aA DKW/*Trümner* Rn 6>. Delegiert der BR seine Aufgaben an Ausschüsse iS der §§ 27, 28, treten diese an die Stelle des BR, und die § 79 (§ 79 Rn 4) und § 120 Abs 1 Nr 1 gelten auch für diese. Nicht unter die Strafdrohung des § 120 fällt Büropersonal des BR oder der vom ES-Vors hinzugezogene Protokollführer, der iR seiner Tätigkeit von Betriebs- oder Geschäftsgeheimnissen erfährt; er kann allenfalls als Teilnehmer strafbar sein <L: GK/*Oetker* Rn 27>, Rn 4.

III. Betriebs- oder Geschäftsgeheimnisse, Abs 1   § 120

Obwohl § 79 Abs 2 auch die **Vertreter von Gewerkschaften und von AG-Vereinigungen** nennt, werden sie in **Abs 1 Nr 2** noch einmal ausdrückl als potenzielle Täter genannt <**L:** Richardi/*Annuß* Rn 9; GK/*Oetker* Rn 24; HSWGN/*Hess* Rn 7; **aA** ErfK/*Kania* Rn 2>. Wie aus § 120 Abs 1 Einleitungs-Hs folgt, ist Voraussetzung, dass diesen das Geheimnis in Ausübung ihrer Aufgaben nach dem BetrVG bekannt geworden ist <**L:** GK/*Oetker* Rn 24; HSWGN/*Hess* Rn 7>.   9

§ 80 Abs 4 erstreckt die Geheimhaltungspflicht auf **Sachverständige und Auskunftspersonen**, die der BR zur Durchführung seiner Aufgaben hinzuzieht (§ 80 Rn 47, 52), diese zählt **Abs 1 Nr 3 und 3b** ausdrückl zum Kreis der von Strafe bedrohten Personen. Für die **Berater**, die der BR in Unternehmen mit mehr als 300 AN zu seiner Unterstützung bei Betriebsänderungen hinzuziehen kann (§ 111 Rn 48), verweist schon § 111 S 2 Hs 2 auf § 80 Abs 4 und damit auf § 79; gleichwohl bezieht **Nr 3a** diese **Berater** noch einmal ausdrückl in den Kreis von Strafe bedrohter Personen ein. Abs 1 Nr 3 bezieht zudem ausdrückl die Sachverständigen in den Straftatbestand ein, die eine **nach § 109** zur Beilegung von Meinungsverschiedenheiten in wirtschaftl Angelegenheiten errichtete **ES hinzuzieht**; § 109 S 3 HS 2 verweist ausdrückl auf § 80 Abs 4 und damit auf § 79. Wg Art 103 Abs 2 GG können daher Sachverständige, die eine **ES in anderen Angelegenheiten hinzuzieht** (§ 76 Rn 29), **nicht** nach Abs 1 bestraft werden, wenn sie ein Betriebs- oder Geschäftsgeheimnis unbefugt weitergeben. Ein vom BR mit der Prozessvertretung beauftragter RA unterfällt zwar nicht der Strafnorm des § 120 Abs 1, kann sich aber nach § 203 Abs 1 Nr 3 StGB strafbar machen.   10

Für die **AN und ltd Ang im WirtA** iS des § 107 Abs 3 S 3 verweist § 107 Abs 3 S 4 auf § 79. Für die sachkundigen AN und ltd Ang, die der AG nach § 108 Abs 2 S 1 zu den Sitzungen des WirtA hinzuziehen kann, verweist § 108 Abs 2 S 3 auf § 80 Abs 4 und damit auf § 79. Gleichwohl bezieht **Abs 1 Nr 4** diese Personen ausdrückl in den Kreis der potenziellen Straftäter ein und enthält hinsichtl der nach § 108 Abs 2 S 2 hinzuzuziehenden Personen ein auch wg des Verweises auf §§ 80 Abs 4, 79 in § 108 Abs 2 S 3 unschädl Redaktionsversehen <**L:** GK/*Oetker* Rn 25 mwN>: Abs 1 Nr 4 spricht von der Hinzuziehung durch den WirtA; obwohl dem Unternehmer das Hinzuziehungsrecht zusteht.   11

Zur Geheimhaltung verpflichtet sind die BR-Mitglieder usw (Rn 7 ff) gem § 79 Abs 1 S 2 auch, nachdem sie **aus dem BR ausgeschieden** sind, selbst wenn das Arbeitsverhältnis geendet hat <**R:** vgl BAG 15.12.1987, 3 AZR 474/86, DB 1988, 1020> oder wenn der Betrieb stillgelegt worden ist, § 79 Rn 7. Die Geheimhaltungspflicht endet erst, wenn die Angelegenheit allg bekannt, also kein Betriebs- oder Geschäftsgeheimnis mehr ist, oder der AG die Geheimhaltungspflicht aufgehoben hat, § 79 Rn 7 und Rn 12. Indem Abs 1 nur darauf abstellt, ob das Geheimnis dem BR-Mitglied usw in dieser Funktion bekannt geworden ist, ist der Strafrechtsschutz ebenso wenig wie die Geheimhaltungspflicht an das Fortbestehen des Arbeitsverhältnisses gebunden.   12

2. Geheimhaltungsbedürftige Betriebs- und Geschäftsgeheimnisse

Der Begriff der **Betriebs- und Geschäftsgeheimnisse** entspricht im Wesentlichen dem des § 2 Nr 1 GeschGehG (und damit dem des § 17 UWG aF <**L:** Müller-Gugenberger/Kruhl/Hadamitzky/*Thul* § 35 Rn 35.43>), wobei vorliegend die Anforderungen an Geheimhaltungsmaßnahmen (vgl § 2 Nr 1 lit b GeschGehG) nicht zu hoch anzusetzen sind bzw die Bezeichnung als geheimhaltungsbedürftig im Mittelpunkt steht (vgl Rn 14). –   13

§ 120   Verletzung von Geheimnissen

Der Begriff bezeichnet mithin alle im Zusammenhang mit einem Betrieb stehenden Tatsachen, Erkenntnisse oder Unterlagen, die nicht offenkundig, sondern nur einem eng begrenzten Personenkreis bekannt sind und an deren Geheimhaltung der AG insbes in seiner Eigenschaft als Wettbewerber ein objektiv feststellbares, berechtigtes wirtschaftl Interesse hat <R: BAG 13.2.2007, 1 ABR 14/06, NZA 2007, 1121; BVerfG 14.3.2006, 1 BvR 2087/03, 1 BvR 2111/03, BVerfGE 115, 205>. Betriebsgeheimnisse bezeichnen dabei technisches Wissen im weitesten Sinne, etwa Datensätze mit Konstruktionszeichnungen für die Herstellung von Werkzeugen <R: BGH 19.3.2008, I ZR 225/06, WRP 2008, 938>. Geschäftsgeheimnisse betreffen kaufmännisches Wissen; etwa Kundendaten <R: BAG 15.12.1987, 3 AZR 474/86, DB 1988, 1020; BGH 26.2.2009, I ZR 28/06, DB 2009, 839–841>, § 79 Rn 8 ff. Besteht kein **objektives Geheimhaltungsinteresse** (materielles Geheimnis), kann der AG die Angelegenheit nicht dadurch zum Betriebs- oder Geschäftsgeheimnis machen, dass er eine Mitteilung als vertraul oder als geheimhaltungsbedürftig bezeichnet, § 79 Rn 9 mwN. Gesetzeswidrige Vorgänge, etwa Steuerhinterziehungen, genießen von vornherein keinen Geheimhaltungsschutz, ebenso wenig die Planung eines Personalabbaus <R: des LArbG Kiel v 20.5.2015, 3 TaBV 35/14>.

14   Sowohl die Geheimhaltungspflicht aus § 79 als auch die Strafbarkeit nach Abs 1 setzen voraus, dass der AG (oder ein von ihm bestimmter Vertreter) das Betriebs- oder Geschäftsgeheimnis ggü den potenziellen Tätern (Rn 7 ff) **ausdrückl als geheimhaltungsbedürftig bezeichnet** hat (formelles Geheimnis); bei den Kollegialorganen des BetrVG, insbes beim BR, genügt der ggü dem Vors oder dessen Stellv (§ 26 Abs 2 S 2) geäußerte Geheimhaltungswunsch. Da Abs 1 eine „ausdrückl" Erklärung verlangt, genügt es nicht, dass sich die Geheimhaltungsbedürftigkeit aus den Umständen ergibt, etwa ohne Weiteres erkennbar ist. Andererseits ist nicht erforderl, dass der AG die Worte „geheimhaltungsbedürftig" verwendet. Vielmehr reicht es aus, dass der AG die vertraul Behandlung von inhaltl genau bezeichneten Angelegenheiten verlangt; es genügt eine mündl Bitte, näher § 79 Rn 12. Ist einem BR-Mitglied ein Betriebs- oder Geschäftsgeheimnis nicht vom AG, sondern **von Dritten** bekannt geworden, besteht die Geheimhaltungspflicht aus § 79 und die Möglichkeit der Strafbarkeit nach Abs 1 erst, wenn entweder der Dritte für das BR-Mitglied erkennbar als berechtigter Vertreter des AG darauf hinweist, der AG bezeichne die Angelegenheit als geheimhaltungsbedürftig, oder wenn der AG nachträgl auf sein Geheimhaltungsinteresse hinweist, § 79 Rn 13.

3. Unbefugte Offenbarung

15   Verboten ist es, Betriebs- oder Geschäftsgeheimnisse zu **offenbaren**, dh unbefugten Dritten schriftl oder mündl zugänglich zu machen; zur Strafbarkeit der nach § 79 ebenfalls verbotenen Verwertung von Geheimnissen nach Abs 3 vgl Rn 32. Offenbart wird das Geheimnis nur, wenn es dem Mitteilungsempfänger noch nicht bekannt ist. Bestraft wird nur das **unbefugte** Offenbaren. Zur Geheimhaltung verpflichtet sind die BR-Mitglieder **grds ggü jedermann**, also auch ggü den AN des Betriebes. Indem Abs 1 nur die unbefugte Weitergabe von Geheimnissen unter Strafe stellt, nimmt er – **wie § 79 Abs 1 S 3 und 4** – die Weitergabe an Mitglieder des BR, des GBR und des KBR, der Bordvertretung, des See-BR und der AN-Vertreter im Aufsichtsrat sowie im Verf vor der ES, einer tarifl Schlichtungsstelle und einer betriebl Beschwerdestelle von der Strafbarkeit aus. Weil § 79 Abs 1 S 3 nur die BR-Mitglieder, abw von § 79 Abs 1 S 1 aber nicht die Ersatz-

mitglieder nennt, ist die Weitergabe von Geheimnissen an **Ersatzmitglieder** strafbar, solange die Ersatzmitglieder nicht gem § 25 Abs 1 in den BR nachgerückt sind oder ein BR-Mitglied vorübergehend vertreten, § 79 Rn 15. Ist der Geheimnisträger mit der Offenbarung einverstanden, fehlt es schon am Geheimnis <L: auch GK/*Oetker* Rn 12; **abw** nur für das Fehlen des „unbefugten" Offenbarens Richardi/*Annuß* Rn 13; *Fitting* Rn 3; HSWGN/*Hess* Rn 15; ErfK/*Kania* Rn 3; DKW/*Trümner* Rn 8>.

Ebenso wenig wie ein BR Informationen an nebengeordnete BR weitergeben darf, sondern nur an den GBR und KBR, so wenig erlaubt § 79 Abs 1 S 3 und 4 eine Geheimnisweitergabe an **zusätzl betriebsverfassungsrechtl Vertretungen iS des § 3 Abs 1**, § 79 Rn 17; eine Weitergabe ist nach Abs 1 strafbar. Da die Mitglieder dieser Vertretungen nach § 3 Abs 5 aber einem BR gleichstehen, dürfen die Mitglieder des GBR oder KBR Informationen an zusätzl betriebsverfassungsrechtl Vertretungen iS des § 3 weitergeben. Nicht zur Weitergabe von Geheimnissen berechtigt sind die BR-Mitglieder ggü den **Mitgliedern einer Arbeitsgruppe nach § 28a**, noch § 79 Rn 17. 16

Ggü den in § 79 Abs 2 zusätzl genannten **Mitgliedern der Jugend- und Auszubildendenvertretung und des WirtA** sind die BR-Mitglieder strikt zur Geheimhaltung verpflichtet und machen sich bei einer Geheimnisweitergabe nach Abs 1 strafbar: Es bleibt dem AG vorbehalten, Betriebs- und Geschäftsgeheimnisse an die Jugend- und Auszubildendenvertretung und den WirtA (mit den Einschränkungen des Art 106 Abs 2 S 1) weiterzugeben, § 79 Rn 16. Auch ggü **Vertretern von Gewerkschaften und von AG-Vereinigungen** und den **Sachverständigen und Auskunftspersonen**, die der BR zur Durchführung seiner Aufgaben hinzuzieht, und auf die § 80 Abs 4 die Geheimhaltungspflicht erstreckt, dürfen BR-Mitglieder keine Geheimnisse weitergeben, § 79 Rn 16. Nicht zur Weitergabe von Geheimnissen berechtigt sind die BR-Mitglieder auch ggü den **Vertrauensleuten der Schwerbehinderten**, dem **SprA** und dem EBR, § 79 Rn 17 und noch Rn 3. 17

Die Geheimhaltungspflicht aus § 79 und damit auch die Strafbarkeit nach Abs 1 **entfällt**, wenn der Betreffende **zum Reden verpflichtet ist, etwa als Zeuge** in einem Rechtsstreit, insbes in Strafverf oder iR der Mitwirkung des BR bei der Bekämpfung von Unfall- und Gesundheitsgefahren (§ 89 Rn 10) <R: BAG 3.6.2003, 1 ABR 19/02, DB 2003, 2496; auch BVerfG 2.7.2001, 1 BvR 2049/00, DB 2001, 1622>, § 79 Rn 18. Ein bes Zeugnisverweigerungsrecht haben betriebsverfassungsrechtl Amtsträger nicht, insbes kein amtsbezogenes Zeugnisverweigerungsrecht nach § 53 Abs 1 StPO <R: BVerfG 19.1.1979, 2 BvR 995/78, NJW 1979, 1286>. 18

IV. Persönliche Geheimnisse eines Arbeitnehmers, Abs 2

1. Täterkreis

Nach Abs 2 wird bestraft, wer unbefugt ein fremdes Geheimnis eines AN, namentl ein zu dessen persönl Lebensbereich gehörendes Geheimnis, offenbart, über das nach den Vorschriften dieses Gesetzes Stillschweigen zu bewahren ist. Das persönl AN-Geheimnis muss dem zur Geheimhaltung Verpflichteten **in seiner Eigenschaft als BR-Mitglied usw** (Rn 20) **bekannt geworden sein**. Erfährt das BR-Mitglied das Geheimnis iR seiner Tätigkeit als AN des Betriebs, greift Abs 2 nicht; eine Schweigepflicht folgt dann aber 19

§ 120 Verletzung von Geheimnissen

aus der arbeitsvertragl Treuepflicht des AN und aus § 75 Abs 2; beide Pflichten sind nicht strafbewehrt, Rn 2.

20 Wie Abs 1 (Rn 8 ff) richtet sich Abs 2 in erster Linie an die **BR-Mitglieder** und die **Ersatzmitglieder** und über den Verweis auf **§ 79 Abs 2** auch an die Mitglieder des GBR und des KBR, der Jugend- und Auszubildendenvertretung (auch auf Unternehmens- und Konzernebene) <L: aA *Tag* BB 2001, 1578, 1581; GK/*Oetker* Rn 24>, des WirtA <L: aA *Tag* BB 2001, 1578, 1581; GK/*Oetker* Rn 24>, der Bordvertretung und des See-BR, der ES, einer tarifl Schlichtungsstelle (§ 76 Abs 8), einer betriebl Beschwerdestelle (§ 80 Abs 2 S 4, etwa nach § 13 AGG) und zusätzl betriebsverfassungsrechtl Vertretungen iS des § 3 Abs 1 sowie an die Vertreter von Gewerkschaften und von AG-Vereinigungen <L: aA *Tag* BB 2001, 1578, 1581; GK/*Oetker* Rn 24>. Delegiert der BR seine Aufgaben an Ausschüsse iS der §§ 27, 28, treten diese an die Stelle des BR und es gelten die Geheimhaltungspflichten nach Abs 2 strafbewehrt auch für diese, Rn 8.

21 Indem Abs 2 nur darauf abstellt, ob das Geheimnis dem BR-Mitglied usw in dieser Funktion bekannt geworden ist, ist der Strafrechtsschutz nicht an das Fortbestehen des Arbeitsverhältnisses gebunden. Die BR-Mitglieder usw (Rn 20) sind auch zur Geheimhaltung verpflichtet, nachdem sie **aus dem BR ausgeschieden** sind, selbst wenn das Arbeitsverhältnis geendet hat. Dies sagt § 79 Abs 1 S 2, auf den §§ 102 Abs 2 S 5, 99 Abs 1 S 3 Hs 2 verweisen, für die Geheimhaltungspflichten aus §§ 102 Abs 2 S 5, 99 Abs 1 S 3 noch einmal ausdrückl, gilt aber auch für die Geheimhaltungspflichten aus §§ 82 Abs 2 S 3, 83 Abs 1 S 3.

2. Geheimhaltungsbedürftige persönliche Geheimnisse eines Arbeitnehmers

22 Mit der Formulierung „über das nach den Vorschriften dieses Gesetzes Stillschweigen zu bewahren ist" bewehrt Abs 2 die Pflicht der BR-Mitglieder mit Strafe, persönl Verhältnisse und Angelegenheiten der AN geheim zu halten, die ihnen **bei personellen Einzelmaßnahmen** (§§ 102 Abs 2 S 5, 99 Abs 1 S 3 mit Verweis auf § 79 Abs 1 S 2–4) oder **bei der Hinzuziehung durch einen AN zu Besprechungen mit dem AG oder zur Einsichtnahme in die Personalakte** (§§ 82 Abs 2 S 3, 83 Abs 1 S 3) bekannt geworden sind (§ 82 Rn 10, § 83 Rn 4, § 99 Rn 118 und § 102 Rn 49).

23 Durch Abs 2 **geschützte Geheimnisträger** (Rn 1) sind **AN**, also die vom BR nach § 5 Abs 1 vertretenen Beschäftigten im Arbeitsverhältnis zum AG (§ 5 Rn 2 ff). Nach **§ 99** Abs 1 muss der AG den BR über eine Einstellung zu einem Zeitpunkt schon vor Abschluss des Arbeitsvertrags unterrichten <R: BAG 28.4.1992, 1 ABR 73/91, BB 1992, 1852>, § 99 Rn 111. Zudem besteht die Unterrichtungspflicht nach § 99 Abs 1 S 3 nicht nur hinsichtl des Bewerbers, den der AG einstellen will, sondern auch hinsichtl der Bewerber, die nicht berücksichtigt werden <R: BAG 14.12.2004, 1 ABR 55/03, DB 2005, 1524>, § 99 Rn 104. § 99 Abs 1 S 3 und § 120 Abs 2 verpflichten den BR aber nur zum Stillschweigen über Geheimnisse der AN: Die Geheimhaltungspflicht ist iR des § 99 durch Auslegung zwar auf Bewerber zu erstrecken (§ 99 Rn 118); für die Strafrechtsnorm des § 120 Abs 2 ist dies wg des Bestimmtheitsgrundsatzes und Analogieverbots des Art 103 Abs 2 GG jedoch nicht mögl: Die Geheimhaltungspflicht des § 99 Abs 1 S 3 ist **für Bewerber nicht strafbewehrt** <L: *Tag* BB 2001, 1578, 1582; **aA** Richardi/*Annuß* Rn 19>; dies ist nur eine weitere Strafbarkeitslücke iR des lückenhaften Geheimnisschutzes nach dem BetrVG (Rn 25 ff). Als Einstellung mitbestimmungspflichtig ist auch die

IV. Persönliche Geheimnisse eines Arbeitnehmers, Abs 2   § 120

Beschäftigung von **Leih-AN**, wie auch aus der klarstellenden Vorschrift des § 14 Abs 3 Satz 1, Abs 4 AÜG folgt <R: BAG 12.11.2002, 1 ABR 1/02, BB 2003, 850; 23.1.2008, 1 ABR 74/06, DB 2008, 822> (§ 99 Rn 17), von (früheren) **Zivildienstleistenden** <R: BAG 19.6.2001, 1 ABR 25/00, BB 2002, 47, was heute konsequenterweise auch für Bundesfreiwilligendienst gelten müsste> (§ 99 Rn 20), von **sog Ein-Euro-Jobbern** <R: BAG 2.10.2007, 1 ABR 60/06, NZA 2008, 244> (§ 99 Rn 20) und nach der – zweifelhaften (§ 99 Rn 21) – hM von **freien Mitarbeitern** <R: BAG 3.7.1990, 1 ABR 36/89, BB 1990, 2188; 31.1.1995, 1 ABR 35/94, DB 1995, 1670; 27.7.1993, 1 ABR 7/93, BB 1993, 2233>. Auch ggü diesen Personen besteht eine Geheimhaltungspflicht nach § 99 Abs 1 S 3 (§ 99 Rn 118), diese ist aber **nicht nach Abs 2 strafbewehrt**, weil sie keine AN des Betriebs sind <L: *Tag* BB 2001, 1578, 1581>.

Zu den **Geheimnissen** eines AN, namentl aus dessen persönl Lebensbereich, zählen insbes der Gesundheitszustand, die Familienverhältnisse, Vorstrafen, aber auch der bisherige berufl Werdegang und das künftige Arbeitsentgelt. Auch der Umstand, dass sich jemand aus einer ungekündigten Stellung auf eine neue Stelle beworben hat, ist eine persönl Angelegenheit, die vertraul behandelt werden muss. Wg der weiten Formulierung „**bekannt geworden**", erstreckt sich die Verschwiegenheitspflicht nicht nur auf die vom AG mitgeteilten, sondern auch auf die sonst – etwa durch ein Gespräch mit dem AN – in Erfahrung gebrachten Umstände, sofern diese ihrer Bedeutung und ihrem Inhalt nach einer vertraul Behandlung bedürfen. Anders als Abs 1 setzt Abs 2 nicht voraus, dass das Geheimnis – vom AN – ausdrückl für geheimhaltungsbedürftig erklärt wurde; es **genügt sein mutmaßl Geheimhaltungswille** <L: *Tag* BB 2001, 1578, 1582; GK/*Oetker* Rn 31; auch Richardi/*Annuß* Rn 17f; ErfK/*Kania* Rn 4; aA HSWGN/*Hess* Rn 17; auch DKW/*Trümner* Rn 14>. Ist der AN mit der unbeschränkten Weitergabe persönl Umstände an Dritte einverstanden, fehlt es schon am Tatbestandsmerkmal des Geheimnisses <L: auch *Tag* BB 2001, 1578, 1583; GK/*Oetker* Rn 33>.

24

Der Geheimnis- und der Strafrechtsschutz sind **lückenhaft**: Angaben über persönl Verhältnisse, **die dem BR vom AG oder von einem Rat suchenden AN anderweitig**, also außerhalb von personellen Einzelmaßnahmen (§§ 102 Abs 2 S 5, 99 Abs 1 S 3 mit Verweis auf § 79 Abs 1 S 2–4) oder von der Hinzuziehung durch einen AN zu Besprechungen mit dem AG oder zur Einsichtnahme in die Personalakte (§§ 82 Abs 2 S 3, 83 Abs 1 S 3) **mitgeteilt werden, unterliegen keiner bes Geheimhaltungspflicht**; gibt das BR-Mitglied diese weiter, macht es sich nicht strafbar. Entstehen etwa für einen AN aufgrund von Planungen des AG über technische Anlagen, Arbeitsverf und -abläufe usw Qualifizierungsdefizite, muss der AG nach § 81 Abs 3 S 2 mit dem AN erörtern, wie seine berufl Kenntnisse und Fähigkeiten den künftigen Anforderungen angepasst werden können und kann der AN zu der Erörterung über mögl Qualifizierungsmaßnahmen gem **§ 81 Abs 4 S 3** ein Mitglied des BR als Vertrauensperson hinzuziehen. Anders als bei §§ 82 Abs 2 S 3, 83 Abs 1 S 3 verpflichtet § 81 Abs 4 das BR-Mitglied aber nicht zum Stillschweigen über den Inhalt dieser Verhandlungen (§ 81 Rn 8). Fühlt sich ein AN vom AG oder dessen Vertretern oder von anderen AN des Betriebs benachteiligt oder beeinträchtigt, kann er sich nach § 84 Abs 1 S 1 beim AG beschweren und nach **§ 84 Abs 1 S 2** zur Unterstützung oder Vermittlung ein von ihm best BR-Mitglied hinzuziehen; auch § 84 verpflichtet das BR-Mitglied nicht zum Stillschweigen über den Inhalt dieser Verhandlungen, soweit nicht zugleich die Regelungsgegenstände des § 82 oder des § 83 berührt sind (§ 84 Rn 6). Wendet sich der AN gem **§ 85** mit einer Beschwerde direkt an den BR oder an einen bes

25

§ 120   Verletzung von Geheimnissen

Ausschuss nach § 28, besteht ebenso wenig eine Pflicht des BR und der BR-Mitglieder, Stillschweigen über den Inhalt der Beschwerde zu bewahren (§ 85 Rn 41).

26   § 80 Abs 2 S 2 Hs 2 gewährt dem Betriebsausschuss (§ 27 Rn 1 ff) ein **Einblicksrecht in die Bruttolohn- und Gehaltslisten**; besteht kein Betriebsausschuss und auch kein Ausschuss nach § 28, sind der BR-Vors (im Verhinderungsfall sein Stellv) oder die BR-Mitglieder einblicksberechtigt, denen die Führung der laufenden Geschäfte gem § 27 Abs 3 übertragen ist (§ 80 Rn 39). Da § 80 Abs 2 S 2 Hs 1 und § 80 Abs 2 S 1 auf Unterschiedliches zielen, kann nach der Rspr des BAG der BR auch über § 80 Abs 2 S 1 Auskunft über Entgeltfragen verlangen, wenn die Angaben in einer Bruttolohn- und Gehaltsliste iSv § 80 Abs 2 S 2 Hs 2 nicht ausreichen (§ 80 Rn 43). Die Weitergabe der durch den Einblick in die Lohn- und Gehaltslisten erlangten Informationen über die innerbetriebl Lohn- und Gehaltsstruktur an Dritte oder deren Veröffentlichung ist nach § 79 Abs 1 unzulässig, da es sich insoweit um Geschäftsgeheimnisse handelt (§ 80 Rn 42, § 79 Rn 8 ff). Hingg unterwirft § 80 weder die Mitglieder des BR-Ausschusses noch den BR einer Geheimhaltungspflicht über persönl Geheimnisse der AN, etwa bes Entgeltleistungen, die ihnen beim Einblick in die Entgeltlisten bekannt geworden sind.

27   Auch für die **MBR des BR** ordnen die Mitbestimmungstatbestände keine bes Geheimhaltungspflichten an: Erfährt der BR etwa iR der Mitbestimmung nach § 87 Abs 1 Nr 2 (§ 87 Rn 67 ff) Details über bes Arbeitszeiten eines AN oder iR der Mitbestimmung nach § 87 Abs 1 Nr 1 und 7, etwa bei der Einführung eines betriebl Rauchverbots (§ 87 Rn 41), Näheres über Rauchgewohnheiten oder gesundheitl Überempfindlichkeiten von AN oder iR der Mitbestimmung nach § 87 Abs 1 Nr 10 (§ 87 Rn 215 ff) etwas über Sonderentgelte zugunsten eines AN oder iR der Mitbestimmung nach §§ 97 Abs 2, 98 Abs 3 Einzelheiten über Qualifizierungsdefizite eines AN (§ 97 Rn 7 ff, § 98 Rn 13 ff), trifft die BR-Mitglieder keine strafbewehrte Geheimhaltungspflicht.

28   Aus der Stellung des BR als Organ der Belegschaft und aus **§ 75 Abs 2** ergibt sich aber, dass der BR vertraul Angaben über persönl Angelegenheiten, etwa über den Gesundheitszustand, nicht ohne Zustimmung des Betroffenen weitergeben darf (§ 75 Rn 38). Da § 75 Abs 2 die Pflicht, Stillschweigen zu bewahren, nicht ausdrückl formuliert, ist ein Verstoß gg die aus § 75 Abs 2 folgende Geheimhaltungspflicht aber **nicht nach Abs 2 strafbewehrt** (Art 103 Abs 2 GG), Rn 2.

3. Unbefugte Offenbarung

29   Abs 2 stellt nur die **unbefugte** Weitergabe von Geheimnissen unter Strafe. Insoweit **verweisen §§ 102 Abs 2 S 5, 99 Abs 1 S 3 Hs 2 auf § 79 Abs 1 S 3 und 4:** Die Weitergabe von persönl Geheimnissen, die den BR-Mitgliedern bei personellen Einzelmaßnahmen iS der §§ 99, 102 bekannt geworden sind, ist nicht strafbar, soweit sie an Mitglieder des BR, des GBR und KBR, der Bordvertretung, des See-BR und der AN-Vertreter im Aufsichtsrat sowie im Verf vor der ES, einer tarifl Schlichtungsstelle und einer betriebl Beschwerdestelle weitergegeben werden. Weil § 79 Abs 1 S 3 nur die BR-Mitglieder, abw von § 79 Abs 1 S 1 aber nicht die Ersatzmitglieder nennt, ist die Weitergabe von Geheimnissen an Ersatzmitglieder strafbar, solange die Ersatzmitglieder nicht gem § 25 Abs 1 in den BR nachgerückt sind oder ein BR-Mitglied vorübergehend vertreten. Ggü den in § 79 Abs 2 zusätzl genannten Mitgliedern der Jugend- und Auszubildendenvertretung und des WirtA sind die BR-Mitglieder strikt zur Geheimhaltung verpflichtet und machen sich bei einer

Geheimnisweitergabe nach Abs 2 strafbar. Ebenso strafbar ist die Weitergabe von Informationen an die Vertrauensleute der Schwerbehinderten, an nebengeordnete BR und an Mitglieder einer Arbeitsgruppe nach § 28a, an den SprA und den EBR. Auch ggü Vertretern von Gewerkschaften und von AG-Vereinigungen und den Sachverständigen und Auskunftspersonen, die der BR zur Durchführung seiner Aufgaben hinzuzieht, und auf die § 80 Abs 4 die Geheimhaltungspflicht erstreckt, dürfen BR-Mitglieder keine Geheimnisse weitergeben.

Zieht der AN ein BR-Mitglied zu Gesprächen zw AN und AG nach § 82 Abs 2 S 1 oder zur Einsicht in die Personalakte nach § 83 Abs 1 S 2 hinzu, verpflichten **§§ 82 Abs 2 S 3, 83 Abs 1 S 3** das BR-Mitglied zum Stillschweigen über den Inhalt dieser Verhandlungen und der Personalakte, soweit der AN es nicht von seiner Schweigepflicht entbunden hat. Da nicht der BR, sondern das **einzelne BR-Mitglied hinzugezogen** wird, besteht die strafbewehrte **Verschwiegenheitspflicht ggü jedermann**, insbes auch ggü den übrigen BR-Mitgliedern (§ 82 Rn 10). 30

Die Geheimhaltungspflichten aus §§ 102 Abs 2 S 5, 99 Abs 1 S 3 und aus §§ 82 Abs 2 S 3, 83 Abs 1 S 3 und damit auch die Strafbarkeit nach Abs 2 **entfallen**, wenn der Betreffende **zum Reden verpflichtet ist, etwa als Zeuge** in einem Rechtsstreit, insbes in einem Strafverf. Ein BR-Mitglied hat trotz der in Abs 2 gebotenen Schweigepflicht im Strafprozess – anders als das PR-Mitglied (Rn 3) nach § 54 Abs 1 StPO – kein Zeugnisverweigerungsrecht nach § 53 Abs 1 StPO <**R**: LG Darmstadt 3.10.1978, 3 Qs 1551/78, DB 1979, 111; BVerfG 19.1.1979, 2 BvR 995/78, NJW 1979, 1286; **L**: Rengier BB 1980, 321; Tag BB 2001, 1578, 1583f>. 31

V. Qualifizierung, Abs 3

Abs 3 enthält **Qualifizierungen** der Straftaten nach Abs 1 und 2 <**L: aA** Leitner/Rosenau/Hinderer § 120 Rn 6 (Regelbeispiel)>: Die Tat wird schwerer (mit einer Freiheitsstrafe bis zu zwei Jahren oder einer entspr höheren Geldstrafe) bestraft, wenn der Täter gg Entgelt, in Bereicherungs- und/oder Schädigungsabsicht gehandelt (S 1) oder wenn er das fremde Geheimnis verwertet hat (S 2). Verwerten ist das wirtschaftl Ausnutzen des Geheimnisses; das schließt subjektiv die Absicht der Gewinnerzielung ein und wird idR nur bei Betriebs- und Geschäftsgeheimnissen (Rn 13ff) in Betracht kommen, für die auch § 79 Abs 1 S 1 ausdrückl das Verwerten verbietet, nicht aber bei Geheimnissen aus dem persönl Lebensbereich des AN. 32

VI. Verfolgungsvoraussetzungen: Verjährung und Strafantragserfordernis

Die Straftaten nach Abs 1 und 2 verjähren nach drei Jahren (§ 78 Abs 3 Nr 5 StGB), für den Qualifikationstatbestand des Abs 3 (Rn 32) beträgt die Verjährungsfrist fünf Jahre (§ 78 Abs 3 Nr 4 StGB). Straftaten nach § 120 werden gem Abs 5 S 1 nur **auf Antrag des Verletzten** verfolgt. Verletzter ist der **Geheimnisträger**, also im Fall des Abs 1 der Unternehmer, im Fall des Abs 2 der betroffene AN. Der Strafantrag wird bei der Staatsanwaltschaft, den Behörden und Beamten des Polizeidienstes oder bei den Amtsgerichten ge- 33

§ 120 Verletzung von Geheimnissen

stellt, § 158 Abs 1 StPO, und muss nach § 77b Abs 1 StGB binnen einer Frist von drei Monaten ab Kenntniserlangung von der Tat und der Person des Täters gestellt werden. Bei Kollegialorganen wie dem BR ist maßgebl die Kenntnis des vertretungsbefugten (§ 26 Abs 2) BR-Vors, näher § 119 Rn 51. Nach dem Tod des Verletzten geht das Antragsrecht wg der Offenbarung von Betriebs- oder Geschäftsgeheimnissen auf die Erben über; bei Verrat persönl Geheimnisse sind gem Abs 5 S 2 die Angehörigen des AN strafantragsberechtigt. Die Antragsfrist endet frühestens drei Monate nach dem Tod des Verletzten (§ 77b Abs 4 StGB). Wird die Tat erst nach dem Tod des Verletzten verübt, ändert dies an der Strafbarkeit und an dem Antragsrecht der Erben bzw der Angehörigen nichts (Abs 4 und 5 S 2 und 3).

VII. Andere Straftatbestände

34 Mit einer Freiheitsstrafe bis zu drei Jahren oder Geldstrafe wird nach § 23 Abs 1 Nr 3 GeschGehG bestraft, wer „entgegen § 4 Absatz 2 Nummer 3 als eine bei einem Unternehmen beschäftigte Person ein Geschäftsgeheimnis, das ihr im Rahmen des Beschäftigungsverhältnisses anvertraut worden oder zugänglich geworden ist, während der Geltungsdauer des Beschäftigungsverhältnisses offenlegt". Der Versuch ist nach § 23 Abs 5 GeschGehG strafbar; in qualifizierten Fällen, etwa bei gewerbsmäßigem Handeln, kann der Täter nach § 23 Abs GeschGehG mit einer Freiheitsstrafe bis zu fünf Jahren bestraft werden. § 23 GeschGehG ist nach dessen Abs 8 ein Antragsdelikt, sofern die Strafverfolgungsbehörde nicht wg des bes öffentl Interesses an der Strafverfolgung ein Einschreiten von Amts wg für geboten hält.

35 Gem **§ 119 Abs 3 WpHG** wird mit Freiheitsstrafe bis zu fünf Jahren oder mit Geldstrafe bestraft, wer entgg Art 14 der Marktmissbrauchsrichtlinie (VO EU 596/2014) Insidergeschäfte tätigt, dies Dritten empfiehlt oder Insiderinformationen offenlegt; zu den Insiderinformationen zählen nach Art 7 Abs 1a VO EU 596/2014 insbesondere solche, die „direkt oder indirekt einen oder mehrere Emittenten oder ein oder mehrere Finanzinstrumente betreffen und die, wenn sie öffentlich bekannt würden, geeignet wären, den Kurs dieser Finanzinstrumente oder den Kurs damit verbundener derivativer Finanzinstrumente erheblich zu beeinflussen". § 120 Abs 5 WpHG enthält weitere insiderinformationenbezogene OWi-Tatbestände.

36 Zwar wird der „Datenfluss" zw AG und BR nicht von den Vorschriften des BDSG erfasst; die BR-Mitglieder sind aber nach § 53 BDSG zur Wahrung des Datengeheimnisses verpflichtet, dh sie dürfen personenbezogene AN-Daten Dritten nicht zugänglich machen <R: BAG 11.11.1997, 1 ABR 21/97, BB 1998, 897; 3.6.2003, 1 ABR 19/02, DB 2003, 2496>. Gleichwohl sind die OWi-Vorschrift des § 43 BDSG und die Strafvorschrift des § 42 BDSG neben § 120 durch **§ 1 Abs 2 BDSG** gesperrt, soweit die Weitergabe von Geheimnissen bestraft wird <L: GK/*Oetker* Rn 62 mwN>.

§ 121 Bußgeldvorschriften

(1) Ordnungswidrig handelt, wer eine der in § 90 Abs. 1, 2 Satz 1, § 92 Abs. 1 Satz 1 auch in Verbindung mit Abs. 3, § 99 Abs. 1, § 106 Abs. 2, § 108 Abs. 5, §§ 110 oder 111 bezeichneten Aufklärungs- und Auskunftspflichten nicht, wahrheitswidrig, unvollständig oder verspätet erfüllt.

(2) Die Ordnungswidrigkeit kann mit einer Geldbuße bis zu 10.000 Euro geahndet werden.

Übersicht

	Rn.		Rn.
I. Normzweck und Anwendungsbereich	1	IV. Bußgeldrahmen	11
II. Täter	4	V. Opportunitätsprinzip	12
III. Verstoß gegen Unterrichtungspflichten	5		

I. Normzweck und Anwendungsbereich

§ 121 dient der Durchsetzung des BetrVG in den Fällen, in denen der BR auf die Unterrichtung durch den AG angewiesen ist. § 121 ist ein **Blankettgesetz**, das erst zusammen mit den in Bezug genommenen außerbußgeldrechtl Auskunftspflichten zu einem vollständigen Tatbestand wird <**L:** *Dannecker* FS Gitter, S 167, 185>. Sanktioniert wird nur der Verstoß gg die **in Abs 1 abschließend aufgezählten Informationspflichten** <**L:** GK/*Oetker* Rn 10 mwN>, etwa gg §§ 90 Nr 2, 111 S 1 Nr 4 <**R:** OLG Stuttgart 22.11.1984, 4 Ss (25) 342/84, CR 1986, 414>, gg § 92 <**R:** OLG Hamm 7.12.1977, 4 Ss OWi 1407/77, DB 1978, 748>, gg § 99 Abs 1 <**R:** BAG 1.9.1987, 1 ABR 22/86, DB 1987, 2656; LAG Ddf 20.1.1989, 9 TaBV 186/88, BB 1989, 1057 (LS)>, gg § 106 Abs 2 <**R:** OLG Karlsruhe 7.6.1985, 1 Ss 68/85, DB 1986, 387; OLG HH 4.6.1985, 2 Ss 5/85, BB 1986, 1014>, gg § 110 <**R:** OLG Hamm 7.12.1977, aaO> oder gg § 111 <**R:** OLG Hamm 7.12.1977, aaO; OLG HH 4.6.1985, aaO>. § 121 ist ggü § 119 Abs 1 Nr 2 der speziellere Tatbestand: Verstößt der AG gg Informationspflichten, kann dies – trotz § 21 OWiG – richtigerweise nur eine OWi begründen, **nicht aber als Behinderung des BR iS des § 119 Abs 1 Nr 2 strafbar** sein <**L:** aA *Diller/Powietzka* DB 2001, 1034, 1037 f; GK/*Oetker* Rn 10; *Richardi/Annuß* Rn 3; *Fitting* Rn 3; ErfK/*Kania* Rn 2; DKW/*Trümner* Rn 2; HSWGN/*Hess* Rn 4; *SWS* Rn 2>.   1

Soweit Aufklärungs- und Unterrichtungspflichten (zB nach den §§ 80 Abs 2, 92a Abs 2, 96, 97, 102, 105) **nicht in Abs 1 genannt** sind, kann deren Verletzung auch nicht unter den strengeren Voraussetzungen des § 119 Abs 1 Nr 2 wg Behinderung der BR-Tätigkeit strafbar sein: § 121 sanktioniert Verstöße gg Informationspflichten abschließend, Rn 1. Da § 121 allein die Verletzung von Aufklärungs- und Auskunftspflichten unter Strafe stellt, geht der Verweis auf die **Beratungspflicht** in § 90 Abs 2 S 1 ins Leere: Der Verstoß gg diese Beratungspflicht wie gg sonstige Beratungspflichten ist **nicht strafbar** <**L:** *Dannecker* FS Gitter, S 167, 185>. Auch die **Nichtvorlage von Unterlagen** ist weder eine OWi iS des § 121 <**L:** *Dannecker* FS Gitter, S 167, 185 f> noch eine Straftat iS des § 119 Abs 1 Nr 2 wg Behinderung der BR-Tätigkeit <**L:** aA *Fitting* § 119 Rn 7>.   2

§ 121   Bußgeldvorschriften

3   Dem § 121 entspr OWi-Tatbestände enthalten § 36 **SprAuG** für den SprA und § 45 **EBRG** für den EBR, § 46 Abs 1 Nr 2 **SEBG** für die Beteiligung der AN in der Europäischen Gesellschaft und § 156 Abs 1 Nr 7 und 9 **SGB IX** für die Schwerbehindertenvertretung. Das BPersVG kennt keinen entspr OWi-Tatbestand.

II. Täter

4   Trotz der missverständl weiten Formulierung „wer" handelt es sich bei § 121 um ein **Sonderdelikt**: § 121 richtet sich nur gg denjenigen, der zur Aufklärung oder Auskunft verpflichtet ist, also gg den **AG (Unternehmer)**. Bei Juristischen Personen trifft die bußgeldrechtl Verantwortung die Mitglieder des zur gesetzl Vertretung der juristischen Person berufenen Organs (§ 9 Abs 1 Nr 1 OWiG), bei Personalhandelsgesellschaften die vertretungsberechtigten Gesellschafter (§ 9 Abs 1 Nr 2 OWiG), bei Unternehmen in anderen Rechtsformen die gesetzl Vertreter (§ 9 Abs 1 Nr 3 OWiG). Täter können auch die Personen sein, die der AG mit der eigenverantwortl Wahrnehmung der bußgeldbewehrten Pflichten beauftragt, § 9 Abs 2 Nr 2 OWiG, etwa Geschäftsführer <**R**: RP Stuttgart 27.10.1988, 15-0523.0-2/87, AiB 1989, 22>. § 9 Abs 2 Nr 2 OWiG verlangt nur eine „ausdrückl" Beauftragung, hingg nicht, dass der AG sich zur Information des BR allg durch best Personen vertreten lässt: Auch der Ang, den der AG im Einzelfall mit der Unterrichtung des BR beauftragt, handelt ordnungswidrig iS des § 121, wenn er den Auftrag nicht oder nicht ordnungsgemäß ausführt <**L**: *Dannecker* FS Gitter, S 167, 186; DKW/ *Trümner* Rn 6; aA GK/*Oetker* Rn 29; ErfK/*Kania* Rn 3; Voraufl Rn 2>.

III. Verstoß gegen Unterrichtungspflichten

5   Tathandlung ist die unterbliebene oder fehlerhafte, dh wahrheitswidrige, unvollständige oder verspätete Unterrichtung des BR. Der AG muss den BR unaufgefordert unterrichten. Teilt der AG dem BR mit, er habe eine EDV-Anlage, die fünf Arbeitsplätze überflüssig machen könne, für drei Monate zur Erprobung geliehen, obwohl er sie tatsächl gekauft hat und sich lediglich den Rücktritt binnen drei Monaten nach Vertragsschluss vorbehalten hat, informiert er den BR entgg §§ 90 Nr 2, 111 S 1 Nr 4 **wahrheitswidrig** iS des § 121 Abs 1 <**R**: OLG Stuttgart 22.11.1984, 4 Ss (25) 342/84, CR 1986, 414: unvollständige Information>.

6   Strafbar ist auch die **verspätete** Unterrichtung: Unterrichtet der Unternehmer den WirtA nach § 106 Abs 2 so spät über geplante unternehmerische Entscheidungen, dass der BR sein Beratungsrecht ggü dem Unternehmer nicht mehr sinnvoll ausüben kann, insbes eine Kritik oder eine sonstige Stellungnahme und eigene Vorschläge des WirtA und Initiativen des BR nicht mehr mögl sind, ist dies verspätet und iS des § 121 handelt es sich um eine ordnungswidrige Unterrichtung <**R**: OLG Hamm 7.12.1977, 4 Ss OWi 1407/77, DB 1978, 748; KG 25.9.1978, 2 Ws (B) 82/78, DB 1979, 112; OLG HH 4.6.1985, 2 Ss 5/85, BB 1986, 1014; RP Tübingen 8.1.1992, 15-5/0523.1-1, AiB 1992, 461; **L**: Richardi/*Annuß* Rn 8; *Dannecker* FS Gitter, S 167, 188ff>.

7   Strafbar ist die vollständig unterlassene Information, etwa die entgg § 99 Abs 1, 95 Abs 3 **unterbliebene Unterrichtung** des BR von der Versetzung eines AN <**R**: Stadt HH, AS

113-OWi 1170/89-AS 21-B, AiB 1993, 42; Bezirksregierung Ddf 25.7.1996, 15.3-2/96, AiB 1997, 177> oder die entgg §§ 92 Abs 1, 106 Abs 2, Abs 3 Nr 2 und 3 unterbliebene Unterrichtung von BR und WirtA darüber, dass die Produktion teilweise auf eine andere Firma übertragen werden soll <R: RP Tübingen 8.1.1992, 15-5/0523.1-1, AiB 1992, 461>. Die **unvollständige** Unterrichtung ist strafbar, wenn sie der Nichtinformation, der wahrheitswidrigen und der verspäteten Information im Unrechtsgehalt gleichkommt: Die Auskunft muss **offensichtl** unvollständig sein, also wesentl Angaben nicht enthalten <L: Richardi/*Annuß* Rn 7; *SWS* Rn 4; auch GK/*Oetker* Rn 18>. Unvollständig informiert der AG den BR etwa nach § 99 Abs 1, wenn er diesem nicht den von den Bewerbern auszufüllenden Personalfragebogen vorlegt (§ 99 Rn 106) <R: RP Stuttgart 27.10.1988, m 15-0523.0-2/87, AiB 1989, 22>. Teilt der AG dem BR ledigl die Notwendigkeit mit, alte Pressen modernisieren zu müssen und neue kaufen zu wollen, sobald es die finanzielle Lage erlaube, und informiert er den BR nicht, wenn er die Modernisierungsmaßnahme ein Jahr später tatsächl durchführt, ist dies als unvollständige Information strafbar <R: OLG Ddf 8.4.1982, 5 Ss (OWi) 136/82 – 110/82 I, DB 1982, 1575>, noch § 90 Rn 6.

Verweigert der nach § 106 Abs 2 unterrichtungspflichtige Unternehmer die ihm obliegende Auskunft über best wirtschaftl Angelegenheiten entgg dem Verlangen des WirtA **unter Berufung auf die Gefährdung von Betriebs- und Geschäftsgeheimnissen** (§ 106 Rn 14f), handelt er nicht ordnungswidrig, solange nicht gem § 109 eine Entscheidung der ES über den Umfang der Auskunftspflicht herbeigeführt worden ist (§ 109 Rn 3f) <R: OLG Karlsruhe 7.6.1985, 1 Ss 68/85, DB 1986, 387; **L**: GK/*Oetker* Rn 14; HSWGN/ *Hess* Rn 5; *SWS* Rn 4; **aA** *Dannecker* FS Gitter, S 167, 191; DKW/*Trümner* Rn 16>. Das Gleiche gilt für die Unterrichtungspflicht des Unternehmers ggü dem WirtA aus §§ 108 Abs 5, 110 oder 111 (§ 108 Rn 16 und § 111 Rn 44). 8

Da § 121 fahrlässige Verstöße gg Auskunfts- und Unterrichtungspflichten nicht ausdrückl mit Geldbuße bedroht, ist ordnungswidrig nach § 10 OWiG nur die **vorsätzl Verletzung** der Aufklärungspflichten: Der AG (Rn 4) muss wissen, dass er eine Informationspflicht verletzt und muss deren Verletzung auch wollen <R: OLG Hamm 7.12.1977, 4 Ss OWi 1407/77, DB 1978, 748>. Ein **Verbotsirrtum** ist als der Irrtum über die Rechtswidrigkeit des Tuns nach **§ 11 Abs 2 OWiG** entschuldigt, wenn er unvermeidbar ist. Der Täter muss ggfs die Rechtsauskunft einer sachkundigen, unvoreingenommenen Person einholen, etwa die eines RA oder eines AG-Verbands <R: Stadt HH, AS 113-OWi 1170/89-AS 21-B, AiB 1993, 42>, auch § 119 Rn 8. 9

Der **Versuch** einer OWi nach § 121 ist **nicht** bußgeldbewehrt, da § 121 dies nicht ausdrückl anordnet, § 13 OWiG. Die OWi verjährt in zwei Jahren nach Tatbegehung, § 31 Abs 2 Nr 2 OWiG. 10

IV. Bußgeldrahmen

Der Bußgeldrahmen ist gemessen daran, dass der Bußgeldtatbestand sich an Unternehmer richtet, mit einem Höchstwert von 10.000 EUR relativ gering <L: Müller-Gugenberger/ *Gruhl/Hadamitzky* § 35 Rn. 35.5: „eher lächerlich als abschreckend">. Bei einer juristischen Person als AG ist allerdings nach § 30 OWiG theoretisch ein (dann sicher umgekehrt ebenso überzogenes) Bußgeld bis zu 10 Mio. EUR denkbar. 11

§ 121 Bußgeldvorschriften

V. Opportunitätsprinzip

12 Für die Verfolgung der OWi gilt das **Opportunitätsprinzip:** Die Behörde muss nach pflichtgemäßem Ermessen entscheiden, ob sie ein Bußgeldverf einleitet oder nicht (§ 47 Abs 1 OWiG). Zuständig ist für die Entscheidung gem § 36 Abs 1 Nr 2a OWiG grds der Landesarbeitsminister bzw der Senator für Arbeit; nach § 36 Abs 2 OWiG können die Landesregierungen die Zuständigkeit durch Rechtsverordnung auch auf andere Behörden übertragen. Es gelten in den Bundesländern – soweit ersichtlich – folgende Zuständigkeiten:

- **BaWü**: untere Verwbehörden, dh Landratsämter, große Kreisstädte und Verwgemeinschaften in den Landkreisen und die Gemeinden in den Stadtkreisen (§ 2 Abs 1 OWi-ZuVO v 16.2.2022, GBl 1990 73, ber 268)
- **Bay**: Kreisverwaltungsbehörde (§ 87 Abs 1 ZustV, GVBl S 184, BayRS 2015-1-1-V)
- **Berlin**: Senatsverwaltung für Integration, Arbeit und Soziales (§ 36 Abs 1 Nr 2a OWiG)
- **Bbg**: Landesamt für Arbeitsschutz (§ 1 Abs 1 ASZV v 15.10.2018 GVBl II/18 [Nr 70], S 397, 999)
- **Bremen**: Senatorin für Gesundheit, Frauen und Verbraucherschutz (§ 36 Abs 1 Nr 2a OWiG)
- **HH**: Senator für Arbeit, Soziales, Familie und Integration (§ 36 Abs 1 Nr 2a OWiG)
- **Hess**: Regierungspräsidium (§ 1 Nr 1a OWiZustVO-HSM v 27.11.2007, GVBl I S 823, GVBl II 90-12)
- **MV**: Ministerium für Wirtschaft, Arbeit und Tourismus (§ 36 Abs 1 Nr 2a OWiG)
- **Nds**: Landkreise, kreisfreie Städte, große selbstständige Städte und selbstständige Gemeinden sowie in seinem Aufgabenbereich das Landesbergamt (§ 7 Abs 1 Nr 4a ZustVO-OWi v 30.6.2021, Nds GVBl S 442)
- **NRW**: Regierungspräsidien (§§ 35, 36 OWiG iVm § 1 der Verordnung über die Zuständigkeit für die Verfolgung und Ahndung von Ordnungswidrigkeiten nach dem BetrVG v 23.12.2014, GV NRW S 896)
- **Rh-Pf**: Aufsichts- und Dienstleistungsdirektion (§ 1 Nr 2 BetrVSprAuOWiZÜV v 21.8.1990)
- **Saarl**: Ministerium für Wirtschaft, Arbeit, Energie und Verkehr (§ 36 Abs 1 Nr 2a OWiG)
- **Sachsen**: Landkreise und kreisfreie Städte (§ 2 OWiZuVO v 16.6.2014, SächsGVBl S 342) bzw – in seinem Aufgabenbereich – das Sächsische Oberbergamt (§ 7 Abs 2 Nr 6 OWiZuVO v 16.7.2008, GVBl 481)
- **SA**: Landkreise, kreisfreie Städte sowie – in ihrem Aufgabenbereich – die Bergämter (§ 5 Abs 1 Nr 2a ZustVO OWi v 18.12.2018, GVBl LSA 106)
- **SH**: Ministerium für Wirtschaft, Verkehr, Arbeit, Technologie und Tourismus (§ 2 OWi-ZustVO v 2.2.2022, GVOBl Schl-H 144, GS Schl-H II B 454-1-5)
- **Thür**: Ministerium für Arbeit, Soziales, Gesundheit, Frauen und Familie (§ 36 Abs 1 Nr 2a OWiG)

13 In der Praxis wird das OWi-Verf nach § 121 aber nicht von Amts wg eingeleitet, sondern nur aufgrund der **Anzeige** einer OWi. Anzeigeberechtigt ist jedermann, auch der einzelne AN. Zur Anzeigeerstattung durch den BR und eine Gewerkschaft vgl § 119 Rn 50 zum Strafantrag. Beauftragt der BR einen RA mit der OWi-Anzeige, muss über § 40 der AG die entstehenden Kosten tragen <R: LAG SH 14.11.2000, 1 TaBV 22 a/00, BB 2001, 1048 (LS)>.

Siebenter Teil
Änderung von Gesetzen

§§ 122–124 (gegenstandslos)

Achter Teil
Übergangs- und Schlussvorschriften

§ 125 Erstmalige Wahlen nach diesem Gesetz

(1) Die erstmaligen Betriebsratswahlen nach § 13 Abs. 1 finden im Jahre 1972 statt.

(2) Die erstmaligen Wahlen der Jugend- und Auszubildendenvertretung nach § 64 Abs. 1 Satz 1 finden in dem Jahr 1988 statt. Die Amtszeit der Jugendvertretung endet mit Bekanntgabe des Wahlergebnisses der neu gewählten Jugend- und Auszubildendenvertretung, spätestens am 30. November 1988.

(3) Auf Wahlen des Betriebsrats, der Bordvertretung, des Seebetriebsrats und der Jugend- und Auszubildendenvertretung, die nach dem 28. Juli 2001 eingeleitet werden, finden die Erste Verordnung zur Durchführung des Betriebsverfassungsgesetzes vom 16. Januar 1972 (BGBl. I S. 49), zuletzt geändert durch Verordnung vom 16. Januar 1995 (BGBl. I S. 43), die Zweite Verordnung zur Durchführung des Betriebsverfassungsgesetzes vom 24. Oktober 1972 (BGBl. I S. 2029), zuletzt geändert durch Verordnung vom 28. September 1989 (BGBl. I S. 1795) und die Verordnung zur Durchführung der Betriebsratswahlen bei den Postunternehmen vom 26. Juni 1995 (BGBl. I S. 871) bis zu deren Änderung entsprechende Anwendung.

(4) Ergänzend findet für das vereinfachte Wahlverfahren nach § 14a die Erste Verordnung zur Durchführung des Betriebsverfassungsgesetzes bis zu deren Änderung mit folgenden Maßgaben entsprechende Anwendung:

1. Die Frist für die Einladung zur Wahlversammlung zur Wahl des Wahlvorstands nach § 14a Abs. 1 des Gesetzes beträgt mindestens sieben Tage. Die Einladung muss Ort, Tag und Zeit der Wahlversammlung sowie den Hinweis enthalten, dass bis zum Ende dieser Wahlversammlung Wahlvorschläge zur Wahl des Betriebsrats gemacht werden können (§ 14a Abs. 2 des Gesetzes).

2. § 3 findet wie folgt Anwendung:

    a) Im Fall des § 14a Abs. 1 des Gesetzes erlässt der Wahlvorstand auf der Wahlversammlung das Wahlausschreiben. Die Einspruchsfrist nach § 3 Abs. 2 Nr. 3 verkürzt sich auf drei Tage. Die Angabe nach § 3 Abs. 2 Nr. 4 muss die Zahl der Mindestsitze des Geschlechts in der Minderheit (§ 15 Abs. 2 des Gesetzes) enthalten. Die Wahlvorschläge sind abweichend von § 3 Abs. 2 Nr. 7 bis zum Abschluss der Wahlversammlung zur Wahl des Wahlvorstands bei diesem einzureichen. Ergänzend zu § 3 Abs. 2 Nr. 10 gibt der Wahlvorstand den Ort, Tag und Zeit der nachträglichen Stimmabgabe an (§ 14a Abs. 4 des Gesetzes).

    b) Im Fall des § 14a Abs. 3 des Gesetzes erlässt der Wahlvorstand unverzüglich das Wahlausschreiben mit den unter Buchstabe a) genannten Maßgaben zu § 3 Abs. 2 Nr. 3, 4 und 10. Abweichend von § 3 Abs. 2 Nr. 7 sind die Wahlvorschläge spätestens eine Woche vor der Wahlversammlung zur Wahl des Betriebsrats (§ 14a Abs. 3 Satz 2 des Gesetzes) beim Wahlvorstand einzureichen.

§ 125   Erstmalige Wahlen nach diesem Gesetz

3. Die Einspruchsfrist des § 4 Abs. 1 verkürzt sich auf drei Tage.
4. Die §§ 6 bis 8 und § 10 Abs. 2 finden entsprechende Anwendung mit der Maßgabe, dass die Wahl aufgrund von Wahlvorschlägen erfolgt. Im Fall des § 14a Abs. 1 des Gesetzes sind die Wahlvorschläge bis zum Abschluss der Wahlversammlung zur Wahl des Wahlvorstands bei diesem einzureichen; im Fall des § 14a Abs. 3 des Gesetzes sind die Wahlvorschläge spätestens eine Woche vor der Wahlversammlung zur Wahl des Betriebsrats (§ 14a Abs. 3 Satz 2 des Gesetzes) beim Wahlvorstand einzureichen.
5. § 9 findet keine Anwendung.
6. Auf das Wahlverfahren finden die §§ 21ff entsprechende Anwendung. Auf den Stimmzetteln sind die Bewerber in alphabetischer Reihenfolge unter Angabe von Familienname, Vorname und Art der Beschäftigung im Betrieb aufzuführen.
7. § 25 Abs. 5 bis 8 findet keine Anwendung.
8. § 26 Abs. 1 findet mit der Maßgabe Anwendung, dass der Wahlberechtigte sein Verlangen auf schriftliche Stimmabgabe spätestens drei Tage vor dem Tag der Wahlversammlung zur Wahl des Betriebsrats dem Wahlvorstand mitgeteilt haben muss.
9. § 31 findet entsprechende Anwendung mit der Maßgabe, dass die Wahl der Jugend- und Auszubildendenvertretung aufgrund von Wahlvorschlägen erfolgt.

1   Aus Abs 1 iVm dem Vierjahresrhythmus des § 13 Abs 1 ergibt sich, dass die nächsten regelmäßigen Wahlen zum BR in der Zeit vom 1.3. bis 31.5.2026 stattfinden. Aus Abs 2 iVm dem Zweijahresrhythmus des § 64 Abs 1 S 1 folgt, dass die nächsten regelmäßigen Wahlen zur Jugend- und Auszubildendenvertretung in der Zeit vom 1.10. bis 30.11.2022 stattfinden.

2   Die Abs 3 und 4 betreffen Wahlen, die nach Inkrafttreten des BetrVerf-RG (28.7.2001), aber vor Inkrafttreten der Änderung der WOen (15.12.2002) stattgefunden haben. S dazu die Erl in der 5. Aufl.

§ 126 Ermächtigung zum Erlass von Wahlordnungen

Das Bundesministerium für Arbeit und Soziales wird ermächtigt, mit Zustimmung des Bundesrates Rechtsverordnungen zu erlassen zur Regelung der in den §§ 7 bis 20, 60 bis 63, 115 und 116 bezeichneten Wahlen über

1. die Vorbereitung der Wahl, insbesondere die Aufstellung der Wählerlisten und die Errechnung der Vertreterzahl;
2. die Frist für die Einsichtnahme in die Wählerlisten und die Erhebung von Einsprüchen gegen sie;
3. die Vorschlagslisten und die Frist für ihre Einreichung;
4. das Wahlausschreiben und die Fristen für seine Bekanntmachung;
5. die Stimmabgabe;
5a. die Verteilung der Sitze im Betriebsrat, in der Bordvertretung, im Seebetriebsrat sowie in der Jugend- und Auszubildendenvertretung auf die Geschlechter, auch soweit die Sitze nicht gemäß § 15 Abs. 2 und § 62 Abs. 3 besetzt werden können;
6. die Feststellung des Wahlergebnisses und die Fristen für seine Bekanntmachung;
7. die Aufbewahrung der Wahlakten.

§ 126 ermächtigt das Bundesministerium für Arbeit und Soziales zum Erlass von Wahlordnungen. Die Ermächtigung erstreckt sich auf die in der Vorschrift genannten Fragen der Vorbereitung und Durchführung der Wahl. Mitumfasst ist mit der neu eingefügten Nr 5a die Umsetzung von § 15 Abs 2 und § 62 Abs 3, wonach in BR und Jugend- und Auszubildendenvertretungen die Geschlechter mindestens entspr ihrem zahlenmäßigen Verhältnis in der Belegschaft vertreten sein müssen. Dabei haben die Wahlordnungen auch zu entscheiden, wie zu verfahren ist, wenn die Sitze mangels ausreichender Kandidaten eines Geschlechts nicht entspr diesen Vorschriften besetzt werden können. Die Wahl des BR und der Mitglieder der Jugend- und Auszubildendenvertretung ist in der Wahlordnung zum BetrVG geregelt. 1

Gem § 115 Abs 2 Eingangssatz und § 116 Abs 2 Eingangssatz gilt die Vorschrift auch für Bordvertretungen und SeeBR; deren Wahl ist in der Wahlordnung Seeschifffahrt geregelt. Soweit nach dem neu in § 117 Abs 1 eingefügten S 2 das BetrVG auch auf im Flugbetrieb beschäftigte AN von Luftfahrtunternehmen anzuwenden ist, weil keine tarifl Vertretung einzurichten ist, gelten die Vorschriften der Wahlordnung zum BetrVG auch für die Wahlen zu einem dort zu bildenden BR. 2

Aufgrund der Ermächtigung sind die beiden Wahlordnungen nach Inkrafttreten des BetrVerf-RG novelliert worden. Die Wahlen für BR und Jugend- und Auszubildendenvertretungen sind nunmehr in der Wahlordnung vom 11.12.2001 (BGBl I 3494), zuletzt geändert durch VO vom 8.10.2021 (BGBl I 4640), geregelt. Diese ist in Anhang 1 abgedruckt und erläutert. Die Wahlen der Bordvertretung und der SeeBR sind in der Wahlordnung Seeschifffahrt vom 7.2.2002 (BGBl I 594), ebenfalls zuletzt geändert durch VO vom 8.10.2021 (BGBl I 4640), geregelt, die in Anhang 2 abgedruckt ist. Erläuterungen finden sich bei § 115 und § 116. 3

§ 127 Verweisungen

Soweit in anderen Vorschriften auf Vorschriften verwiesen wird oder Bezeichnungen verwendet werden, die durch dieses Gesetz aufgehoben oder geändert werden, treten an ihre Stelle die entsprechenden Vorschriften oder Bezeichnungen dieses Gesetzes.

(nicht kommentiert)

§ 128 Bestehende abweichende Tarifverträge

Die im Zeitpunkt des Inkrafttretens dieses Gesetzes nach § 20 Abs. 3 des Betriebsverfassungsgesetzes vom 11. Oktober 1952 geltenden Tarifverträge über die Errichtung einer anderen Vertretung der Arbeitnehmer für Betriebe, in denen wegen ihrer Eigenart der Errichtung von Betriebsräten besondere Schwierigkeiten entgegenstehen, werden durch dieses Gesetz nicht berührt.

(nicht kommentiert)

§ 129 Sonderregelungen aus Anlass der Covid-19-Pandemie

(1) Versammlungen nach den §§ 42, 53 und 71 können bis zum Ablauf des 19. März 2022 auch mittels audiovisueller Einrichtungen durchgeführt werden, wenn sichergestellt ist, dass nur teilnahmeberechtigte Personen Kenntnis von dem Inhalt der Versammlung nehmen können. Eine Aufzeichnung ist unzulässig.

(2) Die Teilnahme an Sitzungen der Einigungsstelle sowie die Beschlussfassung können bis zum Ablauf des 19. März 2022 auch mittels einer Video- und Telefonkonferenz erfolgen, wenn sichergestellt ist, dass Dritte vom Inhalt der Sitzung keine Kenntnis nehmen können. Eine Aufzeichnung ist unzulässig. Die Teilnehmer, die mittels Video- und Telefonkonferenz teilnehmen, bestätigen ihre Anwesenheit gegenüber dem Vorsitzenden der Einigungsstelle in Textform.

(3) Der Deutsche Bundestag kann durch im Bundesgesetzblatt bekannt zu machenden Beschluss einmalig die Fristen nach Absatz 1 Satz 1 und Absatz 2 Satz 1 um bis zu drei Monate verlängern.

Literatur: *Däubler/Klebe*, Betriebsratsarbeit in Zeiten einer Pandemie: § 129 BetrVG, NZA 2020, 545; *Düwell*, Coronavirus: Sicherung der Arbeit der Interessenvertretung der Beschäftigten durch Video- und Telefonkonferenzen, jurisPR-ArbR 15/2020 Anm 1; *Jacobs/Vogt*, Virtuelle Einigungsstelle: Hin und her – Gesetzgeber und wir, NZA 2021, 1764; *Fuhlrott/Fischer*, Endlich: Virtuelle Beschlussfassung für Arbeitnehmervertretungen, NZA 2020, 490; *Günther/Böglmüller/Mesina*, Digitale Betriebsratsarbeit – Gesetzlicher Rahmen und Reformbedarf, NZA 2020, 77; *Klumpp/Holler*, Die „virtuelle Betriebsversammlung" nach § 129 Abs 3 BetrVG, BB 2020, 1268; *Lütkehaus/Powietzka*, Virtuelle Betriebsratssitzung und virtuelle Einigungsstelle, NZA 2020, 552; *Thüsing/Beden*, Betriebsratsarbeit 4.0: Die Betriebsratssitzung per Videokonferenz und die virtuelle Betriebsversammlung, BB 2019, 372.

Übersicht

	Rn.		Rn.
I. Normzweck und Entstehungsgeschichte	1	1. Virtuelle Teilnahme und Beschlussfassung	17
II. Anwendungsbereich der Sonderregelung	6	2. Sicherung virtueller Einigungsstelle durch den Arbeitgeber	19
III. Virtuelle betriebliche Versammlungen	8	3. Aufnahmeverbot	20
1. Versammlungskommunikation	11	4. Teilnahmebestätigung in Textform	22
2. Gebot der Nichtöffentlichkeit	13	5. Wahrung des Grundsatzes der Nichtöffentlichkeit	23
3. Aufnahmeverbot	16	V. Rechtsfolgen bei Fehlerhaftigkeit	29
IV. Virtuelle Einigungsstelle	17		

I. Normzweck und Entstehungsgeschichte

Die Regelung ist zunächst als Artikelgesetz auf Empfehlung des Ausschusses für Arbeit und Soziales nachträglich in das Gesetz zur Förderung der beruflichen Weiterbildung im Strukturwandel und zur Weiterentwicklung der Ausbildungsförderung (BGBl 2020

§ 129 Sonderregelungen aus Anlass der Covid-19-Pandemie

S 1044) eingegangen. Sie sollte der Pandemiesituation und der damit verbundenen **Schwierigkeit, Präsenzveranstaltungen von AN-Vertretungen** abzuhalten, Rechnung tragen. **Zugleich** bildete sie einen **ersten Schritt** in die allg Virtualisierung der BR-Arbeit, die mit dem Betriebsrätemodernisierungsgesetz und der Digitalisierung der BR-Tätigkeit erfolgt ist (§ 30). Allerdings blieb der gesetzl Digitalisierungsprozess durch das Betriebsrätemodernisierungsgesetz hinter der Covid-Sonderregelung zurück, die mit Ablauf zum 30.6.2021 außer Kraft trat. Versammlungen nach § 42, 53 und 71 sowie die ES waren insoweit wieder nur in Präsenz zulässig, da sie durch das Betriebsrätemodernisierungsgesetz nicht digitalisiert worden sind.

2   Die (vorhersehbare) „vierte Welle" der Corona-Pandemie zwang den Gesetzgeber erneut und von der Fachöffentlichkeit fast unbemerkt, die Sonderregelung des § 129 partiell wieder in Geltung zu setzen (BGBl 2021 S 5170). Inhaltl ergaben sich keine wesentl Änderungen zur Vorgängerregelung.

3   Anders als noch die Vorgängerregelung (§ 129 Abs 2 aF) wurde der WirtA in der gesetzl Regelung nicht mehr erwähnt. Die Möglichkeit zur virtuellen Sitzung des WirtA ist bereits über die entsprechende Anwendung des § 30 Abs 2 BetrVG gewährleistet (s § 108 Rn 2).

4   Die Regelung galt bis zum 19.3.2022. Abs 3 sah zwar vorausschauend eine einmalige Fristverlängerung um bis zu drei Monate durch den Deutschen Bundestag vor. Davon wurde jedoch kein Gebrauch gemacht. Die Verlängerung sollte durch Beschluss des Bundestages erfolgen und im Bundesgesetzblatt veröffentlicht werden. Aus staatsorganisatorischer Sicht wäre die Gesetzesverlängerung durch „Beschluss" ein Novum gewesen, da der Gesetzgebungs- bzw Gesetzverlängerungsprozess den „Beschluss" als rechtsförmigen Akt nicht kennt. Die Verlängerung der Geltungsdauer eines befristeten Gesetzes kommt dem Erlass eines neuen Gesetzes mit dem Inhalt des befristeten Gesetzes gleich <R: BVerfG 12.11.1958, 2 BvL 4, 26, 40/56, 1, 7/57, NJW 1959, 475>, sodass auch in diesem Fall die Grundsätze des förmlichen Gesetzgebungsverfahrens einzuhalten sind.

5   In Anbetracht der weiterhin zu geringen Impfbereitschaft ist davon auszugehen, dass spätestens im Herbst/Winter 2022 die Regelung – so oder so ähnlich – wieder reaktiviert werden wird (s nun BT-Drs 20/3312, S 62: Reaktivierung des § 129 bis zum 7.4.2023, ohne Verlängerungsmöglichkeit).

II. Anwendungsbereich der Sonderregelung

6   Nach Abs 1 bestand für **Versammlungen iSd §§ 42, 53 und 71** die Möglichkeit einer audio-visuellen Durchführung, soweit sichergestellt war, dass nur teilnahmeberechtigte Personen Kenntnis vom Inhalt der Versammlung nehmen konnten. Abs 1 S 2 setzte für diese Versammlungen ein Aufnahmeverbot fest.

7   Gleiches galt in Abs 2 für Sitzungen der **ES**. Ein zusätzlicher S 3 sah vor, dass Sitzungsteilnehmer, die mittels Video- und Telefonkonferenz zugeschaltet waren, ihre Anwesenheit gegenüber dem Vors der ES in Textform bestätigen mussten.

III. Virtuelle betriebliche Versammlungen

Abs 1 sah für Versammlungen nach §§ 42, 53 und 71 eine audio-visuelle Übertragung vor. Nach den Materialien sollte eine Übertragung in Videokonferenzräume des jeweiligen Betriebs oder eine Übertragung über das Internet ermöglicht werden <L: BT-Drs 20/188, S 50>. Letzteres war eine Erweiterung gegenüber der Vorgängervorschrift von 2020, die sich auf das betriebliche Intranet beschränkte <L: BT-Drs 19/18753, S 28>. Präsenzveranstaltungen konnten darüber hinaus weiterhin durchgeführt werden, soweit das mit den gesetzl Kontaktbeschränkungen zulässig und unter entsprechenden Schutzmaßnahmen (vgl vormaligen SARS-CoV-2-Arbeitsschutzstandard) vertretbar war. **Durch die audio-visuelle Übertragung** in verschiedene Räumlichkeiten des Betriebs wurde die Versammlung **in die Fläche verbreitert** und so soziale Abstandsgebote gewahrt und mögl Ansteckungskontakte verringert. 8

Gleichzeitig ließ die gesetzl Regelung praxisgerechten Freiraum, um die **gesamte Versammlung in den virtuellen Raum** zu verlegen, denn der Wortlaut sprach nicht von einem audio-visuellen Übertragen der Versammlung, sondern von deren „Durchführung". 9

Die **Wahl** des jeweiligen **Versammlungsformats** lag beim BR bzw GBR. Der AG hatte dieses dann in geeigneter Weise umzusetzen und die Kosten hierfür zu tragen <L: GK/*Weber* § 42 Rn 23; HWK/*Diller* § 42 Rn 9; Richardi/*Annuß* § 42 Rn 10>. Sowohl für die Wahl als auch die Umsetzung galt das Gebot der vertrauensvollen Zusammenarbeit (§ 2 Abs 1) <L: GK/*Weber* § 42 Rn 23> und die Wahrung des Gesundheitsschutzes der AN (§ 618 BGB und §§ 3 f ArbSchG): Das Organisationskonzept musste sowohl rechtlich als auch **epidemiologisch vertretbar** sein (vgl den SARS-CoV-2-Arbeitsschutzstandard), **fehlende technische Übertragungsmöglichkeiten** am häuslichen Arbeitsplatz der AN **berücksichtigen** und durfte den **AG** in seinen räumlichen und technischen Möglichkeiten **nicht überfordern**. Zugleich musste der AG eine Information und Teilnahme der AN an der Versammlung gewährleisten <L: Richardi/*Annuß* § 42 Rn 16 mwN>. 10

1. Versammlungskommunikation

Ob dabei eine ausschließl einseitig audio-visuelle Übertragung ausreiche oder zumindest die Möglichkeit einer beiderseitigen Übertragung vorliegen musste, um so eine Diskussionsplattform zu ermöglichen, ließ sich weder der Regelung noch den Materialien entnehmen. Die Betriebsversammlung war jedenfalls **nicht** als bloße **Telefonkonferenz** zulässig, da der Wortlaut in Abs 1 eine „visuelle" Übertragung voraussetzte. 11

Die Versammlungen nach §§ 42, 53 und 71 dienten nicht nur der Unterrichtung der AN, sondern auch als Foren der Aussprache und Information zwischen Belegschaft und dem jeweiligen Gremium <R: BAG 27.6.1989, 1 ABR 28/88, AP BetrVG 1972 § 42 Nr 5; L: *Fitting* § 42 Rn 7; ErfK/*Koch* § 46 Rn 1>. Für Betriebsräteversammlungen nach § 53 war der Informationsaustausch umso wichtiger. Aus diesem Grund war auch bei Abs 1 grds von einer **beiderseitig audio-visuellen Übertragungsrichtung** auszugehen. Allein die Kenntnisnahme des Versammlungsverlaufs durch einseitige audio-visuelle Übertragungsrichtung, wie der Gesetzestext suggeriert, reichte nicht. Sie musste jedenfalls ermöglicht werden, um das Rederecht der teilnehmenden AN sicherzustellen <L: HWK/*Diller* § 42 Rn 25>. Anderes galt nur dort, wo eine physische Versammlung in andere Räume des 12

§ 129   Sonderregelungen aus Anlass der Covid-19-Pandemie

Betriebs für teilnahmeberechtigte AN zu reinen Informationszwecken übertragen werden sollte <L: Richardi/*Annuß* § 42 Rn 43>. Allerdings musste auch hier gewährleistet sein, dass diejenigen AN, die sich aktiv an der Versammlungsdiskussion (spontan) beteiligen wollten, ihren Redebeitrag und damit einen Beitrag zur Diskussion leisten konnten.

2. Gebot der Nichtöffentlichkeit

13   Auch im Rahmen der virtuellen Versammlungen galten die Grundsätze der Nichtöffentlichkeit <L: GK/*Weber* § 42 Rn 48 ff; Richardi/*Annuß* § 42 Rn 3>. Soweit eine **audio-visuelle Übertragung innerhalb der betriebl Räumlichkeiten** erfolgte, galten dieselben Grundsätze wie bei einer Übertragung der Veranstaltung durch Lautsprecher <L: Richardi/*Annuß* § 42 Rn 43 mwN>. Gleiches galt für den virtuellen Bereich, soweit die Übertragung innerhalb eines abgeschlossenen digitalen Netzsystems (Intranet) erfolgte <L: GK/*Weber* § 42 Rn 56; Richardi/*Annuß* § 42 Rn 43>. In beiden Fällen musste jedenfalls gewährleistet sein, dass **keine Betriebsfremden** einen **Zugriff** zur Versammlung erhielten.

14   Soweit eine audio-visuelle Übertragung in Räumlichkeiten erfolgte, die **außerhalb des betriebl Bereiches** lagen und/oder in das weltweite digitale Netz übertragen wurde, ließ sich eine mit § 30 Abs 1 S 4 vergleichbare **Nichtöffentlichkeit** für eine Vollversammlung mit großer Teilnehmerzahl schon **aus organisatorischen Gründen nicht leisten**. Ein „Sicherstellen" der Nichtöffentlichkeit iSd Abs 1 S 1 war hier nicht mehr möglich. Eine Absicherung der Nichtöffentlichkeit wäre, neben § 201 StGB, nur durch nebenvertragliche Verschwiegenheitspflichten ggü dem AG denkbar gewesen, deren Verletzung arbeitsvertraglich hätte sanktioniert werden können. Das wäre aber mangels effektiver Vollzugsmechanismen nicht wirklich praxisgerecht gewesen. Die Nichtöffentlichkeit bleibt nach der Rechtsprechung gewahrt, soweit gängige Kommunikationsformate wie z.B. Cisco Webex oder Microsoft Teams zur Anwendung kommen <R: LAG Köln 25.6.21, 9 TaBV 7/21, juris>.

15   Allein die abstrakte Gefahr eines Zugriffs Dritter auf die Veranstaltung im digitalen Raum reicht noch nicht aus, um einen Verstoß gg den Grundsatz der Nichtöffentlichkeit zu begründen. Vielmehr müssen **konkrete Anhaltspunkte** vorliegen, die auf einen solchen Verstoß hinweisen oder **begründete Zweifel** an der Sicherheit eines digitalen Mittels bestehen <L: *Fuhlrott/Fischer* NZA 2020, 490, 491; *Thüsing/Beden* BB 2019, 372, 375>.

3. Aufnahmeverbot

16   Nach S 2 galt ein Aufnahmeverbot auch für digitale Versammlungen und diente sowohl dem Persönlichkeitsschutz der Teilnehmer, einer offenen Gesprächsatmosphäre sowie der Wahrung der Nichtöffentlichkeit der Betriebsversammlungen. Aufgrund des eindeutigen Wortlauts waren **keine Aufnahmen zu Protokollzwecken** zulässig, selbst wenn der Versammlungsleiter oder die teilnehmenden AN einer Aufnahme zustimmten <anders bei Präsenzversammlungen, **R:** LAG Düsseldorf 28.3.1980, 9 Sa 67/80, DB 1980, 2396; **L:** Richardi/*Annuß* § 42 Rn 40; zur BR-Sitzung s § 30 Rn 17 ff>. Dagg blieben **schriftl Aufzeichnungen zulässig**, da damit weder der Persönlichkeitsschutz der AN noch die offene Gesprächsatmosphäre gefährdet wurden <L: GK/*Weber* § 42 Rn 55; Richardi/*Annuß* § 42 Rn 42 mwN>.

IV. Virtuelle Einigungsstelle

1. Virtuelle Teilnahme und Beschlussfassung

Der Gesetzgeber sah in Abs 2 für die ES eine **Sitzungsteilnahme und Beschlussfassung mittels Video- und Telefonkonferenz** vor. Es handelte sich, wie bereits in der ersten Fassung von § 129, nicht um eine zwingend additive Konjunktion, dh für eine virtuelle Sitzungsteilnahme bzw Beschlussfassung war keine zeitgleiche Video- *und* Telefonkonferenz erforderl <L: sprachliche Ungenauigkeit in BT-Drs 19/18753, S 28 f>. Zugleich reichte keine reine videotechnische Übertragung ohne Ton (zB Übertragungen von Gesten wie Handheben, Kopfnicken). Hier hätte es an der Möglichkeit des Austauschs von Argumenten gefehlt, der für die Willensbildung zum konkreten Beschluss erforderl gewesen wäre. Daher war die Konjunktion immer dann disjunktiv zu verstehen, soweit die Videoübertragung beiderseits audio-visuell erfolgte. 17

Auch in der Neufassung des § 129 war die **Nutzungsmöglichkeit** virtueller Kommunikationsmittel offen gestaltet und bot damit für die Gremien maximale Flexibilität <L: *Fuhlrott/Fischer* NZA 2020, 490, 491>. Ein Vorrang von Präsenzveranstaltungen gab es, anders als bei § 30, nicht. 18

2. Sicherung virtueller Einigungsstelle durch den Arbeitgeber

Soweit es den ES-Mitgliedern aufgrund ihrer privaten Ausstattung nicht mögl war, an der virtuellen Sitzung teilzunehmen, war der **AG verpflichtet**, innerhalb des Betriebes die **Räumlichkeiten und Technik zu Verfügung zu stellen**, um den Ablauf der ES-Sitzung zu gewährleisten. Dabei konnten Räumlichkeiten und technische Einrichtungen mehreren Personen gleichzeitig zur Verfügung gestellt werden, soweit es aus epidemiologischer Sicht und nach dem derzeitigen SARS-CoV-2-Arbeitsschutzstandard des Bundesministeriums für Arbeit und Soziales vertretbar war. Die **Kosten** für die Einrichtung hatte der **AG gem § 76a zu tragen**. Der AG war jedoch nicht verpflichtet, jedem ES-Mitglied einen digitalen Zugang im jeweiligen häuslichen Bereich einzurichten. 19

3. Aufnahmeverbot

Für die virtuelle Teilnahme an der ES-Sitzung galt ein Aufnahmeverbot. Es diente nicht nur der **Wahrung der Nichtöffentlichkeit** und des **Persönlichkeitsschutzes** <L: BT-Drs 19/18753, S 28>, sondern auch dem **Absichern einer offenen Gesprächsatmosphäre**. Allein die Möglichkeit einer (heimlichen) Aufnahme barg die Gefahr, dass eine aktive Teilnahme der ES-Mitglieder oder Versammlungsteilnehmer unterbleibt. 20

Aufgrund des eindeutigen Wortlauts und der Gesetzesmaterialien <L: BT-Drs 19/18753, S 28> blieben **Aufnahmen zu Protokollzwecken** auch dann **unzulässig**, wenn alle Anwesenden ausdrücklich mit der Aufnahme einverstanden waren. Verstöße gg das Aufnahmeverbot konnten gem § 201 StGB strafbewehrt sein, s aber § 30 Rn 18. 21

4. Teilnahmebestätigung in Textform

22 Ähnlich wie bei § 129 Abs 1 aF und § 34 Abs 1 S 4 hatten die digital zugeschalteten ES-Mitglieder ihre Anwesenheit gegenüber dem Vors der ES in Textform (§ 126a BGB) zu bestätigen. Es galten die gleichen Grundsätze wie bei der Anwesenheitsliste, wobei die Anwesenheitsbestätigung auch nach der ES-Sitzung erfolgen konnte (zB durch E-Mail).

5. Wahrung des Grundsatzes der Nichtöffentlichkeit

23 Der Gesetzgeber setzte voraus, dass Dritte keine Kenntnis vom Inhalt der Sitzungen bzw Veranstaltungen nehmen konnten. Sprachlich ging § 129 damit über § 42 Abs 1 S 2 und § 76 hinaus. Indes bestand kein sachlicher Grund, an den Grundsatz der Nichtöffentlichkeit bei Video- oder Telefonkonferenzen inhaltlich strengere Anforderungen zu stellen als bei Präsenzsitzungen bzw Präsenzveranstaltungen.

24 Durch den Grundsatz der Nichtöffentlichkeit sollte zum einen der **Sitzungsablauf** und damit die ES als solche geschützt werden. Zum anderen diente der Grundsatz dem **freien Willensbildungsprozess der Teilnehmer**. Diese sollten sich ohne mögl Einflussnahme durch Dritte an der sachlichen Diskussion beteiligen können <L: GK/*Raab* § 30 Rn 19; HWGNRH/*Glock* § 30 Rn 19>.

25 Der Wahrung einer Nichtöffentlichkeit konnte nicht schon entgegengehalten werden, dass eine Video- oder Telefonkonferenz von Dritten unbemerkt verfolgt werden konnte. Die Möglichkeit besteht zum einen auch bei einer Präsenzsitzung <L: GK/*Raab* § 30 Rn 19; Düwell/*Wolmerath* § 33 Rn 3; *Günther/Böglmüller/Mesina* NZA 2020, 77, 78 f> und zum anderen hat die unbemerkte Teilnahme Dritter an der Sitzung keinen Einfluss auf die Verhandlungen.

26 Die Sitzungen mussten **innerhalb eines nicht-öffentl Raumes** – sowohl virtuell als auch physisch – stattfinden. Auch innerhalb der privaten Räume musste daher sichergestellt werden, dass Dritte keinen unmittelbaren Zugriff auf den Sitzungs- bzw Versammlungsinhalt erhielten. Das dürfte insbes in einem häuslich-familiären Umfeld schwergefallen sein, stand aber mit dem Grundsatz der Nichtöffentlichkeit nicht im unauflösbaren Widerspruch. Für die Absicherung der freien Willensbildung der Teilnehmer war jedenfalls noch nicht ausreichend, dass **keine Anzeichen für eine Teilnahme Dritter** an der Sitzung gegeben waren <L: *Thüsing/Beden* BB 2019, 372, 375>. Damit hätte der Schutz der Veranstaltung als solcher zu kurz gegriffen. Zudem hätte man die mögliche Einflussnahme durch Dritte auf einzelne Gremiumsmitglieder außerhalb des Sichtbereichs verkannt. Zuletzt waren zumeist Betriebs- und Geschäftsgeheimnisse oder vertrauliche persönliche Verhältnisse und Angelegenheiten der AN Gegenstand der Gremiumssitzungen, die außerhalb der Wahrnehmung Dritter liegen mussten <L: *Däubler/Klebe* NZA 2020, 545, 549>. Deshalb bestand **für Mitglieder der ES** die **Handlungspflicht, während der virtuellen Konferenz** unverzüglich darüber zu informieren, sobald nicht teilnahmeberechtigte Personen den Raum betraten. Falschangaben des jeweiligen Gremiumsmitglieds hinsichtl der Nichtöffentlichkeit stellten eine Pflichtverletzung dar, die Schadensersatzansprüche auslösen konnte <L: GK/*Jacobs* § 76 Rn 97>.

27 Darüber hinaus waren **datenschutzrechtl Vorkehrungen** zu treffen, wie eine Verschlüsselung der Verbindung, um die Nichtöffentlichkeit im virtuellen Raum zu gewährleisten und den digitalen Zugriff auf Nutzerdaten und Inhalte durch Dritte zu verhindern. Um die ES nicht aus Gründen mangelnder technischer Absicherung zu konterkarieren, durfte man an die technischen Vorkehrungen zur virtuellen Absicherung der Gremiumssitzung **keine allzu hohen Anforderungen** stellen. Die bestehenden Schutzstandards der gängigen Videokonferenzangebote waren nach der aktuellen Instanzrechtsprechung ausreichend <**R:** LAG Köln 25.6.21, 9 TaBV 7/21, juris für Cisco Webex>. Diesem pragmatischen Ansatz war und ist zuzustimmen <**L:** GK/*Raab* § 30 Rn 51>.

Wie im Fall der Betriebsvereinbarung als auch der Betriebsversammlung galt, dass die abstrakte Gefahr eines Zugriffs Dritter auf die Veranstaltung im digitalen Raum noch nicht ausreichte, um einen Verstoß gg den Grundsatz der Nichtöffentlichkeit zu begründen. Vielmehr mussten auch hier konkrete Anhaltspunkte vorliegen, die auf einen solchen Verstoß hinwiesen oder es mussten begründete Zweifel an der Sicherheit eines digitalen Mittels bestanden haben. 28

V. Rechtsfolgen bei Fehlerhaftigkeit

Virtuelle Beschlussfassungen im digitalen Bereich waren in doppelter Weise fehleranfällig. So kamen zu Fehlern, die auch bei Präsenzveranstaltungen entstehen können, noch weitere technische Fehler hinzu, insbes Übertragungsfehler im virtuellen Raum. Allg galten hinsichtl der Rechtsfolgen auch hier die **gleichen Grundsätze wie bei einer Präsenzsitzung**. Demnach ist bei formellen Fehlern der Beschluss grds als wirksam anzusehen und nur dann unwirksam, wenn sich der Fehler auf den Beschluss selbst ausgewirkt hat, s § 33 Rn 18 ff. 29

Der Verstoß gg den Grundsatz der Nichtöffentlichkeit führt daher nicht zur Unwirksamkeit des Beschlusses, wenn dieser keinen Einfluss auf den ES-Spruch hat, s § 33 Rn 20. 30

Soweit hier bisher die Meinung vertreten worden ist, dass der konkret gefasste Beschluss nicht dadurch unwirksam wird, wenn die technische Verbindung zu einem oder mehreren BR-Mitgliedern während der Teilnahme oder Abstimmung kurzzeitig oder dauerhaft abbricht, die beschlussfähige Mehrheit aber während der Sitzung und Beschlussfassung bestanden hat, wird daran so nicht mehr festgehalten. Bei **kurzzeitigen Verbindungsstörungen** während der Beschlussfassung ist diese zu wiederholen, um so einen unfreiwilligen „Ausschluss" des Mitglieds von der Beschlussfassung und Rechtsunsicherheit zu vermeiden. Kann die Störung kurzfristig nicht behoben werden, so gilt das BR-Mitglied als zeitweilig verhindert mit der Konsequenz, dass die Sitzung mit den übrigen Mitgliedern fortgesetzt wird <**L:** GK/*Raab* § 30 Rn 68>. 31

§ 130 Öffentlicher Dienst

Dieses Gesetz findet keine Anwendung auf Verwaltungen und Betriebe des Bundes, der Länder, der Gemeinden und sonstiger Körperschaften, Anstalten und Stiftungen des öffentlichen Rechts.

Literatur: *Löwisch*, Beschäftigung von Arbeitnehmern der Europäischen Gemeinschaften in Deutschland nach deutschem Arbeitsrecht, EuZA 2010, 198; *Löwisch/Mandler*, Beteiligungsrechte des Betriebsrats für im Betrieb tätige Angehörige des öffentlichen Dienstes, BB 2016, 630; *Richardi*, Arbeitsrecht in der Kirche, 5. Aufl 2009; *Singer*, Der mitbestimmungsrechtliche Status der Parlamentsfraktionen, NZA 2008, 789; *Vetter*, Das Arbeitsverhältnis der Mitarbeiter von Bundestagsabgeordneten (2001).

1 § 130 grenzt die Betriebsverf von der im BPersVG und in den PersVGen der Länder geregelten **Personalverf** für die Verwaltungen und Betriebe des Bundes, der Länder, der Gemeinden und den sonstigen Körperschaften, Anstalten und Stiftungen des öffentl Rechts ab. Entscheidend für die Abgrenzung der Geltungsbereiche des BetrVG und der PersVGe ist **allein die Rechtsform des Unternehmens**: Die PersVGe gelten für Körperschaften, juristische Personen usw des öffentl Rechts. Das BetrVG gilt für alle Betriebe in Unternehmen, deren Träger natürliche oder juristische Personen oder Gesellschaften des Privatrechts sind. In wessen Hand sich die Gesellschaftsanteile einer juristischen Person oder Gesellschaft des Privatrechts befinden, ist dagg unerhebl: Auch wenn diese ausschließl von der öffentl Hand gehalten werden, findet das BetrVG Anwendung <**R:** BAG 7.11.1975, 1 AZR 74/74, BB 1976, 270; 8.3.1977, 1 ABR 18/75, BB 1977, 648; BVerwG, Beschl v 10.1.2008, 6 P 5.07, PersV 2008, 313; LAG BaWü 11.2.2016, 3 TaBV 2/14, LAGE § 1 AÜG Nr 17>.

2 § 130 schließt die Errichtung eines KBR für die privatrechtl organisierten Unternehmen eines Unterordnungskonzerns mit öffentl-rechtl organisierter Konzernspitze nicht aus <**R:** BAG, 27.10.2010, 7 ABR 85/09, DB 2011, 769; LAG Hamm 4.5.2018, 13 TaBV 76/16, NZA-RR 2018, 434>. Über die Errichtung des KBR entscheiden allein die GBR der privatrechtl organisierten Unternehmen (§ 54 Rn 4). Die Zuständigkeit des KBR beschränkt sich dann auf die privatrechtl organisierten Unternehmen des Konzerns, deren Betriebe und AN <**R:** BAG 26.8.2020, 7 ABR 24/18, BB 2021 888>.

3 Die PersVGe gelten nur für Körperschaften usw des **deutschen** öffentl Rechts. In ausländischen, internationalen und zwischenstaatl Betrieben und Verwaltungen, die den Betriebsbegriff des § 1 (§ 1 Rn 3 ff) erfüllen, findet demggü das BetrVG Anwendung, soweit sie nicht das Recht der Exterritorialität genießen oder sonst eine abw Regelung besteht <**L:** *Löwisch* EuZA 2009 unter III. 2.>.

4 Aus § 130 folgt auch, dass das BetrVG auf diejenigen **Kirchen** keine Anwendung findet, die öffentl-rechtl organisiert sind <**R:** BAG 30.7.1987, 6 ABR 78/85, DB 1987, 2658; **L:** *Richardi*, S 278 f>. Dies gilt auch für deren nicht verselbstständigte wirtschaftl Einrichtungen, zB für die Brauerei eines öffentl-rechtl organisierten Ordens <**R:** BAG aaO>.

5 Fraktionen sind zwar als Gliederungen der Parlamente Teil der organisierten Staatlichkeit (Jarass/Pieroth/*Pieroth*, GG 15. Aufl 2018, Art 38 Rn 60). Nach § 46 Abs 3 AbgG sind sie aber nicht Teil der öffentl Verwaltung und üben dementspr keine öffentl Gewalt aus.

Sie fallen deshalb nicht unter die Ausnahmeregelung des § 130, sodass bei ihnen BR gebildet werden können <**R:** ArbG Bonn 16.9.1987, 4 Ca 1398/87, NJW 1988, 510 (511); ArbG Berlin 17.1.2003, 96 Ca 30440/02, NZA-RR 2003, 656; **L:** *Singer* NZA 2008, 789>. Von den Parlamentsfraktionen als AG zu unterscheiden sind die **einzelnen Abgeordneten**. Deren Mitarbeiter sind nach § 12 Abs 3 AbgG nicht Angehörige des öffentl Dienstes und stehen ausschließl in einem Arbeitsverhältnis zu dem Abgeordneten selbst. Sofern das Quorum des § 1, sei es beim einzelnen Abgeordneten, sei es bei einer von mehreren Abgeordneten errichteten GbR, erreicht wird, können die Mitarbeiter ebenfalls einen BR bilden <**L:** *Vetter*, S 113 ff, S 215 ff>. Mögl ist auch die Bildung eines gemeinsamen Betriebs (§ 1 Rn 29 ff) von Fraktion und einzelnen Abgeordneten.

Die Wahl von BR und die Errichtung von GBR in Verwaltungen und Betrieben iS von § 130 entbehren der Rechtsgrundlage und sind damit nichtig und nicht nur anfechtbar. Dementspr kommen einem so gewählten BR keine Mitwirkungs- oder Mitbestimmungsrechte zu. Auch ist ein Zuordnungstarifvertrag iS von § 3 Abs 1 Nr 3 unwirksam, wenn er eine öffentl-rechtl organisierte Institution mit einbezieht. <**R:** LAG München 17.9.2015, 4 Sa 997/14, LAGE § 3 BetrVG 2001 Nr 3>. 6

Wird eine öffentl-rechtl verfasste Institution **privatisiert**, etwa ein kommunaler Eigenbetrieb in eine GmbH umgewandelt, bleibt nach § 29 Abs 6 S 1 BPersVG und entsprechenden Bestimmungen der Landespersonalvertretungsgesetze ein bestehender Personalrat im Amt und führt die Geschäfte bis zur Neuwahl des BR weiter. Für dieses Übergangsmandat gelten die Vorschriften des § 21a Abs 1 S 3 und 4 (§ 21a Rn 4). Für den umgekehrten Fall, dass ein bisher in privater Rechtsform geführtes Unternehmen oder Teile eines solchen Unternehmens in die Rechtsträgerschaft einer öffentl-rechtl verfassten Institution übergehen (Beispiel: Eine bislang als GmbH geführte Klinik wird in ein Universitätsklinikum eingegliedert), enthält weder das BPersVG noch das BetrVG eine § 29 Abs. 6 BPersVG entsprechende Vorschrift. Das Mandat eines bestehenden BR endet deshalb. Zu Gemeinschaftsbetrieben öffentl-rechtl und privater Rechtsträger § 1 Rn 46. 7

Zu der betriebsverfassungsrechtl Stellung von AN des öffentl Dienstes, die iS von § 5 Abs 1 S 3 Betrieben privatrechtl organisierter Unternehmen zugewiesen sind, s allg § 5 Rn 15. Die jeweilige Zuständigkeit von Personalrat und BR hängt in diesen Fällen vom Gegenstand der Mitwirkungs- und Mitbestimmungsrechte und der darauf bezogenen Entscheidungsmacht des AG ab. Geht es um den Bestand und den Inhalt des Arbeitsverhältnisses betreffende materielle Entscheidungsbefugnisse, ist nicht der BR, sondern der Personalrat zu beteiligen <**R:** BAG 9.6.2011, 6 AZR 132/10, EZA § 102 BetrVG 2001 Nr 27; VGH BaWü 4.3.2016, PL 15 S 408/15, ZTR 2016, 480>. Beziehen sich die Entscheidungsbefugnisse hingg auf die betriebl Tätigkeit, ist der BR zuständig <**L:** im Einzelnen *Löwisch/Mandler* BB 2016, 630 ff>. 8

§ 131 Berlin-Klausel

Dieses Gesetz gilt nach Maßgabe des § 13 Abs. 1 des Dritten Überleitungsgesetzes auch im Land Berlin. Rechtsverordnungen, die auf Grund dieses Gesetzes erlassen werden, gelten im Land Berlin nach § 14 des Dritten Überleitungsgesetzes.

1   Die Vorschrift ist durch den Einigungsvertrag, mit dem Berlin den Status eines normalen Bundeslandes erhalten hat, überholt.

§ 132 Inkrafttreten

Dieses Gesetz tritt am Tage nach seiner Verkündung in Kraft.

In seiner ursprünglichen Fassung ist das BetrVG am 18.1.1972 verkündet worden und demzufolge am 19.1.1972 in Kraft getreten. 1

Am 27.7.2001 ist das BetrVerf-RG, das zahlreiche Vorschriften des BetrVG geändert hat, verkündet worden (BGBl I S 1852 ff). Nach seinem Art 14 S 1 ist es am Tage danach, also am 28.7.2001, in Kraft getreten. Zuletzt hat das Betriebsrätemodernisierungsgesetz vom 14.6.2021 (BGBl I S 1762 ff) das BetrVG geändert und ergänzt. Dieses Gesetz ist am 17.6.2021 verkündet worden und damit nach seinem Art 6 am 18.6.2021 in Kraft getreten. 2

In der ehemaligen DDR ist das BetrVG am 1.7.1990 in Kraft getreten (Gesetz der DDR vom 21.6.1990, GBl DDR I 357). S dazu im Einzelnen die 4. Aufl in § 132 Rn 2. 3

§ 132 Intuarbeiten

Dieser Gesetz tritt am Tage nach seiner Verkündung in Kraft.

1. In seiner ursprünglichen Fassung ist das Ges-VG vom 1971 BRZ verkündet worden und in auseinander am [9] 1.1972 in Kraft getreten.

2. Am 27.3.2001 ist das BetrVerf-RG, das wesentliche Vorschriften des BetrVG geändert hat, verkündet worden (BGBl. I S. 1862ff). Nach seinem Art. 11 S. 1 ist es am ... (folgt), also am 28.7.2001, in Kraft getreten. Zuletzt ist das Ges. zu Neuregelung Betriebsgüte vom 14.6.2021 (BGBl. I S. 1762 II) das BetrVG geändert und ergänzt. Dieses Gesetz ist am 17.6.2021 verkündet worden und damit noch keinen Arbeiten am 18.6.2021 Kraft getreten.

3. In der ehemaligen DDR ist das BetrVG am 1.7.1990 in Kraft getreten (Gesetz der DDR vom 21.6.1990, GBl. DDR I S. 53). Dazu in Einzelnen die 4. Aufl. § 132 Rn. 2.

Anhang 1
Erste Verordnung zur Durchführung des Betriebsverfassungsgesetzes (Wahlordnung – WO)

vom 11.12.2001 (BGBl I 3493), geändert durch Art. 2 der Verordnung vom 23.6.2004 (BGBl I 1393) sowie durch Art. 1 der Verordnung vom 8.10.2021 (BGBl I S. 4640)

Auf Grund des § 126 des Betriebsverfassungsgesetzes in der Fassung der Bekanntmachung vom 25. September 2001 (BGBl I S. 2518) verordnet das Bundesministerium für Arbeit und Sozialordnung:

Inhaltsübersicht

Vorbemerkung 1349

Erster Teil
Wahl des Betriebsrats (§ 14 des Gesetzes)

Erster Abschnitt: Allgemeine Vorschriften 1350

§ 1 Wahlvorstand 1350
§ 2 Wählerliste 1355
§ 3 Wahlausschreiben 1358
§ 4 Einspruch gegen die Wählerliste 1364
§ 5 Bestimmung der Mindestsitze für das Geschlecht in der Minderheit 1366

Zweiter Abschnitt: Wahl von mehr als fünf Betriebsratsmitgliedern (aufgrund von Vorschlagslisten) 1367

Erster Unterabschnitt: Einreichung und Bekanntmachung von Vorschlagslisten ... 1367

§ 6 Vorschlagslisten 1367
§ 7 Prüfung der Vorschlagslisten 1370
§ 8 Ungültige Vorschlagslisten 1374
§ 9 Nachfrist für Vorschlagslisten 1375
§ 10 Bekanntmachung der Vorschlagslisten 1376

Zweiter Unterabschnitt: Wahlverfahren bei mehreren Vorschlagslisten (§ 14 Abs. 2 Satz 1 des Gesetzes) 1377

§ 11 Stimmabgabe 1377
§ 12 Wahlvorgang 1378
§ 13 Öffentliche Stimmauszählung 1381
§ 14 Verfahren bei der Stimmauszählung 1382
§ 15 Verteilung der Betriebsratssitze auf die Vorschlagslisten 1383
§ 16 Wahlniederschrift 1385
§ 17 Benachrichtigung der Gewählten 1386
§ 18 Bekanntmachung der Gewählten 1387
§ 19 Aufbewahrung der Wahlakten 1388

Anh. 1 WO Wahlordnung zum Betriebsverfassungsgesetz

Dritter Unterabschnitt: Wahlverfahren bei nur einer Vorschlagsliste
(§ 14 Abs. 2 Satz 2 erster Halbsatz des Gesetzes) 1389

§ 20 Stimmabgabe 1389
§ 21 Stimmauszählung. 1389
§ 22 Ermittlung der Gewählten 1390
§ 23 Wahlniederschrift, Bekanntmachung 1391

Dritter Abschnitt: Schriftliche Stimmabgabe 1391

§ 24 Voraussetzungen 1391
§ 25 Stimmabgabe 1395
§ 26 Verfahren bei der Stimmabgabe 1396

Vierter Abschnitt: Wahlvorschläge der Gewerkschaften 1397

§ 27 Voraussetzungen, Verfahren 1397

Zweiter Teil
Wahl des Betriebsrats im vereinfachten Wahlverfahren (§ 14a des Gesetzes)

Vorbemerkung.. 1398

Erster Abschnitt: Wahl des Betriebsrats im zweistufigen Verfahren
(§ 14a Abs. 1 des Gesetzes) 1399

Erster Unterabschnitt: Wahl des Wahlvorstands 1399

§ 28 Einladung zur Wahlversammlung 1399
§ 29 Wahl des Wahlvorstands 1401

Zweiter Unterabschnitt: Wahl des Betriebsrats 1402

§ 30 Wahlvorstand, Wählerliste 1402
§ 31 Wahlausschreiben 1403
§ 32 Bestimmung der Mindestsitze für das Geschlecht in der Minderheit 1407
§ 33 Wahlvorschläge 1407
§ 34 Wahlverfahren 1409
§ 35 Nachträgliche schriftliche Stimmabgabe 1411

Zweiter Abschnitt: Wahl des Betriebsrats im einstufigen Verfahren
(§ 14a Abs. 3 des Gesetzes) 1413

§ 36 Wahlvorstand, Wahlverfahren 1413

Dritter Abschnitt: Wahl des Betriebsrats in Betrieben mit in der Regel 101 bis
200 Wahlberechtigten (§ 14a Abs. 5 des Gesetzes) 1415

§ 37 Wahlverfahren 1415

Dritter Teil
Wahl der Jugend- und Auszubildendenvertretung

Vorbemerkung.. 1416
§ 38 Wahlvorstand, Wahlvorbereitung 1416
§ 39 Durchführung der Wahl 1416
§ 40 Wahl der Jugend- und Auszubildendenvertretung im vereinfachten
     Wahlverfahren... 1417

Vierter Teil
Übergangs- und Schlussvorschriften

§ 41 Berechnung der Fristen....................................... 1418
§ 42 Bereich der Seeschifffahrt................................... 1419
§ 43 Inkrafttreten 1419

Vorbemerkung

Die Wahlordnung regelt als Durchführungsverordnung **technische Einzelheiten** (ausschließlich) der Wahl des BR und der Jugend- und Auszubildendenvertretung (§§ 7–20, 61–64 BetrVG). Die Wahlen der Bordvertretung und des See-BR werden durch die zweite Verordnung zur Durchführung des BetrVG vom 7.2.2002 (Wahlordnung Seeschifffahrt – WOS, BGBl I 594) näher geregelt. Ausführende Bestimmungen zur Wahl und Abberufung der Vertreter der AN im Aufsichtsrat nach dem Gesetz über die Drittelbeteiligung der Arbeitnehmer im Aufsichtsrat (DrittelbG vom 18.5.2004 – BGBl I 974) regelt die WO DrittelbG vom 23.6.2004 (BGBl I 1393; zuletzt geändert durch VO v 26.8.2015 – BGBl I 1443). Für die Wahl und Abberufung der AN-Vertreter im Aufsichtsrat nach dem MitBestG 1976 gelten eigene WO. 1

Die WO ist in ihrer jetzigen Fassung als **Erste Verordnung zur Durchführung des Betriebsverfassungsgesetzes** vom 11.12.2001 am 15.12.2001 in Kraft getreten. Seit diesem Tag sind die Sondervorschriften des § 125 Abs 4 BetrVG für das vereinfachte Wahlverf nach § 14a BetrVG nicht mehr anwendbar. Vielmehr gelten ausschließlich die Vorschriften der jetzigen WO, insbes deren §§ 28–37. 2

Als RechtsVO auf der Ermächtigungsgrundlage des § 126 BetrVG kann die WO die Vorschriften des BetrVG **lediglich ergänzen**, nicht aber Abweichungen zulassen. Dies gilt auch, soweit die Verteilung der Sitze auf die Geschlechter betroffen ist: Die nach § 126 Nr 5a BetrVG möglichen Regelungen der WO können nicht das Prinzip der §§ 15 Abs 2 und 62 Abs 3 BetrVG außer Kraft setzen, wonach die Geschlechter mindestens ihrem zahlenmäßigen Verhältnis in der Belegschaft entspr in den Organen vertreten sein müssen. Lediglich die Entscheidung der Frage, was geschehen soll, soweit Sitze wg Fehlens entspr Kandidaten nicht gem § 15 Abs 2 und § 62 Abs 3 BetrVG besetzt werden können, ist mangels einer entspr Bestimmung im Gesetz selbst der WO überantwortet. Siehe dazu noch § 15 BetrVG Rn 7 und § 5 WO Rn 5 sowie § 15 WO Rn 6. 3

Die WO ist in vier Teile gegliedert, wobei sich die Teile 2 und 3 wiederum in mehrere Abschnitte und Unterabschnitte untergliedern: 4
- **Erster Teil: Regelwahlverfahren** (§ 14 BetrVG)
- Erster Abschnitt: **Allgemeine Vorschriften**: §§ 1–5 (va Wahlvorstand, Wählerliste, Wahlausschreiben)
- Zweiter Abschnitt: Wahlverfahren
- Erster Unterabschnitt: Einreichung und Bekanntmachung von **Vorschlagslisten**: §§ 6–10
- Zweiter Unterabschnitt: Wahlverfahren bei **Verhältniswahl** nach § 14 Abs 1 S 1 BetrVG: §§ 11–19
- Dritter Unterabschnitt: Wahlverfahren bei **Mehrheitswahl** nach § 14 Abs 1 S 2 BetrVG: §§ 20–23
- Dritter Abschnitt: **Briefwahl**: §§ 24–26
- Vierter Abschnitt: Wahlvorschläge der Gewerkschaften: § 27
- **Zweiter Teil: Vereinfachtes Wahlverfahren** im Kleinbetrieb (§ 14a BetrVG)
- Erster Abschnitt: **Zweistufiges** Wahlverfahren (§ 14a Abs 1 BetrVG)
- Erster Unterabschnitt: Wahl des Wahlvorstands: §§ 28–29
- Zweiter Unterabschnitt: Wahl des Betriebsrats: §§ 30–35
- Zweiter Abschnitt: **Einstufiges** Wahlverfahren (§ 14a Abs 3 BetrVG): § 36
- Dritter Abschnitt: Wahlverfahren in Betrieben mit 51–100 AN (§ 14a Abs 5 BetrVG): § 37
- **Dritter Teil: Wahl der Jugend- und Auszubildendenvertretung**: §§ 38–40
- **Vierter Teil: Übergangs- und Schlussvorschriften**: §§ 41–43

Mit der Klammerdefinition „Arbeitnehmerinnen und Arbeitnehmer" des Begriffs Arbeitnehmer in § 5 Abs 1 S 1 erklärt das BetrVG, dass es selbst die männliche Bezeichnung auch dort verwendet, wo weibliche und männliche Personen gemeint sind. Demggü operiert die WO (abgesehen vom nur männlich verwendeten „Arbeitgeber") mit der **Nebeneinandernennung der weiblichen und männlichen Bezeichnung**. Um die daraus resultierenden Umständlichkeiten in Grenzen zu halten, beschränkt sich der Kommentartext, dem Prinzip des § 5 Abs 1 S 1 BetrVG folgend, auf die männliche Bezeichnung. 5

Anh. 1 WO Wahlordnung zum Betriebsverfassungsgesetz

Erster Teil
Wahl des Betriebsrats (§ 14 des Gesetzes)

Erster Abschnitt
Allgemeine Vorschriften

§ 1 Wahlvorstand

(1) Die Leitung der Wahl obliegt dem Wahlvorstand.

(2) Der Wahlvorstand kann sich eine schriftliche Geschäftsordnung geben. Er kann Wahlberechtigte als Wahlhelferinnen und Wahlhelfer zu seiner Unterstützung bei der Durchführung der Stimmabgabe und bei der Stimmenzählung heranziehen.

(3) Die Beschlüsse des Wahlvorstands werden mit einfacher Stimmenmehrheit seiner stimmberechtigten Mitglieder gefasst. Die Sitzungen des Wahlvorstands finden als Präsenzsitzung statt. Über jede Sitzung des Wahlvorstands ist eine Niederschrift aufzunehmen, die mindestens den Wortlaut der gefassten Beschlüsse enthält. Die Niederschrift ist von der oder dem Vorsitzenden und einem weiteren stimmberechtigten Mitglied des Wahlvorstands zu unterzeichnen.

(4) Abweichend von Absatz 3 Satz 2 kann der Wahlvorstand beschließen, dass die Teilnahme an einer nicht öffentlichen Sitzung des Wahlvorstands mittels Video- und Telefonkonferenz erfolgen kann. Dies gilt nicht für Sitzungen des Wahlvorstands

1. im Rahmen einer Wahlversammlung nach § 14a Absatz 1 Satz 2 des Gesetzes,

2. zur Prüfung eingereichter Vorschlagslisten nach § 7 Absatz 2 Satz 2,

3. zur Durchführung eines Losverfahrens nach § 10 Absatz 1.

Es muss sichergestellt sein, dass Dritte vom Inhalt der Sitzung keine Kenntnis nehmen können. Eine Aufzeichnung der Sitzung ist unzulässig. Die mittels Video- und Telefonkonferenz Teilnehmenden bestätigen ihre Teilnahme gegenüber der oder dem Vorsitzenden in Textform. Die Bestätigung ist der Niederschrift nach Absatz 3 beizufügen.

(5) Erfolgt die Sitzung des Wahlvorstands mit der zusätzlichen Möglichkeit der Teilnahme mittels Video- und Telefonkonferenz, gilt auch eine Teilnahme vor Ort als erforderlich.

I. Bestellung

1 Vorbereitung und Durchführung der BR-Wahl liegen in den Händen des Wahlvorstandes, der nach § 16 Abs 1 BetrVG aus in der Regel drei, in jedem Falle aber aus einer ungeraden Zahl wahlberechtigter AN des Betriebs besteht. Die **Zahl der Wahlvorstandsmitglieder** kann durch den BR auf mehr als drei erhöht werden, wenn dies zur ordnungsgem Durchführung der Wahl erforderlich ist. S hierzu § 16 BetrVG Rn 11 und § 12 WO Rn 6.

2 In Betrieben mit weiblichen und männlichen AN sollen dem Wahlvorstand **Frauen und Männer** angehören (§ 16 BetrVG Rn 12). Jede im Betrieb vertretene **Gewerkschaft** kann zusätzlich einen dem Betrieb angehörenden Beauftragten als nicht stimmberechtigtes Mitglied in den Wahlvorstand entsenden, sofern ihr nicht ohnehin ein stimmberechtigtes Wahlvorstandsmitglied angehört (§ 16 BetrVG Rn 16).

3 Wird der Wahlvorstand gem § 16 Abs 2 BetrVG vom ArbG bestellt, können ausnahmsweise auch **externe Mitglieder** einer im Betrieb vertretenen Gewerkschaft zu Wahlvorstandsmitgliedern bestellt werden, **wenn** das zur ordnungsgem Durchführung der Wahl erforderlich ist (§ 16 BetrVG Rn 21).

4 Wg der Bestellung und der Amtszeit des Wahlvorstands s iÜ die Erl zu den §§ 16–17a BetrVG. Eine Wahl ohne wirksam bestellten Wahlvorstand ist **nichtig** (§ 16 Rn 33).

II. Aufgaben

Aufgabe des Wahlvorstandes ist es vor allem, die **Wählerliste** aufzustellen (§ 2 WO) und Einsprüche gg diese zu prüfen (§ 4 WO), den Mindestschutzes für das Geschlecht in der Minderheit zu verwirklichen (§§ 5, 15 WO), das **Wahlausschreiben** unverzüglich zu erlassen (§ 3 WO), die **Vorschlagslisten** entgegenzunehmen und zu prüfen (§§ 6, 7 WO), die Stimmzettel, Wahlumschläge, Wahlurnen und Wahllokale vorzubereiten (§§ 11, 12 Abs 1 WO), die **Stimmabgabe** durchzuführen (§ 12 WO), das **Wahlergebnis** und die Sitzverteilung festzustellen (§ 18 Abs 3 BetrVG, §§ 15–17 WO), sowie das Wahlergebnis und die Zusammensetzung des neu gewählten BR durch Aushang bekannt zu geben (§ 18 WO). Zur Erfüllung ihrer Aufgaben sind die Wahlvorstandsmitglieder gem § 20 Abs 3 BetrVG soweit erforderlich von der Arbeit **freizustellen**. 5

Ganz allgemein ist es eine wesentliche Aufgabe des Wahlvorstands, Gefahren der **Einflussnahme** auf das Wahlverhalten und das Wahlergebnis, die gemessen an der allgemeinen Lebenserfahrung und den konkreten Umständen des Einzelfalles nicht ganz unwahrscheinlich erscheinen, mit wirksamen Mitteln zu **begegnen** <R: LAG Ddf 16.9.2011, 10 TaBV 33/11>. Aus dieser Aufgabe folgt zwingend seine Pflicht zur **neutralen Amtsführung** <L: *Zumkeller/Karwatzki* BB 2011, 2101> (s auch § 20 BetrVG Rn 11). Gemeinsam mit dem Wahlvorstand nach dem SprAuG hat der Wahlvorstand auch die Zuordnung der **ltd Ang** bei Wahlen vorzunehmen (s hierzu die Erl zu § 18a BetrVG). 6

Vor Ablauf einer Woche nach dem Wahltag hat der Wahlvorstand ferner gem § 29 Abs 1 BetrVG die Mitglieder des neu gewählten BR zur **konstituierenden Sitzung** und zur Vornahme der nach § 26 BetrVG vorgeschriebenen Wahlen einzuberufen, und zwar ohne Rücksicht darauf, ob eine Wahlanfechtung erfolgt oder die Feststellung der Nichtigkeit der Wahl beantragt worden ist. S hierzu § 29 BetrVG Rn 2 f. 7

Die Leitung der Wahl ist **Aufgabe des gesamten Wahlvorstands**, nicht etwa seines Vors, wie sich mittelbar aus der Fassung des Abs 3 ergibt, wonach die Beschlüsse des Wahlvorstandes mit einfacher Stimmenmehrheit gefasst werden. Ohne solchen Beschluss kann kein Mitglied Erklärungen für den Wahlvorstand abgeben <R: LAG Hamm 24.3.2010, 10 TaBVGa 7/10>. Der **Vorsitzende** vertritt den Wahlvorstand lediglich im Rahmen der gefassten Beschlüsse. Er ist mithin vergleichbar dem BR-Vors nur **Vertreter in der Erklärung, nicht im Willen**. Nur vereinzelt weisen ihm Gesetz und Wahlordnung originär eigene Aufgaben zu (zB § 29 Abs 1 S 2 BetrVG; §§ 1 Abs 3 S 3, 16 Abs 2 WO). Als Vertreter in der Erklärung ist er aber befugt, Erklärungen für den Wahlvorstand allein zu unterzeichnen, soweit die WO nichts anderes vorschreibt (§§ 1 Abs 3 S 2, 16 Abs 2 WO) <L: DKW/*Homburg* Rn 8>. 8

III. Geschäftsführung

1. Geschäftsordnung

Anders als der BR nach der Sollvorschrift des § 36 BetrVG ist der Wahlvorstand frei darin, ob er sich eine Geschäftsordnung gibt oder nicht. Entscheidet er sich dafür, so ist diese gem Abs 2 S 1 **schriftlich** abzufassen, andernfalls ist sie ungültig <L: *Fitting* Rn 3; GK/*Jacobs* Rn 16>. Sie gilt nur für die Tätigkeit des Wahlvorstandes, der sie beschlossen hat <L: Richardi/*Forst* Rn 7>. Von den **zwingenden Vorschriften** des BetrVG und der WO kann die Geschäftsordnung nicht abweichen <R: LAG Hamm 29.9.1961, 4 BVTa 5/61, DB 1961, 1491; Bespr bei L: GK/*Jacobs* Rn 16; *Löwisch* BB 1961, 1200>. Sie kann also zB nicht vorsehen, dass Beschlüsse nur einstimmig oder im Umlaufverf zu fassen sind (Rn 11). Ebenso wenig kann sie entg der in Rn 8 erläuterten Gesamtzuständigkeit des Wahlvorstandes einzelnen Mitgliedern Aufgaben übertragen, die über die bloße Vorbereitung der gemeinsamen Aufgabenwahrnehmung hinausgehen. 9

2. Wahlhelfer

Gem Abs 2 S 2 kann der Wahlvorstand nach seinem freien Ermessen Wahlhelfer aus dem Kreis der wahlberechtigten AN des Betriebes bestellen, die ihn bei der Überwachung der Stimmabgabe (§ 12 10

Anh. 1 WO Wahlordnung zum Betriebsverfassungsgesetz

WO) und bei der Stimmenauszählung (§§ 13, 21 WO) unterstützen <R: LAG Hamm 29.9.1961 aaO>. AN sind **nicht verpflichtet**, sich für diese Aufgabe zur Verfügung zu stellen. Verfahrensverstöße der Wahlhelfer muss sich der Wahlvorstand **zurechnen** lassen <R: LAG Köln 20.2.2015, 4 TaBV 79/14>. Alle bei Durchführung der Stimmabgabe und der Stimmenzählung erforderlichen **Entscheidungen**, insbes über etwaige Ungültigkeiten von Stimmzetteln (§§ 11, 14 Abs 2 WO), hat aber der Wahlvorstand zu treffen. Das gilt auch für eine evtl Änderung der Wählerliste <R: LAG Nbg 20.9.2011, 6 TaBV 9/11>. Da Wahlhelfer keine Mitglieder des Wahlvorstandes sind, wird ihnen nicht der besondere Kdschutz aus § 103 BetrVG, § 15 Abs 3 KSchG zuteil, zu ihren Gunsten gilt jedoch der sich aus dem Behinderungs- und Benachteiligungsverbot des § 20 BetrVG ergebende **relative Kdschutz** <L: *Fitting* Rn 4; Richardi/*Forst* Rn 15>.

3. Sitzungen und Beschlussfassung

11 Nach Abs 3 S 1 fasst der Wahlvorstand seine Beschlüsse in **Sitzungen** mit einfacher **Stimmenmehrheit seiner Mitglieder** (nicht nur: der Anwesenden). Ein Beschluss erfordert grundsätzlich eine **förmliche Abstimmung**, eine stillschweigende Beschlussfassung gibt es nicht. Allenfalls kommt eine Beschlussfassung durch konkludentes Verhalten in Betracht, etwa dergestalt, dass festgestellt wird, es werde nicht mehrheitlich Widerspruch gegen einen zur Abstimmung gestellten Antrag erhoben <R: BAG 24.3.2021, 7 ABR 6/20, NZA 2021, 1044 für die Beschlussfassung des BR>. Beschlussfassung im **Umlaufverfahren** ist unzulässig <L: *Fitting* Rn 5; DKW/*Homburg* Rn 14>. Die **Leitung** der Sitzung obliegt dem Vors. Die Beteiligung **nicht stimmberechtigter Mitglieder** (§ 16 Abs 1 S 6 BetrVG) an der Abstimmung führt zur Unwirksamkeit des Beschlusses, wenn sie sich auf das Ergebnis auswirkt <L: *Fitting* Rn 5>.

12 Nicht erforderlich ist die Anwesenheit sämtlicher Mitglieder des Wahlvorstandes in den Sitzungen, sofern alle so **rechtzeitig geladen** wurden, dass eine Teilnahme möglich gewesen wäre <R: BAG 20.5.2020, 7 ABR 42/18, NZA 2020, 1423>. Allerdings muss mehr als die Hälfte der Mitglieder anwesend sein, weil sonst die vorgeschriebene Stimmenmehrheit nicht zu erreichen ist. Form und Inhalt der **Ladung** richten sich nach der Geschäftsordnung; BetrVG und WO stellen an sie keine besonderen Anforderungen. Eine Ladung ist mithin auch durch schlüssiges Verhalten möglich <R: BAG 20.5.2020, aaO>. Die Angabe einer Tagesordnung oÄ ist nicht von Gesetzes wegen erf <L: Berscheid/*Vetter* § 43 Rn 110>.

13 Weder das BetrVG noch die WO schreiben vor, dass die Sitzungen des Wahlvorstands nicht öffentlich wären, auch Abs 4 S 1 stellt keinen solchen Grundsatz auf. Die hM leitet das **Gebot der Nichtöffentlichkeit** aus allgemeinen Grundsätzen ab <L: GK/*Jacobs* Rn 13; Richardi/*Forst* Rn 8; *Fitting* Rn 7>. Diese Argumentation **überzeugt nicht**. Aufgabe des Wahlvorstands ist die ordnungsgemäße Durchführung der Wahl entpr den gesetzlichen Vorgaben. Dabei dienen öffentliche Sitzungen der Transparenz, so wie sie etwa in § 13 WO zwingend vorgeschrieben ist. Es steht daher im **pflichtgem Ermessen** des Wahlvorstands, ob er die Öffentlichkeit zu seinen Sitzungen zulässt oder nicht <L: DKW/*Homburg* Rn 11>. Auf eine ohne hinreichenden Grund nicht öffentlich durchgeführte Sitzung lässt sich eine Wahlanfechtung indes mangels Verstoßes gegen eine wesentliche Wahlvorschrift idR nicht stützen – wenn nicht die WO wie in § 13 Öffentlichkeit ausdrücklich vorschreibt. Auch öffentliche Sitzungen stehen aber nur der **Betriebsöffentlichkeit** offen; außenstehende Dritte darf der Wahlvorstand nicht zulassen <L: DKW/*Homburg* Rn 11>. Eine Verletzung der eingeschränkten Öffentlichkeit kann eine Anfechtung nur begründen, wenn der Verstoß ausdrücklich von einem Wahlvorstandsmitglied gerügt wurde oder er sich feststellbar auf einen Beschluss oder eine Handlung des Wahlvorstands ausgewirkt hat <L: *Boemke/Haase* NZA 2021, 1513, 1517f>.

14 Sitzungen des Wahlvorstands finden im Regelfall als **Präsenzsitzungen** statt, also unter gleichzeitiger körperlicher Anwesenheit aller Teilnehmer an einem Ort <L: BR-Drs 666/21 S. 17>. Hiervon erlaubt Abs 4 Ausnahmen unter Einsatz von **Video- und Telefonkonferenztechnik**. Erlaubt ist sowohl die Zuschaltung einzelner Teilnehmer als auch die Durchführung der Sitzung als ausschließlich als Video- oder Telefonkonferenz. Die Regelung soll dem Wahlvorstand seine Arbeit erleichtern <L: **BR-Drs 666/21 S 11**; *Boemke/Haase* NZA 2021, 1513, 1516>.

Zwar verlangt die WO anders als § 30 Abs 2 S 1 Nr 1 BetrVG für die virtuelle BR-Sitzung keine diesbezüglichen Regelungen in der Geschäftsordnung (Rn 9), Voraussetzung für eine Sitzung unter Einsatz digitaler Kommunikationstechnik ist aber ein dahingehender **Beschluss** des Wahlvorstands (Abs 4 S 1). Die WO verlangt nicht, dass dieser Beschluss vorab in Präsenz zu fassen ist, mit Blick auf den Normzweck (Rn 14) genügt deshalb eine dahingehende Beschlussfassung **zu Beginn der ersten (teil-)virtuellen Sitzung** <L: *Grambow* DB 2021, 3032 f; aA *Boemke/Haase* NZA 2021, 1513, 1515>. Der Beschluss kann sowohl für eine einzige als auch für mehrere oder alle künftigen Sitzungen gefasst werden; im letzteren Fall bietet sich eine **Regelung in der Geschäftsordnung** an. Der Wahlvorstand kann auch verbindliche Bedingungen für den Einsatz von Kommunikationstechnik formulieren <L: BR-Drs 666/21 S 17>. Eine Änderung des Beschlusses ist für die Zukunft jederzeit durch neuerlichen Beschluss möglich <L: *Boemke/Haase* NZA 2021, 1513, 1515>. **15**

Diese Maßgaben **binden den Vorsitzenden,** wenn ihm nicht – was möglich ist – ein Ermessen bei der Entscheidung über die Durchführung einer virtuellen Sitzung oder die Zulassung einer virtuellen Teilnahme eingeräumt wird <L: *Boemke/Haase* NZA 2021, 1513, 1516>. Der Wahlvorstand kann sich sogar darauf beschränken, es in das **Ermessen der einzelnen Wahlvorstandsmitglieder** zu stellen, ob sie jeweils vor Ort oder virtuell an einer Sitzung teilnehmen <L: *Boemke/Haase* NZA 2021, 1513, 1515>. Für den Beschluss über den Einsatz von Kommunikationstechnik gilt die einfache Mehrheit des Abs 3 S 1 (Rn 11); ein **Widerspruchsrecht** der Minderheit sieht die WO im Gegensatz zu § 30 Abs 2 S 1 Nr 2 BetrVG **nicht** vor. **16**

Nach Abs 4 S 1 dürfen **nur nicht öffentliche Sitzungen** des Wahlvorstands unter Einsatz von Video- oder Telefonkonferenztechnik durchgeführt werden. Der Grund hierfür liegt wohl schlicht darin, dass insbesondere bei ausschließlich digitaler Durchführung die Öffentlichkeit nur mit erheblichem technischen und organisatorischen Aufwand herzustellen wäre <L: *Boemke/Haase* NZA 2021, 1513, 1515>. **Immer in Präsenz durchzuführen** sind daher die Stimmauszählung nach § 13 und § 34 Abs 3 einschließlich der Bearbeitung der Briefwahlunterlagen nach § 26 Abs 1 und § 35 Abs 3. Auch die Wahlniederschrift nach § 16 kann deshalb nur in Präsenz erstellt werden. Zusätzlich verlangt **Abs 4 S 2 auch für einige nicht öffentliche Sitzungen** zwingend die Durchführung in Präsenz gemäß Abs 3 S 2. Im zweistufigen vereinfachten Wahlverfahren muss der Wahlvorstand nach seiner Wahl (§ 14a Abs 1 S 2 BetrVG) noch in der ersten Wahlversammlung die Wählerliste aufstellen (§ 30 Abs 1 S 3 WO), das Wahlausschreiben erlassen (§ 30 Abs 1 S 1 WO) und Wahlvorschläge entgegennehmen und prüfen (§ 33 Abs 1 S 2 und Abs 3 S 1 iVm § 7 Abs 2 S 2 WO), was wegen der notwendigen Interaktion mit den Arbeitnehmern nur in Präsenz erfolgen kann, zumal der Wahlvorstand ohnehin in der Versammlung anwesend ist (**Nr 1**). Generell kann die Prüfung eingereichter Wahlvorschläge nach § 7 Abs 2 S 2 WO nur in Präsenz erfolgen (**Nr 2**), weil hierfür die Vorschläge persönlich in Augenschein zu nehmen sind. Dies gilt auch für die Nachprüfung von Vorschlagslisten, die wegen einer Beanstandung (§ 8 Abs 2 WO) korrigiert wurden und auch für die Prüfung im vereinfachten einstufigen Wahlverfahren, weil § 36 Abs 5 S 2 WO auf § 7 verweist <L: BR-Drs 666/21 S 18>. Auch das Losverfahren für die Vergabe der Reihenfolge der Ordnungsnummern nach § 10 Abs 1 WO, zu welchem die Listenvertreter einzuladen sind, ist nach Auffassung des Verordnungsgebers nur in Präsenz ordnungsgemäß durchzuführen (**Nr 3**) <L: BR-Drs 666/21 S 18>. **17**

Wie er die virtuelle Teilnahme ermöglicht, liegt im Ermessen des Wahlvorstands. Wie § 30 Abs 2 BetrVG für den BR sieht die WO **keinen Vorrang der Video- vor einer Telefonkonferenz** vor <L: zum BR *Boemke/Roloff/Haase* NZA 2021, 827, 832; *Winzer/Baeck/Hilgers* NZA 2021, 620, 623 f; *Fuhlrott/Fischer* NZA 2020, 490, 491>. In jedem Fall sind die erforderlichen technischen und organisatorischen Vorkehrungen zu treffen, um die Vertraulichkeit der Sitzung zu gewährleisten (Abs 4 S 3). Die Verordnungsbegründung nennt beispielhaft Verschlüsselungstechnik und die Nutzung nichtöffentlicher Räume <L: BR-Drs 666/21 S. 18>. Eine absolute Vertraulichkeitsgarantie ist allerdings mit vertretbarem Aufwand nicht zu leisten und daher auch nicht verlangt <L: *Boemke/Haase* NZA 2021, 1513, 1516>. Datenschutzrechtliche Vorgaben sind einzuhalten (siehe hierzu die Kommentierung zu § 79a BetrVG). Eine Aufzeichnung der Sitzung verbietet Abs 4 S 4 ausdrücklich. **18**

Anh. 1 WO Wahlordnung zum Betriebsverfassungsgesetz

19 Die **Kosten** der erforderlichen technische Ausstattung für Telefon- und Videokonferenzen trägt gemäß § 20 Abs 3 BetrVG der AG <L: BR-Drs 666/21 S. 18>. Dazu zählen auch die Kosten angemessener Maßnahmen, um die Vertraulichkeit zu sichern. Erforderlich sind ggf zudem Ausgaben für eine barrierefreie Gestaltung der Kommunikation unter Beteiligung von Personen mit Behinderung <L: BR-Drs 666/21 S. 18>. **Abs 5** sichert die Entscheidungsfreiheit des Wahlvorstands über den Einsatz digitaler Technik sowie den Vorrang der Präsenzsitzung nach Abs 3 S 2. Der Aufwand für die Teilnahme an einer Präsenzsitzung vor Ort ist danach auch dann erforderlich und daher vom AG zu tragen, wenn eine Zuschaltung per Video oder Telefon geringere Kosten verursachen würde. Auch insoweit gilt freilich der Verhältnismäßigkeitsgrundsatz <L: BR-Drs 666/21 S. 19>.

20 Über jede Sitzung des Wahlvorstandes ist nach Abs 3 S 3 eine **Niederschrift** aufzunehmen, die mindestens die gefassten Beschlüsse wiedergibt. Obwohl die WO dies anders als § 34 Abs 1 S 3 BetrVG für die BR-Sitzung nicht ausdrücklich regelt, ergibt sich im Rückschluss zu Abs 4 S 5 und S 6, dass der Niederschrift eine **Anwesenheitsliste** beizufügen ist, in welche sich die Teilnehmer eigenhändig eingetragen haben (<L: *Boemke/Haase* NZA 2021, 1513, 1517>. Bei virtuell zugeschalteten Teilnehmern tritt an die Stelle des Eintrags in die Anwesenheitsliste die **Bestätigung der Teilnahme** gegenüber dem Vors in Textform (§ 126b BGB, zB bei E-Mail oder per Chat-Nachricht), welche der Niederschrift – erforderlichenfalls als Screenshot <vgl L: *Boemke/Roloff/Haase* NZA 2021, 827, 832> – beizufügen ist (Abs 4 S 5 und S 6).

IV. Streitigkeiten und Fehlerfolgen

21 Streitigkeiten über Maßnahmen und Entscheidungen des Wahlvorstandes oder **über seine Bestellung** entscheiden die ArbG im **Beschlussverf** nach §§ 2a Abs 1 Nr 1, 80 ff ArbGG. (§ 16 BetrVG Rn 31 ff; § 18 BetrVG Rn 21 ff). **Einstweilige Verfügungen** sind möglich. **Antragsgegner ist der Wahlvorstand**, solange er im Amt ist. Danach können Verstöße des Wahlvorstandes unter der Voraussetzung des § 19 BetrVG die **Anfechtung** der Wahl begründen. Materiell-rechtliche Fragen, zB die Wahlberechtigung nach § 7 BetrVG, können auch während die Wahlvorbereitungen laufen im Beschlussverf gg den BR geklärt werden <R: vgl BAG 15.12.1972, 1 ABR 8/72, EzA § 14 BetrVG 1972 Nr 1>.

22 Verstöße gegen die **Geschäftsordnung** des Wahlvorstands können die Anfechtung grds nur begründen, wenn darin zugleich ein Verstoß gegen zwingende Vorschriften der WO liegt. Ein Verstoß gg die Ordnungsvorschriften des Abs 3 S 3 und S 4 sowie Abs 4 S 5 und S 6 betreffend die **Niederschrift** und die **Teilnahmebestätigung** macht gefasste Beschlüsse nicht ungültig <L: *Fitting* Rn 10; GK/*Jacobs* Rn 17; DKW/*Homburg* Rn 16>.

23 Wegen des in Abs 3 S 2 ausdrücklich formulierten Grundsatzes der Präsenzsitzung kann eine **Wahlanfechtung** aber grds darauf gestützt werden, dass die Voraussetzungen für eine (teilweise) **virtuell durchgeführte Sitzung** des Wahlvorstands nicht vorgelegen haben, sei es, dass es an einem Beschluss nach Abs 4 S 1 fehlte, dass die vom Wahlvorstand allgemein für solche Sitzungen formulierten Bedingungen nicht vorgelegen haben, oder dass es sich um einen Fall des Abs 4 S 2 handelte <L: *Boemke/Haase* NZA 2021, 1513, 1517>. Der Einsatz von Video- oder Telefonkonferenztechnik in einer öffentlichen Sitzung ist hingegen nur dann als wesentlicher Verstoß anzusehen, wenn die Öffentlichkeit ausdrücklich vorgeschrieben ist. Umgekehrt rechtfertigt die Durchführung einer **reinen Präsenzsitzung auch gegen den Willen** einzelner Mitglieder, selbst wenn die Voraussetzungen für eine virtuelle Teilnahme vorlagen, nicht die Anfechtung, eben weil Abs 3 S 2 die Präsenz als Regelfall vorsieht. Davon gilt eine Ausnahme, wenn hierdurch faktisch ein Mitglied an der Teilnahme gehindert wurde <L: *Boemke/Haase* NZA 2021, 1513, 1517>. Zu den Folgen einer Verletzung der Vertraulichkeitsvorgaben nach Abs 4 S 3 oben Rn 18.

24 Manipuliert ein Wahlvorstandsmitglied vorsätzlich das Wahlergebnis, so kann dies im Einzelfall eine **außerordentliche Kündigung** des Arbeitsverhältnisses rechtfertigen <R: ArbG Köln 4.9.2020, 19 Ca 1827/20>.

§ 2 Wählerliste

(1) Der Wahlvorstand hat für jede Betriebsratswahl eine Liste der Wahlberechtigten (Wählerliste), getrennt nach den Geschlechtern, aufzustellen. Die Wahlberechtigten sollen mit Familienname, Vorname und Geburtsdatum in alphabetischer Reihenfolge aufgeführt werden. Die nach Absatz 3 Satz 2 nicht passiv Wahlberechtigten sind in der Wählerliste auszuweisen.

(2) Der Arbeitgeber hat dem Wahlvorstand alle für die Anfertigung der Wählerliste erforderlichen Auskünfte zu erteilen und die erforderlichen Unterlagen zur Verfügung zu stellen. Er hat den Wahlvorstand insbesondere bei Feststellung der in § 5 Abs. 3 des Gesetzes genannten Personen zu unterstützen.

(3) Das aktive und passive Wahlrecht steht nur Arbeitnehmerinnen und Arbeitnehmern zu, die in die Wählerliste eingetragen sind. Wahlberechtigten Arbeitnehmerinnen und Arbeitnehmern, die am Wahltag nicht nach § 8 des Gesetzes wählbar sind, und wahlberechtigten Leiharbeitnehmerinnen und Leiharbeitnehmern (§ 14 Absatz 2 Satz 1 des Arbeitnehmerüberlassungsgesetzes) steht nur das aktive Wahlrecht zu.

(4) Ein Abdruck der Wählerliste und ein Abdruck dieser Verordnung sind vom Tage der Einleitung der Wahl (§ 3 Abs. 1) bis zum Abschluss der Stimmabgabe an geeigneter Stelle im Betrieb zur Einsichtnahme auszulegen. Der Abdruck der Wählerliste soll die Geburtsdaten der Wahlberechtigten nicht enthalten. Ergänzend können der Abdruck der Wählerliste und die Verordnung mittels der im Betrieb vorhandenen Informations- und Kommunikationstechnik bekannt gemacht werden. Die Bekanntmachung ausschließlich in elektronischer Form ist nur zulässig, wenn alle Arbeitnehmerinnen und Arbeitnehmer von der Bekanntmachung Kenntnis erlangen können und Vorkehrungen getroffen werden, dass Änderungen der Bekanntmachung nur vom Wahlvorstand vorgenommen werden können.

(5) Der Wahlvorstand soll dafür sorgen, dass ausländische Arbeitnehmerinnen und Arbeitnehmer, die der deutschen Sprache nicht mächtig sind, vor Einleitung der Betriebsratswahl über Wahlverfahren, Aufstellung der Wähler- und Vorschlagslisten, Wahlvorgang und Stimmabgabe in geeigneter Weise unterrichtet werden.

I. Bedeutung der Wählerliste für das Wahlrecht

Das aktive Wahlrecht ergibt sich aus § 7 BetrVG (vgl die Erl dort), kann jedoch nur ausgeübt werden, wenn der Wahlberechtigte rechtzeitig, dh vor der Stimmabgabe (§ 4 Abs 3 WO) in die Wählerliste **eingetragen** worden ist <R: BAG 21.3.2017, 7 ABR 19/15, BB 2017, 2300>. Die Aufstellung der Wählerliste, die für jede Wahl neu anzulegen ist, gehört so zu den wichtigsten Pflichten des Wahlvorstandes, der dabei in eigener Verantwortung die Voraussetzungen der Wahlberechtigung zu prüfen hat. Diese Aufgabe darf nicht Wahlhelfern überlassen werden <R: LAG Nbg 20.9.2011, 6 TaBV 9/11>.

Unberechtigte Eintragung in die Wählerliste gibt dem AN gleichwohl kein Recht zur Stimmabgabe und kann zur Anfechtung der Wahl führen <R: BAG 21.3.2017, aaO>. Das gilt insbes dann, wenn die Wahlberechtigung nach Aufstellen der Wählerliste fortgefallen ist, weil ein AN aus dem Betrieb ausgeschieden ist oder die Stellung eines ltd Ang nach § 5 Abs 3 BetrVG erlangt hat <R: BAG 5.3.1974, 1 ABR 19/73, BB 1974, 553>.

Nach Aushang der Wählerliste **neu** in den Betrieb **eingetretene AN** oder Leih-AN sind zwar bei Erfüllung der Voraussetzungen des § 7 BetrVG wahlberechtigt, können ihr Wahlrecht jedoch nur ausüben, wenn sie in die Wählerliste eingetragen worden sind. Dies kann gemäß § 4 Abs 1, Abs 3 S 2 WO **auch nach Ablauf der Einspruchsfrist** geschehen. Die **Berichtigung** erfordert jedoch einen protokollierten Beschluss des Wahlvorstandes und kann nur bis zum Beginn der Wahlhandlung vorgenommen werden <R: LAG Bremen 30.6.1961, 1 TaBV 1/61, DB 1961, 1103>.

Anh. 1 WO Wahlordnung zum Betriebsverfassungsgesetz

4   Eine während der Wahlhandlung durch ein **einzelnes Mitglied** des Wahlvorstandes oder einen Wahlhelfer vorgenommene Ergänzung der Wählerliste verstößt gg wesentliche Vorschriften über das Wahlrecht und das Wahlverf und kann die **Anfechtung** der Wahl rechtfertigen. Dies gilt auch dann, wenn neu eingetretene Belegschaftsmitglieder durch den Listenvertreter oder eine andere Person in der unvollständigen Wählerliste nachgetragen werden <**R:** LAG Bremen 30.6.1961 aaO>.

5   Die Eintragung in die Wählerliste ist ebenfalls Voraussetzung für das **passive Wahlrecht (Wählbarkeit)**, dessen materielle Grundlage § 8 BetrVG bildet. Wahlbewerber, die bei Beendigung der Einspruchsfrist nach § 4 WO nicht in der Wählerliste verzeichnet sind, hat der Wahlvorstand von der **Vorschlagsliste** zu streichen. Aktiv wahlberechtigte AN, die das 18. Lebensjahr noch nicht vollendet haben (§ 8 Abs 1 S 1 BetrVG), sind deshalb gemäß Abs 1 S 2 iVm Abs 3 S 2 gesondert als nicht wählbar zu kennzeichnen. Dasselbe gilt für gemäß § 7 S 2 BetrVG lediglich aktiv wahlberechtigte Leih-AN.

6   Zur Prüfung der Wahlberechtigung gehört insbes, ob ein Betriebsangehöriger nach § 5 Abs 3 BetrVG als **ltd Ang** anzusehen ist. Sind zeitgleich Wahlen zum BR und zum SprA einzuleiten, hat sich der Wahlvorstand nach Maßgabe der Bestimmung des § 18a BetrVG mit dem Wahlvorstand für die SprA-Wahl über die Zuordnung der ltd Ang abzustimmen (s näher die Erl bei § 18a BetrVG).

II. Aufstellung der Wählerliste

7   Abs 1 S 1 verpflichtet den Wahlvorstand zur Aufstellung der Wählerliste. Diese muss so **rechtzeitig** erfolgen, dass sie beim Erlass des Wahlausschreibens vorliegt (vgl § 3 Abs 2 Nr 3 und § 4 Abs 1 WO).

8   Wg der Bestimmung des § 15 Abs 2 BetrVG ist nach Abs 1 S 1 die Liste der Wahlberechtigten **getrennt nach Geschlechtern** aufzustellen. Dies kann entweder so erfolgen, dass die AN nach Geschlecht getrennt in alphabetischer Reihenfolge aufgeführt werden, möglich ist aber auch eine einheitliche Liste, in der bei den einzelnen Wahlberechtigten jeweils ihr Geschlecht vermerkt wird.

9   Nach Abs 1 S 2 sollen die Wahlberechtigten mit Familienname, Vorname und Geburtsdatum in **alphabetischer Reihenfolge** aufgeführt werden, um ihre Identifizierung und die Feststellung ihres Wahlrechts zu ermöglichen. Die Vorschrift hat nur Sollcharakter und erlaubt daher Abweichungen aus sachlichen Gründen. Eine andere Reihenfolge als die alphabetische, zB eine solche nach Personalnummern oder Kostenstellen, kann im Einzelfall zweckmäßig sein <**L:** *Fitting* Rn 4>.

10   Nach Abs 1 S 3 ist bei den nach § 7 S 2 BetrVG wahlberechtigten **Leih-AN** anzugeben, dass ihnen das passive Wahlrecht nicht zusteht. Sinnvollerweise geschieht das durch einen entspr Vermerk beim Namen. Nicht vorgeschrieben aber zweckmäßig ist eine solche Kennzeichnung auch derjenigen AN, die mangels sechsmonatiger Betriebszugehörigkeit noch nicht das passive Wahlrecht erworben haben (§ 8 Abs 1 S 1 BetrVG) <**L:** vgl Berscheid/*Vetter* § 43 Rn 148>. Umgekehrt können auch die Namen aller passiv Wahlberechtigten entspr gekennzeichnet werden.

III. Unterstützungspflicht des Arbeitgebers

11   Der AG hat nach Abs 2 den Wahlvorstand bei der Aufstellung der Wählerliste zu unterstützen, indem er die **AN-Listen** zur Verfügung stellt und die erforderlichen **Auskünfte**, insbes hinsichtlich der Voraussetzungen des § 5 Abs 3 BetrVG erteilt. Hierbei handelt es sich um eine Rechtspflicht, die ggfs durch eV erzwungen werden kann <**R:** LAG Hamm 29.3.2006, 13 TaBV 26/06; LAG Nbg 8.2.2011, 6 TaBVGa 17/10, AE 2011, 190; **L:** *Fitting* Rn 6>. Die Unterstützungspflicht des AG besteht auch dann, wenn die Bestellung des Wahlvorstands fehlerhaft (aber nicht nichtig) erfolgt ist <**R:** ArbG Weiden 18.12.2020, 3 BVGa 2/20, BB 2021, 698> oder die Wahl wegen eines Wahlfehlers anfechtbar sein wird <**R:** LAG Hamm 14.3.2005, 10 TaBV 31/05, NZA-RR 2005, 373; LAG Ddf 9.1.2012, 14 TaBV 69/11; so wohl auch BAG 15.10.2014, 7 ABR 53/12, EzA § 16 BetrVG 2001 Nr 1>. Andernfalls könnte der AG das Verfahren auch durch unbegründete Einwände verzögern. Anderes gilt nur bei voraussichtlicher Nichtigkeit der Wahl <**R:** LAG SH 2.4.2014, 3 TaBVGa 2/14>. Verweigert

der AG zu Unrecht seine Unterstützung bei der Aufstellung der Wählerliste, verletzt er das **Verbot der Wahlbehinderung** nach § 20 Abs 1 BetrVG und macht sich bei einem vorsätzlichen Verstoß nach § 119 Abs 1 Nr 1 BetrVG strafbar. Erteilt der AG eine fehlerhafte Auskunft, kann er eine Wahlanfechtung nicht auf daraus folgende Wahlfehler stützen (§ 19 Abs 3 S 3 BetrVG).

IV. Bekanntmachung der Wählerliste

Ein Abdruck der Wählerliste muss spätestens an dem Tage, an dem das Wahlausschreiben ausgehängt wird, im Betrieb an geeigneter Stelle, möglichst im Geschäftszimmer des BR, ausgelegt werden. Dieser Abdruck muss den Wahlberechtigten bis zum Abschluss der Stimmabgabe **während der gesamten regulären Arbeitszeit** zur Einsicht zur Verfügung stehen, Abs 4 S 1 <R: LAG Hamm 12.1.2009, 10 TaBV 17/07>. Bei Änderungen der Liste muss der Wahlvorstand den Abdruck auf dem aktuellen Stand halten <R: LAG BaWü 16.7.2015, 18 TaBV 1/15>. Der Abdruck soll die Geburtsdaten der Wahlberechtigten nicht enthalten (Abs 4 S 2). In großen Betrieben mit mehreren Betriebsstätten kann die Auslegung von Abdrucken an mehreren Stellen zweckmäßig sein. 12

Nach Abs 4 S 3 kann die Wählerliste **zusätzlich** mittels im Betrieb vorhandener **Informations- und Kommunikationstechnik** bekannt gemacht werden, bspw im betrieblichen Intranet. In diesem Fall müssen auch alle Änderungen zusätzlich auf diesem Wege bekannt gemacht werden <R: BAG 2.8.2017, 7 ABR 42/15, DB 2018, 133>. 13

Eine **ausschließlich elektronische Bekanntmachung** ist nur zulässig, wenn alle AN ohne Schwierigkeiten von ihr Kenntnis erlangen können und technische Vorkehrungen getroffen werden, damit nur der Wahlvorstand Änderungen vornehmen kann (Abs 4 S 4). Hierzu ist mittels Passwort sicher zu stellen, dass lediglich Mitglieder des Wahlvorstands **Zugriffs- und Änderungsrechte** für die betreffende Intranetseite haben <R: BAG 21.1.2009 7 ABR 65/07, EzA § 19 BetrVG 2001 Nr 7>. Insbesondere für den Fall, dass den Mitgliedern des Wahlvorstands die technischen Kenntnisse zur Betreuung der Intranetseite fehlen und dies von qualifizierten Mitarbeitern des Unternehmens übernommen werden soll, ist mittels doppelten Zugangscodes zu gewährleisten, dass Zugriffe und Änderungen ausschließlich in Anwesenheit eines Wahlvorstandsmitglieds möglich sind <R: LAG Nds 26.7.2007, 4 TaBV 85/06, AE 2008, 47; **L:** Richardi/*Forst* Rn 16>. Die WO lässt auch zu, dass die Wählerliste ausschließlich **per E-Mail** an alle AN versandt wird; allerdings muss dann auch jede Änderung auf diesem Wege bekanntgemacht werden <**L:** wie hier GK/*Jacobs* Rn 14; **aA** *Fitting* Rn 11; krit auch Richardi/*Forst* Rn 16>. 14

Neben der Wählerliste muss auch ein **Abdruck der WO** zur Einsichtnahme zur Verfügung stehen. Insoweit handelt es sich aber nur um eine **Ordnungsvorschrift**, deren Verletzung die Anfechtbarkeit der Wahl nicht begründen kann, da nicht ersichtlich ist, inwieweit ein fehlender Aushang der WO das Wahlergebnis beeinflussen könnte <**L:** *Fitting* Rn 9; Richardi/*Forst* Rn 20; **aA** GK/*Jacobs* Rn 15>. 15

V. Information ausländischer Arbeitnehmer

Nach Abs 5 soll der Wahlvorstand dafür sorgen, dass der **deutschen Sprache unkundige** ausländische AN vor Einleitung der BR-Wahl über die wesentlichen Einzelheiten ihrer Durchführung in geeigneter Weise unterrichtet werden. Dabei ist nicht maßgeblich, ob sie sich bei der täglichen Arbeit hinreichend verständigen können, sondern ob ihre Deutschkenntnisse ausreichen, um die zum Teil komplizierten Wahlvorschriften und den Inhalt eines Wahlausschreibens verstehen zu können <**R:** BAG 13.10.2004, 7 ABR 5/04, DB 2005, 675; LAG Rh-Pf 22.7.2015, 7 TaBV 7/15>. Davon kann der Wahlvorstand allerdings ausgehen, wenn die Arbeitssprache im Betrieb durchweg deutsch ist und auch schwierigere Arbeitsanweisungen auf Deutsch gegeben werden <**R:** LAG München 10.1.2019, 4 TaBV 63/18; LAG Nds 16.6.2008, 9 TaBV 14/07>. Anders ist die Sache zu beurteilen, wenn ausländische AN im Betrieb nur einfache Tätigkeiten ausüben, zu deren Erledigung geringe Deutschkenntnisse genügen <**R:** LAG Rh-Pf 17.6.2015, 4 TaBV 14/14>. Zur **analogen** Anwendung 16 auf **schwerbehinderte** AN <**R:** Hess LAG 24.9.2015, 9 TaBV 12/15; **L:** zust Richardi/*Forst* Rn 23; abl Berscheid/*Vetter* Rn 161>.

17 Der Wahlvorstand muss die erforderlichen Informationen **von sich aus anbieten**. Der Umfang bestimmt sich nach den Gegebenheiten des Betriebs, insbes danach, wie zahlreich ausländische AN beschäftigt werden. Bei einer erheblichen Anzahl von AN einer bestimmten Nationalität genügt es, wenn das Wahlausschreiben (§ 3 WO) in die betreffende Landessprache übersetzt wird <**R:** LAG Hamm 17.5.1973, 8 BVTa 11/73; BB 1973, 939>. Nicht erforderlich ist die „Mehrsprachigkeit" sämtlicher mit der Wahl zusammenhängender Vorgänge, so etwa die Übersetzung des Aufforderungsschreibens nach § 6 Abs 5 WO bei Doppelunterzeichnung von Vorschlagslisten <**R:** vgl LAG Hamm 17.5.1973 aaO>. Iü entscheidet der Wahlvorstand nach **freiem Ermessen**, in welcher **Form** er die Unterrichtung nach Abs 5 vornimmt, etwa durch ein Merkblatt in den jeweiligen Landessprachen oder mittels Dolmetscher auf einer Versammlung der ausländischen AN. Auch der Hinweis im Wahlausschreiben, in welchen Sprachen und wo im Betrieb zusätzliche Informationen erhältlich sind, kann nach richtiger Ansicht genügen, wenn davon auszugehen ist, dass die betreffenden AN diesen Hinweis verstehen können <**R:** vgl Hess LAG 17.4.2008, 9 TaBV 163/07, EzAÜG BetrVG Nr 109; **aA** wohl BAG 13.10.2004, aaO>.

VI. Fehlerfolgen

18 Eine **Wahl ohne Wählerliste** ist nichtig <**R:** BAG 30.6.2021, 7 ABR 24/20, DB 2021, 2704>. Anfechtbar ist die Wahl, wenn die Wählerliste keine sichere Identifikation der Wähler ermöglicht <**L:** GK/*Jacobs* Rn 5; am Rande auch **R:** LAG Ddf 13.1.2016, 12 TaBV 67/14>. **Inhaltliche Fehler** rechtfertigen eine Anfechtung nur, wenn zuvor soweit möglich versucht wurde, diese durch einen Einspruch nach § 4 zu beseitigen (§ 19 Abs 3 S 1 und 2 BetrVG). Bloß **formale Fehler** wie zB eine falsche Reihenfolge (Abs 1 S 2) oder die fehlende Trennung nach Geschlechtern (Abs 1 S 1) führen nicht zur Anfechtbarkeit, weil ihnen keine wesentliche Bedeutung für das Wahlergebnis zukommt <**L: aA** für S 1 GK/*Jacobs* Rn 4>. Eine fehlerhaft unterbliebene Kennzeichnung der nicht wahlberechtigten Leih-AN allein begründet keine Wahlanfechtung, wenn die betroffenen AN ohnehin nicht als Wahlbewerber angetreten sind <**R:** BAG 12.9.2012, 7 ABR 37/11, EzA § 9 BetrVG 2001 Nr 5>.

19 Wird die ordnungsgem aufgestellte Wählerliste entgegen **Abs 4** weder ausgelegt, ausgehängt, noch in sonstiger Weise **bekannt gemacht**, führt dies zur Anfechtbarkeit, nicht aber zur Nichtigkeit der Wahl <**R:** LAG Hamm 17.8.2007, 10 TaBV 37/07, EzAÜG BetrVG Nr 100; LAG Köln 16.1.1991, 2 TaBV 37/90, LAGE § 19 Nr 11; **L:** *Fitting* Rn 9; GK/*Jacobs* Rn 15; Richardi/*Forst* Rn 20>. Eine nicht ordnungsgem **Auslegung** (va bei fehlender Kenntnisnahmemöglichkeit aller AN) kann unter den Voraussetzungen des § 19 BetrVG ebenfalls eine Anfechtung begründen <**R:** LAG Hamm 12.1.2009, 10 TaBV 17/07>. Das gilt auch, wenn bei **Änderungen** der bekanntgemachte Abdruck <**R:** LAG BaWü 16.7.2015, 18 TaBV 1/15> oder eine ergänzende elektronische Bekanntmachung nach Abs 4 S 3 nicht aktualisiert werden <**R:** BAG 25.10.2017, 7 ABR 2/16, NZA 2018, 252>. Hingegen handelt es sich bei der Pflicht zur **Auslegung der WO** nur um eine Ordnungsvorschrift. Im Allgemeinen mutet der Staat dem Bürger zu, sich nötigenfalls selbst die erforderliche Gesetzeskenntnis zu verschaffen; der Auslegungspflicht ist daher keine tragende Bedeutung für das Wahlverfahren beizumessen <**L:** *Fitting* Rn 9; Richardi/*Forst* Rn 20; **aA** GK/*Jacobs* Rn 15>.

20 Obwohl es sich bei **Abs 5** nur um eine Sollvorschrift handelt, ist die Wahlanfechtung gerechtfertigt, wenn durch eine Verletzung dieser Vorschrift die ausländischen AN mangels der erforderlichen Kenntnisse ihr Wahlrecht nicht ausüben konnten <**R:** BAG 13.10.2004, 7 ABR 5/04, DB 2005, 675; **L:** *Fitting*> Rn 12; GK/*Jacobs* Rn 19; Richardi/*Forst* Rn 21>.

§ 3 Wahlausschreiben

(1) Spätestens sechs Wochen vor dem ersten Tag der Stimmabgabe erlässt der Wahlvorstand ein Wahlausschreiben, das von der oder dem Vorsitzenden und von mindestens einem weiteren

stimmberechtigten Mitglied des Wahlvorstands zu unterschreiben ist. Mit Erlass des Wahlausschreibens ist die Betriebsratswahl eingeleitet. Der erste Tag der Stimmabgabe soll spätestens eine Woche vor dem Tag liegen, an dem die Amtszeit des Betriebsrats abläuft.

(2) Das Wahlausschreiben muss folgende Angaben enthalten:

1. das Datum seines Erlasses;
2. die Bestimmung des Orts, an dem die Wählerliste und diese Verordnung ausliegen, sowie im Fall der Bekanntmachung in elektronischer Form (§ 2 Abs. 4 Satz 3 und 4) wo und wie von der Wählerliste und der Verordnung Kenntnis genommen werden kann;
3. dass nur Arbeitnehmerinnen und Arbeitnehmer wählen oder gewählt werden können, die in die Wählerliste eingetragen sind, und dass Einsprüche gegen die Wählerliste (§ 4) nur vor Ablauf von zwei Wochen seit dem Erlass des Wahlausschreibens schriftlich beim Wahlvorstand eingelegt werden können, verbunden mit einem Hinweis auf die Anfechtungsausschlussgründe nach § 19 Absatz 3 Satz 1 und 2 des Gesetzes; der letzte Tag der Frist und im Fall des § 41 Absatz 2 zusätzlich die Uhrzeit sind anzugeben;
4. den Anteil der Geschlechter und den Hinweis, dass das Geschlecht in der Minderheit im Betriebsrat mindestens entsprechend seinem zahlenmäßigen Verhältnis vertreten sein muss, wenn der Betriebsrat aus mindestens drei Mitgliedern besteht (§ 15 Abs. 2 des Gesetzes);
5. die Zahl der zu wählenden Betriebsratsmitglieder (§ 9 des Gesetzes) sowie die auf das Geschlecht in der Minderheit entfallenden Mindestsitze im Betriebsrat (§ 15 Abs. 2 des Gesetzes);
6. die Mindestzahl von Wahlberechtigten, von denen ein Wahlvorschlag unterzeichnet sein muss (§ 14 Abs. 4 des Gesetzes);
7. dass der Wahlvorschlag einer im Betrieb vertretenen Gewerkschaft von zwei Beauftragten unterzeichnet sein muss (§ 14 Abs. 5 des Gesetzes);
8. dass Wahlvorschläge vor Ablauf von zwei Wochen seit dem Erlass des Wahlausschreibens beim Wahlvorstand in Form von Vorschlagslisten einzureichen sind, wenn mehr als fünf Betriebsratsmitglieder zu wählen sind; der letzte Tag der Frist und im Fall des § 41 Absatz 2 zusätzlich die Uhrzeit sind anzugeben;
9. dass die Stimmabgabe an die Wahlvorschläge gebunden ist und dass nur solche Wahlvorschläge berücksichtigt werden dürfen, die fristgerecht (Nr. 8) eingereicht sind;
10. die Bestimmung des Orts, an dem die Wahlvorschläge bis zum Abschluss der Stimmabgabe aushängen;
11. Ort, Tag und Zeit der Stimmabgabe sowie die Betriebsteile und Kleinstbetriebe, für die schriftliche Stimmabgabe (§ 24 Abs. 3) beschlossen ist;
12. den Ort, an dem Einsprüche, Wahlvorschläge und sonstige Erklärungen gegenüber dem Wahlvorstand abzugeben sind (Betriebsadresse des Wahlvorstands);
13. Ort, Tag und Zeit der öffentlichen Stimmauszählung.

(3) Sofern es nach Größe, Eigenart oder Zusammensetzung der Arbeitnehmerschaft des Betriebs zweckmäßig ist, soll der Wahlvorstand im Wahlausschreiben darauf hinweisen, dass bei der Aufstellung von Wahlvorschlägen die einzelnen Organisationsbereiche und die verschiedenen Beschäftigungsarten berücksichtigt werden sollen.

(4) Ein Abdruck des Wahlausschreibens ist vom Tage seines Erlasses bis zum letzten Tage der Stimmabgabe an einer oder mehreren geeigneten, den Wahlberechtigten zugänglichen Stellen vom Wahlvorstand auszuhängen und in gut lesbarem Zustand zu erhalten. Ergänzend kann das Wahlausschreiben mittels der im Betrieb vorhandenen Informations- und Kommunikationstechnik bekannt gemacht werden. § 2 Abs. 4 Satz 4 gilt entsprechend. Ergänzend hat der

Anh. 1 WO Wahlordnung zum Betriebsverfassungsgesetz

Wahlvorstand das Wahlausschreiben den Personen nach § 24 Absatz 2 postalisch oder elektronisch zu übermitteln; der Arbeitgeber hat dem Wahlvorstand die dazu erforderlichen Informationen zur Verfügung zu stellen.

Literatur: *Boemke*, Das Wahlausschreiben zur Betriebsratswahl (§ 3 WO), BB 2009, 2758.

I. Erlass des Wahlausschreibens

1   Die Wahl ist mit dem Erlass des Wahlausschreibens **eingeleitet**. Der Erlass ist somit maßgeblicher Zeitpunkt für die Bestimmung der Größe des BR nach § 9 BetrVG und der Anzahl der auf das Minderheitsgeschlecht entfallenden Mindestsitze nach § 15 BetrVG. Ab dem Erlass laufen die Einspruchsfrist nach § 4 Abs 1 WO, die Einreichungsfrist für Wahlvorschläge nach § 6 Abs 1 S 2 WO und die Mindestfrist zwischen Einleitung der Wahl und Stimmabgabe nach § 3 Abs 1 S 1 WO. Das Wahlausschreiben soll die Wahlberechtigten über die wesentlichen Einzelheiten der Wahl und ihre Durchführung unterrichten. Eine Wahl ohne Wahlausschreiben ist **nichtig** <**R:** so wohl BAG 30.6.2021, 7 ABR 24/20, DB 2021, 2704>.

2   Das Wahlausschreiben ist **erlassen**, wenn es vom Vors und mindestens einem weiteren Wahlvorstandsmitglied **unterzeichnet** (Abs 1 S 1) und nach Abs 4 **bekanntgegeben** wurde. Ein nur vom Vors unterschriebenes Ausschreiben ist durch Nachholung der weiteren Unterschrift heilbar <**L:** GK/*Jacobs* Rn 6>; eine Anfechtung kann hierauf mangels Einflusses auf das Wahlergebnis regelmäßig nicht gestützt werden <**R:** ArbG Gelsenkirchen 15.3.1968, BV 5/68, BB 1968, 627>. Ein gar nicht unterschriebenes Ausschreiben ist nicht erlassen <**L:** *Fitting* Rn 5>. Werden auf Beschluss des Wahlvorstandes mehrere Wahlausschreiben ausgehängt, so ist der Erlass des Wahlausschreibens mit dem letzten Aushang vollzogen <**R:** LAG Berl-Bbg 7.5.2021, 5 TaBV 1160/19; LAG Ddf 3.12.2002, 3 TaBV 40/02, AiB 2004, 114>. Der Zeitpunkt des Aushangs ist auch maßgeblich, wenn das Ausschreiben ergänzend nach Abs 4 S 2 elektronisch bekanntgegeben wird <**R:** BAG 5.5.2004, 7 ABR 44/03, BB 2005, 108>.

3   Der Mindestzeitraum zw dem Erlass des Wahlausschreibens und dem ersten Tag der Stimmabgabe beträgt **sechs Wochen**, wobei nach dem gem § 41 Abs 1 WO anwendbaren § 187 Abs 1 BGB der Tag des Erlasses bzw Aushangs nicht mitgerechnet wird. Die Frist muss vor dem Wahltag abgelaufen sein <**L:** *Boemke* BB 2009, 2758, 2761; Berscheid/*Vetter* § 43 Rn 154>. Feiertage oder Betriebsruhe hemmen den Fristlauf nicht <**R:** LAG Thür 6.2.2012, 1 TaBVGa 1/12>. Eine Wahl vor Ablauf der Sechswochenfrist ist anfechtbar <**R:** LAG BaWü 6.3.2006, 13 TaBV 4/06, AiB 2007, 294; BAG 27.4.1976, 1 AZR 482/75, EzA § 19 BetrVG 1972 Nr 8; **L:** Richardi/*Forst* Rn 2>. Demgegenüber kann eine Anfechtung nicht auf die Verletzung der **Sollvorschrift in Abs 1 S 3** gestützt werden, wonach die Stimmabgabe spätestens eine Woche vor Ablauf der BR-Amtszeit beginnen soll. Diese Vorgabe soll eine BR-lose Zeit verhindern, kann dieses Ziel aber ohnehin nicht in allen Fällen erreichen, bspw bei Bestellung des Wahlvorstands durch das ArbG.

4   Nach **Abs 4** ist ein Abdruck des Wahlausschreibens vom Tag seines Erlasses bis zum letzten Tag der Stimmabgabe an einer oder mehreren geeigneten Stellen **auszuhängen** und in gut lesbarem Zustand zu erhalten. Die Vorschrift sichert die Möglichkeit der Kenntnisnahme durch alle Wahlberechtigten und dient somit der Gleichheit der Wahl. Daher handelt es sich um eine wesentliche Wahlvorschrift iS des § 19 Abs 1 BetrVG, deren Nichtbeachtung die Wahl grds **anfechtbar** macht <**R:** BAG 5.5.2004, 7 ABR 44/03, BB 2005, 108>. **Geeignet** sind Orte, die regelmäßig von einer möglichst großen Zahl von Beschäftigten aufgesucht und eingesehen werden können, damit im Sinne der Allgemeinheit der Wahl möglichst viele Wahlberechtigte von ihr Kenntnis erlangen <**R:** vgl LAG BaWü 10.6.2020, 4 TaBV 5/19, BB 2020, 2301>. Der Aushang muss dazu grds in allen Betriebsstätten erfolgen, in denen Wahlberechtigte beschäftigt sind <**R:** BAG 5.5.2004, aaO>. Keinesfalls genügt ein Aushang im Wahlvorstandsbüro, wenn dieses nicht ohne Weiteres allen AN zugänglich ist <**R:** LAG Köln 16.8.2012, 7 TaBV 20/12>. Der Wahlvorstand ist verpflichtet, mindestens durch Nachfragen bei den AN in der jeweiligen Betriebsstätte regelmäßig den **ordnungsgemäßen Zustand**

des Aushangs zu überprüfen. Versäumt er dies, kann ein entfernter oder veränderter Aushang die Wahlanfechtung begründen <R: BAG 5.5.2004, aaO>.

Das Wahlausschreiben kann zusätzlich (Abs 4 S 2) und, wenn alle AN davon Kenntnis erlangen können, auch ausschließlich mittels der im Betrieb vorhandenen **Informations- bzw Kommunikationstechnik** bekannt gemacht werden. Bei der Wahl zur Schwerbehindertenvertretung besteht diese Möglichkeit nicht <R: LAG Köln 11.4.2008, 11 TaBV 80/07>. Nach Abs 4 S 3 iVm § 2 Abs 4 S 3 und 4 gilt insoweit das für die Wählerliste Gesagte (§ 2 Rn 13f) entsprechend, insbes sind technische Sicherheitsvorkehrungen gegen unbefugten Zugriff auf das veröffentlichte Ausschreiben zu treffen <R: BAG 21.1.2009, 7 ABR 65/07, EzA § 19 BetrVG 2001 Nr 7>.

Die Wahl, auf welche Weise das Wahlausschreiben bekannt gemacht wird, bindet den Wahlvorstand für das weitere Verfahren. **Nachträgliche Änderungen** des Wahlausschreibens (Rn 16ff) sind zwingend **in gleicher Weise** bekannt zu machen, weil die AN davon ausgehen dürfen, auf diesem Wege unterrichtet zu werden. Eine nur mündlich bekannt gegebene nachträgliche Änderung könnte als Verstoß gg wesentliche Wahlvorschriften ihrerseits die Wahlanfechtung begründen <R: BAG 11.3.1960, 1 ABR 15/59, BB 1960, 824>. Darüber hinaus muss sichergestellt werden, dass die Bekanntmachung der Änderung auch tatsächlich alle Wahlberechtigten erreicht (Rn 17).

Einen **Versand des Ausschreibens per Post** an alle AN sieht die WO nicht vor; auf diese Weise kann daher auch keine ordnungsgem Bekanntgabe erfolgen <R: BAG 5.5.2004, aaO; L: *Boemke* BB 2009, 2758, 2762>. Hingegen muss das Wahlausschreiben seit 2021 den in § 24 Abs 2 S 1 genannten (voraussichtlich abwesenden) AN unmittelbar nach seinem Erlass zwingend postalisch oder elektronisch (zB per E-Mail) übersandt werden (Abs 4 S 4 Hs 1). Die hierfür **erforderlichen Informationen** muss der AG dem Wahlvorstand gemäß Abs 4 S 4 Hs 2 zur Verfügung stellen. Siehe hierzu § 24 Rn 7.

II. Inhalt des Wahlausschreibens

Abs 2 regelt den **zwingenden Mindestinhalt** des Wahlausschreibens. Darüber hinausgehende Angaben sind nicht erforderlich aber zulässig, sofern sie die Wahl nicht unzulässig beeinflussen <L: weitergehend Berscheid/*Vetter* § 43 Rn 162, der in Zweifelsfällen auch Angaben zur Wählbarkeit verlangt>. Abs 2 ist eine wesentliche Verfahrensvorschrift, deren Verletzung unter den Voraussetzungen des § 19 BetrVG eine **Wahlanfechtung** begründen kann <R: BAG 13.3.2013, 7 ABR 67/11, AP Nr 4 zu § 15 BetrVG 1972 (Nr 5); BAG 11.3.1960, 1 ABR 15/59, BB 1960, 824 (Nr 11); LAG SH 21.6.2011, 2 TaBV41/10 (Nr 11); Hess LAG 22.3.2006, 9 TaBV 199/06, AE 2007, 248 (Nr 6); L: *Fitting* Rn 6>. Zur Berichtigung des Wahlausschreibens Rn 17ff. Wegen der einzelnen in Bezug genommenen Bestimmungen sa die Erl zur jeweiligen Vorschrift.

Nr 1: Das Datum des Erlasses (Rn 2) ist notwendige Grundlage der Berechnung wesentlicher Fristen im Verfahren (Rn 1). **Nr 2:** Die AN sind darauf hinzuweisen, wo sie den Abdruck Wählerliste (§ 2 Abs 4 WO) und die WO einsehen können. Diese Hinweispflicht trägt der zentralen Bedeutung der Wählerliste für die Ausübung des Wahlrechts Rechnung. Dies gilt gleichermaßen für den ausdrücklichen Hinweis auf diesen Umstand nach **Nr 3:** Die zweiwöchige Einspruchsfrist nach § 4 Abs 1 WO berechnet sich nach §§ 187 Abs 1, 188 Abs 2 BGB und kann vom Wahlvorstand nicht verkürzt werden. § 41 Abs 2 lässt lediglich ein vorzeitiges Fristende am letzten Tag der Frist zu; die maßgebliche Uhrzeit muss dann im Wahlausschreiben genannt sein. Weiter verlangt Nr 3 den Hinweis auf das Erfordernis eines Einspruchs gegen Unrichtigkeiten der Wählerliste im Hinblick auf eine mögl spätere Anfechtung (§ 19 Abs 3 S 1 und 2 BetrVG).

Nr 4: Das Wahlausschreiben muss den gem § 5 Abs 1 S 1 WO vom Wahlvorstand festgestellten Anteil der Geschlechter an der Belegschaft und den Hinweis enthalten, dass das Minderheitsgeschlecht im BR mindestens seinem zahlenmäßigen Verhältnis entspr vertreten sein muss, wenn der BR aus mindestens drei Mitgliedern besteht. **Nr 5:** Neben der Zahl der zu wählenden BR-Mitglieder sind auch die nach § 5 Abs 1 S 2 und Abs 2 WO ermittelten auf das Minderheitsgeschlecht entfallenden

Anh. 1 WO   Wahlordnung zum Betriebsverfassungsgesetz

Mindestsitze im BR anzugeben. Weil es insoweit auf den Tag ankommt, an welchem das Wahlausschreibens erlassen wird, wird dieses durch spätere tatsächliche Veränderungen nicht unrichtig.

11 **Nr 6:** Die Zahl der mindestens erforderlichen Stützunterschriften für einen Wahlvorschlag ist genau zu beziffern; eine Prozentangabe oder ein bloßer Hinweis auf § 14 Abs 4 BetrVG genügt nicht. Zweckmäßig aber nicht erforderlich ist ein Hinweis auf § 6 Abs 5 WO, wonach ein AN nur einen Wahlvorschlag unterzeichnen darf. Gibt der Wahlvorstand im Wahlausschreiben die Mindestanzahl der erforderlichen Unterschriften falsch an, ist die Wahl regelmäßig anfechtbar <**R:** LAG Nbg 28.11.2019, 1 TaBV 18/19; Hess LAG 22.3.2007, 9 TaBV 199/06, AE 2007, 248>. **Nr 7:** Auf das Erfordernis der Unterzeichnung von Gewerkschaftsvorschlägen durch zwei Gewerkschaftsbeauftragte ist ebenfalls hinzuweisen.

12 **Nr 8:** Die Frist zur Einreichung der Wahlvorschläge nach § 6 Abs 1 S 2 WO kann der Wahlvorstand weder verkürzen noch verlängern. Gibt er im Wahlausschreiben einen falschen Tag an, ist die Wahl anfechtbar, sofern keine Berichtigung erfolgt <**R:** BAG 16.1.2018, 7 ABR 11/16, NZA 2018, 797; 9.12.1992, 7 ABR 27/92, BB 1993, 1217; LAG Nbg 3.6.2019, 1 TaBV 3/19, AE 2020, 46> und der Fehler sich im konkreten Fall auf das Ergebnis ausgewirkt hat <**R:** im Einzelfall verneint LAG Thür 10.10.2018, 6 TaBV 11/17>. Ein eventuell vorzeitiges Fristende am letzten Tag der Frist (§ 41 Abs 2) muss ebenso genannt werden. Fehlt die Angabe, müssen bis 24 Uhr eingehende Vorschläge noch berücksichtigt werden, um eine Anfechtbarkeit zu vermeiden. Auf die Einreichung in Form von Vorschlagslisten ist hinzuweisen. **Nr 9:** Beim Hinweis zum Wahlverfahren empfiehlt es sich, den Wortlaut der Nr 9 weitgehend zu übernehmen.

13 **Nr 10:** Der Hinweis auf den Ort, an dem die Wahlvorschläge aushängen, ist im Interesse der Transparenz unverzichtbar. Bei elektronisch bekanntgemachten Vorschlägen ist darauf hinzuweisen, wo diese abgerufen werden können <**L:** GK/*Jacobs* Rn 17>. **Nr 11:** Ort, Tag und Zeit der Stimmabgabe sind genau anzugeben. Für die AN muss eindeutig erkennbar werden, von wann bis wann in welchem Raum gewählt werden kann. Das gilt auch, wenn der Wahlvorstand zur Durchführung der Stimmabgabe einzelne Filialen nach einem bestimmten „Tourenplan" der Reihe nach aufsucht; die Angabe einer Rahmenzeit genügt nicht <**R:** LAG Ddf 3.8.2007, 9 TaBV 41/07, AuR 2008, 120 (Ls)>. Anzugeben sind auch die Betriebsteile und Kleinstbetriebe iS des § 4 Abs 1 BetrVG, für die gem § 24 Abs 3 WO die schriftliche Stimmabgabe beschlossen ist. Fehlt diese Angabe, führt dies aber nicht zur Anfechtbarkeit der Wahl, wenn sich der Fehler im konkreten Fall nicht auf das Ergebnis auswirken konnte <**R:** BAG 28.4.2021, 7 ABR 10/20, DB 2021, 2229>.

14 **Nr 12:** Die Betriebsadresse des Wahlvorstands ist der Ort, an dem Erklärungen diesem gegenüber abgegeben werden können. Im Regelfall genügt die Betriebsadresse, eine Raumnummer muss nicht angegeben werden <**R:** BAG 28.4.2021, 7 ABR 10/20, DB 2021, 2229>. Zweckmäßig ist die Nennung von Dienstzeiten, diese Angabe ist aber rechtl nicht erf <**R:** BAG 16.1.2018, 7 ABR 11/16, NZA 2018, 797>. Außerhalb der Betriebsadresse gehen Erklärungen dem Wahlvorstand nur sofort zu, wenn sie ggü dem Vors abgegeben werden <**L:** GK/*Jacobs* Rn 22; **aA** DKW/*Homburg* § 1 WO Rn 8, § 3 WO Rn 27: nur unter der Betriebsadresse>. **Nr 13:** Ort, Tag und Zeit der öffentlichen Stimmauszählung sind im Wahlausschreiben bekannt zu geben. An diese Angabe ist der Wahlvorstand gebunden und darf die Auszählung nicht nachträglich in einen anderen Raum verlegen oder vorzeitig beginnen.

15 Nach **Abs 3 soll** dort, wo es nach Größe, Eigenart oder Zusammensetzung der Arbeitnehmerschaft des Betriebes zweckmäßig ist, im Wahlausschreiben darauf hingewiesen werden, dass gem § 15 Abs 1 BetrVG bei der Aufstellung von Wahlvorschlägen die einzelnen Organisationsbereiche und die verschiedenen Beschäftigungsarten berücksichtigt werden sollen. Die Nichtbeachtung dieser Sollvorschrift gibt **keinen** Grund zur Wahlanfechtung <**L:** *Fitting* Rn 28>.

III. Änderungen und Berichtigungen des Wahlausschreibens

16 Eine Anfechtung wegen Verstoßes gegen Abs 1 S 1, Abs 2 oder Abs 4 ist nach § 19 Abs 1 BetrVG nur begründet, soweit der Fehler nicht berichtigt wurde. **Offenbare Unrichtigkeiten** des Wahlaus-

§ 3 Wahlausschreiben **Anh. 1 WO**

schreibens kann der Wahlvorstand analog § 6 Abs 4 BPersVWO jederzeit berichtigen, weil hierdurch keine schutzwürdigen Interessen beeinträchtigt werden können <L: Richardi/*Forst* Rn 19; DKW/ *Homburg* Rn 30>. Offenbar sind nur Unrichtigkeiten, die sich aus dem Ausschreiben selbst ergeben <L: Richardi/*Forst* Rn 20>. Das gilt va für erkennbare Schreib- und Rechenfehler. Die Berichtigung hat durch Beschluss des Wahlvorstands zu erfolgen und ist in gleicher Weise wie das Wahlausschreiben selbst bekannt zu machen (Rn 6).

Auch **nicht offenbare Unrichtigkeiten** können berichtigt werden, allerdings unter engen Voraussetzungen <L: aA Richardi/*Forst* Rn 19 f; Berscheid/*Vetter* § 43 Rn 166: nur Neuerlass möglich>. Sinn und Zweck der Berichtigung gemäß § 19 Abs 1 BetrVG ist es, trotz eines wesentlichen Verstoßes gegen das Wahlverfahren die **Wirksamkeit der Wahl zu erhalten**, wenn eine so rechtzeitige Korrektur erfolgt, dass für die Wahlberechtigten keine Einschränkung ihres Wahlrechtes eintritt, das Wahlverfahren also nach der Berichtigung noch ordnungsgemäß ablaufen kann <R: BAG 19.9.1985, 6 ABR 4/85, DB 1986, 864; L: GK/*Jacobs* Rn 29; *Fitting* Rn 3; DKW/*Homburg* Rn 31>. Dazu gehört auch, dass alle wahlberechtigten AN auf die Korrektur aufmerksam gemacht werden; ein bloßer Austausch des ausgehängten Wahlausschreibens genügt idR nicht, weil die AN keinen Anlass haben, dieses auf Änderungen zu prüfen <R: LAG Hamm, 22.3.2007, 9 TaBV 199/06, AE 2007, 248>. Zudem ist Voraussetzung, dass bereits vorgenommene Wahlhandlungen der AN, insbesondere Wahlvorschläge, durch die Korrektur nicht entwertet und sämtliche gesetzlichen Fristen noch eingehalten werden. Andernfalls muss das fehlerhafte Ausschreiben zurückgezogen und ein neues erlassen werden mit der Folge, dass das Wahlverfahren neu beginnt.

17

Hat der Wahlvorstand etwa die **Zahl der BR-Sitze** und ihre **Verteilung** auf die Geschlechter falsch berechnet, oder wurde die Zahl der erforderlichen Stützunterschriften falsch angegeben, kann eine Korrektur nur erfolgen, **solange noch keine Wahlvorschläge eingereicht sind.** Eine bloße Verlängerung der Vorschlagsfrist genügt nicht, weil dann nicht mit Sicherheit geklärt wäre, was mit den bereits eingereichten Vorschlägen geschehen soll <L: i Erg ebenso Richardi/*Forst* Rn 19; aA GK/*Jacobs* Rn 29; *Fitting* Rn 14, DKW/*Homburg* Rn 31 f: bisherige Vorschläge ungültig; aA wohl auch **R:** LAG Hamm 14.5.2010, 13 TaBVGa 12/10, das auf den Ablauf der Vorschlagsfrist abstellt>. Der im Ausschreiben angegebene **Tag seines Erlasses** kann korrigiert werden, wenn die daran anknüpfenden Fristen noch einzuhalten sind und ebenfalls korrigiert werden <L: ebenso GK/*Jacobs* Rn 29>. **Falsch berechnete Fristen** können nur korrigiert werden, sofern die Korrektur nicht zu einer Verkürzung führt <L: wohl großzügiger GK/*Jacobs* Rn 29>. Zulässig sind aber jedenfalls **geringfügige Änderungen** aus sachlichen Gründen, sofern diese das Wahlrecht offensichtlich nicht beeinträchtigen, etwa die Verlegung der Wahlzeit innerhalb desselben Wahltages, wenn die Belegschaft hierüber in der gebotenen Form (Rn 6) informiert wird <R: BAG 11.3.1960, 1 ABR 15/59, BB 1960, 824>.

18

Hingegen ist das Wahlausschreiben **neu zu erlassen**, wenn sich aufgrund der Korrektur der **Tag der Stimmabgabe** verschieben würde. Das Gleiche gilt, wenn nachträglich durch rechtskräftigen Beschluss des ArbG nach § 18 Abs 2 BetrVG festgestellt wird, dass der Wahlvorstand den **Betrieb** oder die Betriebszugehörigkeit **unrichtig abgegrenzt** hat <L: GK/*Jacobs* Rn 30; DKW/*Homburg* Rn 34>. In diesem Falle beginnen die Fristen für den Aushang des Wahlausschreibens, die Einreichung von Wahlvorschlägen und Einsprüche gg die Wählerliste neu zu laufen. <aA *Fitting* Rn 14: einwöchige Nachfrist>.

19

Einsprüche gg die Richtigkeit des Wahlausschreibens sind nach der WO nicht möglich. Entspr Eingaben an den Wahlvorstand sind daher als **Anträge auf Berichtigung des Wahlausschreibens** aufzufassen. Der Wahlvorstand hat aufgrund eines solchen Antrags zu prüfen, ob eine Berichtigung oder Korrektur zulässig und geboten ist. Lehnt er eine Änderung ab, ist ein Antrag auf eV statthaft (§ 18 BetrVG Rn 23 ff).

20

Anh. 1 WO Wahlordnung zum Betriebsverfassungsgesetz

§ 4 Einspruch gegen die Wählerliste

(1) Einsprüche gegen die Richtigkeit der Wählerliste können mit Wirksamkeit für die Betriebsratswahl nur vor Ablauf von zwei Wochen seit Erlass des Wahlausschreibens beim Wahlvorstand schriftlich eingelegt werden.

(2) Über Einsprüche nach Absatz 1 hat der Wahlvorstand unverzüglich zu entscheiden. Der Einspruch ist ausgeschlossen, soweit er darauf gestützt wird, dass die Zuordnung nach § 18a des Gesetzes fehlerhaft erfolgt sei. Satz 2 gilt nicht, soweit die nach § 18a Abs. 1 oder 4 Satz 1 und 2 des Gesetzes am Zuordnungsverfahren Beteiligten die Zuordnung übereinstimmend für offensichtlich fehlerhaft halten. Wird der Einspruch für begründet erachtet, so ist die Wählerliste zu berichtigen. Die Entscheidung des Wahlvorstands ist der Arbeitnehmerin oder dem Arbeitnehmer, die oder der den Einspruch eingelegt hat, unverzüglich schriftlich mitzuteilen; die Entscheidung muss der Arbeitnehmerin oder dem Arbeitnehmer spätestens am Tage vor dem Beginn der Stimmabgabe zugehen.

(3) Nach Ablauf der Einspruchsfrist soll der Wahlvorstand die Wählerliste nochmals auf ihre Vollständigkeit hin überprüfen. Im Übrigen kann nach Ablauf der Einspruchsfrist die Wählerliste nur bei Schreibfehlern, offenbaren Unrichtigkeiten, in Erledigung rechtzeitig eingelegter Einsprüche oder bei Eintritt von Wahlberechtigten in den Betrieb oder bei Ausscheiden aus dem Betrieb bis zum Abschluss der Stimmabgabe berichtigt oder ergänzt werden.

I. Einspruch

1 Abs 1 und 2 der Vorschrift eröffnen die Möglichkeit, im Wege des Einspruchs gg unrichtige Wählerlisten vorzugehen und so eine erneute Entscheidung des Wahlvorstands über die Wählerliste herbeizuführen. Unabhängig davon verpflichtet Abs 3 den Wahlvorstand zur **Überprüfung und ggfs Berichtigung der Wählerliste**, wenn er dazu begründeten Anlass sieht. Einen Einspruch gegen andere Maßnahmen des Wahlvorstands kennt die WO nicht (zum Rechtsschutz § 18 BetrVG Rn 21).

2 Der Einspruch kann nur darauf gestützt werden, dass die **Wählerliste unrichtig** ist. Das ist einmal der Fall, wenn sie unvollständig ist oder Personen enthält, die nicht wahlberechtigt sind. Unrichtig ist sie auch, wenn sie entgg § 2 Abs 1 WO die Wähler nicht nach Geschlechtern getrennt aufführt, die nicht wahlberechtigten Leih-AN nicht gesondert ausgewiesen werden, oder AN versehentlich dem falschen Geschlecht zugeordnet sind.

3 Zum Schutz des Zuordnungsverfahrens nach § 18a BetrVG kann eine in diesem Verfahren durch die beteiligten Wahlvorstände oder durch einen Vermittler getroffene Zuordnung einer Person zu den AN oder zu den ltd Ang nicht per Einspruch angegriffen werden (Abs 2 S 2). Eine Ausnahme gilt nur, wenn die Wahlvorstände für die BR-Wahl und die SprA-Wahl die vorgenommene Zuordnung **übereinstimmend** für offensichtlich fehlerhaft halten (Abs 2 S 3).

4 Zur **Einspruchsberechtigung** sagt die Vorschrift nichts. Besondere Hürden bestehen somit nicht, insbes muss keine Verletzung in eigenen Rechten geltend gemacht werden. Um Einsprüche gänzlich Unbeteiligter auszuschließen, ist aber ein **berechtigtes Interesse** zu fordern. Demnach kann **jeder AN** Einspruch einlegen, der die Wählerliste für fehlerhaft hält, auch wenn der Fehler ihn selbst nicht unmittelbar betrifft <**R:** vgl LAG Hamm 27.4.1972, 8 BVTa 5/72, BB 1972, 796; **L:** GK/*Jacobs* Rn 2; DKW/*Homburg* Rn 14>. Nur ein ordnungsgemäß legitimierter BR kann Repräsentant aller AN sein.

5 Die Einspruchsberechtigung des **AG** sowie der im Betrieb vertretenen **Gewerkschaften** war lange umstritten. Das BAG verneinte beides <**R:** für den AG BAG 29.3.1974, 1 ABR 27/73, AP Nr 2 zu § 19 BetrVG 1972 (obiter dictum); für die Gewerkschaften BAG 11.3.1975, 1 ABR 77/74, BB 1975, 967>. Zum Meinungsstand siehe Vorauf Rn 5f. Mit dem **Betriebsrätemodernisierungsgesetz** v 14.6.2021 hat der Gesetzgeber die Frage implizit entschieden, indem er die Anfechtungsberechtigung nur der wahlberechtigen AN im Falle einer fehlerhaften Wählerliste an einen vorherigen Einspruch geknüpft hat (§ 19 Abs 3 S 1 BetrVG). Demnach sind AG und Gewerkschaften entgg der bis-

lang an dieser Stelle vertretenen Ansicht **nicht einspruchsberechtigt**. Andernfalls müsste die Einschränkung der Wahlanfechtung auch für sie gelten. Die Gesetzesbegründung des Betriebsrätemodernierungsgesetz erwähnt dementsprechend auch nur ein Einspruchsrecht der AN <L: BT-Drs 19/28899 S. 19>. Weil eine fehlerhafte Wählerliste die Wahl aber dessen ungeachtet auch AG und Gewerkschaften grds zur Wahlanfechtung berechtigt, ist diese Entscheidung des Gesetzgebers kritisch zu sehen.

Der Einspruch ist **beim Wahlvorstand**, und zwar in analoger Anwendung des § 26 Abs 2 S 2 BetrVG zu Händen seines Vorsitzenden oder Stellvertreters **schriftlich**, also eigenhändig unterschrieben, einzulegen. Gem den §§ 126 Abs 3, 126a BGB kann die Schriftform durch die elektronische Form, verbunden mit einer qualifizierten elektronischen Signatur ersetzt werden. Ein mündlicher Einspruch ist ebenso wirkungslos wie ein Einspruch per E-Mail oder Telefax; doch muss der Wahlvorstand in einem solchen Falle auf die Formvorschrift hinweisen <L: so wohl auch *Fitting* Rn 7>. 6

Der Einspruch muss spätestens am letzten Tag einer am Tag nach dem Aushang des Wahlausschreibens beginnenden **zweiwöchigen Ausschlussfrist** (§ 41 Abs 1 WO iVm §§ 187 Abs 1, 188 Abs 2 BGB) beim Wahlvorstand eingehen. Soweit **Dienststunden** angegeben sind, muss der Einspruch bis zu deren Ablauf eingegangen sein, wenn diese nicht unzulässig kurz bemessen sind (§ 41 Abs 2; s die Kommentierung dort). Fällt der letzte Tag der Frist auf einen Sonntag, einen Sonnabend oder einen Feiertag, tritt gem § 41 Abs 1 WO, § 193 BGB der nächste Werktag an dessen Stelle. 7

Der Wahlvorstand hat über einen Einspruch unverzüglich durch **Mehrheitsbeschluss** (§ 1 Rn 11) zu entscheiden. Wird der Einspruch für begründet erachtet, ist die Wählerliste rechtzeitig vor der Stimmabgabe zu berichtigen (Abs 2 S 4). Die Entscheidung ist dem Einspruchsführer schriftlich spätestens am Tag vor der Stimmabgabe mitzuteilen, zweckmäßigerweise gg schriftliches Empfangsbekenntnis. Die in Abs 2 S 5 für AN-Einsprüche geregelte Mitteilungspflicht ist ggf entspr anzuwenden. Eine Begründung des Beschlusses ist sinnvoll, aber nicht erf. Die Entscheidung kann vor Abschluss der BR-Wahl selbstständig im Beschlussverf vor dem ArbG **angefochten** werden <R: BAG 15.12.1972, 1 ABR 8/72, DB 1973, 2052>, allerdings ohne Suspensiveffekt (§ 18 BetrVG Rn 23). 8

Wer die Einspruchsfrist versäumt, kann eine spätere **Wahlanfechtung** grundsätzlich nicht auf die Fehlerhaftigkeit der Wählerliste stützen, wenn nicht der Fehler von einem anderen im Wege des Einspruchs gerügt wurde oder er selbst an der rechtzeitigen Einlegung eines eigenen Einspruchs gehindert war (**§ 19 Abs 3 S 1 und 2 BetrVG**). Diese Einschränkung betrifft nur die einspruchsberechtigten AN, nicht eine Wahlanfechtung durch den AG oder eine im Betrieb vertretene Gewerkschaft <R: zu letzteren bereits vor Inkrafttreten des Betriebsrätemodernisierungsgesetzes BAG 29.3.1974, 1 ABR 27/73, BB 1974, 837 und 25.6.1974, 1 ABR 68/73, EzA § 19 BetrVG 1972 Nr 3>. 9

II. Überprüfung ohne Einspruch

Nach Ablauf der Einspruchsfrist eingehende Einsprüche dürfen nicht mehr berücksichtigt werden. Das BAG leitet aber aus der Sollvorschrift des Abs 3 S 1 wegen der Bedeutung der Wählerliste für die Ausübung des Wahlrechts die **Verpflichtung** des Wahlvorstands ab, die Liste **laufend zu überprüfen** <R: BAG 2.8.2017, 7 ABR 42/15, DB 2018, 133>. In der Wählerliste fehlende Wahlberechtigte sind nachträglich aufzunehmen. Die nachträgliche Aufnahme eines bei der Zuordnung nach § 18a BetrVG den ltd Ang zugerechneten AN kommt aber auch hier nur unter den bes Voraussetzungen des Abs 2 S 3 in Betracht. 10

Berichtigungen von Amts wegen sind nur unter den Voraussetzungen des Abs 3 S 2 zulässig; sie dürfen sich nur auf die dort ausdrücklich genannten Fälle beziehen und bedürfen jeweils eines Beschlusses des Wahlvorstandes. Verstöße können eine **Wahlanfechtung** begründen <R: BAG 21.3.2017, 7 ABR 19/15, BB 2017, 2300>. Das gilt, anders als der missglückte Wortlaut es vermuten lässt, auch schon vor Ablauf der Einspruchsfrist, weil die Wählerliste im Interesse der Rechtssicherheit mit ihrer Bekanntmachung grds feststeht <L: Richardi/*Forst* Rn 13; aA GK GK/*Jacobs* Rn 15>. Seit 2021 ist eine Berichtigung auch **an den Wahltagen** bis zum Abschluss der Stimmabgabe noch möglich, insbes um nachträglich noch wahlberechtigte AN aufnehmen zu können <L: BR-Drs 666/21 S. 20>. 11

12 Als ausdrücklich zulässige Fälle einer Berichtigung nach Ablauf der Einspruchsfrist nennt das Gesetz Schreibfehler, die Erledigung fristgerecht eingelegter Einsprüche, den Ein-/ bzw Austritt von AN sowie **offenbare Unrichtigkeiten**. Offenbar ist eine Unrichtigkeit, wenn sie nach den Umständen zum Zeitpunkt der Berichtigung klar erkennbar ist und sich die Sach- und Rechtslage eindeutig darstellt <**R:** BAG 27.1.1993, 7 ABR 37/92, DB 1993, 2030; **L:** GK/*Jacobs* Rn 18>. Dies ist etwa anzunehmen, wenn ein AN am Wahltag das 18. Lebensjahr noch nicht vollendet haben wird oder das ArbG durch rechtskräftigen Beschluss oder durch eV über die Wahlberechtigung einzelner AN oder einer Gruppe entschieden hat. Auch einer abschließenden Entscheidung im Zuordnungsverfahren nach § 18a ist auf diesem Wege Rechnung zu tragen (§ 18a BetrVG Rn 17).

III. Bekanntmachung von Änderungen

13 Werden Änderungen vorgenommen, sind diese in gleicher Weise bekannt zu machen wie die ursprüngliche Wählerliste <**R:** BAG 25.10.2017, 7 ABR 2/16, NZA 2018, 252>. Zu den Anforderungen siehe § 2 Rn 12 ff, zu Fehlerfolgen § 2 Rn 19.

§ 5 Bestimmung der Mindestsitze für das Geschlecht in der Minderheit

(1) Der Wahlvorstand stellt fest, welches Geschlecht von seinem zahlenmäßigen Verhältnis im Betrieb in der Minderheit ist. Sodann errechnet der Wahlvorstand den Mindestanteil der Betriebsratssitze für das Geschlecht in der Minderheit (§ 15 Abs. 2 des Gesetzes) nach den Grundsätzen der Verhältniswahl. Zu diesem Zweck werden die Zahlen der am Tage des Erlasses des Wahlausschreibens im Betrieb beschäftigten Frauen und Männer in einer Reihe nebeneinander gestellt und beide durch 1, 2, 3, 4 usw. geteilt. Die ermittelten Teilzahlen sind nacheinander reihenweise unter den Zahlen der ersten Reihe aufzuführen, bis höhere Teilzahlen für die Zuweisung der zu verteilenden Sitze nicht mehr in Betracht kommen.

(2) Unter den so gefundenen Teilzahlen werden so viele Höchstzahlen ausgesondert und der Größe nach geordnet, wie Betriebsratsmitglieder zu wählen sind. Das Geschlecht in der Minderheit erhält so viele Mitgliedersitze zugeteilt, wie Höchstzahlen auf es entfallen. Wenn die niedrigste in Betracht kommende Höchstzahl auf beide Geschlechter zugleich entfällt, so entscheidet das Los darüber, welchem Geschlecht dieser Sitz zufällt.

1 Nach § 15 Abs 2 BetrVG muss das Geschlecht, das in der Belegschaft in der Minderheit ist, mindestens entspr seinem zahlenmäßigen Verhältnis im BR vertreten sein, wenn dieser aus mindestens drei Mitgliedern besteht. Die danach notwendige Bestimmung der Mindestsitze für das Geschlecht in der Minderheit obliegt dem Wahlvorstand. § 5 sieht dafür ein **zweistufiges Verf** vor:

2 Zunächst hat der Wahlvorstand festzustellen, welches Geschlecht von seinem zahlenmäßigen Verhältnis her im Betrieb in der Minderheit ist (Abs 1 S 1). Zu zählen sind dabei alle AN iS des § 5 BetrVG, ohne Rücksicht darauf, ob sie nach § 7 S 1 BetrVG wahlberechtigt sind. Im Betrieb eingesetzte Leih-AN zählen mit (§ 15 BetrVG Rn 5) <**L:** GK/*Jacobs* Rn 3; *Löwisch/Wegmann* BB 2017, 373, 374>. Maßgebender Zeitpunkt ist, wie aus Abs 1 S 3 zu schließen ist, der Tag des Erlasses des Wahlausschreibens. Stellt der Wahlvorstand fest, dass die Geschlechter in der Belegschaft exakt gleich stark vertreten sind, ist das Verf beendet. Es können dann ohne Rücksicht auf das Zahlenverhältnis sowohl Frauen wie Männer in den BR gewählt werden. Zur Berücksichtigung des **dritten Geschlechts** s § 15 Rn 2.

3 Ergibt sich, wie regelmäßig, dass ein Geschlecht in der Minderheit ist, sieht § 5 WO als zweiten Schritt eine Bestimmung der Mindestsitze für das Geschlecht in der Minderheit unter Anwendung des **d'Hondtschen Höchstzahlverf** vor: Die Zahlen der am Tag des Erlasses des Wahlausschreibens im Betrieb beschäftigten Frauen und Männer werden nebeneinander gestellt und beide durch 1, 2, 3, 4 usw geteilt (Abs 1 S 3). Unter den Teilzahlen werden so viele Höchstzahlen ausgesondert und der Größe nach geordnet, wie BR-Mitglieder zu wählen sind (Abs 2 S 1). Das Geschlecht in der Minderheit erhält so viele Mitgliedersitze, wie Höchstzahlen auf es entfallen (Abs 2 S 2).

§ 6 Vorschlagslisten **Anh. 1 WO**

Folgendes Beispiel mag die Sitzverteilung veranschaulichen. Sind in einem Betrieb mit 70 AN 55 Männer und 15 Frauen beschäftigt, so errechnet sich die Zahl der Mindestsitze wie folgt: 4

	55 Männer	15 Frauen	BR: 5 Mitglieder (§ 9 Satz 1 BetrVG)
:1	55	15	Die 5 Höchstzahlen:
:2	27,5	7,5	55, 27,5, 18,33, 13,75 (Männer)
:3	18,33	5	15 (Frauen)
:4	13,75	3,75	→ Auf die weibliche Belegschaft als
:5	11	3	Minderheitengeschlecht entfällt mindestens 1 Sitz

Die Verteilung der Sitze nach dem d'Hondtschen Höchstzahlverfahren kann im Einzelfall dazu führen, dass der Prozentsatz der BR-Sitze, der auf das Geschlecht in der Minderheit entfällt, geringer ist als sein prozentualer Anteil an der Gesamtbelegschaft (im Bsp Rn 4: Anteil BR-Sitze 20 %, Anteil a.d. Belegschaft 21,4 %). Darin liegt **kein Verstoß gegen § 15 Abs 2 BetrVG** (§ 15 BetrVG Rn 7). Entfällt die niedrigste in Betracht kommende Höchstzahl auf beide Geschlechter zugleich, entscheidet (formfrei) das **Los** (Abs 3 S 2). Letzteres trifft etwa zu, wenn von 96 AN 80 dem einen Geschlecht und 16 dem anderen Geschlecht angehören: Die niedrigste Teilzahl, auf die ein Sitz entfällt, ist dann 16. 5

Zweiter Abschnitt
Wahl von mehr als fünf Betriebsratsmitgliedern (aufgrund von Vorschlagslisten)

Erster Unterabschnitt
Einreichung und Bekanntmachung von Vorschlagslisten

§ 6 Vorschlagslisten

(1) Sind mehr als fünf Betriebsratsmitglieder zu wählen, so erfolgt die Wahl aufgrund von Vorschlagslisten, sofern nicht die Anwendung des vereinfachten Wahlverfahrens vereinbart worden ist (§ 14a Absatz 5 des Gesetzes). Die Vorschlagslisten sind von den Wahlberechtigten vor Ablauf von zwei Wochen seit Erlass des Wahlausschreibens beim Wahlvorstand einzureichen.

(2) Jede Vorschlagsliste soll mindestens doppelt so viele Bewerberinnen oder Bewerber aufweisen, wie Betriebsratsmitglieder zu wählen sind.

(3) In jeder Vorschlagsliste sind die einzelnen Bewerberinnen oder Bewerber in erkennbarer Reihenfolge unter fortlaufender Nummer und unter Angabe von Familienname, Vorname, Geburtsdatum und Art der Beschäftigung im Betrieb aufzuführen. Die schriftliche Zustimmung der Bewerberinnen oder Bewerber zur Aufnahme in die Liste ist beizufügen.

(4) Wenn kein anderer Unterzeichner der Vorschlagsliste ausdrücklich als Listenvertreter bezeichnet ist, wird die oder der an erster Stelle Unterzeichnete als Listenvertreterin oder Listenvertreter angesehen. Diese Person ist berechtigt und verpflichtet, dem Wahlvorstand die zur Beseitigung von Beanstandungen erforderlichen Erklärungen abzugeben sowie Erklärungen und Entscheidungen des Wahlvorstands entgegenzunehmen.

(5) Die Unterschrift eines Wahlberechtigten zählt nur auf einer Vorschlagsliste. Hat ein Wahlberechtigter mehrere Vorschlagslisten unterzeichnet, so hat er auf Aufforderung des Wahlvorstands binnen einer ihm gesetzten angemessenen Frist, spätestens jedoch vor Ablauf von drei Arbeitstagen, zu erklären, welche Unterschrift er aufrechterhält. Unterbleibt die fristgerechte Erklärung, so wird sein Name auf der zuerst eingereichten Vorschlagsliste gezählt und auf den übrigen Listen gestrichen; sind mehrere Vorschlagslisten, die von demselben Wahlberechtigten unterschrieben sind, gleichzeitig eingereicht worden, so entscheidet das Los darüber, auf welcher Vorschlagsliste die Unterschrift gilt.

Anh. 1 WO Wahlordnung zum Betriebsverfassungsgesetz

(6) Eine Verbindung von Vorschlagslisten ist unzulässig.

(7) Eine Bewerberin oder ein Bewerber kann nur auf einer Vorschlagsliste vorgeschlagen werden. Ist der Name dieser Person mit ihrer schriftlichen Zustimmung auf mehreren Vorschlagslisten aufgeführt, so hat sie auf Aufforderung des Wahlvorstands vor Ablauf von drei Arbeitstagen zu erklären, welche Bewerbung sie aufrechterhält. Unterbleibt die fristgerechte Erklärung, so ist die Bewerberin oder der Bewerber auf sämtlichen Listen zu streichen.

I. Vorschlagslisten

1   Grundlage der Wahl sind Wahlvorschläge gemäß § 14 BetrVG. Sind mehr als fünf BR-Mitglieder zu wählen, erfolgt die Wahl gem § 6 Abs 1 S 1 WO aufgrund von Vorschlagslisten, wenn nicht die Betriebspartner nach § 14a Abs 5 BetrVG die Anwendung des vereinfachten Wahlverfahrens vereinbart haben. Die Vorschlagslisten unterscheiden sich von den Wahlvorschlägen für die BR-Wahl im vereinfachten Verf (§ 33 WO) dadurch, dass sie eine geschlossene Einheit bilden und die **Reihenfolge der Wahlbewerber** auf der Liste auch über die Reihenfolge bei der Zuteilung von Sitzen entscheidet, die bei der Wahl auf die Liste entfallen. Die auf Wahlvorschlägen iSd § 33 WO genannten Wahlbewerber werden dagg ohne Rücksicht auf ihre Zugehörigkeit zu einem bestimmten Wahlvorschlag auf dem Stimmzettel in alphabetischer Reihenfolge aufgeführt und bei der Zuteilung der Sitze nach der Höhe der auf sie persönlich entfallenden Stimmenzahl berücksichtigt.

2   Vorschlagslisten sind einzureichen binnen einer **Ausschlussfrist von zwei Wochen**, die am Tage nach dem Aushang des Wahlausschreibens beginnt (§ 187 Abs 1 BGB). Wenn das Wahlausschreiben, wie in größeren Betrieben üblich, an mehreren Stellen ausgehängt wird, ist für den Fristbeginn der Tag nach dem letzten Aushang maßgebend (§ 3 Rn 2). Die Frist läuft zwei Wochen später an dem Wochentage ab, der durch seine Benennung dem Tag des Aushanges des Wahlausschreibens entspricht (§ 188 Abs 2 BGB) <**R:** BAG 28.4.2021, 7 ABR 10/20, DB 2021, 2229>. Der Wahlvorstand kann im Wahlausschreiben **Dienststunden** angeben. Diese sind grds verbindlich, dürfen aber jedenfalls am **letzten Tag der Frist** nicht vor der Arbeitszeit der Mehrheit der wahlberechtigten AN liegen (§ 41 Abs 2). Nach der genannten Uhrzeit am letzten Tag der Frist eingehende Vorschläge gehen dem Wahlvorstand erst am Folgetag zu und kommen damit zu spät. Verspätete Vorschläge sind gemäß § 8 Abs 1 Nr 1 WO **ungültig** <**R:** LAG Hamm 26.11.2010, 13 TaBV 54/10, BB 2010, 3148 (Ls)>; werden sie dennoch zugelassen, ist die Wahl anfechtbar <**R:** LAG Berl 5.5.1998, 11 TaBV 4/98, ZBVR 2002, 34 (Ls)>.

3   Nach Abs 2 soll jede Vorschlagsliste **doppelt so viele Bewerber** aufweisen, wie BR-Mitglieder zu wählen sind. Die Missachtung dieser Ordnungsvorschrift macht eine Vorschlagsliste **nicht ungültig**. Gleiches gilt, wenn eine Liste keinen Kandidaten des zu berücksichtigenden Minderheitsgeschlechts enthält. Der Wahlvorstand muss also auch Wahlvorschläge zulassen, die bei mehreren zu wählenden BR-Mitgliedern nur einen einzigen Kandidaten aufweisen <**R:** BAG 6.11.2013, 7 ABR 65/11, DB 2014, 1267; LAG Ddf 4.7.2014, 6 TaBV 24/14, LAGE § 11 BetrVG 2001 Nr 1>. Wird eine solche „Liste" zurückgewiesen, ist die Wahl anfechtbar <**R:** BAG 29.6.1965, 1 ABR 2/65, DB 1965, 1253>.

4   Abs 2 zieht **keine Höchstgrenze**. Selbst wenn auf einer Vorschlagsliste mehr als 80 Prozent der wahlberechtigten AN (205 von 238) als Wahlbewerber aufgeführt werden, so liegt darin kein Verstoß gg Wahlvorschriften <**R:** LAG Köln 29.3.2001, 5 TaBV 22/01, BB 2001, 1356>.

5   Nach Abs 3 sind die einzelnen Bewerber in **erkennbarer Reihenfolge** unter fortlaufender Nummer und unter Angabe von Familienname, Vorname und Art der Beschäftigung im Betrieb aufzuführen. Die Vorschrift ist zwingender Natur. Das gilt auch für die Angabe der Beschäftigungsart, weil diese für die Wahlentscheidung durchaus maßgebend sein kann <**R:** Hess LAG 23.9.1963, 1 TaBV 5/63, DB 1964, 810; in diese Richtung auch LAG Berl-Bbg, 14.12.2021, 21 TaBVGa 1658/21; **aA** *Fitting* Rn 9; *Richardi/Forst* Rn 7>. Verstöße führen zur Unwirksamkeit der Liste gem § 8 Abs 1 Nr 2, Abs 2 Nr 1 WO, wobei außer der Reihenfolge alle inhaltlichen Fehler berichtigt werden können (§ 8 WO Rn 3). Schreibfehler sind unschädlich, solange sie die Identifizierung der Kandidaten nicht beein-

trächtigen <R: LAG SH 21.6.2011, 2 TaBV 41/10>. Die angegebene Reihenfolge ist für alle Beteiligten verbindlich und kann auch von den Unterstützern nicht nachträglich geändert werden <R: LAG MV 30.3.2006, 1 TaBV 2/06>.

Kein Wahlbewerber darf **auf mehreren Listen kandidieren**. Entscheidet er sich in einem solchen Falle innerhalb von drei Arbeitstagen nicht für eine bestimmte Liste, wird er von allen Listen gestrichen und scheidet damit aus der Wahl aus (Abs 7). Die Verpflichtung des Wahlvorstandes, den Wahlbewerber zu einer entspr Erklärung aufzufordern, besteht auch, wenn eine der Vorschlagslisten, auf denen der Kandidat geführt wird, ungültig ist. Unterbleibt die Aufforderung, ist die Wahl anfechtbar <R: LAG München 25.1.2007, 2 TaBV 102/06>. Eine nachträgliche Erklärung nach Ablauf der Dreitagesfrist ist nicht mehr möglich. Andererseits kann, wenn die Frist zur Einreichung von Wahlvorschlägen noch nicht abgelaufen ist, auch nach erfolgter Streichung von allen Listen ein neuer Wahlvorschlag mit dem gestrichenen Kandidaten eingereicht werden. 6

Eine **Verbindung von Vorschlagslisten** ist unzulässig (Abs 6). Jede Liste wird für sich behandelt und kann nicht mit anderen Listen eine Einheit bilden. Splittergruppen wird so ein Einzug in den BR erschwert. 7

II. Zustimmung der Bewerber

Nach Abs 3 S 2 ist die **schriftliche Zustimmung** der Bewerber zur Aufnahme in die Liste beizufügen. Gesonderte Zustimmungserklärungen sind nicht erforderlich; die Zustimmung kann auch direkt durch Unterschrift auf der Liste erklärt werden, solange klar ist, dass es sich nicht bloß um eine Stützunterschrift handelt <L: GK/*Jacobs* Rn 11>. Die Rspr verlangt dabei zu Recht unter Verweis auf den Normzweck bzw auf § 126 BGB eine vollständige Unterschrift, die dem Wahlvorstand **im Original** vorliegen muss <R: BAG 20.10.2021, 7 ABR 36/20, DB 2022, 1139; zur SchwbVWO auch BAG 20.1.2010, 7 ABR 39/08, NZA 2010, 1435>; eine bloße Paraphe soll unzureichend sein <R: LAG Hamm, 20.5.2005, 10 TaBV 94/04>. Textform gem § 126b BGB genügt nicht <R: BAG 20.10.2021, aaO>. Fehlende Zustimmungserklärungen muss der Wahlvorstand beanstanden und ggü dem Listenvertreter (Rn 12) nach § 8 Abs 2 WO eine Frist setzen, um den Mangel zu beheben. Unterbleibt die Beanstandung, liegt darin ein Verstoß gegen eine wesentliche Verfahrensvorschrift iSd § 19 Abs 1 BetrVG. Werden die Erklärungen nicht innerhalb der **Nachfrist** nachgeholt, ist und bleibt der Vorschlag ungültig <R: BAG 1.6.1966, 1 ABR 17/65, AP Nr 15 zu § 18 BetrVG>. 8

Die Zustimmungserklärung kann zurückgenommen werden, da die **Rücknahme** in ihrer Wirkung einer (vorweggenommenen) Ablehnung des Amtes gleichkommt <L: wie hier Richardi/*Forst* Rn 12; GK/*Jacobs* Rn 9; aA R: BVerwG 30.10.1964, VII P 5.64, AP Nr 1 zu § 9 WO PersVG; L: *Fitting* Rn 10>. Ist die Liste bereits eingereicht, bleibt sie ohne den zurückgetretenen Kandidaten weiter gültig <L: GK/*Jacobs* Rn 12>. 9

Vor Einreichung eines Wahlvorschlages dürfen aber **ohne Zustimmung** aller Unterzeichner **nicht** einzelne oder mehrere Kandidaten von der Vorschlagsliste **gestrichen** werden, selbst wenn diese es wünschen. Durch solche Streichungen würde der Wahlvorschlag inhaltlich verändert und damit unrichtig; er verlöre dadurch den Charakter eines Wahlvorschlages iS des BetrVG und könnte vom Wahlvorstand zurückgewiesen werden <R: BAG 15.12.1972, 1 ABR 8/72, DB 1973, 2052; L: Richardi/*Forst* Rn 9>. Vor Einreichung ist daher die erneute Zustimmung aller Unterzeichner erforderlich. 10

III. Stützunterschriften

Gem § 14 Abs 4 BetrVG müssen Wahlvorschläge in Betrieben mit in der Regel 20 oder mehr AN von einer bestimmten Anzahl von AN unterzeichnet sein (zu den Einzelheiten § 14 BetrVG Rn 26 ff). Die **Zustimmungserklärung eines Kandidaten** nach Abs 3 kann je nach den konkreten Umständen zugleich als Stützunterschrift gewertet werden <R: BAG 6.11.2013, 7 ABR 65/11, DB 2014, 1267>. Vorschlagsliste und Unterschriften müssen eine **einheitliche, zusammenhängende Urkunde** bilden. Das ist der Fall, wenn Bewerberliste und Liste der Stützunterschriften so mit Heft- 11

Anh. 1 WO Wahlordnung zum Betriebsverfassungsgesetz

klammern verbunden und zusätzlich aufgefächert gestempelt sind, dass bei Entfernen eines Blattes eine Lücke im Stempel entstehen würde <R: LAG Bremen 26.3.1998, 1 TaBV 9/98, NZA-RR 1998, 401>. Auf weißen Blättern ohne feste Verbindung mit der Kandidatenliste gesammelte Unterschriften sind ungültig <R: LAG Ddf 24.5.2002, 10 TaBV 63/02>. Im Interesse einer schnellen Abwicklung können **mehrere gleichlautende Listen** bei den AN in Umlauf gebracht werden, doch ist inhaltliche Übereinstimmung und das Vorhandensein aller in § 6 Abs 3 WO genannten Angaben auf sämtlichen Ausfertigungen zu fordern <R: LAG HH 7.3.2016, 8 TaBV 4/15; L: *Fitting* Rn 13; GK/*Jacobs* Rn 17>. Eine Liste ohne die Mindestanzahl an Stützunterschriften ist **ungültig** (§ 8 Abs 1 Nr 3 WO).

12 Die Gültigkeit einer Vorschlagsliste hängt nicht davon ab, dass ein Unterzeichner als **Listenvertreter** bezeichnet wird. Unterbleibt dies, so gilt der nach Abs 4 S 1 an erster Stelle Unterzeichnende als Listenvertreter. Der Listenvertreter ist dem Wahlvorstand ggü berechtigt und verpflichtet, die zur Beseitigung von Beanstandungen erforderlichen Erklärungen abzugeben sowie Erklärungen und Entscheidungen des Wahlvorstands entgegenzunehmen. Eine Berechtigung des Listenvertreters zur **Rücknahme einer einmal eingereichten Liste** besteht indes nicht <R: LAG Nds 28.6.2007, 14 TaBV 5/07, AuR 2007, 406; BVerwG 11.7.1975, VII P 15.73, BVerwGE 48, 317 zur insoweit inhaltsgleichen Regelung der WO BPersVG; L: *Fitting* Rn 11; GK/*Jacobs* Rn 15>.

13 Stützunterschriften können jederzeit **zurückgenommen** werden; vor Einreichung des Wahlvorschlags durch Streichung, danach durch schriftliche Erklärung ggü dem Wahlvorstand. Eine vor Einreichung zurückgenommene Unterschrift ist wirkungslos. **Nach Einreichung** berührt die Rücknahme die Wirksamkeit des Wahlvorschlags nicht mehr, auch wenn dadurch die Mindestzahl an Unterschriften unterschritten wird (§ 8 Abs 1 Nr 3 S 2 WO). Eine Ausnahme gilt lediglich für die Streichung von Doppelunterschriften nach Abs 5 (Rn 15).

14 Kein AN darf **mehr als eine Vorschlagsliste unterzeichnen** (Abs 5 S 1). Geschieht dies dennoch, muss ihn der Wahlvorstand auffordern, sich binnen **max drei Arbeitstagen** für eine Liste zu entscheiden (Abs 5 S 2). Die Frist berechnet sich nach § 41 Abs 1 WO, §§ 187 Abs 1, 188 Abs 2 BGB; der Wahlvorstand kann die Frist aus sachlichen Gründen auch kürzer bemessen. „Arbeitstage" sind Tage, an denen der ganz überwiegende Teil der Belegschaft des Betriebes (nicht einer Betriebsabteilung) regelmäßig arbeitet <R: BAG 12.2.1960, 1 ABR 13/59, BB 1960, 444>. Die Erklärung muss dem Wahlvorstand innerhalb der Frist zugehen und kann nicht später nachgeholt werden. Auf die Rechtsfolgen einer nicht fristgerechten Erklärung muss der Wahlvorstand in seinem Aufforderungsschreiben, das bei ausländischen AN auch in deutscher Sprache abgefasst sein kann <R: LAG Hamm 17.5.1973, 8 BVTa 11/73, DB 1973, 1403>, ausdrücklich hinweisen, andernfalls kann die Wahl unter den Voraussetzungen des § 19 Abs 1 BetrVG angefochten werden <R: LAG Hamm 29.10.1965, 5 BVTa 8/65, DB 1966, 38>.

15 Unterbleibt die fristgerechte Erklärung, wird der Name des Doppeltunterzeichners auf der zuerst eingereichten Vorschlagsliste gezählt und auf den übrigen Listen **gestrichen**; bei gleichzeitiger Einreichung der beiden Vorschlagslisten entscheidet das Los (Abs 5 S 3). Diese Streichung kann dazu führen, dass bei einzelnen Listen die in § 14 Abs 4 BetrVG festgelegte Mindestzahl nicht mehr erreicht wird. In diesem Falle ist der Wahlvorschlag ungültig, wenn nicht innerhalb der Frist des § 8 Abs 2 WO die fehlenden Unterschriften nachgereicht werden <R: ArbG Paderborn 27.4.1965, BV 3/65, DB 1965, 979>. **Beanstandet der Wahlvorstand den Fehler nicht**, liegt darin ein Verstoß gegen eine wesentliche Verfahrensvorschrift iSd § 19 Abs 1 BetrVG.

§ 7 Prüfung der Vorschlagslisten

(1) Der Wahlvorstand hat bei Überbringen der Vorschlagsliste oder, falls die Vorschlagsliste auf eine andere Weise eingereicht wird, der Listenvertreterin oder dem Listenvertreter den Zeitpunkt der Einreichung schriftlich zu bestätigen.

(2) Der Wahlvorstand hat die eingereichten Vorschlagslisten, wenn die Liste nicht mit einem Kennwort versehen ist, mit Familienname und Vorname der beiden in der Liste an erster Stelle Benannten zu bezeichnen. Er hat die Vorschlagsliste unverzüglich, möglichst binnen einer Frist von zwei Arbeitstagen nach ihrem Eingang, zu prüfen und bei Ungültigkeit oder Beanstandung einer Liste die Listenvertreterin oder den Listenvertreter unverzüglich schriftlich unter Angabe der Gründe zu unterrichten.

I. Eingangsbestätigung

Der Wahlvorstand ist verpflichtet, den Eingang jeder Vorschlagsliste zu Beweiszwecken **schriftlich** gegenüber dem Listenvertreter zu **bestätigen**. Das gilt auch dann, wenn der Vorschlag erkennbar ungültig ist; bestätigt werden soll nur die Tatsache des Eingangs <**L:** GK/*Jacobs* Rn 1>. Umgekehrt ist die Bestätigung keine Wirksamkeitsvoraussetzung für die eingereichten Vorschläge.

II. Listenkennwort

Die Vorschlagslisten können mit einem **Kennwort** versehen sein. In der Wahl dieser Kennworte sind die Einreicher weitgehend frei. Unzulässig sind Kennworte, die strafbaren, diskriminierenden, beleidigenden oder irreführenden Charakter haben, oder die eine Verwechslungsgefahr zwischen mehreren Vorschlagslisten bewirken <**R:** BAG 26.10.2016, 7 ABR 4/15, NZA-RR 2017, 194; 15.5.2013, 7 ABR 40/11, EzA § 14 BetrVG 2001 Nr 3; BVerwG 13.5.1966, VII P 5.65, AP Nr 3 zu § 21 PersVG>. Auch Kennworte mit parteipolitischem Inhalt sind mit Blick auf das Verbot parteipolitischer Betätigung nach § 74 Abs 2 S 3 BetrVG nicht erlaubt. Ein **unzulässiges Kennwort** führt nicht zur Ungültigkeit der Liste, es ist vielmehr zu behandeln wie ein fehlendes Kennwort (dazu Rn 4); der Wahlvorschlag darf also nicht deshalb zurückgewiesen werden <**R:** BAG 26.10.2016, aaO; 15.5.2013, aaO>. Eine durch das unzulässige Kennwort womöglich bewirkte **Irreführung** der Unterstützer kann aber ggf die Wahlanfechtung begründen <**R:** BAG 15.5.2013, aaO; LAG Ddf 4.8.2020, 10 TaBV 42/19, AE 2021, 40; LAG Hamm 16.12.2014, 7 TaBV 49/14>.

Weist das Kennwort etwa – was häufig der Fall ist – auf eine **Gewerkschaft** hin, muss diese die Liste auch tatsächlich stützen, sofern nicht klar erkennbar ist, dass es sich lediglich um eine Liste gewerkschaftsnaher AN handelt <**R:** vgl BAG 26.10.2016, aaO; **L:** DKW/*Homburg* Rn 4>. Nur ein gewerkschaftlicher Vorschlag nach § 14 Abs 5 BetrVG darf auch als solcher bezeichnet werden <**R:** BAG 26.10.2016, aaO; 15.5.2013, 7 ABR 40/11, EzA § 14 BetrVG 2001 Nr 3>. Andererseits steht Bezeichnungen wie „freie" oder „unabhängige" Liste nicht bereits entgegen, dass einzelne Kandidaten gewerkschaftlich organisiert sind. Anders verhält es sich, wenn der Spitzenkandidat der Liste „nicht organisierte Angestellte" vor der Wahl in eine Gewerkschaft eintritt, ohne dies allen Wahlberechtigten bekannt zu geben. Hierin ist eine unzulässige gegen die guten Sitten verstoßende Beeinflussung der Wahl zu sehen, die somit anfechtbar wird <**R:** BVerwG 7.11.1969, VII P 2.69, BVerwGE 34, 177>.

Trägt die Liste **kein Kennwort**, ist der Wahlvorstand nicht befugt, ihr ein solches nach eigenem Gutdünken zuzuteilen, sondern muss die in Abs 1 S 1 vorgesehene Kennzeichnung mit dem Familiennamen und dem Vornamen der beiden in der Liste an erster Stelle genannten Bewerber vornehmen. Hierzu bedarf es keines vorherigen Beschlusses des Wahlvorstands <**R:** LAG Berl-Bbg 7.5.2021, 5 TaBV 1160/19>.

III. Prüfung der Vorschlagslisten durch den Wahlvorstand

Von großer praktischer Bedeutung ist die Pflicht des Wahlvorstands gemäß Abs 2 S 2, die eingereichten Vorschlagslisten unverzüglich auf ihre **Gültigkeit zu prüfen** und den Listenvertreter über eventuelle Mängel zu informieren. Diese Pflicht zur unverzüglichen Prüfung und Unterrichtung soll es dem Einreicher einer Liste ermöglichen, innerhalb der Einreichungsfrist eine gültige Vorschlagsliste nachzureichen <**R:** BAG 18.7.2012, 7 ABR 21/11, EzA § 19 BetrVG 2001 Nr 9>.

Anh. 1 WO Wahlordnung zum Betriebsverfassungsgesetz

6   Zu prüfen sind alle Umstände, die geeignet sind, die Gültigkeit eines Wahlvorschlags in Frage zu stellen, und die der Wahlvorstand **unschwer erkennen kann** <**R:** BAG 26.10.2016, 7 ABR 4/15, NZA-RR 2017, 194; 15.5.2013, 7 ABR 40/11, ZTR 2013, 584>. Eine kursorische, oberflächliche Prüfung der Vorschlagslisten genügt nicht <**R:** BAG 16.1.2018, 7 ABR 11/16, NZA 2018, 797; 15.5.2013, aaO; 18.7.2012, aaO>. Zur Prüfung gehören daher in erster Linie – aber nicht nur – die in § 8 WO festgelegten Gültigkeitsvoraussetzungen. Bei Unklarheiten sind die Wahlvorschläge am Maßstab der §§ 133, 157 BGB auszulegen <**R:** LAG SH 9.1.2017, 3 TaBVGa 3/16, AE 2017, 151>. Auch die Zulässigkeit des gewählten Kennworts kann geprüft werden <**R:** BAG 26.10.2016, 7 ABR 4/15, NZA-RR 2017, 194; 15.5.2013, 7 ABR 40/11, ZTR 2013, 584>. Eine **inhaltliche** Prüfung des Wahlprogramms (etwa am Maßstab des § 75 BetrVG) findet hingegen **nicht** statt <**L:** *Göpfert/Jungbauer* NZA 2022, 85, 87>. **Ohne erkennbare Anhaltspunkte** ist der Wahlvorstand zu eigenen Ermittlungen (zB hinsichtl der Gültigkeit der Stützunterschriften) zwar nicht verpflichtet, aber berechtigt <**R:** BAG 16.1.2018, aaO>.

7   Stellt der Wahlvorstand einen der in § 8 Abs 1 WO genannten **unheilbaren Fehler** fest, ist die **Ungültigkeit festzustellen**. Dasselbe gilt im Falle der Ungültigkeit aus anderen, nicht benannten Gründen (§ 8 Rn 5). Der Listenvertreter ist unverzüglich zu **unterrichten**, um eine Behebung des Fehlers vor Ablauf der Einreichungsfrist zu ermöglichen <**R:** BAG 25.5.2005, 7 ABR 39/04, AiB 2006, 51>. Um dies zu gewährleisten, kann auch eine persönliche Übergabe des Unterrichtungsschreibens erforderlich sein, falls der Postversand zu lange dauern würde <**R:** LAG Ddf 25.2.2003, 8 TaBV 70/02, NZA-RR 2003, 475>.

8   Liegt ein **heilbarer Fehler** nach § 8 Abs 2 WO vor, ist die Liste **zu beanstanden**. Auch diese Beanstandung ist dem Listenvertreter unter konkreter Benennung der beanstandeten Fehler unverzüglich **schriftlich mitzuteilen**. Textform gem § 126b BGB genügt <**R:** BAG 20.10.2021, 7 ABR 36/20, DB 2022, 1139>. Der Zugang dieser Mitteilung setzt die dreitägige **Nachfrist** zur Fehlerbehebung gemäß § 8 Abs 2 letzter Hs WO in Gang. **Keinesfalls** darf der Wahlvorstand die Liste **selbst berichtigen** <**L:** Berscheid/*Vetter* § 43 Rn 190>.

9   Eine beanstandete Liste darf der Wahlvorstand **nicht zum Zwecke der Ergänzung zurückgeben**, da dann bei einer Wahlanfechtung evtl nicht mehr festzustellen ist, ob die Liste nicht auch ohne die geforderte Ergänzung gültig war oder ob eine fristgerecht eingehende, neu abgefasste Liste tatsächlich nur eine Ergänzung der alten Liste und nicht etwa ein unzulässiger neuer Wahlvorschlag ist, zB infolge Änderung der Reihenfolge oder Streichung von Bewerbern <**R:** LAG SH 9.4.1953, 2 Ta 24/53, AuR 1953, 255; wg der Unzulässigkeit der nachträglichen Streichung eines Bewerbers vgl auch RAG 18.12.1939, ArbRSlg Bd 7, 439 und BAG 15.12.1972, 1 ABR 8/72, EzA § 14 BetrVG 1972 Nr 1>. Die Beseitigung von Beanstandungen ist hier iR des § 8 Abs 2 WO zulässig (s dazu § 8 WO Rn 3 f).

10 Die Prüfung und Unterrichtung müssen **unverzüglich** erfolgen, also ohne schuldhaftes Zögern (§ 121 BGB). Regelmäßig steht dafür nur eine Frist von **zwei Arbeitstagen nach Eingang** zur Verfügung. S zum Begriff des Arbeitstags § 6 WO Rn 14. Der Wortlaut („möglichst") lässt erkennen, dass es sich nicht um eine starre Höchstfrist handelt, die unter keinen Umständen überschritten und in jedem Fall ausgeschöpft werden darf, sondern lediglich um eine **Regelfrist**. In Ausnahmefällen kann daher die Prüfung und Unterrichtung des Listenvertreters auch noch nach Ablauf von zwei Arbeitstagen „unverzüglich" sein, etwa wenn Rückfragen bei den Listenvertretern über die Wählbarkeit eines Wahlbewerbers erforderlich sind. Umgekehrt kann auch die noch innerhalb der zweitägigen Frist erfolgende Prüfung des Wahlvorschlags und Unterrichtung des Listenvertreters nicht als „unverzüglich" iSd Vorschrift anzusehen sein <**R:** BAG 16.1.2018, 7 ABR 11/16, NZA 2018, 797; 18.7.2012, 7 ABR 21/11, EzA § 19 BetrVG 2001 Nr 9; 21.1.2009, 7 ABR 65/07, EzA § 19 BetrVG 2001 Nr 7; LAG Nbg 3.6.2019, 1 TaBV 3/19, AE 2020, 46>. Rechtzeitig sind Prüfung und Unterrichtung jedenfalls dann, wenn sie noch am Tag der Einreichung erfolgen <**R:** LAG Nbg 13.3.2002, 2 TaBV 13/02, AuR 2002, 238 (Ls)>.

§ 7 Prüfung der Vorschlagslisten **Anh. 1 WO**

Entsprechend dem Zweck der Vorschrift besteht eine Pflicht zur möglichst raschen Prüfung und Unterrichtung vor allem am letzten Tag der Einreichungsfrist. Dann hat der Wahlvorstand **Vorkehrungen** zu treffen, um kurzfristig zusammentreten und eingehende Wahlvorschläge prüfen zu können. Dies gilt namentlich dann, wenn bis zum letzten Tag vor Fristablauf noch keine Wahlvorschläge eingereicht wurden und der Wahlvorstand deshalb mit deren Eingang rechnen muss. Wird eine Vorschlagsliste erst kurz vor Ablauf der Frist beim Wahlvorstand eingereicht, tragen die Einreicher zwar grundsätzlich das Risiko, dass ein möglicherweise zur Ungültigkeit führender Mangel des Wahlvorschlags nicht mehr innerhalb der Frist behoben werden kann. Das entbindet den Wahlvorstand aber nicht von der Pflicht, die Prüfung von Vorschlagslisten möglichst rasch durchzuführen, damit eventuelle Mängel noch rechtzeitig behoben werden können <**R:** BAG 21.1.2009, 7 ABR 65/07, EzA § 19 BetrVG 2001 Nr 7>. Dementsprechend darf der **Prüftermin für am letzten Tag eingereichte Vorschläge** nicht nach Ablauf der Einreichungsfrist angesetzt werden <**R:** BAG 25.5.2005, 7 ABR 39/04, AiB 2006, 51>. Der Wahlvorstand wird seinen Pflichten nur gerecht, wenn er nötigenfalls sofort mit der Prüfung beginnt, selbst wenn mit einer rechtzeitigen Korrektur nicht zu rechnen ist <**L:** GK/*Jacobs* Rn 8>. 11

IV. Fehlerfolgen; Rechtsschutz

Wird durch einen **Verstoß des Wahlvorstandes gg Abs 2 S 2** die fristgerecht mögliche und nicht unwahrscheinliche Einreichung einer neuen Vorschlagsliste verhindert, so ist die Wahl **anfechtbar** <**R:** BAG 6.11.2013, 7 ABR 65/11, DB 2014, 1267; 25.5.2005, 7 ABR 39/04, AiB 2006, 51; LAG Köln 25.7.2019, 7 TaBV 7/19; LAG Ddf 25.2.2003, 8 TaBV 70/02, NZA-RR 2003, 475; **L:** GK/*Jacobs* Rn 13; *Fitting* Rn 4>, aber von groben vorsätzlichen Verstößen abgesehen nicht nichtig <**R:** LAG Hamm 4.3.2014, 7 TaBVGa 7/14; Hess LAG 20.2.2014, 9 TaBVGa 11/14>. Ein evidenter Verstoß des Wahlvorstands gegen die Pflicht zur rechtzeitigen Prüfung und Beanstandung kann allerdings, wenn er objektiv schwer wiegt und die Rechte der Wahlbewerber evident und gravierend verletzt, auch den **Abbruch der Wahl im Wege einer eV** rechtfertigen (§ 16 BetrVG Rn 33 f) <**R:** LAG Berlin 7.2.2006, 4 TaBV 214/06, NZA 2006, 509 für den Fall der Prüfung eines Wahlvorschlages, der bereits fünf Tage vor Ablauf der Vorschlagsfrist eingereicht wurde, erst nach Fristablauf>. 12

Die Gültigkeit oder Ungültigkeit einer Vorschlagsliste hängt grds nicht von der Entscheidung des Wahlvorstands ab, sie ergibt sich allein aus der **objektiven Rechtslage** <**L:** GK/*Jacobs* Rn 13>. Verkennt der Wahlvorstand die Ungültigkeit einer Liste und behandelt sie daher als gültig, kann dies das Wahlergebnis beeinflussen und trägt daher eine **Anfechtung** <**R:** LAG BaWü 27.11.2019, 4 TaBV 2/19, BB 2020, 894; LAG Hamm 26.11.2010, 13 TaBV 54/10; **L:** Richardi/*Forst* § 8 WO Rn 5>. Weist er einen gültigen Vorschlag als ungültig zurück, folgt die Anfechtbarkeit aus der Verletzung des passiven Wahlrechts, sofern der Wahlvorstand seinen Fehler nicht rechtzeitig korrigiert <**R:** vgl LAG Nbg 13.3.2002, 2 TaBV 13/02, AiB 2002, 238 (Ls)>. 13

Lediglich bei **heilbaren Mängeln** nach § 8 Abs 2 WO ist die Ungültigkeit abhängig von einer Beanstandung durch den Wahlvorstand (§ 8 Rn 4) <**L:** GK/*Jacobs* § 8 Rn 6>. In diesen Fällen bildet jedoch eine **unterbliebene Beanstandung** als Verstoß gegen eine wesentliche Verfahrensvorschrift unter den Voraussetzungen des § 19 BetrVG einen Anfechtungsgrund. Auf die Gut- oder Bösgläubigkeit des Wahlvorstands kommt es dabei nicht an <**R: aA** BAG 2.2.1962, 1 ABR 5/61, BB 1962, 447>, sondern darauf, ob sich der Verstoß auf das Wahlergebnis auswirken konnte. 14

Hat der Wahlvorstand eine (formelle) Beanstandung **selbst behoben**, statt dies dem Listenvertreter bloß mitzuteilen ist eine **Wahlanfechtung** in aller Regel begründet, denn es ist nicht ausgeschlossen, dass die Einreicher eine Korrektur versäumt hätten. Schon mit Blick auf die Chancengleichheit aller Wahlbewerber kann es nicht der Entscheidung des Wahlvorstands obliegen, welche Fehler er selbst beheben will und welche nicht. 15

Neben der Wahlanfechtung besteht zudem die Möglichkeit, bereits im Wahlverfahren eine **Fehlerkorrektur per eV zu erzwingen** (§ 18 BetrVG Rn 34 ff) <**R:** LAG Sachsen 22.4.2010, 2 TaBVGa 2/10; LAG Hamm 3.3.2006, 13 TaBV 18/06>. 16

Anh. 1 WO Wahlordnung zum Betriebsverfassungsgesetz

§ 8 Ungültige Vorschlagslisten

(1) Ungültig sind Vorschlagslisten,

1. die nicht fristgerecht eingereicht worden sind,
2. auf denen die Bewerberinnen oder Bewerber nicht in erkennbarer Reihenfolge aufgeführt sind,
3. die bei der Einreichung nicht die erforderliche Zahl von Unterschriften (§ 14 Absatz 4 Satz 2 und 3 des Gesetzes) aufweisen. Die Rücknahme von Unterschriften auf einer eingereichten Vorschlagsliste beeinträchtigt deren Gültigkeit nicht; § 6 Abs. 5 bleibt unberührt.

(2) Ungültig sind auch Vorschlagslisten,

1. auf denen die Bewerberinnen oder Bewerber nicht in der in § 6 Abs. 3 bestimmten Weise bezeichnet sind,
2. wenn die schriftliche Zustimmung der Bewerberinnen oder Bewerber zur Aufnahme in die Vorschlagsliste nicht vorliegt,
3. wenn die Vorschlagsliste infolge von Streichung gemäß § 6 Abs. 5 nicht mehr die erforderliche Zahl von Unterschriften aufweist,

falls diese Mängel trotz Beanstandung nicht binnen einer Frist von drei Arbeitstagen beseitigt werden.

1 § 8 WO nennt in **nicht abschließender Aufzählung** Fehler, die zur Ungültigkeit einer Vorschlagsliste führen. Dabei ist zwischen den beiden Absätzen sauber zu unterscheiden. **Abs 1** zählt unheilbare Mängel auf, die zwingend zur Ungültigkeit führen. Die heilbaren Mängel nach **Abs 2** machen eine Liste nur dann ungültig, wenn (1) der Wahlvorstand einen solchen Mangel beanstandet und (2) dieser Mangel nicht innerhalb von drei Arbeitstagen beseitigt wird.

2 Abs 1 führt drei Fälle auf, in denen eine Vorschlagsliste **unheilbar ungültig** ist, nämlich die nicht gem § 6 Abs 1 WO fristgerechte Einreichung (Nr 1), die mangelnde Erkennbarkeit der Reihenfolge der Bewerber gem § 6 Abs 3 WO (Nr 2) und das Fehlen der nach § 14 Abs 4 BetrVG erforderlichen Zahl von Unterschriften (Nr 3). Im letzten Fall berührt die Rücknahme von Unterschriften die Gültigkeit einer Vorschlagsliste ausdrücklich nicht. Weil nur gültige Unterschriften zählen, führt es hingegen zur Ungültigkeit der Liste, wenn der Wahlvorstand im Nachhinein ungültige Unterschriften streicht, weil diese nicht zuzuordnen sind oder von nicht wahlberechtigten AN stammen, und damit die erforderliche Zahl an Unterschriften nicht erreicht wird <**R:** LAG Köln 25.7.2019, 7 TaBV 7/19; LAG HH 7.3.2016, 8 TaBV 4/15; **L:** GK/*Jacobs* Rn 3>. Fehlende Unterschriften können ergänzt werden, solange die Einreichungsfrist noch nicht abgelaufen ist <**L:** *Fitting* Rn 1; GK/*Jacobs* Rn 2; aA DKW/*Homburg* Rn 1>. Die nachträgliche Streichung von Doppelunterschriften nach § 6 Abs 5 bleibt ausdrücklich unberührt und kann lediglich zu einem heilbaren Mangel nach Abs 2 Nr 3 führen.

3 Abs 2 führt die Fälle auf, in denen die Ungültigkeit einer Vorschlagsliste **heilbar** ist, nämlich die nicht ausreichende Bezeichnung der Bewerber gem § 6 Abs 3 S 1 WO (Nr 1), die fehlende schriftliche Zustimmung der Bewerber zur Aufnahme in den Wahlvorschlag nach § 6 Abs 3 S 2 WO (Nr 2) und das Fehlen der notwendigen Zahl der Unterschriften wg Streichung von Doppelunterschriften nach § 6 Abs 5 WO (Nr 3).

4 In diesen Fällen muss der Mangel vom Wahlvorstand **unverzüglich** schriftlich oder in Textform (§ 126b BGB) **beanstandet** werden (§ 7 Rn 8). Unterbleibt die Beanstandung, ist die Vorschlagsliste wirksam, allerdings führt der Verstoß gegen § 7 Abs 2 S 2 WO idR zur **Anfechtbarkeit** der Wahl (§ 7 Rn 14). Beanstandet der Wahlvorstand den Mangel pflichtgemäß, kann dieser binnen einer **Frist von drei Arbeitstagen** nach Zugang der Beanstandung beseitigt werden. Die Frist berechnet sich gem § 41 Abs 1 WO nach §§ 187 Abs 1, 188 Abs 2 BGB. Diese Frist darf der Wahlvorstand weder abkürzen noch verlängern; in beiden Fällen kann der Verstoß eine Wahlanfechtung begründen <**R:**

§ 9 Nachfrist für Vorschlagslisten **Anh. 1 WO**

BAG 20.10.2021, 7 ABR 36/20, DB 2022, 1139; 1.6.1966, 1 ABR 16/65, BB 1966, 1227; **L:** *Fitting* Rn 8>. Werden die Mängel **innerhalb der Frist behoben**, ist der Wahlvorschlag gültig, auch wenn zwischenzeitlich die Einreichungsfrist des § 6 Abs 1 S 2 WO abgelaufen ist. Umgekehrt wird nach fruchtlosem Ablauf der Nachfrist zur Behebung der Beanstandung die Vorschlagsliste mit Wirkung für die Zukunft **(ex nunc) ungültig** <**R:** BAG 5.12.1980, 7 AZR 781/78, DB 1981, 1142; **L:** GK/*Jacobs* Rn 5>. Eine nachträgliche Heilung ist ausgeschlossen. **Abermalige Beanstandungen** auch der Ergänzungsangaben unter Nachfristsetzung sind **nicht** vorgesehen und unzulässig. Eine erneute Nachbesserung ist damit nicht möglich; evtl Mängel führen ggf zur Ungültigkeit der Liste.

Über die Regelung in § 8 WO hinaus sind Vorschlagslisten ungültig, die den zwingenden Wahlvorschriften nicht entsprechen. Unwirksam sind demnach va Vorschlagslisten, 5

– auf denen eine am Wahltag **nicht wählbare Person** kandidiert <**R:** BAG 26.9.1996, 2 AZR 528/95, BB 1997, 2164; LAG Hamm 12.1.2009, 10 TaBV 17/07; **L:** Richardi/*Forst* Rn 4; DKW/*Homburg* Rn 3>,
– die nachträglich **ohne Einverständnis aller Unterzeichner geändert** werden <**R:** BAG 21.1.2009, 7 ABR 65/07, EzA § 19 BetrVG 2001 Nr 7; 15.12.1972, 1 ABR 8/72, DB 1973, 2052>, sowie
– die von **nicht nach § 14 BetrVG vorschlagsberechtigten Personen** eingereicht werden, zB von einer nicht im Betrieb vertretenen Gewerkschaft <**L:** GK/*Jacobs* Rn 9>.

§ 9 Nachfrist für Vorschlagslisten

(1) Ist nach Ablauf der in § 6 Abs. 1 genannten Frist keine gültige Vorschlagsliste eingereicht, so hat dies der Wahlvorstand sofort in der gleichen Weise bekannt zu machen wie das Wahlausschreiben und eine Nachfrist von einer Woche für die Einreichung von Vorschlagslisten zu setzen. In der Bekanntmachung ist darauf hinzuweisen, dass die Wahl nur stattfinden kann, wenn innerhalb der Nachfrist mindestens eine gültige Vorschlagsliste eingereicht wird.

(2) Wird trotz Bekanntmachung nach Absatz 1 eine gültige Vorschlagsliste nicht eingereicht, so hat der Wahlvorstand sofort bekannt zu machen, dass die Wahl nicht stattfindet.

Wird innerhalb der Frist zum Einreichen von Vorschlagslisten (§ 6 Abs 1 WO) **keine gültige Vor-** 1 **schlagsliste eingereicht**, so muss der Wahlvorstand eine **Nachfrist von einer Woche** zum Einreichen gültiger Listen setzen. Ist mindestens ein Wahlvorschlag mit heilbaren Mängeln nach § 8 Abs 2 WO eingegangen, muss der Wahlvorstand erst abwarten, ob diese innerhalb der dafür vorgesehenen Frist behoben werden <**L:** Richardi/*Forst* Rn 1>.

Über den Wortlaut des Abs 1 hinaus **kann** eine Nachfrist auch dann gesetzt werden, wenn die ein- 2 gereichten Listen insgesamt **nicht genügend Wahlbewerber** enthalten, um die vorgeschriebene Zahl an BR-Sitzen zu belegen <**R:** vgl LAG MV 30.3.2006, 1 TaBV 2/06 – iE offen gelassen; **aA** LAG Ddf 4.7.2014, 6 TaBV 24/14, NZA-RR 2014, 476; **L:** wie hier *Fitting* Rn 2; GK/*Jacobs* Rn 1; Richardi/*Forst* Rn 1>. **Kein** Grund für eine Nachfrist ist hingegen, dass nicht genügend Kandidaten des Minderheitengeschlechts vorgeschlagen wurden, um die Mindestsitze nach § 15 Abs 2 BetrVG zu besetzen, weil dies der Gestaltungsfreiheit der AN bei der Aufstellung der Listen obliegt (§ 6 Rn 3) <**L:** *Fitting* Rn 2; GK/*Jacobs* Rn 1>. Erst recht scheidet eine Nachfristsetzung aus, wenn nur eine von mehreren Listen ungültig ist <**R:** LAG MV 30.3.2006, 1 TaBV 2/06>.

Die Nachfrist ist in gleicher Weise **bekannt zu machen** wie das Wahlausschreiben, also in der in § 3 3 Abs 4 WO geregelten Form. In der Bekanntmachung ist darauf hinzuweisen, dass die Wahl nur stattfinden kann, wenn innerhalb der Nachfrist mindestens eine gültige Vorschlagsliste eingereicht wird (Abs 1 S 2). Die Bekanntmachung mit ihrem vorgeschriebenen Inhalt muss **sofort** (also nicht nur „unverzüglich") nach Fristablauf erfolgen, dh mit Rücksicht darauf, dass die Nachfrist gem § 41 Abs 1 WO, § 187 Abs 1 BGB am Tage nach der Bekanntmachung beginnt, unmittelbar nach dem Ende der betriebsüblichen Arbeitszeit am Tage des Fristablaufs.

Anh. 1 WO Wahlordnung zum Betriebsverfassungsgesetz

4 Die Nachfrist „rettet" automatisch Vorschläge, welche zuvor unter Versäumung der Einreichungsfrist gemäß § 6 Abs 1 S 2 WO gemacht wurden; diese müssen nicht erneut eingereicht werden <L: GK/*Jacobs* Rn 5; *Fitting* Rn 7; aA DKW/*Homburg* Rn 5>. Wird innerhalb der Nachfrist kein gültiger Vorschlag eingereicht, hat der Wahlvorstand wieder **sofort** bekannt zu machen, dass die Wahl nicht stattfindet (Abs 3). Mit der Bekanntmachung **erlischt** das **Amt des Wahlvorstandes**. Nach Fristablauf eingehende Wahlvorschläge sind gegenstandslos. Eine neue Wahl kann allerdings jederzeit durch Bestellung eines neuen Wahlvorstandes eingeleitet werden (§§ 13 Abs 1 Nr 6, 17 BetrVG).

5 Werden im Fall der Rn 2 auch innerhalb der Nachfrist nicht ausreichend Kandidaten zur Wahl vorgeschlagen, um alle Sitze im BR zu besetzen, so wird entsprechend **§ 11 BetrVG** ein BR in der nächstkleineren Größe gemäß § 9 BetrVG gewählt (§ 11 BetrVG Rn 6) <L: wie hier *Fitting* Rn 2; aA GK/*Jacobs* Rn 3: Wahl kann nicht stattfinden>.

6 Auf einen **Verstoß** gegen § 9 WO selbst kann die Wahlanfechtung **nicht** gestützt werden. Ist mangels Kandidaten und mangels Nachfrist keine Wahl erfolgt, erübrigt sich eine Anfechtung. Da die Nachfrist im Falle zu weniger Wahlbewerber (Rn 2) nicht gesetzlich geregelt ist, rechtfertigt ihre Nichtsetzung auch dann keine Anfechtung, wenn ein solches Vorgehen zulässig gewesen wäre. Wurde unzulässigerweise eine Nachfrist gesetzt, etwa um verspätete Vorschläge noch zu retten, ergibt sich die Anfechtbarkeit der Wahl unmittelbar aus der Verletzung des § 6 Abs 1 S 2 WO.

§ 10 Bekanntmachung der Vorschlagslisten

(1) Nach Ablauf der in § 6 Abs. 1, § 8 Abs. 2 und § 9 Abs. 1 genannten Fristen ermittelt der Wahlvorstand durch das Los die Reihenfolge der Ordnungsnummern, die den eingereichten Vorschlagslisten zugeteilt werden (Liste 1 usw.). Die Listenvertreterin oder der Listenvertreter sind zu der Losentscheidung rechtzeitig einzuladen.

(2) Spätestens eine Woche vor Beginn der Stimmabgabe hat der Wahlvorstand die als gültig anerkannten Vorschlagslisten bis zum Abschluss der Stimmabgabe in gleicher Weise bekannt zu machen wie das Wahlausschreiben nach § 3 Absatz 4 Satz 1 bis 3.

I. Auslosung der Ordnungsnummern

1 Die Vorschlagslisten erhalten **Ordnungsnummern** erst nach Ablauf der Einreichungsfristen, dh wenn alle gültigen Vorschlagslisten vorliegen. Die Ordnungsnummern werden zur Vermeidung von Streitigkeiten in Gegenwart der rechtzeitig – und zu Beweiszwecken schriftlich – zu ladenden Listenvertreter durch das **Los** ermittelt. Sie sind entscheidend für die Reihenfolge der Vorschlagslisten auf den Stimmzetteln (§ 11 Abs 2 WO).

2 Das Verf der Auslosung ist an **keine Form** gebunden; über den Losentscheid sollte der Wahlvorstand jedoch zu Beweiszwecken eine **Niederschrift** anfertigen. Eine fehlerhafte oder unterbliebene Auslosung rechtfertigt **keine** Wahlanfechtung <R: LAG Nds 16.6.2008, 9 TaBV 14/07, AiB 2009, 586 (Ls); aA ArbG Wetzlar 12.6.1972, BV 4/72, DB 1972, 1731; L: iE ebenso GK/*Jacobs* Rn 4; aA wohl Richardi/*Forst* Rn 3>. Grundprinzipien der Betriebsverfassung sind nicht berührt, zumal nicht zu erwarten ist, dass sich die Reihenfolge der Wahlvorschläge auf dem Stimmzettel auf das Wahlergebnis auswirkt; es handelt sich mithin um eine reine Ordnungsvorschrift <R: so wohl auch LAG Nds 16.6.2008, aaO>.

II. Bekanntmachung der Listen

3 Die **Vorschlagslisten** sind gem § 7 Abs 2 S 1 WO zu bezeichnen und im Betrieb in gleicher Weise wie das Wahlausschreiben (§ 3 Abs 4 S 1 bis 3 WO) **bekannt zu machen**. Hat der Wahlvorstand sich für die ergänzende elektronische Bekanntmachung des Wahlausschreibens nach § 3 Abs 4 S 2 entschieden, müssen die Vorschlagslisten ebenfalls ergänzend zum Aushang auf elektronischem Wege bekannt gemacht werden. Bis zur Bekanntmachung ist eine Korrektur möglich, wenn Vor-

schlagslisten unberechtigt zurückgewiesen wurden <R: LAG Nbg 13.3.2002, 2 TaBV 13/02, AiB 2002, 238 (Ls)>. Eine besondere **Geheimhaltungspflicht** hinsichtlich der Listen bis zur Bekanntmachung besteht **nicht**. Hingegen müssen die Vorschlagslisten im Zeitpunkt ihrer Bekanntmachung an die in § 24 Abs 2 genannten AN nicht entspr § 3 Abs 4 S 4 gesondert, sondern erst mit den übrigen Wahlunterlagen nach § 24 übersandt werden <L: BR-Drs 666/21 S. 21>.

Die Listen sind vollständig mit allen Informationen gemäß § 6 Abs 3 S 1 WO bekanntzumachen. Dem Wahlvorstand kommt dabei allein „Transportfunktion" zu: Er darf die Listen für die Bekanntmachung **weder ändern noch ergänzen**, auch nicht redaktionell, weil jegliche Veränderung die Gefahr einer Manipulation des Willens der Einreichenden in sich birgt. Unzulässig ist daher etwa die Ergänzung von Fotos der Kandidaten <R: BAG 3.12.1987, 6 ABR 79/85, DB 1988, 862>. **Soweit die Listenvertreter Ergänzungen wünschen**, darf der Wahlvorstand diesem Wunsch mit Blick auf seine Neutralitätspflicht nur nachkommen, wenn er alle Listen gleichbehandelt <R: LAG Nbg 20.9.2011, 6 TaBV 9/11, AiB 2013, 719 (Ls): Ergänzung von Lichtbildern, aber nicht bei allen Listen>. Wegen der schwierigen Frage der **Gleichbehandlung** empfiehlt es sich, auf jede nachträgliche Veränderung zu verzichten. Nicht zum Wahlvorschlag gehören die Stützunterschriften, sie sind daher auch nicht bekannt zu machen. 4

Spätester **Termin** für die Bekanntmachung ist eine Woche vor Beginn der Stimmabgabe. Soll bspw die Stimmabgabe an einem Freitag stattfinden, muss die Bekanntmachung spätestens am Donnerstag der Vorwoche erfolgen (§ 41 Abs 1 WO iVm §§ 187 Abs 1, 188 Abs 2 BGB). 5

Die Bestimmung des Abs 2 ist eine **wesentliche Verfahrensvorschrift** iS des § 19 BetrVG, deren Verletzung die Wahlanfechtung begründen kann <R: BAG 20.10.2021, 7 ABR 36/20; LAG Hamm 24.5.2002, 10 TaBV 63/02; **L:** Richardi/*Forst* Rn 3; GK/*Jacobs* Rn 6; *Fitting* Rn 4>. 6

Zweiter Unterabschnitt
Wahlverfahren bei mehreren Vorschlagslisten (§ 14 Abs. 2 Satz 1 des Gesetzes)

§ 11 Stimmabgabe

(1) Die Wählerin oder der Wähler kann ihre oder seine Stimme nur für eine der als gültig anerkannten Vorschlagslisten abgeben. Die Stimmabgabe erfolgt durch Abgabe von Stimmzetteln.

(2) Auf den Stimmzetteln sind die Vorschlagslisten nach der Reihenfolge der Ordnungsnummern sowie unter Angabe der beiden an erster Stelle benannten Bewerberinnen oder Bewerber mit Familienname, Vorname und Art der Beschäftigung im Betrieb untereinander aufzuführen; bei Listen, die mit Kennworten versehen sind, ist auch das Kennwort anzugeben. Die Stimmzettel für die Betriebsratswahl müssen sämtlich die gleiche Größe, Farbe, Beschaffenheit und Beschriftung haben.

(3) Die Wählerin oder der Wähler kennzeichnet die von ihr oder ihm gewählte Vorschlagsliste durch Ankreuzen an der im Stimmzettel hierfür vorgesehenen Stelle und faltet ihn in der Weise, dass ihre oder seine Stimme nicht erkennbar ist.

(4) Stimmzettel, die mit einem besonderen Merkmal versehen sind oder aus denen sich der Wille der Wählerin oder des Wählers nicht unzweifelhaft ergibt oder die andere Angaben als die in Absatz 1 genannten Vorschlagslisten, einen Zusatz oder sonstige Änderungen enthalten, sind ungültig.

Die §§ 11–19 betreffen die vom Gesetz als Regelfall angesehene Verhältniswahl (§ 14 Abs 2 S 1 BetrVG), die zwingend als Listenwahl durchgeführt wird. Jeder Wähler kann seine Stimme nur **für eine der Vorschlagslisten** abgeben, die auf dem Stimmzettel aufgeführt sind (Abs 1 S 1), nicht aber für einzelne Personen. Er muss zu diesem Zweck die von ihm gewählte Vorschlagsliste ankreuzen (Abs 3). Eine andere Art der Kenntlichmachung (zB durch Unterstreichen) ist unschädlich, sofern die Wahlentscheidung zweifelsfrei erkennbar ist <L: GK/*Jacobs* Rn 3>. Jeder andere **Vermerk auf** 1

Anh. 1 WO Wahlordnung zum Betriebsverfassungsgesetz

dem Stimmzettel macht diesen **ungültig** (Abs 4), insbes auch Streichungen von Namen oder Listen sowie irgendwelche handschriftlichen Zusätze <**R:** vgl BAG 28.4.2021, 7 ABR 20/20, ZIP 2021, 1599 zum DrittelbG: Smiley auf dem Stimmzettel>. Ungültig ist auch ein Stimmzettel, auf dem mehr als eine Vorschlagsliste angekreuzt worden ist. Über die Gültigkeit entscheidet nach § 14 Abs 1 WO der Wahlvorstand durch Mehrheitsbeschluss. Zur Gültigkeit mehrerer Stimmzettel in demselben Umschlag s § 14 Abs 2 WO.

2 Die Wahl ist nur dann gültig, wenn alle Wähler nach Farbe, Größe und Aufdruck **einheitliche Stimmzettel** verwenden, die der Wahlvorstand unter Beachtung der zwingenden Bestimmungen von Abs 2 vorbereitet hat <**R:** BAG 16.9.2020, 7 ABR 30/19, NZA 2020, 1642>. Dabei sind alle Vorschläge auf **einem** Stimmzettel abzudrucken, die Verwendung gesonderter Stimmzettel für jede Vorschlagsliste führt zur Anfechtbarkeit der Wahl, weil nicht nachprüfbar ist, ob allen Wähler alle Stimmzettel zur Verfügung gestellt wurden <**R:** LAG SH 15.9.2011, 5 TaBV 3/11>. Auch eine elektronische Stimmabgabe lässt die WO nicht zu <**R:** vgl LAG HH 15.2.2018, 8 TaBV 5/17; **L:** *Blasek* BB 2021, 2932, 2935>, s auch § 13 WO Rn 3.

3 Der Wahlvorstand darf durch die **Gestaltung der Stimmzettel** keinen Einfluss auf die Wahlentscheidung nehmen. Alle Zettel müssen die gleiche Größe, Farbe, Beschaffenheit und Beschriftung haben. Alle Wahlvorschläge müssen gleichermaßen berücksichtigt sein, insb dürfen die Kreise für das Ankreuzen nicht unterschiedlich stark ausgedruckt sein <**R:** BAG 14.1.1969, 1 ABR 14/68, AP Nr 12 zu § 13 BetrVG, BB 1969, 490>. Abweichungen von Abs 2 können die Wahl anfechtbar machen, etwa die fehlende Angabe der beiden Listenführer <**R:** LAG Bbg 27.11.1998, 5 TaBV 18/98, NZA-RR 1999, 418> oder umgekehrt die Angabe aller Bewerber statt nur der beiden Listenführer <**R:** BAG 16.9.2020, 7 ABR 30/19, NZA 2020, 1642>.

4 Das Wahlgeheimnis kann nur gewahrt werden, wenn jeder Wähler seine Stimme **persönlich abgibt**. Stellvertretung ist ebenso wenig zulässig wie die Hilfestellung für einen ausländischen AN durch einen deutschen Kollegen <**R:** ArbG Bremen 19.7.1972, 3 Ca 3252/72, DB 1972, 1830>. Einzig behinderte und des Lesens unkundige AN dürfen sich von einer Vertrauensperson zur Stimmabgabe begleiten und helfen lassen (§ 12 Abs 4 WO, s § 14 BetrVG Rn 7). Zur Möglichkeit der Briefwahl s § 24 WO.

5 Seit 2021 sind auch bei der BR-Wahl wie schon länger in der Unternehmensmitbestimmung **keine Wahlumschläge mehr** erforderlich. Zuvor war eine Wahl ohne Wahlumschläge anfechtbar <**R:** LAG Berl-Bbg 25.8.2011, 25 TaBV 529/11; LAG Nd, 1.3.2004, 16 TaBV 60/03>. Die Geheimheit der Wahl wird durch die vorgeschriebene Faltung der Stimmzettel gewährleistet (Abs 3 aE).

6 § 11 ist eine **wesentliche Vorschrift über das Wahlverfahren** iSd § 19 Abs 1 BetrVG . Fehler bei der Gestaltung der Stimmzettel oder bei der Bewertung der abgegebenen Zettel machen die Wahl anfechtbar, wenn sich der Fehler auf das Ergebnis ausgewirkt haben kann <**R:** BAG 28.4.2021, 7 ABR 20/20, ZIP 2021, 1599 (zum DrittelbG); 16.9.2020, 7 ABR 30/19, NZA 2020, 1642>.

§ 12 Wahlvorgang

(1) Der Wahlvorstand hat geeignete Vorkehrungen für die unbeobachtete Bezeichnung der Stimmzettel im Wahlraum zu treffen und für die Bereitstellung einer Wahlurne oder mehrerer Wahlurnen zu sorgen. Die Wahlurne muss vom Wahlvorstand verschlossen und so eingerichtet sein, dass die eingeworfenen Stimmzettel nicht herausgenommen werden können, ohne dass die Urne geöffnet wird.

(2) Während der Wahl müssen immer mindestens zwei stimmberechtigte Mitglieder des Wahlvorstands im Wahlraum anwesend sein; sind Wahlhelferinnen oder Wahlhelfer bestellt (§ 1 Abs. 2), so genügt die Anwesenheit eines stimmberechtigten Mitglieds des Wahlvorstands und einer Wahlhelferin oder eines Wahlhelfers.

§ 12 Wahlvorgang   **Anh. 1 WO**

(3) Die Wählerin oder der Wähler gibt ihren oder seinen Namen an und wirft den gefalteten Stimmzettel in die Wahlurne ein, nachdem die Stimmabgabe in der Wählerliste vermerkt worden ist.

(4) Wer infolge seiner Behinderung bei der Stimmabgabe beeinträchtigt ist, kann eine Person seines Vertrauens bestimmen, die ihm bei der Stimmabgabe behilflich sein soll, und teilt dies dem Wahlvorstand mit. Wahlbewerberinnen oder Wahlbewerber, Mitglieder des Wahlvorstands sowie Wahlhelferinnen und Wahlhelfer dürfen nicht zur Hilfeleistung herangezogen werden. Die Hilfeleistung beschränkt sich auf die Erfüllung der Wünsche der Wählerin oder des Wählers zur Stimmabgabe; die Person des Vertrauens darf gemeinsam mit der Wählerin oder dem Wähler die Wahlzelle aufsuchen. Sie ist zur Geheimhaltung der Kenntnisse verpflichtet, die sie bei der Hilfeleistung zur Stimmabgabe erlangt hat. Die Sätze 1 bis 4 gelten entsprechend für des Lesens unkundige Wählerinnen und Wähler.

(5) Nach Abschluss der Stimmabgabe ist die Wahlurne zu versiegeln, wenn die Stimmenzählung nicht unmittelbar nach Beendigung der Wahl durchgeführt wird. Gleiches gilt, wenn die Stimmabgabe unterbrochen wird, insbesondere wenn sie an mehreren Tagen erfolgt.

I. Wahlgeheimnis (Abs 1 S 1, Abs 4)

Abs 1 soll das Wahlgeheimnis sichern und ist wegen dessen großer Bedeutung eng auszulegen. Es muss danach jedem Wähler eine **fremden Blicken nicht zugängliche** Schreibgelegenheit im Wahllokal oder in einem Nebenraum zur Verfügung stehen, damit er unbeobachtet seinen Stimmzettel ankreuzen und falten kann (s § 14 BetrVG Rn 7). 1

Wer bei der Stimmabgabe beeinträchtigt (va stark sehbehinderte AN) oder des Lesens unkundig ist, kann sich nach Maßgabe von Abs 4 der Hilfe einer **Vertrauensperson** bedienen. Die Bestimmung der Vertrauensperson muss der Wähler dem Wahlvorstand mitteilen (Abs 4 S 1). Wahlvorstandsmitglieder und Wahlhelfer dürfen nicht Vertrauenspersonen sein (Abs 4 S 2). Die Hilfestellung muss sich auf die Stimmabgabe beschränken; dazu kann die Vertrauensperson den Wähler in die Wahlzelle begleiten (Abs 4 S 3). Die Vertrauensperson ist zur Geheimhaltung verpflichtet (Abs 4 S 4). 2

II. Wahlurne (Abs 1 S 2, Abs 5)

Die **Wahlurne** muss ein verschließbares Behältnis aus festem Material sein. Der Wahlvorstand muss sie vor der Stimmabgabe verschließen und durch ein Schloss oder Siegel sicherstellen, dass die eingeworfenen Stimmzettel nicht unbemerkt entnommen werden können. Eine Zigarrenkiste etwa, die mit einem kurzen Nagel verschlossen ist, genügt den Anforderungen keinesfalls, auch kein Sektkübel oder ein ähnliches offenes Gefäß. Auch für die Briefwahlstimmen ist die Verwendung einer Wahlurne unerlässlich <**R:** LAG Hamm 9.3.2007, 10 TaBV 105/06>. 3

Nach Abschluss der Stimmabgabe ist die Wahlurne zu **versiegeln**, wenn die Stimmenauszählung nicht unmittelbar nach Beendigung der Wahl durchgeführt wird (Abs 5 S 1). Einer Versiegelung bedarf es jedoch nicht, wenn zwischen dem Ende der Wahl und der Stimmenauszählung nur eine kurze Zeitspanne liegt, während derer die Mitglieder des Wahlvorstandes den Wahlraum mit den Wahlurnen nicht verlassen <**R:** LAG Hamm 20.5.2005, 10 TaBV 94/04, für den Fall einer halbstündigen Mittagspause>. Gemäß Abs 5 S 2 ist die Urne auch **während jeder Unterbrechung der Stimmabgabe** zu versiegeln, etwa weil sich der Wahlzeitraum über mehrere Tage erstreckt oder weil die Urne am Wahltag nacheinander an mehreren Orten aufgestellt wird. Bei kurzen Transportzeiten genügt es entsprechend Abs 2, wenn statt einer Versiegelung die Urne ständig durch mindestens zwei Mitglieder des Wahlvorstands **beaufsichtigt** wird <**R:** ArbG Herford 23.3.2011, 2 BV 12/11>. 4

Versiegelung bedeutet einen **Verschluss des Einwurfschlitzes der Wahlurne, der nicht ohne sichtbare Beschädigung geöffnet werden kann**. Es genügt deshalb nicht, wenn der Einwurfschlitz lediglich mittels eines Klebestreifens abgedeckt worden ist <**R:** LAG Bbg 27.11.1998, 5 TaBV 18/98, NZA-RR 1999, 418>. Etwas anderes gilt nur, wenn der Klebestreifen derart beschaffen ist, dass er 5

Anh. 1 WO Wahlordnung zum Betriebsverfassungsgesetz

sich nicht entfernen lässt, ohne sichtbar beschädigt zu werden, und er eindeutig gekennzeichnet ist, etwa durch Unterschriften der Mitglieder des Wahlvorstandes, sodass ein unbemerkter Austausch unmöglich ist <L: DKW/*Homburg* Rn 11; *Fitting* Rn 15>. Eine Versiegelung kann nicht dadurch ersetzt werden, dass die Wahlurnen in einem videoüberwachten Raum aufbewahrt werden, wobei sich dann die Frage im Anfechtungsfalle stellt, ob sich ein Verstoß auf das Ergebnis auswirken kann <R: LAG BaWü 1.8.2007, 12 TaBV 7/07, EzA-SD 2008, Nr 2, 15>. Vor der Fortsetzung der Wahl hat der Wahlvorstand festzustellen, ob die Siegel unversehrt sind.

III. Stimmabgabe (Abs 2 und 3)

6 Nach Abs 2 müssen **immer mindestens zwei stimmberechtigte Mitglieder des Wahlvorstands** oder ein nach § 1 Abs 2 WO bestellter Wahlhelfer und ein stimmberechtigtes Mitglied des Wahlvorstands im Wahlraum anwesend sein. Sie haben insbes sicherzustellen, dass die Wahlurne nicht unbeobachtet bleibt <R: vgl LAG Hamm 1.8.1952, 2 Sa 265/52, BB 1953, 234>. Ein Verstoß ist bereits zu bejahen, wenn nur für einige Minuten lediglich ein Wahlvorstandsmitglied oder gar nur ein Wahlhelfer anwesend ist <R: LAG München 10.3.2008, 6 TaBV 87/07; ArbG Mannheim 13.6.2002, 5 BV 1/02>.

7 Grundvoraussetzung ist damit, dass überhaupt ein Wahllokal eingerichtet ist <R: LAG Nbg 20.9.2011, 6 TaBV 6/11>. Mehrere Räume können nur dann einen Wahlraum nach Abs 1 bilden, wenn gewährleistet ist, dass die Aufsichtspersonen das **gesamte Wahlgeschehen überblicken** können <R: LAG Ddf 3.8.2007, 9 TaBV 41/07, AuR 2008, 120>. Die Bestimmung des Abs 2 kann eine **Erhöhung der Mitgliederzahl des Wahlvorstandes** auf mehr als drei nach § 16 Abs 1 S 2 BetrVG erforderlich machen <R: LAG Nbg 30.3.2006, 6 TaBV 19/06, AR-Blattei ES 530.6 Nr 90>.

8 Nach Abs 3 gibt der Wähler seinen Namen an und wirft den Stimmzettel in die Wahlurne ein, nachdem die Stimmabgabe in der **Wählerliste vermerkt** worden ist. Diese zwingend vorgeschriebene **Reihenfolge** soll verhindern, dass ein Wähler zweimal seine Stimme abgibt. Ein Abgleich der Anzahl abgegebener Stimmen mit der Zahl der Stimmabgabevermerke ermöglicht außerdem die Kontrolle, ob sich am Ende mehr Stimmen in der Urne befinden als zulässigerweise abgegeben wurden. Selbst wenn eine solche Diskrepanz auf versäumte Stimmabgabevermerke in der Wählerliste zurückzuführen ist, kann der Verstoß nicht nachträglich geheilt werden. Wegen des Wahlgeheimnisses kann die Tatsache der Stimmabgabe **ausschließlich durch den Vermerk in der Wählerliste bewiesen** werden <R: BAG 25.10.2017, 7 ABR 2/16, NZA 2018, 252; 12.6.2013, 7 ABR 77/11, BB 2013, 2683>. Während des Wahlvorgangs darf außer dem Wahlvorstand **niemand Einblick in die Liste** mit den Stimmabgabevermerken nehmen <R: BAG 6.12.2000, 7 ABR 34/99, DB 2001, 1422>.

9 In großen Betrieben mit mehreren Wahllokalen kann eine Wählerliste in jedem Wahllokal allein doppelte Stimmabgaben nicht ausschließen. Daher ist auch eine **elektronisch geführte Wählerliste** zulässig, wenn sichergestellt ist, dass der Stimmabgabevermerk in der elektronischen Liste zugleich in den anderen Wahllokalen sichtbar ist <R: BAG 12.6.2013, 7 ABR 77/11, BB 13, 2683>. Ebenso ist es zulässig, dass der Wahlvorstand vor Beginn der Stimmabgabe besondere personalisierte „**Wahlscheine**" an die Wahlberechtigten ausgibt, die bei der Stimmabgabe mit vorgelegt und dem Wahlvorstandsmitglied im Wahllokal ausgehändigt werden müssen <L: *Fitting* Rn 8; DKW/*Homburg* Rn 5>.

10 **Außerhalb des Wahllokals** dürfen Stimmzettel **nicht** entgegengenommen werden, und zwar auch nicht solche von erkrankten Wahlberechtigten <R: LAG Nbg 20.9.2011, 6 TaBV 6/11>. Für Betriebe mit vielen kleinen Betriebsstätten (etwa Einzelhandelsunternehmen mit einer größeren Anzahl von Filialen) kann nichts anderes gelten. Notfalls müssen entweder so viele Wahllokale eingerichtet werden, wie Zweigstellen vorhanden sind, oder es müssen „**mobile Wahl-Teams**" eingesetzt werden <R: hierzu LAG Berl-Bbg 20.4.2018, 15 TaBVGa 483/18>. Die Wahl kann **an mehreren Tagen** durchgeführt werden, wenn sich das als notwendig erweist, etwa weil nicht genügend Wahlhelfer oder Wahlvorstandsmitglieder vorhanden sind. Nur unter den Voraussetzungen des § 14 Abs 3 WO kann der Wahlvorstand die **obligatorische Briefwahl** anordnen.

§ 13 Öffentliche Stimmauszählung **Anh. 1 WO**

Das Wahllokal und die erforderlichen Einrichtungen zur unbeobachteten Stimmabgabe sowie Wahl- 11
urne und Möbel hat der AG zur Verfügung zu stellen (§ 20 Abs 3 BetrVG).

IV. Fehlerfolgen

Eine **Beeinträchtigung des Wahlgeheimnisses** kann als Verletzung einer wesentlichen Verfahrens- 12
vorschrift die Wahl anfechtbar machen (§ 19 BetrVG Rn 12). Dementsprechend kann auch ein Verstoß gg Abs 1 S 1 zur Anfechtung führen.

Unterbleibt die nach Abs 5 erforderliche **Versiegelung der Wahlurne**, führt dies nicht zur Nichtig- 13
keit der Wahl <R: BAG 14.9.1988, 7 ABR 79/87>, darin liegt aber ein Verstoß gegen eine wesentliche Verfahrensvorschrift iSd § 19 Abs 1 BetrVG. Eine Anfechtung kann hierauf allerdings nicht gestützt werden, wenn das ArbG einen Einfluss des Fehlers auf das Ergebnis ausschließen kann <R: LAG BaWü 1.8.2007, 12 TaBV 7/07, EzA-SD 2008, Nr 2, 15>.

Verstöße gegen das in Abs 2 und 3 verbindlich geregelte **Verfahren zur Stimmabgabe** sowie zur 14
Besetzung der Wahllokale rechtfertigen eine Wahlanfechtung, wenn nicht im Einzelfall ein Einfluss auf das Ergebnis auszuschließen ist <R: BAG 12.6.2013, 7 ABR 77/11, BB 2013, 2683; LAG München 16.5.2017, 7 TaBV 108/16; LAG Nbg 20.9.2011, 6 TaBV 6/11>.

§ 13 Öffentliche Stimmauszählung

Unverzüglich nach Abschluss der Wahl nimmt der Wahlvorstand öffentlich die Auszählung der Stimmen vor und gibt das aufgrund der Auszählung sich ergebende Wahlergebnis bekannt. Sofern eine schriftliche Stimmabgabe erfolgt ist, führt der Wahlvorstand vor Beginn der Stimmauszählung das Verfahren nach § 26 durch.

§ 13 S 1 WO entspricht inhaltlich § 18 Abs 3 S 1 BetrVG. Der Wahlvorstand hat **unverzüglich** nach 1
Abschluss der Wahl, dh dem im Wahlausschreiben als Schluss der Stimmabgabe bezeichneten Zeitpunkt, die **Auszählung der Stimmen** vorzunehmen. Das sollte, soweit möglich und für den Wahlvorstand zumutbar, noch im unmittelbaren Anschluss an die Wahl sein, schon um den Verdacht von Wahlmanipulationen auszuschließen. Die Auszählung kann aber auch noch am nächsten Arbeitstag vorgenommen werden. Eine spätere Auszählung ist hingegen ohne zwingenden sachlichen Grund nicht mehr unverzüglich.

Die Stimmauszählung hat öffentlich zu erfolgen. **Öffentlichkeit** bedeutet, dass jeder Betriebsange- 2
hörige, der am Ergebnis der BR-Wahl interessiert ist, **Zutritt** zu dem Raum haben muss, in dem die Auszählung stattfindet (§ 18 BetrVG Rn 8) Das Öffentlichkeitsgebot gilt für den **gesamten Vorgang** der Stimmauszählung, beginnend mit der Behandlung eventueller Briefwahlstimmen nach S 2 iVm § 26 (Überprüfen und Öffnen der Umschläge der Briefwähler, Überprüfen der Wahlberechtigung in der Wählerliste, Überprüfen der Erklärung über die persönliche Stimmabgabe, Einwerfen der Stimmzettel bzw Wahlumschläge in eine Wahlurne und Abhaken der Stimmabgabe in der Wählerliste), sodann für das Öffnen der Wahlurnen mit den Stimmzetteln derjenigen Wähler, die persönlich gewählt haben, bis hin zum Auszählen der Stimmen, der Entscheidung über die Gültigkeit von Stimmen und der Feststellung des Stimmergebnisses <R: LAG Nbg 20.9.2011, 6 TaBV 9/11; L: Richardi/*Forst* Rn 4>. Es dürfen nicht einzelne Handlungen in einem **Nebenraum** vorgenommen werden, wenn dies nicht allen Anwesenden ohne Weiteres ersichtlich ist <R: LAG Köln 20.5.2016, 4 TaBV 98/15>. **Entscheidungen des Wahlvorstands** in diesem Zusammenhang können gem § 1 Abs 3 S 2, Abs 4 S 1 nur in Präsenz getroffen werden (§ 1 Rn 17).

Das Öffentlichkeitsgebot verlangt **nicht**, dass die Beobachter **bei jedem Stimmzettel sehen können**, 3
ob dieser ein Kreuz enthält bzw für wen gestimmt wurde <R: so aber LAG BaWü 30.10.2012, 15 TaBV 1/12; L: wie hier Berscheid/*Vetter* § 43 Rn 221>. Die Auszählung hat der **Wahlvorstand pflichtgemäß in eigener Verantwortung** vorzunehmen. Die Betriebsöffentlichkeit dient dazu, Indizien für eine Manipulation erkennen zu können, um diese nötigenfalls einer gerichtlichen Klärung

Anh. 1 WO Wahlordnung zum Betriebsverfassungsgesetz

zuzuführen. Es ist aber nicht Sache der Beobachter, die Auszählung gleichsam gemeinsam mit dem Wahlvorstand vorzunehmen. Verbleibende Zweifel am ordnungsgem Ablauf der Auszählung klärt ggf das ArbG im Anfechtungsverfahren. Einer Auszählung der abgegebenen Stimmen über eine **EDV-Anlage** steht das Öffentlichkeitsgebot nicht entgg, sofern der Wahlvorstand den Vorgang überwacht <**R:** Hess LAG 25.4.2018, 16 TaBVGa 77/18; LAG Berlin 16.11.1987, 12 TaBV 16/87, DB 1988, 504>. Unzulässig ist hingegen eine **elektronische Stimmabgabe** („Wahlcomputer"), weil dann nicht mehr nachprüfbar ist, ob die EDV-Anlage die Stimmen richtig auszählt <**R:** BVerfG 3.3.2009, 2 BVC 3/07, CR 2009, 278 für die Wahlen zum Deutschen Bundestag; **L:** *Jansen*, Die elektronische Kommunikation in der Betriebsverfassung (2006) S 55>.

4   Die in § 18 Abs 3 S 1 BetrVG vorgeschriebene Öffentlichkeit der Stimmauszählung erfordert, dass **Ort und Zeitpunkt der Stimmauszählung** zuvor im Betrieb **öffentlich bekannt gemacht** werden <**R:** BAG 15.11.2000, 7 ABR 53/99, BB 2001, 1534>. Es genügt weder, dass Interessierte Ort und Zeit auf Nachfrage beim Wahlvorstand erfahren können, noch dass die Tür zu dem Raum offen steht, in dem ausgezählt wird <**R:** BAG 10.7.2013, 7 ABR 83/11, EzA § 18 BetrVG 2001 Nr 2>. Ort, Tag und Zeit sind deshalb gemäß § 3 Abs 2 Nr 13 WO **im Wahlausschreiben** anzugeben. Nachträgliche **Änderungen** muss der Wahlvorstand daher ebenfalls betriebsöffentlich bekannt machen <**R:** LAG München 10.3.2008, 6 TaBV 87/07>. Vor der bekanntgemachten Zeit darf nicht **mit der Auszählung begonnen** werden, bereits das vorzeitige Öffnen der Briefwahl-Freiumschläge kann eine Wahlanfechtung begründen <**R:** LAG Nbg 27.11.2007, 6 TaBV 46/07>. Wird die maschinell vorgenommene Stimmenauszählung aber aus betriebsorganisatorischen Gründen in die frühen Morgenstunden verlegt, so liegt darin auch dann kein Verstoß gg das Öffentlichkeitsgebot, wenn der Betrieb zu diesem Zeitpunkt noch nicht mit öffentlichen Verkehrsmitteln erreichbar ist <**R:** LAG Hamm 26.2.1976, 8 TaBV 74/75, BB 1978, 358>.

5   Wird gg das Gebot der öffentlichen Stimmauszählung verstoßen, liegt ein **erheblicher Verstoß** gg wesentliche Vorschriften des Wahlverf vor, der eine Wahlanfechtung rechtfertigt <**R:** BAG 15.11.2000 aaO; LAG München 9.6.2010, 4 TaBV 105/09; zur Öffnung der Briefwahlumschläge BAG 10.7.2013, 7 ABR 83/11, EzA § 18 BetrVG 2001 Nr 2>.

§ 14 Verfahren bei der Stimmauszählung

(1) Nach Öffnung der Wahlurne entnimmt der Wahlvorstand die Stimmzettel und zählt die auf jede Vorschlagsliste entfallenden Stimmen zusammen. Dabei ist die Gültigkeit der Stimmzettel zu prüfen.

(2) Befindet sich in der Wahlurne ein Wahlumschlag mit mehreren gekennzeichneten Stimmzetteln (§ 26 Absatz 1 Satz 3, § 35 Absatz 4 Satz 3), so werden die Stimmzettel, wenn sie vollständig übereinstimmen, nur einfach gezählt, andernfalls als ungültig angesehen.

1   Die Stimmauszählung erfolgt in öffentlicher (§ 13 WO) Sitzung des Wahlvorstands. Vor der Öffnung der Wahlurne hat sich der Wahlvorstand von ihrer **Unversehrtheit** zu überzeugen. Ein Wahlvorstandsmitglied – und nicht etwa ein Wahlhelfer – öffnet die Urne und entnimmt ihr die Stimmzettel. Das konkrete Verfahren beim Auszählen bestimmt der Wahlvorstand nach eigenem Ermessen <**L:** GK/*Jacobs* Rn 3>. Zum reinen Zählgeschäft kann der Wahlvorstand Wahlhelfer heranziehen; auch die Benutzung einer **Datenverarbeitungsanlage** (zB Scanner) ist zulässig, sofern der Wahlvorstand die Datenerfassung durchgängig überwacht und zumindest stichprobenhaft kontrolliert <**R:** Hess LAG 25.4.2018, 16 TaBVGa 77/18; LAG Berlin 16.11.1987, 12 TaBV 6/87, DB 1988, 504; LAG Hamm 26.2.1976, 8 TaBV 74/75, BB 1978, 358; **L:** *Fitting* Rn 2; Richardi/*Forst* Rn 3; DKW/*Homburg* Rn 4>.

2   Über die Gültigkeit der Stimmen entscheidet der Wahlvorstand durch **Mehrheitsbeschluss**. Die Entscheidung ist freilich nur deklaratorisch; im Falle der Wahlanfechtung hat das ArbG verbindlich über die Gültigkeit zu befinden. Der Beschluss ist aber zwingend im Rahmen der **öffentlichen** Sitzung zu fassen <**R:** LAG Nbg 20.9.2011, 6 TaBV 9/11>; das bedeutet allerdings nicht, dass alle anwesenden

§ 15 Verteilung der Betriebsratssitze auf die Vorschlagslisten **Anh. 1 WO**

Beobachter der Beratung zwingend folgen und den Beschluss zur Kenntnis nehmen müssten <L: GK/*Jacobs* Rn 4>.

Formfehler wie ein fehlender Mehrheitsbeschluss über die Gültigkeit einer Stimme begründen mangels möglicher Auswirkung auf das Ergebnis **keine Wahlanfechtung**. Maßgeblich ist, ob alle gültigen Stimmen gezählt und alle ungültigen Stimmen außen vor gelassen wurden. Dasselbe gilt für die Öffnung der Wahlurne durch einen Wahlhelfer, sofern der Wahlvorstand den ordnungsgemäßen Zustand der Wahlurne geprüft hat, um Manipulationen auszuschließen. 3

Bei Briefwahlstimmen kann es vorkommen, dass sich in einem Wahlumschlag **mehrere gekennzeichnete Stimmzettel** befinden (§ 26 1 S 3, § 35 Abs 4 S 3). Sie sind grds nur gültig, wenn sie vollständig übereinstimmen, und werden in diesem Fall nur einfach gezählt (Abs 2). Enthält der Wahlumschlag neben dem angekreuzten Stimmzettel ein **leeres** Stimmzettelformular, so bleibt letzteres unberücksichtigt, und der gekennzeichnete Stimmzettel ist gültig. Dies entspricht einem allg Grundsatz des Wahlrechts (vgl § 39 Abs 2 BWahlG) <R: so auch LAG Hamm 1.6.2007, 13 TaBV 86/06>. Gleiches gilt, wenn der Wahlumschlag neben dem Stimmzettel etwa ein nicht gekennzeichnetes Merkblatt enthält, das der Wahlvorstand vor Ort an die Wähler ausgegeben hat und das keinen Rückschluss auf das Wahlverhalten einzelner AN zulässt <R: LAG Hamm 1.6.2007, aaO>. 4

§ 15 Verteilung der Betriebsratssitze auf die Vorschlagslisten

(1) Die Betriebsratssitze werden auf die Vorschlagslisten verteilt. Dazu werden die den einzelnen Vorschlagslisten zugefallenen Stimmenzahlen in einer Reihe nebeneinander gestellt und sämtlich durch 1, 2, 3, 4 usw. geteilt. Die ermittelten Teilzahlen sind nacheinander reihenweise unter den Zahlen der ersten Reihe aufzuführen, bis höhere Teilzahlen für die Zuweisung der zu verteilenden Sitze nicht mehr in Betracht kommen.

(2) Unter den so gefundenen Teilzahlen werden so viele Höchstzahlen ausgesondert und der Größe nach geordnet, wie Betriebsratsmitglieder zu wählen sind. Jede Vorschlagsliste erhält so viele Mitgliedersitze zugeteilt, wie Höchstzahlen auf sie entfallen. Entfällt die niedrigste in Betracht kommende Höchstzahl auf mehrere Vorschlagslisten zugleich, so entscheidet das Los darüber, welcher Vorschlagsliste dieser Sitz zufällt.

(3) Wenn eine Vorschlagsliste weniger Bewerberinnen oder Bewerber enthält, als Höchstzahlen auf sie entfallen, so gehen die überschüssigen Mitgliedersitze auf die folgenden Höchstzahlen der anderen Vorschlagslisten über.

(4) Die Reihenfolge der Bewerberinnen oder Bewerber innerhalb der einzelnen Vorschlagslisten bestimmt sich nach der Reihenfolge ihrer Benennung.

(5) Befindet sich unter den auf die Vorschlagslisten entfallenden Höchstzahlen nicht die erforderliche Mindestzahl von Angehörigen des Geschlechts in der Minderheit nach § 15 Abs. 2 des Gesetzes, so gilt Folgendes:

1. An die Stelle der auf der Vorschlagsliste mit der niedrigsten Höchstzahl benannten Person, die nicht dem Geschlecht in der Minderheit angehört, tritt die in derselben Vorschlagsliste in der Reihenfolge nach ihr benannte, nicht berücksichtigte Person des Geschlechts in der Minderheit.

2. Enthält diese Vorschlagsliste keine Person des Geschlechts in der Minderheit, so geht dieser Sitz auf die Vorschlagsliste mit der folgenden, noch nicht berücksichtigten Höchstzahl und mit Angehörigen des Geschlechts in der Minderheit über. Entfällt die folgende Höchstzahl auf mehrere Vorschlagslisten zugleich, so entscheidet das Los darüber, welcher Vorschlagsliste dieser Sitz zufällt.

3. Das Verfahren nach den Nummern 1 und 2 ist solange fortzusetzen, bis der Mindestanteil der Sitze des Geschlechts in der Minderheit nach § 15 Abs. 2 des Gesetzes erreicht ist.

Anh. 1 WO   Wahlordnung zum Betriebsverfassungsgesetz

4. Bei der Verteilung der Sitze des Geschlechts in der Minderheit sind auf den einzelnen Vorschlagslisten nur die Angehörigen dieses Geschlechts in der Reihenfolge ihrer Benennung zu berücksichtigen.

5. Verfügt keine andere Vorschlagsliste über Angehörige des Geschlechts in der Minderheit, verbleibt der Sitz bei der Vorschlagsliste, die zuletzt ihren Sitz zu Gunsten des Geschlechts in der Minderheit nach Nummer 1 hätte abgeben müssen.

1   Nach Abs 1–4 erfolgt die verhältnismäßige Verteilung der BR-Sitze auf die Vorschlagslisten nach dem **d'Hondtschen Höchstzahlverf.** Dieses Verf. verletzt weder den verfassungsrechtlichen Gleichheitsgrds (Art 3 GG) noch die Koalitionsfreiheit (Art 9 Abs 3 GG) <R: BAG 22.11.2017. 7 ABR 35/16, NZA 2018, 604>. Dabei werden die Stimmenzahlen jeder Vorschlagsliste durch 1, 2, 3, 4 usw geteilt und die Teilzahlen ihrer Größe nach geordnet. Nach der Reihenfolge dieser Höchstzahlen werden die BR-Sitze dann auf die einzelnen Listen verteilt: Jede einzelne Vorschlagsliste erhält so viele Mitgliedersitze im BR, wie Höchstzahlen auf sie entfallen. Fällt die niedrigste Höchstzahl, die noch zu berücksichtigen ist, auf mehrere Vorschlagslisten zugleich, entscheidet das Los darüber, welcher Vorschlagsliste dieser Sitz zufällt (Abs 2 S 3). Innerhalb der einzelnen Listen entfallen die Mitgliedersitze auf die Wahlbewerber in der Reihenfolge, in der sie benannt sind (Abs 4). Zur Berücksichtigung des **dritten Geschlechts** s § 15 BetrVG Rn 2.

2   Zur Veranschaulichung mag folgendes **Beispiel** dienen: In einem Betrieb mit 70 AN (55 Männer, 15 Frauen) ist gemäß § 9 S 1 BetrVG ein BR mit fünf Mitgliedern zu wählen. Mindestens ein Sitz ist gemäß § 15 Abs 2 BetrVG mit einer Frau zu besetzen (s Bsp § 5 WO Rn 4). Zur Wahl treten drei Listen an. Auf Liste A entfallen 37 Stimmen, auf Liste B 21, auf Liste C 5. Demnach errechnet sich die Sitzverteilung (ohne Berücksichtigung der Geschlechterverteilung) wie folgt:

	A: 37	B: 21	C: 5	Betriebsrat: 5 Sitze
:1	37 (m)	21 (m)	5 (w)	Die 5 Höchstzahlen:
:2	18,5 (m)	10,5 (m)	2,5 (w)	37 (A), 21 (B), 18,5 (A), 12,33 (A),
:3	12,33 (m)	7 (m)	1,66 (w)	10,5 (B)
:4	9,25 (m)	5,25 (w)	1,25 (m)	→ Liste A: 3 Sitze
:5	7,4 (w)	4,2 (w)	1 (w)	→ Liste B: 2 Sitze
				→ Liste C: kein Sitz

3   Was die Berücksichtigung des **Geschlechts in der Minderheit** nach § 15 Abs 2 BetrVG angeht, so hat es bei den nach Abs 1–4 als gewählt festgestellten Bewerbern sein Bewenden, wenn sich unter ihnen die erforderliche Mindestzahl von Angehörigen des betreffenden Geschlechts befindet.

4   Befindet sich – wie im Bsp Rn 2 (m: männlich, w: weiblich) – unter diesen Bewerbern nicht die erforderliche Mindestzahl von Angehörigen des Geschlechts in der Minderheit, gilt nach **Abs 5** Folgendes: In einem **ersten Schritt** tritt an die Stelle des auf der Vorschlagsliste mit der niedrigsten noch zum Zuge gekommenen Höchstzahl genannten Bewerbers des Mehrheitsgeschlechts der nächste in der Reihenfolge nach ihm benannte nicht berücksichtigte Bewerber des Geschlechts in der Minderheit (Nr 1). Ist auch dann der Mindestanteil der Sitze des Geschlechts in der Minderheit noch nicht erreicht, wird dasselbe Verf bei der Vorschlagsliste mit der zweitniedrigsten Höchstzahl durchgeführt (Nr 3).

5   Führt dieser erste Schritt zur erforderlichen Mindestzahl der Angehörigen des Geschlechts in der Minderheit, hat es damit sein Bewenden. Führt der Schritt hingg nicht zum Erfolg, weil die Vorschlagsliste mit der jeweils noch zum Zuge gekommenen niedrigsten Höchstzahl keinen Bewerber des Geschlechts in der Minderheit mehr aufweist, geht in einem **zweiten Schritt** dieser Sitz auf die Vorschlagsliste mit der folgenden noch nicht berücksichtigten Höchstzahl über, die noch Bewerber des Geschlechts in der Minderheit aufweist (Nr 2 S 1). Entfällt diese folgende Höchstzahl auf mehrere Vorschlagslisten zugleich, entscheidet das Los darüber, welcher Vorschlagsliste dieser Sitz zufällt

(Nr 2 S 2). Auch dieses Verf ist nach Nr 3 solange fortzusetzen, bis der Mindestanteil des Geschlechts in der Minderheit erreicht ist.

Führt auch der zweite Schritt nicht zum Erfolg, weil keine andere Vorschlagsliste mehr über genügend Bewerber des Geschlechts in der Minderheit verfügt, verbleibt der Sitz bei der Vorschlagsliste, die zuletzt ihren Sitz zugunsten des Geschlechts in der Minderheit hätte abgeben müssen; der mit der niedrigsten zum Zuge gekommenen Höchstzahl gewählte Bewerber behält sein Mandat (Nr 5). Dass in diesem Fall das **Gebot der Mindestvertretung des Geschlechts in der Minderheit unerfüllt** bleibt, ist hinzunehmen. § 15 Abs 2 BetrVG ist insoweit durch die Ermächtigung des § 126 Nr 5a BetrVG modifiziert (s Vorbem vor § 1 WO Rn 3). 6

In obigem **Beispiel** (Rn 2) wäre das Ergebnis demnach zu korrigieren, weil nicht mindestens ein Sitz auf eine Frau entfällt. Die niedrigste berücksichtigte Höchstzahl ist die 10,5 (Liste B). Der Kandidat an zweiter Stelle auf Liste B müsste demnach seinen Sitz an die hinter ihm am höchsten gelistete Kandidatin auf Liste B abtreten, also die Kandidatin mit der Höchstzahl 5,25. Würde auf Liste B keine Frau kandidieren, so ginge der Platz an die Liste, auf welcher die Frau mit der größten Höchstzahl unter allen nicht gewählten Frauen gelistet ist, dies wäre hier Liste A (Höchstzahl 7,4). Wäre auch Liste A eine reine Männerliste, so könnte Liste C den Platz mit der eigenen Spitzenkandidatin besetzen. 7

Der von Abs 5 Nr 2 S 2 angeordnete **Listensprung** bedeutet zwar einen Eingriff in den Grds der Wahlrechtsgleichheit und auch das durch Art 9 Abs 3 GG geschützte Recht der Gewerkschaften auf gleiche Wettbewerbschancen bei BR-Wahlen, sofern eine Gewerkschaftsliste nicht die erforderliche Zahl von Kandidaten des Geschlechts in der Minderheit enthält, gleichwohl ist die Regelung **verfassungskonform**, da sie der Verwirklichung des Gleichbehandlungsgebots des Art 3 Abs 2 GG dient. Ein milderes, gleich geeignetes Mittel zur Verwirklichung dieses verfassungsrechtlich legitimierten Zweckes steht nicht zur Verfügung, insbesondere ist ein solches weder in der Vorgabe einer Geschlechterquote bereits für die Listenaufstellung noch in einem ausschließlich listeninternen Geschlechtertausch zu erblicken <R: BAG 16.3.2005, 7 ABR 40/04, EzA § 15 BetrVG 2001 Nr 1>. S auch § 15 BetrVG Rn 3. 8

Der verfassungsrechtliche Hintergrund führt aber dazu, dass ein Listensprung **rückgängig zu machen** ist, wenn sich durch die Nichtannahme der Wahl eines Kandidaten herausstellt, dass es eines Listensprungs nicht bedurft hätte <R: LAG Nds 10.3.2011 – 5 TaBV 96/10 – AiB 2011, 547>. Zur Berücksichtigung des Geschlechts in der Minderheit bei der Heranziehung von **Ersatzmitgliedern** s § 25 BetrVG Rn 27f. 9

Fehler des Wahlvorstands bei der Sitzverteilung machen die Wahl **anfechtbar**. Allerdings führt die erfolgreiche Anfechtung nicht zur Unwirksamkeit der Wahl, sondern nur zur **Berichtigung** des Ergebnisses durch das ArbG (§ 19 BetrVG Rn 37). 10

Scheiden mehrere BR-Mitglieder gleichzeitig aus und wird dadurch die Geschlechterquote unterschritten, so ist der **Nachrücker**, der für eine Person des Minderheitengeschlechts zurückstehen muss (§ 25 Abs 2 S 3 BetrVG) ebenfalls nach den Regelungen in **§ 15 Abs 5 WO** zu bestimmen <R: (LAG Berl-Bbg 25.7.2017, 7 TaBV 358/17, AE 2018, 21). 11

§ 16 Wahlniederschrift

(1) Nachdem ermittelt ist, welche Arbeitnehmerinnen und Arbeitnehmer als Betriebsratsmitglieder gewählt sind, hat der Wahlvorstand in einer Niederschrift festzustellen:

1. die Gesamtzahl der abgegebenen Stimmen und die Zahl der abgegebenen gültigen Stimmen;

2. die jeder Liste zugefallenen Stimmenzahlen;

3. die berechneten Höchstzahlen;

4. die Verteilung der berechneten Höchstzahlen auf die Listen;

Anh. 1 WO Wahlordnung zum Betriebsverfassungsgesetz

5. die Zahl der ungültigen Stimmen;
6. die Namen der in den Betriebsrat gewählten Bewerberinnen und Bewerber;
7. gegebenenfalls besondere während der Betriebsratswahl eingetretene Zwischenfälle oder sonstige Ereignisse.

(2) Die Niederschrift ist von der oder dem Vorsitzenden und von mindestens einem weiteren stimmberechtigten Mitglied des Wahlvorstands zu unterschreiben.

1 Im Anschluss an die Stimmenauszählung (§ 14 WO) und die Verteilung der BR-Sitze auf die Vorschlagslisten (§ 15 WO) hat der Wahlvorstand noch in der öffentlichen Sitzung <L: *Fitting* Rn 1; aA DKW/*Homburg* Rn 2> eine Niederschrift anzufertigen, in der die in den Abs 1 Nr 1–7 aufgeführten Punkte festzustellen sind. Der Inhalt der Niederschrift ist ggfs **durch Mehrheitsbeschluss** des gesamten Wahlvorstands festzulegen. Die Bestimmung ist zwar zwingend und regelt eine verbindliche Pflicht des Wahlvorstands, ihre Erfüllung ist aber **keine Wirksamkeitsvoraussetzung** für die Feststellung des Wahlergebnisses.

2 Die **Zahl der abgegebenen Stimmen iSd Nr 1** muss nicht zwingend mit derjenigen der abgegebenen Stimmzettel übereinstimmen. Enthält bei der Briefwahl ein Wahlumschlag zwei identische Stimmzettel, so werden diese gemäß § 14 Abs 2 nur als eine Stimmabgabe gezählt <L: BR-Drs 666/21 S. 22>. Stimmen sie nicht überein, sind sie hingegen mangels anderweitiger Regelung als zwei abgegebene (gemäß § 14 Abs 2 ungültige) Stimmen zu berücksichtigen.

3 Nach Abs 2 ist die Niederschrift vom Vors und mindestens von einem weiteren Mitglied des Wahlvorstands zu **unterschreiben**. Sie ist zu den Wahlakten (§ 19 WO) zu nehmen. Im Wahlanfechtungsverf kann sie zu Beweiszwecken dienen. Für das Ergebnis hat die Niederschrift aber nur **deklaratorische Bedeutung**. Wer gewählt ist, ergibt sich aus den gültigen abgegebenen Stimmen nach den gesetzlichen Berechnungsregeln. Auf eine fehlende oder fehlerhafte Niederschrift kann daher auch **keine Wahlanfechtung** gestützt werden.

§ 17 Benachrichtigung der Gewählten

(1) Der Wahlvorstand hat die als Betriebsratsmitglieder gewählten Arbeitnehmerinnen und Arbeitnehmer unverzüglich schriftlich von ihrer Wahl zu benachrichtigen. Erklärt die gewählte Person nicht binnen drei Arbeitstagen nach Zugang der Benachrichtigung dem Wahlvorstand, dass sie die Wahl ablehne, so gilt die Wahl als angenommen.

(2) Lehnt eine gewählte Person die Wahl ab, so tritt an ihre Stelle die in derselben Vorschlagsliste in der Reihenfolge nach ihr benannte, nicht gewählte Person. Gehört die gewählte Person dem Geschlecht in der Minderheit an, so tritt an ihre Stelle die in derselben Vorschlagsliste in der Reihenfolge nach ihr benannte, nicht gewählte Person desselben Geschlechts, wenn ansonsten das Geschlecht in der Minderheit nicht die ihm nach § 15 Abs. 2 des Gesetzes zustehenden Mindestsitze erhält. § 15 Abs. 5 Nr. 2 bis 5 gilt entsprechend.

1 Nach Abs 1 S 1 hat der Wahlvorstand die Gewählten unverzüglich, dh ohne schuldhaftes Zögern (§ 121 Abs 1 S 1 BGB), von ihrer Wahl in Kenntnis zu setzen. Die Benachrichtigung muss schriftlich erfolgen. Ihr kommt **keine materiellrechtliche (konstitutive) Bedeutung** zu, die Stellung des BR-Mitglieds erlangen die gewählten Bewerber ausschließlich durch die Wahl und Annahme derselben <L: *Fitting* Rn 2; GK/*Jacobs* Rn 1; Richardi/*Forst* Rn 1>.

2 Der Gewählte kann die Wahl ausdrücklich entweder **annehmen oder ablehnen**, seine Zustimmung zur Kandidatur verpflichtet ihn nicht zur Annahme. Gibt er **binnen drei Arbeitstagen** keine Erklärung ab, gilt die Wahl nach Abs 1 S 2 aber als angenommen. Zum Begriff des Arbeitstages s § 6 WO Rn 14. Die Erklärungsfrist beginnt gem § 41 Abs WO iVm § 187 Abs 1 BGB am Tage nach dem Zugang der Benachrichtigung. Zugang liegt nach allg Grundsätzen vor, wenn die Benachrichtigung so in den Machtbereich des Gewählten gelangt ist, dass er unter regelmäßigen Umständen von ihr

Kenntnis nehmen konnte; wird die Benachrichtigung spät abends in den Briefkasten des Gewählten geworfen, erfolgt der Zugang dementspr erst am nächsten Tag. Nach Ablauf der Erklärungsfrist ist nur noch die **Niederlegung des BR-Amtes** nach § 24 BetrVG möglich, die aber nicht dem Wahlvorstand, sondern dem BR ggü zu erklären ist.

Lehnt ein Gewählter die Annahme der Wahl innerhalb der Dreitagefrist ab, so hat der Wahlvorstand den **an seine Stelle tretenden Bewerber festzustellen**, über diese Feststellung entsprechend § 16 WO eine Niederschrift anzufertigen und iÜ erneut nach §§ 17, 18 WO zu verfahren. 3

Nicht möglich ist eine „**bedingte Ablehnung**" mit dem Ziel, vorerst nicht in den BR einzurücken, sondern nur Ersatzmitglied zu werden. Wer das Mandat ablehnt, ist weder jetzt noch später als gewählt zu berücksichtigen <R: ArbG Kassel 20.2.1996, 2 BV 1/96, NZA-RR 1996, 463; L: GK/*Jacobs* Rn 4>. 4

Bei der Listenwahl wird der ablehnende Bewerber **fiktiv von der Liste gestrichen**, alle nach ihm gelisteten Bewerber rücken damit einen Listenplatz weiter nach oben. Gehört der Gewählte, der die Wahl abgelehnt hat, dem **Geschlecht in der Minderheit** an, tritt nach Abs 2 S 2 an seine Stelle der in derselben Vorschlagsliste in der Reihenfolge nach ihm benannte nicht gewählte Bewerber desselben Geschlechts, wenn ansonsten das Geschlecht in der Minderheit nicht die ihm nach § 15 Abs 2 S 2 BetrVG zustehenden Mindestsitze erhält. Kann auf diese Weise die Zahl der Mindestsitze des Geschlechts in der Minderheit nicht erreicht werden, geht der Sitz in entspr Anwendung des § 15 Abs 5 Nr 2 bis 4 WO auf einen Bewerber des Minderheitsgeschlechts einer anderen Vorschlagsliste über. Verfügt keine andere Vorschlagsliste mehr über Angehörige des Geschlechts in der Minderheit, verbleibt der Sitz in entspr Anwendung des § 15 Abs 2 Nr 5 WO bei der Vorschlagsliste, die zuletzt ihren Sitz zugunsten des Geschlechts in der Minderheit hätte abgeben müssen. S näher § 15 WO Rn 4 ff. 5

Die Regel des Abs 2 S 2 gilt nicht, wenn trotz Ausscheidens des Gewählten das Geschlecht in der Minderheit noch die ihm nach § 15 Abs 2 BetrVG zustehende Zahl der **Mindestsitze erreicht**. In diesem Fall bleibt es bei der Regelung des Abs 2 S 1, sodass an die Stelle des die Wahl ablehnenden Kandidaten der in der Reihenfolge nächste nicht gewählte Bewerber auch dann tritt, wenn er dem Mehrheitsgeschlecht angehört. 6

Stellt sich durch die Nichtannahme der Wahl heraus, dass es eines zum Schutz des Minderheitsgeschlechts nach § 15 Abs 5 WO durchgeführten **Listensprungs** nicht bedurft hätte, weil ein Angehöriger des Minderheitengeschlechts nachrückt, so ist der Listensprung nunmehr **rückgängig** zu machen <R: LAG Nds 10.3.2011, 5 TaBV 96/10, AiB 2011, 547>. 7

Fehler bei der Benachrichtigung der Gewählten machen die Wahl nicht anfechtbar, weil sie sich nicht auf das Ergebnis auswirken. Wendet der Wahlvorstand allerdings § 17 Abs 2 WO falsch an und stellt deshalb ein falsches Wahlergebnis fest, so ist dieses vom ArbG im Anfechtungsverfahren zu **berichtigen** (§ 19 BetrVG Rn 37). 8

§ 18 Bekanntmachung der Gewählten

Sobald die Namen der Betriebsratsmitglieder endgültig feststehen, hat der Wahlvorstand sie durch zweiwöchigen Aushang in gleicher Weise bekannt zu machen wie das Wahlausschreiben nach § 3 Absatz 4 Satz 1 bis 3. Je eine Abschrift der Wahlniederschrift (§ 16) ist dem Arbeitgeber und den im Betrieb vertretenen Gewerkschaften unverzüglich zu übersenden.

Nach Annahme der Wahl durch alle gewählten Bewerber bzw nach Ablauf der Ablehnungsfrist gemäß § 17 WO, ggf nachdem die Ersatzkandidaten gem § 17 Abs 2 festgestellt wurden, hat der Wahlvorstand die Namen der gewählten BR-Mitglieder **bekannt zu machen**. Die Bekanntmachung erfolgt durch zweiwöchigen Aushang in gleicher Weise wie das Wahlausschreiben. Möglich ist nach Maßgabe von § 3 Abs 4 S 1–3 WO auch eine Bekanntmachung mittels einer im Betrieb vorhandenen Informations- bzw Kommunikationstechnik (§ 3 Rn 5). Der Wahlvorstand muss sich aber in jedem 1

Anh. 1 WO Wahlordnung zum Betriebsverfassungsgesetz

Fall derselben **Bekanntmachungsmethode** zu bedienen, die er bereits für die Bekanntgabe des Wahlausschreibens gewählt hatte. Eine gesonderte Übersendung entspr § 3 Abs 4 S 4 WO an abwesende Wahlberechtigte ist für das Wahlergebnis nicht vorgesehen <L: BR-Drs 666/21 S. 22>.

2 Mit der Bekanntgabe **endet das Wahlverfahren**. Die ordnungsgemäße Bekanntgabe setzt die **Anfechtungsfrist** des § 19 BetrVG in Lauf (§ 19 BetrVG Rn 29). Der Wahlvorstand bleibt allerdings noch im Amt; er muss noch gemäß § 29 Abs 1 BetrVG den BR zu seiner ersten Sitzung einberufen (s § 16 BetrVG Rn 28).

3 Nach S 2 hat der Wahlvorstand je eine **Abschrift** der Wahlniederschrift (§ 16 WO) unverzüglich dem AG und den im Betrieb vertretenen Gewerkschaften (§ 2 BetrVG Rn 27 ff.) zu übersenden. Ob der Wahlvorstand eine solche Abschrift auch aushängt oder zur Einsichtnahme auslegt, steht in seinem Ermessen.

§ 19 Aufbewahrung der Wahlakten

Der Betriebsrat hat die Wahlakten mindestens bis zur Beendigung seiner Amtszeit aufzubewahren.

1 Der Wahlvorstand ist verpflichtet, die gesamten Wahlakten **im Original dem BR zu übergeben**, sobald dessen konstituierende Sitzung mit der Wahl des Vors nach § 29 Abs 1 BetrVG stattgefunden hat. Der BR hat die Wahlakten mindestens bis zur Beendigung seiner Amtszeit aufzubewahren. **Im Falle des Wahlabbruchs** sind die Wahlakten dem amtierenden BR zu übergeben, sofern ein solcher nicht (mehr) besteht dem AG <L: GK/*Jacobs* Rn 1>.

2 **Zu den Wahlakten** gehören va das Wahlausschreiben, Vorschlagslisten, sonstige Bekanntmachungen des Wahlvorstands, Niederschriften der Sitzungen des Wahlvorstands, Zustellungsnachweise, abgegebene Stimmzettel und der Schriftwechsel des Wahlvorstands. Auch die mit Stimmabgabevermerken versehene Wählerliste rechnet hierzu, ebenso eine Ausfertigung der Wahlniederschrift gem § 16 WO.

3 Aus dem Sinn und Zweck der Aufbewahrungspflicht, eine Überprüfung der Wahl zu ermöglichen, ergibt sich auch die Verpflichtung des BR, allen zur Wahlanfechtung Berechtigten, also auch den im Betrieb vertretenen Gewerkschaften (vgl § 19 Abs 2 BetrVG), die **Einsichtnahme in die Wahlakten** zu gestatten <R: BAG 27.7.2005, 7 ABR 54/04, NZA 2006, 59; LAG Nds 12.9.2001, 13 TaBV 16/11>. Das Einsichtsrecht besteht grds unabhängig von der Darlegung eines besonderen rechtlichen Interesses oder eines Wahlanfechtungs- oder Nichtigkeitsfeststellungsverf und kann deshalb **auch nach Ablauf der Anfechtungsfrist** geltend gemacht werden <R: BAG 27.7.2005. aaO>. Ein Recht auf Einsichtnahme **während der Wahlvorbereitung oder während des laufenden Wahlverf** (etwa um noch vor Abschluss der Wahl eine evtl Fehlerkorrektur zu erwirken), lässt sich der Vorschrift indes **nicht** entnehmen. Das Gesetz überträgt dem Wahlvorstand die Aufgabe, die Wahl in eigener Verantwortung durchzuführen. Die wesentlichen Wahlunterlagen (Wählerliste, Wahlausschreiben) sind ohnehin öffentlich. Ein darüber hinausgehendes jederzeitiges Einsichtsrecht in die Wahlakten könnte zu leicht zur Störung der Wahl ausgenutzt werden <R: BAG 6.12.2000, 7 ABR 34/99, EzA § 19 BetrVG 1972 Nr 40>.

4 Zum Schutze des Wahlgeheimnisses erstreckt sich das Einsichtsrecht grds **nicht** auf Bestandteile der Wahlakten, die **Rückschluss auf das Stimmverhalten** einzelner AN zulassen, etwa die mit Stimmabgabevermerken versehene Wählerliste. Ein diesbezügliches Einsichtsrecht besteht nur, wenn dargelegt wird, dass die Einsichtnahme in derartige Unterlagen gerade zur Überprüfung der Ordnungsmäßigkeit der Wahl erforderlich ist <R: <BAG 27.7.2005, aaO; L: *Fitting* Rn 2; Richardi/*Forst* Rn 2; GK/*Jacobs* Rn 3; DKW/*Homburg* Rn 4>. Nach Ablauf der Anfechtungsfrist kommt dies in der Regel nicht mehr in Betracht, wenn nicht die Nichtigkeit der Wahl im Raume steht <R: LAG Hamm 21.3.2014, 13 TaBV 110/13>.

§ 21 Stimmauszählung **Anh. 1 WO**

Dritter Unterabschnitt
Wahlverfahren bei nur einer Vorschlagsliste (§ 14 Abs. 2 Satz 2 erster Halbsatz des Gesetzes)

§ 20 Stimmabgabe

(1) Ist nur eine gültige Vorschlagsliste eingereicht, so kann die Wählerin oder der Wähler ihre oder seine Stimme nur für solche Bewerberinnen oder Bewerber abgeben, die in der Vorschlagsliste aufgeführt sind.

(2) Auf den Stimmzetteln sind die Bewerberinnen oder Bewerber unter Angabe von Familienname, Vorname und Art der Beschäftigung im Betrieb in der Reihenfolge aufzuführen, in der sie auf der Vorschlagsliste benannt sind.

(3) Die Wählerin oder der Wähler kennzeichnet die von ihr oder ihm gewählten Bewerberinnen oder Bewerber durch Ankreuzen an der hierfür im Stimmzettel vorgesehenen Stelle und faltet ihn in der Weise, dass ihre oder seine Stimme nicht erkennbar ist; es dürfen nicht mehr Bewerberinnen oder Bewerber angekreuzt werden, als Betriebsratsmitglieder zu wählen sind. § 11 Abs. 1 Satz 2, Abs. 2 Satz 2, Abs. 4, §§ 12 und 13 gelten entsprechend.

Ist nur eine gültige Vorschlagsliste eingereicht worden, findet unter den auf der betreffenden Liste aufgeführten Bewerbern eine **Mehrheits- und Persönlichkeitswahl** statt (Abs 1). 1

Der Stimmzettel muss die Namen sämtlicher Bewerber und alle **Angaben nach Abs 2** enthalten. 2
Fehlt die Berufsbezeichnung, so kann dies die Wahlanfechtung begründen (§ 6 Rn 5). Um eine Einflussnahme des Wahlvorstands zu verhindern, ist eine Veränderung der **Reihenfolge** der in der Vorschlagsliste aufgeführten Bewerber auf dem Stimmzettel gem Abs 2 unzulässig. Ein Verstoß begründet ebenfalls die Wahlanfechtung.

Jeder Wähler hat so viele Stimmen, wie in dem betreffenden Wahlgang BR-Mitglieder zu wählen 3
sind. Diese Zahl ergibt sich aus dem Wahlausschreiben, sollte aber zweckmäßigerweise auch auf dem Stimmzettel angegeben werden. Enthält der Stimmzettel einen Vermerk, der über dieses Wahl-Vollrecht täuscht (zB „Der Stimmzettel ist ungültig, wenn mehr als ein Name angekreuzt ist"), ist die Wahl anfechtbar. Kreuzt ein Wähler **mehr Namen** an, als ihm Stimmen zustehen, ist sein Stimmzettel ungültig (§§ 20 Abs 3 S 1, 11 Abs 4 WO); kreuzt er dagg **weniger Namen** an, so ist die Wahl dieser Bewerber gültig.

Die Wähler können bei der Wahl durch Ankreuzen der Namen auf dem Stimmzettel ihre Stimmen 4
beliebig und ohne Rücksicht auf die Reihenfolge der Namen auf dem Stimmzettel verteilen. Sie können ihre Stimmen aber **nicht kumulieren**, dh einzelnen Bewerbern mehr als eine Stimme geben <**R**: ArbG Lörrach 14.7.2006, 3 BV 3/07, AuR 2006, 405>. Wird ein Name mehrfach angekreuzt, insgesamt die Zahl der abzugebenden Stimmen aber nicht überschritten, bleibt der Stimmzettel gültig und die Stimmenhäufung wird als eine Stimme gezählt; <**L**: *Fitting* Rn 4; GK/*Jacobs* Rn 5>. Wird durch das mehrfache Ankreuzen die Gesamtzahl der Stimmen hingegen überschritten, ist der Stimmzettel ungültig.

Die Vorschriften über die Stimmabgabe, die Beschaffenheit der Stimmzettel, den Wahlvorgang und 5
die Öffentlichkeit der Stimmauszählung gelten nach Abs 3 S 2 entspr.

§ 21 Stimmauszählung

Nach Öffnung der Wahlurne entnimmt der Wahlvorstand die Stimmzettel und zählt die auf jede Bewerberin und jeden Bewerber entfallenden Stimmen zusammen; § 14 Abs. 1 Satz 2 und Abs. 2 gilt entsprechend.

Bei nur einer Vorschlagsliste erfolgt die Stimmauszählung in der Weise, dass der Wahlvorstand nach 1
Öffnung der Wahlurne die Stimmzettel entnimmt und die auf jeden Bewerber entfallenden Stimmen zusammenzählt. Dabei hat er die **Gültigkeit** der Stimmzettel zu prüfen (§ 14 Abs 1 S 2 WO). Befin-

Anh. 1 WO Wahlordnung zum Betriebsverfassungsgesetz

den sich in einem Wahlumschlag mehrere gekennzeichnete Stimmzettel, gilt § 14 Abs 2 WO (s § 14 Rn 2). Die Hinzuziehung von Wahlhelfern ist zulässig.

§ 22 Ermittlung der Gewählten

(1) Zunächst werden die dem Geschlecht in der Minderheit zustehenden Mindestsitze (§ 15 Abs. 2 des Gesetzes) verteilt. Dazu werden die dem Geschlecht in der Minderheit zustehenden Mindestsitze mit Angehörigen dieses Geschlechts in der Reihenfolge der jeweils höchsten auf sie entfallenden Stimmenzahlen besetzt.

(2) Nach der Verteilung der Mindestsitze des Geschlechts in der Minderheit nach Absatz 1 erfolgt die Verteilung der weiteren Sitze. Die weiteren Sitze werden mit Bewerberinnen und Bewerbern, unabhängig von ihrem Geschlecht, in der Reihenfolge der jeweils höchsten auf sie entfallenden Stimmenzahlen besetzt.

(3) Haben in den Fällen des Absatzes 1 oder 2 für den zuletzt zu vergebenden Betriebsratssitz mehrere Bewerberinnen oder Bewerber die gleiche Stimmenzahl erhalten, so entscheidet das Los darüber, wer gewählt ist.

(4) Haben sich weniger Angehörige des Geschlechts in der Minderheit zur Wahl gestellt oder sind weniger Angehörige dieses Geschlecht gewählt worden als ihm nach § 15 Abs. 2 des Gesetzes Mindestsitze zustehen, so sind die insoweit überschüssigen Mitgliedersitze des Geschlechts in der Minderheit bei der Sitzverteilung nach Absatz 2 Satz 2 zu berücksichtigen.

1 Die Ermittlung der Gewählten erfolgt bei nur einer Vorschlagsliste in **zwei Stufen**. Nach Abs 1 werden zunächst die dem Geschlecht in der Minderheit zustehenden **Mindestsitze** (s § 15 BetrVG Rn 6f und § 5 WO Rn 3f) in der Weise verteilt, dass sie mit den Bewerbern dieses Geschlechts in der Reihenfolge der jeweils höchsten auf sie entfallenden Stimmenzahlen besetzt werden. Wer keine Stimmen erhalten hat, kann nicht BR-Mitglied werden <**R:** LAG Ddf 15.4.2011, 6 Sa 857/10, LAGE § 13 BetrVG 2001 Nr 1; **L:** *Fitting* Rn 5; GK/*Jacobs* Rn 3; Richardi/*Forst* Rn 2>. Haben für den zuletzt zu vergebenden Mindestsitz mehrere Bewerber des Minderheitsgeschlechts die gleiche Stimmenzahl erhalten, entscheidet nach Abs 3 das **Los**. Die WO regelt für den Losentscheid keine Form. Die Auslosung ist Aufgabe des Wahlvorstands; über ihn sollte zum Zwecke der Dokumentation eine Niederschrift gefertigt werden.

2 Im zweiten Schritt werden **die weiteren Sitze** mit den Bewerbern in der Reihenfolge der jeweils höchsten auf sie entfallenden Stimmenzahl besetzt (Abs 2). Dabei spielt das Geschlecht keine Rolle, sodass je nach Erreichen der Stimmenzahl auch die weiteren Sitze mit Angehörigen des Minderheitsgeschlechts zu besetzen sein können. Das liegt in der Logik der Regelung des § 15 Abs 2 BetrVG (§ 15 BetrVG Rn 6). Haben für den zuletzt zu vergebenden weiteren BR-Sitz mehrere Bewerber die gleiche Stimmenzahl erhalten, entscheidet gem Abs 3 auch hier das Los.

3 Kann die **Mindestzahl** von BR-Sitzen des Geschlechts in der Minderheit **nicht erreicht werden**, weil sich nicht genügend Angehörige dieses Geschlechts zur Wahl gestellt haben oder weil nicht genügend Bewerber dieses Geschlechts Stimmen erhalten haben, sind nach Abs 4 die insoweit überschüssigen Mitgliedersitze des Geschlechts in der Minderheit in Anwendung von Abs 2 mit Bewerbern des anderen Geschlechts in der Reihenfolge der jeweils höchstens auf sie entfallenden Stimmenzahl zu besetzen. Die Regelung des Abs 4 ist durch die Ermächtigung des § 126 Nr 5a BetrVG gedeckt (Vorbem vor § 1 WO Rn 3).

4 Erhalten insgesamt weniger Wahlbewerber mindestens eine Stimme, als gem § 9 BetrVG BR-Mitglieder zu wählen sind, **reduziert sich die Zahl der BR-Mitglieder** in entsprechender Anwendung des § 11 BetrVG <**L:** DKW/*Homburg* Rn 7; *Fitting* Rn 9; Richardi/*Forst* Rn 4>.

§ 23 Wahlniederschrift, Bekanntmachung

(1) Nachdem ermittelt ist, welche Arbeitnehmerinnen und Arbeitnehmer als Betriebsratsmitglieder gewählt sind, hat der Wahlvorstand eine Niederschrift anzufertigen, in der außer den Angaben nach § 16 Abs. 1 Nr. 1, 5 bis 7 die jeder Bewerberin und jedem Bewerber zugefallenen Stimmenzahlen festzustellen sind. § 16 Abs. 2, § 17 Abs. 1, §§ 18 und 19 gelten entsprechend.

(2) Lehnt eine gewählte Person die Wahl ab, so tritt an ihre Stelle die nicht gewählte Person mit der nächsthöchsten Stimmenzahl. Gehört die gewählte Person dem Geschlecht in der Minderheit an, so tritt an ihre Stelle die nicht gewählte Person dieses Geschlechts mit der nächsthöchsten Stimmenzahl, wenn ansonsten das Geschlecht in der Minderheit nicht die ihm nach § 15 Abs. 2 des Gesetzes zustehende Mindestsitze erhalten würde. Gibt es keine weiteren Angehörigen dieses Geschlechts, auf die Stimmen entfallen sind, geht dieser Sitz auf die nicht gewählte Person des anderen Geschlechts mit der nächsthöchsten Stimmenzahl über.

Nachdem ermittelt ist, welche AN gewählt sind, hat der Wahlvorstand auch im Wahlverf bei nur einer Vorschlagsliste eine **Niederschrift** anzufertigen. In dieser ist nach Abs 1 S 1 außer den Angaben nach § 16 Abs 1 Nr 1, 5–7 WO die jedem Bewerber zufallende Stimmenzahl festzustellen. Die Vorschriften über die Unterschrift unter der Niederschrift, die Benachrichtigung der Gewählten, die Bekanntmachung der Gewählten und die Aufbewahrung der Wahlakten in den §§ 16 Abs 2, 17 Abs 1, 18 und 19 WO gelten entspr (Abs 1 S 2).

Lehnt ein Gewählter die Wahl ab, tritt nach Abs 2 S 1 an seine Stelle der nicht gewählte Bewerber mit der nächsthöchsten Stimmenzahl. Gehört der Gewählte dem **Geschlecht in der Minderheit** an, tritt an seine Stelle der nicht gewählte Bewerber dieses Geschlechts mit der nächsthöchsten Stimmenzahl, weil ansonsten das Geschlecht in der Minderheit nicht die ihm zustehenden Mindestsitze erhielte (Abs 2 S 2). Sind keine weiteren Bewerber des Minderheitsgeschlechts, die Stimmen erhalten haben, vorhanden, sind nach Abs 2 S 3 die Sitze mit Angehörigen des anderen Geschlechts in der Reihenfolge der jeweils höchstens auf sie entfallenden Stimmenzahlen zu besetzen.

Dritter Abschnitt
Schriftliche Stimmabgabe

§ 24 Voraussetzungen

(1) Wahlberechtigten, die im Zeitpunkt der Wahl wegen Abwesenheit vom Betrieb verhindert sind, ihre Stimme persönlich abzugeben, hat der Wahlvorstand auf ihr Verlangen

1. das Wahlausschreiben,
2. die Vorschlagslisten,
3. den Stimmzettel und den Wahlumschlag,
4. eine vorgedruckte von der Wählerin oder dem Wähler abzugebende Erklärung, in der gegenüber dem Wahlvorstand zu versichern ist, dass der Stimmzettel persönlich gekennzeichnet worden ist, sowie
5. einen größeren Freiumschlag, der die Anschrift des Wahlvorstands und als Absender den Namen und die Anschrift der oder des Wahlberechtigten sowie den Vermerk „Schriftliche Stimmabgabe" trägt,

auszuhändigen oder zu übersenden. Die Wahlumschläge müssen sämtlich die gleiche Größe, Farbe, Beschaffenheit und Beschriftung haben. Der Wahlvorstand soll der Wählerin oder dem Wähler ferner ein Merkblatt über die Art und Weise der schriftlichen Stimmabgabe (§ 25) aushändigen oder übersenden. Der Wahlvorstand hat die Aushändigung oder die Übersendung der Unterlagen in der Wählerliste zu vermerken.

Anh. 1 WO Wahlordnung zum Betriebsverfassungsgesetz

(2) Wahlberechtigte, von denen dem Wahlvorstand bekannt ist, dass sie

1. im Zeitpunkt der Wahl nach der Eigenart ihres Beschäftigungsverhältnisses, insbesondere im Außendienst oder mit Telearbeit Beschäftigte und in Heimarbeit Beschäftigte, oder
2. vom Erlass des Wahlausschreibens bis zum Zeitpunkt der Wahl aus anderen Gründen, insbesondere bei Ruhen des Arbeitsverhältnisses oder Arbeitsunfähigkeit,

voraussichtlich nicht im Betrieb anwesend sein werden, erhalten die in Absatz 1 bezeichneten Unterlagen, ohne dass es eines Verlangens der Wahlberechtigten bedarf. Der Arbeitgeber hat dem Wahlvorstand die dazu erforderlichen Informationen zur Verfügung zu stellen.

(3) Für Betriebsteile und Kleinstbetriebe, die räumlich weit vom Hauptbetrieb entfernt sind, kann der Wahlvorstand die schriftliche Stimmabgabe beschließen. Absatz 2 gilt entsprechend.

I. Allgemeines

1 § 24 regelt **abschließend** die Voraussetzungen, unter denen die BR-Wahl als Briefwahl durchzuführen ist <**R:** BAG 27.1.1993, 7 ABR 37/92, DB 1993, 2030; LAG Ddf 16.6.2011, 4 TaBV 86/10; LAG Nds 9.3.2011, 17 TaBV 41/10, AiB 2013, 653 (Ls); **L:** GK/*Jacobs* Rn 2; *Lüthge/Stöcker* DB 2022, 121, 123; für ein Ermessen des Wahlvorstands aber DKW/*Homburg* Rn 4>. Das gilt auch in Pandemie-Zeiten <**L:** *Klose* NZA 2021, 1301, 1303>. Durch die persönliche Stimmabgabe sollen Wahlmanipulationen weitestgehend ausgeschlossen werden. Bei der Briefwahl ist es dem Wählenden selbst aufgegeben, insbesondere für die Einhaltung des **Wahlgeheimnisses** Sorge zu tragen. Gerade wegen der hiermit verbundenen Gefahren hat der Gesetzgeber die Briefwahl nur eingeschränkt zugelassen <**R:** LAG München 10.1.2019, 4 TaBV 63/18>. Hieran ist der Wahlvorstand gebunden. Auch die AN können sich nicht frei, sondern nur unter den Voraussetzungen des Abs 1 für Briefwahl entscheiden. § 24 ist eine wesentliche Wahlvorschrift, **Verstöße** können eine Wahlanfechtung rechtfertigen. Dies gilt uneingeschränkt allerdings nur für eine **generelle Briefwahl** <**R:** BAG 27.1.1993, aaO; LAG Hamm 16.11.2007, 13 TaBV 109/06; LAG SH 18.3.1999, 4 TaBV 51/98, NZA-RR 1999, 523>. Ermöglicht der Wahlvorstand nur **für einzelne AN** die Briefwahl, obwohl deren Voraussetzungen nicht vorliegen, kann eine Anfechtung darauf allenfalls gestützt werden, wenn hierdurch aufgrund tatsächlicher Anhaltspunkte eine Beeinflussung des Wahl zu befürchten ist <**R:** LAG München 10.1.2019, 4 TaBV 63/18; **L:** DKW/*Homburg* Rn 4>.

2 § 24 erlaubt bereits ausweislich der Überschrift des Dritten Abschnitts nur die schriftliche Stimmabgabe per Brief. Eine **Online-Abstimmung** sieht die WO **nicht** vor. Diese rechtspolitische Entscheidung des Gesetzgebers kann nicht durch eine wortlautübersteigende extensive Auslegung konterkariert werden <**R:** LAG HH 15.2.2018, 8 TaBV 5/17; **L:** *Lüthge/Stöckert* DB 2022, 121, 122 f; *Blasek* BB 2021, 2932, 2935; *Oberthür* ArbRB 2021, 350, 352>. In der Literatur wird deshalb vermehrt gefordert, die Online-Abstimmung gesetzlich zuzulassen <**L:** *Blasek* BB 2021, 2932, 2935 f; *Grambow* DB 2021, 3032, 3034; *Däubler* FS 100 Jahre Betriebsverfassungsrecht, S 126; *Harms/von Steinau-Steinrück/Thüsing* BB 2016, 2677; *Fündlich/Sorber* NZA 2017, 552, 555>.

II. Briefwahl auf Verlangen (Abs 1 S 1)

3 Jeder Wahlberechtigte, der im Zeitpunkt der Wahl infolge seiner Abwesenheit vom Betrieb an der persönlichen Stimmabgabe verhindert ist, hat die Möglichkeit der schriftlichen Stimmabgabe. Er muss dies jedoch dem Wahlvorstand **anzeigen** und erhält dann die erforderlichen Briefwahlunterlagen (Rn 13) ausgehändigt oder übersandt. Von sich aus darf der Wahlvorstand die Unterlagen nur unter den Voraussetzungen der Absätze 2 und 3 versenden. Die Anzeige kann auch mündlich erfolgen; die Abwesenheit ist aber kurz zu begründen, wobei persönliche Gründe ebenso in Betracht kommen wie dienstliche. Der Wahlvorstand ist **nicht** verpflichtet, die angegebenen Gründe zu **überprüfen** < **R: aA** LAG Ddf 16.9.2011, 10 TaBV 33/11 („kursorische Minimalprüfung"); **L:** wie hier *Fitting* Rn 3; DKW/*Homburg* Rn 13; *Klose* NZA 2021, 1301, 1302; **aA** GK/*Jacobs* Rn 6>, zumal die unberechtigte Aushändigung von Briefwahlunterlagen mangels Einflusses aufs Ergebnis kaum je

eine Wahlanfechtung begründen kann <**R:** vgl LAG München 10.1.2019, 4 TaBV 63/18; **wohl aA** Hess LAG 27.1.2020, 16 TaBV 48/19; **wie hier L:** GK/*Jacobs* Rn 6; DKW/*Homburg* Rn 4>.

Die WO regelt **keine Antragsfrist** für die Briefwahl. Möglich ist auch ein telefonisches Verlangen durch am Wahltag erkrankte AN. Der Wahlvorstand muss ihnen dann die Unterlagen noch zukommen lassen, wenn dies mit **zumutbarem Aufwand** noch rechtzeitig möglich ist <**R:** vgl BVerwG 6.2.1959, VII P 9.58, AP Nr 1 zu § 17 WahlO zum PersVG>. Erhält ein AN **trotz rechtzeitigen Antrags** zu Unrecht keine Briefwahlunterlagen, kann die Anfechtung darauf nur gestützt werden, wenn durch seine Stimme das Wahlergebnis hätte anders ausfallen können <**R:** LAG München 10.1.2019, 4 TaBV 63/18>.

III. Übersendung der Unterlagen von Amts wegen (Abs 2)

Ohne bes Anforderung erhalten die Briefwahlunterlagen alle Wahlberechtigten, von denen dem Wahlvorstand bekannt ist, dass sie wg der **Eigenart ihres Beschäftigungsverhältnisses**, zB als im Außendienst oder mit Telearbeit oder in Heimarbeit Beschäftigte, voraussichtlich am Wahltag nicht im Betrieb anwesend sein werden (Abs 2 S 1 **Nr 1**). Dies gilt auch für Leih-AN eines AN-Überlassungsbetriebs, bei denen im Regelfall anzunehmen ist, dass sie am Wahltag verliehen sein werden <**R:** Hess LAG 17.4.2008, 9 TaBV 163/07, EzAÜG BetrVG Nr 109; LAG HH, 8.7.2015, 6 TaBV 1/15>. **Nicht** unter Nr 1 fallen AN, die zwar im Außendienst tätig sind, am Wahltag aber zumindest kurzzeitig (zB morgens oder abends) in den Betrieb kommen und ihre Stimme daher persönlich abgeben könnten <**R:** LAG München 25.6.2013, 9 TaBV 11/13>; ebensowenig solche AN, bei denen die Abwesenheit am Wahltag nicht auf der Eigenart des Beschäftigungsverhältnisses beruht <**R:** LAG Köln 6.6.2013, 13 TaBV 3/13>. Letztere können uU unter Nr 2 fallen. Maßgeblich sind die (voraussichtlichen) **konkreten tatsächlichen Verhältnisse** am Wahltag <**R:** BAG 9.9.2015, 7 ABR 47/13, EzA § 256 ZPO 2002 Nr 16>.

Demgegenüber erfasst die durch VO vom 8.10.2021 (BGBl I S. 4640) eingeführte **Nr 2** die Fälle langzeitabwesender AN. Auch sie erhalten die Briefwahlunterlagen unverlangt. Voraussetzung ist, dass sie voraussichtlich **über den gesamten Wahlzeitraum** vom Erlass des Wahlausschreibens bis zur Stimmabgabe nicht im Betrieb anwesend sein werden. Die zu erwartende Abwesenheit am Tag der Stimmabgabe genügt nicht <**L:** BR-Drs 666/21 S. 23 f>. Der Verordnungsgeber hatte neben der längeren Arbeitsunfähigkeit insbesondere Fälle im Sinn, in denen das Arbeitsverhältnis wegen Mutterschutz oder Elternzeit, wegen Pflegezeit, freiwilligen Wehrdienstes, Bundesfreiwilligendienst oder einem Sabbatical ruht <**L:** BR-Drs 666/21 S. 23>.

Die Verpflichtung zum Versand besteht ausdrücklich nur, soweit der Wahlvorstand **positive Kenntnis** von der voraussichtlichen Abwesenheit eines oder mehrerer AN am Wahltag hat. Seit 2021 **verpflichtet Abs 2 S 2 den AG** ausdrücklich, dem Wahlvorstand die erforderlichen Informationen zur Verfügung zu stellen. Zuvor wurde dieser Anspruch bereits aus § 24 Abs 2 WO bzw aus § 20 Abs 1 S 1 BetrVG abgeleitet <vgl **R:** Hess LAG 10.8.2020, 16 TaBVGa 75/20>. Nunmehr muss der AG eigeninitiativ **ermitteln**, welche AN nach den ihm vorliegenden Informationen am Wahltag (Nr 1) oder bis zum Wahltag (Nr 2) nicht im Betrieb anwesend sein werden. Deren **Namen** und **Anschrift** hat er dem Wahlvorstand zu übermitteln, damit dieser gem § 3 Abs 4 S 4 das Wahlausschreiben sowie gem § 24 Abs 2 S 1 die Briefwahlunterlagen unaufgefordert übersenden kann <**L:** BR-Drs 666/21 S 20 und 24>. Der Wahlvorstand kann diesen Anspruch im Wege einer eV durchsetzen <**R:** Hess LAG 10.8.2020, 16 TaBVGa 75/20>. Die Datenübermittlung und -verarbeitung ist zur Wahrung des Teilnahmerechts an der BR-Wahl erforderlich und daher **datenschutzrechtl zulässig** < **L:** *Boemke/Haase* NZA 2021, 1513, 1519; BR-Drs 666/21 S 20 und 24>. Um dem Wahlvorstand zumindest eine Plausibilitätsprüfung zu ermöglichen, ist zu verlangen, dass er AG zumindest **stichpunktartige Angaben zum Grund der Abwesenheit** macht <**L:** *Boemke/Haase* NZA 2021, 1513, 1519>. Zu Nachforschungen ist der Wahlvorstand aber mangels diesbezügl Regelung nicht verpflichtet.

Eine **Frist** zur Übersendung regelt die WO nicht. Allerdings ergibt sich aus Sinn und Zweck der Vorschrift, dass die AN das Wahlausschreiben in den Fällen des Abs 2 noch so rechtzeitig erhalten müs-

Anh. 1 WO   Wahlordnung zum Betriebsverfassungsgesetz

sen, dass sie bei der Wahl aktiv werden, insb sich **zur Wahl stellen können**. Das erfordert eine frühzeitige Übersendung, andernfalls muss der Wahlvorstand diesen AN das Wahlausschreiben vorab aushändigen <**L:** *Fitting* Rn 5>. Ein Verstoß kann zur **Anfechtbarkeit** der Wahl führen <**R:** LAG Hamm 12.3.2019, 7 TaBV 49/18, NZA-RR 2019, 364; LAG HH 28.3.2007, 5 TaBV 2/07>.

9   Die unter Verstoß gegen Abs 2 S 1 versäumte Übersendung der Briefwahlunterlagen wird **nicht** dadurch **geheilt**, dass der Wahlvorstand am Wahltag die AN zuhause oder an ihrem Arbeitsplatz aufsucht und ihnen dort die persönliche Stimmabgabe ermöglicht <**R:** LAG Köln 16.9.1987, 7 TaBV 13/87, LAGE § 19 BetrVG 1972 Nr 5>. Ein Verstoß des Wahlvorstands gegen seine Pflicht zur Übersendung der Wahlunterlagen verletzt eine wesentliche Verfahrensvorschrift und kann daher eine Wahlanfechtung begründen <**R:** vgl LAG München 25.6.2013, 9 TaBV 11/13>.

IV. Briefwahl kraft Beschlusses bei weiter Entfernung

10   Nach Abs 3 kann der Wahlvorstand für **Betriebsteile und Kleinstbetriebe**, die räumlich weit vom Hauptbetrieb entfernt sind, die schriftliche Stimmabgabe beschließen. Voraussetzung ist, dass diese Einheiten betriebsverfassungsrechtl **zum Hauptbetrieb gehören**, dh nicht selbst gemäß §§ 1, 4 BetrVG BRfähig sind. Der Begriff der **räumlich weiten Entfernung** deckt sich nicht mit dem in § 4 BetrVG enthaltenen gleichlautenden Begriff, sondern ist in einem weiten Sinne zu verstehen. Entscheidend ist in diesem Zusammenhang, ob es den Arbeitnehmern der außerhalb des Hauptbetriebes liegenden Betriebsteile oder Kleinstbetriebe unter Berücksichtigung der bestehenden oder gegebenenfalls vom Arbeitgeber zur Verfügung zu stellenden zusätzlichen Verkehrsmöglichkeiten **zumutbar** ist, im Hauptbetrieb persönlich ihre Stimme abzugeben <**R:** LAG Berl-Bbg 7.5.2021, 5 TaBV 1160/19; LAG Hamm 5.8.2011, 10 TaBV 13/11>. Bei dieser Prüfung kommt dem Wahlvorstand ein **Beurteilungsspielraum** zu, dessen Einhaltung arbeitsgerichtlicher Prüfung unterliegt <**R:** BAG 16.3.2022, 7 ABR 29/20>.

11   Nach einem **Beschluss** gem Abs 3 S 1 hat der Wahlvorstand den betreffenden Wahlberechtigten die Wahlunterlagen gem Abs 3 S 2 iVm Abs 2 S 1 zu übersenden; die Anschriften der AN hat der AG gem Abs 3 S 2 iVm Abs 2 S 2 zur Verfügung zu stellen. **Andernfalls** muss der Wahlvorstand in den Betriebsteilen und Kleinstbetrieben **Wahllokale einrichten**, weil sonst die dort beschäftigten Wahlberechtigten praktisch von der Ausübung ihres Wahlrechts ausgeschlossen würden <**L:** *Richardi/Forst* Rn 7>. Die Entscheidung, welche Variante er wählt, hat der Wahlvorstand nach pflichtgemäßem Ermessen zu treffen <**R:** LAG Berl-Bbg 7.5.2021, 5 TaBV 1160/19; **L:** *Fitting* Rn 19>.

12   Führt der Wahlvorstand die Wahl in Betriebsstätten als Briefwahl durch, obwohl die Voraussetzungen des Abs 3 S 1 auch unter Berücksichtigung seines Beurteilungsspielraums nicht vorliegen, kann dies zur **Anfechtbarkeit** der Wahl führen <**R:** BAG 16.3.2022, 7 ABR 29/20; LAG Hamm 16.11.2007, 13 TaBV 109/06>.

V. Briefwahlunterlagen

13   Die zu übersendenden Unterlagen sind in Abs 1 S 1 **zwingend und abschließend** aufgezählt. Der bei der schriftlichen Stimmabgabe zu verwendende Wahlumschlag darf kein auf den Absender hindeutendes Kennzeichen enthalten. Auch die Stimmzettel für die schriftliche Stimmabgabe dürfen nicht ggü den von den ortsanwesenden AN benutzten bes gekennzeichnet sein. Der Umschlag für die Rücksendung (Freiumschlag) ist zwingend zu frankieren <**R:** LAG Nbg 20.9.2011, 6 TaBV 9/11> Die Übersendung des in Abs 1 S 2 erwähnten Merkblattes ist nicht obligatorisch (bloße Soll-Vorschrift) <**L: aA** GK/*Jacobs* Rn 19>.

VI. Übersendung

14   Der Wahlvorstand hat die Aushändigung oder die Übersendung der Unterlagen gemäß Abs 1 S 3 in der Wählerliste zu **vermerken**. Dies gilt auch für die Fälle der Abs 2 und 3, die lediglich abweichende Voraussetzungen, aber kein abweichendes Verfahren regeln <**L:** iE ebenso Richardi/*Forst* Rn 14>.

§ 25 Stimmabgabe **Anh. 1 WO**

Der Vermerk soll verhindern, dass Briefwähler zusätzlich ihre Stimme noch persönlich im Wahllokal abgeben. Zur Möglichkeit der persönlichen Wahl trotz vorheriger Übersendung des Wahlumschlags <L: *Bachner*, NZA 2012, 1266>.

VII. Kosten der Briefwahl

Die **erforderlichen** Kosten der Briefwahl trägt gemäß **§ 20 Abs 3 S 1 BetrVG** der AG <R: BAG 26.2.1992, 7 ABR 37/91, DB 1992, 2147>. Hierzu gehören insbes die Fahrt- und Portokosten. Im Regelfall genügt ein Versand per einfachem Brief. Kosten für ein Einschreiben sind grds nicht erforderlich und daher nur nach vorheriger Vereinbarung vom AG zu tragen <L: GK/*Jacobs* § 24 WO Rn 16; **aA** *Fitting* § 25 WO Rn 6; wohl auch DKW/*Homburg* § 25 WO Rn 6>.   15

§ 25 Stimmabgabe

Die Stimmabgabe erfolgt in der Weise, dass die Wählerin oder der Wähler

1. den Stimmzettel unbeobachtet persönlich kennzeichnet und so faltet und in dem Wahlumschlag verschließt, dass die Stimmabgabe erst nach Auseinanderfalten des Stimmzettels erkennbar ist,
2. die vorgedruckte Erklärung unter Angabe des Orts und des Datums unterschreibt und
3. den Wahlumschlag und die unterschriebene vorgedruckte Erklärung in dem Freiumschlag verschließt und diesen so rechtzeitig an den Wahlvorstand absendet oder übergibt, dass er vor Abschluss der Stimmabgabe vorliegt.

Die Wählerin oder der Wähler kann unter den Voraussetzungen des § 12 Abs. 4 die in den Nummern 1 bis 3 bezeichneten Tätigkeiten durch eine Person des Vertrauens verrichten lassen.

Durch das in S 1 Nr 1 vorgeschriebene Verschließen des Wahlumschlages soll das **Wahlgeheimnis** gesichert werden. Gleichwohl ist ein unverschlossener **Wahl**umschlag bei der Stimmabgabe (vgl § 26 WO) zu berücksichtigen, wenn nicht vor der Stimmauszählung von seinem Inhalt Kenntnis genommen werden kann. Bei einem verschlossenen Freiumschlag ist das der Fall <L: Richardi/*Forst* Rn 1; *Fitting* Rn 2>. Dasselbe gilt wegen des bei der Briefwahl weiter vorgesehenen Wahlumschlags auch für einen Stimmzettel, der nicht wie in Nr 1 vorgesehen **gefaltet** ist <L: **aA** *Fitting* Rn 2>. Die **unbeobachtete** Kennzeichnung des Stimmzettels fällt in den Verantwortungsbereich des Wählers; ein Verstoß gegen diese Vorgabe führt daher nicht zur Ungültigkeit der Stimme <R: LAG SH 18.3.1999, 4 TaBV 51/98, NZA-RR 1999, 523>.   1

Die Stimmabgabe ist nicht ordnungsgem erfolgt, wenn entgg S 1 Nr 2 und 3 die vorgedruckte **Erklärung** nicht unterschrieben oder nicht beigefügt oder der **Freiumschlag** nicht verschlossen ist. In diesen Fällen darf die Stimme **nicht berücksichtigt** werden <R: ArbG Mannheim 13.6.2002. 5 BV 1/02 (Freiumschlag); LAG Hamm 9.3.2007, 10 TaBV 105/06 (separat abgegebene Erklärung)>.   2

Die Form der **Übersendung** ist dem Briefwähler freigestellt; er kann den Freiumschlag auch selbst überbringen oder durch einen **Boten** überbringen lassen <R: LAG München 9.6.2010, 4 TaBV 105/09>. Ein **Mitglied des Wahlvorstandes** in Betracht, das Zugriff auf die Wahlunterlagen hat, darf **nicht** als Bote eingesetzt werden, da es die Möglichkeit hat, einen Austausch der im Freiumschlag enthaltenen Unterlagen durchzuführen; allein die abstrakte Möglichkeit einer Manipulation ohne konkrete Verdachtsmomente begründet die Annahme eines Wahlverfverstoßes <R: LAG Hamm 1.6.2007, 13 TaBV 86/06>.   3

Das Risiko der **rechtzeitigen** Übermittlung trägt in jedem Fall der Wähler <L: DKW/*Homburg* Rn 6; GK/*Jacobs* Rn 3>. Er muss seine Stimme so zeitig übersenden, dass sie vor Ablauf des Stimmabgabezeitraums gemäß § 3 Abs 2 Nr 11 WO beim Wahlvorstand eingeht. Der Wahlvorstand muss lediglich dafür sorgen, dass Stimmen auch tatsächlich bis zu diesem Zeitpunkt noch eingehen können (§ 6 WO Rn 2). Den Umschlag im Wahlbüro entgegennehmen kann neben dem Wahlvorstand   4

Anh. 1 WO Wahlordnung zum Betriebsverfassungsgesetz

auch ein **Wahlhelfer** <R: LAG Hamm 19.9.2008, 10 TaBV 53/08>. Eine Übermittlung bereits vor dem Wahltag ist unproblematisch möglich. Es liegt in der Verantwortung des Wahlvorstands, die eingegangenen **Freiumschläge** bis zum Tag der Auszählung **unter Verschluss** zu halten, um Manipulationen so weit wie möglich auszuschließen <L: *Fitting* Rn 5>. Ein Verstoß führt zur Anfechtbarkeit der Wahl <R: Hess LAG 15.6.2020, 16 TaBV 116/19, LAGE § 177 SGB IX 2018 Nr 1>.

5 Wer des Lesens unkundig oder aufgrund einer Behinderung in der Stimmabgabe beeinträchtigt ist kann sich auch bei der Briefwahl der Hilfe einer **Vertrauensperson** bedienen (S 2). Er muss dies dem Wahlvorstand zuvor in irgendeiner Form mitteilen (S 2 iVm § 12 Abs 4 S 1 WO). Wahlvorstandsmitglieder und Wahlhelfer können auch hier nicht als Vertrauensperson tätig werden (S 2 iVm § 12 Abs 4 S 2 WO). Die Vertrauensperson ist zur Geheimhaltung verpflichtet (S 2 iVm § 12 Abs 4 S 4 WO).

§ 26 Verfahren bei der Stimmabgabe

(1) Zu Beginn der öffentlichen Sitzung zur Stimmauszählung nach § 13 öffnet der Wahlvorstand die bis zum Ende der Stimmabgabe (§ 3 Absatz 2 Nummer 11) eingegangenen Freiumschläge und entnimmt ihnen die Wahlumschläge sowie die vorgedruckten Erklärungen. Ist die schriftliche Stimmabgabe ordnungsgemäß erfolgt (§ 25), so vermerkt der Wahlvorstand die Stimmabgabe in der Wählerliste, öffnet die Wahlumschläge und legt die Stimmzettel in die Wahlurne. Befinden sich in einem Wahlumschlag mehrere gekennzeichnete Stimmzettel, werden sie in dem Wahlumschlag in die Wahlurne gelegt.

(2) Verspätet eingehende Briefumschläge hat der Wahlvorstand mit einem Vermerk über den Zeitpunkt des Eingangs ungeöffnet zu den Wahlunterlagen zu nehmen. Die Briefumschläge sind einen Monat nach Bekanntgabe des Wahlergebnisses ungeöffnet zu vernichten, wenn die Wahl nicht angefochten worden ist.

1 Durch VO vom 8.10.2021 (BGBl I S. 4640) ist Abs 1 S 1 so gefasst worden, dass die Freiumschläge der Briefwähler erst **zu Beginn der öffentlichen Sitzung zur Stimmauszählung** geöffnet werden. Gerade bei der Briefwahl ist die Kontrollmöglichkeit durch die Betriebsöffentlichkeit von besonderer Bedeutung, weil idR der Briefwähler selbst mangels Anwesenheit vor Ort keine unmittelbare Beobachtungsmöglichkeit hat <R: BAG 10.7.2013, 7 ABR 83/11, EzA § 18 BetrVG 2001 Nr 2>. Eine **zu frühe Öffnung** der Freiumschläge führt daher zur Anfechtbarkeit der Wahl <so zur bisherigen Rechtslage R: LAG Nbg 27.11.2007, 6 TaBV 46/07, AuR 2008, 161>. Aufgrund der eindeutigen Regelung in Abs 1 S 1 muss der Wahlvorstand **nicht gesondert bekannt machen**, wann und wo er die Briefwahlumschläge öffnen wird <R: so schon zur früheren Rechtslage BAG 20.5.2020, 7 ABR 42/18, NZA 2020, 1423; anders noch zur ausschließlich schriftlichen Stimmabgabe BAG 10.7.2013, aaO>. Dieser Zeitpunkt ergibt sich unmittelbar aus dem im Wahlausschreiben (§ 3 Abs 2 Nr 13) genannten Zeitpunkt der öffentlichen Stimmauszählung. Etwaige Unsicherheiten, die zur Anfechtung der Wahl führen konnte, wollte der Verordnungsgeber hierdurch beseitigen <L: BR-Drs 666/21 S. 24>.

2 Gg das Gebot der Öffentlichkeit wird verstoßen, wenn der Wahlvorstand AN, die der Öffnung der Freiumschläge beiwohnen wollen, wegschickt <R: LAG SH 18.3.1999, 4 TaBV 51/98, NZA-RR 1999, 523>. Auch darf dieser Vorgang nicht in einen Nebenraum verlegt werden, wenn dies nicht allen Anwesenden eindeutig kommuniziert wird <R: LAG Köln 20.5.2016, 4 TaBV 98/15>. Die **Öffnung** hat durch den Wahlvorstand selbst, nicht durch Wahlhelfer zu erfolgen; es müssen aber nicht alle Wahlvorstandsmitglieder anwesend sein, sofern sie nur alle eingeladen worden sind <R: LAG Nbg 23.11.1999, 6 TaBV 37/98, ZBVR 2002, 34>. Eine Zuschaltung einzelner Wahlvorstandsmitglieder per **Video- oder Telefonkonferenz** erlaubt § 1 Abs 4 S 1 allerdings wegen des Öffentlichkeitsgebots **nicht**. Ein Verstoß hiergegen macht die Wahl aber nicht anfechtbar; wenn die Abwesenheit unschädlich ist, kann die für die Teilnahme auf nicht vorgesehenem Wege nichts anderes gelten.

Der Wahlvorstand entnimmt den **Freiumschlägen** die Wahlumschläge sowie die vorgedruckten Erklärungen und prüft, ob die Vorgaben des § 25 WO eingehhalten sind. Stellt er fest, dass die schriftliche Stimmabgabe ordnungsgem erfolgt ist, vermerkt er sie in der Wählerliste, öffnet die **Wahlumschläge** und legt die Stimmzettel in die Wahlurne (Abs 1 S 2). Ein Verstoß gegen dieses Verfahren kann die Wahlanfechtung begründen <**R:** Hess LAG 15.6.2020, 16 TaBV 116/19, LAGE § 177 SGB IX 2018 Nr 1>. Befinden sich in einem Wahlumschlag mehrere Stimmzettel, so werden diese im geöffneten Wahlumschlag in die Urne gelegt (Abs 1 S 3). **Unverschlossen** eingegangene **Freiumschläge** werden nicht berücksichtigt, ebenso Stimmen ohne beigefügte unterschriebene Erklärung (§ 25 Rn 2). 3

Unterlässt der Wahlvorstand einen **Abgleich mit der Wählerliste**, kann dies eine Wahlanfechtung begründen <**R:** LAG SH 15.9.2011, 5 TaBV 3/11>. Der Vermerk ist deshalb von so großer Bedeutung, weil er die einzig zulässige Möglichkeit ist, um die Stimmabgabe eines Briefwählers zu beweisen <**R:** BAG 25.10.2017, 7 ABR 2/16, NZA 2018, 252; 12.6.2013, 7 ABR 77/11, BB 2013, 2683>. Unverzichtbar ist zudem die Verwendung einer zum Zeitpunkt der Einlegung **verschlossenen Wahlurne**; ein Verstoß berechtigt zur Anfechtung der Wahl, wenn hierdurch das Ergebnis beeinflusst werden konnte <**R:** LAG Nds 11.9.2019, 13 TaBV 85/18; LAG Hamm 9.3.2007, 10 TaBV 105/06>. 4

Verspätet, dh nach dem Schluss der Stimmabgabe eingehende Freiumschläge gelten als nicht abgegeben. Sie werden ungeöffnet mit einem Vermerk über den Eingangszeitpunkt zu den Wahlakten genommen. Eine Rückgabe an die Absender erfolgt nicht; die Freiumschläge sind vielmehr ungeöffnet zu vernichten, wenn die Wahl nicht angefochten wurde. 5

Im **Wahlanfechtungsverf** können die Freiumschläge zu Beweiszwecken – etwa hinsichtlich der Beteiligung des Absenders an der Wahl – dienen; das Wahlgeheimnis verbietet aber auch im Anfechtungsverf eine Öffnung der Briefumschläge. Nach rechtskräftigem Abschluss des Wahlanfechtungsverfs sind sie zu vernichten. 6

Vierter Abschnitt
Wahlvorschläge der Gewerkschaften

§ 27 Voraussetzungen, Verfahren

(1) Für den Wahlvorschlag einer im Betrieb vertretenen Gewerkschaft (§ 14 Abs. 3 des Gesetzes) gelten die §§ 6 bis 26 entsprechend.

(2) Der Wahlvorschlag einer Gewerkschaft ist ungültig, wenn er nicht von zwei Beauftragten der Gewerkschaft unterzeichnet ist (§ 14 Abs. 5 des Gesetzes).

(3) Die oder der an erster Stelle unterzeichnete Beauftragte gilt als Listenvertreterin oder Listenvertreter. Die Gewerkschaft kann hierfür eine Arbeitnehmerin oder einen Arbeitnehmer des Betriebs, die oder der Mitglied der Gewerkschaft ist, benennen.

Die Vorschriften über die Wahl von mehr als fünf BR-Mitgliedern (§§ 6–26 WO) gelten für Wahlvorschläge von im Betrieb vertretenen Gewerkschaften nach § 14 Abs 3 BetrVG entspr (Abs 1). 1

Der Wahlvorstand hat bei Zweifeln die **Gewerkschaftseigenschaft** nachzuprüfen und kann die hierzu erforderlichen Dokumente anfordern, weil Arbeitnehmer, die keine Gewerkschaften sind, auch kein Wahlvorschlagsrecht haben <**R:** LAG Berl-Bbg 7.5.2021, 5 TaBV 1160/19>. Ist der Wahlvorschlag nicht gem § 14 Abs 5 BetrVG von zwei Beauftragten der Gewerkschaft unterzeichnet, ist er nach Abs 2 ungültig. Die Unterzeichner müssen durch die satzungsgemäßen Organe der Gewerkschaft **beauftragt** worden sein, wenn sich die Beauftragung nicht unmittelbar aus der Satzung ergibt <**R:** LAG München 28.1.2021, 3 TaBV 55/20> (§ 14 BetrVG Rn 32; LAG SH 9.1.2017, 3 TaBVGa 3/16, AE 2017, 151). Eine **Unterbevollmächtigung** ist nicht mögl, die Grundsätze des BGB über die Vollmachtserteilung finden insoweit keine Anwendung <**R:** LAG München 28.1.2021, 3 TaBV 55/20; LAG Rh-Pf 14.1.2016, 5 TaBV 19/15>. 2

3 Die Beauftragung bedarf keiner Form und kann daher auch mündlich erteilt werden <R: LAG Hamm 10.3.1998, 3 TaBV 37/98, NZA-RR 1998, 400>. Der Wahlvorstand hat aber wegen § 14 Abs 5 BetrVG und § 27 Abs 2 WO die Vertretungsmacht der Unterzeichner zu prüfen; er kann daher einen **Nachweis der Vertretungsmacht** verlangen <R: LAG SH 9.1.2017, 3 TaBVGa 3/16, AE 2017, 151; LAG Hamm 10.3.1998, aaO; L: *Fitting* § 14 BetrVG Rn 68>. Fehlt der Nachweis bei Einreichung, muss der Wahlvorstand analog § 8 Abs 2 WO eine Nachfrist von drei Arbeitstagen setzen <L: GK/*Jacobs* Rn 3>. Verlangt er keinen Nachweis, soll dieser auch noch später möglich sein <R: so LAG Hamm 10.3.1998, aaO; L: zu Recht aA Richardi/*Forst* Rn 2>. Fehlt bei Einreichung nicht nur der Nachweis, sondern die Vertretungsmacht, so kann deren Erteilung nur bis zum Ende der Einreichungsfrist **nachgeholt** werden <L: GK/*Jacobs* Rn 3>. Innerhalb der Frist können auch fehlende Unterschriften nachgereicht werden <R: LAG SH 9.1.2017, 3 TaBVGa 3/16, AE 2017, 151; L: *Fitting* § 14 BetrVG Rn 69>. Eine als gewerkschaftl Vorschlag zurückgezogene Liste kann **als Arbeitnehmerliste** eingereicht werden, wenn sie die erforderl Zahl an Stützunterschriften aufweist und nicht von einer Täuschung der Unterstützer auszugehen ist <R: LAG Berl-Bbg 7.5.2021, 5 TaBV 1160/19>.

4 **Listenvertreter** ist nach Abs 3 S 1 der an erster Stelle unterzeichnete Beauftragte. Die Gewerkschaft kann aber auch (formlos) einen AN des Betriebs, der Mitglied der Gewerkschaft ist, als Listenvertreter benennen. Dies kann auch ein im Betrieb eingesetzter Leih-AN sein <L: *Löwisch/Wegmann* BB 2017, 373>.

Zweiter Teil
Wahl des Betriebsrats im vereinfachten Wahlverfahren
(§ 14a des Gesetzes)

Vorbemerkung

1 Die §§ 28 ff WO betreffen die Wahl des BR im durch das BetrVerf-RG 2001 eingeführten vereinfachten Wahlverf für **Kleinbetriebe**. Nach § 14a Abs 1 BetrVG gilt dieses Wahlverf zwingend für Betriebe mit in der Regel fünf bis 100 wahlberechtigten AN. Maßgeblich ist die **Zahl der wahlberechtigten AN** nach § 7 BetrVG einschließlich nach § 7 S 2 wahlberechtigten Leih-AN (näher § 14a BetrVG Rn 3). Ausnahmsweise findet das vereinfachte Wahlverf auch in Betrieben mit idR 101 bis 200 wahlberechtigten AN statt, wenn der – nach den allg Vorschriften gebildete – Wahlvorstand und der AG dies **vereinbart** haben (§ 14a Abs 5 BetrVG). S hierzu § 37 WO.

2 Entspr den Regelungen der §§ 14a, 17a BetrVG trennt die WO zw dem zweistufigen und dem einstufigen vereinfachten Wahlverf. Im **zweistufigen Verf** wird auf einer ersten Wahlversammlung der Wahlvorstand gewählt und auf einer zweiten Wahlversammlung der BR. Es findet in Kleinbetrieben statt, in denen noch kein BR besteht und der Wahlvorstand auch nicht durch GBR oder KBR bestellt wird. Die Einzelheiten dieses Verf sind in den §§ 28–35 WO geregelt.

3 Das **einstufige Verf** findet gem § 14a Abs 3 BetrVG dort statt, wo der Wahlvorstand durch den (bisherigen) BR, den GBR, den KBR oder das ArbG bestellt worden ist. Außerdem kommt es zur Anwendung, wenn Wahlvorstand und AG von Betrieben mit zw 101 und 200 wahlberechtigten AN das vereinfachte Wahlverf vereinbart haben. Es unterscheidet sich vom zweistufigen Verf dadurch, dass lediglich die Wahl des BR auf einer Wahlversammlung stattfindet – ein Wahlvorstand muss schließlich nicht mehr bestellt werden. Die Einzelheiten regelt § 36 WO.

4 Das vereinfachte Wahlverf kann **zeitaufwendig** sein. Die Wahlversammlung zur Wahl des Wahlvorstandes kann lange dauern, weil auf ihr nach § 30 WO die Wählerliste aufzustellen und nach § 31 WO das Wahlausschreiben zu erlassen ist und weil den Wahlberechtigten nach dem Erlass des Wahlausschreibens ausreichend Zeit zur Einreichung von Wahlvorschlägen gegeben werden muss (vgl §§ 30 WO Rn 10, 31 WO Rn 8 und 33 WO Rn 6). Da der AG gem § 44 Abs 1 S 2 BetrVG den AN,

die an der Wahlversammlung teilnehmen, das Arbeitsentgelt fortzahlen muss, ist der Wahlvorstand analog § 2 Abs 1 BetrVG verpflichtet, bei absehbar langwierigen Vorgängen die Wahlversammlung zur Wahl des Wahlvorstandes **zu unterbrechen**, sodass zwischenzeitlich weitergearbeitet werden kann. Was die Wahlversammlung zur Wahl des BR angeht, muss schon deshalb von langer Dauer ausgegangen werden, weil allen AN ausreichend Zeit zur Stimmabgabe gelassen werden muss (s dazu § 31 WO Rn 8). § 44 Abs 1 S 2 BetrVG greift insoweit aber nur, als die Zeit in Frage steht, die der AN braucht, um seine Stimme abzugeben. Anders als bei der Wahlversammlung zur Wahl des Wahlvorstandes, bei der es auch um die Aufstellung von Wahlvorschlägen geht, ist eine darüber hinausgehende Anwesenheit nicht erforderlich.

Erster Abschnitt
Wahl des Betriebsrats im zweistufigen Verfahren (§ 14a Abs. 1 des Gesetzes)

Erster Unterabschnitt
Wahl des Wahlvorstands

§ 28 Einladung zur Wahlversammlung

(1) Zu der Wahlversammlung, in der der Wahlvorstand nach § 17a Nr. 3 des Gesetzes (§ 14a Abs. 1 des Gesetzes) gewählt wird, können drei Wahlberechtigte des Betriebs oder eine im Betrieb vertretene Gewerkschaft einladen (einladende Stelle) und Vorschläge für die Zusammensetzung des Wahlvorstands machen. Die Einladung muss mindestens sieben Tage vor dem Tag der Wahlversammlung erfolgen. Sie ist durch Aushang an geeigneten Stellen im Betrieb bekannt zu machen. Ergänzend kann die Einladung mittels der im Betrieb vorhandenen Informations- und Kommunikationstechnik bekannt gemacht werden; § 2 Abs. 4 Satz 4 gilt entsprechend. Die Einladung muss folgende Hinweise enthalten:

a) Ort, Tag und Zeit der Wahlversammlung zur Wahl des Wahlvorstands;

b) dass Wahlvorschläge zur Wahl des Betriebsrats bis zum Ende der Wahlversammlung zur Wahl des Wahlvorstands gemacht werden können (§ 14a Abs. 2 des Gesetzes);

c) dass Wahlvorschläge der Arbeitnehmerinnen und Arbeitnehmer zur Wahl des Betriebsrats mindestens zwei Wahlberechtigten unterzeichnet sein müssen; in Betrieben mit in der Regel bis zu zwanzig Wahlberechtigten bedarf es keiner Unterzeichnung von Wahlvorschlägen;

d) dass Wahlvorschläge zur Wahl des Betriebsrats, die erst in der Wahlversammlung zur Wahl des Wahlvorstands gemacht werden, nicht der Schriftform bedürfen.

(2) Der Arbeitgeber hat unverzüglich nach Aushang der Einladung zur Wahlversammlung nach Absatz 1 der einladenden Stelle alle für die Anfertigung der Wählerliste erforderlichen Unterlagen (§ 2) in einem versiegelten Umschlag auszuhändigen.

Im zweistufigen vereinfachten Wahlverf wird der Wahlvorstand gem § 14a Abs 1 S 2 BetrVG in einer **ersten Wahlversammlung** gewählt. Zu dieser Wahlversammlung können nach § 17a Nr 3 S 2 iVm § 17 Abs 3 BetrVG drei wahlberechtigte AN des Betriebs oder eine im Betrieb vertretene Gewerkschaft einladen und Vorschläge für die Zusammensetzung des Wahlvorstands machen (s § 17a BetrVG Rn 4, § 17 BetrVG Rn 8f). Die WO bezeichnet diejenigen Personen, welche die Einladung vornehmen, als „einladende Stelle". Die Vorschriften des § 28 WO ergänzen diese gesetzlichen Bestimmungen. Danach gilt Folgendes: 1

Die Einladung durch die drei wahlberechtigten AN oder die im Betrieb vertretene Gewerkschaft muss mindestens **sieben Tage** vor dem Tag der Wahlversammlung erfolgen (Abs 1 S 2). „Tage" sind hier Kalendertage, nicht Arbeitstage, wie sie die WO sonst in ihren Fristvorschriften (vgl zB §§ 6 Abs 5, 8 Abs 2, 17 Abs 2 WO) zu Grunde legt. Der Tag der Einladung zählt gem § 41 Abs 1 WO iVm § 187 Abs 1 BGB nicht mit. Soll die Wahlversammlung an einem Freitag stattfinden, muss die 2

Anh. 1 WO Wahlordnung zum Betriebsverfassungsgesetz

Einladung also spätestens am Donnerstag der Vorwoche bekanntgemacht werden <L: Berscheid/*Vetter* § 43 Rn 267; DKW/*Homburg* Rn 3; **aA** GK/*Jacobs* Rn 4: Freitag der Vorwoche genügt>. Eine zu kurze Einladungsfrist kann als Verstoß gegen eine wesentliche Verfahrensvorschrift eine Wahlanfechtung rechtfertigen <R: ArbG Kiel 21.10.2009, 3 BV 23 b/09>.

3   Abs 1 Satz 5 regelt den zwingenden **Mindestinhalt der Einladung**. Fehlende Angaben **berechtigen zur Wahlanfechtung**, wenn nicht ein Einfluss auf das Ergebnis auszuschließen ist <L: Richardi/*Forst* Rn 4>. Die Einladung muss Ort, Tag und Zeit der Wahlversammlung zur Wahl des Wahlvorstandes sowie den Hinweis enthalten, dass bis zum Ende dieser Wahlversammlung Wahlvorschläge zur Wahl des BR gemacht werden können (dazu noch § 33 WO Rn 6). Hinzuweisen ist außerdem auf die nach § 14 Abs 4 BetrVG notwendige Zahl von Unterschriften sowie darauf, dass erst in der Wahlversammlung zur Wahl des Wahlvorstands gemachte Wahlvorschläge nicht der Schriftform bedürfen, wie sich aus § 14a Abs 2 BetrVG ergibt. Hingegen muss die Einladung nicht zwingend die einladende Stelle iSd Satzes 1 nennen.

4   Die Einladung ist durch Aushang an geeigneten Stellen im Betrieb **bekannt zu machen** (Abs 1 S 3). In Betracht kommen in erster Linie das Schwarze Brett oder sonstige Bekanntmachungstafeln. Der Wahlvorstand muss den Ort so wählen, dass die Bekanntmachung alle AN des Betriebs erreicht <R: Hess LAG 21.5.2015, 9 TaBV 35/14>. Ergänzend kann die Bekanntmachung auch über Informations- und Kommunikationstechnik erfolgen, bspw im Intranet (Abs 1 S 4). Eine ausschließliche Bekanntmachung auf diesem Wege ist nach dem für entspr anwendbar erklärten § 2 Abs 4 S 4 WO möglich, wenn alle AN von der Bekanntmachung Kenntnis erlangen können und Vorkehrungen getroffen werden, dass Änderungen der Bekanntmachung nur von den Einladenden vorgenommen werden können (dazu § 2 WO Rn 14). Eine unzureichende Bekanntmachung macht die Wahl **anfechtbar** <R: Hess LAG 21.5.2015, aaO>.

5   Der AG ist verpflichtet, die Bekanntmachung zu **ermöglichen**. Widersetzt er sich, kann die Verpflichtung von der einladenden Stelle (Rn 1) im arbg Beschlussverf durchgesetzt werden. Außerdem liegt in einem solchen Verhalten eine nach § 20 Abs 1 S 1 BetrVG verbotene Behinderung der Wahl des BR, die nach § 119 Abs 1 Nr 1 BetrVG strafbar sein kann.

6   Abs 2 verpflichtet den AG, unverzüglich nach Aushang oder sonstiger Bekanntmachung der Einladung zur Wahlversammlung den drei einladenden wahlberechtigten AN oder der einladenden Gewerkschaft alle für die Anfertigung der Wählerliste erforderlichen Unterlagen in einem – aus Datenschutzgründen – **versiegelten Umschlag** auszuhändigen (zum Begriff der Versiegelung § 12 WO Rn 5). Die einladende Stelle darf diesen nicht öffnen, sie hat ihn ausschließlich dem Wahlvorstand nach dessen Wahl auszuhändigen (§ 30 Abs 1 S 3 WO). Eine fehlende Versiegelung oder ein unbefugtes Öffnen können datenschutzrechtliche Folgen nach sich ziehen, für sich genommen rechtfertigen sie jedoch mangels Einflusses auf das Wahlergebnis keine Anfechtung <L: ebenso GK/*Jacobs* Rn 8>.

7   Zu den erforderlichen Unterlagen gehört insbes eine **Liste der dem Betrieb angehörenden AN** mit der Angabe von Familienname, Vorname, Geburtsdatum, Geschlecht und Beschäftigungsart sowie die Angabe der im Betrieb beschäftigten Leih-AN mit der Angabe des ersten Einsatzdatums, damit der Wahlvorstand nach seiner Wahl deren Wahlberechtigung beurteilen kann. Ergänzt wird die Auskunftspflicht des AG durch das Recht des Wahlvorstandes, nach § 30 Abs 1 S 5 iVm § 2 Abs 2 WO Auskünfte zu verlangen (s dazu § 30 Rn 10).

8   Weigert sich der AG, die Unterlagen zusammenzustellen und auszuhändigen, etwa weil er die Wahlberechtigung der drei einladenden AN bestreitet, muss über seine Verpflichtung ebenfalls im arbg **Beschlussverf** nach §§ 2a, 80ff ArbGG entschieden werden. Dabei kommt gem § 85 Abs 2 ArbGG auch der Erlass einer **einstweiligen Verfügung** in Betracht, die, weil sie zur Befriedigung des Anspruchs führt, voraussetzt, dass die Rechtslage zweifelsfrei ist.

§ 29 Wahl des Wahlvorstands

Der Wahlvorstand wird in der Wahlversammlung zur Wahl des Wahlvorstands von der Mehrheit der anwesenden Arbeitnehmerinnen und Arbeitnehmer gewählt (§ 17a Nr. 3 Satz 1 des Gesetzes). Er besteht aus drei Mitgliedern (§ 17a Nr. 2 des Gesetzes). Für die Wahl der oder des Vorsitzenden des Wahlvorstands gilt Satz 1 entsprechend.

S 1 der Vorschrift wiederholt die gesetzliche Bestimmung des § 17a Nr 3 S 1 BetrVG, nach welcher der Wahlvorstand in der ersten Wahlversammlung von der Mehrheit der anwesenden AN gewählt wird. Die Versammlung findet gem § 44 S 1 BetrVG **während der Arbeitszeit** statt. Teilnahme- und vorschlagsberechtigt sind sämtliche AN des Betriebes, **ohne Rücksicht auf ihre Wahlberechtigung**. Gegen ein **Teilnahmerecht des AG** spricht anders als im regulären Wahlverf (s § 17 BetrVG Rn 16), dass auf der Versammlung nicht nur der Wahlvorstand gewählt wird, sondern mit der Aufstellung der Wahlvorschläge bereits unmittelbar wesentliche Wahlmaßnahmen vorgenommen werden <L: i Erg ebenso Berscheid/*Vetter* § 43 Rn 239; wohl auch Fitting Rn 2>. 1

Die Wahlversammlung ist ohne Rücksicht auf die Zahl der an ihr teilnehmenden AN beschlussfähig. Sie wird von einem der einladenden AN oder dem Beauftragten der einladenden Gewerkschaft eröffnet und **wählt einen Leiter** aus ihrer Mitte. Die Stimmabgabe kann formlos erfolgen, doch ist zweckmäßigerweise eine Niederschrift anzufertigen. Eine geheime Wahl ist nicht vorgeschrieben, sodass auch per Handzeichen gewählt werden kann. Der Wahlvorstand ist gewählt, wenn die Mehrheit der anwesenden AN dies beschließt. Die Mehrheit der abgegebenen Stimmen genügt nach dem eindeutigen Gesetzeswortlaut hingegen nicht, sodass Stimmenthaltungen faktisch wie Nein-Stimmen wirken. Scheitert die Wahl, so ist eine Ersatzbestellung durch das ArbG nach § 17a Nr 4 iVm § 17 Abs 4 BetrVG möglich. 2

Für die **Zusammensetzung** des Wahlvorstandes verweist S 2 der Vorschrift auf § 17a Nr 2 BetrVG, der seinerseits bestimmt, dass § 16 Abs 1 S 2 und 3 BetrVG keine Anwendung findet. Hieraus ergibt sich, dass der Wahlvorstand entspr der Grundregel des § 16 Abs 1 S 1 BetrVG zwingend aus **drei** Wahlberechtigten besteht; eine Erhöhung der Mitgliederzahl ist nicht möglich. Wahlberechtigte iS dieser Vorschrift sind neben den wahlberechtigten AN des Betriebes auch die nach § 7 S 2 BetrVG Wahlberechtigten (sa § 16 BetrVG Rn 10). 3

Gem § 16 Abs 1 S 4 BetrVG kann für jedes Mitglied des Wahlvorstands für den Fall seiner Verhinderung ein **Ersatzmitglied** bestellt werden. Auch kann jede im Betrieb vertretene Gewerkschaft zusätzlich einen dem Betrieb angehörenden Beauftragten als nicht stimmberechtigtes Mitglied in den Wahlvorstand entsenden, sofern ihr nicht ohnehin ein stimmberechtigtes Wahlvorstandsmitglied angehört (§ 16 Abs 1 S 5). 4

S 3 stellt klar, dass gem § 16 Abs 1 S 1 BetrVG der **Vorsitzende** des Wahlvorstands ebenfalls in der Wahlversammlung von der Mehrheit der anwesenden AN zu wählen ist, eine Wahl durch den Wahlvorstand selbst also ausscheidet. Ein Verstoß gegen diese Vorgabe bleibt aber regelmäßig folgenlos (§ 16 BetrVG Rn 15). 5

Finden sich keine drei Wahlberechtigten, die bereit sind, Mitglied des Wahlvorstands zu werden, oder ist kein Wahlberechtigter bereit, sich zum Vorsitzenden des Wahlvorstandes bestellen zu lassen, **endet** an dieser Stelle das Wahlverf. Der Versammlungsleiter hat die Wahlversammlung zur Wahl des Wahlvorstandes zu schließen. Drei wahlberechtigten AN oder eine im Betrieb vertretene Gewerkschaft können dann gem § 17a Nr 4 iVm § 17 Abs 4 BetrVG beim **ArbG** die Bestellung des Wahlvorstandes beantragen, mit der Konsequenz, dass die Wahl des BR im einstufigen Verf erfolgt (§ 36 WO Rn 1). Unabhängig davon genießen die einladenden wahlberechtigten AN gem § 15 Abs 3a KSchG **Kdschutz** bis zum Ablauf von drei Monaten vom Zeitpunkt der Einladung oder Antragstellung an <L: dazu *Löwisch* BB 2001, 1734, 1739>. 6

Anh. 1 WO Wahlordnung zum Betriebsverfassungsgesetz

Zweiter Unterabschnitt
Wahl des Betriebsrats

§ 30 Wahlvorstand, Wählerliste

(1) Unmittelbar nach seiner Wahl hat der Wahlvorstand in der Wahlversammlung zur Wahl des Wahlvorstands die Wahl des Betriebsrats einzuleiten. § 1 gilt entsprechend. Er hat unverzüglich in der Wahlversammlung eine Liste der Wahlberechtigten (Wählerliste), getrennt nach den Geschlechtern, aufzustellen. Die einladende Stelle hat dem Wahlvorstand den ihr nach § 28 Abs. 2 ausgehändigten versiegelten Umschlag zu übergeben. Die Wahlberechtigten sollen in der Wählerliste mit Familienname, Vorname und Geburtsdatum in alphabetischer Reihenfolge aufgeführt werden. § 2 Abs. 1 Satz 3, Abs. 2 bis 4 gilt entsprechend.

(2) Einsprüche gegen die Richtigkeit der Wählerliste können mit Wirksamkeit für die Betriebsratswahl nur vor Ablauf von drei Tagen seit Erlass des Wahlausschreibens beim Wahlvorstand schriftlich eingelegt werden. § 4 Abs. 2 und 3 gilt entsprechend.

1 Nach Abs 1 S 1 hat sich der Wahlvorstand unmittelbar nach seiner Wahl noch in der Wahlversammlung zu **konstituieren**. Gem dem entspr anwendbaren § 1 Abs 2 WO kann er sich eine – zweckmäßigerweise schon vorher vorbereitete – schriftliche Geschäftsordnung geben und wahlberechtigte AN als Wahlhelfer zu seiner Unterstützung hinzuziehen.

2 Für das Verf des Wahlvorstands gilt der nach Abs 1 S 2 ebenfalls entspr anwendbare § 1 Abs 3 WO. Danach werden die Beschlüsse mit **einfacher Stimmenmehrheit** seiner stimmberechtigten anwesenden Mitglieder gefasst, und es ist über jede Sitzung eine Niederschrift aufzunehmen. Die Beschlussfassung des Wahlvorstands auf der Wahlversammlung erfolgt grds in öffentlicher Sitzung (s § 1 WO Rn 13) <L: wie hier *Fitting* Rn 2; DKW/*Homburg* Rn 9; Berscheid/*Vetter* § 43 Rn 248; **aA** GK/*Jacobs* Rn 1, der – wenig praktikabel – für jede Entscheidung des Wahlvorstands eine Unterbrechung der Sitzung verlangt>.

3 Noch in der Wahlversammlung zur Wahl des Wahlvorstands hat der Wahlvorstand die **Wählerliste** aufzustellen. Zu diesem Zweck haben die einladenden drei wahlberechtigten AN bzw die einladende Gewerkschaft dem Wahlvorstand den ihnen nach § 28 Abs 2 WO vom AG ausgehändigten versiegelten Umschlag zu übergeben. Dieser wird vom Wahlvorstand geöffnet und zur Aufstellung der Wählerliste genützt.

4 In der Wählerliste sind die Wahlberechtigten **getrennt nach Geschlechtern** aufzuführen (dazu § 2 WO Rn 8), im Übrigen in alphabetischer Reihenfolge unter Angabe von Familiennamen, Vornamen und Geburtsdatum (dazu § 2 WO Rn 9). Nach dem für entspr anwendbar erklärten § 2 Abs 1 S 3 WO ist bei den gem § 7 S 2 BetrVG aktiv wahlberechtigten **Leih-AN** zu vermerken, dass sie nicht passiv wahlberechtigt sind (dazu § 2 WO Rn 10).

5 In entspr Anwendung des § 2 Abs 4 WO sind ein **Abdruck der Wählerliste** und ein **Abdruck der WO** bis zum Abschluss der Stimmabgabe (§ 34 WO Rn 6) an geeigneter Stelle im Betrieb zur Einsichtnahme **auszulegen**, wobei auch eine Bekanntmachung über die im Betrieb vorhandene Informations- und Kommunikationstechnik in Betracht kommt (dazu § 2 WO Rn 13f). Eine spezielle **Unterrichtung ausländischer Arbeitnehmer** nach § 2 Abs 5 sieht die WO im vereinfachten Verf **nicht** vor; diese Vorschrift ist vom Verweis in § 30 Abs 1 S 6 ausgenommen.

6 Die Eintragung in die Wählerliste hat auch hier **konstitutive Wirkung**: Aktiv und passiv wahlberechtigt sind nach dem für entspr anwendbar erklärten § 2 Abs 3 WO nur AN, die in die Wählerliste eingetragen sind. S hierzu § 2 WO Rn 1 und 5.

7 Gg die Richtigkeit der Wählerliste kann auch im vereinfachten Wahlverf **Einspruch** eingelegt werden. Die Einspruchsfrist beträgt nach Abs 2 S 1 drei Tage ab Erlass des Wahlausschreibens, der nach § 31 WO ebenfalls in der Wahlversammlung zur Wahl des Wahlvorstandes erfolgt. Für die Berechnung der Frist gelten nach § 41 Abs 1 WO die §§ 187 Abs 1 und 193 BGB, sodass einerseits der Tag,

an dem das Wahlausschreiben erlassen wird, nicht mitgerechnet wird, und andererseits dann, wenn der dritte Tag auf einen Sonntag, Feiertag oder Sonnabend fällt, die Frist erst am nächsten Werktag endet. Findet also die Wahlversammlung zur Wahl des Wahlvorstandes, auf der das Wahlausschreiben erlassen wird, an einem Mittwoch statt, endet die Einspruchsfrist erst mit Ablauf des darauf folgenden Montags.

Der Einspruch kann auch hier nur darauf gestützt werden, dass ein Wahlberechtigter **zu Unrecht** nicht in die Wählerliste aufgenommen oder ein nicht Wahlberechtigter zu Unrecht in sie aufgenommen worden ist (§ 4 WO Rn 2). Für Einsprüche wg fehlerhafter Zuordnung zu den AN oder den ltd. Ang gilt § 4 Abs 2 WO entspr (dazu § 4 Rn 3). Für die Einspruchsberechtigung gelten die in § 4 WO Rn 4 ff dargelegten Grundsätze. 8

Nach dem ebenfalls entspr anwendbaren § 4 Abs 3 WO hat der Wahlvorstand die Wählerliste nach Ablauf der Einspruchsfrist von sich aus nochmals **auf Vollständigkeit zu überprüfen** und ggfs zu berichtigen. Dies gilt auch hier vor allem bei Eintritt eines wahlberechtigten AN in den Betrieb oder bei Ausscheiden aus dem Betrieb bis zum Tage vor dem Beginn der Stimmabgabe (dazu § 4 WO Rn 11). 9

Es kann vorkommen, dass der Wahlvorstand die Wählerliste nicht sofort nach seiner Wahl in der Wahlversammlung zur Wahl des Wahlvorstandes aufstellen kann, weil die im versiegelten Umschlag enthaltenen Angaben des AG unvollständig sind oder weil dieser den Umschlag nicht oder nicht rechtzeitig den Einladenden ausgehändigt hat. In einem solchen Fall muss der Wahlvorstand die Wahlversammlung **unterbrechen**, bis er über die Unterlagen verfügt, die ihm die Aufstellung der Wählerliste ermöglichen <L: aA Berscheid/*Vetter* § 43 Rn 249: Unterbrechung sogar unzulässig>. § 30 WO steht einer solchen Unterbrechung nicht entgg, sondern geht selbst von einer solchen Möglichkeit aus, wenn er den Wahlvorstand nur verpflichtet, die Wählerliste **unverzüglich**, dh ohne schuldhaftes Zögern (§ 121 Abs 1 S 1 BGB) aufzustellen. S zur Unterbrechung auch Vorbem vor § 28 WO Rn 4. 10

§ 31 Wahlausschreiben

(1) Im Anschluss an die Aufstellung der Wählerliste erlässt der Wahlvorstand auf der Wahlversammlung das Wahlausschreiben, das von der oder dem Vorsitzenden und von mindestens einem weiteren stimmberechtigten Mitglied des Wahlvorstands zu unterschreiben ist. Mit Erlass des Wahlausschreibens ist die Betriebsratswahl eingeleitet. Das Wahlausschreiben muss folgende Angaben enthalten:

1. **das Datum seines Erlasses;**
2. **die Bestimmung des Orts, an dem die Wählerliste und diese Verordnung ausliegen sowie im Fall der Bekanntmachung in elektronischer Form (§ 2 Abs. 4 Satz 3 und 4) wo und wie von der Wählerliste und der Verordnung Kenntnis genommen werden kann;**
3. **dass nur Arbeitnehmerinnen und Arbeitnehmer wählen oder gewählt werden können, die in die Wählerliste eingetragen sind, und dass Einsprüche gegen die Wählerliste (§ 30 Absatz 2 Satz 1) nur vor Ablauf von drei Tagen seit dem Erlass des Wahlausschreibens schriftlich beim Wahlvorstand eingelegt werden können, verbunden mit einem Hinweis auf die Anfechtungsausschlussgründe nach § 19 Absatz 3 Satz 1 und 2 des Gesetzes; der letzte Tag der Frist und im Fall des § 41 Absatz 2 zusätzlich die Uhrzeit sind anzugeben;**
4. **den Anteil der Geschlechter und den Hinweis, dass das Geschlecht in der Minderheit im Betriebsrat mindestens entsprechend seinem zahlenmäßigen Verhältnis vertreten sein muss, wenn der Betriebsrat aus mindestens drei Mitgliedern besteht (§ 15 Abs. 2 des Gesetzes);**

5. die Zahl der zu wählenden Betriebsratsmitglieder (§ 9 des Gesetzes) sowie die auf das Geschlecht in der Minderheit entfallenden Mindestsitze im Betriebsrat (§ 15 Abs. 2 des Gesetzes);

6. die Mindestzahl von Wahlberechtigten, von denen ein Wahlvorschlag unterzeichnet sein muss (§ 14 Abs. 4 des Gesetzes) und den Hinweis, dass Wahlvorschläge, die erst in der Wahlversammlung zur Wahl des Wahlvorstands gemacht werden, nicht der Schriftform bedürfen (§ 14a Abs. 2 zweiter Halbsatz des Gesetzes);

7. dass der Wahlvorschlag einer im Betrieb vertretenen Gewerkschaft von zwei Beauftragten unterzeichnet sein muss (§ 14 Abs. 5 des Gesetzes);

8. dass Wahlvorschläge bis zum Abschluss der Wahlversammlung zur Wahl des Wahlvorstands bei diesem einzureichen sind (§ 14a Abs. 2 erster Halbsatz des Gesetzes);

9. dass die Stimmabgabe an die Wahlvorschläge gebunden ist und dass nur solche Wahlvorschläge berücksichtigt werden dürfen, die fristgerecht (Nr. 8) eingereicht sind;

10. die Bestimmung des Orts, an dem die Wahlvorschläge bis zum Abschluss der Stimmabgabe aushängen;

11. Ort, Tag und Zeit der Wahlversammlung zur Wahl des Betriebsrats (Tag der Stimmabgabe – § 14a Abs. 1 Satz 3 und 4 des Gesetzes);

12. dass Wahlberechtigten, die an der Wahlversammlung zur Wahl des Betriebsrats nicht teilnehmen können, Gelegenheit zur nachträglichen schriftlichen Stimmabgabe gegeben wird (§ 14a Abs. 4 des Gesetzes); das Verlangen auf nachträgliche schriftliche Stimmabgabe muss spätestens drei Tage vor dem Tag der Wahlversammlung zur Wahl des Betriebsrats dem Wahlvorstand mitgeteilt werden;

13. Ort, Tag und Zeit der nachträglichen schriftlichen Stimmabgabe (§ 14a Abs. 4 des Gesetzes) sowie die Betriebsteile und Kleinstbetriebe, für die nachträgliche schriftliche Stimmabgabe entsprechend § 24 Abs. 3 beschlossen ist;

14. den Ort, an dem Einsprüche, Wahlvorschläge und sonstige Erklärungen gegenüber dem Wahlvorstand abzugeben sind (Betriebsadresse des Wahlvorstands);

15. Ort, Tag und Zeit der öffentlichen Stimmauszählung.

(2) Ein Abdruck des Wahlausschreibens ist vom Tage seines Erlasses bis zum letzten Tage der Stimmabgabe an einer oder mehreren geeigneten, den Wahlberechtigten zugänglichen Stellen vom Wahlvorstand auszuhängen und in gut lesbarem Zustand zu erhalten. Ergänzend kann das Wahlausschreiben mittels der im Betrieb vorhandenen Informations- und Kommunikationstechnik bekannt gemacht werden. § 2 Abs. 4 Satz 4 gilt entsprechend.

I. Erlass des Wahlausschreibens

1 Nicht anders als nach § 3 WO im normalen Wahlverf wird auch im vereinfachten Wahlverf die Wahl mit dem Erlass des Wahlausschreibens durch den Wahlvorstand **eingeleitet** (Abs 1 S 2). Der Erlass des Wahlausschreibens erfolgt im Anschluss an die Aufstellung der Wählerliste ebenfalls noch auf der Wahlversammlung zur Wahl des Wahlvorstandes (Abs 1 S 1). Angesichts des Umfangs, den das Wahlausschreiben nach Abs 1 S 3 Nr 1–15 hat, und der zu einzelnen Punkten notwendigen Vorbereitung, insbes der Berechnung der auf das Geschlecht in der Minderheit entfallenden Mindestsitze, kann auch die Arbeit am Wahlausschreiben geraume Zeit in Anspruch nehmen. Deshalb kann auch hierfür eine **Unterbrechung** der Wahlversammlung geboten sein. Die insoweit für eine Unterbrechung zur Aufstellung der Wählerliste angestellten Erwägungen (§ 30 WO Rn 10) gelten gleichermaßen.

Das Wahlausschreiben ist vom Wahlvorstand zu **beschließen**. Sein Inhalt ist schriftlich niederzulegen. Es ist vom Vorsitzenden und mindestens einem weiteren stimmberechtigten Mitglied des Wahlvorstands zu unterschreiben (Abs 1 S 1). S dazu § 3 WO Rn 2. 2

Nach Abs 2 ist ein Abdruck des Wahlausschreibens vom Tage seines Erlasses, also vom Tag der Wahlversammlung zur Wahl des Wahlvorstandes an, bis zum letzten Tage der Stimmabgabe an einer oder mehreren geeigneten Stellen **auszuhängen** und in gut lesbarem Zustand zu erhalten. Auch im vereinfachten Wahlverf kann das Wahlausschreiben ergänzend und unter bestimmten Voraussetzungen auch ersetzend mittels der im Betrieb vorhandenen **Informations- bzw Kommunikationstechnik** bekannt gemacht werden (dazu § 2 WO Rn 13 f). Während der Wahlversammlung zur Wahl des Wahlvorstandes genügt die gut sichtbare Projizierung mittels Folie oder Beamer. Fehler bei der Bekanntmachung führen zur Anfechtbarkeit der Wahl (§ 3 Rn 4f). 3

II. Inhalt des Wahlausschreibens

Mit insgesamt 15 Punkten ist der in Abs 1 S 3 geregelte Inhalt des Wahlausschreibens noch umfangreicher als im normalen Wahlverf nach § 3 Abs 2 WO. Auch im vereinfachten Wahlverf handelt es sich um einen **zwingenden Mindestinhalt**, dessen Fehlen grds die Wahlanfechtung nach § 19 BetrVG begründet. (vgl § 3 WO Rn 8) <R: BAG 19.11.2003, 7 ABR 24/03, DB 2004, 2819>. Nur in ganz eng begrenzten Ausnahmefällen kann eine teleologische Reduktion der Vorschrift in Betracht kommen, wenn eine vorgeschriebene Angabe angesichts der konkreten Umstände objektiv sinnlos wäre <L: GK/*Jacobs* Rn 2>. In vielen Punkten stimmt der Katalog des § 31 WO mit dem des § 3 WO überein, insofern kann auf die dortigen Erläuterungen Bezug genommen werden. 4

Die **Nrn 1–3** entsprechen den Nrn 1–3 des § 3 Abs 2 WO. Lediglich die Frist nach Nr 3 ist von zwei Wochen auf drei Tage verkürzt (§ 30 WO Rn 7). 5

Die **Nrn 4 und 5** sind identisch mit § 3 Abs 2 Nr 4 und 5. Welches Geschlecht in der Minderheit ist und welche Mindestsitze auf es entfallen, ist aufgrund der Wählerliste, die wiederum auf den Angaben des AG im verschlossenen Umschlag beruht (§ 30 WO Rn 4), gem § 32 iVm § 5 WO zu errechnen. 6

Nr 6 Hs 1 entspricht § 3 Abs 2 Nr 6. Darüber hinaus ist im vereinfachten Wahlverfahren der Hinweis erforderlich, dass nach § 14a Abs 2 BetrVG für Wahlvorschläge, die von AN erst auf der Wahlversammlung zur Wahl des Wahlvorstandes gemacht werden, kein Schriftformerfordernis gilt; vielmehr genügt, dass die nach § 14 Abs 4 BetrVG erforderliche Zahl von Wahlberechtigten den Wahlvorschlag **mündlich unterstützt** (dazu § 33 WO Rn 2). Zweckmäßigerweise wird darauf hingewiesen, dass jeder Wahlberechtigte nur einen Wahlvorschlag unterstützen kann (§ 33 Abs 2 WO), und dass die Möglichkeit mündlicher Wahlvorschläge nur für solche der AN des Betriebes, nicht für solche einer im Betrieb vertretenen Gewerkschaft gilt. 7

Nr 7 ist wortlautidentisch mit § 3 Abs 2 Nr 7. Nach **Nr 8** ist entsprechend der Besonderheiten des vereinfachten Wahlverfahrens darauf hinzuweisen, dass Wahlvorschläge **bis zum Abschluss der Wahlversammlung** zur Wahl des Wahlvorstandes bei diesem einzureichen sind. Hierfür muss der Wahlvorstand auf der Versammlung ausreichend Zeit zu lassen ist, s § 33 WO Rn 6. 8

Die **Nrn 9 und 10** entsprechen inhaltlich § 3 Abs 2 Nr 9 und 10. Nach **Nr 11** sind Ort, Tag und Zeit der **Wahlversammlung zur Wahl des BR** anzugeben. Diese Wahlversammlung findet nach der zwingenden Vorschrift des § 14a Abs 1 S 4 BetrVG **eine Woche nach der Wahlversammlung zur Wahl des Wahlvorstandes** statt. Dabei ist nach § 41 Abs 1 WO § 187 Abs 1 BGB zu beachten. Hat etwa die Wahlversammlung zur Wahl des Wahlvorstandes an einem Donnerstag stattgefunden, findet die Wahlversammlung zur Wahl des BR am Freitag der nächsten Woche statt. Sinngemäß ist auch § 193 BGB anzuwenden. Hat im Beispielsfall die Wahlversammlung bis nach Mitternacht gedauert, sodass gem § 187 Abs 1 BGB der Termin für die Wahlversammlung zur Wahl des BR auf den Sonnabend der nächsten Woche fiele, tritt an dessen Stelle der Montag der übernächsten Woche. Die **Zeitdauer** der Wahlversammlung ist so zu bemessen, dass alle gewöhnlich im Betrieb anwesenden AN 9

Anh. 1 WO Wahlordnung zum Betriebsverfassungsgesetz

ihre Stimme ohne bes Schwierigkeiten abgeben können. Regelmäßig müssen dafür mehrere Stunden vorgesehen werden; in Betrieben mit Teilzeit, Gleitzeit oder Schichtzeiten kann eine längere Dauer notwendig sein. Die Wahlversammlung kann in Form von **Teilversammlungen** iS von § 42 Abs 1 S 3 BetrVG durchgeführt werden. Anfang und Ende der Versammlungen sind exakt festzulegen.

10 Die Angaben der Nrn 12 und 13 gehen über den Inhalt des Wahlausschreibens im Regelwahlverfahren nach § 3 Abs 2 hinaus. Gem Nr 12 muss das Wahlausschreiben darauf hinweisen, dass wahlberechtigte AN, die an der Wahlversammlung zur Wahl des BR nicht teilnehmen können, ihre Stimme **nachträglich schriftlich** abgeben können, und dass das Verlangen auf nachträgliche schriftliche Stimmabgabe spätestens drei Tage vor dem Tag der Wahlversammlung zur Wahl des BR dem Wahlvorstand mitzuteilen ist. Um Wahlanfechtungen vorzubeugen, empfiehlt es sich, darauf hinzuweisen, dass in Fällen, in denen die Dreitagesfrist aus zwingenden Gründen nicht eingehalten werden kann, auch noch später schriftliche Stimmabgabe beantragt werden kann (dazu § 35 WO Rn 2).

11 **Beschließt** der Wahlvorstand von sich aus gem § 35 Abs 1 S 3 iVm § 24 Abs 3 WO nachträgliche schriftliche Stimmabgabe für Betriebsteile und Kleinstbetriebe, ist gem **Nr 13** auch hierauf hinzuweisen. Ebenfalls nach Nr 13 sind in beiden Fällen **Ort, Tag und Zeit** der nachträglichen schriftlichen Stimmabgabe anzugeben. Zu nennen sind insoweit entweder Datum, Uhrzeit und Ort für die persönliche Abgabe der schriftlichen Stimme, oder, wenn Briefwahl vorgesehen wird, die Anschrift, an die der Freiumschlag zu senden ist, und der Zeitpunkt, bis zu dem er eingegangen sein muss. S dazu im Einzelnen die Erläuterungen zu § 35 WO. Sofern der Wahlvorstand von sich aus keine nachträgliche Stimmabgabe beschließt, können diese Angaben im Wahlausschreiben unterbleiben; sie sind aber gemäß § 35 Abs 2 WO ggf nachzuholen und als Änderung des Wahlausschreibens in gleicher Weise bekannt zu machen (§ 35 Rn 9), sobald Anträge nach § 35 Abs 1 WO eingehen.

12 Nach **Nr 14** ist die **Betriebsadresse des Wahlvorstands** anzugeben (§ 3 Rn 14). Soweit diese Vorschrift sich auch auf die Abgabe von Wahlvorschlägen bezieht, hat sie nur eingeschränkte Bedeutung, weil Wahlvorschläge nur bis zum Ende der Wahlversammlung zur Wahl des Wahlvorstandes gemacht werden können, die ohnehin vom Wahlvorstand geleitet wird. In Betracht kommt nur, dass nach einer Bekanntmachung des Wahlausschreibens mittels vorhandener Informations- oder Kommunikationstechnik nicht anwesende wahlberechtigte AN noch während der Wahlversammlung auf elektronischem, die Schriftform ersetzendem Wege (dazu § 4 WO Rn 6) einen Wahlvorschlag einreichen.

13 Nach **Nr 15** sind Ort, Tag und Zeit der **öffentlichen Stimmauszählung** bekannt zu geben (§ 3 Rn 14). Dies erfolgt zweckmäßigerweise alternativ für den Fall, dass keine nachträgliche schriftliche Stimmabgabe verlangt wird, und für den Fall, dass dies geschieht. Denn nur im ersteren Fall findet unverzüglich nach Ende der Wahlversammlung zur Wahl des BR die Stimmauszählung statt, während im zweiten Fall ein besonderer Termin zu bestimmen ist, bei dem die schriftlich abgegebenen Stimmen mitgezählt werden können (vgl § 34 Abs 4, § 35 Abs 2 WO).

III. Änderungen des Wahlausschreibens

14 **Berichtigungen** des Wahlausschreibens sind unter den gleichen Voraussetzungen zulässig wie im normalen Wahlverf (§ 3 WO Rn 16 ff). Hat der Wahlvorstand die Zahl der BR-Mitglieder und ihre Verteilung auf die Geschlechter falsch berechnet, weil er irrtümlich AN nicht berücksichtigt hat, so ist auch hier eine Berichtigung nur solange zulässig, wie noch keine Wahlvorschläge eingereicht sind (vgl § 3 WO Rn 17). Wird der Irrtum später bemerkt, muss das Wahlausschreiben zurückgezogen und ein **neues erlassen** werden. Für die Einreichung neuer Wahlvorschläge aufgrund des neuen Wahlausschreibens ist dann wiederum ausreichend Zeit zu lassen.

15 Ist die Wahlversammlung zur Wahl des Wahlvorstandes **bereits geschlossen**, scheidet eine bloße Berichtigung oder Änderung des Wahlausschreibens aus. Es wäre jedoch sinnlos, sehenden Auges in eine anfechtbare BR-Wahl zu gehen. Deshalb muss auch hier das Wahlausschreiben **zurückgezogen** werden. Der Wahlvorstand hat eine weitere Wahlversammlung einzuberufen, auf der er ein neues Wahlausschreiben erlässt und Gelegenheit zur Einreichung von Wahlvorschlägen gibt.

§ 33 Wahlvorschläge **Anh. 1 WO**

§ 32 Bestimmung der Mindestsitze für das Geschlecht in der Minderheit

Besteht der zu wählende Betriebsrat aus mindestens drei Mitgliedern, so hat der Wahlvorstand den Mindestanteil der Betriebsratssitze für das Geschlecht in der Minderheit (§ 15 Abs. 2 des Gesetzes) gemäß § 5 zu errechnen.

Besteht der zu wählende BR aus mindestens drei Mitgliedern, muss der Wahlvorstand auch im vereinfachten Wahlverf entspr dem Gebot des § 15 Abs 2 BetrVG den Mindestanteil der BR-Sitze für das Geschlecht in der Minderheit ermitteln. Maßgebend für die Ermittlung ist nach § 32 WO auch hier das zweistufige Verf des § 5 WO, sodass auf die Erl zu dieser Vorschrift verwiesen werden kann.   1

§ 33 Wahlvorschläge

(1) Die Wahl des Betriebsrats erfolgt aufgrund von Wahlvorschlägen. Die Wahlvorschläge sind von den Wahlberechtigten und den im Betrieb vertretenen Gewerkschaften bis zum Ende der Wahlversammlung zur Wahl des Wahlvorstands bei diesem einzureichen. Wahlvorschläge, die erst in dieser Wahlversammlung gemacht werden, bedürfen nicht der Schriftform (§ 14a Abs. 2 des Gesetzes).

(2) Für Wahlvorschläge gilt § 6 Abs. 2 bis 4 entsprechend. Im Fall des § 14 Absatz 4 Satz 1 des Gesetzes gilt § 6 Absatz 4 entsprechend mit der Maßgabe, dass Person im Sinne des § 6 Absatz 4 Satz 2 diejenige ist, die den Wahlvorschlag eingereicht hat. § 6 Abs. 5 gilt entsprechend mit der Maßgabe, dass ein Wahlberechtigter, der mehrere Wahlvorschläge unterstützt, auf Aufforderung des Wahlvorstands in der Wahlversammlung erklären muss, welche Unterstützung er aufrecht erhält. Für den Wahlvorschlag einer im Betrieb vertretenen Gewerkschaft gilt § 27 entsprechend.

(3) § 7 gilt entsprechend. § 8 gilt entsprechend mit der Maßgabe, dass Mängel der Wahlvorschläge nach § 8 Abs. 2 nur in der Wahlversammlung zur Wahl des Wahlvorstands beseitigt werden können.

(4) Unmittelbar nach Abschluss der Wahlversammlung hat der Wahlvorstand die als gültig anerkannten Wahlvorschläge bis zum Abschluss der Stimmabgabe in gleicher Weise bekannt zu machen, wie das Wahlausschreiben (§ 31 Abs. 2).

(5) Ist in der Wahlversammlung kein Wahlvorschlag zur Wahl des Betriebsrats gemacht worden, hat der Wahlvorstand bekannt zu machen, dass die Wahl nicht stattfindet. Die Bekanntmachung hat in gleicher Weise wie das Wahlausschreiben (§ 31 Abs. 2) zu erfolgen.

I. Aufstellung der Wahlvorschläge

Die Wahl des BR im vereinfachten Wahlverf erfolgt gem § 14 Abs 2 BetrVG aufgrund von Wahlvorschlägen nach den **Grundsätzen der Mehrheitswahl**. In Ausführung von § 14a Abs 2 BetrVG bestimmt Abs 1 S 2, dass die Wahlvorschläge bis zum Ende der Wahlversammlung zur Wahl des Wahlvorstands bei diesem einzureichen sind; eine spätere Einreichung ist ausgeschlossen.   1

Die Wahlvorschläge von Wahlberechtigten (einschließlich wahlberechtigter Leih-AN, § 14 BetrVG Rn 26) können entweder **schriftlich eingereicht oder mündlich** in der Wahlversammlung gemacht werden (Abs 1 S 3). Im letzteren Fall sind die Wahlvorschläge in die vom Wahlvorstand gem § 30 Abs 1 S 2 iVm § 1 WO zu fertigende Niederschrift aufzunehmen. Wahlvorschläge der im Betrieb vertretenen Gewerkschaften sind stets schriftlich einzureichen <L: *Fitting* Rn 10>. Mündlich in der Wahlversammlung eingebrachte Wahlvorschläge bedürfen keiner Stützunterschriften nach § 14 Abs 4 BetrVG, die Unterstützung des Wahlvorschlags kann durch **Handzeichen** erfolgen <L: *Fitting* Rn 3; Richardi/*Forst* Rn 3>. Vor der Versammlung schriftlich eingereichte Wahlvorschläge müssen über die erforderliche Anzahl an **Stützunterschriften** verfügen, eine Ergänzung durch mündliche   2

Wiebauer   1407

Anh. 1 WO Wahlordnung zum Betriebsverfassungsgesetz

Unterstützungsbekundungen in der Wahlversammlung ist unzulässig, der ungültige Wahlvorschlag kann dann höchstens durch einen neuen, mündlich eingebrachten ersetzt werden.

3 Nach Abs 2 S 1 gelten für die Wahlvorschläge die Bestimmungen des § 6 Abs 2–4 WO entspr. Soweit danach schriftliche Zustimmung der Bewerber zur Aufnahme in die Liste vorgesehen ist (§ 6 Abs 3 S 2 WO), gilt das nur für schriftlich eingereichte Wahlvorschläge. Wird ein Wahlvorschlag mündlich in der Wahlversammlung zur Wahl des Wahlvorstandes gemacht, muss es sinngemäß genügen, dass die benannten Bewerber ihre **Zustimmung mündlich erklären** und diese Erklärung in die Niederschrift über die Wahlversammlung (Rn 2) aufgenommen wird <L: GK/*Jacobs* Rn 5; DKW/*Homburg* Rn 4; iE auch Berscheid/*Vetter* § 43 Rn 254>. Bei mündlichen Wahlvorschlägen hat der Wahlvorstand stets festzustellen, welcher der vorschlagenden Wahlberechtigten **Listenvertreter** iS von § 6 Abs 4 WO sein soll. Auch dies ist in der Niederschrift zu vermerken. In Betrieben mit bis idR bis zu 20 wahlberechtigten AN, in denen Wahlvorschläge gem **§ 14 Abs 4 S 1 BetrVG** keiner Stützunterschriften bedürfen, ist gem § 33 Abs 2 S 2 iVm § 6 Abs 4 WO der **Einreicher als Listenvertreter** anzusehen. S iÜ die Erl zu § 6 WO.

4 Auch im vereinfachten Wahlverf zählt die **Unterstützung** eines Wahlberechtigten nur für eine Vorschlagsliste. Unterstützt ein Wahlberechtigter mehrere schriftliche oder mündliche Wahlvorschläge, muss er nach Abs 2 S 2 auf Aufforderung des Wahlvorstands in der Wahlversammlung **erklären**, welche Unterstützung er aufrechterhält. Äußert er sich nicht, wird sein Name für den zuerst eingereichten Wahlvorschlag gezählt und für die übrigen Wahlvorschläge außer Acht gelassen. Sind mehrere Vorschläge, die von demselben Wahlberechtigten unterstützt werden, gleichzeitig eingereicht worden, entscheidet das Los darüber, für welchen Wahlvorschlag die Unterstützung gilt. Ob Wahlvorschläge schriftlich eingereicht oder mündlich gemacht worden sind, spielt für die Wertung der Unterstützung keine Rolle.

5 Für Wahlvorschläge einer im Betrieb vertretenen **Gewerkschaft** gilt nach Abs 2 S 3 § 27 WO entspr, s die Erl dort.

6 Da Wahlvorschläge nur bis zum Ende der Wahlversammlung zur Wahl des Wahlvorstandes eingereicht werden können, muss der Wahlvorstand den in der Wahlversammlung anwesenden Wahlberechtigten **genügend Zeit** lassen, um Wahlvorschläge aufzustellen, die erforderliche Zahl von Unterstützern zu gewinnen und danach – schriftlich oder mündlich – einzureichen. Dabei ist zu beachten, dass das Wahlausschreiben erst auf derselben Versammlung erlassen worden ist. Dieses stellt seinem Inhalt nach (dazu § 31 WO Rn 4 ff) die Grundlage dar, auf der Wahlberechtigte Klarheit darüber gewinnen können, ob ein Wahlvorschlag zweckmäßig und aussichtsreich ist. Insbes kann erst aufgrund des Wahlausschreibens beurteilt werden, welche passiv Wahlberechtigten überhaupt vorhanden sind und inwieweit beim Wahlvorschlag Angehörige des Geschlechts in der Minderheit sinnvollerweise als Kandidaten berücksichtigt werden. Im Regelfall muss der Wahlvorstand nach Erlass des Wahlausschreibens **mindestens ein bis zwei Stunden Zeit** für die Aufstellung und Einreichung derartiger spontaner Wahlvorschläge lassen, um zu vermeiden, dass AN entgg § 20 Abs 1 S 2 BetrVG in der Ausübung ihres das Wahlvorschlagsrecht umfassenden Wahlrechts beschränkt werden. Dazu kann auch eine **Unterbrechung** der Wahlversammlung angezeigt sein (vgl Vorbem vor § 28 WO Rn 4).

II. Prüfung der Wahlvorschläge

7 Die Vorschriften der §§ 7 und 8 über **Prüfung und Ungültigkeit der Vorschlagslisten** gelten gem Abs 3 für die Wahlvorschläge im vereinfachten Wahlverf entspr, sodass auf die Erl zu diesen Vorschriften verwiesen werden kann. Allerdings muss die Prüfung abweichend von § 7 Abs 2 S 2 WO **sogleich** auf der Wahlversammlung erfolgen, weil vom Wahlvorstand beim Listenvertreter beanstandete Mängel gem Abs 3 S 2 nur in der Wahlversammlung zur Wahl des Wahlvorstandes beseitigt werden können. Um dies zu ermöglichen, hat der Wahlvorstand die Wahlversammlung für angemessene Zeit zu verlängern und ggfs wiederum zu unterbrechen.

§ 34 Wahlverfahren **Anh. 1 WO**

III. Beschlussfassung und Bekanntmachung

Über die Gültigkeit der Vorschlagslisten hat der Wahlvorstand gem § 30 Abs 1 S 2 iVm § 1 Abs 3 S 1 WO mit **einfacher Stimmenmehrheit seiner stimmberechtigten Mitglieder** zu beschließen. Die Beschlussfassung muss entweder noch auf der Wahlversammlung zur Wahl des Wahlvorstands oder aber unmittelbar nach Schließung dieser Versammlung erfolgen. 8

Die als gültig anerkannten Wahlvorschläge hat der Wahlvorstand nach Abs 4 bis zum Abschluss der Stimmabgabe in gleicher Weise **bekannt zu machen** wie das Wahlausschreiben. Sie sind also entweder an einer oder mehreren geeigneten, den Wahlberechtigten zugänglichen Stellen auszuhängen oder mittels der im Betrieb vorhandenen Informations- und Kommunikationstechnik bekannt zu machen (§ 31 Abs 2 WO). 9

Eine Nachfrist zur Einreichung von Vorschlägen entspr § 9 gibt es im vereinfachten Verf nicht; die Vorschrift ist auch nicht analog anzuwenden <R: Hess LAG 22.8.2013, 9 TaBV 19/13, NZA-RR 2014, 72>. Ist in der Wahlversammlung **kein** gültiger **Wahlvorschlag** zur Wahl des BR gemacht worden, kann die **BR-Wahl nicht stattfinden**. Nach Abs 5 hat der Wahlvorstand dies **bekannt zu machen**, und zwar wiederum durch Aushang und ggfs auch über die im Betrieb vorhandenen Informations- und Kommunikationstechniken (Abs 5). Sein **Amt erlischt** damit. Die Wahlvorstandsmitglieder genießen aber in sinngem Anwendung des § 15 Abs 3 KSchG für sechs Monate Schutz gg o Kd. Die einladenden wahlberechtigten AN haben gem § 15 Abs 3a KSchG bis zum Ablauf von drei Monaten vom Zeitpunkt der Einladung oder Antragstellung an Kdschutz <L: *Löwisch* BB 2001, 1734, 1739>. Eine **neue Initiative** zur Wahl ist, solange kein Fall des Rechtsmissbrauchs vorliegt, jederzeit möglich <L: *Löwisch* aaO>. 10

§ 34 Wahlverfahren

(1) Die Wählerin oder der Wähler kann ihre oder seine Stimme nur für solche Bewerberinnen oder Bewerber abgeben, die in einem Wahlvorschlag benannt sind. Auf den Stimmzetteln sind die Bewerberinnen oder Bewerber in alphabetischer Reihenfolge unter Angabe von Familienname, Vorname und Art der Beschäftigung im Betrieb aufzuführen. Die Wählerin oder der Wähler kennzeichnet die von ihm Gewählten durch Ankreuzen an der hierfür im Stimmzettel vorgesehenen Stelle und faltet ihn in der Weise, dass ihre oder seine Stimme nicht erkennbar ist; es dürfen nicht mehr Bewerberinnen oder Bewerber angekreuzt werden, als Betriebsratsmitglieder zu wählen sind.§ 11 Abs. 1 Satz 2, Abs. 2 Satz 2, Abs. 4 und § 12 gelten entsprechend.

(2) Im Fall der nachträglichen schriftlichen Stimmabgabe (§ 35) hat der Wahlvorstand am Ende der Wahlversammlung zur Wahl des Betriebsrats die Wahlurne zu versiegeln und aufzubewahren.

(3) Erfolgt keine nachträgliche schriftliche Stimmabgabe, hat der Wahlvorstand unverzüglich nach Abschluss der Wahl die öffentliche Auszählung der Stimmen vorzunehmen und das sich daraus ergebende Wahlergebnis bekannt zu geben. Die §§ 21, 23 Abs. 1 gelten entsprechend.

(4) Ist nur ein Betriebsratsmitglied zu wählen, so ist die Person gewählt, die die meisten Stimmen erhalten hat. Bei Stimmengleichheit entscheidet das Los. Lehnt eine gewählte Person die Wahl ab, so tritt an ihre Stelle die nicht gewählte Person mit der nächsthöchsten Stimmenzahl.

(5) Sind mehrere Betriebsratsmitglieder zu wählen, gelten für die Ermittlung der Gewählten die §§ 22 und 23 Abs. 2 entsprechend.

I. Stimmabgabe

Die Wahl erfolgt gem § 14a Abs 1 S 3 BetrVG auf der Wahlversammlung zur Wahl des BR. Da die Wahl im vereinfachten Wahlverf gem § 14 Abs 2 S 2 BetrVG den Grundsätzen der Mehrheitswahl folgt, kann jeder Wähler seine Stimme nur für solche Bewerber abgeben, die in einem Wahlvor- 1

Anh. 1 WO Wahlordnung zum Betriebsverfassungsgesetz

schlag benannt sind (Abs 1 S 1). Zu diesem Zweck sind die Bewerber nach Abs 1 S 2 auf den Stimmzetteln in **alphabetischer Reihenfolge** unter Angabe von Familienname, Vorname und Art der Beschäftigung im Betrieb aufzuführen. Auf die Reihenfolge, die die Bewerber in ihrem Wahlvorschlag erhalten haben, kommt es nicht an. Die Bewerber mehrerer Vorschlagslisten sind in einer einheitlichen alphabetischen Liste zusammenzufassen.

2 Gem Abs 1 S 4 iVm § 11 Abs 1 S 2 erfolgt die Stimmabgabe durch Abgabe von **Stimmzetteln**, welche gem § 11 Abs 2 S 2 die gleiche Größe, Farbe, Beschaffenheit und Beschriftung haben müssen. Stimmzettel, die mit einem bes Merkmal versehen sind oder aus denen sich der Wille des Wählers nicht unzweifelhaft ergibt oder die andere Angaben als die in Abs 1 S 2 vorgesehenen enthalten oder die mit einem Zusatz oder sonstigen Änderungen versehen sind, sind ungültig (Abs 1 S 4 iVm § 11 Abs 4).

3 Für die **Stimmabgabe** nach Abs 1 S 4 gelten die Bestimmungen des § 12 WO über die Gewährleistung der unbeobachteten Kennzeichnung der Stimmzettel, die Wahlurne und die Anwesenheit von Wahlvorstandsmitgliedern und Wahlhelfern entspr. S die Erl dort.

4 Nach Abs 1 S 3 kennzeichnet der Wähler die von ihm gewählten Bewerber durch **Ankreuzen** an der vorgesehenen Stelle. Er darf nicht mehr, wohl aber weniger Bewerber ankreuzen als Bewerber zu wählen sind. S hierzu und zu weiteren Fragen der Gültigkeit der abgegebenen Stimmen § 20 WO Rn 3f.

5 Ist **nachträgliche schriftliche Stimmabgabe** nach § 35 WO vorgesehen, hat der Wahlvorstand am Ende der Wahlversammlung zur Wahl des BR die Wahlurne zu **versiegeln** und aufzubewahren (Abs 2). Vgl dazu § 12 WO Rn 5. Sie wird nach Ablauf der Frist für die nachträgliche Stimmabgabe geöffnet (§ 35 Abs 3 WO).

6 Abgesehen von dem Fall der nachträglichen schriftlichen Stimmabgabe können **Stimmen** nur bis zu dem im Wahlausschreiben angekündigten **Ende der Wahlversammlung** zur Wahl des BR abgegeben werden. Nimmt der Wahlvorstand nach diesem Zeitpunkt noch Stimmen entgg, führt das zur **Anfechtbarkeit** der Wahl nach § 19 BetrVG.

II. Stimmauszählung

7 Ist keine nachträgliche schriftliche Stimmabgabe nach § 35 WO vorgesehen, hat der Wahlvorstand **unverzüglich nach Abschluss der Wahl**, dh nach Ende der Wahlversammlung zur Wahl des BR, die öffentliche Auszählung der Stimmen vorzunehmen und das Wahlergebnis bekannt zu machen. Eine Verletzung des **Öffentlichkeitsgebots** rechtfertigt eine Wahlanfechtung <R: Hess LAG 21.5.2015, 9 TaBV 235/14>, sa § 13 WO Rn 2f.

8 Für die Durchführung der Stimmauszählung gilt **§ 21 WO** entspr (s die Erl dort). Über sie ist in entspr Anwendung von § 23 Abs 1 WO eine **Niederschrift** anzufertigen. S hierzu die Erl bei § 23 WO.

III. Ermittlung der Gewählten

9 Ist, weil es sich um einen Betrieb mit nicht mehr als 20 wahlberechtigten AN handelt nach § 9 BetrVG **nur ein BR-Mitglied zu wählen**, ist nach Abs 4 der Bewerber gewählt, der die meisten Stimmen erhalten hat. Bei Stimmengleichheit entscheidet das Los. Lehnt ein Gewählter die Wahl ab, tritt an seine Stelle der nicht gewählte Bewerber mit der höchsten Stimmenzahl.

10 Sind **mehrere BR-Mitglieder zu wählen**, richtet sich die Ermittlung der Gewählten nach den §§ 22 und 23 Abs 2 WO. Nach Maßgabe dieser Vorschriften sind also zunächst die dem Geschlecht in der Minderheit zustehenden Mindestsitze zu besetzen. S hierzu im Einzelnen die Erl bei § 22 WO und § 23 WO.

§ 35 Nachträgliche schriftliche Stimmabgabe

(1) Können Wahlberechtigte an der Wahlversammlung zur Wahl des Betriebsrats nicht teilnehmen, um ihre Stimme persönlich abzugeben, können sie beim Wahlvorstand die nachträgliche schriftliche Stimmabgabe beantragen (§ 14a Abs. 4 des Gesetzes). Das Verlangen auf nachträgliche schriftliche Stimmabgabe muss die oder der Wahlberechtigte dem Wahlvorstand spätestens drei Tage vor dem Tag der Wahlversammlung zur Wahl des Betriebsrats mitgeteilt haben. Die §§ 24, 25 gelten entsprechend.

(2) Wird die nachträgliche schriftliche Stimmabgabe aufgrund eines Antrags nach Absatz 1 Satz 1 erforderlich, hat dies der Wahlvorstand unter Angabe des Orts, des Tags und der Zeit der öffentlichen Stimmauszählung in gleicher Weise bekannt zu machen wie das Wahlausschreiben (§ 31 Abs. 2).

(3) Unmittelbar nach Ablauf der Frist für die nachträgliche schriftliche Stimmabgabe nimmt der Wahlvorstand in öffentlicher Sitzung die Auszählung der Stimmen vor.

(4) Zu Beginn der öffentlichen Sitzung nach Absatz 3 öffnet der Wahlvorstand die bis zu diesem Zeitpunkt eingegangenen Freiumschläge und entnimmt ihnen die Wahlumschläge sowie die vorgedruckten Erklärungen. ²Ist die nachträgliche schriftliche Stimmabgabe ordnungsgemäß erfolgt (§ 25), so vermerkt der Wahlvorstand die Stimmabgabe in der Wählerliste, öffnet die Wahlumschläge und legt die Stimmzettel in die bis dahin versiegelte Wahlurne. ³Befinden sich in einem Wahlumschlag mehrere gekennzeichnete Stimmzettel, werden sie in dem Wahlumschlag in die Wahlurne gelegt.

(5) Nachdem alle ordnungsgemäß nachträglich abgegebenen Stimmzettel in die Wahlurne gelegt worden sind, nimmt der Wahlvorstand im Anschluss die Auszählung der Stimmen vor. ²§ 34 Abs. 3 bis 5 gilt entsprechend.

I. Schriftliche Stimmabgabe auf Antrag

Nach § 14a Abs 4 BetrVG ist Wahlberechtigten, die an der Wahlversammlung zur Wahl des BR **nicht teilnehmen können**, Gelegenheit zur schriftlichen Stimmabgabe zu geben. Abs 1 S 1 gestaltet die schriftliche Stimmabgabe als **nachträgliche** aus, weil die Zeit von einer Woche zw der Wahlversammlung zur Wahl des Wahlvorstandes und der Wahlversammlung zur Wahl des BR (§ 14a Abs 1 S 4 BetrVG) zur Durchführung einer Briefwahl nicht ausreicht. 1

Abs 1 S 2 bestimmt, dass der Wahlberechtigte das Verlangen auf nachträgliche Stimmabgabe spätestens **drei Tage vor dem Tag der Wahlversammlung zur Wahl des BR mitgeteilt haben muss**. Diese zeitliche Beschränkung lässt sich mit der gesetzlichen Vorgabe des § 14a Abs 4 BetrVG **nicht vereinbaren**. Die Vorschrift will **allen** Wahlberechtigten, die an der Wahlversammlung nicht teilnehmen können, die Ausübung ihres Stimmrechts ermöglichen. Dazu gehören aber auch AN, die, sei es aus persönlichen Gründen (Erkrankung, Familienereignisse usw), sei es aus betrieblichen Gründen (Dienstreise, auswärtiger Reparaturauftrag, der keinen Aufschub duldet) unvorhersehbar an der Teilnahme verhindert sind und entspr erst innerhalb der letzten drei Tage vor der Versammlung Kenntnis von ihrer Verhinderung erlangen. Abs 1 S 2 kann deshalb in gesetzeskonformer Auslegung nur als **Sollvorschrift** Bestand haben. Verlangen nach schriftlicher Stimmabgabe, die aus zwingenden Gründen nach der Dreitagesfrist gestellt werden, muss der Wahlvorstand bis zum Schluss der Wahlversammlung zur Wahl des BR berücksichtigen <L: Berscheid/*Vetter* § 43 Rn 265; **einschr** GK/*Jacobs* Rn 3: nur soweit keine gesonderte Bekanntmachung nach Abs 2 erf>. S auch § 14a BetrVG Rn 18. 2

Der Antrag ist **formlos** möglich. Der Wahlvorstand muss die geltend gemachten Verhinderungsgründe **nicht prüfen** (§ 24 Rn 3). Gem Abs 1 S 3 iVm § 24 Abs 1 WO hat er dem Wahlberechtigten auf dessen Antrag hin die in § 24 Abs 1 WO aufgeführten Unterlagen auszuhändigen oder zu übersenden. S dazu § 24 WO Rn 3 f. 3

Anh. 1 WO Wahlordnung zum Betriebsverfassungsgesetz

4 Nach Abs 2 hat der Wahlvorstand iF einer nachträglich erforderlich werdenden schriftlichen Stimmabgabe Ort, Tag und Zeit der **öffentlichen Stimmauszählung** in gleicher Weise bekannt zu machen wie das Wahlausschreiben, also auszuhängen und ggfs auch mit Hilfe im Betrieb vorhandener Informations- bzw Kommunikationstechnik publizieren.

II. Ermöglichung schriftlicher Stimmabgabe von Amts wegen

5 Nach dem in Abs 1 S 3 für entspr anwendbar erklärten **§ 24 Abs 2 WO** hat der Wahlvorstand Wahlberechtigten, von denen ihm bekannt ist, dass sie im Zeitpunkt der Wahlversammlung zur Wahl des BR nach der Eigenart ihres Beschäftigungsverhältnisses oder aus anderen Gründen während des gesamten Wahlverfahrens voraussichtlich **nicht im Betrieb anwesend** sein werden, von Amts wegen unverlangt die Unterlagen für eine schriftliche Stimmabgabe zu übergeben oder zu übersenden <L: Fitting Rn 3; GK/Jacobs Rn 1; DKW/Homburg Rn 2; aA Richardi/Forst Rn 2, wonach der Verweis sich nicht auf § 24 Abs 2 WO beziehen soll>. Ob der Wahlberechtigte den Erhalt der Unterlagen zum Anlass nimmt, nachträgliche schriftliche Stimmabgabe zu beantragen, liegt in seiner Entscheidung. Unterbleibt die Übersendung, kann dies zur Anfechtung der BR-Wahl nach § 19 BetrVG führen (§ 24 WO Rn 9).

6 Unabhängig vom Antrag eines Wahlberechtigten kann der Wahlvorstand nach dem in Abs 1 S 3 für entspr anwendbar erklärten § 24 Abs 3 für Betriebsteile und Kleinstbetriebe, die **räumlich weit vom Hauptbetrieb entfernt** sind, die schriftliche Stimmabgabe beschließen.

7 **Ort, Tag und Zeit** der nachträglichen Stimmabgabe sind in diesem Fall regelmäßig schon im **Wahlausschreiben** festzulegen (§ 31 Abs 1 S 3 Nr 13). Erfolgt der Beschluss zur nachträglichen schriftlichen Stimmabgabe erst nach Erlass des Wahlausschreibens, sind in entspr Anwendung des § 31 Abs 2 Ort, Tag und Zeit der öffentlichen Stimmabgabe bekannt zu machen.

III. Wahlverfahren bei schriftlicher Stimmabgabe

8 Die schriftliche Stimmabgabe erfolgt nach dem in **§ 25 WO** vorgesehenen Verf (Abs 1 S 3). Auf die Erl zu § 25 kann deshalb verwiesen werden.

9 Der Wahlvorstand muss für die nachträgliche schriftliche Stimmabgabe nach **pflichtgem Ermessen** eine **Frist** bestimmen (§ 31 Abs 1 S 3 Nr 13). Die WO macht hierzu keine konkreten Vorgaben. Allerdings darf die Stimmabgabe mit Blick auf die mit dem vereinfachten Wahlverfahren bezweckte Beschleunigung nicht mehr als unbedingt notwendig in die Länge gezogen werden. In aller Regel dürfte die **Obergrenze bei einer Woche** nach der zweiten Wahlversammlung liegen <L: Richardi/Forst Rn 6; GK/Jacobs Rn 5; Fitting Rn 7; DKW/Homburg Rn 4>. Sofern die Frist nicht schon im Wahlausschreiben bestimmt wurde, ist sie als Änderung des Ausschreibens in gleicher Weise wie dieses bekannt zu machen (§ 31 Rn 14).

10 Unmittelbar nach Ablauf der im Wahlausschreiben oder nach Abs 2 gesetzten Frist für die nachträgliche schriftliche Stimmabgabe öffnet der Wahlvorstand gemäß Abs 4 S 1 in **öffentlicher Sitzung** nach Abs 3 die bis zu diesem Zeitpunkt eingegangenen Freiumschläge und entnimmt ihnen die Wahlumschläge und die Erklärungen mit der Versicherung der persönlichen Kennzeichnung des Stimmzettels (vgl die Erl zu § 25 WO). Sodann prüft er anhand der Voraussetzungen des § 25 WO, ob die schriftliche Stimmabgabe ordnungsgem erfolgt ist. Soweit dies der Fall ist, vermerkt er die Stimmabgabe in der Wählerliste, öffnet die Wahlumschläge und legt die Stimmzettel in die bis dahin versiegelte, nunmehr zu öffnende Wahlurne (Abs 4 S 2). Befinden sich in einem Wahlumschlag mehrere Stimmzettel, so werden diese im geöffneten Wahlumschlag in die Urne gelegt (Abs 4 S 3).

11 Sind alle ordnungsgem nachträglich abgegebenen Wahlumschläge in die Wahlurne gelegt, nimmt der Wahlvorstand – weiterhin in öffentlicher Sitzung – die **Auszählung der Stimmen** vor. § 34 Abs 3–5 WO gelten entspr (s § 34 WO Rn 7 ff).

§ 36 Wahlvorstand, Wahlverfahren **Anh. 1 WO**

Zweiter Abschnitt
Wahl des Betriebsrats im einstufigen Verfahren
(§ 14a Abs. 3 des Gesetzes)

§ 36 Wahlvorstand, Wahlverfahren

(1) Nach der Bestellung des Wahlvorstands durch den Betriebsrat, Gesamtbetriebsrat, Konzernbetriebsrat oder das Arbeitsgericht (§ 14a Abs. 3, § 17a des Gesetzes) hat der Wahlvorstand die Wahl des Betriebsrats unverzüglich einzuleiten. Die Wahl des Betriebsrats findet auf einer Wahlversammlung statt (§ 14a Abs. 3 des Gesetzes). Die §§ 1, 2 und 30 Abs. 2 gelten entsprechend.

(2) Im Anschluss an die Aufstellung der Wählerliste erlässt der Wahlvorstand das Wahlausschreiben, das von der oder dem Vorsitzenden und von mindestens einem weiteren stimmberechtigten Mitglied des Wahlvorstands zu unterschreiben ist. Mit Erlass des Wahlausschreibens ist die Betriebsratswahl eingeleitet. Besteht im Betrieb ein Betriebsrat, soll der letzte Tag der Stimmabgabe (nachträgliche schriftliche Stimmabgabe) eine Woche vor dem Tag liegen, an dem die Amtszeit des Betriebsrats abläuft.

(3) Das Wahlausschreiben hat die in § 31 Abs. 1 Satz 3 vorgeschriebenen Angaben zu enthalten, soweit nachfolgend nichts anderes bestimmt ist:

1. Abweichend von Nummer 6 ist ausschließlich die Mindestzahl von Wahlberechtigten anzugeben, von denen ein Wahlvorschlag unterzeichnet sein muss (§ 14 Abs. 4 des Gesetzes).
2. Abweichend von Nummer 8 hat der Wahlvorstand anzugeben, dass die Wahlvorschläge spätestens eine Woche vor dem Tag der Wahlversammlung zur Wahl des Betriebsrats beim Wahlvorstand einzureichen sind (§ 14a Abs. 3 Satz 2 des Gesetzes); der letzte Tag der Frist und im Fall des § 41 Absatz 2 zusätzlich die Uhrzeit sind anzugeben.

Für die Bekanntmachung des Wahlausschreibens gilt § 31 Abs. 2 entsprechend.

(4) Die Vorschriften über die Bestimmung der Mindestsitze nach § 32, das Wahlverfahren nach § 34 und die nachträgliche Stimmabgabe nach § 35 gelten entsprechend.

(5) Für Wahlvorschläge gilt § 33 Abs. 1 entsprechend mit der Maßgabe, dass die Wahlvorschläge von den Wahlberechtigten und den im Betrieb vertretenen Gewerkschaften spätestens eine Woche vor der Wahlversammlung zur Wahl des Betriebsrats beim Wahlvorstand schriftlich einzureichen sind (§ 14a Abs. 3 Satz 2 zweiter Halbsatz des Gesetzes). § 6 Abs. 2 bis 5 und die §§ 7 und 8 gelten entsprechend mit der Maßgabe, dass die in § 6 Abs. 5 und § 8 Abs. 2 genannten Fristen nicht die gesetzliche Mindestfrist zur Einreichung der Wahlvorschläge nach § 14a Abs. 3 Satz 2 erster Halbsatz des Gesetzes überschreiten dürfen. Nach Ablauf der gesetzlichen Mindestfrist zur Einreichung der Wahlvorschläge hat der Wahlvorstand die als gültig anerkannten Wahlvorschläge bis zum Abschluss der Stimmabgabe in gleicher Weise bekannt zu machen wie das Wahlausschreiben (Absatz 3).

(6) Ist kein Wahlvorschlag zur Wahl des Betriebsrat gemacht worden, hat der Wahlvorstand bekannt zu machen, dass die Wahl nicht stattfindet. Die Bekanntmachung hat in gleicher Weise wie das Wahlausschreiben (Absatz 3) zu erfolgen.

I. Anwendungsbereich

Wird in einem **Kleinbetrieb** iSd § 14a Abs 1 BetrVG der Wahlvorstand durch BR, GBR, KBR oder ArbG bestellt (dazu § 14a BetrVG Rn 16f und § 17a BetrVG Rn 1ff), findet die Wahl des BR im einstufigen Verf statt. Dasselbe gilt für Betriebe mit einer Vereinbarung nach § 14a Abs 5 BetrVG (§ 37 WO). Eine **unstatthafte Durchführung** der Wahl im vereinfachten Verfahren stellt einen wesentlichen Verstoß iSd § 19 BetrVG dar <**R:** BAG 19.11.2003, 7 ABR 24/03, DB 2004, 2819>. Für die Befugnisse des Wahlvorstandes und das zu beachtende Verf gilt nach Abs 1 S 3 § 1 WO entspr

1

Anh. 1 WO Wahlordnung zum Betriebsverfassungsgesetz

(s die Erl dort). Im Übrigen verweist § 36 WO weitgehend auf die Vorschriften über die zweite Stufe des zweistufigen vereinfachten Wahlverfahrens und regelt lediglich die erforderlichen Abweichungen.

II. Einleitung der Wahl

2   Gem Abs 1 S 3 iVm § 2 WO hat der Wahlvorstand zunächst die **Wählerliste** aufzustellen. Inhalt, Mitwirkungspflicht des AG und Bekanntmachung richten sich nach den Vorschriften des § 2 WO. Auf die Erl dort wird verwiesen. **Einsprüche** gg die Richtigkeit der Wählerliste können nur vor Ablauf von drei Tagen seit Erlass des Wahlausschreibens beim Wahlvorstand schriftlich eingelegt werden (Abs 1 S 3 iVm § 30 Abs 2 WO). Auch hier hat der Wahlvorstand die Wählerliste seinerseits auf Vollständigkeit zu überprüfen (Abs 1 S 3 iVm § 30 Abs 2 und § 4 Abs 3 WO).

3   Im Anschluss an die Aufstellung der Wählerliste erlässt der Wahlvorstand das **Wahlausschreiben**, das auch hier vom Vors und von mindestens einem weiteren stimmberechtigten Mitglied des Wahlvorstands zu unterschreiben ist (Abs 2 S 1). Besteht in dem Betrieb ein BR, soll im Wahlausschreiben der **letzte Tag der Stimmabgabe** bzw, wo diese erfolgt, der nachträglichen schriftlichen Stimmabgabe eine Woche vor dem Tag liegen, an dem die Amtszeit des BR nach § 21 S 3 und S 4 BetrVG endet. Es handelt sich insoweit nur um eine **Sollvorschrift**, sodass die Verletzung nicht die Anfechtbarkeit der Wahl nach § 19 BetrVG begründet. Besteht in dem Betrieb kein BR, entweder weil erstmals gewählt wird oder weil der gewählte BR sein Amt niedergelegt hat, ist der Wahlvorstand in der Festlegung des Termins zur BR-Wahl frei.

4   Für den **Inhalt des Wahlausschreibens** gelten im Wesentlichen die Bestimmungen des § 31 Abs 1 S 3 Nr 1–15 WO (dazu § 31 WO Rn 4 ff). Da es keine Wahlversammlung zur Wahl des Wahlvorstands gibt, ist abw von § 31 Abs 1 S 3 Nr 6 lediglich die Mindestzahl von AN anzugeben, von denen ein Wahlvorschlag unterzeichnet sein muss. Abw von § 31 Abs 1 S 3 Nr 8 WO ist anzugeben, dass die Wahlvorschläge spätestens eine Woche vor dem Tag der Wahlversammlung zur Wahl des BR beim Wahlvorstand einzureichen sind; dabei ist der letzte Tag der Frist anzugeben <R: LAG Rh-Pf 2.4.2019, 6 TaBV 18/18>, ggfs auch eine nach § 41 Abs 2 festgelegte Uhrzeit an diesem Tag. Bei der Berechnung der Wochenfrist zählt der Tag des Erlasses des Wahlausschreibens nicht mit (§ 41 Abs 1 WO iVm § 187 Abs 1 BGB). Fällt der letzte Tag der Frist auf einen Sonntag, einen Sonnabend oder einen Feiertag, tritt gem § 41 Abs 1 WO iVm § 193 BGB der nächste Werktag an die Stelle. Für das Einreichen der Wahlvorschläge muss eine **angemessene Frist** zur Verfügung stehen, die sich mangels gesetzlicher Regelung an der des § 28 Abs 1 S 2 WO orientieren kann. Daher ist es ausreichend, wenn die Bekanntgabe des Wahlausschreibens zwei Wochen vor der Wahlversammlung erfolgt, sodass eine einwöchige Frist zur Einreichung der Wahlvorschläge verbleibt <R: Hess LAG 23.1.2003, 9 TaBV 104/02, AuR 2003, 158>. Die Mindestsitze des Geschlechts in der Minderheit sind gem Abs 4 iVm § 32 WO nach der Vorschrift des § 5 WO zu errechnen (s die Erl dort).

5   Wie sich aus Abs 3 S 2 iVm § 31 Abs 2 WO ergibt, ist das Wahlausschreiben durch Aushang und ggfs auch mittels der im Betrieb vorhandenen Informations- bzw Kommunikationstechnik **bekannt zu machen** (s hierzu § 31 WO Rn 3).

III. Wahlvorschläge

6   Wahlvorschläge können auch hier von den Wahlberechtigten und den im Betrieb vertretenen Gewerkschaften gemacht werden. Wahlvorschläge der AN erfordern ggfs, wie sich aus § 14a Abs 3 S 2 HS 2 BetrVG ergibt, die in § 14 Abs 4 BetrVG festgelegte Zahl der **Unterschriften** (dazu § 14 BetrVG Rn 26 ff).

7   Die Wahlvorschläge sind von den Wahlberechtigten spätestens eine Woche vor der Wahlversammlung zur Wahl des BR beim Wahlvorstand **schriftlich einzureichen** (Abs 5 S 1). Bloß mündliche Wahlvorschläge sind im einstufigen Verf nicht möglich.

Für **Inhalt und Unterstützung** der Wahlvorschläge, deren Prüfung und Ungültigkeit gelten nach 8
Abs 5 S 2 die Vorschriften des § 6 Abs 2–5 und die §§ 7 und 8 WO entspr, sodass auf die Erl dort
verwiesen werden kann. Allerdings dürfen die Fristen für die Erklärung, welche von mehreren Unterschriften aufrechterhalten wird (§ 6 Abs 5 S 1) und für die Beseitigung von Beanstandungen (§ 8
Abs 2) nicht die gesetzliche Mindestfrist zur Einreichung der Wahlvorschläge von einer Woche vor
der Wahlversammlung zur Wahl des BR (§ 14a Abs 3 S 2 HS 2 BetrVG) überschreiten.

Gem Abs 5 S 3 hat der Wahlvorstand nach Ablauf der gesetzlichen Mindestfrist von einer Woche die 9
als gültig anerkannten Wahlvorschläge bis zum Abschluss der Stimmabgabe in gleicher Weise wie
das Wahlausschreiben **bekannt zu machen** (vgl Rn 5).

Ist **kein Wahlvorschlag** gemacht worden, hat der Wahlvorstand bekannt zu machen, dass die Wahl 10
nicht stattfindet (Abs 6 S 1). Die Bekanntmachung erfolgt wiederum in gleicher Weise wie die Bekanntmachung des Wahlausschreibens (Abs 6 S 2). Eine Nachfrist entsprechend § 9 kann nicht gesetzt werden <R: Hess LAG 22.8.2013, 9 TaBV 19/13, NZA-RR 2014, 72>. Zum Kdschutz der
Wahlvorstandsmitglieder s § 33 Rn 10.

IV. Durchführung der Wahl

Für Stimmabgabe, Stimmenauszählung, Feststellung der gewählten Bewerber und Bekanntgabe des 11
Wahlergebnisses gelten die Vorschriften des **§ 34 WO** entspr (Abs 4). Auf die Erl dort wird verwiesen. IF nachträglicher schriftlicher Stimmabgabe gilt § 35 WO entspr, sodass auch auf die dortigen
Erl verwiesen werden kann.

Eine **vorzeitige Beendigung** der Wahlversammlung vor dem im Wahlausschreiben genannten Zeit- 12
punkt kann als Verstoß gegen eine wesentliche Verfahrensvorschrift eine Wahlanfechtung rechtfertigen <R: LAG Ddf 19.12.2008, 9 TaBV 165/08>.

Dritter Abschnitt
Wahl des Betriebsrats in Betrieben mit in der Regel 101 bis 200 Wahlberechtigten
(§ 14a Abs. 5 des Gesetzes)

§ 37 Wahlverfahren

**Haben Arbeitgeber und Wahlvorstand in einem Betrieb mit in der Regel 101 bis 200 Wahlberechtigten die Wahl des Betriebsrats im vereinfachten Wahlverfahren vereinbart (§ 14a Abs. 5
des Gesetzes), richtet sich das Wahlverfahren nach § 36.**

Nach § 14a Abs 5 BetrVG können in Betrieben mit idR von 101 bis 200 wahlberechtigten AN der 1
Wahlvorstand und der AG die Anwendung des vereinfachten Wahlverf **vereinbaren**. Die Vereinbarung setzt voraus, dass ein Wahlvorstand bereits im normalen Verf bestellt ist (vgl § 14a BetrVG
Rn 7; dort auch zu den Bedenken gg den mit der Vereinbarung verbundenen Übergang zur Mehrheitswahl).

Wird eine solche Vereinbarung getroffen, richtet sich das Verf für die Wahl des BR nach den Bestim- 2
mungen des § 36 WO. Insbes sind Wahlvorschläge schriftlich einzureichen. Auf die Erl zu § 36 WO
wird verwiesen.

Anh. 1 WO Wahlordnung zum Betriebsverfassungsgesetz

Dritter Teil
Wahl der Jugend- und Auszubildendenvertretung

Vorbemerkung

1 Die Jugend- und Auszubildendenvertretung (§§ 60–73 BetrVG) nimmt in Betrieben mit idR mindestens fünf **AN unter 18 Jahren** oder **Azubis** (ohne Altersbeschränkung) deren Belange wahr (§ 60 BetrVG). Das aktive Wahlrecht steht nur diesem Personenkreis zu (§ 61 Abs 1 BetrVG). **Wählbar** sind alle Azubis und AN unter 25 Jahren sowie altersunabhängig alle Azubis, die nicht Mitglied im BR sind (§ 61 Abs 2 BetrVG). Die regelmäßigen Wahlen zur Jugend- und Auszubildendenvertretung finden **alle zwei Jahre** statt (§ 64 Abs 1 BetrVG).

2 Die **Größe** der Jugend- und Auszubildendenvertretung ist gemäß § 62 Abs 1 BetrVG wie die des BR **gestaffelt** nach der Zahl der Personen, die sie vertreten soll. Auch hier gilt die Vorgabe, dass das **Geschlecht in der Minderheit** mindestens entsprechend seinem zahlenmäßigen Verhältnis vertreten sein muss (§ 62 Abs 3 BetrVG).

3 Die **Wahlvorschriften** für die Jugend- und Auszubildendenvertretung (§ 63 BetrVG) sind denjenigen der BR-Wahl weitgehend angeglichen, wesentliche Vorschriften über die BR-Wahl gelten kraft Verweisung entsprechend.

4 Die Durchführung der Wahl ist auch hier Aufgabe des **Wahlvorstands**. Dessen Bestellung obliegt dem BR (§ 63 Abs 2 BetrVG). Bleibt dieser untätig, ist eine Ersatzbestellung durch GBR, KBR oder Arbeitsgericht möglich (§ 63 Abs 3 BetrVG). Für Betriebe mit idR weniger als 100 jugendlichen AN oder Azubis gilt auch hier das (allerdings immer einstufige) **vereinfachte Wahlverfahren** (§ 63 Abs 4 BetrVG). In Betrieben mit idR 101–200 jugendlichen AN oder Azubis kann das vereinfachte Verfahren kraft Vereinbarung zwischen Wahlvorstand und AG zur Anwendung gebracht werden (§ 63 Abs 5 BetrVG).

§ 38 Wahlvorstand, Wahlvorbereitung

Für die Wahl der Jugend- und Auszubildendenvertretung gelten die Vorschriften der §§ 1 bis 5 über den Wahlvorstand, die Wählerliste, das Wahlausschreiben und die Bestimmung der Mindestsitze für das Geschlecht in der Minderheit entsprechend. Dem Wahlvorstand muss mindestens eine nach § 8 des Gesetzes wählbare Person angehören.

1 Für die Wahl der Jugend- und Auszubildendenvertretung ist vom BR ein **Wahlvorstand** zu bestellen, dem nach S 2 mindestens ein **nach § 8 BetrVG wählbarer AN** angehören muss. Wählbarkeit zur Jugendvertretung genügt nicht.

2 Für die **Geschäftsführung des Wahlvorstands** und die Vorbereitung der Wahl (Aufstellung der Wählerliste, Wahlausschreiben, Einspruch gg die Wählerliste) gelten die allg Vorschriften für die Wahl des BR (§§ 1–4 WO) entspr, sodass auf die Erl dort verwiesen werden kann.

3 Da § 62 Abs 3 BetrVG auch für die Jugend- und Auszubildendenvertretung die Mindestvertretung des Geschlechts in der Minderheit anordnet, ist auch die Bestimmung des § 5 WO über die Bestimmung der **Mindestsitze für das Geschlecht in der Minderheit** entspr anzuwenden. Auf die Erl dort wird verwiesen.

§ 39 Durchführung der Wahl

(1) Sind mehr als drei Mitglieder zur Jugend- und Auszubildendenvertretung zu wählen, so erfolgt die Wahl aufgrund von Vorschlagslisten, sofern die Wahl nicht im vereinfachten Wahlverfahren erfolgt (§ 63 Absatz 4 und 5 des Gesetzes). § 6 Abs. 1 Satz 2, Abs. 2 und 4 bis 7, die §§ 7 bis 10 und § 27 gelten entsprechend. § 6 Abs. 3 gilt entsprechend mit der Maßgabe, dass in je-

§ 40 Wahl der Jugend- u. Auszubildendenvertretung im vereinfachten Verf. **Anh. 1 WO**

der Vorschlagsliste auch der Ausbildungsberuf der einzelnen Bewerberinnen oder Bewerber aufzuführen ist.

(2) Sind mehrere gültige Vorschlagslisten eingereicht, so kann die Stimme nur für eine Vorschlagsliste abgegeben werden. § 11 Abs. 1 Satz 2, Abs. 3 und 4, die §§ 12 bis 19 gelten entsprechend. § 11 Abs. 2 gilt entsprechend mit der Maßgabe, dass auf den Stimmzetteln auch der Ausbildungsberuf der einzelnen Bewerberinnen oder Bewerber aufzuführen ist.

(3) Ist nur eine gültige Vorschlagsliste eingereicht, so kann die Stimme nur für solche Bewerberinnen oder Bewerber abgegeben werden, die in der Vorschlagsliste aufgeführt sind. § 20 Abs. 3, die §§ 21 bis 23 gelten entsprechend. § 20 Abs. 2 gilt entsprechend mit der Maßgabe, dass auf den Stimmzetteln auch der Ausbildungsberuf der einzelnen Bewerber aufzuführen ist.

(4) Für die schriftliche Stimmabgabe gelten die §§ 24 bis 26 entsprechend.

Wie sich aus § 63 Abs 2 S 2 iVm § 14 Abs 2 S 1 BetrVG ergibt, findet die Wahl der Jugend- und Auszubildendenvertreter regelmäßig nach den Grundsätzen der **Verhältniswahl** statt. Mehrheitswahl findet nach § 63 Abs 2 S 2 iVm § 14 Abs 2 S 2 BetrVG nur statt, wenn nur ein Wahlvorschlag eingereicht wird, oder wenn die Jugend- und Auszubildendenvertretung im vereinfachten Wahlverf nach § 14a BetrVG zu wählen ist, weil dem Betrieb idR nicht mehr als 100 Jugendliche und Auszubildende angehören (§ 63 Abs 4 S 1 BetrVG) oder Wahlvorstand und AG dies in Betrieben mit idR 101 bis 200 Jugendlichen und Auszubildenden vereinbart haben (§ 63 Abs 5 BetrVG) <L: BR-Drs 666/21 S. 26 f>. 1

Dementspr enthält § 39 Abs 1 S 2 die Regelungen für die Verhältniswahl in Betrieben, in denen mehr als drei Jugend- und Auszubildendenvertreter zu wählen sind. In der Sache gelten die entspr Bestimmungen für die Wahl von mehr als drei BR-Mitgliedern in den §§ 6 ff WO, sodass auf die Kommentierung dort verwiesen werden kann. Hinsichtlich der Vorschlagslisten und der Stimmzettel ist zu beachten, dass nach Abs 1 S 3 und Abs 2 S 3 auch der **Ausbildungsberuf** der einzelnen Bewerber aufzuführen ist. 2

Ist nur **eine gültige Vorschlagsliste** eingereicht, so kann der Wähler auch hier eine Stimme nur für solche Bewerber abgeben, die in der Vorschlagsliste aufgeführt sind. Wiederum gelten die Vorschriften der §§ 20 ff WO für das Wahlverf bei nur einer Vorschlagsliste entspr. Auch hier ist nach Abs 3 S 2 auf den Stimmzetteln auch der Ausbildungsberuf der einzelnen Bewerber aufzuführen. 3

Auch bei der Wahl der Jugend- und Auszubildendenvertretung ist **schriftliche Stimmabgabe** möglich. Für Voraussetzungen und Durchführung gelten nach Abs 4 die §§ 24–26 WO entspr, sodass auf die Erl dort verwiesen werden kann. 4

§ 40 Wahl der Jugend- und Auszubildendenvertretung im vereinfachten Wahlverfahren

(1) In Betrieben mit in der Regel fünf bis 100 der in § 60 Abs. 1 des Gesetzes genannten Arbeitnehmerinnen und Arbeitnehmern wird die Jugend- und Auszubildendenvertretung im vereinfachten Wahlverfahren gewählt (§ 63 Abs. 4 Satz 1 des Gesetzes). Für das Wahlverfahren gilt § 36 entsprechend mit der Maßgabe, dass in den Wahlvorschlägen und auf den Stimmzetteln auch der Ausbildungsberuf der einzelnen Bewerberinnen oder Bewerber aufzuführen ist. § 38 Satz 2 gilt entsprechend.

(2) Absatz 1 Satz 2 und 3 gilt entsprechend, wenn in einem Betrieb mit in der Regel 101 bis 200 der in § 60 Abs. 1 des Gesetzes genannten Arbeitnehmerinnen und Arbeitnehmern Arbeitgeber und Wahlvorstand die Anwendung des vereinfachten Wahlverfahrens vereinbart haben (§ 63 Abs. 5 des Gesetzes).

Für das in Betrieben mit idR fünf bis 100 Jugendlichen und Auszubildenden gem § 63 Abs 4 anzuwendende vereinfachte Wahlverf sieht § 40 Abs 1 S 2 die Anwendung der Vorschriften des § 36 WO für die Wahl des BR im **einstufigen Verf** vor. Das zweistufige Verf kommt nicht in Betracht, weil 1

Anh. 1 WO Wahlordnung zum Betriebsverfassungsgesetz

die Bildung der Jugend- und Auszubildendenvertretung voraussetzt, dass in dem betreffenden Betrieb ein BR besteht und dementspr in den Vorschriften des § 63 BetrVG über die Bestellung des Wahlvorstandes auf die §§ 17 und 17a BetrVG nicht Bezug genommen wird.

2 Für die Anwendung des § 36 WO kann auf die Erl dort verwiesen werden. Zu beachten ist, dass auch hier in den Wahlvorschlägen und auf den Stimmzetteln auch der **Ausbildungsberuf** der einzelnen Bewerber aufzuführen ist (Abs 1 S 2) und dass auch hier dem Wahlvorstand mindestens **ein nach § 8 BetrVG wählbarer AN** angehören muss (Abs 1 S 3).

3 § 36 WO ist mit den geschilderten Maßgaben auch anwendbar, wenn in einem Betrieb mit idR 101 bis 200 Jugendlichen und Auszubildenden AG und Wahlvorstand gem § 63 Abs 5 BetrVG die Anwendung des vereinfachten Wahlverf **vereinbart** haben.

Vierter Teil
Übergangs- und Schlussvorschriften

§ 41 Berechnung der Fristen

(1) Für die Berechnung der in dieser Verordnung festgelegten Fristen finden die §§ 186 bis 193 des Bürgerlichen Gesetzbuches entsprechende Anwendung.

(2) Mit der Bestimmung des letzten Tages einer Frist nach Absatz 1 kann der Wahlvorstand eine Uhrzeit festlegen, bis zu der ihm Erklärungen nach § 4 Absatz 1, § 6 Absatz 1 und 7 Satz 2, § 8 Absatz 2, § 9 Absatz 1 Satz 1, § 30 Absatz 2 Satz 1 sowie § 36 Absatz 5 Satz 1 und 2 zugehen müssen. ²Diese Uhrzeit darf nicht vor dem Ende der Arbeitszeit der Mehrheit der Wählerinnen und Wähler an diesem Tag liegen.

1 Der bes Hinweis in Abs 1 auf die Anwendung der Fristberechnungsvorschriften des BGB ist überflüssig, da diese Bestimmungen nach § 186 BGB allg gelten. Von bes Bedeutung sind zwei Gesichtspunkte: Ist für den Beginn einer Frist ein **bes Ereignis**, zB der Aushang des Wahlausschreibens, maßgebend, so zählt nach § 187 Abs 1 BGB bei der Berechnung der Frist der Tag nicht mit, in den das Ereignis fällt. § 193 BGB über den verschobenen Fristablauf bei Fristende am Sonn-, Feiertag oder arbeitsfreien Werktag findet keine Anwendung, wenn eine Frist nach **Arbeitstagen** berechnet ist. Zum Begriff des Arbeitstages § 6 WO Rn 14.

2 Der durch VO vom 8.10.2021 (BGBl I S 4640) neu eingeführte **Abs 2** übernimmt die Rspr des BAG, nach welcher bereits zuvor der Wahlvorstand einen **Zeitpunkt** bekannt geben konnte, bis zu welchem ihm **am letzten Tag einer Frist** Erklärungen zugehen konnten, sofern dieser Zeitpunkt nicht vor dem Ende der Arbeitszeit der überwiegenden Mehrheit der AN des Betriebes lag <R: BAG 16.1.2018, 7 ABR 11/16, NZA 2018, 797 zur Einreichung von Wahlvorschlägen; 4.10.1977, 1 ABR 37/77, BB 1978, 254 zu Einsprüchen gegen die Wählerliste; L: BR-Drs 666/21 S. 27>. Dies galt auch im 24-Stunden-Schichtbetrieb <R: LAG Nbg 16.4.2019, 7 TaBV 21/18, LAGE § 9 BetrVG 2001 Nr 4; aA LAG Köln 20.5.2015, 5 TaBV 18/15>.

3 Die Möglichkeit, am letzten Tag der Frist eine solche Uhrzeit zu bestimmen, besteht nunmehr ausdrücklich für

– Einsprüche gegen die Wählerliste (§ 4 Abs 1, § 30 Abs 2 S 1),
– die Einreichung von Wahlvorschlägen (§ 6 Abs 1, § 9 Abs 1 S 1, § 36 Abs 5 S 1),
– die Erklärung einer auf mehreren Vorschlagslisten aufgeführten Person, welche Bewerbung sie aufrecht erhalte (§ 6 Abs 7 S 2), sowie
– die Beseitigung gerügter Mängel eines Wahlvorschlags (§ 8 Abs 2, 36 Abs 5 S 2).

4 Ist im Wahlausschreiben oder in der betreffenden Beanstandung durch den Wahlvorstand keine Uhrzeit angegeben, bleibt es bei der Grundregel, dass die Frist erst um 24 Uhr abläuft und der Wahlvorstand daher am letzten Tag der Frist den Zugang von Erklärungen über das Ende der betrieblichen

Arbeitszeit hinaus ermöglichen muss. Die Arbeitnehmer dürfen also davon ausgehen, dass der Wahlvorstand freiwillig entsprechende Vorkehrungen trifft, indem er sich zB bis 24:00 Uhr im Betrieb aufhält oder einen vorgehaltenen Briefkasten um Mitternacht noch einmal leert. Unterlässt er dies, gilt der rechtzeitige Zugang als bewirkt <**R**: BAG 28.4.2021, 7 ABR 10/20, DB 2021, 2229>.

§ 42 Bereich der Seeschifffahrt

Die Regelung der Wahlen für die Bordvertretung und den Seebetriebsrat (§§ 115 und 116 des Gesetzes) bleibt einer besonderen Rechtsverordnung vorbehalten.

Die Zweite Verordnung zur Durchführung des Betriebsverfassungsgesetzes (Wahlordnung Seeschifffahrt – WOS) in der Fassung vom 7.2.2002 (BGBl I 594) trat am 16.2.2002 in Kraft. 1

§ 43 Inkrafttreten

(1) Diese Verordnung tritt am Tage nach der Verkündung in Kraft. Gleichzeitig tritt die Erste Verordnung zur Durchführung des Betriebsverfassungsgesetzes vom 16. Januar 1972 (BGBl I S. 49), zuletzt geändert durch Verordnung vom 16. Januar 1995 (BGBl I S. 43) außer Kraft.
(2) (weggefallen)

Die WO ist am 14.12.2001 verkündet worden (BGBl I 3494) und damit am 15.12.2001 in Kraft getreten. 1

Abs 2 wurde durch Art 2 der Verordnung zum Zweiten Gesetz zur Vereinfachung der Wahl der Arbeitnehmervertreter in den Aufsichtsrat (WahlVereinfG2V) vom 23.6.2004 (BGBl I 1393) aufgehoben. 2

Anhang 2
Zweite Verordnung zur Durchführung des Betriebsverfassungsgesetzes (Wahlordnung Seeschifffahrt – WOS)

vom 7.2.2002 (BGBl I S. 594),
die durch Art. 2 der Verordnung vom 8.10.2021 (BGBl I S. 4640) geändert worden ist

(nicht kommentiert)

Inhaltsübersicht

Erster Teil
Wahl der Bordvertretung

Erster Abschnitt: Allgemeine Vorschriften 1423

§ 1 Wahlvorstand 1423
§ 2 Wählerliste 1423
§ 3 Einsprüche gegen die Wählerliste 1423
§ 4 Bestimmung der Mindestsitze für das Geschlecht in der Minderheit 1424
§ 5 Wahlausschreiben 1424
§ 6 Wahlvorschläge 1425
§ 7 Wahlvorschläge der Gewerkschaften 1425
§ 8 Behandlung der Wahlvorschläge durch den Wahlvorstand 1426
§ 9 Ungültige Wahlvorschläge 1426
§ 10 Nachfrist für die Einreichung von Wahlvorschlägen 1426
§ 11 Bekanntmachungen zur Stimmabgabe 1427
§ 12 Stimmabgabe 1427
§ 13 Wahlvorgang 1427
§ 14 Öffentliche Stimmauszählung 1428
§ 15 Feststellung des Wahlergebnisses 1428
§ 16 Wahlniederschrift 1428
§ 17 Benachrichtigung der Bekanntmachung der Gewählten 1429
§ 18 Aufbewahrung der Wahlakten 1429

Zweiter Abschnitt: Besondere Vorschriften für die Wahl mehrerer Mitglieder der Bordvertretung 1429

Erster Unterabschnitt: Wahlvorschläge 1429

§ 19 Zusätzliche Erfordernisse 1429
§ 20 Ordnung der Vorschlagslisten 1429

Zweiter Unterabschnitt: Wahlverfahren bei mehreren Vorschlagslisten (Verhältniswahl) 1429

§ 21 Stimmzettel, Stimmabgabe 1429
§ 22 Verteilung der Sitze auf die Vorschlagslisten 1430
§ 23 Ablehnung der Wahl 1430

Dritter Unterabschnitt: Wahlverfahren bei nur einer Vorschlagsliste (Mehrheitswahl) 1431

§ 24 Stimmzettel, Stimmabgabe 1431
§ 25 Ermittlung der Gewählten 1431
§ 26 Ablehnung der Wahl 1431

Anh. 2 WOS   Wahlordnung Seeschifffahrt

Dritter Abschnitt: Besondere Vorschriften für die Wahl nur eines Mitglieds der Bordvertretung (Mehrheitswahl) 1432

§ 27 Grundsatz für die Wahl des Mitglieds der Bordvertretung 1432
§ 28 Wahlvorschläge 1432
§ 29 Stimmzettel, Stimmabgabe 1432
§ 30 Wahlergebnis 1432

Vierter Abschnitt: Verkürztes Wahlverfahren gemäß § 115 Abs. 2 Nr. 6 des Gesetzes 1432
§ 31 Verfahren 1432

Zweiter Teil
Wahl des Seebetriebsrats

Erster Abschnitt: Allgemeine Vorschriften 1433

§ 32 Wahlvorstand 1433
§ 33 Wählerliste 1433
§ 34 Wählbarkeitsliste 1434
§ 35 Bekanntmachung 1434
§ 36 Einsprüche gegen die Wählerliste oder die Wählbarkeitsliste 1434
§ 37 Bestimmung der Mindestsitze für das Geschlecht in der Minderheit 1435
§ 38 Wahlausschreiben 1435
§ 39 Wahlvorschläge 1436
§ 40 Einreichungsfrist für Wahlvorschläge 1437
§ 41 Zustimmungserklärung der Bewerberinnen und Bewerber 1437
§ 42 Wahlvorschläge der Gewerkschaften 1437
§ 43 Behandlung der Wahlvorschläge durch den Wahlvorstand 1437
§ 44 Ungültige Wahlvorschläge 1438
§ 45 Nichteinreichung von Wahlvorschlägen 1438
§ 46 Briefwahl 1438
§ 47 Vorbereitung der Stimmabgabe 1438
§ 48 Bekanntmachungen zur Stimmabgabe 1438
§ 49 Frist für die Stimmabgabe 1439
§ 50 Stimmabgabe 1439
§ 51 Behandlung der Wahlbriefe durch den Wahlvorstand 1440
§ 52 Öffentliche Stimmauszählung 1440
§ 53 Feststellung des Wahlergebnisses 1440
§ 54 Wahlniederschrift 1441
§ 55 Benachrichtigung und Bekanntmachung der Gewählten 1441
§ 56 Aufbewahrung der Wahlakten 1441

Zweiter Abschnitt: Besondere Vorschriften 1441

§ 57 Wahl mehrerer Mitglieder des Seebetriebsrats 1441
§ 58 Wahl nur eines Mitglieds des Seebetriebsrats 1442

Dritter Teil
Übergangs- und Schlussvorschriften

§ 59 Berechnung der Fristen 1442
§ 60 Inkrafttreten 1442

Erster Teil
Wahl der Bordvertretung

Erster Abschnitt
Allgemeine Vorschriften

§ 1 Wahlvorstand

(1) [1]Die Leitung der Wahl der Bordvertretung obliegt dem Wahlvorstand. [2]Dieser hat bei der Durchführung der Wahl auf die Erfordernisse des ordnungsgemäßen Schiffsbetriebs zu achten. [3]Der Kapitän hat dem Wahlvorstand die für eine ordnungsgemäße Durchführung der Wahl erforderlichen Auskünfte zu erteilen und die erforderlichen Unterlagen zur Verfügung zu stellen.

(2) [1]Der Wahlvorstand kann sich eine schriftliche Geschäftsordnung geben. [2]Er kann Wahlberechtigte als Wahlhelferinnen und Wahlhelfer zu seiner Unterstützung bei der Durchführung der Stimmabgabe und bei der Auszählung der Stimmen heranziehen.

(3) [1]Die Beschlüsse des Wahlvorstands werden mit einfacher Stimmenmehrheit seiner stimmberechtigten Mitglieder gefasst. [2]Über jede Sitzung des Wahlvorstands ist eine Niederschrift aufzunehmen, die mindestens den Wortlaut der gefassten Beschlüsse enthält. [3]Die Niederschrift ist von der oder dem Vorsitzenden und einem weiteren stimmberechtigten Mitglied des Wahlvorstands zu unterzeichnen.

§ 2 Wählerliste

(1) [1]Der Wahlvorstand hat für jede Wahl der Bordvertretung eine Liste der Wahlberechtigten (Wählerliste), getrennt nach den Geschlechtern, aufzustellen. [2]Die Wahlberechtigten sollen mit Familiennamen, Vornamen und Geburtsdatum in alphabetischer Reihenfolge aufgeführt werden. [3]Der Wahlvorstand hat die Wählerliste bis zum Abschluss der Stimmabgabe zu berichtigen, wenn ein Besatzungsmitglied den Dienst an Bord aufnimmt oder beendet.

(2) Wahlberechtigt und wählbar sind nur Besatzungsmitglieder, die in die Wählerliste eingetragen sind. In der Wählerliste sind nach Maßgabe des § 115 Absatz 2 Nummer 1 und 2 des Gesetzes die aktiv und passiv Wahlberechtigten auszuweisen.

(3) [1]Ein Abdruck der Wählerliste und ein Abdruck dieser Verordnung sind vom Tage der Einleitung der Wahl (§ 5 Abs. 1 Satz 2) bis zum Abschluss der Stimmabgabe an geeigneter Stelle an Bord zur Einsichtnahme auszulegen. [2]Der Abdruck der Wählerliste soll die Geburtsdaten der Wahlberechtigten nicht enthalten. [3]Ergänzend kann der Abdruck der Wählerliste und der Verordnung mittels der an Bord vorhandenen Informations- und Kommunikationstechnik bekannt gemacht werden. [4]Die Bekanntmachung ausschließlich in elektronischer Weise ist nur zulässig, wenn alle Besatzungsmitglieder von der Bekanntmachung Kenntnis erlangen können und Vorkehrungen getroffen werden, dass Änderungen der Bekanntmachung nur vom Wahlvorstand vorgenommen werden können.

(4) Der Wahlvorstand soll dafür sorgen, dass ausländische Besatzungsmitglieder, die der deutschen Sprache nicht mächtig sind, rechtzeitig über die Wahl der Bordvertretung, insbesondere über die Bedeutung der Wählerliste, über die Aufstellung von Wahlvorschlägen und über die Stimmabgabe in geeigneter Weise unterrichtet werden.

§ 3 Einsprüche gegen die Wählerliste

(1) Einsprüche gegen die Richtigkeit der Wählerliste können mit Wirksamkeit für die Wahl der Bordvertretung nur vor Ablauf von 48 Stunden seit Erlass des Wahlausschreibens beim Wahlvorstand eingelegt werden.

Anh. 2 WOS Wahlordnung Seeschifffahrt

(2) ¹Über Einsprüche nach Absatz 1 hat der Wahlvorstand unverzüglich zu entscheiden. ²Wird ein Einspruch für begründet erachtet, so ist die Wählerliste zu berichtigen. ³Die Entscheidung des Wahlvorstands ist dem Besatzungsmitglied, das den Einspruch eingelegt hat, unverzüglich, spätestens jedoch bis zum Beginn der Stimmabgabe, schriftlich mitzuteilen.

(3) Die Wählerliste kann nach Ablauf der Einspruchsfrist nur bei Schreibfehlern, offenbaren Unrichtigkeiten und in Erledigung rechtzeitig eingelegter Einsprüche bis zum Abschluss der Stimmabgabe berichtigt werden; § 2 Abs. 1 Satz 3 bleibt unberührt.

§ 4 Bestimmung der Mindestsitze für das Geschlecht in der Minderheit

(1) ¹Der Wahlvorstand stellt fest, welches Geschlecht von seinem zahlenmäßigen Verhältnis an Bord in der Minderheit ist. ²Sodann errechnet der Wahlvorstand den Mindestanteil der Sitze in der Bordvertretung für das Geschlecht in der Minderheit (§ 115 Abs. 2 i.V.m. § 15 Abs. 2 des Gesetzes) nach den Grundsätzen der Verhältniswahl. ³Zu diesem Zweck werden die Zahlen der am Tage des Erlasses des Wahlausschreibens an Bord beschäftigten Frauen und Männer in einer Reihe nebeneinander gestellt und beide durch 1, 2, 3, 4 usw. geteilt. ⁴Die ermittelten Teilzahlen sind nacheinander reihenweise unter den Zahlen der ersten Reihe aufzuführen, bis höhere Teilzahlen für die Zuweisung der zu verteilenden Sitze nicht mehr in Betracht kommen.

(2) ¹Unter den so gefundenen Teilzahlen werden so viele Höchstzahlen ausgesondert und der Größe nach geordnet, wie Mitglieder der Bordvertretung zu wählen sind. ²Das Geschlecht in der Minderheit erhält so viele Mitgliedersitze zugeteilt, wie Höchstzahlen auf es entfallen. ³Wenn die niedrigste in Betracht kommende Höchstzahl auf beide Geschlechter zugleich entfällt, so entscheidet das Los darüber, welchem Geschlecht dieser Sitz zufällt.

§ 5 Wahlausschreiben

(1) ¹Unverzüglich, jedoch nicht vor Ablauf von 24 Stunden seit seiner Bestellung, erlässt der Wahlvorstand ein Wahlausschreiben, das von der oder dem Vorsitzenden und von mindestens einem weiteren stimmberechtigten Mitglied des Wahlvorstands zu unterzeichnen ist. ²Mit Erlass des Wahlausschreibens ist die Wahl der Bordvertretung eingeleitet.

(2) Das Wahlausschreiben muss folgende Angaben enthalten:

1. den Zeitpunkt (Datum und Uhrzeit) seines Erlasses;
2. den Ort, an dem die Wählerliste und diese Verordnung an Bord ausliegen, sowie im Fall der Bekanntmachung in elektronischer Weise (§ 2 Abs. 3 Satz 3 und 4) wo und wie von der Wählerliste und der Verordnung Kenntnis genommen werden kann;
3. dass wahlberechtigt und wählbar nur ist, wer in die Wählerliste eingetragen ist, und dass Einsprüche gegen die Wählerliste nur vor Ablauf von 48 Stunden seit dem Erlass des Wahlausschreibens beim Wahlvorstand eingelegt werden können; der Zeitpunkt des Ablaufs der Frist ist anzugeben, verbunden mit einem Hinweis auf die Anfechtungsausschlussgründenach § 19 Absatz 3 Satz 1 und 2 des Gesetzes;
4. den Anteil der Geschlechter und den Hinweis, dass das Geschlecht in der Minderheit in der Bordvertretung mindestens entsprechend seinem zahlenmäßigen Verhältnis vertreten sein muss, wenn die Bordvertretung aus mindestens drei Mitgliedern besteht (§ 115 Abs. 2 i.V.m. § 15 Abs. 2 des Gesetzes);
5. die Zahl der zu wählenden Mitglieder der Bordvertretung (§ 115 Abs. 2 Nr. 3, § 11 des Gesetzes) sowie die auf das Geschlecht in der Minderheit entfallenden Mindestsitze in der Bordvertretung (§ 15 Abs. 2 des Gesetzes);
6. die Mindestzahl von Besatzungsmitgliedern, von denen ein Wahlvorschlag unterzeichnet sein muss (§ 14 Abs. 4 des Gesetzes);

Erster Teil: Wahl der Bordvertretung **Anh. 2 WOS**

7. dass der Wahlvorschlag einer an Bord vertretenen Gewerkschaft von zwei Beauftragten unterzeichnet sein muss (§ 14 Abs. 5 des Gesetzes);
8. dass die Wahlvorschläge in Form von Vorschlagslisten einzureichen sind, wenn mehrere Mitglieder der Bordvertretung zu wählen sind;
9. dass ein Wahlvorschlag mindestens doppelt so viele Bewerberinnen oder Bewerber aufweisen soll, wie in dem Wahlgang Mitglieder der Bordvertretung zu wählen sind;
10. dass Wahlvorschläge vor Ablauf von 48 Stunden seit dem Erlass des Wahlausschreibens beim Wahlvorstand einzureichen sind; der Zeitpunkt des Ablaufs der Frist ist anzugeben;
11. dass die Stimmabgabe an Wahlvorschläge gebunden ist und dass nur solche Wahlvorschläge berücksichtigt werden, die fristgerecht beim Wahlvorstand eingegangen sind;
12. dass die Wahlvorschläge, Ort und Zeitpunkt der Stimmabgabe sowie Ort, Tag und Zeit der öffentlichen Stimmauszählung in gleicher Weise wie das Wahlausschreiben durch besonderen Aushang bekannt gemacht werden;
13. den Ort, an dem der Wahlvorstand an Bord erreichbar ist, und die Namen seiner Mitglieder.

(3) ¹Ein Abdruck des Wahlausschreibens ist vom Zeitpunkt seines Erlasses bis zum Abschluss der Stimmabgabe an einer oder mehreren geeigneten, den Wahlberechtigten zugänglichen Stellen vom Wahlvorstand auszuhängen und in gut lesbarem Zustand zu erhalten. ²Ergänzend kann das Wahlausschreiben mittels der an Bord vorhandenen Informations- und Kommunikationstechnik bekannt gemacht werden. ³§ 2 Abs. 3 Satz 4 gilt entsprechend.

§ 6 Wahlvorschläge

(1) Zur Wahl der Bordvertretung können die Wahlberechtigten vor Ablauf von 48 Stunden seit Erlass des Wahlausschreibens Wahlvorschläge einreichen.

(2) Auf dem Wahlvorschlag sind Familienname, Vorname, Geburtsdatum und Art der Beschäftigung der Bewerberinnen oder Bewerber anzugeben.

(3) Dem Wahlvorschlag ist die schriftliche Zustimmung der in ihm aufgeführten Bewerberinnen und Bewerber zur Aufnahme in den Wahlvorschlag beizufügen.

(4) ¹Aus dem Wahlvorschlag soll zu ersehen sein, welcher Unterzeichner zur Vertretung des Vorschlags gegenüber dem Wahlvorstand und zur Entgegennahme von Erklärungen des Wahlvorstands berechtigt ist (Listenvertreterin, Listenvertreter). ²Fehlt eine Angabe hierüber, so gilt die Unterzeichnerin oder der Unterzeichner als berechtigt, die oder der an erster Stelle steht.

(5) Der Wahlvorschlag kann mit einem Kennwort versehen werden.

§ 7 Wahlvorschläge der Gewerkschaften

(1) Für den Wahlvorschlag einer an Bord vertretenen Gewerkschaft (§ 14 Abs. 3 des Gesetzes) gelten § 6 sowie die §§ 8 bis 31 entsprechend.

(2) Der Wahlvorschlag einer Gewerkschaft ist ungültig, wenn er nicht von zwei Beauftragten der Gewerkschaft unterzeichnet ist (§ 14 Abs. 5 des Gesetzes).

(3) ¹Die oder der an erster Stelle unterzeichnete Beauftragte gilt als Listenvertreterin oder Listenvertreter. ²Die Gewerkschaft kann ein Besatzungsmitglied, das ihr angehört, als Listenvertreterin oder Listenvertreter benennen.

§ 8 Behandlung der Wahlvorschläge durch den Wahlvorstand

(1) Der Wahlvorstand hat bei Überbringen des Wahlvorschlags oder, falls dieser auf andere Weise eingereicht wird, der Listenvertreterin oder dem Listenvertreter den Zeitpunkt der Einreichung schriftlich zu bestätigen.

(2) ¹Der Wahlvorstand hat Wahlvorschläge, die nicht mit einem Kennwort versehen sind, mit Familiennamen und Vornamen des oder der an erster Stelle benannten Bewerberin oder Bewerbers zu bezeichnen. ²Er hat die Wahlvorschläge unverzüglich zu prüfen und bei Ungültigkeit oder Beanstandungen die Listenvertreterin oder den Listenvertreter unverzüglich schriftlich unter Angabe der Gründe zu unterrichten.

(3) ¹Hat ein Wahlberechtigter mehrere Wahlvorschläge unterzeichnet, so hat er auf Aufforderung des Wahlvorstands binnen einer ihm gesetzten angemessenen Frist, spätestens jedoch vor Ablauf von sechs Stunden, zu erklären, welche Unterschrift er aufrechterhält. ²Unterbleibt die fristgerechte Erklärung, so wird sein Name auf dem zuerst eingereichten Wahlvorschlag gezählt und auf den übrigen Wahlvorschlägen gestrichen; sind mehrere Wahlvorschläge, die von demselben Wahlberechtigten unterzeichnet sind, gleichzeitig eingereicht worden, so entscheidet das Los darüber, auf welchem Wahlvorschlag die Unterschrift gilt.

(4) ¹Ist der Name einer Bewerberin oder eines Bewerbers mit ihrer oder seiner schriftlichen Zustimmung auf mehreren Vorschlagslisten (§ 19 Abs. 1) aufgeführt, so hat diese Person auf Aufforderung des Wahlvorstands binnen einer ihr gesetzten angemessenen Frist, spätestens jedoch vor Ablauf von sechs Stunden, zu erklären, welche Bewerbung sie aufrechterhält. ²Unterbleibt die fristgerechte Erklärung, so ist die Bewerberin oder der Bewerber auf sämtlichen Vorschlagslisten zu streichen.

§ 9 Ungültige Wahlvorschläge

(1) Ungültig sind Wahlvorschläge,
1. die nicht fristgerecht eingereicht worden sind,
2. auf denen die Bewerberinnen oder Bewerber nicht in erkennbarer Reihenfolge aufgeführt sind,
3. die bei Einreichung nicht die erforderliche Zahl von Unterschriften (§ 14 Abs. 4 des Gesetzes) aufweisen. ²Die Rücknahme von Unterschriften auf einem eingereichten Wahlvorschlag beeinträchtigt dessen Gültigkeit nicht; § 8 Abs. 3 bleibt unberührt.

(2) Ungültig sind auch Wahlvorschläge,
1. auf denen die Bewerberinnen oder Bewerber nicht in der in § 6 Abs. 2 bestimmten Weise bezeichnet sind,
2. wenn die schriftliche Zustimmung der Bewerberinnen oder Bewerber zur Aufnahme in den Wahlvorschlag nicht vorliegt (§ 6 Abs. 3),
3. wenn der Wahlvorschlag infolge von Streichung gemäß § 8 Abs. 3 nicht mehr die erforderliche Zahl von Unterschriften aufweist,

falls diese Mängel trotz Beanstandung nicht vor Ablauf einer Frist von sechs Stunden beseitigt werden.

§ 10 Nachfrist für die Einreichung von Wahlvorschlägen

(1) ¹Ist vor Ablauf der in § 6 Abs. 1 und § 9 Abs. 2 genannten Fristen kein gültiger Wahlvorschlag eingereicht worden, so hat dies der Wahlvorstand unverzüglich in der gleichen Weise wie das Wahlausschreiben bekannt zu machen und eine Nachfrist von 24 Stunden für die Einreichung von Wahlvorschlägen zu setzen. ²In der Bekanntmachung ist darauf hinzuweisen, dass die Wahl nur stattfindet, wenn innerhalb der Nachfrist mindestens ein gültiger Wahlvorschlag eingereicht wird.

(2) ¹Wird vor Ablauf der Nachfrist kein gültiger Wahlvorschlag eingereicht, so findet die Wahl nicht statt. ²Der Wahlvorstand hat dies unverzüglich in gleicher Weise wie das Wahlausschreiben bekannt zu machen.

§ 11 Bekanntmachungen zur Stimmabgabe

(1) Unverzüglich nach Ordnung der Wahlvorschläge (§§ 20, 28 Abs. 2) hat der Wahlvorstand

1. die als gültig anerkannten Wahlvorschläge,
2. den Ort und den Zeitraum der Stimmabgabe (Absatz 2) und
3. Hinweise für die Stimmabgabe (Absatz 3)

in gleicher Weise wie das Wahlausschreiben bis zum Abschluss der Stimmabgabe bekannt zu machen.

(2) ¹Der Zeitraum der Stimmabgabe darf nicht vor Ablauf von 24 Stunden nach der Bekanntmachung beginnen und soll spätestens 48 Stunden nach der Bekanntmachung enden. ²Er ist so zu bemessen, dass allen Wahlberechtigten die Stimmabgabe unter Berücksichtigung der Erfordernisse des ordnungsgemäßen Schiffsbetriebs möglich ist.

(3) In den Hinweisen für die Stimmabgabe ist anzugeben, dass die Wählerin oder der Wähler auf dem Stimmzettel nur ankreuzen darf

1. bei Verhältniswahl (§§ 21 bis 23) eine Vorschlagsliste;
2. bei Mehrheitswahl nach den §§ 24 bis 30 so viele Namen, wie Mitglieder der Bordvertretung zu wählen sind.

§ 12 Stimmabgabe

(1) ¹Das Wahlrecht wird durch Abgabe eines Stimmzettels ausgeübt. ²Die Stimmzettel müssen alle dieselbe Größe, Farbe, Beschaffenheit und Beschriftung haben.

(2) ¹Ist die Bordvertretung nach den Grundsätzen der Verhältniswahl zu wählen (§§ 21 bis 23), so kann der Wahlberechtigte seine Stimme nur für die gesamte Vorschlagsliste abgeben. ²Ist nach den Grundsätzen der Mehrheitswahl zu wählen (§§ 24 bis 30), so ist die Stimme für die einzelnen Bewerberinnen oder Bewerber abzugeben.

§ 13 Wahlvorgang

(1) ¹Der Wahlvorstand hat Vorkehrungen zu treffen, dass die Wählerin oder der Wähler den Stimmzettel im Wahlraum unbeobachtet kennzeichnen und falten kann. ²Für die Aufnahme der Stimmzettel sind eine oder mehrere Wahlurnen zu verwenden. ³Vor Beginn der Stimmabgabe sind die Wahlurnen vom Wahlvorstand zu verschließen. ⁴Sie müssen so eingerichtet sein, dass die Stimmzettel nicht entnommen werden können, ohne dass die Wahlurne geöffnet wird.

(2) ¹Während des Zeitraums der Stimmabgabe müssen mindestens zwei stimmberechtigte Mitglieder des Wahlvorstands im Wahlraum anwesend sein. ²Sind Wahlhelferinnen oder Wahlhelfer bestellt, so genügt die Anwesenheit eines stimmberechtigten Mitglieds des Wahlvorstands und einer Wahlhelferin oder eines Wahlhelfers.

(3) Die Wählerin oder der Wähler gibt ihren oder seinen Namen an und wirft den Stimmzettel so gefaltet, dass ihre oder seine Stimme nicht erkennbar ist, in die Wahlurne ein, nachdem die Stimmabgabe in der Wählerliste vermerkt worden ist.

(4) ¹Wer infolge seiner Behinderung bei der Stimmabgabe beeinträchtigt ist, kann eine Person seines Vertrauens bestimmen, die ihm bei der Stimmabgabe behilflich sein soll, und teilt dies dem Wahlvorstand mit. ²Wahlbewerberinnen oder Wahlbewerber, Mitglieder des Wahlvorstands sowie Wahlhelfe-

Anh. 2 WOS Wahlordnung Seeschifffahrt

rinnen und Wahlhelfer dürfen nicht zur Hilfeleistung herangezogen werden. ³Die Hilfeleistung beschränkt sich auf die Erfüllung der Wünsche der Wählerin oder des Wählers zur Stimmabgabe; die Person des Vertrauens darf gemeinsam mit der Wählerin oder dem Wähler die Wahlzelle aufsuchen. ⁴Sie ist zur Geheimhaltung der Kenntnisse verpflichtet, die sie bei der Hilfeleistung zur Stimmabgabe erlangt hat. ⁵Die Sätze 1 bis 4 gelten entsprechend für des Lesens unkundige Wählerinnen und Wähler.

(5) ¹Werden die Stimmen nicht unmittelbar nach Abschluss der Stimmabgabe ausgezählt, so hat der Wahlvorstand die Wahlurnen zu versiegeln. ²Dasselbe gilt im Fall der Unterbrechung der Stimmabgabe.

§ 14 Öffentliche Stimmauszählung

Unverzüglich nach Abschluss der Stimmabgabe nimmt der Wahlvorstand öffentlich die Auszählung der Stimmen vor und gibt das Wahlergebnis bekannt.

§ 15 Feststellung des Wahlergebnisses

(1) Nach Öffnung der Wahlurnen entnimmt der Wahlvorstand den Wahlumschlägen die Stimmzettel und prüft ihre Gültigkeit.

(2) Ungültig sind Stimmzettel,

1. die nicht den Erfordernissen des § 12 Abs. 1 Satz 2 entsprechen,
2. aus denen sich der Wille des Wählers nicht zweifelsfrei ergibt,
3. die ein besonderes Merkmal, einen Zusatz oder einen Vorbehalt enthalten.

(3) Der Wahlvorstand zählt

1. im Fall der Verhältniswahl (§§ 21 bis 23) die auf jede Vorschlagsliste,
2. im Fall der Mehrheitswahl (§§ 24 bis 30) die auf jede einzelne Bewerberin oder jeden einzelnen Bewerber

entfallenen gültigen Stimmen zusammen.

§ 16 Wahlniederschrift

(1) Nachdem ermittelt ist, wer gewählt ist, hat der Wahlvorstand in einer Niederschrift festzustellen

1. die Gesamtzahl der abgegebenen Stimmen und die Zahl der gültigen Stimmen;
2. die Zahl der ungültigen Stimmen;
3. im Fall der Verhältniswahl (§§ 21 bis 23) die Zahl der auf jede Vorschlagsliste entfallenen gültigen Stimmen sowie die berechneten Höchstzahlen und ihre Verteilung auf die Vorschlagslisten;
4. im Fall der Mehrheitswahl (§§ 24 bis 30) die Zahl der auf jede Bewerberin und jeden Bewerber entfallenen gültigen Stimmen;
5. die Namen der gewählten Bewerberinnen und Bewerber;
6. gegebenenfalls besondere während der Wahl der Bordvertretung eingetretene Zwischenfälle oder sonstige Ereignisse.

(2) Die Niederschrift ist von der oder dem Vorsitzenden und von mindestens einem weiteren stimmberechtigten Mitglied des Wahlvorstands zu unterzeichnen.

(3) Der Wahlvorstand hat je eine Abschrift der Wahlniederschrift dem Kapitän, dem Seebetriebsrat und den an Bord vertretenen Gewerkschaften unverzüglich zu übermitteln.

Erster Teil: Wahl der Bordvertretung **Anh. 2 WOS**

§ 17 Benachrichtigung der Bekanntmachung der Gewählten

(1) ¹Der Wahlvorstand hat die Gewählten unverzüglich schriftlich von ihrer Wahl zu benachrichtigen. ²Erklärt die gewählte Person nicht binnen drei Arbeitstagen nach Zugang der Benachrichtigung dem Wahlvorstand, dass sie die Wahl ablehne, so gilt die Wahl als angenommen.

(2) Die Namen der als Mitglieder der Bordvertretung Gewählten sind durch einwöchigen Aushang in gleicher Weise bekannt zu machen wie das Wahlausschreiben.

§ 18 Aufbewahrung der Wahlakten

Die Bordvertretung hat die Wahlakten mindestens bis zur Beendigung ihrer Amtszeit aufzubewahren.

Zweiter Abschnitt
Besondere Vorschriften für die Wahl mehrerer Mitglieder der Bordvertretung

Erster Unterabschnitt
Wahlvorschläge

§ 19 Zusätzliche Erfordernisse

(1) ¹Sind mehrere Mitglieder der Bordvertretung zu wählen, so soll jeder Wahlvorschlag mindestens doppelt so viele Bewerberinnen oder Bewerber enthalten, wie Mitglieder der Bordvertretung zu wählen sind. ²Die Namen der einzelnen Bewerberinnen oder Bewerber sind in erkennbarer Reihenfolge aufzuführen und mit fortlaufenden Nummern zu versehen (Vorschlagsliste).

(2) Ein Wahlberechtigter kann seine Unterschrift rechtswirksam nur für eine Vorschlagsliste abgeben.

(3) Eine Bewerberin oder ein Bewerber kann rechtswirksam nur auf einer Vorschlagsliste vorgeschlagen werden.

(4) Eine Verbindung von Vorschlagslisten ist unzulässig.

§ 20 Ordnung der Vorschlagslisten

¹Unverzüglich nach Ablauf der in § 6 Abs. 1, § 9 Abs. 2 und § 10 Abs. 1 genannten Fristen ermittelt der Wahlvorstand durch Los die Reihenfolge der Ordnungsnummern, die den als gültig anerkannten Vorschlagslisten zugeteilt werden (Liste 1 usw.). ²Die Listenvertreterinnen oder Listenvertreter sind zu der Losentscheidung rechtzeitig einzuladen.

Zweiter Unterabschnitt
Wahlverfahren bei mehreren Vorschlagslisten (Verhältniswahl)

§ 21 Stimmzettel, Stimmabgabe

(1) Nach den Grundsätzen der Verhältniswahl (Listenwahl) ist zu wählen, wenn mehrere gültige Vorschlagslisten eingegangen sind.

(2) Auf dem Stimmzettel sind die Vorschlagslisten in der Reihenfolge der Ordnungsnummern unter Angabe von Familiennamen, Vornamen und Art der Beschäftigung des oder der an erster Stelle Benannten aufzuführen; bei Listen, die mit einem Kennwort versehen sind, ist auch das Kennwort anzugeben.

(3) ¹Die Wählerin oder der Wähler kreuzt auf dem Stimmzettel die Vorschlagsliste an, für die sie oder er ihre oder seine Stimme abgeben will. ²Die Stimme kann nur für eine Vorschlagsliste abgegeben werden.

§ 22 Verteilung der Sitze auf die Vorschlagslisten

(1) ¹Die Sitze werden auf die Vorschlagslisten verteilt. ²Dazu werden die den einzelnen Vorschlagslisten zugefallenen Stimmenzahlen in einer Reihe nebeneinander gestellt und sämtlich durch 1, 2, 3, 4 usw. geteilt. ³Die ermittelten Teilzahlen sind nacheinander reihenweise unter den Zahlen der ersten Reihe aufzuführen, bis höhere Teilzahlen für die Zuweisung der zu verteilenden Sitze nicht mehr in Betracht kommen.

(2) ¹Unter den so gefundenen Teilzahlen werden so viele Höchstzahlen ausgesondert und der Größe nach geordnet, wie Mitglieder der Bordvertretung zu wählen sind. ²Jede Vorschlagsliste erhält so viele Mitgliedersitze zugeteilt, wie Höchstzahlen auf sie entfallen. ³Entfällt die niedrigste in Betracht kommende Höchstzahl auf mehrere Vorschlagslisten zugleich, so entscheidet das Los darüber, welcher Vorschlagsliste dieser Sitz zufällt.

(3) Wenn eine Vorschlagsliste weniger Bewerberinnen oder Bewerber enthält, als Höchstzahlen auf sie entfallen, so gehen die überschüssigen Mitgliedersitze auf die folgenden Höchstzahlen der anderen Vorschlagslisten über.

(4) Die Reihenfolge der Bewerberinnen oder Bewerber innerhalb der einzelnen Vorschlagslisten bestimmt sich nach der Reihenfolge ihrer Benennung.

(5) Befindet sich unter den auf die Vorschlagslisten entfallenden Höchstzahlen nicht die erforderliche Mindestzahl von Angehörigen des Geschlechts in der Minderheit nach § 15 Abs. 2 des Gesetzes, so gilt Folgendes:

1. An die Stelle der auf der Vorschlagsliste mit der niedrigsten Höchstzahl benannten Person, die nicht dem Geschlecht in der Minderheit angehört, tritt die in derselben Vorschlagsliste in der Reihenfolge nach ihr benannte, nicht berücksichtigte Person des Geschlechts in der Minderheit.
2. ¹Enthält diese Vorschlagsliste keine Person des Geschlechts in der Minderheit, so geht dieser Sitz auf die Vorschlagsliste mit der folgenden, noch nicht berücksichtigten Höchstzahl und mit Angehörigen des Geschlechts in der Minderheit über. ²Entfällt die folgende Höchstzahl auf mehrere Vorschlagslisten zugleich, so entscheidet das Los darüber, welcher Vorschlagsliste dieser Sitz zufällt.
3. Das Verfahren nach den Nummern 1 und 2 ist so lange fortzusetzen, bis der Mindestanteil der Sitze des Geschlechts in der Minderheit nach § 15 Abs. 2 des Gesetzes erreicht ist.
4. Bei der Verteilung der Sitze des Geschlechts in der Minderheit sind auf den einzelnen Vorschlagslisten nur die Angehörigen dieses Geschlechts in der Reihenfolge ihrer Benennung zu berücksichtigen.
5. Verfügt keine andere Vorschlagsliste über Angehörige des Geschlechts in der Minderheit, verbleibt der Sitz bei der Vorschlagsliste, die zuletzt ihren Sitz zu Gunsten des Geschlechts in der Minderheit nach Nummer 1 hätte abgeben müssen.

§ 23 Ablehnung der Wahl

¹Lehnt eine gewählte Person die Wahl ab, so tritt an ihre Stelle die in derselben Vorschlagsliste in der Reihenfolge nach ihr benannte, nicht gewählte Person. ²Gehört die gewählte Person dem Geschlecht in der Minderheit an, so tritt an ihre Stelle die in derselben Vorschlagsliste in der Reihenfolge nach ihr benannte, nicht gewählte Person desselben Geschlechts, wenn ansonsten das Geschlecht in der Minderheit nicht die ihm nach § 15 Abs. 2 des Gesetzes zustehenden Mindestsitze erhält. ³§ 22 Abs. 5 Nr. 2 bis 5 gilt entsprechend.

Erster Teil: Wahl der Bordvertretung **Anh. 2 WOS**

Dritter Unterabschnitt
Wahlverfahren bei nur einer Vorschlagsliste (Mehrheitswahl)

§ 24 Stimmzettel, Stimmabgabe

(1) Nach den Grundsätzen der Mehrheitswahl ist zu wählen, wenn nur eine gültige Vorschlagsliste eingegangen ist.

(2) Auf den Stimmzetteln sind die Bewerberinnen oder Bewerber unter Angabe von Familiennamen, Vornamen und Art der Beschäftigung in der Reihenfolge aufzuführen, in der sie auf der Vorschlagsliste benannt sind.

(3) ¹Die Wählerin oder der Wähler kreuzt auf dem Stimmzettel die Namen der Bewerberinnen oder Bewerber an, für die sie oder er die Stimme abgeben will. ²Die Stimme kann nur für solche Bewerberinnen oder Bewerber abgegeben werden, die auf dem Stimmzettel aufgeführt sind. ³Es dürfen nicht mehr Namen angekreuzt werden, als Mitglieder der Bordvertretung zu wählen sind.

§ 25 Ermittlung der Gewählten

(1) ¹Zunächst werden die dem Geschlecht in der Minderheit zustehenden Mindestsitze (§ 15 Abs. 2 des Gesetzes) verteilt. ²Dazu werden die dem Geschlecht in der Minderheit zustehenden Mindestsitze mit Angehörigen dieses Geschlechts in der Reihenfolge der jeweils höchsten auf sie entfallenden Stimmenzahlen besetzt.

(2) ¹Nach der Verteilung der Mindestsitze des Geschlechts in der Minderheit nach Absatz 1 erfolgt die Verteilung der weiteren Sitze. ²Die weiteren Sitze werden mit Bewerberinnen und Bewerbern, unabhängig von ihrem Geschlecht, in der Reihenfolge der jeweils höchsten auf sie entfallenden Stimmenzahlen besetzt.

(3) Haben in den Fällen des Absatzes 1 oder 2 für den zuletzt zu vergebenden Sitz mehrere Bewerberinnen oder Bewerber die gleiche Stimmenzahl erhalten, so entscheidet das Los darüber, wer gewählt ist.

(4) Haben sich weniger Angehörige des Geschlechts in der Minderheit zur Wahl gestellt oder sind weniger Angehörige dieses Geschlechts gewählt worden als ihm nach § 15 Abs. 2 des Gesetzes Mindestsitze zustehen, so sind die insoweit überschüssigen Mitgliedersitze des Geschlechts in der Minderheit bei der Sitzverteilung nach Absatz 2 Satz 2 zu berücksichtigen.

§ 26 Ablehnung der Wahl

¹Lehnt eine gewählte Person die Wahl ab, so tritt an ihre Stelle die nicht gewählte Person mit der nächsthöchsten Stimmenzahl. ²Gehört die gewählte Person dem Geschlecht in der Minderheit an, so tritt an ihre Stelle die nicht gewählte Person dieses Geschlechts mit der nächsthöchsten Stimmenzahl, wenn ansonsten das Geschlecht in der Minderheit nicht die ihm nach § 15 Abs. 2 des Gesetzes zustehenden Mindestsitze erhalten würde. ³Gibt es keine weiteren Angehörigen dieses Geschlechts, auf die Stimmen entfallen sind, geht dieser Sitz auf die nicht gewählte Person des anderen Geschlechts mit der nächsthöchsten Stimmenzahl über.

Anh. 2 WOS Wahlordnung Seeschifffahrt

Dritter Abschnitt
Besondere Vorschriften für die Wahl nur eines Mitglieds der Bordvertretung (Mehrheitswahl)

§ 27 Grundsatz für die Wahl des Mitglieds der Bordvertretung

Ist nur ein Mitglied der Bordvertretung zu wählen, erfolgt die Wahl nach den Grundsätzen der Mehrheitswahl (§ 14 Abs. 2 des Gesetzes).

§ 28 Wahlvorschläge

(1) Wahlvorschläge für die Wahl des Mitglieds der Bordvertretung bedürfen keiner Unterzeichnung.

(2) Unverzüglich nach Ablauf der in § 6 Abs. 1, § 9 Abs. 2 und § 10 Abs. 1 genannten Fristen ordnet der Wahlvorstand die als gültig anerkannten Wahlvorschläge in alphabetischer Reihenfolge.

§ 29 Stimmzettel, Stimmabgabe

(1) Die Bewerberinnen oder Bewerber sind auf dem Stimmzettel in alphabetischer Reihenfolge unter Angabe von Familienname, Vorname und Art der Beschäftigung aufzuführen.

(2) ¹Die Wählerin oder der Wähler kreuzt auf dem Stimmzettel den Namen der Bewerberin oder des Bewerbers an, für den sie oder er seine Stimme abgeben will. ²Die Stimme kann nur für eine Bewerberin oder einen Bewerber abgegeben werden, die oder der auf dem Stimmzettel aufgeführt ist.

§ 30 Wahlergebnis

(1) ¹Als Mitglied der Bordvertretung ist gewählt, wer die meisten Stimmen erhalten hat. ²Bei gleicher Stimmenzahl entscheidet das Los.

(2) Lehnt die gewählte Person die Wahl ab, so tritt an ihre Stelle die nicht gewählte Person mit der nächsthöchsten Stimmenzahl.

Vierter Abschnitt
Verkürztes Wahlverfahren gemäß § 115 Abs. 2 Nr. 6 des Gesetzes

§ 31 Verfahren

Liegt ein Beschluss nach § 115 Abs. 2 Nr. 6 des Gesetzes vor, so gelten die Vorschriften der §§ 1 bis 30 mit folgender Maßgabe:

1. Der Wahlvorstand hat die Wahl unverzüglich einzuleiten und so durchzuführen, dass die Stimmabgabe vor Ablauf von 24 Stunden seit Erlass des Wahlausschreibens beendet ist.

2. ¹Der Wahlvorstand hat den Ablauf der Wahl abweichend von den in § 3 Abs. 1, § 5 Abs. 1, Abs. 2 Nr. 3 und 10, § 6 Abs. 1, § 8 Abs. 3 Satz 1 und Abs. 4 Satz 1, § 9 Abs. 2 und 11 Abs. 1 und 2 genannten Fristen festzulegen. ²Dabei muss

   a) für den Einspruch gegen die Wählerliste (§ 3 Abs. 1) sowie für die Einreichung von Wahlvorschlägen (§ 6 Abs. 1 Satz 1) und

   b) für die Bekanntmachung der Wahlvorschläge (§ 11 Abs. 1 und 2) jeweils mindestens ein Zeitraum von sechs Stunden zur Verfügung stehen.

3. Abweichend von § 5 Abs. 2 Nr. 12 und § 11 hat der Wahlvorstand den Ort und den Zeitraum der Stimmabgabe sowie der öffentlichen Stimmauszählung und die Hinweise für die Stimmabgabe im Wahlausschreiben bekannt zu machen.

4. ¹Verzögert sich der Ablauf der Wahl aus zwingenden Gründen, so hat der Wahlvorstand die Wahl auch nach Ablauf der in Nummer 1 genannten Frist weiterzuführen. ²Er hat unter Beachtung der in Nummer 2 Satz 2 genannten Fristen für einen zügigen Fortgang der Wahl zu sorgen. ³Das Wahlausschreiben ist entsprechend zu berichtigen.

Zweiter Teil
Wahl des Seebetriebsrats

Erster Abschnitt
Allgemeine Vorschriften

§ 32 Wahlvorstand

(1) ¹Die Leitung der Wahl des Seebetriebsrats obliegt dem Wahlvorstand. ²Der Arbeitgeber hat dem Wahlvorstand die für eine ordnungsgemäße Durchführung der Wahl erforderlichen Auskünfte zu erteilen und die erforderlichen Unterlagen zur Verfügung zu stellen; hierzu gehört insbesondere die Angabe der Häfen, die die einzelnen zum Seeschifffahrtsunternehmen gehörigen Schiffe anlaufen, sowie der voraussichtlichen jeweiligen Liegezeiten.

(2) ¹Der Wahlvorstand kann sich eine schriftliche Geschäftsordnung geben. ²Er kann Arbeitnehmerinnen oder Arbeitnehmer, die im Landbetrieb des Seeschifffahrtsunternehmens wahlberechtigt sind, als Wahlhelferinnen oder Wahlhelfer zu seiner Unterstützung bei den in § 51 Abs. 2 genannten Aufgaben und bei der Auszählung der Stimmen heranziehen.

(3) ¹Die Beschlüsse des Wahlvorstands werden mit einfacher Stimmenmehrheit seiner stimmberechtigten Mitglieder gefasst. ²Die Sitzungen des Wahlvorstands finden alsPräsenzsitzung statt. ³Über jede Sitzung des Wahlvorstands ist eine Niederschrift aufzunehmen, die mindestens den Wortlaut der gefassten Beschlüsse enthält. ⁴Die Niederschrift ist von der oder dem Vorsitzenden und einem weiteren stimmberechtigten Mitglied des Wahlvorstands zu unterzeichnen.

(4) ¹Abweichend von Absatz 3 Satz 2 kann der Wahlvorstand beschließen, dass die Teilnahme an einer nicht öffentlichen Sitzung des Wahlvorstands mittels Video- und Telefonkonferenz erfolgen kann. ²Dies gilt nicht für Sitzungen des Wahlvorstands. ³Zur Prüfung der eingereichten Wahlvorschläge nach § 43 Absatz 2 Satz 2. ⁴Zur Durchführung des Losverfahrens nach § 57 in Verbindung mit § 20 Satz 1. ⁵Es muss sichergestellt sein, dass Dritte vom Inhalt der Sitzung keine Kenntnis nehmen können. ⁶Eine Aufzeichnung der Sitzung ist unzulässig. ⁷Die mittels Video- und Telefonkonferenz Teilnehmenden bestätigen ihre Teilnahme gegenüber der oder dem Vorsitzenden in Textform. ⁸Die Bestätigung ist der Niederschrift nach Absatz 3 beizufügen.

(5) Erfolgt die Sitzung des Wahlvorstands mit der zusätzlichen Möglichkeit der Teilnahme mittels Video- und Telefonkonferenz, gilt auch eine Teilnahme vor Ort als erforderlich.

§ 33 Wählerliste

(1) ¹Der Wahlvorstand hat für jede Wahl des Seebetriebsrats eine Liste der Wahlberechtigten (Wählerliste), geordnet nach den zum Seebetrieb gehörigen Schiffen, aufzustellen. ²In dieser sind die Geschlechter getrennt aufzuführen. ³Die bei Aufstellung der Wählerliste nicht an Bord eines Schiffes beschäftigten Wahlberechtigten sind, getrennt nach ihrem Geschlecht, in der Wählerliste gesondert aufzuführen. ⁴Die Wahlberechtigten sollen mit Familiennamen, Vornamen und Geburtsdatum in alphabetischer Reihenfolge aufgeführt werden.

Anh. 2 WOS Wahlordnung Seeschifffahrt

(2) Der Wahlvorstand hat die Wählerliste bis zum Abschluss der Stimmabgabe zu berichtigen, wenn ein Besatzungsmitglied ein Heuerverhältnis zum Seeschifffahrtsunternehmen eingeht oder beendet.

(3) Wahlberechtigt sind nur Besatzungsmitglieder, die in die Wählerliste eingetragen sind.

§ 34 Wählbarkeitsliste

(1) ¹Sind zum Seebetriebsrat lediglich im Landbetrieb des Seeschifffahrtsunternehmens beschäftigte Arbeitnehmerinnen und Arbeitnehmer wählbar (§ 116 Abs. 2 Nr. 2 Buchstabe b des Gesetzes), so hat der Wahlvorstand eine Liste dieser wählbaren Arbeitnehmerinnen und Arbeitnehmer (Wählbarkeitsliste), getrennt nach den Geschlechtern, aufzustellen. ²§ 33 Abs. 1 Satz 4 gilt entsprechend.

(2) Wählbar sind nur Arbeitnehmerinnen und Arbeitnehmer, die im Fall des § 116 Abs. 2 Nr. 2 Buchstabe a des Gesetzes in die Wählerliste und im Fall des § 116 Abs. 2 Nr. 2 Buchstabe b des Gesetzes in die Wählbarkeitsliste eingetragen sind.

§ 35 Bekanntmachung

(1) ¹Je ein Abdruck der Wählerliste, der Wählbarkeitsliste und dieser Verordnung sind jedem zum Seebetrieb gehörigen Schiff zusammen mit dem Wahlausschreiben zu übersenden und von der Bordvertretung oder, wenn eine solche nicht besteht, vom Kapitän unverzüglich bis zum Abschluss der Stimmabgabe an geeigneter Stelle an Bord zur Einsichtnahme auszulegen. ²Der Wahlvorstand hat außerdem je einen Abdruck der Wählerliste, der Wählbarkeitsliste und einen Abdruck dieser Verordnung vom Tage der Einleitung der Wahl bis zum Abschluss der Stimmabgabe an geeigneter, den Wahlberechtigten zugänglicher Stelle des Landbetriebs des Seeschifffahrtsunternehmens zur Einsichtnahme auszulegen. ³Die Abdrucke der Wählerliste und der Wählbarkeitsliste sollen die Geburtsdaten der Wahlberechtigten und der wählbaren Arbeitnehmerinnen und Arbeitnehmer nicht enthalten. ⁴Ergänzend können die Abdrucke der Wählerliste, der Wählbarkeitsliste sowie der Verordnung mittels der vorhandenen Informations- und Kommunikationstechnik bekannt gemacht werden. ⁵Die Bekanntmachung ausschließlich in elektronischer Weise ist nur zulässig, wenn alle Wahlberechtigten von der Bekanntmachung Kenntnis erlangen können und Vorkehrungen getroffen werden, dass Änderungen der Bekanntmachung nur vom Wahlvorstand vorgenommen werden können.

(2) Der Wahlvorstand soll dafür sorgen, dass ausländische Arbeitnehmerinnen und Arbeitnehmer, die der deutschen Sprache nicht mächtig sind, rechtzeitig über die Wahl des Seebetriebsrats, insbesondere über die Bedeutung der Wählerliste und der Wählbarkeitsliste, über die Aufstellung von Wahlvorschlägen und über die Stimmabgabe in geeigneter Weise unterrichtet werden.

§ 36 Einsprüche gegen die Wählerliste oder die Wählbarkeitsliste

(1) Einsprüche gegen die Richtigkeit der Wählerliste oder der Wählbarkeitsliste können mit Wirksamkeit für die Wahl des Seebetriebsrats nur vor Ablauf der für die Einreichung von Wahlvorschlägen festgesetzten Frist (§ 40) schriftlich beim Wahlvorstand eingelegt werden.

(2) ¹Über Einsprüche nach Absatz 1 hat der Wahlvorstand unverzüglich zu entscheiden. ²Wird ein Einspruch für begründet erachtet, so ist die Liste zu berichtigen. ³Die Entscheidung des Wahlvorstands ist der Arbeitnehmerin oder dem Arbeitnehmer, die oder der den Einspruch eingelegt hat, unverzüglich schriftlich mitzuteilen.

(3) Die Wählerliste und die Wählbarkeitsliste können nach Ablauf der Einspruchsfrist nur bei Schreibfehlern, offenbaren Unrichtigkeiten und in Erledigung rechtzeitig eingelegter Einsprüche bis zum Abschluss der Stimmabgabe berichtigt werden; § 33 Abs. 2 bleibt unberührt.

Zweiter Teil: Wahl des Seebetriebsrats **Anh. 2 WOS**

§ 37 Bestimmung der Mindestsitze für das Geschlecht in der Minderheit

(1) ¹Der Wahlvorstand stellt fest, welches Geschlecht von seinem zahlenmäßigen Verhältnis im Seebetrieb in der Minderheit ist. ²Sodann errechnet der Wahlvorstand den Mindestanteil der Sitze im Seebetriebsrat für das Geschlecht in der Minderheit (§ 116 Abs. 2 i.V.m. § 15 Abs. 2 des Gesetzes) nach den Grundsätzen der Verhältniswahl. ³Zu diesem Zweck werden die Zahlen der am Tage des Erlasses des Wahlausschreibens zum Seebetrieb gehörigen Frauen und Männer in einer Reihe nebeneinander gestellt und beide durch 1, 2, 3, 4 usw. geteilt. ⁴Die ermittelten Teilzahlen sind nacheinander reihenweise unter den Zahlen der ersten Reihe aufzuführen, bis höhere Teilzahlen für die Zuweisung der zu verteilenden Sitze nicht mehr in Betracht kommen.

(2) ¹Unter den so gefundenen Teilzahlen werden so viele Höchstzahlen ausgesondert und der Größe nach geordnet, wie Mitglieder des Seebetriebsrats zu wählen sind. ²Das Geschlecht in der Minderheit erhält so viele Mitgliedersitze zugeteilt, wie Höchstzahlen auf es entfallen. ³Wenn die niedrigste in Betracht kommende Höchstzahl auf beide Geschlechter zugleich entfällt, so entscheidet das Los darüber, welchem Geschlecht dieser Sitz zufällt.

§ 38 Wahlausschreiben

(1) ¹Unverzüglich nach seiner Bestellung erlässt der Wahlvorstand ein Wahlausschreiben, das von der oder dem Vorsitzenden und von mindestens einem weiteren stimmberechtigten Mitglied des Wahlvorstands zu unterzeichnen ist. ²Mit Erlass des Wahlausschreibens ist die Wahl des Seebetriebsrats eingeleitet.

(2) Das Wahlausschreiben muss folgende Angaben enthalten:

1. das Datum seines Erlasses;

2. den Ort im Landbetrieb, an dem die Wählerliste, die Wählbarkeitsliste und diese Verordnung ausliegen, sowie im Fall der Bekanntmachung in elektronischer Weise (§ 35 Abs. 1 Satz 4 und 5) wo und wie von der Wählerliste, der Wählbarkeitsliste und der Verordnung Kenntnis genommen werden kann;

3. dass die Bordvertretung oder, wenn eine solche nicht besteht, der Kapitän eines jeden Schiffes den Ort, an dem die Wählerliste, die Wählbarkeitsliste und diese Verordnung an Bord ausliegen, bestimmt und in gleicher Weise wie das Wahlausschreiben bekannt macht;

4. dass wahlberechtigt nur ist, wer in die Wählerliste eingetragen ist, und dass wählbar nur ist, wer

    a) im Fall des § 116 Abs. 2 Nr. 2 Buchstabe a des Gesetzes in die Wählerliste und

    b) im Fall des § 116 Abs. 2 Nr. 2 Buchstabe b des Gesetzes in die Wählbarkeitsliste eingetragen ist, und dass Einsprüche gegen diese Listen nur bis zu dem vom Wahlvorstand für die Einreichung von Wahlvorschlägen festgesetzten Zeitpunkt schriftlich beim Wahlvorstand eingelegt werden können; der Zeitpunkt des Ablaufs der Frist ist anzugeben verbunden mit einem Hinweis auf die Anfechtungsausschlussgründe nach § 19 Absatz 3 Satz 1 und 2 des Gesetzes;

5. den Anteil der Geschlechter und den Hinweis, dass das Geschlecht in der Minderheit im Seebetriebsrat mindestens entsprechend seinem zahlenmäßigen Verhältnis vertreten sein muss, wenn der Seebetriebsrat aus mindestens drei Mitgliedern besteht (§ 115 Abs. 2 i.V.m. § 15 Abs. 2 des Gesetzes);

6. die Zahl der zu wählenden Mitglieder des Seebetriebsrats (§ 116 Abs. 2 Nr. 3, § 11 des Gesetzes) sowie die auf das Geschlecht in der Minderheit entfallenden Mindestsitze im Seebetriebsrat (§ 15 Abs. 2 des Gesetzes);

7. dass ein Wahlvorschlag der Wahlberechtigten von mindestens drei wahlberechtigten Besatzungsmitgliedern oder, wenn nur in der Regel bis zu zwanzig Besatzungsmitglieder wahlberechtigt sind, von mindestens zwei wahlberechtigten Besatzungsmitgliedern unterzeichnet sein muss (§ 14 Abs. 4 Satz 1 zweiter Halbsatz, § 116 Abs. 2 Nr. 4 des Gesetzes);

Anh. 2 WOS   Wahlordnung Seeschifffahrt

8. dass der Wahlvorschlag einer unter den Besatzungsmitgliedern des Seeschifffahrtsunternehmens vertretenen Gewerkschaft von zwei Beauftragten unterzeichnet sein muss;
9. dass jeder Wahlberechtigte nur einen Wahlvorschlag unterzeichnen darf und dass andernfalls sämtliche von ihm geleisteten Unterschriften ungültig sind;
10. dass die Wahlvorschläge in Form von Vorschlagslisten einzureichen sind, wenn mehrere Mitglieder des Seebetriebsrats zu wählen sind;
11. dass ein Wahlvorschlag mindestens doppelt so viele Bewerberinnen oder Bewerber aufweisen soll, wie Mitglieder des Seebetriebsrats zu wählen sind;
12. dass Wahlvorschläge bis zu dem vom Wahlvorstand hierfür festgesetzten Zeitpunkt (§ 40) beim Wahlvorstand eingegangen sein müssen; der Zeitpunkt des Ablaufs der Frist ist anzugeben;
13. dass die Stimmabgabe an Wahlvorschläge gebunden ist und dass nur solche Wahlvorschläge berücksichtigt werden, die fristgerecht beim Wahlvorstand eingegangen sind;
14. dass die Mitglieder des Seebetriebsrats durch Briefwahl gewählt werden;
15. dass die Wahlvorschläge und der Zeitpunkt, bis zu dem die Wahlbriefe beim Wahlvorstand eingegangen sein müssen, sowie Ort, Tag und Zeit der öffentlichen Stimmauszählung in gleicher Weise wie das Wahlausschreiben durch besonderen Aushang bekannt gemacht werden;
16. die Namen der Mitglieder des Wahlvorstands und seine Betriebsanschrift.

(3) ^{1}Ein Abdruck des Wahlausschreibens ist unverzüglich nach seinem Erlass vom Wahlvorstand den einzelnen Schiffen gleichzeitig zu übersenden; dies kann auch mittels der vorhandenen Informations- und Kommunikationstechnik erfolgen. ^{2}Der Tag der Versendung ist in einer Niederschrift zu vermerken.

(4) ^{1}Ein Abdruck des Wahlausschreibens ist

1. an Bord eines jeden Schiffes unverzüglich von der Bordvertretung oder, wenn eine solche nicht besteht, vom Kapitän,
2. im Landbetrieb vom Zeitpunkt seines Erlasses an durch den Wahlvorstand

bis zum Abschluss der Stimmabgabe an einer oder mehreren geeigneten, den Wahlberechtigten zugänglichen Stellen auszuhängen und in gut lesbarem Zustand zu erhalten. ^{2}Ergänzend kann das Wahlausschreiben mittels der vorhandenen Informations- und Kommunikationstechnik bekannt gemacht werden. ^{3}§ 35 Abs. 1 Satz 5 gilt entsprechend. ^{4}Die Bordvertretung oder, wenn eine solche nicht besteht, der Kapitän hat den Tag des Aushangs auf dem Wahlausschreiben zu vermerken und den Ort, an dem die Wählerliste, die Wählbarkeitsliste und diese Verordnung an Bord zur Einsichtnahme ausliegen, in gleicher Weise wie das Wahlausschreiben bekannt zu machen. ^{5}Der Eingang des Wahlausschreibens, der Wählerliste und der Wählbarkeitsliste auf dem Schiff soll dem Wahlvorstand unverzüglich bestätigt werden.

(5) ^{1}Der Wahlvorstand hat Besatzungsmitgliedern, von denen ihm bekannt ist, dass sie sich nicht an Bord eines Schiffes befinden, einen Abdruck des Wahlausschreibens sowie auf Verlangen einen Abdruck der Wählerliste und der Wählbarkeitsliste zu übersenden. ^{2}Die Übersendung ist in der Wählerliste zu vermerken.

§ 39 Wahlvorschläge

(1) Zur Wahl des Seebetriebsrats können die Wahlberechtigten Wahlvorschläge einreichen.

(2) Auf dem Wahlvorschlag sind Familienname, Vorname, Geburtsdatum und Art der Beschäftigung der Bewerberinnen oder Bewerber anzugeben.

(3) ^{1}Aus dem Wahlvorschlag soll zu ersehen sein, welcher Unterzeichner zur Vertretung des Vorschlags gegenüber dem Wahlvorstand und zur Entgegennahme von Erklärungen des Wahlvorstands

berechtigt ist (Listenvertreterin, Listenvertreter). ²Fehlt eine Angabe hierüber, so gilt die Unterzeichnerin oder der Unterzeichner als berechtigt, die oder der an erster Stelle steht.

(4) Der Wahlvorschlag kann mit einem Kennwort versehen werden.

§ 40 Einreichungsfrist für Wahlvorschläge

(1) Die Wahlvorschläge müssen vor Ablauf von fünf Wochen nach Versendung des Wahlausschreibens an die Schiffe (§ 38 Abs. 3) beim Wahlvorstand eingehen.

(2) Ist zu besorgen, dass die in Absatz 1 genannte Frist für eine ordnungsgemäße Einreichung von Wahlvorschlägen der Besatzungsmitglieder der einzelnen Schiffe nicht ausreicht, so hat der Wahlvorstand nach Beratung mit dem Arbeitgeber eine längere Frist, höchstens jedoch eine Frist von zwölf Wochen, festzusetzen.

(3) ¹Ergibt sich nach Erlass des Wahlausschreibens die Besorgnis, dass die für die Einreichung von Wahlvorschlägen festgesetzte Frist (Absätze 1 und 2) nicht ausreicht, so hat der Wahlvorstand nach Beratung mit dem Arbeitgeber die Frist zu verlängern. ²Sie darf jedoch insgesamt zwölf Wochen nicht überschreiten. ³Die Verlängerung der Frist ist unverzüglich in gleicher Weise wie das Wahlausschreiben bekannt zu machen.

§ 41 Zustimmungserklärung der Bewerberinnen und Bewerber

(1) Zu jedem Wahlvorschlag muss vor Ablauf der für die Einreichung von Wahlvorschlägen festgesetzten Frist eine mit Datum versehene schriftliche Erklärung jeder Bewerberin und jedes Bewerbers vorliegen, in der diese oder dieser

1. der Aufnahme in den Wahlvorschlag zustimmt,
2. im Fall des § 116 Abs. 2 Nr. 2 Buchstabe a des Gesetzes angibt, ob sie oder er bereits ein Jahr Besatzungsmitglied eines Schiffes gewesen ist, das nach dem Flaggenrechtsgesetz die Bundesflagge führt, oder, wenn dies nicht der Fall ist, wie lange sie oder er als Besatzungsmitglied einem solchen Schiff angehört.

(2) Werden mehrere Erklärungen einer Bewerberin oder eines Bewerbers nach Absatz 1 eingereicht, so gilt nur die Erklärung mit dem jüngsten Datum.

§ 42 Wahlvorschläge der Gewerkschaften

(1) Für den Wahlvorschlag einer unter den Besatzungsmitgliedern des Seeschifffahrtsunternehmens vertretenen Gewerkschaft (§ 14 Abs. 3 des Gesetzes) gelten die §§ 39 bis 41 und 43 bis 58 entsprechend.

(2) Der Wahlvorschlag einer Gewerkschaft ist ungültig, wenn er nicht von zwei Beauftragten der Gewerkschaft unterzeichnet ist (§ 14 Abs. 5 des Gesetzes).

(3) ¹Die oder der an erster Stelle unterzeichnete Beauftragte gilt als Listenvertreterin oder Listenvertreter. ²Die Gewerkschaft kann hierfür eine Arbeitnehmerin oder einen Arbeitnehmer des Seeschifffahrtsunternehmens, die oder der ihr angehört, benennen.

§ 43 Behandlung der Wahlvorschläge durch den Wahlvorstand

(1) Der Wahlvorstand hat den Zeitpunkt des Eingangs eines Wahlvorschlags unverzüglich in einer Niederschrift zu vermerken und der Listenvertreterin oder dem Listenvertreter schriftlich zu bestätigen.

(2) ¹Der Wahlvorstand hat Wahlvorschläge, die nicht mit einem Kennwort versehen sind, mit Familiennamen und Vornamen der oder des an erster Stelle Benannten zu bezeichnen. ²Er hat die Wahl-

vorschläge unverzüglich zu prüfen und bei Ungültigkeit oder Beanstandungen die Listenvertreterin oder den Listenvertreter unverzüglich schriftlich unter Angabe der Gründe zu unterrichten.

§ 44 Ungültige Wahlvorschläge

(1) Ungültig sind Wahlvorschläge,

1. die nicht fristgerecht eingereicht worden sind,
2. auf denen die Bewerberinnen oder Bewerber nicht in erkennbarer Reihenfolge aufgeführt sind,
3. die bei Einreichung nicht die erforderliche Mindestzahl gültiger Unterschriften (§ 38 Abs. 2 Nr. 7) aufweisen. ²Die Rücknahme von Unterschriften auf einem eingereichten Wahlvorschlag beeinträchtigt dessen Gültigkeit nicht.

(2) Ungültig sind auch Wahlvorschläge,

1. auf denen die Bewerberinnen oder Bewerber nicht in der in § 39 Abs. 2 bestimmten Weise bezeichnet sind,
2. wenn die schriftliche Erklärung der Bewerberinnen oder Bewerber nach § 41 nicht vorliegt, falls diese Mängel trotz Beanstandung nicht vor Ablauf der für die Einreichung von Wahlvorschlägen festgesetzten Frist beseitigt werden.

§ 45 Nichteinreichung von Wahlvorschlägen

¹Wird vor Ablauf der für die Einreichung von Wahlvorschlägen festgesetzten Frist kein gültiger Wahlvorschlag eingereicht, so findet die Wahl nicht statt. ²Der Wahlvorstand hat dies unverzüglich in gleicher Weise wie das Wahlausschreiben bekannt zu machen.

§ 46 Briefwahl

Die Mitglieder des Seebetriebsrats werden durch Briefwahl gewählt.

§ 47 Vorbereitung der Stimmabgabe

¹Der Wahlvorstand hat unverzüglich nach Ordnung der Wahlvorschläge (§§ 20, 28 Abs. 2, §§ 57, 58) folgende, zur Stimmabgabe erforderliche Unterlagen herzustellen:

1. Stimmzettel und Wahlumschläge;
2. vorgedruckte, von der Wählerin oder dem Wähler zu unterzeichnende Erklärungen, in denen diese versichern, dass sie den Stimmzettel persönlich gekennzeichnet haben, sowie
3. Wahlbriefumschläge, die die Anschrift des Wahlvorstands und den Vermerk „Schriftliche Stimmabgabe" tragen.

²Die Stimmzettel müssen alle dieselbe Größe, Farbe, Beschaffenheit und Beschriftung haben; dasselbe gilt für die Wahlumschläge.

§ 48 Bekanntmachungen zur Stimmabgabe

(1) ¹Der Wahlvorstand hat unverzüglich in gleicher Weise wie das Wahlausschreiben bis zum Abschluss der Stimmabgabe bekannt zu machen:

1. die als gültig anerkannten Wahlvorschläge;
2. den Zeitpunkt, bis zu dem die Wahlbriefe bei ihm eingehen müssen;

3. dass bei Verhältniswahl (§§ 21 bis 23, 57) auf dem Stimmzettel nur eine Vorschlagsliste angekreuzt werden darf;
4. dass bei Mehrheitswahl nach den §§ 24, 25 und 57 auf dem Stimmzettel nur so viele Namen angekreuzt werden dürfen, wie Mitglieder des Seebetriebsrats zu wählen sind;
5. dass bei Mehrheitswahl nach den §§ 27 bis 30 und 58 nur eine Bewerberin oder ein Bewerber für die Wahl des Mitglieds des Seebetriebsrats angekreuzt werden darf;
6. dass die Stimmzettel unbeobachtet persönlich zu kennzeichnen und in dem Wahlumschlag zu verschließen sind;
7. dass die vorgedruckte Erklärung (§ 47 Nr. 2) unter Angabe des Datums zu unterzeichnen und zusammen mit dem Wahlumschlag im Wahlbriefumschlag zu verschließen ist;
8. dass auf dem Wahlbriefumschlag der Absender zu vermerken ist;
9. dass die Besatzungsmitglieder eines jeden Schiffes die Wahlbriefe möglichst gleichzeitig zurücksenden sollen.

²Für die Bekanntmachung an Bord der Schiffe gilt § 38 Abs. 4 entsprechend.

(2) ¹Zusammen mit der in Absatz 1 genannten Bekanntmachung hat der Wahlvorstand gleichzeitig
1. jedem Schiff die zur Stimmabgabe erforderlichen Unterlagen in einer Anzahl zu übersenden, die die Zahl der Regelbesatzung des Schiffes um mindestens 10 vom Hundert übersteigt;
2. allen Besatzungsmitgliedern, von denen ihm bekannt ist, dass sie sich nicht an Bord eines Schiffes befinden, die zur Stimmabgabe erforderlichen Unterlagen sowie einen Abdruck der Bekanntmachung nach Absatz 1 zu übersenden.

²Der Tag der Versendung ist in einer Niederschrift, die Übersendung nach Nummer 2 in der Wählerliste zu vermerken. ³Die Bordvertretung oder, wenn eine solche nicht besteht, der Kapitän hat jedem Besatzungsmitglied die zur Stimmabgabe erforderlichen Unterlagen auszuhändigen.

§ 49 Frist für die Stimmabgabe

(1) Die Wahlbriefe müssen vor Ablauf von fünf Wochen nach ihrer Versendung an die Schiffe (§ 48 Abs. 2) beim Wahlvorstand eingehen.

(2) Ist zu besorgen, dass die in Absatz 1 genannte Frist für eine ordnungsgemäße Durchführung der Stimmabgabe nicht ausreicht, so hat der Wahlvorstand nach Beratung mit dem Arbeitgeber eine längere Frist, höchstens jedoch eine Frist von zwölf Wochen, festzusetzen.

(3) ¹Ergibt sich nach Versendung der Bekanntmachungen zur Stimmabgabe die Besorgnis, dass die für die Stimmabgabe festgesetzte Frist (Absätze 1 und 2) nicht ausreicht, so hat der Wahlvorstand nach Beratung mit dem Arbeitgeber die Frist zu verlängern. ²Sie darf jedoch insgesamt zwölf Wochen nicht überschreiten. ³Die Verlängerung der Frist ist unverzüglich in gleicher Weise wie das Wahlausschreiben bekannt zu machen.

§ 50 Stimmabgabe

(1) ¹Ist der Seebetriebsrat nach den Grundsätzen der Verhältniswahl zu wählen (§§ 21 bis 23, 57), so kann der Wahlberechtigte seine Stimme nur für die gesamte Vorschlagsliste abgeben. ²Ist nach den Grundsätzen der Mehrheitswahl zu wählen (§§ 24 bis 30, 57, 58), so ist die Stimme für die einzelnen Bewerber abzugeben.

(2) ¹Die Wählerin oder der Wähler hat
1. den Stimmzettel unbeobachtet persönlich zu kennzeichnen und ihn in dem Wahlumschlag zu verschließen,

2. die vorgedruckte Erklärung (§ 47 Nr. 2) unter Angabe des Datums zu unterzeichnen und diese zusammen mit dem Wahlumschlag in dem Wahlbriefumschlag zu verschließen,

3. auf dem Wahlbriefumschlag den Namen und die Anschrift zu vermerken und diesen an den Wahlvorstand zurückzusenden.

²Die Wahlbriefe der Besatzungsmitglieder eines Schiffes sollen möglichst gleichzeitig abgesandt werden.

§ 51 Behandlung der Wahlbriefe durch den Wahlvorstand

(1) Der Wahlvorstand hat unverzüglich nach Eingang eines Wahlbriefs

1. auf dem Wahlbriefumschlag das Datum seines Eingangs zu vermerken,

2. in der Wählerliste bei dem Namen der Wählerin oder des Wählers den Eingang zu vermerken und

3. den Wahlbrief unter Verschluss zu nehmen.

(2) ¹Am ersten Arbeitstag nach Ablauf der für die Stimmabgabe festgesetzten Frist öffnet der Wahlvorstand in öffentlicher Sitzung die rechtzeitig eingegangenen Wahlbriefumschläge und entnimmt diesen den Wahlumschlag und die vorgedruckte Erklärung. ²Ist die Stimmabgabe ordnungsgemäß erfolgt, so hat der Wahlvorstand diese in der Wählerliste zu vermerken und den Wahlumschlag ungeöffnet in die Wahlurne zu legen. ³Diese muss so eingerichtet sein, dass die Wahlumschläge nicht entnommen werden können, ohne dass die Wahlurne geöffnet wird.

(3) ¹Nicht ordnungsgemäß ist die Stimmabgabe, wenn

1. ein Wahlbrief keinen Absender trägt,

2. ein Wahlbrief nicht eine unterzeichnete vorgedruckte Erklärung des Absenders nach § 47 Nr. 2 enthält,

3. der Stimmzettel nicht in einem verschlossenen Wahlumschlag eingegangen ist,

4. von einer Wählerin oder einem Wähler mehrere Wahlbriefe eingegangen sind oder

5. ein Wahlbrief verspätet eingegangen ist.

²Der Wahlvorstand hat diese Wahlbriefe gesondert zu verwahren; sie bleiben für die Wahl unberücksichtigt. ³Die Wahlumschläge dürfen nicht geöffnet werden. ⁴Sie sind drei Monate nach Bekanntgabe des Wahlergebnisses zu vernichten, es sei denn, die Wahl ist angefochten worden.

(4) Werden die Stimmen nicht unmittelbar nach Einwurf der Wahlumschläge in die Wahlurnen ausgezählt, so hat der Wahlvorstand die Wahlurnen zu versiegeln.

§ 52 Öffentliche Stimmauszählung

Unverzüglich nach Einwurf der Wahlumschläge in die Wahlurnen (§ 51 Abs. 2) nimmt der Wahlvorstand öffentlich die Auszählung der Stimmen vor und gibt das Wahlergebnis bekannt.

§ 53 Feststellung des Wahlergebnisses

(1) Nach Öffnung der Wahlurnen entnimmt der Wahlvorstand den Wahlumschlägen die Stimmzettel und prüft ihre Gültigkeit.

(2) Ungültig sind Stimmzettel,

1. die nicht den Erfordernissen des § 47 Satz 2 entsprechen;

2. aus denen sich der Wille des Wählers nicht zweifelsfrei ergibt;

3. die ein besonderes Merkmal, einen Zusatz oder einen Vorbehalt enthalten.

(3) ¹Mehrere in einem Wahlumschlag enthaltene Stimmzettel, die vollständig übereinstimmen, werden als eine Stimme gezählt. ²Stimmen sie nicht vollständig überein, so sind sie ungültig.

(4) Der Wahlvorstand zählt

1. im Fall der Verhältniswahl (§§ 21 bis 23, 57) die auf jede Vorschlagsliste,
2. im Fall der Mehrheitswahl (§§ 24 bis 30, 57, 58) die auf jede einzelne Bewerberin oder jeden einzelnen Bewerber

entfallenen gültigen Stimmen zusammen.

§ 54 Wahlniederschrift

(1) Nachdem ermittelt ist, wer gewählt ist, hat der Wahlvorstand in einer Niederschrift festzustellen

1. die Zahl der nach § 51 Abs. 3 nicht berücksichtigten Stimmen;
2. die Gesamtzahl der abgegebenen Stimmen und die Zahl der gültigen Stimmen;
3. die Zahl der ungültigen Stimmen;
4. im Fall der Verhältniswahl (§§ 21 bis 23, 57) die Zahl der auf jede Vorschlagsliste entfallenen gültigen Stimmen sowie die berechneten Höchstzahlen und ihre Verteilung auf die Vorschlagslisten;
5. im Fall der Mehrheitswahl (§§ 24 bis 30, 57, 58) die Zahl der auf jede Bewerberin und jeden Bewerber entfallenen gültigen Stimmen;
6. die Namen der gewählten Bewerberinnen und Bewerber;
7. gegebenenfalls besondere während der Wahl des Seebetriebsrats eingetretene Zwischenfälle oder sonstige Ereignisse.

(2) Die Niederschrift ist von der oder dem Vorsitzenden und von mindestens einem weiteren stimmberechtigten Mitglied des Wahlvorstands zu unterzeichnen.

(3) Der Wahlvorstand hat je eine Abschrift der Wahlniederschrift dem Arbeitgeber und den unter den Besatzungsmitgliedern vertretenen Gewerkschaften unverzüglich zu übersenden.

§ 55 Benachrichtigung und Bekanntmachung der Gewählten

(1) Der Wahlvorstand hat die Gewählten unverzüglich schriftlich von ihrer Wahl zu benachrichtigen.

(2) Die Namen der als Mitglieder des Seebetriebsrats Gewählten sind durch einwöchigen Aushang in gleicher Weise bekannt zu machen wie das Wahlausschreiben.

§ 56 Aufbewahrung der Wahlakten

Der Seebetriebsrat hat die Wahlakten mindestens bis zur Beendigung seiner Amtszeit aufzubewahren.

Zweiter Abschnitt
Besondere Vorschriften

§ 57 Wahl mehrerer Mitglieder des Seebetriebsrats

Die Vorschriften der §§ 19 bis 26 gelten für die Wahl der Mitglieder des Seebetriebsrats mit folgender Maßgabe entsprechend:

1. An die Stelle der in § 20 Satz 1 genannten Fristen tritt die für die Einreichung von Wahlvorschlägen für die Wahl des Seebetriebsrats festgesetzte Frist (§ 40).

Anh. 2 WOS Wahlordnung Seeschifffahrt

2. § 20 Satz 2 findet keine Anwendung.

3. Das Ergebnis der Auslosung (§ 20 Satz 1) ist in die Sitzungsniederschrift des Wahlvorstands aufzunehmen.

§ 58 Wahl nur eines Mitglieds des Seebetriebsrats

Die Vorschriften der der §§ 27 und 28 Absatz 2 sowie der §§ 29 bis 30 gelten für die Wahl nur eines Mitglieds des Seebetriebsrats entsprechend mit der Maßgabe, dass an die Stelle der in § 28 Abs. 2 genannten Fristen die für die Einreichung von Wahlvorschlägen für die Wahl des Seebetriebsrats festgesetzte Frist (§ 40) tritt. Wahlberechtigte können für die Wahl des Mitglieds des Seebetriebsrats rechtswirksam nur einen Wahlvorschlag unterstützen.

Dritter Teil
Übergangs- und Schlussvorschriften

§ 59 Berechnung der Fristen

^{1}Soweit nach dieser Verordnung eine Frist nach Stunden bemessen ist, beginnt sie mit der nächsten vollen Stunde, die auf das maßgebende Ereignis folgt. ^{2}Im Übrigen gelten für die Berechnung der in dieser Verordnung festgelegten Fristen die §§ 186 bis 193 des Bürgerlichen Gesetzbuchs.

§ 60 Inkrafttreten

Diese Verordnung tritt am Tag nach der Verkündung in Kraft.

Anhang 3
Gesetz über Europäische Betriebsräte (EBRG)

Überblick über das EBRG

Literatur: *Annuß/Kühn/Rudolph/Rupp*, Europäisches Betriebsräte-Gesetz Kommentar, 2014; AR/*Heckelmann/Wolff*, Europäisches Betriebsrätegesetz, 10. Aufl. 2021; *Bauckhage*, Die Sanktionen des Europäischen Betriebsrätegesetzes, 2006; *Blanke/Rose*, Die zeitliche Koordinierung der Informations- und Konsultationsansprüche europäischer Betriebsräte, RdA 2008, 65; *Brors*, Das System der Arbeitnehmer-Beteiligungs-Richtlinien, 2005; *Caspers*, Der Europäische Betriebsrat, CH–D Wirtschaft 2001, Heft 3 S 16; *Löwisch*, Beschäftigungssicherung als Gegenstand von Mitwirkungs- und Mitbestimmungsrechten im europäischen und deutschen Recht, FS Konzen (2006), S 533; *Maiß/Pauken*, Mitwirkungsrechte des Europäischen Betriebsrats bei grenzüberschreitenden Betriebsänderungen, BB 2013 S 1589; *Melot de Beauregard/Buchmann*, Die neue Richtlinie über Europäische Betriebsräte, BB 2009, 1417; *Müller-Bonanni/Müntefering*, Arbeitnehmerbeteiligung bei SE-Gründung und grenzüberschreitender Verschmelzung im Vergleich, BB 2009 S 1699; *Riesenhuber*, Europäisches Arbeitsrecht, 2. Aufl 2021; ; *Schröder/Hey*, Die Zusammensetzung der europäischen Mitbestimmungsgremien bei Transaktion und Restrukturierung, BB 2013 S 1589; *Simon/Hinrichs*, Unterrichtung der Arbeitnehmer und ihrer Vertretungen bei grenzüberschreitenden Verschmelzungen, NZA 2008, 392; *Spinner*, Die vereinbarte Betriebsverfassung, ein Vergleich verschiedener Vereinbarungen zur Organisation der Betriebsverfassung, 2000; *Thüsing/Forst*, Europäische Betriebsräte-Richtlinie: Neuerungen und Umsetzungserfordernisse, NZA 2009, 408; *Weber*, Information und Konsultation im europäischen und deutschen Mitbestimmungsrecht, FS Konzen (2006), S 921; *Wolff*, Europäische Betriebsräte nach dem Brexit, BB 2016 S 1784. Weitere Literatur siehe Vorauflage.

Das EBRG hat die Richtlinie 94/45/EG des Rates der Europäischen Gemeinschaft vom 22.9.1994 über die Einrichtung eines Europäischen Betriebsrats oder eines Verfahrens zur Information der AN und der Beratung mit diesen in gemeinschaftsweiten Unternehmen und Unternehmensgruppen <L: ABl EG Nr L 254 S 64> umgesetzt. **1**

Die Richtlinie ist in allen Vertragsstaaten in nationales Recht umgesetzt worden, überwiegend durch Gesetz, zT, so in Italien, Belgien und Norwegen, durch Kollektivverträge. Inhaltlich stimmen die Umsetzungen im Wesentlichen überein. Richtlinie und EBRG erfassen die Mitgliedstaaten der Europäischen Gemeinschaft und die Vertragsstaaten des Abkommens über den Europäischen Wirtschaftsraum Island, Norwegen und Lichtenstein (§ 2 Abs 3). In Großbritannien gilt die Richtlinie nach dem Brexit nicht mehr; in Betracht kommt nur eine Einbeziehung nach § 14 EBRG <L: AR/*Heckelmann/Wolff*, EBGR, Vorbem Rn 9>. Die Richtlinie 94/45/EG ist inzwischen durch die Richtlinie 2009/38/EG abgelöst worden. Die Änderungen sind durch Gesetz vom 14.6.2011 mit Wirkung vom 18.6.2011 in das EBRG eingefügt worden. **2**

Zweck des Gesetzes ist die **grenzübergreifende Unterrichtung und Anhörung** der AN in gemeinschaftsweit tätigen Unternehmen und Unternehmensgruppen. Diese kann entweder über die Institution eines Europäischen Betriebsrats oder über ein Informations- und Anhörungsverfahren geschehen (§ 1 Abs 1 S 1 EBRG). **Vorrang** haben dabei **Vereinbarungen**; nur wenn es zu einer solchen nicht kommt, wird ein Europäischer Betriebsrat kraft Gesetzes errichtet (§ 1 Abs 1 S 2 EBRG). **3**

Der **Anwendungsbereich** des Gesetzes erstreckt sich auf gemeinschaftsweit tätige Unternehmen und Unternehmensgruppen, wenn diese mindestens 1.000 AN in den Mitgliedstaaten und davon jeweils mindestens 150 AN in mindestens zwei Mitgliedstaaten beschäftigen (§ 3 EBRG). Ob das Unternehmen seinen Sitz bzw die Unternehmensgruppe ihre Zentrale in einem Mitgliedstaat hat, spielt keine Rolle. Fehlt es an einer zentralen Leitung in Deutschland, muss das Unternehmen bzw die Unternehmensgruppe für die Anwendung des Gesetzes einen Vertreter benennen. Tut sie das nicht, findet das EBRG Anwendung, wenn in Deutschland die meisten AN beschäftigt sind (§ 2 Abs 2 EBRG). Nach Daten des European Trade Union Institute (abrufbar unter http://www.ewcdb.eu/stats- **4**

Anh. 3 EBRG Gesetz über Europäische Betriebsräte (EBRG)

and-graphs) erfasste die Richtlinie 2020 insg 1.015 Unternehmen und str. Unternehmensgruppen, davon 131 in Deutschland, 118 in Frankreich und 96 in Großbritannien, 394 Unternehmen und Unternehmensgruppen hatten ihren Sitz in Nichtmitgliedstaaten, davon 187 in den USA, 49 in der Schweiz und 35 in Japan.

5 Für die **Berechnung der Zahl** der im Betrieb und Unternehmen in Deutschland im Durchschnitt der letzten zwei Jahre beschäftigten AN ist der AN-Begriff von § 5 Abs 1 BetrVG zu Grunde zu legen (§ 4 EBRG). Leih-AN sind dabei mitzuzählen (§ 14 Abs 2 S 4 AÜG).

6 Für die Aufgaben nach dem EBRG ist auf der Seite des Unternehmens oder der Unternehmensgruppe die **zentrale Leitung** in Deutschland oder einem anderen Mitgliedstaat zuständig. Zentrale Leitung iSd Gesetzes ist das gemeinschaftsweit tätige Unternehmen oder das herrschende Unternehmen einer gemeinschaftsweit tätige Unternehmensgruppe (§ 1 Abs 6 EBRG). Hat das gemeinschaftsweit tätige Unternehmen oder das herrschende Unternehmen der Unternehmensgruppe seinen Sitz nicht in einem Mitgliedstaat, findet das EBRG gleichwohl Anwendung, wenn im Inland eine nachgeordnete Leitung liegt (§ 2 Abs 2 S 1 EBRG), oder die zentrale Leitung einen Betrieb oder ein Unternehmen in Deutschland als ihren Vertreter benennt (§ 2 Abs 2 S 2 EBRG). Geschieht Letzteres nicht, gilt das EBRG, wenn Deutschland die meisten AN beschäftigt sind (§ 2 Abs 2 S 3 EBRG). Dies gilt nach dessen Austritt auch für Großbritannien.

7 Für die Verhandlungen über die Vereinbarung der Errichtung eines Europäischen BRs oder eines Verfahrens über die Unterrichtung und Anhörung der AN sehen die §§ 8 ff EBRG die Bildung eines besonderen **Verhandlungsgremiums** auf der AN-Seite vor, dem AN-Vertreter aus jedem Mitgliedstaat angehören, in dem das Unternehmen oder die Unternehmensgruppe einen BR hat. Die Bildung des besonderen Verhandlungsgremiums erfolgt auf Antrag der AN-Seite, der von mindestens 100 AN oder deren Vertretern unterstützt werden muss (§ 9 Abs 1, 2 EBRG). Die für die Bildung notwendigen Auskünfte, insbes über die Gesamtzahl der AN und deren Verteilung auf die Mitgliedstaaten, hat die Leitung des Unternehmens oder der Unternehmensgruppe zu geben <R: BAG vom 27.6.2000, BB 2001, 414>. Dies gilt auch, wenn die Leitung des Unternehmens oder der Unternehmensgruppe ihren Sitz in einem Nichtmitgliedstaat hat. In einem solchen Fall müssen die in den Mitgliedstaaten ansässigen Betriebe oder Unternehmen eines in einem Nichtmitgliedstaat ansässigen Unternehmens bzw einer Unternehmensgruppe diese Auskünfte auch grenzüberschreitend erteilen. Ist die in einem Nichtmitgliedstaat liegende Leitung nicht bereit, der im Inland gemäß § 2 Abs 2 EBRG fingierten zentralen Leitung die nötigen Informationen (zB Zahl der Mitarbeiter und ihre Verteilung auf die Mitgliedstaaten) zu geben, kann sich die fingierte zentrale Leitung hierauf nicht berufen. Sie ist vielmehr dazu verpflichtet, sich die nötigen Informationen bei den anderen in der Gemeinschaft ansässigen Unternehmen der Gruppe zu beschaffen, die ihrerseits gegenüber der fingierten zentralen Leitung auskunftspflichtig sind. <R: EuGH 13.1.04 C-440/00 (Kühne & Nagel), BB 2004, 441; BAG 29.6.04 1 ABR 32/99, BB 2005, 440>.

8 Die Bildung des Verhandlungsgremiums kann auch auf Initiative der Leitung des Unternehmens oder der Unternehmensgruppe erfolgen (§ 9 Abs 1 EBRG). Verbunden mit der Möglichkeit, einen Betrieb oder ein Unternehmen im Inland oder in einem anderen Mitgliedstaat als Vertreter zu benennen (Rn 4), kann ein Unternehmer oder eine Unternehmensgruppe mit Sitz im Ausland auf diese Weise bestimmen, wo das Verhandlungsgremium gebildet wird.

9 Ob es tatsächlich zu Verhandlungen kommt, hat das Verhandlungsgremium in der Hand. Es kann nach § 15 Abs 1 EBRG mit mindestens zwei Dritteln der Stimmen seiner Mitglieder beschließen, keine Verhandlungen aufzunehmen oder diese zu beenden.

10 Für das Finden einer Vereinbarungslösung über Bildung eines Europäischen BRs oder Einrichtung eines Verfahrens der Unterrichtung und Anhörung haben Verhandlungsgremium und zentrale Leitung drei Jahre Zeit. Ist bis zu deren Ablauf keine Vereinbarung zustande gekommen, kann das Scheitern der Verhandlungen erklärt werden mit der Folge, dass ein **Europäischer BR nach Maßgabe der §§ 21 ff EBRG** zu bilden ist. Zuständig für die Bestellung der Mitglieder ist in Deutschland der GBR und, wo nur ein BR besteht, dieser (§ 23 Abs 1 EBRG). Für Streitigkeiten über die Bestel-

lung ist dabei das Arbeitsgericht örtlich und international zuständig, in dessen Bezirk das nach Zahl der wahlberechtigten Arbeitnehmer größte Unternehmen, bei dem ein GBR ist, seinen Sitz hat <**R:** BAG 18.4.07, 7 ABR 30/06, NZA 2007, 1375>.

Für die **Geschäftsführung** eines solchen **gesetzlichen Europäischen Betriebsrats** gelten die §§ 25 ff EBRG. Danach hat der Europäische Betriebsrat im Zusammenhang mit der jährlichen Unterrichtung durch die zentrale Leitung und bei Unterrichtung über außergewöhnlich Umstände das Recht zur Durchführung von Sitzungen (§ 27 Abs 1 S 1 und 2). Weitere Sitzungen können nur mit Einverständnis der zentralen Leitung durchgeführt werden (§ 27 Abs 1 S 4). **Beschlüsse** sind nach § 28 S 1 mit der Mehrheit der anwesenden Mitglieder zu fassen – woraus zugleich folgt, dass das Gesetz von **Präsenzsitzungen** ausgeht. Eine Ausnahme sieht insoweit § 41a für Seeschiffe vor. Danach können Besatzungsmitglieder, die sich auf hoher See oder in einem Hafen in einem anderen Land befinden, mittel Informations- und Kommunikationstechniken an Sitzungen teilnehmen, wenn das in der Geschäftsordnung vorgesehen und sichergestellt ist, dass Dritte vom Inhalt der Sitzung keine Kenntnis nehmen können. Zur Bewältigung der mit der COVID-19-Pandemie verbundenen Probleme hatte auch § 41 b des Gesetzes eine Sonderregelung enthalten, nach der die Teilnahme an Sitzungen und Beschlussfassung auch mittels Video- und Telefonkonferenz erfolgen konnte. Die Regelung ist nach ihrem Absatz 1 aber mit Ablauf des 19. März 2022 außer Kraft getreten, weil der Deutsche Bundestag von der in Absatz 2 der Vorschrift enthaltenen Möglichkeit der Verlängerung um bis zu drei Monaten keinen Gebrauch gemacht hat. Bislang hat der Gesetzgeber auch keine entsprechende allgemeine Regelung nach dem Vorbild der §§ 30 Abs 2 und 3, 33 Abs 1 S 2 BetrVG getroffen. 11

Die **Befugnisse** eines solchen **gesetzlichen Europäischen Betriebsrats** sind in den §§ 29 ff näher geregelt. Im Mittelpunkt steht eine jährliche Unterrichtung und Anhörung über Entwicklung und Perspektiven der gemeinschaftsweiten Tätigkeit des Unternehmens oder der Unternehmensgruppe (§ 29). Hinzu kommt eine Verpflichtung zur Unterrichtung und Anhörung über außergewöhnliche Umstände, nämlich insbesondere die Verlegung von Unternehmen, Betrieben oder Betriebsteilen, die Stilllegung von Unternehmen, Betrieben oder Betriebsteilen und Massenentlassungen (§ 30 Abs 1). 12

Das Informations- und Anhörungsrecht kann in Deutschland im arbeitsgerichtlichen Beschlussverf, auch im Wege der einstweiligen Verfügung, durchgesetzt werden (§§ 2a Abs 1 Nr 3b, 85 II ArbGG). Ein Anspruch des Europäischen BR auf Unterlassung von Maßnahmen, zu denen noch nicht angehört ist, besteht, anders als in Frankreich, nicht <**R:** LAG Baden-Württemberg 12.10.2015, 9 Ta BV 2/15, BB 2016, 1978; LAG Köln 8.9.2011 13 Ta 267/11, LAGE § 30 EBRG, Nr. 1; **L:** zum Streitstand in der Literatur GK/*Oetker*, § 30 EBRG, Rn 11 ff; AR/*Heckelmann/Wolff*, EBRG, Vorbem Rn 13, dort auch zur Rechtslage>. Auch eine § 113 Abs 3 BetrVG vergleichbare Sanktion besteht nicht. Die Verletzung der Beteiligungsrechte stellt nach § 45 I Nr. 2 EBRG aber eine Ordnungswidrigkeit dar, die mit Bußgeld geahndet werden kann. 13

Für die **Societas Europaea (SE)** enthält das SEBG eigene Regelungen über die Beteiligung der AN. Auch diese gehen in erster Linie von einer Verhandlungslösung aus <**R:** Vgl. LAG Berl-Bbg 10.2.2017, 6 TaBV 1585/16, juris>. Kommt eine solche nicht zustande, sehen die §§ 22 ff SEBG aber ebenfalls die Bildung eines BR kraft Gesetzes vor <**L:** näher hierzu etwa AR/*Häferer*, SE-Beteiligungsgesetz, 10. Aufl 2021>. 14

Unternehmen, die **bereits am 22. September 1996** einen Europäischen BR gebildet oder ein Verfahren über die grenzübergreifende Unterrichtung und Anhörung vereinbart hatten, sind nach § 41 EBRG nach der Anwendung des Gesetzes ausgenommen, solange die Vereinbarung wirksam ist. Allerdings können AN wie zentrale Leitung die Bildung eines besonderen Verhandlungsgremiums nach § 9 Abs 1 EBRG mit der Folge betreiben, dass die Fortgeltung endet, wenn eine Vereinbarung nach den §§ 17 ff EBRG getroffen oder ein Europäischer BR kraft Gesetzes nach den §§ 21 ff EBRG errichtet ist (§ 41 Abs 6 EBRG). 15

Anh. 3 EBRG   Gesetz über Europäische Betriebsräte (EBRG)

16 Über den Anwendungsbereich des EBRG und der Richtlinie hinaus reichen die **Guidelines der Organisation for Economic Co-operation and Development (OECD) für multinationale Unternehmen**. Die Guidelines liegen in einer vom OECD-Ministerrat am 25.5.2011 angenommenen überarbeiteten Fassung vor (abrufbar unter http://mneguidelines.oecd.org/guidelines/, zuletzt abgerufen am 1.9.2021). Sie enthalten im Abschnitt V, 2, 3 und 5 bis 8 Empfehlungen für die Zusammenarbeit mit den AN-Vertretungen. Diesen sollen die notwendigen Mittel für eine effektive Arbeit und die erforderlichen Informationen gegeben werden. Beratung und Zusammenarbeit in Angelegenheiten wechselseitigen Interesses sollen entwickelt werden. Pläne für Unternehmensänderungen, insbes solche, die zu Betriebsschließungen und Personalentlassungen führen, sollen den AN-Vertretungen vorab angezeigt und mit diesen erörtert werden, um schädliche Folgen soweit als möglich zu vermeiden.

17 Unabhängig von der Bildung Europäischer Betriebsräte legt die Richtlinie 02/14/EG einen **allg Rahmen für die Unterrichtung und Anhörung** der AN in der Europäischen Gemeinschaft fest. Sie verpflichtet die Mitgliedstaaten, für Unternehmen mit mindestens 50 AN in einem Mitgliedstaat oder für Betriebe mit mindestens 20 AN in einem Mitgliedstaat eine Unterrichtung und Anhörung der AN in wirtschaftlichen Fragen (wirtschaftliche Situation, Beschäftigungssituation, Beschäftigungsstruktur, Beschäftigungsentwicklung) vorzusehen <L: zu der Richtlinie im Einzelnen: *Riesenhuber*, 2. Aufl 2021, § 30>. Deutschland hat diese Verpflichtung bereits vorab durch das BetrVG erfüllt.

Gesetz über Europäische Betriebsräte
(Europäische Betriebsräte-Gesetz – EBRG)

In der Fassung der Bekanntmachung vom 7. Dezember 2011
(BGBl I S. 2650)
Zuletzt geändert durch Art. 7 Gesetz vom 10.12.2021 (BGBl I S. 5162)

Inhaltsübersicht

Erster Teil
Allgemeine Vorschriften

§ 1 Grenzübergreifende Unterrichtung und Anhörung 1448
§ 2 Geltungsbereich 1448
§ 3 Gemeinschaftsweite Tätigkeit 1449
§ 4 Berechnung der Arbeitnehmerzahlen 1449
§ 5 Auskunftsanspruch 1449
§ 6 Herrschendes Unternehmen 1450
§ 7 Europäischer Betriebsrat in Unternehmensgruppen 1450

Zweiter Teil
Besonderes Verhandlungsgremium

§ 8 Aufgabe 1450
§ 9 Bildung 1451
§ 10 Zusammensetzung 1451
§ 11 Bestellung inländischer Arbeitnehmervertreter 1451
§ 12 Unterrichtung über die Mitglieder des besonderen Verhandlungsgremiums 1452
§ 13 Sitzungen, Geschäftsordnung, Sachverständige 1452
§ 14 Einbeziehung von Arbeitnehmervertretern aus Drittstaaten 1452
§ 15 Beschluss über Beendigung der Verhandlungen 1453
§ 16 Kosten und Sachaufwand 1453

Dritter Teil
Vereinbarungen über grenzübergreifende Unterrichtung und Anhörung

§ 17 Gestaltungsfreiheit 1453
§ 18 Europäischer Betriebsrat kraft Vereinbarung 1453
§ 19 Verfahren zur Unterrichtung und Anhörung 1454
§ 20 Übergangsbestimmung 1454

Vierter Teil
Europäischer Betriebsrat kraft Gesetzes

Erster Abschnitt: Errichtung des Europäischen Betriebsrats 1454

§ 21 Voraussetzungen 1454
§ 22 Zusammensetzung des Europäischen Betriebsrats 1455
§ 23 Bestellung inländischer Arbeitnehmervertreter 1455
§ 24 Unterrichtung über die Mitglieder des Europäischen Betriebsrats 1456

Zweiter Abschnitt: Geschäftsführung des Europäischen Betriebsrats 1456

§ 25 Konstituierende Sitzung, Vorsitzender 1456
§ 26 Ausschuss 1456
§ 27 Sitzungen 1456
§ 28 Beschlüsse, Geschäftsordnung 1456

Dritter Abschnitt: Mitwirkungsrechte 1457

§ 29 Jährliche Unterrichtung und Anhörung 1457
§ 30 Unterrichtung und Anhörung bei außergewöhnlichen Umständen 1457
§ 31 Tendenzunternehmen 1457

Vierter Abschnitt: Änderung der Zusammensetzung, Übergang zu einer Vereinbarung .. 1458

§ 32 Dauer der Mitgliedschaft, Neubestellung von Mitgliedern 1458
§ 33 Aufnahme von Verhandlungen 1458

Fünfter Teil
Gemeinsame Bestimmungen

§ 34 Vertrauensvolle Zusammenarbeit 1458
§ 35 Geheimhaltung, Vertraulichkeit 1458
§ 36 Unterrichtung der örtlichen Arbeitnehmervertreter 1459
§ 37 Wesentliche Strukturänderung 1459
§ 38 Fortbildung 1460
§ 39 Kosten, Sachaufwand und Sachverständige 1460
§ 40 Schutz inländischer Arbeitnehmervertreter 1460

Sechster Teil
Bestehende Vereinbarungen

§ 41 Fortgeltung 1461

Siebter Teil
Besondere Vorschriften, Straf- und Bußgeldvorschriften

§ 41a Besondere Regelungen für Besatzungsmitglieder von Seeschiffen 1462
§ 42 Errichtungs- und Tätigkeitsschutz 1462
§ 43 Strafvorschriften 1462
§ 44 Strafvorschriften 1462
§ 45 Bußgeldvorschriften 1463

Anh. 3 EBRG Gesetz über Europäische Betriebsräte (EBRG)

Erster Teil
Allgemeine Vorschriften

§ 1 Grenzübergreifende Unterrichtung und Anhörung

(1) Zur Stärkung des Rechts auf grenzübergreifende Unterrichtung und Anhörung der Arbeitnehmer in gemeinschaftsweit tätigen Unternehmen und Unternehmensgruppen werden Europäische Betriebsräte oder Verfahren zur Unterrichtung und Anhörung der Arbeitnehmer vereinbart. Kommt es nicht zu einer Vereinbarung, wird ein Europäischer Betriebsrat kraft Gesetzes errichtet.

(2) Der Europäische Betriebsrat ist zuständig in Angelegenheiten, die das gemeinschaftsweit tätige Unternehmen oder die gemeinschaftsweit tätige Unternehmensgruppe insgesamt oder mindestens zwei Betriebe oder zwei Unternehmen in verschiedenen Mitgliedstaaten betreffen. Bei Unternehmen und Unternehmensgruppen nach § 2 Absatz 2 ist der Europäische Betriebsrat nur in solchen Angelegenheiten zuständig, die sich auf das Hoheitsgebiet der Mitgliedstaaten erstrecken, soweit kein größerer Geltungsbereich vereinbart wird.

(3) Die grenzübergreifende Unterrichtung und Anhörung der Arbeitnehmer erstreckt sich in einem Unternehmen auf alle in einem Mitgliedstaat liegende Betriebe sowie in einer Unternehmensgruppe auf alle Unternehmen, die ihren Sitz in einem Mitgliedstaat haben, soweit kein größerer Geltungsbereich vereinbart wird.

(4) Unterrichtung im Sinne dieses Gesetzes bezeichnet die Übermittlung von Informationen durch die zentrale Leitung oder eine andere geeignete Leitungsebene an die Arbeitnehmervertreter, um ihnen Gelegenheit zur Kenntnisnahme und Prüfung der behandelten Frage zu geben. Die Unterrichtung erfolgt zu einem Zeitpunkt, in einer Weise und in einer inhaltlichen Ausgestaltung, die dem Zweck angemessen sind und es den Arbeitnehmervertretern ermöglichen, die möglichen Auswirkungen eingehend zu bewerten und gegebenenfalls Anhörungen mit dem zuständigen Organ des gemeinschaftsweit tätigen Unternehmens oder der gemeinschaftsweit tätigen Unternehmensgruppe vorzubereiten.

(5) Anhörung im Sinne dieses Gesetzes bezeichnet den Meinungsaustausch und die Einrichtung eines Dialogs zwischen den Arbeitnehmervertretern und der zentralen Leitung oder einer anderen geeigneten Leitungsebene zu einem Zeitpunkt, in einer Weise und in einer inhaltlichen Ausgestaltung, die es den Arbeitnehmervertretern auf der Grundlage der erhaltenen Informationen ermöglichen, innerhalb einer angemessenen Frist zu den vorgeschlagenen Maßnahmen, die Gegenstand der Anhörung sind, eine Stellungnahme abzugeben, die innerhalb des gemeinschaftsweit tätigen Unternehmens oder der gemeinschaftsweit tätigen Unternehmensgruppe berücksichtigt werden kann. Die Anhörung muss den Arbeitnehmervertretern gestatten, mit der zentralen Leitung zusammenzukommen und eine mit Gründen versehene Antwort auf ihre etwaige Stellungnahme zu erhalten.

(6) Zentrale Leitung im Sinne dieses Gesetzes ist ein gemeinschaftsweit tätiges Unternehmen oder das herrschende Unternehmen einer gemeinschaftsweit tätigen Unternehmensgruppe.

(7) Unterrichtung und Anhörung des Europäischen Betriebsrats sind spätestens gleichzeitig mit der der nationalen Arbeitnehmervertretungen durchzuführen.

§ 2 Geltungsbereich

(1) Dieses Gesetz gilt für gemeinschaftsweit tätige Unternehmen mit Sitz im Inland und für gemeinschaftsweit tätige Unternehmensgruppen mit Sitz des herrschenden Unternehmens im Inland.

(2) Liegt die zentrale Leitung nicht in einem Mitgliedstaat, besteht jedoch eine nachgeordnete Leitung für in Mitgliedstaaten liegende Betriebe oder Unternehmen, findet dieses Gesetz Anwendung, wenn die nachgeordnete Leitung im Inland liegt. Gibt es keine nachgeordnete Leitung, findet das Gesetz Anwendung, wenn die zentrale Leitung einen Betrieb oder ein Unternehmen im Inland als ihren Vertreter benennt. Wird kein Vertreter benannt, findet das Gesetz Anwendung, wenn der Betrieb

oder das Unternehmen im Inland liegt, in dem verglichen mit anderen in den Mitgliedstaaten liegenden Betrieben des Unternehmens oder Unternehmen der Unternehmensgruppe die meisten Arbeitnehmer beschäftigt sind. Die vorgenannten Stellen gelten als zentrale Leitung.

(3) Mitgliedstaaten im Sinne dieses Gesetzes sind die Mitgliedstaaten der Europäischen Union, sowie die anderen Vertragsstaaten des Abkommens über den Europäischen Wirtschaftsraum.

(4) Für die Berechnung der Anzahl der im Inland beschäftigten Arbeitnehmer (§ 4), den Auskunftsanspruch (§ 5 Absatz 2 und 3), die Bestimmung des herrschenden Unternehmens (§ 6), die Weiterleitung des Antrags (§ 9 Absatz 2 Satz 3), die gesamtschuldnerische Haftung des Arbeitgebers (§ 16 Absatz 2), die Bestellung der auf das Inland entfallenden Arbeitnehmervertreter (§§ 11, 23 Absatz 1 bis 5 und § 18 Absatz 2 in Verbindung mit § 23) und die für sie geltenden Schutzbestimmungen (§ 40) sowie für den Bericht gegenüber den örtlichen Arbeitnehmervertretungen im Inland (§ 36 Absatz 2) gilt dieses Gesetz auch dann, wenn die zentrale Leitung nicht im Inland liegt.

§ 3 Gemeinschaftsweite Tätigkeit

(1) Ein Unternehmen ist gemeinschaftsweit tätig, wenn es mindestens 1000 Arbeitnehmer in den Mitgliedstaaten und davon jeweils mindestens 150 Arbeitnehmer in mindestens zwei Mitgliedstaaten beschäftigt.

(2) Eine Unternehmensgruppe ist gemeinschaftsweit tätig, wenn sie mindestens 1000 Arbeitnehmer in den Mitgliedstaaten beschäftigt und ihr mindestens zwei Unternehmen mit Sitz in verschiedenen Mitgliedstaaten angehören, die jeweils mindestens je 150 Arbeitnehmer in verschiedenen Mitgliedstaaten beschäftigen.

§ 4 Berechnung der Arbeitnehmerzahlen

In Betrieben und Unternehmen des Inlands errechnen sich die im Rahmen des § 3 zu berücksichtigenden Arbeitnehmerzahlen nach der Anzahl der im Durchschnitt während der letzten zwei Jahre beschäftigten Arbeitnehmer im Sinne des § 5 Abs. 1 des Betriebsverfassungsgesetzes. Maßgebend für den Beginn der Frist nach Satz 1 ist der Zeitpunkt, in dem die zentrale Leitung die Initiative zur Bildung des besonderen Verhandlungsgremiums ergreift oder der zentralen Leitung ein den Voraussetzungen des § 9 Abs. 2 entsprechender Antrag der Arbeitnehmer oder ihrer Vertreter zugeht.

§ 5 Auskunftsanspruch

(1) Die zentrale Leitung hat auf Verlangen einer Arbeitnehmervertretung die für die Aufnahme von Verhandlungen zur Bildung eines Europäischen Betriebsrats erforderlichen Informationen zu erheben und an die Arbeitnehmervertretung weiterzuleiten. Zu den erforderlichen Informationen gehören insbesondere die durchschnittliche Gesamtzahl der Arbeitnehmer und ihre Verteilung auf die Mitgliedstaaten, die Unternehmen und Betriebe sowie über die Struktur des Unternehmens oder der Unternehmensgruppe.

(2) Ein Betriebsrat oder ein Gesamtbetriebsrat kann den Anspruch nach Absatz 1 gegenüber der örtlichen Betriebs- oder Unternehmensleitung geltend machen; diese ist verpflichtet, die erforderlichen Informationen und Unterlagen bei der zentralen Leitung einzuholen.

(3) Jede Leitung eines Unternehmens einer gemeinschaftsweit tätigen Unternehmensgruppe sowie die zentrale Leitung sind verpflichtet, die Informationen nach Absatz 1 zu erheben und zur Verfügung zu stellen.

Anh. 3 EBRG Gesetz über Europäische Betriebsräte (EBRG)

§ 6 Herrschendes Unternehmen

(1) Ein Unternehmen, das zu einer gemeinschaftsweit tätigen Unternehmensgruppe gehört, ist herrschendes Unternehmen, wenn es unmittelbar oder mittelbar einen beherrschenden Einfluss auf ein anderes Unternehmen derselben Gruppe (abhängiges Unternehmen) ausüben kann.

(2) Ein beherrschender Einfluss wird vermutet, wenn ein Unternehmen in Bezug auf ein anderes Unternehmen unmittelbar oder mittelbar

1. mehr als die Hälfte der Mitglieder des Verwaltungs-, Leitungs- oder Aufsichtsorgans des anderen Unternehmens bestellen kann oder
2. über die Mehrheit der mit den Anteilen am anderen Unternehmen verbundenen Stimmrechte verfügt oder
3. die Mehrheit des gezeichneten Kapitals dieses Unternehmens besitzt.

Erfüllen mehrere Unternehmen eines der in Satz 1 Nr. 1 bis 3 genannten Kriterien, bestimmt sich das herrschende Unternehmen nach Maßgabe der dort bestimmten Rangfolge.

(3) Bei der Anwendung des Absatzes 2 müssen den Stimm- und Ernennungsrechten eines Unternehmens die Rechte aller von ihm abhängigen Unternehmen sowie aller natürlichen oder juristischen Personen, die zwar im eigenen Namen, aber für Rechnung des Unternehmens oder eines von ihm abhängigen Unternehmens handeln, hinzugerechnet werden.

(4) Investment- und Beteiligungsgesellschaften im Sinne des Artikels 3 Absatz 5 Buchstabe a oder c der Verordnung (EG) Nummer 139/2004 des Rates vom 20. Januar 2004 über die Kontrolle von Unternehmenszusammenschlüssen (ABl. L 24 vom 29.1.2004, S. 1) gelten nicht als herrschendes Unternehmen gegenüber einem anderen Unternehmen, an dem sie Anteile halten, an dessen Leitung sie jedoch nicht beteiligt sind.

§ 7 Europäischer Betriebsrat in Unternehmensgruppen

Gehören einer gemeinschaftsweit tätigen Unternehmensgruppe ein oder mehrere gemeinschaftsweit tätige Unternehmen an, wird ein Europäischer Betriebsrat nur bei dem herrschenden Unternehmen errichtet, sofern nichts anderes vereinbart wird.

Zweiter Teil
Besonderes Verhandlungsgremium

§ 8 Aufgabe

(1) Das besondere Verhandlungsgremium hat die Aufgabe, mit der zentralen Leitung eine Vereinbarung über eine grenzübergreifende Unterrichtung und Anhörung der Arbeitnehmer abzuschließen.

(2) Die zentrale Leitung hat dem besonderen Verhandlungsgremium rechtzeitig alle zur Durchführung seiner Aufgaben erforderlichen Auskünfte zu erteilen und die erforderlichen Unterlagen zur Verfügung zu stellen.

(3) Die zentrale Leitung und das besondere Verhandlungsgremium arbeiten vertrauensvoll zusammen. Zeitpunkt, Häufigkeit und Ort der Verhandlungen werden zwischen der zentralen Leitung und dem besonderen Verhandlungsgremium einvernehmlich festgelegt.

§ 9 Bildung

(1) Die Bildung des besonderen Verhandlungsgremiums ist von den Arbeitnehmern oder ihren Vertretern schriftlich bei der zentralen Leitung zu beantragen oder erfolgt auf Initiative der zentralen Leitung.

(2) Der Antrag ist wirksam gestellt, wenn er von mindestens 100 Arbeitnehmern oder ihren Vertretern aus mindestens zwei Betrieben oder Unternehmen, die in verschiedenen Mitgliedstaaten liegen, unterzeichnet ist und der zentralen Leitung zugeht. Werden mehrere Anträge gestellt, sind die Unterschriften zusammenzuzählen. Wird ein Antrag bei einer im Inland liegenden Betriebs- oder Unternehmensleitung eingereicht, hat diese den Antrag unverzüglich an die zentrale Leitung weiterzuleiten und die Antragsteller darüber zu unterrichten.

(3) Die zentrale Leitung hat die Antragsteller, die örtlichen Betriebs- oder Unternehmensleitungen, die dort bestehenden Arbeitnehmervertretungen sowie die in inländischen Betrieben vertretenen Gewerkschaften über die Bildung eines besonderen Verhandlungsgremiums und seine Zusammensetzung zu unterrichten.

§ 10 Zusammensetzung

(1) Für jeden Anteil der in einem Mitgliedstaat beschäftigten Arbeitnehmer, der 10 Prozent der Gesamtzahl der in allen Mitgliedstaaten beschäftigten Arbeitnehmer der gemeinschaftsweit tätigen Unternehmen oder Unternehmensgruppen oder einen Bruchteil davon beträgt, wird ein Mitglied aus diesem Mitgliedstaat in das besondere Verhandlungsgremium entsandt.

(2) Es können Ersatzmitglieder bestellt werden.

§ 11 Bestellung inländischer Arbeitnehmervertreter

(1) Die nach diesem Gesetz oder dem Gesetz eines anderen Mitgliedstaates auf die im Inland beschäftigten Arbeitnehmer entfallenden Mitglieder des besonderen Verhandlungsgremiums werden in gemeinschaftsweit tätigen Unternehmen vom Gesamtbetriebsrat (§ 47 des Betriebsverfassungsgesetzes) bestellt. Besteht nur ein Betriebsrat, so bestellt dieser die Mitglieder des besonderen Verhandlungsgremiums.

(2) Die in Absatz 1 Satz 1 genannten Mitglieder des besonderen Verhandlungsgremiums werden in gemeinschaftsweit tätigen Unternehmensgruppen vom Konzernbetriebsrat (§ 54 des Betriebsverfassungsgesetzes) bestellt. Besteht neben dem Konzernbetriebsrat noch ein in ihm nicht vertretener Gesamtbetriebsrat oder Betriebsrat, ist der Konzernbetriebsrat um deren Vorsitzende und um deren Stellvertreter zu erweitern; die Vorsitzenden und ihre Stellvertreter gelten insoweit als Konzernbetriebsratsmitglieder.

(3) Besteht kein Konzernbetriebsrat, werden die in Absatz 1 Satz 1 genannten Mitglieder des besonderen Verhandlungsgremiums wie folgt bestellt:

a) Bestehen mehrere Gesamtbetriebsräte, werden die Mitglieder des besonderen Verhandlungsgremiums auf einer gemeinsamen Sitzung der Gesamtbetriebsräte bestellt, zu welcher der Gesamtbetriebsratsvorsitzende des nach der Zahl der wahlberechtigten Arbeitnehmer größten inländischen Unternehmens einzuladen hat. Besteht daneben noch mindestens ein in den Gesamtbetriebsräten nicht vertretener Betriebsrat, sind der Betriebsratsvorsitzende und dessen Stellvertreter zu dieser Sitzung einzuladen; sie gelten insoweit als Gesamtbetriebsratsmitglieder.

b) Besteht neben einem Gesamtbetriebsrat noch mindestens ein in ihm nicht vertretener Betriebsrat, ist der Gesamtbetriebsrat um den Vorsitzenden des Betriebsrats und dessen Stellvertreter zu erweitern; der Betriebsratsvorsitzende und sein Stellvertreter gelten insoweit als Gesamtbetriebsratsmitglieder. Der Gesamtbetriebsrat bestellt die Mitglieder des besonderen Verhandlungsgremiums. Besteht nur ein Gesamtbetriebsrat, so hat dieser die Mitglieder des besonderen Verhandlungsgremiums zu bestellen.

c) Bestehen mehrere Betriebsräte, werden die Mitglieder des besonderen Verhandlungsgremiums auf einer gemeinsamen Sitzung bestellt, zu welcher der Betriebsratsvorsitzende des nach der Zahl der wahlberechtigten Arbeitnehmer größten inländischen Betriebs einzuladen hat. Zur Teilnahme an dieser Sitzung sind die Betriebsratsvorsitzenden und deren Stellvertreter berechtigt; § 47 Abs. 7 des Betriebsverfassungsgesetzes gilt entsprechend.

d) Besteht nur ein Betriebsrat, so hat dieser die Mitglieder des besonderen Verhandlungsgremiums zu bestellen.

(4) Zu Mitgliedern des besonderen Verhandlungsgremiums können auch die in § 5 Abs. 3 des Betriebsverfassungsgesetzes genannten Angestellten bestellt werden.

(5) Frauen und Männer sollen entsprechend ihrem zahlenmäßigen Verhältnis bestellt werden.

§ 12 Unterrichtung über die Mitglieder des besonderen Verhandlungsgremiums

Der zentralen Leitung sind unverzüglich die Namen der Mitglieder des besonderen Verhandlungsgremiums, ihre Anschriften sowie die jeweilige Betriebszugehörigkeit mitzuteilen. Die zentrale Leitung hat die örtlichen Betriebs- oder Unternehmensleitungen, die dort bestehenden Arbeitnehmervertretungen sowie die in inländischen Betrieben vertretenen Gewerkschaften über diese Angaben zu unterrichten.

§ 13 Sitzungen, Geschäftsordnung, Sachverständige

(1) Die zentrale Leitung lädt unverzüglich nach Benennung der Mitglieder zur konstituierenden Sitzung des besonderen Verhandlungsgremiums ein und unterrichtet die örtlichen Betriebs- oder Unternehmensleitungen. Die zentrale Leitung unterrichtet zugleich die zuständigen europäischen Gewerkschaften und Arbeitgeberverbände über den Beginn der Verhandlungen und die Zusammensetzung des besonderen Verhandlungsgremiums nach § 12 Satz 1. Das besondere Verhandlungsgremium wählt aus seiner Mitte einen Vorsitzenden und kann sich eine Geschäftsordnung geben.

(2) Vor und nach jeder Verhandlung mit der zentralen Leitung hat das besondere Verhandlungsgremium das Recht, eine Sitzung durchzuführen und zu dieser einzuladen; § 8 Abs. 3 Satz 2 gilt entsprechend.

(3) Beschlüsse des besonderen Verhandlungsgremiums werden, soweit in diesem Gesetz nichts anderes bestimmt ist, mit der Mehrheit der Stimmen seiner Mitglieder gefasst.

(4) Das besondere Verhandlungsgremium kann sich durch Sachverständige seiner Wahl unterstützen lassen, soweit dies zur ordnungsgemäßen Erfüllung seiner Aufgaben erforderlich ist. Sachverständige können auch Beauftragte von Gewerkschaften sein. Die Sachverständigen und Gewerkschaftsvertreter können auf Wunsch des besonderen Verhandlungsgremiums beratend an den Verhandlungen teilnehmen.

§ 14 Einbeziehung von Arbeitnehmervertretern aus Drittstaaten

Kommen die zentrale Leitung und das besondere Verhandlungsgremium überein, die nach § 17 auszuhandelnde Vereinbarung auf nicht in einem Mitgliedstaat (Drittstaat) liegende Betriebe oder Unternehmen zu erstrecken, können sie vereinbaren, Arbeitnehmervertreter aus diesen Staaten in das besondere Verhandlungsgremium einzubeziehen, und die Anzahl der auf den jeweiligen Drittstaat entfallenden Mitglieder sowie deren Rechtsstellung festlegen.

Dritter Teil: Vereinb. ü. grenzübergreifende Unterrichtung u. Anhörung **Anh. 3 EBRG**

§ 15 Beschluss über Beendigung der Verhandlungen

(1) Das besondere Verhandlungsgremium kann mit mindestens zwei Dritteln der Stimmen seiner Mitglieder beschließen, keine Verhandlungen aufzunehmen oder diese zu beenden. Der Beschluss und das Abstimmungsergebnis sind in eine Niederschrift aufzunehmen, die vom Vorsitzenden und einem weiteren Mitglied zu unterzeichnen ist. Eine Abschrift der Niederschrift ist der zentralen Leitung zuzuleiten.

(2) Ein neuer Antrag auf Bildung eines besonderen Verhandlungsgremiums (§ 9) kann frühestens zwei Jahre nach dem Beschluss gemäß Absatz 1 gestellt werden, sofern das besondere Verhandlungsgremium und die zentrale Leitung nicht schriftlich eine kürzere Frist festlegen.

§ 16 Kosten und Sachaufwand

(1) Die durch die Bildung und Tätigkeit des besonderen Verhandlungsgremiums entstehenden Kosten trägt die zentrale Leitung. Werden Sachverständige nach § 13 Abs. 4 hinzugezogen, beschränkt sich die Kostentragungspflicht auf einen Sachverständigen. Die zentrale Leitung hat für die Sitzungen in erforderlichem Umfang Räume, sachliche Mittel, Dolmetscher und Büropersonal zur Verfügung zu stellen sowie die erforderlichen Reise- und Aufenthaltskosten der Mitglieder des besonderen Verhandlungsgremiums zu tragen.

(2) Der Arbeitgeber eines aus dem Inland entsandten Mitglieds des besonderen Verhandlungsgremiums haftet neben der zentralen Leitung für dessen Anspruch auf Kostenerstattung als Gesamtschuldner.

Dritter Teil
Vereinbarungen über grenzübergreifende Unterrichtung und Anhörung

§ 17 Gestaltungsfreiheit

Die zentrale Leitung und das besondere Verhandlungsgremium können frei vereinbaren, wie die grenzübergreifende Unterrichtung und Anhörung der Arbeitnehmer ausgestaltet wird; sie sind nicht an die Bestimmungen des Vierten Teils dieses Gesetzes gebunden. Die Vereinbarung muss sich auf alle in den Mitgliedstaaten beschäftigten Arbeitnehmer erstrecken, in denen das Unternehmen oder die Unternehmensgruppe einen Betrieb hat. Die Parteien verständigen sich darauf, ob die grenzübergreifende Unterrichtung und Anhörung durch die Errichtung eines Europäischen Betriebsrats oder mehrerer Europäischer Betriebsräte nach § 18 oder durch ein Verfahren zur Unterrichtung und Anhörung der Arbeitnehmer nach § 19 erfolgen soll.

§ 18 Europäischer Betriebsrat kraft Vereinbarung

(1) Soll ein Europäischer Betriebsrat errichtet werden, ist schriftlich zu vereinbaren, wie dieser ausgestaltet werden soll. Dabei soll insbesondere folgendes geregelt werden:

1. Bezeichnung der erfassten Betriebe und Unternehmen, einschließlich der außerhalb des Hoheitsgebietes der Mitgliedstaaten liegenden Niederlassungen, sofern diese in den Geltungsbereich einbezogen werden,
2. Zusammensetzung des Europäischen Betriebsrats, Anzahl der Mitglieder, Ersatzmitglieder, Sitzverteilung und Mandatsdauer,
3. Aufgaben und Befugnisse des Europäischen Betriebsrats sowie das Verfahren zu seiner Unterrichtung und Anhörung; dieses Verfahren kann auf die Beteiligungsrechte der nationalen Arbeitnehmervertretungen abgestimmt werden, soweit deren Rechte hierdurch nicht beeinträchtigt werden,

Anh. 3 EBRG Gesetz über Europäische Betriebsräte (EBRG)

4. Ort, Häufigkeit und Dauer der Sitzungen,
5. die Einrichtung eines Ausschusses des Europäischen Betriebsrats einschließlich seiner Zusammensetzung, der Bestellung seiner Mitglieder, seiner Befugnisse und Arbeitsweise,
6. die für den Europäischen Betriebsrat zur Verfügung zu stellenden finanziellen und sachlichen Mittel,
7. Klausel zur Anpassung der Vereinbarung an Strukturänderungen, die Geltungsdauer der Vereinbarung und das bei ihrer Neuverhandlung, Änderung oder Kündigung anzuwendende Verfahren, einschließlich einer Übergangsregelung.

(2) § 23 gilt entsprechend.

§ 19 Verfahren zur Unterrichtung und Anhörung

Soll ein Verfahren zur Unterrichtung und Anhörung der Arbeitnehmer eingeführt werden, ist schriftlich zu vereinbaren, unter welchen Voraussetzungen die Arbeitnehmervertreter das Recht haben, die ihnen übermittelten Informationen gemeinsam zu beraten, und wie sie ihre Vorschläge oder Bedenken mit der zentralen Leitung oder einer anderen geeigneten Leitungsebene erörtern können. Die Unterrichtung muss sich insbesondere auf grenzübergreifende Angelegenheiten erstrecken, die erhebliche Auswirkungen auf die Interessen der Arbeitnehmer haben.

§ 20 Übergangsbestimmung

Eine nach §§ 18 oder 19 bestehende Vereinbarung gilt fort, wenn vor ihrer Beendigung das Antrags- oder Initiativrecht nach § 9 Abs. 1 ausgeübt worden ist. Das Antragsrecht kann auch ein aufgrund einer Vereinbarung bestehendes Arbeitnehmervertretungsgremium ausüben. Die Fortgeltung endet, wenn die Vereinbarung durch eine neue Vereinbarung ersetzt oder ein Europäischer Betriebsrat kraft Gesetzes errichtet worden ist. Die Fortgeltung endet auch dann, wenn das besondere Verhandlungsgremium einen Beschluss nach § 15 Abs. 1 fasst; § 15 Abs. 2 gilt entsprechend. Die Sätze 1 bis 4 finden keine Anwendung, wenn in der bestehenden Vereinbarung eine Übergangsregelung enthalten ist.

Vierter Teil
Europäischer Betriebsrat kraft Gesetzes

Erster Abschnitt
Errichtung des Europäischen Betriebsrats

§ 21 Voraussetzungen

(1) Verweigert die zentrale Leitung die Aufnahme von Verhandlungen innerhalb von sechs Monaten nach Antragstellung (§ 9), ist ein Europäischer Betriebsrat gemäß §§ 22 und 23 zu errichten. Das gleiche gilt, wenn innerhalb von drei Jahren nach Antragstellung keine Vereinbarung nach §§ 18 oder 19 zustande kommt oder die zentrale Leitung und das besondere Verhandlungsgremium das vorzeitige Scheitern der Verhandlungen erklären. Die Sätze 1 und 2 gelten entsprechend, wenn die Bildung des besonderen Verhandlungsgremiums auf Initiative der zentralen Leitung erfolgt.

(2) Ein Europäischer Betriebsrat ist nicht zu errichten, wenn das besondere Verhandlungsgremium vor Ablauf der in Absatz 1 genannten Fristen einen Beschluss nach § 15 Abs. 1 fasst.

§ 22 Zusammensetzung des Europäischen Betriebsrats

(1) Der Europäische Betriebsrat setzt sich aus Arbeitnehmern des gemeinschaftsweit tätigen Unternehmens oder der gemeinschaftsweit tätigen Unternehmensgruppe zusammen. Es können Ersatzmitglieder bestellt werden.

(2) Für jeden Anteil der in einem Mitgliedstaat beschäftigten Arbeitnehmer, der 10 Prozent der Gesamtzahl der in allen Mitgliedstaaten beschäftigten Arbeitnehmer der gemeinschaftsweit tätigen Unternehmen oder Unternehmensgruppen oder einen Bruchteil davon beträgt, wird ein Mitglied aus diesem Mitgliedstaat in den Europäischen Betriebsrat entsandt.

§ 23 Bestellung inländischer Arbeitnehmervertreter

(1) Die nach diesem Gesetz oder dem Gesetz eines anderen Mitgliedstaates auf die im Inland beschäftigten Arbeitnehmer entfallenden Mitglieder des Europäischen Betriebsrats werden in gemeinschaftsweit tätigen Unternehmen vom Gesamtbetriebsrat (§ 47 des Betriebsverfassungsgesetzes) bestellt. Besteht nur ein Betriebsrat, so bestellt dieser die Mitglieder des Europäischen Betriebsrats.

(2) Die in Absatz 1 Satz 1 genannten Mitglieder des Europäischen Betriebsrats werden in gemeinschaftsweit tätigen Unternehmensgruppen vom Konzernbetriebsrat (§ 54 des Betriebsverfassungsgesetzes) bestellt. Besteht neben dem Konzernbetriebsrat noch ein in ihm nicht vertretener Gesamtbetriebsrat oder Betriebsrat, ist der Konzernbetriebsrat um deren Vorsitzende und um deren Stellvertreter zu erweitern; die Vorsitzenden und ihre Stellvertreter gelten insoweit als Konzernbetriebsratsmitglieder.

(3) Besteht kein Konzernbetriebsrat, werden die in Absatz 1 Satz 1 genannten Mitglieder des Europäischen Betriebsrats wie folgt bestellt:

a) Bestehen mehrere Gesamtbetriebsräte, werden die Mitglieder des Europäischen Betriebsrats auf einer gemeinsamen Sitzung der Gesamtbetriebsräte bestellt, zu welcher der Gesamtbetriebsratsvorsitzende des nach der Zahl der wahlberechtigten Arbeitnehmer größten inländischen Unternehmens einzuladen hat. Besteht daneben noch mindestens in den Gesamtbetriebsräten nicht vertretener Betriebsrat, sind der Betriebsratsvorsitzende und dessen Stellvertreter zu dieser Sitzung einzuladen; sie gelten insoweit als Gesamtbetriebsratsmitglieder.

b) Besteht neben einem Gesamtbetriebsrat noch mindestens ein in ihm nicht vertretener Betriebsrat, ist der Gesamtbetriebsrat um den Vorsitzenden des Betriebsrats und dessen Stellvertreter zu erweitern; der Betriebsratsvorsitzende und sein Stellvertreter gelten insoweit als Gesamtbetriebsratsmitglieder. Der Gesamtbetriebsrat bestellt die Mitglieder des Europäischen Betriebsrats. Besteht nur ein Gesamtbetriebsrat, so hat dieser die Mitglieder des Europäischen Betriebsrats zu bestellen.

c) Bestehen mehrere Betriebsräte, werden die Mitglieder des Europäischen Betriebsrats auf einer gemeinsamen Sitzung bestellt, zu welcher der Betriebsratsvorsitzende des nach der Zahl der wahlberechtigten Arbeitnehmer größten inländischen Betriebs einzuladen hat. Zur Teilnahme an dieser Sitzung sind die Betriebsratsvorsitzenden und deren Stellvertreter berechtigt; § 47 Abs. 7 des Betriebsverfassungsgesetzes gilt entsprechend.

d) Besteht nur ein Betriebsrat, so hat dieser die Mitglieder des Europäischen Betriebsrats zu bestellen.

(4) Die Absätze 1 bis 3 gelten entsprechend für die Abberufung.

(5) Eine ausgewogene Vertretung der Arbeitnehmer nach ihrer Tätigkeit sollte so weit als möglich berücksichtigt werden; Frauen und Männer sollen entsprechend ihrem zahlenmäßigen Verhältnis bestellt werden.

(6) Das zuständige Sprecherausschussgremium eines gemeinschaftsweit tätigen Unternehmens oder einer gemeinschaftsweit tätigen Unternehmensgruppe mit Sitz der zentralen Leitung im Inland kann einen der in § 5 Absatz 3 des Betriebsverfassungsgesetzes genannten Angestellten bestimmen, der

Anh. 3 EBRG Gesetz über Europäische Betriebsräte (EBRG)

mit Rederecht an den Sitzungen zur Unterrichtung und Anhörung des Europäischen Betriebsrats teilnimmt, sofern nach § 22 Absatz 2 mindestens fünf inländische Vertreter entsandt werden. § 35 Absatz 2 und § 39 gelten entsprechend.

§ 24 Unterrichtung über die Mitglieder des Europäischen Betriebsrats

Der zentralen Leitung sind unverzüglich die Namen der Mitglieder des Europäischen Betriebsrats, ihre Anschriften sowie die jeweilige Betriebszugehörigkeit mitzuteilen. Die zentrale Leitung hat die örtlichen Betriebs- oder Unternehmensleitungen, die dort bestehenden Arbeitnehmervertretungen sowie die in inländischen Betrieben vertretenen Gewerkschaften über diese Angaben zu unterrichten.

Zweiter Abschnitt
Geschäftsführung des Europäischen Betriebsrats

§ 25 Konstituierende Sitzung, Vorsitzender

(1) Die zentrale Leitung lädt unverzüglich nach Benennung der Mitglieder zur konstituierenden Sitzung des Europäischen Betriebsrats ein. Der Europäische Betriebsrat wählt aus seiner Mitte einen Vorsitzenden und dessen Stellvertreter.

(2) Der Vorsitzende des Europäischen Betriebsrats oder im Fall seiner Verhinderung der Stellvertreter vertritt den Europäischen Betriebsrat im Rahmen der von ihm gefassten Beschlüsse. Zur Entgegennahme von Erklärungen, die dem Europäischen Betriebsrat gegenüber abzugeben sind, ist der Vorsitzende oder im Falle seiner Verhinderung der Stellvertreter berechtigt.

§ 26 Ausschuss

Der Europäische Betriebsrat bildet aus seiner Mitte einen Ausschuss. Der Ausschuss besteht aus dem Vorsitzenden und mindestens zwei, höchstens vier weiteren zu wählenden Ausschussmitgliedern. Die weiteren Ausschussmitglieder sollen in verschiedenen Mitgliedstaaten beschäftigt sein. Der Ausschuss führt die laufenden Geschäfte des Europäischen Betriebsrats.

§ 27 Sitzungen

(1) Der Europäische Betriebsrat hat das Recht, im Zusammenhang mit der Unterrichtung durch die zentrale Leitung nach § 29 eine Sitzung durchzuführen und zu dieser einzuladen. Das gleiche gilt bei einer Unterrichtung über außergewöhnliche Umstände nach § 30. Der Zeitpunkt und der Ort der Sitzungen sind mit der zentralen Leitung abzustimmen. Mit Einverständnis der zentralen Leitung kann der Europäische Betriebsrat weitere Sitzungen durchführen. Die Sitzungen des Europäischen Betriebsrats sind nicht öffentlich.

(2) Absatz 1 gilt entsprechend für die Wahrnehmung der Mitwirkungsrechte des Europäischen Betriebsrats durch den Ausschuss nach § 26.

§ 28 Beschlüsse, Geschäftsordnung

Die Beschlüsse des Europäischen Betriebsrats werden, soweit in diesem Gesetz nichts anderes bestimmt ist, mit der Mehrheit der Stimmen der anwesenden Mitglieder gefasst. Sonstige Bestimmungen über die Geschäftsführung sollen in einer schriftlichen Geschäftsordnung getroffen werden, die der Europäische Betriebsrat mit der Mehrheit der Stimmen seiner Mitglieder beschließt.

Vierter Teil: Europäischer Betriebsrat kraft Gesetzes **Anh. 3 EBRG**

Dritter Abschnitt
Mitwirkungsrechte

§ 29 Jährliche Unterrichtung und Anhörung

(1) Die zentrale Leitung hat den Europäischen Betriebsrat einmal im Kalenderjahr über die Entwicklung der Geschäftslage und die Perspektiven des gemeinschaftsweit tätigen Unternehmens oder der gemeinschaftsweit tätigen Unternehmensgruppe unter rechtzeitiger Vorlage der erforderlichen Unterlagen zu unterrichten und ihn anzuhören.

(2) Zu der Entwicklung der Geschäftslage und den Perspektiven im Sinne des Absatzes 1 gehören insbesondere

1. Struktur des Unternehmens oder der Unternehmensgruppe sowie die wirtschaftliche und finanzielle Lage,
2. die voraussichtliche Entwicklung der Geschäfts-, Produktions- und Absatzlage,
3. die Beschäftigungslage und ihre voraussichtliche Entwicklung,
4. Investitionen (Investitionsprogramme),
5. grundlegende Änderungen der Organisation,
6. die Einführung neuer Arbeits- und Fertigungsverfahren,
7. die Verlegung von Unternehmen, Betrieben oder wesentlichen Betriebsteilen sowie Verlagerungen der Produktion,
8. Zusammenschlüsse oder Spaltungen von Unternehmen oder Betrieben,
9. die Einschränkung oder Stilllegung von Unternehmen, Betrieben oder wesentlichen Betriebsteilen,
10. Massenentlassungen.

§ 30 Unterrichtung und Anhörung bei außergewöhnlichen Umständen

(1) Über außergewöhnliche Umstände oder Entscheidungen, die erhebliche Auswirkungen auf die Interessen der Arbeitnehmer haben, hat die zentrale Leitung den Europäischen Betriebsrat rechtzeitig unter Vorlage der erforderlichen Unterlagen zu unterrichten und auf Verlangen anzuhören. Als außergewöhnliche Umstände gelten insbesondere

1. die Verlegung von Unternehmen, Betrieben oder wesentlichen Betriebsteilen,
2. die Stilllegung von Unternehmen, Betrieben oder wesentlichen Betriebsteilen,
3. Massenentlassungen.

(2) Besteht ein Ausschuss nach § 26, so ist dieser anstelle des Europäischen Betriebsrats nach Absatz 1 Satz 1 zu beteiligen. § 27 Absatz 1 Satz 2 bis 5 gilt entsprechend. Zu den Sitzungen des Ausschusses sind auch diejenigen Mitglieder des Europäischen Betriebsrats zu laden, die für die Betriebe oder Unternehmen bestellt worden sind, die unmittelbar von den geplanten Maßnahmen oder Entscheidungen betroffen sind; sie gelten insoweit als Ausschussmitglieder.

§ 31 Tendenzunternehmen

Auf Unternehmen und herrschende Unternehmen von Unternehmensgruppen, die unmittelbar und überwiegend den in § 118 Absatz 1 Satz 1 Nummer 1 und 2 des Betriebsverfassungsgesetzes genannten Bestimmungen oder Zwecken dienen, finden nur § 29 Absatz 2 Nummer 5 bis 10 und § 30 Anwendung mit der Maßgabe, dass eine Unterrichtung und Anhörung nur über den Ausgleich oder die

Anh. 3 EBRG Gesetz über Europäische Betriebsräte (EBRG)

Milderung der wirtschaftlichen Nachteile erfolgen muss, die den Arbeitnehmern infolge der Unternehmens- oder Betriebsänderungen entstehen.

Vierter Abschnitt
Änderung der Zusammensetzung, Übergang zu einer Vereinbarung

§ 32 Dauer der Mitgliedschaft, Neubestellung von Mitgliedern

(1) Die Dauer der Mitgliedschaft im Europäischen Betriebsrat beträgt vier Jahre, wenn sie nicht durch Abberufung oder aus anderen Gründen vorzeitig endet. Die Mitgliedschaft beginnt mit der Bestellung.

(2) Alle zwei Jahre, vom Tage der konstituierenden Sitzung des Europäischen Betriebsrats (§ 25 Absatz 1) an gerechnet, hat die zentrale Leitung zu prüfen, ob sich die Arbeitnehmerzahlen in den einzelnen Mitgliedstaaten derart geändert haben, dass sich eine andere Zusammensetzung des Europäischen Betriebsrats nach § 22 Absatz 2 errechnet. Sie hat das Ergebnis dem Europäischen Betriebsrat mitzuteilen. Sie hat das Ergebnis dem Europäischen Betriebsrat mitzuteilen. Ist danach eine andere Zusammensetzung des Europäischen Betriebsrats erforderlich, veranlasst dieser bei den zuständigen Stellen, dass die Mitglieder des Europäischen Betriebsrats in den Mitgliedstaaten neu bestellt werden, in denen sich eine gegenüber dem vorhergehenden Zeitraum abweichende Anzahl der Arbeitnehmervertreter ergibt; mit der Neubestellung endet die Mitgliedschaft der bisher aus diesen Mitgliedstaaten stammenden Arbeitnehmervertreter im Europäischen Betriebsrat. Die Sätze 1 bis 3 gelten entsprechend bei Berücksichtigung eines bisher im Europäischen Betriebsrat nicht vertretenen Mitgliedstaats.

§ 33 Aufnahme von Verhandlungen

Vier Jahre nach der konstituierenden Sitzung (§ 25 Abs. 1) hat der Europäische Betriebsrat mit der Mehrheit der Stimmen seiner Mitglieder einen Beschluss darüber zu fassen, ob mit der zentralen Leitung eine Vereinbarung nach § 17 ausgehandelt werden soll. Beschließt der Europäische Betriebsrat die Aufnahme von Verhandlungen, hat er die Rechte und Pflichten des besonderen Verhandlungsgremiums; die §§ 8, 13, 14 und 15 Abs. 1, sowie die §§ 16 bis 19 gelten entsprechend. Das Amt des Europäischen Betriebsrats endet, wenn eine Vereinbarung nach § 17 geschlossen worden ist.

Fünfter Teil
Gemeinsame Bestimmungen

§ 34 Vertrauensvolle Zusammenarbeit

Zentrale Leitung und Europäischer Betriebsrat arbeiten vertrauensvoll zum Wohl der Arbeitnehmer und des Unternehmens oder der Unternehmensgruppe zusammen. Satz 1 gilt entsprechend für die Zusammenarbeit zwischen zentraler Leitung und Arbeitnehmervertretern im Rahmen eines Verfahrens zur Unterrichtung und Anhörung.

§ 35 Geheimhaltung, Vertraulichkeit

(1) Die Pflicht der zentralen Leitung, über die im Rahmen der §§ 18 und 19 vereinbarten oder die sich aus den §§ 29 und 30 Absatz 1 ergebenden Angelegenheiten zu unterrichten, besteht nur, soweit dadurch nicht Betriebs- oder Geschäftsgeheimnisse des Unternehmens oder der Unternehmensgruppe gefährdet werden.

(2) Die Mitglieder und Ersatzmitglieder eines Europäischen Betriebsrats sind verpflichtet, Betriebs- oder Geschäftsgeheimnisse, die ihnen wegen ihrer Zugehörigkeit zum Europäischen Betriebsrat bekannt geworden und von der zentralen Leitung ausdrücklich als geheimhaltungsbedürftig bezeichnet worden sind, nicht zu offenbaren und nicht zu verwerten. Dies gilt auch nach dem Ausscheiden aus dem Europäischen Betriebsrat. Die Verpflichtung gilt nicht gegenüber Mitgliedern eines Europäischen Betriebsrats. Sie gilt ferner nicht gegenüber den örtlichen Arbeitnehmervertretern der Betriebe oder Unternehmen, wenn diese auf Grund einer Vereinbarung nach § 18 oder nach § 36 über den Inhalt der Unterrichtungen und die Ergebnisse der Anhörungen zu unterrichten sind, den Arbeitnehmervertretern im Aufsichtsrat sowie gegenüber Dolmetschern und Sachverständigen, die zur Unterstützung herangezogen werden.

(3) Die Pflicht zur Vertraulichkeit nach Absatz 2 Satz 1 und 2 gilt entsprechend für

1. die Mitglieder und Ersatzmitglieder des besonderen Verhandlungsgremiums,

2. die Arbeitnehmervertreter im Rahmen eines Verfahrens zur Unterrichtung und Anhörung (§ 19),

3. die Sachverständigen und Dolmetscher sowie

4. die örtlichen Arbeitnehmervertreter.

(4) Die Ausnahmen von der Pflicht zur Vertraulichkeit nach Absatz 2 Satz 3 und 4 gelten entsprechend für

1. das besondere Verhandlungsgremium gegenüber Sachverständigen und Dolmetschern,

2. die Arbeitnehmervertreter im Rahmen eines Verfahrens zur Unterrichtung und Anhörung gegenüber Dolmetschern und Sachverständigen, die vereinbarungsgemäß zur Unterstützung herangezogen werden, und gegenüber örtlichen Arbeitnehmervertretern, sofern diese nach der Vereinbarung (§ 19) über die Inhalte der Unterrichtungen und die Ergebnisse der Anhörungen zu unterrichten sind.

§ 36 Unterrichtung der örtlichen Arbeitnehmervertreter

(1) Der Europäische Betriebsrat oder der Ausschuss (§ 30 Absatz 2) berichtet den örtlichen Arbeitnehmervertretern oder, wenn es diese nicht gibt, den Arbeitnehmern der Betriebe oder Unternehmen über die Unterrichtung und Anhörung.

(2) Das Mitglied des Europäischen Betriebsrats oder des Ausschusses, das den örtlichen Arbeitnehmervertretungen im Inland berichtet, hat den Bericht in Betrieben oder Unternehmen, in denen Sprecherausschüsse der leitenden Angestellten bestehen, auf einer gemeinsamen Sitzung im Sinne des § 2 Absatz 2 des Sprecherausschussgesetzes zu erstatten. Dies gilt nicht, wenn ein nach § 23 Absatz 6 bestimmter Angestellter an der Sitzung zur Unterrichtung und Anhörung des Europäischen Betriebsrats teilgenommen hat. Wird der Bericht nach Absatz 1 nur schriftlich erstattet, ist er auch dem zuständigen Sprecherausschuss zuzuleiten.

§ 37 Wesentliche Strukturänderung

(1) Ändert sich die Struktur des gemeinschaftsweit tätigen Unternehmens oder der gemeinschaftsweit tätigen Unternehmensgruppe wesentlich und bestehen hierzu keine Regelungen in geltenden Vereinbarungen oder widersprechen sich diese, nimmt die zentrale Leitung von sich aus oder auf Antrag der Arbeitnehmer oder ihrer Vertreter (§ 9 Absatz 1) die Verhandlung über eine Vereinbarung nach § 18 oder § 19 auf. Als wesentliche Strukturänderungen im Sinne des Satzes 1 gelten insbesondere

1. Zusammenschluss von Unternehmen oder Unternehmensgruppen,

2. Spaltung von Unternehmen oder der Unternehmensgruppe,

Anh. 3 EBRG Gesetz über Europäische Betriebsräte (EBRG)

3. Verlegung von Unternehmen oder der Unternehmensgruppe in einen anderen Mitgliedstaat oder Drittstaat oder Stilllegung von Unternehmen oder der Unternehmensgruppe,

4. Verlegung oder Stilllegung von Betrieben, soweit sie Auswirkungen auf die Zusammensetzung des Europäischen Betriebsrats haben können.

(2) Abweichend von § 10 entsendet jeder von der Strukturänderung betroffene Europäische Betriebsrat aus seiner Mitte drei weitere Mitglieder in das besondere Verhandlungsgremium.

(3) Für die Dauer der Verhandlung bleibt jeder von der Strukturänderung betroffene Europäische Betriebsrat bis zur Errichtung eines neuen Europäischen Betriebsrats im Amt (Übergangsmandat). Mit der zentralen Leitung kann vereinbart werden, nach welchen Bestimmungen und in welcher Zusammensetzung das Übergangsmandat wahrgenommen wird. Kommt es nicht zu einer Vereinbarung mit der zentralen Leitung nach Satz 2, wird das Übergangsmandat durch den jeweiligen Europäischen Betriebsrat entsprechend der für ihn im Unternehmen oder der Unternehmensgruppe geltenden Regelung wahrgenommen. Das Übergangsmandat endet auch, wenn das besondere Verhandlungsgremium einen Beschluss nach § 15 Absatz 1 fasst.

(4) Kommt es nicht zu einer Vereinbarung nach § 18 oder § 19, ist in den Fällen des § 21 Absatz 1 ein Europäischer Betriebsrat nach den §§ 22 und 23 zu errichten.

§ 38 Fortbildung

(1) Der Europäische Betriebsrat kann Mitglieder zur Teilnahme an Schulungs- und Bildungsveranstaltungen bestimmen, soweit diese Kenntnisse vermitteln, die für die Arbeit des Europäischen Betriebsrats erforderlich sind. Der Europäische Betriebsrat hat die Teilnahme und zeitliche Lage rechtzeitig der zentralen Leitung mitzuteilen. Bei der Festlegung der zeitlichen Lage sind die betrieblichen Notwendigkeiten zu berücksichtigen. Der Europäische Betriebsrat kann die Aufgaben nach diesem Absatz auf den Ausschuss nach § 26 übertragen.

(2) Für das besondere Verhandlungsgremium und dessen Mitglieder gilt Absatz 1 Satz 1 bis 3 entsprechend.

§ 39 Kosten, Sachaufwand und Sachverständige

(1) Die durch die Bildung und Tätigkeit des Europäischen Betriebsrats und des Ausschusses entstehenden Kosten trägt die zentrale Leitung. Die zentrale Leitung hat insbesondere für die Sitzungen und die laufende Geschäftsführung in erforderlichem Umfang Räume, sachliche Mittel und Büropersonal, für die Sitzungen außerdem Dolmetscher zur Verfügung zu stellen. Sie trägt die erforderlichen Reise- und Aufenthaltskosten der Mitglieder des Europäischen Betriebsrats und des Ausschusses. § 16 Absatz 2 gilt entsprechend.

(2) Der Europäische Betriebsrat und der Ausschuss können sich durch Sachverständige ihrer Wahl unterstützen lassen, soweit dies zur ordnungsgemäßen Erfüllung ihrer Aufgaben erforderlich ist. Sachverständige können auch Beauftragte von Gewerkschaften sein. Werden Sachverständige hinzugezogen, beschränkt sich die Kostentragungspflicht auf einen Sachverständigen, es sei denn, eine Vereinbarung nach § 18 oder § 19 sieht etwas anderes vor.

§ 40 Schutz inländischer Arbeitnehmervertreter

(1) Für die Mitglieder eines Europäischen Betriebsrats, die im Inland beschäftigt sind, gelten § 37 Abs. 1 bis 5 und die §§ 78 und 103 des Betriebsverfassungsgesetzes sowie § 15 Abs. 1 und 3 bis 5 des Kündigungsschutzgesetzes entsprechend. Für nach § 38 erforderliche Fortbildungen gilt § 37 Absatz 6 Satz 1 und 2 des Betriebsverfassungsgesetzes entsprechend.

(2) Absatz 1 gilt entsprechend für die Mitglieder des besonderen Verhandlungsgremiums und die Arbeitnehmervertreter im Rahmen eines Verfahrens zur Unterrichtung und Anhörung.

Sechster Teil
Bestehende Vereinbarungen

§ 41 Fortgeltung

(1) Auf die in den §§ 2 und 3 genannten Unternehmen und Unternehmensgruppen, in denen vor dem 22. September 1996 eine Vereinbarung über grenzübergreifende Unterrichtung und Anhörung besteht, sind die Bestimmungen dieses Gesetzes außer in den Fällen des § 37 nicht anwendbar, solange die Vereinbarung wirksam ist. Die Vereinbarung muss sich auf alle in den Mitgliedstaaten beschäftigten Arbeitnehmer erstrecken und den Arbeitnehmern aus denjenigen Mitgliedstaaten eine angemessene Beteiligung an der Unterrichtung und Anhörung ermöglichen, in denen das Unternehmen oder die Unternehmensgruppe einen Betrieb hat.

(2) Der Anwendung des Absatzes 1 steht nicht entgegen, dass die Vereinbarung auf Seiten der Arbeitnehmer nur von einer im Betriebsverfassungsgesetz vorgesehenen Arbeitnehmervertretung geschlossen worden ist. Das gleiche gilt, wenn für ein Unternehmen oder eine Unternehmensgruppe anstelle einer Vereinbarung mehrere Vereinbarungen geschlossen worden sind.

(3) Sind die Voraussetzungen des Absatzes 1 deshalb nicht erfüllt, weil die an dem in Absatz 1 Satz 1 genannten Stichtag bestehende Vereinbarung nicht alle Arbeitnehmer erfasst, können die Parteien deren Einbeziehung innerhalb einer Frist von sechs Monaten nachholen.

(4) Bestehende Vereinbarungen können auch nach dem in Absatz 1 Satz 1 genannten Stichtag an Änderungen der Struktur des Unternehmens oder der Unternehmensgruppe sowie der Zahl der beschäftigten Arbeitnehmer angepasst werden, soweit es sich nicht um wesentliche Strukturänderungen im Sinne des § 37 handelt.

(5) Ist eine Vereinbarung befristet geschlossen worden, können die Parteien ihre Fortgeltung unter Berücksichtigung der Absätze 1, 3 und 4 beschließen.

(6) Eine Vereinbarung gilt fort, wenn vor ihrer Beendigung das Antrags- oder Initiativrecht nach § 9 Absatz 1 ausgeübt worden ist. Das Antragsrecht kann auch ein auf Grund der Vereinbarung bestehendes Arbeitnehmervertretungsgremium ausüben. Die Fortgeltung endet, wenn die Vereinbarung durch eine grenzübergreifende Unterrichtung und Anhörung nach § 18 oder § 19 ersetzt oder ein Europäischer Betriebsrat kraft Gesetzes errichtet worden ist. Die Fortgeltung endet auch dann, wenn das besondere Verhandlungsgremium einen Beschluss nach § 15 Absatz 1 fasst; § 15 Absatz 2 gilt entsprechend.

(7) Auf Unternehmen und Unternehmensgruppen, die auf Grund der Berücksichtigung von im Vereinigten Königreich Großbritannien und Nordirland liegenden Betrieben und Unternehmen erstmalig die in den §§ 2 und 3 genannten Voraussetzungen erfüllen, sind die Bestimmungen dieses Gesetzes außer in den Fällen des § 37 nicht anwendbar, wenn in diesen Unternehmen und Unternehmensgruppen vor dem 15. Dezember 1999 eine Vereinbarung über grenzübergreifende Unterrichtung und Anhörung besteht. Die Absätze 1 bis 6 gelten entsprechend.

(8) Auf die in den §§ 2 und 3 genannten Unternehmen und Unternehmensgruppen, in denen zwischen dem 5. Juni 2009 und dem 5. Juni 2011 eine Vereinbarung über die grenzübergreifende Unterrichtung und Anhörung unterzeichnet oder überarbeitet wurde, sind außer in den Fällen des § 37 die Bestimmungen dieses Gesetzes in der Fassung vom 28. Oktober 1996 (BGBl. I S. 1548, 2022), zuletzt geändert durch Artikel 30 des Gesetzes vom 21. Dezember 2000 (BGBl. I S. 1983), anzuwenden. Ist eine Vereinbarung nach Satz 1 befristet geschlossen worden, können die Parteien ihre Fortgeltung beschließen, solange die Vereinbarung wirksam ist; Absatz 4 gilt entsprechend.

Anh. 3 EBRG Gesetz über Europäische Betriebsräte (EBRG)

Siebter Teil
Besondere Vorschriften, Straf- und Bußgeldvorschriften

§ 41a Besondere Regelungen für Besatzungsmitglieder von Seeschiffen

(1) Ist ein Mitglied des besonderen Verhandlungsgremiums, eines Europäischen Betriebsrats oder einer Arbeitnehmervertretung im Sinne des § 19 oder dessen Stellvertreter Besatzungsmitglied eines Seeschiffs, so sollen die Sitzungen so angesetzt werden, dass die Teilnahme des Besatzungsmitglieds erleichtert wird.

(2) Befindet sich ein Besatzungsmitglied auf See oder in einem Hafen, der sich in einem anderen Land als dem befindet, in dem die Reederei ihren Geschäftssitz hat, und kann deshalb nicht an einer Sitzung nach Absatz 1 teilnehmen, so kann eine Teilnahme an der Sitzung mittels neuer Informations- und Kommunikationstechnologien erfolgen, wenn

1. dies in der Geschäftsordnung des zuständigen Gremiums vorgesehen ist und
2. sichergestellt ist, dass Dritte vom Inhalt der Sitzung keine Kenntnis nehmen können.

§ 42 Errichtungs- und Tätigkeitsschutz

Niemand darf

1. die Bildung des besonderen Verhandlungsgremiums (§ 9) oder die Errichtung eines Europäischen Betriebsrats (§§ 18, 21 Abs. 1) oder die Einführung eines Verfahrens zur Unterrichtung und Anhörung (§ 19) behindern oder durch Zufügung oder Androhung von Nachteilen oder durch Gewährung oder Versprechen von Vorteilen beeinflussen,
2. die Tätigkeit des besonderen Verhandlungsgremiums, eines Europäischen Betriebsrats oder der Arbeitnehmervertreter im Rahmen eines Verfahrens zur Unterrichtung und Anhörung behindern oder stören oder
3. ein Mitglied oder Ersatzmitglied des besonderen Verhandlungsgremiums oder eines Europäischen Betriebsrats oder einen Arbeitnehmervertreter im Rahmen eines Verfahrens zur Unterrichtung und Anhörung um seiner Tätigkeit willen benachteiligen oder begünstigen.

§ 43 Strafvorschriften

(1) Mit Freiheitsstrafe bis zu zwei Jahren oder mit Geldstrafe wird bestraft, wer entgegen § 35 Absatz 2 Satz 1 oder 2, jeweils auch in Verbindung mit Absatz 3, ein Betriebs- oder Geschäftsgeheimnis verwertet.

(2) Die Tat wird nur auf Antrag verfolgt.

§ 44 Strafvorschriften

(1) Mit Freiheitsstrafe bis zu einem Jahr oder mit Geldstrafe wird bestraft, wer

1. entgegen § 35 Absatz 2 Satz 1 oder 2, jeweils auch in Verbindung mit Absatz 3, ein Betriebs- oder Geschäftsgeheimnis offenbart oder
2. einer Vorschrift des § 42 über die Errichtung der dort genannten Gremien oder die Einführung des dort genannten Verfahrens, die Tätigkeit der dort genannten Gremien oder der Arbeitnehmervertreter oder über die Benachteiligung oder Begünstigung eines Mitglieds oder Ersatzmitglieds der dort genannten Gremien oder eines Arbeitnehmervertreters zuwiderhandelt.

Siebter Teil: Besondere Vorschriften, Straf- und Bußgeldvorschriften **Anh. 3 EBRG**

(2) Handelt der Täter in den Fällen des Absatzes 1 Nr. 1 gegen Entgelt oder in der Absicht, sich oder einen anderen zu bereichern oder einen anderen zu schädigen, so ist die Strafe Freiheitsstrafe bis zu zwei Jahren oder Geldstrafe.

(3) Die Tat wird nur auf Antrag verfolgt. In den Fällen des Absatzes 1 Nr. 2 sind das besondere Verhandlungsgremium, der Europäische Betriebsrat, die Mehrheit der Arbeitnehmervertreter im Rahmen eines Verfahrens zur Unterrichtung und Anhörung, die zentrale Leitung oder eine im Betrieb vertretene Gewerkschaft antragsberechtigt.

§ 45 Bußgeldvorschriften

(1) Ordnungswidrig handelt, wer

1. entgegen § 5 Absatz 1 die Informationen nicht, nicht richtig, nicht vollständig oder nicht rechtzeitig erhebt oder weiterleitet oder

2. entgegen § 29 Absatz 1 oder § 30 Absatz 1 Satz 1 oder Absatz 2 Satz 1 den Europäischen Betriebsrat oder den Ausschuss nach § 26 nicht, nicht richtig, nicht vollständig, nicht in der vorgeschriebenen Weise oder nicht rechtzeitig unterrichtet.

(2) Die Ordnungswidrigkeit kann mit einer Geldbuße bis zu fünfzehntausend Euro geahndet werden.

Siebter Teil: Besondere Vorschriften, Straf- und Bußgeld-Ausschüssen   Anh. 3 EBRG

(2) Handelt der Täter in den Fällen des Absatzes 1 Nr. 1 gegen Entgelt oder in der Absicht, sich oder einen anderen zu bereichern oder einen anderen zu schädigen, so ist die Strafe Freiheitsstrafe bis zu zwei Jahren oder Geldstrafe.

(3) Die Tat wird nur auf Antrag verfolgt. In den Fällen des Absatzes 1 Nr. 2 sind das besondere Vertraulichkeitserfordernis, der Europäische Betriebsrat, die Mehrheit der Arbeitnehmervertreter im Rahmen eines Verfahrens zur Unterrichtung und Anhörung, die zentrale Leitung oder eine im Inland vertretene Gewerkschaft antragsberechtigt.

§ 45 Bußgeldvorschriften

(1) Ordnungswidrig handelt, wer
1. entgegen § 5 Absatz 3 den Informationen nicht nachkommt, nicht vollständig oder nicht rechtzeitig erteilt oder weiterleitet oder
2. entgegen § 29 Absatz 1 oder § 30 Absatz 1 oder 2 oder Absatz 2 Satz 1 oder Absatz 2 Satz 1 der Europäischen Betriebsräte oder den Ausschüssen nach § 26 nicht richtig, nicht vollständig nicht in der vorgeschriebenen Weise oder nicht rechtzeitig unterrichtet.

(2) Die Ordnungswidrigkeit kann mit einer Geldbuße bis zu fünfzehntausend Euro geahndet werden.

Sachregister

Fettgedruckte Zahlen bezeichnen die Paragraphen des BetrVG oder der WO, magere Zahlen die Randnummern.

Abberufung der Ausbilder **§ 98**/8 ff;
  siehe auch *Ausbilder*
Abhängigkeit **§ 5**/7
Ablöseprinzip **§ 77**/56, 91
Ablösung des BR **§ 119**/29
– Störung des BR **§ 119**/33
Ablösung von BV
– arbeitsgerichtl Beschlussverfahren
  § 77/152
– Streitigkeiten **§ 77**/152
Abmahnung **§ 23**/11; **§ 37**/34, 40, 42 f;
  § 87/56
Abrufarbeit **§ 87**/78; **§ 99**/9
Absatzlage **§ 106**/30
Abschluss von BV **§ 77**/72 ff
– Streitigkeiten **§ 77**/151 f
Abschlussmängel bei BV **§ 77**/82 ff
Abschlussnormen **§ 77**/11
Abschlussverbote **§ 99**/67
Abstammung **§ 75**/18
Abstimmungsvorgang **§ 119**/12
Abteilungsversammlung **§ 37**/34, 68;
  § 43/11
Abweichende BV **§ 77**/91 f
Abweichung vom Interessenausgleich
  § 113/2 ff
Abwendungsmaßnahmen **§ 91**/10
Abwicklungsvertrag **§ 102**/7
Aggressivität **§ 74**/30
– Versetzung **§ 99**/36
Akkordarbeit **§ 37**/50
Akkordlohn **§ 87**/228, 249 ff
– Nichtbeachtung der Mitbestimmung
  § 87/258
Akustische Überwachung **§ 75**/38
Akzessorietät des § 119 **§ 119**/4
Alkoholsucht **§ 75**/20
– Beschlussverfahren **§ 77**/149 f
– beschränktes Fragerecht des AG **§ 94**/13
– Streitigkeiten **§ 77**/144 ff
– Urteilsverfahren **§ 77**/149 f
Alkoholverbot **§ 87**/41
Allgemeine Aufgaben **§ 80**/1 ff
– Beschlussverfahren **§ 80**/57

– Nichtbeachtung der BR-Beteiligung
  § 80/57 ff
– Streitigkeiten **§ 80**/57
Allgemeine Friedenspflicht **§ 74**/27 ff;
  siehe auch *Friedenspflicht*
Allgemeine Handlungsfreiheit **§ 75**/2, 5,
  45 ff
– Kosten **§ 75**/45
Allgemeine personelle Angelegenheiten
– Tendenzschutz **§ 118**/46 ff
Allgemeine Urlaubsgrundsätze **§ 87**/122 ff
Allgemeiner Unterlassungsanspruch des BR,
  siehe *Unterlassungsanspruch des BR*
Allgemeines Persönlichkeitsrecht **§ 75**/37 ff;
  siehe auch bei *Persönlichkeitsrecht* und
  Persönlichkeitssphäre
– Anordnung des AG **§ 75**/42, 49
– BV **§ 75**/37 ff, 42, 45
– Entfernung von Beurteilungen **§ 75**/49
– Eingriff **§ 75**/1, 37 f, 42, 44, 50
– Kosten **§ 75**/45
– persönliche Angaben **§ 75**/40, 49
Alter **§ 75**/21
Ältere Arbeitnehmer **§ 80**/20
Altersdiskriminierung **§ 80**/20;
  siehe auch *Diskriminierungsverbote*
– Sozialplan **§ 75**/21
Altersgrenze **§ 77**/12; **§ 111**/37
Amtsausübung **§ 103**/77
Amtsbewerber **§ 103**/4
Amtseigenschaft **§ 74**/19, 43 f
Amtsenthebung **§ 74**/18, 42
Amtsträger
– Änderungswünsche **§ 78a**/24
– Begünstigungsverbot **§ 78** /1 ff, 20 ff
– Behinderungsverbot **§ 78**/1 ff, 9 ff
– Benachteiligungsverbot **§ 78**/1 ff, 18, 20 ff
– Beschwerderecht des AN **§ 84**/3
– Schutz vor Versetzungen und außerordentlichen Kündigungen **§ 103**/4
Amtszeit **§ 78a** /3 f
– Betriebsausschuss **§ 27**/15 ff
– Betriebsrat **§ 1**/42; **§ 21**/1 ff; **§ 23**/42;
  § 24/2; **§ 25**/1 f

1465

Sachregister

- Gesamtbetriebsrat § 47/8 ff
- Jugend- und Auszubildendenvertretung § 64/3
- Konzernbetriebsrat § 54/23
- Schutz vor Versetzungen und außerordentlichen Kündigungen § 103/6 f
- Wahlvorstand § 16/28 ff
- Wirtschaftsausschuss § 106/7, 60

Andere Arbeitsaufgabe § 99/34
Andere Vorgesetzte und Kollegen § 99/29, 39
Änderung der Arbeitszeit § 87/88 ff
Änderung des Arbeitsortes § 99/30
Änderung von Arbeitsplatz, Arbeitsablauf oder Arbeitsumgebung § 90/1 ff
- Abmilderung § 91/11
- Abwendungsmaßnahmen § 91/10
- Einigungsstelle § 91/14
- Inhalt des Mitbestimmungsrechts § 91/9 ff
- Leistungsverweigerungsrecht § 91/13
- menschenwidrig § 90/4 ff
- Mitwirkungsrecht des BR § 90/13 ff
- Nichtbeachtung des Mitbestimmungsrechts § 91/13 f
- TV § 91/3
- Urteilsverfahren § 91/14

Änderungsermächtigung § 77/57
Änderungskündigung § 99/25; § 102/5 f, 10, 13, 36 f, 49, 56, 94, 102 f, 113; § 103/20 f, 23, 28; § 113/8
- BR-Mitglieder § 78/26; § 103/20 f
- Wirksamkeitsvoraussetzung § 99/136
- Zustimmungsverweigerungsrecht § 99/79

Änderungsvertrag § 99/25
Androhung von Nachteilen § 119/18
Anfahrtsweg § 99/39
Anfechtung
- Sozialplan § 112/112
Anfechtung des Arbeitsvertrages § 102/7
- Zustimmung des BR § 103/19
Anfechtung von BV § 77/84
Angestellte § 5/1; § 6/1
- außertarifliche § 50/25
Anhörung des BR
- Abwicklungsvertrag § 102/7
- Änderungskündigung § 102/36 f
- Anfechtung § 102/7
- Anhörungsschreiben § 102/51 f
- arbeitskampfbedingte Kd § 74/25
- Art der Kündigung § 102/10 ff
- Aufhebungsvertrag § 102/7
- außerordentliche Kündigung § 102/10 ff, 46
- Bedingung § 102/7

- Befristung § 102/7
- Begriff des AN § 102/8
- Beratung des BR § 102/58
- Berufsausbildungsverhältnis § 102/8, 18
- betriebsbedingte Kündigung § 102/26 ff
- Betriebsratsbeschluss § 102/62 ff
- Datenverarbeitung § 102/74 f
- Eilfälle § 102/45
- Entfernung betriebsstörender AN § 104/13
- erneute Kündigung § 102/48
- fehlerhafte Anhörung § 102/66 ff
- Form § 102/50 ff
- Integrationsamt § 102/47
- Interessenausgleich § 102/34
- Kleinbetrieb § 102/18
- krankheitsbedingte Kündigung § 102/20 ff
- Kündigungsentschluss § 102/16 ff
- Kündigungsfrist § 102/13
- Kündigungsgründe § 102/14 ff
- Kündigungsschutz § 102/2
- Kündigung vor Vertragsantritt § 102/8
- leitende Angestellte § 102/8, 61
- Mängel bei Beschlussfassung des BR § 102/64 f
- Massenentlassung § 102/4, 33, 45
- Mitteilungspflicht des AG § 102/14 ff
- Nachschieben von Kündigungsgründen § 102/70 f
- Namensliste § 102/34
- Nichtanhörung des BR § 102/66 ff
- oberste Landesbehörde § 102/47
- ordentliche Kündigung § 102/5, 10, 46
- Person des AN § 102/9
- personenbedingte Kündigung § 102/20 ff
- Reaktion des BR § 102/57 ff
- Restmandat § 102/42 f
- Sprecherausschuss § 102/8
- Sozialauswahl § 102/26, 29 ff, 74, 80 ff, 104 ff
- subjektive Determinierung § 102/14
- tariflicher Sonderkündigungsschutz § 102/11, 29, 57; § 103/15
- Teilkündigung § 102/6
- Tendenzschutz § 118/40, 50
- Umdeutung § 102/12
- Unterlagen § 102/52
- Unterrichtungsanspruch des BR § 102/9 ff
- Unterrichtungsverfahren § 102/38 ff
- Verdachtskündigung § 102/15, 70; § 103/47
- verhaltensbedingte Kündigung § 102/23 ff
- Verschwiegenheitspflicht des BR § 102/73

1466

Sachregister

- Vorratsanhörung § 102/46
- Weiterbeschäftigungsanspruch des AN, siehe *Weiterbeschäftigungsanspruch*
- Weiterbeschäftigungsmöglichkeit § 102/28, 32
- Widerrufsvorbehalt § 102/6
- Widerspruch des BR § 102/76 ff; siehe auch *Widerspruch des BR*
- Zeitpunkt § 102/44 ff
- Zustimmung § 99/122
- Zustimmungsverfahren § 102/54 f
- Zweiwochenfrist § 102/11, 46

Anhörungsrecht des AN § 82/1 ff
Anlagen der BV § 77/76
Anlernen § 96/3
Annahmeverzugslohn
- Mitbestimmung des BR § 87/30
- Versetzung § 99/134
- Weiterbeschäftigungsanspruch des AN § 102/120 f, 135

Anrechnung einer Tariflohnerhöhung § 87/233 ff
Anschlussarbeitsverhältnis § 78a/9, 24
Anspruch auf Beförderung § 77/11
Anspruch auf Begründung eines Arbeitsverhältnisses § 77/11
Anspruch auf Wiedereinstellung § 77/11
Anstiftung § 119/7
Antrag auf Zustimmungsersetzung § 100/7; siehe auch *Ersetzung der Zustimmung*
Antrag des Verletzten § 120/33
Antragsbefugnis § 119/49
Antragsbefugte Personen § 119/3
Antragsdelikt § 119/3
Antragsrecht des BR § 80/11 ff
Anwesenheitskontrolle § 87/52
Anwesenheitsliste § 87/51
Anwesenheitsprämie § 37/52; § 77/67
Anzeige § 121/13
Arbeiter § 5/1; § 6/1
Arbeiterwohlfahrt § 118/25
Arbeitgeber
- Anfechtung der Betriebsratswahl § 19/22 ff
- Annahmeverzug § 44/9
- Darlehen § 87/221
- Einspruchsrecht gegen Wählerliste WO § 4/5
- Entbindung von der Weiterbeschäftigung des AN § 102/125 ff; siehe auch *Entbindung*
- Erzwingungsverfahren gegen Arbeitgeber § 2/18; § 23/43 ff

- Grundsätze für die Behandlung von Betriebsangehörigen § 75 /1 ff
- Grundsätze von Recht und Billigkeit § 75 /1 ff, 12 ff, 28
- Hausrecht § 42/21 f
- Kostentragungspflicht § 20/18 ff; § 40/1 ff; § 42/27; § 43/12; § 51/15; § 53/5; WO § 24/15
- Lagebericht § 43/9; § 53/3 f
- Leitung des Betriebs § 2/2; § 77/1 ff; § 87/203, 217
- Missachtung der Beteiligungsrechte des BR § 119/31
- Neutralitätsgebot § 119/22
- Pflichtverletzung § 2/17; § 23/43 ff
- Teilnahme an Betriebsratssitzung § 29/34
- Teilnahme an Betriebsversammlung § 43/8 f
- Teilnahme an Wahlversammlung § 17/16
- Teilnahme an Wirtschaftsausschusssitzung § 108/6 ff
- Unterstützungspflicht bei Betriebsratswahl WO § 2/11; WO § 12/11; WO § 28/5 ff
- Verstoß gegen Unterrichtungspflichten § 121/5 ff
- Zusammenarbeit mit Betriebsrat Einl/2; § 2/1 f

Arbeitgeberdarlehen § 87/221; § 112/35
Arbeitgeberverband § 2/20; § 42/16; § 46/5, 8; § 53/2, 4; § 77/126
- Geheimhaltungspflicht § 79/4 ff, 18
- persönliche Geheimnisse § 120/20
- Tendenzschutz § 118/6
- Verletzung von Geheimnissen § 120/9
- Weitergabe von Geheimnissen § 120/17

Arbeitnehmer § 5/1 ff
- ältere § 112/52, 75
- Anfechtung der Betriebsratswahl § 19/20
- Antragsbefugnis § 119/49
- Arbeitsbefreiung § 112/35
- Arbeitsort Einl/15; § 1/7; § 7/17 f; § 112/27, 33
- Aushilfstätigkeit § 7/6; 9/4
- ausländische § 8/1, 17; § 40/52; WO § 2/15 f, 19; WO § 11/4; WO § 30/5
- Ausnahmen vom AN-Begriff § 5/20 ff
- Außendienst § 42/10
- Beteiligter bei Ersetzung der Zustimmung § 99/130

1467

Sachregister

- Betriebsstörende § 104/1 ff; *siehe auch Entfernung betriebsstörender AN*
- Betriebszugehörigkeit § 7/9 ff; § 8/6 ff; § 61/2 f
- Doppelarbeitsverhältnis § 54/22
- Eigenkündigung § 111/29; § 112/54 ff; § 112a/3; § 113/5
- Eingruppierung § 99/43
- Erfindungen § 87/262
- Erklärungsrecht hinsichtl der Personalakte § 83/16 ff
- Gleichbehandlung § 23/37; § 112/16, 19 f, 49, 51 ff
- Rechtstellung bei Zustimmungsverweigerung § 103/72 ff
- regelmäßige Beschäftigung § 1/22 ff; § 38/6; § 62/1
- ständige Beschäftigung § 1/24 ff; § 9/3 ff; § 38/6; § 54/22
- Teilnahme an Betriebsversammlung § 42/12 f
- Teilzeitarbeit § 7/6; § 37/67, 76, 124 ff; § 112/49, 52, 68
- Tendenzträger § 118/35 f
- Umgruppierung § 99/43
- Unterrichtungsanspruch § 111/2, 46 ff
- Weiterbeschäftigungsanspruch § 118/53

Arbeitnehmerähnliche Personen § 5/10 f
- BV § 77/23
- Grundsätze von Recht und Billigkeit § 75/1 ff., 12 ff, 28

Arbeitnehmereigenschaft § 99/23
Arbeitnehmerin, *siehe Arbeitnehmer*
Arbeitnehmerüberlassung § 7/21 ff; § 8/3; § 99/64
Arbeitsablauf
- Änderung § 91/1 ff; *siehe auch Änderung des Arbeitsplatzes, des Arbeitsablaufs und der Arbeitsumgebung*
- Gestaltung § 90/7
- Inhalt des Mitbestimmungsrechts § 91/9 ff
- Künstliche Intelligenz § 90/7
- Nichtbeachtung des Mitbestimmungsrechts § 91/13 f
- Störung § 74/14, 27 ff
- Tendenzschutz § 118/43
- Unterrichtungs- und Beratungsrecht § 99/1 ff
- Vorschläge § 82/2

Arbeitsbedingungen § 88/12
Arbeitsbefreiung
- Arbeitnehmer § 112/35

- Betriebsratsmitglied § 37/21 ff, 138 ff; § 38/ 1 ff, 30 ff; § 39/3; § 51/17
- gewerkschaftliche Vertrauensleute § 2/40 f
- Jugend- und Auszubildendenvertreter § 65/5 ff
- Vermittler § 20/26
- Wahlteilnahme § 20/26
- Wahlvorstand § 20/26
- Wirtschaftsausschussmitglied § 107/12

Arbeitsentgelt § 75/32 f; § 87/109 f
- Arbeitszeit § 87/82 f
- außertarifliches § 50/25
- Auszahlung § 87/112 ff; *siehe auch Auszahlung des Arbeitsentgelts*
- bei Teilnahme an Betriebsversammlung § 44/6 ff, 13 f, 17 f
- Betriebsratsmitglied § 37/48 ff, 79 ff, 122 ff; § 38/36 ff; § 51/17
- Eingruppierung § 99/42
- Erörterungsrecht § 82/3 ff
- gewerkschaftliche Vertrauensleute § 2/41
- Gratifikation § 37/52
- Jugend- und Auszubildendenvertreter § 65/5
- Nichtbeachtung der Mitbestimmung des BR § 87/117
- Sonderzahlung § 37/52 f
- Tarifvertrag § 87/231 ff
- übertarifliches § 50/7
- Umgruppierung § 99/42; § 112/27
- Wahlteilnahme § 20/30
- Wahlvorstand § 20/28 ff
- Weihnachtsgeld § 37/52 f
- Wirtschaftsausschussmitglied § 107/13
- Zulage § 37/52 f; § 38/32
- Zuschläge § 20/28 ff; § 37/50 ff, 122; § 38/36; § 39/7
- Zustimmungsverweigerungsrecht § 99/140

Arbeitsgruppe, *siehe auch Gruppenarbeit*
- Abgrenzung § 3/22
- Aufgabenzusammenhang § 28a/11 f
- Begriff § 28a/8 f
- Beteiligtenfähigkeit § 28a/31
- Betriebsgröße § 28a/6 f
- Geheimhaltungspflichten § 79/5 ff, 19
- Präponderanzgebot § 28a/3
- Rahmenvereinbarung § 28a/13 ff
- Selbstständigkeit § 51/14
- Tarifsperre § 28a/27
- Teilnahmerecht § 32/1
- Übertragung von Aufgaben § 28a/16 ff
- Vereinbarung mit Arbeitgeber § 28a/21 ff

– Voraussetzungen § 28a/8 ff
– Weitergabe von Geheimnissen § 120/16
Arbeitskampf, *siehe auch Arbeitskampfverbot*
– Arbeitszeit § 87/100
– Betriebsratsmitglied § 37/54
– Betriebsversammlung § 44/18 f
– Verbot § 23/24; § 46/3
Arbeitskampfbedingte Kd § 74/25
Arbeitskampfverbot § 74/14 ff
– arbeitskampfbedingte Kd § 74/25
– Arbeitskampfmaßnahmen § 74/14
– Berufsbildungsmaßnahmen § 74/24
– Einstellung neuer AN § 74/24
– Funktionstüchtigkeit des BR § 74/20
– Mitgliedschaft im BR § 74/20
– Mitwirkungs- und Mitbestimmungsrechte des BR § 74/21
– neutrales Verhalten § 74/19
– Notdienstmaßnahmen § 74/19
– personelle Einzelmaßnahmen § 74/24
– rechtmäßige Arbeitskämpfe § 74/17
– rechtswidriger Streik § 74 /18
– soziale Angelegenheiten § 74/23
– Streikunterstützung § 74/18
– Unterrichtungspflichten § 74/22
– Versetzungen § 74/24
– Zugangsrecht des BR § 74/20
Arbeitskleidung § 87/47
– anziehen § 87/66
– ausziehen § 87/66
Arbeitsmethode § 106/32 f; § 111/48
Arbeitsorganisatorische Vorgaben § 87/230
Arbeitsort **Einl**/11 f; § 1/7
– Versetzung § 99/39
Arbeitsplatz
– Änderung § 91/1 ff; *siehe auch Änderung des Arbeitsplatzes*
– Ausschreibung § 93/1 ff; *siehe auch Ausschreibung von Arbeitsplätzen*
– Inhalt des Mitbestimmungsrechts § 91/9 ff
– Nichtbeachtung des Mitbestimmungsrechts § 91/13 f
– Tendenzschutz § 118/45, 47, 55
– Unterrichtungs- und Beratungsrecht § 99/1 ff
– Versetzung § 112/4, 27, 33 ff
Arbeitsrechtlicher Gleichbehandlungsgrundsatz § 51/14; § 112/19 f, 51 ff
Arbeitsschutz § 87/147; § 89/1 ff
– Kosten § 87/157
– Nichtbeachtung der Mitwirkungsrechte § 89/21 f

Arbeitstätigkeit § 81/1 ff
– Mitbestimmungsrecht des BR § 97/7 ff
Arbeitsumgebung
– Änderung § 91/1 ff; *siehe auch bei Änderung des Arbeitsplatzes und der Arbeitsumgebung*
– Gestaltung § 90/4 ff
– Inhalt des Mitbestimmungsrechts § 91/9 ff
– Nichtbeachtung des Mitbestimmungsrechts § 91/13 f
– Tendenzschutz § 118/45
– Unterrichtungs- und Beratungsrecht § 99/1 ff
Arbeitsunfall § 87/149 ff
Arbeitsverfahren § 90/7
– Künstliche Intelligenz § 90/7
Arbeitsverhältnis
– fehlerhaftes, *siehe Fehlerhaftes Arbeitsverhältnis*
– mittelbares, *siehe Mittelbares Arbeitsverhältnis*
– ruhendes § 5/11; § 7/8; § 8/11
Arbeitsvertrag § 99/6
– Überwachungsrecht des BR § 80/7 ff, 9
Arbeitsvertragliche Einheitsregelung § 77/42; *siehe auch Einheitsregelung*
Arbeitsvertragliche Fürsorgepflicht § 83/17
Arbeitswert § 87/228
Arbeitswissenschaftliche Erkenntnisse § 91/5
Arbeitszeit
– Änderung § 87/88 ff
– Arbeitsentgelt § 87/82 f
– Beginn § 87/70 ff
– betriebsübliche § 87/88 ff
– Dauer § 87/70, 82 ff
– Ende § 87/70 ff
– gleitende § 37/62 f
– Lage § 87/70
– Mitbestimmung § 87/52, 65 ff
– Mitbestimmung des Betriebsrats § 50/4, 20
– mitbestimmungsfrei § 87/67, 76
– Nichtbeachtung der Mitbestimmung § 87/81, 107 ff
– Tendenzschutz § 118/43
– Verkürzung § 87/82 ff, 101 ff
– Verlängerung § 87/82 ff, 95 ff
– Verteilung § 87/68, 82 ff
– Wirksamkeitsvoraussetzung § 87/107
Arbeitszeitkonto § 87/73
Außendienst § 3/37; § 5/3, 9; § 42/7

1469

Sachregister

Außerbetriebliche Berufsbildungsmaß-
  nahmen § 97/6; § 98/3
Außerbetrieblicher Berater § 80/54
Außerordentliche Betriebsversammlung
  § 43/14 ff; § 44/15 ff; § 45/4; § 46/4
Außerordentliche Kündigung
– Anhörung des BR § 102/5, 10 f, 44 ff, 57,
  72, 109
– betriebliche Schlichtungsstelle § 103/5
– BR-Mitglieder § 78/18 f; § 103/4 ff
– Einigungsstellenmitglieder § 103/5
– Ersatzmitglieder § 103/8
– Ersetzung der Zustimmung § 103/42 ff
– Geheimhaltungspflicht § 79/22
– Schwerbehindertenvertreter § 103/14
– Schutz vor ao Kündigungen § 103/15 ff
– tarifliche Schlichtungsstelle § 103/5
– Tendenzschutz § 118/54
– Verletzung der Friedenspflicht § 74/40
– Vermittler § 103/5
– Vorfeldinitiatoren § 103/12
– Wahlbewerber § 103/9 ff
– Wahlinitiatoren § 103/12
– Wahlvorstandsmitglieder § 103/11, 13 f
– Wirtschaftsausschuss § 103/5
– Zustimmung des BR § 103/1 ff, 15 ff
Außertarifliche Angestellte
– Eingruppierung § 99/43
– Umgruppierung § 99/43
Außertarifliche Zulage § 87/233 ff
Außertarifliches Entgelt § 87/232
Auffangfunktion § 78/2
Aufhebungsvertrag § 24/10; § 77/94;
  § 102/7; § 103/17; § 111/38; § 112/19, 24,
  54, 56; § 112a/3; § 113/5, 19
Aufklärungspflichten
– Bußgeld § 121/1 ff
– Ordnungswidrigkeit § 121/1 ff
Aufnehmender Betrieb § 99/85
Aufschiebende Wirkung § 76/99
Aufschub § 100/2
Aufsichtsratsmitglied
– Geheimhaltungspflicht § 120/3
Aufstellung des Urlaubsplans § 87/124 ff
Aufstellung von Entlohnungsgrundsätzen
  § 87/225 ff; *siehe auch Entlohnungs-
  grundsätze*
Aufstockung § 99/14
Aufwandsentschädigungen § 87/222
Ausbilder § 98/4 ff, 8 ff; § 99/50
– Eignung § 98/9
– Widerspruch des BR § 98/11

Ausbildungsbetrieb § 78a/2
Ausbildungsverhältnis
– Ausbildungsstationen § 98/6
– Betriebsnachfolger § 78a/15
– Dauer § 98/7
– zeitliche Lage § 98/7
Ausgeschiedene BR-Mitglieder, *siehe auch
  Ausscheiden*
– Geheimhaltungspflichten § 79/7
– persönliche Geheimnisse § 120/21
– Verletzung von Geheimnissen § 120/12
Ausgleichssozialplan § 112/31 ff
Ausgliederung § 111/44
– Versetzung § 99/31
Ausgruppierung § 99/54
Aushilfsarbeiter § 1/24; § 5/3, 10
Aushilfstätigkeit § 7/6
Auskunftspersonen § 80/48 ff
– Aufgaben § 80/49
– Begünstigungsverbot § 78 /1 ff, 20 ff
– Behinderungsverbot § 78/1 ff, 9 ff
– Benachteiligungsverbot § 78/1 ff, 13 ff
– Beschlussverfahren § 80/57
– Geheimhaltungspflichten § 79/5
– Nichtbeachtung der BR-Beteiligung
  § 80/57 ff
– Schutzbestimmungen § 78/1, 3
– Streitigkeiten § 80/57
– Verletzung von Geheimnissen § 120/10
– Vorschlagsrecht des BR § 80/52
– Weitergabe von Geheimnissen § 120/17
Auskunftspflichten
– Bußgeld § 121/1 ff
– Ordnungswidrigkeit § 121/1 ff
Auslegung § 77/31 ff
– arbeitsrechtl Sprachgebrauch § 77/31
– betriebsbezogene Überlagerung § 77/31
– Praktikabilität § 77/33
– Rechtskonformität § 77/33
– Tarifvertrag § 77/124
– Wortlaut der BV § 77/31
Ausländer § 8/1, 17; § 40/52; § 43/9;
  § 112/49; WO § 2/16 f, 20; WO § 6/14;
  WO § 11/4; WO § 30/5
Ausländische AN § 80/21
Ausländerfeindlichkeit § 74/35
Ausnahme
– Zustimmungsverweigerungsrecht § 99/91
Ausrüster § 114/20
Ausscheiden § 99/32
– Einverständnis § 99/32 f
– Geheimhaltungspflichten § 79/7

1470

Ausschlussfrist § 19/32; § 76/94; § 77/39 ff;
  § 112/85, 96; § 113/18
Ausschreibung von Arbeitsplätzen § 93/1 ff
– befristeter Arbeitsplatz § 93/7
– Besetzungspflicht § 93/2
– Diskriminierung § 93/11
– Einzelfall § 93/5
– Form § 93/9 ff; § 99/97
– Frist § 93/19 ff
– Initiativrecht § 93/1, 8
– konkrete Stellenbesetzung § 93/5
– Mindestinhalt § 93/9 ff
– Mitbestimmungsrecht § 93/1
– Nichtbeachtung des Mitbestimmungs-
  rechts § 93/12
– Teilzeitarbeitsplatz § 93/7
– Zustimmungsverweigerungsrecht § 99/96 ff
Ausschuss
– der Jugend- und Auszubildendenvertretung
  § 65/2
– des Betriebsrats § 27/1 ff; § 28/1 ff; § 36/1;
  § 106/1 ff; § 107/15 ff
– des Gesamtbetriebsrats § 51/6 ff; § 107/19
– gemeinsamer § 28/17 ff
– persönliche Geheimnisse § 120/20
– Verletzung von Geheimnissen § 120/8
Aussperrung § 37/54
Austauschkündigung § 99/16
Austritt aus dem AG-Verband § 77/124
Auswahlrichtlinie § 75/36; § 77/11; § 95/1 ff
– abstrakt-generelle Richtlinie § 95/2
– Auswahlverfahren § 95/12
– Beteiligungsrechte des BR § 95/13 ff
– Einigungsstelle § 95/14
– fachliche Voraussetzungen § 95/4 ff
– grobe Fehlerhaftigkeit § 95/10
– Inhalt § 95/4 ff
– Initiativrecht § 95/14
– Interessenausgleich § 112/4
– Künstliche Intelligenz § 95/18
– Leih-AN § 95/15
– Nachwirkung § 95/16
– Nichtbeachtung der Mitbestimmung
  § 95/19 f
– Schriftform § 95/13
– soziale Gesichtspunkte § 95/7 ff
– Unterlassungsanspruch des BR § 95/21
– Zustimmungsverweigerungsrecht § 99/75
Auszahlung des Arbeitsentgelts § 87/109 ff
– Art § 87/112
– Kosten § 87/116 ff
– Ort § 87/113

– Zeit § 87/112
Auszubildende § 5/1, 16 ff; § 7/15; § 9/1 f;
  § 42/13; § 60/1 ff; § 61/1 ff; § 102/8, 18;
  § 118/55; **WO** § 38/1 ff
– Schutz § 78a/1 ff
– Tendenzschutz § 118/55
– Weiterbeschäftigung § 78a/9 ff; *siehe auch
  Weiterbeschäftigung von Auszubildenden*
Ausübung des Direktionsrechts § 99/25

Bahn § 5/7, 19
Bauliche Substanz § 90/4
Baumaßnahmen
– Gesundheitsschutz § 87/154
BDSG, *siehe Bundesdatenschutzgesetz*
Beamte § 5/7, 19; § 7/13, 29; § 8/3; § 9/2
– personelle Einzelmaßnahme § 99/4
BEEG, *siehe Gesetz zum Elterngeld und zur
  Elternzeit*
Beeinflussung der Wahl § 20/9 ff; § 119/9,
  10 f; § 119/10 ff; *siehe auch Wahlbeein-
  flussung*
Beendigung von BV § 77/91 ff
– Aufhebungsvertrag § 77/94
– Befristung § 77/93
– Betriebsstilllegung § 77/101
– Betriebsteilveräußerung § 77/105
– Betriebsübergang § 77/102 ff
– durch abweichende BV § 77/91 f
– Kündigung § 77/95 ff
– Streitigkeiten § 77/150 f
– Teilkündigung § 77/99
– Wegfall eines Vertragspartners § 77/100 f
– Vertragslösungsrecht § 77/99
Beendigungsnormen § 77/12
Befangenheit
– Beisitzer der ES § 76/13
– Vorsitz der ES § 76/30
Befristete BV § 77/93
– arbeitsgerichtl Beschlussverfahren
  § 77/151
– Streitigkeiten § 77/151
Befristetes Arbeitsverhältnis § 5/14; § 24/10;
  § 112a/3
– Anhörung des BR § 102/7
– Ausschreibung § 93/7
– BR-Mitglieder § 78/20 f
– Zustimmung des BR § 103/17
– Zustimmungsverweigerungsrecht § 99/10,
  87 ff
Beförderung §§ 37/86 f; § 38/43; § 99/54
Beförderungschance § 99/83

1471

Sachregister

Beförderungsstelle § 78/32
– Zustimmungsverweigerungsrecht
  § 99/80 f
Begehungsformen des § 119 § 119/7
Beginn der Arbeitszeit § 87/70 ff
Begründung
– Spruch der ES § 76/68
Begründungspflicht des AG § 92a/10 ff
Begünstigung § 78/20 ff; § 119/41 ff
– beruflicher Aufstieg § 78/22, 29
– Entgelt § 78/20
– Nichtigkeit § 78/25
– Rechtsfolge § 78/30
– Schutzgesetz § 78/33
– Unterlassungsanspruch § 78/34
– Zustimmungsverweigerungsrecht § 99/68
Begünstigungsabsicht § 119/8
Begünstigungsverbot § 37/12 ff; § 78/1 ff,
  20 ff; § 119/36 ff
– Behinderungsverbot § 78/1 ff, 9 ff
– Benachteiligungsverbot § 78/1 ff, 20 ff;
  § 119/36 ff
– berufliche Entwicklung § 119/36
– betriebliche Beschwerdestelle § 119/37 ff
– Bordvertretung § 119/37 ff
– BR § 119/37 ff
– Ersatzmitglieder § 119/37
– Geheimhaltungspflicht § 79/4 ff
– Gesamtbetriebsrat § 119/36 ff
– Jugend- und Auszubildendenvertretung
  § 119/37 ff
– Konzernbetriebsrat § 119/37 ff
– persönliche Geheimnisse § 120/19
– Schutzbestimmungen § 78/1 ff, 3, 11 f, 23 ff
– Schutzgesetz § 78/33
– Seebetriebsrat § 119/37 ff
– tarifliche Schlichtungsstelle § 119/37 ff
– Unterlassungsanspruch § 78/34
– Verletzung von Geheimnissen § 120/13 ff
– Wirtschaftsausschuss § 119/37 ff
Begünstigungsvorsatz § 119/39
Behinderte § 5/17; § 14/7; WO § 11/4
Behinderung § 75/20; § 78/9 ff
– Unterlassungsanspruch des BR § 78/1 ff, 17
Behinderung der BR-Tätigkeit § 119/28 ff
– Ablösung des BR § 119/29
– Betriebsversammlung § 119/29
– Hausverbot § 119/28
– Missachtung der Beteiligungsrechte des
  BR § 119/31
– Telefongespräche § 119/28
– Zutrittsverbot § 119/30

Behinderung der Wahl § 20/3 ff; § 119/10 ff;
  WO § 1/10; WO § 2/11; WO § 28/5;
  siehe auch Wahlbehinderung
Behinderungsverbot § 2/18; § 20/3 ff; § 24/
  11; § 78/1 ff, 9 ff; WO § 1/10; WO § 2/11;
  WO § 28/5
Beihilfe § 119/7
Beisitzer der ES § 76/11 ff;
  siehe auch Einigungsstellen-Mitglieder
– AG-Verband § 76/15
– Befangenheit § 76/13
– Betriebsangehörige § 76/15 f; § 76a/24 ff
– Betriebsfremde § 76/15, § 76a/6 ff
– Ersatzmitglied § 76/31
– Gewerkschaft § 76/15
– Honorare § 76a/6 ff
– Ladung § 76/46
– leitende Ang § 76/15; § 76a/25
– RA § 76/28, 47; § 76a/9, 16, 23
– Stimmenthaltung § 76/59 f
– Vergütungsanspruch § 76/15 f; § 76a/6 ff,
  24 ff; siehe auch Vergütung und bei Kosten
  der ES
Bekanntgabe der BV § 77/80 ff
Bekanntgabe von Dritten § 120/14
Bekenntnis § 118/21, 68
Belange der AN § 76/76
Belange des Betriebs § 76/76
Belastung der AN abwehren § 91/1, 8
Belegschaft
– Votum für unternehmenseinheitlichen
  Betriebsrat § 3/51 ff
Belegschaftsversammlung § 42/2; § 51/16
Belehrungspflicht des AG § 81/14 ff
Benachteiligung § 78/1 f, 20 ff; § 119/45 ff
– Arbeitsentgelt § 78/22
– beruflicher Aufstieg § 78/22, 29
– Entgelt § 78/22
– Unterlassungsanspruch § 78/34
– Versetzung § 99/92 ff
– Zivilrechtsschutz § 119/47
– Zustimmungsverweigerungsrecht § 99/92 ff
Benachteiligungsabsicht § 119/8
Benachteiligungsverbot § 23/19; § 78/1 ff,
  20 ff; § 119/36; WO § 1/10
– Beförderungsstelle § 78/22
– berufliche Entwicklung § 119/36
– Beschwerderecht des AN § 84/9 ff
– Ersatzmitglieder § 119/37
– Gleichstellungsanspruch § 78/30
– Schadensersatzanspruch § 78/30
– Unterlassungsanspruch § 78/34

Benachteiligungsvorsatz § 119/39
Berater
– Verletzung von Geheimnissen § 120/10
Berater des Betriebsrats § 111/57 ff
– Vergütung § 111/61 f
Beratungsrecht des Wirtschaftsausschusses
– über wirtschaftliche Angelegenheiten § 106/26
Beratungsrechte des Betriebsrats
– Arbeitsablauf § 90/1 ff, 18 ff
– Arbeitsplatz § 90/1 ff, 18 ff
– Arbeitsumgebung § 90/1 ff, 18 ff
– Berufsbildung § 96/1 ff, 11 ff
– Berufsbildungseinrichtungen § 97/2 ff
– Berufsbildungsmaßnahmen § 97/2 ff
– Beschäftigungsförderung § 92a/7 ff
– Beschäftigungssicherung § 92a/7 ff
– Betriebsänderung § 111/56
– Bundesagentur für Arbeit § 92a/8
– Nichtbeachtung § 90/22 f; § 92/16
– Personalplanung § 92/1 ff, 9 ff
– Tendenzschutz § 118/34 ff, 46 f
Bereitschaftsdienst § 87/77, 96
Berichterstattung § 118/30 ff
Berufliche Eingliederung § 5/17
Berufliche Entwicklung
– Begünstigungsverbot § 119/36
– Benachteiligungsverbot § 119/36
Berufliche Rehabilitation § 5/17, 23
Beruflicher Aufstieg § 78/22
Berufsausbildungsverhältnis § 78a/1 ff
Berufsbildung
– Betriebsratsmitglied § 38/46
– Einigungsstelle § 96/11
– Mitbestimmung des Betriebsrats § 50/34
– Teilnehmer § 97/19, 13 ff
– Tendenzschutz § 118/48 f
Berufsbildungseinrichtungen § 97/1 ff
Berufsbildungsmaßnahme § 97/1 ff
– Arbeitskampfverbot § 74/27
– außerbetriebliche § 97/6
– Beratungsrecht des BR § 97/2 ff
– Durchführung § 98/1 ff
– Familie § 75/27
– Gleichbehandlung § 75/28 ff
– Gleichstellung § 75/24
– sonstige § 98/21 ff
– Teilnehmer § 97/19, 13 ff
Berufsgenossenschaft § 89/7
Berufskleidung § 87/49
Berufskrankheit § 87/149 ff

Berufsverbot
– Zustimmungsverweigerungsrecht § 99/74
Besatzungsmitglieder § 114/39 ff
Beschlüsse § 33/1 ff;
– des Wahlvorstands **WO** § 1/11 ff; **WO** § 30/2
Beschlussfähigkeit § 119/32
Beschlussverfahren
– Ablösung der BV § 77/151
– AGB-Kontrolle § 77/148 f
– Auskunftspersonen § 80/57
– Befristung der BV § 77/151
– Durchführung der BV § 77/152
– Entfernung betriebsstörender AN § 104/15
– Gleichbehandlungsgrundsatz § 75/53 f
– Grundsätze von Recht und Billigkeit § 75/54
– Erhebung von Daten § 94/25
– Ersetzung der Zustimmung § 99/128
– ES § 76/18 ff, 84 ff
– Feststellung der Mitbestimmungsrechte § 87/23 ff, 34
– Inhaltskontrolle § 77/148 f
– Kündigung der BV § 77/151
– Regelungsabrede § 77/153
– Sachverständige § 80/57
– Tarifvorrang § 77/154 ff
– Tendenzbestimmung § 118/16
– Unterrichtungsanspruch des BR § 80/59
– vorläufige personelle Maßnahme § 100/7 ff
– Vorschlagsrecht des AN § 86a/1 ff
– Weiterbeschäftigung von Auszubildenden § 78a/15
– Wirksamkeit der BV § 77/150
– Zustimmung des BR § 103/34 ff
– Zustimmungsersetzungsverfahren § 103/55 ff
– Zwangsgeld § 101/7
Beschränkte Beteiligung des BR § 118/34 ff
– allgemeine Mitwirkungsgrundsätze § 118/39 f
– allgemeine personelle Angelegenheiten § 118/46 ff
– Arbeitsplatz § 118/45
– Arbeitsumgebung § 118/45
– Berufsbildung § 118/48 f
– organisatorische Vorschriften § 118/37 f
– personelle Einzelmaßnahmen § 118/50 ff
– soziale Angelegenheiten § 118/41 ff
– wirtschaftliche Angelegenheiten § 118/57 ff
Beschränktes Fragerecht des AG § 94/6 ff

1473

Sachregister

Beschwerderecht des Arbeitnehmers § 84/1 ff
– Amtstätigkeit des BR § 84/5
– AGG § 84/7
– Benachteiligungsverbot § 84/20 ff
– Beschwerde an den BR § 85/1 ff
– Beschwerdeverfahren § 84/9 ff
– ergänzende Vereinbarungen § 86/1 f
– ES-Verfahren § 85/6 ff
– Schutzgesetz § 84/21
Beschwerdestelle § 75/15; § 84/10; § 87/42
– freiwillige BV § 88/10
Beschwerdeverfahren § 75/15; § 84/9 ff
Beschäftigungsanspruch § 103/74
Beschäftigungsförderung § 80/22
– Begründungspflicht des AG § 92a/10 ff
– BV § 92a/2
– freiwillige BV § 92a/9
– Initiativrecht § 92a/6
– kollektiver Bezug § 92a/5
– Kündigung § 92a/13
– Nichtbeachtung der Mitwirkungsrechte § 92a/12 f
– Tarifvertrag § 92a/2
– Vorschlagsrecht des BR § 92a/1 ff
Beschäftigungsgesellschaft § 112/6
– freiwillige BV § 88/6
Beschäftigungssicherung § 80/22
– Begründungspflicht des AG § 92a/10 ff
– BV § 92a/2
– freiwillige BV § 88/14; § 92a/9
– Initiativrecht § 92a/6
– kollektiver Bezug § 92a/5
– Kündigung § 92a/13
– Nichtbeachtung der Mitwirkungsrechte § 92a/12 f
– Restmandat § 21b/16
– Tarifvertrag § 92a/2
– Vorschlagsrecht des BR § 92a/1 ff
Beschäftigungsverbot § 99/60 ff
Besetzungspflicht § 93/2
Besitzgesellschaft § 111/46
Besorgnis der Kündigung/von Nachteilen
– Zustimmungsverweigerungsrecht § 99/77, 79, 102
Besserstellungsverbot § 87/220
Bestellung der Ausbilder § 98/8 ff; siehe auch Ausbilder
Bestimmtheitsgebot § 119/2
Betätigung § 74/32
Beteiligung
– des zu kündigenden BR-Mitglieds § 103/69 ff

– Ersetzung der Zustimmung § 99/130
Betrieb
– Allgemeines § 1/1
– Ausgliederung § 47/8 ff
– Begriff § 1/3 ff; § 18/16 ff; § 19/13, 41 f, 45 f
– betriebsratsloser § 1/47 ff; § 5/38 ff; § 111/11
– Eingliederung § 1/17; § 21a/31; § 21b/8
– Entstehung § 1/11
– gemeinsamer § 1/29 ff; § 21/17; § 106/5; § 111/7
– Spaltung § 21a/1 f, 7 ff; § 21b/8; § 102/43; § 103/25; § 106/37; § 111/42
– Spartenorganisation § 3/11 ff
– Stilllegung § 1/12; § 21/12; § 21b/5 ff; § 47/8; § 102/31, 43, 129; § 103/1, 15; § 106/36 ff; § 111/33 ff; § 112/16, 21, 58
– Tendenzcharakter § 118/8 ff
– Übergang § 1/15 ff; § 21/13 ff; § 24/14; § 50/59 ff; § 102/42; § 111/17, 27; § 112/28, 31; § 112a/6
– Umwandlung nach Umwandlungsgesetz § 21a/43
– Veräußerung § 1/14 ff; § 21/14 ff; § 24/14; § 50/59 ff; § 106/29, 52; § 111/17, 27, 47; § 112/2; § 112a/6
– Verlegung § 99/27; § 106/41; § 111/41; § 112/27
– Zusammenfassung § 3/6 f
– Zusammenlegung § 1/17 ff, 36; § 21/15; § 21a/30 ff; § 21b/7; § 47/11 ff; § 102/43; § 106/42; § 111/42
Betriebliche Altersversorgung § 87/221
– Änderung § 112/33
– im Konzern § 58/8
– Sozialplan § 112/33
– Unterrichtung des Wirtschaftsausschusses § 106/10 ff
Betriebliche Angelegenheiten § 82/1
Betriebliche Eingliederungsmaßnahmen § 87/161
Betriebliche Entgeltordnung § 99/45
– zweistufige Mitbestimmung § 99/45
Betriebliche Friedenspflicht § 45/9; § 46/3; § 51/14
Betriebliche Kleiderordnung, siehe Kleiderordnung
Betriebliche Lohngestaltung, siehe Lohngestaltung
Betriebliche Übung § 77/44
– Abänderung § 77/57 ff
– Lösung § 77/46

Betrieblicher Umweltschutz, *siehe Umweltschutz*
Betriebliches Bündnis für Arbeit § 77/133 ff, 155 f
Betriebliches Vorschlagswesen § 87/259 ff; § 106/59; *siehe auch Vorschlagswesen*
Betriebsabsprache § 77/106; *siehe auch Regelungsabrede*
Betriebsänderung
– Adressat der Mitbestimmung § 111/15 ff
– Anknüpfung der Mitbestimmung § 111/3 ff
– Arbeitstätigkeit § 97/11
– Begriff § 111/26 ff
– Berater des Betriebsrats § 111/57 ff
– Beratungsrecht des Betriebsrats § 111/57
– Betriebseinschränkung § 111/33 ff
– betriebsratsloser Betrieb § 111/11
– geplante § 111/29
– Gleichbehandlung, § 75/34
– Gesamtbetriebsrat § 111/18 ff
– Insolvenz § 111/16
– Interessenausgleich § 112/3 ff
– Kausalität für wirtschaftlichen Nachteil § 112/28
– Nachteilsausgleich § 113/1 ff
– Sozialplan § 112/1, 16 ff
– Tendenzschutz § 118/58 ff
– Unterlassungsanspruch des Betriebsrats § 111/66 f
– Unterrichtung der Arbeitnehmer § 110/1 f
– Unterrichtungsanspruch des Betriebsrats § 111/46 ff; § 112a/8
– Versuch eines Interessenausgleichs § 113/9 ff
– Weiterführung der Betriebsratsgeschäfte § 22/1 ff
– wesentliche Nachteile § 111/29
– zuständige Arbeitnehmervertretung § 50/36 f; § 111/15 ff
Betriebsangehörige § 75/1 ff
Betriebsangehörige Beisitzer § 76/15; § 76a/24 ff
Betriebsanlagen, Änderung § 111/43 ff
Betriebsarzt § 87/162 ff
Betriebsausflug § 87/221
Betriebsausgabe § 119/55
Betriebsausschuss
– Amtszeit § 27/12 ff
– Errichtung § 23/37; § 27/2 ff
– Geheimhaltungspflicht § 79/4 ff
– laufende Geschäfte § 27/17 ff
– weitere Aufgaben § 27/22 ff

Betriebsbedingte Kündigung § 102/26 ff, 51, 74, 80, 86, 101, 118; § 111/37; § 112/4, 19 ff; § 112a/3; § 113/5
Betriebseinschränkung § 111/33 ff
Betriebsferien § 87/123
Betriebsfrieden § 40/28; § 45/9; § 46/3; § 74/29
– dreistufige Prüfung § 99/103
– Zustimmungsverweigerungsrecht § 99/98 ff
Betriebsgeheimnis § 2/53; § 23/25; § 43/6; § 53/3; § 79/8 ff; § 106/19 f; § 109/3; § 111/58; *siehe auch Geheimhaltungspflicht*
– Bekanntgabe von Dritten § 120/14
– BDSG § 120/36
– Ende § 120/12
– formelles Geheimnis § 120/14
– Geheimhaltungswunsch § 120/14
– GeschGehG § 120/34
– materielles Geheimnis § 120/13
– objektives Geheimhaltungsinteresse § 120/13
– unbefugte Offenbarung § 120/15 ff
– Verstoß gegen Unterrichtungspflichten § 121/8
– Wirtschaftsausschuss § 121/8
– WpHG § 120/35
Betriebsgesellschaft § 111/46
Betriebskindergarten § 87/175
Betriebskindertagesstätte § 87/175
Betriebskrankenkasse § 87/171
Betriebsleitung § 77/2 ff; § 82/1
– Schutzgesetz § 77/144
– Streitigkeiten § 77/143 ff
Betriebsnachfolger
– Ausbildungsverhältnis § 78a/15
Betriebsnormen § 77/13
Betriebsorganisation § 5/13 ff; § 106/43; § 111/43 ff
Betriebsrat
– allgemeine Aufgaben § 80/1 ff, 4 ff
– Amtseigenschaft § 74/43 f
– Amtsenthebung § 74/42
– Amtsniederlegung § 13/10; § 22/1; § 24/5 ff; **WO** § 17/3
– Amtszeit § 13/2 f, 10 ff, 16 ff; § 21/1 ff; § 21a/33, 34; § 24/4; § 25/2
– andere Struktur § 3/21 ff
– Antragsrecht § 80/11 ff
– Auflösung § 13/12; § 16/4; § 21/10; § 22/1; § 23/35 ff; § 24/13; § 43/4
– Ausscheiden von Mitgliedern § 19/38; § 24/5 ff; § 49/1; § 57/2 f

1475

Sachregister

- Ausschluss von Mitgliedern § 13/12; § 23/20 ff; § 24/20
- Begünstigung § 119/41 ff
- Begünstigungsverbot § 78 /1 ff, 20 ff; § 119/36 ff
- Behinderung der BR-Tätigkeit § 119/28 ff
- Behinderungsverbot § 78/1 ff, 9 ff
- Bekanntmachungen § 40/36 ff
- Benachteiligungsverbot § 78/1 ff, 20 ff; § 119/36 ff
- Berater bei Betriebsänderung § 111/57 ff
- Beschluss § 77/106
- Beschlussfähigkeit § 119/32
- Beschränkte Beteiligung des BR § 118/34 ff
- Betriebsverfassungsrechtl Mandat § 74/43
- BR-Vorsitzender § 119/32
- Büro § 40/26 ff
- Büropersonal § 40/48 ff
- Datenbank § 40/35
- Einleitung der Wahl der Jugend- und Auszubildendenvertretung § 63/3 f, 6; WO § 38/1
- Einsicht in Unterlagen § 2/14; § 34/1 ff; § 111/52
- Errichtung § 1/19
- Ersatzmitglied § 9/14, 17; § 13/9 ff; § 14/24; § 19/11, 18, 38; § 25/1 ff; § 61/5; WO § 15/9; WO § 17/4
- Ersetzung durch andere Vertretung § 3/6 ff, 57 ff
- Erzwingungsverfahren gegen Arbeitgeber § 2/18; § 23/43 ff
- Europäischer Betriebsrat Einl/21; Anh 3/1 ff
- Fachzeitschriften § 40/34
- Geheimhaltungspflicht § 43/6; § 79/4 ff; § 99/118
- gemeinsamer Ausschuss mit Arbeitgeber § 28/17 ff
- Geschäftsordnung § 36/1 ff
- Geschlechterverteilung § 15/2 ff; § 25/27 f; WO § 3/10, 18; WO § 5/1 ff; WO § 15/1 ff; WO § 17/5 ff; WO § 22/1 ff; WO § 23/2; WO § 31/6; WO § 32/1
- Gesetzestexte § 40/33
- Gewerkschaftliche Betätigung § 74/43 f
- Größe § 9/1 ff; § 11/1 ff
- Grundsätze für die Behandlung von Betriebsangehörigen § 75 /1 ff
- Grundsätze von Recht und Billigkeit § 75/1 ff
- Haftung § 40/14, 57
- Hausrecht § 40/27

- Hausverbot § 119/28
- Informations- und Kommunikationstechnik § 40/36 ff
- Jugend- und Auszubildendenvertretung § 80/13
- Kommentare § 40/33
- Kommunikation § 78/11 ff
- Kontaktaufnahme mit den AN § 78/10
- Kontinuität § 103/3
- Kosten § 40/51 ff; § 41/1 ff; § 74 /30
- laufende Geschäfte § 27/18 ff
- Mitgliederzahl § 9/1 ff; § 11/1 ff
- persönliche Begünstigung des BR-Mitglieds § 119/42
- Pflichtverletzung § 2/17; § 21a/21; § 23/43 ff; § 43/4; § 47/7
- politische Betätigung § 23/25
- Räume § 40/26 ff
- Restmandat § 21b/1 ff; § 22/2; § 111/24
- Rücktritt § 13/10; § 19/36; § 21/9; § 22/1 ff; § 23/33; § 24/9
- Sachaufwand § 40/26 ff
- Schutz § 2/17 f
- Schutzbestimmungen § 78/1 ff, 3, 11 f, 23 ff
- Spartenorganisation § 3/11 ff
- Sprechstunden § 36/6; § 37/28; § 39/1 ff
- Störung d. BR § 119/33 ff
- Strafantragsrecht § 119/3
- Tätigkeitsbericht § 43/5 ff
- Telefongespräche § 119/28
- Tendenzschutz § 118/34 ff
- Übergangsmandat § 21a/1 ff; § 111/24
- Übertragung von Aufgaben auf Gesamtbetriebsrat § 50/42 ff
- Übertragung von Aufgaben auf Konzernbetriebsrat § 58/17 ff
- Unterlassungsanspruch § 111/66 f
- unternehmenseinheitlicher § 3/6 ff
- Unterrichtung durch Wirtschaftsausschuss § 106/23; § 108/20
- Unterrichtungsanspruch, *siehe Unterrichtungsanspruch des BR*
- Verhältnis zur Jugend- und Auszubildendenvertretung § 80/13, 19
- Verschwiegenheitspflicht § 43/5; § 99/118
- Vertretung des § 26/8 ff
- Wahlschutz § 20/3 ff; § 119/10 ff
- weitere Ausschüsse § 28/1 ff
- Weitergabe von Geheimnissen § 120/15
- Widerspruch des BR § 102/76 ff; *siehe auch Widerspruch des BR*
- Zugangsrecht § 78/7

Sachregister

- Zusammenarbeit mit Arbeitgeber Einl/2; § 2/1 ff; § 23/24; § 30/5
- Zusammenarbeit mit Gewerkschaft § 2/20 ff; § 23/25; § 37/29; § 45/3
- Zusammenarbeit mit Jugend- und Auszubildendenvertretung § 70/9 ff
- Zusammenarbeit mit Sprecherausschuss § 2/23 f
- Zusammensetzung § 15/1 ff; § 21a/17 f; § 21b/8
- Zustimmung § 99/119 ff; *siehe auch Zustimmung*
- Zustimmungsfiktion § 99/120
- Zustimmungsverweigerung § 99/56 ff; *siehe auch Zustimmungsverweigerung*
- Zutrittsrecht § 78/7

Betriebsräteversammlung § 53/1 ff
Betriebsratsausschuss
- Aufgaben § 28/1 ff
- mit Wirtschaftsausschussfunktion § 107/15 ff

Betriebsratsbeschluss
- Aussetzung § 35/1 ff; § 66/1
- Beschlussfähigkeit § 33/7 ff
- Beschlussfassung § 33/4 ff; § 67/5
- Nichtigkeit § 29/18, 20; § 30/23; § 33/19 ff, 30; § 67/6

Betriebsratseinheit § 3/6
Betriebsratsfähigkeit § 1/19 ff; § 18/16 ff; § 19/13 f, 45 f; § 21/11
Betriebsratskosten
- Information durch AG § 74/30; § 78/13
- Störung d BR § 119/33 ff
- Telefonkosten § 78/11

Betriebsratsloser Betrieb
- Anhörungsrecht des AN § 81/18
- Betriebsänderung § 111/10
- Gesamtbetriebsvereinbarung § 50/56
- Kündigung von Wahlbewerbern § 103/38
- Kündigung von Wahlvorstandsmitgliedern § 103/38
- Mitbestimmung des Betriebsrats § 1/49 ff
- Wirtschaftsausschuss § 106/4
- Zuständigkeit des Gesamtbetriebsrats § 50/38 ff

Betriebsratsmitglied
- Abmahnung § 23/10 f, 21, 24
- Abmeldung § 37/42 f
- Amtsenthebung § 74/42
- Amtsniederlegung § 24/5 ff
- Änderungskündigung § 78/26; § 103/20 f, 23, 28

- Antragsbefugnis § 119/49
- ao Kündigung § 78/25; § 103/15 ff
- Arbeitsbefreiung § 30/4 f; § 37/21 ff; § 38/1 ff, 30 ff
- Arbeitsentgelt § 37/48 ff, 79 ff; § 38/36 ff
- Arbeitskampf § 23/25; § 37/54
- Arbeitsunfall § 40/72
- Aufwandsentschädigung § 37/10 f, 53
- Ausscheiden aus Betriebsrat § 19/38; § 24/1 ff; § 49/1; § 57/1 f
- Ausschluss aus Betriebsrat § 13/12; § 23/20 ff; § 24/20
- Aussperrung § 37/54
- Beförderung § 37/71
- Befristung § 78/27 f; § 103/17
- Begünstigung § 37/12 ff; § 78/20 ff
- Begünstigungsverbot § 78 /1 ff, 20 ff; § 103/20; § 119/36
- Behinderungsverbot § 78/1 ff, 9 ff
- Behinderung der BR-Tätigkeit § 119/25, 28 ff
- Benachteiligung § 37/79 ff; § 38/42 ff; § 78/20 ff; § 119/45 ff
- Benachteiligungsverbot § 78/1 ff, 20 ff; § 119/36
- beruflicher Aufstieg § 78/22, 29
- Berufsbildung § 38/46
- Beschäftigungsanspruch § 103/74
- Beschwerderecht des AN § 84/1
- Betriebsgeheimnis § 120/7
- betriebsverfassungsrechtl Mandat § 74/43
- Bildungsurlaub § 37/138 ff
- dienstl Beurteilung § 78/29
- Einsicht in Sitzungsniederschrift § 34/19 ff
- Entgeltschutz § 37/79 ff; § 38/42 ff; § 51/17
- Fahrtkosten § 37/53
- Freistellung § 36/1; § 37/21 ff; § 38/1 ff, 30 ff
- Freizeitausgleich § 37/57 ff; § 38/39 ff
- Geheimhaltungspflicht § 23/25; § 79/4 ff; § 99/118; § 102/73
- Geschäftsgeheimnis § 120/7
- gewerkschaftliche Betätigung § 74/43 f
- Gewerkschaftsmitglied § 119/43
- Haftung § 40/14, 57
- Hausverbot § 119/28
- Hinzuziehung § 82/16 ff; *siehe auch Hinzuziehung eines BR-Mitglieds*
- höheres Entgelt § 78/31
- Kündigung § 21/11; § 22/5; § 23/22; § 24/10 ff, 16; § 78/31 f; § 103/1, 15 ff
- Kommunikation § 78/11

1477

Sachregister

- Kontaktaufnahme mit den AN § 78/10
- Leiharbeitnehmer § 103/18
- Mehrarbeitsvergütung § 37/51
- persönliche Geheimnisse § 120/19 ff
- Pflichtverletzung § 2/10 ff, 17 f; § 23/20 ff; § 37/40
- politische Betätigung § 23/25
- Prozesskosten § 40/69
- Reisekosten § 39/7; § 40/65 ff
- Sachaufwand § 40/23 ff
- Schadensersatzanspruch § 40/71
- Schulung § 37/92 ff; § 40/74 ff
- Schutzbestimmungen § 78/1 ff, 3, 12, 23 ff
- Störung § 119/25
- Streik § 23/25; § 37/54
- Suspendierung § 103/75 f
- Tätigkeitsschutz § 37/86 ff; § 38/44 f
- Teilfreistellung § 37/39; § 38/12
- Teilnahme an Gerichtsverhandlung § 37/30
- Teilzeitbeschäftigung § 78/28 f
- Überstunden § 37/13, 51; § 38/37
- Unterlassungsanspruch § 78/17; *siehe auch Unterlassungsanspruch des BR und Unterlassungsanspruch des BR-Mitglieds*
- Vergütungsverbot § 37/1 ff
- Verhinderung des § 25/10 ff
- Verletzung von Geheimnissen § 120/8
- Verlust der Wählbarkeit § 24/17
- Verschwiegenheitspflicht § 23/25; § 99/118; § 102/73
- Versetzung § 24/18
- Zugangsrecht § 78/7; § 103/77 f
- Zusammenarbeit mit Arbeitgeber § 2/1 ff
- Zutrittsrecht § 78/10; § 103/77 f

Betriebsratssitzung
- Abmeldung für § 37/40 f
- Arbeitsbefreiung für § 37/28
- Aufzeichnungsverbot § 30/17 ff
- Digitalisierung § 30/11 ff
- Einberufung § 29/5 ff
- konstituierende § 29/2 ff
- Ladung zur § 29/11 f; § 67/3
- Leitung § 29/32
- Nichtöffentlichkeit § 30/19 ff
- Protokoll § 34/1 ff
- Sitzungsniederschrift § 34/1 ff
- Tagesordnung § 29/24 ff; § 67/3
- Teilnahme der Gewerkschaft § 31/1 ff; § 51/11
- Teilnahme der Jugend- und Auszubildendenvertretung § 29/21; § 33/16; § 67/1 ff

- Teilnahme der Schwerbehindertenvertretung § 29/21; § 32/1 ff; § 52/1; § 59a/1
- Teilnahme des Arbeitgebers § 29/34 f
- Teilnahme des Sprechers der Freiwilligen nach dem Bundesfreiwilligendienstgesetz § 29/22
- Teilnahme des Vertrauensmanns der Zivildienstleistenden § 29/22
- Teilnahme von Sachverständigen § 30/21
- Teilnahme vor Ort § 30/28 f
- Zeitpunkt § 30/3 ff

Betriebsratstätigkeit
- dienstliche Beurteilung § 78/29
- Schutz vor Behinderung und Störung § 119/25 ff
- Störung d. BR § 119/33 ff
- Zeugnis § 78/29

Betriebsratsvorsitzender § 119/32
- Amtszeit § 26/7
- Einberufung von Betriebsratssitzungen § 29/5 ff
- Hausrecht § 29/33; § 40/27
- laufende Geschäfte § 27/17
- Leitung von Betriebsratssitzungen § 29/32 f
- Pflichtverletzung § 45/11
- Stellvertreter § 26/2, 9
- Vertretung des Betriebsrats § 26/8
- Wahl § 23/37; § 26/2 ff

Betriebsratswahl
- Abbruch § 18/276 f; WO § 7/12; WO § 19/1
- Ablehnung der Wahl WO § 17/2 f
- Anfechtung § 1/52; § 14/2, 15, 32; § 14a/6, 14; § 15/9; § 16/12 f, 15, 31 ff; § 17/3; § 18/7 ff, 21 ff, 22 ff; § 18a/7, 22 ff; § 19/1 ff; § 20/3, 15, 21; § 21/10; WO § 1/13, 21 ff; WO § 2/2, 4, 15, 18 ff; WO § 3/2 ff, 8 ff, 16; WO § 4/5 ff, 11; WO § 6/2 f, 6; WO § 7/12 ff; WO § 8/4; WO § 9/6; WO § 10/2, 6; WO § 11/2 ff; WO § 12/12 ff; WO § 13/4 f; WO § 14/2 f; WO § 15/10; WO § 16/3; WO § 17/8; WO § 18/2; WO § 19/3 f; WO § 20/2 f; WO § 24/1, 4, 8 f, 12; WO § 25/4; WO § 26/1 ff; WO § 28/2 ff; WO § 31/3 f, 10, 15; WO § 34/6 f; WO § 35/5; WO § 36/3, 12
- Annahme der Wahl WO § 17/2
- Beeinflussung § 20/9 ff
- Behinderung § 20/3 ff
- Bekanntmachung der Gewählten § 18/10; WO § 18/1 ff; WO § 23/1 f
- Betriebsratsfähigkeit § 1/19 ff; § 18/16 ff
- Chancengleichheit § 14/15 f

Sachregister

- Durchführung § 14/1 ff; § 14a/1 ff; WO § 1/1 ff
- elektronische Durchführung § 14/8; WO § 13/3
- freie Wahl § 14/17 ff
- geheime Wahl § 14/5 ff
- Geschlecht in der Minderheit § 15/2 ff
- Gleichheit der Wahl § 14/12 ff
- Kosten § 20/18 ff; 16 f; WO § 4/5; WO § 24/15
- leitende Ang, *siehe Zuordnung leitender Angestellter*
- Mehrheitswahl § 14/22 ff; § 14a/2, 7, 15; WO § 33/1; WO § 34/1; WO § 37/1
- Neuwahl § 13/7 ff; 21a/21 f; § 25/1 f
- Nichtigkeit § 1/52; § 13/3, 11, 13; § 14/25; § 16/33; § 17/2 f; § 18/26 f; § 19/1, 24, 32, 40, 43 ff; § 20/15
- Online-Wahl § 19/44; WO § 24/2
- Stimmabgabe § 14/6 ff; § 18/6; § 19/12; WO § 11/1 ff; WO § 12/1 ff; WO § 20/1 ff; WO § 25/1 ff
- Stimmauszählung § 14/9; § 14a/15; § 18/7 ff; § 19/12; § 20/7, 27, 30; WO § 1/17; WO § 3/14; WO § 13/1 ff; WO § 14/1 ff; WO § 21/1; WO § 26/1; WO § 31/13; WO § 37/7 f; WO § 35/4, 11
- Stimmzettel § 14/6 ff, 18, 23; § 14a/14; § 19/12, 19; WO § 6/1; WO § 10/1 f; WO § 11/1 ff; WO § 12/1, 3, 8, 10; WO § 13/2 f; WO § 14/1 ff; WO § 16/2; WO § 19/2; WO § 20/2 ff; WO § 21/1; WO § 24/13; WO § 25/1; WO § 26/3; WO § 34/1 ff; WO § 35/10; WO § 39/2 f; WO § 40/2
- unmittelbare Wahl § 14/11
- vereinfachtes Wahlverfahren in Kleinbetrieben, *siehe dort*
- Verhältniswahl § 14/20 f
- Vorbereitung § 13/1; § 14/5; § 18/1 ff; § 19/11; § 20/3, 18 f, 22, 35; WO § 1/1 ff; WO § 38/2
- Wählbarkeit § 7/24, 29; § 8/1 ff; § 11/1 ff; § 16/10; § 19/8, 18, 25, 44; § 20/6; § 24/17 ff; WO § 2/5; WO § 7/10; WO § 8/5; WO § 38/1
- Wahlberechtigung § 7/1 ff; § 13/8; § 14a/3; § 16/10, 20, 25, 31; § 17/5, 8, 16 f, 20, 24; § 17a/2; § 18/12, 22; § 18a/1; § 19/6, 18, 20 f, 33; WO § 2/1 ff; WO § 4/2; WO § 13/2; WO § 29/1
- Wahlgrundsätze § 14/5 ff; § 19/12; § 20/14
- Wählerliste, *siehe dort*
- Wahlniederschrift § 18/7 ff; WO § 16/1 ff; WO § 19/2; WO § 23/1 f
- Wahlordnung § 126/1; **Anh 1**
- Wahlvorschläge § 7/25; § 8/16; § 14/25 ff; § 14a/12 f; § 15/8; § 18/6; § 19/11; WO § 6/1 ff; WO § 7/1 ff; WO § 8/1 ff; WO § 9/1 ff; WO § 10/1 ff; WO § 27/1 ff; WO § 33/1 ff; WO § 36/6 ff
- Wahlschutz, *siehe dort*
- Wahlvorstand, *siehe dort*
- Zeitpunkt § 3/57; § 13/1 ff; WO § 3/1
- Zuordnung leitender Angestellter § 5/41 ff; § 18a/1 ff; § 19/8, 17; WO § 1/6; WO § 2/6; WO § 4/3; WO § 30/8
- Zusammensetzung nach dem Geschlecht § 15/2 ff; § 16/13; § 19/12; WO § 15/2 ff; WO § 17/5 ff; WO § 22/1 ff; WO § 23/2; WO § 32/1; WO § 38/3

Betriebsrentner § 75/11
- BV § 77/24
- Sozialplan § 77/25

Betriebsspaltung, *siehe Betrieb, Restmandat und Übergangsmandat*

Betriebsstillegung § 77/101; § 102/31, 129; § 103/1, 15; *siehe auch Betrieb und Betriebsteil*

Betriebsstrafenordnung § 87/55 f

Betriebsstätte § 5/13

Betriebsstörende AN § 104/1 ff; *siehe auch Entfernung betriebsstörender AN*

Betriebsteil
- Stilllegung § 103/15; § 106/36; § 111/33
- Übergang § 111/47
- Veräußerung § 77/104; § 111/47

Betriebsteil § 4/1 ff
- Betriebsratsfähigkeit § 4/7 ff; § 18/17; § 19/11, 38; WO § 24/8
- Betriebsratswahl § 14/14; § 19/13, 41, 46; WO § 3/13; WO § 24/10 ff; WO § 31/11; WO § 35/6
- Betriebsversammlung § 42/11
- Selbstständigkeit § 4/7 ff
- Stilllegung § 21/12; § 24/16
- Übergang § 1/16 f; § 21/14; § 24/16
- Veräußerung § 1/16 f; § 21/14; § 24/16
- Zusammenlegung § 21/15; § 21a/31 ff

Betriebsübergang § 77/102 ff; § 102/42; *siehe auch Betrieb und Betriebsteil*

Betriebsübergreifende Regelung § 50/3 ff

Betriebsübliche Arbeitszeit § 87/88 ff
- Verteilung § 87/90

Sachregister

Betriebsvereinbarung
- Ablöseprinzip § 77/56, 91
- Abschluss § 77/72 ff
- Abschlussmängel § 77/82 ff
- Abschlussnormen § 77/11
- AGB-Kontrolle § 77/45, 145
- allg Persönlichkeitsrecht § 75/43
- Altersgrenze § 77/12
- AN-ähnliche § 77/23
- Anfechtung § 77/84
- Anlagen § 77/76
- Anspruch auf Beförderung § 77/11
- Anspruch auf Begründung eines Arbeitsverhältnisses § 77/11
- Anspruch auf Wiedereinstellung § 77/11
- arbeitsrechtl Sprachgebrauch § 77/31
- arbeitsvertragliche Einheitsregelung § 77/42
- Aufhebungsvertrag § 77/94
- Auslegung § 77/31 ff
- Ausschlussfristen § 77/39 ff
- Beendigung § 77/91 ff
- Beendigungsnormen § 77/12
- Befristung § 77/93
- Bekanntgabe § 77/80 ff
- Belastung § 77/18
- Beschäftigungsförderung § 92a/2
- Beschäftigungssicherung § 92a/2
- betriebliche Übung § 77/44
- betriebsbezogene Überlagerung § 77/31
- Betriebsnormen § 77/13
- Betriebsrentner § 77/23
- Betriebsstilllegung § 77/101
- Betriebsteilveräußerung § 77/105
- Betriebsübergang § 77/102 ff
- betriebsübliche Arbeitszeit § 87/90
- Betriebsverfassungsnormen § 77/14
- Bewerber § 77/23
- Bezugnahmeklausel § 77/39, 49 ff
- Billigkeitskontrolle § 77/147
- Durchführung § 77/86 ff, 152
- dreistufiges Prüfungsschema § 77/21
- Drittfirma § 77/23
- Eingliederung Schwerbehinderter § 88/9
- elektronische Form § 77/77
- Erzwingungsverfahren § 23/13
- freie Mitarbeiter § 77/23
- freiwillige BV § 3/50; § 50/6; § 77/12; § 88/1 ff § 112/5 f, 31, 48 ff, 104 f; siehe auch Freiwillige Betriebsvereinbarung
- Friedenspflicht § 77/90
- Geltungsbereich § 58/20
- Gesamtzusage § 77/43
- Gestaltungsrecht § 77/17
- Gleichbehandlungsgrundsatz § 75/47; § 77/136
- Grenzen § 77/15 ff
- Grundrechte § 77/19
- Grundsatz der Verhältnismäßigkeit § 77/19, 61
- Grundsätze von Recht und Billigkeit § 75/3 f
- Günstigkeitsprinzip § 77/37, 51 ff, 112; siehe auch Günstigkeitsvergleich
- individuelle Wünsche § 77/55
- Inhaltskontrolle § 77/145 ff
- Inhaltsnormen § 77/10
- Inklusionsvereinbarung § 88/9
- Kosten der ES § 76a/2 ff
- Kündigung § 77/95 ff
- Leih-AN § 77/23
- leitende Ang § 77/28 f
- mit Gesamtbetriebsrat § 2/34; § 50/50 ff, 66
- mit Konzernbetriebsrat § 58/20 ff
- Mitgliederzahl im Gesamtbetriebsrat § 47/19 ff
- Mitgliederzahl im Konzernbetriebsrat § 55/5 ff
- mündliche Regelungsabrede § 77/47
- NachwG § 77/81
- Nachwirkung § 77/64 ff, 70; siehe auch Nachwirkung
- Nichtigkeit § 77/82, 135 ff
- normativer Teil § 77/7 ff
- Normen § 77/7
- Normsetzungsbefugnis § 77/8
- Öffnungsklausel § 77/48 ff
- Organisation der BV § 3/49 f
- Personalplanung § 92/3
- persönl Geltungsbereich § 77/23 ff
- Praktikabilität § 77/33
- Prüfungsmaßstab § 77/147
- Punkteschemata § 77/12
- Rauchverbot § 77/54
- räumlicher Geltungsbereich § 77/22
- Rechtskonformität § 77/33
- Rechtskontrolle § 77/147
- Regelungsgegenstände § 77/10 ff
- Regelungszuständigkeit § 77/16
- Rückforderung der Leistung § 77/143
- Rückwirkung § 77/30
- Ruhegeldansprüche § 77/21
- Ruheständler § 77/23

Sachregister

- Sachgruppenvergleich § 77/52
- Schriftform § 77/75 ff
- schuldrechtl Teil § 77/72 ff
- spätere § 77/68
- Sozialauswahl § 77/12; § 102/86
- Sozialleistungen § 77/21
- Sozialplan § 77/25
- Sperrvorrang § 77/114 ff, 155 ff
- Spezialität § 77/92
- Sprecherausschuss § 77/29
- Streitigkeiten § 77/153, 155 ff
- Tarifsperre § 77/113, 155 ff
- Tarifvorrang § 77/112 ff, 155 ff
- Tatsachenvergleich § 77/36
- technische Einrichtung § 87/144
- Teilkündigung § 77/99
- Teilmitbestimmt § 77/67
- Tendenzschutz § 118/6
- Übergangsmandat § 21a/20
- Überwachungsrecht des BR § 80/7
- Umdeutung § 77/140 ff
- Umstrukturierung § 77/60
- unmittelbare Geltung § 77/7 ff
- Verhältnis zum TV § 77/112 ff
- Verlängerung des Übergangs-
  mandats § 21a/25, 33
- Verschlechterung von Sozial-
  leistungen § 77/21
- Verstoß, *siehe BV-Verstoß*
- Verteilungsgerechtigkeit § 77/54, 62
- Vertrag § 77/86
- Vertragspartner § 77/72 ff, 100 ff
- Vertrauensschutz § 77/21, 61
- Verwirkung § 77/38
- Verzichtsverbot § 77/34 ff
- Wegfall eines Vertragspartners § 77/100 ff
- Willkürverbot § 77/20, 147
- zeitl Geltungsbereich § 77/30
- Zuständigkeit § 77/16
- zwingende Geltung § 77/7 ff
Betriebsvereinbarungsverstoß
- Zustimmungsverweigerungsrecht § 99/71
Betriebsverfassung, Entwicklung **Einl**/5 ff
Betriebsverfassungsnormen § 77/14
Betriebsverfassungsrechtl Fragen § 88/15
Betriebsverfassungsreformgesetz **Einl**/7 ff, 9
Betriebsversammlung § 78/10; § 119/15, 29
- Abteilungsversammlung § 42/10 f; § 43/11
- Arbeitsbefreiung für § 37/34
- Aufgaben § 42/1
- Aufruf zum Arbeitskampf § 46/3
- außerordentliche § 43/14 ff; § 44/15 ff

- Fahrtkosten § 44/8, 14
- Friedenspflicht § 45/9; § 46/3
- Geschäftsordnung § 42/20
- Hausrecht § 42/21 f
- im Arbeitskampf § 44/18 f
- Jugend- und Auszubildendenversammlung
  § 71/1 ff
- Kosten § 40/28
- Lagebericht des Arbeitgebers § 43/9
- Nichtöffentlichkeit § 42/25
- Präsenzpflicht § 42/26
- Protokoll § 42/23
- Teilnahmeberechtigte § 42/12 ff
- Teilversammlung § 42/7
- Themen § 45/1 ff
- Tonbandaufnahmen § 42/24
- Vergütungsanspruch § 44/6 ff, 13 f, 16 f;
  § 45/11
- weitere § 43/12
- Zeitpunkt § 43/1 ff; § 44/6 ff, 13 ff
Betriebsveräußerung, *siehe Betrieb und
  Betriebsteil*
Betriebszugehörigkeit
- Nachteilsausgleich § 113/6
- Sozialplan § 112/31, 49, 53
- Tarifvertrag § 112/79
- überlassene Arbeitnehmer § 7/16, 21 ff;
  § 8/3; § 9/2; § 14a/4; § 15/5; § 17/17
- Wählbarkeit § 1/26; § 8/6 ff
- Wahlberechtigung § 7/9 ff; § 61/1 f
- Zwei-Komponenten-Lehre § 5/4; § 7/9 ff
Betriebszusammenlegung, *siehe Betrieb,
  Restmandat und Übergangsmandat*
Betriebszweck § 106/43
- Änderung § 111/43 ff
Beurteilung § 78/29
Beurteilungsgrundsätze § 94/1 ff, 17 ff
- Arbeitsplatzbewertung § 94/19
- Einigungsstelle § 94/1
- Initiativrecht § 94/2
- Nichtbeachtung der Mitbestimmung
  § 94/23 ff
- Zustimmungsrecht des BR § 94/1
Bevorzugung
- Zustimmungsverweigerungsrecht § 99/68
Bewerber
- Fragerecht des AG § 94/6 ff
- BV § 77/24
- Grundsätze von Recht und Billigkeit
  § 75/10
- persönliche Geheimnisse § 120/23
- Verschwiegenheitspflicht § 99/118

1481

Sachregister

Bewerbungskosten § 112/37
Bewerbungsunterlagen § 99/106 f
– Arbeitsverträge § 99/107
– Drittfirmen § 99/108
– Leih-AN § 99/108
Bezugnahmeklausel § 77/39, 49 f
Bezugsgröße § 87/253
Bildungsurlaub § 37/138 ff
Billigkeitskontrolle
– Sozialplan § 112/51, 62 ff
Billigkeitskontrolle von BV § 77/147
– Streitigkeiten § 77/144 ff
Bindung der Kündigung an die Zustimmung des BR § 102/136 ff
Binnenschiff § 114/29
Biometrische Zugangskontrolle § 87/43
Bisexualität § 75/26
Blankettgesetz § 121/1
Bordvereinbarungen § 115/61 f
Bordversammlung § 115/45 ff; § 116/45
– Berichterstattung über Schiffsreise § 115/50 ff
Bordvertretung § 115/2 ff; *siehe auch BR und BR-Mitglieder*
– Amtszeit § 115/34 ff
– Begünstigungsverbot § 78/1 ff, 3, 20 ff; § 119/36 ff, 41
– Behinderungsverbot § 78/1 ff, 3, 9 ff
– Benachteiligungsverbot § 78/1 ff, 3, 20 ff; § 119/36 ff, 45
– Geheimhaltungspflicht § 79/4 ff
– Geschäftsführung § 115/39 ff
– Kündigung § 103/4
– persönliche Geheimnisse § 120/20
– Schutzbestimmungen § 78/1 ff, 3, 11 ff, 23 ff
– Verletzung von Geheimnissen § 120/8
– Versetzung § 103/4
– Wahlanfechtung § 115/29 ff
– Wahl und Zusammensetzung § 115/6 ff
– Zuständigkeit § 115/56 ff
BPersVG, *siehe Bundespersonalvertretungsgesetz*
BR, *siehe Betriebsrat, siehe auch Betriebsratsmitglied*
BR-Kosten, *siehe Betriebsratskosten*
BR-Mitglied, *siehe Betriebsratsmitglied*
BR-Tätigkeit, *siehe Betriebsratstätigkeit*
Briefwahl, *siehe Schriftliche Stimmabgabe*
Bruttolohn- und Gehaltslisten § 118/40
– Geheimhaltungspflicht § 120/26

Bundesagentur für Arbeit § 92a/8
– Zuschuss zum Sozialplan § 112/17, 70 ff
Bundesdatenschutzgesetz § 83/14 f, 18 f; § 102/74 f; § 120/36
Bundesfreiwilligendienst § 7/8, 12; § 8/11
Bundespersonalvertretungsgesetz
– Arbeitszeit § 87/87
– Bußgeld § 121/3
– Ordnungswidrigkeit § 121/3
Bußgeld § 121/1 ff
– Aufklärungspflichten § 121/1 ff
– Auskunftspflichten § 121/1 ff
– BPersVG § 121/3
– Bußgeldrahmen § 121/11
– Europäischer Betriebsrat § 121/3
– Europäische Gesellschaft § 121/3
– Opportunitätsprinzip § 121/12
– Schwerbehindertenvertretung § 121/3
– Sprecherausschuss § 121/3
– taugliche Täter § 121/4
– Unterrichtungspflichten § 121/5 ff
Buswerksverkehr § 87/175
BV, *siehe Betriebsvereinbarung*
BV-Verstoß, *siehe Betriebsvereinbarungsverstoß*
Börsennotierte Unternehmen § 106/45
Bücherei § 87/175
Bühnenunternehmen
– Tendenzschutz § 118/43
Büropersonal § 120/8

Chefarzt § 87/224
Codierte Ausweiskarte § 87/43
Corona
– MBR des BR in Notfällen § 87/21
Crowdworker § 5/10 f

Datenaufzeichnung § 87/132
Datenauswertung § 87/132
Datenerhebung § 94/25
Datenermittlung § 87/132
Datengewinnung § 87/132
Datenschutz
– Arbeitgeber § 79a/6 ff
– Ausstattungsanspruch des BR § 79a/13
– BDSG § 79a/1 ff; § 83/14 f, 18 f; § 102/74 f
– Betriebsrat § 79a/3 ff
– Betriebsvereinbarung § 79a/11, 14
– Datenschutzbeauftragter § 79a/16 ff
– EU-DSGVO § 79a/1 ff; § 83/14 f, 18 f; § 102/74 f

Sachregister

- gegenseitige Unterstützungspflicht von AG und BR § **79a**/12
- Verantwortlichkeit § **79a**/6 ff
- Verarbeitungsverzeichnis § **79a**/7
- Verpflichtungen aus Art 13 ff DSGVO § **79a**/7

Datenverarbeitung
- Betriebsrat § **79a**/3 ff
- Datenschutzbeauftragter § **79a**/16 ff
- Verantwortlichkeit des AG § **79a**/6 ff

Datenverarbeitungssysteme § **87**/140

Dauer
- Arbeitszeit § **87**/59, 70, 82 ff
- Versetzung § **99**/37 ff

Desksharing § **99**/39
Detektiveinsatz § **87**/102
Diakonisches Werk der Evangelischen Kirche § **118**/66 f
Diebstahlverdacht § **87**/51
Dienstbereitschaft § **87**/77
Dienstl Beurteilung § **78**/29
Dienstreise § **87**/65, 98
Dienstreiseordnung § **87**/45
Dienstvertrag § **5**/2 ff
Diskriminierung § **99**/63; *siehe auch* Diskriminierungsverbot
Diskriminierungsverbot § **75**/12 ff, 16 ff
- Abstammung § **75**/18
- Alkoholsucht § **75**/20
- Alter § **75**/21
- Arbeitsentgelt § **75**/30 f
- Ausschreibung § **93**/11
- befristete Arbeitsverhältnisse § **75**/13
- Behinderung § **75**/20
- Berufsbildungsmaßnahmen § **75**/33
- Bisexualität § **75**/26
- Drogensucht § **75**/20
- Eingruppierung § **75**/51
- Eltern § **75**/27
- Entgeltsystem § **75**/31 f
- ethnische Herkunft § **75**/18
- Familie § **75**/27
- Fragerecht des AG § **94**/6 ff
- freiwillige Leistungen § **75**/31
- Geschlecht § **75**/24
- gewerkschaftliche Betätigung § **75**/23
- Herkunft § **75**/18
- Homosexualität § **75**/26
- Intersexualität § **75**/26
- Lohngerechtigkeit § **75**/31
- mittelbare Diskriminierung § **75**/16 ff
- Nationalität § **75**/18

- Nichtbeachtung der Diskriminierungsverbote § **75**/47 ff
- Normadressaten § **75**/14
- politische Betätigung § **75**/22
- „Rasse" § **75**/17
- Religion § **75**/19
- Schutzgesetz § **75**/48
- Schwangerschaft § **75**/24
- sexuelle Identität § **75**/25 f
- Sonderleistungen § **75**/29
- Sozialplan § **75**/21, 34
- Streitigkeiten § **75**/54
- Teilzeitbeschäftigung § **75**/13
- Transsexualität § **75**/26
- Übergewicht § **75**/20
- Umgruppierung § **75**/51
- unmittelbare Diskriminierung § **75**/16 ff
- Unterlassungsanspruch des BR § **75**/51
- Verbotsgesetz § **75**/52
- Verbesserungsvorschläge § **75**/35
- Verstoß § **75**/47 ff
- Verteilungsgerechtigkeit § **75**/31
- Weihnachtsgratifikation § **75**/31
- Weltanschauung § **75**/19
- Werkmietwohnung § **75**/35
- Willkürverbot § **75**/28

Diskriminierungsvorwurf § **87**/42
DLRG § **118**/25
Dolmetscher § **40**/52
Doppelarbeitsverhältnis § **54**/22

Dotierungshöhe
- Entgelt § **87**/241, 243
- Sozialeinrichtungen § **87**/183

Dreiecksbeziehung § **99**/16

Dreistufige Prüfung
- Betriebsfrieden § **99**/103
- Zustimmungsverweigerungsrecht § **99**/104

Dritter § **99**/23
- BV § **77**/23
- Bewerbungsunterlagen § **99**/108
- Einstellung § **99**/18
- Entfernung betriebsstörender AN § **104**/5
- Grundsätze von Recht und Billigkeit § **75**/12
- Versetzung § **99**/108

Drittfirma § **5**/5
Drittkräfte § **5**/6
- Einstellung § **99**/19

DRK § **118**/25
DRK-Schwestern § **5**/6, 11, 22; § **7**/12, 22; § **38**/5
- Einstellung § **99**/19

1483

Sachregister

Drogensucht § 75/20
– Beschränktes Fragerecht des AG § 94/13
Drohung § 78/14
Druckkündigung § 104/1
Durchführung betrieblicher Bildungsmaß-
  nahmen § 98/1 ff
Durchführung der BV § 77/86 ff
– Behinderung einer § 119/15
– Beschlussverfahren § 77/154
– Einstweilige Verfügung § 77/154
– Streitigkeiten § 77/154
Durchführungsanspruch des BR § 77/154
– Mitbestimmungsrechte § 87/26 ff
Durchführungsgrundsätze
– Gruppenarbeit § 87/277 ff
Duzen § 75/42
Dynamische Verweisung § 77/78

E-Mail § 87/41, 140; § 102/77
Ehegatte § 5/24
Ehrenamtliche Mitarbeiter § 99/19
Ehre § 75/37 ff
Eigenkündigung, siehe Arbeitnehmer
Eignung des Bewerbers § 94/7
Eil- und Notfälle § 87/19 ff; § 102/45;
  § 103/35
Ein-Euro-Jobber § 5/7
– Einstellung § 99/20
– Grundsätze von Recht und Billigkeit
  § 75/12
– persönliche Geheimnisse § 120/23
Einberufung einer Betriebsversammlung,
  Behinderung einer § 119/15
Einblick, siehe auch Personalakte
– Bruttolohn- und Gehaltslisten § 80/42 ff;
  § 87/219; § 118/40
– Geheimhaltungspflicht § 120/26
– Unterlagen § 92/10
Eingliederung § 5/13 ff; § 7/14 ff; § 8/6 ff;
  § 99/6
– Schwerbehinderter § 80/17 f
– Versetzung § 99/31
Eingriffsverbot des BR § 77/4 ff;
  siehe auch Betriebsleitung
– Schutzgesetz § 77/145
– Streitigkeiten § 77/144 ff
Eingruppierung § 99/51
– Arbeitnehmer § 99/43
– Arbeitsentgelt § 99/42
– AT-Angestellte § 99/43
– Diskriminierungsverbot § 75/47
– Einreihung § 99/51

– Entgeltordnung § 99/44 ff
– Entgeltschema § 99/42
– fehlerhafte Unterrichtung § 99/115 ff
– freiwillige BV § 88/13
– Gehaltsgruppe § 99/48
– geringfügig Beschäftigte § 99/43
– Heimarbeiter § 99/43
– Leih-AN § 99/43
– leitende Angestellte § 99/43
– Lohngerechtigkeit § 99/41
– Lohngruppe § 99/48
– Mitbeurteilungsrecht § 99/2, 41 ff
– Nichtbeachtung des Zustimmungs-
  verweigerungsrechts § 99/140 ff
– Subsumtion § 99/47
– tarifliche Entgeltordnung § 99/46
– Tarifgruppe § 99/42
– Tarifvertrag § 99/42
– TV-Verstoß § 99/69
– Tendenzschutz § 118/51
– Transparenz der Vergütungspraxis § 99/41
– unterbliebene Unterrichtung § 99/115 ff
– Unterrichtungspflicht des AG § 99/113 f
– Vergütungsgruppe § 99/48
– Zustimmungsverweigerung § 99/56 ff;
  siehe auch Zustimmungsverweigerung
– Zustimmungsverweigerungsrecht § 99/42
– Zwangsgeld § 101/3
Eingruppierungsmerkmale § 99/55
– Zustimmungsverweigerungsrecht § 99/70
Einheitliche Betriebsvereinbarung § 50/64;
  § 58/20
Einheitsregelung § 77/42, 156 f
– Abänderung § 77/57
– Lösung § 77/46
– Tarifvorrang § 77/119
Einigungsstelle § 76/1 ff
– Änderung des Arbeitsplatzes, des Arbeits-
  ablaufs, der Arbeitsumgebung § 91/14
– Ausschlussfrist § 76/94
– Auswahlrichtlinien § 95/14 ff
– außerordentliche Kündigung § 103/5, 47
– Beisitzer § 76/11 ff; siehe auch Beisitzer
– Berufsbildung § 76/11 ff
– Beschlussfassung § 76/52 ff
– Beschwerderecht des AN § 85/6 ff
– Beurteilungsgrundsätze § 94/1 ff
– Errichtung § 76/3 ff
– Ersatzmitglied § 76/31 ff
– erzwingbare Mitbestimmungsrechte
  § 76/2, 8, 78
– Freiwilligkeit § 76/2, 80

1484

Sachregister

- gerichtl Kontrolle § 76/84 ff
- Gleichbehandlungsgrundsatz § 76/75
- Grenzen der Regelungsbefugnis § 76/72 ff
- Grundrechte § 76/75
- Honorarvereinbarung § 76a/18 ff
- Kosten § 76a/1 ff; *siehe auch Kosten der ES*
- Mitwirkungsrechte § 76/2, 6; § 87/13, 24
- offensichtliche Unzuständigkeit § 76/23 ff
- persönliche Geheimnisse § 120/20
- Personalfragebogen § 94/1 ff
- Personalplanung § 96/11
- rechtl Umstände § 76/93
- Rechtsfragen § 76/23, 71, 79, 87 f
- Rechtskontrolle § 76/84 ff
- Rechtsweg § 76/102
- Regelungsauftrag/Regelungsgegenstand § 76/4 f, 24 f, 73, 91
- Regelungsstreitigkeiten § 76/2, 71, 78, 89 ff, 97 f
- sachfremde Erwägungen § 76/92
- Sachverständiger § 76/26, 49; § 76a/5, 14
- Schutzbestimmungen § 78/1 ff
- Sozialplan § 112/107 ff
- Spruch § 76/64 ff; *siehe auch ES-Spruch*
- ständige ES § 76/3
- Stimmenthaltung § 76/59 f
- tarifliche Schlichtungsstelle § 76/103 ff
- tatsächliche Umstände § 76/93
- Transfersozialplan § 112/45
- Unterrichtung des Wirtschaftsausschusses § 108/14 ff
- Verfahren § 76/40 ff; *siehe auch Einigungsstellenverfahren*
- Verletzung von Geheimnissen § 120/8
- Vermittlung § 96/11
- Versetzung § 103/5
- Verzicht auf Vergütung § 76a/21
- Vorsitz § 76/17; *siehe auch Vorsitz der ES*
- Zeuge § 76/26, 49, 86
- Zusammenarbeit mit Arbeitgeber § 2/1 ff
- Zuständigkeit § 76/5, 19, 23 ff, 40 ff, 63, 73, 84, 87, 96 f, 104
- Zustimmung des BR für Kündigungen § 102/136 ff

Einigungsstellenmitglieder, *siehe auch Beisitzer, Vorsitz, Ersatzmitglied*
- Amtsniederlegung § 76/32, 38
- Aufwendungen § 76a/4; *siehe auch Kosten der ES*
- Begünstigung § 76/35
- Begünstigungsverbot § 78 /1 ff
- Behinderungsverbot § 78/1 ff

- Benachteiligung § 76/35
- Benachteiligungsverbot § 78/1 ff
- betriebsangehörige Beisitzer § 76/15; § 76a/24 ff
- betriebsverfassungsrechtl Schuldverhältnis § 76/34; § 76a/6
- Geheimhaltungspflicht § 76/36; § 79/4 ff
- Gleichstellungsanspruch § 76/35
- Honorarvereinbarung § 76a/18 ff
- imperatives Mandat, kein § 76/33
- Kündigung § 76/37; § 103/5
- Ladung § 76/46
- Nebentätigkeitserlaubnis § 76/22
- Schutzbestimmungen § 78/1 ff, 3, 11 ff, 22 ff
- Rechtsstellung § 76/32 ff
- Vergütungsanspruch § 76a/6 ff; *siehe auch Vergütung und siehe Kosten der ES*
- Verzicht auf Vergütung § 76a/21
- Weisungen § 76/33

Einigungsstellenspruch § 76/64 ff
- aufschiebende Wirkung, keine § 76/99
- Ausschlussfrist § 76/94
- Begründung § 76/68
- Belange der AN § 76/72, 76
- Belange des Betriebs § 76/72, 76
- Beschlussverfahren § 76/29, 40, 85 f, 100, 102
- einstweilige Verfügung § 76/18, 35, 100
- Ermessenskontrolle § 76/90
- formale Voraussetzungen § 76/64 ff
- gerichtl Kontrolle § 76/84 ff
- Gleichbehandlungsgrundsatz § 76/75
- Grenzen § 76/72 ff
- Grundrechte § 76/75
- Inhalt § 76/71
- rechtl Umstände § 76/93
- Rechtskontrolle § 76/87 ff
- Rechtsweg § 76/102
- Regelungskomplex § 76/54
- sachfremde Erwägungen § 76/92
- Stimmenthaltung § 76/59 f
- tatsächliche Umstände § 76/93
- Teilunwirksamkeit § 76/98
- Unterschrift § 76/64
- Unwirksamkeit § 76/5, 22, 30, 42, 45, 50 f, 52 ff, 64, 73 f, 79, 85, 87, 90 ff
- Vollstreckungstitel, kein § 76/82
- vorläufige Regelung § 76/83
- Wirkung § 76/78 ff

Einigungsstellenverfahren § 76/40 ff
- Abwesenheit von AG und BR § 76/50

1485

Sachregister

- Antrag § 76/43, 49, 51, 72, 74, 83
- Ausschlussfrist § 76/94
- Beginn, unverzüglicher § 76/46
- Beschlussfähigkeit § 76/56
- Beschlussfassung § 76/52 ff
- BV § 76/3, 44, 56, 63
- Ladung § 76/46
- mündliche Beratung § 76/52 f
- Parteiöffentlichkeit § 76/50
- rechtl Gehör § 76/47 f
- Spruch § 76/64 ff
- Stimmenmehrheit § 76/52 ff
- Stimmenthaltung § 76/59 ff
- Telefonkonferenz § 76/53
- Videokonferenz § 76/53
- zweistufiges Abstimmungsverfahren § 76/54
- Zweiter Stimmgang § 76/55

Einreihung § 99/51
Einsicht § 83/1 ff; *siehe auch bei Einblick*
Einsichtsrecht
- in Betriebsratswahlakten § 14/5, 15; § 19/11; WO § 19/3
- in Sitzungsniederschrift § 34/19 ff
- in Unterlagen § 2/14; § 70/10; § 106/17; § 108/14; § 109/2; § 111/52

Einstellung § 99/5 ff
- Abrufarbeit § 99/9
- Arbeitnehmereigenschaft § 99/23
- Arbeitskampfverbot § 74/27
- Arbeitsvertrag § 99/6
- aufnehmender Betrieb § 99/85
- Aufstockung § 99/14
- Austauschkündigung § 99/16
- befristet beschäftigter AN § 99/87 ff
- Befristung § 99/10
- Bewerbungsunterlagen § 99/106 f
- Dreiecksbeziehung § 99/16
- Dritter § 99/23
- Drittfirma § 99/18
- Drittkräfte § 99/19
- DRK-Schwestern § 99/19
- ehrenamtliche Mitarbeiter § 99/19
- Ein-Euro-Job § 99/20
- Eingliederung § 99/6
- fehlerhafte Unterrichtung § 99/115 ff
- fehlerhaftes Arbeitsverhältnis § 99/15
- Fragerecht des AG § 94/6 ff
- freie Mitarbeiter § 99/21
- freiwillige BV § 88/13
- Fremdbeschäftigter § 99/16
- Geheimhaltungspflicht § 99/118

- Gestellungsvertrag § 99/19
- Kündigungsprävention § 99/78 ff
- Leih-AN § 99/17
- Nachteil § 99/83
- Nichtbeachtung des Zustimmungsverweigerungsrechts § 99/131 ff
- nichtiger Arbeitsvertrag § 99/15
- Personalberatungsunternehmen § 99/105
- Praktikanten § 99/22
- Strafgefangene § 99/20
- Teilzeit § 99/9, 13
- Teilzeitbeschäftigung § 99/87
- Tendenzschutz § 118/51
- unterbliebene Unterrichtung § 99/115 ff
- Unterbrechung der Beschäftigung § 99/11
- Unterrichtungspflicht des AG § 99/104 ff
- unwirksame Kündigung § 99/12
- vorläufige § 99/9
- vorübergehende Tätigkeit § 99/7
- weisungsabhängige Tätigkeit § 99/16
- Wiederaufnahme § 99/11 f
- Wiedereinstellungsanspruch § 99/12
- Zivildienstleistende § 99/20
- Zustimmungsverweigerung § 99/56 ff; *siehe auch Zustimmungsverweigerung*
- Zustimmungsverweigerungsrecht § 99/1
- Zuweisung eines Arbeitsplatzes § 99/6
- Zwangsgeld § 101/2

Einstweilige Verfügung
- Durchführung der BV § 77/152
- Entbindungsverfügung § 102/125 ff
- ES-Spruch § 76/100
- Rückgängigmachung der Versetzung § 103/73
- Unterlassung von Störung oder Behinderung § 78/17
- Weiterbeschäftigungsanspruch § 102/123

Einverständnis des AN § 103/27 f
Einweisung § 96/5
Einzelvertragliche Abrede § 77/68
Elektrische Geräte § 87/41
Elektronische Datenverarbeitung § 87/138, 140
Elektronische Form § 77/77
Eltern § 5/24; § 75/27
Elternzeit § 7/8; § 8/11; § 9/6
Ende der Arbeitszeit § 87/70 ff
Ende der BV § 77/64 ff; *siehe auch Nachwirkung der BV*
Entbindung des AG von der Weiterbeschäftigung des AN § 102/125 ff
- Auswahlrichtlinien § 102/131

Sachregister

- bEM § 102/131
- Entbindungsverfügung § 102/125
- Kündigungsschutzklage § 102/127
- Urteilsverfahren § 102/126
- Wettbewerbsfähigkeit § 102/129
- Widerspruch des BR § 102/130 f
- wirtschaftliche Belastung § 102/128 f

Entfernung betriebsstörender Arbeitnehmer § 104/1 ff
- Anhörung des BR § 104/13
- Antragsstellung § 104/14
- Beschlussverfahren § 104/15
- Betriebsfrieden § 104/3 ff
- Drittfirma § 104/5
- Druckkündigung § 104/1, 7
- Entlassung § 104/4
- Entlassungsverlangen § 104/2, 13 ff
- freie Mitarbeiter § 104/5
- gesetzeswidriges Verhalten § 104/8
- Kündigungsgrund § 104/2
- Leih-AN § 104/5
- leitende Angestellte § 104/4
- Personalrat § 104/6
- Präklusionswirkung § 104/15
- Versetzung § 104/4, 12
- Versetzungsverlangen § 104/13 ff
- Weiterbeschäftigung

Entfernung von Beurteilungen § 75/49
- beschränktes Fragerecht des AG § 94/24

Entgeltanspruch
- Zustimmungsverweigerungsrecht § 99/141

Entgeltfragen § 80/47
Entgeltgestaltung § 88/10
Entgeltgruppe § 99/49
Entgelthöhe
- Abschaffung von Zulagen § 87/241
- Dotierungshöhe § 87/241, 243
- Kürzung § 87/241
- mitbestimmungsfrei § 87/240
- TV § 87/231
- Zweckbestimmung § 87/242

Entgeltkürzung § 87/217
Entgeltordnung
- Eingruppierung § 99/44 ff
- Mitbestimmungsrecht § 99/45
- Subsumtion § 99/47
- Umgruppierung § 99/44 ff

Entgeltschema
- Eingruppierung § 99/42
- Umgruppierung § 99/42
- Zustimmungsverweigerungsrecht § 99/70

Entgeltschutz
- Betriebsratsmitglied § 37/79 ff; § 38/42 ff
- Gesamtbetriebsratsmitglied § 51/17
- Jugend- und Auszubildendenvertreter § 65/5
- Konzernbetriebsratsmitglied § 59/4
- Wahlvorstand § 20/28 ff

Entgeltsystem § 75/32 f; § 87/226
- TV § 87/231 ff

Entgelttransparenzgesetz § 82/10 f
Entlassung § 104/4
Entlassungsverlangen des BR § 104/2, 13 ff

Entlohnungsgrundsätze § 87/225 ff
- Änderung § 87/227
- Aufstellung § 87/225 ff
- Einführung § 87/227
- Nichtbeachtung der Mitbestimmung § 87/244 ff

Entlohnungsmethode § 87/228 ff
- Nichtbeachtung der Mitbestimmung § 87/244 ff

Erfindungen § 87/262
Erfolgsdelikt § 119/26, 39; § 120/6
Erfüllungsanspruch des BR § 80/59
Ergänzende Vereinbarungen § 86/1 f
Erheblichkeitsschwelle § 99/26
Erholungseinrichtung § 89/5
Erklärungsrecht des AN
- Personalakte § 83/16 ff

Erledigung
- Ersetzung der Zustimmung § 99/129

Ermessenskontrolle
- ES-Spruch § 76/87 ff

Errichtung der ES § 76/3 ff
Ersatzmitglieder
- Ausschluss aus Betriebsrat § 23/3
- Begünstigungsverbot § 78/1 ff, 3, 20 ff; § 119/36
- Behinderungsverbot § 78/1 ff, 3, 9 ff
- Benachteiligungsverbot § 78/1 ff, 3, 20 ff; § 119/36
- Betriebsratssitzung § 29/15
- Bildungsurlaub § 37/138 ff
- ES § 76/31; *siehe auch Einigungsstellen-Mitglieder*
- für Betriebsausschussmitglied § 27/8 ff
- für Betriebsratsmitglied § 9/14, 17; § 13/9 ff; § 14/24; § 19/11, 18, 38; § 25/1 ff; § 61/5; **WO** § 15/9; **WO** § 17/4
- für Gesamtbetriebsratsmitglied § 47/18; § 48/1; § 49/2; § 51/13

1487

Sachregister

- für Jugend- und Auszubildendenvertreter § 64/5
- für Konzernbetriebsratsmitglied § 55/4, 14; § 56/4
- für Wahlvorstandsmitglied § 16/14, 30; § 17/21; § 17a/2; WO § 29/4
- für Wirtschaftsausschussmitglied § 107/3
- Geheimhaltungspflicht § 23/3; § 79/4 ff
- Kündigung § 25/1, 25; § 103/8, 11, 15 ff
- Nachrücken in Betriebsrat § 19/38; § 23/3; § 25/7 ff
- Niederlegung des Amtes § 24/7 ff
- persönliche Geheimnisse § 120/20
- Pflichtverletzung § 23/3
- Rechtsstellung § 25/1 ff
- Schulung § 37/111, 146
- Schutzbestimmungen § 78/3, 11 ff, 23 ff; § 78a/3
- Störungsverbot § 78/1 ff, 3, 9 ff
- Vergütungsanspruch § 76a/6 ff
- Verletzung von Geheimnissen § 120/8
- Versetzung § 103/8, 11, 22 ff
- Vertretung von Betriebsratsmitgliedern § 23/3; § 25/10 ff
- Weitergabe von Geheimnissen § 120/15

Erscheinungsbild § 87/46
Erschwerniszulage, *siehe Arbeitsentgelt*
Ersetzung der Zustimmung, *siehe Zustimmungsersetzung*
Erstausbildung § 96/3
Erweiterung der Mitbestimmungsrechte § 87/35 ff; § 88/11
Erzieherische Bestimmungen § 118/26 ff
Erziehung § 5/23
Erzwingbare Mitbestimmungsrechte
- ES § 76/2, 8

Erzwingungsverfahren gegen Arbeitgeber § 2/18; § 23/43 ff, 49
Erörterungspflicht des AG § 81/10 ff
- Vertrauensperson § 81/12
Erörterungsrecht des AN § 82/1 ff
Ethik-Richtlinie § 87/38
Ethikregeln § 87/42
Ethnische Herkunft § 75/18
Europäische Gemeinschaft
- Personalvertretungen Einl/20
Europäische Genossenschaft § 103/4 f
Europäische Gesellschaft § 103/4 f
Europäischer Betriebsrat Einl/21; § 54/15; Anh 3/1 ff
- besonderes Verhandlungsgremium § 103/4
- Bußgeld § 121/3

- Geheimhaltungspflicht § 120/3
- Kündigung von Mitgliedern § 103/4
- Ordnungswidrigkeit § 121/3
- Weitergabe von Geheimnissen § 120/17
Externer Bewerber § 99/90

Fabrikationsmethode § 106/31; § 111/45
Facebook
- Mitbestimmung des BR § 87/140
Fachkraft für Arbeitssicherheit § 87/162 ff
Fahrtenschreiber § 87/140
Fahrtkosten § 78/23
- Arbeitnehmer § 44/8, 14, 20; § 112/27, 33, 37; § 113/8
- Betriebsratsmitglied § 37/53
Fahrverbot
- Zustimmungsverweigerungsrecht § 99/74
Faktischer Konzern § 54/5; § 112/101
Fallgruppe § 99/49
Familie § 74/35; § 75/27
Familienförderung § 92/7
- Nichtbeachtung § 92/16
Familienverträglichkeit § 92/7
Fehlerhafte Unterrichtung
- Eingruppierung § 99/115 ff
- Einstellung § 99/115 ff
- Umgruppierung § 99/115 ff
- Versetzung § 99/115 ff
Fehlerhaftes Arbeitsverhältnis § 5/2; § 99/15
Fehlzeiten § 74/30
Feiertagsarbeit § 87/70
Fertigungsverfahren § 111/48
Feststellung des Mitbestimmungsrechts, *siehe Feststellungsantrag*
Feststellungsantrag § 78a/13
- Mitbestimmungsrecht § 87/23 ff
- vorläufige personelle Maßnahme § 100/7
- Weiterbeschäftigung von Auszubildenden § 78a/13
Filmunternehmen § 118/29
Flexiblere Arbeitszeiten § 87/71; § 92/15
Flugblätter § 2/42; § 20/11; § 74/33, 35 ff
Förderauftrag § 80/15 ff; *siehe auch Förderpflichten des BR*
Förderpflichten des AG § 96/7 ff
Förderpflichten des BR § 80/15 ff
- Berufsbildung § 96/1 ff, 7 ff
- freiwillige BV § 88/10
Förderung der Familie § 92/7
Förderung von Frauen § 92/7
- Nichtbeachtung § 92/16

Form
- BV § 77/75 ff
- elektronische Form einer BV § 77/77
- Regelungsabrede § 77/107
- Stellenausschreibung § 99/97
Formelles Geheimnis § 79/14; § 120/14
Formulararbeitsverträge § 94/15 ff
Fortbildung § 96/4
Fortbildungschancen § 98/1
Fortbildungseinrichtungen § 87/175
Fortsetzung des Arbeitsverhältnisses
 § 102/109 ff, *siehe auch Weiterbeschäftigungsanspruch des AN*
Fotokopie § 34/20; § 108/14
Fragebogen § 74/28
Fragerecht des AG § 94/6 ff
Frauen, *siehe Geschlecht*
Freie Entfaltung der Persönlichkeit § 75/1
- Förderung § 75/42
- Gruppenarbeit § 75/46
Freie Mitarbeiter § 5/10 f
- BV § 77/23
- Einstellung § 99/21
- Entfernung betriebsstörender AN § 104/5
- Grundsätze von Recht und Billigkeit
 § 75/12
- persönliche Geheimnisse § 120/23
- Unterrichtung des BR § 80/2
Freiheitsstrafe § 119/2 ff
Freistellung des Arbeitnehmers § 5/15;
 § 87/118
Freistellung von Betriebsratsmitgliedern
 § 37/21 ff; § 38/16 ff, 30 ff
Freiwillige Betriebsvereinbarung § 77/12;
 § 88/1 ff
- Arbeitsbedingungen § 88/12
- Auslegungshilfe § 88/2
- Beschäftigungsgesellschaft § 88/6; § 92a/9
- Beschäftigungssicherung § 88/14; § 92a/9
- Beschwerdestelle § 88/10
- betriebl Altersversorgung § 77/66
- betriebl Umweltschutz § 88/5
- betriebsverfassungsrechtliche Fragen
 § 88/15
- Eingruppierung § 88/13
- Einstellung § 88/13
- Entgeltgestaltung § 88/11
- Förderungspflichten § 88/10
- Gegenstände freiwilliger BV § 88/4 ff
- Integration § 88/8
- Kostenbeteiligung der AN § 88/11
- Kündigung § 88/13

- Mitbestimmungsrecht § 88/11
- Nachwirkung § 77/66, 71; § 88/3
- Schutzpflichten § 88/10
- soziale Angelegenheiten § 88/1
- Sozialeinrichtung § 88/6
- Sozialplan § 88/14
- Vermögensbildung § 88/7
- Versetzung § 88/13
- wirtschaftliche Angelegenheiten § 88/14
- Zustimmung des BR zu Kündigungen
 § 102/136 ff
Freiwillige Leistungen § 75/31
Freiwilliges soziales Jahr § 5/7
Freiwilliges ökologisches Jahr § 5/7
Freizeit § 87/58
Freizeitausgleich
- Ausgleichszeitraum § 37/71 ff
- betriebsbedingte Gründe § 37/64 ff, 92 ff
- Betriebsratsmitglied § 37/57; § 38/39 f
- Gesamtbetriebsratsmitglied § 51/17
- Jugend- und Auszubildendenvertreter
 § 65/5
- Konzernbetriebsratsmitglied § 59/4
- Wirtschaftsausschussmitglied § 107/13
Fremdbeschäftigter § 99/16
- Unterrichtung des BR § 80/2
Fremdenfeindlichkeit § 74/35; § 75/18;
 § 80/14
- Zustimmungsverweigerungsrecht
 § 99/98 ff; § 104/9, 20
Friedenspflicht § 74/11 ff
- Arbeitskampfverbot § 74/14 ff
- arbeitsvertragliche Verpflichtung
 § 74/12
- außerordentliche Kd § 74/41
- Betriebsvereinbarung § 77/90
- Ersatzmitglieder § 74/12
- Gewerkschaften § 74/13
- Nichtbeachtung § 74/40 ff
- Schutzgesetz § 74/41
- Unterlassungsanspruch des AG § 74/40
- Verbotsadressaten § 74/11 ff
Frist
- Strafantragserfordernis § 119/49

Gebot der vertrauensvollen Zusammenarbeit § 99/116
Gefährdung der AN § 91/2
Gehaltsgruppe § 99/48
Gehaltspfändung § 87/115
Geheimhaltungsbedürftig § 79/14 f
Geheimhaltungsinteresse § 79/10

Sachregister

Geheimhaltungspflicht § 79/1 ff; § 120/1 ff;
  siehe auch Betriebsgeheimnis; siehe auch Geschäftsgeheimnis
- Arbeitnehmerdaten § 18a/12; § 23/25; § 43/6 ff
- Aufsichtsratsmitglieder § 120/3
- Ausnahme § 79/20
- außerordentliche Kündigung § 79/22
- Betriebsgeheimnis § 2/53; § 23/3, 9; § 43/6 ff
- BDSG § 120/36
- Bruttolohn- und Gehaltslisten § 120/26
- Einblicksrecht § 120/26
- Ende § 120/12
- ES-Mitglieder § 76/36
- Europäischer Betriebsrat § 120/3
- Europäische Gesellschaft § 120/3
- formelles Geheimnis § 79/14
- geheimhaltungsbedürftig § 79/14
- Geheimhaltungsinteresse § 79/10
- Geheimnisweitergabe § 79/16 ff
- Geschäftsgeheimnis § 23/3, 9; § 43/6 ff
- GeschGehG § 120/34
- Jugend- und Auszubildendenvertretung § 70/11
- materielles Geheimnis § 79/8, 10
- Mitbestimmungsrechte des BR § 120/27
- Nichtbeachtung § 79/21 ff
- Personalratsmitglieder § 120/3
- personelle Einzelmaßnahmen § 99/118; § 102/73
- Qualifizierungen § 120/32
- Rechtsgrundlage § 79/2
- Schadensersatz § 79/22
- Schweigepflicht § 79/16
- Schwerbehindertenvertretung § 120/3
- Sprecherausschuss § 120/3
- Strafbarkeit § 79/22; § 120/7 ff
- Treuepflicht § 79/2
- Umfang § 79/16 ff
- Unterlassungsanspruch § 79/21
- Unterrichtungsanspruch des BR § 90/17
- WpHG § 120/35
- Zeugnisverweigerungsrecht § 79/20
Geheimhaltungswille § 120/24
Geheimhaltungswunsch § 120/14
Geheimnis, eines Arbeitnehmers § 120/14
Geheimnisträger § 120/1, 33
Geheimnisweitergabe § 79/16 ff; § 120/15 ff
- AG-Vereinigungen § 120/17
- Arbeitsgruppe § 120/16
- Auskunftspersonen § 120/17

- BR § 120/16
- Ersatzmitglieder § 120/15
- Europäischer Betriebsrat § 120/17
- Gesamtbetriebsrat § 120/16
- Gewerkschaften § 120/17
- Jugend- und Auszubildendenvertretung § 120/17
- Konzernbetriebsrat § 120/16
- Sachverständige § 120/17
- Schwerbehindertenvertretung § 120/17
- Sprecherausschuss § 120/17
- Wirtschaftsausschuss § 120/17
- Zeuge § 120/18
Geist der betrieblichen Mitbestimmung § 119/2
Geldfaktor § 87/251
Geldstrafe § 119/2; § 120/1, 7, 32
Geltungsbereich
- Betriebsvereinbarung § 77/22 ff
- Tarifvertrag § 77/123
Gemeinsamer Betrieb
  § 1/16, 29 ff; § 18/16; § 19/13, 22, 42, 45; § 20/20; § 21/17; § 21a/29, 37; § 47/28 ff; § 102/43; § 106/5; § 111/7 ff, 39; § 112/100
Gemeinschaftsbetrieb § 78a/10, 15; § 102/43
Gemeinschaftsunternehmen § 54/8
Generalvollmacht § 5/36, 39
Genetische Analysen § 75/40
Geregelter Gegenstand § 77/124
Gerichtliche Durchsetzung
- Weiterbeschäftigungsanspruch des AN § 102/123 ff
Gerichtliche Kontrolle § 76/84 ff
Geringfügig Beschäftigte § 5/14
- Eingruppierung § 99/43
- Umgruppierung § 99/43
Gesamt-Jugend- und Auszubildendenvertretung § 72/1 ff; § 73/1 ff; *siehe auch Jugend- und Auszubildendenvertretung*
Gesamtaufgabe
- Gruppenarbeit § 87/274
Gesamtbetriebsausschuss § 51/6 ff
Gesamtbetriebsrat
- Amtszeit § 47/8
- Ausscheiden von Mitgliedern § 47/27; § 48/3 f; § 51/3
- Ausschluss von Mitgliedern § 48/1 ff
- Ausschuss § 51/6 ff; § 107/19
- Begünstigungsverbot § 78/1 ff, 3, 20 ff; § 119/36 ff
- Behinderungsverbot § 78/1 ff, 3, 5 ff

Sachregister

- Benachteiligungsverbot § 78/1 ff, 3, 20 ff; § 119/36 ff
- Berücksichtigung der Geschlechter § 47/16
- Beschluss § 51/13
- Bestellung der Mitglieder § 47/15 ff
- betriebsratsloser Betrieb § 47/2; § 50/38 ff
- Betriebsvereinbarung § 50/50 ff, 59
- Errichtung § 47/3 ff; § 51/1 ff
- Ersatzmitglied § 47/15, 18 f; § 48/1; § 49/2; § 51/13
- Geheimhaltungspflicht § 79/4 ff
- Geschäftsordnung § 51/15
- im ausländischen Unternehmen Einl/19; § 47/6
- Informationsblatt § 51/15
- konstituierende Sitzung § 51/2 f
- Konzernbetriebsrat § 54/1 ff; § 55/1 ff; § 58/16
- Kosten § 51/15
- Mitglied aus gemeinsamem Betrieb § 47/28 f
- Mitgliederzahl § 47/15 ff, 19 ff
- persönliche Geheimnisse § 120/20
- Schutzbestimmungen § 78/1 ff
- Sitzung § 51/10 ff; § 52/1
- Spartenorganisation § 3/11
- Sprechstunde § 51/15
- stellvertretender Vorsitzender § 51/2, 4
- Stimmrecht § 47/25 f
- Tätigkeitsbericht § 53/3 f
- Übertragung von Aufgaben auf Konzernbetriebsrat § 58/17
- Übertragung von Aufgaben durch Einzelbetriebsrat § 50/42 ff
- unternehmenseinheitliche Regelung § 50/3 ff
- Verletzung von Geheimnissen § 120/8
- Vorsitzender § 51/2, 5, 10; § 53/3
- Weitergabe von Geheimnissen § 120/16
- wirtschaftliche Angelegenheiten § 111/18 ff
- Wirtschaftsausschuss § 50/35; § 106/1; § 107/1, 5, 19
- Zusammenarbeit mit Arbeitgeber § 2/1 ff
- Zusammensetzung § 47/15 ff
- Zuständigkeit § 50/1 ff; § 111/18 ff

Gesamtbetriebsratsmitglied
- Abberufung § 47/27; § 48/3 f
- Arbeitsbefreiung § 51/17
- Arbeitsentgelt § 51/17
- Ausscheiden aus Gesamtbetriebsrat § 48/1
- Ausschluss aus Gesamtbetriebsrat § 48/1 ff
- Kündigung § 51/17
- Pflichtverletzung § 48/1 ff
- Rechtsstellung § 51/17
- Schulung § 51/17

Gesamtbetriebsvereinbarung § 50/50 ff
- Änderung § 50/53
- Aufhebung § 50/53
- betriebsratsloser Betrieb § 50/40, 52
- Betriebsübergang § 50/59; § 77/43
- Kündigung § 50/53
- Nachwirkung § 50/54 ff
- neuer Betrieb § 50/52

Gesamtbild der Tätigkeit § 99/34
Gesamtgepräge § 118/14
Gesamtschwerbehindertenvertretung § 52/1
Gesamtzusage § 77/43
- Abänderung § 77/57 ff
- Lösung § 77/46
- Umdeutung § 77/140 ff

Geschäftsfähigkeit § 78a/9
Geschäftsgeheimnis § 23/9, 25; § 43/6; § 53/3; § 79/8 ff; § 106/19; § 109/3; § 111/52; *siehe auch Geheimhaltungspflicht*
- BDSG § 120/36
- Bekanntgabe von Dritten § 120/14
- Ende § 120/12
- formelles Geheimnis § 120/14
- Geheimhaltungswunsch § 120/14
- GeschGehG § 120/34
- materielles Geheimnis § 120/13
- objektives Geheimhaltungsinteresse § 120/13
- unbefugte Offenbarung § 120/15 ff, 29 ff
- Verstoß gegen Unterrichtspflichten § 121/8
- Wirtschaftsausschuss § 121/8
- WpHG § 120/35

Geschäftsordnung
- Betriebsrat § 36/1 ff
- Betriebsversammlung § 42/20
- Gesamtbetriebsrat § 51/15
- Jugend- und Auszubildendenvertretung § 65/2
- Wahlvorstand WO § 1/9

GeschGehG § 120/34
Geschlecht § 75/24; *siehe auch Gleichstellung*
- zulässige Differenzierung § 75/24

Gesellschafter § 5/21
- geschäftsführungsbefugt § 5/21
- im Wirtschaftsausschuss § 107/7

Sachregister

- vertretungsberechtigt § 5/21
Gesetz zum Elterngeld und zur Elternzeit
  § 75/27
Gesetzesverstoß § 99/59 ff
Gesetzesvorrang § 87/4 ff
Gesetzeswidriges Verhalten § 104/8
Gesetzliche Vertreter § 5/20
Gestaltung des Arbeitsablaufs oder der
  Arbeitsumgebung § 90/4 ff
Gestaltung des Arbeitsplatzes § 82/1;
  § 90/4 ff
- Heim- bzw Telearbeitsplatz § 90/9
- Mitwirkungsrecht des BR § 90/13 ff
Gestaltungsrecht § 78a/9
- Einstellung § 99/19
- Weiterbeschäftigung § 103/114
Gestellungsvertrag § 5/6
Gesundheit § 89/5
Gesundheitsgefahr § 81/14 ff
Gesundheitsschutz § 87/147 ff
- Baumaßnahmen § 87/154
- Kosten § 87/157
- TV § 89/156
- UVV § 87/155
Gewerbeordnung § 82/7
Gewerkschaft
- Antrag auf Auflösung des Betriebsrats
  § 23/39
- Antrag auf Ausschluss eines Betriebsrats-
  mitglieds § 43/4; § 48/3; § 56/3
- Begriff § 2/27
- Beitragsinkasso § 41/3
- Betriebsausschusssitzung § 27/16; § 31/7
- Betriebsräteversammlung § 53/2, 4
- Betriebsratssitzung § 30/21; § 31/1 ff;
  § 51/11
- Betriebsratswahl § 14/31 f; § 14a/10, 13;
  § 15/3; § 16/13, 16 f, 20 f, 31; § 17/8, 16, 21,
  24 ff; § 17a/2 ff; § 18/4, 7, 9, 12, 17, 22;
  § 18a/24; § 19/11, 21, 23, 25; § 20/8, 10 ff,
  20 f, 24; WO § 1/2 f; WO § 4/5; WO § 7/3;
  WO § 15/8; WO § 18/3; WO § 19/3;
  WO § 27/1 ff; WO § 28/1 f; WO § 29/4, 6;
  WO § 33/2; WO § 36/6
- Betriebsversammlung § 42/16; § 43/3;
  § 46/1 ff
- Erzwingungsverfahren gegen Arbeit-
  geber § 23/43 ff, 49
- ES-Mitglieder § 76/15, 22; § 76a/7
- Friedenspflicht § 74/11
- Geheimhaltungspflicht § 2/34, 53; § 79/4 ff
- Informationstätigkeit § 2/36, 40 ff

- Jugend- und Auszubildendenversammlung
  § 2/32; § 71/3; § 71/2
- Mitgliederbetreuung § 2/36
- persönliche Geheimnisse § 120/20
- politische Betätigung § 46/3
- Schulungs- und Bildungsveranstaltung
  § 37/138; § 40/74 ff
- Tendenzschutz § 118/13
- Verletzung von Geheimnissen § 120/9
- Vertretensein im Betrieb § 2/29 f
- Wahlhilfe § 20/11, 13
- Wahlpropaganda § 119/21
- Wahlvorschläge § 14/31 f; WO § 7/2;
  WO § 27/1 ff; WO § 33/2
- Wahlvorstand § 16/13, 16 f, 20 f, 31; § 17/8,
  16, 21, 24, 26; § 17a/2 ff; WO § 1/2 f
- Wahlwerbung § 20/11
- Weitergabe von Geheimnissen § 120/15
- Werbung für § 2/34 ff, 42, 50; § 40/28;
  § 45/3; § 46/3
- Wirtschaftsausschusssitzung § 108/11
- Zugangsrecht § 118/37
- Zusammenarbeit mit Arbeitgeber § 2/1 ff,
  33
- Zusammenarbeit mit Betriebsrat § 2/20 f,
  33 f; § 45/3
- Zutrittsrecht zum Betrieb § 2/33, 49 ff, 56
Gewerkschaftliche Betätigung
- Diskriminierungsverbot § 75/23
- von Funktionsträgern § 74/43 ff
Gewerkschaftliche Vertrauensleute § 2/39 f;
  § 3/34; § 45/3; § 74/44
Gewerkschaftsmitglied § 119/43
Gewerkschaftsneutral § 74/43
Gewerkschaftszeitung § 74/44
Gewerkschaftszugehörigkeit § 94/10
Gewinnerzielungsabsicht § 118/2, 23
Gewohnheitsrecht § 99/59
Gewährung von Vorteilen § 119/18
Glaubensfreiheit § 75/19
Gleichbehandlungsgrundsatz § 75/1, 12 ff;
  § 76/75; § 112/49; *siehe auch Diskriminie-
  rungsverbot*
- Diskriminierungsverbot § 75/12 ff
- Grundsätze von Recht und Billigkeit
  § 75/12
- Nichtigkeit von BV § 77/137
- Normadressaten § 75/14
- Zustimmungsverweigerungsrecht § 99/63
Gleichberechtigung *siehe Gleichstellung*
Gleichordnungskonzern § 3/14
Gleichstellungsanspruch § 78/30

Gleichstellungsbeauftragte § 75/15
Gleichstellungsförderung § 45/7
Gleichstellung § 75/24; § 80/15
– Personalplanung § 92/1
Gleitzeit § 87/71 f
Gleitzeitkonto § 87/72
Graphologisches Gutachten § 75/40
Gratifikation § 87/221; *siehe auch Arbeitsentgelt*
Großforschungseinrichtung § 112/74
Großraumbüro § 90/12
Grobe Fehlerhaftigkeit § 95/10
Grundgesetz § 118/1
Grundrechte § 75/2; § 76/75; § 77/19
Grundsatz der Verhältnismäßigkeit § 77/19
Grundsätze für die Behandlung von Betriebsangehörigen § 75/1 ff; *siehe auch Grundsätze von Recht und Billigkeit*
Grundsätze von Recht und Billigkeit § 75/1 ff
– AN-ähnliche Personen § 75/9
– Betriebe mit BR § 75 /7
– Betriebe ohne BR § 75 /7
– Betriebsrentner § 75 /11
– Bewerber § 75/10
– BV § 75/5
– Drittfirma § 75/8
– Ein-Euro-Jobber § 75/9
– freie Mitarbeiter § 75/9
– geschützter Personenkreis § 75/7 ff
– Leih-AN § 75/8
– Nichtbeachtung der Grundsätze § 75/47 ff
– Normadressaten § 75/3
– Ruheständler § 75/11
– Schranke § 75/6
– Schutzgesetz § 75/48
– Sozialpläne § 75/34
– Strafgefangene § 75/9
– Streitigkeiten § 75/54
– Unterlassungsanspruch des BR § 75/51
– Verbotsgesetz § 75/52
– Verstoß § 75/47 ff
– Zivildienstleistende § 75/9
Gruppe § 87/273 ff; *siehe auch Gruppenarbeit*
Gruppenarbeit § 5/3; § 87/269 ff
– Durchführungsgrundsätze § 87/277 ff
– Gesamtaufgabe § 87/274
– Nichtbeachtung des Mitbestimmungsrechts § 87/279
– TV § 87/272
– Verantwortung § 87/275
– Versetzung § 99/29

– Vorgesetztenkompetenzen § 87/275
– Zielvereinbarungssysteme § 87/275
– Zusammenarbeit § 87/277
Gruppendruck § 87/270
Gruppenzuschnitt § 87/271
Günstigkeitsprinzip § 77/37, 51
– Sachgruppenvergleich § 77/52
– Verteilungsgerechtigkeit § 77/54
Günstigkeitsvergleich; *siehe auch Günstigkeitsprinzip*
– kollektiver § 77/57 ff
– Sozialleistungen § 77/59

Handelsschifffahrt § 114/4 ff
Handlungsfreiheit der AN § 119/13
Handy § 87/140
Hauptleistungspflicht der AN § 87/44
Haus-TV § 77/121, 123, 125 f
Hausrecht § 29/33; § 36/1; § 40/27; § 42/21; § 46/3; § 78/12
Hausverbot § 103/6; § 119/28
Heimarbeiter § 1/7; § 5/13, 18; § 8/7; § 24/17
– Eingruppierung § 99/43
– Umgruppierung § 99/43
Herabgruppierung § 99/68
Herabstufung § 99/35
Herkunft § 75/18
Hilfeleistung § 118/22
Hinweispflicht des BR § 99/116
Hinzuziehung des BR § 82/16
– Arbeitsschutz § 89/11 ff
– Ausnahme § 82/17
– Initiative § 82/20 ff
– Stillschweigen § 82/21
– Umweltschutz § 89/19 f
– Unfalluntersuchungen § 89/11 ff
– Vertrauensperson § 82/16
Homeoffice § 5/13; § 87/280 ff
– Aufsuchen Homeoffice-Arbeitsplatz durch BR § 80/36
– Einführung und APR § 75/44
– Mitbestimmung des BR § 87/280 ff; § 99/30
– Versetzung § 99/30
Homosexualität § 75/26
Honorar § 76a/6 ff
Honorardurchsetzungskosten § 76a/23
Honorarvereinbarung § 76a/18 ff
Häme § 74/30
Höchstzahlenverfahren § 9/17; § 14/20; § 15/7; **WO** § 5/3 ff; **WO** § 15/1 ff
Höheres Entgelt § 78/22

Sachregister

Höhergruppierung § 99/54
– Zwangsgeld § 101/4

Individualschutz § 99/24
Information der AN
– BR-Kosten § 78/13
Informationelle Selbstbestimmung § 75/37 ff
Informationsanspruch, *siehe Unterrichtungspflicht des Arbeitgebers*
Informationsblatt § 51/15
Informationsrechte des BR § 80/1 ff, 25 ff
– Nichtbeachtung § 92/16
– Personalplanung § 92/1 ff, 9 ff
– Tendenzschutz § 118/40
Inhaltskontrolle
– Versetzung § 99/92 ff
Inhaltskontrolle von BV § 77/146 ff
– Beschlussverfahren § 77/149 f
– Billigkeitskontrolle § 77/147
– Prüfungsmaßstab § 77/148
– Streitigkeiten § 77/144 ff
– Urteilsverfahren § 77/149 f
– Willkürverbot § 77/145
Inhaltsnormen § 77/10
Initiativrecht des Betriebsrats § 87/10 ff
– Arbeitskleidung § 87/49
– Arbeitstätigkeit § 97/7 ff
– Arbeitszeit § 87/99
– Ausschreibung von Arbeitsplätzen § 93/1, 8
– Auswahlrichtlinien § 95/14
– Beschäftigungsförderung und Beschäftigungssicherung § 92a/6
– Beurteilungsgrundsätze § 94/2
– Lohngestaltung § 87/219
– Kurzarbeit § 87/105
– Personalfragebogen § 94/2
– technische Einrichtung § 87/130
– Überstunden § 87/99
– Urlaub § 87/121
– Vorschlagswesen § 87/260
Inklusionsvereinbarung § 80/18; § 88/9
Innerbetriebliche Ausschreibung
– Zustimmungsverweigerungsrecht § 99/96 ff
Insiderwissen
– Unterrichtung des Wirtschaftsausschusses § 106/21
Insolvenz
– Berater des Betriebsrats bei Betriebsänderung § 111/57
– Betriebsänderung vor § 106/6; § 111/16
– Nachteilsausgleich § 113/20 f

– Sozialplan § 112/113 ff
– Wirtschaftsausschuss vor § 106/6
Instandsetzungsarbeiten § 87/210
Institutionelle Verbindung § 118/67
Integration ausländischer Arbeitnehmer
– Erörterung auf Betriebsversammlung § 45/7
Interessenausgleich
– Abschluss § 112/5 ff
– Abweichung § 113/2 ff
– Auswahlrichtlinie § 112/4
– Bindungswirkung § 112/11 f
– Funktion § 112/1
– Inhalt § 112/4
– Nachteilsausgleich § 112/9, 13
– Namensliste § 102/34; § 103/52
– Punkteschema § 112/4
– Rahmenvereinbarung § 112/14
– Schriftform § 112/8 f
– Tendenzschutz § 118/58 f.
– Versuch § 113/9 ff
Internet § 87/41
Intersexualität § 75/26
Intranet § 78/12
Investitionsprogramm § 106/31

Jahresabschluss
– Unterrichtung des Betriebsrats § 108/18
– Unterrichtung des Wirtschaftsausschusses § 108/15 ff
Jedermannsdelikt § 119/6, 26, 32, 40
Jubiläumsgabe § 112/33
Jubiläumszuwendung § 87/221
Jugend- und Auszubildendenversammlung § 71/1 ff
Jugend- und Auszubildendenvertretung; *siehe auch Betriebsrat und Betriebsratsmitglieder*
– Amtszeit § 64/3
– Antragsbefugnis § 119/49
– Arbeitsbefreiung § 65/5
– Arbeitsentgelt § 65/5
– Auflösung § 65/1
– Ausscheiden von Mitgliedern § 64/4; § 65/1
– Ausschluss von Mitgliedern § 65/1
– Ausschüsse § 65/2
– Begünstigungsverbot § 78/1 ff; § 119/36 ff
– Behinderungsverbot § 78/1 ff
– Benachteiligungsverbot § 78/1 ff; § 119/36 ff
– Beschluss § 65/2
– Betriebsrat § 80/13

Sachregister

- Betriebsratsbeschluss § 33/16; § 35/1 ff; § 66/1 ff; § 67/5
- Betriebsratssitzung § 29/21; § 33/16; § 67/1 ff
- Errichtung § 60/6 f
- Ersatzmitglied § 65/1; § 78a/5
- Geheimhaltungspflicht § 70/11; § 79/4 ff
- Gesamtvertretung § 72/1 ff; § 73/1 ff
- Geschäftsordnung § 65/2
- Geschlechter § 62/3
- Konzernvertretung § 73a/1 ff; § 73b/1 f
- Kündigung § 65/5; § 103/4
- Mitgliederzahl § 62/1
- persönliche Geheimnisse § 120/20
- Pflichtverletzung § 65/1
- Rechtsstellung § 65/5
- Schulung § 65/3
- Schutz § 65/5
- Schutzbestimmungen § 78/1 ff, 3, 11 ff, 22 ff; § 78a/1 ff
- Sitzung § 65/2
- Sprechstunden § 39/5; § 69/1
- Unterrichtungsanspruch § 70/6 f
- Verletzung von Geheimnissen § 120/8
- Verhältnis zum BR § 80/13, 19
- Vorsitzender § 65/2
- Wahl § 60/5 f; § 61/1 ff; § 63/1 ff; § 64/1 f
- Wahleinleitung § 80/19
- Wahlschutz § 119/10
- Wahlverfahren WO § 38/1 ff; WO § 39/1 ff; WO § 40/1 ff
- Weitergabe von Geheimnissen § 120/17
- Zusammenarbeit mit Arbeitgeber § 2/1 ff; § 68/1
- Zuständigkeit § 60/2, 5; § 70/1 ff

JVEG § 76a/14

Kameraaufzeichnung § 87/140
Kampagnebetrieb § 1/13, 23
Kandidatenkauf § 119/23
Kantine § 87/175
Kapitän § 114/54 ff
KAPOVAZ § 87/78
Karitative Bestimmungen § 118/22 ff
Karitative Einrichtungen § 118/68
Karitative Tätigkeit § 5/22
Katholisches Kolpingwerk § 118/26, 66
Kauffahrteischiff § 114/27 ff
Kinderbetreuung § 45/1; § 112/68
Kindergarten § 75/23
Kirche § 118/65 ff; § 130/4
Kleiderordnung § 75/43; § 87/46

Kleinbetrieb Einl/13; § 7/25; § 9/10 f; § 14a/1 ff; § 17a/1 f
Kleinstbetrieb § 3/8; § 21a/10, 13 f; § 42/12; § 50/39
Kleinvereinigung
- Antragsbefugnis § 119/50
Koalitionsfreiheit Einl/3; § 2/35 ff; § 23/48; § 46/7
Koalitionspolitische Bestimmungen § 118/20
Koalitionspolitische Neutralität § 40/82 f
Kollektive Interessen
- Zustimmungsverweigerungsrecht § 99/76; § 103/43, 51
Kollektiver Günstigkeitsvergleich § 77/57 ff; siehe auch Günstigkeitsvergleich
Kommunikation § 78/11
Konfessionelle Bestimmungen § 118/21
Kontaktaufnahme mit den AN § 78/10
Kontinuität des BR § 103/3
Kontostunde § 87/116
Kontrollregelung § 87/43, 134
Konzern
- ausländischer Einl/15 ff; § 54/13 ff, 26
- Begriff § 54/2 ff
- Errichtung eines WirtA § 106/1
- Europäischer Betriebsrat § 54/15 ff
- faktischer § 54/5; § 112/101
- Gemeinschaftsunternehmen § 54/8
- im Konzern § 54/9
- Sozialplan § 112/77, 101
- Spartenorganisation § 3/11
- Tariffähigkeit § 55/6
- Umstrukturierung § 112a/9 f
- Unterrichtungsanspruch des Betriebsrats § 111/18, 46 ff
Konzern-Jugend- und Auszubildendenvertretung § 73a/1 ff; § 73b/1 f; siehe auch Jugend- und Auszubildendenvertretung
Konzernbetriebsausschuss § 59/2
Konzernbetriebsrat; siehe auch Betriebsrat und Betriebsratsmitglieder
- Amtszeit § 54/23
- Auslandskonzern Einl/15 ff; § 54/13 ff, 26
- Ausscheiden von Mitgliedern § 55/14; § 57/1 f
- Ausschluss von Mitgliedern § 56/1 ff
- Ausschuss § 59/2
- Begünstigungsverbot § 78/1 ff, 3, 20 ff; § 119/36 ff
- Behinderungsverbot § 78/1 ff, 3, 9 ff
- Benachteiligungsverbot § 78/1 ff, 3, 20 ff; § 119/36 ff

1495

Sachregister

- Berücksichtigung der Geschlechter § 55/2
- Beschluss § 59/2
- betriebsratsloser Betrieb § 54/21; § 58/16
- Errichtung § 54/17 f; § 55/1 ff
- Ersatzmitglied § 55/4, 14; § 56/4
- Geheimhaltungspflicht § 79/4 ff
- Geschäftsordnung § 59/2
- im Gleichordnungskonzern § 3/14
- konstituierende Sitzung § 59/1
- konzerneinheitliche Regelung § 58/2 f
- Kosten § 59/2
- Mitglieder § 55/1 ff
- Mitgliederzahl § 55/5 ff, 15
- persönliche Geheimnisse § 120/20
- Schutzbestimmungen § 78/1 ff, 3, 11 ff, 23 ff
- Sitzung § 59/1
- Stimmrecht § 55/10 ff.
- Verletzung von Geheimnissen § 120/8
- Weitergabe von Geheimnissen § 120/16
- Zusammenarbeit mit Arbeitgeber § 2/1 ff
- Zuständigkeit § 58/1 ff
Konzernbetriebsratsmitglied
- Abberufung § 55/14
- Arbeitsbefreiung § 59/4
- Arbeitsentgelt § 59/4
- Ausscheiden aus Konzernbetriebsrat § 57/1 f
- Ausschluss aus Konzernbetriebsrat § 56/1 ff
- Kündigung § 59/4
- Pflichtverletzung § 56/1 ff
- Rechtsstellung § 59/4
- Schulung § 59/4
Konzernbetriebsvereinbarung § 58/20 f
Konzernschwerbehindertenvertretung § 59a/1
Koppelungsgeschäfte § 87/22
Körperliche Gewalt
- Störung d. BR § 119/33
Korrigierende Rückgruppierung § 99/53
Kosten
- AN § 75/45
- Betriebsrat § 40/1 ff; § 43/9; § 51/15; § 78/11
- Betriebsratswahl § 20/18 ff
- Betriebsräteversammlung § 53/5
- Betriebsversammlung § 42/27
- Jugend- und Auszubildendenvertretung § 65/6
- Ordnungswidrigkeit § 121/13
Kostenbeteiligung der AN § 88/11
- Berufsbildung § 97/13

- Wirtschaftsausschuss § 107/6
Kosten der ES § 76a/1 ff
- Aufwendungen der ES-Mitglieder § 76a/4
- Beisitzerhonorare § 76a/6 ff
- betriebsfremde Beisitzer § 76a/6 ff
- betriebsangehörige Beisitzer § 76/24 ff
- Betriebsvereinbarung § 76a/11
- Gewerkschaftsvertreter § 76a/7
- Geschäftsaufwand § 76a/3
- Höhe § 76a/10 f, 12 ff, 18 ff
- Honorardurchsetzungskosten § 76a/23
- Honorarvereinbarung § 76a/18 ff
- JVEG § 76a/14
- Rechtsanwalt § 76a/9, 16
- Rechtsverordnung § 76a/10
- Sachverständige § 76a/5
- Streitigkeiten § 76a/27 f
- Stundensatz § 76a/16
- Tarifvertrag § 76a/12
- Umsatzsteuer § 76a/15
- Verdienstausfall § 76a/17
- Verzicht auf Vergütung § 76a/21
- Vorsitzender § 76a/8
Krankengespräche § 87/53
Krankenkontrollbesuche § 87/53
Krankheit, *siehe Gesundheitszustand*
Krankheit des AN § 94/13
Kündigung
- Amtsträger § 103/4 ff
- Änderungskündigung § 102/5 f, 10, 13, 36 f, 49, 56, 94, 102 f, 113; § 103/20 f, 23, 28; § 113/8
- Anhörung des Betriebsrats § 102/1 ff; § 112/15
- Anhörung des Gesamtbetriebsrats § 50/32 ff
- Auswahlrichtlinien § 95/19 f
- Beratungs- und Begründungspflicht des AG § 92a/13
- betriebsbedingte § 102/26 ff, 51, 74, 80, 86, 101, 118; § 106/36; § 111/35; § 112/19, 54 ff; § 112a/3; § 113/5
- Betriebsratsmitglied § 21/20; § 21a/18; § 22/5; § 23/34; § 24/10 f, 24; § 51/17; § 78/25; § 103/1 ff, 4 ff
- Bindung an die Zustimmung des BR § 102/136 ff
- Einladung zur Wahlversammlung § 20/33
- Ersatzmitglied § 25/24 f; § 103/8
- ES-Tätigkeit § 76/37

- freiwillige BV § 88/13
- Frist § 112/54
- Jugend- und Auszubildendenvertreter § 65/5
- Massenentlassungen § 102/4, 33, 45; § 111/33 ff; § 112/21; § 112a/2 ff
- Mitglied der Schwerbehindertenvertretung § 103/14
- ordentliche § 102/5, 8, 18, 22, 24, 76 ff; § 103/15, 20
- personenbedingte § 102/20 ff, 92, 96, 101, 137; § 103/43; § 111/37; § 112a/3
- Punkteschema § 102/85; § 112/4
- Regelungsabreden § 77/110
- Schwerbehindertenvertreter § 103/14
- Tendenzschutz § 118/53
- Unterlassungsanspruch des BR § 97/17
- Unterrichtung des Wirtschaftsausschusses § 106/36
- verhaltensbedingte § 102/23 ff, 93; § 103/43 f; § 111/37; § 112a/3
- vorsorgliche § 102/55; § 103/66 f
- Wählbarkeit trotz § 8/4
- Wahlberechtigung trotz § 7/7
- Wahlbewerber § 20/4, 6, 32 ff; § 103/9 ff
- Wahlhelfer § 20/36; WO § 1/10
- Wahlvorstandsmitglied § 20/32 ff; § 103/11, 13
- Weiterbeschäftigungsanspruch des AN § 102/3, 109 ff, 132 ff; *siehe auch Weiterbeschäftigungsanspruch*
- Wirksamkeitsvoraussetzung § 97/16 ff; § 103/72
- Wirtschaftsausschussmitglied § 103/5; § 107/13
- Zustimmungserfordernis § 24/11; § 102/136 ff; § 103/15 ff, 30 ff
- Zustimmungsverweigerungsrecht § 99/76 ff

Kündigung von BV § 77/95 ff
- Streitigkeiten § 77/151 f

Kündigung vor Vertragsantritt § 102/8

Kündigungsprävention
- Einstellung § 99/78 ff
- Zustimmungsverweigerungsrecht § 99/78 ff

Kündigungsschutz § 102/2

Kunst § 118/29

Künstlerische Bestimmungen § 118/28 f

Künstliche Intelligenz
- Arbeitsablauf § 90/7
- Arbeitsverfahren § 90/7
- Auswahlrichtlinie § 95/18
- Sachverständige § 80/56

- Unterrichtung BR § 90/7
- Zustimmung BR § 95/18

Kürzung von Entgelt § 87/241

Kurzarbeit § 87/60, 101 ff
- Betriebsratsmitglied § 37/51, 123; § 38/38
- Initiativrecht des BR § 87/105
- Kurzarbeitergeld § 2/11; § 37/51; § 44/6; § 87/83, 101 ff; § 112/42
- Mitbestimmung des Betriebsrats § 2/11
- Unterrichtung des Wirtschaftsausschusses § 106/59

Ladung
- ES § 76/57

Lage der Arbeitszeit
- Mitbestimmung § 87/70
- Versetzung § 99/36

Landbetrieb § 114/22, 35 ff

Laufende Geschäfte § 27/17 f, 27 f

Lebenspartner § 5/24

Legaldefinition § 99/25

Leiharbeitnehmer § 1/27; § 2/29; § 5/4; § 7/21 ff; § 8/2 ff; § 21a/32; § 23/28; § 38/6; § 42/13; § 43/16; § 54/22; § 62/1; **Anh 2**/4
- außerordentliche Kündigung § 99/108; § 103/18
- Auswahlrichtlinien § 95/15
- Betriebsratsmitglied § 103/18
- BV § 77/23 f
- Bewerbungsunterlagen § 99/108
- Grundsätze von Recht und Billigkeit § 75/8
- Eingruppierung § 99/43
- Einstellung § 93/2; § 99/8 f, 17, 35
- Entfernung betriebsstörender AN § 104/5
- Kündigung § 103/18
- Mitwirkungsrechte des BR § 5/4
- personelle Einzelmaßnahme § 99/3
- persönliche Geheimnisse § 120/23
- Sprechstunden § 39/10
- Umgruppierung § 99/43
- Verschwiegenheitspflicht § 99/118
- Versetzung § 99/108; § 103/18
- Wählbarkeit § 8/2 f, 12
- Wahlberechtigung § 5/4; § 7/21 ff
- Zustimmung des BR § 103/18
- Zustimmungsverweigerungsrecht § 99/64

Leistungsbeurteilung § 82/14 f

Leistungsbezogenes Entgelt § 87/255 ff
- Nichtbeachtung der Mitbestimmung § 87/257

Leistungsgrad § 87/228

Leistungslohnsystem § 87/226, 230

Sachregister

Leistungsverdichtung
- Zustimmungsverweigerungsrecht § 99/84
Leistungsverweigerungsrecht § 87/30, 167
- Änderung von Arbeitsplatz, Arbeitsablauf oder Arbeitsumgebung § 91/14
Leistungszulage, *siehe Arbeitsentgelt*
Leistungsüberwachung § 87/135
Leitende Angestellte § 5/25 ff
- Anhörung des BR § 102/8, 61
- Arbeitsvertrag § 5/27
- Aufgaben § 5/40 ff
- Beisitzer § 76/15
- Betriebsvereinbarung § 5/30; § 77/28 f
- betriebsverfassungsrechtliche Stellung **Einl**/11; § 5/52
- Bindung an Rechtsvorschriften § 5/44
- Eigenverantwortung § 5/44
- Eingruppierung § 99/43
- Einstellungsbefugnis § 5/31 ff
- Entfernung betriebsstörender AN § 104/4
- Entlassungsbefugnis § 5/31 ff
- Entscheidungsbefugnis § 5/31 ff
- Erfahrungen § 5/40 ff
- Generalvollmacht § 5/39
- Grundsätze von Recht und Billigkeit § 75/9
- im Wahlvorstand § 16/17
- im Wirtschaftsausschuss § 107/7
- in mehreren Betrieben § 5/29
- in Wirtschaftsausschusssitzung § 108/6
- Jahresarbeitsentgelt § 5/50 f
- Kenntnisse § 5/40 ff
- Kündigung § 102/8, 61
- Leitungsebene § 5/49
- Oberbegriff § 5/26
- Personalverantwortung § 5/42
- personelle Einzelmaßnahme § 99/4
- Probezeit § 5/28
- Prokura § 5/36 ff
- rechtliche Befugnisse § 5/27
- Sachverantwortung § 5/42
- Schlüsselposition § 5/41
- Selbstständigkeit § 5/32
- Sozialplan § 112/2
- Stellung § 5/27
- Stellvertreter § 5/28
- Streitigkeiten § 5/53 f; § 18a/24 ff
- Tarifvertrag § 5/30
- Tätigkeit § 5/40 ff
- tatsächliche Ausübung § 5/27
- Umgruppierung § 99/43
- Unterrichtung des BR § 80/3
- Wahlen § 18a/1 ff

- Zahl der AN § 5/37
- Zuordnungsverfahren für Wahlen § **18a**/1 ff; § **19**/17; **WO** § **1**/6; **WO** § **2**/6
- Zustimmung des BR § 103/23
- Zweistufenprüfung § 5/45 ff
- zwingendes Recht § 5/30
Liebesbeziehungen § 75/42
Lohn § 87/221 ff
- Dritte § 87/224
- TV § 87/231 ff
Lohn- und Gehaltslisten
- Einblick § 80/42 ff; § 87/219
- Weitergabe § 80/46
Lohnabtretungsverbot § 87/115; § 88/11
Lohngarantie § 112/33
Lohngerechtigkeit § 75/31; § 87/215
- Eingruppierung § 99/41
- Umgruppierung § 99/41
Lohngestaltung § 87/215 ff
- Diskriminierungsverbot § 87/220
- Initiativrecht des BR § 87/219
- kollektive Maßnahmen § 87/216
- Tarifvorrang § 87/220, 231 ff
Lohngruppe § 99/48
Lohnpfändung § 87/115
Lohnsteuer § 112/52
Luftfahrtunternehmen § 117/4 ff
- Aufsichtsratsbeteiligung § 117/2
- gesetzlicher Betriebsrat § 117/35 f
- Luftwaffe § 117/3
- tarifvertragliche Vertretung § 117/11 f

Mängel der Unterrichtung § 99/116; *siehe auch fehlerhafte Unterrichtung*
Männer § 75/24; *siehe auch Geschlecht*
Massenentlassungen § 102/4, 33, 45; *siehe auch Kündigung*
Mäßigungsgebot § 74/29
Materielle Arbeitsbedingungen § 99/36
- Tendenzschutz § 118/44
Materielle Rechtskraft § 103/68
Materielles Betriebsverfassungsrecht
- Zustimmungsverweigerungsrecht § 99/65
Materielles Geheimnis § 79/8; § 120/13
Medienunternehmen
- Tendenzschutz § 118/30 ff
Mehrarbeit
- Betriebsratsmitglied § 37/51; § 38/37
Mehrbelastungen § 99/24
- Zustimmungsverweigerungsrecht § 99/84
Mehrfachbeschäftigung § 5/3

1498

Sachregister

Mehrheitswahl § 14/22 ff; § 14a/2, 7, 15;
  WO § 33/1; WO § 34/1; WO § 37/1;
  WO § 39/1
Mehrmütterkonzern § 54/8
Mehrschichtarbeit § 87/75
Meinungsfreiheit § 74/28, 32; § 103/49
Meinungsäußerung § 103/49; § 118/30 ff
Meinungsäußerungsfreiheit § 23/27
Menschengerechte Gestaltung der Arbeit
  § 90/1
Menschenwidrige Änderung von Arbeitsplatz, Arbeitsablauf oder Arbeitsumgebung § 91/4 ff
– arbeitswissenschaftliche Erkenntnisse
  § 91/5 ff
– Belastung der AN § 91/8
– Planungsstadium § 91/4
Mieter § 87/200
Mietzinsbildung § 87/209
Minderheitenschutz § 2/22; § 14/17; § 27/13;
  § 38/2
Mischbetrieb § 118/13
Mischunternehmen § 118/13
Missachtung der Beteiligungsrechte des BR
  § 119/31
Mitarbeitergespräche § 87/42
Mitarbeiterversammlung § 87/65, 98
Mitberatungsrechte des BR
– Konkurrenz zu Mitbestimmungsrechten
  § 90/3
Mitbestimmung
– Annahmeverzugslohn § 87/30
– Beschlussverfahren § 87/34
– BV § 87/16
– Durchführungsanspruch des BR
  § 87/26 ff
– Eilfälle § 87/19 ff
– Einigungsstelle § 87/13, 24
– Ermächtigungsgrundlage § 87/18
– Erweiterung durch TV § 87/35 ff
– Feststellung § 87/23 ff
– Form der Mitbestimmung § 87/14 ff
– Initiativrecht § 87/10 ff
– Leistungsverweigerungsrecht § 87/30
– Lohngestaltung § 87/215 ff
– Nichtbeachtung § 87/23 ff
– Notfälle § 87/19 ff
– Regelungsabrede § 87/14
– Unterlassungsanspruch des BR § 87/26 ff
– vorläufige Regelung § 87/20
– Wirksamkeitsvoraussetzung § 87/29 ff
– Zurückbehaltungsrecht § 87/30

Mitbestimmung des BR
– Ethik-Richtlinie § 87/38
– Facebook § 87/140
– Social Media Guidelines § 87/38
– Streikbruchprämie § 87/20
– Twitter § 87/140
Mitbestimmungsrecht des BR, *siehe auch
  Mitwirkungsrechte des BR*
– Änderung des Arbeitsplatzes, des Arbeitsablaufs und der Arbeitsumgebung § 91/1 ff,
  9 ff; *siehe auch bei Änderung*
– Anhörung des BR § 102/1 ff;
  siehe auch Anhörung des BR
– Arbeitstätigkeit § 97/7 ff
– Arbeitszeit § 50/20
– Ausschreibung von Arbeitsplätzen § 93/1 ff
– Berufsbildung § 50/34; § 98/13 ff
– betriebliche Altersversorgung § 58/8;
  § 112/33
– Betriebsänderung § 50/36 f; § 111/1 ff,
  33 ff; § 112/1 ff
– Beurteilungsgrundsätze § 94/1
– Durchführung betrieblicher Bildungsmaßnahmen § 98/2 ff
– Eingruppierung § 50/31
– Einstellung § 50/31
– Entgeltordnung § 99/45
– Erweiterung der Mitbestimmungsrechte
  § 88/11
– Erweiterung durch Betriebsvereinbarung
  vor § 106/5
– Erweiterung durch Tarifvertrag vor § 106/5
– ES § 76/2, 8
– freiwillige Mitbestimmungsrechte § 88/11
– Geheimhaltungspflicht § 120/26
– Gesetzesvorrang § 87/4 ff
– Homeoffice § 87/280 ff; § 99/30
– Konkurrenz Mitberatungsrecht § 90/3
– Kündigung § 50/32 f; § 102/1 ff
– menschenwidrige Änderung von Arbeitsplatz, Arbeitsablauf oder Arbeitsumgebung § 91 /4 ff
– mobiles Arbeiten § 87/280 ff
– Personalfragebogen § 94/1
– personelle Einzelmaßnahme § 99/1 ff
– soziale Angelegenheiten § 50/18 ff
– Sozialeinrichtung § 50/24; § 58/8; § 112/34
– Tarifvorrang § 87/4 ff
– Tendenzschutz § 118/34 ff
– Überstunden § 23/46 f
– Überwachung der Arbeitnehmer § 50/22
– Umgehung § 23/47

1499

Sachregister

- Umgruppierung § 50/31
- Versetzung § 50/31; § 112/27, 35
- Verstoß gegen § 23/43 f
- Vorrangtheorie § 77/130 ff
- Werkmietwohnung § 112/35
- wirtschaftliche Angelegenheiten
  vor § 106/1; § 106/24 ff; § 108/12 ff;
  § 111/33 ff
Mitbestimmungsverfahren § 87/1 ff
- Grundsätze § 87/1 ff
- Sozialeinrichtung § 87/186 ff
Mitbeurteilungsrecht
- Eingruppierung § 99/2, 41 ff
- Umgruppierung § 99/2, 41 ff
- Zwei-Schranken-Theorie § 77/130
Mitteilungspflicht des AG § 78a/8
Mittelbare Diskriminierung § 75/16 ff;
  siehe auch Diskriminierungsverbot
Mittelbare Täterschaft § 119/7
Mittelbares Arbeitsverhältnis § 5/3
Mittäterschaft § 119/7
Mitwirkungsrechte des BR § 74/21 ff;
  siehe auch Mitbestimmungsrechte des BR
- Beschränkung § 90/2
- Gestaltung des Arbeitsplatzes, des Arbeitsablaufs und der Arbeitsumgebung
  § 90/13 ff; *siehe auch bei Gestaltung*
- Nichtbeachtung § 87/23 ff, 57, 81, 107, 117, 127, 145, 167, 191, 213, 244, 258, 268, 279;
  § 89/21 f; § 90/22 f; § 92/16; § 92a/12 f;
  § 93/12; § 94/23 ff; § 95/19 ff
Mobbing § 37/96, 102; § 84/4
Mobiles Arbeiten § 87/280 ff
- Mitbestimmung des BR § 87/20
Mobilfunkantenne § 90/4
Mobiltelefone § 87/140
Modernisierungsmaßnahmen § 87/210
Montagearbeiter § 1/6; § 7/11, 16
Mündliche Beratung
- ES § 76/52 f
Mündliche Regelungsabrede § 77/47
Müttergenesungswerk § 118/25
Mutterschutz § 7/8

Nachschieben von Tatsachen § 102/70 f;
  § 103/61 f
Nachtarbeit § 87/59
Nachteil § 99/83 ff; § 119/18
- Beförderungschance § 99/83
- befristet beschäftigter AN § 99/87 ff
- Einstellung § 99/83
- Teilzeitbeschäftigte § 99/86

- Versetzung § 99/83
- Zustimmungsverweigerungsrecht § 99/76 ff
Nachteilsausgleich § 111/63; § 113/1 ff
- Abfindungshöhe § 113/6
- Ausschlussfrist § 113/18
- Fälligkeit § 113/18
- Geltendmachung § 113/7
- Insolvenz § 113/20 f
- Kausalzusammenhang § 113/4, 15
- Tendenzschutz § 118/60
- Verzicht § 113/19
NachwG § 77/81; § 81/9; § 82/7
Nachwirkung von BV § 77/64 ff, 70
- Arbeitsverhältnisse, die erst nach Ende der BV begründet werden § 77/65
- außerordentliche Kd der BV § 77/64
- freiwillige BV § 77/66, 71; § 88/3
Namensangaben § 87/45
Nationalität § 75/18
Nebenberufliche Tätigkeit § 5/14
Nebenbetrieb § 18/10 ff; § 19/27 ff
Nebenpflicht
- Ersetzung der Zustimmung § 99/132
Nebentätigkeitserlaubnis § 76/22
Negatives Mitgestaltungsrecht § 99/56
Neubau § 90/4 ff
Neueinreihung § 99/52
Neutralitätsgebot des AG § 119/22
Nichtbeachtung der BR-Beteiligung § 87/23 ff, 57, 81, 107, 117, 127, 145, 167, 191, 213, 244, 258, 268, 279
Nichtbeachtung des Zustimmungsverweigerungsrechts § 99/131 ff
- Änderungsvertrag § 99/135 ff
- Annahmeverzugslohn § 99/134
- Beschäftigungsmöglichkeit § 99/137
- Beschäftigungsverbot § 99/134
- Eingruppierung § 99/140 ff
- Einstellung § 99/131 ff
- Schwerbehinderte § 99/139
- Umgruppierung § 99/140 ff
- Versetzung § 99/133 ff
- Wirksamkeitsvoraussetzung § 99/136
Nichtiger Arbeitsvertrag § 99/15
Nichtigkeit von BV § 77/82, 136 ff
- Begünstigung § 78/33
- Gleichbehandlungsgrundsatz § 77/137
- Regelungskomplex § 77/139
- Rückforderung der Leistung § 77/143
- Umdeutung § 77/140 ff
- Vorrangtheorie § 77/138
- Zwei-Schranken-Theorie § 77/138

Nichtvorlage von Unterlagen § 121/2
Nichtöffentlichkeit, Wahrung der § 129/13, 23
Niederschrift § 17/18; § 18/7, 9; § 89/14; **WO** § 1/17, 20, 22; **WO** § 10/2; **WO** § 16/1 ff; **WO** § 17/3; **WO** § 18/3; **WO** § 19/2; **WO** § 22/1; **WO** § 23/1; **WO** § 29/2; **WO** § 30/2; **WO** § 33/2 f; **WO** § 34/7
Normativer Teil der BV § 77/7 ff
Normen § 77/7
Normsetzungsbefugnis § 77/8
Notfälle § 87/19 ff
Nötigung § 119/34, 52
Nutzungsbedingungen § 87/208 ff

Ob der Wahl § 119/13
Objektives Geheimhaltungsinteresse § 120/13
Offenbarung § 120/15
Opportunitätsprinzip § 121/12
Optische Überwachung § 75/38
Ordnungsgeld § 23/15, 54
Ordnungsregeln § 87/41 ff
Ordnungswidrigkeit § 106/61; § 109/5
– Anzeige § 121/13
– Aufklärungspflichten § 121/1 ff
– Auskunftspflichten § 121/1 ff
– BPersVG § 121/3
– Europäische Gesellschaft § 121/3
– Europäischer Betriebsrat § 121/3
– Kosten § 121/13
– Opportunitätsprinzip § 121/12
– Schwerbehindertenvertretung § 121/3
– Sprecherausschuss § 121/3
– Unterrichtungspflicht des AG § 99/117; § 121/1 ff
– Verbotsirrtum § 121/9
– Versuch § 121/10
– Vorsatz § 121/9
– Zuständigkeiten § 121/12
Organisatorische Maßnahme § 99/27
Organisatorische Vorschriften
– Beschränkte Beteiligung des BR § 118/37 f
Ortsänderung § 99/30
Outsourcing § 106/42
Öffentlich-rechtliches Dienstverhältnis § 5/7, 19
Öffentlicher Dienst **Einl**/13; § 5/5, 15; § 7/13, 29 f; § 8/3; § 9/2; ; § 21a/4; § 21b/7; § 42/13; § 130/1 ff
– Parlamentsfraktionen als § 130/5

Öffnungsklausel
– BV § 77/48 ff
– Rückwirkung § 77/127
– TV § 77/127 ff
Öffnungszeiten § 87/64

Parkplatz § 87/175
Parteipolitische Betätigung § 74/32 ff; *siehe auch Friedenspflicht, siehe auch Verbot der parteipolitischen Betätigung*
Parteipolitische Neutralität § 45/10; § 46/3; **WO** § 7/2
Parteipolitisch § 118/19
Parteizugehörigkeit § 94/10
Parteiöffentlichkeit
– ES § 76/50
Pause § 87/79 ff
Pensionskassen § 87/175
Personalabbau § 50/35 ff; § 106/39; § 111/35 ff; § 112/29; § 112a/1 ff
Personalabbauplanung § 92/6
Personalakte
– allg Persönlichkeitsrecht § 75/41
– Anhörung zur Kündigung § 102/52
– arbeitsvertragliche Fürsorgepflicht § 83/17
– Berichtigung § 78/17; § 83/17
– Einsicht § 80/41; § 83/1 ff
– Einsicht des Arbeitnehmers § 37/66
– Entfernung von Beurteilungen § 75/49
– Erklärungsrecht des AN § 83/16 ff
– Form § 83/2
– Hinzuziehung BR-Mitglied § 83/11 ff
– Kopien § 83/6
– Verhältnis zum Datenschutz § 83/14 f, 18 f
Personalbedarf § 87/105; § 92/4
Personalberatungsunternehmen § 99/105
Personalbeschaffungsplanung § 92/6
Personaldeckungsplanung § 92/6, 13; § 118/46
Personalentwicklung § 92/1 ff; *siehe auch Personalplanung*
Personalfragebogen § 75/40; § 94/1 ff
– beschränktes Fragerecht des AG § 94/6 ff; *siehe auch Fragerecht des AG*
– Einigungsstelle § 94/1
– Formulararbeitsverträge § 94/15 ff
– Initiativrecht § 94/2
– Mitbestimmungsrecht § 94/3 ff
– Nichtbeachtung der Mitbestimmung § 94/23 ff

1501

Sachregister

- persönliche Angaben § 94/15 ff
- Zustimmungsrecht des BR § 94/1
Personalinformationssysteme § 40/47; § 87/140
- allg Persönlichkeitsrecht § 75/41
Personalplanung § 92/1 ff, 8 ff
- Beteiligungsrechte des BR § 50/34; § 92/8 ff
- Betriebsvereinbarung § 92/2
- Einigungsstelle § 96/11
- Nichtbeachtung der Beteiligungsrechte § 92/16
- Personalabbauplanung § 92/6
- Personalbedarf § 92/4
- Personalbeschaffungsplanung § 92/6
- Personaldeckungsplanung § 92/6
- Tarifvertrag § 92/3
- Unternehmensplanung § 92/5
- Unterrichtung des Wirtschaftsausschusses § 106/11
Personalratsmitglieder
- Geheimhaltungspflicht § 120/3
Personalvertretung § 21a/3 f
Personalüberwachungssystem § 37/107
Personelle Einzelmaßnahme § 99/1 ff
- Arbeitskampfverbot § 74 /24
- Beamte § 99/4
- Eingruppierung § 99/1 ff, 51 ff; *siehe auch Eingruppierung*
- Einstellung § 99/1 ff
- Geheimhaltungspflicht § 99/118
- Kündigung § 102/5 ff
- Leih-AN § 99/3
- leitende Angestellte § 99/4
- Tendenzschutz § 118/50 ff
- Umgruppierung § 99/1 ff, 52 ff; *siehe auch Umgruppierung*
- Verschwiegenheitspflicht § 99/118
- Versetzung § 99/1 ff
- Zustimmung § 99/119 ff; *siehe auch Zustimmung*
- Zustimmungsfiktion § 99/120
- Zustimmungsverweigerung § 99/56 ff; *siehe auch Zustimmungsverweigerung*
Personelle Maßnahme § 99/27
- vorläufige Durchführung § 100/1 ff; *siehe auch Vorläufige personelle Maßnahme*
Personenbedingte Kündigung § 102/20 ff; 92, 96, 101, 137; § 103/43; § 111/37; § 112a/3
Personenbezogene Daten § 87/136; § 102/74 f

Personengesamtheit § 5/21
Persönliche Abhängigkeit § 5/8, 9 ff
Persönliche Angaben § 75/49
- Formulararbeitsverträge § 94/15 ff
Persönliche Begünstigung des BR-Mitglieds § 119/42
Persönliche Geheimnisse § 120/19 ff
- AG-Vereinigungen § 120/20
- ausgeschiedene BR-Mitglieder § 120/21
- Ausschüsse § 120/20
- betriebliche Beschwerdestelle § 120/20
- Bewerber § 120/23
- Bordvertretung § 120/20
- BR-Mitglied § 120/19
- Ein-Euro-Jobber § 120/23
- Einigungsstelle § 120/20
- Ersatzmitglieder § 120/20
- freie Mitarbeiter § 120/23
- Geheimhaltungswille § 120/24
- Gesamtbetriebsrat § 120/20
- Gewerkschaften § 120/20
- Jugend- und Auszubildendenvertretung § 120/20
- Konzernbetriebsrat § 120/20
- Leih-AN § 120/23
- Seebetriebsrat § 120/20
- tarifliche Schlichtungsstelle § 120/20
- unbefugte Offenbarung § 120/29 ff
- Zeuge § 120/31
- Zivildienstleistende § 120/23
Persönlicher Geltungsbereich von BV § 77/23 ff
Persönlichkeitsrecht § 51/14; § 70/11; § 87/40, 129
Persönlichkeitssphäre § 94/6 ff
Pfändungsschutz § 112/97
Plakat § 74/36
Plakette § 74/36; § 87/41
Planung § 90/13 f; § 91/4
Politische Bestimmung § 118/19
Politische Betätigung § 75/22
Politische Richtung § 74/33
Post § 5/7, 19
Praktikanten § 5/16
- Einstellung § 99/22
Presse § 42/25; § 118/30
Privathaushalt Einl/13
Privatleben § 75/37 ff
Privatrechtlicher Vertrag § 5/2 ff
Produktionslage § 106/30
Produktionsprogramm § 106/31
Prokura § 5/36 ff

Propaganda § 45/10
Protokollführer § 120/8
Provision § 87/257; *siehe auch Arbeitsentgelt*
Prozessbeschäftigung § 102/135
Prozesskosten § 40/54, 69
Prämie, *siehe auch Arbeitsentgelt*
– Verbesserungsvorschläge § 87/267
Prämienlohn § 87/228, 253 ff
– Nichtbeachtung der Mitbestimmung § 87/257
Prüfungsmaßstab bei BV § 77/148
Psychologischer Eignungstest § 75/40
Punkteschemata § 77/12; § 102/85

Qualifikationsdefizit § 97/7 f
Qualifizierungen
– Geheimhaltungspflicht § 120/32
Qualifizierungsgesellschaft § 112/71
Qualifizierungsmaßnahmen § 21b/16; § 97/18
Quantitativ-numerische Betrachtungsweise § 118/13

Radiohören § 87/41
Rahmeninteressenausgleich § 112/14
Rahmensozialplan § 112/106
Rassismus § 74/35; § 75/17, 16; § 80/14; § 104/9, 20
– Zustimmungsverweigerungsrecht § 99/98 ff
Rationalisierungsvorhaben § 106/32
Raucherpause § 87/52
Rauchverbot § 75/42; § 87/41
Räumlicher Geltungsbereich § 77/22
Recht am eigenen Bild § 75/37 ff
Recht am gesprochenen Wort § 75/37 ff
Recht auf informationelle Selbstbestimmung § 75/37 ff
Recht zur Lüge § 94/23
Rechtfertigung § 99/95
Rechtliches Gehör § 76/47 f
Rechtsanwalt § 76/47; § 76a/9, 16
– Verletzung von Geheimnissen § 120/10
Rechtsanwaltskosten § 20/20 f; § 40/3, 20, 54, 69
Rechtsfragen § 76/71, 79, 87 ff
Rechtskontrolle § 76/87 ff
– BV § 77/148
Rechtstellung des AN bei Zustimmungsverweigerung § 103/72 ff
Rechtsweg § 76/102
Redaktionsstatut § 118/6
Reeder § 114/12

Regelungsabrede § 77/47, 69, 85, 106 ff; § 87/74
– Beschluss § 77/107
– Beschlussverfahren § 77/154
– Form § 77/107
– Kündigung § 77/110
– mündlich § 77/47
– Streitigkeiten § 77/154
– Tarifvorrang § 77/117
– Überwachungsrecht des BR § 80/8
– Umdeutung § 77/142
– Vertrag zugunsten Dritter § 77/109
– Wahlfreiheit § 77/111
– Wirkung § 77/108
Regelungsgegenstände § 77/10 ff
Regelungskomplex § 77/138
Regelungsstreitigkeiten § 76/2, 71, 78, 89 ff, 97 f
Regelungszuständigkeit § 77/16
Rehabilitation § 5/17, 23
Reisekosten § 20/18, 23; § 40/53, 57; § 112/37
Reisekostenerstattung § 87/222
Reisekostenregelung § 78/24
Religion § 75/19
– wirtschaftliche Betätigung § 75 /19
Religionsgemeinschaften § 118/1 ff, 62 ff
Religionszugehörigkeit § 94/10
Religiöse Tätigkeit § 5/22
Rentenbezug, vorzeitiger § 112/52
Rentenversicherungsbeitrag § 112/33
Repräsentativer TV § 77/122
Restbetriebsrat § 33/12
Restmandat § 21/12; § 21b/1 ff; § 111/24; § 112/18, 34
– Beendigung § 21b/8
– Beschäftigungssicherung § 21b/16
– Betriebsspaltung § 21b/1 ff, 3
– Betriebszusammenlegung § 21b/1 ff, 4
– Eingliederung § 21b/8
– Erforderlichkeit § 21b/8
– Freistellung § 37/26
– Kosten § 40/6
– Kündigung § 21b/15 f; § 102/42 f
– Qualifizierungsmaßnahmen § 21b/16
– Rechtsschutz § 21b/18 f
– Sozialplan § 21b/13; § 112/34
– Stilllegung § 21b/2 ff
– Subsidiarität § 21b/8
– Verhältnis zum Übergangsmandat § 21b/8
– Versetzung § 21b/15
Restriktive Auslegung des § 119 § 119/3

Sachregister

Richter § 76/22
Richterrecht § 99/59
Richtlinien § 75/21; § 77/54; § 102/85 ff, 104, 131
Rollierendes System § 87/69
Rot-Kreuz-Schwestern,
  siehe DRK-Schwestern
Rückforderung der Leistung § 77/143
Rückgruppierung § 99/53
– Zustimmungsverweigerungsrecht § 99/141
– Zwangsgeld § 101/4
Rückwirkung § 77/30
– TV § 77/127
Rufbereitschaft § 87/77, 95
Ruhegeldansprüche § 77/21
– dreistufiges Prüfungsschema § 77/21
Ruhendes Arbeitsverhältnis § 5/15; § 7/8; § 8/11; § 24/12 f
Ruheständler § 75/11; § 112/19
– BV § 77/24
– Sozialplan § 77/25; § 112/19
Rundfunk § 42/25; § 118/30

Sachgruppenvergleich § 77/52
Sachkundige AN § 108/6, 8
– Verletzung von Geheimnissen § 120/11
Sachleistungen § 87/221
Sachmittel § 78/11
Sachverständige § 80/53 ff
– Beschlussverfahren § 80/54
– Einigungsstelle § 76/26, 49; § 76a/5, 14; § 109/7
– Geheimhaltungspflichten § 79/5 ff; § 80/56
– Hinzuziehung durch Betriebsrat § 30/21; § 42/16
– Hinzuziehung durch BR bei Einführung von KI § 80/56
– in Betriebsversammlung § 42/25
– in Wirtschaftsausschusssitzung § 108/7
– Kosten § 40/54; § 76a/5; § 80/56
– Streitigkeiten § 80/57
– Verletzung von Geheimnissen § 120/10
– vorherige Vereinbarung mit dem AG § 80/56
– Weitergabe von Geheimnissen § 120/17
Saisonbetrieb § 1/12, 21 f; § 111/40
Schadensersatz § 20/17; § 37/74
– Benachteiligungen § 78/30
– Beschwerderecht des AN § 84/21
– Ersetzung der Zustimmung § 99/132
– Geheimhaltungspflicht § 79/22

Schichtarbeit § 37/37, 50, 127; § 42/7; § 44/12
Schiff § 114/26 ff
– unter ausländischer Flagge § 114/33 f., 46 ff
– Versetzung § 99/36
Schiffstagebücher § 115/70
Schlechtwettergeld § 37/52
Schranke § 75/6
Schriftform § 77/75 ff
Schriftliche Stimmabgabe § 14/8, 14, 19; § 14a/18; § 19/12; WO § 3/13; WO § 12/10; WO § 24/1 ff; WO § 25/1 ff; WO § 26/1 ff; WO § 31/10 f; WO § 35/1 ff; WO § 36/3; WO § 39/4
Schriftliche Stimmabgabe im vereinfachten Wahlverfahren WO § 34/5 f; WO § 35/1 ff
Schriftliche Zustimmungsverweigerung § 99/123
Schuldrechtl Teil der BV § 77/72 ff
Schüler § 5/16
Schulung
– Betriebsratsmitglied § 37/92 ff; 138 ff; § 51/17
– Ersatzmitglied § 37/111, 146
– Jugend- und Auszubildendenvertreter § 65/3 f
– Wahlvorstandsmitglied § 20/23
– Wirtschaftsausschussmitglied § 107/14
Schulungs- und Bildungsveranstaltung § 20/23; § 37/92 ff, 138 ff; § 40/74 ff; § 51/17; § 65/3 f; § 107/14
Schulungsmaßnahme § 87/65
Schutzauftrag des BR § 80/15 ff
Schutzbedürftige Personen § 80/17
Schutzbestimmungen § 78/1 ff, 9 ff, 20 ff; § 78a/1 ff
Schutzgesetz § 75/48; § 78/33; § 84/21
Schutzkleidung § 87/46
Schutzpflichten des BR § 80/15 ff
– freiwillige BV § 88/10
Schutzzweck der Straf- und Bußgeldbestimmungen § 119/1; § 120/1; § 121/1
Schwangerschaft § 75/24
– beschränktes Fragerecht des AG § 94/11
Schwarzes Brett § 40/36; § 74/36; § 78/12
Schweigepflicht § 79/14 ff
Schwellenwert bei Betriebsänderung § 111/3 ff
Schwerbehinderte
– beschränktes Fragerecht des AG § 94/12
– BV § 88/9
– Eingliederung § 80/18

Sachregister

- schutzbedürftige Personen § 80/17
- Sozialplan § 112/52, 63
- Versetzung § 99/139
- Zustimmung § 99/139
- Zustimmungsverweigerungsrecht § 99/62

Schwerbehindertenvertretung
- Anhörung zur Kündigung § 102/47
- Betriebsratssitzung § 29/12; § 32/1 ff; § 52/1; § 59a/1
- Bußgeld § 121/3
- Geheimhaltungspflichten § 79/4 ff, 6; § 120/3
- Ordnungswidrigkeit § 121/3
- Schutzbestimmungen § 78/1 ff
- Sonderkündigungsschutz § 103/14
- Veto gegen Betriebsratsbeschluss § 35/1 ff
- Weitergabe von Geheimnissen § 120/17
- Wirtschaftsausschusssitzung § 108/13

Schwiegereltern § 5/24
Schwiegerkinder § 5/24
Seebetrieb § 114/22 ff
Seebetriebsrat § 116/1 ff; *siehe auch Betriebsrat und Betriebsratsmitglieder*
- Amtszeit § 116/25 f
- Begünstigungsverbot § 78/1 ff, 3, 20 ff; § 119/36 ff
- Behinderungsverbot § 78/1 ff, 3, 9 ff
- Benachteiligungsverbot § 78/1 ff, 3, 20 ff; § 119/36 ff
- Freistellung von Seebetriebsratsmitgliedern § 116/30 ff
- Geheimhaltungspflichten § 79/4 ff
- Geschäftsführung § 116/27 f
- Heuergarantie § 116/33 ff
- persönliche Geheimnisse § 120/20
- Rechte in außereuropäischen Häfen § 116/52 f
- Rechte in deutschen Häfen § 116/41 f
- Rechte in europäischen Häfen § 116/46 f
- Schutzbestimmungen § 78/1 ff, 3, 11 ff, 22 ff
- Seebetriebsratsfähigkeit § 116/2
- Verletzung von Geheimnissen § 120/8
- Wahl und Zusammensetzung § 116/6 ff
- Wahlschutz § 119/10 ff
- Zuständigkeit § 116/61 f
- Zutritts- und Betätigungsrecht § 116/40 f

Seemannsamt § 115/30
Seeschifffahrtsunternehmen § 114/4 ff
Sexuelle Identität § 75/26
Sicherheitsbeauftragter § 37/28, 66; § 87/162 ff; § 89/13
Sicherheitswettbewerb § 87/42
Social Media Guidelines § 87/38
Soldaten § 5/7, 19; § 7/8, 13, 29; § 8/11
Sonderbehandlung § 119/38
Sonderdelikt § 120/4; § 121/4
Sonderleistungen § 75/31
Sonderzahlung § 87/217; *siehe auch Arbeitsentgelt*
Sonntagsverkauf § 87/70
Sozialauswahl § 77/12; § 102/26, 29 ff, 74, 80 ff, 104 ff
- Auswahlrichtlinien § 95/8
- Zustimmungsverweigerungsrecht § 99/81

Sozialdaten § 94/8 ff, 11
Soziale Angelegenheiten § 74/23; § 118/41 ff
- Arbeitsgruppen § 28a/9
- Arbeitskampfverbot § 74/23
- freiwillige Betriebsvereinbarung § 88/1; § 112/104 ff
- Mitbestimmung des Gesamtbetriebsrats § 50/18 ff
- Tendenzschutz § 118/41 ff

Sozialeinrichtung § 87/168 ff
- Arbeitnehmer § 87/178
- Auflösung § 87/169
- Ausgestaltung § 87/181
- Ausstattung § 87/183
- betriebliche Zwecke § 87/174
- Dotierungsrahmen § 87/183
- Dritte § 87/178
- Ehegatte § 87/178
- Form § 87/180
- freiwillige BV § 88/6
- Hinterbliebene § 87/178
- im Konzern § 58/8
- im Unternehmen § 50/24
- innere Organisation § 87/184
- Mitbestimmung des Betriebsrats § 112/34
- Mitbestimmungsverfahren § 87/186 ff
- Nichtbeachtung der Mitbestimmungsrechte § 87/191 ff
- Nutzung § 87/184
- Rechtsform § 87/172
- selbstständiger Betriebsteil § 87/179
- Übertragung § 87/189
- Unternehmerbelange § 87/174
- Unterrichtung des Wirtschaftsausschusses § 106/59
- Verpachtung § 87/189
- Verwaltung § 87/184
- Zweckbestimmung § 87/181

Sozialer Dienst § 118/22

Sachregister

Sozialleistungen § 87/243
- Abfindung § 112/31 f, 99
- Abschluss § 112/107 ff; § 113/1
- Altersdiskriminierung § 75/21
- Änderung § 112/86 ff
- Anfechtung § 112/112
- Anpassung § 112/89, 92 f
- Arbeitslosengeld § 112/52, 59, 98
- Aufhebung § 112/89
- Aufhebungsvertrag § 112/24, 54 ff
- Ausgleichssozialplan § 112/31 ff
- Ausgleichszahlung § 112/33 ff
- Ausschlussfrist § 112/85, 96
- Betriebsänderung § 75/34
- Betriebsbezogenheit § 112/18
- Betriebsrentner § 77/25
- Betriebszugehörigkeit § 112/49, 52 f
- Bewerbungskosten § 112/37
- Billigkeitskontrolle § 112/51 ff
- Dauerregelung § 112/87 f
- Diskriminierungsverbote § 112/49
- Eigenkündigung § 112/3, 54 ff
- Entstehung des Anspruchs § 112/95
- Ermessenskontrolle § 112/62 ff
- Erzwingbarkeit § 112/111; § 112a/4 ff
- Fälligkeit § 112/48
- Fahrtkosten § 112/27, 33, 37
- freiwillige BV § 88/14
- freiwilliger § 112/104 ff
- Funktion § 112/1, 16
- Geltungsbereich § 112/18 ff
- Gesamtbetriebsratszuständigkeit § 112/18
- Gleichheitsverstoß § 112/49, 51 ff
- Grundsätze von Recht und Billigkeit § 75/5, 34
- Haftung für § 112/100 ff
- Härtefonds § 112/34
- Höchstbetrag § 112/52
- im Insolvenzverfahren § 112/113 ff
- im Konzern § 112/101
- in neu gegründetem Unternehmen § 112a/6 ff
- Inhalt § 112/31 ff
- Jubiläumsgabe § 112/33
- Kappungsgrenze § 112/52
- kollektiver Günstigkeitsvergleich § 77/59
- Kündigung § 112/87 f
- Kündigungsschutzklage § 112/99
- leitende Angestellte § 112/2
- Lohngarantie § 112/33
- Lohnsteuer § 112/52
- Personalabbau § 112a/1 ff

- Pfändungsschutz § 112/94
- Rahmenvereinbarung § 112/106
- Rechtskontrolle § 112/46 ff
- Reisekosten § 112/37
- Rentenbezug, vorzeitiger § 112/52
- Rentenversicherungsbeitrag § 112/33
- Restmandat § 112/34
- Ruhegeldregelung § 112/85
- Ruheständler § 77/25
- Schriftform § 112/109
- Sonderabfindung § 112/52
- sozialwidrige Kündigung § 112/4
- Tarifvorrang § 77/128 f
- Teilzeitarbeitnehmer § 112/52
- Tendenzschutz § 118/60
- Transfersozialplan § 112/37 ff
- Trennungsentschädigung § 112/33
- Umschulung § 112/37
- Umzugskosten § 112/27, 33
- und Tarifvertrag § 112/82 ff
- Unternehmensspaltung § 112/103
- Unternehmensverschmelzung § 112/103
- Verjährung § 112/96
- Verrechnungsregeln § 112/78
- Verschlechterung § 77/21
- Voraussetzungen § 112/21 ff
- vorsorglicher § 112/106
- Wegfall der Geschäftsgrundlage § 112/91 ff
- Wirksamkeit § 112/45 ff
- wirtschaftliche Nachteile § 75/34; § 112/22 ff
- wirtschaftliche Vertretbarkeit § 112/72 ff
- Zuschuss der Bundesagentur für Arbeit § 112/38 ff

Sozialplan
- Restmandat § 21b/13

Sozialpolitik § 37/139; § 45/4
Sozialwerke § 87/175
Spartenbetriebsrat § 3/11 ff
- im Konzern § 3/14
- im Unternehmen § 3/12

Sperrvorrang des TV § 77/114 ff;
  siehe auch Tarifvorrang
Spesen § 40/68 ff
Spezialität von Betriebsvereinbarungen § 77/92
Sporteinrichtung § 89/5
Sprache § 87/50
Sprachkurse § 80/21
Sprecherausschuss Einl/11; § 2/19 f; § 21a/3; § 111/54
- Betriebsvereinbarung § 77/29

Sachregister

- Bußgeld § 121/3
- Geheimhaltungspflicht § 120/3
- Ordnungswidrigkeit § 121/3
- Weitergabe von Geheimnissen § 120/17

Sprechstunde
- Betriebsrat § 36/6; § 37/28, 38; § 39/1 ff
- Gesamtbetriebsrat § 51/15
- Jugend- und Auszubildendenvertretung § 39/5; § 69/1 f
- Leiharbeitnehmer § 39/10

Spätere Betriebsvereinbarungen § 77/68
Ständige ES § 76/3
Statische Verweisung § 77/78
Stellenausschreibung, *siehe auch Ausschreibung des Arbeitsplatzes*
- Form § 99/97

Steuerhinterziehung § 119/55
Stiefkinder § 5/24
Stimmenkauf § 119/20
Stimmennötigung § 119/20
Stimmenthaltung § 76/59 f.
- Arbeitsablauf § 74/28
- Betriebsfrieden § 74/29
- Unterlassungsanspruch des BR § 78/17
- Wahl § 119/13

Stimmrecht
- im Gesamtbetriebsrat § 47/25 f
- im Konzernbetriebsrat § 55/10 ff

Stimmzettel § 14/6 ff, 18, 23; § 14a/14; § 19/12, 19; WO § 6/1; WO § 10/1 f; WO § 11/1 ff; WO § 12/1, 3, 8, 10; WO § 13/2 f; WO § 14/1 ff; WO § 16/2; WO § 19/2; WO § 20/2 ff; WO § 21/1; WO § 24/13; WO § 25/1; WO § 26/3; WO § 34/1 ff; WO § 35/10; WO § 39/2 f; WO § 40/2

Störung § 78/9 ff
Störung des BR § 119/33 ff
- Ablösung des BR § 119/35
- BR-Kosten § 119/33
- körperliche Gewalt § 119/33
- Streichung von Vergünstigungen § 119/34

Störungsverbot § 78/1 ff
Strafantragserfordernis § 119/49 ff; § 120/33
- Antrag des Verletzten § 120/33
- Frist § 119/51
- Geheimnisträger § 120/33

Strafbarkeit
- Geheimhaltungspflicht § 79/22; § 120/2, 7 ff

Strafgefangene § 5/7
- Einstellung § 99/20
- Grundsätze von Recht und Billigkeit

Strafrechtliche Garantenstellung § 119/17
Straftaten gegen Betriebsverfassungsorgane § 2/14
Strafurteil § 99/74
- Zustimmungsverweigerungsrecht § 99/74

Streichung von Vergünstigungen
- Störung des BR § 119/33 ff

Streik § 37/54
Streikbruchprämie
- Mitbestimmung des BR § 87/220

Streitigkeiten
- Ablösung von BV § 77/152
- Abschluss von BV § 77/151 f
- AGB-Kontrolle § 77/146 ff
- Auskunftsperson § 80/57
- Beendigung von BV § 77/151 f
- Befristung von BV § 77/152
- Billigkeitskontrolle § 77/147 ff
- Diskriminierungsverbot § 75/53
- Durchführung von BV § 77/153
- Eingriff in die Betriebsleitung § 77/144 ff
- Gleichbehandlungsgrundsatz § 75/53
- Grundsätze von Recht und Billigkeit § 75/54
- Inhaltskontrolle von BV § 77/146 ff
- Kosten der ES § 76a/23 f
- Kündigung von BV § 77/152
- Prüfungsmaßstab § 77/148
- Regelungsabrede § 77/154
- Sachverständige § 80/59
- Sperrvorrang § 77/155 ff
- Tarifvorrang § 77/155 ff
- Unterrichtungsanspruch § 80/59

Strukturelles Kurzarbeitergeld § 112/42
Student § 5/16
Stundensatz § 76a/14 f
Subjektive Determinierung § 102/14; § 103/30 f

Subsumtion
- Entgeltordnung § 99/47

Suspendierung § 103/75 f

Tagesordnung
- Betriebsratssitzung § 29/24 ff
- Betriebsversammlung § 43/15 ff

Tarifautonomie § 77/114
Tarifgebundenheit § 77/121; § 87/6
- Zustimmungsverweigerungsrecht § 99/66

Tarifgruppe
- Eingruppierung § 99/42
- Umgruppierung § 99/42

Tarifkonkurrenz § 3/42

Sachregister

Tarifliche Entgeltordnung
- Eingruppierung § 99/46
- Umgruppierung § 99/46
Tarifliche Schlichtungsstelle § 76/103 ff
- Begünstigungsverbot § 78/1 ff, 3, 20 ff;
  § 119/36 ff
- Behinderungsverbot § 78/1 ff, 3, 5 ff
- Benachteiligungsverbot § 78/1 ff, 3, 20 ff;
  § 119/36 ff
- betriebsverfassungsrechtliche Norm
  § 76/103
- Geheimhaltungspflichten § 79/4 ff
- gerichtl Nachprüfung § 76/104
- persönliche Geheimnisse § 120/20
- Schutzbestimmungen § 78/1 ff, 3, 9 ff, 20 ff
- TV § 76/104 f
- Verfahrensvorschriften § 76/104
- Verletzung von Geheimnissen § 120/8
- Zuständigkeit § 76/104
Tariflicher Sonderkündigungsschutz
  § 102/11, 29, 57; § 103/15
Tariflohnerhöhung
- Anrechnung § 87/233 ff
Tarifpolitik § 45/2 f
Tarifsperre § 77/112 ff; siehe auch Tarifvorrang
Tarifvertrag § 112/82 ff
- andere Arbeitnehmervertretungsstruktur
  § 3/21 ff
- Auslegung § 77/124
- Ausschlussfrist § 112/85, 96; § 113/18
- betriebsverfassungsrechtliche Normen
  § 2/37; § 3/41 ff
- Betriebszugehörigkeit § 112/85
- Eingruppierung § 99/42
- Entgelt § 87/231 ff
- Erweiterung der Mitbestimmung § 87/35 ff;
  vor § 106/5
- Geltungsbereich des TV § 77 /123
- geregelter Gegenstand § 77/124
- Gesundheitsschutz § 87/156
- Gruppenarbeit § 87/272
- Günstigkeitsprinzip § 77/113
- Günstigkeitsvergleich § 77/113
- Konkurrenz mehrerer Tarifverträge § 3/42
- Kosten der ES § 76a/11
- Lohngestaltung § 87/231 ff
- mehrgliedriger § 3/41
- Mitgliederzahl im Gesamtbetriebsrat
  § 47/19 ff
- Mitgliederzahl im Konzernbetriebsrat
  § 55/5 ff

- Öffnungsklausel § 77/127 ff
- Personalplanung § 92/3
- repräsentativer TV § 77/122
- Sonderkündigungsschutz § 102/11, 29, 57;
  § 103/15
- Sperrvorrang des TV § 3/44 ff; § 28a/27;
  § 77/113 ff
- Tarifautonomie § 77/114
- tarifliche Schlichtungsstelle § 75/63
- Tendenzschutz § 118/6
- Überwachungsrecht des BR § 80/7
- Umgruppierung § 99/42
- Verhältnis zur BV § 77/112 ff
- Verlängerung des Übergangsmandats
  § 21a/25 ff, 42
- Vorrang § 2/5; § 3/37 ff
- Zuständigkeit des Gesamtbetriebsrats
  § 50/11
Tarifvertragsverstoß
- Eingruppierung § 99/69
- Umgruppierung § 99/69
- Zustimmungsverweigerungsrecht § 99/66 ff
Tarifvorrang § 2/5; § 77/112 ff; § 87/4 ff
- Änderung von Arbeitsplatz, Arbeitsablauf
  oder Arbeitsumgebung § 91/3
- Auflösung des AG-Verbands § 77/126
- Auslegung des TV § 77/124
- Austritt aus dem AG-Verband § 77/126
- Arbeitsbedingungen § 77/115
- Beschlussverfahren § 77/155
- Einheitsregelung § 77/119
- Geltungsbereich des TV § 77/123
- geregelter Gegenstand § 77/124
- Günstigkeitsprinzip § 77/113
- Günstigkeitsvergleich § 77/113
- Haus-TV § 77/121, 123, 125 f
- Lohngestaltung § 87/220, 231 ff
- Mitbestimmungsrechte des BR § 87/4 ff
- Öffnungsklausel im TV § 77/127 ff
- Regelungsabreden § 77/118
- repräsentativer TV § 77/122
- Rückwirkung eines TV § 77/127
- Sozialplan § 77/128 f
- Streitigkeiten § 77/155 ff
- Tarifautonomie § 77/114
- Tarifgebundenheit § 77/121
- Tarifüblichkeit § 77/120 ff, 125 f
Tarifüblichkeit § 77/120 ff, 125 f
Tarifzensur § 77/148
Taschenkontrolle § 87/43, 98
Tatsachenvergleich § 77/36
Technische Anlagen § 90/6 ff

Technische Einrichtung § 87/128 ff
- Anwendung § 87/142
- Betriebsvereinbarung § 87/144
- Einführung § 87/141
- Initiativrecht des BR § 87/130
- Nichtbeachtung der Mitbestimmung § 87/145 f
Technologie § 90/7
Teilbereich § 99/35
Teilfunktionen § 99/35
Teilkündigung § 77/99; § 102/6
Teilmitbestimmte BV § 77/67
Teilnahme § 119/40
Teilnehmer an Berufsbildungsmaßnahmen § 98/13 ff
Teilunwirksamkeit § 76/98
Teilzeit § 99/9, 13
- Ausschreibung § 93/7
- Vorschlagsrecht des BR § 92/15
Teilzeitbeschäftigte
- Sozialplan § 112/49, 52, 68
- Wahlberechtigung § 7/6, 19
Teilzeitbeschäftigung
- Arbeitszeit § 87/62, 85
- BR-Mitglieder § 78/23
- Zustimmungsverweigerungsrecht § 99/62, 86
Telearbeit § 5/13
- Arbeitszeit § 87/63
Telefongespräche § 78/11; § 87/41; § 119/28
- Kontrolle § 50/22
Telefonkosten § 78/11
Telefonvermittlungsanlage § 50/22
Telekommunikationsanlagen § 87/140
Tendenzbestimmung § 118/6 ff
- Beschlussverfahren § 118/16
- Gesamtgepräge § 118/14
- Mischbetriebe § 118/13
- Mischunternehmen § 118/13
- quantitativ-numerische Betrachtungsweise § 118/13
- überwiegende Tendenzbestimmung § 118/13
- Unmittelbarkeit § 118/12
Tendenzbetriebe § 118/1 ff
- Zugangsrecht § 118/37
Tendenzcharakter § 118/15 ff
- Betrieb § 118/8 ff
- Unternehmen § 118/9 ff
Tendenzschutz
- AG-Verbände § 118/20

- allgemeine Mitwirkungsgrundsätze § 118/39 f
- allgemeine personelle Angelegenheiten § 118/46 ff
- Anhörung des BR § 118/40
- Anhörungsrechte § 118/40
- außerordentliche Kd § 118/54
- Arbeiterwohlfahrt § 118/25
- Arbeitsablauf § 118/43
- Arbeitsplatz § 118/43
- Arbeitsumgebung § 118/43
- Arbeitszeit § 118/43
- Auszubildende § 118/55
- Bekenntnis § 118/68
- Beratungsrechte § 118/40, 50
- Berichterstattung § 118/30 ff
- Berufsbildung § 118/48 f
- Betriebsänderung § 118/58
- Betriebsvereinbarung § 118/6
- Bruttolohn- und Gehaltslisten § 118/40
- Bühnenunternehmen § 118/43
- Diakonisches Werk der Evangelischen Kirche § 118/66
- DLRG § 118/25
- DRK § 118/25
- Einblicksrechte § 118/40
- Eingruppierung § 118/51
- Einstellung § 118/51
- erzieherische Bestimmungen § 118/26 ff
- Gewerkschaften § 118/20
- Gewinnerzielungsabsicht § 118/2, 23
- Hilfeleistung § 118/22
- Informationsrechte § 118/40
- institutionelle Verbindung § 118/67
- Interessenausgleich § 118/58
- karitative Bestimmungen § 118/22 ff
- karitative Einrichtungen § 118/65
- Katholisches Kolpingwerk § 118/66
- Kirche § 118/62
- koalitionspolitische Bestimmungen § 118/20
- konfessionelle Bestimmungen § 118/21
- Kündigung § 118/53 f
- künstlerische Bestimmungen § 118/28 ff
- materielle Arbeitsbedingungen § 118/44
- Medienunternehmen § 118/30
- Meinungsäußerung § 118/30 ff
- Müttergenesungswerk § 118/25
- Nachteilsausgleich § 118/60
- organisatorische Vorschriften § 118/37 f
- parteipolitisch § 118/19
- Personaldeckungsplanung § 118/46

Sachregister

- personelle Einzelmaßnahmen § 118/50 ff
- politische Bestimmungen § 118/19
- Redaktionsstatut § 118/6
- Religionsgemeinschaften § 118/62 ff
- soziale Angelegenheiten § 118/41 ff
- Sozialer Dienst § 118/22
- Sozialplan § 118/60
- TV § 118/6
- Umgruppierung § 118/52
- Unterordnungskonzern § 118/11
- Unterrichtungsrechte § 118/34
- Versetzung § 118/49
- Weltanschauungsgemeinschaft § 118/69
- wirtschaftliche Angelegenheiten § 118/57 ff
- wissenschaftliche Bestimmungen § 118/28 ff
- Zustimmung des BR § 118/51

Tendenzträger § 37/39; § 118/35 f
Tendenzunternehmen § 118/8 ff
Tendenzvielfalt § 118/33
Territorialprinzip **Einl**/15 f; § 47/6; § 54/13; § 111/55
Test der Arbeitsleistung § 87/54
Tonbandaufnahme § 42/24
Trainee
- Wahlberechtigung § 7/18; § 7/18

Trainingsmaßnahme § 112/37
Transfersozialplan § 112/37 ff
- Einigungsstelle § 112/44
- wirtschaftliche Vertretbarkeit § 112/75

Transparenz der Vergütungspraxis
- Eingruppierung § 99/41
- Umgruppierung § 99/41

Transsexualität § 75/25
Trennungsentschädigung § 112/37, 41; § 113/8
Treuepflicht § 79/2
Tronc § 41/2; § 87/224
TÜV § 89/7
TV, *siehe Tarifvertrag*
Twitter
- Mitbestimmung des BR § 87/140

Überbeanspruchung der AN § 91/2
Überbetriebliche Ausbildung § 78a/10
Übergangsmandat § 21/12; § 21a/1 ff; § 22/2
- Abspaltung § 21a/11 ff
- Aufspaltung § 21a/9 f
- Beendigung § 21a/23 f
- Betriebsspaltung § 21a/7 ff
- Betriebszusammenfassung § 21a/28 ff

- Freistellung § 37/27
- Inhalt § 21a/16 ff, 33 f
- Kosten § 21a/19; § 40/7
- Leiharbeitnehmer § 21a/32
- nicht bei Eingliederung § 21a/15
- Verhältnis zum Restmandat § 21a/6, 31, 33; § 21b/8
- Verlängerung durch Betriebsvereinbarung § 21a/42 ff
- Verlängerung durch Tarifvertrag § 21a/42 ff
- Voraussetzungen § 21a/7 ff, 28 ff

Übergewicht § 75/20
Überstunden § 87/60, 95
- Betriebsratsmitglied § 37/51; § 38/37
- Duldung durch Arbeitgeber § 23/46
- Initiativrecht des BR § 87/99
- Mitbestimmung des Betriebsrats § 23/46 f
- Wahlvorstand § 20/28 f

Übertarifliche Zulage § 87/233 ff
Übertarifliches Entgelt § 87/232
Überwachung von Arbeitsleistung und Arbeitsverhalten § 87/128
Überwachungsdruck § 87/138
Überwachungspflicht des BR § 80/4 ff; *siehe auch Überwachungsrecht des BR*
- Arbeitsschutz § 89/6
- Ausnahmen § 80/3, 9
- Gesetz § 80/6
- kollektive Maßnahmen § 80/4
- TV § 80/7
- Umweltschutz § 89/18

Überwachungsrecht des BR § 80/4 ff; *siehe auch Überwachungspflicht des BR*
Umbau § 90/4 ff
Umdeutung
- Gesamtzusage § 77/140 ff
- Kündigung § 102/12; § 103/44
- Regelungsabrede § 77/142
- unwirksame BV § 77/140 ff

Umfang der Geheimhaltungspflicht § 79/16 ff
Umgliederung § 99/25, 28 ff
Umgruppierung § 99/52 ff
- Arbeitnehmer § 99/43
- Arbeitsentgelt § 99/42
- AT-Angestellte § 99/43
- Ausgruppierung § 99/54
- Diskriminierungsverbot § 75/51
- Eingruppierungsmerkmale § 99/55
- Entgeltordnung § 99/44 ff
- Entgeltschema § 99/42
- fehlerhafte Unterrichtung § 99/115 ff

- Gehaltsgruppe § 99/48
- geringfügig Beschäftigte § 99/43
- Heimarbeiter § 99/43
- Höhergruppierung § 99/54
- korrigierende Rückgruppierung § 99/53
- Leih-AN § 99/43
- Leitende Angestellte § 99/43
- Lohngerechtigkeit § 99/41
- Lohngruppe § 99/48
- Mitbeurteilungsrecht § 99/2, 41 ff
- Neueinreihung § 99/52
- Nichtbeachtung des Zustimmungsverweigerungsrechts § 99/140 ff
- Rückgruppierung § 99/53
- Subsumtion § 99/47
- tarifliche Entgeltordnung § 99/46
- Tarifgruppe § 99/42
- Tarifvertrag § 99/42
- TV-Verstoß § 99/69
- Tendenzschutz § 118/52
- Transparenz der Vergütungspraxis § 99/41
- unterbliebene Unterrichtung § 99/115 ff
- Unterrichtungspflicht des AG § 99/113 f
- Vergütungsgruppe § 99/48
- Wechsel der Entgeltgruppe § 99/52
- Zustimmungsverweigerung § 99/56 ff; siehe auch Zustimmungsverweigerung
- Zustimmungsverweigerungsrecht § 99/42

Umlageverbot § 41/1 ff
Umschulung § 96/3; § 102/26, 90, 97 ff, 104; § 103/52; § 112/37
Umstrukturierung der BV § 77/60
Umstände § 99/36
Umweltauditing § 89/20
Umweltpolitische Fragen
- Erörterung auf Betriebsversammlung § 45/5

Umweltschutz § 74/34; § 80/23 f; § 89/1 ff, 16 ff; § 106/34
- freiwillige BV § 88/5
- Hinzuziehung des BR § 89/19 f
- kollektive Maßnahmen § 89/17
- Nichtbeachtung der Mitwirkungsrechte § 89/21 f
- Überwachungspflicht des BR § 89/18
- Unterrichtungsrecht des BR § 89/19 f

Umzugskosten § 112/33, 37, 41; § 113/8
Unbefugte Offenbarung § 120/15 ff, 29 ff
Unfallanzeige § 89/15
Unfallgefahren § 81/14 ff
Unfalluntersuchung § 37/28
Unfallverhütung § 89/1 ff

Unfallverhütungsvorschriften § 40/33; § 87/151 ff, 158 ff
Unfallversicherung § 89/7
Ungleichbehandlung, *siehe Diskriminierungsverbot, siehe auch Grundsätze von Recht und Billigkeit*
Uniform § 87/47
Unmittelbare Diskriminierung § 75/16 ff; *siehe auch Diskriminierungsverbot*
Unmittelbare Geltung der BV § 77/7 ff
Unterbliebene Unterrichtung
- Eingruppierung § 99/115 ff
- Einstellung § 99/115 ff
- Umgruppierung § 99/115 ff
- Versetzung § 99/115 ff

Unterbrechung der Beschäftigung § 99/11
Unterlagen § 80/25 ff
- Anhörung zur Kündigung § 102/52
- Einsicht des Betriebsrats § 2/14 ff; § 111/52 ff
- Einsicht des Wirtschaftsausschusses § 106/10 ff; § 108/14
- Gestaltung des Arbeitsplatzes, des Arbeitsablaufs und der Arbeitsumgebung § 90/15
- Nichtvorlage § 121/2
- Personalplanung § 92/9
- Vorlage an Wirtschaftsausschuss § 106/17; § 108/14; § 109/2
- Zurverfügungstellung an Betriebsrat § 111/52

Unterlassungsanspruch der Gewerkschaft § 77/156 f
Unterlassungsanspruch des AG
- Friedenspflicht § 74/40
- Geheimhaltungspflicht § 79/21

Unterlassungsanspruch des BR **Einl**/22; § 23/13, 25; § 111/66 f
- allg Persönlichkeitsrecht § 75/51
- Auswahlrichtlinien § 95/21
- Begünstigung § 78/34
- Behinderung § 78/17
- Benachteiligung § 78/34
- BV-widrige Maßnahmen § 77/153
- Diskriminierungsverbot § 75/51
- Erhebung von Daten § 94/25
- Gleichbehandlungsgrundsatz § 75/53
- Grundsätze von Recht und Billigkeit § 75/51
- Kündigung § 97/17
- Mitbestimmungsrechte § 87/26 ff
- Störung § 78/17

1511

Sachregister

Unterlassungsanspruch des BR-Mitglieds
§ 78/18
Unterlassungsstrafbarkeit § 119/17
Unternehmen
– ausländisches **Einl**/15 ff; § 47/6;
§ 54/13, 26; § 106/2, 6
– Begriff § 47/3
– Betriebe im Ausland § 106/6
– Betriebsräteversammlung § 53/1 ff
– Gesamtbetriebsrat § 47/1 ff
– Spaltung § 106/42; § 111/17 f, 25; § **112a**/9
– Spartenorganisation § 3/12
– Tendenzcharakter § **118**/8 ff
– Umstrukturierung § **112a**/9
– Verschmelzung § 106/42; § 111/17;
§ **112a**/9
– Zusammenschluss § 106/42
Unternehmenseinheitliche Regelung § 50/3 ff
Unternehmenseinheitlicher Betriebsrat § 3/5
– Votum mit der Belegschaft § 3/2, 47
Unternehmensmitbestimmung **Einl**/10
Unternehmensänderung § **111**/46
Unternehmensplanung § 92/5
Unternehmensübernahme § 106/45 ff;
§ **109a**/1 f
Unterordnungskonzern § 87/176; § 118/11;
siehe Konzern
Unterrichtung BR
– Künstliche Intelligenz § 90/7
Unterrichtungsanspruch des BR, *siehe auch Unterrichtungspflicht des AG*
– allgemeine Aufgaben § 80/2, 25 ff
– Anhörung des BR bei Kündigungen
§ 102/9 ff; *siehe Anhörung des BR*
– Arbeitsablauf § 90/1 ff
– Arbeitsplatz § 90/1 ff
– Arbeitsschutz § 89/11 ff
– Arbeitsumgebung § 90/1 ff
– Beschränkung § 90/2
– Beschlussverfahren § 80/57
– Betriebs- und Geschäftsgeheimnis § 90/17
– Gestaltung des Arbeitsplatzes, des Arbeitsablaufs und der Arbeitsumgebung
§ **90**/15 ff
– Einblick in Unterlagen § 92/10
– Erfüllungsanspruch des BR § 80/59
– Nichtbeachtung § 80/57 ff; § 90/22 f
– Personalplanung § 92/1 ff, 9 ff
– Streitigkeiten § 80/57
– Tendenzschutz § **118**/34
– Umweltschutz § 89/19 f
– Unterlagen § 80/25 ff; § 92/9

– unzulässige Rechtsausübung § 80/59
– vorläufige personelle Maßnahme § 100/5 ff
– Zustimmungsverfahren § 103/30 ff
Unterrichtungspflicht des AG § 74/22;
siehe auch Unterrichtungsanspruch des BR
– Arbeitskampfverbot § 74/22
– Arbeitsschutz § **89**/11 ff, 11 ff
– Arbeitstätigkeit § **81**/1 ff
– Beschränkung § 90/2
– Betriebsänderung § **111**/26 ff; § **112a**/4
– Bußgeld § **121**/1 ff
– Eingruppierung § 99/113 ff
– Einstellung § 99/104
– Erfüllungsanspruch des BR § 80/59
– fehlerhafte Unterrichtung § 99/115 ff
– gegenüber Arbeitnehmer § 110/1 f
– gegenüber Betriebsrat § 2/14 f
– Geheimhaltungspflichten § 79/3
– Ordnungswidrigkeit § 99/117; § **121**/1 ff
– Personalplanung § 92/1 ff, 9 ff
– Umgruppierung § 99/113 ff
– Umweltschutz § **89**/19 f
– unterbliebene Unterrichtung § 99/115 ff;
§ **121**/7
– unvollständige Unterrichtung § **121**/7
– Veränderung des Arbeitsbereichs
§ **81**/4
– verspätete Unterrichtung § **121**/6
– Versetzung § 99/112
– Verstoß § **121**/5 ff
– wahrheitswidrig § **121**/5
– wirtschaftliche Angelegenheiten § 106/25 ff, 59; § **108**/14 ff; § **109**/1 ff; § **110**/1 f
Unterschrift
– ES-Spruch § 76/64 ff
Unterstützungskassen § 87/175
Unterstützungspflicht des BR
– Arbeitsschutz § **89**/7 ff
Untreue § 119/53
Unwirksame Kündigung § 99/12
Unwirksamkeit
– ES-Spruch § **76**/5, 22, 30, 42, 45, 50 f, 52 ff, 64, 73 f, 79, 85, 87, 90 ff
Unzulässige Rechtsausübung § 80/59
Unzumutbarkeitsgründe § **78a**/18 ff
Urlaub § 75/36; § 87/118 ff
– Initiativrecht § 87/121
– Nichtbeachtung der Mitbestimmung
§ **87**/127
Urlaubsentgelt § 87/229
Urlaubsgeld § 87/221

Urteilsverfahren
– Änderung von Arbeitsplatz, Arbeitsablauf oder Arbeitsumgebung § 91/14
– AGB-Kontrolle § 77/148
– Entbindung des AG von der Weiterbeschäftigung des AN § 102/126
– Inhaltskontrolle § 77/148
– Weiterbeschäftigung von Auszubildenden § 78a/17
– Wirksamkeit der BV § 77/151

Verbesserungsvorschläge § 75/35; § 87/262; *siehe auch Vorschlagswesen*
Verbilligter Bezug von Produkten und Dienstleistungen § 87/221
Verbot parteipolitischer Betätigung § 74/32 ff; *siehe auch Friedenspflicht*
– Ausnahmen § 74/34 f
– außerhalb des Betriebes § 74/39
– Betriebsfrieden § 74/32
– Betriebsnähe § 74/37
– Meinungsfreiheit § 74/32
– Nichtbeachtung § 74/40 ff
– politische Richtung § 74/33
– räumlich § 74/37 ff
– Unterlassungsanspruch des AG § 74/40
– Wahlfreiheit § 74/32
Verbotsirrtum § 119/8; § 121/9
Verdienstausfall § 76a/4, 12, 17 f
Vereinbarkeit von Familie und Beruf § 74/35; § 75/27; § 80/16
Vereinbarungsmacht § 77/15 ff
Vereinfachtes Wahlverfahren für Kleinbetriebe
– Anwendungsbereich § 14a/1 ff
– Bestellung des Wahlvorstands § 17a/1 ff
– Betriebe mit Betriebsrat § 14a/16 ff
– Betriebe ohne Betriebsrat § 14a/9 ff
– einstufiges Wahlverfahren § 14a/16 ff; **WO § 36**/1 ff
– Ersatzbestellung des Wahlvorstands § 17a/2
– schriftliche Stimmabgabe § 14a/18; **WO § 35**/1 ff
– Stimmabgabe **WO § 34**/1 ff; **WO § 36**/11 f; **WO § 37**/1 f
– Stimmauszählung **WO § 34**/7 f
– Stimmzettel **WO § 34**/1 ff
– Überblick **WO vor § 28**/1 ff
– Wahlausschreiben **WO § 31**/1 ff
– Wählerliste **WO § 30**/3 ff

– Wahlversammlung zur Wahl des Betriebsrats § 14a/12 ff; **WO § 34**/1 ff
– Wahlversammlung zur Wahl des Wahlvorstandes § 14a/9 ff; **WO § 28**/1 ff; **WO § 29**/1 ff
– Wahlvorschläge § 14a/12 f, 17; **WO § 33**/1 ff
– Wahlvorstand § 14a/9 f; § 17a/1 ff; **WO § 29**/1 ff; **WO § 30**/1 ff
– zweistufiges Wahlverfahren § 14a/9 ff; **WO § 28**/1 ff; **WO § 34**/1 ff
Verein § 5/21
Vergütung § 87/221 ff
– Nichtbeachtung der Mitbestimmung § 87/244 ff
– Verbesserungsvorschläge § 87/266
Vergütungsanspruch
– Beisitzer der ES § 76/15 f; § 76a/6 ff, 24 ff
– Betriebsangehörige Beisitzer § 76/24 ff
– ES-Mitglieder § 76/15 f; § 76a/6 ff, 24 ff
– Streitigkeiten § 76a/27 f
– Verzicht § 76a/21
Vergütungsgruppe § 99/48
Verhaltensbedingte Kündigung § 102/23 ff, 93; § 103/43 f; § 111/37; § 112a/3
Verhaltensregeln § 87/41 ff
– allg Persönlichkeitsrecht § 75/42
Verhaltensüberwachung § 87/135
Verhandlung zwischen AG und AN, *siehe Verhandlungspflicht zwischen AG und AN*
Verhandlungspflicht zwischen AG und AN § 74/8 ff
– Prozessvoraussetzung § 74/10
– Voraussetzung für das Einigungsstellenverfahren § 74/10
Verhinderung der Wahl § 20/5 f; § 119/13
Verhältnis von BV und TV § 77/112 ff
– Günstigkeitsprinzip § 77/113
– Günstigkeitsvergleich § 77/113
– Sperrvorrang des TV § 77/114 ff
Verhältnismäßigkeit § 77/12, 61
Verjährung § 119/49; § 120/33
Verkaufsmagazin § 87/175
Verkürzung der Arbeitszeit § 87/82 ff, 101 ff
Verlegung von Betrieben § 111/41
Verletzung von Geheimnissen § 120/1 ff; *siehe auch Betriebsgeheimnis und Geschäftsgeheimnis*
– AG-Vereinigungen § 120/9
– ausgeschiedene BR-Mitglieder § 120/12
– Auskunftsperson § 120/10

1513

Sachregister

- Ausschüsse § 120/8
- Berater § 120/10
- betriebliche Beschwerdestelle § 120/8
- Bordvertretung § 120/8
- BR-Mitglieder § 120/8
- Büropersonal § 120/8
- Einigungsstelle § 120/8
- Erfolgsdelikt § 120/6
- Ersatzmitglieder § 120/8
- Gesamtbetriebsrat § 120/8
- Gewerkschaften § 120/9
- Jugend- und Auszubildendenvertretung § 120/8
- Konzernbetriebsrat § 120/8
- Protokollführer § 120/8
- Rechtsanwalt § 120/10
- sachkundige AN § 120/11
- Sachverständige § 120/10
- Seebetriebsrat § 120/8
- Sonderdelikt § 120/4
- tarifliche Schlichtungsstelle § 120/8
- Versuch § 120/6
- Wirtschaftsausschuss § 120/11
Verlängerung der Arbeitszeit § 87/82ff, 95ff
Verlöbnis § 5/24
Vermieter § 87/212
Vermittler § 18a/8ff; § 20/18, 22, 26, 28
- Geheimhaltungspflichten § 79/4ff
Vermittlung § 96/11
Vermögensbildung § 37/90
Vermögenswerte Leistungen § 87/223
Versagungskatalog § 99/56
Versammlung
- Fahrtkosten § 44/8, 14
- Vergütungsanspruch § 44/13
Verschwiegenheitspflicht § 120/30; siehe auch Geheimhaltungspflicht
Verschwiegenheitspflicht der Betriebsratsmitglieder
- Bewerber § 99/118
- Leih-AN § 99/118
- personelle Einzelmaßnahmen § 99/118; § 102/73
Verschwägerte § 5/24
Versetzung
- Akkordarbeit § 99/36
- Amtsträger § 103/2, 4ff, 22ff, 50ff
- andere Arbeitsaufgabe § 99/34
- andere Vorgesetzte und Kollegen § 99/29, 39
- anderer Betrieb § 99/31; § 103/24
- Änderung des Arbeitsorts § 99/30

- Änderungskündigung § 99/25; § 102/56, 94, 113; § 103/21, 23, 28
- Änderungsvertrag § 99/25; § 103/27
- Anfahrtsweg § 99/39
- Annahmeverzugslohn § 99/134
- Arbeitskampfverbot § 74/14
- Arbeitsort § 99/39
- auf Wunsch des Arbeitnehmers § 24/18
- Ausgliederung § 99/31
- Ausscheiden § 99/32
- Ausübung des Direktionsrechts § 99/25
- Beförderung § 99/34
- Benachteiligung § 99/92ff
- Beschäftigungsverbot § 99/134
- betriebl Schlichtungsstelle § 103/5
- Betriebsratsmitglieder § 78/25; § 103/2, 6f, 22ff, 50ff
- Dauer § 99/37ff
- Definition, siehe Legaldefinition bei Versetzung
- Diskriminierungsverbot § 75/51
- Drittfirma § 99/108
- Eingliederung § 99/31
- Einigungsstelle § 103/5
- Einverständnis des AN § 99/32f; § 103/27f
- Entfernung betriebsstörender AN § 104/4, 12
- Erheblichkeitsschwelle § 99/26
- Ersatzmitglied § 103/8
- Ersetzung der Zustimmung § 103/50ff
- fehlerhafte Unterrichtung § 99/115ff
- freiwillige BV über § 88/13
- Gesamtbild der Tätigkeit § 99/34
- Großraumbüro § 99/39
- Gruppenarbeit § 99/29
- Herabstufung § 99/35
- Homeoffice § 99/30
- in anderen Betrieb § 24/18; § 50/31
- Individualschutz § 99/24
- Inhaltskontrolle § 99/92ff
- Lage der Arbeitszeit § 99/36
- Legaldefinition § 95/21; § 99/25
- Leih-AN § 99/108
- materielle Arbeitsbedingungen § 99/36
- Mehrbelastungen § 99/24
- Nachteil § 99/83
- Nachteilsausgleich § 113/8
- Nichtbeachtung des Zustimmungsverweigerungsrechts § 99/133ff
- organisatorische Maßnahme § 99/27
- Ortsänderung § 99/30

- personelle Maßnahme § 99/27
- Restmandat § 21b/15
- Schichtdienst § 99/36
- Schutz vor Versetzungen § 103/22 ff
- Schwerbehindertenvertreter § 103/14
- Stammbetrieb § 99/31
- tarifliche Schlichtungsstelle § 103/5
- Teilbereich § 99/35
- Teilfunktionen § 99/35
- Tendenzschutz § 118/49
- Umgliederung § 99/25
- Umstände § 99/36
- unterbliebene Unterrichtung § 99/115 ff
- Unterrichtungspflicht des AG § 99/112
- Vermittler § 103/5
- Wahlbewerber § 103/8
- Wahlvorstandsmitglieder § 103/11, 13
- Wechsel des Arbeitsorts § 99/39
- wechselnder Arbeitsplatz § 99/40
- Wirtschaftsausschuss § 103/5
- Zustimmung des AN § 99/95; § 103/27 ff
- Zustimmung des BR § 103/2 ff, 22 ff
- Zustimmungsverweigerung § 99/56 ff; siehe auch Zustimmungsverweigerung
- Zustimmungsverweigerungsrecht § 99/1
- Zustimmungsverweigerungsrecht des Betriebsrats § 50/15; § 112/12
- Zwangsgeld § 101/2

Versetzungsverlangen des BR § 104/13 ff
Versprechen von Vorteilen § 119/18
Verstoß gegen behördliche Anordnung
- Zustimmungsverweigerungsrecht § 99/73
Verstoß gegen BV
- Zustimmungsverweigerungsrecht § 99/71
Verstoß gegen gerichtliche Entscheidung
- Zustimmungsverweigerungsrecht § 99/74
Verstoß gegen Unterrichtungspflichten § 121/5 ff
- Betriebsgeheimnis § 121/8
- Geschäftsgeheimnis § 121/8
- Wirtschaftsausschuss § 121/8
Verstoß gegen UVV
- Zustimmungsverweigerungsrecht § 99/72
Verstärkung des Kd-Schutzes § 99/76
Versuch § 119/9; § 120/6; § 121/10
Verteilung der Arbeitszeit § 87/68 ff, 82 ff
Verteilungsgerechtigkeit § 75/31; § 77/62; § 87/215
Vertrag § 77/86
Vertrag zugunsten Dritter § 77/109
Vertragslösungsrecht § 77/99
Vertragspartner § 77/72 ff

- Wegfall eines Vertragspartners § 77/100 f
Vertragsstrafe § 87/56
Vertrauensmann der Zivildienstleistenden § 29/22
Vertrauensperson § 81/12; § 82/10
Vertrauensschutz § 77/21, 61
Vertrauensvolle Zusammenarbeit Einl/2; § 2/1 ff, 34; § 23/22; § 30/6; § 45/3; § 46/3; § 51/14
Vertretung der Geschlechter § 126/1
Verwandte § 5/24
Verweisung § 77/78 f
Verwirkung § 77/38
Verzicht
- auf Nachteilsausgleichsanspruch § 113/18
- auf Vergütung § 76a/22
- Weiterbeschäftigung von Auszubildenden § 78a/12
- Zustimmungsersetzung § 99/132
Verzichtsverbot § 77/34 ff
Verzögerung der Wahl § 20/8; § 119/13
Veränderung des Arbeitsbereichs § 81/4
Videoaufzeichnung § 87/140
Virtuelle Beschlussfassung § 129/17
Virtuelle Einigungsstelle § 129/17
Virtuelle Versammlungen § 129/8 ff
Vollstreckungstitel § 76/82
Volontär § 5/16
Vorläufige Einstellung § 99/9
Vorläufige personelle Maßnahme § 100/1 ff
- Aufschub § 100/2
- Beschlussverfahren § 100/7 ff
- Dringlichkeit § 100/9
- Ein- und Umgruppierung § 100/1
- Einstellung § 100/3
- Feststellungsantrag § 100/7
- Sach- und Rechtslage § 100/4
- Unterrichtung des BR § 100/5 ff
- Versetzung § 100/3; § 103/73
- Zustimmungsersetzung § 100/7 f
- Zwangsgeld § 101/7
Vorläufige Regelung § 87/20
Vorläufige Weiterbeschäftigung § 102/109 ff; siehe auch Weiterbeschäftigungsanspruch des AN
Vorrangtheorie § 77/130
- Nichtigkeit von BV § 77/138
Vorsatz § 119/48; § 121/9
Vorschlagslisten
- Bekanntmachung WO § 10/1 ff
- Berichtigung des Wahlergebnisses § 10/17
- Einreichung § 14/28; WO § 6/2

Sachregister

- Fehler als Anfechtungsgrund § 19/11
- Inhalt § 11/4; § 15/8; WO § 6/1, 3 ff
- Listensprung § 15/8; § 19/12; WO § 15/5 ff
- Listenvertreter WO § 6/12; WO § 7/5 ff; WO § 10/1, 4; WO § 27/4; WO § 33/3, 7
- Mehrheitswahl § 14/22
- Nachfrist WO § 9/1 ff
- Prüfung § 14/28; WO § 7/5 ff
- Stimmabgabe WO § 11/1 ff
- Stützunterschriften § 14/26 ff, 32; WO § 6/11 ff
- Ungültigkeit § 14/32; WO § 8/1 ff
- Verteilung der Betriebsratssitze WO § 15/1 ff
- Zustimmung der Bewerber § 14/30; WO § 6/8 ff

Vorschlagsrecht der Arbeitnehmer
- Berufsbildung § 96/11 ff
- Beschäftigungsförderung § 92 a/1 ff
- Beschäftigungssicherung § 92 a/1 ff
- Beschlussverfahren § 86a/3
- Betriebsratssitzung § 86a/4
- flexiblere Arbeitszeiten § 92/15
- Nichtbeachtung § 92/16
- Personalplanung § 92/1 ff, 9 ff
- Teilzeitarbeitsplätze § 92/15

Vorschlagswesen § 87/259 ff
- Gleichbehandlung § 87/259
- Initiativrecht § 87/260
- Nichtbeachtung der Mitbestimmung § 87/268
- Organisation § 87/263
- Prämie § 87/267
- Verfahren § 87/263
- Vergütung § 87/266

Vorsitz der ES § 76/17 ff; siehe auch Einigungsstellen-Mitglieder
- Befangenheit § 76/30
- Beschlussverfahren § 76/18
- Bestellung § 76/17
- Einsetzung, gerichtliche § 76/18 ff
- Ersatzmitglied § 76/31
- Ladung § 76/46
- Richter § 76/22
- Vergütungsanspruch § 76a/6 ff; siehe auch Vergütung und Kosten der ES
- Vorschlagsrecht der Betriebspartner § 76/20 f

Vorstrafen des AN § 94/14
Vorsätzliches Verhalten § 119/8
Vorteil § 119/18
Vorübergehende Tätigkeit § 99/7

Wahl, siehe auch Betriebsratswahl
- Androhung von Vorteilen § 119/18
- Gewährung von Vorteilen § 119/18
- Handlungsfreiheit der AN § 119/13
- Nachteil § 119/18
- Ob der Wahl § 119/13
- Störung § 119/13
- Verhinderung § 119/13
- Versprechen von Vorteilen § 119/18
- Verzögerung § 119/13
- Vorteil § 119/18
- Wahlboykott § 119/24
- Willensbeeinflussung der AN § 119/24
- Zufügung von Nachteilen § 119/18

Wahlakten § 14/5, 15; § 19/11; WO § 19/1 ff
Wahlanfechtung § 1/52; § 21/10; § 21a/1; § 22/1; siehe auch Betriebsratswahl – Anfechtung
Wahlausschreiben § 13/6; § 14/25 f; WO § 3/1 ff; WO § 31/1 ff
- Änderung WO § 3/16 ff
- Erlass WO § 3/1 ff
- Inhalt WO § 3/8 ff
- vereinfachtes Wahlverfahren WO § 31/1 ff

Wahlbeeinflussung § 20/9 ff; § 119/10 f, 18 ff
- Androhung von Nachteilen § 20/9
- Gewährung von Vorteilen § 20/9 f
- Stimmenkauf § 20/9
- Versprechen von Vorteilen § 20/9 f
- Wählernötigung § 20/9
- Zufügung von Nachteilen § 20/9

Wahlbehinderung § 20/3 ff; § 119/10 f, 13 ff
- Androhung von Nachteilen § 119/18
- Gewährung von Vorteilen § 119/18
- Handlungsfreiheit der AN § 119/13
- Nachteil § 119/18
- Ob der Wahl § 119/13
- Stimmenkauf § 119/20
- Stimmennötigung § 119/20
- Störung § 20/3; § 119/13
- Verhinderung § 20/5 f; § 119/13
- Versprechen von Vorteilen § 119/18
- Verzögerung § 119/13
- Vorteil § 119/18
- Zufügung von Nachteilen § 119/18

Wahlbewerber § 103/4, 6, 9 f, 13 f, 16, 38
- Kosten § 20/24
- Kündigung § 20/6, 32 ff
- Zutrittsrecht zum Betrieb § 20/6, 17

Wahlboykott § 119/24
Wahleinleitung für die Jugend- und Auszubildendenvertretung § 80/19

Sachregister

Wählerliste § 18/6; § 18a/6ff; 17ff; WO § 2/1ff; WO § 12/8
- Aufstellung WO § 2/7ff
- Bekanntmachung WO § 2/12ff
- Berichtigung § 18/25; WO § 4/1ff
- Einspruch WO § 4/1ff
- Überprüfung ohne Einspruch WO § 4/12f
- Unterstützungspflicht des Arbeitgebers WO § 2/11
- vereinfachtes Wahlverfahren WO § 30/3ff; § 75/9; § 77/92Wahlfreiheit § 74/32; § 77/111
Wahlgrundsätze § 14/5ff; WO § 12/1ff
Wahlhelfer § 14/7; § 16/12; § 20/36; WO § 1/10; WO § 2/1; WO § 12/1, 6f; WO § 14/1, 3; WO § 21/1; WO § 25/4f; WO § 30/1
Wahlordnung Seeschiffahrt Anh 2
Wahlpropaganda § 20/11; § 119/21
Wahlschutz § 20/1ff; § 119/1ff, 10ff; *siehe auch Wahlbeeinflussung und Wahlbehinderung*
- Androhung von Nachteilen § 20/9f
- Gewährung von Vorteilen § 20/9f
- Jugend- und Auszubildendenvertretung § 20/2; § 119/10
- See-BR § 20/2; § 119/10
- Störung § 20/3ff
- Verhinderung § 20/5f
- Versprechen von Vorteilen § 20/9f
- Verzögerung § 20/8
- Wahlboykott § 20/12
Wahlunterlagen
- Beseitigung § 119/16
- Fälschung § 19/47
- Übersendung WO § 24/2ff
Wahlversammlung
- Bestellung des Wahlvorstands § 17/7ff; § 17a/1ff
- Kündigungsschutz für einladende AN § 20/33ff
- vereinfachtes Wahlverfahren § 14a/9ff, 12ff, 16f, 18; § 17a/1ff
- Vergütungsanspruch § 20/30; § 44/6
- Zeitpunkt § 17/14; § 44/11
Wahlvorschläge
- der Arbeitnehmer § 14/26ff; WO § 6/1ff
- der Gewerkschaften § 14/31f; WO § 27/1ff
- vereinfachtes Wahlverfahren § 14a/12, 17; WO § 33/1ff

Wahlvorstand 103/4, 9, 11, 13f, 38, 48, 56; § 119/15; WO § 1/1ff
- Abberufung § 16/29; § 18/11ff
- Amtszeit § 16/28ff
- Anfechtung von Entscheidungen § 18/21ff
- Aufgaben § 18/5ff; WO § 1/5ff
- Bestellung § 16/1ff; § 17/1ff; § 17a/1ff; § 19/14, 44, 47; § 21a/21f, 30, 34; WO § 1/1ff
- Betriebsversammlung § 17/7ff; § 17a/4
- Entgeltschutz § 20/28ff
- Entwicklungshelfer § 5/7
- Ersatzbestellung durch Gericht § 16/19ff; § 17/22ff; § 17a/5
- Ersatzbestellung durch Gesamtbetriebsrat und Konzernbetriebsrat § 16/24ff
- Freistellung von der Arbeit § 20/26f
- Kosten § 20/18ff
- Kündigungsschutz § 20/32ff
- Rechtsstellung § 18/3
- Schulung § 20/23
- Überstunden § 20/28f
- vereinfachtes Wahlverfahren § 17a/1ff; WO § 29/1ff; WO § 30/1ff
- Zusammensetzung § 16/10ff; WO § 1/1ff
Wechsel der Entgeltgruppe § 99/52
Wechsel des Arbeitsorts § 99/39
Wechselnder Arbeitsplatz § 99/40
Wechselschichtsystem § 87/75
Wehrdienstleistende § 7/8; § 8/11
Weihnachtsgeld, *siehe Arbeitsentgelt*
Weihnachtsgratifikation § 75/31
Weisungsabhängige Tätigkeit § 99/16
Weisungsgebundenheit § 5/6
Weiterbeschäftigung des AN aus anderen Gründen § 102/132ff
- Abwendung der Zwangsvollstreckung § 102/134f
- Annahmeverzug § 102/135
- Prozessbeschäftigung § 102/135
Weiterbeschäftigung von Auszubildenden § 78a/8ff
- Änderungswünsche § 78a/24
- Auflösung § 78a/13
- Betriebsnachfolger § 78a/15
- Beschlussverfahren § 78a/16
- Feststellungsantrag § 78a/14
- Gemeinschaftsbetrieb § 78a/10, 15
- Geschäftsfähigkeit § 78a/9
- Gestaltungsrecht § 78a/9
- Mitteilungspflicht des AG § 78a/8
- Tätigkeiten § 78a/11

Sachregister

- überbetriebliche Ausbildung § 78a/10
- Unzumutbarkeit der Weiterbeschäftigung § 78a/13 ff
- Unzumutbarkeitsgründe § 78a/18 ff
- Urteilsverfahren § 78a/17
- Verzicht § 78a/12
- Weiterbeschäftigungsverlangen § 78a/9 ff

Weiterbeschäftigungsanspruch des AN § 102/3, 109 ff
- Änderungskündigung § 102/113
- Annahmeverzugsentgelt § 102/120 f
- Entbindung von der Weiterbeschäftigung des AN § 102/125 ff; *siehe auch Entbindung*
- Fortsetzung des Arbeitsverhältnisses § 102/114
- gerichtliche Durchsetzung § 102/123 ff
- Inhalt des Anspruchs § 102/114 ff
- Kündigungsschutzklage § 102/111
- Nebenleistungen § 102/116
- tatsächliche Weiterbeschäftigung § 102/117 ff
- Versetzung § 102/113
- Voraussetzungen § 102/109 ff
- Weiterbeschäftigungsverlangen des AN § 102/112

Weitergabe von Geheimnissen § 120/15 ff; *siehe auch Geheimnisweitergabe*
Weltanschauung § 75/19
- wirtschaftliche Betätigung § 75 /19
Weltanschauungsgemeinschaft § 118/69
Werkmietwohnungen § 75/35; § 87/199
- Mitbestimmung des Betriebsrats § 112/35
- Sozialplan § 112/35
Werksausweisung § 87/43
Werksküche § 87/175
Wettbewerb § 87/221
Wettbewerbsordnung § 119/54
Wettbewerbsverbot § 112/35
Widerrufsvorbehalt § 102/6
Widerspruch des BR § 102/76 ff
- Bestellung eines Ausbilders § 98/11
- offensichtliche Unbegründetheit § 102/130 f
- Rechtsfolgen des Widerspruchs § 102/104 ff
- vorläufige Weiterbeschäftigung § 102/109 ff; *siehe auch Weiterbeschäftigungsanspruch des AN*
- Widerspruchsgründe § 102/80 ff

Wiederaufnahme § 99/11 f
Wiedereingewöhnung § 5/23
Wiedereinstellungsanspruch § 99/12
Willensbildung der AN § 119/24
Willkürverbot § 75/28 ff; § 77/20, 146
Wirksamkeit der BV
- arbeitsgerichtl Beschlussverfahren § 77/151
- Urteilsverfahren § 77/151
Wirksamkeitsvoraussetzung § 87/29 ff, 107; § 97/16 ff; § 103/72 f
Wirkung der Regelungsabrede § 77/108
Wirtschaftliche Angelegenheiten
- Antragsbefugnis des Gesamtbetriebsrats § 106/60
- Begriff § 106/25 ff
- Beratungsrecht des Wirtschaftsausschusses § 106/22
- Erörterung auf Betriebsversammlung § 45/6
- freiwillige BV § 88/14
- Tendenzschutz § 118/57 ff
- Unterrichtung der Arbeitnehmer § 110/1 f
- Unterrichtung des Wirtschaftsausschusses § 106/10 ff, 57; § 108/14 ff; § 109/1 ff
- Unterrichtung über Insiderwissen § 106/21
Wirtschaftliche Betätigung § 75/19
Wirtschaftliche Lage § 106/26 ff
Wirtschaftliche Nachteile § 75/34; § 112/22 ff
Wirtschaftsausschuss
- Amtszeit § 107/4 f
- Begünstigungsverbot § 78/1 ff, 3, 20 ff; § 119/36 ff
- Behinderungsverbot § 78/1 ff, 3, 9 ff
- Benachteiligungsverbot § 78/1 ff, 3, 20 ff; § 119/36 ff
- Beratung mit Unternehmer § 106/22
- Betriebsgeheimnis § 121/8
- Einsicht in Unterlagen § 106/17; § 108/14; § 109/1 ff
- Entsendung § 107/3
- Errichtung § 59/3; § 106/1 ff; § 107/1
- Ersatzmitglied § 1073
- Ersetzung durch Betriebsratsausschuss § 107/15 ff
- Geheimhaltungspflichten § 79/4 ff
- Geschäftsgeheimnis § 121/8
- im ausländischen Unternehmen § 106/2, 6
- Insolvenz vor § 106/6
- Kosten § 107/6
- Mitglied § 107/4 ff

Sachregister

- Schutzbestimmungen § 78/1 ff, 3, 9 ff, 20 ff
- Schwellenwert § 106/3 ff
- Sitzung § 108/1 ff
- Tendenzschutz § 118/57
- Umweltschutz § 106/34
- unternehmensübergreifende Arbeitsgemeinschaften § 106/9
- Unterrichtung § 106/10 ff, 57; § 108/14 ff; § 109/1 ff
- Unterrichtungspflicht gegenüber Betriebsrat § 106/23; § 108/20
- Verletzung von Geheimnissen § 120/11
- Verstoß gegen Unterrichtungspflichten § 121/8
- Weitergabe von Geheimnissen § 120/17
- Zusammenarbeit mit Arbeitgeber § 2/1 ff

Wirtschaftsausschussmitglied
- Kündigung § 103/5; § 107/13
- Rechtsstellung § 107/12 ff
- Schutz § 107/13

Wissenschaftliche Bestimmungen § 118/28 ff
Wochenfrist § 99/115
Wohnheim § 87/175, 198
Wohnraum § 87/194 ff
- Belegungsrecht § 87/207, 214
- Dritter § 87/207, 214
- Entwidmung § 87/204
- Kündigung § 87/202 ff, 206
- mitbestimmungsfrei § 87/196
- Modernisierungs- und Instandsetzungsarbeiten § 87/210
- Nichtbeachtung des Mitbestimmungsrechts § 87/213
- Nutzungsberechtigung § 87/196, 208 ff
- Verteilung § 87/194
- Zuweisung § 87/202 ff

Wohnungen § 87/175, 198
WpHG § 120/35
Wunschberücksichtigung § 87/125

Zeiterfassungsgeräte § 87/140
Zeitfaktor § 87/250
Zeitlicher Geltungsbereich § 77/30
Zeitlohnsystem § 87/226
Zeitstudien § 87/230
Zeuge
- ES § 76/49, 86
- persönliche Geheimnisse § 120/31
- Weitergabe von Geheimnissen § 120/18

Zeugnis § 78/29

Zeugnisverweigerungsrecht § 79/20; § 120/18
Zivildienstleistende § 5/7, 19
- Einstellung § 99/20
- Grundsätze von Recht und Billigkeit § 75/9
- persönliche Geheimnisse § 120/23
Zivilrechtsschutz § 119/47
Zufügung von Nachteilen § 119/18
Zugangskontrolle § 87/140
Zugangsrecht des BR § 78/7
- Tendenzbetrieb § 118/37
Zulage § 87/221, 234; *siehe auch Arbeitsentgelt*
Zulagensystem § 87/233
Zurückbehaltungsrecht Vor §§ 81 ff/2; § 81/17; § 87/30
Zuschläge § 87/76; *siehe auch Arbeitsentgelt*
Zuschuss § 87/221; § 112/38
Zustimmung des AN § 99/95; *siehe auch Einverständnis des AN*
Zustimmung des BR
- Änderungskündigung § 103/20 f
- Änderungsvertrag § 99/135 ff; § 103/27
- Anfechtung § 103/19
- Anhörungsverfahren § 99/122
- Annahmeverzugslohn § 99/134
- arbeitskampfbedingte Kündigung § 74/24
- Arbeitnehmerüberlassung § 103/18
- Aufhebungsvertrag § 103/17
- außerordentliche Kündigung in besonderen Fällen § 103/1 ff, 15 ff
- Beschäftigungsmöglichkeit § 99/137
- Beschäftigungsverbot § 99/134
- Beschluss § 103/37 ff
- Befristung § 103/17
- Einverständnis des AN § 103/27 f
- Ersetzung, *siehe Zustimmungsersetzung*
- freiwillige Betriebsvereinbarungen § 102/136 ff
- Frist § 99/119 ff
- Künstliche Intelligenz § 95/18
- Leih-AN § 103/18
- leitende Angestellte § 103/23
- nachträgliche Erteilung § 103/41
- personelle Einzelmaßnahme § 99/119 ff
- Reaktion des BR § 103/34 ff
- schriftliche Verweigerung § 99/123
- Schwerbehinderte § 99/139
- Verfahren § 103/30 ff
- Versetzung in besonderen Fällen § 103/1 ff, 22 ff

Sachregister

- Verweigerung, *siehe Zustimmungsverweigerung*
- Wirksamkeitsvoraussetzung § 99/136; § 103/72 f
- Zustimmungsersetzungsverfahren § 103/42 ff, 55 ff; *siehe auch Zustimmungsersetzungsverfahren*
- Zustimmungsfiktion § 99/120

Zustimmungsersetzung § 99/126, 127 ff; § 103/42 ff, 55 ff
- außerordentliche Kündigung § 103/42 ff, 55 ff
- Beteiligte § 99/130
- Beschlussverfahren § 99/128; § 103/55 ff
- Erledigung § 99/129
- Ersetzung der Zustimmung § 99/132
- Feststellungsantrag § 100/7
- Nebenpflicht § 99/132
- Schadensersatz § 99/132
- Versetzung § 103/50 ff
- Verfahren der Zustimmungsersetzung, *siehe Zustimmungsersetzungsverfahren*

Zustimmungsersetzungsverfahren § 103/42 ff, 55 ff
- Beschluss § 103/63 ff
- Beteiligung des zu Kündigenden § 103/69 ff
- formelle Rechtskraft § 103/63
- materielle Rechtskraft § 103/68
- Nachschieben von Tatsachen § 103/61 f
- schwerbehindertes BR-Mitglied § 103/59
- Zweiwochenfrist § 103/42, 57 ff, 70

Zustimmungsfiktion § 99/120
Zustimmungsrecht, *siehe Zustimmungsverweigerung*
Zustimmungsverfahren § 103/30 ff
Zustimmungsverweigerung § 99/56 ff; § 103/34, 41
- Abschlussverbote § 99/67
- Änderungskündigung § 99/79
- Arbeitnehmerüberlassung § 99/64
- Arbeitsentgelt § 99/140
- aufnehmender Betrieb § 99/85
- Ausnahme § 99/91
- Ausschreibung § 99/96 ff
- Auswahlrichtlinie § 99/75
- Beförderungschance § 99/83
- Beförderungsstelle § 99/80 f
- befristet beschäftigter AN § 99/87 ff
- Begünstigung § 99/68
- Benachteiligung § 99/92 ff
- Berufsverbot § 99/74
- Beschäftigungsverbot § 99/60 ff
- Besorgnis § 99/77, 79, 102
- Betriebsfrieden § 99/98 ff
- Beurteilungsgrundsätze § 94/1
- Bevorzugung § 99/68
- BV-Verstoß § 99/71
- Diskriminierung § 99/63
- dreistufige Prüfung § 99/103
- Eingruppierung § 99/42; *siehe auch Eingruppierung*
- Eingruppierungsmerkmale § 99/70
- Einstellung § 99/1; *siehe auch Einstellung und Personelle Einzelmaßnahme*
- Entgeltanspruch § 99/141
- Entgeltschema § 99/70
- Fahrverbot § 99/74
- Fremdenfeindlichkeit § 99/98 ff
- Gesetzesverstoß § 99/59 ff
- Gewohnheitsrecht § 99/59
- Gleichbehandlungsgrundsatz § 99/63
- Herabgruppierung § 99/68
- Inhaltskontrolle § 99/92 ff
- innerbetriebliche Ausschreibung § 99/96 ff
- kollektive Interessen § 99/76
- Kündigung § 99/76 ff
- Kündigungsprävention § 99/78 ff
- Leih-AN § 99/64
- Leistungsverdichtung § 99/84
- materielles Betriebsverfassungsrecht § 99/65
- Mehrbelastung § 99/84
- Nachteil § 99/76 ff, 83 ff
- negatives Mitgestaltungsrecht § 99/56
- Nichtbeachtung § 99/131 ff
- Personalfragebogen § 94/1
- personelle Einzelmaßnahme § 99/119 ff; *siehe auch Zustimmung*
- Rassismus § 99/98 ff
- Rechtfertigung aus betrieblichen oder persönlichen Gründen § 99/91
- Rechtsstellung des AN § 103/72 ff
- Richterrecht § 99/59
- Rückgruppierung § 99/141
- Schwerbehinderter § 99/62
- Sozialauswahl § 99/81
- Strafurteil § 99/74
- Tarifgebundenheit § 99/66
- TV-Verstoß § 99/66 ff
- Teilzeitbeschäftigte § 99/62, 86
- Tendenzschutz § 118/47
- Umgruppierung § 99/42; *siehe auch Umgruppierung*

Sachregister

- Versagungskatalog § 99/56
- Verstärkung des Kd-Schutzes § 99/76
- Verstoß gegen behördliche Anordnung § 99/73
- Verstoß gegen BV § 99/71
- Verstoß gegen gerichtliche Entscheidung § 99/74
- Verstoß gegen UVV § 99/72
- Wirksamkeitsvoraussetzung § 103/72
- Zustimmung des AN § 99/95
- Zwangsgeld § 101/1, 7

Zuständige Arbeitnehmervertretung § 50/12, 40

Zuständigkeit
- Betriebsausschuss § 27/17 ff
- Betriebsratsausschuss § 28/1 ff; § 107/15 ff
- Betriebsratsvorsitzender § 26/11 ff; § 27/27; § 29/5 ff
- Betriebsvereinbarung § 77/16
- Einigungsstelle § 76/5, 19, 23 ff, 40 ff, 63, 73, 84, 87, 96 f, 104
- Gesamtbetriebsrat § 50/1 ff
- Jugend- und Auszubildendenvertretung § 60/2 f
- Konzernbetriebsrat § 58/1 ff
- Ordnungswidrigkeit § 121/12
- tarifliche Schlichtungsstelle § 76/104
- Wirtschaftsausschuss § 106/10 ff; § 108/20

Zusätzliche Arbeitnehmervertretungen § 3/21 ff, 40 ff

- Wirtschaftsausschuss § 106/9

Zutrittsrecht des BR § 78/7; § 103/77 f
Zutrittsrecht zum Betrieb § 2/44 ff, 53; § 20/6, 17; § 40/27
Zutrittsverbot § 119/30
Zuweisung eines anderen Arbeitsplatzes § 99/6, 28 ff; *siehe auch Versetzung*
Zwangsgeld § 23/56; § 101/1 ff
- Beschlussverfahren § 101/5
- Eingruppierung § 101/3
- Einstellung § 101/2
- Höhergruppierung § 101/4
- personelle Maßnahme § 101/7
- Rückgruppierung § 101/4
- Versetzung § 101/2
- Zustimmungsverweigerungsrecht § 101/1, 7

Zwangsschlichtung § 76/1
Zweckbestimmung
- Entgelt § 87/242

Zweckgebundenes Sondervermögen § 87/172
Zwei-Schranken-Theorie § 77/130 ff
- Nichtigkeit von BV § 77/138

Zweistufige Mitbestimmung § 99/45
Zweistufiges Abstimmungsverfahren § 76/54
Zwingende Geltung der BV § 77/7 ff
Zwischengruppe § 99/48